ISBN 978-1-5282-2336-2
PIBN 10900971

NOVUS THESAURUS

PHILOLOGICO-CRITICUS:

SIVE,

LEXICON

IN LXX.

ET RELIQUOS INTERPRETES GRÆCOS,

AC

SCRIPTORES APOCRYPHOS

VETERIS TESTAMENTI.

POST BIELIUM, ET ALIOS VIROS DOCTOS

CONGESSIT ET EDIDIT

JOH. FRIED. SCHLEUSNER,

PHILOSOPHIÆ ET THEOLOGIÆ DOCTOR, HUJUSQUE PROF. P. O. ÆDI ARCIS PRÆPOSITUS,

SEMINARII ECCLES. REGII VITEB. DIRECTOR.

EDITIO ALTERA, RECENSITA ET LOCUPLETATA.

VOLUMEN TERTIUM.

GLASGUÆ:

CURAVERUNT ET EXCUDERUNT ANDREAS ET JOANNES M. DUNCAN,

ACADEMIÆ TYPOGRAPHI:

IMPENSIS RICARDI PRIESTLEY, LONDINI.

1822.

LEXICON GRÆCUM

VETERIS TESTAMENTI.

a ῬΑΒΔΙ´ΖΩ, *virga cædo, baculo s. pertica excutio* seu *decutio, trituro.* חָבַט, *excutio s. decutio,* si frumenta s. legumina ex folliculis instrumento quocunque excutiuntur. Jud. VI. 11. ἐῤῥάβδιζε πυροὺς, *triturabat* frumentum. Ruth. II. 17. ἐῤῥάβδισεν, ἃ συνέλεξε, *triturabat* spicas, quas collegerat. Vulg. *virga cædens et excutiens.* Sc. in re subitaria et mi- b nore frumenti copia in frumento excutiendo flagellis quoque utebantur. Aqu. Theod. Ies. XXVII. 12. ῥαβδίσει. Sic enim legendum pro ῥαβδήσει. Adde quoque Ies. XXVIII. 27. ubi pro τινάσσεται alii habent ῥαβδισθήσεται.

ῬΑΒΔΙ´ΟΝ, diminutivum, *virga parva, virgula.* Sumitur etiam pro ῥάβδῳ, βακτηρίᾳ, *baculo.* חֹטֶר. Prov. XIV. 3. ἐκ στόματος ἀφρόνων ῥαβδίον c ὑπερηφανίας, labia stultorum quasi baculo percutiunt alios insolentia sua. Aqu. Ies. XI. 1. ubi LXX ῥάβδος habent. Vox Hebr. חֹטֶר quandoque *baculum, scipionem* notat. Syriacum ܚܘܛܪܐ est *virga, baculus, fustis.*

ῬΑ´ΒΔΟΣ, *virga, baculus, sceptrum, surculus viridis, virga florens,* etiam *ligneus sagittæ calamus.* חֹטֶר. Ies. XI. 1. ἐξελεύσεται ῥάβδος ἐκ τῆς ῥίζης Ἰεσσαὶ, repullulabit *surculus* ex caudice Isaï, h. e. ex gente Davi- d dica proditura est *soboles.* — חֵץ, *sagitta.* Ezech. XXI. 21. τοῦ ἀναβράσαι ῥάβδον, ut virgam vel *sagittam* ejiciat, sc. divinandi et ominis faciendi caussa. Gloss. MS. in Ezech. ῥάβδον, βέλος. Ita quoque Hesychius. Est genus augurii ῥαβδομαντεία et βελομαντεία olim apud Chaldæos (Schol. Nicandri: μάγοι μυρικίνῳ μαντεύονται ξύλῳ), Persas e (Strab. Geogr. Lib. XV. p. 847.), Assyrios (Athen. Deipn. Lib. XII. c. 7. p. 530.) aliosque populos usitatum. Conf. Hos. IV. 12. et Potteri Arch. Gr. T. I. Lib. 2. c. 16. Vide quoque Reiskii Sammlung Einiger Arabischen Sprüchwörter, die von den Stecken oder Stäben hergenommen sind (Lips. 1758. 4.) p. 19. seq. — מוֹט, *jugum.* Nahum. I. 13. ubi non מַטֶּה legerunt, sed f voci ῥάβδος notionem *dominii duri* et ex adjuncto *servitutis* subjecerunt. Conf. s. v. מַטֶּה. — מַטֶּה. Ies. IX. 4. ἀφῄρηται ὁ ζυγὸς καὶ ἡ ῥάβδος ἐπὶ τοῦ τραχήλου αὐτοῦ, h. e. *servitus* eorum depulsa est. Ies. X. 5. ἡ ῥάβδος τοῦ θυμοῦ μου καὶ ὀργῆς, *dominum* atrox et iracundum. Ez. XX. 37. διάξω ὑμᾶς ἐπὶ τὴν ῥάβδον μου, subjiciam vos *imperio* meo. Ps. II. 12. reges eos ἐν ῥάβδῳ σιδηρᾷ, im-

a perio duro. Psalm. CXXV. 3. τὴν
ῥάβδον τῶν ἁμαρτωλῶν, *tyrannidem*
impiorum, sc. supra justos.—מִטָּה,
lectus. Gen. XLVII. 31. ubi est
baculus, quem quis manu gestat, ac
LXX aperte מַטֶּה legerunt. Vide
L. Bos. Proleg. in LXX, ubi Pa-
tricium Junium notat, qui conjicit,
LXX pro ῥάβδου scripsisse κραββά-
του. Confer Hebr. XI. 21. — מַקֵּל.
b Gen. XXX. 37. Num. XXII. 27.
Hos. IV. 12. ἐν ῥάβδοις αὐτοῦ ἀπήγ-
γελλεν αὐτῷ: ubi etiam de ῥαβδο-
μαντείᾳ sermo est. Vide Seldenum
de Diis Syris Synt. I. c. 2. p. 101.
Beyerum ad eundem p. 197. ac Ez.
Spanhem. Obs. in Callim. p. 639.
Ez. XXXIX. 9. ubi ξύλα sunt *sudes*,
Gallice *des pallisades*. — מִשְׁעֶנֶת,
scipio. Exod. XXI. 19. Jud. VI. 21.
c 2 Reg. XVIII. 21. et alibi. Theod.
(sec. Procop. in Cat. Niceph. p.
1914.) Num. XXI. 18. — עֵץ, *lignum*. Ezech. XXXVII. 16. 17. 19.
20. ubi ῥάβδος *tabellam ligneam* notare videtur. — שֵׁבֶט. 2 Sam. VII.
14. ἐλέγξω αὐτὸν ἐν ῥάβδῳ ἀνδρῶν, h. e.
animadvertam in eum *castigatione*
non inhumana nec durissima. Vid. le
Moyne in Varia Sacr. p. 457. Adde
d Ps. LXXXVIII. 32. et 1 Cor. IV.
21. Psalm. XXII. 5. ἡ ῥάβδος σου καὶ
ἡ βακτηρία σου defendunt me, ubi est
præsidium. Jud. V. 14. ἕλκοντες ἐν
ῥάβδῳ γραμματέως, qui ducunt s.
tractant *stilum scribæ*, h. e. *eruditi,
literatores*, ubi ῥάβδος est *instrumentum scribendi, stilus, calamus*. Ps.
LXXIII. 3. ἐλυτρώσω ῥάβδον κληρονομίας σου, liberasti *portionem* demen-
e sam tuam, h. e. terram, quam tibi
vindicasti, ut quasi portio tua esset.
Sc. ῥάβδος h. l. notat *virgam metien-
tium, perticam mensoriam*, et metonymice *terræ portionem per ejusmodi perticam demensam*. Mich. VII.
14. ποίμαινε λαόν σου ἐν ῥάβδῳ σου. Inde
forte in Lex. Cyrilli MS. Brem. ἐν
ῥάβδῳ, ἐν ἐπιτιμίᾳ λόγων. Apud Phavor.
male legitur: ἐν ἐπιτιμίου λόγῳ. —
שֵׁבֶט et מַטֶּה junctim. Ies. X. 5. f
15. XXVIII. 27. — שַׁרְבִיט, *sceptrum*. Esth. IV. 10. πλὴν ᾧ ἐὰν ἐκ-
τείνῃ τὴν χρυσῆν ῥάβδον, præter eum,
in quem extenderit *sceptrum* aureum: quod regibus, si promittebant,
usitatum fuisse, Aristoteles narrat
Polit. Lib. III. c. 10. ὁ δὲ ὅρκος ἦν
τοῦ σκήπτρου ἐπανάτασις. His addidit Bielius: פְּרִי, *fructus*. Al. Ies.
XIX. 12. αἱ ῥάβδοι. Sed locus, quem g
respexit, reperitur Ezech. XIX. 12.
ubi τῷ מַטֶּה respondet.

'ΡΑΓΑ'Σ, *ruptura, scissura, rima,
fissura*, a ῥήσσω, *frango, rumpo*, i. q.
ῥῆγμα, ῥῆξις. נַעֲצוּץ, *vepretum*. Ies.
VII. 19. Ægyptii et Assyrii, ut
muscæ et apes, considunt εἰς τὰ σπή-
λαια καὶ εἰς πᾶσαν ῥαγάδα, in spelun-
cis et in omnis generis *fissuris*. Sic
Codex Vaticanus. MS. Alex. ad- h
dit: καὶ ἐν παντὶ ξύλῳ. Nescitur autem, num per ῥαγάδα voluerint exprimere נַעֲצוּץ, ut Kircherus, Trommius et Bielius putant, vel num respexerint נַהֲלֹלִים (*arbores viles*,
sec. Schultensium Origg. Hebr. I.
11. p. 109. *loca irrigua*), ut legerint
הַמְחִלְלִים, a חָלַל, *perforare*. Vulg.
foramina. Posterius est probabilius,
ut verba καὶ ἐν παντὶ ξύλῳ glossema
contineant. Hesych. ῥαγάς, ῥωγάς,
σπήλυξ. Vid. D'Arnaud Lect. Gr.
II. 15. p. 238. Nisi forte ῥαγὰς sit
etiam *ramus abscissus*, veluti ῥαγά-
ζιον, de quo vid. du Fresne in Gloss.
Græcit. p. 1279.

'ΡΑ'ΓΜΑ, idem. בְּקִעִים plur.
scissiones. Al. Amos VI. 11. ῥάγ-
μασιν.

'ΡΑ'ΔΑΜΝΟΣ, *germen tenerum,
ramus, stolo, malleolus, propago*. Ita
dici volunt, quia ῥέα δαμᾶται, *facile
subigitur*. Alio nomine in plur.
παραφυάδες, παραφύσεις, παραβλαστή-
ματα. Plinius vocat *adnata*, quæ a
latere proveniunt in plantis, stirpi-

a bus, arboribus, et succrescunt justo germini, inutilis plerumque fructificatio. — יוֹנֶקֶת, *surculus sponte pullulans, quasi succum arboris sugens.* Job. VIII. 16. XIV. 7. — כִּפָּה, *ramus, propr. incurvus.* Job. XV. 32. — צֶאֱלִים, *umbra.* Al. Job. XL. 17. ῥαδάμνος. Ita transtulit, quia scil. umbram faciunt ῥάδαμνοι. Hesych. ῥάδαμνος, βλαστὸς ἁπαλὸς, κλάδος, ὄρ- b πηξ καὶ τὰ τοιαῦτα. Suidas: ῥάδαμνος, βλαστὸς τρυφερὸς ἢ κλάδος. ῥάδαμνός ἐστιν ὁ τοῖς φύλλοις κομῶν ἀκρέμων τοῦ δένδρου, καὶ σκιὰν ἐκτελῶν, παρὰ τὸ ῥᾳδίως δαμάζεσθαι ὑπὸ καύσωνος ἢ τινὸς ἄλλου αἰτίου ὡς ἁπαλὸς καὶ τρέχειν. Lex. Cyrilli MS. Brem. ῥάδαμνος, κλάδος, βλαστὸς, φυάδιον. ἢ δένδρου τὸ ἄνθος. Olympiodorus ad Job. XIV. 7. ῥάδαμνον interpretatur c τὸν κλάδον τὸν μετὰ τὴν ἐκτομὴν φυόμενόν τε καὶ αὐξανόμενον.

ῬΑ΄ΔΙΟΣ, *facilis, utilis, commodum afferens.* 2 Macc. II. 27. IV. 17. οὐ ῥᾴδιον, h. e. *periculosum, noxium, quod pœnas affert.* Vulg. *impune non cedet.*

ῬΑΘΜΕ΄Ν. Ipsa vox Hebr. רֹתֶם, *juniperus.* 1 Reg. XIX. 4. ὑποκάτω ῥαθμὲν, pro quo in Gloss. In Lib. d 3 Reg. vitiose legitur ὑποκάτω ῥαμέν. Exponitur autem ὑποκάτω ἀρκευτοῦ (scr. ἀρκεύθου), *sub junipero.* Confer Cappelli Notas ad Job. XXX. 4.

ῬΑΘΥΜΕ΄Ω, *segniter ago, desideo, otio me trado.* הִתְרָאָה Hithp. *invicem aspicio, ut facere solent inopes consilii,* et ex adjuncto *cunctor.* Gen. XLII. 1. Boysenius in Symbolis Critt. P. I. p. 101. confert e Arab. رخى *remissus ac languidus fuit.* Confer Golium p. 281. Judith. I. 16. Sir. XXXII. 12. Interdum ῥαθυμεῖν etiam notat *scortari, voluptati venereæ indulgere,* v. c. 2 Macc. VI. 4. ὑπὸ τῶν ἐθνῶν ῥαθυμούντων μεθ' ἑταιρῶν. (Vulg. *gentilium scortantium cum mulieribus*) ubi est i. q. in seq. γυναιξὶ πλησιάζειν. Suidas: ῥαθυμεῖν, οὐχ (h. e. *non tam*) ὡς ἡμεῖς φαμὲν τὸ τοῖς ἀφροδισίοις σχο- f λάζειν, ἀλλὰ (*quam*) ἁπλῶς τὸ ἀργεῖν καὶ τρυφᾷν, παρὰ τὸ ῥᾷστα τῷ θυμῷ διδόναι. Etym. M. ῥαθυμεῖν τὸ ἀργεῖν, ἢ καὶ τρυφᾷν, ἢ τὸ τοῖς ἀφροδισίοις σχολάζειν. Eadem quoque tradit Phavorinus.

*ῬΑΘΥΜΙ΄Α, *segnities,* etiam *lætitia et hilaritas.* 3 Maccab. IV. 7. ἀντὶ εὐωχίας καὶ νεωτερικῆς ῥαθυμίας τοὺς ἐπιλοίπους τῶν γάμων ἡμέρας ἐν g θρήνοις διῆγον, loco convivii et juvenilis *hilaritatis* reliquos nuptiarum dies per lamenta celebrabant. Hesych. ῥαθυμία, ἀμέλεια, κατήφεια, ἀνοχή. Idem fere est in Suidæ glossario.

ῬΑΙ΄ΝΩ, *aspergo, irrigo.* בָּקַע, *scindo.* Inc. et LXX Job. XXVI. 8. οὐκ ἐῤῥάγη νέφος ὑποκάτω αὐτοῦ. Non male. Nubes enim, si pluviam de- h mittunt, aut terram rigant, rumpi videntur. Vulg. *non erumpant.* Non opus itaque est, ut ἐῤῥάγη legatur, quod alii libri habent, et alius interpretis esse videtur. — זָרַק. Ez. XXXVI. 25. — נָזָה : הִזָּה, Kal et Hiph. Exod. XXIX. 21. Levit. IV. 17. V. 9. et alibi sæpius. — נָזַל, *fluo.* Ies. XLV. 8. αἱ νεφέλαι ῥανάτωσαν δικαιοσύνην. i

*ῬΑΙΦΑ΄Ν s. ῬΕΦΑ΄Ν. Vox Ægyptiaca, quæ sec. Hodium de Text. Bibl. Orig. Saturnum notat, sed ex sententia Jablonskii Opusc. T. I. p. 230. et T. II. p. 3-72. *solem dominum* s. *regem cœli.* כִּיּוּן. Amos V. 26. pro quo ריון legerunt. Zonaras Lex. col. 1608. Ῥιφὰν, εἴδωλον.

ῬΑ΄ΚΟΣ, *panniculus, vestis lacera* k *et detrita.* בֶּגֶד, *vestimentum.* Ies. LXIV. 6. — סְחָבוֹת plur. *distractiones,* h. e. *partes vestium trahendo*

a per terram laceratæ et attritæ. Jer.
XXXVIII. 11. ἔλαβεν ἐκεῖθεν παλαιὰ
ῥάκη, sumsit inde veteres panniculos.
Hesych. ῥάκη, ἀποσκορακίσματα, καὶ
ἀποσπάσματα, ἱμάτια. Suidas: ῥάκος,
τὸ τριβώνιον.

'ΡΑΚΩ'ΔΗΣ, *panniculosus, lacer,
detritus.* קְרָעִים plur. *scissuræ,
fragmenta.* Al. Prov. XXIII. 21.
ῥακώδη.

b 'ΡΑ'ΜΜΑ, *sutura*, etiam *filum.*
חוּט, *filum, quo consuitur.* Inc. et
LXX Jud. XVI. 12. Aqu. Genes.
XIV. 23. In utroque loco ῥάμμα
notare videtur *id quo consuitur.*

'ΡΑ'ΜΝΟΣ, *rhamnus, spina alba.*
אָטָד, *cynosbaton.* Jud. IX. 14. 15.
Ps. LVII. 9. ubi pro ῥάμνον scribendum est εἰς ῥάμνον. Certe Hieronymus (qui, ut e verbis seq. *quasi in*
c *ira*, ὡσεὶ ἐν ὀργῇ, apparet, LXX secutus est) habet: *antequam crescant
spinæ vestræ in rhamnum.* Vide infra s. v. συνίημι. Symmachus habet:
ὥστε γενέσθαι ῥάμνος, qui legisse videtur: לְאָטָד. Vide et Ep. Jerem.
v. 60. Suidas: ῥάμνος, ἀκανθῶδες
φυτὸν μέγιστον. Πᾶσαν δὲ ἁμαρτίαν
ἄκανθαν καλεῖ ἡ γραφή. Desumta
hæc sunt ex Theodoreto ad Psalm.
d LVII. 9.

'ΡΑΝΙ'Σ, *stilla, gutta*, pro ῥαντίς,
a ῥαντίζω, *aspergo*, vel a ῥαίνω, idem.
Sap. XI. 23. ῥανὶς δρόσου ὀρθρινή, *gutta*
roris matutina. Hesych. ῥανίς, στα-
λαγμός.

*'ΡΑ'ΝΤΗΣΙΣ, *aspersio.* נִדָּה, *separatio, aspersio.* Zach. XIII. 1. sec.
ed. Compl. Sed fortasse ibi legendum ῥάντισις.

e 'ΡΑΝΤΙ'ΖΩ, *aspergo*, i. q. ῥαίνω.
חִטֵּא Pih. *expio.* Ps. L. 8. — נָזָה.
Levit. VI. 27. 2 Reg. IX. 33. Suidas: ῥαντίζω, αἰτιατικῇ, ῥαίνω.

'ΡΑΝΤΙΣΜΟ'Σ, *aspersio.* נִדָּה, *separatio*, it. *aspersio.* Num. XIX. 9.
13. 20. 21. Aqu. et LXX Zach.
XIII. 1.

'ΡΑΝΤΟ'Σ, *aspersus, variegatus.*
Speciatim τοῖς ὁ ῥαντὰ sunt, quæ ab
Hebræis eleganter בְּרֻדִּים dicuntur, i. e. *grandinata*, s. *exiguis maculis albis, grandinis instar, resper-
sa.* נָקֹד, *punctatum.* Gen. XXX. 32.
πᾶν διάλευκον καὶ ῥαντὸν ἐν τοῖς ἄρνασι,
omne quod albo distinctum et *variegatum* est in agnis. Vide et v. 33.
et 35. Hesych. ῥαντόν, ποικίλον. Ita
et Suidas, ad quem ita notat Küsterus: " 'Ραντὸν proprie *sparsum.*
At τροπικῶς notat *rem maculis* vel g
coloribus distinctam, vel *quovis modo
variegatam*, qua significatione vox
ista crebro occurrit apud LXX
Intt., qui vocem Hebr. נָקֹד nunc
ῥαντόν, nunc ποικίλον interpretantur.
Pari sensu et apud Latinos *sparsum*
interdum accipitur. Seneca de Benef. Lib. IV. c. 6. *tectum nitidius
auro et coloribus sparsum*, h. e. *distinctum.* Ovidius de pico ave: h
sparsitque coloribus alas, h. e. *dis-
tinxit.*" Conf. Salmasium ad Hist.
Aug. Scriptt. T. I. p. 979. ed.
Hack. — נְקֻדָּה, *punctum.* Al. Cant.
I. 10. ῥαντῶν. — עָקֹד, *maculosum.*
Genes. XXX. 35. — Vide alibi σποδοειδής.

*'ΡΑ'Ξ. Vide infra s. ῥώξ. Hes.
ῥάξ, ῥάγα, ἡ τῆς σταφυλῆς, ἣν ἡμεῖς
ῥῶγα καλοῦμεν. Photius: 'Ρὰξ, θηλυ- i
κῶς ἡ ῥάξ. 'Ο δὲ ῥὼξ καὶ βαρβαρισμὸς
καὶ σολοικισμός.

'ΡΑΠΙ'ΖΩ, *alapam impingo.* הֵרִים
Hiph. a רוּם, *attollo.* Hos. XI. 5.
ἔσομαι αὐτοῖς ῥαπίζων ἄνθρωπον (ita
enim sec. ed. Compl. legendum est
loco ἄνθρωπος, quod reliqui libri habent,) ἐπὶ τὰς σιαγόνας αὐτοῦ, ero illis, sicut percutiens hominem in
genas suas. Secundum Cappellum k
in Crit. S. pag. 552. legerunt:
כִּמְרִימֵי עַל לְחֵיקָם, extrito עֹל,
quam tamen conjecturam recte improbat Scharfenbergius, qui eos potius legisse putat כִּמֹרֵט, quasi
מָרַט significet *alapas infligere alicui.* Ego vero arbitror, eos ita li-

a bere propterea vertisse, quia maxillis, quæ in sequentibus commemorantur, impositionem jugi non satis convenire putaverint, ut adeo proverbium proverbio permutaverint. Vide et 3 Esdr. IV. 30. et Matth. V. 39. Suidas: ῥαπίσαι, πατάξαι τὴν γνάθον ἁπλῇ τῇ χειρὶ, ὃ λέγουσι καὶ ἐπὶ κόῤῥης. Confer Suidam in ἐπὶ κόῤῥης. Apud Phavorinum v. ῥαπίσαι pro
b ἁπλῇ τῇ χειρὶ male legitur ἀπλεύστῳ χειρί. Vide Lex. N. T. s. h. v.

'ΡΑ'ΠΙΣΜΑ, *alapa*. מֹרֵט part. *depilans, pilos evellens*. Ies. L. 6. Voce etiam utuntur Alciphron et Lucianus. Vide Lexic. N. T. s. h. v.

'ΡΑΠΙΣΤΟ'Σ, *alapa percussus*. מְרֻוָּח part. Pyh. a רָוַח, *perflatilis, ventis pervius*. Jer. XXII. 14. ubi
c tamen pro ῥαπιστὰ alii rectius ῥιπιστὰ habent, i. e. εὐρύχωρα.

'ΡΑΠΤΟ'Σ, *consutus*. טְלוּא, *maculosum*. Ezech. XVI. 16. εἴδωλα ῥαπτά. Bielio legendum videtur ῥαστὰ, *variis coloribus distincta*, quia Symmachus transtulit ποικίλα. Sed non opus est hac conjectura, modo ῥαπτὰ vertatur: *ex multicoloribus pannis consuta*.

d 'ΡΑ'ΠΤΩ, *suo, consuo, sarcino, consarcino*. תָּפַר, idem. Gen. III. 7. Job. XVI. 15. Cohel. III. 7.

'ΡΑΣΙ'Μ, alias ῥασήμ. Est ipsa vox Hebr. רָצִים, *cursores, satellites*. 2 Reg. XI. 4. 20.

'ΡΑ'ΣΣΩ, *allido, dejicio*. נָטַשׁ, *desero*. Jerem. XXIII. 33. 39. λαμβάνω καὶ ῥάσσω ὑμᾶς, elevo et *dejicio* vos. — שָׂגַב Pih. *extollo*. Ies. IX.
e 11. ῥάξει ὁ Θεὸς τοὺς ἐπανισταμένους ἐπὶ ὄρος Σιὼν, *dejiciet* Deus insurgentes adversus montem Sion. N. L. — *נָפַל, Hiph. הִפִּיל, *cadere facio*. Dan VIII. 10. sec. cod. Chis. ἐῤῥάχθη ἐπὶ τὴν γῆν. Judith. IX. 10. ῥάξον αὐτῶν τὴν ἰσχὺν ἐν δυνάμει σου, *dejice* eorum robur virtute tua. Suidas: ῥάξαι, ἀντὶ τοῦ καταβαλεῖν. οὕτως Ἀπολλόδωρος. Judith. XVI. 12. pro ἐῤῥάχθησαν reponendum videtur ἐταράχθη- f
σαν, quod melius respondet τῷ ἐφρίξαν in antecedentibus.

'ΡΑΦΑΕΙ'Μ. Ipsa vox Hebraica רְפָאִים, *gigantes*. Aquil. Genes. XIV. 5. Aqu. Symm. 2 Sam. V. 18. 22. Aqu. Job. XXVI. 5.

'ΡΑΦΙΔΕΥΤΗ'Σ, *acupictor*. Vide alibi ποικιλία.

*'ΡΑΦΙΔΕΥΤΙΚΟ'Σ. Vide ῥαφιδευτός. g

*'ΡΑΦΙΔΕΥΤΟ'Σ, *sutus, consutus, acupictus*. Exod. XXXVII. 21. sec. Vat. ubi sine dubio τῷ רִקְמָה respondet, et alii codd. Holm. pro ῥαφιδευτὰ habent ῥαφιδωτὰ et ῥαφιδευτικά.

*'ΡΑΦΙΔΩΤΟ'Σ. Vide ῥαφιδευτός.

'ΡΑ'ΧΙΣ, *spina dorsi, tergum*. גֶּרֶם, *os, ossis*. Job. XL. 13. ῥάχιν. Olympiod. σύνδεσμον πάντων τῶν μελῶν. Hes. ῥάχις, ἄκρα, ὀσφὺς, ἡ ἄκανθα τοῦ νώτου. Lex. MS. Bibl. Coislin. pag. 475. h
ῥάχιν, ὀσφὺν, ἢ τὸ νωτιαῖον μέρος ἀκάνθης τῆς νώτου. Adde Homer. Il. Γ, 208.

'ΡΕ'ΓΧΩ, *sterto, ronchisso*. נִרְדַּם Niph. *somno obruor*. Jon. I. 5. 6. Suidas: ῥέγχουσι. τοῦτο ποιοῦσιν οἱ βαθέως καθεύδοντες. Attici pro ῥέγχειν dicunt ῥέγκειν. Thomas Mag. Ῥέγχει, οὐδεὶς τῶν Ἀττικῶν, ἀλλὰ ῥέγκει. Idem subjungit statim verba hæc Aristophanis: οἱ δ' οἰκέται ῥέγκουσι. Occurrunt initio Nubium, ad quæ confer i
Scholiastam.

'ΡΕΙ'ΘΡΟΝ, pro ῥέεθρον per syncopen, *alveus, flumen, fluvius* ac omne *fluentum*. יְאֹר. Aqu. Exod. VII. 19. 24. Symm. Job. XXVIII. 10. — מַיִם plur. *aquæ*. Aqu. Ex. VII. 19. — נֹזְלִים plur. Symm. Psalm. LXXVII. 44. — נַחַל, *torrens*. Symm. Job. XX. 17. ῥεῖθρα. — שִׁבֹּלֶת. Symm. Psalm. LXVIII. 3. Ies. XXVII. 12. Hesych. ῥέεθρα, ῥεῖθρα, ῥεύματα.

a 'ΡΕΜΒΑ'Σ ΓΥΝΗ', *mulier vaga.*
Al. Sir. XXVI. 9. coll. Prov. VII.
12. Conf. quoque Fesselii Advers.
Sacr. Lib. II. c. 17. p. 137.

'ΡΕΜΒΑΣΜΟ'Σ, *circumagitatio,*
gyratio, vertigo, turbo, unde ῥεμβὼν
est *funda, quæ lapidem rotando jacit.*
Sap. IV. 12. Vulg. *inconstantia,* sc.
concupiscentiæ, h. e. concupiscentia
magna et effrenata. Grotius vertit :
b *vertiginem cupidinis.* Phavorino est
ἀχαλίνωτος ἔννοια, καὶ ζωῆς ἀφανισμός.
Idem tradit Zonaras Lexic. 1608.
Vide Gataker. ad Antonin. II. 7.
et Suicer. in Thes. v. ῥέμβομαι.

'ΡΕΜΒΕΥ'Ω, *circumago, vagor,*
fluctuo. סָבַב. Ies. XXIII. 16. ῥέμ-
βευσον πόλιν, *circui* urbem. Meibomius legere mavult ῥέμβε ἐν πόλει.
— שָׁבָב, *fragmentum.* Ed. Quinta
c Hos. VIII. 6. ῥεμβεύων, cujus auctor plerisque Intt. legisse videtur
סְבָבִים, nonnullis vero שֵׁבָב. Hieronymus, qui transtulit *errantibus,*
rationem hujus versionis reddidisse
videtur verbis : *Nos ab Hebræo di-*
dicimus, proprie שְׁבָבִים *nominari*
aranearum fila per aërem volantia.
Etiam reliqui Intt. Vett. Græci,
Symmach. Theod. et LXX, vocem
d Hebr. de *errore, instabilitate* et *se-*
ductione acceperunt, in qua notione
reperitur Ies. XLVII. 10. et Jer.
L. 6. Vide quoque supra s. v. ἀκα-
ταστατέω et πλανάω.

'ΡΕ'ΜΒΩ, *in gyrum circumago,*
vel simpliciter, *circumago, circum-*
volvo. 'Ῥέμβομαι, *vagor, erro.* עָטָה,
obvelo. Symm. Cant. I. 7. ῥεμβομένη,
ubi plerisque videtur legisse כְּטֹעִיָה
e cum Syro. Buxtorfius in Anticrit.
autem statuit, eum cum Judæis
commentatoribus עֹטְיָה accepisse,
quasi trajectis literis legeretur
טֹעִיָה, quod in l. Arab. et Syr. *va-*
gari notat. Vulgat. *ne vagari inci-*
piam. Equidem sumere mallem,
עָטָה habuisse olim notionem *va-*
gandi et *cum impetu discursitandi,*
petitam ab עוּט, quod *cum impetu*
ferri significat. Idem valet de Aqu. f
Symm. Psalm. LVIII. 15. ῥεμβό-
μενοι. — שׂוּג, *retrocedo, averto me.*
Symm. Psalm. CXVIII. 118. ῥεμ-
βομένους. Legitur præterea Proverb.
VII. 12. ubi de meretrice dicitur
ἔξω ῥέμβεται, et in textu Hebr. κατὰ
τὸ ῥητὸν nihil pro hoc verbo legitur.
Hesych. ῥέμβεται, πλανᾶται, γυρεύει.
Ad hanc vocem etiam ab haud
paucis Criticis refertur vox ἐρε- g
μέοντο, quam, tanquam a Symmacho
profectam, 1 Sam. XXIII. 13. ad
verbum יִתְהַלְּכוּ e cod. Coislin.
protulit Montfauconius (qui transtulit *quiescebant,* h. e. *sedes figebant,*
quasi esset ἠρεμέοντο). Sed est sane
vocabulum nihili, cujus loco Valckenarius ad Eurip. Phœn. pag. 147.
ἐρέμβοντο reponendum esse præclare
vidit, quod et ipse Vulgatus verbo h
vagatur expressit. Phavorinus ex
Suida : ἐρέμβοντο, ἀπεπλανῶντο. Aliquando conjiciebam, legendum esse
ἠρημοῦντο, h. e. *in locis desertis habi-*
tabant, ut scil. eo melius laterent,
quod seriei orationis est admodum
conveniens. Sed an ἐρημοῦσθαι per
usum loquendi ita accipi possit, ut
sit i. q. ἐρημάζειν, locis idoneis evin-
cere nequeo. i

'ΡΕΥ'ΜΑ, *fluentum.* Sir. XXXIX.
16. ἐπὶ ῥεύματος ὑγροῦ, juxta rivos
aquarum, h. e. in prato fertili.

*'ΡΕΥ'ΣΙΣ, *fluxus,* i. q. ῥύσις. זוֹב,
idem. Lev. XV. 25. ῥεύσει, sec. cod.
Alex. ubi alii ῥύσει.

'ΡΕ'Ω, *dico, loquor.* אָמַר. Gen.
XV. 13. Num. XXIII. 23. et alibi.
— דָּבַר. Gen. XLV. 27. Vide et
Susann. v. 26. k

'ΡΕ'Ω, *fluo, affluo, abundo,* etiam
active, *fundo, effundo,* i. q. χέω.
Conf. Burmanni Diss. de Jove Ful-
geratore cap. 4. et Eurip. Hec. v.
528. אֶבֶן, *lapis.* Job. XXXVIII.
30. ὥσπερ ὕδωρ ῥέον, ubi אֶבֶן de *guttis*

a accepisse videntur, quemadmodum eadem vox proverbialiter de *magna copia* etiam aliarum rerum, v. c. auri et argenti, adhibetur, v. c. 2 Paral. I. 15. IX. 28. 1 Reg. X. 27. — זוּב. Exod. III. 8. εἰς τὴν γῆν ῥέουσαν γάλα καὶ μέλι, in terram fluentem, h. e. *valde abundantem* lacte et melle. Similiter Eurip. Bacch. v. 143. seq. ῥεῖ δὲ γάλακτι πέδον, ῥεῖ b δ' οἴνῳ, ῥεῖ δὲ μελισσᾶν νέκταρι. Confer et quæ ex aliis affert Steph. le Moyne Obss. ad Var. Sacr. p. 602. seq. Lev. XV. 3. XX. 24. et alibi sæpius. — *זוֹב, *fluxus.* Inc. Lev. XV. 2. — *זָב, *fluens.* Inc. Levit. XXII. 4. — יָבָל, *fluvius.* Ies. XLIV. 4. — נוּב, *abunde profero.* Psalm. LXI. 10. πλοῦτος ἐὰν ῥέῃ, divitiæ si *affluant.* Non legerunt c יָזוּב, ut conjecit Cappellus, quem quoque secutus est Rosenmüllerus ad h. l., sed, ut jam Buxtorfius in Anticrit. p. 641. recte observavit, ῥέειν pariter ac נוּב in notione metaphorica acceperunt, ut sit *abunde affluere.* Vulg. *divitiæ si affluant.* — נָזַל. Cant. IV. 16. Jerem. IX. 17. — *עֲלִיל, *clibanus.* Hebræus Int. Psalm. XI. 7. ῥέον ἐν τῇ γῇ, *fluens in* d *terra,* h. e. *in ipsa terra liquatum,* pro בַּעֲלִיל לָאָרֶץ. Si recte se habet nota hæc hexaplaris, respexit notionem primariam vocis עָלַל, *iteravit, repetitis vicibus fecit aliquid.* Suspicor tamen, ῥέον h. l. pariter ac χωροῦν apud Aquilam ad sequens מְזֻקָּק, *fusum,* referendum esse. Confer tamen ad h. l. Rosenmüllerum. Sir. XLVI. 11. ῥέον γάλα e καὶ μέλι, ubi ῥέειν sensu Hiphilico notat *fluere facere.* Baruch. I. 20.

ῬΗ͂ΓΜΑ, *fragmentum, ruptura, fissura, pars.* בְּקִיעִים plur. Amos VI. 11. Adde Inc. Ies. XXII. 9. — קְרָעִים plur. 2 Reg. II. 12. διέῤῥηξεν αὐτὰ εἰς δύο ῥήγματα, disrumpebat illa in *duas partes.* Vide et 1 Reg. XI. 30. 31. — *שְׁבָטִים, *tribus.* 1 Reg. XI. 31. sec. cod. Alex. ubi ῥήγματα sunt *tribus avulsæ a reliquis.* Bene usus est Inc. f Interpres hac voce in hac significatione, quia in antecedentibus legitur ῥήσσειν τὴν βασιλείαν. Hesych. ῥήγματα, σχίσματα.

ῬΗΓΝΥΜΙ, vel ῬΗΓΝΥΩ, it. ῬΗ͂ΣΣΩ, *frango, rumpo, disrumpo, perrumpo, scindo, findo, lacero, avello, aperio,* item: *erumpere facio, resono.* בָּקַע, *scindo, findo.* Gen. VII. 11. ἐῤῥάγησαν πᾶσαι αἱ πηγαὶ τῆς ἀβύσσου, *aperiebantur* omnes fontes abyssi. g Vide et Prov. III. 20. Ies. XXXV. 6. Num. XVI. 31. ἐῤῥάγη ἡ γῆ ὑποκάτω τῶν ποδῶν αὐτῶν, *findebatur* terra sub pedibus illorum. Hesych. ἐῤῥάγη, ἐσπάσθη, ἐσχίσθη, ἠνοίχθη. Jos. IX. 13. οὗτοι (ἀσκοὶ) ἐῤῥώγασι, hi (utres) *disrupti* sunt. Hesych. ἐῤῥώγασιν, ἐσχίσθησαν. Sic enim legendum pro ἐσχίσθησαν ex Suida. et vox ὑγιαίνουσιν, quæ additur, litura sananda est: vel dicendum, quod aliam vocem, quæ h exciderit, et fortasse ἔῤῥωνται exponat. Conf. Marc. II. 22. 1 Reg. I. 40. ἐῤῥάγη ἡ γῆ ἐν τῇ φωνῇ αὐτῶν, *resonabat* terra voce illorum. 2 Reg. XXIV. 24. ἐῤῥάγη ἡ πόλις, perrumpebatur urbs. Vide et Jer. XXXIX. 2. Ies. LVIII. 8. ῥαγήσεται πρώϊμον τὸ φῶς σου, *erumpet* lux tua matutina. Quæ verba Suidas in v. ῥαγῶσαι adducens ῥαγήσεται interpretatur τεμαῖται, *erumpet.* Zonaras autem in i Lex. 1607. ἐκπηδήσει. Ies. LIX. 5. ᾠὰ ἀσπίδων ἔῤῥηξαν, *ova* aspidum *fregerunt,* seu potius *excludunt.* Ita quoque Theodotion. Apud utrumque ῥήσσειν de *fœtu* dicitur, *qui rumpendo excluditur.* Ezech. XIII. 13. ῥήξω πνοὴν ἐξαίρουσαν, *erumpere faciam* ventum perdentem. Adde Symm. Ies. LXIII. 12. et eundem Psalm. CXL. 8. — *בָּקַק, *vacuo, evacuo.* Symm. Ies. XIX. 3. וְנָבְקָה, *evacuabitur,* ῥαγήσεται. Vulg. *evacua-*

a *bitur*. Hieronymus: *dirumpetur*.
Videtur retulisse ad Arab. נָבַק,
crepuit, ut sit præter. Kal. Confer
Schultensii Institutt. L. Hebr. p.
332. et Boysenium in Symbolis p.
323. Vide quoque infra s. v. σχίζω.
Cappello legisse videtur נבקעה. —
הָרַס, *diruo*. Ezech. XXXVIII. 20.
— הֵשִׁיב Hiph. a שׁוּב, *reverti facio*.
Job. XV. 13. θυμὸν ἔῤῥηξας ἔναντι κυ-
b ρίου animum *erumpere fecisti* coram
Domino, h. e. contra Deum animi
tui impetum vertis. — נָטַשׁ, *dimitto*.
Ies. XXXIII. 23. ἐῤῥάγησαν τὰ σχοινία σου, *rupti sunt* funes tui. —
נָתַק, *avello*. Job. XVII. 11. ἐῤῥάγη
δὲ τὰ ἄρθρα τῆς καρδίας μου, *scissæ*
vero *sunt* arteriæ cordis mei. Ies. V.
27. οὐδὲ μὴ ῥαγῶσιν οἱ ἱμάντες τῶν ὑποδημάτων αὐτῶν, neque *avellantur* cor-
c rigiæ calceamentorum. — פָּצַח, *sonitum edo*. Ies. XLIX. 13. ῥηξάτωσαν
τὰ ὄρη εὐφροσύνην, *resonent* montes lætitia. Vide et Ies. LII. 9. ῥηξάτω
εὐφροσύνην, facite prorumpere læti-
tiam. Ies. LIV. 1. ῥῆξον (scil. φωνὴν)
καὶ βόησον, *rumpe vocem* (Virgil. Æn.
II. v. 129.) et clama. Fortasse tamen
h. l. positum est pro ῥῆξον βοήν. Cf.
φωνὴν ῥήγνυμι infra. Addit quoque
d φωνὴν Aristophanes Nubib. v. 963.
ῥῆξον φωνὴν, ᾗτινι χαίρεις, καὶ τὴν σαυ-
τοῦ φύσιν εἰπέ. Ad quem locum respiciens Suidas ῥῆξον φωνὴν interpretatur διάτορον καὶ ἰσχυρὸν εἰπέ. Sic et
Herodotus ῥήσσειν φωνὴν, et Virgilius
rumpere vocem dicunt. Vide Raphelii Annotatt. ex Herodoto ad Gal.
IV. 27. p. 520. Hesychius ῥῆξαι
dici observat ἀντὶ τοῦ ἐκρῆξαι φωνήν.
e Idem: ῥηξάτω, κραξάτω. — קָרַע,
findo, lacero. 1 Reg. XI. 31. ἐγὼ
ῥήσσω τὴν βασιλείαν ἐκ χειρὸς Σολομῶν-
τος, ego *avello* regnum a manu Salomonis. Confer 1 Reg. XIV. 8.
2 Reg. XVII. 21. Job. II. 12. ἔ-
κλαυσαν ῥήξαντες ἕκαστος τὴν ἑαυτοῦ στολὴν, fleverunt, et unusquisque *lace-
ravit* stolam suam. Adde Aqu. Ps.
XXXIV. 6. — רִטֵּשׁ Pih. *allido*.
Ies. XIII. 16. τὰ τέκνα αὐτῶν ῥήξου-
σιν ἐνώπιον αὐτῶν, liberos illorum terræ f
allident coram illis. Ῥήσσειν pro *dejicere, solo allidere* est verbum *pa-
læstræ*. Vide Salmasium ad Achill.
Tat. p. 657. et Pauw. ad Horapoll.
p. 377. — *שָׁגַב. Ies. IX. 11. ῥήξει
sec. ed. Compl. ubi tamen alii libri
ῥάξει. Sirac. XIX. 9. οὐ μή σε ῥήξει,
non te *dirumpet*, coll. Job. XXXII.
18. Hesych. ῥήγνυται, διαιρεῖται, κατα-
κόπτεται. Idem: ῥῆξαι, διελεῖν, καταβαλεῖν, ἀπολῦσαι, κράξαι. Rursus g
idem: ῥῆξε, διέῤῥηξε, κατέβαλεν, ἔκρα-
ξεν, ἀπέλυσεν, διέκοψεν.

ῬΗ͂ΜΑ, *verbum, sermo, res, præceptum, mandatum*. אֹמֶר. Deuter.
XXXII. 1. Job. VI. 10. 25. 26.
XXII. 22. et alibi. — אִמְרָה. Deut.
XXXII. 2. Psalm. XVI. 7. Thren.
II. 17. — *אַף, *nasus*. Job. XXVII.
12. sec. cod. Alex. ἐν ῥήμασιν. Lege:
ἐν ῥισίν. — *אֹתוֹת, *signa*. Exod. IX.
28. sec. Vatic. ῥήματα. Num legen- h
dum est σήματα? Certe reliqui libri
σημεῖα habent. Vide ad h. l. Scharfenbergium. — *דֶּבֶר, *pestis*. Aqu.
Ps. XC. 6. Legit דָּבָר. — דָּבָר.
Gen. XV. 1. μετὰ δὲ τὰ ῥήματα ταῦτα,
post has autem *res*, vel: cum hæc
gesta essent. Ita etiam Esdr. VII.
1. Gen. XVIII. 14. μὴ ἀδυνατεῖ παρὰ
θεῷ ῥῆμα; num impossibilis erit *res
quædam* apud Deum? Vide et Deut.
XVII. 8. et conf. Luc. I. 37. et ad i
h. l. auctores Wolfio p. 564. citatos.
Deut. II. 7. οὐκ ἐπεδεήθης ῥήματος,
non indiguisti aliqua *re*. Deut. XV.
10. διὰ τὸ ῥῆμα τοῦτο εὐλογήσει σε κύριος, propter hanc *rem* benedicet
tibi Dominus. 1 Sam. IV. 17. τί τὸ
γεγονὸς ῥῆμα; quænam *res*, quæ
facta est? Conf. Act. X. 37. 1 Sam.
XII. 16. ἴδετε τὸ ῥῆμα τὸ μέγα τοῦτο,
videte *rem* hanc magnam. Confer
Luc. II. 15. Sic et apud Platonem
Lib. VII. de Leg. p. 885. et Sopho-

a dem in Electra ῥῆμα rem denotare observat Georgius in Vindic. N. T. Lib. II. c. 1. §. 31. p. 76. Similiter ἔπος et λόγος pro *re* et *facto* Græci accipere solent. Vide Wolfium ad Luc. II. 15. p. 584. Deut. IV. 13. τὰ δέκα ῥήματα, decem *præcepta*. — דִּבֵּר Pih. *dico*. 2 Reg. XXIV. 18. Jerem. IX. 8. — חָזוּת, *visio*. Ies. XXIX. 11. ubi tamen pro τὰ ῥήματα
b rectius fortasse legitur τὰ ὁράματα. Confer Dan. I. 17. — *לַעַג, *subsannatio, irrisio*. Symmach. Psalm. XXXIV. 16. ῥήμασι πεπλασμένοις sec. libros nonnullos. In aliis legitur φθέγμασι. Libere vertit. Vide tamen supra ad πλάσσω. — לָשׁוֹן, *lingua*, etiam *id quod lingua profertur*. Job. XV. 5. — מֵאמַר Chald. Esdr. VI. 9. Dan. IV. 14. — מוֹפֵת, *prodi-*
c *gium*. 1 Reg. XIII. 3. — מִלָּה. Job. IV. 4. ἀσθενοῦντάς τε ἐξανέστησας ῥήμασι, infirmos sermonibus, scil. *solatio plenis*, erexisti. Vide et Job. VI. 26. XIII. 17. et confer Sirac. XLI. 19. ac Raphelii Annotatt. ad Luc. II. 50. p. 85. — מִלָּה : מִלְּתָא Chald. Dan. II. 8. ἀπέστη ἀπ' ἐμοῦ ῥῆμα, *res* ex memoria mea excidit. Vide et v. 9. 16. 23. — מִצְוָה, *præ-*
d *ceptum*. Prov. III. 1. τὰ δὲ ῥήματά μου τηρείτω σὴ καρδία, *præcepta* autem mea cor tuum custodiat. — מַשָּׂא, *onus, vaticinium*. Ies. XV. 1. XVII. 1. — עָוֹן, *iniquitas*. Job. XV. 5. — פֶּה, *os, oris*, etiam *sermo ore prolatus*. Num. XXXIII. 2. διὰ ῥήματος κυρίου, per *mandatum* Domini. Vide et Deut. XXXIV. 5. Deut. I. 26. ἠπειθήσατε τῷ ῥήματι κυρίου, non obe-
e diebatis *mandato* Domini. Vide et Deut. IX. 23. et confer Luc. V. 5. — פִּתְגָם : פִּתְגָמָא Chald. *narratio*. Esdr. V. 7. 11. VI. 11. Dan. III. 16. — *רִיר, *saliva, albumen*. Job. VI. 6. ἐν ῥήμασι. Legerunt בְּדִבְרֵי loco בְּרִיר, aut potius interpretationem suam addiderunt: nam ῥήματα κενὰ bene comparari possunt cum albo ovi, in quo nullus est sapor. — שׁוּחָה, *fovea*. Jerem. XVIII. 20. Hic aperte legerunt f
שִׂיחָה : nam שׂוּחַ est *meditari* et *loqui*. Vide quoque ib. v. 22. — שִׂיחַ, *meditatio*. Job. X. 1. — שִׂיחָה, idem. Job. XV. 4. — שָׂפָה, *labium, sermo*. Prov. X. 20. — *תּוֹרָה, *lex*. Aqu. Ps. CXVIII. 55. τὰ ῥήματά σου. Præterea legitur apud Inc. 1 Reg. XIV. 1. coll. v. 2. ubi ῥῆμα κυρίου μετὰ τινός ἐστι notat *oraculum divinum contigit alicui*. Dan. I. 27. ῥήματι delendum esse videtur, or- g
tum ex ὁράματι incuria librariorum, Sirac. XII. 12. ἐπὶ τῶν ῥημάτων μου, quod hæc *præcepta* et *monita* mea non attenderis et respexeris.

"ΕΙΠΩ ΤΙ 'ΡΗ͂ΜΑ ΠΡΟ'Σ ΤΙΝΑ, *dico verbum quoddam adversus aliquem, maledico*. בָּרַךְ, *benedico*, etiam *maledico*. Job. II. 9. ubi quod est εἰπεῖν τι ῥῆμα πρὸς τινὰ, alias est κακῶς εἰπεῖν vel κακῶς ἐρεῖν τινα.

'ΡΗ͂ΜΑ ΠΟΝΗΡΟ'Ν, *verbum* h
malum, malus rumor. דִּבָּה, *fama mala*. Num. XIV. 36. ἐξενέγκαι ῥήματα πονηρὰ περὶ τῆς γῆς, ut *malum rumorem* efferrent de terra. Latinus vertit: *detrahentes terræ, quod esset mala*. — Vide quoque alibi κενός.

'ΡΗ͂ΣΙΣ, *dictio, dictum, sermo, sententia prolata, promissio, mandatum, præceptum*. אֹמֶר. Prov. II. 1. IV. 5. XV. 27. XIX. 27. μελετήσει ῥήσεις κακὰς, in *rerum* malarum me- i
ditatione et exercitatione defigetur. Legerunt בְּאִמְרֵי רָעָה. In notione *promissionis* legitur pro eadem voce apud Symmachum Psalm. LXXVI. 9. Adde eundem Psalm. XVIII. 4. — אִמְרָה. Symm. Psalm. XVII. 33. — דָּבָר. Prov. I. 6. IV. 20. XV.

a 27. Praeterea legitur Prov. I. 23.
ἰδοὺ προήσομαι ὑμῖν ἐμῆς πνοῆς ῥῆσιν, ubi
huic voci κατὰ τὸ ῥητὸν nihil in textu
Hebr. respondet, et pro ῥῆσιν legere
mallem ῥεῦσιν, quod melius convenit
cum vocabulo προήσομαι, *emittam,
effundam*, et exprimit vim vocis
אַבִּיעָה, quae in l. Chald. et Arab.
notat *more scaturiginis effundam.*

'ΡΗ'ΣΕΙΣ ΣΕΜΝΑΙ', *dictiones gra-
b ves, honestae.* חֲלֵב עִזִּים, *lac capra-
rum.* Prov. XXVII. 27. Ita Bielius.
'Ρήσεις ad nullum aliam vocem commode transferri potest, quam ad דַּי, *satis*, ita ut legatur ῥεύσεις, a ῥέω, *fluo.* Caeterum post ῥεύσεις omissum est γάλακτος.

'ΡΗ'ΣΣΩ. Vide supra in ῥήγνυμι.

'ΡΗΤΙ'ΝΗ, *resina, humor liquidus
et oleaginosus, ex planta sponte dif-
c fluens.* צְרִי : צֳרִי, *balsamum.* Gen.
XXXVII. 24. XLIII. 11. Jerem. VIII. 22. Ezech. XXVII. 17.

'ΡΗΤΑ', *dicta.* דְּבָרִים. Aquila Prov. XXXI. 1.

'ΡΗΤΟ'Ν, *dictum, aliquid.* דָּבָר.
Exod. IX. 4. οὐ τελευτήσει ἀπὸ πάντων
τῶν κτηνῶν τῶν υἱῶν 'Ισραὴλ ῥητὸν, non
morietur *aliquid* de omnibus jumentis filiorum Israël, vel, ut Lati-
d nus reddit: *nihil omnino morietur.*
Exod. XXII. 8. κατὰ πᾶν ῥητὸν ἀδίκημα, de quacunque injuria.

*'ΡΗΧΑ'Β. Jud. I. 19. Credebant, רֵכָב, *currus*, esse nomen proprium hominis, a quo orti sunt *Rechabitae*, רֵכָבִים Jer. XXXV. 2.

'ΡΙ'ΓΟΣ, *rigor, frigus vehemens,*
item *horror febrilis.* דַּלֶּקֶת, *febris*
e *ardens.* Deut. XXVIII. 22. καὶ πυ-
ρετῷ καὶ ῥίγει. Sc. putarunt, ita vertendum esse, ut דַּלֶּקֶת a קַדַּחַת distinguatur, quanquam utraque vox *febrem ardentem* significat. Suidas: ῥίγιον, νόσος, καὶ ῥῖγος, ἡ νόσος καὶ ὁ φόβος.

'ΡΙ'ΖΑ, *radix.* אֵב, *viror.* Job.
VIII. 12. ἔτι ὢν ἐπὶ ῥίζης, cum adhuc
in sua radice consistat, h. e. sit in
flore aut virore suo. Sensu eodem. f
— גֶּזַע, *truncus succisus.* Ies. XI. 1.
XL. 24. — *כֵּן, *basis.* Dan. XI. 20. sec. cod. Chis. — מְכוֹרָה, *commercium.* Ezech. XVI. 3. Legerunt aperte מְכוֹנָה. — נִצְבְּתָא Chald. emph. *firmitas, durities talis, qualis esse solet ferri.* Dan. II. 41. ἀπὸ τῆς ῥίζης τῆς σιδηρᾶς, de *plantario*, h. e. *planta ferri.* Ex usu l. Syr. coll.
Matth. XXI. 33. et XV. 13. — g
שֹׁרֶשׁ, *radix.* Deuter. XXIX. 18. Job. XIII. 27. XIX. 28. et alibi saepius. Interdum notat *id quod primum s. summum est in aliqua re.* Sir. I. 25. ῥίζα σοφίας φοβεῖσθαι τὸν κύριον, *summa* sapientia est sancte colere Deum, i. q. v. 22. στέφανος σοφίας. Syrus ܥܩܪܐ. Alii: radix, cui immissa est, et ex qua augmen et
nutrimentum suum capit vera sa- h
pientia. — 'Ρίζαι, *posteri, posteritas.* Sirac. XL. 15. (ubi cum ἔκγονα permutatur) XLVII. 26. (ubi est i. q. κατάλειμμα). 1 Maccab. I. 11. ῥίζα ἁμαρτωλός: ubi in Cod. Bessarionis VIII. reperitur ἀνὴρ ἁ. 3 Esdr. VIII. 89. ubi est i. q. σπέρμα. Ita et Christus Apoc. V. 5. XXII. 26. appellatur ἡ ῥίζα Δαβὶδ ad imitationem Hebr. שֹׁרֶשׁ Ies. XI. 10. LIII. i
2. Judith. VI. 19. ῥίζα τοῦ ὄρους, *radices montis.* Sirac. I. 6. ῥίζα σοφίας, *origo sapientiae*, coll. 4. 8. 9. Sap. XV. 3. ῥίζα ἀθανασίας, *causa efficiens* immortalitatis. Tob. V. 14. ἐκ ῥίζης καλῆς εἶ, nobili *familia* oriundus es. Conf. v. 13. De *statu prospero* et *firma felicitate* legitur Sap. I. 15. Sir. XXIII. 25. nam arbor, quae
multas et altas egit radices, est fir- k
miter posita.

'ΕΚ 'ΡΙΖΩ'Ν 'ΑΠΟ'ΛΛΥΜΙ, *a radicibus s. radicitus perdo.* שֵׁרֵשׁ Pih. *eradico.* Job. XXXI. 12.

a 'ΡΙ'ΖΑΝ ΒΑ'ΛΛΩ, *radicem facio, radices ago.* הִשְׁרִישׁ Hiph. idem. Job. V. 3.

'ΡΙΖΟ'Ω, *radices ago, radicor.* שֵׁרֵשׁ Pih. Ies. XL. 24. Jerem. XII. 2. Symm. Job. XXXI. 8. ῥιζωθείη. Aqu. Symm. Theod. Ies. XXVII. 6. Vide et Sir. III. 27. XXIV. 13. ἐῤῥίζωσα, *fixam sedem habui.*

'ΡΙ'ΖΩΜΑ, *radicamentum, radix,* *b* *quod radices egit, fixis radicibus stabilitum.* שֵׁרֵשׁ Pih. *erudico.* Psalm. LI. 5. Legerunt שָׁרְשְׁךָ, a שֹׁרֶשׁ, *radix.*—שֹׁרֶשׁ, *radix.* Job. XXXVI. 30.

*'ΡΙ'ΖΩΣΙΣ, *radicum emissio.* Ez. XVII. 5. λαβεῖν ῥίζωσιν φυτὸν sec. Compl. ubi κατὰ τὸ ῥητὸν nihil in textu Hebr. legitur.

'ΡΙ'Ν, *nasus, nares.* אַף. Job. *c* XXVII. 3. XL. 19. Ps. CXIII. 14. et alibi. — לָשׁוֹן, *lingua.* Job. XL. 20. In mente fortasse habuerunt locum Ies. XXXVII. 29. 1 Macc. II. 24. ἀνήνεγκε θυμὸν κατὰ τὴν ῥῖνα. Vide s. v. κρίμα.

'ΡΙΝΟ'ΚΕΡΩΣ, *rhinoceros, animal cornu unum in naso gestans.* רְאֵם, idem. Aqu. Job. XXXIX. 9. Conf. Bocharti Hieroz. P. I. Lib. III. c. *d* 27. p. 950.

'ΡΙΝΟ'ΚΟΥΡΑ plur., alias 'Ρινοκόρουρα (Scribitur etiam 'Ρινοκούρουρα apud Steph. Byz. p. 654. B.), it. 'Ρινοκόλουρα, *fluvius, qui Ægyptum a Palæstina disterminat.* Hebr. dictus שִׁיחוֹר, Jos. XIII. 3. et נַחַל מִצְרַיִם, *torrens Ægypti,* Ies. XXVII. 12. Cf. Michaëlis Supplem. p. 1627.

'ΡΙ'Σ, *ligo.* אַת, idem. Incert. *e* 1 Sam. XIII. 21. ῥίξιν.

*'ΡΙΠΙ'ΖΩ, *flabello ventum facio, ventilo,* et ex adjuncto *dispergo.* נְשָׂא Chald. *fero, aufero,* it. *dispergo.* Dan. II. 35. ἐῤῥίπισεν αὐτὰ ὁ ἄνεμος. Hesychius: ῥιπίζει, φυσᾷ, κινεῖ, κουφὴν τίθησιν, ἀνακαίει.

'ΡΙΠΙΣΤΟ'Σ, *qui ventilari potest, qui ventilatione refrigeratur, perflatilis, ventis pervius et expositus.* מְרֻוָּח part. Pyh. a רָוַח. Al. Jerem. *f* XXII. 14. ὑπερῷα ῥιπιστὰ, cœnacula *ventis pervia,* ubi alii εὐρύχωρα habent. Apuleius Metam. L. IV. p. 75. *domus tuæ patulum ac* perflatilem *locum:* ubi vid. Pricæum pag. 207. Hesych. ῥιπιστὰ, διαπνεόμενα.

'ΡΙΠΤΩ et 'ΡΙΠΤΕ'Ω, *projicio, abjicio, disjicio, prosterno.* *הִפִּיל Hiph. a נָפַל, *cadere facio.* Theodot. Jerem. XLII. 9. ubi quia de preci- *g* bus sermo est, ῥίπτειν per *offerre* vertendum est, sed adjuncta notione *humiliationis.* — הִשְׁלִיךְ Hiph. a שָׁלַךְ. Ies. XXXIV. 3. οἱ δὲ τραυματίαι αὐτῶν ῥιφήσονται, vulnerati eorum *hinc inde disjecti jacebunt.* Jerem. XIV. 16. ἔσονται ἐῤῥιμμένοι ἐν ταῖς ὁδοῖς, *disjecti erunt* in viis. Ita 1 Macc. XI. 4. σώματα ἐῤῥιμμένα sunt cadavera *hinc inde disjecta.* Matth. IX. *h* 36. ἐκλελυμένοι καὶ ἐῤῥιμμένοι ὡσεὶ πρόβατα, lassi et *hinc inde disjecti* tanquam oves. Inc. Cohel. III. 5. —*הִתְרְמֵא Chald. Ithpeh. a רְמָא, *abjicior.* Dan. VI. 7. et 12. sec. cod. Chis. — זָרַק, *spargo.* 2 Par. XXXIV. 4. — יָרָה. Exod. XV. 4. τὴν δύναμιν αὐτοῦ ἔῤῥιψεν εἰς θάλασσαν, exercitum ejus *projecit* in mare. — יָרַט, *inclino.* Job. XVI. 11. ubi *i* tamen dubium est, an יִרְטֵנִי a יָרַט, aut potius a רָמָה derivandum sit. Potest autem utrumque locum habere. Nam יָרַט notat *præcipitare,* et רָמָה est *projicere, dejicere,* ac fere semper in malam partem adhibetur. — כָּסַח, *succido,* it. *converro.* Ies. XXXIII. 12. ἄκανθα ἐν ἀγρῷ ἐῤῥιμμένη, spina in agro *disjecta.*—נִדַּם Niph. a דָּמַם, *exscindor.* Jerem. L. 30. οἱ πολεμισταὶ αὐτῆς ῥιφήσονται, a bellatores ejus prosternentur: ubi sine dubio loco Daleth legerunt Resch. Conf. supra s. הִתְרַמָּא. — נָפַל : הִפִּיל, Kal et Hiph. Jud. IV. 22. ἐῤῥιμμένος νεκρὸς, *projectus mortuus*. Jerem. XXXVIII. 26. ῥίπτω ἐγὼ τὸ ἔλεός μου κατ' ὀφθαλμοὺς τοῦ βασιλέως, *prosterno* ego *supplicationem* meam coram rege, h. e. *prostrato corpore misericordiam ejus imploro*. b Vide et Dan. IX. 18. 20. ac supra s. הִפִּיל. — צָנַף, *circumvolvo*. Ies. XXII. 18. — *קָסַם, *divino*. Hebr. Int. Ezech. XXI. 21. ῥίψαι, qua voce exprimere voluit certum divinationis genus, quod βελομαντεία dicitur: coll. Arab. قسم, *sagittis sortibusque diremit*. Vide supra s. ῥάβδος. — רָמָה. Exod. XV. 1. 21. ἵππον καὶ ἀναβάτην ἔῤῥιψεν εἰς θάλασ- c σαν, equum et equitem *projecit* in mare. — שָׁלַח, *mitto*. Jerem. XXXVIII. 11. ἔῤῥιψεν αὐτὰ (ῥάκη) πρὸς Ἰερεμίαν εἰς τὸν λάκκον, *projecit* illos (panniculos) ad Jeremiam in foveam. — שָׁמַט, *deturbo*. Al. 2 Reg. IX. 33. 1 Macc. V. 43. ἔῤῥιψαν τὰ ὅπλα αὐτῶν, *abjecerunt* arma sua. Vide et 1 Macc. VII. 44. XI. 51. Sir. X. 9. ὅτι ἐν ζωῇ ἔῤῥιψαν τὰ d ἐνδόσθια αὐτοῦ, quia in vita *projecerunt* intestina ejus. Sic enim ex Rom. et Ald. Ed. legendum censet Kühnius Quæst. Philol. Pent. I. p. 10. ubi et ellipticam ibi orationem esse putat, nec nominari, quid intestina hominis projiciant, quemadmodum alias Græci ἀποδιδόναι, ἀποσκευάζεσθαι, ἀποβάλλειν de *excrementorum ejectione* usurpare soleant.

e 'ΡΙ'Σ, *nasus*. אַף, idem. Symm. Job. XL. 19.

'ΡΟΑ' et 'ΡΟΙΑ', *malus punica*, item *malum punicum*, *malogranatum*. רִמּוֹן. Numer. XIII. 24. XX. 5. Deut. VIII. 8. et alibi sæpius. Adde Hebr. Int. Cant. IV. 13.

"ΑΝΘΟΣ 'ΕΝ 'ΡΟΑ͂, *flos in malogranato*. דָּם, *quies*, it. *similitudo*. Ezech. XIX. 10. ὡς ἄνθος ἐν ῥοᾷ. Apparet, eos legisse כְּרִמּוֹן, ex simi- f litudine literarum ב et כ, item ר et ד. Hieronymus *sanguinem* hic intellegit de flore purpurei coloris, qui sanguini similis est, qualis ferme est flos malogranatorum. Cæterum vide ad h. l. Dathium.

*'ΡΟ'ΔΙΟΣ, *Rhodius*. דְּדָן, *Dedan*. Ezech. XXVII. 15. Legerunt רֹדָן, *Rhodon*, unde *Rhodus* insula.

'ΡΟ'ΔΟΝ, *rosa*. *דַּר, *parium*. g Esth. I. 6. Legerunt inversis literis רד, quæ vox in l. Chald. et Arab. *rosas* notat. Arab. ورد est *rosa*. Conf. Fulleri Miscell. SS. Lib. V. c. 6. Adde Sap. II. 8. Sir. XXIV. 15.

*'ΡΟΔΟΦΟ'ΡΟΣ, ἡ, *rosifera, rosas ferens*. 3 Macc. VII. 17. εἰς Πτολεμαΐδα τὴν ὀνομαζομένην διὰ τὴν τοῦ τόπου ἰδιότητα ῥοδοφόρον, Ptolemaida, quæ ob loci proprietatem *rosiferæ* h nomen habet. Grotius ad h. l.: Hæc est Ptolemais in Arsinoite Nomo memorata Plinio et Ptolemæo, qui eam Ὅρμον cognominat. Ægyptus rosis celebrata apud Martialem.

*'ΡΟΙΑ'. Vide sub ῥοά. Adde Num. XX. 5. sec. codd. ab Holmesio collatos. Photius Lex. Ῥοιάς. Ἴωνες δὲ ἄνευ τοῦ ι ῥοάς. οὕτως Ἐπίλυκος. i

'ΡΟΙΖΕ'Ω, *strido, stridorem edo, cum stridore fluo, cum stridore jacio, jaculor*. הוֹרָה Hiph. a יָרָה, *jaculor*. 2 Reg. XIII. 17. sec. cod. Alex. Aqu. 1 Sam. XXXI. 3. ῥοιζοῦντες, *jaculantes*. Idem Psalm. LXIII. 8. ῥοιζήσει, *jaculabitur*. — נָזַל, *fluo*. Cant. IV. 15. ὕδατος ζῶντος καὶ ῥοιζοῦντος ἀπὸ Λιβάνου, aquæ viventis et *cum stridore fluentis* de Libano. Hesych. ῥοιζοῦντος, ἠχοῦντος.

a 'ΡΟΙ'ΖΗΣΙΣ, *stridor, jaculatio.* יָרָה infin. *jaculando.* Aqu. Exod. XIX. 13. ῥοιζήσει ῥοιζηθήσεται, cum stridore *jaculorum confodietur,* ubi vid. Montf. Kreyssigius cum Drusio ῥοιζήσει derivandum judicat a ῥοιζέω.

'ΡΟΙ'ΖΟΜΑΙ, *strideo.* *נוֹרָה Niph. a יָרָה, *jaculis conficior.* Aqu. Exod. XIX. 13. — צִפְצֵף, Pih. *pipio more*
b *avium.* Ies. XXIX. 4. ῥοίσεται.

'ΡΟΙ'ΖΟΣ, *stridor, sibilus, sonus, strepitus, impetus cum stridore.* שָׂחוּ, *natatio.* Ezech. XLVII. 5. ἐξύβριζε τὸ ὕδωρ ὡς ῥοῖζος χειμάῤῥου, efferebat se aqua, ut *flumen vehemens* torrentis. Convenit hoc aquæ, quæ tanta erat altitudine, ut natanda esset. Hesych. 'Ροῖζος, ψόφος, ἦχος, ῥεῦμα σφοδρόν. Sap. V. 12. βίᾳ ῥοίζου, *vi*
c *rapidi volatus.* Drac. v. 43. ἐν τῷ ῥοίζῳ τοῦ πνεύματος αὐτοῦ, *impetu* venti sui. 2 Macc. IX. 7. πεσεῖν αὐτὸν ἀπὸ τοῦ ἅρματος φερομένου ῥοίζῳ, ut caderet ille de curru cum *impetu* eunte.

'ΡΟΙ'ΣΚΟΣ, diminut. ex ῥοά, *malum punicum parvum,* nempe *effigiatum,* h. e. *corymbus aureus, ornatus gratia summi sacerdotis stolis annexus, ob mali Punici similitudinem sic*
d *dictus.* רִמּוֹן. Exod. XXVIII. 29. 30. Legitur etiam Sirac. XLV. 11. ubi ῥοΐσκοι χρυσοῖ sunt mala aurea, quæ de fimbria talaris pendebant. Vulg. *tintinnabula.* Vide Josephi A. J. III. c. 7. p. 142. ed. Haverc. Suid. ῥοΐσκοι, κόμποι χρυσοῦφαντοι, ὅμοιοι ῥοαῖς, εἰς κόσμον δὲ ὄντες τῆς τοῦ ἱερέως στολῆς.

'ΡΟΜΑ'ΣΤΡΑ, *hasta.* רֹמַח, *lan-*
e *cea, hasta.* Al. Joël. III. 10. ῥομάστρας, tanquam etiam σειρόμαστρον dixerint. Sed, ut recte monuit Kreyssigius in Symb. I. p. 18., ejiciendum est hoc vocabuli monstrum. Nam lectio ῥομάστρας in margine ed. Wechel. notata nihil aliud est, quam σειρομάστας, quod in LXX legitur, librariorum manibus capite truncatum, atque deinde in ῥομάστρας mutatum.

'ΡΟΜΦΑΙ'Α, *gladius,* it. *jaculum* f
oblongum, hasta. הָחֳרֵב infinitive Hoph. a חָרַב, *digladiando, devastando.* 2 Reg. III. 23. — חֲנִית, *hasta.* 1 Par. XI. 11. 20. Ps. XXXIV. 3. — חֶרֶב. Gen. III. 24. Exod. V. 21. XXXII. 26. et alibi sæpissime. — *חֹרֶב, *siccitas, vastitas.* Ezech. XXIX. 10. εἰς ἔρημον καὶ ῥομφαίαν καὶ ἀπώλειαν. Hieronymus: *in solitudinem gladio dissipatam.* Admodum inepte. Hagg. I. 11. Utrobi- g
que legerunt חֶרֶב. — *חָרְבָה, *vastitas.* Ps. IX. 6. Legerunt חֲרָבוֹת. — *עֶצֶן, *hasta.* 2 Sam. XXIII. 8. ubi vid. Intt. Præterea legitur 1 Sam. II. 33. ubi illud ἐν ῥομφαίᾳ vel de suo addiderunt, vel legerunt בְּחֶרֶב אֲנָשִׁים. 1 Maccab. IX. 73. κατέπαυσε ῥομφαία ἐξ 'Ισραήλ, cesserunt *bella* in Israël: ubi ῥομφαία de *bello* s. *dissidiis* synecdochice dicitur. Eodem modo Matth. h
X. 34. μάχαιρα opponitur τῇ εἰρήνῃ, et in loco parallelo Luc. XII. 51. per διαμερισμὸν explicatur. Quin ipsi LXX Levit. XXVI. 6. חֶרֶב per πόλεμον transtulerunt. Hesych. ῥομφαία, ἑράκιον, ἀμυντήριον (lege: Θρᾴκιον ἀμυντήριον, et vide Suiceri Thes. Eccl. T. II. p. 908.) μάχαιρα, ξίφος, ἢ ἀκόντιον μακρόν. Apud Suidam etiam exponitur μακρὸν ἀκόντιον. Plura de hac voce vide apud i
Zach. Boganum in Homero 'Εβραΐζοντι p. 324.

'ΕΝ 'ΡΟΜΦΑΙ'Α ΠΙ'ΠΤΩ, *gladio cado.* מוּת, *morior.* 1 Sam. II. 35.

'ΡΟ'ΠΑΛΟΝ, *clava, baculus altero extremo crassior,* it. *fustis, scipio.* מֵפִיץ, *malleus.* Prov. XXV. 18. ῥόπαλον καὶ μάχαιρα καὶ τόξευμα, *clava* et gladius et sagitta. Homero (qui hac voce quoque usus est Iliad. Λ', 558. et 560.) Il. Η',

a v. 141. κορύνη vocatur, ubi Scholiastes κορύνην interpretatur ῥόπαλον, et
ῥόπαλον exponit ἀμυντήριον ἑτεροῤῥεπὲς,
ἐξ ἑνὸς μέρους ῥοπὴν ἔχον καὶ βάρος.
Suidas: Ῥόπαλα, τὰ ξύλα, παρὰ τὸ
ῥαπίζειν, ἢ τῇ ῥοπῇ ἀλοιᾷν. Cf. Aristoph. Ran. v. 47. et notas Perizonii
in Æliani V. H. Lib. IV. c. 1.

'ΡΟΠΗ', *declinatio*, *devergentia*,
proclivitas, item *momentum*, sc. *lan-*
b *cis stateræ ad imum vergentis*, *in-*
clinatio, *nutus*, *declivitas*, *propen-*
sio, etiam: *momentum*, *ira*, *quia*
ira parum durat. *חֶרֶב, *gladius*.
Jos. XIII. 22. ἐν τῇ ῥοπῇ, pro quo
Cod. Oxon. habet προνομῇ. Ald. et
Compl. τροπῇ exhibent. (Voces ῥοπὴ
et τροπὴ haud raro permutantur.
Sic apud Josephum A. J. Lib.
XII. c. 3. §. 3. Tom. I. p. 597.
c loco τροπῆς reponendum est ῥοπῆς,
quod longe elegantius est. Conf.
Dionys. Hal. Ant. Rom. Lib. V. p.
270. et L. VII. p. 448.) Sed verba
hæc admodum incommodum sensum habet, et cum textu Hebr. nullo
modo conciliari possunt. Non vana
itaque est suspicio, vel legendum
esse ἐν τροπῇ, vel ῥοπῇ permutandum
esse cum ἅρπῃ. Est autem ἅρπη
d vox Phœnicio-Græca, et in linguam
Latinam adeo translata, quæ *gladium*
leviter curvatum, *falci similem* significat, et de qua copiose exposuit
Bochartus Hieroz. P. II. Lib. V. c.
15. p. 760. seq. Cæterum confirmatur hæc conjectura verbis ἐν
ῥομφαίᾳ, quæ in Ald. et Compl.
ante ἐν τῇ τροπῇ inserta reperiuntur,
et merum glossema sapiunt. —
e מֹאזְנַיִם. Symm. Psalm. LXI. 10.
ῥοπὴ ζυγοῦ. — פֶּלֶס, *statera*. Prov.
XVI. 12. ῥοπὴ ζυγοῦ, *momentum lan-*
cis. — רֶגַע, *momentum*. Hebræus
Int. sec. Chrysost. Job. XX. 5.
πρὸς ῥοπήν. — שַׁחַק, *pulvis tenuissi-*
mus. Ies. XL. 15. ῥοπὴ ζυγοῦ, ubi
ῥοπὴ *incrementum* notare, moneo
contra Gatakerum ad Antonin. p.
244. Gloss. Vett. Gr. Lat. H.
Steph. ῥοπὴ ἐπὶ ζυγοῦ, *incrementum*. f
Aquila Prov. VIII. 78. ῥοπὰς, ubi
ῥοπὰς in τροπὰς mutandum esse
conjicere aliquis posset. Aqu. sec.
Abulpharagii Comment. in Psalmos Syriacum (cujus excerpta dedit Adlerus Repertor. Eichhorn.
P. XIII. p. 184.) Ps. XXXV. 6.
Conf. Sap. XI. 23. Suiceri Thes.
T. II. p. 910. et Colomesii Obss.
SS. p. 665. Sir. I. 19. ῥοπὴ τοῦ θυ- g
μοῦ αὐτοῦ, *inclinatio* vel *impetus* iræ
ejus. Sap. XVIII. 12. πρὸς μίαν
ῥοπὴν, ad unum *momentum*. Hesych.
ῥοπὴ, κλίσις, νεῦμα, ῥάβδος, δύναμις,
βοήθεια.

'ΡΟΥ͂Σ, 'ΡΟΟ'Σ, *fluentum*, *cursus*
fluminis. שִׁבֹּלֶת. Aqu. Ps. LXVIII.
3. Sir. IV. 29. μὴ βιάζου ῥοῦν ποταμοῦ, ne violenter cohibeas *cursum*
fluminis. Hesych. ῥοῦν, ῥεῦμα. h

*'ΡΟΦΕ'Ω, *sorbeo*, *sorbillo*, *hau-*
rio. עָלַע. Symmach. Job. XXXIX.
30. ἐῤῥοφῶσιν. Arab. فلع notat
inserta in vas lingua sorbere. Conf.
Etymol. M. 705. 26.

'ΡΟΩ'Ν, Ω͂ΝΟΣ, *hortus* seu *ager*
malis punicis consitus. Κοπετὸς ῥοῶνος, *planctus de horto malis punicis*
consito. הֲדַדְרִמּוֹן, *Hadadrimmon*,
urbs juxta Jezreelem secundum i
Hieronymum. Zach. XII. 11. ὡς
κοπετὸς ῥοῶνος. Sic enim legendum,
non autem ῥοῶν, ut habet Compl.
Legerunt divisim. Sc. רִמּוֹן *malo-*
granatum significat, et Arab. عَنَّ
notat *sonum graviorem* vel *vocem*
edidit.

'ΡΥ'ΑΞ, *rivulus*, *canalis*, *proflu-*
vium, *eluvies*. מִחוּצָה, *extra*, *foris*.
Ezech. XL. 41. Lex. Cyrilli MS. k
Brem. ῥύακες, ῥεύματα, ὑδρηγοί.

'ΡΥ'ΔΗΝ, *affluenter*, *vehementer*,
confertim. 2 Macc. III. 25. sec.
Vat. ὁ ἵππος φερόμενος ῥύδην, equus
citato cursu irruens. Hesych. ῥύδην,
εὐκόλως, ἢ ἀθρόως ἐπιτρέχοντες, aut
potius ἐπιτρέχων. Idem: ῥυδὸν, ἢ

a ῥύδην, χύδην, δαψιλῶς, ῥευστικῶς, σφοδρῶς. Cf. Suidam in v. ῥύδην. Lex. Cyrilli MS. Brem. ῥύδην, ὡς ἐπὶ ῥεύματος.

'PΥ'Ε'Ω, *fluo*, *mano*, *effluo*. זוּב,
idem. Ps. LXXVII. 23. ἐῤῥύησαν
ὕδατα, *manabant* aquæ. Ita et Ps.
CIV. 40. Hesych. ἐῤῥύησαν, ἔβρυον.
Ies. XLVIII. 29. — יָלַד, *eo*. Joël.
III. 18. ῥυήσονται γάλα, *fluent* lacte.
— נָזַל. Ps. CXLVII. 7. Symmach.
b Job. XXXVI. 28. Aqu. Cant. IV.
16. — נָמַק Niph. a מָקַק, *tabesco*.
Zach. XIV. 12. οἱ ὀφθαλμοὶ αὐτῶν
ῥυήσονται ἐκ τῶν ὀπῶν, oculi eorum
effluent e foraminibus. Lex. Cyrilli
MS. Brem. ῥυήσονται, φθαρήσονται
(Ita quoque Zonaras Lex. 1623.),
ἢ ἐγχρίσουσιν. Vide et Sap. XVI. 29.

'PΥ'ZHN, *affluenter*, *vehementer*,
confertim, *affatim*. 2 Macc. III.
c 25. ubi tamen alii rectius ῥύδην pro
ῥύζην habere videntur.

'PΥΘΜΙ'ZΩ, *ad numeros aptos
redigo*, *ad regulam compono*, *formo*,
apto, *concinno*. יָצַר. Theod. Ies.
XLIV. 12. ῥυθμιεῖ. — תָּאַר, *delineo*.
Ies. XLIV. 13. ἐν τερέτρῳ ἐρύθμισεν
αὐτὸ, terebra *juxta regulam formavit
illud*. Hesych. ἐρύθμισεν, ἐκανόνισεν:
cui ἀντίτυπον addit Zonaras Lex.
d 875. apud quem ἐῤῥύθμισεν scribitur.
Suidas: ῥυθμίζει, αἰτιατικῇ, διατυποῖ,
κανονίζει, εὐθύνει.

'PΥΘΜΟ'Σ, *rhythmus*, *numerus
seu modulus certa proportione constans*, *canon*, *aptitudo*, *apta proportio*, *modus*, *concinnitas*, *forma*, *concentus*. חַמּוּק, *ambitus*. Cant. VII.
1. ῥυθμοὶ μηρῶν σου ὅμοιοι ὁρμίσκοις,
formæ femorum tuorum similes
e monilibus. — מַעֲשֶׂה, *opus*. Exod.
XXVIII. 15. κατὰ τὸν ῥυθμὸν τῆς
ἐπωμίδος, ad *formam* amiculi. Sic
Ælianus V. H. Lib. XIII. cap. 33.
τοῦ ὑποδήματος τὸν ῥυθμὸν *formam cal-
cei* appellat. — תַּבְנִית, *forma*. 2
Reg. XVI. 10. τὸ ὁμοίωμα τοῦ θυσιαστηρίου, καὶ τὸν ῥυθμὸν αὐτοῦ, similitudinem altaris, et *formam* ejus. Sap.
XVII. 19. ῥυθμὸς ὕδατος πορευομένου
βίᾳ, *sonitus*, *murmur aquæ vi euntis*. f
Sap. XIX. 17. ὥσπερ ἐν ψαλτηρίῳ
φθόγγοι τοῦ ῥυθμοῦ τὸ ὄνομα διαλλάσ-
σουσι, sicut in psalterio soni *concentus* nomen permutant. Hesych.
ῥυθμὸς, κανὼν, μέτρον, τρόπος, μέλος
εὔφωνον, ἀκολουθία, τάξις, σύγκρισις.
Lex. Cyrilli MS. Brem. ῥυθμὸς, ἀκολουθία, ἁρμονία, μέλος εὔφωνον, καὶ
τάξις, ἢ σύγκρισις.

'PΥΘΜΟ'Ω, *concinno*, *formo*. יָצַר, g
formo, *fingo*. Symm. Ies. XLIV.
12. ἐν τερέτρῳ ἐρύθμωσεν αὐτὸ, terebra
formavit illud.

'PΥ'MH, *vicus*, *platea*. רְחֹב. Ies.
XV. 3. ἐν ταῖς ῥύμαις, in *plateis*. Sir.
IX. 7. ἐν ῥύμαις πόλεως, h. e. in *secretis locis urbis*, *ubi nullus est hominum confluxus*, *et meretrices fre-
quentare solent*, i. q. in seq. ἐν τοῖς
ἐρήμοις αὐτοῦ. Tob. XIII. 17. αἱ ῥύ- h
μαι, *qui sunt in plateis*: nam tribuitur ipsis sermo.

'PΥΜΝΟ'Σ, *munitus*. Ita legit
Kircherus 2 Macc. XI. 5. ubi tamen alii rectius ἐρυμνῷ pro ῥυμνῷ
habent.

'PΥ'OMAI, *libero*, *redimo*, *eripio*,
servo, *custodio*. אִשֵּׁר Pih. *dirigo*.
Ies. I. 17. אַשְּׁרוּ h. l. notat *rectifi-
care*, h. e. *in pristinum felicem statum reducere*. — גָּאַל, *redimo*. Gen.
XLVIII. 16. Ies. XLIV. 6. XLVII. i
4. et alibi. — הִגְדִּיל Hiph. *magni-
fico*. Dan. VIII. 11. N. L. —
הוֹשִׁיעַ Hiph. a יָשַׁע, *servo*. Exod.
II. 17. XIV. 30. Ezech. XXXVII.
23. — הִצִּיל Hiph. a נָצַל. 2 Sam.
XIX. 9. Ps. XVII. 52. XXXVIII.
12. et alibi sæpius. — הַצֵּל Chald.
Aphel a נְצַל. Dan. III. 30. VI.
27. — הֵשִׁיב Hiph. a שׁוּב, *reverti
facio*. Job. XXXIII. 30. — חָלַץ,
eruo, *extraho*. Ps. VI. 4. XVII. 22.
XXXIII. 7. — *יֵשַׁע, *salus*. Inc.

a Hab. III. 13. לְיֵשַׁע, *in salutem*, ῥύσασθαι. — כָּסָה Pih. *tego*. Job. XXXIII. 17. τὸ δὲ σῶμα αὐτοῦ ἀπὸ πτώματος ἐῤῥύσατο, corpus autem ejus a lapsu *custodivit*. — מִלֵּט Pih. *eripio*. Job. XXII. 30. Ps. CXIV. 5. et alibi. — מַרְפֵּא, *medicina*. Prov. XIII. 18. ῥύσεται αὐτόν. Ex sententia Jaegeri ad h. l. מַרְפֵּא significatum h. l. communicat cum
b מַרְפֶּה, *vinculis solutum dimittit*. Mihi vero sensum secutus esse videtur. Vide infra s. v. רָפָא. — נֶחֱלַץ Niph. *liberor*. Aqu. Prov. XI. 9. ῥυσθήσονται. — נָצַר, *custodio*. Ps. CXXXIX. 1. ἀπὸ ἀνδρὸς ἀδίκου ῥῦσαί με, ab homine injusto *custodi* me. Hes. ῥῦσαι, φυλάξαι. Sic 2 Tim. IV. 18. ῥύσεταί με ὁ κύριος ἀπὸ παντὸς ἔργου πονηροῦ, *custodiet* me dominus
c ab omni opere malo. — עָזַר, *juvo*. Dan. XI. 45. — פָּדָה, *redimo*. Job. V. 20. VI. 23. Hos. XIII. 13. — פְּדוּת, *redemtio*. Ies. L. 2. — פִּלֵּט Pih. *eripio*. 2 Sam. XXII. 44. Ps. XVI. 14. XVII. 52. — פָּצָה, h. l. *aperiendo et disrumpendo libero*. Psalm. CXLIII. 12. — קָבַע, *rapio*. Prov. XXII. 23. ubi Grabius quidem recte auctoritate Cod. Laud. σὴν in
d τὴν mutavit, male autem pro ῥύσῃ posuit ῥύσει. Cæterum voci קָבַע *defendendi* ac *sospitandi* notio suggesta est a LXX a קוֹבַע, *galea*, ut jam monuit Jaegerus, qui huc omnino conferendus est. — רוּץ, *curro, currendo aufugio*. Ps. XVII. 31. Suid. ῥυσθήσομαι, λυτρωθήσομαι. — רָפָא, *sano*. Hos. V. 13. Ita quoque Inc. Bene quoad sensum, ut
e series orationis docet. — שֵׁיזִיב Chald. Pah. Dan. III. 17. Suidas: ῥῦσαι, λυτρῶσαι. Hesychius: ῥύσατο, ἠλευθέρωσεν, ἐλυτρώσατο.

'ΡΥΠΑΡΟ'Σ, *sordidus*. צֹאִים plur. *sordes, excrementa*. Zach. III. 3. 4.

'ΡΥ'ΠΟΣ, *sordes*. טָמֵא, *immundus*. Job. XIV. 4. — צֵאָה, *excrementum*. Ies. IV. 4. — *צֵאָה, in regim. צֵאַת. Incert. (sine dubio f
Aquila. Vide ad h. l. Montfauc.). Prov. XXX. 12. ἀπὸ ῥύπου, a sordibus. Symm. Theod. sec. cod. 108. Holm. Deut. XXIII. 13. τὸν ῥύπον σου. Sic enim legendum loco τὴν ῥύπτον σου. Permutatum est צֵאָה cum צֹאָה. — שַׁחַת, *fovea*. Job. IX. 31. Vulg. *sordibus*. — שִׁמְצָה, *infamia*. Aquila Exod. XXXII. 25. εἰς ὄνομα ῥύπου, in nomen *turpitudi-* g
nis. Legit divisim שֵׁם צֹאָה.

'ΡΥ'ΠΟΝ 'ΕΚΔΥ'Ω, *sordes exuo*. הָיָה מֻצָּק, *sum validus*. Job. XI. 15. Libere ita verterunt ob antecedentia, nec sine allusione ad morbum Jobi.

*'ΡΥΠΟ'ΟΜΑΙ, *sordeo*. בָּצֵק, *tumeo*. Deut. VIII. 4. οὐκ ἐῤῥυπώθησαν sec. cod. XI. Holm. Est fortasse alius interpretis de sensu tantum h
solliciti, aut in ἐτυλώθησαν mutandum.

'ΡΥ'ΣΙΣ, *liberatio*. Sir. LI. 13.

'ΡΥ'ΣΙΣ, *fluxus*, a ῥύω, *fluo*. זָב part. *fluens*. Lev. XV. 2. — זוֹב. Levit. XV. 2. 3. 13. 15. — מָקוֹר, *scaturigo*. Lev. XX. 18. — מִקְרֶה, *accidens*. Deut. XXIII. 10. ἐκ ῥύσεως αὐτοῦ. Sic quoque vocem Hebr. per *fluxum*, ex Arab. قرى, *fluxit*, i
exponunt Guisius ad Berachoth. c. 3. §. 4. et Clericus in Comment. ad h. l. — תְּעָלָה, *aquæductus*. Job. XXXVIII. 25. Suidas: ῥύσις ὕδατος, ῥεῦσις.

'ΡΥ'ΣΤΗΣ, *liberator, redemtor, servator*. מְפַלֵּט part. Pih. Psalm. XVII. 1. LXIX. 7. CXLIII. 2.

a Hesych. ῥύστης, σωτὴρ, λυτρωτής. Sine auctoritate prostat in Lexicis. Similis vox est ῥύτωρ, h. e. σωτὴρ, βοηθὸς, Hesychio interprete.

'ΡΥ'Ω, *fluo*. רָעַף, *stillo*. Prov. III. 20. Addit. Esth. XIV. 13. sec. vet. Arund. λόγον εὖ ῥυόμενον, sermonem bene fluentem, i. q. in aliis libris εὔρυθμον. Vulg. *verbum concinnum*.

*'ΡΩΜΑΙ'ΟΙ, *Romani*. כִּתִּים, b *Kittim, Italiæ incolæ*, et eximie *Romani* sec. Venemam ad Dan. XI. 30. ubi 'Ρωμαῖοι huic voci sec. cod. Chis. respondet. Vide ad h. l. editor. Rom. Diss. III. p. 394. 407.

'ΡΩΜΑΛΕ'ΟΣ, *fortis, robustus*. 2 Macc. XII. 27. Hesych. ῥωμαλέος, ἰσχυρὸς, ἀνδρεῖος, ὑγιὴς, γενναῖος, θρασὺς, ῥωμώδης.

*'ΡΩ'ΜΗ, *fortitudo, generositas*. c 2 Macc. III. 26. τῇ ῥώμῃ ἐκπρεπεῖς. Vulg. *virtute decori* s. *generosi*. Syrus: *specie formosi*. 3 Macc. II. 4. γίγαντες ῥώμῃ πεποιθότες, et ibid. c. III. 14. Hesych. ῥώμη, δύναμις, ἰσχὺς, σωματικὴ ὑγεία, ἀνδρεία. Suidas: ῥώμη, ἰσχύς.

'ΡΩ'ΝΝΥΜΙ, *roboro*. 'Ρώννυμαι, *valeo, corroboror, confirmor animo*. *הִתְגָּרָה, *litem misceo*. Inc. Int. d sec. Cod. 130. Holm. Deut. II. 5. Bar. V. 5. 2 Macc. IX. 20. XI. 21. 28. Hesych. ἔῤῥωμαι, ὑγιαίνω.

'ΡΩ`Ξ, *scissura, fissura*, it. *acinus, granum, bacca*. נֹקֶף, *olearum extrema decussio*. Ies. XVII. 6. ὡς ῥῶγες ἐλαίας. — פֶּרֶט, *acinus deciduus*. Lev. XIX. 10. ubi Ald. habet ῥᾶγας, quam lectionem tuetur auctoritas Eustathii ad Odyss. Γ', e p. 1633. 44. Vide Sturz. de Dial. Maced. p. 192. — תִּירוֹשׁ, *mustum*. Ies. LXV. 7. Suidas et Hesych. ῥὼξ, κόκκος. Lex. Cyrilli MS. Brem. ῥὼξ, κόκκος, ἐπὶ τῆς σταφυλῆς ῥάξ.

'ΡΩΠΟΠΩ'ΛΗΣ, *venditor rerum minutarum* aut *mercium parvi pretii, scrutarius*, item: *aromatarius*. רֹכֵל, *aromatarius*. Nehem. III. 31. 32. 1 Reg. X. 15. ἐμπόρων τῶν ῥωποπωλῶν, ubi cod. Alex. vitiose habet ῥοποπω- f λῶν. Lexic. Cyrilli MS. Brem. et Hesychius: 'Ρωποπῶλαι, μυροπῶλαι. Rursus Hesychius: ῥωποπώλης, ὁ ῥῶπον πωλῶν. 'Ρῶπον δὲ ἔλεγον τὸν λεπτὸν καὶ ποικίλον φόρτον. Eustathius: 'Ρῶπος, λεπτὸς καὶ εὐτελὴς (Bene ita pro ἀτελὴς legendum censet Bentleius Epist. ad Millium p. 48. ejusque emendationem firmat Phavorinus.) φόρτος, ὡς δὲ Αἴλιος Διονύσιος g λέγει, καὶ ποικίλος. γέλγην δὲ, φησίν, αὐτὸν ἔλεγον οἱ παλαιοί. Confer Hesychium in γέλγη. Etymologicum MS. ῥῶπος, μίγματα, χρώματα, ὅσα ζωγράφοις καὶ γραφεῦσι καὶ μυρεψοῖς χρησιμεύει. ὅθεν καὶ ῥωποπῶλαι. τινὲς δὲ τὸν παντοδαπὸν φόρτον ῥώπαλον (Lege ῥῶπον) λέγουσι. Ita etiam Suidas, nisi quod pro μίγματα χρώματα habeat: μίγματα χρωμάτων, et, ut h Bielio videtur, male, et in fine pro φόρτον ῥώπαλον rectius φόρτον εἰρήκασι. Lex. Cyrilli MS. Brem. pro μίγματα χρώματα unicam vocem σμήγματα habet (quæ procul dubio ex μίγματα corrupta est) et in reliquis verbis Suidæ convenit.

'ΡΩ'Σ. Ipsa vox Hebr. רֹאשׁ, *caput*. Ezech. XXXVIII. 2.

'ΡΩ`Ψ, *vimen flexile, virgultum*. i שִׁיחַ. Aqu. Ies. XXVII. 4. ῥῶπα. Ita Bielius et Trommius. Sed l. l. in textu Hebr. שָׁיִת legitur, nec in Hexaplis Origenianis a Montfauconio editis versio hæc Aquilæ prolata reperitur. LXX καλάμην posuerunt. Suidas: ῥὼψ τὸ φυτὸν, καὶ ῥὼψ (sic bene scribendum censet Küsterus pro ῥῶψα) βοτάνη ἁπαλή. Hesych. ῥῶπες, τὰ δασέα τῶν φυτῶν, καὶ θαμνώδης ὕλη, καὶ εἶδος λύγου. Suidas: ῥὼψ τὸ φυτὸν, καὶ ῥὼψ, βοτάνη ἁπαλή.

Σ

***Σαβαείμ.** Est ipsa vox Hebr. סְבָאִים, plur. *Sabæi*, nomen proprium populi. Ies. XLV. 14.

***Σαβάτ.** Nomen mensis Hebræorum undecimi, Januario nostro ex parte respondentis, Hebr. שְׁבָט. Zach. I. 7. Syr. ܫܒܛ (in Februarium incidens), Arabibus سباط et شباط. 1 Macc. XVI. 14. Cf. J. D. Michaëlis de Mensibus Hebræorum pag. 32. 43. et 52. in Ej. Commentatt. Societ. Reg. Scient. Goett. Annis 1763. seq. Oblatis.

Σαβαχά. Ipsa vox Hebr. שְׂבָכָה, *reticulum*. 2 Reg. XXV. 17. Gloss. in Lib. 4 Reg. ἐπὶ τὸ σαυβαχὰ (Cod. MS. Barocc. σαββαχὰ), κατὰ τὸ δίκτυον.

Σαβαώθ et **Σαββαώθ**, *Zebaoth*. Est ipsa vox Hebr. צְבָאוֹת plur. a צָבָא, *exercitus*. Hinc nomen soli Deo proprium, quasi *Deus* vel *Dominus exercituum*, h. e. *cœli et corporum cœlestium*. Vide 1 Sam. I. 3. 11. XV. 2. XVII. 45. Ies. I. 9. et alibi. Hesychius: σαβαὼθ, στρατιῶν: ubi vide Intt. Apud eundem Σαβαὼθ redditur παντοκράτωρ, quod LXX Hebr. צְבָאוֹת, si cum nomine Dei conjungatur, sæpius per vocem παντοκράτωρ exprimere soleant. In oraculis Sibyllinis plus vice simplici σαβαὼθ usurpatur, ut nomen Dei proprium, separatim sine ullo alio nomine divino; sed male. Vide Drusium Epist. 59.

***Σαββαταῖος**, *Sabbatæus*. שַׁבְּתַי. Est nomen proprium viri, quasi a sabbato sic appellati. Nehem. XI. 16.

Σαββατίζω, *sabbatizo*, *sabbatum ago*. שָׁבַת, *quiesco*. Exod. XVI. 30. Lev. XXIII. 32. XXVI. 35. Vide quoque Cyrillum c. Jul. Lib. X. p. 351. D. et Clement. Alex. Strom. p. 323. 21.

Σάββατον, et passim in plur. σάββατα, *sabbatum*, *sabbata*. *שֶׁבֶת, *sedes*. Amos VI. 3. Legerunt aliis punctis subjectis שְׁאֵת. — שַׁבָּת, *quies*. 2 Reg. XI. 7. πᾶς ὁ ἐκπορευόμενος τὸ σάββατον, pro κατὰ τὸ σάββατον, omnis, qui egreditur sabbato. Vide et 2 Reg. XI. 5. 9. et alibi sæpius. — שַׁבָּתוֹן. Ipsa vox Hebr. Inc. Lev. XIII. 29. XXV. 5. Suidas: Σάββατον, ἑβδόμη ἡμέρα ἐπέχουσα τοῦ κυκλικοῦ διαστήματος τῆς ἑβδόμης: et paulo post subjungit: ἀργίαν δὲ εἶχε τὸ σάββατον, ἀλλὰ τὴν πνευματικὴν ἐργασίαν πολλαπλασίονα ἐπετέλουν. Idem: Σάββατον, ἀργία, κατάπαυσις. Præterea legitur 1 Macc. VI. 49. ὅτι σάββατον ἦν τῇ γῇ, h. e. vel: *ob vacationem terræ datam* s. *quia terra non culta erat*, vel: *quia annus tunc agebatur septimus* seu *sabbaticus*, *per quem terra vacabat frugibus*. Posteriorem interpretationem præferendam puto ob v. 53. ubi diserte dicitur: διὰ τὸ ἕβδομον ἔτος εἶναι. Eodem modo etiam Hebr. שַׁבָּת sumitur Lev. XXV. 6. coll. v. 5.

Σάββατον ποιέω, *sabbatum facio*. עֲרֻבָּה לָקַח *pignus accipio*. 1 Sam. XVII. 18. καὶ τὸ σάββατον ποιήσεις μετ' ἐμοῦ. Verba hæc, quæ in Ald. et Compl. tantum reperiuntur, continent additamentum, cuju *a* sensum, et unde desumtum sit, me ignorare fateor.

ΣΑ'ΒΒΑΤΑ ΣΑΒΒΑ'ΤΩΝ, *sabbata sabbatorum.* שַׁבָּת שַׁבָּתוֹן, *sabbatum quietis.* Lev. XIII. 32. XVI. 31. (Vide supra s. v. ἀνάβασις.) XXIII. 32. Fullerus Miscell. Sacr. Lib. II. c. 10. p. 229. et alii suspicantur, plurale σάββατα formatum esse ex eo, quod sono conveniat *b* cum Syr. שַׁבְּתָא, quod speciem neutrius pluralis apud Græcos habet. Cf. Relandum Antiqu. Hebr. pag. 446. et Wolfium ad Marc. I. 21. p. 430.

ΣΑΒΕΙ'Ρ vel rectius juxta al. Σαβεὶ sive Σαβί. Ipsa vox Hebr. צְבִי, *decor, gloria.* Dan. XI. 16. Confer Drusium in Fragm. Vett. Intt. GG. p. 1232.

c ΣΑΒΕ'Κ. Ipsa vox Hebr. סְבַךְ, *perplexum, vepretum, locus multis fruticibus perplexus.* Hinc φυτὸν σαβὲκ. Gen. XXII. 13. ἰδοὺ κριὸς εἷς κατεχόμενος ἐν φυτῷ σαβὲκ, ecce aries aliquis, qui detinebatur in frutice σαβέκ. Videntur hic duæ versiones coaluisse. Vide ad h. l. Flamin. Nobil. et Drusii notas. Gloss. in Octateuchum: ἐν φυτῷ σαβὲκ, ἐν φυ- *d* τῷ ἀφέτῳ. Hesych. Σαβὲκ, βάτος. ἐν φυτῷ σαβέκ. Sic enim legendum est. Vide ibi Intt. Phavorinus: σαβὲκ, τὸ παρ' ἡμῖν χρυσολάχανον. Lex. Cyrilli MS. Σαβὲκ, χρυσολάχανον, παρὰ Ἰουδαίοις δάσος. Is. Vossius de LXX Intt. pag. 430. putat, σαβὲκ fuisse *gelsominum* s. *jasminum,* qui frutex frequens est in Ægypto et Syria, passimque eo vestiuntur se- *e* pes, pergulæ et umbracula. Conjecturam hanc vel ipsum ei videtur nomen confirmare. *Sambach* enim aut etiam *Zabach* hæc planta appellatur Arabibus, Syris et Ægyptiis. Sed vide contra illum Steph. le Moyne Obss. ad Var. Sacr. pag. 703. Cæterum in Scholio vetere prolato a Bosio ad h. l. et Gloss. Bibl. Coislin. p. 475. Σαβὲκ exponitur ἄφεσις, et additur: ἀπὸ τῆς Σύρας *f* διαλέκτου. Ita etiam Lex. Orig. p. 233. et Suidas, nisi quod apud hunc vox διαλέκτου omissa sit. Male autem ibi vox derivatur a Chald. שְׁבַק, *dimisit.*

ΣΑΓΗ', *tegmen, stragulum, operimentum equi, stratum, phaleræ, clitellæ,* a σάττω, *onero.* 2 Macc. III. 25. Scribitur alias σάγη, quam Hesychius τὴν ὅλην πανοπλίαν, ἢ περιβόλαιον, σκέπασμα interpretatur. Conf. *g* Pollucis Onom. Lib. X. cap. 42. segm. 54. ibique notas Hemsterhusii. Reperitur quoque hæc vox apud Josephum, v. c. A. J. I. 19. 11. ubi pro τὰ σάγματα, quod Gen. XXXI. 34. LXX Intt. posuerunt, τὴν σάγην scripsit.

ΣΑΓΗ'ΝΗ, *sagena.* חֵרֶם, *rete.* Cohel. VII. 27. Ezech. XXVI. 5. 14. et alibi. — מִכְמֶרֶת, *rete,* vel potius *fovea.* Hab. I. 15. — מִכְמֹרֶת, *h* idem. Ies. XIX. 8. — רֶשֶׁת, *rete.* Inc. Psalm. X. 9. et Ezech. XLVII. 10.

ΣΑ'ΓΜΑ, *onus jumenti sarcinarii, stratum* vel *clitellæ.* כַּר, *sella camelina,* Arab. كور. Genes. XXXI. 34. ἐνέβαλεν αὐτὰ εἰς τὰ σάγματα καμήλου, injecit illa in *strata* cameli. Hesych. post σαφήνως: σάγματα, φορτία, ubi Is. Vossius σάχματα legendum existimat. Lex. vet. σάγ- *i* ματα, κανθήλια, *clitellæ, aut strata jumentorum.* Commentator vetus Cruquii ad Horatii Sat. I. 5.: *Clitellas, sagmas sive sellas, quibus strati muli sarcinas et onera gestant.* Confer Schefferum de Re Vehicul. Lib. II. c. 2. p. 8. seq. ac supra s. v. σαγή.

ΣΑ'ΓΟΣ, *sagum.* שְׂמִיכָה, *sagma, stragula villosa.* Theodot. Jud. IV. 18. Hesych. σάγος, μέρος τι τῆς πανοπλίας.

ΣΑΔΑΙ', *saddai.* Est ipsa vox

a Hebraica שַׁדַּי, *omnipotens, sufficiens.* Ezech. I. 24. X. 5. Symm. Job. VI. 4. Hesych. Σαδδαΐ, ἱκανοῦ. Ita enim legendum est e Gloss. MS. in Ezech. et Gloss. Brem. Cf. Alberti Gloss. Gr. in N. T. p. 35. et Ruth. I. 20. 21. Job. XXI. 15. XXXI. 2. XL. 2. ubi LXX שַׁדַּי per vocem ἱκανὸς reddunt.

ΣΑΔΗΜΩ΄Θ. Ipsa vox Hebr.
b שְׁדֵמוֹת *agri, arva, campestria, planities.* 2 Reg. XXIII. 4. ἐν σαδημὼθ κέδρων, in *campestribus* cedrorum. Gloss. in Lib. 4 Reg. ἐν σαλευωτῇ (ita in Cod. Fabric. sed in Cod. Barocc. MS. Ἐν Σολομῶντι. Sed reponendum utrobique Ἐν σαδημώθ.) ἐν τῇ φάραγγι. Eusebius in Onomast. locorum Scripturæ pariter Σαδημὼθ habet.

c ΣΑΔΗΡΩ΄Θ. Ipsa vox Hebr. שְׂדֵרוֹת, *ordines.* 2 Reg. XI. 8. 15. Ad priorem locum respiciens Lex. Cyrilli MS. Brem. Σαδηρὼθ interpretatur περιβόλους, *ambitus.* Ad posteriorem Gloss. in Lib. 4 Reg. τῶν σαδηρὼθ (ita enim scribitur pro σαδηρώθ), τῶν διατάξεων ἢ περιβόλων. Scribe: περιβόλων. Similiter Cod. MS. Barocc. τῶν σαβηρὼθ (scribe:
d σαδηρὼθ), τῶν διατάξεων, τῶν περιβόλων.

ΣΑΘΡΟ΄Σ, *putris, putidus, putridus, flaccidus, marcidus,* it. *debilis, fragilis.* רִקָּבוֹן, *putredo.* Al. Job. XLI. 19. σαθρόν. Suidas: σαθροί, παλαιοί, φθαρέντες.

ΣΑΘΡΟ΄ΤΕΡΟΣ, compar. *putridior.* Sap. XIV. 1. σαθροτέρου ξύλου.

ΣΑΘΡΟ΄Ω, *putrefacio, labefacto, quasso, corrumpo.* רָצַץ, *confringo.*
e Jud. X. 8. ἐσάθρωσαν καὶ ἔθλασαν τοὺς υἱοὺς Ἰσραὴλ, quassabant et opprimebant filios Israël.

*ΣΑΙ΄Σ. Est ipsa vox Hebraica סִין, *Sin, nomen urbis in Ægypto,* ubi forte pro ן finali legerunt ז, Sais. Ezech. XXX. 15. 16.

ΣΑ΄ΚΚΟΣ, *saccus.* אַמְתַּחַת, idem. Symm. Gen. XLII. 27. 28. Aquil. Symm. Ps. XXXV. 13. LXVIII. 12. — *נֹאד, *uter, utris.* Jos. IX. f
4. Eandem significationem habet quoque h. l. σάκκος. — שַׂק. Genes. XXXVII. 33. XLII. 25. 35. Lev. XI. 32. Symm. Genes. XLII. 27. Legitur præterea 2 Sam. XII. 16. ubi Inc. verba ἐν σάκκῳ ex aliis locis de suo addidit. Sir. XXIV. 19. Conf. ad h. l. Bocharti Hieroz. P. I. Lib. III. c. 8. pag. 809. Baruch. IV. 20. σάκκος δεήσεως. Vulg. *saccus* g
obsecrationis, insigne temporis luctuosi et calamitosi.

*ΣΑΛΕΥΤΟ΄Σ, *qui movetur, aut concutitur.* טוֹטָפוֹת plur. *frontalia, schedæ memoriales.* Deuter. VI. 9. ubi Vulgatus, qui habet *eruntque et movebuntur ante oculos tuos,* loco ἀσάλευτα legit εἰς σαλευτὰ, ut quoque legisse videtur Hieronymus in Commentariis ad Matth. XXIII. h

ΣΑΛΕΥ΄Ω, *agito, commoveo, moveo, concutio, dimoveo, concito, affligo,* et Σαλεύομαι, *titubo, trepido, vacillo.* נָגַר, *metuo.* Psalm. XXXII. 8. — נָעַשׁ, *concutior.* Psalm. XVII. 9. ἐσαλεύθη καὶ ἔντρομος ἐγενήθη ἡ γῆ, καὶ τὰ θεμέλια τῶν ὀρέων ἐταράχθησαν καὶ ἐσαλεύθησαν, *concutiebatur* et tremebat terra, et fundamenta montium turbabantur et *concutiebantur.* Conf. i
Act. IV. 31. XVI. 26. — הֵסִיר Hiph. a סוּר, *recedere facio.* 2 Par. XXXIII. 8. οὐ προσθήσω σαλεῦσαι τὸν πόδα Ἰσραὴλ, h. e. non amplius efficiam, ut Israëlitæ *terram relinquere cogantur.* — הִתְהֹלֵל Hithp. *insanio.* Jerem. LI. 7. ἐπίοσαν ἔθνη, διὰ τοῦτο ἐσαλεύθησαν, biberunt gentes, propterea *titubarunt,* scil. *instar insanientium.* — הִתְפַּלֵּץ Hithp. *tre-* k
mo. Job. IX. 6. οἱ δὲ στύλοι αὐτῶν σαλευθήσονται, columnæ autem ejus *commovebuntur.* — זוּעַ, idem. Cohel. XII. 3. — *נָחַח, *removeo, dimoveo,* ut Arab. زح. Inc. Ex. XXVIII.

a 28. ubi σαλεύεσθαι notat *removeri, dimoveri.* — חִיל, *parturio.* Psalm. XCV. 9. σαλευθήτω πᾶσα ἡ γῆ, *commoveatur* omnis terra. Eadem formula legitur quoque Ps. XCVI. 4. et CXIII. 7. Scil. habet vox Hebr. quoque notionem *commotionis* in l. Chald. Syr. et Arab. Arab. حال, *commotus est.* Conf. Simonis Lexic. Hebr. p. 522. — חָפַז, *trepido.* Ps.
b XLVII. 5. ἐθαύμασαν, ἐταράχθησαν, ἐσαλεύθησαν, mirabantur, perturbabantur, *trepidabant.* Confer Sirac. XLVIII. 22. — לֶכֶד, *captura.* Prov. III. 26. ἐρείσει σὸν πόδα, ἵνα μὴ σαλευθῇς, firmabit pedem tuum, ne *titubes.* Alia hic imagine usi sunt pro more suo, unde non possum assentiri Semlero, qui in Epist. Crit. p. 22. e Scholio rescribendum putat
c ἀγρευθῇς, quod mihi vel ob versionem Arab. (cujus auctor fortasse σαλευθῇ legit) non probabile videtur. — מָדַד, *metior.* Hab. III. 5. ἐσαλεύθη ἡ γῆ. Legerunt, si quid video, וַיָּמָט, *et commota est,* pro וַיְמֹדֶד, *et mensus est.* Cæterum ibi duæ versiones coaluerunt. Alii vero statuunt, eos legisse יְנוֹדֵד a rad. נָדַד, *moveri, huc et illuc agitari.*
d — מוּג, *liquefio.* Psalm. XLV. 6. Amos IX. 5. Nah. I. 5. Scil. terra et montes, si commoventur et concutiuntur, liquefieri videntur et dicuntur. — הִתְמוֹטֵט: נָמוֹט: מוֹט, Kal, Niph. et Hithp. 1 Par. XVI. 30. Job. XLI. 15. Ps. X. 6. ubi, ut hoc obiter moneam, post οὐ μὴ σαλευθῶ est comma ponendum, ita ut verba sequentia ἀπὸ γενεᾶς — —
e κακοῦ, sc. ἔσομαι, tanquam sententia separata spectentur. Psalm. XII. 5. XXXVII. 17. ἐν τῷ σαλευθῆναι πόδας μου, cum *titubent* pedes mei. Vide et Psalm. XVI. 6. XCIII. 18. Ies. XXIV. 20. σάλῳ σαλευθήσεται ἡ γῆ, *commotione* (h. e. *vehementer*) *commovebitur* terra. Ed. Quinta Psalm. XLV. 2. Symm. Theod. Prov. X. 30. — מָעַד, *vacillo.* 2 Sam. XXII. 37. οὐχ ἐσαλεύθησαν τὰ σκέλη μου, non f
vacillabant crura mea. — הֵנִיד: נוּד, Kal et Hiph. 2 Reg. XXI. 8. Ps. XXXV. 12. Dan. IV. 11. — נוּט, *nuto.* Psalm. XCVIII. 1. — נוּעַ: הֵנִיעַ, Kal et Hiph. Ps. CVI. 27. ἐσαλεύθησαν ὡς ὁ μεθύων, *titubarunt* tanquam ebrius. Psalm. CVIII. 24. ἐσάλευσαν κεφαλὰς αὐτῶν, *moverunt* capita sua. Ies. VII. 2. ἐξέστη ἡ ψυχὴ τοῦ λαοῦ αὐτοῦ, ὃν τρόπον ἐν δρυμῷ g
ξύλον ὑπὸ πνεύματος σαλευθῇ, commovebatur anima populi ejus, quemadmodum in sylva arbores *commoventur* a vento. Amos VIII. 12. σαλευθήσονται τὰ ὕδατα, *fluctuabant* aquæ. Hebr. et Syr. Gen. IV. 12. σαλευόμενος, h. e. interprete Hieronymo Quæst. in Gen. *fluctuans et instabilis ac sedis incertæ.* Adde Theod. Ies. XXIV. 20. Aqu. sec. h
marg. cod. 130. Holmes. Numer. XXXII. 13. ἐσάλευσαν. Fortasse ἐσάλευσεν. Sed dubito, an hæc versio Aquilæ vindicanda sit. Theod. 1 Sam. I. 13. sec. marg. 108. ubi loco σαλευομένου reponendum σαλευομένων. — נָזַל, *fluo.* Jud. V. 5. ὄρη ἐσαλεύθησαν ἀπὸ προσώπου κυρίου, ubi vel legerunt נָזֹלּוּ, a rad. זָלַל, e significatione radicis Arabicæ زَلَّ, i
tremefacio, loco suo moveo, ac زلزل, vel, quod mihi adhuc probabilius est, sensum expresserunt. Vide supra s. מוּג. — נָטָה, *declino.* Psalm. LXXII. 2. Σαλεύεσθαι h. l. de *pedibus* adhibetur sensu metaphorico, ut sit *aberrare a recta via.* — נָמַס Niph. a מָסַס, *liquefio.* Mich. I. 4. Vide supra s. מוּג. — עָנָה Pih. *affligo.* 2 Reg. XVII. 20. ἐσάλευσεν αὐτούς, *afflixit* illos. —

a *עָרֵל, *præputiatum* h. e. *profanum et impurum habeo*. Hab. II. 16. καρδία σαλεύθητι, pro הֵעָרֵל, *præputiatus habetor* vel *agnoscitor*. Legerunt literis transpositis הֵרָעֵל seu הֵרָעֵל. Vide infra s. v. σείω. — רָנַן. Symm. Ies. XIV. 19. ἐσαλεύθη. — רָחַף, *tremo*. Jerem. XXIII. 9. — רַעַל, *tremor*. Zach. XII. 2. — רָעַם, *perstrepo, tono*. Psalm. XCV. 11. et
b XCVII. 8. σαλευθήτω ἡ θάλασσα, *fluctuet* mare. Non legerunt יִרְעַם, et hoc acceperunt pro יִרְעַשׁ, ut plerique Intt. opinati sunt, sed sensum expresserunt. Nam mare fluctuans magnum strepitum edit. Immo melius hic quadrat significatio *commovendi*, quam *tonandi*. Præterea Buxtorfius in Anticrit. p. 670. observavit, רָעַם ex Hebr. sententia
c idem esse quod רָעַשׁ. — רָעַשׁ. Theod. Jerem. X. 10. σαλευθήσεται, *concutietur*. Judith. XII. 15. ἐσαλεύθη ἡ ψυχὴ αὐτοῦ, *commovebatur* animus ejus, qui nempe amore Judithæ captus erat. Sap. IV. 19. σαλεύσει αὐτοὺς ἐκ θεμελίων, *dimovebit* illos e fundamentis. Ita Matth. XXIV. 29. Sirac. XIII. 23. πλούσιος σαλευόμενος στηρίζεται ὑπὸ φίλων, diviti *in*
d *periculo versanti* succurritur ab amicis consilio et auxilio. Sir. XXIX. 24. ἐγγύη πολλοὺς ἀπώλεσε κατευθύνοντας, καὶ ἐσάλευσεν αὐτοὺς, ὡς κῦμα θαλάσσης: ubi σαλεύειν est *turbare rem familiarem*. Simili sensu Isocrates in Oratione de Pace πολιτείαν σαλευθῆναι dixit. Sir. XXVI. 8. βοοζύγιον σαλευόμενον, γυνὴ πονηρὰ, jugum boum, qui moventur, seu sicut boves, qui
e juga *jactant*, ita est uxor mala. Cf. ad h. l. Bocharti Hieroz. P. I. Lib. II. cap. 41. p. 408. Sir. XXVIII. 15. γλῶσσα τρίτη πολλοὺς ἐσάλευσε, lingua tertia multos *concitavit*, aut *infelices reddidit*. 1 Maccab. VI. 8. ἐθαμβήθη καὶ ἐσαλεύθη σφόδρα, obstupescebat et valde *commovebatur animo*. Vide et 1 Macc. IX. 13. Hesych. σαλεύειν, ῥιπτάζεσθαι. Moschopulus: f σαλεύειν κυρίως ἐπὶ νηὸς λέγεται, ὅταν ἐπ' ἀγκύρας κινῆται, καὶ ἀσταθὴς ὑπὸ τῶν κυμάτων ταραττομένη. Inde autem verbum translatum est ad *quemvis motum* et *agitationem*, etiam ad *commotionem animi*. Vide omnino L. Bosium ad Hebr. XII. 27. pag. 259. seq. et Elsnerum ad Act. XVII. 13. p. 445. seq. ac Lexicon N. T. s. h. v. g

ΣΑΛΙΣΓΑ. Vide ΣΕΛΙΣΓΑ.

ΣΑ'ΛΟΣ, *salum, fluctus, fluctus agitatio, æstus maris, commotio, titubatio, perturbatio*. זַעַף, *æstus*. Jon. I. 15. ἔστη ἡ θάλασσα ἐκ τῆς σάλου αὐτῆς, stabat mare ab *æstu* suo, s. *sedatum est mare*. Gloss. MS. in Proph. σάλου, κλύδωνος, ταραχῆς. Confer Luc. XXI. 25. — מוֹט, nomen. Psalm. LIV. 25. οὐ δώσεις εἰς τὸν αἰῶνα σάλον h τῷ δικαίῳ, non dabis in æternum *animi perturbationem* (potius: *infelicitatem, miseriam*) justo. Theod. et LXX Ps. CXX. 3. μὴ δῷης εἰς σάλον τὸν πόδα σου, ne des ad *titubationem* pedem tuum. Vide et Ps. LXV. 8. Sic verbum σαλεύεσθαι etiam aliquando *titubare* significat apud LXX. Vide supra s. v. σαλεύω. — מוֹט, infin. Ies. XXIV. 20. i σάλῳ σαλευθήσεται ἡ γῆ, *commotione* (h. e. *vehementer*) *commovebitur* terra. — נוּעַ. Theod. Ies. XXIV. 20. — נִידָה, *agitatio*. Thren. I. 9. εἰς σάλον ἐγένετο, in *perturbationem* venit. — סְעָרָה, *turbo*. Zach. IX. 14. πορεύσεται ἐν σάλῳ ἀπειλῆς αὐτοῦ, ambulat in *turbine* minarum suarum. — רַעַשׁ. Symm. Job. XXXIX. 24. ubi σάλος *impetum* notat. — שׂוֹא k infin. a נָשָׂא. Ps. LXXXVIII. 10. τὸν δὲ σάλον τῶν κυμάτων αὐτοῦ σὺ καταπραΰνεις, *agitationem* autem fluctuum ejus tu compescis. — תַּרְעֵלָה, *horror*. Psalm. LIX. 3. οἶνος σάλου, *vinum, quod fluctuare seu titubare cogit ebrium, atque in orbem rotare*.

Conf. Sirac. XL. 6. Hesych. σάλος, φροντίς, ταραχὴ, κλύδων, καὶ ἡ τῆς θαλάσσης κλύδωνος κίνησις. Lex. Cyrilli MS. Brem. σάλον, μετακίνησιν, ταραχήν.

ΣΑ'ΛΠΙΓΞ, *tuba*. חֲצֹצְרָה, idem. Num. X. 8. οἱ ἱερεῖς σαλπιοῦσιν ἐν ταῖς σάλπιγξι, sacerdotes *tubis* canent. Vide et 1 Paral. XV. 24. XVI. 6. 2 Par. V. 11. Inde Suidas: σάλπιγξ, ἱερατικὸν τοῦτο ὄργανον. Ἱερεῖς γὰρ ἐχρῶντο τῇ σάλπιγγι.— קֶרֶן, *cornu*, per metonymiam *vasculum corneum*, spec. ut Lat. *cornu*, *buccina* s. *tuba*. Jos. VI. 5. — קַרְנָא, idem. Chald. Dan. III. 5. 7. 10. 15. — שׁוֹפָר. Exod. XVI. 19. φωναὶ τῆς σάλπιγγος, voces tubæ. Vide et Exod. XX. 18. Lev. XXV. 9. Psalm. XLVI. 5. — תָּקוֹעַ, *classicum*. Ezech. VII. 14. — תְּרוּעָה, *clangor*. Levit. XXIII. 24. σαλπίγγων, ubi Schol. ἡ τῆς σκηνοπηγίας. 2 Paral. XV. 14. Symm. Job. XXXIX. 25. Σάλπιγξ quandoque est i. q. σάλπισμα, ut docuit Schæferus ad Dionys. Halic. de Compos. Verb. p. 252.

*ΣΑ'ΛΠΙΓΓΕΣ ΑΙ' ΚΕΡΑ'ΤΙΝΑΙ, *buccinæ arietinæ*. שׁוֹפְרוֹת. Incert. Jos. VI. 16. sec. cod. Basil. apud Montf. Sed ibi verba ταῖς σάλπιγξι ταῖς κερατίναις sejungenda sunt, utpote diversæ interpretationes ejusdem vocis Hebraicæ, ut recte monuit Scharfenbergius.

ΣΗΜΑΙ'ΝΩ 'ΕΝ ΣΑ'ΛΠΙΓΞΙ, *signum do tubis*. הִשְׁמִיעַ וְהֶעֱבִיר קוֹל, *audire et transire facio vocem*. Neh. VIII. 17. Conf. 1 Macc. VI. 33.

ΦΩΝΗ' ΚΑΙ' ΣΑ'ΛΠΙΓΞ, *vox et tuba*. יוֹבֵל, *aries*, h. e. *cornu arietinum*. Exod. XIX. 13.

ΣΑΛΠΙ'ΖΩ, *tuba clango* s. *cano*, *buccino*. הֵרִיעַ Hiph. a רוּעַ *clango*. Ies. XLIV. 23. Num. X. 9. ubi vid. Scharfenbergius.—הֶחֱצִיר : חִצֵּר, Pih. et Hiph. 2 Par. V. 11. 12. VII. 6. XIII. 14.—מָשַׁךְ, *protraho*. Jos. VI. 5. Sc. sermo ibi est de tubæ genere, quæ prolongatur s. protrahitur, dum canitur. — תָּקַע. Num. X. 3. 4. 5. 6. et alibi sæpius.

ΣΑΛΠΙΣΜΟ'Σ, *tubæ clangor*. תְּרוּעָה, idem. Inc. Lev. XXIII. 24. Theod. sec. Procopium Cat. Niceph. p. 1335. Num. XXIII. 21.

ΣΑΜΒΥ'ΚΗ, aut σαμβύκης, *sambuca*, *instrumentum musicum*. Ruellus Lib. I. de Natura Stirpium cap. 20. ita dici existimat ab auctore, cujus nomen fuerit *Sambyx*, cujus tamen veterum nemo meminit. Hinc Politianus cap. 14. Miscellan. et Canin. in Hellenismi Alphabeto malunt derivare a Syriaco s. Chaldaico סבכה. Vide Martinii Lexic. Philolog. s. v. *sambuca*. סַבְּכָה : שַׂבְּכָה. Dan. III. 5. 7. 10. 15. Hesych. σαμβύκη, οὐ μόνον τὸ μουσικὸν ὄργανον, οὗ μέμνηται Ἰόβας, ἀλλὰ καὶ πολιορκητικὸν, οὗ Βίτων. Suidas: σαμβύκαι, ὄργανα μουσικὰ τρίγωνα, ἐν οἷς τοὺς ἰάμβους ᾖδον. οἱ δὲ ἰαμβύκαι. ταύτην τὴν ἰαμβύκην πρῶτος Ἴβυκος ἐφεῦρεν. ἔστι δὲ εἶδος κιθάρας τριγώνου. Confer Hesychium in v. ἰαμβύκαι (sic enim scribendum pro ἰαμβυκαί), Suidam in v. Ἰβύκινον et Ἴβυκος, Bochart. Chanaan Lib. II. c. 7. p. 808. et Sal. Van Til. de Musica Vett. Hebr. sect. V. §. 14. p. 96. seq.

ΣΑΝΔΑ'ΛΙΟΝ, *solea*, *calceamenti genus*. נַעַל, idem. Ies. XX. 2. Vide et Judith. X. 4. XVI. 7. Conf. de *sandaliis* auctores citatos Wolfio ad Act. VI. 9. p. 463. ad Lexicon N. T. s. h. v.

*ΣΑΝΙ'ΔΩΜΑ, *tabulatum*. 3 Macc. IV. 8. ἔτι καὶ τῷ καθύπερθε πυκνῷ σανιδώματι διακειμένῳ τὸ φέγγος ἀποκλειόμενοι, præterea vero desuper densis *tabulis* positis a lumine exclusi erant. Adde Etymol. M. 470. 33.

a Gloss. Philox. σανίδωμα, ἐπίπεδον, pul-
pitum, tabulatum, laqueare.

ΣΑΝΙΔΩΤΟ'Σ, tabulatus, conta-
bulatus, asseribus tectus, a σανιδόω,
tabulo, contabulo. לוּחַ, tabula. Ex.
XXVII. 8. XXXVIII. 7.

ΣΑΝΙ'Σ, tabula, asser, janua, ostium. *בְּרִיחַ, vectis. Ἄλλοι sec. cod.
Basil. Exod. XXXV. 11. τὰς σανί-
δας. Ita Montfauconius. Sed Schar-
b fenbergio judice verba hæc pertinent ad præcedens vocabulum
קְרָשָׁיו, tabulas ejus. — *בַּת־אֲשֻׁרִים,
filia Assurim. Aqu. Ezech. XXVII.
6. σανίσι κεκαλυμμένας, tabulis contec-
tas. Sic legitur in Hexaplis Montf.
Versio hæc hac tantum ratione cum
textu Hebr. conciliari potest, si
statuamus, eum per אֲשֻׁרִים arbores adeoque per בַּת־אֲשֻׁרִים ta-
c bulas ligneas intellexisse, aut vocem
בַּת idiotismo l. Hebr. convenienter
explicare voluisse, quod autem ab
ingenio Aquilæ admodum alienum
esset. Pertinere mihi potius hæc
verba videntur ad antecedentia
קַרְשֵׁךְ עָשׂוּ, asserem tuum fecerunt.
Nam עָשָׂה quoque tegere notat. —
דֶּלֶת, janua. 2 Reg. XII. 9. ἔτρησε
τρώγλην ἐπὶ τῆς σανίδος αὐτῆς, perfora-
d bat foramen in ostio ejus. — לוּחַ,
tabula. Symm. et LXX Cant. VIII.
9. εἰ θύρα ἐστὶ, διαγράψωμεν ἐπ' αὐτὴν
σανίδα κεδρίνην, si ostium est, descri-
bamus super illud tabulam cedri-
nam. Conf. ad h. l. Lampii Diss.
Philol. Theol. Vol. I. p. 467. seq.
Ezech. XXVII. 5. — עַמּוּד, columna. Aquila, Symm. Theod. Exod.
XXVII. 10. Sed recte monuit
e Scharfenbergius, verba Theodoreti
(e quo solo hæc hausit Drusius)
Quæstt. 60. in Exod. p. 164. pertinere ad c. XXVI. 15. adeoque ad
קְרָשִׁים. — קֶרֶשׁ. Aqu. Symmach.
Theod. Ezech. XXVI. 15. Præterea legitur apud Incertum, qui
Jud. V. 8. pro אִם־יֵרָאֶה, si con-
spicietur, σανίδων posuit, si fides habenda est Montfauconio. Cod. Alex. f
habet ibi νεανίδων. Semlerus (in Apparatu ad V. T. p. 304.) mutavit in
ἀσπίδων, nullo prorsus sensu: Doederleinius autem (Repertor. Eichhorn. T. I. p. 224.) conjicit, legendum esse ἐὰν ἴδω. Hesych. σανίς, θύρα, λεύκωμα, ἐν ᾧ αἱ γραφαὶ Ἀθήνησιν
ἐγράφοντο πρὸς τοὺς κακούργους. Scholiastes Apollonii: σανίδες· οὕτω λέγονται τὰ ὑπερμήκη ξύλα καὶ πλατέα. g
Conf. Wichmannshausen Diss. de
Navi Tyria §. 3. p. 22.

*ΣΑΠΡΕ'Ω, putresco. בּוֹשׁ, eru-
besco. Inc. 2 Reg. VIII. 11. ἕως οὗ
ἐσάπρησαν, donec putruerunt. Permutavit sine dubio בּוֹשׁ vel בּוֹשׁ
cum בָּאַשׁ, ac loco ἐσάπρησαν fortasse
legendum ἐσάπρισαν.

ΣΑΠΡΙ'Α, putredo, putor, fœtor,
rancor. בְּאֹשׁ, idem. Joël. II. 20. h
ἀναβήσεται ἡ σαπρία αὐτοῦ, ascendet
fœtor ejus. — *בְּאֹשׁ, fœtor. Aqu.
Amos IV. 10. ubi Symm. δυσοσμίαν
posuit. LXX Joël. II. 20. per δυσω-
δίαν interpretati sunt. — *בְּאֻשִׁים
plur. masc. napelli, aconitum. Aqu.
Ies. V. 2. σαπρίας, quam vocem
Clericus in Comment. ad h. l. in
ἀγρίας mutandam esse conjecit, ut
subaudiatur σταφυλάς. Sed Aquila i
sine dubio etymologiam vocis exprimere voluit. Nam בָּאַשׁ, ut
Arab. بلس, significat fœtuit, pu-
tuit. Vulgatus habet labruscas.
Hieron. fructus pessimos interpretatus est. Apud Athen. Lib. I.
c. 29. σαπρίας est nomen cujusdam
vini, quod conditur herbis in eo
putrescentibus aut marcescentibus,
odorem illarum ex marcore isto k
concipiens. — גַּנָּה, hortus. Job.
VIII. 16. Videntur sensum divi-
nando assequi voluisse, aut fortasse
respexerunt notionem tegendi, quam

a habet גנן, quia, quæ fœtorem exhalant, diligenter tegi solent. — עֲבֹדָה, *opus.* Ies. XXVIII. 21. ἡ σαπρία αὐτοῦ ἀλλοτρία. Semlerus in Ep. Crit. ad h. l. p. 33. putat, h. l. duas diversas translationes coaluisse, ac alios legisse עבר per Resch. Equidem statuere mallem, auctorem hujus versionis vocem Hebr. de *idolorum cultu* accepisse, ac voci
b σαπρία notionem *impietatis* subjecisse, de qua vide Lex. N. T. s. v. σαπρός. — רִמָּה, *vermis.* Job. XVII. 14. XXI. 26. XXV. 6. In omnibus his locis Vulgatus quoque *putredinem* habet. Arab. رم notat *cariosum esse, putrescere.* 2 Macc. IX. 9. Præterea quoque legitur Job. II. 9. ἐν σαπρίᾳ σκωλήκων κάθησαι (qui locus omissus in Trommii Concord.
c Gr. Conf. Job. VII. 5.), quibus verbis nihil respondet in textu Hebraico. Hesych. σαπρία, σῆψις, σάθρωμα, τιθράκιν. Scaliger legit: ψυδράκιον. Lex. Cyrilli MS. Brem. σαπρία, ἀφανισμὸς, δυσωδία.

ΣΑΠΡΙ'ΖΩ, *putrefacio, corrumpo, fœtere facio.* הִבְאִישׁ, *fœtere facio.* Cohel. X. 1. Huc pertinet glossa Hesychii: σαπριοῦσι, σήπουσι. Aqu.
d Symm. Exod. V. 21.

ΣΑΠΡΟ'Σ, *putridus, antiquus, vetustate corruptus.* רִקָּבוֹן, *putredo.* Job. XLI. 19. ξύλον σαπρὸν, *lignum putridum.* Hesych. σαπρὸν, παλαιόν. — רַע, *malum.* Samarit. Levit. XXVII. 14. σαπρά. Confer Suiceri Thes. T. II. p. 931. et Lex. N. T. s. h. v.

ΣΑΠΡΟ'Ω, *putresco.* בָּלָה, *con-*
e *sumor.* Job. XXXIII. 21. ubi pro σαπρῶσιν alii habent σαπῶσι. Thomas Mag. p. 790. Schol. Aristoph. Plut. v. 1087. Conf. quoque Schæferum ad Gregor. Cor. p. 555.

ΣΑΠΦΕΙ'Ρ. Vox Hebr. אוֹפִיר, *Ophir*, nomen regionis. Ies. XIII. 12. Sed reponendum ibi est ex commentario Hieronymi Σωφείρ, pro quo in Cod. Vat. Σουφὶρ scriptum reperitur, nisi Οὐφεὶρ aut Ὠφεὶρ reponere ma- f
lis. Confer Drusii Obss. Lib. XI. cap. 9.

ΣΑ'ΠΦΕΙΡΟΣ, *sapphirus, nomen gemmæ cærulei ac cœlestis coloris. Subinde tamen hæc gemma aureis punctis collucet, vel etiam purpurascit.* V. Plin. H. N. XXXVII. 9. Isidor. Origg. XVI. 9. Francisc. Rueum Lib. II. c. 2. סַפִּיר. Exod. XXIV. 10. Ies. LIV. 11. Thren. g
IV. 7. Theod. Job. XXVIII. 16.— סֹפֵר, *scriba.* Ezech. IX. 2. Legerunt hic סַפִּיר, sed admodum inepte. Secundum alios vocem Hebraicam expresserunt Græcis literis.—שֹׁהַם, *sardonyx.* Ex. XXVIII. 13. Confer Braunium de Vestitu Sacerd. Hebr. Lib. II. c. 12. et Vitringam Comm. in Ies. LIV. 11. p. 695. Gloss. in Octat. Σάπφειρος, h
λίθος τίμιος.

ΛΙ'ΘΟΣ ΣΑ'ΠΦΕΙΡΟΣ, *lapis sapphirus.* מְעֻלֶּפֶת סַפִּירִים, part. Pyh. fœm. *obtecta sapphiris.* Cant. V. 15. ἐπὶ λίθου σαπφείρου.

ΣΑΠΦΩ'Θ. Vide in Ἀμφώθ.

ΣΑΡΑ'ΒΑΡΑ, ΤΑ', vel, ut Aqu. et Theod. σαράβαλλα, *vestis Medica seu Babylonica, ad genua pertingens.* Est ipsa vox Chald. סַרְבָּלִין, *chla-* i
mydes, pallia, cum terminatione Græca. Dan. III. 21. 28. Confer Drusium in Quæstt. Ebr. Lib. II. Quæst. 60. qui lectionem σαράβαρα defendit contra Hieronymum (vide Montfauc. ad h. l.), qui σαράβαλα legendum putavit. Hesych. σαράβαρα, τὰ περὶ τὰς κνημίδας (Stephanus bene corrigit κνήμας.) ἐνδύματα, ubi vide Intt. Etymologicum Ine- k
ditum: Σαράβαρα, ἐσθὴς Περσική. ἔνιοι δὲ λέγουσι βρακία, ἄλλοι δὲ περὶ τὰ σκέλη ἐνδύματα. Priora etiam Suidas habet, et Lex. Cyrilli MS. Brem. Idem Lex. Σαράβαρα, τῶν σκελῶν σκε-

a πάσματα. Gloss. MS. in Proph. Σαράβαρα, βρακία ἢ ἐπιποφόρια. Num ἐπωμοφόρια legendum est? Schol. ad Dan. III. 21. (ubi ed. Compl. σαραβάλοις habet) ed. Rom. τινὲς σαράβαρα εἰρήκασι τὰ μὲν παρὰ τῶν πολλῶν λεγόμενα μωνία (Pro ridicula voce μωνία lege βρακία. Conf. Ed. Bernard. ad Joseph. A. J. III. 7. 1. p. 171.), παρὰ δὲ τοῖς Ἕλλησιν ἀναξυ- b ρίδες προσαγορευόμενα. De vocis origine notat Relandus Diss. Miscell. Part. II. pag. 229., eam Persice *Schalwar* dici, et significare *subligaculum, femoralia ad pedes demissa.* Cf. Bynæum de Calceis Hebr. Lib. II. §. 4. Brissonium de Regn. Pers. Lib. I. §. 63. Braunium de Vestitu Sacerd. Hebr. Lib. II. c. 1. §. 333. Ed. Bernardum ad Jose- c phum p. 139. Scharfenbergium ad Dan. p. 55. et Notas. Edit. Roman. ad Vers. Alex. Danielis p. 24.

ΣΑ'ΡΔΙΟΝ, *lapis sardius, nomen gemmæ.* Plinius Lib. XXXVII. 7. *Sardam* vocat. Sic dicta est a Sardibus, Lydiæ urbe, ubi primum inventa. *Lapidem rubeum* esse, ex Hebr. voce אֹדֶם facili colligi potest, ab Arab. אָדַם, *rubescere.* d Chald. Exod. XXVIII. 17. סַמְקָן, a סְמַק, *rubere.* Adde Isidor. Lib. XVI. Origg. c. 8. אֹדֶם, *pyropus.* Exod. XXVIII. 17. XXXIX. 8. Ezech. XXVIII. 13.—חֲלִי, *monile.* Prov. XXV. 12. —כֶּסֶף, *argentum.* Prov. XXV. 11. ἐν ὁρμίσκῳ σαρδίῳ, in monili ex Sardio, aut ut cum inauribus aureis σάρδιον πολυτελὲς δέδεται, Sarda magni pretii alligatur, h. e. e inseritur. Sed videtur ibi σάρδιον per compendium scribendi e voce ἀργυρίου ortum ac positum esse a librario, decepto illo sequenti commate, ubi vox σάρδιος occurrit. — שֹׁהַם, *sardonyx.* Al. Ex. XXXV. 8. Confer Braunium de Vestitu Sacerd. Hebr. Lib. II. c. 8. §. 478. p. 504. Hilleri Tr. de Gemmi Duodecim, etc. p. 1. seq. et Bocharti Hieroz. Tom. II. p. 569. f

ΣΑ'ΡΔΙΟΣ, adject. *Sardius.* שֹׁהַם, *sardonyx.* Exod. XXXV. 8. λίθους σαρδίους.

ΣΑΡΔΟ'ΝΥΞ, *Sardonyx, gemma affinis Sardæ s. Sardio et onychi, quarum etiam colores miscet.* שֹׁהַם. Aqu. Gen. XII. 2. Conf. Plinii H. N. Lib. XXXVII. c. 12.

ΣΑΡΔΟΝΥ'ΧΙΟΝ, idem quod σαρδόνυξ, nomen gemmæ. שֹׁהַם. g Scholion vel potius Inc. Int. Job. XXVIII. 16. ubi in textu ὄνυξ legitur. Videntur duo lapides pretiosi, qui Onyx et Sardonyx vocari solent, haud raro sive pro una eademque gemma habiti (Vide Olympiodor. in Cat. Nicetæ p. 432.), seu certe inter se eorum nomina permixta fuisse. Vide Braun. de Vestit. Sacerd. Hebr. p. 731. h

ΣΑΡΚΙΚΟ'Σ, *carneus.* בָּשָׂר, *caro.* Al. 2 Par. XXXII. 8.

ΣΑ'ΡΚΙΝΟΣ, idem. בָּשָׂר. 2 Par. XXXII. 8. Ezech. XI. 19. XXXVI. 26. Vide et Addit. Esth. XIV. 10. βασιλέα σαρκίνων, ubi tamen loco σαρκίνων reponendum est σάρκινον. Vulg. *regem carnalem* seu *carneum.* De idolis ibi sermo est. Sirac. XVII. 13. sec. Compl. omnes homines inde i a tenera ætate proni sunt ad vitiositatem, καὶ οὐκ ἴσχυσαν τὰς καρδίας αὐτῶν ἀντὶ λιθίνων ποιῆσαι σαρκίνας, et sibi relicti non valent *animum* suum contumacem erga præcepta divina mutare in *obsequiosum* et *morigerum.* Καρδία σαρκίνη h. l. ei tribuitur, *cui est animus mollis, tractabilis, qui facile movetur, ut obediat præceptis divinis.* Vide supra s. λίθινος. k

*ΣΑΡΚΟΦΑΓΕ'Ω, *carnem edo, carne vescor.* 4 Macc. V. 26. Diodor. Sic. V. 39. σαρκοφαγοῦσι σάρκας. Philoxen. Gloss. σαρκοφαγῶ, *excarnifico.*

*ΣΑΡΚΟΦΑΓΙ'Α, *carnium esus.* 4 Macc. V. 7. 14. Suidas: σαρκοφαγία, ἡ κρεωφαγία. In sequentibus

a adducitur locus e Damascio. Adjectivum *σαρκοφάγος* legitur in Etymol. Gudiano 474. 44.

ΣΑ'ΡΞ, *caro, corpus,* it. *animal,*
homo, homo corruptus, vitiosus, im-
becillis, etiam *ipsa vitiositas,* speciatim *libido venerea.* *בַּאֲשֶׁר, *in quo.*
Symm. Job. XXXIX. 30. *σάρκες τε-*
τρωμένων, carnes seu cadavera occisorum. Legit בָּשָׂר, aut literis
b transpositis שְׁאֵר. —*בֵּן, *filius.* Inc.
Lev. XVIII. 15. Non male quoad
sensum. — בָּשָׂר. Gen. VI. 3. *διὰ*
τὸ εἶναι αὐτοὺς σάρκας, ideo quod carnes sint, h. e. *vitiosi, corrupti et ad*
mala proclives. Vide et Psalm.
LXXVII. 44. Sic et apud gentiles
non plane insuetum est vocem *σάρξ*
de homine *vitioso, et qui se sana*
ratione duci non patitur, usurpare.
c Euripides Electr. v. 387. *αἱ δὲ σάρ-*
κες αἱ κεναὶ φρενῶν ἀγάλματ' ἀγορᾶς
εἰσίν. Sic *κρέας* pro *homine guloso*
sumi probavit Casaubonus in A-
ristoph. Equit. v. 419. Vide Lampium in Joh. III. 6. p. 569. et Lex.
N. T. s. h. v. Rationes autem, cur
apud scriptores sacros vitiositas et
proclivitas ad mala ea voce significetur, edisserunt auctores laudati
d Wolfio ad Joh. l. c. p. 813. Genes.
VI. 12. *κατέφθειρε πᾶσα σὰρξ τὴν ὁδὸν*
αὐτοῦ, corrupit omnis caro, h. e. *ho-*
mo, vitam suam. Vide et v. 17. Ies.
XL. 5. 7. Ezech. XX. 48. Joël. II.
28. Zach. II. 13. Sic passim in N.
T. Vide Vorstii Philol. Sacr. c. 4.
p. 123. seq. Sic etiam Sibylla vocem eo sensu usurpavit apud Clementem Alex. Lib. V. Stromat. p.
e 601. Gen. VI. 17. *καταφθεῖραι πᾶσαν*
σάρκα, ἐν ᾗ ἐστὶ πνεῦμα ζωῆς, ut per-
dam omne *animal,* in quo est spiritus vitæ. Vide et Gen. VII. 15. 16.
21. VIII. 17. IX. 11. Ps. CXXXV.
25. Genes. XXIX. 14. *ἐκ τῶν ὀστῶν*
μου καὶ ἐκ τῆς σαρκός μου εἶ σύ, ex ossibus meis et ex carne mea es tu,
h. e. ex *cognatione mea* es, seu *con-*
sanguineus meus. Genes. XXXVII.
26. *ὅτι ἀδελφὸς ἡμῶν καὶ σὰρξ ἡμῶν* f
ἐστίν, quia frater noster et caro nostra, h. e. *consanguineus* noster est.
Vide et 2 Sam. V. 1. XIX. 12. 13.
et confer Rom. XI. 4. 14. 2 Reg.
IV. 34. *διεθερμάνθη ἡ σὰρξ τοῦ παιδα-*
ρίου, calefiebat *corpus* pueri. Vide
et 2 Sam. VI. 30. Psalm. XV. 9.
XXXVII. 3. 7. et conf. Coloss. II.
5. Philipp. I. 22. 24. Eph. V. 29.
1 Petr. IV. 6. et Vorstii Philol. g
Sacr. cap. 4. p. 126. ac Jacobs. in
Anthol. Græc. Tom. X. pag. 198.
Psalm. LV. 4. *τί ποιήσει μοι σάρξ;*
quid faciet mihi caro, h. e. *homo*
imbecillis? Confer Sirac. XXVIII.
5. Ezech. XXXII. 5. *δώσω τὰς σάρ-*
κας σου ἐπὶ τὰ ὄρη, dabo carnes tuas
super montes s. carnem tuam per
montes dispergam. In Gloss. MSS.
in Ezech. legitur *καὶ δώσω τὰς σάρκας* h
ἐπὶ τὰ ὄρη, et exponitur: *καὶ πλη-*
ρώσω τὸ θέλημά σου ἐπὶ τοὺς βουνοὺς σου.
Ezech. XXIII. 20. *ὧν ὡς ὄνων αἱ*
σάρκες αὐτῶν, ubi *σάρκες* est i. q. *αἰ-*
δοῖα, ut apud Diog. Laërt. IV. 19.
κρέας μέγα. — בָּשָׂר : בִּשְׂרָא Chald.
Dan. II. 11. IV. 9. VII. 5. —
*בַּאֲשֶׁר, *ac si.* Mich. III. 3. *ὡς*
σάρκας. Legerunt כִּשְׁאֵר, nam שְׁאֵר
carnem notat, etiam in hoc ipso ver- i
siculo. Lectio hæc præferenda videtur. Sequitur enim וּכְבָשָׂר וגו.
Vide Cappelli Crit. Sacr. pag. 632.
Buxtorfio in Anticrit. p. 675. LXX
σάρκας de suo addidisse videntur,
defectum sententiæ imperfectæ et
ellipticæ supplendi causa. — לֵב,
cor. Psalm. XXVII. 7. — לְחוּם,
cibus. Sophon. I. 18. — מַפְּלֵי, *dis-*
tinctiones, decidua. Symm. et LXX
Job. XLI. 14. *σάρκες.* — פָּרַשׂ, *ex-* k
pando. Mich. III. 3. Forte legerunt
בָּשָׂר. Ita Bielius Trommium secutus. Sed vide supra s. v. כַּאֲשֶׁר. —
שְׁאֵר. Ps. LXXII. 25. LXXVII.
31. Mich. III. 2. 3. — *שׁוּר, *re-*
cedo, pro סוּר. Theod. Hos. IX.

a 12. Legerunt בְּשָׂרִי. Vide ad h. l. Montfauconium. —*שִׁירִי, *canticum.* Psalm. XXVIII. 7. Hic quoque legerunt בְּשָׂרִי ex sententia Cappelli. Sed Buxtorfius in Anticrit. p. 621. contra statuit, eos reddidisse sensum, quem sibi conceperant, et verba Græca ἡ σάρξ μου secundum ordinem verborum potius Hebr. לִבִּי respondere. — שָׂכַר, *mercede* b *conduco.* Proverb. XXVI. 20. πᾶσα σὰρξ ἀφρόνων. Legerunt בָּשָׂר, et σὰρξ ἀφρόνων est i. q. ἄφρονες, ut 2 Cor. VII. 5. ἡ σὰρξ ἡμῶν, h. e. *ego.* — Legitur præterea Ezech. XXI. 7. ubi σὰρξ πᾶσα non est in textu Hebr., sed forte ex glossemate irrepsit. Sir. XIII. 17. σὰρξ, *animal.* Sir. XIV. 19. γενεὰ σαρκὸς καὶ αἵματος, h. e. generatio *hominum.* Conf. c Vorstii Philol. Sacr. c. 4. pag. 124. seq. et auctores citatos Wolfio ad Matth. XVI. 17. pag. 252. et ad 1 Cor. XV. 50. p. 553. seq. Sirac. XXIII. 23. σῶμα σαρκὸς, corpus *vitiosis cupiditatibus* (h. l. *scortationi*) *deditum.*

ΣΑΡΣΕΡΩ'Θ. Vide in Σερσερώθ.

*ΣΑΡΩ'Ν. Est ipsa vox Hebr. שָׁרוֹן, *Saron,* nomen proprium re- d gionis campestris pecuosissimæ. Al. Ies. LXV. 9.

ΣΑΤΑ'Ν. Est ipsa vox Hebraica שָׂטָן, *adversarius.* 1 Reg. XI. 14. 23. 25. ubi de *hominibus* usurpatur. Aqu. Num. XXII. 22. Job. I. 6. ad quem locum vide Schultensii Comment. pag. 15. Incert. 2 Sam. XIX. 22. Reliqui Zach. III. 1. 1 Sam. XXIX. 4. Lex. Cyrilli MS. e Brem. σατᾶν, ἀντικείμενος.

ΣΑΤΑΝΑ~Σ, *Satanas, spiritus ille malignus.* Sir. XXI. 29. ἐν τῷ καταρᾶσθαι ἀσεβῆ τὸν σατανᾶν.

ΣΑ'ΤΟΝ, *satum, mensura Hebraica,* et quidem *aridorum.* סְאָה. Aqu. Symm. Genes. XVIII. 6. (ubi pro τρία μέτρα σεμιδάλεως Aqu. et Symm. τρία σάτα habet.) et Aqu. 1 Sam. XXV. 18. σάτα. Confer Matth. XIII. 33. — בְּסַאסְאָה, *in mensura.* f Aqu. Symmach. Ies. XXVII. 8. ἐν σάτῳ σάτον. Hesych. σάτον, ἀττικὸν μέτρον. Idem (post v. Σαυκρόν): Σάτων (scr. σάτον), μόδιος γέμων ἤγουν ἓν ἥμισυ μόδιον Ἰταλικόν. Suidas ex emendatione Küsteri: Σάτον, μέτρον Ἑβραϊκόν. δηλοῖ δὲ μόδιον ὑπερπληρούμενον, ὡς εἶναι μόδιον ἕνα καὶ ἥμισυν. Hieronymus in Matth. l. c. *Satum genus est mensuræ juxta morem Pa-* g *læstinæ provinciæ, unum et dimidium capiens modium.* Conf. Waserum de Mensur. Hebr. c. 4.

ΣΑΤΡΑΠΕΙ'Α, *præfectura, provincia, cui præest satrapa.* סְרָנִים plur. *satrapæ.* Jos. XIII. 3. Jud. III. 3. 1 Sam. VI. 4. 18. Inc. Jud. XVI. 18. Vide et 3 Esdr. III. 2. 2 Macc. IX. 25. Suidas: σατραπεία, ἐπαρχία. Lexic. Cyrilli MS. Brem. h σατραπίαις (scrib. σατραπείαις), ἐπαρχίαις. Conf. Brissonium de Regno Vett. Pers. Lib. I. §. 168. p. 234.

ΣΑΤΡΑ'ΠΗΣ, *satrapa, provinciæ præfectus,* proprie: *provinciæ Persicæ* vel *Parthicæ præfectus.* Vid. Fulleri Miscell. Sacr. Lib. II. c. 19. אֲחַשְׁדַּרְפְּנַיָּא Chald. plur. Dan. III. 28. VI. 1. 2. 4. 7. Dan. III. 2. sec. Chis. — מְדִינָה, *provincia.* Esth. i I. 3. VIII. 9. IX. 3. Sed in omnibus his locis, certe in primo loco σατράπης in σατραπεία mutandum videtur. — סְגַן, in plur. Chald. סִגְנִין. Dan. II. 48. — סְרָנִים plur. Hebr. Jud. XVI. 8. 19. 28. 31. 1 Sam. V. 8. 11. — פֶּחָה, *præfectus, princeps.* 1 Reg. X. 15. XX. 24. 2 Par. IX. 14. — רוֹזְנִים, *principes.* Jud. V. 3. — שַׂר. 1 Sam. XXIX. 3. 4. k 9. Hesych. σατράπαι, ἀρχηγοὶ, στρατηλάται. Περσικὴ δὲ ἡ λέξις. Lexic. Cyrilli MS. Brem. σατράπαι, ἀρχηγοὶ παρὰ Πέρσαις. Conf. Brissonium de Regn. Persarum Lib. I. §. 168. p.

III. et Relandum Diss. Misc. P. II. p. 232. seq.

*ΣΑΤΤΙ'Ν. Ipsa vox Hebraica שִׁטִּים, *Sittim*, nomen proprium. Jos. II. 1. pro quo Σαττεὶν Numer. XXV. 1. coll. XXXIII. 49. Lex. MS. Octateuchi: Σαττὶν, τόπος οὕτως καλούμενος. Hesychius: σαττὶν, ὄνομα τόπου.

ΣΑ'ΤΤΩ, *onero, onus impono.* Inc.
b 2 Sam. XVI. 2. σεσαγμένοι, *instrati*, ubi nihil in textu Hebr. respondet. Gloss. Vett. Labb. σεσαγμένος, *saginatus.* Lege: *sagmatus.* Conf. Salmasium in Fl. Vopiscum p. 354.

ΣΑΥ'ΡΑ, *lacerta, lacertus, serpentis genus.* חֹמֶט, *limax, lacertæ venenatæ species.* Lev. XI. 30. Hes. σαῦρα, τὸ ἑρπετὸν ζῶον. Suidas: Σαῦρα καὶ σαῦρος, ἑρπυστικὸν ζῶον.

c Σαύρῳ δὲ λοιπὸν ἐμφερὴς ἐγίνετο.
'Ερπυστικὸν δὲ τοῦτο τὸ ζώων γένος,
"Ον εἴ τέμοι τις καὶ διασπάσει μέσον,
"Ελκει μὲν αὐτοῦ σὺν κλόνῳ τὰ τμήματα,
Συνέρχεται δὲ καὶ πάλιν τὰ λείψανα.

Sauro lacerto vero deinceps similis evasit. Quod serpentis genus si quis dissecet et medium dividat, trahit sua cum strepitu segmenta, reliquiæque ejus rursum coëunt.

ΣΑΦΗ'Σ, *manifestus, perspicuus,*
d *clarus, verus.* *נָכוֹן part. Niph. a כּוּן, *firmus, certus.* Deut. XIII. 14. sec. Oxon. Sap. VII. 22. Susann. v. 48. τὸ σαφὲς, *verum.* 2 Macc. XII. 40. Lex. Cyrilli MS. Brem. σαφὲς, φανερὸν, γνώριμον, ἀσφαλές.

ΣΑΦΩ'Θ. Est ipsa vox Hebr. שְׁפוֹת plur. 2 Sam. XVII. 29. Unde Gloss. in Lib. 2 Regum:
e Σαφὼθ βοῶν, γάλα βοῶν. Sic enim distincte legendum pro γαλαβοῶν, quod ex codice suo edidit Fabricius. In Cod. MS. Barocc. pro Σαφὼθ βοῶν male legitur Σαβοὺς, pariter autem exponitur βοῶν γάλα.

ΣΑΦΩ'Σ, *manifeste, perspicue, clare, certe.* בֵּאֵר Pih. *declaro.* Deut. XXVII. 8. Hab. II. 2. — נָכוֹן part.
Niph. a כּוּן, *firmum, certum.* Deut. f
XIII. 14. Phavorinus: σαφῶς, ἀληθῶς, εὐκόλως, φανερῶς. Pro *vere* legitur 3 Macc. IV. 9. συνέβη σαφῶς αὐτὸν περὶ τούτου πεισθῆναι. Lucian. Saltat. T. II. p. 315. ἐδήλωσεν τοῦτο σαφῶς. Dionys. Halic. T. V. p. 450. ed. Reisk. σαφῶς εἰδώς.

ΣΑΧΩ'Ν, vox corrupta ex Hebr. שֶׂכֶל, quæ *intellectum* significat. Esdr. VIII. 18. g

ΣΑΩ', vel juxta Al. ΣΑΩ'Ν. Ipsa vox Hebr. שָׁאוֹן, *tumultus.* Jerem. XLVI. 17. Huc pertinet fortasse glossa Hesychii: Σαὼς, ἥλιος. Βαβυλώνιοι. Vox سوز Persice *urens,* quo nomine *solem* appellant. Vide Reland. Tom. I. Diss. VIII. pag. 228. Adde Plutarch. de Is. et Osiride pag. 357. B. qui reginam quandam commemorat, aliis 'Αστάρτην, aliis Σάωσιν dictam. h

ΣΒΕ'ΝΝΥΜΙ, *extinguo, compesco, sedo.* דָּעַךְ, idem. Job. XVIII. 5. 6. XXI. 17. Prov. XIII. 9. et alibi. — הִכְנִיעַ Hiph. *deprimo.* Job. XL. 7. ὑπερήφανον δὲ σβέσον, superbum autem *compesce.* — כָּבָה, *extinctus sum.* Lev. VI. 12. 13. 2 Sam. XIV. 7. XXI. 17. et alibi sæpius. 2 Par. XXXIV. 25. καὶ οὐ σβεσθήσεται, sc.
i ὁ θυμός μου. Homerus quoque σβέσαι χόλον dixit, et Cicero de Nat. Deor. Lib. II. cap. 59. *restinguere iracundias.* Adde Aqu. Symmach. 1 Sam. II. 3. — *כָּפָה, *subigo.* Symm. Prov. XXI. 14. Secundum Cappellum in Crit. S. p. 830. legit יְכַבֶּה fut. Piel. Sed etiam Hebræi quidam Intt. כָּפָה notione *exstinguendi* exponunt, ut docuit Bux- k
torfius in Anticritica p. 694. Chald. מְדַעְכָא, *extinguit.* Arab. كفى cum accus. *sufficit iram,* i. e. *contra iram,* sive *ad sedandam, placandam iram.* Cæterum σβέννυσι h. l. notat

a *finem imponere s. facere.* — נִכָּא (א pro ה) Niph. a נָכָה, *percutior.* Job. XXX. 8. ὄνομα καὶ κλέος ἐσβεσμένον ἀπὸ γῆς, nomen et gloria *extincta* de terra. Confuderunt נִכְּאוּ cum נִכְּהוּ, nam כָּהָה est *exstinguere,* σβέσαι. — נִתַּע contr. ex נִלְתַּע Niph. a לָתַע, *commolior.* Job. IV. 10. γαυρίαμα δὲ δρακόντων ἐσβέσθη, insolentia autem draconum *sedata* est.
b Scil. metaphorice interpretatus est, quæ de *dentibus leonum excussis* in textu Hebr. leguntur. — סָפַק, *complodo,* it. *percutio.* Job. XXXIV. 26. ἔσβεσε δὲ ἀσεβεῖς, *compescuit* autem impios. — רָקַב, *putresco.* Prov. X. 8. ὄνομα δὲ ἀσεβῶν σβέννυται, nomen autem impiorum *extinguitur,* seu: *deletur.* Bene quoad sensum. Hesychius: σβέννυται, κατασβέννυται.
c Idem: σβέσαι, παῦσαι, κατασβέσαι.

ΣΒΕΣΤΙΚΟ'Σ, *extinctivus, extinguendi vim habens, aptus ad extinguendum.* Sap. XIX. 19. ὕδωρ τῆς σβεστικῆς δυνάμεως ἐπελανθάνετο.

ΣΕΑΥΤΟΥ͂, τῷ, τῇ, *tui ipsius, tibi ipsi.* Huc referuntur hæc pauca:

ΣΕΑΥΤΟΥ͂ ΓΕΝΟΥ͂, *tui ipsius sis.* יִטַב לִבֶּךָ, *bonum sit cor tuum.*
d 1 Reg. XXI. 7.

ΣΕΑΥΤΩ͂Ι, *tibi ipsi.* בְּיָדְךָ, *in manu tua.* Jerem. XLIII. 9. — *מִפָּנָיו. Exod. XXIII. 21. Justin. M. Dial. c. Tryph. pag. 172. αὐτῷ. Lectio σεαυτῷ sine dubio orta est ex altera σὺ αὐτῷ, quæ in Cod. Vat. reperitur. Fortasse tamen LXX scripserant: πρόσεχε σεαυτῷ ἀπ' αὐτοῦ.

e 'ΕΝ ΣΕΑΥΤΩ͂Ι, *in te ipso.* בִּלְבָבֶךָ *in corde tuo.* Job. X. 13.

ΠΑΡΑ` ΣΕΑΥΤΩ͂Ι, *apud te ipsum.* אִתָּךְ, *tecum.* Prov. II. 2. — בְּעֵינֶיךָ, *in oculis tuis.* Prov. III. 7.

ΣΕΑΥΤΗ͂Ι, *tibi ipsi,* fœm. *לָךְ, *tibi.* Aqu. Cant. I. 8. — בְּנַפְשֵׁךְ, *in anima tua.* Esth. IV. 12.

'ΕΝ ΣΕΑΥΤΗ͂Ι, *in te ipsa.* פֹּא, *hic.* Job. XXXVIII. 11.

*ΣΕΒΑ'ΖΟΜΑΙ, *colo, veneror, re-* f
vereor. גּוּר, *timeo,* item *religiose colo,* ex Arabismo جار Aquila Hos. X. 5. ἐσεβάσθησαν. Sic enim in Hexaplis legendum loco vitiosi ἐσεβάστησαν.

*ΣΕΒΑΜΑ'. Ipsa vox Hebr. שִׂבְמָה. Ies. XVI. 8. ubi Procopius p. 240. ἐπιστροφὴ δὲ ἑρμηνεύεται. Hes. σεβαμὰ, ἐπιστροφὴ πονηρά. Vide Wesselingii Probabil. p. 290. g

ΣΕ'ΒΑΣΜΑ, *numen, quod religiose colitur.* Sap. XIV. 20. τὸν πρὸ ὀλίγου τιμηθέντα ἄνθρωπον νῦν σέβασμα ἐλογίσαντο, qui paulo ante ut homo honorabatur, eum nunc pro *numine* habent. Vide et Sap. XV. 17. et Drac. v. 32. et confer Act. XVII. 23. 2 Thess. II. 4. et Lud. de Dieu ad Act. l. c. Adde Suiceri Thes.
T. I. p. 942. h

*ΣΕ'ΒΗΜΑ, i. q. σέβασμα. Sap. XV. 17. σεβημάτων sec. Alex. ubi alii libri σεβασμάτων habent. Sic quoque deest in Lexicis σέβησις, quod legitur apud Plutarchum T. VIII. p. 671. 3. Reisk.

ΣΕ'ΒΟΜΑΙ, *religiose colo, veneror.* יָרֵא, *timeo.* Jos. IV. 24. XXII. 25. Job. I. 9. — יָרֵא, verbale. Jon. I. 9. — יִרְאָה, *timor.* Ies.
XXIX. 13. Vide et Sap. XV. 6. i
18. 2 Macc. I. 3. Hesych. σέβεσθαι, αἰδεῖσθαι, ἐντρέπεσθαι, προσκυνεῖν, αἰσχύνεσθαι. Idem: σέβηται, λατρεύηται, ἢ αἰδῆται.

*ΣΕ'Θ. Jos. XVI. 7. τοῖς κατοικοῦσι δὲ σέθ. Vid. Intt. ad Hesychium s. v. σεδὶχ, ac Valck. Gloss. Sacr. ex Hesychio T. I. Opusc. Philol. p. 201.

ΣΕΙ'Μ. Ipsa vox Hebr. צִים, *naves.* Aqu. Theod. Ezech. XXX. 9. ἐν σείμ. Hieronymus: " et pervenerunt nuncii juxta Aquilam et

Theodotionem in *Sim*, quos Symmachus transtulit: *festinantes:* nos *intueres* (Marc. Meibomius de Fabric. Trirem. hic pro *intueres* legit *in trieribus*) vertimus. Ita enim ab Ebræis accepimus." Theodoretus *ἐν σιίμ* ait Græca lingua significare *ἐν ἰσχύϊ*. Quo vero fundamento, alii dispiciant.

ΣΕΙΡΑ`, *quidquid implicatur et*
b *contorquetur, funis, laqueus, vinculum,* it. *plexura capillorum.* חֶבֶל, *funis.* Proverb. V. 22. σειραῖς δὲ τῶν ἑαυτοῦ ἁμαρτιῶν ἕκαστος σφίγγεται, laqueis autem peccatorum suorum unusquisque constringitur. Ita Pausanias in Attic. c. 21. p. 50. σειραῖς περιβαλόντες τῶν πολεμίων ὁπόσοις καὶ τύχοιεν τοὺς ἵππους ἀποστρέψαντες, ἀνατρέπουσι τοὺς ἐνσχεθέντας ταῖς σειραῖς.
c Et Suidas de Parthis quibusdam, qui σειροφόροι dicebantur: Μάχονται δὲ ἀπὸ τῶν ἵππων σειρὰς ἱμάντων ἑλίσσοντες. πελάσαντες δὲ τοῖς πολεμίοις, ἐφιᾶσι τοὺς ἀπὸ τῶν ἱμάντων βρόχους, ἀποστρέψαντές τε τοὺς ἵππους ὀπίσω βιαίως ἐλαύνουσι. τοὺς δὲ ἁλόντας τοῖς βρόχοις τῇ ῥύμῃ τοῦ ἵππου ἀποθανόντας ἢ ζῶντας ἕλκουσι. In his verbis, e scriptore quodam antiquo procul dubio de-
d sumtis, σειρὰς etiam βρόχους appellari videmus, quemadmodum et alias gentes laqueis olim usos esse ad capiendos hostes, ad illa notat Küsterus. — מַחְלָפוֹת plur. *cincinni.* Jud. XVI. 13. ἐὰν ὑφάνῃς τὰς ἑπτὰ σειρὰς τῆς κεφαλῆς μου σὺν τῷ διάσματι, si septem *plexuras* capillorum meorum cum licio plexueris. Al. Jud. XVI. 20. σειρὰς pro βοστρύχους ha-
e bent. Hesych. σειραί, πλέγματα, ἡνίαι, ἢ πλεκτοὶ ἱμάντες. Conf. Pollucem Onom. Lib. II. c. 30. segm. 30. ubi σειρὰ τριχῶν i. q. πλοχμός, *plexura* capillorum. Confer et Bonfrerium ad Jud. l. c. p. 369. et Spencerum de Leg. Hebr. Ritual. Lib. III. c. 6. sect. I. p. 695. — מֹטוֹת, *vectes, vincula.* LXX sec. ed. Complut. aut potius Incert. Int. Ezech. XXXIV. 27.

ΣΕΙΡΗ`Ν, in plur. ΣΕΙΡΗ῀ΝΕΣ, f
Siren, Sirenes, apud profanos scriptores monstri marini genus, a Phœnicum שִׁיר, *cantio,* nomen habens, quod navigantes λιγυρῇ θέλγουσιν ἀοιδῇ, h. e. *blando cantu demulcent,* aut quod, uti fabulantur, suavitate cantus tanquam σειρᾷ, catena, attrahunt, et in naufragium pelliciunt. Hes. σειρῆνες, οἱ μὲν ἔξω γυναῖκας φασὶ μελῳδούσας· ὁ δὲ Ἀκύλας στρουθοκάμη- g
λον. quæ verba sumta sunt e Basilii M. Comment. in Ies. c. 13. p. 588. A. Vide Obss. Miscell. Belgg. Vol. IV. p. 129. Sed aliud quid significant Græcis Intt. V. T. Nam LXX בְּנוֹת יַעֲנָה, *filiæ ululæ,* Ies. XIII. 21. Jer. L. 39. Mich. I. 8. et תַּנִּין, in plur. תַּנִּים, *dracones,* Job. XXX. 29. Ies. XXXIV. 13. XLIII. 20. nomine illo reddide- h
runt. Sic et Inc. Ps. XLIII. 20. Symm. Thren. IV. 3. Aqu. Symm. Theod. Ies. XIII. 22. et XLIII. 20. Item Symm. Jer. X. 22. Aqu. Symm. Mich. I. 8. et תַּנּוֹת. Aqu. Mal. I. 3. Symmachus etiam Jer. X. 21. שְׁמוּעָה, quæ vox *auditum* notat, per σειρήνων exponit. Cur autem Græci interpretes בְּנוֹת יַעֲנָה et תַּנִּים Sirenas interpretati sint, i
rationem reddere conatur Bochartus Hier. P. II. Lib. VI. c. 8. qui etiam Lib. II. c. 14. p. 218. quædam de Sirenibus ex Cyrillo affert. Equidem arbitror, eos per σειρῆνας intellexisse aves quasdam clamosas, quæque sibi mutuo respondent, ut sunt bubones, noctuæ, onocrotali, et יַעֲנָה deduxisse ab עָנָה, quod *canere* et *clamare* significat. Confer k
Cappelli Nott. Crit. p. 78. Schol. ad Ies. XXXIV. 13. σειρῆνας καλεῖ τὰ ἐν νυκτὶ θρηνώδη φωνὴν ἱέντα τῶν πτηνῶν, μονονουχὶ κατολολύζοντα, οἷον ἡ γλαῦξ καὶ τὰ ἐοικότα. Chrysost. ad Job. XXX. 29. σειρῆνας λέγει ᾠδικοὺς τινὰς ὄρνιθας, ἀλκυόνας, ἢ γλαῦκας. ἄμφω γὰρ θρηνητικά. Jam quia hæ

a aves in locis solis ac desertis et
tectis dirutis fere habitare solent,
quæ etiam sunt sedes et quasi do-
micilia draconum aligerorum, factum est, ut etiam pro תַּנִּים σειρῆνες
posuerint. Olympiodorus ad Jer.
L. 39. in Catena Ghislerii p. 895.
ita: τὴν δὲ τούτων ἐρημίαν σημαίνει διὰ
τῶν σειρήνων, ὡς ἀνθρωπομόρφων λοιπὸν
δαιμονίων, ἢ καὶ ᾠδικῶν ὀρνέων, διὰ τὴν
b ἐρημίαν οἰκούντων τοὺς τόπους. Suidas
in v. Σειρῆνας, postquam Sirenas in
Græcorum fabulis mulieres quasdam dici dulce canentes, et a pectore quidem et superne fœmine-
am formam habentes, inferne vero
struthionum, imo aliis quasdam
aviculas, fœminea facie præditas et
præternavigantes canticis decipien-
tes, ita dici memoraverat, hæc addit:
c αἱ δὲ παρὰ τῷ Ἡσαΐᾳ εἰρημέναι σειρῆνες,
καὶ ὀνοκένταυροι, δαίμονές τινές εἰσιν, οὕτω
χρηματιζόμενοι ἐπ' ἐρημίᾳ πόλεως, ἥτις
χόλῳ Θεοῦ γίνεται. Οἱ δὲ Σύροι τοὺς
κύκνους φασὶν εἶναι. Καὶ γὰρ οὗτοι λου-
σάμενοι καὶ ἀναπτάντες ἐκ τοῦ ὕδατος
καὶ τοῦ ἀέρος ἡδύ τι μέλος ᾄδουσιν. Ὁ
οὖν Ἰὼβ λέγει· Ἀδελφὸς γέγονα σειρήνων, ἑταῖρος δὲ στρουθῶν, τουτέστιν ᾄδω
τὰς ἐμαυτοῦ συμφορὰς ὥσπερ σειρῆνες.
d Cæterum imaginem Sirenum (quibus monstris alæ dantur a poëtis et
in monumentis priscis) ex Catena
MS. in Jobum affert Montfauconus
Diar. Ital. p. 191. optime conveni-
entem descriptioni Sirenum apud
veteres scriptores, judice Fabricio
Bibl. Gr. Lib. V. c. 17. pag. 736.
ubi etiam de Sirenibus vult conferri Laur. Begeri Ulyssem Sirenes
e prætervectum, et notas ad Tabulam
Iliacam Num. LXIX. Ex. Spanhemium de Usu Numism. p. 251. ed.
Lond. Dionysii Diss. Paris. 1691.
editam et Jan. Broukhusium ad
Tibull. pag. 362. Adde Zornii
Opusc. Sacr. T. II. p. 184. seq. ac
Tychsenium ad Physiologum Syrum p. 144.

*ΣΕΙΡΗ'ΝΙΟΣ, *qui a Sirenibus pro-
ficiscitur*, s. *qui est Sirenum*. 4 Macc.
XV. 21. σειρήνιοι μελῳδίαι, *dulcissimi* f
Sirenum cantus. Addatur hæc vox
Lexicis. Zonaras Lex. col. 1636.
σειρήνια μέλη, γλυκύτατα. Σειρήνιοι
Suidas sine interpretatione.

*ΣΕΙΡΟΚΟΝΤΟΔΟΡΥΜΑ'ΣΤΗΣ.
Vox hæc monstrosa legitur in Cod.
Oxon. Numer. XXV. 7. pro Hebr.
רֹמַח, ubi, ut jam recte observavit
Montfauconius ad h. l., tres versiones in una voce concluduntur, Sc. g
רֹמַח LXX per σειρομάστην, Symmachus per δόρυ, Aquila per κόντον
transtulerunt.

ΣΕΙΡΟΜΑ'ΣΤΗΣ, (scribitur et σιρομάστης), *jaculi genus, hasta, lancea.*
Bonfrerio in Commentario ad h. l.
p. 857. videtur esse *pugionis species
e catena ad mammam* vel *pectus de-
pendentis*, a σειρὰ, *catena*, et μαστὸς,
mamma. חֲנִית, *hasta*. 2 Reg. XI. h
10. — רֹמַח, *lancea, hasta*. Numer.
XXV. 7. (Vide s. σειροκοντοδορυμάσ-
της.) Jud. V. 8. Posteriori loco alii
pro σειρομάστης habent λόγχη. Vide
et 1 Reg. XVIII. 28. Joël. III. 10.
ac Joseph. A. J. VIII. 10. 1. et
12. 1. Suidas et Lex. Cyrilli MS.
Brem. σειρομάστης, εἶδος ἀκοντίου, λόγχη. Hesychius (post v. Σερίς): Σειρομάστης, εἶδος κονταρίου, ubi vide i
Intt. Gloss. in Octateuch. σιρομάστης, ὀγκινόλογχον. Hesych. σιρομάστης,
λόγχη, δόρυ, ῥομφαία, ubi conf. Intt.
Plura de hac voce vide apud Ly-
dium de Re Militari p. 109. et Du-
fresnium in Glossario Græco voce
σειρομάστης.

ΣΕΙΡΟ'Ω, *evacuo, exhaurio*. צָעָה,
peregre ago, transmigrare facio.
Symm. Jer. XLVIII. 12. σειρώσουσιν k
αὐτὸν, καὶ τὰ σκεύη αὐτοῦ ἐκκενώσουσι,
exhaurient eum, et vasa ejus eva-
cuabunt. Vide ad h. l. Drusium.
Phavorinus: σειροῦν, τὸ κενοῦν. Vide
illum in v. Σείριαι, ubi eam παρὰ τὸ
ἐκκενοῦν ἡμᾶς ἱδρῶσι ῥεομένους, *quod ex-
hauriant nos sudore fluentes*, dictam
esse docet. Ita Bielius. Sed mihi
σειρόω h. l. potius notare videtur

catena constringere, et *vincire* seu, vinctum *trahere*, ut sit i. q. *σειράω* ut σειρόω, a σειρὰ, *catena*. Cæterum respexit Symmachus notionem *inclinandi*, quam habet etiam vox Arab. صغى, unde Ies. LXIII. 1. צֹעֶה, *inclinatus*, est *captivus*, *vinculis ita constrictus*, *ut inclinetur et recurvetur*. Vide quoque Michaëlis Suppl. p. 2119.

b ΣΕΙΡΩΤΟ'Σ, *catenatus*. תַּחְרָא *lorica*. Symmach. Theodot. Exod. XXVIII. 32. σειρωτὸν. Aquil. προσπλοκήν. LXX συμβολήν. Vulg. *sicut fieri solet in extremis vestium partibus*.

ΣΕΙ'ΣΜΑ, *commotio*, *concussio*, *quassatio*, *motus*. Sir. XXVII. 4. ἐν σείσματι κοσκίνου.

ΣΕΙΣΜΟ'Σ, idem. *זְוָעָה, *commo-*
c *tio*. Symm. Ies. XXVIII. 19. — סְעָרָה : שְׂעָרָה, *turbo*. Jer. XXIII. 19. Nahum. I. 3. In posteriori loco alii συσσεισμῷ habent. — עֹעֵר pro עֹרֵר Pih. ab עוּר, *excito*. Ies. XV. 5. Scil. עֹעֵר habet quoque notionem *commovendi*, ut exempla docent prolata a Simonis Lex. Hebr. p. 1166. — *צְעָדָה, *gressus*, *incessus*. Inc. 1 Paral. XIV. 15. Intel-
d legitur hic *concussio ex incessu exorta seu, strepitus gradientium*, quæ elegantem exhibet descriptionem *tonitrui*, de quo Scriptores sacri formula loquendi *Deum per cœlum incedere* aut *vehi* uti solent. Vide infra s. v. συσσεισμός. — רַעַשׁ. Job. XLI. 21. Ies. XXIX. 6. Jerem. XLVII. 3. et alibi sæpius.

ΣΕΙ'ΣΤΡΟΝ, *sistrum*. מְנַעַנְעִים
e *commoventes*, a נוּעַ. Aquil. Symm. 2 Sam. VI. 5. Vulg. *sistris*. Confer Suidam in v. Σεῖστρον, et Irhovium in Conjectan. de Psalmorum Titulis §. 50. p. 70. seq.

ΣΕΙ'Ω, *moveo*, *commoveo*, *concutio*, etiam *incito*, *impello*. *יָגֹר, *timeo*. Job. IX. 28. σείομαι. Forte legerunt יָגֹרְתִּי. Sed non opus est. Metu enim animus quasi concutitur. Vide infra s. v. יָגֹר. — הוֹרִיד f
Hiph. a יָרַד, *descendere facio*. Ies. X. 13. σείσω πόλεις κατοικουμένας. — *הֵסִית Hiph. a סוּת, *instigo*, *irrito*, *provoco*. Jud. I. 14. ἔσεισε sec. ed. Complut. ubi reliqui libri ἐπέσεισε habent. — הִתְנֹדֵד Hithp. Ies. XXIV. 20. — יָגֹר, *metuo*. Job. IX. 28. — Vide supra s. v. נוּד. — *מָדַד, *metior*. Inc. Hab. III. 6. Videtur מָדַד permutasse cum מָעַד g
Vide supra s. v. σαλεύομαι. — נוּעַ. Ies. XIX. 1. — *עָרֵל, *præputiatum* h. e. *profanum* et *impurum habeo*. Hab. II. 16. καρδία σαλεύθητι καὶ σείσθητι, pro הֵעָרֵל, *præputiatus habetor* vel *agnoscitor*. Legerunt per metathesin literarum Resch et Ain הֵרָעֵל seu הֵרָעֵל, a רָעַל, quod *tremere*, *concuti* notat. Cæterum illud σείσθητι est glossema s. interpreta- h
mentum, quod ex margine in textum irrepsit. Conf. quoque Nahum. II. 4. — סָעַר, *turbinem excito*. Hab. III. 13. — סַעַר, *turbo*. Amos I. 14. Legerunt וְסַעַר cum vers. Arab. et Ital. — צָעַן, *disrumpor*. Ies. XXXIII. 20. — רָגַז. Job. IX. 6. — *רֹגֶז subst. *terror*, *perturbatio*. Symm. Job. III. 17. — רָזָה, *emacio*. Ies. XVII. 4. σεισθήσεται. i
Videntur legisse יִרְגָּזָה loco יִרָזֶה, *emaciabitur*. — רָעַשׁ. Jud. V. 4. 2 Sam. XXII. 8. Ps. LXVII, 9. et alibi sæpius. Symm. Job. XLI. 20. σειομένου δόρατος. Vulg. *vibrantem hastam*. — Præterea legitur Dan. II. 40. sec. cod. Chis. καὶ συσθήσεται πᾶσα ἡ γῆ: quibus verbis fortasse

a respondent Chaldaica תְּדֹק וְתֵזִיעַ, comminuet et conteret. 3 Esdr. IV. 36. 1 Macc. I. 29. ἐσείσθη ἡ γῆ ἐπὶ τοὺς κατοικοῦντας αὐτήν. Lege ὑπὸ hoc sensu: commoveri visa est præ horrore terra incolentibus eam.

ΣΕΛΗ'ΝΗ, *luna*, etiam, ut Hebr. יֶרַח, *mensis*. יָרֵחַ, *luna, mensis*. Gen. XXXVII. 8. Deut. IV. 19. XVII. 3. Jos. X. 12. 13. et alibi sæpius.
b Adde Symm. Job. XXXIX. 2. ubi *mensem* notat. LXX μῆνας. Vulgat. *menses*. — לְבָנָה, *luna*. Cant. VI. 9. Ies. XXIV. 23. XXX. 26. — *שֶׁמֶשׁ, *sol*. LXX Ps. LXXIII. 16. Sed hic locum habuit permutatio ordinis verborum, et pro ἥλιον καὶ σελήνην reponendum est σελήνην καὶ ἥλιον, ut recte legitur in Edit. Quinta, ut adeo σελήνη Hebr. מָאוֹר re-
c spondeat, quod h. l. *lunam* notat, quia *soli* opponitur.

ΣΕΛΙ'Σ, proprie: *spatium inter lineas*. Ponitur quoque pro *pagina*, *libro* et *tabula*. דְּלָתוֹת, *januæ, valvæ*, it. *columnæ, in quas dividebantur membranæ apud Judæos* (Confer Buxtorfium in Instit. Epist. Hebr. p. 4.), a דֶּלֶת, *janua*. Jer. XXXVI. 23. ἀναγινώσκοντος Ἰουδὶ τρεῖς σελίδας
d καὶ τέσσαρας, legente Judi tres *columnas*, vel *paginas*, et quatuor. Sic in Epigrammate Phaniæ, quod ex Cod. MS. integrum edidit Küsterus Not. ad Suidam v. Λεάντειραν καὶ σελίδων κανόνισμα φιλέρθιον, *et paginarum regulam directricem*. Conf. Epigrammata Zenodoti et Athenæi apud Laërtium VII. 30. Hesych. σελὶς, πτυχίον, κατάβατον βιβλίου. Sui-
e das: σελίδιον, τὸ ἀπὸ τῶν ἄνωθεν ἀναγινωσκόμενον ἐπὶ τὰ κάτω. — לוּחַ, *tabula*. Symm. Hab. II. 2. ἐπὶ σελίδων, *in tabulis*. Secundum Moerbium in Schol. Philol. p. 103. est vox σελὶς ab Hebr. דֶּלֶת derivanda, ד et ת pro more in Σ mutatis. Vide quoque Schwarzium Diss. de Supellectile Rei Librariæ §. 3.

ΣΕΛΙΣΙ'Α. Ipsa vox Hebraica שְׁלִשִׁיָּה, *trima*. Al. Jer. XLVIII. f
34. ubi Francof. σαλισία.

ΣΕΜΙ'ΔΑΛΙΣ, *simila, similago*. מִנְחָה, *oblatio*. Levit. IX. 4. Ies. I. 13. LXVI. 3. Adde Syrum Ezech. XLVI. 5. Theodoretus ad h. l. μαναὰ ὁ Σύρος ἡρμήνευσε τὴν ἐκ σεμιδάλεως θυσίαν. — סֹלֶת, *simila, farina selecta*. Exod. XXIX. 2. 40. Levit. II. 1. V. 11. et alibi sæpius. — קֶמַח, *farina*. 1 Sam. I. 24. — g
קֶמַח סֹלֶת, *farina similæ*. Genes. XVIII. 6. Præterea legitur Lev. V. 13. ubi nihil pro hac voce in textu Hebr. reperitur. Sir. XXXV. 2. XXXVIII. 11. μνημόσυνον σεμιδάλεως. Drac. v. 3.

*ΣΕΜΝΟΛΟΓΕ'Ω, *graviter et speciose loquor*. 4 Macc. VII. 9. σεμνολογήσας. Substantivum σεμνολόγημα occurrit apud Hesychium, ubi vide h
Intt.

ΣΕΜΝΟ'Σ, *venerandus, colendus, magnus, præclarus, pretiosus, gratus*. נָגִיד, *princeps*. Prov. VIII. 6. εἰσακούσατέ μου, σεμνὰ γὰρ ἐρῶ, auscultate mihi, nam *præclara* loquor. Habet נָגִיד h. l. aperte *præstantiæ* notionem. — נֹעַם, *amœnitas*. Prov. XV. 27. ἁγνῶν δὲ ῥήσεις σεμναί, castorum autem verba *grata*. Vide et Prov. VI. 8. ubi apibus ἐργασία σεμνὴ tribuitur, quod Ambrosius reddit *operationem venerabilem*. Hieronymus: *opus castum*. Castalio: *augustum opus*. Equidem malim *opus pretiosum et mirabile*. Quid si loco σεμνὴν legas σμηνῶν, h. e. *mirabile illud opus, quod fit in alvearibus*? Conf. Bocharti Hieroz. T. II. p. 513. seq. ac Jacobsii Exercitatt. Critt. T. II. p. 94. Cæterum pro hac voce Prov. l. c. nihil in textu Hebr. legitur. 2 Macc. VI. 28. ὑπὲρ τῶν σεμνῶν καὶ ἁγίων νόμων, pro *præclaris* et sanctis legibus. 2 Macc. VIII. 15. τοῦ σεμτοῦ καὶ μεγαλοπρεποῦς ὀνόματος, venerandi et illustris nominis. 4 Macc. XVII. 5. σεμνή, *clara*. Sermo ibi est de luna. Lex. Cyrilli MS. Brem. σεμνόν, μέγαν, ἔνδοξον, ἀξιωματικόν. Suidas: σεμνά, τὰ τίμια, καὶ σεβάσματα.

ΣΕΜΝΟΤΑΤΟΣ superlat. *maxime colendus*. 2 Macc. VI. 11.

ΣΕΜΝΟΤΗΣ, *reverentia, sanctitas*. 2 Macc. III. 12.

*ΣΕΜΝΩΣ, *honeste, decenter, graviter*. Legitur apud Inc. 1 Sam. XXIV. 4. ubi formula σεμνῶς ἄγειν, *honeste agere*, Hebr. הָסֵךְ אֶת רַגְלִים *tegere pedes*, h. e. *exonerare alvum*, respondet. Vide ad h. l. Montfauconium. Philoxen. Gloss. σεμνῶς, *pudice*. Adde 4 Macc. I. 17.

ΣΕΠΤΟΣ, *colendus, venerabilis, venerandus, augustus*, a σέβω, *colo*. Al. Sir. XLVIII. 25. Lex. Cyrilli MS. Brem. σεπτόν, ἔντιμον, ἅγιον, σεβάσμιον.

ΣΕΡΑΦΙΜ. Ipsa vox Hebr. שְׂרָפִים, *animantes igneam præferentes speciem* significans. Ies. VI. 2. ubi Cyrillus: διερμηνεύεται δὲ Σεραφὶμ ἐμπρησταί, ἤτοι θερμαίνοντες. Suidas: Σεραφὶμ, ἐμπρηστὰς, ἔμπυρα στόματα, ἢ θερμαίνοντας. γνώσεως πληθυσμὸς, ἢ σοφίας χύσις. Alii scribunt Σαραφίμ. Lex. Cyrilli MS. Brem. Σαραφὶμ, ἐμπρηστὰς, ἔμπυρα στόματα, ἢ θερμαίνοντας. Ita etiam Photius in Lex. Lex. Orig. p. 235. Σαραφὶμ, ἐμπυρισμὸς, ἢ ἀρχὴ στόματος πυρίνη. Hic præter שָׂרַף respici ad שַׂר, ἀρχὴ, et פֶּה, *os*, observat Alberti Not. ad Gloss. Gr. in N. T. p. 48. Apud Hesychium (ubi videndi Intt.) Σαραφὶν scribitur, et exponitur, ut posteriori loco apud Suidam, γνώσεως πληθυσμὸς, ἢ σοφίας χύσις. Juxta hanc autem explicationem vox male deducitur ab Hebr. שָׂרַץ, *exubero, superfluo*, et בִּינָה, *intellegentia*.

ΣΕΡΣΕΡΩΘ. Ipsa vox Hebr. שַׁרְשְׁרֹת, *catenæ*. 2 Par. III. 16. ubi alii σαρσερὼθ.

ΣΕΥΤΛΙΟΝ (alias σεῦτλον, it. τεῦτλον, τευτλίον), *parva beta, oleris genus*. תְּאוֹ, *bubalus, bos sylvestris, oryx*. Ies. LI. 20. ὡς σευτλίον ἡμίεφθον, *tanquam beta semicocta*. Ita quoque Syrus et Arabs, quod pluribus defendit Anonymus quidam in Miscell. Duisb. T. I. p. 519. seq. Conf. etiam Anonymum in Nov. Act. Erudit. 1732. p. 476. ubi hanc versionem contra Bochartum tuetur, et observat, Latinos etiam languidos cum beta comparare. Hieronymus ad h. l.: *LXX Syra lingua opinati sunt thoreth, quæ dicitur beta*. Confer quoque Eusebium ad h. l. p. 553. et Procopium p. 585. Buxtorfius Lex. Talm. p. 2549. non male conjicit, LXX contulisse vocem תיואה aut תְיעָה occurrentem in Surenhusii Mischna T. VI. p. 501. et *laseris* herbæ speciem significantem.

ΣΕΦΗΛΑ. Ipsa vox Hebr. שְׁפֵלָה, *planities*. Jer. XXXII. 44. XXXIII. 13. Abd. v. 19.

ΣΗΘ. Ipsa vox Hebr. שְׂאֵת, *tumor*. Inc. Lev. XIII. 19. et XIV. 56.

ΣΗΚΟΣ, *templum*. 2 Macc. XIV. 33. Hesych. σηκὸς, οἶκος, τάφος, ναὸς, μάνδρα, ἐνδότερος τόπος τοῦ ἱεροῦ, ubi videndi Intt.

ΣΗΚΩΜΑ, *quod trutinæ sursum latæ in utravis lance adjungitur, ut pondera fiant æqualia, æquipondium*. מִשְׁקֶלֶת, *perpendiculum, quo rerum rectitudo examinatur*, al. *trutina*. Theod. Ies. XXVIII. 17. Conf. Junii Nomenclator in Sacoma.

ΣΗΜΑΙΑ, *signum militare, vexillum*. *אוֹת, *signum*. Num. II. 2. sec. Vat. et Ald. Lectio σημέας, quam Cod. Alex. exhibet, orta sine dubio est ex σημαίας, quod apud Polybium aliquoties occurrit, aut σημαίας. Vide Schweighæuseri Lex *a* Polyb. s. h. v. — נֵס, *vexillum*. Ies. XXX. 17. *ὡς σημαίαν φέρων ἐπὶ βουνοῦ*, sicut *signum* ferens in colle. Hesych. *σημαία, σημεῖον*. Suidas: *Σημαῖαι, τὰ παρὰ Ῥωμαίοις λεγόμενα σίγνα. Πάντων γε μὴν τῶν Ῥωμαίων ἐπὶ τῶν σημαιῶν εἴδωλα φερόντων, ὁ Κωνσταντῖνος σταυροῦ τύπον ἔφερεν. Αἱ δὲ σημαῖαι τῶν Ῥωμαίων συνεπεφεύγεσαν εἰς βουνόν*. Posteriora verba Polybii *b* esse volunt Fulv. Ursinus et Casaubonus, annotante Küstero. Lex. Cyrilli MS. Brem. *Σημαῖα* (lege *Σημαῖαι*), *σίγνα, προτιμαί* (scr. *προτομαί*), *εἰκόνες*.

ΣΗΜΑΙ'ΝΩ, *significo, signum do*. בְּדֵי, *in sufficientia*. Job. XXXIX. 25. *σάλπιγγος δὲ σημαινούσης*. In textu Hebr. legitur: *in sufficientia tubæ*, h. e. *cum abunde auditur tubæ clan-* *c* *gor*. — הִגִּיד Hiph. a נָגַד. Esth. II. 22. — הִזְהִיר Hiph. *admoneo*. Ezech. XXXIII. 3. — הוֹדִיעַ Hiph. a יָדַע, *scire facio*. Ex. XVIII. 20. Dan. II. 15. sec. cod. Chis. — *הוֹדַע Chald. Aphel, *notum facio*. — Dan. II. 23. sec. cod. Chis. — הֵרִיעַ Hiph. a רִיעַ, *clango*. Num. X. 9. Jud. VII. 21. *ἐσήμαναν καὶ ἔφυγον*, *signo quasi dato huc illuc fugere cœ-* *d* *perunt*. Sc. *σημαίνειν*, quæ proprie est vox militaris, referturque ad *classicum* et *pugnæ signum*, h. l. *καταχρηστικῶς* ad aliud refertur. 2 Par. XIII. 12. Adde Inc. Psalm. LXV. 2. — מִלֵּל, *loquor*. Prov. VI. 13. Scilicet *pedibus loqui* ibi notat *pedibus signum dare*. — קוֹל, *vox*. Job. XXXIX. 24. — שָׁרַק, *sibilo*. Zach. X. 8. — תָּקַע, *clango*. Jerem. *e* IV. 5. VI. 1. Ezech. XXXIII. 6. 3 Esdr. II. 4. *ἐσήμηνέ μοι οἰκοδομῆσαι αὐτῷ οἶκον ἐν Ἰσραήλ*, Deus *jussit* me Israëlitis templum ædificare: ubi in textu Hebr. legitur פָּקַד עַל. 2 Paral. XXXVI. 23. Notat quoque *recensere, nominatim recensere* vel *scribere*. 3 Esdr. VIII. 49. *πάντων ἐσημάνθη* (cod. Alex. ex interpretamento habet *ὠνομάσθη*.) *ἡ ὀνοματογραφία, recensebantur omnium nomi-* *f* *na*. In textu Hebr. Esdr. VIII. 20. legitur: נִקְבוּ בְשֵׁמוֹת, *nominatim recensiti sunt*. Hesychius: *σημαίνειν, προστάττειν, ἄρχειν, δεικνύειν, δικάζειν, βουλεύεσθαι, σαλπίζειν*. — Vide alibi s. v. *σάλπιγξ*.

ΣΗΜΑΣΙ'Α, *significatio, signi datio, signum, vexillum, signum tuba datum, classicum*, it. *signum vel indicium lepræ aut alius rei*. — אוֹת, *g* *signum*. Num. II. 2. *κατὰ τὰς σημασίας*, secundum *insignia*. — יוֹבֵל, *annus jubilæus*. Lev. XXV. 15. ubi post *σημασίας* omissum est *ἀφέσεως*, coll. v. 11. et 13. — מִסְפַּחַת, *apostema*. Levit. XIII. 6. ubi Theod. *ἔκθρασμα* habet. Ib. v. 7. ubi Aqu. et Symm. *ἐμφύσημα*. — סַפַּחַת, idem. Lev. XIII. 2. XIV. 56. — צִלְצְלִים, *cymbala*. Symm. Psalm. CL. 5. *ἐν* *h* *σημασίαις*. Ita Bielius. Sed non referenda mihi hæc verba videntur ad צִלְצְלֵי, sed vel ad תְּרוּעָה, vel ad totam formulam בְּצִלְצְלֵי תְרוּעָה. Fortasse etiam loco *σημασίαις* reponendum est *σημασίας*, ut ante *σημασίας* exciderit vocabulum aliquod, v. c. *κυμβάλοις*. — תְּרוּעָה, *clangor*. Num. X. 5. 6. XXIX. 1. *ἡμέραν σημασίας*. *Samariticus*, ut est in Scholio apud Flamin. Nobil., interpretatur *ἡμέραν ἀκουστὴν, diem sonoram*. Interpr. Origenis Homil. XXIII. vocat *festivitatem memoriæ tubarum*. Esdr. III. 12. 13. Symmach. (sec. Procop. Cat. Niceph. p. 1335.) Num. XXIII. 21. Psalm. XXXII. 3. et Psalm. LXXXVIII. 16. ubi *σημασία jubilationem, jubilum* notat, ut quoque Hieronymus transtulit. 1 Macc. VII. 45. *ταῖς σάλπιγξι τῶν σημασιῶν, tubis, quibus signa dantur*. Suidas et Lex. Cyrilli MS. Brem.

a σημασία, φανέρωσις διὰ σάλπιγγος. — Vide alibi s. v. ἄφεσις.

ΣΗΜΕΙ͂ΟΝ, *signum, prodigium, miraculum, signum militare, vexillum, monumentum.* אוֹת, idem. Gen. I. 14. IX. 12. 17. Exod. VII. 3. et alibi saepius. — אָת Chald. Dan. III. 32. 34. VI. 27. — *אֹת. Jos. II. 17. Legerunt אוֹת. — מוֹעֵד, *statutum tempus.* Al. Jud. XX. 38.
b Sensum secuti sunt. — מוֹפֵת, *prodigium.* 2 Paral. XXXII. 24. — מַשְׂאֵת, *incendium.* Jerem. VI. 1. i. q. das ein Feuer-Zeichen, *a sign of fire.* — נֵס, *vexillum, signum militare.* Num. XXI. 8. ποίησον σεαυτῷ ὄφιν, καὶ θὲς αὐτὸν ἐπὶ σημείου, fac tibi basiliscum aeneum, ac impone illum *perticae.* Zonaras Lex. 813. ἐπὶ σημείου, ἐπὶ ὕψους: ubi sine dubio hic
c locus spectatur. Jerem. LI. 12. ἐπὶ τειχέων Βαβυλῶνος ἄρατε σημεῖον, in moenibus Babylonis erigite *vexillum.* Ita Dio in Orat. Borysthen. αἵ τε πύλαι συγκέκλειντο, καὶ τὸ σημεῖον ἦρτο ἐπὶ τοῦ τείχους τὸ πολεμικόν. Vide et Ies. XI. 12. XIII. 2. XXX. 17. Symm. Psalm. LIX. 6. Eodem sensu vox etiam occurrit in verbis auctoris incerti apud Suidam. En
d illa: Σημεῖα Σκυθικὰ, ἃ φέρουσιν ἐν τῷ πολέμῳ, ὑφάσματά εἰσιν βαφῇ πεποικιλμένα, ἃ εἰς ἰδέαν μάλιστα ὄφεων εἴκασται, καὶ ἀνηρτημένα κοντῶν συμμέτρων. — צִיּוּן, *monumentum.* Ezech. XXXIX. 15. οἰκοδομήσει παρ' αὐτῷ σημεῖον, aedificabit apud illum *monumentum.* — צִיֻּנִים plur. *monumenta.* Syrus Int. Jerem. XXXI. 22. σημεῖα. Similiter Attici monumenta
e σήματα vocabant. Lex. Cyrilli MS. Brem. σήματα, τέρατα, σημεῖα, Ἀττικοὶ δὲ μνήματα. — צִיץ, *flos,* it. *penna.* Jerem. XLVIII. 9. Legerunt צִיּוּן coll. XXXI. 21. Michaëlis in Supplem. p. 2077. LXX in ignoto vocabulo contulisse videntur Num. XV. 38. 39., ubi צִיצִת *in fimbriis vestium pro signo est.* — תָּו, *signum.* Ezech. IX. 6. — תִּקְוָה, *funiculus.* Jos. XXI. 18. 21. Ib. II. 18. Ita f
translulerunt magis pro sensu orationis, quam vocabuli notatione. Confer Masii Comment. ad Jos. II. 18. p. 50. et ad h. l. Scharfenbergium. Inc. Jos. II. 21. τὸ σημεῖον τὸ κόκκινον, ubi ex nonnullorum sententia aut omissum est τὸ σπαρτίον, aut pro σημεῖον emendari debet σπαρτίον, certe Vulgatus habet: *funiculum coccineum.* — תְּרוּעָה, *clangor.* Sym- g
mach. Num. XXIII. 21. Theod. Jos. II. 12. Sir. XXXV. 5. XLIII. 6. ubi luna dicitur σημεῖον αἰῶνος, h. e. *quae portendat futura.* Sap. V. 13. ἀρετῆς σημεῖον, *documentum* virtutis.

ΣΗΜΕΙ͂ΟΝ ΔΙ'ΔΩΜΙ, *signum do.* הִתְוָה תָו, *signo signum,* h. e. *signo aliquem noto.* Ezech. IX. 4.

ΣΗΜΕΙΟΣΚΟΠΕ'ΟΜΑΙ, *hariolor.* h
נִחֵשׁ Pih. *auguror.* Symm. Deuter. XVIII. 10. σημειοσκοπούμενος. Sed Scharfenbergius auctoritate Cod. Coislin. ductus hanc vocem referre mavult ad מְעוֹנֵן. — עוֹנֵן Pih. Symm. Mich. V. 12. σημειοσκοπούμενοι.

ΣΗΜΕΙΟΣΚΟ'ΠΟΣ, *hariolus.* יִדְּעֹנִי, idem. Inc. 1 Sam. XXVIII. 3. Aqu. 1 Sam. XXVIII. 9. Ad posteriorem locum recte observavit Montfauconius, vocem hanc, quae in Hex- i
aplis praeter Θελητὰς Aquilae tribuitur, alius interpretis, fortasse Symmachi, esse, quem quoque sequitur Vulgatus, qui habet *hariolos,* ut supra v. 3. Aquila Hebr. יִדְּעֹנִי per Θελητὰς vertere solet. Sed Scharfenb. ex Ignoto in Cat. Nic. pag. 466. (γνώστας δὲ τοὺς σημειοσκόπους εἶπε) docuit, σημ. scholiis annumerandum esse.

ΣΗΜΕΙΟ'Ω, *signo, tanquam signum vel vexillum erigo, aut gesto,*

a σημεῖον αἴρω ἢ φέρω. נָסָה, *attollo*. Ps. IV. 7. ἐσημειώθη ἐφ' ἡμᾶς τὸ φῶς προσώπου σου, *tanquam signum* super nos *erectum est* lumen vultus tui. Legerunt, ut nonnullis placuit, נִסָּה, *vexillum extollatur*, a נֵס, *vexillum*. Vide J. D. Michaëlis Bibl. Orient. X. 226. et Stange Anticritic. P. I. p. 43. Mihi vero libera interpretatione h. l. usi esse videntur. Hesych.
b ἐσημειώθη, ἐτυπώθη. Lexic. Cyrilli MS. Brem. ἐσημειώθη, ἐσφραγίσθη. — *נָסַס, *vexillum erigo*. Theod. Ies. LIX. 19. — *הִתְנוֹסֵס, *fugio, confugio*. Aqu. Ps. LX. 6. Sc. Aquila vocem Hebr., quæ h. l. *fugere* notat, a rad. נוּס, retulit ad נָסַס, ut sit: *ad vexillum se recipere*.

ΣΗΜΕΙ'ΩΣΙΣ, *significatio, signum*. נֵס, *vexillum*. Psalm. LIX. 4. —
c הִתְוָה, *signo, designo*. Aqu. Theod. Ezech. IX. 4. σημείωσις τοῦ Θαῦ ἐπὶ τὰ μέτωπα, *signum* Thau super frontes. Sed quia in textu Hebr. legitur הִתְוִיתָ, assentior Cartwrighto, qui in Mellificio Hebr. Lib. I. c. 4. legendum suspicatur σημειώσεις τὸ vel τῷ Θαῦ, *signabis* Thau, etc.

ΣΗ'ΜΕΡΟΝ, *hodie*, i. e. *hoc die, nunc*. *אוֹת, *signum*. Jud. VI. 17.
d ubi σήμερον est lectio mendosa pro σημεῖον, e qua quoque ortum est sequens πᾶν. — הַ, *hic*. Genes. XIX. 37. 38. XXXV. 20. ἕως τῆς σήμερον ἡμέρας, usque ad hodiernum diem. Conf. Rom. XI. 8. — הַזֶּה, *hic ipse*. Genes. XXVI. 33. Exod. X. 6. Num. XXII. 30. et alibi. — הַיּוֹם, *hoc die*. Genes. IV. 13. XXI. 26. XXII. 14. et alibi sæpius. — הַיּוֹם
e הַזֶּה, *hic ipse dies*. Deut. VI. 24. 1 Sam. XVII. 10. 46. et alibi. — בַּיּוֹם, *in hoc die*. Nehem. IV. 2. — בַּיּוֹם הַזֶּה, *in hoc ipso die*. Jos. VII. 25. — כְּהַיּוֹם, *sicut hoc die*. Nehem. V. 11. — כַּיּוֹם contr. ex כְּהַיּוֹם. Gen. XXV. 31. 33. 1 Sam. IX. 27. — כַּיּוֹם הַזֶּה, *sicut hoc ipso die*. Gen. L. 20. — עֶצֶם הַזֶּה, *ipsemet*. Ezech. XXIV. 2.

ΣΗΠΕΔΩ'Ν, *putredo, ulcus putri-* *f*
dum. רָקָב, idem. Symm. Job. XIII. 28. σηπεδόνι. Sed ibi σηπεδὼν speciatim *ulcus putridum* notat. Confer Hos. V. 11. Vide Drusium ad Job. XIII. 28.

ΣΗ'ΠΗ, *putredo*. רִמָּה, *vermis*, it. *putredo verminans*. Aqu. Job. XVII. 13. et XXI. 6.

ΣΗ'ΠΩ, *putrefacio, perdo*. Σήπομαι, *putresco, corrumpor, consumor*, item *g*
corruptioni sum obnoxius, φθαρτὸς εἰμὶ, *fragilis sum*. דָּבַק, *adhæreo*. Job. XIX. 20. ἐσάπησαν αἱ σάρκες μου. Legerunt fortasse רָקְבָה. Vulg. *consumtis carnibus*. Fortasse autem verba hæc tantum pertinent ad וּבִבְשָׂרִי, *et in carne mea*, pro quo divisim legerunt זָב בְּשָׂרִי (a זוּב), *fluxit* seu *profluxit caro mea*. *Fluere* autem aut potius *diffluere* videtur caro, quando putrescit. — הִבְאִישׁ Hiph. *fœtere facio*. Symm. Cohel. X. 1. σήψει. — הָדַךְ, *contero*. Job. XL. 7. ἀσεβεῖς δὲ παραχρῆμα σῆψον, impios autem extemplo *perde*. Ibid. v. 8. Fortasse legerunt הֵדַק, ut sit Hiph. a rad. דָּקַק. — כָּלָה, *consumor*. Al. Job. XXXIII. 21. — נָמַק Niph. a מָקַק, *tabesco*. Ps. XXXVII. 5. — סָחַב, *traho*. Jerem. XXII. 19. Sensum expresserunt. — עֵדָה, *congregatio*, it. *testimonium*. Job. XVI. 7. N. L. — קוֹסֵס Pih. a קוּס, *succido*. Ezech. XVII. 9. ὁ καρπὸς σαπήσεται, fructus *putrescet*. — רָקַב.

a Aqu. Symm. Prov. X. 8. *σαπήσεται.* — שֹׁעָרִים, *horridæ.* Inc. Jerem. XXIX. 17. *σεσηπότα.* Sirac. XIV. 20. *πᾶν ἔργον σηπόμενον, omne quod est marcori ac putredini obnoxium.* Vulg. *corruptibile.*

ΣΗ'Σ, *tinea.* *בְּנַלֹּתֶךָ, *secundum complere te,* seu: *cum consummaveris.* Ies. XXXIII. 1. *ὡς σὴς ἐπὶ ἱματίου.* Num deduxerunt a לָוָה,
b *implexus, implicatus, intortus est?* quod de tinea dici potest. Ex aliorum sententia legerunt כִּבְנוֹת לְבֶגֶד vel כִּבְנִים. Michaëlis in Bibl. Or. T. XIV. App. p. 118. conjicit, eos legisse כְּבַלֹּתְךָ לְבֶגֶד. — סָס, unde fortasse orta est vox Græca *σής.* Ies. LI. 8. — עָשׁ, *tinea.* Job. IV. 19. XXVII. 18. Ies. L. 9. — *עָשָׂה, *facio.* Job. XXXII. 20. ubi deduxe-
c runt ab עָשׁ, *tinea.* — רָקָב, *putredo.* Prov. XIV. 32. Bochartus Hieroz. T. II. p. 618. causas affert, cur LXX h. l. pro *putredine* substituerint *tineam.* Sc. factum hoc est transpositione literarum רֹבֶק de quo vide Meninsk. p. 4097. Legitur præterea Prov XXVI. 21. *σὴς ἐν ἱματίῳ.* In textu Hebr. pro his nihil legitur. Mich. VII. 4. ubi judice Cappello
d in Nott. Critt. p. 94. legerunt כְּסֵס חֹרֵק, *ut tinea dentibus stridens.* Sir. XIX. 3. *σῆτες, tineæ,* seu *caries,* ut a Tigurina redditur. Vulg. *putredo.* Legit *σήπη,* ut quoque habet cod. Alex.

ΣΗ'Σ 'ΕΚΤΡΩ'ΓΩΝ, *tinea arrodens.* חֵדֶק, *spina.* Mich. VII. 4. Vide supra s. v. *σής.*

ΣΗΤΟ'ΒΡΩΤΟΣ, *a tineis adesus,*
e *consumtus.* אֲכָלוֹ עָשׁ, *quem edit tinea.* Job. XIII. 28. *ἱμάτιον σητόβρωτον, vestimentum a tineis arrosum.* Conf. Jac. V. 2. ac Lexicon N. T. s. h. v.

ΣΗ'ΤΤΑ. Ipsa vox Hebr. שִׁטָּה, *cedrus.* Aqu. Symm. Ies. XLI. 19. *σῆτταν.*

ΣΗ'ΨΙΣ, *putredo, putrefactio.* רִמָּה, *vermis.* Ies. XIV. 11. Conf. Æschin. Socr. III. 4. ubi a Clerico *σήψεις* redditur *vermes,* quam notionem f
temere negat Horreus. Gloss. Vett. *σῆψις, tinea.*

ΣΘΕ'ΝΟΣ, *vis, robur, potentia.* גְּבוּרָה, *fortitudo, robur.* Job. XXVI. 14. — קֶרֶן, *cornu.* Job. XVI. 15. *Cornu* in V. T. esse *potentiæ* symbolum satis notum est. — שְׁאָגָה, *rugitus.* Job. IV. 10. *σθένος λέοντος.* Videntur loco *σθένος* (quod tamen quoque Cod. Syr. Hex. agnoscit) g
scripsisse *στόνος,* h. e. *gemitus* s. *rugitus* (ut Vulg. transtulit), quod postea inscitia et audacia librarii mutatum fuerit in *σθένος, robur.* Conf. Grabii Proleg. in LXX Intt. T. IV. c. 4. §. 2. Fortasse tamen LXX, cum sine dubio viderent, שַׁאֲגָה h. l. metaphorice *impiorum violentiam* significare, et *rugitus leonis robur* indicet, non sine ratione h
h. l. vocabulo *σθένος* usi sunt.

*ΣΘΕ'ΝΩ, *possum, valeo.* 3 Macc. III. 8. *βοηθεῖν οὐκ ἴσθενον.* Hesych. *σθένει, δύναται.* Philoxen. Gloss. *σθένω, polleo.*

ΣΙΑΓΟ'ΝΙΑ, *τὰ, maxillæ, malæ.* לְחָיַיִם dual. a לְחִי, idem. Deut. XVIII. 3. Confer v. *γένυς.*

ΣΙΑΓΩ'Ν, *maxilla,* etiam nomen proprium loci. לֵחֹה, *viror.* Reliqui i
Deut. XXXIV. 7. ubi לֵחֹה aperte permutarunt cum לְחִי. — לְחִי, *maxilla,* item nomen proprium *loci, ubi in petræ cavitate fons oritur.* Confer Schulzii Scholia in V. T. ad Genes. XVI. 14. Jud. XV. 14. *ἦλθον ἕως σιαγόνα,* venerunt usque ad maxillam, h. e. usque *ad locum, qui vocabatur σιαγὼν,* coll. Joseph. A. J.

a V. 10. οὗ ὁ Σαμψώνης ἐκάλει τὸ χωρίον σιαγόνα. Ibid. v. 19. πηγὴ, ἡ ἐστὶν ἐν σιαγόνι. Nomen loci, quod hic σιαγόνα interpretantur, v. 9. Λεχὶ reddunt. Locus autem nomen illud nactus est a maxilla Samsonis, qua fudit Philistæorum exercitum. Græcis alias promontorium Laconices, ab Asopo stadia CC in mare excurrens, ὄνου γνάθος, asini maxilla, pa-
b riter dictum est. Vide Pausaniam Lib. III. c. 22. et confer Hesych. in ὄνου γνάθος. Euseb. Onom. s. v. Λέχει: ἐν λέχει. Ἀκύλ. καὶ Σύμμαχος ἐν σιαγόνι. Huc etiam referendus est locus 2 Sam. XXIII. 21. ubi pro εἰς θηρία (לַחַיָּה) in ed. Complut. legitur ἐπὶ σιαγόνα, quæ verba in margine Cod. Coislin. notata quoque reperit Griesbachius in Eichhornii
c Repert. Bibl. et Orient. Literat. P. II. p. 288. Interpolatum est sine dubio h. l. exemplum Complutense ex Josepho, qui A. J. VII. 12. 4. eandem rem his verbis narrat: εἰς τόπον Σιαγόνα λεγόμενον, ac pro לַחַיָּה fortasse legit לְחִיָה, ad Lechi. — עֲדִי, ornatus, it. gena, maxilla. Psalm. XXXI. 12. — פֶּה, os, oris. Job. XXI. 5. θαυμάσατε χεῖρα θέντες ἐπὶ
d σιαγόνι. Manus ori æque ac maxillæ admota est signum admirationis.

*ΣΙ'ΑΛΟΝ, Σίαλος, saliva, sputum, i. q. σίελος, it. porcus saginatus. Sirac. XXVI. 21. γυνὴ μισθία (meretrix) ἴση σιάλῳ λογισθήσεται secundum ed. Compl. Bretschneiderus porcum saginatum h. l. intellegit. Equidem mallem in notione sputi accipere. Est res nullius pretii, admodum con-
e temta. Hesych. σίαλος, σίελος, ἀφρὸς, πτύελος.

*ΣΙ'ΓΑ. Est ipsa vox Hebr. שׁוֹעַ, dives, liberalis, Græcis literis scripta. Ies. XXXII. 5. ubi ab Hieronymo in Comment. p. 421. male redditur tace, quasi sit a σιγάω. ע enim haud raro per γ exprimitur, v. c. in vocibus עֲמֹרָה, γομόῤῥα, et עַזָּה, γάζα.

ΣΙΓΑ'Ω, sileo, taceo, sedor. דָּמָה,
cesso. Thren. III. 48. Aqu. Psalm. f
XXXVI. 7. — הֶחֱרִישׁ Hiph. Ex. XIV. 14. Psalm. XXXI. 3. XLIX. 21. Symm. Ps. XXVII. 1. Theod. Ies. XLI. 1. — הִסָּה Pih. ab הָסָה, sileo. Amos VI. 10. — חָשָׁה, sileo, taceo. Aqu. et LXX Ps. XXXVIII. 3. Ps. CVI. 29. ἐσίγησαν τὰ κύματα, sedabantur fluctus. Cohel. III. 7.— שׁוֹעַ, vociferatio, it. dives, liberalis. Ies. XXXII. 5. Vide supra s. v. g
σίγα.

ΣΙΓΗ', silentium. דֳּמִי, rescissio. Theod. Ies. XXXVIII. 10. τῇ σιγῇ. In mente habuit notionem silendi, quam habet דּוּמָם, et quandoque דָּמָה — דּוּמִיָּה, silentium. Aqu. Symm. Theod. Ps. XXI. 3. Symm. Psalm. XXXVIII. 3. Vide et Sap. XVIII. 14.

ΣΙΓΗΡΟ'Σ, taciturnus. *גּוֹרָל, sors.
Prov. XVIII. 18. σιγηρός; ubi tamen h
legendum est κλῆρος, ut habet ed. Ald. et Origenes Homil. 24. in Josue, et Schol. [ed. Rom. γράφεται καὶ κλῆρος. Sirac. XXVI. 16. γυνὴ σιγηρά.

ΣΙΔΗ'ΡΕΟΣ, ΟΥ~Σ, ferreus, ferratus. בַּרְזֶל, ferrum. Lev. XXVI. 19. θήσω τὸν οὐρανὸν ὑμῖν ὡς σιδηροῦν, ponam cœlum vobis tanquam ferreum, seu efficiam, ut cœlum ferreum vobis sit, h. e. nullam demittat pluviam. Σιδήρεος de cœlo verti quoque potest inexorabilis, inexpugnabilis, obfirmatus, quod precibus ac votis flecti non potest, ut sc. pluviam demittat. Sic σιδήρεος metaphorice adhibetur ab Homero, v. c. Il. Χ', 357. Jud. I. 19. ἅρματα σιδηρᾶ, currus ferrati, h. e. falcibus ferreis instructi s. falcati. Vide et Jud. IV. 3. 13. et conf. Schefferum de Re Vehic. Lib. I. c. 3. p. 22. — פַּרְזְלָא : פַּרְזֶל Chald. Dan. II. 33 34. IV. 12. V. 4.

ΣΙΔΗ'ΡΙΟΝ, ferrum, ferramen

tum, instrumentum ferreum. בַּרְזֶל, idem. Deut. XIX. 5. 2 Reg. VI. 5. Cohel. X. 10. — חֲרוּדִים plur. acumina. Symm. et Theod. Job. XLI. 22. σιδήρια.

*ΣΙΔΗΡΟΔΕΣΜΟΣ, ferreos nexus s. ferrea vincula habens. 3 Maccab. IV. 8. ἀγόμενοι σιδηροδέσμοις ἀνάγκαις. Simili modo et nos die eiserne Nothwendigkeit, iron necessity, di- b cere solemus.

ΣΙΔΗΡΟΝ, ferrum. בַּרְזֶל, idem. Al. 2 Reg. VI. 5. 6. τὸ σίδηρον.

ΣΙΔΗΡΟΣ, idem, item gladius, etiam novacula. בַּרְזֶל, ferrum. Gen. IV. 21. Num. XXXI. 22. Deuter. VIII. 9. et alibi sæpius. Ps. CIV. 18. εἰς σίδηρον διῆλθεν ἡ ψυχὴ, quod Theodoritus interpretatur: μέχρι σφαγῆς ἐκινδύνευσεν, h. e. in discrimen c vitæ adductus est. Ita quoque Chrysostomus. Symmachus quoque habet: εἰς σίδηρον ἦλθεν ἡ ψυχὴ αὐτοῦ. Similis est hæc formula ei, quæ Act. XXII. 25. legitur, et apud LXX Psalm. CXXIII. 4. et 5. — גַּרְזֶן securis. Deuter. XX. 19. — חֶרֶב, gladius ac omne teli genus, (unde et λόγχη quandoque redditur.) Job. V. 20. XV. 22. XXXIX. d 22. Conf. Drusium ad locum posteriorem. — מוֹרָה, novacula. Jud. XIII. 5. 1 Sam. I. 11. Theod. Jud. XVI. 17.—פַּרְזְלָא Chald. Dan. II. 35. 40. 43. et 45. Sir. XXXVIII. 33. XLVIII. 20.

*ΣΙΔΩΝ, Sidon, urbs celebris in Phœnicia. צָפוֹן, septentrio. Jos. XI. 2. Hic legerunt צִידוֹן. Hesych. Σιδωνίους, Φοίνικας. Conf. LXX Deut. e III. 9. et Ies. XXIII. 2.

*ΣΙΡΗΝ. Ipsa vox Hebr. צִיּוּם. Ies. XIII. 21. ad quem locum Procopius p. 215. οἱ λοιποὶ τῶν ἑρμηνευτῶν, ἀντὶ τοῦ Ὀνοκένταυροι, ΣΙΡΗΝ ἐξέδωκαν. Similia invenies in Eusebii Comment. ad h. l. p. 411. fin. Ex utroque hæc vox reddenda quoque est Hesychio s. v. ὀνοκένταυροι loco Σείρην.

ΣΙΕΛΟΝ et ΣΙΕΛΟΣ, saliva, sputum, alias σίαλον et σίαλος. f דַּק, res minuta. Ies. XL. 15. ὡς σίελος λογισθήσονται. Nollem statuere, eos legisse רֹק, sputum, potius sensum expresserunt, et alia metaphora, sensu tamen non mutato, usi esse videntur. Conf. quoque Sir. XXVI. 22. sec. ed. Complut. supra s. v. σίαλος. Præterea, quemadmodum רֹק, sputum, a rad. רָקַק, attenuatus g est, Arab. رق, descendit, ita etiam a דָּקַק, comminuere, attenuare, דַּק sputi notionem habere olim potuit. Cæterum Justinus M. pro σίελος habet πτύελος.—רִיר, ut Arab. رال (mutato ר in ל), mucilaginem, salivam emitto. 1 Sam. XXI. 13. τὰ σίελα αὐτοῦ κατέῤῥει ἐπὶ τὸν πώγωνα αὐτοῦ, salivam in barbam emittebat.

ΣΙΚΕΡΑ, sicera, quivis potus ine- h brians, et speciatim aliquando vinum. שֵׁכָר, idem. Lev. X. 9. οἶνον καὶ σίκερα οὐ πίεσθε, vinum et siceram non bibetis. Vide et Num. VI. 3. Deut. XIV. 26. Jud. XIII. 4. 7. 14. et conf. Luc. I. 15. Numer. XXVIII. 7. σπείσεις σπονδὴν σίκερα Κυρίῳ, effundes in libamen vinum Domino. Conf. Psalm. LXVIII. 15. et Prov. XXXI. 4. ubi שֵׁכָר reddunt οἶνον. Visum etiam ea voce ali- i quando denotari, ex Targum Chaldæorum notum esse dicit Heinsius Aristarch. Sacr. p. 148. Falluntur ergo, qui σίκεραν quemvis potum inebriantem, excepto vino, tantum denotare volunt. Sic v. c. Hesychius: Σίκερα, οἶνος συμμιγεὶς ἡδύσμασιν, ἢ πᾶν πόμα ἐμποιοῦν μέθην, μὴ ἐξ ἀμπέλου δὲ σκευαστὸν, σύνθετον. Phavorinus habet: μὴ ἐξ ἀμπέλου δὲ σκευαστὸν, ἀλλὰ σύνθετον. Suidas: σίκερα, σκευαστὸν πόμα, καὶ παρ' Ἑβραίοις οὕτω λεγόμενον μέθυσa μα. οἶνος συμμιγὴς ἡδύσμασιν, ἐκ τοῦ συγκεκρᾶσθαι. Quam male hic vox deducatur a Græco συγκεκρᾶσθαι, facile quis videt. Nam est Hebr. שֵׁכָר a שָׁכַר, quod est *inebriari*. Plura de illa vide apud auctores citatos Wolfio ad Luc. l. c. p. 555. ac in Lexico N. T. s. h. v. Confer et de Sicera ex Palmis Parata Spanhemium de Usu et Præst. Numis- b mat. Diss. IV. pag. 332. et Hadr. Relandum Diss. Miscell. P. II. p. 301.

ΣΙ'ΚΙΜΑ. Est ipsa vox Hebraica שְׁכֶם, *portio*, (alias et urbem *Sichem* denotat). Gen. XLVIII. 22. ἐγὼ δὲ δίδωμί σοι σίκιμα ἐξαίρετον. Vide Valckenær. Gloss. Sacr. ex Hesychio T. I. Opuscc. Philol. p. 201.

ΣΙ'ΚΛΟΣ, *siclus*, *didrachmum*, c i. e. *nummus continens duas drachmas, numisma et pondus Hebræorum.* Vox origine Hebræa. אֶבֶן, *lapis*, it. metonymice: *pondus, quod ex lapide factum est.* 2 Sam. XIV. 26. Sermo ibi est de *siclo ex pondere regio*, quo regibus tributa et vectigalia pendebantur, qui ad Mosaicum, uti 3 ad 5, adeoque siclo sancto multo minor fuit. — כֶּסֶף, d *argentum*. Deuter. XXII. 19. Ies. VII. 23. — מִשְׁקָל, *pondus*. 2 Sam. XXI. 16. — *קִלְשׁוֹן, *tridentes*. 1 Sam. XIII. 21. An pro σίκλοι fuit κίλσοι, ut retentum sit Hebraicum קִלְשׁוֹן? Sed Symmachus habet τρεῖς στατῆρες, quod etiam est nomen monetæ. Legerunt itaque per metathesin literarum שְׁקָלִין aut שְׁקָלִים. — שֶׁקֶל. Exod. XXX. e 24. XXXVIII. 24. 25. πέντε σίκλοι, quinque sicli. Hi in Glossis in Octateuch. exponuntur ὀβολοὶ εἴκοσι, *oboli viginti*. Juxta easdem σίκλος sunt ὀβολοὶ τέσσαρες. Obolum autem hic poni pro *drachma* annotat Fabricius p. 66. Sic et Gloss. MS. in Ezech. Σίκλος (Legendum videtur σίκλοι vel σίκλους ex Ezech. IV. 10. XLV. 12.), ὁ σίκλος ὀβολοὺς τέσσαρας. Conf. quæ ex Josepho notat Ottius Spicileg. ex eodem ad N. T. p. 68. — שֶׁקֶל כֶּסֶף, *siclus argenti*. 2 Reg. XV. 20. — Vide quoque s. v. τρεῖς.

ΣΙΚΥΗ'ΛΑΤΟΝ (aut potius σικυήρατον), *cucumerarium*, ita dictum quod ibi σικύαι ἐλαύνονται. מִקְשָׁה, *hortus cucumeribus consitus*. Ies. I. 8. ὡς ὀπωροφυλάκιον ἐν σικυηράτῳ: ad quem locum Basilius: σικυήρατον ἐστι τόπος προσκαίρων καὶ ὀλιγοχρονίων καρπῶν οἰστικὸς, τέρψιν τινὰ μᾶλλον, ἢ ὠφέλειαν παρεχομένων. Ep. Jerem. v. 59. (Cyrill. Catech. XVI. pag. 414. Ernesti.)

ΣΙ'ΚΥΟΣ, et ΣΙΚΥΟ'Σ, et ΣΙ'ΚΥΣ, *cucumis*. קִשֻּׁאִים plur. *cucumeres*. Numer. XI. 5. τοὺς σικύους. Cod. Alex. σικύας. Confer Suidam in v. σίκυον, ac Dioscorid. Lib. IV. cap. 154.

ΣΙΚΧΑΙ'ΝΩ, proprie *nauseam facio*, deinde *fastidio, piget me*, u[t] redditur in Glossis Græco – Latinis *tædesco, aversor, detestor*. קוּץ, *tædet*. Aqu. Genes. XXVII. 46. ἐσίκχανα, et Num. XXI. 5. σικχαίνει, e[t] Exod. I. 13. ἐσικχαίνοντο. In veteribus Lexicis: σικχασία, *tædium, molestia*. Suidas σικχαντὸν interpretatu[r] ἀηδές. Vide Drusium in Fragm. Vett. Intt. GG. p. 39. et conf. Intt. ad Hesychium v. σικχαζόμενος, Hemsterhusium ad Lucian. T. I. pag. 372. et Gataker. ad Antonin. V. § 9. p. 150.

ΣΙ'ΚΧΗ, ΤΑ', *res tædiosæ, abominabiles*. שִׁקּוּצֵי, idem. Symmach. Ezech. XX. 7. Non vero Symmachum, sed Aquilam scripsisse τὰ σίκχη (a σίκχος, quod duobus exemplis munivit Toupius Emendatt. in Suidam III. pag. 128.), suspicatu[r] Valckenarius in Annotatt. Critt. in Loca Quædam N. T. in Ej. Opusc. Philol. Critt. T. II. p. 217. Adjec a tivum σαχὸς notat *cibum fastidientem, imbecillum.*

*ΣΙ'ΛΙΓΞ. Job. XXVIII. 10. sec. Ald. τὰ κοιλώματα τῶν ὑδάτων τὰς σίλιγγας, ubi pro σίλιγγας, voce, quod sciam, ne Græca quidem, legendum videtur σύριγγας.

ΣΙΛΩΑ'. Est ipsa vox Hebraica שָׁלַח, *missile, missus, dimissus.* Al. Nehem. III. 15. Job. IX. 7. dicitur
b Σιλωάμ, et exponitur ἀπεσταλμένος: Conf. Alberti Not. ad Gloss. Gr. N. T. p. 59. ac Lexicon N. T. s. v. σιλωάμ.

*ΣΙΝΑ˜. Ipsa vox Hebr. סִינַי, *Sinai.* Psalm. LXVII. 9. ubi omnes codd. habent τοῦ Σινᾶ, sed in cod. Vat. prior scriptura et antiquior habebat τοῦτο Σινᾶ, hoc Sina, ut est Jud. V. 5. Ergo Sina adjunctum
c est, ut explicaretur, ubinam terra mota sit, cœlique destillaverint, nempe in Sina.

*ΣΙΝΔΟ'ΝΙΟΝ, *linteum.* מִטְפַּחַת, idem. Symm. sec. marg. cod. 108. Holm. Ruth. III. 15. Adde lexicis Græcis hanc vocem, quæ quoque reperitur apud Palladium in Vita Serapionis p. 104. ed. Meurs. Etymol. M. pag. 804. 23. et J. Polluc.
d VII. 73.

ΣΙΝΔΩ'Ν, *sindon, linum tenue et pretiosum,* it. *indumentum ex lino tenui Ægyptiaco.* סָדִין, idem. Jud. XIV. 12. 13. Proverb. XXXI. 24. Conf. Braunium de Vestitu Sacerd. Hebr. Lib. I. cap. 7. §. 101. seq. Sturzium de Dial. Maced. pag. 94. Ol. Celsii Hierobot. T. II. p. 93. et Lex. N. T. s. h. v.

e *ΣΙΡΟΜΑΣΤΕ'Ω, *jaculum seu lanceam jaculor.* רֹמַח, *lancea.* Jud. V. 8. καὶ ἐσιρομάστησεν sec. ed. Compl. Sed legendum est καὶ σιρομάστης ἐν.

*ΣΙΡΟΜΑ'ΣΤΗΣ, i. q. σειρομάστης, quod vide supra. רֹמַח, *lancea.* Jud. V. 8. sec. cod. Alex. Photius: Σιρομάστης, σκεῦός τι σιδηροῦν, λαβὴν ξυλίνην ἔχον παρὰ τοῖς τελώναις εἰς ἔρευναν. Hesychius addit: λαβὴν ξυλίνην ἔχον. Vide Spanhemium ad Josephi A. J. f VII. 2. 2.

ΣΙΡΩ'ΝΕΣ. Ipsa vox Hebraica שַׂהֲרוֹנִים plur. *lunulæ.* Inc. et LXX Jud. VIII. 26. πλὴν τῶν σιρώνων, ubi alii habent μηνίσκων. Confer Bynæum de Calc. Hebr. Lib. I. c. 9. p. 208. et quæ supra notata sunt in voce μηνίσκοι.

ΣΙΣΟ'Η, est *genus tonsuræ, qua capilli in rotundum attondentur, et* g *calamistro crispantur.* Hinc

ΣΙΣΟ'ΗΝ ΠΟΙΕ'Ω, et ποιέομαι, *cincinnum* vel *nodum capillorum facio in occipitio, reliqua capillitie in orbem circumtonsa.* הִקִּיף Hiph. a נָקַף, *circumcido.* Levit. XIX. 27. οὐ ποιήσετε σισόην ἐκ τῆς κόμης τῆς κεφαλῆς, ad quem locum videndus L. Bosius in Notis ad LXX ac Scharfenbergius. Bochartus in Chan. h Lib. I. cap. 6. p. 379. vertit: *non facietis sisoën ex coma capitis vestri,* addens: " *Sisoën* i. e. צִיצִת, *sisith, cincinnum,* qui solus in occipitio supererat, reliqua capillitie, in orbem circumtonsa. Græcus Schol. κρώβυλον, *Cyprianus cirrum,* Suidas πλεξείδιον, Heinsius (Aristarch. c. 4. p. 108.) περιτροχηλάτην interpretatur. Apud Græcorum Criticos sic no- i minatur tonsura, quæ fit σφαιρηδόν. Sunt qui malunt περίτροχον, ut Agathias de Francis Lib. XI. περίτροχον κείρονται. Eo modo se totondisse Arabes Bacchi æmulos, Herodotus auctor est in Thalia: τῶν τριχῶν, inquit, τὴν κουρὴν κείρεσθαι φασὶ, καθάπερ αὐτὸν τὸν Διόνυσον κεκάρθαι, κείρονται δὲ ὑποτρόχαλα. Unde est, quod Jer. IX. 26. Idumæi, Ammonitæ, Moa- k bitæ, cæterique Arabiæ desertæ incolæ appellantur קְצוּצֵי פֵאָה, *circumcisi s. circumtonsi angulis,* nempe *capitis.* Et Græcus Scholiastes in Levit. docet, ad suum usque ævum Saracenos ita usurpasse, et capitis sui *sisoën,* h. e. κρώβυλον aut πλέγμα, Saturno consecrasse. Proinde in

Arabia mos ortus inde manavit ad Solymos. De *sisoë* locus est in Hesychio corruptissimus: Σισοκοῦρα, ῥοιὰ, Φασηλῖται: quem Heinsius l. c. miro acumine sic restituit: Σισόη, κουρὰ ποιὰ, Φασηλῖται. Sed minus probo, quod Phaselitas hanc vocem a Syris ultra Ciliciam accepisse conjectat, cum Phœnicum linguam et ritus usurpasse Solymos, adeoque fuisse τροχοκουράδας ex Chœrilo sit notum." Plura de hac voce vide apud Flaminium Nobilium, Boufrerium ad Lev. l. c. p. 669. Spencerum de Leg. Hebr. Ritual. Lib. II. c. 18. sect. I. p. 390. Deylingium Obss. Sacr. P. II. p. 154. seq. Küsterum Not. ad Suidam v. σισόης, quorum posterior perperam asserit, quod Lev. l. c. pro σισόη sit צִיצִית. Error procul dubio enatus inde, quod Heinsius, quem citat, vocabulum σισόην ab Hebræo צִיצִית Hellenistas sine dubio fecisse arbitretur. Vide Sturz. de Dial. Maced. p. 192. seq.

ΣΙΤΑΡΚΙ'Α, *commeatus, viaticum, cibaria.* צֵידָה, idem. Incert. Gen. XLV. 21. ἡ σιταρχίαν. Sed nescio, quo jure verba hæc irrepserint in Hexapla, quæ sunt potius Hieronymi, qui ἐπισιτισμὸν explicare voluit. En ipsa illius verba in Quæstt. ad h. l.: *Vocem* seda *omnes hic ore consono* ἐπισιτισμὸν, *h. e.* cibaria *vel* sitarcia, *interpretati sunt.* Vide quoque Drusium in Fragment. Vett. Intt. GG. p. 66. Schweighæuserus ad Polyb. I. 70. 3. præfert scripturam σιταρχία. Vide Ej. Lex. Polyb.

ΣΙΤΕ'ΟΜΑΙ, *cibum capio, comedo, vescor,* a σιτέω, *nutrio, pasco.* לָחַם, idem. Prov. IV. 17. Conf. 2 Macc. V. 27. Hesych. σιτούμενος, ἐσθίων.

ΣΙΤΕΥΤΟ'Σ, *saginatus.* אָבוּס part. Pah. idem. Theod. Prov. XV. 18. σιτευτόν. — מְרִיא, idem. Aquila 2 Sam. VI. 13. — *שׁוֹר, *bos,* a שָׁרַר, *firmum esse.* Jud. VI. 25. — Vide alibi μόσχος.

ΣΙ'ΤΗΣΙΣ, *victus, alimentum.* לֶחֶם, *panis,* et in universum *omnia, quæ sunt ad vitam sustentandam necessaria.* Symmach. Job. XXX. 4. — צֵידָה, *viaticum.* Symmach. Psalm. CXXXI. 15. Suidas: σιτήσεων, τροφῶν, δαπανῶν.

ΣΙΤΙ'ΖΩ, *nutrio, pasco, alimentum præbeo.* מֻרְאָה, *vesicula.* Aqu. Lev. I. 16. σιτίζουσαν, quasi dicas *frumenti receptaculum,* h. e. *vesica ad grana frumenti recipienda.* Isych. Lib. I. habet σιτίον, monente L. Bos. ad h. l. Conf. ad h. l. Montf. et Drusium in Fragm. Vet. Intt. Græc. p. 172.

ΣΙΤΙ'ΟΝ, *cibus.* אוֹכֶל, *cibus.* Symm. Hos. XI. 4. — לֶחֶם. Prov. XXX. 22. Conf. Ælian. V. H. V. c. 1.

*ΣΙΤΙΣΜΟ'Σ, *subministratio cibi.* צֵידָה, *viaticum.* Jos. I. 11. Sed ibi pro ἐπὶ σιτισμὸν in edit. Complut. conjunctim legendum est ἐπισιτισμὸν, quod reliqui libri habent.

ΣΙΤΙΣΤΟ'Σ, *saginatus.* בָּשָׁן, *Basan,* nomen proprium. Symm. Ps. XXI. 13. Causa hæc est, quia Basanitis, regio trans Jordanem, perhibetur pascuis lætis abundasse. Pecus autem, quod pascuis lætis utatur, fere opimum esse, quis ignorat? Vide quoque supra s. πίων et λιπαρὸς, ac Funckii Symbolas p. 41.

*ΣΙΤΟΒΟΛΩ'Ν, *granarium* (ita Philoxen. Gloss.), *horreum, in quo frumenta reconduntur.* אֲשֶׁר בָּהֶם, *quibus in iis,* h. e. *in quibus aliquid erat,* seu *horrea.* Genes. XLI. 56. πάντας τοὺς σιτοβολῶνας. Hesych. σιτοβολῶνες, ὅρια, h. e. *horrea.* Photius Bibl. p. 790. Vide Intt. ad Hesych.

ΣΙΤΟΔΕΙ'Α, *penuria rei frumentariæ, annonæ caritas, fames.* מַטֵּה, *baculus.* Levit. XXVI. 26. ἐν τῷ θλῖψαι ὑμᾶς σιτοδείᾳ ἄρτων, affligendo vos *penuria* panum. Sed quomodo hæc verba cum textu Hebr. concia liari possunt? *Baculus panis* significat *panem, quatenus fulcit et sustentat corpus*, unde formula *frangere baculum panis* de *penuria panis* et *caritate annonæ* haud raro in SS. adhibetur. Luculenter hinc apparere arbitror, σιτοδείαν ad formulam שָׁבַר מַטֵּה לֶחֶם pertinere, verba ἐν τῷ θλίψαι autem sensus causa a LXX paulo liberius vertentibus ad- b jecta esse, ἄρτων autem prorsus expungi debere. Cæterum codex Oxon. habet σιτοδοσίᾳ pro σιτοδείᾳ, quod mihi merum glossema esse videtur. — רָעָב, *fames*. Al. Neh. *IX. 15.* σιτοδείας. Minus recte, qui h. l. σιτοδοσίαν legunt, manifeste enim ἡ σιτοδεία opponitur ibi τῇ δίψῃ. Suidas: σιτοδεία, λιμὸς, ἔνδεια. Hes. σιτοδεία (Vulgo male σιτοδία), c λιμὸς, ἔνδεια σίτου. ubi vide Intt. Lex. Cyrilli MS. Brem. Σιτοδίαν (Lege et hic σιτοδείαν), ἔνδειαν σίτου, ἢ λιμόν. Gloss. in Octat. σιτοδείας, λιμοῦ, στενοχωρίας. Conf. Fischer. ad Theophr. Char. XXIII. 2.

ΣΙΤΟΔΟΣΙ´Α, *frumenti datio vel distributio.* *מַטֶּה, *baculus*. Levit. XXVI. 26. sec. cod. Oxon. Vide supra s. v. σιτοδεία, quæ vox fortasse d illius loco substituenda est. — רָעָב, *fames*. Nehem. IX. 15. εἰς σιτοδοσίαν αὐτῶν. Lectio inepta. Reponendum est ex aliis σιτοδείαν. Eadem varietas est etiam in Codd. Theodoreti ad Genes. T. I. Opp. p. 102. — רַעֲבוֹן, idem. Gen. XLII. 19. 33. ubi libere mihi vertisse videntur. Sermo enim ibi est de deferenda annona ad depellendam famem.

e ΣΙΤΟΔΟΤΙ´Α, idem. רָעָב, *fames*. Al. Nehem. IX. 15. σιτοδοτίαν, quod ex σιτοδείαν mihi ortum esse videtur.

*ΣΙΤΟΔΟΧΕΙ͂ΟΝ, *horreum, receptaculum frumenti.* Aqu. Joël. I, 17. sec. cod. Barber. ubi σιτοδοχεῖα (quod Hebr. פְּרֻדוֹת, *grana*, respondet) proprie notat *sulcos*, et h. l. *ipsa semina sulcis commissa*, ut bene docuit Fischerus de Vers. GG. V. T. p. 45. seq. f

ΣΙΤΟΜΕΤΡΕ´Ω, *frumentum admetior.* כִּלְכֵּל Pih. a כּוּל, *sustento.* Genes. XLVII. 12. ἐσιτομέτρει σῖτον. Suidas: σιτομετρεῖν, τὸν σῖτον παρέχειν, καὶ σιτομέτριον, ἡ σιτοδοσία. Πολύβιος· Ὁ Φίλιππος διαδοὺς, ὅτι μέλλει σιτομετρεῖν, ἐκήρυξεν, ὅσοι μὲν πλεῖον ἔχουσι τριάκοντα ἡμερῶν σῖτον, ἀπογράφεσθαι πρὸς αὐτόν. Conf. quæ de h. v. observant auctores laudati Wolfio ad g Luc. XII. 42. p. 15. et Lex N. T. s. h. v.

ΣΙ͂ΤΟΝ, in plur. σῖτα, *cibus, cibarium, alimentum*, speciatim *alimentum panis.* אֹכֶל. Job. XII. 11. XXXIX. 29. — דֶּשֶׁא, *herba tenera.* Job. VI. 5. ubi σῖτον est *pabulum*, i. q. בְּלִיל ibid. — לֶחֶם. Job. VI. 7. XV. 23. XXX. 4. Prov. XXXI. 27. ubi alii ἄρτον habent. — Legitur h præterea apud LXX Prov. III. 10. ubi nihil ei in textu Hebr. respondet. Reponendum autem est loco σίτῳ, quod ed. Rom. exhibet, σίτου ex Alex. Ald. et Compl., sive a verbo πίμπλησθαι, sive a nomine πλησμονὴ suspendatur.

ΣΙ͂ΤΑ ἌΓΡΙΑ, *alimenta agrestia.* רְתָמִים, *juniperi*. Symmach. Job. XXX. 4. σίτων ἀγρίων. Genus posuit i pro specie, ut quoque factum est ab auctore Jobi.

ΣΙΤΟΠΟΙΟ´Σ, *cibi confector, pistor.* אֹפֶה, idem. Gen. XL. 17. 20.

ΣΙ͂ΤΟΣ, *frumentum*, et synecdochice *triticum.* *וְאֵין, *et non*. Prov. XX. 4. Legerunt fortasse דָּגָן, aut, omisso plane τῷ וְאֵין, σῖτον de suo addiderunt. — בָּר, *frumentum*. Gen. XLI. 35. 49. Psalm. LXIV. 14. et k alibi. — גֹּרֶן, *area*, et per metonymiam *frumentum*. Deuter. XV. 13. — דָּגָן. Genes. XXVII. 28. 37. Num. XVIII. 12. 27. et alibi sæpius. — חִטָּה, *triticum*. Jud. VI.

a 11. sec. Vat. 1 Paral. XXI. 28. 2 Par. II. 10. Symm. Job. XXXI. 40. Conf. Matth. III. 12. XIII. 30. — לֶחֶם, *panis*. Gen. XLVII. 12. 13. Job. III. 24. XXXIII. 20. — עָבוּר, *proventus*. Jos. V. 11. 12. — עֲרִיסוֹת plur. *massæ*. Nehem. X. 37. τὴν ἀπαρχὴν σίτων ἡμῶν, primitias *panum* nostrorum. Ita Homerus Il. Ω', v. 641. et Odyss. Α', v. 147.
b σῖτον *panem* appellat, et apud Hesychium σιτοποιὸς est ἀρτοκόπος, ἢ σίτπρια. — שֶׁבֶר, *annona, frumentum*. Gen. XLII. 2. 26. XLIII. 2. XLVII. 14.

ΣΙ῀ΤΟΣ ὩΡΙΜΟΣ ΚΑΤᾺ ΚΑΙΡῸΝ ΘΕΡΙΖΌΜΕΝΟΣ, *frumentum maturum in tempore messum*. כֶּלַח, *senectus*, etiam *maturitas*, ex sententia nonnullorum antiquiorum Intt.
c Job. V. 26. — Vide alibi s. v. ἀναλίζομαι.

ΣΙΏΝ. Ipsa vox Hebr. צִיּוֹן, *locus aridus*. Ies. XXV. 5. XXXII. 32. In utroque loco LXX vocem ea ratione punctatam legisse videntur, qua est nomen montis, nempe צִיּוֹן. Sic et Jerem. XXXI. 21. legitur pro צִיֻּנִים, *tituli*. Fuerat ipsum Hebr. *Sionim*, ut effert Hie-
d ronymus, male in illud notius mutatum. Depravata quoque est vox.

*ΣΙΏΝΩΝ, quæ Jud. VIII. 26. in cod. Alex. legitur. Scribendum est Σιρώνων. Interpres enim retinuit vocem Hebr. שַׂהֲרֹנִים, *lunulæ*.

ΣΙΩΠΆΩ, *taceo, sileo*, etiam *ad silentium redigo*. *דָּמַם, idem. Job. XXIX. 21. XXX. 27. καὶ οὐ σιωπήσεται, h. e. interprete Vulgato:
e *absque ulla requie*. Nam σιωπᾶσθαι est h. l. *cessare, quiescere*, i. q. παύεσθαι apud Symmachum Thren. II. 20. et alibi. Apud Aquilam et Symm. Ps. XXX. 8. σιωπᾷν notionem hiphilicam habere videtur, ut sit *ad silentium redigere*. — הֶחֱרִישׁ Hiph. Num. XXX. 15. Job. XLI. 4. Jer. IV. 19. — הָסָה Pih. *sileo*. Jud. III. 19. — הִסְכִּית Hiph. *ausculto*. Deut. XXVII. 10. Arab. f
سكت, *quievit, siluit, tacuit*, et in Conjug. 4. *desiit loqui*. — חָדַל, *desisto*. 2 Par. XXV. 16. Job. XVI. 6. — הֶחֱשָׁה. חָשָׁה: חָשָׁה, Kal et Hiph. 1 Reg. XXII. 3. 2 Reg. II. 3. 5. VII. 9. Ies. XLII. 14. Symm. Ps. XXXVIII. 3. — טָמֵא, *impurus sum*. Job. XVIII. 3. נִטְמִינוּ, observante Dathio, h. l. non est a טָמֵא, *immundus fuit*, sed melius g
derivatur a طما ultima و et ي, quod est *obturare, obstruere*, quod de ore h. l. recte accepit interpres. — *נִדְמֵה. Ies. VI. 5. secundum cod. Iesaianum, monente Curterio, sc. in editione τῶν Ο' Hexaplari. — *עָצֵל, *piger vel potius otiosus sum*. Jud. XVIII. 9. σιωπᾶτε. Al. ἡσυχάζετε. — הִצְמִית Hiph. *disperdo*. Symm. Ps. CXLII. 12. σιωπήσεις, h
tacere facies.

ΣΙΩΠΗ', *silentium*. דּוּמִיָּה, idem. Quinta editio Ps. XXI. 3. Aquila Psalm. XXXVIII. 3. — הָסָה Pih. *sileo*. Amos VIII. 3.

*ΣΙΩΠΗΛΟ'Σ, *taciturnus*. צַמָּה, *coma, peplum*. Symm. Ies. XLVII. 2. τὸ σιωπηλόν σου, al. τὴν σιώπησίν σου. K.

ΣΙΩΠΗΛΟ'Σ, *taciturnus*. צַמָּה, i
coma, peplum. Symm. Ies. XLVII. 2. τὸ σιωπηλόν σου, al. τὴν σιώπησίν σου, *id quod tacendum est*. Vulg. *turpitudinem*. Deduxit vel a צָמַם. vel a צָמַת, unde צְמִיתֻת est *silentium*. Cæterum τὸ σιωπηλὸν h. l. eodem modo explicandum est, quo infra expositum est σιώπησις, quod vide. LXX sec. cod. Vat. habent κατακάλυμμα, et sec. Compl. κάλυμμα.

Doederleinius in notis ad vers. Lat. Iesaiæ conjicit, σιωπηλὸν, pro quo σώπηλος reponi debeat, formatum esse ex Hebr. שֹׁבֶל.

ΣΙΩ'ΠΗΣΙΣ, *taciturnitas, silentium.* צַמָּה, *coma, peplum.* Cant. IV. 1. 3. VI. 6. Sponte apparet, eos hanc vocem vel a צָמַם, *colligavit, constrinxit,* Arab. صمم, *obsurduit, conticuit,* deduxisse, vel a צָמַת, quod in l. Syr. et Arab. *silere,* etiam *ad silentium redigere* notat. Jure autem quæritur, quid hac voce intellexerint LXX. In notione *taciturnitatis* aut *silentii* accipere absonum esset, ergo alia ratione explicandum erit. Hieronymus σιώπησιν exponit per *id quod taceri debet præ verecundia,* h. e. *verenda muliebria.* Sed hæc est mira explicandi ratio, quæ non tam facile fautores inveniet. Vulgatus paulo melius: *absque eo quod* (lege *quo,* conf. v. 3.) *intrinsecus latet.* Mihi σιώπησις h. l. significare videtur *peplum, velum,* ita dictum, quia faciem aspectui aliorum subtrahit, adeoque quasi silentium imperat. Verba igitur ἐκτὸς τῆς σιωπήσιώς σου vertenda sunt: *extra velum tuum,* s. *seposito velo,* si conspiciuntur oculi tui, sunt columbini. Hebr. צַמָּה de *peplo* a constringendo interpretatur I. D. Michaëlis in Suppl. p. 2100. Non male. Certe alii Cant. l. l. κάλυμμα habent. Adde Symm. Ies. XLVII. 2.

ΣΚΑ'ΖΩ, *claudico.* הוֹאִיל Hiph. a יָאַל, *volo.* Symm. 1 Sam. XVII. 39. ἔσκαζεν. Ita Bielius. Nonnullis videtur magis ad seriem orationis respexisse, quam ad significationem verbi. Sed nec hoc mihi sufficere videtur. Potius ἔσκαζεν pertinet ad totam formulam יֹאֶל לָלֶכֶת, *voluit ire.* הוֹאִיל autem h. l. videtur eandem habere notionem, quam נוֹאַל habet, ut sit: *stolide se gessit.* Ergo *stolide se gessit in incedendo,* h. e. ex sententia Symmachi *claudicavit.* LXX habent ἐκοπίασε περιπατήσας, et Inc. ἐχώλαινεν ἐν τῷ βαδίζειν. — צֶלַע, *claudicatio.* Symm. Psalm. XXXVII. 18. ἐν τῷ σκάζειν. — בְּצַלְעִי, *in claudicatione.* Symmach. Psalm. XXXIV. 15. σκάζοντος. Hesychius: σκάζει, χωλαίει, χωλαίνει. Lex. vet. σκάζω, *titubo, vacillo.*

ΣΚΑΛΕΥ'Ω, *fodio, investigo, perscrutor.* חָפַשׂ, quod pr. de *sarritione* usurpatur, et deinde notat *indagare, investigare, scrutari.* Sic quoque σκαλεύειν per *surculare* explicatur in Gloss. vet. Aqu. 1 Reg. XX. 38. ἐσκαλεύσατο ἐν σποδῷ ἐπὶ ὀφθαλμοὺς αὐτοῦ. Ubi vocem σκαλεύεσθαι pro *aspergere* omnino accepisse videtur Aquila. Certe Montfauc. transtulit: *conspersit se in cinere super oculos ejus,* et Symmachus habet: καταπασάμενος σποδῷ κατὰ τῶν ὀφθαλμῶν αὐτοῦ. Aquila Psalm. LXIII. 7. σκαλεύσει σκαλευόμενος, *scrutabitur scrutans,* ubi מְחֻפָּשׂ, quod Massorethæ in Pual ponunt, transitive et active accepit. Idem Ps. LXXVI. 6. Suidas: σκαλεύειν, ἀνακινεῖν, διαξαίνειν. Hesych. ἐσκάλευεν, ἐκινεῖτο, ὤρυσσεν, ἀνελογίζετο.

*ΣΚΑ'ΛΙΣΤΡΟΝ. שְׁפָרִיר vel sec. Chetibh שַׁפְרוּר, *tectum, quod throno regis imminet.* Jer. XLIII. 10. Aqu. Symm. sec. cod. Syr. Hex. Mediol. ad quem locum Norbergius: Vox Græca σκάλιστρον hic posita incertæ mihi est notionis, nisi eadem sit cum σκαλιστήριον, *sarculum.* Sed utrumque prorsus alienum est a textu Hebraico. Equidem judico, reponendum esse σκεπαστήριον, Syr. [illegible], aut σκέπαστρον, quod vide infra.

ΣΚΑ'ΛΛΩ, *fodio, circumcirca scalpo, sarrio, circumfodio,* ac metaphorice *quæro, scrutor.* חָפַשׂ. Ps. LXXVI. 6. ἔσκαλλεν τὸ πνεῦμά μου,

a ἐcrutabatur spiritus meus. Hieron.
in Ep. ad Suniam et Fretelam:
Proprie σκαλλισμὸς, inquit, *in agricultura dicitur, in sarriendo, i. e.*
sarculando, et quomodo ibi quærun-
tur herbæ sarculo, quæ secentur, etc.
Suidas: ἔσκαλλεν, ἐσκάλευεν, ἐσάλευεν,
ἠρεύνα, ἀνεζήτει. Idem verba Ps. l. c.
subjungit. Küsterus not. ad Suidam putat, vocem ἐσκάλευεν esse
b emendationem τοῦ ἐσάλευεν, et ex
margine in textum irrepsisse. Quod
tamen, cum apud Hesychium etiam
ἐσκάλευεν exponatur per ἐκαινῖτο, non
opus videtur, ut statuamus. In
Lex. Cyrilli MS. Brem. legitur:
ἔσκαλλεν, ἐσκάλευεν. Alii Codd.
Psalm. l. c. pro ἔσκαλλεν habent ἔσκαλλον: unde apud Hesychium ἔσκαλλον, ἀνεζήτουν, ἀνηρεύνων, uti pro
c ἀνηρεύνουν scribendum judicat L.
Bos in Anim. ad Auctt. Græcc. p.
127. qui Symmachum pro ἔσκαλλεν
Psalm. l. c. habere ἀνηρεύνων observat. — בָּרָה, *fodio*. Aquila Psalm.
CXVIII. 85. ἔσκαλλον, *fodiebant*.
Adde Herodot. II. 14. et Schol.
Theocrit. Idyll. X. 14.

ΣΚΑΜΒΟ'Σ, *qui obliquus in latus*
procedit, cui crura introrsus intorta
d *sunt, incurvus, distortus, obliquus,*
perversus. עִקֵּשׁ, *perversus*. Ps. C.
5. καρδία σκαμβὴ, *cor perversum*. Suidas: σκαμβὴ, διεστραμμένη. Hesych.
et Lex. Cyrilli MS. Brem. σκαμβὸς,
στρεβλός. Symmach. Prov. II. 15.
σκαμβαί, ubi Theodot. στρεβλαί.

ΣΚΑΝΔΑΛΙ'ΖΩ, *offendo, facio,*
ut aliquis offendat, et σκανδαλίζομαι,
offendor, impingo. הִכְשִׁיל Hiph.
e Aqu. Psalm. LXIII. 9. ἐσκανδάλισαν.
Aqu. Symm. sec. Montf. et Theodoretum Mal. II. 8. ἐσκανδαλίσατε.
Sed vide s. σκανδαλόω. — כָּשַׁל. Aqu.
Ies. XL. 30. σκανδαλισθήσονται, *im-*
pingent. Aqu. Prov. IV. 12. σκαν-
δαλισθήσῃ. Adde Dan. XI. 41. sec.
cod. Chis. — *נִקְשָׁה, *induratus*.
Symm. Ies. VIII. 22. ἐσκανδαλισμέ-
νος. Legit נוֹקֵשׁ, *illaqueatus*, a נָקַשׁ

aut ex Houbigantii sententia cum f
Chaldæo מכשל. Vide et Sirac. IX.
5. XXIII. 7. XXXII. 16. et conf.
Vorstii Philol. S. P. I. c. 3. p. 96.
seq. et Drusium in Fragm. Vett.
Intt. GG. p. 1098.

ΣΚΑ'ΝΔΑΛΟΝ, *scandalum, offen-*
diculum, impedimentum, ad quod ali-
quis offendit s. *impingit*. דֳּפִי, *pro-*
brum. Psalm. XLIX. 21. Arab.
دفا coll. دفي et دفع, notat
impingere, trudere, inde דֳּפִי, *con-* g
tusio. Sir. VII. 7. θήσεις σκάνδαλον ἐν
εὐθύτητι, *maculam* adspergas probi-
tati. — כֶּסֶל, *stultitia*. Ps. XLVIII.
13. Cum Syro legerunt כָּשַׁל —
מוֹקֵשׁ, *laqueus*. Jos. XXIII. 13.
Jud. II. 3. VIII. 27. Ps. CXXXIX.
6. Symm. Theod. Prov. XIII. 15.
XIV. 29. σκανδάλοις. Symm. Prov.
XXIX. 6. σκάνδαλον. Aqu. Symm.
Ies. VIII. 14. — מַכְשֵׁלָה. Symm. h
Soph. I. 3. — מִכְשׁוֹל, *offendiculum*.
Lev. XIX. 14. 1 Sam. XXV. 31.
Ps. CXVIII. 164. — Præterea legitur Hos. IV. 16. ubi post הַנַּח־לוֹ
legerunt adhuc פַּח, coll. Ps. XLIX.
21. Vide et Judith. V. 1 24. *causa*
exitii. XII. 2. Sap. XIV. 11. Sir.
XXVII. 24. ἐν τοῖς λόγοις σου δώσει
σκάνδαλα, verbis tuis tibi struet
perniciem, ea sc. immutando et i
sinistre interpretando. 1 Macc. V.
4. et conf. Vorstii Philol. S. p. I.
c. 3. p. 87. seq. et Tob. Eckhardum
Technic. Sacr. p. 124.

*ΣΚΑΝΔΑΛΟ'Ω, i. q. σκανδαλίζω.
הִכְשִׁיל Hiph. a כָּשַׁל. Aqu. sec.
cod. Barber. Mal. II. 8. ἐσκανδαλώ-
σατε: quæ lectio præferenda est
lectioni ἐσκανδαλίσατε, quia delectatur Aquila verbis in syllabam όω k
desinentibus. Certe sic judicavit
Fischerus Proluss. Quinque in Var.
Loca V. T. p. 30.

ΣΚΑ'ΠΤΩ, *fodio*. בָּקַע, *findo, dif-*
findo. Quint. Ed. Psalm. CXL. 7.

σκάπτω. — כָּרָה, *fodio*. Aqu. Ps. XXXIX. 7. ἔσκαψας. — נֶעְדַּר Niph. *pastinor*. Ies. V. 6.

ΣΚΑΣΜΟ'Σ, *claudicatio*. צֶלַע, *idem*. Aqu. Psalm. XXXIV. 18. ἐν σκασμῷ.

ΣΚΑΦΕΙ'ΟΝ, *ligo, nis*. אֵת, *ligo, instrumentum agricolationis*. Symm. 1 Sam. XIII. 20.

ΣΚΑ'ΦΗ, *vas cavum et oblongum*.
b Draco v. 40. ἐνέτρεψεν ἄρτον εἰς σκάφην. Reddenda est haec vox Philostrato de Vita Apollonii IV. 3. pag. 142. loco σκάφει.

ΣΚΑ'ΦΟΣ, in plur. σκάφη, *scapha, navigii genus*. 2 Macc. XII. 3. 6. τὰ σκάφη κατέφλεξε: ubi significat *portum*, h. e. *opera ex ligno in portu confecta, qualia sunt*, quae *pilas* Vitruvius vocat. Vide ad h. l. Gro-
c tium. Hesychius: σκάφος, πλοιάριον. Dicitur alias σκάφη. Vide Act. XXVII. 16. et ad h. l. Heinsii Exerc. Sacr. p. 306.

ΣΚΕΔΑ'ΖΩ, *dissipo*. כָּבָה, *extinguo*. Inc. 2 Reg. XXII. 17. σκεδάσῃς. Sermo ibi est de lucerna. Conjici potest, σκεπάσῃς legendum esse (tegitur enim lucerna, quando exstinguitur), aut σβέσῃς, ut habent
d LXX, ut adeo tantum propter λυχνίας loco λύχνον versio Inc. Int. separatim posita fuerit.

ΣΚΕΛΙ'ΖΩ, *supplanto, subverto*, et ex adjuncto *perverto, corrumpo, injuste ago*. סָלַף Pih. *perverto*. Theod. Prov. XIX. 3. σκελίζει. — עִוֵּת Pih. *perverto, subverto*. Aqu. Job. VIII. 3. σκελίσει. LXX ἀδικήσει. — קָלַע, *funda projicio*. Jerem. X. 17. Le-
e gerunt צָלַע, nam צֶלַע est *costa, crus, latus*. Glossae: σκελίζω, *varico*.

ΣΚΕ'ΛΟΣ, *crus*. יָרֵךְ, *femur*. Ez. XXIV. 4. — כְּרָעַיִם dual. *crura*. Levit. XI. 21. Amos III. 12. — מַרְגְּלוֹת plur. *pedes*. Dan X. 6. — קַרְסֹל, *malleolus pedis*. 2 Sam. XXII. 37. — רֶגֶל, *pes*. Jud. V. 27. 1 Sam. XVII. 6. Ezech. I. 7. XVI. 24. Hesych. σκελῶν, ποδῶν. — שׁוֹק. Proverb. XXVI. 7. — *שָׁק Chald. f
tibia. Dan. II. 32. sec. Chis. τὰ δὲ σκέλη σιδηρᾶ. Theodot. αἱ κνῆμαι σιδηραῖ.

ΣΚΕΠΑ'ΖΩ, *tego, operio, occulto*. *בְּמְצֻלוֹת, *in profundis*. Symmach. Psalm. LXXXVII. 7. ἐσκεπασμένον. Sensum expressit. — *הָיָה. Num. IX. 20. Sensum expresserunt. Cf. ibid. X. 33. — הֶחֱבִיא Hiph. Inc. Job. V. 21. σκεπάσεις. — הֵעִיר Hiph. g
ab עוּר, *excito*. Deut. XXXII. 11. Hic alia imagine magis usitata usi sunt. — הִסְתַּתֵּר: נִסְתַּר: הִסְתִּיר, Hiph. Niph. et Hithp. 1 Sam. XXVI. 1. Δαβὶδ σκεπάζεται μεθ' ἡμῶν ἐν τῷ βουνῷ, ubi σκεπάζεται est *latet*, i. q. κρύπτεται et κέκρυπται in reliquis. Psalm. XVI. 10. Ies. XXVIII. 15. Soph. II. 3. Ies. XLIV. 2. sec. cod. Alex. ἐσκέπασε, quae est vera lectio, h
quam etiam Eusebius Lib. II. Demonstr. Evang. tuetur. Lectio ἔκρυψε, quam Cod. Vatic. exhibet, ex antecedentibus orta videtur, aut glossema sapit. — *הִצִּיל עֵינַיִם, *eripio me oculis*. Inc. 2 Sam. XX. 6. σκεπασθῇ ἀφ' ἡμῶν, *se obtegat a nobis*, q. d. *subducatur oculis nostris*, s. *effugiat nos*. Vide infra s. v. σκιάζω. Fortasse autem deduxerunt a צָלַל, quod interdum a טָלַל, Arab. i
ظلّ, mutuo petit sensum *obtectionis et obumbrationis*. — חָסָה, *confugio*. Ps. LX. 4. Ies. XXX. 2. — חֻפָּה, *obtectio*. Ies. IV. 6. — חָפַז, *accelero*. 1 Sam. XXIII. 26. ἦν Δαβὶδ σκεπαζόμενος πορεύεσθαι, ubi σκεπαζόμενος est i. q. κρυπτόμενος, ac חָפַז cum חָפָה aut חָפַף, *texit, obtexit*,

a permutasse videntur. — חָפַף, *tego.*
Theodot. Deut. XXXIII. 12. *σκεπάσει.* — כָּסָה. Deut. XIII. 8. Ies.
LI. 16. Adde Inc. Psalm. CV. 11.
ubi de *aquis, quibus aliquis demergi-
tur,* usurpatur. Alius Incert. Int.
ibi voce *καταποντίζειν* usus est. —
מְעוֹנָה, *habitaculum.* Deut. XXXIII.
27. ubi pro *σκεπάσει* alii habent *σκέ-
πασις.* — נִצַּל Niph. *evado.* Hab. II.
b 9. Ald. *σκεπασθῆναι.* Sed rectius
alii *ἐκσπασθῆναι.* — סָכַךְ. Exod. XL.
3. 19. — פָּסַח, *transeo,* etiam *eripio, salvum conservo.* Exod. XII. 13.
27. — צָפַן, *abscondo.* Symm. LXX
Exod. II. 2. Psalm. XXX. 27. —
*קָדַם, *antevenio, anteverto.* Incert.
Ps. LVIII. 11. Sensum expressit.
Nam קָדַם notat h. l. *subvenire.* —
שָׂגַב Pih. *extollo.* Psalm. XC. 14.
c *σκεπάσω αὐτόν.* Vox Hebr. notat
*collocare aliquem in loco edito, ad
quem non tam facile aditus patet,* ac
metaphorice, *tueri, tutum præstare
aliquem,* ut adeo appareat, eos sensum non male expressisse. Confer
etiam Inc. Psalm. XIX. 2. — שָׂכַךְ
(שׂ pro ס). Ex. XXXIII. 22. Sir.
XXII. 28. *σκεπάσαι.* Vulg. *salutare.*
Legit *ἀσπάσαι,* et ita legit quoque
d Ambrosius: *ἀσπάζεσθαι* autem h. l.
est *benevole ac benigne tractare.* Sir.
XLVIII. 12. *ἐν λαίλαπι ἐσκεπάσθη.*
Lege *ἐπετάσθη,* ut Hieronymus habet, *in turbine avolavit,* coll. Psalm.
XVIII. 10. 1 Macc. III. 3. ubi pro
σκεπάζων Syrus legisse videtur *σφάζων, jugulans,* quod rectius videtur.

ΣΚΕ'ΠΑΡΝΟΝ, *ascia, dolabra, bi-
pennis, securis.* חֲרִיצִים plur. *tribu-
e læ.* 1 Par. XX. 3. Sed ibi trajectio vocis *τρίβολος* facta videtur. —
מְגֵרָה, *serra.* 2 Sam. XII. 31.
σκεπάρνοις. — מַעֲצָד, *dolabra.* Ies.
XLIV. 12. *σκεπάρνῳ.* Sc. מַעֲצָד est
pro בְּמַעֲצָד. Hesych. *σκέπαρνον, τὸν
ἀμφίστομον πέλεκυν.*

ΣΚΕ'ΠΑΣΙΣ, *protectio, operimentum.* מְעוֹנָה, *habitaculum.* Al. aut
secundum Schol. ed. Rom. *ἄλλα ἀντίγραφα* Deut. XXXIII. 27. f

*ΣΚΕΠΑΣΤΗ'ΡΙΟΝ. Vide infra
s. v. *σκέπαστρον.*

ΣΚΕΠΑΣΤΗ'Σ, *qui tegit et operit,*
metaphorice: *protector, defensor.*
גּוֹז, *avulsor.* Ps. LXX. 7. Sensum
secuti sunt. E conjectura Koehleri
reponendum esset *σπαστής,* qua tamen non opus esse videtur, quanquam ei favet locus Ps. XXII. 9.
Vide quoque Rosenmülleri Scholia g
ad h. l. et Dathii notas. — זִמְרָת
(ת pro ה), *cantus.* Exod. XV. 2.
ubi aut sensum expresserunt (ut
זִמְרָת sit *carmine laudandus et cele-
brandus,* scil. ob præsidium ac protectionem), aut voci Hebraicæ vere hanc significationem tribuerunt,
quam etiam habere potest. Certe
Arab. فصال *præsidium* notat.
Vide infra s. v. *ὑπερασπιστής.* Bux- h
torfius in Anticrit. p. 637. ad h. l.
scribit: Quasi idem esset ac שָׁמַר.
Forte simul in voce זְמִרוֹת, *cantica
noctis,* respexerunt ad gallicinia, secundum quæ olim noctis custodias
distinguebant, ad sensum, non ad
literæ rationem respicientes. —
*מָגֵן, *clypeus.* Ed. Quinta Psalm.
LXXXIII. 12. — סִתְרָה, *latebra.*
Deut. XXXII. 38. Vide quoque i
Judith. IX. 12. Sir. LI. 2. *σκεπαστὴς καὶ βοηθός.*

ΣΚΕΠΑΣΤΟ'Σ, *tectus, opertus.* צָב,
idem. Aqu. (sec. Euseb. Emisen.
in Cat. Niceph. ad h. l.) Num. VII.
3. *σκεπαστάς,* et Ies. LXVI. 20. *σκε-
παστοῖς.* Lege *σκεπασταῖς,* sc. *ἁμά-
ξαις.*

ΣΚΕ'ΠΑΣΤΡΟΝ per syncopen
pro *σκεπαστήριον, tegumentum, operimentum, operiorium.* סֵתֶר, *abscon-*

σίο. Symm. Job. XXIV. 15. Vide quoque supra s. v. σκάλιστρον.

ΣΚΕΠΕΙΝΟ'Σ. Vide σκεπηνός.

ΣΚΕ'ΠΗ, *tegumentum, tegmen, operimentum, umbraculum;* metaphorice: *tutamen, præsidium.* אֹהֶל, *tentorium.* Exod. XXVI. 7. Theod. et LXX Job. XXI. 28. Aqu. Symm. Theod. Exod. XXXV. 11. Aqu. Job. VIII. 22. Οἱ λοιποὶ 1 Paral. XVII. 5. ubi tamen pro σκέπην fortasse legendum erit σκηνὴν, quod præcessit. Cur enim in continua hac oratione alio vocabulo usi fuerint, causa nulla apparet. — אֶרֶב, *insidiarum locus.* Job. XXXVII. 8. ubi σκέπη *locum quemvis* notat, *in quo quis latet.* — הַעֲלָה, *liberatio,* Esth. IV. 13. βοήθεια καὶ σκέπη. — חֲגָוִים plur. *fissuræ.* Cant. II. 14. ἐν σκέπῃ τῆς πέτρας. — מָגֵן, *clypeus.* Jud. V. 8. sec. Alex. Ald. Compl. Theod. 2 Sam. II. 21. — מַחְסֶה, *refugium.* Job. XXIV. 8. Ies. IV. 6. XXV. 4. — מָסָךְ. Psalm. CIV. 38. — מָעוֹז, *robur.* Ies. XXX. 3. — מֵצַל part. Hiph. a צָלַל, *umbram faciens.* Ez. XXXI. 3. — *מִשְׁכָּן, *tabernaculum.* 1 Paral. VI. 32. sec. edit. Complut. — סֵתֶר, *latibulum.* 1 Sam. XXV. 20. Psalm. LX. 4. Ies. XVI. 4. — צֵל, *umbra.* Genes. XIX. 8. Jud. IX. 15. Psalm. XC. 1. Ita etiam ibid. Symm. et Aquila sec. Hexapla. Sed Aquila ibi transtulit ἐν σκιᾷ, teste Heracleota in Comment. ad h. l. T. II. Catenæ PP. GG. p. 874. — *רֹמַח, *lancea.* Inc. Jud. V. 8. sec. Hexapla. Sed vox σκέπη ibi potius ad antecedens מָגֵן pertinere videtur. — רֹתֶם, *juniperus.* Symm. 1 Reg. XIX. 5. Quodsi integra est hæc versio Symmachi, nec cauda sua truncata, ita vertens sensum qualicunque modo expressisse videtur, ignorans nempe veram significationem Hebr. רֹתֶם, aut certe de ea dubius hærens, quod accidisse videtur LXX Intt., qui ὑπὸ φυτὸν habent. Sed longe aliud statuere suadet Vulgati versio, qui hic aperte pro more suo secutus Symmachum, ita transtulit: *in umbra juniperi,* ut adeo Symmachus scripsisse videatur: ὑποκάτω vel ὑπὸ σκέπην ἀρκεύθου, et illud σκέπην de suo addiderit. Sap. X. 17. σκέπη ἡμέρας dicitur *nubes contra radios solis obvelans.* Sir. XXIX. 22. ὑπὸ σκέπην δοκῶν, sub *domo* lignea, ubi σκέπη est i. q. σκηνὴ, *habitatio, domus.* Hesych. σκέπη, σκέπασμα, Lexic. Vet. σκέπη, *tegmen, protectio.* — Vide alibi s. v. πένθος.

ΣΚΕΠΗΝΟ'Σ, *tectus, opertus, munitus,* a σκέπη, ut ἀχμηνὸς apud Homer. Od. Ψ, 191. ab ἀχμή. צְחִיחַ, *locus eminens et arduus,* it. *aridus et siccus.* Nehem. IV. 13. ἐν τοῖς σκεπηνοῖς, *in locis bene munitis.* Hanc lectionem unice veram habeo. Juxta al. editt. legitur σκεπεινοῖς, sc. τόποις, in *locis tectis* s. *munitis.* Etiam apud Suidam σκεπεινὸς τόπος legitur sine addita explicatione. Quam scribendi rationem si amplectimur, descendit a σκέπος, ut σκοτεινὸς a σκότος. Sed σκέπος nusquam extat, unde Sturzius de Dial. Alex. p. 194. præferendum arbitratur σκεπηνὸς, quæ vox legitur apud Oribasium de Fract. ex Archigene XXV. in Cocchii Chirurg. Vet. p. 118.

ΣΚΕ'ΠΩ, *tego.* אֹהֶל, *tentorium.* Exod. XXXVI. 12. — בְּצֵל, *in umbra.* Symm. Ps. LXII. 8. σκεπόμενος. Idem Cohel. VII. 13. σκέπει σοφία ὡς σκέπει, ubi pro בְּצֵל legisse videtur כְּצֵל, *sicut umbra.* — *כָּסָה Pih. *tego.* Symm. Prov. XII. 16. ubi σκέπειν in notione *dissimulandi* legitur, qua ipsa voce Vulgatus h. l. usus est. — *מִבַּעַד, *intra* seu *post.* Syma mach. Cant. IV. 3. σκεπόμεναι. Bene: nam ibi de velo sermo est. Idem ibid. VI. 6. — *סָכַךְ. Symm. Ezech. XXVIII. 16. Conf. Sir. VI. 15. Lex. Vet. σκέπω, *velo, tego, operio.*

ΣΚΕΠΟ΄ΜΕΝΟΣ ΘΑΝΑ΄ΤΩι, *tectus morte.* צַלְמָוֶת, *umbra mortis.* Symm. Job. X. 21. σκεπομένην θανάτῳ.

b ΣΚΕ΄ΠΤΟΜΑΙ, *circumspicio, considero.* אֶדֶר, *magnificentia.* Zach. XI. 13. σκέψαι. Legerunt אֲרָא pro אֶרְאֶה. Lectio σκέψαι est a correctore et emendatore aliquo, qui putavit, illud esse debere in imperativo, sicut præcedens κάθες. — חָזָה, *video.* Exod. XVIII. 21. σὺ σεαυτῷ σκέψαι ἀπὸ παντὸς τοῦ λαοῦ ἄνδρας δυνατοὺς, tu tibi *elige* ex omni
c populo viros idoneos. Confer v. 25. et Act. VI. 3. ubi ἐπισκέψασθαι eodem sensu usurpatur. Eodem modo nostrates formula sich nach jemanden umsehen, *to look round for some one,* uti solent. — פָּקַד, *visito.* Al. Jerem. XXI. 14. XXXII. 5. In utroque loco ἐπισκέπτεσθαι reponendum erit. — רָאָה, *video.* Genes. XLI. 33.

d ΣΚΕΥΑ΄ΖΩ, *paro, apparo.* Σκευάζομαι, *convaso.* בָּשַׁל, *coquo.* Symmach. Exod. XXIII. 19. σκευάσεις. — נָצַל Pih. *eripio.* Symm. Exod. XII. 36. σκευάσασθαι, *convasare,* vel *vasa diripere.* Ita Dinarcho σκευασάμενοι τὰ ἐκ τῆς οἰκίας dicti videntur *convasantes,* vel *diripientes, quæ in domo erant.* Vide Pollucem Lib. X. segm. 16. Cæterum Theodore-
e tus auctor est, LXX ibid. scripsisse ἐσκεύασαν. — פִּנָּה Pih. *e conspectu removeo, expurgo,* ac, si de *via,* uti h. l. sermo est, *paro, complano.* Theod. Ies. LXII. 10. σκευάσατε. Sir. XLIX. 1. μνημόσυνον ἐσκευασμένον, *monumentum fabrefactum* vel *fabricatum.*

ΣΚΕΥΑΣΙ΄Α, *apparatus, qui vestibus et armis et cultu corpor adhibetur, apparatio et confectio c borum,* ac secundum Kircheru *condimentum.* יַבִּיעַ futur. Hiph. נָבַע, *eructare faciet.* Cohel. X. Ita Bielius, præeunte Trommi Sed vox σκευασία nullo modo cu יַבִּיעַ conciliari potest, quod poti LXX in versione sua prorsus n glexisse videntur. Respondet p tius voci רוֹקֵחַ a rad. רָקַח, *aroma miscuit, ex iisque unguenta confec* Desvoeux in Comment. ad h. l. 278. e Vulg. Int., qui habet *suai tatem,* conjicit, LXX εὐοσμίαν scri sisse, adeoque מַבּוּעַ legisse.

ΣΚΕΥ΄ΑΣΜΑ, *compositio, confect* seu *id, quod compositum et confe tum est, apparatus, supellex.* Judit XV. (11.) 13. ubi σκευάσματα *sup lectilem* notat. Adde Aristop Lysistr. v. 664. Schol. Biseti.

ΣΚΕΥΑΣΤΟ΄Σ, *paratus, fact confectus, factitius, compositus.* יֻצַר fut. Hoph. a יָצַר, *formabitur.* I LIV. 17.

ΣΚΕΥΗ΄, *apparatus, quo aliq instructus est.* אֹהֶל, *tentorium.* G XXXI. 25. Ita Bielius. Sed textu Gr. legitur ibi σκηνὴν, pro q in Ald. perperam τὴν ὁδὸν τῆς σκ legitur. Eadem permutatio loc quoque habet apud Pausaniam A I. 20. 3. ubi vid. Facius. — * Symm. Ies. LXI. 10. ubi σκευὴ *namenta et mundum mulierum* de tat. De *vestibus histrionum,* q bus alias personas producunt, le tur σκευὴ apud Lucian. Nigrin. c XI. T. I. p. 37. Bip.

ΣΚΕΥ͂ΟΣ, *vas, instrumentum, matura, supellex, apparatus, ve mentum, ornatus, res,* et in plu σκεύη, *arma, impedimenta.* אֵת,

1 Sam. XIII. 20. 21. — כְּלִי. Gen. XXVII. 3. λάβε τὸ σκεῦός σου, sume *armaturam* tuam, *pharetram* scil. *et arcum*. Confer ad h. l. Drusium Miscell. Cent. II. cap. 37. Genes. XXXI. 36. ἠρεύνησας πάντα τὰ σκεύη τοῦ οἴκου μου, perscrutatus es omnem *supellectilem* domus meæ. Deut. I. 41. τὰ σκεύη τὰ πολεμικὰ, *arma bellica*. Vide et Jud. IX. 54. XVIII. 11. 1 Sam. VIII. 12. Deut. XXII. 5. οὐκ ἔσται σκεύη ἀνδρὸς ἐπὶ γυναικὶ, non sint *vestimenta* viri in muliere. Ita Sirac. XLV. 10. σκεύεσιν ἰσχύος, *vestimentis* opulentis. Confer et Luc. XVII. 31. Alias σκευὴ Græcis eo sensu dicitur. Suidas: σκευὴ, ἔκπλεσις ἢ στολή. Idem verba hæc auctoris incerti subjungit: ὁ δὲ ἱερεὺς σκευὴν ἐσκευάζετο τὴν τοῦ δημίου, μεταλαβὼν ἀντὶ τῶν σεμνοτάτων τὰ αἴσχιστα. 1 Sam. XXV. 13. ἐκάθισαν ἐπὶ τῶν σκευῶν, adsidebant *impedimentis*. Sc. *impedimenta* dicuntur h. l. *res, quæ conducuntur in expeditione necessariæ*. Vide et 1 Sam. XXX. 24. Psalm. XXX. 16. ἐγενήθην ὡσεὶ σκεῦος ἀπολωλὸς, factus sum tanquam *vas perditum*, vel tanquam *res* perdita. Ita Sir. XLIII. 2. sol dicitur σκεῦος θαυμαστὸν, *res admirabilis*, et v. 10. luna σκεῦος παρεμβολῶν, *res castrorum, res stellarum castris circumdata*, exponente Vorstio Philol. S. P. I. cap. 2. p. 30. Eodem sensu vox apud profanos auctores occurrit. Vide Lex. N. T. s. h. v. Aliter autem σκεῦος ἀπολωλὸς e Psalm. l. c. exponitur in Lex. Cyrilli MS. Brem., nempe ἄνθρωπος θνητός. Jer. L. 25. ἐξήνεγκε τὰ σκεύη τῆς ὀργῆς αὐτοῦ, eduxit *instrumenta iræ* suæ. Hebr. Gen. XLIX. 5. σκεύη ὕβρεως. Num *homines violenti, crudeles*? aut *arma injusta*? — מָאן Chald. *vas*. Esdr. V. 14. Dan. VII. 18. — *מַלְקוֹחַ, *captura*. Numer. XXXI. 11. sec. codd. 4 Holm. Vox Hebraica h. l. *prædam* notat tam de hominibus, quam de animalibus. — מְפֻקָּד part. Hoph. *præfectus*. 2 Reg. XII. 11. Legerunt sine dubio מִפְקָד, quod etiam *locum certum et destinatum* notat, et h. l. de *loculis* explicandum est. — *עֶצֶב, *dolor*. Jerem. XXII. 28. Ita transtulerunt ex usu l. Samarit. (עזף), ubi *vas fictile* notat (ut quoque Vulg. h. l. interpretatus est), ab עָצַב, *formare, fingere*. Fortasse tamen verba ὡς σκεῦος, οὗ οὐκ ἔστι χρεία αὐτοῦ, pertinent ad כְּלִי אֵין חֵפֶץ בּוֹ in sequentibus. Certe clare dicit Hieronymus, in LXX priorem sententiam, הַעֶצֶב נִבְזֶה נָפוּץ, ad quæ illa Græca retulit Montfauconius, non exstare. — *תְּכֵלֶת, *hyacinthinus color*. Syrus Ezech. XXVII. 25. σκεύη. In mente habuit vocem כְּלִי, *vas, supellex*. Judith. IV. 3. τὰ σκεύη sunt *vasa sacra*. Baruch. VI. 25. σκεῦος ἀνθρώπου, vas *figulinum*. Ita Syrus. Num fortasse legendum κεράμου?

ΣΚΕΥΟΦΥ'ΛΑΞ, *vasorum seu utensilium custos*. שֹׁמֵר כֵּלִים. Al. 1 Sam. XVII. 22. τοῦ σκευοφύλακος.

*ΣΚΕ'ΨΙΣ, *contemplatio, consideratio, cogitatio*. סוֹד, *secretum*. Symmach. Ps. LXIII. 2. sec. Origenem T. II. Opp. p. 744. ed. Paris. ἀντὶ συστροφῆς, ἀποῤῥήτου Ἀκύλας εἴρηκεν, ὁ δὲ Σύμμαχος σκέψεως. Ignotum fuisse hunc locum Montfauconio, ex ejus editione Hexaplorum luculenter apparet. Cæterum σκέψις h. l. malo sensu adhibetur de *observatione insidiandi causa*, quemadmodum et סוֹד de *malis consiliis* seu *aggressionibus malevolorum* h. l. usurpatum legitur. Philox. Gloss. σκέψις, *consultum, consultatio, consilium, deliberatio, meditatio*.

ΣΚΗΝΗ', *tabernaculum, tentorium*. אֹהֶל, idem. Gen. IV. 19. XII. 8. XIII. 3. et alibi sæpius. Symm. Theod. Job. VIII. 22. Symm. Ps.

a XVIII. 5. Οἱ λοιποὶ et LXX 1 Par.
XVII. 5. ubi pro ἤμην ἐν σκηνῇ εἰς
σκέπην legere mallem ἐκ σκηνῆς εἰς
σκέπην vel σκηνήν. Vulgatus bene
transtulit: *mutans loca tabernaculi.*
Vide supra s. v. σκέπη. — *אֲהָלִים
plur. *sandalia.* Numer. XXIV. 6.
Deduxerunt ab אֹהֶל. Conf. Simonis Lex. Hebr. p. 45. — *בְּהֵמָה,
bestia. LXX sec. Hexapla et edit.
b Rom. 1 Reg. XVIII. 5. σκηνῶν. Sed
dubio caret, reponendum ibi esse
κτηνῶν, ut habet Inc. Int. Vulg. *jumenta.* Sic quoque Gen. XIII. 5.
in cod. Vat. σκηναὶ legitur pro κτήνη,
quod reliqui libri habent. — חֲדָשָׁה
fœm. ex חָדָשׁ, *nova.* 2 Par. XX.
5. ubi tamen pro τῆς σκηνῆς fortasse
reponendum est τῆς καινῆς. — חָצֵר,
atrium. Genes. XXV. 16. Exod.
c XXXVIII. 16. — יְרִיעָה, *pellis,
cortina, aulæum.* 2 Sam. VII. 2.
Hab. III. 6. In priore loco a LXX
respicitur ad exstructionem tabernaculi, de qua legendum est Exod.
XXVII. 7. seq. Cæterum σκηνὴ
etiam de *veste stragula, aulæo, ta-
pete* sive *peristromate* adhibetur, ut
multis docuit Locella ad Xenoph.
Ephes. p. 155. — לִשְׁכָּה, *cubicu-
d lum, receptaculum.* Esdr. VIII. 28.
Alter interpres Græcus 3 Esdr.
VIII. 59. vertit γαστροφόριον, *gazophylacium.* Theodot. 1 Sam. IX. 22.
— מִבְטָח, *fiducia.* Job. VIII. 14.
ἀράχνη δὲ αὐτοῦ ἀποβήσεται ἡ σκηνή.
Libere verterunt מִבְטָח h. l. *omne*
notat, *in quo spes ac fiducia ponitur,*
cujus speciem σκηνὴν ideo elegerunt,
ut elegantior sit comparatio cum
e domo araneæ. — מִכְסֶה. Symm.
Ies. XXVIII. 20. Vox Hebr., quæ
omne tegumentum s. *operimentum*
notat, commode quoque de *tentorio*
s. *tabernaculo* dici potest. — *מַעְגָּל,
plaustrorum ambitus. Symm. 1 Sam.
XXVI. 5. ubi pro σκηνῇ reponendum est σκηνῇ, nam pendet a præpositione ἐν ex antecedentibus supplenda. Vulg. *in tentorio.* Singu-
laris numerus autem h. l. positus
est pro plurali hoc sensu: *inter
media militum suorum tentoria.* Cf.
v. 7. Respexit vero Symmachus
formam tentorii rotundam, et *castr*
(quorum pars est carrago) *Arabum*
quantum per soli opportunitaten
fieri potest, semper sunt rotunda
Accedit quod Harmarus in Obss
de Oriente T. II. p. 277. מַעְגָּלָה
de *orbe militum,* ab עָגִיל, *circulu*
orbis, interpretatus est. Aliquand
tamen conjeci, pro σκηνῇ l. l. repo
nendum esse ἀπήνη, quod etiam be
ne convenit. — מִשְׁכָּן. Ex. XX
9. XXVI. 1. XXVII. 9. et alil
sæpius. — נָוֶה, *habitaculum.* Jol
V. 24. — סֹךְ, *tentorium, tuguriu*
Ps. XXVI. 9. Aqu. Ps. LXXV.
— *סָךְ, *turba, multitudo hominu*
Ps. XLII. 5. Legerunt בְּסֹךְ p
בְּסֻכָּה, quod *tentorium* notat. -
סֻכָּה, *tentorium.* Gen. XXXIII. 1
Levit. XXIII. 34. Deut. XVI. 1
et alibi. — סִכּוּת, idem. Amos
26. Cappellus Crit. S. p. 158. p
tat, LXX legisse סִכּוּת vel סֻכַּת
tabernaculum. Vide tamen Sch
fenbergium ad Cappelli Crit. S.
514. Cæterum σκηνὴ (qua vc
præter LXX h. l. Symmachus qu
que usus est) vel ut σκήνωμα p
delubro (vide Lexicon N. T. s.
ναὸς n. 6.) sumi potest, vel pro
tica, in qua portabant numinis, i.
Molochi, *imaginem.* — *עֲבֹדָה
servitium, ministerium. Ex. XX
24. Sed lectio σκηνῆς, quam
solus Cod. Oxon. exhibet, hu
v. 21. transiisse videtur: perti
enim ad אֹהֶל. — קֹדֶשׁ, *sanctu
um.* Exod. XXXVIII. 27. Hesy
σκηνὴ, ἡ ἀπὸ ξύλων ἢ περιβολαίων οἰ

a — רִאשֹׁנָה foem. prior. Genes. XIII. 4. sec. cod. Alex. τὴν σκηνήν. Sed reponendum ibi est τὴν ἀρχὴν, ex quo lapsu librarii factum est αὐλὴν, unde deinde σκηνὴν ortum suum traxisse videtur. — *שֻׂכּוֹת, spinæ s. aculei, h. e. hami, a שָׂכַךְ, transpungere. Symm. Job. XL. 25. σκηναῖς. Vulgo statuunt, Symmach. סֻכּוֹת, tabernacula, legisse. Sed non
b opus est: nam etiam שָׂכַךְ, ut סָכַךְ, notat tegere, operire, ac fuerunt inter antiquiores interpretes, qui שֻׂכּוֹת de umbraculo exponerent. Ingenue tamen fateor, mihi lectionem σκηναῖς apud Symmachum suspectam videri. Vulgat. certe Symm. secutus habet: numquid implebis sagenas pelle ejus. Videtur igitur pro σκηναῖς legisse σαγήναις (tunc
c autem in Symmacho legendum esset: μὴ πληρώσεις σαγήνας τοῦ σώματος seu τῷ σώματι αὐτοῦ) quod commodum sensum fundit, et voci Hebr. quoque convenit, quæ originem ducit a שָׂכַךְ, quod texere notat. Posset quoque pro σκηναῖς legi σκαφαῖς. Certe Theod. Hasæus in Disquisit. de Leviathane p. 141. vocem Hebr. intellexit de naviculis pellibus
d tectis, et LXX quoque de naviculis piscatoriis h. l. cogitarunt. — *תְּחִלָּה, initium. Gen. XIII. 4. sec. cod. Alex. et ed. Ald. ubi autem in Cod. Vat. pro σκηνὴν rectius legitur ἀρχήν. Vide supra s. v. רִאשֹׁנָה.

ΤΟ'ΠΟΣ ΣΚΗΝΗ͂Σ, locus tabernaculi. סָךְ, turba mixta, multitudo hominum. Ps. XLI. 4. Vide supra
e s. v. σκηνή,

ΣΚΗΝΟΠΗΓΙ'Α, tabernaculi fixio; sic vocatur festum tabernaculorum, סֻכָּה. Deut. XVI. 16. XXXI. 10. Zach. XIV. 16. 18. 19. — *תְּרוּעָה, vociferatio, jubilatio. Levit. XXIII. 24. ubi verbis μνημόσυνον σαλπίγγων quidam Codd. MSS. et editio Rom. addunt: ἡ τῆς σκηνοπηγίας. Caten. Nic. pag. 1123. ἡ τὴν τῆς σκηνοποιΐας. Sunt autem verba hæcce, ut recte f
monuit ad h. l. Scharfenbergius, errore librariorum ad h. l. relata, et spectant v. 34. חַג הַסֻּכּוֹת, festum tabernaculorum. Cæterum cf. Plutarch. Sympos. Lib. IV. T. VIII. p. 670. Reisk.

ΣΚΗΝΟΠΟΙΕ'Ω, tabernaculum facio. יָהֵל Hiph. per apocopen pro יַאְהִל, ab אָהַל, tentorium tendo. Symm. Ies. XIII. 20. σκηνοποιήσει. g
— סֹכֵן, præfectus aulæ. Symmach. Ies. XXII. 15. σκηνοποιοῦντα, h. e. σκηνοῦντα. Legit שֹׁכֵן, nam שָׁכַן est habitare in tabernaculo. Confer σκηνόω.

ΣΚΗΝΟΠΟΙΙ'Α, tabernaculorum fabricatio. סֻכּוֹת, tabernacula. Incert. Deuter. XXXI. 10. Sensus non mutatur. — תְּרוּעָה, vociferatio, jubilatio. Levit. XXIII. 24. h
Vide supra s. v. σκηνοπηγία.

ΣΚΗ͂ΝΟΣ, i. q. σκηνὴ, tentorium, tabernaculum, it. corpus. Sap. IX. 15. τὸ γεῶδες σκῆνος, terrenum corpus. Similiter Plato corpus γήϊνον σκῆνος appellavit, ut ex Clemente Alex. Strom. Lib. V. p. 593. observat Alberti ad 2 Cor. V. 1. p. 360. et Jacobs in Anthol. Gr. Tom. XII. p. 30. Lex. Cyrilli MS. Brem. i
σκῆνος, οἰκητήριον, σῶμα. Suid. σκῆνος, σκήνωμα. Etymol. M. σκῆνος καὶ τὸ σῶμα, παρὰ τὸ σκήνωμα καὶ σκηνὴν εἶναι τῆς ψυχῆς, οἷον οἰκητήριον. Et sic passim apud externos Græciæ scriptores legitur. Vide auctores allegatos a Wolfio ad 2 Cor. l. c. pag. 601. seq. ac Lexicon N. T. s. h. v.

ΣΚΗΝΟ'Ω, habito, commoror tanquam in habitaculo. אָהַל, tabernaculum figo. Gen. XIII. 12. ἐσκήνωσεν ἐν Σοδόμοις, commorabatur in Sodomis. — סֹכֵן, præfectus aulæ. Aqu.

a Ies. XXII. 15. *σκηνοῦνται.* Legisse
videtur שֹׁכֵן· — שָׁכַן· Al. Jud.
VIII. 11. *σκηνούντων.* Aquil. Exod.
XXIV. 16. *ἐσκήνωσε.* Aquil. Symm.
Theodot. Exod. XXV. 8. *σκηνώσω.*
Aqu. Symm. Job. XI. 14. *σκηνωσάτω.*
Aqu. Job. XXXVIII. 19.

ΣΚΗ'ΝΩΜΑ, i. q. *σκηνὴ*, *tabernaculum, tentorium, habitaculum.* אֹהֶל,
idem. Gen. IX. 27. ubi pro *σκηνώ-*
b *μασι* ed. Rom. *οἴκοις* habet. Deuter.
XXXIII. 18. Jud. VII. 8. et alibi
sæpius. Aqu. Syrus, Theodot. et
Ed. Sexta Ps. XVIII. 5. Inc. Jud.
VII. 8. — אֱלֹהִים plur. *dii.* 2 Sam.
VII. 23. Legerunt literis transpositis אֹהָלִים· — מִגְרָשׁ, *suburbium.*
2 Paral. XI. 14. Forte legerunt
מִקְדָּשׁ·—*מִסְכְּנוֹת, *thesauri, promptuaria.* Aqu. Symm. Exod. I. 11.
c Legerunt מִשְׁכְּנוֹת· — מִשְׁכָּן· Job.
XXI. 28. XXXIX. 6. Ps. XXV. 8.
et alibi. — שֹׂךְ (שׂ pro ס). Thren.
II. 6. Confuderunt שׂוֹךְ cum סֹךְ.
Judith. XV. 1. ubi *οἱ ἐν τοῖς σκηνώμα-
σιν ὄντες* sunt milites in *castris.*
2 Maccab. X. 6. ubi *τὰ σκηνώματα*
festum tabernaculorum notat, quod
vulgo *σκηνοπηγία* et paulo post l. l.
ἡ τῶν σκηνῶν ἑορτὴ dicitur, celebratum
d a Judæis in memoriam commora-
tionis ipsorum sub tentoriis. De
ipsa *habitatione* legitur 3 Esdr. I.
50. Hebr. מָעוֹן· 2 Paral. XXXVI.
15. Hesych. *σκήνωμα, οἴκημα, οἶκος,
τόπος.* Suid. s. v. *σκῆνος· σκήνωμα τοῦ
θεοῦ, ὁ ναὸς τοῦ θεοῦ.*

***ΣΚΗ'ΝΩΣΙΣ**, *tabernaculum, ten-
torium, habitaculum.* אֹהֶל· Symm.
Psalm. LXXVII. 51. — מִשְׁכָּן·
e Symm. Psalm. LXXVII. 16. Aqu.
Symm. Theod. et Vers. Quinta Ps.
XLII. 3.

ΣΚΗ͂ΠΤΡΟΝ, *baculus, scipio, cui
innitimur inter eundum,* item *regium
gestamen, sceptrum,* it. *tribus.* מוֹט,
jugum. Ezech. XXX. 18. — מַטֶּה,
virga. 1 Sam. XIV. 44. Hab. III.
8. E posteriori loco Gloss. MS. in
Cantica Scripturæ: *σκῆπτρα, βασιλείαν.* Arabs Hab. l. l. videtur legisse *σημεῖα.* — שֵׁבֶט· 1 Sam. X.
19. *κατὰ τὰ σκῆπτρα ὑμῶν,* juxta *tribus* vestras. Vide et 1 Sam. IX.
21. 1 Reg. VIII. 16. XI. 13. 31.
Symmach. Ps. LXXIII. 3. *σκῆπτρον,*
ubi alii *φυλὴν* habent. Aqu. Jerem.
X. 16. sec. cod. Syr. Hex. Mediol.
Conf. Vorstii Philol. S. P. I. c. 6.
p. 189. Hesych. *σκῆπτρον, κυρίως μὲν
πᾶσα ῥάβδος, ἀπὸ τοῦ σκηρίπτεσθαι ἐπ'
αὐτῇ, ὅ ἐστιν ἐπερείδεσθαι, καὶ τὸ βασιλι-
κὸν δὲ σύμβολον.* Idem tradit Lex.
Cyrilli MS. Brem. ubi tamen post
σύμβολον adhuc additur: *καὶ τὴν
βασιλείαν συνεκδοχικῶς.* Male autem,
judice Bielio, *σκῆπτρον* hic derivatur
a *σκηρίπτεσθαι,* cum potius sit a שֵׁבֶט,
quod proprie convenit cum מַטֶּה,
et *virgam* significat. Nimirum
sceptra antiquissima meræ virgæ, s.
hastæ erant, usu a pastoribus de-
sumto. Conf Lampium Comment.
in Ps. XLV. p. 241.

ΣΚΙΑ', *umbra.* מִנְלֶה, *perfectio.*
Job. XV. 29. Num legerunt צֵל
aut צֶלֶם? (quam lectionem probat
J. D. Michaëlis) aut alia imagine
usi sunt, desumta illa ab arbore
late umbram spargente, cum qua
opulentus bene comparari potest?
Kreyssigio pro *σκιὰν,* coll. Job. V.
3., *ῥίζαν* legendum videtur. — צֵל.
Jud. IX. 36. 2 Reg. XX. 9. 10.
11. et alibi. — צֵלֶל. Cant. II. 17.
IV. 6. Jer. VI. 4. — צַלְמָוֶת, *umbra mortis.* Job. XVI. 16. Symm.
Job. XXIV. 16. Aqu. Ps. XLIII.
20. — צִלְצַל, *umbra.* Aquil. Ies.
XVIII. 1. In notione metaphorica
tutelæ et *quietis* legitur Baruch. I.
8. — Vide alibi s. v. *θάνατος.*

ΣΚΙΑΙΡΑ'ΦΟΣ vel *σκιογράφος, qui
rem aliquam adumbrat, pictor.* Sap.
XV. 4. *σκιογράφων πόνος, pictorum*

a *labor*. Alii habent σκιαγράφων. Sic apud Hesychium Apollodorus pictor modo σκιογράφος, modo σκιαγράφος dicitur. Vide illum in v. σκιαγραφίαν, et σκιαγράφος. In Compl. ed. legitur σκιὰ γραφῶν, *adumbratio pictorum*, etiam non male.

ΣΚΙΑ'ΔΙΟΝ, *umbella, umbraculum, tegmen capitis*. כִּרְכָּרוֹת plur. *veredarii*. Ies. LXVI. 20. ἐν λαμπήναις
b ἡμιόνων μετὰ σκιαδίων, in vehiculis mulorum cum *umbraculis*. Lex. Cyrilli MS. Brem. σκιαδίων, καρούχων, h. e. rhedarum, quæ scilicet tectæ erant, et umbraculum præbebant. Apud Suidam legitur: σκιαδείων, καρουχίων. Confer de voce καροῦχα Alberti Not. ad Gloss. Gr. N. T. p. 69. Græcis alias σκιάδιον appellatur *umbella, quam canistriferæ ferebant*
c *ad sacra Eleusinia euntes, ne a sole adurerentur*. Vide Schol. Aristoph. in Aves v. 1408. et Suidam in σκιάδειον. Conf. et Valesium ad Ammian. p. 531.

ΣΚΙΑ'ΖΩ, *obumbro*. הִצִּיל Hiph. a נָצַל, *eripio*. 2 Sam. XX. 6. μήποτε καὶ σκιάσει τοὺς ὀφθαλμοὺς ἡμῶν. Trommius putat, eos hic legisse הִצִּיל a צָלַל. Mihi autem hic sen-
d sum non male expressisse videntur. Formula σκιάζειν τοὺς ὀφθαλμοὺς τινὸς notat *tenebras offundere oculis alicujus*, ut v. c. a persecutione detineatur: h. e. *se subducere oculis alicujus, et ita effugere*. Eundem sensum habet formula Hebr. *liberare se ex oculis alicujus*, h. e. *effugere*, qua ipsa voce h. l. Vulgatus usus est. Vide quoque supra s. v. σκε-
e πάζω. Jon. IV. 7. τοῦ σκιάζειν αὐτῷ ἀπὸ τῶν κακῶν αὐτοῦ. Nec hic הִצִּיל a verbo צָלַל natum profectumque putarunt LXX, sed voci σκιάζειν subjecerunt notionem metaphoricam *protegendi* ac *defendendi*. — חָפַף, *obtego*. Deut. XXXIII. 12. ubi absque nulla necessitate nonnulli voluerunt eos legisse כָּנָף. Hesych. ad h. l. σκιάζει, σκεπάζει. — *טְלַל Chald. *obumbratus sum*, ut f
Hebr. צָלַל. In Conjug. Aphel *umbram capto*. Dan. IV. 9. sec. cod. Chis. ubi ἐσκιάζον vertendum erit *obtecti, obumbrati sunt*, nisi legere malis ἐσκιάζοντο. Theodotion κατεσκήνουν habet. — *מָסָךְ, *operimentum*. Numer. IV. 5. τὸ σκιάζον. — נִטָּה Niph. *extendor*. Num. XXIV. 6. ὡσεὶ νάπαι σκιάζουσαι. Bene quoad sensum. — *סֻכָּה, *tabernaculum*. Ies. IV. 5. σκιάσει. Legerunt תְּסֻכָּה. g
— סָכַךְ, *tego*. 1 Par. XXVIII. 18. Job. XL. 17. — רָעַף, *stillo*. Job. XXXVI. 28. ἐσκίασε δὲ νέφη. Lectio hæc mihi admodum suspecta est. Num fortasse legendum est ἔσταξε aut ἐστάλαξε aut ἐσκίδασε? Certiora his non habeo.—שָׁכַן, *habito*. Num. IX. 18. 22. In utroque loco שָׁכַן de *nube* dicitur tabernaculo immo- h
rante, unde non male voce σκιάζειν h. l. usus est. Sap. XIX. 7. Baruch. V. 7.

*ΣΚΙΟΓΡΑ'ΦΟΣ, i. q. σκιαγράφος, quod vide supra. Philoxen. Gloss. σκιογραφία, *inpremia*.

ΣΚΙΡ'Ρ'Α'Ω, et ΣΚΙΡ'Ρ'Ο'Ω, *induro in scirrhum, tumefactum induro*. עֲקַלָּתוֹן, *tortuosus*. Theodot. Ies. XXVII. 1. σκιῤῥωμένον. Aquila ibid. ἐσκιῤῥωμένον. Phavor. σκιῤῥωθῆν, σκληρυνθῆν. Confer quoque Job. XLI. 7. i

ΣΚΙΡΤΑ'Ω, *salto, tripudio, subsilio*. הִתְרַצֵּץ Hithp. *collido me*. Gen. XXV. 22. ἐσκίρτων δὲ τὰ παιδία ἐν αὐτῇ. Hinc apparet, σκιρτᾷν in universum *se movere* notare. Hesych. σκιρτᾷ, κινεῖται. Conf. Lex. N. T. s. h. v. n. 3. — עָבַשׁ, *mucidus sum*. Joël. I. 17. ἐσκίρτησαν δαμάλεις ἐπὶ ταῖς φάτναις αὐτῶν. Cappellus in Crit. S. pag. 631. existimat, LXX legisse בָּעֲטוּ, a בָּעַט, *calcitrare*,

a calces remittere. Aliter visum est Fischero, qui in Prolus. de Verss. Gr. V. T. p. 13. conjicit, hos interpretes legisse טְפָשׁוּ, sive, quod Scharf. mavult, טָפְזוּ. Nam טְפַז apud Chald. notat *salire* s. *saltare*. Rosenmüllero denique in notis ad Bocharti Hieroz. T. III. p. 299. LXX Hebr. עָבַשׁ *ludendi* significatione sumsisse videntur, quæ inest
b Arabico عبث. Vide Pocockium in Comm. ad h. l. p. 84. — עֶכֶס, *compes*. Symm. Prov. VII. 22. σκιρτῶν. Voci עָכַס *saliendi* notio asserta est ab Huntio ad h. l. ac Arnoldi in Symbolis Critt. ad h. l. p. 23. seq. qui etiam LXX Joël. I. 17. עָכְשׁוּ vel עָכְזוּ legisse existimat.— פּוּשׁ, *augesco*. Jer. L. 11. Malach. IV. 2. Sc. vox Hebr. secundum
c Schultensium ad Job. XXXV. 15. pr. in l. Arab. *turgere* notat, et secundum Ludov. de Dieu ad Hab. I. 8. in l. Æthiop. *robustum, sanum esse*. Bene itaque transfertur ad vitulos præ pabuli ubertate salientes et lascivientes. — *פָּזַז, *agilis, levis sum, salto*. Symm. 2 Sam. VI. 16. Vulg. *subsilientem*. Vide supra s. v. διατινάσσομαι. — *קָלָה, *levis*.
d Hebræus Int. Jerem. II. 23. σκιρτᾷ, *leviter incedit*. — רָקַד. Ps. CXIII. 4. 6. ubi σκιρτᾷν *concuti, commoveri* notat, quemadmodum ὀρχεῖσθαι ab Hesychio per διασείεσθαι explicatur. Baruch. V. 8. ἐσκίρτασαν, quod habet Compl., in ἐσκίασαν mutandum est. Hesych. σκιρτᾷ, ἅλλεται, κινεῖται, ὀρχεῖται, τρέχει, ἀναστρέφεται. Cf. Elsnerum ad Luc. VI. 23. p. 206.

e ΣΚΙΡΤΟΠΟΙΕ'Ω, *saltare et exultare facio*. — הִרְקִיד Hiph. idem. Ed. Quinta Ps. XXVIII. 6. σκιρτοποιήσει.

ΣΚΙΡΤΟ'Ω, *salto, exsilio*. הִרְקִיד Hiph. *saltare facio*. Aqu. Psalm. XXVIII. 6. σκιρτώσει, ubi notat *saltare* s. *subsilire faciet*, quia sequitur αὐτάς. Symm. ὀρχεῖσθαι ποιήσει. Ed. Quinta σκιρτοποιήσει.

*ΣΚΙΩ'ΔΗΣ, *umbrosus, obscurus, caliginosus*. Legitur hæc vox apud Inc. 1 Sam. X. 2. ubi בְּצֶלְצַח, *in Selsach*, transtulit: ἐν σκιώδει τὸ σῶμα. Legit nempe divisim בְּצֵל צַח. Quomodo autem notionem corporis e צַח elicere potuerit, me non videre ingenue fateor. (Nescio an rectius scholion dixeris. K.)

ΣΚΛΗΡΙ'Α, *durities*. סִכְלוּת, *stultitia*. Cohel. VII. 26. Σκληρία h. l. est i. q. σκληροκαρδία, quæ recte tribuitur stulto.

ΣΚΛΗΡΟΚΑΡΔΙ'Α, *durities cordis*. עָרְלַת לֵבָב, *præputium cordis*. Deut. X. 16. Utraque formula de incredulis, impiis et profanis hominibus metaphorice adhibetur. Vide et Sir. XVI. 11. et confer Matth. XIX. 8. Marc. XVI. 14.

ΣΚΛΗΡΟΚΑ'ΡΔΙΟΣ, *durus corde*. אַבִּיר לֵב, *fortis corde*. Symm. Ies XLVI. 12. σκληροκάρδιοι. Similite Hesiodo Ἔργ. v. 146. genus ho minum, quod animo haud faci le flecti potest, dicitur ἀδάμαντ ἔχον κρατερόφρονα θυμὸν, ubi Tze zes: τουτέστι σκληρὰν ψυχὴν εἶχον, κα ἀκαμπεῖς ἦσαν, ὥσπερ ὁ ἀδάμας. — עִקֵּשׁ לֵב, *perversus corde*. Pro XVII. 21. — קְשֵׁה לֵב, *durus cord* Ezech. III. 7. —*קְשֵׁה עֹרֶף, *dur cervice*, h. e. *pertinax, contuma* Exod. XXXIII. 3. sec. cod. 5 Holm. σκληροκάρδιον, e glossema aut ex aliis SS. locis.

ΣΚΛΗΡΟΠΡΟ'ΣΩΠΟΣ, *durus f cie, qui dura est facie*, seu *cor duritiem vultu prodens*, h. e. *imp dens*. קְשֵׁה פָנִים, idem. The LXX Ezech. II. 4.

ΣΚΛΗΡΟ'Σ, *durus, asper, inhumanus, immisericors, difficilis*. עָרִיץ *robustus*, h. l. *vehemens*.]

XXVIII. 2. — יֶתֶר, *excellentia.* Al. Gen. XLIX. 3. σκληρὸς φέρεσθαι, *gravis, difficilis portatu.* Sensum expresserunt. Nam יֶתֶר *omne notat, quod magnum est et modum excedit.* Nonnullis legisse videntur יַחַד, coll. XLV. 5. et 1 Sam. XX. 7. Cappellus autem judicat, eos ita transtulisse, quod יֶתֶר significat *chordam, restim,* et *nervum, qui durus est.* — סָכָל, *stultus.* Cohel. VII. 18. Σκληρὸς h. l. est *impius,* qui Hebræis *stultus* dicitur. — עַז, *robustus.* Prov. XVIII. 24. Symm. et LXX Ies. XIX. 4. — עֶצֶב, *dolor.* Aqu. Prov. XV. 1. λόγος σκληρὸς, *sermo durus,* h. e. *oratio insolens,* quemadmodum Hebr. עֶצֶב. — דְּבַר opponitur מַעֲנֶה־רַךְ, *oratio placida,* ut dicitur apud Livium XXXVI. 12. et ἔπος μαλακὸν apud Homerum Od. Π΄, 286. Σκληρὸς enim de sermone adhibetur, cum aliquid dicitur, quod est *grave, durum, molestum,* vel quia cum arrogantia et insolentia profertur, vel quod rei injucundæ denuntiationem habet. Conf. Joh. VI. 60. et Lexic. N. T. s. h. v. — עָצַם, *invalesco.* Al. Jerem. XXX. 15. — פָּרִיץ, *effractor.* Ps. XVI. 5. ὁδοὺς σκληρὰς, vias *impietatis.* Num fortasse legendum est σκληρῶν? Certe פָּרִיץ proprie *latronem* notat, *qui muros perrumpit,* et metaph. *eum, qui violat et perfringit quasi leges divinas.* — צָפַן, *abscondo.* Prov. XXVII. 16. βορέας σκληρὸς ἄνεμος, boreas ventus *asper.* Vide ad h. l. Jaegerum. Vox σκληρὸς alias de *ventis sævis* et *vehementibus* usurpatur. Ælianus apud Suidam v. σκληροί· Οἱ ἄνεμοι οἱ σκληροί τε καὶ ἐχθροὶ ταραχῆμα ἐκίνησαν. Vide et Ælianum V. H. IX. c. 14. et conf. Jac. III. 4. et Wolfium ad h. l. p. 45. — צַר, *angustia.* Ies. V. 30. σκότος, σκληρὸν, *tenebræ densissimæ, summa caligo.* Scil. צַר h. l. additur *superlativum* indicandi causa. — צֹרֵחַ part. *clamans.* Soph. I. 16. σκληρά. Ita quoque Syrus. Num ex conjectura? an צָרָה legentes? Forte quoque Syrus h. l. est ad Græcos correctus. — קָשֶׁה, *durus.* Gen. XLII. 7. ἐλάλησεν αὐτοῖς σκληρὰ, sc. ῥήματα, loquebatur illis *dura* verba, h. e. *severe allocutus est.* Vide et v. 30. 1 Reg. XII. 13. 2 Paral. X. 13. et confer Ep. Jud. v. 15. 1 Sam. XXV. 3. ὁ ἄνθρωπος σκληρὸς, homo durus, h. e. *inhumanus, immisericors et malignus.* 2 Sam. III. 39. σκληροί μοι εἰσὶν, *molesti* mihi sunt. 1 Sam. I. 15. γυνὴ ἡ σκληρὰ ἡμέρα ἐγὼ εἰμί. Sic legitur in Cod. Vat. et Alex. ac in codice suo habuit Philo in L. de Temulentia p. 261. ed. Paris. In Ald. et Compl. est ἐν σκληρᾷ ἡμέρᾳ, quod meram interpretationem exhibere mihi videtur. Equidem levi mutatione legendum arbitror γυνὴ ἡ σκληρὰ ἡμέρᾳ ἐγὼ εἰμὶ, h. e. mulier sum *admodum infelix.* Vulgatus: *mulier infelix nimis ego sum.* Infelix enim apud Hebræos קְשֵׁה יוֹם dicitur, v. c. Job. XXX. 25. Propterea autem non יוֹם loco רוּחַ legisse LXX videntur, sed libere tantum pro more suo sensum expresserunt. Qui enim *durus est die* est etiam *durus spiritu;* qui miseria premitur, ejus animus etiam duro affectu premitur s. mœret. Aqu. Symm. Exod. XVIII. 26. ῥῆμα σκληρὸν, rem *difficilem.* 1 Reg. XIV. 6. ἀπόστολος σκληρὸς, *qui dira alicui annunciat,* ein Unglücksbote, *a herald of misfortune.* — קָשָׁה verbum Kal. 1 Sam. V. 7. — מַקְשֶׁה part. Hiph. Prov. XXVIII. 14. — נִקְשֶׁה part. Niph. Ies. VIII. 21. σκληρὰ λιμὸς, *dura* fames. — קֶשֶׁר, *conjuratio.* Ies. VIII. 12. Hic legerunt קָשֶׁה. — רַע, *malum.* Inc. Gen. XXXI. 24. LXX sec. cod.

a Alex. Jerem. XII. 14. In ed. Rom. legitur πονηρῶν. — רָשָׁע, *improbus.* Num. XVI. 26. ubi σκληρὸς *impium* notat. Præterea legitur Sirac. III. 26. καρδία σκληρὰ, homo *audax, qui quasi obduruit ad pericula,* i. q. in seq. ὁ ἀγαπῶν κίνδυνον. Cf. Stephani Thes. T. III. p. 817. Alii vertunt: homo sua prava opinione obstinatus, qui nullis monitis mi-
b nisque se flecti patitur, impius. Sir. XXX. 8. de equo *fero* et *indomito.* Sed fortasse invertenda ibi est sententia hoc modo: ἵππος σκληρὸς (*equus duri oris*) ἀποβαίνει ἀδάμαστος. 3 Esdr. II. 27. Chald. תַּקִּיף, *durus.* Esdr. IV. 20. Baruch. II. 33. ἀπὸ τοῦ νώτου αὐτῶν τοῦ σκληροῦ, a *contumacia* sua ac *perversitate.*

ΣΚΛΗΡΟ'Σ ΓΙ'ΝΟΜΑΙ, *durus fio.*
c הִסְכִּין Hiph. *assuesco.* Job. XXII. 21. — הִקְשָׁה Hiph. Job. IX. 4.

ΣΚΛΗΡΟ'Ν 'ΕΣΤΙ'. *durum est, difficile, molestum est.* יֵרַע, *malum est.* Gen. XXI. 12. — קָשָׁה. Deut. I. 17. τὸ ῥῆμα, ὃ ἐὰν σκληρὸν ᾖ ἀφ' ὑμῶν, res, quæ dura fuerit a vobis, h. e. ita *dura ac difficilis,* ut a vobis judicari non possit. Vide et Deut. XV. 18. et quæ ex Augustino affert Drusius Miscell. Cent. II. c. 41.

d ΣΚΛΗΡΟ'Ν ΦΑΙ'ΝΕΤΑΙ, *durum videtur.* חָרָה בְּעֵינֵי, *ira accenditur in oculis.* Gen. XLV. 5. ubi *ægre ferre* notat. — יֵרַע, *malum est.* Gen. XXI. 11. σκληρὸν δὲ ἐφάνη τὸ ῥῆμα σφόδρα, valde autem durus sermo ille videbatur, h. e. admodum displicebat.

*ΣΚΛΗΡΟ'Σ ΛΑΟ'Σ, *durus populus.* חֲלַקּוֹת, *blanditiæ.* Dan. XI. 32. ἐν σκληρῷ λαῷ sec. Chis. Segaarius con-
e jicit legendum ἐν κληροδοσίᾳ, coll. 21. et 34. ubi τῷ חֲלַקְלַקּוֹת respondet. — Vide alibi ἡμέρα.

ΣΚΛΗΡΟ'ΤΗΣ, *durities.* זֶרֶם, *inundatio.* Ies. IV. 6. ubi σκληρότης metaph. accipiendum est de *calamitate* et *infortunio,* quam notionem Hebr. זֶרֶם h. l. subjecisse videntur. — חָרוּץ, *tribula acuta.* Ies. XXVIII. 27. οὐ γὰρ μετὰ σκληρότητος καθαίρεται. Sensum expresserunt. — מוֹקֵשׁ, *laqueus.* 2 Sam. XXII. 6. σκληρότητες θανάτου, h. e. *dolores* maxime graves. Videtur nempe מוֹקֵשׁ, ut Hebr. חֶבֶל, notionem *doloris* olim habuisse, coll. Prov. XXIX. 6. Non tamen repugnarem, si quis σκληρότητες de *terroribus* s. *terriculamentis* explicaret. — קְשִׁי. Deut. IX. 27. μὴ ἐπιβλέψῃς ἐπὶ τὴν σκληρότητα τοῦ λαοῦ, noli respicere *pertinaciam* hujus populi, ubi σκληρότης est i. q. σκληρότης τῆς καρδίας. Conf. Rom. II. 5. Præterea legitur in Ed. Sexta Psalm. XXXVI. 35. ἀντιποιούμενον ἐν σκληρότητι. Vide supra s. v. ἀντιποιέομαι.

ΣΚΛΗΡΟΤΡΑ'ΧΗΛΟΣ, *durus cervice, pertinax.* מַקְשֶׁה עֹרֶף, idem. Prov. XXIX. 1. — קְשֵׁה עֹרֶף. Ex. XXXIII. 3. 5. XXXIV. 9. Deut. IX. 6. 13. Baruch. II. 22. Sir. XVI. 12. Conf. Act. VII. 31.

ΣΚΛΗΡΥ'ΝΩ, *induro, obduro.* הִקְשִׁיחַ Hiph. *indurare facio.* Ies. LXIII. 17. — חָזַק Kal et Pih. Ex. IV. 21. ubi bono sensu dicitur, ut sit *animum facere aut addere,* i. q. ἰσχύειν, qua voce Aquila usus est. Sic quoque pro חָזַק legitur Exod. XIV. 17. Exod. VII. 22. — טָפַשׁ, *pinguis sum vel factus sum,* metaphorice *stupidus sum et evado.* Inc. Psalm. CXVIII. 70. ἐσκληρύνθη. — קָשָׁה : הִקְשָׁה, Kal et Hiph. Gen. XLIX. 7. μῆνις αὐτῶν, ὅτι ἐσκληρύνθη, ira illorum sit maledicta, quod dura vel *vehemens* s. *sæva sit.* Ex. XIII. 15. ἡνίκα δὲ ἐσκλήρυνε (sc. ἑαυτὸν) Φαραὼ ἐξαποστεῖλαι ὑμᾶς, cum *obduraret se* Pharao, et nollet vos dimittere. 2 Sam. XIX. 43. ἐσκληρύνθη ὁ λόγος ἀνδρὸς 'Ιουδὰ ὑπὲρ τὸν λόγον ἀνδρὸς 'Ισραὴλ, *durius loquebantur* (aut *responderunt,* uti Vulg.) viri Juda, quam viri Israël. 2 Reg. II. 10. ἐσκλήρυνας τοῦ αἰτήσασθαι, rem magnam petiisti. Gloss. Brem. ἐσκλήρυνας τοῦ αἰτῆσαι, δύσκολον ᾐτήσω. Ps. XCIV. 8. μὴ σκληρύνητε τὰς καρδίας ὑμῶν, ne indurate corda vestra, h. e. ne sitis immorigeri et contumaces. 1 Macc. II. 30. sec. cod. Alex. ἐσκληρύνθη ἐπ' αὐτοὺς τὰ κακά, dura ipsis evenerunt mala.

*ΣΚΛΗΡΥΣΜΟ'Σ, *durities*, it. *crudelitas*, *saevitia*, i. q. σκληρία. Sir. X. 22. sec. Complut. ἐκβολὴ ἀρχῆς σκληρυσμὸς καὶ ὑπερηφανία, interitum imperii accersunt *crudelitas* et superbia. Alii h. l. de *impietate* et *inobedientia erga Deum* interpretantur. In notione propria legitur apud Hippocratem de Humor. pag. 47. 46.

ΣΚΛΗΡΩ͂Σ, *duriter*, *difficulter*. הִקְשָׁה Hiph. Gen. XXXV. 17. — *חָרָה, *irascendo*. 1 Sam. XX. 7. ἐὰν σκληρῶς ἀποκριθῇ σοι, ubi Hebraismum אִם חָרֹה יֶחֱרֶה לוֹ bene ac orationis seriei convenienter expresserunt. — יֶתֶר, *excellentia*. Gen. XLIX. 3. ubi alii libri bis habent σκληρός, quod vide supra. — קֶשֶׁת, *arcus*. Ies. XXII. 3. Hic legerunt קָשָׁה. Vulg. *dure*.

ΣΚΛΗΡΩ͂Σ 'ΑΠΟΚΡΙ'ΝΟΜΑΙ, *dura respondeo*. חָרֹה חָרָה, *exardendo exardeo*. 1 Sam. XX. 7. Vide supra s. v. σκληρῶς. — עָנָה קָשָׁה, *respondeo durum*. 1 Sam. XX. 10.

ΣΚΝΙ'Ψ, i. q. κνίψ, *animal culici simile*, *erodens ligna*, vulgo *pediculus*, a κνίζειν, *pungere*, *pruritum excitare*. כִּנִּים plur. *culices* aut secundum Michaëlis in Supplem. *sciniphes*. Exod. VIII. 16. 17. 18. Al. Ps. CIV. 31. — כֵּנָם, *pediculorum multitudo*, q. d. *pediculium*. Vide et Sap. XIX. 10. et conf. Philonem Lib. I. de Vit. Mosis p. 97. T. II. ed. Mang. Gloss. in Octat. σκνίφες (ita alii Ex. VIII. 16. pro σκνίπες), ζῶα μικρὰ ὑπὸ τοὺς κώνωπας. Lexic. Cyrilli MS. Brem. σκνίφες, ζωΰφιά ἐστιν ἐοικότα κώνωψιν. Suidas: σκνὶψ, ζῶον κωνωπῶδες. Καὶ σκνῖπες ἐν τοῖς χωρίοις αὐτῶν (Psalm. CIV. 31.). καὶ παροιμία· Σκνὶψ ἐκ χώρας, ἐπὶ τῶν ταχὺ μετακινούντων ἡ παροιμία. Ἔστι γὰρ ὁ σκνὶψ ζῶον μικρὸν, ξυλοφάγον. Hesych. σκνὶψ, ζῶον χλωρόν τε καὶ τετράπτερον. Phrynichus antiquos sordidum et illiberalem in sordibus dixisse σκνῖπα docet, ἀπὸ τοῦ θηριδίου τοῦ ἐν τοῖς ξύλοις, τοῦ κατὰ βραχὺ αὐτὰ κατεσθίοντος. Conf. Bocharti Hierozoic. P. II. p. 569. seq. ac quae congessit Doct. Barkerus Annotatt. in Etymol. M. Vol. II. p. 1090. seq. ed. recent.

ΣΚΟΛΙΑ'ΖΩ, *oblique* seu *tortuose incedo*, *perverse ago*. נָלוֹז Niph. a לוּז. Prov. XIV. 2. — Vide quoque s. ὑποσκελίζομαι.

ΣΚΟΛΙΟ'Σ, *obliquus*, *tortuosus*, it. *perversus*, *parvus*. *בְּלִיַּעַל, *Belial*. Prov. XVI. 27. — יָקוּשׁ, *auceps*. Hos. IX. 10. παγὶς σκολιά, laqueus tortuosus. Legerunt עִקֵּשׁ, aut potius מוֹקֵשׁ, *laqueus*, *quo avibus insidiae struuntur*. — מַעֲקַשִּׁים plur. *perversitates*. Ies. XLII. 16. — נִפְתָּל part. Niph. *distortum*. Prov. VIII. 8. Symmach. Job. V. 13. — סֹרֵר particip. *refractarius*. Psalm. LXXVII. 10. γενεὰ σκολιά, generatio *prava*. — עָקוֹב, *pravus*. Ies. XL. 4. — עֲקַלָּתוֹן, *valde tortuosus*. Ies. XXVII. 1. ἐπὶ τὸν δράκοντα, ὄφιν σκολιὸν, super draconem, serpentem *tortuosum*. — עִקֵּשׁ, *perversus*. Deut. XXXII. 5. γενεὰ σκολιὰ καὶ διεστραμμένη, generatio *prava* et perversa. Conf. Act. II. 40. Prov. II. 15. ὧν αἱ τρίβοι σκολιαί, quorum semitae *curvae*. Vide et Proverb. XXII. 5. — עִקְּשׁוּת, *perversitas*. Proverb. IV. 24. σκολιὸν στόμα, os *perversum*. — תַּהְפֻּכָה, *perversio*, *perversitas*.

a Prov. XVI. 28. ἀνὴρ σκολιὸς, *vir per-*
versus. Conf. Bochartum Tom. II.
Opp. p. 1004. et quæ inde refert
Wolfius ad Jac. II. 18. pag. 119.
Prov. XXIII. 33. τὸ στόμα σου τότε
λαλήσει σκολιὰ, os tuum tunc loquetur *perversa.* Sap. XVI. 5. σκολιοὶ
ὄφεις, serpentes *tortuosi,* h. e. vel qui
in eo sunt, ut insiliant, vel relate ad
indolem : serpentes *dolosi, insidiosi,*
b de qua posteriore notione vid. Jacobs Anim. in Anthol. T. VIII.
p. 61. Hesych. σκολιὰ, σκαμβὰ, οὐκ
ὀρθὰ, ἄδικα, δυσχερῆ, ἐπικαμπῆ, ἄνισα,
δύσκολα.

ΣΚΟΛΙΟ'Σ ΣΚΟΛΙΟ'Σ, *perversus*
perversus. הֲפַכְפַּךְ, *versatilis.* Prov.
XXI. 8.

ΣΚΟΛΙΟ'Σ 'ΑΠΟΒΑΙ'ΝΩ, *perver-*
sus s. *pravus evado.* הֶעְקִישׁ Hiph.
c ab עָקַשׁ, *perversum facio* s. *arguo* et
declaro. Job. IX. 20. Vulg. bene :
pravum me comprobabit, sc. Deus.

ΣΚΟΛΙΟ'Σ ΠΟΡΕΥ'ΟΜΑΙ, *per-*
versus ambulo. נֶעְקַשׁ Niph. *perverse*
ago. Prov. XXVIII. 18.

ΣΚΟΛΙΟ'Ν ΤΙ, *perversum quid.*
תָּהֳלָה, *splendor.* Job. IV. 18. ubi
etiam Vulg. *pravitas.* Deduxerunt
ab הָלַל, *insanire,* unde תָּהֳלָה pot-
d est significare *insaniam, stultitiam,*
et ex adjuncto *pravitatem.*

ΣΚΟΛΙΟ'Σ ΦΟΡΕ'Ω, *perversus*
fero. Prov. XVI. 26. σκολιὸς φορεῖ.
In textu Hebr. nihil pro his κατὰ
τὸ ῥητὸν legitur. Jaegerus retulit ad
עָלָיו, pro quo עָוִיל legerint. Sed
hic ad unum omnes errarunt interpretes nec verum viderunt. Nam
verba : ὁ μέντοι σκολιὸς ἐπὶ τῷ ἑαυτοῦ
e στόματι φορεῖ τὴν ἀπώλειαν, quæ in
edit. Bosiana initio commatis 27.
leguntur, sunt vel scholion vel alius
interpretis versio ultimorum verborum commatis 26. ubi σκολιὸς
Hebr. עָמֵל respondet et reliqua
pertinent ad כִּי אָכַף עָלָיו פִּיהוּ,
incurvavit se super eum os suum, quæ
verba quoad sensum non male expressit ignotus interpres.

ΣΚΟΛΙΟ'ΤΗΣ, *perversitas, pravi-*
tas. גֹּעַל, *fastidium.* Ezech. XVI.
5. τῇ σκολιότητι τῆς ψυχῆς σου, ob
pravitatem tuam. Ita enim verba
Hebraica explicanda esse censuerunt. — עֲקַלְקַלּוֹת plur. *tortuosa.*
Symm. Psalm. CXXIV. 4. 5. σκο-
λιότητας. — שְׁרִירוּת. Inc. et LXX
Jerem. XI. 8. XIII. 10. Aqu. Ps.
LXXX. 10. σκολιότητι. Vox Hebr.
malitiam, pravitatem notat. Arab.
شرارة, *malitia.*

ΣΚΟΛΙΩ'Σ, *tortuose, intorte, obli-*
que, metaphorice : *prave, perverse.*
רָכִיל, *detractor.* Jer. VI. 27. רָכִיל
h. l. adverbialiter sumendum est,
delatorie, fraudulenter.

ΣΚΟ'ΛΟΨ et ΣΚΟ'ΛΩΨ, *palus,*
lignum acutum, sudes, it. *spina.* סִיר,
spina. Hos. II. 6. φράσσω τὴν ὁδὸν αὐτῆς ἐν σκόλοψι, sepio viam ejus *spinis.*
Gloss. MS. in Proph. σκόλοψιν, ὀρθοῖς
ξύλοις, εἰς ἐπιβουλὴν κεκτημένοις.—סִלּוֹן
idem. Ezech. XXVIII. 24. οὐκ ἔσονται ἔτι τῷ οἴκῳ 'Ισραὴλ σκόλοψ πικρίας,
non erunt amplius domui Israël
spina amaritudinis, h. e. non amplius domus Israël *acerbos dolores*
efficient. Artemidorus Lib. III. c.
33. ἄκανθαι καὶ σκόλοπες ὀδύνας σημαί-
νουσι διὰ τὸ ὀξὺ, καὶ ἐμποδισμὸν διὰ τὸ
καθεκτικὸν, καὶ φροντίδας καὶ λύπας διὰ
τὸ τραχύ.—שְׂכִים plur. idem. Num.
XXXIII. 55. σκόλοπες ἐν τοῖς ὀφθαλμοῖς ὑμῶν, spinæ in oculis vestris, h.
e. admodum vobis *nocebunt.* Vide
Glassii Philol. S. p. 1108. Profani
alias ἄκανθαι et σκόλοπες solent conjungi. Vide Elsneri Obss. ad 2 Cor.
XIII. 7. p. 167. Apud Hesychium
scribitur σκόλωψ, et exponitur ξύλον ὀξυμμένον ἢ ἄκανθα. Σκῶλον alias
eodem sensu dicitur. Vide infra in
σκῶλον ἐν ὀφθαλμοῖς. Sir. XLIII. 2[illegible]
παγεῖσα γίνεται σκολόπων ἄκρα, co[illegible]

gelata fiant, ut *sudium* cacumina. Vulg. *dum gelaverit, fiet tanquam acumina tribuli.* Hesych. σκόλοπες, ὀξέα ξύλα ὀρθά. Idem: σκόλοπες, ὀρθὰ καὶ ὀξέα ξύλα, σταυροὶ, χάρακες. Rursus idem: σκόλοψ, ξύλον ὄξιμον. Lege ὀξυμμένον, et vide Hesychium in σκώλοψ. Conf. et Eustath. ad Il. M΄, v. 63. et quæ inde affert Lipsius de Cruc. Lib. I. c. 4.

ΣΚΟ΄ΠΕΛΟΝ et **ΣΚΟ΄ΠΕΛΟΣ**, *scopulus, petra excelsa,* omninoque *locus editus, ex quo circumjacentia oculis lustrari possunt,* a σκέπτομαι, *considero.* צִיּוּן, *monumentum sepulcrale,* quod Kimchi exponit de מצבה sive *statua, quæ super sepulcrum erigitur.* 2 Reg. XXIII. 17. τί τὸ σκόπελον ἐκεῖνο, ὃ ἐγὼ ὁρῶ; quænam *petra* illa *excelsa,* quam ego video? In ed. Compl. legitur τίς ὁ σκόπελος ἐκεῖνος κ. τ. λ. Lex. Cyrilli MS. Brem. σκόπελος, ὑψηλὴ πέτρα. Hesych. σκόπελος, ὑψηλὸς τόπος, ἢ πέτρα, ἢ ἀκρώρεια, ἀφ᾽ ἧς ἔστι σκοπεῖν τὰ κύκλῳ, καὶ ἐξέχουσα εἰς θάλασσαν πέτρα. Suidas: σκοπέλῳ, ὑψηλῷ τόπῳ. Sicut autem in petra illa excelsa 2 Reg. l. c. sepulcrum erat, ita alias etiam in montibus et petris excelsis sepulcra veteribus fuisse frequentissima, e sacris et profanis monumentis ostendit Ewaldus Emblem. Lib. I. p. 230. Vide et Ies. XXII. 16.

ΣΚΟ΄ΠΕΥΣΙΣ, *speculatio.* מִצְפָּה, *Mizphah,* nomen proprium. Aqu. Hos. V. 1. Legisse videtur מְצַפֶּה, quod *locum ubi speculantur, speculam* notat. Vulg. *speculationi.* Cæterum hoc vocabulo caret Thesaurus Stephanianus.

ΣΚΟΠΕΥΤΗ΄Σ, *speculator.* צָפָה, *speculor.* Aqu. Ies. LVI. 10. σκοπευταί. Eadem quoque vox vel σκοπὸς, teste Hieronymo, in secunda Aquilæ editione olim legebatur Jer. VIII. 17. pro צִפְעֹנִי, *regulus,* quam vocem a צָפָה deduxisse censendus est. Vide ad h. l. Montf. Fortasse ideo voce σκοπευτὴς usus est, quia oculis ac visu nocere olim credebatur *regulus* s. *basiliscus.* Præterea, monente Lobeckio ad Phrynich. p. 592., apud Basil. Epp. 79. 142. et Eustath. p. 810. 1679. 6.

ΣΚΟΠΕΥ΄Ω, *speculor, intueor, observo, specto.* Dicitur Ionice per σκοπέω, a σκοπὸς, *scopus, meta.* הַבִּיט Hiph. a נָבַט, *intueor.* Job. XXXIX. 29. — נִצָּב Niph. a יָצַב, *sto.* Exod. XXXIII. 8. — פִּלֵּס Pihel, *libro.* Prov. V. 21. ubi σκοπεύειν esse videtur *recta oculos ad scopum collineare.* — צָפָה Kal et Pih. 1 Sam. IV. 13. Prov. XV. 3. Cant. VII. 4. Inc. Ies. XXI. 5. — צֹפִיָּה, part. fœm. *speculans.* Symm. Prov. XXXI. 27. σκοπεύει. Hesych. σκοπεύει, ἰχνεύει, ἐπιτηρεῖ.

ΣΚΟΠΕ΄Ω, *speculor, perpendo, contemplor, diligenter considero.* *כָּסָה, *tego.* Symm. Prov. XI. 15. σκοπεῖ λόγους, ubi vel legit מְסַכֶּה, a radice Syriaca ܚܙܐ vel ܚܙܝ, *intuitus est, aspexit,* vel pro σκοπεῖ legendum est σκέπει, *tegit,* quod rectius videtur, et ut quoque Montfauconio legendum visum fuit. — *צָפָה, *speculor.* Inc. Ps. V. 4. — רָאָה. Al. Ez. XXI. 21. ἥπατι σκοπήσασθαι, hepar *contemplari.* 2 Macc. IV. 5. τὸ δὲ συμφέρον κοινῇ κατ᾽ ἰδίαν παντὶ τῷ πλήθει σκοπῶν, communem utilitatem universæ multitudinis privatim *diligenter perpendens:* aut: communibus civitatis commodis inserviens, eorumque curam gerens. Hesych. σκοπῶν, σκεπτόμενος, ἐνθυμούμενος. Bene ita Stephanus pro εὐθυμούμενος, et sic etiam Lex. Cyrilli MS. Brem. Suidas: σκοπῶν, ἀντὶ τοῦ ἀκριβῶς καὶ ἐπιμελῶς καταμερίζων, περὶ οὗ ἂν τὴν σκέψιν ποιῇ.

ΣΚΟΠΗ΄, *lustratio.* *הַכּוֹת inf.

a a נָכָה; *percutiendo.* LXX sec. MS. Cotton. Gen. XIV. 17. ἀπὸ τῆς σκοπῆς. Sed legendum κοπῆς, ut habent reliqui libri. Σ ex antecedente τῆς voci κοπῆς adjectum est. Idem valet de loco Deut. XXVIII. 25. ubi σκοπὴ in Cod. Alex. Hebr. נִגָּף, *cæsus,* respondet, sed vitiose pro κοπὴ, quod h. l. in concretum mutandum est, nisi statuere malimus,
b LXX legisse נֶגֶף. — פְּקֻדִים part. Pah. plur. *numerati.* Inc. Numer. XXVI. 22.

ΣΚΟΠΙΑ', *specula.* אֲצִילִים plur. *selecti.* Ies. XLI. 9. ubi אֲצִילֵי הָאָרֶץ sunt vel *extrema terræ,* vel, ut Michaëli in Supplem. placuit, *ima terræ, horizon.* V. seq. מִצְפָּה. — *מִצְפָּה, *Mizpah, s. Mispah,* nomen proprium urbis. Hos.
c V. 1. 2. ubi Arabs σκοπιὰν de *ipso tractu* intellexit, *in quem speculatores prospiciunt.* Reddidit enim مسحا, *tractus.* Cæterum legerunt מִצְפֶּה. — מִצְפֶּה. 2 Par. XX. 25. Ies. XXI. 8. Inc. 1 Sam. XXII. 3. — מַשְׂכִּית, *imago,* a שָׂכָה, *speculor, adspicio.* Num. XXXIII. 52. ubi σκοπιαὶ sunt *loca excelsa, in quibus idola exposita erant.* Aqu. Ps.
d LXXII. 7. — צִיּוּנִים, *signa, monumenta.* Symm. Jerem. XXXI. 21. Vide ad h. l. Montf. Num fortasse legit צוֹפִים? a צָפָה, *speculari.* Vide s. ἐπίσκοπος et σκόπελον. — *צָפִית, *specula.* Inc. Ies. XXI. 5. Sirac. XL. 6. ἡμέρα σκοπιᾶς, *dies speculæ,* h. e. interprete Bretschneidero *plena lux, dies clara.* Sic Hebr. מִצְפָּה (illustrandum per Arab.
e صطعي, quod *serenum, defæcatum, clarum* denotat) de die dicitur, v. c. Ex. XXVII. 20. Lev. XXIV. 2. Grotius legere mavult σκοπιάσω, in somno non magis quam per diem speculatur, h. e. *variis agitatur cogitationibus.* Gloss. MS. in Proph σκοπιὰ, ὁ ὑψηλὸς τόπος. Hesych. σκοπιαὶ, ἀκρώρειαι, ὑψηλοὶ τόποι. Cæterum vide de hac voce Hemsterhusium ad Lucian. T. II. p. 347.

ΣΚΟΠΙΑ' 'ΑΓΡΟΥ', *specula agri* שְׂדֵה צֹפִים, *ager Zophim* vel *speculatorum.* Num. XXIII. 14.

ΣΚΟΠΟ'Σ, *scopus, meta,* it. *speculator.* *בִּכּוּרִים, *fructus præcoces* Nahum. III. 12. σκοποὺς, quæ lecti ex συκᾶς compendiose scripto ort esse videtur Cappello in Nott. Crit ad h. l. p. 102. Aliquis in margin ad vocem συκᾶς notaverat καρποὺς ut moneret, hanc vocem hic intel legendam esse de arboris illiu fructu, non de ipsa arbore: imperi tus librarius pro συκᾶς substitu καρποὺς, alius imperitior adhuc e utroque compendiose scripto σκᾶ et κρ~πους fecit σκοπούς. — מַטָּרָה meta. Job. XVI. 13. Thren. II 12. Aqu. 1 Sam. XX. 20. εἰς τὸν σκοπὸν, ubi vid. Montf. Conf. Sap. V 13. 21. — מְצַפֶּה part. Pih. Ie XXI. 6. Vide et Sir. XXXVII. 1 — מַשְׂכִּית, pr. *speculatio, aspectu* per metonymiam ejus *objectum, species, forma, figura, imago.* Lev XXVI. 1. λίθον σκοπὸν, lapidem speculatorem, h. e. *lapidem pulchru et pictum,* h. e. *effigiem lapidea* Nam σκοπὸς adjective ponitur p *eo, quod vident et spectant omnes,* *ut fere sit egregium.* Vide ad h. Spencerum de Leg. Hebr. Rit. L II. c. 22. sect. 3. p. 438. seq. L Cyrilli MS. Brem. σκοπὸν, τύπον, πάντες στοιχοῦσι καὶ ἀκολουθοῦσιν. S etiam apud Suidam, nisi quod v πάντες apud illum desit. Hesy σκοπὸς, τύπος. Vid. quoque Th. G in Nott. ad Jamblich. p. 239. צִיּוּנִים, *monumenta.* Aquila Jere XXXI. 21. — צֹפֶה part. Kal, *speculator.* 1 Sam. XIV. 16. 2 Sa XIII. 34. XVIII. 24. Hos. IX.

ubi ad σκοπὸν Bahrdtius subaudit καρπὸν, *fructum egregium*. Vide supra s. מַשְׂכִּית. Arabs de *custode pomorum* intellexit. Alii, sed nimis coacte et argute, ita: ficus præmatura est quasi speculatrix, si forte veniat, qui ipsam decerpat. Confer quoque supra ad בִּכּוּרִים notata. Symm. et Theod. Ies. LII. 8. τῶν σκοπῶν σου. Suidas: σκοπὸς, κατάσκοπός τις καὶ ἔφορος, καὶ ἀποσκοπῶν τὰ πόῤῥω. Vide Spanhemii Observ. in Callimach. p. 367.

ΣΚΟΡΑΚΙΣΜΟ'Σ, *contumeliosa repulsio, qua aliquos ad corvos amandamus, et in malam crucem abire jubemus, rejectio*, a σκορακίζω, quod secundum Hesychium notat *ad corvos et in desertum amandare*. Sir. XLI. 25. (αἰσχύνεσθε) ἀπὸ σκορακισμοῦ λήψεως καὶ δόσεως, pudeat vos ob *repulsionem* dati et accepti, aut potius: *fraudulentiam in accipiendo et dando*. Hes. σκορακισμὸς, χλευασμὸς, ἀπάτη, ὕβρις, φαυλισμὸς, ἀποδοκιμασία. Vide supra ἀποσκορακισμὸς, et conf. Bochartum Hieroz. P. II. Lib. II. c. 10. p. 200. 202.

*ΣΚΟ'ΡΔΟΝ, *allium*, pro σκόροδον poëtæ et prosaici recentiores. שׁוּם, idem. Num. XI. 5. sec. cod. Vat. Vid. Sturz. de Dial. Maced. p. 194. ac Hemsterhusium ad Aristoph. Plut. v. 717. p. 240. et 243. ed. rec. Philoxen. Gloss. σκόρδον, *allium*.

ΣΚΟΡΙ'Α, Vide alibi σκωρία.

ΣΚΟ'ΡΟΔΟΝ, *allium*. שׁוּם, idem. Num. XI. 5. καὶ τὰ κρόμμυα καὶ τὰ σκόροδα, et cepe et *allia*. Sic κρόμμυα et σκόροδα conjunguntur Herodoto Lib. II. p. 156. et memorantur operariis in Ægypto data. Vide Raphelii Annotatt. ex eodem ad Num. l. c. p. 13.

ΣΚΟΡΠΙ'ΔΙΟΝ, *parvus scorpio, machinæ bellicæ genus* (quod Cæsar etiam Bell. Gall. VII. 25. *scorpionem* appellat sic dictum, quoniam aculeum desuper habet erectum. Describit illud Vegetius Lib. IV. c. 12.), *qua sagittæ mittuntur*. 1 Macc. VI. 51. σκορπίδια εἰς τὸ βάλλεσθαι βέλη, *scorpiones* ad mittendas sagittas. Conf. notata in v. σκορπίος, ac Grotium ad Maccab. l. l.

ΣΚΟΡΠΙ'ΖΩ, *spargo, dispergo, dissipo*. הֵפִיץ Hiph. a פּוּץ, idem. 2 Sam. XXII. 15. Ps. XVII. 16. CXLIII. 7. Symm. Hab. III. 14. — זוּר, *premo*. Job. XXXIX. 15. Legerunt זָרָה. — זָרָה. Mal. II. 3. — זֶרֶם, *inundatio*. Hab. III. 9. Legerunt זֵרַם a זָרָה, *spargere, dispergere*. — מַזָּרוֹת plur. *signa cœlestia, sidera, constellationes*. Symm. Job. XXXVIII. 32. σκορπισθέντα. Legit מְזֹרוֹת, ut sit Ben. Pyhal a זָרָה, *spargere, dissipare*, aut מֻזָרוֹת, ut sit part. Hoph. ab eadem radice. — נָטַשׁ, *diffundo me*. Theodot. 1 Sam. XXX. 16. ἐσκορπισμένοι pro נְטֻשִׁים, quod vulgo male et repugnante serie orationis vertitur *relicti*. LXX διακεχυμένοι. — נַעַר, *puer*. Zach. XI. 16. נַעַר h. l. notat *ovem huc illuc oberrantem*, ex significatione rad. Arab. نعر, *huc et illuc erravit, oberravit*. — פִּזֵּר Pih. Ps. CXI. 8. Aqu. Symm. Theod. Prov. XI. 23. σκορπίζοντες, *largiter distribuentes, benefici*. Aqu. Symm. Ps. CXL. 7. ἐσκορπίσθη. — פָּרַד, *separo*. Nehem. IV. 19. 1 Macc. IV. 4. coll. Artemidoro Lib. I. c. 58. p. 49. συνάγει τοὺς ἐσκορπισμένους τὸ ὄργανον. Tob. XIII. 5. pro σκορπισθῆτε reponendum est σκορπισθῶμεν, quia præcedit ἡμᾶς.

ΣΚΟΡΠΙ'ΟΣ, *scorpio, scorpius*, item *flagri genus scorpionis instar pungentis*. עַקְרָב, *scorpio*. Deuter. VIII. 15. οὗ ὄφις δάκνων καὶ σκορπίος, ubi serpens mordens et scorpio. 1 Reg. XII. 11. 14. 2 Par. X. 11. 14. παιδεύσω ὑμᾶς ἐν σκορπίοις, casti-

a gabo vos scorpionibus. Gloss. in
Lib. 3 Reg. σκορπίοι ἢ σκορπίδια, ταῦτα
εἴδη εἰσὶν ὅπλων πολεμικῶν. Alias
machinæ bellicæ ita vocantur, quibus sagittæ mittebantur. Vide Bocharti Hier. P. II. Lib. IV. c. 29.
p. 645. Grotium ad 1 Macc. VI.
51. et Dilherrum Disp. Acad. p.
168. seq. Sed locis Regg. et Paralip. citatis per σκορπίους neque arma,
b neque machinæ bellicæ, sed *flagella*
potius *in modum scorpionum aculeata*, forsan ex planta σκορπίος, *nepa*
(simili scorpioni et utili ad ejus ic-
tum), de qua Theophrastus H. Pl.
Lib. VI. c. 1. p. 118. et Lib. IX.
c. 14. p. 686., intellegenda sunt.
Conf. Bochartum lib. cit. p. 644.
Ezech. II. 6.

ΣΚΟΡΠΙΣΜΟ'Σ, *dissipatio*. תְּפוּצוֹת,
c *dispersiones*. Aqu. Symm. Theod.
Jerem. XXV. 34.

ΣΚΟΤΑ'ΖΩ, *tenebras offundo, obscuro, obtenebratus, obscurus sum*.
הִקְדִּיר Hiph. *atratum reddo*. Ez.
XXXI. 15. — חָשַׁךְ. Cohel. XII.
3. Thren. IV. 8. V. 17. Al. Psalm.
CIV. 27. ἐσκότασεν. — כָּסָה, *operio,
tego*. Aqu. Symm. Exod. X. 15. ἐ-
σκοτάσθη. Male me habet hæc versio:
d nam Aquila, certe pro more suo,
scribere debuisset ἐσκότασε. Sunt
autem hæc verba, ut mihi certissi-
mum est, inepto loco posita, ac
pertinent ad תֶּחְשַׁךְ, *obscurata est*,
in sequentibus. — עָב, *densa nubes,
densitas*. Duo Incerti Intt. 2 Sam.
XXIII. 4. σκοτάσει. Legerunt verbum עוּב aut עָבָה, *obtenebrari*.

*ΣΚΟΤΑΣΜΟ'Σ, *caligo*. מַחְשָׁךְ,
e *locus obscurus*. Symmach. Psalm.
LXXXVII. 19. (ἐποίησας) τοὺς γνωσ-
τούς μου σκοτασμὸν, fecisti notos meos
obtenebrationem, h. e. *aditu prohi-
buisti, removisti a me*, ut jam Syrus
transtulit. Ergo σκοτασμὸς per metonymiam h. l. *eum* notat, *qui latet
ac se abscondit*. Hieronymus e Symmacho vertit: *et notos meos abstu-
listi*. Nonnulli hic legere malunt
מַחֲשַׂךְ a חָשַׂךְ, *removere, aditu ar-
cere*. — *צֶלַע, *claudicatio*. Aqu. Ps.
XXXIV. 15. Sed vera lectio erit
σκασμὸς, nisi σκοτασμὸς est alius interpretis, qui σκοτασμὸν in notione
metaphorica *infortunii* accepit, quam
habet h. l. צֶלַע. Esth. I. 1. σκοτασ-
μοῦ sec. Origen. Ib. XI. 8. Etymol.
M. 609. 17. σκοτασμὸν τῶν ὀφθαλμῶν.

ΣΚΟΤΕΙ'Α 'ΕΣΤΙ', *tenebræ sunt*.
חָשַׁךְ. Mich. III. 6. σκοτεία ἔστα[i]
ὑμῖν εἰς μαντείας, tenebræ vos oppri-
ment propter istas divinationes vestras.

ΣΚΟΤΕΙΝΟ'Σ, *tenebrosus, tenebricosus, obscurus*. אֲפֵלָה, *caligo*
Prov. IV. 19. — הֶחֱשִׁיךְ Hiph. *obtenebro*. Symmachus ac Inc. Job
XXXVIII. 2. ubi σκοτεινὸς sumitu[r]
metaphorice de *eo, qui involvit sententias suas, qui non facile capi a[c]
intellegi potest*, s. *impervestigabili[s]
est*. — חֹשֶׁךְ, *tenebræ*. Job. X. 21
XV. 23. Ies. XLV. 3. 19. — חֲשֵׁכָה
idem. Gen. XV. 12. Ps. XVII. 1[2]
— מַחְשָׁךְ. Psalm. LXXXVII. [6]
CXLII. 4. ἐν σκοτεινοῖς. Zonaras Le[x.]
788. ἐν σκοτεινοῖς, ἐν ἀποκρύφοις. Thre[n.]
III. 5. — *מְסַתְּרָתָא, *abstrus[a]
mysteria*. Dan. II. 22. sec. Co[d.]
Chis. Theod. τὰ ἀπόκρυφα. — נֶשֶׁף
crepusculum. Jerem. XIII. 16. [ὄρη]
σκοτεινὰ, montes *luci officientes,
tenebras facientes*. — עֹפֶל, *clivu[s]*
2 Reg. V. 24. Forte legerunt אֹפֶל
— עֵיפָתָה, *obscuritas, caligo maxim[a]*
Hebr. Int. Job. X. 22. σκοτεινή. -
*פִּסְגָּה, *Phisga*, nomen pr. mont[is]
Aqu. Symm. sec. cod. 130. Hol[mes.]
φάσγα τῆς σκοτινῆς, l. σκοτεινῆς. גב[הּ]
notat *altum esse*. Montes alti aut[em]
sunt fere tenebris maxime in vert[ice]
tecti. — שׁוּר, *murus*. Al. LXX s[ec.]
Compl. Job. XXIV. 11. ἐν σκοτειν[οῖς]

Deduxerunt a שָׂרַךְ, Arab. سَرَّ, in Conjug. IV. *occultus fuit.*

ΣΚΟΤΕΙΝΗ' ΚΑΙ' ΓΝΟΦΕΡΑ'. צַלְמָוֶת, *umbra mortis*, h. e. *densissimæ tenebræ.* Job. X. 21.

ΣΚΟΤΕΙΝΟ'Σ ΛΟ'ΓΟΣ, *obscurus sermo.* מְלִיצָה, *interpretatio*, vel potius *dicterium interpretatione indigens.* Prov. I. 6.

*ΣΚΟΤΕΙΝΟ'ΤΕΡΟΣ. חֹשֶׁךְ, *tene-*
b *bræ.* Symm. Thren. IV. 8. σκοτεινότερον ἀσβόλης. K.

ΣΚΟΤΙ'Α, i. q. σκοτεία, *tenebræ.* אֹפֶל, idem. Job. XXVIII. 3. — *לוֹט, *operimentum.* Aquil. Theod. Ies. XXV. 7.

ΣΚΟΤΙ'ΖΩ, i. q. σκοτάζω, *tenebras offundo, obscuro.* חָשַׁךְ, idem. Job. III. 9. Psalm. LXVIII. 28. Cohel. XII. 2. — כָּהָה, *caligo.* Aquil.
c Theod. Ies. XLII. 4. οὐ σκοτίσει. — מַחְשָׁךְ, *tenebræ.* Ps. LXXIII. 21. ubi ἐσκοτισμένοι τῆς γῆς, *obscuri terræ*, sunt: *qui in obscuris terris habitabant, Chaldæi.* — שָׁבַר, *frango.* Jerem. VIII. 21. Sed ἐσκοτώθην mihi potius ibi ad seq. קָדַרְתִּי referendum videtur.

ΣΚΟΤΟΜΗ'ΝΗ, *nox illunis, quando luna non lucet, tenebrosa nox.*
d אִישׁוֹן חֹשֶׁךְ, *nigredo tenebrositatis.* Symm. Proverb. XX. 20. — אֹפֶל, *tenebræ.* Ps. X. 2 Aqu. Ps. XC. 6. — חֹשֶׁךְ. Symm. Prov. XX. 10. ἐν σκοτομήνῃ. — נֶשֶׁף, *crepusculum tam matutinum quam vespertinum.* Aqu. 1 Sam. XXX. 20. ἀπὸ σκοτομήνης. Hesychius: σκοτομήνη, βαρεῖα (Soping. legit βαθεῖα) νύξ, ἡ ἀσέληνος. Lex. Cyrilli MS. Brem. σκοτομήνη,
e ἡ ἀσέληνος καὶ ἀφώτιστος νύξ. Idem: σκοτομήνη, σκοτοῦσα σελήνη. Philoxen. Gloss. σκοτομήνη, *illunis.*

ΣΚΟΤΟΜΗΝΙ'Α, idem. אִישׁוֹן, *nigredo.* Symm. Prov. XX. 20. — אֹפֶל, *tenebræ.* Aqu. Job. III. 6. Hesych. σκοτομηνία, σκότος σελήνης.

ΣΚΟ'ΤΟΣ, *tenebræ, caligo*, it. *res adversæ, calamitates, afflictiones, interitus, exitium, mors.* אֹפֶל. Job. III. 6. Ps. XC. 6. Ies. XXIX. 18. οἱ ἐν *f*
τῷ σκότει, scil. ὄντες, *qui sunt in tenebris*, h. e. *in ignorantia versantes.* Lexic. Cyrilli MS. Brem. ἐν σκότει, ἐν ἀγνωσίᾳ. Suidas: σκότος παρὰ τῇ θείᾳ γραφῇ ποτὲ μὲν ἡ ἄγνοια, ποτὲ δὲ αἱ συμφοραί. καὶ φῶς ὡσαύτως ἡ γνῶσις, καὶ ἡ τῶν κακῶν ἀπαλλαγή. — אֲפֵלָה. Deuter. XXVIII. 29. Ies. LVIII. 10. Soph. I. 16. — חָשַׁךְ, verbum.
Job. XVIII. 6. — חֹשֶׁךְ, nomen. *g*
Genes. I. 2. 4. 5. 18. Ps. XVII. 31. Ad quem locum respiciens Suidas: σκότος, αἱ θλίψεις, φῶς δὲ ἡ τούτων ἀπαλλαγή. Δαβίδ· φωτιεῖς τὸ σκότος μου. Hæc sumta esse ex Theodoreto annotat Küsterus. Vide et Psalm. CXI. 4. Ies. XLVII. 5. LIX. 9. Thren. III. 2. Ps. CVI. 10. καθημένους ἐν σκότει καὶ σκιᾷ θανάτου, sedentes in densissimis tenebris. Alio *h*
sensu Pindaro Olymp. Od. Α', v. 131. dicitur ἐν σκότει καθήμενος, sc. ἐν ἀκινησίᾳ καὶ ἀκλεΐᾳ καθεστώς, in *torpore et ignobilitate* constitutus, ut exponit Scholiastes. Nahum. I. 8. τοὺς ἐχθροὺς αὐτοῦ διώξεται σκότος, inimicos ejus persequetur *interitus.* Hes. σκότος, ὄλεθρος, θάνατος. Prov. XX. 20. αἱ κόραι τῶν ὀφθαλμῶν αὐτοῦ ὄψονται σκότος, in ejus oculis erunt *i*
tenebræ. De simili formula tragicorum, βλέπων, δεδορκὼς σκότον, vide Valckenar. ad Eurip. Phœn. p. 136. — חֲשׁוֹכָה Chald. Dan. II. 22. — חֲשֵׁכָה. Ps. LXXXI. 5. Ies. VIII. 22. L. 10. — חַשְׁרָה, *colligatio.* 2 Sam. XXII. 12. Forte legerunt חֲשֵׁכָה, ut est in loco parallelo Ps. XVIII. 12. Quidam tamen חַשְׁרָה dictum volunt pro שַׁחֲרָה, *nigredo.*

a — *כְּלִי, *vas*. Jerem. LI. 32. ubi pro σκότος legendum σκεῦος. — מַחְשָׁךְ. Ies. XXIX. 15. XLII. 16. — מִסְתָּרִים, *occulta loca*. Aqu. Jer. XIII. 17. — נֶשֶׁף, *crepusculum*. 2 Reg. VII. 5. 7. Job. XXIV. 15. Prov. VII. 9. Aqu. Theod. Ies. XXI. 4. — עָנָן, *nubes, nebula*. Ex. XIV. 20. Job. XXXVII. 15. Inc. Job. XXVI. 9. — עַפְעַפַּיִם dual.
b ab עוּף, *palpebræ*. Symm. Job. III. 9. Per *palpebras auroræ* sine dubio *crepusculum matutinum* intellexit. — עֲרָפֶל. Jerem. XIII. 16. — פַּלָּצוּת, *tremor*. Ps. LIV. 5. ἐκάλυψέ με σκότος, operuerunt me tenebræ, h. e. *mors* occupavit me. Sic poëtæ: Σκότος ὄσσε κάλυψε, h. e. ut apud Hesychium exponitur: θάνατος κατέσχεν. Sic quoque Tob. IV. 11.
c σκότος cum θάνατος permutatur. Cf. paulo post σκότος δεινόν. — קַדְרוּת, *atror*. Ies. L. 3. Sap. XVIII. 4. ubi in notione *carceris tenebricosi* ad imitationem Hebr. חֹשֶׁךְ (Ies. XLII. 7.) et צַלְמָוֶת (Ps. CVII. 10.) legitur: coll. Matth. VIII. 12. 2 Petr. II. 17. Tob. XIV. 10. ἐκ τοῦ φωτὸς ἤγαγεν αὐτὸν εἰς τὸ σκότος, h. e. *interfecit illum*, aut potius: *e medio tol-*
d *lere conatus est*. Sap. XVII. 21. ubi *tristissima impiorum in altera vita sors* σκότος dicitur. Vide Fischeri Proluss. de Vitiis Lex. N. T. p. 97. Sirac. XVI. 16. σκότος, *justitia et vindicta divina*: hanc enim sequitur infelicitas. Vide s. v. φῶς. 2 Macc. III. 27. *vertigo oculorum*, quæ interdum morti proximis obversatur. Confer v. 31. ubi ἐν ἐσχάτῃ πνοῇ κεί-
e μενος dicitur.

ΣΚΟ'ΤΟΣ ΑἸΩ'ΝΙΟΝ, *tenebræ æternæ*. עֲפָתָה cum duplici ה fœm. *caligo maxima*. Job. X. 22. ubi tamen mihi potius verbis כְּמוֹ־אֹפֶל, *sicut caligo*, respondere videtur.

ΣΚΟ'ΤΟΣ ΔΕΙΝΟ'Ν, *tenebræ graves*. שָׁבָץ, *ocellata chlamys*. 2 Sam. I. 9. Θανάτωσόν με, ὅτι κατέσχε με σκότος δεινόν, occide me, quia occuparunt me tenebræ graves, h. e. mortis. שָׁבָץ notat h. l. *perturbationem, confusionem animi, horrorem*, a rad. שָׁבַץ, *perplexus fuit, obriguit horrore*, quod LXX ad *horrorem mortis* mutata metaphora transtulerunt Trendelenburgius conjicit, LXX scripsisse σκοτόδινος, quoniam illud in hac re proprium est, atque valde frequentantur verba σκοτοδινέω, σκοτοδινιάω, pro quo librariorum vitio sæpe etiam σκοτοδινιάω scribitur.

ΣΚΟΤΟ'Ω, *tenebras offundo, obscuro, nigrum facio*, i. q. σκοτάζω et σκοτίζω. חָשַׁךְ. Ps. CIV. 27. — *יָגַע Cohel. X. 15. sec. cod. Alex. Sed loco σκοτώσει ibi legendum est κοπώσει, ut habet Ald. et Compl. Librarius oscitanter pro Π legit T et ex præcedente voce repetiit literam Σ — כֵּהָה, *caligo*. Aqu. Theod. Ies. XLII. 4. οὐ σκοτώσει. — מַחְשָׁךְ, *tenebræ*. Al. Ps. LXXIII. 21. οἱ ἐσκοτωμένοι. — נִרְדַּם Niph. *profundo sopior*. Al. Jud. IV. 21. ἐσκοτώθη *vertigine correptus est*. Sed hæc interpretatio pertinere quoque potest ad vocem sequentem וַיָּעַף, quam deduxit ab עוּף, *vertiginem pa*[...] Conf. Alb. Schultensii Comm. a[d] Prov. XXIII. 5. — קָדַר, *ater sum*. Jerem. XIV. 2. — שָׁבַר, *frango*. Al. Jerem. VIII. 21. ἐσκοτώθην. Vide supra ad σκοτίζω. — שָׁחַר, *nigresco*. Job. XXX. 30. τὸ δὲ δέρμα μου ἐσκότωται μεγάλως, cutis autem mea *valde nigra facta est*. Vide quoque Sirac. XXV. 19.

*ΣΚΟΤΩ'ΔΗΣ, *tenebrosus*. ל[...] nomen propr. Aqu. Mich. IV. σκοτώδης. Legit אֹפֶל. Vide ad h. [l.] Dathii Notas Criticas.

ΣΚΥΒΑΛΙ'ΖΩ, proprie *ruspor, quomodo in sterquilinio gallinæ solent, purgamenta frugum, ut paleas, excutio*, metaphorice: *vilipendo, rejicio, contemno, ut rem vilissimam*, a σκύβαλον, *stercus, fimus*. Sirac. XXVI. 22. ἄνδρες συνετοὶ, ἐὰν σκυβαλισθῶσιν, viri prudentes, si *contemnantur*. Hesychius: σκυβαλίζεται, ἐξουθενεῖται, παραπέμπεται, ἀποδοκιμάζεται. Suidas: σκυβαλίζεται, ἀποδοκιμάζεται, ἀτιμάζεται ὡς σκύβαλον. Κυρίως δὲ σκύβαλον, κυσίβαλόν τι ὄν, τὸ τοῖς κυσὶ βαλλόμενον. Ἐν ἐπιγράμματι· Οὐδ᾽ ἀπὸ δειπνιδίου γευόμενος σκυβάλου σπεύδων εἰς ἄλλους οἴκους ἴθι. Confer Bochartum Hieroz. P. I. Lib. II. c. 55. pag. 671.

ΣΚΥ'ΒΑΛΟΝ, *stercus, fimus, purgamentum*. Sirac. XXVII. 4. ἐν σείσματι κοσκίνου διαμένει κόπρια, οὕτως σκύβαλα ἀνθρώπου ἐν λογισμῷ αὐτοῦ, in concussione cribri manent stercora, sic *purgamenta* hominis in ratiocinatione ejus, aut potius in *sermone* ejus: ubi σκύβαλα ἀνθρώπου sunt *animo inhærentia vitia*. Lexic. Cyrilli MS. Brem. σκύβαλα, τὰ τῆς καλάμης γόνατα, ἃ παχύτερα πολλῷ τῶν ἀχύρων εἰσὶν καὶ παντελῶς ἄχρηστα. Glossæ: σκύβαλον, *retrimentum*. Proprie σκύβαλον dicitur *quod canibus projicitur*, ut modo ante vidimus ex Suida. Deinde vero et de *aliis quibuscunque rebus vilissimis* usurpatur. Vide auctores citatos Wolfio ad Phil. III. 8. p. 240. ac Lexicon N. T. s. h. v.

ΣΚΥ'ΘΑΙ, *Scythæ*. עֵילָם, *Helam*, nomen proprium. Symm. Genes. XIV. 1. Σκυθῶν. Scythæ etiam veteribus dicebantur βάρβαροι, *inculti, sævi, crudeles*. 2 Maccab. IV. 47. οἵτινες, εἰ καὶ ἐπὶ Σκυθῶν ἔλεγον, ἀπελύθησαν ἂν ἀκατάγνωστοι, qui, etiam si apud Scythas causam dixissent, innocentes judicati essent. Vide Coloss. III. 11. et Lucian. T. II. p. 514. ed. Reitz. 3 Macc. VII. 5. νόμου Σκυθῶν ἀγριωτέρα ὠμότης, crudelitas sævior Scytharum moribus.

ΣΚΥΘΟΠΟΛΙ'ΤΗΣ, *civis urbis Scythopolis*. 2 Macc. XII. 30. Steph. de Urb. p. 675. C.

ΣΚΥΘΡΩΠΑ'ΖΩ, *mæstum et tristem vultum gero, supercilium contraho, tetrico sum vultu*. זָעֵף, *indignabundus*. Symm. 1 Reg. XX. 43. σκυθρωπάζων. Radix זָעַף etiam *tetricum esse* notat. — *נוּד, *condoleo, comploro*. Inc. sec. cod. Norimb. Jerem. XV. 5. σκυθρωπάσει. Vide Repertor. Eichhorn. T. IV. p. 239. — קָדַר, *atratus sum*. Ps. XXXIV. 17. ὡς πενθῶν καὶ σκυθρωπάζων, tanquam lugens et *tristem vultum gerens*. Vide et Ps. XXXVII. 6. XLI. 13. — רוּחַ נְכֵאָה, *spiritus attritus*, h. e. *tristis, mæstus*. Prov. XV. 14. — שָׁמֵם, *obstupesco*. Jer. XIX. 8. L. 13. Suidas: σκυθρωπάζω, τὸ στυγνάζω, μεταφορικὴ ἡ λέξις ἀπὸ τοῦ Σκύθης, καὶ τοῦ ὤψ, ὠπὸς, ὃ σημαίνει τὸ πρόσωπον. ὄψ γὰρ, ἡ φωνὴ, διὰ τοῦ ο μικροῦ. — — Ὦ Πλάτων, Ὡς οὐδὲν οἶσθα πλὴν σκυθρωπάζειν μόνον, Ὥσπερ κοχλίας σεμνῶς ἐπηρκὼς τὰς ὀφρῦς. Hoc fragmentum esse Amphidis Comici, et legi etiam apud Laërtium in Platone, Küsterus in notis ad Suidam observat. Plura loca, quibus verbum σκυθρωπάζειν eodem sensu legitur, vide apud Albert. ad Matth. VI. 16. p. 55. et Lexic. N. T. s. h. v.

ΣΚΥΘΡΩΠΟ'Σ, *tetricus, tristis vultu*. זָעֵף, *turbatus, tetricus sum*. Al. Dan. I. 10. τὰ πρόσωπα σκυθρωπὰ, *vultus tristes*. Symm. Gen. XL. 6. σκυθρωποί. — קָדַר, *atratus sum*. Symm. Ps. XXXVII. 7. et alibi. — רַע, *malus*. Gen. XL. 7. τί ὅτι τὰ πρόσωπα ὑμῶν σκυθρωπὰ σήμερον; cur vultus vestri hodie *tristes*? רַע quandoque de *mærore* et *tristitia* adhiberi satis notum est. Lex. Cyrilli MS. Brem. σκυθρωπὸς, στυγνός. Lexicon vetus: σκυθρωπὸς, *mæstus*, *a* *tristis, contristis.* Conf. Sir. XXV. 25. Matth. VI. 16. Luc. XXIV. 17. et auctores Wolfio ad Matth. l. c. p. 133. laudatos, nec non Lexicon N. T. s. h. v.

ΣΚΥΘΡΩΠΩ͂Σ, *tristi vultu, mæste.* קָדַר, *atratus sum.* Al. Psalm. XXXIV. 17. ὡς πενθῶν ὁμομήτριον σκυθρωπῶς ἐκύφην, ut lugens uterinum *mæste* inclinabam me. 3 Macc. V. *b* 34.

ΣΚΥ΄ΛΑΞ, *catulus.* גּוּר, idem. Aqu. Gen. XLIX. 9. — *כְּפִיר, *catulus leonis.* Incert. Psalm. XVI. 12.

ΣΚΥΛΕΙ΄Α, *spolium, præda.* 1 Macc. IV. 23.

ΣΚΥ΄ΛΕΥΣΙΣ, *spoliatio, deprædatio.* שׁוֹדֵד part. *vastator.* Hebr. Int. sec. Schol. ed. Rom. Job. XV. 21.

c ΣΚΥΛΕΥΤΗ΄Σ, *spoliator, prædator.* שָׁלִישׁ, *tribunus, dux.* Symm. Ezech. XXIII. 15.

ΣΚΥΛΕΥ΄Ω, *spolio, prædor.* בָּזַז, idem. 2 Par. XIV. 14. Ez. XXVI. 12. XXXIX. 10. — נָצַל Pih. *eripio.* Exod. XII. 36. 2 Paral. XX. 26. Symm. Exod. III. 22. σκυλεύσατε, sec. cod. Coislin. et Theodoretum Quæst. 23. in Exod. T. I. pag. 38. *d* ed. Hal. Montfauconius editionem Romanam secutus edidit συλεύσετε. — נָשָׂא, *fero, aufero.* 2 Par. XIV. 13. — *עָבַד. Zach. III. 9. sec. cod. Barb. ubi tamen vera lectio est δουλεύουσι. — פָּשַׁט, *exuo.* 1 Par. X. 8. Incert. 2 Sam. XXIII. 10. Vulgat. *ad cæsorum spolia detrahenda.* — שׁוּלַמִּית, *Sulamith,* nomen proprium. Symm. Cant. VI. 11. VII. *e* 1. ἐσκυλευμένη, *spoliata* aut potius *rapta, vi abducta.* Deduxit hanc vocem a שָׁלַל, *spoliavit,* etiam *trahendo abripuit,* aut a שׁוּל, quod est ipsum Græcum συλάω. — שָׁלַל. Ez. XXXVIII. 13. Hab. II. 8. Zach. II. 8. — שָׁלָל, *spolium.* Ies. VIII. 3. Lexic. Cyrilli MS. Brem. σκυλεύσας, προνομεύσας, αἰχμαλωτεύσας. 1 Maccab. XI. 61. 2 Macc. IX. 16. Hesych. ἐσκύλευσεν, ἠρήμωσεν. Judith. XVI. 6. τὰς παρθένους σκυλεῦσαι, virgines *tanquam prædam abacturum.*

ΣΚΥ͂ΛΟΝ, *spolium, præda, vestis,* it. σκῦλα in plur. *opes, facultates.* בַּז. Ies. VIII. 1. Ezech. XXXVIII. 12. — בִּזָּה. 2 Paralip. XIV. 14. XXVIII. 14. — חָלָל, *confossus.* Ez. XXX. 24. Offendit sine dubio interpretem, interfecto h. l. clamorem tribui, ideoque *spoliatum* substituit, aut vere legit שָׁלָל — מַלְקֹחַ, *captura.* Numer. XXXI. 11. Ies. XLIX. 24. 25. — *מַעֲרָכָה, *dispositio et instructio aciei,* vel *ipsa acie instructa.* Hebr. Int. et LXX sec. cod. Vat. 1 Sam. XXIII. 3. εἰς τὰ σκῦλα, *ad prædam faciendam,* s. *ad reportanda spolia,* devicto nemp exercitu, quem aggredi volebat, u adeo effectum conflictus hostilis a prœlii posuerint. Fieri tamen potuit, ut σκῦλα ex κοιλάδας aut κοιλία (quod vide supra) ortum suum traxerit. Semlerus in Appar. a V. T. p. 298. vocem σκῦλα referr maluit ad Hebr. קְעִילָה, ut scripserint: εἰς τὰ κεῖλα, seu εἰς κεῖλα. — מִקְנֶה, *pecus.* 1 Sam. XXX. 20. — פֶּגֶר, *cadaver.* 2 Par. XX. 26. Intellegenda h. l. sunt *spolia occisi detracta* s. *detrahenda,* quemadmodum etiam per *cadavera* intelleger di sunt occisi, qui copiam variarum divitiarum spoliantibus suppeditabant. Nollem itaque cum nover codd. Kennicotti בְּגָדִים, *vestes,* le gere. — שָׁלָל. Exod. XV. 9. Deu II. 35. Jud. V. 30. σκῦλα βαμμάτω Vulg. *vestes diversorum colorum,* a *diversicolores.* Proverb. XXXI. 1 καλῶν σκύλων. ad quem locum Semlerus in Ep. Crit. pag. 27.: Lati

a olim plures legerunt *pulcris* (alii *bonis*) *spoliis*, cum sit tantum in LXX σκύλων. Atque monuerat jam Cotelerius ad Constitutt. I. 18. in quibusdam sic Græce legi καλῶν σκύλων. Nempe καλῶν fuit corruptum ex hoc, quod nec Cotelerius nec Grabe vidit. Dan. XI. 24. sec. cod. Chis. Incert. 1 Sam. XIV. 32. Gloss. MS. in Cant. Script. σκῦλα,
b πραῖδα. Gloss. in Octat. σκῦλα, λάφυρα, γύμνωσις ἐν πολέμῳ. Lexic. Cyrilli MS. Brem. σκῦλα τὰ ἀπὸ τῶν ἐν πολέμῳ ἀνῃρημένων λαμβανόμενα. λάφυρα δὲ ἀπὸ τῶν ζώντων. Similiter Suidas. Vide et ex Hesychio notata in λάφυρα. Sed apud Græcos V. T. Intt. hæc distinctio non observatur. Sic Aquila λάφυρα interpretatur, quæ LXX σκῦλα vocant. Prov. I.
c 13. et Genes. XLIX. 27. Sic et 2 Macc. VIII. 8. λάφυρα dicuntur, quæ ab hostibus occisis capta erant. Prov. XXXI. 11. ἡ τοιαύτη καλῶν σκύλων οὐκ ἀπορήσει, talis bonis *opibus* non carebit. Hic σκῦλα idem significant, quod ὑπάρχοντα Esth. III. 13. ubi LXX hac voce Hebr. שָׁלָל interpretantur. Confer Vorstium Philol. S. P. I. c. 3. p. 79.

d *ΣΚΥ῀ΛΑ ΛΑΜΒΑ´ΝΩ, *spolia accipio*. לָקַח, *capio, vi abripio*. Ies. XLIX. 25.

ΣΚΥ῀ΛΑ ΚΑΙ´ ΠΡΟΝΟΜΗ´Ν ΠΟΙΕ´Ω, *spolia et prædam facio*. שָׁלַל שָׁלָל, et בָּזַז בַּז, *spolio spolia, et prædor prædam*. Ies. X. 6.

ΣΚΥΛΜΟ´Σ, *vexatio*. 3 Macc. III. 25. μετὰ σκυλμῶν, *duro modo*. Ibid. IV. 6. VII. 5.

ΣΚΥ´ΜΝΟΣ, *scymnus* (Lucret. V. 1037. *scymnique leonum*), *pullus* seu *catulus leonis, vel aliorum animantium*. גּוּר, idem. Thren. IV. 3. δράκοντες ἐθήλασαν σκύμνους αὐτῶν, dracones lactarunt *catulos* suos. Ezech. XIX. 2. ἐν μέσῳ λεόντων ἐπλήθυνε σκύμνους αὐτῆς, in medio leonum multiplicabat *catulos* suos. Ibid. v. 3. et 5. Hesych. σκύμνους, ἐκγόνους λεόντων καὶ ἄλλων ζώων. — *גּוּר, idem. f
Nahum. II. 12. — כְּפִיר, *leo juvenis*. Ps. XVI. 13. CIII. 22. Amos III. 4. — לָבִיא, *leo immanis*. Gen. XLIX. 9. Num. XXIII. 24. Joël. I. 6. Hos. XIII. 8. σκύμνοι δρυμοῦ, ubi neglecto כ de suo addiderunt δρυμοῦ. — לְבִיָּא, *leæna*. Ez. XIX. 2. ubi tamen mihi præferenda videtur altera lectio λέαινα. Hesych. σκύμνος, ὁ σκύλαξ τοῦ λέοντος. — Vide g
alibi λέων.

ΣΚΥΤΑ´ΛΗ, *scutica, flagellum coriaceum*, it. *clava, rotundum et politum lignum, baculus*. בַּדִּים plur. ex בַּד, *vectes*. Exod. XXX. 4. 5. ποιήσεις σκυτάλας ἐκ ξύλων ἀσήπτων, facies *ligna rotunda et polita* ex lignis putredini non obnoxiis. — מַקֵּל, *baculus*. Gen. XXX. 38. Inc. Zach. XI. 7. σκυτάλας. — פֶּלֶךְ, *scipio*. h
2 Sam. III. 29. κρατῶν σκυτάλην, tenens *baculum*; ubi Schol. σκυτάλῃ χρῶνται οἱ τὸ σῶμα πεπηρωμένοι, ὅθεν ὁ Ἀκύλας τυφλὸν τοιοῦτον ὠνόμασε. Gloss. in Lib. 2 Reg. σκυτάλιν (scr. σκυτάλην), βακτηρίαν. Suidas: σκυτάλαι, στρογγύλα καὶ λεῖα ξύλα. παρὰ δὲ Ἡροδότῳ ῥάβδος. Idem: σκυτάλη, βακτηρία ἀκροπαχής, ἢ φραγγέλιον. Hesych. σκυτάλαι, βακτηρίαι.

ΣΚΥ´ΤΙΝΟΣ, *coriaceus*. עֵז, *capra*. Ex. XXXVI. 12. Suidas: σκύτινος, i
δερμάτινος. σκῦτος, τὸ δέρμα. Idem loca Aristophanis et Xenophontis subjungit, quibus vox eo sensu legitur.

ΣΚΥ῀ΦΟΣ, *scyphus*. גָּבִיעַ, *calix*. Aqu. Gen. XLIV. 2. et Ex. XXV. 31. Adde Aqu. et Symm. Jerem. XXXV. 5. sec. cod. Syr. Hexapl. Mediol.

ΣΚΩΛΗΚΙ´ΑΣΙΣ, *vermiculatio, vermium ebullitio*. רִמָּה, *vermis*, etiam *putredo verminans*. In hac posteriore significatione cum reliquis a Intt. GG. רִמָּה acceperunt Symm. Theod. Job. XVII. 14.

ΣΚΩ΄ΛΗΞ, *vermis*, speciatim *vermiculus ruber*, *qui nascitur in cocco s. grano tinctorio*. Plin. XXIV. 4. unde passim apud LXX pro *ipso cocco* s. *colore coccineo* ponitur. Dicitur etiam ita *genus vermis, qui cadavera arrodit* et *absumit*. *חֲנָמַל, *lapis glacialis*. Symmach. Psalm.
b LXXVII. 47. Montfauc. in Lexic. Hebr. s. h. v. suspicatur, Symmachi versionem vel vitiatam esse, vel ad aliam vocem pertinere. Mihi vero ita vel libere vel conjectura ductus transtulisse videtur. Intellexit autem per *σκώληκα insectum arboribus noxium*. — רִמָּה. Exod. XVI. 24. Job. VII. 5. — רָקָב, *putredo*. Prov. XII. 4. *ὥσπερ ἐν ξύλῳ*
c *σκώληξ*: ubi Vogelio ad h. l. legisse videntur כְּעֵץ מוֹתוֹ. — תּוֹלָע. Ex. XVI. 20. — תּוֹלֵעָה. Job. XXV. 6. Ies. XIV. 11. — תּוֹלַעַת. Deuter. XXVIII. 39. Psalm. XXI. 6. Sir. X. 13. *ἐν γὰρ τῷ ἀποθανεῖν ἄνθρωπον κληρονομήσει ἑρπετὰ καὶ θηρία καὶ σκώληκας*, ubi loco *κληρονομήσει* et *σκώληκας* fortasse reponendum est *κληρονομήσουσιν* et *σκώληκες*, coll. XIX. 3.
d Conf. quoque Timuri Hist. p. 322. De ipsa *putredine et interitu* legitur 1 Macc. II. 62.

ΣΚΩ͂ΛΟΝ, *scandalum*, *offendiculum*, *impedimentum in via occurrens*. הַכְשִׁיל infin. Hiph. *impingere facere*. Ies. LVII. 14. — מוֹקֵשׁ, *laqueus*. Exod. X. 7. Deut. VII. 16. Aqu. Symm. Theod. Prov. XVIII. 7. Aqu. Ps. LXVIII. 27. — מִכְשׁוֹל.
e Al. 2 Par. XXVIII. 23. — *עֲכַר, *turbo, perturbo*. Jud. XI. 35. ubi *σκῶλον* est i. q. *τάραχος*. Vide Var. Lect. Lex. Cyrilli MS. Brem. *σκῶλον, σκάνδαλον*. Hesych. *σκῶλα, ξύλα ὠξυμμένα*.

ΣΚΩ͂ΛΟΝ ἘΝ ὈΦΘΑΛΜΟΙ͂Σ, *offendiculum in oculis*. עֹכֵר, *perturbans*. Symm. et LXX Jud. XI. 35. *εἰς σκῶλον ἐγένου ἐν ὀφθαλμοῖς μου*, in spinam facta es in oculis meis. Vide ad h. l. Scharfenbergium. Gloss. in Octat. *σκῶλον, ἄκανθι ἐμπαγέν*. Dicitur alias *σκῶλος*. Suidas: *σκῶλος, εἶδος ἀκάνθης, ἢ σκάνδαλον. Τοῦ μὲν ἐγὼ ζώοντος ἀναιδέσιν ἐμπήξαιμι Σκώλους ὀφθαλμοῖς, καὶ, εἰ θέμις, ὠμὰ πασαίμην. Καὶ αὖθις· Ἔκ μοι σκῶλον ἔρυσεν, ὅ μοι κακὸν ἔμπεσεν ὁπλῇ, ὁ ὄνος φησὶ πρὸς τὸν λύκον*. Vide et Hesychium in *σκῶλος*. Immo *σκόλοψ* etiam dicitur. Vide supra in h. v.

ΣΚΩΛΟ΄ΟΜΑΙ, *offendo, impingo, in offendiculum labor*. נוֹקַשׁ Niph. *illaqueor*. Inc. Deut. VII. 25. *μὴ σκωλωθῇς ἐν αὐτῷ*. Verba hæc ab Aquila profecta esse censeo. Aqu. Hos. IX. 8. *ἐσκωλωμένη, in offendiculum lapsa*. Barberini Codex habet *ἐσκωλομένη*, pro quo L. Bos. Prolegg. in LXX Intt. legit *ἐσκολιωμένη*, *obliqua*, secutus maxime auctoritatem LXX, qui habent *παγὶς σκολιά*. Sed præferendum esse *ἐσκωλωμένη*, post Montfauconium docuit Fischerus de Verss. GG. V. T. pag. 25. Ἐσκωλωμένη, supple *παγίς*, est *laqueus positus, ut captentur feræ*.

ΣΚΩΡΙ΄Α et ΣΚΟΡΙ΄Α, *scoria, fæx metalli*. סוּג, idem. Symm. Ez. XXII. 18. — סִיג. Symmach. Ies. I. 25. Psalm. CXVIII. 118. et Prov. XXV. 8. Hesych. *σκωρία, ἡ γαιώδης ἐν ὑποστάθμῃ*.

ΣΜΑΡΑΓΔΙ΄ΤΗΣ ΛΙ΄ΘΟΣ, *smaragdites lapis, smaragdus*. בַּהַט *porphyrites*. Esth. I. 7. *σμαραγδίτου λίθου*. Hanc interpretationem ferr posse ita puto, ut intellegatur no smaragdus proprie sic dictus, se marmor colorem smaragdi referens h. e. viridem. Sed origo vocabul Hebraici ipsa adhuc latet. *Σμαράγδινος λίθος* dicitur Apoc. IV. 3.

ΣΜΑ΄ΡΑΓΔΟΣ, *smaragdus*, viren gemma, eaque præstantissima, nar hujus virore nihil est viridius, test

Plinio XXVII. 5. Conf. Solinum cap. 20. Isidor. Origg. XVI. 7. et Franc. Rueum Lib. II. de Gemmis cap. 4. בָּרֶקֶת, *carbunculus*. Exod. XXVIII. 17. XXXIX. 8.—יַהֲלֹם, *adamas*. Ezech. XXVIII. 13. — שֹׁהַם, *sardonyx*. Exod. XXVIII. 9.

ΣΜΗΓΜΑ, *smegma, pigmentum, omne quod est ad abstergendum accommodatum*, ut est *sapo*, a σμέω aut b σμήχω, *abstergo*. תַּמְרוּק, *mundatio*. Esth. II. 3. (Vulg. *mundum muliebrem*) 9. 11. Vide et Susann. v. 17. Grotius ad h. l.: Græce scribi debet σμῆγμα, non σμίγμα. Latine etiam *smegma* dixit Plinius XXII. 25. Suidas: σμῆγμα, καθαρτικὸν, τὸ ἀποσμῆχον.

ΣΜΗΧΟΜΑΙ, *tergor, teror, purgor*. מָרַק, *mundo, tergo, detergo*. Incert. Levit. VI. 28. σμηχθήσεται. c Sic enim legendum est pro σμοχθήσεται. Hesych. σμήχει, τρίβει, καθαίρει.

ΣΜΙΚΡΟΣ, i. q. μικρὸς, *parvus*. Hinc comparativus:

ΣΜΙΚΡΟΤΕΡΟΣ, *minor*. קָטֹן, *parvus*. Symm. 1 Reg. XII. 10. σμικρότερον μέλος. Ita Bielius. Sed Montfauconius ibi edi jussit τὸ σμικρότατόν μου μέλος. Sc. קָטֹן est, ut vulgo explicatur, *membrum parvum*, d *digitus minimus*. Syrus et Josephus: ὁ βραχύτατός μου δάκτυλος.

ΣΜΙΚΡΥΝΩ, *parvum reddo, diminuo, imminuo*. אֻמְלַל Pyh. *languesco*. Hos. IV. 3. — הִקְצִיר Hiph. *decurto*. Ps. LXXXVIII. 44. — מָעַט : הִמְעִיט, Kal et Hiph. Ps. CVI. 38. Jerem. XXIX. 6. Theod. Jerem. XXX. 19. — מְעַט, *parum, parvus*. 1 Par. XVI. 19. — e קָטֹן, verbum. 1 Par. XVII. 17. Dan. III. 37. sec. cod. Chis. Aqu. Gen. XXXII. 11. ubi vid. Montf. — קָצַר. Aqu. Jud. XVI. 16. ubi formula σμικρύνεται ἡ ψυχὴ significat *tædium, impatientiam cum indignatione conjunctam*.

ΣΜΙΛΑΞ, *smilax, planta hederæ similis*, secundum alios *taxus*, *nomen arboris feralis et venenatæ*. סָבָא, *ingurgito me*. Nahum. I. 10. f ὡς σμίλαξ περιπλεκομένη, tanquam *smilax* circumvoluta. Legisse videntur כִּסְבָךְ, vel כְּסָבָךְ, nam סְבָךְ Gen. XXII. 13. est *fruticetum aliquod*, quod istic reddiderunt φυτὸν σαβὲκ, retento vocabulo Hebr., hic autem σμίλαξ, qui *convolvulus* ideo Latinis dicitur, quia περιπλέκεται arbustis et fruticetis, et avide ab ovibus et capris aliisque anima- g libus appetitur et devoratur. — סָבִיב, *circuitus*. Jerem. XLVI. 14. κατέφαγε μάχαιρα τὴν σμίλακά σου, devoravit gladius smilacem tuam, h. e. metaphorice *quæ circa te sunt, adhærescentia*. Cappellus in Nott. Critt. ad h. l. p. 533.: Σμίλαξ *herba* est, *quæ aliis plantis circumvolvitur*, unde et Latinis *convolvulus* dicitur. Fieri ergo potuit, ut He- h bræis dicta sit סָבִיב, quod *circumcirca* significat. Hieronymus ad Nah. I. 10. *volvulam* interpretatur. Chrysostomus in Catena Ghisler. in Jerem. p. 815. de illa: βοτάνη ἐστὶ πάντα κατατρώγουσα. Hesych. σμίλαξ, κιττοειδὴς φυτὸν ἑλισσόμενον. ἕρπει δὲ ἀεὶ πρὸς τὸ ὕψος, καὶ λεπτοὺς ἀνίησι κλῶνας, καὶ τῶν ἐγγὺς ἑστηκότων καταδράσσεται φυτῶν, ὡς κατασπᾶσθαι i ὑπ' αὐτοῦ. Dioscorides triplicem smilacem, κηπαίαν, *hortensem*, τραχεῖαν, *asperam*, et λείαν, *lævem*, memorat. Vide Lib. II. c. 176. et Lib. IV. c. 144. 145. Et *asperam* describit ita: σμίλαξ τραχεῖα, τὰ μὲν φύλλα ἔχει περικλυμένῳ ὅμοια, καὶ κλήματα πολλὰ, λεπτὰ, ἀκανθώδη, ὡς παλίουρος ἢ βάτος. Εἱλίσσεται δὲ περὶ τὰ δένδρα ὡς ἄνω καὶ κάτω νεμομένη. Talis procul k dubio intellegitur in Gloss. MSS. in Proph., ubi εἶδος ἀκάνθης exponitur.

ΣΜΙΛΗ, *scalpellum*. תַּעַר, idem. Symm. Jerem. XXXVI. 23. Vide Turnebi Advers. Lib. VII. c. 10.

a ΣΜΥΡΙ'ΤΗΣ ΛΙ'ΘΟΣ, *smyrites lapis, quo annularii gemmas abstergunt, alias σμύρις dictus*, (Confer Dioscoridem Lib. V. c. 123.) ob summam sc. ejus duritiem, qua vitrum adeo radit, ut ex historiæ naturalis scriptoribus constat. Cf. quæ ex Anselmi de Boot Historia Gemmarum et Lapidum refert Harenbergius in Museo Histor.
b Philol. Brem. Vol. II. pag. 288. חוֹתָם צָר, *sigillum arctum*. Job. XLI. 7. σύνδεσμος δὲ αὐτοῦ ὥσπερ σμυρίτης (e conjectura Terentii σιδηρίτης) λίθος, vinculum autem ejus tanquam smyrites lapis. Sopingius ad Hesych. s. v. σμιρίς intellegit lapidem detersum illa arena, quæ apud Hesychium σμιρίς dicitur, h. e. ἄμμου εἶδος, ᾗ σμήχονται οἱ σκληροὶ
c τῶν λίθων. Alii ibidem habent: σμίριτος λίθος. Unde Lex. Cyrilli MS. Brem. Σμίριτος, λίθος. Dioscorides Lib. V. c. 166. σμύρις λίθος ἐστὶν, ᾗ τὰς ψήφους οἱ δακτυλιογλύφοι σμήχουσι. Eundem lapidem esse putat Bochartus in Hieroz. P. II. Lib. VI. c. 11. p. 842., qui Hebræis שָׁמִיר dicitur Ezech. III. 9. Jerem. XVII. 1. Zach. VII. 12. et
d quo Armenii juxta Stephanum in v. Ἀρμενία sigilla sculpunt et terebrant, immo quo Æthiopes juxta Herodotum et Agatharchidem in sagittis pro ferro acuto usi sunt.

ΣΜΥ'ΡΝΑ, *myrrha*. מֹר, idem. Exod. XXX. 23. Ps. XLIV. 10. Cant. III. 6. — מוֹר. Aquila Cant. I. 12. Conf. Ol. Celsii Hierobot. T. I. p. 520.

e ΣΜΥ'ΡΝΙΝΟΣ. Vide Μύρινος.

*ΣΜΥ'ΧΩ. Vide s. v. σμήχω. Photius: σμύξαι, καῦσαι. Idem: σμυχόμενος, καιόμενος, ἀναλισκόμενος.

ΣΟΑ'Μ. Ipsa vox Hebr. שֹׁהַם, *sardonyx*. 1 Par. XXIX. 2. Conf. de hoc lapide Braunium de Vestitu Sacerd. Hebr. Lib. II. c. 18.

*ΣΟΚΗ'Σ. Vox hæc in Bielii Thesauro omissa reperitur apud Theodot. Ies. XXII. 15. et est ipsa vox Hebr. סֹכֵן, *thesaurarius*, Græcis literis expressa.

ΣΟΚΧΩ'Θ. Hebr. plur. סֻכּוֹת, *tentoria*. 1 Reg. XX. 16. ἐν σοκχώθ. In Gloss. in Libr. 3 Reg. rectius scribitur ἐν σοχώθ, et redditur ἐν συγκλεισμοῖς, vel, ut in Cod. MS. Barocc. legitur, ἐν συγκεκλεισμένοις, sc. τόποις.

*ΣΟ'Ρ. Ipsa vox Hebraica צֹר, *Tyrus*. Ezech. XXVI. 2. et alibi. Eusebius de Loc. Hebr.: Σὸρ, τύρος, φοινίκης μητρόπολις, κλήρου νεφθαλείμ. Hinc emendandus Hesychius, apud quem legitur: Σόορ, τυρός. Scribendum: Σὸρ, τύρος.

ΣΟΡΟ'Σ, *loculus, sandapila, capulum*. אָרוֹן, *arca*. Genes. L. 26. Hesychius et Suidas: σορὸς, μνῆμα, θήκη. Augustinus de Civit. Dei L. XVIII. c. 5. *Arca, in qua mortuus ponitur, quod omnes jam σαρκοφάγον vocant, σορὸς dicitur Græce.* — גָּדִישׁ, *acervus*. Job. XXI. 32. ubi tamen pro ἐπὶ σοροῦ legendum ἐπὶ σωροῦ. Cod. Alex. habet ἐπὶ σωρῷ. Rom. ἐπὶ σωρῶν.

ΣΟ'Σ, *tuus*. ךָ *suffix*. Ps. CXV. 6. — מִמְּךָ, *ex te*. 1 Par. XXIX. 14. σά ἐστι τὰ πάντα, tua sunt omnia. — מִיָּדְךָ, *ex manu tua*. 1 Par. XXIX. 14. — מִמֵּעֶיךָ, *e visceribus tuis*. Gen. XV. 4. ἐκ σοῦ. Legitur præterea apud Symm. Gen. XVIII. 25. ubi verbis חָלִילָה לְּךָ מֵעֲשׂת respondet οὐχὶ σόν. Vulg. *non est hoc tuum*. Sine dubio scribendum est: οὐκ ἴσον, *non est justum*, aut potius: οὐχ ὅσιον, *nefandum est*.

ΣΟΥΑΡΕΙ'Μ. Ipsa vox Hebraica שֹׂעָרִים, *horridæ*. Al. Jer. XXIX. 17. τὰ σῦκα τὰ σουαρείμ. Theodoretus ad h. l. σουαρείμ ἐστι τῇ Ἑβραίων φωνῇ τὰ ἐν ταῖς ὕλαις φυόμενα, τουτέστι τὰ ἄγρια, τὰ ἀνεπιμέλητα, τὰ φυτουργίας οὐκ ἀξιούμενα, τὰ εἰς βρῶσιν ἄχρηστα. Chrysostomum pro voce σουαρείμ, quam Origenes cum Theodotione hic retinuit, posuisse σαπρότατα, a et ex Luciani forte versione notat Grabius in Diss. sua de Vitiis LXX Intt. p. 80.

*ΣΟΥ'Δ, *Sud.* Nomen fluvii in Babylonia. Baruch. I. 4. Sed auctore Bocharto Geogr. S. p. 39. legendum est Σούρ.

ΣΟΥ'ΧΙΝΑ, *suchina ligna.* אַלְמֻגִּים *Almugim, lignorum genus resinosum, odoratum et firmæ consistentiæ,* for- b sitan *santalum.* Aqu. 1 Reg. X. 11. *Forte succina.* Ita de illis Montfauconus Lex. ad Hexapla Orig. Sed vix dubitat Bielius, quin σούχινα vox corrupta, et pro illa legendum sit πεύκινα, qua voce et LXX Hebr. אַלְמֻגִּים reddunt. Vide in v. πεύκινος.

ΣΟΦΕΙ'Ρ, ΣΟΦΕΙ'Ρ, et ΣΟΥΦΕΙ'Ρ, ΣΟΥΦΙ'Ρ. Ipsa vox Hebr. אוֹפִיר, c *Ophir,* nomen regionis. 1 Reg. X. 11. 1 Par. XXIX. 4. 2 Par. IX. 10. ubi alii 'Ωφείρ. Sirac. VII. 20. Σουφείρ etiam habet Theodotio Ps. XLV. 9. ubi tamen Semlero in Præparat. Hermeneut. P. I. p. 362. culpa male dictantis pro ἐξ Οὐφὶρ positum videtur ἐκ Σουφίρ. Sic quoque Nehem. III. 9. pro υἱὸς Σοὺρ lege υἱὸς Οὐρ. Unde apud Hesych- d ium: Σουφείρ, χώρα, ἐν ᾗ οἱ πολύτιμοι λίθοι. καὶ ὁ χρυσὸς, ἐν 'Ινδίᾳ. Et Suidas: Σουφείρ (ita enim scribendum loco Σουφείς), χώρα ἐν 'Ινδίᾳ. Confer et Eusebii Onom. p. 146. ed. Clerici. Σουφείρ autem, vel, ut alias rectius scribitur, 'Οφείρ vel 'Ωφείρ, non esse regionem in India, sed potius *Iberiam,* quæ hodie *Hispania* dicitur, erudite ostendit Oldermannus. Vide e supra in "Οφιρ. Scribitur etiam Σαπφείρ. Vide hoc s. l. ac Drusii Observatt. Lib. XI. cap. 9.

ΣΟΦΙ'Α, *sapientia, doctrina, ars.* בִּינָה, *intellegentia, prudentia.* Prov. II. 3. III. 5. — דַעַת, *scientia.* Prov. I. 7. 29. — חָכָם, *sapiens.* Prov. XVII. 29. ἐπερωτήσαντι σοφίαν σοφία οἱ λογισθήσεται, ubi bis legerunt חָכְמָה. Jaegerus ad h. l. tenendam putat lectionem cod. Alex., quæ f σοφίαν ante σοφία non agnoscit, ut *interrogare* habeat significationem *docilis ingenii, discendique cupiditatem* ostendat. Cohel. VII. 30. Symmach. Cohel. IV. 13. μετὰ σοφίας.— חָכְמָה. Exod. XXVIII. 3. XXXI. 3. 2 Par. I. 10. et alibi sæpius. — חָכְמְתָא Chald. II. 20. 21. 23. — כֹּחַ, *robur.* Prov. XX. 29. ubi pro כֹּחָם, *fortitudo eorum,* transpositis literis legisse videntur חָכָם, *sapere.* g Vide ad h. l. Jaegerum. — מוּסָר, *castigatio, eruditio, doctrina.* Prov. VIII. 33. ἀκούσατε σοφίαν καὶ σοφίσθητε, audite *doctrinam,* ut fiatis sapientes. Confer 1 Cor. II. 6. et ad h. l. Wolfium p. 321.—מְחֹקָק, part. Pyh. *statutum.* Prov. XXXI. 5. — מַחֲשָׁבָה, *excogitatio.* Exod. XXXV. 31. ποιεῖν ἐν παντὶ ἔργῳ σοφίας, ad laborandum in omni opere *artis,* h. e. opere *artificioso.* Conf. 1 Reg. VII. h 14. ubi חָכְמָה, quæ aliis σοφία redditur, τοῖς Ο' exponitur τέχνη. Eodem sensu vocem σοφία Homerus usurpavit. Suidas: Σοφίαν, κοινῶς ἁπάντων μάθησιν, καὶ τὴν τέχνην, καὶ τὴν φρόνησιν, καὶ ἐπιστήμην, ἢ τὸν νοῦν. Ἅπαξ ἐχρήσατο Ὅμηρος σοφίᾳ οὐ καθάπερ νῦν, τὴν διὰ λόγου καὶ πραγμάτων ἐπισκευὴν λόγων τοῦ ἤθους, ἀλλὰ τὴν τεκτονικὴν τέχνην. Respicit Il. Ο', v. 412. ὅς ῥά τε πάσης εὖ εἰδῇ σοφίης i ὑποθημοσύνῃσιν Ἀθήνης. Unde apud Suidam, qui verba subjungit, pro εἰδῆ ponendum εἰδῇ cum iota subscripto. Immo patet inde, quod in versione Suidæ eadem vox male pro accusativo habeatur. De eadem vero notione, qua σοφία *artem* significat, Hesychius: σοφία, πᾶσα τέχνη καὶ ἐπιστήμη. Confer et Pollucem Lib. V. c. 46. segm. 164. et auctores Sebero ad eundem citatos, Heumanni Acta Philosoph. P. I. p. 69. seq. et Alberti ad 1 Cor. III.

a 10. p. 338. — עֲנָוָה, *mansuetudo.* Prov. XXII. 4. ad quem locum Jaegerus: Forsan interpres *modestiæ*, ut Vulgatus, significationem voci Hebraicæ subjecit, posuit autem genus sapientiæ universum pro insigni ejus parte. Neque tamen dissimulare possum, in mentem venisse mihi, ut παιδείας ab interprete scriptum existimarem, *castigationis*
b et *afflictionibus* sensu, conf. Psalm. XVIII. 36. Earundem vocum permutationem Grabius notavit cap. I 29. et suspicatus est cap. VIII. 33. in verbis, quæ ex cod. Alex. protulit. — שֶׂכֶל, *intellectus.* 1 Par. XXII. 12. — תְּבוּנָה, *intellegentia.* Prov. XVIII. 2. Sap. VI. 9. σοφίαν, *scientiam recte regendi, justitiam.* Sir. VI. 24. σοφία γὰρ κατὰ τὸ ὄνομα
c αὐτῆς ἐστι, καὶ οὐ πολλοῖς φανερά, sapientia enim similis est nomini suo, nec multis perspicua. Siracidem hic nomen σοφίας derivasse ab Hebr. צָפָה, quod LXX vertunt καλύπτειν, Hieronymus *operire*, putat Fullerus Miscell. Sacr. Lib. I. c. 5. p. 50. Eichhornius in Introd. in Libr. Apocr. V. T. p. 58. existimat, interpretem Græcum in textu Hebr. in-
d venisse עלימה (unde Ἐλύμας. Act. XIII. 8.) ab علم, *obvelatum esse*, unde عليم, *sapiens.* Sir. XV. 10. σοφία ἐν σοφίᾳ, pro ἀπὸ σοφοῦ. Syrus: *in ore sapientum dicitur laus.* Sirac. XXXIX. 18. ῥήματα σοφίας, *sermones sapientes.* Philo de Congressu Quærendæ Eruditionis Gratia p. 435. ἐστὶ γὰρ φιλοσοφία ἐπιτήδευσις σοφίας, σοφία δὲ ἐπιστήμη θείων καὶ ἀν-
e θρωπίνων, καὶ τῶν τούτων αἰτίων. Ita etiam, et forte ex eodem, σοφία describitur Phavorino in h. v. Post ἀνθρωπίνων autem addit πραγμάτων, et pro τούτων αἰτίων male habet τούτοις αἰτίων. Quomodo σοφία a γνώσει ex mente Etymologi inediti differat, v. in v. γνῶσις. — Vox σοφία n tat quoque *librum præcepta sapic tiæ continentem* aut *collectionem* πα ροιμιῶν in inscriptione librorum Ap cryphorum, qui vulgo Sapient Salomonis et Ecclesiasticus voca tur.

ΈΧΩΝ ΤΗ'Ν ΣΟΦΙ'ΑΝ, *habe sapientiam.* חֲכַם לֵב, *sapiens cord* Ex. XXXVI. 2. — Vide alibi ἐπ ερωτάω.

ΣΟΦΙ'ΖΩ, *sapientem reddo, doce* et Σοφίζομαι, *sapientiam edoceor, s piens sum, sapio, intellego,* it. *s piens videri volo, sophistice, captio loquor.* הֵבִין Hiph. a בִּין, *intelleg* 1 Sam. III. 8. ἐσοφίσατο Ἠλί, κύριος κέκληκε τὸ παιδάριον, *intellegeb conjiciendo* Eli, quod Dominus v casset puerum. Compl. συνῆκεν. — חָכַם in Kal, Pih. Hiph. et Hithp. Reg. IV. 31. ἐσοφίσατο ὑπὲρ πάντας ἀ θρώπους, *sapientior erat* omnibus h minibus. Ps. XVIII. 8. ἡ μαρτυρία Κ ρίου πιστή, σοφίζουσα νήπια, testimoniu Domini firmum, *sapientes redde* infantes. Vide et Ps. CIV. 24. A Job. XXXV. 11. et conf. 2 Ti III. 15. et ad h. l. Wolfium p. 53 Psalm. CXVIII. 98. ἐσόφισάς με ἐντολήν σου, *docuisti* me præcepta tu Cohel. II. 15. ἱνατί ἐσοφισάμην ἐγὼ περισσόν, *quid ego aliis sapientia pr cello.* Ib. v. 19. ἐσοφισάμην, *sapient me gessi.* Vide et Cohel. VII. 1 24. σοφισθήσομαι, *sapiens ero.* Vi et Prov. VIII. 33. Symmach. Pro XXI. 11. σοφισθήσεται, *sapiens er* Conf. Sirac. XXXVIII. 26. 27. 4 L. 30. Incert. Prov. XIII. 20. - מְחֻכָּם part. Pyh. *peritus.* Aqu Symm. Psalm. LVII. 5. σεσοφισμέν Sir. VII. 5. παρὰ βασιλέως μὴ σο ζου, apud regem *non velis sapie videri.* Sir. X. 29. μὴ σοφίζου ποιῆ τὸ ἔργον σου, h. e. vel: ne *sapientia artemve* tuam *ostentes* in opere tu vel: *ne causas nectas,* quomin agas opus tuum. Nam σοφίζεσθ quandoque etiam notat *vafre et fra*

a *dulenter agere.* Sir. XVIII. 29. ἐσοφίσαντο, *dictis proferunt sapientiam.* Sir. XXXIV. 25. ἐν οἴνῳ μὴ σοφίζου (Sic habet cod. MS. teste Corn. de Lapide), h. e. ne *ostenta* te peritum potandi et rei Bacchicæ. Sirac. XXXVIII. 24. σοφισθήσεται, *doctus et literatus evadere potest.* Sirac. XXXVII. 23. ἐστὶ σοφιζόμενος ἐν λόγοις μισητός. Latinus vertit: *qui*
b *sophistice loquitur, odibilis est.* Hesychius: σοφίζεται, σοφόν τι λέγει καὶ παραχρεύεται τῷ λόγῳ. Suidas: σοφιστής, ἀπατεὼν, παρὰ τὸ σοφίζεσθαι, ὅ ἐστι λόγοις ἀπατᾷν.

ΣΟΦΙΣΤΗ'Σ, *sapiens*, i. q. σοφὸς, *doctus et peritus artifex, artifex callidus et ingeniosus*, it. *callidus, vafer, magus.* חָכָם. Exod. VII. 11. συνεκάλεσε δὲ τοὺς σοφιστὰς Αἰγύπτου, con-
c vocabat sapientes (h. e. *rerum arcanarum peritos et magos*) Ægypti. — חַרְטֻמִּים. Theod. et LXX sec. cod. Oxon. Gen. XLI. 24. Adde Dan. I. 20. sec. cod. Chis. ubi Theodot. τοὺς ἐπαοιδοὺς posuit, et ib. II. 18. Suidas in v. σοφιστής· Τὸ δὲ παλαιὸν σοφιστὴς ὁ σοφὸς ἐλαλεῖτο. Idem de eadem voce: οὕτως ἔλεγον πάντας τοὺς πεπαιδευμένους. Hesychius: σο-
d φιστὴς, ἀπατεὼν, διδάσκαλος πανοῦργος.

ΣΟΦΟ'Σ, *sapiens*, it. *in arte quadam peritus.* אֱמוּנִים plur. ex אֵמוֹן, *veritas.* Prov. XIII. 18. ἄγγελος δὲ σοφὸς ῥύσεται αὐτὸν, ubi tamen Jaegerus non male conjecit legendum esse σαφής. — דַּעַת, *scientia.* Prov. XIV. 7. — חָכָם. Gen. XLI. 8. 2 Sam. XIV. 2. ἔλαβεν ἐκεῖθεν γυναῖ-
e κα σοφὴν, sumebat inde mulierem *peritam in arte sua.* Job. V. 13. σοφοὺς, *fallaces, fraudulentos.* Sic חָכָם Exod. I. 10. ubi LXX per κατασοφίζεσθαι transtulerunt. Jer. IX. 16. καλέσατε τὰς θρηνούσας, καὶ ἐλθέτωσαν, καὶ πρὸς τὰς σοφὰς ἀποστείλατε, vocate lamentatrices, ut veniant, et illas, *quæ in arte sua peritæ sunt*, mittite. Ad quem locum Chrysostomus in Caten. Ghisler. p. 813. θρηνητρίας f
καλεῖ πανταχόθεν γυναῖκας καλεῖν, καὶ σοφὰς αὐτὰς λέγει. τί δήποτε; κατὰ τὴν ἔξωθεν αὐτῶν ὑπόνοιαν σοφὰς τὴν οἰκείαν ἐπιστήμην. Τὸν γὰρ εἰδότα τι σοφὸν εἴωθε καλεῖν, ὡς ὅταν λέγει (Psalm. LVII. 5.)· φαρμακοῦται φαρμακευομένη παρὰ σοφοῦ. Καί (Ies. XIX. 12.)· ποῦ εἰσὶν οἱ σοφοὶ πάντες; Ies. III. 2. σοφὸν ἀρχιτέκτονα, *artificiosum* vel *peritum* architectum. Conf. 1 Cor. g
III. 10. et ad h. l. auctores citatos Wolfio p. 348. seq. — חַכִּימִין: חַכִּימַיָּא Chald. plur. Dan. II. 12. 13. V. 7. 8. 16.—חָכְמָה, *sapientia.* Prov. XIII. 10. XVII. 25. — חַרְטֻמִּים plur. *scripturæ hieroglyphicæ periti*, etiam: *magi Persici.* Inc. Gen. XLI. 8. Syrus Dan. II. 2. — מְחֻכָּם part. Pyh. *peritus.* Ps. LVII. 5. φαρμακοῦται φαρμακευομένη h
παρὰ σοφοῦ. Sic quoque Theodot. Vulg. *sapienter.* Sed ipsa lectio mihi est suspecta. Num fortasse legendum est παρασοφοῦ, aut παρασοφῶς? Quod si lectio recepta retineretur, statuendum esset, φαρμακεύεσθαι esse *edoceri incantationes, institutum esse in arte incantandi*, ut φαρμακούμενος παρὰ σοφοῦ sit incantationes edoctus ab *artis perito*, qui i
adeo bene callet hanc artem. Aquila habet σεσοφισμένου. Tunc legissent מְחֻכָּם loco מְחֻכָּם. Theodoreto ad h. l. σοφὸς exponitur ὁ θηρεπῳδός. Sic etiam ex eodem Suidas. Confer et quæ modo ante ex Chrysostomo notata sunt. Prov. XXX. 24. — נָבוֹן part. Niph. a בִּין, *intellegens.* 1 Sam. XVI. 18. 1 Reg. III. 12. — סָתוּם part. Pah. *occlusus.* Ez. XXVIII. 3. k
— פִּקֵּחַ, *apertus*, sc. *oculis, videns.* Aqu. Exod. XXIII. 8. Sed recte dubitat ad h. l. Scharfenbergius, an σοφῶν vere ab Aquila venerit; potius statuit, hanc vocem esse glossam e Deut. XVI. 19. huc translatam. —

a רָם, *excelsus*. Job. XXI. 22. ubi σοφοὶ sunt i. q. *σοφοὶ παρ' ἑαυτοῖς, qui sibi ipsi sapientes videntur, arrogantes, superbi*. Vide Lex. N. T. s. h. v. Hesych. σοφὸς, φρόνιμος, φιλότεχνος καὶ ἐξευρετικὸς, καὶ ὁ τῶν θείων ἔμπειρος.

ΣΟΦΟ'Σ ΓΙ'ΝΟΜΑΙ, *sapiens fio*. חָכַם. Proverb. IX. 12. XIX. 20. XXVII. 11.

ΣΟΦΟ'Σ ΕΙ'ΜΙ', *sapiens sum*.
b חָכַם. Job. XXXII. 9. Prov. IX. 12. XIII. 21.

ΣΟΦΩ'ΤΕΡΟΣ, compar. *sapientior*. חָכָם, sequente מ. Proverb. XXVI. 16. XXX. 24. Ez. XXVIII. 3.

ΣΟΦΩ'ΤΕΡΟΣ ΓΙ'ΝΟΜΑΙ, *sapientior fio*. חָכַם, sequente מ. Proverb. VI. 6.

ΣΟΦΩ'ΤΕΡΟΣ ΕΙ'ΜΙ', *sapientior*
c *sum*. חָכַם, sequente מ. Prov. IX. 9. — הוֹסִיף לֶקַח, *addo doctrinam*. Prov. I. 5.

ΣΟΦΟ'Ω, *sapientem facio, instruo*. פָּקַח, *aperio*. Ps. CXLV. 6. Sensu morali vocem Hebraicam accepit.

ΣΟΦΩ͂Σ, *sapienter*. חָכָם. Ies. XXXI. 2. XL. 20. — בְּחָכְמָה, *in sapientia*. Al. Prov. XXXI. 26.

ΣΠΑ'ΔΩΝ, *spado, eunuchus*. *מָעוּךְ
d *compressus, compressos habens testiculos*. Inc. Lev. XXII. 24. σπάδοντα sec. Codd. Coisl. et Lips. — סָרִיס, *eunuchus*. Genes. XXXVII. 35. Ies. XXXIX. 7. Hesych. et Suidas: σπάδων, ὁ εὐνοῦχος.

ΣΠΑΘΑΡΙΚΑ', *spatharica, ornamentum muliebre*, quod cui voci Hebr. respondeat, non ita perspectum esse scribit Montfauconus.
e Symm. Ies. III. 23. In Hexaplis ad רְדִידִים refertur. Potest tamen eodem jure ad antecedens צְנִיפוֹת referri, quod *calyptras, theristra* notat. Kreyssigius, qui σπαθαρίσκα a σπαθαρίσκον (quam tamen formam a linguæ Græcæ analogia magis abhorrere fatetur, quam formam σπαθαρίσκος, cum qua κλαδίσκος, λημνίσκος, etc. conferre possis) potius legendum conjicit, interpretem potius צְעִיפוֹת legisse opinatur.

ΣΠΑΘΑΡΙ'ΣΚΟΣ, *spathariscus*. Hoc quid sibi velit, se non videre fatentur Drusius et Montfauconus. Drusius confert *spathalion, muliebre ornamentum, quod brachio inserebant armillæ* seu *brachialis loco*. Fischero autem in Clavi Verss. GG. pag. 77. videtur notare *peplum* seu *flammeum* ita dictum, quod esset *pavidense*, non *levidense*, a σπάθη, quod *instrumenti* vocabulum est, *quo percussisse veteres et condensasse fila* leguntur. Vid. Pollux VII. 36. et Salmasius ad Scriptt. Hist. Aug. p. 344. צָעִיף, *pepli s. veli genus quoddam, quo fœminæ Orientis tempore maxime æstivo os obvolverent*, τὸ θέριστρον, ut LXX h. l. transtulerunt, Inc. et Schol. ed. Rom. Genes XXXVIII. 14.

*ΣΠΑ'ΙΡΩ, *palpito, vibro*. 4 Macc XV. 15. ἐπὶ γῆς σπαίροντας. Photius: σπαίρει, ἅλλεται, σκαρίζει, ἐκπνεῖ τὴν ψυχήν. Adde Zonaram col. 1665.

*ΣΠΑ'ΛΑΞ, i. q. ἀσπάλαξ, *talpa* תִּנְשֶׁמֶת, idem. Lev. XI. 30. sec Ald. In reliquis libris legitur ἀσπάλαξ. Confer Etymol. M. 161. 7 Similis huic est vox σπάλαθρος, pr[o] qua etiam ἀσπάλαθρος ponitur. Vid Etymol. Gudianum 84. 25.

*ΣΠΑ'ΝΗ, *raritas, paucitas*. Vid s. v. σπάνις.

ΣΠΑ'ΝΙΖΩ et ΣΠΑΝΙ'ΖΟΜΑΙ, *ra[re]sco, rarus sum, diminuor, penuri[a] laboro*. אָזַל, *abeo*. Job. XIV. 11 χρόνῳ γὰρ σπανίζεται θάλασσα, *tem[pore] pore enim diminuitur aqua*. Le[x.] Cyrilli MS. Brem. σπανίζεται, σχο[λ]ίζεται, λείπει, ὑστερεῖται. Idem fe[re] quoque habet Zonaras Lex. 166[.] Judith. XI. 13. ἐσπανίσθη τῶν ὕδα[των]. Præterea legitur apud Inc. se[c.] Schol. ed. Rom. Lev. XIII. 55. pr[o]

Hebr. פְּחֶתֶת, *fossio*, σπανίζουσαν, quam lectionem Montfauconus alio et extra locum proprium translatam putat. Bielius autem retulit ad מַמְאֶרֶת, *pungens, corrodens*, v. 51. cum qua voce quoque jungitur a Montfaucono. Ib. XIV. 44. in quibus locis de *lepra* sermo est. Bahrtius corrigit σπαθίζουσα, quæ tamen vox non ita usurpatur, ut vocibus Hebr. et lepræ conveniat. Forte legendum ξανθίζουσα, coll. v. 57. ubi τῷ פֹּרַחַת, *gemmescens*, respondet. Vide ad priorem locum Montfauconum. — *חָתַם, *obsigno*. Dan. IX. 24. sec. cod. Chis. καὶ τὰς ἀδικίας σπανίσαι, pro quo in sequentibus συντελεσθῆναι ponitur. Bene quoad sensum. Nam *sigillum* in ll. Or. pro *fine* seu *extremo alicujus rei* ponitur. Sic in Consess. Harir. I. *sigillum circuitus* est *extremum viæ*, et Coran. Sur. XXXIII. 40. Muhamed se vocat *sigillum prophetarum*, h. e. *ultimum*, ac fortasse *præstantissimum*. Sed fortasse etiam pro σπανίσαι rescribendum est σφραγίσαι, ut legitur apud Athanasium de Incarnat. Verbi Dei T. I. p. 92. ed. Col. ac Theodoretum.

ΣΠΑ'ΝΙΟΣ, *rarus, paucus, parcus*. Σπάνιον pro σπανίως, adverbialiter, *raro*. יָקָר, *pretiosus*. Symm. 1 Sam. III. 1.

ΣΠΑ'ΝΙΟΝ ΕΙ'ΣΑ'ΓΩ, *rarum induco*. הוֹקִיר Hiph. a יָקַר, *pretiosum habeo*. Prov. XXV. 17. σπάνιον εἴσαγε σὸν πόδα πρὸς τὸν σεαυτοῦ φίλον, *rarus sis* in amico tuo conveniendo. Hesych. σπάνιον, ἀραιόν.

ΣΠΑ'ΝΙΣ, *raritas, penuria, inopia*. אֶפֶס, *defectus*. Symm. Prov. XIV. 28. — מְאֵרָה, *maledictio*, quod de *victus omniumque rerum penuria* eodem modo dicitur, ut oppositum בְּרָכָה de *copia et abundantia omnium rerum*. Aquila juxta Cod. Coislin. Deut. XXVIII. 20. Montf. edi jussit σπάνη. Inc. sec. cod. Barberinum Mal. II. 2. σπάνιν, quod aut a Symmacho profectum est, aut ex altera versione Aquilæ haustum. Judith. VIII. 9. ἐν τῇ σπάνει τῶν ὑδάτων, *in penuria aquarum*.

ΣΠΑΡΑΓΜΟ'Σ, *laceratio, laniatus, convulsio, perturbatio*. תַּרְעֵלָה, *horror, vertigo*. Symm. Ies. LI. (17.) 22. σπαραγμοῦ, ubi de *commotione* ac *perturbatione animi* dicitur.

ΣΠΑΡΑ'ΣΣΟΜΑΙ, *laceror, perturbor, valde commoveor*. הָמָה, *strepo*. Jerem. IV. 19. ad quem locum Chrysostomus in Catena Ghislerii pag. 369.: σπαράσσεται ἡ καρδία μου, τουτέστιν, ὑπὸ τοῦ δέους πηδᾷ, μόνον οὐχὶ ἐξελθεῖν βουλομένη. Μιμεῖται μητέρα τὰ σπλάγχνα σπαραττομένην ἐπὶ τέκνων ὀλέθρῳ. — הִתְגָּעֵשׁ Hithp. *commoveor*. 2 Sam. XXII. 8. τὰ θεμέλια τοῦ οὐρανοῦ συνεταράχθησαν καὶ ἐσπαράχθησαν, fundamenta cœli conturbabantur, et *vehementer commovebantur*. — שָׂרַט, *cædo, incido*. Aqu. Zach. XII. 3. σπαρασσόμενος. 3 Macc. IV. 6. virgines θρῆνον ἐξῆρχον, ὡς ἐσπαραγμέναι σκυλμοῖς ἀλλοεθνέσι, tanquam *laniatæ* a gentilium vexationibus. Hesych. σπαρασσόμεθα, ξεόμεθα, ταραττόμεθα.

*ΣΠΑΡΑ'ΣΣΩ, *lacero, dilacero, dilanio*. הִשְׁלִיךְ Hiph. a שָׁלַךְ, *projicio*. Dan. VIII. 7. sec. cod. Chis. ἐσπάραξεν αὐτὸν ἐπὶ τὴν γῆν. Conjicere facile quis posset, legendum esse ἔῤῥαξεν, coll. 10. et 11.: Segaario tamen ad h. l. videtur nihil mutandum, et ἐσπάραξε cumulata virtute positum esse.

ΣΠΑ'ΡΓΑΝΟΝ, *fascia, pannus oblongus, in quo infans involvitur*. הָחְתֵּל inf. Hoph. *fasciando*. Ez. XVI. 4. ἐν σπαργάνοις οὐκ ἐσπαργανώθης, *fasciis non obvolutus es*. Conf. Sap. VII. 4. Hesychius: σπαργάνοις, δεσμοῖς, ῥάκεσι.

ΣΠΑΡΓΑΝΟ'Ω, *fascio, fasciis involvo*. הָחְתֵּל Pyh. Ezech. XVI. 4.

a — חֲתֻלָּה, *fascia*. Job. XXXVIII. 9.

ΣΠΑΡΤΙ´ΟΝ, proprie *funis sparteus*, et generaliter *quilibet funis, filum*. חוּט, *filum*. Gen. XIV. 23. ἀπὸ σπαρτίου ἕως σφυρωτῆρος ὑποδήματος, a *filo* usque ad corrigiam calceamenti. Aquila ibi pro σπαρτίου habet ῥάμματος. Unde apud Hesychium: σπαρτίου, ῥάμματος. Jos.
b II. 18. σπαρτίον τὸ κόκκινον, *filum coccineum*. Jud. XVI. 12. Vide et Cant. IV. 3. Vulgat. ibi: *sicut vitta coccinea*. Nempe חוּט *omne* notat, *quod contortum et contextum est. Vitta* autem melius convenit labiis, quam filum. — פֶּלַח, *segmentum*. Cant. VI. 6. — פְּתִיל. Ezech. XL. 3. Adde Jud. XVI. 3. Vat. — קַו, *regula, amussis*. Job. XXXVIII. 5. — *קָנֶה, *calamus*. Ezech. XL. 3.
c ubi σπαρτίον notat *funiculum ædificatorum*, vel *perpendiculum*, a σπάρτη, quod secundum Hesychium etiam στάθμη τεκτονική, sive *perpendiculum*. Sc. קָנֶה est *calamus mensorius*, et ad mensurandum etiam funes adhibebantur. Non igitur opus erit statuere, LXX h. l. קַו legisse. Cæterum h. l. apud LXX duæ versiones
d coaluerunt. — Vide alibi γεωμετρία.

ΣΠΑΣΜΟ´Σ, *tractio, extractio, eductio, districtio*. 2 Macc. V. 3. μαχαιρῶν σπασμοὺς, gladiorum *eductiones*, h. e. gladios *strictos*.

ΣΠΑΤΑΛΑ´Ω, *delicior, luxuriose, delicate vivo*. Sir. XXI. 17. ὁ σπαταλῶν, *luxuriose vivens*. Hesych. σπαταλᾷ, τρυφᾷ. Lex. Cyrilli MS. Brem. σπαταλᾷ, λίαν τρυφᾷ, ἀσώτως ζῇ. Lex. vet. σπαταλῶ, *delicias ago*. Confer
e de hoc verbo Wolfium ad 1 Tim. V. 6. p. 469. ac Lexicon N. T. s. h. v.

ΣΠΑΤΑ´ΛΗ, *deliciæ, luxus*. תַּעֲנוּג, *oblectatio*. Symmach. Cohel. II. 8. Inc. Cant. VII. 6. σπατάλας. Sirac. XXVII. 13. γέλως αὐτῶν ἐν σπατάλῃ ἁμαρτίας. Latinus vertit: *risus illorum in delictis* (male. Rectius legitur: *in deliciis*,) peccati, h. e. *cum risu et gaudio narrant suas libidines, aliasque fœdas peccatorum delicias*. Tigurina: *scelerosam voluptatem*.

ΣΠΑ´ΤΑΛΟΣ, *delicatus*. רַךְ, *tener*. Symm. Deut. XXVIII. 54. Legitur quoque Sir. XXI. 15.

ΣΠΑ´Ω, *traho, stringo*. הָרַג, *occido*. Ezech. XXVI. 15. ἐν τῷ σπάσαι μάχαιραν ἐν μέσῳ σου. Libere verterunt. — *הִקְרִיב Hiph. *appropinquare facio, accelero*. Symm. Ez. XXII. 4. ubi Semlerus pro σπάσαι conjicit legendum φθάσαι. — מָרַט, *expolio*. Ezech. XXI. 28. ἐσπασμένη. Quia eadem voce in proxime antecedentibus quoque usi sunt, suspicor, LXX scripsisse potius ἐσπασμένη, coll. Ezech. XXI. 10. 11. Sed receptam lectionem habet Codex Syr. Hexaplaris.—נֶעֱצַב Niph. *dolore afficior*. Aqu. Cohel. X. 9. σπασθήσεται. — *עָדִין. 2 Sam. XXIII. 8. ἐσπάσατο. Boysenius ad h. l. confert Arab. عدن, *extrahere, evellere*. — עוֹרֵר Pih. a עוּר, *suscito*. 1 Par. XI. 11. 20. οὗτος ἐσπάσατο τὴν ῥομφαίαν αὐτοῦ, hic *stringebat* gladium suum. — פָּתַח, *aperio*. Ps. XXXVI. 14. ῥομφαίαν ἐσπάσαντο, gladium *stringebant*. Conf. Marc. XIV. 47. et Lex. N. T. s. h. v. Hesych. ἐσπάσαντο, εἵλκυσαν. — שָׁלַף, *extraho*. Num. XXII. 23. Jud. IV. 13. ἐσπασμένη, *gladius strictus* s. *evaginatus*. Huc pertinet glossa Hesychii ἐσπασμένη, γεγυμνασμένη. Sed puto emendari debere γεγυμνωμένη. Certe Herodianus dixit γυμνοῦν ξίφος. Vide I. 8. 12. et VII. 4. 13. Aut notandus usus verbi γυμνάζειν, *nudare*, Jud. VIII. 20. XX. 2. et alibi. Sap. VII. 3. ἐγὼ δὲ γενόμενος ἔσπασα τὸν κοινὸν ἀέρα, ego autem natus *traxi* communem aërem. Vulg. *accepi* sensu eodem. — Vide alibi μάχαιρα.

ΣΠΕΙ͂ΡΑ, *spira, caterva, cohors, turma, numerus, ordo militaris.* Judith. XIV. 11. ἐξήλθοσαν κατὰ σπείρας, *turmatim* egrediebantur. 2 Macc. VIII. 23. τῆς πρώτης σπείρας αὐτὸς προηγούμενος, primi *ordinis* ipse dux. Vide et 2 Maccab. XII. 22. 2 Macc. XII. 20. κατέστησεν αὐτοὺς b ἐπὶ τῶν σπειρῶν, illos *cohortibus* præfecit. Suidas: σπεῖρα, τάξις στρατιωτική. Idem: Σπεῖραι, πλήθη στρατευμάτων, φάλαγγες, νούμερα, λεγεῶν. Hesych. Ἐκ σπείρης, ἐκ τάγματος, ἐκ νουμέρου. Ad quem locum Sopingius: Cic. Lib. V. in Verrem: *Ex quo numero? ex eadem cohorte.* Cf. Glossar. Græc. in N. T. Alberti editum p. 71. qui etiam p. 193. ex c MS. Vossii hæc profert: σπεῖρα, ἀπὸ ἐνσπειράσθαι ἡμᾶς ἐν αὐτῇ. Plura vide de hac voce in Lex. N. T. s. h. v.

ΣΠΕΙΡΗΔΟ'Ν, *in modum spiræ, vel in orbem convolutim, cohortatim, per cohortes, catervatim, turmatim.* 2 Macc. V. 2. XII. 20. διατάξας τὴν αὐτοῦ στρατιὰν σπειρηδόν.

ΣΠΕΙ'ΡΩ, *semino, sero,* it. *spargo,* d *dispergo.* הֵפִיץ Hiph. a פּוּץ, *dissipo, dispergo.* Gen. XI. 8. ἔσπειρεν αὐτοὺς κύριος ἐκεῖθεν, *dispersit* illos Dominus inde: ubi alii διέσπειρεν habent. Ies. XXVIII. 25. — זָרָה. Numer. XVI. 37. τοῦτο σπεῖρον ἐκεῖ, hunc (sc. ignem) *sparge* hinc inde. Exod. XXXII. 19. — זָרַע. Zach. X. 9. σπερῶ αὐτοὺς ἐν λαοῖς, *dispergam* illos inter populos. Hagg. I. e 6. Nah. I. 14. et alibi sæpius. — זֶרַע, *semen.* Numer. XX. 5. Prov. XI. 21. ubi legerunt זוֹרֵעַ. — חָרַשׁ, *aro.* Incert. Hos. X. 13. ἐσπείρατε. Bene quoad sensum, et sic in aliis quoque locis V. T. legitur. Præterea חָרַשׁ in universum notionem *cultus agrorum* habuisse videtur. — מִזְרָע, *sementis.* Ies. XIX. 7. — נָדַח, *depello.* Jerem. XXX. 14. ὅτι ἐσπαρμένη ἐκλήθης, quod *dispersa* f vocaris. — סָפִיחַ, *sponte natum.* Ies. XXXVII. 30. ἃ ἔσπαρκας. Forte legendum ἃ οὐκ ἔσπαρκας, aut τῷ סָפָה, quod in universum *effundere, largiter dare* notat, tribuerunt notionem *serendi.* — פָּזַר. Prov. XI. 24. ubi pro σπείροντες Aqu. Symm. Theod. σκορπίζοντες habent, ac utraque vox notat *largiri, liberalem esse.* In notione *procreandi* legitur. g 4 Macc. X. 2.

ΠΑ'ΛΙΝ ΣΠΕΙ'ΡΩ, *iterum semino.* זָרַק וְשׂוּם, *spargo et pono.* Ies. XXVIII. 25.

ΣΠΕ'ΝΔΩ, *libo, sacrifico, offero,* speciatim *liquida.* נָסַךְ, idem. Gen. XXXV. 14. Numer. XXVIII. 7. Jerem. VII. 17. Aqu. Ps. XV. 4. 2 Reg. XVI. 13. ubi pro ἔσπεισεν, quod exhibet cod. Alex., reponendum est ἔσπεισεν, ut legitur in Complutensi editione. — נְסַךְ Chald. h Pah. Dan. II. 46. μάννα καὶ εὐωδίας εἶπε σπεῖσαι αὐτῷ, libamen et suffitus mandabat ut *offerrent* illi. Hesych. σπεῖσαι, ἐκχύσαι, προσενέγκαι, θῦσαι θεῷ. Lex. Cyrilli MS. Brem. σπεῖσαι, ἐκχύσαι, θῦσαι. — נֶסֶךְ, *libamen.* Num. IV. 7. — סָכַךְ, *tego.* Exod. XXV. 29. τοὺς κυάθους, ἐν οἷς σπείσεις ἐν αὐτοῖς, cyathos, quibus *libas.* Vide et Exod. XXXVII. 16. Utrobique legerunt נָסַךְ. Suidas: σπένδεται, δο- i τικῇ, θύεται, ἢ θυμιᾷ, ἢ φιλιοῦται. Idem: σπένδομαι, δοτικῇ, θύομαι, ἢ θεῷ ἀνατίθεμαι. καὶ σπένδοντας, θύοντας, προσφέροντας. Hesych. ἔσπεισεν, προσήνεγκεν, ἔθυσεν. Confer Suiceri Thes. Eccles. T. II. p. 993.

ΣΠΕ'ΡΜΑ, *semen,* it. *proles, genus, progenies, posteri.* *אוּר, *ignis.* Ies. XXXI. 10. σπέρμα. Sic nempe interpretati sunt LXX formulam, *ignem et clibanum habere,* sed non

a satis bene. Sunt autem per *σπέρμα* h. l. Israëlitæ intellegendi, qui et in seq. *οἶκιοι* appellantur.—אַחֲרִית, *postremum.* Numer. XXIII. 10. XXIV. 20. Scil. vox Hebr., ut e multis locis constat, significat *posteritatem s. posteros.* Confer Psalm. CIX. 13. Amos IV. 2. *Posteri* autem, quin et *filius* (confer Deuter. XXV. 5.), Hellenistis dicuntur
b *σπέρμα.* — בֵּן, *filius.* Deuter. XXV. 5. — דְּלִי, *situla.* Num. XXIV. 7. ubi *σπέρμα semen virile* notat, quam notionem quoque h. l. דְּלִי habet. — זָכָר, *masculus.* Incert. Numer. XXXI. 17. — זְמֹרָה, *palmes.* Ies. XVII. 10. — זֹרֵעַ part. ben. Kal, *sator.* Jerem. L. 16. Legerunt זֶרַע. — זֵרוּעַ, *sativus.* Ies. LXI. 11. — זֶרַע, constr. זֶרַע. Num. XI.
c 7. — זֶרַע. Genes. III. 15. IV. 24. IX. 9. XII. 7. Hic et multis aliis locis *σπέρμα* pro *prole, progenie, sobole* vel *posteris* usurpatur. Eodem sensu non solum tragicos et poëtas, sed prosaicos quoque scriptores Græcos elegantissimos eandem vocem accepisse, multis ostendit Georgius Vindic. N. T. ab Ebraism. Lib. II. c. 1. §. 39. pag.
d 87. seq. — זְרַע Chald. Dan. II. 43. — זְרוֹעַ, *brachium.* 1 Sam. II. 33. ubi dubitari non potest, quin pro זְרֹעֲךָ et זְרֹעַ legendum putarint, quamvis repugnante rei linguæque natura, זַרְעֲךָ et זֶרַע. Eodem modo Ezech. XXXI. 17. pro זְרֹעוֹ, *brachium ejus,* legerunt cum Syro זַרְעוֹ, *semen ejus.* Idem valet de locis Ies. XVII. 5. XXXIII. 2.
e Dan. XI. 6. — זֵרֹעִים plur. *legumina.* Dan. I. 12. Forte legerunt זְרָעִים, nisi vocabulo generis usi sunt pro vocabulo formæ. — זֵרְעֹנִים plur. idem. Dan. I. 16. ubi Schol. *ὄσπρια.* — מֶשֶׁךְ זֶרַע, *tractio seminis.* Ps. CXXV. 7. Substantivum h. l. positum est pro adjectivo: *semen spargendum.* Confer Amos IX. 13. — נִין, *filius.* Genes. XXI. 23. — נִין וָנֶכֶד, *filius et nepos.* Ies. XIV. f 22. — נִיר per apocopen pro נִירָה fut. a יָרָה, *dejiciemus.* Num. XXI. 30. At hic legerunt נִיר, *novale,* ac per *σπέρμα* non *posteri,* sed *sativi agri, pulchra novalia* intellegenda sunt. — עָפָר, *pulvis.* Num. XXIII. 10. ubi per *pulverem Jacobi* intellegendi sunt *innumerabiles posteri Jacobi.* — פְּלֵיטָה, *evasio.* Ies. XV. 9. ubi *σπέρμα reliquias, paucos superstites* notat (Vide Lex. N. T. s. h. v. n. 5.), adeoque bene respondet Hebr. voci, quæ de *paucis, qui evaserunt,* explicanda est. Vide infra s. v. שָׂרִיד. — שֵׁם, *nomen.* 2 Reg. XIV. 27. שֵׁם quoque *posteros* notat, *per quos nomen parentis conservatur.* — שָׂרִיד, *superstes.* Deuter. III. 3. Ies. I. 9. — שֹׁרֶשׁ, *radix.* Ies. XIV. 29. 30. Tob. VIII. 8. τὸ ἀνθρώπων σπέρμα, hominum *progenies.* — Vide alibi *οἶκιος.*

ΣΠΕΡΜΑΓΝΩ, *semino.* זָרַע. Aqu Theod. Gen. I. 29. *σπερμαίνουσαν.*

ΣΠΕΡΜΑΤΙΑ, *sementis.* דָּגָן, *fru mentum.* Symm. Ps. LXIV. 10.

ΣΠΕΡΜΑΤΙΖΩ, *semen efficio,* d. *seminifico, semen reddo* vel *emitt semen in folliculis concipio et fer* *Σπερματίζομαι, semen suscipio, conc pio.* גִּבְעֹל, *culmus, globulus* s. *nod in capite lini maturescentis.* Exo IX. 32. *τὸ λίνον σπερματίζον, lin semen ferens.* — זָרַע, *semino.* Aq Genes. I. 11. *σπερματίζον.* (Plini *sementare* dixit Lib. XVIII. c. *est omnino inutile nasci herbas mentaturas.* Vide Drusium

a Fragm. Vet. Int. Græc. p. 4.) Pro
σπερματίζοι reponendum esse videtur
σπερματίζοντα, ut cod. Mosqu. habet,
in quo hæc lectio Symmacho tribuitur. Idem valet quoque de v.
12. — הִזְרִיעַ Hiph. Levit. XII. 2.
γυνὴ, ἥτις σπερματισθῇ, mulier, quæ
semen suscepit, vel *imprægnata fuit.*
Legerunt cum Samaritanis תִּזָּרַע.

ΣΠΕΥ'ΔΩ, *festino, propero, præ-*
b *ceps sum*, it. *avide appeto, studiose*
quæro, procuro, accelero. *אָבָה,
Ebeh. Symm. Job. IX. 26. ὁμοίως
ναυσὶ σπευδούσαις, quemadmodum naves festinantes. In textu Hebr.
legitur: *cum navibus papyraceis s.*
arundineis. Scil. naves ex papyro
Nilotica textæ sunt admodum veloces. Vide Intt. ad Ies. XVIII.
2. — אָץ, *festinus.* Proverb. XIX.
c 2. Al. Proverb. XXVIII. 20. —
נִבְהַל ; בָּהַל, Pih. et Niph. Exod.
XV. 15. τότε ἔσπευσαν. Schol. ἐθορυβήθησαν. Pro נבהלו aut legerunt
בדהלו, aut illud pro hoc altero
sumi censuerunt. Scil. fuga repen-
tina est effectus terroris. 1 Sam.
XXVIII. 21. ὅτι ἔσπευσε σφοδρῶς,
quod valde esset *perturbatus.* Prov.
XXVIII. 22. σπεύδει πλουτεῖν ἀνὴρ
d βάσκανος, *avide expetit ac studet* di-
tescere vir invidus. Sic Ælianus
V. H. XIII. c. 30. σὺ μὲν οὐρανοῦ
μεταχεῖν βουλόμενος καὶ τοῦτο σπεύδων,
tu vero quum in cœlum cooptari
volueris, et hoc cupidissime *deside-*
raveris. Conf. et 2 Petr. III. 12.
et quæ ad h. l. ex Polybio notat
Raphelius. Vide quoque Stoeber.
ad Thom. M. v. σπουδάζειν. Cohel.
e V. 1. μὴ σπεῦδε ἐπὶ στόματί σου, ne sis
præceps ore tuo. Aqu. Symmach.
Ps. LXXXIX. 7. ubi Semlerus legere mavult ἐσπουδάσαμεν, qua tamen
mutatione non opus esse videtur.
— *דַּהֲרוֹת, *calcitratus.* Jud. V.
22. ἔσπευσαν. Interpretati sunt, ac
si verbum esset, aut potius legerunt
מְהַרוּ מְהֵרוּ. Sed et Judæi vocem
Hebr. de *cursu celeri* interpretati
sunt, ut observavit Bochartus Hie- f
roz. P. I. Lib. II. c. 6. pag. 97. —
דָּחַף, *impello.* 2 Paral. XXVI. 20.
— דָּחַף et נָתַן, *impello et do*, junctim. Esth. III. 15. ἐσπεύδετο δὲ τὸ
πρᾶγμα καὶ εἰς Σοῦσαν, res autem *ce-*
leriter etiam *veniebat* Susam. —
הִכִּיר Hiph. a נָכַר, *agnosco.* 1 Reg.
XVIII. 7. — הָמָה, *tumultuor.* Jer.
XXXI. 20. ἔσπευσα ἐπ' αὐτῷ, *contur-*
batus sum super eo. Ita Sir. II. 2.
μὴ σπεύσῃς ἐν καιρῷ ἐπαγωγῆς, ne *con-* g
turberis in tempore calamitatis. Eodem sensu κατασπεύδω aliquando
reperitur. Vide supra s. l. Confer
et v. σπουδάζω. — הֵעִיז Hiph. a עוּז,
congrego, secundum alios: *aufugio.*
Jerem. IV. 6. — הֵרִיץ Hiph. a
רוּץ, *currere facio.* Symm. Psalm.
LXVII. 32. σπευσάτω. — הִתְאַמֵּץ
Hithp. *fortifico me.* 2 Paral. X. 18.
— חוּשׁ in Kal et Hiph. 1 Sam. h
XX. 37. Psalm. LXIX. 1. Aquil.
Symm. Theodot. Ies. XXVIII. 26.
— חָפַז. 2 Sam. IV. 4. — מָהִיר,
festinus. Ies. XVI. 5. ἐκζητῶν κρίμα,
καὶ σπεύδων δικαιοσύνην, diligenter in-
quirens jus, et *accelerans* vel *stu-*
diose procurans justitiam. Sic
Herodot. Lib. I. c. 38. τὸν τε γάμον
τοι τοῦτον ἔσπευσα, has *maturavi* nuptias. Idem: παῦσαι σπεύδων, τὰ σπεύ-
δεις, desine *accelerare*, quæ *accele-*
ras. Idem: ξυνὸν πᾶσιν ἀγαθὸν σπεῦ- i
σαι, omnibus commune bonum *stu-*
diose procurare. Vide Raphelii
Annotat. ex eodem ad 2 Petr. III.
12. pag. 660. Apud Hesychium
σπεύδων exponitur σπουδάζων, ἐνεργῶν.
— *מִהֵר Pihel. Genes. XVIII. 6.
XIX. 22. XXIV. 18. 20. 46. et
alibi sæpius. Adde 1 Reg. XXI.
33. ubi pro ἐσπείσατο, quod exhibet
cod. Vat. (cujus loco in aliis libris
vitiose legitur ἐπείσατο), ex editione

a Complutensi reponendum est ἔσπευσαν accommodate textui Hebraico. — *מִיכַל הַמָּיִם, *rivus aquarum*, ubi aquae fluxus validus est ac vehemens. Inc. 2 Sam. XVII. 20. pro *transierunt rivum aquarum* habet: διεληλύθασι σπεύδοντες, ubi vel, neglectis verbis מִיכַל הַמָּיִם, legit עָבוֹר עָבְרוּ (Conf. LXX v. 16. et notata a me s. v. διαβαίνω σπεύδων.)
b vel מִיכַל derivavit a יָכֹל, *potuit, valuit*, ut מ sit praefixum, hoc sensu: *quantum potuit*, h. e. admodum festinanter ac celeriter. Posterius mihi magis placet ob LXX, qui habent μικρὸν, quod vide supra. — *נָהַר, *confluo*. Mich. IV. 1. ubi legerunt, מָהֲרוּ, ut jam monuit editor Justini M. Parisiensis et Strothus Repert. Bibl. et Orient. Literat. P.
c II. p. 82. Nam נָהֲרוּ Jer. XXXI. 12. et in simili prorsus serie orationis Ies. II. 2. vertunt ἥξουσι, sed מָהַר plerisque locis interpretantur σπεύδειν seu, ταχύνειν. — *עָרַג. Symmach. Psalm. XLI. 2. σπεύδει, *festinat ad aquam, siti nempe impulsus*. Sensum expressit, nam עָרַג est *anhelare, extollere vocem, clamare prae cupiditate*. — *בְּצִים, *in navibus*.
d Ezech. XXX. 9. σπεύδοντες. Fortasse legerunt אָצִים (nam אוּץ est *urgere, festinare*) aut בְּצִים (a باض pro بوض, *festinavit*, ut judicavit Michaëlis Supplem. p. 2086.), aut sensum expresserunt. — קָרַב, *accedo, appropinquo*. Symm. Psalm. CXVIII. 150. ἔσπευσαν. — *רָדַף, *persequor*. Symmachus Hos. VI. 3. σπεῦσαι. Quasi loco נִרְדְּפָה legisset
e לִרְדֹּפָה, ex solo elegantiae studio. — רָכַב, *equito*. 2 Reg. IX. 16. Sap. IV. 14. ἔσπευσεν. Vulg. *properavit educere illum*. Sir. II. 2. μὴ σπεύσῃς, ne sis *festinus ac praeceps* in impatientiam ac desperationem: ubi σπεύδειν, ut Hebr. חָפַז (1 Sam. XXVIII. 21.), *perturbari, de statu mentis dejici* notat. Hesych. ἔσπευσεν, ἔκαμεν, ἐταλαιπώρησεν, ἐκακοπάθησεν. Sir. XXXVI. 7. σπεῦσον καιρὸν, *accelera* tempus. 2 Macc. IV. 14. sacerdotes ἔσπευδον μετέχειν, *avide quaerebant* partes agere in ludis Graecis. — Vide alibi διαβαίνω.

ΣΠΗ'ΛΑΙΟΝ, *spelunca*. גִּבְעוֹן, *Gibhon*, nomen proprium. Symm. 2 Sam. II. 24. In mente habuit rad. גָּבַע, cui alii notionem *tegendi* et *operiendi*, alii vero, praeeunte Schultensio in Comment. ad Prov. XXII. 23., notionem *complicandi in rotundiorem formam* tribuunt. — מְעָרָה. Gen. XIX. 30. XXIII. 9. XLIX. 29. et alibi saepius. — מְעָרִים plur. *nuditates*. Hab. II. 15. Secundum Bielium aliosqu[e] desiderarunt hic in suis codd. τὸ [...] et cum Arabe legerunt מְעָרֵיהֶם quasi esset ab מְעָרָה, *caverna*. Se[d] non opus est ad varietatem lectioni[s] confugere. Potius σπήλαιον est *an[trum] virginis, pudenda muliebria*. — מְצָדָה, *arx*. Ies. XXXIII. 16. ὑψηλῷ σπηλαίῳ, ubi σπήλαιον not[at] *omnem locum, in quo aliquis bene [ac] secure latere potest*. Theod. 1 Sa[m]. XXIII. 14. ἐν τοῖς σπηλαίοις τοῖς ὀχυροῖς, ubi tamen σπηλαίοις de suo a[d]didisse videtur. Vulgatus habe[t] *in locis firmissimis*. Adde ibid. 19. — נָצוּר part. Pah. *custodit[um]*. Ies. LXV. 4. — *סָעִיף, *spelun[ca]*. Theod. LXX sec. Ald. Alex. Oxon. Jud. XV. 8. ἐν τῷ σπηλα[ίῳ]. Vide ad h. l. Scharfenbergium. — עָב, *nubes densa*. Jerem. IV. [...] ubi verba εἰσέδυσαν εἰς τὰ σπήλ[αια] sunt alius interpretis, qui tam[en] non legit בֶּחָרִים loco גֵּבִים

a quæ fuit Michaëlis sententia, sed עֲבָיִם ab Arab. غاى, *latuit*, derivavit. — עַיִט, *avis rapax*. Inc. et LXX Jerem. XII. 9. Ita bis transtulerunt ex usu l. Arab. غابط, *spelunca*, ab غبط, *fodit*, etiam *intravit*, *latuit in aliqua re aut loco*. Cf. Dieu Crit. S. p. 245. — עֲרֵמָה, *acervus*. Jerem. L. 26. Legerunt literis transpositis כִּמְעָרִים, a
b מְעָרָה, *spelunca*. Incidit tamen suspicio, an σπήλαιον menda purgandum sit. Quid si reponas σπίδιον aut σπιδόν? quod teste Hesychio est πλατὺ, εὐρυχὲς, εὐρυγές. — שָׂדֶה, *ager*. Gen. XLIX. 30. ubi Grabio pro הַשָּׂדֶה legisse videntur מְעָרָה. Ib. L. 13.

*ΣΠΗΛΟ´Ω. Vide infra s. σπιλόω.

ΣΠΙΘΑΜΗ´, *spithama*, *spatium*,
c *quod est inter pollicem et minimum digitum expansos*, vel est: *mensura duodenum digitorum*, quam Latini *palmum majorem et dodrantalem* appellant, a σπίζεσθαι, *extendi*. גֹּמֶד, *cubitus*. Jud. III. 16. — זֶרֶת, *spithama*. Ies. XL. 12. τίς ἐμέτρησε τῇ χειρὶ τὸ ὕδωρ, καὶ τὸν οὐρανὸν σπιθαμῇ; quis mensus est manu aquam, et cœlum *spithama*? Ad quem locum
d Basilius in Tract. de Spiritu S. cap. 5. p. 249. et ex illo, observante Pearsono, Suidas: Σπιθαμή. τροπικῶς ἐστὶ τοῦ θεοῦ προφητικὸς λόγος ὠνόμασεν, ὅτι συνέχει τὴν κτίσιν, καὶ περιδεδραγμένος αὐτῆς, εἰς τάξιν ἅπαντα καὶ διακόσμησιν ἄγει, καὶ ἔρεισιν ἰσοῤῥοπίαν καὶ μέτρα, πᾶσι τοῖς ἐν τῷ κόσμῳ τὴν οἰκείαν τάξιν ἀποπληρώσας. ὁ τὸν οὐρανὸν ὅλον μικρῷ μέρει τῆς ὅλης αὐτοῦ δυνάμεως
e περιέχων, ἣν σπιθαμὴν τροπικῶς ὁ λόγος ὠνόμασε. — טֶפַח, *palmus*, *mensura quatuor digitorum*. Symm. Psalm. XXXVIII. 7. ὡς σπιθαμὰς ἔδωκας τὰς ἡμέρας μου, tanquam *spithamas* dedisti dies meos. In Catena PP. GG. T. I. p. 721. reperitur σπιθαμιαίας, *palmares*, sensu fere eodem. Sed Theodoretus et Athanasius receptam lectionem tuentur. Suidas: σπιθαμή, τοῦ βίου τὸ ἐλάχιστον. Quid proprie sit, discimus ex Hesychio: f
Σπιθαμή, τὸ μέτρον, τὸ ἀπὸ τοῦ μεγάλου δακτύλου ἐπὶ τὸν μικρὸν διάστημα ἐκταθέν.

*ΣΠΙΘΑΜΙΑΙ˜ΟΣ, *palmaris*, *spithamæ s. dodrantis longitudinem æquans*. טֶפַח, *palmus*. Symm. Ps. XXXVIII. 7. Confer supra s. v. σπιθαμή.

ΣΠΙΛΟ´Ω, *maculo*, *contamino*, it. *illino*, *tingo*. *רָתַם, *obsigno*, *claudo*. Sam. Lev. XV. 3. ἐσπίλωσεν ex cod. g
Coisl. nam in Lips. ἐσπήλωσεν legitur. Interpretem חָתַם et כָּתַם confudisse, facile apparet. K. Mihi secus videtur. Repone ἐσπηλαίωσεν. Sap. XV. 4. εἶδος σπιλωθὲν χρώμασι διηλλαγμένοις, effigies *tincta* variis coloribus. Similiter μολύνειν et μιαίνειν, quod pariter alias est Græcis *maculare*, pro βάπτειν, *tingere*, etiam usurpari solet. Vide supra in v. μολύνω. Vulg. habet *sculpta*. *Macu-* h
læ apud vett. vocantur tum notæ, quibus pictores solent imagines et picturas distinguere et illustrare, tum colorum variegationes. Unde Seneca Ep. 126. *delectant nos*, inquit, *ingentium maculæ columnarum*. Conf. Cuperi Obss. Lib. II. c. 12. Hinc emenda Gloss. Vett. Labbæi: *Babylonicum*, σπιολής, ubi legendum videtur σπιλωλής.

ΣΠΙ´ΛΩΜΑ, *macula*, *labes*, it. i
tinctura. צֹאָה, *excrementum*. Al. Ies. XXVIII. 8. — כֶּתֶם, *aurum*, *præstantissimum*. Aqu. Ies. XIII. 12. Semlerus conjicit legendum σπήλωμα, ut loco מִכְתָּב legerit מִכְתָּם, quod LXX alibi per στηλογραφίαν verterunt. Sed σπίλωμα potest h. l. *tincturam s. variegatum* notare, quemadmodum et nos voce gefleckt, *speckled*, *or spotted*, uti

solemus, et σπιλοῦσθαι, ut modo vidimus, aliquando *tingi* significat. Conf. Psalm. XLIV. 11. ubi Aqu. כֶּתֶם βάμμα interpretatur. Vide quoque J. D. Michaëlis Supplem. Lex. Hebr. n. 1241.

ΣΠΙΝΘΗ'Ρ, *scintilla, radius scintillans*. גַּחֶלֶת, *pruna*. Inc. 2 Sam. XIV. 7. — נִיצוֹץ, *scintilla*. Aqu. Symmach. LXX Ies. I. 31. — נֹצֵץ part. *scintillans*. Ezech. I. 7. Vide et Sapient. III. 7. XI. 19. Sirac. XXVIII. 13. Lexic. Cyrilli MS. Brem. σπινθῆρες, λαμπηδόνες, ἀναβολαὶ πυρός.

ΣΠΙ'ΝΘΡΑΞ, idem. רֶשֶׁף, *pruna ardens, ardor, fulmen*. Edit. Sexta Cant. VIII. 6. σπίνθρακες.

ΣΠΛΑΓΧΝΙ'ΖΟΜΑΙ, *misericordia commoveor, misereor*. חָמַל, *clemens sum, parco*. Symm. Deut. XIII. 8. Inc. 1 Sam. XXIII. 21. ἐσπλαγχνίσθητε. In Hexaplis hæc vox æque ac ἐφείσασθε Aquilæ et Theodotioni tribuitur. Sed duæ hic coaluerunt versiones, et ἐσπλαγχνίσθητε sine dubio Symmacho reddendum erit. Conf. Lex. N. T. s. h. v.

ΣΠΛΑΓΧΝΙ'ΖΩ, *viscero, carnes animalium sacrificatorum distribuo, vel sacrifico, ad exta adduco*, aut secundum alios: *viscera animalium sacrificatorum comedo more gentilium*. 2 Macc. VI. 8. ubi Grotius: Σπλαγχνεύειν *Aristophani, huic scriptori* σπλαγχνίζειν *est, ut Aristophanis explicat interpres*, σπλάγχνων μεταλαβεῖν. *Post sacrum pars extorum reddebatur iis, qui victimas obtulerant, de iis fiebant epulæ. Hoc est, quod* vocare ad exta, adducere ad exta *dixit Plautus*. Vide et Hillerum Hier. P. I. c. 57. p. 460. ubi Grotium ille exscripsit.

ΣΠΛΑΓΧΝΙΣΜΟ'Σ, *visceratio, carnium animalium sacrificatorum distributio, viscerum comestio*, vel *sacrificium, actus sacrificandi*. 2 Macc. VI. 7. 21. VII. 42. Confer Vorstium Philol. S. P. I. c. 2.

ΣΠΛΑ'ΓΧΝΟΝ et passim in plur. σπλάγχνα, *viscera*. בֶּטֶן, *venter*. Prov. XXVI. 22. Incert. Hab. III. 16. — בֶּצַע, *quæstus*. Jerem. LI. 13. ubi loco בִּצְעֵךְ, *lucri tui*, legerunt בְּמֵעַיִךְ, nam מֵעַיִם sunt σπλάγχνα. — רַחֲמִים plur. ex רַחַם, *miserationes*. Prov. XII. 10. τὰ δὲ σπλάγχνα τῶν ἀσεβῶν ἀνελεήμονα, ipsæ *miserationes* impiorum sunt crudeles. — רַחַם sing. *miseratio*. Al. Gen. XLIII. 30. σπλάγχνα. Conf. Sap. X. 5. (ἐπὶ τέκνου σπλάγχνοις, h. e. *affectu, quo pater filium solet prosequi*. Potest quoque cum ἰσχυρὰν conjungi hoc sensu: fortiter vincentem visceralem amorem et commiserationem erga filium.) Sirac. XXX. 7. et Vorstii Philol. Sacr. 2. p. 35. seq. Sir. XXXIII. 5. τροχὸς ἁμάξης σπλάγχνα μωροῦ, rota currus *viscera* stulti. Baruch. II. 17. ubi σπλάγχνα de *toto corpore* adhibetur. Hesych. σπλάγχνα, ἧπαρ, ἔγκατα, καὶ τὰ ἐντὸς τῶν ζώων. Eustathius ad Il. Α', p. 101. σπλάγχνα interpretatur τὰ ὑποσθίδια, σπλῆνα, καρδίαν, ἧπαρ.

ΣΠΛΑΓΧΝΟΦΑ'ΓΟΣ, *viscerum comestor*, metaphorice: *homines violenti, pauperum quasi voratores*. Sap. XII. 6. ubi e Compl. legendum σπλαγχνοφάγους. Petrus Nannius scribere mavult σπλαγχνοφαγεῖν.

*ΣΠΟΔΕΙ'Α, i. q. σποδία, *cinis*. Vox hæc omissa a Bielio legitur apud Theodot. Jerem. XXXI. pro דֶּשֶׁן, quod idem significat.

ΣΠΟΔΙΑ', *cinis, pulvis*. דֶּשֶׁן, idem. Lev. IV. 12. — עָפָר, *pulvis*. Num. XIX. 17. Hebr. Job. XIII. 8. Hesych. σποδιά, κόνις, σποδός.

ΣΠΟΔΟΕΙΔΗ'Σ 'ΡΑΝΤΟ'Σ, *cineris speciem aspersus*. בָּרֹד, *grandinatum*. Gen. XXXI. 10.

— מְלוּא, *maculosum.* Gen. XXX. 40.

ΣΠΟΔΟ'Σ, i. q. σποδιά, *cinis, pulvis.* אֲדָמָה, *terra.* Nehem. IX. 1. Ita reddiderunt ex aliis SS. locis, ubi sacci et cineris mentio fieri solet. — אֵפֶר. Gen. XVIII. 27. Job. XLII. 6. Ies. XLIV. 20. et alibi. Aqu. Symm. et Compl. Job. II. 8. De usu medico cineris vide Dioscorid. Lib. V. c. 135. — דֶּשֶׁן. Lev. I. 16. Jer. XXXI. 40. Sap. XV. 10. σποδὸς ἡ καρδία αὐτοῦ, cogitationem et curam defigit in luto et pulvere. Sermo est de idoloplasta. Hesych. σποδὸς, κόνις, τέφρα, ἀφόδευμα.

ΣΠΟΔΟ'ΟΜΑΙ, *cinerem mihi aspergo.* Σποδόω, *in cinerem redigo.* Judith. IV. 9. Esther. IV. 2. in Usserii ed. vet. alt. σποδωθεὶς ἐξῆλθε. Hippocr. de Morb. Mul. pag. 667. 10.

ΣΠΟΝΔΕΙ'ΟΝ, *sponderum* (Vide Pricæum ad Apuleium pag. 689.), *vas, quo vinum libant in sacrificiis et conviviis,* q. d. *libatorium.* מַחְתָּה, *thuribulum.* Al. Jer. LII. 19. ubi Chrysostomus in Cat. Ghislerii p. 929. σπονδεῖα λέγει φιάλας χρυσᾶς, δι' ὧν τὸν οἶνον ἔσπενδον, καὶ τὸ θυμίαμα ἐπέβαλλον τῷ πυρί. — קְשָׂוָה, *scutella.* Exod. XXV. 29. Num. IV. 7. — קְשָׂוֹת plur. *urnæ, pateræ.* Exod. XXXVII. 16. 1 Par. XXVIII. 17. Vide et 3 Esdr. II. 13. ubi σπονδεῖα respondet Hebr. אֲגַרְטְלִים, *pelvis, patera.* Esdr. I. 9. quod LXX ψυκτῆρες verterunt. Adde locum, in Trommii Concord. Gr. omissum, 1 Macc. I. 22. Hesychius et Lex. Cyrilli MS. Brem. σπονδεῖα, ἀγγεῖα, δι' ὧν σπένδουσι. Gloss. MS. in Lib. I. Paral. σπονδία (legendum videtur σπονδεῖα), ποτήρια.

ΣΠΟΝΔΗ', *libatio, libamen.* *מִנְחָה *oblatio.* Dan. IX. 27. sec. cod. Chis. —*נִיחוֹחִין Chald. *fragrantiæ, odores grati.* Dan. II. 46. sec. cod. Chis. Confer quoque 3 Esdr. VI. 31. coll. Esdr. VI. 10. — נָסִיךְ, *effusio, libatio.* Deut. XXXII. 38. ἐπίνετε τὸν οἶνον τῶν σπονδῶν αὐτῶν, bibistis vinum libaminum illorum. Gloss. in Cant. Script. σπονδῶν, θυσιῶν. — נֶסֶךְ : נֵסֶךְ, *libamen, quod effunditur* et *libatur.* Jer. XXXII. 29. ἔσπενδον σπονδὰς θεοῖς ἑτέροις, effundebant *libamina* diis alienis. Vide et Jerem. VII. 17. XIX. 13. Aqu. Ps. XV. 4. Hesych. σπονδὴ, ὁ ἐπιχεόμενος ταῖς θυσίαις οἶνος. Sed de libamine olei etiam reperitur Gen. XXXV. 14. Joël. II. 14. καὶ θυσίαν καὶ σπονδὴν, et victimam et *libationem.* — *נִסְכִּין Chald. plur. *libamina.* Esdr. VII. 16. Gloss. MSS. in Proph. σπονδὴν, τὴν ἐπὶ τοῦ βωμοῦ ἐπίχυσιν τοῦ οἴνου. Suidas: σπονδὴ, οἴνου ἔκχυσις ἐπὶ τιμῇ δαιμόνων.

*ΣΠΟΝΔΙ'ΟΝ i. q. σπονδεῖον, *poculum, quo vinum libant in sacrificiis et conviviis.* מִזְרָקוֹת, *pelves.* Aqu. Theod. Jer. LII. 18. Vide quoque s. v. σπονδεῖον.

ΣΠΟ'ΝΔΥΛΟΣ, *vertebra.* מַפְרֶקֶת, *os colli.* Symm. 1 Sam. IV. 18.

ΣΠΟΡΑ', *satio,* item *semen.* זָרַע, *sero.* 2 Reg. XIX. 29. καὶ ἔτει τῷ τρίτῳ σπορὰ καὶ ἀμητός: ubi alii σπείρετε habent. 1 Macc. X. 29. ubi Demetrius in epistola ad Jonathanem ita: ἀντὶ τοῦ τρίτου τῆς σπορᾶς ἀφίημι, tertias *frugum partes* vobis remitto: quod Josephus A. J. XIII. 2. ita exprimit: ἀντὶ τῶν τρίτων τοῦ καρποῦ: unde luculenter apparet, σπορὰν, ut τὰ σπειρόμενα, notare *fruges* et *omnia omnino, quæ seruntur,* ac opponi τοῖς γινομένοις s. φυτευομένοις. Vide Krebs. ad Decreta Roman. p. 262. seq.

ΣΠΟ'ΡΙΜΟΣ, *sativus.* זוֹרֵעַ part. ben. *serens.* Genes. I. 29. ubi pro σπορίμου fortasse reponendum σπόa ῥιμον, ut legitur apud Theodoret. Quæst. in Gen. T. I. p. 50. Hal. — זֵרוּעַ. Lev. XI. 37. — זֶרַע, *semen*. Al. Ezech. XVII. 5. σπόριμον. — עֵשֶׂב, *herba, gramen*. Symm. Gen. I. 30. σπόριμον. (Sed verba τὸν πάντα χόρτον σπόριμον, ὅ ἐστιν ἐπάνω πάσης τῆς γῆς, ex vers. Alex. 29. huc delata esse, nemo non videt. K.)

ΣΠΟ΄ΡΟΣ, *semen*. בָּצִיר, *vindemia*. Ies. XXXII. 10. — זָרַע, ver-
b bum, *sero*. Ies. XXVIII. 24. — זֶרַע. Lev. XXVI. 5. XXVII. 16. Deut. XI. 10. et alibi. — חָרִישׁ, *aratio*. Exod. XXXIV. 21. — יְבוּל, *proventus*. Lev. XXVI. 20. — מֹשֵׁךְ זֶרַע, *protrahens semen*. Amos IX. 13. — *עֵשֶׂב, *herba*. Aqu. sec. cod. Barb. Mich. V. 6. Sir. XL. 24.

ΣΠΟΥΔΑ΄ΖΩ, *studeo, diligenter*
c *ago, festino*, it. *urgeo, facio festinare*, it. *perturbo et perturbor*. בָּהַל ; נִבְהַל ; הִבְהִיל, Pih. Niph. et Hiph. Job. IV. 5. σὺ δὲ ἐσπούδασας, tu autem *perterrefactus, perturbatus es*. Vide et Job. XXI. 6. ubi notat *sollicitum esse*. Job. XXII. 10. ἐσπούδασέ σε πόλεμος ἐξαίσιος, *perturbavit* te bellum inopinatum. Job. XXIII. 16. ὁ δὲ παντοκράτωρ ἐσπούδασέ με, omnipotens
d autem *conturbavit me*. Schol. ad h. l.: *Illud* ἐσπούδασέ με *dictum est pro* ἐθορύβησε, *turbavit me*. Vide Drusium, et conf. σπουδή. Cohel. VIII. 3. μὴ σπουδάσῃς, ne *perturberis*. Vide et Ies. XXI. 3. Symm. Prov. XX. 21. Confer s. ἐπισπουδάζω. — הֵאִיץ Hiph. ab אוּץ, *urgeo*. Gen. XIX. 15. ἐσπούδαζον οἱ ἄγγελοι τὸν Λὼτ, an-
e geli *festinare faciebant* Lotum. Inc. Exod. VI. 13. — הִשְׁלִים Hiph. *perficio*. Job. XXIII. 14. ἐπ' αὐτῷ ἐσπούδακα, super ipsum *trepidavi*. Schol. ad h. l. ἐσπούδακα interpretatur: ἐθροήθην καὶ ἐταράχθην. Eodem sensu σπεύδειν aliquando usurpatur. Vide supra s. l. Sic et σπουδὴ interdum *perturbationem* notat. Vide paulo post. — חוּשׁ, *festino*. Job. XXXI. 5. ἐσπούδασεν ὁ πούς μου εἰς δόλον, *festinabat* pes meus ad dolum. Nonnulli h. l. scribendum judicarunt ἔσπευσεν, sed nulla necessitate cogente. Σπουδάζειν enim non solum in l. hellenistica, sed etiam apud optimos scriptores Græcos (v. c. Xenophontem Anab. II. 3. 8.) synonymum est τοῦ σπεύδειν. Judith. XIII. 14. ἐσπούδασαν τοῦ καταβῆναι εἰς τὴν πύλην, festinabant, ut descenderent ad portam.

ΣΠΟΥΔΑΙ΄ΟΣ, *diligens, studiosus*. עָב, *trabs*, it. *densus*. Ezech. XLI. 25. σπουδαῖα ξύλα. Sed legerim hic σπιδῆ vel σπιδνά. Hesych. σπιδνὸν, πυκνὸν, συνεχὲς, περιπηγός. Idem: σπιδὲς, μέγα, πλατὺ, εὐρύ. Idem: σπιδόεν, μέλαν, πλατὺ, σκοτεινὸν, πυκνὸν, μέγα. In textu Hebr. est עֵץ עָב, *densum lignum*, h. e. *spissum, crassum*. Hoc est σπιδνόν. Nisi LXX fecerunt σπιδαῖον a σπιδής.

ΣΠΟΥΔΑΙΟ΄ΤΗΣ, *diligentia*. 2 Macc. I. 9. καὶ τῇ σπουδαιότητι καὶ εὐπρεπείᾳ καταπλαγεὶς, et *diligentia* et elegantia obstupefactus.

ΣΠΟΥΔΑΙ΄ΩΣ, *studiose, diligenter*. Sap. II. 6.

ΣΠΟΥΔΗ΄, *festinatio, studium*, it. *perturbatio, trepidatio*. בְּהִלוּ, Chald. *festinatio*. Esdr. IV. 23. ἐπορεύθησαν σπουδῇ εἰς Ἱερουσαλὴμ, ibant *festinanter* Hierosolymam. Eodem sensu σπουδῇ usurpatur Herodoto. Vide Raphelii Annotatt. ex eodem ad Luc. I. 39. p. 216. — בֶּהָלָה, *conturbatio*. Lev. XXVI. 16. sec. ed. Compl. ubi lectio σπουδῇ (quæ e Hexaplis inserta est) descriptoris vitio in σπουδὴν mutata fuit. Conf. Hornemann Spec. I. Exercitat. Critt. in LXX p. 16. Jerem. XV. 8. ἀπέῤῥιψα ἐπ' αὐτὴν ἐξαίφνης τρόμον καὶ σπουδὴν, injeci super eam repente tremorem et *conturbationem*. Vide et Ps. LXXVII. 37. et confer σπουa άζω. — בְּעָתָה, terror. Jer. VIII. 15. — *דַּהֲרוֹת, calcitratus. Jud. V. 22. Vide supra s. v. σπεύδω. — *הִתְחַבֵּא, occultare se. Dan. X. 7. sec. cod. Chis. ἐν σπουδῇ. Theod. ἐν φόβῳ. Uterque sensum expressit. — הָמִים plur. streperi. Ezech. VII. 11. — הִתְבְּהָלָה Chald. celeritas. Dan. II. 25. III. 25. VI. 19. ἐν σπουδῇ, festinanter, cum festi- b natione. — חִפָּזוֹן. Exod. XII. 11. ἔδεσθε αὐτὸ μετὰ σπουδῆς, edetis illud cum festinatione. Vide et Deut. XVI. 3. et conf. Sap. XIX. 2. Susann. v. 50. et Luc. I. 39. ac Wolfium ad h. l. p. 564. — מַהֵר infin. Pih. festinare. Exod. XII. 33. — נִבְהָלָה part. fœm. Niph. accelerata. Zeph. I. 19. — נָחוּץ, acceleratum. 1 Sam. XXI. 8. κατὰ σπουδὴν c sec. cod. Vat. festinandum. Vulg. urgebat. — נֶחֱרָצָה part. fœm. Niph. præcisa, decisa. Al. Dan. IX. 27. σπουδῇ. — רֶגַע, momentum. Thren. IV. 6. ubi pro σπουδὴ reponendum est σπουδῇ. Prolog. Sirac. adhibere σπουδὴν καὶ φιλοπονίαν in libro vertendo, ubi diligentiam, studium, sedulitatem notat. Polyb. I. 46. 2. σπουδὴν ποιεῖσθαι περί τι, operam dare. d Dionys. Halic. T. V. pag. 149. ed. Reisk. σπουδὴν ἔχειν, curam adhibere. coll. 2 Cor. VIII. 16. 2 Petr. I. 5. Sir. XXI. 6. κατὰ σπουδὴν, festinanter.

ΣΤΑΓΕΤΟ'Σ, stilla, gutta, item stillicidium. דֶּלֶף, idem. Aqu. Prov. XIX. 13.

ΣΤΑΓΩ'Ν, stilla, gutta, item stillicidium. דֶּלֶף, idem. Prov. XXVII. e 15. Symmach. Prov. XIX. 13. — מַטִּיף particip. Hiph. stillans. Sic Prophetæ vocabantur. Mich. II. 11. ἐκ τῆς σταγόνος. Legerunt מִטִּיף, et טִיף acceperunt pro טִפָּה, quæ vox guttam significat Chaldaice et Rabbinice. — מַר, stilla. Ies. XL. 15. — נָטָף, gutta. Job. XXXVI. 27. — רְבִיבִים plur. imbres. Ps. LXIV. 11. LXXI. 6. In posteriori loco Vulgatus bene per stillici- f dia transtulit. Suidas: σταγόνος, ῥανίδος ὕδατος. Hesych. σταγόνες, ῥανίδες, θυγατέρες.

*ΣΤΑ'ΔΙΟΝ, τὸ, stadium, curriculum (Ita Gloss. Philoxen.), spatium pedum sexcentorum s. passuum 125. Dan. XIII. 37. sec. cod. Chis. κυκλοῦντες τὸ στάδιον. Photius: στάδιον, ὁ τόπος τοῦ ἀγῶνος, καὶ μέρος τι τοῦ λεγομένου μιλίου κ. τ. λ. Vide quoque g Zonaram col. 1675. seq.

ΣΤΑ'ΔΙΟΣ, idem. Dan. IV. 9. sec. cod. Chis. ubi nihil in textu respondet. Vide ad h. l. Segaarium. 2 Maccab. XI. 5. XII. 9. 10, 29. Confer Luc. XXIV. 19.

ΣΤΑ'ΖΩ, stillo, neutraliter et transitive, fluo. דָּלַף, stillo, perstillo. Ed. Quinta et Sexta Ps. CXVIII. 28. ἔσταξεν. Ita quoque in LXX h legitur et apud Ambrosium, Arnobium ac Origenem. Fortasse quis putet, omnes hos Interpretes scripsisse ἐστέναξεν. Vide ad h. l. Chald. Job. XVI. 20. Cohel. X. 18. — זַרְזִיף, irroratio. Ps. LXXI. 6. Arab. ذرف manavit. Syr. ܙܪܙܝܦܐ, pluvia, imber vehemens. — *מָצָה, comprimo. Jud. VI. 38. sec. Vat. Vide s. v. ἀποστάζω. — נָטַף. Jud. i V. 4. Ps. LXVII. 9. — נִתַּךְ, effundor. Exod. IX. 34. 2 Par. XII. 7. Jerem. XLII. 18. et alibi. Aqu. Symm. sec. Chis. Dan. IX. 27. Symm. Theod. Nah. I. 6. Hesych. στάζει, ῥεῖ. 2 Macc. VIII. 27. στάξαντος. Lege στάξαντι, quasi primum rorem demittenti.

ΣΤΑΘΜΑ'ΟΜΑΙ, ad amussim exigo, pondero, libro, a στάθμη, amussis, a *regula.* תִּכֵּן Pih. idem. Aqu. Job. XXVIII. 26. ἐσταθμήσατο, ubi alii habent ἐσταθμίσατο.

ΣΤΑΘΜΙ'ΖΩ, idem. שָׁקַל. Genes. XXIII. 16. juxta edit. Basil. ἐστάθμισεν Ἀβραὰμ τῷ Ἐφρὼν ἀργύριον, *ponderabat* seu *appendebat* Abrahamus Ephrono argentum. Phavor. ἐστάθμισεν, ἐμέτρησεν. Aqu. Job. XXXI. 6. σταθμίζει. Aqu. et Symm. Zach. XI.
b 12. Symm. Job. VI. 2. ἐσταθμίζετο. — תִּכֵּן Pih. Aqu. Proverb. XXIV. 12. Job. XXVIII. 25. et Psalm. LXXIV. 4.

ΣΤΑ'ΘΜΙΟΝ, *pondus.* אֶבֶן, *lapis,* it. *pondus.* Deuter. XXV. 13. 15. Proverb. XI. 1. XVI. 12. et alibi. Inç. Levit. XIX. 36 Symm. Prov. XVII. 8. ubi אֶבֶן *gemmam* notat, unde apparet, quam inepta sit h. l.
c hæc versio, quanquam ab usu loquendi non abhorrens. — מִשְׁקָל. Levit. XIX. 35. Ezech. V. 1. Amos VIII. 5. — מִשְׁקֶלֶת, *perpendiculum.* 2 Reg. XXI. 13. Aqu. et Theod. Ies. XXVIII. 17. — שֶׁקֶל, *siclus.* Ezech. XLV. 12. Suidas: στάθμια καὶ σταθμὰ διχῶς λέγεται. εἰσὶ δὲ τὰ ἐμβαλλόμενα ταῖς πλάστιγξι τοῦ ζυγοῦ.

ΣΤΑΘΜΟ'Σ, i. q. στάθμιον (cum
d quo etiam confunditur in Codd. v. c. Sirac. XLII. 4.), *pondus,* it. *statio itineris, mansio,* it. *statera, bilanx,* it. *postis, limen.* אֶבֶן, *lapis,* it. *pondus,* quia lapides ponderum instar erant apud veteres. Aqu. Proverb. XVI. 11. — לִשְׁכָּה, *cubiculum.* Tres Interpretes Jerem. XXXV. 4. — מְזוּזָה, *postis.* Exod. XII. 7. ἐπὶ τῶν δύο σταθμῶν, in duobus *postibus.*
e Gloss. in Octat. σταθμῶν, παραστάδων θυρῶν. Suidas et Lex. Cyrilli MS. Brem. σταθμῶν, τῶν παραστάδων τῆς θύρας. Pollux Lib. I. c. 8. segm. 76. σταθμοὶ δὲ, τὰ ἑκατέρωθεν ξύλα, κατὰ πλευρὰς τῶν θυρῶν, ἃ καὶ παραστάδας φασίν. Adde Exod. XII. 22. 23. XXI. 6. Jud. XVI. 3. Aqu. Deut. XI. 20. — מָלוֹן, *diversorium.* Jerem. IX. 2. τίς δῴη μοι ἐν τῇ ἐρήμῳ σταθμὸν ἔσχατον; quis det mihi in deserto *mansionem* (Quod Romanis *mansio,* id Græcis σταθμός, cui plerumque quinque parasangas assignant, i. e. viginti passuum millia. Vide Lexic. Xenophonteum s. h. v.] ultimam? Unde apud Hesychium pro Σταθμὸν, ἔσχατον, sine distinctione legendum est: Σταθμὸν ἔσχατον. Explicatio autem, quæ hic, u[t] alias etiam interdum apud Hesychium, deest, peti potest ex voc[e] σταθμῶν, quæ paulo post sequitur. En verba: Σταθμῶν, τῶν τῆς θύρα[ς] παραστατῶν (scrib. παραστάδων e loci[s] modo ante adductis), ἢ μανδρῶν, τόπων, ἔνθα ἀναπαύεταί τις. Suidas Σταθμὸς, τὸ πανδοχεῖον. Idem: σταθμὸς στρατιωτικὴ κατάλυσις. Rursus idem σταθμὸς, καὶ αἱ καταλύσεις, καὶ τὰ καταγώγια τῶν ἀγγελιαφόρων ἀπὸ πόλεως εἰς πόλιν. — מַסַּע, *profectio.* Num XXXIII. 1. οὗτοι οἱ σταθμοὶ τῶν υἱῶν Ἰσραὴλ, hæ sunt *stationes* filiorum Israël. Vide et v. 2. et confer Ælianum V. H. I. 32. II. 14. IX. 30 — מִפְתָּן, *limen.* Al. 1 Sam. V. — מִשְׁקָל, *pondus.* Genes. XLIII 21. Levit. XXVI. 26. Jud. VIII 26. et alibi sæpius. — מִשְׁקוֹל, idem Ezech. IV. 10. — מִשְׁקֶלֶת, *perpendiculum.* Ies. XXVIII. 17. — סַף *limen.* 2 Reg. XII. 9. XXII. 4. Jerem. XXXV. 8. — פֶּלֶס, *stater* Ies. XL. 12. — שֶׁקֶל, *siclus.* Levi[t.] XXVII. 3. 25. Sirac. XVI. 26. ἐ[κ]φανῶ ἐν σταθμῷ παιδείαν, patefacia[m] disciplinam *summa cum diligenti[a]* quasi ad æquum rationis pond[us] appensam, et matura consideratio[ne] libratam et perpensam, h. e. nih[il] dicam, nisi prius justo judicii ex[a]mine et libramine discussum ponderatum, adeoque nihil falsum imprudens, inutile aut temerarium

a Pro ἐν σταθμῷ in sequentibus legitur ἐν ἀκριβείᾳ. Sirac. XXVI. 16. sec. Compl. et Vulg. οὐκ ἔστι σταθμὸς πᾶς ἄξιος ἐγκρατοῦς ψυχῆς, nihil est *æquiparandum* homini reprimenti suas cupiditates. Quod hic σταθμὸς dicitur, v. 15. appellabatur ἀντάλλαγμα.

ΤΑ' 'ΕΜΠΡΟ'ΣΘΙΑ ΤΩ~Ν ΣΤΑΘΜΩ~Ν, *anteriora liminum.* מִפְתָּן,
b *limen.* 1 Sam. V. 4.

ΣΤΑΘΜΟΥ~ΧΟΣ, 'Η, *hospita.* גָּרַת בֵּית, part. fœm. constr. *habitatrix domus.* Symm. Exod. III. 22. ubi LXX habent: συσκήνου αὐτοῦ. Voce etiam in masculino pro *hospite* utuntur Æschylus et Antiphanes apud Pollucem Lib. X. c. 3. segm. 20. 21. Unde Hesychius: σταθμοῦχος, ὁ τῆς οἰκίας κύριος· καὶ ξενοδόχος.

c ΣΤΑΙ~Σ, et σταὶς, *massa ex farina triticea aqua subacta*, a στάω, *consisto;* est enim massa ad consistendum coacta. בָּצֵק, *massa, farina subacta, fermento intumescens*, a בָּצַק, *tumere.* Exod. XII. 34. 39. 2 Sam. XIII. 8. Jerem. VII. 17. Hos. VII. 4. Hesych. σταῖς, φύραμα ἀλεύρου πυροῦ. In Gloss. in Octat. et apud Suidam exponitur ζύμη.

d ΣΤΑΚΤΗ', scil. ῥανὶς, *stacte, liquor stillatitius, speciatim liquor oleaceus ex myrrha vel cinnamomo inciso stillans*, a στακτὸς, *stillatus, stillatitius, liquidus.* אֲהָלוֹת plur. *santali* vel *aloë.* Psalm. XLIV. 10. — אַרְגָּמָן, *purpura.* Ezech. XXVII. 16. Ita Bielius. Sed ordinis verborum ratione habita στακτὴ ibi potius pertinet ad נֹפֶךְ, et אַרְגָּמָן prorsus
e omissum est a LXX Intt. — לוֹט, *ladanum, stacte.* Gen. XXXVII. 24. XLIII. 11. — מוֹר, *myrrha.* Cant. I. 12. — נָטָף, *gutta.* Exod. XXX. 34. — *נֹפֶךְ. Ezech. XXVII. 16. Legisse videntur נֶטֶף — נָשַׁק, *armatura.* 1 Reg. X. 25. 2 Par. IX. 24. Arab. نشق est *odorari attrahendo per nares odorem.* Vide et Sirac. XXIV. 18. Hesych. στακτὴν, τὸ ἀπὸ σμύρνης γινόμενον. Basilium in Psalm. l. c. ἡ δὲ στακτὴ καὶ αὐτὴ f
σμύρνης ἐστὶν εἶδος τὸ λεπτότατον. 'Εκθλιβέντος γὰρ τοῦ ἀρώματος, ὅσον μὲν αὐτοῦ ῥυτὸν, εἰς τὴν στακτὴν ἀποψηφίζεται. Τὸ δὲ παχὺ ἀπομένον σμύρνα προσαγορεύεται. Confer Lampium ad eund. Psalm. pag. 302. seq. De pretio hujus aromatis confer Hesychium in ἰσοστάσιον μύρον. Sic enim bene Salmasius ad Vopisc. p. 391. et Exerc. Plin. p. 709. pro 'Ισόστασις, μύρον. Adde Suidam in v. στακτὴ, g
Theophrastum de Plantis V. 4. 2. Dioscorid. IV. 154. et Suicerum Thes. T. I. p. 1463.

*ΣΤΑΛΑΓΜΟ'Σ, *destillatio, gutta, stilla.* 4 Macc. IX. 20. Hesych. σταλαγμὸς, σταγὼν, ῥανίς. Vide quoque Photii Lexicon s. h. v. ac Intt. Hesychii. Philoxen. Gloss. σταλαγμὸς, *stilla, stillicidium.*

ΣΤΑΛΑ'ΖΩ, i. q. στάζω, *stillo.* הִטִּיף Hiph. a נָטַף, idem. Mich. II. h
11. Aqu. Mich. II. 6. μὴ σταλάζετε σταλάζοντες, ne stilletis stillantes. In priore loco ἐστάλαξε apud LXX est pro ἐστάλαξα, uti passim mutant illi personas, aut אַטִּיף acceperunt, quasi forma Chaldaica esset pro הַטִּיף. Jud. V. 4. in cod. Holm. ἐστάλαξαν pro ἔσταξαν ponitur.

ΣΤΑ'ΜΝΟΣ, *urna.* בַּקְבּוּק, *lagena.* 1 Reg. XIV. 3. — צִנְצֶנֶת. Exod. XVI. 33. Hesych. στάμνος, ὑδρία, i
κάλπη, κάλαθος. Confer Hebr. IX. 4. et ad h. l. Wolfium p. 696. Bel et Dr. 32. sec. cod. Chis.

ΣΤΑΣΙΑ'ΖΩ, *seditionem concito, turbam moveo.* הָלַל, *insanio.* Symm. Ps. LXXIV. 5. στασιάζειν. Sensum expressit. — קִבְקֵךְ Pih. *armo, strenuum reddo.* Aqu. Ies. XIX. 2.

a *στασιάσω Αἰγυπτίους Αἰγυπτίοις, factionibus contendere faciam* Ægyptios cum Ægyptiis. Judith. VII. 13. Hesych. *στασιάζει, θόρυβον κινεῖ, ἀτακτεῖ.*

*ΣΤΑ'ΣΙΜΟΣ, *stabilis, firmus, constans.* Sirac. XXVI. 17. *ἐπὶ ἡλικίᾳ στασίμῃ,* super ætatem *vigentem et firmam,* quam Aristoteles dicit esse *τῶν ἀκμαζόντων, vigentium.* Vulg. *super*
b *per ætatem stabilem.* Hesych. *στάσιμον ἦθος, τὸ βέβαιον καὶ στερεόν.* Syrus: *sic pulcritudo mulieris bonæ, dum sedet domi suæ.* Respexit sine dubio notionem *στάσιμος quietus, tranquillus,* a Stephano T. I. p. 1735. uberius comprobatam. Philoxen. Gloss. *στάσιμος, stativus.*

ΣΤΑ'ΣΙΣ, *statio, status,* it. *statutum, pactum,* it. *seditio,* etiam *locus,*
c *ubi aliquis stare ac subsistere potest.* הֲדֹם, *scabellum.* 1 Par. XXVIII. 2. — מָנוֹחַ, *quies.* Deut. XXVIII. 65. — מָעוֹז, *arx.* Nah. III. 11. ubi *στάσις* est *firmitas, consistentia, modus et via subsistendi ac resistendi.* — מַעֲמָד. 1 Reg. X. 5. 2 Par. IX. 4. Ies. XXII. 19. Symm. Ps. LXVIII. 3. In omnibus his locis *στάσις* notat *locum, ubi aliquis sub-*
d *sistere potest.* — מַצָּב, nomen, *locus, quo aliquis stat.* Al. Jos. IV. 3. — מֻצָּב part. Hoph. a יָצַב, *constitutus.* Jud. IX. 6. *βάλανος τῆς στάσεως, quercus, vel quæ stat, vel ad quam statur.* Theod. 1 Sam. III. 23. Symm. Ies. XXIX. 3. ubi *στάσις munitionem, aggerem* significare videtur — *מַצֶּבֶת, *quidquid erectum stat.* Symm. Ies. VI. 13. Vide infra s. v. עָמוּד. —
e מָקוֹם, *locus.* Inc. Job. XVI. 18. — *מַרְאֶה, *facies, aspectus.* Ez. I. 28. ubi tamen pro *στάσις* omnino legendum est *φάσις, aspectus.* — מַתְכֹּנֶת, *proportio, dispositio mensuræ.* 2 Par. XXIV. 13. *ἀνέστησαν τὸν οἶκον κυρίου ἐπὶ τὴν στάσιν αὐτοῦ.* Latinus vertit: *suscitaverunt domum Domini in statum pristinum.* Conf. Hebr. IX. 8. — *עֹמֶד infin. *stare.* 2 Par. XXX. 16. XXXV. 10. Neh. VIII. 9. et alibi. Adde Dan. VIII. 17. sec. cod. Chis. — *עַמּוּד, *columna.* 2 Par. XXIII. 13. Apud Achillem Tat. Lib. III. c. 2. *τῶν κυμάτων ἡ στάσις* sunt *fluctus erecti, alti.* Vide supra s. v. מַצֶּבֶת. — צָבָא, *exercitus.* Nehem. IX. 6. ubi tamen suspicor pro *στάσιν* reponendum esse *στρατιάν.* Vide tamen ad sequens צְבִי notata. — צְבִי, *ornamentum.* Symm. Ezech. XX. 6. 15. Deduxit sine dubio צְבִי a יָצַב, *stare, consistere, subsistere.* Cæterum vide ad h. l. Montfauconium. — *קוּם, *sto.* Aquila, Theod. Jerem. XLIV. 29. *στάσει.* Vulg. *vere.* Recte. Num *στάσις* verbis tribuitur, quando *eventu comprobantur.* Sic ibid. *ἵσταμαι* a Vulgato recte per *compleri* explicatur. — *קוֹמָה, *statura.* 1 Sam. XXVIII. 20. *ἀπὸ τῆς στάσεως αὐτοῦ, prout stabat,* h. e. *secundum plenitudinem staturæ:* et ita bene convenit cum textu Hebr. Cæterum legerunt בְּקוֹמָתוֹ. — קְיָם Chald. *statutum.* Dan. VI. 7. *στάσει βασιλικῇ, statuto* regio. Vide et v. 15. — רִיב, *lis.* Prov. XVII. 14. *προηγεῖται δὲ τῆς ἐνδείας στάσις καὶ μάχη,* præcedit autem inopiam *seditio* et pugna. Vide supra s. v. *μάχη.* 1 Macc. VII. 18. *παρέβησαν γὰρ τὴν στάσιν καὶ τὸν ὅρκον,* transgressi enim sunt *pactum* (id quod *ἔστησαν,* h. e. constituerant et pepigerant inter se) et juramentum. 3 Macc. I. 23. ubi *στάσις τῆς δεήσεως* est *locus, ubi stantes preces faciebant.* Conf. Spicil. II p. 164. Hesych. *στάσις, θέσις, χώρα* (fortasse ad Neh. IX. 6.), *συνέδρα ἐργαστήριον*: ubi vid. Ernesti in notis ad Suidæ Gloss. Sacr. p. 135.

ΣΤΑΤΗ'Ρ, *stater, nummus tetradrachmus, valens quatuor drachmas*

a *בַּרְזֶל, *ferrum*. Aqu. 1 Sam. XVII. 7. σίκλων στατήρων. Sed, ut bene monuit Semlerus in App. in V. T. p. 302., vitium hic latet. Debebat notari, Aquilam loco σίκλων, quod est in LXX Int., reddidisse στατήρων. Certe בַּרְזֶל huc ad Aquilam non pertinet. — שְׁלֹשׁ קִלְּשׁוֹן, *tridens furca*. Aqu. 1 Sam. XIII. 21. Ita Bielius. Sed in Hexaplis
b legitur τὸν δὲ σίκλον στατῆρα ἐκάλεσαν, quæ verba, ab h. l. prorsus aliena ac desumta ex Theodoreto Quæst. 29. p. 374., prorsus delenda censeo. Pertinent autem ad LXX, qui לִשְׁלֹשׁ קִלְּשׁוֹן reddiderunt ἦν τρεῖς σίκλοι εἰς τὸν ὀδόντα, quasi legissent שְׁלֹשׁ שֶׁקֶל לְהַשֵּׁן. Hinc Theodoretus monet, aliis locis, ubi LXX usi sint voce σίκλος, reliquos interpretes
c dixisse στατῆρα. — שֶׁקֶל, *siclus*. Inc. Gen. XXIII. 15. ubi loco στατήρων sine dubio reponendum erit στατῆρας. Aqu. Symm. Exod. XXXVIII. 24. et Num. III. 47. Hesych. στατὴρ, τετράγραμμος. Ad quem locum Sopingius: *Vocat stateram* τετράγραμμον, *quod quatuor punctis*, γράμμασι, *distinctam habuerint*. Unde Persius Sat. V. v. 100.: Diluis hel-
d leborum certo compescere puncto examen. *Ad quæ vetus Gloss.: Non ad trutinam, sed ad stateram retulit, quæ punctis et unciis signatur. Puncta igitur hæc in ea fuere quatuor, ut hinc discere est. Nisi forte legendum fuerit* τετράδραχμον, *quod discitur ex* Matth. XVII. 27. *Nam didrachmam singuli pendebant.* Τετράδραχμος etiam pro
e τετράγραμμος apud Grammaticum legendum censent Scaliger, Salmasius et Hammondus ad Matth. l. c. Quorum emendationi favet Lexic. Cyrilli MS. Brem. ubi ita: στατὴρ, τετράδραχμον, κεράτια οβ. Sed apud Hesychium etiam post v. Σταθμοῦχος legitur: Στατὴρ, τετράγραμμον, ἤγουν ἥμισυ οὐγγίας. Apud Suidam autem στατὴρ exponitur τετράγωνον νόμισμα. Plura de *statere* vide apud auctores f a Wolfio ad Matth. l. c. p. 270. laudatos, ac in Lexico N. T. s. h. v.

ΣΤΑΥΡΟ'Ω, *crucifigo, suspendo*. תָּלָה, idem. Esth. VII. 10. σταυρωθήτω ἐπ' αὐτὸ, *suspendatur* in illo.

ΣΤΑΦΙ'Σ, *uva passa*, a στάζω, quia stillat liquorem. יָבֵשׁ, *siccus*. Num. VI. 3. Uva sicca est passa. — עֵנָב, *uva*. Hos. III. 1. πέμματα μετὰ σταφίδος: ubi μετὰ, quod sine dubio g ex antecedente πέμματα ortum est, expungendum videtur. — צִמּוּקִים, plur. *uvæ arefactæ* sive *siccatæ ad solem*. 1 Sam. XXV. 18. XXX. 12. 2 Sam. XVI. 1. — *קַיִץ, *æstas*. Inc. 2 Sam. XVI. 2. Sc. vox קַיִץ, quam LXX φοίνικες, *palmulæ*, ac Incertus (quem Vulgatus sequitur, qui habet: *palathæ*) παλάθαι, *massæ ficuum*, transtulerunt, latissime patet, ac *omnes fruges æstivas* com- h plectitur. Hinc orta est hæc versionum diversitas.

ΣΤΑΦΥΛΗ', *uva*. *חַרְצַנִּים, *acini*. Num. VI. 4. sec. *Sar*. — עֵנָב, *uva*. Gen. XL. 10. 11. XLIX. 11. Levit. XXV. 5. et alibi. — עָנָף, *ramus*. Ezech. XXXVI. 8. Forte legerunt עֵנָב. Præterea legitur apud Aqu. et Theod. Deut. XXXII. 10. ὡς σταφυλὴν, quæ verba, quibus nihil respondet in textu Hebr., for- i tasse ex alio loco desumta sunt.

ΣΤΑ'ΧΥΣ, *spica*. מְלִילוֹת, plur. *spicæ, aristæ*. Deut. XXIII. 25. — קָמָה, *seges*. Exod. XXII. 6. Jud. XV. 5. segetes adhuc in culmo stantes. Nam opponuntur segetibus demessis ac manipulatim coacervatis. — שִׁבֹּלֶת, in plur. שִׁבֳּלִים, *spica, spicæ*. Gen. XLI. 6. 7. Ruth. II. 1. Job. XXIV. 24. Al. Jud. XII. 6. Syr. ܫܒܠܐ, et Arab. سنبل, *arista*. Cæterum Græci στάχυας appellant a ὅλους τοὺς στηρροὺς καρποὺς, ut Galenus de Facult. Aliment. Lib. I. c. 28. recte observat.

ΣΤΑ'ΧΥΣ 'ΟΡΘΟ'Σ, *spica recta*, i. e. *erecta*. קָמָה, *seges*, a קוּם, *surgere, et erectum stare*. Jud. XV. 5.

ΣΤΕΑ'ΖΩ, *impinguo, pinguefacio*. דִּשֵּׁן Pih. Theodot. Psalm. XIX. 3. στεασάτω, *impinguet*.

b ΣΤΕ'ΑΡ, *adeps, sebum* vel *sevum, oleosa et pinguis substantia adipe siccior et concrescens*, it. *farina subacta*. בָּצֵק, *massa farinacea, farina subacta, fermento intumescens*. Inc. 2 Sam. XIII. 8. Al. Hos. VII. 4. ἀπὸ φυράσεως στέατος, a commixtione *farinæ*. Pro στέατος emendandum videtur σταιτὸς, ut etiam Trommius locum laudat. LXX τὸ בָּצֵק vertunt c omnibus locis per σταῖς, quod vide supra. Gloss. MS. in Proph. στέατος, ζύμης. Hesych. στέατα, ἄλευρα, ζύμη. Vide et Suidam in v. στέατα, ubi Eunapii locum produxit, in quo στέαρ *farinam subactam* significat. — *חָלָב, *lac*. Ies. LV. 1. Legerunt חֵלֶב aut חֵלֶב. — חֵלֶב. Gen. IV. 4. ἀπὸ τῶν στεάτων αὐτῶν, de pinguedinibus, h. e. pinguissimis illo- d rum. Josephus A. J. I. 2. 1. loco στέαρ posuit γάλα. Symm. et LXX Psalm. XVI. 11. τὸ στέαρ αὐτῶν συνέκλεισαν. Ad quem locum respiciens Suidas ex Theodoreto ita: στέαρ, παρὰ Δαβίδ. εὔνοια καὶ φιλαδελφία. Lex. Cyrilli MS. Brem. τὸ στέαρ αὐτῶν συνέκλεισαν, τὸ ἐν καρδίᾳ ἐπέκταινον, τὰ κακὰ, ὡς στέατι ἢ ζύμῃ φυσᾷ. Deut. XXXII. 14. μετὰ στέατος νεφρῶν πυ- e ροῦ, h. e. *cum tritico optimo*. *Adeps* enim dicitur, quod *in quaque re est electissimum et præstantissimum*, sicut Hebr. *medulla* dicitur. Psalm. CXLVII. 3. στέαρ πυροῦ, pinguedo frumenti, h. e. juxta Suidam (qui sua ex Theodoreto hausit) ὁ κάλλιστος σῖτος καὶ ἄρτος. Ies. XXXIV. 7. ἀπὸ τοῦ στέατος αὐτῶν ἐμπλησθήσεται, pinguedine illorum implebitur. Theod. Job. XV. 26. Al. Psalm. LXXII. 7. Ad quem locum oculum intendens Suidas: Καὶ στέαρ παρὰ τῇ θείᾳ γραφῇ ἡ εὐπάθεια καὶ ἡ εὐκληρία λέγεται. Ἐξελεύσεται ὡς ἐκ στέατος ἡ ἀδικία αὐτῶν. ἀντὶ τοῦ, μετὰ πάσης ἀδείας τὴν ἀδικίαν λαλοῦσι. Ez. XXXIX. 19. φάγεσθε στέαρ εἰς πλησμονὴν, comedetis adipem in satietatem. Glossa MS. in Ezech. στέαρ, πυρός. — פֶּדֶר, *adeps*, ex unanimi veterum consensu. Levit. I. 8. 12. VIII. 19. Hesych. στέαρ, λίπος, ζύμη. Adde Sirac. XLVII. 2. et Drac. v. 31.

ΣΤΕΑΤΟ'ΟΜΑΙ, *pinguesco, saginor*, a στεατόω, *in sevum seu adipem converto*. מְרִיא, *pinguis, saginatus*. Ezech. XXXIX. v. 18. ἐστεατωμένοι, *saginati*. Ita Bielius ex Trommio. Sed potius ibi respondet τῷ בָּשָׁן apud Incert. et מְרִיאֵי בָשָׁן apud LXX Intt.

ΣΤΕΓΑ'ΖΩ, *tego, operio, sustineo, fulcio*. הֶעֱמִיד Hiph. *constituo*. Neh. III. 3. ἐστέγασαν. Non male quoad sensum. — טִלֵּל Pih. *tego, contego, obtego*. Nehem. III. 5. — קֵרָה Pih. *contigno*. 2 Par. XXXIV. 11. Neh. II. 8. III. 3.

ΣΤΕ'ΓΗ, *tectum, tegmen*. מִכְסֶה *tegmen, tectum, operimentum*. Genes VIII. 13. — צֵל, *umbra*. Gen. XIX 8. sec. cod. Alex. et Ald. στέγην, ub reliqui libri σκέπην habent. Vide e 3 Esdr. VI. 4. ubi Chald. אֻשַּׁרְנָא *murus*. Esdr. V. 3. respondet. I utroque loco est pars pro toto.

ΣΤΕΓΝΟ'Σ, *creber, continuus*. צוֹפִיָּה part. fœm. *speculans*. A Prov. XXXI. 27. στεγναὶ διατριβα οἴκων αὐτῆς, *continuæ* conversation in ædibus ejus. Ed. Ald. hab στεναὶ, *angustæ*, quod vide supr Sensum expressit. Nam de mu liere, quæ attendit ad omnia, qu a domi suæ geruntur, commode dici potest στεγναὶ κ. τ. λ. Hesych. et Suidas: στεγναὶ, στεῤῥαί. Ad Hesychium notat Sopingius, Græcos dicere στεγνοὺς πυρετοὺς, quos Plinius Lib. XXIII. c. 7. *febres contractas* interpretetur. Sic et Hesychius in v. στεγανὸν, στεγνὸν (sic enim bene legit Guietus pro στενὸν) exponit πυκνὸν, σφιγκτὸν, ἢ συνεχές.

b ΣΤΕ'ΓΟΣ, *tectum*. Ep. Jer. v. 8. ταῖς ἐπὶ τοῦ στέγους πόρναις, quæ sunt sub eodem cum diis tecto, meretricibus.

ΣΤΕ'ΓΩ, i. q. στεγάζω, *tego*, etiam *celo, silentio premo*. Sirac. VIII. 22. στέξαι λόγον, h. e. *servare secretum* s. *celare*, ubi alii libri στέρξαι habent. Hesych. στέγω, κρύπτω.

ΣΤΕΙ'ΡΟΣ, *sterilis*. Στεῖρα, sc.
c γυνή, *sterilis*, scil. *fœmina*. עֲקָרָה: עֲקֶרֶת, idem. Gen. XI. 30. XXV. 21. XXIX. 30. et alibi. — עָקָר, *infœcundus*. Aqu. Deut. VII. 14. Sap. III. 13. *virgo continens* στεῖρα dicitur. Vide Cappelli Nott. Critt. p. 560.

ΣΤΕΙ'ΡΑΝ ΠΟΙΕ'Ω, *sterilem facio*. עָצַר, *claudo*, sc. *uterum*. Ies. LXVI. 9.

ΣΤΕΙΡΟ'Ω, *sterilis sum*. Sirac.
d XLII. 15.

ΣΤΕΛΕ'ΧΗ et ΣΤΕ'ΛΕΧΟΣ, *truncus, stirps, caudex, ramus*. Est vocabulum generis, quod etiam de arbore primulum velut e terra enascente dicitur, ita ut truncus ejus sit veluti virgula quædam duntaxat. Conf. Philonem I. de Vit. Mos. p. 638. A. אַיָּלָה, *cerva*. Gen. XLIX. 21. Νεφθαλὶ στέλεχος ἀνειμένον, Neph-
e thali truncus emissus, h. e. arbor s. truncus, ex quo τὰ βλαστήματα s. virgulta prodeunt. Legerunt fortasse עָלֶה, coll. Jerem. XVII. 8. Hieronymus male reddidit: *virgultum*. Conf. Pearsonii Præf. in LXX Intt. — גֶּזַע, *truncus* arboris succisæ. Job. XIV. 8. — עֲבוֹת, singul. *contortum*. Ezech. XIX. 11. *Perplexitates* sunt h. l. de *ramis perplexis* explicandæ. — עָלֶה, *folium*. f
Jerem. XVII. 8. Pro *foliis* posuerunt *ramos*, sensu eodem. — פֹּארָה, *ramus*. Ezech. XXXI. 12. 13. — תִּמֲרוֹת plur. *columnæ*. Cant. III. 6. ὡς στελέχη καπνοῦ, i. e. tanquam fumus, qui instar arboris truncatis foliis et ramis in altum erigitur. Vide ad h. l. Cappellum, qui recte monuit, *fumum*, cum assurgit, arboris seu palmæ speciem quodam- g
modo referre; inferius enim angustus est, quasi truncus palmæ, mox deinde superne dilatatur ac sese diffundit, ut rami e trunco. Sir. L. 14. ὡς στελέχη φοινίκων, tanquam *rami* palmarum. Phavorinus: στελέχη, οἱ κλάδοι. καὶ στέλεχος ὁ κορμὸς τοῦ δένδρου. Hesych. στέλεχος, κορμὸς ξύλου, κλάδος. Idem: Στελέχεα, πρέμνα. Sic enim bene Gronovius h
pro Στελεχία, πρέμια. Suidas: στέλεχος, εἰ μὲν ὁ κορμὸς, ἤγουν ἡ ῥίζα, παρὰ τὸ τέλος ἔχειν, ἢ παρὰ τὸ στερεόν· εἰ δὲ οἱ ἄνω τῆς κορυφῆς κλάδοι, παρὰ τὸ εἰς τέλος ἔρχεσθαι. — Vide alibi φοίνιξ.

ΣΤΕ'ΛΛΩ, *mitto*. ΣΤΕ'ΛΛΟΜΑΙ, *timeo, subduco me, recedo, paro me, vestior*. נִחַת Niph. a חָתַת, *consternor*. Mal. II. 5. ἀπὸ προσώπου ὀνό- i
ματός μου στέλλεσθαι αὐτὸν, ut me *metueret*. Apud Hesychium in στέλλει legitur: φοβεῖται, στέλλεται. Sed inverso ordine legendum videtur: στέλλεται, φοβεῖται, et statuendum, quod nova glossa inde incipiat. Confer Alberti ad 2 Thess. III. 6. p. 391. et quæ inde repetit Wolfius ad eundem locum p. 400. — פִּלֵּג Pih. *divido*. Aquila, Theod. Job. k
XXXVIII. 25. ubi pro τίς δὲ ἔστειλεν; fortasse legendum est τίς διέστειλεν; *quis divisit?* ut habet Aqu. ex altera ejus versione. Sed recepta lectio quoque defendi potest, ut nempe *mittere* h. l. sit i. q. *dare*.

a Vide Hexapla. — שָׁכַבְתִּי, *pono me.* Aqu. Gen. VIII. 1. ubi στέλλεσθαι, de *aquis* usurpatum, notat *discedere, deserere terram, defluere.* Montfauconius ἐστάλησαν male transtulit: *coërcitæ sunt.* Gloss. Græc. in V. T. ab Albertio editum p. 149. στέλλεσθαι, ἀφίστασθαι, ἀναχωρεῖν. Drusius in Fragm. Vett. Intt. GG. pag. 18. ἐστάλησαν vertit *constiterunt*, et idem
b esse putat, quod στήλης τρόπον ἔστησαν. Sed an hoc significatu reperiatur σταλάω, unde ἐστάλησαν deducit, se nescire fatetur. Ex illis autem difficultatibus se facile potuisset extricare, si a στέλλεσθαι vocem ἐστάλησαν deduxisset. Præterea legitur Prov. XXXI. 26. τάξιν ἐστείλατο pro חֶסֶד, quæ verba Jaegerus suspicatur pertinere ad v. 25., idem-
c que significare, quod εὐπρέπειαν ἐνεδύσατο, a στέλλεσθαι, *ornari, indui*, unde στολὴ et καταστολὴ, *vestitus.* Conf. Perizon. ad Ælian. III. 24. 1. Hoogeveen. ad Viger. V. 12. 6. Sapient. VII. 15. πρὸς Θεὸν ἐστείλαντο φιλίαν, ad Deum *miserunt* amicitiam, h. e. ut Latinus sensum expressit: *participes facti sunt amicitiæ Dei.* Hesych. ἐστείλαντο, συνέστειλαν, ἢ ἀπ-
d έστειλαν. Sap. XIV. 1. πλοῦν τις πάλιν στελλόμενος, ad navigandum quispiam iterum *se parans.* Sic Polyb. IX. 24. 4. στέλλεσθαι τὴν πορείαν, *parare iter.* Sir. XXXV. 1. 2. στέλλεσθαι τὴν ἐπὶ τῆς Ἑλλάδος, sc. στολὴν, in Græciam *navigare.* 2 Macc. V. 1. τὴν δευτέραν ἔφοδον Ἀντίοχος εἰς Αἴγυπτον ἐστείλατο. Latinus vertit: *Antiochus secundam profectionem paravit in Ægyptum.*
e 3 Macc. I. 19. προσαρτίως ἐσταλμέναι, modo *amictæ.* Hesych. ἐσταλμέναι (Sic enim legendum pro ἐσταμέναι), ἐστολισμέναι. Confer Ælian. V. H. XII. 1.

ΣΤΕ'ΜΜΑ, *sertum, corona.* עֲטָרָה, idem. Al. Zach. VI. 11. στέμματα. Hesych. στέμμα, στεφάνωμα. Στέμματα pr. dici *coronas, quæ sacris adhibentur*, aut sane *eas, quæ gestantur a sacerdotibus*, docet Paschalius de Coronis Lib. I. c. 2. p. 7.

ΣΤΕ'ΜΦΥΛΑ, plur. *uvarum* vel *olivarum expressarum retrimenta, vinacea, nuclei uvarum.* חַרְצַנִּים, plur. *acini.* Num. VI. 4. — סִיג, *scoria.* Aqu. Psalm. CXVIII. 16. Ies. I. 25. Ezech. XXII. 18. Lex. Cyrilli MS. Brem. στέμφυλα, τὰ πιάσματα τῆς σταφυλῆς. Hesych. στέμφυλα, τὰ σταίσματα (lege τὰ πιάσματα) τῶν ἐλαιῶν, οἱ δὲ τὰς ἀπυρήνους ἐλαίας, καὶ τῶν σταφυλῶν τὰ ἐκπιέσματα. Ad quem locum Schrevelius in not. citat Athen. p. 56. Nunnes. Phrynich. p. 78. Casaub. ad Athen. Lib. II. c. 15. Henr. Steph. Schediasm. Lib. VI. c. 10. Suidas: στέμφυλον, τὸ ἔκθλιμμα τῆς σταφυλῆς, ἢ τῶν ἐλαιῶν, οἷς ἀντὶ ὄψων ἐχρῶντο.

ΣΤΕΝΑΓΜΟ'Σ, *gemitus*, etiam *rugitus.* אֲנָחָה, idem. Job. III. 24. XXIII. 2. Psalm. VI. 6. et alibi. — אֲנָקָה. Psalm. XI. 5. LXXVIII. 11. Mal. II. 13. — הֵאָנֵק infin. Niph. *gemendo.* Ezech. XXIV. 17. — הֵרוֹן, *conceptus.* Gen. III. 16. Videntur loco ה legisse ח, et per στεναγμοὺς intellexisse *dolores gemitus exprimentes*, aut הֵרוֹן de *doloribus partus*, et *quos gravidæ post conceptionem sentiunt*, intellexisse. Bauerus contra judicat, eos legisse הגני, ab הָגָה. — נְאָקָה, *clamor, gemitus.* Exod. II. 25. VI. 5. Jud. II. 18. — נַהֲמָה, *rugitus.* Psalm. XXXVII. 8. De *rugitu leonis* legitur apud Inc. Int. Prov. XIX. 11. ubi LXX βρυγμὸς habent. — צָרָה, *angustia.* Jerem. IV. 31. στεναγμοῦ σου, ubi per metonymiam effectum pro causa posuerunt. Vide supra s. v. הֵרוֹן. Hesych. στεναγμὸς, λύπη. Philo Allegor. Lib. II. p. 67. ἔστι στεναγμὸς σφόδρα καὶ ἐπιτεταμένη λύπη, πολλάκις γὰρ ἀλγοῦμεν, οὐχὶ στένοντες ὅταν δὲ ἐκστένωμεν, ἀπαρκῶς καὶ πάνυ ἐμβριθῶς χρώμεθα ταῖς λύπαις.

ΣΤΕΝΑ'ΖΩ, *gemo, ingemisco.* אָבַל, *lugeo.* Ies. XIX. 8. — אָנָה, *mœstus sum.* Ies. XIX. 8. — אֲנָחָה, *gemitus.* Ies. XXI. 2. — אָנַק. Ezech. XXVI. 15. — *דָּלַף, *stillo, perstillo.* Cohel. X. 18. sec. cod. Alex. ubi tamen loco στενάζει legendum est στάζει. — הִבְלִיג Hiph. *recreo me.* Job. IX. 27. στενάξω. Ut hæc versio cum textu Hebraico conciliari possit, στενάξω vertendum erit *clam ingemiscam, simulabo hilaritatem.* — הָמָה, *perstrepo.* Ies. LIX. 11. στενάξουσι, ὡς ἄρκτος, καὶ ὡς περιστερὰ ἅμα, *gement*, ut ursus, et ut columba simul. Conf. ad h. l. Bochartum Hier. Lib. III. c. 9. pag. 810. ubi ursorum vocem videri aliquid habere gemebundum, atque inde etiam Horatium atque Ovidium *gemitum* ursis tribuere observat. Cf. v. Στένω. De columbis etiam verbum *gemere* passim usurpari pariter observat Bochartus Hier. P. II. Lib. I. c. 2. pag. 12. — הִתְאֹשֵׁשׁ Hithp. *fortem me gero.* Ies. XLVI. 8. στενάξατε. Deduxerunt fortasse ab אָנַשׁ, Arab. ايس, *desperare.* Vulgatus habet *confundamini*, quasi legerit הִתְבֹּשְׁשׁוּ. Hanc quoque lectionem LXX exprimere potuerunt hoc sensu: *dolore ob peccata commissa compuncti ingemiscite,* ubi certe sensus non mutatur. Ex Houbigantii sententia LXX legerunt הִתְאַנּוּ. — זָעַק, *clamo.* Job. XXXI. 38. — *כָּרַע, *incurvo me, speciatim præ dolore.* Inc. 1 Sam. IV. 19. ubi στενάζειν de *gemitu parturientium præ doloribus gravissimis* adhibetur. Vide supra s. v. κλαίω, ac Simonis Lex. Hebr. s. h. v. — נֶאֱנַח Niph. Ies. XXIV. 7. Thren. I. 9. 22. Ez. XXI. 6. — נָהַם. Aqu. Symm. Theod. Prov. V. 11. στενάξεις. — נוּד, *condoleo.* Nah. III. 7. — נַחַת, *quies.* Ies. XXX. 15. στενάξῃς. Non dubito, eos legisse נָחַם, quod in l. Arab. نخم hanc notio- f
nem habet. — סָפַק, *plaudo.* Jerem. XXXI. 19. *Plaudere* h. l. est plangentis et dolentis. — עָגַם, *contristor.* Job. XXX. 25. Scil. عجم notat *barbara lingua loqui,* respondetque τῷ לָעַז Hebræorum. — שִׁוַּע Pih. *vociferor.* Job. XXIV. 12. — שָׁמַם ; נָשַׁם, Kal et Niph. *obstupesco.* Job. XVIII. 21. Ezech. XXVI. 16. Sap. V. 3. Sirac. XXX. g
19.

ΣΤΕΝΑΚΤΟ'Σ, *gemebundus.* חֶרְפָּה, *probrum.* Ezech. V. 15. στενακτὴ καὶ δηλαϊστή, gemebunda et miserabilis. Sed στενακτὸς ibi potius *miserandum, commiserandum* notat.

ΣΤΕΝΕ'Ω, *angusto, arcto.* מָעַד, *vacillo.* Al. 2 Sam. XXII. 37. ἐστένησα. Ita Bielius. Sed legendum est ἠσθένησα, quod habet ed. Compl.

ΣΤΕΝΟ'Σ, *angustus, arctus.* אוֹן, h
robur. LXX ac duo Incerti Intt. Job. XVIII. 11. ἐν λιμῷ στενῷ. Nisi adjectivo στενὸς notio transitiva h. l. tribuatur, ut sit i. q. στενοῦντι, *in angustias redigente,* omni sensu destituitur hæc versio. Mallem hic legere σθενῷ, *robusto, valido,* unde σθενόω, quemadmodum στενόω a στενός. Qua voce augeri fortasse Lexica possent. — *חֹרֶשׁ, *sylva.* 1 Sam. i
XXIII. 19. ubi τὰ στενὰ sunt *loca angusta, ad quæ aditus non facile patet.* Quia hæc loca sunt maxime tuta, Vulgatus non male transtulit: *in locis tutissimis sylvæ.* — לַחַץ, *oppressio.* Ies. XXX. 20. ὕδωρ στενόν, parum aquæ. Fortasse autem στενὸν

a ibi ad vocem στενῶ potius referendum est. Vide supra s. אָוֶן. — מְצָדָה, munitio. 1 Sam. XXIII. 14. (Vulg. *in locis firmissimis*: qualia sunt *pylæ*.) 19. XXIV. 1.—מְצוּדָה, idem. 1 Sam. XXIV. 23. εἰς τὴν μεσσερὰν τὴν στενὴν, ubi duæ versiones coaluerunt, et τὴν στενὴν est merum glossema ad vocem præcedentem, qua מְצוּדָה literis Græcis expressa
b est, ex qua simul apparet, cur τὴν στενὴν positum sit, quia scil. pro Daleth legit Resch, et a צוּר aut צָרַר derivavit. — צֹפִיָּה part. fœm. *speculans*. Prov. XXXI. 27. στεναὶ διατριβαὶ οἴκων αὐτῆς, h. e. domo circumscribitur commoratio aut conversatio aut occupatio ejus: ubi alii libri στεγναὶ habent eodem sensu. Vide supra s. v. στεγνός. —
c צַר: צָר. Num. XXII. 26. 2 Sam. XXIV. 14. 2 Reg. VI. 1. et alibi. Adde Aquil. Symmach. 1 Sam. XXVIII. 15. et Aqu. Psalm. XXX. 10. — שׁוּר, *murus*. Job. XXIV. 11. Baruch. III. 1. ψυχὴ ἐν στενοῖς. Susann. 21. στενά μοι πάντοθεν, *pericula* omni ex parte proposita.

ΣΤΕΝΟ'ΤΗΣ, *angustia*. 2 Macc. XII. 21.

d ΣΤΕΝΟΧΩΡΕ'Ω, *angusto, coarcto, angustus alicui sum*. *אָלַץ Pih. *moleste urgeo, coarcto*. Jud. XVI. 16. sec. cod. Vat. ἐστενοχώρησεν αὐτόν; ubi reliqui libri habent παρηνώχλησεν, ut adeo verosimile sit, ἐστενοχώρησεν esse alius interpretis, et ad antecedens הֵצִיק potius pertinere. — אָץ, *angustus*. Jos. XVII. 15. εἰ στενοχωρεῖ σε τὸ ὄρος Ἐφραὶμ, si angustus tibi
e est mons Ephraim. — מְצוֹק, *angustia*. Symm. 1 Sam. XXII. 2. στενοχωρούμενος. Conf. 2 Cor. IV. 8. et ad h. l. Wolfium p. 595. ac Lex. N. T. s. h. v. — צוּר. Ies. XLIX. 19. — קָצַר מַצָּע, *curtum est stratum*. Ies. XXVIII. 20. στενοχωρούμενοι οὐ δυνάμεθα μάχεσθαι, coarctati non possumus pugnare.

ΣΤΕΝΟΧΩΡΙ'Α, *angustia, coarctatio*. מָצוֹר, *obsidio*. Deut. XXVIII. 53. 55. 57. — צוּקָה. Ies. VIII. 22. θλῖψις καὶ στενοχωρία, afflictio et angustia. Vide et Ies. XXX. 6. ac conf. Rom. II. 9. ubi eædem voces conjunguntur. Vox στενοχωρία vero legitur etiam Sap. V. 3. Sirac. X. 29. 1 Maccab. II. 53. et XIII. 3. Esth. XIV. 2. sec. Vet. Arund. ἐνεδύσατο στενοχωρίαν, h. e. ἱμάτια στενοχωρίας, h. e. vestimenta angustiæ apta, ut in altera versione legitur.

'ΕΝ ΣΤΕΝΟΧΩΡΙ'Α 'ΩΝ, *in angustia existens*. אֲשֶׁר מוּצָק part. Hoph. a צוּק, *angustatus*. Ies. VIII 22.

ΣΤΕΝΟ'Ω, *angusto, arcto*. *כָּרַע *incurvo me*, speciatim *præ dolore*. 1 Sam. IV. 19. sec. Compl. ἐστενώθη sc. ἑαυτὸν, h. e. ἐστενώθη, quasi coarctata et constricta est doloribus partus, s. sensit dolores partus, qui i seq. צִרִים dicuntur, cujus vocis ori nem sine dubio respexit auctor hujus versionis. Suspicari tamen aliqui posset, eum scripsisse ἐστέναξε, quo habet alius incertus interpres. Secundum Tychsenium auctor huju versionis legit תקרא. — צוּר, *arct* Al. Prov. IV. 12.

ΣΤΕ'ΝΩ, *gemo*. אֲנָקָה, *gemitu* Theod. Mal. II. 13. στένοντες. - *בְּחַיָּי, *in vita mea*. Job. X. 1. στ νων. Legisse videntur בְּכָה. — אֲנַח Niph. Prov. XXIX. 2. — נוּעַ, *vagor*. Gen. IV. 11. 13. στένων καὶ τ μων. A rad. נָהָה, *lamentari*, auxi petierunt. — נִסְתַּר Niph. *absco dor*. Proverb. XXVIII. 28. στένο Ita fortasse transtulerunt, quia cum Hebr. de iis intellexerunt, sese occultant lugendi causa, qu in tyrannorum dominatione lug di libertas non sit satis integra,

2

a periculosa. Fieri tamen potuit, ut στένουσι e simili c. XXIX. 2. sententia hunc in locum transferretur. Vide ad h. l. Jaegerum. Non tamen admodum repugnarem, si quis στύγνοσι legere mallet. — קָדַר, atratus incedo. Job. XXX. 28. Hesych. στένων, στενάζων.

ΣΤΕ'ΝΩ ΛΙΜΩ͂Ι, *gemo fame.* נָדַם, *rudo.* Symm. Job. VI. 5. στένει.

b ΣΤΕΝΩ͂Σ, *anguste, arcte.* צַר. 1 Sam. XIII. 6. ὅτι στενῶς αὐτῷ μὴ προσάγειν αὐτῷ. Reponendum hic esse judico στενὸν, sc. ἐστὶ, nihil enim habet adverbium στενῶς, a quo regatur. Vulg. *se in arcto positos.*

ΣΤΕ'ΝΩΣΙΣ, *angustatio, coarctatio.* צָרָה, idem. Al. Jer. XLIX. 24.

ΣΤΕ'ΡΓΩ, *amo, diligo.* Sir. VIII.
c 22. οὐ γὰρ δυνήσονται λόγον στέρξαι. Non enim poterunt diligere, nisi quæ eis placent. Hoc additamentum pernecessarium est. Sed pro στέρξαι alii libri habent στέξαι. Ibid. XXVII. 17. Hesych. στέργει, φιλεῖ, ἀγαπᾷ.

ΣΤΕΡΕ'ΜΝΙΟΣ, *firmus, solidus, robustus.* בְּרִיא, *pinguis.* Aqu. Gen. XLI. 2. στερέμνιαι κρέει, *corpulentæ,*
d de bubus torosis et toris luxuriantibus. Vide ad h. l. Montfauc. in Append. p. 669. Aretæus p. 62. l. 45. στερέμνιοι ἀντυλαί. Hesych. στερέμνιον, στερεὸν, ἰσχυρόν. Lex. Cyrilli MS. Brem. στερέμνιον, τὸ πυκνὸν καὶ στερεόν. Adverbium στερέμνως legitur apud Hippocratem de Alimento p. 380. 15.

ΣΤΕΡΕΟΚΑ'ΡΔΙΟΣ, *durus corde.*
e חִזְקֵי לֵב. Ezech. II. 4.

ΣΤΕΡΕΟ'Σ, *firmus, robustus, validus, rigidus, crudelis.* אַדִּיר. Al. 1 Sam. IV. 8. στερεῶν. Legerunt אֲבִירִים. — אֵיתָן, *robur.* Aqu. Jerem. XLIX. 19. στερεά. Ibid. X. 44. Idem Psalm. LXXIII. 15. ποταμοὶ στερεοὶ, fluvii *perennes.* אֵיתָן est a وتن *perennis fuit.* Symmachus ἀρχαίοις, qui a mundo condito fluxerunt. — אַכְזָר, *crudelis.* Jer. f
XXX. 12. παιδείαν στερεάν. — אָנוּשׁ, *mortiferus.* Jer. XV. 18. ἡ πληγή μου στερεά. — בָּרִיא, *pinguis.* Symmach. Psalm. LXXII. 4. στερεά. Videri quidem posset, Symmachum ita vertisse, quia in sequentibus אוּלָם per πρόπυλα expressit, sed quia etiam LXX voce στερέωμα ibi pro eodem usi sunt, potius tenendum erit, vocabula, quæ *carnositatem* ac *pinguedinem* significant, apud g
Græcos pariter ac Hebræos ad *robur* et *firmitatem* referri. Vide quoque Simonis Lexic. Hebr. s. v. אול pag. 55. — חָזָק, *robustus.* Psalm. XXXIV. 12. Jerem. XXXI. 11. — *חַלָּמִישׁ, *silex.* Deut. XXXII. 13. ἐκ στερεᾶς πέτρας. — מִקְשָׁה, *firmitas.* Num. VIII. 5. — צוּר, *rupes.* Aqu. Deuter. XXXII. 31. στερεός. h
Idem Psalm. LXI. 8. Ies. VIII. 14. Idem sec. edit. primam Jerem. XXI. 13. Symm. Psalm. LX. 3. — צָרִים, nomen propr. Aqu. Symm. 2 Sam. II. 16. Respexerunt etymologiam a צוּר, quod vide supra.

ΣΤΕΡΕΩ'ΤΕΡΟΣ comp. *firmior.* אַדִּיר, *magnificus, validus.* 1 Sam. IV. 8. — מֵרַע, *maleficus.* Jer. XX. 13. στερεωτέρων αὐτοῦ. Ita Alex. Ald. i
et Compl. Scil. per *impios* h. l. *potentes oppressores* intellegendi sunt.

ΣΤΕΡΕΩ'ΤΑΤΟΣ superlat. *firmissimus.* שָׁתַל, *planto.* Aqu. Symm. Theod. Hos. IX. 13. στερεωτάτην.

ΣΤΕΡΕΟ'Ω, *firmo, roboro.* אָמֵץ, *firmo.* Ps. XVII. 20. Inc. 2 Sam. XIV. 12. — הַצִּיב infin. Hiph. a נָצַב. Aqu. 1 Sam. XIII. 21. τοῦ στερεώσαντος. Mallem legere στερεῶσαι. — חָזַק : חִזֵּק, Kal et Pih. Jer. V. 3. X. 4. LII. 4. Adde Incert. et LXX sec. cod. Oxon. Exod. XIV. 15. ubi est i. q. σκληρύνω. — חָשַׂף, *denudo*. Ezech. IV. 7. στερεώσεις, *firmiter extendes*. Sed suspicor legendum στερήσεις, *privabis*, *tegumentis* sc. — טִפַּח Pih. *palmo metior*. Ies. XLVIII. 13. Vox Hebr., quæ *expandere* etiam notat, h. l. de *creatione* explicanda est, quam notionem quoque voci στερεοῦν subjecerunt. — יָצַר, *formo*. Amos IV. 13. στερεῶν βροντήν. — מִבְצָר, *munitio*. 1 Sam. VI. 18. πόλεως ἐστερεωμένης, urbis *bene munitæ*. — נָטָה, *extendo*. Ies. XLV. 12. ἐστερέωσας τὸν οὐρανόν. — נִמְלַח Niph. *evanesco*. Ies. LI. 6. ὁ οὐρανὸς ὡς καπνὸς ἐστερεώθη. Paulus in Obss. Critt. Philol. ad Iesaiæ Oracula p. 17., offensus voce ἐστερεώθη, quæ præcedenti καπνὸς minime convenire ei videbatur, conjecit, legendum esse ἐστρώθη, hoc sensu: *nebulæ instar fumi delabentur*. Equidem ἐκενώθη, *evanuit*, legere, mallem. — נָכוֹן Niph. a כּוּן. 1 Reg. III. 1. ἡ βασιλεία ἐστερεώθη, regnum confirmatum est. Psalm. XCII. 2. Prov. XX. 21. — נִצַּב Niph. a יָצַב. Thren. II. 4. — סָמַךְ, *fulcio, sustento*. Al. Gen. XXII. 37. ἐστερέωσα. — עָלַץ, *exulto*. 1 Sam. II. 1. ἐστερεώθη ἡ καρδία μου ἐν κυρίῳ. Pro עָלַץ legerunt עָרַץ, quod habet notionem *roboris* et *fortitudinis*. — *עָצַם, *roboror*. Dan. VIII. 24. sec. cod. Chis. — *עָצָה, *claudo*. Aqu. Theod. Prov. XVI. 30. non male per στερεοῦν transtulerunt, quia sermo ibi est de oculis, quos qui claudit, etiam firmare, h. e. impedire, ne vagentur, dici potest. Vide quoque infra s. v. στηρίζω. — עָשָׂה, *facio*. Ps. XXXII. 6. — *עֶשֶׁת. Aqu. Symm. Theod. Jerem. V. 28. — רָקַע, *expando*. Aqu. et LXX Job. XXXVII. 18. Vulgat. *fabricatus es*. Psalm. CXXXV. 6. Ies. XLII. 5. — תִּכֵּן Pih. *apto*. Ps. LXXIV. 3. Ita quoque Theodot. Quinta et Sexta Editio. Sir. III. 3. στερεοῦν notat *velle, ut aliquid firmum sit et maneat, seu justam auctoritatem habeat, sancire, confirmare, attribuere auctoritatem*. Cf. Vers. Syr. et Arab. Sir. XXIX. 3. στερεοῦν λόγον, *fideliter stare* promissis.

*ΠΟ'ΛΕΙΣ 'ΕΣΤΕΡΕΩΜΕ'ΝΑΙ, *urbes bene munitæ*. מִבְצָר, *munitio*. 2 Reg. VIII. 12. ubi alii ὀχυρώματα. Ita quoque στερεοῦν legitur 1 Macc. IX. 62.

ΣΤΕΡΕ'Ω, *privo, orbo*. *בָּרַס, *confringo*. Syrus Thren. III. 16. — הֵפֵחַ. Symmach. Job. XXXI. 39. ἐστέρησα ἐλπίδος, spe *frustravi*. Bene quoad sensum: nam *sufflare animam alicujus* significat apud Hebræos *spem alicujus frustrare*, quia נֶפֶשׁ de *quovis affectu vehementiore*, inprimis *cupiditate ac desiderio* adhiberi solet. — *הַצִּיב infin. Hiph. a יָצַב, *infigere*. Inc. sec. Cat. Nicephori p. 359. 1 Sam. XIII. 21. ubi judice Scharfenbergio στερῆσαι mutandum est in στῆσαι. Mallem equidem legere στερεῶσαι. — זוּר, *alienor*. Ps. LXXVII. 33. οὐκ ἐστερέθησαν ἀπὸ τῆς ἐπιθυμίας αὐτοῦ, non *privati sunt* concupiscentia sua. — חָסַר, *deficio*. Cohel. IX. 8. ἔλαιον ἐπὶ κεφαλῆς σου μὴ στερησάτω, non *desit* oleum capiti tuo. Alii habent ὑστερησάτω. — מָנַע, *cohibeo*. Genes. XXX. 2. ἐστέρησέ σε καρπὸν κοιλίας, *privavit* te fructu ventris. Vide et Psalm. XX. 2. Job. XXII. 7. πεινώντων ἐστέρησας ψωμόν, esurientes *privasti* pane. — פִּלֵּל Pih. *judico*. Gen. XLVIII. 11. Præterea legitur Thren. III. 16. ubi tamen verb a καὶ ἐστήριξέ με, quæ ad שִׁנַּי, dentes meos, Montfauconus protulit, delenda sunt, quippe desumta e loco Theodoreti male intellecto, ut docuit Doederleinius in Repert. Bibl. et Orient. Liter. T. VI. pag. 200. seq. Sap. XVIII. 4. στερηθῆναι φωτὸς, orbari luce. Vide et Sir. VII. 22. XXVIII. 16. XXXVII. 24.

ΣΤΕΡΕ'ΩΜΑ, *firmamentum, fulci-*
b *mentum, confirmatio.* בְּרִיא, *pinguis.* Ps. LXXII. 4. ubi στερέωμα dicitur de *plagis validis et fortiter inflictis.* Aqu. Gen. XLI. 2. ubi v. Montf. in Append. Vide quoque supra s. v. στερεός. — הַצִּיב infin. Hiph. a יָצַב, *constituere.* Aqu. 1 Sam. XIII. 21. — חֵל contracte pro חֵיל. Symmach. Ies. XXVI. 1. ubi στερέωμα, *firmamentum,* teste Hieronymo est
c *antemurale.* — מַטֶּה, *virga, baculus.* Aqu. sec. edit. secundam, Symm. ac Theod. Ezech. IV. 16. στερέωμα ἄρτου, panis, quo vita hominis fulcitur quasi, *reficitur et sustentatur.* Confer Glassii Philol. S. pag. 1210. — סֶלַע, *petra.* Psalm. XVII. 1. — עֶצֶם, *os, corpus.* Exod. XXIV. 10. — פֶּרֶץ, *ruptura.* Ezech. XIII. 5. ubi etiam στερέωμα *antemurale* esse
d videtur. Vide supra s. v. חֵל. — צְבִי. Symm. Aquila sec. ed. primam. Ezech. XX. 6. Deduxit sine dubio a יָצַב, *stare, consistere, subsistere.* Vide supra s. v. στάσις. — קַיֵּם infin. Pih. a קוּם. Esth. IX. 29. τό τε στερέωμα τῆς ἐπιστολῆς *confirmationem* epistolæ. — רָקִיעַ, *expansum,* etiam *firmamentum.* Syr. ܪܩܥ, *firmare, solidum et firmum*
e *facere.* Eandem notionem habet quoque رقع, Gen. I. 6. Psalm. XVIII. 1. Dan. XII. 3. Is. Vossius Auctar. Castigatt. ad Scriptt. de Ætat. Mundi p. 15. docet, LXX recte רָקִיעַ vertisse στερέωμα, h. e. *firmamentum* aut *fulcimentum,* et per hoc nubes intellegendas esse, quæ tanquam fulcra, vehicula et στηριώματα sint humorum. Cum vero sol et luna in firmamento esse f
dicantur, latius accipi *firmamenti* nomen, nempe pro *toto eo spatio, quod supra nos est.* Sic et Bonfrerius in Gen. l. c. p. 100. per στερέωμα *cœlos astriferos* intellegit, quibus profani auctores etiam firmitatem adstruunt, siquidem, eodem observante. Homerus Il. Ε', v. 504. οὐρανὸν πολύχαλκον vocat, h. e. *solidum et quasi multo ac denso ære firmatum.* Hesychius στερεὸν inter- g
pretatur. Idem poëta Odyss. Ο', v. 328. *σιδήρεον οὐρανόν: Pindarus οὐρανὸν χάλκεον ob firmitatem et perennitatem appellat. Orpheus in Hymno ad Cœlum vocat illud ἀδάμαστον, *adamantinum et indomabile.* Fulleri sententiam, cur LXX רָקִיעַ per στερέωμα interpretati sint, vide in Ej. Miscell. Sacr. L. I. c. 6. p. 51. seq. — *שַׁחַק, *nubes superior.* Deut. XXXIII. 26. Cant. Tr. Puer. 26. h
1 Macc. IX. 14. στερέωμα τῆς παρεμβολῆς, h. e. *firmior pars exercitus,* ut recte transtulit Vulgatus. Sirac. XLIII. 1. στερέωμα τῆς καθαριότητος, firmamentum serenum, æther purus. 3 Esdr. VIII. 83. ubi in textu Hebr. Esdr. IX. 9. est גָּדֵר, *murus s. locus muro obfirmatus,* quod LXX verterunt φραγμός.

ΣΤΕΡΕ'ΩΣΙΣ, *firmatio, consoli-* i
datio, firmitas. עֲצֻמוֹת. Aqu. Ies. XLI. 21. ubi στερεώσεις notat *argumenta firma, quibus assertioni robur additur.* Vide tamen notata supra a me s. v. ἰσχύωσις. Sirac. XXVIII. 10. στερέωσις τῆς μάχης, rixæ *vehementia.*

ΣΤΕΡΙ'ΣΚΩ, i. q. στερέω, *privo, orbo.* חִסֵּר Pih. *destituo.* Cohel. IV. 8. Hesych. στερίσκω, ἀποστερῶ.

a ΣΤΕ'ΡΝΟΝ, *pectus*. Sir. XXVI. 20. ἐπὶ στέρνοις, *in pectoribus*. Suidas: στέρνοις, στήθεσι. Grotius Sir. l. c. pro στέρνοις ex Vulgato (qui habet: *super plantas stabiles*) legendum censet στερεοῖς, et τὰ στερεὰ *firmamenta pedum*, h. e. *plantas*, interpretatur. Sed Grabius Proleg. in LXX T. IV. c. 4. §. 6. nullus dubitat, πτέρναις reponendum esse.

b ΣΤΕΦΑ'ΝΗ, *corona*, *lorica*. *זֵר, *limbus*, it. *cinctura*, ex verbi significatione *cingendi*. Exod. XXX. 3. 4. XXXVII. 31. — מִסְגֶּרֶת, *tænia*. Exod. XXV. 25. 26. XXXVII. 12. 13. — מַעֲקֶה, *lorica illa, qua tecta ædium s. solaria veterum cingi solebant et debebant*. Vide Michaëlis Synt. Commentatt. p. 55? seq. Deut. XXII. 8. ποιήσεις στεφάνην τῷ c δώματί σου, facies *loricam* tecto tuo. Latinis *corona* eodem sensu usurpatur. Paschalius de Corona Lib. I. c. 2. p. 7.: *Nec solum Græcis στεφάνη est summitas, sed et* corona *est pars muri totiusque lapideæ structuræ, quam* loricam *dicimus, ut apud Vitruvium* (Lib. II. c. 8.) *legimus* projectura coronarum: *id est porrectiores coronæ*. Et apud Qu. d Curtium (Lib. IX. 4. 30.) angusta muri corona *est contractior projectura coronæ*. Idem hoc ipso sensu vocem usurpari a Plinio L. XXXVI. c. 24. observat. Adde Jul. Cæs. B. Gall. VIII. 9. 3. — סִיר, *olla*. Ex. XXVII. 3. XXXVIII. 3. Jerem. LII. 14. Ad postremum locum Chrysostomus in Catena Ghislerii p. 929. στεφάνην λέγει τὸ καγκελωτὸν e σχῆμα, τὸ περὶ τοὺς κίονας. — Vide alibi στρεπτός.

ΣΤΕΦΑΝΗΦΟΡΕ'Ω, *coronam fero*. Sap. IV. 2.

ΣΤΕ'ΦΑΝΟΣ, *corona*, i. q. στεφάνη, item *omne quod formam habet coronæ, circulus*. אַבְנֵט, *balteus*. Ies. XXII. 21. — זֵר, *limbus*, it. *cinctura*. Samarit. Exod. XXXVII. 2. — כָּלִיל, *perfectus*. Thren. II. 15. Ezech. XXVIII. 12. Habet כְּלִיל f notionem *coronæ* in l. Syriaca et Chaldaica. — לִוְיָה, *adjectio*. Prov. IV. 9. ἵνα δῷ τῇ σῇ κεφαλῇ στέφανον χαρίτων, ut det capiti tuo coronam gratiarum. Vide et Prov. I. 9. Arab. لوي, *flexit, plicuit, contorsit*, unde לִוְיָה ad *omnes res multo flexu plexuque sese innectentes et complicantes* transfertur. Lex. Cyrilli MS. Brem. στέφανος χαρίτων, g στέφανος τῶν πνευματικῶν χαρισμάτων. Inde et apud Hesychium pro στέφανος τῶν κ. τ. λ. legendum: στέφανος χαρίτων, τῶν πνευματικῶν χαρισμάτων ὁ στέφανος. — עָטַר, *corono*. Ps. LXIV. 12. ubi pro עִטַּרְתָּ, *coronasti*, legerunt substantivum עֲטֶרֶת. — עֲטָרָה. 2 Sam. XII. 30. 1 Par. XX. 2. Job. XIX. 9. et alibi sæpius. — פְּאֵר, *ornamentum*. Aquila, Symmach. Theod. Ies. LXI. 10. — צָנוֹף infin. *volutando*. Ies. XXII. 18. ubi legerunt צָנִיף, *cidaris*. Sir. I. 22. στέφανος σοφίας φοβεῖσθαι τὸν κύριον, *summa* sapientia est timere Deum. Στέφανος hic notat *omne quod primum* seu *summum est in aliqua re*. Sirac. I. 11. 16. στέφανος ἀγαλλιάματος, *summa lætitia*, coll. v. 18. Sir. XXV. 8. στέφανος γερόντων πολυπειρία, *corona* i. e. *ornamentum* senum multa experientia. Sic Homerus Epigr. in Palat. Curial. ἀνδρὸς μὲν στέφανος παῖδες, πύργοι δὲ πόληος. Sir. L. 14. κυκλόθεν αὐτοῦ στέφανος ἀδελφῶν, ubi est i. q. κύκλος adjuncta notione *præstantiæ* et *decoris*. Eadem vox in singular pariter ac plurali numero interdum notat *coronas aureas*, seu *aurum coronarium* (στεφανίτην φόρον, στεφανικὸν τέλεσμα), *genus tributi aut muneris, quod Judæi quotannis soliti erant regibus offerre honoris causa*

a *non tanquam tributum dominis, sed ut coronam amicis.* 1 Macc. X. 29. ἀφίημι πάντας τοὺς Ἰουδαίους ἀπὸ τῶν στεφάνων. Ib. XI. 35. τοὺς ἀνήκοντας ἡμῖν στεφάνους. Ibid. XIII. 39. τὸν στέφανον, ὃν ὠφείλετε. Sic etiam Polybio XXII. 17. 4. στέφανος est *pecuniæ summa loco coronæ honoris et officii causa oblata victoribus et rerum dominis.* Vide ibi Schweighæuserum,
b et quæ loca laudavit in Lex. Polyb. De *auro coronario* confer quoque Titul. Cod. Theodos. de Auro Coronario, et ibid. Jac. Gothofredum, Petavium ad Synes. p. 7. Valesium ad Ammian. L. XXV. p. 301. etiam Suidam s. στεφανικὸν τέλεσμα.

ΣΤΕΦΑΝΟ'Ω, *corono, orno, cingo,* (Homer. Iliad. O', 153.) *protego.*
c הִכְתִּיר Hiph. *cingo.* Symm. Ps. CXLI. 8. στεφανώσονται. — עָטַר, *corono.* Aqu. et LXX Ps. V. 15. ὡς ὅπλῳ εὐδοκίας ἐστεφάνωσας ἡμᾶς, tanquam scuto beneplaciti *cinxisti,* h. e. *protexisti nos.* Confer Psalm. XC. 5. ubi, quod hic est στεφανοῦν, est κυκλοῦν. Sic Orpheo (Argon. v. 895.) στέφανοι sunt *muri, quibus urbes coronæ ad instar cinctæ et*
d *munitæ sunt.* Vide Lexic. Stephani. Et στέφανοι πύργων Euripidi Hecub. v. 910. sunt *turres, quibus Ilium eodem modo septum et munitum fuit.* Sic et *urbes bene munitæ* εὐστέφανοι Græcis vocantur. Vide quæ ex Hesiodi Scut. Herc. v. 80. et Theogon. v. 978. et Phlegonte Tralliano Mirabil. c. 3. (Adde Eustath. de Ismen. Lib. I. init. urbs Eurycomis
e θαλάσσῃ στεφανοῦται.) observat J. H. Maius filius Obss. SS. Lib. II. p. 25. Unde Suidas εὐστέφανον interpretatur εὐτείχιστον, et Hesychio εὐστέφανος est εὔπυργος, εὔτειχος. Nam verba hæc, εὔπυργος, εὔτειχος, cum sequentibus, καλὸν στέφανον ἔχων, quæ vulgo ab εὐστέφανος tanquam nova glossa separantur, illam adhuc exponere manifestum est. Confer

et Ies. XXIII. 8. ubi Tyrus ob f
muros et turres, quibus munita fuit juxta Ezech. XXVI. 4. et XXVII. 12., dicitur הַמַּעֲטִירָה, *coronata,* et Spanhem. in Callimach. p. 346. — פֵּאֵר, *orno.* Inc. Deut. XXIV. 20. στεφανώσεις. Sirac. XIX. 5. sec. Complut. ὁ ἀντοφθαλμῶν ἡδοναῖς στεφανοῖ τὴν ζωὴν αὐτοῦ, qui pravis cupiditatibus resistit, *felicem se reddit,* aut: *vitam agit tranquillam* g
et beatam. Sic quoque στέφανος 1 Petr. V. 4. de *felicitate æterna* adhibetur.

ΣΤΕ'ΦΟΣ, *corona.* 3 Maccab. IV. 8.

ΣΤΕ'ΦΩ. i. q. στεφανόω, *corono.* הִכְתִּיר Hiph. *cingo.* Theod. Prov. XIV. 18. στεφθήσονται. — עָטַר. Aqu. et Inc. Ps. VIII. 6. στέψεις. Sap. II. 8. στεψώμεθα ῥόδων κάλυξιν, co- h
ronemus nos rosarum calicibus. Hesych. στέφεται, στεφανοῦται, κοσμεῖται. Idem: Στέφαι (lege στέψαι e Phavorino), πληρῶσαι, στεφανῶσαι, περάσαι, κυκλῶσαι.

ΣΤΗΘΟΔΕΣΜΙ'Σ, *fascia pectoralis.* פְּתִיגִיל, *fascia mulierum pectoralis rotunda.* Symm. Ies III. 24. τῆς στηθοδεσμίδος. — קִשֻּׁרִים plur. *redimicula.* Jerem. II. 32. Atticis i
dicitur ταινία. Moeris: Ταινία, Ἀττικῶς. στηθοδεσμίς, Ἑλληνικῶς. Pollux Lib. VII. c. 14. Segm. 69. pag. 734. στηθόδεσμον vocat, et Aristophanem ἀπόδεσμον dixisse testatur. En verba: ἀντικρὺς δὲ τὸ νῦν καλούμενον στηθόδεσμον, εὕροις δ' ἂν ὀνομαζόμενον ἀπόδεσμον ἐν Θεσμοφοριαζούσαις Ἀριστοφάνους· Τὴν πτέρυγα παραλύσασαν τοῦ χιτωνίου, καὶ τῶν ἀποδέσμων, οἷς ἔνην k
τιτθίδια. Græcis alias etiam appellatur ἀμπεχόνη aut ἀμπεχόνιον, Latinis *strophium* vel *strophiolum.* Vide Ez. Spanhemium Obss. in Callimachum p. 135. Postel. in Not. ad Callidam Junon. Homeri carmine vernaculo redditam p. 229. seq. et Schlægeri Diss. de Diana λυσιζώ-

a νῳ p. 32. seq. ubi etiam Hebr. כּוּמָז Num. XXXI. 50. cum Targumista de *strophio mamillas coërcente* interpretatur.

ΣΤΗ͂ΘΟΣ, *pectus.* גָּחוֹן. Aqu. Lev. XI. 42. Vox Hebr. *partem inferiorem corporis reptilium, qua terram tangunt,* denotat. — חֲדִי Chald. Dan. II. 32. — לֵב, *cor.* Exod. XXVIII. 23. 26. Adde Theodot.
b Jerem. XXXI. 33. — לוּחַ לֵב, *tabula cordis.* Symm. Prov. III. 3. coll. VII. 3. — נַחַר, *rhonchus.* Job. XXXIX. 20. Sc. نحر est *pars pectoris superior prope jugulum et claviculam.* Cæterum Jobi l. l. loco δόξα δὲ στηθέων αὐτοῦ τόλμη in cod. Alex. rectius legitur: δόξῃ στηθέων αὐτοῦ τόλμην.

ΣΤΗΘΥ͂ΝΙΟΝ, *pectusculum.* חָזֶה,
c *pectus,* pars corporis anterior et exstantior, speciatim *pectus brutorum.* Vide Amralkeis Moall. v. 63. Ex. XXIX. 26. 27. Levit. VII. 20. 21. et alibi sæpius. Reperitur quoque apud Inc. Levit. VII. 13. ubi nihil in textu Hebr. legitur. Videtur autem e sequentibus huc translatum esse, ubi τοῦ חָזֶה mentio fit. A Polluce II. 162. explicatur τῶν
d στηθῶν τὸ μέσον. Confer Sturz. de Dial. Maced. p. 194.

* ΣΤΗ'ΚΩ, *firmiter sto.* הִתְיַצֵּב Hithp. a יָצַב. Sec. cod. Alex. et ed. Compl. Ex. XIV. 13. στήκετε, *fortes, animosi estote.* Reliqui libri habent στῆτε. Confer Lexicon N. T. s. h. v.

ΣΤΗ'ΛΗ, *lapis e terra exstans, qui vel munitionis gratia, vel in signum erectus est,* deinde *quidquid ad*
e *rei monumentum ac memoriam erigitur,* s. *statua sit,* s. *pyramis* s. *columna* s. *sepulcrum* s. *altare* s. *lapis impolitus,* i. q. *titulus.* Confer Cuperum in notis ad Lactantium p. 176. אוֹב, *pytho.* Al. 2 Reg. XXI. 6. στήλην. Vide infra s. τέμενος. — בָּמָה, *excelsum.* Levit. XXVI. 30. Numer. XXII. 41. XXXIII. 52. — בַּעֲלֵי, בָּמוֹת, *domini excelsorum.* Numer. XXI. 28. Sed ibi στήλας tantum
Hebr. בָּמוֹת respondet, ac ad בַּעֲלֵי f
pertinet κατέπιε, quod vide supra. — מִזְבֵּחַ, *altare.* 2 Par. XXXIII. 3. — מוֹשָׁב, *sedes.* Ezech. VIII. 3. — מַצֶּבֶת : מַצֵּבָה, *titulus, monumentum.* Genes. XXVIII. 18. 22. XXXI. 13. XXXV. 14. et alibi sæpius. — נְצִיב. Genes. XIX. 26. — עַמּוּד. Jerem. XXVII. 19. — *קָדֵשׁ, *scortum masculum, cinædus.*
Inc. 1 Reg. XV. 12. τὰς στήλας. g
Forte legit קְרָשִׁים, a קֶרֶשׁ, *asser, tabula, trabs secta.* Conjici quoque posset κίνας, quæ vox apud Græcos eodem modo de *cinædis* s. *scortis masculis* adhibetur, ut Hebr. קָדֵשׁ. Conf. Lexic. N. T. s. h. v. Sed nihil mutandum videtur, modo στῆλαι h. l. explicentur de *columnis in honorem idolorum exstructis,* ut adeo partem pro toto, seu speciem pro genere posuerit. Nam קָדָשִׁים in universum *omnes res sanctas, cultui divino* s. *religioso destinatas* significat.

ΣΤΗΛΟΓΡΑΦΙ'Α, *tituli inscriptio, inscriptio in columnam vel cippum.* מִכְתָּם, *aureolum, aureum* κειμήλιον. Psalm. XV. 1. LV. 1. LVI. 1. et alibi in inscriptionibus Psalmorum. Cappellus in Crit. S. p. 574. vult, eos legisse מִכְתַּב, *inscriptio lapidaris,* sed rationem hujus interpretationis ex usu verbi כָּתַם apud Syros reddit J. D. Michaëlis Colleg. Crit. in Psalm. XVI. p. 44. et in Supplem. ad Lexic. Hebr. n. 1242. Confer quoque Vriemoet Obss.

Miscell. p. 204. et Jablonski Pantheon Ægypt. V. c. 5. §. 13. Lexic. Cyrilli MS. Brem. στηλογραφία, φανέρωσις ἱσταμένων.

ΣΤΗΛΟ'Ω, *cippum, columnam erigo, statuo, stabilio*, et Στηλόομαι, *affigor alicui rei, ita ut ab ea non discedam, immotus sto instar cippi*, vel simpliciter *sto*. Metaphorice : *affigor alicui rei*. נִצָּב, הִצִּיב et הִתְיַצֵּב, Niph. Hiph. et Hithp. a יָצַב. Jud. XVIII. 16. ἐστηλωμένοι παρὰ τὴν θύραν τοῦ πυλῶνος, *firmiter stantes* ad ostium portæ. Vide et v. 17. 1 Sam. XVII. 16. ἐστηλώθη ἐνώπιον Ἰσραὴλ, *stabat* coram Israël. Aqu. Psalm. XLIV. 11. ἐστηλώθη ἡ βασίλισσα ἐκ δεξιῶν σου, *stat* regina a dexteris ejus. Usus est his verbis, ut *proceritatem et majestatem corporis* indicaret. Hesych. ἐστήλωτο, ὑψωται. Lexic. Cyrilli MS. Brem. ἐστηλώθη, ἐπάγη, ἡδράσθη. 2 Sam. XVIII. 17. ἐστήλωσεν ἐπ' αὐτὸν σωρὸν λίθων μέγαν, *erigebat* super illum acervum lapidum magnum. Vide et 2 Reg. XVII. 10. 2 Sam. I. 18. Aqu. Psalm. XXXVIII. 6. Aqu. Theod. Ps. LXXII. 17. — *נְצִיב, *præfectus, princeps* s. *præses provinciæ*. Inc. sec. Cod. Coisl. 2. 2 Sam. VIII. 14. καὶ ἔθηκεν ἐστηλωμένην. Cum jam præcesserit versio alia, ad eadem verba Hebraica pertinens, nempe καὶ ἔθηκε φρουρὰς, sponte apparet, continere hæc verba versionem alius interpretis, sine dubio Aquilæ, qui supra v. 6. eandem vocem per ἐστηλωμένους reddidit, respiciens nempe propriam verbi נָצַב notionem. Conf. Simonis Lex. Hebr. s. v. נְצִיב p. 1045. Post ἐστηλωμένην autem supplendum erit φρουρὰν, nisi quis ἐστηλωμένους reponere malit. Montfauconius autem ἐστηλωμένην transtulit *præsidium*, nempe *fixum, quod in certo ac constituto loco semper manet*. Vulgatus נְצִיבִים h. l. per *custodes* interpretatus est. — עָמַד, *sto*. 2 Sam. XVIII. 30. ubi στηλοῦσθαι non simpliciter *stare*, sed *immotum stare, de loco suo non moveri* notat. — צְבִי, *decus, gloria*. 2 Sam. I. 19. στήλωσον Ἰσραὴλ, erige Israëli columnam, h. e. monumentum s. pyramidem in eorum memoriam perpetuumque monumentum. Hoc nempe honore sunt dignissimi. Legerunt הַצִּיב (imp. Hiph. a נָצַב, *posuit, statuit*, unde מַצֵּבָה, *statua*.), sive הַצֵּב, sive adeo in fœminino הַצְּבִי. Confer Grabii Proleg. in LXX T. II. c. 4. §. 2.

ΣΤΗ'ΛΩΜΑ, *columna*. מַצֶּבֶת, idem. 2 Sam. XVIII. 18. sec. Alex. Theod. Ies. VI. 13. — מַצָּב. Aqu. Jud. IX. 6.

ΣΤΗ'ΛΩΣΙΣ, *statio, erectio columnæ*, etiam *columna ipsa*. מַצֶּבֶת. Aqu. Ies. VI. 13.

ΣΤΗ'ΜΩΝ, *stamen, filum tendens per longitudinem telæ*. קָרַחַת, *calvities*. Levit. XIII. 55. ἢ ἐν τῷ στήμονι. Ita interpretati sunt ex aliis hujus capitis locis. — שְׁתִי. Levit. XIII. 48. 49. 56. et alibi.

*ΣΤΗ͂Ρ, idem quod στέαρ. Hist. Bel et Drac. v. 27. sec. cod. Alex. Similis vox est κῆρ pro κέαρ.

ΣΤΗ'ΡΙΓΜΑ, *firmitas, firmamentum, fulcrum*. אַיִל, *superliminare*. Aqu. Ezech. XLI. 3. — אֱמוּנִים plur. ex אָמוּן, *fidelitates, fideles*. 2 Sam. XX. 19. — הָמוֹן, *multitudo*. 2 Reg. XXIV. 31. τὸ λοιπὸν τοῦ στηρίγματος, ubi alii λαοῦ habent, qui h. l. στήριγμα dicitur, quia eo nititur salus ac potentia reipublicæ. — יָתֵד, *paxillus*. Esdr. IX. 8. — מַטֶּה, *virga, baculus*. Psalm. CIV. 16. στήριγμα ἄρτου, fulcrum panis. Vide et Ezech. IV. 16. et V. 16. Theodoretus ad Psalm. l. c. et ex eo Suidas: στήριγμα ἄρτου, οὐ μόνον σῖτος καὶ κριθὴ,

a ἀλλὰ πᾶν τὸ τρέφειν δυνάμενον. De omnibus vitæ adminiculis στήριγμα quoque legitur Ezech. XIV. 13. De
potentia s. prospero rerum statu ibid.
VII. 11. — מִשְׁעָן, scipio. Symm.
Ies. III. 1. — פַּסַּת בָּר, particula
frumenti. Psalm. LXXI. 16. ubi
post στήριγμα fortasse excidit vox
σίτου aut ἄρτου, ut στήριγμα σίτου aut
ἄρτου sit i. q. Psalm. CIV. 16. מַטֵּה
b לֶחֶם, ac στήριγμα positum sit pro
ῥάμφῳ s. baculo crassiori. Confer Casaub. et Jungermann. ad Pollucis
Onom. Lib. X. segm. 157. Grotius
conjicit, legendum esse σίτου δράγμα,
h. e. tritici tantum, quantum manu
sumi potest. Meibomius denique ad
Psalm. Dav. Duodecim p. 56. LXX
σιτηρέσιον scripsisse judicat. Vulg.
habet firmamentum, pro quo non-
c nulli frumentum legere malunt. Sed
Chaldæus quoque fulcimentum habet, ut adeo στήριγμα sit abundantia
frumenti, vitæ firmamentum et colu-
men. Chald. סְמַךְ certum reddere, firmare, fulcire notat. Suidas: στήριγμα
ἄρτου, οὐ μόνον σῖτος καὶ κριθὴ, ἀλλὰ
πᾶν τὸ τρέφειν δυνάμενον. Vide Opuscula Critica p. 229. seq. — תָּא,
thalamus, excubitorium. Aqu. Ezech.
d XL. 7. 12. In notione auxilii ac
liberationis legitur Sirac. III. 30. ἐν
καιρῷ πτώσεως αὐτοῦ εὑρήσει στήριγμα.
Tob. VIII. 5. Eva στήριγμα dicitur,
h. e. firmum ac fidele præsidium.
Videndum tamen est, annon ibi
στήριγμα cum βοηθὸν conjungendum,
ac per Hendiadyn explicandum sit
de adjutrice, socia ac comite vitæ,
in qua summam animi fiduciam ha-
e bere poterat ac debebat. Syrus æ-
que ac Vulgatus h. l. στήριγμα prorsus omisit. 1 Macc. II. 43. ubi sermo
est de copiis auxiliaribus.

ΣΤΗΡΙΓΜΟ'Σ, *fulcimentum, stabi-
limentum*. מִשְׁעֵנָה, idem. Symm.
Ies. III. 1. Confer 2 Petr. III. 17.
Suidas: στηριγμὸς, ἑδρασμός.

ΣΤΗΡΙ'ΖΩ, *firmo, obfirmo, stabilio,
fulcio*. *אָמוֹן, nutricius. Symmach.
Theod. Proverb. VIII. 30. ἐστηριγμένη. E notione firmandi, quam ha- f
bet אָמַן. — אֱמוּנָה, firmitas. Ex.
XVII. 12. ἐγένοντο αἱ χεῖρες Μωϋσέως
ἐστηριγμέναι, manus Mosis firmiter ac
fideliter erectæ stabant, nec demitte-
bantur. Confer supra s. v. πίστις. —
אֳמְנוֹת plur. antæ. 2 Reg. XVIII.
16. — הִצִּיב : הֻצַּב, Hiph. et Hoph.
a יָצַב. Gen. XXVIII. 12. κλίμαξ
ἐστηριγμένη ἐν τῇ γῇ, scala firmiter
stans in terra. Hesych. στηριγμένον,
ἱστάμενον. Proverb. XV. 26. ἐστήρισε
ὅριον χήρας, firmavit fines viduæ.
Prov. XV. 26. — הִסְתַּפֵּחַ Hithp.
a סָפַח, adhæresco. 1 Sam. XXVI.
19. — הִפִּיל Hiph. a נָפַל, cadere
facio. Jerem. III. 12. οὐ μὴ στηρίσω
πρόσωπόν μου ἐφ' ὑμᾶς, non obfirmabo
faciem meam adversus vos.—*הָקִים
Hiph. a קוּם. Inc. Levit. XXVI.
9. Vide infra s. v. στῆξις. — *חָיָה.
Inc. Hos. XIV. 8. στηριχθήσονται,
vino se recreabunt et confortabunt.
Vide supra s. v. μεθύσκομαι, ac στήριγμα. — *חִפָּיוֹן, abscondo. Hab. III.
3. στηρίξαι. Legerunt הָכוֹן, vel aliquid simile, a verbo כּוּן. — *חָקַק.
Symm. Ies. XLIX. 16. ubi στηρίζειν
insculpere, firmiter inscribere notare
videtur. — *נְטַר, Chald. conservo.
Dan. VII. 28. sec. cod. Chis. τὸ ῥῆμα ἐν καρδίᾳ μου ἐστήριξα. — נָתַן, do.
Ez. XIV. 8. στηριῶ τὸ πρόσωπόν μου ἐπὶ
τὸν ἄνθρωπον, obfirmabo faciem meam
adversus hominem. Vide et Ezech
XV. 7.—סָמַךְ, fulcio, sustento. Gen
XXVII. 37. σίτῳ καὶ οἴνῳ ἐστήριξα
(alii ἐστερέωσα) αὐτόν. Psalm. L. 13
CX. 7. Aqu. et LXX Cant. II. 5
Aqu. Ies. XXVI. 2. — סָעַד, idem
Jud. XIX. 5. στήρισον τὴν καρδίαν σο
κλάσματι ἄρτου, suffulci stomachum
tuum frusto panis. Confer notat

in v. καρδία, et Thucydidis locum Lib. II. p. 63. ed. Steph. Ps. CIII. 17. ἄρτος καρδίαν ἀνθρώπου στηρίζει, panis stomachum hominis *suffulcit*. — *עַל, *super*. Theod. et LXX Jud. XVI. 29. Conf. supra s. v. ἵστημι, et ἐπιστηρίζω. — *עָצָה, *claudo*. Prov. XVI. 30. Sermo ibi est de oculis, quos qui claudit, etiam firmare, h. e. impedire, quo minus vagentur, dici potest. Vide supra s. στερεόω. Præterea عصى est *induruit*, unde עָצֶה, *spina dorsi*. Conf. Simonis Lex. Hebr. p. 1233. — פְּחֶתֶת, *corrosio*. Lev. XIII. 55. ἐστήρικται. Libere transtulerunt, sensu tamen eodem. — שׂוּם : הֵשִׂים, Kal et Hiph. *pono*. Jer. XXI. 10. ἐστήριξα τὸ πρόσωπόν μου ἐπὶ τὴν πόλιν ταύτην, *obfirmavi* faciem meam adversus hanc urbem. Vide et Ex. VI. 2. XIII. 17. (Symm.) XXI. 6. XXIX. 2. et conf. Vorstium Philol. Sacr. P. II. c. 39. p. 284. seq. Al. Amos IX. 4. στηριῶ ὀφθαλμούς μου ἐπ' αὐτοὺς εἰς κακὰ, *obfirmabo* oculos meos adversus illos ad mala, h. e. ad eos perdendos intentus ero. — תָּמַךְ, *sustento*. Ex. XVII. 12. — תָּקַע, *figo*. Ies. XXII. 25. 1 Macc. II. 17. ἐστηριγμένος ἐν υἱοῖς καὶ ἀδελφοῖς, *munitus* filiis et fratribus, h. e. Drusio interprete, *firmatus, stipatus*. Ibid. v. 49. ἐστηρίχθη, *invaluit, maximam vim obtinuit*. Hesych. στηρίξαι, στῆσαι, ἐρεῖσαι, ἀσφαλίσαι, ἐγγίσαι, κρύψαι. Sir. XIII. 23. στηρίζεται, *confirmatur*, h. e. *succurritur ei consilio et auxilio*. Sir. XXIV. 11. ἐστηρίχθην, *firmam sedem accepi* s. *fixi*. 1 Macc. XIV. 14. ἐστήριξεν, *sublevavit*.

ΣΤΙΒΑΡΟ'Σ, *densus, spissus, crassus*, it. *gravis, firmus, robustus, validus*. כָּבֵד, *gravis*. Ezech. III. 6. στιβαροὺς τῇ γλώσσῃ, *graves* linguâ. Hesych. στιβαρὸν, εὔρωστον, βαρὺ, στερεὸν, στερρὸν, ἰσχυρόν.

ΣΤΙΒΑΡΩ͂Σ, *dense, spisse, graviter, firmiter*. עַבְטִיט, *densum lutum*. Hab. II. 6. ubi στιβαρῶς de iis dicitur, quibus in luto eundum est, ita ut vix pedes extrahere possint. Arabs legisse videtur ὡς βαρέως, quasi in gravitate. Vide quoque supra s. βαρύνω.

ΣΤΙΒΑ'Σ, *stibas, culcita, stratum*. טוּר, *ordo, series*, etiam *septum, paries*. Aqu. Ez. XLVI. 23. (Equidem conjicio legendum στιχάδες. Vide infra s. v. στίχος.) Conf. Ælianum V. H. IX. 24.

ΣΤΙ'ΒΗ, *ros matutinus, frigore concretus et condensatus*, secundum alios vero: *stibium, fucus, quo oculos nigros reddere solent*, quod tamen rectius στίβι scribi videtur. פּוּךְ, *fucus, stibium*. Jer. IV. 30. ἐὰν ἐγχρίσῃς στίβῃ τοὺς ὀφθαλμούς σου, si unxeris stibio oculos tuos. Hesych. στίβη, ἀράχνη (legendum videtur ἡ τάχνη ex Suida). καὶ χρῶμα μεταλλικὸν μέλαν. Cod. Alex. Jer. l. c. pro στίβῃ habet στίμῃ. Rom. στίβι. Chrysostomus autem legit στίβει. Sic enim in Catena Ghislerii in Jerem. p. 427. τὸ δὲ, ἐὰν χρίσῃς στίβει, τὸ μέλαν λέγει, ᾧ ἐπιχρωννύειν τοὺς ὀφθαλμοὺς εἰώθασιν αἱ γυναῖκες. Alexandrinos ει pro η scripsisse docuit Sturzius de Lingua Maced. et Alex. p. 119. Clemens Alex. Pæd. Lib. III. c. 2. p. 220. στίμμι exhibet. Dioscorides Lib. V. cap. 99. τοῦτο οἱ μὲν στίβι, οἱ δὲ πλατυόφθαλμον, οἱ δὲ στίμμι ἐκάλεσαν. Hinc vox στιμμίζομαι, de qua vide infra. Ionice στίμμιν apud Pollucem Lib. V. segm. 101. In Lex. Cyrilli MS. Brem. dicitur στίμις, et exponitur: τὸ μέλαν χρῶμα, ὃ βάλλουσιν αἱ γυναῖκες ἐν τοῖς ὀφθαλμοῖς, τὸ λεγόμενον χαλκᾶν. Conf. v. στίμις infra, ac Trilleri Obss. Critt. p. 404. Plura vero de hoc oculorum fuco vide apud Spanhemium in Hist. Jobi c. 15. §. 11. Casaubonum in Athenæum Lib. XII. c. 2. et Conr. Mel. Epist. de Lapide פּוּךְ ad Ies. LIV. 11. in a Bibl. Brem. Cl. VIII. p. 793. seq. Scribitur quoque στίβει in Cod. Syr. Hex. Mediol. Jer. IV. 30.

ΣΤΙΒΙ'ΖΟΜΑΙ, *stibio lino, fuco.* כָּחַל, *fuco.* Ezech. XXIII. 40. ἐστιβίζου. — הֵשִׂים בַּפּוּךְ, *pono in stibio.* 2 Reg. IX. 30. sec. ed. Ald. ἐστιβίσατο τοὺς ὀφθαλμοὺς αὐτῆς, ubi Cod. Vat. ἐστιμμίσατο, Alex. ἐστιβίσατο, Compl. vitiose ἐστιβάσατο. Cf.
b ad h. l. Grotium. Adde Euseb. H. E. V. 18.

ΣΤΙ'ΓΜΑ, *stigma, signum impressum, punctum.* נְקֻדָּה, *punctum.* Cant. I. 10. μετὰ στιγμάτων τοῦ ἀργυρίου, *vermiculatos argento.* Hesych. στίγματα, πληγαί, ποικίλματα.

ΣΤΙΓΜΗ', *punctum,* it. *momentum.* פֶּתַע, *repente.* Ies. XXIX. 5. καὶ ἔσται ὡς στιγμὴ παραχρῆμα, erit-
c que ut *momentum* confestim. 2 Macc. IX. 11. κατὰ στιγμὴν (sc. ἑκάστην) ἐπιτεινόμενοι ταῖς ἀλγηδόσι. Latinus reddit: *per momenta singula doloribus suis augmenta capientibus.* Ita Luc. IV. 5. ἐν στιγμῇ χρόνου, in *momento* temporis.

ΣΤΙΚΤΟ'Σ, *punctatus, impressus.* קַעֲקַע, *stigma.* Levit. XIX. 28. γράμματα στικτὰ οὐ ποιήσετε ἐν ὑμῖν,
d literas *impressas* non facietis in vobis.

ΣΤΙΛΒΗ', *splendor.* צָהוֹב, *flavus.* Symmach. Lev. XIII. 36. Lapilli flavi etiam splendidi dici possunt.

ΣΤΙΛΒΟ'Σ, *splendidus, candidus, lucidus.* צַחַר, *candor, nitor.* Ezech. XXVII. 18. ἔρια στιλβά, lanas *candidas.*

ΣΤΙΛΒΟ'Ω, *lucere, coruscare facio, splendidum reddo.*
e לָטַשׁ, *acuo,* etiam *polio.* Ps. VII. 13. τὴν ῥομφαίαν αὐτοῦ στιλβώσει, gladium suum coruscare faciet. Sensum expresserunt: nam gladius, qui acuitur, splendorem accipit. Hesych. στιλβῶσαι, ἀπαστράψαι.

ΣΤΙ'ΛΒΩ, *splendeo, luceo, corusco.* בָּרָק, *fulgor.* Ezech. XXI. 28. — הִצְהִיל Hiph. Symm. Ps. CIII. 15. τοῦ στίλβειν πρόσωπον ἐν ἐλαίῳ, ut *fulgeat* facies oleo. Legit, ni fallor, הִצְהִיר aut הִצְהִיב. Sic Paris Homero Il. Γ', v. 392. dicitur κάλλει (h. e. exponente Hesychio, τῷ μύρῳ τῷ τῆς Ἀφροδίτης) στίλβων, unguento *fulgens.* Plura ejusmodi loca ad illustrandam Symmachi versionem attulit Suicerus Thes. T. I. p. 1079. — לַהַב, *flamma.* Nahum. III. 3. στιλβούσης ῥομφαίας, *coruscante* gladio. — מֻצְהָב part. Hoph. a צָהַב, *fulgens.* Esdr. VIII. 26. — צָחֹר, *candidus.* Aqu. Jud. V. 10. στιλβουσῶν. — קָלָל, *tersus.* Dan. X. 6. Adde Ezech. XL. 3. ubi nihil est in textu Hebr. 3 Esdr. VIII. 59. coll. Esdr. VIII. 27. ubi Hebr. מֻצְהָב respondet, quod *fulvum et aureum colorem* designat. Adde Ep. Jerem. v. 23. 1 Macc. VI. 39. ὡς δὲ ἔστιλβεν ὁ ἥλιος.

ΣΤΙ'ΛΒΩΣΙΣ, *politio, qua aliquid nitidum redditur et splendidum, nitor, splendor, fulgor.* בָּרָק, idem. Ezech. XXI. 10.

ΣΤΙΛΠΝΟ'ΤΗΣ, idem. יִצְהָר, *oleum.* Aqu. Deuteron. VII. 13. et Zach. IV. 14. Vox Hebr. descendit a radice inusitata צָהַר, quæ, ut זָהַר, habuit *splendendi* notionem.

ΣΤΙ'ΜΙΣ, *stibium.* פּוּךְ, *fucus, stibium.* Aqu. Symm. Ies. LIV. 11. στίμει, ubi vid. Montf. Mœris: Στίμις, Ἀττικῶς. Στίμι Ἕλληνες. Sic enim legendum pro στιμὶς et στίμη. Vide supra in στίβη ac Sturz de Dial. Maced. p. 112.

ΣΤΙΜΜΙ'ΖΟΜΑΙ, *stibio me lino, fuco me.* כָּחַל, idem. Al. Ezech. XXIII. 40. ἐστιμμίζου. — הֵשִׂים בַּפּוּךְ, *pono in stibio.* LXX sec. cod. Vat. 2 Reg. IX. 30. ἐστιμμίσατο. Vide supra s. στιβίζομαι. Suidas:

ἐστιμμίσατο, τοὺς ὀφθαλμοὺς αὐτῆς ἐκαλλωπίσατο. De voce στίμμι vid. Coray ad Heliodor. pag. 355. ac H. Stephani Thes. L. Gr. (ed. Lond.) T. I. Vol. 2. p. 349. seq.

ΣΤΙΠΠΥ'ΙΝΟΣ, *stupeus*, *ex stupa confectus*. פִּשְׁתָּה, *linum*. Levit. XIII. 47. 59.

ΣΤΙΠΠΥ'ΟΝ, *stupa*, *stipula*. פִּשְׁתִּים plur. Incert. Lev. XIII.
b 48. XXVI. 26. Al. Cant. Tr. Puer. v. 17. Unde Gloss. MS. in Cantica Script. Στιππύον, καλάμη.

ΣΤΙ'ΦΟΣ, *cohors militum*, *turma*. דָּגַל, *vexillum erigo*. Symm. Cant. VI. 9. μετὰ στίφους, Hebr. כַּנִּדְגָּלוֹת, *ut vexillatæ s. castra cum vexillis*. Suidas: στῖφος, τάξις πολεμικὴ ἢ φάλαγξ, συστροφὴ, πλῆθος, σύστασις. Ita bene Küsterus pro πλῆτος συστά-
c σιν.

ΣΤΙΧΙ'ΖΩ, *ordino*, *in ordinem dispono*. אַתִּיק, *peristylium*. Ez. XLII. 2. ἐστιχισμένοι.

ΣΤΙ'ΧΟΣ, in universum *ordo*, *series*. In re militari est *decuria*, in re rustica *ordo arborum et vitium*, in libris *versus*, *lineæ*, *periodi*, etc.
a στείχω, *ordine eo*. אַתִּיק, *peristylium*. Al. Ezech. XLII. 2 κατὰ
d στίχον. — טוּר. Exod. XXVIII. 17. 18. XXXIX. 8. 1 Reg. VI. 35. — מִלֻּאָה, *impletio*. Exod. XXVIII. 20. Hesychius: στίχος, περίπατος. Idem: στίχους, τάξεις, πλήθη, ἢ τόποι τῶν στρατευμάτων. Confer Suiceri Thes. T. II. p. 1023.

ΣΤΟΑ', *porticus*. אַתִּיק, *peristylium*. Ezech. XLII. 2. — בִּנְיָן, *ædificium magnum*. Al. Ezech. XLII.
e 5. στοαί. — *מֵאֵת, *ex*. 1 Reg. VI. 32. sec. cod. Alex. στοαὶ τετραπλῶς, porticus in quadratam formam. Legerunt מְזוּזוֹת vel מְזָוִיּוֹת, *angulorum*. Hesych. στοαί, τὰ ταμεῖα καὶ (forte legendum est ἃ) ἐπιμήκη εἴδη.

ΣΤΟΙΒΑ'ΖΩ, *congero*, *coagmento*, *construo*, *stipo*. עָרַךְ, *dispono*, *ordino*, etiam *sterno*. Inc. et LXX Lev. f
I. 7. στοιβάσουσι ξύλα ἐπὶ τὸ πῦρ, *congerent* ligna ad ignem. Vide et v. 8. Lex. Cyrilli MS. Brem. στοιβάσουσι, σωρεύσουσι, βουνίσουσι. MS. vitiose βουσίσουσι. Unde apud Hesychium pro στοβάσουσι bene reponitur στοιβάσουσι, quod pariter ibi σωρεύσουσι exponitur. 1 Reg. XVIII. 33. ἐστοίβασε τὰς σχίδακας ἐπὶ τὸ θυσιαστήριον, *con-* g
gerebat ligni assulas super altare. Latin. Interpret. *composuit ligna*. Vide et Levit. VI. 12. Al. Jos. II. 6. ἔκρυψεν αὐτοὺς ἐν τῇ λινοκαλάμῃ τῇ ἐστοιβασμένῃ αὐτῇ ἐπὶ τοῦ δώματος, occultabat illos sub lini stipula, *coagmentata* ipsi in tecto. Hesychius: ἐστοιβασμένη, συγκειμένη, σύνθεσις. In Gloss. in Octat. sine distinctione h
legitur συγκειμένη σύνθεσις, *quæ una jacet coagmentatio*. Theod. Prov. IX. 2. ἐστοίβασεν, *cumulabat*. Id. Ps. XLIX. 22. στοιβάζω, *certo quodam ordine dispono*, et metaphorice *convinco aliquem peccatorum*, scil. diligenti eorum enumeratione. — רִפֵּד Pih. *substerno*. Cant. II. 5. στοιβάσατέ με ἐν μήλοις, *stipate* me malis, ubi Schol. ed. Rom. περικυκλώσατέ i
με, quæ est ipsa versio Symmachi. — *רְתָמִים, *genistæ*. Symm. Ps. CXIX. 4. ἐστοιβασμένων, *aggestorum*. Respexit etymologiam vocis רֹתֶם, quæ notat ex usu l. Arab. رتم, *ligare*, *colligare*, *jungere*. Mich. III. 1. Habuit itaque pro participio hujus verbi. Doct. Clarisse in k
Psalmis Quindecim Hammaaloth Philologice et Critice Illustratis (L. B. 1819. 8.) p. 56. nescit, sensumne tantum expresserint, an vero de στοιβῇ, *herba quadam aculeata*, cogitaverint. Suidas: στοιβάζω, συνάγω.

ΣΤΟΙ'ΒΑΣΙΣ, *strues*. מַעֲרָכָה, *dispositio*, *strues*. Inc. Lev. XXIV. 6.

a Scharfenbergio ad h. l. στοιβάσω videtur esse futurum verbi στοιβάζειν,
h. l. *apponere, exstruere,* (Cicer.
Quæst. Tusc. V. 21. *mensæ conquisi-
tissimis epulis exstruebantur*) atque
potius referendum ad שׁוּכַב. Est
enim στοίβασις substantivum dubiæ
auctoritatis, de quo tacent Lexico-
graphi veteres et recentiores. Cæterum pro στοιβάσεις reponendum
b esse στοιβάσω jubet verbum Hebraicum.

ΣΤΟΙΒΗ', *acervus, strues, congeries,* item *genus herbæ, qua in ex-
struendis stibaliis et toris utebantur,
quaque tomenti loco culcitras farcie-
bant.* גָּדִישׁ, *acervus,* vel *meta frugum in congeriem collectarum.* Complut. Ed. et Theod. Jud. XV. 5.
manipulus. Conf. Bocharti Hier.
c P. I. Lib. III. c. 13. p. 854. —
נַעֲצוּץ, *vepretum.* Symm. et LXX
Ies. LV. 13. ἀντὶ τῆς στοιβῆς ἀναβήσεται κυπάρισσος, pro *stæbe* crescet
cupressus. Plinius Lib. XXI. c. 15.
stæben inter herbas sponte nascen-
tes et aculeatas refert, et hæc de
illa habet: *Quædam in folio habent*
(spinam) *et in caule, ut phleos, quod
aliqui stæben appellavere.* Vide
d quoque Dioscoridem IV. 12. —
עֲרֵמָה, *acervus.* Ruth. III. 7. ἦλθε
κοιμηθῆναι ἐν μερίδι τῆς στοιβῆς. Bielius transtulit: *venit, ut dormiret in
parte acervi segetis.* Cappello Crit.
S. p. 609. legisse videntur עֲרִשָׂה,
nam עֶרֶשׂ est *stratum, sponda lecti:*
ubi Scharfenbergius monet, στοιβὴν
h. l. esse *acervum manipulorum.*
Vulg. *juxta acervum manipulorum.*
e Sed στοιβὴ potius notat *herbas ido-
neas ad culcitras et tomenta,* item
*compositionem talium herbarum, fron-
dium aut similium pro strato vel lec-
tulo.* Gloss. Cyrilli: στοιβή, *stipatio,
stramentum.* Jam LXX, quia viderunt, sermonem esse de Boaso
agente in messe, et in area cubi-
tum se conferente, per עֲרֵמָה, *acer-*
vum, cumulum, intellexerunt *hujus-
modi stramentum s. stratum ex cul-
mis frumenti aut stramine in eum
finem, ut fieri solet a rusticantibus,
coacervatum et compositum.* Hesych. στοιβή, σύνθεσις, καὶ εἶδος χόρτου.

ΣΤΟΙΧΕΙ'ΟΝ, *elementum, principium* Sap. VII. 18. XIX. 17. 4 Maccab. XII. 13. Lex. Cyrilli MS. Brem. Στοιχεῖα. Ἀθηναῖοι μὲν γράμματα, γραμματικοὶ δὲ πῦρ, ὕδωρ, ἀέρα, γαῖαν, ἀφ' ὧν τὰ σώματα. Conf. Lex. N. T. s. h. v. ac Sturz. de Dial. Maced. p. 195.

ΣΤΟΙΧΕΙ'ΩΣΙΣ, *primorum elementorum et rudimentorum traditio, formatio ex primis elementis.* 2 Macc. VII. 22. τοῦ ἑκάστου στοιχείωσιν οὐκ ἐγὼ διεῤῥύθμισα, *aptam* uniuscujusque *ex principiis* suis *formationem* (seu *formationem in utero materno factam*) non ego institui. Suidas: στοιχείωσις, ἀκριβεστάτη ἐπιτομή, ἡ πρώτη μάθησις, ἤτοι διάταξις. ubi vide Ernestium. Hesych. στοιχείωσις, διατύπωσις, ἡ πρώτη μάθησις. Confer Suidam Thes. Eccl. T. II. p. 1040.

ΣΤΟΙΧΕ'Ω, *recte, bene procedo.* כָּשֵׁר, *rectus sum.* Cohel. XI. 6. οὐ γινώσκεις, ποῖον στοιχήσει, ἢ τοῦτο ἢ τοῦτο, non cognosces, quale *bene sit processurum,* num hoc vel illud. Conf. Salmasium de Modo Usurarum p. 519. et Theophr. Histor. Plant. III. 6.

ΣΤΟΙΧΙ'ΖΩ, *ordine dispono.* אַתִּיק *peristylium.* Al. Ezech. XLII. 2. ἐστοιχισμένοι, ubi alii ἐστιχισμένοι habent. Vide supra s. v. στίχος.

ΣΤΟΛΗ', *stola, toga, vestis oblonga ad pedes usque demissa* (v. c. *regalis, muliebris,* etc.), it. *vestis, habitus, ornatus in genere.* אַדֶּרֶת, *toga magnifica.* Jos. VII. 21. sec. cod. Oxon. στολήν, quæ est versio Aquilæ sec. Theodoretum, ubi LXX ψιλὴν habent. Jon. III. 6. — אֵפוֹד, *amiculum humerale.* 2 Sam. VI. 14. 1 Par. XV. 27. — בֶּגֶד, *vestis.* Gen. XXVII.

a 15. XLI. 42. Exod. XXVIII. 2. et alibi sæpius. — בַּד, in plur. בַּדִּים. Ezech. X. 2. 6. 7. — *בַּיִת, *domus.* 2 Reg. XXIII. 7. sec. Compl. Vox Hebr. etiam *cortinas* notat. Sunt tamen, qui interpretem incertum בַּדִּים legisse putent. — *הוֹעִיל Hiph. a יָעַל, *prosum.* Job. XXX. 13. ubi pro יֹעִילוּ legisse videntur מְעִילֵי, nam מְעִיל est *pallium.* —
b חֲלִיפָה, *mutatio, vestis mutatoria.* Jud. XIV. 12. 19. — חֲלִיפוֹת בְּגָדִים, *vestes mutatoriæ.* Jud. XIV. 13. στολὰς ἱματίων. Quanquam non ignoro, conjunctione vocabulorum idem significantium *varietatem* ac *diversitatem rerum,* de quibus sermo est, in literis sacris haud raro indicari solere, ut adeo στολαὶ ἱματίων *varia vestimentorum genera* aut *varias sto-*
c *las ad permutandum necessarias* bene significare possit, tamen me offendit illud στολάς, et legere mallem διαστολάς. Certe Incert. Int. in Cod. Basil. habet ἀλλαγὰς στολῶν. Vide tamen infra s. v. עֵרֶךְ. — חֲלִיצָה, *exstractio.* Inc. et LXX Jud. XIV. 19. Vox Hebr. significat *exuvias,* adeoque de *vestibus hostibus exutis* bene explicari potuit. — כְּתֹנֶת, *tu-*
d *nica.* Ies. XXII. 21. — לְבוּשׁ, *vestis.* Genes. XLIX. 11. Esth. VI. 8. 11. Ies. LXIII. 1. — *מַעֲטֶה. Ies. LXI. 3. sec. Vat. et Ald. ubi tamen pro κατὰ στολὴν legendum videtur καταστολὴν, quod habent ed. Compl. MS. Oxon. Cyrill. et Theodoretus. — מְעִיל, *pallium.* 1 Par. XV. 27. Job. II. 12. — סְאוֹן, *conflictatio.* Ies. IX. 5. στολήν. Legerunt שְׂאוֹן a נָשָׂא
e et στολὴ accipiendum est de *eo ornatu et cultu corporis, qui unice in armis consistit.* Favet huic lectioni parallelismus sententiarum. — עֲטוֹת infin. *operiendo.* Ies. XXII. 17. — עֵרֶךְ, *dispositio.* Al. Jud. XVII. 10. στολὴν ἱματίων. Vulg. *duplicem vestem s. par vestium.* Al. ζεῦγος. — שַׂלְמָה, *vestis.* Job. IX. 31. — שִׂמְלָה, idem. Genes. XXXV. 2. XLI. 14. Syrus et LXX Genes. XLV. 22. f
Apud Hesychium στολὴ inter alia exponitur ἔνδυμα καὶ περιβόλαιον. Plura de hac voce vide apud Perizonium Not. ad Ælian. V. H. L. III. c. 14. 1 Maccab. X. 21. ἡ ἁγία στολή, *vestis talaris,* ornamentum summi sacerdotis proprium. Baruch. IV. 20. στολὴ εἰρήνης, vestis muliebris talaris pretiosa et honorifica, festa et solemnis. 1 Macc. XIV. 9. δόξας g
καὶ στολὰς, h. e. per hendiadyn *vestes splendidas.* — Vide alibi ἐξαλλάσσω.

ΣΤΟΛΗΤΗ'Σ, *vestiarius, præfectus vestium.* מֶלְבּוּשׁ, *vestis.* 2 Reg. X. 22. ubi alii στολιστὴς, et quidem rectius, ut mihi quidem videtur.

ΣΤΟΛΙ'ΖΩ, *vestio, stolam induo.* לָבוּשׁ, *vestis.* Esth. VIII. 15. ἐστολισμένος. Videntur legisse מְלֻבָּשׁ - לָבֻשׁ h
in Pyh. et Hiph. Esdr. III. 10. Esth. IV. 4. VI. 9. Dan. V. 7. sec. cod. Chis. 3 Esdr. I. 1. ἱερεῖς ἐστολισμένοι, *sacerdotes veste festiva instructi,* et sic jam parati et instructi ad sacra administranda, coll. 2 Par. XXXV. 2. Nam στολὴ est *vestis ad pedes usque demissa,* qua in V. T. sacerdotes inprimis induti erant. Sic quoque legitur 3 Esdr. VII. 9. et V. 81. ἐστολισμένοι μετὰ μουσικῶν καὶ σαλ- i
πίγγων. Josephus A. J. XI. 4. p. 556. Haverc. μετὰ σαλπίγγων οἱ ἱερεῖς ταῖς συνήθεσι στολαῖς κεκοσμημένοι. Vide et Judith. X. 3. 2 Macc. III. 33.

ΣΤΟΛΙΣΜΟ'Σ, *vestitus, amictus,* i. e. *ipsa actio exornandi et amiciendi veste, vestimentum.* בֶּגֶד, idem. Ezech. XLII. 14. — מַלְבּוּשׁ. 2 Par. IX. 4. Vide et Sir. XIX. 26. Hesych. στολισμὸς, ἱματισμὸς, κόσμος.

ΣΤΟΛΙΣΤΗ'Σ, *vestiarius, præfec-*

a *tus vestium.* מַלְבּוּשׁ, *vestis.* Al. 2 Reg. X. 23. Στολιστὰς fuisse genus sacerdotum Ægyptiorum, multis docuit Sturz. de Dial. Maced. p. 112. seq.

ΣΤΟ'ΛΟΣ, *commeatus, profectio, iter.* Dicitur et de *expeditione tam terrestri quam navali: item classis.* 1 Macc. I. 19. ἐν ἱππεῦσι καὶ ἐν στόλῳ μεγάλῳ. Vulg. *cum copiosa navium* b *multitudine.* Syrus στόλον de *pompa* interpretatus est. Equidem exponere mallem de *exercitu terrestri*, qui στόλος dicitur παρὰ τὸ εἰς ὀξὺ συνεστάλθαι, teste Schol. ad Prometh. Vinct. 408. Suidas: στόλος καὶ τὸ πεζικὸν στράτευμα. Ἀῤῥιανὸς κ. τ. λ. κυρίως δὲ ὁ ναυτικός. Phavorinus: στόλος, ἡ διὰ θαλάσσης πορεία καὶ τὸ τῶν νεῶν πλῆθος, καὶ ἡ διὰ γῆς πορεία, c καὶ αὐτὴ ἡ στρατεία. Idem docet Thomas Mag. p. 811. Lex. Cyrilli MS. Brem. στόλος, πλοίων πολλῶν ἄθροισις. Vide quoque J. D. Michaëlis Not. ad Macc. l. c.

ΣΤΟ'ΜΑ, *os, oris, apertura, introitus, initium, facies, fauces*, item, *acies in gladio.* *אַת. Prov. XI. 2. ubi legeritne פִּי, an στόμα ab explicatione sua ultro addiderit, non d decernit Jaegerus. — *בֶּטֶן, *venter.* Ezech. III. 3. τὸ στόμα σου φάγεται. Forte legendum est σῶμα. Στόμα et σῶμα sæpe confusa reperiuntur in codd. versionis Alex. Sic Job. XX. 25. Ald. et Compl. στόματος, pro quo Rom. et Alex. recte σώματος habent. Jud. XIV. 8. in Edit. Alex. emendatum σώματι pro στόματι. Adde Theod. in Cod. Alex. e Dan. X. 5. ac conf. Boissonade ad Philostrati Heroic. p. 446. — בַּיִת, *domus.* 2 Sam. XV. 35. ubi non aliter legisse censendi sunt. — גְּוִיָּה, *corpus.* Job. XX. 25. Vide supra s. v. בֶּטֶן. — גְּוִיָּה, idem. Jud. XIV. 8. ubi pro στόματι reponendum nonnullis videtur σώματι. Vide ad h. l. Scharfenbergium, Bochartum Hier. P. II. Lib. IV. c. 12. p. 522. et Grabii Proleg. in LXX f Intt. T. I. c. 4. §. 1. Sed mihi inanis videtur hæc conjectura, ac persuasum potius est, continere lectionem στόματι interpretationem vocis גְּוִיָּה minime improbabilem, ut nempe per metonymiam גְּוִיָּה h. l. de *ore* cadaveris leonis exponendum sit. Partim enim probabilius est, examen apum in ore interfecti leonis fuisse, quam in inferiore parte cadaveris, (amant enim apes civitates) partim v. 8. גְּוִיַּת a מַפֶּלֶת diserte distinguitur. g Præterea in priore parte v. 9. diserti apud Inc. legitur καὶ ἐξεῖλε αὐτὸ (sc. τὸ μέλι) ἐκ τοῦ στόματος τοῦ λέοντος, ubi verbis ἐκ τ. στ. nihil quidem in textu Hebr. respondet, satis autem ex iisdem apparet, plurium olim interpretum de hac re fuisse eandem sententiam. — דַּבֵּר infin. Pih. *loqui.* 2 Sam. XIV. 13. De *sermone* στόμα legitur apud Eurip. Orest. 383. — חֵלֶב, *adeps.* Ps. LXXII. 7. ubi pro h στόματος sine dubio legendum est στέατος. — *חֶרֶב, *gladius.* Symm. sec. marg. cod. 108. Holmes. Num. XXXI. 8. στόματι. Sed excidit hic ῥομφαίας aut μαχαίρας. — *יָד, *manus.* Theodot. 1 Sam. XVII. 37. Ita fortasse transtulit, quia in antecedentibus mentio facta erat conviciorum, quibus Philistæus proscideraț aciem Dei vivi. — כַּף, *manus.* Jud. XIV. 9. Libere verterunt. i — לֵב, *cor.* Job. XXIX. 13. στόμα δὲ χήρας με εὐλόγησεν, os autem viduæ me benedixit: ubi in textu Hebr. legitur: *cor viduæ canere faciebam.* Sensum liberius expresserunt. Nam qui animum alicujus exhilarat, is efficit, ut alter pro eo bona vota faciat, s. eum benedicat. — *מֹף. Nomen proprium urbis *Memphis* dictæ. Hos. IX. 6. ἐκ στόμα: ὡς. Legit מִפֶּה. Vide ad h. l. Montfauconium. — *נָוֶה, *habitaculum*. Prov. XXI. 20. Fischerus Prol. de Verss. GG. p. 189. interpretem suspicabatur reperisse לְפֶה, aut לְפִי, Grabius autem obsecutus Hebr. נָוֶה restituit δώματος. — *יָגוֹן, *dolor*. Aquil. Jerem. XXII. 28. στόμα. Inter utramque vocem nulla prorsus est convenientia. Num fortasse cum Grabio legendum est σῶμα, ut Hebr. עֶצֶם expresserit? aut σκεῦος, quod apud Inc. legitur? Doederleinius (Repert. Eichhorn. T. I. p. 241.) conjicit legendum ξύσμα, aut τόρνευμα, *quisquiliæ, ramentum*. Semlerus legere mavult τόνημα aut διατόνημα. — פֶּה et constr. פִּי. Gen. XXIV. 57. ἐρωτήσωμεν τὸ στόμα αὐτῆς, interrogabimus *ipsam*. Exod. IV. 16. αὐτός ἔσται σου στόμα, ille erit os tuum, h. e. ille tanquam propheta tuus erit, per quem, ut ego per prophetas loquor, loqueris, et voluntatem meam, tibi manifestatam, populo patefacies. Confer notata supra in v. προφήτης, et Jerem. XV. 19. ubi Dominus ad Jeremiam: ὡς τὸ στόμα μου ἔσῃ. Ad quem locum Victor in Catena Ghislerii: στόμα δὲ γίγνεται Θεοῦ πᾶς ὁ τοὺς λόγους αὐτοῦ ἀπαγγέλλων. Οὐ γάρ ὑμεῖς ἐστὲ, φησὶν, οἱ λαλοῦντες, ἀλλὰ τὸ πνεῦμα τοῦ Θεοῦ τὸ λαλοῦν ἐν ὑμῖν. Conf. et Hos. VI. 5. Similiter poëtæ gentilium στόματα Μουσῶν dicebantur. Sic enim Theocritus Idyll. Ζ', v. 37. Μωσᾶν χαρίεν στόμα, *Musarum facundum os*, se ipsum nuncupat. Et Homerus Καλλιόπας γλυκερὸν στόμα, *Calliopes dulce os*, audit Moscho Idyll. Γ', v. 73. Et Pindarus Μουσάων ἱερὸν στόμα salutatur Antipatro in Anthol. Epigr. I. 66. pag. 134. Nimirum et illi τὰ πάντα ἐκ Μουσῶν, ut loquitur Eustathius ad Il. Α', p. 8., cognoscere, et Musæ per illos loqui credebantur. Confer Platon. Ion. p. 364. Inde frequentes in exordiis carminum poëtarum ad Musas apostrophæ, ut res, quas celebrandas sibi sumserant, eloquerentur. Immo etiam poëtæ *prophetæ Musarum* dicti sunt. Vide notata supra in v. προφήτης. Numer. XII. 8. στόμα κατὰ στόμα λαλήσω αὐτῷ, *ore ad os*, h. e. *coram*, loquar illi. Conf. 2 Joh. v. 12. et 3 Joh. v. 14. Numer. XVI. 30. ἀνοίξασα ἡ γῆ τὸ στόμα αὐτῆς, aperiens terra os suum, h. e. *terra dehiscebat*. Vide et Num. XXVI. 10. Deut. XI. 6. et confer Apoc. XII. 16. Numer. XXII. 28. ἤνοιξεν ὁ Θεὸς τὸ στόμα τῆς ὄνου, aperiebat Deus os asinæ, h. e. *facultatem loquendi ei dedit*. Confer Luc. I. 64. et Vorstii Philol. S. P. II. c. 37. pag. 262. Jos. VIII. 24. ἔπεσον πάντες ἐν στόματι ῥομφαίας, ceciderunt omnes ore, h. e. *acie*, gladii. Vide et Jos. X. 28. 29. 37. 39. Jud. I. 8. 25. Al. Deut. XIII. 15. et confer notata in v. προσβόλωσις, et Sir. XXVIII. 18. Luc. XXI. 24. et ad h. l. Wolfium p. 748. Hebr. XI. 34. et ad h. l. Wolfium pag. 768. Sicuti vero Hebræi et juxta illos Græci Intt. στόμα ῥομφαίας, ξίφους, μαχαίρας, *aciem* s. *eam partem gladii* appellant, *quæ tanquam os homines consumit* (confer 2 Sam. XVIII. 8. 2 Reg. XI. 25.), ita Homerus bello μέγα στόμα tribuit, quod omnia consumat quasi et devoret. Vide Il. Κ', v. 8. Unde Hesychius: πολέμου στόμα, τὸ ἀναλωτικὸν καὶ φθαρτικὸν τοῦ πολέμου. Idem: στόμα, τὸ κατεργαστικώτατον μέρος τοῦ πολέμου. Conf. Seberi Not. ad Polluc. Lib. II. c. 4. p. 204. et Eustathii loca in Homer. Kühnio ibid. allegata. Jos. X. 18. κυλίσατε λίθους μεγάλους ἐπὶ τῷ στόματι τοῦ σπηλαίου, advolvite lapides grandes ad os, h. e. *introitum*, speluncæ. Jud. XI. 35. ἤνοιξα τὸ στόμα μου περὶ σοῦ πρὸς κύριον, aperui os meum de te ad Dominum, h. e. *promisi aliquid, obstrinxi me voto*. Vide Vor-

a stii Philol. S. P. II. c. 37. p. 263. 1 Sam. II. 1. ἐπλατύνθη ἐπ' ἐχθροὺς μου τὸ στόμα μου, *dilatatum est os* meum contra hostes meos, h. e. *possum nunc* παῤῥησιάζειν, *et libere loqui*. Conf. Vorstium l. c. p. 264. 2 Sam. XIII. 32. ἐπὶ στόματος Ἀβεσσαλὼμ ἦν κείμενος, *ab ore Absolomi pendebat*. Ita Bielius: sed male, si quid video. Nam κεῖσθαι ἐπὶ τοῦ
b στόματός τινος ad imitationem formulæ Hebrææ: שׂוּמָה vel עַל־פִּי פְלוֹנִי הָיְה שִׂימָה, quæ ibidem legitur, *is* vel *id* dicitur, *de quo aliquis sæpius aliquid dixit*, vel: *de quo et contra quem aliquis sæpius aliquid declaravit ac professus est, sive boni s. mali*. Hinc verba LXX quoad sensum ita explicanda sunt: Absolom enim Amnoni necem ac
c interitum jurejurando interposito minatus fuerat, inde ab illo die, quo Thamarem sororem suam vitiaverat. Sic quoque *jacere s. positum esse in corde s. animo alicujus id* dicitur, *cujus aliquis semper memor est, seu quod semper alicujus menti obversatur*. Unde simul apparet, loco κείμενος 2 Sam. l. c. rectius fortasse legi κείμενον. 1 Reg.
d XXII. 13. πάντες οἱ προφῆται ἐν ἑνὶ στόματι λαλοῦσι καλὰ, omnes prophetæ uno ore prædicunt bona. Vide et 2 Paral. XVIII. 12. Sic Cant. Tr. Puer. v. 21. οἱ τρεῖς ὡς ἐξ ἑνὸς στόματος ὕμνουν, tres illi tanquam uno ore canebant. Et Plato Lib. I. de Leg. dixit: μιᾷ φωνῇ καὶ ἐξ ἑνὸς στόματος. Et Aristoph. Equit. v. 667. οἱ δ' ἐξ ἑνὸς στόματος ἅπαντες ἀνέκρα-
e γον, ubi Scholiastes ἐξ ἑνὸς στόματος interpretatur ὁμοθυμαδὸν, καὶ μιᾷ φωνῇ. Confer Rom. XV. 6. et Erasmi Adag. Chil. I. Cent. VIII. n. 17. p. 298. Seberi Not. ad Polluc. Lib. II. c. 4. p. 206. et Fesselii Advers. Sacr. Lib. X. c. 2. p. 538. 2 Reg. X. 22. ἐπλήσθη ὁ οἶκος τοῦ Βάαλ στόμα εἰς στόμα, implebatur domus Baal *ore ad os*, h. e. *ab una extremitate ad alteram*. Vide et 2 Reg. XXI. 16. Ps. LXXVII. 2. ἀνοίξω ἐν παραβολαῖς τὸ στόμα μου, *proferam* parabolas. Adde Symm. 2 Reg. XXI. 16. ubi στόμα est *orificium*. Vide supra s. v. ἀγγεῖον. Aquil. Psalm. CXXXII. 2. ubi στόμα est *ora vestimenti*, s. *fimbria*, i. q. ὦα apud reliquos interpretes. — פֻּם : פּוּם Chald. Dan. VI. 17. ἐπὶ τὸ στόμα τοῦ λάκκου, super *aperturam* foveæ. Dan. VI. 22. ἐνέφραξε τὰ στόματα τῶν λεόντων, obturabat ora vel *fauces* leonum. Confer Hebr. XI. 33. — *פִּיפִיּוֹת, *geminæ acies*. Aqu. Ps. CXLIX. 6. στόματα, *acies*. — פָּנִים plur. *facies*. Nehem. II. 13. πρὸς στόμα πηγῆς τῶν συκῶν, ad os vel *initium* fontis ficuum. Hesych. κατὰ στόμα (sic enim bene Salmasius legit pro Καταστόμα), κατὰ τὴν ἀρχὴν μεταφορικῶς. Prov. XV. 15. στόμα δὲ ἀσεβῶν γνώσεται κακά. — רוּחַ, *spiritus*. Ps. XXXI. 2. Al. Cohel. VII. 10. ἐπὶ στόματι. Semlerus in Ep. Crit. ad h. l. conjicit legendum ἐν πνεύματι. Sed non opus est. Nam στόμα h. l. notat *id, quod ore profertur*, quam notionem quoque רוּחַ habere h. l. potest. Symm. Psalm. XXXI. 2. Ex aliis locis ita vertit, ubi eadem sententia legitur, v. c. Ps. CXXXVIII. 3. Ies. LIII. 9. Hic quoque Semlerus temere conjecit pro στόματος legendum esse πνεύματος. — *שֶׁלַח, *propago*. Hebr. Int. Cant. IV. 13. ἐκ στόματός σου, Hebr. שְׁלָחַיִךְ *propagines tuæ*. Sc. שׁ pro particula habuit: לְחִיךְ vero quasi significaret *maxilla tua* vel *os tuum*, a לְחִי, *gena, maxilla*. Vide ad h. l. Montfauconium. — *שָׂפָה, *labium*. Inc. Hab. III. 16. *Labia* pro *ore* sumi satis notum est. — שָׂפָם, *mystax*. Levit. XIII. 45. Ezech. XXIV. 22. Præterea legitur Job. XL. 26. ubi verbis τὸν γινόμενον ἐν στόματι, quod sc. bellum ore suo gerit Leviathan, nihil respon

a det in textu Hebraico. Sirac. I. 26. μὴ ὑποκριθῇς ἐν στόμασιν ἀνθρώπων. Vulg. *ne fueris hypocrita in conspectu hominum:* ubi ἐν στόμασι notat *coram, apud.* Vide ad h. l. Syrum. Interdum στόμα pleonastice ponitur, v. c. Sir. XIII. 30. et XX. 20. Sir. XXVII. 25. στόμα est i. q. λόγος, *sermo.* Sir. XIV. 1. στόματι. Vulg. *verbo ex ore suo.* Ib. XXIV. 2. ἀπὸ
b στόματος Θεοῦ, *voluntate Dei efficacissima.*

*ΣΤΟ'ΜΑ ΚΟ'ΡΗΣ, *os virginis.* פִּישׁוֹן nomen proprium. Gen. II. 11. sec. Coisl. In mente habuisse videtur פִּי et יוֹנָה aut similis soni dictionem.

ΤΟ' 'ΕΞΕΛΘΟ'Ν 'ΕΚ ΤΟΥ͂ ΣΤΟ'ΜΑΤΟΣ, *quod egreditur ex ore.* דָּבָר, *verbum.* 1 Sam. I. 23.

c ΣΤΟΜΙ'ΖΟΜΑΙ. עָלַע Pih. *sorbeo, lambo.* Aqu. Job. XXXIX. 30. ἐστομισμένοι, quam vocem Montf. ne vertere quidem ausus est. Bielius στομίζομαι transtulit: *ore accipio,* quæ notio, si usu loquendi comprobari posset, bene conveniret pullis avium, quibus nutrimenta a parentibus in os ingeruntur. Quid si legatur ἐστιμμισμένοι? hoc sensu:
d ora pullorum ejus sanguine quasi stibio oblita ac fucata sunt. Confirmatur hæc conjectura versione LXX, qui habent φύρονται ἐν αἵματι, *consperguntur sanguine,* ubi sensum expresserunt.

ΣΤΟΜΟΚΗΡΙ'Α. Hac voce Talmud Schabb. fol. 8. 2. testatur Aquilam reddidisse בָּתֵּי נֶפֶשׁ, *domus animi,* h. e. *olfactoriola,* aut potius
e *amuletum,* φυλακτήριον. Ies. III. 20. Vide Lightfooti Append. ad Hor. Talm. in 1 ad Corinth. pag. 281. Quid autem Aquila per vocem illam intellexerit, adhuc quæritur.

ΣΤΟ'ΜΩΜΑ, *acies ferri indurata, ferrum acie s. chalybe temperatum et roboratum* (Vide Plin. XXXIV. 14.), *aciale.* Sir. XXXI. 30. Conf. Polluc. Onom. Lib. VII. c. 24. p. 764. et Lib. X. c. 49. pag. 1376. et f
Stephanum Byzant. v. Λακεδαίμων.

ΣΤΟ'ΝΟΣ, *clamor inconditus, rugitus, fremitus.* שְׁאָגָה, idem. Job. IV. 10. στόνος λέοντος, *fremitus* (juxta Hieronymi versionem) vel *rugitus leonis.* Sic enim pro σθένος vel, ut Complut. habet, στένος bene legendum censet Grabius Proleg. in LXX Intt. T. IV. c. 4. §. 2. In Hesychio et Lex. Cyrilli MS. Brem. g
στόνος exponitur στεναγμός. Sic et verbum στενάζειν de *rugitu ursi* usurpatur. Vide supra in h. v.

*ΣΤΟΡΓΗ', *amor.* 3 Macc. V. 32. ἡ τῆς συντροφίας στοργή, amor, quo aliquem ob communem educationem amplectimur. Hesych. στοργή, φιλία, ἀγάπη. Philoxen. Gloss. στοργή, *adfectio.*

ΣΤΟΧΑ'ΖΟΜΑΙ proprie notat *col- h
limo, et recta ad scopum tendo,* metaphorice: *intendo et intentissime aspicio, ut facit sagittarius, dum in scopum jaculatur.* Deinde *exploro, conjicio, conjecturam facio,* it. *caveo,* etiam *misereor.* הֵכִין Hiph. a כּוּן, *præparo.* Deut. XIX. 3. στόχασαι σὺ τὴν ὁδὸν, *explora* tu viam. Sapient. XIII. 9. στοχάσασθαι τὸν αἰῶνα, *mundum explorare,* seu *penetrare natu- i
ram hujus mundi.* Quid στοχάζεσθαι Sir. IX. 19. (ubi legitur στόχασαι τοὺς πλησίον) significet, dissentiunt interpretes tam veteres, quam recentiores. Vulgatus per *cavere* interpretatus est. Alii vertunt: *conjecturam facito de proximis,* quia στοχάζεσθαι quoque notat *colere et nutus ejus observare, quem colere instituisti,* indeque *conjectare et con- k
jecturam de aliquo facere.* Mihi vertendum videtur: *quantum potes, miserere aliorum,* h. e. *opitulare iis.* Syrus ibi: ܟܒ, *opitulatus est.* Arabs: *opem tulit.* 2 Maccab. XIV. 8. τῶν ἰδίων πολιτῶν στοχαζόμενος, propriorum civium *misertus.* Apud Lascarem Constantinum legitur,

a quod *στοχάζομαι* significet *φείδομαι*,
ἀκριβολογοῦμαι, *ἐλεῶ*. Eaque significatione verbum *στοχάζομαι* etiam
positum esse videtur Grævio not.
ad Luciani Solœcist. pag. 747. ubi
στοχαζόμενος ipsi redditur *parcens*,
vel *misertus*, vel *consulens*, ut vertit
Interpres illic. Hesych. *στοχάζεται*,
οἴεται, *κατασκοπεῖ*, *βάλλει*.

ΣΤΟΧΑΣΤΗ'Σ, *conjector*, *qui ex*
b *conjectura aliquid colligit*, proprie:
qui bene collimat, *et recta ad scopum*
tendit. קֹסֵם part. *divinans*, *divina-*
tor. Ies. III. 2.

ΣΤΡΑΓΓΑΛΙΑ', *tortuosus nodus*,
nexus intricatus, *tendicula*, *funis*, it.
fraus, *dolus*.. אֲגֻדָּה, *fascis*. Ies.
LVIII. 6. *διάλυε στραγγαλιὰς βιαίων*
συναλλαγμάτων, solve *nodos tortuosos*
violentarum commutationum, aut
c potius: *solve vincula*, *quæ alios in-*
juste constringunt. Vide et Amos
IX. 6. et confer notata ad h. l. in
v. *ἐπαγγελία*. Lexic. Cyrilli MS.
Brem. *στραγγαλιὰς*, *πλοκὰς*, *διαστρο-*
φὰς δυσδιαλύτους. Hesych. *στραγγα-*
λιαὶ καὶ στραγγαλίδες (ita bene Sopingius pro *στραγγαλίδαι*), *συστροφαὶ*,
διαστροφαὶ, *παγίδες*, *ἢ πλοκαί*. Suidas:
στραγγαλίδες, *τὰ δύσλυτα ἅμματα*. *Φε-*
d *ρεκράτης Αὐτομόλοις· Ὑμεῖς γὰρ ἀεὶ*
στραγγαλίδας ἐσφίγγετε. — עֲקַלְקַלּוֹת
plur. *tortuosa*. Psalm. CXXIV. 5.
τοὺς δὲ ἐκκλίνοντας εἰς τὰς στραγγαλιὰς
ἀπάξει, declinantes autem ad *fraudes*
abducet. Vide ad h. l. Dathium.
Phavorinus: *στραγγαλιὰς*, *διαπλοκὰς*
διεστραμμένας, *δολιότητας*. Sic enim
sine distinctione scribendum nonnullis videtur pro *διαπλοκὰς*, *δι-*
e *εστραμμένας*. Sed quomodo hic locus
emendandus sit, optime apparet e
Zonara, qui c. 1672. habet: *Στραγ-*
γαλιὰς, *ὁ μὲν Ἀκύλας διαπλοκάς*. *σκο-*
λιότητας δὲ ὁ Σύμμαχος. *ὁ δὲ Θεοδοτίων*
διεστραμμένα ἡρμήνευσεν. Sed Psalm. l.
c. *στραγγαλιαὶ* sunt *extorsiones*, *ex-*
pressiones, *cum torquendo humor ex-*
primitur, quod figurate de iis dicitur, qui a pauperibus, quæ adhuc
habent, extorquent.

ΣΤΡΑΓΓΑΛΙ'Σ proprie notat *nodos in fune difficiles solutu* (*δύσλυτα ἅμματα* interprete Suida), *qui si plures sint*, *et ordine ab invicem disjuncti globulorum speciem præferunt*. Hinc: *catenula*, *monile*, *torques*. נְטִיפוֹת, *myrothecia*: alii rectius *inaures* intellegunt, scil. ex *margaritis* stillarum instar puris et pellucidis. Al. Jud. VIII. 26. *στραγγαλίδων*. Strattis in Phœnissis: *Οὐδὲ σχοινία*, *οὐδὲ στραγγαλίδες εἰσί*, neque funiculi adsunt neque torques. Vide Pollucem Lib. X. cap. 47. segm. 184. p. 1374. qui e loco illo colligit, quod *στραγγαλίδες* fuerint similes *δεσμῷ*, *vinculo*.

ΣΤΡΑΓΓΑΛΙΩ'ΔΗΣ, *tortuosus*, *intortus*, *intricatus*, metaph. *perversus*, *dolosus*. עִקֵּשׁ, *perversus*. Proverb. VIII. 8. *οὐδὲν ἐν αὐτοῖς σκολιὸν*, *οὐδὲ στραγγαλιῶδες*, nihil in illis perversum neque tortuosum. Cod. Alex. habet *στραγγαλῶδες*. Codex Parisiensis autem (cujus excerpta dedit J. G. Dahlerus in Annal. Liter. Helmst. 1789. Vol. I. p. 289. seq.) exhibet *στρογγαλῶδες*. Lex. Cyrilli MS. Brem. *στραγγαλιῶδες*, *διεστραμμένον*, *στρογγύλον*.

ΣΤΡΑΓΓΑΛΟ'Ω, *strangulo*, *præfoco*. Tob. II. 3. *ἐστραγγαλωμένος*, *strangulatus*, seu potius: *interfectus*, nam חָנַק non solum *strangulare*, sed etiam *morte violenta afficere* notat. Cod. Alex. vitiose *ἐστραγγαλληλένος*. Sic quoque in Episto[l] Africani ad Origenem pag. 221. ubi ad h. l. respicitur, pro *ἀστραγαλώμενοι* reponendum erit *στραγγαλ[ω]μένοι*.

ΣΤΡΑΓΓΕΥ'ΟΜΑΙ, (a *στράγξ*, *gut[ta]*) propr. *guttatim exprimo* (Conf. Schol. ad Aristoph. Nubes v. 131; et metaph. *cunctor*, *moror*, *desid[eo]*, *segnis sum*. *אֵחַר, Pih. *cunct[or]*, *tardo*. Symmach. Hab. II. 3. הִתְמַהְמַהּ Hithp. *cunctor*, *mor[or]*. Judic. XIX. 8. *στρατεύθητι* (lege a dum στραγγεύθητι), ἕως κλίνῃ ἡ ἡμέρα, *morare*, usquedum inclinet dies. In Codice quodam ibi scriptum esse videtur στραγεύθητι, atque inde depravatum στρατεύθητι. Favet conjecturæ Lex. Cyrilli MS. Brem. in quo ex illo procul dubio loco στραγεύθητι exponitur νωθρεύθητι, διάτριψον. Alias vero etiam apud Grammaticos στρατεύομαι vitiose pro στραγγεύομαι scrip- b tum occurrit. Vide Suidam in v. στραγγεία, et Küsteri notas ad eundem. Sic quoque apud Hesych. στρατεύεσθαι, διατρίβειν, ubi legendum est στραγγεύεσθαι. Idem Hesychius: στραγγεύεται, διατρίβει, ubi Schrevelius ad h. l. citat Petavium in Themist. p. 557. Facilis autem est literarum Γ et T, si capitali charactere scribantur, permutatio, ut do- c cuit Salmasius de Fœnore Trapezit. p. 778. Confer. et Valckenær ad Ammonium Lib. II. c. 13. Eodem modo et peccatum est in Scholiis ad Aristophan. Lysistr. v. 17. ubi verbum κυπτάζειν dicitur etiam significare ἐγχρονίζειν et στρατεύειν, quæ sana et expedita erunt, si legerimus στραγγεύειν, de quo nihil admonuit Küsterus, qui tamen alias vim hu- d jus verbi satis intellexit, ut apparet ex iis, quæ observavit ad Suid. T. II. p. 45. Symm. Hab. II. 3. Incertum tamen est, num ibi ad הִתְמַהְמַהּ, aut ad אִחֵר στραγγεύσεται sit referendum. — הִתְרַפֵּה, *remisse me gero*. Symm. Prov. XVIII. 9. στραγγευόμενος, *qui segnis est*. Idem Prov. XXIV. 10. στραγγεύεσθαι ἐν ὥρᾳ θλίψεως, *fatigari, animum abji-* e *cere* tempore calamitoso: ubi legisse videtur הִתְרָפוֹת. Confer Pollucem Lib. IX. cap. 8. segm. 136. p. 1121. et Wesselingii Probab. p. 291.

ΣΤΡΑΓΓΙ'ΖΩ, *guttatim exprimo, effundo*, a στράγξ, *gutta, stilla*. מָצָה, *exprimo*. Levit. I. 15. στραγγιεῖ τὸ αἷμα πρὸς τὴν βάσιν τοῦ θυσιαστηρίου, *effundet* sanguinem ad fundamentum altaris. Vulg. *decurrere faciet*. Aqu. Symm. Theod. Jud. VI. 38. f ἐστράγγισε, *exstillare fecit*. Vulg. *expresso vellere*.

ΣΤΡΑΤΕΙ'Α, *exercitus, militia*. חַיִל, idem. Exod. XIV. 4. 9. 17. 1 Par. XXVIII. 1. — צָבָא, idem. 1 Par. XII. 14. Aqu. Job. VII. 1. et Dan. X. 1. sec. cod. Chis.

ΣΤΡΑ'ΤΕΥΜΑ, idem. גְּדוּד, *turma*. Al. 1 Sam. XXX. 8. et 15. — צָבָא. Symm. Psalm. XLIII. 10. g Vide et 1 Macc. IX. 34. 2 Maccab. V. 24. Στράτευμα πολέμου, *expeditio*, vel *res militaris*. Judith. XI. 8. ubi Holofernes dicitur θαυμαστὸς ἐν στρατεύμασι πολέμου. Syrus simpliciter: *potentissimus in bello*.

ΣΤΡΑΤΕΥ'ΟΜΑΙ, *milito*. הִתְמַהְמַהּ Hithp. *cunctor, moror*. Jud. XIX. 8. ubi tamen pro στρατεύθητι scribendum στραγγεύθητι. Vide supra s. h v. στραγγεύομαι. Bonfrerius ad h. l. statuit, στρατεύεσθαι, quæ pr. vox militaris est, et notat: *ad expeditionem militarem accingi*, hic per metaphoram transferri, ut sit i. q. *instruere se et accingere ad iter*. Symmach. Gen. XIX. 16. ἐστρατεύσατο. Reponendum est ἐστραγγεύσατο *cunctatus s. commoratus est*. Eadem observatio valet quoque de loco 2 Sam. i XV. 28. ubi pro στρατεύομαι in cod. Vat. Ald. habet αὐλίζομαι, et Compl. προσδέχομαι. — יָסַף, *addo, adjungo*. Joël. II. 2. ubi tamen Al. pro οὐ στρατευθήσεται rectius οὐ προστεθήσεται. Confer Drusium Quæst. Ebr. Lib. II. Qu. 38. — צָבָא. Ies. XXIX. 7. Aqu. Exod. XXXVIII. 8. στρατευσαμένων, *militantium*, h. e. *assidue* k *ministrantium*.

ΣΤΡΑ'ΤΕΥΣΙΣ, *acies, exercitus*. צָבָא, idem. Symm. Ps. LIX. 12. et CVII. 12. ubi loco ἐν ταῖς στρατεύσεσιν apud Theodoretum in Comment. ad h. l. p. 1380. legitur ἐν ταῖς στρατεύμασιν.

a ΣΤΡΑΤΗΓΕ'Ω, *exercitum duco, imperator* seu *dux exercitus sum,* etiam in universum: *præfecti officio fungor, præfectus sum.* 2 Macc. X. 32. στρατηγοῦντος ἐκεῖ Χαιρέου, præsidente seu, præfecto illis Chærea: ubi στρατηγῶν est nostrum Commandant. 2 Maccab. XIV. 31. ὅτι ὑπὸ ἀνδρὸς ἐστρατήγηται, quod a viro *astutia præventus esset:* ubi Badu-
b ellus: στρατηγεῖν est *callide ac versute hostem circumvenire et fallere;* στρατηγεῖσθαι ὑπό τινος est *arte consilioque militari vinci ab aliquo, ab eoque falli atque eludi.*

ΣΤΡΑΤΗ'ΓΗΜΑ, *stratagema, dolus militaris.* 2 Maccab. XIV. 29. Suidas: στρατήγημα, σόφισμα, ars, qua imperator hostes decipit.

ΣΤΡΑΤΗΓΙ'Α, *præfectura milita-*
c *ris, prætura,* etiam: *peritia exercitum ducendi.* צָבָא, *militia.* 1 Reg. II. 36. Inc. 2 Sam. XX. 23.

ΣΤΡΑΤΗΓΟ'Σ, *dux exercitus, præfectus militum,* it. *alius præfectus, princeps, præses.* אֲחַשְׁדַּרְפְּנִים plur. *satrapæ, præsides provinciarum.* Esth. III. 12. — מֶלֶךְ, *rex.* Job. XV. 24. — סָגָן in plur. סְגָנִים, *antistes.* Esth. IX. 2. Nehem. II.
d 16. IV. 14. et alibi. Vide Wolfium ad Luc. XXII. 4. pag. 751. et ad Act. IV. 1. p. 1065. — סִגְנַיָּא plur. Chald. Dan. III. 2. 3. 28. VI. 7. — *שַׂר, *princeps.* 1 Sam. XXIX. 3. 1 Par. XI. 6. XXVI. 26. Dan. X. 13. 20. sec. cod. Chis. Inc. 1 Sam. XXIX. 9. 2 Macc. III. 5. Συρίας καὶ Φοινίκης στρατηγόν, Syriæ et Phœnices *præsidem.* Sic alias
e etiam civiles magistratus στρατηγοὶ dicebantur, quasi duces populi, h. e. στρατοῦ. Vide auctores laudatos Wolfio ad Act. XVI. 20. p. 1243. ac Lexicon N. T. s. h. v.

ΣΤΡΑΤΙΑ', *exercitus, militia,* i. q. στρατεία. גְּדוּד, *turma.* Symm. Job. XXV. 3. τῶν στρατιῶν: — חַיִל, *exercitus.* Al. Exod. XIV. 17. et 1 Par. XXVIII. 1. — מַלְכַּת, *regina.* Jer. VII. 17. Sermo ibi est de *regina*
f *cœli,* per quam non tam *solem* aut *lunam,* quam in universum intellexerunt *corpora cœlestia,* quæ sæpius ἡ στρατιὰ τοῦ οὐρανοῦ dicuntur. — מֶמְשָׁלָה, *dominatio.* 2 Paral. XXXII. 9. — מַסָּע, *profectio, iter.* Num. X. 28. ubi στρατιαὶ de Israëlitis dicitur, qui in agmina distributi iter faciebant. — צָבָא, *exercitus.* Symm. Zach. IX. 8. κωλύων στρατιάν, impediens exercitum. — צָבָא.
g 2 Par. XXXIII. 3. προσεκύνησε πάσῃ τῇ στρατιᾷ τοῦ οὐρανοῦ, adorabat omnia *corpora cœlestia.* Vide et Jer. VIII. 2. XIX. 13. Soph. I. 5. et conf. Act. VII. 42. Suidas: στρατιά, τὸ τῶν στρατιωτῶν ὑπὸ ἕνα ἔπαρχον τάγμα. Στρατεία δὲ τὸ ἀξίωμα. Ὅτι δὲ λέγει ἡ γραφὴ περὶ Μανασσῆ, ὅτι ἐλάτρευσε (al., ut vidimus, 2 Par. l. c. legunt προσεκύνησε.) τῇ στρατιᾷ τοῦ οὐρανοῦ, τὸν ἥλιον καὶ τὴν σελήνην καὶ τοὺς
h ἀστέρας λέγει.

ΣΤΡΑΤΙΩ'ΤΗΣ, *miles.* *חָלָל, *occisus.* 2 Sam. XXIII. 8. sec. Vat. στρατιώτας. Vox Hebr. in Piel *occidere, vulnerare* notat. Arab. حل, *castra metatus fuit, grassatus fuit.* Sec. Giggeum الحلاحل est *vir validus et audax.* Vide Kennicotti Diss. I. p. 89. — *צְבָאוֹת. Symm. Ps. LXVII. 13. ubi mallem στρατιῶν legere pro στρατιωτῶν. 2 Macc. XIV. 39. Hesych. στρατιώτης, ὁ ἐν τῷ στρατῷ ἀριθμούμενος.

*ΣΤΡΑΤΙΩ'ΤΙΣ, 'Η, *fœmina militans.* 4 Macc. XVI. 14. veterana *Dei miles.* Suidas: στρατιώτης ἀρσενικόν, ἐπὶ δὲ θηλυκοῦ, διὰ τοῦ ι. Similis huic est vox ἡ μεσῖτις, quam in Thesauro Stephani omissam habet Ephraem. Syrus T. III. Opp. p. 163. ubi μετάνοιαν esse dicit τὴν μεσίτιδα Θεῷ καὶ ἀνθρώποις. Eandem

a vocem præbet quoque Heraclid.
Pont. p. 448. ed. Gal.

ΣΤΡΑΤΟΚΗ´ΡΥΞ, *præco exercitus*. רִנָּה, *clamor*, seu *præconium*.
1 Reg. XXII. 36.

ΣΤΡΑΤΟΠΕΔΕΙ´Α, *castrametatio*, *ipsa actio castra metandi*. מָלוֹן, *deversorium ad pernoctandum*. Jos.
IV. 3. Vide et 2 Macc. XIII. 14.

ΣΤΡΑΤΟΠΕΔΕΥ´Ω, *castrametor*
b *seu colloco*, *castra figo*. חָנָה, idem.
Exod. XIII. 20. XIV. 2. — נָסַע,
proficiscor. Gen. XII. 9. Ex. XIV.
10. Deuter. I. 40. — פָּרַע, *recedo*.
Prov. IV. 15. ἐν ᾧ ἂν τόπῳ στρατοπεδεύσωσι: ubi στρατοπεδεύειν commode
intellegitur de multitudine sodalium, qui ad audendum se congregarunt. Vide ad h. l. Jaegerum. —
שָׁכַן, *habito*. Num. XXIV. 2. Ser-
c mo ibi est de Israëlitis castra metantibus.

ΣΤΡΑΤΟ´ΠΕΔΟΝ, *castra*, *exercitus*. אֲנָשִׁים plural. *homines*, h. l.
milites. Jerem. XLI. 12. — גְּדוּד,
turma. Symm. Job. XXIX. 25. —
חַיִל. Jer. XXXIV. 1. — מַעֲרָכָה.
Symm. 1 Sam. XXIII. 3. — *עַם,
populus. LXX sec. Hexapla Jerem.
XXXIV. 1. Sic עַם, ut λαὸς apud
d Homerum, de *exercitu* s. *militibus*
gregariis sæpius accipitur. Vide et
Sap. XII. 8. 2 Maccab. VIII. 13.
Suidas: στρατόπεδον ἐποιήσαντο ἀντὶ τοῦ σκηνάς. δύο γὰρ σημαίνει ἡ λέξις, καὶ τὸ στράτευμα, καὶ τὸν τόπον τοῦ στρατεύματος. ἐτυμώτερον δέ ἐστιν ἐπὶ τοῦ τόπου λέγεσθαι, οἷον τοῦ στρατοῦ τὸ πέδον.

ΣΤΡΑΤΟ`Σ, *exercitus*, *copiæ militares*. 1 Macc. IV. 35. 2 Maccab.
e VIII. 35. Interdum hæc vox subauditur, v. c. Judith. I. 16. post ὁ σύμμικτος, et ib. II. 20. post ὁ ἐπίμικτος. V. L. Bos Ellips. Gr. p. 255.
Hesych. στρατὸς, τὸ πλῆθος τῶν πολεμούντων στρατιωτῶν.

ΣΤΡΕ´ΒΛΕΥΜΑ, *tortuositas*, *perversitas*. עִקְּשׁוּת plur. idem. Symm.
Prov. VI. 13. στρεβλεύμασι.

ΣΤΡΕ´ΒΛΗ, *instrumentum ligneum*
nauticum, et in plur. στρέβλαι, *tor-* f
tura, *tormenta*, *instrumenta ad torquendum*. Sir. XXXIII. 31. οἰκέτῃ κακούργῳ στρέβλαι καὶ βάσανοι, servo malefico *torturæ* et cruciatus. 4 Macc. VII. 4. Hesychius: στρέβλαι ναυτικαί· τὰ ξύλα τῶν νεῶν, ἐν οἷς διασφηνοῦνται γομφούμενα. Ἀττικοὶ δὲ τὰ βασανιστήρια. Pollux Lib. X. c. 5.
segm. 187. p. 1379. τῶν δὲ ἐν τῇ οἰκίᾳ
σκευῶν καὶ σκύτος καὶ μάστιγες, καὶ τρο- g
χοὶ καὶ πέδαι καὶ στρέβλαι. Inde verbum στρεβλοῦσθαι, *torqueri*. Vide Ælian. V. H. II. 4. VII. 17. XIII.
2. Hesych. στρεβλοῦται, αἰκίζεται, βασανίζεται.

ΣΤΡΕΒΛΟΚΑ´ΡΔΙΟΣ, *perversus corde*. נֶהְפָּךְ part. Niph. *mutatus*.
Symm. Theod. Prov. XVII. 21. —
עִקְּשֵׁי לֵב. Aqu. Symmach. Theod.
Prov. XI. 20. h

ΣΤΡΕΒΛΟ`Σ, *tortuosus*, *flexuosus*, *tortus*; metaphorice: *perversus*, *callidus*, *versutus*. עִקֵּשׁ. 2 Sam. XXII.
27. Psalm. XVII. 29. Prov. XIX.
1. Inc. Ps. C. 4. — רְמִיָּה, *fallacia*.
Ps. LXXVII. 63. — תַּהְפֻּכָה, *perversitas*. Symm. Prov. XXIII. 33.
στρεβλά. — תַּהְפֻּכוֹת plur. *perversitates*. Symm. Theod. Prov. VIII.
13. Sir. XXXVI. 22. καρδία στρεβλή, i
cor *perversum et fallax* suis dictis et factis perversis et fallacibus dabit occasionem tristandi et dolendi.

ΣΤΡΕΒΛΟ´ΤΗΣ, *perversitas*.
עִקְּשׁוּת, idem. Aqu. Theod. Prov.
IV. 24. στρεβλότητα. — *תַּהְפֻּכוֹת.
Inc. Prov. VI. 14. στρεβλότητος. Ita Montf. Sed Drusius rectius habet στρεβλότητας, quod etiam cum plurali Hebr. vocis magis convenit.

ΣΤΡΕΒΛΟ´Ω, *perverto*, *torqueo*, *tormentis crucio*. הִתַּפֵּל contr. pro הִתְפַּתֵּל Hithp. *distortum me exhi-*

a beo. 2 Sam. XXII. 27. — עָקַשׁ Pih. Symm. Prov. X. 10. στρεβλῶν. Inc. Job. IX. 20. ubi στρεβλοῦν non tam *depravare, corrumpere,* quam *depravatum ac perversum declarare et ostendere* notat. Vulg. *pravum me comprobabit.* Vide quoque Hexapla. Præterea legitur apud Aquilam Ies. XIX. 15. pro Hebr. אַגְמוֹן, στρεβλοῦντα, ubi vid. Montf. 3 Macc.
b IV. 14. στρεβλωθέντας αἰκίαις τὸ τέλος ἀφανίσαι, *tormentis cruciatos tandem interficere.* Polyb. II. 59. 1. Joseph. B. J. VII. 8. p. 430. ed. Hav. Hes. στρεβλοῦται, βασανίζεται. Idem: στρεβλούμενοι, δεσμούμενοι.

ΣΤΡΕΒΛΩΤΗ'ΡΙΟΝ, *cippus, nervus,* seu, *lignum in carcere, quo captivorum pedes constringebantur.* מַהְפֶּכֶת, *locus perversorum,* i. e.
c *mente captorum, carcer, ergastulum.* Symm. Jerem. XX. 2. Hieron. ad h. l. T. V. p. 145. B. ed. Basil. *Pro nervo, quem nos dicimus, LXX et Theod. vertere* cataracten, *Symmachus* βασανιστήριον *sive* στρεβλωτήριον, *quod utrumque tormenta significat.* Si utrumque vocabulum, βασανιστήριον et στρεβλωτήριον, auctorem habet Symmachum, nec (ut equidem
d statuere mallem) στρεβλωτήριον ab Hieronymo explicationis causa additum est, βασανιστήριον e priore, στρεβλωτήριον autem e posteriore ejus versione petitum videtur. Adde Joseph. de Maccab. p. 508. 20. ubi per *fidiculas* redditur, de quibus vid. Ant. Gallonii Rom. Lib. de Martyr. Cruciat. c. 3. p. 120. seq.

ΣΤΡΕ'ΜΜΑ, *omne quod tortum*
e *est, filum,* q. d. *contortum quid.* פְּתִיל. Jud. XVI. 9. 2 Sam. IV. 2. sec. Compl. ubi reliqui συστρεμμάτων. — *גְּדוּד, *turma, exercitus.* Inc. 1 Sam. XXX. 8. ubi Monfauconio συστρέμματος legendum esse videtur, qua voce reliqui Intt. usi sunt. Sed plane non video, cur non στρέμμα, *filum contortum,* eodem modo metaphorice accipi possit pro *agmine, turma,* quo σύστρεμμα. Phavorinus: στρέμματα, περὶ νεῦρα. f

ΣΤΡΕΠΤΗ' ΣΤΕΦΑ'ΝΗ, *coronamentum circumiens, cingens.* זֵר, *limbus.* Exod. XXX. 3. 4. XXXVII. 13. 31.

ΣΤΡΕΠΤΟ'Ν ΚΥΜΑ'ΤΙΟΝ, *cymatium conversum, circumiens.* זֵר, *limbus.* Exod. XXV. 11. 24. 25. XXXVII. 2. 11. 12. Dicitur alias στρεπτὴ στεφάνη. Josepho redditur g
ἕλιξ, quod est ab ἑλίσσω, *circumago, circumvolvo.*

ΣΤΡΕΠΤΑ', sc. κυμάτια, *cymatia circumeuntia.* גֻּלָּה, *orbis.* 1 Reg. VII. 40. 41.

ΣΤΡΕΠΤΑ', sc. κράσπεδα, *limbi circumeuntes.* גְּדִלִים plur. *funiculi, institæ.* Deut. XXII. 12.

ΣΤΡΕΠΤΟ'Σ, *versatilis, qui circumagitur, tortus, tortilis.* Addit. h
Esth. XIV. 2. ἔπλησε στρεπτῶν τριχῶν αὐτῆς, implevit tortilibus suis crinibus, cincinnis nimirum, quos sibi evulserat, ut bene Grotius. Vulg. habet: *crinium laceratione.*

ΣΤΡΕΠΤΟ'Σ, sc. κύκλος, *torques, monile.* פָּתִיל, *filum contortum, funiculus.* Aqu. Gen. XXXVIII. 18. καὶ τὸν στρεπτόν σου. Respexit ad originem vocabuli a פָּתַל, *torsit.* i
Symm. στρεπτὸν, ἐγχειρίδιον. Fischerus in Clavi Verss. GG. p. 77. στρεπτὸν delendum, ejusque loco περιτραχήλιον, coll. v. 25., reponendum censet. Scharfenbergius στρεπτὸν ἐγχειρίδιον junctim explicanda esse putat *torquem manualem,* h. e. *armillam,* ut vertit Vulg. Int. — תּוֹר, *torques collum circumiens.* Quint. Ed. Cant. I. 12. στρεπτοῦ χρυσίου. k
Reponendum est στρεπτὸν χρυσίου. Vide Bochart Hieroz. P. II. Lib. I. c. 9. p. 57. Suidas: στρεπτὸς, περιδέῤῥαιος κόσμος. Idem hæc verba ex auctore antiquo subjungit: Ὁ δὲ λαμβανόμενος τῇ λαιᾷ τοῦ στρεπτοῦ, ὃν δὴ χρυσοῦν ἔφερεν ἀμφὶ τῇ δέρῃ. Glossæ: *Torques,* στρεπτοί. Sic et Bo-

a chartus l. c. observat, quod στρεπτὸς vel στρεπτὸν ab Herodoto, Xenophonte, Plutarcho aliisque passim usurpetur. Κύκλος autem in στρεπτὸς subaudiendum esse patet ex Diodoro Sic. Lib. V. p. 222. ubi de incolis insulæ Panchaiæ: περὶ μὲν τοὺς τραχήλους ἔχοντες στρεπτοὺς κύκλους, περὶ δὲ τὰς χεῖρας ψέλλια. Plura de hac voce vide apud Schef- b ferum de Antiq. Torqu. §. 1. p. 5. seq.

ΣΤΡΕ'ΦΩ, *verto, converto.* גְּלִילִים plur. ex גָּלִיל, *versatilis.* 1 Reg. VI. 33. — הָפַךְ, *verto.* Exod. VII. 15. Jos. VIII. 20. Ps. XXIX. 14. et alibi sæpius. Psalm. LXXVII. 12. ἐστράφησαν ἐν ἡμέρᾳ πολέμου, h. e. *in fugam versi sunt, hosti terga dederunt.* Conf. Homer. Il. E', 40. M', c 428. Aqu. Theod. Quint. Psalm. XXXI. 4. — הֵשִׁיב Hiph. a שׁוּב, *reverti facio.* Ies. XXXVIII. 8. — הִתְגּוֹרֵר Hithp. a גּוּר, *commoror.* Al. Jerem. XXX. 19. — הִתְהַפֵּךְ Hithp. *verto me.* Al. Jud. VII. 13. — נָשָׂא, *elevo.* Job. XLI. 14. — סָבַב: הֵסֵב, Kal et Hiph. 1 Reg. II. 15. Ps. CXIII. 3. Prov. XXVI. 14. — פָּנָה: הִפְנָה, Kal et Hiph. d 1 Sam. XIV. 48. Jerem. XLVIII. 39.

ΣΤΡΗ͂ΝΟΣ, *insolentia, superbia, asperitas, luxus,* a στρηνής, *asper.* שַׁאֲנָן, *tumultuatio.* 2 Reg. XIX. 28. τὸ στρῆνός σου ἀνέβη ἐν τοῖς ὠσί μου, *insolentia* tua ascendit in aures meas. Inde verbum στρηνιᾷν, quod Hesychio in v. στρηνιῶντες exponitur: διὰ πλοῦτον ὑβρίζειν.

e *ΣΤΡΗ͂ΞΙΝ. Inc. sec. cod. Coislin. et Lips. Paul. in margine Lev. XXVI. 9. ad Hebr. בְּרִיתִי, *fœdus meum.* Bahrdtius conjicit τρῆξιν a τρήσσω, *transeo,* aut πρίξιν a πρίζω, *seco,* ut auctor hujus versionis, Aquila fortasse, etymologiam vocis respexerit. Sed τρῆξις est vocabulum poëticum, et pro πρίξιν secundum analogiam linguæ Græcæ πρίσιν ponendum esset. Ernestio hæc f vox videtur inepto loco posita esse ac ad v. 11. pertinere, ubi pro τὴν διαθήκην in Cod. Vat. legitur σκηνήν, ut adeo σκηνὴν vera lectio videatur. Mihi autem magis arridet emendatio Scharfenbergii, qui legere mavult στηρίξω, sc. τὴν διαθήκην, ut adeo referendum sit ad הֲקִימוֹתִי, quod LXX per στήσω expresserunt. Hesych. στηρίξαι, στῆσαι. g

ΣΤΡΙ'ΦΝΟΣ, *caro nervosa,* speciatim *boum.* חַיִל. Job. XX. 18. ὥσπερ στρίφνος ἀμάσητος, ἀκατάποτος, tanquam nervosa caro, quæ nec mandi nec deglutiri potest. Origenes ad h. l. στρίφνος δ' ἐστὶ τὸ νευρῶδες κρέας τῶν βοῶν, ἔτι δὲ καὶ βοτάνη τις οὕτω καλουμένη, ἐκτραχῦναι δυναμένη τὴν γλῶσσαν τοῦ διαμασσωμένου, ἄβρωτος, ἀκατάποτος διὰ τοῦτο, ἐπειδὴ h ἀμάσητος. Verba Origenis ex parte sua fecit Suidas s. h. v.

ΣΤΡΟΒΕ'Ω, *circumago, verso, turbo, exagito, vexo, perterrefacio.* בָּעַת Pih. *terreo.* Job. XV. 23. ἡμέρα δὲ σκοτεινὴ αὐτὸν στροβήσει, dies autem tenebricosa illum *perterrefaciet.* Vide et Job. XIII. 11. XXXIII. 7. Lex. Cyrilli MS. Brem. στροβήσει, πτοήσει, θορυβήσει. Suidas: στροβεῖ, ταράττει, κινεῖ, περιφοβεῖ, καταπονεῖ. i Hesych. στροβῆσαι, συστρέψαι, ἐκφοβῆσαι.

ΣΤΡΟΓΓΥ'ΛΟΣ, *rotundus.* עָגוֹל *volubilis,* vel *in rotundum convolutus et inflexus, rotundus.* 1 Reg. VII. 22. (Vide Lexicon Philolog. Martinii in *strongylus.*) 2 Paral. IV. 2. — *עֵגֶל, *vitulus.* Aqu. Ezech. I. 7. Legit sine dubio עָגֹל.

*ΣΤΡΟΓΓΥΛΟ'Ω, *rotundo, rotundum efficio,* etiam *rotunditatem habeo.* עָגוֹל, *rotundus.* 1 Reg. VII. 31. τὸ στόμα αὐτοῦ στρογγυλοῦν. Adde Etymol. M. 404. 44.

a ΣΤΡΟΓΓΥ'ΛΩΜΑ, *coagmentum rotundum, orbis.* כָּבִיר, *pulvinar.* Aqu. 1 Sam. XIX. 13. 16. στρογγύλωμα τριχῶν, pilorum nempe caprinorum *rotunda congeries.* Sic etiam legitur in ed. Compl. ubi duæ versiones coaluerunt.

ΣΤΡΟΓΓΥ'ΛΩΣΙΣ, *rotundatio.* מַעְגָּל, *plaustrorum ambitus,* seu: *vallum ex curribus s. propugnaculum*
b *consertis curribus exstructum.* Reddidit ita ob rotunditatem, quam ejusmodi vallum habet. Vide Drusium ad h. l. 1 Sam. XVII. 20. Aqu. et Symm. 1 Sam. XXVI. 7. Confer Drusium in Fragm. Vett. Intt. Gr. p. 250.

ΣΤΡΟΥΘΙ'ΖΩ, *strido instar passerum, qui ore hiante et stridente escam petunt a matre.* צִפְצֵף Pih.
c *pipio.* Theod. et LXX Ies. X. 14. στρουθίζων. Suidas: στρουθίζων, τρίζων. Vide Bocharti Hieroz. P. II. p. 222.

ΣΤΡΟΥΘΙΟΚΑ'ΜΗΛΟΣ, *struthio.* בְּנוֹת יַעֲנָה, *filiæ struthionis.* Al. Ies. XIII. 21. Syrus sec. Theodoretum Jerem. L. 39.

ΣΤΡΟΥΘΙ'ΟΝ, *passer, passerculus,* item *struthio.* בַּת יַעֲנָה, *filia*
d *struthionis,* aut secundum nonnullos *noctua, ulula.* Ies. XXXIV. 13. Joh. de Læt Descript. Americ. Lib. XV. c. 7. *Struthiones — tam altum clamant, ut ad dimidiam leucam audiantur.* — צִפּוֹר, quod est nomen commune omnium avium. Ps. X. 1. LXXXIII. 3. Cohel. XII. 4. et alibi. Scil. Arab. عصفور *passerem* notat.

e ΣΤΡΟΥΘΙ'Α 'ΑΓΡΟΥ˜, *aviculæ agri.* עָגוּר, *hirundo.* Jerem. VIII. 7. Vox ἀγροῦ mihi suspicionem movet, quia est admodum otiosa. Forte hic ex Hebr. עָגוּר vox ἀγοὺρ retenta est, unde per errorem ἀγροῦ, cui deinde στρουθία additum est. Vide ad h. l. Montfauconium.

ΣΤΡΟΥΘΟΚΑ'ΜΗΛΟΣ, i. q. στρουθιοκάμηλος, *struthio.* בַּת יַעֲנָה, *filia struthionis.* Symm. Job. XXX. 29. f
Thren. IV. 3. Aqu. Symm. Theod. Ies. XIII. 21. XLIII. 20. Aqu. Symm. Mich. I. 8. Al. Ies. XLIII. 20. — תַּנִּין, in plur. contr. תַּנִּים, *draco.* Symm. Job. XX. 29. Conf. Sturzium de Dial. Alex. pag. 195. seq.

ΣΤΡΟΥΘΟ'Σ, *passer, passerculus,* it. *struthio, struthiocamelus,* in qua significatione vulgo ei additur μέ- g
γας, aut κατάγαιος, aut λιβυκὸς, etc. Vide Jacobsii Anim. Anthol. Gr. Tom. XI. p. 15. דְּרוֹר, *hirundo.* Proverb. XXVI. 2. Aqu. Psalm. LXXXIII. 3. — בַּת יַעֲנָה, *filia struthionis.* Levit. XI. 16. Deuter. XIV. 15. Job. XXX. 29. Ies. XLIII. 20. — תַּנִּין, in plur. contr. תַּנִּים, *draco.* Jer. X. 21. XLIX. 32. Hesych. στρουθὸς, ὁ καταφερὴς καὶ λάγνος. 'Αττικοὶ δὲ τὰς στρουθοκαμήλους. Conf. Bocharti Hieroz. P. II. Lib. II. cap. 14. p. 220. et Locella ad Xenoph. Ephes. p. 155. seq.

ΣΤΡΟΦΕΥ'Σ, *vertebra: cardo in foribus, qui circumvertitur.* Joseph. B. J. VII. 26. Unde 'Ερμῆς στροφαῖος, qui ad fores cardinum ponebatur. Vide Hesychium s. v. στροφαῖος. גְּלִילִים plur. ex גָּלִיל, *versatiles.* 1 Reg. VI. 33. — מְחַבְּרוֹת plur. *juncturæ.* 1 Paral. XXII. 3. ubi pro στροφεῖς al. male τροφεῖς. Absorpta autem est litera σ hujus vocis a præcedente vocula τοὺς, quæ etiam desinit in ς. Conf. L. Bos Obss. Critt. p. 191. — צִיר, *cardo januæ.* Aqu. Prov. XXVI. 14. στροφεία.

ΣΤΡΟΦΗ', *versio, flexus,* metaphorice: *stropha, versutia.* Sirac XXXIX. 2. ἐν στροφαῖς παραβολῶν in *versutiis* parabolarum, h. e. acutis et subtilibus sententiis ingeniose pronuntiatis.

a ΣΤΡΟΦΑΙ' ΛΟ'ΓΩΝ, *flexus verborum, strophæ, fallaciæ sermonum.* מוּסָר, *eruditio.* Prov. I. 3. δέξασθαί τε στροφὰς λόγων, et ad capiendas *strophas* verborum. Confer Sap. VIII. 9. Στροφαὶ λόγων Bielio hic videntur eadem, quæ Ciceroni Lib. IV. 24. Acad. QQ. audiunt *contorta sophismata*, vel *tortuosum genus disputandi.* Lex. Cyrilli MS. Brem. *b* στροφὰς, ἀντιλογίας, διαστροφάς. A vocabulo στροφὴ originem duxere Romanorum *strophæ:* celebris est illa vox in Plautinis fabulis, et plerumque dolis jungi solet. Hinc et in Glossis: *Strophosus*, δόλιος. Vide Hemsterhusii not. ad Polluc. Lib. IX. cap. 8. pag. 1118. His a Bielio notatis ad h. v. liceat addere sequentem observationem Jaegeri *c* ad h. l.: Στροφὰς Græca consuetudo dixit in partem deteriorem de *artibus ad decipiendum comparatis.* Cf. Schol. Aristoph. Plut. 1154. et Budæi Comment. Gr. L. p. 319. Eodem sensu migravit quoque hæc vox in Latium, unde apud Phædr. I. 14. 4. *verbosæ strophæ* sutoris in re parum laudabili. Hoc sensu si Proverb. l. l. sumeretur, δέξασθαι *d* non *discere* foret, sed *sentire, intelligendo deprehendere ad cavendum.* Sed στροφαὶ λόγων a Scriptore Sapientiæ l. l. etiam in laudem dicuntur de *acute dictis* artificiosaque et erudita orationis conformatione ea, quæ est in similitudine, ænigmate, allegoria. Sic Prov. l. l. accipiendum videtur, ut explicatio ducta sit ab *acuendi* notione, quam voci *e* יָסַר vindicavit Michaëlis in Supplementis ad Lexica Hebr.

ΣΤΡΟ'ΦΙΓΞ, *cardo ostii.* צִיר, idem. Prov. XXVI. 14. Est i. q. στροφεὺς, a στρέφω, *verto.*

ΣΤΡΟ'ΦΟΣ, in universum: *aliquid tortum et torquens*, speciatim *lorum contortum* vel *torquens, funis, fascia*, it. *dolor intestinorum.* Sirac. XXXI. 23. στρόφος μετὰ ἀνδρὸς ἀπλήστου, *dolor intestinorum* cum homine *f* insatiabili. Ad quem locum Grotius: Celsus 2. 6. στρόφον *interpretatur, ubi circa umbilicum intestina torquentur.* In Glossis: στρόφος, *torsio.*

ΣΤΡΟΦΩΤΟ'Σ, *versatilis.* מוּסָב part. Hoph. a סָבַב. Ezech. XLI. 24.

*ΣΤΡΥΝΦΑΛΙ'Σ. חֲרִצֵי, *formellæ.* 1 Sam. XVII. 18. sec. cod. Alex. ubi Ald. et Compl. pro στρυνφαλίδας *g* rectius habent τρυφαλίδας. Vide infra.

*ΣΤΡΥ'ΧΝΟΣ, *solanum, herba.* חֵיל, *exercitus.* Job. XX. 18. sec. Cod. Alex. ubi alii στρίφνος habent, quod vide supra. Etymol. M. 771. 32. Τρύχνον, τὴν πόαν λέγουσι θηλυκῶς, στρύχνον δὲ σὺν τῷ σ οὐδαμῶς εὗρον: ubi tamen videndus Sylburgius.

ΣΤΡΩ'ΜΑ, *stratum, lectus.* יָצִיעַ, *h* idem. Aqu. 1 Reg. VI. 10.—מַכְבֵּר, *vestis stragula.* Al. 2 Reg. VIII. 15. sec. Compl. et ita legit quoque Theodoretus. Reliqui retinuerunt vocem Hebr. — מִשְׁכָּב, *cubile.* Prov. XXII. 27.

ΣΤΡΩΜΝΗ', *stratum, lectus.* יְצוּעַ, idem. Gen. XLIX. 4. Job. XVII. 13. Ps. CXXXI. 3. Aqu. Psalm. LXII. 8. — מִפְרָשׂ, *extensio.* Ez. *i* XXVII. 7. — מַצָּע. Symm. Ies. XXVIII. 20. — עֶרֶשׂ, *sponda.* Ps. VI. 6. Amos VI. 4. Esth. I. 6. — רָפַד, *sterno.* Job. XLI. 22. Hesych. στρωμνὴ, κοίτη. Suidas: στρωμνὴ, ἡ κλίνη.

ΣΤΡΩΝΝΥ'Ω, ΥΜΙ, *sterno.* *אֵטוּן, *linum xylinum.* Proverb. VII. 16. ἔστρωσα. N. L. Fortasse אֵטוּן *k* prorsus omiserunt in versione. Vide s. v. ἀμφίταπος. — *דָּבַר, *loquor.* 1 Sam. IX. 25. sec. Compl. ἔστρωσαν. דָּבַר aliquando videtur significare *sternere, subjicere* in Hiph., v. c.

a Psalm. XLVII. 4. et XVIII. 48. Hieronymus utramque versionem secutus reddit: *et locutus est cum Saule in solario, stravitque Saul in solario.* Fortasse etiam legerunt רִפֵּד, aut רָבַד. Vide notata supra s. v. διαστρωννύω. — חִלֵּל Pih. *profano.* Ezech. XXVIII. 7. στρώσουσι τὸ κάλλος σου. Στρωννύειν h. l. videtur accipiendum esse in notione *destru-*
b *endi* et *evertendi*, ut κάλλος *opera pulcherrima* aut *splendida* significet. Nec tamen repugnarem, si quis μιανοῦσι loco στρώσουσι legere mallet. — יֻצַּע Pyh. vel Hoph. a יָצַע. Esth. IV. 3. Ies. XIV. 11. — כְבוּדָה fœm. *honorata.* Ezech. XXIII. 41. ἐπὶ κλίνης ἐστρωμένης, in lecto bene strato, adeoque honoratioribus destinato. — מָחַץ, *frango.* Job. XXVI.
c 12. ubi tamen pro ἔστρωσεν Grabius judicat legendum ἔτρωσεν, *vulneravit.* Vulg. *percussit.* Vide Grabii Proleg. in LXX T. IV. c. 4. §. 2. Sed מָחַץ etiam *prosternendi* significationem admittit. Conf. versionem Symmachi. — מְשֻׂכָה, *sepimentum.* Prov. XV. 20. ἐστρωμέναι. שָׂכַךְ, ut סָכַךְ, est *tegere, operire.* — *נָטָה, *extendo.* 2 Sam. XXI. 10. sec. ed.
d Compl. — רִפֵּד Pih. *sterno.* Job. XVII. 13.

ΣΤΥΓΕ'Ω, *odio prosequor, exhorresco, extimesco, terribilem reddo, tristor.* 2 Macc. V. 8. στυγούμενος ὡς τοῦ νόμου ἀποστάτης, odio habitus, ut legis apostata. 3 Macc. II. 31. στυγοῦντες, quod versio in Bibl. Polyglott. Anglic. reddit *honorantes*, ad quem locum observat Flaminius
e Nob., hac notione interdum sumi στυγεῖν, notare Grammaticos. Addit tamen, in quibusdam codicibus legi στοιχοῦντες, quasi *ascendentes per gradus civilium honorum.* Gloss. Brem. στυγούμενος, μισούμενος, ἀποτρόπαιος.

ΣΤΥΓΝΑ'ΖΩ, *contristor, tristis sum,* etiam *percellor, obstupesco.* שָׁמַם, *obstupesco.* Ezech. XXVII. 35. XXVIII. 19. XXXII. 10. Conf. Marc. X. 22. ad h. l. Keuchenium. Eodem sensu στύγω occurrit. Hesych. ἔστυγεν, κατεπλάγη. Confer quoque Lexicon N. T. s. h. v.

ΣΤΥΓΝΟ'Σ, *perturbatus, perplexus,* it. *horrendus, tristis.* שׁוֹבָב, *aversus.* Ies. LVII. 17. ἐπορεύθη στυγνὸς, ibat *perplexus.* Sap. XVII. 5. τὴν στυγνὴν ἐκείνην νύκτα, *horrendam* illam noctem s. potius *tenebricosam et atram.* Eodem sensu στυγνάζω sumitur Matth. XVI. 3. ubi στυγνάζων ὁ οὐρανὸς opponitur τῇ εὐδίᾳ, *cœli serenitati.* Confer Polyb. IV. 21. ubi quoque στυγνότης de *cœli tristitia* dicitur.

*ΣΤΥΓΝΟ'Σ ΓΙ'ΝΟΜΑΙ. בְּנַס Chald. *sævio, irascor.* Dan. II. 12. sec. cod. Chis. στυγνὸς γενόμενος.

ΣΤΥ'ΛΟΣ, *columna.* כֹּתֶרֶת, *coronamentum.* 1 Reg. VII. 40. — מַצֵּבָה, *statua.* Jerem. XLIII. 13. — עָב, *densitas.* Exod. XIX. 9. ἐν στύλῳ νεφέλης. Ita transtulerunt, ratione habita עַמּוּד עָנָן, quæ sæpe in Exodo commemoratur, sensu eodem. — עֹמֶד infin. *stando.* 2 Par. XXXIV. 31. ἔστη ὁ βασιλεὺς Ἰωσίας ἐπὶ τὸν στύλον αὐτοῦ, stabat rex Josias in *statione* sua. Conf. 2 Par. XXIII. 13. XXX. 16. XXXV. 10. et Heinsii Exerc. Sacr. p. 482. — עַמּוּד. Exod. XIII. 21. ἐν στύλῳ νεφέλης, in *columna* nubis, h. e. in *densa* nube (coll. Sir. XXIV. 4. nisi ibi de *montibus altissimis* cogitare malis). Ibid. ἐν στύλῳ πυρὸς, in *nube* ignea. Jud. XX. 40. στύλος καπνοῦ, *columna fumi*, h. e. *fumus columnæ instar ascendens.* Job. XXVI. 11. στῦλοι οὐρανοῦ, *columnæ cœli.* Ita vocantur *montes*, qui sublimi vertice sidera feriunt, et summi lachearia tecti ad *columnarum* instar sustentare videntur. Conf. Nah. I. 5. ubi, quod Job. l. c.

a de cœli *columnis* dixit, de *montibus* dicitur. Sic et montes omnes excelsos valde *κίονας*, *columnas*, appellari docet Eustathius ad Odyss. Α', v. 53. ubi *Atlas* dicitur sustinere *κίονας μακρὰς*, quæ terram et cœlum ἀμφὶς ἔχουσιν, i. e. *διείργουσιν*, ut Schol. ibid. h. e. *intersepiunt* et *discapedinant*, qua voce Glossæ utuntur. Similiter *Ætnam* Pindarus *οὐρανίαν κί-* b *ονα* vocat. Vide Alberti Peric. Crit. p. 3. Inc. Jud. XVI. 26. עַמּוּדִים, *δύο στύλων*. Conf. v. 29. — קְרָסִים plur. *ansulæ*. Exod. XXVI. 33. Legerunt forte קְרָשִׁים—קֶרֶשׁ, *asser*. Exod. XXVI. 15. XXXV. 10. et alibi sæpius. — שַׁעַר, *porta*. Ezech. XL. 19. Sap. XVIII. 3. *στύλος πυριφλεγής*, columna s. *nubes* ignea. Sir. XXXVI. 24. uxor bona appellatur c *στύλος ἀναπαύσεως* mariti: ubi *στύλος quodvis fulcrum* notat, *quo nitimur*. — Vide supra s. *ἄσηπτος*.

ΣΤΥΛΟ'Ω, *columnam erigo*. נָצַב, *pono, statuo, erigo*. Al. Thren. III. 16. *ἐστύλωσε*.

ΣΤΥΠΠΙΝΟΣ, *stupeus, ex stupa factus*, a *στύππη*, vel *στύπη*, *stupa*. פִּשְׁתָּה, *linum*. Al. Levit. XIII. 59. ubi alii *στυππυίνου*. Hoeschelius Not. d ad Phrynich. p. 111. *στυππείνου* legendum conjicit.

ΣΤΥΠΠΕΙ'ΟΝ, ΣΤΥΠΕΙ'ΟΝ, *stupa*. נְעֹרֶת, *stupa ex lino excussa*. Jud. XVI. 9. Vulg. *filum de stuppæ ortum putamine*. Al. Ies. I. 31. *στυππίου*. Cant. Tr. Puer. 17. Suidas: *Στυππεῖον, στύππιον δέ. τὸ μὲν σημαίνει τὸ τῆς ἐλαίας ὀστοῦν τὸ δὲ, ὅθεν τὸ λίνον νήθεται*.

e ΚΑΛΑ'ΜΗ ΣΤΥΠΕΙ'ΟΥ, *culmus stupæ*. — נְעֹרֶת, *stupa ex lino excussa*. Ies. I. 31. Conf. Lobeckium ad Phrynichum p. 261.

ΣΤΥΠΠΙ'ΟΝ, i. q. *στυππεῖον*, *stupa*. פִּשְׁתָּה, *linum*. Jud. XV. 14. Al. Levit. XIII. 47. *στυππίῳ*. — נְעֹרֶת, *stupa ex lino excussa*. Symm. Ies. I. 31. *στυππίου*. Adde Jud. XVI. 9. ubi conf. Var. Lect. Vide et Sir. XXI. 10. *στυππίον συνηγμένον*, stupa collec- f ta, in unum coacta, h. e. *fomentum et pabulum iræ divinæ*. Hesych. *στυππίον, τὸ λίνον*.

ΣΤΥΡΑ'ΚΙΝΟΣ, *styracinus, ex styrace arbore factus*. לִבְנֶה, *populus alba*. Gen. XXX. 37. *ῥάβδον στυρακίνην*, virgam ex arbore styrace: ubi in nonnullis libris legitur *σταρυκίνην*, aperte vitiose.

ΣΤΥ'ΡΑΞ, arboris nomen (de qua g vide Bocharti Hieroz. P. II. Lib. IV. c. 12.), it. *lacryma*, vel: *liquor inde manans*. נְכֹאת plur. *aroma contusum*. Aqu. Gen. XXXVII. 24. et XLIII. 11. ubi LXX *θυμίαμα*. Hesych. *Στύραξ, πόλις Εὐβοίας, καὶ σαυρωτὴρ τοῦ δόρατος καὶ λόγχη, καὶ δένδρον ὁμωνύμως καὶ θυμίαμα*. Thomas Mag. *στύραξ μὲν θυμίαμά τι. Λιβάνιος ἐν τῷ περὶ τῆς ἑαυτοῦ τέχνης· Στύρακος ἅμα ὀσμῇ θεραπεύσας τὸν θεόν*. Confer Dioscoridem Lib. I. c. 80. Stra- h bonem Lib. XII. p. 856. et Hillerum Hierophyt. P. I. c. 23. §. 4. p. 229.

ΣΥ', *tu*, in sing. et plur. *ὑμῶν, ὑμῖν, ὑμᾶς*. *אָכֵן, *vere*. Ps. LXXXI. 7. *ὑμεῖς δέ*. Sed legendum *ἰδοὺ δὴ* ex Justino M. Dial. c. Tryph. p. 353. — *אֵת. Cohel. V. 6. *σὺ δὲ τὸν θεὸν φοβοῦ* sec. cod. Vat. ubi *σὺν* reponendum est e cod. Alex. et ed. Ald. — אֶת־מָה, *quod*. Jer. XXIII. i 33. Legerunt conjunctim אַתֶּם הַמַּשָּׂא —*גַּוְּךָ, *tergum tuum*. LXX sec. Hex. 1 Reg. XIV. 9. *σου*. Eleganter. Nam גַן h. l. abundat. — *לֹא, *non*. Hos. XIII. 12. *σου φρόνιμος*. Ita quoque Arabs. Sed legendum *οὐ φρόνιμος*. Σ ex antecedente voce *υἱὸς* male adhæsit. In m. cod. Barb. legitur *ἀνόητος*, quod fortasse est Theodotionis. — לְךָ, *tibi*. 2 Paral. XXVI. 18. *οὐ σοὶ* (sc. *ἐστὶ*), *Ὀζία, θυμιάσαι τῷ Κυρίῳ*, non a tibi licet, Ozia, adolere Domino. — לָכֶם, *vobis.* Mich. III. 1. οὐχ ὑμῖν ἐστι τὸ γνῶναι τὸ κρίμα; nonne *decet vos* scire jus? Vide et 2 Par. XIII. 5. et Keuchenium in Matth. XX. 23. p. 83. — *עַתָּה, *nunc.* 2 Sam. XVIII. 3. 2 Reg. I. 18. Legerunt cum Vulg. et Jonath. וְאַתָּה, quemadmodum ibid. v. 20. e contrario legerunt וְעַתָּה. Vide Buxtorfii

b Anticrit. p. 574. seq. — קֶרֶב, *medium, intimum.* Exod. XXIII. 25. XXXIII. 3. 8. Num. XI. 20. et alibi sæpius. — שַׁעַר, *porta.* Exod. XX. 10. παροικῶν ἐν σοί. Prov. IV. 19. pro σῶν ante χαρίτων mihi τῶν legendum esse videtur. Jer. XLIX. 4. ubi σοῦ post πεδίοις apud LXX sec. Hex. videtur esse Hebr. זָב, *fluxit,* Græcis literis expressum.

c Jerem. LI. 20. pro ἐκ σοῦ lege ἐν σοί. In textu Hebr. legitur בְּךָ.

*ΣΥ' ΕΙ', *tu es.* אוֹתָה. Hos. IV. 19. Legerunt אַתָּה, *tu.* Sed Arabs habet *supervenit,* أتى, quæ exprimit Hebr. אָתָה, *venit.* Bahrdtius conjicit, eum legisse σείσει, *movebit,* quasi se movebit, h. e. veniet in alas ejus. Hieronymus autem legit: συριεῖ vel συρίζει (reddidit enim *sibi-*

d *lavit*), sed, ut videtur, vitiose. Cf. Cappelli Crit. Sacr. p. 509. — Vide alii Θεός.

ΣΥ' ΜΟΝΩ'ΤΑΤΟΣ, *tu solus.* אַתְּ, *tu.* Al. Jud. XI. 35. σὺ μονωτάτη εἰς σκῶλον ἐγένου, tu sola in offendiculum facta es. Sic enim pro σεμνοτάτη, quod Grabius in edit. Cod. Alex. supplevit, legendum conjicit L. Bos. Proleg. in LXX Intt. c. 3.

e ΣΥΓΓΕΛΑ'Ω, *una video.* Sir. XXX. 10. μὴ συγγελάσῃς αὐτῷ, ἵνα μὴ συνοδυνηθῇς, ne *rideas una cum illo,* ne dolendum sit tibi una cum illo. Euripid. Erechth. v. 22.

f ΣΥΓΓΕ'ΝΕΙΑ, *cognatio.* דּוֹד, *dilectus,* it. *patruus.* Lev. XX. 20. — דּוֹר, *ætas.* Ies. XXXVIII. 12. — טַף, *parvulus.* Genes. L. 8. — יָנָה, *opprimo.* Psalm. LXXIII. 9. Hic legerunt נִין, *soboles, prosapia.* — מוֹלֶדֶת. Gen. XII. 1. — מִשְׁפָּחָה, *familia.* Exod. VI. 14. XII. 21. Jud. XVII. 7. sec. Hex. Aquila Symm. Ps. XXI. 28. — *מִשְׁפָּחָה, מַטֶּה, *familia extensionis s. tribus.* Jos. XXI. 5. et 6. sec. Compl. — תּוֹלְדוֹת plur. Exod. VI. 16. 19. Num. I. 20. et alibi. Sir. XXII. 6. *familia.* Sap. VIII. 18. ἔστιν ἀθανασία ἐν συγγενείᾳ σοφίας, ubi συγγένεια est *familiaritas, arctissima conjunctio, amicitia,* i. q. φιλία in seq. Joseph. B. J. IV. 9. p. 301. ed. Hav. διὰ συγγένειαν ἠθῶν.

ΣΥΓΓΕΝΗ'Σ, *cognatus.* בֶּן מֶשֶׁק, *filius procurator.* Symm. Gen. XV. 2. — גֹּאֵל part. *redemtor.* 1 Reg. XVI. 11. — *דּוֹד, *patruus.* Levit. XX. 20. τῆς συγγενείας sec. Vat. abstracto posito pro concreto. — דֹּדָה, *amita.* Lev. XVIII. 14. XX. 20. — זְרוֹעַ, *brachium.* Ezech. XXII. 6. Legerunt לְזַרְעוֹ, mutatis tantum punctis. Consanguineos Hebræi זֶרַע vocant et בָּשָׂר. Ies. XLVIII. 7. — מִשְׁפָּחָה, *familia.* Levit. XXV. 45. Jos. XXI. 27. — רַךְ, *tener, mollis, delicatus.* 2 Sam. III. 39. quasi legissent אָח, quod *quemvis consanguineum* notat, aut דּוֹד, sed admodum inepte. Adde 1 Maccab. X. 89. ubi pro συγγενέσι cod. Alex. συγγενοῦσιν habet, ubi sine dubio legendum est συγγονοῦσιν.

*ΣΥΓΓΗΡΑ'ΣΚΩ, *consenesco.* Sir. XI. 16. τοῖς γαυριῶσιν ἐπὶ κακὰ συγγηρᾷ κακία. Leguntur hæc in ed. Compl. Cod. Aug. Hoeschelii et in vers. Vulg. Syr. et Arab. Herodot.

a Lib. III. p. 211. 33. γηράσκοντι δὲ συγγηράσκουσι. Isocr. Paræn. ad Demon. col. 4. 5. Legitur et συγγηράω apud Eurip. Inc. Trag. v. 132. p. 508.

ΣΥΓΓΙ'ΝΟΜΑΙ, *simul sum, conversor*, item: *coëo, concumbo*. יָדַע, *cognosco*, etiam: *coëo*. Gen. XIX. 5. ἐξάγαγε αὐτοὺς, ἵνα συγγενώμεθα αὐτοῖς, educito illos, ut *concumba-*
b *mus* cum illis. Conf. Judith. XII. 15. Susann. v. 11. et 38. et Fesselii Advers. Sacr. Lib. II. c. 20. pag. 152. Sic etiam Ælianus V. H. XII. 63. ὄναρ αὐτῇ συνεγίνετο, per somnium cum illa *rem habuit*.—*רָבַע, *accumbo, coëo*. Inc. Levit. XX. 16. συγγινέσθαι sec. cod. Lips. K. — *שָׁכַב. LXX sec. cod. Oxon. seu potius Inc. Int. Gen. XXXIX. 10.

c ΣΥΓΓΙΝΩ'ΣΚΩ, *simul sentio, conscius sum, cognosco, existimo, ignosco*. 2 Macc. XIV. 31. συγγνοὺς, *intellegens*.

ΣΥΓΓΝΩ'ΜΗ, *concessio, venia*. Prol. Sirac. συγγνώμην ἔχειν, *veniam dare, ignoscere*. Eadem formula legitur quoque Sirac. III. 12. et 2 Macc. XIV. 20. sec. Alex. Conf. Ælian. V. H. V. 17. Suidas: συγ-
d γνώμη, συγχώρησις, et paulo post: λαμβάνεται δὲ τὸ ὄνομα ἐπὶ τῆς ἀφέσεως καὶ συγχωρήσεως.

*ΣΥΓΓΝΩΜΟΝΕ'Ω, *veniam do, ignosco*. 4 Macc. V. 13. Descendit a συγγνώμων, h. e. συμπαθὴς, οἰκτίρμων, Suida interprete.

ΣΥΓΓΝΩΣΤΟΣ, *dignus, cui aliquid concedatur, venia dignus*. Sap. VI. 6. σύγγνωστός ἐστιν ἐλέους, *dignus*
e *est*, cui misericordia exhibeatur. Sap. XIII. 8. οὐδ' αὐτοὶ σύγγνωστοι, neque ipsi venia *digni*. Vulgat. *nec his debet ignosci*. Lex. Cyrilli MS. Brem. σύγγνωστος, πρόφανής, ἄξιος ἐλέους.

*ΣΥΓΓΟΝΕΥ'Σ, *qui est ex eadem cognatione*. Restituenda est hæc vox codici Alex. 1 Maccab. X. 89. ubi nunc legitur συγγενοῦσι. Vide supra s. v. συγγενής. f

ΣΥΓΓΡΑΦΕΥ'Σ, *scriptor, historicus*. 2 Macc. II. 29.

ΣΥΓΓΡΑΦΗ', *scriptio*, peculiariter de *scriptione historica* dicitur: *liber, syngrapha, chirographum, stipulatio, cautio*, it. *scriptum*. כָּתַב סֵפֶר, *scribo librum*. Job. XXXI. 36. συγγραφὴν δὲ, ἣν εἶχον κατά τινος, *chirographum* vero, quod habebam contra aliquem. Confer Tob. VII. 16. ubi g
pactionem conjugii constituti et contracti notat, *pactum conjugale*. 1 Maccab. XIII. 42. et Ælianum V. H. Lib. IV. c. 1. Adde Salmasium de Modo Usurar. p. 471. 1 Macc. XIV. 43. ὅπως γράφωνται ἐπὶ τῷ ὀνόματι αὐτοῦ πᾶσαι αἱ συγγραφαὶ ἐν τῇ χώρᾳ, ut scribantur in nomine ejus omnia *publica scripta* in regione.

ΣΥΓΓΡΑΦΗ' ἌΔΙΚΟΣ, *syngrapha,* h
scriptura iniqua. מוֹטָה, *jugum, lorum jugi*. Ies. LVIII. 6. Bene quoad sensum. Sermo enim ibi est de debitoribus, et *chirographum* commode *jugum* dici potest, quia molestum est, et vim obligandi habet. Vide ad h. l. Montfauconium.

ΣΥΓΓΡΑ'ΦΩ, *conscribo, describo*. כָּתַב, *scribo*. Aqu. Cohel. XII. 16. συνέγραψεν. i

ΣΥΓΓΥΜΝΑΣΙ'Α, *communis exercitatio, commercium*, vel simpliciter: *exercitatio*. Sap. VIII. 18. συγγυμνασία ὁμιλίας, *certamen colloquii*.

ΣΥΓΚΑ'ΘΗΜΑΙ, *consideo*. יָשַׁב, *sedeo*. Exod. XXIII. 33. Psalm. C. 8.

ΣΥΓΚΑΘΙ'ΖΩ, idem, item *procumbo*. הִשִּׁיב Hiph. a נָשַׁב, *sufflo, difflo*. Gen. XV. 11. συνεκάθισεν αὐτοῖς. k
Derivantes a יָשַׁב legerunt procul dubio וַיֵּשֶׁב, nulla analogiæ ac seriei orationis ratione habita. — הֵשִׁית יָד Hiph. *pono manum*. Al. Exod. XXIII. 1. συγκαθίσῃ, ubi in notione *conspirandi* legitur. — יָשַׁב,

a *sedeo.* Exod. XVIII. 13. Jer. XVI. 16. —*כָּרַת. LXX sec. ed. Compl. Exod. XXIII. 32. Συγκαθίζειν διαθήκην in hac orationis serie esset: *in consessu solemni fœdus pangere.* Sed dubito, an ita per usum loquendi dici possit. Præferenda igitur est lectio reliquorum librorum συγκαταθήσῃ, e qua per compendium scribendi συγκαθίσῃ facile oriri potuit.
b — רָבַץ, *cubo.* Num. XXII. 27. ἡ ὄνος συνεκάθισεν ὑποκάτω Βαλαὰμ, asina *procumbebat* sub Bileamo. Eodem sensu verbum συγκάθημαι usurpatur. Sic in Luciani Pseudol. T. II. p. 443. συγκαθήμενος εἰς γόνυ dicitur *procumbens in genu,* et in Basilii M. Orat. Mor. XII. pag. 343. χαμαὶ συγκαθῆσθαι, *humi procumbere.* Vide Maii Obss. Sacr. Lib. IV. p.
c 264. Vide et 3 Esdr. IX. 6. 16.

ΣΥΓΚΑΘΥΦΑΙ'ΝΩ, *simul intexo, contexo.* Hinc phrasis σὺν χρυσῷ καὶ ὑακίνθῳ συγκαθυφασμένος, *cum auro et hyacintho contextus,* respondet Hebraico צְנִיפוֹת plur. *mitræ.* Ies. III. 22. Præterea legitur Exod. XXVIII. 17. sec. 4. codd. Holm. pro מִלֵּא, *impleo,* ubi Philo I. 60. συνυφανεῖς habet.

d ΣΥΓΚΑΙ'Ω, *simul uro, comburo.* אָכַל, *edo.* Gen. XXXI. 40. ἐγενόμην τῆς ἡμέρας συγκαιόμενος τῷ καύματι, καὶ τῷ παγετῷ τῆς νυκτός. Hieron. *urebar.* Ibi συγκαίειν etiam de *gelu* ac *frigore* adhibetur. Bene. Sic enim etiam profani auctores loquuntur, ut exustionem non minus gelu ac frigori valido adscribant, quam igni, i. q. etiam rei naturæ
e est conveniens. Vide supra s. v. ἐκκαίω. — הִדְלִיק Hiph. *accendo.* Ies. V. 11. — הִכָּה Hiph. a נָכָה, *percutio.* Psalm. CXX. 6. ἡμέρας ὁ ἥλιος οὐ συγκαύσει σε, οὐδὲ ἡ σελήνη: ubi Cappellus statuit eos legisse כָּוְבָה. Sed non permutarunt נָכָה et כָּוָה, sed sensum reddiderunt. *Sol non percutiet te* improprie et metaphorice dictum pro: *non uret*
te. Solis enim proprium est *urere,* f
non percutere. Conf. Drusii Obss. Lib. VII. c. 9. — הֵצִיק Hiph. a צוּק, *arcto.* Symm. Job. XXXII. 15. συγκαίει. Ex sententia Cappelli Crit. S. pag. 822. legit הֵצִיתַנִי, ab הֵצִית, *accendere, succendere.* Mihi autem sensum expressisse videtur, nam συγκαίειν h. l. sensu metaphorico pro *incitare* positum est. Nam
verba *spiritus ventris mei me com-* g
burit continent elegantissimam imaginem, qua indicatur ac describitur summa cupiditas, qua ad colloquia rapiatur, ac sensu minime diversam ab ea, quæ in textu Hebr. reperitur, *pectoris spiritus me coarctat,* h. e. pæne suffocor præ cupiditate loquendi.—חָמַר, *ferveo, summo æstu affectus sum.* Job. XVI. 6. συγκέκαυται. Respexerunt ad rad. כָּמַר, aut
ad significationem, qua verbum h
חָמַר postea in Thalm. fuit usitatum, quod etiam vult *Rasi,* qui per נקמטו interpretatur. — חֲרִישִׁית, *silens.* Jon. IV. 9. *Ventus silens* est ibi, qui æstum solis spirando non minuit. — חֲשַׁשׁ, *gluma.* Ies. V. 24. — נֶעְתַּם Niph. *obscuror.* Ies. IX. 19. coll. Arab. غتم, *æstus,* ab
غَتَمَ, *combussit.* *Vitringæ* sensum i
e loco collegisse videntur. — נָקַר, *perfodio.* Job. XXX. 17. συγκέκαυται. Libere transtulerunt, de *febre* scilicet cogitantes. — שָׁזַף. Aqu. Cant. I. 5.

ΣΥΓΚΑΛΕ'Ω, *convoco.* קָרָא, *voco.* Exod. VII. 11. Jos. IX. 22. X. 24. et alibi sæpius. — שָׁסַע, *discindo, findo.* Aqu. 1 Sam. XXIV. 8. συνεκάλεσεν. Sed hanc Aquilæ interpretationem non vacare suspicione mendi, vel esse prorsus metaphoricam, docet Montfauconius. Bielius conjecit *συνέκλασεν*. Eodem tamen jure scribi quoque posset *συνέθλασεν*. Quanquam autem Aquila ex utraque conjectura notionem verbi Hebraici propriam expressit, tamen *συγκλάω* aut *συνθλάω* æque ac vox Hebraica sensu metaphorico h. l. accipiendum erit, ut suppleatur *τὴν βουλὴν*, ac respondeat vernaculo einen Willen brechen, *to divert a person from his intention*, h. e. *cogere, ut aliquis sententiam suam mutet, ac a proposito suo recedat.* Cæterum confirmat utramque conjecturam auctoritas. Vulg. Int. qui habet *confregit*. Judith. II. 3. *συνεκάλεσεν πᾶσαν τὴν κακίαν τῆς γῆς ἐκ τοῦ στόματος αὐτοῦ*, h. e. *narravit iis, quali injuria et contumelia ab illis populis affectus fuerit.*

*ΣΥΓΚΑΛΕ'Ω, *convoco, congrego.* Judith. II. 4. *ὡς συνεκάλεσε τὴν βουλὴν αὐτοῦ.* Lectio hæc, quam Ald. et Compl. habet, ob v. 2. præferenda est *τῷ συνετέλεσε* Cod. Vat. Philoxen. Gloss. *συγκαλῶ, convoco, concieo, percito.*

ΣΥΓΚΑ'ΛΥΜΜΑ, *cooperimentum, operimentum, tegumentum.* כָּנָף, *ala, ora.* Deut. XXII. 30. XXVII. 20.

ΣΥΓΚΑΛΥ'ΠΤΩ, *cooperio, contego.* בָּכָה, *fleo.* Psalm. LXVIII. 13. *συνεκάλυψα ἐν νηστείᾳ τὴν ψυχήν μου.* Ita Latini fere et Græci libri omnes. Sed veram lectionem servavit Cod. Vat. *συνέκαμψα*, ut ex *μ* litera una librarius fecerit duas *λυ*. Lectio hæc non modo ad rem aptior esse videtur, verum etiam cum aliis SS. locis convenientior, v. c. Ps. LVI. 6. XXXIV. 13. Vide quoque supra s. *καλύπτω* et infra s. v. *συγκάμπτω.* Trommio legisse videntur סָכַךְ. — גָּהַר, *pronum me expando.* 2 Reg. IV. 35. ubi pro *συνεκάλυψεν* nonnullis videtur legendum *συνέκαμψεν*, h. e. *inflexit, incurvavit se,* ut idem Cod. Vat. habet. Vide ad h. l. notas L. Bos. Sed dum se pronum super puero expandebat, contegebat ejus corpus eo consilio, ut incalesceret. — הֵסֵב Hiph. a סָבַב, *circumdo.* 1 Reg. XXI. 4. — הִתְחַפֵּשׂ Hithp. *muto me, dissimulo.* 1 Sam. XXVIII. 8. *συνεκαλύψατο, cooperta facie sua se dissimulavit.* Vulg. *mutavit habitum suum.* Arab. حشف, *vestem induit tritam.* 1 Reg. XXII. 30. 2 Par. XVIII. 29. sec. Vat. — כִּסָּה Pih. Genes. IX. 23. Jud. IV. 18. 19. et alibi. — סָרַח, *redundo.* Exod. XXVI. 13. Sir. XXVI. 9. Dan. XIII. 39. sec. cod. Chis.

ΣΥΓΚΑ'ΜΠΤΩ, *simul inflecto, incurvo, contorqueo.* הֵמְעִיד Hiph. *nutare facio.* Psalm. LXVIII. 23. vel 24. — בָּכָה, *fleo.* Al. Ps. LXVIII. 13. *συνέκαμψα.* Dici quidem posset, LXX libere vertisse, quia viderent, non commode dici posse: *flevi in jejunio animam meam:* magis tamen placet statuere, eos legisse אֶכְנַע, a כָּנַע, *humiliavit, depressit*, quam lectionem quoque secutus est Syrus et Psalter. Æthiop. Ex opinione Koehleri legerunt וָאֶמְסְכָה fut. Niph. a מָסַךְ. Vulgat. habet: *operui.* Videtur igitur legisse apud LXX *συνεκάλυψα.* Fortasse quoque LXX scripserant *συνέκλαυσα.* Probat quoque hanc conjecturam Kreyssigius, cui librarii primum *συνέκλαυσα* scripsisse videntur, quod deinde in *συνεκάλυψα* et *συνέκαμψα* mutatum est. Confer Bosii notas ad 2 Reg. IV. 35. ac Valckenar. ad. Theocriti Adon. p. 229. — גָּהַר, *pronum me expando.* Al. 2 Reg. IV. 34. et 35. — כָּרַע. Theod. et LXX sec. cod. Coislin. Jud. V. 27. *συγκάμψας.* Vide ad h. l. Scharfenbergium.

a ΣΥΓΚΑ'ΠΤΩ, *comedo, devoro.* הַמְעִיד Hiph. *nutare facio.* Al. Ps. LXVIII. 28. σύγκαψον, ubi alii libri rectius σύγκαμψον habent.

ΣΥΓΚΑΤΑΒΑΙ'ΝΩ, *condescendo, una descendo.* יָרַד אַחֲרֵי, *descendo post.* Aqu. Symmach. LXX Psalm. XLVIII. 18. Conf. Cant. Tr. Puer. v. 19. Sap. X. 14.

ΣΥΓΚΑΤΑΓΗΡΑ'ΣΚΩ vel συγ-
b καταγηράω, *una consenesco.* Tob. VIII. 7. αὐτῇ συγκαταγηράσαι, *ei consenescere.* Menandri Fragm. p. 104. ed. Clerici.

ΣΥΓΚΑΤΑ'ΓΝΥΜΙ, *confringo.* מָחַץ. Symm. Psalm. LXVII. 24. συγκατεάξῃ. מָחַץ interdum notat *calcare, percutere pedibus.* Confer Simonis Lex. Hebr. p. 907.

ΣΥΓΚΑΤΑΚΑΛΥ'ΠΤΩ, *contego.*
c כִּסָּה Pih. idem. 2 Par. IV. 12. Præterea legitur Num. IV. 14. in Ald. ubi nihil in textu Hebr. respondet. Reliqui libri habent συγκαλύψουσι.

ΣΥΓΚΑΤΑΚΛΗΡΟΝΟΜΕ'Ω, *simul hæreditatem occupo, simul possideo.* אָחַז, *possideo.* Num. XXXII. 30.

ΣΥΓΚΑΤΑΜΙ'ΓΝΥΜΙ vel συγκα-
d ταμιγνύω, *commisceo.* בּוֹא, *venio.* Jos. XXIII. 12. συγκαταμιγῆτε αὐτοῖς, ubi notat *necessitudinem* aut *familiaritatem contrahere cum aliquo.* Eurip. Herc. Fur. v. 673.

*ΣΥΓΚΑΤΑΡΙΘΜΕ'Ω, *una numero, una annumero* s. *enumero.* Num. XXXII. 30. sec. cod. Oxon. συγκαταριθμηθήσονται μεθ' ἡμῶν, *nobiscum inter possessores nominabun-*
e *tur:* ubi Hebr. נֶאֶחֲזוּ respondere videtur, et alii habent συγκατακληρονομηθήσονται.

ΣΥΓΚΑΤΑΤΙ'ΘΗΜΙ, *simul statuo, conspiro, consentio.* *יָשַׁב. LXX sec. ed. Ald. Exod. XXIII. 33. Sed ibi pro συγκαταθήσονται sine dubio legendum est συγκαθήσονται,

7

ut oculus librarii voce συγκαταθήσῃ, v. 32. obvia, deceptus videatur. — הֵשִׁית יָד Hiph. *pono manum.* Ex. f
XXIII. 1. οὐ συγκαταθήσῃ μετὰ τοῦ ἀδίκου, non *conspirabis* cum injusto. Compl. ed. ibi habet συγκαθίσῃ. — כָּרַת, *seco.* Exod. XXIII. 32. οὐ συγκαταθήσῃ αὐτοῖς καὶ τοῖς θεοῖς αὐτῶν διαθήκην, non *fœdus panges* cum illis et diis illorum. Susann. v. 20. συγκατάθου ἡμῖν, *consentias* nobis, seu *morem geras.* Conf. Luc. XXIII. 51. Inde συγκατάθεσις, *consensus.* g
Vide 2 Cor. VI. 16. ac Lexicon N. T. s. h. v. Hesych. et Lex. Cyrilli MS. Brem. συγκατάθεσις, συμφώνησις.

ΣΥΓΚΑΤΑΦΑ'ΓΟΜΑΙ, *simul devoro.* הִתְאַבֵּךְ Hithp. *elevo me.* Ies. IX. 18. συγκαταφάγεται. Legerunt יִתְאָכְלוּ vel יִתְאַבְּדוּ.

ΣΥΓΚΑΤΑΦΕ'ΡΟΜΑΙ, *una delabor, una descendo.* Ies. XXX. 30. (ubi κατὰ τὸ ῥητὸν nihil pro hoc verbo in textu Hebræo legitur) ὡς h
ὕδωρ καὶ χάλαζα συγκαταφερομένη βίᾳ, sicut imber et grando *una descendens* cum violentia quadam.

ΣΥ'ΓΚΕΙΜΑΙ, q. d. *conjaceo,* h. e. *simul* seu *una positus sum, consisto, consto, compositus* s. *compactus sum,* it. *fœdus feci, conspiravi, conjuravi.* *בְּרֹמִים, *genus vestium.* Aqu. Ezech. XXVII. 24. συγκειμένοις. Arab. صبرم notat *vestem ex duobus aut pluribus filis contextam.* — קָשַׁר, *conspiro.* 1 Sam. XXII. 8. ὅτι σύγκεισθε πάντες ὑμεῖς ἐπ' ἐμέ, quod vos omnes *conspirastis* adversus me. Vitio typographico in Hex. editum est σώγκεισθε. Suidas et Lex. Cyrilli MS. Brem. σύγκεισθε, ὁμονοεῖτε. 2 Sam. XV. 31. sec. Compl. συγκειμένοις, *qui conspirarunt.* Achilles Tat. II. cap. 59. ὡς ἐκ συγκειμένου ἔργον, quasi ex compacto res ita ageretur. Onosand. Strateg. cap. 39. κατὰ τὴν συγκειμένην ὥραν, horam, de qua convenit. Hesych. συγκεῖσθαι, συνθήκην καὶ ὁμολογίαν ποιεῖσθαι. Sir. XLIII. 31. ἐν λόγῳ αὐτοῦ σύγκειται πάντα, verbo ejus omnia consistunt. Conf. Col. I. 17.

ΣΥΓΚΕΝΤΕ'Ω, *compungo, confodio, contrucido.* 2 Macc. XII. 23. συγκεντῶν τοὺς ἀλιτηρίους, *stimulans* profanos.

ΣΥΓΚΕΡΑ'ΝΝΥΜΙ, *commisceo.* *הִתְעָרַב Chald. *misceo me.* Dan. II. 43. sec. cod. Chis. συγκραθῆναι. Theod. ἀναμίγνυνται. 2 Macc. XV. 40.

*ΣΥΓΚΕ'ΡΑΣΜΑ, *temperamentum, mixtura.* נֶסֶךְ, *libamen.* Ex. XXX. 9. sec. cod. 106. Holm. Ephraem. Syr. Tom. I. p. 16. κατεσκευασμένων συγκερασμάτων ἡδονάς. Philox. Gloss. συγκέρασμα, *temperamentum.*

ΣΥΓΚΕΡΑΤΙ'ΖΟΜΑΙ, *cornu pugno, cornibus ferio,* item, *confligo.* הִתְנַגַּח Hithp. Dan. XI. 40. συγκερατισθήσεται μετὰ τοῦ βασιλέως τοῦ νότου, *cornu certabit* cum rege austri. Cæterum h. l. apud Theodot. συνδικασθήσεται legendum esse docere conatus est Kreyssigius in Obss. in Grr. Jobi Intt. p. 22.

ΣΥΓΚΕΡΑΥΝΟ'Ω, *simul fulmino, una fulminando percutio.* 2 Macc. I. 16. βάλλοντες πέτρους συνεκεραύνωσαν τὸν ἡγεμόνα, jacientes lapides *una fulminando percusserunt* ducem. Euripid. Bacch. v. 1101. Athen. XIV. p. 628. B.

ΣΥ'ΓΚΛΑΣΙΣ, *confractio.* מַהֲלֻמוֹת plur. *contusiones.* Theod. Proverb. XIX. 29. συγκλάσεις.

ΣΥΓΚΛΑΣΜΟ'Σ, idem. קְצָפָה, *fractura.* Al. Joël. I. 7. συγκλασμόν. Arab. قصف, *frangere,* unde *ramus arboris fractus* قصيف dicitur. Conf. Schultensii Opera Minora p. 332. Vide quoque Suidam s. v. γομφιασμός.

ΣΥΓΚΛΑ'Ω, *confringo.* גָּדַע, *excindo.* Jerem. L. 23. Thren. II. 3. Theod. Psalm. LXXIV. 11. — הֶעֱמִיד Hiph. *stare facio.* Al. Ez. XXIX. 7. συνέκλασας. Legit הַעֲרַצְתָּ, quod cum רָצַץ sæpe significationem permutat. — מָחַץ, *frango.* Symmach. Job. XXVI. 12. συγκλᾷ. Theod. Prov. XIX. 19. συγκλάσεις. — קִצֵּץ Pih. *amputo.* Al. Ps. XLV. 29. συγκλάσει, pro quo συνθλάσει habet Eusebius H. E. X. 1. — רָצַץ. Jud. IX. 53. Vide et in v. συγκαλέω.

ΣΥ'ΓΚΛΕΙΣΜΑ, *junctura, clausura, claustrum,* et inter opificia cælata numeratur 1 Reg. VII. 28. מִסְגֶּרֶת, *tænia.* 1 Reg. VII. 28. 34. 2 Reg. XVI. 17.

ΣΥΓΚΛΕΙΣΜΟ'Σ, *conclusio, ipsa actio concludendi, clausura, obsidio, carcer, constrictio.* חֲנֻיוֹת plur. *hospitiola, cellulæ, mansiunculæ.* Al. et LXX sec. ed. Compl. Jerem. XXXVII. 16. ubi συγκλεισμὸς *clausurum, carcerem* notat. Arab. جذب notat *flectere.* Hinc substantivum notat *flexa* s. *incurva ligna,* quibus malefici in carceribus includi solebant, ut incurvato capite et dorso in iis sederent. Græcis sunt κύφωνες, Lat. *numella.* — מַסְגֵּר, *claustrum, carcer.* Symm. Ps. CXLI. 10. ἀπὸ συγκλεισμοῦ. Idem Ies. XXIV. 22. συγκλεισθήσονται εἰς συγκλεισμόν, concludentur in *carcerem.* — מִסְגֶּרֶת. 2 Sam. XXII. 46. ubi συγκλεισμοὶ sunt *semitæ,* quia milites eodem ordine et loco progredientes quasi conclusi lineis quibusdam videntur, et eandem viæ lineam tenent. Mich. VII. 17. — מָצוֹר, *obsidio.* Ezech. IV. 3. 7. Conf. 1 Macc. VI. 21. — סָגוּר. Job. XXVIII. 15. οὐ δώσει συγκλεισμὸν ἀντ' αὐτῆς. Ita quoque Theodot. Hieron. *aurum conclusum. Augustinus aurum inclusum,*

a ubi additur: *id est thesaurus*. Vulg.
aurum obryzum. Gregor. Theol.
*συγκλεισμὸν ὀνομάζει τὰ χρήματα, διὰ
τὸ ταῦτα ἀσφαλῶς ἡμᾶς συγκλείειν*.
Fortasse scripsit *συγκλειστὸν*, sc. *χρυσίον*, aurum conclusum, sc. in lapidibus, adeoque purum ab aliis metallis, de quo, an ita dici possit,
metallici sunt audiendi. Hos. XIII.
8. *συγκλεισμὸν καρδίας*, *duritiem*, *den-*
b *sitatem et constipationem cordis*, h. e.
*obstinationem et obdurationem ani-
mi*. — *סוּפָה, *turbo*. Aquil. Job.
XXXVII. 9. *συσσεισμοὶ*, al. (sec.
cod. Colbert. et Regium unum)
συγκλεισμός. Lectio *συγκλεισμὸς* vel
prorsus huc non pertinet, et referenda est ad חֶדֶר, *penetrale*, initio
commatis, vel, quod magis placet,
mutanda est in *συσσεισμός*. Et ita
c vere Aquilam scripsisse puto, non
autem *συσσεισμοὶ*, quia non verosimile est, eum plurali usum esse
pro singulari סוּפָה. — צְעָדָה, *incessus*. Al. 2 Sam. V. 24. ubi etiam
pro *συγκλεισμοῦ* reponendum erit
συσσεισμοῦ. Conf. 1 Par. XIV. 15.
In Cod. Alex. vitiose legitur *συγλισ-
μοῦ*, quæ est vox nihili. — רַתּוֹק,
catena. Aqu. Ezech. VII. 23. *συγ-*
d *κλεισμόν*. 1 Macc. VI. 21. *locus conclusus et obsessus*, *arx obsessa*.

*ΣΥΓΚΛΕΙΣΤΗ'Σ, *concludens*, *in-
cludens*. מַסְגֵּר, *faber ferrarius*. 2
Reg. XXIV. 16. sec. ed. Compl.
ubi reliqui habent *συγκλείων*.

ΣΥΓΚΛΕΙΣΤΟ'Σ, *conclusus*, *junc-
turis connexus*. מִסְגֶּרֶת. 1 Reg.
VII. 27. ubi *συγκλειστὸν* idem dicitur esse, quod *σύγκλεισμα*. — סָגוּר
e part. Pah. 1 Reg. VII. 50.

ΣΥΓΚΛΕΙ'Ω, *concludo*, *occludo*, *coarcto*, *obsidione cingo*, *cogo*, it. *conclu-
dendum trado* vel *permitto*, it. simpliciter: *trado*, *dedo*. *בָּרִחַ, *fugax*, *fugiens*, *celer*. Symm. Ies. XXVII. 1.
Job. XXVI. 13. *ὁ ὄφις ὁ συγκλείων*,
quod vel est *serpens concludens*, h. e.
*ita fascinans prædam, ut evadere ne-
queat*, vel, omisso *ἑαυτὸν*, *serpens
tortuosus*, ut Vulg. bene transtulit.
Sc. serpentes coarctant se et quasi
concludunt, quando vel celeriter se
fuga proripere, vel impetum facere
volunt. — *מִבְצָר, *munitio*. Symm.
et LXX sec. Theodoret. et Cod.
Norimb. Jerem. VI. 27. *συγκεκλεισ-
μένῳ*. Sic quoque Codex Syr. Hexaplaris. — *מַסְגֵּר, *faber ferrarius*,
proprie vi etymologiæ *concludens*.
2 Reg. XXIV. 14. 16. — סָגַר:
הִסְגִּיר, Kal et Hiph. Exod. XIV. 3.
συνέκλεισε γὰρ αὐτοὺς ἡ ἔρημος, *occlusit
enim illos desertum*. Jos. VI. 1.
Ἱεριχὼ *συγκεκλεισμένη καὶ ὠχυρωμένη*,
Jericho *occlusa* et munita. Vide et
Ies. XLV. 1. Jerem. XIII. 19. Jos.
XX. 5. *οὐ συγκλείσουσι τὸν φονεύσαντα
ἐν χειρὶ αὐτοῦ*, non *tradent* homicidam
in manus ejus. Vide et Psalm.
LXXVII. 68. et confer 1 Maccab.
III. 18. IV. 31. Psalm. XXX. 10.
οὐ συνέκλεισάς με εἰς χεῖρας ἐχθρῶν, non
tradidisti me in manus hostium.
Ps. LXXVII. 55. *τὰ κτήνη αὐτῶν εἰς
θάνατον συνέκλεισε*, jumenta eorum
morti *tradidit*. Confer v. 53. ubi
idem verbum, quod hic *συνέκλεισε*
exponunt, *παρέδωκε* reddunt, et notata in v. *παραδίδωμι*. 1 Reg. X. 21.
τὰ σκεύη χρυσίῳ συγκεκλεισμένα, vasa
auro *obducta*. Aliis *συγκεκλεισμένος*
ibi est *fabrefactus*, *cœlatus*. Videatur
Stephani Thesaurus. 1 Reg. XI.
27. *συνέκλεισε τὸν φραγμὸν τῆς πόλεως
Δαβὶδ*, *occludebat* murum urbis David. Ies. XLV. 1. *πόλεις οὐ συγκλεισθήσονται*, urbes non *occludentur*. Ps.
XXXIV. 3. *σύγκλεισον*. Diodorus: *ἀντὶ τοῦ ἀπόκλεισον καὶ περίκλεισον αὐτὸς
τὸν δρόμον τῶν πολεμίων*. Mal. I. 10.
συγκλεισθήσονται. Pro יִסֹּגֵר legerunt
יִסָּגֵר. Symm. Genes. II. 21. Inc.
Levit. XIII. 4. — סָכַךְ, *tego*. Job.
III. 23. *συνέκλεισε γὰρ ὁ θεὸς κατ' αὐτοῦ*, *conclusit* enim Deus contra
eum. Vulg. *circumdedit eum Deus
tenebris*. — עָצַר. Genes. XVI. 2.

a XX. 18. — צוּר, *arcto*. Prov. IV. 12. οὐ συγκλεισθήσεταί σου τὰ διαβήματα, non *coarctabuntur* tui gressus. Schol. οὐ στενωθήσεται. Jerem. XXI. 4. πρὸς τοὺς Χαλδαίους τοὺς συγκεκλεικότας ὑμᾶς, ad Chaldæos *obsidentes* vos. Vide et Ezech. IV. 3. et confer 1 Macc. V. 5. VI. 49. XI. 65. Hes. συγκεκλεισμένοι, πολιορκούμενοι. — שָׁטַף, *immergo*. Ies. XLIII. 2. ubi tamen
b alii pro συγκλείσουσι habent συγκλύσουσι, fortasse rectius. 3 Esdr. IX. 16. συνεκλείσθησαν τῇ νουμηνίᾳ, h. e. *convenerunt* (Vulg. *consederunt*) novilunio. Sir. XXIX. 15. σύγκλεισον ἐλεημοσύνην ἐν τοῖς ταμιείοις σου, *clam* eleemosynam in cellis tuis *eroga*, coll. Matth. VI. 3. 1 Macc. VI. 18. *angustissime continebant*. 2 Maccab. VIII. 25. ὑπὸ τῆς ὥρας συγκλειόμενοι,
c tempore *coacti*.

ΣΥΓΚΛΗΡΟΝΟΜΕ'Ω, *una hæreditatem adeo, cohæres sum*. Sir. XXII. 26. ἵνα ἐν τῇ κληρονομίᾳ αὐτοῦ συγκληρονομήσῃς, ut in hæreditate ejus *cohæres sis*.

ΣΥ'ΓΚΛΗΤΟΣ, *convocatus*. קְרִיאִים plur. *vocati*. Numer. XVI. 2. σύγκλητοι βουλῆς, *senatores consilii*. Sic apud Herodianum σύγκλητος notat
d senatum Romanum, vel absolute, Lib. I. 14. 19. et Lib. II. cap. 4. §. 17. vel addito nomine βουλή, ut Lib. I. 7. 4. Confer Fagium ad Numeror. I. 16.

ΣΥΓΚΛΥ'ΖΩ, *inundo, obruo, submergo*. שָׁטַף, idem. Cant. VIII. 7. Al. Ies. XLIII. 2. συγκλύσουσι. Conf. Sap. V. 23. ποταμοὶ συγκλύσουσιν αὐτόν.

e ΣΥΓΚΟΙΜΑ'ΟΜΑΙ, *concumbo*. *בָּעַל, *maritus sum*. Deut. XXI. 13. συγκοιμηθήσῃ sec. codd. 108. 118. Holm. e glossemate. — שָׁכַב, *cubo, dormio*. 1 Sam. II. 22. συνεκοιμῶντο μετὰ τῶν γυναικῶν. Est unum σεμνῶν istorum λόγων, quo Græci Intt. V. T. negotium viri cum muliere exprimere consueverunt. Vid. Gataker. de Stylo N. T. cap. XI. p. 77. qui etiam affert locum ex Epicteti Enchirid. cap. 39. f

ΣΥΓΚΟΙΤΑ'ΖΟΜΑΙ, *una dormio, concumbo*. שָׁגַל, *concumbo, ineo mulierem*. Aqu. Deuter. XXVIII. 30. συγκοιτασθήσεται. Lycophr. Alex. v. 848. Schol.

ΣΥ'ΓΚΟΙΤΟΣ, *concumbens, concubina, ejusdem lecti consors, consors tori*. סֹכֶנֶת, *proficiens, adjutrix*, etiam *concubina*. Inc. 1 Reg. I. 4. — שֵׁגָל, *conjux*. Aqu. Ps. XLIV. 10. σύγκοιτος, ut Montfauconius ex g Martianæo edi jussit. Agellius Aquilæ tribuit σύγκοιτις. — שֹׁכֶבֶת חֵיק, *cubans in sinu*. Mich. VII. 5. τοῦ συγκοίτου, ubi alii τῆς συγκοίτου. Lex. Vet. σύγκοιτος, *concubina*. Sic enim bene pro *concuvina* legit Drusius in Fragm. Vett. Intt. GG. p. 260.

ΣΥΓΚΟΛΑ'ΠΤΩ, *contundo*. כָּתַת, *contundo*. Aqu. Levit. XXII. 24. συγκεκολαμμένον, *cui contusi sunt testiculi*. h

ΣΥΓΚΟΛΛΑ'Ω, *glutine compingo, coagmento, conglutino*. Sirac. XXII. 7. συγκολλῶν ὄστρακον.

ΣΥΓΚΟΜΙΔΗ', *comportatio, collectio frugum*. אָסַף, idem. Symm. Exod. XXIII. 16. ἑορτὴν συγκομιδῆς, festum *collectionis frugum*. Suidas: συγκομιδή. ὡς ἐπὶ καρπῶν. Θουκυδίδης ἐν γ'· καὶ ἐν συγκομιδῇ καρποῦ ἦσαν. Sacrificia, quæ Græci eo tempore offerebant, συγκομιστήρια dicebantur. i Vide Hesychium. s. h. v. et Meursium Græc. Feriata p. 257.

ΣΥΓΚΟΜΙ'ΖΩ, *colligo*. עָלָה, *ascendo*. Job. V. 26. ἐλεύσῃ δὲ ἐν τάφῳ, ὥσπερ σῖτος ὥριμος κατὰ καιρὸν θεριζόμενος. ἢ ὥσπερ θημωνία ἅλωνος καθ' ὥραν συγκομισθεῖσα, venies autem in sepulcrum, tanquam frumentum maturum, quod tempore suo metitur, vel tanquam acervus areæ, qui tem-

a pore suo *colligitur*. Phavorinus: συγκομίζειν, ἀντὶ τοῦ θάπτειν, ἀπὸ τῶν συναγομένων καρπῶν εἰς τὰς ἀποθήκας. ἐπ' ἐκείνων γὰρ λέγεται κυρίως τὸ συγκομίζειν καὶ ἡ συγκομιδή. Verba desumta sunt ex Scholiasta Sophocl. Ajac. Flagell. v. 1068. Confer Heinsii Exerc. Sacr. ad Act. VIII. 2. pag. 266.

*ΣΥ'ΓΚΟΠΟΣ, *qui viribus defectus* *b* *concidit*. Sirac. XXII. 15. sec. Ald. Sed vera lectio ibi est εὔκοπον. Legitur σύγκοπος quoque apud Diodor. Sic. Lib. III. c. 56. ubi *animi deliquio affectum* notat.

ΣΥΓΚΟ'ΠΤΩ, *concido*, *contero*, *contundo*, *confringo*, *percutio*. הִכָּה Hiph. a נָכָה, *percutio*. Gen. XXXIV. 29. συγκόψουσίν με, *percutient* me. Suidas: συγκόψαι, ἐπὶ τοῦ πληγαῖς *c* αἰκίσασθαι. οὕτω Μεγαγένης. — כָּתַת, *contundo*. Deuter. IX. 21. Psalm. LXXXVIII. 23. Ies. II. 4. — נִפֵּץ Pih. *dissipo*. Jerem. XLVIII. 12. συγκόψουσι. Vocem hanc quoque Symmacho tribuit Drusius ex mera conjectura, quam tamen confirmat Theodoretus et Cod. Norimb. — קִצֵּץ Pih. *amputo*. 2 Reg. X. 34. XVI. 17. XVIII. 16. et alibi. — *d* שָׁחַק, *comminuo*. Exod. XXX. 36.

ΣΥ'ΓΚΡΑΣΙΣ, *commixtio*. סִיג, *scoria*. Ezech. XXII. 20. Hebr. sec. Schol. ed. Rom. Ezech. XIII. 11.

ΣΥΓΚΡΑΤΕ'Ω, *conservo*, *contineo*, *tueor*. תָּמַךְ, *sustento*. Symm. Psalm. XVI. 6. συγκράτησον.

ΣΥ'ΓΚΡΙΜΑ, *coagmentum et quod concretum est*, veluti mundus, idem fere quod σύστημα, *decretum*, it. *con*-*e* *jectura*, it. *edictum*, it. *interpretatio*, it. *concentus*. גְּזֵרָה, *decisum*. Theod. Dan. IV. 14. 21. ubi σύγκριμα *decretum* notat, i. q. κρίσις apud LXX. Confer 1 Macc. I. 60. — *מִשְׁפָּט, *judicium*. Jud. XIII. 12. sec. Oxon. et Compl. — פְּשַׁר: פִּשְׁרָא Chald. Dan. V. 28. τοῦτο τὸ σύγκριμα τοῦ ῥήματος, hæc *interpretatio* ejus. Vide et Dan. II. 25. IV. 15. Al. Dan. V. 17. συγκρίματα. Sirac. XXXII. 6. σύγκριμα μουσικῶν, *concentus* musi- *f* corum. Sirac. XXXV. 17. *coagmentata apologia*, *concinnata defensio*, aut: *afferet similia aliorum facta ad sui excusationem*. Suidas: σύγκριμα, ἡ ἐκ πολλῶν εἰς ἄλληλα συμφωνία, οἷα ἡ τῶν τεσσάρων στοιχείων κοινωνία.

ΣΥΓΚΡΙ'ΝΩ, *coagmento*, *conjungo*, *comparo*, *expono*, *interpretor*, it. *definio*, *determino*. גְּזֵרָה, *decisio*, *determinatio*. Int. Levit. XVI. 22. συγκεκριμένη, *definita*, *determinata*, seu *g* potius *discreta via*, h. e. *solitaria*. — פָּרַשׁ, *expono*. Num. XV. 32. οὐ γὰρ συνέκριναν, τί ποιήσουσιν αὐτῷ, non enim *exposuerant* s. *decreverant*, quid facerent illi. — פְּשַׁר Chald. Dan. V. 13. συγκρίνων ἐνύπνια, qui *interpretatur* somnia. Vide et v. 17. — פָּתַר Genes. XL. 8. somnium vidimus, καὶ ὁ συγκρίνων οὐκ ἔστιν αὐτό, nec est, qui *interpretetur* illud. Vide et Gen. XLI. 12. 15. et conf. 1 Cor. II. 13. *h* et ad h. l. auctores citatos Wolfio p. 330. Sap. VII. 29. φωτὶ συγκρινομένη, luci *comparata*. Hesych. συγκρινομένη, πρὸς ἰσότητα δοκιμαζομένη. ἄνοια γὰρ συγκρινόμενα τῶν ἄλλων ἐστὶ χείρονα. 1 Macc. X. 71. συγκριθῶμεν ἑαυτοῖς ἐκεῖ, *decernamus* nobis ipsis illic, h. e. *armis experiamur*, aut *certabimus*, uter potior seu fortior sit. Latinus vertit: *comparemus illic invicem*. Legendum videtur *comparemur*. Hesych. συγκριθῶμεν, ὁμοιωθῶμεν. Idem: συγκρίνει, συνισοῖ. Lexic. Cyrilli MS. Brem. συγκρίνεται, πρὸς ἰσότητα δοκεῖ (Bielio legendum videtur δοκιμάζεται ex Hesychio in v. συγκρινομένη), προσομοιοῦται.

ΣΥ'ΓΚΡΙΣΙΣ, *comparatio plurium inter se*, *interpretatio*, it. *quod legibus consentaneum*, *quod fas est*, *consuetudo*, *mos*, *decretum*, i. q. σύγκρι-

a μα. מִשְׁפָּט, *judicium.* Num. IX. 3.
κατὰ τὴν σύγκρισιν αὐτοῦ ποιήσεις αὐτὸ,
facies illud, prout *fas est.* Nonnulli hic legere malunt: κατὰ τὴν
κρίσιν αὐτοῦ. Vide et Num. XXIX.
6. 24. XVIII. 21. Eodem sensu
κρίσις et κρίμα usurpantur. Vide supra. Inc. Jud. XVIII. 7. κατὰ τὴν
σύγκρισιν Σιδωνίων, ad *similitudinem* Si-
doniorum. Vid. T. Hemsterh. ad
b Lucian. Dial. Mort. pag. 383. —
פְּשַׁר : פִּשְׁרָא Chald. Dan. II. 4.
τὴν σύγκρισιν αὐτοῦ ἀναγγελοῦμεν, *interpretationem* ejus indicabimus. Vide
et Dan. IV. 3. V. 7. VII. 16. —
פִּתְרוֹן. Gen. XL. 12. 18. — שֶׁבֶר,
fractio, it. *explicatio.* Jud. VII. 15.
Sap. VII. 9. πλοῦτον οὐδὲν ἡγησάμην ἐν
συγκρίσει αὐτῆς, divitias nihil æstima-
vi in *comparatione* ejus. Hesych.
c σύγκρισις, μίξις, γένεσις, ὁμοίωσις, ἀντι-
παράθεσις. Lex. Cyrilli MS. Brem.
σύγκρισις, ὁμοιότης, παραβολὴ, παράθεσις.

ΣΥΓΚΡΟΤΕ'Ω, *complodo, collido.*
סָפַק, idem. Num. XXIV. 10. συνε-
κρότησε ταῖς χερσὶν αὐτοῦ, *complodebat*
manibus suis. — נְקַשׁ Chald. *collido.*
Dan. V. 6. τὰ γόνατα αὐτοῦ συνεκρο-
τοῦντο, genua ejus *collidebantur.*

d ΣΥ'ΓΚΡΟΥΣΙΣ, *concussio, collisio.*
קוֹל, *vox.* Symm. Ez. III. 13. Scil.
קוֹל est h. l. *sonitus, qui ex concussione alarum oritur.*

ΣΥΓΚΡΟΥΣΜΟ'Σ, idem. 1 Macc.
VI. 41. συγκρουσμοῦ τῶν ὅπλων, *collisio*
aut *conflictio* armorum, aut *sonitus
editus ex collisione.*

ΣΥΓΚΡΟΥ'Ω, *collido, concutio.*
מְחָא. Num. XXXIV. 11. sec. Ald.
e et Complut. συγκρούσει. Scil. מְחָא
etiam *complodere* notat. — נִקֵּשׁ Pih.
illaqueo. Symm. Psalm. CVIII. 11.
συγκρουσάτω. Vide ad h. l. Rosenmülleri Scholia. — *נְקַשׁ Chald. *colli-
sido.* Dan. V. 9. sec. cod. Chisianum.

ΣΥΓΚΡΥ'ΠΤΩ, *occulto, celo.* צָפַן,
idem. Aquil. Prov. X. 15. Psalm.
LXXXII. 4. κατὰ τοῦ συγκεκρυμμένου
σου. Ita quoque Theodot. teste f
Theodoreto p. 1190. ubi in Cod. I.
hoc additamentum reperitur: ὁ δὲ
Ἑβραῖος κατὰ τοῦ ἀποκρύφου σου τέθει-
κεν, ἢ κατὰ τοῦ συγκεκραμένου σου. 2
Macc. XIV. 30. συνεκρύπτετο τὸν Νι-
κάνορα, *occultabat se a Nicanore.*

ΣΥΓΚΤΙ'ΖΩ, *una creo, simul condo.* Sirac. I. 12. XI. 16. πλάνη καὶ
σκότος ἁμαρτωλοῖς συνέκτισται. E quo
loco luculenter apparet, *concreatum* g
alicui eleganter dici, *quod alicui semper adhæret, quod ab aliquo vix separari potest.* Joseph. A. J. pag.
768. 5. 14. Strabo IV. p. 316. C.
Herodot. IV. p. 272. 8.

ΣΥΓΚΥ'ΠΤΩ, *incurvo, inclino.*
גָּהַר, *toto corpore procumbo,* aut *me
prosterno.* Inc. 2 Reg. IV. 35. —
*כָּרַע. Jud. V. 27. sec. cod. Oxon.
et ed. Compl. συγκύψας, quæ vide- h
tur esse Theodotionis interpretatio
a librariis depravata. Certe Procopius Cat. Nic. p. 159. cod. Alex. et
Basil., qui Theodotionem diserte
nominat, habet συγκάμψας. — עָזַב,
relinquo. Job. IX. 27. συγκύψας (sc.
ἐμαυτὸν) τῷ προσώπῳ στενάξω, *incurvans* me facie ingemiscam. N. L. Sir.
XII. 12. ἐὰν ταπεινωθῇ καὶ πορεύηται
συγκεκυφὼς, sc. ἑαυτὸν, si humiliatus
fuerit, et quasi *supplex et venerandus incurvato corpore* ad te accesse- i
rit. Vide et Sir. XIX. 22. et conf.
Luc. XIII. 11. ac ad h. l. Wolfium
pag. 676. Eodem sensu συγκύφω
usurpatur. Vide infra s. h. v.

ΣΥΓΚΥΡΕ'Ω, *confinis sum, propinquus sum,* it. *obvenio, accido.* בַּת,
filia. Num. XXI. 25. ἐν πάσαις ταῖς
συγκυρούσαις αὐταῖς, in omnibus *con-
finibus* illarum urbibus; quæ respectu suæ metropoleos (quæ matris
nomine venit) haud raro *filiæ* dicuntur in SS. Vide Glassii Philol.
S. p. 1022. — יָד, *manus.* Deut. II.

a 37. πάντα τὰ συγκυροῦντα (sc. χωρία) χειμάῤῥου Ἰαβὼκ, omnia *confinia* fluvii Jabok. Scilicet יָד sæpe *latus* notat in SS. — מִגְרָשׁ, *suburbium.* Num. XXXV. 4. τὰ συγκυροῦντα (sc. χωρία) τῶν πόλεων, *confinia* urbium. Similiter 1 Macc. XI. 34. πάντα (sc. χωρία) τὰ συγκυροῦντα αὐτοῖς, omnia loca illis *confinia*. Suidas: συγκυροῦντα, διαφερόντως συνεγγίζοντα. Sic et
b Hesychius: συγκυροῦντα, διαφέροντα, h. e. *quæ nostra intersunt s. ad nos pertinent.* — קָרָה, *obvenio, accido.* Symm. Cohel. IX. 11. συγκυρήσει, *accidet.* Inde συγκυρία aut συγκύριον, *casus fortuitus.* Hesych. συγκυρία (sic enim bene legit Hammondus ad Luc. X. 31. pro συγκυρεῖ), συντυχία. Ita etiam Lexic. Cyrilli MS. Brem. quodque adeo firmat emen-
c dationem Hammondi.

ΣΥΓΚΥ'ΡΗΜΑ, *accidens, casus fortuitus.* מִקְרֶה, idem. Symmach. 1 Sam. XX. 25. — קֶטֶב, *cuspis.* Symm. Ps. XC. 6. Scil. קֶטֶב in universum pro *infortunio* et *casu improviso* accepit. Hesych. συγκύρημα, συντύχημα.

ΣΥΓΚΥ'ΦΙΟΝ, *casus fortuitus, accidens.* מִקְרֶה, idem. Symm. 1 Sam.
d VI. 9. Ita Bielius. Sed hoc nominis monstrum mutari debet in συγκύριον. Confer 1 Sam. XX. 25.

ΣΥΓΚΥ'ΦΩ, *incurvo.* Sirac. XIX. 23. συγκύφων πρόσωπον, incurvans faciem, h. e. *vultum contrahens*, aut: *inclinatam habens faciem*, qui nimium se submittit multa humilitate.

ΣΥΓΧΑΙ'ΡΩ, *congaudeo, collætor,*
e *gratulor, congratulor.* צָחַק, *rideo.* Genes. XXI. 6. Syrus et Onkelos. חֲדָא, *lætor.* 3 Macc. I. 8. ἐπὶ τοῖς συμβεβηκόσι συγχαρησομένους, de feliciter gestis congratulaturi, ubi vid. Syrus. Codex Alex. habet χαρησομένους.

ΣΥΓΧΕ'Ω, *commisceo, confundo.* *אָחַז, *apprehendo.* 1 Reg. VI. 10. συνέχειν sec. ed. Compl. Mallem συνέχειν, quod reliqui libri habent. f
אָחַז habet h. l. notionem *claudendi, occludendi,* ac tota formula אָחַז אֶת־הַבַּיִת בַּעֲצִים est Latinum *contignavit.* — בָּלַל. Gen. XI. 7. 9. Hesych. συνέχεεν, ἔμιξεν. — *הִכָּה Hiph. a נָכָה, *percutio.* Amos III. 15. συγχεῶ. Ita et Arabs ac Itala. Cæterum hic duæ versiones coaluerunt.

ΣΥΓΧΟ'Ω, *obruo.* צָבַר, *coacervo.* g
Aquil. Exod. VIII. 14. συνέχωσαν, *obruerunt.*

*ΣΥΓΧΡΟΝΕ'Ω, *eodem tempore vivo.* Prol. Syr. συγχρονήσας sec. cod. Alex. ubi in reliquis libris est συγχρονίσας. Athen. Deipn. XIII. pag. 599. c. συγχρονῶν Ἀνακρέοντα.

ΣΥΓΧΡΟΝΙ'ΖΩ, *ætate æqualis sum, commoror aliquo tempore.* Prol. Sir. ubi notat *diu morari, multum tem-* h
poris esse in aliquo loco. Vide s. v. συγχρονέω. Aristoph. Acharn. 850. Schol.

ΣΥ'ΓΧΥΣΙΣ, *confusio,* etiam *fusio,* it. *tumultus.* בָּבֶל, *Babel,* nomen urbis a confusione linguarum ita dictæ. Gen. VII. 9. — מְהוּמָה, *turbatio.* 1 Sam. V. 11. XIV. 20. — מוּצָק, *fusum metallum.* Aqu. Job. XXXVII. 18. ὅρασις συγχύσεως, speculum *ære fusum,* aut *fusi metalli.* Conf. v. 10. LXX habent ἐπιχύσεως. Hesych. σύγχυσις, μῖξις, θόρυβος, ἀφανισμός.

ΣΥΓΧΥ'Ω, *confundo, conturbo.* הֵהִים Hiph. ab הוּם, *perstrepo.* Symm. Psalm. LIV. 4. συνεχύθην, *confusus sum.* — הָמַם, *profligo.* 1 Sam. VII. 10. — הִתְהֹלֵל Hithp. *insano impetu feror.* Nahum. II. 4. ἐν ταῖς ὁδοῖς συγχυθήσονται τὰ ἅρματα, in viis *effuso impetu ferentur* currus. — חָרָה, *ira exardeo.* Jon. IV. 2.

συνεχύθη. — נָקַר, *perfodio.* Al. Job. XXX. 17. συγκέχυται. Forte legerunt עָסַר. — סַר. 1 Reg. XX. 43. XXI. 4. συγκεχυμένος, *perturbatus animo.* Conf. Homer. Il. Γ, 608. סַר vulgo per *contumax, immoriger* redditur. Sed شر in Conj. IV. notat *conturbatus est*, quæ notio et convenit locis XXI. 4. et 5. Si autem a סוּר derivatur, plena formula esset: *recedens a sana mente*, quod eundem sensum habet. Vide supra s. v. διαταράσσω. Lexic. Cyrilli MS. Brem. συγκεχυμένως, διαστεστραμμένως, ἠλλοιωμένως. Legendum forte ex 1 Reg. l. c. συγκεχυμένος, διεστραμμένος, ἠλλοιωμένος. — *עָצַר, *contineo, claudo.* 2 Reg. XIV. 26. συγκεχυμένος sec. Alex. Fortasse legendum συνεχόμενος. — רָגַז, *contremisco.* Joël. II. 1. 10. — תֹהוּ וָבֹהוּ, *inane et vacuum.* Symm. Jer. IV. 23. συγκεχυμένη. Præterea legitur 1 Sam. V. 6. ubi σύγχυσις θανάτου, cui nihil in textu respondet, de *lue ubique serpente* dicitur. Alii codd. habent ibi χύσις. Conf. v. 12. 1 Macc. IV. 27. ὁ δὲ ἀκούσας συνεχύθη, illi autem audiens *conturbabatur.* Vide et 2 Macc. X. 30. XIII. 23. XIV. 28. et confer Act. II. 6. XIX. 31. XXI. 31. Hesych. συγκέχυται, συντετάρακται. Suidas: συγχυθείς, συνταραχθείς.

ΣΥΓΧΩΝΕΥΩ, *una conflo.* נָתַךְ. Aqu. Nahum. I. 6. Vox Hebraica apud Chald. in Aphel de *metallis* occurrit. V. Simonis Lex. Hebr. p. 1079. Adde Hos. XIII. 2. sec. ed. Complut. συγκεχωνευμένα, ubi reliqui libri exhibent συντετελεσμένα, ac nihil habet in textu Hebr. cui respondeat.

ΣΥΓΧΩΡΕΩ, *concedo, remitto.* הִשְׁאָה Hiph. a שָׁאָה, *averto me, desisto.* Al. Psalm. XXXVIII. 18. συγχώρησον, bene quoad sensum. Vide et 2 Macc. XI. 15. 18. 24. 35. Hesych. συνεχώρησαν, συνωμολόγησαν, συνεπείσθησαν.

ΣΥΓΧΩΡΗΣΙΣ, *concessio, permissio.* Inc. Gen. XLVII. 22. ubi verba ἐκ συγχωρήσεως Hebr. מֵאֵת, *a*, respondent, ac in hac orationis serie commodam interpretationem exhibent.

ΣΥΓΧΩΡΗΤΕΟΝ, *concedendum est.* 2 Macc. II. 32.

ΣΥΖΕΥΓΝΥΩ, ΓΝΥΜΙ *conjungo.* חָבַר, *socior.* Ez. I. 11. Præterea legitur ibid. v. 23. ubi nihil est in textu Hebraico.

ΣΥΖΥΓΗΣ, *copulatus, maritus.* 3 Macc. IV. 8. οἱ δὲ τούτων συζυγεῖς, mariti autem earum. Sic ἡ ὁμόζυγος est *uxor* Themistio. Vid. Lex. N. T. s. h. v.

ΣΥΖΩΝΝΥΩ, *accingo.* *חָגַר, idem. Lev. VIII. 7. — *שׂוּם, *pono.* Lev. VIII. 8. συνέζωσεν αὐτὸν sec. cod. Vat. ubi Sar. συνέδυσεν et Ald. ἔζωσεν habent. 1 Macc. III. 3. συνεζώσατο τὰ σκεύη αὐτοῦ τὰ πολεμικά. Aristoph. Thesm. v. 262. Lysistr. 536. Hinc σύζωμα apud Æsch. Suppl. v. 470. Utrumque neglexit H. Stephanus.

ΣΥΚΑΜΙΝΟΝ, *sycaminum*, quod sæpius pro *moro* accipitur. שִׁקְמִים plur. Amos VII. 14. Hes. συκάμινα, ἡ παρ' ἐνίοις μορέα τὸ δένδρον, καὶ ὁ καρπός. Conf. Hilleri Hieroph. Ps. I. c. 25. pag. 250. et Allatium ad Eustathii Hexæm. p. 67.

ΣΥΚΑΜΙΝΟΣ, *sycaminus, morus, sycomorus.* שִׁקְמִים plur. masc. 1 Reg. X. 27. 1 Par. XXVII. 28. Ies. IX. 10. ubi in Hexaplis legitur: συκαμίνους, ἀπὸ συκαμίνων ἢ συκομόρων κατὰ τοὺς λοιπούς. — שִׁקְמוֹת plur. fœm. Ps. LXXVII. 47. Theodoretus ad Ps. LXXVII. 47. p. 1159. τοὺς μέντοι συκαμίνους οἱ ἄλλοι ἑρμηνευταὶ συκομόρους ἡρμήνευσαν. Cf. Hilleri Hieroph. Ps. I. c. 25. Ol. Celsii Hierobot. T. I. p. 288. seq. et auctores laudatos Wolfio ad Luc. XVII. 6. pag. 709. nec non Lexicon N. T. s. h. v.

ΣΥΚΗ, contracte ex συκέη, *ficus, arbor.* Συκῆ *ficum fructum* notat. תְּאֵנָה, *ficus*, arbor et fructus. Gen. III. 7. Num. XIII. 24. XX. 5. et alibi sæpius. — תַּנִּין, *draco*. Neh. II. 13. ubi תְּאֵנָה legerunt.

ΣΥΚΕΩ'Ν et ΣΥΚΩ'Ν, *ficetum, locus ficubus consitus*. תְּאֵנָה, *ficus*, arbor et fructus. Jer. V. 17. Amos IV. 9.

ΣΥ˜ΚΟΝ, *ficus, fructus*. בִּכּוּרָה, *fructus maturus*. Inc. Hos. IX. 12. ὡς σῦκον, quæ verba non ad בַּתְּאֵנָה cum Montf. sed ad כְּבִכּוּרָה referenda sunt. Fortasse vero ὡς σῦκον nihil aliud est, nisi varia lectio τῶν Ο' pro isto ὡς σκοπόν. Vide quoque supra s. v. καρπός. — תְּאֵנָה, *ficus*, arbor et fructus. 2 Reg. XX. 7. Nehem. XIII. 15. Ies. XXXVIII. 21. et alibi.

ΣΥΚΟ'ΜΟΡΟΣ, *sycomorus*, arbor et fructus sic vocatur, quia medium quid refert inter ficum et morum. שִׁקְמִים plur. masc. Aqu. Amos VII. 14. — שִׁקְמוֹת plur. fœm. Symm. Ps. LXXVII. 52. Vide supra s. v. συκάμινος.

ΣΥΚΟΦΑΝΤΕ'Ω, *sycophantam ago, falso aliquem defero, calumnior*, it. *fraudulenter ago, fraude circumvenio, injuria afficio, fraudo, malis artibus utor ad eripiendum aliquid alicui*. Vox hæc originem traxit a delatoribus Atheniensibus, qui quasi in lucem protrahebant illos, qui, non soluto vectigali, ficus Athenis aliorsum exportabant. הִתְגֹּלֵל Hithpahel, *voluto me*. Gen. XLIII. 18. ἡμεῖς εἰσαγόμεθα, ὡς συκοφαντῆσαι ἡμᾶς, nos introducimur, ut *falso nos deferant*. Non cogitarunt h. l. לְהִתְקַלֵּל aut לְהִתְחַלֵּל, ut nonnullis placuit, sed *volvere in aliquem* notat *per calumniam aliquem accusare*. — *הִתְעַשֵּׁק Hithp. Aqu. sec. cod. Mosqu. Gen. XXVI. 25. ἐσυκοφάντησαν γάρ. — עָשַׁק. Genes. XXVI. 20. sec. Schol. seu Inc. Int. Job. XXXV. 9. ἀπὸ πλήθους συκοφαντούμενοι κεκράξονται, a multitudine *malis artibus direpti* clamabunt. Ps. CXVIII. 121. μὴ συκοφαντησάτωσάν με ὑπερήφανοι, ne *malis artibus mihi aliquid eripiant* superbi. Prov. XIV. 33. ὁ συκοφαντῶν πένητα, qui *malis artibus utitur ad eripiendum aliquid* pauperi. Vide et Proverb. XXII. 16. XXVIII. 3. Cohel. IV. 1. et conf. Luc. III. 14. Al. Cohel. IV. 1. Inc. Job. X. 3. — שִׁקֵּר Pih. *mendaciter ago*. Lev. XIX. 11. οὐδὲ συκοφαντήσει ἕκαστος τὸν πλησίον, neque *falso deferat* aliquis proximum. Sic Aristophanes in Avib. v. 1431. νεανίας ὢν, συκοφαντεῖς τοὺς ξένους; cum juvenis sis, *falsone defers* peregrinos? Vide et in Acharn. v. 518. ac Vesp. v. 1091. Suidas: συκοφαντεῖν τὸ ψευδῶς τινος κατηγορεῖν. Κεκλῆσθαι δέ φασι τοῦτο παρ' Ἀθηναίοις πρῶτον ἐξευρεθέντος τοῦ φυτοῦ τῆς συκῆς, καὶ διὰ τοῦτο κωλυόντων ἐξάγειν τὰ σῦκα. Τῶν δὲ φαινόντων τοὺς ἐξάγοντας συκοφαντῶν κληθέντων, συνέβη καὶ τοὺς ὁπωσοῦν κατηγοροῦντας τινὰς φιλαπεχθημόνως οὕτω προσαγορευθῆναι. Ἀριστοφάνης κ. τ. λ. Ἴδιον γὰρ Ἀθηναίων τὸ συκοφαντεῖν.

ΣΥΚΟΦΑ'ΝΤΗΣ, *sycophanta*, it. *malis artibus utens, ut aliquid eripiat alicui, calumniator, delator*. מַעֲשַׁקּוֹת plur. *fraudes, malæ artes, quibus aliquid eripitur alicui*. Prov. XXVIII. 16. βασιλεὺς ἐνδεὴς προσόδων μέγας συκοφάντης, rex indigens redituum magnus sycophanta, h. e. *multis malis artibus utitur*, vel *valde versutus est, ad bona subditis eripienda*. Vulg. *multos opprimet per calumniam*. Alii pro συκοφάντης ibi habent πολύστρεβλος, *perquam versutus*. — עָשֵׁק part. *opprimens*. Ps. LXXI. 4. ταπεινώσει συκοφάντην, humiliabit illum, *qui malis artibus aliquid rapuit*. Hesych. συκοφάντης, ψευδοκατήγορος, κακοπράγμων. Schol. Aristoph. in Plutum v. 31. Ἀπείρητο Ἀθήνησι μὲν ἐξάγειν ἐντεῦθεν ἄλλοσέ που σῦκα. Βουλομένων οὖν τινῶν ἐξενεγκεῖν, ἱστάμενοι ἐν ταῖς τῶν πυλῶν ἐξόδοις ἄνδρες πανοῦργοι, τὸ τούτων ἐξήλεγχον τέχa πτῶμα, ὃ περὶ τὴν ἐξαγωγὴν ἐποίουν. ἐκαλοῦντο δὲ συκοφάνται, ὡς τὰ σῦκα φαίνοντες. ἐπεκράτησεν οὖν ἐξ ἐκείνου τοὔνομα πρὸς πάντας τοὺς πανούργους. Cf. quoque Plutarch. Solon. p. 91.

ΣΥΚΟΦΑΝΤΙ'Α, *sycophantia, falsa et calumniosa delatio seu accusatio, fraus, impostura, dolus, quo aliquid eripitur alicui.* עָנוּשׁ part. Pah. *mulctatus.* Amos II. 8. οἶνον ἐκ συκο-
b φαντιῶν ἔπινον, vinum *falsis delationibus acquisitum* biberunt. Suidas: συκοφαντία, ἡ ψευδὴς κατηγορία. Vide quoque illum in v. συκοφάντης. — *עֵשֶׂק, *lis.* Symm. Genes. XXVI. 20. Retulit ad עָשַׂק cum Vulgato. — עֹשֶׁק, *oppressio.* Psalm. CXVIII. 133. λύτρωσαί με ἀπὸ συκοφαντίας ἀνθρώπων, libera me a *fraudulentia* hominum. Vide et Cohel. V. 7. VII.
c 8. Aqu. Symm. Theod. Levit. VI. 4. Psalm. LXXII. 8. Adde Schol. ed. Rom. Job. VI. 3. — עֲשׁוּקִים plur. *oppressiones,* vel part. Pah. plur. *oppressi.* Cohel. IV. 1. εἶδον συμπάσας τὰς συκοφαντίας (ubi alii habent: τοὺς συκοφαντουμένους), vidi omnes *imposturas* vel *malas artes,* quibus alii alios diripiunt. Ita Plautus in Bacchid. IV. 4. 88. *Sy-*
d *cophantias componit* (h. e. malis artibus utitur), *aurum abs te ut auferat.* — *עָשׁוּק, *calumniam passus.* Symm. Job. XXXV. 9. — *עֹשֶׁק. Inc. Int. sec. Cod. Norimb. Jerem. XXII. 17. — *שׁוֹט לָשׁוֹן, *flagellum linguae.* Inc. Job. V. 21. ubi alius Inc. ἀντιλογίαν habet.

ΣΥΚΩ'Ν, *locus, in quo ficus plantantur,* seu *locus ficubus consitus.*
e Vide supra s. v. συκεών.

ΣΥΛΑ'Ω, *praedor, spolio.* *נִצֵּל, *spolio.* Aquil. Ex. III. 22. συλήσατε. V. Scharfenbergii Anim. I. p. 55. K. Ep. Jer. v. 15. ὅπως ἀπὸ τῶν λῃστῶν μὴ συληθῶσιν, ne a latronibus *spolientur.* Hesych. συλᾷ, ἐκδύει, συλεύει. Idem: συλᾷν, ἀφαιρεῖσθαι, γυμνοῦν, σκυλεύειν.

ΣΥΛΕΥ'Ω, *spolio.* נִצֵּל, idem. Symm. Exod. III. 22. συλεύσατε, ubi f
tamen e Cod. Coisl. et Theodoreto σκυλεύσατε reponendum videtur.

ΣΥΛΛΑΛΕ'Ω, *colloquor.* דִּבֵּר Pih. *loquor.* Ex. XXXIV. 35. — הֵקִיץ Hiph. a קוּץ, *taedio afficio.* Ies. VII. 6. Ad h. l. Schultensius in Opp. Min. p. 257.: An legerunt נְקִצֶנָּה, nam Arab. نَصّ est *confabulari* et تَنَصَّصَ *narravit, recensuit:* an potius ad significationem verbi Arabici g
قَبَضَ, *conciliare,* respexerunt, quae non multum differt? — הֵשִׂיחַ Hiph. a שׂוּחַ. Proverb. VI. 22. — כָּרָה, *fodio.* Jerem. XVIII. 20. ubi pro כָּרוּ legisse videntur דִּבְּרוּ.

ΣΥΛΛΑΜΒΑ'ΝΩ, *arripio, comprehendo, capio, deprehendo, concipio,* et Συλλαμβάνομαι, *adjuvo, opitulor.* אֶבְרָה, *ala.* Job. XXXIX. 13. ἐὰν συλλάβῃ. Confuderunt אָבַר cum h
עָבַר (ob literarum א et ע soni affinitatem), quod Syris et Chaldaeis passim *concipere* notat. — אָחַז. Al. Cant. II. 15. συλλάβετε. — *אָסַף, *colligo.* Jerem. XXXI. 33. sec. ed. Complutensem. — הָרָה, *concipio.* Genes. IV. 1. 16. XVI. 4. et alibi saepius. 1 Sam. IV. 20. συνειληφυῖα τοῦ τεκεῖν, *quae concepit s. praegnans ad pariendum,* h. e. *partui vicina,* i
quod Symmachus una voce ἐπίτοκος expressit. — הִשִּׂיג Hiphil a נָשַׂג, *assequor.* Jerem. XXXIX. 5. — חוֹלֵל Pih. a חוּל, *formatus sum.* Ps. L. 6. Hebr. Int. sec. Schol. ed. Rom. Job. XV. 7. — יָלַד, *pario.* Genes. XXX. 9. 11. — לָכַד, *capio.* Jud. VII. 25. XV. 4. 2 Reg. XVII.

a 6. et alibi. Symm. 2 Sam. VIII.
4. — לָקַח, idem. Exod. XII. 4.
— *מוֹקֵשׁ, *laqueus*. Symm. Psalm.
LXVIII. 23. ὥστε συλληφθῆναι. —
מִכְמָר, *rete*. Theodot. Ies. LI. 20.
συνειλημμένος. Habuit pro participio
verbi כָּמַר. Vide s. v. ἀμφίβληστρεύω.
Vulg. *sicut onyx illaqueatus*.
— נַפְתּוּלִים plural. *luctationes*.
Gen. XXX. 7. συνελάβετό μοι ὁ Θεὸς,
b *succurrit* mihi Deus: ubi alii συναντελάβετο
habent. Sensum secutus
est. Inde συνελάβετο apud Hesychium
exponitur ἐβοήθησε, et in Lex.
Cyrilli MS. Brem. συνβοήθησε. Idem
Gloss. συλλαμβάνου, βοήθει. Confer
Luc. V. 7. Phil. IV. 3. Ælianum
V. H. II. 4. ac Lexicon N. T. s. h.
v. — נָקַשׁ, *illaqueo*. Psalm. IX. 17.
— *סָבַב. Aquil. Jerem. VI. 12.
c Sed judice Montfauconio verba καὶ
συλληφθήσονται pertinent potius ad
illud præcedentis versus יִלְכְּדוּ. —
*סָחַב. Symm. Jerem. XXII. 19.
סָחוֹב, *trahendo, distrahendo*, συλλειφθείς.
סָחַב in l. Arab. notat *radere,
abradere*. Vide ad h. l. notas
L. Bos. — קָמַט, *rugas contraho*.
Job. XXII. 16. Ita Bielius. Secuti
sunt notionem Arab. hujus vocis
d قبط, *constrinxit manibus pedibusque*,
sicut captivis fieri solet. —
*תָּמַךְ, *teneo*. Symm. Prov. V. 22.
συλληφθήσεται. — תָּפַשׂ, *prehendo*.
Num. V. 13. καὶ αὐτὴ μὴ ᾖ συνειλημμένη,
et illa non sit *deprehensa*. Jos.
VIII. 23. τὸν βασιλέα συνέλαβον ζῶντα,
regem *comprehenderunt* vivum. Vide
et 1 Reg. XVIII. 40. XX. 18.
2 Reg. VII. 12. συλληψόμεθα αὐτοὺς
e ζῶντας, *comprehendemus* illos vivos.
2 Reg. XIV. 7. συνέλαβε, *cepit*. Cf.
1 Macc. IX. 58. et Act. XXVI. 21.
Aqu. Ps. X. 2. Inc. Ez. XXI. 23.
Hist. Bel. 20. συνέλαβε, *apprehendi
jussit*, ubi cod. Alex. συνελάβετο habet.

*ΣΥ'ΛΛΕΓΜΑ, *collectio*. לֶקֶט,
spicilegium. Inc. Levit. XXIII. 22.
συλλέγματα, *collectanea*. LXX ἀποπίπτοντα.
Philoxeni Gloss. σύλλεγμα,
caterva.

ΣΥΛΛΕ'ΓΩ, *colligo, congrego*.
אָסַף, idem. Aqu. Psalm. XXXIV.
15. συνελέγοντο, congregati sunt. In
Hexaplis legitur συνελέγησαν. Aqu.
Theod. Ps. XXXVIII. 7. συλλέξει,
h. e. *hæreditate accipiet*. Aqu. Coh.
II. 26. Symm. Job. XXXIX. 12.
— לָקַח. Genes. XXXI. 46. Exod.
V. 11. XVI. 16. et alibi. — לָקַט.
Gen. XXXI. 46. Exod. XVI. 4.
17. 18. et alibi sæpius. — צוֹדֵד
Pih. *venor*. Al. Ez. XIII. 20. —
קָטַף, *decerpo*. Deuter. XXIII. 25.
συλλέξεις, *decerpes*. — *קָצִיר, *messis*.
Job. V. 5. sec. cod. Vat. —
קֹשֵׁשׁ. Numer. XV. 30. 31. 1 Reg.
XVII. 10. 12. Symm. Soph. II. 1.
— Vide quoque s. v. δράγμα.

*ΣΥΛΛΕΙΤΟΥΡΓΟ'Σ, *socius seu
collega in obeundo aliquo munere
publico*. אָחֳרִין, *novissimus*. Aquil.
Symm. Theod. Dan. IV. 5. Conf.
Scharfenbergii Anim. p. 64. et ad
h. l. Montf. Ex mea sententia
אָחֳרִין acceperunt pro *alius*, quod
relate ad magos, Chaldæos et astrologos
commode per *collegas* reddi
poterat, quia sine dubio Nebucadnezar
Danielem etiam pro mago
habebat.

ΣΥ'ΛΛΗΨΙΣ, *conceptio, comprehensio*.
הָרָה verbale fœm. *gravida*.
Jerem. XX. 17. — *הֵרוֹן, *conceptus*.
Aqu. sec. cod. Coisl. Gen. III.
16. τὰς συλλήψεις σου. Legendum
τὴν σύλληψίν σου, *partum* tuum. —
הֵרָיוֹן, idem. Aqu. Symm. Theod.
Ed. Quint. et LXX Hos. IX. 13.
— לְכֹד infin. *capere*. Jer. XVIII.
22. εἰς σύλληψίν μου, ad *capiendum*

a me. — מַלְכֹּדֶת, *decipula*. Job.
XVIII. 10. ubi σύλληψις fortasse est *instrumentum, quo aliquis capitur ac comprehenditur*, nisi verba ἡ σύλληψις αὐτοῦ ἐπὶ τρίβων vertere malis: *capietur in semitis*. — תָּפְשׂ infin. *comprehendendo*. Jer. XXXIV. 3.

ΣΥΛΛΟΓΗ', *collectio*. אֲגוּרָה, idem. Aqu. 1 Sam. II. 36. — אָסִף. Aqu. Ex. XXIII. 16. Ies. XXXII.
b 16. — יַלְקוּט, *pera*. 1 Sam. XVII.
40. εἰς συλλογὴν (unde colligi fortasse posset, loco וּבַיַּלְקוּט reponendum esse וּבוֹ לִקּוּט, ut sensus sit: *et in quo collectus* h. e. ejus commeatus condi solebat.), ubi nonnulli statuunt συλλογὴν notare *vas, in quod aliquid reconditur, peram pastorum*.

'ΗΜΕ'ΡΑ ΣΥΛΛΟΓΗ͂Σ, *dies congregationis s. conventus publici*, spec.
c *sacri*. עֲצָרָה, *feria*. Aqu. Joël. I. 14. ἡμέραι συλλογῆς.

ΣΥΛΛΟΓΙ'ΖΟΜΑΙ, *colligo, seu ratiocinatione colligo, ratiocinor, computo, annumero, considero*. בֹּנֵן Pih. a בִּין, *considero*. Ies. XLIII. 18. τὰ ἀρχαῖα μὴ συλλογίζεσθε, antiqua non *considerate*. Hesych. συλλογισάμενος, συναγαγὼν τὸν λογισμὸν καὶ θεωρήσας. — חִשַּׁב, *aestimo*. Levit. XXV. 27.
d συλλογιεῖται τὰ ἔτη τῆς πράσεως, *computabit* annos venditionis. Vide et v. 50. 52. Num. XXIII. 9. ἐν ἔθνεσιν οὐ συλλογισθήσεται, gentibus non *annumerabitur*.

ΣΥΛΛΟΓΙΣΜΟ'Σ, *computatio, supputatio, calculus, numerus, ratiocinatio, cogitatio, consideratio*. הִתְיַחֵשׂ Hithp. *recenseor*. Al. 1 Par. IX. 1. ὁ συλλογισμὸς αὐτῶν, *numerus* illorum.
e — מְזִמָּה, *cogitatio*. Theod. Prov. I. 4. — רֹאשׁ, *caput, summa*. Exod. XXX. 12. ἐὰν λάβῃς τὸν συλλογισμὸν τῶν υἱῶν Ἰσραὴλ, si *calculum ducas* filiorum Israël. Vulg. *summa*. Conf. Schultensii Opera Minora p. 205. Sap. IV. 20. ἐλεύσονται ἐν συλλογισμῷ ἁμαρτημάτων αὐτῶν δειλοὶ, venient in *consideratione* aut *computatione* peccatorum suorum timidi. Lex. Cyrilli
MS. Brem. συλλογισμοῦ, σκέψεως. f

ΣΥ'ΛΛΟΓΟΣ, *congregatio, conventus, concilium*. עֵדָה, idem. Theod. Psalm. I. 5. συλλόγῳ. Confer Catenam PP. GG. T. I. p. 5. Hesych. σύλλογος, σύνοδος ἀνθρώπων, ἄθροισμα. Suidas: σύλλογος, ἄθροισις. Idem hæc verba ex scriptore antiquo subjungit: ἐνδημοῦν δὲ σύλλογος ἀμήχανος γίνεται.

ΣΥΛΛΟΙΔΟΡΕ'Ω, *reprehendo, ob-*
jurgo, increpo, convicior. נָעַר, *incre-* g
po. Jerem. XXIX. 22. διατί συλλοιδορήσατε Ἱερεμίαν; quare *conviciamini* Jeremiam?

ΣΥΛΛΟΧΑ'Ω, *concenturio, in decurias colligo*, etiam simpliciter *colligo copias*. 1 Maccab. IV. 28. συνελόχησεν ὁ Λυσίας ἀνδρῶν ἐπιλέκτων ἑξήκοντα χιλιάδας, *colligebat* Lysias virorum electorum sexaginta millia. Lex. Cyrilli MS. Brem. συνελόχησε,
συνήθροισε. Unde et apud Suidam h
pro συνελόχισε scribendum συνελόχησε, quod eodem modo exponit. Apud Hesychium συνελόχησε exponitur συνήδρευσεν, sed e Lexic. Cyrilli MS. Brem. et Suida reponendum videtur συνήθροισε.

ΣΥΛΛΥΠΕ'ΟΜΑΙ, *contristor, condoleo*. נוּד, idem. Symm. et LXX Psalm. LXVIII. 25. ὑπέμεινα συλλυπούμενον, expectavi *condolentem*. Cf. Marc. III. 5. Ælianum V. H. VII.
3. ac Lexicon N. T. s. h. v. i

ΣΥΛΛΥ'Ω, proprie: *simul solvo*. Metaphorice: *compono litem s. dissidium, dirimo lites, pacifico, concilio, reconcilio*. 1 Maccab. XIII. 47. συνελύθη, *flexus* seu *reconciliatus est*. Syrus transtulit *reliquit eos*, ac si legisset ἀπελύθη, ab ἀπολύεσθαι. 2 Macc. XI. 14. (ubi συλλύεσθαι per *consentire* reddere mallem) XIII. 23.

ΣΥΜΒΑΙ'ΝΩ, *contingo, accido*. בָּעַל,

a dominus. Exod. XXIV. 14. ἐάν τινι συμβῇ κρίσις. Eundem sensum habet quoque hebr. formula: *quis dominus verborum*, h. e. *quisquis habuerit causas*. — מָצָא, *invenio*. Jos. II. 23. πάντα τὰ συμβεβηκότα αὐτῷ. Recte quoad sensum. Eandem significationem habet quoque Arab. صفى. — נָגַע, *tango*. Symmach. Cohel. VIII. 14. — *נַעֲשָׂה, *factus*
b *sum, fio*. Symm. Cohel. IX. 3. — עָשָׂה, *facio*. Exod. III. 16. Ies. III. 10. — קָרָה et קָרָא, א pro ה. Gen. XLII. 4. 29. Exod. I. 10. Ies. XLI. 22. — *שָׁלַם, *rependo, remuneror*. Symm. Job. XXXIV. 11. Sensum expressit. 3 Esdr. I. 25. συνέβη, i. q. ἀνέβη, *ascendit, profectus est*, Hebr. עָלָה 2 Paral. XXXV. 20. 3 Esdr. VIII. 86. τὰ συμβαίνοντα πάντα ἡμῖν,
c quæ nobis *eveniunt*, Hebr. כָּל־הַבָּא עָלֵינוּ Esdr. IX. 13. 2 Maccab. III. 2. συνέβαινε καὶ αὐτοὺς τοὺς βασιλεῖς τιμᾷν τὸν τόπον, *accidebat*, ut et ipsi reges locum honorarent, vel: et ipsi reges locum honorabant. Plura ejusmodi exempla verbi συμβαίνει præter necessitatem positi vide 2 Maccab. IV. 30. V. 2. XII. 24. XIII. 7. et quæ ex Platone et Aris-
d totele observat Schwartzius in Diss. de Stilo LXX Intt. apud Olearium de Stilo N. T. p. 302.

ΣΥΜΒΗ͂ΝΑΙ ΠΟΙΕ'Ω, *accidere facio*. הִקְרָא, Hiph. א pro ה. Jer. XXXII. 23. ἐποίησαν συμβῆναι αὐτοῖς. Lege: ἐποίησας.

ΣΥΜΒΑ'ΛΛΩ, *conjicio, confero, comparo, convenio, conduco, prosum, congredior, contendo, concito*. הֵסִית
e Hiph. a סוּת, *incito*. Jerem. XLIII. 3. Βαρούχ υἱὸς Νηρίου συμβάλλει σε πρὸς ἡμᾶς, Baruch filius Nerii *concitat* te adversus nos. — הִתְגָּרָה Hithp. *misceo me*. 2 Par. XXV. 19. ἱνατί συμβάλλεις ἐν κακίᾳ; quare *misces te* malo? vel: cur *contendis* ad malum? Vulg. *cur malum adversus te provocas?* — זוּל, *prodigo*. Ies. XLVI. 6. συμβαλλόμενοι χρυσίον ἐκ
f μαρσυππίου, *conferentes* aurum ex marsupio. Sic in fragmento auctoris antiqui apud Suidam in v. συνεβάλλοντο· Ὥστε καὶ συνεβάλλοντο αὐτῷ εἰς τὴν τροφὴν τῶν στρατιωτῶν Ἑλλησποντιακαὶ πόλεις, quamobrem et Hellespontiacæ urbes pecuniam *conferebant* ad alendos milites ejus. Hesychius: συμβαλλόμενοι, συναγόμενοι. — חָבַר, *consocior*. Aqu. Gen. XIV. g
3. συνέβαλλον, *congressi sunt*. — נוֹעַד Niph. a יָעַד, *congregor*. Jos. XI. 5. συνέβαλον πάντες οἱ βασιλεῖς οὗτοι, *conveniebant* omnes hi reges, seu secundum Masium Comment. p. 206. *pactis s. sponsionibus mutuum inter se obstricti sunt*. Aqu. Symm. ὁμολόγησαι, h. e. *pacti sunt*, nam et *pacisci* verbum illud יָעַד significat. — נַפְתּוּלִים plur. *luctationes*. Al. Gen. h
XXX. 8. συνεβάλετο. — סָכַן, *prodest*. Symm. et LXX Job. XXXV. 3. οὐδὲν συμβαλεῖταί σοι, nihil *proderit* tibi. Vulg. *non tibi placet*. Lege: *placebit*. — סִכְסֵךְ Pih. a סוּךְ, *commisceo*. Symm. Ies. XIX. 2. συμβαλῶ Αἰγυπτίοις Αἰγυπτίους, *concitabo Ægyptios* contra Ægyptios. Sap. V. 8. τί πλοῦτος μετὰ ἀλαζονίας συμβέβληται ἡμῖν; quid divitiæ cum jactantia *contulerunt* vel *profuerunt* nobis? Hesych. συμβέβληται, ἀπαντᾷ, συνήνεκται, νενόηται, ὠφελεῖ, συμβεῖ. Forte συμφέρει legendum erit. Conf. Ælian. V. H. III. 1. Sir. XXII. 1. λίθῳ ἠρδαλωμένῳ συνεβλήθη ὀκνηρὸς, lapidi conspurcato *assimilatus* (seu: *similis*, coll. v. 2.) *est* piger. Vulg. *lapidatus est*, h. e. *lapidari solet*. Legit κατεβλήθη, *impetitus est*, aut συνελιθάσθη, *lapidatus est*, hoc sensu: piger adeo vilis et exosus est, ut eum homines dignum censeant, qui

impetatur lapidibus sordidis. 1 Maccab. IV. 34. συνέβαλον ἀλλήλοις, congressi sunt. 2 Macc. VIII. 23. συνέβαλε τῷ Νικάνορι, congrediebatur cum Nicanore. Vide et 2 Maccab. XIV. 17. Homer. Il. M', 181. et confer Luc. XIV. 31. ac ad h. l. Wolfium p. 686. et Ottium Spicil. ex Josepho ad N. T. p. 164. Apud Hesychium συμβαλεῖν inter alia exponi- b tur: εἰς μάχην συμβαλεῖν.

ΣΥ'ΜΒΑΜΑ, *eventus*. מִקְרֶה, idem. Symm. Cohel. III. 19. Hesychius: σύμβαμα (sic enim bene Salmasius pro σύμβαμα.), κατηγόρημα, συμβιβηκός. I. Diaconus ad Hesiod. Ἀσπ. p. 204. τὸ τοῦ πολέμου σύμβαμα.

*ΣΥΜΒΑΣΙΛΕΥ'Ω, *una regno*. 3 Esdr. VIII. 26. τῶν συμβασιλευόντων sec. cod. Alex.

c ΣΥΜΒΑΣΤΑ'ΖΩ, proprie: *simul porto, comporto*, metaphorice: *æquiparo, confero*. נָשָׂא, *fero*. Aquila, Symm. Exod. XVIII. 22. συμβαστάσουσί σοι, una *tecum portabunt*. In Hexaplis Orig. hæc verba, quæ Symmacho ac Theodot. tribuuntur, male referuntur ad הָקֵל מֵעָלֶיךָ, *allevia super te*. Vulg. bene: *levius quo sit tibi, partito in alios onere*. d Symm. Job. VII. 13. συμβαστάσει με κ. τ. λ., simul portabit me ac meditationem meam (quæ quia tristis ac molesta erat, bene h. l. cum onere comparatur) lectus meus, h. e. in lecto meo meditabundus jacebo. — סָלָה Pyh. (ubi ה pro א), *æstimor*. Theodot. et LXX Job. XXVIII. 19. χρυσίῳ καθαρῷ οὐ συμβασταχθήσεται, auro puro non *æqui- e parabitur* s. *comparabitur*. Vulg. *confertur*. Ubi συμβαστάζειν notat *collationem* seu, *comparationem instituere, inprimis ratione ponderis*. Juxta Schol. dictum est οὐ συμβασταχθήσεται pro οὐκ ἀντισταθμήσεται, non ex æquo pendetur. Conf. Drusium ad h. l. Vide et v. 16.

ΣΥΜΒΙΒΑ'ΖΩ, *instruo, doceo*. הֵבִין Hiph. a בִּין, *intelligere facio*. Ies. XL. 14. — הוֹדִיעַ Hiph. a יָדַע, f *scire facio*. Exod. XVIII. 16. συμβιβάζω αὐτοὺς τὰ προστάγματα Θεοῦ, *doceo* illos præcepta Dei. Gloss. in Octat. Συμβιβάσω (Juxta additam explicationem legendum potius Συμβιβάζω), νοῆσαι ποιῶ. Deuter. IV. 9. καὶ συμβιβάσεις τοὺς υἱούς σου, et *docebis* filios tuos. Hesych. καὶ συμβιβάσεις, καὶ διδάξεις. Ies. XL. 13. συμβιβάσει, ubi Cod. Vat. habet συμ- g βιβᾷ, quasi sit a συμβιβάω. Confer Maittaire de Dialectis Gr. L. p. 62. ed. Sturzii. — הוֹרָה Hiph. a יָרָה, *doceo*. Exod. IV. 12. συμβιβάσω σε, *docebo te*. Vide et v. 15. Ps. XXXI. 10. συμβιβῶ σε, *docebo te*. Sic ἐμβιβῶ, Xenoph. Anab. V. 7. 5. προσαμφιῶ, Aristoph. Equ. 887. Immerito itaque illud συμβιβῶ corruptum videbatur Suicero Thes. Eccl. p. 1079. h pro συμβιβάσω. Vide Intt. ad Hesych. s. v. συμβιβῶ. Hesych. συμβιβῶ σε, συνάπτω σε, διδάσκω σε, συμπορεύομαί σε. Vide hæc apud Hesychium post v. συμβλῆτω. Suidas, Photius et Lex. Cyrilli MS. Brem. συμβιβῶ, διδάξω, ἐπιστήσω, νοῆσαι ποιήσω. Gloss. in Octat. συμβιβῶ, σοφιστῶ (Bielius legere mavult ἐφιστῶ. Vide Alberti Not. ad Gloss. Gr. in N. T. p. 71.), i νοῆσαι ποιῶ. Al. Jud. XIII. 8. συμβιβασάτω. Hesych. συμβιβασάτω (Sic enim pro συμβιβάτω legendum censet Boisius, cui accedunt Suicerus Thes. T. II. p. 1078. Hammondus ad Act. IX. 22. et Alberti l. c.), διδαξάτω. — הִשְׂכִּיל בִּינָה, Hiph. *intellegere facio intellegentiam*. Dan. IX. 22. ἐξῆλθον συμβιβάσαι σε, exivi, ut te *docerem*. Plura de hac voce k vide in Lex. N. T. s. h. v. — *שִׁנֵּן Pih. *exacuo*. Deut. VI. 7. συμβιβάσεις sec. cod. 32. Holm. ubi est vel glossema, vel versio alius interpretis. Vox Hebraica h. l. *inculcare* notat.

ΣΥΜΒΙΟ'ΟΜΑΙ, *convivo, convictor sum*. Sir. XIII. 7. συμβιώσεταί σοι, *bonis tuis fruetur.* Adde ibid. XIX. 5. sec. ed. Compl. Vide supra s. v. ἄμαχος.

ΣΥΜΒΙ´ΩΣΙΣ, *convictus inter illos, qui simul vivunt et contubernales sunt, contubernium, vitæ consuetudo.* Vide Diod. Sic. p. 344. 401. et 571. ed. Wessel. In libris apocryphis V. T. duplicem notionem habet. Notat nempe partim in universum *victum s. omnia, quæ sunt ad vitam sustentandam necessaria,* i. q. alias βιότης (v. c. Sirac. XXXIV. 24. φονεύων τὸν πλησίον ὁ ἀφαιρούμενος συμβίωσιν. Vulgatus : *occidit proximum, qui aufert in sudore panem.* Confer quæ ad h. l. ex Cicerone ad Attic. X. 23. notat Grotius.) partim *contubernium, vitæ consuetudinem seu arctissimam familiaritatem et conjunctionem cum aliqua re aut persona.* Sap. VIII. 3. συμβίωσιν Θεοῦ. Ib. v. 9. et 16. ubi idem est, quod συναναστροφὴ in eodem versu, et quod συγγένεια et φιλία v. 17. 18. Syrus ܫܘܬܦܘܬܐ, *consortium, s. concubitus,* coll. Polyb. XXXII. 11. 10.

ΣΥΜΒΙΩ´ΤΗΣ, *convictor, contubernalis.* Hist. Beli et Drac. v. 2. καὶ ἦν Δανιὴλ συμβιώτης τοῦ βασιλέως, fuitque Daniel regi *valde familiaris.* Vulg. *conviva.* Dan. XIV. 29. sec. cod. Chis. Vide Editt. Rom. cod. Chis. Danielis p. 89. 2.

ΣΥ´ΜΒΛΗΜΑ, *commissura, conjunctio, ferrumen.* דֶּבֶק, *glutinum.* Ies. XLI. 7. ubi ante σύμβλημα excidisse puto εἰς, *ad conglutinationem s. conjunctionem bonum est.* Nam דֶּבֶק habet etiam notionem *juncturæ ac commissuræ.* Vide ad h. l. Grotium. — מְטִיל, *vectis ferreus.* Symmach. Job. XL. 13. συμβλήματα. Libere vertit.

ΣΥΜΒΛΗΣΙΣ, *commissura, copulatio.* טַבַּעַת, *annulus.* Ex. XXVI. 24. ubi alii συμβολὴν habent. Ibid. XXXVI. 25.

ΣΥΜΒΟΗΘΟ´Σ, *coadjutor, qui ad suppetias ferendas una cum aliis convenit, auxiliaris.* עֹזֵר part. *adjuvans.* 1 Reg. XX. 16.

ΣΥΜΒΟΛΗ´, *conjunctio, copulatio, junctura.* *הַלֻּלָאֹת, *ansulæ.* Samar. sec. Schol. ed. Rom. Exod. XXVI. 5. συμβολαί. Conf. quoque Hexapla. — חֹבֶרֶת, *conjunctio.* Ex. XXVI. 4. 10. — טַבַּעַת, *annulus.* Al. Ex. XXVI. 24. — כְּפִי תַחְרָא, *sicut os loricæ.* Al. Exod. XXVIII. 32. συμβολήν. — מַחְבֶּרֶת. Ex. XXVI. 4. 5. XXXVI. 10. Al. 1 Par. XXII. 3. sec. Compl. — *מְכַסֶּה, *vestimentum.* Ies. XXIII. 18. Legisse videntur literis transpositis מַסֵּכָה a rad. נָסַךְ, *texuit.* Immerito ibi Meibomius περιβολὴν legendum conjicit. Sirac. XVIII. 32. μηδὲ προστεθῇς συμβολῇ αὐτοῦ, neque alligeris *symbolo* eorum. Συμβολὴ h. l. notat *convivium, in quo singuli suas symbolas* h. e. *collationes sumtuum pro rata conferebant,* i. q. partim ex antecedentibus apparet, ubi legitur: μὴ εὐφραίνου ἐπὶ πολλῇ τρυφῇ, ne læteris in deliciis, partim ex subjuncto verbo συμβολοκοπεῖν, quod notat *convivia parare s. symbolam partiri ac tribuere,* ut monuit Baduellus ad h. l. qui συμβολὴν accipit pro *consortio* aut *sodalitate hominum voluptariorum, in qua singuli symbolas conferebant.* Trommius legere mavult συμβουλῇ. Ita etiam in altero Camerarii et in C. μηδὲ προσδεηθῇς τῆς συμβουλῆς αὐτῶν, neque requiras consilium earum. Hæc lectio quoque notata habetur in margine editionis R. Stephani. Drusius mavult: ne constringaris *conflictu* earum, ut συμβολὴ sit *conflictus, congressio, prœlium.*

ΣΥΜΒΟΛΑΙ´Σ 'ΕΚΤΕΙ´ΝΟΜΑΙ, *symbolis, collationibus extendo me.* זָלַל, *epulo.* Prov. XXIII. 20. μηδὲ ἐκτείνου συμβολαῖς, neque pecunias effundas dandis *ad commissationes* a *symbolis*, aut noli te dare *collationibus*. Theod. ἐν συμβολοκοποῦσι. Vide Boysenii Symb. ad Philol. Hebr. P. II. p. 104.

ΣΥΜΒΟΛΟΚΟΠΕ´Ω, *symbolas divido, dispertior, symbolam do in convivia, collationibus, comessationibus vaco, convivium ex collatione instruo, comessationes frequento*, i. q. σύμβολον κόπτω, *symbolum seco* aut *di-* b *vido*. זֹלֵל, *comessator*. Deut. XXI. 20. Theod. Proverb. XXIII. 20. ἐν συμβολοκοποῦσι κρέας ἐν ἑαυτοῖς, in iis, qui *symbolam dant* carnem inter se. Adde Sir. XVIII. 33. μὴ γίνου πτωχὸς συμβολοκοπῶν ἐκ δανεισμοῦ. Sirac. IX. 10. μὴ συμβολοκοπήσῃς μετ᾽ αὐτῆς ἐν οἴνῳ, ne *symbolam conferas* cum illa in vino, h. e. ne *comessationibus vaces*. Clemens Alex. Pæd. II. 7. c habet συμβολὰς ποιεῖν. Sed συμβολὴ notat etiam et *congressum* et *conflictum belli, conflictationem*, et κοπίω est *laboro*, ut adeo l. l. verti possit: ne labores in *conflictatione*, h. e. ne contendas cum ea evacuatione calicum, aut jocis, tactibus, dicteriis, risibus, etc. quæ omnia concupiscentiæ sunt flabella. Vide Zornii Bibl. Antiqu. Exeg. T. I. p. 326. Cæte- d rum notandum est, auctorem Siracidæ amare tales compositiones verborum, v. c. δωροκοπέω, φαντασιοκοπέω. Vide quoque supra s. v. συμβολή.

ΣΥΜΒΟΛΟΚΟ´ΠΟΣ, *symbolam dans*, speciatim *ad convivium, collationibus, comessationibus vacans, comessator*. זֹלֵל, *comessator*. Aqu. Symmach. Theod. Prov. XXIII. 21. Aqu. Prov. XXVIII. 7. Vide e Grotium ad Sirac. X. 13.

ΣΥ´ΜΒΟΛΟΝ, *symbolum, nota, signum, indicium, augurium*, vel etiam *tessera*. עֵץ, *lignum*. Hos. IV. 12. ἐν συμβόλοις ἐπηρώτων, *in signis interrogabant*. Vetus vers. Lat. *in auguriis interrogabant*. Ad h. l. adscribi merentur verba Breitingeri Proleg. in LXX Intt. T. III. plag. e. pag. ult. Συμβουλαῖς, scribit, Grabius in textu posuit (ex Schindleri f conjectura, quam confirmat Cod. Alex. et versio Arabica), συμβόλοις in margine. Valde suspicor, inquit vir doctissimus, Interpretem scripsisse ἐν συμβουλαῖς, vel ἐν συμβουλίοις, vel συμβουλίαις, sicuti v. 9. hujus capitis et v. 4. Cap. V. nec non v. 2. Cap. VII. habet διαβούλια, et infra cap. XI. v. 6. ἐκ τῶν διαβουλίων αὐτῶν. Nam, ut taceam, σύμβολον g nusquam alibi in versione τῶν ό occurrere, haud video sane, quomodo ex Hebræo בְּעֵצוֹ, vel alia simili voce exsculpi queat, ἐν συμβόλοις. Contra ἡ συμβουλία, et pluraliter αἱ συμβουλίαι Ps. CXVIII. 24. Prov. XII. 15. factæ ex עֵצָה, ut adeo hic quoque בְּעֵצַת vel בְּעֵצוֹת interpretem legisse conjectem. Libuit hic ipsius Grabii verba proferre, h cur a recepta lectione discederet; quamvis, ut Nobilius in notis ad h. l. advertit, apud S. Hieronymum Græce est ἐν συμβόλοις, *in significationibus; est enim communius quiddam, quam augurium*. Revera Græca vox σύμβολον *auguria* haud infrequenter apud Græcos authores significat. Unde Suidas, Hesychius, Phavorinus hanc vocem per τέρατα, i οἰωνίσματα reddunt, et hujusce sensus nonnulla profert exempla Stephanus in Thesauro in v. σύμβολος. Nec inusitatum est τοῖς ό sensum quemlibet idoneum potius quam literam sequi, quemadmodum Cap. II. 15. per τοῦ διανοῖξαι σύνεσιν transtulerunt Hebr. לְבֶטַח תִּקְוָה, quamvis proprie תִּקְוָה ἐλπίδα significet. Neutiquam igitur sollicitanda vide- k tur lectio ἐν συμβόλοις. Sed si conjecturæ detur locus, τοὺς ό scripsisse censuerim ἐν ξύλοις ἐπηρώτων. Nam alibi sæpe, Jer. II. 27. item X. 8. et Hab. II. 19., עֵץ *idolum* significat, quod utrobique ξύλον vertunt Interpretes. Potest etiam hic locus ad duplex divinationum genus re-

a ferri, quas ξυλομαντείαν et ῥαβδομαν-
τείαν veteres vocabant. De posteriore consuli potest Hieronymus in
locum. Cæterum vulgarem lectionem Hab. l. c. ante oculos etiam
habuit auctor Gloss. MS. Proph.,
siquidem συμβόλοις inde interpretatur οἰωνισμοῖς. Apud Suidam σύμβολον non solum οἰώνισμα et μάντευμα,
sed etiam σημεῖον exponitur, additur-
b que, quod idem ὁ σύμβολος masculino genere dicatur. In ejusque fidem verba hæcce auctoris incerti
afferuntur : ὁ σύμβολος δὲ Μελάμποδος
ἢ Πόλληνος ἰδεῖτο. Conf. not. Küsteri
ad h. l. et Spanhemii Obss. in
Callim. p. 625. Sap. II. 9. σύμβολα
τῆς εὐφροσύνης, *signa* lætitiæ vel
vestigia hilaritatis. Sap. XVI. 6.
serpens æneus a Mose in deserto
c erectus appellatur σύμβολον σωτηρίας,
quia sanabantur, si illum aspexerint
ægroti.

*ΣΥ'ΜΒΟΛΟΣ, *conjector, interpres
omnium.* 2 Sam. VIII. 18. sec. cod.
Alex., ubi tamen reliqui libri fortasse rectius habent σύμβουλος, *consiliarius.* Pro utraque voce nihil
quidem legitur in textu Hebr., recte
tamen supplevisse videntur vocem
d יוֹעֵץ.

ΣΥΜΒΟ'ΣΚΩ, *simul pasco.* גּוּר,
commoror. Ies. XI. 6. — רָעָה,
pasco. Ies. LXV. 25.

ΣΥΜΒΟΥΛΕΥΤΗ'Σ, *consiliarius,
senator.* 3 Esdr. VIII. 12. Chald.
יָעֲטִין, *consiliarii,* Esdr. VII. 14.
Plato de Leg. II. 921. A. Dio Cass.
p. 930. 2. Reim.

ΣΥΜΒΟΥΛΕΥΤΙΚΟ'Σ, *consiliarius.*
e אִישׁ מְזִמּוֹת, *vir machinationum.*
Symm. Prov. XIV. 17. Videtur hic
συμβουλευτικὸς malo sensu adhiberi,
ut sit, *qui mala suadet.*

ΣΥΜΒΟΥΛΕΥ'Ω, *consulo.* אִתְיָעַט
Chald. Ithp. a יְעַט. Dan. VI. 7.
— הֵסִית Hiph. a סוּת, *incito.* Jos.
XV. 18. — *נוֹעַץ, *roboratus,* a עָצַן
vel עָצַץ. Ies. XXXIII. 19. συνεβου-
λεύσαντο. Confundentes literas ץ et ן
ob soni similitudinem legerunt f
אֵת עַם נוֹעָץ לוֹ, a rad. יָעַץ.
Confer Cappelli Crit. Sacr. p. 571.
Vide tamen infra s. v. רָאָה. —
*יָעַץ : נוֹעַץ, Kal et Niph. Exod.
XVIII. 19. Num. XXIV. 14. ubi
συμβουλεύειν ad imitationem Hebr.
יָעַץ notat *indicare, significare, præ-
dicere.* Arab. وعظ, *refero, quod
futurum est.* 2 Sam. XVII. 15. et
alibi sæpius. Aqu. Theod. Prov. g
XII. 20. — פָּחַד, *paveo.* Jerem.
XXXVI. 16. — *רָאָה. Ies.
XXXIII. 19. ᾧ οὐ συνεβουλεύσατο.
Legerunt aut acceperunt in Conj.
Hiphil, *cui non ostendit,* scil. quid
faciendum sit, quod eodem redit.
— שָׁקַל, *pendo.* Ies. XXXIII. 18.
Sir. VIII. 22. μετὰ μωροῦ μὴ συμβου-
λεύου. Polyb. II. 46. 2. συμβουλεύσε-
σθαί τινι, *consilia cum aliquo commu-
nicare.*

ΣΥΜΒΟΥΛΕΥ'ΩΝ ΣΥΜΒΟΥΛΕΥ'Ω,
consulens consulo. יָעַץ, *consulo.* 2
Sam. XVII. 11. Aqu. Symm. Job.
XXVI. 3. Aqu. Theod. Prov. XII.
20.

ΣΥΜΒΟΥΛΗ', *consilium, quod
alicui datur,* item : *consultatio, ad-
monitio.* *עֵץ, *lignum.* Hos. IV. 12.
sec. cod. Alex. Vide supra s. v.
σύμβολον. Sir. XXXVII. 8.

ΣΥΜΒΟΥΛΙ'Α, *consultatio, consilium.* עֵצָה, idem. 1 Reg. I. 12.
συμβουλεύσω σοι συμβουλίαν, dabo tibi
consilium. 2 Par. XXV. 16. Prov.
XII. 16. Symm. Psalm. LXXII.
24. — אַנְשֵׁי עֵצָה, *viri consilii.*
Psalm. CXVIII. 24. αἱ συμβουλίαι
μου τὰ δικαιώματά σου. Ita Bielius
Trommium secutus. Sed verba hæc
mihi videntur esse versio alius interpretis, pertinens ad verba ante-

a cedentia שַׁעֲשֻׁעָי עֵדֹתֶיךָ גַּם, *etiam testimonia tua deliciæ meæ sunt*: ut nempe τὰ δικαιώματά σου respondeat Hebr. עֵדֹתֶיךָ, et συμβουλίαι pertineat ad שַׁעֲשֻׁעָי, *deliciæ meæ*, nam quando me præceptis alicujus regi patior, tunc me iis delectari declaro. Agellius suspicatur, LXX forte scripsisse σύμβουλοί μου, addit tamen: sed vere idem sensus est,
b ideoque non mutandum. Tob. IV. 24. ubi tamen pro ἐπὶ πάσης συμβουλίας Ilgenio legendum videtur συμβολίας, *casus, eventus*. Sir. VI. 25.

ΣΥΜΒΟΥ´ΛΙΟΝ, *concilium, cœtus senatorum*. סוֹד, *arcanum*, it. *consilium*. Theod. Prov. XV. 23. συμβουλίου.

ΣΥ´ΜΒΟΥΛΟΣ, *consiliarius*. *בְּסוֹד *in arcano s. consilio*. Inc. Job. XV.
c 8. ubi sensum liberius expressit. — אִישׁ עֵצָה, *vir consilii*. Ies. XL. 13. יָעֲטִין chald. plur. Esdr. VII. 13. 14. — יוֹעֵץ part. masc. 2 Sam. XV. 12. 1 Par. XXVII. 22. 33. et alibi. Aqu. Job. XII. 17. Ies. IX. 6. — יוֹעֶצֶת part. fœm. 2 Paral. XXII. 3. — מְחַזֵּק בֶּדֶק, *restaurans rupturam*. Ez. XXVII. 27. Formulam Hebr. metaphorice non
d male acceperunt.

ΣΥΜΒΡΑΒΕΥ´Ω, *una cum aliis arbitrum ago, coadjuvo, cooperor*. 3 Esdr. IX. 14. συνεβράβευσαν αὐτοῖς. Interpres Polyglottis Bibliis Anglicanis adjunctus reddidit: *Simul cooperati sunt cum illis*. Quod vix tolerandum putat Maius Lib. III. Obss. SS. p. 174. cum sermo sit de judicio ab Esdra instituto ad exa-
e minandos, quotquot alienigenas duxerant uxores. Unde commate 13. memorari dicit κριτὰς, quibus mandatum fuerat ἐνάσαι τὸ πρᾶγμα, v. 16. Ergo συμβραβεύειν idem ipsi est, quod alias Græcis plenius dicitur βραβεύειν τὴν δίκην, *causæ judicem esse*. Apud Suidam συμβραβεύσω exponitur συνδιοικήσω. Ita Bielius. Sed in textu Hebr. X. 15. legitur עֲזָרֻם,
quod noster fortasse legit עֹזְרִים. f
LXX habent βοηθῶν αὐτοῖς.

ΣΥΜΒΡΑ´ΖΩ, *simul expello, ejicio*. Pass. συμβράζομαι, *ejicior*, metaph. *ab his, qui æstus impetu ejiciuntur*. 2 Macc. V. 8. Vide infra s. v. συνεκβράζομαι.

*ΣΥΜΜΑΙ´ΝΟΜΑΙ, *simul insanio*. 4 Macc. X. 13. μὴ συμμανῇς τὴν αὐτὴν μανίαν: ubi alii l. habent simplex μανῇς. Vide quoque s. v. συμ- g
μένω.

ΣΥΜΜΑΡΤΥ´ΡΟΜΑΙ, *contestor, una testor*. הֵעִיד Hiph. ab עוּד, *testor*. Jerem. XI. 7. Conf. Apoc. XXII. 18.

ΣΥΜΜΑΧΕ´Ω, *simul pugno, socius belli sum, auxilior, sto a partibus alicujus*. עָזַר, *juvo*. Jos. I. 14. 1 Par. XII. 21. Vide et 1 Maccab.
VIII. 25. 27. X. 24. 2 Maccab. XI. h
13.

ΣΥΜΜΑΧΙ´Α, *societas in bello, consociatio armorum, auxilium*. מֵץ, *pressor*. Ies. XVI. 4. Fortasse deduxerunt a מָצָא, quod in l. Syr. et Chald. *valere, prævalere, potentem, validum esse* notat. — *צִנָּה, *scutum*. Symm. Ps. V. 13. Sensum expressit: nam scutum incolumem præ-
stat. — *תְּשׁוּקָה. Aqu. Gen. III. i
16. Tychsenius θεσουγαταχ Aquilæ ansam præbuisse existimat, ut a זוּג, quod Thalmudicis est *sociari*, derivaret. Sed Aquila potius eam significationem expressit, quam hodie adhuc Arabismus habet, ubi ساق est *stimulare*, inde سوق, *conflictus*. Montfauconio hæc lectio, utpote ex Latino Hieronymi efficta, non tam suspecta, quam spuria videtur, ac mavult κοινωνία. In Cod. Coislin. Aquilæ tribuitur συνάφεια.

a Vide et Judith. III. 8. VII. 1. 1 Macc. VIII. 17.

ΣΥ'ΜΜΑΧΟΣ, *commilito, socius belli* seu *pugnæ.* זְרוֹעַ, *brachium.* Symm. Ps. LXXXII. 9. 1 Macc. VIII. 20. 23. IX. 60. ubi *σύμμαχοι* simpliciter sunt *socii.* Hesych. *σύμμαχος, βοηθός.*

*ΣΥΜΜΕ'ΝΩ, *una maneo, consisto, permaneo.* שָׁגָה, *erro.* Proverb. *b* XX. 1. sec. cod. Alex. *πᾶς δὲ συμμενόμενος.* Συμμενόμενος autem et λυμαινόμενος Incerti Int. in Hex. Valckenaer ad Eurip. Phœn. p. 146. diffinxit in *συμμαινόμενος,* cui etiam calculum suum addidit Jaegerus. Mihi autem lectio recepta, in *συμμένων* tantum mutata, translatori libere vertenti facile concedenda, non sollicitanda videtur. שָׁגָה enim *c* notat *oblectari, uti aliqua re cupide.* Vulgat. *quicunque his delectatur.* Idem quoque vult *συμμένων.* Si conjecturæ locus esset, mallem *συμπλεκόμενος.* Philoxen. Gloss. *συμμένει, constat.*

ΣΥΜΜΕΤΕ'ΧΩ, *consors sum, una participo.* 2 Macc. V. 20. *αὐτὸς ὁ τόπος συμμετασχὼν τῶν τοῦ ἔθνους δυσπετημάτων γενομένων, ὕστερον εὐεργετη-* *d* *μάτων ὑπὸ τοῦ Κυρίου ἐκοινώνησε,* ipse locus malorum, quæ genti acciderant, *particeps factus,* postea etiam beneficiorum a Deo exhibitorum *particeps fuit.* Utitur etiam verbo Lucianus in Philopatride T. II. p. 784. observante Maio Obss. SS. Lib. III. p. 178.

ΣΥΜΜΕΤΡΙ'Α, *commensuratio.* מַתְכֹּנֶת, *dispositio, forma.* Inc. Ex. *e* XXX. 32.

ΣΥΜΜΕΤΡΟΣ, q. d. *commensus, ad mensuram aptatus, proportionatus, commensuratus.* Σύμμετρα dicuntur, *quæ sunt vel ejusdem vel paris mensuræ.* מִדָּה, *mensura.* Jerem. XXII. 14. Suidas: *σύμμετρα, τὰ αὐτῷ μέτρῳ μετρούμενα, καὶ τὰ οἰκεῖα ἑκάστῳ, καὶ ἀρκοῦντα, ἢ κατὰ τὸ πλῆθος, ἢ κατὰ τὸ μέγεθος, ἢ κατὰ ποιότητα, ἢ κατὰ τὰς δυνάμεις ἀνάλογον ἔχοντα.* *f*

ΣΥΜΜΙΑΙ'ΝΩ, *una polluo, coinquino.* Baruch. III. 7. *συνεμιάνθης τοῖς νεκροῖς,* coinquinatus es cum mortuis. Quæ verba Grotius inde illustrat, quod Judæi cadavera Chaldæorum pollincire coacti fuissent. Sed hæc Bretschneidero aliena visa sunt ab hoc loco, qui statuit, vel sensum esse *mortuis es annume-* *g* *ratus,* vel legendum *συνεμίχθης, commixtus,* i. e. *annumeratus es.* Legitur præterea hæc vox apud Josephum B. J. IV. p. 292. §. 3. 18.

ΣΥΜΜΙΓΗ'Σ, *commixtus, permixtus, promiscuus.* מִתְעָרַב Chald. part. Ithp. *miscens se.* Dan. II. 43. *συμμιγεῖς ἔσονται ἐν σπέρματι.*

ΣΥΜΜΙ'ΓΝΥΜΙ, *commisceo, permisceo.* *הִתְבּוֹלֵל, *effusus, mixtus* *h* *sum.* Hos. VII. 8. — הִתְחַבֵּר Hithp. *consocio me.* Dan. XI. 6. — הִקְעָרֵב Hithp. Symm. Prov. XIV. 10. — עָרַב. Prov. XI. 15. — קָרַב *appropinquo.* Exod. XIV. 20. *οὐ συνέμιξαν* (sc. *ἑαυτοὺς*) *ἀλλήλοις, ad se invicem non accedebant.* Nonnulli statuunt, eos עָרַב legisse.

ΣΥ'ΜΜΙΚΤΟΣ, i. q. *συμμιγής, commixtus, confusus, miscellaneus,* *i* *promiscuus.* מִפְסָר, *princeps.* Nah. III. 17. *ὁ σύμμικτός σου* (sc. *ὄχλος*) *ὡς ἀκρίς,* populus tuus commixtus tanquam locusta. Ita reddiderunt, quod טַף significat *miscellam parvulorum, infantium, famulorum et fœminarum turbam a viris distinctam.* — *מִנְּזָרַיִךְ, *proximi a diademate insignibus,* h. e. *a regibus.* Nahum. III. 17. *ὁ σύμμικτός σου.* Michaëlis *k* Suppl. p. 1625. statuit, eos solum זריך, *peregrini tui,* arripuisse, literis מן aut neglectis, aut per *ἐξήλατο* redditis. — מַעֲרָב, *commercium.* Ezech. XXVII. 17. *ῥητίνην ἔδωκαν εἰς τὸν σύμμικτόν σου.* resinam dederunt

a in populum tuum commixtum. Vide et v. 19. 25. 27. 33. 34. — *מַעֲשֶׂה, *opus*. Ezech. XXVII. 16. Videntur legisse מַעֲרָבֵךְ, nam עֵרוֹב est *turba miscellanea*. — עֶרֶב, *miscellanea turba*. Jer. XXV. 20. Aqu. Theod. LXX Jerem. XXV. 24. L. 37. Conf. Judith. I. 16. ubi post σύμμικτος supplendum στρατὸς, coll. Herodot. VII. c. 55. Vide quoque
b ἐπίμικτος.

ΣΥ'ΜΜΙΞΙΣ, *commixtio, commistura, consortium*. *עֲרֻבָּה, *pignus*. Aqu. 1 Sam. XVII. 18. καὶ τὴν σύμμιξιν αὐτοῦ λήψῃ, admodum aliene ab hoc loco, quanquam non ignoro, verbo עָרַב notionem *miscendi* et *commiscendi* subjectam esse. — תַּעֲרֻבוֹת plur. *sponsiones*. 2 Reg. XIV. 14. 2 Par. XXV. 24.

c ΣΥΜΜΙ'ΣΓΩ, i. q. συμμίγνυμι, *commisceo, manum consero, insinuo me in alicujus familiaritatem, adjungo,* et, ut Lat. *miscere verba, colloquor*. *בָּלַל. Aqu. sec. cod. Mosqu. Gen. XI. 9. συνέμιξε. 2 Macc. III. 7. συμμίξας δὲ ὁ Ἀπολλώνιος τῷ βασιλεῖ, *colloquens* vero Apollonius cum rege. Vide et 1 Macc. XI. 22. ubi *convenire colloquendi causa* notat. Hes.
d συμμίσγειν, ὁμιλεῖν. 2 Macc. XIV. 14. συνέμισγον ἀγεληδὸν Νικάνορι, gregatim *adjungebant* se Nicanori. Vide et 2 Macc. XIV. 16.

ΣΥΜΜΙΣΟΠΟΝΗΡΕ'Ω, *una odi malitiam et improbitatem, una indignor ob facti iniquitatem*. 4 Maccab. IV. 36. συμμισοπονηρούντων καὶ τῶν Ἑλλήνων.

*ΣΥΜΜΟΛΥ'ΝΟΜΑΙ, *inquinor*.
e הִתְגָּאֵל, *polluo me*. Dan. I. 8. sec. cod. Chis. ἵνα μὴ συμμολυνθῇ. Theod. ἀλισγηθῇ. Philoxen. Gloss. συμμολύνω, *coinquino*.

*ΣΥΜΠΑ'ΘΕΙΑ, *commiseratio*. 4 Macc. VI. 13. Philoxen. Gloss. συμπάθεια, *adfectio, animi dolor, commiseratio*.

*ΣΥΜΠΑΘΕ'ΣΤΕΡΟΝ, *majore cum consensu affectuum*. 4 Maccab. XIII. 22. XV. 4. f

ΣΥΜΠΑΘΕ'Ω, *compatior, condoleo*. נוּד, idem. Symm. Job. II. 11. συμπαθῆσαι. Sic quoque apud Symm. 1 Sam. XXII. 8. pro συμπαθῶν reponendum esse videtur συμπαθῶν, ubi Hebr. חֹלֶה respondet. Vide infra s. v. συμπάσχω. 4 Macc. V. 25. Philoxen. Gloss. συμπαθῶ, *misero*.

*ΣΥΜΠΑΘΩ͂Σ, *cum consensu af-* g
fectuum. 4 Macc. XIII. 22. sec. Ald.

ΣΥΜΠΑΙ'ΖΩ, *colludo, simul vel una ludo*. Sir. XXX. 9. σύμπαιξον αὐτῷ, h. e. si petulantiam ejus comprobas, adeoque omni severitate paterna neglecta cum eo pueriliter agis. Ita recte Bretschneiderus. Solonis dictum erat: *Liberis ne arrideas, ut imposterum non fleas.*

ΣΥΜΠΑΡΑΓΙ'ΝΟΜΑΙ, *simul ad-* h
venio, una accedo. נִלְוָה Niph. *adjungo*. Ps. LXXXII. 7. Ἀσσοὺρ συμπαρεγένετο μετ' αὐτῶν, Assur *una accessit cum illis*. Conf. Luc. XXIII. 48. ac Lexicon N. T. s. h. v.

ΣΥΜΠΑΡΑ'ΓΩ, *simul prætereo, una transeo*. Tob. XII. 13. ubi tamen al. pro συμπαρήγμην rectius συμπαρήμην, a συμπάρειμι, *una adsum*.

ΣΥΜΠΑΡΑΛΑΜΒΑ'ΝΩ, *simul as-* i
sumo, comprehendo, consumo. סָפָה, *consumo, perdo*. Gen. XIX. 17. μήποτε συμπαραληφθῇς, *ne eadem pernicie abripiaris*. 3 Macc. I. 1. τὴν ἀδελφὴν συμπαραλαβὼν, sororem *comitem faciens*. Vide et Act. XII. 25. Gal. II. 1. Polyb. II. p. 1. Dionys. Hal. Lib. VII. c. 55.

ἍΜΑ ΣΥΜΠΑΡΑΛΑΜΒΑ'ΝΩ,
una recipio. שָׁלַח וְקָרָא, *mitto et* k
voco. Job. I. 4. faciebant convivium quotidie συμπαραλαμβάνοντες ἅμα τὰς τρεῖς ἀδελφὰς αὐτῶν, *una ad cœnam invitantes* tres sorores suas. Ælian. V. H. VIII. 7. de Alexandro M. συμπαρέλαβεν δὲ εἰς τὸ συμπόσιον καὶ τοὺς ἰδιοξένους.

a ΣΥΜΠΑΡΑΜΕ'ΝΩ, *una permaneo.* יִרָא, *timeo.* Psalm. LXXI. 5. συμπαραμενεῖ τῷ ἡλίῳ, una permanebit cum sole. Legerunt יַאֲרִיךְ cum Vulgato et Arabe. Vox hæc, quam ignorat Thesaurus Stephani, extat præterea, in Basil. T. I. p. 49. et Nazianz. Tom. I. p. 74. ubi jungitur cum συνδιαιωνίζειν.

ΣΥΜΠΑ'ΡΕΙΜΙ, *una præsens sum, adsum.* הָיָה seq. בְּ. Symm. Job.
b XXXVIII. 4. συμπαρῆς. Sap. IX. 10. ἀπὸ θρόνου δόξης σου πέμψον αὐτὴν (sc. σοφίαν,) ἵνα συμπαροῦσά μοι κοπιάσῃ, a throno gloriæ tuæ mitte illam (sapientiam), ut *adsit* mihi, et laboret mecum. Græcis alias assessores judicum dicuntur συμπαρόντες. Vide Act. XXV. 24. et conf. d'Arnaud de Diis Παρέδροις cap. 8. pag. 42. ubi observat, Ulpianum ad De-
c mosthenis Mid. p. 403. verba παρεδρεύοντες ἄρχοντι τῷ υἱῷ, quæ in Demosthene sunt, exponere συμπονοῦντος καὶ συμπαρόντος τῷ παιδί. Tob. XII. 12. συμπαρήμην σοι, tanquam testis tibi a latere stabam, aut observabam te. In sequentibus ejus loco legitur: οὐκ ἔλαθές με. Sic et Compl. Reliqui libri habent συμπαρήγμην.

d ΣΥΜΠΑΡΙ'ΣΤΗΜΙ, *assisto.* Συμπαρίσταμαι, *simul adsto, simul adsum vel adjuvo.* הִתְיַצֵּב Hiph. a יָצַב, *sisto me.* Ps. XCIII. 16. τίς συμπαραστήσεταί μοι ἐπὶ τοὺς ἐργαζομένους τὴν ἀνομίαν; quis *assistet* seu *præsto erit* mihi adversus illos, qui operantur iniquitatem. Pind. Olymp. VI. 72. Soph. Œd. Col. 1404. Joseph. B.
e J. p. 156. §. 1. 5. 12.

ΣΥΜΠΑΣ, *omnis simul, universus, totus.* אֶרֶץ, *terra.* Job. II. 2. ἐμπεριπατήσας τὴν σύμπασαν, sc. γῆν, obambulans *universam* terram. Deuteron. XIV. 14. XXVII. 1. et V. 5. — *כֻּלָּהּ, *ipsa tota.* Aqu. Symm. Theod. Ezech. XI. 15. σύμπαντες. — כֹּל. Cohel. I. 14. — *אֶת כֹּל. Aqu. Deut. XIV. 14. Sed legen- f
dum σὺν πάντα, ut recte observavit Scharfenbergius. Ita enim Aquila vertere solet. Confer infra s. v. σύν. — שָׁלוֹם, *concordia, pax.* Job. XXV. 2. τὴν σύμπασαν, *universitatem.* Legerunt שָׁלֵם vel שְׁלֵם. — תֵּבֵל, *orbis terræ.* Nahum. I. 5. ἡ σύμπασα, scil. γῆ, *universa terra.* — תּוּבַל, *Tubal,* nomen proprium. Ezech. XXVII. 13. καὶ σύμπασα, et *totus* g
orbis. Secundum Cappellum in Nott. Critt. ad h. l. p. 554. legerunt וְכָל, abjecto Tau, et Caph pro Beth posito ob figuræ similitudinem. Sed mihi verosimilius est, eos legisse תֵּבֵל, ut σύμπασα sit i. q. ἡ οἰκουμένη. — *תָּמַם, *integer, perfectus sum.* Ps. LXIII. 7. תַּמְנוּ, *perfecerunt.* Symm. σύμπαντες, *universi, ad unum omnes.* Legit for- h
tasse תָּמִיד, *jugiter,* (Vide supra s. πᾶς) aut respexit notionem propriam verbi תָּמַם supra notatam.

Cæterum pro σύμπαντες apud Symmachum reponendum erit σύμπαντας, quod meliorem sensum fundit. Præterea legitur τὰ σύμπαντα apud LXX et in Ed. Quinta Ps. CIII. 28. ubi huic voci nihil respondet in textu Hebr. Vide quoque 2 i
Macc. III. 12. VII. 38. VIII. 9. et alibi.

*ΣΥΜΠΑ'ΣΧΩ, *compatior, condoleo.* חָלָה seq. עַל, *doleo vicem alicujus,* qua ipsa formula Vulgatus usus est 1 Sam. XXII. 8. ubi in Hex. Σ. συμπαθῶν, συμπάσχων, ubi mihi non videntur variæ lectiones notatæ esse a collectore Hexaplorum, sed duæ versiones coaluisse, k
modo pro συμπαθῶν reponatur συμπαθῶν, a συμπαθέω, quod vide supra. 4 Macc. XIII. 22. De discrimine inter πάσχειν et συμπάσχειν vide Etymol. Gudianum p. 455. 4. seq.

ΣΥΜΠΑΤΕ'Ω, *conculco.* בּוּס. Aqu. Symm. Ps. XLIII. 6. συμπατa τήσωμεν, pro quo in Catena PP. GG. T. I. p. 805. καταπατήσωμεν legitur. — דּוּשׁ, trituro. Dan. VII. 23. — מְבוּסָה, conculcatio. Aqu. Ies. XVIII. 2. συμπεπατημένον. — מִרְמָס, conculcatio. Dan. VIII. 13. — רָמַס. 2 Reg. VII. 17. 20. Nah. III. 14. Dan. VIII. 7. 10. — רְפַס Chald. Dan. VII. 7. 19.

ΣΥΜΠΕΙ'ΘΩ, *una persuadeo, per-*
b *suadeo, persuadendo flecto.* 2 Maccab. XIII. 26. συνέπεισε, *persuadendo flexit.* 3 Macc. VII. 3. ubi *persuadere* simpliciter significat.

ΣΥΜΠΕΡΑΙ'ΝΩ, *pariter ad finem perduco, una perficio,* item: *consumo, perdo, exscindo.* קָצָה, *exscindo.* Hab. II. 10. συνεπέρανας λαοὺς πολλοὺς, *excidisti* populos multos.

*ΣΥΜΠΕ'ΡΑΣΜΑ. Mich. VII.
c 12. sec. Compl. ubi huic voci nihil quidem respondet in textu Hebr., ex serie orationis autem apparet, habere ibi notionem *excidii* et *destructionis.* Cod. Vat. enim ibi habet ὁμαλισμὸν, alii autem libri notante L. Bos. συγκλεισμόν. Philoxen. Gloss. συμπέρασμα, *terminatio, conclusio.*

ΣΥΜΠΕΡΙΛΑΜΒΑ'ΝΩ, *comprehendo, complector.* צוּר, *ligo.* Ez.
d V. 3. συμπεριλήψῃ αὐτοὺς τῇ ἀναβολῇ σου, *comprehendes* vel *colliges* illos indumento tuo. Conf. Maii Obss. Sacr. Lib. III. p. 186.

ΣΥΜΠΕΡΙΠΛΕ'ΚΩ, *circumplico.* הִתְעַלֵּס Hithp. ab עָלַס, *exsulto.* Aqu. Theod. Prov. VII. 18. συμπεριπλακῶμεν ἐν ἀγάπαις, una circumplicemur amoribus, vel circumplexemus nos. Arab. علس est *qua-*
e *tere corpus et pedes,* et Hebr. עָלַס proprie notat *inquieta jactatione agitari.* Vide Schultensium in Comment. ad Job. XXXIX. 13. et in Clave Dialect. p. 282. seq.

ΣΥΜΠΕΡΙΦΕ'ΡΩ, *una circumfero et circumrapio.* Passivum

ΣΥΜΠΕΡΙΦΕ'ΡΟΜΑΙ, *una circumferor, huc et illuc agitor, una ambulo, obambulo, comitem me alicui do, conversor, accommodo me, morigerus sum.* הָלַךְ, *eo.* Al. Proverb. f
XIII. 21. ὁ συμπεριφερόμενος σοφοῖς, qui *conversatur* cum sapientibus. — שָׁגָה, *erro, oberro.* Prov. V. 20. ἐν γὰρ τῇ ταύτης φιλίᾳ συμπεριφερόμενος, in ejus enim amore obambulans. Sir. XXV. 2. γυνὴ καὶ ἀνὴρ ἑαυτοῖς συμπεριφερόμενοι, uxor et maritus *una conversantes,* vel *inter se consentientes.* Syrus: *quando sunt pacifici s. concordes.* 2 Macc. IX. 27. αὐτὸν g
ἐπιεικῶς καὶ φιλανθρώπως συμπεριενεχθήσεσθαι ὑμῖν, illum benigne et humaniter vobiscum *conversaturum,* vel vos *tractaturum esse.* Vide ad h. l. Baduellum et Grotium 3 Maccab. III. 20. ἡμεῖς δὲ τῇ τούτων ἀνοίᾳ συμπεριενεχθέντες, nos vero *accommodantes* nos ad horum stultitiam, aut, quod eodem redit: *horum stultitia una abrepti.*

ΜΗ' ΣΥΜΠΕΡΙΦΕ'ΡΟΜΑΙ, *non* h
circumferor, non obambulo, non præsto sum. עָכַר, *conturbo.* Prov. XI. 29. ὁ μὴ συμπεριφερόμενος τῷ ἑαυτοῦ οἴκῳ, qui non obambulat in domo sua, vel non *præsto est* domui suæ. Ita Bielius. Sed, ut recte monuit Jaegerus ad h. l., συμπεριφέρεσθαι dicuntur *homines bene convenientes, qui se comiter et humane accommodent aliis, et communes in primis* i
sint infimis. Conf. Heyne ad Epictet. p. 48. Inde συμπεριφορὰ, *civilitas, comitas.* Casaub. ad Sueton. Aug. cap. 45. Adde Ernesti Bibl. Theol. T. IV. p. 437.

ΣΥΜΠΙ'ΝΩ, *combibo, simul bibo.* מַשְׁאַבִּים plural. *loca, ubi aqua hauritur,* al. *haustra.* Symm. Jud. V. 11. συμπινόντων. — שָׁתָה עִם, *bibo cum.* Esth. VII. 1. Confer Ælian. V. H. III. 1. p. 197.

ΣΥΜΠΙ'ΠΤΩ, *concido, simul cado,* it. *castrametor, una convenio in aliquo loco, ovëo, incurro, corruo, accido, contingo, incido, congruo.* Συμπίπτειν quoque dicuntur, *qui congrediuntur et confligunt.* הָיָה, *sum.* 1 Sam. I. 18. πρόσωπον αὐτῆς οὐ συνέπεσεν ἔτι, vultus ejus non amplius *concidit,* h. e. non amplius *tristis fuit.* Scilicet seriei orationis convenienter post עוֹד suppleverunt adjectivum, quod *tristis* significat. Conf. notata in h. v. post נָפַל, et Fesselii Advers. SS. Lib. VII. cap. 2. p. 142. Fortasse autem respexerunt notionem *decidendi,* quam habet הָיָה, et Arab. هوى. Conf. Schultens in Comment. ad Prov. X. 3. Vide quoque Herodot. III. c. 52. ac supra s. v. πίπτω. — הָיָה לְחָרְבָּה, *sum in vastationem.* Ies. LXIV. 11. — הִתְנַפֵּל Hithp. a נָפַל. Aqu. Deut. IX. 24. συνέπιπτον. — יָרַד, *descendo.* Ies. XXXIV. 7. συμπεσοῦνται, una *cadent.* — נִגַּשׂ Niph. *coarctor.* Ies. III. 4. συμπεσεῖται ὁ λαὸς, ἄνθρωπος πρὸς ἄνθρωπον, *corruet* populus alter ad alterum, vel potius: *alius in alium cadet, irruet, sese mutuo compriment,* ut Cappellus explicavit. — נֶהֱרַס Niph. *destruor.* Ezech. XXX. 4. — נָטַשׁ, *extendo me.* 2 Sam. V. 18. συνέπεσαν εἰς τὴν κοιλάδα τῶν Τιτάνων, *castra metabantur* in valle Titanum: ubi tamen non negaverim notionem *violentiæ* ac *impetus hostilis* simul inesse. Certe Aquila ac Symmachus h. l. voce ἐπέρχεσθαι usi sunt. — נָפַל. Genes. IV. 5. de Caino: συνέπεσε τῷ προσώπῳ, *concidebat vultu.* Vulgo hoc ita explicant: *tristis erat,* sed est potius: *gravem iram vultu ostendit.* Ib. v. 6. ἱνατί συνέπεσε τὸ πρόσωπόν σου; quare *concidit vultus tuus?* h. e. *quare irasceris?* Lexic. Cyrilli MS. Brem. συνέπεσε, ἐστύγνασε. 1 Sam. XVII. 32. μὴ δὴ συμπεσέτω ἡ καρδία τοῦ Κυρίου μου, ne quæso *concidat cor* Domini mei, h. e. *ne despondeas animum.* — פָּשַׁט, *diffundo me.* 1 Paral. XIV. 9. 13. 1 Macc. VI. 10. συμπέπτωκα τῇ καρδίᾳ ἀπὸ τῆς μερίμνης. Vulg. *concidi et corrui corde præ sollicitudine:* ubi συμπίπτειν τ. κ. is dici videtur, *cujus corporis vires paulatim absumuntur, cujus corpus emaciatur,* ita ut corporis pars pro toto corpore ponatur.

ΣΥΜΠΛΑΝΑ'ΟΜΑΙ, ὦμαι, *simul oberro et vagor.* רָעָה, *consocio me.* Al. Prov. XIII. 21. συμπλανώμενοι. Bene h. l. usus est hac voce, quia sermo est de societate cum impiis inita.

ΣΥΜΠΛΕ'ΚΩ, *complico, connecto, implico, collido, conjungo.* גַּבְלֻת, *terminatio.* Exod. XXVIII. 22. XXXIX. 13. Contulerunt fortasse verbum גָּבַל cum כָּפַל, *duplicavit,* aut verbo גָּבַל significationem συμπλέκω convenire supposuerunt. Quidquid sit, hoc tamen certum est, eos נְבוּלוֹת legisse. — הָיָה, *sum.* Exod. XXVIII. 28. הָיָה sequente עַל, h. l. *adstringi* notat. — הִשְׁתַּקְשֵׁק Hithp. a שָׁקַק, *discursito.* Nahum. II. 4. συμπλακήσονται ἐν ταῖς πλατείαις. *collidentur* in plateis. — הִתְגַּלַּע Hithp. *immisceo me.* Symmach. et LXX Proverb. XX. 3. τοιούτοις συμπλέκεται, his *implicat* se. — חָבַר Pyh. *consocior.* Exod. XXXIX. 4. — חָבַשׁ, *ligo.* Ezech. XXIV. 17. — חָזָה, *video, aspicio.* Inc. Job. VIII. 17. συμπλακήσεται sec. cod. Regium. Sed quanquam hæ voces apud Inc. Exod. XXVIII. 28. etiam sibi invicem respondent, tamen h. l. certe συμπλακήσεται ad proxime antecedens verbum יְסֻבָּכוּ, *intricabuntur, complicabuntur,* referendum esse, equidem nullus dubito. —

a נִלְבַּב Niph. conturbor. Hos. IV. 14. συνεπλέκετο μετὰ πόρνης, rem habebat cum meretrice. Sic Ælianus V. H. III. 30. κύνας συμπλεκομένους, canes coëuntes. — עָלָה, ascendo. Zach. XIV. 13. συμπλακήσεται ἡ χεὶρ αὐτοῦ πρὸς τὴν χεῖρα, complicabitur manus ejus cum manu. — פִּלֵּס Pih. libro. Psalm. LVII. 2. ἀδικίαν αἱ χεῖρες ἡμῶν συμπλέκουσιν. Vulg. concinnant.
b Sensum expresserunt. Nam פִּלֵּס pr. est ponderare librando, sed deinde sumitur de cura et summo studio, quo aliquid agitur. Confer Prov. V. 21. Ex aliorum sententia permutarunt invicem פָּלַס et עָלַס, quod aliquando συμπλέκειν notat. — *שָׁגָה, erro. Prov. XX. 1. Sc. שָׁגָה notat implicari, implicitum hærere, ut docuit Schultensius ad Proverb. V.
c 19. — שָׂרַג : הִשְׂתָּרֵג, Pyh. et Hithp. implicor. Job. XL. 12. Thren. I. 15. In posteriore loco pro ἐνεπλάκησαν Theodoretus et Cod. Norimb. habent συνέπλεξέ με.

ΣΥΜΠΛΕΚΤΟ´Σ, complexus, connexus, conjunctus. Vide alibi ἐνυφασμένον συμπλεκτόν.

ΣΥΜΠΛΗΜΜΕΛΕ´Ω, una delinquo. אָשַׁם, delinquo. Aqu. Symmach.
d Theod. Ed. Quinta. Hos. IV. 15. μὴ συμπλημμελήσῃ Ἰούδα, non una delinquat Juda.

*ΣΥΜΠΛΗ´ΡΩΜΑ, complementum. מְלֹא, plenitudo. 1 Par. XVI. 32. sec. Compl. συμπληρώματι αὐτῆς, ubi tamen legere mallem σὺν τῷ πληρώματι αὐτῆς, ut reliqui libri habent. Philoxeni Gloss. συμπλήρωμα, complementum, confectio, consummatio.

e *ΣΥΜΠΛΗ´ΡΩΣΙΣ, ipsa complendi actio, consummatio, perfectio. De tempore in notione impletionis legitur 3 Esdr. I. 58. ubi in Hebr. 2 Par. XXXVI. 21. legitur מְלֹאות, explendum. Dan. IX. 2. Philoxeni Gloss. συμπλήρωσις, perfectio, consummatio.

ΣΥΜΠΛΟΚΗ´, complicatio, connexio. צְפִירָה, cidaris. Al. Ezech. VII. 10. Adde Exod. XXVIII. 28. sec. ed. Ald. pro impresso συμβολή. — Vide alibi συμπλοκὴ συνυφασμένη. f

ΣΥΜΠΟΔΕ´Ω, impedio, compedibus implico, ligo, vincio, cohibeo, coërceo. דָּקַר, transfigo. Zach. XIII. 3. sec. ed. Compl. συμποδήσουσιν. Vide s. v. συμποδίζω.

ΣΥΜΠΟΔΙ´ΖΩ, idem. דָּקַר, transfigo. Zach. XIII. 3. συμποδιοῦσιν αὐτὸν ὁ πατὴρ αὐτοῦ καὶ ἡ μήτηρ, prohibebunt aut vincient illum pater ejus et mater. Legisse mihi videntur עָקַד, ligavit, circumligavit. Forte g
tamen visum illis est nimis crudele et immane, ut parentes liberos confodiant, ac voluerunt illud emollire molliore vocabulo συμποδιοῦσι, h. e. vincient compedibus, nimirum tanquam insanum. Nam aliquando prophetæ pro insanis censebantur. 2 Reg. IX. 11. Hesych. συμποδίζω, κωλύω.—הִרְגִּיל Hiph. ire facio. Hos. XI. 4. ubi Cappello in Notis Critt. ad h. l. p. 558. συμποδίζειν est attemperare pedem h. e. in- h
cessum suum alteri, quem ducimus, quomodo solent nutrices alumnos suos, quos docent paulatim incedere, manu tenere, et gressum suum eorum incessui attemperant et accommodant, hoc sensu: ego vero eodem, quo Ephraim, pede ingressus sum. — *כְּפַת Chald. ligo, vincio. Dan. III. 20. 21. sec. cod. Chis. — כָּרַע : הִכְרִיעַ, Kal et Hiph. incurvo me, i
incurvare facio. Psalm. XVII. 40. συνεπόδισας πάντας τοὺς ἐπανισταμένους ἐπ' ἐμὲ ὑποκάτω μου. Vulg. supplantasti insurgentes in me subtus me. Vide et Psalm. LXXVII. 35. Ps. XIX. 9. συνεποδίσθησαν καὶ ἔπεσαν, irretiti sunt et ceciderunt. Vulg. obligati sunt, quod non mutandum

a est in *obliquati sunt*, ut Sim. de Muis conjecit, coll. Ps. CXXV. 5. — *הִתְנַכֵּר Hithp. Prov. XX. 11. Nonnullis legisse videntur יִתְלַכֵּד. Zieglero יִדָּקֵר, coll. Zach. XIII. 3. hoc sensu: *ipse institutis suis se implicabit et capiet*. — עָקַד, *ligo*. Gen. XXII. 9. συμποδίσας Ἰσαὰκ τὸν υἱόν σου, *ligans* Isaacum filium suum.

ΣΥΜΠΟΙΕ´Ω, *una facio, adjuvo,*
b *auxilior*, etiam i. q. simplex ποιέω. In posteriore notione legitur pro Hebr. *עָשָׂה, *facio*, apud Aqu. Symm. Theod. Ies. XXXVII. 11. ubi LXX ἐποίησαν habent. Vide ad h. l. Montfauconium. 3 Esdr. VI. 28. ἵνα συμποιῶσι τοῖς ἐκ τῆς αἰχμαλωσίας τῆς Ἰουδαίας, ut *una facere opus queant* cum his, qui ex Judaica venerant captivitate. Confer Maii
c Obss. SS. Lib. III. p. 190. Vide quoque Schol. Aristoph. Ran. v. 1455.

ΣΥΜΠΟΛΕΜΕ´Ω, *in bello adjuvo, una belligero*. *כָּלָה, *perficio, consumo*. Deuter. XXXII. 23. τὰ βέλη μου συμπολεμήσω ἐπ᾽ αὐτοὺς, quasi armabo adversus eos, ad bellum adversus eos gerendum, sagittas meas, omnes contraham. Est sine dubio
d alius interpretis. Alii habent συντελέσω, ut quoque legitur apud Clem. Alex. p. 116. — נִלְחַם Niph. *pugno*. Jos. X. 42. Incert. Jud. XI. 8.

ΣΥΜΠΟΝΕ´Ω, *collaboro, socius sum in labore*. Sirac. XXXVII. 5. ἑταῖρος φίλῳ συμπονεῖ χάριν γαστρὸς, sodalis cum socio simul laborat ventris causa.

*ΣΥ´ΜΠΟΝΟΣ, *qui una s. con-*
e *junctis viribus laborat*. 3 Macc. II. 25. συμπόνων sec. Ald. et Compl. ubi alii fortasse rectius συμπορῶν habent. Si lectio sana est, σύμπονος notabit *flagitiorum* et *libidinum quarumcumque socium*. Adverbium ξυμπόνως s. συμπόνως, *una laborando* s. *conjunctis viribus*, legitur apud Lucianum Ner. p. 1743. C. ξυμπόνως ἀντιλαβέσθαι τοῦ ἔργου. Philoxen. Gloss. σύμπονος, *assessor*.

ΣΥΜΠΟΡΕΥ´ΟΜΑΙ, *una proficis-* f
cor, comitor, it. *convenio*. בּוֹא, *venio*. Deuter. XXXI. 11. ἐν τῷ συμπορεύεσθαι πάντα Ἰσραὴλ, cum *convenit* omnis Israël. Ezech. XXXIII. 31. ἔρχονται πρός σε, ὡς συμπορεύεται λαός, veniunt ad te, ut *congregat* se populus. — *הֵבִיא Hiph. *adduco*. Dan. XI. 6. sec. cod. Chis. Recte. — הָלַךְ, *eo*. Job. I. 4. συμπορευόμενοι δὲ οἱ υἱοὶ αὐτοῦ πρὸς ἀλλήλους, *convenientes* autem filii ejus ad semet in- g
vicem. Cf. Marc. X. 1. Prov. XIII. 21. ὁ συμπορευόμενος τοῖς σοφοῖς, *qui se perpetuum comitem dat* sapientibus: ubi alii libri habent συμπεριφερόμενος. — יֵלֵךְ, idem. Ex. XXXIII. 15. XXXIV. 9. Jud. XI. 40. — לָוָה, *adhæreo*. Cohel. VIII. 15. — פָּעַם, *per vices agito*. Jud. XIII. 25. — רָעָה, *consocio me*. Prov. XIII. 21. ubi συμπορεύεσθαι est *conversari cum aliquo, socium esse alicujus*. Non- h
nullis autem ibi συμπορευόμενος ex antecedentibus huc translatum, ejusque loco συῤῥεμβόμενος legendum esse videtur. 3 Esdr. VIII. 10. συμπορεύεσθαί σοι, Chald. עִמָּךְ יְהָךְ, *tecum abeat*. Esdr. VII. 13. Vide et Tob. V. 7.

ΣΥΜΠΟΡΠΑ´Ω vel ΣΥΜΠΟΡΠΕ´Ω, *una adstringo*, q. d. *fibula annecto, a* πόρπη, *fibula*: etiam simpliciter *adstringo, fibula annecto*. סָבַב, *circum-* i
do. Exod. XXXIX. 5. τοὺς λίθους σμαράγδου συμπεπορπημένους, lapides smaragdi *fibula adstrictos*. Lexic. Cyrilli MS. Brem. Συμπεπορπημένους, συμπεριβλημένους, scribe: συμπεριβλημένους. Gloss. in Octat. Συμπεπορπημένους (lege Συμπεπορπημένους), συῤῥαφέντας περόνῃ. Apud Hesychium legitur: Συμπεπερονημένους, συῤῥαφέντας περόνῃ, fortasse quod in Codice quodam Exod. l. c. pro συμπεπορπημένους

ectum fuit συμπεπορνευμένους. Vide µoque Suidæ Lexicon in v. θώραξ.

*ΣΥΜΠΟΣΙ'Α, *compotatio, convivium*. 3 Macc. V. 16. et 17. Rarius ccurrit, usitatius est συμπόσιον.

ΣΥΜΠΟΣΙΑ'ΖΩ, *compoto*. סָבָא, oto et quidem intemperantius, *inerio me*. Aqu. Deuter. XXI. 20. υμποσιάζει.

ΣΥΜΠΟ'ΣΙΟΝ, *convivium*. מִשְׁתֵּה ין, *compotatio vini*. Esth. VII. 7. — סָבָא. Aqu. (Symm.) Ies. I. 22. bi vide Montfauconium ac voem præcedentem. — *סֹבֶא, *potus*. ymm. et Ed. Quinta Hos. IV. 8. Vide et Sirac. XXXI. 36. XXII. 6. et conf. Perizonium ad Elian. V. H. II. 18.

*ΣΥΜΠΟ'ΤΗΣ, *compotor*, deinde nalo sensu *flagitiorum et libidinum uarumcunque socius*. 3 Macc. II. 5. συμποτῶν καὶ ἑταίρων. Demosth. p. 267. 13. ed. Reisk. Philoxen. lloss. συμπότης, *conviva, compotor*.

ΣΥΜΠΡΑΓΜΑΤΕΥ'ΟΜΑΙ, *commercium habeo, conversor*. 3 Macc. II. 10. συμπραγματευόμενοι, *consortes egotiorum* cum Judæis aliquibus.

ΣΥΜΠΡΑ'ΣΣΩ, *simul ago*. עָשָׂה, cio, *ago*. Symm. 2 Sam. II. 9. μπράξει. Potuisset quidem Symachus simpliciter scribere πράξω, cuti etiam LXX ποιήσω habent. ed illud σὺν referendum est h. l. d promissionem Davidi a Deo dam interposito jurejurando, quæ antecedentibus commemoratur. ræterea constat, præpositionem ν in compositis haud raro abunare.

ΣΥΜΠΡΟΠΕ'ΜΠΩ, *una deduco comitor*. שָׁלַח, *mitto*. Genes. XII. 0. XVIII. 16. ubi cod. Oxon. ροπέμπων habet, quod rectius videur. Lectio recepta ex antecedente πεπορεύετο orta esse videtur.

ΣΥΜΠΡΟΠΗΛΑΚΕ'ΟΜΑΙ, *lacesso*. הִתְגָּרָה Hithp. *misceo*. Dan. XI. 10. Ita legit Kircherus hoc loco. Sed quia hanc vocem nullibi
f
facile alias invenias, codices alii pro συμπροπηλακήσεται rectius συμπροσπλακήσεται habent.

*ΣΥΜΠΡΟΠΟΡΕΥ'ΟΜΑΙ, *prægredior, dux sum*. הָלַךְ. Deuter. XXXI. 8. sec. cod. Alex.

ΣΥΜΠΡΟ'ΣΕΙΜΙ, *simul adsum, adhæreo*. חָבַר, *consocio*. Ps. XCIII. 20. — לָוָה, *adhæreo*. Cohel. VIII.
15. αὐτὸ συμπρόσεσται αὐτῷ, h. e. g
hoc unum ille *reportat* de labore suo. Hinc emendandus est Symmachus, qui habet: οὐ μόνον σ. α. Lege τοῦτο μόνον κ. τ. λ.

ΣΥΜΠΡΟΣΠΛΕ'ΚΩ, *simul annecto, una manum consero*. הִתְגָּרָה Hithp. *misceo*. Dan. XI. 10. sec. cod. Vat. συμπροσπλακήσεται ἕως τῆς ἰσχύος αὐτοῦ, manum una conseret usque ad robur ejus. Vide Maii Obss. SS. Lib. III. p. 191. Confer h
supra sub voce συμπλέκω.

ΣΥ'ΜΠΤΩΜΑ, *accidens, casus, exitium*. אָסוֹן, *exitium*. Aqu. Gen. XLII. 4. — מִקְרֶה. 1 Sam. VI. 9. XX. 25. — עֵצָה, *consilium*. Prov. XXVII. 9. ὑπὸ συμπτωμάτων, ubi pro מֵעֵצַת nonnullis legisse videntur מַעֲצֶבֶת, aut מַעֲצֵב. Sed Schultensius ad h. l. docuit, עֵצָה esse
constrictionem animi ab inopia consilii i
et curarum acerbitate: συμπτώματα autem sunt *morbi omnisque generis molestiæ et acerbitates*. — קֶטֶב, *exitium, lues, morbus subito hominem perimens*. Psalm. XC. 6. Vulg. male *incursus*. Est potius σύμπτωμα *morbi genus acutissimo dolore et morsu stimulantis*. Medici veteres σύμπτωμα definire solent πᾶν ὅπερ ἂν συμπίπτῃ τῷ ζώῳ παρὰ φύσιν. Hesych. σύμπτωμα, συνάντημα.

a ΣΥΜΦΑ'ΓΩ, *comedo.* אָכַל, *edo.* Ex. XVIII. 12. — בָּרָה, seq. אֵת, *edo cum.* 2 Sam. XII. 17. — לָחַם. *vescor.* Symm. Psalm. CXL. 4. συμφάγοιμι.

*ΣΥΜΦΑΙ'ΝΩ, *simul luceo.* בָּהִיר, *lucidus.* Symm. Job. XXXVII. 21. συνφῆσει. Ita Trommius. Sed Montfauconius συνφῆσει edi jussit. Vide s. συνφέω.

b *ΣΥΜΦΕΡΟ'ΝΤΩΣ, *commode, utiliter.* 4 Macc. I. 17.

*ΣΥΜΦΕ'ΡΟΜΑΙ, *una moveor, convenio, consentio.* Sirac. XII. 14. συμφερόμενον ἐν ταῖς ἁμαρτίαις αὐτῶν sec. cod. Alex. ubi alii συμφυρόμενον habent, sensu non mutato. Photius: συμφέρεται, συναρμόττει, συμφωνεῖ, ὁμονοεῖ. Idem tradit quoque Suidas.

ΤΟ' ΣΥΜΦΕ'ΡΟΝ, ΤΑ' ΣΥΜΦΕ'-
c ΡΟΝΤΑ, part. *utile, bonum, utilia, bona.* טוֹב, *bonum.* Deut. XXIII. 6. Nehem. VI. 19. sec. ed. Compl. — כִּישׁוֹר, *verticulum, verticillum.* Prov. XXXI. 19. τὰ συμφέροντα, a כָּשֵׁר, *rectum et proficuum esse.* Vide et Baruch. IV. 3. ubi τὰ συμφέροντά σοι verto: quæ tibi summam utilitatem afferre deberent. 2 Maccab. IV. 5. Suidas: συμφέρον, ἀγαθόν. λέ-
d γεται δὲ συμφέρον, ὅτι φέρει τὰ τοιαῦτα, ὧν συμβαινόντων ὠφελούμεθα.

ΣΥΜΦΕ'ΡΩ, *utilis sum, prosum.* טוֹב, *bonum.* Jerem. XXVI. 14. Symm. 2 Sam. XVII. 14. Psalm. CXVIII. 71. — נָאָה, *pulchrum est.* Prov. XIX. 10. — שָׁוָה. Esth. III. 8. Vide et Sir. XXX. 18. XXXVII. 31. Lex. vet. συμφέρει, *expedit.*

ΣΥΜΦΕΥ'ΓΩ, *una fugio.* 1 Macc. X. 84. ubi est i. q. simplex φεύγω,
e ut apud Polybium IV. 64. 8. 2 Macc. X. 18. XII. 6. Occurrit etiam apud Lucianum et in Zosimo. Vide Maii Obss. SS. Lib. III. p. 192.

ΣΥΜΦΛΕ'ΓΩ, *comburo, uro, incendo, inflammo.* בָּעַר et junctim, *accendo et inflammo.* Ies. XLII. 25. Eurip. Bacch. 595. Pindar. Pyth. ια', v. 50. Schol.

ΣΥΜΦΛΟΓΙ'ΖΩ, *simul inflammo et comburo, concremo.* לָהַט Pih. Ies. XLII. 25. συνεφλόγισεν. — שָׁאָה, Aqu. Soph. I. 15. 2 Macc. VI. 11. συνεφλογίσθησαν, *concremati sunt.*

*ΣΥ'ΜΦΟΙΤΟΣ, *congressus particeps, condiscipulus,* i. q. συμφοιτητής. Esth. VII. 7. sec. Origen. εἰς τὸ κῆπον τὸν σύμφοιτον, et ib. v. 8. ἐκ τοῦ κήπου τοῦ συμφοίτου. In utroque loco σύμφυτος legendum esse videtur. Eadem observatio valet quoque de loco Esth. I. 5. ubi Origen. συμφοίτου exhibet, Vulgatus autem habet: *quod regio cultu et manu consitum erat:* e quo simul apparet, ante οἴκου h. l. excidisse vocem κήπου, aut aliam; vertit enim *in vestibulo horti et nemoris.*

ΣΥΜΦΟΡΑ', proprie *collatio, congestio,* item: *quod accidit, casus, eventus,* et in malam partem: *calamitas, infortunium.* מוֹעֵד, *tempus statutum.* Hebr. et Syr. Int. Thren. I. 15. Sed nota hæc hexaplaris ducta est ex male intellecto loco Theodoreti ita scribentis: τὴν συμφορὰν καὶ ὁ Σύρος καὶ ὁ Ἑβραῖος καιρὸν καλεῖ, h. e. per vocem καιρόν, qua Syrus et Hebræus in versione usi sunt, *calamitatem* intellexerunt. Sequitur enim: καὶ ἡμεῖς δὲ πολλάκις εἰώθαμεν τῶν καιρῶν τὰς δυσκολίας ὀδύρεσθαι. — *שׁוֹאָה, *vastitas, vastatio, tumultus.* Aqu. Soph. I. 15. Vulg. *calamitatis.* Sap. XIV. 21. Sirac. XXXV. 1. 2 Macc. VI. 12. XIV. 14. Suidas: συμφορά, ἀτυχία, κακῶν συντυχία.

ΣΥΜΦΟΡΑ'Ω, *doleo, meam vel alterius calamitatem deploro.* הֵחִיל. Hiph. a חִיל. Ies. XIII. 8. συμφοράσουσιν ἕτερος πρὸς ἕτερον, *condolebunt alter alteri.* Apud Hesychium συμφυράσουσι legitur, et exponitur συμσυγήσονται. Unde et Ies. l. c. pro συμφοράσουσιν rectius fortasse legi συμφυράσουσιν putat L. Bos. Proleg. in LXX Intt. cap. 3. cui quoque adstipulatur Vitringa Comm. in Ies. l. c. p. 404. Sed cum alias LXX Hebr. הֵחִיל per verbum ἀλγέω, doleo, et ὀδυνάομαι, dolore afficior, interpretari soleant, et συμφοράω, quod est a συμφορὰ, propius ad significatus illos accedat, quam συμφυράω, nemo facile hic apud LXX aliquid mutare audeat.

*ΣΥ'ΜΦΟΡΟΣ, utilis, commodus, aptus. טוֹב, bonus. Symm. Cohel. II. 3. τὸ σύμφορον. Semlerus legere mavult τὸ συμφέρον, coll. VII. 1. Sed illud elegantius. Philoxen. Gloss. σύμφορον, commodum.

ΣΥΜΦΡΑΓΙ'ΖΩ, consigno. מִשְׁבְּצָה, ocellatio. Exod. XXVIII. 11. συνεσφραγισμένους χρυσίῳ.

ΣΥΜΦΡΑ'ΣΣΩ, concludo, obturo, obstruo, oppono sepimentum, cingo indagine. חָבַם, circuitio. Ies. XXVII. 12. Videntur legisse חָבַשׁ.— נָטָה, inclino, tendo, intendo. Symm. Ps. XXI. 12. συνέφραξαν κατὰ σοῦ εἰς κακὸν, cinxerunt te velut indagine consiliorum impiorum, opposuerunt tibi velut sepimentum consilia impia. Respexit notionem propriam verbi נָטָה. Sed Fischero in Clavi Verss. GG. p. 79. locus in mendo cubare et pro συνέφραξαν reponendum videtur συνεφράσαντο, inter se deliberant, ceperunt consilia, quod profecto, ut ad loci sensum, sic ad Symmachianam quoque elegantiam accederet propius.

*ΣΥΜΦΡΟΝΕ'Ω, idem sentio, consentio, unum consilium ineo. 3 Macc. III. 2. ἀνθρώπους συμφρονοῦσιν εἰς κακοτεχνίαν. Joseph. A. J. XVIII. 2. p. 875. Haverc.

ΣΥΜΦΡΥΓΜΟ'Σ, ardor, adustio. קָדַחַת, ardor ossium. Inc. Levit. XXVI. 16.

*ΣΥΜΦΡΥ'ΓΩ, torreo, torrefacio. 4 Macc. III. 11. συνέφρυγε, de cupiditate. Huc pertinent quoque ea, f quæ statim in sequentibus sub συμφρύσσω prolata sunt.

ΣΥΜΦΡΥ'ΣΣΩ, contorrefacio, torreo, torrefacio, frigo. חָרַר: נִחַר, Kal et Niph. exuror. Job. XXX. 30. Ps. CI. 4. Ezech. XXIV. 11. Eadem vox in Hexaplis pariter ac Cod. Vat. excidit Job. XXX. 30. ubi ante ἀπὸ καύματος vel supplendum est συνεφρύγη, quod addiderunt g cod. Alex. et ed. Aldina, vel κατεφρύγη e versione Inc. Int.

ΣΥ'ΜΦΥΛΟΣ, contribulis. עָמִית, socius, proximus. Aqu. Zach. XIII. 7.

*ΣΥΜΦΥΡΜΟ'Σ, commixtio, mixtura. רַתּוֹק, catena. Al. Ezech. VII. 23. συμφυρμόν.

ΣΥΜΦΥ'ΡΩ, commisceo, coinquino, commaculo. פָּרַד, separo. Hos. IV. h 15. διότι αὐτοὶ μετὰ πορνῶν συνεφύροντο (ubi alii συνανεφύροντο), quoniam alii commiscebant se vel coinquinabantur scortis. Sc. נִפְרַד h. l. notat separare se s. secedere scortationis causa, ut adeo subsequens pro antecedente positum sit. Hesychius: συνεφύροντο, συνεμολύνοντο. Al. Ezech. XXII. 6. ἕκαστος πρὸς τοὺς συγγενεῖς αὐτοῦ συνεφύροντο ἐν σοὶ, miscuerunt se quisque i proximo suo in te. Aliter ibi in textu Hebr. Sir. XII. 18. συμφυρόμενον ἐν ταῖς ἁμαρτίαις αὐτοῦ, coinquinatum peccatis ejus: ubi cod. Alex. συμφερόμενον habet. Apud Suidam et in Lex. Cyrilli MS. Brem. συμφέρεται exponitur συμμίγνυται, συνανακεράται, συμμιαίνεται. Sed Bielio reponendum videtur συμφύρεται, ut series literarum etiam suadet apud k Suidam. Nam sequitur post v. συμφυεῖς.

ΣΥ'ΜΦΥΤΟΣ, consitus, una plantatus, etiam innatus. בָּצִיר, munitus. Zach. XI. 2. δρυμὸς σύμφυτος. Non male. Nam quo implicatior a arboribus est sylva, eo minus aditus patet, ac eo majore jure *munita* dici potest, nempe arboribus. 3 Macc. III. 22. τῇ συμφύτῳ κακοηθείᾳ τὸ καλὸν ἀπωσάμενοι, pro *innata* (i. q. ἐμφύτῳ, Sap. XII. 10.) ipsorum malignitate bonum aversantes. Vide Syrum. Sopater apud Stobæum Orat. 46. σύμφυτον τὸ ἁμαρτάνειν ἀνθρώποις.

b ΣΥ'ΜΦΥΤΟΣ ΕΙ'ΜΙ', *una plantatus sum.* הִתְמֹגֵג Hithp. a מוּג, *colliquesco.* Amos IX. 13. *Liquefieri* est h. l. *bonis omnibus circumfluere et abundare.*

ΣΥΜΦΥ'Ω, *una nascor, connascor.* Sap. XIII. 13. Sed, ut bene monuit Bretschneiderus, videtur h. l. significare *inolescere, implicari, coalescere,* nostrum verwachsen, in ei-
c nander wachsen, *to grow together, to close up,* et ξύλον σκολιὸν καὶ ὄζοις συμπεφυκὸς est lignum tortuosum, quod inolevit, ita ut nodosum redderetur. Xenoph. Cyrop. IV. 3. 4. συμφύεσθαι usurpat de *centauris,* quorum corpus ex equino et humano coaluisse fertur. Lucian. Dial. de Mort. T. I. p. 404. ed. Reitz. εἷς ἐν συμπεφυκότες ἄνθρωπος καὶ θεός.

d ΣΥΜΦΩΝΕ'Ω, *consono, consentio,* it. *convenio, congregor,* it. *fœdus ineo.* חָבַר, *consocior.* Gen. XIV. 3. πάντες οὗτοι συνεφώνησαν ἐπὶ τὴν φάραγγα, omnes hi *conveniebant* in valle. Symm. συνῆλθον. — יָאַת, *acquiesco.* 2 Reg. XII. 8. — נוּחַ, *quiesco.* Ies. VII. 2. συνεφώνησεν Ἀρὰμ πρὸς τὸν Ἐφραΐμ, *fœdus iniit* Aram cum Ephraimo. Ita quoque Chaldæus אתחבר,
e *adjunxit se,* ubi Houbigantius existimat eos legisse נלוה. — *שָׁלַח יַד, *mitto manum.* Ex. XXIV. 11. sec. Oxon. συνεφώνησε. Legendum συνεφόνευσε. Conf. Is. Vossium de LXX Intt. pag. 11. Vide supra s. διαφωνέω.

ΣΥΜΦΩΝΙ'Α, *symphonia, consonantia, concentus.* סוּמְפֹּנְיָה, Chaldaica ex Græco desumta vox. Dan. III. 5. 10. Hieronymus Epist. ad Damasum: *Male quidam de Latinis* symphoniam *putant esse genus organi, cum concors in Dei laudibus concentus hoc vocabulo significetur;* συμφωνία *quippe* consonantia *exprimitur in Latino.* Vide Drusium in Fragm. Vett. Intt. Græc. pag. 1211.

ΣΥ'ΜΦΩΝΟΣ, *consonus, similis, æqualis.* לְעֻמַּת, *e regione.* Cohel. VII. 15. καίγε σὺ τοῦτο σύμφωνον τούτου, ὃ ἐποίησεν ὁ θεὸς, vel, ut Al. rectius: καίγε τοῦτο σύμφωνον τούτῳ ἐποίησεν ὁ θεὸς, etenim hoc illi *æquale* fecit Deus. Palæph. I. 2. φύσις σύμφωνος ἵππου καὶ ἀνδρός. Lexic. Cyrilli MS. Brem. σύμφωνον, ὅμοιον, ἴσον.

*ΣΥΜΦΩ'ΝΩΣ, adv., *voce s. sono inter se conveniente, unanimi consensu, convenienter.* לְעֻמַּת מַחְבַּרְתּוֹ, *contra conjunctionem ejus.* Inc. Ex. XXVIII. 27. Verbis Hebraicis ductus facile aliquis conjicere posset, ἀσυμφώνως potius legendum esse. Kreyssigius habet pro particula scholii, qualia passim occurrunt. Vide Bosii notas ad Ies. XL. 2. et LIII. 4. Præterea legitur 4 Macc. XIV. 6. et apud Diod. Sic. Bibl. p. 172. 40. et 467. 6. Adverbium ἀσυμφώνως autem apud Dion. Hal. II. 17. 4. Athen. Deipnos. p. 187. F. ubi vid. Casaubonus. Philoxeni Gloss. συμφώνως, *convenienter.*

*ΣΥΜΦΩΤΙ'ΖΩ, *collustro, simul illumino.* הוֹרָה, *doceo.* Lev. X. 11. sec. cod. 54. Holm. συμφωτίζειν. Orta est hæc lectio sine dubio ex φωτίζειν, quod Ἄλλος sec. marg. Cat. Nic. exhibet.

ΣΥΜΨΑ'Ω, *corrado, radendo complano, contero, comminuo, abripio, aufero.* אָסַף, *congrego.* Jerem. XLVIII. 33. συνεψήσθη (alii rectius συνεψήσθη) χαρμοσύνη καὶ εὐφροσύνη ἐκ τῆς Μωαβίτιδος, *comminutum* vel *ablatum est* gaudium et lætitia ex Moabitide. Suidas ex emendatione Küsteri: συνεψήσθη, συνελεστύσθη. Apud Hesychium legitur: συνεψήσθη, συνεπλατύνθη, sed reponendum videtur ex Suida συνελεστύσθη aut συνεσπαράχθη. Potest etiam verti *abreptum, ablatum est*, ut ex mox dicendis apparebit. — סָחַב, *traho, rapto*, et in l. Arab. *abrado*. Al. Jerem. XXII. 19. συμψησθεὶς ῥιφήσεται ἐπέκεινα τῆς πύλης Ἱερουσαλὴμ, *abreptus* abjicietur ultra portam Hierosolymæ. In Lexic. Cyrilli MS. Brem. Συμψησθεὶς (MS. vitiose συμψισθεὶς, et etiam Photius in Lexic.) exponitur βλαβεὶς, τρωθεὶς. MS. iterum vitiose στρωθεὶς. Ita etiam Suidas et Hesychius, nisi quod apud hunc male legatur συμψηθεὶς, et apud illum συμησθεὶς, ut notavit etiam Küsterus. Sed malim reddere *abreptus*. Nam ita etiam συμψᾶσθαι pro Hebr. סָחַב legitur Jer. XLIX. 19. ἐὰν μὴ συμψησθῶσι (In Francof. editione vitiose συνψαυσθῶσι legitur) τὰ ἐλάχιστα τῶν προβάτων, si non *abripiantur* minimæ ovium. Sic etiam Herodotus Lib. I. cap. 189. τῶν τις ἱρῶν ἵππων τῶν λευκῶν ὑπὸ ὕβριος ἐσβὰς ἐς τὸν ποταμὸν, διαβαίνειν ἐπειρᾶτο. ὁ δέ μιν συμψήσας, ὑποβρύχιον οἰχώκεε φέρων. Et Jamblichus: Βιαζομένους δὲ τοὺς κολυμβητὰς συμψήσας ὁ ποταμὸς ἔφερε κάτω, καὶ οὐκ ἔτι ἀπεκόστησαν. Vide Suidam in v. Συμψήσας.

*ΣΥΜΨΗΦΙ'ΖΩ, *supputo, computo*. סָחַב, *traho, rapto*, et in lingua Arabica *abrado*. Jer. XXXVIII. 11. sec. cod. Alex. συμψηφισθῶσιν, ubi tamen alii rectius habent συμψησθῶσι. Vide supra s. v. συμψάω.

*ΣΥΜΨΥ'Ω, *una minutatim frango, contero, attenuo*. קְדוּמִים nomen propr. *Chedummim*. Jud. V. 21. sec. cod. Oxon. συμψισμένων. קָדוּם *occursum hostilem*, etiam *victoriam* notat, quod respexerunt fortasse h. l. LXX. — סָחַב, *traho, rapto*, et in lingua Arabica *abrado*. Jerem. XXXVIII. 11. sec. Complut. συμψισθῶσι. Confer quoque s. v. συμψάω.

ΣΥ'Ν, *cum*. *אַחֲרֵי, *post*. Psalm. XLVIII. 18. — אֵת, nota accusativi. Coh. II. 17. ἐμίσησα σὺν τὴν ζωὴν, *odi vitam*. Sic etiam σὺν pro אֵת occurrit et accusativo jungitur Coh. III. 11. (ubi vide Schol. apud Montf. in Hex.) 17. (σὺν τὸν δίκαιον καὶ σὺν τὸν ἀσεβῆ κρινεῖ ὁ Θεός: ubi σὺν adverbium pro ὁμοῦ.) IV. 3. VIII. 8. 15. 17. quod alias apud LXX non observatur. Aquilam autem particulam אֵת ita semper reddidisse docuit Grabius Proleg. in LXX Intt. T. I. c. 2. §. 9. ex Gen. I. 1. 16. 27. Adde Gen. XX. 10. (ubi nonnulli perperam ex σὺν fecerunt σὺ, et Drusius conjicit Aquilam legisse אַתָּ, *tu*.) Thren. II. 2. σὺν pro אֵת Symmacho quoque tribuitur: Σ. σὺν: πάντα, sed puto ibi scribendum esse σύμπαντα una voce. Cohel. IX. 15. οὐκ ἐμνήσθη σὺν τοῦ ἀνδρὸς τοῦ πένητος ἐκείνου, non recordatus est viri illius pauperis. — *אָתָה, *venio*. Deuter. XXXIII. 2. Legit אֵת. — *עַל. Lev. IV. 11. — עָם, *populus*. Dan. IX. 26. ubi legerunt עִם. — *לְעֻמַּת, *e regione*. Levit. III. 9. Ezech. I. 21. — בְּתוֹךְ, *in medio*. Exod. XXXIX. 3. — *רַעַם, *strepitus*. Job. XXXIX. 25. Legerunt עִם. Legitur præterea 1 Sam. VII. 9. σὺν παντὶ τῷ λαῷ, *coram omni populo*, ubi nihil respondet in textu Hebraico.

*ΣΥΝΑΓΕΛΑ'ΖΩ, *aggrego, congrego*. 4 Maccab. XVIII. 23. Hesych. συναγελάζονται, συνδιαιτῶνται, κ. τ. λ. Hinc συναγελασμὸς, *congregatio, aggregatio*, interprete Philoxeno Gloss.

*ΣΥ'ΝΑΓΜΑ, *sedimentum, lotii collectio*, etiam *collectio quævis*. אֲסֻפּוֹת plur. *collectiones*. Cohel. XII. 11.

a sec. cod. Alex. συναγμάτων. Schol. συνταγμάτων, συναντημάτων.

ΣΥΝΑ'ΓΧΟΜΑΙ, *suffocor, comprimor, constringor.* Sap. XVII. 11. συναγχομένη τῇ συνειδήσει, *compressa a conscientia.*

ΣΥΝΑ'ΓΩ, *congrego, colligo, recipio, recondo, convoco,* it. *libero,* et Συνάγομαι, *convenio.* אָגַר, idem. Symm. Prov. VI. 8. et Prov. X. 6.
b — אָסַף. Jud. XIX. 15. οὐκ ἦν ἀνὴρ συνάγων αὐτοὺς εἰς οἰκίαν, non erat aliquis, qui *recipiebat* illos in domum. Vide et v. 18. 2 Sam. XI. 29. συνήγαγεν αὐτὴν εἰς τὸν οἶκον αὐτοῦ, *recipiebat* (Vulg. *introduxit*) illam in domum suam. Ita Matth. XXV. 35. ξένος ἤμην καὶ συνηγάγετέ με, sc. εἰς οἰκίαν, hospes eram, et *recipiebatis* me. 2 Reg. V. 11. ubi συνάγειν
c est *curare s. efficere, ut aliquid auferatur, liberare aliquem ab aliqua re.* Vide supra s. v. ἀποσυνάγειν. Theodot. Job. XXXIX. 12. — אֲסֻפִּים plur. *congregationes.* Neh. XII. 25. — אָצַר, *recondo in thesaurum.* Ies. XXXIX. 6. — נֶאֱצַר וְנֶחְסַן Niph. *recondor et reponor in thesaurum.* Ies. XXIII. 18. — בָּלַע, *deglutio.* Job. XX. 15. — גָּדַר, *se-*
d *pio.* Ezech. XIII. 5. Videntur legisse עָדַר vel potius וְתֶעְדְּרוּ. — *גּוּר, *commoror.* Symm. Ps. LVI. 7. συνήγοντο. Fortasse cum Chaldæo legit יָגוּרוּ, ut Psalm. XCIV. 21. nisi, ut Kimchius ac Buxtorfius in Anticritica pag. 839. volunt, etiam voci גּוּר hæc significatio tribui potest. — דָּגַר. Jerem. XVII. 11. συνήγαγεν, ubi pro דָּגַר legisse viden-
e tur אָגַר, quod notat *colligere.* — הֵבִיא Hiph. a בּוֹא, *venire facio.* Prov. XXXI. 14. Jerem. XXXIII. 8. — *הִגִּיעַ Hiph. *attingo, pervenio.* Dan. XII. 12. sec. Chis. ubi tamen pro συνάξει reponendum erit συνάψει, ut jam monuit Segaarius. — הוֹסִיף Hiph. a יָסַף, *addo.* 2 Sam. III. 35. 2 Sam. VI. 1. ubi non opus est statuere, eos legisse וַיֶּאֱסֹף; nam יָסַף habet etiam notionem *colligendi* et *congregandi,* ut jam observatum est a Lexicographis. — הוֹצִיא Hiph. a יָצָא, *exire facio.* 2 Sam. X. 16. Ezech. XXXVIII. 4. — הֵחִישׁ Hiph. a חוּשׁ, *accelero.* Ies. LX. 22. συνάξω αὐτούς. Vocem Hebr. de reditu e captivitate sine mora præstando explicandam censuerunt. — *הָמָה. Aqu. et Incert. Psalm. XLV. 7. συνήχθησαν. Verte: *cum strepitu coierunt,* quam notionem quoque vox Hebr. habet. — *הֵנִיחַ Hiph. a יָנַח, *relinquo.* Ezech. XXII. 20. Ita Trommius. Sed הֵנִיחַ deducendum ibi potius est a נוּחַ, ut sit: *requiescere facere, sedem fixam assignare.* — הֵנִיס Hiph. a נוּס, *fugio, fugere facio.* Ex. IX. 21. — *הֶעֱזִיר, *adjuvor.* Dan. XI. 34. sec. Cod. Chis. συνάξουσι. Arab. غزر, *fluere, affluere* notat. — הֵעִיז Hiphil ab עוּז. Exod. IX. 20. — הִצְעִיק, Hiph. *convoco.* Al. 1 Sam. X. 17. συνήγαγε. — *הֶעֱלָה Hiph. *ascendere facio.* 2 Par. II. 16. Lectio συνάξεις, quæ est cod. Alex., videtur orta esse ex σὺ ἄξεις, nisi statuere malimus, συνάγειν h. l., ubi εἰς sequitur, *auferendi* et *exportandi* notionem adjunctam habere. — הִקְהִיל Hiph. a קָהַל. Num. I. 18. VIII. 10. Job. XI. 10. ἢ συναγάγῃ. Vulgatus bene: *vel in unum coarctaverit.* Vide ad h. l. Montfauconium. — הִשְׁבִּיר Hiphil a שָׁבַר, *vendo.* Al. Amos VIII. 5. συνάξομεν sec. ed. Compl., h. e. vendendis mercibus pecuniam colligamus. —

· הִשְׂתָּעֵר Hithp. (שׂ pro ס), *violenter irruo*. Dan. XI. 40. Συνάγειν h. l. notat *congregare* s. *colligere milites*. Vide Xenoph. Hist. Gr. III. 4. 16. — הִתְיַצֵּב Hithp. a יָצַב, *sisto me*. 2 Par. XI. 12. — *הִתְכַּנֵּס Hithp. *colligo me*. Theodot. Ies. XXVIII. 20. ubi alii libri pro συναχθῆναι habent συναφθῆναι, sensu eodem. — חָטַב, *caedo*. Deuter. XIX. 5. Qui ligna in sylvis colligunt, ea etiam caedere solent. — חָשַׂךְ, *cohibeo*. Prov. XI. 24. οἱ συνάγοντες. Ita quoque οἱ λοιποί. Non habet quidem vox Graeca per se spectata significationem *cohibendi*, sed tamen adjunctam, inprimis in hac orationis serie. — כָּמֻס part. Pah. *reconditus*. Deuter. XXXII. 34. ταῦτα συνῆκται παρ' ἐμοί, haec sunt *recondita* (Vulgat. *condita*) apud me: ubi Schol. μὴ οὐχὶ τοῦτο ἀπόκειται παρ' ἐμοί, quod Symmachi esse videtur. — כָּנַס, *colligo, congrego*. Nehem. XII. 43. Ps. XXXII. 7. συνάγων. Aqu. et Symm. (sec. Catenam PP. GG. T. I. p. 567.) συνήγαγε, quam vocem etiam Symmacho tribuit Cod. Vat. ab Adlero collatus. Coh. II. 8. Aqu. Cohel. II. 26. — כְּנַשׁ Chald. et in Ithpah. אִתְכַּנַּשׁ, idem. Dan. III. 2. 3. 28. — *לָקַח, *capio*. Exod. XIV. 6. sec. cod. Oxon. συνήγαγε μεθ' ἑαυτοῦ, ubi alii libri habent συναπήγαγε, unde luculenter apparet, συνάγειν notionem *abducendi* h. l. adjunctam habere. — לָקַט, *colligo*. Genes. XLVII. 14. Exod. XVI. 5. 16. Ruth. II. 2. et alibi. — מ praefixum. Deuter. XXXIII. 2 — מָנַע, *cohibeo*. Job. XX. 13. ubi pro וְיִמְנָעֶנָּה, *et prohibebit illud*, ne sc. manifestetur aliis, LXX habent καὶ συνάξει. Habet hic συνάγειν adjunctam notionem *cohibendi* (Vide supra s. v. חָשַׂךְ), nisi quis forte legere malit συνέξει, quod h. l. incertus habet, et uti quoque teste L. Bos ad h. l. Polychronius et Augustinus legerunt. — מְצָדָה, *arx*. Ies. XXIX. 7. πάντες οἱ συνηγμένοι ἐπ' αὐτήν. Deduxerunt fortasse a צוּד, *venari, piscari*. — מִקְוֶה, *exspectatio*. Jer. L. 7. τῷ συναγαγόντι. Legerunt לְמִקְוֵה: nam קָוָה est *congregare*. — *מִקְבֶּצֶת, *congregata*. Ezech. XXXVIII. 8.. ubi tamen pro συνηγμένων legendum συνηγμένην, *collectam de gentibus multis*. In textu Hebr. enim est מְקֻבֶּצֶת, non vero מִקְבֶּצֶת. — מַשָּׁק, *discursitatio*. Ies. XXXIII. 4. ἐάν τις συναγάγῃ ἀκρίδας. Ita, ut opinor, mera conjectura ducti transtulerunt ob אֹסֶף initio commatis. — *נָהַג, *duco*. Deut. IV. 27. συνάξει, *una introducet*. Ita Compl. — נָהַר, *confluo*. Jerem. LI. 44. — נָסַךְ, *libo*. Psalm. XV. 4. ubi pro אַסִּיךְ, quod verterunt συναγάγω, fortasse legerunt אֹסִיף, ab אָסַף, *colligere*. Aliis videntur inversis literis legisse כָּנַס. Vide infra s. v. συναγωγή. — נוֹסַד Niph. a יָסַד, *consulto*. Psalm. II. 2. In mente habuerunt סוֹד, quod de *congressu* et *concilio* haud raro adhibetur, et συνήχθησαν reddendum est *convenerunt deliberandi* et *consilium capiendi* seu potius *conspirandi causa*. Aliis legisse videntur נוֹחֲדוּ a יָחַד, *univit*. — נוֹעַד Niph. a יָעַד. Num. X. 3. Nehem. VI. 2. συναχθῶμεν ἐπὶ τὸ αὐτό, una *conveniamus*. Vide et v. 10. Ps. XLVII. 4. et conf. Matth. XIII. 2. XXII. 34. — נוֹעַץ Niph. a יָעַץ, *consulto*. 2 Par. X. 6. — נָקַב, *expresse nomino*. Esdr. VIII. 20. πάντες συνήχθησαν ἐν ὀνόμασι, omnes convocati sunt

a nominatim. Libere verterunt. — נָתַן, *do.* Prov. X. 11. συνάγει ἀνδράσι λύπας, *affert* aliis dolorem. — סָפָה, *addo.* Deut. XXXII. 23. Ies. XIII. 15. XXIX. 1. Jerem. VII. 20. ubi haud pauci statuunt eos סָפָה et אָסַף invicem permutasse, non cogitantes, סָפָה æque ac יָסַף (quod vide supra) notionem *colligendi* adjunctam habere. Confer Schultens.
b in Origg. Hebr. Lib. I. p. 363. — *סָפִיחַ, *serotinum.* 2 Reg. XIX. 29. sec. Compl. συνηγμένα, ubi alii habent αὐτόματα. Versio συνηγμένα sine dubio Aquilæ reddenda est, nam סָפִיחַ notat proprie *associatum et accessorium quid ad sementim superioris anni,* a סָפַח cum עַל et בּ, *addi, adjungi, admisceri.* — סָפַן, *tego.* Deuter. XXXIII. 21. N. L.
c — סָפַר, *numero.* 2 Paral. II. 2. 17. — פָּדָה, *redimo.* Ies. XXXV. 10. συνηγμένοι διὰ κύριον ἀποστραφήσονται, *collecti* quasi a Deo, sc. *ad liberationem,* revertentur. — פָּרַשׂ, *expando.* Zach. II. 6. Explicarunt nempe h. l. de reditu Judæorum e captivitate. — צָבַר, *coacervo.* Genes. XLI. 35. 49. Exod. VIII. 14. Job. XXVII, 16. — צִוָּה Pih. *præcipio.*
d Jerem. XXVII. 3. ubi pro συνάξεως alii fortasse rectius habent συντάξεως. — צָעַק, *voco, convoco.* Jud. XII. 1. συνήχθησαν: ubi sensum non male expresserunt. In textu Hebr. enim legitur יִצָּעֵק, *accitus est.* Adde Inc. 1 Sam. X. 17. — קָבַץ : קִבֵּץ : הִקְבִּיץ, Kal, Pih. et Hiph. Genes. XLI. 35. 47. XLIX. 2. Nehem. I. 9. et alibi sæpius. Al. Ies. LII. 15.
e Aqu. Symm. Theod. Nahum. III. 18. ubi notat *hospitio excipere.* LXX ibi habent ὁ ἐκδεχόμενος. — קָו, *filum mensorium.* 1 Reg. VII. 22. συνηγμένη. In mente habuerunt notionem primariam *conjunctionis* et *collectionis,* quam habet קָוָה. Confer Simonis Lex. Hebr. pag. 1411. — קָוָה : נִקְוָה, Pih. et Niph. *exspecto,* it. *confluo.* Gen. I. 9. Jerem. III. 17. VIII. 15. Mich. V. 7. — קוּם, *consurgo.* Genes. XXXVII. 34. Sensum secuti sunt. — קַיִץ, *æstivo.* Ies. XVIII. 6. Libere verterunt. Sermo enim ibi est de *avibus rapacibus et feris animalibus.* — *קִיקָלוֹן, *vomitus ignominiosus.* Hab. II. 16. συνήχθη ἀτιμία. Legerunt divisim קִי קָלוֹן, ac illud קִי deduxerunt a קָוָה, quod in Kal et Niphal *congregare* significat, quemadmodum a כָּוָה, *urere,* fit כִּי, *adustio.* — קָלַס Pih. *ludifico,* etiam *glorior* ex usu loqu. Chald. et Syr. Secundum alios *vomo.* Ezech. XVI. 31. ὡς πόρνη συνάγουσα μισθώματα. Vide ad h. l. Intt. — קָצִיר, *messis.* Al. Job. V. 5. συνήγαγεν. — קָרַב : הִקְרִיב, Kal et Hiph. *appropinquo, appropinquare facio.* Jos. VII. 14. Jerem. XXX. 18. — קָשַׁר, *conspiro.* Neh. IV. 8. συνήχθησαν πάντες ἐπὶ τὸ αὐτὸ, omnes una conveniebant. Confer 1 Macc. III. 53. — קָשַׁשׁ, *conquiro.* Exod. V. 7. 12. Soph. II. 1. — שׁוֹבֵב Pih. a שׁוּב, *reverti facio.* Ies. XLIX. 5. Ez. XXXVIII. 4. XXXIX. 2. — *שָׁמַר. Gen. XLI. 35. sec. Alex. et Oxon. συναχθήτω, *collectum asservetur,* ubi Cod. Vat. habet φυλαχθήτω. Sir. XIII. 18. συνάγεται, *conjungi* s. *sociari solet.* Vulg. *conjungetur.* Achill. Tat. II. cap. 11. Sir. XXV. 5. ἐν νεότητι οὐ συναγήοχας, in juventute non *congregasti.* Aristot. Œcon. II. 1. συναγηόχαμεν. Conf. Maittaire de Dial. L. Gr. p. 66. ed. rec. 1 Macc. XIII. 6. συνήχθησαν, *hostili animo conspiraverunt.* Ibid. II. 16. pro συνήχθησαν legere mallem συνέστησαν cum Vul

a gato, qui habet: *constantèr stete-*
runt. — Vide alibi μισθός.

ΣΥΝΑΓΩΓΗ, *congregatio, cœtus.*
אֲגֻדָּה, *globus, fasciculus.* Al. 2 Sam.
II. 25. συναγωγή. Vulg. *cuneus.* —
אָסִיף, *collectio.* Exod. XXXIV. 22.
— אָסֹף infin. Exod. XXIII. 16.
Soph. III. 9. — אֲסֵפָה. Ies. XXIV.
22. — בַּיִת, *domus.* 1 Reg. XII.
21. Vide infra s. חַיִל et עַם. —
b גַּל, *scaturigo.* Job. VIII. 17. ἐπὶ
συναγωγὴν λίθων κοιμᾶται. Quanquam
non ignoro, גַּל etiam *acervum et*
cumulum notare, derivatum nempe
a גָּלַל, *volvere, convolvere,* tamen
nihil in textu Hebr. legitur de lapidibus. Mihi itaque videtur trans-
positio sententiarum in LXX sta-
tuenda esse, ut verba Græca supra
adducta pertineant ad ea, quæ in
c fine hujus commatis leguntur:
בֵּית אֲבָנִים ׃ יֶחֱזֶה בֵּית־אֲבָנִים
autem bene in hac orationis serie
per συναγωγὴν λίθων reddi potuisse,
quis non videt? Vide supra s. v.
χωμάζομαι. Nonnulli statuunt, LXX
קָהָל legisse loco גַּל. — *הָמוֹן, *tur-*
ba, multitudo. Dan. XI. 11. sec.
cod. Chis. — חַיִל, *exercitus.* Ez.
XXXVII. 10. ubi συναγωγή *exerci-*
tum notat, ut quoque transtulit
Vulgatus Interpres. — מוֹעֵד, *con-*
ventus. Symm. Numer. III. 7. ubi
tamen pro συναγωγῆς fortasse scribendum συνταγῆς, *condictionis* seu,
constitutionis, coll. IV. 25. ubi συνταγῆς pro eadem voce posuit, nisi
quis etiam in posteriore loco συναγωγῆς legere malit. Eadem lectionis diversitas locum quoque habet
apud Symm. Ps. LXXIV. 3. ubi
in Catena PP. GG. T. II. p. 553.
Symmacho pro συναγωγὴν tribuitur
συνταγὴν, quæ est ipsa versio Aquilæ.
Conf. Eusebium ad Ps. LXXIII.
4. Ceterum in omnibus his locis
συναγωγαὶ *loca sacris conventibus*
destinata significant. — מָחוֹל, *cho-*
rus. Jerem. XXXI. 4. 13. ubi συναγωγὴ *cœtum* s. *chorum saltantium* notat. — מִקְוֶה, *exspectatio,* item, *con-* f
fluentia. Levit. XI. 36. — מָקוֹם,
locus. Gen. I. 9. συναχθήτω τὸ ὕδωρ
εἰς συναγωγὴν μίαν, ubi non legerunt
מִקְוֶה, quod proprie notat *collectio-*
nem aquarum, sed sensum expresserunt. — מִשְׁכָּן, *habitaculum.* Num.
XVI. 24. et 27. sec. codd. Holmes.
— נֶסֶךְ, *libamen.* Ps. XV. 4. τὰς
συναγωγὰς αὐτῶν, ubi pro נִסְכֵּיהֶם
legerunt אֲסֵפֵיהֶם. Vide supra s. g
v. συνάγω. — נִקְבָּץ part. Niph. *con-*
gregatus. Ies. LVI. 8. — סוֹד, *ar-*
canum, congressus tectus et secretus.
Jer. VI. 11. — עֵדָה. Exod. XII.
3. XVI. 1. Levit. IV. 13. et alibi
sæpius. Aqu. Theod. Job. XV. 34.
Syrus Jerem. XXX. 20. Aqu. Hos.
VII. 12. et Ps. XXXVII. 2. Jud.
XIV. 8. de *examine apum* dicitur.
— עִיר, *urbs.* Jos. XX. 4. N. L. h
— עָם, *populus.* Lev. X. 3. Num.
XXXII. 15. — *עֵת, *tempus.* Ps.
LXI. 9. Legerunt עֲדַת, *congre-*
gatio, uti quoque Vulgatus transtulit. — *קִבּוּץ, *omne quod collec-*
tum et congregatum est, a קָבַץ, *col-*
ligo, congrego. Symm. Ies. LVII.
13. συναγωγή, *congregati.* — קָהָל.
Gen. XXVIII. 3. XXXV. 11. Ex.
XVI. 3. et alibi sæpius. — קְהִלָּה. i
Deut. XXXIII. 4. — קִיר, *paries,*
at hic nomen urbis. Ies. XXII. 6.
Videntur legisse קִי a קָוָה. Vide
supra s. v. συνάγω. — רָעָה fœm.
malum. Abd. v. 13. τὴν συναγωγὴν
αὐτῶν. Legerunt בַּעֲדָתָם, quod
Cappellus præfert. — תִּקְוָה, *ex-*

a *spectatio.* Zach. IX. 12. Deduxerunt a קָוָה, *congregare.* Sirac. IV. 7. συναγωγὴ, *plebs, homines de plebe:* nam opponuntur τοῖς μεγιστᾶσι. Vulg. *de congregatione pauperem.*

ΣΥΝΑΓΩΓΗ' 'ΥΔΑΤΟΣ, *congregatio aquæ.* יְאֹרֵי מָצוֹר, *rivi munitionis.* Ies. XIX. 6. XXXVII. 25.

*ΣΥΝΑ'ΔΕΛΦΟΣ, *qui fratrem s. fratres habet, qui alteri loco fratris*
b *est.* Aqu. sec. cod. Paul. Lips. Num. VIII. 26. Sed reponendum ibi est σὺν ἀδελφοῖς. Legitur enim in textu Hebr. אֶת־אֶחָיו.

ΣΥΝᾼ'ΔΩ, *concino, consono, consonum cantum edo.* אָמַר, *dico.* Hos. VII. 2. ὅπως συνᾴδωσιν, quæ verba, et ὡς συνᾴδοντες, quæ sequuntur, sunt diversæ versiones, quæ h. l. vitiose coaluerunt. Arabs utramque lec-
c tionem illam expressit. Bahrdtius in Appar. Crit. ad h. l. admodum coacte conjicit, forsan primam lectionem fuisse συνάγοντες, ut pro אָמַר legerint אָצַר. Cæterum, quanquam negari nequit, אָמַר quandoque *canere* significare, tamen ipsa versio LXX Intt. mihi admodum inepta esse videtur, nisi sumamus, συνᾴδειν τῇ καρδίᾳ h. l. *lætari* notare.

d ΣΥΝΑΘΡΟΙ'ΖΩ, *coacervo, congrego.* אָסַף, idem. Al. 1 Sam. XIV. 53. συνήθροισεν.—הֵהִין Hiph. a הִין, *paratus sum.* Deut. I. 41. Videtur הִין olim *colligendi et coacervandi* notionem habuisse, unde הוֹן *divitiæ, opes.* — נִקְהַל : הִקְהִיל, Hiph. et Niph. Exod. XXXV. 1. συνήθροισε. Num. XX. 2. Jos. XXII. 12. —
e מָגוֹר, *metus.* Jerem. XX. 10. συναθροιζομένων Legerunt אֹגוּר, ab אָגַר, *colligere, congregare.* Vide tamen supra sub συνάγω ad vocem גּוּר. — נוּעַ, *moveo me,* h. l. *confluo.* Amos IV. 8. — נוֹעַד Niph. a יָעַד. Num. XVI. 11. — עוּשׁ, *convenio.* Joël. III. 11. — נִקְבַּץ : קִבֵּץ : קָבַץ, Kal, Pih. et Niph. Jud. XII. 4. 1 Sam. VIII. 4. 2 Sam. III. 21. et alibi. In Conj. Hithp. apud Inc. 1 Sam. f
XXII. 1. — רָעַע, *confringo, perfringo.* Οἱ Γ Ies. VIII. 9. συναθροίσθητε. Derivarunt a רָעָה, *sociavit, consociavit, congregavit.* Vide Simonis Lex. Hebr. p. 1535.

*ΣΥΝΑΙΝΕ'Ω, *comprobo, approbo, annuo, assentior.* 3 Macc. V. 21. οἱ δὲ παρόντες ὁμοῦ συναινέσαντες, omnes præsentes uno ore *comprobabant* hoc regis decretum. Ib. VI. 41. συναινέσας g
δὲ αὐτοῖς βασιλεὺς, *annuit* rex eorum precibus. Ibid. VII. 12. παραδεξάμενος καὶ συναινέσας. Hesych. συναινεῖ, συνευδοκεῖ, συγκατατίθεται, h. e. συμφωνεῖ. Conf. Hesych. s. συγκατάθεσις, et ad h. l. Alberti. Xenoph. Exped. VII. 7. 19. Soph. Œd. Col. v. 1504. In notione *annuendi* etiam simplex αἰνέω legitur apud Eurip. Med. v. 1157. ᾔνεσ' ἀνδρὶ πάντα, *annuit* marito h
omnia. Etymol. Gudianum 514. 46. συναινῶ, ἐκ τῆς σὺν προθέσεως καὶ τοῦ αἰνῶ, τὸ λέγω, ὃ σημαίνει τὸ συλλαλῶ, καὶ συμβουλεύω. Idem 515. 33. συναινῶν, συμφερόμενος, ἀκολουθῶν. Philoxeni Gloss. συναινῶ, *adsentio, consentio.*

ΣΥΝΑΙ'ΡΩ, *una tollo, aufero.* עָזֹב עָזַב, *relinquendo relinquo.* Al. Exod. XXIII. 5. συναρεῖς, ubi vel ante עָזֹב supplerunt particulam negandi, vel i
loco עָזֹב legerunt עָזֹר.

ΣΥΝΑΚΟΛΟΥΘΕ'Ω, *una sequor.* מִלֵּא אַחֲרֵי Pih. *compleo post aliquem,* h. e. *sequor aliquem.* Num. XXXII. 11. οὐ γὰρ συνηκολούθησαν ὀπίσω μου, non enim *una secuti sunt* post me. Vide et 2 Macc. II. 6. et conf. Luc. XXIII. 49. 2 Maccab. II. 4. ὡς τὴν σκηνὴν καὶ τὴν κιβωτὸν ἐκέλευσεν ὁ προφήτης, χρηματισμοῦ γενηθέντος, αὐτῷ συνακολουθεῖν, quod tabernaculum et arcam jusserit propheta, facto oraculo, una cum ipso dea portari. Ita verbum simplex ἀκολουθεῖν aliquando significat *una deportari, simul vehi.* Ælianus V. H. XII. 40. τά τε ἄλλα ἐφόδια εἵπετο τῷ Ξέρξῃ πολυτελείας καὶ ἀλαζονείας πεπληρωμένα, καὶ οὖν καὶ ὕδωρ ἠκολούθει τὸ ἐκ τοῦ Χοάσπου, quod Herodotus Lib. I. c. 88. ita expressit: ὕδωρ ἀπὸ τοῦ Χοάσπεω ποταμοῦ ἅμα ἄγεται. Eodem sensu verbum occurrere 1 Cor. X. b 4. putant nonnulli Intt. Vide Wolfium ad h. l. p. 449. Illisque favet Philo, qui aquam, ex petra percussa emanantem, cum omnes hydrias illa impleverint Israëlitæ, iis ad longum tempus potum præbuisse testatur Lib. I. de Vita Mosis p. 635. Sed vide, quæ contra sententiam illam monet Wolfius l. c.

ΣΥΝΑΛΑ'ΛΑΓΜΑ, *conjuncta voci-* c *feratio.* רַעַם שָׂרִים, *tonitru principum.* Job. XXXIX. 25. In Ed. Ald. vitiose legitur συνάλαγμα. Vide supra s. v. ἀλάλαγμα.

ΣΥΝΑΛΓΕ'Ω, *condoleo, una doleo.* Sir. XXXVII. 16. συναλγήσει σοι.

ΣΥΝΑΛΙ'ΖΟΜΑΙ, *convescor.* לְחַם, *vescor.* Al. Ps. CXL. 5. μὴ συναλισθῶ ἐν ταῖς τερπνότησιν αὐτῶν, ne *una vescar* deliciis illorum. In Commentario Origenis T. III. Catenæ PP. GG. p. 730. legitur συναυλισθῶ, *commorabor.* Eadem lectionis diversitas reperitur quoque in Actis App. cap. I. v. 4. ubi vide notata a me in Lexico N. T. s. v. συναλίζω. Glossæ: συναλίζεται, *convescitur.* Sic enim pro *convestitur* recte legit Alberti ad Act. l. l. p. 217. Vide Ej. Notas ad Glossar. Gr. in N. T. p. 61. et Suiceri Thes. Eccles. T. I. p. 1106.

ΣΥΝΑΛΛΑΓΗ', *conjunctio, communio, conversatio.* דּוֹדִים plur. a דּוֹד, *amores.* Aqu. sec. ed. secundam Ezech. XVI. 8. συναλλαγῆς, i. e. juxta Hieronymum: *sponsalium et temporis nuptiarum.* Suidas: συναλλαγαῖς, κοινωνίαις, φιλίαις. Σοφοκλῆς (Œdip. Tyr. v. 35.)· Ἔν τε δαιμόνων συναλλαγαῖς. τουτέστι, πρὸς τὰς f θεῶν κοινωνίαις καὶ ὁμιλίαις, ὥστε στοχάζεσθαι τῆς τῶν θεῶν διανοίας. Apud Hesychium συνάλλαγμα exponitur γαμικὸν συμβόλαιον. — *נֹפֶךְ, quod est lapidis vel gemmæ species incerta, vulgo *carbunculus.* Aqu. Ez. XXVII. 16. συναλλαγή σου (scribe ἐν συναλλαγῇ σου), *commutatio tua.* Cum plane non appareat, quomodo hæc verba cum textu Hebr. conciliari g possint, sumere mallem, verba hæc alieno loco posita esse ac pertinere potius ad סֹחַרְתֵּךְ, *negotiatrix tua,* initio hujus commatis. Ex sententia Michaëlis Supplem. p. 1656. ita reddidit, ac si ךְ esset suffixum, et נף nomen. Secundum Kreyssigium Aqu. de verbo הָפַךְ cogitavit. — *תְּמוּרָה, *permutatio.* Symm. sec. marg. cod. 108. Holm. Ruth. IV. h 7.

ΣΥΝΑ'ΛΛΑΓΜΑ, proprie *id, quod permutatione exercetur, contractus, commercium,* a συναλλάττω, *paciscor cum aliquo.* מוֹטָה, *jugum.* Ies. LVIII. 6. Ita Bielius cum Trommio ac Montfauconio. Grotius intellegit *contractus* aut extortos vi aut metu, aut fœnebres, per quos opprimebantur pauperes. Sed hi i omnes admodum errarunt. Referenda potius est vox Græca ad antecedens אֲגֻדָּה, quod notat *complicationem adstrictissimam,* a rad. אָגַד, *ligavit.* In Hexaplorum Ed. Bahrdtiana falso excusum συλλαγμάτων. Conf. 1 Macc. XIII. 42.

*ΣΥΝΑΛΟΙΑ'Ω, *contundo.* דְּקָא Chald. Dan. II. 45. συναλοήσει sec. cod. Chis. k

*ΣΥΝΑΝΑΒΑΙ'ΝΩ, *una ascendo, simul proficiscor.* עָלָה, *ascendo.* Gen. L. 9. 14. Exod. XII. 38. XXIV. 2. et alibi. 3 Esdr. V. 3. et VIII. 27.

a Hebr. עָלָה seq. עִם Esdr. V. 2. Philoxeni Gloss. συναναβαίνω, conscendo.

*ΣΥΝΑΝΑΒΙΒΑ'ΖΩ, *simul ascendere facio.* הֶעֱלָה Hiph. ab עָלָה. Inc. Gen. L. 25. συναναβιβάσατε.

*ΣΥΝΑΝΑ'ΚΕΙΜΑΙ, *una discumbo cum aliis in epulo.* 3 Maccab. V. 39. οἱ δὲ συνανακείμενοι συγγενεῖς.

ΣΥΝΑΝΑΛΑΜΒΑ'ΝΩ, *comprehen-*
b *do.* מִתְלַקַּחַת part. Hithp. a לָקַח. Aqu. Exod. IX. 24. συναναλαμβανόμενον, *comprehensum.*

ΣΥΝΑΝΑΜΙ'ΓΝΥΜΑΙ, *commisceor, commercium habeo.* הִתְבַּלֵּל Hithp. Hos. VII. 8. Ἐφραὶμ τοῖς λαοῖς αὐτοῦ συνανεμίγνυτο, Ephraim *commiscebatur* populis suis.

ΣΥΝΑΝΑ'ΜΙΞΙΣ, *commixtio.* הִתְחַבְּרוּת, *consociatio.* Dan. XI.
c 23.

ΣΥΝΑΝΑΠΑΥ'ΟΜΑΙ, *una recubo.* רָבַץ, *cubo.* Ies. XI. 6. πάρδαλις συναναπαύσεται ἐρίφῳ, pardus una recubabit cum hœdo.

ΣΥΝΑΝΑΠΛΕ'ΚΩ, *simul implico, complico.* נֶעֱלָסָה part. Niph. fœm. ab עָלַס, *exultabunda.* Aqu. Job. XXXIX. 13. συναναπλέκει. Videtur legisse נֶעֱלָמָה, ab עָלַם, *occultavit,*
d *absconditit.* Quæ enim complicantur, ea absconduntur.

ΣΥΝΑΝΑΣΤΡΕ'ΦΩ, *una converto, seu inverto, contorqueo.* נַפְתּוּלִים plur. *luctationes,* a פָּתַל, Arab. فتل, *torsit, contorsit, intorsit.* (Luctationes autem cum contorsionibus et inversionibus conjunctas esse, quis ignorat?) Aqu. Genes. XXX. 7. συνανέστρεψέν με ὁ Θεὸς καὶ
e συνανεστράφην, una convertit me Deus, et conversus sum. Confer Drusium in Fragm. Vett. Intt. GG. p. 40.

ΣΥΝΑΝΑΣΤΡΕ'ΦΟΜΑΙ, *una convertor seu invertor, it. conversor cum aliquo et congredior.* *נִפְתַּל Niph. *luctatus sum.* Aqu. et LXX Genes. XXX. 8. Vide s. συναναστρέφω. Adde Baruch. II. 23. Sirac. XLI. 8. συναναστρεφόμενα παροικίαις ἀσεβῶν, qui f
versantur in viciniis impiorum.

ΣΥΝΑΝΑΣΤΡΟΦΗ', *conversatio, consuetudo quotidiana, quæ alicui cum aliquo intercedit.* Sap. VIII. 17. 3 Macc. II. 31. 33.

ΣΥΝΑΝΑΦΕ'ΡΩ, *simul deporto,* it. *simul* vel *omne offero.* הֶעֱלָה Hiph. *ascendere facio.* Gen. L. 25. συνανοίσετε τὰ ὀστᾶ μου ἐντεῦθεν μεθ' ὑμῶν, *simul deportabitis* inde ossa g
mea vobiscum. Vide et Ex. XIII. 19. Al. 2 Sam. VI. 18. συνετέλεσε Δαυὶδ συναναφέρων τὰς ὁλοκαυτώσεις καὶ τὰς εἰρηνικάς, absolvebat David *offerre* omnia holocausta et pacifica.

ΣΥΝΑΝΑΦΥ'ΡΟΜΑΙ, *commisceor.* פָּרַד, *separo.* Al. Hos. IV. 15. συνανεφύροντο. Vide supra s. v. συμφύρω. Vide et Es. XXII. 6. ubi pro συνανεφύροντο aliter in textu Hebr. legi- h
tur.

ΣΥΝΑΝΤΑ'Ω, *occurro, obvio.* בּוֹא, *venio.* Job. XXX. 26.—הֵבִין Hiph. a בִּין, *intellegere facio.* Dan. X. 14. ἦλθον συναντῆσαί σοι, ὅσα ἀπαντήσει λαῷ: ubi dubio caret pro συναντῆσαι reponendum esse συνιέναι. — הוֹרָה Hiph. a יָרָה, *doceo.* Genes. XLVI. 29. συναντῆσαι αὐτῷ καθ' ἡρώων πόλιν: ubi pro לְהוֹרֹת videntur legisse לִקְרֹאת, *ut occurreret ei.* Confer Scharfenbergii Prol. de Josephi et vers. Alex. Consensu pag. 27. ac Michaëlis Bibl. Or. IX. 208. — הִשִּׂיג Hiph. a נָשַׂג, *assequor.* Job. XXVII. 20. XLI. 18. — לְמוֹאל, *ex adverso* (א epenth.). Nehem. XII. 37. — מָצָא, *invenio,* etiam *consequor.* Prov. XVII. 21. ubi οὐ συναντᾷ ἀγαθοῖς est, *non consequi*

a bonum. — נִקְבַּץ Niph. congregor. Ies. XXXIV. 15. — פָּגַע, accurro, obviam venio. Genes. XXXII. 1. Exod. V. 3. 20. XXIII. 4. et alibi. Ruth. II. 22. sec. cod. Oxon. — פָּגַשׁ, idem. Gen. XXXII. 17. Ex. IV. 24. 27. 2 Sam. II. 13. et alibi. — פָּרַשׁ, separo, distinguo. Theod. Prov. XVII. 12. συναντῆσαι. Legit פָּגַשׁ — קָדַם Pih. Job. III. 12.
b ἱνατί δὲ συνήντησάν μοι τὰ γόνατα; quare autem me exceperunt genua? Ies. XXI. 14. ἄρτοις συναντᾶτε τοῖς φεύγουσι, panibus obviam venite fugientibus. Vide et Nehem. XIII. 2. — קָרָא, voco. Prov. IX. 18. XII. 24. Utrobique legerunt קָרָה. Adde Prov. XXIV. 8. — קָרָה. Numer. XXIII. 16. Deut. XXII. 6. XXXI. 29. et alibi. — לִקְרַאת constr. ob-
c viam, in occursum. Exod. VII. 15. Jos. XI. 20. συναντᾷν εἰς πόλεμον. Proverb. VII. 10. — *לִקְרַאת בּוֹא, obviam venio. Ies. XIV. 9. — תַמְרוּק vel secundum Chetibh תַּמְרִיק, torsio. s. mundatio. Proverb. XX. 29. συναντᾷ. Ita transtulerunt, quia fricationis et attritionis notionem conferebant non ad purgandum et poliendum, sed ad incursionis et
d impetus vehementiam, ut verbis Jaegeri ad h. l. utar. Praeterea legitur apud LXX Ies. VIII. 14. ubi συναντήσεσθε nulli alii voci respondere potest, quam הָיָה לְמִקְדָּשׁ, erit in sanctuarium, ut adeo legerint לְמִקְרֵה. Verba Aquilae καὶ συναντῶν Mich. II. 8. sine dubio ad וְאֶתְמוֹל, et heri, pertinent. Deduxit hanc vocem a מוּל, quod partem oppositam
e notat, a rad. מָלַל, Arab. opposuit. Vide Simonis Lexic. Hebr. p. 897. et LXX. Nehem. XII. 37. Judith. I. 6. συνήντησαν πρὸς αὐτὸν conjunxerunt se cum eo, i. q. in seq. συνῆλθον εἰς παράταξιν. 1 Macc. XI. 64. συνήντησεν αὐτοῖς, aggressus est eos hostiliter, aut: irruit in eos, coll. Homer. Il. Φ', 34.

ΣΥΝΑ'ΝΤΗΜΑ, occursus, eventus, accidens, casus, it. infortunium, quod alicui accidit, it. plaga. *אֲסֻפּוֹת, f
collectiones. Inc. Cohel. XII. 11. συναντημάτων, ubi e reliquis Intt. supplendum erit οἱ παρὰ τῶν συναντημάτων, qui in hunc finem convenerunt. Nam συνάντημα in hac orationis serie est conventus. Alius Int. habet συνταγμάτων. — מַגֵּפָה, plaga. Exod. IX. 15. — מִקְרֶה, accidens. Cohel. II. 14. συνάντημα ἓν, h. e. interprete Hieronymo, interitus, s. mors, quae g
omnibus communis est. Ibid. v. 15. III. 19. IX. 2. Vide infra s. v. συνάντισμα. — נֶגַע, plaga. 1 Reg. VIII. 37.

*ΣΥΝΑΝΤΗ', occursus. קְרָאָה, idem. 2 Reg. V. 26. sec. Vat. et ed. Ald. εἰς συναντήν σοι, ubi in aliis libris legitur: εἰς συνάντησιν. Adde 1 Reg. VIII. 16.

ΣΥΝΑ'ΝΤΗΣΙΣ, occursus, accidens. h
אֲגֻדָּה, fasciculus, seu cuneus, ut Vulg. transtulit. 2 Sam. II. 25. Vide supra s. v. συναγωγή. — פָּנִים plur. facies. 2 Par. XIV. 10. — קְרָאָה. At hic semper cum ל constructum reperitur לִקְרַאת, obviam. Gen. XIV. 17. ἐξῆλθε εἰς συνάντησιν pro ἀπήντησε. Sic et Genes. XVIII. 2. XIX. 1. et alibi saepius. Vide Jacobi Protev. c. 8. 9. Nicod. Evang. i
c. 26. — מִקְרֶה. Al. 1 Sam. XX. 26. ubi de casu fortuito explicandum est.

ΣΥΝΑΝΤΙΛΑΜΒΑ'ΝΟΜΑΙ, una sublevo, una sustineo, adjuvo, auxilior. נָכוֹן Niph. a כּוּן, firmor. Psalm. LXXXVIII. 21. ἡ γὰρ χεὶρ μου συναντιλήψεται αὐτῷ manus enim mea

a *auxiliabitur* illi. — נָשָׂא, *fero*. Ex. XVIII. 22. κουφιοῦσιν ἀπό σου, καὶ συναντιλήψονταί σοι, onus tibi levabunt, et *adjuvabunt* te. Numer. XI. 17. συναντιλήψονται μετά σου τὴν ὁρμὴν τοῦ λαοῦ, *una sustinebunt* tecum impetum populi. — נַפְתּוּלִים plur. *luctationes*. Al. Genes. XXX. 7. συναντελάβετό μοι ὁ Θεὸς, *succurrit* mihi Deus. Sic ergo verbum de iis
b legitur, qui illis, quorum vires solæ oneri ferendo vel rei peragendæ impares sunt, succurrunt. Et sic etiam usurpatur Luc. X. 40. et Rom. VIII. 26. Theophylactus ad posteriorem locum συναντιλαμβάνεται reddit per βοηθεῖ, et Gloss. Græc. in N. T. ed. Alberti per συνεπισχύει, et Vulgatus *adjuvat* interpretatur. Confer Lexic. N. T. s. h. v.

c *ΣΥΝΑ'ΝΤΙΣΜΑ, מִקְרֶה, *accidens, casus fortuitus*. Aqu. sec. cod. X. Holm. Deut. XXIII. 10. ἐκ συναντίσματος. Lege συναντήματος.

ΣΥΝΑΠΑ'ΓΩ, *simul abduco*. לָקַח, *capio*. Exod. XIV. 6. Posuerunt consequens pro antecedente.—*נִצֵּל, *spolio*. Inc. Exod. III. 22. συνεπάγετε Immo συναπάγετε, una vobiscum *auferte*, asportatė facultates eorum.

d ΣΥΝΑΠΑΡΤΙ'ΖΩ, *præparo, perficio*. כּוּן. Symm. Psalm. CXVIII. 73. συναπήρτισαν.

*ΣΥΝΑΠΕ'ΡΧΟΜΑΙ, *una abeo*. יֵלֵךְ, *eo*. Symm. Cohel. V. 14. ὃ συναπελεύσεται, h. e. *quod secum auferet*, sc. ex hac vita, uti Vulgatus Int. transtulit. Sensum recte expresserunt.

ΣΥΝΑΠΟΘΝΗ'ΣΚΩ, *commorior*.
e Sirac. XIX. 9. συναποθανέτω σοι, *fac tecum commoriatur*, h. e. *retine usque ad mortem*. Alciphr. II. 3.

*ΣΥΝΑΠΟΚΛΕΙ'Ω, *una includo* vel *excludo*. סָגַר, *claudo, occludo, includo*. 1 Sam. I. 5. ubi pro συναπέκλεισεν in cod. Alex. legendum est συναπέκλεισεν, ac reliqui libri habent ἀπέκλεισεν. Idem valet de v. 6. ubi reliqui συνέκλεισεν. Adde Schol. Lycophr. Alex. v. 811.

ΣΥΝΑΠΟΚΡΥ'ΠΤΩ, *simul abscondo*. Ep. Jerem. v. 41. f

ΣΥΝΑΠΟ'ΛΛΥΜΙ, *simul perdo*, etiam *perdo* simpliciter. אָסַף, *colligo*. Psalm. XXV. 9. ubi plerique statuunt eos legisse סוּף. Certe ita judicat Cappellus Crit. S. p. 522. Sed אָסַף notat quoque *auferre, tollere*, et ex adjuncto *perdere*, v. c. Hos. IV. 3. — *אִתְקְטֵל Chald. Ithpah. *occido*. Dan. II. 13. sec. cod. Chis. — סוּף. Num. XVI. 26. g
— סָפָה. Genes. XVIII. 23. XIX. 15. Deuter. XXIX. 19. Vide et Sap. X. 3. Orat. Manass. μὴ συναπολέσῃς με ταῖς ἁμαρτίαις μου, h. e. ne *prorsus perdas* me ob peccata mea.

ΣΥΝΑΠΟΣΤΕ'ΛΛΩ, *simul ablego*. שָׁלַח, *mitto*. Exod. XXXIII. 2. 12. Vide et 3 Esdr. V. 2.

ΣΥΝΑ'ΠΤΩ, *conjungo, copulo, colligo, reconcinno, pertingo*, it. *committo*, de prœlio, *pugna congredior*. h
אָסַר, *ligo*. 1 Reg. XX. 14. τίς συνάψει πόλεμον; quis prœlium committet? Vulg. *quis incipiet prœliari?* Ita et Chaldæus. Confer Simonis Lexic. Hebr. s. h. v. p. 160. Conf. Herodot. Lib. I. c. 18. — אָפַד, *accingo*. Exod. XXIX. 5. — דָּבַק, *adhæreo*. 1 Sam. XIV. 22. συνάπτουσι καὶ αὐτοὶ ὀπίσω αὐτῶν, *adhærent* et illi illis. Ib. XXXI. 2. συνάπτουσι, *congrediuntur*. 2 Sam. I. 6. συνῆψαν i
αὐτῷ, *fere attigerunt* illum. — הֵבִיא Hiph. a בּוֹא, *venire facio*. Exod. XXVI. 11. — הִקִּיף Hiph. a יָקַף, *circumeo*. Ies. XV. 8. συνῆψε γὰρ ἡ βοὴ τὸ ὅριον τῆς Μωαβίτιδος, clamor *pertingit* usque ad fines Moabitidis. Michaëlis in Supplem. p. 1678. vertit: *continuus est per omnes terminos*, ac putat, eos verbum Syriaca no-

tione ـــقــد, *cohæsit*, accepisse. — *הִתְחַבֵּר Hithp. *colligo me*. Theod. Ies. XXVIII. 20. ubi pro συναχθῆναι alii libri habent συναφθῆναι, sensu eodem. — חָבַר Pih. *consocio*. Exod. XXVI. 6. συνάψεις τὰς αὐλαίας ἑτέραν τῇ ἑτέρᾳ, *conjunges* aulæa alterum alteri. Lex. Cyrilli MS. Brem. συνάψεις, συνδήσεις. Vide et Exod. XXXVI. 11. 13. 15. Symm. Psalm. XCIII. 20. et CXVIII. 63. — חֹבֶרֶת, *junctura*. Exod. XXVI. 10. XXXVI. 15. — מַחְבֶּרֶת, idem. Ex. XXXVI. 14. — יָחַד Symm. Job. III. 6. συναφθείη, *conjungatur*. — לָוָה, *adhæreo*. Aqu. Genes. XXXIX. 34.— נָגַע : הִגִּיעַ, Kal et Hiph. *tango*, *tangere facio*. Ies. V. 8. οἱ συνάπτοντες οἰκίαν πρὸς οἰκίαν, qui *conjungitis* domum ad domum. Vide et Ies. XVI. 8. et Zach. XIV. 5. sec. Compl. — נֶשֶׁק, *armatura*. Nehem. III. 19. — עָרַךְ, *ordino*. Al. Jud. XX. 20. συνῆψαν αὐτοῖς, sc. πόλεμον vel μάχην, *manum* cum illis *conserebant*. Ita Euripides Phœniss. v. 1390. ξυνῆψαν, ubi Schol. συνῆψαν μάχην. Vide ibi Barnesium. Confer et 1 Maccab. IV. 13. et L. Bos. Ellips. Gr. p. 106. — פָּגַע, *occurro*. Jos. XVII. 10. συνάψουσιν ἐπὶ βοῤῥᾶν, *pertingent* ad Boream. Vide et Jos. XIX. 11. 22. Jos. XIX. 26. συνάψει τῷ Καρμήλῳ, *pertinget* ad Carmelum. Vide et v. 27. et 34. — קֵרַב Pih. *appropinquare facio*. Ezech. XXXVII. 17. — קָשַׁר, *ligo*. 1 Reg. XVI. 20. τὰς συνάψεις αὐτοῦ, ἃς συνῆψεν, *conspirationes* ejus, quas *fecit*. 2 Reg. XV. 15. sec. Compl. Nehem. IV. 6. συνήφθη πᾶν τὸ τεῖχος ἕως τοῦ ἡμίσους αὐτοῦ, *reconcinnabatur* totus murus usque ad dimidiam ejus partem. Aqu. Symm. Job. XXXVIII. 31. Vulg. *num quid conjungere valebis?* Sirac. XXXV. 16. δέησις αὐτοῦ ἕως τῶν νεφελῶν συνάψει, precatio ejus usque ad nubes *pertinget*. 1 Maccab. VII. 43. συνῆψαν αἱ παρεμβολαὶ εἰς πόλεμον, exercitus pugna *congrediebantur*. f

ΣΥΝΑ'ΠΤΩ ΠΟ'ΛΕΜΟΝ, *committo prælium, manus consero, pugna congredior*. הִתְגָּרָה Hithp. *misceo me*. Deuter. II. 4. μὴ συνάψητε πρὸς αὐτοὺς πόλεμον, ne *manus cum illis conseratis*. Deuter. II. 14. μὴ συνάψητε αὐτοῖς εἰς πόλεμον, ne *manus* cum illis *conseratis*. Confer 1 Maccab. VII. 43. — הִתְגָּרָה מִלְחָמָה, *misceo me bello*. Deuter. II. 9. 24. et confer 1 Macc. V. 7. 19. 21. Dan. g XI. 25. ὁ βασιλεὺς τοῦ νότου συνάψει πόλεμον, rex austri *committet prælium*. Confer 1 Macc. X. 49. XIII. 14. 1 Maccab. IX. 13. ἐγένετο ὁ πόλεμος συνημμένος, *prælium committebatur*. 1 Maccab. IX. 13.

ΣΥΝΑΡΙΘΜΕ'Ω, *connumero*. כָּסַס, *supputo*. Exod. XII. 4. Strabo XII. p. 811. D. Schol. Aristoph. Vesp. v. 1401.

ΣΥΝΑΡΠΑΓΗ', *simultanea abreptio, direptio, invasio, rapina*. רָגֵעַ, h *quietus*. Symm. Ps. XXXIV. 23. περὶ συναρπαγῇ. Legit רֶגַע, et huic voci tribuit significationem *iræ seu interitus*, quam ipsi etiam subjecerunt LXX (ἐπ' ὀργῇ), et auctor Ed. Quint., qui habet ἐπὶ συντελείᾳ, et quam olim vere habuisse e versionibus Græcis apparet.

ΣΥΝΑΡΠΑ'ΖΩ, *corripio, abripio, rapio, arripio*. לָקַח, *capio*. Prov. i VI. 25. μηδὲ συναρπασθῇς ἀπὸ τῶν αὐτῆς βλεφάρων, ne *rapiaris* ejus palpebris. Non male: nam etiam simplex ἁρπάζειν de *meretrice blanditiis suis pelliciente prætereuntes* a Theophrasto Char. c. 28. adhibitum est, ut observavit ad h. l. Jaegerus. 2 Macc. III. 27. πολλῷ σκότει περιχυθέντα συναρπάσαντες, multa caligine circumfusum seu correptum *e præsenti periculo liberarunt*. 2 Macc. IV.

a 41. *συναρπάσαντες οἱ μὲν πέτρους, οἱ δὲ*
ξύλων πάχη, alii quidem lapides, alii
ligna densa *arripientes*.

*ΣΥΝΑΡΧΙ'Α, *principatus*, *impe-*
rium. Addit. Esther. XIII. 3. *πρὸς*
τὸ μὴ κατευθύνεσθαι τὴν ὑφ' ἡμῶν κατευ-
θυνομένην ἀμέμπτως συναρχίαν, h. e.
ne obtinere possimus *imperium* ita
constitutum, ut omni culpa et que-
rela careat, coll. v. 4. Sed series
b orationis docet, *συναρχίαν* ibi non
simpliciter *imperium* denotare, sed
imperium, quod plures nationes
complectatur et contineat. Apud
Script. GG., maxime Polybium,
συναρχία partim *conventus magistra-*
tuum, partim *ipsum magistratum*
notat. Conf. Schweighæuseri Glos-
sarium Polyb. s. h. v. Philoxen.
Gloss. *συναρχία*, *collegium*.

c ΣΥΝΑΣΠΙ'ΖΩ, *consertis clypeis*
pugno, *simul dimico*, *succurro*. 3
Maccab. III. 10. *πίστεις ἐδίδουν συνασ-*
πιεῖν, fidem dabant ad *succurrendum*.
Hesych. *συνασπιεῖ*, *συνασπίζει*, *συμμα-*
χεῖ.

ΣΥΝΑΥΛΙ'ΖΟΜΑΙ, *cohabito*, *con-*
versor. בּוֹא, *venio*. Proverb. XXII.
24. *φίλῳ ὀργίλῳ μὴ συναυλίζου*, ne
multum verseris cum amico irri-
d tabili.

ΣΥΝΑΥΞΑ'ΝΩ, *adaugeo*. 2 Macc.
IV. 4. *συναύξοντα τὴν κακίαν*, augen-
tem malitiam, h. e. qui Simonem
instigaret, ejusque malitiam adhuc acueret. Adde 4 Macc. XIII.
26.

ΣΥΝΑ'ΦΕΙΑ, *conjunctio*. חֲבֻרָה,
juncta. Symm. Psalm. CXXI. 3. ubi
vid. Rosenmülleri Scholia. Adde
e Aretæum p. 8. 47. 48. — תְּשׁוּקָה,
appetitus. Aqu. Symm. Gen. III.
16. *συνάφεια*. Sic enim ex Cod.
Coislin. pro *συμμαχία* bene legit
Montfauconius. Hesych. *συνάφεια*,
σύζευξις, *ἕνωσις*. In Lex. Cyrilli MS.
Brem. exponitur *συζυγία*, *ἕνωσις*.

*ΣΥΝΑΦΙ'ΣΤΗΜΙ et ΣΥΝΑΦΙ'Σ-
ΤΑΜΑΙ, *simul deficio*, *una descisco*,
etiam simpliciter *deficio*, *descisco*,
apostata fio. Tob. I. 5. *αἱ συναποστᾶ-*
σαι, quæ simul defecerant a vero f
Dei cultu. Syrus h. l. præpositionem *σὺν* non expressit. Præter h. l.
occurrit in Diodoro Sicul. p. 696.
ed. Rhodom.

ΣΥ'ΝΑΨΙΣ, *conjunctio*, *copulatio*,
conspiratio. קֶשֶׁר, *conspiratio*. 1 Reg.
XVI. 20. *τὰς συνάψεις*, *ἃς συνῆψεν*.

ΣΥΝΔΑ'ΚΝΩ, *commordeo*, *com-*
pungo. Tob. XI. 12. *ὡς δὲ συνεδήχ-*
θησαν, ut autem *compuncti sunt*, scil. g
oculi; ubi *συνδάκνειν* est i. q. simplex *δάκνειν* v. 8. et, ut Lat. *mordere*,
dolorem efficere notat.

ΣΥΝΔΕΙΠΝΕ'Ω, *una cœno*, *come-*
do. אָכַל, *edo*. Gen. XLIII. 32. —
בָּרָה, seq. אֶת, *comedo*. Inc. 2
Sam. XII. 17. — לָחַם לֶחֶם, *ves-*
cor pane. Prov. XXIII. 6.

ΣΥ'ΝΔΕΙΠΝΟΣ, *concœnator*, *co-*
mestor, *convictor*, ac metaphorice h
omnis, *cum quo arcta contracta est*
familiaritas, *amicus*, *familiaris*. Sir.
IX. 21. *ἄνδρες δίκαιοι ἔστωσαν σύν-*
δειπνοί σου, h. e. *arctam familiaritatem*
contrahe cum probis et sapientibus,
ut ipse probus et sapiens evadas,
coll. v. 21. Sic quoque sumitur
συνεσθίειν, Psalm. CI. 5. et 1 Cor. V.
11.

ΣΥ'ΝΔΕΣΜΟΣ, *colligatio*, *connexio*, i
nexus, *vinculum*, *nodus*, it. *conspira-*
tio, *conjuratio*. בַּיִת, *domus*. 1 Reg.
VI. 10. *συνέσχε τὸν σύνδεσμον ἐν ξύλοις*
κεδρίνοις, tegebat colligationem lignis
cedrinis. — חַרְצֻבּוֹת plur. *vincula*.
Ies. LVIII. 6. *λύε πάντα σύνδεσμον*
ἀδικίας, solve omne *vinculum* injusti-
tiæ, h. e. quod alios injuste con-
stringit. — כָּפִיס, valgo *trabs*, secundum alios *uncus* vel *clavus*. k
Symm. Hab. II. 11. *σύνδεσμος οἰκο-*
δομῆς ξύλινος, *compages* ædificii lignea. Eadem voce quoque usus est
ibid. Theod. et auctor ed. quintæ
e notione *complicandi et contrahendi*,
quam vox כָּפִס in reliquis linguis

a orientalibus habet. Conf. v. ἱμάντωσις et Bochartum Hieroz. P. II. Lib. IV. c. 26. p. 612. — מוֹטָה, *jugum*. Ies. LVIII. 9. σύνδεσμον. Ita etiam Aquila secundum Hexapla. Sed secundum Hieronymum ad v. 6. Aquila *errorem* posuit, h. e. πλάνην, ut Montfauconius transtulit. Semlerus in Ep. Crit. p. 35. judicat, Latine Hieronymum sic ex-
b pressisse σφαλμὸν, ut Psalm. CXX. 31. et verbum ipsum sæpe σφάλλεσθαι redditur. — מָזוֹר, *ulcus*. Aqu. Hos. V. 13. σύνδεσμον: ubi duæ versiones fortasse ex duplici ejus editione coaluerunt. Vox Hebr. non solum *vulnus, ulcus*, sed etiam *compressionem* notat, *qualis fit in curandis vulneribus et ulceribus*. Arab. زور est *constringere*, unde زوار,
c *cingulum*. — סְגוֹר part. Pah. *clausus*. Job. XLI. 7. — קָדֵשׁ, *cinædus*. 1 Reg. XIV. 24. ubi fortasse legerunt קֶשֶׁר. — קִטְרִין plur. Chald. *nodi*. Dan. V. 6. οἱ σύνδεσμοι τῆς ὀσφύος αὐτοῦ διελύοντο, *compages* lumbi ejus dissolvebantur. Dan. V. 13. λύων συνδέσμους, solvens *nodos*, h. e. *res intricatas* exponens. — קֶשֶׁר, *conspiratio*. Jer. XI. 9. εὑρέθη σύνδεσ-
d μος ἐν ἀνδράσιν Ἰούδα, inventa est *conspiratio* inter viros Juda. Vide et 2 Reg. XI. 15. XII. 20. Al. 2 Paral. XXIII. 13. σύνδεσμος. Hesych. σύνδεσμος, πλοκή, ὁμόνοια. Gloss. in Lib. 4 Reg. σύνδεσμος, ἄνταρσις, ἐπιβουλή. Aqu. Theod. Ies. XI. 19. — *קָשַׁר, *ligor, ligatus sum*. Theod. 1 Sam. XXII. 8. ubi post σύνδεσμος supplenda sunt verba ὑμῶν ἐστι, h. e. *con-*
e *jurastis*.

ΣΥΝΔΕ'Ω, *colligo, vincio, alligo, connecto, conjungo*. אָסַר, idem. Symm. Ps. CXVII. 26. συνδήσατε. — הִדְבִּיק Hiph. *agglutino*. Ezech. III. 26. — הֵסִיר Hiph. a סוּר, *recedere facio*. Ex. XIV. 25. συνέδησε. Legerunt וַיֶּאְסֹר, et ita quoque vere legendum est. Constat tamen, literam א, ut cæteras quiescentes, persæpe in Hebr. dictionibus omitti
f solere. Vide 2 Sam. XXI. 12. ubi pro תְּלוּם scribendum est תְּלָאוּם, ut monent Masorethæ. — הִפְנָה Hiph. *aspicere facio*. Jud. XV. 4. συνέδησε. Ita quoque Inc. Int. Sensum non male expresserunt. Vulgat. *junxit*. Sermo enim ibi est de caudis vulpium inter se obversis, quas facibus interpositis junxerat Simson. — הִשְׁקִיעַ Hiph. a שָׁקַע, *comprimo*.
g Aqu. Job. XL. 25. Scilicet vox Hebr. ex usu l. Arab. *ligare* notat. — מִשְׁבְּצָה, *ocellatio*. Ex. XXXIX. 11. — קָשַׁר, *ligo*. 1 Sam. XVIII. 1. ἡ ψυχὴ Ἰωνάθαν συνεδέθη τῇ ψυχῇ Δαβίδ, anima Jonathanis *colligata erat* cum anima Davidis, h. e. *Jonathan animo cum illo erat conjunctissimus*. Aqu. Amos VII. 10. ubi notat *conspirationem* s. *conjuratio-*
h *nem facere*. Aqu. Gen. XLIV. 30. h. e. unice eum amat, seu amat eum, ut ipse se. Idem sec. Cod. 108. Holm. Deut. XI. 18. Idem 1 Sam. XXII. 8. et Proverb. III. 3. Aqu. Theod. Proverb. VI. 21. — קָשַׁשׁ, *scrutor, inquiro*, etiam *conquiro*. Arab. قشّ, *collegit*. Soph. II. 1. συνάχθητε καὶ συνδέθητε, congregamini et *conjungite* vos. — תָּקַע,
i *plaudo*. Theod. et LXX Job. XVII. 3. τῇ χειρί μου συνδεθήτω, manu mea *vinciatur*. Vox Hebr. notat: *manum ad manum illidendo seu complodendo polliceor aliquid*. Sir. XXXIII. 4. σύνδησον παιδείαν, *contrahe* eruditionem *in pauca*, sc. *verba*, ut vertit et interpretatur Grotius. Alii: *compara* doctrinam.

*ΣΥΝΔΙΑΙΤΑ'Ω, *una sum arbiter*,

a *una judico ac discepto.* Sir. XXXVII. 4. sec. ed. Compl. συνδιαιτῶ, ubi est i. q. συνδιαιτᾶται, *una versatur.* Substant. συνδιαίτησις legitur apud Plutarchum Tom. II. pag. 241. 5. Reisk. ubi cum συμβίωσις conjungitur, et Josephum A. J. pag. 6. §. 2. 10.

ΣΥΝΔΙΑΙΤΕ'ΟΜΑΙ, *simul vivo, una versor.* בְּרֶגֶשׁ, h. e. ut vulgo
b interpretantur, *in cœtu frequenti, cum turba.* Symm. Psalm. LIV. 15. συνδιαιτούμενοι, *una viventes,* h. e. *simul.* Eundem sensum habet h. l. vox Hebr., quæ notat: *unanimi consilio ac voluntate,* i. q. יַחְדָּו, collato Psalm. LXIV. 3. ubi cum סוֹד permutatur, ac LXX ἐν ὁμονοίᾳ, Vulgat. *cum consensu* vertunt.

ΣΥΝΔΙΩ'ΚΩ, *una* vel *simul per-*
c *sequor.* 2 Maccab. VIII. 25. Voce hac, quæ in Thes. Steph. non invenitur, etiam utitur Lucianus de Conscrib. Hist. c. 49. T. I. p. 634., observante Maio Obss. SS. P. III. pag. 192. Adde Chryserm. apud Stob. Tit. 38. p. 226. et Parthen. c. 15.

*ΣΥΝΔΟΙΑ'ΖΩ, *conjungo, combino, copulo,* i. q. συνδυάζω. Neutraliter
d significat *copulor,* vel metaphorice *conjunctionis et amicitiæ vinculo copulor,* vel *conversor.* Gloss. vett. συνδοιάζει, *compactum facit, concludit.* לָחַם, *vescor.* Psalm. CXL. 4. συνδοιάσω sec. cod. Vat. et Hex. ubi alii libri habent συνδυάσω. Fortasse tamen reponendum est συνδυασθῶ. Latini codd. Gallicanus et Romanus *combinabor,* h. e. *conjungar.* Agellio
e in notione *concubitus* accepisse videntur hoc sensu: nunquam imitor eorum in concubitu voluptates. Gloss. vett. συνδοιασμὸς, *collusio.* Id. συνδοιάζω, *combino.* συνδοιάζει, *compactum facit, colludit.*

ΣΥ'ΝΔΟΥΛΟΣ, *conservus.* כְּנָוָה Chald. *societas.* Esdr. IV. 7. 9. V. 3. 6. VI. 6. Vox etiam occurrit apud Aristophanem. Vide Suidam in voce συνδούλοις. Moeris: Ὁμόδουλος, Ἀττικῶς· σύνδουλος, Ἑλληνικῶς. f
Sic etiam Thomas Mag. vocem ὁμόδουλος vocem Atticam esse, non σύνδουλος, asserit. Sed Atticos etiam posteriori voce usos esse loco quodam Theopompi apud Athenæum XI. 6. tuetur L. Bos. not. ad Thom. Mag. p. 32. Adde Eurip. Med. v. 65. Androm. v. 64. Aristoph. Pac. 744. et συνδουλεύειν in Eurip. Hecuba g
v. 203. Conf. et Wolfium ad Apoc. XIX. 10. p. 590. ac Lexicon N. T. s. h. v.

ΣΥΝΔΡΟΜΗ', *concursus.* Judith. X. 19. 3 Macc. III. 8. Conf. Act. XXI. 30. Lex. Cyrilli MS. Brem. συνδρομή, συνέλευσις. Vide quoque Lexicon N. T. s. h. v.

ΣΥΝΔΥΑ'ΖΩ, *una ago, conjungor, communico, in societatem venio, com-* h
bino, conversor. הִסְתַּפֵּחַ Hiph. a סָפַח, *adhæresco.* Symmach. 1 Sam. XXVI. 19. συνδυάζεσθαι. — לָחַם, *vescor.* Ps. CXL. 5. οὐ μὴ συνδυάσω μετὰ τῶν ἐκλεκτῶν αὐτῶν, neutiquam communicabo cum electis illorum: ubi vide notas L. Bos. Versio antiqua Sabatierii: *non combinabo.* Priceus hic συνδοιάσω habet, quod vide supra. Suidas: συνδυάσω, συζευχθῶ, i
κοινωνήσω, συμπράξω. Vide illum in v. συνδυασμός. Sic et Lex. Cyrilli MS. Brem. συνδυάσω, συζευχθῶ. Hesychius: συνδυάζειν, συμπράττειν, συμβουλεύεσθαι.

*ΣΥΝΔΥ'Ω, שׂוּם, *pono.* Levit. VIII. 8. secundum Sar. συνέδυσεν, ubi mihi legendum videtur ἐνέδησεν, a ἐνδέω, aut συνενέδυσε, a συνενδύω. Sirac. XXXVI. 4. sec. Compl. σύν- k
δυσον παιδείαν, *indue* disciplinam.

ΣΥΝΕΓΓΙ'ΖΩ, *una appropinquo* et *appropinquo* simpliciter. Sirac. XXXV. 17. 2 Macc. X. 25. 27. XI. 5. Stobæi Ecl. Lib. II. c. 7. T. II. p. 156. ed. Heeren.

ΣΥ'ΝΕΓΓΥΣ, *prope, proxime.* מוּל, e *regione.* Deut. III. 29. (Adde

Inc. Levit. XVIII. 6. sec. codd. Coisl. et Lips. ubi λεῖμμα legendum pro λίμμα. K.) Vide et Sirac. XIV. 25. XXVI. 13.

ΣΥΝΕΓΕΙ´ΡΩ, *una suscito s. erigo*, et συνεγείρομαι, *una resurgo*. עָזֹב עָזַב, *relinquendo relinquo*. Exod. XXIII. 5. συνεγερεῖς αὐτὸ, *una eriges* illud, sc. jumentum inimici, quod cecidit sub onere suo. Vide supra s. v. συναίρω. Ita Phocylides v. 132. κτῆνος δ' ἢν ἐχθροῦ πέσῃ κατ' ὁδὸν, συνέγειρον. — עוֹרֵר Pih. ab עוּר, *evigilare facio*. Ies. XIV. 9. συνηγέρθησάν σοι πάντες οἱ γίγαντες, *una surrexerunt* tibi omnes gigantes. Conf. Coloss. II. 12. 4 Macc. II. 14.

ΣΥΝΕΔΡΕΥ´Ω, *consideo, assideo in consessu, consulto*. Dan. XIII. 28. sec. cod. Chis. Sirac. XI. 9. XXIII. 15. XLII. 18. Hesychius: συνεδρεύουσι, συνέρχονται, εἰς βουλὴν συνάγονται.

ΣΥΝΕΔΡΙ´Α vel ΣΥΝΕΔΡΕΙ´Α, *consessus*. Judith. VI. 4. 19. XI. 9.

ΣΥΝΕΔΡΙΑ´ΖΩ, *consideo, in eodem consessu sum*, i. q. συνεδρεύω. סוֹד, *arcanum*. Prov. III. 32. οὐ συνεδριάζει, ubi tollendam esse particulam negandi recte censuit Grabius Prolegg. c. IV. §. 8., quæ, cum non sit in codd. Hebr. et omittatur in versione Arabica, corrumpit præterea sensum. Cæterum סוֹד est h. l. *familiaris congressus*, ut docent verss. vett. et Psalm. XXV. 14.

ΣΥΝΕ´ΔΡΙΟΝ, *consessus, concilium, consessus judicium*. דִּין, *judicium*. Prov. XXII. 10. — הָרֵעַ infin. Hiph. a רוּעַ, *malefaciendo*. Prov. XXIV. 8. ἐν συνεδρίοις: scilicet ducta a רֵעַ, *socii*, notione. Trommio ac Bielio legisse videntur יָעַד, *indico conventum*. — מָדוֹן, *contentio*. Prov. XXII. 10. — מְתִים plur. *homines*. Psalm. XXV. 4. מְתָה est *sodalitatem inivit cum aliquo*, unde מְתוֹם, *sodalitas*. — סוֹד, *arcanum*, it. *familiaris congressus*. Prov. XV. 23. Jerem. XV. 17. — עֵצָה. Inc. Ps. I. 1. ubi Aquila quoque voce f συνέλευσις usus est. — קָהָל, *congregatio*. Prov. XXVI. 26. — רִיפוֹת plur. *grana contusa*. Prov. XXVII. 22. ἐν μέσῳ συνεδρίου: ubi videndus Jaegerus. Mihi h. l. paulo liberius pro more suo transtulisse videntur. Vide et 2 Macc. XIV. 5. Hesych. συνέδριον, δικαστήριον.

ΣΥ´ΝΕΔΡΟΣ, *consessor, assessor*. דֶּרֶךְ, *via*. Judic. V. 10. sec. cod. g Vat. ubi συνέδρων est glossema male collocatum. Debuit enim esse post κριτηρίου. Semlero Appar. ad V. T. p. 304. verba συνέδρων ἐφ' ὁδῷ versionem Symmachi exhibere videntur. Adde 4 Macc. V. 1.

ΣΥΝΕΘΙ´ΖΩ, *consuefacio*, et Συνεθίζομαι, *assuefio*. Sir. XXIII. 8. 14. 18. ubi partim cum dativo, partim cum accusativo construitur. h

ΣΥΝΕΙ´ΔΗΣΙΣ, *conscientia*. מַדָּע, *scientia*. Cohel. X. 20. ἐν τῇ συνειδήσει σου, *te conscio*, aut potius: ne in *cogitatione* quidem tua, ut sit *animus sibi conscius*. Vide et Sap. XVII. 11.

ΣΥΝΕΙ´ΔΩ, *conscius sum, conspicio*. יָדַע, *scio*. Levit. V. 1. — רָאָה. Aqu. Gen. I. 4. seq. συνεῖδεν. Vide et Job. XXVII. 6. ubi pro σύνοιδα i nihil legitur in textu Hebr. et conf. 1 Cor. IV. 4. — *עֲנָה, *respondeo*. Dan. III. 14. sec. Chis. οὓς καὶ συνιδών: ubi libere verterunt. 1 Macc. IV. 21. ταῦτα συνιδόντες, hæc *conspicientes*. Vide et 2 Maccab. IV. 41. XIV. 26. XV. 21. et conf. Act. XIV. 6.

*ΣΥΝΕΙ´ΚΩ, *cedo, obsequor*. 4 Macc. VIII. 5.

ΣΥ´ΝΕΙΜΙ, *una sum, cohabito, concumbo, præsto sum*. *הֵבִין Hiph. a בִּין, *intellegere facio*. Inc. 2 Paral.

a XXVI. 5. *τοῦ συνόντος ἐν ὁράσει Θεοῦ*, *conversantis in visione Dei*, h. e. *cui sæpius s. crebræ visiones a Deo contingunt*, quod quoad sensum bene cum Hebraico convenit, ut adeo non opus sit loco συνόντος legere συνιέντος, quod LXX ac alius Inc. Int. habent. Nam *intellegens in visionibus* est h. l. non tam *is*, *qui facultatem habet intellegendi ac expli-*
b *candi aliis ea, quæ per visiones a Deo traduntur*, quam potius, *qui per visiones a Deo edocetur ac revelationem extraordinariam accipit*, quæ notiones a se invicem separari non possunt. Vulgatus: *intellegentis et videntis Deum*. — *עִם, *cum*, ita ut omissum sit חָיָה. Symm. Ps. LXXII. 23. Idem Ps. LXXXVIII. 22. et 25. — רֵעַ, *socius*, *amicus*.
c Jerem. III. 20. ὡς ἀθετεῖ γυνὴ εἰς τὸν συνόντα αὐτῇ, ut prævaricatur mulier in illum, qui *consuetudinem cum illa habet*. Ita Laertius etiam in Aristippo verbo συνεῖναι usus est, et Plautus *cum viro esse*, i. e. *cum viro concumbere*, et *cum muliere esse* pro *cum ea rem habere*. Vide Fesselii Advers. Sacr. Lib. II. c. 20. p. 151. Conf. et Ælianum V. H. L. IX. c.
d 8. et XII. 52. 3 Esdr. VI. 2. συνόντων τῶν προφητῶν, cum *præsto essent* prophetæ. Chald. עִמְּהוֹן, *cum iis*. Esdr. V. 2. 2 Macc. IX. 4. τῆς ἐξ οὐρανοῦ δὴ κρίσεως συνούσης αὐτῷ. Latinus vertit: *cœlesti cum judicio perurgente*.

ΣΥΝΕΙΣΕΡΧΟΜΑΙ, *simul ingredior*. בּוֹא עִם, *venio cum*. Esth. II. 13. — בַּעַל, *dominus*, *maritus*. Ex.
e XXI. 3. ἐὰν δὲ γυνὴ συνεισέλθῃ μετ᾽ αὐτοῦ, scil. in domum domini. Verba hæc quoad sensum minime differunt ab Hebraicis: *si maritus fuerit*. Sir. XXXIX. 2. ἐν στροφαῖς παραβολῶν συνεισελεύσεται, ubi συνεισέρχεσθαι est *ingredi* simpliciter, s. metaphorice *inquirere*, *investigare*, *considerare*, prorsus ut vernaculum tief in eine Sache gehen, *to investigate an affair*, h. e. *penetrare*. Sy- f
rus: *profunda s. obscura quævis considerabit et in ea inquiret*.

ΣΥΝΕΙΣΦΟΡΑ', *quando fruges simul inferuntur et in horrea comportantur*. אָסִף, *collectio*. Samar. Ex. XXIII. 16. Conf. Drusii Obss. in Fragm. vett. Intt. GG. p. 157.

ΣΥΝΕΚΒΡΑ'ΖΟΜΑΙ, *cum fervore ac impetu ejicior*. 2 Macc. V. 8. εἰς Αἴγυπτον συνεξεβράσθη, in *Ægyptum* g
ejectus est. Sic enim pro συνεβράσθη (Alex. et Compl. habent ἐξεβράσθη) bene legendum conjicit Maius Obss. Sacr. Lib. IV. p. 175. ejusque emendatio firmari potest e Lexico Cyrilli MS. Brem. in quo συνεξεβράσθη exponitur συνεξεβλήθη, συνεξερίφη. Sic etiam Hesychius: συνεξεβράσθη, συνεξεβλήθη. Nam hic ad 2 Macc. l. c. respicere videntur. h
Vulgatus: *extrusus est*. Syrus: *cum magna ignominia fugit*.

ΣΥΝΕΚΚΕΝΤΑ'Ω vel έω, *una confodio*, *una trucido*, etiam simpliciter: *transfodio*, *confodio*. 2 Macc. V. 26. συνεξεκέντησε τοὺς ἐξελθόντας ἐπὶ θεωρίαν.

ΣΥΝΕΚΠΟΛΕΜΕ'Ω, *una debello*, *simul belligero*. נִלְחַם Niph. *pugno*. Deuter. I. 30. XX. 4. Jos. X. 14. i
XXIII. 10. Vide et Sap. V. 20.

ΣΥΝΕΚΠΟΡΕΥ'ΟΜΑΙ, *una egredior*, etiam simpliciter: *egredior*. יָצָא, *exeo*. Jud. XI. 3. συνεξεπορεύοντο μετ᾽ αὐτοῦ, ubi alii ἐξῆλθον habent. — *פָּעַם, *agito*. Jud. XIII. 25. συνεκπορεύεσθαι αὐτῷ sec. Vat. Vulg. *esse cum eo*.

*ΣΥΝΕΚΠΟΡΝΕΥ'Ω, *una effuse scortor*. זָנָה, *scortor*. Jer. III. 1. k
sec. Compl. συνεξεπόρνευσας, quæ lectio fortasse orta est ex σὺ ἐξεπόρνευσας, quod reliqui libri habent.

ΣΥΝΕΚΤΙΚΟ'Σ, *cohibendi seu continendi vim habens*, *præfectus*. סָרְכַיָּא Chald. plur. *præsides*. Aqu.

a Dan. VI. 4. συνεκτικοί. Theod. habet τακτικοί. Symm. ἄρχοντες.

ΣΥΝΕΚΤΟΚΙ'ΖΩ, *parturire facio.* הוֹלִיד Hiph. a יָלַד. Symm. Ies. LXVI. 9. συνεκτοκίζων.

ΣΥΝΕΚΤΡΕ'ΦΟΜΑΙ, *simul educor*, etiam simpliciter *educor.* גָּדַל, *magnus fio, cresco.* 2 Par. X. 8. συνεκτραφέντων μετ' αὐτοῦ. Ib. v. 10. sec. Compl.

b ΣΥΝΕΚΤΡΙ'ΒΩ, *simul extero.* Sap. XI. 20. ἡ βλάβη ἠδύνατο συνεκτρίψαι αὐτοὺς, læsura poterat *exterminare* illos.

ΣΥΝΕ'ΚΤΡΟΦΟΣ, *simul enutritus* seu *educatus.* 1 Macc. I. 7. τοὺς συνεκτρόφους αὐτοῦ. In Cod. Vatic. legitur συντρόφους.

*ΣΥΝΕΚΦΑΙ'ΝΩ, *una indico, significo.* 3 Macc. IV. 1. μετὰ παῤῥησίας
c συνεκφαινομένης ἀπεχθείας, *palam se prodente inimicitia.* Sed pro συνεκφαινομένης in Cod. Alex. et Ed. Compl. legitur νῦν ἐκφαινομένης, quam veram lectionem agnoscere series orationis jubet.

ΣΥΝΕΛΑΥ'ΝΩ, *compello, cogo,* it. *expello, propello.* 2 Macc. IV. 26. εἰς τὴν Ἀμμανίτην χώραν συνήλατο, in Ammanitim *expulsus est* regionem.
d 2 Macc. IV. 42. πάντας δὲ εἰς φυγὴν συνήλασαν, omnes autem in fugam *converterunt.* 2 Macc. V. 5. τῶν δὲ ἐπὶ τῷ τείχει συνελασθέντων, illis, qui in muro erant, *propulsis.* Hesych. συνήλασεν, συνεχώρησεν, ἐδίωξεν.

ΣΥΝΕ'ΛΕΥΣΙΣ, *conventus, concursus, concilium, concio.* עֵדָה, *congregatio.* Symm. Ps. I. 5. — עֵצָה, *concilium.* Aqu. Ps. I. 1. ἐν συνελεύσει
e ἀσεβῶν, qui non interest *concilio* impiorum. Fischero in Clavi p. 79. Aquila legisse videtur בַּעֲדַת. — צְרִיחַ, *munitio.* Al. Jud. IX. 46. 49. ubi συνέλευσις *locum conventus* significare mihi videtur. צְרִיחַ autem est *turris, clare et manifeste e longinquo visui patens,* quæ fortasse conventui destinata fuit. Hesych. συνέλευσις, σύνοδος.

ΣΥΝΕΛΚΥ'Ω, *una traho.* מָשַׁךְ, *traho.* Ps. XXVII. 3. μὴ συνελκύσῃς f
με μετὰ ἁμαρτωλῶν, ne *una trahas* me cum peccatoribus, h. e. ne *perdas* me sicut impios. Vide supra s. v. ἑλκύω.

*ΣΥΝΕΝΥΦΑΙ'ΝΩ, *una intexo, contexo.* עָשָׂה, *facio.* Ex. XXXVI. 17. συνενυφάνθη sec. cod. 32. Holm.

ΣΥΝΕΞΑΙ'ΡΩ, *una aufero, simul tollo.* נִסַּע Niph. *transferor, auferor.* g
Al. Job. IV. 21. συνεξῆρε, *æque ac reliquos aufert.* Strabo X. p. 704. B.

ΣΥΝΕΞΕ'ΡΧΟΜΑΙ, *simul egredior,* etiam simpliciter *egredior.* יָצָא, *exeo.* Prov. XXII. 10. Ezech. XII. 4. sec. Compl. ubi legendum forte σὺ ἐξελεύσῃ, ut reliqui habent. In Exod. XXI. 3. συνεξελεύσεται. Sic quoque legitur in Ed. Ald. h

ΣΥΝΕΞΟΡΜΑ'Ω, neutraliter: *una erumpo, simul irruo,* active: *concito, compello, commoveo.* 3 Esdr. VIII. 12. Sed ibi συνεξορμᾷν notat *una proficisci* (quemadmodum ἐξορμᾷν simpliciter *proficisci* notat, ut apud Æschinem ἐξορμᾷν ἐκ τῆς πόλεως, *ex urbe discedere.* Hesychius: ἐξορμᾷ, ἐκπηδᾷ, ἔξεισιν, ἐκτρέχει.), et Vulgatus συνεξορμάσθωσαν transtulit: *tecum conveniant et proficiscantur.* i

*ΣΥΝΕΠΑ'ΓΩ, *una adduco.* נָצַל, *spolio.* Inc. Exod. III. 23. συνεπάγετε. Legendum συναπάγετε. LXX σκυλεύσατε.

ΣΥΝΕΠΑΚΟΛΟΥΘΕ'Ω, *una vel simul sequor.* מִלֵּא Pih. *compleo.* Num. XXXII. 12. συνεπηκολούθησαν ὀπίσω κυρίου, *constantes fuerunt in obedientia erga Deum.* Eundem k
quoque sensum habent verba Hebraica. Legitur quoque apud Hippocr. de Oss. Nat. p. 274. 40. eundem de Venis cap. 8. et Strabonem VIII. p. 583. C. Desideratur hæc vox in Thesauro Stephani.

a *ΣΥΝΕΠΑΝΙ'ΣΤΗΜΙ, *una excito.* Συνεπανίσταμαι, *una insurgo, consurgo.* מָקוֹם, *locus.* Theod. Nah. I. 11. τοὺς συνεπανιστάντας αὐτῷ. Ed. Vta: ἀπὸ τῶν συνεπανιστάντων αὐτῷ. Uterque legit מְקִימָיו. Vide ad h. l. Hieronymum. Dio Cass. p. 653. 37. et 765. 70. Reim.

ΣΥΝΕΠΙΒΑ'ΤΑΙ, *vectores.* בְּרֶכֶב, *in curru.* Theod. Ies. XXII. 6. b Videtur scribendum esse divissim σὺν ἐπιβάταις, ut legerit בְּרֹכֵב.

ΣΥΝΕΠΙ'ΘΕΣΙΣ, *dolus.* Vocabulum, ut videtur, ab Aquila effictum, quo usus est pro תַּרְמִית, *dolus.* Ps. CXVIII. 118.

ΣΥΝΕΠΙΣΚΕ'ΠΤΟΜΑΙ, *simul numero, annumero.* פָּקַד, *visito.* Num. I. 47. 49. II. 33. (ubi margo cod. 85. Holm. ἠριθμήθησαν e glossemate c habet.) XXVI. 62.

ΣΥΝΕΠΙ'ΣΤΑΜΑΙ, *conscius sum,* vel simpliciter *scio.* חָזָה, *video.* Job. XIX. 26. Nempe *esse sibi conscium* et *videre sibi* affinia sunt, si non idem. Præterea legitur apud LXX Job. IX. 35. ubi verba Hebr. כִּי־לֹא־כֵן אָנֹכִי עִמָּדִי, *quia non sic ego apud me,* h. e. *quia non sic ego impius sum apud me* (h. e. d *secundum conscientiam meam,*) *quam tu putas,* transtulerunt: οὐ γὰρ οὕτω συνεπίσταμαι, *non enim sic mihi conscius sum,* ut adeo appareat, eos sensum bene expressisse, et συνεπίσταμαι respondere voci עִמָּדִי.

ΣΥΝΕΠΙΣΧΥ'Ω, *vires cum aliquo conjungo, viribus meis aliquem adjuvo, auxilior.* עָזַר, idem. 2 Par. XXXII. 3. συνεπίσχυσαν αὐτῷ, *adjuvabant* illum. Ita Esth. XVI. e 20. συνεπισχύειν αὐτοῖς, *adjuvare* illos. Ita et Auctor Incertus apud Suidam: Φιλίππῳ συνεπισχύσας, Philippum *adjuvans.*

ΣΥΝΕΠΙΤΙ'ΘΕΜΑΙ, *simul impono, simul mihi tribuo, simul aggredior, insidior.* נָכַר Pih. *abalieno me, aliene me gero.* Deut. XXXII. 27. ἵνα μὴ συνεπιθῶνται οἱ ὑπεναντίοι, ne *insidientur* adversarii. Gloss. MS. f in Cant. Script. Συνεπίθοιντο, ἐνεδρεύουσι. Lege: συνεπιθῶνται, ἐνεδρεύωσι. Ita Bielius: sed verum non vidit. Post συνεπιθῶνται supplendum vel omissum est ἑαυτοῖς, hoc sensu: ne sibi tribuant adversarii, sc. alienum factum; et sic quoque recte verba Hebraica transtulit Dathius. — עָזַר, *juvo.* Zach. I. 15. συνεπέθεντο εἰς κακά, una *consederunt* vel *consilia* g *agitarunt* ad mala. Hesych. συνεπιτιθεμένων, συνεδρευόντων. Alii ibi habent συνέθεντο. — שַׁאֲנָן, *tranquillus.* Zach. I. 15. ὀργίζομαι ἐπὶ τὰ ἔθνη συνεπιτιθέμενα, irascor in gentes *consilia agitantes,* vel *insidias struentes,* aut *irruentes, impetum una facientes.* Nobilius male transtulit: *gentes superimpositæ.* Videntur autem legisse הַנִּשָּׂאִים. — שׁוּת: h הֵשִׁית, Kal et Hiph. *pono.* Num. XII. 11. μὴ συνεπιθῇ ἡμῖν ἁμαρτίαν, ne simul *imponat,* h. e. *imputet* nobis peccatum. Ps. III. 6. οὐ φοβηθήσομαι ἀπὸ μυριάδων λαοῦ τῶν κύκλῳ συνεπιτιθεμένων σοι, non timebo myriades populi, qui circumcirca *simul me aggrediuntur.* In Cod. Vat. legitur ibi ἐπιτιθεμένων. — שָׁלַח, *mitto.* Abd. v. 13. μὴ συνεπιθῇ ἐπὶ τὴν δύναμιν αὐτῶν, ne *simul invadas* exer- i citum illorum. Legisse videntur תִּשְׁלַח נָא. Ita Diodorus Sic. Lib. I. pag. 18. Typhonem, dilancinato interfecti fratris corpore in viginti sex frusta, τῶν συνεπιτιθεμένων ἑκάστῳ, *unicuique eorum, qui simul invaserant illum,* unum dedisse memorat. Conf. et ἐπιτίθημι supra.

ΣΥΝΕ'ΠΟΜΑΙ, *una sequor, comitor.* 2 Macc. XV. 2. συνεπομένων αὐτῷ. Legitur quoque 3 Macc. V. 48. VI. 21.

*ΣΥΝΕ'ΠΩ, *assentior, consentio, convenio cum aliis de aliquo, pa-*

a ciscor, constituo, nostrum Abreden nehmen, to agree, or bargain. זְמַן לְמֵאמַר, præparo ad dicendum. Dan. II. 9. sec. cod. Chis. συνέστασθε γὰρ λόγους ψευδεῖς ποιήσασθαι ἐπ' ἐμοῦ. Ib. XIII. 38. τότε συνιστάμεθα ἀλλήλοις λέγοντες κ. τ. λ.

ΣΥΝΕΡΓΕ'Ω, cooperor, adjuvo. 3 Esdr. VII. 2. συνεργοῦντες τοῖς πρεσβυτέροις τῶν ἱερέων, cooperantes senio-
b ribus sacerdotum. 1 Macc. XII. 1. ὅτι ὁ καιρὸς αὐτῷ συνεργεῖ, quod tempus ipsum juvaret. Hesych. συνεργεῖ, βοηθεῖ.

ΣΥΝΕΡΓΟ'Σ, cooperarius, commodus, opportunus. 2 Macc. VIII. 7. μάλιστα τὰς νύκτας πρὸς τὰς τοιαύτας ἐπιβουλὰς συνεργοὺς ἐλάμβανε, præcipue noctibus, ad tales excursiones commodis, utebatur. 2 Macc. XIV. 5. καιρὸν δὲ λαβὼν τῆς ἰδίας ἀνοίας συνεργὸν, tempus autem opportunum dementiæ suæ nactus.

ΣΥΝΕΡΕΙ'ΔΩ, una fulcio, conjunctis viribus ago, item in medio convenio, v. c. in pugna, offendo in alium. 2 Macc. VIII. 30. sec. Ald. et Complut. συνερείσαντες, secundum Grotium confligentes, ut apud Polybium legitur, secundum Baduellum connixi, uno eodemque animo impetuque confirmati, conjunctis animis ac viribus incumbentes. Vide quoque s. συνερίζω ac Schweighæuseri Lex. Polyb. s. συνερείδω.

*ΣΥΝΕΡΙ'ΖΩ, simul pugno. 2 Maccab. VIII. 30. supra viginti millia interfecerunt τῶν περὶ Τιμόθεον συνερίζόντων, qui cum Timotheo pugnaverant, h. e. militum Timothei. Cod. Alex. ibi habet τοὺς συνερίσαντας. Suidas: συνερίζω, φιλονεικῶ. Hesych. συνερίσαντα, συνάψαντα.

ΣΥΝΕ'ΡΧΟΜΑΙ, convenio, una venio, congredior, congregor, comitor, etiam: accedo, simul operor, vim conjungo. בּוֹא, venio. Job. XXII. 4. συνελεύσεταί σοι εἰς κρίσιν, una veniet tecum ad judicium. Ezech. XXXIII. 30. συνέλθωμεν, conveniamus. Lexic. Cyrilli MS. f
Brem. συνέλθωμεν, συναχθῶμεν. — *הוֹסִיף Hiph. a יָסַף, addo. Incert. 2 Sam. III. 34. ubi συνῆλθε adverbialiter sumendum et cum sequenti voce jungendum est, ut sit: una cum. Præivit Vulgatus, qui habet: congeminansque. — הָלַךְ, eo. Zach. VIII. 21. — הִתְלַכֵּד Hithp. comprehendo me. Job. XLI. 9.—הִתְקַבֵּץ
Hithp. congrego me. Jos. IX. 2. — g
חָבַר, consocior. Symm. Gen. XIV. 8. συνῆλθον. — יָלַךְ, eo. Jerem. III. 18. — *יָעַד. Jos. XI. 5. sec. cod. Vat. — נֶאֱסַף Niph. congregor. Exod. XXXII. 25. 2 Par. XXX. 18. — עוֹד, adhuc. Prov. XXIII. 35. μεθ' ὧν συνελεύσομαι. Sed verba hæc ab interprete sensus causa ac omisso עוֹד addita videntur, ut ap-
pareret, quorsum affixum נּוּ in vo- h
ce antecedente referendum sit. Nam eos סוֹד legisse mihi non est verosimile. — פָּגַשׁ, occurro. Proverb. XXIX. 13. — שׁוּב, revertor. Job. VI. 29. πάλιν τῷ δικαίῳ συνέρχεσθε, rursus justo convenite. Sap. VII. 2. ἡδονῆς ὕπνῳ συνελθούσης, accedente ad concubitum voluptate.

ΣΥΝΕΣΘΙ'Ω, simul comedo. אָכַל, edo. Gen. XLIII. 32. Symm. Ps.
XL. 10. — יָכֹל, possum. Ps. C. 7. i
τούτῳ οὐ συνήσθιον. Legerunt אִתּוֹ לֹא אוֹכַל.

ΣΥ'ΝΕΣΙΣ, intellegentia. בִּינָה, idem. Deut. IV. 6. 1 Paral. XII. 32. (γινώσκοντες σύνεσιν εἰς τοὺς καιρούς. Vulg. viri, qui noverant singula tempora. Joseph. A. J. VII. 2. 2. οἱ προγινώσκοντες τὰ μέλλοντα.) XXII. 12. et alibi sæpius. — גְּבוּרְתָא Chald. potentia. Dan. II. 20. Ita Bielius Trommium secutus. Sed male. Pertinet enim σύνεσις ibi potius ad

a praecellens חָכְמְתָא. — גֶּבֶר, vir. Job. XXII. 2. ὁ διδάσκων σύνεσιν. Libere verterunt. — דַּעַת, scientia. Job. XV. 2. XXI. 22. XXXIII. 3. et alibi. — הֵבִין Hiph. a בּוּן, intellegere facio. 1 Reg. III. 11. Ps. XXXI. 11. Dan. I. 17. sec. cod. Chis. Symm. Ies. XXVIII. 20. — הִשְׂכִּיל Hiph. idem. 1 Par. XXVIII. 19. — חָכְמָה, sapientia. Ex. XXXI.
b 6. Deut. XXXIV. 9. Ies. XLVII. 10. — טַעַם, sapor, it. consilium. Job. XII. 20. — מַדָּע, scientia. 2 Par. I. 10. 11. 12. Dan. I. 17. — מַשְׁגֶּה part. Hiph. errare faciens. Job. XII. 17. Vide supra s. ἐπιστήμη. — מַשְׂכִּיל, carmen erudiens, ode didascalica. Psalm. XXXI. 1. XLI. 1. et alibi saepius in inscriptionibus Psalmorum. — נָבוֹן Niph.
c ex בּוּן, intellegens sum. Ies. X. 13. — עֵרֶךְ, aestimatio, ordo, dispositio, instructio. Theod. Job. XXVIII. 13. Sermo ibi est de sapientia, de qua non commode dici potest: non invenire aliquis potest ejus σύνεσιν: et quomodo σύνεσις Hebr. עֵרֶךְ respondere potest? Num σύνεσις h. l. notat τὰ βάθη τῆς συνέσεως, aut σύνεσις h. l. per metonymiam effectus intellegen-
d tiae notat, s. prudenter et intellegenter facta? Sed forte scripserat σύνθεσιν, quod vocabulum de strue panum sacrorum usurpatur ab Incert. quodam Interprete Levit. XXIV. 7. in Append. ad Montf. Hexapla p. 689. ibique respondet Hebr. מַעֲרֶכֶת. — שֶׂכֶל. 1 Sam. XXV. 3. 2 Par. XXX. 22. Ps. CX. 10. — שָׂכְלְתָנוּ (pro נוּת, eliso ת). Dan.
e V. 12. 13. 15. — תְּבוּנָה. Exod. XXXI. 3. 1 Reg. VII. 14. Job. VI. 29. et alibi saepius. — *תִּקְוָה, spes. Hos. II. 13. διανοῖξαι σύνεσιν αὐτῆς. Drusius putabat, eos legisse לְפַתַּח תַּקָּנָה. Certe nullo alio loco τὸ תִּקְוָה reddidere per σύνεσις. Fortasse tamen σύνεσις de spe accipi potest. Grotius LXX respexisse putat ad תִּקְוָה, linearum ductionem, ad quas instituuntur pueri. Vide Ies. XVIII. 2. et XXVIII. 10. Sirac. III. 25. Vulg., ut alias saepius, sensum vertit, unde apparet, sensum esse captum, intellectum et vim cognoscendi. Sir. V. 10. σύνεσις ἀσφαλής, sententia certa, judicium certum, de cujus veritate satis constat. Sir. I. 4. σύνεσις φρονήσεως, perfectissima sapientia. Vide etiam VI. 37. et VIII. 12. Sap. IV. 11. ubi est mens, animus, i. q. νοῦς. Sir. XLVII. 23. Sir. III. 12. ἐὰν ἀπολείπῃ σύνεσιν, si defecerit intellectu ac mentis vigore. Intelleguntur hic deliria senum. Sirac. XXXIV. 11. σύνεσίς μου, quae usu meo cognovi. Vulgatus, qui habet consuetudines, legit συνηθείας. Baruch. III. 23. ἐκζητηταὶ τῆς συνέσεως sunt sec. Baduellum philosophi, qui omne suum studium in investigatione rerum posuerunt.

ΣΥΝΕΤΑ'ΖΩ, *una scrutor.* יָעַץ, consilium do. Psalm. XV. 7. ubi tamen alii pro συνετήσαντα rectius συνετίσαντα habent.

ΣΥΝΕΤΑΙΡΙ'ΖΟΜΑΙ, *amicitiam ineo.* הִתְרָעָה Hithp. a רָעָה, consocio vel associo. Aqu. Ps. CVII. 11. συνεταιρισθήσομαι.

ΣΥΝΕΤΑΙΡΙ'Σ, *socia, amica, sodalis foemina.* רְעוּת plur. foem. ex רֵעַ. Jud. XI. 37. 38.

ΣΥΝΕΤΑΙ'ΡΟΣ, *sodalis, socius, q. d. consodalis.* מֵרֵעַ, socius. Jud. XV. 2. 6. (ubi est i. q. παρανύμφιος.) Symm. Gen. XXVI. 26. — *חֲבַר Chald. socius. Dan. II. 17. sec. cod. Chis. 3 Esdr. VI. 3. συνεταῖροι, qui sunt a consiliis, consiliarii: ubi in Chald. Esdr. V. 3. est כְּנָוָת collegium, quod LXX verterunt σύνδουλοι. Idem 3 Esdr. VI. 7. et Esdr.

a V. 6. In priori loco Josephus A. J. XI. c. 4. p. 557. Hav. οἱ σὺν αὐτῷ. Herodot. VII. p. 444. 7.

ΣΥΝΕΤΙ'ΖΩ, *intellegentem reddo, intellegere facio, doceo, erudio, instituo.* הֵבִין Hiph. a בִּין, *intellegere facio.* Psalm. CXVIII. 27. 34. Dan. VIII. 16. IX. 22. Symm. Psalm. LXXII. 17. — הֶחֱשָׁה Hiph. *silere facio,* h. e. h. l. *tranquillare animum* b *studeo.* Nehem. VIII. 11. οἱ συνετίζοντες τὸν λαόν. Sensu eodem. Nos simili ratione dicimus: zur Vernunft bringen, *to make sensible.* — הִשְׂכִּיל Hiph. *intellegentem reddo.* Nehem. IX. 20. Symmach. et LXX Ps. XXXI. 10. συνετιῶ σε, *instituam te.* Hesych. συνετιῶ σε, σοφιῶ σε. Ita et Lex. Cyrilli MS. Brem. nisi quod pro σοφιῶ habeat σοφίσω. — יָעַץ, *con-* c *silium do.* Al. Psalm. XV. 7. συνετίσαντα. — נִפְקַח Niph. a פָּקַח, *aperior.* Symm. Gen. III. 5. συνετισθήσονται, *intellegentes reddentur.* Idem ibid. v. 7. συνετίσθησαν. In utroque autem loco tota formula Hebr., *aperti sunt oculi,* spectanda est.

ΣΥΝΕΤΟ'Σ, *intellegens, sapiens, prudens.* אֲנָשִׁים plur. *viri, homines.* Job. XXXIV. 10. 34. συνετοὶ καρδίας. Lege συνετοὶ καρδίᾳ. *Viri cordis* sunt ex usu loquendi Hebr. *sapientes, prudentes.* — בֵּן, *filius.* Jer. XLIX. 6. ἐκ συνετῶν. Non legerunt מִבְּנוֹם, sed בְּנוֹם habuerunt pro participio verbi בִּין. — בֶּן חַיִל, *filius roboris.* Deut. III. 18. συνετὸς sec. ed. Ald. Fortasse reponendum est δυνατὸς, quanquam non ignoro, חַיִל quandoque ad animum transferri, nisi malis συνετὸν de *artis militandi perito* h. l. interpretari. Certe apud Graecos quoque συνετὸς *peritum* notat, v. c. apud Polybium III. 22. 3. συνετώτατοι dicuntur *literarum Latinarum peritissimi.* — *בִּינָה. Symmach. Prov. I. 2. Sensum expressit. — חָכָם, *sapiens.* Gen. XLI. 33. Ex. XXXI. 6. Ies. V. 21. et alibi. — יָדוּעַ part. Pah. *expertus.* Deut. I. 13. σοφοὺς f καὶ συνετούς. — יִרְאַת יְהוָה, *timor Domini.* Prov. XXXI. 30. — כֹּהֵן, *sacerdos.* 2 Reg. XI. 9. ubi tamen ὁ συνετὸς mihi non כֹּהֵן exprimere videtur, sed pro scholio habendum, quod explicationem nominis proprii Ἰωδαὲ continet, a יָדַע, *cognovit.* — מֵבִין part. Hiph. a בִּין. 1 Par. XV. 22. XXVII. 32. — מַשְׂכִּיל part. Hiph. Proverb. XV. 25. XVI. 20. g Dan. XI. 33. Symm. Prov. XIX. 14. — נָבוֹן, part. Niph. a בִּין. Prov. XVI. 21. Cohel. IX. 11. Ies. III. 2. — נְדִיבוֹת plur. fœm. *ingenuitates.* Ies. XXXII. 8. συνετά. נָדִיב, quod in universum notat *eum, qui facit ea, quæ hominem ingenuum ac liberalem decent,* dici quoque potest *prudens, qui ingenio pollet,* quam notionem postulat h. l. h series orationis. — עָרוּם, *astutus.* Prov. XII. 24. — שֵׂכֶל, *intellegentia.* Prov. XII. 8. XXIII. 9. Sir. X. 26. συνετὸς, *pius, probus, integer vitæ,* ubi opponitur τῷ ἁμαρτωλῷ, coll. Act. XIII. 7. Hesych. συνετὸς, σοφὸς, συγκεχωρημένος.

ΣΥΝΕΤΟ'Σ ΕΙ'ΜΙ', *intellegens sum.* שָׂכַל, *prosperor.* 1 Sam. XVIII. 30. συνετὸς ἦν, *prudenter, fortiter ac feliciter agebat.* i

ΣΥΝΕΤΩ'ΤΕΡΟΣ, compar. *intellegentior, sapientior.* חָכָם, *sapiens.* Gen. XLI. 39. ubi כְּ similitudinis sequitur.

*ΣΥΝΕΤΩ'ΤΕΡΟΣ ΓΙ'ΝΟΜΑΙ, *intellegentior fio.* הִתְבּוֹנֵן seq. מִ. Symm. Psalm. CXVIII. 100.

ΣΥΝΕΤΩ'Σ, *intellegenter, pruden-*

a ter. מַשְׂכִּיל, *institutio.* Ps. XLVI. 7. ψάλατε συνετῶς. Ante מַשְׂכִּיל supplerunt בְּ.

ΣΥΝΕΤΩ͂Σ ΠΟΙΕ'Ω, *intellegenter facio.* הֵבִין Hiph. a בִּין. Ies. XXIX. 16.

ΣΥΝΕΥΔΟΚΕ'Ω, *comprobo, consentio, observo.* 1 Maccab. I. 60. εἴ τις συνευδοκεῖ τῷ νόμῳ, si quis *observat* legem. 2 Macc. XI. 24. μὴ συνευδο-
b κοῦντας τῇ τοῦ πατρὸς ἐπὶ τὰ Ἑλληνικὰ μεταθέσει, non *consentientes* patri, ut transferrentur ad ritus Græcorum. Vide et v. 35. et conf. Act. VIII. 1.

ΣΥΝΕΥΡΙ'ΣΚΩ, *simul invenio.* אָסַף, *congrego.* Aqu. 1 Sam. XV. 6. συνεύρω σε, simul inveniam te, sc. inter Amalekitas, adeoque disperdam: nam אָסַף h. l. *perdere* notat. Sem-
c lerus in App. ad V. T. p. 301. legere mavult συνσύρω σε, coll. XII. 25. Vulgatus habet: *involvam te.* Simili ratione nos voce verwickeln, *to implicate,* uti solemus.

ΣΥΝΕΥΦΡΑΙ'ΝΟΜΑΙ, *congaudeo, simul lætor et me delecto,* etiam simpliciter *lætor, gaudeo, delecto me.* שָׂמַח, *gaudeo.* Prov. V. 18. συνευφραίνου μετὰ γυναικός.

ΣΥΝΕΦΙ'ΣΤΑΜΑΙ, *una insurgo.*
d קָהַל, *congrego.* Al. Num. XVI. 3. συνεπέστησαν ἐπὶ Μωυσῆν, *una insurgebant* adversus Mosen. Conf. Act. XVI. 22.

ΣΥΝΕ'ΧΩ, *contineo, comprehendo, corripio, amplector, complector, constringo, detineo, claudo, occludo, includo, obsideo, cohibeo, prohibeo.* אָחַז *capio.* 1 Reg. VI. 10.—אָטַר, *claudo.*
e Ps. LXVIII. 19. μηδὲ συσχέτω ἐπ' ἐμὲ φρέαρ τὸ στόμα αὐτοῦ, neque *claudat* super me puteus os suum. — אֵיד, *exitium.* Job. XXXI. 23. φόβος γὰρ κυρίου συνέσχε με, timor enim Domini *corripuit* me. — *בֵּין, *inter.* Ezech. XLIII. 8. ubi συνεχόμενον adverbialiter est *inter,* i. q. ἀναμέσον, quo usus est h. l. Inc. Interpres. — בְּ præfixum, *in.* Job. VII. 11. πικρίᾳ ψυχῆς μου συνεχόμενος, amaritudine animæ f
meæ *constrictus.* Vide et Job. X. 1. — בָּעַת Pih. *perturbo.* Symmach. 1 Sam. XVI. 14. συνεῖχεν, *corripuit eum morbi ad instar.* — הֵכִיל Hiph. a כּוּל, *capio.* Jerem. II. 13. — הֵשִׂים לֵב, *pono cor.* Job. XXXIV. 14. εἰ γὰρ βούλοιτο συσχεῖν (a συσχέω), si enim voluerit *constringere,* h. e. *severe cum eo agere.* Hanc notionem habet quoque h. l. formula Hebraica. Confer Lexicon N. T. g
s. h. v. — חִבֵּק Pih. *amplector.* Prov. V. 20. μηδὲ συνέχου ἀγκάλαις ταῖς ἰδίαις, neque *amplectere* propriis ulnis. Hesych. συνέχου, κράτει. — חָבַר, *associor.* Exod. XXVI. 3. πέντε δὲ αὐλαῖαι ἔσονται ἐξ ἀλλήλων συνεχόμεναι, quinque autem cortinæ *erunt* inter se invicem *constrictæ.* Vide et Exod. XXXVI. 9. Exod. XXXIX. 4. ἐπωμίδας συνεχούσας (sc. ἑαυτὰς) ἐξ ἀμφοτέρων τῶν μερῶν, super- h
humeralia utrinque se *complectentia,* vel utrinque *constricta.* Sic Apostolus Philipp. I. 23. συνέχομαι γὰρ ἐκ τῶν δύο, *constringor* enim utrinque. Metaphoram hic desumit a vestimento, quod utrinque constringitur. Sicuti vero tale vestimentum ex utraque parte æqualiter attrahitur, ita Apostolus metaphoram inde desumens innuit, se æque trahi desiderio commeandi ad Christum, ac necessitate permanendi in carne propter Philippenses. Hesychius: συνέχεται, συμπλέκεται. — כָּלָא, *claudo.* Gen. VIII. 2. συνεσχέθη ὁ ὑετὸς ἀπὸ τοῦ οὐρανοῦ, *cohibebatur* pluvia a cœlo — לָכַד, *capio.* Job. XXXVI. 8. συσχεθήσονται ἐν σχοινίοις πενίας, *constringentur* fune paupertatis. Theodot. Job. XLI. 8. συνέχονται, *tenebunt s. amplectentur se.*—כַּמַּיִם *sicut aqua.* Job. III. 24. συνεχόμενος,

a φόβῳ, *metu correptus*. Ita fortasse transtulerunt ob comma sequens, a φόβος incipiens, aut מַיִם *aquas irruentes* de *summis periculis* intellexerint, aut בְּאֵימָה legerint. Cf. Luc. VIII. 37. — מָנַע, *cohibeo*. Prov. XI. 26. ὁ συνέχων σῖτον, *cohibens* frumentum. Ita quoque Inc. Int. Cic. ad Attic. V. 21. Liv. XXXVIII. 35. *comprimere frumen-*
b *tum*. Cic. pro Domo 6. *compressum tenere*.— מַעְצוֹר, *prohibitio*. 1 Sam. XIV. 6. ὅτι οὐκ ἔστι κυρίῳ τὸ συνεχόμενον σώζειν ἐν πολλοῖς καὶ ὀλίγοις, quia Domino non *est restrictum* (h. e. *impossibile*) servare per multos vel per paucos. Conf. 2 Par. XIV. 11. Hesych. συνεχόμενον, ἐναντιούμενον ἢ ἀξξυστῶν, ubi vide Intt. — *מָצוֹר, *munitio*. Symm. Ies. XXXVII. 25.
c συνεχομένους, h. e. *bene munitos*. Montf. male transtulit: *cohærentes*. — מָצוֹק, *angustia*. Aqu. Theodot. 1 Sam. XXII. 2. συνεχόμενος. — נֶאֱלַם Niph. *mutus sum*. Ezech. XXXIII. 22. οὐ συνεσχέθη ἔτι, non amplius *claudebatur*, sc. os.— עָבַר, *transeo*. Jerem. XXIII. 9. ἄνθρωπος συνεχόμενος ἀπὸ οἴνου, h. e. homo *inebriatus* vino. Formula Hebraica, *vir, super quem transiit vinum*, notat quoque *virum a vino superatum*.— עָצַר, *claudo*. Deuter. XI. 17. συσχῇ τὸν οὐρανὸν, καὶ οὐκ ἔσται ὑετὸς, *occludat* cœlum, ut non sit pluvia. Vide et 1 Reg. VIII. 35. 2 Par. VII. 13. 1 Sam. XXI. 7. συνεχόμενος (In Hexaplis Montf. vitiose legitur συνεχομένος). Ita juxta ed. Compl. Nam in Francof. et al. legitur συνεχόμενος νεεσσαρὰν vel νεσσάρ. Suidas et Lex. Cyrilli MS. Brem. συνεχόμενος, ἀξξυστῶν, ἢ κρατούμενος. Confer supra s. v. νεεσσαρὰν ac Elsnerum ad Luc. IV. 38. p. 238. 2 Sam. XXIV. 21. συσχεθῇ (Ita Vat. sed Alex. συνεσχέθη) ἡ θραῦσις ἐπάνωθεν τοῦ λαοῦ, *comprimatur* vel *cesset*

plaga super populum. Vide et v. 25. Nehem. VI. 10. αὐτὸς συνεχόμενος, et ipse *clauserat se*. Vide et 1 f
Reg. XXI. 21. 2 Reg. XIV. 26. 1 Par. XII. 1. Aqu. 1 Sam. XXI. 5. συνεσχέθη, *prohibita est*. Aquila, Theodotion Jerem. XXXIX. 15. Symmach. Gen. XVI. 2. Symmach. Ies. LXVI. 9. συνέξω, *uterum claudam seu ad pariendum ineptum reddam*. Vulg. *sterilis ero*. — פָּתִיל, *funiculus*. Exod. XXVIII. 28. εἰς τοὺς δακτυλίους τῆς ἐπωμίδος συνεχομέ- g
νους, in annulos superhumeralis *constrictos*. — צָבַר, *congrego*. Aquil. Exod. VIII. 14. — צוּר, *obsideo*. 1 Sam. XXIII. 8. συνέχειν τὸν Δαβὶδ καὶ τοὺς ἄνδρας αὐτοῦ, ut *obsiderent* Davidem et milites ejus. Ita 2 Macc. IX. 2. τὴν πόλιν συνέχειν, *urbem obsidere*, et Luc. XIX. 43. συνέξουσί σε πάντοθεν, *obsidebunt* te undiquaque. Vide Lexicon N. T. s. h
h. v. — צָפָה Pih. *tego*. 1 Reg. VI. 15. Ita cum Trommio Bielius. Sed τὰ συνεχόμενα h. l. potius τῷ סְפוּן respondet, quod *tegmen, laquear* notat. — צָרַר, *arcto*. 2 Sam. XX. 3. ἦσαν συνεχόμεναι, erant *inclusæ*. Hesych. συνεχόμεναι, κρατούμεναι. — קָפַץ, *occludo*. Ps. LXXVI. 9. Ies. LII. 15. Sap. I. 7. τὸ συνέχον τὰ πάντα, *qui, tanquam anima mundi, omnia continet*. Vide ad h. l. Bret- i
schneideri Spicil. p. 246. Sap. XVII. 11. συνεχομένη τῇ συνειδήσει, *correpta* conscientia. Vulg. *perturbata*. Alii nervosius legunt συναγομένη, sensu tamen eodem. Sap. XVII. 20. ἀνεμποδίστοις συνείχετο ἔργοις, non impeditis *continebatur* vel *cohærebat* operibus. Ita Bielius. Sed rectius Bretschneiderus l. l.: reliquus mundus sine impedimento k
negotiis suis *erat occupatus*. 1 Macc. XIII. 15. συνέχομεν αὐτὸν, *detinemus* illum. 2 Macc. X. 10. τὰ συνέχοντα τῶν πολέμων κακὰ, *continua* bellorum mala. Sic adverbium συνεχῶς de-

a notat *continue*. Hesych. συνεχῶς, ἐνδελεχῶς, πυκνῶς, ἀεὶ, ἀδιαλείπτως.

ΣΥΝΗ'ΘΕΙΑ, *consuetudo*. אַלּוּף, *amicus, socius*. Symmachus sensu eodem Proverb. XVII. 9. συνήθειαν, *familiarem consuetudinem, amicitiam*. Adde 4 Macc. II. 11. et VI. 13.

ΣΥΝΗ'ΘΗΣ, *consuetus, familiaris*. אַלּוּף, *omnis, qui cum aliquo est arctissime conjunctis*, ab אָלַף, *conjunxit, copulavit*. b Symm. Ps. LIV. 13. 2 Macc. III. 31. ubi Vulgatus συνήθεις per *amicos* transtulit.

ΣΥΝΗ'ΛΙΚΟΣ, *qui est æqualis, coætaneus*. כְּגִיל, *secundum similitudinem*. Dan. I. 10. Scharfenbergius ad h. l. p. 8. seq. docuit, גִּיל non, ut magistri Judæorum censent, *similitudinem*, sed ex usu linguæ Syriacæ *ætatem* notare. Conf. vers. c Syr. Matth. I. 17. Gal. I. 14.

ΣΥΝΗΧΕ'Ω, *una strepitum edo, consono*. הָמָה, *strepo, fremo*. Symm. Psalm. LVIII. 7. συνηχήσουσι. Idem Psalm. LXXXII. 3. 3 Macc. VI. 17. ὥστε αὐλῶνας συνηχήσαντας ἀκατάσχετον οἰμωγὴν ποιῆσαι, ut adeo valles *consonantes* perpetuum ederent clamorem repercussum. Dio Cass. p. 554. Reim. ὥστε καὶ τὰ ὄρη d συνηχῆσαι.

ΣΥΝΘΕ'ΛΩ, *una volo, consentio*. אָבָה, *volo, acquiesco*. Deut. XIII. 8. οὐ συνθελήσεις αὐτῷ, *noli votis ejus annuere*. Vox occurrit et apud Aristoph. Av. v. 852.

ΣΥ'ΝΘΕΜΑ, *signum, quod ex composito datur, tessera*, etiam *compositio, collectio*. אֲסֻפּוֹת, plur. *collectiones, collegia*. Cohel. XII. 11. οἱ e παρὰ τῶν συνθεμάτων, quibus munus datum erat *collectionem* faciendi, auctores *collectionum*. Montfauconius perperam transtulit: *qui a conciliis*. Gloss. MS. in Eccles. συνθεμάτων, συνταγμάτων. Sic et Schol. ad Eccles. l. c. συνθεμάτων, συνταγμάτων, συναντημάτων. 2 Macc. XIII. 15. σύνθεμα, *signum s. tesseram*, nempe Θεοῦ νίκη, qua tessera animi militum in optimam spem erigendi f erant. Vide ad h. l. Baduellum. Lex. Cyrilli MS. Brem. σύνθεμα, ῥῆμα, ἢ σημεῖόν τι ἐπὶ γνωρισμῷ τῶν οἰκείων διδόμενον. Hesych. σύνθεμα, σημεῖον, ἀφορμῆς, δραματούργημα, σύμβλημα. Conf. v. σύνθημα.

ΣΥ'ΝΘΕΣΙΣ, *compositio, coagmentatio, commissura cujuslibet rei*, speciatim de *compositione unguentorum et aromatum* dicitur, unde hæc vox g etiam *ipsa unguenta composita* notat et *pigmenta*. בֹּשֶׂם, *aroma odoratum*. Exod. XXXV. 26. — כַּרְכֹּב, *ambitus, circuitus*. Inc. Ex. XXVII. 5. — מְמֻלָּח part. Pyh. *salitum*, it. *commixtum*. Exod. XXX. 35. — מַעֲרֶכֶת, *dispositio, ordo*. Inc. Lev. XXIV. 7. — מַתְכֹּנֶת, *dispositio, forma*. Exod. XXX. 32. 37. — סַמִּים plur. *aromata*. Ex. XXXI. h 10. XL. 25. Lev. IV. 7. et alibi. Confer etiam s. v. σύνθετον. Mira nec ullo modo probanda est nonnullorum sententia, LXX in omnibus hisce locis סַמִּים ob soni similitudinem deduxisse a שׁוּם. — קְטֹרֶת, *suffitus*. Ex. XXV. 6. XXXV. 8. 16. 26. — רִקּוּחַ, *unguentum bene mixtum*. Aquil. Ies. LVII. 9. ubi videndus Montfauconius. Confer quoque Sir. XLIX. 1. εἰς σύνθεσιν θυμιάματος.

ΣΥ'ΝΘΕΣΙΣ ΤΟΥ͂ ΚΟ'ΣΜΟΥ ΤΗ͂Σ ΔΟ'ΞΗΣ, *compositio ornatus gloriæ*. פְּאֵר, *ornamentum*. Ies. III. 18. ubi duæ versiones coaluisse mihi videntur. Athanas. T. II. Opp. pag. 261. παῖδα ἐνδεδυμένον σύνθεσιν ἐνδυμάτων κοκκίνων. Ab aliis quoque scriptoribus σύνθεσις aliquando pro genere *vestis* usurpatur.

ΣΥ'ΝΘΕΤΟΝ ΛΕΠΤΟ'Ν, *compositum minutum*. סַמִּים plur. *aromata*. Exod. XXX. 7. σύνθετον, com-

positum, sc. *ex variis aromatibus ac suffimentis*. Ita bene cohaeret. Vide supra s. v. σύνθεσις. Hesych. et Lex. Cyrilli MS. Brem. σύνθετον, ἐξ ἑτεροειδῶν πραγμάτων συγκείμενον. Confer Ernesti Not. ad Suidæ ac Phavorini Glossas Sacras p. 140.

ΣΥΝΘΗ'ΚΗ, *pactum*, *fœdus*. בְּרִית, idem. Aqu. Theod. 1 Sam. VI. 19. Aqu. Symm. Theod. Ps. XXIV. 14. Ies. XLIX. 8. LIX. 21. Symm. Gen. VI. 18. Ps. LIV. 21. Confer Sap. I. 16. XII. 21. Postremo loco ita: ὅρκους καὶ συνθήκας ἔδωκας, juramenta et fœdera dedisti. Hic juramenta cum fœderibus conjunguntur, quod fœdera juramentis confirmari solebant. Hesychius: συνθήκας, ὅρους. Lege ὅρκους. Suidas: συνθῆκαι, αἱ πίστεις, αἳ διὰ τριῶν ἐπιτελοῦνται, λόγων, ἔργων, χειρῶν· λόγων μὲν, οἷον δι' ὅρκων, ἔργων δὲ, οἷον διὰ τῶν ἐν τοῖς βωμοῖς θυσιῶν, χειρῶν δὲ, ἐπειδὴ αἱ πίστεις διὰ χειρῶν ἐγένοντο. Hæc desumta esse ex Scholiasta Aristoph. ad Acharn. p. 386. annotat Küsterus. Apud Suidam etiam συνθήκη exponitur ὁμολογία, it. συγκατάθεσις. חָזָה, *provisio*. Ies. XXVIII. 15. ἐποιήσαμεν καὶ μετὰ τοῦ θανάτου συνθήκας. Vox Hebr., quæ proprie *visionem* notat, dicitur quoque de *induciis* et *pace*, ita ut Latine per *pactum* reddi possit, a rad. חָזָה, *secare*. Conf. Simonis Lex. Hebr. p. 534. — *יְשָׁרִים, *recta*. Dan. XI. 17. sec. cod. Chis. Fortasse ob *complanandi* significatum, quem habet יָשַׁר, de *fœdere et pacto* h. l. cogitarunt, nec aliena hæc notio a serie orationis dici potest. Vide sequentia. — מֵישָׁרִים plur. *rectitudines*. Dan. XI. 6. τοῦ ποιῆσαι συνθήκας μετ' αὐτοῦ. Sensum bene expresserunt. — מַסֵּכָה, *fusio*. Ies. XXX. 1. Vox Hebr. explicanda est de *libationibus* et *sacrificiis*, quibus præeuntibus fœdera inita esse, satis constat. Præterea legitur apud Aquilam Ps. XLIII. 21. ubi verba οὐκ ἐπελαθόμεθά σου, οὐδὲ παρέβημεν τὰς πρός σε συνθήκας, quæ in uno tantum codice feruntur, et jam Montfauconio suspecta videbantur, sine dubio sunt spuria, ac verba Eusebii in Commentario ad h. l. continent.

ΣΥ'ΝΘΗΜΑ, idem, item *signum*, *tessera*, *symbolum*, *quo milites internoscerentur*. אֲסֻפּוֹת, plur. *collectiones*, *collegia*. Cohel. XII. 11. Conf. v. σύνθεμα. — *מוֹעֵד, *constitutum tempus*. Symm. sec. marg. cod. 108. Holm. Jud. XX. 38. σύνθημα δὲ ἦν. LXX σημεῖον habent. — סִבֹּלֶת, vox pronuntiationis Ephraemiticæ pro שִׁבֹּלֶת, *fluxus aquæ*, *fluentum*. Jud. XII. 6. ubi recte monuit Scharfenbergius σύνθημα non esse interpretationem verbi Hebr., sed si quis forte veterum intt. h. l. reddiderit εἴπατε δὴ σύνθημα, *edite tesseram*, illum totius orationis sensum spectasse. — *שִׁבֹּלֶת. (Vox hæc Rabbinis est *sodalitas*, συμβολή, *convivalis*. Syr. סוּבָּל, a *comportando*. Sic enim in Aruc exponitur per חבורה. Nisi hoc habent, ejecto μ, a συμβολή.) Jud. XII. 6. Vide et 2 Macc. VIII. 23. δοὺς σύνθημα, θεοῦ βοηθείας, *dans tesseram s. symbolum militare*, *Dei auxilio*. Confer ad h. l. Baduellum et Grotium. Vide et 2 Macc. XIII. 25. et confer, quæ ex Euripide et Xenophonte observat Feselius Adverss. Sacr. Lib. V. cap. 7. p. 461. cui addendus est Schwebelius ad Onosandri Strateg. c. 25. p. 89. Suidas a Küstero suppletus: σύνθημα, συνθήκη, σύσσημον. λόγος ἐν πολέμῳ ἐπὶ γνωρισμῷ τῶν οἰκείων διδόμενος. Hesych. συνθήματα, μαθήματα, συσσήματα, συνθῆκαι, σημεῖα. Thomas Mag. σύνθημα, οὐ σύνθεμα, τὸ ἐπιφώνημα, ὃ λέγουσι τὰ στρατόπεδα ἐν ταῖς μάχαις, γνώρισμα τῶν ὁμοφύλων.

ΣΥΝΘΛΑ'Ω, *confringo*, *contero*. גָּדַע Pih. *abscindo*, etiam *frango*.

a Ps. CVI. 16. μοχλοὺς σιδηροῦς συνέθλασεν, repagula ferrea contrivit. Hesych. συνέθλασε, συνέτριψε. — דָּכָא. Aqu. Psalm. XLIII. 21. ubi pro συνέθλασεν, quod exhibent Hexapla, scribendum est συνέθλασας. Postulat hoc textus Hebr. et Hieronymus, qui habet: quæ confregisti. — הֶעֱמִיד Hiph. stare facio. Ezech. XXIX. 7. συνέθλασας (alii libri συνέκλασας habent) b αὐτῶν πᾶσαν ὀσφύν. Dathio legisse videntur הַעֲרַצְתָּ, quod cum רָצַץ sæpe significationem permutat. — מָחַץ, percutio. Al. Jud. V. 26. — נָתַץ, diruo. Ps. LVII. 6. — פִּצַּח וּפֵרֵשׂ Pih. dissipo et expando. Mich. III. 3. — קִצֵּץ Pih. amputo. Ps. XLV. 9. Sermo ibi est de hastis, quibus confringere melius convenire, quam amputare c interpres existimasse videtur. — רִצֵּץ Pih. quasso. Jud. IX. 53. Ps. LXXIII. 15. Aqu. Gen. XXV. 22. — *שָׁבַר. Incert. Psalm. L. 19. bis.

ΣΥΝΘΛΙ'ΒΩ, comprimo, collido. Sirac. XXXI. 16. μὴ συνθλίβου αὐτῷ ἐν τρυβλίῳ, ne collidaris cum illo in catino. Adde 1 Maccab. XV. 14. συνέθλιβεν sec. Alex. ubi reliqui libri d ἔθλιβε habent.

ΣΥΝΘΡΑΥ'Ω, contero. שָׁבַר, frango. Symm. Cohel. XII. 6. συνθραυσθῇ. Hesych. συνθραύεσθαι, συντρίβεσθαι.

ΣΥΝΙ'ΗΜΙ, intellego, cognosco, attendo, adverto, animadverto, respicio, item, peritus sum, it. prudenter ago. *אָמַן. Ies. VII. 9. οὐδὲ μὴ συνῆτε, nonnu vestro intellegetis s. experie- e mini, h. e. non continget vobis hæc liberatio. In textu Hebr. legitur: לֹא תֵאָמֵנוּ, non eritis fideles, h. e. parum eritis felices. Unde apparet, non statuendum esse, LXX h. l. תָבִינוּ legisse, ut Michaëlis in Bibl. Or. T. XIV. p. 122. opinatus est. Non autem omnino improbabilis est sententia Houbigantii, qui ad h. l. monet, errore librarios scripsisse συνῆτε, ubi legerunt μένητε, manebi- f tis. — בִּין: הֵבִין: הִתְבּוֹנֵן, Kal, Hiph. et Hithp. Deut. XXXII. 7. σύνετε δὴ ἔτη γενεᾶς γενεῶν, respicite quæso annos in generationes generationum. 1 Reg. III. 9. τοῦ συνιέναι ἀνὰ μέσον ἀγαθοῦ καὶ κακοῦ, ut dignoscat bonum malo. 2 Par. XXVI. 5. τοῦ συνιέντος (sc. αὐτὸν) ἐν φόβῳ κυρίου, qui eum instituebat in religione, aut in pietate confirmabat. 1 Par. XXV. g 7. πᾶς συνιῶν, omnis peritus vel magister. Confer v. 8. ubi pro τελείων alii habent συνιών. 2 Par. XXXIV. 12. πᾶς συνιῶν ἐν ὀργάνοις ᾠδῶν, omnis instrumentorum musicorum peritus. Esdr. VIII. 15. συνῆκα τῷ λαῷ, attendebam populo. Neh. VIII. 10. συνῆκεν ὁ λαὸς ἐν τῇ ἀναγνώσει, attendebat populus lectioni. Vide et v. 14. et Dan. X. 11. Nehem. XIII. 7. συνῆκα ἐν τῇ πονηρίᾳ, intellegebam, h quod malum esset. Job. XXXI. 1. οὐ συνήσω ἐπὶ παρθένον, ne lascivis oculis intuearis virginem. Vide supra s. ἐννοέω. Job. XXXII. 12. μέχρι ὑμῶν συνήσω, vobis attendam. Psalm. V. 1. σύνες τῆς κραυγῆς μου, attende clamori meo. Psalm. XXVII. 7. οὐ συνῆκαν εἰς τὰ ἔργα κυρίου, non attenderunt operibus Domini. Ps. XXXII. 15. Vide et Psalm. LXXII. 17. Psalm. LVII. 9. πρὸ τοῦ συνιέναι τὰς ἀκάνθας ὑμῶν τὴν ῥάμνον, quæ verba Vulgatus i male transtulit: priusquam intellegerent spinæ vestræ rhamnum. Est h. l. ambiguitas quædam in voce συνιέναι, ut in voce Hebr. הֵבִין, quæ non solum intellegere, sed etiam crescere, progerminare notat. Eodem modo συνίημι proprie notat una mittere, et, si de plantis, arboribus ac fruticetis sermo est, una crescere. Confer Lex. N. T. s. h. v. Recte itaque Hieronymus, qui (ut e verbis seq. quasi in ira, ὡσεὶ ἐν ὀργῇ, apparet) LXX secutus est, transtu-

a lit: *antequam crescant spinæ vestræ in rhamnum.* Ps. CXVIII. 95. τὰ μαρτύριά σου συνῆκα, *attendo* ad leges tuas. Ps. CXXXVIII. 2. σὺ συνῆκας τοὺς διαλογισμούς μου ἀπὸ μακρόθεν, tu *intellegis* cogitationes meas e longinquo. Ies. I. 3. ὁ λαός μου οὐ συνῆκεν, populus meus non *animadvertit.* Hesych. συνῆκεν, ἔγνω, ἐνόησεν. Conf. ad h. l. Horrei Miscell. Crit.
b p. 256. seq. et p. 263. Dan. I. 17. Δανιὴλ συνῆκεν ἐν πάσῃ ὁράσει καὶ ἐνυπνίοις, Daniel *intellegebat* omnes visiones et somnia. Vide et Dan. IX. 13. Dan. XI. 37. ἐπὶ πάντας τοὺς θεοὺς τῶν πατέρων αὐτοῦ οὐ συνήσει, non *curabit* omnes deos patrum suorum. Theod. et Ed. Quinta Ps. CXVIII. 100. — *בִּינָה, *intellegentia*, subintellecto voce הָיְתָה. Aqu.
c Symm. Job. XXXIV. 16. qui ante בִּינָה inseruerunt לֹא cum LXX Intt. — הֵכִין Hiph. a כּוּן, *confirmo.* Proverb. XXI. 29. Legerunt יָבִין, quomodo etiam legendum librorum margines jubent. — הֵלִין Hiph. a לוּן, *pernocto.* Ps. XLVIII. 21. ubi judice Cappello legerunt יָבִין. Sed, ut Buxtorfius in Anticrit. p. 582. monuit, illud συνῆκε assumserunt ex
d versu ultimo et hic quoque retinuerunt. Adde Ps. XLIX. 18. — הִשְׂכִּיל Hiph. Jos. I. 7. ἵνα συνῇς ἐν πᾶσιν, οἷς ἐὰν πράσσῃς, ut in omnibus *prudenter agas.* Vide et 1 Sam. XVIII. 5. 14. et conf. 2 Cor. X. 12. ubi verba οὐ συνιοῦσι commode exponi possunt: *non prudenter agunt.* Similiter Elsnerus: *non sapiunt.* Sic etiam 1 Sam. XVIII.
e 29. sec. cod. Coisl. et Alex. συνιέναι notat *intellegentem ac prudentem se præstare.* Psalm. XXXV. 3. οὐκ ἠβουλήθη συνιέναι τοῦ ἀγαθῦναι, *nec recte sentit, nec recte agit.* Ps. XL. 1. ὁ συνιῶν ἐπὶ πτωχὸν, qui *curam habet* pauperum. Ies. LII. 13. συνήσει non cum Hieronymo reddendum est *intelleget*, sed *prudens* et *cordatus erit.* Aqu. συνετὸς ἔσῃ. Dan. I. 4. συνιέντας ἐν πάσῃ σοφίᾳ, omni sapien- f
tia *instructos.* Vide et Dan. IX. 13. Hes. συνιέντας, γνόντας. — הִשְׁתּוֹלֵל Hithp. a שָׁלַל, *in prædam me expono.* Ies. LIX. 15. μετέστησαν τὴν διάνοιαν τοῦ συνιέναι. N. L. — *חוּשׁ, *sensus.* Job. XX. 2. συνίετε, ubi pro חוּשִׁי בִּי legisse videntur חוֹשְׁבִים. — יָדַע, *scio.* Exod. XXXVI. 1. — לֵב, *cor.* Ex. XXXV. 33. — מֵבִין part. Hiph. a בִּין, *erudiens, magis-* g
ter. Al. 1 Paral. XXV. 8. συνιῶν. — נֶאֱמָן Niph. *confirmor.* Ies. VII. 9. — קָשַׁר Pih. *ligo.* Job. XXXVIII. 31. συνῆκας δὲ δεσμὸν πλειάδος, ubi συνίημι iterum accipiendum est in notione propria, ut sit *una mittere*, et ex adjuncto (ut Lat. *committo*) *conjungere* (de qua vide in Lex. N. T.), nisi quis statuere malit, pro συνῆκας reponendum esse συνῆψας h
παρὰ τὸ συνάπτειν. Hoc enim significat קָשַׁר. Aquila habet ἢ συνάψεις. Vulg. *numquid conjungere valebis?* — רָאָה, *video.* 2 Sam. XII. 19. Jerem. XX. 12. συνιῶν νεφροὺς, *perspiciens* renes. Gloss. Brem. συνιῶν, νοῶν, φρονῶν, ὁρῶν. — שָׁמַר, *custodio.* Inc. et LXX Jos. I. 8. Tob. III. 8. οὐ συνιεῖς ἀποπνίγουσά σου τοὺς ἄνδρας. Itala: *tu es, quæ suffocas.* Legit οὐ σὺ εἶς ἀποπνίγουσα κ. τ. λ., quæ lectio receptæ omnino præferenda vide- i
tur.

ΣΥΝΙ΄ΣΤΗΜΙ et med. συνίσταμαι, *adsto, constituo, statuo, sisto, ostendo, confirmo, condo, congrego, committo, commendo, præficio, concito, una surgo.* אָסַר, *ligo.* Psalm. CXVII. 26. Vide supra in πυκάζω. — הֵבִין Hiphil a בִּין, *intellego.* Job. XXVIII. 23. ὁ θεὸς εὖ συνέστησεν αὐτῆς τὴν ὁδὸν, Deus bene *monstravit* seu *constituit* viam ejus. Vi-

a dentur legisse יָחֵן — וְהֶחְתִּים Hiph. *obsigno.* Levit. XV. 3. ἧς συνίστηκε. Lege ᾗ aut ἣ συνίστηκε. Sermo enim ibi est de remissione fluxus seminis. — הִרְחִיב Hiph. *corroboro.* Symm. Psalm. CXXXVII. 4. συνίστης. — הִתְיַצֵּב Hithp. a יָצַב. Symm. Ps. II. 2. συνίστανται, *una insurgunt.* — *יָסַד, *fundo,* it. *paro.* Symm. et Ed. Sexta Ps. VIII. 3. — יָקֹשׁ, *la-*
b *queum tendo.* Psalm. CXL. 10. ἀπὸ παγίδος, ἧς συνεστήσαντό μοι, a laqueo, quem *tetenderunt* mihi. — כּוֹנֵן Pih. a כּוּן, *paro.* Ps. CVI. 36. καὶ συνεστήσαντο πόλεις κατοικεσίας, ut *conderent* urbes habitationis. Ita Diodorus Sic. Lib. V. pag. 322. Τροίαν συστήσασθαι, Trojam *condidisse.* — *מוּג, *liquefio, dissolvor.* Symmach. Ps. LXXIV. 4. συσταθήσεται ἡ γῆ,
c quæ verba Montf. male reddidit: *constabilietur terra,* potius: *concitabitur, una insurget,* aut *perturbabitur.* Vox enim Hebr. h. l. metaphorice de *perturbatione reipublicæ* intellegenda est. Hieronymus: *dissolvetur.* Aliquando opinabar, συσταλήσεται legendum esse, sed nunc video, hac conjectura ne opus quidem esse. — מִקְוֶה, *congregatio.*
d Exod. VII. 19. ἐπὶ πᾶν συνεστηκὸς ὕδωρ αὐτῶν, super omnem *congregatam* aquam illorum. Hesych. συνεστηκώς, συνηγμένος. — נִקְוָה Niph. a קָוָה, *confluo.* Aqu. Symm. Gen. I. 9. συστήτω. — *עֲבַד Chald. *facio.* Dan. VII. 21. sec. cod. Chis. συνίστασθαι πόλεμον. — *עוֹד. Psalm. XXXVIII. 3. ἐν τῷ συστῆσαι: ubi aut sensum expresserunt, aut pro
e בְּעוֹד legerunt בְּעָמְד. Συστῆναι autem h. l. non est i. q. simplex στῆναι, sed *conspirationis* et *conjurationis* notionem adjunctam habet. — עָמַד, *sto.* 1 Sam. XVII. 26. πρὸς τοὺς ἄνδρας συνεστηκότας μετ' αὐτοῦ, vel, ut al., αὐτῷ, ad viros *adstantes* ipsi. Conf. Cant. Tr. Puer. v. 1. et Luc. IX. 32. — פָּקַד, *visito, committo.* Gen. XL. 4. συνέστησεν ὁ ἀρχιδεσμώτης τῷ Ἰωσὴφ αὐτούς, *committebat* princeps custodiæ Josepho illos. — צִוָּה Pih. *præcipio.* Num. XXVII. 23. συνέστησεν αὐτόν, *constituebat* illum. Num. XXXII. 28. συνέστησεν αὐτοῖς Μωϋσῆς Ἐλεάζαρ τὸν ἱερέα, *præficiebat* illis Moses Eleazar sacerdotem. — קָהַל, *congrego.* Exod. XXXII. 1. συνέστη ὁ λαὸς ἐπὶ Ἀαρὼν, *una insurgebat* populus adversus Aaronem. Vide et Num. XVI. 3. — *רָהַב. Symm. Ps. CXXXVII. 3. Videtur legisse תיהבני a יָהַב, *dare.* — שָׁלַח, *mitto.* Prov. VI. 14. ἐν παντὶ καιρῷ ὁ τοιοῦτος ταραχὰς συνίστησι πόλει, omni tempore talis turbas *concitat* civitati. 3 Esdr. II. 23. πολιορκίας συνιστάμενοι, obsidiones *constituentes,* Chald. עֲבַד Esdr. II. 15. 3 Esdr. I. 29. συνίστασθαι πόλεμον, *prœlium committere, moliri* s. *conflare bellum.* Cicero *comparare bellum* dicit, v. c. Philipp. III. 1. Hebr. לְהִלָּחֵם בּוֹא 2 Paral. XXXV. 22. Eadem formula quoque occurrit 1 Macc. I. 2. 20. II. 32. Hist. Sus. 61. συνέστησεν. Vulgatus recte: *conciterat.* 1 Maccab. II. 44. συνεστήσαντο δύναμιν, aciem *instruebant,* aut potius: *exercitum colligebant,* ut transtulit Vulgatus. 1 Macc. XII. 43. συνέστησεν αὐτὸν πᾶσι τοῖς φίλοις αὐτοῦ, *commendabat* illum omnibus amicis suis. Hesych. συνέστησεν, ἐπῄνεσε. 2 Macc. IV. 24. συσταθεὶς, *commendatus.* Sap. VII. 14. συσταθέντες, scil. Θεῷ, *commendati* Deo. Conf. Rom. XVI. 1. 2 Cor. X. 18. Polyb. XXXI. 20. 9. Dio Cass. XXXVII. p. 139. et XLV. p. 106. ed. Reim. Gloss. in N. T. ed. Alberti p. 116. συνίστημι, συνιστῶ, παρατίθημι. 2 Macc. IV. 9. ἐφηβίαν αὐτῷ συστήσασθαι, ephebiam sibi *constituere.* 2 Macc. XV. 6. συστήσασθαι τρόπαιον, *statuere*

a tropeum. Lex. Cyrilli MS. Brem. συνίστησι, βεβαιοῖ, φανεροῖ, διαδείκνυσιν. Hesych. συνιστάναι, ἐπαινεῖν, φανεροῦν, βεβαιοῦν, παρατιθέναι.

ΣΥΝΙ'ΣΤΩΡ, *conscius*, *testis*, item *consors*. שָׂהֵד, *testis*, proprie: *qui præsens adfuit*, *oculatus*, a ܣܗܕ *præsens adfuit*, *testatus est*. Job. XVI. 19. ἐν οὐρανοῖς ὁ μάρτυς μου, ὁ δὲ συνίστωρ μου ἐν ὑψίστοις, in cœlis tes-*b* tis meus, *conscius* autem vel *testis oculatus* meus in excelsis. Hesych. συνίστωρ, γνώστης, μάρτυς, συνόμιλος, συμπράκτωρ. Lex. Cyrilli MS. Brem. συνίστωρ, γνώστης, μάρτυς, ἐπιστάμενος, συνειδὼς ἐπὶ πράγματι. Suidas: συνίστωρ, συνόμιλος, γνωστὴς (legendum videtur γνώστης ex Hesychio et Lex. Cyrilli MS. Brem.), μάρτυς, συνειδὼς ἐπὶ πράγματι. Idem hæc ex Ap-*c* piano subjungit: ὁ δὲ συνίστορας ἡγούμενος αἰσχροῦ φόβου, καὶ ἑτέροις ἐπεξαγγέλλειν, ἀπέκτεινεν ἀθεμίστως.

ΣΥΝΝΕ'ΦΕΙΑ, *nubium congregatio* s. *collectio in unum*, *obnubilatio*, i. q. νέφωσις. חֹשֶׁךְ, *tenebræ*. Theod. Job. III. 5. Schol. Aristoph. Nub. v. 582.

ΣΥΝΝΕΦΕ'Ω, *nubes cogo* seu *colligo*, *obnubilo*. עָנַן Pih. Gen. IX. 14. sec. cod. Coisl. ubi, quia νεφέλας *d* sequitur, συννεφεῖν est i. q. συνάγειν, quod Inc. habet. Vulg. *cum obduxero nubibus cœlum*. — בָּהִיר, *nitidus*, *splendidus*. Symm. Job. XXXVII. 21. συννεφήσει τὸν ἀέρα. Vulg. *subito aër cogetur in nubes*. In textu Hebr. legitur: *lucidum ipsum* seu *splendet in cœlis* s. *nubibus*. Suspicor, eum legisse בָּדַל, quod, ut Simonis recte monuit, in genere *notionem præcipitis*, *subitanei et con-*e* *fusanei motus* involvit, *qualis est*, *quando cœlum nubibus obducitur*. Etiam *cogendi* notionem habet hæc vox 2 Par. XXVI. 20. Houbigantius ad h. l.: Interpretatur Symmachus συννεφήσει in contrariam sententiam, sed veriorem, et credibile est, Symmachum persequi radicem כָּחַד, ut legerit כָּחוּד, *absconditum*. Aristoph. Av. v. 1510. ἀπαιθριάζει τὰς νεφέλας (scil. ὁ Ζεὺς) ἢ ξυννεφεῖ; *f*

ΣΥΝΝΕΦΗ'Σ, *collectas nubes habens*, *nubibus obductus*, *nubilosus*, *obscurus*, *tenebricosus*. עָרַף, *stillo*. Deuter. XXXIII. 28. ὁ οὐρανὸς αὐτῷ συννεφὴς δρόσῳ, cœlum ipsi *tenebricosum* rore, h. e. *perpetuo rore quasi obnubilabitur*: ubi non legerunt יַעַרְבוּ (Nam עֶרֶב est *vespera*, cum caligo incipit), quæ fuit Cappelli sententia, sed acceperunt ea significatione ob affinitatem duorum ho- *g* rum verborum. Vulgat. *caligabunt*. In cod. Alex. vitiose legitur συννηφής. Hesych. συννεφὲς, σκοτεινόν.

ΣΥΝΝΟΕ'Ω, *mecum cogito*, *perpendo*. 2 Maccab. V. 6. XI. 13. Hesych. συννόει, ἐννόει, ἐνθυμοῦ.

ΣΥ'ΝΝΟΥΣ, *cogitabundus*, *meditabundus*. 3 Esdr. VIII. 73. ἐκάθισα σύννους καὶ περίλυπος, sedebam *cogitabundus* et valde tristis: ubi respondet Hebraico מְשׁוֹמֵם, *attonitus*, Esdr. IX. 3. Lexic. Cyrilli MS. *h* Brem. σύννους, κατηφής. Ita et apud Hesychium, nisi quod vitiose legatur κατηφεῖς pro κατηφής. Sic et σύννοια apud hunc Grammaticum exponitur λύπη.

*ΣΥΝΝΥ'ΜΦΗ. Vide s. v. σύννυμφος.

ΣΥ'ΝΝΥΜΦΟΣ, *fratria*, sive *uxor fratris mariti*, *connupta*, *connurus*. יְבֶמֶת, *fratria*, *glos*. Ruth. I. 15. ubi loco συννύμφου teste L. Bos alii libri συννύμφης habent. Orta est hinc vox συννυμφοκόμος apud Eurip. *i* Iphig. in Aul. v. 48. Græcis alias εἰνάτηρ dicebatur. Lex. Cyrilli MS. Brem. εἰνάτηρ, ἡ σύννυμφος. Pollux Lib. III. c. 3. segm. 32. αἱ δὲ ἀδελφοῖς δύο συνοικοῦσαι εἰνάτηρες. Confer Seberi Notas ad h. l. et Bonfrerium ad Ruth. l. c. p. 422.

ΣΥΝΟΔΕΥ'Ω, *una iter facio*, *socius itineris sum*, *comitor*, item: *commercium habeo*, *est mihi res cum* a *aliquo.* יָלַךְ seq. לְנֶגֶד. Symm. et juxta Cod. Coislin. Aquila Genes. XXXIII. 12. *ἀπάρωμεν καὶ πορευθῶμεν, ἵνα συνοδεύσω σοι,* moveamus et pergamus, sed ita, ut ego sim comes itineris. Inde συνοδία Luc. II. 44. dicuntur *ipsi comites itineris.* Sap. VI. 25. *οὐ μὴ παροδεύσω τὴν ἀλήθειαν, οὔτε μὴν φθόνῳ τετηκότι συνοδεύσω,* vera dicam, neque *erit mihi res* cum b invidia liquescente, h. e. non invidebo scientiam meam.

ΣΥΝΟΔΙ'Α, *genus, familia, cognatio,* proprie *conjunctio in itinere, comitatus.* הִתְיַחֵשׂ Hithp. *recenseor per genealogias.* Nehem. VII. 5. *συνῆξα τοὺς ἐντίμους καὶ τοὺς ἄρχοντας καὶ τὸν λαὸν εἰς συνοδίας,* collegi honoratiores et principes et populum in *familias.* Nehem. VII. 64. *οὗτοι ἐζήτησαν* c *γραφὴν ἑαυτῶν τῆς συνοδίας,* hi quærebant librum *generis* sui. — יַחַשׂ, *genealogia.* Nehem. VII. 5. *εὗρον βιβλίον τῆς συνοδίας,* inveni librum *generis* s. *genealogiam.* Sic et Heinsius, Lud. de Dieu et alii Luc. II. 44. *συνοδίαν* de *familia* exponunt, et recte quidem, judice Bielio. Nam *συνοδία* ab ipso statim Luca de *συγγενέσι* et *γνωστοῖς, cognatis* et d *affinibus,* (tales enim *γνωστοὶ* hic denotare possunt, vide supra in *γνωστὸς*) explicatur. Alias *συνοδία comitatum* significat. Vide quæ ex Arriano ad Luc. l. c. p. 188. affert Raphelius, et quæ ex Plutarcho observat L. Bos Anim. ad Scriptor. Græc. p. 187. nec non Lexicon N. T. s. h. v.

ΣΥ'ΝΟΔΟΣ, *congressus, conventus.* e גֵּרֵשׁ, *extrusum, protrusum.* Deuter. XXXIII. 14. *ἀπὸ συνόδων μηνῶν, ab interluniis.* Sic et Aristoteli de Generat. Lib. II. *σύνοδοι μηνῶν ψυχραὶ* sunt *interlunia.* — *חֶבֶל, *funis.* Inc. 1 Sam. X. 5. Scil. vox Hebr. significat quoque *cohortem, catervam, socios itineris,* a *colligando,* ut multis exemplis docuit Simonis Lex. Hebr. p. 502. seq. — מִפְלֶצֶת, *horrendum idolum.* 1 Reg. XV. 13. ubi libere vertentes voce *σύνοδος* usi esse f videntur, quia ibi de sacris Priapi, teste Vulgato, sermo est, ut adeo *σύνοδος* vel *conventum sacrum,* vel *coitum* significet. Confer Seldenum de Diis Syris II. 5. Boysenius confert Arab. فلق, *reclusit, vitiavit puellam.* An fortasse *σύνοδον* pro *loco* posuerunt, *ubi ad idola colenda conveniebant?* — עֵדָה. Symmach. Psalm. LXVII. 31. et LXXXI. 1. — עֲצָרָה, *cœtus feriatus.* Symm. g Joël. I. 14. — עֲצֶרֶת, *feria, cœtus ferians.* Jerem. IX. 2. Michaëlis putat, eos ita ex mera conjectura vertisse. Lex. Cyrilli MS. Brem. *σύνοδος, συναγωγὴ, συνέλευσις, πολλῶν παρουσία.*

ΣΥΝΟΔΥΝΑ'ΟΜΑΙ, *una dolore afficior, una doleo.* Sir. XXX. 10. *ἵνα μὴ συνοδυνηθῇς,* ne risus tuus et filii tui in dolorem vertatur. Ita sec. ed. Complut. Opponitur ibi h *τῷ συγγελᾷν.*

ΣΥΝΟΙΚΕ'Ω, *cohabito, concumbo, una versor, una habito.* בּוֹא אֶל, *venio ad.* Deut. XXII. 13. — בָּעַל, *maritus sum* vel *fio, uxorem duco.* Gen. XX. 3. Deuter. XXIV. 1. Ies. LXII. 5. Symm. et LXX Prov. XXX. 23. — *הָיָה, seq. לְ. Inc. sec. cod. Alex. Jud. XIV. 20. ubi notat *connubio alicui jungi.* — יִבֵּם i Pih. *fratriam duco in uxorem.* Deut. XXV. 5. — זָבַל, *habito.* Aqu. Gen. XXX. 20. *συνοικήσει μοι.* — נִבְעַל Niph. *marito jungor.* Symm. Prov. XXX. 23. *συνοικήσῃ.* Vide et Sirac. XLII. 13. 15. 2 Macc. I. 14. In his locis omnibus verbum de tori conjugalis consuetudine usurpatur. Quo sensu et apud Græcos profanos (v. c. Ælianum V. H. VIII. 9. Zosim. I. 39. extr.) sæpissime legitur. Vide auctores citatos Wolfio ad 1 Petr.

III. 7. p. 128. et Lexicon N. T. s. h. v. — *נָתַן עִמָּד, *do cum*. Symm. sec. cod. Coisl. Genes. III. 12. ἣν συνῴκησάς μοι. Montf. reddidit: *quam habitare fecisti mecum*, ut συνοικεῖν hiphilice accepisse videatur. Sed sine dubio scribendum est συνῴκισας (*quam mihi junxisti matrimonio, dedisti uxorem*. Vide Ælian. V. H. VIII. 9.), e quo vulgari vitio librariorum, confundentium verba οἰκεῖν et οἰκίζειν, ortum est συνῴκησας. Conf. Perizon. ad Ælian. V. H. VIII. 5. et XIII. 42. Vide quoque infra s. v. συνοικίζω. 3 Esdr. VIII. 70. συνῴκησαν μετὰ τῶν θυγατέρων αὐτῶν. In Hebr. Esdr. IX. 2. legitur נָשְׂאוּ מִבְּנֹתֵ. 3 Esdr. IX. 36. Hebr. נָשְׂאוּ נָשִׁים. Esdr. X. 44. 3 Esdr. VIII. 92. IX. 7. Hebr. יָשַׁב Esdr. X. 2. 10. Sap. VII. 28. οὐδὲν γὰρ ἀγαπᾷ ὁ θεὸς, εἰ μὴ τὸν σοφίᾳ συνοικοῦντα, neminem enim diligit Deus, nisi illum, qui sapientiae *assidue operam dat*. Sirac. XXV. 11. μακάριος ὁ συνοικῶν γυναικὶ συνετῇ, beatus, qui *habitat cum* muliere prudente, h. e. *ejus maritus est*. Ib. v. 18. συνοικῆσαι λέοντι καὶ δράκοντι εὐδοκῶ (sc. μᾶλλον) ἢ συνοικῆσαι μετὰ γυναικὸς πονηρᾶς, malo *habitare cum* leone et dracone, quam cum muliere mala. Sic alias verbum hoc de *domestica maritorum cum uxoribus consociatione, ejusdemque habitaculi communione* adhiberi, ex Xenophonte et Herodoto ostendit Raphelius Annotatt. ex iisdem ad 1 Petr. l. c. Confer et Ælianum V. H. IV. 1.

ΣΥΝΟΙΚΙ'ΖΟΜΑΙ, idem, item *habitor, habitatoribus frequentor*. בָּעַל, *dominus sum maritalis, uxorem duco* vel *habeo*. Deut. XXI. 13. συνοικισθήσῃ αὐτῇ, *cohabitabis cum illa*. Deuter. XXII. 22. κοιμώμενος μετὰ γυναικὸς συνῳκισμένης ἀνδρί, rem habens cum muliere viro *copulata*. Ies. LXII. 4. sec. cod. Vat. ἡ γῆ σου συνοικισθήσεται, terra tua *habitabitur*. Symm. Ies. LXII. 4. συνοικισθήσεται.

— בְּעוּלָה part. foem. Niph. *maritata*. Symm. Theod. Ies. LXII. 4. συνῳκισμένη. Sirac. XVI. 5. ἀπὸ γὰρ ἑνὸς συνετοῦ συνοικισθήσεται πόλις, ab uno enim sapiente *habitabitur* vel *frequentabitur* civitas. Ita Bielius. Sed συνοικίζεσθαι ibi non tam notat *frequentem reddi* et *incolis impleri*, quam *felicem reddi*, uti e contrario ἐρημοῦσθαι, *desolari* et *miserum reddi*, apparet. Vide supra ad οἰκίζομαι a me notata.

*ΣΥΝΟΙΚΙ'ΖΩ, *una habitare facio, jungo matrimonio, uxorem do*. Symm. Genes. III. 12. συνῴκισάς μοι, uxor, quam mihi *dedisti* s. *junxisti*. Vide Hebr. sunt אֲשֶׁר נָתַתָּה עִמָּדִי. Vulgo perperam legitur συνῴκησας, quod vide supra. Sic Hos. II. 20. in ejusdem Symm. versione nunc extat κατοικήσω, sed debet emendari κατοικίσω. 3 Esdr. VIII. 84. τὰς θυγατέρας ὑμῶν μὴ συνοικίσητε τοῖς υἱοῖς αὐτῶν, ubi in textu Hebr. est נָתַן, coll. Esdr. IX. 2. Philoxeni Gloss. συνοικίζω, *marito*.

ΣΥΝΟΙΚΟΔΟΜΕ'Ω, *una aedifico*. 3 Esdr. V. 88. συνοικοδομήσωμεν ὑμῖν, Hebr. נִבְנֶה עִמָּכֶם Esdr. IV. 2.

ΣΥ'ΝΟΙΚΟΣ, *cohabitator, contubernalis*. גָּרַת בֵּית part. foem. constr. *habitatrix domus*. Al. Exod. III. 22. συνοίκου.

ΣΥΝΟΛΚΗ', *contractio, attractio*. Sap. XV. 15. εἰς συνολκὴν ἀέρος, ad *percipiendum* s. *attrahendum* aërem. Hesych. συνολκή, ἀναπνευστική, ἀναληπτική. Vide ad h. l. Ernesti in Notis ad Suidae Gloss. Sacr. pag. 141.

ΣΥ'ΝΟΛΟΝ, ΤΟ', *in universum, omnino*, a σύνολος, *universus*. מוּם, *vitium*. Symm. Deuter. XXXII. 5. τὸ σύνολον sec. Procopium Cat. Nic. p. 1624. ubi pro מוּמָם legisse videtur כּוּלָם, s. כֻּלָּם, *omnes illi*, hoc sensu: *qui omnino non sunt filii ejus*. Vide et Sirac. IX. 10. 3 Macc. III.

a 29. Dio Cass. Lib. XLIII. p. 867. τοσοῦτον τὸ σύνολον πάθος.

ΣΥΝΟ'ΜΙΛΟΣ, *sodalis.* מְתֵי סוֹדִי, *homines arcani mei consilii*, h. e. *familiares mei, quibuscum omnia mea secreta communicabam*, et *quos in consilium adhibebam.* Vulg. *consiliarii mei.* Symm. Job. XIX. 19. συνόμιλοι.

*ΣΥΝΟΜΟΛΟΓΕ'Ω, *fateor, confi-*
b *teor.* 4 Macc. XIII. 1. συνομολογεῖται, *fatendum est.* Philoxeni Gloss. συνομολογῶ, *confiteor.*

ΣΥΝΟΜΟΣΙ'Α, *conjuratio.* קֶשֶׁר, idem. Symm. Jerem. XI. 9. Lexic. Cyrilli MS. Brem. συνομοσία, ἡ μεθ' ὅρκου φιλία. Apud Suidam, Hesych. aliosque scribitur συνωμοσία per Omega.

ΣΥΝΟΡΑ'Ω, *circumspicio, una vi-*
c *deo, conspicio, considero, perpendo.* 2 Macc. II. 25. IV. 4. VII. 4. 20. VIII. 8.

ΣΥΝΟΥ'ΛΩΣΙΣ, *cicatricis contractio seu obductio.* אֲרֻכָה, *sanitas, emplastrum.* Jerem. XXXIII. 6. ἀνάγω αὐτῇ συνούλωσιν καὶ ἴαμα. Hesych. συνουλωτικὴ, φαρμακίς.

ΣΥΝΟΥΣΙΑΣΜΟ'Σ, *concubitus, coitus.* Sirac. XXIII. 5. κοιλίας ὄρεξις
d καὶ συνουσιασμὸς μὴ καταλαβέτωσάν με, ventris appetentia et *coitus* ne comprehendant me. Ita Bielius. Sed, uti series orationis docet, συνουσιασμὸς notat ibi *libidinem nimiam, concupiscentiam concubitus.* Nisi fortasse aliquis legere malit συνουσιασμοῦ. Adde 4 Macc. II. 8. Suidas: συνουσιασμοί (scrib. συνουσιασμὸς), συνουσία, συμμιξία. Lexic. Cyrilli MS.
e Brem. συνουσιασμὸς, σύμμιξις. De voce συνουσιάζειν, quæ notat *ad concubitum sollicitare*, vide Hemsterhus. ad Aristoph. Plutum 1068. p. 396. ed. rec.

ΣΥΝΟΧΗ', *coarctatio, angustia, anxietas, obsidio.* — *מִבְצָר, *munitio.* 2 Reg. XIX. 24. sec. Compl. Alii habent περιοχή. — מְצוּקָה. Aqu. Ps. XXIV. 17. ἐκ τῶν συνοχῶν μου, ex *angustiis* meis. — מָצוֹר, *obsidio.* LXX sec. ed. Compl. seu Incert. f 2 Reg. XIX. 24. Jerem. LII. 5. ἦλθεν ἡ πόλις εἰς συνοχὴν, venit civitas in obsessionem s. obsessa fuit. Vide et Mich. V. 1. — *נִבְכֵי, *fletus.* Symmach. Job. XXXVIII. 16. ubi συνοχὴ, *coarctatio, est locus, ubi aliquid coarctatur*, ac, si de aqua sermo est, *fons, scaturigo, quia hæc arcta esse solet*, adeoque bene respondet Hebr. נִבְכֵי, quod h. l. non per *fletus* reddendum est, sed per g *perplexitates* s. *implicationes* (a rad. נָבַךְ. Vide Schultensium ad h. l.): quæ enim dense convolvuntur, ea coarctantur. LXX enim ibi habent πηγήν. — עֹצֶר, *occlusio.* Symm. Ps. CVI. 39. Proverb. XXX. 16. συνοχὴ μήτρας, *occlusio uteri.* עֹצֶר significat quoque *pressuram, angustiam*, ex significatione radicis Chald. Syr. et Arab. עֲצַר, *pressit.* — צַד, *latus.* Jud. II. 3. ἔσονται ὑμῖν εἰς συνοχάς, h erunt vobis in angustias aut anxietatem, h. e. *angent* seu *vexabunt* vos. Gloss. in Octat. εἰς συνοχὰς, εἰς συνθλιμμόν. Et rursus: Συνοχὰς, εἰς συγκλεισμὸν, εἰς τὸ συνέχεσθαι. Plerique Intt. statuunt, LXX Jud. l. c. legisse לְצָרִים seu לְצָרִים, Resch loco Daleth (Vide et Jos. XXIII. 13.). Sed non opus est hac conjectura. Nam Arabicum ضد est *contrarius fuit*, et in Conj. III. ضادّ *hostiliter se* i *opposuit.* — שֹׁד, *vastitas.* Syrus Amos III. 10. συνοχήν. LXX ibi ταλαιπωρίαν. — שׁוֹאָה, *vastitas.* Job. XXX. 3. οἱ φεύγοντες ἄνυδρον ἐχθὲς συνοχὴν καὶ ταλαιπωρίαν, fugientes aridam heri *anxietatem* et *miseriam.* Confer Luc. XXI. 25. et 2 Cor. II. 4. Præterea legitur etiam Job.

XXXVIII. 28. in cod. Alex. ubi Hebr. אֶגֶל, *collectio aquæ in unum, gutta, stilla*, ex Kreyssigii sententia respondere videtur. Hesych. συνοχὴ, ἀθύμια, ἀδημονία, ταραχή. Lex. vet. Συνοχὴ, *pressus, compressus.*

ΣΥΝΤΑΓΗ', *constitutio, coordinatio, signum constitutum, tempus statutum.* אֵיד, *interitus.* Symm. Proverb. I. 26. Versio Symmachi h. l. mihi olim in mendo cubare videbatur, ita ut loco συναγῇ reponendum esset συντριβῇ, aut συνοχῇ, aut simile vocabulum. Sed nunc mutavi sententiam. *Constitutio* ac *decretum* ponitur h. l. pro *interitu a Deo decreto.* — מוֹעֵד, *statutum tempus.* Jud. XX. 38. Aqu. Numer. III. 7. Psalm. LXXIV. 8. (Vide supra s. v. συναγωγή.) Aqu. et Symm. Numer. IV. 26. et 1 Sam. XIII. 8. — מְזֻמָּן part. Pyh. *constitutus.* Esdr. X. 14. quasi esset מוֹזְמַנִים. Præterea legitur apud Aqu. Symm. Theod. Ez. XXIV. 11. ubi tamen, quorsum referenda sit hæc vox, me ignorare fateor. Montfauconio quoque hæc lectio MS. Ies. suspecta fuit.

ΣΥ'ΝΤΑΓΜΑ, *constitutio, decretum,* item: *volumen ordinate compositum, liber, syntagma.* אֲסֻפּוֹת, *collectiones, collectanea.* Incert. Cohel. XII. 11. Vide supra s. v. σύνθεμα. — *מוֹעֵד, *tempus statutum.* Aqu. Symm. sec. marg. cod. 108. 1 Sam. XX. 35. κατὰ σύνταγμα. — סוֹד, *arcanum.* Job. XV. 8. ἢ σύνταγμα κυρίου ἀκήκοας; vel num *decretum* Domini audivisti? Job. XXVI. 13. sec. Compl. Vulg. *consilium.* 2 Maccab. II. 24. δι' ἑνὸς συντάγματος, per unum *librum.* Hesych. σύνταγμα, σύγγραμμα. Ita et Diodorus Sic. Lib. I. p. 4. διὰ τὴν ἀνωμαλίαν καὶ τὸ πλῆθος τῶν συνταγμάτων, propter varietatem et multitudinem *librorum.* Eodem sensu σύνταξις usurpatur. Philo de Vita Mosis ab initio: ἡ μὲν προτέρα σύνταξις, prior quidem *liber.* Vide et in v. Σύνταξις.

• ΣΥ'ΝΤΑΞΙΣ, propr. *constitutio, coordinatio,* deinde *constitutus ordo, acies instructa, præscripta ratio aliquid faciendi, præscriptus labor, opus injunctum, præscriptum,* it. *demensum, stipendium,* it. *liber, historia.* אֲרֻחָה, *cibarium.* Jer. LII. 27. ἡ σύνταξις αὐτῷ ἐδίδοτο διὰ παντὸς, *stipendium* illi dabatur semper. Conf. 3 Esdr. VI. 29. Ita et apud Suidam in v. Παμπρέπιος, et, ut Küsterus ex ipso Suida v. σύνταξις colligit, Malchus historicus: Συσταθέντα δὲ αὐτὸν (Παμπρέπιον) ὁ Ἴλλος ἡδέως δέχεται καί τι καὶ δημοσίᾳ ποίημα ἀναγνόντα λαμπρῶς τε ἐτίμησε, καὶ σύνταξιν ἔδωκε, τὴν μὲν αὐτὸς ἰδίᾳ, τὴν δὲ, ὡς διδασκάλῳ, καὶ ἐκ τοῦ δημοσίου. Sic et, observante ad Julian. Orat. I. p. 166. Spanhemio, apud Athenæum Lib. XI. p. 493. σύνταξις βασιλικὴ de *annuo stipendio* dicitur, quod a rege Philadelpho acceperat Sosibius, ubi p. 494. eadem occasione memorantur αἱ ἀναγραφαὶ τῶν τὰς συντάξεις λαμβανόντων. — חֹק, *statutum.* Ex. V. 14. διὰ τί οὐ συνετελέσατε τὰς συντάξεις ὑμῶν τῆς πλινθείας; quare non implevistis *præscriptos labores* laterum coctionis? E quo loco luculenter apparet, σύνταξιν in universum notare *taxatam præstandi atque contribuendi portionem.* Sic Demosthen. orationem scripsit περὶ συντάξεως, in qua ad publice conferendum (ad bellum sc. gerendum) Athenienses hortatur. Harpocrat. σύνταξις, ἡ συντεταγμένη εἴσπραξις, ubi cum Valesio εἴσπραξις corrigere nollem. Adde Symm. Gen. XLVII. 22. — מְזוֹן, *cibus, victus.* Theod. Prov. XXXI. 15. σύνταξιν, *demensum.* Ferri quidem potest hæc versio, si de *mensura cibi, alimentis certis et constitutis* accipiatur, ut sit i. q. βρώματα συντεταγμένα: non tamen repugnarem, si quis vocem σύνταξιν ad sequens חֹק, referre mallet. Confer a ἄρτος συντάξεως. מִשְׁפָּט, *judicium*, it. *modus*. Num. IX. 14. κατὰ τὸν νόμον τοῦ πάσχα, καὶ κατὰ τὴν σύνταξιν αὐτοῦ ποιήσει αὐτὸν, juxta legem paschatis et juxta *præscriptam rationem* ejus faciet illud. Vide et Num. XV. 22. 1 Reg. IV. 28. Ita et Demosthenes Olynth. I. pag. 3. καὶ μίαν σύνταξιν εἶναι τὴν αὐτὴν τοῦ τε λαμβάνειν καὶ τοῦ ποιεῖν τὰ δέοντα. Quorsum respiciens b Suidas: Σύνταξις ἀντὶ τοῦ συντεταγμένη διοίκησις. Sic enim pro οἴκησις cum Valesio scribendum putat Küsterus. — מַתְכֹּנֶת, *forma, summa*. Exod. V. 18. τὴν σύνταξιν τῆς πλινθείας ἀποδώσετε, *præscriptum opus* coquendi lateres absolvetis. — עֲבֹדָה, *servitus, opus*. Exod. V. 11. οὐ γὰρ ἀφαιρεῖται ἀπὸ τῆς συντάξεως ὑμῶν οὐθὲν, non enim auferetur aliquid a *præ-* c *scripto* vestro *opere*. — פָּקוּד part. Pah. *visitatus, numeratus*. Exod. XXXVIII. 21. αὕτη ἡ σύνταξις τῆς σκηνῆς τοῦ μαρτυρίου, hæc *præscripta compositio* tabernaculi testimonii. — תֹּכֶן, *summa, mensura*. Exod. V. 8. 1 Macc. IV. 35. ἰδὼν δὲ Λυσίας τὴν γενομένην τροπὴν τῆς αὐτοῦ συντάξεως, videns autem Lysias fugam *instructæ aciei* suæ. 2 Maccab. XV. 38. d καλῶς καὶ εὐθίκτως τῇ συντάξει, bene et ut *historiæ* competit. 2 Maccab. XV. 40. τέρπει τὰς ἀκοὰς τῶν ἐντυγχανόντων τῇ συντάξει, delectat aures eorum, qui ad *historiam* accedunt. Ita Diodorus Sic. Lib. I. pag. 4. οἱ μὲν γὰρ εἰς τὰς Φιλίππου πράξεις, οἱ δὲ εἰς τὰς Ἀλεξάνδρου, τινὲς δ' εἰς τοὺς διαδόχους ἢ τοὺς ἐπιγόνους κατέστρεψαν τὰς συντάξεις. Suidas: σύνταξις, συγγραφὴ, e ἱστορία. Πολύβιος· ταῦτα ἐν ταῖς πρώτου συντάξεσι δεδηλώκαμεν.

ἌΡΤΟΣ ΣΥΝΤΑ'ΞΕΩΣ, *panis constitutus*. לֶחֶם יוֹמָם וָלַיְלָה, *panis diei et noctis*. Symmach. Psalm. XLI. 3. ὡς ἄρτος συντάξεώς μου, ut panis mihi *constitutus*. Drusio in Fragm. vet. Int. Græc. videtur innuere *panem cotidianum*, quem Salomo vocat לֶחֶם חֻקִּי, *panem statuti mei*. Vide Prov. XXX. 9. LXX f ibi σύνταξον δέ μοι τὰ δέοντα καὶ τὰ αὐτάρκη, *constitue* vero mihi, quæ sunt necessaria et sufficientia. Symmachus: διάταξόν μοι δίαιταν ἱκανὴν, *constitue* mihi victum sufficientem. Confer Matth. VI. 11. et Luc. XI. 3.

ΣΥΝΤΑΡΑ'ΣΣΩ, *conturbo, perturbo*. אִשְׁתַּבַּשׁ Chald. Ithpah. a שְׁבַשׁ, *attonitus sum*. Dan. V. 29. g — בָּהַל Pih. *terreo*. Ps. LXXXII. 14. Dan. IV. 2. V. 6. et alibi. — בָּלַע *absorbeo*. Ps. XX. 10. Etiam Ies. III. 11. בָּלַע per ταράττειν reddiderunt. — הָמָה, *tumultuor*. Ps. XLI. 6. 15. et XLII. 5. — הָמַם, *profligo*. Exod. XIV. 24. Psalm. XVII. 16. CXLIII. 7. — הִשְׁבִּיחַ Hiph. *compesco*. Psalm. LXIV. 7. ὁ συνταράσσων τὸ κῆτος τῆς θαλάσσης. Tuentur hanc lectionem receptam h Vulgatus et Arabs. Koehlerus ad h. l. conjicit, legendum esse καταπραΰνων e Theodotione, sed nimis audacter. Si conjecturæ locus esset, reponerem potius συντάσσων, *in ordinem redigens*, aut συστέλλων. Sed non opus est. Nam LXX h. l. potius libere verterunt, signa potentiæ divinæ inter se permutantes. — נִכְמַר Niph. *flagro*. Hos. XI. 8. Συνταράσσεσθαι h. l. æque ac vox i Hebr. de *vehementiore animi commotione* explicandum est, ac speciatim de *commiserationis affectu*. — סֵעֵף Pih. *ramos abscindo*. Ies. X. 33. Dederunt fortasse verbo סָעַף eandem notionem *furendi*, quam habet Hebraicum שָׁעַף, Arabicum شعف, unde in Piel *furere fecit, dementavit, turbavit*, aut potius, quia sequitur ἐνδόξους, sensum expresse-

a runt. — עָכַר, *perturbo*. Aqu. Symmach. Theod. Jos. VII. 25. *συνταράσσει*. Sumta est hæc versio a Drusio ex Masii Comment. pag. 138. qui observat, laudatos Intt. *conturbare* h. l. interpretatos esse. Huic Montfauconius emendatiorem, ut opinabatur, substituit lectionem *συνταράσσεις*. Sed judice Scharfenbergio ad h. l. aut *συνετάραξας* scribendum
b erat, ut conveniret Hebraico, (Vulgatus *turbasti*) aut, cum verbum Græcum non suppeteret, retinendum Latinum, quod apud Masium legitur. — פָּצַם, *diffringo*. Psalm. LIX. 2. *συνετάραξας αὐτὴν*, sc. *γῆν*. Ita transtulerunt, quia putarunt, non commode de *terra* dici posse, eam diffringi. Fortasse autem reponendum est *συνέθλασας* aut *συνέκλασας*.
c רָגַז, *contremisco*. 2 Sam. XXII. 8. 1 Macc. III. 6.

ΣΥΝΤΑ'ΣΣΩ, *ordino, coordino, constituo, præcipio, injungo*. אָמַר, *dico*, item *jubeo*. Aquila et LXX Job. XXXVII. 6. — דָּבָר, *verbum*. Ex. XII. 35. *καθὰ συνέταξε αὐτοῖς Μωυσῆς*, quemadmodum *præcepit* illis Moses. — דִּבֵּר Pih. *loquor*. Exod. I. 17. XXXI. 12. Jos. IV. 8. — הִטְרִיף Hiph. *alo, cibo*. Proverb. XXX. 9. *σύνταξον δέ μοι τὰ δέοντα*, *constitue* autem mihi necessaria. Liberius transtulerunt. Hesych. *σύνταξον, παράσχου*. — *יָדַע Conjug. Hiph. *scire facio, præcipio, mando*. Symmach. 1 Sam. XXI. 2. *συνεταξάμην*, *præcepi*. Al. Job. II. 12. *συνετάξαντο*. Vulg. *condixerant*. Ita Susan. v. 14. *συνετάξαντο καιρὸν*, *condixerant* tempus. — יָצַר, *formo*. Ies. XXXVII. 26. Vox Hebr. h. l *decernere* notat. — נוֹעַד Niph. a יָעַד, *convenio*. Aqu. Symm. Theod. Exod. XXV. 22. *συντάξομαι*, *præcipiam*, vel potius: *tempus* vel *locum conveniendi constituam*, ac per metonymiam antecedentis pro consequente *conveniam*. Hinc quoque apparet, cur LXX ib. eandem vocem per *γνωσθήσομαι*, *apparebo*, transtulerint. Cf. f
Num. XVII. 4. Adde Aqu. Amos III. 3. Vulg. *nisi convenerit eis*. — *עַד, *usque ad*. Job. XXV. 5. *σελήνη δὲ συντάσσει*, lunæ vero imperat. Non legerunt צִוָּה, ut Houbigantius voluit, sed retulerunt ad rad. יָעַד. Vide proxime antecedentia. — פָּקַד, *visito, numero*. Ex. XXXVIII. 21. — *פָּתַר, *solvo, explico*. Genes. XLI. 13. sec. cod. Oxon. *συνέταξε*, g
explicatione somnii constituit. — צִוָּה Pih. *præcipio*. Genes. XVIII. 19. *συντάξει τοῖς υἱοῖς αὐτοῦ*, *præcipiet* liberis suis. Lex. Cyrilli MS. Brem. *συντάξει, παραγγελεῖ, προστάξει*. Gen. XXVI. 11. *συνέταξε παντὶ τῷ λαῷ αὐτοῦ*, *mandabat* autem omni populo suo. Vide et Exod. I. 22. XVI. 24. 32. 33. et conf. Matth. XXVII. 10. Hesych. *συνέταξε, ἐνετείλατο, παρήγγειλεν*. Diodorum etiam v. *συνέτασσε* h
pro *jussit* sæpius uti, notat Grævius ad Luciani Solœcist. pag. 742. Ies. XIII. 3. *ἐγὼ συντάσσομαι*, ego *præcipio*. Confer quæ ex Heliodoro affert Grævius l. c. Præterea legitur Dan. XI. 23. sec. cod. Chis. *δήμου συνταγέντος μετ' αὐτοῦ*, ubi nihil in textu legitur. 3 Esdr. VI. 4. Chald. שׂוּם טְעֵם, *mitto sententiam*, h. e. *mando*, coll. Esdr. V. 3. 3 Esdr. II. 16. *οἱ (ἐπὶ) τούτοις συντασσόμενοι*, i
Hebr. כְּנָוָתְהֹם, *collegium eorum*, coll. Esdr. IV. 8.

ΣΥΝΤΕΤΑΓΜΕ'ΝΟΣ ΣΚΟΠΟ'Σ, *scopus ordinatus*. מַטָּרָה, *scopus*. Symm. 1 Sam. XX. 20. Ita Bielius. Sed unde hæc hauserit, ignoro. Secundum Hexapla ed. Montf. ac Eusebii Onom. s. v. *λαμάτταρα* tantum verba *εἰς τὸ συντεταγμένον* sunt Symmachi ad vocem לְמַטָּרָה, ac vocabulum σκοπὸν est Aquilæ. Ceterum Symmachi hæc versio confirmat sententiam eorum, qui מַטָּרָה non de *meta* aut *scopo*, sed de *signo* (Vulg. *ad signum*) explicant, de quo inter Davidem et Jonathanem convenerat: unde simul apparet, Symmachum hac versione sua h. l. minime a scopo aberrasse.

ΣΥΝΤΕ'ΛΕΙΑ, *consummatio, perfectio, omne, finis, interitus, decretum.* אַיָּלָה, *cerva.* Hab. III. 18. εἰς συντέλειαν. Videntur legisse לְכִלָּיוֹן, aut כָּלוֹת, sed nullo, certe incommodo, sensu. Bahrdtius ad Job. XXVI. 10. provocans eos בתכלות legisse suspicatur. Conf. tamen supra notata ad v. ἀσφαλής. — אָסִיף, *collectio.* Exod. XXIII. 16. Collectio et importatio frugum terræ est finis messis. — בֶּצַע, *quæstus.* 1 Sam. VIII. 3. ἐξέκλιναν ὀπίσω τῆς συντελείας, declinarunt post *malitiam.* Hesych. συντελείας, κακίας. In Cod. Regio legitur ad h. l. hæc nota: ἀντὶ τοῦ, τῆς πλεονεξίας (Ita quoque Chaldæus), κεῖται, συντελείας, τῆς εἰς τέλος ἀχρειούσης τὸν νοῦν. ῥίζα γὰρ πάντων κακῶν ἡ φιλαργυρία. Sed hæc omnia sunt ab h. l. aliena. LXX acceperunt בָּצַע significatione Arabica, nam Arab. بضع significat *summam, totum,* h. e. *summam pecuniæ, quæ fœnori datur.* — הָכִיל pro הַאֲכִיל infin. Hiph. ab אָכַל, *comedere.* Ezech. XXI. 28. ῥομφαία ἐσπασμένη εἰς συντέλειαν. Non deduxerunt a כָּלַל, quæ fuit Cappelli sententia in Nott. Critt. ad h. l. p. 552., sed notionem metaphoricam, quam h. l. habet אָכַל, recte expresserunt. — *חֵיק, *sinus.* Symmach. Ezech XLIII. 17. sec. Hexapla. Sed συντέλεια ibi potius pertinere mihi videtur ad גבול in antecedentibus. — *כָּלָה, *ipsa tota.* Amos VIII. 8. Legerunt כָּלָה. Ib. IX. 5. legerunt כָּלָה pro כֻּלָּהּ. Idem valet quoque de loco Hab. I. 15. et 9. — כָּלָה, nomen. Nehem. IX. 31. οὐκ ἐποίησας αὐτοὺς εἰς συντέλειαν, non fecisti eos in *consummationem,* h. e. in *interitum.* Vide et Jer. V. 18. et conf. 1 Macc. III. 43. Jer. XLVI. 27. ποιήσω συντέλειαν ἐν παντὶ ἔθνει, *finem* faciam omni populo. Vide et Nahum. I. 8. 9. Soph. I. 19. Aqu. Ies. XXVIII. 22. — כַּלֵּה infin. Pih. a כָּלָה, *consummare.* 2 Reg. XIII. 17. 19. Esdr. IX. 14. Psalm. LVIII. 14. συντέλεσαι, ἐν ὀργῇ συντελείας, ἵνα μὴ ὑπάρξωσι. Si lectio sana est, videntur bis legisse כַּלֵּה. Vulg. *in consummatione,* quasi loco συντέλεσαι legisset συντελείᾳ vel ἐν συντελείᾳ. Equidem legere mallem συντέλεσον ἐν ὀργῇ συντελείας. Ad hunc locum oculum intendens Suidas, et ex parte etiam Hesychius ita: συντέλειαι, αἱ παντοδαπαὶ τιμωρίαι. Δαβὶδ καὶ ἐξ ἀρᾶς καὶ ψεύδους διαγγελήσονται ἐν συντελείᾳ. Hab. I. 15. συντέλειαν ἐν ἀγκίστρῳ ἀνέσπασε, omne hamo extraxit. — כֶּלַח, *senectus.* Job. XXX. 2. Ad quem locum respiciens Suidas: Συντέλεια, πᾶν τὸ πρὸς ζωήν. Ἰὼβ· ἐπ' αὐτοὺς ἀπώλετο συντέλεια, ἀντὶ τοῦ, οὐδέποτέ τι χρηστὸν συνετέλεσαν. Plerique interpretes statuunt, eos legisse כָּלָה vel כָּלָה. Sed mihi hic locus aliam admittere videtur interpretationem, qua admissa nulla varietate lectionis opus erit. Scil. verba Hebraica ita vertenda sunt: *non pergunt* s. *perveniunt ad ætatem senilem,* quæ sistitur h. l. tanquam meta, quam quilibet homo naturæ convenienter vivens attingere potest. Jam hæc senilis ætas, quis est terminus vitæ a Deo constitutus, eamque finis vitæ sequitur, bene poterat συντέλεια dici ab LXX, quemadmodum ea, quæ sunt neces-

a saria ad hanc metam assequendam, a Symmacho τῶν τὸ πρὸς ζωὴν dicuntur. Vulgatus: *et vita ipsa putabantur indigni.* — *כָּלִיל, *consumtio.* Jud. XX. 40. coll. v. 34. et 42. — *מִסְפָּר, *numerus.* Jos. IV. 8. N. L. — נֶחֱרָצָה praeter. foem. Niph. *praecisa, praecise definita, decreta est.* Dan. XI. 36. — נֶחֱרֶצֶת part. foem. Niph. *praecisa.* Dan. IX. 27. —
b סוּפָה, *turbo.* Amos I. 14. Nahum. I. 3. *Legerunt* סוֹפָה (Ita et Arabs ac Itala), seu cogitarunt de voce סוֹף, *finis, terminus,* ac ה pro suffixo habuerunt. — *צוֹק, *coarctatio.* Dan. IX. 25. κατὰ συντέλειαν καιρῶν. Legerunt בְּקֵץ — קֵץ, *finis.* Dan. XII. 4. 13. — קֶצֶב, *caesura, forma caesa,* et in plurali: *fines, extremitates.* 1 Reg. VI. 24. — רֶגַע, *momen-
c tum.* Ed. Quinta Psalm. XXIX. 5. συντέλεια. Num forte legit הֲרֵגָה, *occisio, caedes?* Vide tamen supra s. v. συναρπαγή. — רָגֵעַ, *tranquillus, quietus.* Ed. Quinta Ps. XXXIV. 20. Auctor hujus versionis legit רֶגַע. Vide supra s. συναρπαγή. — תִּכְלָה. Psalm. CXVIII. 96. πάσης συντελείας εἶδον πέρας, ubi συντέλεια vel est *spatium, dimensio, extensio,* (hoc
d sensu: cujusque vel maximi et amplissimi spatii animadverti finem esse ac terminum aliquem), vel *aedificatio, constructio.* Symm. κατασκευή. Vide ad h. l. Agellii Commentarium. — תַּכְלִית. Job. XXVI. 10. Al. Nehem. III. 21. — תֹּם infin. a תָּמַם. 1 Reg. VI. 21. — תְּקוּפָה, *revolutio.* 2 Paral. XXIV. 23. μετὰ τὴν συντέλειαν τοῦ ἐνιαυτοῦ, post finem anni. Bene quoad sen-
e sum. Nam hoc quoque sibi vult formula Hebr. quam Dathius recte *anno vertente* transtulit. Sir. XXI. 12. συντέλεια τοῦ φόβου κυρίου σοφία, *perfectio* timoris Dei (quae consistit in perfecta observatione legis) parit veram sapientiam. 1 Macc. III. 42. ἀπώλειαν καὶ συντέλειαν, interitum et *consumtionem,* aut: excidium *consummatissimum,* quod Latini *internecionem* dicunt. f

*ΣΥΝΤΕ'ΛΕΙΑ ΤΗ͂Σ ΔΙΑΒΑ'ΣΕΩΣ. מִסְפָּר, *numerus.* Jos. IV. 8. Credibile est, eos legisse לְסֹף עָבַר.

ΣΥΝΤΕ'ΛΕΙΑ ΚΑΙΡΟΥ͂, *consummatio temporis.* כָּלָה, nomen. Dan. IX. 27.

ΣΥΝΤΕ'ΛΕΙΑ ΜΕΓΑ'ΛΗ, *consummatio magna.* הִגְדִּיל Hiph. *magnum facio.* 1 Sam. XX. 40. ἕως συντελείας μεγάλης. Verba Hebraica sunt: עַד־דָּוִד הִגְדִּיל, *ita ut David plus fleverit.* Cappellus in Crit. S. p. 587. putat, eos legisse עד דור הַגָּדוֹל, quam tamen conjecturam non probat Scharfenbergius, etsi meliorem afferre se non posse ingenue fatetur. Clerico ad h. l. legisse videntur עַד כָּלָה הַגְּדוֹלָה, *ad consummationem magnam,* h. e. *ita ut summopere flerint.* Equidem arbitror, voce דָּוִד ab interprete prorsus omissa, legendum esse ἕως συντελείας μεγάλως, ita ut duae versiones coaluerint. Caeterum haec emendatio mihi tunc quoque necessaria videtur, si vel Cappelli conjectura admitteretur. g h

ΣΥΝΤΕ'ΛΕΣΙΣ, i. q. συντέλεια, *consummatio.* סוּפָה, *turbo.* Al. Dan. IX. 27. Vide supra s. v. συντέλεια. Adde Amos I. 14. sec. Compl. et Cyrilli. — תִּכְלָה, *consummatio.* Aqu. Ps. CXVIII. 96. i

ΣΥΝΤΕ'ΛΕΣΜΑ, *quod una cum aliis solvitur, vectigal, quod quis cum aliis pendit, tributum, collatio.* הֵלָךְ

a Chald. *profectio, iter*, metonymice:
vectigal, quod a proficiscentibus per
viam regiam exigitur. Esdr. IV. 13.
sec. Compl. φόρον καὶ πρᾶξιν καὶ συν-
τέλεσμα οὐ δώσουσιν, tributum et vectigal et *collationem* non dabunt. Vide
et v. 20.

ΣΥΝΤΕΛΕ'Ω, *consummo, perficio,*
facio, colligo, absolvo, desino, tran-
sigo, impleo, finio, consumo, perdo,
b it. *decerno*, et pass. συντελέομαι, *pe-*
reo. אָכַל, *edo*, it. *consumo, perdo*.
2 Par. XXX. 22. συνετέλεσαν τὴν ἑορτὴν, ubi tamen legerunt וַיְכַלּוּ, *et*
perfecerunt. Jerem. XV. 16. Ezech.
VII. 15. τοὺς δ' ἐν τῇ πόλει λιμὸς καὶ
θάνατος συντελέσει, illos autem, qui in
urbe sunt, fames et pestis *perdet*.
— אָסַף, *congrego*. Levit. XXIII.
39. ὡς ἂν συντελέσητε τὰ γεννήματα τῆς
c γῆς, quando *collegeritis* proventus
terræ. Vide supra s. v. συντέλεια ad
אָסִיף. — בִּלָּה Pih. *tero*. Job. XXI.
13. συνετέλεσαν δὲ ἐν ἀγαθοῖς τὸν βίον
αὐτῶν, *transegerunt* autem in bonis
vitam suam. Sic quoque *terere* apud
Latinos sumitur, v. c. in formula
terere tempus. — בָּצַע : בִּצַּע. Kal
et Pih. *lucrum facio*. Prov. I. 19.
αὗται αἱ ὁδοί εἰσι πάντων τῶν συντελούντων
d τὰ ἄνομα, hæ viæ sunt omnium, qui
iniqua *perficiunt*, vel injuste *agunt*.
Hebr. בָּצַע, quod pr. *secare, abscin-*
dere notat, deinde quoque significat
absolvere, perficere opus, tropo pe-
tito a textore vel opifice opus absolutum a stamine resecante. Vide
Ies. XXXVIII. 12. Job. VI. 9.
Vide et Ies. VI. 13. Threp. II. 17.
συνετέλεσε ῥῆμα αὐτοῦ, *complevit ver-*
e *bum suum*. — בֶּצַע, *quæstus*. Ezech.
XXII. 13. Vide supra s. v. בָּצַע.
— *גָּמַל. Aqu. Ps. CXXXVII. 9.
Permutavit cum גָּמַר. Vide s. v.
ἐπιτελέω. — גָּמַר, *deficio*. Aqu. et
LXX Ps. VII. 10. συντελεσθήτω δὴ
πονηρία ἁμαρτωλῶν, *finiatur* vel *cesset*

quæso malitia impiorum. Mallem:
ad summum gradum perducatur miseria impiorum. Symmach. et LXX
Psalm. LXXVI. 8. συνετέλεσε ῥῆμα, f
complevit verbum. Adde Inc. Ps.
CXXXVII. 8. Hieron. *Dominus*
operabitur pro me. — גָּרַע, *adimo*.
Job. XV. 4. συνετελέσω δὲ ῥήματα
τοιαῦτα ἔναντι τοῦ κυρίου, *absolvisti* autem talia verba coram Domino, h. e.
irritas reddidisti preces tuas, aut
vim earum imminuis. — הֵכִיל Hiph.
a כּוּל, *contineo, sustineo*. Jer. VI.
11. συνετέλεσα αὐτοὺς, *consumsi, per-* g
didi illos. Hesych. συνετέλεσα, ἀπώλεσα. Ezech. XXIII. 32. In utroque loco הֵכִיל derivarunt a כָּלַל,
perficere, consummare. — *הִכְלִים
Hiph. *pudore afficio*. 1 Sam. XX.
33. ὅτι συνετέλεσεν ἐπ' αὐτὸν ὁ πατὴρ αὐτοῦ, ubi e v. 32. supplendum est
κακίαν. — *הָלַם, *tundo, contundo*.
Jud. V. 26. Sed vox συνετέλεσεν, *con-*
fecit, h. e. *interfecit* (Hesych. συνετέλεσα, ἀπώλεσα, ubi vide Intt.), quæ a h
Montfauconio posita est ad הַלְמָה,
Doederleinio (Repert. I. p. 229.)
rectius referri videtur ad מָחֲצָה,
ubi cod. Alex. melius συνέθλασεν legit. Vide tamen ad h. l. Scharfenbergium. — הִקִּיף Hiph. a נָקַף,
circumago. Job. I. 5. ὡς ἂν συντελέσθησαν αἱ ἡμέραι τοῦ πότου, *finitis* diebus convivii. Vulg. *cum in orbem*
transiissent, sensu eodem. Hesych.
συντελέσθησαν, ἐπληρώθησαν. Formula
תְּקוּפַה הַשָּׁנָה. Exod. XXXIV. 22. i
1 Sam. I. 20. vertenda est: *sub*
finem anni. Vide quoque supra
s. v. συντέλεια et תְּקוּפָה. — חָזָה,
video. Job. XIX. 26. παρὰ γὰρ κυρίου
ταῦτά μοι συνετελέσθη, a Domino enim
hæc mihi *facta sunt*. Admodum
libere h. l. transtulerunt. — *חָרַץ,
præcido. Ies. X. 22. — יָלַךְ, *eo*.
Deuter. XXXI. 1. συνετέλεσε Μωϋσῆς
λαλῶν πάντας τοὺς λόγους, *absolvebat*

a vel *desinebat* Moses loqui omnia verba. Confer, quæ postea ex versione Symmachi Ies. XXXIII. 1. notata sunt. — כָּלָא Pih. *claudo*. Dan. IX. 24. ubi legerunt כַּלֵּה. — *כָּלָה, *ipsa tota*. Ezech. XI. 15. συντετέλεσται, ubi vid. Montfauconius. Legerunt כָּלְתָה, quasi sit præteritum conjung. Puhal. Adde Jerem. XIII. 19. ac Hos. XIII. 2.
b — כָּלָה : כִּלָּה, Kal et Pih. Genes. XLIV. 12. συνετέλεσε εὗρε, *ultimo inveniebat*. Lev. XIX. 9. οὐ συντελέσετε τὸν θερισμὸν ὑμῶν, non *colligetis* messem vestram. Vide et Levit. XXIII. 22. Deuter. XXXII. 23. τὰ βέλη μου συντελέσω εἰς αὐτοὺς, sagittas meas *omnes* in illos *mittam*. Ruth. III. 18. ἕως ἂν συντελεσθῇ τὸ ῥῆμα σήμερον, usque dum hodie res *ad finem*
c *perducatur*. 1 Sam. XV. 18. ἕως συντελέσῃς αὐτοὺς, usque dum *perdas* illos. Vide et Jerem. XIV. 12. 1 Sam. XX. 7. συντετέλεσται ἡ κακία παρ' αὐτοῦ, *decretum est* malum ab illo. Vide et v. 9. 32. et 1 Sam. XXV. 17. 1 Sam. XX. 33. ὅτι συντετέλεσεν ἐπ' αὐτὸν ὁ πατὴρ αὐτοῦ (subaudiendum videtur θάνατον), quod *decrevisset* super illum mortem. Job.
d XIX. 27. πάντα δέ μοι συντετέλεσται ἐν κόλπῳ, omnia autem mihi *consumta sunt* in sinu. Psalm. CXVIII. 87. παρὰ βραχὺ συνετέλεσάν με ἐν τῇ γῇ, parum abfuit, quin me *conficerent* in terra. Prov. XXII. 8. συντελέσει. Manifestum est, eos pronuntiasse יְכַלֶּה. Jerem. XVI. 3. ἐν μαχαίρᾳ καὶ λιμῷ συντελεσθήσονται, gladio et fame *peribunt*. Vide et Ies. I. 28.
e Jerem. XVI. 3. Ezech. V. 12. et conf. Sir. XLV. 25. Thren. III. 22. οὐ συνετελέσθησαν οἱ οἰκτιρμοὶ αὐτοῦ, non *finem nactæ sunt* misericordiæ ejus. Ezech. VI. 12. συντελέσω τὴν ὀργήν μου ἐπ' αὐτοὺς, *consummabo* iram meam adversus illos, vel *omnem* iram meam adversus illos *effundam*. Vide et Ezech. VII. 8. XIII. 15. XX. 8. 21. — *כָּלָה, nomen, *consummatio*. Ies. XXVIII. 22. — עָשָׂה f
כָּלָה, *facio consummationem*. Gen. XVIII. 21. — כְּלִי, *instrumentum*. Gen. XLIX. 5. συνετέλεσαν. Legerunt כִּלּוּ, *perfecerunt*, pro כְּלֵי, *vasa*. — כָּלִיל, *perfectus*. Ez. XVI. 14. — *כָּלַל. Ez. XX. 4. ubi συνετέλεσαν apud LXX in Hexaplis pro כָּלְלוּ est Aquilæ, aut alius Interpretis. LXX dederant περιέθηκάν σοι κάλλος. Itala: *circumdederunt*. — כִּלְיוֹתַי, *re-* g
nes mei. Job. XIX. 27. συντετέλεσταί μοι. Legerunt יוֹתַי, et illud יוֹתַי putarunt esse i. q. Chald. יָתַי, sive Hebr. אוֹתִי, acceperuntque illud pro לִי. — כָּרַת, *cædo*. Jerem. XXXIV. 15. συνετέλεσαν διαθήκην, *percusserunt* fœdus. Inc. (secundum Hesychium in Catena PP. in GG. in Psalmos T. III. p. 116.) Ps. CIV. 9. ὃν συνετέλεσεν μετὰ τοῦ h
Ἀβραάμ. Vide et Jerem. XXXIV. 8. — מוּת, *morior*. Ezech. VI. 12. ἐν λιμῷ συντελεσθήσονται, fame *peribit*. — מָלֵא Pih. *impleo*. Gen. XXIX. 27. Dan. X. 3. sec. cod. Chis. — סָפַת Chald. præt. fœm. ex סוּף, *completum est*. Dan. IV. 30. αὐτῇ τῇ ὥρᾳ ὁ λόγος συνετελέσθη, ea ipsa hora verbum *implebatur*. — עָשָׂה, *facio*. Esth. IV. 1. ἐπιγνοὺς τὸ συντε- i
λούμενον, intellegens, quod *factum erat*. Ies. XXXII. 6. συντελεῖν ἄνομα, *facere* iniqua, injuste *agere*. Ies. XLIV. 24. ὁ συντελῶν πάντα, *faciens* omnia. Vide et Mich. II. 1. — שָׁלַם : שִׁלֵּם, Kal et Pih. 1 Reg. IX. 25. 2 Paral. IV. 22. — *תֵּבֵל, *mundus*. Prov. VIII. 31. συντελέσας. Videntur Jaegero ad h. l. legisse כַּבְּלֹת, mihi autem pro verbo habuisse a יָבַל, *provenire, procedere*,

a et in Hiph. *producere.* — תָּמַם. Deut. XXXIV. 28. συνετελέσθησαν αἱ ἡμέραι πένθους, *finiti sunt* dies luctus. Gloss. Brem. συνετελέσθησαν, ἐπληρώθησαν, τέλος ἔλαβον. Ies. XVIII. 5. ὅταν συντελεσθῇ ἄνθος, cum *pereat* flos. Symm. Ies. XXXIII. 1. ὅταν συντελέσῃς ταλαιπωρίζων, cum miserum facere *desieris.* 3 Esdr. VII. 3. respondet Chald. שַׁכְלֵל, coll. Esdr.
b VI. 14. 3 Esdr. II. 27. Chald. עֲבַד, coll. Esdr. IV. 19. 3 Esdr. I. 17. συνετελέσθη, Hebr. תִּכּוֹן, coll. 2 Paral. XXXV. 16., quod LXX verterunt κατωρθώθη. Sir. XVIII. 6. ὅταν συντελέσῃ, *cum jam quis absolvisse putaverit.* Sir. XXIV. 29. συνετέλεσε γνῶναι, *perfecte* cognovit.

ΣΥΝΤΕΛΕ'Ω ΛΟ'ΓΟΝ, *rem decerno.* כִּלָּיוֹן, *decretum.* Ies. X. 22.
c λόγον συντελῶν καὶ συντέμνων (scil. ἐστί) ἐν δικαιοσύνῃ, rem decernens et decidens vel definiens est in justitia. Confer Rom. IX. 28. et notata in v. συντελέω ex 1 Sam. XX. 7. seq.

*ΣΥΝΤΕΛΕ'Ω ΣΥΝΤΕ'ΛΕΙΑΝ. בָּצַע, *quæstum facio.* Ezech. XXII. 12. Acceperunt notione *consummandi*, qua Ies. X. 12. Zach. IV. 9. occurrit. Vide supra s. συντελέω
d et Cappelli Nott. Critt. p. 552. — Vide alibi s. v. πονηρός.

ΣΥΝΤΕ'ΜΝΩ, *concido, præcido, decido, statuo, definio, determino, brevio, decurto.* חָרוּץ, *sedulus.* Proverb. XXI. 5. λογισμοὶ συντέμνοντος πλὴν εἰς περισσείαν, cogitationes *præcidentis* tantum in abundantiam. Aqu. Prov. XII. 24. συντεμνόντων. Scilicet חָרַץ proprie *secare* notat.
e — חָרוּץ subst. *tribula acuta,* a חָרַץ, *seco.* Aqu. Ies. XXVIII. 27. ubi συντέμνον est *instrumentum, quo aliquid dissecatur.* — חָרַץ. Ies. X. 23. Hesychius ad h. l. συντέμνων, συντελέσας. Vide in συντελέω λόγον. Dan. IX. 26. ἕως τέλους πολέμου συντετμημένου ἀφανισμοῖς, usque ad finem belli *statuti* vel *definiti* ad desolationes. Aqu. Symmach. 2 Sam. V.
24. συντεμεῖς, *promptus eris.* — חָתַךְ, f
seco, decido. Theod. Dan. IX. 24. ἑβδομήκοντα ἑβδομάδες συνετμήθησαν, septuaginta hebdomades *decisæ* vel *definitæ* sunt. Deduxisse videtur a חָתַת. Theodoretus ad h. l. συνετμήθησαν ἀντὶ τοῦ ἐδοκιμάσθησαν καὶ ἐκρίθησαν· οὕτω γὰρ τινὲς ἑρμηνευτῶν ἐκδεδώκασι. Conf. ad h. l. Michaëlis Annotatt. p. 304. seq. 2 Macc. X.
10. συντέμνοντες τὰ συνέχοντα τῶν πολέ- g
μων κακά. Latinus vertit: *breviantes mala, quæ in bellis gesta sunt.*

ΣΥΝΤΕΤΜΗΜΕ'ΝΟΣ ΛΟ'ΓΟΣ, *res definita, statuta, determinata.* כָּלָה וְנֶחֱרָצָה, *decretum consummatum et certo definitum.* Ies. X. 23. ὅτι λόγον συντετμημένον κύριος ποιήσει, ideo rem decisam vel *definitam* Dominus faciet. Conf. Rom. IX. 28.

ΣΥΝΤΕΤΜΗΜΕ'ΝΑ ΠΡΑ'ΓΜΑ- h
ΤΑ, *res statutæ, definitæ.* נֶחֱרָצָה part. Niph. fœm. *certo definitum.* Ies. XXXVIII. 22. συντετελεσμένα καὶ συντετμημένα πράγματα ἤκουσα, res decretas et *decisas* vel *definitas* audivi. Lex. Cyrilli MS. Brem. συντετμημένα interpretatur ἀσαφῆ, *abdita,* sed, si ad Ies. l. c. respicit, ut videtur, præter mentem Interpretum.

ΣΥΝΤΗ'ΚΩ, *tabefio.* אַתָּה דַל, i
tu tenuis. Inc. 2 Sam. XIII. 4. συντέτηκας, quia *tabefactus es.* Vulgat. *sic attenuaris macie.* Est hæc propria notio vocis דַל, coll. Genes. XLI. 19.

ΣΥΝΤΗΡΕ'Ω, *conservo, observo, custodio.* חָשַׂךְ, *cohibeo.* Aqu. Symmach. Ps. XVIII. 13. συντήρησον, et Job. XXI. 30. συντηρεῖται. — נְטַר Chald. Dan. VII. 28. — נָצַר. Symmach. et LXX Job. XXVII. 18. — סֶלֶף, *perversitas.* Prov. XV. 4. συντηρῶν. Jaegerus ad h. l. putat, lo-

a co סֶלֶף nomen aliud quoddam extitisse, v. c. פֶּלֶס, literis translocatis, unde συντηρῶν suscipi eadem interpretandi libertate potuerit, qua σκεπάσω c. V. 21. a מִפְלָס. Quid si in textu Græco loco ὁ δὲ συντηρῶν αὐτὴν legeretur: ὁ μὴ συντηρῶν αὐτήν? Sed tunc etiam in sequentibus συντριβήσεται loco πληρωθήσεται reponendum erit. Συντριβήσεται πνεύματι au-
b tem notat: *sapientia destituetur* aut destitutus est. — שָׁמַר. Ezech. XVIII. 19. Sir. II. 16. συντηρήσουσι τὰς ὁδοὺς αὐτοῦ, *observabunt* vias ejus. Vide et Sir. VI. 28. Sir. IV. 23. συντήρησον καιρὸν, *observa* occasionem et opportunitatem temporis, aut, quod mallem, *parce tempori*, nam opponitur ibi τῷ ἐνδελεχίζειν. Sirac. XIII. 15. ὁ μὴ συντηρῶν λόγους, non
c *conservans* verba. Conf. Luc. II. 19. Ita Bielius. Sed, omisso μὴ, vertendum potius erit: *insidiose observans* verba tua. Confirmat hanc conjecturam versio Latini interpretis. Sir. XVII. 16. χάριν ἀνθρώπου ὡς κόρην συντηρήσει, gratiam hominis ut pupillam *custodiet*. Sir. XXVIII. 3. συντηρεῖ ὀργὴν, *iram fovere*. Polyb. XXXI. 6. 5. Sirac.
d XXXIX. 2. διηγήσεις ἀνδρῶν ὀνομαστῶν συντηρήσει, *mente tenebit* s. *animo infiget* narrationes de hominibus illustribus. Præterea legitur Dan. III. 23. sec. cod. Chis. αὐτοὶ δὲ συνετηρήθησαν, *in vita conservati sunt*. Ib. IV. 25. τοὺς λόγους ἐν τῇ καρδίᾳ συνετήρησα. Confer Luc. II. 19. ac Lexicon N. T. s. h. v.

ΣΥΝΤΙ´ΘΗΜΙ, *compono*. הִרְבִּיץ
e Hiph. *cubare facio*. Symmach. Ies. LIV. 11. — הִשְׁכִּיב Hiph. *cubare facio*. Symm. Job. XXXVIII. 37. συνθήσει sec. Colbert. et unum Regium. Incommode in hac orationis serie, ubi sermo est de nubibus, quæ utres cœli vocantur. Ergo legere mallem συνδήσει, *colligabit*. *Colligare utres cœli* est *impedire*, *quo minus nubes pluviam demittant* f
in terram. 2 Macc. XIII. 15. ubi tamen pro συνέθηκε reponendum est συνέθηκε, *interfecit*. Vide et 2 Macc. VIII. 31.

ΣΥΝΤΙ´ΘΕΜΑΙ, *paciscor, conspiro, constituo*. *הָיָה. Incert. Jerem. XLIV. 14. οὐ συνθήσεται, *non addetur*. — הִזְדַּמַן Chald. Ithp. a זְמַן, *præparo*. Dan. II. 9. συνέθεσθε εἰπεῖν, *constituistis* loqui. Conf. Joh. IX. g
22. — כָּרַת, quod cum voce בְּרִית significat *fœdus pepigit*. 2 Sam. III. 21. συνθῶνται. — קָשַׁר, *conspiro*. 1 Sam. XXII. 13. ἱνατί συνέθου κατ' ἐμοῦ; quare *conspirasti* adversus me? Symmach. 1 Sam. XXII. 8. συνέθεσθε. 1 Macc. IX. 70. τοῦ συνθέσθαι πρὸς αὐτὸν εἰρήνην, ut pacem cum illo *facerent*. 1 Macc. XI. 9. συνθώμεθα πρὸς ἑαυτοὺς διαθήκην, *com-* h
ponamus inter nos pactum. 1 Macc. XV. 27. ἠθέτησε πάντα, ὅσα συνέθετο αὐτῷ τὸ πρότερον, recedebat ab omnibus, de quibus *pactus erat* cum illo antea. Conf. Luc. XXII. 5. et ad h. l. Raphelii Annotatt. ex Herodoto p. 270. Hesych. συνέθετο, συνετάξατο.

ΣΥΝΤΙ´ΜΗΣΙΣ, *æstimatio, pretium*, a συντιμάω, *pretium augeo*. עֹבֵר i
part. *transiens*. 2 Reg. XII. 4. Forte legerunt עֶרְךָ. — עֵרֶךְ, *æstimatio, taxatio*, item: *pretium*. Levit. XXVII. 4. 18. Num. XVIII. 16. 2 Reg. XII. 4. XXIII. 35.

ΣΥΝΤΟΜΗ´, *decisum, decretum*. נֶחֱרָצָה part. fœm. Niph. Aqu. Ies. XXVIII. 22.

ΣΥ´ΝΤΟΜΟΣ, *concisus, brevis, compendiarius*, a σύντομον, *compendium*, k
brevitas. מֹרֵד partic. *continuans*. Aqu. Prov. XIX. 13. ubi tamen pro σύντομος legendum σύντονος, ut exprimatur significatio *assiduitatis* ac *vehementiæ*, quam etiam magistri Judaici verbo Hebraico tribuunt. Sic jam judicavit Fullerus Miscell.

a SS. Lib. III. c. 9. Cæterum hæ voces etiam in aliis scriptoribus permutatæ fuerunt, v. c. Philone de Agricult. p. 195. et 199. Legat. ad Caium p. 1011. Sap. XIV. 14. σύντομον τέλος, *brevis* vita. 2 Macc. II. 32. τὸ σύντομον τῆς λέξεως μεταδιώκειν, *brevitatem* dictionis sectari.

ΣΥΝΤΟ'ΜΩΣ, *concise, brevi.* כְּחֶתֶף, *sicut præda.* Proverb. XXIII. 28.
b οὗτος γὰρ συντόμως ἀπολεῖται, hic enim *brevi* peribit. Vide et Prov. XIII. 23. ad quem locum non assentiri possum Jaegero, cui συντόμως aut ab aliis aggestum ex XXIII. 28. aut ab ipsis Interpretibus, velut αἰσχρῶς cap. XV. 10., extrinsecus arcessitum videtur, ut vicissitudinis sine mora ingruentis acerbitas comparatione ad πολλὰ ἔτη magis eluces-
c ceret. Pertinere potius συντόμως mihi videtur ad בְּלֹא מִשְׁפָּט, *sine prævia dijudicatione,* aut *indicta causa.* Adde 3 Macc. V. 25. συντόμως, διὰ βραχέων.

ΣΥ'ΝΤΟΝΟΣ, *continuus.* טֹרֵד part. *continuans.* Aqu. Prov. XIX. 13. σταγὼν σύντονος, *stilla continua.* Vide supra s. v. σύντομος. Hesych. σύντονον, σφοδρὸν, ἰσχυρὸν, συνεχές.

d *ΣΥΝΤΟΝΩ'ΤΕΡΟΣ. 4 Maccab. VII. 10. πυρὸς συντονώτερε. Sed sine dubio ibi reponendum est εὐτονώτερε.

ΣΥΝΤΡΕ'ΠΩ, *converto.* קָשַׁר, *conspiro.* 1 Reg. XVI. 9. συνέτρεψεν ἐφ' ἑαυτὸν τοὺς παῖδας αὐτοῦ, ubi alii libri συνέστρεψεν habent. Vide et Drac. v. 33. Schol. Il. Ρ', v. 278.

ΣΥΝΤΡΕ'ΦΟΜΑΙ, *una nutrior, simul educor.* גָּדַל, *educor.* Incert. et
e LXX sec. Compl. 2 Sam. XII. 3. συνετράφη, *una nutrita fuit cum eo.* — *כְּגִיל, *secundum similitudinem.* Dan. I. 10. secundum Cod. Chis. παρὰ τοὺς συντρεφομένους ὑμῖν. Bene quoad sensum. Nam verba כְּגִילְכֶם, *secundum similitudinem vestram,* non sunt cum Dathio reddenda: *ætatis vestræ,* sed: *ejusdem vobiscum conditionis,* h. e. qui portiones cotidianas de dapibus regis accipiunt, coll. v. 5. — *מִגְדָּל, *turris.* Ies. XXXIII. 18. sec. Compl. aut potius Inc. Int. συντρεφομένους. Legerunt הַמְגֻדָּלִים, nam גָּדַל est *educare.* Adde 4 Macc. XIII. 20. Conf. quoque Ælianum V. H. XIII. 44.

ΣΥΝΤΡΕ'ΧΩ, *concurro, una curro.* רָצָה עִם, *complaceo.* Psalm. XLIX. 19. συνέτρεχες αὐτῷ, ubi pro Hebr. תִּרֶץ (pro תִּרְצֶה, *complaces ei*) legerunt תָּרֻץ a rad. רוּץ, *currere,* nisi Hebraico רָצָה (coll. Job. XXXIV. 9.) eandem significationem tribuere quis malit. Cæterum conferenda hic est glossa Hesychii: ὁμοστιβεῖς (ita enim lego cum Suicero loco ὁμόστιβοι, qui ex Cyrillo Alex. affert ὁμοστιβὴς καὶ σύνδρομος), συμπράττοντες. Potest quoque legi ὁμοστιχεῖς. — *רָצַץ, *frangor.* Jud. VII. 21. sec. cod. Oxon. Legerunt רוּץ. Vide et Judith. VI. 18. XIII. 14. XV. 15.

ΣΥΝΤΡΙΒΗ', *contritio, comminutio, concussio.* מְחִתָּה. Prov. X. 15. 16. 30. (ubi Symm. δειλία.) XIV. 30. XVIII. 7. חָתַת *frangere* notat. Conf. Michaëlis Suppl. p. 992. — מִשְׁבָּר, *matrix.* Hos. XIII. 12. ἐν συντριβῇ τέκνων. Etymologiam vocis Hebr. urgentes pessime ita transtulerunt. — נִשְׁבַּר Niph. *frangor.* Prov. VI. 15. Legerunt וְשֶׁבֶר loco יִשָּׁבֵר. — שֶׁבֶר : שֶׁבֶר, *fractio.* Prov. XVII. 20. Ies. LXV. 14. Jerem. IV. 6. et alibi sæpius. — שִׁבָּרוֹן, idem. Ezech. XXI. 6. — שֹׁד, *vastatio.* Ies. XIII. 6. Adde 1 Macc. IV. 32. ubi συντριβὴ *interitum, perniciem* notat.

ΣΥΝΤΡΙ'ΒΩ, *contero, confringo, quasso, contundo, percutio, vulnero,*

a affligo, dolore afficio. גָּדַע, exscindo. Ies. X. 33. XIV. 12. — דָּכָא, in Niph. נִדְכָּא. Ies. LVII. 15. τοὺς συντετριμμένους τὴν καρδίαν, h. e. tristes ac mœstos seu afflictos. — הֵחִיל Hiph. a חוּל, parturio. Joël. II. 6. ἀπὸ προσώπου σου συντριβήσονται λαοί, a facie tua affligentur seu dolore afficientur populi. Vox Hebr. h. l. contremiscere notat. — הִכָּה Hiph.
b a נָכָה, percutio. Jos. VII. 5. X. 10. Amos III. 15. — הִכְחִיד Hiph. exscindo. Inc. Exod. XXIII. 23. — הִסְגִּיר Hiph. dedo. Thren. II. 7. συνέτριψε. Sensum expresserunt, non vero legerunt הִשְׁבִּיר, ut quibusdam visum est. — הָרַס, diruo. Exod. XV. 7. Ps. LVII. 6. Inc. Ps. X. 3. e quo loco luculenter apparet, συντρίβειν, si de legibus ac
c præceptis sermo est, notare violare, non observare. — הֵשִׁית בְּגָאוֹן Hiph. pono contra superbiam. Job. XXXVIII. 11. ἐν σεαυτῇ συντριβήσεταί σου τὰ κύματα, in te ipso comminuentur s. confrigentur fluctus tui. יָשִׁית h. l. impersonaliter sumitur, ut sit omissum vocabulum, quod terminum notat, hoc sensu: hic terminus sit altitudini fluctuum tuorum. Sed
d שִׁית etiam simplicioter cessare, desistere, adeoque etiam compesci notat. Conf. Simonis Lex. Hebr. p. 1615. Sensum itaque non male expresserunt. Vulgatus: et hic confringes tumentes fluctus tuos. — *הִשְׁלִיךְ Hiph. projicio. 2 Reg. XXIII. 12. ubi pro συνέτριψε, quod habet ed. Compl., sine dubio legendum est συνέῤῥιψε, a συῤῥίπτω, quod
e legitur apud Diod. Sic. Bibl. p. 495. 19. συῤῥίψαντες ἐς αὐτὴν (nempe πόλιν) χώματα εἴκοσι. Dici enim non potest συντρίβειν τὸν χοῦν εἰς τὸν χειμάῤῥουν. — הִשְׁמִיד Hiph. perdo. Ezech. XXXII. 12. — זוּר, comprimo. Ies. LIX. 5. — חָרַר, exardeo, comburo. Ezech. XXIV. 10. τὰ ὀστᾶ συντριβήσονται. Aut libere verterunt, aut legerunt יֵחַתּוּ. — חָתַת, frango. Jer. XLVIII. 20. — טָרַף, discerpo. f
Deut. XXXIII. 20. — יָשַׁב, sedeo. Gen. XLIX. 24. συνετρίβη. Legerunt וַתִּשָּׁבֵר (adjecta litera Resch, sensu non incommodo) e conjectura Cappelli, qua non foret opus, si probari posset, שָׁבַב in eadem significatione a scriptoribus sacris usurpatum fuisse, qua a Thalmudicis accipitur pro confringere. Arab. وثي, confractus et rup- g
tus fuit. Fuerunt tamen, qui conjicerent, pro συνετρίβη legendum esse ἀνετρίβη. Sec. Rich. Simon Histor. Crit. V. T. Lib. II. c. 6. συνετρίβης juxta Hebræum vertendum est commoratus est. — כָּבַץ, deprimo, humilio. Theod. Jud. IV. 23. συνέτριψεν. — כָּשַׁל, corruo. Nehem. IV. 10. — *כָּתַת, contero. Deuter. IX. 21. sec. Alex. — נָגַף, percutio. h
Deuter. I. 42. XXVIII. 7. Dan. XI. 34. sec. cod. Chis. Cf. 1 Macc. III. 22. IV. 10. 13. 30. 36. V. 7. 21. 43. et Rom. XVI. 20. — נוּגָה part. Niph. a יָגָה, mœstus. Soph. III. 19. — נָחַת, descendo. Prov. XVII. 10. Hic legerunt תֵּחַת fut. Hiph. verbi חָתַת. — נִפֵּץ Pih. dissipo. Psalm. II. 9. — פָּצַע, vulnero. 1 Reg. XX. 37. πατάξας συνέτριψε, i
percutiens vulnerabat. — צֹלֵעַ, claudicans. Mich. IV. 6. 7. Loco τὴν συντετριμμένην Justinus M. citat τὴν ἐκτεθλιμμένην, pressam. — קָרַס, reflexus sum. Ies. XLVI. 1. — רִטֵּשׁ Pih. collido. Ies. XIII. 18. — *רָמַס, conculco. Dan. VIII. 7. sec.

a cod. Chis. — רָצַץ, *conquasso.* Cohel.
XII. 6. — שָׁבָה, *captivum duco.*
Jerem. XIII. 17. Fortasse legerunt
נִשְׁבַּר. — *שֶׁבַע, *septem.* Prov. VI.
16. Legerunt יִשָּׁבֵר. — שָׁבַר,
frango. Gen. XIX. 9. συντρίψαι τὴν
θύραν, *confringere* januam. Nehem.
II. 13. et 15. ἤμην συντρίβων (subaudiendum videtur στέρνον. Conf. L.
Bos. Ellips. Gr. p. 179.) ἐν τῷ τείχει,
b *contundebam pectus* s. *plangebam*
super murum. Jerem. LXI. 1. ἀπέ-
σταλκέ με ἰάσασθαι τοὺς συντετριμμένους
τὴν καρδίαν, misit me ad sanandum
contritos corde, h. e. *tristes, dolentes.*
Jerem. II. 13. ὤρυξαν ἑαυτοῖς λάκκους
συντετριμμένους, foderunt sibi cisternas *confractas.* Jerem. XVII. 18.
δισσὸν (pro κατὰ δισσὸν). σύντριμμα σύν-
τριψον αὐτοὺς, duplici contritione
c *contere* illos. Jer. XXII. 20. συνετρίβησαν (sc. ταῖς ψυχαῖς) πάντες οἱ ἐρασ-
ταί σου, *animis fracti sunt* omnes
amatores tui. Suidas: συνετρίβησαν
ταῖς ψυχαῖς, ἀντὶ τοῦ ἐθορυβήθησαν,
συνεχύθησαν. Symm. Ps. L. 19. Aqu.
Symm. Job. XXXVIII. 15. — שֶׁבֶר,
fractio. Ies. I. 28. Inc. Jer. IV. 20.
συντρίβον, ubi al. συντριβήν. Vide ad
h. l. Montfauconium. — שְׁבָרִים,
d *Schebarim,* nomen proprium urbis.
Jos. VII. 5. Legerunt ut verbum
עַד־הַשְּׁבָרִים cum Chald. Syr. et
Arabe. — שָׁטַף, *exundo.* Dan. XI.
40. — שָׂכַר, *mercede conduco.* Prov.
XXVI. 10. Hic quoque legerunt:
שָׁבַר. Adde Aqu. 1 Sam. II. 5. ubi
נִשְׁבָּרוּ legerunt. — שִׁכֹּר, *ebrius.*
Jerem. XXIII. 9. συντετριμμένος. Legerunt שָׁבוּר. — שָׁסַע, *diffindo, di-*
e *vido et lacero.* Al. Jud. XIV. 6.
συνέτριψεν. — שָׂרַף, *comburo.* 2 Reg.
XXIII. 15. ubi non aliter legerunt,
sed ob sequens λίθους putarunt συνέτριψε h. l. ponendum esse. — תְּבַר
Chald. Dan. II. 42. Cant. Tr. Puer.
ἐν ψυχῇ συντετριμμένῃ, animo fracto.
Gloss. MS. in Cant. Script. συντε-
τριμμένη, συντεθλασμένη. Judith. IX.
7. σὺ εἶ κύριος συντρίβων πολέμους, ubi
συντρίβειν est *conterendo consumere,* f
et ex adjuncto *finem facere* simpliciter.

ΣΥΝΤΡΙ'ΒΩ ΠΟ'ΛΕΜΟΝ s. **ΠΟ-
ΛΕ'ΜΟΥΣ**, *contero bellum,* h. e. *finem
facio bello* seu *bellis.* אִישׁ מִלְחָמָה,
vir belli. Exod. XV. 3. Ies. XLII.
13. Ita verterunt veriti, ne Gentiles, quibus Hebraici sermonis pro-
prietas plane erat ignota, eorum
versionem legentes putarent, He- g
bræorum Deum esse hominem
quempiam strenuum, instar Martis.
Houbigantio ita reddidisse videntur, quia legerint נוֹרָר, quæ est
ipsi scriptura depravata ex germana
גִּבּוֹר (quam habet Samaritanus)
derivata.

ΣΥ'ΝΤΡΙΜΜΑ, *contritio, vulnus.*
מַרְגֵּעָה, *requies.* Ies. XXVIII. 12.
Similes notiones vocibus a רָגַע de- h
rivatis tribuerunt Intt. vett., ut e
Concordantiis apparet. — מְשׁוּבָה,
aversio. Jerem. III. 22. Legerunt
fortasse מְשׁוּדַת, a שׁוּד, *vastare.*
Confer tamen Mich. II. 8. Bauero
LXX non משברותיכם, quod
Michaëli placuit, sed nomen nonnihil ad verbi sui similitudinem flex-
isse videntur. — עַצֶּבֶת, *dolor.* Ps.
CXLVI. 3. — בֶּצַע, *vulnus.* Job.
IX. 17. Prov. XX. 29. XXIII. 29.
— צְרוֹר, *lapillus.* Amos IX. 9.
Cogitarunt fortasse de notionibus
metaphoricis, quas vox צְרוֹר habet,
aut σύντριμμα notat h. l. *id, quod
contritum est, partem minutam,* quam
notionem postulat h. l. series orationis. Alii statuunt, LXX צְרוֹר
permutasse cum צָרָה. — קֶשֶׁר, *conspiratio.* Al. 2 Sam. XV. 12. ubi
tamen alii rectius σύστρεμμα habent,

quæ voces quoque invicem permutatæ reperiuntur Amos IX. 9. — צֶבֶר : שֶׁבֶר, *fractio*. Levit. XXI. 18. XXIV. 20. (Vide Intt. ad Hesych. s. h. v.) Psalm. LIX. 2. Ies. XV. 5. et alibi. — שִׁבָּרוֹן, idem. Jerem. XVII. 18. — שֹׁד, *vastatio*. Ies. XXII. 4. LIX. 7. LX. 18. — *תַּרְבּוּת, *multiplicatio*. Numer. XXXII. 14. ubi Montf. affert ex ed. Rom. σύντριμμα, in cujus locum substituenda est sanior librorum reliquorum lectio σύστρεμμα, h. e. *agmen*. Nam σύντριμμα nullo modo conciliari potest verbo Hebraico, sive hoc explices *agmen*, *multitudinem*, sive, ut alii censent, *sobolem*, *progeniem*. Vide et Sap. * III. 3. Sir. XL. 11. 1 Macc. II. 7.

ΣΥΝΤΡΙΜΜΟ'Σ, idem. מִשְׁבָּרִים, plur. *fluctus*. Soph. I. 11. Aqu. Ps. XLI. 1. — שֶׁבֶר, *fractio*. 2 Sam. XXII. 5. Jerem. IV. 20. Aqu. Ies. XV. 5. ubi pro κραυγὴν συντριμμὸν sine dubio legendum est κραυγὴν συντριμμοῦ, ut jam judicavit Montfauconius. — שֹׁד, *vastatio*. Amos V. 9. ubi perperam nonnulli statuunt eos legisse שֶׁבֶר. — שׁוּב, *revertor*. Mich. II. 8. Vide supra s. v. σύντριμμα ad מְשׁוּבָה.

ΣΥ'ΝΤΡΙΨΙΣ, *percussio*. מַכָּה, *plaga*. Jos. X. 10.

*ΣΥΝΤΡΟΦΙ'Α, *communis educatio, sodalitium*. 3 Macc. V. 32. καίπερ εἰ μὴ διὰ τὴν τῆς συντροφίας στοργὴν κ. τ. λ., nisi tibi parcerem ob intercedentem ex communi educatione amorem. Sermo ibi est de *sodalibus Alexandri Magni*, quos auctor libri 1 Maccab. I. 7. συνεκτρόφους vocat. Adde 4 Macc. XIII. 21.

ΣΥ'ΝΤΡΟΦΟΣ, *collactaneus* sec. Gloss. vett., *qui non tantum a teneris cum alio est educatus, sed et artibus ac disciplinis iisdem imbutus* (Conf. Harpocrat. in v. Μόθωνας et Schol. ad Aristoph. Plut. v. 279.), deinde *amicus, sodalis, commilito*, etiam *alicui rei assuetus inde a prima juventute* apud Lucian. Nigrin. cap. 12. et 15. T. I. p. 37. et 40. Bip. f
1 Macc. I. 6. sec. cod. Vat. 2 Macc. IX. 29. Conf. Act. XIII. 1. Ælian. V. H. XII. 26. Phavorinus: σύντροφοι, συνανάτροφοι. Vide quoque Suiceri Thes. Eccl. T. II. p. 1188. ac Lexic. N. T. s. h. v.

ΣΥΝΤΡΟΧΑ'ΖΩ, *concurro, occurro, devehio*. נָרוֹץ Niph. a רוּץ vel רָצַץ. Cohel. XII. 6. συντροχάσῃ ὁ g
τροχὸς ἐπὶ τὸν λάκκον, *deveniat* rota ad foveam. Gloss. MS. in Cohel. Συντροχάσει, συντρίβει, corrupte pro συντροχάσῃ, συντριβῇ. Lexic. Cyrilli MS. Brem. ac Hesych. συντροχάσει, καταντήσει, πληρώσει (Ita scribendum ex Hesychio MS. πληρωθεῖ), ἐκ μεταφορᾶς τῶν τροχῶν. Suidas: συντροχάσαι, καταντλῆσαι (pro quo Küsterus bene legendum censet καταντῆσαι), πληρωθῆναι, ἐκ μεταφορᾶς τῶν τροχῶν. h

ΣΥΝΤΥΓΧΑ'ΝΩ, *cominus venio, cominus accedo*. 2 Macc. VIII. 14. πρὶν συντυχεῖν. Vulg. *antequam cominus veniret*.

ΣΥΝΥΦΑΙ'ΝΩ, *contexo*. מִלֵּא Pih. *impleo*. Exod. XXXIX. 8. seu 10. Simili modo Philo Lib. I. Allegor. pag. 55. συνυφανεῖς pro eadem voce Exod. XXVIII. 17. obvia posuit, i
ubi nunc in textu Græco LXX καθυφανεῖς legitur. — עָשָׂה, *facio*. Ex. XXXIX. 3.

ΣΥΜΠΛΟΚΗ' ΣΥΝΥΦΑΣΜΕ'ΝΗ, *complicatio contexta*. כְּפִי תַחְרָא, *sicut os loricæ*. Exod. XXVIII. 28.

ΣΥΝΥΦΗ', *contextura, contextio, tela*. חֵשֶׁב, *cingulum*. Ex. XXVIII. 27. XXXIX. 19.

ΣΥΝΥΨΟ'Ω, *simul attollo, simul* k
abripio. סָחַב, *traho, rapto*. Jerem. XLIX. 19. συνυψωθῶσιν, ubi tamen alii rectius συμψηθῶσιν mihi exhibere videntur. Vide supra s. v. συμψάω.

ΣΥΝΩΜΟ'ΤΗΣ, *conjuratus, con-*

a *fœderatus*, a συνόμνυμι, *conjuro*. בַּעַל
בְּרִית, *dominus fœderis*, h. e. *cui*
cum altero fœdus intercedit. Genes.
XIV. 13.

*ΣΥΡΙ'Α, *Syria*, nomen regionis.
אָדָם, *homo*. Jud. XVIII. 7. sec.
cod. Alex. Interpres legit אֲרָם
pro אָדָם. — אֲרָם, *Aramæa*.
2 Reg. VIII. 28.

ΣΥ'ΡΙΓΜΑ, *sibilus*. שְׁרֵקָה, idem.
b Jerem. XVIII. 16. Orph. Hymn.
in Apoll. v. 25. Aristoph. Acharn.
553. Eurip. Bacch. v. 950.

ΣΥΡΙΓΜΟ'Σ, idem, metaph. *derisio*. שְׁרֵקָה, idem. Jerem. XIX. 8. XXV. 18. Mich. VI. 16. sec. Complut. et Barb. In omnibus his locis συριγμὸς cum ἀφανισμὸς et ἐρήμωσις jungitur, ac hominibus tribuitur. Sap. XVII. 9. ἑρπετῶν συριγ-
c μοῖς.

ΣΥ'ΡΙΓΞ, *fistula*. מַשְׁרֹקִיתָא Chald. Dan. III. 5. 7. 10. 15. — שְׁרֵקָה. Inc. Jud. V. 16. In omnibus his locis cum σαλπίγξ conjungitur.

ΣΥΡΙ'ΖΩ, *sibilo*. שָׁרַק, idem. 1 Reg. IX. 8. Theodot. et LXX Job. XXVII. 23. Inc. Ezech. XXVII. 36. Soph. III. 2. — שָׁמֵם, *desolo*.
d Al. Jerem. XLIX. 16. Præterea
legitur Hos. IV. 19. sec. cod. Barber. et alios libros συριεῖ, ubi Hebr. אוֹתָהּ respondet, ac sine dubio σὺ εἶ legendum erit. Vide ad h. l. notas L. Bos. Respondet quoque Hebr. יֵלֵךְ, *eo*. Jerem. XLVI. 22. ὡς ὄφεως συρίζοντος, ubi vel libere verterunt, vel legerunt יְלַחֵשׁ, nam לָחַשׁ est *mussitare*, *susurrare*. Nunc
e autem, re melius cogitata, reponere
mallem σύροντος, quod vide infra. Houbigantio legisse videntur יָלִיל, *ejulantis*.

ΣΥΡΙΣΜΟ'Σ, i. q. συριγμὸς, *sibilus*, *stridor*. שְׁרֵקָה, idem. Jud. V. 16. 2 Paral. XXIX. 8. Jer. XXIX. 18. Mich. VI. 16.

ΣΥΡΙΣΤΙ', *Syriace*. אֲרָמִית, idem. 2 Reg. XVIII. 26. Esdr. IV. 7. Dan. II. 4. Etymol. M. 450. 41.

ΣΥῤῬΑ'ΠΤΩ, *consuo*, *simul suo*, *consarcino*. שָׂבַךְ, *tego*. Al. Job. X. 11. sec. ed. Compl. συνέῤῥαψας, ubi tamen sec. Schol. ed. Rom. συνέῤῥαψας mera interpretatio vocis ἔπηξας esse videtur. Vulg. *compegisti*. — תָּפַר. Symmach. et LXX Ezech. XIII. 18.

ΟΥ' ΜΗ' ΣΥῤῬΑ'ΠΤΟΜΑΙ, *non consuor*. בִּלְתִּי, *non*. Job. XIV. 12. ἕως ἂν ὁ οὐρανὸς οὐ μὴ συῤῥαφῇ, quoadusque cœlum non sit consutum. Ita legitur in cod. Vat., cujus loco in Cod. Alex. legitur: ἕως ἂν ὁ οὐρανὸς παλαιωθῇ, quorum utrumque Grabius, Polychronii auctoritate in errorem inductus, in sua editione temere conjunxit. Ex Polychronio autem apparet, LXX scripsisse ἕως ἂν ὁ οὐρανὸς παλαιωθῇ, et verba οὐ μὴ συῤῥαφῇ pertinere ad לֹא יָקִיצוּ, *non expergiscentur*, seu *in vitam redibunt*, ut ad mortuum referatur. Verba οὐ μὴ συῤῥαφῇ autem Polychronius interpretatus est: οὐ μὴ συναρμοσθῇ, et addit: Συῤῥαφὴν γὰρ εἶπε τὸν εἱρμὸν τῶν ζεύξεων τῶν μελῶν, unde apparet, LXX sensum non male expressisse. Vide tamen J. D. Michaëlis Bibl. Or. T. VII. pag. 236. Kreyssigio Obss. Critt. in Græcos Jobi Intt. p. 12. οὐ μὴ ex antecedentibus male repetitum, ac Interpres scripsisse videtur: ἕως ἂν ὁ οὐρανὸς συῤῥαγῇ, i. e. *donec atteratur cœlum*, ut Hieronymus vertit. Semlerus in Ep. Crit. p. 55. legendum esse censuit ἀποῤῥιφῇ, cum idem verbum Hebr. alibi transferatur ἀποῤῥιφήσεται. Sed hic humani quid passus est. Respexit enim haud dubie ad 2 Sam. XXII. 46. ubi LXX pro יִבֹּלוּ, *marcescent*, quod a

נָבַל descendit, ἀπεῤῥιφήσονται posuerunt. Bielius in Obss. ad Hesychium suspicatus est, Hesychii glossam, ῤῥίφη, συσκέπη; pertinere ad hæc Jobi verba, adeoque conjecit, συῤῥέφῃ, cooperiat, pro συῤῥαφῇ reponendum esse. Sed nec hæc conjectura placet Kreyssigio, qui in Hesychio rescribendum putat: συῤῥαφή, συσκευή, h. e. machinatio fraudulenta. Vide quoque Drusium ad h. l.

ΣΥῬῬΑ'ΣΣΩ, confligo. חָבַט, excutio. Al. Ies. XXVII. 12. συῤῥάξει.

ΣΥῬῬΕ'ΜΒΟΜΑΙ, una vagor, versor. Vox hæc, in Thesauro Stephani omissa, reperitur pro רָעָה, consocio me, Prov. XIII. 21. sec. cod. Alex. et Compl. συῤῥεμβόμενος, ubi Schol. συμπλανώμενος. Vulgo legitur συμπορευόμενος, quod vel ex antecedentibus repetitum, vel ex glossemate ortum servit illius explicationi. Vide supra s. v. ῥέμβομαι.

ΣΥῬῬΕ'ΦΩ, cooperio. Vide supra s. v. Οὐ μὴ συῤῥάπτομαι.

ΣΥ'ΡΩ, traho, it. serpo, repo, it. fluo. זָחַל, serpo, repo. Deuter. XXXII. 24. μετὰ θυμοῦ (ὄφεων) συρόντων ἐπὶ τῆς γῆς, cum veneno (serpentum) repentium in terra. Mich. VII. 17. ὡς ὄφεις σύροντες γῆν, pro κατὰ τὴν γῆν, tanquam serpentes repentes in terra. — סָחַב, traho. 2 Sam. XVII. 13. συροῦμεν αὐτὸν ἕως εἰς τὸν χειμάῤῥουν, trahamus illum in fluvium.—שָׁטַף, exundo. Ies. XXX. 28. ὡς ὕδωρ ἐν φάραγγι σῦρον, tanquam aqua in valle fluens. Vide quoque supra s. v. συρίζω, ac sub σύρω χώραν.

ΣΥ'ΡΩ ΤΟΥ'Σ ΧΙΤΩ'ΝΑΣ, traho tunicas. יָלַךְ טָפוֹף, eo instar parvuli. Ies. III. 15. τῇ πορείᾳ τῶν ποδῶν ἅμα σύρουσαι τοὺς χιτῶνας, incessu pedum simul trahentes tunicas. Aliter in textu Hebræo. Similiter autem σύροντες ἐσθῆτας μαλακὰς ἐκ Τάραντος dicuntur trahentes vestimenta mollia ex Tarento in Epistola Aristippi ad Antisthenem inter Socraticas ab Allatio edita p. 24.

ΣΥ'ΡΩ ΧΩ'ΡΑΝ, pro κατὰ χώραν, traho regionem, seu fluo per regionem. שָׁטַף, exundo. Ies. XXVIII. 2. ὡς ὕδατος πολὺ πλῆθος σῦρον χώραν, tanquam aqua magna copia fluens per regionem. Vide s. v. σύρω.

ΣΥΣΚΕ'ΠΤΟΜΑΙ, una delibero. נוֹסַד Niph. a יָסַד, consulto. Symm. Ps. II. 2. συσκέπτονται.

*ΣΥ῀Σ, sus, porcus, aper. חֲזִיר, aper. Psalm. LXIX. 14. sec. cod. Vat. Zonaras Lexic. c. 1684. σῦς, ὁ χοῖρος κ. τ. λ.

ΣΥΣΚΕΥΑ'ΖΩ, in fasciculum colligo, compilo, una spolio. נִצֵּל Pih. eripio. Exod. III. 22. sec. Alex. Ald. et Inc. in Hex. συσκευάσατε τοὺς Αἰγυπτίους, Ægyptiis eripiatis. Sic convasare pro compilare legitur apud Terent. Phorm. I. 4. 13.

ΣΥ'ΣΚΕΨΙΣ, consilium. סוֹד, idem. Symm. Psalm. LXII. 3.

ΣΥΣΚΗ'ΝΙΟΣ, una habitans, contubernalis, in eodem tentorio habitans. אֹהֶל, tentorium. Al. Exod. XVI. 16. συσκηνίοις, pro iis, qui in tentorio una vivunt. Sed ibi in textu Hebr. legitur: אֲשֶׁר בְּאָהֳלוֹ.

ΣΥ'ΣΚΗΝΟΣ, idem. אֹהֶל, tentorium. Exod. XVI. 16. Vide supra s. v. συσκήνιος. — גָּרַת בַּיִת part. fœm. constr. habitatrix domus. Ex. III. 22. Lexic. Cyrilli MS. Brem. σύσκηνοι, σύνοικοι, ὁμόστεγοι.

ΣΥΣΚΙΑ'ΖΩ, obumbro, opaco, inumbro. מָסָךְ, tegumentum. Numer. IV. 5. τὸ συσκιάζον, ubi alii τὸ σκιάζον. — סָכַךְ, tego. Exod. XXV. 20. XXXVII. 9. Aqu. Theod. Ezech. XXIV. 16.

*ΔΕ'ΝΔΡΟΝ ΣΥΣΚΙΑ'ΖΟΝ, arbor obumbrans. Hos. IV. 13. καὶ δένδρου συσκιάζοντος, quæ verba mihi videntur pertinere ad כִּי טוֹב צִלָּהּ, quia a *bona umbra ejus*, ut duæ versiones h. l. coaluerint. Vide quoque Hexapla, ubi hæc versio Theodotioni tribuitur.

ΣΥΣΚΙΑΣΜΟ'Σ, *umbraculum, locus umbrosus.* סֻכּוֹת, nomen proprium, *Suchoth*, proprie *tabernacula.* Aqu. Ps. LIX. 8. — *סִכּוּת. Symmach. vel potius Aquila Amos V. 26. συσκιασμοὺς. Legit סֻכּוֹת.

b ΣΥ'ΣΚΙΟΣ, *umbrosus, opacus, umbra obtectus.* סָךְ, *numerus.* Aquila Ps. XLI. 4. ἐν συσκίῳ. Legit בְּסֹךְ, a rad. סָכַךְ. Cæterum τὸ σύσκιον est h. l. *umbraculum*, vel *plaustrum tectum*, λαμπήνη, vel *locus adumbratus, quo se pertransiturum dixit*, aut *pars quædam templi exterior operta illa et tecta* s. *porticibus* s. *ramis arborum ac frondibus.* Symm. et LXX c σκηνὴν habent. — רַעֲנָן, *virens.* Cant. I. 15. Arabs συσκιασμὸς pro σύσκιος legisse, vel σύσκιος pro substantivo habuisse videtur. Præterea legitur apud Theod. Ezech. VI. 13. ubi συσκίου itidem ad רַעֲנָן referendum esse videtur, aut potius ad עֲבֻתָּה, *implicata*, h. e. *frondosa.* Aristænetus Lib. I. Ep. 3. sub init. πλάτανος ἀμφιλαφής τε καὶ σύσκιος. Hesych. d σύσκια, σύνδενδρα. Suidas: σύσκια, τὰ δασέα. — Vide περίπατος σύσκιος.

*ΣΥ'ΣΚΟΙΤΟΣ, *consors tori.* סֹכֶנֶת, *proficiens, concubina.* 1 Reg. I. 4. ubi vide notas L. Bosii. Reponendum sine dubio est σύγκοιτος.

ΣΥΣΚΟΤΑ'ΖΩ, *obtenebro, obnubilo, obscurus sum.* *יֶשַׁח, *depressio.* Mich. VI. 14. συσκοτάσει ἐν σοί, ubi Hebr. יֶשְׁחֲךָ derivarunt a חָשַׁךְ. — e חָשַׁךְ: הֶחְשִׁיךְ, Kal et Hiph. Jer. XIII. 16. Ezech. XXX. 18. Amos V. 8. et alibi sæpius. — נֶשֶׁף, *crepusculum.* Symm. 1 Sam. XXX. 17. ἀφ' οὗ συνεσκόταζεν, *a crepusculo.* — קָדַר in Kal, Hiph. et Hithp. 1 Reg. XVIII. 45. Jerem. IV. 28. Ezech. XXXII. 7. 8. Joël. III. 15.

*ΣΥΣΚΥΛΕΥ'Ω, *compilo, una spolio.* נִצֵּל Pih. *eripio.* Exod. III. 22. sec. cod. Oxon. συσκυλεύσατε. Symm. sec. cod. Coislin. et Theodoret. σκυλεύσατε. Vide quoque supra s. v. συσκευάζω.

ΣΥΣΠΑ'Ω, *convello, contraho, attraho.* תָּפַשׂ, *capio, comprehendo.* Inc. 2 Reg. XIV. 7. συνεσπάσατο: ubi συσπᾶσθαι notat *obsidione aut impetu hostili aliquid capere ac sibi subjicere.* Vulgat. *apprehendit.* — *נִכְמַר Niph. a כָּמַר, *æstu intus æstuante atrorem contraho.* Thren. V. 10. ἐπελιάσθη, συνεσπάσθησαν, quod verbum in hac orationis serie est glossema ex alius interpretis versione, uti bene observat Nobilius, qui etiam כָּמַר interpretatur *contrahi*, quomodo contrahuntur et corrugantur pelles ex nimio calore.

ΣΥΣΣΕΙΣΜΟ'Σ, *concussio, turbo, procella.* סוּפָה, idem. Aqu. Prov. X. 22. συσσεισμῷ. Aqu. Job. XXVII. 9. Prov. I. 27. Ies. V. 28. — סַעַר, *turbo.* Jerem. XXIII. 19. — סְעָרָה, 2 Reg. II. 1. ἐν συσσεισμῷ, h. e. juxta Lex. Cyrilli MS. Brem. ἐν λαίλαπι διὰ καταιγίδος. — צְעָדָה, *ingressus, incessus.* Inc. et LXX 2 Sam. V. 24. Intellegitur *concussio ex incessu exorta, concussio gradientium.* Describitur autem h. l., ut mihi quidem videtur, *tonitru*, de quo scriptores V. T. haud raro utuntur formula loquendi: *Deum incedere per cœlum.* Vide quoque 1 Par. XIV. 15. — רַעַשׁ, *terræ motus.* 1 Reg. XIX. 11. — *שְׂעָרָה, *turbo.* Nah. I. 3. ubi cur legerint בְּרַעְשָׁה loco וּבִשְׂעָרָה, quod nonnulli statuunt, nullam prorsus necessitatem video, quanquam non ignoro, LXX v. 5. בְּרַעַשׁ transtulisse ἐσείσθησαν

Suidas: συσσεισμὸς, λαίλαψ, συστροφὴ ἀνέμου.

ΣΥΣΣΕΙ'Ω, *concutio, commoveo.* הֵחִיל Hiph. a חוּל, *parturire facio.* Ps. XXVIII. 7. Ita etiam Aquila ib. et v. 9. Habet hanc notionem quandoque Hebr. חוּל. Vulg. *concutientis.* Zonaras Lex. 1694. συσσείσει, ἐπὶ τοῦ ἐξαχεύσεου (aut ex conjectura Tittmanni ἐξοασισμοῦ) λέγεται. — הִפְחִיד Hiph. *pavere facio.* Job. IV. 14 — הִרְעִישׁ Hiph. *commoveo.* Ps. LIX. 2. Hagg. II. 8. Vide et Sir. XVI. 20. et Athenæum XV. p. 693. B.

ΣΥ'ΣΣΗΜΟΝ, *signum commune.* מַשְׂאֵת, *incendium.* Jud. XX. 40. τὸ σύσσημον ἀνέβη. Ita transtulerunt ob v. 38. Al. Jud. XX. 38. — נֵס, *vexillum.* Ies. V. 26. XLIX. 22. LXII. 10. Aqu. Psalm. LIX. 6. Aqu. Symm. Ies. XI. 10. — נוֹסֵס Pih. *erigo vexillum.* Aqu. Ies. LIX. 19. ubi ante σύσσημον deest vox ἐγερεῖ, aut alia similis. Hieron. σύσσημον per *signaculum* s. *sigillum* reddit. Male: nam h. l. notat *signum militare*, quod præter alia etiam *vexillum* sub se comprehendit. Vid. Bootii Anim. Sacr. p. 8. Hesych. Σύσσημον, σημεῖον. Conf. Marc. XIV. 44. et ad h. l. Wolfium p. 526. nec non Sturzium de Dial. Maced. pag. 196.

ΣΥΣΣΥ'ΡΩ, *contrecto, simul traho.* *סָפָה, *consumo, perdo.* Aqu. 1 Sam. XII. 25. συνσυρήσεσθε, ex Alexandrinorum orthographia pro συσσυρήσεσθε. Vide quoque 2 Macc. V. 16.

ΣΥ'ΣΤΑΣΙΣ, *constitutio*, it. *conventus*, it. *conjuratio, conspiratio.* קָהָל, *congregatio.* Gen. XLIX. 6. ἐπὶ τῇ συστάσει αὐτῶν, in *conventu* illorum. Sap. VII. 18. εἰδέναι σύστασιν κόσμου, scire *constitutionem* et *constructionem* mundi. Ita Diodorus Sic. Lib. I. p. 10. κατὰ τὴν ἐξ ἀρχῆς τοῦ κόσμου σύστασιν. 3 Esdr. V. 78. συστάσεις ποιούμενοι, *conspirationes facientes*, s. *seditiones moventes.* Sic apud Joseph. A. J. XIV. c. 2. p. 685. ed. Hav. συστασιασταὶ sunt *homines seditiosi, factiosi.* Cf. Munthii Obss. e Diod. Sic. ad Act. XXIII. 7. Hesychius: συστάσεις, σύνοδοι, συμφωνίαι.

ΣΥΣΤΕ'ΛΛΩ, *contraho, coërceo, compesco, supero*, et συστέλλομαι, *animum abjicio.* *הִתְחַמֵּץ, *acesco.* Symm. Ps. LXXII. 21. συστέλλεται ἡ καρδία μου. Hieron. *contractum est cor meum*, h. e. *exacerbatus, valde iratus sum.* Cf. Simonis Lex. Hebr. p. 575. seq. Usus est hac formula, quia acetum vim contrahendi habet. — נִכְנַע Niph. *deprimor, humilior.* Al. Jud. VIII. 28. συνεστάλη Μαδιὰμ ἐνώπιον υἱῶν Ἰσραὴλ, *coërcebatur* Midian a filiis Israël. Jud. XI. 33. συνεστάλησαν οἱ υἱοὶ Ἀμμὼν ἀπὸ προσώπου υἱῶν Ἰσραὴλ, *coërcebantur* Ammonitæ ab Israëlitis. Sir. IV. 34. χεὶρ ἐν τῷ ἀποδιδόναι συνεσταλμένη, manus ad reddendum *contracta.* 1 Macc. II. 32. συνεστείλαντο πόλεμον. Ita legitur in Cod. Alex. Sed reponendum est συνεστήσαντο, ut reliqui libri habent. 1 Macc. III. 6. συνεστάλησαν οἱ ἄνομοι ἀπὸ τοῦ φόβου αὐτῶν, impii metu eorum *frangebantur.* Ita Philo Lib. quod quivis probus sit liber pag. 609. λύπῃ συστέλλεται, dolore *frangitur.* Adde Dionys. Halic. A. R. Lib. VIII. cap. 81. p. 1705. Reisk., ubi post συνεστάλησαν supplendum est τὴν ψυχὴν s. κατὰ τὴν ψυχὴν, quod diserte additur ab Herodiano I. 6. 10. 1 Macc. V. 3. συνέστειλεν αὐτοὺς, *superabat* illos. Syrus h. l. per *dissipare* reddidit, coll. VI. 45. 2 Macc. VI. 12. μὴ συστέλλεσθαι διὰ τὰς συμφορὰς, *animum* non *abjicere* propter calamitates. 3 Macc. V. 33. καὶ τῇ ὁράσει καὶ τῷ προσώπῳ συνεστάλη, et vultu et aspectu *timuit*, h. e. *timorem declaravit.* Hesych. συνεστάλη, πεφόβηται, ἐδειλίασε.

ΣΥ'ΣΤΕΜΑ, *statio, speciatim militum.* מַצָּב. Inc. 2 Sam. XXIII.

14. ubi *castra* notat, coll. v. 16. Fortasse tamen ibi legendum cum ed. Compl. σύστημα. Vide s. ἀνάστεμα et ὑπόστεμα.

ΣΥ'ΣΤΗΜΑ, *compositio, coagmentatio*, it. *congregatio, cœtus, conventus, agmen, multitudo*, it. *congregatio aquæ, stagnum*. אֲגַם, *stagnum*. Jerem. LI. 32. ubi Græcum per συστήματα, ut Arabem per *coronas, munimenta* intellegere puto, atque *opera, Babelis urbem cingentia*. Kircherus intellegit *paludes juncis plenas et carecta*. — יְקָהָה, *obedientia*. Aqu. Genes. XLIX. 10. Legit מִקְוֶה, coll. I. 10., vel תִּקְוַת. — לַהֲקַת per metathesin pro קְהִלָּה, *cœtus*. Theod. 1 Sam. XIX. 20. — *מַצָּב, *statio*. 2 Sam. XXIII. 14. sec. ed. Compl. Symm. sec. marg. cod. X. Holm. 1 Sam. XIV. 1. — מִקְוֶה, *confluentia*. Genes. I. 10. — נְצִיב, *statio*. Al. 1 Par. XI. 16. — תְּעָלָה, *aquæ ductus*. Ezech. XXXI. 4. 2 Macc. VIII. 5. γενόμενος δὲ ἐν συστήματι ὁ Μακκαβαῖος, Maccabæus autem *agmine* stipatus. 2 Maccab. XV. 12. κατεύχεσθαι τῷ παντὶ τῶν Ἰουδαίων συστήματι, precari pro universa *multitudine* Judæorum. Significat hic σύστημα *gentem, nationem*, ut de *gente Judaica* quoque usurpatum legitur 3 Macc. III. 8, 3 Macc. VII. 3. *conjurationem, conspirationem, seditionem* notat. Apud Polyb. V. 26. *corpus militum*, v. c. *legionem*, significat, ac in universum *cœtum hominum idem vitæ genus sectantium*.

*ΣΥΣΤΡΑ'ΤΕΥΜΑ, *communis militia et expeditio*. קֶשֶׁר, *conjuratio*. 2 Reg. XIV. 19. sec. cod. Alex. ubi tamen rectius fortasse legitur σύστρεμμα.

ΣΥ'ΣΤΡΕΜΜΑ, *coagmentum, globus, convolutio, multitudo, cœtus seditiosorum et conjuratorum, turma, agmen militum composito ordine progredientium, impressionemque hostilem facientium, agmen hostile, conjuratio*. גְּדוּד, idem. 1 Sam. XXX. 15. et 23. 2 Sam. IV. 3. δύο ἄνδρες ἡγούμενοι συστρεμμάτων, duo viri principes *agminum hostilium*. 1 Reg. XI. 24. ἦν ἄρχων συστρέμματων, erat princeps *agminum hostilium*. Hesychius: συστρεμμάτων, θορύβων, πλάνων. Adde Aqu. Theodot. ac Inc. 1 Sam. XXX. 8. ubi vid. Montfauc. — הִתְיַחֵשׂ Hithp. *in genealogia recenseor*. Esdr. VIII. 3. ubi σύστρεμμα notat, *qui sunt ejusdem stirpis*. — צְרוֹר, *lapillus*. Al. Amos IX. 9. ubi tamen rectius pro σύστρεμμα legitur σύντριμμα. — קֶשֶׁר, *conspiratio*. 2 Sam. XV. 12. ἐγένετο σύστρεμμα ἰσχυρὸν, *conspiratio* fiebat valida; ubi ed. Rom. vitiose σύντρεμμα habet. 2 Reg. XIV. 19. XV. 30. συνέστρεψε σύστρεμμα ἐπὶ, *conjurationem* faciebat adversus. Lex. Cyrilli MS. Brem. σύστρεμμα (MS. vitiose σύστρεμα), στασιαστῶν πλῆθος. — תַּרְבּוּת, *multitudo*. Num. XXXII. 14. σύστρεμμα ἀνθρώπων ἁμαρτωλῶν, *cœtus* hominum peccatorum.

ΣΥΣΤΡΕ'ΦΩ, *contorqueo, converto, colligo, cogo, congrego*, et Συστρέφομαι, *conspiro, conjuro*. אָגַר, *colligo*. Al. Proverb. VI. 8. συστρέφει. — *הִתְגּוֹדֵד Hithp. *incido me*. LXX sec. cod. Norimb. ac Theodoretum Jerem. XLVII. 5. ἕως πότε συστραφήσεσθε. Legerunt per Resch הִתְגָּרֵר a גּוּר, *congregare se*. — הִתְהַלֵּךְ Hithp. *obambulo*. Ezech. I. 13. ὡς ὄψις λαμπάδων συστρεφομένων ἀνὰ μέσον τῶν ζώων, tanquam aspectus lampadum *convertentium se* in medio animalium. Omiserunt הִיא, et legerunt מִתְהַלְּכֹת in plurali, ac conjunxerunt cum לַפִּידִים. — הִתְחוֹלֵל Hithp. a חוּל, *dolore memet afficio*. Jerem. XXIII. 19. συστρεφομένη ἐπὶ

a τοὺς ἀσεβεῖς ἥξει, convertens se ad
impios veniet. Dathius transtulit
Hebraica: instar tempestatis prægnantis.
Fortasse quoque imago desumta est ab agmine militum globatim impetum facientium. Vide supra s. v. σύστρεμμα, ac infra s. v.
συστροφὴ ad צָרַר. — *זוּר, comprimo.
Symm. Ies. LIX. 5. — *לָקַט, colligo. Jud. XI. 3. sec. Vat. συνεστρά-
b φησαν, Hebr. יִתְלַקְּטוּ, collecti sunt.
— *מִגְדָּל, turris. Ies. XXXIII.
18. συστρεφομένους sec. Alex. et Ald.
Sed orta est hæc vitiosa lectio ex
συντρεφομένους, ut recte legitur in ed.
Compl. — נִכְמַר Niph. æstuo. Gen.
XLIII. 30. συνεστρέφετο γὰρ τὰ ἔντερα
αὐτοῦ ἐπὶ τῷ ἀδελφῷ, convertebant se
viscera ejus propter fratrem. Utraque formula metaphorice adhibetur de eo, qui amore erga aliquem
nimis commovetur. — נִפְתַּל Niph.
luctor. Gen. XXX. 7. συναστράφην τῇ
ἀδελφῇ μου, colluctandum mihi fuit
cum sorore mea. Qui enim luctantur, contorquent se invicem. —
צוֹדֵד Pih. a צוּד, venor. Ez. XIII.
20. ubi pro συστρέφετε alii συλλέγετε.
Vide supra s. v. אָגַר. — צָרַר, ligo.
Prov. XXX. 4. τίς συνέστρεψε ὕδωρ ἐν
ἱματίῳ; quis coëgit aquas in veste?
— קָבַץ, congrego. Al. Jud. XII.
4. συνέστρεψε, congregabat. Confer
1 Macc. XII. 50. 2 Macc. XIV.
30. — קָשַׁר, conspiro. 2 Sam. XV.
31. ἐν τοῖς συστρεφομένοις μετὰ Ἀβεσσαλώμ, inter illos, qui conspirant cum
Absolomo. 2 Reg. X. 9. συνεστράφην
ἐπὶ τὸν κύριόν μου, conspiravi adversus
dominum meum. Vide et 2 Reg.
XV. 10. 25. XXI. 21. 2 Reg. XV.
30. συνέστρεψε σύστρεμμα, conjurationem fecit. Theodot. 1 Sam. XXII.
13. Inc. 1 Reg. XVI. 9. συνέστρεψεν
ἐφ' ἑαυτὸν (lege αὐτὸν, ut recte habent
LXX Intt.) τοὺς παῖδας αὐτοῦ, ubi
voci קָשַׁר notionem hiphilicam subjecisse videtur. Apud LXX ibid.
loco συνέστρεψεν sec. cod. Vat. reponendum est συνεστράφη, ut habet ed.
Compl. ex auctoritate Vulg. rebel- f
lavit contra eum. — *שׁוּב Kal et
Hiph. Mich. I. 7. συνέστρεψεν, יְשׁוּבוּ.
Sed Arabs ibi συνεστράφη legisse videtur, nisi vertere malimus subruit
in terram, in terram abdidit, quem
significatum voci خسف tribuit
Castellus fol. 1328. Ezech. XIV.
6. sec. Complut. Hebr. הָשִׁיב. —
שְׁכוֹל, carentia liberorum, orbitas.
Symm. Ps. XXXIV. 12. συνεστραμ- g
μένα. Sed ita legit Agellius. In
Hexaplis nunc legitur ἀπεστραμμένα.
Everh. Scheidius in Schediasm.
Philol. pag. 190., collato Arab.
ثكل, שְׁכוֹל de implicatione, h.
e. luctu gravissimo, quo homo totus quantus implicatur et quasi obmutescit, explicat. Sir. XXXVIII.
37. συστρέφων ἐν ποσὶν αὐτοῦ τροχὸν,
convertens pedibus suis rotam.

ΣΥΣΤΡΟΦΗ', conversio, contorsio, h
congregatio, conspiratio, item, turbo.
אֲגֻדָּה, globus, cuneus. Ita Vulgatus. Symmach. 2 Sam. II. 25. —
לַהֲקַת per metathesin literarum pro
קְהִלָּה, cœtus, congregatio. Symm.
1 Sam. XIX. 20. — מָגוֹר. Aquil.
Ps. XXX. 14. συστροφῆς. Hieron.
congregatione. Est autem συστροφὴ
ibi turma, acies collecta, circumfusa
et undique obsidens. Aqu. Symm. i
Ps. LIV. 16. Aqu. Ps. XXXIII. 5.
Habere גוּר notionem colligendi et
congregandi, ex Hab. I. 15. luculenter apparet. — מְצוּדָה, venatio.
Ezech. XIII. 21. Vide s. v. συστρέφω ad צוֹדֵד. —*נְצֻרִים, custodes.
Jerem. IV. 16. συστροφαί. Deduxerunt vocem Hebr. non a נָצַר, sed
a צָרַר, ligare, colligare; nam quæ
in fasciculum colligantur, ea con-

a torquentur. — סוֹד, *arcanum, familiaris congressus.* Psalm. LXIII. 2. σκέπασόν με ἀπὸ συστροφῆς πονηρευομένων, defende me a *conspiratione* aut *cœtu* improborum. Suidas: συστροφὴ, ἡ ὁμόνοια, καὶ ἡ ἐπὶ κακῷ συμφωνία. Idem verba Psalm. l. c. statim subjungit. — עֵגֶל, *vitulus.* Symmach. Psalm. LXVII. 31. μετὰ συστροφῶν. Respexit usum vocis in l. Syr. ubi
b عجّل est *volvit, convolvit, circumvolvit,* derivans ab עָגוֹל, aut alio huic cognato, quod *orbem* significat. — עֵדָה, *congregatio.* Jud. XIV. 8. συστροφὴ μελισσῶν, *examen* apum. — צָרַר, *ligo.* Hos. IV. 20. σύστροφὴ πνεύματος, *turbo* venti. Legerunt צְרוֹר. Confer Sir. XLIII. 20. Hos. XIII. 11. συστροφὴ ἀδικίας, *congregatio* malitiæ. Behrdtius ad h. l. sus-
c picatur, verba συστροφὴν ἀδικίας olim ad comma sequens pertinuisse et scripta fuisse: διὰ συστροφὸν αὐτοῦ εἰς ἀδικίαν, hoc sensu: destruam regnum ob ejus *conversionem* ad impietatem. Favet huic opinioni Arabs. — קֶשֶׁר, *conspiratio.* 2 Reg. XV. 15. ἡ συστροφὴ αὐτοῦ, ἣ συνεστράφη, *conspiratio* ejus, qua conspiravit. Confer Act. XIX. 40. 1 Maccab.
d XIV. 44. ἐπισυστρέψαι συστροφὴν, *convocare congregationem* seu *conventum,* ut Vulgatus expressit.

ΣΥΣΤΡΟΦΗ'Ν ΠΟΙΕ'ΟΜΑΙ, *coitionem, conspirationem facio.* קָשַׁר, *conspiro.* Amos VII. 10. συστροφὰς ποιεῖται κατὰ σοῦ Ἀμὼς, *coitiones, conspirationes facit* adversus te Amos. Conf. Act. XXIII. 12. Vide Lexicon N. T. s. h. v.

ΣΥΣΦΙ'ΓΓΩ, *constringo, constrin-*
e *gendo cogo et contraho.* אָפַד, *accingo.* Lev. VIII. 8. — מִשְׁבְּצֹת, *ocellatio.* Aqu. Symm. Theodot. Exod. XXXIX. 6. συνεσφιγμένους. — *קָפַץ, *occludo.* Deut. XV. 7. συσφίγγειν τὴν χεῖρα, *manum subtrahere,* h. e. *auxilium denegare.* — רָכַס, *alligo.* Ex. XXXIX. 20. Inc. Exod. XXVIII. 28. συσφίγξουσι. Arabicum ركز *figere, infigere, affigere* notat. — שָׁנַס Pih. *accingo.* 1 Reg. XVIII. 46.
f

ΣΥΣΦΙΓΚΤΗ'Ρ, *vestis constringens corpus,* quod dicitur *constrictorium.* מִשְׁבְּצוֹת plur. fœm. *vestes ocellatæ.* Al. Psalm. XLIV. 15.

ΣΥΣΦΙΓΚΤΟ'Ν, *uncinus.* מִשְׁבְּצוֹת plur. fœm. *vestes ocellatæ.* Inc. et LXX sec. Compl. Exod. XXVIII. 25. ἐπὶ τῶν δύο συσφιγκτῶν, super duos *uncinos.* (Vide, an hoc vocabulum delendum, et Exod. l. l. συσφιγκτήρων loco συσφιγκτῶν legendum sit? K.)

ΣΥΣΦΙΓΚΤΟ'Σ, *constrictus.* תַּשְׁבֵּץ, *intertextio,* vulgo *ocellatio.* Aquila, Symm. Exod. XXVIII. 4. συσφιγκτόν.

ΣΥ'ΣΦΙΓΜΑ, *constrictio.* שַׁרְשְׁרֹת plur. *catenæ.* Symm. Ex. XXVIII. 14. ubi pro σύσφιγμα cod. Coisl. judice Montfauconio rectius συσφιγκτὰ exhibet.

ΣΥ'ΣΦΙΓΞΙΣ, *constrictio, coactio, succingulum, nodus.* שָׁבֵּץ Pih. *ocellatum opus facio.* Aqu. Symmach. Theodot. Exod. XXVIII. 39. αἱ συσφίγξεις. Sed Scharfenbergius non dubitat, legendum esse: καὶ συσφίγξεις, ut συσφίγξεις sit futurum verbi συσφίγγω, *constringo.*

ΣΥΣΦΡΑΓΙ'ΖΩ, *obsigno.* מִשְׁבְּצוֹת plur. fœm. *vestes ocellatæ.* Inc. Ex. XXVIII. 11. Sed loco συνεσφραγισμένους mea auctoritate reponendum est συνεσφιγμένους, qua voce alius Inc. Int. usus est, qui sine dubi est Theodotion, ut e proxime quente nota hexaplari ap Vulg. *circumdatos.*

*ΣΥΧΝΕΩ'Ν, *locus* c סְבַךְ, *perplexitas.* Aqu. Gen. XXI 13. ubi loco συχνεῶνα reponendu est ἐν συχνῷ, ut quoque habet Cod. Coislin.

ΣΥΧΝΟ'Σ, *densus, multus.* סְבָךְ, *perplexum vepretum.* Aqu. Genes. XXII. 13. ἐν συχνῷ. Conf. Drusium in Fragm. Vet. Int. Græc. p. 32. 2 Macc. V. 9. ὁ συχνοὺς τῆς πατρίδος ἀποξενώσας, *multos* patria expellens. Hesych. συχνά, πυκνά, συνεχῆ, πολλά. Confer Suidam in συχνόν.

ΣΦΑΓΗ', *mactatio, laniena, occisio, cædes, jugulus s. jugulum* sec. Gloss. Steph. הֶרֶג. *occisio.* Symm. Ies. XXX. 25. — הֲרוֹג infin. *occidere.* Jerem. XV. 3. — הֲרֵגָה. *occisio.* Jerem. XII. 3. ἅγνισον αὐτοὺς εἰς ἡμέραν σφαγῆς, purifica illos in diem *mactationis.* Vide et Zach. XI. 4. 7. et confer Jac. V. 5. et ad h. l. Wolfium pag. 73. — חֶרֶב, *gladius.* Job. XXVII. 14. — טְבוֹחַ infin. Kal, *mactare.* Jerem. XXV. 34. ἐπληρώθησαν αἱ ἡμέραι ὑμῶν εἰς σφαγήν, impleti sunt dies vestri ad *mactationem.* Ib. LI. 40. — טֶבַח. Prov. VII. 22. Ies. XXXIV. 2. 6. LIII. 7. et alibi. — טִבְחָה. Ps. XLIII. 24. Jerem. XII. 3. — כִּיד, *exitium.* Job. XXI. 20. — צַיִד, *venor.* Job. X. 16. — קֶטֶל, *occisio.* Abd. v. 9. — רֶצַח. Symm. Psalm. XLI. 14. Legit כְּרֶצַח. 2 Macc. V. 6. ἐποιεῖτο σφαγὰς τῶν πολιτῶν, *cædes* faciebat civium. Vide et v. 13. et 2 Macc. XII. 16.

*ΣΦΑΓΙΑ'ΖΩ, *victimas jugulo, victimis mactatis sacrifico.* 4 Maccab. XIII. 12. ubi sermo est de Isaaco. Ib. XVI. 20.

ΣΦΑ'ΓΙΟΝ, *victima, cædes.* אִבְחָה, mucro. Ezech. XXI. 15. Videntur legisse לְטִבְחָה, a טָבַח, *mactare.* (Vide ad h. l. Cappelli Nott. Critt. pag. 551.), aut secundum Tychsenium זִבְחָה. — זֶבַח, *sacrificium.* Amos V. 25. μὴ σφάγια καὶ θυσίας προσηνέγκατέ μοι; num *victimas* et sacrificia obtulistis mihi? — טֶבַח. Ezech. XXI. 15. ῥομφαία ἐσπασμένη εἰς σφάγια, gladius strictus ad *cædes.* Vide et v. 10. — נְדָבָה, *voluntaria* f
oblatio. Lev. XXII. 23. σφάγια ποιήσεις αὐτὰ σεαυτῷ, *victimas* facies illas tibi ipsi. Hesych. σφάγιον, πρόβατον, θῦμα.

ΣΦΑ'ΖΩ. Vide infra σφάττω.

ΣΦΑΙΡΩΤΗ'Ρ, *sphærula artificiosa,* h. e. *ornamentum sphæricum ex lapide, ligno, metallo* (ut in candelabro sacro, aut quod capitibus columnarum imponi solet), it. *lorum* g
calceamenti, corrigia. כַּפְתֹּר, *malogranatum.* Exod. XXV. 31. (ubi *sphærulam candelabri* notat.) 33. XXXVII. 18. 24. 25. Gloss. in Octat. σφαιρωτῆρες, σφαίραις ὅμοιαι. — שְׂרוֹךְ, *corrigia.* Genes. XIV. 23. juxta Cod. Alex. ἕως σφαιρωτῆρος τοῦ ὑποδήματος, usque ad *corrigiam* calceamenti. Gloss. in Octat. σφαιρωτῆρος, ἱμάντος τοῦ ὑποδήματος. Hesych. σφαιρωτήρ, ζηνίχιον σανδαλίου, σκύτος, κόμμα λώρου. Palmerius ibi pro ζηνίχιον legendum censet ζωνίχιον. Bielius mavult ζινίχιον. Lex. Cyrilli MS. Brem. σφαιρωτήρ, σανδαλίου ζινίχιον, κόμμα λωρίου. Suidas: σφαιρωτήρ, σανδαλίου ζινίχιον, οἷον τὸ λωρίον τοῦ ὑποδήματος. Vulgo ibi scribitur ζινίκιον per. κ. Sed reponendum esse ζινίχιον patet ex eodem Suida; siquidem alias ita: Ζινίχιον, τὸ λωρίον τοῦ ὑποδήματος. Ad priorem Suidæ locum Küsterus notat, vocem σφαιρωτήρ aliquoties occurrere apud LXX, sed alio significatu. At notare illum debuisse ad eum Geneseos locum citatum animadvertit Bos Animad. ad Scriptt. GG. p. 188. Cæterum ad eundem Suidæ locum Küsterus affert etiam verba Joh. Chrysostomi Orat. in XL Martyres inde repetita Photio Cod. CCLXXIV. p. 1521. En illa: Σφαιρωτήρ, τὸ παρὰ πολ-

a λαξ λεγόμενον λακίον. Σφαιρωτὴρ δὲ λέγεται διὰ τὸ πολλάκις κυκλοειδὲς ὑποσφίγγεσθαι τὸ δέρμα τὸν τεχνίτην, καὶ οὕτω τέμνειν. Τινὲς δέ φασι τὴν κλῆσιν λαβεῖν ἀπὸ τοῦ τὰ σφυρὰ τηρεῖν. Rectius Bynæus de Calc. Hebr. p. 164. vocem hanc derivat a σφαιρόω, *involvo, in orbem conglobo*, quod corrigiæ apud veteres varia ratione circumvolutæ pedibus fuerint.

b ΣΦΑΚΕΛΙ'ΖΩ, *inflammatione seu labe consumo*, it. *inflammatione palpito, gangræna inficio, mortifico*, a σφάκελος, *gangræna*. Aristot. Hist. Anim. III. 3. Σφακελίζομαι, *laboro eo morbo, qui σφάκελος dicitur*. Conf. Foesii Œcon. Hippocr. p. 603. seq. כִּלָּה Pih. *consumo*. Lev. XXVI. 16. τὸν ἴκτερον σφακελίζοντα τοὺς ὀφθαλμοὺς ὑμῶν, icterum *inflammatione seu tabe*
c *consumentem* oculos vestros. Vide ad h. l. Drusium. — כָּלֶה, verbale, *deficiens*. Deuter. XXVIII. 32. οἱ ὀφθαλμοί σου ὄψονται σφακελίζοντες, oculi tui videbunt *inflammatione palpitantes*. Gloss. in Octat. Σφακελίζοντες, ὑποτρέμοντες. Suidas: σφακελίζοντες, διασεῖοντες, πηδῶντες, ὑποτρέμοντες. τὸ σφακελίζειν φλεγμαίνειν ἐστί, καὶ διὰ τοῦτο σπᾶσθαι. Κρατῆος. Lex.
d Cyrilli MS. Brem. σφακελίζονται, διασπῶνται, πηδῶσι.

ΣΦΑΛΕΡΟ'Σ, de *persona, qui titubat atque vacillat*: de *re, labilis, lubricus, instabilis, fallax, perniciosus, periculosus*. נוּעַ, *vacillo*. Prov. V. 6. σφαλεραὶ δὲ αἱ τροχιαὶ αὐτῆς, *lubricæ* autem orbitæ ejus. Hesych. σφαλερὸν, ἐπισφαλὲς, ἐπικίνδυνον.

ΣΦΑ'ΛΛΩ, *facio, ut quis titubet et*
e *labatur*, hinc *everto, supplanto, prosterno*, (Hom. Il. Ψ', 719. Theocr. XXIV. 110.) *fallo, labor*, et σφάλλομαι, *erro, aberro, titubo, labor, pecco*. הֵמִיר Hiph. a מוּר, *muto, commuto*. Aqu. Theod. Psalm. XIV. 4. σφάλῃ. Vulg. *non decipit*. — הִשְׁלִיךְ Hiph. *dejicio*. Job. XVIII. 7. Vulg. *præcipitabit eum*, sc. *in perniciem*.

— חָגַר, *accingo*. 2 Sam. XXII. 46. σφαλοῦσιν ἐκ τῶν συγκλεισμῶν αὐτῶν, f
titubabunt e claustris suis. Legerunt וְיַחְרְגוּ, *expavescent*, e loco parallelo Psalm. XVIII. 46. Confer quoque Fulleri Miscell. Sacr. Lib. VI. cap. 17. p. 747. — חָטָא Symm. Ex. X. 16. ἐσφάλην, *erravi*, seu *peccavi*. — *כָּשַׁל. Symm. Job. IV. 4. Vulg. *vacillantes*. — מוֹט, *vacillo*. Deut. XXXII. 35. Aqu. Ps. CIII. 6. ἐσφάλησαν, et Psalm. XLV. g
3. et 17. σφάλλεσθαι. Aqu. Prov. X. 30. — נָטַשׁ, *desero*. Amos V. 2. — שִׁכֵּל Pih. *abortio*. Job. XXI. 10. ubi σφάλλειν aperte notat *abortum pati*. Sap. X. 8. ἐν οἷς ἐσφάλησαν, in quibus *peccaverunt*. Vide et 3 Esdr. IV. 27. Sir. XIII. 24. πλουσίου σφαλέντος, cum dives *labitur*. Sirac. XIII. 25. ταπεινὸς ἔσφαλεν, humilis *lapsus est*. In cod. Alex. reperitur h
ἐσφάλη, idque simplicius est. Sirac. XXXVI. 26. τίς γὰρ πιστεύσει εὐζώνῳ λῃστῇ σφαλλομένῳ ἐκ πόλεως εἰς πόλιν; quis enim confidet expedito latroni *erranti* de civitate in civitatem? Sed rectius ibi ex aliis libris legi videtur ἐφαλλομένῳ vel ἀφαλλομένῳ. Hesych. σφάλλειν, κλίνειν, καταβάλλειν, ἁμαρτάνειν. Idem: σφάλλονται, ἁμαρτάνουσιν.

ΣΦΑ'ΛΜΑ, *casus, error, lapsus*, idem: *infortunium*. מוֹקֵשׁ, *laqueus*. Prov. XXIX. 26. ἀσέβεια ἀνδρὶ δίδωσι σφάλμα, impietas hominem multis malis implicat. Hesych. σφάλμα, ἁμάρτημα.

ΣΦΑΛΜΟ'Σ, idem. מוֹט, *nu* Aqu. Psalm. CXX. 3. ubi etia notione *infortunii* accipiendum

ΣΦΑ'ΤΤΩ vel ΣΦΑ'ΖΩ, *j* *macto, occido*. בָּקַק, *evacuo*. J XIX. 7. — הָרַג, *occido*. Ies. 13. — זָבַח, *sacrifico*. Lev. 5. Ex. XXXIV. 3. — טָבַח G XLIII. 16. Psalm. XXXVI. 15.

a alibi sæpius. — מַטְבֵּחַ, *mactatio.* Ies. XIV. 21. — *שֵׁבֶט, *virga.* Ex. XXI. 15. Legerunt שָׁחַט. — שָׁחַט. Gen. XXII. 10. XXXVII. 30. Ex. XII. 6. et alibi. Eadem vox reddenda quoque est Procopio ad Ies. LXVI. 3. ita scribenti: οὐ κεῖται κατὰ τοὺς λοιποὺς, ὁ δὲ ἄνομος, ἀλλ', ὁ δὲ σφαδάζων (lege σφάζων) μόσχον. — שִׁסַּע Pih. *disseco.* 1 Sam. XV. 33.

b Præterea legitur Num. XI. 32. sec. Oxon. ubi καὶ ἔσφαξαν mihi videtur ex permutatione שָׁטַח et שָׁחַט ortum esse. 1 Maccab. I. 2. II. 24. 2 Macc. V. 14.

ΣΦΑΙΡΩΤΗ'Ρ. Vide σφυρωτήρ.

ΣΦΕΝΔΟΝΕ'Ω, *funda jacio, funda utor, funditor sum.* קָלַע Pih. *funda projicio.* 1 Sam. XVII. 49. XXV. 29. Aqu. Symmach. Jerem. X. 17.
c σφενδονήσω. Hieronymus: *Est sensus, instar fundæ cum omni impetu abjiciam.* Zonaras Lex. 1698. σφενδονῆσαι, ἐκδιῶξαι. Apud Jeremiam l. l. de ejectione populi dicitur.

ΣΦΕΝΔΟ'ΝΗ, *funda.* מַרְגֵּמָה, *locus, quo lapides projiciuntur.* Aliis *funda, qua lapides projiciuntur.* Prov. XXVI. 8. — קֶלַע, *funda.* 1 Sam. XVII. 40. 50. XXV. 29. Zach. IX.
d 15. Judith. IX. 9. Sir. XLVII. 4. 1 Macc. VI. 51.

ΣΦΕΝΔΟΝΗΤΗ'Σ et ΣΦΕΝΔΟΝΙ'ΤΗΣ, *funditor, fundibularius.* *כְּרֵתִי *Cerethi.* 1 Reg. I. 44. sec. cod. Reg. laudatum a Montfauconio τοὺς σφενδονήτας καὶ τοὺς τοξότας. Conf. eundem ad 2 Sam. VIII. 19. — קֹלֵעַ partic. Jud. XX. 16. σφενδονῆται. Al. rectius σφενδονῆται. — קַלָּעִים plur.
e *funditores.* 2 Reg. III. 25. Judith. VI. 14. 1 Maccab. IX. 11. Lex. Cyrilli MS. Brem. σφενδονῆται, οἱ σφενδονῶντες. Præterea legitur apud Inc. ac LXX 1 Paral. XII. 2. ubi huic voci nihil respondet in textu Hebr.

Repetierunt eam ex antecedente Hebr. נֹשְׁקֵי.

*ΣΦΕΝΔΟΝΙΣΤΗ'Σ, *funditor.* קַלָּע, idem. 2 Reg. III. 25. sec. Alex. Breit. ubi Bos edidit σφενδονισταί. f

ΣΦΗΚΙ'Α, *crabro, examen vesparum.* צִרְעָה, idem. Exod. XXIII. 28. Deut. VII. 20. Jos. XXIV. 12. Gloss. in Octat. σφηκίας, σφηκῶν κατοικήσεις. Ita etiam Lexic. Cyrilli MS. Brem. in quo præterea additur: ἢ ἀγριομέλισσαι.

*ΣΦΗ'Ν, *cuneus, tormenti ac supplicii genus.* 4 Macc. VIII. 12. XI. 10. Suidas: σφὴν, σφηνὸς, σφηνάριον. g
Id. σφηνούμενος, στρεβλούμενος, βασανιζόμενος.

ΣΦΗΝΟ'Ω, *cuneo findo, obstruo et obturo cuneo, pessulo munio, obdo.* אָחַז, *prehendo,* etiam *claudo, occludo.* Nehem. VII. 3. — נָעַל, *obsero.* Jud. III. 23. 24. — *שָׂפַק, Hiph. הִשְׂפִּיק, *sufficiens sum,* it. *delector.* Hebr. Ies. II. 6. sec. Hieronymum ita scribentem: *Pro quo scriptum* h
est in Hebræo IESPHICU, *quod Hebræi interpretantur* ἐσφηνώθησαν, *et nos vertimus adhæserunt,* etc. Num fortasse Hieron. scripsit ἐσφηκώθησαν, h. e. *cincti sunt?*

ΣΦΗ'Ξ, *vespa, crabro.* דְּבוֹרָה, *apis.* Hebr. et Syr. Ies. VII. 18. Sc. vox Hebr. late patet, *vespas* quoque et *crabrones* complectens. Syr. ܕܒܘܪܬܐ, *apis, vespa, crabro.* i
Vide et Sap. XII. 8.

ΣΦΙΓΓΙ'Α, *parsimonia, sordities in victu, tenacitas,* a σφίγγω, *stringo, constringo.* Sir. XI. 17. ubi σφιγγία est *nimia parsimonia, quæ modum excedit.* Confer ad h. l. Baduellum.

ΣΦΙ'ΓΓΩ, *stringo, constringo.* חָבַשׁ, *ligo, alligo.* Symm. Ies. I. 6. πληγὴ τραύματος οὐ σφιγγομένου, *plaga, vul-*

a *nere non constricto* vel *coëunte*. Ita
חָבַשׁ in aliis quoque locis de *obli-*
gatione et *curatione vulneris* adhibetur, v. c. Psalm. CXLV. 3. Job. V.
18.—עָנַד, *alligo, circumligo*. Symm.
Prov. VI. 21. σφίγξον. — צוּר, *colli-*
go. 2 Reg. XII. 10. ἔσφιγξαν, in
sacculos reponebant bene numera-
tam.—רָכַס, *alligo*. Al. Ex. XXVIII.
28. — תָּמַךְ, *apprehendo*. Prov. V.
b 22. ubi σφίγγεσθαι metaphorice adhibetur, ut sit: *captum teneri*.

ΣΦΙΓΚΤΗ'Ρ, *uncinus*. שָׁבָץ, *per-*
turbatio, confusio animi, horror.
Aqu. 2 Sam. I. 9. qui fortasse usus
est h. l. voce σφιγκτὴρ (quæ non notat *uncinum*, sed *stringentem, con-*
stringentem), quia rationem habuit
notionis propriæ vocis שָׁבַץ, *per-*
plexus fuit: nam horror perstringit
c animum. Non prorsus tamen silentio prætereundum est, nonnullis
Intt. שָׁבָץ idem esse cum תַּשְׁבֵּץ,
tunica ocellata. Conf. Braunium de
Vestit. Sacerd. Lib. I. c. 17. p. 261.
et Schroederum de Vestitu Mulierum Hebr. p. 22. Vide quoque
supra s. v. συσφίγγω, ejusque deri-
vatis. Chlamydem vero σφιγκτὴρ
apud veteres, saltem apud Taren-
d tinos significasse, ex Hesychio discimus, qui h. v. habet χιτὼν Ταραν-
τῖνος. — מִשְׁבְּצוֹת, *vestes ocellatæ*.
Aqu. Exod. XXVIII. 13. σφιγκτῆ-
ρες.

ΣΦΟ'ΔΡΑ, *valde, vehementer, gra-*
viter. הֵיטִיב, *bene, optime*. Deut.
IX. 21. XIII. 14.— מְאֹד. Aqu.
Genes. IV. 6. LXX Genes. VII.
19.

e *ΕΩΣ ΣΦΟ'ΔΡΑ, *graviter*. לְמַעְלָה,
ad summum usque. 2 Par. XVI. 12.
ἕως σφόδρα ἐμαλακίσθη, *graviter* ægro-
tabat. — Vide alibi θυμόομαι et ἰσ-
χύω.

ΣΦΟΔΡΟ'Σ, *vehemens, validus*.
אַדִּיר, idem. Exod. XV. 10.—חָזָק.
Exod. X. 19. — כָּבֵד. Inc. Genes.
XLI. 31. — עַז. Nehem. IX. 11.
Vide et Sap. XVIII. 5.

*ΣΦΟΔΡΟ'ΤΕΡΟΝ, *vehementius*.
4 Macc. V. 32. XIII. 21. f

*ΣΦΟΔΡΩ˜Σ, *valde*. *בְּאָדָם, *in*
Adam. Jos. III. 16. Legerunt
מְאֹתָם, ut ם finale sit litera pa-
ragogica. — *מְאֹד, *valde*. Genes.
VII. 19. sec. cod. Alex. et ed. Compl.
σφόδρα σφοδρῶς, ubi in Cod. Vat. legitur: σφόδρα, σφόδρα. Præterea quoque reperitur Sir. XIII. 13. πρόσεχε
σφοδρῶς.

ΣΦΟ'ΝΔΥΛΟΣ, Attice pro σπόν-
δυλος, *collum, cervix, verticulum, ver-* g
tebra spinæ dorsi. עֹרֶף, *cervix*. Lev.
V. 8. ἀποκνίσει ὁ ἱερεὺς τὴν κεφαλὴν αὐτοῦ ἀπὸ τοῦ σφονδύλου, vellicabit sacerdos caput ejus a collo. 4 Macc. X.
8. Lex. Cyrilli MS. Brem. σφονδύλου,
τραχήλου. Sic et Hesychius: σφόνδυ-
λος, τράχηλος. Vide Martinii Lexicon
Philol. s. h. v.

ΣΦΡΑΓΙ'ΖΩ, *signo, sigillo*, etiam
occulto, abscondo, nam quæ condi-
mus, fere sigillo impresso claudi- h
mus. הֵתֵם Hiph. a תָּמַם, *absolvo*.
2 Reg. XXII. 4. Videntur legisse
חָתַם, ac σφραγίζειν h. l. est *bene*
munire, tuto deponere, coll. Rom.
XV. 26. — חָתַם. Deut. XXXII.
34. Esth. VIII. 8. σφραγίσατε τῷ δακτυλίῳ μου, *obsignate* annulo meo. Ita
quoque v. 10. Job. XIV. 17. ἐσφρά-
γισας δέ μου τὰς ἀνομίας ἐν βαλαντίῳ,
obsignasti autem iniquitates meas in
crumena: quæ verba de *remissione*
peccatorum accipienda sunt. Job. i
XXIV. 16. ἡμέρας ἐσφράγισαν ἑαυτούς, h. e. *interdiu semel abscondunt*.
Symmachus habet: ὡς ἐν σφραγῖδι
κρύπτουσιν ἑαυτούς. Vulgatus: *sicut in*
die condixerant sibi. Vide et Dan.
IX. 24. Ies. VIII. 16. Aqu. Levit.
XV. 4. ἐσφραγίσθη (vel, ut in cod.
Coislin., fortasse rectius, legitur,
ἐσφράγικεν, *obsignavit*), et Theodot.

ἐσφράγισται. — *חֲתַם Chald. Dan. VI. 17. — *חָתָן, *sponsus*. Hebræus Int. Exod. IV. 26. ἐσφράγισε. Legit חָתַם. — סָתַם, *occludo*. Dan. VIII. 26. σφράγισον τὴν ὅρασιν, *occulta visionem*. Confer Apoc. XXII. 20. Orat. Manass. v. 3. ubi est *claudere, coërcere, reprimere*. Confer Theogn. v. 19. et supra s. v. κατασφραγίζω.

ΣΦΡΑΓΊΣ, *sigillum*, it. *annulus obsignatorius*. חָח, *fibula*. Exod. XXXV. 21. Hebraicam vocem sine dubio de *annulo obsignatorio* explicarunt, quam notionem etiam habere potest. — חוֹתָם. 1 Reg. XXI. 8. ἐσφραγίσατο τῇ σφραγῖδι αὐτοῦ, obsignabat *annulo* suo. Cant. VIII. 6. θές με ὡς σφραγῖδα ἐπὶ τὴν καρδίαν σου, ὡς σφραγῖδα ἐπὶ τὸν βραχίονά σου, pone me ut *annulum obsignatorium* super cor tuum, ut *annulum obsignatorium* super brachium tuum. Al. Jerem. XXII. 24. σφραγὶς ἐπὶ τῆς χειρὸς τῆς δεξιᾶς σου, *annulus obsignatorius* in manu mea dextera. Aqu. Genes. XXXVIII. 18. Symm Job. XXIV. 16. Reliqui Jerem. XXII. 24.* Ita Sirac. XLIX. 13. αὐτὸς ὡς σφραγὶς ἐπὶ δεξιᾶς χειρός. Eodem sensu vox apud profanos legitur. Suid. Σφραγὶς, σφραγῖδος, τὸ ἐπισημαῖνον διὰ χαρακτῆρος τὰ φυλαττόμενα. Ὁρῶσα ἡ Ταρπηΐα σφραγῖδας ἀπὸ χρυσοῦ καὶ ψέλλια ταῖς χερσὶν, ἐπεθύμησε τοῦ χρυσοῦ. Καὶ σφραγιδονυχαργοκομήτας, τοὺς κόμαις καὶ περιττοῖς δακτυλίοις τὰς χεῖρας κεκοσμημένους μέχρι τῶν ὀνύχων, ὡς ὑπὸ τῶν δακτυλίων σκέπεσθαι τοὺς δακτύλους. Posteriora verba desumta sunt ex Scholiasta Aristoph. ad Nubes v. 331. Herodotus I. 195. de Babyloniis: σφραγῖδα δ' ἕκαστος ἔχει, καὶ σκῆπτρον χειροποίητον. Sophocl. Electr. v. 1226. Τήνδε προσβλέψασά μου Σφραγῖδα πατρὸς, ἔκμαθ', εἰ σαφῆ λέγω. Scholiastes ibi σφραγῖδα πατρὸς interpretatur δακτύλιον. Confer et Polluc. Onom. V. 100. Ælian. V. H. XII. 30. et notata in v. δακτύλιος. Job. IX. 6. τὰ θυλάκια ἐν ταῖς σφραγῖσιν, arculas, quas Tobias sigillis suis obsignaverat. Sirac. XVII. 16. ἐλεημοσύνη ἀνδρὸς ὡς σφραγὶς μετ' αὐτοῦ. *Annulus signatorius*, quem homo semper in manu ac præ oculis habet, ponitur pro omni re, quæ est in pretio et carissima et oculos semper verberat. Confer Hagg. II. 24. Sirac. XXXII. 6. σφραγὶς ἄνθρακος ἐπὶ κόσμῳ χρυσῷ, sigillum carbunculi in ornatu aureo. Vide et Sirac. XXXVIII. 31. XLV. 13. Drac. v. 21. Hesych. σφραγῖδες, αἱ ἐπὶ τῶν δακτυλίων, καὶ τὰ τῶν ἱματίων σημεῖα. Idem: σφραγὶς, χηλώνη, καὶ ὁ ἐν δακτυλίῳ λίθος, ἢ σήμαντρον.

ΣΦΥ͂ΡΑ, *malleus, instrumentum fabrile*. הַלְמוּת, idem. Al. Jud. V. 16. — מַסְמְרוֹת plur. *clavi*. Jerem. X. 4. ἐν σφύραις καὶ ἥλοις. Hic quoque locum habuit perturbatio ordinis verborum. Scribere debuisset ἐν ἥλοις καὶ σφύραις, ita ut σφύραις ad מַקָּבוֹת referendum sit. — מַקֶּבֶת, *malleus*. Jud. IV. 21. 1 Reg. VI. 7. Aqu. Ies. XLIV. 12. — פַּטִּישׁ, idem. Ies. XLI. 7. Jerem. L. 23. — תּוֹתָח, *ballista*. Job. XLI. 21. *Malleus* quoque *a perpetua percussione et collisione* תּוֹתָח dici potest, ab Arab. وتخ, *fuste percussit*. Hes. σφύρα, ἐργαλεῖον τεκτονικὸν ἢ χαλκευτικόν.

ΣΦΥΡΟΚΟΠΕ΄Ω, *malleo percutio et tundo, artem fabrilem exerceo*. הָלַם, idem. Jud. V. 26. sec. ed. Rom. et Cat. Niceph. ἐσφυροκόπησε. Hanc interpretationem Aquilæ tribuendam judicavit Scharfenbergius ad h. l. Quod autem ad vocem Græcam ipsam attinet, occurrit præter h. l. in Schol. Biseti ad Aristoph. Lysistr. v. 397. et Eustath. Il. Σ. p. 1201. 47. Sic quoque σφυροκτυπέω affert Schæfer. ad Apollon. Rhod. T. II. p. 125. Substantivum σφυροκοπεῖον sine ulla interpretatione legitur apud Zonaram Lex. col. 1697. In Glossario Philoxeni σφυροκόπανον reperitur.

ΣΦΥΡΟΚΟΠΙ'Α, *percussio, quæ fit malleo, opificium fabrile, ars fabrilis*. מַהֲלֻמוֹת plur. *contusiones*. Symm. Proverb. XIX. 29. σφυροκοπίαι. Vide Drusium in Fragm. Vet. Int. Græc. p. 1156.

ΣΦΥΡΟΚΟ'ΠΟΣ, *qui malleo percutit et tundit, malleator* (Ita Gloss. vett.), *faber*. לֹטֵשׁ part. *acuens, poliens*. Genes. IV. 21. σφυροκόπος χαλκεύς. Arab. أطلس significat quoque *tundere, contundere*.

ΣΦΥΡΩΤΗ'Ρ, *corrigia*. שְׂרוֹךְ, idem. Genes. XIV. 23. ubi tamen pro σφυρωτῆρος, vel, ut alii habent, σφαιρωτῆρος, in cod. Alex. rectius legitur σφαιρωτῆρος, quod vide supra. MS. Cotton. σφηρωτῆρος. Vid. Schol. ed. Rom. et Montfauconium ad h. l.

ΣΧΑ'ΖΩ vel σχάω, *retraho, reduco, dimitto, transfero*. הֶעֱלָה Hiph. *attollo*. Amos III. 5. εἰ σχασθήσεται παγὶς ἐπὶ τῆς γῆς ἄνευ τοῦ συλλαβεῖν τι; num *retrahetur* (seu: *num retrahi solet communiter*) laqueus in terra, antequam quid ceperit? Loco יַעֲלֶה legerunt passive יֵעָלֶה. Pro ἐπὶ autem reponere mallem ἀπό.

ΣΧΕΔΙ'Α, sc. ναῦς, *ratis, navis, quæ ex tempore facta ac tumultuario opere compacta est*, quales fuere primæ naves, quæ non erant aliud nisi rates, h. e. arbores, sudes et trabes colligatæ דֹּבְרוֹת plur. *rates*, quæ per mare et flumina trahuntur. 1 Reg. V. 9. ἐγὼ θήσομαι αὐτὰ (ξύλα) σχεδίας, pro ὡς σχεδίας, ego ponam illa ligna, ut *rates*. — רַפְסֹד *rates*. 2 Par. II. 16. ἄξομεν αὐτὰ (ὡς) σχεδίας ἐπὶ θάλασσαν Ἰόππης, ducemus illa, ut *rates*, in mare Joppes. Conf. 3 Esdr. V. 78. Sap. XIV. 5. σχεδίᾳ διεσώθησαν, *rate* servati sunt. Et v. 6. ἡ ἐλπὶς τοῦ κόσμου ἐπὶ σχεδίας καταφυγοῦσα, spes mundi ad *rates* confugiens. Hesych. σχεδία, μικρὰ ναῦς, ἢ ξύλα, ἃ συνδέουσι καὶ οὕτω πλέουσιν. Extat etiam 3 Macc. IV. 11. et secundum Grotium est *locus in Ægypti parte inferiore quatuor schœnis ab Alexandria navale habens*, ut docet nos Strabo Lib. XVII.

ΣΧΕΔΙΑ'ΖΩ, *accedo, appropinquo, ex tempore et tumultuario opere facio, leviter ac negligenter aliquid tracto, parum curiose ago*. Gloss. vet. *ex tempore dico*. Bar. I. 13. ἐσχεδιάζομεν πρὸς τὸ μὴ ἀκούειν τῆς φωνῆς αὐτοῦ. Bielius transtulit: *accedebamus, ne voci tuæ obediremus*, i. e. studio et προαιρέσει quadam voci tuæ non obtemperavimus. Mihi vero hæc verba ita vertenda videntur: *leve duximus* s. *levis res nobis erat non obedire voci divinæ*. Vide ad h. l. Baduellum et Grotium. Vulgatus habet: *dissipati recessimus*. Hesych. ἐσχεδιάζομεν, ἐγγίζομεν. Lege: ἠγγίζομεν. Suidas: σχεδιάζειν, ἐγγίζειν, πλησιάζειν. Hesych. σχεδιάζειν, ἐγγίζειν, ἐκ παρατυχόντων ἐν ἑτοίμῳ λέγειν. λέγεται δὲ καὶ ἐπὶ τοῦ ταχέως ποιεῖν.

ΣΧΕΔΟ'Ν, *prope, fere, ferme*. 2 Macc. V. 2. καθ' ὅλην τὴν πόλιν σχεδὸν, per totam *fere* urbem. Conf. Act. XIII. 44. ac Lexicon N. T. s. h. v.

ΣΧΕΤΛΙΑ'ΖΩ, *moleste fero, gemo, lamentor, plango*. אָח, dolentis et gementis particula. Symm. Ezech. VI. 11. σχετλίασον, *plange*. Ita reddidit, ac si verbum esset. Adde 4 Macc. III. 12. Hesych. σχετλιάζει, δυσφορεῖ, δυσχεραίνει, δυσπετεῖ.

ΣΧΕ'ΤΛΙΟΣ, *infelix, miser, miserabilis, iniquus, gravis, scelestus, nefarius*. 2 Macc. XV. 5. σχέτλιον βούλημα, *iniquum* consilium. Hesych. σχέτλιον, χαλεπὸν, ὀδυνηρὸν, ἄπορον, ἄθυμον, ἀτυχὲς, ἄδικον. Suidas: Σχέτλιος, ὀδυνηρὸς, χαλεπὸς, ἀγνώμων, ἀτυχὴς, δεινοπαθὴς, ἄδικος, ἄπορος, θλιβόμενος, τλήμων, ἐπαχθής.

ΣΧΗ~ΜΑ, *habitus, forma, species, figura*. פּוֹת, *pudendum muliebre*. Ies.

III. 16. ubi judice Cappello in Nott. Critt. ad h. l. p. 495. loco τὸ σχῆμα videtur legendum τὸ ἄσχημον, pro ἀσχημοσύνη: nisi forte ipsis fuerit vox κακέμφατος, quæ rem turpem significet per antiphrasin. Aliis σχῆμα videtur e compendio scribendi pro αἰσχύνη positum, seu, ut est in ed. Compl., αἰσχύνωμα, quo vocabulo LXX vocem פּוֹת et alias explicarunt. Adde Symm. Cohel. II. 8. ubi monente Montfauconio vox σχήματα non clare exprimitur in Hebræo.

ΣΧΙ´ΔΑΞ, *assula, fragmentum aut segmentum e ligno scisso, lignum scissum, segmentum ligni*, a σχίζω, *findo*. עֵץ, *lignum*. 1 Reg. XVIII. 38. κατέφαγε τὰ ὁλοκαυτώματα καὶ τὰς σχίδακας, consumsit holocausta et *segmenta lignorum*. Vide et ver. 33. et 34. Hesych. σχίδακας, κλάσματα ξύλων. Suidas: σχίδαξ τὸ σχίσμα, ἢ τὸ ἐσχισμένον ξύλον, παρὰ τὸ σχίζω.

ΣΧΙ´ΖΑ, *sagitta*, ita dicta a dividendo et penetrando. חֵץ, idem. 1 Sam. XX. 19. 20. 35. Confer 1 Maccab. X. 80. ubi Baduellus: σχίζα *fustes, hastas, lanceas significat, quas in hostes torquebant et vibrabant.*

ΣΧΙ´ΖΩ, *scindo, findo, divido.* בָּקַע, *erumpo*. Gen. XXII. 3. Ies. XLVIII. 21. Zach. XIV. 4. Aqu. Ps. LXXVII. 16. Idem Ies. LIX. 5. ubi σχίζεσθαι notat *findendo seu rumpendo excludi s. erumpere*, ac de fœtu adhibetur. — נָבַק Niph. a בָּקַק, *evacuor*. Theod. Ies. XIX. 3. σχισθήσεται: ubi vel יִבָּקַע legit, vel, quod mihi probabilius est, נִבְקָה deduxit ab Arab. נָבַק, *crepuit*. Conf. Schultensii Instit. L. Hebr. pag. 332. et Boysenium in Symb. p. 323. — נֵצַח, *æternitas, it. robur*. Al. 1 Sam. XV. 29. σχισθήσεται. Permutavit literas ח et ה, loco נֵצַח legendo נִצְּה, quod notat *cum altero contendere, rixari*. Vide quoque supra s. v. διαιρέω. — קָרַע, *scindo*. Ies. XXXVII. 1. ἔσχισε τὰ ἱμάτια αὐτοῦ, scindebat vestimenta sua. Confer Joh. XIX. 24. Al. Ies. XXXVI. 22. ἐσχισμένοι τοὺς χιτῶνας, *laceratas* tunicas *habentes*. Susann. v. 55. ἤδη γὰρ ἄγγελος Θεοῦ, φάσιν λαβὼν παρὰ τοῦ Θεοῦ, σχίσει σε μέσον, jam enim angelus Dei, qui mandatum accepit a Deo, *scindet* te medium. Σχίσει μέσον hic idem est, quod διχοτομήσει apud Matth. XXIV. 51. Ad quem locum confer Wolfium pag. 355. Confer et πρίω et διαπρίω supra. 1 Maccab. VI. 45. ἐσχίζοντο ἀπ᾽ αὐτοῦ ἔνθα καὶ ἔνθα, *dividebantur* ab illo huc et illuc: ubi σχίζεσθαι, de exercitu usurpatum, notat *disjici, disturbari, dissipari*. Syrus: *fugiebant coram ipso*. Josephus: διεσκέδασεν αὐτούς.

ΣΧΙ´ΝΟΣ, *lentiscus*, nomen arboris, quæ in Arabia felice maxime reperitur, teste Diod. Sic. pag. 93. Vide quoque Dioscoridem Lib. I. c. 90. Faciunt a σχίζω, *findo*, quia sæpissime findatur in *dentiscalpia*. שִׁטִּים, *cedri*. Al. Mich. VI. 5. σχίνων pro σχοίνων, teste Hieronymo. Sic etiam pro σχοίνων Joël. III. 18. σχίνων legi posse autumat Relandus Palæst. Lib. I. c. 54. p. 351. Sic etiam ante illum LXX scripsisse non dubitat Bonfrerius in Pentat. p. 64. Conf. Allatii Notas ad Eustathii Hexæm. p. 68. seq. Susann. v. 58. de quo loco vide Eichhornii Introd. in Libros Apocryphos V. T. p. 470. seq.

ΣΧΙΣΜΗ´, *scissio, fissio, scissura, fissura*. סָעִיף, *scopulus*. Ies. II. 21. — קֶצֶב, *præcisio*. Jon. II. 7. ubi קִצְבֵי הָרִים, *radices montium* notat.

ΣΧΙΣΤΟ´Σ, *scissus, fissus*, it. *scissilis*. שְׂרִיקוֹת plur. *serica præstantissima*. Ies. XIX. 9. αἰσχύνη λήψεται τοὺς ἐργαζομένους τὸ λίνον τὸ σχιστὸν, a confusio capiet opifices lini *divisi*, h. e. *bene depexi* vel *pectinati*, τὸ κτενιστὸν, ut Symmachus reddidit. Nam סְרַק in l. Syr. et Chald. notat *pexuit*. Confer Braunium de Vest. Sacerd. Hebr. Lib. I. cap. 8. §. 120. p. 133. Michaëlis in Suppl. pag. 2355. conjicit, LXX per λίνον σχιστὸν intellexisse *linum ex asbesto lapide*.

b ΣΧΟΙΝΙΌΝ, *funiculus*, it. *cingulum*. אֵזוֹר, *cingulum*. Symm. Job. XII. 18. — חֶבֶל, *funis*. Jos. II. 15. κατεχάλασεν αὐτοὺς ἐν σχοινίῳ, demittebat illos *funiculo*. 2 Sam. XXII. 6. sec. Complut. Esth. I. 6. ἐπὶ σχοινίοις βυσσίνοις, *funiculis* byssinis. Ps. CXVIII. 61. σχοινία ἁμαρτωλῶν περιεπλάκησάν με, *funiculi* peccatorum circumdederunt me. Ad
c quem locum respiciens Suidas: Σχοινία, αἱ ἐπιβουλαὶ παρὰ Δαβίδ. Symm. Cohel. XII. 6. ubi pro ἀπὸ σχοινίου Desvœux in Comment. ad h. l. p. 189. legere mavult ἀποσχοινίον, unde ἀποσχοινίζειν ortum sit. — חֶבֶל, *funis*. Al. 2 Sam. XXII. 6. — יֶתֶר. Al. Exod. XXXV. 17. τὰ σχοινία. — מֵיתָרִים plural. Exod. XXXIX. 41. — מְלָחִים plur. *ves-*
d *timenta detrita*. Jer. XXXVIII. 11. Videntur legisse חֲבָלִים ex voce sequente, quæ est in fine versus. — *פַּחֲדִים, *verenda*. Job. XL. 12. ὡς σχοινία, h. e. *ut funes nautici*, sec. Alex. Legerunt פָּחִים, *laquei*, *retia*. — קַו מִדָּה, *linea mensoria* seu *funiculus mensoris*. Symm. Jer. XXXI. 39. Ep. Jer. v. 37. γυναῖκες περιτιθέμεναι σχοινία, mulieres *cingulis*
e circumdatæ. Et paulo post: οὐδὲ τὸ σχοινίον αὐτῆς διεῤῥάγη, neque *cingulum* ejus disruptum sit. Ad quem locum Olympiodorus apud Ghislerium in Caten. p. 260. Σχοινία φησὶ τὰ περιζώματα. καλύπτουσαι γὰρ μόνα τὰ τοῦ σώματος ἀσχήμονα, τὰ λοιπὰ παρεγύμνουν προσκαλούμεναι τοὺς ἐραστάς. Conf. Fesselium Advers. Sacr. Lib. II. c. 24. §. 1. p. 164. et Schlaegerum Diss. de Diana λυσιζώνῳ p. 16. seq. Aliam sententiam
f Raphelii, qui per σχοινία Ep. Jer. l. c. intellegit *coronas ex funiculis junceis contextas*, vide in Annotatt. Ej. in Script. S. ex Herodoto pag. 113. seq. Cf. et Dilherrum Dispp. Acad. p. 166. seq. et auctores laudatos Ungero de Cingulis pag. 126. Grotio *funes* sunt signa, ex quibus intellegebatur, tales fœminas esse
g voti reas. Confer quoque Seldeni Synt. II. de Diis Syris cap. 7. pag. 310. seq.

ΔΕΣΜΕΥ'Ω ΣΧΟΙΝΙ'ΟΙΣ, *vincio funiculis*. חָבוּל part. Pah. Amos II. 8.

ΣΧΟΙΝΙ'Ω ΖΩ'ΝΝΥΜΑΙ, *funiculo cingor*. נִקְפָּה, *excisio, dissolutio*. Ies. III. 23. ἀντὶ ζώνης σχοινίῳ ζώσῃ, pro zona funiculo cingeris. In mente
h habuerunt fortasse Arabic. نقف aut وقف, *nectere, nectendo contrahere*.

*ΣΧΟΙΝΙ'ΟΝ ΜΕ'ΤΡΟΥ, *funiculus mensorius*. קַו, *linea*. Symmach. Job. XXXVIII. 5. — Vide alibi Γεωμετρικός.

ΣΧΟΙ'ΝΙΣΜΑ, *funiculus*, it. *portio* vel *pars terræ funiculo dimensa*. חֶבֶל, idem. Deut. XXXII. 9. Ps.
i CIV. 11. σοὶ δώσω τὴν γῆν Χαναὰν, σχοίνισμα κληρονομίας ὑμῶν, tibi dabo terram Chanaan, *portionem* dimensam hæreditatis vestræ. Vide et Jos. XVII. 14. et XIX. 29. 1 Par. XVI. 18. Soph. II. 5. 6. Suidas: σχοίνισμα, μέτρου μέρος, κληρουχία, ἡ τῆς γῆς δεσποτεία. Ἴδιον γὰρ τῶν κεκτημένων μέτρῳ τὴν γῆν ὑποβάλλειν. Posteriora verba Suidas desumsit ex Theodoreto ad Ps. l. c. observante etiam Küstero in notis. 2 Sam. VIII. 2. ἐγένετο τὰ δύο σχοινίσματα τοῦ θανατῶσαι, καὶ τὰ δύο σχοινίσ-

a κατα ἐζώγρησεν, fiebat, ut duas partes occideret, et duas partes in vita servabat. Scilicet in antecedentibus legitur, Davidem captivos Moabitas ad terram prostratos fune mensurasse. Significat itaque h. l. σχοίνισμα ad imitationem Hebr. חֶבֶל, fune mensuratos. Aqu. et LXX Soph. II. 6. Aqu. Theod. sec. cod. 108. Holm. Deut. III. 4. b Aquila 1 Sam. X. 5. ubi quidem Aquila propriam vocis Hebr. notionem expressit, σχοίνισμα autem metaphorice cœtum, catervam notat, uti omnino conjunctionis notionem involvit. LXX ibi χορὸν, Inc. σύνοδον. Vulg. gregem. — חֹבְלִים plur. devincientes, aut potius perdentes, vel dolore afficientes, h. e. iræ et severitatis, nomen baculi. c Symm. et LXX Zach. XI. 7. τὴν ἑτέραν (ῥάβδον) ἐκάλεσα σχοίνισμα, alterum (baculum) vocabam mensuram. Vide et ver. 14. Cappello legisse videntur חֲבָלִים. Vide Buxtorfii Anticrit. p. 557. Lexic. Cyrilli MS. Brem. σχοίνισμα, μέτρον, μερὶς, κληρουχία. — מֵיתָרִים plur. funes. Ies. LIV. 2. μάκρυνον τὰ σχοινίσματά σου, prolonga funiculos tuos.

ΣΧΟΙΝΙΣΜΟ'Σ, dimensio et descriptio per funiculum, q. d. funiculatio, deinde: portio vel pars terræ funiculo dimensa, i. q. σχοίνισμα. חֶבֶל. Jos. XVII. 5. ubi חֶבֶל portionem dimensam notat.

ΣΧΟΙ'ΝΟΣ, juncus, juncus ad scribendum aptatus, calamus, item mensura geometrica viæ, itineris, it. e certa terræ portio. Conf. Th. Gatakeri Opera Critica p. 3. עֵט, stilus, calamus. Jer. VIII. 8. εἰς μάτην ἐγενήθη σχοῖνος ψευδὴς γραμματεῦσιν, frustra factus est juncus mendax scribis. Aqu. Ps. XLIV. 2. σχοῖνος, ubi LXX κάλαμος. Favent hæc loca Interpretum Græcorum Lampio in Comm. in Ps. XLV. p. 86. conjicienti, Hebræos, ad exem- f plum Ægyptiorum, certi junci arundinisve genere, loco pennarum, ad scribendum usos fuisse. Qualis autem juncus σχοῖνος, cujus mentio fit apud Intt. GG. locis citatis, fuerit, discere possumus ex Scholiasta Aristophanis, qui ad vocem σχοῖνος in illo Comici Acharn. v. 228. seq. (κοὐκ ἀνήσω, πρὶν ἂν σχοῖνος αὐτοῖσιν ἀντ' ἐμπαγῶ ὀξύς) hæc an- g notat: Εἶδος φυτοῦ, κατὰ τὸ ἄκρον ὀξέος καὶ πληκτικοῦ, προσεοικότος βελόνῃ. Vide et Suidam in v. σκόλοπες et σχοῖνος. Plinius H. N. XXI. 18. juncum illum marinum vocat, et a Græcis oxyschœnon vocari docet. — רֶבַע, accubitus. Ps. CXXXVIII. 2. τὴν τρίβον καὶ τὴν σχοῖνόν μου σὺ ἐξιχνίασας, semitam meam et mensuram viæ meæ tu investigasti. Ita Bie- h lius, et ante eum Agellius, cui σχοῖνος h. l. est semita s. via angustior, et quidem recta, ex eo, quod funiculis extentis duci soleat, maxime in agris. Hilarius ad h. l.: Quod nostri directionem transtulerunt, id LXX ex Hebræo σχοῖνον interpretati sunt. Σχοῖνος autem quarundam gentium consuetudine certum et constitutum modum itineris notat, i ut, quod nos milliarium, id illi σχοῖνον nuncupent. Apollinarius habet ἰθεῖαν ἀταρπὸν, rectum tramitem. Vide Hodium de Bibl. Textibus Origg. p. 119. Jer. XVIII. 15. σχοίνους αἰωνίους. Hieron. semitæ seculi. Cæterum Agellio pro רֶבַע legisse videntur נרב, quod filum notat, quod radio inter stamina ducitur. Genebrardus conjicit, LXX k scripsisse κοῖτον. Mihi vero σχοῖνος h. l. esse videtur teges s. storea ex juncis, nempe palustribus, aut carice facta et contexta, quod pro accubatione positum est, quod in tegetibus nonnulli cubant. Vulg. habet funiculum, de qua voce vide Agellium. — שְׁבִיל, semita. Jer. XVIII. 15. ἀσθενήσουσιν ἐν ταῖς ὁδοῖς αὐτῶν.

a (κατὰ) σχοίνους αἰωνίους, infirmabuntur in viis suis per *mensuras æternas*. Origenes ad h. l. in Catena Ghislerii p. 478. ἡ σχοῖνος ὁδοῦ μέτρον ἐστὶ παρ' Αἰγυπτίοις καὶ Πέρσαις. Herodotus Lib. II. c. 6. δύναται δὲ ὁ μὲν παρασάγγης τριάκοντα στάδια, ὁ δὲ σχοῖνος ἕκαστος, μέτρον ἐὸν Αἰγύπτιον, ἑξήκοντα σχοινία. Plin. H. N. XII. c. 14. Conf. Ed. Bernardum de b Mensur. et Ponder. Antiquis Lib. III. p. 247. Humphredum Hodium de Text. Bibl. Orig. p. 120. ac Sturzium de Dial. Maced. pag. 96. — שִׁטִּים, *cedri*. Joël. III. 18. Al. Mich. VI. 5. Sed legendum est utrobique σχίνων, *lentiscorum*, ut recte observat Hieronymus. Nonnulli statuunt, apud LXX primitus שִׁטִּים Græcis literis expressum c fuisse σχιττίμ, quod occasionem illud σχοίνων fingendi dederit. Michaëlis in Supplem. p. 2317. σχοίνους *juncum* interpretatur, ut *vallem palustrem junci plenam* intellexerint.

ΣΧΟΛΑ'ΖΩ, *otium habeo, vaco, tranquillus et otiosus sum*. הֹמִיָּה part. fœm. Kal ab הָמָה, *strepera, tumultuosa*. Aqu. Prov. VII. 11. σχολά- d ζουσα. Excidit sine dubio ante σχολάζουσα particula negandi, aut σχολάζουσα reddendum h. l. est per *vacans*, sc. *explendæ libidini*. Conf. Simonis Lex. Hebr. pag. 441. s. v. הָמוֹן. Bielius cum Drusio in Fragment. Vet. Intt. Græc. p. 502. legendum putat ὀχλάζουσα. Confer ὀχλάζω. — חָדַל, *cesso*. Reliqui Proverb. XIX. 27. σχόλασον, *vaca*. e Vulg. *non cesses*. Ante חָדַל inseruit לֹא. — כֹּהֲנִים, *sacerdotes*. Symm. 2 Sam. VIII. 19. σχολάζοντες. Vox hæc h. l. nullo modo per *otiosos* et *tranquillos* verti potest, sed per *vacantes*, h. e. *operam dantes*, ut post eam supplendum sit seu exciderit τῇ αὐλῇ. Conf. Hexapla ibique Montfauconium. Sermo autem ibi est de muneribus publicis a Davide distributis. כֹּהֵן vero in genere *ministrare* notat. — הִרְפָּה : נִרְפָּה, Niph. et Hiph. *remissus sum, remisse ago*. Exod. V. 8. σχολάζουσι, *otium habent*. Vide et v. 17. Psalm. XLV. 10. σχολάσατε. Hesychius: σχολάσατε, ἠρεμήσατε. — *פָּנָה, *e conspectu removeo, expurgo*, et ex adjuncto *præparo* (Theod. ἑτοιμάζειν). Symm. Mal. III. 1. ubi σχολάζειν ὁδὸν in notione hiphilica accipiendum est, ut sit *viam vacuam reddere a sordibus et omnibus, quæ iter impedire possunt*, adeoque *præparare ad adventum alicujus*, s. *viam munire*. Confer Lex. N. T. s. h. v. Job. VI. 28. פְּנוּ בִי *respicite in me*. Hexapl. ※ (sine dubio Symmachus) σχολάσατέ μοι, *vacate mihi*. Vulgat. bene : *præbete mihi aurem*.

ΣΧΟΛΑΣΤΗ'Σ ΕἸΜΙ', *otiosus sum*. נִרְפָּה Niph. *remissus sum*. Exod. V. 17.

ΣΧΟΛΗ', *otium*, it. *tarditas, mora*. פֶּרֶץ, *ruptura*. Aqu. Ies. LVIII. 12. σχολῆς. Ita Bielius, ut videtur, ex Montfauconii Lex. Gr. in Hexapla. Sed legitur ibi χολῆς, quod vide infra s. l. — רֶגֶל, *pes*. Genes. XXXIII. 14. κατὰ σχολὴν τῆς πορεύσεως, lento *gradu*. Equidem putarem, κατὰ σχολὴν potius ad לְאִטִּי, *pedetentim*, referendum esse. Lex. Cyrilli MS. Brem. σχολὴν, διατριβὴν, ἐγχρονισμόν. — רֵיק, *vacuus, vanus*, h. l. *vacuus labore*. Prov. XXVIII. 19. ὁ δὲ διώκων σχολὴν, qui autem indulget *otio*. Hesych. σχολή, οὐ μόνον τὸ μηδὲν δρᾷν, ἀλλὰ καὶ τὸ περί τι σχολάζειν, καὶ ἡ διατριβή.

ΣΩ'ΖΩ, *servo, saluti, auxilio sum, eripio, libero*, et σώζομαι, *evado*. אַדִּיר, *magnificus, validus*. Aqu. Jud. V. 13. σωζομένοις. Sed videtur mihi hæc vox ad שָׂרִיד potius pertinere. Vulgatus tamen habet *reli-*

a *quiæ*. Vide quoque infra ad Sirac. XXXIII. 9. — *נָעַר, *fugio*. Ies. XXXIV. 15. *ἔσωσεν ἡ γῆ*, h. e. *effugere fecit, tutos præstitit*. نجر, *fugit*. Confer Michaëlis Supplem. 394. — נוֹשַׁע : הוֹשִׁיעַ, Hiph. et Niph. a יָשַׁע. Deut. XXXIII. 39. 1 Sam. XXV. 33. ubi loco *σῶσαι* Theodoretus legi vult *μὴ μυσῶσαι*. Verba ejus exhibet Montfauconius b ad h. l. Fortasse in textu Hebraico lectum olim fuit לֹא הוֹשֵׁעַ, ac in LXX Intt. *μὴ σῶσαι*, ut etiam הוֹשֵׁעַ pendeat a כְּלִתְנִי, quod minime improbabile dici potest. Vulgat. *et ulciscerer me*. Symm. *ἐκδικῆσαι*. Cæterum formula *servare animam suam* in textu Hebr. pariter ac Græco est elliptica, ut nempe suppleatur *puram a crimine* s. *injuria* c ac *violentia*. 2 Sam. X. 19. *σώζειν* habet hanc notionem singularem, ut sit *opem ferre, auxilium præbere* (ut Vulgat. bene transtulit), nempe *pugnantibus ac in prælio constitutis*, ac ita *conferre aliquid ad victoriam reportandam*, de qua הוֹשִׁיעַ haud raro adhibetur. Confer quoque 2 Sam. XIV. 4. — *הִרְשִׁיעַ Hiph. a רָשַׁע, *condemno*. Inc. et LXX 1 d Sam. XIV. 47. Non opus mihi videtur hic numerum variarum lectionum augere ac statuere, eos הוֹשִׁיעַ aut יִוָּשֵׁעַ legisse, dummodo הִרְשִׁיעַ h. l. quoad sensum vertas *recedere faciebat* s. *repellebat*, nempe *hostes*, coll. Dan. XI. 32. ac voci *σώζειν* notionem *victoriæ reportatæ* subjicias. Vulgat. *superabat*. Semlerus in Appar. in V. T. pag. 301. e legere mavult *ἠσέβησεν*. — הִשְׁוָה Hiph. *æqualem facio*. Thren. II. 13. *τίς σώσει με*. Legerunt תְּשׁוּעָה. Nisi quis reponere malit *ἰσώσω*, quæ voces quoque permutatæ reperiuntur Ies. XL. 25. ubi Curterius ex MS. Ies. Symm. ac Theod. tribuit *σωθήσομαι* pro *ἰσωθήσομαι*. — חָיָה : הֶחֱיָה, Kal et Hiph. *vivo, vivifico*. Genes. XLVII. 25. Esth. IV. 10. Prov. XV. 28. Ezech. XXXIII. 12. f Psalm. XXIX. 4. ubi pro *ἔσωσας* Semlerus, nulla prorsus necessitate cogente, legere mavult *ἔζωσας*. Aqu. Ezech. III. 18. Sed est sine dubio hæc versio alius interpretis. — יָדַע, *scio, nosco*. Psalm. XXX. 9. Legerunt fortasse יְשׁוּעָתְ. Ita vulgo quidem statuunt. Sed vide s. v. *οἰκτείρω*. — יְסוֹד, *fundamentum*. Proverb. X. 26. Libere verterunt. g Vide ad h. l. Jaegerum. — יֵשַׁע, *salus*. Hab. III. 12. — יְשׁוּעָתָה cum ה dupl. *omnimoda salus*. Ps. LXXIX. 3. — יִתְרָה עָשָׂה, *residuum facio*. Ies. XV. 7. — מוֹשָׁעוֹת plur. *salutes*, h. e. *omnimoda salus*. Psalm. LXVII. 22. — מַטָּה, *infra, inferne*. Prov. XV. 25. *σωθῇ*. Legerunt sine dubio מְלָטָה. Ita statuit Jaegerus. — מָלַט : הִמְלִיט : h נִמְלַט, Pih. Hiph. et Niph. *eripio, evado*. Genes. XIX. 17. 20. 1 Sam. XIX. 11. 12. XXVII. 1. ubi *σώζεσθαι* est *salutis causa fugere*. Ies. XXXI. 5. et alibi sæpius. Hebr. Int. Job. I. 15. Symm. Ies. LXVI. 7. ubi *σώζειν* notat *vivum partum eniti*. LXX ibi *τίκτειν* habent. — מְפַלֵּט, *effugium*. Psalm. LIV. 8. *τὸν σώζοντά με*. Legerunt מְפַלֵּט. — i *נָסַךְ. Ed. Sexta Ps. II. 6. *ἔσωσα*, pro quo tamen reponendum esse *ἔστησα*, nemo non videt. — נָצַל : הִצִּיל, Niph. et Hiph. *evado, eripio*. Gen. XXXII. 30. 2 Reg. XX. 6. 1 Par. XI. 14. et alibi sæpius. —

a נָשַׁל, *extraho.* Job. XXVII. 8. —
*נָתַן, *do.* Theod. Job. XXXVI. 6.
σώσει κρίμα, ubi non legendum est
δώσει, ut fortasse quis suspicari posset, sed *σώζειν κρίμα* est *agere justam*
causam pauperum, eosque tueri ac
defendere in judicio. Vide supra s.
v. *ζωοποιέω.* — סָכַן, *prodest.* Symm.
Job. XXXIV. 9. *σωθήσεται.* — עָזַר,
juvo. 2 Par. XIV. 11. XXXII. 8.
b Esdr. VIII. 22. — פָּדָה, *redimo.*
Job. XXXIII. 28. Ies. I. 27. —
*פָּלֵט, *evasio.* Psalm. LV. 8. *ὑπὲρ*
τοῦ μηδενὸς σώσεις αὐτούς, ubi nonnulli
scribendum putant *ὤσεις* ob sequens
κατάξεις. פָּלַט in l. Chald. notat *ex-*
pellere, ejicere. Conf. Drusii Anim.
Lib. I. c. 10. — פָּלוֹט, *evasor.* Ies.
XLV. 20. LXVI. 19. Jer. XLIV.
28.—פְּלֵיטָה, *evasio.* Gen. XXXII.
c 8. 2 Par. XX. 25. *οὐκ ἦν σωζόμενος,*
non erat *evadens,* h. e. *nemo evase-*
rat. Nehem. I. 2. — רָאָה, *video.*
Esther. VIII. 6. Libere transtulerunt. — שָׂגַב Pyh. *in edito collocor,*
h. e. *salvus sum ac evado.* Proverb.
XXIX. 26. — שׁוּב, *revertor.* Ies.
X. 22. *Σώζεσθαι* ibi notat *e captivi-*
tate redire in patriam. — *שָׁוָה,
æquo. Thren. II. 13. *τίς σώσει.* Le-
d gerunt aut כִּי תוֹשִׁיעַ, aut, quod
magis placet, שֻׁלַּם—·מָה תְּשׁוּעָה
Pyh. *rependor.* Prov. XI. 31. coll.
1 Petr. IV. 18. Conf. infra s. *ὑγιαίνω.*
— שָׂרִיד, *reliquus.* Numer. XXIV.
19. Jos. VIII. 23. Job. XVIII. 20.
— שָׂרִיד et פָּלוֹט junctim. Jerem.
XLII. 17. XLIV. 14. — תּוּשִׁיָּה,
essentia. Mich. VI. 9. Legerunt
תְּשׁוּעָה, aut תּוֹשִׁיעָה secundum
e Cappellum in Crit. S. p. 655., aut
potius יוֹשִׁיעָה. Fortasse quoque
תּוּשִׁיָּה acceperunt, quasi esset a
יָשַׁע, confundentes literas gutturales
ה et ע. Certe תּוּשִׁיָּה *salutem* notat, v. c. Job. XXX. 22. (ubi LXX
reddunt *σωτηρίαν*), et Prov. II. 7.
ubi Hieron. *salutem* habet. Sirac.
III. 1. *ἵνα σωθῆτε,* ut *felices evadatis.*
Syrus: *ut vitam vivatis sempiternam.*
Sir. XXXIII. 9. *ὁ σωζόμενος, qui se* f
salvum et incolumem arbitratur, adeo-
que nihil timet ob potentiam, ac alios
injuria afficit, potens, validus: unde
cum *οἱ κακοῦντες* et *ἄρχοντες ἐχθροί*
ibidem permutatur. Vide supra s.
v. אַדִּיר, ac Bretschneideri Spicil.
p. 250.

ΣΩ'ΖΩΝ ΣΩ'ΖΩ, *servando servo.*
מַלֵּט ,מְלֵּט Pih. Jerem. XXXIX.
8. — נִמְלַט Niph. Genes. XIX. g
17.

ΟΥ' ΜΗ' ΣΩ'ΖΟΜΑΙ, *nequaquam ser-*
vor. בָּרַח, *fugio,* etiam *effugio.* Job.
XX. 24. Scilicet ante יִבְרַח invenerunt aut supplendam putarunt לֹא.

ΣΩ͂ΜΑ, *corpus,* it. *corpus mor-*
tuum, cadaver, et in plur. *σώματα,*
corpora servilia, mancipia. Confer
Schwebelium ad Onosandri Strateg.
cap. 35. p. 106. *אֹהֶל, *tentorium.* h
Οἱ Ἄλλοι Job. XVIII. 15. Scilicet
corpus humanum haud raro cum
tabernaculo et tentorio comparatur.
Confer Lexic. N. T. s. v. *σκήνωμα.*
Semlerus legere mavult *δώματι.* —
אֹזֶן, *auris.* Psalm. XXXIX. 9. *σῶμα*
δὲ κατηρτίσω μοι. Ita quoque legitur
Hebr. X. 5. Grotius conjectabat
ἄκουσμα, auditum, quod deinde ex
scriptionis compendio factum fuerit i
σῶμα. Grotio accessit Houbigantius. Cappellus in Critica S. p. 759.
conjicit legendum *σῶμα δὲ κατηρτίσω*
μέ σοι, h. e. *servum* me fecisti tibi,
quia ex præscripto legis Mosaicæ,
qui aliquem in perpetuum sibi man-
cipare volebat, aurem illi subula
perforabat. Ego vero assentior L.
Bosio et aliis, qui in locum lectionis

vitiose σῶμα (quæ ex Hebr. l. c. in codd. LXX irrepsit, ubi Paulus loco ὠτία posuit σῶμα, οὐκ ἀγνοῶν (utor autem hic verbis Schol. Gr. ed. Romanæ) τὸ Ἑβραϊκὸν, ἀλλὰ πρὸς τὸν οἰκεῖον σκοπὸν τούτῳ χρησάμενος;) substituunt sanam ὠτία s. ὦτα. — *בְּשִׁרִים, in canticis. Prov. XXV. 20, ἐν σώματι. Deduxerunt a בָּשָׂר, caro. — בָּשָׂר, caro. Levit. VI. 10. XIV. 10. XV. 2. et alibi sæpius. Vulgo huc etiam refertur locus Job. XLI. 14. ubi tamen pro σάρκες σώματος αὐτοῦ, quod quomodo ex Hebraicis effinxerint, non video, fortasse legendum erit σαρκὸς αὐτοῦ στόματα. — בַּאֲוָה, superbia. Aqu. Job. XLI. 6. Legit גְּוִיָּה. — גֵּו. Nehem. IX. 26. Ezech. XXIII. 35. Aquil. Ies. LI. 23. — גֵּוָה. Job. XXXIII. 17.— גְּוִיָּה. Gen. XLVII. 18. 1 Sam. XXXI. 10. 12. Nehem. IX. 37. et alibi. — גּוּפָה. 1 Paral. X. 12. ubi σῶμα collective ponitur pro τὰ σώματα, cadavera. — גֶּשֶׁם. Chald. Dan. III. 28. 29. IV. 30. V. 23. — חַיִל, facultas. Genes. XXXIV. 28. πάντα τὰ σώματα αὐτῶν, omnia mancipia illorum. Sed cum neque servi, neque milites hic possint intellegi, qui cum reliquis maribus primo essent circumcisi, deinde occisi, non a vero alienum esse videtur, LXX Intt. h. l. deformatos esse, eosque scripsisse στέμματα, quæ insignia complecterentur atque arma, quæ Junoni quoque tribuit Virgil. Æn. I. 20. Confer tamen, quæ ad h. l. notavit Fischerus Prolus. V. ad Varia SS. Loca p. 61. seq. חַיִל omnem ornatum virilem notat cum armis et insignibus pretiosis. Num. XXXI. 9. — טַף, parvulus. Genes. XLVII. 12. ἐσιτομέτρει Ἰωσὴφ σῖτον κατὰ σώματα, frumentum admetiebatur Josephus secundum corpora. Sed κατὰ σώματα (seu, ut in nonnullis libris legitur, σῶμα) ibi respondet formulæ Hebr. לְפִי הַטָּף, ad os seu pro ore parvuli, h. e. pro numero capitum. Vulg. singulis. Sensum itaque non male expresserunt, nec opus erit statuere, loco σῶμα legendum esse στόμα, ut nonnulli conjecerunt. כֹּחַ, robur. Job. III. 17. ubi per σῶμα transtulerunt, quia κατάκοποι præcesserat, quod ad corpus vulgo refertur. Non indigemus itaque conjectura Kreyssigii, qui auctorem hujus versionis, quem verbis poëticis delectari constat, scripsisse putat ῥώματι, quod vide apud Hesych. — נְבֵלָה, cadaver. Jos. VIII. 29. καθεῖλον τὸ σῶμα αὐτοῦ ἀπὸ τοῦ ξύλου, demittebant cadaver ejus de ligno. Vide et Deuter. XXI. 23. 1 Reg. XIII. 22. 24. 28. et confer Matth. XIV. 12. Luc. XVII. 37. Suidas: σῶμα, πᾶν τὸ τεθνηκὸς παρὰ τοῖς παλαιοῖς. Hesych. σῶμα, πτῶμα, δέμας. Conf. auctorem brevium Schol. in Homer. Il. Α', v. 115. ubi Homeri et Euripidis loca affert, quibus σῶμα corpus mortuum vel cadaver significat. — נֶפֶשׁ, anima. Genes. XXXVI. 6. ubi τὰ σώματα τοῦ οἴκου sunt mancipia, quia distinguuntur ab uxoribus et liberis. Confer Tob. X. 10. Hist. Bel et Drac. v. 39. 2 Maccab. VIII. 11. Drusium ad Tob. l. c. Elsnerum ad Apoc. XVIII. 13. et Wolfium ad eundem locum p. 585. — עוֹר, cutis, pellis. Symm. Job. XL. 26. Videtur hic σῶμα per metonymiam notionem pellis habere, ut vel Vulgatus transtulit. Vide quoque LXX Intt. — *עִמָּדִי, mecum. Job. VI. 4. ἐν τῷ σώματί μου. Non aliter legerunt, sed ita transtulerunt, quia עִמָּדִי pro opposito τοῦ רוּחִי habuerunt. — פֶּגֶר, cadaver. Gen. XV. 11. 2 Reg. XIX. 35. Ies. XXXVII. 36. Sym-

a mach. 1 Sam. XVII. 46. — *שְׁאֵר, *caro*. Prov. V. 11. et XI. 17. — *שֹׁר, *umbilicus*. Prov. III. 8. Legerunt שְׁאֵר, coll. IV. 22. aut potius sensum expresserunt; nam *umbilicus* interdum pro *toto corpore* poni solet, v. c. Job. XL. 16. Sir. XLI. 11. *πένθος ἀνθρώπων ἐν σώμασιν αὐτῶν*, lugentur homines, cum corpus eorum moritur et sepulturæ
b traditur.

*ΣΩΜΑΤΙΚΟ'Σ, *ad corpus pertinens*. 4 Macc. I. 32. *ἐπιθυμίαι σωματικαί*.

ΣΩΜΑΤΟΠΟΙΕ'Ω, *corpus laboribus, morbis aliisque modis emaceratum reficio*, seu *collapsas corporis vires restauro, corroboro, recreo*. רִפֵּא Pih. *sano*. Ezech. XXXIV. 4. *τὸ κακῶς ἔχον οὐκ ἐσωματοποιήσατε*,
c male se habens non *refovistis* aut *sanastis*. Tertull. *medicans*. Cyprian. *corroborasti*. Supersedere itaque possumus medela Semleri, qui reponendum putabat *ἐσωποιήσατε*. Polyb. III. 87. *ἐσωματοποίησε τοὺς ἵππους, ἀνεκτήσατό τε τὰ σώματα καὶ τὰς ψυχὰς τῶν ἀνθρώπων*. Conf. Suidam in v. *σωματοποιεῖν*.

ΣΩΜΑΤΟΦΥ'ΛΑΞ, *corporis custos*,
d *satelles*. Judith. XII. 6. 3 Esdr. III. 4. 3 Maccab. II. 23. Hesych. *σωματοφύλαξ, δορυφόρος, νωτοφόρος, καὶ ὁ βασιλικὸς φύλαξ*.

ΣΩ'ΟΣ, *salvus, sospes, incolumis*, i. q. *σάος, σόος*, et contr. *σῶς*. Drac. v. 21. *σῶοι αἱ σφραγῖδες*, *integra sigilla*. 2 Macc. III. 15. 22. *σῶα διαφυλάσσειν*. XII. 24.

ΣΩΡΕΥ'Ω, *acervo, cumulo*. חָתָה,
e *capio*. Prov. XXV. 23. Conf. Judith. XV. 14. — נֶעֱרַם Niph. *coacervor, in cumulum tollor*, apud Syros. Aqu. Symm. Theod. Ex. XV. 8. *ἐσωρεύθη*. — *שָׁלֹל שָׁלַל vel שֹׁל־תָּשֹׁלּוּ, *solvendo solvo* s. *dimittendo dimitto*. Ruth. II. 16. sec. cod. Oxon. Lex. Cyrilli MS. Brem. *σωρεύει, βουνίζει, συνάγει*.

ΣΩΡΗΔΟ'Ν, *acervatim, cumulatim*. *חֳמָרִים חֳמָרִים, *acervos acervos*. f
Exod. VIII. 14. sec. cod. 32. Holm. Sap. XVIII. 23. Hesych. *σωρηδὸν, κατὰ σύστημα σεσωρευμένον. λέγεται δὲ ἀναρίθμητον*. Bene ita Palmerius pro *ἐναρίθμητον*. Lex. Cyrilli MS. Brem. *Σωρηδὸν, βουνοειδῶς*.

ΣΩΡΗ'Χ vel potius Σωρήκ. Est ipsa vox Hebræa שֹׂרֵק, *vitis generosa*. Ies. V. 2. Symmachus *ἐκλεκτὴ* interpretatur. Unde apud Hesy- g
chium: *Σωρήχ, ἐκλεκτή*. Conf. quoque Zonaræ Lexic. c. 1704. Hieronymus: "Et plantavit eam vineam *Sorec*, quam solus Symmachus electam interpretatus est, non verbum e verbo, ut mihi videtur, exprimens, sed sensum, qui tenetur in verbo. Aiunt enim Ebræi, Sorec esse genus vitis optimæ, quod uberes fructus faciat atque perpe- h
tuos. Denique *Sorec* a quibusdam *καλλίκαρπος* interpretatur, quod nos in pulcherrimos fructus convertere possumus." Conf. Grabium de Vitiis LXX Intt. p. 112.

ΣΩΡΟ'Σ, *acervus, cumulus*. גָּדִישׁ, idem. Inc. Job. V. 26. Theod. et Inc. Job. XXI. 32. ubi de acervo mortuorum dicitur. Vulg. *congeries mortuorum*. — גַּל. Gen. XXXI. 51. i
Ies. VII. 26. 1 Reg. XVIII. 17. Aqu. Hos. XII. 11. — חֹמֶר, *acervus*. Aqu. Exod. VIII. 14. *σωροί*. — נֵד. Jos. III. 18. sec. ed. Complut. *ὡς σωρός*. Lege *σωρὸς εἷς*. Verba hæc continent interpretationem Aquilæ et Theodotionis, quam etiam Masius et Grabius in contextum versionis *τῶν ο'* sub asterisco inseruerunt. — עֲרֵמָה. 2 Par. XXXI. 6. *ἔθηκαν σωροὺς σωροὺς*, *hic et illic acervos faciebant*. Ibid. v. 7. 8. 9. Symmach. Cant. VII. 2.

ΣΩΤΗ'Ρ, *servator*. יֶשַׁע, *salus*. Psalm. XXIII. 5. XXVI. 1. 15. LXIV. 6. et alibi. — יְשׁוּעָה. Deut.

XXXII. 15. Psalm. LXI. 2. 6. Ies. XII. 2. Symm. Ps. LXVII. 20. — מוֹשִׁיעַ. Jud. III. 9. 15. 1 Sam. X. 19. Ies. XLV. 15. 21. — צוּר, *rupes*. Al. 2 Sam. XXII. 47.

ΣΩΤΗΡΙ'Α, *salus*, *pax*. הוֹשִׁיעַ Hiph. *salvo*. Ies. XXXVIII. 20. — *חֲדָשָׁה, *novum*. Jerem. XXXI. 22. Sensum expresserunt. Nam illud *novum* in hac orationis serie de salute reipublicæ Judaicæ præter opinionem restituenda explicandum est. — יֶשַׁע, *salus*. 2 Sam. XXII. 3. 36. 47. et alibi sæpius. — יְשׁוּעָה. Gen. XLIX. 18. Exod. XIV. 13. XV. 2. et alibi. Aqu. Psalm. XLI. 6. ubi pro ταῖς σωτηρίαις legere mallem τὰς σωτηρίας. — יְשׁוּעָתָה cum ה dupl. Psalm. III. 2. Jon. II. 10. — *לָקַח. Theod. Ps. XVII. 17. misit de alto σωτηρίαν μοι, salutem mihi. Non male quoad sensum. In textu Hebr. enim legitur: יִקָּחֵנִי, *capiet me, apprehendet me manu*, h. e. *salvum et incolumem me præstabit*. — מוֹשִׁיעַ part. Hiph. *salvans*, *salvator*. 2 Sam. XXII. 3. 2 Reg. XIII. 5. Nehem. IX. 27. — מִחְיָה, *vivificatio*, *conservatio vitæ*. Symm. Gen. XLV. 5. — מָנוֹס, *perfugium*. Job. XI. 20. — מִשְׁעָה, *aspectus cum acquiescentia*. Ezech. XVI. 4. εἰς σωτηρίαν, quæ verba etiam in Cod. Vat. post ἐλούσθης exciderunt. Certe Vulg. habet *in salutem*. Legerunt יֶשַׁע, aut secundum alios מוֹשִׁיעַ. — *נְקֵבָה, *fœmina*. Jerem. XXXI. 22. ἐν σωτηρίᾳ. Ita h. l. verterunt ob antecedentia, ac verum vocis נְקֵבָה sensum ignorantes. Vide supra s. חֲדָשָׁה. — פְּלֵיטָה, *evasio*. 2 Sam. XV. 14. 2 Paral. XII. 7. Esdr. IX. 8. 13. et alibi. — שָׁלֵו, *tranquillus*. Job. XX. 20. — שָׁלוֹם, *pax*. Gen. XXVI. 31. XXVIII. 21. XLIV. 17. Symm. 2 Sam. XI. 7. ubi tamen incertum est, utrum σωτηρία tantum ad שָׁלוֹם, an vero ad totam formulam שְׁלוֹם הַמִּלְחָמָה referendum sit. Si prius, σωτηρία in notione *victoriæ* accipiendum esset: in hac enim est *pax belli*. Sin autem posterius, quod mihi magis placet, ad περὶ τῆς σωτηρίας e reliquis Intt. supplendum esset τοῦ πολέμου, et σωτηρία esset h. l. *felix successus*. — *שִׂמְחָה, *lætitia*. Inc. Ies. XXXV. 10. Scil. שִׂמְחָה de *causa et objecto lætitiæ* explicandum judicavit. — תּוּשִׁיָּה, *essentia*. Job. XXX. 22. Prov. II. 7. Aqu. Symmach. Ies. XXVIII. 29. Aqu. Theod. Job. XII. 16. Nollem assentiri Intt., qui in omnibus his locis תְּשׁוּעָה olim lectum fuisse judicarunt, sed potius voci תּוּשִׁיָּה *salutis* notionem subjiciendam statuo. Vide supra s. v. σώζω. — תְּשׁוּעָה. Jud. XV. 18. 1 Sam. XI. 9. Ps. XXXII. 17. Sirac. XIII. 14. sec. Complut. invoca Deum εἰς σωτηρίαν σου, ut sc. salvet te a quovis periculo. Potest etiam verti: *in felicitate constitutus*, *cum bene tibi sit*, ut εἰς positum sit pro ἐν. Sirac. IV. 26. ἐν καιρῷ σωτηρίας. Mallem legere σωτηρία, hoc sensu: tempore opportuno enim auxilium obtinget. 2 Macc. III. 23. ægrotante Heliodoro Pontifex M. obtulit sacrificium ὑπὲρ τῆς τοῦς ἀνδρὸς σωτηρίας, pro *sanitatis restitutione* aut *conservatione vitæ*. 1 Macc. IV. 25. ἐγένετο ἡ σωτηρία μεγάλη τῷ Ἰσραὴλ ἐν τῇ ἡμέρᾳ ταύτῃ, reportarunt hoc die Israëlitæ magnam et insignem *victoriam*. Sic usurpatur יְשׁוּעָה Ies. XXVI. 1. et תְּשׁוּעָה Psalm. XXXIII. 17. Baruch. IV. 24. ubi σωτηρία opponitur τῇ αἰχμαλωσίᾳ, adeoque *felicem reditum in patriam* notat.

ΟΥ'Κ ἜΣΤΙ ΣΩΤΗΡΙ'Α, *non est*

a salus. אַחַת דָּת לְהָמִית, *una lex ad occidendum*, scilicet *lata est*. Esth. IV. 10.

ΣΩΤΗ'ΡΙΑ, ΤΑ', *liberalia, dies, qui pro salute celebrantur*. 3 Macc. VI. 30. ἐν εὐφροσύνῃ πάσῃ σωτήρια ἀγαγεῖν, in omni lætitia dies pro salute celebrare.

ΣΩΤΗ'ΡΙΟΝ, *salutare, salus*. הוֹשִׁיעַ Hiph. *salvo*. Ies. LXIII. 1. — יָהּ, *Jah, Jehova*. Ies. XXXVIII. 11. τὸ
b σωτήριον τοῦ θεοῦ, *salutem Dei*. — יֶשַׁע. Psalm. LXXXIV. 7. τὸ σωτήριόν σου δῴης ἡμῖν, salutem tuam des nobis. Vide et Ies. LI. 5. LXI. 10. Symm. Ps. XI. 6. — יְשׁוּעָה. Psalm. XCVII. 5. CXVIII. 122. Ies. XII. 3. et alibi. Ies. LX. 18. σωτήριον, *munitio, arx, editus tutusque locus*. Vide Psalm. XI. 1. Confer Luc. II. 30. et Grotium ad h. l. —
c מוֹעֵד, *conventus*. Ies. XXXIII. 20. ubi σωτήριον est *promissa felicitas*, ut adeo respexerint notionem *præstituendi* ac *promittendi*, quam habet יָעַד. — שָׁלוֹם, *pax*. Genes. XLI. 16. — שֶׁלֶם, *sacrificium pacificum* vel *eucharisticum*. Exod. XX. 24. τὰ σωτήρια ὑμῶν, *sacrificia* vestra *pro salute*. Hic θύματα subintelligi debere docet L. Bos Ellips. Gr. p. 83.
d Confer Exod. XXIX. 28. Exod. XXIII. 6. προσήνεγκε θυσίαν σωτηρίου, offerebat sacrificium pro *salute*. Vide et Levit. III. 1. 3. VII. 4. 10. Jud. XX. 26. ὁλοκαύτωμα σωτηρίου. Vide et Jud. XXI. 4. Ez. XLVI. 13. Hesych. σωτηρίου, ἐξιλασμοῦ. Amos V. 22. ubi pro σωτηρίου legere mallem σωτήριον secundum vers. Arab. et Italam. — תְּהִלָּה, *laus*, it.
e *objectum laudis*. Ies. LX. 6. — תְּשׁוּעָה. Psalm. XXXIX. 13. 22. Thren. III. 26. Sirac. XLVII. 2. ὥσπερ στέαρ ἀφωρισμένον ἀπὸ (θυσίας) σωτηρίου, tanquam sebum separatum a *sacrificio salutis*.

*ΣΩΤΗ'ΡΙΟΣ, *salutaris, saluber, conservandi vim habens*. Sap. I. 14. σωτήριοι αἱ γενέσεις τοῦ κόσμου, *salutaria* sunt rerum creatarum genera. Vulg. *sanabiles*. Hesych. σωτήριος· ὁ οὔριος ἄνεμος. Lucian. Deorum Dial. T. I. p. 287. ed. Reitz. ἀγαθὴν καὶ σωτήριον λέγεις τὴν τέχνην. Vide Tit. II. 11. 3 Macc. VII. 18. πότος σωτήριος, *epulum liberationis ab interitu causa institutum*. Vide Lexicon N. T. s. h. v.

ΣΩΦΕΙ'Ρ, ΣΩΦΕΙΡΑ', ΣΩΦΙΡΑ'. Ipsa vox Hebraica אוֹפִיר, addita litera Σ, *Iberia*, nomen regionis. 1 Reg. IX. 28. 2 Par. VIII. 18. Job. XXII. 24. Confer Hadr. Relandi Diss. Miscell. P. I. pag. 172. seq.

ΣΩΦΕ'Ρ, vel juxta al. Σωφάρ. Ipsa vox Hebr. שׁוֹפָר, *buccina, tuba*. 1 Par. XV. 28. Unde Gloss. MS. Ἐν φωνῇ σοφὰρ (sic enim scribitur pro σωφὰρ), ἐν φωνῇ κερατίνης. MS. vitiose: κερατίνης.

ΣΩΦΡΟ'ΝΩΣ, *moderate, temperanter, sapienter*. Sap. IX. 11. σοφία ὁδηγήσει με ἐν ταῖς πράξεσί μου σωφρόνως. Syrus: *sapienter*.

ΣΩΦΡΟΣΥ'ΝΗ, *temperantia, sanitas mentis, sapientia, prudentia*. *מַרְפֵּא, h. l. *lenitas, mansuetudo*. Symm. Cohel. X. 4. ὅτι σωφροσύνη παύσει ἁμαρτήματα πολλά, mansuetudo enim magna peccata retinet. Confer Simonis Lex. Hebr. pag. 1546. 2 Maccab. IV. 37. Suidas: σωφροσύνη λέγεται ἡ ἀντιδιαστελλομένη τῇ μανίᾳ, παρὰ τὸ σῶας ἔχειν τὰς φρένας. Hæc et quæ apud Suid. sequuntur, verba esse Isidori Pelus. Lib. III. Ep. 266. observat Kusterus. 4 Macc. I. 31. σωφροσύνη ἐστὶν ἐπικράτεια τῶν ἐπιθυμιῶν. Lex. Cyrilli MS. Bar. σωφροσύνη, σοφία, καθαρότης, ἐγκράτεια, ἐπιστήμη, ἁγνεία. Hesych. Σώφρων, φρόνιμος. Conf. Suiceri Thes. s. h. v.

T

ΤΑΓΗ', *principatus, præfectura,* etiam *præceptum.* אֲרֻחָה, *viaticum, portio quotidiana.* Incert. sec. cod. Syr. Hex. Mediol. Jerem. LII. 34. ubi ταγὴ esse videtur i. q. τασσόμενον, h. e. cibus mandato regio constitutus.

ΤΑ'ΓΜΑ, *ordo, agmen, turma, cohors,* et in plur. τάγματα, *pedites.* דֶּגֶל, *vexillum.* Num. II. 2. 3. 10. X. 14. 18. 22. 25. Sc. vexillis varia agmina Israëlitarum distinguebantur. — דָּגַל, *vexillum erigo.* Symm. Cant. VI. 3. τάγματα παρεμβολῶν, *vexilla castrorum.* Sc. ad נִדְגָּלוֹת supplendum est מַחֲנוֹת. Vide et v. 9. — חַיָּה, *caterva.* 2 Sam. XXIII. 13. Confer notata supra in v. θηρίον. — טוּרִים, *ordines.* Reliqui Exod. XXVIII. 17. — *יָד, *manus,* it., ut Arab. يد, *manipulus, agmen* (Prov. XXVI. 6.). Num. II. 17. sec. Alex. et Ald. ubi reliqui ἡγεμονία habent. — רָאשִׁים, *capita.* Inc. Job. I. 17. τάγματα. Sic ראשׁ de *cohorte s. agmine* usurpatur Jud. VII. 16. 1 Sam. XI. 11. — רַגְלִי, *pedes, peditis.* 1 Sam. IV. 10. τριάκοντα χιλιάδες ταγμάτων, triginta millia *peditum.* Vide et 1 Sam. XV. 4. ubi οἱ λοιποὶ habent πεζῶν. E quo loco Lex. Cyrilli MS. Brem. ταγμάτων, πεζῶν. Trommius judicat, eos legisse דִּגְלֵי, a דֶּגֶל, *vexillum.*

ΤΑΙΝΙ'Α, *corona, coronamentum.* כֹּל, *omnis.* Ezech. XXVII. 5. ταινίαι σανίδων κυπαρίσσου ἐκ τοῦ Λιβάνου ἐλήφθησαν *coronæ* lignorum longiorum cupressi ex Libano sumtæ sunt. Aliter in textu Hebr. Pro כֹּל vi- e
dentur כְּלִיל, *corona,* legisse, aut potius ex sententia Grotii una voce אתכל. Est autem תכל *carbasus.* Hieron. *tenues tabellas cypressinas.* (Equidem suspicor, illos Intt. scripsisse ταινεῖαι σανίδων, *longæ tabulæ et crassæ,* quod huic loco admodum convenit. Vox ταινία reperitur apud Theophrastum in Hist. Plant.
Lib. IV. c. 1.) Hesych. Ταίαι (ita f
vitiose scribitur pro ταινίαι), ζῶναι, στέφανοι, ἢ δεσμοί, διαδήματα. Gloss. in Bibl. Coislin. Montfauc. p. 475. ταινία, ἐπὶ μὲν ἀνθρώπων τὰ πεζέτια, στέμματα, στεφάνη, ζώνη· ἐπὶ δὲ ξύλων τὰ κυμάτια. Lex. Cyrilli MS. Brem. Ταινία, στέμμα, στεφάνη. Vide Ælian. V. H. IX. 89. Athen. I. p. 33. E. Strabo IX. 614. B. et Abresch. Diluc. Thucyd. p. 482.

ΤΑΚΤΙΚΟ'Σ, *ordinarius, consti-* g
tutus ad ordinandum, peritus ordinandi et instruendi, a τάσσω, *ordino.* גֻּבְרַיָּא Chald. plur. *viri.* Dan. VI. 5. coll. v. 4. — סָרְכִין : סָרְכַיָּא Chald. plur. *Eparchi.* Dan. VI. 2. 4. (ubi Symm. ἄρχοντες, Aqu. συντακτικοί) et 6. Hesych. τακτικοῖς, στρατιωτικοῖς, πολεμικοῖς, ubi vide Intt.

ΤΑΚΤΟ'Σ, *ordinatus, constitutus,*
statutus. שַׁאֲנָן, *tranquillus,* it. *cer-* h
tus. Job. XII. 5. εἰς χρόνον τακτόν, in tempus *statutum.* Ita Act. XII. 21. τακτῇ δὲ ἡμέρᾳ, *statuto* autem die. Conf. Lex. N. T. s. h. v.

ΤΑΛΑΙΠΩΡΕ'Ω, *miser sum, sensu miseriæ tangor.* נַעֲוָה Niph. *distorqueor.* Psalm. XXXVII. 6. ἐταλαιπώρησα. Legerunt נַעֲנֵיתִי — שָׁדַד, *vasto, devasto.* Ps. XVI. 10. Ies. XXXIII. 1. Jerem. IV. 13. et alibi.

Symmach. Ies. XXI. 2. Idem Ies. XXXIII. 1. ταλαιπωρηθῆς, ubi forte legendum est ταλαιπωρηθείς. Proprius enim est Symmacho et frequens participiorum usus, de quo vide Ernestium ad Xenoph. Mem. III. 9. 9.

ΤΑΛΑΙΠΩΡΙ'Α, *ærumna, miseria* אֵיד, *calamitas*. Symm. Ps. XVII. 21. — אֲנוּשָׁה fut. ab אָנַשׁ, *ægritudine afficior.* Psalm. LXVIII. 24. ubi putarunt esse nomen. Secundum alios legerunt וּמְשׁוֹאָה. — *דָּוָה, *languor, menstruum*. Aquil. Lev. XII. 2. ubi ταλαιπωρία *morbum* notat. Vide quoque in fine hujus articuli a me notata. — הֹוָה, *ærumna*. Ies. XLVII. 11. — לְשַׁד, *humor*. Psalm. XXXI. 4. εἰς ταλαιπωρίαν. Legerunt לְשֹׁד, vel לְשָׁדִי, a שָׁדַד, *vastare*. — חָמָס, *violentia*. Jerem. LI. 46. — יָגוֹן, *mæror*, seu: *dolor animi ingens*. Symm. Psalm. CVI. 39. — מַדְוֶה, *languor*. Aquil. Deuter. XXVIII. 60. — מַהֲמֹרוֹת plur. *foveæ*. Ps. CXXXIX. 11. Sensum expresserunt. — מַחְשָׁךְ, *tenebræ*. Psalm. LXXXVII. 19. ἀπὸ ταλαιπωρίας. Legerunt aliis punctis מֵחֹשֶׁךְ, h. e. *a tenebris*, et per *tenebras* putarunt h. l. *miseriam*, ut alibi, significari. V Cappelli Crit. S. pag. 920. — מְשׁוֹאָה, *devastatio*. Job. XXX. 3. — סַד, *cippus, compes*. Symm. Job. XIII. 27. Non legit בְּשֹׁר, ut nonnulli putarunt, sed sensum expressit. Nam uti omnia verba, quæ *carcerem* et *vincula* notant, apud Hebræos metaphorice ad *infelicitatem* transferuntur, ita quoque *nervus, cippus* est symbolum *miseriæ*. — עָמָל, *labor, molestia*. Symm. Psalm. LIV. 11. LXXII. 5. XCIII. 20. — צָרָה, Aqu. Soph. I. 15. — שׁוֹאָה, *devastatio*. Soph. I. 16. — שָׁאוֹן, *strepitus*. Psalm. XXXIX. 2. שָׁאוֹן commode h. l. per *interitum* reddi potest. — שְׁאֵר, *caro*. Jerem. LI. 35. Hic forte legerunt שֶׁבֶר, aut שָׁאוֹן, quod post Trommium Bielius conjecit. — שֶׁבֶר, *fractura*. Ies. LIX. 7. LX. 18. Jerem. IV. 20. — שֹׁד, *vastitas*. Psalm. XI. 5. Jerem. VI. 7. XX. 8. et alibi. Theodot. Hos. VII. 13. — שָׁדוֹד infin. *vastando*. Mich. II. 4. — שֹׁדֵד part. *vastator*. Jer. VI. 26. XV. 8. LI. 51. — שַׁדַּי *omnipotens*. Joël. I. 15. Deduxerunt a שָׁדַד, *vastavit*. Præterea legitur quoque apud Inc. Levit. XV. 19. ubi ταλαιπωρία est *morbus*, spec. *menstruum*, et huic voci nihil respondet in textu Hebr. Vide supra s. v. דָּוָה. Hesych. et Lex. Cyrilli MS. Brem. ταλαιπωρία, μοχθηρία.

ΤΑΛΑΙΠΩΡΙ'ΖΩ, *miserum facio s. reddo*. שָׁדַד, *vasto*. Symm. Ies. XXI. 2. XXXIII. 1. ταλαιπωρίζων.

ΤΑΛΑΙ'ΠΩΡΟΣ, *miser, ærumnosus*. שָׁדוּד part. Pah. *vastatus*, aut *vastandus, vastationi devotus*. Psalm. CXXXVI. 11. Theod. Jud. V. 27. ubi vid. Holmesius Aqu. Theodot. Jerem. IV. 30. — שָׁדַד, *vasto*. Al. Jerem. IV. 30. Vide et Tob. XIII. 11. Sap. XIII. 10. 2 Maccab. IV. 47. Hesych. ταλαίπωρος, ἐπίπονος, τλητικός. Suidas: ταλαίπωρος, ὁ ἄθλιος, παρὰ τὸ τάλας, καὶ τὸν πῶρον, ὅ ἐστι πάθος. Ὅτι δὲ πῶρος πάθος τί ἐστιν, Ἀντίμαχός φησι· Πῶρον τὶν ἀλόχοισι καὶ οἷς τεκέεσσιν ἔθεντο. καὶ πωρεῖν Ἠλεῖοι τὸ πενθεῖν φασι. καὶ Ἀντίμαχος αὖθις· Πωρητὸν ἀλόχοισι καὶ οἷς τεκέεσσιν ἕκαστος. Παρὰ τοῦτο οὖν ταλαίπωρος ἐτυμολογεῖται. Schol. Aristoph. in Plut. v. 33. ταλαίπωρος, παρὰ τὸ τλῆναι τὸν πῶρον, ὅ ἐστιν πένθος.

ΤΑΛΑΙ'ΠΩΡΟΝ ΠΟΙΕ'Ω, *mise-*

rum reddo. שָׁדַד, vasto. Ies. XXXIII. 1.

ΤΑΛΑΙΠΩ΄ΡΩΣ, *ærumnose, misere, miserabiliter.* שָׁדוּד part. Pah. Jud. V. 27. ἔπεσε ταλαιπώρως, cecidit oppressus.

ΤΑ΄ΛΑΝΤΟΝ, *talentum.* כִּכָּר, *plane rotundum aliquid,* speciatim: *talentum, mensuræ genus rotundum.* Conf. Simonis Lex. Hebr. p. 792. seq. Exod. XXV. 39. Esth. III. 9. Zach. V. 7. et alibi sæpius. 3 Esdr. III. 22. διὰ ταλάντων λαλεῖν, h. e. *omnia libere loqui, quidquid in buccam venit.* Sermo ibi est de vino, quod largius sumtum διὰ ταλάντων ποιεῖ λαλεῖν, *efficit nimiam loquacitatem.* Ideo autem usus esse hac formula videtur, quia τάλαντον, teste Suida, τὸ μέγιστον χρυσίου καὶ ἀργυρίου μέρος notat. 3 Esdr. VIII. 20. Chald. כִּכַּר, coll. Esdr. VII. 22. Lex. Cyrilli MS. Brem. τάλαντον, ζυγὸν, ὁλκὴν, σταθμόν. Etymol. ineditum: τάλαντον σημαίνει δ', τὸ ζύγιον, τὸν σταθμὸν, τὸ βάρος, καὶ τὸ χάρισμα. Hesych. τάλαντον, λίτραι ἑκατὸν εἴκοσι πέντε κατὰ τὸν μέγαν Ἐπιφάνιον. Conf. Ed. Bernardum de Mens. et Pond. Lib. II. p. 189.

ΤΑ΄ΛΑΣ, *miser.* הוֹי, *væ.* Ies. VI. 5. ὦ τάλας ἐγὼ, ὅτι κατανένυγμαι, O me miserum, quia vox faucibus hæret. Similiter nuncius apud Euripid. in Phœniss. v. 1345. Ὦ τάλας ἐγὼ, τίν' εἴπω μῦθον, ἢ τίνα λόγον; Sap. XV. 14. τάλανες ὑπὲρ ψυχὴν νηπίου, *miseriores* anima infantis. 4 Macc. XII. 4. Hesych. τάλας, ἄθλιος, ταλαίπωρος.

ΤΑΜΕΙ΄ΟΝ et ΤΑΜΙΕΙ΄ΟΝ, *promptuarium, conclave, cubiculum.* אָסָם, *horreum.* Deut. XXVIII. 8. Prov. III. 10. — חֶדֶר et חֲדַר, quæ constr. et in plur. coincidunt. Gen. XLIII. 30. Exod. VIII. 3. (Distinguitur ibi tanquam pars cubiculi interior et secretior, ubi ranæ dicuntur intraturæ εἰς τὰ ταμιεῖα τῶν κοιτώνων.) Deut. XXXII. 25. et alibi sæpius. Hesych. et Lex. Cyrilli
MS. Brem: ταμιεῖον, κοιτῶνα. Prov. f
VII. 27. ubi τὰ ταμιεῖα τοῦ θανάτου eleganter cum Hesychio interpreteris κοιτῶνας ἢ θαλάμους θανάτου: hæc enim Salomo opponit κοίταις meretricis. Jud. XV. 1. est *cubiculum conjugale.* Al. Job. IX. 9. ταμιεῖα νότου, *penetralia austri.* Hesych. ταμιεῖα, ἀπόκρυφα οἰκήματα. Confer Fulleri Miscell. Sacr. L. I. c. 16. p.
98. et notata in v. Ταμίας. — חוּר g
pro חוֹר, *foramen.* Ies. XLII. 22. Forsan legerunt חֶדֶר. — מְזָוִים plur. *promptuaria, penuaria.* Psalm. CXLIII. 15. Vide et Tob. VII. 17. Hesychius (post v. Ταμίαν): ταμεῖον, θάλαμος. Lex. vet. ταμεῖον τὸ ἰδιωτικὸν, *cellarium, cella proma, penuarium, penum, promptuarium.*

ΤΑΜΙ΄ΑΣ, *promus condus, dispensator eorum, quæ condenda et pro-
menda sunt, etiam ærarii præfectus.* h
אֲשֶׁר עַל הַבָּיִת, *qui super domum.* Ies. XXII. 15. πορεύου εἰς τὸ παστοφόριον πρὸς Σομνᾶν τὸν ταμίαν, abi in gazophylacium ad Somnam, *præfectum* ejus. Hesych. ταμίας, φύλαξ χρημάτων, προστάτης, δεσπότης, οἰκονόμος, διοικητής. — חֶדֶר, *cubiculum, conclave.* Job. IX. 9. ubi tamen alii pro ταμίαν rectius ταμιεῖα habent:
quemadmodum et apud Hesychium i
in v. Ὠρίων ita legitur. Conf. L. Bos. Proleg. in LXX Intt. c. 3.

ΤΑΜΙΕΥ΄ΟΜΑΙ, *promus condus seu cellarius sum, abscondo, recondo, dispenso.* שִׁבַּח Pih. *reprimo.* Prov. XXIX. 11. σοφὸς δὲ ταμιεύεται κατὰ μέρος, sapiens autem ex parte recondit, h. e. non effundit, sed ex parte recondit animum suum, et hac ratione est quasi bonus œconomus k
mentis suæ. In notione *asservandi* legitur 4 Macc. XII. 11. Suidas: Ταμιεύεται, διοικεῖται, ἀποκρύπτει, φυλάττει. Ita et Lex. Cyrilli MS. Brem. nisi quod pro Ταμιεύεται vitiose in illo scriptum sit Ταμιεύται.

ΤΑΝΥ΄Ω, *tendo, extendo, distendo,*

a *expando.* נָטָה, idem. Job. IX. 8. ὁ τανύσας τὸν οὐρανὸν μόνος, qui *expandit* cœlum solus. Hesych. τανύσας, ἁπλώσας, ἐκτείνας, κρεμάσας. Confer quoque Sir. XLIII. 14. χεῖρες ὑψίστου ἐτάνυσαν (al. ἐτάννυσαν) αὐτό. Lege αὐτὸν e cod. Alex., sc. τὸν οὐρανόν.

ΤΑ'ΞΙΣ, *ordo, ratio, modus, mensura, finis, terminus, fundus,* it. *exercitus.* דִּבְרָתִי pro דִּבְרָה, *ductus,* b *ratio.* (י est paragogicum vel potius poëticum.) Ps. CIX. 5. κατὰ τὴν τάξιν Μελχισεδὲκ, juxta *ordinem* aut *locum* Melchisedeci. Ita Callimachus Hymn. in Jov. v. 79. 80. —— Ἔπεὶ Διὸς οὐδὲν ἀνάκτων Θειότερον, τῷ καὶ σφὶ τεὴν ἐκρίναο τάξιν. Vide Hist. Crit. Reip. Literar. T. III. p. 160. et Wolfium ad Hebr. V. 6. p. 651. ac Lexicon N. T. s. h. v. — זְבוּלָה, c *habitaculum.* Hab. III. 10. ὁ ἥλιος καὶ ἡ σελήνη ἔστη ἐν τῇ τάξει αὐτοῦ, sol et luna in *statione* sua subsistunt. Non male. — מַחֲנֶה, *castra.* Num. I. 52. ἀνὴρ ἐν τῇ ἑαυτοῦ τάξει, unusquisque in *ordine* suo. — מְסִלָּה, *via trita.* Jud. V. 20. ἐκ τῆς τάξεως αὐτῶν παρετάξαντο μετὰ Σισάρα, *ex ordine* suo pugnabant cum Sisera. Hic quoque, ut Hab. III. 10., τάd ξεως vocabulo usi sunt, quia de *stellis* sermo est. Suidas: Τάξις. ἡ τάξις διττή ἐστιν, ἡ μὲν ἐν τῷ στρατηγῷ, ἡ δὲ ἐν τοῖς στρατιώταις. καὶ ἐκ τῆς ἐν τῷ στρατηγῷ τάξεως γίνεται ἡ ἐν τοῖς στρατιώταις. — מָקוֹם, *locus.* Job. XXXVIII. 12. ἑωσφόρος δὲ εἶδεν τὴν ἑαυτοῦ τάξιν: ubi τάξις *locum cœli certum et constitutum* notat, *unde progredi debet aurora.* — עֵרֶךְ, *dis*e *positio, instructio.* Aquila Job. XXVIII. 13. ubi τάξις vel *locum certum* notat, *ubi aliquis est et versatur,* seu *ordinem,* vel *pretium certum et constitutum,* quam notionem quoque vox Hebraica habet, teste Simonis Lex. Hebr. p. 1249. ab עָרַךְ, *dispono* atque *struo.* Aqu. Symm. Job. XLI. 3. — פֹּעַל, *opus.* Al. Job. XXIV. 5. ἐξελθόντες (supple εἰς) τὴν ἑαυτῶν τάξιν, ubi τάξις *opus alicui decretum et constitutum* notat. Male Montfauconius transtulit: *egressi sunt ipsorum ordinem.* — קֵץ, *finis.* Job. XVI. 3. XXVIII. 3. τάξιν. Eandem vocem habent quoque Tetrapla ibid. pro eodem. Male Montf. eam *ordinem* transtulit. Quemadmodum enim τάσσειν *constituere, definire* notat, ita τάξις omne significat, *quod est certum ac definitum,* adeoque etiam *id, quod certos fines* ac *limites habet,* ut adeo bene respondeat Hebr. קֵץ. — שִׁית, *ornatus.* Symm. Prov. VII. 10. ubi τάξις notat *rationem se gerendi ac vestiendi.* — תּוֹרָה, *lex, doctrina.* Prov. XXXI. 26. τάξιν ἐστείλατο τῇ γλώσσῃ. Suspicor legendum ἐνετείλατο. Τάξις autem h. l. notat *ordinem in rebus gerendis.* תּוֹרָה autem, derivatum a תּוֹר, *ordinem* notat. 2 Sam. VII. 19. quanquam τάξις quoque cum תּוֹרָה, *lex,* a יָרָה deducto, bene conciliari potest. Vide supra s. στέλλομαι. — תָּא, *excubitorium.* Al. 2 Par. XII. 11. τάξιν. Præterea legitur apud Inc. Job. XXXVI. 28. ubi τάξις κοίτης est *tempus coitus,* quibus verbis nihil respondet in textu Hebraico. 2 Macc. I. 19. ἐν κοιλώματι φρέατος τάξιν ἔχοντος ἄνυδρον, in cavitate putei, *fundum* habentis siccum. Loco τάξιν auctorem dedisse auguror πῆξιν, quod et πάγος, πηγὰς, πηγετὸς, item Alciphroni I. 23. p. 96. πηγυλὶς dicitur. Conjecturam hanc firmant sequentia v. 20. et 21. Alii legere malunt βάσιν ἄνυδρον. 2 Macc. IX. 18. ἐπιστολὴν ἱκετηρίας τάξιν ἔχουσαν, *epistolam in modum supplicationis conscriptam,* seu *literas supplices.* Conf. Wolfium ad Hebr. V. 6. p. 651. 2 Macc. X. 37. εἰσδεξάμενοι δὲ τὴν λοιπὴν τάξιν, recipientes autem reliquam *cohor-*

a tem. 2 Macc. XIII. 21. ἐκ τῆς Ἰουδαϊκῆς τάξεως, ex Judaico *exercitu.* 3 Esdr. I. 15. οἱ ἱεροψάλται ἦσαν ἐπὶ τῆς τάξεως αὐτῶν, *erant suo loco, quo esse debebant,* vel *in officio suo versabantur,* s. *partes suas agebant.* Hebr. עַל־מַעֲמָדָם, *super statione sua,* coll. 2 Paral. XXXV. 15. 3 Esdr. I. 6. ἐν τάξει θύσατε τὸ πάσχα, ex *mandato* s. *ordine* mactate ag-
b num paschalem.

ΤΑΠΕΙΝΟ'Σ, *humilis, tenuis, pauper, modestus.* אֶבְיוֹן, *afflictus.* Ies. XXXII. 7. — אָבֵל, *lugens.* Job. XXIX. 25. — אִישׁ, *vir.* Proverb. XVI. 5. Ita Bielius ac Trommius. Sed l. l. אִישׁ nequidem legitur, et auctor hujus versionis τοῦ ταπεινοῦ perperam de suo addidit. — מְזִיחַ אֲפִיקִים, *cingulum fortium.* Job.
c XII. 21. Sine dubio a פּוּק, *titubare, vacillare,* derivarunt. Vulg. *qui oppressi fuerant.* Boysenius ad h. l. cum Kromayero מְזִיחַ deducit a זוח, *tyrannidem exercere.* — דַּךְ, *attritus.* Ps. IX. 42. — דַּכָּא, idem. Psalm. XXXIII. 18. — דַּל, *tenuis.* Ies. XI. 4. XXV. 4. Soph. III. 13. — עָמֹק, *profundus.* Levit. XIII. 3. 4. 25. — עָנָו, *mansuetus.* Prov. III.
d 34. Ies. XI. 4. Soph. II. 3. — *עֲנָוָה, *humilitas animi, depressio, mansuetudo.* Ine. Proverb. XV. 33. προπορεύεται τοῖς ταπεινοῖς δόξα. Locum habere potest hæc versio, inprimis si conferantur loca similia: Prov. XXIV. 34. ἥξει προπορευομένη ἡ πενία σου, Psalm. LXXXIV. 14. δικαιοσύνη ἐνώπιον αὐτοῦ προπορεύσεται, et Ies. LVIII. 8. ut adeo non opus sit e
e conjectura, quæ aliquando mea fuit, legere: προπορεύεται ταπεινότης aut ταπείνωσις τῇ δόξῃ. — עָנִי, *afflictus, pauper.* Ps. XVII. 30. Ies. XIV. 32. Amos II. 7. et alibi. — עַרְעָר, *nudatissimus,* h. e. *omni ope destitutus.* Ps. CI. 18. Vide tamen ad h. l. Dathium. — צְנוּעִים plur. *modesti.* Prov. XI. 2. — רָשׁ, *pauper.* 1 Sam. XVIII. 23. ἀνὴρ ταπεινὸς, vir pauper. Conf. Jac. I. 9. — f
רֶשַׁע, *improbitas.* Ies. LVIII. 4. Forte legerunt רָשׁ. — שָׁפָל, *humilis.* Lev. XIII. 21. Job. V. 11. Ps. CXXXVII. 7. Aqu. Symm. 2 Sam. VI. 22. — שָׁפֵל verb. *humilior.* Ies. II. 11. — שֵׁפֶל, *humiliatio.* Cohel. X. 6. πλούσιοι ἐν ταπεινῷ καθίσονται. — *שְׁפֵלָה *locus humilis, planities.* Jos. XI. 16. τὰ ταπεινὰ, ubi alii τὰ πεδινά. — *שָׁתוֹת plur. *retia.* Theod. Ies. g
XIX. 10. τὰ ταπεινά. Deduxit a שׁוּת, *ponere,* unde שָׁתוֹת, *fundamenta.* Ps. XI. 3. — תַּחְתִּי, *inferior.* Jud. I. 15. Sir. XXV. 25. καρδία ταπεινὴ, *cor afflictum,* sc. creat. Ib. XXIX. 11. ταπεινὸς, *pauper probus* s. *vere pauper.* Judith. XVI. 3. pro ταπεινοί μου legendum arbitror ταπεινοί σου, h. e. humiliati seu dejecti a te, ut ad Deum referatur. Eadem h
medela afferenda quoque est verbis sequentibus οἱ ἀσθενοῦντές μου. Lege σου, hoc sensu: *a te ad desperationem adducti.* Vide supra s. v. ἀσθενέω. Certe aliter hic locus explicari nequit. Esth. I. 11. pro ταπεινοὶ in Vet. Arundel. vitiose legitur ποταμοί.

ΤΑΠΕΙΝΟ'Σ ΕΙ'ΜΙ', *pauper sum, destitutus sum.* מוּךְ, *tenuis sum, ad* i
pauperiem redactus, attenuatus sum. Lev. XXVII. 8. ἐὰν δὲ ταπεινὸς ᾖ τῇ τιμῇ αὐτοῦ, si autem pretio ejus *destitutus sit.* Sic Euripides Andromach. v. 979. ἐγὼ ταπεινὸς ὢν τύχαις ταῖς οἴκοθεν, ego, qui *destituor* fortunis domesticis.

*ΤΑΠΕΙΝΟ'Σ ΤΕ'ΛΕΙΟΣ. מִכְתָּם. Aqu. Ps. LVI. 1. Legit divisim a מָךְ תָּם, a מוּךְ vel מָכַךְ, *attenuari, inopem fieri*, et תָּם, *perfectus*. Vide infra s. v. ταπεινόφρων.

ΤΑΠΕΙΝΟ'ΤΕΡΟΣ compar. *humilior*. דַּל, *tenuis*. Theodot. et LXX Jud. VI. 15. ἡ χιλιάς μου ταπεινοτέρα ἐν Μανασσῇ: ubi vox vel de *exiguis numero*, vel de *iis, qui sunt in humili ac misera conditione*, accipi potest. — שָׁפָל, seq. מִן. Levit. XIII. 20. b XIV. 37. — *תַּחְתִּית, *pars inferior*. Symm. sec. Procop. Cat. Nic. p. 123. Jud. I. 15.

ΤΑΠΕΙΝΟ'ΤΗΣ, *humilitas*. Sir. XIII. 22. βδέλυγμα ὑπερηφάνῳ ταπεινότης, abominatio superbo est *humiliari*, aut *in conditione humili esse*.

ΤΑΠΕΙΝΟΦΡΟΝΕ'Ω, *humiliter sentio*. שִׁוָּה Pih. *dispono, æquo*. Ps. CXXX. 3. εἰ μὴ ἐταπεινοφρόνουν. Sc. c superbi infra se ponunt ac æstimant omnes alios, neque cum aliquo facile se componunt ac æquant. Nisi forte verosimilius videatur, eos legisse שִׁחוֹתִי.

ΤΑΠΕΙΝΟ'ΦΡΩΝ, *humili mente præditus, qui humiliter de se sentit*. שְׁפַל רוּחַ, *humilis spiritu*. Proverb. XXIX. 23.

*ΤΑΠΕΙΝΟ'ΦΡΩΝ ΚΑΙ' ἌΜΩ- d ΜΟΣ. מִכְתָּם, *ode aureola*, h. e. *prorsus egregia*. Symm. Ps. XVI. 1. Legit divisim מָךְ וְתָם. Idem Ps. LV. 1. Vide supra s. ταπεινὸς τέλειος.

*ΤΑΠΕΙΝΟ'ΦΡΩΝ ΚΑΙ' ἉΠΛΟΥ͂Σ. מִכְתָּם. Aqu. Ps. XVI. 1. Vide antecedentem articulum.

ΤΑΠΕΙΝΟ'Ω, *humilio, deprimo, demitto, submitto, dejicio, contristor,* e *affligo*, it. *comprimo, stupro*, et pass. *Ταπεινόομαι, οῦμαι, ad inopiam redigor, inopia laboro*. אֵימָה, *terror*. Ps. LXXXVII. 16. ἐταπεινώθην, ubi pro אֵמֶיךָ, *terrores tuos*, legerunt אָמִיךְ a מוּךְ, quod notat *deprimi*, vel אָמַךְ fut. Niph. a rad. מָכַךְ. — אָנָה, *mœstus sum*. Ies. III. 24. ubi Cappellus statuit eos confudisse אָנוּ, *mærebunt*, cum עָנוּ, *humiliabuntur*, ob soni affinitatem. Cæte- f rum e Theodoreto reponendum est τεταπεινωμένον καὶ τεταπεινωμένην. — אֲנִיָּה, *mæstitia*. Thren. II. 5. ταπεινούμενα: ubi male nonnulli statuunt eos derivasse quasi ab עָנָה, non vero ab אָנָה, *lugere*. — *בָּךְ, *in te*. Οἱ λοιποὶ Jer. XVII. 4. ταπεινωθήσεται aut, ut rectius legitur, ταπεινωθήσῃ. Legerunt aut דַּךְ aut מָךְ. — בָּלַע, *absorbeo*. Al. Ies. XIX. 19. g ταπεινοῦντες. — בְּלָא Chald. Pah. *detero*. Al. Dan. VII. 27. ταπεινῶσαι. — בָּנָה, *ædifico*. Job. XXII. 23. Permutasse hic videntur בָּנָה et בָּנַע. — דּוּמִיָּה, *silentium*. Ps. XXXVIII. 3. Deduxerunt fortasse a דָּמַם, Arab. دمّ, cui Schultensius in Clav. Dial. p. 255. *complanandi* notionem tribuit. — דַּךְ, *attritus, contritus*. Psalm. LXXIII. 22. — דָּכָא Pih. h *contero*. Job. XXXIV. 25. Psalm. LXXI. 4. Thren. III. 33. Symm. Job. V. 4. Vox דָּכָא æque ac דָּכָה utramque notionem habet *conterendi* ac *confringendi*, et *humiliandi*. Quæ enim confringuntur, etiam imminuendo humilia redduntur. Aqu. et Theod. Ies. XIX. 10. — דָּכָה in Kal, Niph. et Pih. Psalm. X. 33. XXXVII. 8. L. 9. 18. — דָּלַל, *at-* i *tenuor*. Psalm. CXIV. 6. CXLI. 8. — הוּגָה Hoph. a יָגָה, *mærore afficio*. Thren. I. 6. κύριος ἐταπείνωσεν αὐτὴν ἐπὶ τὸ πλῆθος, Dominus magno *mærore* illam *affecit*. Vide et v. 13. ac cap. III. v. 31. et 32. ac confer 2 Cor. XII. 21. et ad h. l. Raphelium in Annotatt. ex Polybio p. 505. Houbigantius perperam statuit, LXX et Syrum Thren. I. I. legisse הוֹרָה a יָרָה·—הוֹרִיד Hiph. a יָרַד, *descendere facio*. Al. 2 Sam. XXII. 48. — הֵזִיל Hiph. a זָלַל, *vilipendo*. Thren. I. 9. ubi ταπεινοῦν opponitur τῷ δοξάζειν. Vide quoque infra s. נִמְבְּזָה· — הִכְנִיעַ : נִכְנַע, Hiph. et Niph. Jud. IV. 23. XI. 33. ubi ταπεινοῦσθαι notat *ad incitas redigi*. 1 Sam. VII. 13. et alibi sæpius. — *הִשְׁחִית, *corrumpo, perdo, interficio*. 1 Sam. XXVI. 9. sec. Vat. — הִתְרוֹשֵׁשׁ, Hithp. a רוּשׁ, *pauperem me fingo*. Prov. XIII. 7. Conf. Phil. II. 8. — חָבַל, *pignus accipio*. Job. XXIV. 9. ἐταπείνωσαν, *ad majorem paupertatem redegerunt*. Libere transtulerunt. Conf. Prov. XIII. 13. ac infra s. v. מוּךְ. — חִלֵּל Pih. *profano*. Al. Ezech. XXVIII. 7. — חָקַר, *pervestigo*. Jer. XXXI. 35. Pro lubitu hic transtulerunt. — כָּרַע, *incurvo me*. Job. XXXI. 10. — מוּךְ, *attenuor*. Levit. XXV. 39. ἐὰν δὲ ταπεινωθῇ ὁ ἀδελφός σου παρά σοι, si autem ad *inopiam redigatur* frater tuus apud te. Confer Sirac. XIII. 11. Ita ταπεινοῦσθαι notat *inopem esse* Phil. IV. 12. Confer quæ in h. v. post Hebr. עָנָה notata sunt ex Ies. LVIII. 10. Raphelii Annotatt. ad h. l. ex Arriano p. 567. ac Lexicon N. T. s. h. v. — מָכַךְ, idem. Psalm. CV. 41. Cohel. X. 18. — *מָסַס. Inc. Psalm. XXXVIII. 12. ubi ταπεινοῦν in universum *consumere, perdere* notat. — נִכְאָה Niph. *alteror*. Dan. XI. 30. Symm. Prov. XVII. 22. ubi πνεῦμα τεταπεινωμένον est *animus tristis*. — נִמְבְּזָה, *contemtibilis, vilis*. Aqu. 1 Sam. XV. 9. τεταπεινωμένον. Vide quoque supra s. הֵזִיל. — נָפַל, *cado*. Esth. VI. 13.

— עִוָּה, *Iva*, nomen proprium. Symmach. 2 Reg. XVIII. 34. ἐταπείνωσεν. Legit עָנָה. Vide ad h. l. Montfauconium. — עַיִן, *oculus*. Ies. III. 7. Legerunt עִינּוּ, quasi esset præter. Pih. ab עָנָה, *humiliare*. — עָנָה f
in Kal, Niph. Pih. Pyh. et Hithp. Gen. XVI. 9. ταπεινώθητι ὑπὸ τὰς χεῖρας αὐτῆς, *submitte* te sub manus ejus. Gen. XXXI. 50. εἰ ταπεινώσεις τὰς θυγατέρας μου, si filias meas *durius tractaveris*. Genes. XXXIV. 2. ἐταπείνωσεν αὐτὴν, *comprimebat* illam, seu *stuprabat* illam. Est enim in eo summa contumelia. Deut. XXII. 24. ἐταπείνωσε τὴν γυναῖκα τοῦ πλησίον g
αὐτοῦ, *compressit* uxorem proximi sui. Vide et Jud. XIX. 24. XX. 5. 2 Sam. XIII. 12. 14. Ezech. XXII. 10. 11. Levit. XVI. 29. ταπεινώσετε τὰς ψυχὰς ὑμῶν, *affligetis* animas vestras. Vide et v. 31. et Lev. XXIII. 29. 32. Lev. XIII. 27. ταπεινώσετε τὰς ψυχὰς ὑμῶν: ubi Inc. habet νηστεύσατε. Vide ad h. l. Theodoretum p. 210. ed. Hal. Ies. h
LVIII. 10. ψυχὴν τεταπεινωμένην ἐμπλήσῃς, animam *inopia laborantem* implebis. Hos. V. 5. Legerunt cum Syro et Jonath. עָנָּה. Hos. XIV. 9. (ubi עָנָה *respondere, exaudire* notat.) Legerunt cum Syro עִנִּיתִי. Mal. II. 12. Legerunt יְעֻנֶּה aut וְעֻנָּה loco עֹנֶה. — עָנִי, *afflictus*. Ies. LI. 21. — עֲנָוָה, *humilitas*. Prov. XVIII. 12. ταπεινοῦ- i
ται. Ita transtulerunt ob antecedens יִגְבַּה. — עָצַב, *dolore afficio*. 1 Par. IV. 10. τοῦ μὴ ταπεινῶσαί με, ne *affligat* me. — עֹשֶׂה כַף רְמִיָּה, *facio manu doli*, h. e. *dolosa*. Prov. X. 4. πενία ἄνδρα ταπεινοῖ, inopia animum hominis *frangit*. Sensum expresserunt. Sc. רְמִיָּה h. l. non male in notione *remissionis, ignaviæ* acceperunt, hoc sensu: *paupertas*

a *homines animi demissi adeoque ignavos reddit.* Arrianus Diss. Epictet. Lib. III. c. 26. p. 351. de Ulysse, cum naufragus ejectus esset: *μήτι ἐταπείνωσεν αὐτὸν ἡ ἀπορία;* num egestas *animum* ejus *fregit?* Sic et nos voce niederschlagen, *to be cast down*, uti solemus. — פָּרַשׂ, *expando.* Ies. XXV. 11. Sed veram lectionem h. l. nobis servavit margo
b textus Procopiani, in quo ἐξαπλώσει et ἀναπλώσει loco ταπεινώσει legitur. — רִדָּה Pih. *dominari facio.* Jud. V. 13. Deduxit a יָרַד in Hiph. *descendere facere,* h. e. ταπεινοῦν. — רוּם, *exaltor.* Job. XXII. 12. N. L. —שָׁחַד, *incurvo me.* Psalm. XLIII. 27. Ed. Quinta Psalm. XLI. 6. — שָׁחַח, idem. Psalm. XXXIV. 17. Cohel. XII. 4. Ies. II. 11. 17. —
c שִׂפַּח Pih. (שׂ pro ס), *scabie afficio.* Ies. III. 16. Fortasse legerunt שָׁחַח, seu שִׁפַּח per Schin, seu שָׁפֵל, aut potius sensum expresserunt.—שָׁפֵל : הִשְׁפִּיל, Kal et Hiph. 1 Sam. II. 7. 2 Sam. XXII. 28. Prov. XXV. 7. ubi pro ταπεινῶσαι Jaegerus non male conjicit legendum ταπείνωσαι, redundante σε, et ita, ut ante ταπείνωσαι supplendum
d sit τὸ ἐῤῥηθῆναι. Alioquin dicendum esset, verbum activum obtinere vim passivam, ταπεινοῦσθαί σε. Ies. V. 15. et alibi. — הַשְׁפֵּל Chald. Aphel. Dan. IV. 34. V. 21. 24. VII. 24. — הֵשַׁח et הִשְׁפִּיל junctim. Ies. XXV. 12.—תַּאֲנִיָּה, *moestitia.* Thren. II. 5.—תַּאֲנִים plur. *molestiæ.* Ezech. XXIV. 12. Hic legisse videntur הִתְאוֹנֵן. — שָׁחַת,
e *perdo.* Al. 1 Sam. XXVI. 9. μὴ ταπεινώσῃς αὐτὸν, ne *interficias* eum, *et quidem inhonesto modo.* Præterea legitur hæc vox apud Symm. Jud. XII. 2. Ἀμμὼν ἐταπείνουν με σφόδρα, h. e. me admodum *in angustias redegerunt.* Versio hæc Symmachi vitiata videtur Montfauconio, qui paulo post profert hanc notam hexaplarem: Σ. ἐταπείνουν. Ἀλλ' ἐπολέμουν. e cod. Basil. simulque observat, neutrum esse in Hebræo. Sed mihi de utroque loco secus videtur. Vitiata quidem est et corrupta Symmachi versio, sed non eo quo existimavit Montfauconius modo. Ante Ἀμμὼν exciderunt quidem verba οἱ υἱοὶ e reliquis Intt. facile supplenda, quæ etiam vox ἐταπείνουν postulare videtur. Loco וְעַמֵּי autem legisse videtur Symmachus וַיְעַנּוּנִי, aut, a quod propius ad textum Hebr. accederet, וְעִנּוּ לִי. Conferri quoque ad h. l. meretur Scharfenbergius. Sir. XVIII. 21. πρὶν ἀῤῥωστῆσαί σε, ταπεινώθητι. Vulgo vertunt: dum vales et viges, *noli superbire* de tua sanitate et viribus. Syrus vertit *ora.* Alii: *humilia te per continentiam et abstinentiam,* ut addunt Complut., h. e. *jejuna.* Alii: *age b pœnitentiam.* Sirac. XXXIV. 31. ubi ταπεινοῦσθαι notat *jejunium agere, jejunare,* ad imitat. Hebr. עָנָה, ac cum νηστεύειν permutatur. Confer supra s. v. ἀσθενέω et κακόω. Sirac. VII. 16. ταπείνωσον σφόδρα τὴν ψυχήν σου. Vide ad h. l. Bretschneideri Spicil. Sir. XXIX. 5. ταπεινῶν φωνὴν, *uti voce supplici.*

ΤΑΠΕΙΝΩ'ΣΑΣ ΚΑΤΑ'ΓΩ, *humilians deduco.* הֵשַׁח Hiph. a שָׁחָה. Ies. XXVI. 5.

ΤΑΠΕΙ'ΝΩΣΙΣ, *humilitas, tenuitas, humilis, tenuis et abjecta conditio.* דַּכָּא, *contritus.* Ps. LXXXIX. 3. — חֹדֶשׁ, *mensis, novilunium.* Jer. II. 24. ἐν τῇ ταπεινώσει αὐτῆς. Ita quoque Theodotion. Scio quidem, חֹדֶשׁ, quoque notare *calamitatem* et *infortunium,* v. c. Hos. V. 7., sed non video, quomodo hæc notio cum h. l. conciliari possit. Mallem itaa que statuere, *ταπείνωσιν* h. l. *tempus* seu *statum* notare, *quo libidine maxime ardent onagræ*. Certe חוֹדֶשׁ apud Jerem. notat *tempus certum libidinis*, ac *ταπεινοῦν* interdum *coire, stuprare* notat, ut supra docuimus. Fortasse tamen ad Arab. حلس, *humi stravit*, respexerunt, unde חוֹדֶשׁ esset *prostratio humi*, ut facere solent, qui religiose Deum aliquem colunt. b Doederleinius suspicatur, LXX non aliter legisse, sed per euphemismum exposuisse de *menstruis*. — *עָוֹן, *iniquitas*, et *pœna peccati*. 2 Sam. XVI. 12. ac si in Hebr. esset: בְּעָנְיִי. — עָנָו, *mansuetus*. Proverb. XVI. 20. Hic legerunt עֳנִי. — עֳנִי, *afflictio*. 1 Sam. I. 11. ἐπιβλέψῃς ἐπὶ τὴν ταπείνωσιν τῆς δούλης σου, respicias ad *abjectam conditionem* ancillæ c tuæ. Vide et Gen. XXIX. 31. Ps. XXX. 9. et conf. Judith. VI. 20. ac Luc. I. 48. et ad h. l. Boisii Collat. p. 162. nec non Lexicon N. T. s. h. v. — עֹצֶר, *coarctatio*. Ies. LIII. 8. ἐν τῇ ταπεινώσει, coll. Act. VIII. 33. ubi sensum recte expresserunt. Michaëlis in Supplem. p. 2125. videntur legisse בצער vel בצערן, idque ex Syriaco vocis usu intel- d lexisse: *cum contumelia afficeretur*. — צָבָא *militia*. Ies. XL. 2. Vox Hebr. h. l. notat *stationem molestam et laboriosam*, s. *conditionem miseram*. Perperam Tychsenius statuit, eos שִׁפְלָה legisse. — שֵׁפֶל. Psalm. CXXXV. 23. — תַּעֲנִית, *afflictio*, it. *jejunium*. Esdr. IX. 5. Sir. II. 4. et 5. ubi *calamitatem, mala, fata adversa* notat. Vide et Sir. XI. 13. e XX. 10.

*ΤΑΠΕΙΝΩ´ΣΕΙ ʼΕΠΑΚΟΥ´ΟΜΑΙ, *humiliatione obedio*. עָנָה. Cohel. X. 19. τοῦ ἀργυρίου ταπεινώσει ἐπακούσεται τὰ πάντα, pecuniæ *subjiciunt se et obediunt* omnia. Sed suspicor, et quidem jure, duas hic coaluisse versiones ex varia vocis עָנָה significatione. Unde simul apparet, quam aliena et inepta dici mereantur, quæ Cappellus in Nott. Critt. f p. 489. ad h. l. proposuit.

ΤΑΡΑ´ΣΣΩ et ΤΑΡΑ´ΤΤΩ, *turbo, conturbo, commoveo, perturbo, turbidum reddo, agito, terreo, consterno*, it. *perverto*. אֶשְׁתּוֹלֵל Hithp. a שָׁלַל (א pro ה more Chald.), *in prædam me dedo*. Ps. LXXV. 4. ἐταράχθησαν. Legerunt cum Syro אֶתְחוֹלְלוּ. — בָּהַל : נִבְהַל, Pih. et Niph. *terreo, or*, it. *festino*. Ps. II. 5. ἐν τῷ θυμῷ g αὐτοῦ ταράξει αὐτοὺς, in excandescentia sua *terrebit* illos. Ps. VI. 3. ἡ ψυχή μου ἐταράχθη σφόδρα, anima mea valde *est conturbata*. Vide et Ps. XXIX. 9. LXXXIX. 7. Ies. XIII. 8. et confer Pearsoni Præfat. in LXX Intt. Adde Symm. Job. XXII. 10. Aquil. Theod. Job. XXIII. 15. ubi vid. Montf. — בְּהֵל Chald. Pah. Dan. V. 10. μὴ ταρασσέτωσάν σε οἱ διαλογισμοί σου, ne h *terreant* te cogitationes tuæ. Ibid. XI. 43. — בִּלַּע Pih. *absorbeo*. Ies. III. 11. *Absorbere viam* est h. l. *corrumpere viam*. — *בָּעַת, *terreo*. Inc. Job. III. 5. Vulg. *involvatur amaritudine*, h. e. tota infelix sit. Sensum expressit. Hebr. Int. Job. XIII. 11. — דָּלַח, *calco*, etiam calcando *turbo*. Ezech. XXXII. 2. ἐτάρασσες ὕδωρ τοῖς ποσί σου, *turbabas* i aquam pedibus tuis. Ibid. v. 13. Conf. Joh. V. 4. — הֵהִים Hiph. ab הוּם, *perstrepo*. Psalm. LIV. 2. — *הוּם, *terreo*. Symm. Deuter. VII. 23. — *הֶחֱיל. Inc. Hab. III. 10. — הִכְרִיעַ Hiph. *deprimo*. Al. Jud. XI. 35. — הָמָה, *cum strepitu tumultuor, commoveor*. Ps. XXXVIII. 9. XLV. 6. Symm. Jerem. IV. 19. — הָמוֹן, *strepitus*. Ps. LXIV. 8.

a Legerunt וְהָמוֹן vel יְהָמוֹן, et aliter versus distinxerunt, quam hodie in textu Hebraico impresso legitur. — *הָמַם, *fugo, prosterno.* Symm. Theodot. Ies. XXVIII. 28. — הֵמִיר Hiph. a מוּר, *muto.* Ps. XLV. 2. ἐν τῷ ταράσσεσθαι τὴν γῆν. Num scribendum est ἀλλάσσεσθαι? aut legerunt חָמַר, quod proprie *turbare* notat? aut, quod adhuc *b* probabilius est, *mutationem* terræ de ejus motu convenienter seriei orationis interpretati sunt? Ringeltaube ad h. l. confert Arab. صار, *huc illuc mota est res, commota fuit, fluctuavit.* IV. *agitavit.* — הֵנִיף Hiph. a נוּף, *agito.* Ies. XXX. 28. — הֶעֱרִיץ Hiphil *formido.* Ies. VIII. 12. — *הִפִּיל Hiph. a נָפַל. Dan. XI. 12. sec. cod. Chis. — *c* הַרְהֹרִין plur. Chald. *cogitationes, phantasmata.* Dan. IV. 2. Forte legerunt חֲרָדֹת, vel secundum formam Hebraicam חֲרָדֹתַי, aut etiam וְהִרְהֲרוּ, ut Bertholdtus voluit. — הוּרַם Hoph. a רוּם, *auferor.* Dan. VIII. 11. Perinde est, sive dicam: *ablatum est sacrificium,* an: sacra *turbata* h. e. *interrupta sunt.* — הִשְׁחָה Hiph. *incurvo me.* Prov. *d* XII. 26. — *הֵשִׁית Hiph. a שׁוּת, *pono.* Symm. sec. unum cod. Psalm. XVI. 11. ἐτάραξαν, quod ortum est ex ἔταξαν, quod alii recte pro ἔθηκαν habent. — הִשְׁתּוֹחֵחַ Hithp. a שָׁחַח, *incurvo me.* Psalm. XLI. 8. — הִשְׁתּוֹמֵם Hithp. a שָׁמֵם, *stupesco.* Ps. CXLII. 4. — הִתְגָּעֵשׁ Hithp. *commoveor.* 2 Sam. XXII. 8. Jer. V. 22. — הִתְמַהְמֵהַּ Hithp. a מָהַהּ, *e* *cunctor.* Gen. XIX. 16. Legerunt יִתְמְהוּ, a תָּמַהּ, *obstupesco,* judice Michaëlis Bibl. Orient. T. IX. p. 13. Mihi vero vox ταράσσεσθαι non tam *animi perturbationem et indignationem*, quam ex adjuncto *cunctationem* et *trepidationem* significare videtur, ut ἐταράχθησαν vertendum sit *cunctabantur.* Sic et Psalm. CXVIII. 60. οὐκ ἐταράχθην est *nihil moror.* — הִתְנוֹדֵד Hithp. a נָדַד, *f* *evagor.* Psalm. LXIII. 9. ἐταράχθησαν, *terrore perculsi aufugiunt.* — הִתְפּוֹרֵר et הִתְרוֹעֵעַ junctim, *disrumpo me, confringo me.* Ies. XXIV. 19. ταραχῇ ταραχθήσεται ἡ γῆ. Bene quoad sensum. — זָעַף, *turbatus sum.* Gen. XL. 6. — חָגַג, *tripudio.* Psalm. CVI. 27. — חוּל: הֵחִיל: הִתְחַלְחֵל, Kal, Hiphil et Hithp. *parturio, dolore contremisco.* Esth. *g* IV. 4. Ps. LIV. 4. Ezech. XXX. 16. — חָלַל, *vulneror.* Ps. CVIII. 21. ἡ καρδία μου τετάρακται. Hoc enim sibi vult *corde vulnerari,* si metaphorice sumitur. — חָמַר: חֳמַרְמַר, Kal et Pyh., *turbidus sum.* Ps. XLV. 3. Thren. I. 21. II. 11. — *חֹמֶר, *acervus.* Hab. III. 15. ταράσσων. Habuerunt pro participio verbi חָמַר, *æstuare, commoveri.* *h* — חָרַד, *tremo.* Genes. XLII. 28. Job. XXXVII. 1. ἐταράχθη ἡ καρδία μου, *tremebat* cor meum. — *יָעָה, *verro, verrendo removeo.* Theodot. Ies. XXVIII. 17. Libere vertit. *Spes* enim *turbata* est spes *remota* seu *irrita facta.* — *כָּרַע, *incurvo.* Jud. XI. 35. ταραχῇ ἐτάραξάς με (sec. ed. Rom. et Cat. Niceph.), *conturbasti rationes meas, contaminas gaudium meum ægritudine.* Per- *i* mutarunt invicem כָּרַע et עָכַר. — לֹהֲטִים part. plur. *flammantes,* h. e. *homines, qui inflammant aliorum animos mendaciis et calumniis.* Ps. LVI. 5. τεταραγμένος. — כִּהֵר Pih. *festino.* Genes. XLIII. 30. Symm.

Job. V. 13. ubi ταράσσειν βουλὴν est *irritum reddere consilium*, i. q. ἀχυρῶν. — נָבוֹךְ Niph. a בּוּךְ, *perplexus sum*. Esth. III. 15. ἐταράσσετο ἡ πόλις, turbabatur, *consternabatur* civitas. Confer Matth. II. 3. et ad h. l. Alberti p. 5. seq.—נִבְעַת Niph. *terreor*. Esth. VII. 6. — נָבַק Niph. a בָּקַק, *exhaurior*. Ies. XIX. 3. ταραχθήσεται τὸ πνεῦμα, *perturbabitur* seu, *consternabitur animus*. Verba Hebr. *evacuabitur spiritus* metaphorice notant: *omni prudenti consilio destituentur*. — נָטַף, *stillo*. Inc. Jud. V. 4. ἐταράχθη. Ita quoque Ald. et Compl. Sed videtur mihi hæc vox inepto hic loco posita esse, ac ad præcedens ἐσείσθη, רָעָשָׁה, pertinere. — נִכְמַר Niph. *incalesco*. 1 Reg. III. 26. Ταράσσεσθαι ibi de *commotione animi ad misericordiam* adhibetur. — נִלְפַּת Niph. *inclino me*. Ruth. III. 8. Videtur mihi hic trajectio verborum locum habere, ac ordinem ita restituendum esse: ἐταράχθη ὁ ἀνὴρ καὶ ἐξανέστη. Nam, ut contrectando intellegeret, mulierem cubare ad pedes suas, opus erat, ut surgeret ac se inclinaret. — נָמוֹג Niph. a מוּג, *liquesco*. Ies. XIV. 31. πόλεις τεταραγμέναι, *civitates turbatæ*. 1 Sam. XIV. 16. ἡ παρεμβολὴ τεταραγμένη. — נִפְעַם Niph. *consternor*. Genes. XLI. 8. ἐταράχθη ἡ ψυχὴ αὐτοῦ, perturbata erat anima ejus. Vide et Psalm. LXXVI. 4. et confer Joh. XII. 27. ac ad h. l. Keuchenium pag. 64. — סְחַרְחַר, pro סָחַר, geminatis literis radicalibus, *circumeo, palpito*. Ps. XXXVII. 10. — סַר, *fastidiosus*. 1 Reg. XXI. 5. τί τὸ πνεῦμά σου τεταραγμένον; quare animus tuus perturbatus? Qui est animo ægro, cibos fastidire solet. — עִוָּה Pih. *perverto*. Job. VIII. 3. ταράξει τὸ δίκαιον, *pervertet* justum. Job. XIX. 6. XXXIV. 12. Thren. III. 9. τρίβους μου ἐτάραξεν, semitas meas *pervertit*. — עָכַר. 1 Par. II. 7. Symm. Prov. XI. 17. Inc. Prov. XV. 27. f
— עֲקֻבָּה fœm. ex עָקוֹב, q. d. *calcaneata*. Hos. VI. 8. ταράσσουσα ὕδωρ, *turbans* aquam. Legerunt fortasse עָכְרָה, aut potius τῷ עָקַב tribuerunt vim *turbandi*, quod fit *calcibus*. — עָשֵׁשׁ, *contabesco*. Psalm. VI. 7. ἐταράχθη ἀπὸ θυμοῦ ὁ ὀφθαλμός μου, *turbidus factus est* s. *caligavit* ab animi perturbatione oculus meus: Ex usu l. Arabicæ, ubi عشا est *caligare, cæcutire*. Confer quoque g
Ps. XXX. 11. Ib. v. 13. ταράσσεσθαι quoque de *ossibus* adhibetur, unde apparet, ταράσσεσθαι quandoque in universum notare *morbo affici*. Cf. Foesii Œcon. Hippocr. pag. 611. — *עָתַר, *supplico*. Theod. Symm. Proverb. XXVII. 6. Legerunt נֶעְכָּרוֹת, ab עָכַר, *turbare*. — צָהַל, *jubilo*. Ies. XXIV. 14. ταραχθήσεται τὸ ὕδωρ τῆς θαλάσσης. Ita transtulerunt, quia h. l. comparatio cum h
fluctibus marinis instituitur. — קִלְקֵל : הִתְקַלְקֵל, Pih. et Hithp. a קָלַל, *levigo, leviter me moveo*. Cohel. X. 10. Desvœux in Comm. ad h. l. p. 282. conjicit, eos legisse חִלְחַל, a חָלַל vel חוּל, sed hac conjectura non opus esse docet locus Jerem. IV. 24. — רָגַז, *contremisco*. 2 Sam. XVIII. 33. ἐταράχθη ὁ βασιλεύς, *consternabatur* rex. Confer quæ mox i
notavi ex Dan. V. 9. et Matth. II. 3. Vide et Amos VIII. 8. Mich. VII. 17. Adde Dan. II. 1. sec. cod. Chis. Inc. Exod. XV. 14. Symmach. 1 Sam. XXVIII. 15. — רָגַע, *disrumpo*. Ies. LI. 15. ὁ ταράσσων τὴν θάλασσαν, qui mare *turbo* vel *agito*. — רָעַשׁ, *commoveor*. Psalm. XLV. 3. — רָפַשׂ (שׂ pro ס), *conculco*. Ezech. XXXIV. 18. τὸ λοιπὸν

a τοῖς ποσὶν ὑμῶν ἐταράσσετε, reliquam (sc. aquam) pedibus vestris *turbidam reddebatis*. — *שָׁאוֹן, *tumultus*. Syrus Jerem. XLVI. 17. ταράττων. Habuit pro participio verbi שָׁאָה. — שַׂגִּיא מִתְבָּהַל Chald. *valde conturbatur*. Dan. V. 9. — *שָׁגָה, *erro, fallor*. Symm. Ies. XXVIII. 7. ἐταράχθησαν, vino *perturbati* sunt *animo*. LXX ibi quoque habent ἐξέστη-
b σαν. — *עָוָה, *incurvo*. Prov. XII.
25. καρδίαν ταράσσει, ubi sensum expresserunt. Præterea legitur Ps. LXVII. 5. ubi verba ταραχθήσονται ἀπὸ προσώπου αὐτοῦ sunt ex scholio quodam marginali petita, nisi malis, interpretem Græcum יְשַׁשֵּׁשׂ præcedentis versiculi repetiisse ex oscitantia, et in memoria habuisse Arab. شوش, quod de *turbata*
c *formidine mente* dicitur. Schnurrerus in Diss. ad h. l. p. 9. verba τ. ἀ. π. ἀ. ad versum tertium pertinere judicavit. Fortasse interpres Græcus vel רָגַז (2 Reg. XVIII. 33.) legit, vel τῷ עָלַץ notionem *vehementis commotionis et agitationis* dedit, quam etiam habere constat Sir. XXX. 7. ἐπὶ πάσῃ βοῇ ταραχθήσεται τὰ σπλάγχνα αὐτοῦ, ad omnem patris
d vocem tremet seque inflectet, h. e. dicto audiens erit.

ΤΕΤΑΡΑΓΜΕ'ΝΟΝ ὝΔΩΡ, *turbida aqua*. מִרְפַּשׂ (שׂ pro ס), *conturbatum*. Ezech. XXXIV. 19.

ΤΑΡΑΧΗ', *turbatio, conturbatio, concitatio, tenor, tumultus*. *בָּהֶם, *in iis*. Dan. XI. 7. sec. cod. Chis. ποιήσει ταραχήν. Num fortasse legit בֶּהָלָה? aut loco ἐν αὐτοῖς posuit
e ταραχήν? ut ostenderet, ποιῆ h. l. sensu malo accipiendum esse. — בַּלָּהָה (per metathesin ex בֶּהָלָה), *terror*. Job. XXIV. 17. — בְּעָתָה, *terror*. Jerem. XIV. 19. — הִכָּרַע, infin. Hiph. *deprimendo*. Al. Jud. XI. 35. ταραχῇ. Hic quoque כָּרַע et זָכַר permutata ab Intt. reperies. — זַעֲוָה (per metathesin ex זְוָעָה), *commotio*. Ezech. XXIII. 46. — חוּל infin. *dolendo*. Ezech. XXX. 16. —
חַלְחָלָה, *dolor vehemens*. Ez. XXX. f
4. 9. ταραχῇ ταραχθήσεται ἡ σαΐς. — חִפָּזוֹן, *festinatio*. Ies. LII. 12. ubi ταραχὴ est *strepitus* et *tumultus*, qui per celeriter abeuntes excitatur. — חַרְחַר infin. Pih. a חָרַר, *accendere*. Prov. XXVI. 21. εἰς ταραχὴν μάχης. Non ita, quasi nomen esset, verterunt, sed ταραχὴ h. l. est *excitatio, concitatio*. — מָדוֹן, *contentio*. Prov. VI. 14. ubi Semlerus in Ep. Crit.
p. 24. ταραχὰς in μάχας mutandum g
esse conjecit, quia eadem vox ita redditur ibid. cap. X. 12. a Symm. et Theod. et XVI. 28. a Symmacho. Sed vulgata lectio partim nititur auctoritate codd. et Arab., partim bene convenit voci πόλει. — מְהוּמָה, *divexatio*. Ies. XXII. 5. Symmach. Deuter. VII. 23. Deduxit ab הָמָה, reliqui omnes ab הוּם derivarunt. — *מוֹט, *nutatio*. Inc. Psalm. LIV.
23. εἰς μετακίνησιν καὶ ταραχήν, ubi h
duæ versiones coaluerunt. — עַוָּתָה, *perversitas*. Thren. III. 58. — עָשׁ, *tinea*. Hos. V. 12. Cappellus in Crit. S. p. 649. putat, vel LXX legisse כְּנַעַשׁ s. כְּרַעַשׁ, vel כְּכַעַס (nam נָעַשׁ est *concuti, commoveri*, et כָּעַס *indignari*), vel forte legendum ἀράχνη, quod etiam rescripsit Grabius, contra quem lege disputantem Breitingerum Proleg. in LXX Intt.
T. III. plag. f. p. 2. Alii conjiciunt, i
eos legisse כַּזְוָעָה cum Syro et Arabe. Sed defendi lectio recepta facile potest, cum עָשֵׁשׁ ter per ταράττεσθαι translatum sit a LXX. Vide supra. Confer quoque Kreys-

a sigii Obss. Critt. in Græcos Jobi
Intt. pag. 17. seq. — פּוּר et רֹעָה
junctim, infin. *frangendo, rumpendo.*
Ies. XXIV. 19. — רֹהַב, *robur.*
Symm. Ies. XXX. 7. ταραχαί. —
רְכָסִים plur. *perversitates.* Psalm.
XXX. 26. Aliquando conjiciebam,
pro ταραχῆς h. l. legendum τράχους.
Sed nunc video, eos ita transtulisse
ex Arabismo, ubi رقص notat *huc*
b *et illuc commotus, perturbatus, con-*
turbatus fuit. — *שֶׁבֶר, *contritio.*
Symm. Thren. III. 46.

ΤΑ'ΡΑΧΟΣ, *tumultus, conturbatio,*
perturbatio. מְהוּמָה, *divexatio.* 1
Sam. V. 9. — *עָבָר, *turbo.* Jud.
XI. 35. sec. ed. Rom. et Cat. Niceph.
καὶ σὺ ἦς ἐν τῷ ταράχῳ μου, ita ut pro
participio substituerent nomen substantivum. Vide et Sap. XIV. 25.

c ΤΑΡΑΧΩ'ΔΗΣ, *turbidus, turbu-*
lentus, turbatus, turbarum plenus.
הַוָּה, *ærumna.* Psalm. XC. 8. Vide
et Sap. XVII. 9.

ΤΑΡΙΧΕΥ'Ω, *sale condio et ma-*
cero, salsamenta facio, sale conditum
servo. Ep. Jer. v. 26. αἱ γυναῖκες ἀπ'
αὐτῶν (θυσιῶν) ταριχεύουσιν (al. rectius
ταριχεύουσαι), mulieres ab illis (sacrificiis) quædam *sale condientes.* Hes.
d ταριχεύουσαι, τήκουσαι. Ita et Lex.
Cyrilli MS. Brem. nisi quod male
in illo scriptum sit ταρηχεύουσαι. Cf.
Suidam in ταριχεύειν.

ΤΑΡΣΟ'Σ, proprie *crates* (a τάρσω,
sicco, quia in cratibus casei aliaque
solent siccari), deinde *octo ossa pedis*
posteriora, cratium more ordinata, ex-
trema pars manus vel *pedis,* it. *ala ex-*
pansa. כַּף, *vola manus vel pedis.* Dan.
e X. 10. ἤγειρέ με ἐπὶ τὰ γόνατά μου καὶ
ταρσοὺς χειρῶν μου, erigebat me super
genua mea et *extremitates* manuum
mearum. Aqu. 1 Sam. XXV. 20.
ἐν ταρσῷ πλαγίῳ, in *extremitate ma-*
nus obliqua. In Hexaplis Montfauconii male refertur ad בְּצָרוֹךְ, in
fasciculo. Voce etiam utitur Aquila
pro Hebr. כַּף Num. VI. 19. Psalm.
IX. 17. LXXVII. 72. CXVIII.
108. CXXVII. 2. Ies. XLIX. 16.
Lexic. Cyrilli MS. Brem. Ταρσὸς, f
ἄκρον χειρός. Sic et ταρσοί apud Hes.
inter alia explicantur τὰ ἄκρα τῶν
χειρῶν καὶ τῶν ποδῶν. Sap. V. 12.
πληγῇ ταρσῶν, ictu *alarum expan-*
sarum: ubi tamen alii codd. habent
ταράσσον. Suidas: Ταρσὸς, κυρίως τῶν
ὀρνίθων ἡ πτέρωσις. ἀφ' οὗ καὶ τῶν κω-
πῶν ὅμοιος σχηματισμός. Idem: Ταρ-
σοῖς, πτεροῖς ἄκροις. Vide in v. Ταρσοί.

ΤΑ'ΡΤΑΡΟΣ, *tartarus, profundis-*
simus locus. שָׂדֶה, *ager.* Job. XL. g
15. ubi tamen pro ταρτάρῳ Grabius
Proleg. in LXX Intt. T. IV. c. 4.
§. 2. legendum censet ἀγρῷ, quam
correctionem non necessariam puto,
quia communis lectio bene cum reliquis conciliari potest. Τάρταρος
enim omne *inferum* designat, idque
indicare volunt LXX, cum vocem
istam *excelsis locis* s. *montibus* op-
ponant. Præterea non video, quomodo ex ἀγρῷ oriri potuisset ταρτά- h
ρῳ, quæ vix ullam similitudinis speciem habent. Job. XLI. 24. τὸν δὲ
τάρταρον τῆς ἀβύσσου ὥσπερ αἰχμάλωτον,
sc. ἥγηται, *profundissimum* vero a-
byssi *locum* tanquam pro captivo
habet. Aliter in textu Hebraico.
Hesych. Τάρταρος, ὁ ὑπὸ τὴν γῆν κα-
τώτατος τόπος. Suidas: Τάρταρος, ὁ
κατώτερος, τοῦ ᾅδου τόπος. De origine
h. vocis vide L. Bos. Diss. de Etym.
Gr. p. 41. seq. i

ΤΑ'ΣΣΩ, ΤΑ'ΤΤΩ, *ordino, consti-*
tuo, definio, statuo, erigo, pono, præ-
cipio, reputo, habeo. דֶּגֶל, *vexillum.*
Cant. II. 4. τάξατε ἐπ' ἐμὲ ἀγάπην,
ponite seu stabilite super me amorem: sensu admodum obscuro, nisi
ἀγάπην h. l. sumatur pro ἀγαπητὸν,
quem cum *vexillo* non male compa-
raverit. Loco דִּגְלוֹ, *vexillum ejus,*
legerunt דַּגְּלוּ imper. Kal, aut דַּגְּלוּ,
in imper. Piel, in qua conjug. no-

a tat *erigere vexillum*, quod est τάξαι, cum de militibus agitur. Alii putant, τάξατε positum esse pro ἐτάξατο. Sic Hieronymus, qui habet: *ordinavit*. Vide ad h. l. Dathium. — דָּגַל, *vexillum erigo*. Cant. VI. 3. θάμβος ὡς τεταγμέναι, ss. φάλαγγες, pavor ut ordinatæ acies. — *הוֹלִיךְ Hiph. a יָלַךְ, *ire facio*. Hos. II. 14. ubi loco τάξω αὐτὴν ὡς ἔρημον repo- b nendum videtur ἄξω vel ἀνάξω αὐτὴν εἰς ἔρημον. Ἄξω habet quoque cod. Basil. et hanc lectionem etiam expressit Vulgatus. — הֶעֱמִיד Hiph. 2 Par. XXXI. 2. — הֵשִׁיב Hiph. a שׁוּב, *reverti facio*. Thren. III. 21. ταύτην τάξω εἰς τὴν καρδίαν μου, hanc *ponam* in cor meum. Symm. Psalm. XLIII. 11. — הִתְלַכֵּד Hithp. *concresco*. Job. XXXVIII. 30. πρόσωπον c ἀβύσσου τίς ἔταξεν; Sed magis Hebr. responderet, si τίς ἔπηξεν; legeretur. Debeo hanc conjecturam L. Bosio. — הִתְפָּאֵר Hithp. *glorior*. Exod. VIII. 9. τάξαι πρός με, *definito mihi*, sc. *certum tempus*. Recte quoad sensum. — יָעַד : נוֹעַד, Kal et Niph. *condico, convenio*. Exod. XXIX. 43. τάξομαι ἐκεῖ τοῖς υἱοῖς Ἰσραὴλ, *sistam* me ibi filiis Israël. 2 Sam. XX. 5. d ἀπὸ τοῦ καιροῦ, οὗ ἐτάξατο αὐτῷ Δαβὶδ, a tempore, quod *definiverat* illi David. Confer Act. XXVIII. 23. et quæ ex Polybio ad h. l. notat Raphelius p. 408. et Perizonium ad Ælian. V. H. XIII. 24. Hesych. et Lexic. Cyrilli MS. Brem. ταξάμενοι, ὁρίσαντες. — יָתֵד, *paxillus*. Zach. X. 4. ἔταξε. Secundum Cappellum Crit. S. pag. 593. legerunt יָתוּר, a rad. e תּוּר, coll. 2 Reg. X. 15. Vide tamen ad h. l. Scharfenbergium. — *מוֹעֵד, *tempus constitutum*. 1 Sam. XX. 35. καθὼς ἐτάξατο, לְמוֹעֵד. — נָכוֹן Niph. a כּוּן, *statuor*. Al. Ps. CXL. 2. ταχθήτω.—נָשָׂא, *fero*. Job. XXX. 22. ἔταξάς με ἐν ὀδύναις.—נִתַּךְ *effundor*. Al. Dan. XI. 27. τάξει. — נָתַן, *do*. 1 Par. XVI. 4. 7. Ezech. XLIV. 14. Incert. 1 Sam. IX. 22. ἔταξεν. Adde quoque Symm. Psalm. VIII. 2. — *עָשָׂה, *facio*. Symm. Job. XIV. 5. Vulg. *constituisti*. — צִוָּה Pih. *præcipio*. 2 Sam. VII. 11. ἀπὸ τῶν ἡμερῶν, ὧν ἔταξα κριτὰς, a diebus, quibus *constitui* judices. Vide et 1 Paral. XVII. 10. Ies. XXXVIII. 1. τάξαι περὶ τοῦ οἴκου σου, *præcipe* de domo tua. — רְשַׁם Chald. *consigno*. Dan. VI. 12. οὐχ ὁρισμὸν ἔταξας; nonne mandatum *dedisti*? — שׂוּם : הֵשִׂים, Kal et Hiph. *pono*. Exod. VIII. 12. ὡς ἐτάξατο Φαραὼ, quemadmodum *ordinaverat* Pharao. Jud. XVIII. 31. ἔταξαν ἑαυτοῖς τὸ γλυπτὸν, *erexerunt* sibi sculptile. Conf. Jerem. XI. 13. Jud. XX. 36. ἐπὶ τὸ ἔνεδρον, ὃ ἔταξαν πρὸς τὴν Γαβαὰ, insidiis, quas *collocaverant* ad Gabaa. Confer 1 Macc. XV. 41. 1 Sam. XXII. 7. ὑμᾶς τάξει ἑκατοντάρχους, vos *constituet* centuriones. 2 Sam. XXIII. 23. ἔταξεν αὐτὸν πρὸς τὰς ἀκοὰς αὐτοῦ, *constituebat* illum ad consultationes suas. 1 Reg. II. 5. ἔταξε τὰ αἵματα πολέμου ἐν εἰρήνῃ, *effundebat* sanguines belli in pace. Job. XXXI. 24. εἰ ἔταξα χρυσίον (εἰς) ἰσχύν μου; num *habui* aurum pro robore meo? Job. XXXVI. 13. ὑποκριταὶ καρδίᾳ τάξουσι θυμὸν, hypocritæ corde *reponent* iram. Jerem. V. 22. τὸν τάξαντα ἄμμον (εἰς) ὅριον τῇ θαλάσσῃ, *ponentem* arenam in terminum mari. Jer. X. 21. τοῦ τάξαι τὰς πόλεις εἰς ἀφανισμὸν, ut *ponat* vel *redigat* urbes in solitudinem. Vide et Zach. VII. 14. Mal. I. 3. et Al. Jerem. XIX. 8. Ezech. XIX. 5. (εἰς) λέοντα ἔταξεν αὐτὸν, leonem *fecit* illum. Ezech. XX. 28. ἔταξαν ἐκεῖ ὀσμὴν εὐωδίας, *faciebant* ibi odorem suavitatis. Ez. XL. 4. τάξον ἐν τῇ καρδίᾳ σου πάντα, h. e. diligenter attende ad ea omnia. Cf. Ez. XLIV.

5. Hab. I. 12. εἰς κρίμα τέταχας αὐτὸν, ad judicium *ordinasti* eum. Hesych. τέταχας, ἐτύπωσας, ἔταξας [ἐτύφωσας]. Vocem ἐτύφωσας uncinis inclusit Bielius, quod non videatur per illam exponi vox τέταχας, sed vitiosa lectio, et pro illa in margine posita ἐτύπωσας, quam postea imperitus librarius, retenta vitiosa lectione, in textum receperit. Qualia exempla alias etiam apud Grammaticum haud raro occurrunt. Cæterum τέταχας per ἔταξας etiam exponitur in Gloss. MS. in Proph. et Lex. Cyrilli MS. Brem. Hab. II. 9. τοῦ τάξαι εἰς ὕψος νοσσιὰν αὐτοῦ, ut *ponat* in altitudinem nidum suum.

— שׂוּת : הֵשִׁית, Kal et Hiph. Hagg. I. 5. τάξατε τὰς καρδίας ὑμῶν εἰς τὰς ὁδοὺς ὑμῶν, *attendite* ad ea, quæ vobis hactenus evenerunt. Vide et Hagg. II. 19. Gloss. MS. in Proph. τάξατε, σύνθεσθε. Sic enim legendum ex Hagg. l. c. et Lex. Cyrilli MS. Brem. Job. XIV. 13. τάξῃ μοι χρόνον, *definias* mihi tempus. Hos. II. 3. τάξω αὐτὴν εἰς γῆν ἄνυδρον, *redigam* seu *mutabo* illam in terram aqua carentem. Gloss. MS. in Proph. Τάξω (MS. mendose Λάξω), ποιήσω, θήσω. Symm. Psalm. XI. 6. LXI. 11. ubi τάσσειν τὴν καρδίαν metaphorice notat *valde amare, nimium studere alicui rei.* Symm. Job. XXXVIII. 11. τετάχθω. Inc. Psalm. XII. 3. τάξω γνώμας, *struam* consilia. — *שָׁמַע, *audio.* Inc. Hab. III. 16. ubi pro שָׁמַעְתִּי legit שָׂמְתִּי, a שׂוּם. Semlero ἐταξάμην ortum esse videtur ex ἐφυλαξάμην apud LXX, qui loco ע legerunt ר. Præterea legitur Ezech. XXX. 22. ubi Hieronymus τεταγμένα apud LXX (quibus nihil respondet in textu Hebr.) scriptorum vitio depravatum esse contendit, et scribendum judicat ἐκτεταμένα, i. e. *excelsa.* Etiam in vers. Inc. Int. 1 Par. XXIII. 9. voci τεταγμένους nihil respondet in textu Hebr., ubi tamen loco τοὺς ἑκατοντάρχους τεταγμένους legendum erit τοῖς ἑκατοντάρχοις τεταγμένοις, partim ob præcedens ἔδωκεν, partim ob textum Hebr. Vulgat. *centurionibus.* Sirac. X. 1. ἡγεμονία συνετοῦ τεταγμένη ἔσται, principatus prudentis *stabilis* erit. Ita Bielius. Quidni *ordinata erit, justum ordinem servabit?* Compl. habet ibi τεταμένη, *protensa erit, extendet se ad multos annos,* s. *stabilis erit,* ut Vulg. vertit. Sed prior lectio est præferenda. 1 Maccab. V. 27. εἰς αὔριον τάσσονται, in crastinum *constituunt.* Vide et 1 Maccab. XII. 26. XIV. 10. ἔταξεν αὐτὰς (πόλεις) ἐν σκεύεσιν ὀχυρώσεως, *faciebat* illas in vasa munitionis, h. e. munitas illas *reddebat* s. armis munitionis eas *instruxit.* 2 Maccab. VI. 21. πρὸς τῷ παρανόμῳ σπλαγχνισμῷ τεταγμένοι, qui *ordinati erant* ad illegitimam carnium animalium sacrificatorum distributionem. 2 Maccab. VIII. 27. ἀρχὴν ἐλέους τάξαντος αὐτοῖς. Grotius mavult στάξαντος seu potius στάξαντι. 2 Macc. X. 28. καθηγεμόνα τῶν ἀγώνων ταττόμενοι τὸν θυμὸν, ducem certaminum *habentes* furorem. 2 Macc. XV. 20. τῆς ἵππου κατὰ κέρας τεταγμένης, equitatu ad extremum phalangis *ordinato.*

*ΤΕΤΑΓΜΕ'ΝΑΙ ΠΑΡΑΤΑ'ΞΕΙΣ. נִדְגָּלוֹת, *vexillatæ.* Inc. Cant. VI. 3. Scil. putavit ad נִדְגָּלוֹת supplendum esse מַחֲנוֹת. Symmachus ibi habet τάγματα παρεμβολῆς.

ΤΕΤΑΓΜΕ'ΝΟΣ ΤΟ'ΠΟΣ, *constitutus, definitus locus.* מַטָּרָה, *scopus.* Symm. 1 Sam. XX. 20.

*ΤΑΥΡΗΔΟ'Ν, *in modum tauri.* 4 Maccab. XV. 19. ubi Lat. *torve* reddendum est. Zonaras Lex. col. 1715. ταυρηδὸν, δίκην ταύρου. Suidas: ταυρηδὸν, ὡς ταῦρος. Ἀριστοφάνης περὶ Αἰσχύλου (Ranis v. 817.)· Ἔβλεψε γοῦν ταυρηδὸν ἐγκύψας κάτω. τοιοῦτος γὰρ τῷ σχήματι ὀργιζόμενος ὁ Αἰσχύλος.

a ΤΑΥ͂ΡΟΣ, *taurus.* אַבִּיר, *fortis,* etiam *taurus.* Aqu. Symm. LXX Psalm. XXI. 12. LXX Ps. LXVII. 33. Ies. XXXIV. 7. et alibi. — אֲלָפִים plur. ex אֶלֶף, *millia,* it. *boves.* Ies. XXX. 24. — אוֹצָר, *thesaurus.* Joël. I. 17. ubi tamen alii pro *ταῦροι* rectius habent θησαυροί. Confer Drusium Quæst. Ebr. Lib. II. Qu. 26. — *בָּשָׁן, *Basan.* No-
b men proprium. Deut. XXXII. 14. υἱῶν ταύρων. Ita verterunt, non quod Basan taurum significare crediderint, sed quod Hebr. locutionem obscuriorem magis perspicuam periphrasi reddere voluerint. Nam regionis Basan pascua videntur maxime tauris et bobus alendis fuisse opportuna. — דֹּבֶר, *ductus, mos.* Ies. V. 17. Legerunt כָּאַבִּירִים
c aut ex Koppii sententia כְּפָרִים. — מְרִיא, *pingue.* Ies. XI. 6. — פַּר, *juvencus.* Genes. XXXII. 15. Ies. I. 11. — שׁוֹר, *bos.* Gen. XLIX. 6. Exod. XXI. 28. Deut. XXXIII. 17. De loco Sir. VI. 3., ubi magna est interpretationum varietas, copiose et docte egit Bretschneiderus in notis ad h. l. p. 121. seq. Verba ὡς ταῦρος posita sunt pro ὡς ὑπὸ ταύ-
d ρου, כַּשּׁוֹר loco כְּבְהַשּׁוֹר. Confer v. 3.

ΤΑΦΕ'Θ, alias Τοφὲθ et Τωφὲθ, ipsa vox Hebr. תֹּפֶת, *tympanizatio,* a תֹּף, *tympanum,* locum designans in valle filiorum Ennom ad orientem montis Sion, ubi sub clamore tympanorum cremabantur pueri, qui Molocho offerebantur. Jerem. VII. 29. 30. XIX. 14. Præterea le-
e gitur 2 Reg. XXIII. 10. ubi in cod. Alex. Θαφθὰ scribitur.

ΤΑΦΗ', *sepultura,* etiam *locus, ubi aliquis occiditur.* הֲרֵגָה, *occisio.* Jerem. XIX. 6. Loco τῆς ταφῆς alii ibi habent τῆς σφαγῆς. — חָנוּט part. Pah. *aromatibus conditus.* Gen. L. 3. — מִשְׁכָּב, *cubile.* Ies. LVII. 2. Per *cubile* h. l. *sepulchrum* intellegendum esse, ex omni orationis serie luculenter apparet. — קָבוֹר infin. *sepeliendo.* Deut. XXI. 23. — קְבוּרָה, *sepultura* et metonymice *sepulchrum.* Deuter. XXXIV. 6. 2 Par. XXVI. 23. Cohel. VI. 3. et alibi. — קֶבֶר, *sepulchrum.* Job. XVII. 1. Ies. LIII. 9. (ubi ταφὴ de *cruce* explicant, coll. Plauto Mil. Glorios. II. 4. 19. Adde Cupen Lib. I. Obss. cap. 7.) Ez. XXXII. 23. Nah. I. 14. τὰ γλυπτὰ καὶ χωνευτὰ θήσομαι ταφήν σου, inter medias aras et ante statuas deorum tuorum *interficieris* a filiis tuis. V. antecedentia. Sirac. XL. 1. ubi verba εἰς ταφῇ manifesto corrupta sunt, neque sensum fundunt. Uti enim post ἡμέρας in antecedentibus reperitur genitivus ἐξόδου, ita et hic ille necessario requiritur. Lege itaque: ἐπιταφῆς, ad quam veram lectionem nos ducit cod. Alex., qui divisim habet: ἐπὶ ταφῆς, *usque ad diem sepulturæ in terram, omnium matrem.* Non tamen admodum repugnarem, si quis ex Compl. ἐπιστροφῆς legere mallet, mutato tamen ordine verborum, ἕως ἡμέρας ἐπιστροφῆς, *usque ad diem reditus in terram,* etc.

ΤΑ'ΦΟΣ, *sepulchrum,* it. *epulæ sepulchrales.* נֶחָמָה, *consolatio.* Job. VI. 10. εἴη δὲ μου πόλις τάφος: ubi vel legerunt נַחְתִּי a נָחַת, *locus quietis,* aut *locus, ad quem* ... *tur* (aut sec. Eckermannum נַחְתִּי *quies mea*), h. e. *sepulchrum,* vel *sepulchrum* dixerunt *solatium,* ... *solatium affert,* seu: *in quo quis creatur a laboribus ac molestiis hu*... *vitæ.* Cæterum verba ἡ πόλις ... vertenda sunt quoad sensum: ... *lum meum, refugium, ubi tutus* ... — צְחִיחָה, *locus aridus.* P... LXVII. 7. Ita quoque Syrus

Vulgat. Vox Hebr. etiam *locum saxosum ac petrosum* notat, ut adeo *sepulchrum* posuerint, quia olim sepulchra in petris excisa erant. Fortasse tamen legerunt צְרִיחָה, quod vocabulum reperitur 1 Sam. XIII. 6. ubi a LXX per βόθρος redditur. — קָבוּר part. Pah. *sepultus*. Cohel. VIII. 10.—קְבוּרָה, *sepultura*. Gen. XLVII. 30. 1 Sam. X. 2. 2 Reg. IX. 28. et alibi. — קֶבֶר. Genes. XXIII. 4. 20. Jud. VIII. 32. et alibi sæpius. — קֶרֶב, *intestinum*. Psalm. XLVIII. 10. Legerunt קִבְרָם, aut potius sec. Buxtorfium in Anticrit. p. 667. קִרְבָּם ita explicarunt et acceperunt per literarum transpositionem, ut et alii quidam interpretes, quos laudant Kimchius et Abenesra in suis Commentariis. Tob. IV. 18. ἔκχεον τοὺς ἄρτους σου ἐπὶ τὸν τάφον τῶν δικαίων: ubi τάφος *epulas sepulchrales* notare videtur, ut quoque legitur apud Homerum Il. Ψ, 29. Odyss. Γ, 309. Hesych. τάφος, τὸ γινόμενον περίδειπνον ἐπὶ τῇ τῶν κατοιχομένων τιμῇ. Tob. VI. 15. εἰς τὸν τάφον. Vulgat. *ad inferos*.

ΤΑ'ΦΡΟΣ, *fovea, fossa, scrobs*: *fovea, quæ fit ad munitionem, vallum, agger*. פֶּתַח, *janua*, h. l. *gladius*. Mich. V. 6. Admodum inepte: quanquam non ignoro, vocem Hebr. *quamvis aperturam*, adeoque etiam *foveam* notare, *quæ est apertura terræ*. Fortasse autem literis transpositis legerunt פַּחַת. Suidas: τάφρος, τὸ περὶ τὸ τεῖχος ὄρυγμα. Ita et Lex. Cyrilli MS. Brem. Hesych. Τάφρος, ἐπιμήκες ὄρυγμα ἔξωθεν τοῦ τείχους γινόμενον πρὸς ἔκπληξιν πολεμίων.

ΤΑ'ΧΑ, *forsitan, fortasse*. Sap. XIII. 6. (τάχα πλανῶνται) XIV. 19. Confer Rom. V. 7. Suidas: τάχα, ἴσως. Vide quoque Lexicon N. T. s. h. v.

ΤΑΧΕ'ΩΣ, *cito, celeriter*. הִרְגִּיעַ Hiph. *momentum transigo*. Jer. L. 44. — מִהַר Pih. *festino*. Jud. IX. 48. Ies. VIII. 3. Inc. Psalm. XV. f
3. — מַהֵר, *festinus*. Prov. XXV. 8. —מְהֵרָה, *festinatio*. 2 Sam. XVII. 18. 21. — בִּמְהֵרָה, *in festinatione*. Cohel. IV. 12. — מָהַר Kal. Symmach. Psalm. XV. 3. Sap. VI. 5. *mox*. Sapient. XIV. 15. *præmature*. Sap. XIV. 28. *temere, præpostere*, quia, quæ celeriter fiunt, temere peragi soleant.

*ΤΑΧΙ'ΖΩ, *festino*, propr. *festi-* g
nare facio. לַמְנַצֵּחַ. Inc. Hab. III. 18. ταχίσας κατεπαύσατο. נִצַּח notat quoque *in cursu vincere*.

ΤΑΧΙΝΟ'Σ, *citus, celer, velox*. מָהִיר, idem. Aqu. Symm. Psalm. XLIV. 2. ταχινοῦ. — מִהַר Pih. Ies. LIX. 7. ταχινοὶ δὲ πόδες αὐτῶν, veloces autem pedes eorum. Lex. Cyrilli MS. Brem. ταχινοί, ὀξεῖς, γοργοί. — נִמְהָר part. Niph. Hab. h
I. 6. Sap. XIII. 2. Sir. XVIII. 26. πάντα ἐστὶ ταχινὰ (*subita*) ἔναντι κυρίου, i. e. *omnia simul videt et cognoscit Deus*. Sirac. XI. 22. ἐν ὥρᾳ ταχινῇ, *brevi tempore*. Nam quæ sunt velocia, brevi vel adveniunt vel abeunt.

ΤΑ'ΧΙΟΝ, adv. comparat. *citius, celerius*. Sap. XIII. 9. 1 Macc. II. 40. Confer 1 Tim. III. 14. Hebr. XIII. 19. 23. et quæ ex profanis i
notat Grævius ad Luciani Solœcist. p. 751. Vide quoque Lexicon N. T. s. h. v.

ΤΑ'ΧΙΣΤΟΣ, adject. superlat. *citissimus, celerrimus*. 1 Maccab. XI. 22. ut convenirent εἰς Πτολεμαΐδα τὴν ταχίστην, in Ptolemaide *cito* seu *quam citissime*.

ΤΑ'ΧΟΣ, *celeritas, pernicitas, velocitas*. *בִּיעָף, *in lassitudine*. Dan. IX. 21. τάχει sec. cod. Chis. Recte

a Nam יָעֵף h. l. *celeritatem* notat, coll. rad. Arab. وغف, *celeriter latus est.* — מִדְבָּר, *desertum.* Ez. XXIX. 5. ἐν τάχει. Videntur legisse הַמְּהֵרָה vel בִּמְהֵרָה. — *מַהֲמֹרוֹת, *foveæ.* Inc. Ps. CXL. 11. μετὰ πολλοῦ τάχους. Legerunt בִּמְהֵרוֹת, extrito Mem altero. — מִהֵר Pih. *festino.* 1 Reg. XXII. 9. 1 Par. XII. 8. Ies. V. 19. — *מַהֵר,
b *festinus.* Deut. VII. 4. 22. IX. 3. 12. — מְהֵרָה, *festinatio.* Numer. XVI. 46. ἀπένεγκε τὸ τάχος (pro κατὰ τὸ τάχος) εἰς τὴν παρεμβολὴν, apporta *celeriter* in castra. Vide et Jos. X. 6. XXIII. 16. Jud. IX. 54. Jos. VIII. 19. ἐν τάχει, *celeriter.* — *מִי רָאָהוּ, *quis viderit eum?* 1 Sam. XXIII. 22. ἐν τάχει: quasi legissent מַהֲרוּ, *festinate.* — מְעַט,
c *parum.* Psalm. II. 13. ἐν τάχει, *cito.* Conf. Sir. XXVII. 3. et Act. XII. 7. XXII. 18. — רֶגַע, *momentum.* Ps. VI. 10. διὰ τάχους, *cito, repente.* Sirac. XI. 21. διὰ τάχους ἐξάπινα, *celerrime e vestigio.* Sic בְּפֶתַע פִּתְאֹם Num. VI. 9. seu קַל מְהֵרָה Joël. IV. 4. Similiter apud Latinos *repente celeriterque* (Cæs. Bell. Gall. I. 52.) et *repente e vestigio.*
d 1 Macc. VI. 27. διὰ τάχους, *celeriter.* Sap. XVIII. 14. ἐν ἰδίῳ τάχει. Vulg. *in suo* (celeri) *cursu.* Hes. διὰ τάχους, συντόμως.

*ΤΟ' ΤΑ'ΧΟΣ, adverb. *celeriter.* Exod. XXXII. 7. τὸ τάχος κατάβηθι: ubi nihil in textu Hebr. respondet. Locus est in Concord. Trommii omissus. Hesych. τὸ τάχος, συντόμως.

e ΤΑΧΥ', *cito, celeriter.* הִרְגִּיעַ Hiph. *momentum transigo.* Ies. LI. 5. Jer. XLIX. 18. — מִהֵר Pih. Gen. XXVII. 20. Ps. LXVIII. 21. Ies. XLIX. 17. — מַהֵר. Exod. XXXII. 8. Deut. IV. 26. et alibi. Symm. 1 Sam. XXVIII. 20. — מְהֵרָה. 2 Sam. XVII. 16. Psalm. XXXVI. 2. et alibi. — *עִתָּה, *tempus ejus.* Ies. XIII. 22. Legerunt
f עַתָּה, *nunc.* Præterea legitur Prov. XX. 25. ubi nihil est in textu Hebraico. Schultensius in Opp. Min. pag. 338. tamen retulit ad vocem לוּעַ, coll. Arab. ولع, *avide et leviter rem aggredi,* aut لغا, *temere aliquid effutire.* Potest autem ταχὺ etiam per *temere* verti: nam qui cito agit, sæpe temere agit. Vide supra s. v. ἴδιος.
g

ΤΑΧΥ' ΠΟΙΕ'Ω, *celeriter facio.* הֵקַל Hiph. a קָלַל, *allevo, levem reddo.* Ies. IX. 1. ταχὺ ποίει.

ΤΑΧΥΝΟ'Σ ΕΙ'ΜΙ', *celer sum, accelero.* מִהֵר Pih. idem. Prov. I. 16. ubi loco ταχινοὶ alii ταχινοὶ habent.

ΤΑΧΥ'ΝΩ, *accelero, propero, festino,* intransitive et transitive. הֵקַל Hiph. a קָלַל, *allevo, levem reddo.* Symm. et Reliqui Ies. IX. 1. ἐτάχυνε. Sed versio hæc, aliena quippe ab ingenio Symmachi, Aquilæ potius tribuenda videtur. — מִהֵר Pih. Genes. XVIII. 7. XLI. 32. Symm. 2 Reg. IX. 13. 30. Psalm. XV. 4. — מְהֵרָה. Ps. XXX. 2. — *מַהֵר לִמְצֹא, *festino ad inveniendum.* Genes. XXVII. 20. sec. cod. Oxon. Vide et Sirac. XLIII. 15. 1 Macc. II. 35. ταχύνειν πόλεμον, accelerare impetum hostilem, prœlio summa cum celeritate ac contentione urgere.

ΤΑΧΥ'Σ, *celer, citus, citatus,* it. *promtus, peritus, versatus.* אָץ, *celer.* Prov. XXIX. 20. ἄνδρα ταχὺν ἐν λόγοις, *virum præproperum in sermonibus.* Confer Sirac. IV. 32. ubi

a juxta cod. Alex. legitur: *μὴ γίνου
ταχὺς ἐν τῇ γλώσσῃ σου*: quæ Latinus vertit: *noli citatus esse in lingua tua.* Huic opponitur Jac. I.
19. *βραδὺς εἰς τὸ λαλῆσαι, tardus ad
loquendum.* — הִרְגִּיעַ Hiph. *momentum transigo.* Prov. XII. 20.
μάρτυς ταχὺς, ubi pro אַרְגִּיעַ, *quiescere faciam*, legerunt מַרְגִּיעַ, et
tribuerunt huic voci notionem *ce-
b leritatis*, quam olim vere habuisse
vel ex subst. רֶגַע, *momentum*, apparet. Vulg. *repentinus.* — מָהִיר.
Esdr. VII. 5. *γραμματεὺς ταχὺς ἐν
νόμῳ Μωσῆ*, scriba in lege Mosis
versatus. — מִהֵר Pih. Jer. XLVIII.
16. — מַהֵר. Soph. I. 15. — מְמַהֵר
part. Pih. Mal. III. 5. — קַלֵּל, *levis sum.* Nah. I. 14. *ὅτι ταχεῖς ἰδοὺ
ἐπὶ τὰ ὄρη οἱ πόδες εὐαγγελιζομένου*,
c quia veloces ecce in montibus sunt
pedes ejus, qui læta affert. Ita
enim verba, *ὅτι ταχεῖς*, quæ vulgo
cum antecedentibus conjunguntur,
ad sequentia pertinere putat Is.
Vossius de LXX Intt. p. 80. eamque lectionem Tertullianum contra
Marcionem IV. 14. confirmare docet. Cæterum pro קַלּוֹתָ, *vilis, despectus fuisti*, legerunt cum Chal-
d dæo קַלּוֹת, a קַל, *levis, velox.* Sir.
V. 13. *γίνου ταχὺς ἐν ἀκροάσει σου
ἀγαθῇ*, esto velox in auditione tua
bona. Conf. Jac. I. 19. Vulgat.
mansuetus. Legit *πραῢς* vel *πρᾶος*.
Sir. XXI. 24. *πούς μωροῦ ταχὺς εἰς
τὰς οἰκίας*, stultus irrumpit in do-
mos, ut curiose et impudenter scru-
tetur et audiat, quid in ea agatur.

*ΤΑΧΥ'ΤΕΡΟΣ, comp. *celerior.*
קַלַּל, seq. מִ. Symm. Job. VII. 6.
ταχύτεραι ὑφάσματος. Ita enim legendum.

ΤΑΩ'Σ, *pavo.* Athen. IX. p. 397.
E. Scribitur quoque Ταῶς, item
Ταών. V. Eustath. in Il. Β', pag.
261. 55. Nomen habet *ἀπὸ τῆς τά-
σεως τῶν πτερῶν, ab extensione pennarum.* רָחָם, *vultur.* Inc. Lev. XI.
18. — תּוּכִּיִּים, plur. *pavones.* Cf.
Simonis Lex. Hebr. p. 1745. Al. f
2 Paral. IX. 21. Vocem hanc ex
Persarum lingua derivat Relandus
Diss. Miscell. P. I. p. 231. Conf.
idem Ps. II. p. 249.

*ΤΕ', *et, atque, que.* Sap. VIII.
19. Ep. Jerem. v. 51. — *autem.* 3
Macc. I. 12. Ep. Jer. v. 46. 54. —
Ante *καὶ* significat *pariter.* Sap. VII.
16. 3 Macc. I. 4. 20. III. 23. — *τε
— τε tum — tum.* Sap. VII. 13.

ΤΕ'ΓΟΣ, *tectum*, vel *cubiculum in* g
superiore domus parte, domus parva.
קֻבָּה, *tectum concameratum, quo lectus circumdatur.* Aqu. Num. XXV.
8. Τέγος et στέγος confunduntur in
Ep. Jerem. v. 11. Suidas: *τέγος,
στέγη, ἢ ὑπερῷον, δωμάτιον, οἰκία πρόσ-
γειος.* Sic et Lexic. Cyrilli MS.
Brem. *Τέγος, στέγη, οἴκημα, ὑπερῷον.*

ΤΕΙ'ΝΩ, *tendo, intendo, extendo.*
אָחַז, *prehendo.* Esth. I. 6. — דָּרַךְ, h
calco. 1 Par. V. 18. VIII. 40. Jer.
L. 14. LI. 3. — רָבַד, *insterno.*
Prov. VII. 16. Ezech. XXX. 22.
*τοὺς βραχίονας αὐτοῦ τοὺς ἰσχυροὺς καὶ
τοὺς τεταμμένους* vel juxta al. *τεταμέ-
νους*, brachia ejus robusta et *exten-
sa.* In textu Hebr. nihil pro hac
voce legitur. Sir. X. 1. sec. Compl.
ἡγεμονία συνετοῦ τεταμένη ἔσται. Vulg.
principatus sensati stabilis erit. Nam i
τεταμένον notat, *quod diu durat ac
perenne est.* Alii libri habent *τε-
ταγμένον.* Voces has sæpius esse
permutatas, exemplis idoneis docuit
Abreschius in Dilucid. Thucyd.
Auctario p. 426. Hesych. *τεταμένον,
ἡπλωμένον.*

ΤΕΙΡΕ'Ω, *tero, contero.* שׁוּף,
idem. Al. Gen. III. 15. *τειρήσεις* et
τειρήσει. Sed vera lectio est *τρίψει*,
quam habet Cod. Coisl. eraso interpretis nomine.

ΤΕΙΧΗ'ΡΗΣ, *muratus, mœnibus
conclusus, muro cinctus, qui se in-*

a *tra muros continet.* בָּצוּר, *munitus.*
Deut. IX. 1. 2 Paral. XXXII. 1.
Jer. IV. 5. — חוֹמָה, *murus.* 1 Reg.
IV. 13. — מִבְצָר, *munitio.* Jos.
XIX. 35. Jer. IV. 5. sec. cod. Vat.
Sed τειχήρεις ibi est ex alio inter-
prete ductum. — מַחֲנֶה, *castra.*
Num. XIII. 20. — מָצוֹר, *munitio.*
2 Paral. XI. 4. — מְצוּרָה, idem.
2 Paral. XI. 9. XIV. 6. Suidas:
b Τειχήρεις, τετειχισμένους.

*ΤΕΙΧΗΡΟ'Σ, idem. מִבְצָר, *mu-*
nitio. Inc. sec. ed. Rom. Jerem. IV.
5. τειχηράς.

ΤΕΙΧΙ'ΖΩ, *murum ædifico* seu
struo, muro cingo. בָּצוּר, *munitus.*
Deut. I. 28. Hos. VIII. 14. — גָּדַר,
maceriem struo, murum duco. Arab.
جَدَرَ, *parietem circumduxit, pa-*
riete circumducto munivit. Symm.
c Ies. LVIII. 12. τειχίζων. — חוֹמָה,
murus. Lev. XXV. 29. — מִבְצָר,
munitio. Num. XXXII. 17. Symm.
1 Sam. VI. 18. Inc. Hos. X. 14.
— מְצָדָה, idem. Ezech. XXXIII.
27. — מְצוּרָה, idem. 2 Par. XXI.
2. — עָטַר, *circumcingo, circumclu-*
do. Symm. Ps. V. 13. ἐτείχισας, ubi
τειχίζειν metaph. *tueri, defendere*
notat. — רֹכֵל, *mercator.* Ezech.
d XVII. 4. πόλιν τετειχισμένην. Aut
libere verterunt, aut vere voci Hebraicæ hanc notionem tribuerunt,
quam habere potest, quia רָכַל proprie *circumire* significat. — *שׁוּרָה,
nomen propr. 1 Sam. XXVII. 8.
τετειχισμένων. Deduxerunt a שׁוּר,
murus.

ΤΕΙ'ΧΙΣΜΑ, *munimentum, muni-*
tio. מָצוֹר, idem. Jer. X. 16. sec.
e ed. Compl.

ΤΕΙΧΙΣΤΗ'Σ, *murarius, cæmen-*
tarius. גֹּדֵר, *obsepiens, maceriem*
struens. 2 Reg. XII. 12.

ΤΕΙ͂ΧΟΣ, *murus.* *בָּצְרָה, *Bosra.*
Nomen proprium. Amos I. 9. Legerunt בְּצָרָה. — גַּג, *tectum.* Ez.
XL. 14. ἀπὸ τοῦ τείχους. Lege ἀπὸ
τοῦ τέγους. Pari enim tinnitu aures
Græcas feriunt tria hæc vocabula,
τοῖχος, τεῖχος et τέγος. — גְּדוֹת plur. f
ripæ. Ies. VIII. 7. περιπατήσει ἐπὶ
πᾶν τεῖχος ὑμῶν. Forte legendum
χεῖλος; nam ex Scripturæ S. usu
loquendi *labium fluminis* est ejus
ripa. Sed ripa quoque *murus flu-*
minis dici potest. Vide quoque infra s. v. חוֹמָה. Michaëlis B. O. T.
XIV. p. 128. statuit, LXX legisse
גִּדְרֹתֶיךָ. — הֹמִיָּה part. fœm. ab
הָמָה, *tumultuans.* Prov. I. 21. ἐπ' g
ἄκρων τε τειχέων. Legerunt חֹמִיּוֹת a
sing. חֹמוֹת, ad formam אֲחִיּוֹת ab
אָחוֹת, *soror,* quam lectionem præfert Vogelius. — *דָּיֵק, *vallum.* 2
Reg. XXV. 1. Ad hanc vocem re-
ferendæ mihi quoque videntur voces τείχει et τοίχῳ, quas Symmacho
et Aquilæ tribuit Eusebius Onom.
s. v. δεσέκ. ubi vid. Bonfrerium. —
חוֹמָה. Exod. XIV. 29. τὸ δὲ ὕδωρ h
αὐτοῖς τεῖχος, aqua autem illis murus, sc. erat. Videtur huc Albertio
in Peric. Crit. c. 1. p. 1. respexisse
Heliodorus, quando in Eroticis
suis, quæ vulgo Æthiopica dicuntur, Lib. I. p. 11. de quodam Æ-
gypti tractu ejusque incolis scribit:
τῷ μὲν ὕδατι πάντες ὡς ἄντι τείχει χρώ-
μενοι. Zach. II. 5. ἐγὼ ἔσομαι αὐτῇ,
λέγει κύριος, τεῖχος πυρὸς κυκλόθεν, ego
ero illi, inquit Dominus, murus ig-
neus in circuitu. Similiter Callimachus Hymn. in Delum v. 23.
seq. Apollinem tanquam murum
illius celebrat. Alias principes et
heroës muri sub emblemate desig-
nantur. Vide Ewaldi Emblem.

Sacr. P. II. p. 525. In Gloss. MSS. in Proph. τεῖχος procul dubio ex Zach. l. c. exponitur πύργος ἀσφαλής. Aqu. Theod. Ezech. XL. 5. — חִילָה, *dolor*. Job. VI. 10. Videntur legisse חַיִל. — *חֵמָה, *ira*. Ies. XXVII. 4. Legerunt חוֹמָה, *murus*. — חַמָּה, *sol*. Ies. XXIV. 23. Hic quoque legerunt חוֹמָה, *murus*. — חָרוּץ, *fossa* (ex usu linguæ Chald.), qua etiam urbes muniri solent. Al. Dan. IX. 25. — מְצוּרָה, *munitio*. 2 Par. XI. 10. ὠχύρωσεν αὐτὰς τείχεσι, muniverat illas *munitionibus*. Eodem sensu τεῖχος usurpatur Libanio in Basilico p. 133. εἰς δὲ τὸν περίβολον καταχλεισθέντες, οὐδ' ὑπὲρ τοῦ τείχους ἠμύναντο. Vide Spanhemium ad Julian. p. 177. — מָרוֹם, *altitudo*. Al. Jer. LI. 53. τὰ τείχη, *moenia alta*. — נֵד, *acervus*. Exod. XV. 8. ὡσεὶ τεῖχος. Arab. نَدّ inter alia *aggerem* notat. — עִיר, *urbs*. 2 Sam. XX. 16. Fortasse legerunt קִיר, aut putarunt, ob seriem orationis ita h. l. vertendum esse. In Xenoph. Hist. Gr. VII. 5. 8. ἐν τῷ τείχει et ἐν τῇ πόλει permutantur invicem. Pollux Onom. IX. 7. Xenophon τεῖχος οὐ τὸν περίβολον μόνον ἔφη, ἀλλὰ καὶ τὸ ὑπὸ τῷ περιβόλῳ πᾶν. Hesych. Τεῖχος ἄρειον ἀντὶ πόλιν Ἄρεως. — קִיר, *paries*. Num. XXXV. 4. Jos. II. 15. Ez. XXXIII. 30. — *רְחֹב, *platea*. 2 Sam. XXI. 12. sec. ed. Compl. Ita transtulit Inc. Int. ob locum parallelum 1 Sam. XXXI. 12. ubi חוֹמָה diserte commemoratur. — שׁוּר, *murus*. 2 Sam. XXII. 30. Esdr. IV. 12. 13. 16. et alibi. — *שׁוֹר, *bos*. Aqu. Symm. Gen. XLIX. 6. Legerunt שׁוּר. — *שׁוּר, *Schur*, nomen propr. solitudinis Ægypto adjacentis, Genes. XVI. 7. sec. Scholion ed. Rom. τεῖχος ἢ εὐθυσμός, quæ verba illata sunt in Hexapla e Philone Libr. de Profugis p. 479. ed. Francof. τεῖχος δὲ ἢ εὐθυσμὸς ἑρμηνεύεται Σούρ. — שַׁעַר, *porta*. Nehem. XII. 38.

ΤΕΙ̃ΧΟΣ ΠΕΡΙΒΑ'ΛΛΩ, *murum circumjicio* vel *circumdo*. הִתְגָּרָה Hithp. *misceo bellum*. Proverb. XXVIII. 4. Jaegerus ad h. l.: Quia τεῖχος περιβάλλουσι, non modo sui defendendi gratia, sed hostium etiam coërcendorum et oppugnandorum, dictionem ipsam existimes provenisse potius a גָּדַר, *sepire*, quam a גָּרָה, *bellum concitare*. Cf. Ælian. V. H. VI. 12.

ΤΕΙ̃ΧΟΣ ΚΑΙ' ΠΡΟΤΕΙ'ΧΙΣΜΑ, *murus et antemurale*. חֹמֹתַיִם dual. *duo muri*. Al. Jerem. XXXIX. 4.

ΤΕΚΜΗ'ΡΙΟΝ, *signum*, *testimonium*, *argumentum*, *ratio*. Sap. V. 11. XIX. 13. 3 Macc. III. 24. διὸ καὶ τεκμηρίοις καλῶς πεπεισμένοι, τούτους δυσνοεῖν ἡμῖν, quare *argumentis* satis persuasi, hos nobis male velle. Sic legitur apud Dion. Cass. L. VI. p. 1052. Reim. Xenoph. Mem. I. 1. 2. Hesych. τεκμήριον, σημεῖον ἀληθές. Suidas: τεκμήριον, ἀληθινὸν σημεῖον ἢ τὸ ἄλυτον. Schol. Aristoph. in Equit. v. 33. τεκμηρίῳ, παραδείγματι, μαρτυρίῳ.

ΤΕ'ΚΝΟΝ, *filius*, et in plur. τὰ τέκνα, *liberi*. אוֹן, *robur*, *virilitas*. Deut. XXI. 17. Gen. XLIX. 3. ἀρχὴ τέκνων μου. Bene. Nam principium roboris est descriptio primogenituræ aut primogenitorum. Ps. LXXXVIII. 51. et CV. 36. — אַחֲרִית, *posteritas*. Ps. CVIII. 12. Jerem. XXXI. 17. — בַּיִת, *domus*, it. *familia*. 1 Reg. XVII. 15. — בֵּן, in plur. בָּנִים. 1 Sam. XIV. 32. τέκνα βοῶν, *filii boum*, h. e. *vituli*.

Conf. Vorstii Philol. Sacr. P. I. c. 15. Hos. II. 4. *τέκνα πορνείας*, *spurii*. Hos. X. 9. τὰ τέκνα ἀδικίας, filii iniquitatis, h. e. *iniqui*, *pravi*. Confer Vorstii Philol. S. P. II. c. 24. Joël. II. 23. τὰ τέκνα Σιὼν, *incolæ* Sion. Vide et Zach. IX. 13. et confer Matth. XXIII. 37. Luc. XIX. 44. Gal. IV. 25. et Vorstium lib. cit. ac notata infra in v. *υἱός*. Symm. Job. V. 7. τέκνα γυπὸς, h. e. *pulli vulturis*. Sic Græcos alias, si brutorum animantium pullos designare velint, solere uti vocibus τέκος et τέκνον, multis exemplis docuit Gatakerus de Stylo N. T. c. 16. Inc. Jos. XXII. 28. — בְּעִיר, *jumentum*. Inc. Num. XX. 4. sine dubio ex aliis SS. locis. — בַּר. Prov. XXXI. 2. — דּוֹר, *generatio*. Jos. XXII. 27. — הִשְׁרִישׁ Hiph. *radices ago*. Ies. XXVII. 6. *Radices agere* apud S. S. notat *multos liberos ac posteros habere*. Vide Hexapla. — *זֶרַע, *semen*, *posteri*. Genes. XV. 3. sec. Compl. — טַף, *parvulus*. Deut. II. 34. III. 6. 19. XXIX. 11. — יִלֹּד, *natus*. Ies. LVII. 4. τέκνα ἀπωλείας, h. e. pernicie et exitio *digni*. Eodem sensu Judas vocatur υἱὸς τῆς ἀπωλείας apud Joh. XVII. 12. et Antichristus 2 Thess. II. 3. Conf. vocem ἄξιος post בְּנֵי מָוֶת, et Vorstium lib. cit. p. 50. seq. Sic et τέκνα ὀργῆς Eph. II. 3. sunt *pœna digni*, ubi vid. Wolfius p. 44. Hos. I. 2. τέκνα πορνείας, *spurios*. — *נָוֶה, *habitaculum*. Hos. IX. 13. τὰ τέκνα, ubi pro בְּנָוֶה, *in habitaculo*, legerunt בְּנֵיהֶם. — עוֹל, *jugum*. 1 Sam. VI. 7. δύο βόας πρωτοτοκούσας ἄνευ τῶν τέκνων, duas vaccas, quæ primum pepererunt, s. lactantes, sine vitulis. Forte legerunt עֶגֶל, *fœtus lactens*. — עוֹלֵל, *puerulus*. Ies. XIII. 16. — פְּרִי בֶטֶן, *fructus ventris*. Ies. XIII. 18. — צֶאֱצָאִים plur. *propagines*. Job. V. 25. XXI. 8. Ies. XLIV. 3. Sap. XVI. 21. τέκνα Θεοῦ, *Judæi*.

ΤΕΚΝΟΠΟΙΕ΄Ω et ΤΕΚΝΟΠΟΙΕ΄ΟΜΑΙ, *liberos procreo*, *gigno*, *pario*, *suscipio*. בָּנָה, *ædifico*. Inc. et LXX Gen. XVI. 2. (ubi loco τεκνοποιήσωμαι Philo Opp. T. I. p. 519. et 521. habet τεκνοποιήσῃς). Ib. XXX. 3. Sæpius in V. T. *ædificare* metaphorice ponitur pro *liberos procreare* s. *gignere*. Ex liberis enim familia instar domus ædificatur et conservatur. — וָלָד, *proles*. Genes. XI. 30. — יָלַד : הוֹלִיד, Kal et Hiph. Ies. LXV. 23. Jer. XXIX. 6. — הָרָה וְיוֹלֶדֶת, *gravida et puerpera*. Jerem. XXXI. 8. — יְלָדֹת, eo. Jerem. XII. 2. Permutarunt יְלָדֹת cum יָלַד.

ΤΕΚΝΟΦΟ΄ΝΟΣ, *liberos occidens seu interficiens*, *liberorum interfector*. Sap. XIV. 23. τεκνοφόνους τελετὰς, sacrificia, *in quibus liberi occidebantur vel immolabantur*.

ΤΕΚΝΟ΄Ω, Ω΄, et τεκνόομαι, οῦμαι, *liberos suscipio*, *liberos procreo*, *genero*, *gigno*, *pario*. בָּנָה, *ædifico*. Symm. Gen. XVI. 2. εἴπως τεκνωθῶ, si *liberos suscipiam*. Vide supra s. v. τεκνοποιέω. — יָלַד. Exod. XXI. 4. τεκνοῖ αὐτῷ υἱοὺς καὶ θυγατέρας, *pariat* illi filios et filias.

ΤΕΚΤΑΙ΄ΝΩ et ΤΕΚΤΑΙ΄ΝΟΜΑΙ, *fabrico*, *struo*, *molior*, *machinor*. Proprie est *fabrorum*, *qui ligna parant*, sed deinde *ad omnis generis artifices et rerum inventores* transfertur. Confer Ez. Spanhem. ad Aristoph. Plut. v. 163. הֵשִׁית Hiph. a שׁוּת, *pono*. Prov. XXVI. 24. ἐν δὲ τῇ καρδίᾳ τεκταίνεται δόλους, in corde autem *machinatur* fraudes. *Dolum habere repositum in pectore* nihil aliud est quam *machinari fraudes*. — חָרַשׁ, *aro*, it. *fabrico*

a Ps. CXXVIII. 3. ἐπὶ τὸν νῶτόν μου ἐτέκταινον, super dorsum meum fabricabant. Hesych. Ἐτέκτονον (ita scriptum videtur pro ἐτέκταινον), κατεσκεύαζον οἱ τέκτονες. Prov. III. 29. μὴ τέκταινε ἐπὶ σὸν φίλον κακὰ, ne moliaris in amicum tuum mala. Aqu. Symmach. Theod. Prov. XII. 19. Conf. Sir. XI. 34. XXVII. 22. — חָרַשׁ, faber. Ezech. XXI. 31. τεκ-
b ταινόντων. — פָּעַל, operor. Al. Ps. LXVII. 31. ἐτεκτήνατο, operatus es. — שָׁחַר, mane quæro. Prov. XI. 27. τεκταινόμενος ἀγαθὰ, *parans s. moliens* bona. Dubium esse videtur Vogelio ad h. l., num ex conjectura aut lectionis varietate ita transtulerint. Si posterius, legisse ei videntur חָרַשׁ. Sed non cogitasse videtur, שָׁחַר metaphorice notare *studiosum*
c *esse, diligentem operam dare,* sicut et nos formula früh aufstehen, *to be an early riser,* uti solemus. Hes. et Suidas: τεκταινόμενος, κατασκευάζων. Baruch. III. 11. οἱ τὸ ἀργύριον τεκταίνοντες sunt aut *argentum fabricantes, argenti fabri,* aut *qui argentum omni ratione comparant et cumulant.* Cæterum cum τεκταίνοντες l. l. conjungendum est μεριμνῶντες, ita
d ut hoc adverbialiter sumendum ac vertendum sit: *summa cum cura.*

ΤΕΚΤΟΝΙΚΟ'Σ, *ad fabrum pertinens, fabrilis.* חֲרֹשֶׁת, *fabrefactura.* Exod. XXXI. 5. τὰ τεκτονικὰ τῶν ξύλων ἐργάζεσθαι, *ligna fabricare.*

ΤΕ'ΚΤΩΝ, *faber, artifex.* חָרָשׁ, idem. 1 Sam. XIII. 19. 2 Sam. V. 11. Esdr. III. 7. et alibi sæpius. — חֹרֵשׁ part. *fabricans.* 1 Reg.
e VII. 14. — *חֶרֶשׂ, *testa.* Symm. Job. XLI. 22. Legit חָרָשׁ, *faber.* Suidas: τέκτων, κοινὸς τεχνίτης, ὁ λαοξόος καὶ ὁ τῶν ξύλων εἰδήμων. Gloss. Cyrilli et Philoxeni: τέκτων, *faber, faber tignarius, lignarius, materiarius.* Et Græcus Gaii Interpres in Pandectis l. 235. §. 1. de V. S. τέκτονας ξύλων οὐ μόνον λέγομεν τοὺς τὰ ξύλα πελεκοῦντας, ἀλλὰ πάντας τοὺς οἰκοδομοῦντας. Confer C. S. Schurz- f
fleischii peculiare de hac voce Philologema Viteb. 1688. §. 6. ac Lexicon N. T. s. h. v.

ΤΕΛΑΜΩ'Ν, *lorum ensis et id, ex quo scutum pendet, vinculum, fascia, ligamen,* it. *vitta.* אֲפֵר, *velamen, fascia:* coll. Chald. מַעְפְּרָא, *sudarium.* 1 Reg. XX. 38. κατεδήσατο ἐν τελαμῶνι τοὺς ὀφθαλμοὺς αὐτοῦ, ligabat *fascia* oculos suos. Secundum Cappellum in Crit. Sacra p. 578. g
legerunt אֵפֹד, quod notat *lineum quid,* unde *vittam* reddiderunt. Vide tamen ad h. l. Scharfenbergium ac Buxtorfii Anticrit. p. 668. Fortasse legerunt פְּאֵר usu Syriaco. Vide et 1 Reg. XX. 41. Gloss. MS. in Lib. 3 Reg. ἀφεῖλε τὸν τελαμῶνα, ἤγουν τὸν λῶρον. In Cod. Fabric. corrupte legitur Ἀφεῖλε τὸν τελάμωνα, σὺν τῷ σποδῷ τὸν τελάμωνα. — שְׁבִיסִים plur. masc. *plectæ,* τὰ ἐμπλόκια, ut h
LXX interpretati sunt. Aqu. Ies. III. 18. ubi vid. Montf. Hesych. τελαμὼν, λῶρος, καὶ ὁ ἀναφορεὺς τοῦ ξίφους, καὶ, τῆς ἀσπίδος, ἢ δεσμὸς, ἢ φασκία. Conf. Steph. le Moyne Obss. ad Var. Sacr. p. 300. seq.

ΤΕ'ΛΕΙΟΣ, *perfectus, integer, sincerus.* אַשְׁרֵי plur. constr. *beatitates.* Theodot. Sext. edit. Ps. I. 1. Deduxerunt a יָשַׁר, quod pariter notionem *pietatis* ac *felicitatis* habet. i
Boeckelio contra in Specimine Clavis, etc. p. 30. verba τέλειος ὁ ἀνὴρ κ. τ. λ. fragmentum non alius versionis, sed glossæ, fortasse ex Psalm. CXIX. 9. repetitæ, continere videntur. — מֵבִין part. Hiph. a בּוּן, *erudiens, magister,* vel *intellegens.* 1 Par. XXV. 8. κατὰ τὸν μικρὸν καὶ κατὰ τὸν μέγαν τελείων καὶ μανθανόντων, minor æque ac major *perfectorum,* h. e. *artem musicam jam penitus intellegentium vel magistrorum in*

a arte illa et discentium. Al. ibi habent: συνιὼν μετὰ μανθάνοντος. Vulgatus reddit: doctus pariter et indoctus. Conf. Elsnerum ad 1 Cor. II. 6. p. 75. — *מְשֻׁלָּם, perfectus, seu: qui veram Dei cognitionem habet. Symmachus Ies. XLII. 19. — רָצוֹן, beneplacitum. Theod. Mal. II. 13. ubi τέλειον notat sacrificium perfectum, h. e. ita comparatum,
b ut præscriptis divinis sit consentaneum, adeoque Deo placeat. Simili ratione רָצוֹן, uti in universum objectum beneplaciti notat, ita h. l. sacrificium significare, quo Deus delectatur, e parallelismo sententiarum luculenter apparet. — שָׁלֵם. 1 Reg. XI. 4. οὐκ ἦν καρδία αὐτοῦ τελεία μετὰ κυρίου, non erat cor ejus sincerum cum Domino. Vide et 1 Reg. XV. 3. 14.
c 1 Par. XXVIII. 9. Dicitur alias καρδία πλήρης. Vide in πλήρης. Aqu. Prov. XI. 1. στάθμιον τέλειον, pondus justum. Symm. Theod. Amos I. 5. — שָׁלוֹם, perfectio, pax. Jer. XIII. 19. — תַּכְלִית, idem. Ps. CXXXVIII. 21. — תָּם. Cant. V. 3. VI. 8. — תֹּם, integritas. Symmach. Theod. Prov. X. 30. τελείῳ. — תָּמִים. Gen. VI. 9. τέλειος ὢν ἐν τῇ γενεᾷ αὐτοῦ, qui
d perfectus erat in generatione sua. Deut. XVIII. 13. τέλειος ἔσῃ ἔναντι κυρίου τοῦ θεοῦ σου, perfectus eris coram Domino Deo tuo. In his locis τέλειος dicitur, qui Latinis alias integer vitæ. Stobæus de tali: Τὸν ἀγαθὸν ἄνδρα τέλειον εἶναι λέγουσιν, διὰ τὸ μηδεμίας ἀπολείπεσθαι ἀρετῆς. Conf. Reiners Diss. de τοῖς τελείοις in Bibl. Brem. Class. IV. p. 957. seq.
e Vide et 2 Sam. XXII. 26. et conf. Sap. IX. 6. LXX alias תָּמִים ὅσιον interpretantur, ut Proverb. II. 21. Amos V. 10. et ἄμεμπτον et ἄμωμον et ἄκακον. — תָּמִים plur. perfectiones. Esdr. II. 63. Plura de hac voce vide in Ott. Lud. Konigsmanni Diss. de vera notione vocis τέλειος. Jen. 1739. 4.

ΤΕ'ΛΕΙΟΣ ΕΙ'ΜΙ', perfectus sum. הִתַּמֵּם Hithp. a תָּמַם, perfectum me exhibeo. 2 Sam. XXII. 26. — *נִגְרַס, confringor. Symm. Psalm. CXVIII. 20. τελεία ἦν. Libere vertit hoc sensu: perfectum s. summum erat desiderium legum tuarum, quem quoque habent verba Hebraica, quæ ad verbum ita sonant: Confracta est anima mea ob desiderium, h. e. summo desiderio teneor.

ΤΕΛΕΙΟ'ΤΗΣ, perfectio. *גּוַע, morior. Symm. Job. XII. 2. ubi plerisque legisse videtur תְּמוּת s. תֹּם, et תֻּמָּה, perfectio. Sed nollem hic numerum variarum lectionum pro lubitu augere. Τελειότης est h. l. finis s. perductio ad finem. — תֻּמָּה. Prov. XI. 3. — תָּמִים, perfectus. Jud. IX. 16. 19. Symm. Deut. XXXIII. 8. Ps. LXXXIII. 13. Reliqui Exod. XXVIII. 30. Aqu. Theod. Lev. VIII. 8. τελειότητες. Vide et Sap. VI. 15. (τελειότης φρονήσεως, summa sapientia et prudentia). XII. 17. ἀπιστούμενος ἐπὶ δυνάμεως τελειότητι, h. e. cum non existimaris summa ac perfecta pollere potentia.

ΤΕΛΕΙΟ'Ω, perficio, absolvo, impleo. הִרְפָּה Hiph. dimitto. Nehem. VI. 3. ὡς ἂν τελειώσω αὐτὸ, sc. ἔργον, cum absolvero illud opus. Opus absolutum dimittitur. — חָתַם, obsigno. Aqu. (?) Dan. IX. 24. τελειῶσαι. Arab. ختم etiam finire, perficere notat, quia epistolæ ad finem perductæ sigillum imprimi solet. — כָּלַל. Ezech. XXVII. 11. — מִלֵּא Pih. compleo. Exod. XXIX. 10. τελειώσεις τὰς χεῖρας Ἀαρὼν, imple manus Aaronis: quæ phrasis serv consecrationi ad munus indicand Hesych. τελειώσεις, ἁγιάσεις. Ex XXIX. 33. τελειῶσαι τὰς χεῖρας τῶν, ad *implendas* manus eorum. Vide et Lev. VIII. 33. XVI. 32. et conf. Glossii Philol. Sacr. Lib. V. Tr. I. cap. 4. p. 1500. ubi phrasin illam idem significare docet, quod *consecrare ad officium sanctum*. Nempe signum et ritus quidam σημαντικὸς consecrationis olim erat, traditio certarum partium de sacrificiis in manus. LXX sec. Hex. 1 Reg. XIV. 10. ἕως τελειωθῆναι αὐτὸν (lege αὐτὴν, scil. τὴν κόπρον), donec stercus *penitus remotum fuerit*. Vulg. *usque ad purum*. — שָׁלֵם, *perfectus*. 2 Par. VIII. 16. — תָּמַךְ, *sustento*. Theod. Psalm. XVI. 6. τελείωσον. Sensum secutus est. — תָּמַם: 1 Reg. VII. 21. XIV. 10. Adde Inc. 1 Sam. XVI. 11. ἐτελειώθησαν, h. e. *num nullus reliquus mansit* aut *restat?* Vulg. *numquid jam completi sunt?* Præterea quoque legitur Levit. IV. 5. ubi ὁ τετελειωμένος sec. cod. Vat. et ὁ τετελεσμένος sec. alios libros videtur esse versio alius interpretis, pertinens illa ad מָשִׁיחַ, *unctus*. Sap. IV. 13. τελειωθεὶς, qui ad culmen sanctitatis evasit. Sir. XXXI. 10. ἐτελειώθη, *integer*, *probus agnitus*, *deprehensus fuit*, coll. 2 Cor. XII. 9. Sirac. L. 21. τὴν λειτουργίαν αὐτοῦ ἐτελείωσαν, ministerium ejus *perfecerunt*.

ἘΓΕΝΗ'ΘΗ ΤΕΛΕΙΩΘΗ͂ΝΑΙ, *factum est, ut perficeretur vel absolveretur*. נַעֲשָׂה Niph. *fio, perficior*. Nehem. VI. 16. ἐγενήθη τελειωθῆναι τὸ ἔργον τοῦτο.

ΤΕΛΕΙ'ΩΜΑ, *perfectio*, *consummatio*. מוּת, *morior*. Aqu. Job. XII. 2. τελειώματα. Legit תְּמוּת, a sing. תֹּם s. תֻּמָּה, *perfectio*, nisi statuere malis, τελειώματα esse h. l. i. q. τέλος, *finis*, *perductio ad finem*.

*ΤΕΛΕΙ'ΩΣ, *perfecte*, *integre*, *omnino*, *prorsus*, *dilegenter*, *summo cum studio*. Sirac. VI. 37. sec. Compl. διανοοῦ ἐν τοῖς προστάγμασι κυρίου τελείως, cogita ac perpende præcepta divina *summo cum studio*. Judith. XI. 6. ubi loco τελείως Bretschneidero legendum videtur τέλειον. 2 Macc. XII. 42. τελείως ἐξαλειφθῆναι, *prorsus* obliniri. 3 Maccab. III. 26. VII. 23. Vide Fischeri Proluss. de Vitiis Lex. N. T. p. 675.

ΤΕΛΕΙ'ΩΣΙΣ, *perfectio*, *impletio*, *consummatio*, et speciatim *consummatio matrimonii*, *nuptiæ*. כְּלוּלוֹת plur. *sponsalia*. Jerem. II. 2. ἐμνήσθην ἐλέους νεότητός σου, καὶ ἀγάπης τελειώσεώς σου, recordabar gratiæ adolescentiæ tuæ, et dilectionis *nuptiarum* tuarum. Sic et alias Græcis nuptiæ τέλος dicebantur. Eustathius ad Il. Λ', p. 832. Ἐκ δὲ τοῦ λοιποῦ τέλους, ὃ σημαίνει τὸν γάμον, τὰ προτέλεια· ὧν χρῆσις μὲν μόνη παρὰ Αἰλίῳ Διονυσίῳ, ἑρμηνεία δὲ παρὰ Παυσανίᾳ, εἰπόντι, ὅτι προτέλεια, ἡ πρὸ τῶν γάμων θέα (leg. θυσία), ἴσως τὰ λεγόμενα θεώρητρα. Ἐκεῖθεν δὲ τέλειοι οἱ γεγαμηκότες, καὶ τελειωθῆναι, τὸ γῆμαι. Suidas: Τέλος δὲ ὁ γάμος. διὸ καὶ προτέλεια ἐκαλεῖτο ἡ θυσία ἡ πρὸ τῶν γάμων γινομένη. Vide in v. τελεία, et conf. eundem in v. προτέλειον, Pollucem Lib. III. c. 3. segm. 38. Hesychium in v. δόμος ἡμιτελὴς, et v. προτέλεια, et qui in not. ad h. l. citantur, Meursium Græc. Feriat. p. 257. et Æschyli Schol. pag. 178. Spohnio ob membrum parallelum τελείωσις h. l. est *ætas perfectior*, *matura*. — מִלֻּאִים plur. *impletiones*. Exod. XXIX. 26. ἀπὸ τοῦ κριοῦ τῆς τελειώσεως, ab ariete *impletionis*, *quo* scilicet *manus implebantur sacerdotum*, *cum initiarentur*. Vide et v. 27. 31. 34. Levit. VIII. 21. 27. Inc. Lev. VIII. 33. — תֻּמִּים plur. *perfectiones*. Al. Nehem. VII. 65. Judith. X. 9. ἐξελεύσομαι εἰς τελείωσιν λόγων, ὧν ἐλαλήσατε μετ' ἐμοῦ, egrediar in *consummationem* verborum, vel *ut perficiam* verba, quæ locuti estis mecum. Confer Luc. I. 45. Aqu. Theod. Lev. VIII. 8. —

a תָּמַם, *absolvor*. Aqu. Deut. XXXI. 24. τελειώσεως αὐτῶν.

ΤΕΛΕΙΏΣΙΣ ἘΠΙΣΧΈΣΕΩΣ, *perfectio retentionis*. עֲצֶרֶת, *detentio*. Samarit. Num. XXIX. 35.

ΤΈΛΕΟΝ, adverbium, *omnino, prorsus*. נֶצַח, *æternitas*. Aqu. Ps. XII. 2. τέλεον. Hieron. *penitus*. 3 Macc. I. 22. οὐκ ἠνείχοντο τέλεον αὐτοῦ ἐπικειμένου, non ferebant illum *omni-*
b *no* instantem. Hesych. τέλεον, τὸ τέλος ἢ πέρας. Confer Joseph. de B. J. IV. 4. 5. T. II. pag. 285. ed. Hav.

ΤΕΛΕΣΙΟΥΡΓΕΏ, *ad perfectionem duco*. Prov. XIX. 7. ὁ πολλὰ κακοποιῶν τελεσιουργεῖ κακίαν, qui multa mala facit, ad perfectionem ducit malitiam. In textu Hebr. pro his nihil legitur.

c ΤΈΛΕΣΜΑ, *finis, extremitas*. קָצֶה, idem. Al. Ps. CXXXIV. 7. ἐκ τελέσματος, *ex extremitate terræ*, h. e. interprete Grotio: *ab omni parte horizontis*, vel: *ab omni latere*, coll. Ps. CXLVII. 8.

ΤΕΛΕΣΦΟΡΕΏ, *ad perfectionem, ad maturitatem duco* seu *perduco*. הֵכִין Hiph. a כּוּן, *apto, paro*. Symmach. Ps. LXIV. 10. τελεσφορήσεις.
d Sc. כּוּן in universum notat: *perfectum aliquid reddere*, unde in tali orationis serie est *ad maturitatem perducere*. Vide ad h. l. Knappium. Hes. τελεσφορεῖ, ἐντελῶς ἄγει. Idem: τελεσφόρος, ὁ τελεσφορῶν καθ' ὥραν τοὺς καρπούς. Confer Wolfium ad Luc. VIII. 14. pag. 640. ac Lexicon N. T. s. h. v. — קָמָה, *seges in culmum erecta*. Al. Ies. XXXVII. 27. ὡς
e ἄγρωστις ἀφανιζομένη πρὸ τοῦ τελεσφορηθῆναι, tanquam gramen perditum, antequam *ad maturitatem venit*. Vide Grabium de Vitiis LXX Intt. pag. 121. et conf. quæ ex Philone notat Alberti in Museo Phil. Theol. Brem. p. 109. Adde 4 Macc. XIII. 19.

ΤΕΛΕΣΦΌΡΟΣ, proprie: *qui ad finem perducit* vel *perducitur* sive *perductus est*. Apud LXX vero aut potius Theodotionem: *prostibu-* f
lum s. *fœmina gentium sacris* vel *mysteriis fornicatione initiata*. Deut. XXIII. 18. οὐκ ἔσται τελεσφόρος ἀπὸ θυγατέρων Ἰσραὴλ, καὶ οὐκ ἔσται τελισκόμενος (πρὸς πᾶσαν εὐχὴν) ἀπὸ υἱῶν Ἰσραήλ. His verbis, quæ absunt a quibusdam editt. et in Grabiana Hypolemniscis notata sunt, eadem verba Hebraica, לֹא תִהְיֶה קְדֵשָׁה מִבְּנוֹת יִשְׂרָאֵל וְלֹא יִהְיֶה קָדֵשׁ מִבְּנֵי יִשְׂרָאֵל, quæ modo ante jam ita reddita fuerant: g
οὐκ ἔσται πόρνη ἀπὸ θυγατέρων Ἰσραὴλ, καὶ οὐκ ἔσται πορνεύων ἀπὸ υἱῶν Ἰσραὴλ, rursus exponuntur. Itaque fortasse ex Theodotione addita, cujus translationem Origenem editioni antiquæ miscuisse, asterisco et obelo omne opus distinguentem, Hieronymus Præfatione in Pentateuchum testatur. Vide Salmasium de L. Hellenist. p. 244. et Grabium de Vitiis LXX Intt. p. 61. Vox ergo h
קְדֵשָׁה, quæ τοῖς ό est πόρνη, Theodotioni τελεσφόρος, et קָדֵשׁ, quæ illis πορνεύων, huic τελισκόμενος exponitur. Conf. quæ ex Hos. IV. 15. allata sunt in v. τελέω post Hebr. קְדֵשָׁה, et Spencerum de Leg. Hebr. Ritual. Lib. II. c. 35. pag. 562. et c. 36. p. 567. seq. Adde Seldenum de Diis Syr. Synt. II. c. 1. p. 237. Non tamen repugnarem, si quis statuere mallet, verba οὐκ ἔσται τελεσφόρος posita esse pro לֹא תָבִיא אֶתְנַן זוֹנָה, et τελισκόμενος pro מְחִיר כֶּלֶב, aut potius ita legere: οὐκ ἔσται (ad Hebr. veritatem ἴσῃ) τελεσφόρος πόρνης, καὶ οὐκ ἔσται τέλος κυνὸς, h. e. *non erit, qui inferat tributum meretricis, et non erit vectigal canis*. Qui legerat τελεσφόρος, incidit in cognatam vocem τελισκόμενος, quum non intellegeret, quid hic esset τέλος κυνός. Cæterum, quomodo alii hanc vocem acceperint, vide apud Is. Vossium de LXX Intt c. 17. p.

e 57. Bonfrerium in Deut. l. c. pag. 1002. Casaubonum ad Baronii Annal. An. 31. n. 17. Flam. Nobilium ad Deut. l. c. aliosque, quos citat Seldenus de Jure Nat. et Gent. Lib. II. c. 5. pag. 179. Cyrillus: τελεσφόροι γε μὴν εἶεν ἂν οἱ πόρους τελοῦντες ὡς ἐξ ἀνάγκης ἑτέροις, καὶ τὰ ἐκ τῆς ἀσελγείας μισθώματα τοῖς πριαμένοις συλλέγοντες. Theodoretus ad Deut.
b l. l. τελεσφόρον ἐκάλει τὸν μυσταγωγοῦντα, τελούμενον δὲ τὸν μυσταγωγούμενον.

ΤΕΛΕΤΗ', *consecratio, initiationis ritus, ipsa initiatio, sacrificium.* Hinc:

ΤΕΛΕΤΑΙ', *sacrificia, mysteria sacra, sacra impura.* מִקְדָּשׁ, *sanctuarium.* Amos VII. 9. αἱ τελεταὶ τοῦ Ἰσραὴλ ἐρημωθήσονται, *sacra im-*
c *pura* Israëlitis evertentur. — קָדֵשׁ, *cinaedus.* Oἱ Γ 1 Reg. XV. 12. ἀφεῖλε τὰς τελετὰς ἀπὸ τῆς γῆς, auferebat *sacra impura* a terra. Vulgat. *effeminatos*, quae interpretatio nonnullis ducere videtur ad τεθηλυμένους: conf. Hesych. et Suidam s. v. θηλυδρίας: ut adeo legendum videatur loco τοὺς τελετὰς (quod nomen in tota Graecia non puto esse) θη-
l λυτὰς, a θηλύνω. Symmach. 2 Reg. XXIII. 7. τελεταί. Conf. Philonis locum e Lib. περὶ τῶν μετονομαζομένων observatum Seldeno de Diis Syr. Synt. I. c. 5. p. 159. Sap. XII. 4. τελετὰς ἀνοσίους, *sacrificia* non sancta. Sap. XIV. 15. 23. τεκνοφόνους τελετὰς, ἢ κρύφια μυστήρια, *sacrificia*, quibus liberi immolabantur, vel occulta mysteria: ad quem locum Grotius: μυστήρια *in arcanis quibusdam vocibus et symbolis consistebant*, τελεταὶ *in victimis.* Sic Diodor. Sic. Lib. I. p. 20. Anton. Liberal. Fab. 10. τελετὰς καὶ μυστήρια, et Augustinus de Civ. Dei Lib. IV. c. 31. *teletas ac mysteria* conjunctim memorat. 3 Macc. II. 30. ἐν τοῖς κατὰ τὰς τελετὰς μεμυημένοις, illis, qui mysteriis initiati sunt. Eodem sensu vocem legimus apud Aelian. V. H. Lib. II. c. 31. et Clementem f Alex. Strom. Lib. V. p. 555. Et mysteria dicta esse τελετὰς, ὡς τελειούσας, καὶ εἰς τὸ τέλειον ἄγουσας τοὺς τελουμένους, docet Maximus, Dionysii Areopagitae Scholiastes, in Ep. 8. §. 6. T. II. p. 120. Confer Idem ad Eund. de Coelest. Hierarch. cap. I. T. I. p. 7. Hesych. τελεταὶ, ἑορταὶ, θυσίαι, μυστήρια. Conf. Lud. Vives et Coqueus ad Augustinum g l. c. p. 477.

ΤΕΛΕΥΤΑΙ'ΟΣ, *finalis, extremus, ultimus, novissimus.* אַחֲרִי. Symm. Cohel. IX. 3. τελευταῖα. — אַחֲרִית, *extremitas.* Prov. XIV. 12. 13. — קָצֶה, *extremitas, finis.* Aqu. Jos. XV. 21. Ps. LX. 3.

ΤΕΛΕΥΤΑ'Ω, sc. βίον, *finio vitam, morior*, ac de morte tam naturali quam violenta adhibetur. גָּוַע, *ex-* h *spiro.* Gen. VI. 17. Job. XXXIV. 15. — מוּת, *morior.* Exod. XIX. 12. θανάτῳ τελευτήσει, morte morietur, aut: *mortis supplicio afficietur.* Vide et Exod. XIX. 16. Ezech. VI. 12. et conf. Matth. XV. 4. — נִקְבַּר Niph. *sepelior.* Job. XXVII. 15. Profani aliquando plene dicunt τελευτᾷν βίον. Vide quae ex Eurip. Hecub. v. 409. observat L. i Bos de Ellips. Gr. p. 28. et Herodotum Lib. I. c. 32. et Lib. II. c. 121. et quae ex eodem notat Raphelius ad Matth. II. 19. pag. 126. Sir. XIV. 21. ὃς ἐν σοφίᾳ τελευτήσει, qui in sapientia *usque ad mortem firmus, assiduus et constans est.* Sir. XXIII. 12. Confer Bretschneideri Spicil. p. 254.

ΤΕΛΕΥΤΗ', *finis, terminus qui-* k *cunque*, et, omisso βίου, *finis vitae, mors.* אַחֲרִית, *extremum.* Proverb. XXIV. 14. — מוֹת infin. a מוּת. Genes. XXVII. 2. Deuter. XXXI. 29. — קֶבֶר*, *sepulchrum.* Deuter. XXXIV. 6. sec. Alex. Baruch. III. 15. τέλος μέγας καὶ οὐκ ἔχει τελευτὴν, locus magnus, *terminis* carens. Sap. II. 5. τελευτὴ est i. q. ᾅδης, ut ex additis καὶ οὐδεὶς ἀναστρέφει apparet. Ex inferno reditus non datur. Sap. IV. 17. *cita* s. *præmatura mors*, coll. v. 11. et 13.

ΤΕΛΕ'Ω, *finio, perficio, impleo*, et τελέομαι, *perficior*, it. *initior, particeps fio, polluor*, etiam *deficio*. *אֻכָל, *Uchal*, nomen proprium. Aqu. Prov. XXX. 1. τέλεσον. Legit וָאֵכָל. Scribendum enim mihi cum Jaegero videtur τελέσω. — גְּמִיר Chald. *perfectus*. Esdr. VII. 11. — הָתֵם, *obsigno*. Aqu. Dan. IX. 24. τελέσαι. Vide supra s. v. τελειόω. — כִּלָּה: כָּלָה, Kal et Pih. Ruth. II. 21. Esdr. I. 1. IX. 1. X. 17. Aqu. Ps. LVIII. 14. τέλεσον ἐν χόλῳ. Ex Eusebii Comm. ad h. l. Aqu. Ps. LXVIII. 4. ubi de oculis usurpatur, ac *deficere* notat. — *מָשִׁיחַ, *unctus*. Levit. IV. 5. τετελεσμένος. Vide supra s. v. τελειόω. — נִצְמַד Niph. *copulo me*. Num. XXV. 3. ἐτελέσθη Ἰσραὴλ τῷ Βελφεγὼρ, *initiabatur* Israël Belphegor. Ib. v. 5. τετελεσμένον τῷ Βελφεγὼρ, *initiatum* Belphegor. Suidas: τετελεσμένον, μεμυημένον. Hesych. τετελεσμένον, τὸ οἷον πρᾶγμα τελεσθῆναι, ἤγουν πληρωθῆναι, ἢ καὶ μεμιασμένον. Idem: τετελεσμένος, τελισκόμενος, ἀνδρόγυνος. Ps. CV. 28. ἐτελέσθησαν τῷ Βελφεγὼρ, *initiabantur* Belphegor. Suidas: ἐτελέσθησαν, ἐμιάνθησαν, μετέσχον τῆς μιαρᾶς συνουσίας. Ad hæc intellegenda faciunt, quæ ex Jonathanis Ben Usiel Paraphrasi Chald. Numer. XXV. 1. affert Jehring in Bibl. Brem. Class. V. p. 390. de Israëlitis denudantibus se coram figura Peoris, et scortantibus cum filiabus Moabitarum, quæ protulerint figuram Peoris de subcinctoriis suis. Hesych. ἐτελέσθησαν, μετέσχον, ἐκοινώνησαν. — עָשָׂה, *facio*. Jud. XI. 39. ἐτέλεσεν ἐν αὐτῇ τὴν εὐχὴν αὐτοῦ, *implebat* in illa votum suum. Hesych. ἐτέλεσεν, ἔλαβεν, ἐπλήρωσεν. Ies. LV. 11. ἕως ἂν τελεσθῇ, ὅσα ἂν ἠθέλησα, donec *perficiantur*, quæcunque voluero. Conf. Luc. XII. 50. — קָדֵשׁ, *cinædus*. 1 Reg. XXII. 47. τοὺς λοιποὺς τῶν τετελεσμένων, reliquos *initiatorum, impuris* scil. *gentium sacris*. Al. 1 Reg. XV. 12. τοὺς τετελεσμένους. Heinsius Exerc. Sacr. p. 325. *scorta mascula* interpretatur. Conf. Outhov. in Bibl. Brem. Cl. I. pag. 216. — קְדֵשָׁה, *publica meretrix Veneri sacra Priapoque mancipata*. Hos. IV. 15. μετὰ πορνῶν συνεφύροντο, καὶ μετὰ τῶν τετελεσμένων ἔθυον, cum scortis commiscebant se, et cum *initiatis* sacrificabant. Apud gentiles τετελεσμέναι vel *publicæ meretrices*, vel *sacerdotes Veneris* erant virginitatis imminutæ pretium Diis suis primitiarum loco offerentes, persuasæ, oblatione illa meretricia placari Deos sibique propitios reddi. Conf. Spencer. de Legib. Hebr. Lib. II. c. 22. p. 406. Lex. Cyrilli MS. Brem. τετελεσμένων, μεμιασμένων. In Gloss. MSS. in Proph. vitiose scribitur: τετελεσμένον, μεμιασμένον, pro τετελεσμένων, μεμιασμένων. Conf. Τελισκόμενος. — שֵׁיצִיא Chald. *perfecta est*. Esdr. VI. 15. — שְׁלִם Chald. part. Peh. Esdr. V. 16. — שָׁלַם. Nehem. VI. 15. Sap. IV. 16. νεότης τελεσθεῖσα ταχέως, juventus celerius *consummata*, h. e. *præmatura morte abrepta*.

*ΤΕΛΕ'ΩΣ, adv. i. q. τελείως, *perfecte, absolute, prorsus, omnino*. 3 Macc. VII. 22. sec. Alex. ubi reliqui libri τελείως habent.

ΤΕΛΙΣΚΟ'ΜΕΝΟΣ, proprie *completus, absolutus*, a τελίσκω, *perago*. Speciatim: *gentium: sacris* vel *dæmonum mysteriis fornicatione initiatus*. קָדֵשׁ. Deut. XXIII. 18. οὐκ ἔσται τελισκόμενος (sc. τὶς) ἀπὸ υἱῶν Ἰσραὴλ, non erit *initiatus impuris gentium sacris* aliquis ex filiis Israël. Cf.

a notata in v. τελεσφόρος. Hesych. τελεσκόμενος, πληρούμενος, τελειούμενος. Dicitur alias τετελεσμένος. Vide in v. Τελέω ac Sturzium de Dial. Maced. p. 196. seq. De etymologia autem verbi illius ita Is. Vossius de LXX Intt. c. 17. p. 57. "Paragoga cujuscunque conjugationis eandem semper servant significationem cum primitivis. Cum vero paragoga secundæ, b tertiæ et quartæ conjugationis contractorum finiantur in άσκω, ήσκω et ώσκω, usus docuit, ut, quæ a prima contractorum conjugatione fiunt, paragoga terminentur in ίσκω. Ab εὑρῶ itaque fit εὑρίσκω, a στερῶ, στερίσκω, et a τελῶ, τελίσκω. Idem ergo est τελούμενος et τελισκόμενος."

ΤΕ'ΛΜΑ, *cœnum, locus palustris.* Ælian. V. H. XII. c. 46. Suidas: c τέλμα, τόπος πηλώδης, ὕδωρ ἔχων. קָצֶה, *extremitas.* Ps. CXXXIV. 7. Inc. τέλματος. Sed recte jam monuit Kreyssigius Symb. P. I. pag. 19., 'Αλλ. τέλματος, quod h. l. in Hexaplis ad Hebr. מִקְצֵה a Montfauconio profertur, a præcedenti 'Αλλ. ἐκ τελέσματος originem traxisse suam.

ΤΕ'ΛΟΣ, *finis, terminus, scopus,* it. d *numerus, summa,* it. *vectigal.* אַגְמוֹן, *juncus.* Ies. XIX. 15. Scilicet אַגְמוֹן h. l. est i. q. *cauda* in antecedentibus, et *homines inferioris ordinis* significat, quos LXX voce τέλος exprimere voluerunt. Vide supra s. v. ἀρχή. — מֶכֶס, *summa, numerus,* it. *tribulum, vectigal.* Arab. مكس, *tributum collegit.* Num. XXXI. 28. ἀφελεῖτε τὸ τέλος κυρίῳ e παρ' ἀνθρώπων, auferetis *numerum* Domino ab hominibus. Vide et v. 37. 38. 39. 40. 41. — מִכְסָה, idem. Lev. XXVII. 23. λογιεῖται πρὸς αὐτὸν ὁ ἱερεὺς τὸ τέλος τῆς τιμῆς, supputabit ad illum sacerdos *summam* pretii. Recte. Est nempe τελεῖν Græcis *solvere pretium.* Τέλος Hesychio est τὸ καταβαλλόμενον τοῖς τελώναις. Secundum Tychsenium Tentam. p. 86. מכסת loco כקצת f radicis קץ positum putarunt. — נֵצַח, *victoria.* Symm. Ps. XLIII. 24. LXX Psalm. XXXV. 1. ubi τέλος est i. q. νῖκος, qua voce Theodotion usus est. *Victoria* enim est *finis litium.* — סוֹף, *finis, terminus.* Cohel. XII. 13. τέλος λόγου τὸ πᾶν ἄκουε, *summam* verbi omnem, vel *scopum* verbi omnem audi. Ita Rom. X. 4. τέλος γὰρ νόμου Χριστὸς, g *scopus* enim legis est Christus. Cf. et 1 Tim. I. 5. Lex. Cyrilli MS. Brem. τέλος, σκοπός. — קֵץ, *finis, terminus.* 2 Reg. XIX. 23. Ies. IX. 7. Aqu. Gen. VI. 13. Job. XXVIII. 3. Lex. Cyrilli MS. Brem. τέλος, πέρας, τελευταῖον. — *קָצֶה, *extremitas, finis.* Inc. Psalm. XLVII. 10. ubi de *finibus terræ* dicitur. LXX τὰ πέρατα. — רֹאשׁ, *caput, summa.* h Inc. et Samar. Num. XXXI. 26. ubi τέλος *summam* notat. — *תְּכוּנָה, *sella judicialis.* Job. XXIII. 3. ubi τέλος sine dubio notat *ultimam judicis sententiam.* Certe alio modo nexus utriusque vocis constitui nequit. Sap. III. 19. γενεᾶς γὰρ ἀδίκου χαλεπὰ τὰ τέλη, generationis enim iniquæ difficiles sunt *exitus.* 1 Macc. X. 31. αἱ δεκάται καὶ τὰ τέλη, decimæ i et *vectigalia.* Vide et 1 Macc. XI. 35. et conf. Rom. XIII. 7. et ad h. l. Wolfium p. 259. Hesych. τέλος, τάγμα, πέρας, καὶ τὸ καταβαλλόμενον τοῖς τελώναις. Suidas: τέλος, καὶ τὸ διδόμενον τοῖς βασιλεῦσι. Confer v. Φόρος ac Lexicon N. T. s. v. τέλος.

'ΑΠΟ' ΤΕ'ΛΟΥΣ, *a fine.* מִקֵּץ, idem. 2 Sam. XV. 7. — מִקְצֵה, k idem. 2 Sam. XXIV. 8. 2 Reg. XVIII. 10.

ΔΙΑ' ΤΕ'ΛΟΥΣ, *post finem, semper, perpetuo, jugiter.* לְקֵץ, *in fine.*

a 2 Par. XVIII. 2. — תָּמִיד, *jugiter.* Ies. LXII. 6. *οἳ διὰ τέλους οὐ σιωπήσονται,* qui *semper* non tacebunt. Sic Ælian. V. H. XII. 20. *διὰ τέλους ἀγρυπνεῖν, semper* vigilare. Et Lib. XIII. 1. *φυτοῦ διὰ τέλους ἀκμάζοντος,* arboris *semper* vigentis. Hesychius: *διὰ τέλους, διὰ παντός.* Confer Olearium de Stylo N. T. et Not. Schwartzii ad eundem p. b 101.

ΕἸΣ ΤΈΛΟΣ, *in finem, in perpetuum, perpetuo, penitus, prorsus.* הַשְׁמִיד, infin. Hiph. *perdendo.* Amos IX. 6. *οὐκ εἰς τέλος ἐξαρῶ τὸν οἶκον Ἰακὼβ,* non *penitus* exstirpabo domum Jacob. (Scilicet infinitivus apud Hebræos verbo suo additur ita, ut pro adverbio *intendendi* accipiendus sit. Conf. Storrii Obss. c ad Analog. et Syntaxin L. Hebr. p. 315. seq.) Confer Judith. XIV. 13. Sic et Hippocrates de Aliment. cap. 9. *σιτίον νέοισιν ἀκρόσαπτες, γέρουσι δὲ εἰς τέλος μεταβεβλημένον.* Vide Schwartzium Not. ad Olearium de Stilo N. T. p. 100. Sic passim etiam alii. Vide Wolfium ad Luc. XVIII. 5. p. 721. — הַתִּיר יָד Hiph. a נָתַר, *solvo manum.* Job. d VI. 9. *εἰς τέλος, landem autem.* N. L. — כַּלֵּה imper. Pih. *consumma.* Ps. LXXIII. 12. — עַד לְכַלֵּה, *usque ad consummandum.* 2 Paral. XXXI. 1. ubi *τέλος consumtionem omnimodam* notat. — *לְכָלָה, *ad consummationem.* 2 Paral. XII. 12. — לַמְנַצֵּחַ part. Pih. *præfecto, victori.* Ps. IV. 1. V. 1. VI. 1. et sic sæpius in inscriptionibus Psalmorum. Legee runt לָנֶצַח. — נֶצַח, *æternitas, victoria.* Psalm. XII. 1. XV. 11. LXXIII. 4. — לָנֶצַח, *in æternum.* Job. XIV. 20. XX. 7. Psalm. CII. 9. Hab. I. 4. ubi *εἰς τέλος* cum particula negandi junctum notat *nunquam,* hoc sensu: *neque profertur unquam judicium.* Symm. Psalm. XII. 2. — עוֹד לָנֶצַח, *adhuc in æternum.* Psalm. XLVIII. 8. — סֶלָה, *selah,* vocula musicalis. Hab. III. f 12. — לָעַד, *in æternum.* 1 Paral. XXVIII. 9. Psalm. IX. 19. — *עֲמֵלִים, *laborantes.* Inc. Jud. V. 26. Legit עֹלְמִים. — גַּם עֲלֹה infin. *etiam ascendendo.* Gen. XLVI. 4. Sed ibi LXX *εἰς τέλος* de suo addidisse videntur. — לְקֵץ. Dan. XI. 13. — תּוֹכוֹ, *medium ejus.* Ez. XV. 4. — עַד־תְּכוּנָה, *usque ad sedem paratam.* Job. XXIII. 3. Vide g supra s. v. *τέλος.* — תְּמִים, *perfectus.* Job. X. 13. — עַד־תֻּמָּם, *donec consumerentur illi.* Jos. VIII. 24. Sirac. X. 12. *εἰς τέλος, funditus, radicitus.* Syrus: *plaga consummata,* h. e. perfecta. Confer v. 13. et 14.

ΕἸΣ ΤῸ ΤΈΛΟΣ, *ad consummationem.* לַמְנַצֵּחַ. Psalm. IV. 1. et alibi sæpius. Vide s. *εἰς τέλος.* Lex. h Cyrilli MS. Brem. *εἰς τὸ τέλος, ἐπὶ συντελείᾳ.*

ἘΠῚ ΤΈΛΟΣ ἌΓΩ, *ad finem perduco.* עָשָׂה, *facio,* h. l. *rem ad finem perduco, perficio.* 2 Paral. XXIX. 19.

ἝΩΣ ΤΈΛΟΥΣ, *usque ad finem.* סוֹפָא Chald. Dan. VI. 26. VII. 26. — עַד קֵץ. Dan. IX. 26.

ἝΩΣ ΕἸΣ ΤΈΛΟΣ, *usque in finem, ad consummationem, ad interitum.* תָּמַם, *consumor.* Num. XVII. 13. Jos. III. 16. — עַד־תֻּמָּם, *donec absolverentur illa,* vel *consummarentur illi.* Deut. XXXI. 24. 30. Jos. X. 20.

ΜΕΤᾺ ΤῸ ΤΈΛΟΣ, *post finem.* לְקֵץ, *in fine.* Nehem. XIII. 6. — מִקֵּץ. Jud. XI. 39. — לִקְצָת. Dan. IV. 31. — מִקְצָה, i. e. מִן קָצֶה.

a 2 Reg. VIII. 3. Inc. Jos. II. 23. ubi ante τέλος supplendum erit μετά. — כִּקְצָת. Dan. I. 15. — לְמִקְצָת. Dan. I. 18.

ΜΕ'ΧΡΙ ΤΕ'ΛΟΥΣ, usque ad finem. עַד סוֹף, idem. Cohel. III. 11. Conf. Hebr. III. 6.

ΤΕΛΩΝΕ'Ω, vectigalia redimo aut exigo. Passivum: Τελωνέομαι, vectigal aut tributum a me exigitur, tributarius sum, tributum solvo. 1 Macc. XIII. 39. εἴ τι ἄλλο ἐτελωνεῖτο, si quid aliud tributarium erat, ubi vid. Grotius.

ΤΕ'ΜΕΝΟΣ, locus sacer, agri portio Deo consecrata, ager resectus quasi a communi decessu et religiose consecratus (ἀπὸ τοῦ τέμνειν, q. d. τόπος ἱερὸς εἰς τιμὴν ἀποτετμημένος, ut interpretatur Didymus ad Hom. Il. VIII. 48.), templum, delubrum, fanum. אוֹב, pytho. 2 Reg. XXI. 6. sec. Vat. τεμένη. Ita nempe putavit incertus ille interpres ob antecedens ἐποίησε h. l. vertendum esse.—הֵיכָל, templum, palatium. Hos. VIII. 14. οἰκοδόμησαν τεμένη, ædificavit delubra s. templa. Ita Arabs h. l.—חַמָּנִים plur. subdiales statuæ. Aqu. Theod. LXX Ezech. VI. 4. συντριβήσονται τὰ θυσιαστήρια ὑμῶν καὶ τὰ τεμένη ὑμῶν, confringentur altaria vestra et delubra vestra. Vide et v. 6. Aqu. Symm. Theod. Ies. XXVII. 9. et cf. 1 Macc. I. 50. 2 Macc. I. 15. X. 2. XI. 3. Hesych. τεμένη, ναοί, ἄλση, ἢ τὰ ἀφωρισμένα κατὰ τιμὴν χωρία. Sic etiam Lex. Cyrilli MS. Brem., nisi quod post ἄλση interserat ἱερά. Rursus Hesych. τέμενος, πᾶς ὁ μεμερισμένος τόπος τινὶ εἰς τιμήν, ἢ ἱερὸν καὶ βωμός, ἢ ἀποτμηθὲν θεῷ ἢ βασιλεῖ. Pollux Lib. I. cap. 1. segm. 2. καὶ τὸ μὲν χωρίον, ἐν ᾧ θεραπεύομεν τοὺς θεούς, ἱερὸν καὶ νεώς· ἔνθα δὲ καθιδρύομεν, σηκός, τέμενος. Schol. in Soph. Œdip. Tyr. Τέμενος, ἐν ᾧ καθιδρύεται τὸ ἄγαλμα. λέγεται τέμενος ἁπλῶς καὶ ὁ ἀποκεκομμένος καὶ ἀνατεθειμένος τόπος τινί. Conf. et Eustathium ad Il. Z', v. 194. et ad Il. M', v. 313. p. 868. f Kuhnium ad Pollucem l. c. p. 5. Perizonium ad Ælian. V. H. VI. c. 1. et Schlaegerum de Numo Hadriani Plumbeo p. 166.

ΤΕ'ΜΝΩ, seco, reseco, præcido, divido, cædo, succido. אִתְגְּזֶרֶת Chald. Ithpeh. fœm. excisa est. Dan. II. 45. — גָּזַן, seco, abscindo. Symm. Psalm. LXXXIX. 10. τμηθέντες.—גָּזַר, idem. 2 Reg. VI. 4.— g זָמַר, præcido. Lev. XXV. 3. 4. Ies. V. 6.—*חָרַץ, præcido, decido. Aqu. Symm. sec. cod. Chis. Dan. IX. 26. τέτμηται, נֶחֱרָצֶת, decisa, ubi vide Editt. Rom. p. 59. — כָּרַת. Al. Ezech. XVI. 4. ἐτμήθη. —מָסַס, liquefio, dissolvor. Symm. Ies. X. 18. τετμημένος. — קָצַץ et רָקַע junctim, trunco et expando. Ex. XXXIX. h 3. Sap. V. 13. τμηθεὶς ὁ ἀὴρ, divisus aër.

ΤΕΝΑΝΤΟΚΟΠΕ'Ω vel potius τενοντοκοπέω, decollo, cervicem amputo. עָרַף, idem. Aqu. Exod. XXXIV. 20. τεναντοκοπήσεις, ubi vid. Montfauconius. In Cod. Paul. Lips. legitur rectius τενοντοκοπήσεις. Confer Wesselingii Probab. p. 291.

ΤΕΝΟΝΤΟ'Ω, decollo, cervicem amputo, interficio. עָרַף, idem. Aqu. i Exod. XIII. 13. τενοντώσεις (Alii teste Montfauconio τεναντώσεις habent.), ubi Symm. ἀποκτενεῖς, Theodot. νωτοκοπήσεις. Hesych. τενοντώσεις, νωτοκοπήσεις, ἀποκτενεῖς. Sic enim procul dubio ex Exod. l. c. legendum pro τενοντώσεις, νωτοκοπεῖς κ. τ. λ. Apud Phavorinum etiam vitiose ita: Τενοντοσεῖς, νωτοσκοπεῖς, ἀποκτενεῖς. Cæterum verbum ab Aquila effictum videtur.

ΤΕ'ΝΩΝ, tendo, nervus in corpore animantis, intentus colli, it. cervix a (Eurip. Med. 1175.), *collum.* מַפְרֶקֶת *cervix.* Aquila 1 Sam. IV. 18. — עֹרֶף. Al. Job. XVI. 12. *τένοντος.* Aqu. Deut. IX. 6. 4 Macc. IX. 28. ubi vid. Combefisius, qui docuit, *τένοντας* dici majores musculos, quibus caput jungitur cervici, et quorum opera caput movetur. Phavor. *τένοντας, τραχήλους.*

ΤΕ'ΡΑΣ, *prodigium, signum, portentum, miraculum.* b הִפְלִיא Hiph. *mirabiliter ago.* Ies. XXVIII. 29. — זְמִירָה, *cantio, psalmus.* Ies. XXIV. 16. Scil. זְמִירָה quandoque *metonymice objectum cantus* notat, s. *id quod carmine celebratur.* Vid. Simonis Lex. Hebr. pag. 422. — מוֹפֵת, *prodigium.* Exod. IV. 21. VII. 9. *δότε ἡμῖν σημεῖον ἢ τέρας*, edite nobis signum vel *prodigium.* Vide c et Deut. VI. 22. III. 1. Joël. II. 30. et conf. Matth. XXIV. 24. ubi *σημεῖα καὶ τέρατα* pariter conjunguntur. Sic et profani duas has voces solent conjungere. Vide quæ ex Æliani V. H. XII. 57. Alberti ad Glossar. in N. T. p. 115. et Polyb. Lib. III. c. 10. p. 115. notavit Raphelius Annotatt. ex eodem ad Matth. l. c. p. 98. * De differentia d inter *σημεῖον* et *τέρας* ita Etymologicum Ineditum Bibl. Ultraject. *σημεῖον τέρατος διαφέρει· σημεῖον ἐστὶ τὸ ἐπὶ γῆς γινόμενον, τέρας τὸ ἐν ἀέρι.* Sed melius in v. *τέρας*, Τέρας, inquit, *θαῦμα παρὰ φύσιν, παρὰ τὸ εἴρω, τὸ λέγω, ὁ μᾶλλον ἐρῶ, ἔρας καὶ τέρας. οἱ γὰρ μάντεις διὰ σημείων καὶ τεράτων τὰ μέλλοντα ἔλεγον. διαφέρει τέρας σημείου. τέρας λέγεται τὸ παρὰ φύσιν γινόμενον πρᾶγμα,* e *σημεῖον δὲ τὸ κατὰ τὴν κοινὴν συνήθειαν γινόμενον τέρας.* Similia habet Eustathius ad Il. Β', ubi res exemplis declaratur, notante Eschenbachio ad Orphei Argon. p. 267. Conf. et Suicerum T. II. Thes. pag. 949. et 1268.—מַעֲשֶׂה, *opus insigne.* Deut. XI. 3. — פֶּלֶא. Exod. XV. 11. — קֶרֶן, *cornu.* Hab. III. 4. sec. cod. Alex. ubi tamen *κέρατα* legendum pro *τέρατα.* — שַׁמָּה, *res stupenda.* f Psalm. XLV. 8.—תְּמַהַיָּא : תְּמָהִין Chald. plur. ex Hebr. תִּמָּהוֹן, *stupor.* Dan. III. 33. VI. 27. Lexic. Cyrilli MS. Brem. *τέρας, σημεῖον, ἢ θαῦμα παρὰ φύσιν.*

ΤΕΡΑ'ΣΤΙΑ, sc. *ἔργα, prodigia.* נִפְלָאוֹת, idem. Symm. Ps. XXXIX. 6. LXXVI. 12. — פֶּלֶא. Symmach. Psalm. CXVIII. 18. Hesychius: *τεράστια, θαύματα, σημεῖα.* Gloss. g Brem. *τεράστια, θαύματα, παράδοξα.*

ΤΕΡΑ'ΣΤΙΟΣ, *portentosus.* נְפִילִים plur. *gigantes.* Symm. Num. XIII. 34. *τεράστιοι.*

*ΤΕΡΑΤΕΥ'ΟΜΑΙ, *vana et mirabilia fingo, jacto aliquid.* 3 Maccab. I. 14. *τὶς ἀπρονοήτως ἔφη κακῶς αὐτὸν τοῦτο τερατεύεσθαι*, improvide aliquis respondit, eum male hoc *jactare, ac rem fingere tantum.* Ed. Ald. habet h *πράττεσθαι.* Grotius conjicit, legendum esse *ἱερατεύεσθαι*, hoc sensu: male etiam in hac re sacerdotes munere suo functos esse. Nonnulli Intt. *τῷ τερατεύεσθαι* subjiciunt notionem hanc, ut sit *contra receptam consuetudinem aliquid facere, novam et inusitatam rem efficere,* ut adeo omnis locus hoc modo vertendus sit: Non satis prudenter aliquis e turba monebat, hoc male et contra omnem consuetudinem ab illis factum esse. Hesych. *τερατεύεται, δολιεύεται.* Idem: *τερατευόμενον, δολιευόμενον, ψευδόμενον, ἢ σημεῖον ποιῶν.* — *τερατεῖαι, ψευδολογίαι.* Apud Josephum de B. J. VI. 3. 3. notat *fabulas ac portenta loqui.* Eodem modo *τεράτευμα* usurpatur apud Aristoph. Lysistr. v. 763. ubi Schol. *τερατευμάτων, τῶν προφάσεων, τῶν πλασμάτων.* Adde Sallierium ad Thom. Mag. p. 840. s. *τερατεία.*

ΤΕΡΑΤΟΠΟΙΟ'Σ, *prodigia et mi-*

racula faciens, prodigiorum factor, mirificus. 2 Maccab. XV. 21. ubi Deus ita dicitur pariter, ac 3 Maccab. VI. 32.

ΤΕΡΑΤΟΣΚΟ'ΠΟΣ, *qui portenta inspicit et interpretatur, qui ex portentorum inspectione futura prædicit, prodigiorum observator* vel *interpres, vates.* אַנְשֵׁי מוֹפֵת, *viri prodigii.* Zach. III. 8. Unde Gloss. MS. in Proph. τερατοσκόποι, σημειωτικοί, συμβολικοί. — יִדְּעֹנִי, *hariolus,* q. d. *sciolus.* Deut. XVIII. 11. Gloss. in Octat. τερατοσκόπος, συμβόλοις προσέχων. Apud Suidam et in Lex. Cyrilli MS. Brem. exponitur μάντις, cui ab Hesychio additur σημειωτικός. Apud Achillem Tatium quoque (Lib. II. cap. 12.) μάντεις et τερατοσκόποι conjunguntur.

ΤΕΡΑΤΩ'ΔΗΣ, *prodigiosus, portentosus.* Al. Sap. XVII. 9. εἰ μηδὲν αὐτοὺς τερατῶδες (Cod. Vat. habet ταραχῶδες) ἐφόβει, si nihil illos portentosum terrebat. Lex. Cyrilli MS. Brem. τερατῶδες, παράδοξον, θαυμαστόν.

ΤΕΡΕ'ΒΙΝΘΟΣ, *terebinthus,* nomen arboris, (de qua Theophrastus Hist. Plant. Lib. III. c. 15.), it. *fructus terebinthi* vel *pistaciæ, arboris terebintho similis.* אֵלָה, *quercus.* Vox hæc videtur apud Hebræos extendi ad omnem glandiferam arborem, vel etiam aliam quamvis, quæ quid aliquo modo glandibus simile profert. Jam cum apud Græcos Latinosque non sit vox tam late patens, satis fuit auctoribus verss. GG. V. T. unam alteramve speciem magis familiarem illa voce significatam sua versione efferre, sub qua per synecdochen genus intellegeretur. Idem valet de multis aliis. Ies. I. 30. ἔσονται γὰρ ὥσπερ τερέβινθος ἀποβεβληκυῖα τὰ φύλλα, erunt enim tanquam terebinthus, quæ abjecit folia: ubi Schol. ed. Rom. τερέβινθος φυτόν ἐστιν ἐν ξηροῖς τόποις φυόμενον, κλάδους ἔχον κατεσκληκότας. Symmachus ibi habet: ὡσεὶ δρῦς. Vide et Genes. XXXV. 4. Jos. XXIV. 26. 1 Sam. XVII. 2. Ies. VI. 3. Al. Gen. XIV. 6. τερεβίνθου, ubi Schol. δρυός, ἡ πόλις αὕτη τοῦ Ἰώβ. Lege Ἰακώβ. Vide Intt. Hesychii ad v. τερέβινθος, ubi idem ἁμάρτημα reperitur. Ex his locis patet, quod Interpretes nostri arborem, quam alias δρῦν interpretantur, etiam de terebintho exposuerint. Inde procul dubio Suidas: Τερέβινθος, εἶδος δένδρου. ἡ δρῦς. Confer et Hieronymum de Loc. Hebr. v. Arboch et Drys. Terebinthum interim a quercu valde differre ostendit Ursinus Arboret. Bibl. cap. 13. p. 207. seq. Conf. et Hilleri Hierophyt. P. I. c. 45. p. 399. seq. Vide quoque Sturz. de Dial. Maced. p. 197. seq. — *אֵלָה, idem. Jos. XXIV. 26.—אֵיל, *planities.* Al. Genes. XIV. 6. τερεβίνθου. Forte legerunt אֵלָה. — בָּטְנִים plur. *nuces terebinthinæ.* Genes. XLIII. 11. καὶ τερέβινθον καὶ κάρυα, et fructum terebinthi vel pistaciæ, et amygdalas. Hic LXX τερέβινθον vocant *fructum arboris pistaciæ,* quod arbor hæcce terebinthum referat. Fructum autem illum amygdalis similem esse, auctores testantur. Conf. omnino Bochartum Chan. Lib. I. c. 10. p. 420. seq. Inde ergo Gen. l. c. cum amygdalis conjungitur, quemadmodum et arbores ἀμυγδαλαὶ et τέρμινθος conjunctim occurrunt apud Pollucem Lib. I. c. 12. sect. 233. ubi etiam de fructu posterioris addit: εἴρηται δ' αὐτοῦ ὁ καρπὸς ὑπ' ἐνίων καὶ τερέβινθος. Hic autem de terebintho non proprie sic dicta, sed arbore terebinthum referente, sive pistacia, sermonem esse, verisimile. Cf. Theophrastum Hist. Plant. Lib. IV. c. 5. et Martinium in Lex. Philol.

ΤΕΡΕ'ΜΙΝΘΟΣ, et ΤΕ'ΡΜΙΝΘΟΣ, i. q. τερέβινθος, *terebinthus.*

a אֵיל, *planities*. Genes. XIV. 6. Legisse videntur אֵלָה· — אֵלָה, *quercus*. Al. 1 Sam. XVII. 2. Jos. XXIV. 26. ubi vid. Holmesius. Sic et antiquiores Græcos τέρμινθον vocem usurpasse, eosque vertentem Plinium, eumque secutos Dioscoridis, Galeni cæterorumque interpretes *terebinthum* semper reddidisse, annotat Brodæus ad Epigram. Gr.
b Lib. I. p. 119. ubi etiam Nicandro in Theriacis τρίμιθον, Cypriis τρέμιθον arborem illam vocari observat. Cf. tamen Fischeri Anim. ad Gram. Welleri Spec. I. pag. 156. ac Bodæum ad Theophr. Lib. III. pag. 229.

ΤΕ'ΡΕΤΡΟΝ, *terebra* vel *terebrum*, a τερέω, *terebro, torno*. מַקֶּבֶת, *malleus*. Symm. et LXX Ies. XLIV.
c 12. ἐν τερέτρῳ ἔστησεν αὐτό. N. L. Suidas: τέρετρον, τρύπανον.

ΤΕ'ΡΜΑ, *terminus, meta, finis*. Sap. XII. 27. τὸ τέρμα τῆς καταδίκης ἐπ' αὐτοὺς ἐπῆλθεν, terminus condemnationis super illos venit. Suidas: τέρμα, τέλος, ὅρος ἢ καμπτήρ. Hesych. τέρμα, σημεῖον, τέλος ζωῆς, καμπτὴρ, ἔσχατον.

ΤΕ'ΡΜΙΝΘΟΣ. Vide s. τερέμιν-
d θος.

ΤΕΡΠΝΟ'Σ, *delectabilis, jucundus*. נָעִים, idem. Psalm. LXXX. 2. CXXXII. 1. τί τερπνὸν (sc. μᾶλλον) ἀλλ' ἢ κ. τ. λ., quid *jucundius* quam. Ed. Sexta Cant. I. 15.

ΤΕΡΠΝΟ'ΤΗΣ, *delectatio*. נֹעַם· Psalm. XXVI. 8. — נְעִימוֹת plur. Psalm. XV. 11. — מַנְעַם, *res, cui inest suavitas, delicium*. Incert. Ps.
e CXL. 4. — *שַׁעֲשֻׁעַי, *delectationes*. Theod. Ps. CXVIII. 143.

ΤΕ'ΡΠΩ, *delecto*. Τέρπομαι, *delector*. *צָהַל, *hinnio*. Theod. Ies. LIV. 1. Effectum posuit pro causa. — רָנַן : הִרְנִין, Kal et Hiph. *canto, cantare facio*. Psalm. LXIV. 8. ubi illud τέρψις a quibusdam explicatur *delectationes*; alii, ut Vulgatus Int., vertendum putant *delectabis*. Vide Montfauconium ad h. l. Significat
f autem τέρπειν, quod proprie notat *delectare, hilarem ac lætum reddere*, h. l. ex adjuncto *excitare aliquem ad laudes Dei canendas*. Vide quoque infra s. v. τέρψις. Zach. II. 10. — רְנָנִים plur. *pavones*. Job. XXXIX. 13. τερπομένων. Etymologiæ rationem habuerunt. — שׂוּשׂ : הֵשִׂישׂ, Kal et Hiph. *gaudeo, lætor*. Psalm.
g XXXIV. 10. LXVII. 3. CXVIII. 14. — שָׂמַח, idem. Prov. XXVII. 9. — שָׁעָה, *respicio*. Symm. Gen. IV. 4. ἐτέρφθη. Sensum recte expressit. Cappello videtur יִשַּׁע pro יִשְׁעֶה accepisse pro יְשַׁעֲשַׁע. — *שַׁעֲשֻׁעַי, *delectationes*. Symmach. Ps. CXVIII. 143. Vide et Sap. I. 13. XIII. 3. et alibi.

ΤΕ'ΡΨΙΣ, *delectatio*, it. *hymnus, qui canitur in honorem Dei*, qui ita dicitur, quia Deus eo delectatur, ac piis delectationem affert. Sic legitur pro רִנָּה, *cantio*, apud Inc. 1 Reg. VIII. 28. Vulg. *audi hymnum et orationem*. Adde Soph. III. 18. Vide quoque Sap. VIII. 18. 1 Macc. III. 46.

ΤΕΣΣΑΡΑ'ΚΟΝΤΑ, *quadraginta*. אַרְבָּעִים plur. Genes. V. 13. VII. 4. et alibi sæpius. — חֲמִשִּׁים plur. *quinquaginta*. Num. XXVI. 47. — *שִׁשִּׁים· 1 Reg. VI. 2. ubi videndus Montfauconius.

ΤΕΣΣΑΡΑΚΟΝΤΑΕΠΤΑ', *quadraginta septem*. שֶׁבַע וְאַרְבָּעִים Genes. XLVII. 28. 3 Esdr. V. 14 sec. Alex.

*ΤΕΣΣΑΡΑΚΟΝΤΑΟΚΤΩ', *quadraginta octo*. 3 Esdr. V. 27. sec. Alex.

ΤΕΣΣΑΡΑΚΟΝΤΑΠΕ'ΝΤΕ, *quadraginta quinque*. אַרְבָּעִים חֲמִשָּׁה,

a Jerem. LII. 30. 3 Esdr. V. 12. sec. Alex.

ΤΕΣΣΑΡΑΚΟΣΤΟ'Σ, *quadragesimus*. אַרְבָּעִים plur. Num. XXXIII. 38. Jos. XIV. 10. — שְׁמוֹנִים plur. *octoginta*. 1 Reg. VI. 1. Legerunt ם, 40. pro פ, 80.

ΤΕ'ΣΣΑΡΕΣ, *quatuor*. אַרְבַּע. Gen. II. 10. XI. 16. et alibi sæpius. — חָמֵשׁ, *quinque*. Nehem. VII. 20.
b מְרֻבָּע part. Pyh. *quadratus*. Ezech.
XL. 49.

ΤΕΣΣΑΡΕΣΚΑΙ'ΔΕΚΑ, *quatuordecim*. אַרְבָּעָה עָשָׂר : אַרְבַּע עֶשְׂרֵה. Num. XVI. 49. 1 Paral. XXV. 5. 2 Par. XIII. 21.

ΤΕΣΣΑΡΕΣΚΑΙΔΕ'ΚΑΤΟΣ, *decimus quartus*. אַרְבַּע עֶשְׂרֵה. Gen. XIV. 5. Exod. XII. 6. 18. et alibi.

ΤΕΤΑΓΜΕ'ΝΩΣ, *ordinate*. 1 Macc.
c VI. 40.

ΤΕ'ΤΑΡΤΟΣ, *quartus*. אַרְבַּע, *quatuor*. 1 Reg. XXII. 41. Zach. VII. 1. — רְבִיעִי. Gen. I. 19. II. 14. — רְבִיעָיָא : רְבִיעָאָה Chald. Dan. II. 40. III. 26. VII. 7. — רֶבַע, *quarta pars*. Exod. XXIX. 40. 1 Sam. IX. 8. — *רֹבַע, idem. 2 Reg. VI. 25. — רִבֵּעִים plur. *quartani*. Exod. XX. 5. Num. XIV.
d 18. Deut. V. 9. — שְׁבִיעִי, *septimus*. Jud. XIV. 15. — שְׁלִישִׁי, *tertius*. Ezech. V. 2. 11. 12.

ΤΕΤΡΑ'ΓΩΝΟΣ, *quadrangulus, quadrangularis*. גֹּפֶר, *gopher, cedri species, cupressus*. Aquil. et LXX Gen. VI. 14. ποίησον οὖν σεαυτῷ κιβωτὸν ἐκ ξύλων τετραγώνων, fac tibi arcam ex arboribus *quadrangulis*. De his ita Is. Vossius de LXX Intt.
e cap. 12.: Quænam eæ arbores sint, videamus. Theophrastus Lib. III. cap. 6. mentionem facit quadrangulæ s. τετραγωνίας arboris, verum, qualis illa sit, non addidit. Incunctanter adfirmamus, quadrangulas arbores hic vocari pinum, abietem, cedrum, pinastrum, piceam et sapinum. Harum præcipue plantarum materiam aptam esse fabricandis navibus, nemo fere est qui ig- f
noret. Jam vero, cum cæterarum arborum rami inæquali admodum situ et ordine e truncis suis prodeant, soli propemodum prædictarum arborum ita æqualiter sese exserunt, ut quaterni simul explicentur et paribus a terra intervallis, instar quatuor brachiorum, pares quoque conficiant angulos, veramque crucis formam ipso statim g
aspectu designent. Satis, ut puto, manifesta hæc est ratio, quamobrem tales arbores τετραγώνους vel *quadrangulas* Græci appellavere. Buxtorfius in Anticrit. pag. 771. putat, illud interpretamentum natum esse ex Targumistis vel Talmudicis, qui pro eo habent קדרוס vel קדרינון (*cedrina*). Vocis hujus vim interpres non satis assequens intellexit h
quadra vel *quadrata ligna*, sicuti alibi legitur קדרינטם pro *quadrante*. Mihi *ligna quadrata* sunt *dolando levigata et polita*, tum ad aptiorem et arctiorem compaginem, tum ad elegantiam, et ut commodius illinerentur bitumine. Confer Rich. Simonis Histor. Crit. V. T. Lib. II. cap. 6. p. 31. seq. ac quæ de Latina voce *quadratus* Zeunius monuit ad Christii Abhandl. über Literatur u. i
Kunst des Alterthums p. 95. Num fortasse legendum est τερατόγωνα, *arbores monstrosæ magnitudinis* (ac firmitudinis. Conf. Heyne Opuscula Acad. T. I. p. 161. et 165.)? Certe גפר in l. Arab. *adolescere* notat. Schol. ad Gen. l. c. habet ἀσήπτων ἢ κεδρίνων. — מְרֻבָּע part. Pyh. *quadratus*. 1 Reg. VII. 5. Ez. XLV. 2. — רָבוּעַ part. Pah. idem. Exod. XXVII. 1. XXVIII. 16. Ez.

a XLI. 21. — רְבִיעִי, *quartus*. Ezech. XLVIII. 20.

ΤΕΤΡΑ'ΔΡΑΧΜΟΝ, *quadridrachma, species nummi valentis quatuor drachmas.* נֶזֶם, *inauris*. Job. XLII. 12. Cur ita verterint, incertum.

ΤΕΤΡΑΚΙΣΜΥ'ΡΙΟΙ, *quatuor myriades*. אַרְבָּעִים אֶלֶף, *quadraginta millia*. Jos. IV. 13.

ΤΕΤΡΑΚΙΣΧΙ'ΛΙΟΙ, *quatuor millia*.
b אַרְבַּעַת אֲלָפִים. 1 Paral. XII. 26. Ez. XLVIII. 16. — Vide alibi Μύρια.

ΤΕΤΡΑΚΟ'ΣΙΟΙ, *quadringenti*. אַרְבַּע מְאָה Chald. Esdr. VI. 17. — אַרְבַּע מֵאוֹת. Genes. XV. 13. XXIII. 15. 16. et alibi.—*מָאתַיִם, *ducenti*. Legerunt ת, 400. pro ר, 200. Adde 1 Sam. XV. 4. — שְׁלֹשׁ מֵאוֹת, *trecenti*. Num. XXVI. 25.
c — שֵׁשׁ מֵאוֹת, *sexcenti*. 1 Sam. XXIII. 13.

ΤΕΤΡΑΚΟΣΙΟΣΤΟ'Σ, *quadringentesimus*. אַרְבַּע מֵאוֹת. 1 Reg. VI. 1.

ΤΕΤΡΑΜΕΡΗ'Σ, *quadripartitus*. 2 Macc. VIII. 21. τετραμερὲς τὸ στράτευμα ἐποίησε.

ΤΕΤΡΑ'ΜΗΝΟΝ, sc. διάστημα, *intervallum* vel *spatium quatuor men-*
d *sium, quadrimestre.* אַרְבָּעָה חֳדָשִׁים, *quatuor menses*. Jud. XX. 47. ἐκάθισαν ἐν τῇ πέτρᾳ Ῥεμμὼν τετράμηνον, pro κατὰ τετράμηνον διάστημα, sedebant in petra Remmon *per spatium quatuor mensium*. Alii ibi habent τέσσαρας μῆνας, pro κατὰ τέσσαρας μῆνας, per quatuor menses. Vide et Jud. XIX. 2. confer Joh. IV. 35. et ad h. l. Wolfium pag. 831.
e Similiter ἑξάμηνον, ἑπτάμηνον et τρίμηνον LXX dicunt. Vide has voces s. l.

ΤΕΤΡΑ'ΠΕΔΟΣ et ΤΕΤΡΑ'ΠΟΔΟΣ, *quadrupedalis*. Hinc phrasis λίθοι τετράπεδοι et τετράποδοι, *lapides quadrupedales*. אַבְנֵי מַחְצֵב, *lapides excisionis*, i. e. *excisi*. 2 Paral. XXXIV. 11. — דָּיֵק, *propugnaculum, turris lignea*. Jerem. LII. 4. τετραπέδοις λίθοις. f

ΤΕΤΡΑΠΛΑ'ΣΙΟΣ, *quadruplus*. אַרְבַּעְתָּיִם. Al. 2 Sam. XII. 6. Lectio τετραπλάσιον, quam loco impressi ἑπταπλασίονα Compl. et Theodoretus Quæst. ad h. l. p. 426. ed. Hal. habet, e recensione hexaplari irrepsit, estque Theodotionis interpretatio, ut ex Hexapl. Orig. apparet.

ΤΕΤΡΑΠΛΑΣΙ'ΩΣ, *quadrupliciter*. אַרְבַּעְתָּיִם. Aqu. Symm. 2 g
Sam. XII. 5.

ΤΕΤΡΑΠΛΩ~Σ, *quadrupliciter*. רְבִיעִית, *quarta pars*. 1 Reg. VI. 32.

*ΤΕΤΡΑ'ΠΟΔΟΝ, i. q. sequens τετράπους. בְּהֵמָה, *bestia*. Levit. XVIII. 23. sec. Compl. Adde Etymol. Gudianum 205. 12. Philoxen. Gloss. τετράποδον, *quadrupes*. h

ΤΕΤΡΑ'ΠΟΥΣ et ΤΕΤΡΑ'ΠΟΥΝ, sc. ζῶον, vel θηρίον, *animal* vel *bestia quadrupes*. בְּהֵמָה, *bestia*. Genes. I. 24. Exod. IX. 9. 10. et alibi. — חַיָּה, *vivens*. Numer. XXXV. 3. Job. XL. 15. — קִנְיָן, *possessio*. Genes. XXXIV. 23. Præterea legitur Job. XLI. 16. ubi pro τετράποσιν Grevio reponendum videtur τεθρυπῶσιν ἐπὶ κ. τ. λ., quod Hebr. i
מִשְּׁבָרִים, *contritionibus*, magis conveniret. — Vide alibi Θηρίον.

ΤΕΤΡΑ'Σ, *quaternarius numerus, quaternio*. אַרְבַּע, *quatuor*. Hagg. II. 1. 11. Zach. I. 7. VII. 1. — רְבִיעִי, *quartus*. Aqu. Symm. Theod. Zach. VIII. 19. ἡ τετράς.

ΤΕΤΡΑ'ΣΤΙΧΟΣ, adjective, *quatuor ordinibus dispositus:* substantive, *quadripartitus ordo*. אַרְבָּעָה

a טוּרִים, *quatuor ordines.* Exod. XXVIII. 17. XXXIX. 8. Cf. Sap. XVIII. 24. τετραστίχου λίθου. Vulg. *quatuor ordinibus* lapidum. Alex. et Compl. τετραστίχων λίθων.

*ΤΕ'ΤΤΙΞ, *cicada.* סִיס, *hirundo.* Symm. sec. vers. Hexapl. Syr. Jer. VIII. 7. [illegible].

ΤΕΥ'ΧΟΣ, *vas,* it. *volumen, liber.* גִּלָּיוֹן, *volumen magnum.* Symm. Ies. VIII. 1. — מְגִלָּה, *volumen, liber.* Symm. Ps. XXXIX. 8. ἐν τῷ τεύχει τοῦ ὁρισμοῦ σου, in *libro* decreti tui. Hesych. τεῦχος, βιβλίον. Lex. Vet. τεῦχος, *volumen.*

ΤΕ'ΦΡΑ, *cinis.* Tob. VI. 17. Sap. II. 3. Hesych. τέφρα, σποδός. Suidas: τέφρα, ἡ κόνις.

ΤΕΧΝΑ'ΖΟΜΑΙ, *artificiose fabricor, arte conficio.* הִמְשִׁיל Hiph. *assimilo.* Ies. XLVI. 5. τεχνάσασθε. N. L.

ΤΕ'ΧΝΗ, *ars.* חָכְמָה, *sapientia.* 1 Reg. VII. 14. — *חֶרֶט, *stilus.* Inc. Exod. XXXII. 4. ἐν τέχνῃ, *artificiose.* Si recte se habet nota hæc Hexaplaris, sensum non male expressit. Sed Scharfenbergio judice sunt hæc verba Scholiastæ minime segreganda a sequentibus, ἐπὶ τὸ χρυσίον ἐχώνευσε, *artificiose conflavit aurum,* neque contextui Hexaplorum inferenda. — מַעֲשֶׂה, *opus.* Exod. XXX. 25. De opere artis r. legitur apud Asclep. Epigr. 33. ubi vid. Jacobsius. — עֲבֹדָה, idem. 1 Paral. XXVIII. 21. Sap. XIV. 4. ubi τέχνη est vel *ars nautica,* vel *ars fabricandi navem,* coll. v. 2., quia, qui navigat, utitur alieno labore. Sirac. XXXVIII. 45. ἐργασία τέχνης. — Vide alibi λειτουργικός.

*ΤΕ'ΧΝΗΜΑ, *opus arte confectum, artificiosum commentum s. inventum.* חֵשֶׁב, *artificium.* Lev. VIII. 7. sec. cod. 130. ubi verba τῷ τεχνήματι vel sunt glossema, vel alius interpretis. Adde Etymol. M. 490. 12.

ΤΕΧΝΙ'ΖΟΜΑΙ, i. q. τεχνάζομαι, *artificiose aliquid elaboro et fabricor.* Sap. XIII. 11. τεχνισάμενος. Lexicon f
Cyrilli MS. Brem. τεχνισάμενος (MS. vitiose τεχνησάμενος), δημιουργήσας.

ΤΕΧΝΙ'ΤΗΣ, *artifex,* masc. אָמָן, q. d. *firmus in arte.* Cant. VII. 1. — חֹצֵב part. *excidens.* 1 Par. XXII. 15. — חָרָשׁ, *faber.* Deut. XXVII. 15. Jerem. X. 9. XXIV. 1. Aqu. Hos. VIII. 6.

ΤΕΧΝΙ'ΤΙΣ, *artifex,* fœm., *perita, ingeniosa.* Sap. VII. 51. ἡ γὰρ πάντων τεχνῖτις, omnium *artium reper-* g
trix, sc. sapientia.

*ΤΗΒΗ'Θ. Ipsa vox Hebr. טֵבֵת, Esth. II. 16. Est nomen mensis decimi, respondentis pro Josephi rationibus Macedonum mensi Audynæo, secundum Hesychium Peritio, qui eum sequitur. Vide Wesseling. Probab. p. 259.

ΤΗΓΑΝΙ'ΖΩ, *frigo, torreo* seu *coquo in sartagine.* 2 Macc. VII. 5.

ΤΗΓΑΝΙΣΤΗ'Σ, *sartaginarius,* h
frigens in sartagine. עַל מַעֲשֵׂה הַחֲבִתִּים, *super opus sartaginum.* Inc. 1 Par. IX. 31. τῶν τηγανιστῶν. Vulg. *eorum, quæ in sartagine frigebantur.* Ex quo luculenter apparet, τηγανιστῶν potius deducendum esse a τηγανιστός, *in sartagine frixus* s. *coctus.*

*ΤΗΓΑΝΙΣΤΟ'Σ. Vide s. v. τηγανιστής. Philoxeni Gloss. τηγανιστόν, i
frictum.

ΤΗ'ΓΑΝΟΝ, *sartago,* a τήκω, *liquefacio.* חֲבִתִּים, idem, plur. 1 Par. IX. 31. — מַחֲבַת, idem. Lev. II. 5. VI. 21. 39. et alibi. — מַשְׂרֵת. 2 Sam. XIII. 9. Cæterum vox τήγανον sine dubio e linguis orientalibus in linguam Græcam transiit.

a Arabice dicitur طاجن, et Syriace ܛܓܢܐ, quod in Lexicis *sartago* redditur. Confer. Faber ad Harmarum T. I. p. 206. 4 Macc. VIII. 12. τήγανα sunt *patellæ quædam amplæ, quæ ad cruciandos martyres olla, pice, resina ac sulphure refertæ igni applicabantur.* Confer Ant. Gallonii Rom. Lib. de SS. Martyr. Cruciatibus p. 312. seq. ac 333. —
b Vide alibi λάγανον.

ΤΗΚΤΟ'Σ, *liquefactus, liquatus,* item: *qui liquefieri potest, liquabilis.*
Sap. XIX. 20. Confer Suidam in v. τηκτά.

ΤΗ'ΚΩ, *liquefacio, consumo.* Τήκομαι, *liquefio, liquesco,* it. *consumor, dissolvor, tabesco, consternor, expavesco.* *אֲנָךְ, *plumbum,* meton. *libella,* s. *perpendiculum plumbeum.* Theod.
c Amos VII. 7. τηκόμενον. Hieronymus habet *tabescens.* Semlerus legere mavult σμηχόμενον. Confer Hesychium s. v. γανάσσει. — דַּאֲבוֹן, *mœror.* Deut. XXVIII. 65. τηκομένην ψυχὴν, animum liquefactum, h. e. *timidum, pavidum.* — הִמְסָה Hiph. Ps. CXLVII. 7. — הֲמָסִים plur. *stipulæ.* Symm. et LXX Ies. LXIV. 2. Secundum Cappellum
d in Crit. Sacr. p. 878. legerunt הָמַס ים aut potius נָמַס יָם — הִתְבַּקַּע Hithp. *disrumpor.* Mich. I. 4. ταχήσονται. Secundum Cappellum in Nott. Critt. ad h. l. legerunt יִתְעַצְעוּן, quam vocem conjunxerunt cum הַדָּרִים. — הִתִּיר Hiph. a נָתַר, *solvo,* Hab. III. 5. — זָרַב Pyh. *diffluo, effundo,* ex usu l. Chald. Job. VI. 17. τακεῖσα, *liquescens.* — *חָפַר, *erubesco.* Ies.
e XXIV. 23. Sine dubio derivarunt a פּוּר aut legerunt הַפַּרְסָה, quæ fuit Grotii sententia. — כָּלָה, *consumor.* Job. XI. 20. ὀφθαλμοὶ δὲ ἀσεβῶν ταχήσονται, oculi impiorum *tabescent.* In eadem notione legitur ibidem XVII. 5. Homer. Il. Γ', 176. κλαίουσα τέτηκα. — *לָכַד, *capio.* Job. XXXVIII. 30. ubi pro ἔπηξεν Drusius, Bosius et Breitingerus legi volunt ἔτηξεν, nec tamen vel sic cum Hebræis Græca satis conveniunt. Greve conjicit, a librariis oculo aberrante e v. 29. τίς ἔτεκεν hic repetitum fuisse, quod postea in ἔτηξεν et ἔπτηξεν (ut in Vat. est) detortum veram interpretationem loco suo pepulerit. Cæterum suspicatur ex Hebræis, primitus scriptum fuisse πρόσωπον δὲ ἀβύσσου ἐστὶ συνοχὴ, cujus quidem lectionis vestigium quoddam superesse videtur in cod. Alex. v. 28. vocem συνοχὰς præter Hebræa insertam habente. — מְזֵה, *consumtus.* Deuter. XXXII. 24. τηκόμενοι λιμῷ, *consumti fame,* coll. Arab. مص, *sugere, exsugere.* Hes. τηκόμενος, φθειρόμενος, λεπτυνόμενος, δαπανώμενος. — נָזַל, *fluo.* Ies. LXIV. 1. — *נִמְבְזֶה, *contemtibile.* Aqu. sec. marg. cod. 243. Holm. 1 Sam. XV. 9. τετηγμένον. Sed pertinet potius ad seq. נָמַס. — נָמוֹג: הִתְמוֹגֵג, Niph. et Hithp. a מוּג. Exod. XV. 15. ἐτάκησαν, *liquefacti,* h. e. *consternati sunt.* Vide et Psalm. LXXIV. 3. CVI. 26. — נָמַס Niph. a מָסַס. Jud. XV. 14. ἐτάκησαν οἱ δεσμοὶ αὐτοῦ ἀπὸ τῶν βραχιόνων, *dissolvebantur* vincula ejus a brachiis. Psalm. XXI. 15. ἐγενήθη ἡ καρδία μου ὡσεὶ κηρὸς τηκόμενος, factum est cor meum tanquam cera *liquefacta.* Vide s. v. κηρός. Οἱ λοιποὶ Ies. XIX. 2. — נָמַק Niph. a מָקַק. Levit. XXVI. 39. ἐν τῇ γῇ τῶν ἐχθρῶν αὐτῶν ταχήσονται, in terra inimicorum suorum *consumentur.* Ies. XXXIV. 4. ταχήσονται πᾶσαι αἱ δυνάμεις τῶν οὐρανῶν, *consumentur* omnes exercitus cœlorum. Confer 2 Petr. III. 12. Ezech. XXXIII. 10. ἐν αὐταῖς (sc. ἀνομίαις) ἡμεῖς τηκόμεθα, in illis (peccatis) nos

a *contabescimus*. Zach. XIV. 12. τακήσονται αἱ σάρκες αὐτῶν, *contabescent* carnes eorum. Ibid. ἡ γλῶσσα αὐτῶν τακήσεται ἐν τῷ στόματι, lingua eorum *tabescet* in ore. — נָתַךְ, *fundor*. Ezech. XXIV. 11. τακῇ ἐν μέσῳ αὐτῆς ἡ ἀκαθαρσία αὐτῆς, *solvatur* in medio ejus immundities ejus. Nah. I. 6. ὁ θυμὸς αὐτοῦ τήκει ἀρχὰς, ira ejus *consumit* principatus:
b ubi aut legerunt in Hiphil, aut τῷ Kal tribuerunt notionem Hiphilicam. Fortasse quoque נִתְּכָה in conj. Piel legerunt, cui notionem Hiphil. subjecerunt, quod minime insolitum dici potest. Hesych. τήκει, φθείρει, δαπανᾷ, λεπτύνει. — נָתַק, *avello*. Jerem. VI. 29. πονηρίαι αὐτῶν οὐκ ἐτάκησαν, scelera eorum non sunt liquefacta: ubi pro נִתָּקוּ fortasse
c legerunt נִתְּכוּ per Caph, a נָתַךְ, quod est *conflari*. — שָׁחַח, *incurvo me*. Hab. III. 5. ἐτάκησαν βουνοὶ αἰώνιοι. Syr. ܬܟ, *liquefactus est*, et Arab. تاخ, *effusus est, defluxit*. — תָּמֵם, *consumor*. Ezech. XXIV. 10. ἀνακαύσω τὸ πῦρ, ὅπως τακῇ τὰ κρέα, accendam ignem, ut *consumantur* carnes. — תֶּמֶס, *liquefactio*. Psalm. LVII. 8. Præterea legitur Job.
d XLII. 6. ἐτάκην, ubi nihil est in textu Hebraico. Est autem, ut videtur, gemina vocis אֶמְאָס, *reprobabo*, initio commatis interpretatio, nec Clemens Alex. Strom. Lib. VI. in fine illud ἐτάκην agnoscit. Sap. VI. 25. φθόνος τετηκὼς, invidia *suo desiderio trita et consumta*. Nam, ut bene monuit Bretschneiderus, transfertur hic epitheton, quod proprie
e de homine invidia obeso dicitur, ad vitium ipsum. Sic Horatius: *pallida mors*, pro *pallidam reddens*. Sirac. XXXVIII. 27. τήξει, *liquefaciet*. Sermo est de *sudore* evocato. 1 Macc. IV. 32. τῆξον θράσος ἰσχύος αὐτῶν, audaciam multitudinis eorum *fac languidam*. 3 Macc. VI. 8. Jonas in alvo balænæ τηκόμενος ἀφειδῶς, admodum *cruciatus* ac fere *exhaustus*. f

*ΤΗΛΑΥ´ΓΑΣΜΑ, i. q. τηλαύγημα. בַּהֶרֶת, *papula alba*. Levit. XIII. 24. sec. quatuor codd. Holm. Ditanda sunt hac voce Lexica. Nam et αὔγασμα dicitur.

ΤΗΛΑΥ´ΓΗΜΑ, *candor* seu *splendor longe dispersus aut eminus apparens*, it. *lepræ initium in corporis superficie apparens*. בַּהֶרֶת, *papula alba*. Levit. XIII. 23. sec. cod. g
Oxon. Gloss. in Octat. τηλαύγημα, ἀρχὴ λέπρας. Ex hoc loco firmatur conjectura Palmerii, qua apud Hesychium in v. τηλαύγημα pro ἀρχὴ λαμπρᾷ legendum censet ἀρχὴ λέπρας. Sic etiam Suidas et Lexic. Cyrilli MS. Brem. τηλαύγημα, ἀρχὴ λέπρας ἐν τῇ τοῦ σώματος ἐπιφανείᾳ.

ΤΗΛΑΥΓΗ`Σ, *eminus splendens, valde lucidus*. Ex τῆλε, *procul*, et h
αὐγὴ, *splendor*. בָּהִיר, *nitidus, splendidus*. Job. XXXVII. 21. πᾶσι δὲ οὐχ ὁρατὸν τὸ φῶς, τηλαυγές ἐστιν ἐν τοῖς παλαιώμασιν, omnibus autem non visibile lumen, *valde lucidum est* in antiquitatibus. Suidas: τηλαυγὲς, λίαν λαμπρὸν, πόῤῥωθεν φαῖνον. Hesych. τηλαυγὲς, τηλεσκόπον, καθαρόν. Lexic. Cyrilli MS. Brem. τηλαυγὲς, λαμπρὸν, διαυγές. — בַּהֶרֶת, *papula alba*. Levit. XIII. 2. 4. 19. i
— בַּר, *mundus, purus*. Ps. XVIII. 9. ἡ ἐντολὴ κυρίου τηλαυγὴς, φωτίζουσα ὀφθαλμοὺς, præceptum Domini *lucidum* seu clarum, illuminans oculos. — Vide alibi αὐγάζω.

ΤΗΛΑΥ´ΓΗΣΙΣ, *splendor eminus apparens* s. *procul adveniens*, i. q. τηλαύγημα. נֹגַהּ, *splendor*. Psalm. XVII. 14. ἀπὸ τῆς τηλαυγήσεως ἐνώπιον αὐτοῦ αἱ νεφέλαι διῆλθον, præ *splendore* coram illo nubes dividebantur. Hesych. τηλαυγήσεως, λαμπρότητος.

*ΤΗΛΙΚΟΥ͂ΤΟΣ, *tantus.* 2 Maccab. XII. 3. τηλικοῦτο συντελέσαι τὸ δυσσέβημα, *tantum* perfecerunt facinus. Etymol. M. Gudian. 528. 19. τηλικοῦτος καὶ τοσοῦτος διαφέρει, ὅτι ὁ τηλικοῦτος ἐπὶ πηλικότητος τάσσεται, τὸ δὲ τοσοῦτος ἐπὶ ποσότητος.

ΤΗΜΕΛΕ΄Ω, *curo, curam gero.* נִהֵל Pih. *leniter duco.* Symm. Ps. XXX. 4. τημελήσεις, h. e. juxta Schol. παντοδαπῆς με προνοίας ἀξιώσεις, omnimoda cura me dignaberis. Suidas: τημελῆσαι, ἐπιμελήσασθαι, φροντίσαι.

ΤΗ΄ΜΕΡΟΝ, adverbium, Attice pro σήμερον, *hodie.* הַיּוֹם, *hoc die.* Al. Exod. XXXII. 28. Deuter. I. 10. Adde Ex. II. 18. sec. Compl. et Philonem I. 596.

*ΤΗΝΙ΄ΚΑ, *tunc.* 4 Maccab. II. 21.

*ΤΗΝΙΚΑΥ͂ΤΑ, adv. *tum, tunc.* 4 Macc. II. 22. Photius: τηνικαῦτα, τότε. Adde Etymol. M. 762. 56.

ΤΗΡΕ΄Ω, *servo, conservo, custodio, observo, asservo.* הִסְגִּיר Hiph. a סָגַר, *recludo.* Aqu. Levit. XIII. 26. τηρήσει. — הֵקִים Hiph. a קוּם, *stare facio.* 1 Sam. XV. 11. τοὺς λόγους μου οὐκ ἐτήρησε, verba mea non *observavit,* h. e. non fecit, quod verbis meis præceptum erat. Vide Vorstii Philol. S. P. I. c. 6. Conf. et Joh. VIII. 51. XIV. 23. XVII. 6. — נָטַר. Cant. VIII. 11. ἔδωκε τὸν ἀμπελῶνα τοῖς τηροῦσι, dedit vineam suam *custodientibus,* h. e. *vinitoribus.* Vide et v. 12. et confer Joh. XVII. 11. Adde Inc. Lev. XIX. 18. Vulgat. *memor eris.* — נָצַר. Prov. III. 1. τὰ δὲ ῥήματά μου τηρείτω σὴ καρδία, verba autem mea *custodiat* cor tuum, h. e. *mente retine.* Prov. III. 21. τήρησον δὲ ἐμὴν βουλὴν, *custodi* seu *fortiter tene* autem consilium meum. Prov. IV. 6. ἐράσθητι αὐτῆς καὶ τηρήσει σε, ama illam et *custodiel* seu *conscrvabil* te. Prov. IV. 23. πάσῃ φυλακῇ τήρει σὴν καρδίαν, omni custodia *muni,* h. e. *diligenter observa,* cor tuum. Proverb. XXIII. 26. τηρείτωσαν, ubi expresserunt lectionem marginalem תִּצֹּרְנָה a נָצַר. Hieron. *custodiant.* — צָפַן, *recondo.* Cant. VII. 13. πάντα ἀκρόδρυα νέα πρὸς παλαιὰ ἐτήρησά σοι, cujusvis generis recentes fructus una cum veteribus *asservavi* tibi. Conf. Joh. II. 10. XII. 7. et alia loca. — *רְגַשׁ Chald. *cum strepitu convenio.* Dan. XI. 11. sec. cod. Chis. ἐτήρησαν, quia versione confirmatur eorum sententia, qui רְגַשׁ h. l. per *explorare* interpretantur. — שׁוּף, *contero.* Gen. III. 15. ubi tamen Al. pro τηρήσει et τηρήσεις τειρήσει et τειρήσεις, *mordebis,* habent, quod Grotio ad textum Hebr. propius accedere videtur. Male conjecit Hottingerus, LXX legisse יְשׁוּרְךָ, facta literarum פ et ר permutatione, literæ enim hæ figura ac sono admodum differunt. Nec melius de h. l. judicavit Is. Vossius de LXX Intt. p. 32. qui τρήσει et τρήσεις legendum censet, et derivat ab inusitato τρέω, *perforo,* ab ejusque futuro usitatissimo τρήσω τρῆσις et τρῆμα esse docet. Nam τηρεῖν h. l. notat *insidiose observare,* i. *insidias struere,* quod bene convenit Hebr. שׁוּף, coll. Ar. شاف, *ex alto in aliquem prospicere s. oculos defigere,* quod est insidiantium. Conf. Schultensii Comment. in Jobum pag. 138. et 247. Etiam سواف *explorare, insidiari* notat. Vide quoque Cappelli Crit. S. pag. 896. ac Hornemann. Spec. II. Exercitt. Critt. in LXX e Philone p. 122. seq. — שָׁמַע, *audio.* Prov. XVI. 3. Fortasse legerunt שָׁמַר, certe sensum expresserunt. — שָׁמַר, Esdr. VIII. 28. ἀγρυπνεῖτε καὶ τηρεῖτε, vigilate et *custodite.* Prov. VII. 5. ἵνα σε τηρήσῃ ἀπὸ γυναικὸς ἀλλοτρίας, ut te *custodiat* ab uxore peregrina. Prov. XIX. 16. ὃς φυλάσσει ἐντολὴν, τηρεῖ τὴν ἑαυτοῦ ψυχὴν, qui custodit mandatum, *custodit* animam suam. Vide et Prov. VIII. 34. et confer Sirac. XXIX. 1. Cohel. XI. 4. τηρῶν ἄνεμον, οὐ σπερεῖ, *observans* ventum (Similis huic est formula βλέπων ἐν ταῖς νεφέλαις.) non seminabit. Cant. III. 3. εὕροσάν με οἱ τηροῦντες, invenerunt me *custodientes* s. *custodes*. Jerem. XX. 10. τηρήσατε. Legerunt שִׁמְרוּ. — De voce τηρήσεως Prov. XXXI. 2., cui nihil respondet in textu Hebr., vide ad h. l. Jaegerum. Sap. X. 5. ἐτήρησεν αὐτὸν ἄμεμπτον Θεῷ, καὶ ἐπὶ τέκνου σπλάγχνοις ἰσχυρὸν ἐφύλαξεν, *conservavit* ipsum inculpatum Deo, et in filii visceribus fortem custodivit. Conf. 1 Tim. V. 22. Jac. I. 27. 1 Macc. IV. 61. ἐπέταξεν ἐκεῖ δύναμιν τηρεῖν αὐτὴν, collocavit ibi exercitum, ut *custodiret* illum, scil. montem Sion. 1 Macc. VI. 50. ἐπέταξεν ἐκεῖ φρουρὰν τηρεῖν αὐτὴν, collocavit illic præsidium, ut *custodiret* illam. Hesych. τηρεῖ, φυλάσσει, φρουρεῖ.

ΤΗ'ΡΗΣΙΣ, *observatio, custodia, præsidium*. Sap. VI. 18. ἀγάπη δὲ τήρησις νόμων αὐτῆς, dilectio autem custodia vel *observatio* legum ejus. Sir. XXXII. 23. καὶ γὰρ τοῦτό ἐστι τήρησις ἐντολῶν, etenim hæc est *observatio* mandatorum. Confer 1 Cor. VII. 19. 1 Macc. V. 18. et reliquit Josephum cum residuo exercitu in Judæa εἰς τήρησιν. Vulg. *ad custodiam*. 3 Macc. V. 44. πρὸς τήρησιν.

ΤΙ', *quid, aliquid*. דָּבָר, *res*. Jer. XXXII. 27.

ΤΙ', *quid*, interrogative, it. pro ὡς, *quam*. מָה. Jud. XVIII. 3. τί σοι ἐστὶν ὧδε; *quid tibi est hic?* h. e. quid *hic agis et habes?* Ps. VIII. 2. τί μέγα τὸ ὄνομά σου; *quam* magnum est nomen tuum? Ps. III. 1. ubi Athanasius: τὸ τί ἀντὶ τοῦ σφόδρα κεῖται. Symm. Psalm. XXXI. 20. τί πολὺ τὸ ἀγαθόν σου, ὃ ἔκρυψας ἀπό[illegible], *quam* multa vel magna est bonitas tua, quam repositam occultasti timentibus te. Vide et LXX *f*
Cant. VII. 1. 6. et Aqu. Symmach. Ies. LII. 7. et confer Grotium ad Matth. VII. 14. Sirac. V. 4. τί μοι ἐγένετο; Vulgat. non male: *quid triste*, h. e. *quid mali*, nam hanc significationem habet quandoque τί, ut adeo non opus sit de varia lectione h. l. cogitare. In Compl. Ed. additur λυπηρὸν e glossemate.
Sir. XVIII. 18. τί ἄνθρωπος, *quam* *g*
vilis et abjectus est homo relate ad Deum. Sir. XIII. 17. τί κοινωνήσει λύκος ἀμνῷ; *quomodo* lupus et agnus consociabuntur? coll. Luc. VI. 11. XIX. 48.

ΤΙ', pro διὰ τί, *propter quid, cur, quare*. מָה, idem. Jud. XVIII. 8. τί ὑμεῖς κάθησθε; *quare* vos sedetis? Vide et Ies. XLV. 10. Ita τί Gen.
II. 19. explicavit quoque Philo *h*
Lib. II. Leg. Allegor. T. I. p. 194. ed. Pfeifer. — לָמָּה. 2 Par. XXV. 15. τί ἐζήτησας θεοὺς λαοῦ; *quare* quæsivisti deos populi? Confer διὰ τί, et Heupelium et Wolfium ad Marc. VIII. 12.

ΤΙ' et 'ΕΠΙ' ΤΙ', pro ἐπὶ τί χωρίον, *quo, quorsum, ubi?* אָנָה. Neh. II. 16. οὐκ ἔγνωσαν, τί ἐπορεύθην, non
sciebant, *quorsum* irem. — עַל־מָה. *i*
Jerem. VIII. 14. ἐπὶ τί ἡμεῖς καθήμεθα; *ubi* nos sedem habemus?

ΤΙ' ΓΑ'Ρ, ΜΗ'; *quid enim, num?* ה præfixum. Job. VI. 5. 22. XVI. 3. XXI. 4.

*ΤΙ' 'ΕΣΤΙ; *quid prodest?* Tob. VI. 6. τί ἐστιν ἡ καρδία καὶ τὸ ἧπαρ; *quid prodest* (Sic מָה simpliciter positum usurpatur quoque Job.
XXI. 15. ad quem locum pertinet *k*
glossa Hesychii: τί ἱκανόν; τί ὄφελος; ubi partim ἱκανὸς legendum, partim errasse videntur interpretes, ὄφελος pro explicatione vocis ἱκανὸν habentes.) tandem cor et hepar piscis? Vulg. *quod remedium habebunt*. Respondet quoque τῷ הִנֵּנִי. Ex. III. 4. et Gen. XLVI. 2. ubi Josephus A. J. II. 7. 3. rectius τίς ἐστιν habet.

a *ΤΙ´ ˝ΕΣΤΙ. מָה. Jer. II. 33. Fortasse legendum est τί ὅτι.

ΤΙ´ ˝ΟΤΙ, *quare*. אַף כִּי. Gen. III. 1. — לָמָּה. Ies. L. 2. LVIII. 3. — *מָה. Symm. Theod. Job. XV. 12. — *מַדּוּעַ. Symm. Theod. Ies. V. 4. LXX habent διότι. Vulgat. *an quod*. Vide et Sir. LI. 32. sec. cod. Alex.

*ΤΙ´ ΟΥ˝Ν; *quid igitur?* מַדּוּעַ,
b *quare?* Aqu. Ies. V. 4. — Vide quoque alibi ἀφαιρέω, βραχὺ et σκολιόν.

ΤΙΑ´ΡΑ, *capitis gestamen apud Persas, tiara, pileus acuminatus.* סְרוּחַ part. Pah. proprie: *longe extensum*, item: *tiara*. Ezech. XXIII. 15. — כַּרְבְּלָה Chald. *tibiale* vel *calceamentum*, secundum alios *tiara*. Dan. III. 21. Vide in v. περικνημίς.
c — מְכַרְכֵּר part. Pih. a כָּרַר, *in capræ morem saliens* seu, *saltans*. Symmach. 2 Sam. VI. 13. ἐν τιάρᾳ. Ita Bielius. Sed verba hæc Græca respondent potius Hebr. בְּכָל עֹז, quæ Aqu. ἐν παντὶ κράτει, Vulgatus *totis viribus* transtulit. De conciliatione hujus versionis cum textu Hebr. diu sollicitus cogitavi. In mentem mihi aliquando veniebat,
d cum בִּכְלִילָה legisse. כְּלִילָה autem est *corona*. Interdum mihi placebat statuere, eum pro lubitu ita reddidisse, adeoque eodem modo peccasse, quo LXX, qui habent ἐν ὀργάνοις ἡρμοσμένοις. Sed nunc mihi certum est, eum tantum liberius vertisse. Putavit sc., עֹז h. l. significare *ornatum regium*, qui etiam in N. T. δόξα dicitur, ut בְּכָל עֹז
e sit: *in omni ornatu regio*. Et hæc est ipsa sententia, quæ verbis ἐν τιάρᾳ subest, ubi pars ornatus regii pro toto ponitur. Hac autem conjectura, quæ mihi certissima videtur, efficitur, ut versio Symmachi nec manca nec arbitraria et ex ingenio ficta dici habetique possit. Hesych. Τιάρα, ἡ λεγομένη κυρβασία. ταύτῃ δὲ οἱ Πέρσαι βασιλεῖς μόνοι ἐχρῶντο ὀρθῇ, οἱ δὲ στρατηγοὶ ὑποκεκλιμένῃ. Suidas: Τιάρα, κόσμος ἐπικεφάλαιος, ἣν οἱ βασιλεῖς μόνοι ὀρθὴν ἐφόρουν παρὰ Πέρσαις, οἱ δὲ στρατηγοὶ κεκλιμένην. Pollux Lib. VII. c. 13. segm. 58. Περσῶν μὲν ἴδια, κάνδυς, ἀναξυρὶς καὶ τιάρα, ἣν καὶ κυρβασίαν καὶ κίδαριν καὶ πῖλον καλοῦσιν. Plura de *tiaris* vide apud Brissonium de Regn. Persar. Lib. I. §. 48. p. 61. seq. Lib. II. §. 184. p. 539. seq. Solerium de Pileo p. 169. seq. et 185. seq. Paschalium de Coron. Lib. X. c. 2. Relandum Diss. Misc. P. II. p. 252. et quæ ex nummis observat Ez. Spanhemius de Usu et Præst. Numism. Diss. V. pag. 428. 459. Sicuti autem LXX Dan. l. c. Chald. כַּרְבְּלָה, quod cum voce כַּרְבֵּל Hebræis et *cribell*, docente Bocharto Lib. I. Chan. c. 42. pag. 751., Britannis suis *cristam galli* denotanti cognationem habet, per τιάρας interpretantur, ita capitis hocce ornamentum cristæ galli simile fuisse innuit Aristophanes in Av. v. 487. ubi ad cristam galli respiciens κυρβασίαν ὀρθὴν illum in capite gestare dicit. Inde et κυρβάλλεις *tiaras* esse a כַּרְבְּלָה verisimile. Confer de illis Spanhemium l. c. Brissonium de Regn. Pers. Lib. I. p. 62.

*ΤΙ´ΓΡΙΣ, *Tigris, nomen animalis et fluvii*. Judith. I. 6. Sirac. XXIV. 26. ὡς τίγρις. Zonaras Lex. col. 1730. τίγρης, ποταμὸς, καὶ κλίνεται τίγρητος. τίγρις δὲ, τὸ ζῶον, ῖ, καὶ κλίνεται τίγριδος. Idem quoque Suidas tradit. Confer quoque Intt. ad Hesychium s. h. v.

ΤΙ´ΘΗΜΙ et ΤΙ´ΘΕΜΑΙ, *pono, impono, facio, statuo, colloco, repono, dispono, appono*. אָסַף, *congreg*. Gen. XLII. 17. ἔθετο αὐτοὺς ἐν φυλακῇ ἡμέρας τρεῖς, *mittebat* illos in custodiam aut *jussit eos in carcere servari* ad dies tres. Confer quæ in

v. post Hebr. נָתַן notata sunt ex Gen. XL. 3. Adde Num. XXVII. 13. — אֻשַּׁיָּא Chald. plur. *fundamenta*. Esdr. VI. 3. — *אָשַׁם, *delinquo*. Hos. XIII. 1. ἔθετο, ubi pro וַיֶּאְשַׁם legerunt וַיָּשֶׂם, a שׂוּם. — הֵבִיא, *adduco*. Exod. XXXIV. 26. θήσεις sec. Vat. ubi alii libri εἰσοίσεις habent. — הִגִּיעַ Hiph. a נָגַע, *pertingere facio*. Ezech. XIII. 14. — הוֹשִׁיב Hiph. a יָשַׁב, *sedere facio*. 1 Reg. II. 24. ἔθετό με ἐπὶ τὸν θρόνον Δαβὶδ, *collocavit* me super thronum Davidis. — הֵכִין Hiph. a כּוּן, *paro*. Job. XI. 13. εἰ γὰρ σὺ καθαρὰν ἔθου τὴν καρδίαν σου, si enim tu purum *fecisti* cor tuum. Job. XXIX. 7. — הֵמִיר Hiph. a מוּר, *muto*. Hos. IV. 7. τὴν δόξαν αὐτῶν εἰς ἀτιμίαν θήσομαι. Sensu eodem. — הִנְחָה Hiph. *duco*. 1 Reg. X. 26. 2 Reg. XVIII. 11. Aquila et Reliqui Intt. 1 Sam. XXII. 4. — הֵנִיחַ Hiph. a נוּחַ, *quiescere facio*. Ez. XXXVII. 1. XL. 2. XLIV. 30. — הִנִּיחַ Hiph. a יָנַח, *statuo, constituo*. Num. XVII. 4. θήσεις αὐτὰς ἐν τῇ σκηνῇ τοῦ μαρτυρίου, *repones* illas in tabernaculo testimonii. Deut. XXVI. 4. θήσει αὐτὸν ἀπέναντι τοῦ θυσιαστηρίου, *statuet* illum coram altari. 1 Reg. XIII. 30. ἔθηκε τὸ σῶμα αὐτοῦ ἐν τῷ τάφῳ αὐτοῦ, *ponebat* corpus ejus in sepulchrum ipsius. Et alibi sæpius. — הֶעֱלָה Hiph. *ascendere facio*. Ezech. XIV. 3. 4. — הִפִּיל Hiph. a נָפַל, *cadere facio*. Esth. IX. 24. — הִפְקִיד Hiph. *præficio*. Ies. X. 28. — הִצִּיג Hiph. a יָצַג, *constituo*. Jud. VI. 37. sec. Vat. Job. XVII. 6. ἔθου δέ με (εἰς) θρύλλημα ἐν ἔθνεσι, *constituisti* me fabulam in gentibus. — הִצִּיק Hiph. a יָצַק, *effundo*. Jos. VII. 23.

— *הֵקִים Hiphil a קוּם, *statuo*. Genes. XVII. 19. sec. Compl. s. Inc. Int. — הֵרִים Hiph. a רוּם, *exalto*. Ies. XIV. 13. — הֵשַׁם, Hiph. a שָׁמַם, *desolo*. Ezech. XIV. 8. θήσομαι αὐτὸν εἰς σημεῖον, *ponam* illum in signum. Forte hic legerunt הֲשִׂים, quæ lectio quoque præferenda videtur. — הִתִּיר Hiph. a נָתַר, *solvo*, h. l. *reddo*. 2 Sam. XXII. 33. — חָקַק, *insculpo*. Job. XIX. 23. Sic et nos se'zen, *to set, to put*, pro *insculpere* ponimus. — חָתַת, *frangor*. Ps. XVII. 37. ἔθου (εἰς) τόξον χαλκοῦν τοὺς βραχίονάς μου, *disposuisti* ad arcum æreum brachia mea. Legerunt וְנָתַתָּה. — כָּרַת, *seco, cædo*. Gen. XXI. 32. ubi cum διατίθημι permutatur in codd. Ex. XXXIV. 10. τίθημί σοι διαθήκην, *pango* tecum fœdus. Vide et Ex. XII. 15. 27. Job. XXXI. 1. XL. 23. θήσεται μετά σου διαθήκην. Similiter Polybius Lib. I. c. 11. τίθεται πρὸς τοὺς Καρχηδονίους συνθήκας. — מָצָא, *invenio*. Job. XXXI. 25. ubi loco ἐθέμην χεῖρά μου legere mallem ἐθέμην χαρὰν μου, aut *imponere manus* tanquam *signum dominii* ac *possessionis* h. l. spectatur. — נָשָׂא, *fero*. Exod. XXVIII. 26. Ezech. XVIII. 12. 15. — נָשָׁה, *exigo*. Nehem. V. 10. ἐθήκαμεν ἑαυτοῖς ἀργύριον καὶ σῖτον, *imposuimus* nobis ipsis pecuniam et frumentum. Sensu eodem. — נָתַן. Gen. XVII. 5. πατέρα (pro εἰς πατέρα) πολλῶν ἐθνῶν τέθεικά σε, patrem multarum gentium *constitui* te. Vide et Ps. LXXXVIII. 27. Jer. I. 5. et conf. Hebr. I. 2. et ad h. l. Elsnerum pag. 332. Genes. XL. 3. ἔθετο αὐτοὺς ἐν φυλακῇ, *mittebat* illos in custodiam. Vide et Gen. XLI. 10. XLII. 30. Ps. XLIII. 15. ἔθου ἡμᾶς (εἰς) ὄνειδος τοῖς γείτοσιν ἡμῶν, *posuisti* vel *fecisti* nos in opprobrium gentibus. Conf. v. 16. ubi εἰς addi-

a tur. Ps. LXVIII. 14. ἔθέμην (εἰς) τὸ ἔνδυμά μου σάκκον, posui vel *adhibui* in indumentum meum saccum. Ez. XXXV. 9. ἐρημίαν (pro εἰς ἐ.) αἰωνίον θήσομαί σε, desertum æternum *faciam* te. Confer Jerem. IX. 11. XXV. 18. ubi εἰς additur. — נָתַק, *avello*. Jos. IV. 18.—*סָבַב. 2 Reg. XXIV. 17. sec. Alex. — עָשָׂה, *facio*. Job. X. 12. ζωὴν δὲ καὶ ἔλεος
b ἔθου παρ' ἐμοί, vitam et misericordiam mihi *exhibuisti*. Nam τιθέναι παρά τινι est *exhibere, præbere alicui aliquid*. Symm. παρέσχες μοι. Vulg. *tribuisti mihi*. Job. XIV. 5. Prov. XXII. 28. ὅρια, ἃ ἔθεντο οἱ πατέρες σου, terminos, quos *posuerunt* majores tui. — *פָּעַל, *operor, facio*. Job. XXXVII. 12. לְפָעֳלָם, *ad operandum eos*, seu, *ad opera eorum*: ubi
c in Hexaplis legitur: ἕτερα ἀντίγραφα habent θεὶς ἔργα αὐτοῦ, *ponens* opera ejus. Videtur legendum εἰς ἔργα αὐτοῦ (h. e. *ut opera Dei perficiant*) s. αὐτῶν. Sed potest quoque illud θεὶς præfixo ל respondere. Confer parallelismum membrorum in textu Hebraico. —*קוּם, seq. אֶל. 1 Sam. XXII. 13. θέσθαι αὐτὸν ἐπ' ἐμέ, ut *con-* seu *insurgeret* adversus me. —
d רְמָה Chald. *projicio*. Dan. VII. 9. — שָׁבַר, *frango*. Job. XXXVIII. 10. ἐθέμην δὲ αὐτῇ ὅρια. Recte quoad sensum. Vide ad h. l. Schultensium in Opp. Min. p. 500. — שָׁוָה Pihel, *dispono*. 2 Sam. XXII. 34. τιθεὶς τοὺς πόδας μου ὡσεὶ ἐλάφων, faciens pedes meos tanquam cervorum. Vide et Ps. LXXXVIII. 19. — שׂוּם : הֵשִׂים, Kal et Hiph.
e Genes. IV. 14. ἔθετο κύριος ὁ Θεὸς σημεῖον τῷ Καὶν, *faciebat* Dominus Deus signum Caino. Hesych. ἔθετο, ἐποίησε. Genes. XXXII. 12. θήσω τὸ σπέρμα σου ὡς τὴν ἄμμον τῆς θαλάσσης, *faciam* semen tuum tanquam arenam maris. Hesych. θήσω, ποιήσω. Vide et Job. VII. 19. Ps. XVIII. 5. Eodem sensu verbum hoc apud profanos passim legitur. Vide Wolfium ad 1 Cor. IX. 18. p. 433. Exod. XV. 25. ἔθετο αὐτῷ δικαιώματα καὶ κρίσεις, *posuit* s. *sancivit* illis statuta et judicia. Al. Jud. XX. 36. ἐπὶ τὸ ἔνεδρον, ὃ ἔθηκαν πρὸς τὴν Γαβαά, insidiis, quas *collocaverant* ad Gabaa: ubi in Cod. Alex. legitur ἔταξαν. 1 Sam. XI. 11. *dispono*, sensu militari. Job. XXXIV. 23. ὅτι οὐκ ἐπ' ἄνδρα θήσει ἔτι, sc. τὴν καρδίαν. Sic quoque ad הֵשִׂים supplendum erit לֵב, uti plene v. 14. legitur. — שִׂים Chald. part. Pah. Dan. IV. 3. δι' ἐμοῦ ἐτέθη δόγμα, per me *factum est* decretum. Vide et Dan. VI. 26. — שִׁית: הֵשִׁית, Kal et Hiph. 2 Sam. XIII. 20. μὴ θῇς εἰς τὴν καρδίαν, ne ponas in cor tuum, h. e. ne animo præsumas. 2 Sam. XIX. 28. ἔθηκας τὸν δοῦλόν σου ἐν τοῖς ἐσθίουσι τὴν τράπεζάν σου, *posuisti* servum tuum inter illos, qui comedunt ad mensam tuam. — שָׁחָה, *inclino me, incurvatus, inclinatus sum*. Prov. II. 18. ἔθετο γὰρ πρὸς τῷ θάνατον τὸν οἶκον αὐτῆς: ubi pro שָׁחָה legerunt fortasse שָׁתָה, a שׁוּת, aut שָׂמָה, a שׂוּם. — *שָׁם, *ibi*. Aqu. Symm. et LXX Hab. III. 3. ἔθετο. Legerunt שָׂם. — שָׁמַר, *servo*. 1 Sam. IX. 24. Psalm. XXXVIII. 2. ἐθέμην, ubi vel repetierunt substantivum verbi loco מַחְסוֹם, vel etiam legerunt pro אֶשְׁמְרָה, *custodiam*, אָשִׂימָה, *ponam*, ut recte observat Dathius ad Psalter. Syr. p. 91. — *שָׁפַת, *dispono*. Inc. Ies. XXVI. 12. ubi τίθημι est i. q. δίδωμι, quod LXX h. l. habent. — תָּקַע, *figo*. 1 Paral. X. 10. ubi tamen pro ἔθηκαν legere mallem ἔπηξαν, quod exhibet ed. Compl. Eadem lectionis diversitas locum quoque habet Jud. IV. 21. — Præterea legitur 1 Sam. XIII. 19. ubi voci τοῦ θέσθαι nihil respondet in textu Hebraico. Drac. v. 14.

τὸν οἶνον κεράσας θὲς, vinum miscens *appone*. 2 Maccab. IV. 15. πατρῴους τιμὰς ἐν οὐδενὶ τιθέμενοι, patrios cultus *nihili facientes*. Ælianus V. H. L. IX. c. 41. dixit παρ' οὐδὲν ἔθετο, *nihili fecit*. Vide et Lib. XII. c. 44. 3 Macc. I. 14. ἄδηλον τιθέμενοι (sc. ἐν τῇ καρδίᾳ) τὸ γενόμενον, inopinatum aliquid accidisse *existimantes* vel *opinantes*. Sir. XXIX. 11. θὲς τὸν θησαυρόν σου κατ' ἐντολὰς ὑψίστου, h. e. *utaris* divitiis tuis convenienter præceptis divinis, ubi τιθέναι est *collocare, in usum convertere*, coll. Luc. XIX. 21. 22. et Krebsii Obss. Flav. p. 295. In notione *faciendi* s. *reddendi* legitur Sap. VI. 22. et X. 21. Tob. VI. 4. θὲς ἀσφαλῶς, solerter *repone*. Sap. IV. 15. τίθεσθαι ἐπὶ διανοίᾳ, *diligenter perpendere*. Judith. II. 2. ἔθετο μετ' αὐτῶν τὸ μυστήριον, *communicavit cum iis* mysterium. Syrus: *revelavit iis*. 3 Esdr. VIII. 17. Chald. שְׁלֵם, *perfecit*. — Vide alibi ἀσεβὴς, ἀσφαλὴς, ἀφανισμὸς, βάραθρον, γέφυρα, ζήτημα, πρόσκομμα et τιμή.

ΤΙΘΗΝΕ'Ω, *nutrio, educo*. Latine optime reddi potest per *nutricor*, h. e. *educo, ut nutrix solet*. אָמַן, id. Thren. IV. 5. Aqu. Prov. VIII. 30. τιθηνουμένη, *nutritia*. Sirac. XVII. 18. τιθηνεῖ, *educavit* ut pater filium. Vide et Sir. XXX. 9. τιθήνησον τέκνον καὶ ἐκθαμβήσει σε, h. e. *mollius si tractaveris* filium, *eique indulseris*, contristabit te. Vetus, monente Drusio, exposuit: *lacta filium*. Hesychius: τιθηνεῖ, τρέφει, τιθηνεύεται ὁμοίως.

*ΤΙΘΗΝΙ'Α, *nutricatio*. 4 Macc. XVI. 7. Vide s. v. τιθηνέω.

*ΤΙΘΗΝΙ'ΖΩ, *nutrio, lacto*. יָנַק, *sugo*. Aqu. Ies. LIII. 2. ubi alii τιθιζόμενον habent. Theodot. θηλάζων.

ΤΙΘΗΝΟ'Σ, ὁ καὶ ἡ, *nutritor, nutricius, nutrix, educator*. אֹמֵן part. masc. Num. XI. 12. 2 Reg. X. 1. (ubi τιθηνοὶ sunt *nutritores* filiorum Achabi.) Ies. XLIX. 23. — אֹמֶנֶת part. fœm. *nutrix*. Ruth. IV. 16. 2 Sam. IV. 4. — מֵינֶקֶת, *nutrix*. Aqu. sec. cod. Coislin. Gen. XXIV. 59.

ΤΙΘΙΖΟ'ΜΕΝΟΝ, sc. βρέφος, *lactens, infans*. יוֹנֵק part. Aqu. Ies. LIII. 2. (Drusius p. 471. edidit τιτθιζόμενον. Græcis τίθη et τίτθη dicitur. Veriorem censeo alteram lectionem τιθηνιζόμενον, ex qua τιθιζόμενον facilius potuit oriri. Constat enim, librarios medias syllabas sæpius omisisse. K.)

ΤΙ'ΚΤΩ, *pario, gigno*. הִמְלִיט Hiph. *libero*. Ies. LXVI. 7. Vox מָלַט in Pih. et Hiph. notat quoque *eniti, parere*, q. d. *liberare* s. *exidere facere fœtum ex utero*. — הֶעֱטִיף Hiph. *sero coëo*. Gen. XXX. 43. Sermo ibi est de ovibus serotinis. — הֹרָה verbale fœm. *genitrix*. Hos. II. 5. — חָיָה verbale fœm. *vivida*. Exod. I. 19. ubi verba τίκτουσι γὰρ vel vertenda sunt: *ita robustæ sunt, ut facili negotio partum edant*, vel, quod præferendum judico, *ipsæ obstetricandi scientiam habent*, ut Vulgatus cum Chaldæo transtulit. Symmach. μαῖαι γὰρ εἰσίν. In l. Chald. et Syr. [illegible] notat *obstetrices*. — יָלַד. Gen. III. 16. et alibi sæpius. Job. XXXVIII. 28. τίς δέ ἐστιν ὁ τετοκὼς βόλους δρόσου; quis vero est, qui *genuit* stillas roris? Ib. v. 29. πάχνην δὲ ἐν οὐρανῷ τίς τέτοκε; pruinam vero in cœlo quis *genuit*? Confer Drusium ad h. l. Aqu. Ps. II. 7. Eodem sensu Homerus verbum usurpavit. Thomas Magister: τίκτειν κυρίως ἐπὶ γυναικῶν, τὸ δὲ γεννᾷν ἐπὶ ἀνδρῶν, ὅθεν γεννήτωρ καὶ γενέτης ὁ πατήρ. Ὅμηρος δὲ καὶ ἐπὶ ἀνδρὸς τῷ τίκτειν ἐνίοτε χρῆται ὡς ἔχει τὸ, ὃν ἀθάνατος τέκετο Ζεὺς, καὶ τὸ, τίκτει μ' ἀνὴρ πολλοῖσιν ἀνάσσων. Vide et Homerum Il. Ε', v. 546. seq. et Hesychium in τέκεν et τίκτειν. Ies. LIX. 4. τίκτουσιν ἀνο-

a μίαν. Philo de Carit. p. 714. D. εἴκε-
ται γὰρ κόρος ὕβριν, coll. Theognide
v. 153. — יִלּוֹד, natus. 2 Sam. XII.
14. — לֵדָה, partus. Ies. XXXVII.
3. Jerem. XIII. 21. — מַשְׁבֵּר, matrix. Ies. XXXVII. 3. — עָלוֹת,
lactentes. Aqu. Gen. XXXIII. 13.
— רָאָה עַל אָבְנַיִם, video super
sellas parturientium. Exod. I. 16.
καὶ ὥσιν ἐν τῷ τίκτειν. Vulg. et partus
b tempus advenerit. Sensum expresserunt. Michaëlis Suppl. ad Lexic.
Hebr. P. I. p. 8. confert Arab.
اوان s. أوان, tempus, et intellegit ipsum partus tempus. Sir. VIII.
23. cum ignoto tibi ne commu-
nices arcanum, οὐ γὰρ γινώσκεις,
τί τέξεται, quid enim moliatur s.
machinetur, ignoras; h. e. periculum est, ne eo cum tuo damno et
c pernicie abutatur. Supersedere igitur possumus Grotii conjectura,
alioquin valde ingeniosa, qui τί
στέξεται (nescis, an celaturus sit arcanum) legendum suspicabatur.

ΤΙ'ΛΛΩ, vello, evello. מָרַט, depilo.
Esdr. IX. 3. Adde Dan. VII. 4.
sec. cod. Chis.

ΤΙΜΑ'Ω, honoro, colo, officia debita præsto, et Τιμάομαι, æstimo.
d הָדַר, decoro, h. l. honorem exhibeo.
Lev. XIX. 32. — הֶעֱרִיךְ, ordinare
facio, ordino, item æstimo. Levit.
XXVII. 8. 12. 14. — חָקַר, pervestigo. Ἄλλοι et LXX Prov. XXV. 1.
τιμᾷ. Legerunt הֹקַר a verbo יָקַר.
— חֵקֶר, pervestigatio. Prov. XXV.
28. τιμᾷν. Hic quoque legerunt
הֹקַר a verbo יָקַר. — יָקַר, pretiosus
sum. 1 Sam. XVIII. 30. ἐτιμήθη τὸ
e ὄνομα αὐτοῦ σφόδρα, in magno pretio
erat nomen ejus. Vide et Psalm.
CXXXVIII. 16. Aqu. Zach. XI.
13. — *יְקָרָה, pretiositas magna.
Symm. Psalm. XLIV. 10. ἐν τῷ τιμᾷν σε. Fortasse legendum εἰς τὸ

τιμᾷν σε. LXX habent ἐν τῇ τιμῇ σου.
— כַּבֵּד Pih. Prov. III. 9. τίμα τὸν
κύριον ἀπὸ σῶν δικαίων πόνων, honora
Dominum, h. e. offer Domino sacrificia, de justis operibus tuis. Ita
Plautus Aulular. Prolog. v. 17. honorem pro cultura et observantia, et
Virgilius Æn. III. 178. Georg. III.
486. pro sacrificio, quo Dii hono-
rantur, accepit. Vide Fesselii Advers. Sacr. Lib. III. c. 3. p. 237.
Num. XXII. 17. ἐντίμως τιμήσω σε,
summo te honore afficiam ac splendi-
dis muneribus ornabo, coll. ib. v. 37.
— מְחִיר, pretium. Prov. XXVII.
26. τίμα πεδίον, cole agrum. Sc. LXX
post מְחִיר supplerunt: sit tibi pretium agri, vel: ager in pretio et
honore. — *מִנְחָה, oblatio, munus.
Theod. Psalm. XLIV. 13. τιμήσουσι,
Hebr. בְּמִנְחָה. Potest quidem hæc
versio cum textu Hebr. conciliari,
cum τιμᾷν non tam verbis quam ac-
tionibus honorare significet (Confer
Lex. N. T. s. h. v.), nihilo minus tamen suspicor, Theodotionem scripsisse δώροις s. ἐν δώροις τιμήσουσι. Certe Symmachus habet δῶρα ὥσι. —
נִשָּׂא Pih. extollo. Esth. IX. 3. Apud
Symmachum 1 Sam. XXV. 35. ex
altera ejus editione affertur ἐτίμησα,
sc. τὸ πρόσωπόν σου, ubi in textu Hebr.
נָשָׂא פָנִים legitur. Τιμᾷν τὸ πρόσωπόν τινος notat delectari alicujus persona, adeoque in favorem ejus agere.
— עֵרֶךְ, æstimatio. Levit. XXVII.
12. καθότι ἂν τιμήσεται αὐτὸ ὁ ἱερεὺς,
prouti æstimabit illud sacerdos. —
שָׁקַל, pondero. Ies. LV. 2. ἱνατί
τιμᾶσθε ἀργυρίου ἐν οὐκ ἄρτοις; quare
argenti pretio emere vultis, ubi non
sunt panes? Sirac. XXXVIII. 1.
τίμα τὸν ἰατρὸν τιμαῖς αὐτοῦ, honora
medicum honore suo, h. e. honore
digno: ubi τιμᾷν est sostrum præbere.

*ΜΗ' ΤΙΜΑ'Ω, non honoro. בְּאֵין
in non. Prov. XV. 22. οἱ μὴ τιμῶντες

« συνέδρια, qui non honorant synedria, h. e. qui alios in consilium non adhibent, seu eorum bonis consiliis non utuntur.

ΤΙΜΗ', honor, præmium, it. pretium. הָדָר, idem. Job. XL. 5. Ps. VIII. 6. Ies. XXXV. 2. — הוֹן, substantia. Ps. XLIII. 14. —*חֶסֶד, gratia, misericordia. Dan. I. 9. sec. cod. Chis. τιμὴν καὶ χάριν. Sensum expresserunt. Vide ad h. l. Scharfenbergium. — *יָקַר, pretiosus sum. Ps. XLVIII. 8. τιμὴν, ubi pro וְיֵקַר legerunt וִיקַר nam יְקַר est pretium. — יָקָר, pretiosus. Ps. XLIV. 10. — יְקָר. Hebr. Esth. I. 20. Ps. XLVIII. 12. 21. Ezech. XXII. 25. — יְקָר: יְקָרָא Chald. Dan. II. 6. IV. 27. 33. V. 20. 22. — *יְקָרָה, pretium, pretiositas. Inc. Jerem. XX. 5.—כָּבוֹד. Exod. XXVIII. 2. 36. Ies. XI. 10. Symm. Ps. LXV. 2. — כְּסוּת, tegumentum. Genes. XX. 16. ubi τιμὴ æque ac δόξα in N. T. peplum, velamen indicare videtur. Michaëlis intellegit mulctam pro oculorum audacia liberius in Saram conjectorum. V. ejus Supplem. p. 1317. Confer מֶכֶס, tributum, census, a rad. Arab. מכס, tributum, decimas, vectigal collegit. — כֶּסֶף, argentum. Job. XXXI. 39. — מְחִיר. Ies. LV. 1. Symm. Psalm. XLIII. 13. — מֶכֶר, venditio. Num. XX. 19. — מִקְוֵא, pretium. 2 Paral. I. 16. Vox Hebr. nonnullis Intt. est h. l. merx, quam emtores licitantur, et emendo acquirunt, ex usu l. Arab. Confer Simonis Lex. Hebr. p. 1412. — מִשְׁמָן, pinguedo. Ies. X. 16. Admodum libere transtulerunt. Pinguedo apud Orientales omnem fortunatum ac prosperum rerum statum significat. — עֹז, robur. Ps. XXVIII. 2. XCV. 7. In utroque loco עֹז est laus, gloria, ut Arab. عز et عزة. — עֵרֶךְ, æstimatio. Lev. V. 15. 18. VI. 5. XXVII. 2. et alibi. — פּוּךְ, fucus. Jerem. IV. 30. sec. ed. Compl. τιμῇ. Lectio non omnino contemnenda, quanquam ex στίβη s. potius στίμη (sec. Grotium στίμμι) orta videatur. — שְׂאֵת, excellentia. Ps. LXI. 4.—*תְּקֹף Chald. robur, potentia. Dan. IV. 27. sec. cod. Chis. — *תָּקְפָּא Chald. idem. Dan. II. 37. sec. cod. Chis. Ep. Jer. 24. ἐκ πάσης τιμῆς, carissime. 1 Macc. I. 41. ἡ τιμὴ, templum Hierosolymitanum, quod in summo honore erat apud Judæos. Eodem modo δόξα ibid. II. 12. 1 Macc. X. 29. ἡ τιμὴ τοῦ ἁλὸς, vectigal, quod pro salis usu pendebatur. Hoc sensu etiam apud Josephum aliquoties occurrit.

ΤΙΜΗ'Ν ΔΙ'ΔΩΜΙ, pretium do. עָרַף, decollo, q. d. decervico. Exod. XXXIV. 20. τιμὴν δώσεις αὐτοῦ. Lectio aperte corrupta. Lege mea fide: τενοντώσεις αὐτό. Vide supra s. v. τενοντόω. Secundum Tychsenium legerunt עֲרַבְתּוֹ seu עֲרַכְתּוֹ, coll. Num. XXV. 5.

ΤΙΜΗ'Ν ΠΕΡΙΤΙ'ΘΗΜΙ, honorem circumpono. הִתְכַּבֵּד Hithp. honore me extollo. Prov. XII. 9. τιμὴν ἑαυτῷ περιτιθεὶς, sibimet ipsi honorem deferens. Conf. 1 Cor. XII. 23. et ad h. l. Raphelii Annotatt. Polyb. pag. 472. ac Lexicon N. T. s. h. v.

ΤΙΜΗ'Ν ΤΙ'ΘΗΜΙ, honorem pono, honorem defero. שׁוֹעַ, dives, nobilis. Job. XXXIV. 19.

ΤΙ'ΜΗΜΑ, æstimatio, pretium. עֵרֶךְ, pretium certum et constitutum. Lev. XXVII. 27. Symmach. Job. XXVIII. 13. Vulgat. pretium.

ΤΙ'ΜΙΟΣ, pretiosus, honorabilis.

a חֵפֶץ, *desiderium*, item per metonymiam *desiderabile*. Prov. III. 15. VIII. 11. — יַקִּירָא Chald. Esdr. IV. 10. *ὁ μέγας καὶ ὁ τίμιος*, magnus et *honorabilis*. Hesych. *τίμιος, ἔντιμος, ἔνδοξος*. Conf. Act. V. 35. et ad h. l. Alberti p. 231. — יָקָר. Prov. VI. 26. *γυνὴ δὲ ἀνδρῶν τιμίας ψυχὰς ἀγρεύει*, mulier autem virorum *pretiosas* animas captat. Prov. XII. 28.
b *κτῆμα δὲ τίμιον ἀνὴρ καθαρὸς*, res autem *pretiosa* vir purus. Thren. IV. 2. *οἱ υἱοὶ Σιὼν οἱ τίμιοι*, filii Sionis *pretiosi*. Dan. XI. 38. *λίθῳ τιμίῳ*, *pretioso* lapide. Aqu. Symm. Theod. Prov. I. 13. — יָקַר, *pretiosus sum*. Symm. Ps. LXXI. 14. CXXXVIII. 17. *τίμιον ἔσται*. — מַכְלוּל, *perfectio*. Symm. Ez. XXVII. 24. *τιμίοις*. — *קָרָא *voco*. Hos. XI. 7. *τίμια*. Le-
c gerunt יִקָּרְיו aut יְקָרֵהוּ. Proverb. XX. 6. ubi pro יִקְרָא legerunt יְקַר, absumto א a litera initiali vocis sequentis אִישׁ. Τὰ *τίμια*, *honores*, *munera publica, in quibus aliquis est constitutus*. 1 Macc. XI. 27. *ἔστησεν αὐτῷ τὴν ἀρχιερωσύνην, καὶ ὅσα ἄλλα εἶχε τίμια τὰ πρότερον*, confirmavit eum in sacerdotio, et reliquis *honoribus*, quibus hucusque ornatus fu-
d erat. Sap. IV. 8. *γῆρας γὰρ τίμιον, οὐ τὸ πολυχρόνιον*, senectus *suspicienda est* non ob annorum multitudinem.

ΛΙ'ΘΟΣ ΤΙ'ΜΙΟΣ, *lapis pretiosus*. פָּז, *aurum solidum*. Psalm. XX. 3. Proverb. VIII. 19. Confer Arab. فصّ, *lapillus pretiosus, pala annuli*.

ΤΙΜΙΩ'ΤΕΡΟΣ, compar. *pretiosior*. יָקָר, seq. מִן, idem. Prov. III.
e 15. — רָחוֹק מְכֹר, *longe superans pretium*. Prov. XXXI. 10.

ΤΙΜΙΩ'ΤΑΤΟΣ, superlat. *pretiosissimus*. Sap. XII. 7.

ΤΙΜΙΟΥΛΚΕ'Ω (mallem equidem Τιμουλκέω, ut ῥυμουλκέω, *fune traho*, Polyb. I. 27. III. 46. et ψυχουλκεῖσθαι, quod vide infra. Est autem τιμουλκεῖν, *injusto pretio vendere frumentum, cui non pares sunt aliorum opes*, q. d. τιμῇ ἕλκειν τὸν σῖτον. Sc. ἕλκειν dictum est de ponderibus, quæ bilancem desuper trahunt, unde et ὁλκὴ, *pondus*.), *pretium augeo, exigo*. מָנַע, *cohibeo, comprimo*. Inc. Prov. XI. 26. ὁ τιμιουλκῶν σῖτον δημοκατάρατος, qui frumenti *pretium auget*, exsecrabilis et invisus habetur. Suidas: τιμιουλκῶν, ἕλκων τὴν τιμὴν, τουτέστι βαρυτιμῶν καὶ μεγαλύνων. καὶ ὁ Προφήτης· ὁ γὰρ τιμιουλκῶν τὸν σῖτον δημοκατάρατος, ubi vid. Küsterus. Sic et Lexic. Cyrilli MS. Brem. τιμιουλκῶν, ἕλκων τὴν τιμὴν, τουτέστι βαρυτιμῶν. Unde et apud Hesychium pro τιμηουλκῶν scribendum τιμουλκῶν. Exponitur autem ibi τιμὴν αἰτῶν, ἢ ἕλκων τὴν τιμήν. Idem: τιμουλκῶν, αἰτῶν καὶ ἀπαιτῶν, ubi repetendum erit e canone Alberti τὴν τιμήν. Αἰτεῖν autem et ἀπαιτεῖν est *exigere vehementius, et ab invito denique extorquere*. Vide Casaubon. ad Theophr. Char. p. 244. Omnia hæc prosunt ad constituendam aliam glossam inter eas, quas Phavorinus collegit: τιμιουλκῶν, ἕλκων τὴν τιμὴν, τουτέστι τιμῶν, ut legatur βαρυτιμῶν.

ΤΙΜΟΓΡΑΦΕ'Ω, *pretium describo, æstimo, taxo*. הֶעֱרִיךְ Hiph. *æstimare facio*, etiam *æstimo*. 2 Reg. XXIII. 35. ἐτιμογράφησε τὴν γῆν, *pretium describebat* terræ. Lexic. Cyrilli MS. Brem. ἐτιμογράφησε τὴν γῆν, διετιμήσατο. Hesych. ἐτιμογράφησεν, ἐγγράφως καὶ ὡρισμένως αὐτοὺς ἐζημίωσεν.

ΤΙΜΩΡΕ'Ω et ΤΙΜΩΡΕ'ΟΜΑΙ, *punio, ulciscor, vindico, torqueo, crucio*. נָקַם, idem. Inc. 1 Sam. XIV. 24. Symm. et ed. sexta Ps. VIII. 3. ὥστε παῦσαι ἐχθρὸν καὶ τιμωροῦντα ἑαυτῷ, quo facias, ut tibi inimici esse et suas ipsimet injurias ulcisci desinant. Nam τιμωρεῖν ἑαυτῷ est *suas injurias ulcisci*. Potuissent laudati Intt. etiam ponere medium

a τιμωρούμενον. Num ut τιμωρεῖν τινα est injurias alicui illatas ulcisci (vide Eurip. Phœn. 942.), ita τιμωρεῖσθαι notat: ulcisci injurias sibi illatas. Confer quoque Inc. ibidem, quem Theodotionem esse suspicatur Fischerus in Clavi p. 81. Inc. 1 Sam. XIV. 24. Symm. Ps. XLIII. 17. τιμωρήσομαι. — *עָבַר, transeo. Prov. XIX. 11. sec. Scholion ed. Rom.
b δικαίου καύχημα τιμωρήσασθαι παρανόμους. Sc. עָבַר etiam notat *obruere, irruere, opprimere.* Vide ad h. l. Jaegerum. — שָׁכַל Pih. *orbo.* Ez. V. 17. τιμωρήσομαί σε, *puniam te.* Vide et Ezech. XIV. 15. et confer Sap. XVIII. 18. — שֹׁרֶשׁ, *radix.* Jud. V. 14. ἐτιμωρήσατο αὐτοὺς, *ultus est illos.* Cogitasse mihi videntur de præterito Pihel שֵׁרֵשׁ, *eradicavit.* Sap. XII. 20. ἐτιμώρησας, *punivisti.*
c 2 Macc. VII. 7. πρὸ τοῦ τιμωρηθῆναι τὸ σῶμα κατὰ μέλος, antequam *cruciaretur* corpus singulis membris. Suidas: τιμωρῶ σε, ἀντὶ τοῦ βασανίζω.

ΤΙΜΩΡΗΤΗ'Σ, *punitor, ultor, vindex.* 2 Macc. IV. 16. τούτους πολεμίους καὶ τιμωρητὰς ἔσχον.

ΤΙΜΩΡΙ'Α, *punitio, ultio, pœna.* מַהֲלֻמוֹת, plur. *contusiones.* Prov. XIX. 29. — נְקָמָה, *ultio.* Symm.
d Ps. XVII. 49. ὁ παρέσχων τιμωρίας ἐμοὶ, *qui meas injurias ultus est,* seu, *ultor injuriarum mearum.* — פִּיד, *interitus.* Proverb. XXIV. 22. — שְׁלוֹמִים, *paces, pacifice degentes.* Symm. Ps. LXVIII. 23. Legit לְשִׁלּוּמִים, quod *retributiones* notat, et quidem in utramque partem. — תַּמְרוּרִים plur. *obelisci, pyramides.* Jerem. XXXI. 21. Deducentes a
e מָרַר, *amarum esse,* fortasse sensum expresserunt. Certe Vulg. habet *amaritudines.* Fieri tamen potuit, ut sonum vocis Hebr. magis respexerint, quam significationem, quod alibi quoque factum est. Præterea legitur quoque Dan. II. 18. sec. cod. Chis. ubi τιμωρίαν ζητῆσαι (quibus aut nihil in textu respondet, aut vox רַחֲמִין, *misericordiæ.*) exponendum est: *ut auxilium quære-* f
rent. Sic τιμωρία exhibetur apud optimos scriptores. Vide notas ad Herodotum Lib. III. c. 148. et ad Thom. Mag. v. τιμωρῶ: τιμωρῶ ἐνεργητικῶς ὡς ἐπὶ τὸ πολὺ μὲν τὸ βοηθῶ — ἐστὶ δὲ καὶ τοῦτο μόνον ποιητῶν. Τιμωρία καὶ ἡ κόλασις, καὶ ἡ βοήθεια. 3 Esdr. VIII. 27. In textu Chald. Esdr. VII. 26. est שְׁרֹשׁוּת, *eradicatio.*
Sap. IX. 12. Hesych. τιμωρία, πρόστι- g
μον, ἀνταπόδοσις, κόλασις.

ΤΙ'ΝΑΓΜΑ, *concussio, quassatio, vibratio.* חָזִיז, *coruscatio.* Job. XXVIII. 26. ὁδὸν ἐν τινάγματι φωνάς. Lege: ὁδὸν ἐν τινάγματι (seu ἐντινάγματι) φωνῆς seu φωνῶν, ut sit descriptio fulguris tonantis.

ΤΙΝΑ'ΣΣΩ, *quatio, concutio.* חָבַט, *excutio, decutio.* Ies. XXVIII. 27. — נָטַשׁ, *dimitto, missum facio.* Inc. 1 Sam. X. 2. τετίνακται. Suspecta mihi est hæc lectio. Quanquam h
enim Montfauconius sine dubio sensus causa eam in versione Latina per *excussit* interpretatus est, tamen satis constat, τινάσσειν nihil aliud quam *quatere, concutere* significare. Ergo necessario legendum est vel ἀποτετίνακται, quod LXX posuerunt, vel, quod magis placet, ἐκτετίνακται.

ΤΙ'Σ, ΤΙ'Σ, *aliquis, quis, qui, uti-* i
nam quis. אֶחָד: אַחַד, *unus.* Gen. XXVI. 10. 2 Paral. XVIII. 7. — *אֵיפֹה, *ubi.* Jud. VIII. 18. sec. Oxon. τίνες, h. e. *quales?* quam significationem h. l. quoque אֵיפֹה habet, ut ex responsione apparet. — אִישׁ, *vir.* Genes. XIII. 16. Exod. II. 1. 11. et alibi sæpius. — אֲנָשִׁים plur. *viri, homines.* Exod. XVI. 20.

Jer. XXXVII. 9. — ה præfixum. Cohel. IV. 10. εἷς τὶς, *unus aliquis.* — *מָה, *quid.* Job. VI. 25. ubi cum Syro, Chald. et Arabe legerunt וּמִי. — מִי. 1 Sam. X. 12. Ps. XIII. 8. et Jerem. IX. 1. τίς δώσει; quis dabit? h. e. *utinam quis daret!* Ita et Sirac. XXII. 30. Conf. Job. VI. 8. ubi מָה redditur εἰ γὰρ, *utinam enim.* Conf. et Rom. VII. 25. Cohel. V. 9. τίς ἠγάπησεν ἐν πλήθει αὐτοῦ (sic enim legendum videtur ex Cod. Alex. pro αὐτῶν) γέννημα, *qui* amat in multitudine suum proventum. Sic et τὶς pro articulo ὁ usurpatur Callimacho Epigr. 30. Ἐχθαίρω τὸ ποίημα τὸ κυκλικὸν, οὐδὲ κελεύθῳ χαίρω, τίς πολλοὺς ὧδε καὶ ὧδε φέρει, odi poëma cyclicum, neque via lætor, *quæ* multos huc et illuc fert. Confer quæ ad h. l. ex Sophoclis Scholiasta et Nossidis Epigrammate notat Bentleius pag. 204. — מַן imper. Pih. ex מָנָה, *para.* Psalm. LX. 7. Ex nonnullorum sententia legerunt מָן a rad. מָנַן. Sed etiam in l. Syr. et Chald. מן ponitur pro מִי. Sirac. XI. 19. τίς καιρὸς, *quantum* temporis. Vulgatus aut legit ὅτι, aut τίς pro ὅτι accepit. Sirac. XII. 13. τίς ἐλεήσει; *nemo* miserebitur, scilicet quia ipsi sibi hoc malum per malorum consortium accersiverunt. Sirac. XVI. 17. *qualis, quis.* Susann. 54. ὑπὸ τί δένδρον pro ὑπὸ ποίῳ δένδρῳ, *sub qua arbore,* coll. v. 58. Interdum omittitur τὶς, ut Latinorum *qui* vel *quidam,* v. c. Judith. XI. 14. coll. Polyb. VIII. 13. 1. Suidas: τίς, ἀντὶ τοῦ, οὐδείς. Δαβὶδ (Ps. LXXXII. 1.)· ὁ Θεὸς, τίς ὁμοιωθήσεταί σοι κ. τ. λ.

ΤΙ'Σ Δ' ἊΡΑ, *utinam aliquis.* מִי יִתֵּן, *quis dabit?* vel: *utinam quis daret!* Job. XXIII. 3. τίς δ' ἄρα γνοίη, *utinam* aliquis sciret.

*ΤΙ'Σ ΠΟΤΕ, *quis unquam.* פַּלְמוֹנִי, *quidam.* Symm. Dan. VIII. 13.

*ΚΑΤΑ' ΤΙ'. לָמָּה, *quare.* 1 Sam. IV. 3.

ΤΙΤΑ'ΝΕΣ, *titanes, gigantes.* רְפָאִים. 2 Sam. V. 18. mentio fit κοιλάδος τιτάνων, quæ Josepho A. J. VII. 4. κοιλὰς γιγάντων dicitur. Inc. 2 Sam. XXIII. 13. τιτάνων. Vulgat. *gigantum.* Adde Judith. XVI. 5. υἱοὶ τιτάνων, filii *gigantum.* Qui in fabulis Græcorum alias Titanes fuerint, vide apud Gurtlerum in Orig. Mundi Lib. I. c. 16. p. 219.

ΤΙΤΘΗ', *nutrix.* מֵינֶקֶת part. fœm. Hiph. a יָנַק, idem. Aquila Gen. XXIV. 59. τὴν τιτθήν. Hesych. τιτθὴ, τιτθὸς, μαστὸς ἢ τροφός. Conf. Nunnesium et Hoeschelium in Phrynichum p. 54.

ΤΙΤΘΟ'Σ, *mamma, uber.* דַּד, idem. Aqu. Prov. V. 19. et VII. 18.

ΤΙΤΡΑ'Ω vel ΤΙ'ΤΡΗΜΙ, *terebro, perforo.* *יָצַר, *figuro, formo.* Ies. XLIV. 12. sec. cod. Alex. ἔτρησεν. — נָקַב, *perforo.* 2 Sam. XII. 9. XVIII. 21. Job. XL. 19. — עָמֹק, *profundus.* Al. Prov. XXIII. 27. πίθος τετρημένος, dolium *perforatum.*

ΤΙΤΡΩ'ΣΚΩ, *vulnero, confodio, percutio, percello, penetro.* דָּכָא Pih. *contero.* Job. VI. 9. — הִבְרִיחַ Hiph. *fugo.* Job. XLI. 20. οὐ μὴ τρώσει αὐτὸν τόξον χάλκειον. Sensum expresserunt. — הָלַךְ, *eo, vado.* Job. XVI. 6. τί ἔλαττον τρωθήσομαι, quid minus *vulnerabor,* aut *sentiam dolores ex vulneribus meis.* Hanc enim significationem habet h. l. vox τιτρώσκεσθαι. Cæterum sponte apparet, LXX h. l. sensum secutos esse. Nam in textu Hebr. legitur: *quid a me abibit?* h. e. secundum sensum: *non minuetur dolor meus.* — חָלָה, *ægroto.* 1 Reg. XXII. 34. ὅτι τέτρωμαι, quod *vulneratus sum.* Al. τετραυμάτισμαι. Cant. II. 5. τετρωμένη ἀγάπης, *vulnerata amore.* Vide et Cant. V. 9. ac Achill. Tat.

a Lib. II. c. 7. Hesych. τετρωμένη,
πληγεῖσα. — *חוּל. Symm. Thren.
IV. 6. ἐτρωσαν, ubi חָלְךָ, resederunt,
deduxit a חָלַל. — חָלָל, confossus.
Inc. (sine dubio Symmachus, certe
ex sententia Montfauconii) et LXX
Jos. XI. 6. παραδίδωμι τετρωμένους
αὐτοὺς πάντας, trado confossos illos
omnes. Vide et Num. XXXI. 19.
Gloss. in Octat. τετρωμένους, πεπλη-
b γμένους. Prov. VII. 25. Symmach.
Job. XXXIX. 30. σάρκες τετρωμένων,
carnes cæsorum s. occisorum. LXX
τεθνεῶτες, cadavera. — חִלֵּל Pih.
saucio. Al. Ez. XXVIII. 9. τιτρωσ-
κόντων. — חָלַף, pertranseo, trans-
verbero. Job. XX. 24. Sermo autem ibi est de sagittis. — כָּתַת,
contundo. Deuter. I. 44. ἐτίτρωσκον
ὑμᾶς, perculiebant vos. Conf. Judith.
c XVI. 10. Lex. Cyrilli MS. Brem.
τιτρώσκω, πλήττω. Suidas: τετρωμένον,
βεβλημένον. — מַדְקֵרָה, transfossio.
Prov. XII. 19. — מָחַץ, contundo,
concutio. Job. XXVI. 12. ἐπιστήμη
δὲ ἔτρωσεν (sic enim legendum pro
ἔστρωσεν. Vide in v. στρωννύω.) τὸ
κῆτος, scientia autem vulneravit cetum. Apud Hesychium ἔτρωσεν exponitur ἔβλαψεν, ἔφθειρεν. Vulgo ibi
d hæc glossa male conjungitur cum
ἐτρώθη, ἐπλήγη. — עָרַץ, consternor.
Deut. VII. 21. οὐ τρωθήσῃ ἀπὸ προσώπου αὐτῶν, non percellaris a facie
illorum. — *רָחוֹק. Job. XXXVI.
25. ὅσοι τιτρωσκόμενοι εἰσὶ, ubi in
textu Hebr. legitur יַבִּיט מֵרָחוֹק.
intuebitur a longe. Scil. ante יַבִּיט
supplerunt אֲשֶׁר. Loco מֵרָחוֹק
autem legerunt מַדְקֵרָה, transfos-
e sionem, aut simile vocabulum. Videre transfossionem autem notat
vulneratum esse, ut videre mortem,
mori. Est autem hæc admodum
inepta interpretatio. — שָׁחוּט,
verbale, ductum, tractum. Jer. IX.
8. ubi tamen vox Hebr. rectius
vertitur penetrans sagitta, a rad.
شحط in III. Conj. intravit et
penetrante vulnere confodit. — Præterea legitur Prov. XII. 18. apud f
LXX (quorum versio mihi ita re-
fingenda esse videtur: τιτρώσκοντες
ὡς μάχαιραι, ut ex parte quoque in
Ald. et Compl. legitur, aut: οἵτινες
τιτρώσκουσι ὡς μάχαιραι), qui τιτρώσκουσι de suo addiderunt. Adde Job.
XXXVI. 14. ἡ δὲ ζωὴ αὐτῶν τιτρωσκο-
μένη ὑπὸ ἀγγέλων, quæ verba in
Hexaplis protulit Montfauconius
cum hac nota codicis Colbertini: g
οὐ κεῖται παρ' Ἑβραίοις τὸ ἡμιστίχιον.
Falsum hoc est, ut recte monuit
Sabaterius, nam, excepta voce τι-
τρωσκομένη (quæ est merum sup-
plementum), omnia habentur in
Hebræo, modo quod loco בַּקְּדֵשִׁים
LXX legerint קְדוֹשִׁים, sanctorum, ὑπ' ἀγγέλων. Semlerus conjicit
legendum τελισκομένη, ut alibi Deut.
XXIII. 18. 2 Macc. III. 16. τιτρώσ- h
κεσθαι τὴν διάνοιαν, percelli mente.
2 Macc. XI. 9. σιδηρᾶ τείχη τιτρώσ-
κειν, muros ferreos perforare s. frangere. Sic τρώματα tribuuntur navibus fractis ab Herodoto Lib. VI.
p. 445. Adhibetur quoque τρῶμα
de calamitate in prœlio accepta ab
Herodoto L. I. p. 9. L. IV. p. 352.
et Lib. V. p. 486. — Vide quoque
supra s. v. ἄγγελος.

ΤΙ'Ω, pendo, solvo, et Τίομαι med. i
ulciscor. נִקַּם Niph. Symm. 1 Sam.
XVIII. 25. τίσασθαι. — קוּם, surgo.
Prov. XXIV. 22. τίσονται τοὺς ἀσεβεῖς, ulciscentur impios. Ita Bielius.
Sed τίσονται respondet ibi formulæ
יָקוּם אֵיד, consurget exitium, et
ἀσεβεῖς respondet affixo ם ָ. — שִׁלֵּם
Pih. retribuo. Prov. XX. 12. τίσομαι
τὸν ἐχθρὸν, ulciscar inimicum. Hom.
Iliad Γ', 279. Lex. Cyrilli MS. Brem.
τίσομαι, τιμωρήσομαι, ἀπαιτήσω. Suid.

a τίσομαι, τιμωρήσομαι, ἀποτίσω.—שָׁקַל, pondero, pendo, etiam solvo. 1 Reg. XX. 39. τάλαντον ἀργυρίου τίσεις, talentum argenti solves. — Vide alibi Ζημία.

ΤΛΑ'Ω, fero, perfero, tolero. נָשָׂא, idem. Prov. IX. 12. μόνος ἂν τλήσεις κακὰ, solus feres mala. Cf. notata in v. ἀντλέω.

*ΤΜΗ῀ΜΑ, segmentum, portio, b sectio. Reperitur hæc vox in Ed. Quinta Psalm. LXXIV. 8. ubi nihil in textu Hebr. respondet. In universum arbitror, verba ἀνατολῶν ἔρημα, ὄρη τε νότια καὶ βόρεια τμήματα nihil aliud esse, quam merum scholion Commentatoris ad verba ἐρήμων ὀρέων, quod h. l. in Hexapla irrepsit. Præterea legitur pro גֶּזֶר, segmentum, pars, apud Inc. Psalm. c CXXXV. 13. εἰς τμήματα (quod nescio an ex Aqu. εἰς ἀποτμήματα sit subortum. K.), ubi Symmachus τομὴν posuit. Philoxen. Gloss. τμῆμα, sectio.

ΤΜΗΤΟ'Σ, sectus, incisus. גָּזִית, cæsio, cæsura. Exod. XX. 25. ubi loco τμητοὺς repono τμητῶν, ex lapidibus quadratis.

ΤΟΙΓΑ'ΡΟΥ῀Ν, quapropter. גַּם, d etiam. Aqu. Theod. Job. VII. 11. Alibi quoque גם per itaque, igitur reddendum est, v. c. 1 Sam. XII. 16. et Ps. LXXI. 26.

*ΤΟΙ'ΝΥΝ, igitur. Sap. I. 11. VIII. 9. 4 Maccab. I. 13. Hesych. τοίνυν, διὰ τοῦτο.

ΤΟΙΟΥ῀ΤΟΣ, talis. עֲמָמֻהוּ, abscondunt eum. Ezech. XXXI. 8. Forte legerunt כָּמוֹהוּ· — *הֵן· e Job. XL. 4. τοιαῦτα. Acceperunt pro הֵנָּה, ista. 3 Esdr. I. 20. respondet Hebr. כָּמוֹהוּ, coll. 2 Par. XXXV. 18. 3 Esdr. I. 20. Hebr. כְּ, coll. 2 Par. XXXV. 18. 3 Esdr. VIII. 87. Hebr. כָּזֹאת, coll. Esdr. IX. 13.

ΤΟΙ῀ΧΟΣ, paries. אַרְמוֹן, palatium. Ies. XXIII. 13. muros ædium seu palatiorum. — בַּיִת, domus. 1 Reg. VI. 16. — גַּג, tectum. Ezech. f XL. 14. ubi tamen loco τὸν τοῖχον legendum est τὸ τέγος. — גָּדֵר, sepes. Ies. V. 5. — *דָּיֵק, vallum. Aquil. 2 Reg. XXV. 1. Vide supra s. v. τεῖχος. — חוֹמָה, murus. Al. Ies. XXV. 12. τοίχου. Aqu. Theodot. Ezech. XL. 5. — חַיִץ, paries luteus. Ezech. XIII. 10. — כֹּתֶל, paries, a rad. Arab. كتل, coëgit in unum, it. cohibuit, prohibuit. Cant. II. 9. g Vulg. paries. — *כְּתַל et in plur. כְּתְלַיָּא Chald. idem. Esdr. V. 8. Dan. V. 5. — פֶּרֶץ, ruptura. Symm. Ies. LVIII. 12. ubi notat muros ruinosos. — *קִיר, nomen proprium urbis, quod pro nomine appellativo קִיר, paries, acceperunt. Aquila, Symmach. Jerem. XLVIII. 31. ac Theod. Amos IX. 7. — קִיר, paries. Exod. XXX. 3. Levit. V. 9. h XIV. 37. 40. et alibi sæpius. 3 Esdr. VI. 9. Chald. כְּתַל, collato Esdr. V. 8.

ΤΟΚΑ'Σ, quæ peperit et enixa est, quæ brevi paritura est, gravida, fœcunda, puerpera, genetrix. אֻרְוָה, stabulum. 1 Reg. IV. 26. τοκάδες ἵπποι, equæ fœtæ, quasi הָרוֹת aut הָרִיוֹת legerint, aut quia equæ fœtæ in stabulis detineri solent. i Hesych. τοκὰς, ἡ γεννῶσα. Vid. Hemsterhus. ad Lucian. Deor. Dial. IX. p. 228.

ΤΟΚΕΤΟ'Σ, partus, puerperium, nativitas. *לֵדָה, idem. Aqu. Symm. Theod. et Ed. Quinta Hos. IX. 11. et 13. ἀπὸ τοκετῶν. LXX ἐκ τόκων. — לֶדֶת infin. a יָלַד, parere. Gen.

a XXXV. 16. Job. XXXIX. 1. 2. Sirac. XXIII. 17. μήποτε τὴν ἡμέραν τοῦ τοκετοῦ σου καταράσῃ. Vulg. *ne diem nativitatis tuæ maledicas.*

ΤΟ'ΚΟΣ, *partus*, it. *usura, fœnus*, it. *dolus, fraus*. לֵדָה, *partus*. Hos. IX. 13.—נְשִׁי, *debitum*. 2 Reg. IV. 7. — *נֶשֶׁךְ, *debitum*. Lev. XXV. 37. τὸ ἀργύριόν σου οὐ δώσεις ἐπὶ τόκῳ, argentum tuum non dabis ad *usuram*. b Vide et Ps. XIV. 6. Ezech. XVIII. 18. Deuter. XXIII. 20. οὐκ ἐκτοκιεῖς τῷ ἀδελφῷ σου τόκον ἀργυρίου, καὶ τόκον βρωμάτων, καὶ τόκον πράγματος παντὸς, non fœnerabis fratri tuo ad *usuram* pecuniam, nec fruges, nec quamlibet aliam rem. 2 Reg. IV. 7. τόκος *ipsam summam pecuniæ debitam una cum usuris* notat. Dicta autem est *usura* τόκος a τίκτω, *pario*, quia c est quasi partus pecuniæ. Nempe τόκος proprie significat *partum* s. *filium*. Artemidorus Oneirocr. Lib. IV. c. 32. τόκος καλεῖται πᾶς ὁ γεννώμενος παῖς. Sic et in Lex. Cyrilli MS. Brem. exponitur υἱὸς, et Hesychio γέννησις. Inde ergo *usura* τόκος dicta est. Aristoteles in Politicis: Ὁ δὲ τόκος αὐτὸ (νόμισμα nempe) ποιεῖ πλέον, ὅθεν καὶ τοὔνομα τοῦτ' d εἴληφεν. ὅμοια γὰρ τὰ τικτόμενα τοῖς γεννῶσιν αὐτά ἐστιν. ὁ δὲ τόκος γίνεται νόμισμα νομίσματος. Vide Spanhemii Not. ad Aristoph. Nub. v. 18. et v. 1291. Confer quoque de hac voce notata supra in v. πλεονασμός. — תּוֹךְ; תֹּךְ, *dolus, fraus*. Psalm. LIV. 11. LXXI. 14. In posteriori loco Koehlerus conjicit legendum ἐκ δόλου. Sed in aliis quoque locis e תֹּךְ per τόκος a LXX redditur. Cf. Fulleri Miscell. Sacr. Lib. II. c. 10. p. 231. — *תּוֹךְ pro תָּוֶךְ, *medium*. Jerem. IX. 6. Hic quoque legerunt תּוֹךְ, *dolus*. — *תֶּךָ. Sunt ultimæ literæ vocis שִׁבְתְּךָ, *habitatio tua*. Jer. IX. 6. Hic quoque legerunt תֹּךְ. Suidas: τόκος, εἶδος πλεονεξίας.

ΤΟΛΜΑ'Ω, *audeo, sustineo, obfirmo*. הֵעֵז Hiph. ab עָזַז, *obduro, roboro*. Symm. Prov. VII. 13. ἐτόλ- f μησε πρόσωπον αὐτῆς, *obfirmabat* faciem suam. Ita Bielius. Mallem ita vertere: *audacem*, h. e. *impudentem ac petulantem, reddebat faciem suam*, aut, si, quod conjicere aliquis posset, legeretur προσώπῳ, *impudenter se gessit facie sua*. — לָקַח, *capio*. Job. XV. 12. τί ἐτόλμησεν ἡ καρδία σου; quid *audet* cor tuum? Sc. לָקַח habet quoque notionem *extollendi*, g unde a Symm. ac Theod. h. l. per ἐπαίρεσθαι redditur. *Elatio cordis* autem est *superbia*. — מִלֵּא לֵב, *impleo cor*. Esth. VII. 5. τίς οὗτος, ὅς ἐτόλμησε ποιῆσαι τὸ πρᾶγμα τοῦτο; quis hic, qui *audet* hoc facere? Aquila (?) Cohel. VIII. 11. 3 Macc. III. 21. τολμήσαντες ἐξαλλοιῶσαι, cum id *laboraremus* (s. *aggrederemur*), ut Judæos ad Græcos mores traduce- h remus. Vide Grotium ad h. l. et Rom. V. 3.

ΤΟ'ΛΜΗ, *audacia*, it. *fortitudo, vis et virtus bellica*. אֵימָה, *terror*. Job. XXXIX. 20. δόξη στηθέων αὐτοῦ τόλμην, sc. περιέθηκας. Ita ed. Londinensis. Non male. Conf. A. Schultensii Comment. ad Proverb. XX. 2. p. 217. — מַחֲשָׁבָה וּמְזִמָּה, *cogitatio et molitio scelerata*. Job. i XXI. 27. ὅτι τόλμῃ ἐπίκεισθέ μοι. Ita Bielius Trommium secutus. Mihi videntur verba Græca vertenda esse *vos audacter mihi insistitis*, ita ut τόλμη tantum respondeat Hebr. מְזִמָּה, quod h. l. *molitiones, machinationes* notat. Vide supra s. v. ἐπίκειμαι. Vide et Judith. XVI. 8. et 2 Macc. VIII. 18. in quo posteriori loco tamen τόλμη rectius per k *fortitudinem, vim et fortitudinem bellicam* redditur, præeunte Syro. Suidas: τολμηρός. τὸν τολμηρὸν εἰς τὸν ἀνδρεῖον μεταλαμβάνουσιν.

ΤΟΛΜΗΡΟ'Σ, *audax, scelestus,*

a *homo nequam.* Sir. VIII. 18. τολμηρὸς, *temerarius, audax, ferus.* Sirac. XIX. 2. homo scortationi deditus τολμηρότερος ἔσται, *ad omne scelus pronus fit, audacior* nempe s. *confidentior ad omnis generis facinora et scelera perpetranda.* Vulg. *erit nequam.* Sic quoque v. 3. In Exemplo Camerarii, quod Oporinus excudit, legitur πονηρότερος ἔσται.
b Simili modo θρασὺς Sirac. XXII. 5. et Chald. טלימא s. טלומא Prov. VI. 12. usurpatur.

ΤΟΛΥ'ΠΗ, *lana carpta et pexa,* it. secundum Suidam ἀγρία κολοκύνθη, *colocynthis sylvestris, cucurbita agrestis.* פַּקֻּעֹת plur. *colocynthides, cucumeres agrestes.* 2 Reg. IV. 39. συνέλεξαν ἀπ' αὐτῆς τολύπην ἀγρίαν, colligebant ab illis *cucurbitam a-*
c *grestem.* Glossar. in Lib. 4 Reg. τολύπη, βοτάνη δηλητήριος. Ita in Cod. MS. Bodleiano. In Cod. Fabric. vitiose δηλητήριος. Suidas: τολύπη, ἀγρία κολοκύνθη. Scribe potius: τολύπη ἀγρία, κολοκύνθη. Lex. Cyrilli MS. Brem. τολύπη, βοτάνη, τροφὴ χοίρων. Conf. Ol. Celsii Hierobot. T. I. p. 404.

ΤΟΜΗ', *sectio, incisio.* *נֵזֶר, *seg-*
d *mentum, pars.* Symm. Ps. CXXXV. 13. — זָמִיר, *cantus avium varie incisus.* Cant. II. 12. — *נֶחֱרָצָה, *decisa* seu *decisio.* Aqu. et Symm. sec. cod. Chis. Dan. IX. 27. Vide s. v. τέμνω. — תְּמוּרָה, *permutatio,* h. l. *finis.* Job. XV. 32. Incisione finis imponitur.

ΤΟΜΙ'Σ, *quod secandi vim habet, quo aliquid secatur.* מַאֲכֶלֶת, *culter.*
e Prov. XXX. 14. ἔκγονον κακὸν (ὡς) μαχαίρας ὀδόντας ἔχει, καὶ τὰς μύλας τομίδας, generatio mala dentes habet ut gladios, et molares *secandi vim habentes.* Græcis alias dentes quatuor medii τομεῖς vocantur. Pollux Lib. II. cap. 4. segm. 91. οἱ δὲ ὀδόντες ταῖς γένυσιν ἐμπεφύκασι δύο καὶ τριάκοντα, ἑκκαίδεκα ἑκατέρᾳ σιαγόνι ἐγγεγομφωμένοι. ὧν οἱ μέσοι τέσσαρες καλοῦνται τομεῖς, καὶ δειχαστῆρες, καὶ κτένες, f
καὶ γελάσινοι τὸ μὲν, ὅτι τέμνουσι τὴν τροφὴν καὶ διαιροῦσι καὶ διχάζουσι τὸ προσπεσὸν κ. τ. λ.

ΤΟ'ΜΟΣ, *segmentum, frustum scissione ablatum,* it. *volumen, liber.* מְגִלָּה, idem. Symm. Jer. XXXVI. 2. 3 Esdr. VI. 23. ubi loco τόπος (quod Vulgatus et Syrus tuentur) e quibusdam Codd. rescribendum est τόμος. Verba sunt: καὶ εὑρέθη g
τόπος εἷς, ἐν ᾧ ὑπεμνηματίστο ταῦτα. Respondet ibi Chald. מְגִלָּה, *volumen,* coll. Esdr. VI. 2. Josephus quoque A. J. XI. 4. p. 557. βιβλίον habet. Vide tamen infra s. τόπος. Suidas: τόμος, ὁ χάρτης. Ita et apud Hesychium exponitur, ubi in Not. citatur Salmasius in Vopisc. p. 446. Conf. et Reimmanni Id. System. Antiqu. Literar. p. 603. h

ΤΟ'ΜΟΣ ΧΑ'ΡΤΟΥ, *segmentum* vel *volumen libri.* גִּלָּיוֹן, *volumen.* Ies. VIII. 1. λάβε σεαυτῷ τόμον καινὸν μέγαν. Al. ibi habent τόμον καινοῦ μεγάλου, al. τόμον χάρτου καινοῦ μεγάλου. Sed cum nihil sit in textu Hebr., quod voci καινοῦ respondeat, et pro χάρτου in MS. καινοῦ facile legi potuerit, immo alias etiam vitiosa lectio genuinæ apud LXX ad- i
dita reperiatur, illos primum scripsisse putat Bielius: λάβε σεαυτῷ τόμον χάρτου μέγαν, sume tibi volumen libri magnum.

ΤΟΝΘΟΡΥΣΤΗ'Σ (aut potius τονθορυστής), *murmurator, susurro, delator.* נִרְגָּן part. Niph. idem. Aqu. Prov. XVI. 28. XXVI. 20. et 22. — מָדוֹן, *contentio.* Aqu. Proverb. XXVI. 21. Cæterum contractum k
est ex τονθορυστής, a verbo τονθορύζω, quod magis Atticum putatur, quam τονθρύζω. Agnovit illud Drusius, probante Hemsterhusio ad Thom. Mag. Ecl. Attic. p. 857.

*ΤΟ'ΝΟΣ, *tenor, intensio, et id,*

quo quid intenditur. 4 Macc. VII. 13. λελυμένων τῶν τοῦ σώματος τόνων, ubi Lat. Int. corporis vigore flaccido. Zonaras Lex. col. 1736. τόνος, ἡ δύναμις κ. τ. λ. Philoxeni Gloss. τόνος, tonus, accentus, tentigo, tenor.

ΤΟ'ΞΕΥΜΑ, quod arcu emissum est, sagitta, jaculum, proprie sagittatio, ictus seu jactus sagittæ. חֵץ. Gen. XLIX. 23. Prov. VII. 23. XXV. 18. et alibi. — קֹשֶׁט, veritas. Symm. Ps. LIX. 6. ubi non legit קֶשֶׁת, ut nonnulli statuerunt, sed Aramæis קְשַׁט est jaculari, unde קַשְׁתָּנִית, arcus. — קֶשֶׁת, arcus. Ies. VII. 24. XIII. 18. XXI. 15. Conf. quoque 2 Macc. X. 30.

ΤΟΞΕΥ'Ω, jaculor, sagittas emitto. יָדָה, idem. Jerem. L. 14. Theod. Exod. XIX. 13. τοξευόμενος, sagittis confixus. — יָרָה : הוֹרָה, Kal et Hiph. 2 Sam. XI. 20. 26. 2 Reg. XIII. 17. 2 Par. XXXV. 23.

ΤΟΞΙΚΟ'Σ, arcuatus vel sagittarius. אָטוּם, clausus, angustus. Symm. Ezech. XL. 16. τοξικαὶ θυρίδες. Ita Bielius: sed male. Pertinet potius hæc vox ad חַלּוֹנוֹת, a חָלַל, perforare, aperturæ parietis, quasi sagittis perforatæ ac transfixæ. Hinc τοξικαὶ dictæ fenestræ obliquæ, quod instar sagittarum angustum in ædes lumen immittant, et intrinsecus dilatentur, ut verbis Hieronymi utar. Conf. ex Hieronymo notata in voce κρυπτὸς et Fulleri Miscell. Sacr. Lib. VI. c. 13. p. 734. Bonfrerius in Jud. V. 28. p. 271., Hieronymi conjectura de θυρίσι τοξικαῖς exposita, addit: Quanquam nihil vetaret τοξικὰς appellari, quod per eas sagittarii securi in hostes sua jacula mitterent. At Steph. le Moyne Obs. ad V. S. p. 703. credit potius, vocem τοξικὸς fuisse latioris significationis, et τόξον non tantum notare arcum, sed etiam omne, quo tela vel lapides ejaculantur et emittuntur. Sic funda, addit, et σφενδόνη etiam inter τοξικὰ recenseri poterit, qua lapides jacerentur et contorquerentur. Et τοξικὸν erit etiam σφενδονικόν. Θυρίδες ergo τοξικαὶ erunt σφενδονικαί, reticulatæ, δικτυωταί, instar fundarum et σφενδονῶν, quæ revera sunt reticulatæ et operis implexi et implicati. Possunt τοξικαὶ θυρίδες quoque verti fenestræ arcuatæ, h. e. quarum superior pars incurva est instar arcus, cujusmodi hodie sunt quam plurimæ in ædibus sacris. — *אֶשְׁנָב, spiraculum, foramen apertum, per quod aura frigidior perspirat. Jud. V. 28. ἐκτὸς τοῦ τοξικοῦ, extra sagittarium. Vulg. de cœnaculo.

ΤΟ'ΞΟΝ, arcus, it. sagitta, it. iris. אוֹר, lux, lumen. Al. Job. XXXVI. 30. Chrys. ad h. l. ἕτερα δὲ ἀντίγραφα ἀντὶ τοῦ ἠδὼ, τόξον ἔχουσιν, ubi per τόξον sine dubio arcus cœlestis s. iris intellegi debet. — אַשְׁפָּה, pharetra. Job. XXXIX. 23. — חֵץ, sagitta. 2 Reg. XIII. 18. 1 Paral. XII. 2. Ps. LXIII. 3. — יוֹרֶה, part. jaculans. 1 Par. X. 3. — קֹשֶׁט, veritas. Psalm. LIX. 4. Vide supra s. τόξευμα. — קֶשֶׁת, arcus. Gen. IX. 13. 14. XXI. 16. et alibi sæpius. — בֶּן קֶשֶׁת, filius arcus. Job. XLI. 20. τόξον χάλκειον, sagitta ærea. —*נֹשֵׁק קֶשֶׁת, armatus arcu. 1 Par. XII. 2. τόξῳ. Scribendum est τοξόται, sequitur enim σφενδονῆται. Complut. habet: ἐντείνοντες τόξον. In Libris Apocryphis V. T. τόξον dicitur κατ' ἐξοχὴν iris, Hebr. קֶשֶׁת בֶּעָנָן Genes. IX. 14. Vide Sir. XLIII. 13. L. 7. Hesych. ἶρις, ἡ τοῦ ἡλίου ἐν ταῖς νεφέλαις χρόα, τὸ λεγόμενον τόξον. Lexicon MS. e Cod. Colbert. 6076. ἶρις, νέφος ὑγρὸν κατὰ ἔμπτωσιν τοῦ ἡλίου πεποικιλμένον, ὃ καλεῖται τόξον. Basilius M. Epist. ad Gregor. Fratr. p. 299. τόξον, ὅπερ ὁ κοινὸς λόγος ἶριν εἴωθεν ἐπονομάζειν.

a Eodem modo etiam apud Latinos *arquus* sumitur. Lucret. Lib. VI. v. 525. *tum color in nigris extabat nubibus arqui.* Hesychius: τόξον, κυρίως αὐτὸ τὸ τόξον. δηλοῖ δὲ καὶ τὴν τοξικὴν ἐμπειρίαν, καὶ αὐτὰ τὰ βέλη.

ΤΟΞΟ'ΤΗΣ, *sagittarius, jaculator.* מוֹרֶה : יוֹרֶה, part. Kal et Hiph. *jaculans.* 1 Par. X. 3. 2 Par. XXXV. 23. — אֲנָשִׁים בַּקֶּשֶׁת, *viri*
b *in arcu,* h. e. *arcu instructi* aut *armati.* 1 Sam. XXXI. 3. — דֹּרֵךְ קֶשֶׁת, *calcans arcum.* 2 Par. XIV. 8. — נֹשֵׁק קֶשֶׁת, *armatus arcu.* 2 Par. XVII. 17. — רֹבֶה קַשָּׁת, *jaculans arcu.* Genes. XXI. 20. — תֹּפֵשׂ קֶשֶׁת, *prehendens arcum.* Amos II. 15. — בֶּן קֶשֶׁת, *filius arcus,* h. e. *qui arcu utitur,* aut *armatus est.* Symm. Job. XLI. 19. ἀνὴρ
c τοξότης. — *פְּלֵתִי, *Pelethi.* 1 Reg. I. 44. sec. cod. Reg. observante Montfauconio, quem et vide ad 2 Sam. VIII. 19. — *רַמִּים, *Aramæi.* 2 Par. XXII. 5. Legerunt רֹמִים.

ΤΟΠΑ'ΖΙΟΣ et ΤΟΠΑ'ΖΙΟΝ, *nomen gemmæ virentis,* de qua vide Plin. XXVII. 8. Isidor. Orig. XVI. 7. Fr. Rueum Lib. II. c. 9. פָּז, *au-*
d *rum solidum.* (Vide supra s. v. τίμιος.) Psalm. CXVIII. 126. ἠγάπησα τὰς ἐντολάς σου ὑπὲρ χρυσίον καὶ τοπάζιον, amavi præcepta tua magis quam aurum et topazium. Ad quem locum Theodoretus p. 902. Τῶν γὰρ τιμίων λίθων τοπάζιος. εἰκὸς δὲ κατ' ἐκεῖνον τὸν καιρὸν τοῦτον προτιμᾶσθαι τῶν ἄλλων. Huc respexit Suidas, annotante ad illum Küstero, quando ita:
e Τοπάζιος, λίθος πολυτελὴς, κατ' ἐκείνους τοὺς καιροὺς τιμώμενος. Suspicor tamen, LXX Hebr. nomen פָּז retinuisse, (ne bis repeterent aurum) sic: καὶ τὸ πάζ vel τὸ πάζιον (vide Hesych. s. πάζιον, ibique Intt.), deinde vero longitudine temporis et scriptorum vitio factum τοπάζιον. Vide Editt. Rom. Cod. Chis. Danielis p. 63. — פִּטְדָה (de quo lapide confer Braunium de Vestitu Sac. Hebr. Lib. II. c. 9. p. 508. seq. ac
f Ed. Bernard. ad Joseph. A. J. p. 180.). Ex. XXVIII. 18. XXXIX. 8. Job. XXVIII. 19. et alibi, ubi Chald. habet יַרְקָן, a יַרְקָא, *herba virens.* Est quoque τοπάζιος lapis pretiosus auri colori quam simillimus, quem in Thebaide reperiri tradit Xenocrates in libro, qui inscribitur Lithognomon. Vid. Strab. Lib. XVI. et Agellium ad Psalm. CXVIII. 127.

ΤΟΠΑ'ΡΧΗΣ (scribitur quoque
g τόπαρχος apud Æschyl. Choëph. v. 662.), *toparcha, loci præfectus* aut *præses.* אֲחַשְׁדַּרְפְּנַיָּא Chald. plur. *satrapæ.* Dan. III. 3. — פֶּחָה ex פַּחָה, *dux.* 2 Reg. XVIII. 24. Ies. XXXVI. 9. — פַּחֲוָתָא plur. Chald. Dan. III. 2. 28. (ubi vid. Scharfenbergius.) VI. 7. — פָּקִיד, *visitator,* etiam *præfectus,* q. d. *inspector.* Gen. XLI. 34. ubi Schol. ἐπισκόπους.

h ΤΟΠΑΡΧΙ'Α, *toparchia, munus toparchæ, præfectura loci.* 1 Macc. XI. 28. τὰς τρεῖς τοπαρχίας. Joseph A. J. XVIII. p. 873. 9. B. J. p. 174. 5. f.

ΤΟ'ΠΟΣ, *locus, locus scriptoris* s. *libri,* it. *domus, domicilium, sedes,* it. *ansa, occasio.* אֹהֶל, *tentorium.* Jer. XXXVII. 9. — אֲתַר Chald. Esdr. V. 15. Dan. II. 35. — בַּיִת, *domus.*
i 1 Sam. XXIV. 23. ἀπῆλθε Σαοὺλ εἰς τὸν τόπον (al. οἶκον) αὐτοῦ, abiit Saul in *domum* suam. Vide et 1 Sam. X. 26. 1 Reg. VIII. 42. 2 Par. XVIII. 16. Symm. Jos. XV. 6. Aqu. Symm. Theod. Ps. CXVIII. 54. ubi Montfauconius suspicatur pro ἐν τόπῳ legendum esse ἐν οἴκῳ, qua tamen conjectura mihi ratione reliquorum Intt., excepto Aquila, non opus esse videtur. — דָּבָר, *verbum, res.* 2 Reg.

XX. 13. οὐκ ἦν τόπος, sensu eodem.
— הֳרָבוֹת plur. ex חֹרֶב, *loca vasta.*
2 Paral. XXXIV. 6. Suspicor, hic
lacunam esse in textu Græco et excidisse ἐρήμοις ante τόποις, quam vocem ob antecedens ἐν τοῖς facile omit-
tere potuit librarius. Dathio ad h.
l. LXX legisse videntur cum Syro
בְּבָתֵּיהֶם. — יָד, *manus.* Deuter.
XXIII. 12. Sc. יָד non solum *manum*
notat, sed etiam *locum.* Confer Syr.
et Arab. 1 Sam. XV. 12. Ies. LXV.
5. — כֵּן, nomen, *basis.* Dan. XI.
38. et ibid. v. 21. sec. cod. Chis. —
מוֹצָא, *exitus.* Job. XXVIII. 1. ἔστι
γὰρ ἀργυρίῳ τόπος, ὅθεν γίνεται, ubi
Vulg. accommodate ad loci contextum: *habet argentum venarum suarum principia.* — מוֹקֵד, *focus.* Ies.
XXXIII. 14. τίς ἀναγγελεῖ ὑμῖν τὸν
τόπον τὸν αἰώνιον, quis indicabit vobis
habitaculum æternum. Legerunt
מָקוֹם, aut putarunt, מוֹקֵד, ut Lat.
focus, pro *habitaculo* et quidem *certo*
ac *perpetuo* sumi. — מַחֲבֹאִים
plur. *latibula.* 1 Sam. XXIII. 23.
ubi aut post ἐκ πάντων τῶν τόπων excidit adjectivum ἀποκρύφων, λαθραίων
s. simile quid, aut auctor hujus versionis tautologiæ evitandæ causa,
quia sequitur ὅπου κρυβήσεται ἐκεῖ,
posuit τόπων simpliciter. — מָכוֹן,
statio. Ies. IV. 5. Dan. VIII. 11.
sec. Chis. Non legerunt מָקוֹם, sed
מְכוֹן eandem notionem habet. —
*מִכְמָן, *thesaurus, locus absconditus,*
a כָּמַן, quod in l. Arab. *abscondere*
notat. Dan. XI. 43. sec. cod. Chis.
Vide s. מַחֲבֹאִים. — מָעוֹן, *habitaculum.* Psalm. LXVII. 6. LXX. 3.
— מַעְיָן, *fons.* Psalm. LXXXIII. 6.
Legerunt מָעוֹן. — מַצָּב, *statio, locus.* Jos. IV. 9. — מָקוֹם. Numer.
XXXII. 12. ἦν ὁ τόπος τόπος κτήνεσι,
erat locus *locus aptus* pascendis pecoribus. Jud. VII. 7. ἀποτρεχέτω
ἀνὴρ εἰς τὸν τόπον αὐτοῦ, abeat unusquisque *in domum* suam. Ita quoque
1 Sam. XXVI. 25. XXIX. 4. 2 Par.
XXV. 10. Al. 2 Sam. XIX. 39. εἰς
τὸν τόπον αὐτοῦ, ubi ed. Francof. habet: εἰς τὸν οἶκον αὐτοῦ, quemadmodum et 2 Par. VII. 12. pro τόπῳ f
οἴκῳ. Job. XVI. 18. μηδὲ εἴη τόπος
τῇ κραυγῇ μου, neque sit *locus* clamori meo. Psalm. XXV. 8. ἠγάπησα
εὐπρέπειαν οἴκου σου, καὶ τόπον σκηνώματος τῆς δόξης σου, dilexi decorem domus tuæ, et *locum* tabernaculi gloriæ
tuæ. Lexic. Cyrilli MS. Brem. Τόπον σκηνώματος τὴν Σιὼν καὶ τῆς ἀνά-
στως. Prov. XXVII. 8. ὅταν ἀποξενωθῇ
ἐκ τῶν ἰδίων τόπων, si exul fiat e *sedibus* suis, h. e. e *loco* s. *solo natali*, g
patria. Psalm. CII. 15. οὐκ ἐπιγνώ-
σεται ἔτι τὸν τόπον αὐτοῦ, non amplius
est locum suum cogniturus, h. e.
nunquam in hanc vitam posthac
reversurus. Ies. LX. 13. δοξάσαι τὸν
τόπον τὸν ἅγιόν μου, ad glorificandum
locum sanctum meum, h. e. *templum*
meum. Confer Wolfium ad Act. VI.
13. p. 1094. — מֵקִים part. Hiph.
a קוּם, *erigens.* Jerem. X. 19. Legerunt מָקוֹם. — מָקוֹר, *fons.* Zach. h
XIII. 1. Hic quoque legerunt
מָקוֹם. — מִשְׁתֶּה, *convivium.* Gen.
XIX. 3. ubi tamen pro τόπον bene
πότον legendum censet Colomesius
Obss. Sacr. p. 630. Et sic etiam
cod. Alex. habet. Non raro hæc
duo permiscentur, ut docuit Wesseling. ad Diod. Sic. Lib. II. c. 41.
Hesych. πότημα, ποτήριον, ἢ ὁ πότος
αὐτός. Immo ὁ πότος. Ælian. V. H.
XII. 51. ἐν τοῖς κατὰ Ἀντίκυραν τόποις. i
Dederat auctor πότοις. Par mendum
in hac ipsa voce sustulit Salmasius
p. 656. Achillis Tatii Lib. V. p.
889. — נָוֶה in plur. נְאוֹת, *habitaculum.* Psalm. XXII. 1. LXXVIII.
7. Jerem. XXV. 30. — נַחֲלָה, *possessio.* Jos. XXIV. 28. emittebat
Josua populum ἕκαστον εἰς τὸν τόπον

a αὐτοῦ, singulos in locum suum vel in *sedes* suas. — נֹטֶה part. *expandens*. Jerem. X. 19. Sensum secuti sunt. — סֹךְ, *tabernaculum*. Psalm. LXXV. 2. — *עַם, *populus*. Num. XXIV. 14. Τόπος hic *patriam* notat. — *עֹמֶד, *statio*. Dan. VIII. 18. et X. 12. sec. cod. Chis.—*צוּר, *petra, mons*. Ies. X. 26. Sensum secuti sunt. — קוּם, *surgo*. Proverb.
b XXVIII. 12. 28. Utrobique legerunt מָקוֹם. — קִיר, *paries*. 2 Reg. IV. 10. — שָׁמַיִם dual. *cœlum*. Deut. VII. 24. — *תַּחַת, *sub, subter*. Ies. XLVI. 7. Zach. XIV. 10. Adde Symm. Job. XXXVI. 20. ἐπὶ τόπους αὐτῶν. Præterea legitur Ex. XXIV. 10. Levit. IV. 33. ac Ps. XLI. 5. ubi nihil in textu Hebr. respondet. Levit. XIV. 17. τόπον de suo sensus
c causa addiderunt, nam דָּם h. l. notat *locum, ubi sanguis effusus erat*, coll. v. 14. — Tob. III. 6. τόπος αἰώνιος, *sedes beatorum, vita æterna*. Vide Luc. XVI. 9. σκηναὶ αἰώνιοι. 3 Esdr. VI. 23. ubi in nonnullis libris pro τόμος legitur τόπος, quod in hac orationis serie *locum libri* vel *scriptoris* notat. Confer Lexic. N. T. s. h. v. Sir. XII. 14. τόπος, *status, conditio, dignitas, munus*. Vide su-
d pra s. v. καθέδρα. Sirac. XVI. 3. τόπος, *dignitas*, seu: *status et conditio felix*. Sed vera lectio ibi est πλῆθος. Sirac. XVI. 16. πάσῃ ἐλεημοσύνῃ ποιήσει τόπον, *locum*, sc. *in remuneratione*, nisi legere malis ποίησον, h. e. utere omni *occasione* benefaciendi. Sic in Epigrammate: ἀλλ' ἐπὶ μὲν γαίης ἐλέῳ τόπος, h. e. in terra misericordia exerceri potest. Vide Anthol. Lib.
e III. c. 17. et Suidam in v. τόπος, ubi pro ἐλέῳ legitur ἐλέου. Sap. XII. 10. ἐδίδους τόπον μετανοίας, dedisti pœnitentiæ *locum*. Confer Hebr. XII. 17. et quæ ad h. l. ex Tatiano notat Wolfius p. 788. Vide quoque Lex. N. T. s. h. v. Sap. XII. 20. δοὺς χρόνους καὶ τόπον, dans tempora et *spatium*. Conf. Wollii Regul. XXX. ad Circumspectam N. T. Illustrationem ex Auctor. Profan. p. 23. Sir. IV. 5. μὴ δῷς τόπον ἀνθρώπῳ καταράσασθαί σε, ne des locum h. e. *ansam vel occasionem* alicui, ut maledicat tibi. Confer Eph. IV. 27. et ad h. l. Wolfium p. 110. Latini Græcos imitati etiam sic loquuntur. Cic. III. Ep. 6. sect. 14. *De tuo in me animo iniquis secus existimandi videris nonnihil loci dedisse*. Sirac. XIII. 25. οὐκ ἐδόθη αὐτῷ τόπος, non datur illi locus. Sir. XIX. 16. δὸς τόπον νόμῳ ὑψίστου, da locum legi altissimi, h. e. *obedias, observes*. Sirac. XXXVIII. 12. ἰατρῷ δὸς τόπον, medico da locum, h. e. *utere opera medici*. 1 Macc. IX. 45. οὐκ ἔστι τόπος τοῦ ἐκκλῖναι, non est *locus* seu *occasio* evadendi. 2 Macc. II. 19. τόπος, sc. ἅγιος, *templum*. Ib. III. 17. Sic Cor. Sur. LV. 46. صومعة de *templo Meccano* accipio. 3 Macc. III. 12. κατὰ τόπον στρατηγοῖς. Scribendum est κατὰ τὸν τόπον, h. e. ἐντοπίοις, *qui sunt Alexandriæ*. Confer ibid. IV. 18.

'ΕΝ ΤΩ͂Ι ΤΟ'ΠΩι ΑΥ'ΤΗ͂Σ, *in loco suo*. תַּחְתֶּיהָ, *sub eo*. Al. Ies. XXV. 10.

'ΕΠΙ' ΤΟ'ΠΟΥ ΑΥ'ΤΟΥ͂, *in loco suo*. תַּחְתָּיו, *sub eo*. Ies. XLVI. 7.

'ΕΠΙ' ΤΟΥ͂ ΤΟ'ΠΟΥ ΑΥ'ΤΟΥ͂, *in loco suo*. תַּחְתֶּיהָ, *subter se*. Zach. XIV. 10. Inc. 2 Sam. II. 23. Vulgat. *in eodem loco*, ubi nempe steterat. Bene quoad sensum. Symmach. 2 Sam. VII. 10. *in loco suo*, h. e. in *sedibus* suis.

ΤΟ'ΠΟΣ, ΟΥ͂ 'ΙΣΤΗΜΙ, *locus, ubi sto*. הֲדוֹם, *scabellum*. Psalm. CXXXI. 7.

ΤΟ'ΠΟΝ ΠΟΙΕ'Ω, *locum facio*. בָּלַל, *pabulum misceo*. Al. Jud. XIX. 21. τόπον ἐποίησε, pro quo legendum τροφὴν ἐ. acute quidem censet Ziegler in Theol. Abhandl. pag. 366., mihi vero sensum expressisse videntur. — נָגַשׁ, *appropinquo*. Ies. XLIX. 20. —Vide alibi θλίψις, πίων et σκηνή.

ΤΟΡΕΥΤΟ'Σ, *tornatus*, seu *tornatilis*, *torno elaboratus*, *dolatus*, *teres*. גְּלִילִים, plur. ex גָּלִיל, *orbes*. Cant. V. 15. — מִקְשָׁה, *solidum opus*. Arab. صقسي, *opus rasile* vel *radendum* et *expoliendum*. Exod. XXV. 18. 31. et 36. ubi post τορευτὴ supplendum est χαρύσκοις. Vide s. v. ἐντορνίον. Ib. XXXVII. 25. ubi pro ὅλοι τορευτοὶ levi vocalium mutatione fieri debet ὅλη τορευτὴ, ut jam emendavit Grabius. Jerem. X. 5. — סַהַר, *rotunditas*. Cant. VII. 2.

ΛΙ'ΘΟΙ ΤΟΡΕΥΤΟΙ' ΚΑΙ' 'ΑΠΕΛΕ'ΚΗΤΟΙ, *lapides tornati et edolati*. קֹפִים וְתֻכִּיִּים, *simiæ et pavones*. 1 Reg. X. 22. ubi pro קֹפִים, *simiæ*, legerunt כֵּיפִים.

ΤΟΣΟΥ'ΤΟΣ, *tantus*. 2 Maccab. IV. 3. τῆς δὲ ἔχθρας ἐπὶ τοσοῦτον προβαινούσης, cum autem inimicitia *eo usque* procederet. Similiter Ælianus V. H. XII. 1. p. 726. ἐς τοσοῦτον ἀμφοῖν ἡ φιλία προῆλθεν.

ΤΟΣΥΝΟ'ΔΟΝ, *in universum*, *omnino*. Addit. Esth. XV. 16.

ΤΟ'ΤΕ, *tunc*. *אָז, *tunc*. Psalm. LXXXVIII. 19. τότε, ἀντὶ τοῦ πάλαι, secundum Græcum quendam ab Agellio laudatum. Eodem modo sumendum est ἀπὸ τότε. Ps. XCII. 2. — אַחַר, *post*. Levit. XXII. 7. — אַךְ, *tantum*. Deut. XXVIII. 29. — *הַיּוֹם, *hodie*. Symmach. 1 Sam. IX. 9. — בָּעֵת הַהִיא, *in tempore illo*. Ies. XX. 2. — פַּעַם, *vice*, it. *incus*. Ies. XLI. 7. — *צוֹר, *liga*. Ies. VIII. 16. N. L. 3 Esdr. VI. 2. Chald. בְּדַיִן, coll. Esdr. V. 2. quod idem significat.

'ΑΠΟ' ΤΟ'ΤΕ, *a tunc*, h. e. *ab eo tempore*. *מֵאָז, idem. Psalm. XCII. 2. Vide supra s. τότε. — מְאַת constr. ex מֵאָה, *centum*. Cohel. VIII. 12. ubi legerunt vel מֵאָז vel מֵעַת. — Vide alibi ἴσως. *f*

ΤΟΥΒΙΗΝΟΙ' vel ΤΥΒΙΑΗΝΟΙ', *Tubiani*, *cognomen quorundam Judæorum*, aut: *populi*. 2 Macc. XII. 17. Videndus de iis Baduellus ad 1 Macc. V. 13.

*ΤΟΥ'ΝΑΝΤΙ'ΟΝ pro ΤΟ' 'ΕΝΑΝΤΙ'ΟΝ, *contra*, *contrarium*. 3 Macc. III. 22. οἱ δὲ τοὐναντίον ἐκδεχόμενοι, *qui vero contrariam sequuntur sententiam*. *g*

ΤΟΦΕ'Θ. Ipsa vox Hebr. תֹּפֶת, *tympanizatio*, alias ταφὲθ et τωφὲθ. Vide infra in τωφέθ.

ΤΡΑΓΑ'ΚΑΝΘΑ, *spina hircina*. בַּרְקָנִים, plur. genus *spinarum* vel *tribuli*. Aqu. Jud. VIII. 7. Dioscorides Lib. III. c. 23. τραγάκανθα ῥίζα ἐστὶ πλατεῖα καὶ ξυλώδης, φαινομένη δὲ καὶ ὑπὲρ γῆς, ἀφ' ἧς κλάδοι ταπεινοὶ, ἰσχυροὶ, χεόμενοι δὲ ἐπὶ πολὺ, καὶ ἐπ' αὐτῶν φυλλάρια πολλὰ μεταξὺ λεπτὰ, *h* ἀκάνθας ἔχοντα ἐγκρυπτομένας τοῖς φύλλοις, λευκὰς, ἰσχυρὰς, ὀρθάς.

ΤΡΑΓΕ'ΛΑΦΟΣ. Nomen ab hirco et cervo compositum, quasi *hircocervus*, seu *hirquicervus*, quod uti forma cervum, ita cornibus et barba hircum refert. Plinius Lib. VIII. c. 32. *Tragelaphus eadem et specie cum cervo, barba tantum et armorum villis distans, non alibi, quam juxta* *i* *Phasin amnem nascens*. Ab Aristotele Hist. Anim. Lib. II. c. 1. *hippelaphus* appellatur, quod equum et cervum referat, forma sc. cervum et juba equum. Conf. Bochartum Hieroz. P. II. Lib. VI. c. 1. p. 609. seq. — אַקּוֹ, *rupicapra*. Deuter. XIV. 5. — יְעֵלִים plur. idem. Job. XXXIX. 1.

a ΤΡΑΓΗ'ΜΑΤΑ, *bellaria.* מֶגֶד, *res excellens et delicata.* Aqu. Deut. XXXIII. 15. Schol. Aristoph. in Plut. v. 190. τὰ μετὰ τὴν εὐωχίαν ἐπὶ τῇ τραπέζῃ τιθέμενα καλοῦσι τραγήματα. Confer quoque Suidam in v. τραγήματα.

ΤΡΑ'ΓΟΣ, *hircus.* אַיִל, *aries.* Al. Ps. LXV. 15. — כְּלָיוֹת plur. *renes.* Ies. XXXIV. 6. — כַּר, *agnus.* Ies. XXXIV. 6. — עַתּוּדִים
b plur. Gen. XXXI. 10. Ies. I. 11. et alibi. — צָפִיר, *hircus.* Dan. VIII. 5. 8. — שָׂעִיר, *pilosus, hirsutus,* etiam *hircus,* quasi *hirtus.* Levit. XVI. 5. 7. 8. 9. et alibi in hoc capite. — תַּיִשׁ, *caper, hircus.* Genes. XXX. 35. XXXII. 14. Proverb. XXX. 31. — Vide alibi ἀπολύω.

ΤΡΑΝΟ'Σ, *perspicuus, manifestus,*
c *apertus,* (metaphora ab iis ducta, quæ ita perspicua sunt et aperta, ac si perforata essent,) it. *disertus.* צַחוֹת fœm. plur. *candida.* Symm. Ies. XXXII. 4. τρανά, *perspicua.* Sensum expressit. Sap. X. 21. γλώσσας νηπίων ἔθηκε τρανάς, linguas infantum fecit *disertas,* h. e. articulatim adeoque perspicue loquentes. Al. Sap. VII. 22. ἔστι γὰρ ἐν αὐτῇ πνεῦμα
d νοερὸν, ἅγιον — τρανὸν (in ed. Francof. hic male legitur θρανὸν), est enim in illa (sapientia) spiritus intellegens, sanctus — *perspicuus.* Hesych. τρανὸς, σαφὴς, ἀληθής: ubi vide Intt.

ΤΡΑΝΟ'Σ ΕΙ'ΜΙ', *disertus sum.* רָנַן, *canto.* Ies. XXXV. 6. τρανὴ ἔσται γλῶσσα μογιλάλων, *diserta erit* lingua mutorum. Vide supra s. v. τρανός.

e ΤΡΑ'ΠΕΖΑ, *mensa, cibus.* לֶחֶם, *cibus.* 1 Sam. XX. 23. 26. Achilles Tat. I. c. 10. Infantes per se ipsi discunt ἐν ταῖς μαζοῖς οὖσαν αὐτοῖς τὴν τράπεζαν. — פַּתְבַּג (vox composita ex פַּת et בַּג), *portio cibi.* Dan. I. 13. τῶν παιδαρίων τῶν ἐσθιόντων τὴν τράπεζαν τοῦ βασιλέως, puerorum comedentium *demensa* aut *cibum* regis. Vide et v. 5. 8. 15. In Additam. Esther. XIV. 11. legitur φαγεῖν τράπεζαν sensu eodem. Adde Callimach. Hymn. in Cererem 105. Mollum ad Longi Pastoral. p. 50. Raphelii Annotatt. ex Xenoph. ad Act. VI. 2. pag. 151. et Æliani V. H. I. 19. II. 17. IV. 22. — שְׁאֵר, *caro.* Ps. LXXVII. 24. — שֻׁלְחָן, *mensa.* Ex. XXV. 23. XXX. 26. et alibi sæpissime.

ΤΡΑΥ͂ΜΑ, *vulnus.* חֳלִי, *morbus.* Jerem. X. 18. — חָלָל, *confossus, vulneratus.* Num. XIX. 18. τραύματος sec. Alex. Reliqui libri habent τραυματίου. Psalm. LXVIII. 31. ἐπὶ τὸ ἄλγος τῶν τραυμάτων μου. Legerunt חֲלָלַי, quod substantive acceperunt. Grabius τραυματιῶν seu excudi fecit, quæ conjectura mihi ideo non admittenda videtur, quia lectio recepta bonum exhibet sensum. Ezech. XI. 6. ubi pro τραυμάτων alii rectius τραυματιῶν. Ex. XXXII. 28. — חִתַּת, *consternatio.* Job. VI. 21. — כְּאֵב, *dolor.* Job. XVI. 6. οὐκ ἀλγήσω τὸ τραῦμα, ubi τραῦμα *dolorem e vulnere* notat. Symmach. habet πόνος. — מַכְתֵּשׁ, *cavitas.* Jud. XV. 19. τὸ τραῦμα τὸ ἐν σιαγόνι sec. cod. Coisl. et ed. Ald., seu τὸ τραῦμα τῆς σιαγόνος sec. Alex. Oxon. et Compl. Si fides habenda est Ignoto in Catena Niceph. p. 222., ex alia versione h. l. interpolati sunt LXX. Cæterum מַכְתֵּשׁ, quod alii per *mortarium, dentem molarem* interpretantur, in l. Chald. *percussionem, plagam* notat, unde versio τραῦμα sine dubio orta est. Ex Clerici sententia τὸ τραῦμα est *terræ hiantis cavitas.* — פֶּצַע, *vulneratio, vulnus.* Genes. IV. 22. Exod. XXI. 25. Proverb. XXVII. 6. Sir. XXVII. 26. ἀναλύ τραύματα, *dividet vulnera*, h. e. *utrumque lædet*. Sir. XXX. 7. καταδεσμεύσει τραύματα αὐτοῦ, h. e. medebitur *morbis animi* filii sui. Sic τραύματα τῆς ψυχῆς occurrunt apud Achillem Tat. Lib. I. c. 6. Hesych. τραῦμα, πληγὴ, ἕλκος, μώλωψ.

ΤΡΑΥΜΑΤΙ'ΑΣ, *vulneratus, saucius*. *חָלַל, verbum, *vulnero*. Theod. LXX 2 Sam. I. 25. Ies. LIII. 5. — חָלָל, *confossus*. Jud. IX. 40. ἔπεσον τραυματίαι πολλοὶ, cadebant *vulnerati* multi. Vide et 1 Sam. XVII. 52. XXXI. 1. Ies. XXII. 2. Psalm. LXXXVII. 5. τραυματίαι, *vulnerati*, h. e. *e vulneribus mortui, occisi*. Sic 1 Macc. I. 19. ubi Syrus habet ܩܛܝܠܐ, *occisi*. Hesych. τραυματίαι, σφαγαὶ, τετρωμένοι. Lex. Cyrilli MS. Brem. τραυματίαι, τετραυματισμένοι, πεπληγότες.—עָרֵל, *præputiatus*. Ez. XXXII. 28. Videntur legisse חֲלָלִים. — פָּצוּעַ part. præt. *vulneratus*. Aqu. Deut. XXIII. 1. τραυματίας. De *occisis* adhibitum legitur quoque 1 Maccab. VIII. 10. IX. 17. XVI. 8. Judith. II. 8. IX. 18.

ΤΡΑΥΜΑΤΙ'ΖΩ, *vulnero*. הֶחִיל Hiph. a חוּל, *contremisco*. 1 Sam. XXXI. 3. ἐτραυματίσθη, ubi LXX חִיל deduxerunt a חָלַל, quos etiam secutus est Josephus A. J. VI. 14. 7. — חָלָה, *ægroto*. Al. 1 Reg. XXII. 34. 2 Par. XVIII. 33. ubi חָלָה notat *vulneratum, saucium esse*. — חֹלֵל Pih. Ies. LIII. 5. Ezech. XXVIII. 9. 16. — חָלָל, *confossus*. Jerem. IX. 1. Ezech. XXVIII. 23. XXX. 4. et alibi. — פֶּצַע. Cant. V. 8.

ΤΡΑΧΗΛΙΑ'Ω, *collum seu cervicem attollo, superbio, ferocio, obnitor*. הִתְגַּבֵּר Hithp. *corroboro me*. Job. XV. 25. ἔναντι δὲ παντοκράτορος ἐτραχηλίασεν, coram omnipotenti autem *obnitebatur*. Suidas: ἐτραχηλίασεν, κατισχυρεύσατο, ἢ ἐγαυρίασεν, ἀπὸ τῶν βοῶν τῶν ἀποβαλλόντων τοῦ τραχήλου τὸν ζυγόν. Idem tradit Zonaras Lex. 895. adducto quoque loco Jobi. Lexic. Cyrilli MS. Brem. Τραχηλιάσας, ἐναντιωθεὶς, ἀπειθήσας, σκληρυνθείς. Hesychius: Τραχηλιῶ, ὑψῶ αὐχένα.

ΤΡΑΧΗΛΟΚΟΠΕ'Ω, *decollo, trunco*. עָרַף, idem. Symmach. Exod. XXXIV. 20. τραχηλοκοπήσεις.

ΤΡΑ'ΧΗΛΟΣ, *collum, cervix*. בָּמָה, *excelsum*, metaphorice: *hostis superbiens et ferociens*. Deut. XXXIII. 29. ἐπὶ τὸν τράχηλον αὐτῶν ἐπιβήσῃ, *cervici* illorum supergredieris. Vide ad h. l. Dathium. Confer quoque Baruch. IV. 18. et ad h. l. Schlaegeri Comm. de Numo Hadriani Plumb. p. 89. Simili quoque modo Inc. Int. Hab. III. 18. libere vertit, ubi pro בָּמוֹת, *excelsa*, τράχηλοι τῶν ἐχθρῶν posuit. Confer quoque supra ad τραχηλιάω notata. — גַּרְגְּרֹת, *faux*. Prov. I. 9. III. 3. 22. VI. 21. — גָּרוֹן, *guttur*. Ies. III. 15. Ezech. XVI. 11. — עֹרֶף. Deut. X. 16. XXXI. 27. 2 Par. XXX. 8. et alibi. — *פָּנִים. Inc. Gen. L. 1. Sensum expresserunt. — צַוָּאר. Gen. XXXVII. 16. 40. Nehem. III. 5. Thren. V. 5. ubi verba ἐπὶ τὸν τράχηλον ἡμῶν cum ἐδιώχθημεν, non vero cum antecedentibus conjungenda sunt. — צַוְּרוֹן. Cant. IV. 9. — רֹאשׁ, *caput*. Ies. LVIII. 5. Dan. I. 6. sec. cod. Chis. Voce τράχηλος pro *capite* usus est Lucianus D. M. pag. 437. — שְׁכֶם, *humerus*. Ies. IX. 4. Sirac. VII. 24. κάμπτειν τὸν τράχηλον τῶν τέκνων eleganter pater dicitur, qui severiore adhibita disciplina liberorum vitia emendare eorumque contumaciam infringere conatur. Latinis quoque *cervix* metaphorice *contumacia* dicitur. Confer Barth. ad Claud. l. de Rapt. Pros. 242. et I. in Ruf. 53.

ΤΡΑΧΥ'Σ, *asper, durus, ferox.* רְכָסִים plur. *salebræ.* Ies. XL. 4. ἡ τραχεῖα, sc. ὁδὸς, *via aspera et salebrosa.* Conf. Luc. III. 5. Sirac. IV. 32. μὴ γίνου τραχὺς ἐν τῇ γλώσσῃ σου, ubi alii legunt θρασὺς, *audax, temerarius.* Vulgat. autem (qui habet *citatus*) ταχύς. Syrus et Arabs: *elatus ac tumidus.* Sed lectio ταχὺς mihi præferenda videtur ob oppositionem, ut reliquæ lectiones sint meræ librariorum interpretationes. Τραχὺς quoque eleganter dicitur *res, ad quam est asper ac difficilis accessus, cujus acquisitio multas et graves difficultates habet,* v. c. Sir. VI. 22. ὡς τραχεῖα ἐστι (σοφία) τοῖς ἀπαιδεύτοις.

'ΟΔΟ'Σ ΤΡΑΧΕΙΑ͂, *via aspera.* יָחֵף, *discalceatus.* Jerem. II. 25. ἀπὸ ὁδοῦ τραχείας. Liberius exposuerunt. Num, ut recte ad h. l. observat Spohnius, qui pedibus incedit nudis, via incedit difficili, in calidioribus potissimum atque arenosis regionibus. Confer Baruch. IV. 19.

ΤΡΑΧΥ'ΤΗΣ, *asperitas, scabrities,* it. *motus, tumultus.* 3 Maccab. I. 23. ἱκανὴν ἐποίησαν ἐν τῷ τόπῳ τραχύτητα, *motum* magnum in loco concitaverunt. Ita Grotius. Equidem mallem ταραχὴν legere.

ΤΡΕΙ͂Σ, ΤΡΙ'Α, *tres, tria.* אַרְבַּע, *quatuor.* 1 Reg. VII. 2. ubi τριῶν ex τεσσάρων e compendio scribendi ortum esse videtur. Certe alii libri ibi τεσσάρων habent. — אַרְבָּעִים, *quadraginta.* Jon. III. 4. Semlerus ad h. l. monuit, signum M. quod 40 Græce notat, acceptum esse pro III. Romano signo. Sed magis mihi placet sententia Buxtorfii, qui in Anticrit. pag. 620. statuit, illud τρεῖς ex versu præcedenti huc, a quocunque vel quandocunque illud factum sit, irrepsisse. Ibi enim trium dierum fit mentio. Reliqui Intt. Græci habent τεσσαράκοντα. — רַב, *multus.* 1 Reg. II. 40. — שֶׁבַע, *septem.* 2 Sam. XXIV. 13. — שָׁלֹשׁ. Genes. VI. 10. VII. 13. et alibi sæpissime. — *שְׁלֹשָׁה. Symm. 1 Sam. I. 24. — שְׁלֹשִׁים plur. *triginta.* 2 Sam. XXIII. 23. ubi tamen pro τριῶν alii rectius τριάκοντα. — שָׁלִישׁ, *tribunus.* Al. 2 Sam. XXIII. 8. — שְׁתַּיִם dual. fœm. *duæ.* Prov. XXX. 15. τρεῖς θυγατέρες. Rationem hujus interpretationis qui scire cupiat, is adeat Jaegerum ad h. l. — תְּלָת : תְּלָתָה Chald. Dan. III. 24. 25. VI. 2. 10. et alibi sæpius.

*ΤΡΕΙ͂Σ 'ΗΜΕ'ΡΑΣ 'ΑΝΑΜΕ'ΝΩ. שִׁלֵּשׁ, *in tres partes divido, tertio, aut tertio die aliquid facio.* Aquila 1 Sam. XX. 19. τρεῖς ἡμέρας ἀναμενεῖς, quam tamen versionem LXX Interpretibus reddere mallem, quorum τρισσεύσεις tunc Aquilæ vindicandum esset. Vulgat. *usque perendie.*

*ΤΡΕΙ͂Σ 'ΗΜΕ'ΡΑΣ. שְׁלֹשָׁה, *tres sunt dies.* Aqu. 1 Sam. XXX. 13.

*'ΑΝΑ' ΤΡΕΙ͂Σ. שְׁלֹשִׁים, *triginta.* Inc. Exod. XIV. 7.

ΤΡΕΙ͂Σ ΣΙ'ΚΛΟΙ, *tres sicli.* שָׁלֹשׁ. 1 Sam. XIII. 21. τρεῖς σίκλοι εἰς τοὺς ὀδόντας. An pro σίκλοι olim fuit κίλσοι, ut retentum fuerit ipsum Hebr. קִלְּשׁוֹן? Sed Symmachus quoque habet τρεῖς στατῆρες, quod etiam monetæ nomen est. Igitur statuere mallem, eos haud dubie legisse שְׁלֹשׁ שֶׁקֶל לְשֵׁן, quæ commutatio facilis. Sic Montfauconius in Lex. Hebr. s. v. קִלְּשׁוֹן.

ΤΡΕΙΣΚΑΙ'ΔΕΚΑ, *tredecim.* שְׁלֹשָׁה עָשָׂר, idem. 1 Par. XXVI. 11.

ΤΡΕ'ΜΩ, *tremo, inquiete moveor.* הֲוָה זָאֵעַ Chald. *sum tremens.* Dan. V. 21. VI. 26. — חָרֵד, *trepidus.* Ies. LXVI. 2. 5. — רַעֲדָנוֹת plur.

a deliciae, it. vincula. 1 Sam. XV. 32. τρέμων. Ita quoque Inc. Int. Deduxerunt vel ab Hebr. מָעַד, vacillavit, vel respexerunt notionem vocis עֶדֶן in l. Arab. عدن, ubi etiam vacillare notat, et تعدن, vacillavit. In versione Inc. Int. Ἀγαγ ἐξ Ἀναθὼθ τρέμων duae, ut quilibet videt, versiones coaluerunt aeque ac in Vulg., qui habet: pinguissimus et tremens.
b Lectio Ἀναθὼθ apud Inc. Int. confirmat, ut hoc obiter addam, sententiam eorum, qui מַעֲדַנּוֹת per metathesin pro מַעֲנַדּוֹת, vincula, ab עָנַד, ligavit, positum esse putant. — נָדַד, vagor. Gen. IV. 11. 13. — רָעַשׁ contremisco. Jerem. IV. 24. τὰ ὄρη τρέμοντα, coll. Homer. Il. Ν', 18. et Φ', 507. 3 Esdr. IX. 6. Hebr. רָעַד
c collato Esdr. X. 9. quod idem notat.

ΠΟΙΕ'Ω ΤΡΕ'ΜΕΙΝ, facio tremere. רָעַד, tremo. Ps. CIII. 33. ubi sensus minime mutatur.

ΤΡΕ'ΠΩ, verto, converto, et med. τρέπομαι, a me averto, in fugam verto. הִכָּה Hiph. a נָכָה, percutio. Num. XIV. 45. ἐτρέψαντο αὐτοὺς, in fugam vertebant illos. — חָלַשׁ, debilito. Exod. XVII. 13. ἐτρέψατο Ἰη-
d σοῦς τὸν Ἀμαλὴκ, in fugam vertebat Josua Amalek. Hesych. ἔτρεψεν, ἐφυγάδευσεν. — *עָטָה, cum impetu feror, invehor, involo. Idem: עָשָׂה, quod in Arab. l. irruere notat (ut docuit Schultensius ad Proverb. XXXI. 13.). Symm. 1 Sam. XIV. 32. ἐτράπη, ubi incertum manet an lectionem textualem וַיַּעַשׂ, aut marginalem וַיַּעַט expresserit. Addit. Esth. XIV. 11. sec. Vet. Arund. τρέψον τὰς βουλὰς αὐτῶν ἐπ' αὐτοὺς, ubi alii libri στρέψον habent. Judith. XV. 2. ἐτράπησαν εἰς φυγὴν, vertebantur in fugam. Sirac. XXXIX. 33. τοῖς ἁμαρτωλοῖς τραπήσονται εἰς κακὰ, peccatoribus convertentur in mala. 2 Macc. VIII. 5. τῆς ὀργῆς τοῦ κυρίου εἰς ἔλεον τραπείσης, ira Domini in misericordiam conversa. 2 Maccab. f
X. 25. πρὸς ἱκετείαν τοῦ Θεοῦ ἐτράπησαν, ad supplicationem Dei convertebantur. Vide et 2 Maccab. XII. 42.

ΤΡΕ'ΦΩ, nutrio, enutrio, alo, educo, ac metaphorice augeo. Confer Vechneri Hellenolexiam Lib. II. c. 4. pag. 473. אִתְזַין Chald. Ithp. a זוּן, idem. Dan. IV. 9. — גַּדֵּל Pih. crescere facio. Num. VI. 5. Ezech. XXXI. 4. Dan. I. 5. — g
הֶאֱכִיל Hiph. edere facio. Prov. XXV. 22. — הִתְגּוֹרֵר Hithp. a גּוּר, commoror. Jerem. XXX. 19. ἡ ὀργὴ τρεφομένη, ubi tamen Al. pro τρεφομένη rectius nonnullis habere videntur στρεφομένη. Sed Latini quoque alere iram eodem modo usurpant. — חָיָה: הֶחֱיָה, Pih. et Hiph. in vita conservo. Genes. VI. 19. 20. Ies. VII. 21. — חִלֵּל Pih. a חוּל, gigno. Deuter. XXXII. 18. h
Scharfenbergius ad h. l. judicat, eos legisse מְכַלְכֶּלְךָ, altoris tui, a כִּלְכֵּל, alere. Mihi autem sensum non male expressisse videntur. — כִּלְכֵּל Pih. a כּוּל, sustento. 1 Reg. XVIII. 13. — *מִגְדָּלִים, turres. Ies. XXXIII. 18. sec. Compl. Legerunt הַמְגַדְּלִים a גָּדַל, educare. — *קָבַר, sepelio. Genes. XV. 15. ubi tamen pro τραφεὶς Al. rectius ταφείς. Lec- i
tionem tamen falsam τῶν Ο' et alii veterum amplexi sunt, ut Philo Qu. Rer. Div. Haer. p. 512. et ibi Mangey. Vide Cappelli Crit. S. pag. 749. et ad h. l. Montfauconium. — רָעָה, pasco. Genes. XLVIII. 15. — שִׁלַּח Pih. demitto. Syr. et Hebr. Ezech. XLIV. 20. θρέψουσι. Serino

a ibi est de *coma, quæ alitur*. 1 Macc. XI. 39. ὃς ἔτρεφε τὸν Ἀντίοχον, qui *educabat* Antiochum. Vide et 1 Macc. III. 33. et conf. Luc. IV. 16.

ΤΡΕ'ΦΩΝ ΒΟΣΚΗ'ΜΑΤΑ, *nutriens pecora*. נֹקֵד, *pecuarius*, aut: *greges habens*. Symm. 2 Reg. III. 4. Una voce ποιμνοτρόφος, qua Aquila h. l. usus est.

b ΤΡΕΦΟ'ΜΕΝΟΣ ΕΙ'Σ ΣΦΑΓΗ'Ν, *saginatus ad mactationem*. Jerem. XLVI. 21. τρεφόμενοι εἰς σφαγήν. Verba hæc ibi redundant, et ex margine irrepsisse videntur, in eoque posita vel ut glossema vocis σιτευτοί, quæ apud LXX l. c. occurrit, vel ut alterius Interpretis explicatio vocis מַרְבֵּק. Verbum τρέφειν pro *saginare* etiam occurrit Jac. V. 5.
c Confer Lexicon N. T. s. h. v.

ΤΡΕ'ΧΩ, *curro*. דּוּץ, *exsilio*. Job. XLI. 14. ἔμπροσθεν αὐτοῦ τρέχει ἀπώλεια. Literarum ר et ד similitudine decepti legerunt תָּרוּץ, maxime cum verbum דוץ in contextu Hebr. nuspiam alibi occurrat. — רוּץ. Genes. XVIII. 7. XXIV. 20. 28. 29. et alibi, et הֵרִיץ Hiphil. 2 Par. XXXV. 13. — רָצָה, *bene*
d *placitum habeo*. Ps. LXI. 4. Legerunt יָרֻצוּ, a רָצָה. — רָצַע, *quasso*. Aqu. Theodot. Ies. XLII. 4. Jud. VII. 21. sec. Vat. Ald. et Complut. Permutarunt cum רוּץ. — *שׁוּב, *revertor*. Jerem. VIII. 6. τρέχων. Loco שָׁב mihi legisse videntur שָׁט, a שׁוּט, *currere*. Τρέχειν etiam ii dicuntur, *qui equis vehuntur*. 2 Macc. V. 2. φαίνεσθαι διὰ τοῦ ἀέρος τρέχοντας
e ἱππεῖς. Simili modo et de *curru vehentibus* adhibetur apud Homerum Iliad. Ψ', 520. unde apparet, de *quovis celeri motu* hanc vocem adhiberi.

ΤΡΗΤΟ'Σ, *perforatus, foramina habens*. Al. Sir. XXVIII. 15. 16. Ita Trommius. Nescio, unde hæcce hauserit. Nam l. l. legitur γλῶσσα τρίτη, quod vide suo loco.

ΤΡΙΑΚΑ'Σ, *trigesimus dies*. 2 Macc. f
XI. 30. Suidas: τριακὰς, ἡ τριακοστὴ τοῦ μηνός.

ΤΡΙΑ'ΚΟΝΤΑ, *triginta*. אַרְבָּעִים plur. *quadraginta*. Nehem. VII. 67. — שָׁלֹשׁ, *tres*. Genes. XI. 13. 15. — *שְׁלֹשִׁים plur. Gen. V. 3. 5. 16. VI. 15. et alibi sæpius. — שָׁלִישִׁים plur. ex שָׁלִישׁ, *duces*. 1 Par. XII. 18. ubi legerunt שְׁלֹשִׁים. — תְּלָתִין Chald. plur. Dan. VI. 7. 12. g

*ΤΡΙΑΚΟΝΤΑΔΥ'Ο, *triginta duo*. 3 Esdr. V. 16.

ΤΡΙΑΚΟΝΤΑΕ'Ξ, *triginta sex*. שְׁלֹשִׁים וְשִׁשָּׁה, idem. Jos. VII. 5.

*ΤΡΙΑΚΟΝΤΑΕΠΤΑ', *triginta septem*. 3 Esdr. V. 41. sec. cod. Alex.

ΤΡΙΑΚΟΝΤΑΕ'ΤΗΣ, *triginta annos natus*. בֶּן שְׁלֹשִׁים שָׁנָה, *filius triginta annorum*. 1 Par. XXIII. 3. Conf. Etymol. Gudian. p. 585. 1. h

ΤΡΙΑΚΟΝΤΑΠΕ'ΝΤΕ, *triginta quinque*. שְׁלֹשִׁים וַחֲמִשָּׁה, idem. Dan. XII. 12.

ΤΡΙΑΚΟΝΤΑΤΕ'ΣΣΑΡΕΣ, *triginta quatuor*. שְׁלֹשִׁים וְאַרְבָּעָה, idem. 1 Par. VII. 7.

ΤΡΙΑΚΟ'ΣΙΟΙ, *trecenti*. אַרְבַּע מֵאוֹת, *quadringenti*. Gen. XI. 13. 15. — שְׁלֹשׁ מֵאוֹת. Genes. V. 23. VI. 15. IX. 27. et alibi sæpius. i
2 Macc. IV. 19. τριακοσίας. Grotius videns, trecentas drachmas esse nimis exiguum pretium, quam ut eo naves comparari possent, legendum statuit τρισχιλίας. Verum melius utcunque cum Syro legitur τρισχιλίας καὶ τριακοσίας.

ΤΡΙΑΚΟΣΤΟ'Σ, *tricesimus*. שְׁלֹשִׁים. 1 Reg. XVI. 23.

ΤΡΙΒΑΝΟ'Ω, *attero*, et ex adjuncto: *absumo, consumo*. צָתַק,

consenesco. Symm. Psalm. VI. 8. ἐτριβανώθην. Hieron. *consumtus sum.* Recte: nam quæ inveterascunt, ea paulatim consumuntur.

ΤΡΙ'ΒΟΛΟΣ, *tribulus*, herba aculeata, sic dicta a triplici cuspide, it. *tribula* vel *tribulum*, vehiculi genus ad trituranda frumenta. *אֶלְגָּבִישׁ, *grando.* Ezech. XIII. 13. sec. ed. Ald. τριβόλους. Vox vitiata, ut videtur, ex πετροβόλους, quod habent reliqui libri. — בַּרְקָנִים, *oxyacanthæ, spinæ valde aculeatæ.* Al. Jud. VIII. 7. 16. τριβόλοις et τριβόλους. — דַּרְדַּר, *tribulus.* Genes. III. 18. Hos. X. 8. ἄκανθαι καὶ τρίβολοι, spinæ et tribuli. Hesych. τρίβολοι, ἀκάνθης εἶδος. Conf. Dioscoridem Lib. IV. c. 15. — חֲרִיצִים plur. *tribulæ.* 2 Sam. XII. 31. ἐν τοῖς τριβόλοις τοῖς σιδηροῖς, in tribulis ferreis. Theodot. Ies. XXVIII. 27. — מְגֵרָה, *serra, qua ligna dissecantur.* Al. 1 Paral. XX. 3. De hoc vehiculi genere Servius ad Virgil. Georg. I. v. 164. "Tribula, genus vehiculi omni parte dentatum, unde teruntur frumenta." Et Varro Lib. I. c. 52. "Id (*tribulum*) fit, e tabula, lapidibus aut ferro asperata, quo imposito auriga aut pondere grandi trahitur jumentis junctis, ut discutiat e spica grana." Plura de illo vide apud Schefferum de Re Vehic. Lib. I. c. 7. pag. 126. Vitringam Comm. in Ies. XXVIII. 27. et XLI. 15. et Schoettgenium in Antiquit. Tritur. pag. 22. seq. — צִנִּים plur. *spinæ.* Proverb. XXII. 5. ubi Michaëlis in Supplem. pag. 2109. non *dumeta*, sed *tribulos ferreos, murices* intellegit.

ΤΡΙ'ΒΟΣ, *semita, via trita.* אֹרַח, idem. Gen. XLIX. 17. Job. XXII. 15. Aqu. Job. XXX. 12. Theod. Ps. CXXXVIII. 2. Symm. Prov. X. 17. — אַשּׁוּר, *gressus.* Ps. XLIII. 20. — דֶּרֶךְ, *via.* Prov. II. 20. XXX. 19. Ies. III. 11. Theod. Psalm. CXXXVIII. 3. — מִסְגְּרוֹת plur. *claustra.* Psalm. XVII. 49. ἀπὸ τῶν τρίβων αὐτῶν. LXX מִמְּסִלּוֹתֵיהֶם legisse, non improbabilis est Agellii conjectura, coll. Jud. V. 20. — מְסִלָּה, *via strata.* 1 Sam. VI. 12. 2 Sam. XX. 12. 13. — מַעְגָּל, *orbita.* Ps. XVI. 6. XXII. 3. CXXXIX. 6. Symm. Prov. IV. 11. — נָוֶה, in plur. נְאוֹת, *caula.* Jerem. IX. 10. — נָתִיב masc. Job. XVIII. 10. XXVIII. 7. et alibi. — נְתִיבָה fœm. Job. XXX. 13. Prov. I. 15. VIII. 2. et alibi. — קַרְסֹל, *malleolus pedis.* Al. 2 Sam. XXII. 37. οὐκ ἠσθένησαν ἐν ταῖς τρίβοις μου. Continent hæc verba versionem alius interpretis, forsitan Symmachi, qui sensum non male expressit. — שְׁבִיל, *semita, via.* Ps. LXXVI. 19. — שִׂמְחָה, *lætitia.* Prov. XV. 22. ἀνοήτου τρίβοι ἐνδεεῖς φρενῶν. Jaegerus ad h. l. admodum ingeniose conjicit, interpretem scripsisse τρυφαί. Sed vel sine hac conjectura duplici ratione hæc versio cum textu Hebraico facile conciliari poterit. Partim enim sumi potest, τρίβους h. l. *vivendi et agendi rationem*, qua *aliquis delectatur*, notare, quæ in SS. haud raro *via alicujus* dicitur. Tunc quoque verba ἐνδεεῖς φρενῶν commodam interpretationem admittunt, nempe hanc: *ostendunt et declarant, eum sana mente carere.* Partim vero respicere potuit Arabicum سبج, quod inter alia notat *leniter et facile* seu *facili cum lenitate incedere*, ut docuit Arnoldi Symb. Critt. ad V. T. p. 113. — שְׁפִי, *locus eminens.* Ies. XLIX. 9. Fortasse legerunt שְׁבִילִים, ut ex Syro apparet. — שַׂרְעַף, *cogitatio.* Ps. CXXXVIII.

a 22. τρίβους, *cogitandi et agendi rationem*. Sap. V. 7. IX. 18. ubi, ut ὁδὸς, notat *vivendi rationem*. Sir. VI. 36. βαθμοὺς τρίβων. Athanasius in Collect. Nova Patrum Montfauc. p. 36. habet σταθμούς. Suidas explicat σταθμῶν per τῶν τῆς θύρας παραστάδων. Hesych. τρίβος, ἀτραπὸς, ὁδός.

ΤΡΙ'ΒΩ, *tero, contero, tundo, frango, comminuo*. דּוּךְ, *tundo*. Num.
b XI. 8. ἔτριβον ἐν τῇ θυΐᾳ, *conterebant in mortario*. Hesych. ἔτριβον, κατηνάλισκον. — לוּשׁ, *depso*. Jerem. VII. 17. αἱ γυναῖκες αὐτῶν τρίβουσι σταῖς, mulieres illorum *terunt* similam. — מָלַל, *loquor*. Aqu. Prov. VI. 13. τρίβων, *tundendo pedibus signum dans*. Symm. προστρίβων, quod vide supra. — סָלַל, *aggero*. Al. Prov. XV. 20. τετριμμέναι. Hesych. τετριμμένη, πε-
c πατημένη ὁδός. — עָמוֹק, *profundus*. Prov. XXIII. 27. ubi tamen Al. pro τετριμμένος rectius τετρημένος habent.

*ΤΡΙΓΧΟ'Σ, i. q. θριγχὸς, θριγγὸς et θριγκὸς, *pinna s. corona murorum, lorica muri, septum, vallum, maceria*. גְּדֵרָה, *sepes*. Jerem. XLIX. 3. sec. cod. Alex. διὰ τῶν τριγχῶν. Ita quoque versio Syr. Hexapl. et
d Theodoretus sec. cod. B. ubi tamen in editis legitur τειχῶν. — קִיר, *paries*. Inc. 1 Sam. XXV. 22. ubi tamen pro ἐν τριγχῷ Semlerus (Appar. in V. T. p. 298.) legendum conjicit: ἐν, κὶρ, τοίχῳ, ut sit ipsum nomen Hebraicum. Etymol. Gudianum 535. 16. τριγχὸς, τειχίον, περίφραγμα. Philoxen. Gloss. τριγχὸς, *maceria, maceries*.

e ΤΡΙΕΤΗ'Σ, *triennis, trimus, tres annos natus*. בֶּן שָׁלשׁ שָׁנִים *filius trium annorum*. 2 Par. XXXI. 16. ἀπὸ τριετοῦς καὶ ἐπάνω, a trimulo et supra. Sic Matth. II. 16. ἀπὸ διετοῦς καὶ κατωτέρω, a bimulo et infra. Sic et νήπιον διετὲς *infantem bimulum* Græcis dici, scribit Pollux Onom. Lib. II. c. 2. segm. 8. Idem Lib. I. c. 7. segm. 54. postquam scripserat, quod τριέτης usque ad δεκαέ- f
της, quando de tempore dicatur, accentum habeat in penultima, hæc addit: ἐπὶ δὲ παιδίου καὶ ἵππου καὶ φυτοῦ καὶ τῶν τοιούτων ὀξύνεται, ὡς ἐπὶ τοῦ διετὴς μέχρι τοῦ δεκαετής. Similiter Ptolemæus Ascalonita apud Ammonium de Simil. et Different. Vocab. τρίετες βαρυτόνως, καὶ τριετὲς ὀξυτόνως διαφέρει, φησὶ Πτολεμαῖος ὁ Ἀσκαλωνίτης· ἐὰν μὲν γὰρ βαρυτονήσω- g
μεν, ἔσται ἐπὶ χρόνου. διὸ καὶ ὁ ποιητὴς φησὶν· Ὡς τρίετες μὲν ἔληθε δόλῳ. ἐὰν δὲ ὀξυτονήσωμεν τριετὲς, ὡς εὐφυὲς, ἔσται ἐπὶ ἡλικίας. οἷον τριετὲς τὸ παιδίον. — שְׁלִשִׁיָּה fœm. *tertia pars*. Ies. XV. 5. δάμαλις γάρ ἐστι τριετὴς, juvenca enim est trima. Hieron. *consternans*. Lege *conternans*, h. e. *ternum s. tertium annum agens*. Aqu. Jerem. XLVIII. 33. τριετῆ. 2 Macc. h
IV. 23. et XIV. 1. μετὰ δὲ τριετῆ χρόνον, post tempus *triennii*. Nota, quod hic τριετὴς etiam de tempore usurpetur, secus ac modo ex Polluce et Ammonio intelleximus. Et certe, licet in antiquioribus Græcis, ut Homero, Herodoto, vocem τριέτης de tempore usurpatam reperiamus, tamen in aliis recentioribus τριετὴς et διετὴς etiam de eodem ad- i
hibetur. Diod. Sic. Lib. III. p. 199. τριετοῦς δὲ διαγεγενημένου τοῦ σύμπαντος χρόνου. Longus Pastoral. Lib. I. p. 5. ἤδη δὲ διετοῦς χρόνου διηνυσμένου. Vox τριετῆ, *triennale*, restituenda quoque est auctori 2 Macc. X. 3. loco διετῆ, *biennale*, ex sententia Grotii ad Dan. VII. 25. ac ex Josepho A. J. XII. 11.

ΤΡΙΕΤΙ'ΖΩ, *sum triennis, triennium ago*. Hinc:

ΤΡΙΕΤΙ'ΖΩΝ, ΤΡΙΕΤΙ'ΖΟΥΣΑ, partic. *triennis, trimus, trima*. מְשֻׁלָּשׁ: מְשֻׁלֶּשֶׁת part. Pyh. masc. et fœm. Genes. XV. 9. — שְׁלִשִׁיָּה masc. ex שָׁלשׁ, *tres*. 1 Sam. I. 24. ubi vel lea gerunt cum Syro et Arabe מְשַׁלֶּשֶׁה, vel ita vertendum putarunt, quia postea tantum unius bovis mactati fit mentio.

ΤΡΙ'ΖΩ (Bielius edi jussit τριζέω), strideo, strido. הֵעִיק, premo, Hiph. ab עוּק, arcto. Inc. Amos II. 13. τρίζει. Plaustrum plenum manipulus, dum volvitur, stridorem edit. Ergo non aliena est hæc versio a
b textu Hebraico. Præterea Arabicum عبّق vociferari notat, et غاق est sonus crocitantis corvi.

ΤΡΙΗΜΕΡΙ'Α, triduum. שְׁלֹשֶׁת יָמִים, tres dies. Amos IV. 4.

*ΤΡΙΗ'ΜΕΡΟΣ, triduus (ita Gloss. Vett.), triduanus, tres dies durans. שְׁלֹשֶׁת הַיָּמִים. Symm. 1 Sam. IX. 20. Hesych. τριήμερος, Θεσμοφόρια, ὑπὸ Λακώνων: ubi vide Intt.

c ΤΡΙΗ'ΡΗΣ, triremis, navis bellica. צִי, navis. Aqu. Ies. XXXIII. 21. Conf. Acta Literaria Societ. Rheno-Trajectinæ Vol. II. p. 147. seq. — שַׁיִט, remus, quo aqua cæditur et secatur. Ies. XXXIII. 21. οὐ πορεύσῃ ναῦς τριήρης (sic enim pro ταύτην ingeniose legendum censet Jac. Hasæus Bibl. Brem. Class. V. p. 598.) τὴν ὁδὸν, non proficiscetur via illa
d navis triremis. Ita Bielius, non tamen accurate inspecto textu sacro, ut e collatione apparebit. Vide et 2 Macc. IV. 20. Lex. Cyrilli MS. Brem. Τριήρεις, πολεμικαὶ ναῦς, αἳ καλοῦνται λίβυρνοι. Plura de illis vide apud Marc. Meibomium in Pec. Tract. de Fabrica Triremium.

*ΤΡΙΚΥΜΙ'Α, fluctus magnus, Latinis decumanus, a κῦμα. 4 Maccab.
e VII. 2. ταῖς τῶν βασάνων τρικυμίαις. Etymol. Gudian. 535. 23. τρικυμία, ἡ σφοδροτάτη καὶ δεινοτάτη τῆς θαλάσσης ταραχή κ. τ. λ.

ΤΡΙΜΕΡΙ'ΖΩ, in tres partes seu trifariam divido. שִׁלֵּשׁ Pih. tripartior. Deut. XIX. 3.

*ΤΡΙ'ΜΕΤΡΟΣ, tres habens s. continens mensuras. Sir. L. 3. sec. ed. Compl. χαλκὸς ὡσεὶ θαλάσσης τὸ τρίμετρον. Vulg. habet supra mo- f
dum. Num περίμετρον legit? Certe Hesychius scribit, περίμετρον, quosdam exponere ὑπέρμετρον. Drusius ad h. l. vertit: æs ipsum immensum instar maris, nam τρίμετρον, τὸ μέγα μέτρον. Vide supra περίμετρον.

ΤΡΙ'ΜΗΝΟΝ, sc. διάστημα, intervallum vel spatium trium mensium. מְשֻׁלָּשׁ חֳדָשִׁים, tertiatio mensium. Genes. XXXVIII. 24. — שְׁלֹשָׁה g
חֳדָשִׁים, tres menses. 2 Reg. XXIV. 8. 2 Par. XXXVI. 2. 9. Confer v. Τετράμηνον supra.

*ΤΡΙ'ΜΜΑ, quod tritum s. intritum est, potio ex aromatis intritis. נָזִיד, coctum. Inc. sec. cod. 130. Holm. Genes. XXV. 34. ἀπὸ τρίμματος φακῆς. Photius Lex. τρίμμα, δι' ἀρωμάτων πόμα. Vide quoque Intt. Hesychii s. h. v. h

ΤΡΙΟ'ΔΟΥΣ, tridens, fuscina. שְׁלֹשׁ שִׁנַּיִם dual. tres dentes. 1 Sam. II. 15. — מַחֲרֵשֶׁת, vomer, quo aratur. Aqu. 1 Sam. XIII. 20.

*ΤΡΙ'ΟΔΟΣ, trivium, trivia, compitus. Gloss. Vett. Vox hæc reddenda est Symmacho, qui secundum Theodoretum Jer. XXXVIII. 14. Hebr. אֶל מָבוֹא הַשְּׁלִישִׁי, trans- i
tulit ἔσω τριόδων, ubi nunc in Hexaplis legitur ἔσω τὴν τρίτην θύραν. Hes. Τρίοδος, καὶ τριόδους, πληθυντικῶς ἰδίως, τὰς τρεῖς ὁδούς. καὶ τρίοδα.

ΤΡΙΟ'ΡΟΦΟΝ. Vide infra in τριώροφον.

*ΤΡΙΠΛΑΣΙ'ΩΝ et ΤΡΙΠΛΑ'ΣΙΟΝ Sirac. XLIII. 4. in Cod. Alex. et ed. Complut. legitur pro τριπλασίως.

ΤΡΙΠΛΑΣΙ'ΩΣ, tripliciter, i. e. quam plurimum. Sir. XLIII. 4.

a τριπλασίως ἥλιος ἐκκαίων ὄρη, ubi *mul-*
tum, vehementer, supra modum notat.
ΤΡΙΠΛΟ'Ω, *triplico.* מְשֻׁלָּשׁ part.
Pyh. Symmach. Cohel. IV. 12.
τετριπλωμένον.
ΤΡΙΠΛΟΥ͂Σ, *triplex, triplicatus.*
מְשֻׁלָּשׁ part. Pyh. Ezech. XLII. 6.
Al. Cohel. IV. 12. τριπλαῖ ἦσαν,
triplicatæ erant. Gloss. MS. in
Ezech. Τριπλαῖ, τρίστεγοι. MS. viti-
b ose τρίστινοι.
ΤΡΙ'Σ, *ter.* שָׁלֹשׁ פְּעָמִים, *tribus*
vicibus. 1 Sam. XX. 40. 1 Reg. XVII.
21. — *שִׁלֵּשָׁה. Aqu. 1 Sam. XXX.
13. τρὶς, quod est ex altera ejus editione, et sine dubio vera lectio.
*ΤΡΙΣΑ'ΘΛΙΟΣ, *valde miser.* 3
Macc. IV. 4. δακρύειν αὐτῶν τρισάθλιον
ἐξαποστολὴν, flere *miserrimam* eorum
expulsionem. Adde 4 Macc. XVI.
6. Alciphr. III. 56.
c ΤΡΙΣΑΛΙΤΗ'ΡΙΟΣ, *sceleratissimus,*
improbissimus, ex τρὶς et ἀλιτήριος,
peccator, sceleratus. 2 Macc. VIII.
34. XV. 3. Legitur etiam Addit.
Esth. XVI. 15. Lexic. Cyrilli MS.
Brem. τρισαλιτήριος, τρισβδέλυκτος ἁ-
μαρτωλός. Inde forte supplendus
Hesychius, apud quem Τρισαλιτήριος
simpliciter exponitur ἁμαρτωλός.
ΤΡΙΣΚΑΙ'ΔΕΚΑ, *tredecim.* שְׁלֹשׁ
d עֶשְׂרֵה, idem. 1 Reg. VII. 1. 1 Par.
VI. 60.
ΤΡΙΣΚΑΙΔΕ'ΚΑΤΟΣ, *decimus ter-*
tius. שְׁלֹשָׁה עָשָׂר : שְׁלֹשׁ עֶשְׂרֵה.
Genes. XIV. 4. Esther. III. 12. et
alibi.
ΤΡΙΣΚΕΛΗ'Σ, *tria habens crura,*
tribus cruribus innitens, tridens.
שְׁלֹשׁ קִלְּשׁוֹן, *triplex s. tridens furca.*
Aqu. 1 Sam. XIII. 21. τρισκελῆσιν.
e An legendum est: τρισὶ κίλσοις? aut
τρικέλλαις? ut hoc dicatur sicut
δίκελλα. Certe ex τρισκελὴς esset
τρισκελέσι.
ΤΡΙΣΜΟ'Σ, *stridor.* מוּעָקָה, *pres-*
sio, onus. Aqu. Psalm. LXV. 11.
Vide supra s. τρίζω.

*ΤΡΙΣΜΥ'ΡΙΟΙ, *triginta millia.*
Esth. I. 7. ἀπὸ ταλάντων τρισμυρίων,
quæ in ed. Complut. et Usserii ed.
vet. alt. desunt. K. Adde Etymol. f
M. 767. 37.
ΤΡΙΣΣΕΥ'Ω, *triplico, ter vel ter-*
tium facio, tertio. שִׁלֵּשׁ Pih. idem.
1 Sam. XX. 17. ubi Theodor.
Quæst. 51. in 1 Reg. τὸ δὲ τρισσεύσεις
ἀντὶ τοῦ τρεῖς ἡμέρας ἀναμενεῖς. 1 Reg.
XVIII. 34. — שְׁלֹשֶׁת, *tres.* 1 Sam.
XX. 21. ubi Theodoret. Quæst. l.
c. τὸ δὲ τρισσεύσω ἀντὶ τοῦ τρεῖς
ἀφήσω σχίζας. — שִׁלַּח הַשְּׁלִשִׁית, g
mitto in tertiam partem. Inc. 2 Sam.
XVII. 2.
ΤΡΙΣΣΟ'Σ, *triplex, ternus, trinus,*
it. *hasta tridens,* et τρισσοὶ in plur.
tres primates, vel *viri post regem*
principes numero tres. שָׁלִישׁ, *tri-*
bunus, dux. 1 Reg. IX. 22. καὶ ἄρχοντες καὶ τρισσοὶ αὐτοῦ, et principes
et *tres primates* ipsius. Vide et Ez.
XXIII. 23. Vocantur hi alias apud h
LXX τριστάται. Vide infra s. h. v.
Ezech. XXIII. 15. ὄψις τρισσὴ πάντων, aspectus *triplex* omnium, quod
Theodoretus ait τὸ πολύμορφον αὐτῶν
significare. — שְׁלִישִׁי, *tertius.* Ez.
XLII. 2. στοαὶ τρισσαὶ, porticus tri-
plices. — שְׁלָטִים plural, *scuta.*
2 Reg. XI. 10. ἔδωκεν ὁ ἱερεὺς τοῖς
ἑκατοντάρχοις τοὺς σειρομάστας καὶ τοὺς
τρισσοὺς τοῦ βασιλέως Δαυὶδ, dabat sacerdos centurionibus lanceas et has- i
tas *tridentes* regis Davidis. Non
opus est statuere, eos h. l. שְׁלִישִׁים
legisse. Cæterum loco τρισσοὺς Complut. τὰ δόρατα habet. Lexic. Orig.
p. 241. τρισσὸς, τόξον.
ΤΡΙΣΣΟ'Ω, i. q. τρισσεύω, *triplico,*
ter vel *tertio facio.* שִׁלֵּשׁ Pih. idem.
1 Reg. XVIII. 34. τρισσώσατε et
ἐτρίσσωσαν sec. cod. Alex.
ΤΡΙΣΣΩ͂Σ, *tripliciter, trifariam,*
tertio, vel *tertia vice.* *שַׁלֶּטֶת, *im-*
periosa. Ezech. XVI. 30. ἐξεπόρνευσας τρισσῶς, *triplo plus* fornicata es.

a Legerunt: שְׁלִישִׁית - שָׁלֹשׁ פְּעָמִים, *tribus vicibus.* 1 Reg. VII. 5. IX. 25. — שָׁלִישִׁים plur. a שָׁלִישׁ, *præstantissima.* Proverb. XXII. 20. — מָחָר שְׁלִישִׁית, *cras et postridie.* 1 Sam. XX. 12. ubi vid. Hexapla Montfauconii. Vide alibi ἐκπερισσῶς.

ΤΡΙΣΤΑ'ΤΗΣ, *trium primatum* vel *regni procerum aliquis, dux, princeps.* שָׁלִישׁ. Exod. XIV. 7. καὶ
b τριστάτας ἐπὶ πάντων, et tres regni proceres, qui erant super omnia, vel quibus summa rerum omnium gerendarum erat demandata. Vide et Exod. XV. 4. (ubi vid. not. L. Bos. ac Montf.). 2 Reg. VII. 2. 17. IX. 25. X. 27. XV. 25. Symmach. Ezech. XXIII. 15. 23. De illis Hieronymus ad Ezech. XXIII. "Tristatæ, qui et terni statores vo-
c cantur, nomen est secundi gradus post regiam dignitatem, de quibus scriptum est *II. Regum: ad tres primos non pervenit:* qui principes equitum peditumque erant pariter et tributorum, quos nos magistratus utriusque militiæ et præfectos annonarii tituli nominamus." Similiter Persis erant τρεῖς μεγιστᾶνες, qui præcipua post regem potestate
d valebant. Vide 1 Esdr. III. 9. Aliter autem de τριστάταις Glossographi. Gloss. in Octat. τριστάτας, τοὺς παρὰ χεῖρα τοῦ βασιλέως ἀριστερὰν, τρίτης μοίρας ἄρχοντας. Lexic. Cyrilli MS. Barocc. et Brem. τριστάτας, τοὺς παρὰ χεῖρα τοῦ βασιλέως τοὺς ἔχοντας λόγχας ἀνὰ τρεῖς κατὰ χεῖρα. Similiter Suidas et Hesychius in v. τριστάται. Apud posteriorem pro
e παρὰ χεῖρα male legitur περὶ χεῖρα. Vide Intt. ad h. l. Aliorum adhuc de τριστάταις sententias vide apud Drusium ad Ez. l. c. et in Fragm. Vet. Int. Gr. pag. 145. Bochartum Hier. P. I. Lib. XI. c. 9. pag. 172. Wolfium in Diss. de Apparatu Philistæorum Bellico p. 42. seq. Auctor quidam Græcus ad Exod. XV. 5. secundum Agellium ait, currus veteribus fuisse, qui ternos cape- f
rent, quorum unus habenas teneret ac moderaretur equos, duo reliqui pugnarent, ideo tristatas appellatos, — aut secundum alios tristatæ sunt, qui in phalange tertio loco et ordine stant, — aut quia Lat. *triarii* dicuntur, qui post hastatos ac principes ad ultimum pugnæ discrimen subsidebant. — Cæterum τριτοστάτης et τριτοστάτης ἐν χορῷ memoratur g
Polluci Lib. IV. c. 15. segm. 106. et Lib. VI. c. 37. segm. 165. ibique intellegi videtur aliquis ex personis, qui jugum unum in choro tragico constituebant. Nam in tragico choro juga quinque fuisse, et singula tres continuisse personas, docet Gual. in Not. ad Polluc. pag. 413.

ΤΡΙ'ΣΤΕΓΟΝ, *tria habens tecta* h
vel tabulata. שְׁלִישִׁי, *tertius.* Symm. Genes. VI. 16. τρίστεγα. — מְשֻׁלָּשׁ part. Pyh. Symm. Ezech. XLII. 5.

ΤΡΙΣΧΙ'ΛΙΟΙ, *tria millia.* שְׁלֹשֶׁת אֲלָפִים. Ex. XXXII. 27. XXXVIII. 26. et alibi sæpius.

ΤΡΙ'ΣΩΜΟΣ, *tricorpor,* it. *triens, triental.* שָׁלִישׁ. Aqu. Ies. XL. 12. τρισώμῳ aut τρισσώμῳ, ut MS. San- i
germ. habet. Τρίσωμον Kesslero videtur esse mensuræ genus trium brachiorum longitudinem habens. Compositum enim esse potest ex τρὶς et ὦμος, quod brachii caput in alam excidens significat. LXX h. l. habent δρὰξ, i. e. *pugnus.*

ΤΡΙΤΑΙ῀ΟΣ, *triduanus, qui tertio die aliquid facit.* שְׁלִשִׁית, *tres.* 1 Sam. XXX. 13. ἠνωχλήθην ἐγὼ σήμερον τρι- k
ταῖος, morbo ego laboro hodie *tres dies.* — שְׁלֹשֶׁת יָמִים, *tres dies.* 1 Sam. IX. 20. περὶ τῶν ὄνων σου τῶν ἀπολωλυιῶν σήμερον τριταίων, de asinis tuis *tertia* hodie *die* perditis. Similiter εἰκοσταῖος apud Antiphontem Orat. I. p. 23. ὁ δὲ πατὴρ ὁ ἡμέτερος εἰς νόσον ἐμπίπτει, ἐξ ἧς καὶ ἀπώλετο

a εἰκοσταῖος. Taceo plura alia ejusmodi exempla observata Raphelio Annotatt. ad Joh. XI. 39. ex Xenophonte p. 136. et ex Herodoto pag.
313. et Maio Obss. SS. Lib. III. p.
127. seq. Vide quoque Lexicon
N. T. s. h. v.

ΤΡΙ´ΤΟΣ, *tertius*. שָׁלִישׁ, *tribunus*.
2 Sam. XXIII. 8. — שָׁלִישׁ, *triental*.
Symm. Ies. XL. 12. τρίτῳ. — שְׁלִישִׁי.
b Gen. I. 13. II. 14. XXII. 4. et alibi
sæpius. — שְׁלִישִׁיָּה, *tertia pars*. Ies.
XIX. 24. — שְׁלִישִׁתָה cum ה parag.
tertia vice. Ex. XXI. 14. — שָׁלֹשׁ,
tres. 1 Reg. XV. 28. 33. 2 Reg.
XII. 6. — שָׁלֹשׁ פְּעָמִים, *tribus vicibus*. Num. XXIV. 10. — שִׁלֵּשִׁים
plur. *tertiani abnepotes*. Gen. L. 23.
Ex. XX. 5. XXXIV. 7. — שִׁלְשׁוֹם,
q. d. שְׁלֹשָׁה יוֹם, *nudius tertius*. Ex.
c XXI. 29. 36. Deut. IV. 42. et alibi. — שְׁלֹשֶׁת, *tres*. Jos. XVII. 11.
— *שְׁלִשִׁית, *pars tertia*. 2 Sam.
XVIII. 2. τὸ τρίτον, *tertiam partem*,
ut Vulg. recte transtulit. — תְּלָתָה
Chald. *tres*. Esdr. VI. 15. —
תְּלָתָא : תְּלָתִי Chald. Dan. V. 7.
16. Vide et v. 31. — תְּלִיתָאָה
Chald. fœm. Dan. II. 39. Sirac.
XXVIII. 15. 16. γλῶσσα τρίτη, *lin-*
d *gua tertia*, h. e. *lingua, quæ discor-
dias serit inter alios duos* (Confer
Drusium et Grotium ad h. l.), vel
lingua maledici, cui alias *lingua triplex* tribuitur in Chaldæa paraphrasi Job. XXXVI. 33. Psalm. CI. 5.
CXL. 12. Cohel. X. 11. etc. Vide
Bocharti Hieroz. P. I. Lib. I. c. 4.
pag. 25. Vide quoque supra s. v.
τρητός.

e ΤΡΙ´ΤΗ ´ΗΜΕ´ΡΑ, *tertius dies*.
שִׁלְשׁוֹם. Gen. XXXI. 2. χθὲς καὶ
τρίτην (pro κατὰ τρίτην) ἡμέραν, heri
et tertio die. Vide et Exod. V. 7.
14. Jos. IV. 18. 1 Sam. XIV. 21. —
*שִׁלְשָׁה. Inc. 1 Sam. XXX. 13.
Vulg. *nudius tertius*.

ΤΡΙ´ΤΟΝ ΤΟΥ´ΤΟ vel ΤΟΥ´ΤΟ
ΤΡΙ´ΤΟΝ, *tertia vice*. זֶה שָׁלֹשׁ
פְּעָמִים, *his tribus vicibus*. Jud.
XVI. 16. τοῦτο τρίτον ἐπλάνησάς με, f
jam *tertia vice* me decepisti. Confer
Joh. XXI. 14. — זֶה שָׁלֹשׁ רְגָלִים,
his tribus pedibus. Num. XXII. 28.
πέπαικάς με τρίτον τοῦτο, verberasti
me *tertia vice*. Vide et v. 32. et
conf. 2 Cor. XIII. 1. et quæ ex
Herodoto notat Raphelius ad Joh.
l. c. p. 319.

ΤΡΙ´ΧΑΠΤΟΣ, *e pilis plexus* vel
contextus sec. alios. Τρίχαπτον, *seri-* g
cum. Hieronymus in Cap. XVI.
Ezech. ait, trichaptum esse a LXX
compositum. מֶשִׁי, *velum pellucidum*
ex seta equina, sec. alios *sericum* sic
dictum, quia in fila *trahitur*, a
מָשָׁה, *traxit, extraxit*. Ezech. XVI.
10. ἔζωσά σε βύσσῳ καὶ περιέβαλόν σε
τριχάπτῳ (sc. ἱματίῳ), cinxi te bysso
et indui te vestimento e pilis con-
texto, ubi vid. L. Bos. et Montf. h
Ezech. XVI. 13. τὰ περιβόλαιά σου
βύσσινα καὶ τρίχαπτα, vestimenta tua
byssina et *e pilis contexta*. Aliter
Glossographi. Lexic. Cyrilli MS.
Brem. τρίχαπτα, πολύτιμα βομβύκινα
ὑφάσματα ἐκ σκωλήκων. Suidas: τρίχαπτον, τὸ βομβύκινον ὕφασμα, ἱμάτιον
πολυτίμητον. Similiter Etymol. M.
Hes. τρίχαπτον, τὸ βομβύκινον ὕφασμα
ὑπὲρ τῶν τριχῶν τῆς κεφαλῆς ἀνατόμενον i
ἢ πολύτιμον: ubi vide Intt. Lexic.
Cyrilli MS. Barocc. τρίχαπτον, βομβύκινον (MS. βαβύκινον) ἱμάτιον ἢ κτί-
νιον τῆς κεφαλῆς. In Lexico Photii
exponitur ὕφασμα βαρβαρικόν. Aliorum de hac voce sententias vide
apud Drusium ad Ezech. l. c. Fullerum Miscell. Sacr. Lib. II. c. 11.
Braunium de Vestit. Sacerd. Hebr.
Lib. I. c. 8. §. 116. Tib. Hemsterhus. in Not. ad Polluc. Lib. X. cap.
7. p. 1178. seq.

ΤΡΙΧΙΑ´Ω, *pilosus, hirsutus sum*,

a it. *horreo*, a θρὶξ, τριχὸς, *pilus*. שָׂעִיר, *hirsutus, pilosus*. Aqu. Symm. Ies. XXXIV. 14. Aqu. Lev. XVII. 17. τοῖς τριχιῶσι aut τριχιῶσιν apud Montf., *pilosis*, scil. dæmonibus, qui hirsuti apparebant, v. Ies. XIII. 14. Idem Deut. XXXII. 2. τριχιῶντα. Vide quoque Scharfenbergium ad Jos. XV. 14. — שְׂעִירִים plur. Aqu. Ies. XIII. 21. τριχιῶνται. Legen-
b dum est τριχιῶντες vel τριχιῶντας, quod secundum Lexicon Constantini est *genus dæmonum pilosum et κάθυλον, materiæ addictum*, aut potius *sylvestre*. Vide quoque ad h. l. Montf. Procopius: Τούτους δὲ, φασὶ, τριχιῶντας Ἀκύλας ὠνόμασεν, δηλῶν κάθυλον καὶ ἐσκοτισμένον δαίμονα. — שָׂעַר, *horrea*. Deut. XXXII. 17. οὐκ ἐτρίχιαν αὐτοὺς, non *horruerunt* illos. Confer
c quoque Bocharti Hieroz. P. I. pag. 643.

ΤΡΙ'ΧΙΝΟΣ, *ex pilis factus, cilicinus*. עֵז, in plur. עִזִּים, *capra*. Inc. et LXX Exod. XXVI. 7. ποιήσεις δέῤῥεις τριχίνας (εἰς) σκέπην, facies pelles *pilosas* in tegumentum. Vulgat. *saga cilicina*. — שֵׂעָר, *pilus*. Zach. XIII. 4.

ΤΡΙΧΟ'ΟΜΑΙ, *pilosus sum*. שֵׂעָר,
d idem. Symm. Gen. XXV. 25. τετριχωμένος.

ΤΡΙ'ΧΩΜΑ, *coma, capillitium, capillamentum, pilosum vel villosum tegmen*. פְּאֵר, *tiara*. Ezech. XXIV. 17. — שֵׂעָר, *capillus*. Cant. IV. 1. Aquil. Levit. XIII. 36. — *שְׂעַר. Chald. id. Dan. VII. 9. sec. cod. Chis. Vide et 3 Esdr. VIII. 73.

ΤΡΙΩ'ΡΟΦΟΝ, *tricameratum, tria*
e *habens tecta, tres habens contignationes*. שְׁלִישִׁי, *tertius*. Gen. VI. 16. διώροφα καὶ τριώροφα. 1 Reg. VI. 8. ἐκ τῆς μέσης ἐπὶ τὰ τριώροφα, ex media ad *tertiam contignationem*. Al. hic τρίοροφα. Unde apud Hesychium: τριόροφα, τρίστεγα. Alibi tamen etiam apud eundem legitur: τριώροφα, τρίστεγα. Sic etiam Lexic. Cyrilli MS. Brem. Τριόροφος ac τριώροφος permutantur quoque invicem in codd. f
MSS. apud Herodotum I. c. 180.

ΤΡΟΜΕ'Ω, *tremo*. *זוּעַ, *commoveor, tremo, terreor*. Esther. V. 9. in ed. Orig. pag. 180. οὐδὲ ἐτρόμησεν ἀπ' αὐτοῦ. Adde Aqu. Cohel. XII. 5. Vide infra s. v. τρόμος. 1 Maccab. II. 24. ἐτρόμησαν, *tremuerunt*.

ΤΡΟ'ΜΟΣ, *tremor*. חַת, *terror*. Gen. IX. 2. — חַתְחַתִּים, *consternati*. Aqu. Cohel. XII. 5. τρόμῳ τρομήσουσι, *tremore trement*. Legit di- g
visim חַת יְחַתּוּ. — מוֹרָא, *timor*. Deut. XI. 25. — מְחִתָּה, *consternatio*. Ies. LIV. 14. — מַרְעִיד part. Hiph. *tremens*. Al. Esdr. X. 9. ἐν τρόμῳ. — עִיר, *urbs*. Jerem. XV. 8. Arab. غيرة est *turbatio s. alienatio mentis ex affectibus*, ut timore, terrore, *orta*. Vide Schultensii Opp. Min. p. 36. et 300. — פַּחַד, *pavor*. Exod. XV. 16. — רֶטֶט, *horror*. h
Jerem. XLIX. 23. — רַעַד. Exod. XV. 15. Psalm. LIV. 5. — רְעָדָה. Job. IV. 14. Psalm. II. 11. XLVII. 5. — רָקָב, *putredo*. Hab. III. 15. ubi non videntur רַעַד legisse, sed in mente habuerunt רָקָק, quæ vox in l. Samar. et Arab. *tremorem* notat. — שִׁפְעָה, *abundantia*. Job. XXXVIII. 34. τρόμος ὕδατος. *Fremor aquæ* est i. q. ὁρμὴ ὑδάτων apud i
Aquilam et Symmachum. Quando enim aqua commovetur et cum impetu venit, tremere videtur. Apparet autem exinde, τρόμον *commotionem, perturbationem* generatim notare. Adhibetur enim h. l. de aquis cœlestibus s. pluvia. — רְתֵת, *tremor*. Aqu. Theod. Hos. XIII. 1. Baruch. III. 34. τρόμῳ, *summa cum reverentia*, aut *illico*, ut Grotius transtulit.

*ΤΡΟ'ΜΟΣ ΛΑΜΒΑ'ΝΕΤΑΙ, *tremor apprehendet.* יָרַדְתָּ, *descenderes.* Ies. LXIV. 1. τρόμος λήψεται ἀπὸ σοῦ. Deduxerunt a יָרֵא, aut רָעַד, aut רֶתֶת.

ΤΡΟΠΑΙ'ΟΝ s. ΤΡΟ'ΠΑΙΟΝ, *tropæum, signum, quod a victoribus erigebatur, ubi hostes in fugam erant versi,* a τρέπω, *verto,* vel τροπόω, *in fugam verto et vinco.* יָד, *manus.* Symm. 2 Sam. VIII. 3. στῆσαι τρόπαιον αὐτοῦ. Verba Hebr. habent hunc sensum: *limites imperii sui propagare tentavit ultra Euphratem.* Vulgat. *ut dominaretur.* 2 Maccab. V. 6. δοκῶν δὲ πολεμίων, οὐχ ὁμοεθνῶν τρόπαια καταβάλλεσθαι, putans autem hostium et non civium se tropæa destructurum. Vide et 2 Macc. XV. 6. Lexic. Cyrilli MS. Barocc. et Brem. τρόπαια, νικητήρια, σύμβολα νίκης, στῆλαι ἀνδρίας. Ex his patet, quod viri docti apud Hesychium pro Τρόπαι bene legant Τρόπαια. Cf. et Suidam in h. v. et Suicerum Thes. T. II. p. 1317.

ΤΡΟΠΗ', *conversio, aversio, mutatio, in fugam versio, fugatio, clades.* אֵיד, *exitium.* Jer. XLIX. 31. οἴσω τὴν τροπὴν αὐτῶν, afferam *cladem* illorum. Ita 1 Macc. V. 60. ἐγενήθη τροπὴ μεγάλη ἐν τῷ λαῷ, facta est *clades* magna in populo. Confer et 2 Macc. XII. 17. — חֲלוּשָׁה, *debilitatio,* i. e. *devictio, clades.* Exod. XXXII. 17. — חָלָל, *confossus.* Ies. XIII. 22. ἐν τῇ τροπῇ, *cum in fugam verterentur.* Cod. Vat. et Alex. habent ἐν τῇ ῥοπῇ, quod Montf. convertendum esse putat *in impetu,* sed vereor, ut doceri possit, ῥοπὴν significare *impetum hostilem.* Scharfenbergius legere mavult ἐν τῇ προνομῇ, *in direptione,* ut pertineat ad בְּחֶרֶב ratione habita Arabici حري, *spoliavit,* unde حرية, *rapina, præda.* Doederleinius in Bibl. Theol. P. II. p. 31. præfert lectionem ἐν τρυπῇ. Vide infra s. v. τροπόω. — חֻקָּה, *statutum.* Job. XXXVIII. 33. τροπὰς οὐρανοῦ, *conversiones* cœli, quæ nempe fiunt certis et statutis temporibus, ut adeo non opus sit statuere, eos תְקוּפוֹת legisse. — מֶגֶד, *pretiosum.* Deuter. XXXIII. 14. ἡλίου τροπῶν, *solstitiorum* (Homer. Od. σ', 403. τροπαὶ ἠελίοιο. Confer quoque Æliani V. H. X. 7.). Sed ibi potius Hebr. שֶׁמֶשׁ respondet. Hesych. τροπαὶ, αἱ δύσεις κ. τ. λ. — *מַכָּה, *percussio, plaga,* it. *vulnus.* 1 Reg. XXII. 35. τὸ αἷμα τῆς τροπῆς sec. Vat. et Alex. Sed reponendum ibi est πληγῆς, ut teste L. Bos. in uno codice scribitur. In ed. Compl. legitur πληγῆς. Vide quoque infra s. v. τρόπωσις et τροπόω. — שַׁחַק, *nubes.* Aqu. Job. XXXVII. 18. τροπάς. Τροπαὶ h. l. explicandum est de *illa parte cœli, ubi sunt vicissitudines et conversiones, cœlum aërium,* adeoque bene respondet Hebr. שְׁחָקִים, quod per metonymiam etiam de *cœlo* adhibetur. Sirac. XLV. 32. ἐν τροπῇ λαοῦ, *cum populus averteret se.* 1 Maccab. IV. 35. τὴν γενομένην τροπὴν τῆς αὐτοῦ συντάξεως, *fugam* instructæ aciei suæ. 2 Macc. XII. 37. τροπὴν αὐτῶν ἐποιήσατο, *in fugam illos vertebat.* Conf. Herodot. Lib. I. c. 30. Sap. VII. 18. τροπῶν ἀλλαγαὶ, *conversionum in cœlo conspiciendarum* vicissitudines. Polyb. III. 72. 3. Æschin. Socr. Dial. de Morte §. 17. Hesych. τροπὴ, ἀλλοίωσις. Idem: τροπαὶ, αἱ δύσεις, καὶ αἱ μεταβολαὶ, αἱ φυγαὶ, αἱ διώξεις. νομίσματά τινα. καὶ αἱ μεταβεβλημέναι φροντίδες.

*ΤΡΟ'ΠΙΣ, ιδος et ιος, *carina, ima pars navis.* Sap. V. 10. neque invenitur ἀτραπὸς τρόπιος αὐτῆς (sc. navis) ἐν κύμασι, via *carinæ* ejus in undis. Ita Cod. Vat. Sed Cod. Alex. habet τρόπεως. Dio Cass. pag. 555. ed. Reim. ταῖς τρόπισι τῶν νεῶν. H τρόπις, τὸ κατώτατον τῆς νεώς. Suidas: τρόπις, ἡ τῆς νεώς. καὶ κλίνεται τρόπιος. Adde Etymol. Gudianum 536. 7.

ΤΡΟ´ΠΟΣ, *modus*, it. *mos*, *ritus*, *mores*. דָּבָר, *verbum*. Num. XVIII. 7. κατὰ πάντα τρόπον τοῦ θυσιαστηρίου, juxta omnem ritum altaris. Adde Dan. I. 14. sec. cod. Chis. — טַעַם, *consilium*. 1 Sam. XXI. 13. (sec. cod. Alex.) et XXV. 33. εὐλογητὸς ὁ τρόπος σου, benedicti sint *mores* tui: ubi τρόπος *prudentem agendi rationem* notat, nisi reponere malis λόγος. Certe Vulg. habet *eloquium*. Prov. XXVI. 16. טַעַם est *judiciosa ac prudens ratio*. Adde Symm. Psalm. XXXIII. 1. ubi τρόπος est *externa species*, *forma*. Verba sunt: ὅτι μεμόρφωκεν τὸν τρόπον αὐτοῦ, *cum simularet, se mente captum esse*. — לִפְנֵי, *coram facie*. Job. IV. 9. (κατὰ) σητὸς τρόπον, tineæ in modum. — *מִשְׁפָּט. Symm. Cohel. VIII. 6. sec. Cod. Vat. מִשְׁפָּט, *judicium*, autem sæpius *morem*, *consuetudinem*, *ritum* significare, satis notum est. 1 Macc. XI. 29. ἐπιστολὰς ἐχούσας τὸν τρόπον τοῦτον, *literas ita se habentes*. Vide et 1 Macc. XV. 2. 2 Macc. I. 24. 1 Macc. XIV. 35. παντὶ τρόπῳ, omni modo. 2 Macc. V. 27. (κατὰ) θηρίων τρόπον, *more* ferarum. 2 Macc. VI. 20. (ubi pro τρόπον reponendum est τόπον, ut jam recte monuit Grotius. Sic quoque ibid. XII. 39. pro καθ' ὃν τρόπον rectius legetur καθ' ὃν τόπον. Eandem harum vocum permutationem notavit Facius ad Pausaniæ Corinth. c. 9. 7. T. I. pag. 212.) et 31. (κατὰ) τοῦτον τὸν τρόπον, hoc modo. Vide et 2 Macc. XIV. 46.

*ΕΝ ʼΟΜΟΙ´Ω ΤΡΟ´ΠΩ, *simili modo et ratione*. Verba hæc Symmachi Job. XXXI. 15. obvia in Hexaplis ad vocem בַּבֶּטֶן, *in utero*, collocata reperiuntur, sed pertinent potius ad בְּרֶחֶם אֶחָד, *in uno utero*, hoc sensu: omnes pariter in utero formavit, communi ortu gaudemus. Vide supra s. ὅμοιος.

*ΟΝ ΤΡΟ´ΠΟΝ, pro καθ' ὃν τρόπον, f *quemadmodum*, *sicut*. *כַּאֲשֶׁר. Abd. v. 6. Theod. Jud. XVI. 9. — לְעֻמַּת, *juxta*. Ezech. XLII. 7. XLV. 6. Vide et 2 Maccab. XV. 40.

ΤΡΟΠΟΦΟΡΕ´Ω, *mores alicujus tolero*. נָשָׂא, *fero*, *porto*, item *sustineo*, *tolero*. Deut. I. 31. ἐτροποφόρησε et τροποφορῆσαι. Ita legit etiam Origenes. Sic enim in Catena Ghis- g lerii ad Jerem. XVIII. pag. 473. ἐτροποφόρησέ σε κύριος ὁ θεός σου, τοῦτ' ἔστι τοὺς τρόπους σου ἐφόρεσεν (scribe ἐφόρησεν), ὡς εἴτις τροποφορήσει ἄνθρωπος κατὰ τὸ παράδειγμα τοῦτο, εἴρηκα, τὸν υἱὸν αὐτοῦ. Cum autem ibidem Origenes verbum illud hic finxisse Græcos interpretes putat, cum apud alios non invenerint, in eo fallitur. Nam Cicero ad Attic. Ep. 29. Lib. h XIII. illo utitur, et procul dubio ex scriptore quodam Græco. Apud Suidam legitur etiam τροποφορεῖν, sed sine addita explicatione. Conf. Boisii Collat. p. 401. Wolfium ad Act. XIII. 18. pag. 1185. seq. ac Lexicon N. T. s. h. v.

ΤΡΟΠΟ´Ω, *converto*, *muto*, it. *in fugam verto*, *prosterno*, *vinco*, it. *destruo*, *diruo*. הִכְנִיעַ Hiph. *humi-* i *lio*, it. *prosterno*. 2 Sam. VIII. 1. et 1 Par. XVIII. 1. ἐπάταξε τοὺς ἀλλοφύλους καὶ ἐτροπώσατο αὐτούς, percutiebat alienigenas et *prosternebat* illos. Exercitus in fugam versus vere humiliatur. Inc. Jud. IV. 23. ἐτρόπωσε. — הִכְשִׁיל Hiph. *impingere facio*. 2 Paral. XXV. 8. — *חָלָל, *confossus*, *cæsus*. Jos. XI. 6. τετροπωμένους. Sic Symm. et LXX sec. Vat. k Oxon. Alex. et Cat. Nic. qua lectione repudiata Masius et Grabius ex ed. Compl. et Ald. reposuerunt τετρωμένους. Quidni τετρυπωμένους? Vide supra s. v. τροπή. — *חוּל, 1 Paral. X. 3. sec. Compl. ἐτροπώθη

a pro יָחִיל, *vulneratus est.* Hic quoque reponendum erit ἐτρυπώθη. — *יְכִיל Chald. *prævaleo.* Dan. VII. 21. sec. Chis. — נָגַף, *plaga afficio.* Jud. XX. 32. (sec. Oxon.) 35. ἐτρόπωσε κύριος τὸν Βενιαμὶν, *prosternebat* Dominus Benjamin. Hesych. ἐτρόπωσεν, ἐνίκησε, κατέβαλεν. Jud. XX. 36. ὅτι τετρόπωνται, quod *victi essent.* Confer 1 Maccab. IV. 20. VI. 5. X.
b 72. Hesych. τετροπωμένους, νενικημένους. 1 Par. XIX. 16. videbat Syrus, ὅτι ἐτροπώσατο αὐτὸν Ἰσραὴλ, quod *vicisset* ipsum Israël. Ps. LXXXVIII. 23. τοὺς μισοῦντας αὐτὸν τροπώσομαι, odio habentes illum *prosternam.* Lex. Cyrilli MS. Brem. et Suidas: τροπώσομαι, νικήσω, ὑποτάξω. Symm. Deut. XXVIII. 25. 2 Sam. II. 17. — עָלָה, *ascendo,* h. l. *invalesco,*
c *acrior fio.* 1 Reg. XXII. 35. et 2 Par. XVIII. 34. ἐτροπώθη ὁ πόλεμος, bellum *mutabatur.* 1 Maccab. V. 44. ἐτροπώθη ἡ Καρναὶν, *subversa est* urbs Karnaim. Symmach. *victa est.*

*ΤΡΟ´ΠΩΣΙΣ. מַכָּה, *percussio, plaga,* it. *vulnus.* 1 Reg. XXII. 35. sec. ed. Compl. Sed reponendum est ibi τρύπωσις. Vide s. v. τροπή.

d *ΤΡΟΦΕΙ´ΟΣ, *nutritius.* 4 Macc. XV. 13. Addatur hæc vox Lexicis.

ΤΡΟΦΕΥ´Ω, *nutrio, alo.* הֵינִיק Hiph. a יָנַק, *lacto.* Exod. II. 7. Adde Baruch. IV. 5.

ΤΡΟΦΗ´, *nutrimentum, alimentum.* אֹכֶל, *esca, cibus.* Job. XXXVI. 31. Psalm. CIII. 28. Symm. Job. XX. 21. — בָּר, *frumentum.* Symm. Psalm. LXIV. 14. — בָּרוּת, *cibus.*
e Symm. Ps. LXVIII. 22. — דָּגָן, *frumentum.* Ps. LXIV. 10. — טֶרֶף, *præda,* it. *esca.* Ps. CX. 4. Confer Fulleri Miscell. Sacr. Lib. II. cap. 10. pag. 232. ubi LXX טֶרֶף τροφὴν vertentes simul vocabuli Græci fontem indicasse docet, et טֶרֶף, unde τροφὴ profluxerit, dictam esse escam Hebræis putat, vel quod priscus mortalium victus ex rapto constaret capturave, vel quod cibus sumendus discerpi, h. e. dividi distribuique soleat. — לֶחֶם, *panis, cibus.* Ps. CXXXV. 25. Prov. VI. 8. XXX. 25. Symm. Ps. CIII. 14. et Cohel. IX. 11. — *מַאֲכָל, *cibus.* 1 Reg. V. 11. — מָזוֹן. 2 Par. XI. 21. Dan. IV. 9. 18. — מַעֲדַנִּים plur. *deliciæ.* Gen. XLIX. 20. ubi tamen pro τροφὴν alii rectius τρυφὴν habent. Vide ad h. l. Montfauc. Utramque vocem frequenter solere misceri, docuit Schwebelius ad Onosandri Strateg. cap. 6. p. 38. — שָׁלָל, *spolium.* Gen. XLIX. 27. 3 Esdr. VIII. 79. τροφὴ, *vitæ conservatio, vita,* Hebr. מִחְיָה. Esdr. IV. 9. Sap. XVI. 20. ubi manna appellatur τροφὴ ἀγγέλων, vel quia a cœlo, angelorum sede, delabebatur, vel quia Judæi angelos hoc cibo uti fortasse putarent, ut dii Græcorum ambrosia, coll. XIX. 21. ubi appellatur ἡ ἀμβροσίας τροφή. Sirac. XXII. 6. ubi τροφὴ in universum *omne* notat, *unde aliquis vivit,* nostrum ein gutes Auskommen, *a good subsistence.* 1 Macc. I. 37. ubi pro τροφὴν Syrus perperam legit ῥομφαίας. Significat autem τροφὴ aut, ut in aliis libris rectius legitur, τροφαὶ *commeatum.* Cf. Sturzii Lex. Xenoph. s. h. v. — Vide alibi ἄρτος.

ΤΡΟΦΟ´Σ, *nutrix,* id. in masc. *nutritor.* אִישׁ, *vir.* Aqu. Deut. I. 31. ὡσεὶ ἄρας τροφὸς τὸν υἱὸν, sicut tollit vel portat nutritor filium. Sed versio hæc, quia est prorsus aliena ab ingenio et consuetudine Aquilæ, sine dubio Symmacho tribuenda erit, nisi τροφὸς in ἄνθρωπος mutare malis. — מֵינֶקֶת part. fœm. Hiph. a יָנַק, q. d. *lactatrix.* Gen.

XXXV. 8. 2 Reg. XI. 2. Ies. XLIX. 23. Symm. Genes. XXIV. 59.

ΤΡΟΦΟΦΟΡΕ'Ω, *nutricis instar gesto* vel *alimenta præbeo, nutrio, alo*, etiam *educo, educationis molestias perfero*, unde τροφοφόρος apud Eustathium in Od. Α', p. 34. 35. נָשָׂא, *fero, porto*. Deut. I. 31. ἐτροφοφόρησέ σε κύριος, ὡς εἴ τις τροφοφορήσαι ἄνθρωπος τὸν υἱὸν αὐτοῦ, nutriebat te Dominus, tanquam si homo aliquis *nutriat* filium suum. Confer ad h. l. Grabium Proleg. in LXX Intt. T. I. c. 3. §. 8. Hesychius et Lex. Cyrilli MS. Brem. ἐτροφοφόρησεν, ἔθρεψεν. 2 Macc. VII. 27. τροφοφορήσασαν, *quæ alimenta tibi præbui*, seu: *te educavi*. Voce etiam utitur Macarius Homil. 46. ubi de infantis matre: ἀναλαμβάνει καὶ περιθάλπει καὶ τροφοφορεῖ ἐν πολλῇ στοργῇ. Confer Boisii Collat. pag. 399. ac Lexicon N. T. s. h. v.

*ΤΡΟΧΑΙ'ΟΣ, *orbicularis*. 4 Maccab. XI. 10. τροχαῖον σφῆνα, *orbicularem cuneum*.

*ΤΡΟΧΑΝΤΗ'Ρ, *genus tormenti*. 4 Macc. VIII. 12. quod de *uncis* vulgo explicatur, de quibus vide Ant. Gallonii Rom. Lib. de Cruciatibus SS. Martyr. p. 258. seq.

*ΤΡΟΧΗΛΑ'ΤΗΣ, *auriga*. Sirac. XX. 31. sec. Compl. ὁ ἀδέσποτος τροχηλάτης τῆς ἰδίας ζωῆς, quam vitæ suæ *aurigam* esse suo arbitratu.

ΤΡΟΧΙΑ', *orbita, via, semita*. מַעְגָּל, idem. Prov. II. 15. IV. 11. 26. ὀρθὰς τροχιὰς ποίει σοῖς ποσί, rectas *semitas* fac pedibus tuis. Jaegerus ad h. l. recte monuit, σοῖς ποσί intellegendum esse casu tertio potius, qui loco secundi sit, quam sexto; ὀρθὰς autem τροχιὰς ποιεῖν esse *vias æquare, sic ut emineat nihil, nihil depressum, nec usus itineris ad commeandum corruptus sit* (i. q. ὀρθοτομεῖν τὰς ὁδοὺς cap. III. 6. et εὐθείας ποιεῖν τὰς τρίβους Matth. III. 3.), adeoque metaphorice, *tollere quævis impedimenta virtutis et pietatis*. Vide et Prov. V. 6. 21. Inc. Prov. II. f 18. et confer Hebr. XII. 13. Suidas: Τροχιὰς, πορείας, τρίβους, ἐργασίας. Ita et Photius, Hesychius et Gloss. Gr. in N. T. ed. Alberti pariter πορείας, et Lexic. Cyrilli MS. Brem. τρίβους vocem interpretantur.

*ΤΡΟΧΙ'ΖΩ, *in rota torqueo*. 4 Macc. V. 3. Etymol. M. 769. 12. τροχισθεῖσα, ἀπὸ τοῦ τροχός· ὅπερ ἐστὶν g ὄργανον βασανιστικὸν, διατεῖνον τὰ σώματα τῶν βασανιζομένων.

ΤΡΟΧΙ'ΣΚΟΣ, *rotula, ornamentum rotundum aurium*. עָגִיל, *inauris*. Ezech. XVI. 12.

ΤΡΟΧΟ'Σ, *rota*, it. *circulus*. אֹפָן, idem. Ies. XXVIII. 27. οὐδὲ τροχὸς ἁμάξης περιάξει ἐπὶ τὸ κύμινον, neque *rotula* plaustri circumaget super cuminum. Confer Vitringam ad h h. l. p. 129. seq. ad Ies. XLI. 15. p. 406. Nahum. III. 2. et alibi sæpius. — גַּלְגַּל. Ps. LXXVI. 17. φωνὴ τῆς βροντῆς σου ἐν τῷ τροχῷ (Si fides habenda est Catenæ PP. GG. in Psalmos Tom. II. p. 586., Symmachus scripsit ἐν τοῖς τροχοῖς.), vox tonitru tui *in circulo*, i. e. *circumcirca*, audiebatur. Sic apud Hesychium τροχὸς inter alia exponitur i κύκλος. Aliter verba accipit Theodoretus, et cum illo Suidas in v. τροχός. Ps. LXXXII. 12. θοῦ αὐτοὺς ὡς τροχὸν, *fac illos ut rotam*. Quæ verba Theodoretus et ex illo Suidas, observante Küstero not. ad eund., ita interpretatur: Ἐν παντοδαπαῖς συμφοραῖς κέλευσον αὐτοὺς στρέφεσθαι, καὶ κακοῖς ἐπαλλήλοις περιβάλλε. — *חָרִיץ, *tribula acuta*. Sym- k mach. Theod. Amos I. 3. habita formæ rotarum orbicularis ratione. Vulg. *in plaustris ferreis*. — *כָּנָף, *ala*. Ezech. X. 5. sec. Alex. coll. v. 6. et 9. — מוֹרַג, *tribula*. 2 Sam. XXIV. 22. ubi Vulg. *plaustrum*. Ies. XLI. 15. — קִדָּה וְקָנֶה, *casia et calamus*. Ezech. XXVII. 19. N.

a L. 4 Macc. V. 32. τροχοὶ notat *genus supplicii* et *cruciatus*. Sc. in rota alligati et distensi olim cruciabantur servi et martyres. Vide Ant. Gallonii Romani Lib. de SS. Martyr. Cruciatibus cap. 2.

ΤΡΥΒΛΙ'ΟΝ, *tryblium* (Plaut. Stich. V. 4. 9.), *catinus*, *patella*. כַּף, *acerra*. 1 Reg. VII. 50. — קְעָרָה, *scutula*. Exod. XXV. 29.
b Vulgat. *acetabula*, a Latino *accipio*, ut puto, h. e. *vasa ad aliquid recipiendum*, quasi *recipientia*. Num. IV. 7. VII. 19. Conf. Sir. XXXI. 16. Suidas: τρυβλίον, ὀξυβάφιον, πινάκιον. Plura de hac voce vide apud auctores laudatos Wolfio ad Matth. XXVI. 23. Confer et quæ ex Cod. Coislin. CXCV. de illa habet Alberti Append. ad Gloss. Græc.
c N. T. p. 206. ac Lexicon N. T. s. h. v.

ΤΡΥΓΑ'Ω, proprie *vindemio*, *uvas de vite colligo*, deinde in genere *fruges cereales colligo*, *meto*, *decerpo*. אָרָה, *decerpo*. Ps. LXXIX. 13. Cant. V. 2. Achill. Tat. I. c. 8. τρυγῆσαι ῥόδον. — בָּצַר, *abscindo*, *vindemio*. Lev. XXV. 11. Deuteron. XXIV. 21. Jud. IX. 27. — דָּרַךְ,
d *calco*, spec. *torcular* et *uvas*. Jer. XXV. 30. — חִלֵּל Pih. *profano*. Deuteron. XXVIII. 30. ubi verba Hebr. vertenda sunt: *at ejus fructus colligere non incipies*. Confer Rosenmülleri scholia ad Deut. XX. 6. — חָמַס, *vi abripio*. Job. XV. 33. — פֵּאֵר Pih. *ramos scrutor*. Al. Deut. XXIV. 20. τρυγήσεις. — קָצַר, *meto*. Hos. X. 12. 14. —
e *קָצִיר, *messis*. Hos. VI. 11. τρυγᾷν, ubi non aliter legerunt, sed τρυγᾷν sensu metaphorico accipiendum est, ut sit *messem quasi malorum sibi parare*. Vide quoque Sir. XXXIII. 20.

ΤΡΥΓΗΤΗ'Σ, *vindemiator*. בֹּצֵר partic. Jer. XLIX. 8. Abd. v. Sir. XXXIII. 20. ὡς καλαμώμεν ὀπίσω τρυγητῶν, sicut qui colligit ca lamos post *messores*.

ΤΡΥΓΗΤΟ'Σ, *vindemia*, *frugu collectio*, *messis*. בָּצִיר, idem. Le XXVI. 5. καταλήψεται ὑμῖν ὁ ἀλοητὸ τὸν τρυγητὸν, assequetur vobis tem pus triturandi *vindemiam*. Ie XXIV. 13. ἐὰν παύσηται ὁ τρυγητὸ si cesset *vindemia*. Vide et Ie XXXII. 10. Mich. VII. 1. Jerem XLVIII. 32. ἐπὶ τρυγητοῖς σου ὄλεθρ ἐπέπεσε, super vindemias tuas pernicies irruit. — פְּצִירָה, *lima*. Sam. XIII. 21. ἦν ὁ τρυγητὸς ἕτοιμο τοῦ θερίζειν, *fructus* maturus erat ad metendum. Legerunt sine dubi בָּצִיר, nam בָּצַר est *vindemiare*, au τρυγητὸς hic alienum est. — קָצִיר, *messis*. Ies. XVI. 9. Joël. I. 11. ἀπόλωλε τρυγητὸς ἐξ ἀγροῦ, periit *fructus* ex agro. Joël. III. 12. ἐξαποστείλατε δρέπανα, ὅτι πάρεστιν ὁ τρυγητὸς, emittite falces, quia adest *messis*. — קֹצֵר part. *messor*. Amos IX. 13. Legerunt קָצִיר. Sirac. XXIV. 28. ἐν ἡμέραις τρυγητοῦ, in diebus *vindemiæ*. Ex his locis patet, quod apud Græcos V. T. Intt. vox τρυγητὸς tam de *vindemia* et *tempore messis*, quam de *ipsis fructibus*, *qui metebantur*, sumatur. Aliis autem τρύγητον cum acuto in antepenultima *tempus vindemiæ*, et τρυγητὸν cum acuto in ultima *uvam*, *quæ vindemiatur*, significare, docet nos Suidas: En verba: Τρύγητος, ὁ καιρὸς, ἐν ᾧ δεῖ τρυγᾷν, καὶ ἄμητος, ὁ καιρὸς, ἐν ᾧ δεῖ ἀμᾷν καὶ θερίζειν, προπαροξυτόνως. Τρυγητὸς δὲ, ὁ τρυγώμενος βότρυς, καὶ ἀμητὸς, ὁ θεριζόμενος, οἷον, ἀμητὸς στάχυς, ὀξυτόνως. Sic et Hesychius: Τρύγητος, ὁ καιρὸς, τρυγητὸς, ὁ τρύγος. Malim cum Guieto ἡ τρύγη. Quod autem τρύγη *fructum* significet, patet ex eodem Hesychio: Τρύγη ὁ πυρὸς καὶ ἡ κριθὴ, καὶ πᾶς ἄλλος καρπός.

ΤΡΥΓΙ'ΑΣ, *fæx vini, vinum fæculentum.* *שְׁמָנִים, *pingues.* Symm. Ies. XXV. 6. τρυγιῶν. Legit fortasse שְׁמָרִים. Vide tamen notata supra ad διυλίζω. — שְׁמָרִים plur. *fæces.* Ps. LXXIV. 8. ὁ τρυγίας αὐτοῦ οὐκ ἐξεκενώθη, *fæx* ejus non evacuata est. Huc respiciens Suidas: ὁ τρυγίας παρὰ τῇ γραφῇ τὸ ἔσχατον τῆς ὀργῆς. Idem: τρυγίας ὑπὸ Θεοῦ, ἡ χαλεπωτέρα τιμωρία. Ies. XXV. 6. πότον τρυγιῶν, potum *fæcum.* Symm. Ps. LXXIV. 9.

ΤΡΥΓΩ'Ν, *turtur.* דְּרוֹר, *hirundo.* Ps. LXXXIII. 3. Legerunt תּוֹר, aut pro lubitu nomina avium, sensu tamen non immutato, permutarunt. — תּוֹר, *turtur.* Gen. XV. 9. Levit. II. 15. V. 7. 11. et alibi. — *תּוֹר, *torques.* Cant. I. 10. ὡς τρυγόνες. Legerunt כְּתוֹרִים, *ut turtures,* permutatis literis Caph et Beth. Cæterum τρυγὼν nomen accepit a τρύζω, *strido.* Suidas: τρύζει, ψιθυρίζει, γογγύζει, ἀσήμως λαλεῖ. παρὸ καὶ ἡ τρυγὼν, ἐπεὶ ἀσήμως φθέγγεται καὶ γογγυστικῶς.

ΤΡΥΜΑΛΙΑ', *foramen.* חֲגָוִים plur. *fistulæ.* Jerem. XLIX. 15. — מִנְהָרוֹת, *caulæ, antra.* Al. Jud. VI. 2. τρυμαλίας. — מַקֶּבֶת, *perforatio.* Symm. Ies. LI. 1. — נְקִיק, *fissura, cavitas.* Jerem. XIII. 4. XVI. 15. — סָעִיף, *scopulus, summitas.* Jud. XV. 11. Vulg. *spelunca.* Libere verterunt. Spelunca enim erat in vertice montis. Hesych. τρυμαλιαί, τρῶγαι.

ΤΡΥΠΑΝΙΣΜΟ'Σ, *terebratio.* אֶקְדָּח *pyropus.* Aqu. Ies. LIV. 12. τρυπανισμοῦ. Est a τρυπανίζεσθαι, *terebrare.* Aquila hic respexisse videtur notationem thematis קדח, Chaldæis usurpatam, *terebrare.* Vide Vitringam ad Ies. l. c. p. 695. b. Hebr. קָדַח proprie esse *terendo et exterebrando elicuit ignem,* ex Arab. قدح docuit Schultens in Orig. Hebr. Lib. I. c. 2. Juxta Hieronymum ad Ies. l. c. τρυπανισμὸς *forutarum cælatarumque gemmarum sensum sonat.* Vide quoque f ad h. l. Montfauconium.

ΤΡΥΠΑ'Ω, *terebro, perforo.* נָקַב, idem. Job. XL. 21. Hagg. I. 6. Symm. Job. XL. 19. — נָתַן, *do.* Deut. XV. 17. τρυπήσεις τὸ οὖς πρὸς τὴν θύραν. Recte quoad sensum. — רָצַע, *contundo, contero.* Exod. XXI. 6.

ΤΡΥ'ΠΗ, *vulnus.* מַכָּה, *plaga,* g *percussio,* it. *vulnus.* Inc. 1 Reg. XXII. 35.

ΤΡΥΦΑΛΙ'Σ, *caseus.* חֲרִיצִים. plur. a חָרַץ, *secare.* Conf. Schultens in Prov. p. 252. 1 Sam. XVII. 18. τὰς δέκα τρυφαλίδας. (Cod. Alex. vitiose στρυφαλίδας habet) τοῦ γάλακτος τούτου, decem *caseos* ex hoc lacte. Gloss. in Lib. 3 Reg. Τρυμπαλίδας (scr. τρυφαλίδας) τοῦ γάλακ- h τος, τυρόν. Lege: τυρούς. In Gloss. MSS. Cod. Barocc. pariter vitiose: Τουμπαλίδα, τοῦ γάλακτος τυρὸς, pro: Τρυφαλίδας τοῦ γάλακτος, τυρούς. Apud Aristotelem Hist. Anim. Lib. III. c. 20. τρυφαλίδας Gaza interpretatur *formagines,* voce barbara inde enata, quod casei ex *formellis* s. *fiscellis* expressi sint. Vide Bochartum Hieroz. P. I. lib. II. c. i 32. p. 316. Hesych. τρυφαλίδες ἢ τροφαλλίδες, τὰ τμήματα τοῦ ἁπαλοῦ τυροῦ. Inde ergo discimus, quod τρυφαλίδες etiam τροφαλλίδες dictæ sint. Sic eidem Grammatico τροφαλλὶς est τυρὸς μακρός. Conf. et eundem in περιτρέφεται (Sic enim legendum pro περιτρέφετο. Conf. Eustathium ad Homer. Il. Ε', v. 903.), ubi hanc vocem de lacte usurpatam interpretatur περιπήσσεται (Ita enim et hic scribendum opinatur Bielius pro περιπήσσατο. Conf. Schol. Min. in

a Homer. l. c. ubi περιπήγνυται exponitur.), et addit: ὅθεν καὶ τροφαλλὶς τὸ πεπηγμένον. Aliis scribitur τροφαλὶς per unum λ. Ita τυροῦ τροφαλὶς apud Pollucem Lib. VI. c. 9. segm. 48. Et Moeris Atticista: Τροφαλὶς, Ἀττικῶς· τυροπάλη (Hudsonus ex conjectura corrigit per τυρόγαλα, sed fortasse malit aliquis τυρὸς γάλακτος), Ἕλληνες. Et Suidas: Τροφαλὶς, τυρὸς.
b Ἀρπάσας (vid. Aristoph. Vesp. v. 338.) ὁ κύων τροφαλίδα τυροῦ Σικελὴν κατεδήδοκε. παρὰ τὸ τρέφω, τὸ πήσσω, ὡς τὸ ἔλπω, ἐλπὶς, κρέκω, κρεκὶς καὶ κερκίς· οὕτω τρέφω τροφὶς καὶ πλεονασμῷ τοῦ α καὶ τοῦ λ τροφαλίς. Pariter Eustathius ad Homerum l. c. Herodianum scribere docet τροφαλίδα per ο μικρὸν, non autem τρυφαλίδα; παρὰ τὸ τρέφεσθαι, h. e. πήγνυσθαι.
c Schol. ad Aristoph. l. c. ad vocem τροφαλίδα ita: οἱ μὲν τὸν ἐπιμήκη τυρὸν. οἱ δὲ τρόχον τυροῦ Σικελικοῦ. De etymo autem vocis hujus conf. Scaligerum in Scaligeranis p. 98. Florent. Christianum in Not. ad Aristophan. l. c. p. 143. Sopingium in Not. ad Hesych. voce τρυφαλίδες. Cæterum Alexis ἐν παννυχίδι ἢ ἐρίθοις caseos etiam dixit τρυφάλλια. Vide Athe-
d næum Lib. XII. p. 254. Lectu digna de hac voce habet quoque Fischerus de Verss. GG. V. T. p. 70. seq.

ΤΡΥΦΑ'Ω, *delicior, delicate vivo.* הִתְעַדֵּן Hithp. *oblecto me.* Nehem. IX. 25. ἐτρύφησαν, *delicate vivebant.* — הִתְעַנֵּג Hithp. idem. Ies. LXVI. 11. Sir. XIV. 4. τρυφήσουσιν, *deliciabuntur, voluptuabuntur, luxu dif-*
e *fluent.* Vide et Jac. V. 5.

ΤΡΥΦΕΡΕΥ'ΟΜΑΙ, *delicate, molliter me gero.* Esth. XV. 6. ὡς τρυφερευομένη, quasi *molliter se gerens, delicate agens.* Vulgatus bene: *quasi præ deliciis et nimia teneritudine corpus suum ferre non sustinens.* Lex. Cyrilli MS. Brem. ὡς τρυφερευομένη, μακαριζομένη, θρυπτομένη.

ΤΡΥΦΕΡΙ'Α, *delectatio, voluptas.* עֶדְנָה, *voluptas.* Aqu. Gen. XVIII. 12. 1 Sam. XV. 32.

ΤΡΥΦΕΡΟ'Σ, *delicatus, luxuriosus, mollis, deliciis deditus, deliciosus, tener.* Dicitur de persona et de re. עֲדִינָה foem. *voluptuaria.* Ies. XLVII. 8. — עָנֹג. Deut. XXVIII. 54. 56. Ies. XLVII. 1. Gloss. in Octat. τρυφερὸς, τρυφητὴς, σπατάλας. — עֹנֶג, *voluptas.* Ies. LVIII. 13. τὰ σάββατα τρυφερὰ, sabbata *deliciosa.* — תַּעֲנוּג, *oblectatio.* Mich. I. 16. ἐπὶ τὰ τέκνα τὰ τρυφερά σου, super liberos tuos *deliciosos, jucundos.* Confer notata in v. φανερός. Susann. v. 30. Σωσαννὰ ἦν τρυφερὰ σφόδρα, Susanna erat *tenera* valde. Hesych. τρυφερὸς, νέος, ἁπαλὸς, ἢ ψιλός. Baruch. IV. 19. οἱ τρυφεροί μου, i. q. v. 18. τέκνα.

*ΤΡΥΦΕΡΟ'ΤΗΣ, *mollities.* הִתְעַנֵּג Hithp. *oblecto me.* Deut. XXVIII. 56. Athen. XII. p. 544. F. Vide quoque Suid. s. v. ἀβρότητι.

*ΤΡΥΦΕΡΩ˜Σ, *molliter, delicate.* רַךְ, *tener.* Theod. Proverb. XV. 1. ἀποκρινόμενοι τρυφερῶς (ubi opponitur *sermoni duro*), nisi, interpretum nominibus permutatis, hæc Symmacho, et quæ huic in Hexaplis tribuuntur, ἀπόκρισις ἁπαλὴ, Theodotioni vindicanda fuerint.

ΤΡΥΦΗ', *deliciæ, luxus,* it. *ornatus,* et quidem *pretiosus,* it. *fructus præstantissimus, sapidissimus.* *בְּעָדָי, *circa me.* Ps. CXXXVIII. 11. ἐν τῇ τρυφῇ μου. Legentes scilicet בְּעֶדְנִי vel בְּעֲדָנִי deduxerunt ab עֵדֶן, *deliciæ,* cum Hebræi putarent, dictum esse pro בַּעֲדִי, *super me.* Sic quoque Apollinarius: Νύκτα δὲ καίνυτο τέρψις, ἀτὰρ κνέφας ἤλασε φέγγος, *noctem voluptas abstulit, ac tenebras expulit lumen.* — הִתְעַנֵּג Hithp. *delicias ago.* Aqu. Deut. XXVIII. 56. — מַעֲדַנִּים plur. Thren. IV. 5.

a οἱ ἐσθίοντες τὰς τρυφὰς, comedentes
delicias. Aqu. Genes. XLIX. 20.
τρυφαὶ, *fructus præstantissimi, pre-
tiosissimi, sapidissimi.* Symm. Theod.
Prov. XXIX. 17. — עֵדֶן. Genes.
III. 23. Jerem. LI. 34. Ezech.
XXXVI. 35. Aqu. Symm. 2 Sam.
I. 25. ubi τρυφὴ est i. q. κόσμος, *ornatus pretiosus.* — תַּעֲנוּג. Prov.
XIX. 10. Mich. II. 9. Cant. VII.
b 6. — תַּעֲנוּגוֹת. Aqu.? Cohel. II. 8.
— תִּפְאֶרֶת, *ornatus.* Prov. IV. 9.
στεφάνῳ δὲ τρυφῆς ὑπερασπίσῃ, corona
autem *deliciarum* protegat te. Legitur præterea Dan. IV. 28. sec.
cod. Chis. ubi nihil in textu reperitur. Sir. XVIII. 32. Vulg. *in turbis:* unde volunt, eum legisse ἐν
τύρβῃ, h. e. *in turba,* quod tamen
non opus est, modo per *turbam*
c *multitudinem convivantium* intellegas. Syrus: *in multitudine deliciarum.* — Vide quoque supra s. v.
θυγάτηρ.

ΤΡΥ´ΦΗΜΑ, i. q. τρυφὴ, *id, ex
quo deliciæ percipiuntur,* vel *deliciæ.*
Sir. XXXI. 3. ἐμπίπλαται τῶν τρυ-
φημάτων αὐτοῦ. Vide quoque s. v.
ἐντρύφημα.

ΤΡΥΦΗΤΗ´Σ, *voluptati deditus,
delicatus.* רַךְ, *tener.* Aqu. Deuter.
XXVIII. 54. Sed sine dubio τρυφητὴς ibi pertinet ad עָנֹג, ut jam observavit Scharfenbergius ad h. l.
— סָרוּחַ part. Pah. *longe extensus,
superfluus.* Hinc סְרֻחִים plural.
luxuriantes. Symm. Amos VI. 7.

ΤΡΥ´ΧΟΜΑΙ, *affligor, vexor, fa-
tigor, enervor, consumor, conficior.*
Sap. XI. 12. ἀπόντες δὲ καὶ παρόντες
ὁμοίως ἐτρύχοντο, absentes vero et
præsentes similiter *affligebantur.*
Hesych. ἐτρύχοντο, ἐταλαιπώρησαν,
κατεπονοῦντο. Ita et in Gloss. MS. in
Παράφρων, nisi quod pro κατεπονοῦντο
legatur κατεπόνουν. Sap. XIV. 15.
ἀώρῳ γὰρ πένθει τρυχόμενος πατὴρ, in-
tempestivo enim luctu *afflictus* pater. Hesych. τρυχόμενος, καταπονού-
μενος, ἀνιώμενος, δαπανώμενος. Suidas:
τρύχεται, κακοπαθεῖ, καταπονεῖται, τα- f
λαιπωρεῖται, ἐκνευρίσεται.

ΤΡΩ´ΓΛΗ, *caverna s. foramen
rosione factum,* a τρώγω, *rodo, ar-
rodo.* Alii faciunt a τράω, *perforo.*
Hinc Τρωγλοδύται 2 Par. XII. 3.
ita dicti, quia τρώγλας subeunt, i. e.
terræ foramina et specus. Dicuntur
quoque Τρωγοδύται. Vide Turnebi
Advers. XXIV. 42. חֹר, idem. 1
Sam. XIV. 11. Job. XXX. 6. 2 g
Reg. XII. 9. — *חוּר, idem. Ies.
XI. 8. — מְחִלּוֹת plur. Ies. II. 19.
εἰς τὰς τρώγλας τῆς γῆς, in *cavernas
terræ.* — נְקִיק, *fissura, cavitas.* Ies.
VII. 19. — נְקֻרָה, *perfossio, fissura.*
Ies. II. 21. Hesych. τρώγλας, τρύ-
πας.

ΤΡΩ῀ΣΙΣ, *vulnus.* מְחֹלָה, *chorus.*
Symm. Cant. VII. 1. ἐν τρώσεσι. Deduxit a חָלַל, quod *vulnerare* notat. h
— חִלָּה Pih. Symm. Ps. LXXVI.
11.

ΤΥΓΧΑ´ΝΩ, *adipiscor, nanciscor,
assequor, sortior, incido, vulnero,
existo, sum.* בְּגָד. Al. Gen. XXX.
10. τετύχηκα, h. e., interprete Chrysostomo Serm. 56. in Genesin,
ἐπέτυχον τοῦ σκοποῦ, *scopum assecutus sum.* Legerunt divisim secundum Kri בָּא גָד, *venit Gad,* h. e. i
prospera fortuna. Vide Seldenum
de Diis Syr. Synt. I. cap. 1. p. 79.
— מָצָא, *invenio.* Deuter. XIX. 5.
ἐκπεσὸν τὸ σιδήριον ἀπὸ τοῦ ξύλου, (ἐὰν)
τύχῃ τοῦ πλησίον καὶ ἀποθάνῃ, excidens ferrum a ligno, (si) *incidat* in
proximum vel *vulneret* proximum,
ut moriatur. Sic Ælianus V. H.
XIII. 1. ἀφῆκε δὲ τὸ βέλος καὶ ἔτυχε
τοῦ πρώτου. Sic etiam vernaculum
treffen, *to hit,* usurpatur. — נִבְעַל
Niph. *marito jungor.* Prov. XXX.
23. γυνὴ, ἐὰν τύχῃ ἀνδρὸς ἀγαθοῦ, mulier, si *sortita fuerit* virum bonum.

a — שָׁאַף, *anhelo*. Job. VII. 2. τετευχὼς σκιᾶς, *assecutus* umbram, aut, ut equidem vertere mallem, ut nempe voci Hebraicæ magis respondeat, *assequi studens aut cupiens* umbram. Nam verba activa haud raro de *conatu* ac *voluntate* explicanda sunt. Vide quoque infra ad 2 Macc. V. 9. Cod. Alex. habet τετυχηκώς. Sed etiam apud Cornutum Nat. Deor.
b c. 15. p. 163. Gal. legitur τὸν τετευχότα, et apud Euryphamum Pythagoreum in Exc. Libri de Vita p. 665. Gal. τέτευχε, unde suspicio oritur, LXX hanc præteriti formam revocasse e lingua Doriensium. Vide tamen Sturzium de Dial. Maced. p. 198. Sap. XV. 19. τυγχάνει, *accidit*. 1 Macc. XI. 42. ἐὰν εὐκαιρίας τύχω, si opportunum
c tempus *nanciscar*. Vide et 2 Macc. IV. 6. XIII. 7. XV. 7. 2 Maccab. III. 9. εἰ ταῖς ἀληθείαις ταῦτα οὕτως ἔχοντα τυγχάνει, *num revera hæc ita sese haberent*. 2 Macc. IV. 32. ἕτερα ἐτύγχανε πεπρακὼς εἴς τε Τύρον καὶ τὰς κύκλῳ πόλεις, alia vendidit Tyro et circumjacentibus civitatibus. 2 Macc. IV. 8. πέρας οὖν κακῆς ἀναστροφῆς ἔτυχεν, finem igitur vitæ pes-
d simæ actæ *nactus est*. 2 Macc. V. 9. τευξόμενος σκέπης, refugium *habiturus*, seu: *sperans se tutum perfugium habiturum*. Vide supra s. v. שָׁאַף. 2 Macc. VI. 2. καθὼς ἐτύγχανον οἱ τὸν τόπον οἰκοῦντες, ut *erant* hi, qui locum inhabitabant. 3 Macc. III. 4. οὐ τῷ τυχόντι περιῆψαν ψόγῳ, h. e. *non mediocriter* eos vituperabant. Τυχὸν enim Græcis dicitur
e *vulgare, mediocre, facile, obvium et tritum*. Vide Act. XIX. 10. et XXVIII. 2. Vide Vigerum de Idiotismis Gr. L. p. 355. Hesych. τυχὸν, ὡς φθάσει, ὡς λάχοι, ἢ πολλάκις.

ΤΥΛΟ'Ω, *callosum reddo, callum obduco*, a τύλος, *callus*. Hinc:

ΤΥΛΟ'ΟΜΑΙ, *occalleo*. בָּצֵק, *intumesco*. Deut. VIII. 4. οἱ πόδες σου οὐκ ἐτυλώθησαν, pedes tui non *occalluerunt*, sensu eodem. Hesych. οὐκ ἐτυλώθη, οὐκ ἐπαχύνθη, οὐκ ἐτραυματίσθη. In Lex. Cyrilli MS. Brem. exponitur etiam οὐκ ἐτραυματίσθη.

ΤΥΜΠΑΝΙ'ΖΩ, *tympanum pulso*. תָּוָה Pih. *signo characteribus, circumscribo*. 1 Sam. XXI. 13. ἐτυμπάνιζεν ἐπὶ ταῖς θύραις τῆς πόλεως, in januis urbis quasi tympanum pulsabat. Legerunt וַיְתֹפֵף a תָּפַף, *pulsare tympanum*, hoc sensu minime incommodo: Davidem fores portarum pulsasse manu, quasi esset tympanum. Sic nos quoque vocibus **pauken, lospauken**, *to drum away*, uti vulgo solemus. Meibomio videtur interpres reddidisse Hebr. מִשְׁתַּגֵּעַ et simul ὡς παραφρά-ζων addidisse καὶ παρεφέρετο, cui opinioni nemo facile accedet. Cæterum confer de h. v. Gatakeri Miscell. Post. cap. 46. p. 908. seq.

ΤΥΜΠΑΝΙ'ΣΤΡΙΑ, *tympanistria, pulsatrix tympani*. תּוֹפְפוֹת plur. *pulsatrices tympani*. Psalm. LXVII. 27. Zonaras Lex. 1755. τυμπανιστριῶν, μελῳδουσῶν.

ΤΥ'ΜΠΑΝΟΝ, *tympanum, instrumentum musicum, quod pulsatur*, it. *supplicii instrumentum*, h. e. *machina illa, ad quam devincti plagis afficiebantur*. מְצִלְתַּיִם dual. *cymbala*. 1 Par. XXV. 1. — תֹּף, *tympanum*. Genes. XXXI. 27. Exod. XV. 20. Jud. XI. 34. et alibi sæpius. Conf. Perizonium ad Ælianum V. H. IX. 8. 2 Maccab. VI. 19. αὐθαιρέτως ἐπὶ τὸ τύμπανον προσῆγε, ultro ad *tympanum* processit. Vide et v. 28. Hesych. τύμπανον, ᾧ αἱ Βάκχαι κρούουσιν, ἢ εἶδος τιμωρίας. Posteriori sensu vox accipitur 2 Maccab. l. c. ibique ex sententia Perizonii per τύμπανον intellegendum est instrumentum supplicii convexum et incurvum, ut erant tympana, cui incumbebant et illigabantur noxii, ut dein virgis vel fustibus cæderentur, et sæpe usque ad necem. Eadem sententia præ cæteris arridet Wolfio ad Hebr. XI. 35. p. 768. ubi et plures allegat, qui vocem τύμπανον allegarunt. Adde Hemsterhusii notas ad Polluc. T. II. p. 897. ac Lexicon N. T. s. h. v.

ΤΥ'ΠΟΣ, *figura, imago, simulacrum, exemplar*. צֶלֶם, *imago*. Amos V. 26. τοὺς τύπους, οὓς ἐποιήσατε ὑμῖν, *simulacra*, quæ fecistis vobis. Ita Polybio deorum simulacra τύποι dicuntur. Vide Raphelium ex eodem ad Act. VII. 43. p. 320. — תַּבְנִית, *structura*, etiam *exemplar*, et πρωτότυπον. Exod. XXV. 40. ποιήσεις κατὰ τὸν τύπον δεδειγμένον σοι, facies juxta *exemplar* ostensum tibi. Conf. Act. VII. 44. Lex. Cyrilli MS. Brem. τύπον, χαρακτῆρα, ὑπόδειγμα. Hesych. τύπος, χαρακτὴρ, εἰκών.

*ΤΥΠΟ'Ω, *formo, fingo, figuro, signum imprimo et insculpo*. Sirac. XXXVIII. 33. ubi de figulo dicitur: ἐν βραχίονι αὐτοῦ τυπώσει πηλόν. Vulg. *in brachio suo formabit lutum*. Adde Sap. XIII. 13. ubi de efformatione simulacrorum deorum dicitur, ac Sirac. XXXVIII. 39. ubi de figulo sermo est. Hesych. τυποῖ, πλάττει, γλύφει. Idem: τυποῦται, πλάττεται, γλύφεται, μιμεῖται. Philoxeni Gloss. τυπώσωσιν, *tractaverint*. Id. τυπῶσαι, *informare*.

ΤΥ'ΠΤΩ, *verbero, percutio, occido, penetro, vexo*. לְגֵו dat. *corpori, tergo*. Proverb. X. 14. ῥάβδῳ τύπτει ἄνδρα ἀκάρδιον. Libere verterunt. — הָגָה, *removeo*. Prov. XXV. 4. τύπτε ἀδόκιμον ἀργύριον. Grabius* posuit ῥύπτε. Sed ex Jaegeri sententia utrumque corruptum est, ac forsitan legendum ῥύπτει, *sordibus purga*, vel ἐκρύπτει ἀδόκιμον ἀργυρίου, *projice, quod in argento reprobum est*. — הֶחֱלִיק Hiph. *levigo*. Ies. XLI. — הִכָּה Hiph. a נָכָה, *percutio*. Exod. II. 11. 13. 2 Sam. I. 1. τύπτων, postquam *percusserat*. Ib. II. 23. 2 Sam. V. 24. *vincere, profligare*, ut vernac. schlagen, *to beat*, f
Symm. Mich. V. 1. — הִכְרִית Hiph. *cædo*. 1 Reg. XVIII. 4. ἐν τῷ τύπτειν τὴν Ἰεζάβηλ τοὺς προφήτας, cum *occideret* Jesabel prophetas. — יָרַד, *descendo*. Prov. XXVI. 22. οὗτοι δὲ τύπτουσιν εἰς ταμιεῖα σπλάγχνων, hi vero *percutiunt* usque ad penetralia viscerum. Alii ibi habent κοιλίας pro σπλάγχνων. Inde ergo Lex. Cyrilli MS. Brem. τύπτουσιν εἰς ταμιεῖα g
κοιλίας, ἐνδύνουσιν. Judice Raphelio ideo hac voce ibi usi sunt, quia Græci ita loquebantur *de re, quæ animum alicujus vehementer commovet*, eamque in rem affert locum Herodoti Lib. I. pag. 212. ἐνταῦθα ἀκούσαντα Καμβύσεα τὸ Σμέρδιος οὔνομα ἔτυψε ἡ ἀληθηΐη τῶν τε λόγων καὶ τοῦ ἐνυπνίου, ibi Cambysem, quum Smerdis audisset nomen, percussit h
veritas sermonis ac somnii. Posset tamen facile aliquis conjicere, pro τύπτουσιν legendum esse πίπτουσιν, quemadmodum e contrario 1 Sam. XXI. 14. loco ἔπιπτεν scribendum est ἔτυπτεν. — יָרַע, *malum est*. 1 Sam. I. 8. ἱνατί τύπτει σε ἡ καρδία σου; *quare verberat te cor tuum?* h. e. *male se habet* (aut, ut Vulgatus transtulit: *affligitur*) *cor tuum?* i
הֲוָה מָחֵא Chald. part. Aph. *sum vivificans*. Dan. V. 21. ubi τύπτειν (si lectio sana est) notabit *levius punire*, quia τῷ ἀναιρεῖν opponitur. — נָגַף Exod. VIII. 2. τύπτω πάντα τὰ ὅριά σου βατράχοις, *vexo* omnes terminos tuos ranis. — *נָגַשׂ. Dan. XI. 20. sec. Chis. נָגַשׂ proprie est *ferire, feriendo pellere*, inde *urgere, impellere*. — סָלַל, *aggero*. Proverb. k
XV. 20. ubi tamen alii rectius τετριμμέναι pro τετυμμέναι habent. 1 Macc. IX. 66. 2 Maccab. III. 39. τύπτων ἀπολλύει, ubi de Deo sermo est, adeoque τύπτειν vel *pœnis* vel *morbis afficere* notat.

a ΤΥΡΑΝΝΕ'Ω, *dominor, impero, opprimo.* מָשַׁל, idem. Prov. XXVIII. 15. Vide et Sap. X. 14. (ubi Vulg. per *deprimere* reddidit.) XVI. 4.

ΤΥΡΑΝΝΙ'Α, *dominatio, imperium, regnum.* 1 Maccab. I. 5. Olim tyranni appellabantur, quicunque rerum potiebantur, adeoque etiam *reges legitimi.*

ΤΥΡΑΝΝΙΚΟ'Σ, *regius, ad regem*
b *pertinens* (ut apud Euripidem *τυραννικαὶ στέγαι, domus, palatium principis*), etiam *omne, quod a tyranno proficiscitur, adeoque est durum, asperum, crudele.* 3 Macc. III. 8. *τυραννικὴ γὰρ ἦν ἡ διάθεσις, durum* enim erat de Judæis edictum publicatum. 4 Macc. V. 27.

ΤΥΡΑΝΝΙ'Σ, idem, it. *uxor principis.* שָׂרוֹת plur. Esth. I. 18. *αἱ*
c *τυραννίδες αἱ λοιπαὶ τῶν ἀρχόντων, uxores reliquæ principum.* Non dubium debet videri, quin Græcum vocabulum *τύραννος* ortum sit ex Hebr. שׂוֹר, nam literæ שׂ et ת permutantur inter se, etiam in ipsis linguis orientalibus. Sap. XIV. 21. *τυραννίδι δουλεύσαντες, imperio servientes.* Vide et Sir. XLVII. 21. De *immanitate* et *crudelitate* legitur
d 4 Macc. XI. 24.

ΤΥ'ΡΑΝΝΟΣ, *dominator, princeps, præfectus.* Conf. Isidor. Lib. IX. Etym. c. 9. אֲחַשְׁדַּרְפְּנִים plur. *satrapæ.* Esther. IX. 3. — גְּדָבְרַיָּא Chald. plur. *quæstores.* Dan. III. 2. 3. — הַדָּבְרַיָּא Chald. plur. *gubernatores.* Dan. IV. 33. — נָדִיב, *princeps.* Prov. VIII. 16. — רֹזְנִים plur. Hab. I. 10. — *פַּרְתְּמִים
e plur. *proceres.* Aqu. sec. ed. secundam Dan. I. 3. — שׁוֹעַ, *nobilis, dives.* Aqu. Ezech. XXIII. 23. Vide et Sap. VI. 9. 21. XIV. 16. Sir. XI. 5. 2 Maccab. IV. 25. 40. (ubi dubium est, an vox *τύραννος* sit pro nomine proprio an vero appellativo capiendum.) V. 8. coll. 2 Cor. XI. 32. ubi loco *τύραννος* legitur *βασιλεύς*, et Lud. Vives ad Augustin. de Civ. Dei Lib. II. c. j
21. p. 231.

ΤΥΡΟ'Ω, *coagulo, denso,* seu *cogo in caseum, obduro, agito, turbo, commisceo.* אָדַם, *rubeo.* Thren. IV. 7. *ἐτυρώθησαν.* Fuit quidem hæc lectio jam Origenis ævo (vide ad h. l. L. Bos.), sed sine dubio ibi legendum est *ἐπυῤῥώθησαν.* — גַּבְנֻנִּים plur. *valde gibbosi, eminentes.* Ps. LXVII. 16. *ὄρος τετυρωμένον,* mons *ex lacte quasi coagulatus,* i. e. *pinguis,* ut i
statim etiam exponitur. Veron. Lat. *mons incaseatus.* Derivarunt a גְּבִנָה, *caseus.* Hinc Grotius vertit: montes plenos caseo, h. e. pascuis pinguibus abundantes, in quibus pascunt greges, lac adeoque et caseos præbentes. Montf. transtulit: *montes coagulatos,* fortasse formam casei referentes. Vide Bocharti Hieroz. P. I. Lib. II. c. 33. p. 316. Inde forte apud Hesych. k
τετυρωμένον (ita enim legendum videtur pro *τετυρευμένον*), *συγκείμενον ἀπὸ τοῦ πηγνυμένου γάλακτος.* — הִקְפִּיא, *coagulo.* Al. Job. X. 10. *ἐτύρωσας.* — טָפַשׁ, *pinguesco.* Psalm. CXVIII. 70. *ἐτυρώθη, ὡς γάλα, ἡ καρδία αὐτῶν, condensatum* vel *obduratum* est, ut lac, cor eorum. Schol. *ἐσκληρύνθη, ἐλιθώθη,* e reliquis Intt. Inde rursus apud Hesychium pro *ἐτρώθη, ἐσκληρύνθη,* reponendum *ἐτυ-* l
ρώθη, ἐσκληρύνθη, ut jam monuit L. Bos. Proleg. in LXX Intt. c. 3. Sic etiam apud Suidam *ἐτυρώθη* exponitur *ἐσκληρύνθη,* et verba Psalmi l. c. subjunguntur.

ΤΥΡΟ'Σ, *caseus.* גְּבִינָה, idem. Job. X. 10.

*ΤΥ'ΡΟΣ, *Tyrus.* צַר, *hostis.* Amos III. 11. Legerunt צֹר. — צוֹר, *munitio.* Mich. VII. 12. *ἀπὸ τύρου.* Legerunt מִצֹּר.

ΤΥΦΛΟ'Σ, *cæcus.* אָסוּר part. Pah. *ligatus, vinctus.* Ies. LXI. 1. τυφλοῖς, *vinctis, quasi oculis,* h. e. *cæcis* (quæ formula loquendi Orientalibus minime est inusitata), aut qui in carcere tenebricoso detinentur. Tunc ex opposito ἀνάβλεψις esset *dimissio e carcere tenebricoso.* De dimissis e carcere commode dici potest, eos in lucem venientes visum quasi recuperare. Secundum Cappellum Crit. S. p. 159. LXX legerunt עִוְּרִים vel סַנְוֵרִים. — זָב part. *fluens.* Aqu. 2 Sam. III. 29. Sed hæc interpretatio videtur suspecta Montfauconio statuenti, aliud legisse Aquilam. Mihi ita videtur. Vox Hebr. notat *seminifluum,* vel, ut Vulgati verbis utar, *fluxum seminis substinentem.* Ex hoc conjicere fortasse aliquis posset, זָב h. l. notare *eum, qui fluxu oculorum laborat,* s. *lippum.* Sed locus Procopii a Montfauconio in nota subjecta adductus docere quemlibet potest, τυφλὸν hic alieno loco positum esse. Pertinet potius ad מַחֲזִיק בְּפֶלֶךְ, *apprehendens in scipionem.* Nam cœci baculo uti ac duci solent. Quod si verum est, nec Aquilæ hæc versio tribui poterit, sed fortasse Symmacho, liberius vertenti. — עִוֵּר, *cæcus.* Ex. IV. 11. Levit. XIX. 14. et alibi sæpius.

ΤΥΦΛΟ'Ω, *excæco, cæcum reddo.* עִוֵּר, *cæcus.* Ies. XLII. 19. ἐτυφλώθησαν, οἱ δοῦλοι τοῦ θεοῦ, ubi metaphorice de *ignorantia* et *stupore animi* adhibetur. Confer Lexicon N. T. s. v. τυφλὸς et τυφλόω.

ΤΥ'ΦΟΜΑΙ, *fumigo, ardeo, leniter exuro.* כֵּהָה, *caligans.* Al. Ies. XLII. 3. λίνον τυφόμενον οὐ σβέσει, linum *fumigans* non extinguet. Hesych. τύφεται, καίεται, καπνίζεται, φλέγεται. Idem: τύφεσθαι, μαραίνεσθαι, ἡσυχῆ ἐκκαίεσθαι, χωρὶς φλογὸς καπνὸν εἶναι. Suidas: τυφομένης, καπνιζομένης, καιομένης. Confer Lexicon N. T. s. h. v.

*ΤΥ'ΦΟΣ, proprie *fumus,* metaph. *fastus, arrogantia,* quia hæc semper vana et inanis est. 3 Macc. III. 12. ubi Judæi dicuntur τύφοις φερόμενοι παλαιοτέροις, h. e. *veteri fastu* et *superbia elati.* Hesych. τύφος, ἀλαζονία, ἔπαρσις, κενοδοξία. τυφωθεὶς, ἐπαρθεὶς, ὑπερηφανεύσας. Suidas: τύφος, ἀλαζονεία, μανία· ὁ δὲ τοιοῦτος ἀγνοεῖ, καὶ ὡς τετύφωται. Hinc τυφογέρων apud Homerum est, teste Suida, ὑπερήφανος καὶ τετυφωμένος γέρων.

ΤΥ'ΦΩΝ, *ventus quidam repentinus et procellosus, turbo, vortex igne factus* s. *vortex procellosus,* a τύφω, *accendo, incendo.* אִחִים plur. Aqu. Ies. XIII. 21. τυφώνων. Drusius ad h. l. *Typhonibus,* τυφὼν *nomen dæmonis, quem Hieronymus inter Ægyptios Deos numerat,* inquiens, *significat, quod Ægyptii Heroas et Deos auctores suæ gentis simulent, Oron et Isin et Osirin et Typhonem.* De Ægyptio autem Typhone videndi sunt Herodotus et Diodorus Siculus. Est et nomen gigantis. — סְעָרָה, *procella, turbo.* Inc. Psalm. CXLVIII. 8. ἄνεμος τυφῶνος. — *קִיטוֹר, *fumus adolendo factus.* Inc. Psalm. CXLVIII. 8. τυφῶνος. Sed pertinet ibi hæc vox sine dubio ad רוּחַ סְעָרָה, nisi τυφῶν legere malis. Hesych. et Lex. Cyrilli MS. Brem. τυφὼν, ὁ μέγας ἄνεμος. Suidas: τύφων, οὐχ ἡ φλὸξ ἐκ τοῦ ἀέρος, ἀλλ' ἐκ τῆς ἀναθυμιάσεως συστροφὴ πρὸ τοῦ ἐκπυρωθῆναι, ὡς Πλάτων ἐν Φαίδρῳ. Idem: τυφὼν, κεραυνὸς βίαιος πολὺς καὶ πνευματώδης. ἢ πνεῦμα καπνῶδες, ἐῤῥωγὸς ἀπὸ νέφους. (Hæc verba esse Laërtii in Zenone Citt. Num. 154., cum Pearsono observat Küsterus, et præterea, quod apud Laërtium pro ἐῤῥωγὸς ἀπὸ νέφους legatur ἐῤῥωγότος νέφους.) λέγεται καὶ διὰ τοῦ σ τυφῶς (Aristoph. Ran. v. 871.)· Ἀρ' ἄρνα μέλαιναν, παῖδες, ἐξενέγκατε· Τυφὼς γὰρ ἐκβαίνειν παρασκευάζεται. Τοὺς γὰρ καταιγιδώδεις ἀνέμους τυφὼς καλοῦσι. τούτῳ ἐνόμιζον μέλαιναν ἄρνα σφαγιάζειν, ὅπως λήξῃ τὸ πνεῦμα. Vide et Suidam in v. Τυφώς. Idem ventus Act. XXVII. 14. dicitur ἄνεμος τυφωνικός. Confer ad h. l. Wolfium p. 1372. ac Lexicon N. T. s. h. v.

ΤΥ'ΧΗ, *fortuna, eventus s. casus fortuitus, sive prosper sit sive adversus, felicitas.* גָּד, *turba*, etiam *prosperitas.* Vide Grotium ad Genes. XXX. 10. Gen. XXX. 10. ἐν τύχῃ, *feliciter*, vel: *bona fortuna.* Intellegitur enim ἀγαθὴ τύχη vel εὐτυχία, ut apud Hesychium explicatur. Vide Montf. Lex. Hebr. s. גָּד. Scil. LXX rati, esse nomen numinis apud Syros culti, cujus mentio fit Ies. LXV. 11. (Ἀγαθὴν τύχην Græci, *Fortunam bonam* s. *primigeniam* Romani vocabant, si fides habenda est Joh. Seldeno de Diis Syris Synt. I. cap. I. p. 76. ed. Lips.), ἐν τύχῃ h. l. reddiderunt, unde Josephus A. J. I. 19. 8. suum τυχαῖον hausit. Ies. LXV. 11. ἑτοιμάζοντες τῇ τύχῃ τράπεζαν, καὶ πληροῦντες τῷ δαιμονίῳ κέρασμα. Ita in Codd. quibusdam olim lectum esse pro ἑτοιμάζοντες τῷ δαιμονίῳ τράπεζαν, καὶ πληροῦντες τῇ τύχῃ κέρασμα, non solum patet ex versione Hieronymi: *Et paratis fortunæ mensam, et impletis dæmoni potionem*, sed etiam ex Commentario ejusdem, quo exerte monet τοὺς ό vocem מְנִי reddidisse τῷ δαιμονίῳ. Vide Huetii Dissertat. ad Orig. Comm. in Johann. Origen. Tom. Poster. p. 109. Vitringa Comment. ad Ies. l. c. p. 902. not. A. suspicatur, Hieronymum, cum ex doctrina magistri Judæi alte sibi impressisset, גָּד esse *fortunam*, locum festinante oculo sic legisse, ut alterum pro altero sumserit. Sed aliter rem se habere firmari potest e Geneseos loco laudato. Conf. quoque Zornii Opusc. Sacr. T. II. p. 647. et Menagii Comment. in Diogenis Laërtii VIII. 34.

ΤΩΦΕ'Θ, i. q. τοφὲθ, de quo supra. תֹּפֶת. Jerem. XIX. 11. Al. 2 Reg. XXIII. 10. Jerem. XIX. 12. 14.

Υ

ὝΑΙΝΑ, *hyæna, animal ferum et crudele*, de quo vide Æliani Hist. Anim. VII. 22. et Plinii H. N. VIII. 30., ab ὗς, *sus*, quia dorsum ei suillis setis quasi riget. צָבוּעַ part. Pah. *coloratus*, vel *dentatus*, i. e. *rapax unguibus*, it. *hyæna*. Jerem. XII. 9. Vide et XIII. 20.—צְבֹעִים *Sebohim.* Aqu. 1 Sam. XIII. 18. Vallis et urbs Sebohim in tribu Benjamin nomen accepit ab hyænis, qui Hebr. צְבֹעִים dicuntur. Conf. Barnabæ Epist. p. 231. et Bocharti Hieron. P. I. Lib. III. cap. 11. p. 830.

ὙΑΚΙ'ΝΘΙΝΟΣ, *color hyacinthinus, cæruleus, violaceus*, quem *amethystinum* nominat Plinius inter pretiosos colores H. N. IX. 38. 41. et XXI. 8. Conf. Franc. Rueum Lib. II. de Gemmis c. 11. Dicitur et ἰάνθινος a *violæ colore.* Confer Bonfrerium ad Pentat. p. 484. seq.—תַּחַשׁ, *phoca, Seehund, a seal.* Exod. XXV. 5. Num. IV. 6. 10. et alibi sæpius. Theod. Ezech. XVI. 10. — תְּכֵלֶת. Exod. XXVIII. 27. XXXIX. 21.

a Num. IV. 9. et alibi. Hesych. et Lex. Cyrilli MS. Brem. ὑακίνθινον, ὑπομελανίζον, πορφυρίζον. Confer Salmasium in Solinum p. 860. Bochartum Hier. P. II. Lib. V. c. 10. p. 729. seq. et Vitringam in Apoc. IX. 17. p. 401.

'ΥΑ'ΚΙΝΘΟΣ, *hyacinthus flos*, it. *gemma*, it. *lana* vel *fila hyacinthino colore imbuta*. לֶשֶׁם, *gemmæ species*,
b vulgo *cyanus*, aliis rectius *hyacinthus*. Al. Ex. XXVIII. 19. XXXIX. 10. — תַּחַשׁ, *phoca*, Seehund, *a seal*. Colorem intellegit Bochartus Hieroz. P. I. Lib. III. cap. 30. Ezech. XVI. 10. — תְּכֵלֶת, *color hyacinthinus*. Ex. XXV. 4. XXVI. 1. Jerem. X. 9. — תַּרְשִׁישׁ, *beryllus marinus*. Symm. Exod. XXVIII. 20. Cant. V. 14. Ezech. X. 9. Al.
c Ezech. I. 16. et XXVIII. 13. Ambrosius in Apoc. XXI. 20. *Hyacinthus, cujus species hyacinthino colori nomen imposuit, pretiosissimus est, cæli sereni colorem habens, sicut sapphirus*. Conf. Bochartum l. c. — Vide alibi συγκαθυφασμένος.

'ΥΑΛΟΣ, *crystallus* vel *lapis crystallinus*. זְכוּכִית, *gemma nitidissima*. Job. XXVIII. 17. οὐκ ἰσωθήσεται αὐτῇ
d χρυσίον καὶ ὕαλος, non æquiparabitur illi aurum et *crystallus*. Al. ibi habent κρύσταλλος. Olympiodorus quoque in Cat. Nicetæ p. 432. διαυγῆ κρύσταλλον interpretatur. Eandem notionem habet vox Hebr., quam Hieronymus male *vitrum* interpretatus est: nam Arab. زجاج *crystallum* notat, ut docuit Schultensius in Opp. Min. p. 61. seq. Schol. ad
e Aristoph. Nub. v. 764. seq. ὕαλον ἡμεῖς μὲν ἀρτίως τὸ ἐκ βοτάνης τινὸς κεκαυμένης καὶ διὰ πυρὸς τηκόμενον εἰς κατασκευὴν ἀγγείων τινῶν λέγομεν, οἱ παλαιοὶ δὲ τὸν διαφανῆ λίθον αὐτὸν ἰδιωτικῶς λεγόμενον κρύος, ἐοικότα δὲ ὑάλῳ. Unde Hesychius: Ὕαλον, λαμπρὸν κρύος, ἢ λίθον τίμιον. Sic enim bene Spanhemius Not. ad Aristoph. l. c. ex Schol. ad eundem legendum censet pro λαμπρὸν, πρᾶον, ἤλιθιον, τίμιον. f
Conf. et L. Bos Obss. Critt. p. 191. Philo Legat. ad Cai. p. 733. lapidem illum ὕαλον λευκὴν, et Dionysius Perieget. v. 781. κρυστάλλου καθαρὸν λίθον appellat. Vide et LXX Ies. LIV. 12. Polluci Lib. III. c. 12. ὕαλος inter *metalla* refertur. Herodotus Lib. III. c. 24. ὕελον appellat, eumque facile apud Æthiopes effodi testatur. Vide et Diod. Sic. g
Lib. II. p. 102. Hinc non dubitandum est, quin etiam Apoc. XXI. 18. et 21. huic voci eadem notio subjicienda sit. Cæterum Bochartus Hier. P. II. Lib. VI. c. 16. p. 872. observat ex Schol. Aristoph. l. c., Homerum aliosque veteres, cum ὑάλου vocem ignoraverint, pro ea ἤλεκτρον dixisse, et paulo ante loca veterum adducit, quibus aurum h
cum electro eodem modo, quo Job. l. c. χρυσὸς cum ὑάλῳ, conjungitur. Conf. et de pretio crystalli Alb. Schultensii Anim. in Job. p. 105. seq.

'ΥΒΡΙ'ΖΩ, *injuria* vel *contumelia afficio, insolenter ago, insulto*. גֵּאֶה, *superbus*. Jer. XLVIII. 29. ἤκουσα ὕβριν Μωὰβ, καὶ ὕβρισε λίαν, audivi insolentiam Moab, et *insolenter valde* i
egit. — גַּאֲוָה, idem. Ies. XIII. 3. χαίροντες ἅμα καὶ ὑβρίζοντες, lætantes simul et *insultantes*. Suidas: ὑβρίζοντες, σκιρτῶντες. 'Ηρόδοτος. — הֵקַל Hiph. a קָלַל, *vilipendo*. 2 Sam. XIX. 43. ἵνα τί τοῦτο ὕβρισάς με; *quare tam insolenti injuria me affecisti?* Moschopulus: 'Υβρίζω σε καὶ ἀντὶ τοῦ κατὰ πάντα τρόπον ἀτιμάζω σε, δηλονότι δι' ὕβρεως καὶ πληγῶν καὶ ἄλλης τινὸς k
ἐπηρείας. — חָרַף, *obtrecto, probro afficio*. Inc. 1 Sam. XVII. 10. — עָלַז, *exulto*. Ies. XXIII. 12. οὐκέτι οὐ μὴ προσθήσετε τοῦ ὑβρίζειν, neutiquam amplius pergetis *insultare*. — קָלַל,

a *levis sum*, metaph. *vilis sum vel habitus sum*. Ed. Quint. Nahum. I. 14. ὑβρίσθης. Vulg. *quia inhonoratus es*. 2 Macc. XIV. 12. ἰδίας εὐγενείας ἀναξίως ὑβρισθῆναι, *contumelia* natalibus suis minus digna *affici*.

ὝΒΡΙΣ, *injuria, contumelia, insultatio, fastus, superbia, insolentia*, etiam *mors violenta et contumeliosa*, item *magnitudo, vehementia*. גֵּאָה,
b *superbia*. Prov. VIII. 13. ὕβριν τε καὶ ὑπερηφανίαν, ubi ὕβρις est *injuria, quæ ex insolentia oritur*, cujusmodi injuriæ certissima indicia sunt animi fastuosissimi alios nihili æstimantis. — גַּאֲוָה, idem. Proverb. XIV. 3. XXIX. 23. Ies. IX. 9. et alibi. — גָּאוֹן. Levit. XXVI. 19. Job. XXXVII. 4. βροντήσει ἐν φωνῇ ὕβρεως αὐτοῦ, ubi Vulg. ὕβριν per *magnitu-*
c *dinem*, h. e. *vehementiam* interpretatus est. גָּאוֹן proprie *elationem* notat. Nah. II. 2. et alibi. — גֵּאוּת, idem. Ies. XXVIII. 1. 3. — גֹּבַהּ, *elatio*. Jerem. XLVIII. 29. — גֵּוָה, *superbia*. Jer. XIII. 17. — דַּהֲרוֹת plur. *plausus*, aut *præceps cursus*, quo utuntur *insolenter se gerentes*. Jud. V. 22. — הֵמִית Hiph. a מוּת, *occido*. Prov. XIX. 18. Henslerus
d ad h. l. putat, eos legisse חֲמָסוֹ, *violentiam ipsi inferendam*, quod facile ex הֲמִיתוֹ aut הֲמִתוֹ defective scripto oriri potuerit. Jaegero ὕβρις non est *probrum* et *ignominia*, qua filius a patre castigatus affligatur, sed ipsius patris filium castigantis ob peccatum, qui sit in animadversione pœnaque durus, infestus ac furens clamore, ut adeo
e legerint vel הֹמִיּוֹת (Prov. I. 21.), vel הֶמְיוֹת ab הֶמְיָה. Ies. XIV. 11. Equidem existimo, ὕβριν, quod in universum *contumeliam* s. *pœnam publicam* significare potest, h. l. *mortem violentam et contumeliosam* notare. Confer Schol. Min. ad Iliad. Α', v. 203. Est etiam hac vi apud Pindar. Nem. I. pag. 14. et Pyth. IX. p. 354. ed. Schmid. — זָדוֹן, *superbia*. Prov. XI. 2. XIII. 10. Jerem. L. 32. — זָר, *alienus*. f
Proverb. XIV. 10. Legerunt זֵד, ut cap. XXVII. 13. — לָצוֹן, *derisio*. Proverb. I. 22. — עַלִּיזָה adject. fœm. *exultabunda*. Ies. XXIII. 7. — צַוָּאר, *collum*. Job. XV. 26. ὕβρει, *fastu*. Hebr. *erecta cervice*, h. e. *feroci superbia*. — קוֹמָה, *structura*. Ies. X. 33. — *רוּם. Ies. II. 17. Sed loco ὕβρις ibi fortasse reponendum erit ὕψος, ut legitur in Alex. Ald. et Compl. Vulg. *altitudo*. Conf. g
quoque v. 11. — רָזוֹן, *macies*. Mich. VI. 10. Legerunt זָדוֹן. — שַׂר, *princeps*. Prov. XIX. 10. Loco ב ante שָׂרִים legisse videntur כ similitudinis. Sirac. X. 6. μὴ πράσσε μηδὲν ἔργοις ὕβρεως, nihil agas in operibus injuriæ s. *injuriose*. Sirac. X. 8. διὰ ἀδικίας καὶ ὕβρεις καὶ χρήματα δόλια, propter injustitiam et *injurias* et opes fraudulentas. Sirac. XXI. 5. καταπληγμὸς καὶ ὕβρις. Conf. Lex. h
N. T. s. h. v.

ὝΒΡΕΙ ΦΕΡΟΜΕΝΟΣ, *fastu agitatus, superbia elatus, contumeliose et injuriose agens*. ראשׁ כּוֹכָבִים *caput stellarum*, h. e. *supremæ stellæ*. Job. XXII. 12. τοὺς δὲ ὕβρει φερομένους ἐταπείνωσε, *superbia* autem elatos humiliavit. Male nempe interpres verba Hebr. sensu metaphorico accepit de fastuosis ac superbis, qui, ut Horatii (Lib. I. Od. 1. v. 36.) i
verbis utar, *sublimi feriunt sidera vertice*.

ὙΒΡΙΣΤΗΣ, *conviciator, superbus, injurius, iniquus, peccator, scelestus*. גֵּא per apocopen ex גֵּאֶה, *superbus*. Ies. XVI. 6. — גֵּאֶה, idem. Job. XL. 6. πάντα δὲ ὑβριστὴν ταπείνωσιν, omnem autem *superbum* humilia. Vide et Proverb. XV. 26. XVI. 20. — זֵר, *alienus*, a זוּר. Proverb. XXVII. 13. Legerunt זֵד. — זָרִים plur. (a זָרָה), *ventilatores*. Jerem. LI. 2. ἐξαποστελῶ εἰς Βαβυλῶνα ὑβριστὰς, mittam in Babylonem injuriosos. Legerunt זֵדִים per Daleth, a rad. זִיד, *superbire, insolescere*, ὑβρίζειν. Fortasse tamen sensum tantum expresserunt. Nam, uti *ventilatio* metaphorice *hostilem dispersionem* notat, ita etiam Deo hostes immissuro tribuitur Jerem. XV. 7. — רָם, *excelsus*. Proverb. VI. 17. — De homine scelesto et peccatore legitur Sirac. XXXV. 23. ubi est i. q. ἄδικος. Hesych. ὑβριστὰς, ὑπερήφανος, ἀγνώμων. Phavorinus: ὑβρισταὶ δὲ ὡς μάλιστα οἱ αἰσχρουργοῦντες.

ὙΒΡΙΣΤΙΚΟ'Σ, propr. *contumeliosus, injurius*, aut *pronus ad afficiendum injuria et contumelia*, item: *ex quo injuriæ facile sequuntur*. הֹמֶה part. *tumultuans*. Proverb. XX. 1. ὑβριστικὸν μέθη, *injuriosum facit* sicera. Confer supra s. v. ἀκόλαστος.

ὙΒΡΙ'ΣΤΡΙΑ, *conviciatrix, superba, arrogans, injuriosa*. זָדוֹן, *superbia*. Jerem. L. 31. ubi זָדוֹן per metonymiam *superbum* notat.

ὙΓΕΙ'Α, per syncopen pro ὑγιεία, *sanitas, bona valetudo*. Vide infra νὴ τὴν ὑγιείαν.

ὙΓΙΑ'ΖΩ, *sano, sanitati restituo*. חָיָה : חִיָּה, Kal et Pih. *vivo, vivifico*. Jos. V. 8. 2 Reg. XX. 7. Hos. VI. 2. Arab. حى pro حيى, *convaluit, revaluit e morbo*. Sic et Gr. ζῆν sumitur Joh. IV. 50. Conf. Lexicon N. T. s. h. v. — מִחְיָה, *vitalitas*. Levit. XIII. 24. — נִרְפָּה Niph. Levit. XIII. 18. 37. Ezech. XLVII. 9. — נִשְׁעַן Niph. *nitor*. Job. XXIV. 23. ὑγιασθῆναι. Recte: nam opponitur ibi τῷ μαλακίζεσθαι.

ὙΓΙΑΙ'ΝΩ, *sanus sum, incolumis sum, valeo*. רָפָא, *sanor*. Aqu. Deut. XXVIII. 35. ὑγιάσαι. — שָׁלוֹם, *pax*. Genes. XXIX. 6. εἶπε δὲ αὐτοῖς, ὑγιαίνει; pro εἰ ὑγιαίνει; dicebat autem illis, num *valet*? Bene sensum expresserunt. Vide Dan. X. 19. sec. cod. Chis. Vide et Gen. XXXVII. 13. XLIII. 27. 28. Theod. 2 Sam. XI. 7. εἰ ὑγιαίνει πόλεμος, an *bene se habeat* bellum. Vulg. *quomodo* (h. e. *quo successu*) *administraretur bellum*. שָׁלוֹם enim in hac orationis serie *felicem successum* notat. Vide s. v. σωτηρία. — *שִׁלֵּם Pih. *compensatione afficior, retributionem accipio*. Prov. XIII. 13. ὑγιαίνει. Legerunt יְשֻׁלָּם pro יְשַׁלֶּם. Habuisse autem שָׁלֵם olim hanc notionem apparet ex subst. שָׁלוֹם, quod de *sanitate* adhibetur Gen. XXIX. 6. XXXVII. 13. Cæterum pro ὑγιαίνει reponendum est ὑγιαινεῖ, ut jam Grabius edi jussit. Commendant hanc correctionem antitheses, nec unicus hic est locus, ubi literam ι librariorum culpa irrepsisse deprehendimus. Præterea quoque legitur 2 Sam. XIV. 8. ubi voci ὑγιαίνουσα nihil respondet in textu Hebr. Est autem h. l. ὑγιαίνουσα *omni metu libera* ac *fiducia plena*, nam de sanitate proprie sic dicta ibi non est sermo. Tob. V. 13. ὑγιαίνων ἔλθοις, ἀδελφὲ, *faustus* nobis advenias, amice. Ib. XI. 17. ubi Syrus: *veni in pace*, et XII. 3. ὕπαγε ὑγιαίνων, *abi in pace, vale*. Ita quoque Syrus. 2 Maccab. I. 10. τοῖς ἐν Αἰγύπτῳ Ἰουδαίοις χαίρειν καὶ ὑγιαίνειν, sc. εὔχονται, Judæis in Ægypto salutem et *incolumitatem* precantur. Vide et 2 Macc. IX. 19. et confer 2 Joh. v. 2. et L. Bos Ellips. Græc. p. 275. 2 Macc. XI. 38. ὑγιαίνετε, *valete*.

ὙΓΙΕΙ'Α, *sanitas, bona valetudo*.

a צוֹם, *jejunium*. Esdr. IX. 31. ubi tamen pro τῆς ὑγιείας legere mallem τὴν νηστείαν. — *לְמַרְבֵּה, *ad multiplicandum*. Ies. IX. 7. ὑγιείαν αὐτῷ. Legerunt לָם רָפָא vel לוֹ מַרְפֵּא. Sed verba videntur esse glossema ex alia interpretatione. Vide ad h. l. Cappelli Notas Critt. pag. 500. — תְּרוּפָה, *sanatio*. Ezech. XLVII. 13. Sirac. I. 16. ὑγιεία ἰάσεως, *per-*
b *fecta sanatio*. Nam conjunctio duarum vocum, quarum eadem est potestas, augendi vim habet. Est autem h. l. ὑγιεία *felicitas, quæ ex remissione peccatorum oritur*. Vide supra ad Ἴασις. Tob. VIII. 13. 16. Sap. VII. 11. XIII. 18.

ΝΗ' ΤΗ'Ν 'ΥΓΙΕΙ'ΑΝ, *per sanitatem*. חֵי pro חַי, *vivus*, formula asseverandi vel jurandi. Genes. XLII.
c 15. 16. νὴ τὴν ὑγιείαν Φαραὼ, per sanitatem Pharaonis. In Cod. Alex. νὴ τὴν ὑγίαν. Unde apud Hesychium: νὴ τὴν ὑγίαν, μὰ τὴν ὑγίαν.

'ΥΓΙΗ'Σ, *sanus*. חַי, *vivus*. Levit. XIII. 15. 16. — מִחְיָה, *vitalitas*. Levit. XIII. 9. — *מְתֹם, *integritas*. Symmach. Ies. I. 6. ὑγιές. — בְּשָׁלוֹם, *in pace*. Jos. X. 21. Sirac. XVII. 26. ὑγιὴς τῇ καρδίᾳ, homo
d *pius et integer vitæ*. Hesych. ὑγιής, τέλειος, σῶος.

'ΥΓΙΗ'Σ ΕΙ'ΜΙ', *sanus sum*. חָיָה, *vivo*. Ies. XXXVIII. 21. Vox Hebr. sæpe de recuperatione valetudinis usurpatur.

*'ΥΓΙΗ~ 'ΑΠΟΔΕΙ'ΚΝΥΜΙ, *sanum demonstro s. declaro*. חִיָּה, *vivifico*. Ed. Quinta Hos. VI. 2. ubi tamen ἀποδείκνυμι non tam *demonstrare*,
e quam *reddere* notat.

'ΥΓΙΩ~Σ, *sane, recte*. חֲלוֹף, *transitus*. Prov. XXXI. 8. κρῖνε πάντα ὑγιῶς, judica omnia *recte*. Jaegerus de h. l. dubius hæret. Mihi respexisse videntur notionem *revirescendi* ac *renovandi*, quam habet חָלַף, quod etiam de *viribus* quandoque usurpatur, v. c. Ies. IX. 9. et XL. 31. Hesych. ὑγιῶς, ὀρθῶς, σώως, ὁλοκλήρως, ἐῤῥωμένως, καὶ εἴ τι ὅμοιον. f

'ΥΓΡΑΙ'ΝΩ, *humidum facio, humecto, madefacio, irrigo*. רָטַב, *madeo*. Theod. et LXX Job. XXIV. 8. ἀπὸ ψεκάδων ὀρέων ὑγραίνονται, ex montium inundationibus madescunt.

'ΥΓΡΑΣΙ'Α, *humiditas, humor, uligo*. *דָּם, *sanguis*. Hebr. Ezech. XVI. 6. ubi Schol. Ed. Rom. 'Ο 'Εβρ. ἐν τῇ ὑγρασίᾳ ἔχει, ὑγρασίαν καλέσας τὸν σπειρώμενον ἰχῶρα. — מַיִם, *aqua*. Ezech. VII. 17. (ubi Hie- g
ronymus *urinam* intellegit.) XXI. 7. — צָמָא, *sitis*. Jerem. XLVIII. 18. Houbigantius putat, eos legisse בבצא (idem quod בבצה), *in humore*. Venema vult, eos scripsisse ξηρασίᾳ pro ὑγρασίᾳ. Verum et Hexapla Syr. habent: *in humido loco*. Vide ad h. l. Michaëlis in Obss. Phil. et Critt. p. 331.

'ΥΓΡΟ'Σ, *humidus, humens*. לַח, *recens*. Jud. XVI. 7. ἐὰν δήσωσί με h
ἐν ἑπτὰ νευρίαις ὑγραῖς, si vinciant me funibus septem *humidis* s. *nondum arefactis*. Vulg. *nerviceis funibus*. Potest quoque reddi *flexilibus*, de qua notione vide Wartonum ad Theocrit. Idyll. I. 55. et Jacobsii Exercitatt. Critt. T. II. c. 3. — רָטֹב, *succosus*. Job. VIII. 16. Sir. XXXIX. 13. ῥεύματος ὑγροῦ sec. Alex. et Compl., *flumen aquosum*. Alii habent ἀγροῦ. i

'ΥΔΡΑΓΩ'ΓΙΟΝ, *aquæductus*. אַמָּה, *Amah*, nomen proprium. Aqu. 2 Sam. VIII. 1. Videtur legisse יָם, quod de omnibus majoribus aquarum receptaculis dicitur. 'Ο χαλινὸς τοῦ ὑδραγωγίου, frænum aquæductus, est fons s. scaturigo seu locus, a ubi erat fons (qui hucusque in potestate Philistæorum fuerat), et a cujus obstructione aut reseratione pendebat fluxus aquarum per aquæductum.

ὙΔΡΑΓΩΓΌΣ, *aquæductus*. אַמָּה. Theod. 2 Sam. II. 24. Vide supra s. v. ὑδραγώγιον. — מוֹצָא מַיִם, *exitus aquæ*. Ies. XLI. 18. — תְּעָלָה, *canalis, aquæductus*. 2 Reg. XVIII. 17. XX. 20. Al. Job. XXXVIII. b 25. ὑδραγωγὸν, h. e. *cursum, fluxum*. Adde Sirac. XXIV. 31.

ὝΔΡΕΥΜΑ, *aquatio*. יָגֵב, *ager*. Theod. Jerem. XXXIX. 10. ὑδρεύματα. Legit sine Jod גֵּבִים, *fossas, puteos*, a גֵּב. Vulgatus bene *cisternas*.

ὙΔΡΕΎΟΜΑΙ, *peto seu haurio aquam, aquor*. שָׁאַב, idem. Genes. c XXIV. 11. ἡνίκα ἐκπορεύονται αἱ ὑδρευόμεναι, cum egrediuntur aquam haurientes. Interdum ὕδωρ adhuc pleonastice additur, v. c. Genes. XXIV. 43. 1 Sam. IX. 11. 1 Par. XI. 18. Hesych. ὑδρευσάμενος, ἀντλήσας. Lex. Cyrilli MS. Brem. ὑδρευσάμενος, ὕδωρ ἀντλήσας.

ὙΔΡΊΑ, *hydria, vas aquarium*. כַּד, *cadus*. Genes. XXIV. 14. 15. d 16. Jud. VII. 16. 1 Reg. XVII. 12. et alibi sæpius. — סִפּוֹת plur. fœm. *pelves*. Aqu. Symm. 1 Reg. VII. 50. Aqu. Jerem. LII. 19. — צְלֹחִית, *patina*. 2 Reg. II. 20. Lex. Cyrilli MS. Brem. ὑδρεία, ἡ ὑδροφορία. τὸ δὲ σκεῦος ὑδρία. Similiter Suidas: ὑδρεία τὸ ὑδρεύεσθαι. ὑδρία δὲ τὸ ἀγγεῖον.

ὙΔΡΊΣΚΗ deminut. *parva hydria, urnula*. צְלֹחִית, *patina*. Al. e 2 Reg. II. 20. Hesych. ὑδρίσκη, ὑδρεία. Scribe ὑδρία.

ὙΔΡΟΚΗΛΊΑ, *tumor* seu *impetus aquarum*, ab ὕδωρ et κέλλω, quod de *cursu celeri* dicitur. כְּמַיִם, *sicut aquæ*. Symm. Hos. V. 10. ὑδροκηλίαν (sic enim legendum est pro impresso ὑδροκελίαν, ut jam monuit Fischerus Clav. p. 82.) ὁρμήματός μου, *tumorem iræ meæ*, h. e. *iram tumidam*. Semlerus conjicit legendum: ὑδροῖ- f κελον ὅρμημά μου.

*ὙΔΡΟΠΟΤΈΩ, *aquam bibo*. Dan. I. 12. sec. cod. Chis. καὶ ὑδροποτεῖν, ubi in textu Hebr. legitur: וּמַיִם וְנִשְׁתֶּה, *et aquam, et bibemus*. Etymol. Gudian. p. 540. 16. ὑδροποτεῖν, ἐκ τοῦ ὕδωρ, ὕδωρ ποτεῖν, καὶ κατὰ συγκοπὴν, ὑδροποτεῖν.

ὙΔΡΟΦΌΡΟΣ, *qui aquam portat et quoque haurit, lixa, calo*. שֹׁאֵב מַיִם, *hauriens aquam*. Deuter. g XXIX. 11. Jos. IX. 21. 23. 27. Dicitur alias ὑδατηγός. Suidas: ὑδατηγὸς, ἀνὴρ ὁ ἀντλῶν.

ὝΔΩΡ, *aqua*, it. *pluvia, imber*. *אֵשׁ, *ignis*. Symm. Ies. LXIV. 2. Verba Symmachi sunt hæc: ἐτάκη θάλασσα, ὕδατα. Si sumitur, quod jam monitum est a Montf., Symm. vocem הֲמָסִים tanquam duas distinctas voces legisse הָמַס יָם, sequitur etiam ὕδωρ ibidem non ad h אֵשׁ, sed ad מַיִם referendum esse. — *בְּאֵר, *puteus*. Inc. Proverb. V. 15. per metonymiam contenti pro continente. — בִּצָּה, *lutum*. Job. VIII. 11. Vocem Hebr. h. l. plerique Intt. recentiores per *uliginem* reddiderunt. — דָּם, *sanguis*. Hos. VI. 8. Loco מִדָּם legerunt מַיִם. — *חָדָר, *decor*. Aqu. Lev. XXIII. i 40. Sc. Thalmud Hieros. in Bresch. Rabb. fol. XIV. demonstrat, Aquilam h. l. eandem vocem Hebr. servasse, sed aliis vocalibus subscriptis ὕδωρ. Aquilæ hæc translatio abest a Fragmentis Hexaplorum Montfauconii. — זֶרֶם, *inundatio*. Ies. XXX. 30. ὡς ὕδωρ καὶ χάλαζα συγκαταφερομένη βίᾳ, sicut *imber* et grando una descendens violentia quadam. Similiter apud Aristophanem ὕδωρ *pluviam* denotat. Sic

a enim in Vespis v. 261. ἡμερῶν πεντάρων τὸ πλεῖστον ὕδωρ ἀναγκαίως ἔχει τὸν Θεὸν ποιῆσαι. — יוֹם, *dies*. Nah. I. 8. τὰ ὕδατα αὐτῆς. Legerunt מֵימֶיהָ. — *יוֹמָם. Ezech. XXX. 16. Hic quoque מַיִם aut יָמִים legerunt. — יָם, *mare*. Exod. XIV. 27. Ezech. XLVII. 9. Hos. XI. 11. ubi loco מִיָּם fortasse legerunt מַיִם. Idem valet de loco Amos VIII. 12. Ies.
b XXIV. 14. ubi Theodot. et LXX loco מִיָּם legerunt מֵי יָם. Inc. 2 Sam. XXII. 16. — *כֵּן. Nahum. I. 12. κατάρχων ὑδάτων πολλῶν. Legerunt מֹשֵׁל מַיִם רַבִּים, omisso וְכֵן et וְעָבָר. — לִמֻּד, *edoctus, assuetus*. Jer. II. 24. ἐφ' ὕδασι. Hic legerunt לְמֵי contr. ex מַיִם. — *מָטָר, *pluvia*. Theod. Job. XXXVII. 7. Confer supra ad זֶרֶם. — *מוֹ
c particula. Ies. XXX. 22. Fortasse legerunt מַיִם, fortasse autem respexerunt linguam Copticam, in qua *Mo aquam* notat, unde מֹשֶׁה est *ex aqua extractus s. servatus*. — מִי, *quis*. Ezech. XXXII. 19. Et hic legerunt מַיִם aut מֵי. — מַיִם dual. Genes. I. 2. 6. 7. et alibi sæpius. Hab. III. 9. ὕδατα πορείας. Glossæ MSS. in Cant. Script. ha-
d bent ὕδατα πολλά, et exponunt τὰ ἔθνη νῦν. — מִקְוָה, *receptaculum aquarum*. Ies. XXII. 11. — מַשְׁקֶה, *irriguum pascuum*. Aquil. Symm. Ezech. XLV. 15. — נֹזְלִים plur. *fluenta*. Ex. XV. 8. Ps. LXXVII. 19. Præterea legitur apud Inc. 2 Sam. XVII. 16. ubi τὰ ὕδατα, quibus nihil in textu Hebr. respondet, sine dubio e v. 13. translata
e sunt, ubi נַחַל commemoratur. Prov. XXX. 16. ubi videndus Jaegerus. Judith. II. 5. ἑτοιμάζειν γῆν καὶ ὕδωρ τινί. Formula solemnis de *deditione*: ubi vid. Grotius ac J. Dougtæi Analecta Sacra P. II. p. 170. seq. Sir. XV. 3. ὕδωρ σοφίας, h. e. *saluberrimum et uberrimum pabulum animi*, quod sapientia exhibet cultoribus suis, coll. Joh. IV. 14. Sir. XV. 16. Vide supra s. v. πῦρ. f

ὝΔΑΤΟΣ ἜΞΟΔΟΣ, *aquæ exitus*, h. e. *fons*. מָקוֹר, *scaturigo*. Prov. XXV. 27.

ΟἹ ἘΝ ΤΟΙ͂Σ ὝΔΑΣΙ, sc. ὄντες, vel ζῶντες, *qui sunt vel vivunt in aquis*. בְּנֵי שַׁחַץ, *filii feræ*, h. e. *feræ juniores*. Job. XLI. 26. βασιλεὺς πάντων τῶν ἐν τοῖς ὕδασι, rex omnium aquatilium. Recte. Nam sermo ibi est de animali aquatico, nec opus g
est statuere, eos שֶׁרֶץ legisse.

*ΠΛΗΡΩ'ΜΑΤΑ ὙΔΑ'ΤΩΝ, *plenitudines aquarum*. אֲפִיקֵי מַיִם, *alvei aquarum*. Cant. V. 13.

ὝΔΩΡ ΦΕΡΟ'ΜΕΝΟΝ, *aqua agitata*. זֶרֶם כְּפַלְגֵי מַיִם, *inundatio sicut rivi aquarum*. Ies. XXXII. 2.

ὝΔΩΡ ΒΙΑΙ'ΩΣ ἌΝΩ ΦΕΡΟ'ΜΕΝΟΝ, *aqua violenter sursum agitata*. מַיִם זָרִים קָרִים נוֹזְלִים, *aquæ* h
extraneæ frigidæ fluentes. Jerem. XVIII. 14.

*ὭΣΠΕΡ ὝΔΩΡ ΚΑΘΑΡΟ'Ν. מִמּוּם, *a macula*, ubi non legerunt מִמַּיִם. Est enim صوع et صيم Arabibus eodem significatu usitatum. — Vide alibi ἄφεσις, συναγωγὴ et ὕετιος.

ὙΕΙΟΣ, *suillus*, ab ὗς, *sus*. חֲזִיר, *sus*. Ies. LXV. 4. LXVI. 3. 17. — i
*בֵּן, *filius*. Ps. XVI. 14. ἐχορτάσθησαν υἱῶν, ubi tamen sine dubio scribendum erit ὑείων. Vide ad h. l. L. Bos. 1 Maccab. I. 50. θύειν ὕεια, sc. κρέατα, *sacrificare carnes suillas*. Vide et 2 Macc. VII. 1. 4 Maccab. V. 6.

ὙΕΤΙ'ΖΩ, *pluo*, ab ὕω. הִגְשִׁים Hiph. a גָּשַׁם, idem. Aqu. et LXX

a Jerem. XIV. 22. — הִמְטִיר Hiph.
a מָטָר, idem. Job. XXXVIII. 26.

'ΥΕΤΟ'Σ, *pluvia*. גֶּשֶׁם, idem. Gen. VII. 12. VIII. 2. Levit. XXVI. 4. et alibi sæpius. Symm. Ps. LXVII. 2. secundum Suidam s. v. ἑκούσια. — *גֶּשֶׁם. Ezech. XXII. 24. — מָטָר. Exod. IX. 34. 35. Deut. XI. 11. 14. et alibi sæpius. — מַיִם dual. *aquæ*. Job. XXXVI. 27. — שׁוֹאָה,
b *vastatio*. Ezech. XXXVIII. 9. Per ὑετὸν intellexit *imbrem cum turbine conjunctam*. שׁוֹאָה autem ex usu l. Arab. *tempestatem* notat. — שֶׁטֶף, *inundatio*. Job. XXXVIII. 25.

'ΥΕΤΟ'Ν 'ΕΠΑ'ΓΩ, *pluviam induco*. הִמְטִיר Hiph. *pluere facio*. Gen. VII. 4.

ΥΙΟ'Σ, *filius*. Υἱοὶ plur. *filii, liberi, posteri*, it. *servi*. אָב, *pater*.
c 1 Paral. IV. 3. Non male in hac orationis serie. Confer Intt. ad h. l. — אָדָם, *homo*. Prov. XV. 21. υἱός. Recte, quia refertur ad matrem. — אָח, *frater*. Gen. XXXVII. 3. υἱῶν, sensu eodem. 1 Paral. XI. 38. ubi etiam sensum respexerunt, collato loco parallelo. 2 Sam. XXIII. 35. — אִישׁ, *vir*. Amos II. 7. καὶ υἱὸς
d καὶ πατὴρ αὐτοῦ. 2 Sam. XX. 8. υἱός. Inc. ibi habet ἀνὴρ υἱός. Mihi utraque lectio suspecta est, et arbitror, illud υἱὸς ex ανος, h. e. ἄνθρωπος, ortum esse, quo ducit quoque versio Inc. Int. Si υἱὸς vera lectio esset, in sequentibus quoque scribendum esset παρανομίας et λοιμοῦ. — אֳנִי, *navis*. 1 Reg. X. 22. ubi tamen alii pro υἱῶν rectius νηῶν exhibent. —
e אֲנָשִׁים plur. *viri*. Jos. IX. 7. Jud. XII. 1. 2 Sam. XV. 6. — אֶרֶץ, *terra*. Ezech. XXVII. 17. *Terra Israël* ponitur h. l. pro *incolis terræ Israël*, de quibus vox υἱὸς sæpius adhibetur. — בַּיִת, *domus, familia*. Gen. XLV. 11. υἱοί σου, *familia* tua. Conf. Matth. XVII. 25. Ex. XVI. 31. οἱ υἱοὶ Ἰσραήλ, filii, h. e. *posteri* f
Israëlis. Vide et Jos. XVII. 17. XVIII. 5. Nehem. VII. 28. Hos. I. 7. et conf. Vorstium Philol. Sacr. P. II. c. 24. p. 76. — בֵּן, in plur. בָּנִים. Ex. II. 10. *adoptivus*. Vide vers. Armenicam. Genes. XI. 5. οἱ υἱοὶ τῶν ἀνθρώπων, *homines*. Sic et alibi passim. Conf. Vorstium l. cit. pag. 332. seq. et Prov. XV. 12. et Mal. IV. 6. ubi בֶּן אָדָם redditur ἄνθρωπος. Jud. VI. 3. οἱ υἱοὶ ἀνατολῶν, g
h. e. *incolæ* vel *populi* Orientis. Jud. XIX. 22. υἱοὶ παρανόμων, h. e. *iniqui*. 1 Sam. XX. 30. υἱὸς θανάτου, h. e. *morte dignus*, coll. 2 Sam. XII. 5. Matth. XXIII. 15. υἱὸς γεέννης, h. e. gehenna *dignus*, et Joh. XVII. 12. υἱὸς τῆς ἀπωλείας, exitio *dignus*. Conf. Vorstium lib. cit. p. 66. seq. ac notata supra s. v. ἄξιος. 2 Sam. II. 7. γίνεσθε εἰς υἱοὺς δυνατοὺς, estote *viri* strenui. Conf. 1 Macc. III. 58. h
Similiter 2 Sam. XIII. 28. υἱοὶ δυνάμεως, *strenui*, coll. 1 Reg. I. 52. 1 Par. V. 18. et vide Vorstium lib. cit. pag. 59. seq. 2 Par. XXV. 13. υἱοὶ τῆς δυνάμεως, *filii exercitus*, h. e. *milites*. Confer ἀνὴρ δυνάμεως supra. 2 Reg. XIX. 12. υἱοὺς Ἀδὲμ, vel, ut al. rectius, Ἐδὲν, h. e. *incolas* regionis Eden. Esdr. II. 1. υἱοὶ τῆς χώρας, in provincia *habitantes*. Confer Vorstium l. c. p. 68. Esdr. IV. 1. i
et VI. 19. υἱοὶ τῆς ἀποικίας, *qui in captivitatem abducti fuerant*. Psalm. CXXVI. 5. υἱοὶ τῶν ἐκτετιναγμένων, *filii excussorum*, h. e. juxta Suidam: οἱ σφόδρα ταλαιπωρούμενοι. Vide Suidam in v. υἱοὶ θεοῦ ante v. Ὕφα. Jer. II. 16. υἱοὶ Μέμφεως, *incolæ* Memphis. Joël. III. 6. τοῖς υἱοῖς τῶν Ἑλλήνων, *Græcis*. Vide supra. s. v. μήτηρ et τέκνον. Sic et Homero υἷες Ἀχαιῶν *Achivi* passim dicuntur. Ez. XXXIII. 30. οἱ υἱοὶ τοῦ λαοῦ σου, *populus tuus*. Confer Vorstium lib.

a cit. pag. 76. Al. Ies. LXV. 20. υἱὸς
ἑκατὸν ἐτῶν, h. e. *cum centum annos*
natus fuerit, seu: *cum annum cente-*
simum attigerit, centenarius, ἑκατον-
ταετής. Vide Vorstium lib. cit. p.
80. et quæ allata sunt in v. εἰμὶ post
Hebr. בֵּן. Al. Thren. III. 13. υἱοὺς
φαρέτρας, *filios pharetræ*, h. e. *sagit-*
tas. Cf. Vorstium p. 69. Aqu. Job.
V. 7. υἱοὶ γυπὸς, h. e. *pulli* vulturis.
b Conf. notata in voce νέοσσος, et Lev.
I. 15. ubi בֶּן יוֹנָה LXX interpretantur περιστερίδιον, *pullum columbi-*
um. — בְּנוֹ ex בֵּן cum ו parag.
Num. XXIII. 18. XXIV. 3. 15.
— בָּנָה, *ædifico*. Nehem. III. 2.
υἱοί σου. Legerunt בָּנִים. Ezech.
XXVII. 4. ubi loco בֹּנַיִךְ legerunt
בָּנַיִךְ. Adde 1 Reg. V. 36. — בָּנִי,
Bani, nomen viri. Nehem. X. 13.
c Legerunt בְּנִי. — בְּנִי, *in lamento*.
Ezech. XXVII. 32. Legerunt בֵּן.
— בַּר Chald. Dan. III. 26. V. 24.
VII. 13. — בַּת, *filia*. Genes.
XXXVI. 2. 14. 39. — דּוֹד, *pa-*
truus. 2 Reg. XXIV. 17. — זֶרַע,
semen, h. e. *posteri*. Nehem. IX. 2.
— חָסִיד, *sanctus*, it. *beneficus*. Ps.
LXXXVIII. 19. τοῖς υἱοῖς σου. Corruptum hoc videri posset ex ἁγίοις,
d sed *sancti* haud raro *filii Dei* dicuntur. — יֶלֶד, *natus, puer*. Gen.
XXXIII. 2. Ruth. I. 5. 2 Reg.
IV. 1. — יוֹלֵד part. *generans, geni-*
tor. Prov. XXIII. 24. Legerunt
יֶלֶד aut יְלִיד. — יְלִיד, i. q. יֶלֶד.
1 Par. XX. 4. — כָּבוֹד, *decus*. Ps.
XXVIII. 1. ἐνέγκατε τῷ κυρίῳ υἱοὺς
κριῶν, afferte Domino *juvencos* arietes. Conf. Vorstium Phil. Sacr.
e P. I. cap. 15. p. 383. Ita Bielius.
Sed coaluerunt h. l. duæ versiones, et
verba υἱοὺς κριῶν referenda sunt ad
בְּנֵי אֵלִים. — כֹּהֵן, *sacerdos*. Esdr.
IX. 7. Legerunt בֵּן. Idem vale.
de loco 2 Reg. XXV. 18. ubi υἱὸς
τῆς δευτερώσεως occurrit. — *לֵץ, *ir-*
risor. Prov. XIII. 1. ubi pro υἱὸς
reponendum est λοιμὸς, ut jam Jaegerus recte conjecit. — *מְנָא, *de*
No. Jerem. XLVI. 25. υἱὸν αὐτῆς. f
Videntur legisse vel מִמֶּנָּה, *ex ea*,
vel בְּנָהּ, vel בִּינָה, nam נִין est *fili-*
us. — מִשְׁפָּחָה, *familia*. Num. III.
23. — מְתִים plural. *homines*. Ies.
III. 24. Fortasse legerunt בָּנַיִךְ.
— *נָוֶה, *habitaculum*. Theod. Hos.
IX. 13. υἱοὶ αὐτοῦ. Loco בְּנָוֶה, *in*
habitaculo, legerunt cum LXX
בָּנֶיהָ. — עֶבֶד, *servus*. 2 Sam. II.
30. τῶν υἱῶν Δαβὶδ, *servorum* Davi- g
dis. Vide et Deut. XXXII. 44. —
פָּנִים, *facies*. Prov. XVI. 16. Legerunt בֵּן. — פָּקוּד part. Pah. *nu-*
meratus. Num. XXVI. 57. — שֵׁבֶט,
tribus. Gen. XLIX. 28. υἱοί. Me-
liore profecto sensu, cum hic de
tribubus nondum existentibus minime agatur. Deuter. XXIX. 21.
Jos. III. 12. — Præterea legitur
1 Par. XI. 4. ubi υἱοὶ ante κατοικοῦν- h
τες in Ald. est in οἱ mutandum. Sir.
IV. 12. υἱοὶ σοφίας, *cultores* et *secta-*
tores sapientiæ. Sic quoque τέκνον
Matth. XI. 19. Sir. IV. 11. ἔσῃ ὡς
υἱὸς ὑψίστου, h. e. *Deo carissimus eris*,
coll. Matth. V. 9. Luc. VI. 35.
Sir. IV. 12. υἱὸς σοφίας, *discipulus*,
cultor sapientiæ, i. q. in altero membro ὁ ζητῶν αὐτήν. Conf. Sap. I. 1.
et supra ad Sirac. IV. 12. a me no- i
tata. Interdum reticetur, v. c.
Tob. V. 19. post Ἀνανία τοῦ μεγάλου,
coll. Luc. IX. 55. et Job. XXI. 2.
Sir. XLVII. 12. υἱὸς ἐπιστήμων, *sapi-*
entissimus. Sap. II. 18. V. 5. υἱὸς
θεοῦ, *Deo devotus*. Sap. XVIII. 13.
υἱὸν θεοῦ, *Deo carum*. Judith. VIII.
16. υἱὸς ἀνθρώπου, *homo*. 1 Macc. I.
11. υἱοὶ παράνομοι, *impii*, coll. III.

a 36. et 58. 1 Macc. IV. 2. οἱ υἱοὶ τῆς ἄκρας, *qui præsidio arcem tenebant.*

'ΥΛΑΚΤΕ'Ω, *latro, allatro,* ab ὑλάω, idem. נָבַח, idem. Ies. LVI. 10. κύνες ἐνεοὶ οὐ δυνήσονται ὑλακτεῖν.

'ΥΛΗ, *sylva,* it. *ligna,* it. *materia, prætextus.* דִּין, *judicium.* Job. XIX. 29. τότε γνώσονται, ποῦ ἐστιν αὐτῶν ἡ ὕλη, tunc cognoscent, ubi sit *prætextus* illorum. Ita Bielius. Sed *b* ὕλη h. l. est speciatim *materia* s. *causa pœnarum divinarum,* hoc sensu: *ut sciatis, quo* seu *quibus factis vestris merueritis pœnas divinas.* Secundum Schulzium LXX שְׁדִין legisse et ex Arab. سسلب, *tela, textura,* explicasse videntur. — חֹרְשָׁה, *sylva.* Aqu. 1 Sam. XXIII. 15. 16. et 19. — *מָרוֹם, *altitudo.* Jud. V. 17. sec. Compl. ἐπὶ ὕλῃ, vi- *c* tiose pro ὕψη. — סֻכָּה, *tugurium.* Job. XXXVIII. 40. κάθηνται ἐν ὕλαις ἐνεδρεύοντες, sedent in *sylvis* insidiantes. Schol. ed. Rom. ἐν κοίταις. — שָׁמִיר, *sentis.* Ies. X. 17. φάγεται ὡσεὶ χόρτον τὴν ὕλην, comedet tanquam fœnum *sylvam.* Lex. Cyrilli MS. Brem. ὕλην, σύνδενδρον τόπον. Sap. XI. 18. κτίσασα τὸν κόσμον ἐξ ἀμόρφου ὕλης, creans mundum ex *rudi ma- d teria.* Confer Platon. Tim. T. X. ed. Bipont. p. 4. et Timæum Locr. de Anima Mundi apud Th. Gale Opusc. Mythol. ed. Amst. 1682. p. 544. Vide et Sap. XV. 13. Sirac. XXVIII. 10. 2 Macc. II. 25. ubi ὕλη est *materia* s. *argumentum libri.* Vulg. *propter multitudinem rerum.* Latini quoque *materiam quamcunque, unde aliquid fit, sylvam* vocant, *e* e. g. *sylva rerum ac sententiarum* apud Cic. Orat. III. 26. extr. Cf. Fabricium ad S. Hippolytum T. II. p. 379. Suidas: Ὕλη, ὁ σύνδενδρος τόπος. καὶ ἡ σκῆψις, ἡ πρόφασις, ἡ ὑπόθεσις. Ὕλας χορηγῶν, καὶ τοσαύτας, καὶ ξένας. Ὕλη δὲ καὶ ἡ εἰδοποιουμένη ὑπὸ τοῦ εἴδους· πᾶν γὰρ τὸ γινόμενον, ἢ φύσει, ἢ τέχνῃ, ἐξ ὕλης καὶ εἴδους ἔχει τὴν σύστασιν. οἷον, ὁ Σωκράτης ἐξ ὕλης μὲν τῆς σαρκὸς, εἴδους δὲ τῆς *f* ἀνθρωπίνης μορφῆς. καὶ τουτὶ τὸ τεχνητὸν, ἐξ ὕλης μὲν τοῦ ξύλου, εἴδους δὲ θύρας, ἢ σκαμνίου, ἢ ἄλλου τινός.

'ΥΛΟΜΑΝΕ'Ω, *sylvesco, frondibus luxurio.* בָּקַק, *evacuo.* Symm. Hos. X. 1. ὑλομανοῦσα, *frondibus luxurians* vel *exuberans.* Hieron *quæ tota in frondibus creverit.* Ex significatione vocis in l. Arab., ubi بقّ notat *multam prolem peperit.* *g* Vide quoque Strabon. XIV. pag. 1003. B. ubi vide Intt.

'ΥΛΟΤΟ'ΜΟΣ, *sylvicida, qui arbores in sylvis succidit, seu cæsor materiæ, lignator.* Sap. XIII. 11. ὑλοτόμος τέκτων, *faber lignarius.* Vulg. *artifex.* Hesych. ὑλοτόμος, ξυλοτόμος. Lex. Cyrilli MS. Brem. Ὑλοτόμος, ὁ δρυμὸν ἐκκαθαίρων. Sic de hominibus quoque adhibetur *h* apud Homer. Il. Ψ', 123.

'ΥΛΟΧΑΡΕ'Ω, *ramis luxurior.* פָּרַח, idem. Aqu. Ies. XXXV. 2. ὑλοχαρήσει. Ita quoque Severus.

'ΥΛΩ'ΔΗΣ, *sylvosus, arboribus densus et opacus,* it. *multam materiam habens, rerum copia abundans, dives.* שַׁדַּי, *omnipotens, sufficiens.* Job. XXIX. 5. ὅτε ἤμην ὑλώδης λίαν, cum omnium rerum copia valde abun- *i* darem. Cæterum addi potest hic locus locis allatis a Spohnio in libro de Extrema Odysseæ Parte p. 242., quibus docuit, vocem ὑλώδης a Schneidero temere dubiam haberi.

'ΥΜΕ'ΝΑΙΟΣ, scil. 'ΩιΔΗ' vel 'ΥΜΝΟΣ, *hymnus nuptialis, carmen, quod canitur inter nuptias.* 3 Macc. IV. 6. θρῆνον ἀνθ' ὑμεναίων ὁμοθυμαδὸν ἐξῆρχον, lamentum pro *hymnis nuptialibus* unanimiter incipiebant. Homer. Il. Σ', 493. Hesych. ὑμεναίων, γαμικῶν ᾀσμάτων, μέλος ᾠδῆς. Cf.

a Suidam in v. Ὑμεναίων, et Hesychium in v. ὑμέναιος.

ὙΜΝΕ'Ω, *hymnum cano, carmine laudo, cantu celebro,* it. *defleo, deploro.* *הָגָה, *meditor.* Aquila Ps. XXXIV. 2. Habet quidem הָגָה h. l. hunc sensum, vix tamen arbitror, Aquilæ hanc versionem vindicandam esse. — הוֹדָה Hiph. a יָדָה, *confiteor.* Ies. XII. 4. ὑμνεῖτε
b κύριον, *celebrate* Dominum. Ies. XXV. 1. Nehem. XII. 24. — הִלֵּל Pih. *laudo.* 2 Paral. XXIII. 13. ὑμνοῦντες ὕμνον, *hymnum canentes, hymno celebrantes.* 2 Par. XXIX. 30. ὑμνεῖν τὸν κύριον ἐν λόγοις Δαβὶδ, *celebrare* Dominum carminibus Davidis. Aqu. Ps. X. 3. et LXXVII. 63. — הֵשִׁיר Hiph. a שִׁיר, *cano.* Ies. XLII. 10. ὑμνήσατε τῷ κυρίῳ
c ὕμνον καινὸν, *canite* Domino hymnum novum. Hesych. ὑμνεῖ, εὐλογεῖ, ᾄδει. — זִמֵּר Pih. *psallo.* 1 Par. XVI. 9. Ies. XII. 5. — רָנַן, *vociferor.* Prov. I. 20. σοφία ἐν ἐξόδοις ὑμνεῖται, sapientia in viis *vocem suam extollit.* Mihi legendum videtur ὑμνεῖ (ut habet versio Arabica), ut illud ται ex sequenti καὶ ortum sit. Vide et Prov. VIII. 3. — הוֹלֵל Pyh. Aqu.
d et Ed. Sexta Ps. LXXVII. 69. αἱ παρθένοι αὐτῶν οὐχ ὑμνήθησαν, virgines eorum non *deploratæ sunt.* LXX ibi habent ἐπενθήθησαν. Vocem autem ὑμνήθησαν eodem sensu accipi posse, patet ex Suida, qui ὑμνεῖν interpretatur ὀδύρεσθαι, et in v. ὑμνήσεις verba ex Sophocl. Electr. pag. 99., observante Küstero, affert, quibus verbum ea notione legitur. En
e illa: χθονὸς τῆσδ' ἐκτὸς ὑμνήσεις κακά. Similiter εὐφημεῖν, quod alias *fausta acclamare* vel *laudare* significat, per ἀντίφρασιν etiam notat *gemere,* et εὔφημοι, scil. λόγοι, *lamenta.* Vide notata supra in v. εὐλογέω. Cæterum de verbo ὑμνεῖν conferri meretur Wolfius ad Matth. XXVI. 30. p. 376.

*ὙΜΝΗΣΙΣ, *laudum decantatio, celebratio, quæ fit hymnis, laus.* f
זִמְרָת (ת pro ה), *psalmus.* Psalm. CXVII. 14. — תְּהִלָּה, *laus, laudatio.* Symm. Ps. IX. 15. τὰς ὑμνήσεις σου, *laudes tuas.* Simili modo ὁπλίσεις de ipsis *armis* dicitur, v. c. apud Zosimum II. 48. Aqu. Ps. XXXII. 1. LXV. 2. (ὑμνήσει αὐτοῦ, *hymno in eum.*) LXX. 8.

ὙΜΝΗΤΟ'Σ, *laudabilis.* מְהֻלָּל part. Pyh. Reliqui Ps. XLVII. 2. g
Adde Dan. III. 54. et 56. sec. cod. Chis.

*ὙΜΝΟΓΡΑ'ΦΟΣ, *hymnorum scriptor.* 4 Macc. XVIII. 15. ubi ita Davides dicitur.

ὙΜΝΟΛΟΓΕ'Ω, *hymnum canto, hymnis celebro.* הִלֵּל דָּבָר, *cano verbum.* Symm. Ps. LV. 11. — *הִרְנִין Hiph. a רָנַן, *canto.* Symm. Psalm. LXIV. 9. sec. Theodoretum T. I. h
p. 1035. ed. Hal. Ita etiam Inc. ibid. sec. Heracleotam in Caten. PP. GG. T. II. p. 270. et Athanasium T. I. Opp. ed. Paris. pag. 1275.

*ὙΜΝΟΛΟΓΟΥ'ΣΑΣ ΠΟΙΕ'Ω. הִרְנִין, *laudare facio.* Symm. Ps. LXIV. 9. ὑμνολογούσας ποιήσεις. Hieron. *laudantes facies.* Ita Montfauconius. Sed ex Eusebii Commentario, ubi hæc verba bis lau- i
dantur, ὑμνολογίας loco ὑμνολογούσας reponendum erit.

ὙΜΝΟΛΟΓΙ'Α, *hymnorum decantatio, laudis enarratio, laudatio.* רוֹמְמָה verbal. fœm. *exaltatio.* Al. Ps. CXLIX. 6. — הִרְנִין Hiph. a רָנַן, *canto.* Symm. Job. LXIV. 9. — תְּרוּעָה, *clangor.* Symm. Job. XXXIII. 26.

*ὙΜΝΟΛΟΓΙ'ΑΣ ΠΟΙΕ'Ω. Conf. supra s. v. ὑμνολογούσας ποιέω.

a 'ΥΜΝΟΠΟΙΕ'ΟΜΑΙ, *hymnum facio.* הִלֵּל Pih. *laudo.* Symm. Psalm. LV. 11. ὑμνοποιήσομαι.

'ΥΜΝΟΣ, *hymnus, canticum, carmen,* proprie *in laudem alicujus.* הוֹד, *gloria.* Psalm. CIII. 1. — נְגִינַת sing. (ת pro ה), *pulsatio fidium, modulatio.* Psalm. LX. 1. — נְגִינוֹת plur. idem. Psalm. IV. 1. VI. 1. LIII. 1. — שִׁיר, *canti-* b *cum.* Ies. XLII. 10. — שִׂמְחָה, *lætitia, quæ se canticis prodit.* Ps. CXXXVI. 4. — תְּהִלָּה, *laus.* 2 Paral. VII. 6. Psalm. XXXIX. 4. Aqu. Symm. Theod. Psalm. XXI. 4. Symm. Psalm. LXV. 2. τὸν ὕμνον αὐτοῦ, hymnum in eum. — תְּפִלָּה, *oratio.* Psalm. LXXI. 21. οἱ ὕμνοι. Vulg. *laudes,* quod fortasse legerint תְּהִלוֹת, vel sensum tantum secuti c sint. Phavorinus: ὕμνος, ἡ πρὸς Θεὸν ᾠδή. Idem: ὕμνος ἐστὶν αἶνος ἐμμελής.

'ΥΜΝΩΔΕ'Ω, *hymnum cano.* שִׁיר, *canticum.* 1 Par. XXV. 6.

'ΥΝ, vox Hebr. הִין, *hin, mensura liquidorum,* alias εἶν et ἴν. Ez. IV. 11.

'ΥΝΙΣ, *vomer.* מַחֲרֶשֶׁת, idem. Symm. 1 Sam. XIII. 21. ὕνιν. Montfauconius edi jussit ὕννιν. Lex. Cy- d rilli MS. Brem. 'Υνις, σίδηρος ἀρότρου. Scribitur et ὕννις per duplex ν. Vide Suidam in v. ὕννις et Hesychium in v. ὕννη.

'ΥΠΑΓΚΩ'ΝΙΟΝ, *pulvinar.* כְּסָתוֹת plur. *pulvinaria.* Symmach. Ezech. XIII. 18. ὑπαγκώνια, quod in Cod. Syr. Hexapl. ܐܫܘܝܬܐ, *strata,* vertitur.

'ΥΠΑΓΟΡΕΥ'Ω, *verba subjicio,* e *vicissim respondeo, indico, denuncio.* 3 Esdr. VI. 30. Hesych. ὑπαγορεύουσι, λαλοῦσι.

'ΥΠΑ'ΓΩ, *subduco.* הוֹלִיךְ Hiph. *ire facio.* Exod. XIV. 21. ὑπήγαγε κύριος τὴν θάλασσαν ἐν ἀνέμῳ νότῳ, *subduxit* Dominus mare vento australi. Adde Homer. Il. Α', 163.

'ΥΠΑΙΘΡΟΣ, *subdialis, sub æthere, qui est sub dio.* גַּג, *tectum.* Prov. XXI. 9. ἐπὶ γωνίας ὑπαίθρου, in an- f gulo *subdiali.* 2 Maccab. XV. 19. ἐν ὑπαίθρῳ, sc. τόπῳ, *sub dio.* Sic quoque Ælianus V. H. XIII. c. 11. Vide Casaubonum in Comment. ad Polybium I. 12. 4.

'ΥΠΑΙ'ΡΩ, *attollo, elevo, supero.* Sirac. XLVIII. 14. πᾶς λόγος οὐχ ὑπῆρεν αὐτὸν, non *superavit* illum verbum aliquod aut ulla res. Alii codd. legunt ὑπερῆρεν. g

'ΥΠΑΚΟΗ', *obedientia.* עֲנוֹת infin. *respondere,* it. *affligere.* 2 Sam. XXII. 36.—מִשְׁמַעַת. Aqu. 2 Sam. XXIII. 23. ubi ὁ ἐπὶ ὑπακοὴν τινὸς est Lat. *qui alicui est a secretis.* Vulg. *auricularius a secreto:* unde simul apparet, ὑπακοὴν non semper esse *obedientiam,* sed *auscultationem, auditionem* simpliciter, i. q. ἀκοὴ apud LXX. — *שְׁמוֹעַ infin. *audire.* h 1 Sam. XV. 22. sec. Cyrill. Alex., Chrysostomum et Athanasium. Vide ad h. l. Holmesium.

'ΥΠΑΚΟΥ'Ω, et med. ὑπακούομαι, *aures præbeo ad auscultandum, ausculto, obedio, obtempero,* it. *respondeo.* הִקְשִׁיב Hiph. *ausculto, attendo.* Prov. II. 2. ὑπακούσεται σοφίας τὸ οὖς σου, *auscultabit* aut potius *præbebit se* sapientiæ auris tua. Prov. XXIX. 12. βασιλέως ὑπακούοντος λόγον ἄδικον, i rege *aures præbente* sermoni injusto. Ibid. XVII. 4. — הִשְׁלִים Hiph. *pacem facio.* Deuter. XX. 12. ἐὰν δὲ μὴ ὑπακούσωσί σοι, si autem tibi non *obediant.* — כִּסָּה Pih. *tego.* Job. XXXVIII. 34. ὑπακούσεταί σοι, *obediet* tibi, ubi non תְּכַסֶּךָּ habuerunt, sed תַּעֲנֶךָּ aut simile verbum. — *לֶקַח, *doctrina, disciplina.* Ies.

a XXIX. 24. ὑπακοήν. Sensum expresserunt. — מַעֲנֶה, *responsio.* Proverb. XV. 24. Voci ὑπακοὴν etiam *respondendi* notionem subjectam esse, apparet ex iis, quæ in Lexico N. T. s. h. v. a me notata sunt. — מִשְׁמַעַת, *auscultatio.* Ies. XI. 14. Inc. 1 Sam. XXII. 14. τὸ ὑπακοήν σου. Vulgat. *ad imperium tuum.* — נָשַׁק, *osculor.* Genes. XLI. *b* 40. ἐπὶ τῷ στόματί σου ὑπακούσεται πᾶς ὁ λαός μου, ori tuo *obediet* omnis populus. *Osculari* per metonymiam *obedire, obsequi, se humiliter subjicere* notat. Vide Glassii Phil. Sacr. p. 889. — עָנָה, *respondeo.* Job. V. 1. IX. 3. 14. 16. Cant. V. 7. Symm. Theod. Job. IX. 3. (ubi Vulgat. *et non poterit ei respondere.*) et 15. Symm. Ies. LIV. 7. Aqu. Hos. II. *c* 15. ubi vid. Montf. — *עֱנָה, *afflictio, humiliatio.* Symm. Psalm. XVII. 36. τὸ ὑπακούειν, *obedientia, quam præstiti legibus divinis.* Scil. עָנָה in V. T. de *pietate* quoque adhibetur. — נָתַן קוֹל, *do vocem,* h. e. *vociferor, clamo.* Prov. VIII. 1. Imago hic desumta esse videtur a janitoribus, qui, pulsato ostio, quis adsit, sciscitantur et pulsantibus fores *d* aperiunt, eosque intromittunt. Vide Lex. N. T. s. h. v. — שׂוּם, *pono.* Dan. III. 12. οἱ ἄνδρες ἐκεῖνοι οὐχ ὑπήκουσαν, viri illi non *obtemperabant.* — שָׁמַע, *audio, obedio.* Gen. XVI. 3. XXII. 18. Deuter. XXI. 18. et alibi. Aqu. Symm. Theod. Quint. et Sexta Ed. Ps. XVII. 44. Præterea legitur Proverb. XVIII. 17. ubi nihil ei in textu Hebr. respon- *e* det, et loco ὑπακούσει judice Jaegero reponendum erit ὑπάρξῃ. Cæterum vide supra s. ἀγαπάω. Baruch. III. 33. ὑπακούειν rebus inanimatis, v. c. soli, tribuitur, quatenus præstant id, quod ex voluntate Dei præstare debent. Sic Græci ὑπακούειν de *agro fertili* dicunt, et qui votis et labori agricolæ respondet. Conf. Pollucis Onom. I. 53.

ΟΥ'Χ ὙΠΑΚΟΥ'Ω, *non obedio.* *f* מֵאֵן Pih. *renuo.* Prov. I. 24. οὐχ ὑπηκούσατε.

ὙΠΑΝΑΧΩΡΕ'Ω, *secedo.* בָּרַח, *fugio.* Inc. Gen. XV. 6.

ὙΠΑΝΔΡΟΣ, Ἡ, *viro subjecta, conjugata, conjugio marito conjuncta.* תַּחַת אִישׁ, *sub viro.* Num. V. 29. — רַע, *malus.* Prov. VI. 24. Legerunt רֵעַ, quæ pronuntiatio confirmatur v. 29. ac reliquorum Intt. *g* GG. auctoritate. — רֵעַ, *socius, amicus.* Prov. VI. 29. Confer Sir. IX. 10. XLI. 27. et Rom. VII. 2. et ad h. l. L. Bos. p. 106. et Elsnerum p. 34. Drusii sententiam, cui γυνὴ ὕπανδρος Sirac. l. c. est *meretrix nupta,* vide in Ej. Prov. Class. I. Lib. IV. n. 48.

ὙΠΑΝΤΑ'Ω, *occurro.* *קָרָה. Alex. Dan. X. 14. τί ὑπαντήσεται τῷ *h* λαῷ σου. Theod. ἀπαντήσεται. Tob. VII. 1. Sap. VI. 16. Sirac. IX. 3. ubi ὑπαντᾷν est *conversari, familiaritatem contrahere.* Syrus: *ne converseris.* Vulgat. *ne respicias.* Ibid. XV. 2. ὑπαντήσεται αὐτῷ ὡς μήτηρ, sapientia suos cultores valde benevole ad instar matrum benignarum *tractabit:* ubi ὑπαντᾶσθαί τινι, ut ἀπαντᾷν, ac vernaculum **begegnen,** *i* *to treat,* notat *se gerere erga aliquem, agere cum aliquo,* vel bono vel malo sensu.

ὝΠΑΡ, *somnium clarum, fide dignum.* 2 Macc. XV. 11. καὶ προσεξηγησάμενος (ὄνειρον ἀξιόπιστον) ὕπαρ τι, πάντας εὐφρᾶνε, et enarrans *somnium fide dignum,* omnes lætitia affecit. Hic verba ὄνειρον ἀξιόπιστον uncinis inclusa, quod videantur glossema *k* τὸ ὕπαρ exponens et ex margine ab imperito librario textui insertum. Cod. Alex. habet ὑπὲρ, quod ducit ad scriptionem ὕπερ μὲν, quam Houbigantius veram esse existimat: *quod quidem omnes recreavit.* Hesych. ὕπαρ, τὸ μεθ' ἡμέραν ὄναρ ἐν ἡμέρᾳ, οἷον, φανερῶς, ἐναργῶς, ἀληθές. Vide et Suidam in v. ὕπαρ.

**ΥΠΑΡΚΤΟΣ, *existentiam habens.*

*ΥΠΑΡΚΤΑ i. q. ὑπάρχοντα. אֲשֶׁר לוֹ, *quæ sibi.* Gen. XXV. 5. secundum Philonem Lib. de Migr. Abrah. T. I. p. 451. et Lib. de Confus. Lingu. T. I. Opp. p. 416. Mangey.

*ΥΠΑΡΞΙΣ, *substantia, facultates, opes.* הוֹן, idem. Prov. XIII. 11. XVIII. 11. XIX. 14. Aqu. Theod. Prov. I. 13. et VIII. 18. Symmach. et Inc. Psalm. XLIII. 13.—מִקְנֶה, *possessio.* Jerem. IX. 10. οὐκ ἤκουσαν φωνὴν ὑπάρξεως, ubi ὕπαρξις pro *gregibus et pecoribus* sumitur. Adde Ps. LXXVII. 48. locum in Trommii Conc. Gr. omissum. — קִנְיָן. Inc. Ezech. XXXVIII. 13. — רְכוּשׁ, *substantia, facultates acquisitæ.* 2 Par. XXXV. 7. Esdr. X. 8. Dan. XI. 13. Symm. sec. cod. Mosqu. Gen. XIV. 21. Hesych. ὕπαρξις, προγένεσις, ἡ οὐσία.

*ΥΠΑΡΧΟΣ, *præfectus, præses, procurator.* הַדָּבְרַיָּא plur. Chald. *gubernatores.* Dan. VI. 7. ubi Al. ὕπατοι. — רוֹזְנִים plur. *dominatores.* Inc. Jud. V. 3. Symm. Psalm. II. 2. Hes. ὕπαρχος, οἰκονόμος, πολέμου στρατηγός. Suidas: ὕπαρχος, ὁ ὑφ' ἑτέρου ἀρχόμενος, ὁ ὑποτεταγμένος ἑτέρῳ, ὁ μὴ ὢν αὐτοκράτωρ. Idem verba ex Sophoclis Ajace addit, quibus vox eo sensu legitur. Voce etiam plus vice simplici utitur Philo Lib. de Josepho de eodem Josepho, ac de Opificio Mundi p. 34. B. ubi Adamum θεοῦ ὕπαρχον vocat.

*ΥΠΑΡΧΩ, *existo, sum,* it. *vivo.* אָהַב, *amo.* Prov. XVII. 18. φίλος ὑπαρχέτω σοι. Libere verterunt. Jaegerus ὑπαρχέτω σοι retulit ad רֵעַ, *amicus,* ut nempe legerint הָרֵעַ imp. Hiph. verbi רָעָה, *adjunge tibi socium.* — *אֵת, *cum.* 1 Sam. IX. 7. τὸ ὑπάρχον ἡμῶν. Melius legeretur τί ὑπάρχον ἡμῶν. Hebr. מָה אִתָּנוּ, *quid nobiscum est?*—בַּיִת, *domus.* Esth. VIII. 1. ὅσα ὑπάρχει Ἀμὰν, quæcunque sunt Aman, h. e. omnes *facultates* Aman. — גָּדוֹל, *magnus.* Gen. XXXIX. 9. ubi tamen alii pro ὑπάρχει rectius habent ὑπερέχει. — *הָיָה seq. לְ. Job. II. 4. Vide quoque infra s. v. ὑπεράρχω. — הֵלִין Hiph. a לוּן, *pernocto.* Jerem. IV. 14. — חַיִּים plur. *vita.* Ps. CXLV. 1. ψαλῶ τῷ θεῷ μου, ἕως ὑπάρχω, canam Deo meo, *quam diu sum,* h. e. *quousque vixero.* Cf. Sir. XXXVIII. 11. — יֵשׁ, imperson., *est.* Inc. Jud. XIX. 19. ὑπάρχει. — יָשַׁב, *sedeo, habito.* Psalm. LIV. 21. ταπεινώσει αὐτοὺς ὁ ὑπάρχων πρὸ τῶν αἰώνων, humiliabit illos, qui *existit* ante sæcula. Hesych. ὑπάρχων, πεφυκὼς, ὤν. Suidas: καὶ τὸ ὑπάρχειν οὐχ ἁπλῶς τὸ εἶναι σημαίνει, ἀλλὰ τὸ πάλαι εἶναι, καὶ προεῖναι, φθάνειν. Vide in v. ὑπάρχων. Mich. V. 4. ὑπάρξουσι, *manebunt,* vel: *sedes fixas habebunt.* — סוּר, *recedo.* 2 Paral. XX. 34. — Sirac. XX. 16. οὐχ ὑπάρχει μοι φίλος, non est mihi amicus. Sir. XLIV. 9. ἀπώλοντο ὡς οὐχ ὑπάρξαντες, perierunt, quasi non *antea extitissent.*

ΜΗ' ΥΠΑ'ΡΧΩ, *non existo, non sum.* אֶפֶס, *defectus.* Theod. Ies. V. 8. ἕως τοῦ μὴ ὑπάρχειν τόπον, usquedum non sit amplius locus. — *בְּאֵין. Prov. XI. 14. οἷς μὴ ὑπάρχει. Sirac. XXXVIII. 11. impingua oblationem, ὡς μὴ ὑπάρχων, h. e. interprete Baduello: *ut qui non prior hæc munera in Deum conferas, sed referas,* ut ὑπάρχων dicatur: *qui prior alterum provocat beneficio.* Grotius legere mavult: ὡς μὴ ὑπάρξων, *veluti moriturus,* nam ὑπάρχειν Ps. CXLVI. 2. *vivere* notat.

a ΟΥ'Κ ἜΤΙ ὙΠΑ'ΡΧΩ, *non amplius vivo.* אֵינֶנִּי. Symmach. Job. VII. 21. οὐκ ἔτι ὑπάρξω.

ΟΥ'Κ ἜΤΙ ΟΥ' ΜΗ' ὙΠΑ'ΡΧΩ, *non amplius vivo.* אֵינֶנִּי. Psalm. XXXVIII. 13.

ΟΥ'Χ ὙΠΑ'ΡΧΩ, *non sum, non vivo.* *אַיִן. Inc. Hab. III. 17. — *אֵינֶמוֹ, *non ipsi.* Aqu. Ps. LVIII. 14. οὐχ ὑπάρξουσιν. Servavit nobis
b hanc versionem Aquilæ a Montfauconio omissam Eusebius. — אֵינֶנּוּ. Genes. XLII. 13. οὐχ ὑπάρχει, non *vivit.* Confer supra notata in οὐκ ἐστί.

*ὩΣ ΟΥ'Κ ὙΠΑ'ΡΧΩ, *quasi non sim.* לְאָוֶן, *in vanum.* Amos V. 5.— Vide quoque supra s. τόπος.

ΤΑ' ὙΠΑ'ΡΧΟΝΤΑ, part. plur. neutr. *substantiæ, facultates, bona,*
c *opes.* אוֹן, *robur, opes.* Job. XVIII. 7. XXI. 19. — אֹכֶל, *cibus.* Genes. XIV. 11. sec. ed. Ald. — אֹמֶר, *sermo.* Job. XX. 29. Vox Hebr., ut omnia verba loquendi apud Hebræos, h. l. de *rebus ipsis* usurpatur. — *אֲשֶׁר־לוֹ, *quæ sibi.* Genes. XXV. 5. Vide supra s. v. ὕπαρκτος. — בְּהֵמָה, *bestia.* Genes. XXXIV. 23.— בֶּטֶן, *venter.* Job. XX. 20.—
d בַּיִת, *domus.* Gen. XLV. 18. Esth. VIII. 7. Confer Luc. XI. 21. et Keuchenium ad h. l. — הוֹן. Prov. VI. 31. XI. 4. — *הֵסִית Hiph. a סוּת, *incito.* Job. II. 3. Sed ibi ὑπάρχοντα αὐτοῦ de suo addidisse videntur, ut tolleretur ambiguitas, quæ est in Hebr. בַּלַּע, et Gr. ἀπολέσαι. Eckermannus hæc verba Græca ad חִנָּם refert, ut הוֹנוֹ
e legerint, ac formula διακενῆς ἀπολέσαι expresserint בַּלְּעוֹ. — ו suffixum. Job. II. 3.—חַיִל, *robur, opes.* Job. XV. 29.—מֵינֶקֶת part. fœm. Hiph. a יָנַק, *nutrix.* Gen. XXIV. 59. Legerunt מִקְנֶה. — מִקְנֶה, *possessio.* Gen. XXXI. 18. XXXVI. 6. 7. et alibi. — נְכָסִים, plur. *opes, facultates.* Esdr. VI. 8. Cohel. V. 18. VI. 2. — רְכוּשׁ, *substantia, facultates.* Gen. XII. 5. XIII. 6. XIV. 6. f
et alibi. — רְכֻלָּה, *mercatura.* Ez. XXVI. 12. — שָׁלָל, *spolium.* Esth. III. 13. 3 Esdr. VI. 32. Chald. בַּיִת, *facultates,* coll. Esdr. VI. 11.

*ὙΠΑΣΠΙΣΤΗ'Σ, *clypeatus satelles, armiger.* 4 Maccab. IX. 11. Scribitur quoque ὑπασπιστήρ. Photius Lex. ὑπασπισταί, δορυφόροι. Zonaras Lex. col. 1767. ὑπασπιστής,
δορυφόρος. g

ὝΠΑΤΟΣ, per syncopen pro ὑπέρτατος, *summus, summam potestatem habens, præses, præfectus, consul.* Est superlativus ab ὑπέρ, et ponitur pro ὑπέρτατος. אֲחַשְׁדַּרְפְּנַיָּא plur. Chald. *satrapæ.* Dan. III. 2. 3. — הַדָּבְרַיָּא plur. Chald. *gubernatores.* Al. Dan. VI. 7. 3 Esdr. III. 14. 1 Maccab. XV. 16. ὕπατος Ῥωμαίων, *consul* Romanorum. Hesych. h
ὕπατος, ὑψηλός, ἔντιμος, πρῶτος, διαφέρων τῶν ἄλλων, ἐξοχώτατος.

ὙΠΑΥΧΕ'ΝΙΟΝ, *cervicale.* כְּסָתוֹת plur. *pulvinaria.* Symm. Ez. XIII. 18. ὑπαυχένια.

ὙΠΕΚΡΕ'Ω, *sensim et clam effluo, evanesco, me subduco.* 3 Maccab. V. 34. σκυθρωπῶς ὑπεκρέων, cum mœrore se subducens.

ὙΠΕΝΑΝΤΙ'ΟΣ, *adversarius.* אוֹיֵב *hostis.* Gen. XXII. 17. Ex. XXIII. 27. Lev. XXVI. 16. et alibi. — צַר, *hostis.* Num. X. 9. Jos. V. 13. Ies. I. 24. et alibi. — קָם part. a קוּם, *surgens.* Exod. XV. 7. XXXII. 24. —שֹׂנֵא part. *osor.* Gen. XXIV. 60. Exod. I. 10. 2 Par. I. 11. Unde

Ies. LXIV. 1. τοὺς ὑπεναντίους expresserint LXX, me ignorare fateor.

'ΥΠΕΝΔΙ'ΔΩΜΙ, *cedo.* חָתַת. Symm. Ezech. III. 9. ὑπενδῷς, *cedas*, pro תֵחַת, *consterneris.* Qui præ timore exhaustus est viribus, aliis cedere cogitur. Conf. supra s. πτοέω.

*'ΥΠΕΝΕ'ΓΚΩ. סָבַל, *porto.* Symm. Ies. LIII. 11. αὐτὸς ὑπενέγκει. Forsitan ὑπήνεγκε legendum. K. Philoxeni Gloss. ὑπενεγκὼν, *perpessus.*

'ΥΠΕΞΑΙΡΕ'ΟΜΑΙ, *subducor, subtrahor, separor.* חָשַׂךְ, *subtraho.* Gen. XXXIX. 9. οὐδὲ ὑπεξῄρηται ἀπ' ἐμοῦ οὐδὲν πλὴν σοῦ, neque *subductum est* aliquid a me præter te. Aqu. Job. XXI. 30. ὑπεξαιρεθήσεται, *separabitur.* Suidas: ὑπεξαιρείσθωσαν, ἐκβεβλήσθωσαν, χωρισθήτωσαν.

'ΥΠΕ'Ρ, *super, supra, propter, pro, de.* *אֶל, *ad.* 2 Sam. XXIV. 4. ubi ὑπὲρ est alius interpretis, qui bene quoad sensum transtulit. Aqu. Ps. LXXIX. 1. ὑπὲρ τῶν κρίνων sec. Euseb. in Comment. p. 489. Sed lectionem receptam ἐπὶ τ. κ. non sollicitandam arbitror. — *בְ præfixum. Job. XXIV. 5. ὑπὲρ ἐμοῦ, pro Hebr. בַּמִּדְבָּר. Legendum ἐπ' ἐρήμου, præeunte textu Hebr. et Hebræo interprete. — בְּעַד, *pro.* Job. II. 4. Symm. Psalm. CXXXVIII. 12. — עַל־דְּבַר, *propter verbum*, h. e. *ob causam.* 2 Sam. XVIII. 5. ἐντελλομένου τοῦ βασιλέως πᾶσι τοῖς ἄρχουσιν ὑπὲρ 'Αβεσσαλώμ, cum rex præciperet omnibus ducibus suis *de* Absolomo. Ita apud Ælianum V. H. XII. 52. ἔλεγεν ὑπὲρ τῆς 'Αθηναίων πόλεως, dicebat *de* Atheniensium civitate. Conf. et Matth. XII. 36. Rom. IX. 27. et quæ ad h. l. ex Polybio et Arriano annotavit Raphelius p. 439. — *טוֹבִים. Cant. I. 2. ὑπὲρ πάντα τὰ ἀρώματα. Legerunt טוֹב מִכֹּל. — כְּ similitudinis. Joël. I. 18. θρήνησον πρός με ὑπὲρ νύμφην, plange ad me *magis quam* sponsa. Fortasse autem ibi reponendum est: ὥσπερ νύμφη κ. τ. λ. — *כְּמוֹ, *sicut.* Hebr. Int. Job. X. 22. — *לְ præfixum. Symm. Job. XIII. 7. ἆρα ὑπὲρ τοῦ θεοῦ λαλεῖτε; numquid *propter* Deum, h. e. *in utilitatem ac commodum* Dei, loquimini mendacium? Vulg. *numquid Deus indiget vestro mendacio?* — לְמַעְלָה. Esdr. IX. 6. ὑπὲρ κεφαλῆς ἡμῶν, *super* caput nostrum. — מ præfixum. Inc. Deuter. I. 17. ὑπὲρ ὑμᾶς, *super* vos. 1 Sam. XV. 22. ἀκοὴ ὑπὲρ θυσίαν ἀγαθὴ (sic enim pro ἀγαθὴν ex Complut. bene legit L. Bos. Proleg. in LXX Intt. c. 3.), obedientia est bona *præ* victimis, h. e. *præstantior* victimis. Vide et v. 28. et Cohel. VII. 2. Thren. IV. 7. ἐκαθαριώθησαν ὑπὲρ χιόνα, ἔλαμψαν ὑπὲρ γάλα, puriores facti sunt nive, candidiores lacte. Vide et Psalm. XVIII. 11. LI. 3. LIV. 24. Symm. Prov. V. 3. λεῖος ὑπὲρ ἔλαιον, lævius oleo. Hesych. ὑπὲρ, πρόσθεσις, πολὺ, πλέον, λίαν. Cohel. VI. 5. ἀνάπαυσις τούτῳ ὑπὲρ τοῦτον, requies huic *præ* illo. Aqu. 2 Sam. VI. 22. ubi ὑπὲρ τοῦτο Vulgatus bene transtulit: *plus quam factus sum.* Symmach. Job. XXXV. 11. — עַל. 2 Par. XXXI. 9. percontabatur ex sacerdotibus ὑπὲρ τῶν σωρῶν, *de acervis.* Ps. CIV. 14. ἤλεγξεν ὑπὲρ αὐτῶν βασιλεῖς, redarguebat reges *propter* illos. Vide Elsnerum ad 1 Cor. X. 29. p. 128. seq. — *עֶצֶם, *corpus.* Thren. IV. 7. ὑπὲρ λίθον. עֶצֶם est h. l. *fortiter, valde.* Tob. VI. 15. nonne meministi sermonum, quos præcepit tibi pater tuus ὑπὲρ τοῦ λαβεῖν σε γυναῖκα, *de* sumenda uxore ex genere tuo. Confer 2 Cor. VIII. 23. 2 Thess. II. 1. Eodem modo Judith. XV. 4. 2 Macc. XII. 44. ὑπὲρ, *pro, in utilitatem.* 3 Esdr. VII. 8. לְ, coll. Esdr.

a VI. 17. Sirac. XXIX. 15. ὑπὲρ σοῦ, *loco* tui.

'ΥΠΕΡΑ'ΓΑΝ, *nimis, perquam, valde, immodice.* 2 Macc. X. 34. Al. 2 Macc. VIII. 35. Frequentius divisim scribitur: ὑπὲρ ἄγαν.

'ΥΠΕΡΑΓΟ'ΝΤΩΣ, *exsuperanter, excellenter, supra modum.* 2 Macc. VII. 20. ὑπεραγόντως θαυμαστή.

'ΥΠΕΡΑ'ΓΩ, *exsupero, excello, su-*
b *pero, emineo.* Sirac. XXXIII. 27. ἐν πᾶσι τοῖς ἔργοις σου γίνου ὑπεράγων, in omnibus operibus tuis esto *excellens.* Ita Bielius. Bretschneiderus vertere mavult: *dominium tene, dominum te gere.* Sirac. XXXVI. 22. ὑπὲρ πᾶσαν ἐπιθυμίαν ἀνθρώπου ὑπεράγει, omne, quod concupiscere potest, homo *superat.* 1 Macc. VI. 43. ἦν ὑπεράγον πάντα τὰ θηρία, erat *eminens* super
c cæteras bestias. 2 Macc. VIII. 35. Hesych. ὑπεράγον, διαφέρον. Suidas: ὑπεράγοντα, ὑπερέχοντα. Idem verba hæc ex scriptore quodam antiquo subjungit: Τὸν δὲ ὑψηλὸν ἡλικίᾳ ὄντα καὶ ὑπεράγοντα τὸν Ἐπίσκοπον, τὴν βλάβην τῇ κεφαλῇ δέξασθαι. Vide quoque Wesselingium ad Diodorum Sic. III. p. 168.

'ΥΠΕΡΑΘΕΤΕ'Ω, *despicio.* הִתְעַבֵּר
d Hithp. ab עָבַר, *excandesco.* Aqu. Ps. LXXXVIII. 39.

'ΥΠΕΡΑΙ'ΝΕΤΟΣ, *perquam laudabilis, omni laude major.* Cant. Tr. Puer. v. 22. αἰνετὸς καὶ ὑπεραίνετος.

'ΥΠΕΡΑΙ'ΡΩ, *supergredior, transcendo, sum altior, supero,* et 'Υπεραίρομαι, *emineo, superextollor, nimis efferor.* גָּבִישׁ, *unio, margarita pretiosa.* Symmach. Job. XXVIII. 18.
e 'υπερηρμένα. De vocis Hebr. significatione admodum dissentiunt recentiores Intt., quam etiam antiquioribus incertam ac dubiam fuisse, vel e Theodotione et LXX apparet, qui γαβὶς vertentes vocem Hebr. retinuerunt. Videtur itaque Symmachus ex mera conjectura ὑπερηρμένα posuisse, quia præcesserat ὑψηλά. Sed fieri quoque potuit,

ut legeret גְּבִים, aut voci Hebr. f
notionem universalem *res pretiosas* tribuerit. Vide ad h. l. Montfauconium. — *זָכָה, *coram judice obtineo,* seu: *purus appareo, vinco.* Aqu. Ps. L. 10. ubi Drusius Aquilæ tribuit ὑπερηρθῇς pro ὑπερκριθῇς, quod mihi rectius videtur. — נָשָׂא, *fero.* 2 Paral. XXXII. 23. ὑπερήρθη κατ' ὀφθαλμοὺς πάντων τῶν ἐθνῶν, *eminebat* in oculis omnium gentium.— g
עָבַר, *transeo.* Ps. XXXVII. 4. αἱ ἀνομίαι μου ὑπερῆραν τὴν κεφαλήν μου, peccata mea *transcenderunt* caput meum, h. e. meorum peccatorum pœnæ me obruunt. — עָלָה עַל, *ascendo supra.* Prov. XXXI. 29. ὑπερῆρας πάσας, *superas* omnes. Conf. notata in v. ὑπέρκειμαι.—*עָמַם, *tego, obscuro.* Inc. Ezech. XXXI. 8. Bene quoad
sensum. Sermo enim est de cedris h
Libanon, quæ non obscurarunt arborem, quatenus non superarunt eam altitudine, aut, ut Vulgatus transtulit: *non fuerunt altiores illa.* —רָעַשׁ, *commoveo me.* Ps. LXXI. 16. ὑπεραρθήσεται ὑπὲρ τὸν Λίβανον ὁ καρπὸς αὐτοῦ, *superextolletur* super Libanum fructus ejus. Secundum Houbigantium legerunt ישרע, cui
e lingua Arab. notionem *in altum* i
efferendi tribuit. — שָׂגַב. Aqu. Ps. CVI. 41. ὑπεραίρει πτωχὸν ἐκ πενίας, ubi respondet Latino *sublevare,* ut sit *adjuvare.* Hieron. *sublevabit* pauperem de inopia. Confer Hexapla. 2 Macc. V. 23. ὃς χείριστα τῶν ἄλλων ὑπερῆρτο τοῖς πολίταις, qui pessime aliorum *efferebatur* super cives. Hesych. ὑπερῆρτο, κατεξανίστατο.

'ΥΠΕΡΑ'ΛΛΟΜΑΙ, *transilio, su-* k
persilio, ultra salio. Sir. XXXVIII. 48. ἐν ἐκκλησίᾳ οὐχ ὑπεραλοῦνται, in congregatione non *transilient,* sc. *alios,* seu *transcendent ad honores et locum sublimem.* Syrus: *eminebant.* In nonnullis libris legitur ἐν βουλῇ λαοῦ οὐ ζητηθήσονται, in consilio po-

a puli non desiderabuntur. Quæ verba videntur glossema priorum ex margine insertum. Hesych. et Lex. Cyrilli MS. Brem. ὑπεραλεῖται, ὑπερπηδήσει.

ὙΠΕΡΑ'ΝΩ, *supra, sursum.* מַעְלָה. Hagg. II. 16. — לְמַעְלָה. Psalm. LXXIII. 6. Ezech. VIII. 2. XLIII. 16. — מִמַּעַל, *superne.* Ezech. I. 26. — מִלְמַעְלָה, idem. Ezech. X.
b 19. XI. 22. Adde Gen. VII. 20. sec. ed. Ald. — עֶלְיוֹן, *sublimis.* Deut. XXVIII. 1.

ΕΙ'ΜΙ ὙΠΕΡΑ'ΝΩ, *sum supra.* נָתַן עֶלְיוֹן, *pono sublimem.* Deuter. XXVI. 19. καὶ εἶναι σὲ ὑπεράνω πάντων τῶν ἐθνῶν, et ut sis supra omnes gentes.

*ὙΠΕΡΑΠΟΘΝΗ'ΣΚΩ, *morior pro aliquo.* הִשְׁלִיךְ אֶת נֶפֶשׁ, *pro-*
c *jicio animam.* Jud. IX. 17. sec. Oxon. ὑπεραπέθνησκεν ὑπὲρ ὑμῶν: ubi est i. q. simplex ἀποθνήσκω. Apollod. I. 9. 15. Xen. Cyneg. I. 14. Suidas: ὑπεραποθνήσκω, γενικῇ.

*ὙΠΕΡΑ'ΠΤΩ, *insuper necto, annecto, alligo, apto.* Sirac. L. 1. sec. cod. Alex. ὑπέραψεν οἶκον, ubi cod. Vat. ὑπέῤῥαψεν habet. Potest tamen quoque ab ὑποῤῥάπτω deduci, quod
d est idem quod ὑποῤῥάπτω.

ὙΠΕ'ΡΑΡΣΙΣ, *supereffusio, inundatio.* Al. Ezech. XLVII. 12. ἐν τῇ ὑπεράρσει αὐτοῦ, *inundatione* ejus. Hæc absunt ab Hebr. textu, et glossema videntur eorum, quæ antecedunt, ἐν τῇ ἐκβολῇ αὐτοῦ, ex margine illata, vel ex alio interprete addita.

ὙΠΕΡΑ'ΡΧΩ, *prædominor.* הִשְׁקִיט Hiph. *quiescere facio.* Ezech. XVI.
e 48. Ita Bielius ex Trommio. Sed totus articulus delendus est. Nam Ez. l. l. v. 49. ὑπάρχω quidem, sed non ὑπεράρχω reperitur, ac illud respondet τῷ הָיָה. Delenda quoque est hæc vox in Schneideri Lexic. Critico.

ὙΠΕΡΑΣΠΙ'ΖΩ, *clypeo protego, propugno, tutor, defendo.* גָּנַן, idem. 2 Reg. XIX. 34. ὑπερασπιῶ ὑπὲρ τῆς πόλεως ταύτης, *tutabor* hanc urbem. f
Ita et apud Symm. Theod. LXX Ies. XXXI. 5. XXXVI. 6. Hesych. ὑπερασπιῶ, προΐσταμαι. — מִגֵּן Pih. *dedo, trado.* Prov. IV. 9. στεφάνῳ τρυφῆς ὑπερασπίσῃ με. Parum scite, judice Jaegero, quia corona ornando, non protegendo, homini inservit, nec confundendæ erant familiæ verbi מִגֵּן, *largiri,* et nominis מָגֵן, *clypeus,* quod, a גָּנַן oriundum, literam g
מ habet adventitiam. Eundem errorem apud LXX Hos. XI. 9. jam castigavit Fischerus de Verss. GG. p. 128. — מָגֵן, *clypeus.* Gen. XV. 1. ἐγὼ ὑπερασπίζω σου, ego *tutor* te, *tutamen* tuum *sum.* Vide et Prov. XXX. 5. Prov. II. 7. ὑπερασπιεῖ δὲ τὴν πορείαν αὐτῶν, *proteget* autem viam eorum. — הֶעֱבִיד et הוֹגִיעַ junctim, *servire facio, mœrore afficio.* h
Ies. XLIII. 24. sec. ed. Complut. Vide et Judith. V. 20. VI. 5. IX. 14. Sap. V. 17. In his locis omnibus metaphora desumta est a clypeis, qui olim sedentibus sub illis tutamen præbebant. Hoc enim clare patet ex illis Euripidis Phœniss. v. 1391. seq. ἧσσον δὲ λόγχαις, ἀλλ' ὑφίζανον κύκλοις, Ὅπως σίδηρος ἐξολισθαίνοι μάτην. *Clypei* hic vocantur κύκλοι, quæ vox proprie *orbes, circulos* denotat, a forma rotun- i
da, quam clypei habebant. Unde Homerus Il. Ε', v. 453. ἀσπίδας vocat εὐκύκλους, h. e. ut Scholiastes Minor ad h. l. interpretatur, περιφερεῖς, vel, ut Hesychius, στρογγύλους. Vide Spanhemii Obss. in Callim. p. 167. et 426. et notata supra in v. ὅπλον et ὅπλῳ κυκλόω.

ὙΠΕΡΑΣΠΙΣΜΟ'Σ, *protectio, propugnatio, defensio tanquam sub clypeo.* מָגֵן, *clypeus.* 2 Sam. XXII. 36. Psalm. XVII. 38. Symm. Psalm. LXXXIII. 12. — מְגִנָּה, *obtegu-*

a mentum, item, traditio. Thren. III. 64.

'ΥΠΕΡΑΣΠΙΣΤΗ'Ρ, *protegens clypeus*, metaph. *protector, defensor, propugnator.* מָגֵן. Ed. Quinta Ps. XVII. 38. Theod. Psalm. VII. 11. Symm. Theod. et Edit. Quinta Ps. XLVI. 10.

'ΥΠΕΡΑΣΠΙΣΤΗ'Σ, *protector, defensor, adjutor, qui tanquam clypeus* b *alios tegit.* *וְזִמְרָת, *laus.* Inc. Exod. XV. 2. (In Cod. laudato a Montf. Palæogr. p. 241. ὑπερασπιστὴς LXX Intt. tribuitur.) ubi vel sensum expressit (*carmine laudandus*, nempe *ob præsidium ac protectionem*), vel vere voci Hebr. hanc notionem tribuit. Certe Arab. خِصار *præsidium* notat. LXX habent σκεπαστής. — מָגֵן, *clypeus.* 2 Sam. XXII. 3. c 31. Psalm. XVII. 3. 33. et alibi. — מָעוֹז, *robur.* Psalm. XXVI. 2. XXVII. 11. XXX. 3. 5. — מְפַלֵּט, *liberator.* Psalm. XXXIX. 24. — *תִּקְוָה. Incert. Psalm. LXX. 5. Videtur sensum expressisse. 'Ο ὑπερασπιστὴς apud Inc. judice Kreyssigio rectius ad מָעוֹן v. 3., pro quo Interpres forsitan מעון legerit, vel ad גרן v. 7., quod Alex. σκεπαστὴς d vertit, referetur. Adde 4 Macc. III. 12. Hesych. ὑπερασπιστής, ἀντιλήπτωρ. Sic et apud Suidam exponitur φύλαξ, βοηθὸς, et in Lex. Cyrilli MS. Brem. ὑπέρμαχος, βοηθός.

'ΥΠΕΡΑΣΠΙ'ΣΤΡΙΑ, *propugnatrix.* 4 Macc. XV. 29. ὑπερασπίστρια τῆς εὐσεβείας.

'ΥΠΕΡΒΑΙ'ΝΩ, *transcendo, transgredior, transeo, prætereo, transilio.* e דִּלֵּג, *subsilio.* 2 Sam. XXII. 30. et Psalm. XVII. 32. ἐν τῷ Θεῷ μου ὑπερβήσομαι τεῖχος, auxilio Dei mei transcendam murum, seu *occupabo urbes.* Adde Homer. Il. M', 468. — הוֹסִיף Hiph. a יָסַף, *addo.* Job. XXXVIII. 11. μέχρι τούτου ἐλεύσῃ καὶ οὐχ ὑπερβήσῃ, huc usque venies et non *transcendes*, scil. ὅριον. — הִשִּׂיג Hiph. a נָשַׂג, *consequor.* Job. XXIV. 2. ἀσεβεῖς δὲ ὅριον ὑπερέβησαν, impii au- f tem terminum *transgrediuntur.* Vulgat. *transtulerunt.* — הִתְעַבֵּר Hithp. *excandesco.* Aqu. Symm. Theod. Prov. XX. 2. ubi ὑπερβαίνειν τινὰ notat *alicujus voluntati contrarie agere, violare alicujus mandata, peccare contra aliquem.* — עָבַר. 2 Sam. XVIII. 23. ὑπερέβη χουσὶ, *prævertit* Chusæum. Job. IX. 11. ἐὰν ὑπερβῇ με, si transierit me, ubi ὑπερ- g βαίνειν de *infestatione* seu, *invasione* accipiendum videtur. Mich. VII. 18. ὑπερβαίνων ἀδικίας τοῖς καταλοίποις, *condonans* peccatum reliquis. Symmach. Prov. XIX. 11. ubi ὑπερβαίνειν est *negligere, non curare*, et ex adjuncto *non punire ac ulcisci.* Vide supra s. παρέρχομαι.—פָּסַח, *transeo.* Aqu. Symm. Theod. Ies. XXXI. 5. ὑπερβαίνων. — פָּשָׂה, *expando me.* h Symm. Levit. XIII. 7. de lepra: ὑπερέβη, *diffundebat se.* Sir. XX. 6. ὁ δὲ λαπιστὴς καὶ ἄφρων ὑπερβήσεται καιρὸν, nugator et amens *transiliet* tempus, h. e. *non observabit* tempus, *præteribit* opportunitatem. 3 Macc. VI. 24. τυράννους ὑπερβεβήκατε ὠμότητι, tyrannos crudelitate *superastis.* Sic pro *antecellere, præstare*, ut sit i. q. ὑπερβάλλειν, legitur quoque apud Polyb. XII. 13. 1.

'ΥΠΕΡΒΑ'ΛΛΩ, *superjicio, super-* i *fluo, supero, excello, exsupero, abundo, supra modum ago*, item, *differo.* הִגְדִּיל Hiph. *magnum facio.* 1 Sam. XX. 40. Δαβὶδ ὑπερέβαλεν, David *superabat*, sc. omnes flendo. Vide ad h. l. Montfauconium et Homer. Il. Ψ', 673. — *הוֹסִיף Hiph. *addo.* Symm. Cohel. I. 16. ὑπερέβαλλον σοφίᾳ, *superavi* sapientia. Vulgat. *præcessi omnes sapientia.* Symmach. Cohel. II. 9. — יוֹתֵר, *reliquus, re-*

a *sidus*. Symm. Coh. XII. 9. ὑπερβάλ-
λον, *quod reliquum est*. — נִפְלָאוֹת,
mirabilia. Symm. Theod. Psalm.
LXXX. 1. CXXXVIII. 6. ὑπερβάλ-
λει με ἡ γνῶσίς σου, *superat* me scientia tua, h. e. *captum meum superat*,
nimis difficilis est ad intellegendum,
coll. Prov. XXX. 18. Sirac. V. 8.
μὴ ὑπερβάλλου ἡμέραν ἐξ ἡμέρας, ne
differ diem ex die. Sir. XXV. 14.
b φόβος κυρίου ὑπὲρ πᾶν ὑπερέβαλεν, timor
Domini super omne *excellit*. 2 Macc.
IV. 13. Ἰάσωνος ὑπερβάλλουσαν ἀνάγνειαν,
Jasonis *maximum* scelus. 2 Macc.
VII. 42. τὰς ὑπερβαλλούσας αἰκίας,
maxima tormenta. Ita Philo de Legat. ad Caium p. 692. ὑπερβάλλουσαν
ἡμερότητα, et p. 730. ὑπερβάλλουσαν
ὠμότητα, et Lib. de Josepho p. 374.
ὑπερβαλλούσας ἀρετὰς, *maxime emi-*
c *nentes* vel *insignes* virtutes appellat.
Conf. 2 Cor. III. 10. IX. 14. Eph.
I. 19. 2 Maccab. IV. 24. ὑπερβαλὼν
τὸν Ἰάσωνα (κατὰ) τάλαντα ἀργυρίου
τριακόσια, *superans* Jasonem talentis
argenti trecentis. Hesych. ὑπερβάλ-
λει, ὑπερακμῇ, ὑπερτίθεται, παραβαίνει, ἢ
ἐπαναφέρει εἰς συμβουλίαν. Proprie
verbum usurpatur de *vasis*, *quæ*
aquam quasi superjiciunt, vel *quæ*
d *aqua superfluunt*. Sic apud Herodotum Lib. I. c. 59. οἱ λέβητες ἐπεσ-
τεῶτες, καὶ κρεῶν τε ἐόντες ἔμπλεοι καὶ
ὕδατος, ἄνευ πυρὸς ἔζεσαν, καὶ ὑπερέβα-
λον. Vide et Lib. I. c. 58.

ʽΥΠΕΡΒΑΛΛΟΝΤΩΣ, *excellenter*,
supra modum, *nimis*. Vide supra
μεγάλως.

ʽΥΠΕΡΒΑΣΙΣ, *transitio*. פֶּסַח.
Aquila Ex. XII. 11. Sed a Theo-
e doreto Quæst. 24. in Exod. et in
Cat. Nicephori pag. 682. hæc vox
Symmacho tribuitur. Theodoretum secutus quoque est Drusius in
Fragm. Vet. Intt. GG. pag. 141.
Vide quoque ad h. l. Scharfenbergium. Apud Josephum A. J. II.
14. 6. ὑπερβασία seu potius ὑπερβα-
σίαι legitur.

ʽΥΠΕΡΔΙΚΑΖΩ, *causam alicujus*
ago, in lite defendo. הֵרִיב Hiph. a f
רוּב, idem. Aqu. Psalm. IX. 5. ubi
ὑπερδικάζειν τινὸς est *ulcisci injuriam*
alicui illatam. Vide supra s. v. δι-
κάζω.

ʽΥΠΕΡΔΙΚΕΩ, *patrocinor*, *defen-*
do in judicio. דִּין, *judex*. Symmach.
Psalm. LXVII. 6. ὑπερδικοῦντος. —
*הֵרִיב Hiph. a רוּב. Symm. Ps.
XLII. 1. ὑπερδίκησον, ubi Agellius
conjicit legendum ὑπερνίκησον (sic le- g
gitur in Cod. Vat.), minus recte,
judice Montfauconio. — *רִיב. Symmach. Psalm. CXVIII. 154. ὑπερδίκησον.

ʽΥΠΕΡΔΥΝΑΜΟΩ, *prævaleo*, *vin-*
co, *supero*, *opprimo*. גָּבַר, *validus*
sum. Psalm. LXIV. 3. λόγοι ἀνόμων
ὑπερεδυνάμωσαν ἡμᾶς, verba impiorum
prævaluerunt super nos. Suidas:
ὑπερεδυνάμωσαν, κατεδυνάστευσαν. h

ʽΥΠΕΡΕΙΔΩ, ex ὑπὲρ et εἴδω, *des-*
picio, *contemno*, *non respicio*, *negligo*,
et ex adjuncto: *auxilio desum*. הִסְכִּין
Hiph. *soleo*. Num. XXII. 30. ὑπεροράσει ὑπεριδοῦσα. Libere transtulerunt. Sermo enim ibi est de asina
sub Bileamo succumbente, in quo
est ὑπερόρασις et ὑπεριδεῖν. Ex aliorum
opinione legerunt הִסְכַּל—הֶעֱלִים:
הִתְעַלֵּם, Hiph. et Hithp., *abscon-* i
do, *abscondor*, ita ut mox sequatur
עַיִן, mox reticeatur. Levit. XX. 4.
ἐὰν δὲ ὑπερόψει ὑπερίδωσιν οἱ αὐτόχθονες,
si autem neglegentia *neglegant* in-
digenæ. Deuter. XXII. 3. οὐ δυνήσῃ
ὑπεριδεῖν αὐτὰ, non poteris *negligere*
illa. Vide et v. 4. Ps. LIV. 1. μὴ
ὑπερίδῃς τὴν δέησίν μου, ne *contemnas*
preces meas. Confer Sirac. II. 5.
XXXV. 14. — הִתְעַבֵּר Hithp. *ex-* k
candesco. Deut. III. 26. ὑπερεῖδε κύριος ἐμὲ ἕνεκεν ὑμῶν, καὶ οὐκ εἰσήκουσέ
μου, *despexit* me Dominus propter
vos, et non exaudivit me. Vide et
Ps. LXXVII. 65. 68. Symm. Ps.
LXXVII. 62. — *וָעַם, *indignor*.

a Zach. I. 12. — מָאַס. Lev. XXVI. 43. τὰ κρίματά μου ὑπερεῖδον, statuta mea *contemserunt*. Vide et v. 44. — מָעַל, *prævaricor*. Levit. XXVI. 40. παρέβησαν καὶ ὑπερεῖδόν με, transgressi sunt et *contemserunt* me. Vide et Num. V. 12. Suidas: ὑπεριδεῖν, τὸ καταφρονῆσαι. — מַעַל, *prævaricatio*. Num. XXXI. 16. ὑπεριδεῖν τὸ ῥῆμα κυρίου, *contemnere, negligere* verbum
b Domini. — עָזַב, *relinquo*. Job. VI. 14. ἐπισκοπὴ δὲ κυρίου ὑπερεῖδέ με, providentia autem Domini ad me *non respexit*, me *neglexit*. Confer Esth. XIII. 16. — עַל פְּנֵי, *in faciem*. Deut. XXI. 16. ὑπεριδὼν τὸν υἱὸν τῆς μισουμένης τὸν πρωτότοκον, *negligens* filium ejus, quam odio habet, primogenitum. Putarunt, עַל פְּנֵי h. l. significare *contra*, ac ita sen-
c sum non male expresserunt. — רָאָה, *video*. Gen. XLII. 21. ὑπερείδομεν τὴν θλῖψιν τῆς ψυχῆς αὐτοῦ, *neglecimus* afflictionem animæ ipsius. Putarunt, רָאָה h. l. notare *otiosum spectatorem esse*, adeoque *non curare aliquid*. Sic et nos voce **ansehen**, *to look on*, uti solemus. Vide et Job. XXXI. 19. Sirac. XXIII. 11. κἂν ὑπερίδῃ, si *despexerit*,
d h. e. *corrigere et expiare neglexerit secundum legem*, quæ nempe reperitur. Levit. V. 4. Sir. II. 12. *auxilio destituere*, coll. v. 11. Sirac. XXXVIII. 17. XXXII. 14. ὑπερίδῃ, ad quem locum referenda videtur glossa Hesychii: ὑπερίδῃ, καταφρονῇ. Tob. IV. 3. μὴ ὑπερίδῃς τὴν μητέρα σου, h. e. debita officia ipsi præsta, pie cole eam. Vide seq. 3 Esdr. II.
e 20. Vide supra παρεῖδω, et infra ὑπερόπτομαι.

ΥΠΕΡΕΙ'ΔΩ, ex ὑπὸ et ἐρείδω, *suffulcio, firmo*. הֵשִׁיב Hiph. a שׁוּב, *reverti facio*. 1 Reg. XIV. 29. ubi tamen al. pro ὑπερείδοντο rectius ἀπηρείδοντο habent. — חָצַב, *incido*. Prov. IX. 1. ὑπήρεισε στύλους ἑπτὰ, *firmabat* columnas septem. Bene ita verterunt, quia columnæ exciduntur, ut illis suffulciatur ædificium. — נִשְׁעַן f
Niph. *nitor*. Al. Job. VIII. 15. ἐὰν ὑπερείσῃ τὴν οἰκίαν αὐτοῦ, si *suffulserit* s. *firmaverit* domum suam. Hesych. ὑπερεῖδει, στηρίζει. Idem: ὑπερειδούσης, στηριζούσης. Lex. Cyrilli MS. Brem. ὑπερείδουσαν, ὑποστηρίζουσαν.

ΥΠΕ'ΡΕΙΣΜΑ, *sustentaculum*. סֹמֵךְ, *sustentans*. Symm. Ps. LIII. 6.

ΥΠΕΡΕΚΒΛΥ'ΖΩ, *superabundo*. g
פָּרַץ, *erumpo*. Al. Prov. III. 10. ὑπερεκβλύζωσι.

ΥΠΕΡΕΚΠΕΡΙΣΣΟΥ͂, *superabundanter, supra modum, vehementissime*. יַתִּירָה Chald. Dan. III. 23. ἡ κάμινος ἐξεκαύθη ὑπερεκπερισσοῦ, fornax autem succensa erat *superabundanter*. Gloss. Vett. ἐκ περιττοῦ exponunt *amplius*. Ὑπὲρ vero, quando præponitur, magis auget. h
Unde ὑπερεκπερισσοῦ est *vehementissime*. Quo sensu vox hæc etiam occurrit 1 Thes. III. 10. Conf. L. Bos ad h. l. p. 213. ac Lexicon N. T. s. h. v.

ΥΠΕΡΕΚΧΕ'Ω, *supereffundo, abundanter effundo*. אַתִּיר, *magnificus, validus*. Inc. Jud. V. 25. ὑπερεκχέοντες. Orta est hæc versio e scriptura vitiosa verbi ὑπερεχόντων, i
principum, quod Montfauconius ex ed. Rom. LXX tribuit. — הֵפִיק Hiph. a פּוּק, *educo*. Aqu. Proverb. XII. 2. — פּוּץ, *dispergor*. Arab. فيض, *redundavit fluxus, manavit*. Prov. V. 16. ὑπερεκχείσθω σοι τὰ ὕδατα ἐκ τῆς σῆς πηγῆς, *abundanter* tibi aquæ *effundantur* ex fonte tuo. Strabo IX. p. 657. ult. Eustath. in Il. Δ', p. 335. 22.

ΥΠΕΡΕΚΧΥ'ΝΟΜΑΙ, *superfluo*. הֵשִׁיק Hiph. a שׁוּק, *exundo, redundo*. Joël. II. 24. ὑπερεκχυθήσονται αἱ ληνοὶ οἴνου καὶ ἐλαίου, *superfluent* tora cularia vino et oleo. Eodem sensu verbum legitur Luc. VI. 38.

ὙΠΕΡΕΚΧΥΣΙΣ, *supereffusio.* אָפִיק, *alveus.* Aqu. Job. XL. 6. ὑπερεκχύσεις θυρεῶν, *supereffusiones* scutorum. Sed potest quoque accipi pro futuro verbi ὑπερεκχύνω, *superfundes scutis.* Heliod. Æthiop. p. 10. 17.

ὙΠΕΡΕΝΔΟΞΟΣ, *valde glorio-*
b *sus.* Cant. Tr. Puer. v. 23. 25. ubi de Deo O. M. adhibetur. Hesych. ὑπερένδοξος, ἄγαν ἔνδοξος.

ὙΠΕΡΕΠΑΙΡΩ, *valde elevo et extollo.* שָׂגַב Pih. et Niph. *in edito colloco.* Aqu. Ps. CVI. 41. ὑπερεπαρεῖ. Al. Psalm. CXXXVIII. 5. ὑπερεπήρθη, *valde in altum sublata est, valde sublimis est,* ita ut ad illam pertingere nequeam.

c ὙΠΕΡΕΠΑΡΣΙΣ, *superexaltatio.* מִשְׂגָּב, *locus editus, arx edita.* Aqu. Ps. XLVII. 4.

ὙΠΕΡΕΠΙΘΥΜΕΩ, *admodum seu supra modum cupio et concupisco.* תָּאַב. Symmach. Ps. CXVIII. 173. ὑπερεπεθύμησα.

ὙΠΕΡΕΧΩ, *superemineo, major sum, præstantior sum, præsum, dominor,* it. *supersum.* גָּדַל, *magnus*
d *sum.* Gen. XLI. 40. τὸν θρόνον ὑπερέξω σου ἐγὼ, quoad thronum tantum *major ero* te. Al. Gen. XXXIX. 9. ὑπερέχει, *major est.* Hesych. ὑπερέξουσι, μείζονες ἔσονται. — הֶאֱרִיךְ Hiph. *prorogo.* 1 Reg. VIII. 8. ὑπερεῖχε τὰ ἡγιασμένα, *eminebant* super sanctuaria. Al. 2 Par. V. 8. ὑπερεῖχον, *supereminebant.* — עָדַף, *redundo.* Lev. XXV. 27. ἀποδώσει,
e ὃ ὑπερέχει, τῷ ἀνθρώπῳ, reddet, quod *superest,* homini. Vide et Exod. XXVI. 13. — נִשְׂגַּב Niph. Al. Ps. CXLVIII. 12. — שְׁנָא Chald. *diversus sum.* Dan. VII. 23. ὑπερέξει πάσας τὰς βασιλείας, *præstantius erit* omnibus regnis. Sap. VI. 5. ἐν τοῖς ὑπερέχουσι, in illis, qui *præsunt,* seu: qui *dominantur.* Hesych. ὑπερέχοντι, ἐξουσιάζοντι. Confer Rom. XIII. 1. 1 Petr. II. 13. Sir. XXXIII. 7. διὰ f
τί ἡμέρα ἡμέρας ὑπερέχει; quare dies die *præstantior est?* Sirac. XLIII. 35. ὑπερέξει γὰρ καὶ ἔτι, nam et adhuc *major erit.*

ὙΠΕΡΖΕΩ, *vehementer ferveo, supra modum effervesco,* it. *circumfundor fervendo.* פַּחַז, *rapiditas, rapidus.* Symm. Gen. XLIX. 4. ὑπερζέσας ὡς ὕδωρ. Hesych. ὑπερζέσας, ἀναφλεχθείς. g

ὙΠΕΡΗΦΑΝΕΥΟΜΑΙ, *superbio, arroganter ago,* proprie, *supra alios eminere volo.* גַּאֲוָה, *superbia.* Ps. IX. 23. ἐν τῷ ὑπερηφανεύεσθαι, quod Zonaras Lex. 752. interpretatur ἐν τῷ ἐπαίρεσθαι. — גֵּוָה, idem. Theod. et LXX Job. XXII. 29. — הֲזָדָה Chald. infin. Aph. a זוּד. Dan. V. 22. — הֵזִיד Hiph. a זוּד. Nehem. IX. 16. Οἱ λοιποὶ Exod. XVIII. 11. h
Aqu. Deut. VII. 13. 18. 20. Vide et Tob. IV. 16. ubi ὑπερηφανεύεσθαι τῇ καρδίᾳ ἀπό τινος notat *animo elatum ab aliquo abhorrere.* Sir. X. 9.

ὙΠΕΡΗΦΑΝΕΩ, idem. הֵזִיד Hiph. a זוּד. Nehem. IX. 10. Al. Deut. I. 43. ὑπερηφανήσατε. 4 Macc. V. 21. ὁ νόμος ὑπερηφανεῖται, lex *cum superbia et insolentia violatur,* aut legis *auctoritas conculcatur.* i

ὙΠΕΡΗΦΑΝΕΙΑ, *superbia, arrogantia.* גַּאֲוָה. Aqu. Ezech. VII. 10. — זָדוֹן. 1 Sam. XVII. 28. — חָמָס, *violentia.* Ezech. VII. 11.

ὙΠΕΡΗΦΑΝΙΑ, idem, it. *injuria,* quæ est sæpissime effectus superbiæ ac arrogantiæ, etiam *impietas, perversitas.* בֶּצַע, *quæstus.* Exod. XVIII. 21. ἄνδρας δικαίους, μισοῦντας ὑπερηφανίαν, viros justos, odio habentes *injuriam.* בֶּצַע notat haud raro *lucrum turpe cum injuria acquisitum,* adeoque ad *omnis generis*

a *injurias* transfertur. — גַּאֲוָה. Ps.
XXX. 23. 31. XXXV. 12. et alibi.
Aqu. Quinta et Sexta Ed. Psalm.
XLV. 4. Theod. Prov. XIV. 3. —
גָּאוֹן. Ps. LVIII. 13. Prov. VIII.
13. Ezech. VII. 20. et alibi. —
גַּאֲוָה et גָּאוֹן junctim. Jerem.
XLVIII. 29. — גֵּאוּת. Ps. XVI.
11. — גֵּוָה. Dan. IV. 34. — זָדוֹן.
Deut. XVII. 12. Abd. 3. Aquila,
b Symm. Theod. Prov. XIII. 10. —
מַשָּׁאוֹת plural. *vastitates*. Psalm.
LXXIII. 4. Legerunt מַשּׂוּאוֹת
cum Sin, a נָשָׂא, *attolli, elevari*. —
עֹז, *robur*. Lev. XXVI. 29. — רַהַב.
Symm. Ps. LXXXVI. 4. — רָמָה
fœm. ex רָם, *excelsa*. Numer. XV.
28. — רְמִיָּה, *fallacia*. Ps. C. 9.
(Deduxisse videntur a רָמַם, *altum,*
elatum esse.) ποιῶν ὑπερηφανίαν, fa-
c ciens *injuriam*. Sic apud Hesychium ὑπερήφανος exponitur ἀγνώμων,
iniquus. — שָׁאוֹן, *tumultuatio*, h. l.
insolentia. Ps. LXXIII. 24. Sirac.
XV. 8. ubi ὑπερηφανία est pro ὑπερήφανοι, ut docet series orationis. Sir.
XVI. 9. de Sodomitis, οὓς ἐβδελύ-
ξατο διὰ τὴν ὑπερηφανίαν αὐτῶν, quos
puniit propter *impietatem*, coll. 3
Macc. II. 5. οἱ τὴν ὑπερηφανίαν ἐργα-
d ζόμενοι Σοδομῖται, *scelera* patrantes
Sodomitæ. Sic גַּאֲוָה Ps. XXXI.
24. Adde 1 Macc. II. 47. In Additam. Esther. XVI. 8. (12.) secundum Drusium *excellentiam* seu
excellentem dignitatis gradum, de
quo in antecedentibus sermo fuerat, significat, uti גָּאוֹן quoque adhibetur. Confer eundem ad Job.
XXXVII. 4. Sir. XXII. 24. quan-
e do aliquis arroganter se super amicum extollit, eumque despicit ac
deprimit.

ὙΠΕΡΉΦΑΝΟΣ, *superbus, ar-
rogans*, it. *injuriosus*, it. *impius,*
scelestus, h. e. qui ita est animo
elato, ut neminem neque Deum
curet, sed omnia sibi esse licita
putet. אָבִיר, *potens, validus*. Symm.
Ps. LXXV. 5. ὑπερήφανοι τὴν καρδίαν.
— גֵּאֶה. Job. XL. 7. Ps. XCIII. f
2. CXXXIX. 5. — *גָּאוֹן, *superbia*.
Aqu. Psalm. XLVI. 4. secundum
Theodoretum τὸ ὑπερήφανον. In Catena Corderii legitur ὑπερηφανίας,
quod Semlero rectius videtur. —
גְּאֶיוֹנִים plur. Psalm. CXXII. 5.
— גָּבֹהַּ, *elatus*. Ps. C. 7. Theod.
Job. XLI. 25. — גּוֹי, *gens*. Soph.
III. 7. ubi pro גּוֹיִם legerunt
גֵּאִים, h. e. *superbos*. — זֵד. Psalm. g
CXVIII. 21. 51. 69. 78. Jerem.
XLIII. 2. Aqu. Symmach. Psalm.
XVIII. 14. Aqu. Mal. IV. 1. —
*זָדוֹן. Symm. Prov. XXI. 24. —
לֵץ, *derisor*. Proverb. III. 34. Ies.
XXIX. 20. qui superbia elatus con-
temtim de numine Israëlitarum locutus fuerat. Causam pro effectu
posuerunt. — עָרִיץ, *tyrannus*. Ies.
XIII. 11. — רַהַב, *superbia*. (Sic h
vocatur hic Ægyptus ob summam
superbiam.) Ps. LXXXVIII. 11.
— רָם, *excelsus, elatus*. 2 Sam.
XXII. 28. Job. XXXVIII. 15. Ps.
XVII. 30. Sir. XI. 31. ὑπερήφανος,
impius, scelestus. Vide Ib. XXXV.
18. coll. v. 17. Addit. Esth. XIV.
2. ἀντὶ τῶν ὑπερηφανῶν ἡδυσμάτων, pro
unguentis, quibus primores superbiæ causa vulgo uti solent. Conf. i
v. 11. Versio antiqua: *pro ambitio-*
sis odoraminibus. Ibid. I. 13. ὑπερήφανος Chald. עמלקאה, *Amalecita*,
respondere videtur, ubi Vet. Arundel. ἀπερίτμητος habet.

ὙΠΕΡΗΦΑ'ΝΩΣ, *superbe, arroganter*. *בְּגֵאוּת, *in superbia*. Symm.
Psalm. XVI. 10. sec. Catenam PP.
GG. in Psalmos T. I. p. 289. Adde
2 Macc. IX. 4. 12.

ὙΠΕ'ΡΘΥΡΟΝ, *superliminare*,

a *limen superius.* אַיִל. Aqu. Symm. Theod. Ezech. XL. 21. — אַמּוֹת סִפִּים, *postes liminum.* Ies. VI. 4. *Omne summum rei* apud Hebræos dicitur *mater.* — מַשְׁקוֹף, *locus* vel *pars ædificii, ubi est projectura,* vulgo: *superliminare.* Aquila Exod. XII. 7.

'ΥΠΕΡΙΣΧΥ'Ω, *prævaleo, supero.* אָמֵץ. Symm. Genes. XXV. 33. — b הִכְתִּיר Hiph. *cingo.* Hab. I. 4. ὑπερισχύει κατὰ δικαίου. Vox Hebr. h. l. Latino *circumvenire* respondet, ut adeo LXX recte ita transtulerint. — חָזַק. 2 Sam. XXIV. 4. — חֲצַף Chald. *urgeo.* Dan. III. 22. τὸ ῥῆμα τοῦ βασιλέως ὑπερίσχυσεν, regis voluntas moram non patiebatur. — *יָכֹל seq. ל. Inc. Ps. CXXVIII. 2. ubi vid. Montf. — עָצַם, *corro-* c *boror.* Dan. XI. 23. Symm. Psalm. XXXVII. 20. — *שָׂגַב, *robustus sum, exalto me.* Symmach. sec. cod. 108. Holm. Deut. II. 36. ὑπερίσχυσε. — תָּקַף, *prævaleo, robore vinco.* Symm. Cohel. IV. 12. ὑπερίσχυσε. Vide et 3 Esdr. III. 5. ὃς ὑπερισχύσει, sc. σοφίᾳ, qui præcellat sapientia, coll. v. 10.

'ΥΠΕ'ΡΚΕΙΜΑΙ, *superjaceo, su-* d *perpositus sum, superior sum, excello, supero.* נִשְׁקַף Niph. *prospecto.* Symm. 1 Sam. XIII. 18. ὑπερκείμενος, *superjacens.* — עָלָה עַל, *ascendo supra.* Prov. XXXI. 29. σὺ δὲ ὑπέρκεισαι (additur ὑπερῇρας, et, ut videtur, ex Scholio, vel alio quodam interprete. Confer Drusium Miscell. Cent. I. c. 24.) πάσας, tu autem *præstantior es* omnibus. — e קוּט וְהִשְׁחִית. *fastidio et perdo.* Ezech. XVI. 46. κατὰ μικρὸν ὑπέρκεισαι αὐτὰς ἐν πάσαις ταῖς ὁδοῖς σου, propemodum *superas* illas in omnibus viis tuis. Sumitur h. l. malo sensu, ut sit *superare aliquem male ac perverse agendo.* Lex. Cyrilli MS. Brem. ὑπέρκεισαι, ὑπερβάλλεις. Inde forte et apud Hesychium ita legendum pro ὑπερκείσῃ, ἀναβάλλεις.

'ΥΠΕΡΚΕΡΑ'Ω seu ὑπερκεράζω, f *quasi cornu impetendo insequendoque profligo atque dissipo, cornua hostium circumvenio, cornua extendendo hostem a tergo claudo, supero hostem.* Judith. XV. 6. 1 Macc. VII. 46. ὑπερκέρων αὐτούς. Vulg. *ventilabant eos cornibus,* quod de la Cerda in Adversar. Sacr. cap. 80. 16. explicat *minacibus terrebant atque insultabant vocibus.* Vide Lipsium g Lib. II. Saturn. cap. 19. Confer Æliani Tact. c. 49.

'ΥΠΕΡΚΡΑΤΕ'Ω, *supero, superior* s. *firmior sum, prævaleo.* חָזַק, *validus sum.* 1 Reg. XVI. 22. ὑπερεκράτησε τὸν λαὸν, superabat populum.

'ΥΠΕΡΚΡΙ'ΝΟΜΑΙ, *prævaleo in judicando, judicio supero.* זָכָה, *purus sum.* Aqu. Psalm. L. 5. ὑπερκριθῇς, *superior judiceris, palmam ex* h *judicio et lite feras.* Lectio ὑπερνικηθῇς, quam Drusius protulit ac Montfauc. repetiit, est merum vitium librarii.

*'ΥΠΕΡΛΕΙ'ΠΩ, *relinquo, reservo.* נִשְׁאַר. 1 Sam. XIV. 36. ὑπερλείπωμεν. Ita legitur in quibusdam editt. et codd. Holm. loco ὑπολείπωμεν, sed perperam, judice L. Bos.

'ΥΠΕΡΜΑΧΕ'Ω, *propugno, decerto pro aliquo.* גֹּאֵל part. *redimens.* i Symm. Psalm. LXXVII. 39. ὑπερεμάχησε. — הֵרִיב Hiph. a רִיב, *contendo, causam ago.* Symm. Deut. XXXIII. 7. αἱ χεῖρες αὐτοῦ ὑπερμαχήσουσιν αὐτῷ. Vulg. *manus ejus pugnabunt pro eo.* Ita Procop. Cat. Nic. p. 1658. Symm. Ies. LI. 23. ὑπερμαχήσει τοῦ λαοῦ αὐτοῦ, *decertabit* pro populo suo. Vide et Symm. Hos. X. 6. ὑπερμαχοῦντι sec. cod. Barb. — *רַב, *magnus,* h. e. *qui* a *potentia valet et robore.* Symm. Ies. LXIII. 1. Legit רָב a רִיב. Vulg. *propugnator sum.* De varia constructione hujus vocis cum accusativo, dativo et genitivo videndus Hase ad Leonis Diaconi Historiam p. 207. seq.

ὙΠΕΡΜΑ'ΧΗΣΙΣ, *propugnatio.* פָּסַח. Symm. Exod. XII. 11. Interpretatio hæc forte defendi potest
b eo, quod et LXX verbum פָּסַח reddunt σκεπάζω. Fortasse tamen ὑπερμάχησις ortum est e scriptura vitiosa verbi ὑπέρβασις, quod accuratius Hebr. respondet. Cæterum reperitur hæc vox quoque apud Schol. Il. Ε', v. 623.

*ὙΠΕΡΜΑ'ΧΟΜΑΙ, *propugno* (Gloss. Vett.), *defendo.* Symmach. (sec. Caten. Niceph. p. 201.) Gen.
c XV. 1. ὑπερμάχομαι καθάπερ ὅπλον, *tueor* te, s. *propugno* te, veluti clypeus, pro Hebr. אָנֹכִי מָגֵן לָךְ, *ego clypeus tibi.*

ὙΠΕ'ΡΜΑΧΟΣ, *qui pro aliquo pugnat, propugnator.* Sap. X. 20. XVI. 17. (Vulg. *vindex.*) 2 Macc. VIII. 36. XIV. 34.

*ὙΠΕΡΜΑ'ΧΩ, i. q. ὑπερμαχέω, quod vide. הֵרִיב Hiph. a רִיב.
d Symmach. sec. Hieron. Hos. X. 6. ὑπερμάχοντι. Fortasse tamen reponendum est ὑπερμαχοῦντι. Vid. Hase ad Leonis Diaconi Historiam pag. 208.

ὙΠΕΡΜΕΓΕ'ΘΗΣ, *permagnus, prægrandis.* אַדִּיר, *magnificus.* Aqu. Ies. XXXIII. 21. Psalm. XV. 2. Aqu. Symmach. Psalm. LXXV. 5. XCII. 4. — אִישׁ מִדָּה, *vir men-*
e *suræ,* h. e. *homo quidam immanis staturæ.* 1 Par. XX. 5. — נִפְלָאוֹת part. plur. Niph. a פָּלָא, *mirabilia.* Theod. Job. IX. 10. ὑπερμεγέθη. — נוֹרָאוֹת part. plur. Niph. *terribilia.* Symm. 2 Sam. VII. 23. Vide et Dan. IV. 34. sec. cod. Chis.

ὙΠΕΡΜΕ'ΓΕΘΟΣ, *excelsa magnitudo.* הוֹד, *gloria, majestas.* Aqu. Ps. VIII. 2.

ὙΠΕΡΜΗ'ΚΗΣ, *prælongus, per-* f
quam procerus. אִישׁ מִדָּה, *vir mensuræ,* h. e. *immanis staturæ.* Num. XIII. 33.

*ὙΠΕΡΝΙΚΑ'Ω, *efficio, ut aliquis, in judicio vincat, defendo, tueor causam alicujus,* i. q. ὑπερδικέω. הֵרִיב. Symm. Psalm. XLII. 1. ubi pro ὑπερδίκησον Agellius legit ὑπερνίκησον, quod, quia verbum inusitatius est, equidem præferrem. He- g
sychius: ὑπερνικᾷ, ἀντιμάχεται, ubi vide Intt. Philoxen. Gloss. ὑπερνικηθεῖσαν, *superatis.* Id. ὑπερνικῶ, *exupero.*

ὙΠΕ'ΡΟΓΚΟΣ, *prætumidus, magnus, excelsus, arduus, difficilis, mensuram excedens, durus.* גָּדוֹל. Exod. XVIII. 22. τὸ δὲ ῥῆμα τὸ ὑπέρογκον (Schol. μέγα) ἀνοίσουσιν ἐπί σε, res *graviores* deferant ad te. — נִפְלָא Niph. *mirabilis sum.* 2 Sam. XIII. h
2. ὑπέρογκον ἐν ὀφθαλμοῖς. Vulg. *difficile ei videbatur,* sc. amore ejus frui. Bene quoad sensum. Quæ enim sunt mirabilia, ea difficulter effici ac proferri possunt. — נִפְלָאוֹת plur. fœm. particip. Niph. *mirabilia.* Dan. XI. 36. ἐπὶ τὸν Θεὸν τῶν Θεῶν λαλήσει ὑπέρογκα, adversus Deum deorum loquetur *prætumida, superba* vel *impia.* Conf. Ep. Jud. v. 16. et ad h. l. Elsnerum p. 430. i
— פְּלָאִים plur. ex פֶּלֶא, *miracula,* i. e. *mirabiliter.* Thren. I. 10. κατεβίβασεν ὑπέρογκα, deturbavit *excelsa.* — קָשֶׁה, *durus, gravis.* Ex. XVIII. 26. τὸ δὲ ῥῆμα ὑπέρογκον ἀνέφερον πρὸς Μωυσῆν, res autem *difficiliores* deferebant ad Mosen. Præterea quoque legitur Dan. V. 11. sec. cod. Chis. ubi nihil respondet in textu. Gloss. in Octat. ὑπέρογκον, μέγα, ὑψηλόν. Sic et apud Hesych. et in Lex. Cyrilli MS. Brem. exponitur,

a et in illo præterea additur ὑπέρμετρον, in hoc vero ὑπέρτερον, pro quo pariter ὑπέρμετρον reponendum videtur. Vide Hemsterhus. ad Lucian. Dial. Mortuor. p. 427.

'ΥΠΕ'ΡΟΓΚΟΣ ΕἸΜΙ', *difficilis sum.* נִפְלָא Niph. *mirabilis sum.* Deut. XXX. 11. ἡ ἐντολὴ οὐχ ὑπέρογκός ἐστι, præceptum non *difficile* est.

b 'ΥΠΕΡΟ'ΓΚΩΣ, *vehementer, admodum.* פְּלִילִיָּה, *judicio.* Theodot. Ies. XXVIII. 7. Ita Bielius. Sed tunc Theodotio legisset פֶּלֶא aut פְּלִיא, qui tamen mihi videtur illud ὑπερόγκως, quod æque ac ἠσωτεύθησαν ad תָּעוּ referendum est, de suo addidisse, sensus exornandi causa. Vide supra s. v. ἀσωτεύω.

'ΥΠΕΡΟΝ, *pistillum.* עֱלִי, idem.
c Aqu. Theod. Prov. XXVII. 22. ἐν ὑπέρῳ, pro quo in Concordantiis Trommianis vitiose scriptum est ἐν ὑπερῴῳ. Vide illas in v. ἀτιμάζω et ὑπερῷον. Præterea legitur Proverb. XXIII. 31. περιπατήσεις γυμνότερος ὑπέρου, *ambulabis nudior pistillo:* quæ verba Jaegerus ad h. l. transtulit ad יִתְהַלֵּךְ נְמֵי שָׁרִים, ita ut legerint בְּמֵירְשִׁים, *inter medicos,* a
d יָרַשׁ, quod v. 21. πτωχεύειν reddunt, quia significationem sæpe confundit cum רוּשׁ. Cæterum γυμνότερος ὑπέρου proverbio Græco, quod apud Suidam exstat voce 'Υπέρου περίτροπος, dicitur *homo extrema paupertate.* Conf. Erasmi Adag. Chil. IV. Cent. 3. n. 48. Lex. Cyrilli MS. Brem. ὑπέρου, κοπανιστηρίου.

'ΥΠΕΡΟ'ΠΤΟΜΑΙ, *despicio, des-*
e *pectui et contemtui habeo, contemno, negligo.* הִתְעַלֵּם Hithp. *abscondo me.* Ies. LVIII. 7. ἀπὸ τῶν οἰκείων τοῦ σπέρματός σου οὐχ ὑπερόψει (Attice pro ὑπερόψῃ), genere tibi cognatos non *despicies,* vel non *negliges.* — כָּשַׁל, *impingo.* Levit. XXVI. 37. ὑπερόψεται ὁ ἀδελφὸς τὸν ἀδελφὸν, *despiciet* frater fratrem — לְנִדָּה הָיָה, *in impuritatem sum,* h. e. *tanquam impurus æstimor.* Ez. VII. 19. τὸ χρυσίον f
αὐτῶν ὑπεροφθήσεται, aurum illorum *contemnetur.* — עָזַב, *relinquo.* Jos. I. 5. οὐκ ἐγκαταλείψω σε, οὐδὲ ὑπερόψομαί σε, non relinquam te, neque *neglegam* te. — רָאָה, *video.* Inc. et LXX Deut. XXII. 4. οὐχ ὑπερόψει τὸν ὄνον τοῦ ἀδελφοῦ σου, non *negleges* asinum fratris tui. Bene quoad sensum.

'ΥΠΕΡΟ'ΡΑΣΙΣ, *contemtus.* הַסְכֵּן g
inf. Hiph. *consuescendo, solendo.* Num. XXII. 30. μὴ ὑπεροράσει ὑπεριδοῦσα ἐποίησά σοι οὕτως; num ullum aliquid contra te *neglexi,* aut *non observavi?* Sensum expresserunt, aut legerunt הִסְכַּל. Vide supra s. v. ὑπερείδω. — *חָרַשׁ. Esth. IV. 14. in Usserii ed. altera. Præterea legitur Ezech. XLVII. 12. ubi nihil est in textu Hebr. Sed irrepsit pro ὑπεράρσει, tanquam varia interpreta- h
tio.

'ΥΠΕΡΟΡΑ'Ω, *despicio, contemno, negligo.* 'Υπεροράομαι, *non videor, non conspicior, lateo.* הֶעְלִים Hiph. *abscondo, occulto.* Ps. IX. 22. Vide et Sir. XIV. 8. 2 Macc. VII. 11. 23. — *נַעֲלָמָה, *abscondita.* Nah. III. 11. sec. cod. Vat. ὑπερεωραμένη. — *תַּעֲלֻמָה, *absconditum.* Symm. Job. XXVIII. 11. ἀπὸ δὲ ὑπερορωμένου προῆλθε φῶς, ubi ὑπεροράσθαι est i
latere, absconditum esse. Legit autem וּמִתַּעֲלֻמָה convenienter parallelismo sententiarum. Vulg. *abscondita in lucem produxit.*

'ΥΠΕΡΟΡΙ'Α, *regio extra fines sita.* Alciphr. I. 11. שְׁפֵלָה, *planities.* Inc. Jos. XV. 33. ἐν ὑπερορίᾳ, in *extremo fine.* E conjectura nempe Montfauconii, quam tamen repudiat textus Hebraicus. Vide infra s. v. ὑπερωρία. Josepho A. J. XVII.

a 12. ὑπερορία significat exteram regionem. Vide Bonfrerium in Ruth. I. 2. p. 419.

ὙΠΕΡΟΧΗ', *eminentia.* גְּבֹהָה fœm. ex גָּבֹהַּ, *alta.* 1 Sam. II. 3. μὴ λαλεῖτε ὑψηλὰ εἰς ὑπεροχὴν, ne loquimini sublimia ad *eminentiam*, s. abstinete a dictis istis ferocibus. Cf. 1 Cor. II. 1. 2 Macc. III. 11. ἀνδρὸς ἐν ὑπεροχῇ κειμένου, viri in *eminen-*
b *tia* positi vel constituti. Confer 1 Tim. II. 2. 2 Macc. VI. 23. τῆς τοῦ γήρως ὑπεροχῆς, senectutis *eminentiæ.* 2 Macc. XV. 13. θαυμαστὴν δέ τινα καὶ μεγαλοπρεπεστάτην εἶναι τὴν περὶ αὐτὸν ὑπεροχὴν, mirabilem vero quandam et valde decoram esse circa illum *majestatem.* Lex. Cyrilli MS. Brem. ὑπεροχὴν, ἐξοχὴν, μεγαλειότητα. Dicitur quoque in ma-
c lam partem. 2 Macc. XIII. 6. τινῶν ἄλλων κακῶν ὑπεροχὴν πεποιημένον, qui et alia facinora *immania* patraverat. Ita quoque apud Josephum B. J. Lib. IV. c. 3. p. 276. ed. Hav.

ὙΠΕΡΟ'ΧΗΣΙΣ, *eminentia, locus prominens.* אֵילָם, *vestibulum.* Symm. Ezech. XL. 21.

ὙΠΕ'ΡΟΨΙΣ, *contemtus, despectio.* הַעְלֵם (seq. עַיִן) infin. Hiph.
d *occultando.* Levit. XX. 4. ubi pro ὑπερόψει alii habent κρύψει.

*ὙΠΕΡ'Ρ'Α'ΠΤΩ, *insuper suo, consarcino.* Sir. L. 1. sec. Vat. ὑπέῤῥαψεν οἶκον, ubi Alex. ὑπέραψεν habet. Potest tamen etiam ab ὑποῤῥάπτω deduci, quod vide infra.

*ὙΠΕΡΤΗ'ΚΩ, *colliquefacio.* 4 Macc. VII. 12. διὰ τοῦ πυρὸς ὑπερτηκόμενος, igne *liquefactus*, aut *fere*
e *combustus.* Vocem ὑπερτήκω habet Hedericus, sed præstare dicit ὑπεκτήκω. At e Strabone (T. III. pag. 391. ed. Siebenkees.) affert Schneider, ubi nullum est dubium.

ὙΠΕΡΤΙ'ΘΕΜΑΙ, *differo.* הִתְעַבֵּר Hithp. ab עָבַר, *excandesco.* Inc. Deut. III. 26. Vide supra s. ἀνυπερθεσία. — הֵפִיר Hiph. a פּוּר. Prov. XV. 23. ubi ὑπερτίθενται vertere mallem *differre coguntur*, nempe ob consilii inopiam. — יָחַל, *spero,* f *exspecto.* 1 Sam. XIII. 8. ubi loco ἀνέμεινεν in vers. Symmachi, ut in Hexaplis notatur, Alius habet ὑπερέθετο sec. cod. Coislin. — סָגַר, *claudo, præcludo.* Symm. Levit. XIII. 11. οὐχ ὑπερθήσεται, h. e. non *differet* publicam declarationem purgationis, quod fiebat iterata occlusione. Suidas: ὑπερτίθεται, ἀναβάλλεται.

*ὙΠΕΡΤΙΜΑ'Ω, *supra modum honoro.* 4 Macc. VIII. 4. ὑπερτιμῶν, *maximi faciens.* g

*ὙΠΕΡΤΙΠΑΜΠΛΗΘΗ'Σ, *permultus, valde multus, plurimus.* 2 Macc. VIII. 20. sec. Ald. ὠφέλειαν ὑπερτιπαμπληθῆ, ubi scribendum ὑπερπαμπληθῆ, aut potius ὑπέρ τι παμπληθῆ. Sic olim apud Strabon. Lib. II. p. 209. l. 12. ed. rec. male conjunctim legebatur ὑποτισωζομένους pro ὑπό τι σωζομένους, ubi vid. Casaub.

ὙΠΕΡΤΜΝΗΤΟ'Σ, *admodum laudabilis*, aut *omni laude major.* Cant. Tr. Puer. v. 23. 24. ubi de Deo dicitur. h

ὙΠΕΡΥΨΟ'Ω, *super-* seu *valde exalto*, it. *laudo, celebro.* נַעֲלָה Niph. *elatus sum.* Psalm. XCVI. 10. σφόδρα ὑπερυψώθης ὑπὲρ πάντας τοὺς θεοὺς, valde *exaltatus es* super omnes deos. Conf. Phil. II. 9. — עָרִיץ, *violentus.* Ps. XXXVI. 37. εἶδον τὸν ἀσεβῆ ὑπερυψούμενον, vidi impium *valde exaltatum.* Scil. עָרִיץ h. l. est *dives, opulentus, potens*, et ex adjuncto *felix.* Hanc vero significationem quoque habent omnia derivata a voce i ὕψος. — רוֹמֵם Pih. a רוּם. Dan. IV. 34. αἰνῶ καὶ ὑπερυψῶ καὶ δοξάζω τὸν βασιλέα τοῦ οὐρανοῦ, laudo et *valde exalto* et celebro regem cœli. Conf. Cant. Tr. Puer. v. 27. et 28.

ὙΠΕΡΦΕ'ΡΕΙΑ, *præstantia, excellentia, elatio, superbia.* גָּאוֹן. Aqu.

a Job. XX[illegible] ὑπερφερείας (Vulg. *magn[illegible]*), et Prov. XVI. 19.

'ΥΠΕΡΦΕΡΗ'Σ, *præstans, qui excellit, præcellens, elatus, superbus.* גָּאוֹן, *elatio.* Aquil. Ps. XLVI. 5. ὑπερφερές. Vide supra s. v. ὑπερήφανος. — גְּאֵיוֹנִים, *superbi.* Aqu. Ps. CXXII. 4. — יַתִּיר Chald. Dan. II. 31. ἡ ὄψις αὐτοῦ ὑπερφερής, aspectus ejus *præcellens.* Hesych. ὑπερφερές,
b μέγα ὑπὲρ φύσιν ἢ ὑπεράγον. Sic enim legendum pro ὑπεράγων.

'ΥΠΕΡΦΕ'ΡΩ, *fero super* vel *ultra, transveho, supero, superior, excellentior, præstantior sum, præcello.* שְׁנָא Chald. *diversus sum.* Dan. VII. 24. ὃς ὑπεροίσει πάντας τοὺς ἔμπροσθεν, qui *superior erit* omnibus prioribus. — *תַּקִּיפָא, *fortis.* Dan. VII. 7. sec. Chis. ὑπερφέρουν ἰσχύϊ. 3 Esdr.
c VIII. 77. αἱ ἄγνοιαι ἡμῶν ὑπερήνεγκαν ἕως τοῦ οὐρανοῦ, peccata nostra *exaltata sunt s. attingunt, pertingunt* usque ad cœlum, Hebr. גָּדַל, coll. Esdr. IX. 7. Suidas: ὑπεροίσειν, ὑπερβαλεῖν, ὑπερενεγκεῖν. Idem verba hæc ex scriptore antiquo adducit: Ὁ δὲ τὸ φρόνημα μέγα, ὡς καὶ τὸν Ἀλέξανδρον ὑπεροίσειν, ἐκέκτητο.

*'ΥΠΕΡΦΟΒΟΣ, *qui valde timet,*
d *meticulosus,* item passive: *admodum formidabilis.* דְּחִילָה יַתִּירָה, *formidolosa abundanter.* Dan. VII. 19. ὑπέρφοβου sec. cod. Chis. Adde Xenoph. de Re Equestri c. 8. ac Dion. Cass. pag. 880. 32. Reim.

'ΥΠΕΡΦΡΟΝΕ'Ω, *plus sapio, insolesco, superbio, despicio.* מָאַס, *contemno.* Symmach. Job. XXXI. 13. ὑπερεφρόνησα, ubi sermo est de eo, qui *cum contemtu denegat alteri jus suum.*
e — גַּאֲוָה, *elatio, superbia.* Symm. Job. XLI. 6. ὑπερφρονεῖ προερχόμενος ἐν θυρεοῖς, *insolescit* procedens cum scutis. Accepit גַּאֲוָה non pro nomine, sed pro tertia persona fœm. sing. præt. mutato He in Vau.

'ΥΠΕΡΦΩΝΕ'Ω, *elata voce clamo* vel *canto.* Judith. XV. 17. ὑπερεφώνει πᾶς ὁ λαὸς τὴν αἴνεσιν ταύτην, *elata* vel *alta voce cantabat* populus hoc canticum.

'ΥΠΕΡΧΑΡΗ'Σ, *valde lætus, perquam gaudens.* שָׂמֵחַ. Esth. V. 9. f
Adde 3 Macc. VII. 20.

'ΥΠΕΡΧΕ'ΟΜΑΙ, *superfluo, redundo.* הֵשִׁיק Hiph. a שׁוּק, *superfluo.* Joël. III. 13. ὑπερχεῖται τὰ ὑπολήνια, *superfluunt* torcularia.

'ΥΠΕ'ΡΧΟΜΑΙ, *clam venio,* etiam *subeo* vel *introëo.* אֹתִיּוֹת part. plur. fœm. ab אָתָה, *venio.* Al. Ies. XLIV. 7. ubi tamen pro ὑπερχόμενα Cod. Alex. et al. rectius ἐπερχόμενα habent. 3 Macc. IV. 6. αἱ νεάνιδες γα- g
μικὸν ὑπεληλυθυῖαι παστὸν, virgines, quæ nuptialem *subierant* thalamum. Vide quoque Josephum A. J. V. 5. p. 290. Hav.

'ΥΠΕΡΧΥ'ΟΜΑΙ, *superεffundor,* ac simpliciter: *effundor.* צוּף, *effluo.* Thren. III. 53. ὑπερεχύθη ὕδωρ ἐπὶ τὴν κεφαλήν μου, *effusa est* aqua in caput meum.

'ΥΠΕΡΩΜΙ'Α, *quod super humeros est, collum cum capite.* מִשְּׁכְמוֹ, h
ab humero. 1 Sam. IX. 2. ὑπερωμίαν καὶ ἐπάνω ὑψηλὸς ὑπὲρ πᾶσαν τὴν γῆν, *parte superhumerali* et supra elatior erat omni terra. Quid LXX Intt. impulerit, ut ad vocem Hebr. haud difficilem transferendam inusitato usi fuerint substantivo, causa apparet nulla. Non male itaque apud illos pro ὑπερωμίαν divisim legeretur ὑπὲρ (quod sæpius præfixo מ re- i
spondet) ὠμίαν, *supra humerum.* Eadem medela quoque afferenda est loco 1 Sam. X. 23.

'ΥΠΕΡΩ͂ΙΟΝ, sc. οἴκημα, *domus superior, cœnaculum.* עֶלְיוֹן, *excelsus.* Ezech. XLI. 7. ἐκ τῶν κάτωθεν ἀναβαίνωσιν ἐπὶ τὰ ὑπερῷα, ex inferioribus adscendant ad *superiores ædes.* — עֲלִיָּה. 2 Sam. XVIII. 33. ἀνέβη εἰς τὸ ὑπερῷον τῆς πύλης, ascendit in *ædes superiores* portæ. Vide et 1 Reg. XVII. 19. 22. 2 Reg. I. 2. (ubi vid. Hexapla.) Ps. CIII. 3. et alibi. — עִלִּית Chald. Dan. VI. 10. — קַרְקַע, *fundum*. 1 Reg. VII. 7. ἀπὸ ἐδάφους ἕως ὑπερῴου. Ita ex mera conjectura transtulerunt, quia non commode dici posse putabant *a pavimento usque ad pavimentum*. Fortasse tamen respexerunt radicem קָרַר Hebræis inusitatam, quæ Chald. Syr. *frigere* et Arab. *quiescere* notat. Vide et Tob. III. 18. Plenius Lucianus in Asino p. 107. dixit οἴκημα ὑπερῷον, et Pollux Lib. I. c. 8. segm. 81. ὑπερῷα οἰκήματα. Atticis ὑπερῷον dicebatur διῆρες. Mœris: Διῆρες, Ἀττικῶς, ὑπερῷον, κοινόν. Vide Eurip. Phœn. v. 90. ubi διῆρες ἔσχατον Scholiastes interpretatur ὑπερῷον ἔσχατον. Et in διῆρες pariter οἴκημα vel δωμάτιον subaudiendum esse, patat ex Polluce L. IV. segm. 129. ubi διῆρες δωμάτιον memorat. Sic et διήρης aliquando dici pro διήρης οἶκος discimus ex illis Etymologi: διήρης, ὁ ὑπερῷος οἶκος. Vox autem ὑπερῷον contracta est ex ὑπερώϊον. Hesych. ὑπερώϊον, ὑπερῷον, ἀνώγαιον οἴκημα. Ita apud Homer. Il. Β', v. 21. Παρθένος αἰδοίη, ὑπερώϊον εἰσαναβᾶσα. Vide et Odyss. μ', v. 516. et plura de voce ὑπερῷον apud Wolfium ad Act. I. 13. pag. 66. Thom. Shawi Itinerarium p. 189. nec non in Lexico N. T. s. h. v.

ὙΠΕΡΩ͂ΙΟΣ, *superior*. עֶלְיוֹן, idem. Ezech. XLII. 4. οἱ περίπατοι οἱ ὑπερῷοι, *ambulacra superiora*. Ita θάλαμος ὑπερῷος, *thalamus superior*, apud Plutarch. Pelop. p. 297. et ὑπερῷαι στοαὶ apud Dionys. Hal. Lib. III. p. 201. Conf. L. Bos. ad Act. I. 13. p. 66.

* ὙΠΕΡΩΡΙ͂Α. שְׁפֵלָה, *planities*. Inc. Jos. XV. 33. ἐν ὑπερωρίᾳ sec. Cod. Basil. Montfauconius conjecit ὑπερορίᾳ. Ex Scharfenbergii sententia haud dubie scripsit ἐν ὑπωρείᾳ, in *regione montibus subjecta*, h. e. *planitie*. Nam, ut observavit Masius Comment. in Jos. p. 200., ὑπώρειαι a Græcis dicuntur *ea loca, ubi montes collesve in campos se porrigunt et projiciunt*. Suidas: ὑπώρεια, ἡ ὑπὸ τὸ ὄρος πεδιάς.

ὙΠΕΥ͂ΘΥΝΟΣ, *obnoxius reddendæ rationi, reus, obnoxius*. Hinc:

ὙΠΕΥ͂ΘΥΝΟΣ ΓΙ΄ΝΟΜΑΙ, *obnoxius fio*. שׁוּב, *revertor*. Proverb. I. 23. ὑπεύθυνοι ἐγένοντο ἐλέγχοις, *obnoxii facti sunt* exprobrationibus. Verba Hebraica sonant: *convertimini ad increpationem meam*, h. e. *admittite disciplinam meam*, unde luculenter apparet, ὑπεύθυνον h. l. *subjectum* in universum notare. Hes. ὑπεύθυνος, ἔνοχος, ὑποκείμενος.

ὙΠΕ΄ΧΩ, *sustineo, tolero, fero*. *נָשָׂא, *fero*. Psalm. LXXXVIII. 49. — סָבַל, *bajulo*. Thren. V. 7. Vide et 2 Macc. IV. 48. et confer Ep. Jud. v. 7. Hesych. ὑπέχει, ὑπομένει, ὑφίσταται, δίδωσιν.

ὙΠΗ΄ΚΟΟΣ, *obediens*, it. *subditus, subjectus*. לָמַס, *in tributum*, h. e. *tributarius*. Jos. XVII. 13. ἐποίησαν τοὺς Χαναναίους ὑπηκόους, Chananæos faciebant sibi *subjectos*. — מוּסָר, *castigatio*. Prov. XIII. 1. ὑπήκοος πατρὶ, *obediens* patri. — *מִשְׁמַע, *auditus*. Symm. 2 Sam. XXIII. 23. ubi ὑπήκοος dicitur, *qui alicui est a secretis*. Vulg. *auricularius a secreto*. In textu Hebr. legitur אֶל־מִשְׁמַעְתּוֹ. Vide supra s. v. ὑπακοή. — עָבַד, *servio*. Deuter. XX. 11. ἔσονταί σοι φορολόγητοι καὶ ὑπήκοοί σου, erunt tibi tributarii et *subjecti* tibi. — רַךְ, *tener*. Proverb. IV. 3. υἱὸς γὰρ ἐγενόμην κἀγὼ πατρὶ ὑπήκοος, filius enim eram et ego patri *obediens*. Sc. רַךְ non modo de ætate ac corpore intellegi potest, sed etiam de animo cereo illo et tractabili. Solent præterea liberi adhuc teneri præ adula tioribus obedientes esse. — שֹׁמֵעַ part. *audiens*. Proverb. XXI. 28. ubi tamen Jaegerus conjicit legendum ὑπήκοος, qua tamen conjectura facile supersedere possumus.

'ΥΠΗΡΕΣΙ'Α, *ministerium*, proprie: *naves administræ earum, quæ armatos portant*. Est enim ex ὑπὸ et ἐρέσσω seu εἰρεσία, *remigatio*. Vide Duker. ad Thucyd. VI. 31. et Reisk.
b Ind. in Demosthen. עֲבֹדָה, idem. Job. I. 3. Vide et Sap. XIII. 11. XV. 7. In priori loco legitur: εἰς ὑπηρεσίαν ζωῆς.

'ΥΠΗΡΕΤΕ'Ω, *ministro*. לְמַס עֹבֵד, *in tributum servi*, h. e. *tributarius*. Aqu. Symm. Genes. XLIX. 15. ὑπηρετῶν. Vide et Sap. XVI. 21. 24. 25. XIX. 6. Sirac. XXXIX. 4.

'ΥΠΗΡΕ'ΤΗΣ, *minister, servus*.
c כִּילַי, *avarus*. Ies. XXXII. 5. Respexerunt notionem *sustentandi alimentis*, quam habet כּוּל, aut legerunt כִּלַּי. — עֶבֶד, *servus*. Proverb. XIV. 37. — מְשָׁרֵת part. Pih. *ministrans*. Al. Proverb. XXIX. 12. Vide et Sap. VI. 4. Hesych. ὑπηρέτης, δοῦλος.

'ΥΠΙΣΧΝΕ'ΟΜΑΙ, *promitto, polliceor, affirmo*. Sap. XVII. 8. 2 Macc.
d IV. 9. VIII. 11. ubi pro ὑπισχνούμενον repone ὑποσχόμενος. Hesych. ὑπισχνεῖται, ὁμολογεῖ, συντίθεται, ἐπαγγέλλεται.

'ΥΠΝΕ'Ω, *dormio, somnum capio*. יָשֵׁן, verbale, *dormiens*. 1 Sam. XXVI. 12.

'ΥΠΝΟΣ, *somnus, somnium*, it. *concubitus*. חֲזוֹן לַיְלָה, *visio noctis*. Ies. XXIX. 7. — חָלַם, *somnio*. Ies.
e XXIX. 8. ἐν ὕπνῳ. — חֲלוֹם, *somnium*. Genes. XX. 3. 6. XXXI. 10. 11. 24. et alibi. Symm. Ies. XXIX. 7. καθ' ὕπνους, *per somnos*, quasi loco כ legerit ב. Suspicor tamen, scribendum esse καθὼς ὕπνος, *sicut somnus s. somnium*. Postulat hanc correctionem textus Hebr., ubi legitur כַּחֲלוֹם, præterea impressa lectio sensum fundit admodum incommodum. — יָשֵׁן, *verbale*. Hos. VII. 6. ὅλην τὴν νύκτα ὕπνου 'Εφραΐμ f
ἐνεπλήσθη. Non vocem יָשֵׁן pro substantivo habuerunt, ut fortasse aliquis suspicari posset, sed ad יָשֵׁן pertinet tota formula ὕπνου ἐνεπλήσθη, conjungenda illa cum ὅλην τὴν νύκτα. 1 Sam. XXVI. 7. καθεύδων ὕπνῳ ἐν λαμπήνῃ. Sine dubio pro ὕπνῳ reponendum est ὑπνῶσιν, ut habet ed. Compl. Syllaba σιν ob sequens ἐν facile excidere potuit. — *נֶגֶב, *meridies*. 1 Sam. XX. 41. sec. cod. g
Alex. et Inc. ἀπὸ τοῦ ὕπνου. Si lectio sana est, nec loco ὕπνου reponendum νότου, per ὕπνον *somnus meridianus* intellegendus est, cui Orientales indulgere solent, ita ut post ὕπνου omissum sit μεσημβρίας aut μεσημβρινοῦ. — נֹפֵל part. *cadens*. Numer. XXIV. 4. ἐν ὕπνῳ. Non male quoad sensum. נָפַל per metonymiam antecedentis pro consequente notat quoque *stratum jacere*, 1 Sam. V. 3. 4. h
Jud. III. 25. ut πίπτειν apud Homer. Il. Χ. 200. — שֵׁנָה. Gen. XXVIII. 16. XXXI. 40. Jud. XVI. 15. 21. et alibi sæpius. — תַּרְדֵּמָה. Inc. Genes. II. 21. Sirac. XIII. 17. ἐν ὕπνῳ σου, *quasi in somnis*, hoc sensu: *æstima, verba ejus non esse veracia, sed fallacia, sicut somnia*. Sap. IV. 6. ὕπνος honeste de *concubitu* dicitur: ἐκ γὰρ ἀνόμων ὕπνων τὰ τέκνα γεννώμενα. Syrus: *liberi ex illegitimo* i
congressu procreati. Alii: *a pravis parentibus nati filii*.

'ΥΠΝΟ'Ω, *dormio*, i. q. ὑπνέω, it. *mortuus sum*. הֵלִין Hiph. a לִין, *pernocto*. Jud. XIX. 4. Inc. 2 Sam. XIX. 7. Adde Joël. I. 13. — יָשֵׁן. Genes. II. 21. Job. III. 13. Psalm. III. 5.

a et alibi sæpius. Psalm. XLIII. 25. ad quem locum respiciens Zonaras Lexic. 1785. habet: Ὑπνοῦν τὸν Θεὸν γέγραπται, ὅταν μακροθυμεῖ. ὡς τὸ, ἵνα τί ὑπνοῖς, κύριε; Psalm. CXX. 4. οὐ νυστάξει, οὐδὲ ὑπνώσει, ὁ φυλάσσων τὸν Ἰσραὴλ, non dormitabit, neque *dormiet* custos Israëlis. Similiter poëta incertus apud Stobæum Ecl. Phys. Lib. I. c. 7. de Jove: οὐχ εὕδει Διὸς
b ὀφθαλμός. — יָשֵׁן, verbale, *dormiens.* Psalm. LXXVII. 71. Suidas ad h. l. ὕπνος, ἐπὶ Θεοῦ, ἡ μακροθυμία. Confer quoque Psalm. XLIII. 27. — נִרְדָּם Niph. *defatigor.* Jerem. XIV. 9. ὑπνῶν. Legerunt נִרְדָּם. — נוּם, *dormito.* Psalm. LXXV. 5. ὕπνωσαν ὕπνον αὐτῶν, dormierunt somno suo. — *רָנַן. Symm. Psalm. LXXXIX. 14. ἵνα ὑπνώσωμεν. Si lec-
c tio sana est, pro וּנְרַנְּנָה, *et ovabimus,* legit וְנֵרָדְמָה, a רָדַם, *somno obdormivit.* Mallem tamen meam facere ingeniosam conjecturam Semleri, qui ὑμνώσωμεν reponere mavult. Certe reliqui habent αἰνέσωμεν. — שַׁאֲנַן Pih. a שָׁאַן, *tranquille ago.* Jerem. XLVI. 26. — שֵׁנָה, *somnus.* Proverb. III. 24. VI. 10. — שָׁכַב, *cubo.* Inc. 2 Sam. IV. 7. ὕπνωσε. Sir.
d XLVI. 23. Samuel μετὰ τὸ ὑπνῶσαι προεφήτευσε, post *mortem* adeo prophetam egit.

ὙΠΝΩ'ΔΗΣ, *somnolentus.* נוּמָה, *dormitio.* Proverb. XXIII. 21.

ὙΠΟ', *sub,* it. *a, ab.* אַחַר, *post.* Exod. III. 1. ἤγαγε τὰ πρόβατα ὑπὸ τὴν ἔρημον, duxit oves *in* desertum. — בֵּן, *filius.* Jon. IV. 11. ἐγενήθη ὑπὸ νύκτα καὶ ὑπὸ νύκτα ἀπώλετο, nocte nata est, et nocte periit. Bene quoad
e sensum. — בְּיַד, *in manu.* Exod. XVI. 3. πληγέντες ὑπὸ κυρίου, percussi *a* Domino. — לְעֻמַּת, *e regione.* Exod. XXV. 26. XXXVII. 13. — לִפְנֵי, *coram facie.* Jos. XVIII. 1. Job. VIII. 16. XXI. 8. — מִפְּנֵי, *a facie.* Ies. VII. 2. — *נֹשְׂאֵי, *portantes.* Symm. 2 Sam. VIII. 2. ὑπὸ φόρον. Secutus est eum pro more Vulg. *sub tributo,* interpretatione minime incommoda. — פֶּתַח, *janua.* f
1 Reg. XIX. 13.— בְּצֵל, *sub umbra.* Ies. XXX. 2. — לִקְרַאת, *in occursum.* Ex. XIV. 27. ἔφυγον ὑπὸ τὸ ὕδωρ, fugiebant *sub* aquam. — *תַּחַת, *sub.* Hebr. Int. Job. IX. 13. — בְּתַחְתִּית, *in inferiore.* Exod. XIX. 17. παρέστησαν ὑπὸ τὸ ὄρος, stabant *ad radicem* montis. Sirac. III. 19. ὑπὸ ἀνθρώπου δεκτοῦ. Vulg. legisse videtur ὑπὲρ, sed ὑπὸ est h. l. i. q. πρὸ, *præ.* Sic quoque vertit Syrus. g

ΕἸΜΙ` ὙΠΟ', *sum sub.* תֻּכָּה לְרַגְלַיִם *in medio collocor inter pedes,* seu *junctus sum pedibus.* Deuter. XXXIII. 3. — Vide alibi ἄγγελος, αὐτὸς, κῆτος, οὐρανὸς et πνεῦμα.

*ὙΠΟΒΑ'ΛΛΟΜΑΙ, *reædifico, restauro, iterum exstruo ædificium.* 3 Esdr. II. 18. ναὸν ὑποβάλλονται. Vulg. *templum suscitant.* Chald. חוּט, *re-sarcire,* i. e. *restaurare,* coll. Esdr. h
IV. 12. ubi LXX habent ἀνυψοῦν, et Josephus A. J. XI. 2. p. 549. Hav. ἀνεγείρουσι.

ὙΠΟΒΑ'ΛΛΩ, *subjicio, substerno, pono fundamentum.* הִפִּיל Hiph. a נָפַל, *cadere facio.* Symmach. Jos. XXIII. 4. ὑπέβαλον. Polyb. XIII. 6. 2. ὑποβάλλειν θεμέλιον τυραννίδος. — *הִרְבִּיץ, *accumbere* s. *coire facio.* Symm. sec. cod. 128. Holm. Levit. i
XIX. 19. — *עָנָה, *respondeo.* Dan. III. 9. sec. cod. Alex. ubi pro ὑποβαλόντες reponendum ὑπολαβόντες. Sic apud Ælian. H. An. XIII. 1. κατέλαβε pro κατέβαλε, et apud Lu-

cian. in Hermotimo c. 6. περιβαλεῖν pro περιλαβεῖν.

'ΥΠΟΒΛΕ'ΠΟΜΑΙ, *torve aspicio, limis oculis adspicio, suspectum habeo, subdole observo.* עָוַן, q. d. *oculans, oculis observans, suspiciosis* vel *malevolis oculis observans.* 1 Sam. XVIII. 9. ἦν Σαοὺλ ὑποβλεπόμενος τὸν Δαβὶδ, Saul *suspectum habebat* Davidem. Vulg. *non rectis oculis adspiciebat.* Joseph. A. J. VI. 10. 1. φοβεῖσθαι καὶ ὑποπτεύειν ἤρξατο τὸν Δαυίδην. Sic quoque apud Callim. Cerer. 52. ὑποβλέπειν est *tueri oculis immitibus* Ovid. Metam. VI. 623. Suidas: ὑποβλεπόμενος, ὑπονοῶν, ἐχθραίνων, ἐπιτηρῶν. In Lex. Cyrilli MS. Brem. pariter exponitur ὑπονοῶν. Sir. XXXVII. 10. μὴ βουλεύου μετὰ τοῦ ὑποβλεπομένου σε, ne consulta cum eo, qui te *suspectum habet.* Complut. vertunt: ne consilieris cum eo, qui te *reveretur:* nam ex tui metu et reverentia consulet dicetque, non id quod sentit, sed quod tibi placere et gratum esse scit. Lex. Vet. ὑποβλέπομαι, *suspicor.*

'ΥΠΟ'ΓΑΙΟΣ, *subterraneus.* תַּחַת אוֹצָר, *sub thesauro* s. *ærario.* Jer. XXXVIII. 11. τὴν ὑπόγαιον. Legisse videntur תַּחַת אֶרֶץ.

'ΥΠΟ'ΓΕΙΑ, sc. μέρη, *subterranea.* שׁוּחוֹת plur. *foveæ.* Symm. Psalm. CXVIII. 85. *foveæ subterraneæ.*

'ΥΠΟΓΡΑΜΜΟΣ, *exemplar, lineamentum, præscriptum.* 2 Macc. II. 29. ἐπιπορεύεσθαι τοῖς ὑπογραμμοῖς τῆς ἐπιτομῆς, *lineamenta* epitomes sequi. Stephanus le Moyne Obss. ad V. S. p. 513. "Omnes lineæ et formæ, quibus erat insistendum, ut aliquid regulare redderetur, et rite procederet, vocabantur ὑπόγραμμα et ὑπογραμμός. Sic Auctor 2 Macc. l. l. sic Petrus (1 Ep. II. 21.), sic Polycarpus (Ep. ad Philipp.) utuntur ista voce ὑπογραμμῷ pro linea minio ducta, cui debent operarii insistere, et pro delineatione, forma, regula, exemplo, ad quod opera dirigi debent." Lexic. Cyrilli MS. Brem. ὑπόγραμμον, τύπον ἢ μίμημα. Conf. et Wolfium ad 1 Petr. l. c. p. 120. ac Lexicon N. T. s. h. v.

'ΥΠΟΓΡΑ'ΦΩ, *subscriptione approbo, postea* vel *infra scribo, subscribo, subjungo, præscribo.* 1 Macc. VIII. 25. ὡς ἂν ὁ καιρὸς ὑπογράφῃ αὐτοῖς, prout tempus *præscribet* illis, seu: *ut tempus præfinitum, præstitutum eis fuerit.* Vide et v. 27. 2 Macc. IX. 18. τὴν ὑπογεγραμμένην ἐπιστολὴν, *subjunctam* epistolam. Vide et 3 Esdr. II. 16. 2 Macc. IX. 25. γέγραφα τὰ ὑπογεγραμμένα, scripsi *subscripta:* ubi vid. Baduellus et Grotius. Ibid. XI. 17.

'ΥΠΟ'ΓΥΙΟΣ et 'ΥΠΟ'ΓΥΟΣ, *qui est præ manibus* (ex ὑπὸ et γυῖον, *manus*), *instans, propinquus.* 2 Maccab. XII. 31. τῆς τῶν ἑβδομάδων ἑορτῆς οὔσης ὑπογυΐου, vel, ut al., ὑπογύου, cum festum hebdomadum *instaret* s. *propinquum esset.* Suidas: ὑπόγυον, ἐγγύτερον.

'ΥΠΟ'ΔΕΙΓΜΑ, *exemplum, exemplar.* תַּבְנִית. Aqu. Deut. IV. 17. Vide et Sir. XLIV. 15. 2 Maccab. VI. 28. 31. Lexic. Cyrilli MS. Brem. ὑπόδειγμα, σημεῖον, παράδειγμα. Pro ὑπόδειγμα rectius dici παράδειγμα tradit Phrynichus, sed contrarium docuerunt Intt. ad illum. Confer quoque Lex. N. T. s. h. v.

'ΥΠΟΔΕΙ'ΚΝΥΜΙ, *indico, ostendo, demonstro.* *הֵבִין Hiph. a בִּין, *intellegere facio.* Dan. X. 14. sec. cod. Chis. — הִגִּיד Hiph. a נָגַד, *indico.* 2 Paral. XX. 2. ὑπέδειξαν τῷ βασιλεῖ, *indicabant* regi. Vide et Esther. II. 10. 20. IV. 6. VIII. 1. Dan. IX. 23. sec. cod. Chis. — *הוֹדִיעַ, *notifico.* Dan. II. 17. sec. cod. Chis. — הוֹרָה Hiph. a יָרָה, *doceo.* 2 Par. XV. 3. Symm. Ex. XXIV. 12. — *הִשְׂכִּיל. Dan. IX. 22. sec. cod. Chis. — יָרָה, *doceo.* Symm. Psalm. XXIV. 9. 13. Ps.

a CXVIII. 33. Psalm. XLIV. 5. — כָּלַם Niph. *erubesco.* Jer. XXXI. 19. כָּלַם in l. Arab. notat *loqui, dicere, eloqui.* Sed Theodor. codd. Paris. et Norimb. habent ibi, fortasse rectius, ὑπέδειξα loco ὑπέδυξα. — סִפֵּר Pih. *narro.* Esth. V. 11. ubi ὑποδεῖξαι est i. q. ἐπιδείξασθαι, h. e. *ostentare, jactare.* 3 Esdr. II. 24. Chald. הוֹדַע, coll. Esdr. IV. 16.
b coll. Joseph. A. J. XI. 2. p. 550. ed. Hav. δηλῶσαι. Tob. XII. 5. ubi *narrare* aut *celebrare* notat. Sirac. III. 22. πλείονα συνέσεως ἀνθρώπων ὑπεδείχθη σοι, plus tibi *demandatum est,* quam vulgo putatur. Avocat enim lectores a πολυπραγμοσύνῃ. Dionys. Hal. Lib. VIII. cap. 18. p. 1540. Reisk. Sir. XIV. 12. διαθήκη ᾅδου οὐχ ὑπεδείχθη σοι, tempus cer-
c tum mortis non *innotuit* tibi. Tob. IV. 1. ὑποδεικνύειν simpliciter positum notat *edocere de ultima voluntate.*

'ΥΠΟΔΕΙ'ΚΤΗΣ, *commonstrator.* מוֹרֶה, *docens.* Symmach. Psalm. LXXXIII. 7.

'ΥΠΟΔΕ'ΧΟΜΑΙ, *suscipio, excipio.* Tob. VII. 9. ὑπεδέξαντο προθύμως. 1 Macc. XVI. 15.

d 'ΥΠΟΔΕ'Ω, *subligo,* it. *calceo, calceos induo.* נָעַל. Al. 2 Paral. XXVIII. 15. ὑπέδυσαν.

'ΥΠΟ'ΔΗΜΑ, *calceus, calceamentum.* מִנְעָל. Deut. XXXIII. 25. — נַעַל. Gen. XIV. 23. Exod. III. 5. XII. 11. et alibi saepius. — *עָלַם in Hiph. *occulto, abscondo.* 1 Sam. XII. 3. ubi pro אַעְלִים legerunt נַעֲלַיִם. — רֶגֶל, *pes.* Nehem. IX.
e 21. — *סַרְבָּלִין, *omne tegumentum corporis,* a סַרְבֵּל, *tegere.* Dan. III. 21. sec. cod. Chis. — Ἕως ὑποδημάτων, *ad calceamenta usque,* est proverbium, et significat: *ne minimum quidem.* Sir. XLVI. 12. de Samuele: χρήματα καὶ ἕως ὑποδημάτων ἀπὸ πάσης σαρκὸς οὐκ εἴληφε, h. e. *ne minimum quidem* donum ab ullo homine accepit, coll. Gen. XIV. 23.

'ΥΠΟΔΙΔΑ'ΣΚΩ, *doceo, erudio.* הֵבִין Hiph. a בִּין, *intelligere facio.* f
Nehem. VIII. 9. ὑπεδίδασκον τὸν λαὸν εἰς τὸν νόμον, *erudiebant* populum in lege.

'ΥΠΟΔΙΠΛΩΣΙΣ, *subduplicatio, vel duplicitas.* כֶּפֶל, *duplum.* Symmach. Job. XLI. 5. Schol. Lycophr. Alex. v. 771.

'ΥΠΟΔΥ'ΤΗΣ, *subucula, vestis interior.* כְּתֹנֶת, *tunica.* Aqu. Symmach. Theod. Levit. VIII. 13. — g
מְעִיל, *pallium.* Exod. XXXIX. 21. ἐποίησαν τὸν ὑποδύτην ὑπὸ τὴν ἐπωμίδα, faciebant *subuculam* sub pallium humerale. Vide et Lev. VIII. 7. et al. Esdr. IX. 5. ὑποδύτην pro ἐπαλλόμην, quod inde depravatum videtur. Nisi dicere velis, quod ἐπαλλόμην ortum sit ex ὑποδύτην, qua voce LXX alias quoque Hebr. מְעִיל reddere solent. Vide in ὑποδύτης. Suidas: ὑποδύτην, τὸ ἐσώτερον h
ἱμάτιον. 'Επενδύτην δὲ, τὸ ἐξώτερον. Sic et Lex. Cyrilli MS. Brem. et Hesychius.

'ΥΠΟΔΥ'Ω, *induo sub,* item *calceo, calceos induo,* item *subeo.* בּוֹא, *venio.* Symm. Job. XLI. 4. ὑποδύσεν, *intrabit, ingredietur.* — *חָסָה, *confido, spero,* etiam *confugio.* Jud. IX. 15. sec. cod. Oxon. Qui arborem subit, is expectat ab ea tute- i
lam contra tempestatem aut ardorem solis. 'Υποδύειν est h. l. *se conferre in alicujus tutelam.* — נָעַל: הִנְעִיל, Kal et Hiph. 2 Paral. XXVIII. 15. ὑπέδυσαν αὐτοὺς, *calceaverunt* illos. Ezech. XVI. 10. ὑπέδυσά σε ὑάκινθον, *calceos* tibi *indui* ex hyacintho confectos. 'Υποδύειν est *subire* aliquando seu *subtus induere,* h. e. infra aliam vestem. Tamen apud Pollucem quoque Lib. II. cap. 4. de iis, quae ad pedes pertinent, legitur ὑποδύσασθαι. Judith.

a VI. 15. ὑποδύσονται ὑποκάτω τοῦ ὄρους, cum subiissent subtus montem.

*ΥΠΟΖΕ'Ω, *ferveo, bullio, excandesco.* בָּאַשׁ, *foeteo.* Exod. VII. 18. sec. Compl. ὑποζέσει ὁ ποταμὸς, fervebit vel effervescet fluvius. Ex sententia Corn. a Lapide ad h. l. aliis punctis legerunt בָּאֵשׁ, *in igne,* sc. erit, h. e. fervebit fluvius. Sed rectius fortasse hæc omnia referun- b tur ad ὑπόζω.

'ΥΠΟΖΥ'ΓΙΟΝ, sc. κτῆνος, *jumentum subjuge.* אָתוֹן, *asina.* Jud. V. 10. — חֲמוֹר, *asinus.* Symm. et LXX Genes. XXXVI. 27. Exod. IV. 20. XX. 17. Jud. I. 14. 2 Sam. XVI. 2. ubi pro ὑποζύγια Complut. ὄνοι. Lexic. Cyrilli MS. Brem. ὑποζύγια, ὄνους. Hesychius: ὑποζύγια, κτήνη τὰ ὑπὸ τὸν ζυγόν. Lex. c Vet. ὑποζύγιον, *jumentum subjugium.* Conf. L. Bos Ellips. Gr. p. 97. et Drusium ad Job. XXIV. 3.

'ΥΠΟ'ΖΥΓΟΣ, *subjugus, subjugalis.* Sir. LI. 34. τὸν τράχηλον ὑπόθετε ὑπόζυγον, collum supponite jugo: ubi tamen Boeckelio (in Speciminibus Novæ Clavis in Græcos Intt. V. T. etc. Lips. 1820. 4.) p. 15. melius in duas voces sejungi d videtur: ὑπὸ ζυγόν.

*ΥΠΟ'ΖΩ, *suboleo,* it. *computresco.* בָּאַשׁ, *foeteo.* Exod. VII. 18. sec. Compl. ὑποζέσει, ubi alii libri ὑποζέσει habent.

'ΥΠΟΖΩ'ΝΝΥΜΙ, *succingo.* 2 Maccab. III. 19. ὑπεζωσμέναι δὲ ὑπὸ τοὺς μαστοὺς αἱ γυναῖκες σάκκους, *succinctæ* autem sub mammas mulieres ciliciis.

e 'ΥΠΟ'ΘΕΜΑ, *suppositum, quod subtus ponitur, pedamentum, basis, fulcimentum.* מַחְתָּה, *acerra.* Exod. XXV. 38. — מְכוֹן, Aqu. 1 Reg. VII. 27. ὑποθέματα.

*'ΥΠΟ'ΘΕΣΙΣ, *argumentum, de quo agitur, controversia.* 4 Macc. I. 12. Photius: ὑπόθεσις, περιοχή, *allatio.* Vide quoque Hesychium s. v. ὑποθέσεις.

'ΥΠΟΘΡΑΥ'ΟΜΑΙ, *clam confringor,* aut *leviter vulneror.* 2 Maccab. f IX. 11. ubi alii libri τεθραυσμένος habent.

*'ΥΠΟΚΑΙ'Ω, *succendo, suburo.* Pass. ὑποκαίομαι, *cremor.* דוּגָה, *piscatio.* Amos IV. 2. εἰς λέβητας ὑποκαιομένους. Vulg. *in ollis ferventibus.* Videntur legisse דוּדָה a דּוּר, *rogus, strues lignorum rotunda.* — דּוּר, nomen, *pyra,* vel verbum, g *pyram struo.* Ezech. XXIV. 5. coll. Exod. I. 14. — נָפַח, *spiro.* Jer. I. 13. Præterea legitur Dan. III. 25. et 46. sec. cod. Chis. Adde 4 Macc. XI. 18.

'ΥΠΟΚΑΛΥ'ΠΤΩ, *subtego, obtego.* גָּלָה, *revelo.* Nah. II. 6. ubi tamen al. pro ὑπεκαλύφθη rectius ἀπεκαλύφθη. — כָּסָה Pih. *tego.* Jerem. III. 25. ὑπεκάλυψεν ἡμᾶς ἡ ἀτιμία h ἡμῶν, *obtexit* nos ignominia nostra.

'ΥΠΟΚΑ'ΤΩ, *subter, infra, inferne.* לְמַטָּה. Deut. XXVIII. 13. — מִתַּחַת. Al. Deut. VII. 24. — תַּחַת, *sub.* Ezech. XXIV. 5. — תַּחְתּוֹן, *inferior.* 1 Reg. VI. 6. Ex. XL. 19. Tob. II. 5. ἐγενήθησαν ὑποκάτω καὶ οὐκ ἐπάνω, et facti sumus *inferiores,* h. e. *subjecti et subjugati,* non autem (secundum promissionem divinam Deut. XXVIII. 13.) i *superiores.*

'ΥΠΟΚΑ'ΤΩΘΕΝ, *inferne.* *מִתַּחַת. Theod. Job. XXVI. 5. — תַּחְתּוֹן. Ezech. XLII. 4. et 6. XLIII. 15. — תִּכוֹן, *medianus.* 1 Reg. VI. 8. Secundum nonnullos derivarunt a כּוּן, ex Houbigantii vero sententia legerunt cum Chaldæo הִתַּחְתּוֹנָה, *inferioris.*

'ΥΠΟ'ΚΕΙΜΑΙ, *supponor, subjaceo, adjaceo.* יֵשׁ, verbum, *sum.* Job. XVI. 4. εἰ ὑπέκειτό γε ἡ ψυχὴ ὑμῶν ἀντὶ τῆς ἐμῆς, utinam *supponeretur* anima vestra pro mea. Symmach. εἴθε ὑμεῖς τοῖς ἐμοῖς ὑπέκεισθε πάθεσι, utinam vos *subjecti* s. *obnoxii essetis* iisdem malis, quæ mihi sunt perferenda. In textu Hebr. legitur: *utinam esset anima vestra pro anima mea.* Jam cum conditio Jobi tunc temporis esset miserrima, apparet, Symmachum sensum verborum Hebr. recte expressisse. Habet vero ὑποκεῖσθαι fere semper notionem *mali* et *molesti* sibi adjunctam. 3 Esdr. VIII. 9. οὗ ἐστιν ἀντίγραφον τὸ ὑποκείμενον, cujus copia *adjecta est.* Vide et 1 Macc. XII. 7. ὡς τὸ ἀντίγραφον ὑπόκειται, ut exemplum *subjectum* monstrat ac declarat. Syrus: *ut literæ monstrant.*

ʽΥΠΟΚΡΙ΄ΝΟΜΑΙ, *hypocritam ago, simulo, respondeo.* נָשָׂא, *attollo.* Ies. III. 6. ὑποκριθεὶς ἐν τῇ ἡμέρᾳ ἐκείνῃ ἐρεῖ, *respondens* die illo dicet. Suidas: ὑποκρίνεσθαι, τὸ ἀποκρίνεσθαι οἱ παλαιοί. καὶ ὑποκριτὴς ἐντεῦθεν, ὁ ἀποκρινόμενος τῷ χορῷ. Θουκυδίδης ζ'. Εἰ δ' οὐδὲν ὑποκρίνοιντο, διεφθείροντο καὶ οἱ Ἴωνες. οὕτως Ἡρόδοτος· Οἱ μὲν ταῦτα ὑποκρινάμενοι Ἀθηναίων ἀπηλλάσσοντο. Hesychius: ὑποκριθῆναι, ἀποκριθῆναι. Vide quoque præter Ernestium ad Xenoph. Mem. S. I. 3. 1. Alberti Obss. in N. T. p. 45. et Raphelii Annotatt. ex Herodoto ad Matth. XVI. 3. p. 167. — נִרְגָּן part. Niph. *susurro, murmurator.* Symm. Prov. XVI. 28. ὑποκρινόμενος, *qui hypocritam agit.* Vide et Sirac. I. 26. XXXII. 16. XXXIII. 2. 2 Macc. V. 25. VI. 21. Conf. de hoc verbo Carpzovii Paradox. Stoic. Aristonis Chii Sect. I. cap. 5.

ʽΥΠΟ΄ΚΡΙΣΙΣ, *hypocrisis, simulatio.* חָנֵף, *hypocrita, profanus.* Al. (Symm.) Ps. XXXIV. 19. ἐν ὑποκρίσει, per *simulationem, verbis confictis.* Vide et 2 Macc. VI. 25. Hesych. ὑπόκρισις, εἰρωνεία, ὑπουλότης, δόλος. Cf. Suiceri Thes. Eccles. T. II. pag. 1389.

ʽΥΠΟΚΡΙΤΗ΄Σ, *hypocrita, simulator.* *גְּדוּד, *latro.* Symm. Hos. VI. 9. Montfauconius, qui omnino huc conferendus est, transtulit: *insidiator.* Similitudo est inter latronem et hypocritam in eo, quod uterque interdum clam subrepat. — חָנֵף, *hypocrita.* Job. XXXIV. 30. XXXVI. 13. Aqu. Theod. Job. XV. 34. XX. 5. Aqu. Symm. Theod. Prov. XI. 9. ubi tamen pro ὑποκριτῶν legendum est ὑποκριτὴς, quod partim sensus postulat, partim ingenio Aquilæ accommodatum est.

*ʽΥΠΟ΄ΚΡΥΨΙΣ, *occultatio.* הַעְלֵם infin. Hiph. ab עָלַם, *occulto.* Lev. XX. 4. sec. Oxon. ὑποκρύψει, ubi reliqui libri ὑπερόψει habent.

ʽΥΠΟΛΑΜΒΑ΄ΝΩ, *suscipio, eveho, elevo, suspicor, cogito, opinor, animo præsumo, respondeo,* it. *colo, veneror.* אָמַר, *dico.* Symm. Cohel. X. 3. Vox Hebr. h. l. notat *decernere,* adeoque etiam ὑπολαμβάνειν per *conari* explicandum erit. — דִּלָּה Pih. *eveho.* Ps. XXIX. 1. ὅτι ὑπέλαβές με, *quoniam de me cogitasti,* h. e. *me non neglegendum putasti.* Alii vertere malunt: *quod me elevasti,* ut ὑπολαμβάνειν sit i. q. μετεωρίσαι. Conf. Act. I. 9. — *דָּמָה, *sileo.* Ps. LXII. 2. ὑπολαμβάνει, *veneratur.* — דִּמָּה Pih. *cogito.* Ps. XLVII. 8. ὑπελάβομεν ὁ θεὸς τὸ ἔλεός σου, h. e. *reveremur, cum veneratione cogitamus,* O Deus, misericordiam tuam. Suidas ad h. l. ὑπελάβομεν, προσδεχόμεθα ταύτην σου τὴν ἐπικουρίαν. Aqu. Theod. Sept. et LXX Ps. XLIX. 22. ὑπέλαβες, ὅτι ἔσομαί σοι ὅμοιος, *opinatus es,* quod tibi futurus sum similis. — דִּמְיוֹן, *similitudo.* Ps. XVI. 13. ὑπέλαβόν με (h. e. ὑπόληψιν εἶχον) ὡσεὶ λέων ἕτοιμος εἰς θήραν, *existimarunt, cogitarunt apud se* de me, h. e. *sperarunt* de me idem, quod sperat leo, fore, ut prædæ potiatur. Cæterum legerunt דִּמּוּנִי a דָּמָה. Conf. Cappelli

a Crit. S. p. 685. — הִשִּׁיא Hiph. a
נָשָׁא, *decipio.* Jerem. XXXVII. 8.
μὴ ὑπολάβητε ταῖς ψυχαῖς ὑμῶν, ne
decipi vos patiamini opinione. —
הִשְׁאִיר Hiph. *relinquo.* Soph. III.
13. ubi tamen pro ὑπολήψομαι alii
rectius habent ὑπολείψομαι. — חִוָּה
Pih. *indico.* Job. XXXII. 17. —
חָשַׁב, *cogito.* Ps. LXXII. 16. ὑπέλα-
βον τοῦ γνῶναι, *perpendi,* ut cogn
b cerem. — *יֵשׁ, *est.* Job. XXV. 3.
הֲיֵשׁ, *num quid est?* LXX liberius
vertentes: μὴ γάρ τις ὑπολάβοι, ὅτι
ἐστι, nemo enim *putet* esse. — עָנָה,
respondeo. Job. II. 4. ὑπολαβὼν δὲ διά-
βολος, εἶπε τῷ κυρίῳ, *respondens* autem
diabolus, dixit Domino. Sic et alibi
passim apud Jobum, v. c. IV. 1.
VI. 1. et Dan. III. 9. Similiter profani loquuntur. Vide Wolfium ad
c Luc. X. 30. p. 652. et Lex. N. T.
s. h. v. — רִצֵּד Pih. *dejicio me,* it.
exsilio. Ps. LXVII. 16. ἱνατί ὑπολαμβάνετε ὄρη τετυρωμένα; quare *contra
dicitis* montes gibbosi? Hoc sensu
alias verbum occurrere docet Suidas. Versio igitur LXX hic convenit cum illa Aquilae: εἰς τί ἐρίζετε;
Potest quoque post ὑπολαμβάνετε
suppleri ἑαυτοὺς, *elevatis vos,* sensu
d eodem. — *שׂוּם דָּבָר, seq. עַל, ubi
דָּבָר *factum inhonestum, scelus, fla-
gitium* notat. Inc. 1 Sam. XXII. 15.
ubi ὑπολαμβάνεσθαι *suspicari* notat.
Vulg. *ne suspicetur.* — שְׂעִפִּים plur.
ex שָׂעִיף, *cogitationes.* Jud. XX. 2.
Sap. XII. 24. θεοὺς ὑπολαμβάνοντες,
deos *existimantes,* vel pro diis *habentes.* Vide et Sap. XIII. 3. XVII.
2. ὑπειληφότες γὰρ καταδυναστεύειν ἔθνος
e ἅγιον, *opinati* enim cogere nationem
sanctam ad serviendum. 1 Macc. I.
18. ὑπέλαβε βασιλεῦσαι τῆς Αἰγύπτου,
animo praesumsit regnare in terra
Aegypti. In Lex. Cyrilli MS. Brem.
ὑπολαβὼν inter alia exponitur ἐνθυμη-
θείς. Suidas: ὑπολαβὼν, ὑπονοήσας,
ἢ ἀποκριθεὶς, ἢ ἀντειπὼν, ἀντικρούσας.
Hesych. ὑπολαβὼν, ὑπονοήσας, νομίσας,
ἀποκριθείς.

'ΥΠΌΛΕΙΜΜΑ, *residuum, reli-
quiae, reliquum.* יֶתֶר. Inc. et LXX f
sec. Compl. Job. IV. 21. συνεξῆρεν τὸ
ὑπόλειμμα αὐτῶν ἐν αὐτοῖς. Vulg. *qui
autem reliqui fuerint, auferentur ex
iis.* Scilicet יֶתֶר, quod *praestan-
tiam, excellentiam* ac *eminentiam* notat, habet quoque significationem
residui, reliqui, quam uterque Interpres h. l. expressit. Vocem αὐτῶν Vulgatus prorsus neglexit, et
loco ἐν αὐτοῖς legisse videtur ἐξ αὐτῶν.
Mihi ὑπόλειμμα αὐτῶν h. l. notare g
videtur id, *quod ipsis adhuc restat
dignitatis* ac *praestantiae.* — נִשְׁאָר
part. Niph. 1 Sam. IX. 24. — שְׁאָר.
Malach. II. 15. — שְׁאֵרִית. 2 Reg.
XXI. 14. Mich. IV. 7. V. 7. 8. —
שָׂרִיד. Job. XX. 21. Vide et 1
Maccab. VI. 53. Legitur quoque
Sap. XIII. 12. sec. Alex. ὑπολίμμα-
τα, ubi Cod. Vat. ἀποβλήματα habet.

'ΥΠΟΛΕΙΠΩ, *relinquo, reservo.* h
אֶפֶס עוֹד, *defectus adhuc.* 2 Sam.
IX. 3. εἰ ὑπολέλειπται; num quid
superest? — אָצַל, *reservo.* Genes.
XXVII. 36. οὐχ ὑπελείπου μοι εὐλογίαν, πάτερ; nonne *reservasti* mihi
benedictionem, pater? Hesychius:
οὐχ ὑπελείπω (legendum videtur ὑπελείπου), οὐχ ὑστέρησας, οὐ κατέλιπες. Inde
etiam emendandum videtur Lex.
Cyrilli MS. Brem., in quo ita: Οὐχ
ὑπελείπω, οὐ κατέλιπεν, οὐχ ὑστέρησεν. et
Phavorini Lex., in quo legitur: οὐχ i
ὑπέλειπες. — גָּרַם, *ossa contero.* Soph.
III. 4. οὐχ ὑπελείποντο εἰς τὸ πρωΐ.
Legere mallem οὐχ ὑπέλειπον τὸ (seu
τί) εἰς τ. π., *nihil prorsus in posterum
diem reliquerunt.* לֹא גָרְמוּ, quod
legitur in textu Hebr., vertendum
est: *ne ossa quidem dimiserunt.* —
הֵסִיר Hiph. a סוּר, *reverti facio.*
Jerem. V. 10. ὑπολίπεσθε. Legerunt

a הַשְׁאִיר loco הֶשִׁיר, sensu plane contrario. — הִצִּיל Hiph. a נָצַל, libero. Ezech. XIV. 20. — הִשְׁאִיר : נִשְׁאַר, Hiph. et Niph. Genes. XLVII. 18. Exod. VIII. 9. 11. X. 12. et alibi saepius. Symm. 1 Sam. IX. 24. Incert. 1 Sam. II. 36. — הוֹתִיר : הוּתַר : נוֹתַר, Hiph. Hoph.
b et Niph. a יָתַר. Genes. XXX. 36. XXXII. 23. XLIV. 20. et alibi saepius. — יָצַג, fut. Hyh. a יָצַג, sistitor. Exod. X. 24. — יֶתֶר, reliquum. Exod. XXIII. 11. Jos. XII. 4. Hab. II. 8. — מָצָא, invenio. Zach. X. 10. — נָקַב, execror. Prov. XI. 26. ὁ κατέχων σῖτον, ὑπολίποιτο αὐτὸν τοῖς ἔθνεσι. Libere quidem, sed
c ita verterunt, ut τῷ נָקַב notionem *effodiendi* tribuerint, quam habet נָקַב et קָבַב in linguis orientalibus, aut deduxerint a קָבָא, Arab. *colligere, congregare.* Tunc τὰ ἔθνη sunt *exterae nationes, hostes.* Vide ad h. l. Jaegerum. — עָדַף, *redundo.* Exod. XXVI. 12. — עָזַב. Gen. L. 8. Jerem. XLIX. 10. Mal. IV. 1.
d — עָמַד, *sto.* Al. Jos. X. 8. ὑπολειφθήσεται, nemo eorum *evadet perniciem*, s. omnes peribunt. Sed, ut monuit Scharfenbergius, legendum est ὑποστήσεται. — פִּגֵּר Pih. *lassus sum.* 1 Sam. XXX. 21. τοὺς ὑπολειφθέντας. Sensum expresserunt, coll. v. 9. qui lassi ac fatigati residui manserant, nec continuaverant iter. Cod. Alex. τοὺς ἐκλυθέντας, quod est alius interpretis. — שְׁבַק Chald.
e Dan. II. 44. — שׂוּם, *pono.* Genes. XLV. 7. — שָׂרִיד. Aqu. Abd. v. 18. ὑπολειφθείς. Praeterea legitur Amos VI. 10. ubi ὑπολειφθήσονται ortum suum debet voci ὑπολειφθῶσι v. 9. cujus glossema est.

ὙΠΟΛΗ'ΝΙΟΝ, *vas torculari subjacens, in quod uvarum liquor a torculari defluens excipitur, lacus torcularis.* יֶקֶב. Ies. XVI. 10. Joël. f
III. 13. Hag. II. 17. Conf. Marc. XII. 1.

ὙΠΟ'ΛΗΨΙΣ, *susceptio, praesumtio, suspicio, opinio,* spec. *praeclara ac nimia, quam aliquis de se ipse fovet.* Sir. III. 26. πολλοὺς γὰρ ἐπλάνησεν ἡ ὑπόληψις, multos enim decepit *praesumtio.*

* ὙΠΟ'ΛΙΜΜΑ, i. q. ὑπόλειμμα. Sap. XIII. 12. sec. cod. Alex. g

ὙΠΟ'ΛΟΙΠΟΣ, *reliquus.* מֻנָּח, *relictum,* i. e. *locus vacuus, area.* Ezech. XLI. 9. Adde ad 2 Reg. IV. 7. sec. cod. Alex. ubi Hebr. נוֹתָר respondet. Ies. XI. 11. ubi redundat in textu Graeco.

* ὙΠΟΛΥΠΕ'ΟΜΑΙ, *contristor, irascor.* 2 Maccab. IV. 37. sec. cod. Alex. ὑπολυπηθείς, ubi alii habent ἐπιλυπηθείς. h

ὙΠΟ'ΛΥΣΙΣ, *dissolutio.* פּוּק, *titubatio.* Nah. II. 10. ὑπόλυσις γονάτων, *dissolutio* genuum. Aretaeus p. 61. 58. ὑπολύσεις γονάτων.

ὙΠΟΛΥ'Ω, *solvo.* חָלַץ, *exuo.* Deut. XXV. 9. ὑπολύσει τὸ ὑπόδημα αὐτοῦ, *solvet,* h. e. *exuet* calceamentum ejus. Vide et Ies. XX. 2. — נָשַׁל, *extraho.* Symm. Exod. III. 5. ὑπόλυσαι. — שָׁלַף, *extraho.* Ruth. i
IV. 7. ὑπελύετο ἀνὴρ τὸ ὑπόδημα αὐτοῦ, *solvebat* sibi vel *exuebat* calceamentum suum. Vide et v. 8.

* ὙΠΟΜΑ'ΣΘΙΟΣ, *lactens, qui adhuc a mammis matris pendet.* 3 Macc. III. 20. ἀπὸ γηραιοῦ μέχρι νηπίου, μέχρι τῶν ὑπομασθίων, a sene usque ad infantem, usque ad *lactentem* adeo: ubi tamen haec posteriora verba merum additamentum librarii esse arbitror. Hesychius: ὑπομάζιον, θηλάζον παιδίον.

* ὙΠΟΜΑΣΤΙΔΙ'ΟΣ, idem. 3

a Maccab. III. 20. sec. cod. Alex. Μαστὸς est mamma, mamilla.

ὙΠΟΜΕ'ΝΩ, *sustineo, exspecto; præstolor, moror, permaneo, persisto,* it. *possum, valeo.* הֹחִיל Hiph. a יָחַל *præstolor.* Jud. III. 25. sec. cod. Vat. 2 Reg. VI. 33. τί ὑπομείνω τῷ Κυρίῳ ἔτι; quid amplius *præstolamur Domino?*—הִתְמַהְמַהּ Hithp. a מָהַהּ *cunctor.* Ex. XII. 39. οὐκ
b ἠδυνάσθησαν ὑπομεῖναι, non poterant *permanere.* — חִכָּה : חָכָה, Kal et Pih. *exspecto.* Job. XXXII. 4. ὑπέμεινε δοῦναι ἀπόκρισιν Ἰὼβ, *exspectabat* dare responsionem Job. Ps. XXXII. 20. ἡ δὲ ψυχὴ ἡμῶν ὑπομενεῖ τῷ Κυρίῳ; anima autem nostra *præstolabitur* Domino. Ps. CV. 13. οὐχ ὑπέμειναν τὴν βουλὴν αὐτοῦ, non *exspectarunt* consilium ejus. Vide et Ies. LXIV.
c 4. Hab. II. 3. Soph. III. 9. Al. 2 Reg. IX. 3. οὐχ ὑπομενεῖς, non *moraberis.* Sic ὑπομονὴ aliquando significat *moram.* Vide infra s. h. v. — שָׁמַן לְצָפוּן, *abscondo in recondito loco.* Job. XX. 26. πᾶν δὲ τὸ σκότος αὐτῷ ὑπομείναι, omnes autem tenebræ illi *permaneant,* vel illum *maneant.* — יָחִיל, verbale, *exspectans.* Thren. III. 26.—יָחַל : הוֹחִיל Pih.
d et Hiph. Job. VI. 11. τίς γάρ μου ἡ ἰσχὺς, ὅτι ὑπομένω; quæ enim fortitudo mea, quod *sustinere* possim? Thren. III. 24. ὑπομενῶ αὐτῷ, *præstolabor* illi. Vide et Mich. VII. 7. — יָשַׁב, *maneo.* Num. XXII. 19. νῦν ὑπομείνατε αὐτοῦ τὴν νύκτα ταύτην, nunc *permanete* ibi hac nocte. Confer Luc. II. 43. Act. XVII. 14. — כַּלְכֵּל Pih. a כּוּל. Mal. III. 2.
e τίς ὑπομενεῖ ἡμέραν εἰσόδου αὐτοῦ; quis *sustinebit* (Homer. Il. K. 498.) diem adventus ejus? Conf. Sap. XVI. 22. — כִּתֵּר Pih. *cingo.* Ps. CXLI. 11. ἐμὲ ὑπομενοῦσι δίκαιοι. כְּתַר in l. Chald. et Syr. notat *exspectavit, toleravit.* Vide Simonis Lex. Hebr. p. 841.

Idem valet de versione Theodotionis. Symm. Job. XXXVI. 2. ὑπόμεινον. Fortasse tamen in utroque loco sensum expresserunt. Certe f
in posteriore *cinge* seu *sta circa me paululum,* quod in Hebraico legitur, eundem sensum habet.—מָעוֹז, *robur.* Nah. I. 7. χρηστὸς κύριος τοῖς ὑπομένουσιν αὐτὸν, benignus Dominus illis, qui *spem ac fiduciam suam in eo ponunt.* Quasi in textu Hebr. legeretur: *qui eum pro robore s. auxilio suo habent.* Fortasse autem derivantes ab עוּן (Arab. عاف, g
confugere) legerunt לִמְעוֹן vel לִמְעִיז. — נָחַל, *possideo.* Job. VII. 3. ὑπέμεινα μῆνας κενοὺς, *exspectavi* menses inanes. Ita Bielius, sed male: potius, *transegi* menses miseria plenos. Nonnulli statuunt, eos legisse הוֹחַלְתִּי. — *נָשָׂא. Aqu. Ies. I. 14. in notione *sustinendi,* quam utraque vox h. l. habet. — נִתְעָה Niph. *seducor.* Job. XV. 31. h
μὴ πιστευέτω, ὅτι ὑπομενεῖ, non credat, quod *permanebit.* — עָרַךְ, *ordino.* Job. XXXIII. 5. — קִוָּה : קָוָה, Kal et Pih. *exspecto.* Job. III. 9. μὴ ὑπομείναι. Videntur LXX reddidisse ὑπομείνῃ, *exspectet* s. *remaneat,* sine particula negante. Ps. CXVIII. 95. ἐμὲ ὑπέμειναν ἁμαρτωλοί: ubi ὑπομένειν sensu malo accipitur, ut sit *observare, insidiari: intendunt impii perniciem meam.* Symm. et Theod. i
ibi προσεδόκησαν. Unde apud Suidam: ὑπέμειναν, προσεδόκησαν. Jer. XIV. 19. ὑπεμείναμεν εἰς εἰρήνην, *exspectavimus* pacem. — *קַו־קָו, *linea linea.* Aqu. Ies. XVIII. 2. ὑπομένον. Deduxit a קָוָה, *exspectare.* Vulg. *ad gentem exspectantem.* — רָעָה, *pasco.* Zach. XI. 17. ὡς ὑπομένοντες τὰ μάταια. Inepte.—שׂוּשׂ, *gaudeo.* Ies. LXIV. 5. Sermo ibi est de *gaudentibus de Deo,* h. e. lubenter pietati *studenti-*

a *bus*, quam formulam LXX de *spe et fiducia in Deo posita* non omnino male explicarunt. —שָׁלֵם : שָׁלַם, Kal et Pih. *pacem facio, retribuo.* Job. IX. 4. τίς σκληρὸς γενόμενος ἐναντίον αὐτοῦ ὑπέμεινεν; quis durus factus coram illo *perstitit?* In textu Hebr. legitur: *quis se ei salvus opposuit?* sensu eodem. Vide et Job. XXII. 21. XLI. 3. Præterea legi-
b tur apud Symm. Job. III. 9. ubi verba: καὶ μὴ εἴη ὑπομεῖναι ἐν σκότῳ, prouti ea exhibent Hex., respondent Hebr. וְאַיִן וְאַל־יִרְאֶה בְּעַפְעַפֵּי שָׁחַר, *et non, nec videat in palpebras auroræ.* Montfauconius verba Symmachi ita reddidit: *et non sit ad manendum in tenebris,* hoc fortasse sensu: et nemo possit permanere in tenebris s. sustinere tenebras. Videtur autem
c mihi in eo lapsus esse Montfauconius, quod verba καὶ μὴ εἴη, quæ secundum textum Hebr. cum antecedentibus cohærent, cum sequentibus junxit. Potius versio Symmach. ita explicanda est, ut post φῶς comma, et post εἴη semicolon ponatur. Sed quid faciendum erit cum verbis ὑπομεῖναι ἐν σκότῳ? Suspicor, Symmachum scripsisse ὑπομένοι, *ma-*
d *neat in tenebris,* seu *tenebris involutus et tectus,* quod bene convenit Hebr. *nec videat palpebras auroræ,* seu *ortum surgentis auroræ.* Eadem medela quoque afferenda erit voci ὑπομεῖναι apud LXX. Sap. XVII. 5. οὔτε ἄστρων ἔκλαμπροι φλόγες καταυγάζειν ὑπέμενον τὴν στυγνὴν ἐκείνην νύκτα, neque stellarum lucidæ flammæ illuminare *poterant* horrendam illam
e noctem. Sir. XVI. 23. τίς ὑπομενεῖ; quis *ferre* et *tolerare* poterit? 3 Esdr. II. 19. ὑπομείνωσι δοῦναι, *amplius* dabunt, aut dare pergent. Nam ὑπομένειν est, teste Phavorino, i. q. simplex μένειν.

*ὙΠΟΜΙΜΝΉΣΚΩ, *in memoriam mihi revoco,* etiam *in alterius memoriam revoco, recito.* Sapient. XII. 2. ὑπομιμνήσκων, *bene memor* illorum pravitatis. Sap. XVIII. 22. ὅρκους πατέρων καὶ διαθήκας ὑπομνήσας, dum f
promissiones divinas majoribus factas *recitaret.*

ὙΠΌΜΝΗΜΑ, *omne, quod memoriam alicujus rei conservat, commentarius, monumentum, volumen,* seu *quodvis scriptum.* דִּכְרוֹנָה Chald. *memoriale.* Esdr. VI. 2. 3 Esdr. II. 22.

ἘΠῚ ΤΩ͂Ν ὙΠΟΜΝΗΜΆΤΩΝ, sc. ΕἾΝΑΙ, *a commentariis esse.* g
מַזְכִּיר part. Hiph. *recordari faciens.* 2 Sam. VIII. 17. Conf. v. ὑπομνηματογράφος.

ὙΠΟΜΝΗΜΑΤΊΖΟΜΑΙ, *commentariis scribor, literis consignor,* aut *scriptus sum.* 3 Esdr. VI. 23. ἐν ᾧ ὑπομνημάτιστο τάδε, in quo hæc *literis consignata erant.* Respondet Chald. כְּתַב דִּכְרוֹנָה, *scribere monumentum,*
collato Esdr. VI. 2. h

ὙΠΟΜΝΗΜΆΤΙΣΜΑ, *commentarius, qui memoriæ causa conficitur.* דָּכְרָנַיָּא Chald. plur. *memorabilia, memoratu digna.* Al. Esdr. IV. 15. ἐν βίβλῳ ὑπομνηματισμάτων.

ὙΠΟΜΝΗΜΑΤΙΣΜΌΣ, idem. סְפַר דָּכְרָנַיָּא, *liber historiarum,* Chald. Esdr. IV. 15. coll. 3 Esdr. II. 22. Vide et 2 Macc. II. 13. IV.
23. Lex. Cyrilli MS. Brem. ὑπομνη- i
ματισμοὺς, γραφὰς ἔμπροσθεν εἰρημένας περί τινων πράξεων.

ὙΠΟΜΝΗΜΑΤΟΓΡΆΦΟΣ, *commentariorum scriptor, commentariensis.* מַזְכִּיר part. Hiph. *recordari faciens.* 1 Paral. XVIII. 15. 2 Paral. XXXIV. 8. Ies. XXXVI. 3. Conf. Sturz. de Dial. Maced. p. 82.

ὙΠΌΜΝΗΣΙΣ, *recordatio.* Sap.
XVI. 11. εἰς ὑπόμνησιν, ut sc. sermo- k
num tuorum obliti eorundem rursum recordarentur. 2 Macc. VI. 16.

ὙΠΟΜΟΝΉ, *tolerantia,* spec. *malorum, exspectatio, spes,* it. *mora,* etiam *res, quam patienter exspecto.* *מִקְוֶה, *exspectatio.* 1 Par. XXIX. 15. οὐκ ἔστιν ὑπομονὴ, non est *mora.*

a Sic ὑπομένειν aliquando *morari* significat. Vide notata supra in v. ὑπομένω ex 2 Reg. IX. 3. Esdr. X. 2. νῦν ἐστιν ὑπομονὴ τῷ Ἰσραὴλ ἐπὶ τούτῳ, nunc est *spes* Israëlis in hoc. Ita et legitur Jerem. XIV. 8. XVII. 13. —קִוָּה Pih. *exspecto.* Ps. XXXVIII. 11. νῦν τίς ὑπομονή μου, οὐχὶ ὁ κύριος; nunc quæ *spes* mea, nonne Dominus? — תּוֹחֶלֶת, *exspectatio.* Sym-
b mach. Prov. X. 28. ubi notat *patientem exspectationem.* — תִּקְוָה, *exspectatio.* Job. XIV. 19. ὑπομονὴν ἀνθρώπου ἀπώλεσας, *spem* hominis perdidisti. Vide et Psalm. IX. 19. LXI. 5. LXX. 6. Aqu. Job. VI. 8. ubi notat *illud ipsum, quod patienter exspecto.* Vulg. *quod exspecto.* Vide supra s. v. ἐλπίς. Aqu. Theod. Job. IV. 6. Sir. XVI. 13. longanimis ex-
c spectatio bonorum et mercedis. Sir. XVII. 24. ubi ὑπομονὴ ei tribuitur, qui sustinet et fortiter tolerat omnem tentationem ac tribulationem. Ibid. XXXVIII. 27. ὑπομονὴ est *assiduitas* et perseverantia in opere ob spem lucri.

ʼΥΠΟΝΟΕ'Ω, *animo concipio, animo præsumo, puto, opinor, suspicor.* סְבַר Chald. *puto.* Dan. VII. 25.
d ὑπονοήσει τοῦ ἀλλοιῶσαι καιροὺς καὶ νόμον, *animo præsumet* mutare tempora et leges. Eodem sensu alias ὑπολαμβάνειν legitur. Vide supra in v. ὑπολαμβάνω. Tob. VIII. 12. οὐκ ἐγένετό μοι, καθὼς ὑπενόουν, non contigit mihi, quemadmodum *putabam*, aut potius *metuebam.* Judith. XIV. 14. ὑπενόει γὰρ καθεύδειν αὐτὸν μετὰ Ἰουδὴθ, *putabat* enim, se dormire cum Ju-
e dith. Sir. XXIII. 28. ὃ οὐχ ὑπενόησε, πιασθήσεται, ubi non *timuit* (Vulgat. *speravit*, sensu eodem), prehendetur.

ʼΥΠΟΝΟ'ΗΜΑ, *conceptus mentis, etiam ipsa res, quam cogito s. mente concipio.* Sirac. XXV. 9. ἐννέα ὑπονοήματα ἐμακάρισα ἐν τῇ καρδίᾳ μου, novem *res* ego beatas prædicare soleo, nempe conjugium suave, prudentiam, etc. Hippocr. Prædict. p. f
84. F.

ʼΥΠΟΝΟΘΕΥ'Ω, *subadultero, subvitio, clam corrumpendo ambio, clam corrumpendo summoveo.* 2 Maccab. IV. 7. ὑπενόθευσεν ὁ Ἰάσων τὴν ἀρχιερωσύνην, *clam corrumpendo ambiebat* Jason summum sacerdotium. *Prensationem* vocat Cic. ad Attic. I. 1. Hesych. Suid. et Lex. Cyrilli MS. Brem. ὑπενόθευσεν, ὑπέφθειρεν. Ibid. v. g
26. τὸν ἴδιον ἀδελφὸν ὑπονοθεύσας, cum germanum fratrem *corrumpendo* (regem sc.) *summovisset.* Vide quoque infra s. v. ὑπονομεύω.

ʼΥΠΟ'ΝΟΙΑ, *suspicio, arrogantia, etiam cogitatio simpliciter.* *רַעְיוֹן Chald. *cogitatio.* Dan. IV. 16. sec. cod. Chis. ubi Theod. διαλογισμὸν posuit, et ibid. V. 6. Quemadmodum autem in utroque loco *cogita-* h
tiones simpliciter notat, ita Sir. III. 23. notat *arrogantiam ac nimiam de se opinionem*, ubi ὑπόνοια πονηρὰ est i. q. ὑπόληψις ματαία. Hesych. ὑπόνοια, ὑπερηφανία, θράσος.

*ʼΥΠΟΝΟΜΕΥ'Ω, *cuniculos ago, per fraudem et quasi cuniculos conscisco alteri malum.* 2 Macc. IV. 26. sec. Alex. ubi series orationis postulare videtur, ut loco ὑπονομευθεὶς re- i
ponatur ὑπονοθευθείς. Photius: ὑπονομεύοντες, ἀντὶ τοῦ ὑπονόμους ὀρύττοντες. Idem habet Etym. M. 783. 13.

ʼΥΠΟΝΥ'ΣΣΩ, *sublus pungo, affligo.* נָגַשׂ, *exigo.* Ies. LVIII. 3. πάντας τοὺς ὑποχειρίους ὑμῶν ὑπονύσσετε, omnes subjectos vestros *affligitis* seu *severe tractatis.* Hesych. ὑπονύσσεται, καταπονεῖται. Fortasse legendum ὑπονύσσετε, καταπονεῖτε. Ernesti in Notis k
ad Suidæ Gloss. Sacr. p. 150. ex Ies. LVIII. 3. legere mavult κατανύσσετε.

ʼΥΠΟΠΙ'ΠΤΩ, *submitto me, cedo, it. accido, obvenio.* רַךְ, *tener, mollis.* Prov. XV. 1. ὑπόκρισις δὲ ὑποπίπτουσα ἀποστρέφει θυμὸν, responsio autem *submissa* avertit iram. Eodem modo et Lat. *submissus* de oratione adhibetur, quemadmodum רַךְ, ut Lat. mollis (v. c. mollis oratio, verba mollia) blandum significat. Dan. XIII. 51. sec. cod. Chis. 3 Esdr. VIII. 20. ὅσα ἐὰν ὑποπίπτῃ σοι εἰς τὴν χρείαν, quæcunque tibi *obvenerint* ad usum: ubi Hebr. נָפַל respondet. Judith. XVI. 7. ubi est i. q. simplex πίπτω, *cado, succumbo, interficior*. Verba sunt: οὐ γὰρ ὑπέπεσεν ὁ δυνατὸς αὐτῶν, non enim *interfectus* est Holofernes. In altero membro est πατάσσω. Adde 3 Esdr. VIII. 17. sec. Alex. et Ald. ὅσα ἐὰν ὑποπίπτῃ σοι εἰς τὴν χρείαν κ. τ. λ.

ΥΠΟΠΟ'ΔΙΟΝ, *suppedaneum, scabellum*. הֲדֹם, idem. Psalm. XCVIII. 5. προσκυνεῖτε τῷ ὑποποδίῳ τῶν ποδῶν αὐτοῦ, adorate *scabellum* pedum ipsius. Vide et Psalm. CIX. 2. Ies. LXVI. 1. Thren. II. 1. ubi pariter voces τῶν ποδῶν pleonastice adduntur τῷ ὑποπόδιον. — כֶּבֶשׁ, *clivulus*. 2 Par. IX. 18. ὑποπόδιον ὑπέθηκεν ἐν χρυσῷ τῷ θρόνῳ, *scabellum* supposuit auro obductum throno. Pausanias tale ὑποπόδιον vocat ὑπόθημα τὸ ὑπὸ τοῖς ποσίν. Ita enim Lib. VIII. c. 37. p. 675. Δέσποινα, καὶ ἡ Δημήτηρ τε, καὶ ὁ θρόνος, ἐν ᾧ καθέζονται, καὶ τὸ ὑπόθημα τὸ ὑπὸ τοῖς ποσίν ἐστιν ἑνὸς ὁμοίως λίθου. Poëtæ alias scabellum illud in thronis suppositum θρῆνυν vocant. Vide Feithii Antiqu. Hom. Lib. III. p. 220. et Hist. Crit. Reip. Liter. T. I. p. 77. Confer et de voce ὑποπόδιον auctores laudatos Wolfio ad Matth. V. 35. p. 106. et Sturz. de Dial. Maced. p. 199.

ΥΠΟΠΤΕΥ'Ω, *suspicor, metuo*. יָגֹר, *metuo*. Psalm. CXVIII. 39. περίελε τὸν ὀνειδισμόν μου, ὃν ὑπώπτευσα, aufer opprobrium meum, quod *metuo*. Sir. IX. 16. οὐ μὴ ὑποπτεύσῃς φόβον τοῦ θανάτου, non *metues* timorem mortis, seu: ne minimum quidem metum mortis habebit. Nam si metus jam incertus dici potest, auspicio multo incertior habenda est. Hesych. ὑποπτεύειν, ὑπονοεῖν, ὑπολαμβάνειν.

ΥΠΟΠΤΟΣ, *suspectus*, it. *qui suspicatur, suspicax*, it. *qui cogitat et considerat aliquid secum*. Tam active quam passive adhiberi, monet Thomas Mag. p. 876. Vide quoque Schwebelium ad Onosandri Strateg. c. 37. p. 110. 2 Maccab. III. 32. ὕποπτος δὲ γενόμενος ὁ ἀρχιερεύς. Bielius reddidit: *suspicans* autem summus sacerdos. Sed rectius Vulgatus: *considerans autem secum summus sacerdos*. Ita quoque Syrus. 2 Macc. XII. 4. μηδὲν ὕποπτον ἐχόντων, nihil *suspectum* habentibus.

*ΥΠΟΠΥΡΡΙ'ΖΩ, *subrufus sum*, ab ὑπόπυῤῥος. אֲדַמְדֶּמֶת, *impense rufus*. Levit. XIII. 24. sec. cod. Vat. ὑποπυῤῥίζον, ubi reliqui libri simplex πυῤῥίζον habent.

ΥΠΟΡΘΟ'Ω, *emendo, corrigo*. אָשֻׁרִי, *pes*. Symm. Psalm. XLIII. 19. ὑπορθοῦντα. Ita ex mente Agellii appellavit τὰ σκέλη, *crura et tibias*, quod ea subrigant corpus et sustineant. Idem Psalm. LXXII. 2. ὑπορθοῦντα, quæ nos *corrigunt*. Deduxit ab אָשַׁר, *recta incedere fecit, direxit*.

ΥΠΟΡΡΑ'ΠΤΩ, qu. *subsuo, suffulcio*. Sir. L. 1. ὑπέῤῥαψεν οἶκον, *suffulsit* vel *sancivit* domum. Ita Bielius. Sed sermo ibi est de ornamentis, quibus Simon templum instruxerit. Potest itaque ὑποῤῥάπτειν intellegi sive de *sculpturis*, sive de *picturis*, quibus ille templum ornandum curasset, ut adeo huc pertineat glossa Hesychii: ὑπέῤῥαψεν, ἐχάραξεν, ἢ ἔγραψεν. Kesslerus ὑποῤῥάπτειν οἶκον transtulit: *sartam et tectam præstare ædem*.

*ΥΠΟΡΡΙ'ΠΤΩ, *subjicio*. 4 Macc. VI. 25. Philoxen. Gloss. ὑποῤῥιπτέω, *subjecto, as*.

ΥΠΟΡΥ'ΤΤΩ, *suffodio*. חָפַר. Symmach. Ps. XXXIV. 7. ὑπώρυξαν, *suffoderunt*. — כָּרָה. Symmach. Ps. CXVIII. 85.

a ῾ΥΠΟΣΗΜΑΙ´ΝΩ, *subindico*, (Achill. Tat. Lib. I. cap. 19.) *significo*. 3 Esdr. VI. 6. μέχρι τοῦ ὑποσημανθῆναι Δαρείῳ περὶ αὐτῶν, donec *significatum esset* Dario de illis.

῾ΥΠΟΣΚΑ´ΠΤΩ, *suffodio*, *subtus fodio*, *in ima parte fodio*. Al. Sir. XII. 23. ὑποσκάψει (pro ὑποσχάσει) τὴν πτέρναν σου, sub plantis tuis terram *suffodiet*, ut in foveam tibi b suppositam corruas. Vulg. *suffodiet*. Vide ad h. l. Grotium.

῾ΥΠΟΣΚΕΛΙ´ΖΩ, *supplanto*, *supposito crure dejicio*, *subverto*. דָּחָה Psalm. CXXXIX. 5. διελογίσαντο τοῦ ὑποσκελίσαι τὰ διαβήματά μου, cogitarunt *subvertere* gressus meos. Jer. XXIII. 12. ὑποσκελισθήσονται καὶ πεσοῦνται ἐν αὐτῇ, *subvertentur*, et cadent in illa. — הִכְרִיעַ Hiph. *in-* c *curvare facio*. Theod. et LXX Ps. XVI. 14. πρόφθασον αὐτοὺς καὶ ὑποσκέλισον αὐτούς, anteverte illos et *supplanta* illos. Ad quem locum respiciens Suidas: ὑποσκέλισον, τῆς ὁρμῆς κώλυσον. — הִתְנַכֵּר Hithp. *cognoscendum me præbeo*. Int. et LXX sec. Ald. Prov. XX. 14. ἐν τοῖς ἐπιτηδεύμασιν αὐτοῦ ὑποσκελισθήσεται, in studiis suis supplantabitur. Lege- d runt יִתְלַכֵּד, *ipse institutis suis se implicabit et capiet*. Vide supra s. συμποδίζομαι. Zonaras Lex. 1785. ὑποσκελισθήσεται ἀντὶ τοῦ ἀπατηθήσεται (καὶ ἐμποδισθήσεται). ubi vid. Tittmannus. — מָעַד, *vacillo*. Psalm. XXXVI. 33. οὐχ ὑποσκελισθήσεται τὰ διαβήματα αὐτοῦ, non *subvertentur* gressus ejus. — נָתַן מוֹקֵשׁ, *pono laqueum*. Prov. XXIX. 25. — סִלֵּף e Pih. *perverto*. Symm. Prov. XXI. 12. Hesych. ὑποσκελίσαι, ἀπατῆσαι, χλευάσαι. — עֲקֻבָּה, *fœdata*. Edit. Quinta Hos. VI. 8. ὑποσκελίζουσα, sc. ἐν αἵματι, aut ἀπὸ αἵματος. Vide supra s. v. δολοφονέω.

ΣΚΟΛΙΑ´ΖΩΝ ῾ΥΠΟΣΚΕΛΙ´ΖΟΜΑΙ, *oblique incedens subvertor seu, supplantor*. נִלְבָּט Niph. Prov. X. 8. Jaegerus ad h. l. ita: σκολιάζων unde aut quare omnino accesserit, non video, atque, cum excedat etiam convenientiam membrorum, videtur in numero ex margine in- f culcatorum habendum, pertinens ad מַעֲקָשׁ v. 9.

῾ΥΠΟΣΚΕ´ΛΙΣΜΑ, *supplantatio*, *lapsus*, seu: *ruina ex supplantatione*. כְּשׁוֹל infin. *impingendo*, *labendo*. Prov. XXIV. 17. ἐν τῷ ὑποσκελίσματι αὐτοῦ μὴ ἐπαίρου, in *lapsu* seu *infortunio* ejus ne exultes.

* ῾ΥΠΟΣΚΕΛΙΣΜΟ´Σ, idem. סֶלֶף, *perversitas*. Prov. XI. 3. sec. Alex. g et Compl. Primam notionem rad. סָלַף esse *lubricare* s. *lubrico lapsu impelli*, sententia est Schultensii Comm. ad Prov. XI. 3. XIII. 6.

῾ΥΠΟΣΠΑΣΜΟ´Σ, *subtractio*. שְׁמִטָּה, *remissio*, *intermissio*, et speciatim dicitur de anno septimo, quo debita remittebantur, et opus agricolationis intermittebatur. Aquila Deut. XVI. 1. h

῾ΥΠΟΣΠΑ´Ω, *subtraho*, *subduco*. שָׁמַט, *dimitto*, *remitto*, *intermitto*. Aqu. Ps. CXL. 7. ὑπεσπάσθησαν, *subtracti sunt*. Hier. *sublati sunt*.

῾ΥΠΟ´ΣΤΑΣΙΣ, *substantia*, *subsistentia*, *fundamentum*, *fulcrum*, *res*, *cui alia quædam innititur*, *fundum*, *opes*, *facultates*, *statio*, *castra*, *constitutio*, *ratio*, *sustentatio*, it. *congressus*, it. *exspectatio*, *spes*. הַצִּיב infin. Hiph. a יָצַב, *constituere*. 1 i Sam. XIII. 21. τῇ ἀξίνῃ καὶ τῷ δρεπάνῳ ὑπόστασις ἦν ἡ αὐτή, securis et falcis eadem erat *constitutio*, vel *ratio*. Ita Bielius. Aliis ὑπόστασις τοῦ δρεπάνου est *falcis restitutio*, *correctio*, *emendatio*, quum usu vitiata a fabro corrigitur, emendatur, et pristino statui restituitur. Recte Hieron. *usque ad stimulum corrigendum*. Schol. στρεψώσαντος βούκεντρον. — הֻצַּב Hoph. a יָצַב, *statio posita est*. Alias

a est nomen proprium reginæ. Nahum. II. 6. ἡ ὑπόστασις ὑπεκαλύφθη. Ὑπόστασις h. l. est *statio militum*, et fortasse legerunt מַצָּב, *statio, acies*. — חֶלֶד, *ævum, tempus*. Psalm. XXXVIII. 7. ἡ ὑπόστασίς μου ὡσεὶ οὐθὲν ἐνώπιόν σου, *subsistentia* s. *duratio* (quo sensu vox Hebr. Arabibus frequentissima est) *mea, tempus, quo subsisto, vitæ meæ tempus*, tanquam
b nihilum est coram te. Semlerus ad h. l.: In Itala aut recte redditum *habitatio*, aut aliter lectum fuit ἀποίκησις. Agellius interpretatur *subsidentiam*, quia, ut in liquoribus quod subsidit, id fæculentius est et obscurius, ita in vita postrema pars, tanquam totius vitæ fæx, obscurior est et impurior. Vide et Psalm. LXXXVIII. 46. — יְקוּם, *subsis-*
c *tens*. Al. Deuter. XI. 6. πᾶσαν αὐτῶν τὴν ὑπόστασιν, omnes *facultates* illorum. — כִּנְעָה, *merx*. Jerem. X. 16. συνήγαγεν ἔξωθεν τὴν ὑπόστασίν σου, congregavit e terra aliena *substantiam* tuam s. *opes* tuas. Hic ὑπόστασις idem est, quod οὐσία, *opes, facultates, divitiæ*, quam notionem quoque Hebr. vox h. l. habet. — מוֹבָא, *ingressus*. Ezech. XLIII. 11. δια-
d γράψεις τὸν οἶκον καὶ τὰς ἐξόδους αὐτοῦ, καὶ τὴν ὑπόστασιν αὐτοῦ, describes domum et exitus ejus, et *fundamentum* (quidni *structuram*?) ejus. Ita Diodorus Lib. XIII. pag. 203. de templo Jovis Agrigentino in Sicilia: καὶ τοῖς ἐκτὸς οὐκ ἀλόγως ἂν συγκρίνοιτο κατὰ τὸ μέγεθος τῆς ὑποστάσεως. Conf. Hebr. XI. 1. ac Lex. N. T. s. h. v. — מַעֲמָד. Psalm. LXVIII. 2. ἐνε-
e πάγην εἰς ἰλὺν βυθοῦ, καὶ οὐκ ἔστιν ὑπόστασις, infixus sum in limum profundum, et non est *fundum*. Ὑπόστασις, ut Lat. *substantia*, est h. l. *subsistentia, locus ad consistendum, statio, fundus*, ubi pedem figere et consistere aliquis potest. — מַצָּב, *statio, acies, castra*. 1 Sam. XIII. 23. ἐξῆλθεν ἐξ ὑποστάσεως τῶν ἀλλοφύλων, egrediebatur e *castris* alienigenarum. Vide et 1 Sam. XIV. 4. Al. 1 Sam. XIV. 1. 6. 11. 15. Aqu. 1 Sam. XIV. 1. sec. marg. cod. X. Holm. Cod. 56. habet glossam mar- f
gin. εἰς βίγλαν. Βίγλα autem Neogræcis est i. q. apud Romanos *vigiliæ* vel *excubiæ*. Vide et vocem ὑπόστημα. — מַצֵּבָה, *statua*. Ezech. XXVI. 11. τὴν ὑπόστασιν τῆς ἰσχύος σου ἐπὶ τὴν γῆν κατάξει, *fulcrum* roboris tui in terram dejiciet. — מַשָּׂא, *onus*. Deut. I. 12. πῶς δυνήσομαι μόνος φέρειν τὸν κόπον ὑμῶν, καὶ τὴν ὑπόστασιν ὑμῶν; quomodo potero solus ferre negotia vestra, et *sus-* g
tentationem vestram? Conf. ὑπόστασις ζωῆς supra. — סוֹד, *secretum*, etiam *fundamentum* juxta Rabbinos, quemadmodum et LXX a יָסַד, *fundavit*, vocem derivasse videntur. Jerem. XXIII. 22. εἰ ἔστησαν ἐν τῇ ὑποστάσει μου, si starent in *fundamento* meo. Conf. v. ὑπόστημα. — קִים, *adversarius*. Job. XXII. 20. εἰ μὴ ἠφανίσθη ἡ ὑπόστασις αὐτῶν, nisi perie- h
runt *facultates* illorum. Ita et Theod. Legerunt קִימָם aut ex sententia Michaëlis in Supplem. p. 2174. קימנו vel קִימָנוּ, *fundamentum ejus*. — רָקַם Pyh. *acu pingor*. Ps. CXXXVIII. 14. ἡ ὑπόστασίς μου ἐν τοῖς κατωτάτοις τῆς γῆς, *substantia* mea in imis partibus terræ. Legerunt וְקָמָתִי aut וְקֹמָתִי (h. e. *et statura mea*, ו pro ר) a קוּם, quod i
quandoque ab illis redditur ὑφίστημι. Vide supra יְקוּם. Intellegitur autem per ὑπόστασιν h. l. *erectio, cum fœtus ossiculis confirmatur, in longitudinem aliquam* s. *altitudinem producitur*. Nam *substantia* dicitur, *quidquid eminet*. — תּוֹחֶלֶת, *spes*. Ps. XXXVIII. 11. ἡ ὑπόστασίς μου παρὰ σοῦ ἐστιν, *spes* mea apud te seu in te posita est. — תִּקְוָה, *spes, exspectatio*. Ezech. XIX. 5. ἀπώλετο

a ἡ ὑπόστασις αὐτοῦ, periit *spes* ejus. Vide et Ruth. I. 12. et conf. Sap. XVI. 21. et Hebr. III. 14. et ad h. l. Wolfium pag. 635. — תְּשׁוּרָה, *viaticum, commeatus*, sec. alios: *murus*. Inc. 1 Sam. IX. 7. De *materia, qua aliquid constat*, legitur Sap. XVI. v. 21. ubi manna dicitur ὑπόστασις Θεοῦ, quod erat *substantia* s. *res solida* a Deo data. — Vide alibi
b s. v. ζωή.

* ΥΠΟΣΤΕ'ΛΛΟΜΑΙ, *subduco me, detrecto, timeo, reformido, metuo.* גּוּר, *metuo*. Deut. I. 17. οὐ μὴ ὑποστείλῃ πρόσωπον ἀνθρώπου, non *reformides* personam alicujus. Aqu. Job. XLI. 16. ὑποσταλήσονται, *metuent*. Vide et Aqu. Ps. XXXII. 8. Aqu. Symm. 1 Sam. XVIII. 15. Aqu. Theodot. Psalm. CXVIII. 39. —
c *הוֹקִיר Hiph. a יָקַר, *carum* s. *rarum facio*. Symm. Prov. XXV. 17. Bene quoad sensum. — *הִתְגַּנֵּב Hithp. a גָּנַב, *instar furis me habeo, clam me subduco*. Inc. 2 Sam. XIX. 3. — כָּלָא, *claudo, cohibeo me*. Al. Hagg. I. 10. ἡ γῆ ὑποστελεῖται (Francof. ed. male ὑποτελεῖται) δοῦναι τὰ ἐκφόρια, terra *remittet*, vel potius *recusabit, denegabit* dare proventus.
d Gloss. MS. in Proph. ὑποστελεῖται, ἐνδώσει καὶ οὐ καρποφορήσει. — נָשָׂא פָּנִים, *suscipio faciem*. Job. XIII. 8. ἦ ὑποστελεῖσθε sc. πρόσωπον; num *personam reformidatis?* Conf. Sap. VI. 8. Lex. Cyrilli MS. Brem. ὑποστέλλεται, ὑποστήσεται, ὑποσωπᾷ. Ita Bielius. Equidem Jobi l. c. ὑποστελεῖσθε vertere mallem: *subducetis vos*, sc. *Deo*. Sc. נָשָׂא acceperunt
e in notione *tollendi, auferendi. Tollere, auferre* seu *abstrahere a se faciem Dei* notat *latere Deum, se subducere Deo*. Symmachus bene: ἆρα δύνασθε κρύψαι αὐτόν. — נָשָׂא לְפֶשַׁע, *remitto prævaricationem*. Ex. XXIII. 21. οὐ γάρ μὴ ὑποστείληταί σε, neutiquam enim se *subducet* a te, seu, ut Ernesti in Not. ad Gloss. Sacr. Hesychii p. 274. vertere maluit: *non autem te circumveniet, non fallet*. Legisse videntur לֹא יִשָּׂא
f פְּנֵיכֶם. Vide ad h. l. Scharfenbergium. In Gloss. in Octat. περιστέλλομαι exponitur ὑποχωρῶ, *secedo*, quod tamen non περιστέλλομαι, sed ὑποστέλλομαι significat. Et frustra περιστέλλομαι ea significatione apud LXX quæritur. — עָפַל Pyh. *effero me*. Hab. II. 4. ἐὰν ὑποστείληται, si *subduxerit* se. Arab. عغل
g proprie notat *animum a re aut persona aliqua avertere, aut subducere se, occultare*, ut multis docuit Pearsonius in Præf. Parænet. Hesych. ὑποστειλάμενος, ὑποκρυψάμενος, φοβηθείς. Idem: ὑποστείλασθαι, ἀναδύεσθαι, δολιεύεσθαι, ὑποκρίνεσθαι. Conf. Suidam in v. ὑποστέλλεται, Gloss. Græc. Alberti editum p. 177. et Suiceri Thes. T. II. p. 1398.

* ῾ΥΠΟ'ΣΤΕΜΑ. Vide s. v. ὑπόστημα.
h

῾ΥΠΟ'ΣΤΗΜΑ, *fulcrum, sedimentum, statio militum, castra*, it. *consessus*, ab ὑφίσταμαι, *suppono*. מַצָּב, *statio*. 2 Sam. XXIII. 14. τὸ ὑπόστημα τῶν ἀλλοφύλων, *castra* alienigenarum. In Cod. Vat. et apud Inc. legitur h. l. ὑπόστεμα, ε pro η ex dialecto Ægyptia, ut ἀνάστεμα, σύστεμα, et alia. Vide Sturzium de Dial. Maced. et Alex. pag. 119. —
i נְצִיב, *præses*. 1 Paral. XI. 16. ubi Alex. et Cant. ὑπόστεμα habent. Aqu. 1 Sam. XIII. 3. Alias ὑπόστασις eodem sensu occurrit. Vide supra in h. v. — סוֹד, *secretum*. Jer. XXIII. 18. τίς ἔστη ἐν ὑποστήματι κυρίου; quis stetit in *fundamento* Domini? Conf. notata in v. ὑπόστασις ex Jerem. XXIII. 22. Ita Bielius. Victor in Catena habet ἐν τῇ ὑποστάσει, pro quo Symmachus ἐν τῇ ὁμιλίᾳ edidit. Equidem vertere

a mallem: *quis stetit vel fuit in consessu Dei?* h. e. *admissus est ad arcana Dei consilia?*

'ΥΠΟΣΤΗ'ΡΙΓΜΑ, *sustentaculum, fulcimentum, fundamentum.* *אֲנָךְ vel אֲנָךְ, *miles loricatus.* Incert. (Theodot. sec. Cod. Syr. Hex.) Ez. XXXVIII. 6. ubi ὑποστήριγμα notat *turmas lectissimas, quæ robur constituunt exercitus, custodiam regiam.* —
b מִסְעָד, *fulcrum.* 1 Reg. X. 12. — מָעוֹן, *robur.* Dan. XI. 7. — נְטִישׁוֹת plural. *pinnæ.* Jerem. V. 10. Ita Bielius Trommium secutus. נְטִישׁוֹת sunt *propagines.* Fuerunt tamen interpretes, qui vocem Hebr. de *ruinis* aut *mænibus* explicarent. Chald. de *castellis* cogitavit. — פְּקָעִים plur. *colocynthides,* h. l. *globi instar cucurbitarum.* 1 Reg.
c VII. 23.

'ΥΠΟΣΤΗΡΙ'ΖΩ, *suffulcio, sustento.* סָמַךְ, idem. Ps. XXXVI. 18. ὑποστηρίζει δὲ τοὺς δικαίους ὁ κύριος, *suffulcit* autem justos Dominus. Vide et Ps. CXLIV. 15. — עָתַת, *tempestive loquor.* Aqu. Ies. L. 4. ὑποστηρίσαι, *fulcire,* metaphorice: *oratione sustentare, solatio erigere.* Vulgat. *sustentare.*

d *'ΥΠΟ'ΣΤΙΜΜΑ. Vox hæc a Bielio prorsus neglecta, et a Montfauconio per *hypostimma* reddita, in Cod. Reg. 2 Sam. XVII. 28. Symmacho tribuitur, ut voci סָפּוֹת, *scyphos,* respondeat: sed in Cod. Coisl. 2. ὑποστρώματα legitur, quæ lectio sincerior videtur Montfauconio, ac mihi quoque, modo non ad סָפּוֹת referatur, sed ad proxime
e antecedens מִשְׁכָּב.

'ΥΠΟΣΤΡΑ'ΤΗΓΟΣ, *subordinatus dux exercitus, imperator secundarum partium et legatus.* 1 Maccab. XV. 38.

'ΥΠΟΣΤΡΕ'ΦΩ, *revertor.* שׁוּב, idem. Genes. VIII. 7. XIV. 17. Symm. Job. XXXIX. 4.

'ΥΠΟ'ΣΤΡΩΜΑ, *substratum.* מַצָּע, *stratum.* Theod. Ies. XXVIII. 20. — סַפּוֹת plur. fœm. *scyphi, pelves.* Symm. 2 Sam. XVII. 28. ὑποστρώματα, pro quo etiam vitiose ὑποστίμματα legitur, quod vide supra. Vox Hebr. quoque significat *limina,* aut *loca ante januam latius patentia.*

'ΥΠΟΣΤΡΩ'ΝΝΥΜΙ, *substerno, subjicio.* הִצִּיעַ Hiph. a יָצַע. Ies. LVIII. 5. σάκκον καὶ σποδὸν ὑποστρώσῃς, saccum et cinerem *substernas.* Aretæus pag. 8. 35. ὑπὸ τῇσι πλευρῇσι ὑμὴν ὑπέστρωται. Sirac. IV. 30. μὴ ὑποστρώσῃς σεαυτὸν ἀνθρώπῳ μωρῷ, ne *subjicias* temet ipsum homini fatuo.

'ΥΠΟΣΧΑ'ΖΩ, *supplanto, subverto.* Sirac. XII. 23. ὡς βοηθῶν ὑποσχάσει πτέρναν σου, tanquam auxilium laturus *supplantabit* calcaneum tuum. 'Υποσχάζειν vulgo vertunt *subsecare:* σχάζω enim idem est, quod *scarifico* vel *venam incido.* Alii per *sistere, inhibere: calcem tuum inhibebit.* Sed
h vera lectio ibi est ὑποσκάψει, quod vide supra. Houbigantius conjicit ὑποσκελίσει.

'ΥΠΟ'ΣΧΕΣΙΣ, *pollicitatio, promissio.* יְקוּם, *subsistens.* Deut. XI. 6. ubi tamen al. pro ὑπόσχεσιν rectius ὑπόστασιν habent. Sap. XII. 21. συνθήκας ἔδωκας ἀγαθῶν ὑποσχέσεων, fœdera dedisti bonarum *promissionum.* 4 Macc. XV. 2. Hesych. ὑποσχέσεις, ἐπαγγελίαι.

'ΥΠΟΣΧΙ'ΖΩ, *suffindo.* פִּתַּח Pih. *aperio.* Symm. Ies. XXVIII. 24. ὑποσχίσει, ubi in Hexaplis Montfauc. nunc legitur ὑποσχίσει.

'ΥΠΟΤΑ'ΣΣΩ, 'Α'ΤΤΩ, *subordino, subjicio,* et ὑποτάσσομαι, *submitto me, silentio submissionem declaro, manus do, cedo, pareo.* אַנְשֵׁי תָרִים, *viri exploratores.* 1 Reg. X. 15. χωρὶς τῶν φόρων τῶν ὑποτεταγμένων, præter tributa *subjectorum.* E loco parallelo 2 Paral. IX. 14. apparet, loco

a τῶν ῥημῶν reponendum esse τῶν ἀνδρῶν. Cæterum existimo, in utroque loco LXX mea conjectura
ductos ita transtulisse. — דּוּמִיָּה,
verbale, *silens*. Psalm. LXI. 1. οὐχὶ
τῷ Θεῷ ὑποταγήσεται ἡ ψυχή μου; nonne Deo *submittet se* anima mea?
Confer 2 Macc. IX. 12. et vide s.
דָּמַם. — דָּמַם, *sileo*. Ps. XXXVI.
7. ὑποτάγηθι τῷ κυρίῳ, *submitte te*
b Deo, vel: *silentio submissionem tuam*
erga Dominum *declara*. *Silere* seu,
quiescere Deo est: *se submittere pro-
videntiæ divinæ*, adeoque *abstinere a
querelis, ac patienter exspectare Dei
auxilium*. Vide et Ps. LXI. 5. et
conf. 1 Cor. XIV. 34. ac Lexic. N.
T. s. h. v. — הִדְבִּיר Hiph. *adduco,
subjicio*. Psalm. XVII. 51. ὑποτάξας
λαοὺς ὑπ' ἐμέ. Ita quoque Symma-
c chus. Ps. XLVI. 3. ὑπέταξε λαοὺς
ἡμῖν. — הִמְשִׁיל Hiph. *dominari facio*. Dan. XI. 39. — הִתְרֹעַע Hithp.
a רוּעַ, *clango*. Ps. LIX. 9. et CVII.
10. ἐμοὶ ἀλλόφυλοι ὑπετάγησαν, mihi
alienigenæ *subjecti sunt*. In priori
loco verterunt quidem quoad sensum, sed ita tamen, ut non legerint
הִתְרוֹעֲעִי, *jubila*, ut nunc extat in
Cod. Hebr., sed, ut reperitur in lo-
i co parallelo Psalm. CVII. 10. עֲלֵי
פְלֶשֶׁת אֶתְרוֹעָע, *super Philistæos
cano canticum triumphale*. Ita jam
Syrus interpretatus est. — כָּבַשׁ,
subigo. 1 Par. XXII. 18. ὑπετάγη ἡ
γῆ ἐναντίον κυρίου, *subjecit se* terra coram Domino. Incert. Jos. VIII. 1.
Aqu. Symm. 2 Sam. VIII. 11. ὑπέ-
ταξεν. — נָתַן יַד תַּחַת, *do manum
sub*, i. e. *subjicio me*. 1 Par. XXIX.
24. οἱ ἄρχοντες καὶ οἱ δυνάσται, καὶ
πάντες υἱοὶ Δαβὶδ τοῦ βασιλέως ὑπετάγησαν αὐτῷ. Hic locus accensendus
est illis, ex quibus Wokenius in
Protrept. ad Pietatem Critic. p. 37.
seq. ostendit, ὑποτάσσεσθαι non semper *servilem aliquam subjectionem*
inferre. Conf. quoque Lexic. N. T.
s. h. v. — עָנָה, *humilior*. Symm.
Theod. Ies. XXXI. 4. ὑποταγήσεται,
timidus reddetur. Eandem signifi- f
cationem habet Hebr. יַעֲנֶה, ut sit
timidus redditur, ita ut a præda sua
discedat. — רָדַד, *substerno*. Psalm.
CXLIII. 3. — *רָדָה, *dominor*.
Symm. Ps. XLVIII. 15. — שׂוּם,
pono. Dan. VI. 13. οὐχ ὑπετάγη τῷ
δόγματί σου, non *paruit* mandato tuo.
Sic passim in N. T. Vide Lexic.
N. T. s. h. v. — שִׁית, idem. Psalm.
VIII. 7. πάντα ὑπέταξας ὑποκάτω τῶν g
ποδῶν αὐτοῦ, omnia *subjecisti* pedibus ejus. Esth. III. 7. sec. V. A.
τὴν ὑποτεταγμένην ἐπιστολὴν, literas
ejus *curæ demandatas*. 2 Macc. IV.
12. ὑποτάσσων ὑπὸ πέτασον ἦγεν. Miror
neminem vidisse, verbum ὑποτάσσων
hic expungendum esse, tanquam
variantem lectionem vocum ὑπὸ πέτασον. Vide supra s. v. πέτασος.
2 Macc. VIII. 22. ὑποτάξας ἑκάστῳ h
χιλίους, *subordinans* unicuique mille.
2 Macc. XIII. 23. ὑπετάγη, *submit-
tebat se*, vel *manus dabat*, *cedebat*.

ὙΠΟΤΕΛΕ'ΟΜΑΙ. Vide in v.
ὑποστέλλομαι.

ὙΠΟΤΙ'ΘΕΜΑΙ, scil. βουλὴν,
suggero consilium, consulo, suadeo.
הִפְגִּיעַ Hiph. *intercedo*. Jerem.
XXXVI. 25. ὑπέθεντο τῷ βασιλεῖ πρὸς
τὸ κατακαῦσαι τὸ χαρτίον, *suadebant,
consilium dabant* regi, ut combure-
ret librum. Adde Homer. Il. Θ', i
36. 467. et Φ', 293. Hesych. ὑπέθεντο, συνεβουλεύοντο. Idem: ὑποτίθεται,
συμβουλεύει. Lex. Cyrilli MS. Brem.
ὑπέθεντο, συνεβούλευσαν, ὑπέβαλλον. Sic
et 2 Macc. VI. 8. Πτολεμαίου ὑποτι-
θεμένου, τὴν αὐτὴν ἀγωγὴν κατὰ τῶν
Ἰουδαίων ἄγειν, Ptolemæo *suggerente*,
ut pari modo adversus Judæos age-
rent. Herodot. Lib. I. c. 90. ταῦτα
ἀκούων ὁ Κῦρος ὑπερήδετο, ὥς οἱ ἐδόκει εὖ
ὑποθέσθαι. Vide et Lib. I. c. 156.
et Homer. Od. Α', 281. et alia Herodoti loca observata Raphelio An-

a notat. ex eod. ad 1 Tim. IV. 6. p. 573. Quod autem in verbo illo, si ea notione veniat, vocem βουλὴν subintellegere debeamus, patet ex illo Homeri Il. Θ', v. 36. Βουλὴν δ' Ἀργείοις ὑποθησόμεθ', ἥτις ὀνήσει.

'ΥΠΟΤΙ'ΘΗΜΙ, *suppono.* אָחַז, *capio.* 2 Paral. IX. 18. — הִטָּה Hiph. a נָטָה, *inclino.* Gen. XLIX. 15. ὑπέθηκε τὸν ὦμον αὐτοῦ εἰς τὸ πονεῖν, *b* *supposuit* humerum suum ad laborandum. Sensu eodem. Conf. Sir. VI. 27. — הִפְגִּיעַ Hiph. *intercedo.* Jerem. XXXVI. 25. — נָתַן, *do.* Exod. XXVII. 5. — סָרַח, *redundo.* Exod. XXVI. 12. — שׂוּם : הֵשִׂים, Kal et Hiph. *pono.* Genes. XXVIII. 18. Exod. XVII. 12. XL. 18. 2 Macc. XIV. 41. ὑπέθηκεν αὐτῷ τὸ ξίφος, *supposuit* sibi gladium. *c* Syrus: *percussit ventrem ejus gladio.* Josephus: ὑποδὺς ὑπὸ τὴν γαστέρα καὶ πλήξας.

'ΥΠΟΤΙ'ΤΘΙΑ, scil. βρέφη vel παιδία, *infantes, qui adhuc sub mamma sunt, lactentes.* עֹלָלִים, idem. Hos. XIV. 1. τὰ ὑποτίτθια αὐτῶν ἐδαφισθήσονται, *infantes* eorum *lactentes* solo allidentur. Gloss. MS. in Proph. ὑποτίτθια, παιδία θηλάζοντα. Suidas *d* eadem interpretatur: ὑπομάζια παιδία. Hesych. θηλάζοντα, γαλουχούμενα παιδία, et Lex. Cyrilli MS. Brem. θηλάζοντα, γαλακτοτροφούμενα.

'ΥΠΟΤΟΜΕΥ'Σ, *instrumentum, quo succidimus aut secamus.* מְגֵרָה, *serra.* 2 Sam. XII. 31. sec. Vat.

*'ΥΠΟΤΡΕ'ΧΩ, *currens subeo, cursu comprehendo et suffugio.* Sirac. XXXVI. 7. sec. ed. Ald. ὑποτρέχει, *e* ubi vel ὑπερτρέχει vel, ut alii libri habent, ὑπερέχει legendum erit. Philoxeni Gloss. ὑποτρέχω, *subcurro.*

'ΥΠΟΤΥ'ΦΩ, *succendo, accendo.* חָתָה, *accipio et aufero.* Aqu. Symmach. Theod. Prov. VI. 27. ὑποτύψει. Si vera est hæc lectio, nec fortasse reponendum ὑποκρύψει, respexerunt notionem *accendendi,* quam vox חָדָה in l. Arab. et Æthiop. habet. Confer Castelli Lexic. *f* Heptaglotton. fol. 1446.

*'ΥΠΟΥ'ΛΩΣ, *latenter, simulate, subdole.* רָכִיל, *detractor,* h. l. adverbialiter, *fraudulenter.* Inc. Lev. XIX. 16. sec. codd. Coisl. et Lips.

'ΥΠΟΥΡΓΕ'Ω, *ministro,* etiam *subigo.* שֵׁרֵת Pih. Inc. Num. XVIII. 2. ὑπουργείτωσαν. — עָבַד. Aqu. 2 Sam. IX. 10. ὑπουργήσεις, ubi ὑπουργεῖν τὴν γῆν est *colere terram,* q. d. *eam subigere* γεωργεῖν, ut Symmachus reddidit. Hesych. ὑπουργεῖ, ὑπηρετεῖ. *g*

'ΥΠΟΥΡΓΙ'Α, *ministerium.* צָב, *operimentum.* Symm. Num. VII. 3. Videtur legisse צָבָא.

*'ΥΠΟΥΡΓΟ'Σ, *adjutor, qui operam navat, minister.* מְשָׁרֵת, quod differt ab עֶבֶד, quod nomen est *mancipii,* cum מְשָׁרֵת sive *administer* possit esse homo liber. Jos. I. 1. *h* sec. Vatic. Ὑπουργοὺς καὶ συνεργοὺς junxit Heliod. Lib. VII. p. 359.

'ΥΠΟΦΑΙ'ΝΩ, *subluceo, illucesco.* 2 Macc. X. 35. XIII. 17. ὑποφαινούσης τῆς ἡμέρας.

'ΥΠΟ'ΦΑΥΣΙΣ, *sublucida lux,* q. d. *sublucentia, ipsa sublucendi actio.* אַתִּיק, *peristylium.* Ez. XLI. 16. ubi ὑπόφαυσις esse videtur *hiatus, per quem transitus patet luci.* Pertinet huc fortasse glossa corrupta Hesychii: ὑποφαίσεις (lege ὑποφαύσεις), εἰς θεωρίας, scil. κατεσκευασμέναι. Apud Herodotum quoque VII. 36. ὑποφαύσιες occurrunt pro *hiatu s. transitu patente.*

'ΥΠΟΦΕ'ΡΩ, *suffero, sustineo, tolero, porto.* הֵכִיל Hiph. a כּוּל, *capio.* 1 Reg. VIII. 64. מֵהָכִיל, τοῦ μὴ δύνασθαι ὑπενεγκεῖν. Amos VII. 10. οὐ μὴ δύνηται ἡ γῆ ὑπενεγκεῖν πάντας τοὺς λόγους, non poterit terra *tolerare* omnes sermones. — הֵכִין

Hiph. a כּוּן, *paro.* Job. XV. 35. ἡ δὲ κοιλία αὐτοῦ ὑποίσει δόλον, venter autem ejus portabit (aut potius *efferet, proferet.* Aretæus pag. 22. 2. ὑποφέρῃ ἡ γαστὴρ ἢ ἡ κυστὶς τὸ ποτὸν, h. e. *subtus evehit, excernit.*) dolum. — יָכֹל, *possum, valeo.* Job. IV. 2. ἰσχὺν δὲ ῥημάτων σου τίς ὑποίσει; vim autem verborum tuorum quis *sustinebit*? Hesych. ὑποίσει, ὑφέξει, βαστάσει. Lex. Cyrilli MS. Brem. ὑποίσει, ὑφέξει, ὑπομενεῖ, βαστάσει. MS. vitiose ὑπομένει, βαστάξει. Job. XXXI. 23. ἀπὸ τοῦ λήμματος αὐτοῦ οὐχ ὑποίσω, sc. τί, a potentia ejus non *tolerabo* aliquid. Hesych. οὐχ ὑποίσω, οὐχ ὑπενέγκω, οὐ βαστάσω. — מָצָא, *invenio,* it. *consequor.* Prov. VI. 33. ὀδύνας τε καὶ ἀτιμίας ὑποφέρει, et dolores et opprobria *suffert.* Conf. 1 Petr. II. 9. — נָשָׂא, *fero.* Ps. LIV. 12. LXVIII. 10. Mich. VII. 9. ὀργὴν κυρίου ὑποίσω, iram Domini *tolerabo.* Unde Gloss. MS. in Proph. ὑποίσω, ὑπομενῶ. Theod. et LXX Prov. XVIII. 14. Theod. Job. XXI. 3. — קִבֵּל Pih. *accipio.* Job. II. 10. Præterea legitur Thren. III. 46. ubi Symmachus ὑπηνέχθημεν de suo addidit.

*ὙΠΟΦΕ'ΡΩ ΠΟΛΛΑ', *multa sustineo, tolero.* שָׂנֵא Niph. *odio habeor, odiosus sum.* Prov. XIV. 17. πολλὰ ὑποφέρει, multa *suffert,* sc. ab odio aliorum. Sensum itaque expresserunt, adeoque non erat, quod Vogelius judicaret, eos legisse יִשָּׂא, a נָשָׂא, *tolerare,* aut יִנָּשֵׂה.

ὙΠΟ'ΦΟΡΟΣ, *tributarius, tributo obnoxius, vectigalis.* לָמַס, *sub tributo.* Jos. XVI. 10. ἐγένοντο ὑπόφοροι δοῦλοι, fiebant servi *tributarii.* Hes. ὑπόφορος, ὑπὸ τέλος ὑπεύθυνος. Sic enim Bielius legendum putat sine distinctione pro ὑπὸ τέλος, ὑπεύθυνος. Alii legere malunt ὑποτελής. Sed ὑπὸ τέλος positum est pro ὁ ὢν ὑπὸ τέλος. Lexic. Cyrilli MS. Brem. ὑπόφορος, ὑπεύθυνος ὑπὸ κῆνσον, ὑποτελής. Unde emendandus videtur Suidas, apud quem vulgo legitur ὑπόφορος, ὑπεύθυνος, ὑπόκηνσος, ὑποτέλος. Conf. Pollucem Lib. VIII. c. 15. segm. 157.

*ὙΠΟ'ΦΡΙΚΟΣ, *subhorrens, qui horrore tenetur.* 3 Maccab. VI. 18. ὑπόφρικον καὶ τὸ τοῦ βασιλέως σῶμα ἐγενήθη, regem *timor occupavit, horror*que *magnus.*

*ὙΠΟΦΩΝΕ'Ω, *succlamo, acclamo.* Judith. XV. 14. ὑπεφώνει πᾶς ὁ λαὸς τὴν αἴνεσιν ταύτην sec. Vat. In Cod. Alex. et Compl. legitur ὑπερεφώνει. Plutarch. de Discr. Am. et Adul. cap. 11. et 48. Hesych. ὑποφωνῆσαι, ὑποδεῖξαι.

ὙΠΟΧΕΙ'ΡΙΟΣ, *qui sub manu,* h. e. *in potestate alterius est, in potestatem redactus, subditus, subjectus.* בְּיָד, *in manu.* Gen. IX. 2. sec. ed. Ald. Genes. XIV. 20. ὃς παρέδωκε τοὺς ἐχθρούς σου ὑποχειρίους σοι, qui tradidit inimicos tuos *in potestatem tuam.* Vide et Num. XXI. 2. Jos. VI. 2. IX. 25. ἡμεῖς ὑποχείριοι ὑμῶν, nos *in potestate tua sumus.* — עָצֵב, *labor.* Ies. LVIII. 3. πάντας τοὺς ὑποχειρίους ὑμῶν ὑπονύσσετε, omnes *subjectos* vestros affligitis. Ὑποχείριοι sunt h. l. *debitores.* עָצֵב in l. Arab. est *ligare.* Vulg. *omnes debitores vestros repetitis.* Male itaque Grotius ad h. l. conjecit, LXX h. l. ὑπόχρεως scripsisse, ut legitur in Symmachi ac Theodotionis reliquiis. Conf. Cappelli Crit. Sacr. pag. 1020. et notas Scharfenbergii. — *עֹרֶף, *cervix.* Inc. Psalm. XVII. 40. Alluditur h. l. ad ritum orientalium cervici victorum pedes imponendi. — שַׁמָּה, *desolatio.* Jerem. XLII. 18. ἔσεσθε εἰς ἄβατον καὶ ὑποχείριοι, eritis in terram inviam et *subjecti.* Libere verterunt. Suidas: ὑποχειρίους, αἰχμαλώτους, δούλους. 2 Maccab. XII. 28. ἔλαβον τὴν πόλιν ὑποχείριον, *redegerunt urbem in potestatem suam.*

a *ΥΠΟΧΟ'ΝΔΡΙΟΝ, *tota illa corporis humani pars, quæ a mucronata cartilagine utrimque ad ilia usque protenditur.* Philox. ὑποχόνδρια, *præcordia.* הַמּוֹרִים, *jacientes, jaculatores.* 1 Sam. XXXI. 3. εἰς τὰ ὑποχόνδρια. Quomodo hæc exsculpserint, non assequor. Fortasse legerunt הֲמוֹנִים, et ex Arab. مانة, *hypochondrium,* explicarunt, sive e-
b tiam מדרים, coll. Arab. صبر idem significans. Conjicere etiam aliquis posset מְמַחִים, aut מָתְנַיִם, aut מֵעִים, aut אֶל הַחֹמֶשׁ. 2 Sam. IV. 6. XX. 4. Zonaras Lexic. col. 1780. ὑποχόνδρια, τὰ ὑπὸ τὸν λαγόνα. Confer quoque Photium s. h. v. ac Etymol. Gudianum 658. 36.

'ΥΠΟ'ΧΡΕΩΣ sive 'ΥΠΟ'ΧΡΕΟΣ, *debitor, qui subest æri alieno.* נֹשֶׁא,
c (א pro ה) part. *exactor debiti, creditor.* Ies. L. 1. τίνι ὑπόχρεῳ πέπρακα ὑμᾶς; cui *debitori* vendidi vos? Scribendum est ὑποχρέους, *tanquam debitores, qui non sunt solvendo.* Vide et 1 Sam. XXII. 2. ubi Hebraicæ formulæ אֲשֶׁר לוֹ נֹשֶׁא, *cui est ei creditor,* h. e. *debitor,* respondet. — עֶצֶב, *labor.* Symmach. Theod. Ies. LVIII. 3. ὑπόχρεῳ. Vide supra s. v.
d ὑποχείριος.

ΥΠΟ'ΧΥΣΙΣ, *suffusio,* etiam *vitium in oculis, quod vocamus* **den grauen Staar,** *cataract.* תְּבַלֻּל בְּעֵין, *albugo in oculis.* Aqu. Levit. XXI. 20. ubi vid. Montfauconius.

'ΥΠΟΧΥΤΗ'Ρ, *vasculum, quo oleum lychno suffunditur,* q. d. *suffusorium.* סִיר, *olla.* Jer. LII. 16. Suidas: ὑποχυτῆρες, τρύβλια, δι' ὧν τὸ
e ἔλαιον εἰς λύχνους ὑποχέουσιν.

'ΥΠΟΧΩΡΕ'Ω, *subduco me, secedo.* אָסַף, *congrego.* Symmach. Psalm. CIII. 23. ὑποχωρήσουσι. Bene quoad sensum. Sirac. XIII. 12. ὑποχωρῶν γίνου, *clam te subducito.*

'ΥΠΟΨΙ'Α, *suspicio,* ab ὑφόρομαι *suspicio,* vel *suspectum habeo.* 2 Maccab. IV. 34. ἐν ὑποψίᾳ, κείμενος in *suspicione positus,* i. e. *suspectus.*

'ΥΠΤΙΑ'ΖΩ, *supino, resupino,* it. f
expando, etiam: *supinus sum, supinor.* פָּרַשׂ, *expando.* Job. XI. 13. ὑπτιάζεις δὲ χεῖρας πρὸς αὐτὸν, *expandis* autem manus ad illum. Sic Aristophanes Eccles. v. 777. χεῖρ' ὑπτίαν vocat *manum expansam.* Et Suidas in verbis scriptoris incerti, προθυμίᾳ δὲ πάσῃ ἀναπετάσαντες τὰς πύλας, ἐδέξαντο ὑπτίαις χερσὶ τοὺς πολεμίους, vocem ὑπτίαις interpretatur g
ἡπλωμέναις. Vide in v. ὕπτιος.

*ΥΠΤΙΟΣ, *supinus, resupinus,* it. *altus.* Inde ὕδατα ὕπτια, *aquæ altæ.* *מִישֹׁר, *planities.* Symm. sec. cod. 108. Holm. Deut. III. 10. τῆς ὑπτίας. Vide supra s. ὁμαλής. — סְפִיחִים, *effusiones* (Confer Alb. Schultensii Anim. in Jobum p. 36.). Job. XIV. 19. κατέκλυσεν ὕδατα ὕπτια τοῦ χώματος τῆς γῆς, inundarunt a- h
quæ *altæ* (quidni *effusæ* s. *expandentes sese?*) aggerem terræ. Suidas: ὕπτια, ὑψηλά, ἢ ἡπλωμένα.

*ΥΠΩΜΙ'Σ. אֵפֹד, *superhumerale.* Lev. VIII. 7. sec. unum cod. Reg. a Montfauconio collatum ὑπωμίδα vitiose pro ἐπωμίδα.

'ΥΠΩ'ΠΙΟΝ, *pars faciei, quæ oculis est subjecta, sugillatio sub oculo, orta ex ictu s. plaga, sanguine sub* i
oculis effuso, ex ὑπὸ et ὤψ, *oculus.* Hinc:

'ΥΠΩ'ΠΙΑ, *sugillationes, tumores lividi, qui sunt sub oculis.* חַבּוּרָה, *vibex, tumor livens.* Prov. XX. 29. ὑπώπια καὶ συντρίμματα συναντᾷ κακοῖς, *sugillationes* et vulnera obveniunt malis. Lex. Cyrilli MS. Brem. ὑπώπια, τὰ ὑπὸ τοὺς ὀφθαλμοὺς πελιώματα, ἢ τὰ ἐκ τῶν ὀφθαλμῶν ἐξιόντα πύα (Scribe ex Suida et Etym. M. ἐξιόντα πῦα). ὦπες γὰρ οἱ ὀφθαλμοί. Hesych. ὑπώπια, τὰ ὑπὸ τοὺς ὀφθαλμοὺς a θήματα, ἀπὸ μέρους δὲ ὅλην τὴν ὄψιν δηλοῖ καὶ τὰ πελιώματα. Pollux Lib. II. c. 4. seg. 52. ὑπώπια, τὰ ὑπὸ τοὺς ὦπας τῶν πληγῶν ἴχνη. Ad quem locum Jungermannus in Not. citat Nunnesium Not. ad Herodiani Fragm. in Ὦπας, et Rhodig. III. Antt. Lectt. p. 28. Confer quoque Suiceri Thes. T. II. p. 1401. Pet. Fabri Agon. c. 14. Jac. Lydii b Agon. S. c. 14. L. Bos. Exercit. in N. T. p. 140. seq.

ὙΣ, *sus, porcus*. חֲזִיר, idem. Lev. XIV. 7. Ps. LXXIX. 14. (ubi *aprum* notat, ut *sus* apud Latinos. Confer Intt. ad Columellam IX. Præf. 1.) Prov. XI. 22. Verbis αἱ ὕες 1 Reg. XX. 19. nihil respondet in textu Hebr. ac recte desunt in Compl. Ex οἱ κύνες orta esse vi- c dentur, non enim sues solent lingere. Cæterum vitio scribarum factum est, ut Ps. XVII. 14. pro υἱῶν irreperet ὑῶν (*porcorum* sive *suum*) aut ὑείων (*suillarum carnium*), quod et in Arabicum et in Romanum Psalterium fluxit.

ὙΣΣΟΣ, *hyssus, jaculi genus*. Vide notas Montfauconii ad cap. 8. v. 18. Josuæ in Hexapl. Orig.

d ὙΣΣΩΠΟΣ, *hyssopus*. אֵזוֹב, idem. Exod. XII. 22. Psalm. L. 8. Ad quæ loca respiciens Suidas: Ὕσσωπος, βοτάνη ῥυπτική. Δαβίδ· ῥαντιεῖς με ὑσσώπῳ, καὶ καθαρισθήσομαι κ. τ. λ. Conf. Theodoretum ad Ps. L. p. 597. unde Suidam sua hic mutuatum esse annotat Küsterus. Apud Hesychium et in Lex. Cyrilli MS. Brem. ὕσσωπος exponitur βοτάνη e σμηκτική, et in Etymol. MS. βοτάνη καθαρτική ῥύπου, παρομοία σαμψύχῳ. Exponitur autem *herba purgans* vel *purgandi vim habens*, non quod in hyssopi natura aliquid sit σμηκτικόν, sed quod juxta legem Mosaicam ad purgationes olim fuerit adhibita. Vide Levit. XIV. 6. 51. 52. Num. XIX. 6. 18. et conf. Bochartum Hier. P. I. Lib. II. c. 50. p. 587. ac Wolfium ad Joh. XIX. 29. p. f 982. Vide quoque Lexicon N. T. s. h. v.

ὝΣΤΑΤΟΣ, *ultimus, supremus*. 3 Macc. V. 49. ὑστάτη βίου ῥοπή, ultimum vitæ momentum. Philoxeni Gloss. ὕστατος, *novissimus, postremus, supremus, imus, ultimus*.

ὙΣΤΕΡΕΏ, *posterior sum, cunctor, procrastino, tardo, omitto, deficio, desum, vaco, indigeo*, it. *privo*. אָחַר in g Hiph. Inc. 2 Sam. XX. 15. ὑστέρησε, *procrastinavit*.—גָּרַע, *diminuo*. Num. IX. 7. μὴ οὖν ὑστερήσωμεν, ὥστε προσενέγκαι τὸ δῶρον; num igitur *omittemus* offerre donum?—הִתְמַהְמֵהַּ Hithp. a מָהָה, *cunctor*. Hab. II. 3. ἐὰν ὑστερήσῃ, ὑπόμεινον αὐτόν, si *cunctetur*, exspecta illum. Ita Sirac. LI. 32. juxta cod. Alex. τί ὅτι ὑστερεῖτε; quare *tardatis*? Et Diodorus Sic. h Lib. XIII. p. 143.: Præceperunt duces exercitus multitudini, ὅταν σημήνῃ, μηδένα τῶν κατὰ τὸ στρατόπεδον ὑστερεῖν, ὡς ἀπολειφθησόμενον τὸν βραδύνοντα. Confer Lex. N. T. s. h. v.—חָדַל, *abstineo*. Num. IX. 13. ὑστερήσῃ ποιῆσαι τὸ πάσχα, *omittat* facere pascha. — חָדֵל, verbale, *desinens*. Ps. XXXVIII. 6. ἵνα γνῶ, τί ὑστερῶ ἐγώ, ut sciam, quid *desit* mihi. Cf. i Matth. XIX. 20. — חַסִּיר Chald. *deficiens*. Dan. V. 29. ἐστάθη ἐν ζυγῷ, καὶ εὑρέθη ὑστεροῦσα, appensus est in statera, et inventus est *deficiens*. — חָסַר. Deut. XV. 8. καθόσον ὑστερεῖται, quocunque *indigeat*. Nehem. IX. 21. οὐχ ὑστέρησεν αὐτοῖς οὐδέν, nihil plane illis *deerat*. Ps. XXII. 1. οὐδέν με ὑστερήσει, nihil mihi *deerit*. Cant. VII. 2. κρατὴρ τορευτὸς μὴ ὑστε- k ρούμενος κρᾶμα, crater tornatilis, cui non *deest* mixtio. Ies. LI. 14. οὐ μὴ ὑστερήσει ἄρτος αὐτοῦ, non *deficiet* panis ejus. — חָסֵר, verbale, *deficiens*. Cohel. VI. 2. οὐκ ἔστι ὑστερῶν τῇ ψυχῇ αὐτοῦ ἀπὸ πάντων, ὧν ἐπιθυμήσει, non *privat* animam ejus omnibus,

a quæ desiderabit. Cohel. X. 3. καρδία αὐτοῦ ὑστερήσει, cor ejus *deficiet.* — מָנַע, *cohibeo.* Num. XXIV. 11. καὶ νῦν ὑστέρηκέ σε κύριος τῆς δόξης, et nunc privavit te Dominus gloria. — פָּקַד, *visito.* Symmach. 1 Sam. XX. 25. ὑστέρησεν, *vacavit, carebat sedente.* Sic recte. Ita enim vocem Hebr. optimi quivis interpretes explicarunt. Vulgatus: *vacuus ap-*
b *paruit.* פָּקַד in Niph. *deesse, abesse, desiderari* notat. Præterea legitur Dan. IV. 30. οὐχ ὑστερήσει ἀπὸ πάντων τούτων οὐδὲν sec. Cod. Chis. ubi nihil in textu respondet. Sir. VII. 36. μὴ ὑστέρει ἀπὸ κλαιόντων, ne *desis* plorantibus. Sir. XI. 12. τόσῳ μᾶλλον ὑστερεῖται, tanto magis *eget.* Sir. XI. 13. ὑστερῶν ἰσχύϊ, *deficiens* virtute. Sir. XIII. 6. ἐὰν ὑστερήσῃς, si *indigens* aut
c *nullo usui fueris.* Sir. XXVI. 22. ὑστερῶν δι' ἔνδειαν, *deficiens* per inopiam.

ΥΣΤΕ'ΡΗΜΑ, *indigentia, egestas, penuria, inopia.* Proprie est: *cum ad justam alicujus rei mensuram aliquid deest, non justa mensura.* חָסֵר, *indigeo.* Psalm. XXXIII. 9. οὐκ ἔστιν ὑστέρημα τοῖς φοβουμένοις αὐτὸν, non est *penuria* illis, qui timent illum. Confer Luc. XXI. 4. —
d חֶסְרוֹן. Cohel. I. 15. ὑστέρημα, *id quod deficit,* h. e. *defectus in singulis rebus.* Hieron. *stultorum infinitus est numerus:* quasi esset in textu ὑστερουμένων, h. e. *qui mente deficiunt et capti sunt.* — חֲשַׁח Chald. *opus habeo.* Esdr. VI. 9. ὃ ἂν ὑστέρημα, si quid *desit.* — מַחְסוֹר. Jud. XVIII. 10. τόπος, ὅπου οὐκ ἔστιν ἐκεῖ ὑστέρημα παντὸς πράγματος, locus, in
e quo nullius rei est *penuria.* Vide et Jud. XIX. 19. 20. Prov. XXI. 5.

'ΥΣΤΕΡΟΒΟΥΛΙ'Α, *posterius s. tardius consilium, pœnitentia, mutatio consilii.* מָחָה, *deleo, abstergo.* Prov. XXXI. 3. μὴ δῷς γυναιξὶ σὸν πλοῦτον — εἰς ὑστεροβουλίαν, ne des mulieribus divitias tuas *in pœnitentiam,* h. e. *cuius facti sero te pœniteret.* In textu Hebr. legitur לִמְחוֹת מְלָכִין *f*
ad delendum reges. Legerunt: לְנַחֲמוֹת מְלָכִין notat *consilia.* Vide Buxtorf. c. 1211. Lex. Cyrilli MS. Brem. ὑστεροβουλίαν, μεταμέλειαν, μετάνοιαν. Similiter ὑστεροβουλία exponitur apud Hesychium. Patrum loca, quibus vox eodem sensu usurpatur, vide apud Suicerum Thes. Eccles. T. II. p. 1405.

'ΥΣΤΕΡΟΣ, *posterior.* אַחֲרוֹן, *g*
novissimus. 1 Par. XXIX. 29. Jer. L. 17. Aqu. Job. XVIII. 20. Posteriore enim loco Drusius in Fragm. Vet. Int. Gr. pag. 809. pro ὕστερον bene legendum censet ὕστεροι. Hieronymus ibi habet *novissimi.* Sap. XIX. 11. ἐφ' ὑστέρῳ, *deinde, denique.* Ep. Jerem. v. 72. ἐξ ὑστέρου, *tandem, denique.*

'ΥΣΤΕΡΟΝ, *post, postea, postremo. h*
mo. אֶחֱזֶה 1 pers. fut. Kal a חָזָה, *video.* Prov. XXIV. 32. Legerunt אַחַר vel אַחֲרֵי. — *אַחֲרוֹנִים, *novissimi.* Aqu. Job. XVIII. 20. Vide s. ὕστερος. — אַחֲרֵי. Jerem. XXIX. 2. ὕστερον ἐξελθόντος, *postquam* egressus esset. Jer. XXXI. 19. ὕστερον αἰχμαλωσίας μου μετενόησα, *post* captivitatem meam resipui. — אַחֲרִית. Proverb. V. 4. — עֵקֶב, *finis.* Aqu. *i*
Amos IV. 12. Conf. Drusium ad h. l. Symm. Prov. XXII. 4. Unde apparet, ὕστερον non adverbialiter, sed adjective sumendum esse, τὸ ὕστερον, *finis,* ut quoque Vulg. transtulit.

'ΥΦΑΙ'ΝΩ, *texo.* אָרַג. Jud. XVI. 13. 1 Sam. XVII. 7. Aqu. et LXX 2 Reg. XXIII. 7. et alibi. — אֶרֶג, *textura.* Jud. XVI. 14. — הֶעֱלָה *k*
Hiph. *ascendere facio.* 2 Par. III. 13.

'ΕΚ ΔΥ'Ο 'ΥΦΑΣΜΕ'ΝΩΝ, *ex duobus textum.* כִּלְאַיִם dual. *heterogenea, diversæ speciei.* Lev. XIX. 19. — Vide quoque alibi ποικιλτά.

'ΥΦΑΙΡΕ'Ω et 'ΥΦΑΙΡΕ'ΟΜΑΙ, *aufero, surripio, subduco, tollo, elevo.*

a גָּנַב, *furor, suffuror.* Job. XXI.
18. ὥσπερ κονιορτὸς, ὃν ὑφείλετο λαίλαψ, tanquam pulvis, quem *sustulit*
turbo. Job. XXVII. 20. νυκτὶ δὲ
ὑφείλετο αὐτὸν γνόφος, nocte autem *abstulit* illum caligo. Lex. Cyrilli MS.
Brem. ὑφείλετο, ἐπῆρεν, ἐκούφισεν. Ita
et Hesychius, nisi quod pro ὑφείλετο
vitiose apud illum legatur ὑφείλατο.
— גָּרַע, *succido, reseco.* Aqu. Ex.
b V. 19. ὑφελεῖτε, *subtrahetis.* Ep.
Jerem. v. 8. ὑφαιρούμενοι οἱ ἱερεῖς ἀπὸ
τῶν θεῶν αὐτῶν χρυσίον καὶ ἀργύριον,
surripientes sacerdotes a diis suis
aurum et argentum.

'ΥΦΑ'ΝΤΗΣ, *textor.* אֹרֵג part.
idem. Ex. XXVIII. 28. — חֹשֵׁב,
artifex. Exod. XXVI. 1. XXXVI.
7.

'ΥΦΑΝΤΟ'Σ, *textus, textilis, con-*
c *textus.* אֹרֵג. Exod. XXXIX. 21.
26. — חֹשֵׁב, *excogitans, artifex,*
speciatim *polymitarius.* Ex. XXVI.
32. XXXIX. 4. et alibi sæpius.

'ΥΦΑ'ΠΤΩ, *succendo.* 2 Maccab.
VIII. 33. XII. 9. XIV. 41.

ΥΦΑΣΜΑ, *textura, opus a textore confectum, textura, tela.* אֶרֶג,
textura. Jud. XVI. 15. Symmach.
Job. VII. 6. ταχύτερα ὑφάσματος.
d Hunc secutus Vulgatus habet: *ve-
locius transierunt, quam a texente
tela succiditur.* — חֵשֶׁב, *cingula.* Ex.
XXVIII. 8. 28. XXXIX. 20. Vide
supra s. v. ὑφαντός. — טֻחוֹת plur.
renes. Job. XXXVIII. 36. ὑφάσματος σοφίας: ubi pro בַּטֻּחוֹת, *in re-
nibus,* habuerunt in libris suis,
omisso Cheth, בְּטוּוֹת, vel (si rationes grammaticæ id permittere
e videantur) בְּטֻוֹת, a טָוָה, *nevit.*
Confer Exod. XXXV. 25. 26. —
מְלֹאָה, *impletio,* i. e. *insitio.* Exod.
XXVIII. 17.

'ΥΦΕΙ'. Ipsa vox Hebr. אֵיפָה,
epha, mensura aridorum. Num. V.
15. ubi alii οἰφὶ habent.

*'ΥΦΗ', *textura, textus, tenor.*
אֹרֶג, *capsa.* Aqu. 1 Sam. VI. 8.
secundum libros nonnullos. Vide
infra s. ὕφος. Secundum Etymol. f
M. 785. 29. ὑφὴ, ὁ ἱστός.

'ΥΦΙ', i. q. 'ΥΦΕΙ', quod vide
supra. Lev. V. 11. VI. 20. Vide
Sturz. de Dial. Maced. p. 92. seq.

'ΥΦΙ'ΣΤΗΜΙ et med. ὑφίσταμαι,
*suppono, substituo, subsisto, stare
facio, sustineo, tolero.* הִצִּיג Hiph.
a יָצַג, *colloco, constituo.* Aqu. Deut.
XXVIII. 56. ὑφίστασθαι. — הֵשִׁיב
Hiph. a שׁוּב, *averto.* Symm. Ies.
XXXVI. 9. ὑποστήσει τὸ πρόσωπον g
ἄρχοντος, *sustinebit* faciem principis.
Formula Hebr. *avertere faciem alicujus* notat *efficere, ut aliquis se in
fugam det, repellere alicujus vim
et impetum.* — חָנָה, *castrametor.*
Zach. IX. 8. ὑποστήσομαι τῷ οἴκῳ
μου ἀνάστημα, *stare faciam* domui
meæ munimentum: ubi nonnullis
legisse videntur הִנַּחְתִּי pro חָנִיתִי.
— *חָסָה, *confido.* Jud. IX. 15.
sec. Vat. et Inc. ὑπόστητε ἐν τῇ σκιᾷ h
μου. Sensu eodem. Nam חָסָה est
h. l. *confugere in tutelam ac cliente-
lam, adeoque tutum esse.* — יִחֵל Pih.
cunctor. Mich. V. 7. μηδὲ ὑποστῇ ἐν
υἱοῖς ἀνθρώπων, neque *subsistat* inter
filios hominum. Videtur tamen
ὑφίσταμαι h. l. notionem *sperandi* et
exspectandi habere, de qua vide
Lex. N. T. s. v. ὑπόστασις. — עָמַד,
sto. Num. XXII. 26. ὑπέστη ἐν τόπῳ i
στενῷ, *stabat* in loco angusto. Jos.
X. 8. οὐχ ὑποστήσεται ἐξ αὐτῶν οὐδεὶς
ἐνώπιον ἡμῶν, non *subsistet* aliquis ex
illis coram vobis. Conf. et Psalm.
XLVII. 6. 1 Sam. XXX. 10. coll.
v. 9. ubi ὑφίστασθαι est *non valere
persequi aut continuare iter* adeoque *subsistere,* nostrum marode
werden, *to be knocked up.* Sermo

a enim ibi est de militibus. Psalm CXXIX. 3. κύριε, τίς ὑποστήσεται, ἐὰν ἀνομίας παρατηρήσῃς; Domine, quis *sustinebit*, si iniquitates observaveris? Vide et Ezech. XXII. 14. Hesych. ὑποστήσεται, ὑπομενεῖ. Prov. XXV. 6. ubi pro ὑφίστασο ed. Compl. habet ἐφίστασο. Proverb. XXVII. 4. οὐδὲν ὑφίσταται ζῆλος, *nihil sustinet zelus*, h. e. *fervor* s. *æstus*
b *se ipsum cohibere nequit*, ac levissima quaque de causa incitatus effervescit. Conjicit tamen Jaegerus ad h. l., pro ζῆλος fortasse scribendum esse ζῆλον vel ζήλῳ, *illum æstum nemo sustinere potest*, ut οὐδὲν positum sit pro οὐδείς. Nah. I. 6. ἀπὸ προσώπου ὀργῆς αὐτοῦ τίς ὑποστήσεται; coram ira ejus quis *subsistet*? Mal. III. 2. τίς ὑποστήσεται ἐν τῇ ὀπτασίᾳ
c αὐτοῦ; quis *subsistet* in apparitione ejus? — קוּם, *surgo*. Jos. VII. 12. οὐ μὴ δύνωνται οἱ υἱοὶ Ἰσραὴλ ὑποστῆναι κατὰ πρόσωπον τῶν ἐχθρῶν αὐτῶν, non poterunt filii Israël *stare* coram inimicis suis, h. e. hostes suos *sustinere*. Ps. CXXXIX. 11. Symm. Job. XLI. 17. Thren. I. 14. et Amos VII. 2. Conf. 1 Macc. III. 54. V. 44. — שָׁמַע, *audio*. Prov.
d XIII. 8. πτωχὸς δὲ οὐχ ὑφίσταται ἀπειλήν, pauper autem non *tolerat* s. *sustinet* minas. Cf. Jud. VI. 3. VII. 4. Hesych. et Lex. Cyrilli MS. Brem. οὐχ ὑφίσταται, οὐχ ὑπομένει, οὐχ ὑποφέρει. — Verba ἢ ὑποστῆναι, quæ apud τοὺς λοιποὺς 1 Sam. VI. 20. post στῆναι reperiuntur, et quibus nihil in textu Hebr. respondet, pro mero glossemate habenda sunt. Judith.
e VI. 3. οὐχ ὑποστήσονται τὸ κράτος τῶν ἵππων, ubi ὑφίστασθαι est verbum militare, et notat *non cedere hostibus irruentibus, sed loco consistere, impetum excipere et sustinere, statu plane immoto et inconcusso*. 1 Macc. III. 54. πῶς δυνησόμεθα ὑποστῆναι κατὰ πρόσωπον αὐτῶν. 1 Maccab. V. 40. οὐ δυνησόμεθα ὑποστῆναι αὐτόν. Ib. VII. 25. X. 73. Ita *feras subsistere, hostes subsistere* apud Livium et alios. Conf. Drakenborch. f
ad Livium T. IV. p. 22. — Vide alibi ἀναιδῶς.

ὙΦΟΡΑ'ΟΜΑΙ, ῶμαι, *suspicor, suspectum habeo, reformido, vereor.* 2 Maccab. VII. 24. τὴν ὀνειδίζουσαν ὑφορώμενος φωνήν, *suspicans* (secundum alios *despiciens*. Equidem mallem *metuens* s. *reformidans*.) vocem convicia loquentem. Lex. Cyrilli MS. Brem. ὑφορώμενος, ὑποβλεπόμενος, εὐ- g
λαβούμενος, ὑπονοῶν, φοβούμενος. Eadem fere habet Hesychius. Adde 3 Macc. III. 23. ubi etiam *metuendi* notio non incommoda dici potest.

ὝΦΟΣ, *textura, opus textile.* אֹרְגַּז, *capsa*. Aqu. 1 Sam. VI. 8. ἐν ὕφει κουρᾶς, *in opere textili lanæ et capillorum*: ubi non tam legit divisim בְּאֶרֶג גֵּז (nam אָרַג est ὑφαίνειν, *texere*, et גָּזַז est κουρεύειν, *tondere*), h
quam putavit, compositam esse hanc vocem quadrilitteram ex אֶרֶג, *textum*, et גֵּז, *tonsura, lana*, quod per κουρὰν reddunt LXX. Conf. ad h. l. præter Theodoretum Montfauconium ac Scharfenbergium ad Cappelli Crit. S. p. 825. Lex. Cyrilli MS. Brem. ὕφος, κατασκεύασμα.

ὙΨΑΥΧΕΝΕ'Ω, *cervicem extollo, cervice erecta incedo*, metaphorice: i
superbio. 2 Maccab. XV. 6. 3 Macc. III. 19. Hesych. ὑψαυχεῖν (Lege ὑψαυχενεῖν, ut idem Hesychius in voce ἐγκύλλεσθαι), μεγαλαυχεῖν.

ὙΨΗΛΟΚΑ'ΡΔΙΟΣ, *elatus corde, superbus, arrogans*. גְּבַהּ לֵב. Prov. XVI. 6. — גְּבַהּ רוּחַ. Symm. Cohel. VII. 9.

ὙΨΗΛΟ'Σ, *altus, sublimis, elatus, excelsus, magnificus, procerus*. אַדִּיר, k
magnificus. Ies. X. 34. — בָּמָה, *excelsum*. 2 Sam. XXII. 34. ἐπὶ τὰ ὑψηλά, sc. ὄρη, super *excelsos* montes. Vide et Ps. XVII. 36. ubi tamen pro ὑψηλὰ rectius legetur ὕψη ex Eusebii Commentario ad h. l. 1 Reg. III. 2. ἦσαν θυμιῶντες ἐπὶ τοῖς

a ὑψηλοῖς, sc. ὄρεσι, sacrificabant in montibus excelsis. Vide et 1 Reg. XII. 31. XI. 7. ᾠκοδόμησε Σαλωμὼν ὑψηλὸν, sc. θυσιαστήριον, τῷ Χαμὼς, ædificabat Salomo *altare excelsum* Chamos. Vide et 1 Reg. XIV. 23. XV. 14. et confer 2 Reg. XXIII. 15. ubi θυσιαστήριον additur. 2 Paral. I. 3. εἰς τὴν ὑψηλὴν (subaudiendum videtur οἰκίαν), τὴν ἐν Γαβαὼν, ad excel-
b sam domum, quæ erat in Gibeon. — *בָּמָה, *Bamah*, nomen propr. Aqu. 1 Sam. IX. 11. — בָּצִיר, *munitus*. Nehem. IX. 25. κατελάβοντο πόλεις ὑψηλὰς, ceperunt urbes *munitas*. Vide et Ies. II. 15. — גֵּאוּת, *elatio*. Ies. XII. 5. ὑψηλὰ ἐποίησε, *magna* fecit. — הִגְבִּיהַּ : גָּבַהּ, Kal et Hiph. Job. V. 7. τὰ ὑψηλὰ πέτονται: ubi ὑψηλὰ positum est pro εἰς
c τὰ ὑψηλὰ, adverbialiter, pro *alte*. Job. XXXV. 5. Psalm. CXII. 5. ubi ἐν ὑψηλοῖς positum est pro ἐν ὑψηλοῖς τόποις, *in locis excelsis*. Conf. Hebr. I. 3. — גָּבֹהַּ, nomen. 1 Sam. II. 3. μὴ λαλεῖτε ὑψηλὰ, ne loquimini *magnifica*, ne *magnifice* vos jactate. Græcis alias ὑψηλολογεῖσθαι est *magnifice se jactare*. Vide Suidam in v. ὑψηλολογούμενοι. Psalm.
d CXXXVII. 7. τὰ ὑψηλὰ, *superbia* s. *superbi*. — גֹּבַהּ, *altitudo*. Job. XI. 8. — *גִּבְעָה, *collis*. Symmach. 1 Sam. X. 5. τόπος ὑψηλός. Aqu. Jud. VII. 5. sec. cod. Basil. τοῦ ὑψηλοῦ. Sed sec. cod. Coisl. referenda sunt hæc verba ad הַמּוֹרֶה, coll. Gen. XXII. 2. — גַּבְהוּת, *altitudo*. Ies. II. 11. — גֹּדֶל, *magnitudo*. Ies. IX. 9. ὑψηλῇ καρδίᾳ, corde *elato*,
e animo *superbo*. Confer Luc. XVI. 15. — כָּנָף, *ala*, metaphorice *fastigium*, *pinna*, ut Gr. πτερύγιον. Prov. IX. 3. συγκαλοῦσα μετὰ ὑψηλοῦ κηρύγματος, convocans *alta* prædicatione s. *alta voce*. Potest quoque ὑψηλὸν κήρυγμα dictum sumi pro *clamore in loco alto*. — חָזָק, *validus*. Ex. VI. 1. ἐν βραχίονι ὑψηλῷ ἐκβαλεῖ αὐτοὺς, brachio *elato*, h. e. *forti*, ejiciet illos. Vide et Exod. XXXII. 10. et conf. Act. XIII. 17. Dan. IX. 15. sec. f
cod. Chis. — חַמָּנִים plur. *subdiales statuæ*. 2 Par. XXXIV. 4. κατέσκαψαν κατὰ πρόσωπον αὐτοῦ τὰ θυσιαστήρια τῶν Βααλὶμ, καὶ τὰ ὑψηλὰ (forte ἀγάλματα vel εἴδωλα subintellegendum) τὰ ἐπ' αὐτῶν, diruerunt coram illo altaria Baalim, et excelsa simulacra, quæ super illa. Michaëlis Suppl. p. 818. per τὰ ὑψηλὰ intellegit *minora altaria majoribus imposita*. Confer Joseph. A. J. XIII. 5. g
4. Confer ib. v. 7. — יַרְכָה, *latus*. Ies. XIV. 13. יַרְכָה, aliis substantivis junctum, *extremam* et *remotissimam ejus partem* notat. — מִדָּה, *mensura*. Ies. XLV. 14. οἱ Σαβαεὶμ ἄνδρες ὑψηλοὶ, Sabaim viri *proceri*. Hunc enim sensum habet formula *vir mensuræ* in V. T. sæpius obvia. — *מְדָנִים, *contentiones*. Prov. XVIII. h
19. Legerunt fortasse מְרוֹמִים. — מוֹעֵד, *conventus*. Ies. XIV. 13. ἐν ὄρει ὑψηλῷ, ubi non legerunt מָרוֹם, sed libere verterunt. — מֹרֶה, *More*, nomen loci. Deuter. XI. 30. Non legerunt מָרוֹם aut רָם, ut Montfauconius suspicabatur, sed retulerunt ad רָאָה, *excelsum*, *quod eminus conspici potest*. Idem valet de loco Genes. XII. 6. sec. cod. Alex. — *מֹרִיָּה, *Morijah*. Gen. XXII. i
2. ὑψηλήν. Vide s. v. מֹרֶה. — מָרוֹם, *altitudo*. Proverb. VIII. 2. ἐπὶ τῶν ὑψηλῶν ἄκρων, in *excelsis* verticibus. Ies. XXII. 16. ἐποίησας σεαυτῷ ἐν ὑψηλῷ (sc. ὄρει) μνημεῖον, fecisti tibi in *excelso monte* monumentum. Ies. XXXII. 15. ἕως ἂν ἔλθῃ ἐφ' ὑμᾶς πνεῦμα ἀφ' ὑψηλοῦ, sc. οὐρανοῦ, usque dum veniat super nos spiritus ab excelso cœlo. Vide et Jer.

a XXV. 30. — נָטוּי part. Pah. *extensus*. Exod. VI. 6. liberabo vos ἐν βραχίονι ὑψηλῷ, brachio elato, h. e. *forti, valido*. Sic et Deuter. IV. 34 ac alibi passim. Ies. III. 15. ἐπορεύθησαν ὑψηλῷ τραχήλῳ, ibant collo *elato*. — נִשָּׂא part. Niph. Ies. II. 12. 14. LVII. 15. — סִבְכֵי יַעַר, *perplexa sylvæ*. Ies. X. 34. Sensum, et quidem recte, expresserunt. —
b *עֹז, *robur, fortitudo*. Symm. Psalm. LX. 4. Turris alta est bene munita. Ad Symmachum vero alius legit ὀχυρὸς, quod melius videtur Montfauconio. Adde Jud. IX. 51. — עִיִּים plur. *acervi, tumuli*. Incert. (Symmachus sec. cod. Paul. Lips.) Numer. XXXIII. 44. In Hexaplis Symmacho tribuitur ἐν τοῖς βουνοῖς.
c Arab. غبي notat *erexit*. Hinc notio *altitudinis*, quæ hic voci Hebr. subjecta est. — עֶלְיוֹן. 1 Reg. IX. 8. 2 Paral. VII. 21. XXVII. 3. — רָאמוֹת plur. *gemmæ pretiosæ*. Symm. Job. XXVIII. 18. ὑψηλά. Deduxit a רוּם s. רָמַם. Fortasse autem רָאַם olim eandem significationem habuit. — רַב, *multus*. Prov. X. 22. χείλη δικαίων ἐπίσταται ὑψηλά:
d ubi non legerunt רָמִים, nam רַבִּים etiam *magna* notat, et ὑψηλὰ h. l. sensu metaphorico accipiendum est de eo, quod etiam Latini *sublime* dicere solent. — רוּם, verbum. Prov. XXX. 13. ὑψηλοὺς ὀφθαλμοὺς, *elatos* s. *superbos* oculos. Ies. XXVI. 11. — רוּם, *altitudo*. Prov. XXV. 3. οὐρανὸς ὑψηλὸς, γῆ δὲ βαθεῖα, cœlum *altum*, terra autem profun-
e da. — רָם. Num. XXXIII. 3. egrediebantur filii Israël ἐν χειρὶ ὑψηλῇ, manu elata, h. e. *forti, valida*. Vide et Deut. XXXII. 27. Adde τοὺς λοιποὺς. Job. XVII. 21. ubi ὑψηλοὶ sunt *elati animo*, ὑψηλοφρονοῦντες, qui superbia elati audent Deum reprehendere, ejusque providentiam accusare. — שֶׁמֶן, *pinguedo*. Ies. XXVIII. 4. N. L.

*ὙΨΗΛῸΣ ΚΥΡΙΟΣ. הָאֵל, *Deus*. f
2 Sam. XXII. 48. sec. Alex. Hebr. אֵל, *robur*, etiam *fortem* notat, et Deus quandoque ob summam suam potentiam dicitur ὑψηλός.

Ὁ ΤᾺ ὙΨΗΛᾺ ΝΑΙΏΝ, *excelsa habitans*. גָּבַהּ שָׁמַיִם, *altitudo cœlorum*. Job. XXII. 12. Sc. ante גָּבַהּ aut legerunt ב, aut sensus causa addendum putarunt. Deus, qui est in sublimitate cœlorum, est *Deus* g
excelsa habitans.

*ὙΨΗΛῸΝ ὌΡΟΣ, *mons altus*. הַהַרְמוֹנָה, *Harmona*, nomen proprium. Theodot. (quem et Arabs secutus est) Amos VII. 3. Legit divisim הָהָר רוֹמָה, *mons altitudinis*, aut מִינָה vel הַר תְּמוּנָה, *mons speciei*, aut *visui expositus*, ut מוֹרִיָּה.

ὙΨΗΛῸΣ ΠΝΕΥ͂ΜΑΤΙ, *elatus spiritu*. גְּבַהּ רוּחַ, idem. Cohel. VII. h
9.

ὙΨΗΛῸΝ ΠΟΙΈΩ, *altum facio*. הִגְבִּיהַּ Hiph. *exalto*. Prov. XVII. 20.

ὙΨΗΛΌΤΕΡΟΣ compar. *altior*. גָּבֹהַּ, seq. מ. Dan. VIII. 3. Symm. Cohel. V. 7.

ὙΨΗΛΌΤΑΤΟΣ superlat. *altissimus*. בָּמָה, *excelsum*. Inc. 1 Reg. i
III. 4.

ὝΨΙΣΤΟΣ, *altissimus*. מִמַּעַל, *superne*. Job. XXXI. 28. — מָרוֹם, *excelsum*. Job. XVI. 19. ἐν ὑψίστοις. Vide et Job. XXXI. 2. Ps. LXX. 21. XCI. 8. σὺ δὲ ὕψιστος εἰς τὸν αἰῶνα, Κύριε, tu autem altissimus in sempiternum, Domine. Vide et Ies. LVII. 15. Mich. VI. 6. — עִלָּא

• Chald., at juxta Mass. legendum עִלָּאָה. Dan. III. 27. 33. IV. 21. ὑψίστου, sc. Θεοῦ. Vide et v. 22. 29. 31. VII. 29. et confer Dan. III. 27. 33. V. 20. 23. ubi Θεός additur. — עֶלְיוֹן. Gen. XIV. 18. ἱερεὺς τοῦ Θεοῦ τοῦ ὑψίστου. Vide et v. 19. 20. 22. Ps. LVI. 3. LXXXI. 6. υἱοὶ ὑψίστου πάντες. Confer Luc. VI. 35. — עֶלְיוֹנִין Chald. plur. Dan. VII. 18. 22. 25.
b 27. — רָם, *altus*. Ies. LVII. 15. — *שְׁמַיָּא Chald. *cœlum*. Dan. II. 19. sec. cod. Chis. Sirac. XXVI. 18. ἥλιος ἀνατέλλων ἐν ὑψίστοις κυρίου, sol exoriens in altissimis Domini, h. e. *in cœlo*. 3 Esdr. II. 3. κύριος ὁ ὕψιστος, Hebr. אֱלֹהֵי הַשָּׁמַיִם, *Deus cœlorum*, h. e. *summus*, coll. 2 Par. XXXVI. 23.

ὝΨΟΣ, *altitudo, sublimitas, locus*
c *excelsus, editus, cacumen, celsitudo, eminentia, dignitas, majestas*. אֹרֶךְ, *longitudo*. 2 Paral. III. 14. — בָּמָה, *excelsum*. Amos IV. 13. et Mich. I. 3. ἐπὶ τὰ ὕψη τῆς γῆς, super *loca excelsa* terræ. Vide et 2 Sam. I. 19. 25. et confer Sirac. XLVI. 12. — גָּאוֹן, *exaltatio*. Job. XL. 5. ἀνάλαβε δὲ ὕψος καὶ δύναμιν, indue autem *majestatem* et potentiam. — גַּב,
d *dorsum*. Ezech. XLIII. 15. גַּב in genere notat *eminentiam cum convexitate conjunctam*, a rad. Chald. גְּבַב, *eminui*. Fortasse quoque legerunt גֹּבַהּ מִזְבֵּחַ. — גָּבֹהַּ, *altus*. Cohel. XII. 5. Ezech. XLI. 22. — *גְּבֹהַּ. Psalm. CII. 11. — גֹּבַהּ. 1 Sam. XVII. 4. 2 Paral. III. 4. XXXII. 26. et alibi sæpius. — גֹּדֶל, *magnitudo*. Ezech. XXXI. 2. 7. —
e גּוֹי, *gens*. Ies. XVIII. 2. Videntur legisse גֵּא, aut גּוֹי a גָּאָה deduxisse. — דְּמִי, *rescissio*, etiam *medium*, *meridies*. Ies. XXXVIII. 10. ἐν τῷ ὕψει τῶν ἡμερῶν μου, in *altitudine* dierum meorum. Suidas: Ὕψος, ἔπαρμα, καὶ ὕψος ἡμερῶν, εὐημερία. Cæterum LXX legerunt per Resch loco Daleth. Vide ad h. l. Montfauconum. — *דָּמָה, *assimilo*. Jer. VI. 2. Legerunt רֹמָתִי, a רוּם, ὑψοῦν. — הָדָר, *decus, majestas*. Ies. f
XXXV. 2. ὁ λαός μου ὄψεται τὴν δόξαν κυρίου, καὶ τὸ ὕψος τοῦ Θεοῦ ὑμῶν, populus meus videbit gloriam Domini et *majestatem* Dei vestri. Theod. Job. XL. 5. — לַעֲנָה, *absinthium*. Amos V. 7. εἰς ὕψος. Legerunt לְמַעְלָה, *sursum*. — מִבְצָר, *munitio*. Ies. XXV. 12. — מַעְלָה, *supra, sursum*. 1 Par. XIV. 2. ηὐξήθη εἰς ὕψος ἡ βασιλεία αὐτοῦ, crescebat g
in altum s. *in magnitudinem* regnum ejus. Vide et 1 Paral. XXIII. 17. 2 Paral. I. 1. XVII. 12. ἦν Ἰωσαφὰτ πορευόμενος μείζων ἕως εἰς ὕψος, magis magisque crescebat Josaphat usque in magnitudinem, h. e. magis magisque gloria et dignitate crevit. — הַגְבֵּהַּ לְמַעְלָה, *exalto sursum*. Ies. VII. 11. ἢ εἰς ὕψος. Libere verterunt, ita ut h
הַגְבֵּהַּ prorsus in versione sua neglexerint. Symmacho in Hexaplis tribuuntur verba: καὶ εἰς ὕψος (quasi legerit הַגְבֹּהַּ) ἄνω, quæ vitiosa esse videbit quisque peritus, sive Hebraica verba sive antecedentia in Symmacho, βάθυνον εἰς ᾅδην, consideravit. Ergo nullus dubito, quin ex Procopio rescribendum sit: καὶ ὕψωσον ἄνω, quibus ipsis verbis quo- i
que Theodotion usus est. — מָרוֹם. Jud. V. 18. ἐπὶ ὕψη ἀγροῦ, super *loca edita* agri. 2 Sam. XXII. 17. ἐξαπέστειλεν ἐξ ὕψους, emisit ex *altitudine*, sc. *cœli*. Vide et 2 Reg. XIX. 22. Ps. XVII. 19. LXVII. 19. CI. 20. CXLIII. 8. Ies. XL. 26. et conf. Luc. I. 78. Ies. XXXVIII. 15. εἰς τὸ ὕψος τοῦ οὐρα-

a τοῦ, in altitudinem cœli. Ps. LV. 2.
πολλοὶ πολεμοῦντές με ἀπὸ ὕψους, multi
infestantes me ab altitudine: ubi
pro מָרוֹם legerunt מָרוֹם. Cæterum pertinet huc glossa Suidæ:
ὕψος, ἔπαρμα. καὶ ὕψος ἡμερῶν, εὐημερία. Δαβίδ· οἱ πολεμοῦντές με ἀπὸ
ὕψους. ubi vid. Ernesti. Ps. LXXII.
8. εἰς τὸ ὕψος, in altum, h. e. superbe.
Cohel. X. 6. ἐδόθη ὁ ἄφρων ἐν ὕψεσι
b μεγάλοις, constitutus est stultus in
dignitatibus magnis. Conf. 1 Macc.
X. 24. ubi Latinus ὕψος interpretatur dignitates, et Jac. I. 9. ἐν τῷ
ὕψει αὐτοῦ, in dignitate sua. — נָוָה
וּמְעֻנָּגָה fœm. speciosa et delicata.
Jerem. VI. 2. ἀφαιρεθήσεται τὸ ὕψος
σου, θύγατερ Σιὼν, auferetur celsitudo
tua, filia Sion. Videtur vox Hebr.
notionem potentiæ ac dignitatis olim
c habuisse. Certe Arab. عنجنج
magnum notat. Conf. Prov. XIX.
10. — נֵס, vexillum in loco edito positum, ut ab omnibus conspiciatur.
Symm. Num. XXI. 8. — סַנְסִנִּים
plur. rami. Cant. VII. 8. κρατήσω
τῶν ὑψέων αὐτοῦ, apprehendam cacumina ejus s. ramos summos palmæ.
Arab. سني notat altum esse et
pretiosum. — קוֹמָה. Gen. VI. 15.
d Exod. XXV. 10. 23. XXVII. 1.
18. et alibi. — רוּם: הָרִים, Kal
et Hiph. 1 Par. XV. 16. Ps. XI. 9.
τὸ ὕψός σου. Aqu. κατὰ τὸ ὕψος, ubi
ὕψος superbiam, fastum notat. —
רוּם, nomen Hebr. et Chald. Esdr.
VI. 3. Ies. II. 11. 17. X. 12. Dan.
III. 1. — *רוֹם, nomen. Hab. III.
9. — תֵּל, tumulus. Jerem. XXX.
15. οἰκοδομήσεται πόλις ἐπὶ τὸ ὕψος αὐ-
e τῆς, ædificabitur urbs super locum
editum suum. Symm. Jos. XI. 13.
— *תַּלְפִּיּוֹת, cacumina celsa, sec.
alias armamentaria, in quibus sus-
penduntur arma. Symm. Cant. IV.
4. εἰς ὕψη, aut, ut unus codex habet, εἰς ὕψος. Aquila habet ἐπάλξεις,
pinnas. — תּוֹעָפוֹת plur. cacumina,
ad quæ oculi caligant, a יָעַף, visu
caligavit. Vide Schultens. ad Job.
XXII. 25. Ps. XCIV. 4. τὰ ὕψη τῶν f
ὀρέων αὐτοῦ εἰσιν, cacumina montium
ipsius sunt. In notione laudis legitur 1 Macc. X. 24. ubi λόγοι ὕψους
sunt literæ laudatoriæ. Judith. XIII.
20. ποιῆσαί σοι αὐτὰ ὁ Θεὸς εἰς ὕψος
αἰώνιον, evenire tibi jubeat Deus hæc
in laudem æternam. Sic quoque accipiendum est 1 Maccab. I. 42.
ubi legitur τὸ ὕψος αὐτῆς ἐστράφη εἰς
πένθος, carmina laudatoria s. hym- g
ni eorum mutata sunt in lugubria.
— Vide quoque s. v. ὑψόω et ὕψωσις.

'ΥΨΟ'Ω, in altum tollo, altum facio, exalto, extollo, alta voce cano,
laudo, celebro, educo, et 'Υψόομαι,
exaltor, efferor, effero me, magnus
fio, cresco. אָרַךְ, prolongor. Theod.
et LXX Ezech. XXXI. 5. ὑψώθη-
σαν οἱ παραφυάδες αὐτοῦ ἐφ' ὕδατος, in h
altum crescebant rami ejus ad
aquam. — גָּאוֹן, exaltatio. Ies. IV.
2. — גָּבַהּ: הִגְבִּיהַּ, Kal et Hiph.
1 Sam. X. 23. ὑψώθη ὑπὲρ πάντα τὸν
λαὸν ὑπὲρ ὠμίαν, super humerum
elatior erat omni populo. 2 Paral.
XVII. 6. ὑψώθη ἡ καρδία αὐτοῦ ἐν
ὁδῷ κυρίου, crescebat cor vel animus
ejus in via Domini, h. e. magis animum suum convertit ad religionem i
Dei. 2 Paral. XXVI. 16. ὑψώθη ἡ
καρδία αὐτοῦ, superbia elatus est animus ejus. Vide et 2 Par. XXXII.
25. Proverb. XVIII. 12. Ezech.
XXVIII. 2. 5. Job. XXXIX. 27.
ὑψοῦται ἀετὸς, in altum se extollit
aquila. Jerem. XLIX. 15. ὕψωσας
ὥσπερ ἀετὸς νοσσιὰν αὐτοῦ, exaltasti
tanquam aquila nidum suum, h. e.
tam alte quam aquila nidificasti.
Aqu. Ps. X. 4. Symm. Prov. XVII.
20. ὑψῶν, altum faciens. Aqu. Job.
V. 7. — גֹּבַהּ, altitudo. Ez. XXXI.

a 10. — גָּבַר, *prævaleo*. Genes. VII.
20. δεκαπέντε πήχεις ἐπάνω ὑψώθη τὸ
ὕδωρ, quindecim cubitis supra (montes scil.) *exaltata est* aqua. Vide et
v. 24. — גָּדַל : גִּדֵּל : הִגְדִּיל, Kal,
Pih. et Hiph. *magnus sum, magnum*
facio. Gen. XIX. 13. ὑψώθη ἡ κραυγὴ
αὐτῶν ἔναντι κυρίου, *magnus factus est*
clamor illorum coram Domino.
Gen. XXVI. 13. ὑψώθη, *magis ma-*
b *gisque crescebat opibus*. Vide et
Genes. XXIV. 35. XLVIII. 19.
Num. XIV. 17. ὑψωθήτω ἡ ἰσχύς
σου, κύριε, *ostende* seu *exsere* jam,
Domine, virtutem tuam. Jos. III.
7. ἄρχομαι ὑψῶσαί σε κατενώπιον πάντων υἱῶν Ἰσραήλ, incipiam te *illustrem*
facere coram Israëlitis. Ies. X. 15.
ἢ ὑψωθήσεται πρίων ἄνευ τοῦ ἕλκοντος
αὐτὸν, vel num serra *exaltabitur*, h.
c e. *gloriari potest* sine illo, qui trahit illam? — גָּדוֹל, *magnus*. Ies.
XII. 6. ὑψώθη ὁ ἅγιος τοῦ Ἰσραὴλ ἐν
μέσῳ αὐτῆς, sanctus Israëlis *eximium*
se exhibebit inter vos. — דּוּמָם,
verbale, *silens*. Hab. II. 19. ὑψώθητι, *erige te in altum*. Loco דּוּמָם,
quod *mutum* et *silentem* significat,
legerunt רוֹמָם a רוּם, *attollitor*.
— דּוֹמֵם Pih. a דּוּם, *silere facio*.
d Ps. CXXX. 3. ὕψωσα τὴν ψυχήν μου,
h. e. *animo elatus fui*. Legerunt
רוֹמַמְתִּי per Resch. — הִמְרִיא
Hiph. *elevo*, etiam, ut Arab. مري,
stringo me et impello ad currendum.
Job. XXXIX. 18. ὑψώσει, h. e. *alas*
attollit s. *erigit*. — *הִפְרָה Hiph.
crescere fecit. Gen. XLI. 52. sec.
cod. Alex. ὕψωσεν, quod mihi alius
interpretis esse videtur. Reliqui
e libri habent ηὔξησε. — הִקִּיף Hiph.
a נָקַף, *cingo*. Job. XIX. 6. ὀχύρωμα
δὲ αὐτοῦ ἐπ' ἐμὲ ὕψωσεν, munitionem
autem suam adversus me altam fecit.
Cf. 1 Macc. XIV. 37. — הַרְבֵּה. Esdr.
X. 1. ὕψωσε (sc. φωνὴν) κλαίων, *exaltabat*
vocem flens, alta voce flebat. Ita
Bielius. Potest tamen quoque ὕψωσε
h. l. adverbialiter sumi pro: *mul-*
tum s. *acriter* flevit. — *חִזֵּק, *corro-*
boro. Ies. XXXV. 3. sec. MS. f
March. ὑψώσατε. — כַּר, in plural.
כָּרִים, *agnus*. Psalm. XXXVI. 21.
ὑψωθῆναι. Fortasse legerunt בְּרוּם,
a רוּם, *cum exaltati fuerint*. — מָדַד,
metior. Jerem. XXXI. 35. ἐὰν ὑψωθῇ ὁ οὐρανὸς εἰς μετέωρον. Per metathesin literarum ac mutationem Daleth in Resch ob figuræ affinitatem
legerunt יָרֻמוּ loco יִמַּדּוּ. — מַעֲלָה,
ascensio. 1 Par. XVII. 17. ὑψώσας g
με, exaltasti me. — מָרוֹם, *excel-*
sum. Jerem. XVII. 12. ὑψωμένος.
Abd. v. 3. ὑψῶν κατοικίαν αὐτοῦ, *al-*
tum faciens habitaculum suum.
Legerunt מֵרִים sensu commodiore.
— *נִמְלַט Niph. a מָלַט, *eripior*. Dan.
XII. 2. sec. cod. Chis. ὑψωθήσεται.
Theod. σωθήσεται. Ac sic quoque in
codice Chisiano reponendum erit.
— נָשָׂא in Kal, Niph. Pih. et h
Hithp. Esth. III. 1. Psalm. VII. 6.
LXXXVII. 16. (ubi legerunt
נִשֵּׂאתִי nam נִשָּׂא in Niph. notat
attolli). Ies. II. 2. XXXIII. 10.
LII. 8. Ez. XXIX. 15. — *נָשָׁא
Niph. *decipior*. Ies. XIX. 13. Legerunt per Sin נִשָּׂא. — נִשְׂגָּב Niph.
Ps. CXLVIII. 12. Prov. XVIII.
10. Ies. II. 11. 17. XII. 4. — עָלַז,
exulto. Psalm. CVII. 7. ὑψωθήσομαι. i
Legerunt אֶעָלֶה fut. in Niph. ab
עָלָה. Conf. Ps. LIX. 8. — פֵּאֵר
Pih. *glorifico*. Psalm. XLIX. 4. —
*רָאַם, *adhæreo*: sec. alios *effero*
me, elatus, exaltatus sum. Aquila,
Symm. Theod. Zach. XIV. 10. —
רוּם Hebr. in Kal, Pih. Hiph. et
Hithp. Gen. VII. 17. ὑψώθη ἀπὸ
τῆς γῆς, exaltabatur a terra, s. *at-*
tollebatur super terram. Genes.

XXXIX. 15. ὕψωσα τὴν φωνήν μου, exaltavi vocem meam, s. alta voce clamavi. Vide et v. 18. 2 Reg. XIX. 22. Ies. XIII. 2. XXXVII. 23. XL. 9. LVIII. 1. Deut. VIII. 14. ὑψωθῇς τῇ καρδίᾳ, efferas te corde. Deut. XVII. 20. ἵνα μὴ ὑψωθῇ ἡ καρδία αὐτοῦ ἀπὸ τῶν ἀδελφῶν, ne *efferat se* cor ejus super fratres. 1 Reg. XIV. 7. ὕψωσά σε ἀπὸ μέσου τοῦ λαοῦ, exaltavi te e medio populi. 1 Reg. XVI. 2. ὕψωσά σε ἀπὸ τῆς γῆς, ex infima sortis conditione. 2 Reg. II. 13. ὕψωσεν τὴν μηλωτὴν Ἠλιοῦ, *tollebat* pellem ovillam Eliæ. Vide et 2 Reg. VI. 7. Esdr. III. 11. τοῦ ὑψῶσαι ᾠδὴν, ut *alta voce canerent* canticum. Esdr. VIII. 25. ἃ ὕψωσεν ὁ βασιλεὺς, quæ *obtulerat* rex. Esdr. IX. 6. ὑψῶσαι τὸ πρόσωπον, *attollere* faciem. Ps. IX. 14. ὁ ὑψῶν με ἐκ τῶν πυλῶν τοῦ θανάτου, h. e. qui me ex præsentissimo mortis periculo *liberare* potes. Ps. LVI. 7. 14. et CVII. 5. ὑψώθητι ἐπὶ τοὺς οὐρανοὺς ὁ θεὸς, supra cœlos, O Deus, exaltare. Quorsum respiciens Suid. ὑψώθητι, ἀντὶ τοῦ δεῖξον πᾶσιν ἀνθρώποις τὸ ὕψος σου. Idem: ὑψώθητι, ἀντὶ τοῦ ὑψηλὸς δείχθητι καὶ πάντων ὑπέρτερος. Δαβὶδ φησὶ πρὸς τὸν θεόν. Ps. XCVIII. 5. 10. ὑψοῦτε κύριον τὸν θεὸν ἡμῶν, *celebrate laudibus* Dominum Deum nostrum. Unde rursus apud Suidam: Ὑψηλοῦτε, ἀντὶ τοῦ ὑψηλὸν αὐτὸν κηρύττετε. Psalm. LXI. 3. Legerunt תְּרוֹמְמֵנִי. Ita quoque omnes vett. Intt. Chaldæo excepto. Ies. I. 2. υἱοὺς ἐγέννησα καὶ ὕψωσα, filios genui et *educavi*. Vide et Ies. XXIII. 4. Symmach. Psalm. LXV. 17. ὑψώθη παραχρῆμα ἡ γλῶσσά μου, ubi sine dubio vel τῇ γλώσσῃ μου, vel ὕψωσε legendum est, hoc sensu: *et statim has preces meas sequebatur celebratio et gratiarum actio*, seu: *statim atque preces obtuli, quod petebam accepi, et lætitia plenus ad laudes gratiasque agendas linguam excitavi*. — רוּם Chald. et quidem רָם præt. Kal. Dan. V. 22. הֲוָה מָרִים part. Aph. Dan. V. 21. הִתְרוֹמַמְתְּ Hithp. Dan. V. 25. — רוּם: רָם, nomen, *altitudo*. Jerem. XLVIII. 29. — *רָמָה, *jacio, dejicio, jaculor*. Ps. LXIV. 8. ubi loco יֹרֵם, *jaculabitur*, legerunt יָרֻם, a רוּם, *exaltari*, vel יוּרַם, ὑψωθήσεται. — רְמִיָּה, *dolus*. Mich. VI. 12. Hic legerunt רוּם. — רוֹמֵמָה, verbale fœm. *excelsa*. Ps. CXVII. 16. — שְׂגָא Chald. *cresco*. Job. VIII. 11. ἦ ὑψωθήσεται βούτομον ἄνευ ποτοῦ; vel num *crescet* in altum herba, qua boves pascuntur, sine potu? — שָׁוָה, *æqualis sum*. Ies. XL. 25. sec. Vat. ὑψωθήσομαι. Sensum expresserunt, nisi legere malis ὁμοιωθήσομαι. Sir. XV. 5. ὑψώσει αὐτὸν παρὰ τοὺς πλησίον αὐτοῦ, *exaltabit* illum super proximos suos. Sirac. L. 25. ὑψοῦν ἡμέρας est vel *augere numerum dierum*, seu *prolongare vitam*, vel *vitam felicem concedere*. Judith. XVI. 13. ὑψοῦν τὴν φωνὴν mihi est: *præ metu clamare*, ob seriem orationis. 1 Macc. VIII. 13. ὑψώθησαν σφόδρα, in summum imperii ac potestatis fastigium evecti erant. Tob. XIII. 18. ὃς ὑψώσει πάντας τοὺς αἰῶνας. Scribere debuisset: ὡς ὕψωσέ σε (εἰς) π. τ. α. Σὲ omissum est ob antecedens ὕψωσε. Sic quoque ib. v. 9. post μαστιγώσει ex Compl. σὲ addendum erit.

ὝΨΩΜΑ, *sublimitas*, *summitas*, *locus editus*, *ornamentum sublime*, *exaltatio*. בָּמָה. Aqu. Deut. XXXII. 12. 1 Sam. IX. 12. Ps. XVII. 34. — מִצְנֶפֶת, *cidaris*. Theod. Exod. XXVIII. 39. — מָרוֹם, Aqu. Cohel. X. 6. ὑψώμασι. — מַשּׁאוֹת plur. *desolationes*. Symm. Ps. LXXIII. 3. Legit per Sin, et deduxit a נָשָׂא. Ita Bielius. Sed referendum potius est ad הָרִימָה, *læva*, cujus loco le-

a gerit תְּרוּמָה. — רוּם : הָרִים, Kal et Hiph. Job. XXIV. 24. πολλοὺς γὰρ ἐκάκωσε τὸ ὕψωμα αὐτοῦ, multis enim nocuit *sublimitas* ejus. Symm. Ps. LXXIII. 3. Vide s. מַשָּׁאוֹת. Judith. X. 8. εἰς γαυρίαμα υἱῶν Ἰσραὴλ, καὶ ὕψωμα Ἱερουσαλὴμ, in gloriationem filiorum Israël, et *exaltationem* Hierosolymæ. Vide et Judith. XIII. 6. Ib. XV. 9. ubi
b Juditha vocatur ὕψωμα Ἰσραὴλ, *ornamentum sublime* Israëlitarum. Vulg. *gloria*.

ὝΨΩΣΙΣ, *exaltatio, elevatio.* רוֹמֵמָה e
verbale fœm. Psalm. CXLIX. 6. αἱ ὑψώσεις τοῦ Θεοῦ ἐν τῷ λάρυγγι αὐτοῦ, *exaltationes* vel *laudes* Dei in gutture s. ore ejus.

ὝΩ, *pluo.* הִמְטִיר Hiph. idem. Exod. IX. 19. XVI. 4. Inc. Psalm. X. 6. ὕσει. In omnibus his locis ὕειν *pluviam demittere* aut *pluviæ instar* h. e. *copiose demittere aliquid* notat, quo sensu etiam legitur apud f
Homerum Il. Μ', 25.

Φ

ΦΑΆΘ. Ipsa vox Hebr. פְּאַת constr. ex פֵּאָה, *angulus.* Inc. Lev. XIX. 9. Theod. Lev. XIX. 27.

ΦΑΓΈΔΑΙΝΑ, *edacitatis morbus, morbus pestilentialis.* מְהוּמָה, *commotio, conturbatio,* etiam: *contritio.* Aqu. Deut. VII. 23. XXVIII. 20.
c 1 Sam. V. 9. (teste Theodoreto) ac 11. 12. ubi vid. Scharfenbergius ac Montfauconius. Gloss. in Octat. φαγέδαινα, νόσος ἐστὶν λαιμαργικὴ ἢ λοιμική. Suidas: φαγέδαινα, νόσος λοιμική. Ita etiam Lex. Cyrilli MS. Brem. nisi quod MS. vitiose habeat φαγαδῖνα. Hesych. φάγαινα, φαγέδαινα, νόσος, ἑλκῶδες νεμόμενον. Pollux Lib. IV. c. 25. seg. 206. φαγέδαινα,
d ἕλκωσις ἄχρι τῶν ὀστῶν διαδιδοῦσα ταχείᾳ νομῇ μετὰ φλεγμονῆς, ἰχῶρας δυσώδεις ἀφιεῖσα, καὶ πρὸς θάνατον ῥέπουσα. Vide ad h. l. Jungermannum, Foesii Œcon. Hippocr. s. h. v. et Valcken. Anim. ad Ammon. p. 224. seq.

ΦΑΓΕΔΑΙΝΆΩ, *morbo pestilentiali laboro.* הוּם, *commoveo, turbo,* etiam *mentis impos discurso.* Incertus 1 Sam. XVI. 10. ἐφαγεδαίνησαν.

ΦΑΓΕΔΑΙΝΟΏ, *consumo, perdo.* הוּם. Aqu. Deut. VII. 23. φαγεδαινώσει. Conf. Simonis Lexic. Hebr. p. 425.

ΦΑΎΩ, ΟΜΑΙ, *edo, comedo, consumo.* *אֻכָל, *Uchal,* nomen proprium. Inc. Prov. XXX. 1. φάγομαι. Legit אֹכַל. — אָכַל. Gen. III. 2. 17. (ubi ἀπ' αὐτοῦ non cum ἔφαγες, g
sed cum φαγεῖν jungi debet.) VI. 21. IX. 4. et alibi sæpius. — אֹכֶל, *cibus.* Ruth. II. 14. ὥρα τοῦ φαγεῖν, tempus ad comedendum. — אָכְלָה, idem. Exod. XVI. 15. Jerem. XII. 9. Hos. X. 14. ubi cum Syro legerunt אָכְלוֹ. — בָּרָה. 2 Sam. XIII. 6. 10. — יָנַק, *sugo.* Ies. LX. 16. πλοῦτον βασιλέων φάγεσαι, divitias regum *consumes.* — נָפַל, *cado.* Ezech. h
XLVII. 22. μεθ' ὑμῶν φάγονται ἐν κληρονομίᾳ, æqualem vobiscum portionem accipient. Eundem quoque sensum exhibent verba Hebraica. — נָקַף, *excido, jugulo.* Ies. XXIX. 1. Cogitarunt fortasse de epulis sacrificalibus. — סָחַף, *everro, pro-*

sterno, propulso. Jer. XLVI. 15. — סָעַד לֵב, *fulcio cor.* Genes. XVIII. 5. *Alimenta* apud Orientales cum *fulcris* comparari solent. Vide s. v. στηρίζω et στήριγμα. Conf. Sturz. de Dial. Maced. p. 199. seq.

ΔΙ'ΔΩΜΙ ΦΑΓΕΙ͂Ν, *do edendum.* הֶאֱכִיל Hiph. ab אָכַל, idem. 2 Par. XXVIII. 15.

*ΦΑΙΔΡΟ'Σ, *hilaris, lætus.* 4 Macc. XIII. 13. Photius: φαιδρὸς, καθαρός. Hesych. φαιδρὸς, καθαρὸς, γεγηθὼς, φανερός.

ΦΑΙΔΡΥ'ΝΩ, *splendidum reddo, exhilaro, lætifico, nitidum reddo.* דִּשֵּׁן Pih. *pinguefacio.* Inc. Ps. XIX. 3. ubi φαιδρύνειν notat fortasse *reddere aliquid gratum et acceptum Deo,* nam pinguibus victimis magnum a Deo haberi pretium olim credebatur. Vide Levit. XXII. 23. Fortasse quoque in mente habuit vocem דָּשֵׁן, *in cineres redigere, quia igne cœlitus in victimas delapso Deus declarare solebat, se victimis oblatis delectari.* In Ed. Rom. φαιδρυνάτω tanquam Scholion profertur. In Thesauro Stephani caret hoc verbum scriptoris antiqui auctoritate. Reperitur autem apud Philonem aliquoties, v. c. Quod Det. Ins. Pot. p. 159, ubi opponitur τῷ ῥυπαίνειν, et de Nom. Mutat. p. 1064. seq.

ΦΑΙ'ΝΩ, ομαι, *luceo, dijudicor, appareo, venio.* בָּחַן, *exploro.* Genes. XLII. 15. ἐν τούτῳ φανεῖσθε, in hoc *dijudicabimini.* — הֵאִיר Hiph. ab אוֹר. Gen. I. 17. Exod. XIII. 22. Psalm. LXXVI. 18. Symm. Psalm. CXXXVIII. 12. — *הִנֵּה, *ecce.* Symm. Genes. XXXIII. 1. Exod. IV. 10. — *זָהַר. Dan. XII. 3. sec. cod. Chis. — זָרַח, *orior.* Ies. LX. 2. ἐπὶ σὲ δὲ φανήσεται κύριος, super te autem *apparebit* Dominus. — *לְנֶגֶד. Jos. V. 13. sec. ed. Compl. — *מָאוֹר, *luminare.* Ezech. XXXII. 8. πάντα τὰ φαίνοντα φῶς ἐν τῷ οὐρανῷ, pro כָּל מְאוֹרֵי אוֹר, *omnia luminaria lucis.* Legerunt מְאִירֵי, ac φαίνειν h. l. *ostendere, lucere s. apparere facere* notat. — *מַשְׂכִּיּוֹת, *imaginationes,* a שָׂכָה, *speculor.* Symm. Ps. LXXII. 7. τὰ φαινόμενα τῇ καρδίᾳ, *quæ apparent cordi,* h. e. *cogitationes, consilia,* quasi speculationes cordis. — *נִגְלָה, *revelatus sum.* Gen. XXXV. 7. ἐφάνη sec. Vat. ubi alii libri ἐπεφάνη habent. — *נוֹדַע Niph. a יָדַע, *agnoscor.* Symmach. 1 Sam. XXII. 6. — נִקְרָה Niph. *occurro.* Num. XXIII. 3. — נִרְאָה Niph. *videor.* Ies. XLVII. 3. Symmach. Amos VII. 7. — בְּעֵינֵי, *in oculis.* Prov. XXI. 2. πᾶς ἀνὴρ φαίνεται ἑαυτῷ δίκαιος, omnis vir videtur sibi justus. Symm. Ps. LXXII. 16. — *רָאָה, *video.* Symm. Cohel. V. 17. ἐμοὶ ἐφάνη. Vulg. *visum est mihi.* 3 Esdr. II. 22. ὅπως, ἂν φαίνηταί σοι, ἐπισκεφθῇ, ut, si tibi placeat, evolvantur annales. 2 Maccab. VII. 22. οὐκ οἶδ', ὅπως εἰς τὴν ἐμὴν ἐφάνητε κοιλίαν. Latinus vertit: *Nescio, qualiter in utero meo apparuistis?* Sed Boisius in Collat. p. 211. ἐφάνητε hic idem esse vult quod ἤλθετε, *venistis,* eoque sensu verbum etiam Luc. IX. 8. et apud Theocritum, Platonem et Chrysostomum occurrere observat. Vide et Wolfium ad Luc. l. c. p. 644. 4 Macc. I. 3. φαίνεται ἐπικρατεῖν pro ἐπικρατεῖ. Sic quoque ib. IV. 23. quanquam ibi quoque commode per *deprehendi* reddi potest.

ΦΑΙΟ'Σ, *fuscus, subniger, qui medio est inter candidum et nigrum colore.* חוּם, *fuscum, nigrum,* proprie ex æstu solis. Gen. XXX. 32. πρόβατον φαιόν, ovis *subnigra.* Schol. ed. Rom. ποικίλον, περκνόν. Ib. v. 33. 35. Apud Hesychium φαιὸν expoa nitur μίλαν, et Suidæ est χρῶμα σύνθετον ἐκ μέλανος καὶ λευκοῦ, ἤγουν μύϊνον.

*ΦΑΚΗ', i. q. φακός. Philoxen. Gloss. φακῆ, *lens, tis, cula.* עָדָשׁ, *lens.* Inc. sec. cod. 130. Holm. Gen. XXV. 34. ἀπὸ τρίμματος φακῆς. Photius: φακῆ, τὸ ἕψημα τοῦ φακοῦ. Vide quoque Suidam.

ΦΑΚΟ'Σ, *lens, lenticula, leguminis* b *genus,* item: *vas lenticulatum* aut *lenticulæ forma.* עֲדָשִׁים, *lens.* Genes. XXV. 34. 2 Sam. XVII. 28. Ez. IV. 9. — *פַּךְ, *lenticula.* 1 Sam. X. 1. φακός. Servata est vox Hebr. פַּךְ, sed casu quodam contigit φακὸν apud Græcos nomen esse *lagenæ lenticularis formæ,* quia φακὸς proprie est *lens.* Vide Intt. ad Hesych. s. v. — צַפַּחַת, *ampulla.* 1 Sam. c XXVI. 11, 12. 16. Quorsum respiciens Suidas: φακὸς ὕδατος, εἶδος ὑδατοδόχου ἀγγείου ἐνδίου, ὃ ἀγροικικῶς παρ' ἡμῖν ἀσκοδαῦλα (Conf. Cangii Gloss. Græc. in ἀσκοδάβλα) λέγεται, καὶ ἐπεφέρετο παρὰ τοῦ Σαοὺλ, ὅτι ἐδίωκε τὸν Δαβίδ. Conf. Fulleri Miscell. Sacr. Lib. II. c. 16. p. 275. et Grævii Not. ad Lucian. Solœcist. p. 752.

d ΦΑ'ΛΑΓΞ, *phalanx, legio, testudo aciei longior quam latior.* Generaliter *quævis acies, ordo militaris.* 1 Macc. VI. 35. 45. IX. 12. Hesychius: φάλαγξ, πολεμιστῶν παράταξις. Idem: φάλαγγες, πολεμικαὶ τάξεις, ἀπὸ τοῦ πέλας ἀλλήλων εἶναι. Similiter Suidas: φάλαγγες, αἱ τάξεις, παρὰ τὸ πελάσαι ἄγχι. Confer Scaligerum Lib. I. de Re Poët. e cap. 10.

ΦΑΛΑΚΡΟ'Σ, *qui calvus est perfecte,* s. φαλὸν ἔχων τὸ κάρα, *album habens caput,* seu φαλὸν ἔχων τὸ ἄκρον, *splendidum habens verticem,* et ita differt ab ἀναφάλαντος, *recalvaster,* seu *ab anteriore parte tantum calvus.* קֵרֵחַ, idem. Lev. XIII. 40. 2 Reg. II. 23.

ΦΑΛΑΚΡΟ'Ω, *calvum reddo, rado.* f הִקְרִיחַ Hiph. idem. Theod. et LXX Ezech. XXVII. 31:

ΦΑΛΑ'ΚΡΩΜΑ, *calvities, calvitium.* הָקְרַח Hoph. *calvesco.* Ezech. XXIX. 18.—קָרְחָה. Lev. XXI. 5. Ezech. XXVII. 31. Amos VIII. 10. — קָרַחַת. Lev. XIII. 42. 43.

ΦΑΛΑ'ΚΡΩΣΙΣ, *calvities.* קָרַחַת idem. Aqu. Symm. Mich. I. 16.

*ΦΑΛΑ'ΝΤΩΜΑ, *recalvatio.* גַּבַּחַת g idem. Levit. XIII. 43. sec. cod. Vat. ἢ ἐν τῷ φαλαντώματι αὐτοῦ. Sed dubito, an lectio ipsa sit sana. Codex Alex. et ed. Complut. habent ἀναφαλάντωμα, quæ vox in Cod. Vat. quoque v. 42. legitur pro eodem Hebraico.

ΦΑΛΜΟΥΝΙ'. Vide Φελμουνί.

ΦΑΝΕΡΟ'Σ, *manifestus.* זַךְ, *purus.* Prov. XVI. 5. — מְעֻנָּגָה, *delicata,* h part. fœm. ab עָנַג, quod in Pyh. *delicior.* Aqu. Theod. Jerem. VI. 2. φανερά. Sed hæc lectio suspecta est Montfauconio, qui potius legendum putat τρυφερά. Conjecturam hanc, quam jam ante Montfauconium protulit Mich. Lequien, confirmat auctoritas Hieronymi, qui habet *delicatæ.* — נִגְלָה part. Niph. *revelatus.* Deut. XXIX. 29. Præterea legitur Prov. XIV. 4. ubi i LXX φανερὰ de suo addiderunt. Vide et Sirac. VI. 24. 1 Maccab. XV. 9.

*ΦΑΝΕΡΟ'Ν ΠΟΙΕ'Ω, *defero, certiorem de aliqua re reddo.* גָּלָה אֶת אָזְנַיִם. Incert. 1 Sam. XXII. 8.

ΦΑΝΕΡΟ'Σ ΓΙ'ΝΟΜΑΙ, *manifestus fio.* נִבְחַן Niph. *probor.* Genes. k XLII. 16.

ΦΑΝΕΡΟ'Σ ΕΙ'ΜΙ', *manifestus sum.* *יְדִיעַ, *notum.* Chald. Dan.

a III. 18. sec. cod. Chis. — נְעָר, *excutio.* Ies. XXXIII. 9. Deduxerunt ab עָרַר vel עוּר. — תְּעוּדָה. *testimonium.* Ies. VIII. 16. Sensum expresserunt. Nam qui per testes arguitur et convincitur, φανερός ἐστι.

ΦΑΝΕΡΟ'Ω, *manifesto, patefacio.* גִּלָּה Pih. *revelo.* Jer. XXXIII. 6.

ΦΑΝΤΑ'ΖΟΜΑΙ, *appareo,* item *imaginor.* הָזָה, *deliro vel per som-*
b *num vel per morbum.* Aqu. Theod. Ies. LVI. 10. φανταζόμενοι. Sap. VI. 16. ἐν ταῖς τρίβοις φαντάζεται αὐταῖς, in semitis *apparet* illis. Suidas: Οἱ παλαιοὶ τὸ φαντάζεσθαι ἐπὶ τοῦ φαίνεσθαι ἔλεγον. Vide Suidam in v. φαντάζομαι ac Bezam ad Hebr. XII. 2. Sir. XXXIV. 5. ὡς ὠδινούσης φαντάζεται καρδία, sicut parturientis *imaginatur* cor tuum. Mulier gravida
c miris interdum agitatur imaginationibus absurdisque desideriis.

ΦΑΝΤΑΣΙ'Α, *visum, visio, apparitio, res imaginaria, imago.* הוֹרָה Hiph. a יָרָה, *doceo.* Hab. II. 19. αὐτό ἐστι φαντασία, illud est *res imaginaria.* Hesychius: φαντασία, τὸ μὴ ὂν ἀληθὲς (Suicerus Thes. T. II. pag. 1416. bene legendum censet ἀληθῶς), ἀλλὰ σχήματι. — חָזִיז,
d *fulgetrum.* Zach. X. 1. κύριος ἐποίησε φαντασίας, Dominus fecit *apparitiones,* h. e., ut Is. Vossius de LXX Intt. cap. 23. p. 76. interpretatur, *signa dedit futuræ pluviæ.* — *יָד, *manus.* Hab. III. 10. φαντασίας αὐτῆς. Pro יָדֶיהָ, *manus ejus,* legerunt יְרֵיהָ per Resch, et acceperunt, quasi esset a רָאָה, vel quasi esset יָרָה i. q. רָאָה, ut supra II.
e 18. 19. Φαντασία autem est h. l. *aquæ superficies,* quia ea est maris pars, quæ φαίνεται s. φαντάζεται, h. e. *apparet et oculis videtur.* — מוֹרֶה part. Hiph. *doctor.* Hab. II. 18. ἔπλασαν αὐτὸ χώνευμα, φαντασίαν ψευδῆ, formarunt illud conflatile, *imaginem falsam.* Acceperunt מוֹרֶה pro מַרְאֶה, cum illud non sit a רָאָה, sed a יָרָה in Hiph. *docere,* unde מוֹרֶה, *doctor.* Sap. XVIII. f
17. φαντασίαι ὀνείρων, *visiones somniorum.*

ΦΑΝΤΑΣΙΟΚΟΠΕ'Ω, *imaginationibus indulgeo, iisque me inaniter vexo, phantasia laboro, furo, inania et absurda persequor, modo hoc modo illud volo et flagito, morosus et aliis molestus sum:* unde φαντασιοκόπος est, *qui delirantis instar inanes animo concepit cogitationes, iisque totus* g
occupatus est. Sir. IV. 33. μὴ ἴσθι φαντασιοκοπῶν ἐν τοῖς οἰκέταις σου, noli delirantis instar te gerere apud s. inter domesticos tuos, aut delirantis instar exagitare eos. Vide ad h. l. Baduellum et Grotium, nec non Bocharti Hieroz. P. I. p. 778. Lex. Cyrilli MS. Brem. φαντασιοκοπῶν, φαντάζων.

ΦΑ'ΝΤΑΣΜΑ, *spectrum.* בְּרִיאָה, h
creatura. Incert. Num. XVI. 30. ἐν φαντάσματι. Secutus est lectionem בְּמַרְאָה, aut potius ב habuit pro præfixo, ac legit רֹאֶה, non autem רִיאָה, ut Montfauconius putabat: nam רִיאָה est verbum nihili et analogiæ l. Hebr. repugnans. Sap. XVII. 15. Conf. v. φάσμα et Ottii Spicileg. ex Josepho ad N. T. p. 83.

ΦΑ'ΡΑΓΞ, *vallis,* aut *convallis.* i
אֵיתָן, *perennis.* Mich. VI. 2. Quia valles videntur esse in terræ fundamentis, quia sunt loca ejus inferiora, ideo videntur Cappello in Notis Critt. ad h. l. p. 92. sic reddidisse hoc verbum. — אָפִיק, *torrens.* Ies. VIII. 7. Ezech. VI. 3. XXXII. 6. et alibi. — גַּיְא. Deut. IV. 46. 2 Par. XXVI. 9. Nehem. II. 15. III. 13. Aqu. Symm. sec. cod. 128. 130. Holm. Deut. III. 7

a 29. — גַּיְא : גַּי. Jos. XV. 8. 2 Reg.
XXIII. 10. 2 Paral. XIV. 10. et
alibi sæpius. Zach. XIV. 5. ubi
tamen ab Eusebio Demonstr. Ev.
Lib. VI. LXX tribuitur κοιλάς,
quod ibi uberius exponitur. Aqu.
Symm. 1 Sam. XIII. 18. Symm.
Theodot. 2 Sam. II. 24. — *גַּיְא.
Ies. XL. 4. — *גִּיחַ, nomen propr.
Giach. Symm. Theod. 2 Sam. II.
b 24. Vulgat. *vallis itineris.* Vide
Lexica Hebr. s. גִּיחוֹן. — הֶעֱמִיק
Hiph. *profundum facio.* Ies. XXX.
33. Sed vide supra ad βαθύς. —
כַּדְהֵנָה, *præcipitium.* Ez. XXXVIII.
20. φάραγξ h. l. *locum præruptum*
notat, unde φαραγγώδης. — מַעֲבָרָה,
transitus. Ies. X. 29. — נַחַל, *locus*
in alvei speciem depressior, s. aquis
coopertus sit, s. humore careat. Gen.
c XXVI. 17. ἐν τῇ φάραγγι Γεράρων, in
valle Gerarum. Tuetur hanc versionem contra Hieronymum Pearsonus
Præf. Parænet. in LXX Int. Jos.
XII. 2. ubi vid. Masius Comment.
p. 219. Ps. CIII. 11. ὁ ἐξαποστέλ-
λων πηγὰς ἐν φάραγξιν, emittens fontes in vallibus. Lex. Cyrilli MS.
Brem. φάραγξι, κοιλάσι μεταξὺ ὀρέων,
χάσμασιν. Incert. 1 Sam. XV. 5.
d Symm. Jud. V. 21. 1 Sam. XXX.
10. Cant. VI. 10. — עִיר, *urbs.*
2 Par. XXXII. 6. N. L. — עֵמֶק.
Gen. XIV. 3. Jos. X. 12. XV. 7.
et alibi sæpius. Οἱ λοιποί, scil.
Symm. et Theod., 1 Sam. XVII.
2. — *פִּסְגָּה, *collis, mons altus.*
Deut. III. 17. sec. Compl. τὴν φάραγγα. Est fortasse ipsa vox Hebraica Græcis literis scripta, ut pro
e φάραγγα reponendum sit φάσαγγα,
aut, ut in aliis libris legitur, φασγά.
Sed vide supra s. v. מַדְרֵגָה. —
שְׁדֵמוֹת, *arva, agri.* Symmach.
Theod. 2 Reg. XXIII. 4. Vulg.
in convalle. Præterea legitur Dan.
XIII. 62. sec. cod. Chis. et 1 Maccab. VI. 38. in quo posteriore tamen loco pro φάραγξιν reponendum
est φάλαγξιν. Suidas: φάραγξ, ἡ
κοιλότης τῆς γῆς. Hesych. φάραγξ, f
τάφρος, κοίλωμα.

ΦΑΡΑΖΩ΄Ν. Ipsa vox Hebraica
פְּרָזוֹן. Jud. V. 7. ex conjectura J.
A. Fabricii. Sic enim manu sua,
teste Bielio, notavit ad Drusium in
Fragm. Vet. Int. GG. Pro δυνατοὶ
apud LXX antea videtur lectum
esse φαραζών, nam apud Procopium
p. 500. reperio. Defecerunt vero,
inquit, Pharazon in Israële, quod g
si interpreteris, *potentes* sonat. A-
pud Theodoretum est οἱ κρατοῦντες.
Firmari posse videtur ex cod. Alex.
ubi legitur φράζων, quod ex φαρα-
ζὼν enatum videtur.

*ΦΑΡΑΩ΄. Ipsa vox Hebr. פַּרְעֹה,
quæ sec. Josephum A. J. VII. 6.
2. lingua Ægyptia adpellative *re-*
gem significat. Ουρο Coptis *rex,*
hinc, adjecto articulo Π, Πουρο. Pro h
articulo Π et Φ poni solet, Φουρο.
Conf. Scholzii Gramm. Ægypt. p.
15. Sæpius hæc vox reperitur
apud LXX Interpretes. A Josepho
A. J. I. 8. 1. φαραώθης scribitur, et
ab Eusebio Præp. Evang. IX. 18.
φαρεθώνης.

ΦΑΡΕ΄ΤΡΑ, *pharetra, theca sagit-*
tarum. *אֹמֶר, *dictum.* Inc. Hab.
III. 9. βολίδας τῆς φαρέτρας αὐτοῦ.
Verba τῆς φαρέτρας αὐτοῦ videntur i
vel otiose addita esse ab interprete,
vel loco אֹמֶר legisse אַשְׁפָּה, aut,
quod adhuc præferendum videtur,
אוֹצָר, quod uti omnino ἀποθήκην
notat, ita quoque de *pharetra* dici
potest. — אַשְׁפָּה, *pharetra.* Ies.
XXII. 6. XLIX. 2. Jer. V. 16. —
בֶּן אַשְׁפָּה, *filius pharetræ.* Thren.
III. 13. τοὺς φαρέτρας. Legendum
υἱοὺς φαρέτρας. — חֲנִית, *lancea.* Inc.
2 Reg. XI. 10. ubi tamen verba transposita, et ita in ordinem redigenda
esse videntur, τὰ δόρατα καὶ τὰς φαρέ-

a τρας, ut δόρατα ad חֲנִית, φαρέτρας ad שְׁלָטִים referatur, quod etiam postulat usus loquendi. Conf. infra s. שְׁלָטִים. — יֶתֶר, *chorda, nervus.* Job. XXX. 11. Ps. X. 2. Utrobique libere verterunt. — מִשְׁמָר, *custodia.* Jerem. LI. 12. Hic quoque admodum libere transtulerunt. — שְׁלָטִים plur. *scuta.* Jerem. LI. 11. Ezech. XXVII. 11. Symmach. b 2 Sam. VIII. 7. Arab. سلطنة, *sagittæ longæ et tenues.* Etiam vox Hebr. olim de *omnis generis armis* adhibita fuisse videtur, unde Inc. 2 Sam. VIII. 7. per ὅπλα, Aquila per πανοπλίαν transtulit. Hinc non impetrare a me possum, ut credam, verba φαρέτρας χρυσᾶς apud Symmachum desumta esse e Josepho A. J. VII. 5. 3. — תְּלִי. Genes. c XXVII. 3. Lex. Cyrilli MS. Brem. φαρέτρα, βελοθήκη. Metaphorice de *vulva* mulieris legitur Sir. XXVI. 12.

ΦΑΡΜΑΚΕΙ'Α (etiam φαρμακία, v. c. Exod. VIII. 7. Breit.), *veneficium, fascinatio, incantatio.* כְּשָׁפִים plur. *præstigiæ.* Ies. XLVII. 9. 12. — לַהֲטִים plural. *præstigiæ.* Exod. VII. 11. — לָטִים plur. idem. Ex. d VII. 22. VIII. 18. Vide et Sap. XII. 4. XVIII. 13. et conf. Gal. V. 20. Apoc. IX. 21. ac Lexicon N. T. s. h. v.

ΦΑΡΜΑΚΕΥ'ΟΜΑΙ, *veneficiis utor.* חֶבֶר, *incantatio.* Ps. LVII. 5. φαρμακευομένη, *edocta incantationes s. instituta in arte incantandi.* — כִּשֵּׁף Pih. *præstigiis utor.* 2 Par. XXXIII. 6. οἰωνίζετο καὶ ἐφαρμακεύετο.

e *ΦΑΡΜΑΚΕΥ'Ω, *veneficio* aut *veneno utor,* it. *præstigiis utor.* חֹבֵר part. *incantans.* Ed. Quinta Psalm. LVII. 5. φαρμακεύουσα. 2 Macc. X. 13. ὑπ' ἀθυμίας φαρμακεύσας ἑαυτὸν ἐξέλιπε, præ indignatione *sumto veneno* sibi ipsi mortem consciscit.

ΦΑΡΜΑΚΟ'ΟΜΑΙ, ΟΥ̃ΜΑΙ, *incantor.* חֹבֵר part. *incantans.* Ps. LVII. 5. ubi tamen pro φαρμακοῦται alii rectius φαρμακοῦ τε habent.

ΦΑ'ΡΜΑΚΟΝ, vox media, modo f *venenum,* modo *medicinam* significans. כְּשָׁפִים, *præstigiæ.* 2 Reg. IX. 22. Mich. V. 12. Nah. III. 4. ἡγουμένη φαρμάκων. Ita Bielius. Etiam Nobilius reddidit *dux maleficiorum,* quasi esset a neutro φάρμακον. Sed est a masculino φαρμακὸς, *dux veneficorum s. incantatorum.* Sirac. VI. 17. φάρμακον ζωῆς, *medicamentum* vitæ. Sap. I. 14. φάρμακον ὀλέθρου, *venenum, res lethifera.* Vide et Sir. XXXVIII. 4. g

ΦΑΡΜΑΚΟ'Σ, *veneficus, fascinator.* חֹבֵר part. *incantans.* Inc. Theod. et Ed. Quinta Psalm. LVII. 5. — חַרְטֹם, *magus.* Exod. IX. 12. — מְכַשֵּׁף part. Pih. masc. *præstigiator.* Exod. VII. 11. Deut. XVIII. 10. Dan. II. 2. — מְכַשֵּׁפָה part. Pih. fœm. *præstigiatrix.* Ex. XXII. 17. Vide quoque supra s. v. φάρμακον. h

ΦΑ'ΡΟΣ, *vestimentum, indumentum.* בֶּגֶד, idem. Inc. Lev. VI. 11. Conf. Herodotum Lib. II. c. 122. Schol. Eurip. Phœn. 1088. et Aristoph. Thesm. v. 897. Hesych. φάρος, ἱμάτιον, περιβόλαιον. Idem: φάρη, ἱμάτια. Drusius Quæst. Hebr. Lib. I. c. 68. vocem derivat ab Hebr. אפר, quod in Lexico Juris Ebraici exponitur *genus velamenti, quo caput et facies tota, exceptis oculis, velatur obtegiturque.* i

ΦΑ'ΡΥΓΞ, *guttur.* גָּרוֹן, idem. Jer. II. 25. — זָקָן, *barba.* 1 Sam. XVII. 35. ἐκράτησα τοῦ φάρυγγος αὐτοῦ. Videntur difficultatem minuere voluisse, quia facilius videtur suffocando leonem vincere, quam barba arreptum occidere. Vocem זָקָן *mentum cum barba* significare, a docuit Simonis Lex. Hebr. s. h. v. unde Vulg. *mentum* habet. Eodem jure etiam guttur æque ac mentum cum barba cohærens זָקָן dici potest. — חֵךְ, *palatum*. Job. XX. 13. Prov. V. 3. Cant. V. 17. Sir. XXXI. 13. XXXVI. 19. Hesych. φάρυγξ, λάρυγξ, βρόγχος, στόμα. Confer Bocharti Hieroz. P. I. Lib. III. c. 4. p. 756.

b ΦΑΣΕ'Κ. Ipsa vox Hebr. פֶּסַח, *transitus*. Sic autem vocatur festum illud anniversarium Pascha, a transitu angeli prætereuntis fores Israëlitarum. 2 Paral. XXX. 1. 5. 15. XXXV. 1. 6. et alibi.

ΦΑΣΕ'Χ, idem, pro eodem. Symm. Num. IX. 2.

ΦΑ'ΣΙΣ, *indicatio criminis latentis*. Susann. v. 55. ἄγγελος θεοῦ λα-
c βὼν φάσιν παρὰ τοῦ θεοῦ, angelus Dei accipiens *indicationem* criminis latentis a Deo. Pollux Lib. VIII. c. 6. segm. 47. κοινῶς δὲ φάσεις ἐκαλοῦντο πᾶσαι αἱ μηνύσεις τῶν λαθόντων ἀδικημάτων.

ΦΑ'ΣΚΩ, *dico, dictito*. אָמַר, idem. Gen. XXVI. 20. Vide et 2 Macc. XIV. 27. 32. Hesych. φάσκει, λέγει.

ΦΑ'ΣΜΑ, *species in somno oblata,*
d *visum, spectrum, signum*, i. q. φάντασμα. בְּרִיאָה, *creatio, creatura*. Al. Num. XVI. 30. ubi ex verbo רָאָה derivatum putarunt, præmissa præpositione בְּ, ac si legissent במראה, et de *portentis, monstris* intellexerunt, ut φάσμα legitur apud Aristot. I. Meteorolog. c. V. Vide supra s. v. φάντασμα. — חִזָּיוֹן, *visio*. Job. XX. 8. φάσμα νυκτερινὸν, *visum*
e *nocturnum*. — פְּלִילִיָּה, *judicatio*. Ies. XXVIII. 8. τοῦτο ἔστι φάσμα, hoc est signum. Ita Bielius. Sed admodum incertum est, quorsum hæc verba referenda sint. Nonnulli Intt. referre maluerunt ad רֹאֶה, *visio*, quod Symmachus h. l. pet ὅρασιν transtulit. Semlerus conjecit, rescribendum esse μίθυσμα, ut sit glossa τοῦ σίκερα, provocans nempe ad Eusebii auctoritatem, qui f
diserte scribit, cæteros μέθυσμα dixisse. Sap. XVII. 4. φάσματα ἀμειδῆ, *spectra tetrica*. Conf. Ælian. V. H. IX. 2. Thomas Mag. φάσματα λέγεται τὰ ἐν ὕπνῳ φαινόμενα, καὶ ὅσα φαντάζουσι δαιμόνια νύκτωρ ἢ μεθ' ἡμέραν ἐν ταῖς ἐρημίαις, ἀπὸ τοῦ ἀέρος λαμβάνοντα μορφὰς, οἵας ἂν ἐθέλωσι. λέγε οὖν φάσματα, ὡς Ἀττικοὶ, καὶ μὴ φαντάσματα. Hesych. φάσμα, φάντασμα, ση- g
μεῖον, τέρας. Lex. Cyrilli MS. Brem. φάσμα, φαντασία, σκιὰ, εἴδωλον.

ΦΑ'ΤΝΗ, *præsepe, stabulum*. אֵבוּס idem. Job. XXXIX. 9. κοιμηθῆναι ἐπὶ φάτνης σου, dormire ad præsepe tuum. Vide et Prov. XIV. 4. Ies. I. 3. — אֻרְוָה, *stabulum*. 2 Paral. XXXII. 28. φάτναι παντὸς κτήνους, *præsepia* cujusvis jumenti. Confer ad h. l. Horrei Miscell. Critt. Lib. h
III. c. 10. — מֶגְרָפָה, *gleba*. Joël. I. 17. ἐσκίρτησαν δαμάλεις ἐπὶ ταῖς φάτναις αὐτῶν, saltarunt juvencæ ad *stabula* sua. Mercerus in Comment. ad h. l. putat, hanc versionem niti derivatione vocis a rad. גָּרַף, quatenus notat *avertere*, quia stercus avertitur sub pecudibus vel ex eorum stabulis. Alii statuunt, eos cum Syr. et Chald. legisse, מְנוּפוֹתֵיהֶם. Ex sententia Fis- i
cheri de Verss. GG. p. 13. legerunt הָרְפְתֵיהֶם, aut potius, ut mihi videtur, מֵהוּפְתֵיהֶם. Cf. Horrei Miscell. Crit. II. 12. p. 326. seq. et pag. 355. — רֶפֶת, *bovile*. Hab. III. 16. οὐχ ὑπάρξουσιν βόες ἐπὶ φάτναις, non erunt boves ad *præsepia*. Ita quoque Inc. Int. Sic apud Philostratum Icon. Lib. II. c. 10. p. 828. βοῦς ἐπὶ φάτνῃ, *bos ad præsepe*, ut Oleario exponitur. Suicerus Thes. T. II. pag. 1421. Job.

a XXXIX. 9. Ies. I. 3. et Hab. III. 16. vocem *φάτνη* metonymice *stabulum* denotare putat. Eodemque sensu illam apud Pollucem Lib. I. cap. 11. occurrere arbitratur Salmasius de Usur. pag. 352. Sed in omnibus illis locis nullam necessitatem cogere arbitratur Bielius, ut propria et communis vocis notio, Horreo in Miscell. Critt. L. II. copiose stabilita, deseratur. Vide ta-
b men Lexicon N. T. s. h. v.

ΦΑΤΝΕΥ'ΟΜΑΙ, *in præsepe ponor.* אֵבוּס, *præsepe.* Theod. Prov. XIV. 4. *φατνωθήσεται.* Legit וְאָבַס. Vide s. *φατνιάζομαι.*

ΦΑΤΝΙΑ'ΖΟΜΑΙ, *in præsepe ponor* seu *congeror.* אֵבוּס, *præsepe.* Aqu. Prov. XIV. 4. *φατνιάζεται γέννημα ἐκλεκτὸν, præsepiatur,* h. e. *in præsepe reponitur* proventus electus. Conf. Horrei Misc. Crit. p. 282. et
c 287. Videtur autem Aquila habuisse pro participio Pahul vocis אָבַס, cui notionem *in præsepe ponendi* subjecit. Sic quoque Bochartus Hier. P. I. Lib. II. c. 31. suspicatur, Aquilam Prov. XV. 17. dedisse *βοῦν φατνιαζόμενον, bovem saginatum,* pro שׁוֹר אָבוּס. Vide ad h. l. Montfauconii Lex. Hebr. s. v. אָבַס.

d ΦΑΤΝΟ'Ω, *laquearibus tego.* סַף, *limen.* Ezech. XLI. 15. *πεφατνωμένα, laqueata.* — סָפַן, *tego, obtego.* 1 Reg. VII. 3. *ἐφάτνωσε κέδρῳ τὸν οἶκον ἄνωθεν, laquearibus* cedrinis *tegebat* domum superne. Vide et v. 7.

ΦΑ'ΤΝΩΜΑ, *tabulatum, laqueare, lacunar.* גֵּבִים, plur. *cantherii trabes.* 1 Reg. VI. 9. — כַּפְתּוֹר, *malogranatum.* Soph. II. 14. *ἐν τοῖς φατ-*
e *νώμασιν αὐτῆς κοιτασθήσονται,* in laquearibus ejus cubabunt. Vocem Hebr. de columnarum ornamentis recentiorum plerique interpretati sunt. Conf. Bocharti Hieroz. P. I. Lib. IV. c. 6. p. 1082. — רָהִיט, *ambulacrum.* Cant. I. 16. *φατνώματα ἡμῶν κυπάρισσοι, lacunaria* nostra cupressi. Expresserunt Kri, ut Massorethæ hic legi volunt, nam Chetibh habet per Cheth. רָחִיטֵנוּ. — f
שִׁיר, *canticum.* Amos VIII. 3. *τὰ φατνώματα τοῦ ναοῦ, lacunaria* templi. Plerisque Intt. legisse videntur שׁוּרוֹת, *muri, lapidum strues,* coll. Arab. سورة, *strues seriesve lapidum in muro,* q. d. *muratio.* Ex sententia Tychsenii legerunt vel intellexerunt קִירוֹת. Nonnulli vero statuunt, hanc versionem petitam esse a שִׂיד, *calx,* quæ est la- g
quearium materia. Suidas: *φατνώματα, σανιδώματα, στέγη διάγλυφα.* Ita et Lex. Cyrilli MS. Brem., nisi quod pro *διάγλυφα* male ibi scriptum sit *διάγλυφος,* et ante vocem *στέγη* præmittatur *ἤ.* Vide et 2 Macc. I. 16. et conf. Pollucem Lib. VII. c. 27. segm. 122. Casaubonum in Athenæum L. V. c. 11. et Horreum Miscell. Crit. L. II. c. 14. p. 366. h

ΦΑ'ΤΝΩΣΙΣ, idem. *גֵּבִים, *tigna excavata instar fossarum, testudines.* 1 Reg. VI. 9. — רָהִיט, *ambulacrum.* Symm. Cant. I. 16. Lex. Cyrilli MS. Brem. *φατνώσεις, διαγλυφαῖς.*

ΦΑΥΛΙ'ΖΩ, *pro vili habeo, flocci facio, contemno, vilipendo.* בָּזָה, idem. Gen. XXV. 34. *ἐφαύλισεν Ἡσαῦ τὰ πρωτοτόκεια, vilipendit* Esau jus pri- i
mogenituræ. Num. XV. 29. *τὸ ῥῆμα κυρίου ἐφαύλισε,* verbum Domini *contemsit.* Vide et Ies. XXXVII. 22. Hesych. *ἐφαύλισε, ἀπεδοκίμασε.* — לָעַג, *irrideo.* Ies. XXXIII. 19. *λαὸς πεφαυλισμένος,* populus *contemtus.* Clericus in Comment. ad h. l. scribendum esse conjicit *τετραυλισμένος* pro *τραυλίζων, balbutiens.* Sed hac conjectura facile supersedere possumus. Populus, qui irridetur,

a dici potest πεφαυλισμένος. Lex. Cyrilli MS. Brem. πεφαυλισμένους, ἀποδεδοκιμασμένους, ἐξουδενωμένους.—מָאַס, *sperno*. Job. XXXI. 13. εἰ δὲ καὶ ἐφαύλισα κρίμα θεράποντός μου; num vero etiam *pro nihilo feci* jus famuli mei? h. e. *denegavi illi jus suum*, adjuncta tamen contemtus notione. Conf. s. ἀποῤῥίπτω et ὑπερφρονέω. Job. XLII. 6. διὸ ἐφαύλισα ἐμαυτὸν, *vilipendi* me
b ipsum, h. e. *pudet me* insipientiæ, qua locutus sum. Potest quoque h. l. per *reprehendere* verti. Hesych. ἐφαύλισα, ἀπέβαλον, φαῦλον ἡγησάμην. — סִלֵּף Pih. *perverto*. Prov. XXI. 12. φαυλίζει ἀσεβεῖς ἐν κακοῖς, improbos propter ipsorum animi perversitatem *contemnit ac improbat*. Ita transtulerunt, quia putarunt, vocem סִלֵּף in propria sua notione justo
c non convenire. Vide quoque Prov. XXII. 12. — עוֹלֵל Pyh. ab עָלַל, *fio*. Symm. Thren. I. 12. ἐφαυλίσθη. Sed ἐφαυλίσθη, pro quo ἐφαυλίσθην legendum videtur, ad זוֹלֵלִ v. 11. referre mallem. Quod si quis admittere nolit, post ἐφαυλίσθη addendum erit μοι, ut sensum expresserit. Legitur præterea Job. XXX. 5. ἄτιμοι καὶ πεφαυλισμένοι, de quo loco
d vide notata s. v. ἄτιμος. Adde Judith. I. 10. (ubi nonnulli ἐφαύλισαν τὸ ῥῆμα τοῦ βασιλέως interpretantur: *frustrati sunt mandatum regis*. Sed vide ad h. l. Baduellum.) XI. 2. 22. Lex. Cyrilli MS. Brem. φαυλίζει, κατευτελίζει, ἐξουθενεῖ. Suidas: φαυλίζει, εὐτελίζει, χλευάζει.

ΦΑΥ'ΛΙΣΜΑ, *illusio*, *contemtus*, *despectus*. עַלִּיז, *exultabundus*, *gau-*
e *dio gestiens*. Soph. III. 11. περιελῶ ἀπό σου τὰ φαυλίσματα τῆς ὕβρεώς σου, auferam a te illusiones ignominiæ tuæ. Vide s. φαυλίστρια.

ΦΑΥΛΙΣΜΟ'Σ, *contemtus*, *irrisio*, *subsannatio*. גִּדּוּפוֹת plur. *convicia*. Ies. LI. 7.—לַעַג, *irrisor*. Ies. XXVIII. 11. διὰ φαυλισμὸν χειλέων, per *subsannationem* labiorum. Hieron. *irrisionem labiorum*. Nihilominus Clericus ad h. l. suspicatur,
f LXX scripsisse τραυλισμὸν, quæ est vocis Hebr. propria significatio ex usu l. Syriacæ. — לַעַג, *irrisio*. Hos. VII. 15. Gloss. MS. in Proph. φαυλισμὸς, μυκτηρισμὸς, κατάγελος.

ΦΑΥΛΙ'ΣΤΡΙΑ, *contemtrix*, *quæ deridet*, *quæ deludit*. עַלִּיזָה fœm. *exsultabunda*, *gaudio gestiens*. Soph. III. 1. αὕτη ἡ πόλις ἡ φαυλίστρια, hæc urbs contemtrix, quæ præ nimiis
g deliciis omnia præ se contemnit et deridet. Minus apte Hieronymus: *malis dedita*. Gloss. MS. in Proph. et Hesych. φαυλίστρια, ἡ καταγελῶσα. Lex. Cyrilli MS. Brem φαυλίστρια, ἡ καταγελῶσα καὶ ἐξουθενῶσα.

ΦΑΥ͂ΛΟΣ, *vilis*, *abjectus*, *contemtus*, *pravus*, *malus*, *stultus*. אֱוִיל, *stultus*. Prov. XXIX. 9. ἀνὴρ σοφὸς κρίνει ἔθνη, ἀνὴρ δὲ φαῦλος ὀργιζόμενος καταγελᾶται, vir sapiens judicat
h gentes, vir autem *stultus*, si irascitur, contemnitur. Sic et apud Diogenem Laërt. Lib. II. s. 134. σοφὸς et φαῦλος opponuntur. Conf. quoque Wyttenbach. ad Platonis Phædon. p. 216. — בָּזָה, *contemno*. Symm. Jerem. XXII. 28.—*נָבוֹן, *intelligens*. Prov. XVI. 21. φαῦλοι. Videntur legisse נָבָל, aut vox φαύλους insititia est. — נִמְרַץ Niph. *ve-*
i *hemens sum*. Job. VI. 25. φαῦλα ἀληθινοῦ ῥήματα, *contemta* s. *falsa* videntur verba veracis. Arabic. مرض est *debilem*, *languidum esse*, etiam *veritati detrahere*. — עַוְלָה, *iniquitas*. Prov. XXII. 8. ὁ σπείρων φαῦλα θερίσει κακὰ, qui *prava* seminat, mala metet. — רָשָׁע, *improbus*. Symm. Psalm. LXXIV. 9.—שׁוֹט, *flagellum*. Job. IX. 23. Respexerunt usum l. Syriacæ, in qua ܫܛܐ *con-*

temnere, spernere, et ‏لغا‎ contemtum, vilem, insipientem notat, quod de impiis commode dici potest. Sir. XX. 16. Hesych. φαῦλος, κακὸς, δόλιος, χαλεπὸς, εὐτελὴς, ἁπλοῦς, καταγέλαστος.

ΦΑΥ͂ΛΟΣ ΕἸΜΙ͂, contemtus sum, levis sum. ‏לוּעַ‎, deglutior. Job. VI. 3. τὰ ῥήματά μου ἐστὶ φαῦλα, verba mea sunt levia: ubi ῥήματα φαῦλα sunt verba, quæ quia sunt temere effutita, qualia sunt v. c. nimiæ ac injustæ querelæ, prava ac vitiosa dicenda et habenda sunt. Arab. ‏لغا‎ dicitur de verbis vanis ac nullius pretii, et ‏لغي‎, futilia et inania effutire. Confer Schultensii Opera Minora p. 338. seq.

ΦΑΥ͂ΛΟΝ ΠΟΙΕ͂Ω, pravum facio. ‏סִלֵּף‎ Pih. perverto. Prov. XIII. 6. τοὺς δὲ ἀσεβεῖς φαύλους ποιεῖ ἁμαρτία, impios contemtos reddit peccatum, coll. v. 5. Cæterum confirmari videtur hac versione sententia I. D. Michaëlis, qui in Suppl. p. 1771. primariam vocis ‏סִלֵּף‎ notionem statuit occandi, adeoque transversum ducendi cratem super sulcos, hinc in sensu morali, transversum agere, pervertere.

ΦΑΥΛΟ͂ΤΗΣ, vilitas, etiam improbitas, pravitas. Sap. IV. 12. βασκανία φαυλότητος, fascinatio pravitatis, seu: pravitas, quæ est tanquam fascinum quoddam.

ΦΑΥ͂ΣΙΣ, lumen, lux. ‏מָאוֹר‎. Gen. I. 15. εἰς φαῦσιν, in lucem. Vide et Exod. XXV. 6. Ps. LXXIII. 17. ubi alii libri ἥλιον habent. Vulg. auroram. Judith. XIII. 15. Lex. Cyrilli MS. Brem. φαῦσιν, φῶς, φέγγος.

ΦΑΥ͂ΣΚΩ, illucesco. ‏אוֹר‎, verbum, luceo. Gen. XLIV. 3. τὸ πρωῒ διέφαυσε.

ΦΕ͂ΓΓΟΣ, lumen, lux. ‏אוֹר‎. Job. XLI. 10. — ‏הֵהֵל‎ Hiph. a ‏הָלַל‎, lucere facio. Aqu. Job. XLI. 9. — *‏לֶהָבָה‎, flamma. Hos. VII. 6. ὡς πυρὸς φέγγος, ubi φέγγος idem quod φλόξ. — ‏נֹגַהּ‎, splendor. 2 Sam. XXII. 13. Ezech. I. 4. 13. Joël. II. 10. et alibi. — ‏נְהָרָה‎, idem. Job. III. 4. — ‏סֵדֶר‎, ordo. Job. X. 22. Arab. ‏سدر‎, lumen, claritas. Conf. Schultens. ad h. l. — *‏פִּגּוּל‎, corruptum. Theodot. Levit. VII. 18. φέγγους. Sc. vocem Hebr. cum non intelligeret Theodotion, uti solet, literis Græcis expressit φεγγὼλ, quam imperiti librarii mutarunt in φέγγους. Sap. VII. 11. 2 Macc. XII. 9.

ΦΕ͂ΓΓΟΣ 'ΕΣΤΙ͂, lux est. ‏נֹגַהּ‎ ‏אוֹר‎, splendet lux. Job. XXII. 28.

ΦΕ͂ΓΓΩ, luceo, splendeo. ‏זָהַר‎. Aqu. Symmach. Ezech. VIII. 2. φέγγουσα. Hesych. φέγγουσαν, λαμπρύνουσαν.

*ΦΕΓΓΩ͂Λ. Ipsa vox Hebr. ‏פִּגּוּל‎, corruptum. Theod. Levit. VII. 18. sec. cod. Basil. ubi vid. Montfauconius.

ΦΕΙ͂ΔΟΜΑΙ, parco, libero, servo, it. tracto clementer, leniter, misereor. ‏בְּחֵק‎, in sinu, subintellege: retinens ex parsimonia. Prov. XXI. 14. — ‏חָבַב‎, diligo. Deut. XXXIII. 3. ἐφείσατο τοῦ λαοῦ αὐτοῦ, amore ductus pepercit populo suo. — ‏חוּס‎, parco. Genes. XLV. 20. μὴ φείσασθε τοῖς ὀφθαλμοῖς τῶν σκευῶν ὑμῶν, ne oculis parcatis vasis vestris, h. e. ne ægre feratis jacturam supellectilis. Heinsio dixisse videntur: ne estote admodum solliciti de servanda vestra supellectile: nam in Ægypto nihil vobis deerit. Vide et Ezech. IX. 5. et conf. Deut. VII. 16. XIII. 8. Ezech. VII. 4. Jon. IV. 11. σὺ ἐφείσω ὑπὲρ τῆς κολοκύνθης, tu misertus es cucurbitæ. — ‏חוּשׁ‎, festino. Aqu.

Cohel. II. 25. φείσεται. Legisse videtur יָחוּס. Semlerus conjicit legendum ἐπιλείψεται. Vulgatus, qui habet *deliciis affluet*, eidem Semlero videtur novo errore pro φείσεται legisse τρυφήσεται. — חָמַל. 1 Sam. XV. 3. οὐ φείσῃ ἐπ' αὐτοῦ, non *parces* illi. 2 Sam. XII. 6. περὶ οὗ οὐκ ἐφείσατο, de hoc non pepercit. Jerem. XV. 5. τίς φείσεται ἐπί σοι; quis parcet tibi? Vide et Jerem. XXI. 7. L. 14. LI. 3. μὴ φείσησθε ἐπὶ τοὺς νεανίσκους αὐτῆς, ne parcatis juvenibus ejus. Vide et Zach. XI. 6. Ezech. XVI. 5. οὐδὲ ἐφείσατο ὁ ὀφθαλμός μου ἐπί σοι, neque pepercit tibi oculus meus. Adde Aqu. Theod. 1 Sam. XXIII. 21. — חֶמְלָה, *clementia*. Ies. LXIII. 9. διὰ τὸ φείδεσθαι αὐτῶν, eo quod *misereretur* illorum. Hesych. φείδεσθαι, ἐλεεῖν. Conf. Esth. XIII. 15. et Heinsii Exc. Sacr. ad Act. XX. 29. p. 295. Aqu. Mal. III. 17. φείδομαι, ὡς φείδεται ἄνθρωπος τοῦ υἱοῦ αὐτοῦ, parco, ut parcit homo filio suo. — חָשַׂךְ, *cohibeo*. Gen. XXII. 12. 16. οὐκ ἐφείσω τοῦ υἱοῦ σου τοῦ ἀγαπητοῦ, non pepercisti filio tuo dilecto. Cf. Rom. VIII. 32. Job. VII. 11. οὐδὲ ἐγὼ φείσομαι τῷ στόματί μου, neque ego parcam ori meo, h. e. os meum *non continebo*. Job. XVI. 5. κίνημα δὲ χειλέων οὐ φείσομαι, motui autem labiorum non parcam, h. e. labiorum miseratio haud defutura esset. Job. XXX. 10. ἀπὸ δὲ τοῦ προσώπου μου οὐκ ἐφείσαντο πτύελον, a facie mea non *cohibuerunt* sputum, h. e. non verentur in conspectu meo exspuere. Job. XXXIII. 18. ἐφείσατο δὲ τῆς ψυχῆς αὐτοῦ ἀπὸ θανάτου, *servavit* autem animam ejus a morte. Vide etiam Psalm. LXXVII. 55. Psalm. XVIII. 13. ἀπὸ ἀλλοτρίων φεῖσαι τοῦ δούλου σου; ab alienigenis libera vel serva servum tuum. Symmach. ibi habet: συντήρησον. Hesych. φεῖσαι, ῥῦσαι, σῶσαι. Similiter *parce*, docente Servio ad Æn. X. p. 209. b., est *secundum antiquos serva, et ita apud Lucilium et Ennium reperitur*. Adde Aqu. Symm. Prov. XI. 24. — לְאַט, *leniter, sensim*. 2 Sam. XVIII. 5. φείσασθέ μοι τοῦ παιδαρίου, *leniter* mihi *tractate* puerum. Recte quoad sensum. — מַחְמָל, *indulgentia*. Ezech. XXIV. 21. ὑπὲρ ὧν φείδονται αἱ ψυχαὶ ὑμῶν, quorum *miserentur* animæ vestræ. — מַחֲסֶה, *refugium*. Jerem. XVII. 17. Joël. III. 16. Utrobique vocabulum, a חָסָה deducendum, derivarunt a חוּס, quod *parcere* significat. Sap. I. 11. ἀπὸ καταλαλιᾶς φείσασθε γλώσσης, ab obtrectatione *cohibete* linguam, s. *abstinete*. Sir. XIII. 15. οὐ μὴ φείσεται περὶ κακώσεως καὶ δεσμῶν, *non parcet* ab afflictione et vinculis, seu non abstinebit ab, etc., h. e. *adhibebit* afflictiones et vincula. Sic φείδεσθαι apud Xenoph. Cyrop. I. 6. 19. ac *parcere*, ut docuit Vechnerus Hellenolex. p. 408.

ΦΕΙ'ΔΟΜΑΙ 'ΡΗ͂ΜΑ ΠΡΟΕ'ΣΘΑΙ ΣΚΛΗΡΟ'Ν, *parco proferre verba dura, abstineo a verbis duris*. חָשַׂךְ אֲמָרִים, *cohibeo sermones*. Prov. XVII. 27. Hesych. et Lex. Cyrilli MS. Brem. προέσθαι, προδοῦναι.

*ΟΥ' ΦΕΙ'ΔΟΜΑΙ, *non parco*. חָצַב, *succido*, h. l. *durius tracto, graviter reprehendo*. Symm. Hos. VI. 5. οὐκ ἐφεισάμην. Vide Dathii Opp. p. 26.

ΦΕΙΔΩ', *parsimonia, misericordia*. Sap. XII. 18. μετὰ πολλῆς φειδοῦς διοικεῖς ἡμᾶς, cum multa *misericordia* gubernas nos. Lexic. Cyrilli MS. Brem. φειδοῦς, φείσεως, εὐσπλαγχνίας. Idem: φειδώ, φεισμονή, εὐσπλαγχνία. Hesych. φειδοῦς, φειδωλίας.

*ΦΕΙΣΩ'Ν, *Pison*, nomen fluvii, *Ganges*, ut putatur. Sir. XXIV. 26. ὁ πιμπλῶν ὡς Φεισὼν σοφίαν.

ΦΕΛΜΟΥ͂ΝΙ vel juxta al. φελμωνί, vel φελμουνί, vel φαλμουνί. Ipsa vox Hebr. פַּלְמוֹנִי, *quidam*. (Composita esse putatur hæc vox ex duobus

a nominibus, פְּלֹנִי et אַלְמֹנִי, quæ habes Ruth. IV. 1. et 2 Reg. VI. 8.) Dan. VIII. 13. ubi vid. Flamin. Nobil. Eudoxius: τὴν Ἑβραϊκὴν φωνὴν τέθεικε τῷ φελμουνὶ ἀντὶ τοῦ εἰπεῖν τῷ προσφιλεστάτῳ, τῷ ἐφεστῶτι κατ᾽ ἐξοχὴν, τῷ ταῦτα δεικνύντι. Vide quoque Hieron. In Gloss. MSS. in Dan. pro τῷ φελμῶνι corrupte scribitur τῷ φελμῷ, et exponitur τῷ ἑτέρῳ, et præterea ad-
b ditur: ἢ εἶδος δυνάμεως. Confer supra in v. ἐμμωνεὶμ, ac Editores Rom. Cod. Chis. Danielis p. 52.

ΦΕΡΝΗ', *dos, quam sponsa affert et dat marito.* מָהוֹר infin. *dotando.* Exod. XXII. 16. — מֹהַר, *dos.* Genes. XXXIV. 12. Exod. XXII. 17. Vide et 2 Macc. I. 14. Hesych. φερνὴ, προὶξ, δῶρα νυμφικά. Gloss. in Octat. φέρνη (scr. φερνὴ), προὶξ ἢ
c δωρεά.

*ΦΕΡΝΙ'ΖΩ, *doto.* מָהַר, idem. Exod. XXII. 16. φερνῇ φερνιεῖ αὐτὴν αὐτῷ γυναῖκα, vel ἑαυτῷ εἰς γυναῖκα, uti in edit. Aldina legitur.

ΦΕ'ΡΩ, *fero, affero, offero, do, adduco, porto, deporto, sustineo, tolero, rego, guberno, capio, aufero, mitto:* et φέρομαι, *agitor, impetu curro.* *בְּ, *cum, una cum.* Jud. XV. 1.
d φέρων. — הֵבִיא Hiph. a בּוֹא, *venire facio.* (At in Kal et Hophal aliquando etiam occurrit.) Genes. XXVII. 7. ἔνεγκόν μοι θήραν, *affer* mihi feram. Vide et v. 14. 17. Gen. XXXI. 38. θηριάλωτον οὐκ ἐνήνοχά σοι, animal feris dilaniatum non *attuli* tibi. Hesych. οὐκ ἐνήνοχά σοι, οὐκ ἀγήοχα, οὐκ ἤνεγκά σοι. Lev. II. 2. οἴσει αὐτὴν πρὸς τοὺς υἱοὺς Ἀαρὼν,
e *feret* illam ad filios Aaron. Genes. XXX. 18. ἔλαβεν (subaudi ἀπ᾽ αὐτῶν), ὧν ἔφερεν ἐν χειρὶ αὐτοῦ, δῶρα, sumebat ab illis, quæ ferebat manu sua, dona. Vide et Exod. XXXV. 20. Lev. V. 7. οἴσει περὶ τῆς ἁμαρτίας, *offeret* pro peccato. Aquila Genes. XXXVII. 2. — *הַבְהָבִים, *dona multa et copiosa.* Aqu. Hos. VIII. 13. φέρε, φέρε. Habuit hanc vocem pro imperativo duplicato verbi f
יְהַב, *dedit, attulit,* cum Jod epenthetico. — הָבִי imper. sing. fœm. a יְהַב, *da, cedo.* Ruth. III. 15. φέρε. — הָבוּ imper. plur. a יְהַב, *date.* Gen. XLVII. 16. φέρετε τὰ κτήνη ὑμῶν, *adducite* jumenta vestra. 2 Sam. XVI. 20. φέρετε ἑαυτοῖς βουλὴν, *date* vobismet ipsis consilium. Ps. XXVIII. 2. ἐνέγκατε κυρίῳ δόξαν καὶ τιμὴν, *date* Domino gloriam et ho- g
norem. Vide et Psalm. XCV. 7. — הוֹבִיל Hiph. a יָבַל, *apporto.* Ps. LXVII. 32. σοὶ οἴσουσι βασιλεῖς δῶρα, tibi *afferent* reges dona. Vide et Ps. LXXV. 11. Soph. III. 11. — הוֹצִיא Hiph. a יָצָא, *exire facio.* Jud. VI. 18. 2 Par. I. 17. — הוֹרִיד Hiph. a יָרַד, *descendere facio.* Gen. XLIII. 22. — הַיְתִי : הַיְתִי Chald. Aph. et Hoph. ab אֲתָא, *venire fa-* h
cio. Dan. V. 2. 25. VI. 7. — *הָלַךְ, *eo.* Inc. 2 Sam. VIII. 6. ἐφέρετο, *ferebatur,* i. q. ἐπορεύετο apud LXX. — הֵנִיף Hiph. a נוּף, *agito.* Ex. XXXV. 22. Lev. XXIII. 12. ubi φέρειν *sacrificium offerre* notat. — הֶעֱלָה Hiph. *ascendere facio.* 2 Reg. XVII. 4. Esdr. IV. 2. βασιλέως Ἀσσοὺρ, τοῦ ἐνέγκαντος ἡμᾶς ὧδε, regis Assur, qui huc nos *deportavit.* i
Amos V. 22. ἐὰν ἐνέγκητέ μοι ὁλοκαυτώματα, etiamsi *offeratis* mihi holocausta. — הִקְרִיב Hiph. a קָרַב, *appropinquare facio, offero.* Levit. VI. 21. — הֵשִׁיב Hiph. a שׁוּב, *reverti facio.* 2 Par. XXVII. 5. Al. 2 Reg. XVII. 3. — הֵתָה ab אָתָה (ה pro א), *venio.* Ies. XXI. 14. — *הִתְמַלֵּא, *repleo.* Job. XL. 26. οὐ μὴ ἐνέγκωσι, non *ferre poterunt,* non *capient.* Sensum expresserunt. In

a textu Hebr. legitur: num quid replebit quis? — *חָלַף, *transeo.* Aqu. Job. IV. 15. — כִּלְכֵּל Pih. a כּוּל, *capio.* 2 Par. II. 6. οὐκ ἂν φέρουσι τὴν δόξαν αὐτοῦ, non *ferre* s. *capere* poterunt gloriam ejus. — לָקַח, *accipio.* Genes. XXVII. 13. Vox Hebr. in hac orationis serie *dare, afferre* notat. — נָדַב, *voluntarie offero.* Exod. XXXV. 27. — נְדָבָה,
b *voluntaria oblatio.* Exod. XXXVI. 3. — נָדַף, *impello.* Lev. XXVI. 36. φύλλου φερομένου, folii *agitati.* — נָזַל, *fluo.* Jerem. XVIII. 14. ὕδωρ βιαίως ἄνω φερόμενον, aqua violenter sursum *agitata.* — נָשָׂא. Num. XI. 14. οὐ δυνήσομαι ἐγὼ μόνος φέρειν τὸν λαὸν τοῦτον, non potero ego solus *ferre*, h. e. *regere, gubernare,* hunc populum. Vide et Deut. I. 9. et conf. Hebr.
c I. 3. ac ad h. l. Heinsii Exerc. Sacr. p. 305. et Wolfii Cur. pag. 605. Deut. I. 12. πῶς δυνήσομαι μόνος φέρειν τὸν κόπον ὑμῶν; quomodo potero solus *ferre* negotia vestra? Prov. XXX. 21. τὸ δὲ τέταρτον οὐ δύναται (sc. τις) φέρειν, quartum autem nemo potest *tolerare.* Conf. Hebr. XII. 20. et Ælian. V. H. IX. 33. Hesych. φέρειν, λαμβάνειν, βαστάζειν,
d ὑπομένειν. Ies. LII. 11. οἱ φέροντες τὰ σκεύη κυρίου, qui *portatis* vasa Domini. Ies. LIII. 4. οὗτος τὰς ἁμαρτίας ἡμῶν φέρει, hic peccata nostra portat, h. e. *perfert pœnas* peccatorum nostrorum. Ies. LXIV. 6. ἄνεμος οἴσει ἡμᾶς, ventus *auferet* nos. Ezech. XVII. 8. φέρειν καρπὸν, *ferre* fructum. Vide et Joël. II. 22. Hagg. II. 20. Ezech. XXXIV. 19.
e ὀνειδισμὸν ἐθνῶν οὐ μὴ ἐνέγκωσιν ἔτι, opprobrium gentium non amplius *ferant.* Vide et Ezech. XXXVI. 6. 15. et conf. Hebr. XIII. 13. Al. Ies. XL. 11. ἐν κόλπῳ αὐτοῦ οἴσεται, in sinu ejus feretur. — נָתַן, *do.* Gen. XLIII. 24. — עָבַר, *transeo.* Jerem. XIII. 24. ὡς φρύγανα φερόμενα ὑπὸ ἀνέμου εἰς ἔρημον, tanquam stipulas, quæ feruntur a vento in desertum. Vide et Ies. XXIX. 5. f
— *עוּף, *gyror in aëre, celeriter moveor.* Dan. IX. 21. sec. cod. Chis. — עָשָׂה, *facio.* Hos. IX. 19. — שְׂאֵת, *excellentia.* Gen. XLIX. 3. Hic legerunt נָשָׂא. — שָׁטַף, *exundo.* Ies. XXVIII. 15. 18. καταιγὶς φερομένη. — שָׁלַח, *mitto.* 1 Reg. IX. 14. ἤνεγκε, *mittebat.* — *שָׁמַע, *audio.* Inc. Prov. XIII. 8. 2 Maccab. III.
25. φερόμενος, *impetu currens.* Baruch. III. 30. οἴσει αὐτὴν (ἀντὶ) χρυσίου ἐκλεκτοῦ, *afferet* illam pro auro electo. — Vide alibi βαρέως, βία, πνεῦμα, ποταμὸς, ὕβρις, ὕδωρ. g

ΦΕΡΟ'ΜΕΝΟΣ ΠΝΕΥ'ΜΑΤΙ. Job. XVII. 1. ubi pro רוּחִי חֻבָּלָה, *spiritus meus corruptus est,* legitur ὀλέκομαι πνεύματι φερόμενος. Coaluerunt hic duæ versiones. Verba
enim *spiritus meus,* h. e. *halitus vitalis corruptus est* poterant exprimi a LXX unica voce ὀλέκομαι, *pereo, pereundum mihi est.* Et cum πνεῦμα haud raro de *halitu vitali* adhibeatur, verba φερόμενος πνεύματι, si vertantur: *quoad* s. *quod attinet halitum vitalem, abripior,* s. *halitus vitalis abripitur* s. *eripitur,* quoque non aliena sunt a textu Hebr. Possunt h
tamen verba πνεύματι φερόμενος quoque verti *quasi vento abreptus,* aut, ad animum translata, *animo elatus* s. *huc et illuc agitatus.* Posteriorem interpretationem confirmat Inc., qui habet φονεύομαι τοῖς λογισμοῖς. i

ΦΕΣΕ'. Ipsa vox Hebraica פֶּסַח, *Pascha.* Aqu. Deut. XVI. 1.

ΦΕΥ'ΓΩ, *fugio, profugio, effugio, evado.* בָּרַח, idem. Exod. XIV. 5. Num. XXIV. 11. Jud. IX. 21. et alibi sæpius. Cant. VIII. 14. φύγε, h. e. *accurre, celeriter adveni.* Arab. برح non tantum *fugere,* sed etiam

a *apparere, conspicuum evadere* notat.
Eodem modo φεύγειν pro *celeriter*
currere legitur apud Pindar. Pyth.
Od. IX. sub fin. ubi vid. Schol. —
בָּרִיחַ et בָּרִחַ, *extensus*, it. *fugitivus*.
Ies. XXVII. 1. XLIII. 14. —
מְנוּסָה, *fuga*. Lev. XXVI. 36. φεύξονται ὡς φεύγοντες ἀπὸ πολέμου, fugient tanquam fugientes a bello. —
מָסַס, *liquefio*. Ies. X. 18. ὡς ὁ φεύ-
b γων ἀπὸ φλογὸς καιομένης, tanquam
fugiens a flamma ardenti. Plura
videntur legisse, quam quidem
nunc in textu exstat. Nullo tamen
modo a me impetrare possum, ut
cum Trommio ac Bielio statum, eos
loco מָסַס legisse נוּס: nam *liques-*
cere metaphorice de *metu* usurpatur, unde ad fugam facilis est transitus. — נָדַד, *vagor*. Ps. XXX. 15.
c ἔφυγον ἀπ' ἐμοῦ, fugerunt a me. Cf.
1 Cor. X. 14. Ies. XXI. 14. XXII.
3. — נוּס. Gen. XIV. 10. εἰς τὴν ὀρεινὴν
ἔφυγον, in montanam regionem fugiebant. 1 Sam. IV. 17. κἀγὼ πέ-
φευγα ἐκ τῆς παρατάξεως τοῦ πολέμου,
et ego fugi ex instructa acie belli.
Vide et 2 Sam. I. 4. et alibi sæpius.
— נִמְלַט Niph. *recipio me*. Symm.
1 Sam. XXII. 20. ἔφυγεν, h. e. *eva-*
d *sit incolumis, salvatus est*. Vide
Hexapla. — נֵס, *vexillum*. Ies.
XXXI. 9. ὁ δὲ φεύγων ἁλώσεται. Videntur sensum expressisse, non
vero נֵס accepisse, quasi esset a נוּס.
Nam vexilla in locis altis erigeban-
tur tanquam signa, ad quæ homines
convenire debebant, unde deinde
transfertur ad loca, ad quæ exercitui
in fugam verso tanquam ad asylum
e confugiendum erat. Adde Jer. IV. 5.
21. — נָסַס : הִתְנוֹסֵס, Kal et Hithp.
vexillum erigo. Ps. LIX. 4. Ies. X.
18. נָסַס interdum esse i. q. נוּס,
docuit Simonis Lex. Hebr. p. 1089.
— נִסְפָּה Niph. *consumor*. 1 Paral.
XXI. 12. φεύγειν σε. Bene quoad
sensum. — נָפַל, *cado*. Jer. XXXVII.
12. πρὸς τοὺς Χαλδαίους σὺ φεύγεις, ad
Chaldæos tu *profugis*. Vide et v.
13. ac XXXVIII. 19. — סָחַף, *ever-* f
ro. Al. Jerem. XLVI. 15. — סִתֵּר
Pih. *abscondo*. Ies. XVI. 3. — עָרַק,
fugio. Job. XXX. 3. οἱ φεύγοντες
ἄνυδρον ἐχθὲς συνοχὴν, *effugientes* aridam heri angustiam. Conf. Hebr.
XI. 34. — רוּץ, *curro*. Inc. 1 Sam.
XIV. 12. — רָכַב, *equito*. Ies. XXX.
16. sec. Compl. Al. Hos. XIV. 4.
— שִׁיר, *canticum*. Amos VI. 5. οὐχ
ὡς φεύγοντα. Pro Hebr. כְּלֵי שִׁיר, *in-* g
strumenta musica, legerunt לֹא כְּשִׁיר
(ex usu l. Arab., in qua *currere*,
saltare notat) aut כְּלֹא סוּר, admodum contorte. — שָׂרִיד, *residuus*.
Abd. 14. μηδὲ συγκλείσῃς τοὺς φεύγοντας ἐξ αὐτῶν, non trades *effugientes*
ex illis. Præterea legitur apud
Aqu. Symm. Theod. Ies. XXI. 11.
ubi verbis τοὺς φεύγοντας nihil in
textu Hebr. respondet. Idem valet h
de voce φεύξονται, quam LXX Ies.
XXXII. 7. de suo addiderunt. 1
Macc. X. 73. τόπος τοῦ φυγεῖν, locus
ad *effugium*.

ΦΕΥΚΤΟ'Σ, *vitabilis, evitabilis*,
etiam *vitandus, detestabilis, fugien-*
dus. Sap. XVII. 9. τὸν μηδαμόθεν
φευκτὸν ἀέρα, aërem inevitabilem.
Vulg. *quem nulla ratione quis effu-*
gere posset. Lex. Cyrilli MS. Brem. i
φευκτὸν, φυγῆς ἄξιον. V. Abresch.
Anim. ad Æschyl. p. 633. T. I.

ΦΗ'ΜΗ, *fama*. שְׁמוּעָה, *auditio*,
it. *fama*. Prov. XVI. 1. Vide et 2
Macc. IV. 39.

ΦΗΜΙ', *dico*. אָמַר. Gen. XXIV.
47. Prov. XXX. 21. — נְאֻם part.
Pah. a נָאַם, *dictum*. Num. XXIV.
3. 4. 1 Sam. II. 32. — עֶנֶת, *tem-*
pus. Esdr. IV. 17. Ita Bielius.
Sed in textu ipso legitur כְּעֶנֶת, quod

a interpretes recte transtulerunt: *secundum id, quod saepius dictum est, et toties repetitum.* Lat. *et cetera.* — Vide alibi ψευδής.

ΦΘΑ'ΝΩ, *pervenio, attingo, advenio, venio,* it. *praevenio, anteverto, festino.* *הֻגָּה praet. Pyh. pro הֻגְּתָה, *remotus sum.* 2 Sam. XX. 13. ἡνίκα δὲ ἔφθασεν ἐκ τῆς τρίβου. Vulg. *amoto autem illo de via.* — הִתְאַמֵּץ Hithp.
b *fortifico me.* 1 Reg. XII. 18. ἔφθασεν ἀναβῆναι ἐπὶ τὸ ἅρμα, *festinabat ascendere in currum.* Sic recte interpretati sunt in hac orationis serie. Ita Sap. IV. 7. ἐὰν φθάσῃ τελευτῆσαι, si praematura morte abripiatur. — מְטָא Chald. *pertingo.* Dan. IV. 8. τὸ ὕψος ἔφθασεν ἕως τοῦ οὐρανοῦ, altitudo *pertingebat* usque ac coelum. Vide et v. 18. 19. Dan.
c IV. 21. decretum altissimi est, ὃ ἔφθασεν ἐπὶ τὸν κύριόν μου βασιλέα, *latum* in dominum regem meum. Dan. VII. 13. ἕως τοῦ παλαιοῦ ἡμερῶν ἔφθασε, ad antiquum diebus *adpropinquabat.* Dan. VII. 22. ὁ καιρὸς ἔφθασε, tempus *venit.* Al. Dan. IV. 25. ταῦτα πάντα ἔφθασεν ἐπὶ Ναβουχοδονόσορ, haec omnia *evenerunt* Nabuchodonosoro. Conf. 1 Thess. II.
d 16. — נָגַע : הִגִּיעַ, Kal et Hiph. *tango.* Jud. XX. 34. sec. cod. Vat. Esdr. III. 1. et Nehem. VIII. 2. ἔφθασεν ὁ μὴν ὁ ἕβδομος, *appropinquante* mense septimo. Cohel. XII. 1. VIII. 14. φθάνει ἐπ' αὐτοὺς ὡς ποίημα τῶν ἀσεβῶν: ubi φθάνειν sequens ἐπὶ est idem quod συμβαίνειν apud Symmachum, *accidere, evenire, sortem habere.* Confer Dan.
e VIII. 7. XII. 12. φθάσας εἰς ἡμέρας χιλίας τριακοσίας, *pertingens* usque ad dies mille trecentos. Sap. IV. 7. ἐὰν φθάσῃ τελευτῆσαι. Vulg. bene: *si morte praeoccupatus fuerit.* Sap. VI. 13. φθάνει τοὺς ἐπιθυμοῦντας προγνωσθῆναι, *praevenit* illos, qui appetunt ipsam, ut praenoscatur. Lex. Cyrill. MS. Brem. φθάνει, προτρέχει, προκαταλαμβάνει. Sap. XXVI. 28.

δεῖ φθάνειν τὸν ἥλιον ἐπ' εὐχαριστίαν σου, f
oportet *praevenire* solem ad gratias agendas tibi. Conf. 1 Thess. IV. 15. Suidas: φθάνει, αἰτιατικῇ, προλαμβάνει. Sirac. XXXIII. 20. ἐν εὐλογίᾳ κυρίου ἔφθασα, in benedictione Domini *veni,* h. e. Deo favente *cum successu feci.*

ΦΘΑ'ΡΜΑ, *corruptio, corruptela.* מָשְׁחָת, idem. Levit. XXII. 25. ὅτι φθάρματά ἐστιν ἐν αὐτοῖς, quia *corruptiones* sunt in illis. g

ΦΘΑΡΤΟ'Σ, *corruptibilis, corruptioni obnoxius.* Sap. IX. 15. φθαρτὸν σῶμα. Vide et Sap. XIV. 8. XIX. 20. 2 Macc. VII. 16. Lex. Cyrilli MS. Brem. φθαρτὸν, θνητὸν, δεχόμενον ἀλλοίωσιν ἢ διάλυσιν.

ΦΘΕ'ΓΓΟΜΑΙ, *sono, sonum edo, loquor.* *אֲשֶׁר, *qui.* Thren. I. 12. Legerunt אֹמֵר. Ita Cappellus Crit. S. p. 560. Possunt tamen verba φθεγξάμενος ἐν ἐμοὶ ad אֲשֶׁר h
עוֹלְלִי referri. Alii referunt ad הוֹגָה, *maestitia affecit,* ut legerint הוֹגָה, per Saegol, ab הָגָה. — דִּבֵּר Pih. Job. XIII. 7. Prov. XVIII. 24. — הִבִּיעַ Hiph. a נָבַע, *eructo.* Ps. LXXVII. 2. XCIII. 4. φθέγξονται καὶ λαλήσουσιν. — הָגָה. Aqu. Ies. LIX. 11. ubi φθέγγεσθαι notat *querulam vocem emittere, gemere,* sicut quoque φθογγή usurpatur. Aqu. Symm. Quint. et Sext. Ed. Psalm. II. 1. Vide quoque supra i
s. אֲשֶׁר. — הֵשִׂיחַ Hiph. a שׂוּחַ, *colloquor.* Jud. V. 10. — *לָעַג, *subsanno.* Symm. Hos. VII. 16. Scilicet לָעַג notat quoque *barbare loqui, balbutire,* quam notionem sine dubio respexit Symmachus. Verba Hebr. habent hunc sensum: Aegyptiis ludibrio futuri sunt Israëlitae. — מִהֵר Pih. *festino.* Jerem. IX. 17. Sed admodum incertum est, annon potius φθεγξάτωσαν ibi

a ad תְּבוֹאֶנָּה referendum sit, quam ad מַהֵר, quod v. 18. reperitur. Quidquid sit, tamen φθέγγεσθαι h. l. *nænias dicere* notat, ac voces Hebr. de *festinatione ad nænias dicendas* explicarunt. — מְתוֹפְפוֹת plur. fœm. *tympanistriæ*. Nah. II. 7. καθὼς περιστεραὶ φθεγγόμεναι ἐν ταῖς καρδίαις αὐτῶν, quemadmodum columbæ *sonum edentes* (vel, ut b Latinus reddit, *murmurantes*) in cordibus suis: ubi nonnullis legisse videntur מְצַפְצְפוֹת, quæ vox proprie usurpatur de *aviculis pipientibus*, de quibus etiam vox φθέγγεσθαι adhibetur apud Ælian. H. A. VI. 19. Cæterum formula καρδίᾳ φθέγγεσθαι reperitur quoque apud Aristænetum Lib. II. Ep. V. — עוֹלֵל Pih. ab עָלַל, *facio, operor*. c Thren. I. 13. φθεγξάμενος ἐν ἐμοὶ, *locutus* mihi. — עָנָה, *respondeo*. Jer. LI. 14. φθέγγονται ἐπὶ σε, *loquuntur* de te. — שָׁאַג, *rugio*. Amos I. 2. Vide quoque Sap. I. 8. Sirac. XIII. 25.

ΦΘΕ'ΓΜΑ, *eloquium, sermo, vox loquentis*, etiam *quævis vox, sonus*. לַעַג, *subsannator*. Symm. sec. cod. Colbert. Psalm. XXXIV. 16. φθέγ- d μασι (sec. alios codd. ῥήμασι) πεπλασμένοις. Legit לַעַג. Vide supra s. φθέγγομαι. — רוּחַ, *spiritus*. Job. VI. 26. οὐδὲ γὰρ ὑμῶν φθέγμα ῥήματος ἀνέξομαι, neque enim *eloquium* sermonis vestri tolerabo.—שְׂפָתַיִם plur. *labia*: metonymice *sermones*. Theod. Exod. VI. 12. οὐ καθαρὸς τῷ φθέγματι; non purus eloquio. Symm. Ps. XXXIV. 16. Sap. I. e 11. φθέγμα λάθριον, *sermo* occultus. Suid. φθέγμα, ῥῆμα.

ΦΘΕΙ'Ρ, *pediculus*. כִּנִּים plur. Al. Ex. VIII. 16. φθεῖρες. In Cod. 57. Holm. perperam τῷ Ἄλλῳ tribuitur φθεῖρες.

ΦΘΕΙΡΙ'ΖΩ, *pediculos quæro, pediculos eximo*, metaphorice *quæro, scrutor*. עָטָה, *amicio*. Jer. XLIII. 12. φθειριεῖ γῆν Αἰγύπτου, ὥσπερ φθειρίζει ποιμὴν τὸ ἱμάτιον αὐτοῦ, *excutiet pediculos* terræ Ægypti, ut pastor f *excutit pediculos* vestis suæ. Bochartus Hier. P. I. Lib. II. c. 44. pag. 455. voce *expediculare* usus est. Theodoretus ad h. l. διδάσκων, ὡς οὐ πάρεργον ποιήσεται τὴν κατὰ τῆς Αἰγύπτου στρατείαν, ἀλλ' ἐπιμελῶς αὐτὴν καταλύσει, ἀπεικάζει αὐτὸν ποιμένι τοὺς φθεῖρας συλλέγοντι. ἐπιμελῶς δὲ τοῦτο ποιοῦσιν οἱ ποιμένες πλείστης σχολῆς ἀπολαύοντες. Sed quum ab Hebræo textu hoc alienum prorsus sit, nec g sacro scriptore satis dignum, ut vastatorem Ægypti putetur pastori comparasse, qui pediculos suos eximit, Bochartus l. l. LXX scripsisse suspicatur φθερεῖ γῆν Αἰγύπτου, ὥσπερ φθείρει ποιμὴν τὸ ἱμάτιον αὐτοῦ, Ægyptum corrumpet s. destruet, ut pastor corrumpit seu deterit vestem suam. Eamque scriptionem non solum ex Arabica versione ex Græca expressa, sed etiam aliis rationi- h bus confirmare annititur. Si verum est, quod Doederlein. ad Grotium observat, *induere regionem esse occupare eam*, quia in l. Arab. عطا est *manu accipere*, equidem legere mallem ἀφελεῖ et ἀφαιρεῖ hoc sensu: Nebucadnezar tam facile occupabit s. suam faciet Ægyptum, quam pastor vestem suam, quæ semper ei ad manus est, sumere ac induere solet. i

ΦΘΕΙ'ΡΩ, *corrumpo, perdo, destruo*. אֻמְלַל נָבֵל, junctim, *languesco, flaccesco*. Ies. XXIV. 4.—בָּקַק, *evacuo*. Ies. XXIV. 3. — חָשַׁךְ, *tenebrasco*. Exod. X. 15. ἐφθάρη ἡ γῆ, quasi legissent תִּשָּׁחֵת, *corrupta s. vastata est*. — מְטָא Chald. *supervenio, pervenio, attingo*. Dan. IV. 25. ubi tamen al. pro ἐφθάρησαν rectius ἔφθασαν. Vide supra in φθάa τα. — נוּס, *fugio*. Deuter. XXXIV. 7. Sermo ibi est de *vigore animi atque corporis amisso*. Verba Græca sunt: οὐδὲ ἐφθάρησαν τὰ χελώνια αὐτοῦ. — עָטָה, *amicio*. Jer. XLIII. 12. Vide modo ante in φθειρίζω. — פָּלַל, *judico, pronuntio sententiam*. Ezech. XVI. 52. Legerunt חִלַּלְתְּ aut חִפַּלְתְּ. Possunt tamen verba ἐν ᾗ ἔφθειρας verti: *qua* (scil. pœna b ignominiosa) *perdendam*, h. e. *dignam judicasti*. — שְׁדוּפוֹת, *adustæ, uredine tactæ*. Inc. Gen. XLI. 6. — שִׁחֵת : הִשְׁחִית : נִשְׁחַת, Pih. Hiph. et Niph. Gen. VI. 11. Lev. XIX. 27. Ies. LIV. 16. Dan. VIII. 24. φθερεῖ ἰσχυροὺς καὶ λαὸν ἅγιον, *trucidabit* robustos et populum sanctum. Sic Ælianus V. H. II. 25. Alexandrum M. sexta Thar- c gelionis τὰς πολλὰς μυριάδας τὰς τῶν βαρβάρων φθεῖραι refert. Hos. IX. 11. Vide et Sap. XVI. 27.

ΦΘΙ'ΝΩ, *deficio, ad finem vergo*. יָקָר הֹלֵךְ, *pretiosus procedo, magnifice incedo*. Job. XXXI. 26. σελήνην φθίνουσαν, lunam *deficientem*. Mallem legere φθάνουσαν. Hesych. φθίνουσα, ἐλαττουμένη. Fortasse Int. יָקָר prorsus omisit, ac tantum הֹלֵךְ d exprimere voluit.

ΦΘΟΓΓΗ', *vox*, etiam *carmen, quod ore profertur*, it. *vox querula, gemitus*. הֶגֶה, *eloquium*. Aqu. Job. XXXVII. 2. Ies. XIX. 11. ubi *vocem querulam, gemitum* notat. — הִגָּיוֹן. Theod. Psalm. IX. 17. ubi *carmen* notat, *quod ore profertur*. Hesych. φθογγή, φθέγμα ἢ φωνή.

ΦΘΟ'ΓΓΟΣ, *sonus*. קַו, *linea, re-* e *gula*, it. *sonus*. Ps. XVIII. 4. ubi non legerunt קוֹלָם, aut קָוָם acceperunt, quasi esset a חָוָה, quod Chald. et Syr. notat *eloqui, enuntiare, indicare*, ut judicavit Cappellus Crit. S. p. 157. Conf. ad h. l. Muis Comment. Drusii Quæsita per Epist. Ep. 77. et Buxtorfii Anticritic. p. 584. seq. Michaëlis in Introductione ad N. T. §. 29. (Ed. IV.) p. 204. statuit, φθόγγος hic f *chordam* significare, aut potius *sonum chordæ*. Pocock. ad Portam Mos. pag. 47. confert Arab. قوة, *clamare*. Vide supra s. v. ἦχος. Vide et Sap. XIX. 17. Hesych. φθόγγος, φθογγή, φωνή, καὶ τὰ ὅμοια. Lex. Cyrilli MS. Brem. φθόγγος, ἦχος.

ΦΘΟΝΕΡΟ'Σ, *invidus*. רַע עַיִן *malus oculo*, h. e. *invidus*. Al. Prov. g XXVIII. 22. Vide et Sirac. XIV. 10.

ΦΘΟΝΕ'Ω, *invideo*. Tob. IV. 22. μὴ φθονησάτω σου ὁ ὀφθαλμός, ne *invideat* oculus tuus, h. e. *ne sis parcus et illiberalis in conferendo beneficio*.

ΦΘΟ'ΝΟΣ, *invidia*. Sap. VI. 25. 1 Maccab. VIII. 16. Lex. Cyrilli MS. Brem. φθόνος, πάθος λύπης ἐπὶ τῇ τοῦ πέλας εὐπραγίᾳ. Conf. Suidam h in h. v. et Suiceri Thes. T. II. p. 1423.

ΦΘΟΡΑ', *corruptio, vastatio, occisio, interitus, excidium*. הִבּוֹק infin. Niph. a בָּקַק, *evacuando*. Ies. XXIV. 3. φθορᾷ φθαρήσεται ἡ γῆ, *vastatione* vastabitur terra. — חֶבֶל. Mich. II. 10. ἕνεκεν ἀκαθαρσίας διεφθάρητε φθορᾷ, propter impuritatem *occisi estis*. — נְבֹל inf. a נָבַל, *cadendo*. Ex. XVIII. 18. φθορᾷ καταφθαρήσῃ, *prorsus peribis*. Hesych. φθορά, ὄλεθρος, ubi vide i Intt. — שַׁחַת. Psalm. CII. 4. τὸν λυτρούμενον ἐκ φθορᾶς τὴν ζωήν, redimentem de *morte* vitam tuam. Jon. II. 7. ἀναβήτω ἐκ φθορᾶς ἡ ζωή μου, ascendat ex *morte* vita mea. Phavor. ἐκ φθορᾶς, ἐκ θανάτου. Confer Gal. VI. 8. Coloss. II. 22. 2 Petr. II. 12. Sap. XIV. 12. φθορὰ ζωῆς, *corruptio morum*. Philoni περὶ ἀφθαρa σίας κόσμου p. 645. φθορὰ est ἡ πρὸς τὸ χεῖρον μεταβολή.

*ΦΘΟΡΕΥ'Σ, *corruptor*. 4 Macc. XVIII. 8. Philoxeni Gloss. φθορεύς, *corruptor*. Id. φθορεὺς παρθένου, *vitiator*.

ΦΙΑ'ΛΗ, *phiala, crater*, it. *areola, quæ formam phialæ habet*. גָּבִיעַ, idem. Symm. Genes. XLIV. 2. — יָעִים plur. *palæ*. Num. IV. 14. — b מִזְלֵג, *fuscina*. 2 Paral. IV. 16. — מְזַמְּרוֹת plur. *psalteria*. 2 Reg. XXIV. 34. Ita Bielius ex Trommio. Locum autem ipsum nondum reperire mihi licuit. — מִזְרָק, *crater*. Exod. XXVII. 3. XXXVIII. 3. Num. VII. 13. et alibi sæpius. — סִפִּים, *hydriæ*. Symm. Jer. LII. 19. — עֲרוּגָה, *areola*. Cant. V. 14. σιαγόνες αὐτοῦ ὡς φιάλαι ἀρώματος φύ-
c ουσαι μυρεψικὰ, genæ illius sicut areolæ aromatis producentes pigmentaria. Cant. VI. 1. κατέβη εἰς κῆπον αὐτοῦ εἰς φιάλας τοῦ ἀρώματος, descendit in hortum suum ad *areolas* aromatis. Aquila ibi habet πρασιαὶ et πρασιάς. Inde ergo procul dubio Lexic. Cyrilli MS. Brem. habet: φιάλαι, πρασιαί, ἢ καὶ ποτήρια. Grabius Proleg. in LXX Intt. T. IV.
d c. 4. §. 4. et ante eum Grotius in Comment. ad h. l. Cant. locis citatis pro φιάλαι et φιάλας legendum conjicit φυταλιαὶ et φυταλιάς, sed præter necessitatem. Immo LXX putarunt, h. l. aliam voci עֲרוּגָה competere significationem. Si conjecturæ hic locus esset, mallem αὐλαί, coll. 1 Macc. IX. 38. 3 Esdr. II. 11. כְּפוֹרִים, *crateres*, coll.
e Esdr. I. 10.

ΦΙΛΑ'ΓΑΘΟΣ, *amans bonos*. Sap. VII. 22. ἔστι γὰρ ἐν αὐτῇ πνεῦμα φιλάγαθον.

ΦΙΛΑ'ΔΕΛΦΟΣ, *amans fratres*. 2 Macc. XV. 14. 4 Macc. XIII. 20. φιλάδελφοι ψυχαί, *conjunctissimæ* animulæ. Ibid. XV. 6. Vide quoque Soph. Antig. v. 533.

ΦΙΛΑ'ΖΩ, *amo*. 3 Esdr. III. 22. f
ubi tamen al. pro φιλάζων rectius habent φιλιάζων. Confer v. φιλιάζω.

ΦΙΛΑΜΑΡΤΗ'ΜΩΝ, *amans peccata, delectans peccatis*. אֹהֵב פֶּשַׁע, *amans prævaricationem*. Prov. XVII. 20. Conf. Suiceri Thes. Ecclesiast. s. h. v.

ΦΙΛΑΝΘΡΩΠΕ'Ω, *amo homines*, it. *humaniter tracto*. 2 Macc. XIII. 23. τὸν τόπον ἐφιλανθρώπησε, locum g
humaniter tractavit.

ΦΙΛΑΝΘΡΩΠΙ'Α, *amor hominum, humanitas*. צְדָקָה, *justitia*. Incert. Psalm. CXI. 3. 2 Maccab. VI. 22. XIV. 9. 3 Macc. III. 18. pro φιλανθρωπίαν ob antecedens ἀνθρώπους legere mallem φιλίαν, ut quoque in ed. Complutensi extat. Cf. Ælian. V. H. II. 4.

ΦΙΛΑ'ΝΘΡΩΠΟΣ, *amans homines*, h
humanus. 3 Esdr. VIII. 11. τὰ φιλάνθρωπα (scil. ῥήματα seu, διατάγματα.) ἐγὼ κρίνας, humanitatis edicta ego eligens. Conf. 2 Macc. IV. 11. Sap. I. 6. φιλάνθρωπον γὰρ πνεῦμα σοφία, spiritus enim hominum amans sapientia. Sap. XII. 19. δεῖ δίκαιον εἶναι φιλάνθρωπον, oportet justum esse *humanum*. 3 Esdr. VIII. 9. 10. ubi φιλάνθρωπα videtur conjungendum cum χαίρειν, ita ut Latinorum *officia* respondeat. Alii, i
uti Josephus A. J. XI. 5. p. 560. Haverc., vulgarem interpunctionem sequuti sunt.

ΦΙΛΑΝΘΡΩ'ΠΩΣ, *humaniter*. 2 Macc. IX. 27. ἐπιεικῶς καὶ φιλανθρώπως, benigne et humane.

ΦΙΛΑΡΓΥΡΕ'Ω, *amo pecuniam, pecuniæ avidus sum, avarus sum*. 2 Macc. X. 20.

ΦΙΛΑΡΓΥΡΙ'Α, *amor pecuniæ, avaritia*. בֶּצַע, *quæstus*. Jer. VIII. 10. 4 Macc. I. 26. Hesych. φιλαργυρία, φιλοχρηματία.

*ΦΙΛΑ'ΡΓΥΡΟΣ, *amans argenti*,

a *pecuniæ cupidus, avarus.* 4 Macc. II. 8.

*ΦΙΛΑΡΧΙ'Α, *imperii* seu, *imperandi cupiditas.* 4 Maccab. II. 15. Dio Cass. pag. 96. 50. Reim. apud quem pag. 104. 57. etiam verbum φιλαρχεῖν reperitur. Stobæi Ecl. II. c. 7. T. II. pag. 330. ed. Heeren. Philoxeni Gloss. *φιλαρχία, ambitus.*

ΦΙΛΑ'Σ, *compago.* רֹאשׁ, *caput.* b Inc. Exod. XXVI. 24. Ita Bielius. Sed est vocabulum nihili, nec justa auctoritate muniri potest. Pro lectione φιλάδων, quam Montf. e Cod. Basil. protulit, reponendum est κεφαλίδων, neglecta prima syllaba κε, et loco motis literis ι et α. Vide ad h. l. Scharfenbergium.

ΦΙΛΕΛΕΗ'ΜΩΝ, *amans misericordiam, admodum misericors.* Tob. c XIV. 11. Confer Suiceri Thes. s. h. v.

ΦΙΛΕΧΘΡΕ'Ω, *amo inimicitiam, inimicitiam libenter exerceo, libenter litigo.* רִיב, *litigo.* Prov. III. 30. μὴ φιλεχθρήσῃς, ne facile inimicitiæ occasionem arripias, seu: litigare ames cum aliquo frustra.

ΦΙΛΕ'Ω, *amo, diligo, gratum mihi est,* it. *osculor, in signum amoris.* d אָהַב. Genes. XXVII. 4. ποίησόν μοι ἐδέσματα, ὡς φιλῶ ἐγὼ, fac mihi edulia, quemadmodum *gratum* mihi *est.* Vide et v. 9. 14. Genes. XXXVII. 3. αὐτὸν ὁ πατὴρ φιλεῖ ἐκ πάντων τῶν υἱῶν αὐτοῦ, illum pater amat præ omnibus filiis suis. Ies. LVI. 10. φιλοῦντες νυστάξαι, *amant* (seu *solent lubenter.* Sic apud Herodot. 62. 16. et *amo* apud Horat. e Lib. III. Od. 16. v. 9. Erotian. φιλεῖ, εὕδειν.) *dormitare.* — נָשַׁק, *osculor.* Genes. XXVII. 26. φίλησόν με, τέκνον, *osculare* me, fili. Vide et Gen. XXIX. 11. 13. Exod. XVIII. 7. Prov. XXIV. 26. ubi post φιλήσονται supplendum est ἄνθρωποι, adeoque vox impersonaliter accipienda est. — רֵעַ, *amicus.* Thren. I. 3. — *רָעָה, *malitia.* Jerem. XXII. 22. φιλούντων. Legerunt רֵעֶיךָ. Esth. f XIII. 8. ὅτι εὐδόκουν φιλεῖν πέλματα ποδῶν αὐτοῦ. Vulgat. *libenter enim etiam vestigia pedum ejus deosculari paratus essem.* Tob. VI. 25. ἐφίλησεν αὐτὴν, *osculatus est* eam. Confer Matth. XXVI. 48.

ΦΙ'ΛΗ, *amica.* רַעְיָה, *socia.* Aqu. Cant. I. 14.

*ΦΙΛΗΚΟΐ'Α, *audiendi studium.* 4 Macc. XV. 21. κύκνειοι πρὸς φιληκοΐαν φωναὶ, *suavissimæ cycnorum voces.* Photius: φιλήκοος, φιλομαθής. g Suidas: φιληκοΐα, καὶ φιλήκοος, φιλομαθής.

ΦΙ'ΛΗΜΑ, *osculum, amoris signum.* נְשִׁיקוֹת plur. Prov. XXVII. 6. Cant. I. 1.

ΦΙΛΙ'Α, *amicitia, amor, libido venerea, concubitus,* etiam *illicitus.* אַהֲבָה, *amor.* Prov. X. 13. XV. h 18. XVII. 9. — אֲהָבִים plural. *amores.* Prov. V. 19. ἔλαφος φιλίας, cervus *amoris.* — דּוֹדִים plur. *amores.* Prov. VII. 18. ἀπολαύσωμεν φιλίας ἕως ὄρθρου, fruamur *amore* usque ad diluculum. Usurpatur ibi, ut e serie orationis apparet, de *concubitu illicito.* — *מֵרֵעַ, *amicus.* Proverb. XIX. 7. Sirac. VI. 18. εὐθυνεῖ φιλίαν αὐτοῦ, diriget *amicitiam* ejus. Ita Bielius. Sed φιλία h. l. positum i est pro φίλοι, abstracto posito pro concreto. Potest tamen quoque verti *felix erit in amicitia sua.* Sirac. IX. 9. de *libidine venerea.* Vulgat. *concupiscentia.* Vide et Sir. XXV. 2. XXVII. 18. et conf. Jac. IV. 4. De *amore conjugali* legitur 4 Macc. II. 10.

*ΦΙΛΙ'Α ΚΑΙ' ΧΑ'ΡΙΣ, *amor et gratia.* אַהֲבָה. Prov. XV. 17. Alterutrum ab alio interprete affluxisse, ad arbitrandum proclive, non tamen necessarium est. Certe similis redundantiæ exempla permulta collegit ad h. l. Jaegerus.

a ΦΙΛΙΑ'ΖΩ, *ineo amicitiam, fio amicus, amorem declaro.* אָהַב, *amo.* 1 Par. XIX. 2. μισουμένῳ ὑπὸ Κυρίου φιλιάζεις, cum illo, qui odio habetur a Deo, *inis amicitiam.* — הִתְחַבֵּר Hiph. *consocio me.* 2 Par. XX. 38. ὡς ἐφιλίασας τῷ 'Οχοζίᾳ, quia *amicitiam iniisti* cum Ochozia. Alii ἐκοινώνησας. — רַחַם, *puella.* Jud. V. 30. φιλιάζοντα φίλοις, *amorem*
b *declarantem* amicis. Confer 2 Esdr. III. 22. — *רֵעֶה, *amicus, socius.* Jud. XIV. 20. ὧν ἐφιλίασε. Sermo ibi est de φίλοις τοῦ νυμφίου seu, νυμφαγωγοῖς. — *הִתְרוֹעַע, *acclamo, jubilo,* Hithp. a רוּעַ. Theod. Psalm. LIX. 10. qui æque ac Aquila non derivavit a רוּעַ, sed a רָעָה, *sociavit, congregavit,* unde רֵעַ, *socius.* Hieron. *mihi Philistæa fœderata est.*
c Ita et Psalm. CVII. 10. in Græco quodam codice ad Rom. edit. lectum est ὑπετάγησαν, ἐφιλίασαν, cum nempe dubitarent Intt., a quanam voce הִתְרוֹעַע derivarent. Fieri tamen potuit, ut hoc scholio marginali tribuendum sit. — *הִתְרָעָה Hithp. Symmach. Prov. XXII. 24. Sirac. XXXVIII. 1. ἐφιλίασα αὐτῷ κἀγὼ, et ego *amicitia* cum illo *con-*
d *junctus sum.* Suidas: φιλιάζω, φίλος γίνομαι. Adde Sirac. XXXVII. 1. 1 Esdr. III. 22. ubi est *amicitiam colere.*

ΦΙΛΟ'ΟΜΑΙ, *amicus fio.* הִתְרוֹעַע Hithp. Psalm. CVII. 10. ἐμοὶ ἀλλόφυλοι ἐφιλώθησαν, mihi alienigenæ *amici facti* seu, *fœderati sunt.* Vide supra s. φιλιάζω.

ΦΙΛΟΓΕΩΡΓΟ'Σ, *amans agricul-*
e *turæ.* אֹהֵב אֲדָמָה, *amans terræ.* 2 Par. XXVI. 10.

ΦΙΛΟΓΥ'ΝΑΙΟΣ ΕΙ'ΜΙ', *sum amans mulierum, mulierosus sum.* אָהַב נָשִׁים, *amo mulieres.* 1 Reg. XI. 1. Philo Lib. de Special. Legibus T. II. pag. 301. l. 9. καὶ οἱ φιλογυναίους (legendum φιλογύναιοι) συνουσίαις ἐπιμεμηνότες.

ΦΙΛΟΓΥ'ΝΗΣ ΕΙ'ΜΙ', idem, pro f
eodem. Al. 1 Reg. XI. 1.

*ΦΙΛΟΔΟΞΕ'Ω, *gloriæ sum cupidus.* 4 Macc. VIII. 23.

*ΦΙΛΟΔΟΞΙ'Α, *gloriæ cupiditas, honoris studium.* Addit. Esth. XIII. 7. οὐδὲν ἐν ὑπερηφανίᾳ οὐδὲ ἐν φιλοδοξίᾳ ἐποίησα τοῦτο, nulla erat in me, cum hoc agebam, et superbiæ et vanæ gloriæ cupiditas. 4 Maccab. I. 26. Stobæi Eclog. Lib. II. c. 7. T. II. g
p. 174. Heeren.

ΦΙΛΟ'ΚΟΣΜΟΣ, *ornatus seu cultus amans* et *studiosus.* Ep. Jerem. v. 7. ubi loco ὥσπερ παρθένῳ φιλοκόσμῳ reponendum arbitror παρθένοι φιλόκοσμοι. Conf. Ælianum V. H. XII. 1. p. 720.

ΦΙΛΟΜΑΘΕ'Ω, *cupio discere, discendi desiderio teneor.* Proleg. Sir. ἐν τῇ παροικίᾳ βουλομένοις φιλομαθεῖν, h
ubi φιλομαθεῖν pro simplici μαθεῖν positum esse videtur.

ΦΙΛΟΜΑΘΗ'Σ, *discendi studiosus seu cupidus.* Prol. Sir. οἱ φιλομαθεῖς. Confer Wyttenbach. ad Platonis Phædon. p. 217.

*ΦΙΛΟΜΗ'ΤΩΡ, *matris amans.* 4 Macc. XV. 10.

ΦΙΛΟΝΕΙΚΕ'Ω, *rixor, contendo, contentiones amo, contentiosus sum.* הִתְחָרָה Hithp. *accendo me,* scil. *ira, exardesco.* Symmach. Psalm. i
XXXVI. 1. φιλονείκει. — מָרָה, *rebello.* Symm. Psalm. LXXVII. 17. — פֶּשַׁע, *prævaricatio.* Proverb. X. 13. φιλονεικοῦντας, ubi Schol. ἀδικοῦντας.

ΦΙΛΟΝΕΙΚΙ'Α, *contentio, amor rixandi.* 2 Macc. IV. 4. 4 Macc. I. 26. V. 25. *pervicacia.*

ΦΙΛΟ'ΝΕΙΚΟΣ, *contentiosus, amans rixas.* חִזְקֵי מֵצַח. *fortis fronte.* Ezech. III. 7. Legerunt מַצָּה, *rixa, jurgium,* a נָצָה. Lex. Cyrilli MS. Brem. φιλόνικος, ἐνειδὴς, φίλεχθρος. Hesych. φιλόνικος, μάχιμος, φίλερις. φιλονεικία γὰρ ἡ μάχη. — מְרִי. Aqu. Symm. Theod. Ezech. XXIV. 6. ubi duæ versiones coaluerunt. — מַמְאֶרֶת partic. Hiph. fœm. *pungens*. Samarit. Lev. XIII. 51. λέπρα φιλόνικος, lepra *contentiosa et permanens*.

ΦΙΛΟΠΟΛΙ΄ΤΗΣ, *amans et studiosus civium, ac saluti eorum consulens*. 2 Macc. XIV. 37.

ΦΙΛΟΠΟΝΕ΄Ω, *laborum amans sum, studiose laboro, elaboro, elucubro*. Prol. Sir. πεφιλοπονημένων.

ΦΙΛΟΠΟΝΙ΄Α, *studium laborandi, industria*. עָמָל, *labor*. Symm. Coh. II. 10. Vide et Prol. Sirac. Lex. Cyrilli MS. Brem. φιλοπονία, σπουδαία ἐργασία, παρὰ τὸ φιλεῖν τὸ πονεῖν, ὅ ἐστι τὸ ἐργάζεσθαι.

ΦΙΛΟ΄ΠΟΝΟΣ, *gnavus, amans laborum*. Prol. Sir. Lex. Cyrilli MS. Brem. φιλόπονος, φίλεργος.

ΦΙ΄ΛΟΣ, *amicus, quilibet alius*. אֹהֵב part. *amans*. Esth. V. 10. 14. VI. 13. et alibi. Symmach. Theod. 1 Reg. V. 1. — אִישׁ, *vir*. Prov. XXII. 24. — אַלּוּף, *ductor*, etiam *amicus*, ab Arab. ألف, *copulare, conjungere*. Prov. XVI. 28. XVII. 9. φίλοι καὶ οἰκεῖοι. — אֲנָשִׁים, plur. *viri*. Job. XXXII. 1. Prov. XXV. 1. — חָבֵר, *sodalis*. Dan. II. 13. 17. 18. Syrus Psalm. CXVIII. 63. Aqu. Cohel. IV. 10. — חָכָם, *sapiens*. Esth. I. 13. εἶπε τοῖς φίλοις ἑαυτοῦ, dicebat amicis suis, h. e. *intimis ministris* et *consiliariis* suis. Vide et Esth. VI. 13. Sic et alias principum et regum consiliarios *amicos* dictos esse docent auctores laudati Zornio Opusc. Sacr. Tom. I. p. 336. Adde Olearium Not. in Philostrat. p. 40. a. not. 3. — מֵרֵעַ, *socius, amicus*. Al. Jud. XIV. 20. ἐκ τῶν φίλων. Vide et Jud. XV. 6. — קָרוֹב, *propinquus*. Job. XIX. 14. — רַחֲמָתַיִם dual. a רַחַם, *duæ puellæ*. Jud. V. 30. Chald. רַחֵם et Syr. ܪܚܡܐ *amicum* significat, immo ipsa radix Hebr. רָחַם, quæ Psalm. XVIII. 2. perinde ac Arab. رحم et رخم notionem *amandi* habet et a LXX per ἀγαπᾷν redditur. Hinc fortasse Genes. XVIII. 17., ubi de Abrahamo sermo est, pro τοῦ παιδός μου olim vere extitit τοῦ φίλου μου (ita ut inter אברהם et אשר exciderit vox רחמי) ac reponendum est auctoritate Philonis Lib. de Verbis *Resipuit Noë* T. I. p. 401. 4. unde fortasse sua hausit Jacobus Ep. II. 23. Clemens Rom. in Ep. I. ad Corinth. (in Cotelerii PP. Apost. Vol. I. p. 153. ed. Clerici) ac Clemens Alex. Pædag. III. 2. p. 259. quibus adde Vulgat. Judith. VIII. 19. Apud Arabes etiam Abrahamus modo خليل الله, *amicus Dei*, modo الخليل, *amicus*, vocari solet. Vide Coran. Sur. IV. 124. et Ies. XLI. 8. — רֵעַ a רָעָה. Exod. XXXIII. 11. Deut. XIII. 6. 1 Par. XXVII. 33. et alibi sæpius. Prov. XII. 27. ἐπιγνώμων δίκαιος ἑαυτοῦ φίλος ἔσται, scribe φίλου, ut pendeat ab ἐπιγνώμων, *justus explorat socium suum*. Prov. XVII. 18. ubi pro τῶν φίλων melius Cod. Alex. τὸν φίλον, quem casum postulat verbum ἐγγυᾶσθαι. Vide Salmasium de Modo Usurar. pag. 700. Ἄλλοι Jerem. III. 1. ubi vid. Montf. — רֵעַ, *cogitatio*. Incert. et LXX Ps. CXXXVIII. 16. οἱ φίλοι. Sc. utramque notionem habet vox Hebr. — רֵעַ a רִיעַ, *vociferatio*. Job. XXXVI. 33. Vide antecedentem vocem Hebraicam. — אִישׁ

לְרֵעַ, *vir amico*. Esth. IX. 22. — רַע, *malus*. Al. Prov. VI. 24. τοῦ φίλου. Extulerunt רֵעַ. — רַעְיָה, *socia, amica*. Incert. Psalm. XLIV. 15. Aqu. Cant. I. 14. II. 2. — שָׁלוֹם, *pax*. Jer. XX. 10. ἄνδρες φίλοι αὐτοῦ. Bene quoad sensum. — שַׂר, *princeps*. Esther. I. 3. II. 18. VI. 9. Φίλοι sc. dicebantur *consiliarii regis aliique viri principes*. Vide quoque Dan. V. 23. III. 91. et 94. VI. 14. Rav. ad Nep. Miltiad. III. 2. cum indice J. A. Bosii, et Grævium in Cic. Ep. ad Diversos XV. Ep. 2. pag. 382. 3 Esdr. VIII. 13. Chald. יָעֲטִין, *consiliarii*, coll. Esdr. VII. 15. 3 Esdr. VIII. 26. Hebr. שַׂר, coll. Esdr. VII. 15. Sir. XIX. 8. φίλῳ καὶ ἐχθρῷ, *cuivis promiscue et sine discrimine*. Ib. v. 13. φίλος, *quivis proximus*.

*ΦΙΛΟΣΟΦΕ'Ω, *sapio*. 4 Macc. V. 6. et 11.

*ΦΙΛΟΣΟΦΙ'Α, *sapientiæ studium*. 4 Macc. V. 22. VII. 9.

*ΦΙΛΟ'ΣΟΦΟΣ, *sapientiæ amans et cultor, sapiens*. אַשָּׁפִים Hebr. *sophi*. Dan. I. 20. sec. cod. Chis. 4 Macc. VII. 7.

*ΦΙΛΟΣΟΦΩ'ΤΑΤΟΣ, *sapientissimus, doctissimus*. 4 Macc. I. 1. φιλοσοφώτατον λόγον, gravissimum e media philosophia locum.

ΦΙΛΟΣΤΟΡΓΙ'Α, *amor naturalis inter parentes et liberos, benevolentia*. 2 Macc. VI. 20. 4 Macc. XV. 6.

*ΦΙΛΟ'ΣΤΟΡΓΟΣ, *propensus ad amorem, qualis est inter parentes, conjuges et liberos*. 4 Maccab. XV. 13.

ΦΙΛΟΣΤΟ'ΡΓΩΣ, *benevolenter, amore magno*. 2 Macc. IX. 21.

*ΦΙΛΟΤΕΚΝΙ'Α, *amor in liberos*. 4 Macc. XIV. 13.

*ΦΙΛΟ'ΤΕΚΝΟΣ, *amans liberorum*. 4 Macc. XV. 4.

*ΦΙΛΟΤΕΚΝΟ'ΤΕΡΟΣ, *ad partum amandum propensior*. 4 Macc. XV. 5. et 6.

ΦΙΛΟΤΙΜΙ'Α, *cupiditas honoris, ambitio*. Sap. XIV. 18. Vulgat. *eximia* (s. ambitiosa) *diligentia*. Hesych. φιλοτιμία, δωρεά, κενοδοξία, πλοῦτος, μεγαλοφροσύνη.

ΦΙΛΟ'ΤΙΜΟΣ, *cupidus honoris, ambitiosus, honorificus, magnificus*. Sap. XVIII. 3. φιλοτίμου ξενιτείας, *honorifici* hospitii. Dicitur quoque φιλότιμος, *qui magno studio et contentione aliquid agit, qui omnibus viribus ad aliquid contendit*. 3 Macc. IV. 15. ἐγίνετο ἡ ἀπογραφὴ μετὰ φιλοτίμου προσεδρίας, fiebat descriptio *summa cum assiduitate et dilegentia*. Conf. 2 Cor. V. 9.

ΦΙΛΟΤΙ'ΜΩΣ, *studio, vel nimio honoris studio, ambitiose, magno animo, studiose, solicite, dilegenter*. Susan. v. 12. παρετήρησαν φιλοτίμως, observabant *solicite*. 2 Macc. II. 22. τοῖς ὑπὲρ τοῦ Ἰουδαϊσμοῦ φιλοτίμως ἀνδραγαθήσασιν, illis, qui pro Judaismo *magno animo fortiter pugnarunt*. Vulg. *qui pro Judæis fortiter fecerunt*. Ælian. V. H. III. 42. εὖ μάλα φιλοτίμως ἐποιοῦντο. Polyb. IX. 19. Conf. Perizon. ad Ælian. V. H. III. 1. Suidas et Gloss. Brem. φιλοτίμως, μεγαλοδώρως, ὑπερμέτρως, ἐπιμελῶς. Hesych. φιλοτίμως, φιλοδόξως, πλουσίως, μεγαλοψύχως, δαψιλῶς.

*ΦΙΛΟΤΡΟΦΕ'Ω, *libenter alo*. 1 Sam. XXVIII. 24. ad עֵגֶל מַרְבֵּק notatur in Hex. Σ. πεφιλοτροφημένη θρεπτή, quorum hoc ab alio interprete, illud a Symmacho profectum putat Kreyssigius. Vide tamen s. θρεπτός. Post πεφιλοτροφημένη autem, ut bene monuit Montfauc., supplendum est δάμαλις. Vox φιλοτροφεῖν proprie notat *amice nutrire*, h. e. *bene nutrire*, quod, si de animalibus sermo est, una voce *saginare* dicitur. Adjectivum φιλότροφος legitur apud Orpheum Hymn. Προθυρ. v. 5.

ΦΙΛΟΦΡΟΝΕ'Ω, *comitate et humanitate prosequor, amanter complec-*

a *tor, benevolus sum,* it. *studiosus, diligens sum.* 2 Macc. II. 26.

ΦΙΛΟΦΡΟ'ΝΩΣ, *benevole, humaniter, comiter.* 2 Macc. III. 9. φιλοφρόνως ὑπὸ τοῦ ἀρχιερέως ἀποδεχθεὶς, *humaniter* a summo sacerdote exceptus. Adde 4 Maccab. VIII. 4. Sic Ælianus V. H. IV. 9. ὑπεδέξατο αὐτοὺς εὖ μάλα φιλοφρόνως. Apollod. Bibl. Lib. I. c. 9. §. 18. Cf. Act.
b XXVIII. 7. et Lex. N. T. s. h. v.

ΦΙΛΟ'ΨΥΧΟΣ, *amans animarum, amans vitæ.* Sap. XI. 27. δέσποτα φιλόψυχε, domine amans vitæ, coll. v. 24. 25. XII. 1. et I. 14. Dio Cass. I. 78. p. 1332. ed. Reim. Jubia mortem sibi illatura οὐκ ἔτι ἐφιλοψύχησεν, *nullo vitæ desiderio amplius tenebatur.* Sir. II. 23. φιλόψυχε, *qui animarum ardes amore.*
c Hesych. φιλόψυχον, εὔψυχον.

ΦΙ'ΛΤΡΟΝ, pr. *amoris illecebra, amatorium poculum,* it. *res omnis amorem ac benevolentiam concilians,* it. *amor.* אַהֲבָה, *amor.* Symmach. Cant. II. 5. τετρωμένη φίλτρῳ, vulnerata *amore.* 4 Macc. XIII. 18. τὰ τῆς ἀδελφότητος φίλτρα, quanta fraterno sanguini *ad amorem conciliandum vis* insit. Ib. v. 26. Hesych.
d φίλτρον, φιλία. Lexic. Cyrilli MS. Brem. φίλτρον, ἡ ἐνδιάθετος περὶ τὸ καταθύμιον σχέσις. Conf. Ælianum V. H. Lib. XII. c. 1. Menander apud Stobæum: Ὦ παῖδες, οἷον φίλτρον ἀνθρώποις φρενός. Apollonides Anthol. I. μὴ σπείσαις δεύτερα φίλτρα γάμου. Cf. Eschenbachii Not. ad Orphei Argon. v. 477. p. 290. ac Hindenburgii Anim. ad Xenoph. Mem. S. II.
e c. 3. p. 80.

ΦΙΜΟ'Σ, *capistrum, camus, fiscella.* חָח, *hamus.* Ies. XXXVII. 29. ἐμβαλῶ φιμὸν εἰς τὴν ῥῖνά σου, immittam *capistrum* seu *hamum* in nares tuas. Conf. ad h. l. Schefferum de Re Vehic. Vett. Lib. I. cap. 13. p. 165. seq. — חַמָּה, *calor,* it. *sol.* Job. XXX. 28. στένων πορεύομαι ἄνευ φιμοῦ. Scribendum necessario est ἄνευ θυμοῦ, ut LXX, substitutis aliis punc- f
tis, חֵמָה, *iram,* legerint. Sincera hæc lectio reperitur quoque in ed. Compl., expressa quoque a Syro, Hieronymo et Vulgato: *absque furore.* Facilis autem lapsus ex θυμοῦ in φιμοῦ. — מַחְסוֹם, *capistrum, quo os obturatur.* Al. Ps. XXXVIII. 2. φιμῷ. — מֶתֶג. Symmach. Prov. XXVI. 3. Sirac. XX. 29. *frænum, obturatio oris,* quæ hominem facit g
mutum et elinguem.

ΦΙΜΟ'Ω, *capistro, os obturo.* אָטַם, *claudo.* Al. Prov. XVII. 29. φιμῶν χείλη, *capistrans* labia. Lex. Vet. φιμῶ, *compesco.* — חָסַם. Deuter. XXV. 4. — שָׂכַר, *mercede conduco.* Theod. Proverb. XXVI. 10. φιμοῖ. Cum Symmacho, qui voce ἐμφράσσω usus est, legit סֹגֵר, aut, quod propius ad textum accedit, סֹכֵר. Præ- h
terea legitur Dan. XIII. 62. sec. cod. Chisianum. Hesych. φιμοῖ, δεσμεύει, ἐμφράττει, ἄγχει, ἐπιστομίζει.

ΦΛΕΓΜΑΙ'ΝΩ, *inflammor, ardeo, effervesco, tumeo, intumesco.* טְרִיָּה, fœm. *humida,* it. *purulenta.* Ies. I. 6. πληγὴ φλεγμαίνουσα, plaga *tumens,* h. e. *cum inflammatione conjuncta.* Vulgo טְרִיָּה vertitur *recens.* Vulnus recens est fere cum inflamma- i
tione conjunctum. — נַחְלָה Niph. *ægritudine afficior, doleo.* Nah. III. 19. ἐφλέγμανεν. Recte. Plaga enim maxime dolet ac ægra est, cum φλεγμαίνει, h. e. intumuit cum vehementi ardore. — עָשֵׁשׁ, *contabesco,* etiam ex usu l. Syr. *inflammor.* Symm. Ps. VI. 8. ἐφλέγμανεν ἀπὸ πικρασμοῦ, *inflammata sunt,* aut secundum alios *turgent* s. *tument* præ k
indignatione seu ægritudine lumina mea, ut *turgentia lumina* dicit Propertius I. 21. et *fletu lumina fessa tument* apud Tibull. I. 8. Gloss. Vet. *turget,* φλεγμαίνει, τετάρακται: unde simul intellegi verba LXX

a possunt: ἐπαρέχθη ὁ ὀφθαλμός μου. Fischero in Clavi p. 83. Symmachus legisse videtur אֶשְׁשָׁה. Sed עָשֵׁשׁ propr. rodi, arrodi, deinde *consumi, absumi* notat. Hieron. *caligavit.* Hesych. φλεγμαίνει, ὀγκοῦται, φυσοῦται.

*ΦΛΕΓΜΟΝΗ', *inflammatio.* 4 Macc. III. 17. τὰς τῶν οἴστρων φλεγμονάς, libidinum *flammas* extinguere.
b Zonaras Lex. col. 1814. φλεγμονή, ὄγκος πυρώδης, συῤῥέοντος ἐπὶ τὸ ἀσθενὲς μέρος τοῦ ὑγροῦ, καὶ τῇ παρὰ φύσιν θερμασίᾳ φλεγόντων τὸ πεπονθός. Vide quoque Vet. Lexic. MS. F. Morelli ad Dion. Chrysost. p. 82. (84.)

ΦΛΕ'ΓΩ, *ardeo, uro, incendo, inflammo.* אָכַל, *edo.* Exod. XXIV. 17. ὡσεὶ πῦρ φλέγον (cod. Oxon. φλε-
c γόμενον) ἐπὶ τῆς κορυφῆς τοῦ ὄρους, tanquam ignis *ardens* in cacumine montis. Haud raro אָכַל tribuitur igni, ita ut *ardere, consumere* notet. — בָּעַר. Symmach. Exod. III. 2. φλεγόμενος. — דָּלַק, *fervide insector.* Symm. Ps. IX. 3. φλέγεται. — דְּלַק Chald. part. Dan. VII. 9. — יָקַד. Jer. XVII. 4. — לָבִיא, *leo immanis.* Symm. Ps. LVI. 5. φλεγόντων.
d Ita Bielius, sed collatione minime diligenter instituta, e qua apparet, φλεγόντων non voci לְבָאִם, sed potius לֹהֲטִים, *ardentes,* respondere. Simili ratione lapsus quoque est Starcke, qui in Carm. Dav. Vol. I. p. 186. φλεγόντων pro manifesta corruptione ex λεόντων habet, sive glossa, quae in ipsum textum transierit. — לִהֵט Pih. Deut. XXXII. 22.
e φλέξει θεμέλια ὀρέων, *incendet* fundamenta montium. Adde Mal. IV. 1. φλέξει αὐτούς, ubi duae versiones coaluerunt. Confer Fischeri Proluss. de Verss. GG. V. T. pag. 195. — לֹהֵט part. *flammans.* Al. Ps. CIII. 5. φλέγον. — *עָצַר, *claudo.* Jerem. XX. 9. ὡς πῦρ καιόμενον καὶ φλέγον ἐν τοῖς ὀστοῖς μου. Recte quoad sensum. *Ignis enim clausus in ossibus est ignis intestinus ossa exarescens et exsiccans.* — *שָׁבַר, *frango.* Prov. f
XXIX. 1. φλεγομένου αὐτοῦ, *qui cum subita indignatione exardescat* ad quamvis reprehensionem. Legerunt שָׁרַב aut שָׂרַף. Sap. XVI. 19. ὑπὲρ τὴν πυρὸς δύναμιν φλέγει, super ignis virtutem *ardet.* Ib. v. 22. πῦρ φλεγόμενον, *ignis ardens.*

ΦΛΕ'Ψ, *vena.* *לַהַב, proprie *flamma,* h. l. *lamina gladii polita, ferrum flammans.* Jud. III. 22. φλεβός. Lectio haec, quam sola ed. Compl. habet, est aperte vitiosa, orta ex φλογός. g
— מָקוֹר, *scaturigo.* Hos. XIII. 15. ἀναξηρανεῖ τὰς φλέβας αὐτοῦ, exsiccabit *venas* ejus. Aqu. Prov. XVIII. 4. Zach. XIII. 1. Hesych. φλέβαι (scrib. φλέβας), πῦρα τινὰ αἵματος δεχόμενα. Lexic. Cyrilli MS. Brem. φλὲψ, χιτὼν αἵματος.

ΦΛΙΑ', *postis januae, vestibulum, limen, superliminare.* גָּדֵר, *murus.* Al. Ezech. XLII. 7. φλιά. — מְזוּזָה h
postis. Deuter. VI. 9. 1 Reg. VI. 32. Theod. Prov. VIII. 34. Gloss. in Octat. φλιαί, τὰ ὑπέρθυρα. — אַיִל מְזוּזָה, *superliminare postis.* 1 Reg. VI. 30. — מַשְׁקוֹף, *superliminare.* Exod. XII. 22. καθίξεσθε (ita enim legendum loco καθίζετε) ἐπὶ τῆς φλιᾶς, attingite *limen.* Hes. φλιᾶς, τῆς θύρας παραστάδος. Suidas: φλιά, ὁ παραστάτης (Lege παραστὰς ex Hesychio.) τῆς θύρας. Lexic. Cyrilli i
MS. Brem. φλιά, ἡ ἐπάνωθεν τῶν σταθμῶν, ἤτοι παραστάδων.

ΦΛΟΓΙ'ΖΩ, *inflammo, ardeo, aduro, comburo, consumo.* הִתְחָרַךְ Chald. Hithp. *aduror.* Dan. III. 28. ἡ θρὶξ τῆς κεφαλῆς αὐτῶν οὐκ ἐφλογίσθη, capillus capitis illorum non *adustus* a est. — הִתְלַקַּח Hithp. *accipio seu teneo me*, h. e. *cohæreo*. Ex. IX. 24. πῦρ φλογίζον, ignis *ardens*. Conjectura mera ducti ita transtulisse videntur. — לִהֵט Pih. Psalm. XCVI. 3. φλογιεῖ κύκλῳ τοὺς ἐχθροὺς αὐτοῦ, *comburet* vel *consumet* in circuitu inimicos ipsius. — *סוּפָה, nomen proprium. Num. XXI. 13. ἐφλόγισε. Interpretati sunt בְּסוּפָה, ut gerundium a verbo סוּף, *in consumendo*. Job. XLI. 13. in LXX post ἄνθρακες excidit φλογίζει vel φλογοῖ, a sequenti φλὸξ absorptum. 1 Macc. III. 5. Sirac. III. 29. πῦρ φλογιζόμενον ἀποσβέσει ὕδωρ, ignem ardentem extinguet aqua.

ΦΛΟΓΙΝΟΣ, *flammeus*, *fulgidus*. לַהַט, *flamma*. Genes. III. 24. τὴν φλογίνην ῥομφαίαν τὴν στρεφομένην, cum c gladio *fulgido* vibrante. Quæ hic φλογίνη ῥομφαία dicitur, Nah. III. 3. est στίλβουσα ῥομφαία. Confer et notata in v. φλόξ. Apud Hesychium φλογίνη exponitur καυστική, *urendi vim habens*, et Lexic. Cyrilli MS. Brem. φλογίνην interpretatur καυστικήν, πυρίνην. Sed minus ad sensum interpretum Græcorum Genes. l. c., si alias, ut videtur, eo respexerint. d Cæterum φλόγεα etiam apud Suidam sunt λαμπρά.

ΦΛΟΙΟΣ, *cortex*. מַלּוּחַ, *malva*. Symm. Job. XXX. 4. Vox Hebr. in universum notat *omnem herbam amaram*, *nec ad edendum aptam*, et tale quid est etiam *cortex*. Sap. XIII. 11. Hesych. φλοιὸν, τὸ λέπος τοῦ ξύλου. Similiter Suidas: φλοιὸς, τὸ λέπος τοῦ δένδρου. Confer Homerum Il. e Α΄, v. 237. et Schol. ad h. l.

ΦΛΟΞ, *flamma*, it. metaphorice. *quidquid ad modum flammæ splendet et oculos perstringit*, cujusmodi est *ferrea et fulgida gladii pars*, *acies*, *cuspis*. אֵשׁ, *ignis*. Symmach. Job. XVIII. 5. — הָעִיר Hiph. ab עוּר, *evigilo*. Hos. VII. 4. Sed hic pro מֵעִיר legisse videntur מָאוֹר, vel מָנוֹר. Vide Breitingeri Proleg. in LXX Intt. T. III. plag. f. p. 2. — f זִיק, *scintilla*. Ies. L. 11. — לֶהָבָה contr. ex לְהָבָה. Exod. III. 2. — לַהַב. Jud. III. 22. ἐπεισήνεγκε καί γε τὴν λαβὴν ὀπίσω τῆς φλογὸς, καὶ ἀπέκλεισε τὸ στέαρ κατὰ τῆς φλογὸς, intromisit etiam manubrium post *aciem*, et occlusit pinguedo foramen post *aciem*, seu *gladii laminam flammantem et politam*. Confer notata in v. φλόγινος. Fortasse ex Jud. l. c. φλογὸς g in Gloss. in Octat. exponitur καρδίας sed minus bene. Male etiam legitur in iis φλογὸς καρδίας sine distinctione pro φλογὸς, καρδίας. Ies. XXIX. 6. φλὸξ πυρὸς, *flamma ignis*. Vide et Ies. LXVI. 15. — לֶהָבָה et constr. לֶהָבַת. Numer. XXI. 28. Abd. v. 18. Aqu. Theod. 1 Sam. XVII. 7. ubi significat *cuspidem*. — לֹהֵט part. *flammans*. Psalm. CIII. h 5. — עֲלָטָה, *caligo maxima*. Genes. XV. 17. Legerunt לְהָטָה. Fortasse etiam loco φλὸξ reponendum erit νὺξ aut σκότος. Vulg. *caligo tenebrosa*. — קִיטוֹר, *fumus cum igne mixtus*. Genes. XIX. 28. — שְׁבִיב אֵשׁ, *scintilla ignis*. Symm. LXX Job. XVIII. 5. — שְׁבִיבִין plur. Chald. Dan. VII. 9. — *שְׁבִיבָא Chald. *scintilla*. Incert. Dan. III. 22. — i שַׁלְהֶבֶת. Cant. VIII. 6. Sap. X. 17. ἐγένετο αὐτοῖς εἰς σκέπην ἡμέρας, καὶ εἰς φλόγα ἄστρων τὴν νύκτα, erat illis in operimentum die, et in *flammam stellarum* (*lucem flammeam*) nocte. Sap. XVII. 5. ἄστρων ἔκλαμπροι φλόγες, siderum lucidæ *flammæ*.

ΦΛΟΞ ΕΞΑΦΘΕΙΣΑ, *flamma succensa*. לַהֶבֶת שַׁלְהֶבֶת, *flamma flammæ*, h. e. *vehementissima flamma*. Ezech. XX. 47.

a *ΦΛΥ'ΑΡΟΣ, *nugatorius, ineptus, futilis.* 4 Macc. V. 10. τῆς φλυάρου φιλοσοφίας.

*ΦΛΥ'ΚΤΑΙΝΑ, *pullula, papula, pustula,* Gloss. Vett. Vide s. v. φλυκτίς. Zonaras Lexic. φλύκταιναι, φυσαλίδες, ἢ τὰ ἐκ τοῦ ὑετοῦ γινόμενα οἰδήματα. Confer quoque Suidam et Hesychium.

ΦΛΥΚΤΙ'Σ, *papula, pustula, tu-*
b *mor.* אֲבַעְבֻּעֹת plur. *inflationes, ulcera purulenta.* Aqu. Symm. Inc. et LXX Exod. IX. 9. φλυκτίδες (Cod. 32. Holm. φλύκταιναι. Ita quoque Philo et Gregor. Nyss.) ἀναζέουσαι ἔν τε τοῖς ἀνθρώποις καὶ ἐν τοῖς τετράποσι, *pustulæ* efflorescentes tam in hominibus, quam in quadrupedibus. Sed vox φλυκτίδες
c h. l. non ad אֲבַעְבֻּעֹת, cui in Hexaplis adscripta est, propterea referenda videtur, quia adjuncta sunt huic voci epitheta, quæ in textu Hebr. non proxime sequuntur. Pertinet potius ad proxime sequens שְׁחִין, *inflammatio, pustula ardens.* Sine dubio quoque Aquila φλυκτίδα scripsit, reliqui autem interpretes sensus causa φλυκτίδες. Lex. Cyrilli
d MS. Brem. φλυκτίδες, τὸ ἀπὸ πυρὸς φύσημα, (Ita quoque Suidas.) ἢ ὁ καλούμενος ἄνθραξ, ἢ τὰ ἐκβράσματα, καὶ αἱ φλύκταιναι.

ΦΟΒΕ'Ω et φοβέομαι, *terreo, terrorem injicio, timeo, metuo, paveo,* it. *cum reverentia* vel *religiose colo.* גּוּר idem. Numer. XXII. 3. ἐφοβήθη Μωὰβ τὸν λαὸν σφόδρα, *timebat* Moab populum valde. Psalm. XXI. 25.
e φοβηθήτω ἀπ' αὐτοῦ, *timeat* illum. In notione *cultus religiosi* legitur pro eodem apud Inc. Hos. X. 5. — דָּאַג, *anxius sum.* Jerem. XVII. 8. — דְּחַל Chald. *tremo.* Dan. V. 21. ἦσαν τρέμοντες καὶ φοβούμενοι ἀπὸ προσώπου αὐτοῦ, tremebant et metuebant coram illo. Vide et Dan. VI. 26. — הֵחִיל Hiph a חוּל, *contremisco.* 1 Par. XVI. 30. Ps. LXXVI. 15. — הֶעֱרִיץ Hiph. Ies. XXIX. 23. τὸν Θεὸν τοῦ Ἰσραὴλ φοβηθήσονται, Deum *f*
Israëlis *venerabuntur,* vel *cum reverentia colent.* — הִתְגֹּדֵד Hithp. *incido me.* Deuter. XIV. 1. ubi tamen pro οὐ φοβήσετε Cod. Alex. rectius οὐ φοιβήσετε habet. — *חוּס, *parco.* Gen. XLV. 20. sec. cod. Oxon. Libere vertit incertus hujus versionis auctor. — חָרַד : הֶחֱרִיד, Kal et Hiph. *tremo, terreo.* Ezech. XXVI. 18. Al. Jerem. XXX. 10. — חֲרָדָה, *tremor, trepidatio.* Prov. XXIX. 25. *g*
— חָתַת, *terreor.* Jer. I. 17. μὴ φοβηθῇς ἀπὸ προσώπου αὐτῶν, ne *formides* a facie illorum. Vide et Jerem. X. 2. Jos. I. 9. — יָגֹר, verbale. Jerem. XXXIX. 7. — יָרֵא, verbum. Genes. XV. 1. μὴ φοβοῦ, *bono esto animo.* Vide et Genes. XXI. 17. XLVI. 3. L. 19. 21. et confer Act. XXVII. 4. Luc. II. 10. Cf. et Gen. XXXV. 17. 1 Reg. XVII. 13. Joël. II. 21. ubi LXX אַל תִּירְאִי reddunt *h*
θάρσει, *confide, bono esto animo.* Ex. I. 17. ἐφοβήθησαν τὸν Θεὸν, timebant Deum. 2 Sam. XIV. 26. ἐφοβήθη ὁ λαὸς τὸν ὅρκον κυρίου, magna erat apud populum juris jurandi religio. Jon. I. 10. ἐφοβήθησαν φόβον μέγαν, h. e. valde timebant. Vide et v. 15. ac conf. Marc. IV. 41. Luc. II. 9. Al. Ies. XXV. 2. — יָרֵא, verbale, *timens.* Genes. XXII. 12. Deut. VII. 19. οὓς σὺ φοβῇ ἀπὸ προσώπου αὐτῶν, *i*
quos tu times. Deuter. XX. 8. ὁ φοβούμενος καὶ δειλὸς τῇ καρδίᾳ. Cohel. VII. 9. ubi loco φοβουμένοις sine dubio scribendum est φοβούμενος, nam recepta lectio nullum sensum fundit. — יִרְאָה, *timor.* Psalm. LXXXV. 10. Ies. LXIII. 17. — *כִּבֵּד, *honoro.* Οἱ λοιποὶ Mal. I. 6. ubi φοβεῖσθαι notat *cultum debitum præstare,* ac eodem jure de filiis, quo de servis, dici potest. — *נָהַר, *illuminatur,*

a *exhilaratus sum.* Ies. LX. 5. φοβηθήσῃ, *timebis.* Eandem notionem voci et Syrus subjecit. Jerem. LI. 4. Sed Hieronymus LXX h. l. legebat, inque Commentario citat: *gaudebis.* Ita quoque Arabs. Suspicor igitur, eos scripsisse φωτισθήσῃ, coll. Psalm. XXXIV. 6. — עֶבֶד, *servus.* Ies. LXVI. 14. γνωστὴ ἔσται ἡ χεὶρ κυρίου τοῖς φοβουμένοις αὐτὸν, innotescet potentia
b Dei *colentibus* illum. Eandem significationem habet quoque vox Hebraica. Cf. Act. X. 2. XIII. 16. 26. et Bibl. Brem. Class. VI. p. 1055. —*עוֹן. Dan. XI. 12. sec. cod. Chis. —פָּחַד. *paveo.* Deut. XXVIII. 66. 67. Psalm. LII. 6. Ies. II. 12. — פַּחַד נָפַל *pavor cadit.* Esth. IX. 2. — צָעַק, *clamo.* Ies. XXXIII. 7. φοβηθήσονται. Lectio hæc sensum
c prorsus contrarium efficere nonnullis videtur, qui ideo legere malunt βοηθήσονται, ut habet ed. Ald. Sed omnis difficultas tollitur, si φοβηθήσονται vertatur: *præ timore clamabunt.* — קוּץ, *tædet me.* Ies. VII. 16. — *קָצַר, *abbrevio.* Aqu. Zachar. XI. 8. ἐφοβήθη. Sed est hæc versio sine dubio alius interpretis, qua convenienter usui lo-
d quendi expressit formulam Hebr. *abbreviatum est cor ejus.* Confer Glassii Philol. Sacr. pag. 1190. — רָאָה, *video.* Jud. XIV. 11. Lectio φοβεῖσθαι mihi esse videtur interpretatio vocis רָאָה, in hac orationis serie minime improbabilis, ut adeo non opus sit statuere, eos a יָרֵא deduxisse. 1 Reg. XIX. 3. Job. XXXVII. 24. Jerem. XVII. 8. Le-
e gerunt וִירָא vel יָרֵא secundum Chetib. Mich. VI. 9. ubi acceperunt pro יִרְאֵי, ut He in eo sit loco
י positum, ut jam monuit Aben Esra. Chald. דָּחֲלִין, *timent nomen tuum.* Confer quoque Scharfenbergium ad Jud. XIV. 11.—רָנַן. Inc. et LXX sec. cod. Alex. Exod. XV. 14. ἐφοβήθησαν. — רָעַשׁ, *contremisco.* Ezech. XXVII. 28. φόβῳ φοβηθήσονται, *timore percellentur.* Al. Jerem. f
XLIX. 20. ἐφοβήθη. — *שׂוּם, seq. עַל. Dan. III. 12. sec. Chis. οὐκ ἐφοβήθησάν σου τὴν ἐντολήν. Sap. XVII. 9. εἰ μηδὲν αὐτοὺς ταραχῶδες ἐφόβει, si nihil horrendi iis *timorem injiceret.* Vulg. *perturbabat.* Syrus: *perterruit.* Vide Thucyd. VIII. 82. Præterea legitur quoque apud Samarit. Genes. L. 19. qui verba Hebraica כִּי הֲתַחַת אֱלֹהִים אָנִי transtulit: g
καὶ γὰρ φοβούμενος θεὸν εἰμὶ ἐγώ. Si verba Hebraica redduntur: *num me pro Deo habetis?* aut: *cur me tanquam Deum veneramini?* haud male sensum expressit. Nam verba Græca sonant: Ego quoque sum cultor Dei ejusdem, quem vos veneramini, aut, ut תַּחַת melius exprimatur, ego quoque subjectus sum Deo. LXX: τοῦ γὰρ θεοῦ ἐγώ. Sapient. h
XVIII. 25. pro ἐφοβήθησαν legendum est ἐφοβήθη, sc. ὁ ὀλοθρεύων. Tob. IV. 23. μὴ φοβοῦ, noli *anxius esse,* aut: non est, ut anxius sis. Fagius bene transtulit: אַל תִּדְאַג.

ΦΟΒΕΡΙ'ΖΩ, *terreo, timorem incutio.* דְּחַל Chald. Pah. Dan. IV. 2. — הֶחֱרִיד Hiph. Esdr. X. 3. — יָרֵא Pih. Nehem. VI. 9. 14. 19.

ΦΟΒΕΡΙΣΜΟ'Σ, *terror.* בִּעוּתִים i
plur. *terrores.* Psalm. LXXXVII. 17. οἱ φοβερισμοί σου ἐξετάραξάν με, terrores tui perturbarunt me.

*ΦΟΒΕΡΟΕΙΔΗ'Σ, *terribilis, horribilis, formidabilis, teter aspectu.* 3 Macc. VI. 18. δύο φοβεροειδεῖς ἄγγελοι, duo *terribiles aspectu* angeli.

ΦΟΒΕΡΟ'Σ, *terribilis, formidabilis, reverendus, venerandus.* אוֹר, *luceo.* Theod. Psalm. LXXV. 4. ubi pro נָאוֹר legit נוֹרָא. — אָיֹם.

a Hab. I. 7. Interpretationem verbi confirmat usus loquendi in l. Samar. et Chaldaica. — דְּחִיל Chald. Dan. II. 31. VII. 7. 19. — חַכְלִילִי, *rubicundus*. Inc. Genes. XLIX. 12. φοβεροὶ, vitiose. Fortasse legendum φοίνιοι. — מוֹרָא, *timor*. Ps. LXXV. 12. — *מִמְּגוֹר, *præ timore*. Symmach. Ies. XXXI. 9. φοβερά.—נוֹרָא part. Niph. a יָרֵא. Gen. XXVIII. b 17. ὡς φοβερὸς ὁ τόπος οὗτος, quam *reverendus* hic locus. Deuteron. X. 17. Θεὸς ὁ μέγας καὶ ὁ ἰσχυρὸς καὶ ὁ φοβερὸς, Deus magnus et potens et *reverendus*. Vide et 1 Paral. XVI. 25. Nehem. I. 5. Psalm. LXV. 2. ὡς φοβερὰ τὰ ἔργα σου, quam *illustria* et *magnifica* sunt facta tua. Vide et Psalm. CV. 22. CX. 9. ἅγιον καὶ φοβερὸν τὸ ὄνομα αὐτοῦ, sanctum et *venerabile* nomen ejus. Vide Psalm. c XCVIII. 3. et Sirac. I. 7. IX. 23. Adde Symm. Job. XXXVII. 22. Ps. XLIV. 5.

*ΦΟΒΕΡΟ'Σ ΕΙ'ΜΙ', *terribilis sum*. Inc. Ezech. I. 18. φοβεροὶ ἦσαν. Vulgat. *et horribiles aspectu*. In textu Hebr. legitur וְיִרְאָה לָהֶם, *et pavor propter illas*.

ΦΟΒΕΡΟ'Σ ΛΟ'ΓΟΣ, *terribilis sermo*. d דְּאָגָה, *sollicitudo*. Prov. XII. 26. Scil. ad דְּאָגָה protraxerunt ex altero membro דָּבָר.

ΦΟΒΕΡΩ͂Σ, *terribiliter, formidabiliter, metum incutiendo*. נוֹרָאוֹת part. plur. fœm. Niph. a יָרֵא, *terribilia*. Ps. CXXXVIII. 13.

ΦΟ'ΒΗΜΑ, *timor*. מוֹרָה, idem. Aqu. Psalm. IX. 21. Θοῦ, κύριε, φόβημα αὐτοῖς, incute, Jova, *terrorem* iis. e Fischerus in Clavi p. 83. statuit, eum legisse מוֹרָא (quasi transmutato א in ה), ac deduxisse a יָרֵא, ut מוֹשָׁב ducitur a יָשַׁב, quam lectionem quoque secuti sunt Theodotion et Paraphr. Chald. — מוֹרָא Aqu. Deut. IV. 34.

ΦΟ'ΒΗΤΡΟΝ, *terriculamentum*. חָגָא (א pro ה), *trepidatio*. Ies. XIX. 17. ἔσται ἡ χώρα τῶν Ἰουδαίων τοῖς Αἰγυπτίοις εἰς φόβητρον, erit terra f Judæorum Ægyptiis in *terriculamentum*. Conf. Luc. XXI. 11.

ΦΟ'ΒΟΣ, *timor, metus, terror*, etiam *id, quod terrorem incutit, terriculamentum*. אֵימָה, *terror*. Genes. XV. 12. φόβος σκοτεινὸς μέγας ἐπιπίπτει αὐτῷ, *terror* tenebricosus magnus irruebat in illum. Job. IX. 34. XIII. 21. et alibi sæpius. — אֵימָתָה cum duplicatione literæ fœm. generis, g *terror maximus*. Exod. XV. 16. ἐπιπέσοι ἐπ' αὐτοὺς φόβος καὶ τρόμος, irruat in illos *terror* et tremor. Exod. XXIII. 27. Deut. XXXII. 25. Jos. II. 9. — *אֵמְתָנִי Chald. *terribilis*. Dan. VII. 7. sec. cod. Chis. — אֶרְאֵל, *prævalidus*. Ies. XXXIII. 7. ἐν τῷ φόβῳ ὑμῶν. Non legerunt בְּמוֹרַאֲכֶם, aut בְּיִרְאַתְכֶם, ut nonnullis visum est, sed φόβος h. l. h *terriculamentum* notat, quo sensu bene voci Hebraicæ respondet. — *גוּר, *timeo*. Job. XLI. 16. φόβος θηρίοις, pro φοβοῦσι θηρία. — דֶּרֶךְ, *via*. Prov. X. 30. φόβος κυρίου; ubi tamen Grabio Proleg. in LXX Intt. T. IV. c. 4. §. 3. pro φόβος legendum videtur ὁδός; qua tamen conjectura non opus est, quia *via Domini* h. l. *religionem* seu *vivendi rationem a Deo hominibus præscriptam* notat. — הֵחָבֵא infin. Niph. a חָבָא, i *abscondendo se*. Dan. X. 7. ἔφυγον ἐν φόβῳ, fugerunt in timore. — הָמוֹן, *strepitus, turba*. Ies. XXXIII. 3. Hic quoque (ubi Vulgat. *vocem angeli* posuit) φόβος notat *objectum timoris*, seu *id, quod timorem imperat*. Eadem observatio valet ibidem, ubi voci רוֹמְמוּת, *exaltatio*, respondet. Sed φωνὴ τοῦ φόβου potest quoque per *vocem terribilem* reddi.

a Certe non opus esse videtur, ut cum Kreyssigio in Obss. Philol. Crit. ad Job. XXXIX. 19—25. p. 11. ψόφου loco φόβου legatur, quamquam has voces interdum perturbatas fuisse docuit Jacobsius Animadv. in Anthol. Vol. I. P. II. p. 387. — הָר, *mons.* Ez. XXXVIII. 21. φόβον μαχαίρας. Cappello in Notis Critt. ad h. l. pag. 558., omisso
b הָרָי, pro חֶרֶב legisse videntur חָרַד. — *הוֹד, *gloria.* Symmach. Theod. Job. XXXIX. 20. φόβος, quam vocem Kreyssigius Obss. Phil. Crit. in Job. cap. 39. pag. 20. ad vocem אֵימָה refert. Sed nonne hic quoque φόβος objectum *timoris* aut potius *reverentiæ* significare potest? — חָרַד, *tremo.* Ies. XIX. 16. ἔσονται οἱ Αἰγύπτιοι, ὡς γυναῖκες, ἐν φόβῳ
c καὶ τρόμῳ, erunt Ægyptii, ut mulieres, in metu et tremore. — חֲרָדָה, *tremor.* Ies. XXI. 4. Jerem. XXX. 5. — חִתָּה, *terror.* Genes. XXXV. 5. — חִתִּית, idem. Ezech. XXVI. 17. XXXII. 23. 24. 25. — יִרְאָה. Gen. IX. 2. ὁ φόβος ὑμῶν καὶ ὁ τρόμος ἔσται ἐπὶ πᾶσι, timor vestrûm et tremor erit super omnes. Psalm. II. 11. δουλεύσατε τῷ κυρίῳ ἐν φόβῳ, co-
d lite Dominum in timore, h. e. admodum reverenter et summa cum religione. Psalm. V. 8. προσκυνήσω πρὸς ναὸν ἐν φόβῳ σου, adorabo ad templum in timore tui. Psalm. CX. 9. ἀρχὴ σοφίας, φόβος κυρίου, initium sapientiæ, timor Domini. Ita et Proverb. I. 7. IX. 10. et similiter Prov. XVI. 4. XXII. 4. Confer ad hæc loca Suidam in v. φόβος. Al.
e Ies. XI. 3. φόβου θεοῦ vel κυρίου, ubi LXX εὐσέβεια. — מִגְרָשׁוֹת plur. *suburbia.* Ez. XXVII. 28. Nempe גָּרַשׁ est *expellere* et *perterrefacere.* — מוֹרָא. Gen. IX. 2. Ies. VIII. 12. 13. Mal. I. 6. — *מוֹרָה. Theod. Psalm. IX. 21. Aqu. Jud. XIII. 5.

Uterque non legit מוֹרָא, sed in indaganda origine verbi Hebraici erravit. — *מָעוֹן, *fortitudo, robur.* Dan. XI. 31. sec. cod. Coisl. ubi f
sensum expresserunt. — *מַשָּׂא, *onus.* Symm. Hos. VIII. 10. ubi φόβος objectum *metus* atque *timoris* notare debet. Certe alia ratione hæc versio cum textu Hebr. conciliari nequit, nisi pro φόβου reponere malis φόρου. Nam Ρ et Β sæpe confusa sunt. — מִתְלַהֲמִים part. Hithp. *blandiens,* it. *contusus.* Prov. XVIII. 8. N. L. — נוֹרָא Hiph. a יָרֵא, g
metuor. Aquil. Theodot. Psalm. CXXIX. 4. ἕνεκεν τοῦ φόβου. Edit. Quint. ἐπὶ φόβου. Loco תִּוָּרֵא legerunt מוֹרָא. — עֹבֵר part. *transiens.* Ies. XXXIII. 8. Forte hic legerunt עֶבְרָה. — פַּחַד, *pavor.* Genes. XXXI. 53. et alibi sæpius. Symm. Job. XXII. 10. Id. Thren. III. 46. ubi pro φόβῳ reponendum est φόβου ob sequentia. — ראוֹת plur. *vi-* h
siones. 2 Par. XXVI. 5. ἐν φόβῳ κυρίου. Videntur legisse יִרְאַת. — *רוֹמְמוּת, *exaltatio.* Ies. XXXIII. 3. Vide supra s. v. הָמוֹן. — רַעְמָה, *tonitru,* vel *fremitus, qui tonitru quasi fragorem imitatur.* Job. XXXIX. 19. ἐνέδυσας δὲ τραχήλῳ αὐτοῦ φόβον; induistine vero collo ejus terrorem? Confer ad h. l. Bochartum Hier. P. I. Lib. II. cap. 8. pag. 119. ubi aut Græcos pro רַעְמָה legisse suspica- i
tur רְעָדָה, h. e. *tremorem* vel *timorem,* aut versionem esse corruptam, et pro φόβον legendum φόβην, h. e. *jubam:* φόβη enim *equi* vel *leonis* est *juba,* et in genere *coma quævis.* Prius videtur Bielio præferendum. Aliam viam ingressus est Kreyssi- k
gius, qui in Obss. Philol. Critt. in Job. c. 39. p. 9. loco φόβον ex conjectura reponere mavult ψόφον, quam emendationem quodammodo confirmat Vulgatus, qui habet *hin-*

situm. Sed omnibus his conjecturis facile carere possumus; cum constet, φόβον haud raro *illud ipsum* significare, *quod terrorem incutere aliis solet.* — שְׁאָגָה, *rugitus.* Job. III. 24. — שְׂעִפִּים (שׂ pro ס) plur. *cogitationes*, spec. *anxiæ.* Job. IV. 13. ubi φόβος iterum *quod terrorem incutit, terriculamentum* notat. — *שַׁעֲרֵי, *portæ.* Job. XXXVIII. 17. ἀνοίγονται δέ σοι φόβῳ πύλαι θανάτου. Legendum φόβοι. Orta autem est hæc versio ex gemina interpretatione Hebr. שַׁעֲרֵי, quod alter interpres a שָׂעַר, *horrere*, deduxit, alter solita significatione *portæ* accepit. — *שַׂעֲרַת, *crinis.* Inc. Job. IV. 15. ὁ φόβος sec. cod. Colb. Deduxit a שָׂעַר, *horruit.* Sed fortasse verba ἀντιπνέει με ὁ φόβος hic non suo loco posita, ac referenda sunt ad verba initialia v. 14. פַּחַד קְרָאַנִי. Vide s. v. ἀντιπνέω. — שֹׂרֵר part. a שָׂרַר, *principatum tenens.* Esth. I. 22. ubi φόβος est *reverentia.* — תַּרְדֵּמָה, *sopor.* Job. IV. 13. Videtur hic φόβος *somnum terribilem* significare. Conf. infra s. φόβος δεινός. Sap. XVII. 6. φόβου πλήρης, *terribilis.* Sir. IX. 16. φόβος κυρίου videntur esse οἱ φοβούμενοι τὸν κύριον, abstracto posito pro concreto, ob membrum parallelum, hoc sensu: gloriare, quod timentes Deum habeas familiares et convivas. Sir. XXII. 19. φόβῳ οὐ δειλιάσει, nullo tempore pertimescet. Sirac. XL. 2. διαλογισμοὺς αὐτῶν καὶ φόβον καρδίας κ. τ. λ., quod attinet ad cogitationes eorum et metum cordis, versatur meditatio circa diem fatalem. Baruch. VI. 3. δεικνύντας φόβον τοῖς ἔθνεσιν, quos Gentiles *cultu religioso* prosequuntur. Confer v. 4. Sap. XVIII. 17. ubi φόβοι sunt *terrores*, coll. parallelismo sententiarum, et Rom. XIII. 3. Suidas: φόβος ἐστὶ προσδοκία κακοῦ.

*ΦΟ'ΒΟΣ ΔΕΙΝΟ'Σ, *terror magnus.* תַּרְדֵּמָה, *sopor, somnus profundior.* Job. XXXIII. 15. Vide supra s. φόβος ad תַּרְדֵּמָה.

ΕΙ'ΔΟΣ ΦΟ'ΒΟΥ, *species timoris.* מוּסָר, *castigatio.* Job. XXXIII. 16.

ΦΟ'ΒΟΣ ΛΑΜΒΑ'ΝΕΙ, *timor capit aliquem.* חָרַד, *tremo.* Ies. X. 29.

ΦΟΓΩ'Ρ. Ipsa vox Hebr. פְּעוֹר, notans *montem et idolum Moabitarum*, a פָּעַר, *retegere, denudare*, nomen habens, quod facta coram illo pudendorum denudatione cultus sit. Numer. XXIII. 28. XXXI. 16. Deut. III. 29. Jos. XXII. 17. Conf. de etymo hujus nominis Observationem Jehringii in Bibl. Brem. Class. V. p. 389.

ΦΟΙΒΑ'Ω, *lustro, purgo*, vel *vaticinor.* הִתְגֹּדֵד Hithp. *incido me.* Al. Deut. XIV. 1. οὐ φοιβήσετε, οὐκ ἐπιθήσετε φαλάκρωμα ἀνὰ μέσον τῶν ὀφθαλμῶν ὑμῶν ἐπὶ νεκρῷ, non *lustrabitis*, neque ponetis calvitiem inter oculos vestros super mortuum. (Kircherus in Concord. legit οὐ φοβήσετε, nullo commodo sensu. Eugubinus mavult οὐ φηβήσετε, *non puberascetis*, a φήβη, inquit, h. e. *pubertate.* Sed φοβήσετε et φόβη forte dicere voluit, quanquam nec φόβη *pubertatem* significat, sed *jubam* vel *comam leonis, hominis, plantarum*, vel potius ἥβη et ἡβήσετε, quod *pubertatem* et *puberascetis* significat. Biblia Regia οὐ κοφθήσεσθε, *non incidemini*, et hæc sola lectio Hebrææ voci nostroque textui respondet. Vide ad h. l. Bonfrerium.) Cyrillus ad h. l. τὸ φοιβᾶσθαι κατὰ τὴν συνήθειαν τὴν Ἑλληνικὴν καθαίρειν ἐστὶ, καὶ καθαίρεσθαι ἐπὶ τῷ νεκρῷ. οὐ γὰρ προσήκει μολυσμὸν ἡγεῖσθαι ψυχῆς τὸν σωματικὸν θάνατον. Suidas: φοιβᾶσθαι, τὸ καθαίρεσθαι. καὶ φοῖβον, τὸ καθαρὸν, καὶ φοῖβαι, αἱ καθαραὶ, ὅθεν καὶ Φοῖβος ὁ Ἀπόλλων. Cf. Tzetzem ad Lycophr. Alex. v. 6.

Aliter autem Theodoretus vocem φοιβήσετε Deut. l. c. interpretatur. En verba: διὰ μὲν τοῦ φοιβήσετε τὰς μαντείας ἐξέβαλε. φοῖβον τὸν ψευδόμαντιν ἐκάλουν τὸν Πύθιον. Unde et apud Hesychium: οὐ φοιβήσετε (Sic enim scribendum procul dubio pro φοιβήσεται), φοιβᾷν ἐστὶ τὸ ἐπὶ νεκρῷ ἢ δαιμονικῷ μαντεύεσθαι.

ΦΟΙΒΑ'ΖΩ, idem. הֶעֱבִיר, *transire facio.* Al. Deut. XVIII. 10. οὐ φοιβάσεσθε, οὐ περικαθαριεῖτε (posteriora verba glossema videntur priorum) τὰ τέκνα ὑμῶν, non *lustrabitis filios vestros.* Produxit illa Chrysostomus ad Joh. I. 16. Hesych. φοιβάναι, λαμπρῦναι, μαντεύσασθαι, κοσμῆσαι, καθᾶραι, ἁγνίσαι, καὶ φοιβάσαι ὁμοίως.

ΦΟΙΝΙ'ΚΗ, *Phœnicia, Palæstina, s. terra Canaan,* quæ etiam ab exteris scriptoribus vocabatur Phœnice. אֶרֶץ כְּנַעַן, *terra Canaan.* Ex. XVI. 35. Euseb. Præp. Evang. Lib. X. cap. 5. αὐτὴν τὸ μὲν παλαιὸν Φοινίκην, μετέπειτα δὲ Ἰουδαίαν, καθ' ἡμᾶς δὲ Παλαιστίνην ὀνομαζομένην οἰκοῦντες. Stephanus Byz. Χνᾶ (Canaan), οὕτως ἡ Φοινίκη ἐκαλεῖτο. Vide Relandi Palæstin. Lib. I. cap. 9. p. 37. et Lib. III. pag. 640. Ed. Norimb. — צִידוֹן, *Sidon,* nomen urbis in Phœnicia. Ies. XXIII. 2.

ΦΟΙ'ΝΙΚΕΣ, *Phœnices, incolæ Phœniciæ.* Hinc Φοινίκων ἔθνη, *Phœnicum gentes.* כְּנַעֲנִים, *Cananæi.* Job. XL. 25. Sc. regio Phœnicum et Phœnicia apud LXX videtur comprehendere totam Chananæam ac terram Israëliticam promissam. Vide Bonfrer. ad Jos. V. 1. Si fides habenda est Philoni Byblio, qui Sanchuniathonem, antiquissimum Phœnicum scriptorem, in linguam Græcam transtulit, Χνᾶ, *Chanaan,* Chananæorum auctor generis fuit, unde etiam a Stephano pag. 758. Phœnicia Χνᾶ dicitur. Adde Prov. cap. ult. v. 24. ubi voces τοῖς Φοίνιξι desunt in plerisque exemplaribus et vero sunt glossema ex alio interprete pro τοῖς Χαναναίοις.

ΦΟΙΝΙ'ΚΕΟΣ, ΟΥ͂Σ, *puniceus, coccineus, ruber.* שָׁנִי, *dibaphum.* Ies. I. 18. ἐὰν ὦσιν αἱ ἁμαρτίαι ὑμῶν ὡς φοινικοῦν, sc. χρῶμα vel ἱμάτιον, si peccata vestra sint tanquam color *coccineus* vel vestis *coccinea.* Hesych. φοινικοῦν, πυῤῥόν, κόκκινον, αἱματῶδες. Lex. Cyrilli MS. Brem. φοινικοῦν, πυῤῥόν, κόκκινον. Suidas: φοινικοῦν, ἐρυθρόν, πυῤῥόν. Confer Braunium de Vestitu Sac. Hebr. Lib. I. c. 15. §. 210. 215.

*ΦΟΙΝΙ'ΚΗ, *Phœnice, Phœnicia.* צִידוֹן, *Sidon.* Ies. XXIII. 2. Similiter Deuter. III. 9. pro צִדוֹנִים Φοίνικες habent. Hesych. Σιδόνιοι, Φοίνικες, καὶ οἱ τὴν ἐρυθρὰν οἰκοῦντες θάλασσαν, ubi vide Intt.

ΦΟΙΝΙΚΩ'Ν, *palmetum, locus, ubi crescunt palmæ,* item, *urbis nomen.* תָּמָר. Ezech. XLVII. 20. Adde v. 19. ubi nihil est in textu Hebraico.

ΦΟΙ͂ΝΙΞ, *palma,* it. *ramus palmæ,* it. *fructus palmæ.* קַיִץ, *æstivi fructus.* Al. 2 Sam. XVI. 1. 2. οἱ φοίνικες (Compl. παλάθαι) εἰς βρῶσιν, *dactyli* in cibum. Eodem sensu vox legitur apud Ælianum V. H. I. 3. III. 39. Fabero in Notis ad Harmari Obss. de Oriente T. I. p. 396. admodum suspecta fuerunt verba ἑκατὸν φοίνικες, ac cum Graffmanno statuens, LXX Codd. Hebr. Græcis usos fuisse, sumsit etiam h. l. scripsisse: οἴφι κεις, ut אֵיפָה קַיִץ loco מֵאָה קַיִץ legerint. Sed mihi LXX vocem קַיִץ admodum ambiguam, quæ *omnis generis fructus æstivos* significat, pro more suo ex conjectura de *fructibus palmarum* accepisse videntur. — תָּכָר. Lev. XXIII. 40. Nehem. VIII. 17. Ps. XCI. 12. — *תֹּמֶר. Jud. IV. 5. — תִּמֹּרָה. 1 Reg. VI. 28. 2 Paral.

III. 5. Ezech. XL. 17. et alibi. Ez. XLI. 25. φοίνικες κατὰ τὴν γλυφὴν τῶν ἁγίων, sculpturæ palmarum juxta sculpturam sanctorum. Gloss. MS. in Ezech. φοίνηκες, γλυφαί. Lege: φοίνικες, γλυφαί. Unde apud Phavorinum in v. φοίνικες pro γλύφαι scribendum γλυφαί. 2 Macc. XIV. 4. προσάγων αὐτῷ στέφανον χρυσοῦν καὶ φοίνικα, afferens illi coronam auream et *palmæ ramum*. Pollux Lib. IV. segm. 244. τοῦ μέντοι φοίνικος καὶ ὁ κλάδος ὁμωνύμως φοίνιξ καλεῖται.

ΣΤΕ'ΛΕΧΟΣ ΦΟΙ'ΝΙΚΟΣ, *truncus palmæ*. חוֹל, *arena*. Job. XXIX. 18. ἡ ἡλικία μου γηράσει ὥσπερ στέλεχος φοίνικος. Scilicet LXX, quibus nimis hyperbolica videbatur comparatio cum arena, quæ in textu Hebr. reperitur, per חוֹל *arborem* intellexerunt, et, quia maxime longæva est, *palmam*, aut potius *palmam* substituerunt. Tigurina Latina habet: *more Phœnicis multos dies victurum*, cujus auctor sine dubio cogitavit de fabulosa ave Phœnix dicta, quæ de suo surgat rogo corporisque sui hæres et cineris sui fœtus sit, ac de qua Lucian. in Hermotimo cap. 53. ἣν μὴ φοίνικος ἔτη βιῴη. — תָּמָר, *palma*. Ex. XV. 27. Num. XXXIII. 9. Vide quoque Sir. L. 14.

ΦΟΛΙΔΩΤΟ'Σ, *squamatus*. קַשְׂקַשִּׂים plur. *squamæ*. Aqu. 1 Sam. XVII. 5. θώρακα φολιδωτὸν, *loricam squamatam*, h. e. *constantem laminis æneis ferreisve serie ita inter se connexis, ut speciem squamarum retulerint*. Cf. Fischerum de Verss. GG. V. T. p. 74. Lex. Cyrilli MS. Brem. φολιδωτὸν, λεπιδωτόν. Ex illa autem Aquilæ versione firmatur conjectura, H. Stephani, qua in Thes. L. Gr. in verbis Suidæ, φολὶς, τὸ τοῦ δόρατος, scribendum censet τὸ τοῦ θώρακος. Conf. supra in v. ἁλυσιδωτός.

ΦΟΛΙ'Σ, *squama*. קַשְׂקֶשֶׂת, *squama squamæ adhærens*. Inc. Levit. XI. 9. Aqu. Deut. XIV. 9. — רֶסֶן, *inferior capistri pars, quæ naso incumbit, cumque stringit et coërcet*. Symm. Job. XLI. 5.

ΦΟΝΕΥ'Σ, *occisor, homicida*. הֹרֵג part. *occidens*. Al. 2 Reg. IX. 31. Vide et Sap. XII. 5. ubi tamen loco φονέας reponendum φόνους ob sequens θοίναν.

ΦΟΝΕΥΤΗ'Σ, idem. הֹרֵג part. *occidens*. 2 Reg. IX. 31. ὁ φονευτὴς, ubi alii φονεύς. — רָצַח verb. *occido*. Prov. XXII. 13. φονευταί. Aut legerunt מְרַצֵּחַ, aut ob vocem λέων in membro priori ita vertendum existimarunt. — רֹצֵחַ part. Kal. Num. XXXV. 11. Deut. IV. 42. Jos. XX. 3. — מְרַצֵּחַ part. Pih. 2 Reg. VI. 32. Ies. I. 21.

ΦΟΝΕΥ'Ω, *occido, homicidium committo*. הֶחֱרִים Hiph. *anathematizo*. Jos. X. 35. — הִכָּה Hiph. a נָכָה, *percutio*. Jos. X. 28. 30. 2 Par. XXV. 3. — הָרַג. Nehem. IV. 11. VI. 10. Proverb. I. 32. VII. 26. — *חֻבַּל Pyh. *corrumpor*. Inc. Job. XVII. 1. φονεύομαι, pro quo Semlerus ex Olympiodoro legendum putat ἀπόλλυμαι. — חֲרָבוֹת plur. a חֶרֶב, *gladii*. Ies. XXI. 14. πεφονευμένοι. Deduxerunt a voce חָרַב, quæ in l. Syr. *occidere* notat. — חָרַץ, *decido, decerno*. 1 Reg. XX. seu XXI. 40. Vide supra ἐκδέχομαι s. v. מִשְׁפָּט. — רָצַח. Exod. XX. 13. Num. XXXV. 6. Deuter. IV. 42. et alibi sæpius. — *רֶצַח, *gladius*. Aqu. Psalm. LXII. 4. Legit בִּרְצֹחַ inf. Kal. Præterea legitur Thren. II. 20. ubi vocem φονευθήσονται Doederleinius in Repertorio Bibl. et Or. Lit. Eichhorniano Tom. IV. p. 198. ad טִפֻּחִים retulit, ut legerint יְטֻבָּחוּ. Equidem referre a mallem ad seq. יַהֲרֹג, ut plures versiones h. l. conjunctæ sint.

ΦΟΝΟΚΤΟΝΕ'Ω, *cædem perpetro, occido,* it. *cæde contamino, polluo, cædis maculam ac fœditatem inuro.* הֶחֱנִיף : חָנֵף, Kal et Hiph. *profano, contamino, polluo.* Numer. XXXV. 33. τὸ γὰρ αἷμα τοῦτο φονοκτονεῖ τὴν γῆν, hic enim sanguis *polluit* terram. Ps. CV. 37. ἐφονοκτονήθη ἡ γῆ ἐν τοῖς αἵμασι, *polluta est* terra isto san-
b guine. Latinus Int. *infecta est.* Phavor. ἐφονοκτονήθη, ἐμιάνθη. Idem legitur apud Zonaram Lex. 936. Symm. Ies. XXIV. 5. Inc. Jerem. III. 2. et Thren. III. 9.

ΦΟΝΟΚΤΟΝΙ'Α, *cædes,* speciatim *homicidium.* 1 Maccab. I. 25. ἐποίησε φονοκτονίαν. Vulg. *fecit cædem hominum,* ἀνδροκτονίαν s. ἀνδροφονίαν.

ΦΟ'ΝΟΣ, idem, it. *acies gladii, occidendi vim habens.* *אָוֶן, *iniquitas.*
c Ies. LIX. 7. ubi textus MS. Ies. ut et ed. Rom. ἀπὸ φόνων habet, quæ lectio Semlero orta esse videtur ex ἀφρόνων. Ita jam judicavit Montfauconius. — דָּמִים : דָּם, sing. et plur. *sanguis, sanguines,* it. *cædes.* Ex. XXII. 2. Prov. I. 18. *Cædes* pro *sanguine* ponitur apud Virgil. Æn. IX. 342. Vide Turnebi Advers. XVII. 3. — חֶרֶב, *gladius.*
d Exod. V. 3. Lev. XXVI. 7. Deut. XXVIII. 22. — מְרוּצָה, *cursus,* it. *concussio.* Jerem. XXII. 17. Legerunt הַמְּרוּצָה, nam רָצַח est *interficere.* Suspicor tamen, eos πόνον (ut habent Hexapla Syriaca) scripsisse, hocque a librariis in φόνον mutatum fuisse. — *עָמָל, *labor.* Ies. LIX. 4. φόνον sec. ed. Compl. Mallem legere πόνον. — פֶּגֶר, *cadaver.*
e Ezech. XLIII. 7. 9. Φόνος de *cadaveribus* usurpatum legitur quoque apud Homer. Il. K', 298. et Eurip. Iphig. in Taur. v. 880. — פֶּה, *os,* ac, si de gladio sermo est, *acies.* Exod. XVII. 13. Num. XXI. 24. Deuter. XIII. 15. XX. 13. ἐν φόνῳ μαχαίρας, *acie* gladii. Conf. Hebr. XI. 37. Quod in illis locis est, ἐν φόνῳ μαχαίρας, alias est ἐν στόματι μαχαίρας. — *רָמִים, *excelsa.* Job. f
XXI. 22. sec. Vat. φόνοι. Hieron. *homicidia.* Inepte. Legerunt דָּמִים. — רָצֹחַ infin. *occidendo.* Hos. IV. 2.

ΑΙ'ΤΙΑ ΦΟ'ΝΟΥ, *culpa cædis.* דַּם נֶפֶשׁ, *sanguis animæ.* Proverb. XXVIII. 17.

ΦΟ'ΝΟΝ ΠΟΙΕ'Ω, *cædem facio.* הֵשִׂים דָּמִים, *pono sanguines.* Deut. XXII. 8.

*ΦΟΝΩ'ΔΗΣ, *sanguinarius.* 4 g
Macc. X. 17.

ΦΟΡΑ', *productio, proventus.* יְבוּל, idem. Symm. Ps. LXVI. 7. Inc. Hab. III. 17.

ΦΟΡΒΑΙ'Α, *capistrum.* חֶבֶל *funis.* Job. XL. 20. περιθήσεις δὲ φορβαίαν περὶ ῥῖνα αὐτοῦ; circumpones autem *capistrum* naso ejus? Hesych. φορβαίαν, περιστόμιον, καπίστριον. Ita et in Gloss. Bibl. MS. teste Cangio in Gloss. Gr. p. 586. et apud Suidam, h
nisi quod apud hunc pro φορβαίαν scribatur φορβειάν. Φορβειὰ etiam apud Phavorinum exponitur περιστόμιον, καπίστριον. Ad quem locum J. A. Fabricius in ora exemplaris sui manu sua ita notat: Sophocl. ap. Longin. c. 2. περὶ ὕψους. Cic. II. 16. ad Attic. Nummus ap. Cuperum p. 102. Obss. Var. Consule et Schefferum de Re Vehic. Lib. I. i
c. 13. p. 178. 180.

ΦΟΡΕΙ'ΟΝ, *gestatorium, feretrum, vehiculum, lectica,* it. *jumentum.* אַפִּרְיוֹן, *thalamus, torus, ac lectus genialis.* Arab. فرفر est *genus vehiculi muliebris.* Cant. III. 9. φορεῖον (Videtur h. l. esse ipsa vox Hebraica) ἐποίησεν ἑαυτῷ Σαλωμὼν ἀπὸ ξύλων Λιβάνου. Στύλους αὐτοῦ ἐποίησεν ἀργύρεον, lecticam sibi fecit Salomo ex lignis Libani. Columnas ejus fecit ex argento. Tales lecticas Macedones postea etiam usurparunt. Athenæus Lib. V. c. 5. ταύτης δ' ἑξῆς ἐπόμπευον ἐν χρυσόποσι μὲν φορείοις ὀγδοήκοντα γυναῖκες, ἀργυρόποσι δὲ πεντακόσιαι καθήμεναι, πολυτελῶς διεσκευασμέναι. Sic et Athenæus Lib. V. c. 10. Athenioni philosopho tribuit φορεῖον ἀργυρόπουν. Vide Schefferum de Re Vehic. Lib. II. c. 5. p. 88. 91. 2 Maccab. IX. 8. Al. 2 Macc. II. 27. — בְּעִיר, *jumentum*. Theodot. Gen. XLV. 17. φορεῖα. Vulg. *jumenta*. Recte. Alii male: *gestatoria vestra, sc. vasa*. — כִּרְכָּרוֹת plur. *animalia velocia, carrucæ*. Symm. Ies. LXVI. 20. — פֶּרֶד, *mulus*. Al. Ies. LXVI. 20.

ΦΟΡΕΥ'Σ, *portator, bajulus*, it. *vectis*. בַּדִּים plur. ex בַּד. Incert. Exod. XXVII. 7.

ΦΟΡΕ'Ω, *fero*. הוֹסִיף Hiph. a יָסַף, *addo*. Prov. XVI. 23. Vide et Sir. XI. 5. XL. 5.

ΦΟΡΘΟΜΜΙ'Ν. Vox Chald. vel Persica פַּרְתְּמִים, plur. *principes*, aut *pueri lectissimi*, ut sit compositum ex פר־תם, q. d. *eximii vituli*. Conf. Editt. Rom. cod. Chis. ad h. l. p. 4. Dan. I. 3. Aquila reddit ἐκλεκτῶν. Unde Gloss. MS. in Dan. Ἀπὸ τῶν φορθομμὶν, ἀπὸ τῶν ἐκλεκτῶν.

ΦΟΡΙ'ΟΝ, i. q. φορεῖον, *feretrum*. 2 Macc. III. 27.

ΦΟΡΟΛΟΓΕ'Ω, *tributum colligo, tributum exigo*, etiam *impono*. הֶעֱרִיךְ, Hiph. *taxo*. Al. 2 Reg. XXVII. 35. ἐφορολόγησε. Vulgat. *cum indixisset terræ per singulos*, sc. *tributum*. Vide et 3 Esdr. II. 27.

ΦΟΡΟΛΟ'ΓΗΤΟΣ, *tributarius, qui est sub tributo*. לָמַס, *in tributum*. Deut. XX. 11. ἔσονταί σοι φορολόγητοι, erunt tibi *tributarii*. Gloss. in Octat. φορολόγητοι, λειτουργοὶ, ὑποτελεῖς.

ΦΟΡΟΛΟΓΕΙ'Α, i. q. φορολογία. 1 Macc. I. 29. sec. cod. Alex.

ΦΟΡΟΛΟΓΙ'Α, *tributi collectio* seu *exactio*, it. *tributum ipsum, quod colligitur*. 3 Esdr. II. 19. VIII. 25. Chald. מִנְדָּה, *tributum*, coll. Esdr. IV. 13. VII. 24. 3 Esdr. VI. 29. Chald. נִכְסַם, *opes*, coll. Esdr. VI. 8. 1 Macc. I. 30.

ΦΟΡΟΛΟ'ΓΟΣ, *tributi collector* seu *exactor*. נֹגֵשׂ part. *exactor*. Job. III. 18. XXXIX. 7. (10.) ubi φορολόγος esse videtur i. q. ἐργοδιώκτης, *operum præfectus et exactor*. — נִשְׁתְּוָן Chald. *decretum, epistola*. Esdr. IV. 7. 18. 23. V. 5. Vide et 1 Macc. III. 29. ubi tamen scribere mallem e vers. Syr. αἱ φορολογίαι, *tributorum collectiones*, aut φόροι, ut cod. Alex. habet. Hesych. φορολόγος, ὁ ἀπαιτῶν τοὺς φόρους. Suid. φορολόγος, ὁ τὰς εἰσφορὰς συλλέγων, οὓς πράκτορας ἔθος καλεῖν τοῖς πολλοῖς. Pariter in Lex. Cyrilli MS. Brem. exponitur ὁ τοὺς φόρους ἀθροίζων.

ΦΟ'ΡΟΣ, *tributum*. *הָאַמָּה, *Haamah*, nomen proprium. Symmach. 2 Sam. VIII. 1. τὴν ἐξουσίαν τοῦ φόρου. Eum secutus est Vulgatus, qui habet *frænum tributi*, h. e. *potestatem tributa aliis imponendi et ab iis exigendi*. Sed in voce אַמָּה nihil est, quod huic versioni, in hac orationis serie minime incommodæ, ansam dederit. Mihi in mentem venit legere φορίου s. φορείου, sc. τοῦ ὕδατος. Certe Aquila אַמָּה per *aquæductum* interpretatus est. V. ὑδραγωγίον et ὑδραγωγός. — *אֲנָשִׁי, *viri*. 1 Reg. X. 15. χωρὶς τῶν φόρων. Houbigantio loco מאנשי legisse videntur מנשאי, *præter allata a mercatoribus*. Ita quoque Chaldæus. — מִדָּה, *vectigal*. Esdr. IV. 20. VI. 8. Neh. V. 4. — מִנְדָּה Chald.

a idem. Esdr. IV. 13. VII. 23. — מִנְחָה, *donum*. Symmach. 2 Sam. VIII. 2. 2 Reg. XVII. 3. Hebr. מִנְחָה, quod, ut Gr. φόρος, in universum *oblationem* notat, habet quoque, ut mihi quidem videtur, notionem *tributi* 2 Sam. VIII. 6. — מַס, *tributum*. Jud. I. 30. 32. Aqu. Gen. XLIX. 15. εἰς φόρον δουλεύων, *tributarius* s. *vectigalis*. Aqu. Symm.
b Prov. XII. 24. — ; *עֹנֶשׁ, *mulcta*. 2 Reg. XXIII. 33. sec. ed. Compl. 1 Macc. III. 29. ubi loco φόροι fortasse reponendum φορολόγοι. Suidas: φόρος, παρ' Ἀθηναίοις, ἡ τῶν χρημάτων φορά. Hesych. φόρος, ἡ τῶν χρημάτων καταβολὴ, ἢ νέον τέλεσμα. Idem: φόροι, δημόσιοι ἀπαιτήσεις. Phavor. φόρος, κυρίως τὸ ὑπὲρ τῆς ἰδίας φερόμενον γῆς. τέλος δὲ, ἡ ὑπὲρ τῆς ἐμπορίας συντέ-
c λεια. Conf. Suiceri Thes. T. II. p. 1461. et Perizonium ad Ælian. V. H. II. 10.

ΦΟ'ΡΟΝ 'ΕΠΙΒΑ'ΛΛΩ, *tributum impono*. עָנַשׁ, *mulcto*. 2 Paral. XXXVI. 3.

ΦΟΡΤΙ'Α, ας, *sarcina*. מַשָּׂא. Inc. 2 Sam. XV. 33. ἔσῃ ἐπ' ἐμὲ φορτίας. Incertus hic interpres est sine dubio Aquila, uti colligi potest ex
d proxime sequente nota hexaplari. Loco φορτίας vel est φορτία scribendum vel εἰς φορτίαν s. φορτίον. Significat autem h. l. φορτία æque ac βάσταγμα apud LXX *eum, qui alicui molestus est*. Kreyssigio φορτίας, quod æque ac φορτία Lexica ignorant, Bielii Thesauro inserendum videtur.

*ΦΟΡΤΙ'ΑΣ. Vide s. φορτία.

ΦΟΡΤΙΚΟ'Σ, *molestus*. לְמַשָּׂא,
e *in onus*. Inc. Job. VII. 20. Vulg. *gravis*.

ΦΟΡΤΙ'ΖΩ, *onero, onus impono*, etiam: *donis ac muneribus aliquem onero*. שָׁחַד, *munero*. Ezech. XVI. 33. ἐφόρτιζες αὐτοὺς τοῦ ἔρχεσθαι πρός σε, *cogebas* eos (nempe donis ac muneribus) ad te venire.

ΦΟΡΤΙ'ΟΝ, *onus, sarcina*, ac metaph. *copiosa quædam materia*. בְּעִיר, *jumentum*. Al. Genes. XLV. f
17. — טַף, *parvulus, parvuli*. Symmachus Jos. I. 14. φορτίον. Ita interpretatus est Symmachus volens, ut Masio in Comment. p. 31. videtur, significare ea, quæ *impedimenta* vocantur apud milites. — מַשָּׂא 2 Sam. XIX. 35. Psalm. XXXVII. 4. Job. VII. 19. (ubi Schol. φορτικός). Ies. XLVI. 1. — שׂוֹכָה, *ramus*. Jud. IX. 48. (ubi loco φορτίαν g
reponendum φορτίον, ut habet codex Reg. laudatus a Montf. Palæogr. p. 189.) 49. Inc. φορτίον, sc. τῶν κλάδων. Vide et Sir. XXI. 18. XXXIII. 29. Suidas: φορτία, τὰ ἀγώγιμα. Idem verba scriptoris incerti subjungit, quibus vox ea notione legitur.

ΦΡΑ'ΓΜΑ, idem quod φραγμὸς, *sepes, sepimentum, munimentum*. מָגֵן, *clypeus*. Hos. IV. 19. ἠγάπησαν ἀτιμίαν ἐκ φράγματος αὐτῆς, amarunt h
dedecus ex *sepimento* suo. Cappello in Crit. S. p. 508. legisse videntur מְגִנֶּיהָ, nam גַּן est *septum, hortus undiquaque sepe conclusus atque obseptus*, quo ipsi hic videntur designari *idolorum templa*. Sed lege contra illum disputantem Scharfenbergium, qui potius statuit, LXX scripsisse ἐκ φρυάγματος αὐτῶν, ut מִגְּאוֹנָם legerint. — מִבְצָר i
Aqu. Symm. 2 Sam. XXIV. 7.

ΦΡΑΓΜΟ'Σ, *sepes, sepimentum*. *גְּדוּד, *turma*. Mich. IV. 14. Legerunt גָּדֵר, mutato Daleth in Resch. — גָּדֵר, *sepes*. Num. XXII. 24. Esdr. IX. 9. Psalm. LXI. 3. et alibi. — *גֶּדֶר, idem. Prov. XXIV. 31. — גְּדֵרָה. Psalm. LXXXVIII. 39. Nah. III. 17. Adde Aqu. Jer. XLIX. 3. sec. Euseb. Onom. s. v. γημαρὼθ, ubi vid. Bonfrerius. —

מְשׁוּכָה. Ies. V. 5. — מֹשְׁכוֹת part. Kal plur. fœm. a מָשַׁךְ, *attrahentes*, sc. *cœli et siderum vires*. Job. XXXVIII. 31. Legerunt מְשֻׂכוֹת, nam מְשֻׂכָה est *sepes*, φραγμός. Cf. Michaëlis Supplem. pag. 1568. — פֶּרֶץ, *ruptura*. Genes. XXXVIII. 29. 1 Reg. XI. 27. Ies. LVIII. 12. ubi φραγμοὶ *sepes ruptas* notat.

ΦΡΑΓΜΟ'Ν ΠΕΡΙΤΙ'ΘΗΜΙ, *sepimentum circumpono*. עִזֵּק Pih. *circumsepio*. Ies. V. 2. Conf. Matth. XXI. 33. — Vide alibi χαράκωμα.

ΦΡΑ'ΖΩ, *dico, significo, indico*. הֵבִין Hiph. a בִּין, *intellegere facio*. Job. VI. 24. — הוֹרָה Hiph. a יָרָה, *doceo*. Job. XII. 8. — *חַוֵּא Chald. *indico*. Dan. II. 4. sec. cod. Chis. Hesych. φράζει, δεικνύει, σημαίνει, λέγει, διηγεῖται, σκέπτεται, διανοεῖται.

ΦΡΑ'ΖΩΝ. Ipsa vox Hebr. פְּרָזוֹן. Aqu. Jud. V. 7. et 11. Sine dubio scribendum est φάρζων. Procopius tamen annotat, quod φράζων significet *potentes*, unde apud Theodoretum Quæst. 12. οἱ κρατοῦντες. Conf. φαραζών.

ΦΡΑ'ΣΣΩ, ΤΤΩ, *obturo, obstruo, occludo, munio, obsepio*. אָטַם. Prov. XXI. 13. ὃς φράσσει τὰ ὦτα αὐτοῦ τοῦ μὴ ἀκοῦσαι, qui *obturat* aures suas ad non audiendum. Symm. Ezech. XL. 16. ubi tamen incertum est, num πεφραγμέναι referendum sit ad אֲטֻמוֹת, *clausæ*, aut ad חַלֹּנוֹת, *fenestræ*. Mihi tamen prius magis vero accedere videtur. — *גָּדַר. Hos. II. 6. sec. ed. Compl. — הֵסִיךְ Hiph. a סָכַךְ, *tego*. Job. XXXVIII. 8. ἔφραξα δὲ θάλασσαν πύλαις, *munivi* autem mare portis. Legerunt וָאָסֻךְ, quod etiam sententia ipsa poscere videtur. — סוּג, *averto me*. Cant. VII. 3. θημωνία σίτου πεφραγμένη ἐν κρίνοις, cumulus frumenti *obseptus* liliis. Recte: nam סוּגָה est h. l. *cinctus*. Chald. et Syr. סַיֵּג, *sepire*, סְיָג, *sepes*. Arab. سياج et وسيج de *contorta implicatione* dicitur. Conf. Schultensium ad Prov. XIV. 14. Vide quoque infra s. שׂוּךְ. — *סָתַם, *obstruo*. Dan. VIII. 26. secundum cod. Chisianum. — רָפַשׂ (שׂ pro ס). Prov. XXV. 27. εἴ τις πηγὴν φράσσοι, si quis fontem *obstruat*. — שׂוּךְ, *obsepio*. Hos. II. 6. ἐγὼ φράσσω τὴν ὁδὸν αὐτῆς ἐν σκόλοψι, ego *obsepiam* viam ejus spinis. — שָׂכַר, *mercede conduco*. Symm. Prov. XXVI. 10. φράσσων, *obturans*. Legit סֹכֵר. 2 Maccab. XIV. 36. φράξεις δὲ πᾶν στόμα ἄδικον *obturabis* autem omne os iniquum. Conf. Hebr. XI. 33. ac Lexicon N. T. s. h. v.

ΦΡΕ'ΑΡ, *puteus*, it. *fovea, cisterna*. בְּאֵר. Genes. XIV. 10. φρέατα ἀσφάλτου, *putei* bituminis. Genes. XXI. 19. φρέαρ ὕδατος ζῶντος, *puteus* aquæ viventis. Vide et Gen. XXIV. 11. XXVI. 18. 19. Cant. VI. 15. Ps. LIV. 26. κατάξεις αὐτοὺς εἰς φρέαρ διαφθορᾶς, dejicies illos in *puteum* corruptionis. Quorsum respiciens Suidas: φρέαρ διαφθορᾶς, ἡ δημοσία τιμωρία παρὰ τῷ Δαβίδ. — בּוֹר, *fovea, cisterna*. 1 Sam. XIX. 22. Jerem. XLI. 7. 9. Conf. 1 Macc. VII. 19. 2 Macc. I. 19. — גֵּבִים plur. *fossæ, foveæ*. Jerem. XIV. 3. — מִדְבָּר, *desertum*. Num. XXI. 19. Legerunt מִבְּאֵרָה — מְשָׁאֲרָה, *adspersio*. Inc. Ex. VIII. 3. Num legit מִשְׁאָבוֹת? aut deduxit a שָׁאַר, *reliquit*, ut sit *locus, in quo reliquiæ aquarum collectæ asservantur*? 1 Macc. VII. 19. ἔθυσεν αὐτοὺς εἰς τὸ φρέαρ τὸ μέγα, occidit eos in puteum a magnum, i. e. interfectos eos in puteum s. fossam abjecit. Similis locutio Jerem. XLI. 7. Hesychius: φρέαρ, πηγὴ, λάκκος. Conf. Lex. N. T. s. h. v.

ΦΡΕ'ΑΤΑ ΠΗΓΗ'Σ, *putei fontis.* נֹזְלִים et בְּאֵר, *fluenta, puteus.* Prov. V. 15. Schol. ὑδάτων.

ΦΡΕΝΟ'ΟΜΑΙ, *animosus sum, efferor.* 2 Macc. XI. 4. πεφρενωμένος b δὲ ταῖς μυριάσι τῶν πεζῶν, *mente* autem *elatus* myriadibus peditum.

ΦΡΗ'Ν, ΦΡΕΝΟ'Σ, *mens, mentis.* מַנְדַּע Chald. *cognitio, sana mens.* Dan. IV. 31. 33. (φρὴν, quod Hebr. פֶּרַע Jerem. XLIV. 30. in Aqu. et Theod. versione respondet, est ipsa vox Hebr. literis Græcis φρὴγ scribenda, quam librarii in φρὴν mutarunt. K.)

c 'ΕΝΔΕΗ'Σ ΦΡΕΝΩ'Ν, *mente indigens, mentis inops.* כְּסִיל, *stultus.* Prov. XVIII. 2. — חֲסַר לֵב, *destitutus corde.* Prov. VII. 7. IX. 4.

"ΕΝΔΕΙΑ ΦΡΕΝΩ'Ν, *defectus mentis, inopia.* חֲסַר לֵב, *destitutus corde.* Prov. VI. 32. Ex hoc loco apud Hesychium: Δι' ἔνδειαν φρενῶν, διὰ μωρίαν. Conf. Prov. XVIII. 2. ubi כְּסִיל, *stultus,* redditur ἐνδεὴς
d φρενῶν.

ΦΡΙΚΑΣΜΟ'Σ, *horror, tremor,* a φρίξ, *maris motus.* 2 Macc. III. 17. φρικασμὸς σώματος.

ΦΡΙ'ΚΗ, *maris* vel *fluctuum fremitus, æstus,* generaliter *horror, metus,* speciatim *horror frigoris,* etiam *ira, indignatio, furor.* אַף, *ira.* Amos I. 11. *ira:* ubi reliqui interpretes ὀργὴν et θυμὸν posuerunt. —
e פַּחַד, *pavor.* Job. IV. 14. φρίκη μοι συνήντησε καὶ τρόμος, *horror* me invasit et tremor. — פַּלָּצוּת, sing. *horror.* Symm. Ps. LIV. 6. — רְעָדָה. Symmach. Ps. XLVII. 7. — רֶתֶת, *tremor.* Aqu. Hos. XIII. 1. Hesychius: φρίκη, ψύχος, τρόμος. Lex. Cyrilli MS. Brem. φρίκη, τρόμος, παλμός. Suidas: φρίκη, τρόμος, ἀλμός. Reponendum forte e Lex. Cyrilli MS. Brem. παλμός. f

ΦΡΙΚΤΟ'Σ, *horribilis, horrendus, horrorem incutiens.* שַׁעֲרוּרָה, *res horrenda.* Jerem. V. 30. XXIII. 14. — שַׁעֲרוּרִית, idem. Jerem. XVIII. 13. Vide et Sap. VIII. 16. ubi pro φρυκτοὶ Trommius in Concord. bene legendum censet φρικτοί. Hesych. φρικτὸν, φρικῶδες, φοβερὸν, πάνυ δεινόν.

ΦΡΙΚΤΩ'Σ, *horribiliter, horrendum in modum.* Sap. VI. 5. g

ΦΡΙΚΩ'ΔΗΣ, *horribilis, horrendus,* i. q. φρικτός. שַׁעֲרוּרִיָּה, *res horrenda.* Hos. VI. 10.

ΦΡΙ'ΣΣΩ, ΤΤΩ, *horreo.* אֶתְכְּרִיָּה Chald. Ithp. *transfigor.* Dan. VII. 15. ἔφριξε τὸ πνεῦμά μου, *horruit* spiritus meus. Lex. Cyrilli MS. Brem. ἔφριξεν, ἐφοβήθη. Apud Hesychium inter alia exponitur ἐδειματώθη. — h
נָשָׂא, *attollo.* Aqu. Nah. I. 5. ἔφριξεν. Non video, unde Aquila, qui etymologias fere semper sectatur, hanc vocis נָשָׂא notionem exsculpserit. Verissimum tamen est, *in altum tolli,* si de terra dicitur, notare *concuti, commoveri,* quod etiam *tremere* dicitur. Idem valet de voce κινέομαι, qua Symmachus usus est. — סָמַר Pih. *horrifico.* Hebr. et i
LXX Job. IV. 15. — שָׂעַר. Jerem. II. 12. ἔφριξεν ἡ γῆ, *horruit* terra. Judith. XVI. 8. ἔφριξαν Πέρσαι τὴν τόλμην αὐτῆς, *horruerunt* Persæ audaciam ejus. Orat. Manass. v. 4. ὃν πάντα φρίσσει, καὶ τρέμει ἀπὸ προσώπου δυνάμεώς σου, quem omnia *horrent,* et tremunt ob summam potentiam tuam. Conf. Jac. II. 19. et ad h. l. Wolfium p. 40. nec non Lexicon N. T. s. h. v.

ΦΡΟΝΕ'Ω, *sentio, mente agito, cogito,* it. *sector,* it. *sapio,* it. *curam habeo ac gero.* הֵבִין Hiph. a בּוּן, *intellego.* Ies. XLIV. 18. οὐκ ἔγνωσαν φρονῆσαι, nesciunt *sapere.* — הִשְׂכִּיל Hiph. idem. Ps. XCIII. 8. φρονήσατε, *sapite.* Sic Ælian. V. H. XIV. 29. τῶν φρονούντων τινὲς, *sapientes* quidam. Conf. quæ ad h. l. ex Hesiodo et Athenæo notat Perizonius. — חָכַם. Deut. XXXII. 28. Zach. IX. 2. — רָעָה, *pasco.* Ies. XLIV. 28. ubi φρονεῖν non vertendum est: ut *sapiat,* ut transtulit Montfauconius, sed: ut *curam habeat ac gerat,* sc. *populi mei,* quod minime differt ab Hebr. *pastorem esse* s. *agere.* Non igitur opus erit statuere, eos יָדַע legisse, ut haud pauci voluerunt. — תְּבוּנָה, *intellegentia.* Symm. Job. XXXII. 11. Sap. XIV. 30. κακῶς ἐφρόνησαν περὶ Θεοῦ, male *senserunt* de Deo. Addit. Esth. XVI. 1. τοῖς τὰ ἡμέτερα φρονοῦσιν, *illis, qui nobiscum sentiunt,* s. *qui a partibus nostris stant.* Ib. v. 2. μεῖζον ἐφρόνησαν, supra modum *elati fuerunt.* 1 Macc. X. 20. καὶ φρονεῖν τὰ ἡμῶν καὶ συντηρεῖν φιλίαν, et *a partibus* nostris *stare,* et amicitiam nobiscum colere. 2 Macc. XIV. 26. ἀλλότρια φρονεῖν τῶν πραγμάτων, alienas *partes sequi.* Cf. Matth. XVI. 23. Rom. VIII. 5. et ad priorem locum Raphelii Annotatt. ex Polybio p. 79. ac Alberti Obss. p. 112. 2 Macc. IX. 12. φρονεῖν ὑπερηφάνως, *superbire.* Apud GG. φρονεῖν quandoque sine ullo additamento ponitur pro μεγαλοφρονεῖν, *superbire,* v. c. Eurip. Herc. Fur. 775. Confer Schæfer. ad L. Bos. Ellips. p. 267. et Facium ad Pausan. Att. c. XII. 5. 2 Macc. XIV. 8. ὑπὲρ τῶν ἀνηκόντων τῷ βασιλεῖ γνησίως φρονῶν, iis, quæ ad regem pertinent, sincere *studens.*

ΦΡΟ'ΝΗΜΑ, *sensus, mens, spiritus, animus,* it. *spiritus elati animi.* 2 Macc. VII. 21. γενναίῳ πεπληρωμένη φρονήματι, generoso impleta *spiritu.* 2 Maccab. XIII. 9. τοῖς δὲ φρονήμασιν ὁ βασιλεὺς βεβαρβαρωμένος ἤρχετο, elati autem animi *spiritibus* rex effrænatus veniebat. Confer Ælian. V. H. IX. 3. sub fin. Suidam in v. φρόνημα, et Alberti ad Rom. VIII. 7. p. 306.

ΦΡΟ'ΝΗΣΙΣ, *intellegentia, sapientia, prudentia,* it. *animus.* בִּינָה, *intellegentia.* Prov. I. 2. VII. 4. 14. XIV. 31. — *גְבוּרְתָא* Chald. Dan. II. 23. sec. cod. Chis. גְבוּרָה etiam *animo* tribuitur Mich. III. 8. — הַשְׂכֵּל nom. ex infin. Hiph. *intellegentia.* Dan. I. 17. — חָכְמָה, *sapientia.* 1 Reg. III. 28. φρόνησις Θεοῦ ἐν αὐτῷ, *sapientia* Dei in illo. Vide et 1 Reg. IV. 30. X. 4. 6. 8. XI. 41. et conf. Sap. VIII. 18. 21. Sic Plautus Truculent. Act. I. Scen. I. v. 60. *Phronesis est sapientia.* Conf. Elsnerum ad Luc. I. 17. p. 171. Symm. Job. XXXIII. 33. — לֵב, *cor.* Proverb. XIX. 8. — מַדָּע, *scientia.* Dan. I. 4. — מַנְדַּע : מַנְדְּעָא Chald. idem. Dan. II. 21. διδοὺς φρόνησιν τοῖς εἰδόσι σύνεσιν, dans *intellegentiam* habentibus intellegentiam. — עָרְמָה, *astutia, prudentia.* Job. V. 13. ὁ καταλαμβάνων σοφοὺς ἐν τῇ φρονήσει, capiens sapientes in *prudentia.* — רוּחַ, *spiritus.* Jos. V. 1. κατεπλάγησαν, καὶ οὐκ ἦν ἐν αὐτοῖς φρόνησις οὐδεμία, timore percellebantur, nec erat in illis *animus,* vel *animum abjiciebant.* — שֵׂכֶל. Job. XVII. 4. Aqu. Theod. Prov. XIX. 11. Symmach. Proverb. XII. 8. — תְּבוּנָה, *intellegentia.* 1 Reg. IV. 29. ἔδωκε κύριος σοφίαν καὶ φρόνησιν τῷ Σολομῶντι, dabat Dominus sapientiam et *intellegentiam* (potius: *prudentiam*) Salomoni. Conf. Eph. I. 8. Prov. X. 24. ἡ δὲ σοφία ἀνδρὶ τίκτει φρόνησιν, sapientia homini parit *prudentiam.* Jerem. X. 11. Aqu. Deut. XXXII. 28. et Prov. XVIII. 2. Lex. Cyrilli MS. Brem. φρόνησις, ἐπιστήμη ἀγαθῶν καὶ κακῶν καὶ οὐδε-

a τέρων, (Ita ex Suida. MS. εὐδότερον) ἡ
ἀκρίβεια τοῖς. Sap. III. 15. ubi φρόνησις *castitatem* notat, ut ἀφροσύνη et
ἄφρων (vide supra) *adulterium*, *adul-*
terum. Sap. XVII. 7. φρόνησις ἀλαζονείας, *sapientia*, de qua gloriati
erant, jactantia de sapientia. Sirac.
XXV. 12. φρόνησιν, h. e. φρόνιμον. Sir.
XXIX. 28. ἔχων φρόνησιν, *sensu sub-*
tili præditus, der ein feines Gefühl
b hat, *a person of a shrewd under-*
standing.

ΦΡΟ'ΝΗΣΙΝ ἜΧΩ, *intellegentiam*
habeo. דַּעַת, *scientia*. Prov. XXIV.
5. κρείσσων σοφὸς ἰσχυροῦ, καὶ ἀνὴρ φρόνησιν ἔχων γεωργίου μεγάλου, melior
sapiens forti, et vir *intellegentiam*
habens agricola magno.

ΦΡΟ'ΝΙΜΟΣ, *sapiens*, *intellegens*,
prudens. *הִשְׂכִּיל Hiph. *intellegere*
c *facio*. Symm. Job. XXXIV. 35.
pro בְּהַשְׂכִּיל. Sensum expressit. —
חָכָם, *sapiens*. 1 Reg. III. 12. V.
7. Prov. III. 7. XI. 29. — חָכְמָה,
sapientia. 1 Reg. IV. 30. — *לֹא
חָכָם, *non sapiens*. Hos. XIII. 13.
ubi dubio caret, loco ὁ φρόνιμος legendum esse οὐ φρόνιμος. Vide tamen
supra sub ὁ notata. — מֵבִין part.
Hiph. a בִּין, *intellegens*. Proverb.
d XVII. 10. 28. — מְזִמָּה, *sollertia*.
Prov. XIV. 17. ἀνὴρ δὲ φρόνιμος πολλὰ ὑποφέρει, vir autem *prudens* multa
tolerat. — מַשְׂכִּיל part. Hiph. *in-*
tellegens. Symm. Proverb. X. 6. —
נָבוֹן part. Niph. a בִּין, *intellegens*.
Genes. XLI. 33. Proverb. XI. 12.
XVIII. 15. Præterea legitur Prov.
XVIII. 14. ubi φρόνιμος de suo addiderunt sensus causa.

e *ΔΟΚΕ'Ω ΦΡΟ'ΝΙΜΟΣ ΕΙ'ΝΑΙ.
נָבוֹן, *intellegens*. Prov. XVII. 28.
ubi ex antecedentibus supplerunt
חָשַׁב. — Vide alibi θεράπων.

*ΦΡΟΝΙ'ΜΩΣ, *prudenter*. מֵחָכְמָה,
ex sapientia. Symmach. Cohel. VII.
11.

ΦΡΟΝΙΜΩ'ΤΑΤΟΣ, superl. *calli-*
dissimus. עָרוּם, *astutus*, *callidus*,
seq. מִן. Gen. III. 1. ὁ δὲ ὄφις ἦν φρονιμώτατος πάντων τῶν θηρίων, serpens f
autem erat omnium bestiarum *cal-*
lidissimus. Lex. Cyrilli MS. Brem.
φρονιμώτατος, πανουργότατος.

ΦΡΟΝΙΜΩ'ΤΕΡΟΣ, compar. *pru-*
dentior. נָבוֹן part. Niph. a בִּין,
seq. מִן. Gen. XLI. 39.

ΦΡΟΝΤΙ'ΖΩ, *curo*, *curam habeo*,
sollicitus sum, *intente meditor*. דָּאַג,
anxius sum. 1 Sam. IX. 5. φροντίζῃ
τὰ περὶ ἡμῶν, de nobis *sollicitus sit*. g
— הַצְנֵעַ Hiph. *humiliter ago*. Al.
Mich. VI. 8. φροντίζειν. Vide supra
s. v. ἕτοιμος εἰμί. — חָשַׁב, *cogito*.
Ps. XXXIX. 23. Κύριος φροντιεῖ μου,
Dominus mei *curam habet*. Confer
2 Macc. IV. 21. IX. 21. XI. 15. et
Ælian. V. H. II. c. 31. — יָרֵא,
timeo. Prov. XXXI. 21. οὐ φροντίζει
τὰ ἐν οἴκῳ ὁ ἀνὴρ αὐτῆς, non *sollicitus*
est de illis, quæ in domo aguntur, h
maritus ejus. — עִצֵּב Pih. *dolorem*
affero. Symm. Ps. LV. 6. ἐφρόντιζον,
solliciti erant. Legit יָעֲצוּ. — עַתֵּד
Pih. *præparo*. Symm. Prov. XXIV.
27. φρόντισον. Sermo ibi est de *agro*,
adeoque φροντίζειν h. l. notat *dilegen-*
ter colere et exercere. — פָּחַד, *paveo*.
Job. III. 25. φόβος γὰρ, ὃν ἐφρόντισα,
ἦλθέν μοι, timor enim, qui me *solli-*
citum tenuit, invasit me. Sap. VIII. i
18. ταῦτα λογισάμενος ἐν ἐμαυτῷ, καὶ
φροντίσας ἐν τῇ καρδίᾳ μου, hæc cogitans apud me, et *intente meditans* in
corde meo. Sir. XXXII. 2. φρόντισον
αὐτῶν, *curam habe* illorum. Sirac.
XLI. 15. φρόντισον περὶ ὀνόματος, *cu-*
ram habe de bono nomine. Sir. L.
4. ὁ φροντίζων τοῦ λαοῦ αὐτοῦ ἀπὸ πτώσεως, *curam habens* populi sui, ne
ad interitum ruat. 1 Macc. XVI.
14. φροντίζων τῆς ἐπιμελείας αὐτῶν,
curam eorum gerens. 2 Macc. II.

26. ἐφροντίσαμεν τοῖς μὲν βουλομένοις ἀναγινώσκειν ψυχαγωγίαν, *curavimus*, vel *studuimus*, ut illis, qui legere volunt, esset animi oblectatio.

*ΦΡΟΝΤΙ'ΔΑΣ ΦΡΟΝΤΙ'ΖΩ. דָּאַג, *sollicitus sum*. 1 Sam. IX. 5. sec. Compl. φροντίδας φροντίζει περὶ κ. τ. λ.

ΦΡΟΝΤΙ'Σ, *cogitatio, cura, sollicitudo*. דָּבָר, *verbum*. Al. et LXX sec. Compl, 1 Sam. X. 2. τὴν φροντίδα, ubi sensum bene expresserunt. Fortasse tamen φροντίδα est glossema voci ῥῆμα in margine prius additum e c. IX. 5.—הִתְחוֹלֵל Hithp. a חוּל, *doloribus me conficio*. Job. XV. 20. Vide et Sap. V. 16. (ubi φροντὶς passive accipiendum videtur: *Deus eorum curam habet*.) VI. 18. VII. 4. (φροντίσι, *curis*, nempe parentum et nutricum, P. Nannius habet *cunis*, quasi scriptum legerit φορτίσι, h. e. *naviculis onerariis, quæ cunarum speciem referunt*, aut φορμοῖσι. Φορμὸς enim est *sporta, vas, corbis*, quibus similes sunt cunæ.) VIII. 10. Suidas: φροντὶς, ἀγωνία, καὶ μέριμνα, καὶ φόβος. Idem probationis loco hæc subjungit: ὅσην ἀπών παρέσχες ἡμῖν φροντίδα, quæ leguntur apud Aristoph. in Equit. v. 609.

ΦΡΟΝΤΙΣΤΕ'ΟΝ, *curandum est*. 2 Maccab. II. 30. Strabo XV. p. 1047. C.

ΦΡΟΥΡΑ', *custodia, præsidium, ipsi milites præsidiarii, corporis custodes, ipse locus aut statio custodiæ*. נְצִיבִים plur. a נְצִיב, *præsides, provinciarum præfecti*. 2 Sam. VIII. 6. 15. Sc. vocem Hebr. de *præsidiis militaribus* s. *militibus stationariis* explicarunt, quam notionem quoque confirmat usus loquendi. Conf. 1 Maccab. IX. 51. XI. 66. XII. 34. XIV. 33. Suidas: φρουρὰ, φυλακή.

ΦΡΟΥΡΑΙ'. Ita effertur vox Hebræa vel potius Persica פּוּרִים plur. *sortes*. Esth. IX. 26. 28. 30. Vix dubium est, quin illud ρ in hac voce, a male sano aliquo, forte critico, hic intrusum, ut vox affinitatem cum Græcorum φρουρεῖν nancisceretur, sit tollendum, legendumque aut φουραὶ, aut φουρὶμ, ut in ed. Compl. v. 26. legitur. Jam diu autem est, cum codicibus LXX Intt. mendum hoc inolevit, quippe et Josepho fraudi fuit, qui Ant. XI. 6. 13. φρουραίους commemorat, quod quidem a φρουρεῖν deducit, nihilominus tamen in φουραίους mutandum erit. Vide ad h. l. Intt. T. I. p. 577. ed. Haverc. ac Grotium ad Esther. III. 7.

ΦΡΟΥΡΕ'Ω, *custodio, præsidio militari teneo, munio, custodio*. כָּלָא, *claudo*. Symm. Ps. LXXXVII. 9. φρουρούμενος, *custoditus, clausus quasi in carcere*. Conf. Gal. III. 23. In activo verbum occurrit Judith. III. 7. 3 Esdr. IV. 56. Sap. XVII. 16. Hesych. φρουρεῖ, φυλάττει, ἢ προφυλάττει.

*ΦΡΟΥ'ΡΗΣΙΣ, *custodia, excubiæ, præsidium*. בְּכָאִים, *mori*. 2 Sam. V. 23. sec. cod. Coisl. 2. Eodem modo vocem Hebr. interpretati sunt Aqu. et Symm. ib. v. 24. ubi quid legerint, aut cur ita transtulerint, expiscari non valeo. — מְבוּכָה, *perplexitas*. Incert. Mich. VII. 4. Num fortasse legerunt מְצוּקָה aut מְצָדָה?

ΦΡΟΥΡΙ'Α, *custodia*. נְצִיבִים plur. 1 Par. XVIII. 13. Kreyssigio vox φρουρία, quæ non nisi a Kirchero et Trommio profertur, fortasse ex ed. Francof. (nam reliquæ edd. φρουρὰς et φρουρὰν exhibent) delenda videtur.

ΦΡΟΥ'ΡΙΟΝ, *præsidium, propugnaculum*. *מְצָדוֹת. Symm. Jud. VI. 2. τὰ φρούρια. Vide quoque 2 Macc. X. 32. 33. XIII. 19. Hesych. φρούριον, προφύλαγμα, προφυλακτήριον.

ΦΡΟΥΡΟ'Σ, *præsidiarius miles, custos*. נְצִיבִים plur. Symm. 2 Sam. VIII. 6. φρουρούς. Vide supra ad a φρουρά — פְּרְוָרִים, suburbani. Symm. 2 Reg. XXIII. 11. ubi ipsam vocem Hebr. expressisse videtur, ut adeo reponendum sit φαρουρίμ, ut nunc apud LXX legitur. Præterea Cod. Coislin. diserte addit φαρουρὶμ ἐν πᾶσι, apud omnes sc. Intt. Lex. Cyrilli MS. Brem. φρουροὺς, φύλακας. Hesych. φρουρὸς, φύλαξ, σωματοφύλαξ. Confer Ælian. V. H. II. b 14.

ΦΡΥΆΓΜΑ, *fremitus, elatio, superbia, arrogantia, insolentia, jactantia, ostentatio.* גָּאוֹן, *exaltatio, tumor.* Jer. XII. 5. ἐν φρυάγματι τοῦ Ἰορδάνου, in *elatione* Jordanis. Conf. Zach. XI. 3. et Aqu. Theod. Jer. L. 44. ubi etiam de Jordane sermo est. Ezech. VII. 24. ἀποστρέψω τὸ φρύαγμα τῆς ἰσχύος αὐτῶν, avertam c *jactantiam* roboris illorum. Vide et Ezech. XXIV. 21. Sic apud Plutarchum de Educat. Liber. fere ab initio: μεγαλαυχίας ἐμπίμπλαται καὶ φρυάγματος. — מָגֵן, *clypeus.* Al. et LXX sec. ed. Rom. Hos. IV. 19. ἐκ φρυάγματος (ubi legerunt מִגְּאוֹנָם. Vide supra s. φράγμα.) quod in Lex. Cyrilli MS. Brem. exponitur ἐξ ἐπάρματος. Unde corrigendus Hed sychius, apud quem vulgo corrupte legitur: Ἐκ φρυασμοῦ, ἐξ ἐπαρμοῦ. Gloss. MS. in Proph. φρυάγματα (lege φρυάγματος), ὑπερηφανίας, ὑψηλοφροσύνης. Hesych. φρύαγμα, ἔπαρσις, μετεώρισμα, ὑπερηφάνεια. Lex. Cyrilli MS. Brem. φρύαγμα, τὸ ἀλόγιστον φρόνημα. Vide quoque 3 Macc. VI. 16. ubi τὸ τῆς δυνάμεως φρύαγμα *strepitum, ovationem exercitus* denotat.

ΦΡΥΆΣΣΩ, ΤΤΩ, *fremo, elevor.* e רָגַשׁ, *commoveor.* Psalm. II. 1. ἱνατί ἐφρύαξαν ἔθνη; quare *fremuerunt* gentes? ubi Theodoretus ἐφρύαξαν interpretatur ἠλαζονεύσαντο. Hesych. ἐφρύαξαν, ἐκπήδησαν, ἐπάρθησαν, συνήχθησαν. Bielius scribendum judicat: ἐπήρθησαν, συνήχθησαν. Equidem loco ἐπάρθησαν reponere mallem ἐταράχθησαν e Suida, qui habet ἐφρύαξαν, ἐταράχθησαν. Conf. quoque Hexapla Psalm. l. c. Lex. Cyrilli MS. f Brem. ἐφρύαξαν, ἀλογίστως ἐπήρθησαν. 2 Macc. VII. 34. φρυαττόμενος ἀδήλοις ἐλπίσιν, *elatus* incerta spe. Zonaras Lex. 1826. φρυασσόμενοι, ἐπαιρόμενοι, ἀπὸ τοῦ φρυάσσω ῥήματος. 3 Macc. II. 2. σθένει πεφρυαγμένος, potentia *elatus.* Sic Diodor. Sic. Lib. IV. p. 275. ἐπὶ τῷ πλήθει τῶν τέκνων μέγα φρυαττομένη. Hesych. φρυάσσεται, ἐπεγείρεται, μεγαλοφρονεῖ, g γαυριᾷ. Idem: φρυάττεται, ἐπαίρεται. Confer Wesseling. ad Diod. Sic. IV. 74.

ΦΡΎΓΑΝΟΝ, *sarmentum, virgultum aridum.* קֶצֶף, *spuma.* Theod. et LXX Hos. X. 7. teste Hieronymo, qui habet: *Pro spuma LXX et Th.* φρύγανον, *i. e. cremium, transtulerunt: aridas sc. herbas, siccaque virgulta, quæ camino et incendio præ-* h *parantur.* Sc. קֶצֶף, ut A. Schultensius in Anim. Philol. ad h. l. docuit, proprie notat *fragmina, cremia ligni,* a קָצַף, *frangere, rumpere.* Fortassis quoque ita transtulerunt, quia in antecedentibus ἀπέῤῥιψε posuerant. — קַשׁ, *stipula, stramen.* Ies. XL. 24. XLI. 2. Jer. XIII. 24. Confer Act. XXVIII. 3. Hesych. φρύγανα, ὕλη λεπτὴ καὶ ξηρά. Vide i Lexicon N. T. s. h. v.

ΦΡΎΓΑΝΑ ἌΓΡΙΑ, *virgulta agrestia.* חָרוּל, *urtica.* Job. XXX. 7.

ΦΡΎΓΙΟΝ, i. q. φρύγανον, *lignum aridum, sarmentum, cremium,* h. e. *lignum aridum cremari facile.* מוֹקֵד, *focus.* Theod. LXX Psalm. CI. 4. ὀστᾶ μου ὡσεὶ φρύγιον (Symm. ἀπόκαυμα) συνεφρύγησαν, ossa mea tanquam k *lignum aridum* arefacta sunt. Arab. صقف *virgulta in foco ardentia* notat Coran. II. 22. Eandem significationem habet quoque Hebr. מוֹקֵד metonymice sumtum. Heracleota in Catena PP. GG. T. III.

p. 6. τὸ φρύγμα γὰρ τὸ φρύγανον λέγει, ἢ τόπον, ἔνθα εἰώθασι τὰ φρυγόμενα ἐπιτιθέναι, σφόδρα πεφρυγμένον διὰ τὸ ἀεὶ ὑποκαίεσθαι. Hesychius: φρύγμα, ξύλον ξηρόν. Apud Suidam exponitur θαλλὸς, ξηρά.

ΦΡΥ'ΓΜΑ, *tostum, siccatum.* גֶּרֶשׂ, *contusum, fractum.* Inc. Lev. II. 16. Loco φρύγματος scribendum est ἐρύγματος, quod vide supra.

ΦΡΥ'ΓΩ vel ΦΡΥ'ΣΣΩ, ὀπτάω, *torreo, torrefacio, sicco.* קָלָה, *uro, torreo frigendo.* Lev. II. 14. νέα πεφρυγμένα χίδρα, novæ spicæ *tostæ*. Suidas: πεφρυγμένα, τὰ εἰς τὴν χεῖρα λεπτυνόμενα χίδρα σίτου καὶ κριθῆς. — קָלִי, *tostum.* Levit. XXIII. 14. — *שָׁדַף, *arefacio.* Inc. Gen. XLI. 6. Hesych. πεφρυγμένον, τὸ εἰς τὴν χεῖρα πεφρυγμένον.

ΦΡΥΚΤΟ'Ν, *tostum.* קָלִיא, idem. Inc. Jos. V. 11. — קָלִי, idem. Aqu. Symm. 2 Sam. XVII. 28. Adde Aqu. 1 Sam. XXV. 18. de quo posteriore loco vide supra s. κριθὴ et κόπτω. Vide quoque in v. φρικτός.

ΦΥΓΑΔΕΙ'Α vel ΦΥΓΑΔΙ'Α, *fugatio, fuga, exilium.* Hinc

ΦΥΓΑΔΕΙ͂ΑΙ, *fugitivi, profugi.* אֶשְׁתַּדּוּר Chald. *rebellio.* Esdr. IV. 15. φυγαδεῖαι δούλων, *profugi servorum.* Vide et v. 19. *Fuga servorum est rebellio contra dominos.* — מִבְרָחִים plur. *profugi.* Ezech. XVII. 21. πάσας φυγαδείας αὐτοῦ, omnes *profugos* ejus. Incert. ibi habet φυγαδίας, pro quo Montfauconio legendum videtur φυγάδας. Sed nullus dubitat Bielius, quin vitiose ita scriptum sit pro φυγαδείας.

ΦΥΓΑΔΕΙ͂ΟΝ, *refugium, asylum.* מִקְלָט, idem. Num. XXXV. 15.

ΦΥΓΑΔΕΥΤΗ'ΡΙΟΝ, idem. מִקְלָט. Num. XXXV. 6. Jos. XX. 2. 3. — נוּס, *fugio.* Jos. XX. 3. Vide quoque 1 Macc. I. 56. ἐν παντὶ φυγαδευτηρίῳ αὐτῶν. Vulgat. *in abscondilis fugitivorum locis.* Ibid. X. 14. ἦν γὰρ αὐτοῖς φυγαδευτήριον, erat autem iis *refugium.*

ΦΥΓΑΔΕΥ'Ω, *fugio, fugito,* it. *fugo,* et φυγαδεύομαι, *in exilium pellor.* הִבְרִיחַ Hiph. a בָּרַח. Symm. Job. XLI. 19. φυγαδεύσει, *fugabit.* — הֵנִיס Hiph. a נוּס. Aqu. Deuter. XXXII. 30. — נָדַד, *vagor.* Psalm. LIV. 7. Confer 1 Maccab. II. 43. (ubi οἱ φυγαδεύοντες ἀπὸ τῶν κακῶν sunt qui fuga se eripuerant ex illis periculis.) 2 Maccab. V. 6. et X. 15.

ΦΥΓΑ'Σ, Α'ΔΟΣ, *fugitivus,* speciatim *servus fugitivus, profugus, exul.* אֶשְׁתַּדּוּר Chald. *rebellio.* Al. Esdr. IV. 19. φυγάδες. Sed legendum ibi est φυγαδεῖαι, ut reliqui habent. — *מִבְרָחִים. Ezech. XVII. 21. sec. ed. Compl. — נִדָּח part. Niph. *depulsus.* Ies. XVI. 4. — עֹרֶף, *cervix.* Exod. XXIII. 27. *Dare hostes cervices est eos in fugam convertere.* Vide 2 Sam. XXII. 41. Ps. XVIII. 41. Vide et Sap. X. 10. (φυγάδα ὀργῆς, *profugum ob iram,* sc. Jacobum.) XVII. 2. XIX. 3. 2 Macc. V. 7.

ΦΥΓΑ'Σ ΕΙ'ΜΙ', *profugus sum.* נוּס, *fugio.* Prov. XXVIII. 17.

ΦΥΓΗ', *fuga.* בְּרֹחַ infin. *fugiendo.* Job. XXVII. 22. — מָנוֹס. Ps. CXLI. 6. Jerem. XXV. 35. Amos II. 14. — מְנוּסָה. Ies. LII. 12. — נוּס, *fugio.* Num. XXXV. 6. 2 Sam. XVIII. 3. — *פּוּט, *Phud,* nomen propr. Nahum. III. 9. Legerunt פּוּץ, quod notat *dispergi, dissipari,* aut פָּלִיט ex sententia J. D. Michaëlis in Spicilegio Geographiæ Hebr. Exteræ P. I. p. 161.

ΦΥΗ', *natura, indoles, magnitudo, statura et proceritas, sed conjuncta* cum *dignitate formæ* (Hesiod. Op. et Dies v. 129. Homer. Il. Α', 115. et Χ', 370.), it. *stirps, germen, truncus.* אֲרוּכָה, *sanitas*, it. *prolongatio.* Neh. IV. 7. ὅτι ἀνέβη ἡ φυὴ τοῖς τείχεσιν Ἱερουσαλὴμ, quod rediret *magnitudo* muris Hierosolymæ. — עִקַּר Chald. *stirps.* Dan. IV. 12. 20. τὴν φυὴν τῶν ῥιζῶν αὐτοῦ ἐν τῇ γῇ ἐάσατε, *truncum* radicum ejus in terra sinite. Vide et v. 23. Gloss. Cyrilli: φυὴ, βλάστησις, αὔξησις. Suidas φυὴν interpretatur βλάστησιν. In Lex. Cyrilli MS. Brem. autem φυὴ exponitur φύσις, τρόπος, βλάστη.

ΦΥ͂ΚΟΣ, *fucus, genus herbæ marinæ* vel *fruticis* potius, unde *lana inficitur* (Dioscor. Lib. IV. c. 100.), vel est *alga, fucus mulierum, pigmentum*, secundum Etymol. M. παρὰ τὸ φύεσθαι, φυτὸν γὰρ θαλάσσιον. Sap. XIII. 14. καταχρίσας μίλτῳ καὶ φύκει, illinens milto et *fuco.* Hesych. φύκει, εἶδος κομμωτικὸν γυναικεῖον. Lex. Cyrilli MS. Brem. φύκει, ᾧ τὰς οἰκείας ὄψεις αἱ γυναῖκες ἐρυθαίνουσιν. Similiter Suidas: φῦκος, ᾧτινι τὰς οἰκείας ὄψεις αἱ γυναῖκες χρίουσι. Conf. Spanhem. Obss. in Callimach. p. 446.

ΦΥ΄ΛΑΓΜΑ, *quod custoditur seu servatur, custodia*, it. *præceptum et mandatum diligenter observandum.* מִשְׁמָר. Aqu. Theod. Proverb. IV. 23. Al. Levit. XVIII. 30. ubi in codd. cum πρόσταγμα permutatur. — מִשְׁמֶרֶת. Levit. VIII. 35. XXII. 9. Deut. XI. 1. et alibi — שְׁמָרִים plur. *fæces.* Soph. I. 12. Sermo ibi est de iis, *qui secure vivunt*, adeoque recte a LXX οἱ καταφρονοῦντες ἐπὶ τὰ φυλάγματα αὐτῶν dici poterant. 1 Macc. VIII. 26. et 28. τὰ φυλάγματα sunt *certæ fœderum leges* et *conditiones ab utraque parte observandæ.*

ΦΥΛΑΚΗ', *custodia, carcer, vigilia*, it. *præceptum, quod custodiri et observari debet.* אֵסוּר, *vinculum.* Jer. XXXVII. 14. εἰς οἰκίαν φυλακῆς, in domum *carceris.* — אֲסוּרִים part. Pah. plur. *vincti.* Jud. XVI. 22. ἐν οἴκῳ τῆς φυλακῆς, in domo *carceris.* Vide et v. 26. — אַשְׁמוּרָה, *vigilia.* Psalm. LXXXIX. 5. φυλακὴ ἐν νυκτὶ, *vigilia* in nocte. Vide et Thren. II. 19. Aqu. Psalm. LXII. 7. ἐν φυλακαῖς, per singulas *vigilias*, h. e. per totam noctem. — אַשְׁמֹרֶת, idem. Jud. VII. 19. ἀρχομένης τῆς φυλακῆς μεσούσης, incipiente *vigilia* media. Suidas: φυλακὴ, τὸ τέταρτον μέρος τῆς νυκτὸς, τετραχῆ γὰρ διῄρηται. καὶ φυλακαὶ, τῆς νυκτὸς αἱ διαιρέσεις, καθ' ἃς οἱ φύλακες τὰς φυλακὰς ἀλλήλοις ἐγχειρίζουσι. Lexicon Cyrilli MS. Bar. πρώτη φυλακὴ, αἱ τρεῖς ὧραι τῆς νυκτὸς, εἰς τέσσαρας γὰρ φυλακὰς διαιρεῖται ἡ νύξ. Confer Matth. XIV. 25. XXIV. 43. Marc. VI. 48. Luc. XII. 38. Drusii Obs. Lib. X. c. 10. et Goodwini Mos. et Aar. Lib. III. c. 1. p. 205. Adde Pollucem Lib. I. c. 7. segm. 70. ibique Intt. et quæ ex Herodoto observat Raphelius ad Matth. XIV. 25. p. 165. — *בֵּית הָסוּרִים, *domus vinctorum.* Symm. Cohel. IV. 14. — דָּיֵק, *munitio.* Ezech. XXVI. 8. — זְמִירָה, *cantio.* Job. XXXV. 10. ὁ κατατάσσων φυλακὰς νυκτερινὰς, ordinans *vigilias* nocturnas: ubi non legerunt שְׁמִירוֹת, sed sic acceperunt in sua mente per commutationem literarum ז et שׁ. Confer supra s. v. σκεπαστὴς et Buxtorfii Anticrit. p. 687. Arab. زر notat quoque *secare, dividere*, unde זְמִירָה *divisionem* significare potest. Vigiliis autem nox dividitur in plures partes. — כֶּלֶא, *coërcitio.* 2 Reg. XVII. 4. XXIV. 47. Ies. XLII. 7. et alibi. — בֵּית כֶּלֶא, *domus coërcitionis.* 1 Reg. XXII. 27. — כְּלוּא, *coërcitio.* Jer.

a XXXVII. 4. — בֵּית מַהְפֶּכֶת, *domus cippi.* 2 Paral. XVI. 10. — מַחְסוֹם, *capistrum.* Ps. XXXVIII. 2. ἔθέμην τῷ στόματί μου φυλακήν. Confer Æschyl. Agam. v. 241. — מַטָּרָה. Nehem. III. 25. XII. 38. Jerem. XXXII. 2. et alibi sæpius. Aqu. et Theodot. 1 Sam. XX. 20. quæ versio ibi est admodum inepta, quanquam usui loquendi non con-
b traria. — מַסְגֵּר, *claustrum.* Psalm. CXLI. 10. ἐξάγαγε ἐκ φυλακῆς τὴν ψυχήν μου, educito ex *carcere* animam meam. In Etymol. MS. φυλακὴ ex h. l. exponitur σῶμα. — מְצוּדָה, *arx.* Ezech. XIX. 9. — מִשְׁמָר. Gen. XL. 3. 4. 7. XLI. 10. XLII. 17. et alibi sæpius. — בֵּית מִשְׁמָר, *domus custodiæ.* Gen. XLII. 19. — מִשְׁמֶרֶת. Exod. XIV. 24. ἐν τῇ φυ-
c λακῇ τῇ ἑωθινῇ, in vigilia matutina. 1 Sam. XI. 11. ἐν φυλακῇ τῇ πρωϊνῇ. Numer. I. 53. φυλάξουσι τὴν φυλακὴν τῆς σκηνῆς, custodient custodiam tabernaculi, h. e. *excubias agent* circa tabernaculum. Vide et Num. XVIII. 4. 2 Reg. XI. 5. ac Homer. Il. K', 408. 1 Reg. II. 3. φυλάξεις τὴν φυλακὴν κυρίου, custodies custodiam Domini, h. e. observabis *præcepta,*
d *quæ custodiri et observari jussit* Dominus. Vide et 2 Paral. XXIII. 6. Hab. II. 1. ἐπὶ τῆς φυλακῆς μου στήσομαι, stabo in *custodia* seu *specula* mea. Etymol. M. ex h. l. φυλακὴν interpretatur τὴν γνῶσιν καὶ θεωρίαν. — נָצַר, *custodio.* Prov. XX. 28. — סַף, *limen.* 1 Par. IX. 19. 2 Par. XXXIV. 9. Utrobique fortasse legendum est πύλας, aut πύλην, et al-
e tera lectio ex aliis SS. locis, ubi φυλάσσειν φυλακὴν occurrit, orta esse videtur. — קוֹבַע, *galea, qua caput legitur et custoditur,* a קָבַע, *tegere, operire.* Ezech. XXIII. 24. — שֹׁמֵר part. *custodiens.* Psalm. CXXIX. 6. ἀπὸ φυλακῆς πρωΐας μέχρι νυκτὸς, a *vigilia* matutina usque ad noctem. — שְׁמֻרוֹת plur. *vigiliæ,* it. *palpebræ.* Psalm. LXXVI. 4. Sirac. XXXIV. 18. φυλακὴ ἀπὸ προσκόμματος, ubi φυλακὴ est i. q. σκέπη, *præsidium, munimentum.* Sirac. XLIII. 12. astra οὐ μὴ ἐκλυθῶσιν ἐν φυλακαῖς, non fatiscunt in *stationibus,* ubi φυλακὴ est *statio, in qua quis persistere debet,* **der Posten,** *a post.* Confer Baruch. III. 22. et Hab. II. 1. Syrus: *in cursu ipsorum,* sensu eodem. 4 Macc. XIII. 13. φυλακὴ νόμου, *observatio* legis. Hesych. φυλακὴ, φρουρὰ, εἱρκτὴ, τήρησις ἐντολῶν. Πόλις Θεσσαλίας παροξυτόνως, ὀξυτόνως δὲ ἀγρυπνία.

ΦΥΛΑΚΙ'ΖΟΜΑΙ, *in carcerem conjicior, in carcere custodior.* Sap. XVIII. 4. ἄξιοι μὲν γὰρ ἐκεῖνοι στερηθῆναι φωτὸς καὶ φυλακισθῆναι ἐν σκότει, nam digni quidem illi, qui luce priventur et in tenebricoso carcere *custodiantur.*

ΦΥΛΑ'ΚΙΣΣΑ (ut βασίλισσα et βαλάνισσα. Conf. Valcken. ad Theocrit. Adoniaz. p. 321.), *custos fœmina,* q. d. *custoditrix.* נֹטֵרָה part. fœm. Cant. I. 5.

ΦΥΛΑΚΤΗ'ΡΙΑ, *phylacteria.* כְּסָתוֹת, *pulvilli, pulvinaria.* Hebr. Int. Ezech. XIII. 18. Vide ad h. l. Rosenmülleri Scholia.

ΦΥ'ΛΑΞ, *custos.* גַּמָּדִים plur., *Gammadæi,* populi Phœniciæ, s. incolæ urbis Gammades in Phœnicia, sic dicti a גֹּמֶד, *cubitus,* qu. *cubitales, brachiales,* quia brachiis erant robusti et firmi. Ezech. XXVII. 11. φύλακες, custodes portæ, excubitores, vel milites præsidiarii, a rad. غمد (ג in غ trajecto, ut in גָּמַל, גָּלַשׁ, etc.), *obdidit pessulum,* in Conj. 2. et 5. *texit, protexit.* Ita quoque Lutherus. Confer Fulleri Miscell. Sacr. Lib. VI. c. 4. — *מְנֻזָּרִים, *coronati.* Nah. III. 17. φύλακες, ac si נָזַר idem denotaret, quod נָצַר

custodio. Præterea reges ac principes, qui h. l. intellegendi sunt, recte φύλακες λαοῦ dici possunt. — *נֹטֵרָה part. fœm. Symm. Cant. I. 6. ubi φύλαξ in genere fœminino ponitur pro φυλάκισσα. — צוּר, *rupes.* 2 Sam. XXIII. 3. φύλαξ Ἰσραὴλ, custos Israëlis. Vide et 2 Sam. XXII. 3. 47. Symm. Theod. Deut. XXXII. 31. et confer quæ de *Jove custode* et *Diis custodibus* observat Spanhemius ad Callim. Hymn. in Jov. v. 81. p. 35. — צִיר, *legatus.* Symm. Theod. Prov. XIII. 17. Admodum inepte h. l. legerunt נֹצֵר. — שֹׁמֵר part. *custodiens.* Gen. IV. 9. 1 Sam. XVII. 20. — שֹׁמֵר כֵּלִים, *custos vasorum.* 1 Sam. XVII. 22.

ΦΥ'ΛΑΞΙΣ, i. q. φυλακὴ, *custodia.* *נְצֹר, *custodio.* Aqu. Ies. XXVI. 3. ubi תִּצֹּר, *custodies,* pro substantivo habuit a rad. נָצַר. Male Bielius in Thesauro suo ad שָׁמַר retulit. — שִׁמֻּרִים plur. *custodiæ.* Samaritan. Exod. XII. 41. φυλάξεως.

*ΦΥΛΑ'ΡΧΗΣ, i. q. φύλαρχος. 2 Macc. VIII. 32. sec. cod. Vat. ubi non est nomen proprium, sed appellative sumendum, ut μεριδάρχης 1 Macc. X. 65.

ΦΥ'ΛΑΡΧΟΣ, *tribus princeps,* seu *præfectus, tribunus.* זְקַן שֵׁבֶט, *senior tribus.* Deuter. XXXI. 28. Hesych. φύλαρχος, φυλῆς ἄρχων. Sic quoque legitur 3 Esdr. VII. 8. (ubi tamen φυλῶν reponere mallem. Vide infra s. v. φυλή.) et apud Josephum A. J. III. 7. p. 151. Hav. Deinde, quoniam φυλὴ sæpius notat *gentem,* φύλαρχος quoque *principem, ducem quemcunque* denotat, ut 3 Esdr. VIII. 54. 59. Hebr. שָׂרִים, *principes,* collato Esdr. VIII. 24. 59. cui voci etiam respondet 3 Esdr. VIII. 96. coll. Esdr. X. 5. Unde etiam de *militum duce* dicitur. 2 Macc. VIII. 32. φύλαρχος τῶν περὶ Τιμόθεον, *dux* militum Timothei. Secundum Junii versionem φύλαρχος est nomen proprium hominis cujusdam impuri et inimici Judæis. Hes. φύλαρχον, χορήγιον, nisi legendum χορηγόν.

ΦΥΛΑ'ΣΣΩ, ΤΤΩ, *vigilias ago, custodio, servo, observo, caveo, insidior,* et φυλάσσομαι, idem. *בְּתוֹךְ, *in medio.* Symm. 1 Sam. XXV. 29. πεφυλαγμένη. Ex hac versione verba Hebr. ita vertenda essent: *animam inimicorum tuorum fundo jaciet eam custoditam in curvatura fundi.* Admodum hic languere, immo ineptum esse illud *custoditam,* quis non videt? Arbitror igitur, πεφυλαγμένη potius pertinere ad vocem צְרוּרָה, *colligata,* in antecedentibus, ubi legitur: *et erit anima domini mei colligata in fasciculo vitarum.* Colligare enim solemus, quæ bene custodire ac futuris usibus diligenter servata volumus.—הִזְהִיר: נִזְהַר, Hiph. et Niph. a זָהַר, *moneo, moneor.* Psalm. XVIII. 12. ubi non legerunt נוֹצָר, sed voci Hebr. tribuerunt notionem, quam Syr. ܙܗܪ in Ethpeel habet, ut recte Koehlerus monuit ad h. l. Incert. et LXX Cohel. XII. 12. φυλάσσου τὰ βιβλία ποιῆσαι πολλὰ, *cave* facere libros multos. Vide et Ez XXXIII. 4. 5. 6. Ez. XXXIII. 8. τοῦ φυλάξαι τὸν ἀσεβῆ ἀπὸ τῆς ὁδοῦ αὐτοῦ, ut horteris impium ad vitam suam emendandam. Adde Aqu. Cohel. IV. 13. ubi *cavendi* notionem habet, unde Aquilæ versionem esse vix existimaverim. Confer quoque Dresigium de Verbis Mediis N. F. p. m. 499. ac Homer. Il. Ψ', 343. — הִזִּיר Hiph. a נָזַר, *separo me.* Inc. Lev. XXII. 2. φυλασσέσθωσαν. Vulg. *caveant.* — זְהִירִין plur. Chald. *moniti, cauti.* Esdr. IV. 22. πεφυλαγμένοι, *caventes.* — *זָרָה, *spargo, ventilo.* Symm. Prov. XV. 7. ubi pro

a יִזָּרֵו non legit יִצָּרוּ, a נָצַר, ut
Drusius et alii existimarunt, sed
permutationem ז et צ statuit. —
חִיָּה Pih. *vivifico, vitam conservo.*
Ezech. XVIII. 27. οὗτος τὴν ψυχὴν
αὐτοῦ ἐφύλαξε, hic animam suam *servavit.* Conf. Joh. XII. 25. — כָּלָא,
claudo. Jer. XXXII. 2. ἐφυλάσσετο
ἐν τῇ αὐλῇ τῆς φυλακῆς, *custodiebatur*
in aula carceris. Cf. Act. XXIII.
b 35. — כְּלוּא, *coërcitio.* Jer. LII.
25. — מִשְׁמֶרֶת, *custodia.* 1 Sam.
XXII. 23. — *נוּחַ, *quiesco.* Incert.
Hab. III. 16. φυλάξεις: ubi quid
legerit, aut cur ita transtulerit, me
ignorare fateor. — נָזִיר, *separatus.*
Symm. Deut. XXXIII. 16. φυλά-
ξαντες. — לָנֶצַח, *in victoriam.* Prov.
XXI. 28. φυλασσόμενος, *ita ut sibi
diligenter caveat.* Legerunt לְנֹצֵר.
c — נָצַר. Prov. VI. 20. φύλασσε νόμους
πατρός σου, *observa* leges patris tui.
Vide et Prov. XXVIII. 7. et conf.
Gal. VI. 13. Sic eadem vox sæpius apud Græcos exteros occurrit.
Vide præter Wolfium ad Matth.
XIX. 20. Lex. N. T. s. h. v. Apud
Theodot. Prov. XXVII. 18., ubi
sermo est de arbore, notat *dilegenter curare, bene colere.* Vide supra
d s. διατηρέω. Confer quoque Quint.
et Sext. edit. Ps. LX. 8. — נֵצֶר,
surculus. Ies. LX. 21. Legerunt
נֹצֵר, ac φυλάσσειν in notione *colendi*
et *curandi* acceperunt. Verba sunt
φυλάσσων τὸ φύτευμα. — סָגָן, *antistes.*
Neh. II. 16. — עָצַר, *claudo.* Jer.
XXXVI. 5. φυλάσσομαι, *impedior,*
quominus nempe templum adire
possim. — עָשָׂה, *facio.* Deut. V.
e 15. ὥστε φυλάσσεσθαι ἡμέραν τῶν σαβ-
βάτων, ut *observes* diem sabbatorum. Sic Herodoto Lib. I. c. 48.
φυλάξας τὴν κυρίην τῶν ἡμερῶν est, *qui
observat diem constitutum.* 1 Paral.
XXVIII. 7. φυλάξασθαι τὰς ἐντολάς

μου. — פִּקָּדוֹן, *depositum.* Genes. XLI. 36. τὰ πεφυλαγμένα ἐν τῇ γῇ. — צָפָה, *speculor.* Ies. LII. 8. Speculatores custodiæ causa in specula constituti erant. — צָפַן, *abscondo.* Job. XIV. 13. εἰ γὰρ ὄφελον ἐν ᾅδῃ με ἐφύλαξας. Adde Symm. Prov. XIII. 22. — קוּר, *fodio.* 2 Reg. XIX. 23. ubi tamen ἐφύλαξα est lectio aperte vitiosa pro ἔψυξα. — *שָׂגַב, propr. *elevo, colloco in loco edito, ad quem aditus non tam facile patet,* et metaph. *tueor, tutum præsto.* Inc. Ps. XIX. 2. Vide s. σκεπάζω et προΐστημι. — שׁוּב, *revertor.* 1 Sam. XXIX. 11. Fortasse שׁוּב permutarunt cum שׁוּף, quod vide s. v. τηρέω. — *שָׁמַד Hiph. *perdo.* Ezech. XXXIV. 16. Legerunt אֶשְׁמוֹר, *custodiam,* quod melius videtur. Vide Buxtorfii Anticrit. pag. 786. — שָׁמִיר, *sentis.* Ies. XXVII. 4. Adde Symm. Ies. X. 17. τὰ πεφυλαγμένα αὐτοῦ. Deduxerunt a שָׁמַר, *custodivit, asservavit.* — שָׁמַע, *audio, obtempero.* 1 Reg. XI. 38. Prov. XIX. 27. Hab. III. 15. In posteriori loco legerunt שָׁמַרְתִּי. — שָׁמַר. Gen. XXVI. 5. ἐφύλαξε τὰ προστάγματά μου, *observavit* præcepta mea. Gen. XXXI. 24. 29. φύλαξαι σεαυτὸν, μήποτε λαλήσῃς, *cave* tibi, ne loquaris. Exod. XII. 17. φυλάξεσθε τὴν ἐντολὴν ταύτην, *observabitis* hoc præceptum. Vide quoque Exod. XV. 26. et Rom. II. 26. Num. IX. 19. φυλάξονται τὴν φυλακὴν τοῦ θεοῦ, custodient custodiam Dei, h. e. *observabunt præceptum* Dei. Confer 1 Reg. II. 3. 2 Par. XXIII. 6. 1 Sam. XXI. 4. εἰ πεφυλαγμένα τὰ παιδάρια εἰσὶ πλὴν ἀπὸ γυναικὸς, si modo pueri *abstinuissent* a muliere. 2 Sam. XI. 6. ubi æque ac שָׁמַר *obsidere* notat. Sc. obsessio urbis cum observatione ejus est conjuncta. 1 Reg. II. 44. οὐκ ἐφύλαξας τὸν ὅρκον Κυρίου, non *servasti* juramentum Domini. Sic Herodotus Lib. I. c. 165. τὸ ὅρκιον ἐφύλασσον. 1 Reg. III. 6. ἐφύλαξας αὐτῷ τὸ ἔλεος τὸ μέγα τοῦτο, *servasti* illi gratiam hanc magnam. 1 Reg. VIII. 23. φυλάσσων διαθήκην καὶ ἔλεος τῷ δούλῳ σου, *servans* fœdus et gratiam servo tuo. Vide et 2 Par. VI. 14. Neh. I. 5. Ps. LXXXVIII. 28. 2 Reg. VI. 9. φύλαξαι μὴ παρελθεῖν ἐν τῷ τόπῳ τούτῳ, *cave* transeas per hunc locum. Vide et Job. XXXVI. 21. 2 Reg. IX. 14. Ἰωρὰμ ἐφύλασσεν ἐν Ῥαμὰθ κ. τ. λ., Joram *præsidio stabat* pro Ramoth in Gilead, ipse et omnis Israël contra Azaël, regem Syriæ. 2 Reg. XI. 5. φυλάξατε φυλακὴν οἴκου τοῦ βασιλέως, *custodiam agetis* domus regis. 1 Par. XXIII. 32. φυλάξουσι τὰς φυλακὰς τῆς σκηνῆς, *excubias agent* in tabernaculo. Ps. LXX. 11. οἱ φυλάσσοντες τὴν ψυχήν μου, *insidiantes* animæ meæ. Psalm. CXIX. 136. ἐφύλαξα. Legendum haud dubie ἐφύλαξαν. Firmat Latinus interpres. Jer. VIII. 7. ἀγροῦ στρουθία ἐφύλαξαν καιροὺς, passeres agri *observant* tempora. Jer. XVII. 21. φυλάσσεσθε τὰς ψυχὰς ὑμῶν, *cavete* animabus vestris. Incert. Ps. XI. 7. φυλάξεις αὐτοὺς s. αὐτὰ, *servabis* ea, nempe eloquia tua, h. e. *factis comprobabis, ea vera esse, et ab omni falsitate remota.* Symmach. Ps. XVI. 4. ubi *cavere sibi* notat, et Vulg. per *custodire,* ac Hieronymus per *observare* male transtulerunt. Præterea legitur Numer. XXII. 38. ubi verbis φυλάξω λαλῆσαι (vertendis: *diligenter* s. *studiose loquar,* ut שָׁמַר cum infinitivo junctum quoque adhibetur) nihil respondet in textu Hebr. Sir. XIX. 9. ἐφυλάξατό σε, *notabit* et *observabit* te. Alii vertunt *aversabitur te.* Sir. XII. 12. φύλαξαι ἀπ᾽ αὐτοῦ, *cave* ab illo. Vide et Sirac. XXII. 13. XXXII. 22. Sir. XXVI. 12. ὀπίσω ἀναιδοῦς ὀφθαλμοῦ φύλαξαι, *cave* tibi ab impudente.

ΔΙ´ΔΩΜΙ ΦΥΛΑ´ΣΣΕΙΝ, *do custodiendum.* הִפְקִיד Hiph. *depono.* Jerem. XXXVI. 20. — Vide alibi δικαιοσύνη.

ΦΥΛΗ´, *tribus, natio, gens, multitudo hominum ejusdem stirpis, familia.* אִישׁ, *vir.* Esther. II. 5. ἐκ φυλῆς Βενιαμίν. Recte quoad sensum. — אֶלֶף, *mille,* etiam *familia* ac *tribus,* ab אָלַף, Arab. ألف, *conjunxit.* 1 Sam. X. 19. — אֻמָּה, in plur. אֻמַּיָּא Chald. *populus.* Dan. III. 4. 30. πᾶς λαὸς, φυλὴ, γλῶσσα, omnis populus, *natio,* lingua. Vide et Dan. V. 21. Lexic. Cyrilli MS. Brem. φυλὴ, ἔθνος. — אֶרֶץ, *terra.* 1 Sam. IX. 16. ἐκ φυλῆς Βενιαμὶν sec. Ald. et Cat. Niceph. Ita quoque Josephus A. J. VI. 4. 1. — בַּיִת, *domus,* it. *familia.* Exod. II. 1. — *בְּנוֹת, *filiæ.* 1 Par. VII. 29. sec. Vat. Sensum secutus est. — גְּבוּל, *terminus,* it. *regio certis terminis inclusa.* Jud. XIX. 29. — לְאֹם, *populus.* Prov. XIV. 36. — מַטֶּה, *sceptrum,* ac deinde *regnum,* et *dominatio, cujus signum est sceptrum.* Num. XIII. 12. XVIII. 2. Utrobique Chald. שִׁבְטָא. Exod. XXXI. 2. et alibi sæpius. Aqu. Num. I. 20. ubi Montfauconius legere mavult ῥάβδον. — מִטָּה, *lectus.* Amos III. 12. Legerunt aperte מַטֶּה, aliis punctis subjectis. — *מִשְׁמֶרֶת, *custodia.* Num. III. 36. sec. Complut. ubi tamen pro φυλῆς necessario reponendum est φυλακῆς, ut reliqui libri habent. Conf. quoque 1 Par. XII. 29. — מִשְׁפָּחָה, *familia.* Genes. X. 5. 18. XII. 3. XXIV. 38. et alibi. — *מִשְׁפָּחָה מַטֶּה, *familia extensionis,* s. *tribus.* Jos. XXI. 5. 6. — *עֲלָלוֹת, *racemi.* Jud. VIII. 2. Sed ibi loco vitiosi ἐπὶ φυλαῖς, quod exhibet ed.

a Ald., reponendum est ἐπιφυλλίς, aut ἐπιφυλλίδες, quod reliqui libri habent. — עָץ, *lignum*. Ez. XXXVII. 19. Sensum secuti sunt. — פֶּחָה et constr. פַּחַת, *princeps*. Hagg. I. 1. Cappello (Crit. Sacr. p. 647.) judice legerunt מִמִּשְׁפַּחַת, præpositis tribus literis ab initio vocis illius פַּחַת. Conjecturam minus probabilem de h. l. proposuit Bux-
b torfius Anticrit. p. 651. Confer et Hagg. I. 14. II. 3. 22. — *פִּנָּה, *angulus*. Inc. 1 Sam. XVI. 33. ubi sensum expressisse censendus est. — רֹאשׁ, *caput*. Num. XVII. 3. ubi φυλὴν fortasse voci κεφαλὴν ortum suum debet. — שֵׁבֶט, *virga, sceptrum*, it. *tribus*. Genes. XLIX. 16. Exod. XXIV. 4. et alibi sæpius. Ed. Quinta Ps. LXXIII. 2.
c — שַׁעַר, *porta*. Ruth. III. 11. πᾶσα φυλὴ λαοῦ μου. Ita Vat. Alex. quod sensum recte exprimit, ut adeo non opus sit reponere πύλη, ut habet cod. Oxon. Idem valet de loco Ruth. IV. 10. — שֹׁפֵט, *judex*. Num. XXV. 5. 1 Paral. XVII. 6. Mich. V. 1. In omnibus his locis legerunt שֵׁבֶט. Sir. XVI. 9. φυλὴ δὲ ἀνόμων ἐρημωθήσεται, ubi φυλή,
d quia τῷ ἐνὶ opponitur, *copiæ* et *multitudinis* notionem habet, ut sit: *familia ampla et copiosa*, unde etiam pro φυλὴ reponere mallem φυλῇ. Cf. Symm. 3 Esdr. I. 4. Hebr. מַחְלְקוֹת, *divisiones*, coll. 2 Paral. XXXV. 4. ubi LXX ἐφημερία habent.

ΦΥΛΙΣΤΙΑΙ´Α ΓΗ˜, *Phylistæorum terra*. פְּלֶשֶׁת. Aqu. Psalm. LIX. 10.

e ΦΥ´ΛΛΟΝ, *folium*. עָלֶה, idem. Gen. III. 7. VIII. 11. et alibi. Ps. I. 3. ubi pro τὸ φύλλον αὐτοῦ ex Barnabæ Epistola X. in PP. Apost. ed. Cotelerii T. I. p. 37. reponendum est τὰ φύλλα α. Symm. Job. XIII. 25. — עֲפִי Chald. *ramus*. Dan. IV. 9. 11. 18. Verba ὥσπερ φύλλα apud LXX Prov. XI. 14. nihil habent in textu Hebr. cui respondeant. Est itaque merum additamentum vel f
ab interpretis luxurie, vel e v. 28. Sir. VI. 4. τὰ φύλλα σου καταφάγεσαι, folia tua carpe et absume, h. e. tropo remoto: si ea dissipes et corrumpas, quæ sunt necessaria ad spem incrementi et proventus boni, ut verbis Camerarii utar.

ΦΥ´ΛΟΝ, *gens, natio*. לְאֹם, *natio, populus*. Aqu. Ps. II. 1. Incert. Psalm. XLIII. 3. CXLVIII. 11. g
φῦλα. 3 Maccab. IV. 14. Hesych. φῦλον, γένος. Videatur Polyb. I. 10. 2. et ibi Schweighæuserus docens, φῦλον latius patere quam ἔθνος. Gloss. Cyrilli: φῦλα, ἔθνη, γένη.

ΦΥ´ΡΑΜΑ, *massa, farina aqua subacta*. לוּשׁ, *depso*. Quint. Edit. Hos. VII. 4. τοῦ φυράματος κοινωνίας. Aut legendum τῆς κοινωνίας φυράματος, ut κοινωνία sit *subactio*, aut κοι- h
νωνίας corruptum est. Vulg. *a commixtione fermenti*. — מִשְׁאֶרֶת, *mactra*, ita dicta, quod in ea massa farinæ fervescat. Exod. XII. 34. πρὸ τοῦ ζυμωθῆναι τὰ φυράματα αὐτῶν, antequam fermentatæ essent massæ ipsorum. Vide et Exod. VIII. 3. — עֲרִסוֹת plur. *massæ*. Num. XV. 20. ἀπαρχὴν φυράματος ὑμῶν, primitias *farinæ subactæ*. Suidas: φύ- i
ραμα, στέαρ, ἢ τὰ ζυμούμενα (Küsterus scribendum censet ἐζυμωμένα vel ζυμούμενα), ἄλφιτα.

ΦΥΡΑΣΙΣ, *mixtio, commixtio*. לוּשׁ infin. *depsendo*. Hos. VII. 4.

ΦΥΡΑ´Ω, *misceo, confundo, perturbo*. בָּלַל, idem. Exod. XXIX. 2. ἄρτους ἀζύμους πεφυραμένους ἐν ἐλαίῳ, panes azymos oleo *mixtos*. Vide et Lev. II. 4. Hesych. πεφυραμένους, μεμιγμένους. — לוּשׁ, *depso*. Genes. XVIII. 6. 1 Sam. XXVIII. 24. Hesych. φυρᾶν, ζυμοῦν, ταράσσειν τὰ e ἄλευρα. — מְרֻבֶּכֶת part. Hoph. fœm. a רָבַךְ, *frixum*. Lev. VI. 21. ubi vid. Montfauconius. Judice Boeckelio loco πεφυραμένην fortasse legendum est πεπυρωμένην, synonymon τοῦ ζεστήν. 1 Par. XXIII. 29. — בָּלַל et מְרֻבֶּכֶת junctim. Lev. VII. 2. — נִלְבַּט Niph. *conturbor*. Theod. Prov. X. 8. φυρήσεται. Videtur hic cum reliquis Intt. libere vertisse, ignorans fortasse veram notionem vocis לָבַט.

ΦΥ'ΡΔΗΝ, adv. *mixtim, permixtim, confuse, inordinate*. 2 Macc. IV. 41. Hesych. φύρδην, ἀτάκτως, συγκεχυμένως, ἀναμίξ.

ΦΥΡΜΟ'Σ, *commixtio, perturbatio, inquinatio, inquinamentum*. רַתּוֹק, *catena*. Ez. VII. 23. ποιήσουσι φυρμὸν, facient perturbationem. Forte legendum est συρμὸν, *tractum*, παρὰ τὸ σύρεσθαι, vel εἱρμὸν s. εἱργμὸν παρὰ τὸ εἴρειν et εἴργειν, *coërcere*, aut potius ὅρμον. Lex. Cyrilli MS. Brem. φυρμὸν, ἀφανισμὸν, μολυσμὸν, ταραχήν.

ΦΥ'ΡΟΜΑΙ, *misceor, polluor, inquinor, fœdor*. גּוֹלֵל Pyh. *volutor*. Symmach. Ies. IX. 5. ἐφύρη. — הִתְבּוֹסֵס Hithp. a בָּסַס, *inquinor, memet ipsum inquino*, coll. Arab. بوس, *miscuit, commiscuit*. Nam verba *miscendi* notant etiam *inquinare*, ut docuit E. Scheidius ad Quædam Loca V. T. p. 36. Ez. XVI. 6. εἶδόν σε πεφυρμένην ἐν τῷ αἵματί σου, vidi te *fœdatam* sanguine tuo. Vide et v. 22. — הִתְגֹּלֵל Hithp. a גָּלַל, *volvo me*. 2 Sam. XX. 12. πεφυρμένος ἐν τῷ αἵματι, *pollutus sanguine*. Homer. Il. Ω', 162. δάκρυσιν εἵματ' ἔφυρεν. Vide Turnebi Adv. XVII. 3. Suidas: πεφυρμένος, μεμολυσμένος. Idem ex scriptore antiquo hæc subjungit: Ὁ δὲ ἔτι φόνῳ καὶ πεφυρμένος τῷ λύθρῳ, ἐς τοὺς ἐχθροὺς ἔρχεται. — הִתְגַּלְגֵּל Hithp. a גָּלַל, *volvo me*. Job. XXX. 14. ἐν ὀδύναις πέφυρμαι.

— לָבֵשׁ, *vestio me*. Job. VII. 5. φύρεται δέ μου τὸ σῶμα ἐν σαπρίᾳ σκωλήκων, *fœdatur* autem corpus meum putredine vermium. Arab. لبس, *miscuit, confudit*. — נִגְאַל Niph. a f
גָּאַל, *polluor*. Symm. Thren. IV. 14. ἐφύρησαν. — עָלַע Pih. *sorbeo, lambo*. Job. XXXIX. 36. νεοσσοὶ δὲ αὐτοῦ φύρονται ἐν αἵματι, pulli autem ejus polluuntur sanguine. Sensum bene expresserunt. Vide supra s. v. στομίζω.

*ΑΙΜΑΤΙ ΠΕΦΥΡΜΕ'ΝΟΝ, *sanguine fœdatum*. מְבוּסָם, *conculcatum*, a
בּוּס. Ies. XIV. 19. Deduxerunt g
a בָּסַס. Vide supra s. v. φύρομαι.

ΦΥ'ΣΑ, *follis, vesica, ingluvies*. מֻרְאָה, idem. Symm. Theod. Lev. I. 16. φύσαν, ubi in ed. Rom. perperam legitur φύσιν.

ΦΥΣΑ'Ω, *sufflo, inflo, flatu distendo, spiro*. נָפַח. Ies. LIV. 16. Aqu. Job. XX. 26. μὴ φυσηθέν. — סָעַר, *procellis agitor*. Hos. XIII. 3. Vide et Sap. XI. 19. Sirac. XXVIII. h
13.

ΦΥ'ΣΗΜΑ, *flatus*. נֻפַּח Pyh. *sufflatus est*. Symm. Job. XX. 26. — *שֹׂרֶפֶת, *adurens*. Aqu. sec. cod. 108. Holm. Deut. VIII. 3. ubi loco φυσίματος reponendum φυσήματος.

ΦΥΣΗΤΗ'Ρ, *follis, instrumentum sufflatorium* vel *inflatorium, quo utimur ad aliquid inflandum ac vento replendum*. אוֹב, *uter*. Job. XXXII. i
19. — מַפֻּחַ. Jerem. VI. 29.

ΦΥ'ΣΙΣ, *natura, indoles, facultates*. Sap. VII. 20. φύσεις ζώων, *indoles animalium*, i. q. θυμὸς ibidem. Sap. XIII. 1. idolorum cultores dicuntur μάταιοι φύσει, h. e. quibus est κακία ἔμφυτος, coll. XII. 10. Nisi φύσει l. l. per *valde* reddere malis (Confer Abresch. Lectt. Aristænet. p. 64.), aut per *revera* cum Fabricio ad

a Sext. Empir. p. 9. Vide quoque J. A. Ernesti Obss. Philol. Crit. in Aristoph. Nub. p. 90. seq. 3 Macc. III. 29. ubi φύσις θνητὴ periphrasi *hominum, bestiarum et omnino rerum creatarum* inservit. Conf. Abresch. Anim. ad. Æschyl. Lib. III. pag. 174. 4 Macc I. 20. παθῶν δὲ φύσεις εἰσὶν αἱ δύο, ἡδονή τε καὶ πόνος, ubi φύσεις sunt *genera* aut *species*. Lexic.
b Cyrilli MS. Brem. φύσις, οὐσία. Conf. Schol. Sophocl. in Ajac. Flagell. v. 772.

*ΑΓΊΑ ΦΎΣΙΣ. חֲלִיפָה, *permutatio*. Symm. Job. XIV. 14. ἕως ἂν ἔλθῃ ἡ ἁγία φύσις μου, ut post Drusium edidit Montfauconus, qui tamen ἡ ἄλλαξις legendum esse opinatur. Semlero in Ep. Crit. p. 55. legendum videtur ἀλλοίωσις, qua
c voce usus est Olympiodorus. Kreyssigio autem in Obss. Critt. in Græcos Jobi Intt. pag. 14. magis placet ἀνάφυσις, quod proprie *regerminationem* notat, adeoque bene respondet voci חֲלִיפָה, de qua videndus est ad h. l. Schultensius.

ΦΥΤΕΊΑ, *plantatio*, it. *planta*. *אֶשֶׁל, *tamarisci species in Ægypto frequens*. Symm. Genes. XXI. 33.
d sec. Coisl. — מַטָּע. Ezech. XVII. 7. τοῦ ποτίσαι αὐτὴν σὺν τῷ βώλῳ τῆς φυτείας αὐτῆς, ut irrigaret illam cum gleba *plantationis* suæ. Vide et Mich. I. 6. — נָטַע, *planto*. 2 Reg. XIX. 29. φυτεία ἀμπελώνων, *plantatio* vinearum. — Vide alibi δένδρον.

ΦΎΤΕΥΜΑ, *plantatio*, it: *planta*. מַטָּע, idem. Ies. LX. 21. LXI. 3. — נָטַע, *planto*. Ies. XVII. 10. Sir.
e X. 23. ubi pii dicuntur ἔντιμον φύτευμα, scil. θεοῦ, coll. Ies. LXI. 3.

ΦΥΤΕΎΩ, *planto*, *infigo*. הִצִּית אֵשׁ Hiph. a יָצַת, *accendo ignem*. Jerem. XI. 16. N. L. — נָטַע. Gen. II. 8. IX. 20. XXI. 33. ἐφύτευσεν ἄρουραν, *plantavit agrum*, scil. *arboribus*. Deut. VI. 11. Aqu. et LXX sec. cod. Vat. Cohel. XII. 11. ἧλοι πεφυτευμένοι, clavi *infixi* s. *defixi*. — נָצַר, *custodio*. Prov. XXVII. 18. ubi non legerunt נָטַע, sed libere verterunt. — שָׁתַל. Ps. I. 3. Ezech. XIX. 10. 13. Aqu. Symm. Hos. VIII. 13. Sir. X. 15. ubi *metaphorice* notat *stabilire, prosperum reddere*.

ΦΥΤΌΝ, *virgultum, planta, arbustum*. אֶשֶׁל, *tamarisci species in Ægypto frequens*. Incert. 1 Sam. XXII. 6. Symm. 1 Sam. XXXI. 13. — *כֵּן, *basis*. Vide s. v. נֵצֶר. — מַטָּע. Ez. XXXI. 4. XXXIV. 29. — *נֵצֶר, *germen*. Dan. XI. 7. sec. cod. Chis. Sed potest ibi quoque ad כֵּן, *basis*, in seq. referri, coll. Ps. LXXX. 16. ubi כַּנָּה interpretantur *plantam* e significatione Syriaci ܐܟܢ, *plantavit*. Ita Vulg. *et stabit de germine radicum ejus plantatio*. Confer quoque Dan. XI. 20. sec. Chis. ubi τῷ כֵּן respondere videtur. — רֹתֶם, *juniperus*. 1 Reg. XIX. 5. ὑπὸ φυτὸν, subtus *virgultum* s. *arbustum*. Ita verterunt, dubii scilicet hærentes de vera vocis Hebr. significatione. — שֹׂבֶךְ (שׂ pro ס), *perplexitas*. Al. 2 Sam. XVIII. 9. Sap. XIII. 11. φυτὸν significat *truncum* s. *arborem majorem, e qua idolum scindi potest*. Achilles Tat. Lib. II. cap. 14. ὁ δὲ φοίνιξ φυτόν. 4 Macc. I. 28. ubi voluptas et dolor metaphorice dicuntur φυτὰ τῆς ψυχῆς.

*ΦΥΤᾺ ἌΓΡΙΑ, *frutices agrestes*. שִׂיחִים. Symm. Job. XXX. 7. In edit. Lat. cum asterisco legitur: *qui rodebant cortices arborum*, quæ, ut Montfauconius jam monuit, ad Symmachi versionem quadrant. Vulg. *et mandebant herbas et arborum cortices*. — Vide alibi Σαβέκ.

ΦΥΤΌΣ, *plantationi aptus*.

a semen. Ezech. XVII. 5. εἰς τὸ πεδίον φυτὸν, in solum *plantationi aptum*: ubi alii στέμμον habent.

ΦΥ'Ω, *gigno, produco, nascor*, et φύομαι, *gignor, nascor*. *חָזָה, *video*. Symm. Job. VIII. 17. Vide supra s. v. πίων γῆ. — מִגְדָּל, *turris*. Cant. V. 14. φιάλαι ἀρώματος φύουσαι μυρεψικὰ, areolæ aromatis *producentes* pigmentaria. Legerunt מְגַדְּלוֹת in

b Ben. Pihel, a גָּדַל, *alere, edurare, crescere facere*. — עָלָה, *ascendo*. Proverb. XXVI. 9. ἄκανθαι φύονται, spinæ *nascuntur*. Hesych. φύονται, γεννῶνται. Vide et Ezech. XXXVII. 8. — צָמַח, *germino*. Gen. XLI. 23. Exod. X. 5. Sirac. XIV. 19. ἄλλα δὲ φύει, h. e. vel passive, *alia nascuntur*, vel active, *alia generat*. Baruch. IV. 8. τὸν φύσαντα ὑμᾶς Θεὸν

c sec. Compl., ubi Ald. ποιήσαντα, Vat. τροφεύσαντα. 1 Macc. IV. 38. ἐν ταῖς αὐλαῖς φυτὰ πεφυκότα ὡς ἐν δρυμῷ, in atriis plantas *natas* tanquam in sylva.

'ΑΝΩ ΦΥ'Ω, *sursum germino*. פָּרָה, *fructifico*. Deut. XXIX. 18. ῥίζα ἄνω φύουσα, radix sursum *germinans*. Hesych. ἄνω φύουσα, ἀναβλαστάνουσα. Gloss. in N. T. ab Albertio editum:

d ὁ ἄνω φύουσα, αὐξάνουσα ἐπὶ τὰ ἄνω. Cf. Hebr. XII. 15.

ΦΩΛΕΟ'Σ, *lustrum, latebra*. חֲרֵרִים plur. *siccitates, loca exusta, arida præ calore*. Syrus Jerem. XVII. 6. φωλεῷ, *antris*. Legit, ut opinor, חֲרָתִים, a חֶרֶת, *spelunca* (Arab. حرت *excavavit*), aut, quod magis placet, חוֹרִים, a חוֹר, *foramen, antrum*. Lexic. Cyrilli MS. Brem.

e φωλεός, κοίτη θηρίων.

ΦΩΛΕΥ'Ω, *in latibulis ago, latito, cubo*. שָׁחָה, *deprimor, me inclino et incurvo*. Inc. Job. XXXVIII. 40. φωλεύουσι. Hesych. φωλεύει, οἰκουρεῖ, χειμάζει, Pollux Lib. V. c. 2. segm. 15. φωλεύουσι δὲ οἱ ἄρκτοι.

ΦΩΝΕ'Ω, *vocem edo, clamo, clango*. אוֹב, *necromantes*. Ies. XXIX. 4. φωνοῦντες, Arab. أوى secundum Willmet. in Lex. *sonum edidit lenio-* f *rem ac tenuiorem*. — הָגָה, *alloquor*. Psalm. CXIII. 15.—הִשְׁמִיעַ Hiph. *audire facio*. 1 Paral. XV. 16. — *צָבַט, *porrigo*. Ruth. II. 14. sec. Oxon. ἐφώνησεν. Lectio aperte vitiosa, orta ex ἐβούνισεν, aut, quod mallem, ἐψώμισεν. — צִפְצֵף Pih. *pipio*. Ies. XXXVIII. 14. ὡς χελιδὼν, οὕτως φωνήσω, tanquam hirundo, ita *vocem edam*. — קוֹל שֹׁרֵר, Pih. a g שִׁיר, *vox canit*. Soph. II. 14. θηρία φωνήσει ἐν ταῖς διορύγμασιν αὐτῆς, feræ *clamabunt* in fossis suis. — קָרָא part. Chald. Dan. IV. 11. ἐφώνησεν ἐν ἰσχύϊ, *clamabat* vehementer. Conf. Act. XVI. 28.—תָּקַע, *clango*. Amos III. 6. εἰ φωνήσει σάλπιγξ ἐν πόλει, si *clanget* tuba in civitate. Præterea legitur Jer. XVII. 11. ἐφώνησε πέρδιξ, ubi nihil est in textu Hebr. ac h sine dubio legerunt קָרָא קֹרֵא. 1 Maccab. IX. 12. ἐφώνουν ταῖς σάλπιγξι, *clanxerunt* tubis. 3 Esdr. IX. 10. Hebr. עָנָה, coll. Esdr. X. 12. et iterum 3 Esdr. VIII. 92. coll. Esdr. X. 2. ubi *acclamare, respondere* notat. Tob. V. 8. φώνησον πρός με, voca s. *vocando accerse ad me*, coll. Matth. XX. 32. Luc. XVI. 2.

'ΑΠΟ' ΤΗ͂Σ ΓΗ͂Σ ΦΩΝΕ'Ω, *e* i *terra vocem edo*. יִדְּעֹנִי, *hariolus, divinator*. Ies. VIII. 19.

'ΕΚ ΤΗ͂Σ ΓΗ͂Σ ΦΩΝΕ'Ω, *e terra vocem edo*. אוֹב, *pytho*. Ies. XIX. 3. Vide supra sub φωνέω.

'ΕΚ ΤΗ͂Σ ΚΟΙΛΙ'ΑΣ ΦΩΝΕ'Ω, *e ventre vocem edo*. הֶהֱגָה Hiph. *mussito*. Ies. VIII. 19. οἱ ἐκ τῆς κοιλίας φωνοῦσι sunt ἐγγαστρίμυθοι.

ΦΩΝΗ', *vox, sermo, cantillatio*,

a lingua, sonus, sonitus, clamor, clangor, tonitru. *גַּלְגַּל, rota. Ies.
XXVIII. 28. ubi admodum aliene
a textu Hebr. transtulerunt. —
גְּעָרָה, increpatio. Ies. XXX. 17.
χίλιοι διὰ φωνὴν ἑνὸς φεύξονται, mille
clamore h. e. increpatione seu com-
minatione unius fugient. — דָּבָר,
verbum. Genes. XI. 1. ἦν φωνὴ μία
πᾶσι, omnes una eademque lingua
b utebantur. Ibid. XV. 4. — זָמִיר,
cantillatio. Al. Cant. II. 12. καιρὸς
τῆς φωνῆς, tempus cantillationis. —
*כֹּל, omnis. Ezech. XXXV. 12. τῆς
φωνῆς, ubi pro בְּכָל legerunt בְּקוֹל
ex affinitate soni vocum illarum. —
לָשׁוֹן, lingua. Deut. XXVIII. 49.
ἔθνος, οὗ οὐκ ἀκούσῃ τῆς φωνῆς αὐτοῦ,
gentem, cujus linguam non intelleget. Ies. LIV. 17. πᾶσα φωνὴ ἀναστή-
c σεται, omnis, qui tecum in judicio
contendet. In notione linguæ φωνὴ
sæpius legitur apud exteros. Vide
L. Bos. ad 1 Cor. XIV. 10. p. 150.
et Raphelii Annotatt. ex Polybio
ad eundem locum. Adde Æliani
V. H. XII. 48. et ad h. l. Intt. —
מִצְוָה, præceptum Deut. XXVIII.
9. — מָשׂוֹשׂ, gaudium. Ies. XXIV.
8. πέπαυται φωνὴ κιθάρας, cessavit
d sonus citharæ. Conf. Apoc. XVIII.
22. — נְהָמָה, fremitus. Ies. V. 30.
ὡς φωνὴ θαλάσσης κυμαινούσης, tanquam sonitus maris fluctuantis. —
פֶּה, os. Num. III. 16. 39. Num.
IX. 20. ubi φωνὴ, ut Hebr. פֶּה,
mandatum notat. Amos VI. 5. —
צְעָקָה, clamor. Genes. XXVII. 34.
ἀνεβόησε φωνὴν μεγάλην, clamabat voce
magna. Exod. XXII. 23. — קָל
e Chald. Dan. III. 5. 7. 10. IV. 28.
— קַל, levis. Jerem. II. 23. φωνὴ
αὐτῆς. Legerunt קוֹלָה. — קוֹל.
Gen. III. 8. ἤκουσαν τῆς φωνῆς κυρίου
τοῦ Θεοῦ, audiebant vocem Domini
Dei, h. e. tonitru. Vide et v. 10.
Exod. IX. 24. κύριος ἔδωκε φωνὰς καὶ
χάλαζαν, Dominus dedit tonitrua
(ventum?) et grandinem. Schol. ed.
Rom. φωνάς· ἄλλος ἀνέμων ἤχους· ἄλλος βροντάς. Vide et v. 29. 30. 34. f
35. 1 Sam. XII. 17. 18. Ps. XVII.
15. Aqu. Job. XXXVIII. 5. Gen.
XLV. 16. διεβοήθη ἡ φωνὴ εἰς τὸν οἶκον
Φαραώ, rumor divulgabatur in domum Pharaonis. Vide et Jer. IV.
15. L. 46. et conf. Gatakerum de
Stylo N. T. c. 14. pag. 144. Levit.
XXVI. 36. φωνὴ φύλλου φερομένου,
sonitus folii agitati. Deuter. IV. 12.
φωνὴν ῥημάτων ὑμεῖς ἠκούσατε, sonum g
verborum vos audivistis. Vide et
Job. XXXIII. 8. XXXIV. 16. et
conf. Hebr. XII. 19. et Vitringæ
Obss. Sacr. Lib. IV. c. 10. §. 15.
1 Reg. XVIII 41. φωνὴ τῶν ποδῶν
τοῦ ὑετοῦ, sonitus pedum pluviæ, coll.
2 Reg. VI. 32. 2 Reg. VII. 6. φωνὴν
ἅρματος, strepitum currus. Esdr. I.
1. φωνὴ, præcones. Sic quoque Arab.
قال usurpatur. Psalm. III. 4. φωνῇ h
μου πρὸς Κύριον κέκραξα, intenta voce
ad Dominum clamavi. Vide et Ps.
LXXVI. 1. Aliter Suidas, quando
ad verba illa respiciens ita scribit:
φωνὴ καὶ κραυγὴ, παρὰ τῇ θείᾳ γραφῇ,
ἡ τῆς ψυχῆς προθυμία. Thren. II.
7. φωνὴ, clamor bellicus, unde in Ald.
πολέμου additur. Cohel. XII. 4. ἐν
ἀσθενείᾳ φωνῆς τῆς ἀληθούσης, propter
infirmitatem vocis molitricis. Quemadmodum hic φωνὴ tribuitur mulieri i
molenti, ita Aristoph. Nub. v. 1361.
ᾄδειν scribit γυναῖκ' ἀλοῦσαν. Confer
Goetzium de Pistrin. Vet. p. 378.
— *קָלוֹן, ignominia. Jerem. XLVI.
12. Legerunt קוֹלֵךְ, omisso Nun,
quod Cappello videtur rectius, quia
sequitur צִוְחָתֵךְ, quæ vox est illi
synonyma. — שָׂפָה, labium. Gen.
XI. 7. ἵνα μὴ ἀκούσωσιν ἕκαστος τὴν
φωνὴν τοῦ πλησίου, ne intellegant
unusquisque linguam alterius. —
*תְּפִלָּה, oratio. Psalm. LXIV. 2.

τῆς φωνῆς μου sec. cod. 40. et 41. Bibl. Reg. Gall., quod et Hieronymus agnoscit, *vocem meam:* nisi forte dixeris, Symmachi lectionem in his codd. expressam esse. Impressi libri habent τῆς προσευχῆς μου ex scholio, si quid video. — תְּקוֹעַ infin. *clangere.* Ies. XVIII. 3. — תְּרוּעָה *clangor.* Levit. XXV. 9. σάλπιγγος φωνὴ, tubæ *clangor.* Vide et Amos II. 2. Al. 1 Sam. IV. 6. In notione *precum* legitur Judith. IV. 13. coll. Act. VII. 31. Addit. Esther. XI. 5. φωνὴ θορύβου, *sonus tumultuosus ac turbulentus.* Judith. XVI. 17. φωνὴ θεοῦ, *jussum, mandatum* Dei s. *voluntas* ejus *efficax.*

ΦΩΝΗ'Ν ΔΙ'ΔΩΜΙ, *vocem edo.* נָתַן קוֹל, *do vocem.* Aqu. Symmach. Theod. Proverb. I. 20. et Theod. Prov. VIII. 1.

ΦΩΝΗ'Ν 'ΡΗ'ΓΝΥΜΙ, *vocem rumpo,* etiam *mugio,* si de bove dicitur. נָעָה, *mugio.* Job. VI. 5. Vulg. *aut mugiet,* quæ tamen versio ad Symmachi verba ἢ μυκήσεται potius pertinet. Conf. supra in v. ῥήγνυμι. — Vide alibi αἰνέω, σάλπιγξ et ψαλτήριον.

ΦΩ'ΝΗΜΑ, *dictum, quod quis loquitur.* שִׂיחַ, *meditatio.* Symmach. Amos IV. 13. ubi est *loquela.* Præterea in notione *linguæ* legitur in MS. Oxon. Gen. XI. 6. ubi nihil ei respondet in textu Hebraico ac merum glossema præcedentis χεῖλος esse videtur. Suidas: φώνημα, τὸ φθέγμα.

*ΦΩ'ΝΩΝ. Ita vocem אֹחִים Ies. XIII. 21. Aquilam reddidisse testis est Procopius. Sed pro φώνων Hieronymus legit τύφωνων (quod et Montf. edi jussit) portento errore. Quid enim hic sint *typhones?* An fabulosi gigantes? aut ventorum procellæ? Utrumvis intellegas, οὐδὲν πρὸς ἔπος. Ita Bochartus Hieroz. T. II. p. 213. Scribendum est φωνῶν, quemadmodum et LXX ac Theod. ἤχων transtulerunt. Sic quoque Syrus et Arabs.

ΦΩΡΑ'ΟΜΑΙ, *deprehendor, invenior.* Prov. XXVI. 19. ὅταν δὲ φωραθῶσι, cum autem *deprehensi fuerint.* Francof. ed. habet ὁραθῶσι, sed ex Complut. legendum esse φωραθῶσι bene statuit L. Bos. Prolegg. in LXX Intt. Et sic etiam Lexic. Cyrilli MS. Brem. φωραθῶσιν, ἐλεγχθῶσι, καταληφθῶσι, φανερωθῶσι. Adde Zonaræ Lex. 1838. In Hebr. autem textu pro hoc verbo nihil legitur. — הִכִּיר Hiph. *agnosco, cognosco.* Symmach. Job. XXIV. 15. φωραθεὶς, *deprehensus.* Lex. Cyrilli MS. Brem. φωραθεὶς, εὑρεθεὶς, καταληφθείς. Hesych. φωραθεὶς, εὑρεθεὶς, φανείς. Suidas: φωραθεὶς, εὑρεθεὶς, γνωσθείς. Πάμφιλος δανειστὴς παρὰ Ἀριστοφάνει (Plut. p. 19.) ὡς φωραθεὶς ἐπ' αὐτοφώρῳ κατελύθη. Conf. Ælian. V. H. I. c. 34. fin. 3 Macc. III. 29. οὗ ἐὰν φωραθῇ τὸ σύνολον σκεπαζόμενος Ἰουδαῖος, ubicunque *inventus fuerit* absconditus Judæus.

ΦΩ͂Σ, ΦΩΤΟ'Σ, *lux, lumen, lucerna ignis,* it. *serenitas vultus, gratia, benevolentia, salus, felicitas, gaudium, verbum Dei, salutaris cognitio, doctrina salutaris, vita,* it. *locus* vel *area luci exposita,* et φῶτα in plur. *ostia.* אוֹ, *aut.* Job. XXII. 11. Hic indubie legerunt אוֹר חָשַׁךְ, quam novam lectionem secutus est Michaëlis. — *אוּפָז, *aurum obryzum.* Dan. X. 5. sec. Chis. Ex sententia edit. Rom. legerunt אוֹר, quod nimium ab Hebr. lectionis vestigiis recedit. Videntur potius LXX ad *fulgorem rutilantem auri* respexisse, de quo confer ad h. l. Segaarium. Fortasse tamen ipsam vocem Hebr. literis Græcis exprimere voluerunt. Vide supra τοπάζιον. — אוֹר. Genes. I. 4. εἶδεν δὲ ὁ Θεὸς τὸ φῶς, ὅτι καλὸν, vidit Deus *lucem* (seu *solem*), quod esset bona. Job. XVIII. 5. φῶς ἀσεβῶν σβεσθήσεται, lumen impiorum extinguetur,

a h. e. *prosperitas, felicitas* illorum desinet. Vide et v. 19. Job. XXXVIII. 15. Ies. XLV. 7. Thren. III. 2. Job. XXIX. 3. ὅτι τῷ φωτὶ αὐτοῦ ἐπορευόμην ἐν σκότει, h. e. cum in calamitosa hac vita *multum solatii et gaudii* ab illo acciperem. Job. XXIX. 24. φῶς τοῦ προσώπου μου οὐκ ἀπέπιπτεν, h. e. vultus mei *serenitas* non obnubilabatur, vel: *lætam et*
b *hilarem frontem* præ me ferre non desinebam. Metaphora a cœlo sereno et lucido desumta est. Conf. Glassii Philol. Sacr. p. 1044. Job. XXXIII. 28. ἡ ζωή μου ὄψεται φῶς. h. e. vita mea *felicitatis* compos erit, seu: in felicem statum veniam. Vide et ver. 30. Job. XXXVII. 3. τὸ φῶς αὐτοῦ ἐπὶ πτερύγων τῆς γῆς, *fulgur* ejus in extre-
c mitatibus terræ. Vide et Hab. III. 10. et conf. Act. IX. 3. et ad h. l. Elsnerum pag. 401. Psalm. IV. 7. ἐσημειώθη ἐφ' ἡμᾶς τὸ φῶς τοῦ προσώπου σου, *gratia* tua claris signis nobis declarata est. Psalm. XXXV. 10. ἐν τῷ φωτί σου ὀψόμεθα φῶς, per *gratiam* tuam verbo patefactam ad veram *beatitudinem* perveniemus. Vide et Psalm. XLVIII. 20. et conf. Glassii
d Philol. Sacr. l. c. Psalm. XXXVII. 10. τὸ φῶς τῶν ὀφθαλμῶν μου οὐκ ἔστι μετ' ἐμοῦ, oculorum meorum *lumen* cessat. Psalm. XLII. 3. ἐξαπόστειλον τὸ φῶς σου καὶ τὴν ἀλήθειάν σου, mitte lucem et veritatem tuam, h. e. exhibe mihi tuum *favorem* ac imple promissiones tuas mihi datas. Alii φῶς de *verbo Dei* h. l. explicant, coll. Psalm. CXIX. 5. Prov. VI. 23. Psalm. LXXXVIII. 16. ἐν τῷ
e φωτὶ τοῦ προσώπου σου πορεύσονται, *coram te* adorantes comparebunt. Ps. XCVI. 12. φῶς ἀνέτειλε τῷ δικαίῳ, *salus* obtigit justo. Vide et Psalm. CXI. 4. Prov. XIII. 9. Ies. XLIX. 6. LI. 4. Ita Homerus Il. Z', v. 6. de Aiante: Τρώων ῥῆξε φάλαγγα, φόως δ' ἑτάροισιν ἔθηκε, ubi Schol. φῶς, χαρὰν, σωτηρίαν. Vide et Il. Θ', v. 282. ubi φόως in Schol. pariter σωτηρία exponitur. Conf. et Suicerum

Thes. T. II. pag. 1486. et Wolfium f
ad Joh. I. 3. pag. 784. Ies. II. 5. πορευθῶμεν ἐν τῷ φωτὶ κυρίου, vitam secundum *Jovæ voluntatem* instituamus. Conf. Ies. LX. 3. 1 Joh. I. 7. Ies. V. 20. οἱ τιθέντες τὸ σκότος φῶς καὶ τὸ φῶς σκότος, ubi *tenebræ* et *lux* sunt symbola *mali* et *boni*, *infortunii* et *prosperitatis*. Ies. IX. 2. ἴδε φῶς μέγα, contigit magna *felicitas*. Ies.
XLII. 16. ποιήσω αὐτοῖς τὸ σκότος εἰς g
φῶς, mutabo tenebras ante eos in lucem, h. e. iter facile et expeditum ipsis faciam. Alii reddunt: *ignorantiam eorum in salutarem cognitionem convertam*. Confer notata ex Suida in v. σκότος. Soph. III. 6. δώσει κρίμα αὐτοῦ εἰς φῶς, *clare manifestabit* suum judicium. Symmach. Job. XXVIII. 11. ubi vel φῶς positum est pro εἰς φῶς (sic Vulgatus: h
abscondita in lucem produxit), vel φῶς sunt h. l. *ipsa metalla, quæ splendent*. Aqu. Symm. Theod. Prov. XVI. 15. ubi φῶς est *vultus placidus et hilaris, benevolentiæ signum*. Vulg. *in hilaritate*. — אוּר, *ignis*. Ies. L. 11. Legerunt אוֹר. — אוֹרָה fœm. Esth. VIII. 16. τοῖς δὲ Ἰουδαίοις ἐγένετο φῶς καὶ εὐφροσύνη,
Judæi autem summa perfundeban- i
tur *lætitia*. — אֵשׁ, *ignis*. Theod. Job. XVIII. 5. Ita Bielius. Sed ibi potius respondet formulæ שְׁבִיב אֵשׁ, *scintilla s. flamma ignis*. — בָּעַר Pih. *accendo*. 2 Paral. IV. 20. — גָּדֵר, *murus, maceria, sepes*. Ez. XLII. 7. φῶς. Ita quoque Itala. Bielio φῶς h. l. significare videtur *aream vel ambulacrum luci expositum*,
tum, coll. XLI. 11. Semlerus le- k
gere mavult φραγμός, ut alibi semper recte verterunt, ut φῶς compendio scribendi ortum suum debeat. — *גְּדֵר, idem. Ezech. XLII. 10. Vide antecedentia. — מָאוֹר. Exod. XXVII. 20. XXXV. 13. 15. Theod. Psalm. LXXII. 6. — מָקוֹם. Ezech.

a XLI. 11. ubi pro φωτὸς Compl. quidem habet τόπου, mihi autem φῶς *omne, quod est luci* seu *soli expositum*, notare videtur, adeoque h. l. *spatium intermedium* seu *viam*. Vide supra s. נָדַר. — נֹגַהּ, *splendor*. Ies. IV. 5. L. 10. LXII. 1. Hebr. Int. Ezech. I. 4. — נָגְהָא. Chald. Dan. VI. 19. — נְהוֹרָה Chald. Dan. II. 22.—נִיר, *novale*, it. *lumen*. Hos. X.
b 13. φωτίσατε ἑαυτοῖς φῶς γνώσεως, accendite vobis lumen scientiæ.—נֵר, *lucerna*. Prov. XIII. 9. XX. 27. — פָּנִים plur. *facies*. Ezech. XLII. 12. Vide ad h. l. Intt. — פֶּתַח, *janua, per quam intromittitur lux*. Ezech. XLII. 11. κατὰ τὰ φῶτα αὐτῶν, juxta *ostia* illorum. Hesych. φῶτα, ἄνθρωποι ἢ ὄμματα καὶ θυρίδες. Apud GG. φῶς etiam de *fenestris*
c adhiberi Schneiderus docuit. — צַח, *serenus*. Ies. XVIII. 4.—רוּחַ, *ventus*. Jerem. X. 13. ἐξήγαγε φῶς ἐκ τῶν θησαυρῶν αὐτοῦ. Cappello legisse videntur אוֹר. Sed potius pro φῶς (sec. Vat. et Alex., quod habet h. l. etiam Arabs) reponendum est ἀνέμους, ut legitur non solum in Compl. et Ald. (in qua tamen utraque lectio conjunctim po-
d sita reperitur, ἀνέμους φῶς), sed etiam in Cod. Syr. Hexapl., Theodoreto et Cosma Indicopleusta in Topographia Christiana Lib. II. p. 127. ed. Montf. Eadem lectionis varietas reperitur quoque infra c. LI. 16. Præterea legitur Ies. LI. 5. ubi verba ὡς φῶς, quæ in textu Hebr. desunt, ac recte omisit Justinus M. p. 228., a sciolo librario
e ex antecedente commate huc translata sunt. Tob. X. 5. ubi φῶς, ut *oculus* (Plaut. Curcul. I. 3. 47.), *ocellus* (Gellius N. A. XV. 7.) et *lux* (Cic. ad Div. XIV. 2.), est *inprimis carus*. Tob. XIV. 10. ἐκ τοῦ φωτὸς ἤγαγεν αὐτὸν εἰς τὸ σκότος, ex luce adduxit eum in tenebras, h. e. *conatus est illum e vita tollere*. Sic quoque apud profanos scriptores *lux* pro *vita* sæpe ponitur. Vide f
Fesselii Advers. Sacr. Lib. VII. c. 2. p. 144. Simili ratione etiam Baruch. III. 20. φῶς de *luce vitali* explicare mallem, ubi alii de *rebus prosperis* cogitant. Sir. XVI. 16. φῶς metaphorice *misericordiam et gratiam divinam* denotat, *quam sequitur felicitas*. Vide supra s. σκότος. Sir. XVII. 18. φῶς ἀγαπήσεως est *religio revelata, qua Deus amo-* g
rem suum erga homines declarat. Sir. XXII. 9. ἐξέλιπε γὰρ φῶς, defecit enim eum *lux*, h. e. *vita*, Baruch. III. 14. ubi φῶς ὀφθαλμῶν vel est *vita*, vel *magna felicitas*. Sap. XVIII. 4. τὸ ἄφθαρτον νόμου φῶς, *lex Mosaica in æternum homines collustratura*, coll. Matth. V. 14. Baruch. IV. 1. 1 Macc. XII. 29. ubi τὰ φῶτα notat *ignem, quem in castris* h
alunt milites. Conf. Marc. XIV. 54. Luc. XXII. 56. ubi est i. q. v. 55. πῦρ, quo vocabulo etiam ab Hesychio explicatur. Sic Xenoph. Hist. Gr. VI. 2. 17. πρὸ δὲ τοῦ στρατεύματος φῶς ἐποίει, ἵνα μηδεὶς λάθῃ προσιών.

ΦΩΣΤΗ'Ρ, *luminare*. *זִיו, *splendor*. Dan. XII. 3. sec. Chis. ὡς φωστῆρες τοῦ οὐρανοῦ, ut *luminaria* cœli. i
—מָאוֹר. Gen. I. 14. 16. Aqu. Ps. LXXIII. 17. Prov. XVI. 2. et XV. 30. 3 Esdr. VIII. 79. Hebr. עֵינַיִם, *oculi*, coll. Esdr. IX. 8. et Matth. VI. 20. Sap. XIII. 2. Sir. XLIII. 8. et confer Phil. II. 15. Apoc. XXII. 12.

*ΦΩΤΑΓΩΓΕ'Ω, *illumino, instituo in divinis rebus*. 4 Macc. XVII. 5. φωταγωγήσασα πρὸς τὴν εὐσέβειαν, *ad* k
claram pietatis *lucem adduxisti*. Hesychius: φωταγωγὸς, ὁ τὸ φῶς φέρων. seu *luminarium*, ut explicant Gloss. Vett.

ΦΩΤΕΙΝΟ'Σ, *lucidus*. *אוֹר, *lux*. Symm. Ps. CXXXVIII. 11.

a ΦΩΤΕΙΝΟ'ΤΕΡΟΣ, *lucidior.* Sir. XVII. 25. XXIII. 26.

ΦΩΤΙ'ΖΩ, *illustro, illumino, luceo, refulgeo, lucere facio, accendo,* it. *doceo, ostendo.* אוֹר, verbum, in Kal, Niph. Hiph. Num. VIII. 3. φωτιοῦσιν οἱ ἑπτὰ λύχνοι, *lucebunt* septem candelabra. 1 Sam. XXIX. 10. καὶ φωτισάτω ὑμῖν, et *lux orta sit* vobis. Vulg. *et cœperit dilucescere.* b Esdr. IX. 8. τοῦ φωτίσαι ὀφθαλμοὺς ἡμῶν, ut *illuminet* oculos nostros. Vide et Psalm. XII. 4. XVIII. 9. et conf. Baruch. II. 8. Sir. XXXIV. 19. Nehem. IX. 12. τοῦ φωτίσαι αὐτοῖς (κατὰ) τὴν ὁδὸν, ut *luceret* illis in via. Nehem. IX. 19. φωτίζειν αὐτοὺς (κατὰ) τὴν ὁδὸν, ut *luceret* illis in via. Cohel. VIII. 1. σοφία ἀνθρώπου φωτιεῖ πρόσωπον αὐτοῦ, sapientia hominis *il*-c *luminat* faciem ejus. Ies. LX. 1. φωτίζου Ἱερουσαλὴμ, *illuminare* Hierosolyma. Apud Aquilam Ies. XXVII. 11. φωτίζειν accipiendum est in notione *accendendi,* quam quoque habet Hebr. אוֹר—הֵאִיר, nomen, *lux.* Mich. VII. 8.—אוּרִים plur. ex אוּר, *ignes.* Sic vocantur gemmæ lucentes in pectorali summi pontificis. Esdr. II. 63. Nehem. d VII. 65. הִגִּיהַּ Hiph. a נָגַהּ, *splendere facio.* Psalm. XVII. 31. — הוֹרָה Hiph. a יָרָה, *doceo.* Jud. XIII. 8. φωτισάτω ἡμᾶς, τί ποιήσωμεν τῷ παιδαρίῳ, *doceat* nos, quid faciamus puero: ubi alii συμβιβασάτω habent. 2 Reg. XII. 2. ἐφώτισεν αὐτὸν ὁ ἱερεὺς, *docuit* illum sacerdos. Hesych. ἐφώτισεν, ἐδίδαξεν. 2 Reg. XVII. 27. φωτιοῦσιν αὐτοὺς τὸ κρίμα e τοῦ θεοῦ τῆς γῆς, *docebunt* illos jus Dei terræ. Vide et Aqu. Exod. IV. 12. 15. Job. XII. 7. Psalm. XXIV. 8. XXXI. 8. Theod. Jud. XIII. 8. φωτισάτω. Confer Eph. III. 9. 2 Tim. I. 10. et Fesselii Advers. Sacr. Lib. VII. c. 1. §. 9. p. 108. Inc., sine dubio Aquila, Exod. XV. 25. ubi miscuit verba diversi generis הוֹרָה et הֵאִיר, ac, quasi הוֹרָה deducendum sit f ab אוֹר, illi tribuit notionem *lucere facere,* φωτίζειν, quod h. l. intellexit sensu physico, *illustrare, illuminare.* Vide ad h. l. Scharfenbergium p. 64. Versio Aquilæ φώτισόν με, quam ad Psalm. XXVI. 12. ad vocem הוֹרֵנִי ex Theodoreto produxit Montfauconius, sine dubio mendosa est. Certe apud Euthymium laudatur versio Aquilæ: *doce me.* g Conf. Drusii Miscell. Cent. I. c. 65. Inc. Deut. XVII. 11. φωτίσουσί σοι. Sic cum casu tertio verbum construit Philo Byblius apud Eusebium Præp. Evang. Lib. I. p. 122. καὶ ἡμῖν ἐφώτισεν. — הֵנִיר Hiph. a נִיר, *novello.* Hos. X. 13. φωτίσατε ἑαυτοῖς φῶς γνώσεως, *accendite* vobis ipsis lumen scientiæ. Scil. הֵנִיר, *iterare arationem* (unde per νέον vertunt Jerem. V. 3.), h. l. intel- h lexerunt, ac si esset a נוּר, *lucere.* Sic quoque Syrus.—הֶרְאָה Hiph. *videre facio.* Jud. XIII. 23. καὶ οὐκ ἂν ἐφώτισεν ἡμᾶς ταῦτα πάντα, et non sane ostendisset nobis hæc omnia. —מָאוֹר, *lux.* Num. IV. 9.—*מוֹרֶה, quod non solum *pluviam primam* s. *auctumnalem,* sed etiam *doctorem* notat. Ed. Quinta Ps. LXXXIII. 8.—נָהַר, *confluo.* Ps. XXXIII. 5. i φωτίσθητε. Ex significatione Chaldaica hujus vocis. — פָּקַח, *aperio.* Al. Ps. CXLV. 6. φωτίζει. — קוּם, *surgo.* Ies. LX. 1. φωτίζου, ubi pro קוּמִי non legerunt אוֹרִי, ut nonnulli putarunt, sed φωτίζεσθαι h. l. est *in lucem prodire, apparere,* quod in hac orationis serie a קוּם minime differt. — *רָאָה, *video.* Aqu. 1 Sam. XIV. 27. ἐφωτίσθησαν. Vulg. *illuminati sunt oculi ejus:* ubi Aquilam sine controversia secutus est.

a Schultensius in Vindicc. Opusc. de Defectt. Hodiernis L. Hebr. I. 2. p. 525. docuit quidem, verbum רוֹא superesse in l. Arab. et usurpari de *oculis micantibus* s. *acie oculorum splendente*, sed h. l. dubio caret, Aquilam cum Syro et Jonathane exprimere voluisse lectionem Masorethicam תָאֹרְנָה pro תָרֹאנָה. Confer Fischerum de Verss. GG.
b V. T. p. 164. seq. Sirac. XLII. 22. ἥλιος φωτίζων, *sol lucens*. Vide et Sirac. XLIII. 11. L. 7. ὡς τόξον φωτίζον ἐν νεφέλαις δόξης.

ΦΩΤΙΣΜΟ'Σ, *lumen, splendor*. אוֹר. Job. III. 9. Ps. XXVI. 1. XLIII. e
5. LXXVII. 17. — אוּרִים, *ornamentum pectorale summi pontificis*. Aqu. Symmach. Theodot. Exod. XXVIII. 30. Aqu. Theod. Levit. VIII. 8. Reliqui Num. XXVII. 21. Al. Nehem. VII. 65. Aqu. 1 Sam. XXVIII. 8. — אוֹר, verbum, *illumino*. Aqu. Ps. LXXV. 4. — מָאוֹר. Psalm. LXXXIX. 8. Symm. Prov. XVI. 2. — *נָאוֹר, f
illustris. Aqu. Psalm. LXXV. 5. Sine dubio legit מָאוֹר.

X

ΧΑΒΡΑΘΑ' ΓΗ͂Σ, Hebr. כִּבְרַת אֶרֶץ, *sicut milliare terræ*, s. *ad tractum, ad jugerum terræ*. 2 Reg. V. 19. ubi Alii pro χαβραθὰ male δεβραθά. Romani codd. εἰς χαβραθὰ
c habent, mendose. Illud εἰς e sequentibus huc irrepsit. Male etiam ibi legitur χιβραθά. כִּבְרַת notat *multum et magnum interstitium* (a כבר, *multum esse*, unde כַּבִּיר, *multus*), quod alii *milliare*, alii *stadium* interpretantur. Vide et Gen. XLVIII. 7. et ad h. l. notata supra in v. ἱππόδρομος.

ΧΑΙ'ΝΩ, *hisco, aperio, dehisco*.
d פָּצָה, idem. Gen. IV. 11. de terra, ἣ ἔχανε τὸ στόμα αὐτῆς, quæ *aperuit* os suum. Hesych. ἔχανεν, ἤνοιξεν. Ezech. II. 8. χάνε τὸ στόμα σου, *aperi os tuum*. Hesych. χαίνων στόμα, ἀνοίγων στόμα.

ΧΑΙΡΕΤΙ'ΖΩ, *saluto, cum gaudio suscipio*. Tob. VII. 1. ἐχαιρέτισε αὐτοὺς, καὶ αὐτοὶ αὐτὴν, salutavit ipsum et ipse eam. Ita enim legendum est.

ΧΑΙ'ΡΩ, *gaudeo, lætor, exsulto*, et infin. χαίρειν, *salus*. אָהַב, *amo*. Prov. XVII. 20. φιλαμαρτήμων χαίρει (ἐπὶ) μάχαις, amans peccata *gaudet* rixis. — הֵגִיל Hiph. a גִּיל. Prov. II. 14. χαίροντες ἐπὶ διαστροφῇ κακῇ, *gaudentes* perversitate mala. Hab. I. 15. χαρήσεται ἡ καρδία αὐτοῦ, g
gaudebit cor ejus. Vide et Zach. X. 7. et confer Joh. XVI. 22. Hab. III. 17. χαρήσομαι ἐπὶ τῷ θεῷ τῷ σωτῆρί μου, *lætabor* in seu de Deo, servatore meo. — הִתְחָרָה Hithp. *ira accendor*. Prov. XXIV. 18. μὴ χαῖρε ἐπὶ κακοποιοῖς, ne *delecteris* illis, qui male faciunt. Jaegerus aliquando suspicatus est, interpretem scripsisse μὴ ἔχθαιρε aut μέγαιρε, quod in h
Schol. ad Iliad. H', v. 408. explicatur φθονῶ, sed deinde mutata sententia putat, LXX legisse אַל תִּבְחַר, *ne delecteris*, quod etiam cum אַל תְּקַנֵּא conjunctum reperitur cap. III. 31. — יָטַב, *bonum est*. Genes. XLV. 16. — *יַחְדָּו, *simul*,

pariter. Jerem. XXXI. 13. χαρήσονται. Legerunt וְיֶחֱדוּ, a rad. חָדָה, lætari.—*נָהַר, quod non tam fluere, quam lætari, voluptatem capere notat. Confer Psalm. XXXIV. 6. Theod. Ies. LX. 5. Vulg. afflues, sc. lætitia. — עָלַז, exulto. Psalm. XCV. 11. — עָלִיז, exsultabundus. Ies. XIII. 3.—רָנַן, cano. Soph. III. 15. — שׂוּשׂ : הֵשִׂישׂ, Kal et Hiph. Ies. LXVI. 10. 14. Thren. IV. 21. I. 22. — שָׁלוֹם, pax, salus. Ies. XLVIII. 22. οὐκ ἔστι χαίρειν, λέγει κύριος, τοῖς ἀσεβέσιν, non est salus, inquit Dominus, impiis. Vide et Ies. LVII. 21. Eodem sensu Græci χαίρειν præmittere solent literis suis. Ita 3 Esdr. VIII. 10. ἀναγνώστῃ τοῦ νόμου Κυρίου χαίρειν, lectori legis, sc. salutem apprecatur. Et 2 Macc. IX. 19. τοῖς πολίταις πολλὰ χαίρειν καὶ ὑγιαίνειν, sc. εὔχεται (Conf. L. Bos Ellips. Gr. p. 275.), civibus salutem plurimam et valetudinem apprecatur. Verbo hoc in epistolæ initio Cleonem primum usum esse, quidam tradunt. Vide Schol. Aristoph. in Plut. v. 322., et quæ ex aliis afferunt Colomesius Obss. Sacr. ad Act. XXIII. 26. pag. 120. et L. Bos Not. ad Thom. Magistr. pag. 42. Sed jam antiquiorem ejus in epistolis usum esse docet Schol. ad Aristoph. Nubes v. 109. Sic etiam in v. χαίρειν Suidas: Ἀρχαῖον ἔθος, τὸ (leg. ταῖς, et confer Hesychium in v. χαίρειν) ἐπιστολαῖς προστιθέναι τὸ χαίρειν. οἱ δὲ λέγοντες, πρῶτον Κλέωνα χρήσασθαι τούτῳ, ψεύδονται. Confer Heisen. Nov. Hypothes. Interpr. Felicius Epist. Jacob. Diss. III. p. 95. seq. Sicuti autem locis adductis verbum χαίρειν pro nomine ponitur, ita alias etiam verba pro nominibus tam in sacris quam profanis monumentis occurrunt. Confer Glassii Philol. S. p. 292. et, quæ ex Anacreonte Od. 23. Hom. Il. A, 259. Æschylo Prometh. Vincto p. 46. affert L. Bos Anim. ad Scriptt. GG. p. 79. seq. — שָׂמַח. Ies. XXXIX. 2. Jerem. XXXI. 13. Zach. X. 7. et alibi. — שָׂמֵחַ, verbale, lætans. 1 Reg. IV. 20. VIII. 67. 2 Reg. XI. 15. — שִׂמְחָה, lætitia. Jerem. VII. 32. — שָׁמַע, audio. Exod. IV. 31. ἐχάρη. Legerunt וַיִּשְׂמְחוּ. Idem valet de loco altero 2 Reg. XX. 13. — שֵׁשׁ, sex. Prov. VI. 16. Pronuntiabant שִׂשׂ. Addit. Esth. XIV. 11. μὴ χαρείησαν ἐπὶ τῇ πτώσει ἡμῶν sec. Vet. Arund.

ΧΑΙ'ΤΗ, coma, et quidem prolixa. Lex. MS. Bibl. Coisl. p. 464. χαῖται, αἱ κεχυμέναι κόμαι. Dicitur quoque de frugibus luxuriantibus, quæ admodum creverunt, et quasi comatæ sunt. קָצִיר, ramus. Symmach. Job. XVIII. 16. Symm. et Sexta Editio Psalm. LXXIX. 12. Proverb. XX. 4.

*ΧΑΛΑΒΩ'ΤΗΣ. Levit. XI. 30. sec. cod. Vat. ubi Oxon. et Compl. ἀσκαλαβώτης, Ald. καλαβώτης habent, quæ vide supra.

ΧΑ'ΛΑΖΑ, grando. אֶלְגָּבִישׁ, grando immanis. Ezech. XXXVIII. 22. — בָּרָד. Exod. IX. 19. Jos. X. 11. Job. XXXVIII. 22. Symm. Psalm. LXXVII. 47. — אֶבֶן בָּרָד, lapis grandinis. Ies. XXX. 30. — בָּרַד, verbum, grandino. Ies. XXXII. 19. Præterea legitur apud Inc. in Hexaplis. Exod. IX. 22. ἐν τῇ χαλάζῃ, ad Hebr. בְּכָל־אֶרֶץ. Verba hæc vel inepto loco posita sunt, ac pertinent ad בְּתוֹךְ הַבָּרָד v. 24., vel scribendum est ἐν πάσῃ τῇ γῇ, sc. Αἰγύπτου.

*ΧΑΛΑ'ΝΔΡΙΟΝ. Levit. XI. 19. sec. Compl. ubi reliqui libri habent χαράδριον, quod vide infra.

ΧΑΛΑΣΤΟ'Ν, τὸ, catena (quoniam

a laxatur et demittitur, modo intenditur aut adducitur, a χαλάω, *laxo, remitto*), *catenula, monile demissum.* שֵׁרוֹת plur. Symm. Ies. III. 19. χαλαστά. Conf. Drusium in Fragm. Vett. Intt. GG. p. 201. et Montfauconii Hexapla T. II. p. 392. — שַׁרְשְׁרוֹת plur. 2 Paral. III. 5. 16. Theod. Exod. XXVIII. 14.

ΧΑΛΑ'Ω, *laxo, demitto.* הֶאֱרִיךְ
b Hiph. *prolongo.* Ies. LVII. 4. ἐπὶ τίνα ἐχαλάσατε τὴν γλῶσσαν; super quem *laxastis* linguam? Confer 4 Macc. X. 19. — נָזַח Niph. a זָחַח, *auferor.* Exod. XXXIX. 20. Al. Exod. XXVIII. 28. — פָּרַשׂ *expando.* Ies. XXXIII. 23. — שִׁלַּח Pih. Jerem. XXXVIII. 6.

ΧΑΛΒΑ'ΝΗ, *galbanum, succus arboris seu fruticis cujusdam e feru-*
c *larum genere, in Amano monte Syriæ nascentis, ad thus accedens nidore suo, qui etiam serpentes fugat.* Plin. H. N. XII. 25. fin. Dioscor. III. 8. Isidor. XVII. 9. qui et *genus pigmenti albi* esse scribit. Cæterum est ipsa vox Hebr. חֶלְבְּנָה, cui respondet Ex. XXX. 34. et apud Symm. Ezech. XXVI. 18. ubi vid. Montf. Vide et Sir. XXIV. 18. ubi cod.
d Alex. habet χαρβάνη, Hilleri Hierophyt. P. I. c. 53. p. 450. et Ol. Celsii Hierobotan. T. I. p. 262.

*ΧΑΛΔΑΪΚΟ'Σ. כַּשְׂדִּים, *Chaldæi.* Alex. Dan. I. 4. διάλεκτον Χαλδαϊκήν. K.

ΧΑΛΔΑΙ'ΟΙ, *Chaldæi*, item: *qui inter illos astronomiæ, genethliacæ mathematicæque operam dabant.* כַּשְׂדִּים, idem. Dan. II. 2. 4. Sui-
e das: Χαλδαῖοι, ὄνομα ἔθνους, περὶ τὴν ἀστρονομίαν ἠκριβωμένοι. Hesych. Χαλδαῖοι, γένος μάγων πάντα γινωσκόντων. Conf. Drusium Observ. Lib. VIII. c. 12. et Geierum Comm. ad Dan. l. c. p. 102. seq. — פִּלֶגֶשׁ, *concubina, uxor.* Ezech. XXIII. 20. N. L.

*ΧΑΛΔΑΙ'ΣΤΙ', *lingua Chaldaica.* Alex. Dan. II. 26. ubi nihil respondet in textu Hebraico.

*ΧΑΛΕΠΑΙ'ΝΩ, *acerbo, exacerbo, sævio.* Gl. V. *irascor.* 4 Macc. XVI. f
22. μὴ χαλεπαίνητε, *ne conturbemini* s. *ægre feratis.* Zonaras Lexic. col. 1845. χαλεπαίνει, ὀργίζεται. Idem: χαλεπήνας, ἀγανακτήσας. καὶ χαλεπήνη.

ΧΑΛΕΠΟ'Σ, *difficilis, gravis, incommodus,* it. *durus, sævus.* נוֹרָא part. Niph. a יָרֵא, *terribilis.* Ies. XVIII. 2. ξένον λαὸν καὶ χαλεπόν, peregrinum populum et *sævum.* Nam qui sunt terribiles et tremendi, g
iidem sunt χαλεποί, *molesti.* Philostratus Vit. Apoll. Tyan. Lib. VI. c. 8. p. 285. Δομετιανοῦ δὲ, ἐπεὶ χαλεπὸς ἦν, ἀφίστη τοὺς ἄνδρας. Matth. VIII. 28. Sap. III. 19. χαλεπὰ τὰ τέλη, *diræ* consummationes. 2 Macc. IV. 4. συνορῶν ὁ Ὀνίας τὸ χαλεπὸν τῆς φιλονεικίας, considerans Onias *incommoda* contentionis. 2 Macc. IV. 16. χαλεπὴ περίστασις, *gravis* necessitas vel afflictio. 2 Macc. VI. 3. χαλεπὴ h
δὲ καὶ τοῖς ὄχλοις ἦν καὶ δυσχερὴς ἡ ἐπίστασις τῆς κακίας, *gravis* autem erat et dura mali incursio. Homer. Il. Ε', 384. ἄλγεα χαλεπὰ, *graves ærumnas* s. *dolores.* Philo de Jos. p. 552. D. χαλεπῶς ἄγαν θλίβεσθαι καὶ βιάζεσθαι. Sic quoque *difficilis* adhibetur apud Arabes. Vide Coran. Sur. LXXIV. 9. Hesych. χαλεπόν, δύσεργον, σκληρὸν, δεινόν. Gellius Noct. Attic. Lib. IV. c. 15. *Arduum Sa-* i
lustius non pro difficili tantum, sed pro eo quoque ponit, quod Græci δυσχερὲς *aut* χαλεπὸν *appellant, quod est tum difficile, tum molestum quoque et incommodum et intractabile.* Adde Grævii Lectt. Hesiod. cap. 13.

*ΧΑΛΕΠΩ'ΤΕΡΟΣ, compar. *difficilior, molestior.* Verba Inc. Int. χαλεπώτερος ἀμφοτέρων Prov. XXVII. 4. in Hexaplis afferuntur ad וּמִי יַעֲמֹד לְפָנָיו, *et quis stabit ad facies,* quæ

a mihi tamen potius pertinere videntur ad כָּבֵד מִשְּׁנֵיהֶם, *gravis præ ambobus istis*, in fine commatis 3. Sirac. III. 20. χαλεπώτερά σου μὴ ζήτει, *difficiliora* te (h. e. *difficiliora intellectu et peractu*) ne quæsieris. Est Hebr. Proverb. בְּמוּפְלָא מִמְּךָ אַל תִּדְרשׁ. Vulg. *altiora*. Non legit ὑψηλότερα: nam *altum* e stilo SS. eodem modo usurpatur. Alii legunt
b βαθύτερα sensu eodem. Syrus: *duriora*. Confer Lexic. N. T. s. v. σκληρός. Sap. XIX. 13. χαλεπωτέραν μισοξενίαν ἐπετήδευσαν, *duriorem* inhospitalitatem exercebant. 4 Maccab. VIII. 1.

ΧΑΛΙΝΟ'Σ, *frænum*. חוֹחַ, *spina*, it. *hamus*. Theod. Job. XL. 21. — חַח, *acutum quid, hamus*. Inc. Ez. XXIX. 4. Theod. Ez. XXXVIII.
c 4.— מְצִלּוֹת pl. *tintinnabula*, speciatim *ærea cymbala vel tintinnabula, quæ de equorum collo dependebant*. Zach. XIV. 20. Vulg. *frænum*. — מֶתֶג. 2 Reg. XIX. 28. Ies. XXXVII. 29. — *מֶתֶג, nomen proprium loci cujusdam. Aqu. 2 Sam. VIII. 1. — עֲלִיצוּת, *exsultatio*. Hab. III. 13. χαλινοὺς αὐτῶν, ubi nonnulli statuunt eos legisse מְצִלּוֹתָם, coll. Zach.
d XIV. 20. Cappellus in Nott. Critt. p. 115. suspicatur, LXX retinuisse vocem Hebr. עֲלִיצוֹתָם, et scripsisse γαλισουτὼμ, quod postea mutatum fuerit librariorum audacia in χαλινοὺς αὐτῶν. Potest tamen et aliud conjici. עָלַץ. Prov. XI. 10. redditur κατορθῶσαι, *dirigere*. Quia autem equi frænis et habenis reguntur atque diriguntur, hinc forte puta-
e runt, עֲלִיצוּת significare *fræna*, χαλινούς. Vide quoque infra in v. χλαῖνα. — רֶסֶן. Job. XXX. 11. Psalm. XXXI. 12. Vide quoque 2 Maccab. X. 29.

ΧΑ'ΛΙΞ, *acervus lapidum, qui una manu tolli possunt, silex, lapillus*. אֶבֶן, *lapis*. Job. VIII. 17. ἐν μέσῳ χαλίκων ζήσεται, in medio *silicum* vivet. — חָצָץ, *scrupus*. Prov. XX. 20. — רֶגֶב, *gleba*. Job. XXI. 33. χάλικες χειμάῤῥου, *lapilli* torrentis. f
Vulg. *glarea*. Adde Theodot. Job. XXXVIII. 37. sec. Montf. in Lex. Hebr. s. v. רגב, nam in notis hexaplaribus ad h. l. nihil annotatur. Præterea legitur Sirac. XXII. v. 18. sec. cod. Alex. ubi reliqui libri χάρακες habent. Hesych. χάλικες, οἱ εἰς τὰς οἰκοδομὰς μικροὶ λίθοι. Suidas: χάλιξ, μικρὸν λιθίδιον. Lexic. Vet. χάλιξ, *silex, cementum*.

ΧΑΛΚΕΙ'ΟΝ, *ahenum*. סִיר, *olla*. g
2 Par. XXXV. 13. Job. XLI. 23. ubi χαλκεῖον *vas æreum, ad calefaciendam aquam aptum* notat. Conf. 3 Esdr. I. 11.

ΧΑ'ΛΚΕΙΟΣ, *æneus, æreus*. נְחוּשׁ. Job. VI. 12. XX. 24.

*ΧΑ'ΛΚΕΙΑΙ ΠΕ'ΔΑΙ, *æneæ compedes*. נְחֻשְׁתַּיִם, idem. Jud. XVI. 21. sec. Vat. Adde Jerem. XXXIX. 7. ubi in cod. Syr. Hex. Mediol. qui- h
dem legitur χαλίναις, sed, ut jam observatum est a Doct. Norbergio, reponendum est χαλκίαις vel χαλκείαις, ita ut πέδαις supplendum sit.

ΧΑ'ΛΚΕΟΣ, contr. οῦς, *æreus, ex æneo, ex ære factus*. אָפִיק, *robustus, validus*. Job. XLI. 6. ἀσπίδες χάλκεαι. Vulg. *scuta fusilia*. — נָחוּשׁ. i
2 Sam. XXII. 35. Psalm. XVII. 37. Mich. IV. 13. — נְחָשׁ : נְחָשָׁא Chald. Dan. II. 32. IV. 12. 20. V. 4. — נְחֹשֶׁת, *æs*. Exod. XXVI. 11. 37. XXVII. 3. et alibi sæpius. Levit. XXVI. 19. dicitur de *terra, quæ humoris et succi inopia nihil ex sese profert*. Confer et Deuteron. XXVIII. 23. Præterea legitur Job. XLI. 19. ubi χάλκεον post τόξον vel de suo addiderunt, vel est alius interpretis, qui pro בֶּן קֶשֶׁת legit

a בְּנְחֻשְׁתַּ. Fortasse etiam *χάλκεον* ex antecedente versu irrepsit. Possit quoque conjici, legendum esse *τόξου βέλος*, vel *τόξῳ βάλλων*. — Vide alibi *πέδαι*.

ΧΑΛΚΕΥ'Σ, *faber ærarius*. חָרָשׁ, *faber, artifex*. 2 Par. XXIV. 12. Ies. LIV. 16. — חֹרֵשׁ part. *fabricans, fabricator*. Genes. IV. 21. — צֹרֵף, *fusor, aurifaber*. Nehem. III.
b 32. Ies. XLI. 7. Hesych. *χαλκεύς, πᾶς τεχνίτης, καὶ ὁ ἀργυροκόπος, καὶ ὁ χρυσοχόος*.

ΧΑΛΚΕΥ'Ω, *ærariam artem tracto, æs exerceo et malleo tundo, fabricor*. לָטַשׁ, *polio*. 1 Sam. XIII. 20.

ΧΑΛΚΟΠΛΑ'ΣΤΗΣ, *faber ærarius, qui ex ære statuas aut alia opera fingit*. Sap. XV. 9.

*ΧΑΛΚΟ'Σ, adj. *æneus*. Hinc *χαλ-*
c *καὶ πέδαι, compedes æneæ*. Jud. XVI. 21. Hebr. נְחֻשְׁתַּ respondet.

ΧΑΛΚΟ'Σ, *æs*. נְחוּשָׁה fœm. ex נָחוּשׁ. Job. XXVIII. 2. XLI. 19. — נְחָשָׁא: בְּנְחַשׁ Chald. Dan. II. 35. IV. 12. — נְחֹשֶׁת. Genes. IV. 21. Exod. XXV. 3. et alibi sæpius. Interdum, ut Latinorum *æs*, notat quoque *pecuniam, argentum*, v. c. Ep. Jerem. v. 50. ubi Syrus vertit
d *argentum*. Vide Matth. X. 9. Marc. VI. 8. Hesych. *χαλκοῦς, τοῦτο ἐπὶ χρυσοῦ καὶ τοῦ ἀργύρου ἔλεγον*. Vide Fischeri Prolus. de Vitiis Lex. N. T. p. 270. et Stephanum in Thes. s. h. v. 3 Esdr. VIII. 57. coll. Esdr. VIII. 27. Sir. XII. 11. ubi Vulg. *æramentum*, h. e. *vas ex ære factum*, quod licet splendeat et politum sit, facile tamen æruginem
e contrahit.

*ΧΑ'Μ, *Cham*. Filius Noachi. כְּנָעַן. Gen. IX. 25. Sed legendum ibi *Χαναὰν*, ut legitur apud Philon. de Resipisc. Noæ T. I. ed. Mang. p. 897. Videtur hæc lectio vitiosa ex compendio scribendi orta.

ΧΑΜΑΙ', *humi*. אַרְצָה, *terram versus*. Job. I. 20. Dan. VIII. 12. et Dan. II. 46. sec. cod. Chis. ubi nihil in textu respondet. Vide et Judith. XII. 14. XIV. 17. Lex. f
Cyrilli MS. Brem. *χαμαί, εἰς γῆν*.

ΧΑΜΑΙΛΕ'ΩΝ, *chamæleon*. Est genus animantis admodum simile lacertæ, colorem rei, cui adhærescit, maxime si metu corripiatur, induens. Vide Aristotelem Lib. II. Hist. Anim. c. 11. et Plin. Lib. VIII. c. 33. כֹּחַ, *lacerta*. Lev. XI. 30. — קָאַת, *pelecanus*. Soph. II. 14. ubi tamen nihil est verosimilius, g
quam ordinem verborum apud LXX perturbatum esse, ut loco *χαμαιλέοντες* reponendum sit *κόρακες*, et *κόρακες* loco *χαμαιλέοντες*, adeoque *χαμαιλέοντες* ad קִפּוֹד referendum sit. Hesych. *χαμαιλέων, ζῶον ὠοτόκον καὶ πεζόν*. Suidas: *χαμαιλέων, ζῶον εἰς πάντα τὴν χροιὰν μετατρέπον, πλὴν λευκοῦ*. Plura de illo vide apud Allatium in Not. ad Eustathii h
Hexæmeron p. 163. seq. et Bochartum in Hieroz. P. I. Lib. IV. c. 6. qui putat, ex Punico גמליון, *gamalion*, posse deflexum esse, *quia cameli gibbum in dorso habeat*, quod Arabes observent.

ΧΑΜΑΙΠΕΤΗ'Σ, *humi prostratus*. 3 Esdr. VIII. 93. Hebr. מִתְנַפֵּל, coll. Esdr. X. 2. Suidas: *χαμαιπετής, χαμαὶ ἐῤῥιμμένος*.

ΧΑΜΩ'Ν. Vide in v. *χαυῶνες*. i

ΧΑΜΩ'Σ, *Chamos*, idolum Moabitarum. כְּמוֹשׁ. Jerem. XLVIII. 7. Ad quem locum Olympiodorus: *χαμώς, εἴδωλον Μωαβιτῶν*. Zonaras Lex. 1840. s. v. *χαμὼς: χαμώς, εἴδωλον, βδέλυγμα*. Suidas: *χαμώς. Θεὸς ἦν Τυρίων καὶ Ἀμανιτῶν, ὥσπερ ἡ Ἀστάρτη Θεὸς Σιδονίων, ἣ ἐλάτρευσε Σολομῶν*. ubi per Amanitas intelligitur procul dubio gens Nabatæorum Arabum, qui alias *Ἀμμανῖται a* per duplex μ dicuntur. Vide Stephanum de Urb. v. Ἄμανον, et quæ ex Josepho ibi in notis observantur. Plura de illo vide apud Seldenum de Diis Syr. Synt. I. c. 5. p. 165.

ΧΑΝΑΑ'Ν, *Chanaan*, nomen regionis, it. *mercator*. כְּנַעַן. Ps. CV. 36. Hos. XII. 7. Χαναὰν, ἐν χειρὶ αὐτοῦ ζυγὸς ἀδικίας, *mercator*, in manu ejus statera injusta. Vide et Soph. I. 12. et conf. Ies. XXIII. 8. ubi
b כְּנַעֲנִים LXX sunt ἔμποροι. — *כְּנַעֲנִי. Ezech. XVI. 3.

*ΧΑΝΑΑΝΙ͂ΤΙΣ, *Chanaanitis*. Legitur Zach. XI. 7. ubi verba εἰς τὴν Χαναανῖτιν (Alex. Χαναανῖτιν. B. γῆν Χαναάν.) respondent Hebr. לָכֵן עֲנִיֵּי הַצֹּאן, *profecto afflictos pecoris*, ut adeo legerint לִכְנַעֲנֵי אֶרֶץ, quæ lectio generat præclarum sensum. Semlero videtur ibi esse ipsum no-
c men Hebr. Græcis literis scriptum.

ΧΑΝΑΝΑΙ͂ΟΣ, *Chananæus*, it. *mercator*. כְּנַעֲנִי. Genes. XXXVIII. 2. Zach. XIV. 21. Prov. XXXI. 24. ubi appellative sumitur pro *mercatoribus*, quia Chananæi mercatores primi et maximi erant. — כְּנַעֲנִים. Symm. Job. XI. 25. Χαναναίων, ubi Aquila μεταβόλων habet. Sed sunt ibi nomina Intt. permu-
d tata. — סָבְאָם, *vinum eorum*. Hos. IV. 19. Legerunt hic סְבָאִים, *Sabæi*, quos cum Chananæis confuderunt, quod utrique a Cham sint oriundi. Confer ad h. l. Pocockium p. 232. Gloss. Græc. in N. T. ed. Alberti: Χαναναῖοι, μετάβολοι.

ΧΑ'ΟΣ, *hiatus, vorago*. גַּיְא, *vallis*, etiam *fossa*, coll. Arab. جُبّة, unde et Chald. גיאות in Lex. Aruch.
e *fossæ aquarum* exponuntur. Hinc et Chald. Mich. I. 6) חילתא. Zach. XIV. 4. χάος μέγα σφόδρα, magnus valde *hiatus*. Mich. I. 6. κατασπάσω εἰς χάος τοὺς λίθους αὐτῆς, dejiciam in *hiatum* lapides ejus. Sic vocatur ibi *vasta vorago* s. *profunda vallis* Samariæ subjecta. Forte vox hæc Græca ab ista Hebraica est deducta. Hesych. χάος, χώρησις, καὶ τὸ κενὸν, ἀπὸ τοῦ κεχύσθαι, ἢ σκότος. *f*

ΧΑΡΑ`, *gaudium, lætitia, exultatio*. גִּיל, *exultatio*. Joël. I. 16. — חֶדְוָה. Nehem. VIII. 12. — מָחוֹל, *chorus*. Ps. XXIX. 14. Conf. ad h. l. Fulleri Miscell. Sacr. Lib. III. cap. 9. p. 327. ubi pro χαρὰν legendum censet χορὸν, quam lectionem Grabius quoque in textum recepit. Verosimilis quidem est hæc conjectura, inprimis ob locum parallelum Threm. V. 15. Sed cum vox He- *g* braica per synecdochen *omne lætitiæ genus* designet, atque χαρὰν hoc modo bonum det sensum, LXX Interpretibus lectionem receptam χαρὰν tribuendam judico, pro qua præterea pugnant Syrus, Arabs, Æthiops. — מָשׂוֹשׂ. Ies. LXVI. 10. Thren. V. 15. — מִשְׁתֶּה, *convivium*. Esth. IX. 18. 19. — רִנָּה, *cantus*. Ies. LV. 12. — שְׂחוֹק, *risus*. *h* Ps. CXXV. 2. — שָׁלוֹם, *pax*. Ies. LV. 12. — שִׂמְחָה. 1 Par. XXIX. 22. Esth. VIII. 17. Psalm. XX. 6. — שָׂשׂוֹן, *gaudium*. Jerem. XVI. 8. XXV. 10. Joël. I. 12. Hesych. χαρὰ, ἡδονὴ, ἀγαλλίασις, εὐφροσύνη. Suidas: χαρὰ, ἡδονὴ, εὐφροσύνη, τέρψις.

'ΕΝ ΧΑΡᾼ͂ ΕΙ'ΜΙ', *in gaudio sum*. רָנַן, *canto*. Prov. XXIX. 6. *i*

ΧΑΡΑ'ΔΡΙΟΣ, *avis, quæ in salebris et alveis torrentium degit*. Vide Aristotel. Hist. Anim. Lib. VIII. c. 3. ubi Gaza *rupicem* vertit, *quasi qui in rupibus niduletur*. Idem Lib. IX. cap. 11. ubi Gaza *charadrium* reddit, sed addit: quam Latine *hiaticolam* dicere possumus, quod circa fluminum alveos et rivorum charadras seu hiatus riparum versari soleat. Meminit et Plutarchus a Lib. V. Symp. Quæst. 7. et Suidas in Hipponacte. Scribitur quoque χαλάνδριον et χαλάδριον. — אֲנָפָה, *ardea*. Lev. XI. 19. Deut. XIV. 18. Conf. Eustathium Hexaem. p. 40. et Leon. Allatii notas ad eundem p. 187. Bochartum Hieroz. P. II. Lib. II. c. 30. p. 340. Tychsenium ad Physiologum Syrum p. 88. seq. et Suiceri Thes. Eccles. s. h. v.

b ΧΑΡΑΚΟΒΟΛΙ'Α, *jactus seu constructio aggeris*. שָׁפַךְ סֹלְלָה infin. *diffundendo aggerem*. Ezech. XVII. 17. Male Sopingius ad Hesych. s. v. χάρακα conjicit legendum ἐν χαρακώματι.

ΧΑΡΑΚΟ'Ω, *valle communio, circumvallo, obsideo*. בֹּלֵס, *vellico*. Theod. Amos VII. 14. χαρακῶν συκαμίνους, h. e. *pedimentis fulciens sy-*
c *comoros*, vel *vallans* s. *fossa muniens*. Num pro χαρακῶν legendum potius est χαράσσων, *incidens*? Nam sec. Avicennam non maturescit fructus, nisi incidatur ungue ferreo. Confer Warnekros Hist. Natur. Sycomori §. 19. — הִכָּה Hiph. a נָכָה, *percutio*. Inc. 1 Reg. XV. 27. ἐχαράκωσεν. Sed vide infra s. χαράσσω. — סִקֵּל Pih. *elapido, lapides amoveo*.
d Ies. V. 2. Sic etiam multi Intt. h. l. סִקֵּל per *circumsepire* interpretati sunt LXX et Vulgat. secuti. Sed LXX speciem providæ et liberalis curæ vinitorum, quæ est in circumseptione vineæ, ne vites a feris animalibus aut viatoribus lædantur (Confer Psalm. LXXX. 13. seq.), pro altera libere posuerunt. — צוּר. Jerem. XXXII. 2. δύναμις
e βασιλέως Βαβυλῶνος ἐχαράκωσεν ἐπὶ Ἱερουσαλήμ, exercitus regis Babylonis *obsidebat* Hierosolyma. Hesychius: ἐχαράκωσεν, ἐκύκλωσεν, ἐπολιόρκησεν. Symm. Ies. XXIX. 3.

ΧΑΡΑΚΤΗ'Ρ, *character, nota, signum, forma*, item *ritus*. צָרֶבֶת, *cicatrix*. Lev. XIII. 28. ὁ γὰρ χαρακτὴρ τοῦ κατακαύματός ἐστι, est enim *nota* adustionis. Sic Eurip. Hecuba v. 379. δεινὸς χαρακτὴρ κἀπίσημος ἐν βροτοῖς, ἐσθλῶν γενέσθαι. — צוּרָה, *for-* f
ma. Aqu. Ps. XLVIII. 15. χαρακτὴρ αὐτῶν κατατρίψαι ᾅδην. Loco χαρακτὴρ rectius scribetur χαρακτῆρα, et pro κατατρίψαι ᾅδην reponendum erit κατατρίψει ᾅδης. Posset quoque scribi κατατρίψεται. Certe Hieronymus habet: *et figura eorum conteretur*. Cæterum Aquila vocem Hebr. a יָצַר, *formavit*, vel a g
צוּר, idem interdum significante, deduxit. Herodot. I. 116. χαρακτὴρ τοῦ προσώπου est *forma* faciei. Diod. Sic. Lib. I. p. 58. τῆς ὄψεως χαρακτῆρας vacat *lineamenta faciei*. 2 Macc. IV. 10. ἐπὶ τὸν Ἑλληνικὸν χαρακτῆρα τοὺς ὁμοφύλους μετῆγε, ad Græcanicum *ritum* contribules suos transtulit. 4 Macc. XV. 4.

ΧΑΡΑ'ΚΩΣΙΣ, *circumvallatio, vallum*. מָצוֹר, *munitio*. Deut. XX. 20. h
οἰκοδομήσεις χαράκωσιν ἐπὶ τὴν πόλιν, construes *vallum* (scil. *castrense*, *turres ligneas* et similia) contra civitatem.

ΧΑ'ΡΑΞ, *vallum, agger, quo castra muniri solent*. גַּיְא, *vallis*. Al. 1 Par. IV. 14. χάρακος τεκτόνων. N. L. — כָּרִים plur. ex כַּר, *duces exercitus*, it. *arietes*. Ezech. XXI. 22. τοῦ βαλεῖν χάρακας ἐπὶ τὰς πύλας αὐτῆς, ut mittat *arietes* adversus i
portas ejus. Ita Bielius, et recte: nam χάραξ latissime patet, et omnes *machinas, quibus in obsidione utuntur, adeoque quibus muri oppugnantur*, notat. Cappello in Notis Critt. ad h. l. p. 552. videntur LXX propter affinitatem soni inter כַּר et χάραξ ita vertisse, quia nempe solent voces Hebraicas per Græcas soni vicini, licet significationis diversæ, reddere. — מָגוֹר, *metus*. Ies. XXXI. 9. ὡς χάρακι. Loco מִמָּגוֹר, *præ timore*, legisse videntur כְּמָגוֹר, et גּוּר in notione *colli-*

a gendi acceperunt, quam habet נָוִר, ut docuit Simonis Lex. Hebr. p. 320. seq. Alii statuunt, eos legisse מָצוֹר. — מָצָב, *statio, castra.* Ies. XXIX. 3. βαλῶ περί σε χάρακα, circumdabo te *vallo.* Conf. Luc. XIX. 43. et ad h. l. Raphelii Annotatt. ex Polybio p. 227. seq. — מָצוֹד, *munitio.* Cohel. IX. 14. — מָצוֹר, idem. Deut. XX. 19. — סֹלְלָה. Ies.
b XXXVII. 33. Ez. IV. 2. XXVI. 8. Al. 2 Sam. XX. 15. Sir. XXII. 19. ubi χάρακες sunt *valli,* h. e. *firmiores pali, quibus vites alligantur.* Latini *pedamentum* dicunt et *statumen.* Vide ad h. l. Grotium. 2 Macc. XII. 17. εἰς τὸν χάρακα. Possis τὸν χάρακα appellative *castra vallo munita* interpretari. Syriaca tamen versio ut nomen loci pro-
c prium sumit iisdemque literis scribit, quibus Arabes *Caracam* seu *Montem Regium.* Suidas: χάρακα, χαράκωμα, περίφραγμα, χαράκωμα, ὃ περιβάλλοντο τινὲς ἐπὶ σωτηρίᾳ. Lex. MS. Bibl. Coisl. p. 602. χάρακα, περίφραγμα, τειχομαχίας, ἰλεπόλεις.

ΧΑΡΑ'ΣΣΩ, ΤΤΩ, *insculpo, incido.* *הִכָּה Hiph. a נָכָה. 1 Reg. XV. 27. ἐχάραξε, ubi Compl. habet ἐπάταξεν,
d quod in Hexaplis Incerto Int. tribuitur. Bielius ex mera conjectura, sed non necessaria, substituit ἐχαράκωσε, deceptus sine dubio iis, quæ in eadem nota hexaplari leguntur: Ἄλλος καὶ ἐπεχαράκωσε. Non autem sollicitanda mihi videtur lectio impressa, nam הִכָּה etiam *cædendi* et *secandi* notionem habet. — רַע, *malus.* 2 Reg. XVII.
e 11. ubi notandum est in textu Hebr. legi וַיַּעֲשׂוּ דְּבָרִים רָעִים. quæ LXX transtulerunt καὶ ἐποίησαν κοινωνοὺς καὶ ἐχάραξαν. Sc., si quid video, exponere voluerunt liberiore sua hac versione, in quonam fuerint male facta, quorum Israëlitæ h. l. incusantur, nempe in eo, quod se participes reddiderint idololatriæ Gentilium, et fabricaverint s. sculpserint simulacra idolorum. Plene
f scribere proprie debuissent καὶ ἐποίησαν ἑαυτοὺς κοινωνοὺς (sc. gentibus, quæ in antecedentibus commemorantur) καὶ ἐχάραξαν κ. τ. λ. Vide et Sir. L. 29. 3 Macc. II. 29.

*ΧΑΡΙ'ΕΙΣ, *venustus, jucundus, gratiosus.* 4 Macc. VIII. 2. ἐν παντὶ χαρίεντες, *omni decore et gratia splendidi.* Conf. Zonaræ Lex. col. 1841. Hesych. χαρίεν, καλὸν, ἀγαθὸν, ἀσ-
g τεῖον, ὡραῖον. Idem: χαρίεντα, καλά, κεχαριτωμένα.

ΧΑΡΙ'ΖΟΜΑΙ, *dono, largior, do, gratificor.* חָנַן. Aqu. Gen. XXXIII. 5. ἐχαρίσατο, *largitus est.* Sir. XII. 3. τῷ ἐλεημοσύνην μὴ χαριζομένῳ, eleemosynam non *danti.* 2 Macc. I. 35. pro οἷς ἐχαρίζετο Grotius, cui quoque assentitur Houbigantius, legere mavult οἷς ἐχρήσατο, *quorum*
h *opera usus fuerat.* 2 Macc. III. 33. σοὶ κεχάρισται τὸ ζῆν ὁ κύριος, tibi *donavit* vitam Dominus. Vide et 2 Macc. IV. 32. VII. 22. et conf. Luc. VII. 21. Act. XXVII. 24. Rom. VIII. 32. Adde Ælianum V. H. IX. 1. ubi χαρίζεσθαι opponitur τῷ λαμβάνειν, et Philonem de Charit. p. 701. e. coll. 702. a. ubi δωρεῖσθαι idem est, quod antea χαρίζεσθαι.
i

ΧΑ'ΡΙΣ, *gratia, suavitas, elegantia, venustas, oblectatio, beneficium, remuneratio beneficii, præmium.* גְּדוּלָּה, *magnificentia.* Esth. VI. 3. τίνα δόξαν ἢ χάριν ἐποιήσαμεν τῷ Μαρδοχαίῳ; quem honorem aut quam *gratiam,* seu quod *præmium* contulimus in Mardochæum? Conf. Elsnerum ad Luc. VI. 32. p. 207. — חֵן. Genes. VI. 8. εὗρε χάριν ἐναντίον Κυρίου, in-
k venit *gratiam* coram Domino. Vide et Gen. XVIII. 3. XXX. 27. Ex. XXXIII. 16. εὕρηκα χάριν παρά σοι, inveni *gratiam* apud te. Vide et Esth. II. 16. 17. et conf. Luc. I. 30. Num. XI. 11. εὕρηκα χάριν ἐνώπιόν σου. Vide et Esth. V. 7 VII. 3.

et conf. Act. VII. 46. Ps. XLIV. 3. ἐξεχύθη χάρις ἐν χείλεσίν σου, effusa est *gratia* in labiis tuis, h. e. *suavitas sermonis* copiose tibi concessa est. Vide et Cohel. X. 12. et infra notata ex Prov. X. 33. Sic χάρις alias etiam de *sermonis suavitate* usurpatur. Homer. Od. Θ', v. 175. ἀλλ' οὔ οἱ χάρις ἀμφιπεριστέφεται ἐπέεσσιν. Et Dio Chrysostomus Orat. LIII. de Homero agens τὴν μὲν ἡδονὴν καὶ χάριν τὴν τῶν ἐπῶν laudat. Cf. et Luc. IV. 22. coll. III. 16. IV. 6. Wolfium ad Luc. l. c. p. 611. et ad Ephes. IV. 29. p. 113. Prov. I. 9. στέφανον χαρίτων, coronam *ornatissimam elegantissimam*. Vide et Prov. IV. 9. ac supra s. v. στέφανος. Prov. III. 22. καὶ χάρις ᾖ περὶ σῷ τραχήλῳ, et *ornamentum* sit circa collum tuum. Prov. V. 19. πῶλος σῶν χαρίτων, pullus tuus *suavissimus*. Prov. XIII. 16. σύνεσις ἀγαθὴ δίδωσι χάριν, intellectus bonus dat *oblectationem* s. conciliat *gratiam*. Conf. Eph. IV. 29. Prov. XVII. 8. μισθὸς χαρίτων, merces *gratissima*. Prov. XXVIII. 23. χάριτας ἕξει, *gratias* habebit. Zach. XII. 10. πνεῦμα χάριτος καὶ οἰκτιρμοῦ, spiritum *gratiæ* et misericordiæ. Symm. Theod. Prov. V. 19. ἔλαφος χάριτος, cerva *suavissima*. — חֶסֶד, *benignitas*. Esth. II. 9. Theod. Prov. XXXI. 26. νόμος χάριτος ἐπὶ γλώσσῃ αὐτῆς, lex *grata, suavis, jucunda*, in lingua ejus. — טוֹב, *bonum*. Prov. XVIII. 22. qui nactus est uxorem bonam, εὗρε χάριτας, invenit rem *suavissimam* s. *optimam*, ubi χάριτες *bonum* notat, *pro quo gratiæ agendæ ac persolvendæ sunt*. Symm. 2 Sam. II. 6. — רַחֲמִים plur. ex רַחַם, *miserationes*. Gen. XLIII. 14. Dan. I. 9. sec. cod. Chis. — רָצוֹן, *benevolentia*. Prov. X. 33. χείλη ἀνδρῶν δικαίων ἀποστάζει χάριτας, labia virorum justorum destillant *jucundissima* s. *gratiosa, id quod placet*. Conf. Sir. XX. 12. XXI. 18. Præterea legitur Prov. XXX. 7. ubi voci χάρις in notione *beneficii* nihil respondet in textu Hebraico. Tob. I. 13. ubi χάρις καὶ μορφὴ per Hendiadyn est χάρις τῆς μορφῆς, *forma placens*. Münsterus tamen μορφὴν per חֶסֶד, *favorem*, transtulit, ac Fagius præterea addidit רַחֲמִים, *miserationes*. Vide ad h. l. Drusium. Esth. XV. 17. τὸ πρόσωπόν σου χαρίτων μεστὸν, facies tua est admodum *gratiosa*. Sir. VII. 33. χάρις δόματος κ. τ. λ., donum gratum est omni viventi, seu, ut Tigurina, *gratiosa est* apud vivos omnes beneficentia. Sirac. VIII. 16. ubi Houbigantius χάριν ex Hebr. חֶסֶד per *opprobrium* reddidit. Sirac. XVII. 22. *benignitas, miseratio, beneficium*, i. q. ἐλεημοσύνη in antecedentibus. Sirac. XX. 13. χάριτες, *verba gratiosa, facetiæ, lepores, quibus aliorum gratiam captare studemus*. Sir. XXI. 16. χάρις, *lepor*. Sir. XXIV. 20. ὡς ἄμπελος βλαστήσασα χάριν, tanquam vitis *pulchre germinans* s. *fructus suavissimos producens*. Complut. habet εὐωδίαν (Vulg. *suavitatem odoris*), quod mihi merum glossema esse videtur, q. d. odoram gratiam. Sir. XXVI. 15. χάρις γυναικὸς, *gratia* vel *suavitas* uxoris delectabit maritum ipsius. Sir. XXVI. 17. χάρις ἐπὶ χάριτι, h. e. *summe grata et suavis est* mulier pudica et fidelis. Sirac. XXIX. 18. χάριτας ἐγγύου μὴ ἐπιλάθῃ, *beneficia* sponsoris ne obliviscaris. Suidas: χάριτας, τιμὰς, εὐεργεσίας. Sir. XXXV. 2. ἀνταποδιδοὺς χάριν, referens *gratiam*. Vide et Sirac. XXX. 6. Apud Hesychium χάρις inter alia exponitur δωρεὰ καὶ ἀμοιβὴ κατὰ εὐεργεσίαν. Vide et Elsnerum ad Luc. VI. 32. p. 207. Sir. XL. 24. χάριν καὶ κάλλος ἐπιθυμήσει ὁ ὀφθαλμός σου, *elegantiam* et pulchritudinem desiderabit oculus tuus. Sic Ælianus V. H. XIII. 33. θαυμάσας τοῦ ὑποδήματος τὸν ῥυθμὸν, καὶ τῆς ἐρ-

a γασίας αὐτοῦ τὴν χάριν. 2 Macc. III. 33. πολλὰς τῷ Ὀνίᾳ χάριτας ἔχε, multas Oniæ *gratias* age. Tob. VII. 20. ubi χάρις est i. q. χαρὰ, *gaudium*, ut in quibusdam codd. e glossemate legitur. Hesych. χάρις, χαρά. Idem: πρὸς χάριν, πρὸς τέρψιν. Suidas: χάριν, τέρψιν. Pindar. Olymp. Od. VII. 8. συμποσίου χάρις. Vide quoque Ep. ad Philem. v. 7. ac Lexicon N. T.
b s. h. v. n. 10. Sir. VII. 21. ἡ γὰρ χάρις αὐτῆς ὑπὲρ τὸ χρυσίον, *præstantior est auro*. 4 Macc. V. 7. *donum*.

*ΧΑ'ΡΙΣ 'ΑΓΑΘΗ', *gratia bona*. רָצוֹן, *benevolentia*. Prov. XI. 27. χάριν ἀγαθήν.

*ΠΡΟ'Σ ΧΑ'ΡΙΝ, *ad gratiam*, h. e. *gratiosus*. חָלָק, *blandus*. Ezech. XII. 24. Hesych. πρὸς χάριν, πρὸς τέρψιν. Confer quoque Prov. VII.
c 5.

ΛΟ'ΓΟΙΣ ΤΟΙ͂Σ ΠΡΟ'Σ ΧΑ'ΡΙΝ 'ΕΜΒΑ'ΛΛΟΜΑΙ, *verbis blandis vel auditu jucundis aggredior*. אֲמָרִים הֶחֱלִיק, *verba lenifico, sermonibus blandior*. Prov. VII. 5. ἐάν σε λόγοις τοῖς πρὸς χάριν ἐμβάληται, si te verbis blandis vel auditu jucundis aggrediatur. Ita Xenoph. Hist. Gr. L. VI. c. 3. §. 5. οὐ πρὸς χάριν ὑμῖν ῥηθή-
d σεται, non jucunda vobis auditu erunt. Ita Bielius. Sed πρὸς χάριν ἐμβάλλεσθαι est ibi potius *ad amorem pellicere*.

ΧΑ'ΡΙΝ. Est quidem accusativus ex χάρις, sed adverbiascit, estque idem quod ἕνεκα, quasi εἰς χάριν, *in gratiam, gratia, causa, propter*. בִּגְלַל, *propter*. 1 Reg. XIV. 16. Symm. Mich. III. 2. Vide et Sir.
e XXXI. 6. 19. XXXII. 3. et alibi. Conf. L. Bos Ellips. Gr. p. 310.

ΧΑΡΙΣΤΗ'ΡΙΟΝ, *munus pro præstita gratia, munus, donum, præmium, quod ex gratia datur*. Est a χαριστήριος, *ad gratiarum actionem pertinens*. 2 Macc. XII. 45. Hesych. χαριστήρια, χαρίεντα δῶρα.

ΧΑΡΙΣΤΙΚΟ'Σ, *gratiosus*. חָנַן, *gratiam facio, gratiosus sum*. Symm.
Ps. CXI. 5. f

ΧΑΡΙΤΟ'ΟΜΑΙ, *gratia præditus sum, gratia plenus sum, gratiosus, benignus sum*. חָסִיד, *gratiosus, benignus*, et הִתְחַסֵּד, *gratiosus sum, benignus sum*. Symm. Ps. XVII. 28. μετὰ τοῦ κεχαριτωμένου χαριτωθήσῃ, *cum gratioso s. benigno gratiosus vel benignus eris*. Ita Bielius. Sed pertinent potius hæc Symmachi
verba ad תָּמִים et הִתַּמָּם, et g
κεχαριτωμένος est h. l. *favore divino dignus*, h. e. *pius, integer vitæ*, ac χαριτόομαι est *favoris sui ac benevolentiæ documenta dare*, quemadmodum הִתַּמָּם notat *tractare aliquem tanquam integrum et perfectum*. Al. Sir. IX. 8. averte oculum ἀπὸ γυναικὸς κεχαριτωμένης, a muliere *speciosa s. compta*, ut Vulg. transtulit.
Sir. XVIII. 17. ubi ἀνὴρ κεχαριτω- h
μένος vulgo vertitur: *homo gratiosus*, qui cum in summa sit apud homines æstimatione, plus apud eos valet hac ratione, quam oratione blanda, aut largitione etiam profusa alii. Sed mallem legere κεχαριτωμένα, *utraque homini conciliant gratiam*.

ΧΑ'ΡΜΑ, *gaudium*. מָשׂוֹשׂ, idem.
Aqu. Ps. XLVII. 3. i

ΧΑΡΜΟΝΗ', *gaudium, lætitia*. שִׂמְחָה. Hebr. et LXX Job. XX. 5. ubi Schol. vocem χαρμονὴ interpretatur ἀγαλλίαμα. Inde forte apud Hesychium, apud quem χαρμονὴ exponitur χαρὰ, συλλογὴ, pro συλλογὴ reponendum ἀγαλλίαμα. Job. III. 7. verba μηδὲ χαρμονὴ videntur esse glossema ortum ex
præcedente voce εὐφροσύνη. Jerem. k
XXXI. 33. sec. Compl. Vide quoque 3 Macc. VI. 31.

ΧΑΡΜΟΝΗ'Ν ΠΟΙΕ'Ω, *gaudium facio*. שָׂחַק, *ludo*. Job. XL. 15.

ΧΑΡΜΟΣΥ'ΝΗ, *gaudium, lætitia*. שִׂמְחָה. 1 Sam. XVIII. 6. Jerem.

a XXXIII. 10. XLVIII. 33.—שָׂשׂוֹן. Jer. XXXI. 13. 33. Vide et Judith. VIII. 6. Baruch. IV. 16. — Vide alibi εὐχή.

ΧΑΡΟΠΟΙΕ'Ω, *gaudio afficio, exhilaro*, ut Gloss. Vett. interpretantur. חָדָה Pih. Symm. Psalm. XX. 7. χαροποιήσεις αὐτὸν ἐν εὐφροσύνῃ μετὰ τοῦ προσώπου σου, *afficies eum gaudiis*, quibus perfunduntur ii, qui tecum
b sunt et versantur.

ΧΑΡΟΠΟΙΟ'Σ, *lætificus, gaudio et lætitia afficiens*, it. *pulcher*. חַכְלִילִי, *rubicundus*. Genes. XLIX. 12. ubi tamen alii pro χαροποιοὶ rectius χαροποί. Vide mox in χαροπὸς, ac Amersfoordt Diss. Phil. de Variis Lectionibus Holmesianis in Pentateucho pag. 99. Cæterum occurrit vox χαροποιὸς apud Eurip. Hec.
c 917. Schol. Soph. Ajac. 523.

ΧΑΡΟΠΟ'Σ, *fulvus, rutilus*, et, de oculis si dicitur, est vel *cæsius*, quales oculi referuntur ad pulcritudinem, vel *torvus, flammeus, ferox*, in qua significatione inprimis apud poëtas Græcos, præeunte Homero ac Aristotele Phys. c. 5., tribuitur leonibus ob insitam ferociam. חַכְלִילִי, *rubicundus*. Incert.
d Gen. XLIX. 12. χαροποὶ οἱ ὀφθαλμοὶ αὐτοῦ ἀπὸ οἴνου, *rutili* oculi ejus a vino. Schol. ad h. l. χαροποὶ, θερμοὶ, διάπυροι, φοβεροί. Archelao exponitur *suffusi*, Augustino *fulvi* et *fulgentes*. Vide Flam. Nobilium ad Gen. l. c. et Grabium Diss. de Vitiis LXX Intt. pag. 36. ubi etiam observat, quod oculi χαροποὶ ad differentiam nigrorum vel alius coloris sæpius memorentur ab Aristotele in Libris de Historia et Generatione Animalium. Vide quoque Aristotelis Physiognomonicon pag. 37. et 145. Scriptt. Physiognomoniæ vett. ed. Franzii. — חַכְלִלוּת, *rubedo*. Symm. Prov. XXIII. 29. τίνος χαροποὶ οἱ ὀφθαλμοί. Hesych. χαροπὸς, περιχαρὴς, γλαυκὸς, ξανθὸς, φοβερός. χαροπὸν, ξανθὸν, γλαυκὸν, φοβερὸν, περιφερῆ, vel potius περι- f
χαρῆ. Adde Theocrit. Idyll. XX. 25.

*ΧΑ'ΡΡΑ. Legitur hæc vox 3 Esdr. V. 55. sec. cod. Vat., ubi in Cod. Alex. et Ald. scribitur κάῤῥα. Bretschneiderus in Spicil. pag. 270. putat legendum esse χάραγμα s. χαράγματα, *nummi, monetæ*, quia Esdr. III. 7. legitur שֶׁמֶן, quod h. l.
non est *oleum* vertendum, sed eo g
sensu accipiendum, quo Chald. שמון, et Syr. ܬܡܢܐ, *semissis, quadrans*, hoc autem loco, posita specie pro genere, *pecunia* simpliciter.

ΧΑΡΤΗΡΙ'Α, *chartaria*, sc. *officina*, etiam *ipsa charta*. Sic legitur 3 Macc. IV. 16. (20.) τὴν χαρτηρίαν ἤδη καὶ τοὺς γραφικοὺς καλάμους ἐκλελοιπέναι. Confer quæ ad h. l. ex Plinio XVIII. 10. notat Grotius.

ΧΑ'ΡΤΗΣ, *charta, volumen*. מְגִלָּה, h
idem. Jerem. XXXVI. 23. πᾶς ὁ χάρτης, totum *volumen*. Conf. locum Theopompi v. χαρτίον. Sic apud Latinos etiam *charta* pro *volumine* occurrit. Catullus ab initio: *omne ævum tribus explicare chartis*. Sic quoque accipi debet locus Sereni Samonici: *Tertia namque Tili simul et centesima Livi charta*. Vide Is. Vossium de LXX Intt. pag. 67. et in Catull. pag. 3. — Vide alibi
τόμος. i

ΧΑΡΤΙ'ΟΝ, *chartula, charta*. מְגִלָּה, *volumen*. Jerem. XXXVI. 2. λάβε σεαυτῷ χαρτίον βιβλίου, sume tibi *volumen* libri. Vide et v. 4. 6. 14. Ita Theopompo apud Longin. de Sublim. sect. 43. χάρται βιβλίων.

*ΧΑΣΕΛΕΥ'. Est nomen mensis, qui fere nostro Novembri respondet, et Zach. VII. 1. dicitur כִּסְלֵו quod hoc mense sidus כְּסִיל oritur. 1 Macc. IV. 52. 2 Macc. I. 9. 18. et X. 6.

ΧΑ'ΣΚΩ, *hisco, dehisco, ore hiante*

a *appeto, aperio.* 3 Esdr. IV. 19. χάσκοντες τὸ στόμα θεωροῦσιν αὐτὴν, *aperientes* os aspiciunt illam. Vide et v. 31. Hesych. χάσκοντες, ἀνοίγοντες. Lex. Cyrilli MS. Brem. χάσκοντες, ἀνοιγοστομοῦντες.

ΧΑ'ΣΜΑ, *hiatus, vorago.* בְּרִיאָה *creatura.* Num. XVI. 30. ἐν χάσματι, *in hiatu.* Scharfenbergius ad h. l. reponere mavult φάσματι, quod
b vide supra. Mihi autem videtur esse alius interpretis, qui respexerit ad ea, quæ postea evenerunt, cum hiatu terræ absorptus est Core. Conf. Gregor. Nyss. in Cat. Nicephori p. 1276. et Theodoret. Quæst. 33. p. 241. ed. Hal. nec non Josephum A. J. IV. 3. 2. p. 201. Hav. Legitur præterea 2 Sam. XVIII. 17. ubi verba εἰς χάσμα μέγα de-
c sumta videntur ex Josephi A. J. VII. 10. 2. Hesych. χάσμα, στόμα, ἢ σχίσμα τῆς γῆς. Lex. Cyrilli MS. Brem. χάσμα, σχίσμα, χάος. Conf. Lex. N. T. s. h. v. et Raphelium Annot. Herodot. ad Luc. XVI. 26. p. 262. Adde Ælianum V. H. III. 18.

ΧΑΥ'ΝΟΣ, *laxus, fungosus, mollis, diffusus, expansus, tenuis.* Sap. II. 3. πνεῦμα διαχυθήσεται, ὡς χαῦνος
d ἀὴρ, spiritus diffundetur, tanquam aër expansus.

ΧΑΥΝΟ'Ω, *dissolvo, emollio.* מוֹגֵג Pih. Symmach. Psalm. LXIV. 11. χαυνώσεις, *emollies.*

ΧΑΥΩ'Ν, *panis admixto oleo subactus, qui subactione fungosus fieri et laxus creditur,* quasi χαυνών. Est autem potius ipsa vox Hebr. כַּוָּנִים plur., *liba, placentæ effigiatæ (qui-*
e *bus fortasse impressa erat imago idoli), pastæ.* Jerem. XLIV. 19. ἐποιήσαμεν αὐτῇ χαυῶνας, fecimus illi placentas: ubi Sopingius non audiendus est, qui ex Hesychio (apud quem potius rescribi debet χαυῶνες. Certe Phavorinus in suo exemplari ita habuit.) reponit χαυνῶνας. Suid. χαυώνας (scr. χαυῶνας), ἄρτους ἐλαίῳ ἀναφυραθέντας (quos Aristophanes Plut. 138. ψαιστοὺς vocat, et ibid. v. 680. πόπανα) κριθίνους, ἢ λάχανα f
ὀπτά. Lex. Cyrilli MS. Brem. χαυῶνας, τὰ ἐκ στέατος γινόμενα πέμματα, ἢ στέαρ. Similiter Gloss. MS. in Prophetas: χαυῶνας, στέαρ, ἢ τὰ ἐκ στέατος γινόμενα. Al. Jerem. VII. 17. τρίβουσι σταῖς, τοῦ ποιῆσαι χαυῶνας τῇ στρατιᾷ τοῦ οὐρανοῦ, terunt similam, ut faciant *placentas* exercitui cœli. Francof. ed. ibi habet χαμῶνας, al. καυῶνας, al. χαβῶνας. Unde et apud g
Hesychium: χαμῶνας, στέαρ, ἢ τὰ ἐκ στέατος πεπτόμενα. Lege: γινόμενα. Vide Hesychium post χαμαιαπάδες. Apud eundem: χαβῶνες, στῖθια (lege στέατα) ὀπτώμενα ὑπὸ (scribendum videtur ἀπὸ) ἀλεύρου. Etymologus habet χαυῶνας, et apud Hesychium χαυνῶνες etiam sunt ἄρτοι ἐλαίῳ ἀναφυραθέντες. Vera autem lectio apud LXX procul dubio est h
χαυῶνας. Nam hoc cum Hebraica כונים magis convenit, et in Codd. bonæ notæ legitur. Depravatum autem illud in χαβῶνας et χαμῶνας, quod litera υ in codd. manu exaratis τῷ β sæpe valde similis sit, et β etiam facile pro μ accipi possit, quemadmodum et inde apud Hesychium pro 'Ωβὼβ habemus 'Ωβώμ. Cumque χαμῶνας imperi- i
tus aliquis librarius scripserit, alius inde facile χάνωνας et χαυνῶνας arripere, immo etiam χαμῶνας in καυῶνας facile degenerari potuit. Cæterum Theodoritus in Catena Ghislerii ad Jer. l. c. χαυῶνας vel, ut ipse vitiose scribit, χαβῶνας interpretatur πέμματά τινα ἔνδον ἔχοντα κώνους καὶ στεφανίδας (Ghislerius legendum conjicit ἀσταφίδας) καὶ ἕτερα τοιαῦτα. Hieronymus ad eund. loc.: *Mulieres conspergunt adipem cum farina, ut faciant* χαυῶνας, *quas nos placentas interpretati sumus, sive præparationes.* Vitringa Comm. in Ies. LVII. 6. p. 753. b. intelligit *liba melle condita,* πόπανα *dicta Aristophani et Luciano, quæ diis oblata sint.* Conf. Michaëlis Suppl. pag. 1234. seq. ac Tittmannum ad Zonaræ Lex. 1840.

XΑΦΟΥΡΟΙ' vel juxta al. χαφουρῆ. Ipsa vox Hebr. plur. constr. כְּפוֹרֵי, crateres. Esdr. VIII. 26.

*XΕΒΡΑΘΑ'. Vide supra χαβραθά.

XΕΙ'ΛΟΣ, *labium, ripa, litus, ora,* it. *sermo, verbum.* אֶלֶף, *mille.* Job. IX. 3. ubi tamen al. pro χειλέων rectius χιλίων. — אֹמֶר, *verbum.* Prov. VI. 2. ubi tamen pro χείλεσιν scribere mallem ῥήμασιν, ut Compl. habet. — יָד, *manus.* Prov. XII. 15. ἀνταπόδομα δὲ χειλέων αὐτοῦ δοθήσεται αὐτῷ. Fortasse ita verterunt, quia in antecedentibus de *ore* sermo erat. Non tamen repugnarem, si quis χειρῶν (ex Aquila et Symmacho) reponere mallet, quod Grabius in textum e conjectura recepit. Vide Grabii Proleg. in LXX Intt. T. IV. c. 4. §. 3. qui provocavit ad XXXI. 31. ubi in pluribus exemplis perperam legitur χειλέων, excepta ed Compl., quæ recte habet χειρῶν, quomodo etiam Aqu. Symm. et Theodot. ibi interpretati sunt. Adde Dan. X. 4. sec. cod. Chis. ubi יַד et χεῖλος *littus* notat. — כְּלָיוֹת plur. *renes.* Prov. XXIII. 16. τὰ σὰ χείλη, posita parte corporis alia pro alia, et apte ad λόγον in antecedentibus. Vide supra s. λόγος. — לְחִי, *gena.* Job. XL. 21. — —*מִשְׁפְּתַיִם, *duo lapides focarii, duo ordines.* Jud. V. 16. sec. cod. Alex. ubi χεῖλος *omne, quod extremum est,* notat. Vulgat. *intra duos terminos.* Secundum Scharfenbergium legerunt בֵּין הַשְּׁפָתַיִם, et per χεῖλη aut omnino *oræ,* aut *ripæ* s. *litora* intellegenda sunt. — שָׂפָה. Gen. XI. 6. ἰδοὺ γένος ἓν καὶ χεῖλος ἓν πάντων, ecce genus unum et *dialectus* una omnium. Vide et v. 1. et 9. et conf. Vorstii Philol. Sacr. P. I. c. 1. Gen. XXII. 17. tanquam arenam, τὴν παρὰ τὸ χεῖλος τῆς θαλάσσης, quæ ad *littus* maris. Vide et Exod. XIV. 31. Jos. XI. 4. Jud. VII. 12. 1 Sam. XIII. 5. Genes. XLI. 3. ἐπὶ τὸ χεῖλος τοῦ ποταμοῦ, ad *ripam* fluvii. Vide et Deut. II. 36. IV. 48. Dan. XII. 5. et conf. Wolfium ad Hebr. XI. 12. et Lex. N. T. s. h. v. Exod. XXVI. 4. ἐπὶ τοῦ χείλους τῆς αὐλαίας, ad *oram* aulæi. Vide et Exod. XXXVI. 10. 2 Par. IV. 5. Prov. XIV. 7. χείλη σοφὰ, *sermones* sapientes. Vide et Proverb. X. 19. XII. 20. XVI. 14. Al. Prov. X. 20. χειλέων, ubi Francof. ed. ῥημάτων. Ies. XXIX. 13. ἐν τοῖς χείλεσιν αὐτῶν τιμῶσί με, *labiis* suis colunt me. — שְׁפִי, *clivus.* Jer. III. 21. VII. 28. Legerunt שָׂפָם, quod aliquando *labia* significat, vel ex aliorum sententia שְׂפָתַיִם. Cf. Buxtorfii Anticritic. pag. 612. — *שָׂפָם, *mystax.* Ezech. XXIV. 17. Deduxerunt a שָׂפָה cum affixo. — *שְׁפַתַּיִם, *cremathræ, uncini ferrei ad suspendendum canem.* Aqu. (sec. ed. sec.) Symm. Theod. Ez. XL. 43. Loco Schin legerunt Sin. Judith. IX. 10. ἐκ χειλέων ἀπάτης μου. Latinus interpres, qui habet *ex labiis charitatis meæ,* legit sine dubio ἀγάπης. Similiter 2 Petr. II. 13. pro ἀπάταις rectius legendum ἀγάπαις e loco parallelo Judæ v. 12. et Vulgata versione. — Vide alibi ἀπρόβυστος et ἀπερίτμητος.

XΕΙ'ΛΩΜΑ, *labrum,* vel *ora, coronamentum.* זֵר, *corona.* Inc. Exod. XXXVII. 2. ubi notatur *margo elatior circa mensam* vel *arcam,* quasi *labia,* τὰ χείλη.

XΕΙΜΑ'ΖΩ, *hiemo, procella vexo,* et χειμάζομαι, *tempestate infestor,* et metaph. *vexor, dolore afficior.* גֶּשֶׁם. Symmach. Job. XXXVII. 6. χειμάσει, *pluet vehementer.* — הִכְאָה Hiph. *dolore afficio.* Aquil. Ezech. XIII. 22. ἐχειμάζετε, *dolore affecistis.*

a —חוֹלֵל Pih. a חוּל. Prov. XXVI. 10. πολλὰ χειμάζεται πᾶσα σὰρξ ἀφρόνων, multo *dolore afficitur*, vel multum *vexatur* omnis caro stultorum. Ita Æschyl. Prom. v. 567. Prometheum in Caucaso adfixum dicit χειμαζόμενον, Scholiastes πάσχοντα. Et Sophocles de Philoctete, gravi ulcerum morbo afflicto, v. 1489. χειμαζομένῳ. Glossæ Philoxeni: *vexare*, ὀχλεῖν,
b σκύλλειν, χειμάζειν. Confer Spanhemium ad Aristoph. Ran. v. 364. et Salmasium de Modo Usurarum p. 788. ac Sturzium de Dial. Mac. et Alex. p. 74. seq.

ΧΕΙ'ΜΑΡ'Ρ'ΟΣ et χειμάῤῥους, *torrens, rivus*. אָפִיק, idem. Psalm. CXXV. 5. — *נָהָר. Hebr. Int. Job. XIV. 11.—נַחַל. Gen. XXXII. 23. Levit. XI. 9. Deuter. II. 32. et
c alibi sæpius. Job. XXI. 33. apud Theod. et LXX χείμαῤῥος est *fluvius inferorum*. Vulg. *Cocytus*. — נַחְלָה cum ה parag. Psalm. CXXIII. 4. — סָעִיף, *scopulus*. Jud. XV. 8. παρὰ τῷ χειμάῤῥῳ: quæ verba Scharfenbergius ad h. l. prorsus aliena, neque ex alia lectione librorum Hebraicorum (עַל־הַנַּחַל, *juxta torrentem*) expressa putat.—*שְׂעִירִים,
d *hirci*. Levit. XVI. 7. 8. sec. cod. Alex., ubi tamen pro χειμάῤῥους legendum suspicor χιμάρους seu χιμάῤῥους. Gloss. Brem. χείμαῤῥοι, ῥύακες, ποταμοί. Confer notata ex Suida in v. χίμαρος. Plene dicitur χείμαῤῥος ποταμός, ut contra Sylburgium docuit Relandus Palæst. pag. 285. Vide et Alberti in Mus. Brem. Vol. I. p. 112.

e ΧΕΙΜΕΡΙΝΟ'Σ, *hyemalis, hybernus, procellosus*. גֶּשֶׁם, *imber*. Esdr. X. 13. Zach. X. 1. — חֹרֶף, *hyems*. Jerem. XXXVI. 22. Aqu. Symm. Theod. Amos III. 15. — סַגְרִיר, *imber vehemens*. Prov. XXVII. 15. Vide et 3 Esdr. IX. 11. ὥρα χειμεριν), Hebr. עֵת גְּשָׁמִים Esdr. X. 13.

ΧΕΙΜΕ'ΡΙΟΣ, idem. Sap. XVI. 29. ὡς χειμέριος (cod. Alex. χειμερινὴ) πάχνη τακήσεται.

ΧΕΙΜΩ'Ν, *hyems*. גֶּשֶׁם, *imber*. Esdr. X. 9. ἀπὸ τοῦ χειμῶνος, *a tempestate*. Vide et Job. XXXVII. 6. Sic Ælianus V. H. VIII. 5. ὑπὸ χειμῶνος βιασθεὶς, *tempestate* coactus. Confer et Act. XXVII. 20. Inc. Levit. XXVI. 4. τοὺς χειμῶνας. Hiems enim in Oriente fere pluviosa esse solet. Symm. sec. cod. Mosqu. Gen. VII. 12.—סְתָו, *hiems*. Cant. II. 11. Vide quoque 3 Esdr. IX. 6. Sir. XXI. 9. ὁ συνάγων τοὺς λίθους εἰς χειμῶνα, qui colligit lapides, ut sc. in hieme ædificet, h. e. tempore admodum importuno. Melius Compl. εἰς χῶμα ταφῆς, quod vide infra. Sensu metaphorico de *persecutionibus* et *malis* usurpatum reperitur 4 Macc. XV. 32. τοὺς τῆς εὐσεβείας χειμῶνας. De quovis *incommodo* et *molestia* χειμὼν adhibetur apud Menandrum in Fragm. p. 70. v. 3. seq. μὴ προσάγου τῷ πράγματι χειμῶνας ἑτέρους, τοὺς ἀναγκαίους φέρε, non rei adde alia incommoda, sed fer necessaria. Hesych. χειμὼν, ἡ ὥρα, καὶ κίνδυνος, ταραχὴ, ζάλη, διωγμός.

ΧΕΙ'Ρ, *manus*, it. *potestas, potentia, virtus et operatio, ministerium, vis, usus, pars, descriptio, axis, medium*. אוֹצָר, *thesaurus*. Neh. XIII. 13. ubi verba ἐπὶ χεῖρα respondent verbis וָאוֹצְרָה עַל־אוֹצָרוֹת, et *constitui thesaurarios super thesauros*, ita vertenda: *hisque præfecti erant*. — אֶכֶף, i. q. כַּף. Job. XXXIII. 7. — *אֵת. Job. II. 10. ἐκ χειρὸς, מֵאֵת. Num legerunt מִיַּד? — בַּדִּים plur. ex בַּד, *vectes*. Hos. XI. 7. Legerunt בְּיָדָיו. — *בֵּן, *filius*. Dan. X. 16. sec. Chis. ubi loco

a υἱοῦ posuerunt χειρὸς ob sequens ἥψατο. — דַּי, *sufficientia*. Jerem. XLIX. 8. ubi pro דַּיָּם, *sufficientiam suam*, legerunt יָדָם per literarum metathesin. — *דֶּלֶת, *janua*. Jud. XI. 31. χειρῶν. Vitiose. Reponendum est θυρῶν. — הֻיְּדוֹת plur. *celebrationes*. Nehem. XII. 8. Legerunt יְדוֹת. — זֶרַע, *semen*. Jer. XLIX. 9. Hic legerunt זְרוֹעַ, *bra-*
b *chium*. Χεὶρ quoque *totum brachium* notat apud Pausaniam Lib. VI. c. 14. 2. — חֹפֶן, *pugnus*. Exod. IX. 8. Lev. XVI. 13. Ezech. X. 2. 7. — חֶרֶב, *gladius*. Exod. XVIII. 4. ubi Grabius loco χειρὸς substituit μαχαίρας, non cogitans, LXX suum sæpius privatum interposuisse judicium, ac fortasse ita h. l. transtulisse, quia dicendi formulam הִצִּיל
c מִיַּד longe usitatiorem atque ad sensum exprimendum aptiorem judicabant, quam הִצִּיל מֵחֶרֶב. Cæterum voci χεὶρ h. l. *potestatis* notio subjicienda est, et tunc parum differt hæc versio ab ipso textu. Sic Heliodorus Æthiop. I. 56. ἡ χειρὸς πολεμίας καὶ ὕβρεως ἐξαιρουμένον. et Lib. I. pag. 75. ἐξελοῦ δή με χειρῶν λῃστρικῶν. Eodem sensu passim a-
d pud alios. Vide Horat. Vitringa Animadv. ad Vorstium p. 231. seq. Conf. et Luc. I. 74. — יָד, in dual. יָדַיִם, et in plur. יָדוֹת. Genes. XXXII. 11. ἐξελοῦ με ἐκ χειρὸς τοῦ ἀδελφοῦ μου Ἡσαῦ, eripe me manu fratris mei Esavi. Vide et Genes. XXXVII. 20. Exod. III. 8. XVIII. 9. 10. Gen. XXXVII. 26. αἱ χεῖρες ἡμῶν μὴ ἔστωσαν ἐπ' αὐτὸν, manus nos-
e træ ne sint super eum, h. e. juxta Augustinum: *manus ei non inferamus*. Conf. v. 21. et Drusium Misc. Cent. II. c. 86. Genes. XXXIX. 4. πάντα, ὅσα ἦν αὐτῷ, ἔδωκε διὰ χειρὸς Ἰωσὴφ, omnia, quæ erant illi, dabat in *potestatem* Josephi. Vide et v. 22. 23. Ita Ælianus V. H. VII. 1. ἔγνω διὰ χειρὸς καὶ γνώμης ἔχουσα πάντα, cognovit, in sua se *potestate et voluntate* habere omnia. Gen. XLII. f
37. δὸς αὐτὸν εἰς τὴν χεῖρά μου, h. e. trade s. committe mihi illum. Vide et Genes. XLIII. 9. Exod. IX. 3. χεὶρ κυρίου ἔσται ἐν τοῖς κτήνεσί σου, *potentia* domini erit in jumentis tuis. Vide et Deut. II. 15. Suidas: χείρ, ἡ βοήθεια, καὶ ἡ ἐξουσία, καὶ δύναμις. Sic et Pindarus Olymp. X. θεοῦ σὺν παλάμᾳ dicit, quod Scholiastes exponit τῇ τοῦ θεοῦ δυνάμει καὶ βοηθείᾳ. g
Exod. XIII. 3. ἐν χειρὶ κραταιᾷ, *potentia* magna. Vide et v. 14. 16. Exod. XVII. 16. et conf. Jos. IV. 24. ubi יָד redditur δύναμις, et Jer. XVI. 20. ubi χεὶρ et δύναμις conjunguntur. Sic et, observante Alberti ad Act. IV. 28. p. 229., ad Sophocl. Ajac. v. 130. ἢ χειρὶ βρίθεις Schol. δυνάμει. Levit. XXV. 35. καὶ ἀδυνατήσῃ ταῖς χερσὶ, h. e. *facultatibus* h
vel *nervo rerum gerendarum* destitutus sit. Levit. XXVI. 46. lex, quam dedit Deus ἐν χειρὶ Μωϋσῆ, h. e. *ministerio* Mosis, seu *per* Mosen. Vide et Num. IV. 33. IX. 23. X. 13. coll. Act. VII. 35. Gal. III. 19. Num. XV. 28. ψυχὴ, ἥτις ποιήσῃ ἐν χειρὶ ὑπερηφανίας, anima, quæ superbe agat. Confer Vorstii Philol. S. P. I. c. 14. et Exod. XXXV. 27. i
Esther. I. 15. Ies. LXIV. 7. ubi LXX בְּיַד per διὰ interpretantur. 1 Sam. XVIII. 17. μὴ ἔστω ἡ χείρ μου ἐπ' αὐτῷ, καὶ ἔσται ἐπ' αὐτὸν χεὶρ ἀλλοφύλων, h. e. non ipse *occidam* illum, sed alienigenæ *occident* illum. Vide et 1 Sam. XXIV. 13. 2 Sam. III. 12. ἰδοὺ ἡ χείρ μου μετά σου, ecce *potentia* tibi auxilio erit. Vide et 1 Sam. XXII. 2. 2 Sam. k
XIV. 19. μὴ ἡ χεὶρ Ἰωὰβ ἐν παντὶ τούτῳ μετά σου, h. e. nonne Joabus omnem hanc rem tibi *suggessit*? 2 Sam. XV. 2. ἔστη ἀνὰ χεῖρα τῆς ὁδοῦ τῆς πύλης, stabat ad manum viæ, h. e. *ad viam* portæ. Confer

Exod. II. 5. Num. XIII. 30. Jer. XLVI. 6. ubi עַל יָד redditur παρά. 2 Sam. XIX. 43. δέκα χεῖρές μοι ἐν τῷ βασιλεῖ, decem *partes* mihi in rege. Vide et 2 Sam. XI. 7. et conf. Nehem. XI. 1. Ez. XLVIII. 1. ubi יַד per μέρος exponitur. Sic et apud Hesychium χείρ inter alia exponitur per μέρος. 1 Sam. VII. 31. χεῖρες ἐν τοῖς τρόχοις, *axes* in rotis. Vide et v. 32. 34. 35. 1 Paral. IV. 10. καὶ ἡ χείρ σου ἦν μετ' ἐμοῦ, h. e. *potentia* tua mihi fueris auxilio. 2 Par. XXXIV. 14. liber legis Domini διὰ χειρὸς Μωϋσῆ, sc. διδομένου, *ministerio* Mosis datæ. Vide et 2 Par. XXXV. 6. Esdr. VII. 5. ὅτι χεὶρ κυρίου θεοῦ αὐτοῦ ἦν ἐπ' αὐτὸν, ubi χεὶρ θεοῦ *favorem* et *auxilium Dei* significat. Vide et v. 8. Esdr. VIII. 18. 22. 30. Esdr. VII. 25. ὡς ἡ σοφία τοῦ θεοῦ ἐν χειρί σου, prouti sapientia a Deo tibi data est. Conf. v. σεαυτῷ. Job. XXXI. 27. εἰ δὲ χεῖρά μου ἐπιθεὶς ἐπὶ στόματί μου ἐφίλησα. Gestus adorantis. Confer Lucian. de Saltatione p. 652. Nehem. III. 4. 7. 8. ἐπὶ χεῖρα αὐτῶν, *juxta* illos. Psalm. XXX. 6. εἰς χεῖράς σου παραθήσομαι τὸ πνεῦμά μου, in manus tuas tradam spiritum meum. Ad quem locum respiciens Suidas χεῖρας θεοῦ interpretatur τὴν τοῦ θεοῦ προμήθειαν. Verba autem ex Psalmo adducens pro παραθήσομαι habet παρατίθημι. Idem: χείρ, ἡ βοήθεια, καὶ ἡ ἐξουσία καὶ ἡ δύναμις. Psalm. XXXVII. 2. ἐπεστήριξας ἐπ' ἐμὲ τὴν χεῖρά σου. Zonaras Lex. 797. ἐπ' ἐμὲ τὴν χεῖρά σου. ἀπὸ μεταφορᾶς τῶν αἰκιζομένων. ὁρῶν τὴν χεῖρά σου κειμένην καὶ λίαν μαστιγοῦσαν. Prov. XVIII. 21. θάνατος καὶ ζωὴ ἐν χειρὶ γλώσσης, mors et vita in *usu* aut potestate linguæ. Ez. I. 3. ἐγένετο ἐπ' ἐμὲ χεὶρ κυρίου, veniebat super me *virtus* Domini. Vide et Ez. III. 14. Zach. IV. 14. quid duo rami olearum οἱ ἐν ταῖς χερσὶ τῶν δύο μυξωτήρων, qui in *medio* duorum tuborum? — יַדּוֹת infin. Pih. a יָדָה, *dejicere*. Zach. I. 21. Legerunt יָדוֹת, *manus*. — יוֹם, *dies*. Job. XXIII. 2. Forte legerunt יָד. — *יָרֵךְ, *femur*. Ezech. XXI. 12. Legerunt יָדָךְ. — כַּף, in duali כַּפַּיִם, et in plur. כַּפּוֹת, *vola, manus*. Gen. XX. 5. XL. 21. Exod. IV. 4. Ps. XC. 12. Ad posteriorem locum respiciens Suidas ex Theodoreto, ut observat Küsterus, ita: ἐπὶ χειρῶν ἀροῦσί σε ἀντὶ τοῦ χειραγωγήσουσιν, ποδηγήσουσιν, ὑπερείσουσι ἀσθενοῦντα, παντοδαπὴν ἐπικουρίαν προσοίσουσιν. Idem quoque legitur apud Zonaram Lex. col. 806. Psalm. CXVIII. 108. et alibi sæpius. — כָּנָף, *ala, ora*. Jerem. II. 34. XLVIII. 40. Utrobique pro כָּנָף legerunt כַּף. — כָּתֵף, *humerus, latus*. Ezech. XXIX. 7. Legerunt בְּכַפֶּיךָ. — מַטֶּה, *baculus*. Exod. IX. 24. τὴν χεῖρα, manum baculum tenentem. — מָרוֹם, *altum*. Ies. XXIV. 21. Ita Bielius. Sed ibi verba ἐπάξει τὴν χεῖρα potius respondent verbo יִפְקֹד, *visitabit*, h. e. *puniet, malis afficiet*. — מִכְתָּב *scriptum*. 2 Par. XXXV. 4. κατὰ τὴν γραφὴν Δαυὶδ, καὶ διὰ χειρὸς Σολομῶν, juxta scripturam Davidis, ac *descriptionem manu* Salomonis factam. Quod in alia versione sec. ed. Compl. καὶ κατὰ τὴν ἀπογραφὴν Σολομῶν exponitur. Conf. Salmas. de Modo Usur. p. 392. Similiter Sir. XLVIII. 23. ἐλυτρώσατο αὐτοὺς ἐν χειρὶ Ἡσαΐου, liberavit illos secundum *prophetiam manu Iesaiæ scriptam*. Vide et Sir. XLIX. 7. ac Burmannum ad Petron. Satyr. p. 530. — נֶפֶשׁ, *anima*. Psalm. XL. 2. Prov. XIII. 4. In priore loco pro χεῖρας olim fuit ψυχὰς, ut Ambrosius observat. — נֵשֶׁק *armatura*. Job. XX. 24. οὐ μὴ σωθῇ ἐκ χειρὸς σιδήρου, non servetur ex manu, h. e. *a vi* ferri. — *עֵת, *tempus*. Ezech. XXXV. 5. ubi legendum videtur ἐν καιρῷ ἐθνῶν. — פֶּה, *os*.

a Proverb. X. 12. ubi tamen Grabio
Proleg. in LXX Intt. T. IV. c. 4.
§. 3. pro χειρὶ (quod tamen agnoscit
quoque versio Arabica) legendum
videtur χείλει. Non sine ratione.
Provocat præterea ad XII. 14. et
XXXI. 31. ubi exempla permuta-
torum χειρῶν et χειλέων obvia sunt.
Idem valet de loco Prov. XXVI. 9.
—פָּנִים plur. *facies*. Deut. II. 36.
b VII. 2. 2 Paral. VI. 36. — פְּעָמִים
plur. *pedes*. Psalm. LVII. 10. τὰς
χεῖρας αὐτοῦ νίψεται ἐν τῷ αἵματι ἁμαρτωλοῦ. Pro lubitu ita verterunt aut
potius substituerunt aliam phrasin
usitatiorem. Nam *pedes lavare in
sanguine* et *manus lavare in sanguine* quoad sensum non differunt:
utrumque notat *delectari morte et
interitu alicujus*, aut *morte cruenta*
c *aliquem afficere*. Alii statuunt, eos
legisse בְּכַפָּיו. Idem valet de loco
Ps. LXXIII. 4. — קִיא, *vomitus*.
Jerem. XLVIII. 26. ἐπικρούσει Μωὰβ
ἐν χειρὶ αὐτοῦ. Videntur mihi h. l.
ex conjectura s. ignorantia ita transtulisse.—שַׂכִּין, *culter*. Prov. XXIII.
2. Liberius interpretati sunt שַׂכִּין
de *cultro coquinario* intellegentes.
Vide ad h. l. Jaegerum.—שֹׁעַל, *pu-*
d *gillus*. Ies. XL. 12. — תָּו, *signum*.
Job. XXXI. 36. ubi χεὶρ *signum*
notat, ut Ezech. XXI. 18., ad quem
locum vide Cappelli Nott. Critt.
pag. 551. Præterea legitur apud
Symmachum Psalm. XCIX. 3. ubi
nempe loco νομῆς reponendum erit
χειρὸς, nam, ut mihi quidem videtur, ordo verborum ibi est perturbatus. Conf. supra s. νομή. Est au-
e tem λαὸς χειρὸς *populus, quam manu
sua duxit*. Esth. XIV. 8. ἔθηκαν
τὰς χεῖρας αὐτῶν ἐπὶ τὰς χεῖρας τῶν
εἰδώλων αὐτῶν, posuerunt manus suas
super manus idolorum suorum, h. e.
interprete Baduello: *promiserunt
fidemque dederunt* aut *juraverunt*.
Sir. XIV. 25. κατὰ χεῖρας αὐτῆς, ad
latus illius, seu: *prope eam*, h. e.
qui se totum dedit sapientiæ. Sir.
XV. 14. ἐν χειρὶ διαβουλίου αὐτοῦ, *li-* f
bertate voluntatis et consilii: ubi
χεὶρ *arbitrium* et *potestatem* notat,
coll. Job. I. 12. II. 6. Genes. XVI.
6. Sic et nos dicere solemus: in
seiner Hand haben, *to have in one's
hands*. Sap. XIII. 19. χειρῶν ἐπι-
τυχία, felix et prosper *negotiorum*
eventus, aut, uti Vulgatus expressit, *omnium rerum eventus*. Sic כַּף
de *laboribus, qui manu perficiuntur*, g
dicitur Proverb. XXXI. 16. et יָד
Prov. XII. 14. coll. Psalm. LXII.
13. Vide quoque Coran. Sur. III.
1. et ibi Gelal, ac Lex. N. T. s. h. v.
Sir. V. 15. ἡ χείρ σου ἔστω ἐπὶ τῷ στόματί σου, *digito compesce labellum*,
ut cum Juvenali (I. 160.) loquar,
silentium tibi indicito. Sirac. XXV.
34. εἰ μὴ πορεύηται (sc. ἡ γυνὴ) κατὰ
τὴν χεῖρά σου, h. e. uxorem immori- h
geram *voluntati* tuæ, coll. vers.
Arab. et VII. 28. Ib. XLVI. 5.
ἐν χειρὶ (h. e. secundum *arbitrium* s.
beneplacitum) Θεοῦ ἀνεπόδησεν ὁ ἥλιος.
Vide quoque Act. IV. 21. 1 Petr.
V. 6. coll. v. 7. Sirac. XLVIII. 23.
ἐν χειρὶ Ἡσαΐου, uti *per Iesaiam iis
prædixerat*. Sic χεὶρ de *scriptura, quæ
manu fit*, legitur 1 Cor. XVI. 21.
Col. IV. 28. Sir. XLIX. 8. ἐν χειρὶ i
Ἱερεμίου, ita ut fidem faceret *oraculis*
a Jeremia *editis*. Sir. XXXIII. 22.
ubi ἐμβλέπειν εἰς χεῖράς τινος, tropo
remoto, notat *pendere ab alicujus
liberalitate, alicujus benevolentiam
implorare*. Similis formula βλέπειν
εἰς ἀλλοτρίαν τράπεζαν occurrit Sirac.
XL. 30. Sirac. XXIX. 1. ὁ ἐπισχύων
τῇ χειρὶ αὐτοῦ, *qui liberaliter dat et
erogat*, quasi forti ac firma manu. k
Tigurina vertit: *cui multum in manu est*. Sic χεὶρ de *facultatibus* ac
re familiari adhibetur apud Baruch.
I. 6. coll. Levit. V. 7. Sirac. VII.
30. ubi χεῖρα ἐκτείνειν est *promptum
ac paratum esse ad liberalitatem
exercendam*, quemadmodum e contrario χεὶρ συνεσταλμένη *avaro* et *te-*

naci tribuitur. Sirac. IV. 36. Conf. Coran. Sur. II. 246. et Consess. Harir. VI. p. 240. nec non Spicil. II. p. 184. Aliter formula ἐκτεῖναι χεῖρα ἐπί τινα adhibetur 1 Maccab. XII. 39. ubi Latino *manum injicere* respondet et *bello aliquem aggredi, adoriri* notat. Sir. XXXIII. 25. ἄνες χεῖρας αὐτοῦ, *sin autem eum otiari permittas.* Sir. XXXVIII. 10. εὔθυνον χεῖρας, emenda *agendi rationem.* Baruch. I. 6. χεὶρ *opes et facultates* notare videtur, *quæ manu acquiruntur.* Interdum facit periphrasin substantivi, quod cum eo conjunctum est, ita ut redundare videatur, v. c. Sir. IX. 19. tradet eum εἰς χεῖρας πτώσεως αὐτοῦ, *fato suo.* Ib. XV. 14. ἐν χειρὶ διαβουλίου αὐτοῦ, *arbitrio ipsius.* Sap. I. 12. ἔργοις χειρῶν ἡμῶν, operibus nostris, h. e. nostræ *vivendi rationi.* Sap. I. 16. ταῖς χερσὶ καὶ τοῖς λόγοις, Lat. *dictis factisque.* Sap. XIII. 10. χειρὸς ἀρχαίας, antiqui *artificis.* Nonnunquam significat, *aliquid proximum, propinquum esse,* v. c. Tob. XI. 9. παρὰ χεῖρα, ad *manus* s. *paratum* habe. Sirac. XIV. 25. κατὰ χεῖρας αὐτῆς, ei *proxime.* Additam. Esth. IV. βοήθησόν μοι, ὅτι κίνδυνός μου ἐν χειρί μου, periculum in manu mea est, h. e. *instat, premit.* Polyb. XV. 14. 8. ἅτε τῶν ἱππέων ἐν χερσὶν ὄντων, quum equites *cervicibus imminerent.* Sap. XIX. 3. ἔτι γὰρ ἐν χερσὶν ἔχοντες τὰ πένθη, quum adhuc *gravissime sentirent* calamitatem. Cf. Hesiod. Ἔργ. v. 192. δίκη δ' ἐν χερσὶ καὶ αἰδὼς οὐκ ἔσται. Sap. IX. 16. τὰ χερσὶν, *præsentia.* Vide Polyb. Fragm. Gr. 47. Dion. Cass. I. 39. p. 207. ed. Reim. 2 Maccab. IV. 40. κατήρξατο χειρῶν ἀδίκων, *hostilitatem movebat.* Cf. Xenoph. Cyrop. I. 5. 7. 4 Macc. VIII. 12. χεῖρας σιδηρᾶς, *manicas* ferreas, tormenti sc. genus. Confer Ant. Galloni Rom. Lib. de SS. Martyr. Cruciatibus p. 156. seq.

*ἈΜΦΟΤΈΡΩΝ ΧΕΙΡΩ͂Ν, Hebr. חָפְנַיִם. Symm. Cohel. IV. 6. Vulg. *quam plena utraque manus.* LXX δύο δραχῶν.

*ἘΚ ΧΕΙΡΟ͂Σ ΤΙ͂ΝΟΣ. מָה, *quid.* Inc. 2 Sam. XIX. 28. ubi tota formula ἐκ χειρὸς τίνος ἐστί μοι ἔτι δικαιοσύνη mihi videtur habere hunc sensum: *a quo mihi jure expectanda est justificatio, quam a rege, cujus auxilium imploro.*

*ἘΠΑΊΡΩ ΤῊΝ ΧΕΙ͂ΡΑ. Vide supra ad מָרוֹם sub voce χείρ.

ΧΕΙΡΑΓΩΓΈΩ, *manu duco.* הֶחֱזִיק יָד, *teneo manum.* Al. Jud. XVI. 27. χειραγωγοῦντα. Ib. v. 26. Hesych. χειραγωγῶ, τῇ χειρὶ ἄγω.

ΧΕΙΡΙΔΩΤΟ͂Σ, *manicatus, ad manus usque pertingens* aut *manicas habens,* a χειρὶς, *manica.* פַּסִּים plur. *frusta.* Symm. Gen. XXXVII. 3. (ubi vid. Montf.) et 2 Sam. XIII. 18. χιτὼν χειριδωτὸς, *tunica ad manus usque pertingens.* Confer Philostrat. Icon. Lib. I. c. 28. p. 804. Suidas: χειριδωτὸς, ὁ χειρωτὸς, καὶ χειριδωτὸς χιτὼν, ὁ χειρίδας ἔχων. Gellius N. A. Lib. VII. c. 12. "Tunicis uti virum prolixis ultra brachia et usque in primores manus ac prope in digitos, Romæ atque omnino in Latio indecorum fuit: eas tunicas Græco vocabulo nostri chiridotas appellaverunt." Vide quoque Salmasium ad Tertullianum de Pallio p. 99.

*ΧΕΙΡΊΖΩ, *manu aliquid tracto,* it. *administro, guberno.* Addit. Esther. XVI. 4. τῶν πιστευθέντων χειρίζειν φίλων τὰ πράγματα, quorum officium est *gubernare et administrare* res amicorum. Hesych. χειρίζειν, διοικεῖν. Hinc χειριστὴς, *dispensator, œconomus,* apud Cyrilli Alex. Ep. ad Domnum, et διαχειρίζω, *administro,* apud Xenoph. Hist. Gr. VII. 4. 34. Philoxen. Gloss. χειρίζω, *gero, tracto.*

*ΧΕΊΡΙΣΤΟΣ, *deterrimus.* Χείριστα, *pessime,* et comparative, *gravius.* 2 Maccab. V. 23. χείριστα τῶν ἄλλων, gravius quam cæteri. Etymol. M. 810. 29. χείριστα, κάκιστα, ἀπὸ τοῦ χείρων χείριστος ὑπερθετικὸν κ. τ. λ. Philoxen. Gloss. χείριστος, deterior, pessimus.

ΧΕΙΡΟ'ΓΡΑΦΟΝ, *chirographum, cautio, quæ datur creditori a debitore, qua fatetur se accepisse, et promittit se redditurum, manu ipsius propria.* Tob. V. 3. IX. 3. Hesych. χειρόγραφον, συμβόλαιον, γραμματεῖον. Plenius Lex. Cyrilli MS. Brem. χειρόγραφον, συμβόλαιον, γραμματεῖον χρέους ὁμολογητικόν. Conf. Salmasium de Mod. Usur. p. 392.

ΧΕΙΡΟΝΟΜΙ'Α, *pugilatio.* 3 Macc. I. 5. οὕτω συνέβη τοὺς ἀντιπάλους ἐν χειρονομίαις διαφθαρῆναι, sic accidebat, ut in hac quasi lucta adversarii *pugilationibus* perirent. Lex. Cyrilli MS. Brem. χειρονομία, κίνησις, γυμνασία χειρῶν. Suidæ χειρονομεῖν est πυκτεύειν. Grotius ad Macc. l. l. putat scriptum fuisse κρεωνομίαις, h. e. *frustillatim discerpi.* Confer supra s. v. κρεωνομία. Bretschneiderus dubitat, an χειρονομία significet *pugilationem*, cum potius χειρομαχία scribendum fuisse videatur, ac χειρονομία sit *manuum certa cum lege motus*, dicaturque de pantomimis. Conjicit igitur legendum esse χειρονεία, *manuum consertio.* Alii partim h. l. partim c. V. 14. ἐν χειρῶν νόμοις aut certe νόμῳ recipiendum esse statuunt.

ΧΕΙΡΟ'ΟΜΑΙ, *manum injicio, occido, interficio, mihi subjicio, subjigo.* עוֹרֵר Pih. ab עוּר, *excito.* Job. III. 8. ὁ μέλλων τὸ μέγα κῆτος χειρώσασθαι, qui vult magnum cetum *occidere.* Hebr. עוֹרֵר notat h. l. *excitare vulneribus inflictis*, adeoque ex adjuncto *necare, trucidare.* Hesych. χειρώσασθαι, ὑποτάξαι, φονεῦσαι. Sic Ælianus V. H. IV. 5. ἐχειρώσατο λέοντα. — קָטַל, *occido.* Job. XIII. 15. Conjectura Cappelli Crit. S. p. 271. χειρώσηται in διαχειρίσηται mutantis facile supersedere possumus. — רָדָה, *dominor.* Symm. Gen. I. 28. χειροῦσθε, *subigite.* — שָׁלַח יָד, *mitto manum.* Job. XXX. 24. Videntur formulam Hebr. accepisse pro *interficere*, quemadmodum Latini dicunt *manum adferre* seu *inferre.* Vide quoque 2 Maccab. IV. 34. 42.

ΧΕΙΡΟΠΕ'ΔΑΙ, *manuum vincula, manicæ, compedes.* אֲזִקִּים plur. א quiescit. Jer. XL. 4. — זִקִּים plur. Job. XXXVI. 8. Ies. XLV. 14. — כֶּבֶל. Psalm. CXLIX. 8. Vide et Sirac. XXI. 21. ὡς χειροπέδαι, æque exosa est et molesta ac *manicæ.* Adde Dan. IV. 15. sec. Chis.

ΧΕΙΡΟΠΟΙΗΤΟ'Σ, *manu factus.* אֱלֹהִים plur. *dii gentilium, idola.* Ies. XXI. 9. τὰ χειροποιητὰ αὐτῆς, sc. εἴδωλα, idola ejus manu facta. Conf. Drac. v. 6. ubi εἴδωλα additur. — אֱלִילִים plur. *idola.* Levit. XXVI. 1. Ies. II. 18. X. 11. et alibi. — מִקְדָּשׁ, *sanctuarium.* Ies. XVI. 12. Quia sermo ibi est de Moabitis, ac ut ambiguitatem vocis Hebr. tolleret, scripsit: εἰς τὰ χειροποιητὰ αὐτῆς. Judith. VIII. 17. οἱ προσκυνοῦσι θεοῖς χειροποιήτοις. Sap. XIV. 8. τὸ χειροποίητον. Vulgat. bene: *per manus autem quod fit idolum.*

ΞΥ'ΛΙΝΑ ΧΕΙΡΟΠΟΙΗΤΑ', scil. ΕΙ'ΔΩΛΑ, *idola lignea manu facta.* חַמָּנִים plur. *subdiales statuæ.* Lev. XXVI. 30.

ΧΕΙΡΟΤΟΝΙ'Α, *extensio* seu *protensio manus.* שְׁלַח אֶצְבַּע infin. *emittere digitum.* Ies. LVIII. 9. Aqu. Symm. Theod. δάκτυλον ἐκτεταμένον. Grotius hæc verba interpretatur: *Si desieris infami digito, ut Persius* (II. 33.) *loquitur, denotare viros probos, et eorum simplicitati illudere.*

ΧΕΙ'ΡΩΝ, compar. a κακὸς, *pejor.* *רַע, *malus.* Symm. Lev. XXVII. 10. ex Hesychio, qui habet *deterio-*

a ri. Inc. 2 Sam. XIX. 7. Vide quoque Sap. XV. 18.

ΧΕΙΡΙΣΤΟΣ, superlat. *pessimus*. 2 Macc. V. 23. IX. 28.

ΧΕΙΡΙΣΤΩΣ, *pessime*. 2 Maccab. VII. 39.

ΧΕΛΒΩΝ, nomen proprium loci in Syria, ubi optimum vinum crevit. חֶלְבּוֹן. Ezech. XXVII. 18. οἶνος ἐκ Χελβὼν, vinum ex Chelbon.
b Græcis dicitur οἶνος χαλυβώνιος. Unde Hes. χαλυβώνιος, εἶδος οἴνου ἀπὸ τόπου τινὸς τῆς Συρίας. Conf. Casaubonum in Athen. p. 66. Bochartum Hieroz. P. I. Lib. II. c. 45. p. 485. Brissonium de Regno Pers. Lib. I. §. 83. pag. 129. ubi vid. Lederlin. et Bergleri Not. in Alciphr. Epist. p. 76.

ΧΕΛΙΔΩΝ, *hirundo*. סוּס, *grus*, it. *equus*. Jer. VIII. 7. Legerunt
c סִיס. — סוּס עָגוּר, *grus hirundo*. Ies. XXXVIII. 14. Vide quoque Ep. Jerem. v. 19.

ΧΕΛΥΝΙΟΝ, *labium*. Vide mox in v. χελώνιον. Hesych. χελύνιον, χελώνιον. Scribitur etiam χειλύνιον. Hippocrat. Epp. pag. 1289. 16. Nonnullis χελύνιον videtur esse *humeri summa ac gibbosa pars, quæ cum brachio dextro conjuncta verti potest: armus dexter anterior*.

d ΧΕΛΩΝΗ, *testudo*. Vide in voce κολῶναι. Quibus nunc addo: *Testudines* quoque Arabs vertit Hos. XII. 11. sed h. l. *ipsæ glebæ in sulcis agrorum*, ex sententia Bahrdtii. גַּלִּים sunt propr. θῖνες, *tumuli ex arena congesti, qui similitudinem habent magnarum testudinum in deserto agro, vel in ripis atque litoribus paululum humo eminentibus*. Conf. quo-
e que Tychsenii Notas ad Physiologum Syrum p. 167. seq.

ΧΕΛΩΝΙΟΝ, proprie *tegumentum testudinis*, deinde *labium*, i. q. χεῖλος. לֵחַ, *vigor, viriditas*. Deut. XXXIV. 7. οὐδὲ ἐφθάρησαν τὰ χελώνια (Alex. et Complut. χελύνια) αὐτοῦ, neque corrupta sunt *labia* ejus. Deduxerunt a לְחִי *gena, maxilla*. Confer Bocharti Hieroz. P. I. Lib. II. cap. 45. p. 506. Syrus habet: *non rugas* f
contraxerunt genæ ejus.

ΧΕΛΩΝΙΣ, *limen ostii*. Judith. XIV. 15. εὗρεν αὐτὸν ἐπὶ τῆς χελωνίδος ἐῤῥιμμένον, invenit illum ad *limen januæ* projectum. Hesych. χελωνίδος, οὐδὸς (Suidas habet ὁδοῦ, sed scribendum utrobique οὐδοῦ) τῆς θύρας τῆς σκηνῆς. Vid. Hemsterhus. ad Aristoph. Plut. pag. 61. Alii χελωνίδα intellegunt de *scabello, quo in lectum* g
ascenderat. Certe apud Hesychium χελώνη exponitur τὸ ὑποπόδιον. Sextus Empir. Adv. Mathem. I. §. 246. τὸ ὑφ' ἡμῶν καλούμενον ὑποπόδιον Ἀθηναῖοι καὶ Κῷοι χελωνίδα καλοῦσι. Zonaras Lex. 1848. χελωνίδος, τῆς βαθμίδος. Vide quoque Bochartum Hieroz. P. I. Lib. IV. cap. 8. pag. 1092.

ΧΕΡΕΘ. Hebr. חֲנֻיוֹת plural. h
cellulæ, mansiunculæ, locus, ubi manebant detenti. Jer. XXXVII. 15. εἰς τὴν χερὲθ, pro quo tamen legendum videtur χενὲθ. Ita Bielius. Fortasse tamen est ipsa vox Hebr. חֶרֶת, *spelunca*.

*ΧΕΡΜΑΔΙΕΩ, *lapidibus obruo*. רָגַם, *jacio lapides, lapido*. Aqu. sec. cod. 108. Holm. χερμαδιοῦσι. Ditanda sunt hac voce Lexica Græca. i
Descendit a χερμάδιον, *lapis missilis, qui quasi manu capi potest*. Zonaras Lexic. coll. 1850. χερμάδιον, ὁ χειροπληθὴς λίθος, παρὰ τὸ τὴν χεῖρα πληροῦν. [χεράδιον, καὶ πλεονασμῷ τοῦ μ χερμάδιον.]

ΟΥ ΧΕΡΟΚΕΝΩΣ, *non vacuis manibus, non sine munere*. בְּלֹא לֵב וָלֵב, *in non corde et corde*, h. e. *integro corde*. 1 Par. XII. 33.

ΧΕΡΟΥΒ, et in plur. χερουβεὶμ, k
βὶμ, βεῖν, βεὶν et βὶν. Ipsa vox Hebr. כְּרוּב: כְּרוּבִים et כְּרֻבִים. Gen. III. 24. Ex. XXXVI. 7. XXXVII. 8. 1 Sam. IV. 4. et alibi. Lex. Cyrilli MS. Baroc. χερουβὶμ, πλῆθος γνώσεως, ἢ σοφίας χύσις. Ita et Lex.

a Cyrilli MS. Brem. nisi quod pro χερουβὶμ habeat χερουβῖμ. Fragm. I. Lex. Orig. p. 114. in fin. χερουβίμ, ἐπίγνωσις πληθυμένη, ἢ πτέρυγες, ἢ χύσις σοφίας. Ἐπίγνωσις πληθυμένη interpretatur etiam Cod. MS. Coislin. et ἐπίγνωσις πεπληθυμένη MS. Basil. in Ez. X. 7. ἐπίγνωσιν πολλὴν Clemens Alex. Strom. V. p. 240. sive 667. ed. Potteri, πλῆθος γνώσεως Dionys.
b Areop. de Cœlest. Hierarch. cap. 7. pag. 96. Derivarunt vocem a נָכַר, agnovit, et רַב, multus. Porro in πτέρυγες respici videtur ad formam Cherubinorum. Conf. Alberti Not. ad Gloss. Gr. in N. T. p. 47. Dici autem videntur τὰ χερουβὶμ pro τὰ εἴδωλα, vel ἀγάλματα, vel etiam πνεύματα τῶν χερουβίμ, quemadmodum Ies. VI. 6. ἓν τῶν Σεραφὶμ pro-
c cul dubio dicitur pro ἓν πνεῦμα τῶν Σεραφίμ. Confer Ramiresium de Prado Pentecont. cap. VI. pag. 41. Drusium Obs. X. 21. et Lex. N. T. s. h. v.

ΧΕΡΣΑΙ῀ΟΣ, *terrestris*, *incultus*. Vide alibi κροκόδειλος χερσαῖος. Eadem vox *aquatili* opposita legitur quoque Sap. XIX. 19.

ΧΕΡΣΟ'ΟΜΑΙ, *desertus incultus-*
d *que jaceo, desolor, devastor*, a χερσόω, *desolo, efficio, ut terra sit deserta et inculta*. מַאְפֵּלְיָה, *caligo maxima*. Jerem. II. 31. μὴ ἔρημος ἐγενήθην τῷ Ἰσραὴλ, ἢ γῆ κεχερσωμένη; num desertum factus sum Israëli, aut terra *desolata*? Terra lucis sole destituta est inculta ac deserta. Præterea Arab. افل notat *consumi decremento et tabe continua, ex hausto om-*
e *ni succo et vigore*. — סָבַךְ, *implexus sum*. Nahum. I. 10. ἕως θεμελίου αὐτοῦ χερσωθήσεται, usque ad fundamentum suum *evastabitur*. Videntur legisse כְּסָחִים a כָּסַח, *exstirpare*. Ies. XXXIII. 12. Fortasse autem סָבַךְ in notione *destruendi, vastandi* acceperunt.— עָלָה קִמְּשׁוֹנִים, *ascendo carduis*. Prov. XXIV. 31. Sap. IV. 19. ἕως ἐσχάτου χερσωθήσονται, funditus *desolabuntur*. Hesych. f
χερσωθήσονται, ἐρημωθήσονται.

ΧΕ'ΡΣΟΣ, *terra desolata, terra inculta, sterilis, solitudo*. Est proprie adjectivum, ad quod, si substantive sumitur, subintellegitur τόπος vel γῆ. Sic apud Homerum Il. Δ', 425. χέρσος γῆ. יַבָּשָׁה, *arida*. Aqu. Exod. XIV. 16. 21. — נָזִיר, *separatus*. Samarit. Int. Levit. XXV. 5. τῶν χέρσων σου. Sed hic vox χέρσων Mont- g
fauconio Lexic. in Hexapl. Orig. non vocat suspicione. Nonnullis χριστῶν reponere placuit. Equidem receptam lectionem teneo. Χέρσοι sunt *agri inculti* ac Lev. l. l. de *terra separata* s. *requieta* sermo est. — שָׁמִיר, *sentis*. Ies. V. 6. ἀναβήσεται εἰς αὐτὸν ὡς εἰς χέρσον ἄκανθα, crescet in illo, tanquam in *terra desolata*, spina. Vide et Ies. VII. 23. 24. h
25. — תֶּלֶם, *porca*. Hos. X. 4. (ubi pro ἐπὶ χέρσον ἀγροῦ lege: ἐπὶ χέρσου ἀγροῦ, h. e. *in agro inculto*. Lectio ἐρήμου juvat hanc conjecturam.) XII. 11. Sap. X. 7. de Pentapoleos incolis: οἷς ἐπὶ μαρτύριον τῆς πονηρίας καθέστηκε χέρσος, quibus in testimonium malitiæ fumans permanet et *sterilis terra*, collato Philone de Abrahamo T. II. pag. 21. Mang. Hesych. χέρσος, ἡ ἔρημος γῆ, καὶ τραχεῖα, καὶ πᾶσα γῆ ἄκαρπος καὶ ἀνέρ- i
γαστος.

ΧΕΤΤΙΙ῍Μ pro Hebr. בָּתִּים, *domus, delubra*. 2 Reg. XXIII. 7. ubi legisse videntur כְּתִּים. Unde corrupte in Gloss. in Lib. 4 Reg. χιτῶν, στολάς. Etiam al. et Al. ἐνδύματα vocem Hebr. interpretantur.

ΧΕΥ῀ΜΑ, *effusio*, etiam *quod fusum, effusum aut diffusum fluit*. דָּגָן, *frumentum*. Aqu. Deuter. VII. 13. Nititur hæc lectio auctoritate Hieronymi. Vide ad h. l. Montfauc. p. 695. Si lectio sana est, respexit a Aquila notionem *copiæ* et *multitudinis*, quam habet Arab. نجا.

ΧΕΦΟΥΡΟΙ'. Ipsa vox Hebr. כְּפוֹרֵי, in statu constr. plur. *crateres*. Esdr. I. 10. Al. ibi χειφουρὶς, al. χειφορεὶ, al. χειφωρῆ. Confer v. κεφουρέ.

ΧΕ'Ω, *fundo, profundo, effundo*, et χέομαι, *effundor, fluo*. *הִרְבָּה, *multiplicare facio*. Theod. Jerem.
b XXX. 19. Sc. χέω, ut omnia similia vocabula, notionem *multitudinis* et *copiæ* adjunctam habent. Vide Vechneri Hellenolex. II. 4. p. 470. Aqu. sec. Procop. in Cat. Nic. Exod. I. 8. ἐχέοντο. — הֵרִיק Hiph. a רִיק, *evacuo*. Mal. III. 10. χέω τὴν εὐλογίαν μου ὑμῖν, *effundam* benedictionem meam in vos. — זִקֵּק Pih. *defæco*. Mal. III. 3. χεεῖ
c αὐτοὺς ὡς τὸ χρυσίον, *fundet* illos tanquam aurum. Fusione sc. aurum defæcatur, h. e. purgatur a scoriis. — יָצַק. Job. XXIX. 6. τὰ δὲ ὄρη μου ἐχέοντο γάλακτι, montes autem mei *fluebant* lacte, h. e. *abundabant* lætis ac fertilibus pascuis. Confer v. ῥέω. — נָתַךְ. Jer. VII. 19. ὀργὴ καὶ θυμός μου χεῖται ἐπὶ τὸν τόπον τοῦτον, ira et excandescentia *effunditur* in
d hunc locum. — רָחַץ, *lavo*. Job. XXIX. 6. ἐχέοντο αἱ ὁδοί μου βουτύρῳ, *fluebant* viæ meæ butyro. — *שָׁרַץ, *produco me, nascor in multitudine*. Aquilæ sec. Theodoretum et Procopium in Catena Nicephori p. 553. pro ἐξήρπυσαν tribuitur ἐχέοντο, quod videtur positum esse ex altera Aquilæ editione. Sirac. XLIII. 23. πάχνην ὡς ἅλα ἐπὶ γῆς χέει, pruinam
e sicut salem super terram *effundet* aut *disperget*, coll. Homer. Il. Z', 147.

ΧΗΛΗ', *ungula bisulca et bipartita instar forficis cancri*. פַּרְסָה, idem. Lev. XI. 3. Deut. XIV. 6. Hesych. χηλὴ, ὁπλὴ, ὄνυξ βοὸς, γνάθος. Lexic. Cyrilli MS. Brem. et Suidas: χηλὴ, ὁπλὴ, ὄνυξ βοὸς, καὶ προβάτου καὶ αἰγός.

ΧΗ'ΡΑ, scil. γυνὴ, *vidua*. אֶבְיוֹן, f
egenus. Jerem. V. 28. κρίσιν χήρας. Speciem pro genere posuerunt. — אַלְמָנָה. Gen. XXXVIII. 11. Ex. XXII. 22. 24. et alibi sæpius. Additur passim γυνή. Vide 2 Sam. XIV. 5. 1 Reg. VII. 14. XI. 26. Sic et γυναιξὶ χήραις plene dixisse Dionem Cassium XLI. 175. observat L. Bos. Ellips. Gr. p. 44. Cf. et Elsnerum ad Luc. IV. 26. pag. g
199. — אַלְמְנוּת, *viduitas*. 2 Sam. XX. 3. — גַּלְמוּדָה, fœm. *solitaria*. Ies. XLIX. 21. — *צַיִד, *venatio, fera venando capta, cibarium*. Ps. CXXXII. 15. sec. cod. Alex., Hilarium et Apollinarium χήραν, quod Grabius mutavit in θήραν. Confer Hieronymi Quæst. in Genes. XLV. 21. p. 102. T. IV. Opp. ed. Froben. et Cappelli Crit. S. p. 748. Vulg. h
viduam. Vide supra s. θήρα. Hesych. χήρα, ἡ μετὰ γάμον μὴ συνοικοῦσα ἀνδρὶ, ἢ τὸν ἄνδρα στερηθεῖσα γυνή.

ΧΗΡΑ'ΖΩ, *viduo, vitam viduam ago*. חָבַל, *oppignero*. Job. XXIV. 3. ubi tamen alii pro ἐχήρασαν rectius ἠνεχύρασαν habent, h. e. *pro pignore tulerunt*.

ΧΗΡΕΙ'Α, *viduitas, vita vidua*. אַלְמוֹן. Ies. XLVII. 9. — אַלְמְנוּת. Ies. LIV. 4. — *קָרְחָה, *calvitium*. i
Hebr. Int. et LXX sec. cod. Vat. Mich. I. 16. τὴν χηρείαν σου, ut signum pro signato positum videri possit. Sed Arabs habet نتف, *pilorum evulsio*. Suspicor illum κουρὰν, *tonsuram*, a κείρω, s. forte κουρείαν, a κουρεύω, *tondeo*, scriptum invenisse, et hanc veram LXX lectionem esse.

ΧΗ'ΡΕΥΣΙΣ, idem. אַלְמְנוּת. Genes. XXXVIII. 14. 19. Vide quoque Judith. VIII. 5. et 6.

ΧΗΡΕΎΩ et ΧΗΡΕΎΟΜΑΙ, *viduam ago, vidua sum.* אַלְמָן, *viduatus.* Jerem. LI. 5. Symm. Ps. LXXVII. 64. — שֹׁמֵמָה, verbale fœm. *desolata*, etiam *derelicta, solitaria.* 2 Sam. XIII. 20. χηρεύουσα sec. Vat., h. e. *vitam solitariam agens.* Judith. VIII. 4. ἦν χηρεύουσα, *tempus viduitatis suæ traduxerat.*

ΧΘΕ'Σ, *heri*, i. q. ἐχθές. אֶמֶשׁ, *heri vesperi.* Gen. XIX. 34. XXXI. 29. 42. — תְּמוֹל. Gen. XXXI. 2. non erat facies ejus, ὡσεὶ χθὲς καὶ τρίτην ἡμέραν, sicuti heri et nudius tertius, h. e. *ut antehac, superioribus temporibus.* Vide et Exod. IV. 10. V. 7. 14. Deut. IV. 42. Similiter profani locuti sunt. Vide Alberti ad Hebr. XI. 8. p. 443. et Lex. N. T. s. h. v.

ΧΘΙΖΟ'Σ, *hesternus.* תְּמוֹל, *heri.* Job. VIII. 9. χθιζοὶ γάρ ἐσμεν, καὶ οὐκ οἴδαμεν, *hesterni* sumus, nec quidquam scimus. Conf. ad h. l. quæ ex Herodoto notat Raphelius p. 33. Hesych. et Lex. Cyrilli MS. Brem. χθιζοὶ, χθεσινοί.

ΧΘΩ'Ν, *terra.* אֲדָמָה, idem. 1 Reg. XIV. 15. Aqu. Genes. II. 6. III. 17. Ies. VII. 16. Suidas: χθὼν, γῆ.

ΧΙ'ΔΡΟΝ, *arista, spica novella, recens frumentum*, etiam *contusum, granum in crassiores particulas contusum*, aut *farina crassior.* גֶּרֶשׂ (שׂ pro ס), *contusum.* Lev. II. 16. Vide Casaubonum in Athen. Lib. XIV. cap. 15.

ΧΙ'ΔΡΑ ΝΕ'Α, *aristæ recentes, spicæ novellæ, farra nova.* כַּרְמֶל, *spica virens.* Lev. XXIII. 14. πεφρυγμένα χίδρα νέα οὐ φάγεσθε, tostas *spicas recentes* non comedetis. — כַּרְמֶל et אָבִיב junctim. Lev. II. 14. νέα πεφρυγμένα χίδρα ἐρικτὰ, novas tostas spicas contusas. Lexic. Cyrilli MS. Brem. χίδρα ἐρικτὰ, ἐξ ὀσπρίων ἄλευρον. Gloss. in Octat. χίδρα, κοψώσιτον (forte legendum κοπτόμενον σῖτον. Conf. notata supra ex Hesychio in v. ἐρικτός.) λέγει. Etymolog. ineditum: χίδρα, στάχυες ἁπαλοῦ σίτου. ὁ νέος καρπὸς, ἢ ἄλευρον τὸ ἐξ ἁπαλῶν φρυκτῶν γενόμενον. Hesych. χίδρα, στάχυες νεογενεῖς, ἢ τὰ ἐξ ὀσπρίων ἄλευρα, ἢ σῖτος νέος φρυττόμενος, ἢ τὰ ὀσπριώδη σπέρματα. Lex. Cyrilli MS. Bar. χίδρα, ἐρικτὰ (Legendum sine distinctione χίδρα ἐρικτά.) ἐκ κριθῆς νέας ἐρίσοντα (Forte legendum ἐρικόμενα vel κρινόμενα ex Schol. Aristoph. Equ. v. 803. et Suida v. χίδρα ἐρικτά.), ὡς σεμίδαλιν, διὰ τοῦ ι. χεῖδρα δὲ στάχυς νεογενὴς, ἢ κρῆμνα, ἢ τὰ ἐξ ὀσπρίων ἄλευρα, διὰ διφθόγγου. Sed alii χεῖδρα nesciunt, et χίδρα eodem modo exponunt, quo hic χεῖδρα explicantur. Vide Suidam in v. χίδρα, et Schol. Aristoph. Equit. v. 803. Plura de χίδροις dabunt Casaubonus in Athen. Lib. IX. c. 16. Martini Lex. Philol. s. v. *granea.* Flam. Nobilius et Rosenmüllerus ad Lev. II. 14. Drusius in Fragm. Vet. Intt. GG. p. 172. et Heynii Opuscula T. I. p. 371.

ΧΙΛΙΑΡΧΙ'Α, *præfectura super mille, tribunatus militum* mille. אֲלָפִים, *millia.* Num. XXXI. 48. Vide et 1 Maccab. V. 13. ubi *mille viros* notat, unde in Cod. Alex. vitiose χιλιάδαν legitur pro χιλιάδα.

ΧΙΛΙ'ΑΡΧΟΣ, *præfectus super mille, qui mille præest.* אַלּוּף, *dux.* Zach. IX. 7. XII. 5. 6. — נָשִׂיא propr. *elatus super alios.* Inc. Jos. XXII. 30. — רָאשׁ אֲלָפִים, *caput millium.* Num. I. 16. Inc. Num. X. 4. — שַׂר אֶלֶף, *princeps mille.* 1 Sam. XVII. 18. XVIII. 13. — שַׂר אֲלָפִים, *princeps millium.* Ex. XVIII. 21. 25. Deut. I. 15. et alibi sæpius. Hesych. χιλίαρχος, χιλίων ἄρχων.

ΧΙΛΙΑ'Σ, in plur. χιλιάδες, *millenarius numerus, mille, millia*, it. *per-*

a multi, quam plurimi. אֲלָפִים : אֶלֶף. Gen. XXIV. 60. Exod. XII. 37. et alibi sæpius. Exod. XX. 6. ποιῶν ἔλεος εἰς χιλιάδας τοῖς ἀγαπῶσί με, faciens benignitatem in millia illis, qui diligunt me, h. e. in *quam plurimas generationes* illorum, qui diligunt me. Sic χίλιαι sunt *quam plurimæ* Aristophani in Vesp. v. 705. εἰσὶν γε πόλεις χίλιαι, αἳ νῦν τὸν
b φόρον ἡμῖν ἀπάγουσι. ubi Schol. πόλεις χίλιαι ἀντὶ τοῦ πολλαί. Sic et ἑκατὸν profanis sæpe dicitur pro *multis*. Vide Eustathium ad Il. Α', p. 37. et quæ ex Pindari Scholiasta affert Alberti Obss. in N. T. p. 369. seq. In Vers. Symm. 2 Sam. XVIII. 3. pro χιλιάσιν vel χιλιάδες vel χιλιάδας scribendum erit, nisi ellipsin adjectivi ὅμοιος statuere velimus. Vulg. *quia*
c *tu unus pro decem millibus computaris.* — *אַלְפִים Chald. plur. (יִם pro יִן). Dan. VII. 10. Vide quoque supra s. v. χιλιαρχία.

ΧΙ'ΛΙΟΣ, *mille*. אֶלֶף. 2 Par. I. 6. ἀνήνεγκεν ἐπ' αὐτῷ ὁλοκαυτώσιν χιλίαν, obtulit in illo holocausta mille. Sic Herodoto χιλίη ἵππος sunt *mille equites*.

ΧΙ'ΛΙΟΙ, ΑΙ, Α, *mille*. אֶלֶף.
d Genes. XX. 16. Exod. XXXVIII. 25. Deut. VII. 9. et alibi sæpius. — *אֲלַף : אֶלֶף : אַלְפָא Chald. Dan. V. 1. (ubi Vulgatus, qui *ætatem* habet, loco χιλίων legit ἡλικιῶν, *ætatum*.) VII. 10. — *מִשְׁפְּתַיִם. Jud. II. 15. sec. Alex. ἐμμέσῳ χιλίων. Lege ἐν μέσῳ χειλέων, ut בֵּין הַשְּׁפַתַּיִם legerint. — *שֵׁשׁ מֵאוֹת, *sexcenti*. 2 Par. I. 17. sec.
e Ald. ἐν χιλίοις ἀργυρίου. Legendum ἐν χ' ἀργυρίου, h. e. 600 siclis. Conf. Stanisl. Grseps. de Sicl. et Talent. p. 92. qui χ' σίκλοις legere mavult.

ΧΙΛΙΟΠΛΑΣΙ'ΩΝ, *millies potior*. עֲשָׂרָה אֲלָפִים, *decem mille*. Symm. sec. cod. Coisl. 2 Sam. XVIII. 3. σὺ γὰρ χιλιοπλασίων ἡμῶν, tu enim millies potior es nobis.

ΧΙΛΙΟΠΛΑΣΙ'ΩΣ, *millies, pluries*. אֶלֶף פְּעָמִים, *mille vicibus*. Deut. I. f
11.

ΧΙ'ΜΑΙΡΑ, *capra, capella*. שְׂעִירָה, *pilosa*. Lev. IV. 28. V. 6. χίμαιραν ἐξ αἰγῶν, *capellam*. Utrobique codd. nonnulli Holm. χίμαρον habent. Gloss. in Octat. χίμαιραν, περυσινὴν (scribendum videtur περυσινὴν, *superioris anni*) αἶγα.

ΧΙ'ΜΑΡΟΣ et χίμαῤῥος, *hircus, hædus hieme natus*. *נַחַל, *fluvius*, g
torrens. Mich. VI. 7. χιμάῤῥων. Legerunt רְחֵלִי, si modo ipsa eorum lectio sana est, nec potius legendum χειμάῤῥων πιόνος, *torrentium olei*, loco χιμάῤῥων πιόνων. — עַתּוּדִים plur. Inc. et LXX Psalm. XLIX. 10. LXV. 14. — צָפִיר. 2 Paral. XXIX. 21. Esdr. VI. 17. VIII. 34. — צִפּוֹר, *avis*. Nehem. V. 18. Hic legerunt צָפִיר. — שֶׂה, *pecus*. h
Deut. XIV. 4. — שָׂעִיר, *hirsutus*. Lev. IV. 23. 24. IX. 3. 15. et alibi sæpe. Suidas: χίμαρος, ὁ τράγος, καὶ χίμαιρα, ἡ αἴξ. χείμαῤῥος δὲ ὁ ἐν τῷ χειμῶνι ῥέων ποταμός.

ΧΙΟΝΙ'ΖΟΜΑΙ, *nive dealbor, nivis instar splendesco*. הִשְׁלִיג Hiph. *nivesco, albesco*. Symm. Ps. LXVII. 15. χιονισθεῖσα.

ΧΙΟΝΙ'ΖΩ, *dealbo, niveo colore* i
induo. Vide infra s. v. χρονίζω.

ΧΙΟΝΟ'Ω, *nivibus obruo, nive operio, dealbo, niveo colore imbuo*. Passive χιονόομαι, *nivis instar albus fio, dealbor*. הִשְׁלִיג Hiph. Psalm. LXVII. 15. χιονωθήσονται ἐν Σελμών, *nivis instar splendescent* in Selmon. Quorsum respiciens Suidas χιονωθήσονται interpretatur ψυχρανθήσονται ἢ λαμπρυνθήσονται. Vide illum in v. χιόνος. Lex. Cyrilli MS. Bar. χιονωθήσονται, λαμπρυνθήσονται, λευκανθήa σιται. Similiter quoque exponitur apud Hesych. et in Lex. Cyrilli MS. Brem.

ΧΙΤΩ'Ν, *tunica, vestimentum interius*. בֶּגֶד, *vestis*. Exod. XXXV. 18. 1 Reg. XXI. 27. Ies. XXXVI. 22. — כְּתֹנֶת. Genes. XXXVII. 2. Lev. XVI. 4. 2 Sam. XIII. 18. et alibi. — *כֻּתֹּנֶת. Gen. XXXVII. 30. Lev. VIII. 7. X. 5. — כָּתְנוֹת b plur. Gen. III. 21. Ex. XXXIX. 26. Esdr. II. 69. — מַד, *mensura*, it. *vestis*. Levit. VI. 10. — מְעִיל, *pallium*. Ies. LXI. 10. — *מֶדֶו, *vestis*. Aqu. 2 Sam. X. 4. Χιτῶνα *vestimentum interius* denotare ostenderant viri docti laudati a Wolfio ad Matth. V. 40. p. 108. Adde Feithium Antiqu. Rom. Lib. III. c. 6. p. 232.

c ΧΙΩ'Ν, *nix*. שֶׁלֶג. Exod. IV. 6. 1 Par. XI. 22. — תְּלַג Chald. Dan. VII. 9.

ΧΛΑΙ'ΝΑ, *læna, vestis lanea, quæ tunicæ inferiori superindui solebat, ut frigus a corpore arceret, hybernum vestimentum*. Vide Intt. ad Antonin. Lib. Metam. c. 23. ac Pitisci Lexic. Antiqu. Rom. s. v. *chlæna*. מַרְבַדִּים plur. *tapetes lec-* d *torum, lectisternia*. Prov. XXXI. 22. δισσὰς χλαίνας ἐποίησε τῷ ἀνδρὶ αὐτῆς, duplices *lænas* fecit marito suo. — עֲלִיצוֹת, *exultatio*. Hab. III. 13. (Legisse hic videntur חֲלִיצוֹת, *exuviæ, vestes*, aut potius עֲלִיצוֹת contulerunt cum Arabico غلطة vel غلاطة, *crassus pannus, cras-* e *sities panni*.) διανοίξουσι χλαίνας αὐτῶν, aperient *lænas* suas. Sic enim pro χαλινοὺς legendum conjicit L. Bos. Proleg. in LXX Intt. cap. 3. qui etiam Græcos Hebr. חֲלִיצוֹת Jud. XIV. 19. vertisse ἱμάτια et στολὰς observat. Hesych. χλαῖνα, χλαμὺς (an χλαμύς? G.) ἢ ἱμάτιον χειμερινὸν, ἀπὸ τοῦ χλιαίνειν, ὅ ἐστι θερμαίνειν. Suidas: χλαῖνα, τὸ παχὺ καὶ χειμερινὸν ἱμάτιον, παρὰ τὸ χλιαίνειν. f χιτὼν δὲ λεπτὸν ἱμάτιον, τὸ ὑποκάμισον, παρὰ τὸ ἐγκεῖσθαι τοῖς μέλεσιν. Χλαῖναν vestem fuisse crassiorem, et ad arcendum frigus comparatam, et Homerum propterea χλαίνας vocasse ἀνεμοσκεπίας et ἀλεξανέμους, docet Feithius Antiqu. Hom. Lib. III. c. 6. p. 233. Sicuti autem LXX vestimenta illa χλαίνας δισσὰς appellarunt, ita Homerus alias idem vesti- g menti genus χλαῖναν διπλῆν et δίπλακα vocat (Vide Il. K', v. 133. Odyss. T', 225.), illique opponit ἁπλοΐδας χλαίνας, Il. Ω', v. 230. et Odyss. Ω', 275. Unde Pollux Lib. VII. c. 13. segm. 47. εἰσὶ δὲ χλαῖναι, αἱ μὲν ἁπλοΐδες, αἱ δὲ διπλαῖ. Alias vero Græci lænas duplices etiam διπλοΐδας, διπληγίδας, διβόλους, et διπλᾶ ἱμάτια vocabant. Vide Pollucem l. h c., Hesychium in Διβόλους χλαίνας, Salmasium ad Tertullianum de Pallio p. 397. et notata supra in v. διπλοΐς. De eodem vestimenti genere Festus: "Læna vestimenti genus est habitus duplicis: quidam appellatam existimant thusce, quidam Græce, quam χλαῖναν dicunt." Et Varro Lib. IV. de L. Latina: "læna, quod de lana multa. Dua- i rum enim togarum instar, ut antiquissimum mulierum ricinium, sic hoc duplex virorum." Fallitur autem hic, cum *lænam* a *lana* derivat. Nam procul dubio est a Græco χλαῖνα, et hoc a χλιαίνειν, *calefacere*, ortum traxisse, verisimile.

ΧΛΑΜΥ'Σ, *chlamys, vestis, quæ tunicæ superindui potest, et quidem fere militaris*. Conf. Pitisci Lex. k Antiqu. Rom. s. v. *chlamys*. מְעִיל. Inc. 1 Sam. XXIV. 5. 2 Maccab. XII. 35. Hesych. χλαμὺς (Sic enim bene Palmer. pro χλαμὸς), χλαῖνα. Etym. M. χλαμὺς τὸ περιφερὲς καὶ κυκλοειδὲς, τὸ ἐν συνηθείᾳ λεγόμενον σάγον.

a ΧΛΕΥΑ'ΖΩ, *subsanno, irrideo, illudo.* *הֵלִין Hiph. *dimoveor.* Theod. Prov. IV. 21. Secundum Cappellum Crit. S. p. 829. legit יָלִיצוּ a לִיץ, χλευάζειν, *ridere, subsannare.* Sed huic voci non bene convenire χλευασθήτωσαν (*irrideantur*) judice Scharfenbergio docent ea, quae sequuntur, ἀπὸ ὀφθαλμῶν σου. Ubi tamen mihi errasse videtur, nam:
b *ne ludificentur ab oculis tuis*, est: *ne cum contemtu ac irrisione rejiciantur.* — הֵלִיץ Hiph. Aqu. Theodot. Proverb. XIV. 9. et XIX. 28. — *הִתְלוֹצֵץ Hithp. a לִיץ. Aqu. Ies. XXVIII. 22. Vide et Sap. XI. 15. 2 Macc. VII. 27. et conf. Act. II. 13. et ad h. l. Wolfium pag. 1029. et Act. XVII. 32. et ad h. l. eundem p. 1270. Hesych. χλευάζει,
c ἐμπαίζει, γελᾷ.

ΧΛΕΥ'ΑΣΜΑ, *subsannatio, irrisio, illusio.* שְׂחוֹק, *lusus, risus.* Job. XII. 4.

ΧΛΕΥΑΣΜΟ'Σ, idem. *לָצוֹן, *irrisio.* Aquil. Ies. XXVIII. 14. — קֶלֶס. Ps. XLIII. 15. LXXVIII. 4. Jerem. XX. 8. Dicitur alias χλεύη. Hesych. χλεύη, γέλως, χλευασμός, ἐμπαιγμός.

d ΧΛΕΥΑΣΤΗ'Σ, *subsannator, illusor, irrisor.* *אִישׁ לָצוֹן, *vir irrisionis*, h. e. *profanus, impius.* Symmach. Theodot. Ies. XXVIII. 14. — לֵץ, *irrisor, impius.* Aqu. Symm. Theod. Proverb. XXII. 10. Aqu. Ps. I. 1. Idem Proverb. XIX. 29. Aquil. et Theod. Proverb. XX. 1. χλευαστὴς οἶνος, *vinum, quod irrisionem s. illusionem efficit.*

e ΧΛΙΔΩ'Ν, *brachiale, ornamentum brachiorum, monile circa brachia.* אֶצְעָדָה, idem. Num. XXXI. 50. χλιδῶνα καὶ ψέλλιον, brachiale et *armillam.* Al. 2 Sam. I. 10. καὶ τὸν χλιδόνα (vel χλιδῶνα) τὸν ἐπὶ τοῦ βραχίονος αὐτοῦ, et *brachiale*, quod in brachio ejus: ubi vid. Montf. Aqu. ibi habet βραχιάλιον. Confer Sir. XXI. 23. Lex. Cyrilli MS. Brem. χλιδῶνα, κόσμον περὶ τοὺς βραχίονας. f
— צְעָדָה. Ies. III. 19. καὶ τοὺς χλιδόνας (al. rectius χλιδῶνας) καὶ τὰ ψέλλια, et brachialia et armillas. — שְׁלָטִים plur. *scuta.* 2 Sam. VIII. 7. Judith. X. 4. ubi videndus Grotius. Hesych. χλιδῶνες, κόσμοι, ὃν αἱ γυναῖκες περὶ τοῖς βραχίοσιν εἰώθασι φορεῖν καὶ τοὺς τραχήλους. Cf. Pollucem Lib. V. c. 16. segm. 99. Apud Suidam χλιδόναι vocantur. En verba: χλιδόναι, κόσμοι περὶ τοὺς g
βραχίονας. καλοῦνται δὲ βραχιόλια. ubi tamen χλιδόναι mendosum esse videtur pro χλιδῶνες, suspicante etiam Bonfrerio ad Num. l. c. pag. 879. Plura de χλιδῶσι vide apud Bartholinum de Armillis Vett. p. 9. et 97. seq.

ΧΛΟ'Α vel ΧΛΟ'Η, *herba viridis, gramen, herba, quae folia tantum emittit et nunquam in caulem erigitur*, interdum: *herbae folia, foenum.* h
דֶּשֶׁא, *herba tenera.* 2 Sam. XXIII. 4. Job. XXXVIII. 27. Ps. XXII. 1. Symm. Job. VI. 4. — דִּתְאָה Chald. Dan. IV. 12. — חָצִיר, *gramen, foenum.* 2 Reg. XIX. 26. Ps. LXXXIX. 6. — *כֹּל, *omnis.* Inc. Job. XXIV. 22. Vide supra s. v. μολόχη. — עֵשֶׂב, *herba.* Ps. CIII. 15. Aquil. Ies. XXXVII. 27. et Deut. XI. 15. sec. cod. X. Holme- i
sianum. Adde Dan. IV. 29. sec. cod. Chis. Hesych. χλόη, βοτάνη, φύλλα.

ΧΛΟΗΦΟ'ΡΟΣ, *viridans, herbam viridem seu viridia gramina ferens.* Sap. XIX. 7. χλοηφόρον πεδίον. Vulg. *campus germinans.* Adde Eurip. Phoen. v. 649.

ΧΛΩΡΙ'ΖΩ, *viresco, viridis sum.* יְרַקְרַק, *subviridis.* Lev. XIII. 49. XIV. 37. in quibus locis rectius per *pallidum esse* seu *pallescere* redditur.

a **ΧΛΩΡΟ'Σ**, *viridis*. דֶּשֶׁא, *herba tenera*. Symm. Psalm. XXXVI. 2. — חָצִיר, *gramen*. Prov. XXVII. 25. sec. cod. Alex. ἐν τῷ πεδίῳ χλωρῷ. Sed legendum est χλωρῶν sec. Vat. et Clementum Alex. Strom. I. p. 317. Symm. Ps. XXXVI. 2. Ita Montfauconius. Sed Drusius retulit ad כִּירַק. — יֶרֶק, *olus viride*. Gen. I. 30. Exod. X. 15. Numer.
b XXII. 4. — *יָרֹק, idem. 2 Reg. XIX. 26. — *יָרוֹק, idem. Job. XXXIX. 8. — לַח, *virens*. Genes. XXX. 37. Ezech. XVII. 24. XX. 47. Samar. Deut. XXXIV. 7. — סָעִיף, *ramus*. Ies. XXVII. 11. — עָרוֹת plur. *virentia*. Ies. XIX. 7. — עֵשֶׂב, *herba*. Deut. XXIX. 23. — שִׂיחַ, *frutex*. Gen. II. 5.

ΧΛΩΡΟ'ΤΗΣ, *viriditas, viror, pal-*
c *liditas, pallor*. יְרַקְרַק, *subviridis, subfulvidus*. Ps. LXVII. 14. ἐν χλωρότητι χρυσίου. Lat. Int. *in pallore auri*.

ΧΝΟ'ΟΣ, contracte **ΧΝΟΥ͂Σ**, (quod a χοῦς, addito ν, deduci ait auctor Etymologici Magni), *tenuis palea, gluma*, it. *pulvis*. אֲבָקָה, *pulvis*. Inc. Cant. III. 6. — מוֹץ, *gluma*. Hos. XIII. 3. ὡς χνοῦς φυσώμε-
d νος ἀπὸ ἅλωνος, tanquam *tenuis palea* sufflata ab area. Vide et Ps. I. 4. XXXIV. 6. Ies. XXIX. 5. et conf. Sap. V. 15. Hesych. χνοῦς, τὰ λεπτὰ τῶν ἀχύρων. Didymus Geop. II. 26. illas tenues paleas ἄχνην vocat. Vide Schoettgenii Antiqu. Tritur. p. 9. — מַק, *macies*. Arabicum مُوقٌ, *pulvis, tabes*. Ies. V. 24. — עָפָר, *pulvis*. Ps. VII. 5. XXIX. 12. Lex. Cyrilli MS. Brem. χνοῦς, λεπτὸς κονιορτός.

ΧΟΕΥ͂Σ, *congius, mensura liquidorum apud Atticos, capiens sextarios sex, seu libras novem, seu cotylas Atticas duodecim*, a χέω, *fundo*. בַּת, *bathus*. 1 Reg. VII. 25. 37.

ΧΟΘΩΝΩ'Θ. Ipsa vox Hebr. כָּתְנוֹת plur. *tunicæ*. Nehem. VII. 70. 72.

ΧΟΙ͂ΝΙΞ, *chœnix, mensuræ aridorum nomen*. f Est medimni pars quadragesima octava, sextarium habens Atticum et semissem. Appellatur quoque ἡμεροτροφίς, *quia in diem victum continet*. בַּת, *bathus*. Ezech. XLV. 10. 11. Confer Wolfium ad Apoc. VI. 6. p. 495. Perizon. ad Ælian. V. H. I. 26. ac Lexicon N. T. s. h. v.

ΧΟΙ'ΡΕΙΟΝ, sc. κρέας, *caro suilla*. g
בְּשַׂר הַחֲזִיר, *caro porci*. Symmach. Theod. Ies. LXVI. 17.

ΧΟΙΡΟΓΡΥ'ΛΛΙΟΣ, *chœrogryllius*. Est *porci genus*, cum tam χοῖρος quam γρύλλος, ex quibus vox componitur, *porcum* significet. Non autem est *communis porcus*, sed parvum animal cuniculi magnitudine, ἀκανθόχοιρον sc. seu herinaceum, qui licet capite valde similis sit porco, h
reliquo corpore spinis horret. Vid. Bonfrerius ad Pentateuch. p. 620. שָׁפָן. Lev. XI. 5. sec. MS. Sar. et Compl. Deut. XIV. 7. Prov. XXX. 26. (ubi Schol. εἶδος ἰχθύος, ἤτοι οἱ λαγωοί, ἢ οἱ καλούμενοι οἶστροι). Al. Psalm. CIII. 19. Lex. Cyrilli MS. Brem. χοιρογρύλλιος, ἰχῖνος θηρίον, ὕστριξ, ἀρκόμυς (scr. ἀρκτόμυς), χοιρόσυνος. Hic pro ἀρκόμυς reponendum i
esse ἀρκτόμυς patet ex Hieronymo, qui in Epistola ad Suniam: *Sciendum est*, inquit, *animal esse non majus hericio, habens similitudinem muris et ursi, unde et in Palæstina ἀρκτόμυς dicitur*. Confer Bochartum Hieroz. P. I. Lib. III. pag. 1008. seq., ubi, recensitis aliorum de chœrogryllio sententiis, probare conatur, quod per illum et Hebr. שָׁפָן *mus* intellegendus sit in Ægypto, Africa, Palæstina occurrens, qui

a posteriores pedes prioribus habeat longiores, bipes incedat, et prioribus pedibus tanquam manibus utatur, atque adeo, cum ursis in eo similis fuerit, etiam *ἀρκτόμυς*, *ursinus mus*, vocatus sit, immo docet etiam, quod ille ipse mus χοιρογρύλλιος dictus sit a porci sagina aut specie.

*ΧΟΙ῀ΡΟΣ, *porcus*. חֲזִיר, idem. b Inc. Ps. LXXIX. 14. K.

*ΧΟΛΑ΄Ω, *irascor*, *indignor*. 3 Macc III. 1. ἐπὶ τοσοῦτον ἐχόλησεν. Joh. VII. 23. Phavor. χολᾷ, ὀργίζεται. Schol. ad Aristoph. Plut. v. 12. χολᾷν παρὰ τοῖς Ἀττικοῖς τὸ μαίνεσθαι, παρὰ δὲ τοῖς κοινοῖς τὸ θυμοῦσθαι. Vide Lexicon N. T. s. h. v.

ΧΟΛΕ΄ΡΑ, *cholera*, *morbus*, *ventris perturbatio immodica*, *per quam* c *bilis per vomitum et secessum excernitur*. זָרָא, *fastidium*. Numer. XI. 20. ubi codex unus Holmes. explicationis causa addit: εἰς βλάβην ἐξ ἀδηφαγίας. Sec. Grotium deduxerunt a זוּר, quod *alienationem* notat. Vide et Sir. XXXI. 23. XXXVII. 33. Hesych. χολέρα, ἔκκρισις (sic enim ex Phavorino legendum est pro ἔκρισις) κάτωθεν διὰ γαστρὸς, καὶ d ἄνωθεν διὰ στόματος ἔμετος. Lex. Cyrilli MS. Brem. χολέρας, ἐκκρίσεως διὰ στόματος ἢ (lege καὶ) γαστρός. Suidas: χολέρα, νόσος, διὰ χολῆς πάθος.

ΧΟΛΗ΄, *fel*, *bilis*. לַעֲנָה, *absinthium*. Prov. V. 4. Thren. III. 15. — מְרֵרָה, *amaritudo*. Job. XVI. 13. ἐξέχεαν εἰς τὴν γῆν χολήν μου, effuderunt in terram bilem meam. e — מְרֹרָה, idem. Job. XX. 14. Ita quoque Theodot. — פֶּרֶץ, *ruptura*. Aqu. Ies. LVIII. 12. sec. Hieronymum. Montfauconius legere mavult διακοπῆς. Wesselingius Probab. p. 218. ἐπιφράσσων διακοπήν. — רֹאשׁ, *cicuta*. Deuter. XXIX. 18. Psalm. LXVIII. 26. Jerem. VIII. 14.

ΧΟΛΟ΄ΟΜΑΙ, *ad iram concitor*, *exacerbor*, *irascor*, *indignor*. הִתְעַבֵּר Hithp. Symm. Ps. LXXVII. 21. LXXXVIII. 39. Suidas: ἐχολώθησαν, ὠργίσθησαν. f Hesych. χολοῦται, πικραίνεται, θυμοῦται. Idem: χολωθεὶς, ὀργισθεὶς, εἰς χόλον ἀχθείς. Conf. Hom. Il. Α΄, v. 9.

ΧΟ΄ΛΟΣ, *fel*, *bilis*, *ira*, *excandescentia*. חֲמָת *Chamath* vel *Emath* sec. Vulgat., nomen propr. *urbis*. Inc. Amos VI. 14. Sc. חֵמָה de *animi æstu* s. *fervore*, speciatim *ira* dicitur. — *חֲמַת, *furor*, *ira*. Aqu. Ps. LVIII. 14. τέλεσον ἐν χόλῳ secundum Eusebium in Comment. g ad h. l. Verba hæc desiderantur in Hexaplis. — עֶבְרָה, *excandescentia*, *ira*. Symm. Psalm. VII. 6. — *עֲבָרִים, *transgressores*. Theod. Prov. XXVI. 10. Legit עֶבְרוֹת seu עֶבְרוֹתָם. Confer supra s. v. ὀργή. — קֶצֶף, *fervor iræ*. Cohel. V. 16. — רוּחַ, *spiritus*. Inc. Job. VI. 4. Quanquam negare nolim, רוּחַ h quandoque *iram* et *indignationem* significare, tamen ab h. l. certe hæc notio maxime aliena est. Admodum enim incommode, immo nullo fere sensu dici potest: *venenum sagittarum divinarum bibit ira mea*, nisi fortasse hoc dicere voluerint: admodum ægre nec sine summa indignatione fero mala, quæ mihi sunt a Deo inflicta. Sed ut ita statuamus, non permittit pietas i Jobi. Igitur vocem χόλος ad כַּעְשִׂי v. 2. retrahendam arbitror. Nec obstat vox θυμὸς apud LXX, quæ h. l. de *animo* explicari commode potest.

ΧΟΝΔΡΙ΄ΤΗΣ, sc. ἄρτος, *panis ex chondro*, i. e. *alica* vel *zea*, *factus*. חֹרִי sing. *foraminosus*, vel plur. חֹרִי pro חֹרִים, *foramina*. Genes. XL. 16. χονδριτῶν. Est hæc interpretatio LXX minime repudianda.

Nam pànis ex chondro vel zea factus est foraminosus. Hesych. χονδρίτης, σεμίδαλις. Athenæus Lib. III. 109. c. 115. d. ed. Schweighäuseri: γίνεται μὲν, φησὶν (Τρύφων ὁ Ἀλεξανδρεύς), ὁ χονδρίτης ἐκ τῶν ζειῶν· ἐκ γὰρ κριθῆς χόνδρον μὴ γίνεσθαι. Hesych. χόνδρον, σεμίδαλιν μεμιγμένην ὡς πλακοῦντα. Plura de χονδρίτῃ vide apud Flamin. Nobil. et Drusium ad Gen. l. c.

ΧΟ'Ρ vel ΧΟΡΧΟ'Ρ, vel κορχὸρ, vel κορχορὺς, vel, ut alii rectius, χαδχὸδ. Ipsa vox Hebr. כַּדְכֹּד, *pyropus, lapis pretiosus, scintillans.* Ezech. XXVII. 16.

ΧΟΡΔΗ', *intestinum, chorda, fides ex intestino contorto et arefacto.* *מְנָא, *præ No.* Nah. III. 8. sec. Vat. ἁρμόσαι χορδήν. Duæ hic coaluerunt versiones. Auctor versionis ἁρμόσαι χορδὴν legit מְנָא, vel, ut alii interpretes legerunt, מְנִי, et existimavit, hoc esse singulare vocis מִנִּים, quæ *chordas s. nervos citharæ* significat. — מִנִּים, plur. Aqu. Inc. LXX Ps. CL. 4. ubi χορδὴ videtur esse instrumenti genus, in quo nonnisi chordæ continentur sine ulla testudine. *Harpam* Itali vocant. Quasi sc. pro מִנִּים legerint נִימִים. Hesych. et Lex. Cyrilli MS. Brem. χορδὴ, νευρὰ κιθάρας.

ΧΟΡΕΙ'Α, *chorea, saltatio, tripudium cum cantico mixtum.* מְחֹלַת. Aqu. Ps. LII. 1. et LXXXVII. 1. ἐπὶ χορείας vel ἐπὶ χορείᾳ. Theod. ὑπὲρ τῆς χορείας. Vide et Judith. XV. 16. Suidas: χορείαν, οἱ παλαιοὶ τὴν μετ' ᾠδῆς ὄρχησιν.

*ΧΟΡΕΙ͂ΟΝ, *chorus.* 4 Maccab. XV. 20. πολυάνδριον τὸ χορεῖον. Lat. Int. *locum illustri choro læte pulsatum.* Zonaras Lex. col. 1857. χορεῖον, ὁ τόπος τοῦ χοροῦ. Vide quoque Hesychium.

ΧΟΡΕΥ'Ω, *choreas duco, ago, salto, tripudio.* חָלַל, idem. Jud. XXI. 21. αἱ θυγατέρες τῶν οἰκούντων Σηλὼ χορεύουσαι χοροῖς, filiæ incolarum Siluntis *agentes choreas.* Plutarchus χορεύειν χορείαν dixit eodem sensu in Theseo (I. 42. 10 Reisk.), ubi ita: ἐχόρευσε μετὰ τῶν ἠϊθέων χορείαν. Hesychius: χορεύει, μελῳδεῖ, βακχεύει, ὀρχεῖται. Sermo autem Jud. l. c. est de choreis in vineis (Confer Carpzovii Notas ad Schickardi Jus Regium p. 316. seq.), in quibus apud Græcos etiam antiquissimis temporibus virgines æque ac juvenes vindemiantes saltasse, discimus ex Homero, qui inde Il. Σ, v. 565. seq. in vinea, in Achillis clypeo conspicua, virgines repræsentat cum juvenum choro ad instrumenta musica tripudiantes. Verba jam alii produxerunt. Vide Irhovii Conjectanea in Psalm. Titul. p. 89. Adde quoque locum Hesiodi Scut. Herc. v. 293. seq. Confer quæ ex Phavorino allata sunt supra in v. ὀρχέομαι. — *בִּמְחֹלוֹת, *in choris.* Inc. et LXX sec. ed. Compl. χορεύουσαι.

ΧΟΡΗΓΕ'Ω, *munere choragi fungor, sumtus præbeo,* etiam simpliciter *suppedito, præbeo.* *זוּן, *alo, cibo, pasco.* Dan. IV. 9. sec. cod. Chis. — כִּלְכֵּל Pih. a כּוּל, *sustento.* 1 Reg. IV. 7. Judith. XII. 2. ἐκ τῶν ἠκολουθηκότων μοι χορηγηθήσεται, ex iis, quæ me secuta sunt, *suppeditabitur.* Sir. XLIV. 7. ἄνδρες πλούσιοι κεχορηγημένοι ἰσχύϊ, viri divites *instructi* robore. Ita Diodorus Sic. Lib. II. p. 94. ἣν δὲ συνέσει καὶ τόλμῃ καὶ τοῖς ἄλλοις τοῖς πρὸς ἐπιφάνειαν συντείνουσι κεχορηγημένη. 1 Macc. XIV. 10. ταῖς πόλεσιν ἐχορήγησε βρώματα, civitatibus *suppeditabat* alimenta. Vide et 2 Macc. III. 3. IV. 49. IX. 16. Hesych. χορηγεῖ, παρέχει, δίδωσιν. Conf. Lex. N. T. s. h. v.

ΧΟΡΗΓΙ'Α, *munus choragi, largitio, erogatio, sumtus, stipendium,* it.

spectaculum, vel *ludus choricus*. אֲשַׁרְנָא Chald. *murus*. Esdr. V. 3. 9. τὴν χορηγίαν ταύτην καταρτίσασθαι, *impensam hanc* (sc. ad murum reficiendum) *facere*. Libere transtulerunt. 3 Esdr. IV. 54. ἔγραψε δὲ καὶ τὴν χορηγίαν (τοῖς ἱερεῦσι), scripsit vero etiam *stipendium* sacerdotibus. Vide et v. 55. 2 Macc. IV. 14. μετέχειν τῆς ἐν παλαίστρᾳ παρανόμου χορηγίας, participem fieri iniqui in palæstra *spectaculi*, nempe publicis sumtibus præbendi.

ΧΟΡΗΓΟ'Σ, *choragus*, proprie *dux et magister chori*, generaliter *qui sumtus aliquos præbet, suppeditator, subministrator, largitor, beneficus*. 2 Macc. I. 25. ubi Deus dicitur ὁ μόνος χορηγὸς, *solus liberalis, solus suppeditans omnia bona hominibus*. Hesych. χορηγὸς, διδάσκαλος, καὶ ὁ ἐπιδοὺς τι τῶν ἰδίων, τοῦ χοροῦ ἐξάρχων. Suidas: χορηγὸς, ὁ τοῦ χοροῦ ἡγούμενος, καὶ δοτήρ.

ΧΟ'ΡΙΟΝ vel χορίον. Vulgo *intestinum* vertitur, parum apte. Significat hæc vox *secundas*, seu *membranam illam, qua fœtus in utero involvitur*: siquidem et Paulus Ægineta Lib. VI. c. 75. ait, χόριον aliter vocari δεύτερον, *secundas*. Confer Suidam et Hesych. s. v. χόριον. Scribitur quoque χωρίον, sive quod fœtum χωρεῖ, h. e. continet, sive quod fœtus inde χωρεῖ, h. e. *exit*. — שַׁבְּלוּל, *limax, cochlea*. Symm. Ps. LVII. 8. Vide ad h. l. Montfauc. ac Rosenmülleri Scholia. — שִׁלְיָה, *secundina, quod ex utero extrahitur post partum*. Al. Deuter. XXVIII. 57. χόριον bene pro κόριον. Vulg. *illuvie secundinarum*. Lex. Cyrilli MS. Brem. χωρίον (lege χόριον), τὸ κάλυμμα, τὸ συγγενόμενον ἐκ τῆς κοιλίας τοῖς βρέφεσιν. Ita etiam Suidas, nisi quod pro χωρίον rectius χόριον et pro συγγενόμενον male συγγινώμενον habeat. Conf. Pollucem Lib. II. c. 4. segm. 221. et 223. ac Seberi et Kuhnii notas ad eundem, Trilleri Animm. Critt. p. 439. Gataker. Advers. Miscell. II. 3. p. 280. et Bochartum Hieroz. P. I. Lib. III. c. 17. p. 890. seq.

ΧΟΡΟ'Σ, *chorus, cœtus canentium et saltantium, chorea, caterva*, item *acies*. הִלּוּל, *laudatio, gratulatio. dies festus, quo Deo gratiæ aguntur pro re læta*. Jud. IX. 27. ἐπάτουν καὶ ἐποίησαν χορούς, calcabant et faciebant *choros*, h. e. *una canebant*. Vulg. *factis cantantium choris*, quasi Hebræum habeat מְחוֹלִים. Vide ad h. l. Scharfenbergium. Sic aliunde notum, quod illi, qui uvas in torcularibus calcarunt, hymnos cantare soliti sint. Vide Ies. XVI. 10. Jerem. XXV. 30. XLVIII. 33. Græcis, quibus pariter ejuscemodi hymni solemnes erant, ἐπιλήνιοι ὕμνοι et ᾄσματα sive μέλη ἐπιλήνια illi dicebantur. Vid. Anacreon Od. 52. Confer quoque alia eam in rem loca citata Doughtæo in Anal. V. T. Ex. 146. p. 248. et Wolfio Not. ad Liban. Epist. p. 68. — חֶבֶל, *caterva*. 1 Sam. X. 5. et 10. χορὸς προφητῶν, *caterva* prophetarum. Sic Ælianus V. H. III. 19. χορὸν τῶν ὁμιλητῶν *catervam* discipulorum appellat. — חָלִיל, *tibia*. 1 Reg. I. 40. ἐχόρευον ὁ λαὸς ἐν χοροῖς, choros agebant populus *hymnis*. Similis loquendi formula occurrit Jud. XXI. 21. — מָחוֹל. Ps. CL. 4. αἰνεῖτε αὐτὸν ἐν τυμπάνῳ καὶ χορῷ, laudate illum tympano et *chorea*. Vide et Psalm. CXLIX. 3. Thren. V. 10. Inc. sec. cod. Norimb. Jerem. XXXI. 4. — מְחוֹלָה. Exod. XV. 20. egrediebantur omnes mulieres post illam μετὰ τυμπάνων καὶ χορῶν, cum tympanis et *choreis*. Vide et Exod. XXXII. 18. Jud. XI. 34. 1 Sam. XXIX. 5. Eodem sensu vox illa legitur in fragmento Socratis apud Athenæum Lib. XIV. p. 311. οἱ δὲ χοροῖς κάλλιστα θεοὺς τιμῶσιν, ἄριστοι ἐν πολέμῳ. Conf. et alia loca observata

[a] Ex. Spanhemio Obss. in Callimach. p. 312. et Perizonio in Ælian. V. H. X. c. 6. Cant. VII. 1. ἡ ἐρχομένη ὡς χοροὶ τῶν παρεμβολῶν, veniens tanquam *chori* s. *acies* castrorum. Ita Virgilio *chori* sunt *acies* Æneid. V. v. 581. *atque agmina terni diductis solvere choris.* Symm. Ps. LII. 7. LXXXVII. 1. — צַעַד, *gressus, passus.* 2 Sam. VI. 13. οἱ αἴροντες τὴν [b] κιβωτὸν κυρίου ἑπτὰ χοροὶ, portantes arcam Domini septem *chori*, vel *catervæ*. Ubi צְעָדִים non pro plurali substantivi צַעַד habuerunt, sed pro participio verbi צָעַד, *incessit, processit.* An vero catervam, agmen, cœtum canentium aut saltantium intellexerint, certo definiri vix poterit. Mihi prior interpretatio vero magis accedere videtur, quia [c] ἑπτὰ χοροὶ cum verbis αἴροντες (quid si αἰρόντων legeretur?) τὴν κιβωτὸν conjunguntur, non autem cogitari ac dici potest, portantes arcam simul saltasse. Adde Judith. XV. 15.

ΧΟΡ'Ρ'ΕΙ'. Ipsa vox Hebr. כָּרִי pro כָּרִים, *primores exercitus.* 2 Reg. XI. 4. 20.

ΧΟΡΤΑ'ΖΩ, *gramine pasco, cibo, saturo, satio,* etiam *fœcundum, fer-* [d] *tilem reddo.* שָׂבַע : הִשְׂבִּיעַ, Kal et Hiph. Job. XXXVIII. 27. τοῦ χορτάσαι ἄβατον καὶ ἀοίκητον, ut loca quam maxime desolata *fœcunda et fertilia reddantur.* Ita quoque Theodot. Vulg. *ut impleret.* Psalm. XVI. 16. ἐχορτάσθησαν (ἀπὸ) υἱῶν, *satiati sunt filiis,* h. e. *numerosam prolem habent.* Ib. v. 17. χορτασθήσομαι ἐν τῷ ὀφθῆναί μοι τὴν δόξαν σου, [e] *summa fruar felicitate,* cum visa mihi fuerit gloria tua. Psalm. CIII. 14. ἀπὸ καρποῦ τῶν ἔργων σου χορτασθήσεται ἡ γῆ, fructu operum tuorum, h. e. frugibus a te productis, *saturabitur* terra. Ib. v. 18. χορτασθήσονται τὰ ξύλα τοῦ πεδίου, *saturantur* arbores campi. Psalm. CVI. 9. CXXXI. 16. Thren. III. 29. χορτασθήσεται (ἀπ') ὀνειδισμῶν, *pascetur opprobriis,* h. e. *multa probra per-* [f] *feret.* Ita Cicero pro Milone c. 2. *quos P. Clodii furor rapinis et incendiis et omnibus exitiis publicis pavit.* — שָׂבֵעַ, *satur.* Symmach. Theod. 1 Sam. II. 7. κεχορτασμένοι. Vide et Symm. Ps. XVI. 14. XXII. 4. Aqu. Theod. Ies. LIII. 12. — *שְׁבֻעוֹת plural. *juramenta.* Incert. Hab. III. 9. ἐχόρτασας. Legit הִשְׂבַּעְתָּ. Cæterum Græcos profanos etiam hoc verbum non solum [g] de brutis, sed etiam de hominibus usurpare ostenderunt Viri docti laudati Wolfio ad Matth. V. 7. p. 86. ac Sturzius de Dial. Maced. et Alex. p. 200. seq. Conf. et Lex. N. T. s. h. v.

ΧΟΡΤΑΣΙ'Α ΚΟΙΛΙ'ΑΣ, *pabulum ventris.* רֵבֶץ, *cubile.* Prov. XXIV. 15. μηδὲ ἀπατηθῇς χορτασίᾳ κοιλίας. Dubius de h. l. hæret Jægerus, qui conjicit, interpretem scripsisse κα- [h] ταπατήσῃς χορτασίαν. Quæ conjectura si admittitur, videtur formula Græca χορτασία κοιλίας *agros fertiles* significare, *quorum proventibus satiatur venter, pascua.* Nam רֵבֶץ est *locus, ubi pecora complicatis pedibus pectori incubant.* Cæterum legitur quoque vox χορτασία in Lucillii Epigr. apud Brunck. T. II. p. 322. n. 26.

ΧΟ'ΡΤΑΣΜΑ, *pabulum, cibus.* [i] מִסְפּוֹא. Gen. XXIV. 25. 32. XLII. 27. Jud. XIX. 19. — עֵשֶׂב, *herba.* Deut. XI. 15. Vide quoque Sirac. XXXIII. 29. XXXVIII. 29.

ΧΟΡΤΟΜΑΝΕ'Ω, *gramine luxurio, incultus sum.* כָּסָּה חֲרֻלִּים, *tegor urticis.* Prov. XXIV. 31. χερσωθήσεται καὶ χορτομανήσει ὅλος, deserta et *inculta fiet* vinea tota.

ΧΟ'ΡΤΟΣ, *gramen, herba, stipula, fœnum.* דֶּשֶׁא. Ies. XV. 6. — חָצִיר. Job. XL. 10. Psalm. CXXVIII. 5.

a et alibi sæpius. Symm. Theod. Ies. XL. 7. — עָמִיר, *manipulus*. Jerem. IX. 21. ἔσονται ὡς χόρτος ὀπίσω θερίζοντος, erunt tanquam stipula post tergum metentis. — עֵשֶׂב, *herba*. Genes. I. 11. Deuter. XXXII. 2. 2 Reg. XIX. 26. et alibi. Symm. Theod. Ies. XXXVII. 27. ac Mich. V. 7. — עֵשֶׂב : עִשְׂבָּא Chald. Dan. IV. 12. 22. V. 23. — קַשׁ, *stipula*.
b Job. XIII. 25. χόρτῳ φερομένῳ ὑπὸ πνεύματος, stipulæ a vento agitatæ. Vide quoque Job. XLI. 21. et conf. Elsnerum ad Matth. VII. 30. p. 40. — שָׂדֶה, *ager*. Ies. XL. 8. — עֵשֶׂב שָׂדֶה וִירַק דֶּשֶׁא, *herba agri et olus herbæ*. Ies. XXXVII. 27. — שָׁמִיר, *sentis*. Ies. XXXII. 13. — שַׁיִת וְשָׁמִיר, *vepres et sentis*. Ies. X. 17.

ΧΟΡΤΩ'ΔΗΣ, *gramineus, herba-*
c *ceus, ad formam graminis sive fœni accedens*. 2 Maccab. V. 27. ubi dicitur Judas Maccabæus cum suis fugisse in regiones montanas, ibique ferarum more vixisse et comedisse τὴν χορτώδη τροφὴν, quod Vulg. male transtulit *fœni cibum*, immo *olera herbasque sylvestres*, quas homo edere potest. Vide ad h. l. Syrum. Æque late patet vox χόρτος, quæ
d *omne* notat, *quod sponte e terra nascitur*. Lucem affundit hæc observatio historiæ Nabuchdonosori Daniel. c. IV.

*ΧΟΡΧΟ'Ρ. Ipsa vox Hebraica כַּדְכֹּד, quæ, teste Hieronymo, *omnes pretiosissimas merces* significat, Ez. XXVII. 16. Positum est pro χοδχὸδ Hebraico, Resch mutato in Daleth.

e ΧΟΥ͂Σ, contr. ex χόος, *congius, mensura sex sextariorum Atticorum, heminarum sive cotylarum duodecim.* Vide Grævii Thes. Ant. Rom. Tom. XI. p. 1648. F. הִין, *mensura liquidorum*. Levit. XIX. 36. — *כֶּסֶל, *fiducia*. Job. XXXI. 24. εἰς χοῦν μου, *in congium meum*, ubi, judice Cappello in Crit. Sacr. p. 582., loco כִּסְלִי, *fiduciam meam*, legerunt בְּסַלִּי : nam סַל est *canistrum, ca-* f
lathus, vas quoddam. Sed quia multum inter se distant Hebr. סַל, *corbis*, et Græc. χοῦς, nomen mensuræ, *congius*, loco εἰς χοῦν μου, quod exhibent Cod. Vatic. et Alex., e Complut. et Ald. reponendum est ἰσχύν μου, quod etiam Grabius in textum recepit. Vulgat. *robur meum*.

ΧΟΥ͂Σ, *pulvis*. אֵפֶר, *cinis*. Aqu. g
Job. XLII. 6. — מוֹץ, *gluma*. Ies. XVII. 13. — מְעוֹת, *lapilli*. Ies. XLVIII. 19. ὡς χοῦν ἀχύρου, ubi χοῦς æque ac χνοῦς Psalm. II. 5. non est *terræ pulvis*, sed *triturata palea*. — עָפָר. Gen. II. 7. χοῦν λαβὼν ἀπὸ τῆς γῆς, pulverem sumens de terra. Vide et Psalm. CII. 14. CIII. 30. Cohel. III. 20. XII. 7. et conf. 1 Maccab. II. 63. Al. Psalm. XXI. 6. εἰς χοῦν θανάτου κατήγαγές h
με, in pulverem mortis deduxisti me. Huc oculum intendens Suidas: χοῦς θανάτου, ὁ τάφος. Aqu. sec. Coisl. Genes. III. 14. Aqu. Symm. Levit. XVII. 13. χοΐ. Aqu. Job. XIV. 8. Symm. Job. XLI. 24. ἐπὶ χοὸς, super *terram*, ad imitationem Hebr. עָפָר.

*ΧΟ'Ω, *aggero, humo repleo*, a χοῦς, *terra aggesta*. Tob. VIII. 18. χῶσαι τὸν τάφον. Vulg. *ut replerent fossam*. Hinc χοὴ (aut χοαί, auc- i
tore Suida) κατ' ἐξοχὴν dicitur ἡ ἐπιχωννυμένη τοῖς νεκροῖς γῆ. Vide quoque s. χοῦς.

ΧΡΑ'Ω, *do mutuo, commodo*, et χράομαι, *utor, ago, tracto, facio, prosum*. אָדוֹן, *dominus*. Proverb. XXV. 13. — בַּעַל, idem. Proverb. XVII. 8. — טָרַף, *discerpo*. Job. XVI. 9. ὀργῇ χρησάμενος κατέβαλέ με,

a iram *exercens* dejecit me. Job. XVIII. 4. κέχρηταί σοι ὀργὴ, ira *dominium in te exercuit.* Nam χρᾶσθαι τινὶ, *uti aliquo,* metaphorice dicitur, *quod aliquem tenet et occupat.* — עָשָׂה, *facio.* Gen. XVI. 6. χρῶ αὐτῇ, ὡς ἂν σοὶ ἀρεστὸν ᾖ, *age* cum illa, prout tibi placuerit. Vide et Gen. XIX. 8. Esth. III. 11. Sic Ælianus V. H. XIII. 37. δίδωμι χρῆσθαι,
b ὅ,τι βούλεσθαι, dedo me vobis, ut mecum *agatis* pro lubitu. Genes. XXVI. 29. ὃν τρόπον ἐχρησάμεθά σοι καλῶς, quemadmodum bene te *tractavimus,* vel bene tibi fecimus. Ita Xenophon χρῆσθαι καλῶς φίλοις. Cf. sub χράομαι supra. Genes. XXXIV. 30. ὡσεὶ πόρνῃ χρήσονται τῇ ἀδελφῇ ἡμῶν, *agent* cum sorore nostra, tanquam meretrice. Ita Xenophon.
c Cyrop. VIII. p. 166. ἐμοὶ ἤδη χρὴ ὡς πλουσίῳ χρῆσθαι. Cf. Raphelii Annotatt. ex eodem ad Act. XXVII. 3. p. 189. Prov. XXIV. 29. ὃν τρόπον ἐχρήσατό μοι, χρήσομαι αὐτῷ, quemadmodum mihi *fecit, faciam* illi. Job. XIII. 20. δυεῖν δέ μοι χρήσῃ, duo autem mihi *præbeas.* Verba hæc efficiunt sensum contrarium textui Hebr., ubi legitur: *veruntamen*
d *men duo tantum ne facias mihi.* Apertum est, post δὲ omissum esse μὴ, quod propter sequens μοι facile fieri potuit. Adde Dan. I. 13. sec. cod. Chis. — צָלַח, *prosum.* Jerem. XIII. 7. διεφθαρμένον ἦν, ὃ οὐ μὴ χρησθῇ εἰς οὐδὲν, corruptum erat ita, ut ad nihil plane *utile esset.* Vide et v. 10. Hesych. χρησθήσεται, χρησιμεύει.—*רָחָב, *latus.* Job. XXX. 14.
e Ad hanc enim vocem κέχρηται (ut recte legitur in Cod. Alex. pro κέχρηται) ibi referendum mihi videtur, ut loco רָחָב per inversionem literarum legerint בָּחַר. — שָׁאַל, *peto, rogo.* Exod. XII. 36. ἔχρησαν αὐτοῖς, *mutuo dabant* illis. Vide et 1 Sam. II. 22. 2 Reg. VI. 5. αὐτὸ κεχρημένον, illud *mutuo datum.*—שְׁאֵלָה, *petitio.*

Esth. IX. 12. ἐν δὲ τῇ περιχώρῳ πῶς οἴει (al. bene addunt ὅτι) ἐχρήσαντο, f
in circumjacente autem regione, quo modo existimas, quod *fecerint.* Ita Bielius ac Trommius. Sed est hic locus ad עָשָׂה potius referendus. — *שׂוּם, *pono,* seq. בְּ. Job. XXIII. 6. ubi ἐν ἀπειλῇ χρᾶσθαί τινι notat *comminationibus contra aliquem uti, severius tractare.* שׂוּם sæpe pro *facere* poni satis notum est. — שָׁלַח, *mitto.* Prov. X. 27. τοῖς g
χρωμένοις αὐτῇ, qui ea *utuntur.* Vide ad h. l. Jaegerum. — *שָׁמַע, *audio.* Dan. I. 14. sec. cod. Chis. Adde Inc. Job. XV. 8. ubi sensum liberius expressit. Vide ad h. l. Montfauconium.—שָׁנָה Pih. *muto.* Esth. II. 9. ἐχρήσατο αὐτῇ καλῶς, bene *tractavit* illam. Sap. VII. 15. ὃν οἱ χρησάμενοι, quo *utentes.* 2 Macc. XII. 14. ἀναγωγότερον ἐχρῶντο, insolentius *agebant.* Apud Hesychium χρῆσθαι h
inter alia exponitur πράττειν. Interdum χρᾶσθαι quoque *abuti* notat, ac dicitur sensu obscœno de *commercio venereo.* Sir. XXVI. 11. ἵνα μὴ εὑροῦσα ἄνεσιν ἑαυτῇ χρήσηται, ne, libertate illi concessa, se *abuti* patiatur, aut, si legatur αὐτῇ χρήσηται, ea *abutatur.* Ib. v. 22. mulier maritata mortis causa est τοῖς χρωμένοις, illis, qui *rem cum ipsa habeant.* Sap. II. 6. ubi est i. q. ἀπολαύειν, *frui ad vo-* i
luptatem et libidinem.

ἌΛΛΩΣ ΧΡΑ'ΟΜΑΙ, *aliter utor.* עָבַר, *transgredior.* Esth. I. 19. IX. 27. — Vide alibi ἀλλοτρίως, δεινῶς, εὖ, μέγας.

ΧΡΕΙ'Α, *usus, utilitas, negotium, munus, necessitas, indigentia.* חֵפֶץ, *desiderium.* Jerem. XXII. 28. ὡς σκεῦος, οὗ οὐκ ἔστι χρεία αὐτοῦ, tanquam vas, cujus est nullus *usus.* Vide et Jer. XLVIII. 38. Symm. Cohel. III. 1. Aqu. Cohel. III. 17. et conf. Sir. XXXIX. 26. 31. 40. 42. Symm. Cohel. V. 3. *nullam utilita-*

tem habent vota stultorum. Hinc quoque illustrari potest locus apud Symmachum sec. ed. Rom. Cohel. VIII. 6. ubi nunc quidem legitur *καιρὸς χρείας καὶ τρόπος*, sed nova distinctione reponendum est *χρείας* vel *χρείᾳ καιρὸς κ. τ.*, ut *χρεία* Hebr. חֵפֶץ respondeat, non autem τῷ עֵת, ut nonnulli existimarunt.—חַשְׁחוּת Chald. *necessarium.* Esdr. VII. 19. *τὸ κατάλοιπον χρείας οἴκου Θεοῦ σου*, reliquum, quo *opus fuerit* ad domum Dei tui. — *עָשָׂה, *facio.* Tetrapla Job. XIII. 20. *χρεία μοι, opus mihi est*, seu: *necessum habeo*, ne sc. moriar, aut ne actum sit de me, quod prorsus quoad sensum convenit Hebraicis. Vide supra s. *χράομαι*.—צֹרֶךְ, *necessitas.* 2 Par. II. 16. *κατὰ πᾶσαν τὴν χρείαν σου*, juxta omnem *indigentiam* tuam, vel: quantum tibi opus fuerit. Judith. XII. 9. *οὐκ ἐκάλεσεν εἰς τὴν κλῆσιν οὐδένα τῶν πρὸς ταῖς χρείαις*, non invitabat ad convivium quendam eorum, quibus *utebatur*. Sap. XIII. 16. *χρείαν ἔχει βοηθείας, opus habet* auxilio. Sic *usus est* pro *opus est* legitur apud Virgil. Æn. VIII. v. 441. Vide Perizon. ad Sanctii Min. IV. 15. 8. p. 79. Sir. XI. 9. *περὶ πράγματος, οὗ οὐκ ἐστί σοι χρεία*, de eo, *quod tua nil interest*. Vulg. *quæ te non molestat.* Sir. XI. 23. *τίς ἐστι μου χρεία ἀρεσκείας*; quid *opus* mihi est, ut placeam? Sir. XIII. 9. *τίς ἡ χρεία σου*; quid *opus* est tibi? Sir. XV. 12. *οὐ γὰρ χρείαν ἔχει ἀνδρὸς ἁμαρτωλοῦ.* Syrus: *non enim ei est utilitas in homine iniquo.* Sirac. XXIX. 2. *ἐν καιρῷ χρείας*, in tempore *indigentiæ*, vel: *quo opus habet.* Sirac. XXIX. 3. *εὑρήσεις τὴν χρείαν σου*, invenies, *quod tibi necessarium* est. Sir. XXXVIII. 1. *τίμα ἰατρὸν πρὸς τὰς χρείας τιμαῖς αὐτοῦ*, honora medicum honore digno, *quo uti illo possis.* Conf. Fesselii Advers. Sacr. Lib. III. c. 3. p. 236. 1 Maccab. III. 28. *εἶναι ἑτοίμους εἰς πᾶσαν χρείαν.* Latinus vertit: *uti parati essent ad omnia.* 1 Maccab. X. 37. *κατασταθήσεται ἐπὶ χρειῶν τοῦ βασιλέως*, præficietur, *negotiis* regis. 1 Macc. X. 41. *ἀπὸ τῶν χρειῶν*, vel, ut al., *οἱ ἀπὸ* (legendum forte *ἐπὶ*) *τῶν χρειῶν*, qui *debitis exigendis* præfecti sunt. Latinus vertit: *qui super negotia erant.* Conf. 1 Macc. XIII. 37. 1 Maccab. XI. 63. *τῆς χρείας, a negotiis gerendis.* Compl. et Ald. habet *χώρας*, fortasse rectius. 2 Macc. VII. 24. VIII. 9. XV. 5. Act. VI. 3. et ad h. l. Elsnerum p. 389. ac Lex. N. T. s. h. v. 2 Maccab. XII. 39. *τὸ τῆς χρείας ἐγεγόνει*, quod *opus erat*, fiebat. Sed eruditus Dunæus recte ibi *χρείαν* explicat *pugnam.* 2 Macc. XV. 28. *γενόμενοι δὲ ἀπὸ τῆς χρείας, opere* autem absoluto. 3 Esdr. VIII. 17. Chald. פָּלְחָן, *ministerium, usus*, coll. Esdr. VII. 19. et 3 Esdr. VIII. 18. Chald. מִנְתַּן, *dare*, coll. Esdr. VII. 20.

ΧΡΕΙ´ΑΝ ʺΕΧΩ, *necessum habeo.* חָפֵץ, *desidero.* Prov. XVIII. 2. *οὐ χρείαν ἔχει σοφίας*, non indiget sapientia, nempe opinione sua, quæ profectus impedimentum est. Ies. XIII. 17. *οὐδὲ χρυσίου χρείαν ἔχουσι.* Bene quoad sensum. Qui enim auro non delectatur, eo quoque non opus habet, ac commode carere potest. — חַשְׁחָה Chald. Dan. III. 16. — *עַל, *super.* Psalm. XV. 2. *οὐ χρείαν ἔχεις*, non opus habes. Inepte. In textu legitur בַּל עָלֶיךָ, *non super te.*

*ΟΥ᾿ ΟΥ᾿Κ ʺΕΣΤΙ ΧΡΕΙ´Α ΑΥ᾿ΤΟΥ˜. נִבְזֶה נָפוּץ, *vile et contritum.* Jerem. XXII. 28. Libere verterunt.

ΧΡΕΙΩ´ΔΗΣ, *utilis.* חֵפֶץ, *desiderium.* Symmach. Cohel. XII. 10. *χρειώδεις.*

ΧΡΕΜΕΤΙ´ΖΩ, *hinnio, hinnitum edo.* Dici volunt quasi *χαρεμετίζω*, ex *χαρὰ* et *ἐμέω*, quasi hinnitus sit lætabunda equi vociferatio. צָהַל,

idem. Ies. X. 30. χρεμέτισον φωνήν σου. Vide ad h. l. L. Bos. Jerem. V. 8. ἕκαστος ἐπὶ τὴν γυναῖκα τοῦ πλησίον αὐτοῦ ἐχρεμέτιζον, quem locum suo more tractat Justinus Martyr Ep. ad Zonam et Serenum p. 514. Cf. Clem. Alex. Strom. IV. p. 479. B. Jerem. XXXI. 7. Aqu. Symmach. Ies. LIV. 1. — הֵילִיל Hiph. a יָלַל, ejulo. Symm. Hos. VII. 14. Hesych. et Lex. Cyrilli MS. Brem. χρεμετίσαι (ita enim scribendum est pro vitioso χρεαμετίσαι), κράξαι, ὡς ἵππος. Rursus Hesychius: χρεμετίζει, κελεχίζει, ὡς ἵππος. Suidas: χρεμετίζειν, ἦχον τῷ στόματι ἀποτελεῖν. Vide quoque Sir. XXXIII. 6. ὑποκάτω παντὸς ἐπικαθημένου χρεμετίζει, sub omni insidente hinnit, h. e. non equæ, sed voluptati adhinnit.

ΧΡΕΜΕΤΙΣΜΟ'Σ, *hinnitus*. מִלְחָמָה, *bellum*. Jerem. VIII. 6. Aut legerunt מִצְהָלָה, aut libere verterunt, quia equus irruens in prœlium hinnire solet. — מִצְהָלוֹת plur. Jerem. XIII. 27. — מִרְזַח, *convivatio*. Amos VI. 7. Cappellus in Crit. S. T. III. pag. 198. de h. l. ita judicat. Vox Hebr. in genere significat *convivium magnum, splendidum, opiparum*. Jam quia tumultus et clamor multus in conviviis ejusmodi audiri solet, potest etiam accipi pro *ipso clamore ac vociferatione*, quam LXX voce χρεμετισμὸς indicare voluisse videntur. Vox χρεμετισμὸς autem *quamvis vocis elationem* aut *quemvis vehementem sonitum* notat. — רַעְמָה, *tonitru*. Theod. Job. XXXIX. 19. Vide proxime antecedentia. Lex. Cyrilli MS. Brem. χρεμετισμὸς, ἡ τῶν ἵππων φωνή.

ΧΡΕΜΕΤΙΣΜΟ'Σ 'ΙΠΠΑΣΙ'ΑΣ, *hinnitus equitatus*. מִצְהָלוֹת plur. Jerem. VIII. 16.

ΧΡΕ'ΟΣ, *debitum, fœnus*. יָד, *manus*. Deut. XV. 3. יָד h. l., ut et alibi, *chirographum* notat, aut *solutionem debiti, quam quis stipulata manu promisit*. — שְׁאֵלָה, *petitio*. 1 Sam. II. 22. ubi שְׁאֵלָה dicitur f
Samuel, quem ejus parentes Deo commodaverant. שָׁאַל quoque *mutuum sumere* notat. Sap. XV. 8. ἀπαιτηθεὶς τὸ τῆς ψυχῆς χρέος, animæ *depositum* s. *debitum* ab aliquo repetere, s. animam e corpore revocare, coll. Luc. XII. 20. Vide Bergler. ad Alciphr. I. 25.

ΧΡΕ'ΟΣ "ΙΔΙΟΝ, *debitum proprium*. מַשֵּׁה יָדוֹ, *mutuum manus suæ*. g
Deut. XV. 2.

ΧΡΕΩΔΟΣΙ'Α, *redditio debiti*. שַׂלְמָה, *vestis*. Aqu. Deut. XXIV. 11. Incertus Deuter. XXIV. 13. Ita Bielius. Sed Scharfenbergius ad h. l. observavit, vocem Græcam potius ad עֲבוֹט, *pignus*, pertinere. Cæterum *pignus* et *pallium pro pignore captum* h. l. inter se permutantur.

*ΧΡΕΩΚΟΠΕ'Ω, *partem debiti* h
demo. Passiv. *mutuum amitto*. 4 Macc. II. 9. χρεωκοπούμενος. Pertinet huc glossa Hesychii: χρεῶν ἀποκοπαί, ὅταν τὰ ὑπὸ τῶν πενήτων ὀφειλόμενα τοῖς πλουσίοις ἀκυροῦται. Vide quoque Suidam s. v. χρεωκοπεῖται.

ΧΡΕΩΦΕΙΛΕ'ΤΗΣ, *debitor*. אִישׁ תְּכָכִים, *vir calliditatum*. Proverb. XXIX. 13. (Sed ibi respondet potius τῷ רָשׁ. Vide supra s. v.
δανειστής.) Vide et Job. XXXI. i
37. ubi χρεωφειλέτης est, qui in textu Hebraico v. 35. dicitur אִישׁ רִיבִי, *vir litis meæ*, ex sententia Salmasii de Mod. Usur. p. 471. Videntur autem ipsi Intt. Græci accepisse רִיבִי pro *usuræ meæ*, vel *fœneris mei*, ex Arabico ربيدا. Hesych. χρεωφειλέτης, ὁ τὸ χρῆμα ὀφείλων.

ΧΡΗ'ΖΩ, *opus habeo, egeo, in-*

a digeo. חָפֵץ, *delectatio, desiderium.* Symm. Job. XXII. 3. μὴ χρήζει, *num indiget?* aut potius: *num utilitatem percipit?* Sc. vox Hebr. h. l. metonymice *illam ipsam rem* notat, *qua aliquis delectatur*, adeoque inter alia *utilitatem, commodum.* Vulgatus Symmachum secutus bene: *quid prodest Deo?* Hebr. Job. XXI. 21. — *עֲרֻבָּה, *sponsio, vadi-*
b *monium, pignus.* 1 Sam. XVII. 18. ubi Theod. καὶ ὃ ἐὰν χρήζωσι γνώσῃ. Legit צָרְכְּתָם, a צֹרֶךְ, *indigentia, necessitas.* Literarum ע et צ, ב et כ facilis est neque rara in libris scriptis confusio. — *צַר, *angustia.* Jud. XI. 7. ubi pro צַר לָכֶם, *angustia vobis*, h. e. *quando in angustias s. ad incitas redacti estis*, LXX habent: ὅταν χρήζετε, *quando ope*
c *mea et auxilio indigetis.* Non male quoad sensum. Vulgat. *necessitate compulsi.* — *שָׁאַל, *peto*, etiam *mutuum sumo.* 2 Reg. VI. 5. sec. Compl. κεχρησμένον. Lege κεχρημένον, *mutuatum.*

ΧΡΗ͂ΜΑ, *res, negotium, pecunia, divitiæ, opes, facultates*, quæ dicuntur a χρῆσθαι, h. e. ab *utendo*, quod eis ad suum aliorumve usum et com-
d modum utendum sit, sicut *opes* Latine dicuntur ab ope et opitulando, quod opem ferant indigentiæ propriæ et alienæ. דָּבָר, *verbum*, it. *res, negotium.* Al. Nehem. XI. 24. — דֶּרֶךְ, *via.* Aqu. Symm. Theod. Prov. XXXI. 3. ubi partim sensum expresserunt, partim respexerunt notionem *vitæ* et *sortis*, quam vox Hebr. quandoque ha-
e bet. Vide supra s. βίος. — כֶּסֶף, *argentum.* Job. XXVII. 17. — מְחִיר, *pretium.* Prov. XVII. 16. Vulgat. *divitiæ.* Recte. — *מִשְׁפָּט, *judicium.* Job. XXXVI. 6. sec. Compl. χρήματα, sed vitiose pro κρίματα. — נְכָסִים plural. *opes.* 2 Par. I. 12. πλοῦτον καὶ χρήματα, *divitias et opes.* Vide et v. 11. et Jos. XXII. 8. —*רְכוּשׁ, *substantia.* Dan. XI. 13. et 24. sec. cod. Chis. Sir. X. 8. ubi χρήματα notat *habendi cupidinem, avaritiam.* Arabs: *amor pecuniæ.* Hesychius: χρῆμα, πρᾶγμα, πλοῦτος, οὐσία, λῆμμα. Ita etiam Lex. Cyrilli MS. Brem. et similiter Suidas v. χρῆμα. Confer et Suidam v. χρημάτων, ubi plenius de hac voce exponitur.

ΧΡΗΜΑΤΙ͂ΖΩ, *divinum responsum do, oraculum edo, loquor.* דִּבֶּר. Jerem. XXVI. 2. χρηματιεῖς πᾶσι τοῖς Ἰουδαίοις ἅπαντας τοὺς λόγους, οὓς συνέταξα χρηματίσαι αὐτοῖς, *loqueris* omnibus Judæis omnia verba, quæ præcepi tibi, ut loquereris illis Jerem. XXIX. 18. λόγον ἐχρημάτισαν ἐν τῷ ὀνόματί μου, verbum *locuti sunt* in nomine meo. Jerem. XXX. 2. scribe omnia verba, οὓς ἐχρημάτισα πρός σε, quæ *locutus sum* ad te. Vide et Jerem. XXXVI. 4. et conf. Hebr. XII. 25. Adde Inc. Jerem. XXXVI. 2. — דֶּרֶךְ, *via, iter.* 1 Reg. XVIII. 27. Ita Bielius. Sed ibi potius ad שִׂיג (quod Dathius non male per *aliud agere* transtulit. Eandem notionem fortasse quoque subjecerunt voci χρηματίζειν, a χρῆμα, *res, negotium.*) referendum videtur. — הִרְשִׁיעַ Hiph. *improbum pronuntio, condemno.* Job. XL. 3. οἴει δέ με μὴ ἄλλως σοι κεχρηματικέναι, ἢ ἵνα ἀναφανῇς δίκαιος; putas autem me non aliter tibi *respondisse*, quam ut appareas justus? Eodem sensu verbum legitur apud exteros. Vide Lex. N. T. s. h. v. — שָׁאַג, *rugio.* Jerem. XXV. 30. κύριος ἀφ' ὑψηλοῦ χρηματιεῖ, dominus ab excelso *responsum dabit.* Ibid. λόγον χρηματιεῖ ἐπὶ τοῦ τόπου αὐτοῦ, verbum *respondebit* super locum suum. Utrobique rem expresserunt, non autem vocis propriam significationem. Hesych. χρηματίζεται, ἀποκρίνεται, λαλεῖ. Vide

Wolfium ad Matth. II. 12. p. 36. ad Luc. II. 26. p. 588. et ad Hebr. XI. 7. p. 755.

ΧΡΗΜΑΤΙΣΜΟ'Σ, *responsum* in genere, speciatim *responsum divinum, oraculum.* 2 Macc. II. 4. χρηματισμοῦ γενηθέντος, *divino responso facto.* Conf. Rom. XI. 4. 2 Macc. XI. 17. ἐπιδόντες τὸν ὑπογεγραμμένον χρηματισμὸν, tradentes subscriptum *responsum.* Casaubono in Casaubonianis pag. 93. χρηματισμὸς videtur esse commonitorium legatis dari solitum.

ΧΡΗΜΑΤΙΣΤΗ'ΡΙΟΝ, *locus, unde responsa dantur, locus rebus explicandis constituendisque destinatus, ubi jus redditur,* it. *solium.* דְּבִיר, *adytum.* Aqu. Theod. 1 Reg. VI. 5. 16. 19. Inc. 2 Par. V. 7. Vulg. *in oraculum domus.* Aqu. Symm. Psalm. XXVII. 2. 3 Esdr. III. 15. ἐκάθισεν ἐν τῷ χρηματιστηρίῳ, sedebat in *solio.*

ΧΡΗΣΙΜΕΥ'Ω, *utilis sum, utilitatem affero,* et ex adjuncto *potens et dives sum, fortunato et prospero rerum statu gaudeo.* Sap. IV. 3. Sir. XIII. 6. ubi τῷ ἐὰν χρησιμεύσῃς opponitur ἐὰν ὑστερήσῃς. Syrus: *si dives s. prosper fueris.*

*ΧΡΗΣΙΜΟΛΟΓΕ'Ω, *utilia loquor.* Vide infra s. χρησμολογέω.

ΧΡΗ'ΣΙΜΟΣ, *utilis.* בֶּצַע, *quaestus, lucrum.* Gen. XXXVII. 25. τί χρήσιμον, ubi alii κέρδος. — *טוֹבִיָּהוּ, *Thobiiahu,* nomen propr. Zach. VI. 10. Sap. VIII. 8. ὧν χρησιμώτερον οὐδέν ἐστιν ἐν βίῳ ἀνθρώποις, quibus nihil est magis *utile,* seu *praestans* et *salutare* in hac vita hominibus. Sir. X. 4. τὸν χρήσιμον ἐγερεῖ εἰς καιρὸν ἐπ' αὐτῆς, ubi e commate 3. post χρήσιμον supplendum erit βασιλέα aut ἐξουσιαστὴν, praeeunte Vulgato, qui habet: *et utilem rectorem suscitabit in tempus super illam,* ubi χρήσιμος vel eum notat, *qui aptus et idoneus est suo muneri,* vel *felicitatem seu prosperum rerum statum afferentem.* Vide ad h. l. Linde, ac Ez. XV. 4. et ibi LXX. Gaabe in Diss. de Locis Quibusdam Sententiarum Jesu Siracidae p. 19. legere mavult τὸ χρήσιμον, *quod bonum et salutare est.*

ΧΡΗ'ΣΙΜΟΣ ΕΙ'ΜΙ', *utilis sum.* צָלַח, *prosperor.* Ezech. XV. 4.

ΧΡΗ'ΣΙΣ, *usus.* שָׁאוּל part. Pah. *petitus, rogatus.* 1 Sam. I. 28. Vide et Sap. XV. 7. 15. Sir. XVIII. 7. τί ἄνθρωπος; καὶ τί ἡ χρῆσις αὐτοῦ; h. e. quid *utilitatis* potest homo afferre Deo? Legitur quoque Jud. XII. 10. sec. cod. Vatic. sed loco χρῆσιν ibi in aliis libris rectius legitur κλῆσιν, ut κλῆσις sit *ipsa coena, ipsum convivium, ad quod quis invitatur,* i. q. πότος et συμπόσιον, quemadmodum Arab. مدعاة *invitationem* et *coenam* notat.

ΧΡΗΣΜΟΛΟΓΕ'Ω, *divino, vaticinor, praedico.* דָּרַשׁ, *quaero.* Jerem. XXXVIII. (XLV.) 4. οὐ χρησμολογεῖ (alii libri χρησιμολογεῖ) εἰρήνην τῷ λαῷ τούτῳ, ἀλλ' ἢ πονηρὰ, non *praedicit* populo huic bona, sed tantum mala. Hesychius: χρησμολογεῖ, προφητεύει, μαντεύεται. Adde Aristoph. Av. v. 964. et 992.

ΧΡΗΣΤΟΗ'ΘΕΙΑ, *morum probitas, boni mores, humanitas.* Sirac. XXXVII. 13. ubi χρηστοήθεια opponitur τῷ ἀνελεήμονι.

ΧΡΗΣΤΟ'Σ, *bonus, benignus, clemens, lenis, utilis, pretiosus.* *טָב Chald. *bonus, praestans.* Dan. II. 32. sec. Chis. ἀπὸ χρυσίου χρηστοῦ, *auro obryzo s. puro.* — טוֹב. Psalm. XXXIII. 8. γεύσασθε καὶ ἴδετε, ὅτι χρηστὸς ὁ κύριος, gustate et videte, quam *benignus* Dominus. Psalm. LXVIII. 20. χρηστὸν τὸ ἔλεός σου, *summa est* misericordia tua. Vide et Psalm. CVIII. 20. LXXXV. 4. σὺ, Κύριε, χρηστὸς καὶ ἐπιεικὴς, tu, Domine, *clemens* et indulgens. Psalm. CXVIII. 39. τὰ κρίματά σου χρηστὰ,

a judicia tua *lenia*. Jer. XXIV. 5. τὰ
σῦκα τὰ χρηστὰ, ficus *bonæ*. — יָקָר,
pretiosus. Ezech. XXVIII. 13. πάντα λίθον χρηστὸν, omnem lapidem
pretiosum. 3 Esdr. VIII. 57. ἀπὸ
χρηστοῦ χαλκοῦ, Hebr. טוֹבָה, coll.
Esdr. VIII. 27. 1 Maccab. VI. 11.
ὅτι χρηστὸς καὶ ἀγαπώμενος ἤμην,
quam felix et dilectus eram. Lexic.
Vet. χρηστὸς, *frugalis*, *suavis*, *utilis*,
b *jucundus*. 2 Macc. IX. 19. τοῖς χρη-
στοῖς Ἰουδαίοις, *optimis* Judæis, juxta
Vulgatum.

ΧΡΗΣΤΟ'ΤΗΣ, *bonitas*, *benignitas*,
clementia, *lenitas*, *bonum*, etiam sensu morali, ita dictum, quod placet
et gratum est, etiam summam utilitatem affert, it. *beneficium*, *felicitas*.
טוּב. Psalm. XXX. 24. ὡς πολὺ τὸ
πλῆθος τῆς χρηστότητός σου, quam
multiplicia sunt tua *beneficia*. Ps.
c CXVIII. 66. χρηστότητα, *veram virtutem*. — טוֹב, *bonus*, *bonum*. Psalm.
XIII. 2. 4. οὐκ ἔστι ποιῶν χρηστότητα, *non est*, *qui recte faciat*. Vide
et Psalm. XXXVI. 3. LXXXIV.
13. ὁ κύριος δώσει χρηστότητα, dominus dabit hanc *felicitatem*. Psalm.
CXVIII. 65. χρηστότητα ἐποίησας μετὰ τοῦ δούλου σου, *benefecisti* servo
tuo. Psalm. CXLIV. 7. τῆς χρηστό-
d τητός σου, *benignitatis* tuæ. — טוֹבָה
fœm. *bona*. Ps. LXIV. 12. LXVII.
11. CV. 5. — מֵטִיב part. Hiph.
benefaciens. Ps. CXVIII. 68.

ΧΡΗΣΤΩ͂Σ, *bene*, *recte*, *utiliter*,
frugaliter. Sap. VIII. 1. διοικεῖ τὰ
πάντα χρηστῶς.

ΧΡΙ͂ΣΙΣ, *unctio*. מִשְׁחָה, idem.
Exod. XXV. 6. XXIX. 21. XL. 9.
sec. cod. Alex. Symm. et LXX sec.
cod. Basil. Exod. XXXV. 7.

e ΧΡΙ͂ΣΜΑ, *unguentum*, etiam *lini-
tio*, *inductio colorum*, etiam *gleba*.
*מֶגְרָפָה, *pala lignea*, sec. alios *glebæ*. Aqu. Joël. I. 17. ἀπὸ τῶν χρισ-
μάτων, ubi χρίσματα sunt *glebæ*,
quibus quasi oblita jacent grana. —
מִשְׁחָה. Exod. XL. 13. Levit. XXI.
10. — מִשְׁחָה. Exod. XXIX. 7.
XXX. 25. Symm. Levit. XXI. 12.
— מָשִׁיחַ, *unctus*. Dan. IX. 26. —
שֵׂחַ, *meditatio*. Al. Amos IV. 13.
Vide infra s. χριστός. Sir. XXXVIII. f
40. καρδίαν ἐπιδώσει συντελέσαι τὸ χρίσμα. Vulg. *cor suum dabit*, *ut consumat linitionem*.

ΧΡΙΣΤΟ'Σ, *unctus*, it. *unctioni inserviens*. מָשַׁח, *ungo*. 2 Par. XXII.
7. — מִשְׁחָה, *unctio*. Theod. et
LXX Levit. XXI. 12. et 10. ubi
τὸ χριστὸν est *unctio*, ut in N. T. τὸ
γνωστὸν *cognitio*. — מָשִׁיחַ. Lev. IV.
5. ὁ ἱερεὺς ὁ χριστὸς, sacerdos *unctus*. g
Vide et Lev. VI. 22. 1 Sam. II. 12.
1 Par. XVI. 22. μὴ ἅψησθε τῶν χριστῶν μου, ne tangite *unctos* meos, ubi
per unctos sunt *patriarchæ* intellegendi. — נְסִיכִים plur. *principes*.
Symm. Mich. V. 5. Vox Hebr. proprie *unctos* notat. Vide Simonis
Lexic. Hebr. p. 1028. — שֵׂחַ, *meditatio*. Amos IV. 13. τὸν χριστὸν αὐτοῦ, ubi pro מַה שֵּׂחוֹ, *quid meditatio ejus*, legerunt הַמְּשִׁיחוֹ. Confer h
Tychsen. Tentam. p. 90. Alii libri
ibi habent χρίσμα. Suidas: χριστὸς,
ὁ ἐν ἐλαίῳ κεχρισμένος. De loco Ezech.
XVI. 4. vide Starck. Carmina Dav.
Vol. I. p. 129. seq. Scilicet verba
τοῦ χριστοῦ μου, quæ in Cod. Alex.
post ἐλούσθης leguntur, respondent
ibi Hebr. לְמִשְׁעִי, quæ alii *ad leni-
men*, alii *ad nitorem* vertunt, et
quorum loco לִמְשִׁיחִי legerunt.

ΧΡΙ'Ω, *ungo*. בִּלַּע Pih. *absorbeo*. Ies. i
XXV. 7. χρίσονται μύρον, ungentur
unguento. N. L. — *הִמְלִיךְ, *regem
constituo*. 2 Reg. XI. 12. sec. Vat. —
*טוּחַ. Hebr. Int. sec. Schol. ed.
Rom. Ezech. XIII. 11. ubi notionem *oblinendi* habet. — יָסַף,
addo. Exod. XXX. 32. οὐ χρισθήσε-
ται. Recte quoad sensum. — מַשָּׂא,

onus. Hos. VIII. 10. Ita quoque Symm. ac Theod. Legerunt מָשְׁחָ, aut potius מִמְּשֹׁחַ. Sed verba διαλείψουσι τοῦ χρίειν apud Symmachum omnino sunt delenda, sunt enim Theodotionis. — מָשַׁח. Numer. XXXV. 25. ὃν ἔχρισαν αὐτὸν ἐν ἐλαίῳ τῷ ἁγίῳ, quem unxerunt oleo sancto. 1 Reg. XIX. 16. χρίσεις εἰς προφήτην, Elisam unges in prophetam. Conf. Ies. LXI. 1. Ps. XLIV. 9. Amos VI. 6. τὰ πρῶτα μύρα χριόμενοι, præstantissimis unguentis uncti. — מָשׁוּחַ, pictum. Jerem. XXII. 14. — מָשִׁיחַ, unctus. 2 Sam. I. 21. — נָסַךְ. Symm. Psalm. II. 6. ἔχρισα, ubi LXX κατεστάθην, constitutus sum. — סוּךְ. Deuter. XXVIII. 40. ἔλαιον οὐ χρίσῃ, oleo te non unges.—*שִׁחֵת Pih. perdo. Ezech. XLIII. 3. χρίσαι τὴν πόλιν. Semlerus legere mavult φθεῖραι. — Vide alibi s. v. βασιλεύς.

ΧΡΟ'Α, color, etiam superficies rei, cui color est inductus, et dicitur nominatim de cute et corpore. Sap. XIII. 14. φύκει ἐρυθήνας χρόαν αὐτοῦ, fuco rubicundam reddit cutem idoli. 2 Macc. III. 16. τὸ τῆς χρόας παρηλλαγμένον, coloris immutatio. Hesych. χρόα, τὸ σῶμα, ἡ χρῶτα.

ΧΡΟΝΙ'ΖΩ, tardo, moror, diu commoror. אָחַר in Kal, Pih. et Hiph. Genes. XXXII. 4. XLIX. 6. Deut. XXIII. 22. et alibi. — בֹּשֵׁשׁ Pih. Exod. XXXII. 1. — נוֹשַׁן Niph. a יָשַׁן, veterasco. Deuteron. IV. 25. χρονίσητε ἐπὶ τῆς γῆς, diu commoremini in terra. Hesych. χρονίζει, διατρίβει. — שֶׁלֶג, nix. Prov. XXXI. 21. ubi tamen pro χρονίζῃ sine dubio legendum χιονίζῃ vel χιονίζει. Philoxen. Gloss. χιονίζει, nivet. Vide Grabium Proleg. in LXX Intt. T. IV. c. 4. §. 3. Conjecturam autem hanc jam ante Grabium Cotelerius in Notis ad Lib. I. Constitut. Apost. Tom. I. p. 210. protulit.

ΟΥ' ΧΡΟΝΙ'ΖΩ, non tardo. עֵת, tempus. Ies. XIV. 1. καὶ οὐ χρονιεῖ. Trommius judicat, eos fortasse legisse עָתַת, tempestive loquor. Sed omnia hæc sunt aliena, nam verba Græca supra adducta pertinent potius ad Hebr. וְיָמֶיהָ לֹא יִמָּשֵׁכוּ, et dies ejus non protrahentur.

*ΧΡΟΝΙ'ΣΚΟΣ, parvum tempus. 2 Maccab. XI. 1. sec. cod. Alex. ubi alii libri χρόνον habent.

ΧΡΟ'ΝΟΣ, tempus. *אַרְכָה Chald. longitudo. Dan. VII. 12. sec. cod. Chis. χρόνος ζωῆς, tempus longum vitæ. — זְמָן, tempus condictum. Cohel. III. 1.—זְמַן, in pl. זִמְנַיָּא Chald. Dan. II. 16. ὅπως χρόνον δῷ αὐτῷ, ut tempus vel spatium daret sibi. Cf. Apoc. II. 21. Dan. II. 21. αὐτὸς ἀλλοιοῖ καιροὺς καὶ χρόνους, ipse mutat tempora et ætates. Cf. Act. I. 7. Dan. VII. 12. ἕως χρόνου καὶ καιροῦ, ad tempus quoddam definitum. — חֹק, statutum. Job. XIV. 5. 13. — יוֹם, plur. יָמִים, dies. Genes. XXVI. 1. ἐν τῷ χρόνῳ Ἀβραάμ, temporibus Abrahami. Jos. IV. 14. ὅσον χρόνον ζῇ, quamdiu vivebat. Vide et Deuter. XII. 19. et confer Marc. II. 14. Dicitur autem ὅσον χρόνον pro εἰς ὅσον χρόνον. Diodorus Sic. Lib. IV. p. 263. εἰς ὅσον χρόνον ζῇ. Confer Lexic. N. T. s. h. v. — מְזֻמָּן part. Pyh. constitutus, designatus. Nehem. X. 34. εἰς καιροὺς ἀπὸ χρόνων, certis temporibus. Confer ibid. XIII. 30. — מַיִם dual. aqua. Job. XIV. 11. Forsan legerunt יָמִים. — עֲלוּמִים plur. adolescentia. Psalm. LXXXVIII. 44. ἐσμίκρυνας τὰς ἡμέρας τοῦ χρόνου αὐτοῦ. Ex Agellii conjectura legerunt θρόνου, ut quoque habet cod. Vat. et ipsi Hebræi עֲלוּם intellegunt tempus illud, quo semen David viguit quasi, regni robore potens, et gloriæ regiæ decore nitens. Sic Augustinus, a Hesychius, Theodoritus ac Euthymius. Alii putant, LXX legisse עוֹלָמוֹ, h. e. *sæculi ejus.* — עָשׁ, *tinea.* Jos. LI. 8. ὑπὸ χρόνου, *vetustate,* quod eodem redit. — עֵת. Jerem. XXX. 7. XXXI. 1. — פַּעַם, *vice.* Proverb. VII. 12. — קֵץ, *finis.* Job. VI. 11. τίς μου ὁ χρόνος; *quamdiu durabit vita mea?* aut: *quando veniet finis vitæ?* ubi χρόνος *tempus vitæ* b notat. — רֶגַע, *momentum.* Ies. LIV. 7. — תּוֹר, *ordo, terminus.* Esth. II. 15. Confer Gal. IV. 4. Sap. XII. 20. δοὺς χρόνους καὶ τόπον. Sic etiam apud Polybium VI. 17. 5. χρόνον δοῦναι *moram concedere* notat. Porro, quemadmodum χρόνος *annos* notat (vide Munth. Obss. e Diod. Sic. ad Luc. XX. 9. et Hemsterhus. ad Aristoph. Plut. 1083. p. 407. ed. c rec.), ita et sic dicuntur *annales.* 3 Esdr. I. 24. ἀναγέγραπται ἐν τοῖς ἔμπροσθεν χρόνοις, in antiquioribus *annalibus,* coll. v. 42. ubi ἡ βίβλος τῶν χρόνων dicitur. Discrimen inter χρόνον et καιρὸν ab aliis notatum pluribus exsequitur Severianus Opp. Chrysost. T. VI. p. 458. B. C.

ΠΟΛΥ'Σ ΧΡΟ'ΝΟΣ, *longum tempus, longa ætas.* יָשִׁישׁ, *decrepitus.* d Job. XII. 12. ἐν πολλῷ χρόνῳ, in *senectute.* Abstractum posuerunt pro concreto.

ΔΙΑ' ΧΡΟ'ΝΟΥ ΠΟΛΛΟΥ˜, *post tempus longum.* מִמֶּרְחָק, *e longinquo.* Ies. XXX. 27. τὸ ὄνομα κυρίου ἔρχεται διὰ χρόνου πολλοῦ, nomen Domini venit *post longum tempus,* h. e. *improviso, inopinato,* ut adeo non male sensum expresserint. Sic Aristoph. e Vesp. v. 1467. ὡς ἔπιε διὰ χρόνου πολλοῦ, cum biberet post longum temporis intervallum. Similiter δι' ὀλίγου, sc. χρόνου, significat *post parvum tempus, paulo post.* Hesych. δι' ὀλίγου, ἀντὶ τοῦ μετ' ὀλίγον. Sic enim ex Phavorino rescribendum est pro μετ' ὀλίγον. Confer Raphelii Annotatt. Xenoph. ad Marc. II. 1. p. 66. — *מֵרָחוֹק, *de longe.* Ies. XLIX. 1.

ΕΙ'Σ ΧΡΟ'ΝΟΝ ΠΟΛΥ'Ν, *in tempus multum vel longum.* f לְנֵצַח נְצָחִים, *in æternitatem æternitatum.* Ies. XXXIV. 10.

*'ΕΝ ΧΡΟ'ΝΩ, *denique, labentibus annis,* nostrum mit der Zeit, *in the sequel,* quod Græci σὺν χρόνῳ dicunt, vel χρόνῳ simpliciter. Sap. II. 4. Syrus: *subsequente tempore.* Vide etiam Sap. XIV. 16.

*ΜΕ'ΧΡΙ ΧΡΟ'ΝΟΥ, *aliquamdiu,* g *usque ad certum quoddam tempus.* Tob. XIV. 4. — Vide alibi αἰών, βίος, βίωσις, ἐνιαυτὸς et ζάω.

ΧΡΥΣΑΥΓΕ'Ω, *instar auri splendeo, fulgeo, niteo.* זָהָב, *aurum.* Job. XXXVII. 22. ἀπὸ βοῤῥᾶ νέφη χρυσαυγοῦντα, a borea nubes *fulgentes,* sc. veniunt. Arab. ذهب proprie quidem notat *præstringere oculos ex auri fulgore,* sed et ad alia, v. c. h *splendorem fulguris,* transfertur. Vide Schultensii Op. Min. p. 79. Hesych. χρυσαυγοῦντα, ἀστράπτοντα, ἢ στίλβοντα. Ita etiam Lexic. Cyrilli MS. Brem. et Suidas, nisi quod ἢ omittant.

ΧΡΥ'ΣΕΙΟΣ, *aureus.* Ies. III. 23. ubi nihil est pro hac voce in textu Hebraico.

ΧΡΥ'ΣΕΟΣ, et contr. χρυσοῦς, *aureus.* אֲדַרְכּוֹן, *drachma, Daricus* (Conf. Raphelii Annot. ex Xenoph. ad N. T. Append. p. 360. seq. et Harenbergium in Bibl. Brem. Class. VIII. p. 623. seq.). 1 Par. XXIX. 7. χρυσοῦς (sc. στατῆρας) μυρίους. Pollux Lib. IX. c. 6. segm. 59. καὶ οἱ μὲν Δαρεικοὶ ἐκαλοῦντο στατῆρες, οἱ δὲ Φιλίππειοι, οἱ δὲ Ἀλεξάνδρειοι, χρυσοῖ πάντες ὄντες, καὶ εἰ μὲν χρυσοῦς εἴποις, προσυπακούεται ὁ στατήρ. Hesychius: Δαρεικοὶ οἱ χρυσοῖ στατῆρες, ἐκλήθησαν δὲ, ὡς τινὲς φασὶν, ἀπὸ Δαρείου τοῦ τῶν Περσῶν βασιλέως. Vide quoque Harpocrationem in v. Δαρεικὸς, Schol. Aristoph. in Eccles. v. 598. et, qui illum execripsit, Suidam v. Δαρεικοὺς, Maussacum in Harpocrat. p. 152. Bonfrerium in Numer. VII. 14. p. 758. Perizon. ad Ælian. V. H. I. 22. Schefferum et Kuhnium ad eundem Lib. XI. cap. 9. et Brissonium de Regno Persarum Lib. II. §. 243. — דְּהַבָא : דְּהַב Chald. *aurum.* Esdr. V. 14. Dan. II. 38. V. 2. — זָהָב, idem. Genes. XXIV. 22. δέκα χρυσῶν (στατήρων) ὁλκὴ αὐτῶν, decem *aureorum staterum* pondus eorum. Vide et 1 Reg. X. 16. Nehem. VII. 70. Jos. VII. 21. γλῶσσαν μίαν χρυσῆν, linguam unam auream. Vide et v. 24. Ita nimirum vocant oblongam planamque instar linguæ auream regulam. Josephus μάζαν vocat, quod plerique *massam* explicant. Gloss. in Octat. χρυσῆ γλῶσσα, καῖται τὸ ἄκρον τῆς ζιβύνης. — כֶּסֶף, *argentum.* Genes. XLV. 22. χρυσοῦς, sc. στατῆρας. Vide et Gen. XXXVII. 27. et confer Is. Vossium de LXX Intt. p. 39. ubi interpretes illos defendit contra eos, a quibus reprehenduntur, quod כֶּסֶף per χρυσοῦς reddiderint. — כֶּתֶם, *aurum insigne.* Theodot. Psalm. XLIV. 11. — פָּז, *aurum solidum.* Job. XXVIII. 17. Cant. V. 15.

*ΧΡΥ´ΣΙΝΟΣ, *aureus.* כֶּסֶף, *argentum.* Syrus Genes. XLV. 22. Vide supra s. v. χρύσεος.

ΧΡΥ´ΣΙΟΝ, *aurum.* דְּהָבָה : דְּהַב Chald. Esdr. VII. 14. Dan. II. 32. — זָהָב. Genes. II. 11. XIII. 2. et alibi sæpius. Aqu. Theodot. Job. XXXVII. 22. ubi χρυσίον, ut Hebr. זָהָב, ponitur pro *sole* ob colorem aureum. LXX habent χρυσαυγοῦντα. — חָרוּץ, *excisus,* it. *aurum.* Psalm. LXVII. 14. Prov. III. 14. VIII. 10. — *יְקָר, *pretiosus.* Theod. Job. XXVIII. 16. Solent quidem veteres *omne, quod est in suo genere præstans ac pretiosum, aureum* dicere, quod tamen hic locum habere nequit, quia inter meras species rerum pretiosarum ponitur. Igitur legendum est χρυσίῳ s. χρυσῷ, ita ut vel ad antecedens ὄνυχι, vel, quod mallem, ad sequens σαπφείρῳ referatur. Est enim *sapphirus cœrulea, aureis punctis notata.* LXX habent ἐν ὄνυχι τιμίῳ, e quibus fortasse est emendandus Theodotion. — כֶּתֶם, *aurum insigne.* Job. XXVIII. 19. Cant. V. 12. — מַלְבּוּשׁ, *vestimentum.* Job. XXVII. 16. De sensu magis quam de verbis solliciti fuerunt. Nam *vestes* simpliciter sæpius pro *divitiis* occurrunt. Vide Valckenær. Opuscula P. I. p. 25. — פָּז, *aurum solidum.* Thren. IV. 12. — *פִּטְדָה, *gemmæ species topazius.* Theodot. Job. XXVIII. 19. Fortasse putavit, quemadmodum חָרוּץ *aurum* dicitur ab *effindendo,* ita etiam פִּטְדָה eandem significationem a *fodiendo* habere. Fortasse autem scribendum est τοπάζιον. Certe Hieron. et Vulg. h. l. *topazium* habent. — צֹרֵף, *fusor, aurifex.* Ies. XLVI. 6. μισθωσάμενοι χρυσίον. Mallem legere χρυσοχόον.

ΧΡΥΣΙ´ΟΝ ἌΠΥΡΟΝ, *aurum ignis expers, aurum, quod sine igne probum apparet, incoctum.* פָּז, *aurum solidum.* Ies. XIII. 12. ἔντιμοι μᾶλλον ἢ χρυσίον ἄπυρον, pretiosum magis quam aurum sine igne probum. Ad quem locum Theodoretus: ἄπυρον οὖν χρυσίον τὸ καὶ δίχα πυρὸς φαινόμενον δόκιμον, τουτέστιν ἄπεφθον. Plura de illo veterum loca vide apud Bochartum in Phaleg. Lib. II. cap. 27. p. 157., quibus addi meretur insignis ille locus Diodori Siculi Lib. II. pag. 138. μεταλλεύεται δὲ κατὰ τὴν Ἀραβίαν καὶ ὁ προσαγορευόμενος ἄπυρος a χρυσὸς, οὐχ ὥσπερ παρὰ τοῖς ἄλλοις ἐκ ψηγμάτων καθεψόμενος, ἀλλ' εὐθὺς ὀρυττόμενος εὑρίσκεται, τὸ μέγεθος καρύοις κασταναϊκοῖς παραπλήσιος, τὴν δὲ χρόαν οὕτως φλογώδης, ὥστε τοὺς ἐντιμοτάτους λίθους ὑπὸ τῶν τεχνιτῶν ἐνδεθέντας ποιεῖν τὰ κάλλιστα τῶν κοσμημάτων. Confer Polluc. Lib. III. c. 11.

*ΧΡΥΣΙ'ΟΝ ΠΡΩΤΕΙ῀ΟΝ, *aurum primum*, hoc est *præstantissimum*.
b אוֹפִיר. Symmach. Job. XXII. 24. Aurum Ophiricum pro præstantissimo habebatur.

*ΧΡΥ'ΣΙΣ, ΕΩΣ, 'Η. Sir. XXVI. 18. sec. cod. Alex. στύλοι χρύσεως, ubi alii libri χρύσεοι habent.

ΧΡΥΣΟΕΙΔΗ'Σ, *auri speciem referens, auro similis*. 3 Esdr. VIII. 59. Respondet Hebræo חֲמוּדָה כַּזָּהָב, *desiderabile ut aurum*, coll.
c Esdr. VIII. 27. Adverbium χρυσοειδῶς legitur apud Eustath. pag. 81.

ΧΡΥΣΟ'ΛΙΘΟΣ, *chrysolithus, gemma aurei coloris*, aut potius *lapis, qui aureum colorem mixtum colore marino et albicante præfert*, unde apud Hebræos dicitur תַּרְשִׁישׁ, et apud Chaldæos כרום ימא, propter colorem. Plin. XXVII. 9. Isidor.
d Origg. XVI. 14. — תַּרְשִׁישׁ. Exod. XXVIII. 20. XXXIX. 11. Aqu. Ezech. I. 16. et X. 9. Edit. Sexta Cant. V. 14.

ΧΡΥΣΟ'Σ, i. q. χρυσίον, *aurum*. דַּהֲבָא Chald. Dan. II. 35. 45. — זָהָב. 2 Par. III. 7. Esdr. I. 6. 11. et alibi. — חָרוּץ, *excisus*, it. *aurum*. Job. XLI. 22. — כֶּתֶם. Symmach. Psalm. XLIV. 11. Cæterum de
e confusione vocum χρυσὸς et χρυσίον in codd. MSS. vid. Hemsterhusius ad Aristoph. Plut. p. 492. ed. res. — Vide alibi συγκαθυφαίνω.

ΧΡΥΣΟΤΟ'ΡΕΥΤΟΣ, *ex auro sculptus* vel *cœlatus* זָהָב מִקְשָׁה, *aurum solidi operis*. Al. Exod XXV. 18. ποιήσεις δύο χερουβὶμ χρυσοτόρευτα, facies duos Cherubinos ex auro cœlatos: ubi codex 53. Holm. χρυσοτορευτὰ habet. Hesych. Suid. et Lex. Cyrilli MS. Brem. χρυσοτόρευτα, χρυσόγλυφα.

ΧΡΥΣΟΥ'ΡΓΟΣ, *aurifaber, aurifex*. Sap. XV. 9.

ΧΡΥΣΟΥ῀Σ. Vide in χρύσεος.

ΧΡΥΣΟΦΟΡΕ'Ω, *aurum gesto seu fero*, i. e. *aurata vestimenta vel aurea monilia gero*. 1 Macc. XIV. 43. ubi Vulgatus *auro* habet. Num fortasse loco χρυσοφορῇ legit χρυσοφορῇ, ut ἱμάτια supplendum sit? Quod autem h. l. χρυσοφορεῖν dicitur, v. 44. per ἐμπορποῦσθαι πόρπην χρυσῆν exprimitur.

*ΧΡΥΣΟΦΟ'ΡΟΣ, *qui aurum gestat seu fert*. צֹרֵף, *fusor*. Jer. XLVI. 6. sec. Compl. ubi reliqui χρυσοχόος habent, quod rectius videtur. Philoxen. Gloss. χρυσοφόρος, *aurifer*.

ΧΡΥΣΟΧΑ'ΛΙΝΟΣ, *aureo freno ornatus, aureum frenum habens*. 3 Esdr. III. 6. ἅρμα χρυσοχάλινον, currum cum *aureis frenis* vel *equis aureis frenis ornatis*. 2 Maccab. X. 29. e cœlo apparuerunt bellatores ἐφ' ἵππων χρυσοχαλίνων. Conf. Schefferum de Re Vehic. Lib. I. cap. 16 pag. 211. et cap. 18. pag. 257.

ΧΡΥΣΟΧΟ'ΟΣ, *aurifusor, aurifaber*. צֹרֵף. *fusor*. Ies. XL. 19. XLVI. 6. Jerem. X. 9. Ep. Jer. 39. Vide quoque supra s. v. χρυσοφόρος.

ΧΡΥΣΟ'Ω, *deauro, inauro*. חָפָה, *tego*. 2 Paral. III. 7. — צָפָה, idem. Exod. XXVI. 32. 37. 2 Paral. III. 10. In omnibus his locis legitur formula χρυσοῦν χρυσίῳ.

ΧΡΥ'ΣΩΜΑ, *vas aureum, poculum aureum*. 3 Esdr. VIII. 58. Hebr. כְּפוֹרֵי זָהָב, *crateres aurei*, coll. Esdr. VIII. 27. 1 Macc. XI. 58. XV. 32.

ΧΡΩ῀ΜΑ, *cutis*, item, *color*, i. q. χρόα. עוֹר Al. Exod. XXXIV. 29. 30 שָׁשַׁר, *minium* Al. Ezech.

a XXIII. 14. χρώμασιν. Vulg. coloribus. Sap. XV. 4. εἶδος σπιλωθὲν χρώμασι διηλλαγμένοις, species coloribus variis maculata, h. e. distincta, ornata et polita. Addit. Esther. XV. 9. μετέβαλε τὸ χρῶμα αὐτῆς ἐν ἐκλύσει. Vulgat. in pallorem colore mutato.

ΧΡὨΣ, ΩΤΟ͂Σ, cutis, corpus. בָּשָׂר, caro. Lev. XIII. 2. ἐν δέρματι χρωτὸς αὐτοῦ, in cute corporis ejus. Vide et
b Exod. XXVIII. 38. Levit. XV. 7. XVI. 4. Lexic. Cyrilli MS. Brem. χρωτὸς, σώματος, ἰδίας. Sic cutis pro corpore ponitur apud Martialem IX. Ep. 7. Confer Turnebi Adversaria XXIV. 28. Levit. XIII. 14. χρὼς ζῶν, h. e. juxta Hesychium: σῶμα ζῶν. Sic enim bene apud hunc legit pro χρὼς ζῆν, σῶμα ζῆν, Spanhemius Obss. in Callim. pag. 10.,
c ubi etiam observat ex Galeno ad Hippocratem Lib. II. de Fractur., quod χρὼς Ionibus notet, quidquid in corpore carnosum est, atque inde pro toto corpore apud eundem Hippocratem, et ante eum apud Homerum sumatur. Unde et Suidas: χρὼς, σῶμα, ἰδέα. Levit. XIII. 15. τὸν χρῶτα ὑγιῆ, ubi Schol. edit. Rom. τὴν σάρκα ζῶσαν, quod alius interpretis esse videtur. — עוֹר. Ex.
d XXXIV. 29. ἡ ὄψις τοῦ χρωτὸς τοῦ προσώπου, species cutis faciei. Vide et v. 30. Symm. Job. II. 4. χρῶτα ὑπὲρ χρωτὸς, cutem pro cute.

ΧΥΔΑΙ͂ΟΣ, cujus magna est copia, abundans, item vilis, a χύδην, fuse, abundanter. Hinc

ΧΥΔΑΙ͂ΟΣ ΓΙ΄ΝΟΜΑΙ, abundans sum, multus, copiosus fio, multiplicor. רָבָה, multiplicor. Ex. I. 7. χυδαῖοι
e ἐγένοντο, multi facti seu, multiplicati sunt. In Hexaplis Montf. rectius refertur ad יִשְׁרְצוּ. Vide ad h. l. Scharfenbergium. Suidas: χυδαῖος, εὐτελὴς, παμπληθής. Ita et Lexic. Cyrilli MS. Brem., nisi quod pro παμπληθὴς habeat ἐμπληθής.

*ΧΥΛΟ͂Σ, succus, humor 4 Macc. VI. 25.

ΧΥ΄ΜΑ, ΧΥ͂ΜΑ, effusio, id quod effusum est seu effusum fluit, flumen, f
multitudo. רֹחַב, latitudo. 1 Reg. IV. 29. χύμα καρδίας, flumen cordis, mentis fœcunditatem, flumen ingenii. 2 Maccab. II. 25. συνορῶντες τὸ χῦμα τῶν ἀριθμῶν, conspicientes multitudinem numerorum. Hesych. χῦμα, ῥεῦμα, πλῆθος.

*ΧΥ΄ΣΙΣ, idem. מְסַפֵּחַ, adjungens. Theodot. Hab. II. 15. Legerunt מִסְפָּח, effusio, (Ies. V. 7.) ab Arab. g
سفح, fudit, effudit. Admodum igitur errant, qui eum מִשְׁפָּךְ legisse statuunt, a שָׁפַךְ, fundere, effundere. De lue latius serpente legitur 1 Sam. V. 6. sec. Compl., ubi nihil extat in textu Hebr. Vide s. v. σύγχυσις.

ΧΥΤΟ͂Σ, fusus, fusilis. מְהוֹר, purus. Inc. Exod. XXV. 17. χρυσίου χυτοῦ. Aurum fusum est maxime h
purgatum ab omnibus scoriis. — יָצוּק. 1 Reg. VII. 23. — מוּצָק. 1 Reg. VII. 22. 2 Paral. IV. 2. — מְטִיל, vectis. Job. XL. 13. σίδηρος χυτός. Breitingerus rescribit τύχος σιδήρεος mutatione minus probabili, neque enim vel hoc Hebraicis satis congruum. Quid si legerint מְמֹטִיר, atque a verbo מָטַר explicationem forte petierint? Hesych. χυτὴ, χωστή.

ΧΥ΄ΤΡΑ, olla, testa, cacabus, quia i
in eam aliquid funditur, a χύω, fundo. פָּארוּר. Joël. II. 6. Nah. II. 11. — פָּרוּר. Num. XI. 8. Jud. VI. 19. 1 Sam. II. 16. — קַלַּחַת, ahenum. Mich. III. 3. Sir. XIII. 3. ubi Vulgat. cacabus.

ΧΥΤΡΟ΄ΓΑΥΛΟΣ, magna olla, labrum, vasis genus, ut videtur cymbii, vel rotundam formam habens. כִּיּוֹר. 1 Reg. VII. 37. 42. ubi Vat. habet χυτροκαύλους. Conf. κυθρόγαυ-

a λος. Descendit a γαῦλος, quod secundum Hesychium *mulctrale*, it. *navigium Phœnicium*. Sic secundum Festum *gaulus*, genus navigii rotundi, et apud Plautum in Rudente Act. V. Scen. 2. v. 32. est *vasculum in formam cymbii*. Vide ad h. l. Taubmannum et Pareum.

ΧΥΤΡΟ'ΠΟΥΣ, *olla pedata* vel *pedes habens*. כִּירַיִם dual. *testus, vas* *b* *fictile*. Levit. XI. 35. ubi, judice Rosenmüllero, voce χ. indicare voluerunt *ollæ sustentaculum*, quo hodie Arabes Scenitæ utuntur, dum ollam imponunt tribus lapidibus fere æqualibus, ut commodius ignis subdi possit, teste Golio pag. 21. Suidas: χυτρόποὐς, πλατύπους. Idem verba subjungit ex vita Isidori a Damascio conscripta, annotante Küstero, in quibus vox occurrit. *c* Sic et apud Hesiodum Ἔργ. v. 746. ubi Moschopulus: λάσανον καὶ χυτρόποὐς τὸ αὐτό. ἔστι δὲ ὁ κοινῶς πυριστάτης. ἐνταῦθα δὲ χυτροπόδων φησὶν ἀντὶ τοῦ χυτρῶν. Conf. Pollucem Lib. X. cap. 24. segm. 99. ibique Interpretes, ac Grævii Lectt. Hesiod. c. 15.

ΧΥ'Ω, *fundo, effundo*, et χύομαι, *expando me*. יָצַק. 1 Reg. VII. 29. Job. XXXVIII. 38. κέχυται δὲ ὥσπερ *d* γῆ κονία, ubi pro בְּצֶקֶת, *in fundendo*, nonnullis legisse videntur הוּצַק. Vulg. *quando fundebatur*. — נָתַךְ, *effundor*. Al. (sine dubio Aquila) Job. III. 25. — פָּרַץ, *erumpo*. Hos. IV. 2. Vox Hebr. dicitur pr. de *rivis* et *fluviis, qui ita tumescunt, ut ripas, aggeres, moles oppositas per-* *e* *rumpant, atque adeo late diffundantur*. V. Schultens. ad Job. I. 10. — פָּרַשׂ, *expando*. Joël. II. 2. — פִּים. 1 Sam. XXIII. 27. sec. Compl. Vide Eurip. Heracl. v. 75. Ovid. Met. VIII. 529. — שָׁפַךְ. Ezech. XX. 33. 34. θυμῷ κεχυμένῳ, *ira effusa*.

ΧΩΘΑ'Ρ. Hebr. כֹּתֶרֶת, *coronamentum*. 2 Reg. XXV. 17. Gloss. in L. 4 Reg. Τὸ χωθάρ, τὸ ἀργυρίονον, τὸ ἐπίθεμα. In Cod. MS. Barocc. mendose: τὸ χοθὰρ, τὸ ἀργυρατήριον, τὸ *f* ἐπίθεμα.

ΧΩΘΑΡΕ'Θ. Hebr. plur. כֹּתָרוֹת (pro quo legisse videntur כֹּתֶרֶת in singulari), *coronamenta*. 2 Par. IV. 12.

ΧΩΛΑΙ'ΝΩ, *claudico, claudus sum*. הוֹאִיל לָלֶכֶת Hiph. a יָאַל, *volo ire*. Incert. 1 Sam. XVII. 39. ἐχώλανεν. Videtur magis ad seriem orationis respexisse, quam ad sig- *g* nificationem verbi. Conf. ad σκάζω supra a me notata. — חָרַג, *horreo*. Ps. XVII. 49. ἐχώλαναν ἀπὸ τῶν τρίβων αὐτῶν. Quæ verba Suidas exponit: ἐξέκλιναν ἀπὸ τῆς εὐθύτητος. Hesych. ἐχώλαναν (lege ἐχώλαναν), ἔκλιναν. Secundum Cappellum in Crit. S. p. 632. transpositis literis legerunt יַחְגְּרוּ, a חָגַר, quod in lingua Chald. est *pede cingere*, i. e. *h* *claudicare*. Et vere hæc lectio reperitur in loco parallelo 2 Sam. XXII. 46. Contra eum disputat Buxtorfius in Anticrit. p. 677., qui monet, חָרַג in l. Chald. occurrere significatione *horroris, trepidationis*, adeoque putasse LXX, חָרַג h. l. esse *cum trepidatione et commotione egredi, exire*. Arab. خَرَجَ, *egressus est*. Locm. Fab. I. 2. 6. Abulfed. Æg. p. 5. 13. Coran. Sur. II. 22. Chaldæus ויטלטלון, *timore pleni fugient*, et in loco parallelo Sam. ויזואן, *expavescunt*. — פָּסַח. 2 Sam. IV. 4. 1 Reg. XVIII. 21. ubi in versione Symmachi pro χωλαίνετε reponere mallem χωλαίνετε.

ΧΩΛΕΥ'ΟΜΑΙ, idem. עָלוֹת plur. *lactantes*. Genes. XXXIII. 13. ubi tamen alii pro χωλεύονται rectius λοχεύονται exhibent.

a ΧΩΛΟ'Σ, *claudus.* פִּסֵּחַ, idem. Lev. XXI. 17. Deuteron. XV. 21. 2 Sam. V. 6. 8. et alibi sæpius. Symm. Prov. XXVI. 7., ubi etiam in versione Alex. post vocem σκελῶν recte Grabius adjecit alteram χωλῶν, nam si vox χωλῶν omittitur, sensus verborum est mancus, qui, hac adjectione facta, hic est: *Auferte,* ut rem inutilem, *crura a clau-*
b *do,* et *proverbium* seu acutum dicendi genus, (quod est) *in ore stultorum.* Occasio autem hujus omissionis ducenda est ex antecedente voce σκελῶν, quæ magnam omnino respectu ultimæ syllabæ habet similitudinem cum voce χωλῶν.

ΧΩ͂ΜΑ, *agger, tumulus, terra aggesta, sepulcrum.* Notat quoque *pulverem,* quemadmodum χοῦς et
c *terram aggestam* et *pulverem* notat. גַּל. Ies. XXV. 2. — סֹלְלָה. 2 Reg. XIX. 32. sec. Compl. Ez. XXI. 22. βαλεῖν χῶμα, ut struat *aggerem.* Suidas: χῶμα, ὕψωμα γῆς, ὅσπερ (Küsterus emendat ᾧπερ) οἱ πολέμιοι εἰώθασι περιχοῦν τὰ τείχη. Idem verba hæc ex auctore incerto subjungit: Τραϊανὸς εἰς Βαβυλῶνα ἀφικόμενος ἐντυγχάνει χώματι μεγίστῳ, ὅπερ
d χῶσαι ἐλέγετο Σεμίραμις. — עָפָר, *pulvis.* Ex. VIII. 16. 17. Job. XVII. 16. ubi χῶμα *sepulcrum* notat, seu *terræ egestæ cavitatem* (Vide Theocrit. Idyll. XXIII. 43.), coll. Job. XIV. 9. (8.) Job. XXVIII. 6. Dan. XII. 2. Theod. Lev. XVII. 13. ac Job. XIX. 25. Inc. forte Theod. Ies. XXVI. 5. Inc. Thren. III. 29. — עֲרֵמַת עָפָר, *acervus pulveris.*
e Nehem. IV. 2. — תֵּל. Jos. VIII. 28. χῶμα ἀοίκητον εἰς τὸν αἰῶνα ἔθηκε αὐτήν, tumulum desolatum in æternum constituit illam. Aqu. Jos. XI. 13. Sir. XXI. 9. εἰς χῶμα ταφῆς αὐτοῦ, ad *tumulum* sepulcri sui, h. e. tumulum et sepulcrum sibi ædificat, quia in illa brevi morietur ac sepelietur. Gloss. in Octat. χῶμα, ὕψωμα γῆς, ἢ βουνὸς, ἢ τάφος. f
Conf. Drusium ad Job. XVII. 19.

ΧΩΜΑΡΙ'Μ. Ipsa vox Hebr. כְּמָרִים, genus *sacrificulorum idololatricorum.* 2 Reg. XXIII. 5. Glossæ in Lib. 4 Reg. χώμασιν (vel juxta Cod. Barocc. σώμασι, corrupte pro χωμαρίμ) interpretantur τοὺς ἱερεῖς τῶν ματαίων. Eædem: τοὺς χωμαρίμ (In Cod. MS. Barocc. rursus corrupte τοὺς χωρίμ legitur), g
τοὺς καθιστῶντας.

ΧΩΜΑΤΙ'ΖΟΜΑΙ, *in tumulo vel colle situs sum.* עָמַד עַל תֵּל, *sto super tumulum.* Jos. XI. 13. πάσας τὰς πόλεις τὰς κεχωματισμένας, omnes urbes *in aggeribus et tumulis sitas.* Ita Hieronymus. Sed Masius vertit: *aggeribus munitas.*

ΧΩΝΕΙ'Α, *conflatio.* מוּצָק. Job. XXXVIII. 38. κέχυται γὰρ ὥσπερ γῆ h
χωνείᾳ, funditur enim tanquam terra conflatione. Sic enim pro γῆ vel γῆς κονία ibi legendum censet Grabius Prol. in LXX Intt. T. IV. c. 4. §. 2.

ΧΩ'ΝΕΥΜΑ, *conflatile, quod in fornace fusoria conflatur seu conflatum est.* מַסֵּכָה. Deuteron. IX. 12. 2 Reg. XVII. 16. Hos. XIII. 2. — מַעֲצָד, *securis.* Jer. X. 3. — מֻצָק. 1 Reg. VII. 16. Theod. Ies. XLI. i
29.

ΧΩ'ΝΕΥΣΙΣ, *conflatio.* מֻצֶקֶת. 2 Par. IV. 3. — צֶקֶת infin. a יָצַק. Exod. XXXVIII. 27.

ΧΩΝΕΥΤΗ'ΡΙΟΝ, *conflatorium, fornax fusoria.* יוֹצֵר, *figulus.* Symmach. et LXX Zach. XI. 13. — יְצוּקָה, *fusio.* 1 Reg. VII. 23. — כּוּר, *fornax.* 1 Reg. VIII. 51. k
Theod. Prov. XXVII. 21. — מְצָרֵף part. Pih. *conflator.* Mal. III. 2. Forte legerunt מַצְרֵף, *vas fictile* s. *conflatorium.* Hesych. χωνευτήριον, χωνεῖον.

a ΧΩΝΕΥΤΗ'Σ, *conflator, fusor.* *נָסִיךְ, *princeps.* Dan. XI. 8. sec. cod. Chis. μετὰ τῶν χωνευτῶν αὐτῶν. Non male quoad sensum. — צֹרֵף. Inc. et LXX Jud. XVII. 4.

ΧΩΝΕΥΤΟ'Σ, *conflatilis, a fusore fabricatus.* מוּצָק, idem. 1 Reg. VII. 32. — מַסֵּכָה, *fusio.* Exod. XXXII. 4. Levit. XIX. 4. Deut. IX. 16. et alibi sæpius. — מֻצָּק, *b* *conflatile.* Al. 1 Reg. VII. 16. χωνευτά. — נְסִיכִים plur. *principes.* Dan. XI. 8. μετὰ τῶν χωνευτῶν αὐτῶν. Forte legerunt נסך. Ita Bielius. Sed χωνευτῶν mihi ibi derivandum videtur a χωνευτὴς, quod vide supra. — נֶסֶךְ, *fusio.* Ies. XLVIII. 5. Præterea legitur Dan. V. 4. sec. cod. Chis., ubi nihil κατὰ τὸ ῥητὸν ei in textu respondet.

c ΧΩΝΕΥ'Ω, *in fornacem conflatoriam seu fusoriam conjicio, in fornace fusoria fabrico, fundo, conflo.* הִתּוּךְ, *fusio.* Ezech. XXII. 22. χωνεύεται. — הֵתֵם Hiph. a תָּמַם, *absolvo.* Al. 2 Reg. XXII. 4. χωνεῦσαι. Vocem Hebr. יַתֵּם plerique veterum Intt. explicarunt: *perficiat conflare.* Est autem χωνεύειν h. l. metaph. *summam pecu-* *d* *niæ datæ perficere s. cognoscere, s. in unam colligere.* — *זָקַק. Job. XXVIII. 1. ubi Olympiodorus: οἱ δὲ λοιποί, ὅθεν χωνευθῇ. — יָצַק, *fundo.* Exod. XXVI. 37. XXXVII. 3. 13. et alibi. — יָצַר, *formo.* 1 Reg. VII. 15. — כָּנַס, Pih. *congrego.* Ezech. XXII. 21. Ita Bielius: sed perperam; respondet enim ibi τῷ נָתַךְ, quod vide infra. — מוֹצָא, *e* *exitus.* Al. Job. XXVIII. 1. χωνευθῇ. — נָסַךְ, *fundo.* Ies. XLIV. 10. Sensu eodem. — נֶסֶךְ, *fusio.* Jer. X. 13. LI. 17. — נָתַךְ, *fundor.* 2 Reg. XXII. 9. Ezech. XXII. 20. 21. — *סָכַךְ. Quinta Ed. Psalm. CXXXVIII. 13. ἐχώνευσάς με, *conflasti me.* Auctore Hieronymo metaphora desumta est a fusoribus metallorum et sigillorum opificibus, qui in formam ex argilla factam *f* argentum fundant. Cæterum auctor hujus vers. תְּסֻכֵּנִי a נָסַךְ derivasse videtur. — *צוּק. Hebr. Int. Job. XXVIII. 2. — צָרַף, *purgo.* Mal. III. 3. Inc. Psalm. XI. 7. χωνευόμενον, *conflatum,* Hebr. צָרוּף, *igne examinatum seu probatum,* sensu eodem. Jerem. X. 14. sec. cod. Vat. *g*

ΧΩΝΝΥ'Ω, *aggerem educo, effodio, obruo.* סָקַל, *lapido.* 1 Reg. XXI. 15. κέχωσται Ναβουθαί, *obrutus est* Nabathai. Tob. VIII. 14. χῶσαι τὸν τάφον, quod Bielius interpretatus est *effodere sepulcrum,* sed rectius vertitur *obruere sepulcrum antea effossum.* Vulgatus habet *replere.* Dio Cass. Lib. 76. p. 1281. ed. Reim. χωννύων τὰ ἕλη, *sarmentis implere paludes.* *h*

ΧΩ'ΡΑ, *regio, terra, locus, ager.* אֲדָמָה, *terra.* Ies. XIX. 17. — אוּר, *Ur,* nomen proprium urbis Chaldæorum. Genes. XI. 28. ἐν τῇ χώρᾳ τῶν Χαλδαίων. Hic χώρας vel χῶρ non esse significativum, sed proprium, idemque quod Ὢρ vel Οὖρ, asserit Is. Vossius de LXX Intt. pag. 36. observans, quod non apud Græcos tantum, sed et apud Syros ac Arabas τὸ X in multis vocabulis in initio aut adsit, aut desit, et sic Atramitæ etiam dicantur Chatramitæ, Aboras Chaboras, Aran Charan. Pari ratione olim et הור et אור scriptum ipsi fuisse videtur, sed posterius vocabulum, cum *ignem* significet, ideo libentius amplexos esse Judæos, quod id favere visum sit fabellæ, quam de Harane et Abrahamo sunt commenti. Pa-

a riter Fullerus Miscell. Sacr. Lib. II. cap. 10. pag. 230. in χώρα ibi subrepsisse X in locum aspirationis, licet tenuissimæ, quam postulat Aleph, et propterea vocem illam non appellativum esse nomen, sed proprium, suspicatur. Sed majori specie hæc dicerentur, si LXX ἐν χώρᾳ vel χώρ, et non ἐν τῇ χώρᾳ cum articulo vertissent. Josephus
b A. J. I. 6. 5. narrat, Haranem mortuum esse ἐν πόλει Οὐρῇ λεγομένῃ τῶν Χαλδαίων. Scharfenbergius in Comm. de Josephi et Vers. Alex. Consensu p. 2. lectionem ἐν τῇ χώρᾳ omnium librorum consensu confirmatam et Josepho antiquiorem (siquidem Philo et Lucas Act. VII. 4. eam secutus est) nec mutandam, nec Vossii opinionem admittendam
c esse existimat. Adde Gen. XI. 31. et Nehem. IX. 7. — אֵיתָן, *robur*. Exod. XIV. 27. ἐπὶ χώρας. Non male quoad sensum. Sermo enim est de mari rubro. Alveus autem, in quo fluvius aut mare perenniter fluit, recte ἡ χώρα αὐτῆς, h. e. *receptaculum ejus* seu *locus ejus*, dici potest. Vulg. habet: *ad priorem locum*, ubi adhuc aliquid, v. c. προτέρας aut ἀρ-
d χαίας, legisse videtur. Vide quoque infra s. v. מָקוֹם. — אַרְמוֹן, *palatium*. Amos III. 9. 10. 11. VI. 8. Mich. V. 5. ubi plerique statuunt eos אַדְמוֹת legisse, mihi autem liberius vertisse videntur. — אֶרֶץ, *terra*. Genes. X. 20. 31. XLI. 58. XLII. 9. et alibi sæpius. Proverb. VIII. 26. ubi χῶραι sunt *loca culta*,
e *agri*, ut Jac. V. 4. Matth. XXIV. 18. coll. Luc. XXI. 21. Vide quoque Grævii Lectt. Hesiod. c. 8. — בָּתָה, *desolatio*. Ies. VII. 19. Arab. بتا, *terra plana, mollis*. — לָיוֹת plur. *adjectiones*. 1 Reg. VII. 28. ubi post χῶραι vel προσκείμεναι e v. 30. vel ἐχόμεναι e v. 36. supplendum videtur. — מְדִינָה, *provincia*. 1 Reg. XX. 14. 15. 17. 19. Esdr. II. 1. Dan. III. 1. sec. cod. Chis. et alibi sæ- f
pius. — *מְדִינָה et מְדִינְתָא, in plur. מְדִינָתָא Chald. Esdr. IV. 15. V. 8. Dan. II. 48. 49. et alibi. — מְזוּזָה, *postis*. 1 Reg. VII. 5. αἱ χῶραι τετράγωνοι, loca quadrata: ubi vox χῶραι mihi admodum suspecta est. Fortasse legerunt מֶחֱזָה, coll. v. 4. — מֶחֱזָה, *fenestra*. 1 Reg. VII. 5. χώρα ἐπὶ χώραν, *locus super locum*. Suidas: χώρα, ὁ τόπος. παρὰ g
δὲ Θουκυδίδῃ χώρα ἡ τάξις. Vide tamen infra s. χώρα ἐπὶ χώρας. — מָקוֹם, *locus*. Jos. IV. 18. ὥρμησεν τὸ ὕδωρ τοῦ Ἰορδάνου κατὰ χώραν, cum impetu veniebat aqua Jordanis in *locum suum*. Gloss. in Octat. κατὰ χώραν, ἐπὶ τοῦ αὐτοῦ τόπου. Job. II. 11. — עִיר, *urbs*. Jerem. IV. 29. — *עֵמֶק, *vallis*. Theod. Joël. III. 2. Sc. עֵמֶק *quemvis locum amplum* h
et spatiosum notat. — *עֵת, *tempus*. Dan. XII. 1. sec. Chis. Legendum ὥραν, ut jam monuerunt Romani editores, Michaëlis p. 15. et Scharfenbergius Præf. pag. 14. — שָׂדֶה, *ager*. Genes. XXXII. 3. Symmach. Cohel. V. 8. Aqu. Psalm. LXXIX. 14. Ies. XXXVII. 27. Mich. III. 12. Aqu. Symm. Ps. CXXXI. 6. Cf. Joh. IV. 35. Luc. XII. 6. Præterea legitur Ies. II. 6. ubi tamen illud ἡ i
χώρα αὐτῶν, ut ex Hebraico abest, ita exulare jubeo. Nam ex v. sequenti huc relatum est, quia oculus librarii errans deceptus est verbo ἐνεπλήσθη, quod in utroque commate occurrit. In notione *provinciæ* legitur 1 Maccab. XV. 19. 15. coll. 22. 23. De *incolis alicujus regionis ac provinciæ* usurpatum reperitur 3 Esdr. IV. 28. Conf. Lex. N. T. s. h. v. n. 2.

*ΧΩ´ΡΑ ᾿ΕΠΙ` ΧΩ´ΡΑΣ. שְׁקֻפִים, *fenestellæ*. 1 Reg. VII. 4. Michaëlis in Supplem. p. 2350. forte ὥρα ab ὁράω, ipsæ mihi horæ ab ὁράω dictæ videntur.

ΧΩΡΕ´Ω, *capio, contineo, penetro, procedo*. יָכֹל, *possum*. Genes. XIII. 6. — הֵכִיל Hiph. a כּוּל. 1 Reg. VII. 25. 37. — הֵכִיל et הֶחֱזִיק junctim. 2 Paral. IV. 5. — נָשָׂא. Gen. XIII. 6. οὐκ ἐχώρει αὐτοὺς ἡ γῆ, κατοικεῖν ἅμα, non *capiebat* illos terra, ut una habitarent. Confer Joh. XXI. 25. et quæ ad h. l. ex Philone notat Alberti in Mus. Brem. Vol. I. p. 112. — *עֲלִיל, *clibanus*. Aqu. Psalm. XI. 7. χωρεῦν τῇ γῇ, *procedens in terra*, vel, ut Hieronymus transtulit: *separatum a terra*. Respexit primariam notionem vocis עָלַל, *iteravit, repetitis vicibus aliquid fecit*. Vide supra s. v. ῥέω, ac Rosenmüllerum ad h. l. Sap. VII. 24. διοικεῖ δὲ καὶ χωρεῖ διὰ πάντων, transit autem et *penetrat* omnia. Vide et v. 23. et conf. Joh. VIII. 37. et Fesselii Advers. Sacr. Lib. I. c. 2. p. 27. 2 Maccab. III. 40. τὰ μὲν κατὰ ᾿Ηλιόδωρον — οὕτως ἐχώρησε, de Heliodoro quidem — res ita *processerunt*. Vide et 2 Maccab. XIII. 26. XV. 37. et conf. Joh. VIII. 37. et ad h. l. Elsnerum p. 322.

ΧΩΡΙ´ΖΩ, *separo, sejungo*, et χωρίζομαι, *segregor, discedo, recedo*. בָּדָד, *solus*. Levit. XIII. 46. — בְּיַרְכָתַיִם יָמָּה, *in duobus lateribus occidentem versus*. Ezech. XLVI. 20. τόπος κεχωρισμένος. — הִבְדִּיל Hiph. Aqu. Deuter. X. 8. — מוּשׁ, *dimoveor*. Jud. VI. 18. — נִבְדַּל Niph. 1 Par. XII. 8. ἀπὸ τοῦ Γαδδὶ ἐχωρίσθησαν πρὸς Δαβὶδ, a Gaddi *discedebant* ad Davidem. Confer Act. I. 4. et ad h. l. Elsnerum pag. 355. Esdr. VI. 21. πᾶς ὁ χωριζόμενος (ἀπὸ) τῆς ἀκαθαρσίας τῶν ἐθνῶν, omnis, qui *separabat se* ab impuritate Gentilium. Conf. Nehem. IX. 2. et 3 Esdr. VII. 13. ubi ἀπὸ additur. — סָגַר, *claudo*. Inc. Levit. XIII. 21. χωρίζει, *claudendo separat*. — פֶּרֶא, *onager, ferus*. Symm. Genes. XVI. 12. κεχωρισμένος (ἀπὸ) ἀνθρώπων, *segregatus* ab hominibus. Vulgo statuunt, eum legisse פָּרַד. Sed potius sensum expressit, nam *onager* est imago hominis solitariam vitam agentis. Vide quoque Hexapla. — פָּרַד. Jud. IV. 11. ἐχωρίσθησαν ἀπὸ Κενᾶ, *discesserunt* a Kena. Prov. XVIII. 1. ἀνὴρ βουλόμενος χωρίζεσθαι (ἀπὸ) φίλων, qui vult *separare se* ab amicis. Symmach. Prov. XIX. 4. Aquil. Hos. IV. 14. — קְדֵשָׁה, *meretrix*, quasi separata a reliquis et Veneris cultui consecrata. Theod. Hos. IV. 15. κεχωρισμένων. 3 Esdr. V. 39. ἐχωρίσθησαν τοῦ ἱερατεύειν, *remoti sunt a sacerdotio*, Hebr. יְגֹאֲלוּ מִן־הַכְּהֻנָּה, coll. Esdr. II. 62. Ib. IV. 44. χωρίζειν *deportare, abducere* notat et cum λαμβάνειν permutatur, ac in nonnullis libris ἐκχωρέω reperitur. Conf. ib. v. 57. Sap. I. 3. pravæ enim cogitationes χωρίζουσιν ἀπὸ θεοῦ, *separant* a Deo. 1 Macc. I. 13. ἀφ' ἧς ἐχωρίσθημεν ἀπ' αὐτῶν, ex quo *recessimus* ab illis. 2 Macc. V. 21. εἰς ᾿Αντιόχειαν ἐχωρίσθη, Antiochiam *decessit*. Vide et 2 Macc. X. 19. XII. 12. et conf. Lex. N. T. s. h. v.

ΧΩΡΙ´ΟΝ, *locus, ager*. כֶּרֶם, *vinea*. 1 Par. XXVII. 27. ἐπὶ τῶν χωρίων, in *agris*. Confer Act. I. 18. 2 Macc. XI. 5. ἐν ἐρυμνῷ χωρίῳ, in *loco* munito. Vide et 2 Macc. XII. 7.

ΧΩΡΙ`Σ, *sine, absque, præter*. *לְבַד, *præter*. Aqu. sec. cod. X. Holm. Deut. XVIII. 8. — מִלְּבַד. Gen. XXVI. 1. Numer. VI. 21. — לְבַד מִן. Jud. XX. 15. 17. Aqu. Exod. XII. 37.

ΧΩΡΙΣΜΟ'Σ, *separatio, segregatio, sejunctio.* נִדָּה, *menstruum.* Lev. XII. 2. XVIII. 11. Zach. XIII. 1. sec. Vat. Inc. Lev. XV. 20. 24. 25. In Zach. l. l. Semlero vox χωρισμὸς videtur vitium scribarum, non interpretum. Legit ῥαντισμόν. Itala: *in aspersionem.* Sed admodum eum errare docent partim loca reliqua, partim series orationis, e qua apparet, חַטָּאת et נִדָּה esse h. l. synonyma.

ΧΩΡΟΒΑΤΕ'Ω, *per locum aliquem incedo, regionem obambulo, terram metior,* i. q. βηματίζω apud Strabon. VII. p. 322. D. Est a χῶρος, *locus, sedes,* et βατέω, quod pro πατέω lingua Delphorum. כָּתַב, *describo.* Jos. XVIII. 8. χωροβατήσατε τὴν γῆν. e
Excusari potest hæc versio, si verba vertantur: *obite terram, peragrate regionem,* sc. *eam describendi causa.* Scharfenbergius ad h. l. tamen monuit, pertinere hanc formulam ad הִתְהַלְּכוּ בָאָרֶץ, aut pro χωροβατῆσαι scribendum esse χωρογραφῆσαι. Vide et v. 9., ubi nihil pro hac voce in textu Hebr. legitur. Hesych. χωροβατεῖ, ἐν τῇ χώρᾳ f
περιπατεῖ. Conf. etiam Turnebi Advers. p. 1133.

ΧΩΡΟΓΡΑΦΕ'Ω, *regionem describo.* כָּתַב, *describo.* Inc. Jos. XVIII. 8. χωρογραφῆσαι. Strabo II. p. 163. A. et 168. D.

Ψ

ΨΑΘΥΡΟ'Ω, *arefacio.* יָבֵשׁ, idem. Aquila Psalm. CI. 4. ἐψαθυρώθη. Ita Bielius. Sed in Hexaplis Hebr. נִחָרוּ respondet. In Catena PP. GG. T. III. p. 7. Aquilæ loco ἐψαθυρώθη tribuitur ἐπυρώθη, quod mihi nihil aliud quam interpretamentum vocis rarioris ἐψαθυρώθη (quam etiam Theodoreti pag. 1316. auctoritas tuetur) esse videtur. — נְקֻדִּים, *punctati, mucore maculosi.* Aqu. Jos. IX. 5. ἐψαθυρωμένος aut potius ἐψαθυρωμένοι. Verbum hoc, quod, ut opinatur, Vulg. expressit per *in frusta comminuti,* quomodo conciliandum sit Hebræo, difficile visum est Scharfenbergio. Sed si vox Hebr. a יָקַד, *adurere,* derivatur, ut jam voluit R. Salomon, et ἐψαθυρωμένοι redditur per *aridi,* omnis hæc difficultas facile evanescet.

ΨΑΛΙ'Σ, *camera, fornix, orbis, figura arcuata.* בַּיִת, *domus.* Exod. XXX. 4. ἔσονται ψαλίδες ταῖς σκυτάλαις, erunt quasi *cameræ* lignis rotundis et politis sive vectibus, quas g
ingrediantur, vel quibus imponantur. Pollux Lib. IX. c. 5. p. 1012. ἔστι δὲ ἡ ψαλὶς εἶδος οἰκοδομήματος, ὅπου καὶ Σοφοκλῆς ἐν Δαναίναις λέγει· — Στενὴν δ' ἔδυμεν ψαλίδα, χοὺκ ἀβάθραρον. — ἀλλὰ μὴν καὶ Πλάτων ἐν τοῖς Νόμοις (Lib. XII.)· Θήκην δ' ὑπὸ γῆς αὐτοῖς εἰργασμένην εἶναι ψαλίδα προμήκη, λίθων πολυτίμων. Suidas: ψαλίδα, ἣν ἡμεῖς ἁψῖδα φαμέν. Idem verba Pla- h
tonis modo adducta subjungit. Glossæ Philoxeni: ψαλὶς, ἡ ἁψίς. Hesych. ψαλὶς, τὸ ἄρμενον, καὶ καμάρα. Conf. Hemsterhus. not. ad Polluc. l. c. p. 1013. LXX ψαλίδας alias θήκας vocant (Vide Exod. XXV. 27. XXXVI. 32. XXXVII. 14.), quemadmodum Plato, ut modo vidimus, ψαλίδα in θήκην confectam

esse memorat. — חֲשֻׁקִים, *cincturæ.* Exod. XXVII. 10. 11. *καὶ οἱ κρίκοι, καὶ αἱ ψαλίδες τῶν στύλων*, et circuli et *orbes* columnarum. Ib. XXXVIII. 10. 11. 12. Ψαλίδες apud Vitruvium sunt *prominentes aut frontati lapides, seu id, quod in fornice aut domo prominet, quomodo a simili forma prominentia columnarum capita vocant* LXX. Hesych. ψαλίδες, ἀψῖδες τῶν στύλων.

ΨΑ'ΛΛΩ, *psallo, fides pulso, fidibus cano.* זִמֵּר Pih. Psalm. IX. 7. *ψάλατε τῷ Κυρίῳ ἐν κιθάρᾳ*, canite Domino cithara. Vide et Psalm. CXLIII. 10. CXLIX. 3. et alibi sæpius. — נִגֵּן : נָגַן, *pulso.* 1 Sam. XVI. 23. *ἐλάμβανε Δαβὶδ τὴν κινύραν, καὶ ἔψαλλεν ἐν χειρὶ αὐτοῦ*, accipiebat David citharam et *percutiebat* manu sua. Vide et 1 Sam. XVI. 16. XVIII. 10. XIX. 9. et conf. Spanhemium Obss. in Callimachum pag. 55. et 469. ac Berglerum not. ad Alciphron. Epist. pag. 70. Suidas: ψαλλομένη, τιλλομένη. κυρίως δὲ ψάλλειν, τὸ τῷ ἄκρῳ τῶν δακτύλων τῶν χορδῶν ἅπτεσθαι. Sir. IX. 4. ψαλλούσης, *quæ ludit et canit fidibus, psaltricis, cantatricis, fidicinæ.* Vulg. *saltatricis*, quasi legerit ἀλλούσης vel ἀλλομένης, quæ lectio minime inepta esset.

ΨΑΛΜΟ'Σ, *citharæ sonitus, pulsatio et cantus fidium, carmen, quod fidibus canitur, carmen, quod voce et fidibus canitur*, it. *organon, quod nervis intentum pulsatur, vel manu vel plectro.* זִכָּרוֹן, *memoria.* Zach. VI. 14. Carmen in honorem alicujus compositum est etiam *monumentum.* Nam זִכָּרוֹן est h. l. *id, quo mediante aliquid in memoriam revocatur.* — זְמִירָה. 2 Sam. XXIII. 1. Psalm. XCIV. 2. — זִמְרָה. Ps. LXXX. 2. *λάβετε ψαλμὸν καὶ δότε τύμπανον*, sumite *citharam* et date tympanum. Amos V. 23. *ψαλμὸν ὀργάνων σου οὐκ ἀκούσομαι, sonitum* instrumentorum tuorum non audiam. — זַמֵּרָה infin. Pih. cum ה parag. Psalm. CXLVI. 1. — כְּלִי טָהוֹר, *vas purum.* Ies. LXVI. 20. *μετὰ ψαλμῶν*, h. e. *μετ' εὐφροσύνης*, ut in Ald. additum legitur. Ita sc. metaphorice accepisse videtur formulam Hebraicam. — מִזְמוֹר. Psalm. III. 1. IV. 1. et in reliquis titulis odarum Davidicarum, ubi speciatim notat *carmen, quod voce et fidibus canitur, et quo Dei laudes virtutesque celebrantur et canuntur.* Lex. Cyrilli MS. Barocc. ψαλμὸς, λόγος μουσικὸς, ὅταν εὐρύθμως κατὰ τοὺς ἁρμονικοὺς λόγους πρὸς τὸ ὄργανον κρούεται. Confer Basilium in Ps. XXIX. — מַנְגִּינָה, *modulatio.* Al. Thren. III. 63. — נֶבֶל, *nablium.* Psalm. LXX. 24. — נְגִינָה, *modulatio.* Thren. III. 14. V. 14. Inc. Thren. III. 63. — נַגֵּן, *pulso.* Al. 1 Sam. XVI. 18. εἰδότα τὸν ψαλμὸν, scientem *fides pulsare.* Ita Josephus Antiqu. Jud. VI. 14. προσέταξε τῷ ψαλμῷ καὶ τοῖς ὕμνοις ἐξᾴδειν αὐτόν. Phavorinus et Schol. Aristoph. in Av. v. 218. ψαλμὸς κυρίως, ὁ τῆς κιθάρας ἦχος. Conf. Spanhemii Obss. in Callimach. pag. 55. — עוּגָב, *organum.* Job. XXI. 12. XXX. 31. — שִׁגָּיוֹן, *cantio erratica.* Ps. VII. 1. — שִׁיר, *canticum.* Ps. XLV. 1.

ΨΑΛΜΩΔΟ'Σ, *qui fidibus aut psalmis canit.* מְשֹׁרֵר, *cantor*, part. Pih. Al. 1 Paral. VI. 33. Vide et Sir. L. 21.

ΨΑΛΤΗ'ΡΙΟΝ, *psalterium, instrumentum, quo psallitur.* כִּנּוֹר, *cithara.* Gen. IV. 20. (ubi tamen suspicari quis posset vocabula ψαλτήριον καὶ κιθάραν sive incuria interpretis sive librariorum culpa transposita esse.) Ps. XLVIII. 4. LXXX. 2. Aquil. 1 Sam. XVI. 16. Symm. Ps. XLII 4. Ies. XVI. 11. Theodot. 1 Sam. XVI. 23. Sed est vox ψαλτήριον

a ibi Aquilæ reddenda, ut e v. 16. luculenter apparet. — נֶבֶל, *nablium.* Nehem. XII. 27. Ps. XXXII. 2. LVI. 11. — נְגִינָה, *modulatio.* Ies. XXXVIII. 20. — *סֵפֶר תְּהִלִּים, *liber laudum*, qui apud nos dicitur *liber Psalmorum.* In titulo Psalmorum sec. MS. Alexandrinum. — פְּסַנְתֵּרִין : פְּסַנְטֵרִין plur. Chald. ex Gr. ψαλτήρια. Dan. III. 5. 7. 10.
b 15. — תֹּף, *tympanum.* Job. XXI. 12. Sap. XIX. 17. Sir. XL. 23. Suidas: ψαλτήριον, ὄργανον μουσικὸν, ὅπερ καὶ νάβλα (ita bene Küsterus pro ναύλα) καλεῖται.

ΦΩΝΗ' ΨΑΛΤΗΡΙ'ΟΥ, *vox psalterii.* שִׁיר עֲגָבִים, *canticum amatorium*, i. e. *amatorium.* Ez. XXXIII. 32.

ΨΑ'ΛΤΗΣ, *psaltes, cantor, citha-*
c *rista.* 3 Esdr. V. 65. (42.) ψάλται καὶ ψαλτῳδοί, Hebr. מְשֹׁרְרוֹת, coll. Esdr. II. 65. Confer Perizon. ad Ælian. V. H. IX. 35.

ΨΑΛΤΟ'Σ, *qui psalli potest, ad psallendum aptus, citharæ aptus, cantabilis.* זְמִירָה, *cantus, canticum,* etiam *objectum cantici.* Ps. CXVIII. 54. ψαλτὰ ἦσάν μοι τὰ δικαιώματά σου. Vulg. *cantabiles.* Sensus: ego
d carminibus celebravi.

ΨΑΛΤΩΔΕ'Ω, *psalmos canto, cano simul voce et psallo, laudes cano.* שֹׁרֵר Pih. a שׁוּר, *cano.* 2 Par. V. 12.

ΨΑΛΤΩΔΟ'Σ, *psalmorum cantor.* מְשֹׁרֵר part. Pih. 1 Paral. VI. 33. IX. 33. et alibi. — שִׁיר, *canticum.* 1 Par. XIII. 8. ubi pro ψαλτῳδοῖς legere mallem ψαλμοῖς aut ᾠδαῖς,
e ut habet Compl. E conjunctione utriusque lectionis ψαλτῳδοῖς ortum esse videtur. 2 Par. XXIX. 28. Lex. Cyrilli MS. Brem. ψαλτῳδὸς, ὁ τὰς ᾠδὰς (lege ταῖς ᾠδαῖς) χρώμενος, μελικῶς.

ΨΑ'ΜΜΟΣ, *arena, sabulum.* Sap VII. 10. Hesych. ψάμμος, ἡ παραθαλάσσιος γῆ, ἄμμος.

ΨΑΜΜΩΤΟ'Σ, *arenatus, arenosus.* Sirac. XXII. 17. κόσμος ψαμμωτός. f
Vide s. v. κόσμος.

ΨΑΡΟ'Σ, *sturni in morem varius, sturnorum maculis insignis, albis scilicet vel cinereis.* אֲמֻצִּים plur. *robusti*, sec. al. *rufi.* Zach. VI. 3. ἵπποι ποικίλοι καὶ ψαροί, equi variegati et sturni avis ad instar albis vel cinereis maculis insignes. Chaldæus transtulit *cinereos.* Uterque interpres ex Houbigantii sententia legit צְבֻעִים, *varii* seu *sparsi variis* g
coloribus. Vide et v. 7. Hesych. ψαροί, ποικίλοι, εἶδος χρώματος. Idem: ψαρὸν, ποικίλον, σποδοειδές. Lex. Cyrilli MS. Brem. ψαρὸς, ποικίλος, εἶδος χρώματος σποδοειδής. Eustathius sub finem Lib. XVII. Iliad. ὅτι δὲ ἐκ τοῦ ψὰρ ψαρὸς γίνεται ψαρὸς ἵππος, ὁ κατὰ τὸν ψᾶρα ποικίλος, καὶ, ὡς εἰπεῖν, βαλιὸς, οὐκ ἔστιν ἀμφιβολεῖν. Conf. Bochartum Hier. P. I. Lib. II. c. 7. p. 110. Cum vero ex his manifes- h
tum sit, quod ψαροὶ sint *sturni in morem varii*, non immerito quæritur, cur apud LXX vox illa non respondeat בְּרֻדִּים, *grandinati*, sed sequenti אֲמֻצִּים, quo *rufi* significantur. Bochartus l. c. ad quæstionem illam ita: "Ex Hieronymo discere est, quædam exemplaria habuisse πυῤῥοὺς, non ψαροὺς, quæ vera erat lectio, quamvis ille mendosam putet. Græcorum nempe interpretum alii, ni fallor, scripse- i
rant ἵπποι ποικίλοι, πυῤῥοί, alii ἵπποι ψαροί, πυῤῥοί. Unde tandem factum est, ut alterum loco cederet. Ita Zach. I. 8. καὶ ὀπίσω αὐτοῦ ἵπποι πυῤῥοί, καὶ ψαροί, καὶ ποικίλοι καὶ λευκοί. Vide utrumque ψαροί et ποικίλοι pro Hebræo שְׂרֻקִּים (Bochartus conjicit, LXX רְקֻשִּׁים legisse.) gemina vocis unius versione in textum intrusa." Confer ad h. l. Rosenmüllerum.

ΨΕΚΑ'Σ, *ros, guttula roris,* speciatim: *gutta minuta in modum roris, stilla, stillicidium.* זִרְזָב, *inundatio.* Theod. et LXX Job. XXIV. 8. — רְבִיבִים plur. Aqu. Deuter. XXXII. 2. Mich. V. 7. Symmach. Ps. XLIV. 11. Reliqui Ps. LXXI. 6. — רְסִיסִים plural. *aspersiones.* Aqu. Symmach. LXX Cant. V. 3. Hesych. ψεκάδες, ῥανίδες, σταγόνες.

ΨΕΛΛΙ'ΖΩ, *balbutio.* Ψελλίζων, ουσα, *balbus, balbutiens.* עִלֵּג. Ies. XXXII. 4. *αἱ γλῶσσαι αἱ ψελλίζουσαι, linguæ balbutientes.* Vide et Ies. XXIX. 24. ubi in Hebr. nihil pro hac voce legitur. Hesych. ψελλίζειν, ἀσχήμως λαλεῖν. Bielio legendum videtur ἀσήμως. Non male. Certe idem alio loco habet: αἱ ψελλίζουσαι, αἱ ἀσήμως λαλοῦσαι. Sed receptam lectionem defendere conatus est Ernesti in Notis ad Gloss. Sacras Hesychii p. 9. Suidas: ψελλὸς, ἀσήμως καὶ ἀνάρθρως λαλῶν, τραυλός.

ΨΕ'ΛΛΙΟΝ vel ΨΕ'ΛΙΟΝ, *frænum, torques, annulus* sive *circulus uncatus, armilla.* חוֹחַ, *spina,* item, *hamus.* Job. XL. 21. ψελλίῳ (hic aperte legerunt חָח, ut codd. quidam Kennicott. habent) δὲ τρυπήσεις τὸ χεῖλος αὐτοῦ. Al. ibi ψελίῳ. Conf. Fischerum ad Weller. Gramm. Gr. Spec. I. p. 152. seq. Vulgatus vertit: *aut armilla perforabis maxillam ejus.* "Sed ψέλιον," sunt verba Schefferi de Re Vehicul. Lib. I. c. 13. p. 172., "nihil aliud h. l. quam circulus sive annulus. Solebant enim ferarum malis perforatis inserere annulos ferreos, ut per immissos illos annulos funes ducerent, et huc illucque flecterent, sibique obsequentiores facerent. Quod nos ipsos in ursis aliquoties vidisse meminimus. Atque hinc est illud τρυπήσεις ψελίῳ, quod non recte Castilionius videtur accepisse, quando reddidit: *Et buccam cuspide perforabis.* Ψέλιον enim non est *cuspis.* Suidas περιοχὴν exposuit, adducto hoc ipso Jobi loco, quod significat aliquid, quod rem aliam tenet clausam. Omnino ψέλιον apud Jobum uncus circularis est, in quo per maxillas transmisso captus suspendere solent pisces. Ut sensus sit: Non poteris Leviathan, maximum ex cetorum genere, sic uncato circulo tenere clausum captumque, sicut soles pisces minutos in circulo tali suspendere." Sicuti autem Job. l. c. pro ψελλίῳ Al. habent ψελίῳ, ita ψέλλιον et ψέλιον alias etiam scribitur, et Attici pro eo dicunt ψάλλιον et ψάλιον, vel, ut alii scribunt, ψαλίον. Moeris Atticista: ψάλλια, ἐν τῷ α Ἀττικῶς. διὰ τοῦ ε ψελλοῦ Ἕλληνες. Suidas: ψαλλίοις, χαλινοῖς. Hesych. ψαλίον, κωλυτήριον, χαλινός. Idem: ψαλίοις ἵππων, χαλινοῖς ἵππων, κωλυτηρίοις. Schol. Aristoph. in Pac. v. 154. ψαλίων, τῶν χαλινῶν. Confer Pollucem Lib. X. c. 12. segm. 54. et Hemsterhusii notas ad h. l. — צָמִיד. Gen. XXIV. 22. δύο ψέλλια ἐπὶ τὰς χεῖρας αὐτῆς, duas *armillas* super manus ejus. Vide et Num. XXXI. 50. Ez. XVI. 11. XXIII. 42. Cod. Alex. ibi habet ψέλια et ψέλια, ut legitur etiam in ed. Rom. Ezech. XVI. 11. et apud Philonem p. 229., observante Sebero ad Polluc. Lib. V. cap. 16. segm. 99. — קִשֻּׁרִים plur. *redimicula.* Ies. III. 19. Vide et Judith. X. 4. et Brissonium de Regno Persar. Lib. I. §. 146. Hesych. ψέλλια, δακτύλιοι, κλάγγαια. Suidas: ψέλλιον, ὁ κόσμος τῆς χειρός. Lex. Cyrilli MS. Brem. ψίλη καὶ ψίλια καὶ ψέλια, ὁ περιτιθέμενος κόσμος ἐπ' ἄκρων χειρῶν, οἱ δὲ τῶν ἵππων χαλινοὶ ψάλια λέγονται. Similiter Ammonius inter ψάλλιον et ψέλλιον differentiam esse docet: Ψάλλιον καὶ ψέλλιον διαφέρει. ψάλλιον μὲν τοῦ ἵππου, ψέλλιον δὲ τὸ ἄκροις βραχίοσι περιτιθέμενον κόσμιον. Sed Moeris rectius, ut modo vidimus, differentiam vocum harum non in significatu, sed in eo ponit, quod illud Attice, hoc communi Græcorum dialecto dicatur. Confer quoque Schæferum ad Dionys. Hal. de Compos. Verborum p. 253.

ΨΕΥΔΗ'Σ, *mendax, fallax, falsus.* אַכְזָב. Jerem. XV. 18. — הַוָּה, *ærumna.* Proverb. XVII. 4. הַוָּה h. l. *perversitatem, impietatem* notat, quam notionem Interpres quoque τῷ ψευδὴς ex usu SS. subjecit. — הָפְקַד Hoph. a פָּקַד, *visitor.* Jer.
b VI. 6. ubi Cappello legisse videntur הַשֶּׁקֶר. Michaëlis ad h. l. confert Syr. ܟܠܒܐ, *rabies,* maxime *canina,* unde Thalmudicis פקר est *errare.* Mihi autem *urbs impia* (ita enim h. l. mihi ψευδὴς vertendum videtur) et *urbs, a qua ultio sumetur* aut *sumenda est,* minime differre videtur. — חָמָס, *vis, violentia.* Amos VI. 3. — חִנָּם, *frus-*
c *tra.* Proverb. XXIV. 28. — כִּדְבָה Chald. Dan. II. 9. — כָּזָב, *mendacium.* Jud. XVI. 10. Ps. XXXIX. 6. et alibi sæpius. — כַּחַשׁ, idem. Hos. X. 14. Nah. III. 1. — כֶּחָשִׁים plur. Ies. XXX. 9. — עִקֵּשׁ, *perversus.* Prov. XXVIII. 6. — רֶשַׁע, *improbitas.* Proverb. VIII. 7. ubi Houbigantius eos שֶׁקֶר legisse opinatur. — שֹׁד, *vastitas.* Proverb.
i XXIV. 2. — שָׁוְא, *falsitas.* Deut. V. 18. Ezech. XII. 24. XIII. 6. et alibi. — שֶׁקֶר, idem. Ex. XX. 14. 1 Reg. XXII. 22. 23. et alibi sæpius. Sirac. VIII. 19. ubi ψευδὴς χάρις, *gratia falsa,* non est *benevolentia ficta,* sed *gratia mala* (ein schlechter Dank, *an ill turn*), nempe pro candore, quo aliquis animum suum alteri aperuit.

ΨΕΥΔΗ'Σ ΓΙ'ΝΟΜΑΙ, *mendax fio.* כִּחֵשׁ Pih. Proverb. XXX. 10. — נִכְזַב Niph. Prov. XXX. 6.

ΨΕΥΔΕ'Σ 'ΙΣΤΗΜΙ, *falsum statuo.* שֶׁקֶר כָּזָב, *falso mentior.* Mich. II. 11.

ΦΗΜΙ' ΤΙΝΑ' ΨΕΥΔΗ̃ ΛΕ'ΓΕΙΝ, *dico aliquem falsa dicere.* הִכְזִיב Hiph. *mendacem facio.* Job. XXIV. 25.

*ΨΕΥΔΟΘΥ'ΡΙΟΝ, *falsa porta.* f
Dan. XIV. 20. sec. cod. Chis. τὰ ψευδοθύρια. Theod. τὰς κρυπτὰς θύρας. Vide ψευδοθυρίς.

*ΨΕΥΔΟΘΥΡΙ'Σ, idem. Dan. XIV. 14. sec. cod. Chis. διὰ ψευδοθυρίδων εἰσελθόντες. Hist. Bel. v. 20. κρυπτὰς θυρίδας, et v. 12. κεκρυμμένην εἴσοδον.

*ΨΕΥΔΟΛΟΓΕ'Ω, *falsum dico,*
mentior. דִּבֶּר כָּזָב, *dico mendacium.* g
Dan. XI. 27. sec. cod. Chis. ψευδολογήσουσι. Adde Athen. V. p. 215. D. et Etymol. M. 304. 17.

ΨΕΥ'ΔΟΜΑΙ, *mentior, fallo, spem fallo, decipio, celo, nego, abnego.* בָּדָא. Nehem. VI. 8. ἀπὸ καρδίας σὺ ψεύδῃ αὐτοὺς (sic alii rectius pro αὐτοῦ), ex corde mentiris illis. — יָפֵחַ, verbale, *spirans.* Ps. XXVI.
18. ἐψεύσατο ἡ ἀδικία ἑαυτῇ, mentita h
est iniquitas sibimet ipsi. — כִּזֵּב Pih. Job. XXXIV. 6. ἐψεύσατο δὲ τῷ κρίματί μου, mentitus autem est judicio meo. Vide et Ps. LXXVII. 40. LXXXVIII. 35. Ies. LVII. 11. τίνα εὐλαβηθεῖσα ἐφοβήθης καὶ ἐψεύσω με, quem reverita timuisti, ut *fefelleris* me. Sic ψεύσασθαι θεοὺς apud Appianum Bell. Pun. p. 24. est deos *fallere.* — כִּחֵד Pih. *ab-*
scondo. Job. VI. 10. οὐ γὰρ ἐψευσά- i
μην ῥήματα ἅγια Θεοῦ μου, non enim *celavi* verba sancta Dei mei. Vide et Job. XXVII. 11. — כִּחֵשׁ Pih. Lev. VI. 2. ψεύσηται πρὸς τὸν πλησίον ἐν παραθήκῃ, mentiatur proximo in deposito, vel se non accepisse depositum dicat. Vulg. *negaverit proximo.* Lev. VI. 3. ψεύσηται περὶ αὐτῆς, mentiatur de illa. Deut. XXXIII. 29. ψεύσονταί σε οἱ ἐχθροί σου, mentientur tibi inimici tui, h. e. non ex

a animi sententia, sed ex metu perditionis subditos tuos se declarabunt. Vide et Psalm. LXV. 2. et conf. 2 Sam. XXII. 45. Ps. XVII. 49. ubi David de filiis peregrinis sensu eodem ἐψεύσαντό μοι, mentiti sunt mihi. Sic etiam Ps. LXXX. 13. Job. VIII. 18. ὁ τόπος ψεύσεται αὐτὸν, locus *abnegabit* illum, h. e. *auferetur e loco suo*, ita ut nullum ejus vestigium appareat. Ies. LIX.
b 13. ἠσεβήσαμεν καὶ ἐψευσάμεθα, impie egimus et mentiti sumus, vel: *fidem datam fefellimus*. Jer. V. 12. ἐψεύσαντο τῷ Κυρίῳ αὐτῶν, *negaverunt* Dominum suum. Hos. IX. 2. οἶνος ἐψεύσατο αὐτοὺς, vinum *spem* illorum *fefellit*. Hab. III. 16. ψεύσεται ἔργον ἐλαίας, *spem fallet* cultura olivæ. Sic *mentiri* usurpatur Horatio. Cf. Drusii Miscell. Cent. I. c. 78. — שֶׁקֶר. Aqu. Ps. LXXXVIII. 33.
c οὐ ψεύσομαι, non mentiar, vel non *fallam*. Sap. XII. 24. νηπίων δίκην ἀφρόνων ψευσθέντες, infantium more stultorum *decepti*. Suidas: ψευσθέντα, ἀπατηθέντα. Idem verba hæc ex scriptore antiquo subjungit: ψευσθέντα δὲ αὐτὸν ὑπ' ἀνδρὸς ἀπατεῶνος, μὴ μένειν ἀπόμαχον. Confer L. Bos ad Act. V. 3. pag. 74. et Lex. N. T. s. h. v. Sir. VII. 14. μὴ θέλε ψεύδεσθαι πᾶν ψεῦδος, ne velis men-
d tiri omne mendacium, h. e. nullum mendacium velis proferre, ne velis uti ullo mendacio. Susann. v. 54. ἔψευσαι εἰς τὴν ἑαυτοῦ κεφαλὴν, mentitus es in proprium caput. 1 Macc. XI. 53. ἐψεύσατο πάντα, ὅσα εἶπεν, fidem violavit, non servavit promissa. Josephus A. J. XIII. 5. §. 3. τὰς ὑποσχέσεις διεψεύσατο.

*ΨΕΥΔΟΜΑ'ΡΤΥΡ, *falsus testis*. Hist. Sus. 60. cod. Chis.

e ΨΕΥΔΟΜΑΡΤΥΡΕ'Ω, *falsum testimonium dico*. עָנָה, *respondeo*. Ex. XX. 16. Deut. V. 18. In utroque loco simplici μαρτυρεῖν uti potuissent, quia sequitur: μαρτυρίαν ψευδῆ.

ΨΕΥΔΟΠΡΟΦΗ'ΤΗΣ, *falsus propheta*. נָבִיא, *propheta*. Jerem. VI. 13. XXVI. 7. Reliqui Jer. XXVIII. 9.

ΨΕΥ˜ΔΟΣ, *mendacium, fraus*. f
*חָמָס. Amos VI. 3. ψευδῶν. Legisse videntur כַּחַשׁ. — כָּזָב. Ps. IV. 3. V. 6. Ies. XXVIII. 15. 17. — כַּחַשׁ. Job. XVI. 8. Ps. LVIII. 14. Hos. VII. 3. — כַּחֵשׁ infin. Pih. Hos. IV. 2. — *מִרְמָה. Dan. VIII. 25. sec. cod. Chis. — עֲגָבִים plur. *amationes, canticum amatorium*. Ezech. XXXIII. 31. ὅτι τὸ ψεῦδος ἐν τῷ στόματι αὐτῶν. Cappellus in Notis Critt. ad h. l. pag. 556. conjicit, g
pro ψεῦδος legendum esse ψαλτήριον, coll. v. 32. Mihi vero paulo liberius sensum exprimere voluisse videntur. — עֹשֶׁק וְנָלוֹז, *extorsio et perversitas*. Ies. XXX. 12. — שֶׁקֶר. Prov. XX. 20. ἄρτος ψεύδους, panis fraudis, h. e. *fraude acquisitus*. Ies. XLIV. 20. Jerem. VIII. 10. et alibi. Aqu. 1 Sam. XXV. 21. ψεῦδος pro לַשֶּׁקֶר, ubi quilibet videt omissum esse εἰς, ac εἰς ψεῦδος sig- h
nificare *ita, ut mihi ipse fraudem fecerim*. Adde Aqu. Theod. Prov. X. 18. Interdum ψεῦδος latius patet ac *animum malignum* (qui subjacet cuivis fraudi), *malitiam, pravitatem, scelus* notat, v. c. Sirac. VII. 12. coll. v. 13. et Prov. III. 29. Hesych. ψεῦδος, ἀπάτη, πλάνη.

ΨΕΥ˜ΣΜΑ, *mendacium*. *כָּזָב, *mentior*. Aqu. Theod. Job. XXXIV. i
6. — כָּזָב, *mendacium*. Symmach. Psalm. LX. 3. Proverb. XXIII. 3. — שֶׁקֶר. Symm. Job. XIII. 4.

ΨΕΥ'ΣΤΗΣ, *mendax, qui mentitur*, etiam *impius*. כָּזָב, *mendacium*. Prov. XIX. 22. — כֹּזֵב part. Ps. CXV. 2. Sirac. XV. 8. ψεῦσται, *impii*. Syrus: *qui loquuntur malum*. Sirac. XXV. 4.

ΨΗΛΑΦΑ'Ω, *contrecto, palpo*.

נִגַּשׁ Pih. Ies. LIX. 10. — מוּשׁ: הֵמִישׁ, Kal et Hiph. Gen. XXVII. 12. μήποτε ψηλαφήσῃ με ὁ πατήρ, ne *contrectet* me pater. Vide et v. 21. 22. ac conf. Luc. XXIV. 39. Jud. XVI. 27. LXX ψηλαφᾷν. Inc. ποιῆν ψηλαφᾷν. Nah. III. 1. Zach. III. 9. — מִשֵּׁשׁ Pih. Deut. XXVIII. 29. Job. V. 14. τὸ δὲ μεσημβρινὸν ψηλαφήσαισαν ἴσα νυκτί, in meridie palpabunt tanquam in nocte. Vide et Job. XII. 25. — שׂוּם, *pono*. Zach. IX. 13. Legerunt מִשֵּׁתִיךָ.

ΨΗΛΑ'ΦΗΣΙΣ, *contrectatio, palpatio*. Sap. XV. 15.

ΨΗΛΑΦΗΤΟ'Σ, *palpabilis, contrectabilis, qui tactu percipi potest*. יָמֵשׁ fut. Niph. a מָשַׁשׁ. Exod. X. 21. ψηλαφητὸν σκότος, *palpabiles tenebræ*. — *מֶשִׁי, *sericum*, secundum alios: *velum pellucidum*. Aqu. sec. Ed. Primam Ezech. XVI. 10. Deduxit a rad. מָשַׁשׁ, *palpavit, contrectavit*.

ΨΗΦΙ'ΖΩ, *calculo, supputo*. *חָשַׁב. Inc. Levit. XXVII. 23. ex Cod. Coisl. In Lips. perperam ψιφήσει. K. — סָפַר. Aqu. Ps. XLVII. 13. ubi Symm. voce ἀριθμέω usus est.

ΨΗΦΙ'ΟΝ, *calculus*. צְרוֹר, *lapillus acutus, silex*. Aqu. Amos IX. 9.

ΨΗΦΙ'Σ, *calculus, lapillus*. חֹצֵץ part. *excidens*. Symm. Prov. XXX. 27., qui hic legit vocem ea ratione punctatam, qua nomen est, nempe חָצָץ. Hesych. ψηφῖδες, ψῆφοι, μικροὶ λίθοι.

ΨΗ'ΦΙΣΜΑ, *calculus, scitum, decretum, consultum*. פּוּר, vox Persica, *sors*, it. *decretum per sortem*. Esth. IX. 24. Vide et 2 Macc. VI. 8. X. 8. XII. 4. XV. 36. Hesych. ψηφίσματα, γνῶμαι ἀρέσκουσαι.

ΨΗΦΟΛΟΓΕ'Ω, *lapillis sterno, artem circulatoriam exerceo, musaico vel musico opere et vermiculato sterno*. רָצוּף part. Pih. *stratus*. Ed. Quinta Cant. III. 10. ἐψηφολόγησεν. Tob. XIII. 16. λίθῳ ἐκ σουφεὶρ ψηφολογήσονται, lapide ex Suphir *tessellabuntur*, aut *quasi tesseris quibusdam distinguentur*. Vide ad h. l. Baduellum. Lexic. vet. ψηφολογῶ, *tessello*. Idem: ψηφολογία, *tessellatus, pavimentum*. Sic et vocem ψηφὶς pro *pavimento tessellato* occurrere observat Valesius ad Sozom. p. 97.

ΨΗ͂ΦΟΣ, i. q. ΨΗΦΙ'Σ, *calculus, lapis, suffragium, sententia*. חָצָץ, *scrupus*. Thren. III. 16. ψήφῳ, *lapillis*, id est *pane lapidoso*, ut Seneca loquitur de Benef. II. 7. Adde Prov. XX. 17. Vide ad h. l. Opuscula Critica p. 399. seq. — חֶשְׁבּוֹן, *supputatio*. Cohel. VII. 26. — צֹר, *culter acutus*. Exod. IV. 25. λαβοῦσα Σεπφώρα ψῆφον, περιέτεμε τὴν ἀκροβυστίαν τοῦ υἱοῦ αὐτοῦ, sumens Sepphora lapidem (sc. acutum s. cultrum saxeum) circumcidebat præputium filii sui. Theodotion ibi pro ψῆφον habet ἀκρότομον, sc. λίθον, *lapidem acutissimum*, ac Symm. ψῆφον πέτρινον. Vide supra in v. ἀκρότομος, et conf. πέτρα ἀκρότομος. Ita *acuto silice* sacerdotes Cybeles virilitatem sibi amputasse ex Catullo Epigr. 64. aliisque viri docti observant. Conf. Abicht Diss. de Cultris Saxeis ad Jos. V. 2. p. 8. Et Æthiopes λίθῳ ὀξεῖ ἀντὶ σιδήρου usos fuisse ad cuspidem sagittæ testatur Pollux Lib. I. c. 10. segm. 138. Conf. Herodoti et Agatharchidis loca observata Bocharto Hieroz. P. II. Lib. 6. c. 11. p. 842. et notata supra in v. σμυρίτης. Sic et Ægyptiorum παρασχίστας in exenterationibus cadaverum λίθῳ Αἰθιοπικῷ ὀξεῖ usos fuisse, auctor est Herodotus Lib. II. c. 86. Idem Lib. III. c. 8. de Arabibus memorat, quod fœdus ineuntium vola manus a tertio inter utrosque stante *acuto lapide* feriatur. Conf. et Ramiresium de Prado Pentec. cap. IV. p. 28. seq. et Dey-

a lingium Obss. Sacr. P. II. p. 116.
seq. — מִסְפָּר, *numerus*. Aquila
Deut. XXXII. 8. Symm. Cohel.
V. 17. ubi ψῆφος *numerum* notat.
Sir. XVIII. 9. ψῆφος ἄμμου, *granum*
arenæ, s. arenula, ubi ψῆφος *gra-*
num seu *partem minutam quamvis*
notat. Syrus ܦܪܕܬܐ, quod Græco
κόκκος respondet Matth. XIII. 31.
Vulg. *calculus*, quod est deminu-
b tivum a *calx*, *lapis*.

ΨΙΘΥΡΙ'ΖΩ, *mussito*, *susurro*,
metaphorice *obtrecto*, *calumnior*, *oc-*
culta delatione accuso. הִתְלַחֵשׁ
Hithp. 2 Sam. XII. 19. Ps. XL. 8.
Symm. Ps. LVII. 6. Sirac. XXI.
30. μολύνει τὴν ἑαυτοῦ ψυχὴν ὁ ψιθυρί-
ζων, polluit semet ipsum *susurrans*
vel *calumnians*. Vide et Sirac. XX.
20. Hesych. ψιθυρίζει, εἰς τὸ οὖς ἠρέμα
c διαλέγεται. Similiter Suidas, qui
præterea etiam per διαβάλλει verbum exponit. Adde Platon. in
Gorgia T. I. Opp. p. 485. D.

ΨΙΘΥ'ΡΙΣΜΑ, *mussitatio*, *susur-*
rus, *lene murmur*. שֶׁמֶץ, *susurrus*.
Symm. Job. XXVI. 14.

ΨΙΘΥΡΙΣΜΟ'Σ, idem. לַחַשׁ.
Cohel. X. 11. ἐν οὐ ψιθυρισμῷ, cum
non adsit *susurratio*, h. e. sine *in-*
d *cantatoris ac venefici carmine*. Aqu.
Ies. III. 3. — שֶׁמֶץ, *susurrus*.
Symmach. Job. IV. 12. XXVI. 14.
Lex. Cyrilli MS. Bar. ψιθυρισμὸς,
ἀπαῤῥησίαστον φθέγμα, καὶ λαθραία
κακολογία.

ΨΙ'ΘΥΡΟΣ, *susurro*, *detractor*, *oc-*
cultus delator, *clandestinus vitupe-*
rator, ita dictus a sono, quem edit,
nam, ut Pollux Lib. V. 90. monuit,
e est proprius hirundinum. Sir. V.
16. XXVIII. 14.

ΨΙΛΗ', sc. ΣΤΟΛΗ', *stola nuda*,
vestis genus. אַדֶּרֶת, *pallium* aut
peristroma, *toga*. Jos. VII. 21. 24.
ubi ψιλὴ dicitur, quia erat *tonsum*,
neque *villosum et asperum*. Gloss.
vett. ψιλὴ, *aulæum*. Item: *Babylo-*
nicum, ψιλὴ ποικίλματος. Cyrillus
dicit, ψιλὴν ποικίλην quorundam
opinione esse στρατιωτικὴν στολήν. f
Josephus vocat χλαμύδα (Theodoretus legit χλανίδα) βασίλειον, et addit:
ἐκ χρυσοῦ πᾶσαν ὑφασμένην. Bochartus
Phal. Lib. I. c. 6. p. 33. *Græcam*
versionem maxime probo, *quæ hic*
habet στολὴν ποικίλην, *aut*, *ut alii*,
ψιλὴν ποικίλην, *stolam nudam variam*.
Forte utrumque Græci scripserant:
στολὴν ψιλὴν ποικίλην. Ψιλὴν *supple*
μαλλῶν *aut* τριχίων, *villis aut pilis* g
nudam, *ut distinguatur ab* אַדֶּרֶת
שֵׂעָר, *quæ illis* μηλωτὴ *et* δορὰ τρι-
χίνη. Hesychius ψιλὸν inter alia interpretatur ἄτριχον. Vide ad Jos. l.
l. Scharfenbergium et Fischerum
de Verss. Græcis V. T. p. 87.

ΨΙΛΟ'Ω, *nudo*, *denudo*, *deglabro*,
depilo. שִׁלַּח Pih. *demitto*. Ezech.
XLIV. 20. τὰς κόμας αὐτῶν οὐ ψιλώ-
σουσι, comas suas non *nudabunt*. h

ΨΟ'Α, *lumbus* vel *lumborum caro*
musculosa, *clunis*, it. *partes corporis*,
quibus renes inhærent. חֹמֶשׁ, *quinta*
pars, *quinta costa*. 2 Sam. II. 23.
III. 27. ἐπάταξεν αὐτὸν ἐπὶ τὴν ψόαν,
percutiebat illum in *clunem*. Glossæ: ψόα, *clunis*. 2 Sam. XX. 10.—
כֶּסֶל, *ilia*. Ps. XXXVII. 7. αἱ ψόαι
μου ἐπλήσθησαν ἐμπαιγμάτων, circa
spinam meam *musculi* impleti sunt
illusionibus. Symm. Job. XV. 7.—
עָצֶה, *spina dorsi*. Levit. III. 9.
Suidas: ψόα, μέρος τοῦ σώματος. ἐν
τούτοις ἔγκεινται οἱ νεφροὶ, δι' ὧν αἱ ὀρέ-
ξεις κινεῖσθαι πεφύκασι. Idem verba
Psalmi l. c. subjungit. Pollux Lib.
II. c. 4. segm. 285. Οἱ δὲ ἔνδοθεν
κατὰ τὴν ὀσφὺν μύες καλοῦνται ψόαι
καὶ νευρομῆτραι καὶ ἀλώπεκες. ὁ δὲ
Κλέαρχος τοὺς ἔξωθεν κατὰ τῆς ῥάχεως i
μῦς οὕτως ὀνομάζει. Jungermannus
in notis ad h. l. de his videre jubet
Nunnesium ad II. Epit. Phrynichi
in ψόα. Conf. et Casaubonum in
Athen. p. 684. Fullerum Miscell.
Sacr. Lib. V. c. 1. p. 605. et Fran-

sium ad Scriptt. Physiognom. Vett. p. 505.

ΨΟΓΕ΄Ω, *vitupero, criminor.* 1 Macc. XI. 5. εἰς τὸ ψογῆσαι (in Cod. Alex. legitur ψογίσαι) αὐτόν. Vulgatus bene: *ut invidiam facerent ei.* Ib. v. 11. ἐψόγησεν, ubi Alex. ἐψόγισεν.

*ΨΟΓΙ΄ΖΩ. Vide s. v. ψογέω.

ΨΟ΄ΓΟΣ, *vituperium, reprehensio, criminatio.* דִּבָּה. Aqu. LXX Gen. XXXVII. 1. κατήνεγκαν δὲ κατὰ Ἰωσὴφ ψόγον πονηρὸν, deferebant Josephum *criminis* pessimi. Ps. XXX. 16. ἤκουσα ψόγον πολλῶν, audivi *criminationem* multorum. Ita et Jer. XX. 10. Aqu. Symm. sec. marg. cod. 130. Num. XIII. 32. Aqu. Theod. Prov. X. 18. Theod. Prov. XXV. 10. 3 Macc. II. 27. προέθετο δὲ δημοσίᾳ κατὰ τοῦ ἔθνους διαδοῦναι ψόγον, proponebat autem sibi publice *aliquid contra gentem suggerere, probro illam afficiendi.* Suidas: ψόγος, ἡ κακολογία. Hesych. ψόγος, κατάγνωσις, μέμψις, ὄνειδος. Lex. Cyrilli MS. Brem. ψόγος, ὕβρις. Lex. vet. ψόγος, *vituperatio, culpa.*

*ΨΟΝΘΟΜΦΑΝΗ΄Χ. Vox Ægyptiaca respondet Hebr. צָפְנַת פַּעְנֵחַ *Saphnath Pahaneach,* Gen. XLI. 45. ubi tamen Forsterus in libro de Bysso Antiq. p. 110. seq. in LXX legendum putat ψόνθομ φανήχ, quomodo etiam plures codd. habent. Procopius: ψονθομφανὴχ ἑρμηνεύεται κεκρυμμένα ἀνεκάλυψε, aut, ut Origenes interpretatur: ᾧ ἀπεκαλύφθη τὸ μέλλον. Josephus A. J. Lib. II. c. 6. 1. p. 79. ed. Hav. (ubi vid. Bernardus p. 97.) σημαίνει τὸ ὄνομα κρυπτῶν εὑρετήν. Sed Hieron. Quæstt. Hebr. T. III. Opp. p. 146. E. dicit, sermone Ægyptio declarari *salvatorem mundi,* quam interpretationem probat Jablonski T. I. Opusc. p. 207. seq. Vide quoque Hottingeri Exercitatt. Anti-Morinianas p. 47. Confer Rosenmülleri Scholia ad Gen. l. l. ac Hodium de Bibl. Text. Orig. p. 114.

ΨΟΦΕ΄Ω, *strideo, strepitum s. crepitum edo, strepo, sono.* רָקַע, *plaudo.* Ezech. VI. 11. ψόφησον τῷ ποδὶ, *strepe* pede. Vide et Ezech. XXV. 6. — תָּוָה Pih. *signo, circumscribo.* Symm. Theod. 1 Sam. XXI. 13. ἐψόφει.

ΨΟ΄ΦΟΣ, *sonitus, strepitus, crepitus, fragor,* generaliter: *sonus.* רְתֹם imperat. *liga, junge.* Mich. I. 13. Legerunt יֹהֶם vel יֶהֱם a rad. הָמַם, *strepere, fremere.* — חֲזִיז, *fulgetrum.* Symmachus Job. XXXVIII. 25. ψόφον βροντῆς. — קוֹל. Symm. Job. XXXVII. 4. Hesych. ψόφος, ἦχος, κτύπος.

*ΨΥ΄Α, i. q. ΨΟ΄Α. חֹמֶשׁ. 2 Sam. II. 23. ubi libri nonnulli ψύαν loco ψόαν habent. Conf. ad h. l. L. Bos. ac Montfauconius. — כֶּסֶל. Symm. Ps. XXXVIII. 8. Vide Zonaræ Lex. col. 1875. seq. Philoxen. Gloss. ψύα, *lumbus.*

ΨΥΓΜΟ΄Σ, *refrigeratio,* vel *perfrictio;* item *exsiccatio, siccatio.* מִשְׁטָח, *expansio.* Ezech. XXVI. 5. et 14. ψυγμὸς σαγηνῶν, *siccatio* saginarum. Sic quoque Hebr. מִשְׁטָח de *expansione ad siccandum* exponendum erit. — מִשְׁטוֹחַ, idem. Ezech. XLVII. 11. — שְׁטוֹחַ infin. *expandendo.* Num. XI. 32.

ΨΥΚΤΗ΄Ρ, *vas majus, in quo pocula abluuntur* et *vinum refrigeratur.* אֲגַרְטָל. Exod. I. 9. coll. Josepho A. J. XI. 1. 3. Suidas: ψυκτὴρ, σκεῦος, ἔνθα διανίζουσι τὰ ποτήρια. Ita et Lex. Cyrilli MS. Brem. Mentionem ejus fieri apud Platonem in Convivio, et Alcibiadem ebrium pro poculo sibi illud dari ibi velle observat Kuhnius Not. ad Pollucem Lib. VI. c. 16. segm. 99. p. 625. Conf. et Hemsterhusii Not. ad Pola luc. Lib. X. c. 20. p. 1238. ac Toupium Emendatt. in Suidam et Hes. T. II. p. 395. Lond.

ΨΥ'ΛΛΑ et ΨΥ'ΛΛΟΣ, *pulex*. פַּרְעֹשׁ. 1 Sam. XXIV. 15. Al. 1 Sam. XXVI. 20. Conf. Bochartum Hieroz. P. II. Lib. IV. c. 19. p. 586. Atticis ψύλλα dicebatur. Vide Spanhemii Not. ad Aristoph. Nub. v. 145.

b ΨΥΧΑΓΩΓΙ'Α, proprie *animarum eductio*, seu *flexio, quæ fit per carmina, aliisque modis*, deinde *animi oblectatio et recreatio*. 2 Macc. II. 26. ubi est delectatio animi illecebrosa, qua lectores suavitate orationis alliciuntur ad legendum.

*ΨΥ'ΧΗ, i. q. ψύχος, *frigus*. יְקָר, *res pretiosa*. Zach. XIV. 6. καὶ ψύχη καὶ πάγος sec. cod. Vat. ubi re-
c liqui libri ψύχος habent, quod præfert Semlerus. Legerunt יְקָרוֹת a קָרַר, *frigescere*. Potest quidem ψύχη h. l. a ψύχος deduci, sed eodem jure statui potest, ψύχην fortasse pertinere ad voces Græcas dialecti Macedonicæ.

ΨΥΧΗ', *anima, animus, mens, voluntas, vita, halitus, homo, animal, corpus exanime, cadaver, ego ipse,*
d *tu ipse, ille ipse*. אִישׁ, *vir*. Levit. XVII. 9. ἐξολοθρευθήσεται ἡ ψυχὴ ἐκείνη ἐκ τοῦ λαοῦ, exscindetur *homo* ille ex populo. — *אַוַּת נֶפֶשׁ, *desiderium animæ*. 1 Sam. XXIII. 20. τὸ πρὸς ψυχήν, sensu eodem. — בֶּטֶן, *venter*. Prov. XIII. 26. ψυχαὶ δὲ ἀσεβῶν ἐνδεεῖς: ubi ψυχὴ *desiderium* notat, aut redundat, ut vertatur: impii indigentes. — חֶדֶר, *conclave*.
e Prov. XVIII. 8. ψυχαὶ δὲ ἀνδρογύνων πεινάσουσι, animæ autem effœminatorum, h. e. effœminati esurient. Ita Isocrates ψυχὰς τῶν πολιτευομένων vocat *cives*, et Polybius τὰς ψυχὰς τῶν Ῥωμαίων Romanos. Conf. Lex. N. T. s. h. v. et Wolfium ad 1 Petr. III. 20. p. 145. — *חַי, *vivit*. Inc. 1 Sam. I. 26. νὴ τὴν ψυχήν τῆς ζωῆς σου. Scripsisse videtur νὴ τὴν ζωὴν τῆς ψυχῆς σου. — חַיָּה, *vita*. Job. XXXVIII. 39. ψυχὰς δὲ δρακόντων ἐμπλήσεις, animas autem draconum implebis, h. e. dracones satiabis. Vide et Psalm. LXXIII. 20. — חַיִּים plur. idem. Psalm. LXIII. 1. ἀπὸ φόβου ἐχθροῦ ἐξελοῦ τὴν ψυχήν μου, a timore inimici libera vitam meam. — חָמוּד, *desiderabile*. Ps. XXXVIII. 15. — *כֶּסֶל. Psalm. XXXVII. 7. ἡ ψυχή μου ἐπλήσθη ἐμπαιγμῶν. Lectio hæc cod. Vat., quæ transiit non solum ad Æthiop. et Arab. sed etiam ad complures Patres et rhythmicam Apollinarii versionem, hac ratione excusari potest, quod כֶּסֶל quandoque ad animam transfertur, nec commode dici potest, *lumbos impletos esse illusionibus*. Nihilominus tamen vitiosa hæc lectio visa est haud paucis (v. c. Semlero) et mutanda in αἱ ψύαι μου, quam lectionem exhibent Codd. XL. et XLI. Bibl. Reg. Alex. Ald. et Compl. ac Athanasius Comment. in Psalm. T. II. p. 91. Vide quoque Wesselingii Probab. pag. 292. seq. — לֵב, *cor*. 1 Reg. XI. 2. ἵνα μὴ ἐκκλίνωσι τὰς ψυχὰς ὑμῶν ὀπίσω εἰδώλων αὐτῶν, ne declinent *animos* vestros post idola sua, h. e. ne vos ad idololatriam seducant. 2 Reg. VI. 11. ἐξεκινήθη ἡ ψυχὴ βασιλέως, perturbabatur *animus* regis. Vide et 1 Par. XV. 29. Prov. XXVI. 25. 1 Par. XII. 38. ὁ κατάλοιπος Ἰσραὴλ ψυχὴ μία τοῦ βασιλεῦσαι τὸν Δαβίδ, reliquus Israël una *anima*, h. e. unanimis, vel unanimiter volebat, ut regnaret David. Confer Act. IV. 32. et ad h. l. Elsnerum p. 382 ac Wolfium p. 1070. Ies. XXIV. 7. εὐφραινόμενοι ψυχήν, læ *animo*. Prov. VI. 21. ubi ob an cedens ἀφάστως ψυχὴ vel per vel per *cor* vertendum est. Vid

Opuscula Critica p. 297. — לֵבָב, idem. 1 Par. XVII. 2. πᾶν ἐν τῇ ψυχῇ σου ποίει, fac omne, quod in mente tua. 1 Par. XXII. 7. ἐμοὶ ἐγένετο ἐν τῇ ψυχῇ, mihi erat in animo. — לָשׁוֹן, *lingua*. Job. XXVII. 4. Ita ibi transtulerunt ob sequens μελετήσει. — מָוֶת, constr. מוֹת, *mors*. Num. XXIII. 10. moriatur anima mea ἐν ψυχαῖς δικαίων: ubi ψυχαὶ de *defunctorum animis* explicandum est. Conf. Lex. N. T. s. h. v. n. 2. — מַשְׁקֶה, *potus*. Ies. XXXII. 6. Ita Bielius ac Trommius. Sed ibi τὰς ψυχὰς τὰς διψώσας potius ad צָמֵא referendum est, ut τὰς ψυχὰς de suo addiderint. — מֵת, *mortuus*. Ezech. XLIV. 25. ἐπὶ ψυχὴν ἀνθρώπου οὐκ εἰσελεύσονται, ad *cadaver* hominis non ingredientur. — נֶפֶשׁ. Lev. XIX. 28. ἐντομίδας οὐ ποιήσετε ἐπὶ ψυχῇ ἐν τῷ σώματι ὑμῶν, incisiones non facietis propter *mortuum* in corpore vestro. In notione *cadaveris* ad imitationem Hebr. נֶפֶשׁ legitur quoque Num. IX. 6. 7. 10. V. 2. Hagg. II. 14. Confer Sirac. XVI. 31. Lev. XXI. 11. ἐπὶ πάσῃ ψυχῇ τετελευτηκυίᾳ οὐκ εἰσελεύσεται, ad omne *cadaver* non ingredietur. Vide et Num. VI. 6. Gen. I. 24. ἐξαγαγέτω ἡ γῆ ψυχὴν ζῶσαν, producat terra *animal* vivens. Vide et Gen. II. 7. 19. IX. 10. et conf. Apoc. XVI. 3. et ad h. l. Wolfium p. 566. Gen. XVII. 14. exscindetur ψυχὴ ἐκείνη, *homo* ille. Ita et Ex. XII. 15. XXXI. 13. Gen. XLVI. 15. πᾶσαι αἱ ψυχαὶ, omnes *homines*. Conf. Lex. N. T. s. h. v. et Suiceri Thes. Eccles. T. II. p. 1579. Gen. XXXVII. 21. οὐ πατάξομεν αὐτὸν εἰς ψυχὴν, h. e. non ita percutiamus, *animam* vel *vitam* amittat. Gen. XXXV. 18. ἐν τῷ ἀφιέναι αὐτὴν τὴν ψυχὴν, cum exspiraret *animam*. Gen. XLIV. 30. coll. 1 Sam. XVIII. 1. Lev. II. 1. ἐὰν δὲ ψυχὴ προσφέρῃ δῶρον, si autem *aliquis* offerat munus. Vide et Lev. IV. 2. 27. Lev. XIX. 11. ὁ ἁπτόμενος τοῦ τεθνηκότος πάσης ψυχῆς ἀνθρώπου, qui tangit *cadaver* cujusvis hominis. Vide et v. 13. Num. XXXI. 35. ψυχαὶ ἀνθρώπων, *homines*. Ezech. XXVII. 13. mercaturam apud te exercent ἐν ψυχαῖς ἀνθρώπων, cum *hominibus*. Conf. Apoc. XVIII. 13. et Aristotel. Polit. VII. c. 14. p. 556. Exod. XXI. 23. δώσει ψυχὴν ἀντὶ ψυχῆς, dabit *vitam* pro *vita*. Conf. 1 Maccab. II. 50. Marc. X. 45. et ad h. l. Elsner. pag. 155. Ex. XXII. 9. ὑμεῖς οἴδατε τὴν ψυχὴν τοῦ προσηλύτου, vos nostis *animum* proselyti. 1 Sam. XIII. 20. πάντα πρὸς ψυχὴν βασιλέως, omnia ad *mentem*, vel ex *voto* regis. Similiter Sirac. VII. 27. γυνή σοί ἐστι κατὰ ψυχὴν, si uxor tibi est *ex animi tui sententia, ex voto, sicut desideras*. Vide et Sir. XXVII. 16. Num. XXIII. 10. ἀποθάνοι ἡ ψυχή μου, moriar *ego ipse*. Vide et Jud. XVI. 31. Job. XXXIII. 22. Psalm. CIV. 18. Deuter. IV. 29. ἐξ ὅλης τῆς ψυχῆς σου, ex toto animo tuo. Vide et Deuter. X. 12. XI. 13. et Marc. Anton. XII. 24. ἐξ ὅλης τῆς ψυχῆς τὰ δίκαια ποιεῖν καὶ τἀληθῆ λέγειν. 1 Sam. XXVIII. 21. ἔθεμην τὴν ψυχήν μου ἐν τῇ χειρί σου, vel, ut al. rectius, μου, posui animam meam in manu mea. Vide et Job. XIII. 14. Psalm. CXVIII. 108. Sic Græci dicunt proverbio ἐν τῇ χειρὶ τὴν ψυχὴν ἔχει de eo, qui *versatur in summo discrimine*. Usus fuit Xenarchus apud Athenæum. Vide Casaubonum p. 548. Drusium ad Job. l. c. et Observ. Lib. II. c. 18. 2 Sam. XXIII. 17. τῶν πορευθέντων ἐν ταῖς ψυχαῖς αὐτῶν, ambulantium cum *periculo vitæ* suæ. 1 Reg. XIX. 3. ἀπῆλθε κατὰ τὴν ψυχὴν αὐτοῦ, abibat, quocunque *animus* eum ferebat. Psalm. XXVI. 18. μὴ παραδῷς με εἰς ψυχὴν θλιβόντων με, ne tradas s. permittas me a *libidini* illorum, qui affligunt me. Job. XLI. 13. ἡ ψυχὴ αὐτοῦ (ὡς) ἄνθρακες, *halitus* ejus, tanquam carbones. Jerem. III. 11. ἐδικαίωσε τὴν ψυχὴν αὐτῆς, justificavit *se ipsam*. Conf. Job. XXXII. 2. Prov. XVI. 3. XIX. 8. ubi LXX נַפְשׁוֹ reddunt ἑαυτόν. Vide Vorstii Philol. Sacr. P. I. c. 4. Adde Sir. IX. 2. 6. X. 32. XXX. 22. Matth. XX. b 28. coll. Gal. I. 4. 1 Tim. II. 6. Jerem. XV. 1. οὐκ ἔστιν ἡ ψυχή μου πρὸς αὐτοὺς, non *propensum* s. *reconciliatum* in illos habeo *animum*. Prov. XIX. 18. ubi formulæ αἴρειν τὴν ψυχὴν ἑαυτοῦ apud Aquilam, et ἐπαίρεσθαι τῇ ψυχῇ apud LXX notant *incitato animo esse*, speciatim *ira abripi*. Conf. Jaegerum ad h. l. Symm. Gen. XIV. 21. τὰς ψυχάς. c Quid si scripserit τὰς ψυχὰς τῶν ἀνδρῶν? Nam cur hic secundum receptam lectionem Hebraismum a LXX evitatum retinuerit, causam video nullam. Hos. IV. 8. ἐν δὲ ταῖς ἀδικίαις αὐτῶν λήψονται τὰς ψυχὰς αὐτῶν, h. e. ob hæc ipsorum scelera *abducentur captivi*, vel potius *necabuntur*, ut dictum sit pro ληφθήσονται αἱ ψυχαὶ αὐτῶν, ac LXX putad rint, שְׂאֵת נֶפֶשׁ esse i. q. קַחַת נֶפֶשׁ, h. e. *necare, mori jubere*. 1 Reg. XIX. 4. Jon. IV. 4.— *נֶשֶׁף, *crepusculum*. Ies. XXI. 4. Legerunt literis transpositis נֶפֶשׁ. — *פָּנִים plur. *facies*. Proverb. XXVII. 23. ψυχὰς ποιμνίου σου: ubi ex Jaegeri sententia vel legerunt נֶפֶשׁ, ut c. XII. 10. vel פָּנִים non de *conditione* et *habitu pingui* aut e *macro* intellexerunt, sed de *singulis pecudum capitibus, quæ numerantur in grege*. Job. XXI. 8. κατὰ τὴν ψυχὴν, secundum *desiderium*. — *פַּרְעשׁ, *pulex*. 1 Sam. XXIV. 20. τὴν ψυχήν μου sec. Vat. et Alex. Nonnulli statuunt, hos interpretes liberius pro more suo transtulisse aut נַפְשִׁי in suis codd. invenisse, et omisso illo μου (quod in textum recepta falsa lectione manus male f seduli librarii adjecit) scribendum esse ψύλλην aut ψύλλαν. — *רוּחַ, *spiritus*. Gen. XLI. 8. Ex. XXXV. 20. — רָעָה fœm. ex רַע, *mala*. 1 Par. XXIV. 10. Sc. רָעָה h. l. *interitum, malum, quod alicui infertur*, notat. Ergo sensum expresserunt: nam ζητεῖν τὴν ψυχήν τινος et *quærere interitum alicujus* sensu minime differunt. — Verba πλὴν ὅσα ποιηθήσεται ψυχῇ, quæ Deut. XVI. 8. leguntur, et quibus nihil respondet in textu Hebr., desumta illa ex Exod. XII. 16., reddenda sunt: *præter ea, quæ ad vitam tuendam referuntur*. Sir. VII. 20. ubi διδόναι ψυχὴν *is* dicitur, *qui sibi non parcit, sed omnes animæ corporisque vires impendit*. Verte: *se tibi totum impendentem*. Sirac. IX. 2. μὴ δῷς γυναικὶ τὴν ψυχήν σου, ne te ipsum aut totum uxori committas ac permittas, aut ne omnia illi indulgeas. Videtur hic ψυχὴ *voluntatem* significare. Conf. ib. v. 6. Sirac. IX. 13 ψυχὴ, *libido, concupiscentia*. Sirac XIV. 4. qui colligit ἀπὸ τῆς ψυχῆς αὐτοῦ, ita ut sibi ipsi necessari[illegible] subtrahat, aut sibi sit injurius, seu qui defraudat genium suum parc[illegible] et sordide vivendo. Ψυχὴ hic no[illegible]tare videtur *corpus*, ut v. 9. e[illegible] Num. IX. 15. Sirac. XVI. 30. ubi loco ψυχὴν legendum mihi videtur ψυχὴ, *anima* omnis animalis, h. e. omne animal, omne vivens tegit etc. Sic Syrus. Sirac. XIX. 16. ἀπὸ ψυχῆς, animo, h. e. studio, propo[illegible]sito et intentione lædendi, detra[illegible]hendi et calumniandi. Sir. XVIII 2. ubi ψ. est *conscientia, judicium recti pravique, quod est in anim[illegible] humano*. Sic καρδία 1 Joh. III. 2[illegible] Sirac. XXIV. 1. ψυχὴν αὐτῆς (leg[illegible] αὐτῆς), laudat et commendat sem[illegible] ipsum. Sir. XXXIV. 20. ἡ ψυχὴ α[illegible]τοῦ μετ' αὐτοῦ ἐστι, *mentis suæ* co[illegible] πος est. Ib. XXXV. 23. *conscientia,* quæ est lex et norma actionum. Sirac. XXXVII. 6. ubi suspecta mihi sunt verba ἐν τῇ ψυχῇ σου ob parallelismum sententiarum. Vel legendum est ὕψει, vel voci ψυχὴ notio rarior *fortunæ prosperæ* tribuenda est, quæ etiam v. 12. locum habere potest. 2 Maccab. XV. 17. ubi ἐπαρθεῖν τὴν ψυχήν τινος est alicujus *animum territum abjectumque* erigere et confirmare: ubi loco παῤθῆσαι in Cod. Alex. et Compl. παιδεῦσαι e glossemate legitur. De *manibus s. animis defunctorum* usurpatum reperitur Sap. III. 1. coll. 13. ubi ἐν ἐπισκοπῇ ψυχῶν est in *judicio, quo de mortuis decernit Deus.* Sir. V. 2. *cupiditates, propensiones,* i. q. in seq. ἐπιθυμίαι καρδίας. Sic quoque legitur ib. XVIII. 29. 30.

*ΤΡΕΧΕΙΝ ΠΕΡΙ ΨΥΧΗΣ, sc. δρόμον s. κίνδυνον) dicitur vel de *iis, qui magno alicujus rei consequendæ studio feruntur,* vel *in periculo versantur, quod summa contentione fugiendum sit.* בְּנַפְשׁוֹ הוּא, *animam suam ipse.* Prov. VII. 3. Vide Herodot. IX. 37. Homer. Il. X, 161. In Aristophanis Nubibus, ni fallor, formula θέειν περὶ ψυχῆς occurrit. Formula *pro salute currere* usus est Ammianus Marcellinus XXIV. 4. 1 Macc. XII. 51. περὶ ψυχῆς αὐτοῖς ἐστι, se in summo vitæ periculo versari.

*ΨΥΧΙΚΟΣ, *ad animum vel animam pertinens.* 4 Macc. I. 32. ἐπιθυμίαι ψυχικαί.

ΨΥΧΙΚΩΣ, *ex animo, animitus.* 2 Macc. IV. 37. XIV. 24.

ΨΥΧΟΣ, *frigus.* יָקָר, *res pretiosa.* Symm. LXX Zach. XIV. 6. Vide supra s. ψύχη. — חֹרֶף, *hiems.* Symmach. Prov. XX. 4. — קִפָּא, *coagulatio.* Symm. Zach. XIV. 6. — קֹר. Gen. VIII. 22. — קָרָה. Job. XXXVII. 9. Psalm. CXLVII. 6.

ΨΥΧΟΥΛΚΕΌΜΑΙ, οὖμαι, *animam traho.* 3 Maccab. V. 25. ubi Judæi dicuntur ψυχουλκούμενοι, *animam trahentes,* h. e. *tantum victuri.* Hesych. ψυχουλκούμενοι, τὰς ψυχὰς ἑλκόμενοι.

ΨΥΧΡΟΣ, *frigidus.* קַר. Prov. XXV. 26. ὕδωρ ψυχρόν. Vide et Sir. XLIII. 24. ψυχρὸς ἄνεμος.

ΨΥΧΩ, *refrigero, spiro, arefacio,* it. *scaturio, scaturire facio.* הֵקִיר Hiph. a קוּר, *eructo.* Jerem. VI. 7. ὡς ψύχει λάκκος ὕδωρ αὐτοῦ, οὕτως ψύχει κακία αὐτῆς, sicut *scaturire* facit cisterna aquam suam, ita *scaturit* malitia ejus. Al. 2 Reg. XIX. 23. ἔψυξα. Hesych. ψύξασαι, πνεύσασαι, ῥυήσασαι. — שָׁטַח, *expando.* 2 Sam. XVII. 19. ἔψυξεν ἐν αὐτῷ ἀραφὼθ, *expandit ad arefaciendum* seu *torrefaciendum* in illo ficuum parvas mazas. Jerem. VIII. 2. ψύξουσιν αὐτὰ πρὸς τὸν ἥλιον, *exponent* ea aëri, ut *frigefiant* in eo. Alii vertere malunt: *arefacient illa ad solem.* Hesych. ψύξουσι, ξηρανοῦσι. Vide et Num. XI. 32.

ΨΩΜΊΖΩ, pr. *in frusta concido et seco,* deinde *pasco conciso cibo et particulatim in os indito, buccellam in os ingero, alo, nutrio, cibo.* הֶאֱכִיל Hiph. *edere facio, edendum do.* Num. XI. 4. τίς ἡμᾶς ψωμιεῖ κρέα; quis nos *cibabit* carne? Vide et Deut. VIII. 3. 16. XXXII. 13. Symm. Psalm. LXXIX. 6. ψωμιεῖς ἡμᾶς ἄρτον δακρύων, *cibabis* nos lacrymis tanquam pane. Vide et Jer. IX. 14. XXIII. 15. Psalm. LXXX. 14. ἐψώμισεν αὐτοὺς ἐκ στέατος πυροῦ, cibabat illos ex adipe frumenti. Phavor. ἐψώμισεν, ἔθρεψεν. Idem legitur apud Zonaram Lex. 945. Ies. LVIII. 14. ψωμιεῖ σε τὴν κληρονομίαν Ἰακὼβ, *cibabit* te hæreditate Jacobi, h. e. *efficiet, ut fruamini,* etc. Lex. Cyrilli MS.

a Brem. ψωμιεῖ σε (MS. ψωμισθῆναι), θρέψει σε. — הִבְרָה Hiph. idem. 2 Sam. XIII. 5. — הִכְפִּישׁ Hiph. *deprimo*. Thren. III. 16. ἐψώμισέ με σποδὸν, ubi alia imagine usi sunt. Sc. ad mortem damnatis in Oriente potus sale, calce et cinere mixtus, ex quo tormina ventris oriebantur, præberi solebat. Confer Histor. Timuri T. II. p. 124. 142. et 926.
b Præterea جفس secundum Gieuhari notat *male habuit ex indigestione et cruditate stomachi*. — טְעֵם Chald. Pah. *do gustandum*. Dan. IV. 22. 29. V. 23. Sap. XV. 20. Sir. XV. 3. XXIX. 29.

ΨΩΜΟ'Σ, *frustum rei esculentæ, quantum bucca possit simul capere, buccella, frustum panis, panis*. Vocabulum linguæ Græcæ vulgaris
c ψωμὶ *panem* significat. לֶחֶם, *panis*. Job. XXII. 7. Suidas: ψωμὸς, ὁ ἄρτος. — עֹמֶר, *manipulus*. Job. XXIV. 10. — פַּת. Ruth. II. 14. 1 Sam. XXVIII. 22. 1 Reg. XVII. 11. Aqu. Symm. Lev. II. 6. Aqu. Lev. VI. 21. ubi loco ψωμὸι legendum ψωμῶν, ne numerus et casus nominis Hebr. neglegatur.

'ΕΝΔΕΗ'Σ ΨΩΜΟΥ', *indigens frusto panis*. פְּתַיּוּת, *fatuitas*. Prov. IX. 13. ubi in mente habuisse videtur locum cap. VI. 26.

ΨΩ'ΡΑ, *scabies*, a ψαίρω, *frico*. שַׁחֶפֶת, *tabes*. Lev. XXVI. 16. Suidas: ψώρα, κνησμονή.

ΨΩ'ΡΑ 'ΑΓΡΙ'Α, *scabies agrestis, fera*. גָּרָב, *scabies maligna*. Levit. XXI. 20. Deut. XXVIII. 27.

ΨΩΡΑΓΡΙΩ'Ν, *scabiem agrestem habens, fera scabie laborans, scabiosus*. גָּרָב. Lev. XXII. 22. Hesych. ψωραλέοντα, ψωριῶντα. Sed reponendum videtur ex Levit. l. c. ψωραγριῶντα pro ψωραλέοντα.

Ω

Ὦ et Ὢ, *adverbium vocandi, exclamandi, dolendi, O*. אֲהָהּ, *ah*. 2 Reg. III. 10. VI. 5. 15. Jerem. IV. 10. Theod. Ezech. IV. 14. — אוֹי, *væ, eheu*. Ies. VI. 5. Ezech. XXIV. 6. — הוֹי Jer. XXIII. 1. Ez. XXXIV. 2. Inc. Ies. XXX. 1. Hesych. Ὢ, ἐπίῤ-
d ῥημα σχετλιασμοῦ.

Ὢ ὤ, *O O*. אוֹי. Num. XXIV. 23. הָהּ, *ah*. Ez. XXX. 2. — הוֹי הוֹי. Zach. II. 6.

Ὢ ΔΗ', *obsecro*. אָנָּה. Aqu. Symm. Theod. Ies. XXXVIII. 3. ὦ δὴ κύριε, *obsecro Domine*. — אָנָּא. Aqu. Symm. Theod. Ps. CXVII. 26.

*ΚΑΙ' ΕΙ'ΠΟΝ Ὦ, *et dixerunt hem*. וָמַעְלָה, *et supra* seu *desuper* ut Vulg. transtulit. 2 Reg. III. 21. ubi recte Montfauconio hæc lectio vitio facta videtur ex καὶ ἐπάνω.

*Ὢ ΟἼΜΟΙ, *heu væ mihi*. אוֹי לִי *væ mihi*. Aqu. Ies. XXIV. 16. ubi vel illud Ὢ expungendum est, aut scribendum Ὤοι μοι, vel legendum Ὤ μοι.

Ὦα vel Ὤα, etiam Ὄα, proprie *pellis ovina*, deinde *fimbria*, *ora vestis*. Scilicet solebant olim oras vestium ovinis pellibus munire, ne

a atterentur, teste Eustathio ad Odyss. P', οἱ γὰρ παλαιοὶ ταῖς ἐσθῆσι ὤιος δέρμα προσέῤῥαπτον, ἵνα ἥκιστα τρίβοιντο τὰ κάτω τῶν ἱματίων. פֶּה, os, oris, ora, fimbria. Symm. et LXX Psalm. CXXXII. 3. ἐπὶ τὴν ὤαν τοῦ ἐνδύματος αὐτοῦ, in oram vestimenti ejus. Hesych. ὦα, τοῦ προβάτου ἡ μηλωτή. ὦαι δὲ τῶν ἱματίων καὶ τὸ λῶμα τοῦ ἐνδύματος, καὶ τὸ περιστόμιον τοῦ
b ἱματίου. Idem: ὤαν, περιστομίαν. Ita enim legendum est. Suidas: ὦα, μηλωτή, διφθέρα, καὶ τὸ λῶμα τοῦ ἐνδύματος περὶ τὴν πέζαν. ἢ τὸ περιστόμιον ὤαν ἐκάλεσεν ὁ Δαβίδ. ὃ καλοῦμεν περιτραχήλιον. οἱ δὲ στόμα ἐνδύματος εἰρήκασιν, οἱ δὲ τὴν ἀνάκλασιν τοῦ ἱματίου. Idem verba Psalm. l. c. subjicit. Lex. Cyrilli MS. Brem. ὦα, τὸ ἄκρον τοῦ ἱματίου ἢ ὃ καλοῦμεν περιτραχήλιον,
c ἤτοι περιστόμιον. τοῦτο δὲ ὁ Ἀκύλας στόμα ἐνδύματος εἴρηκεν. ἢ ἀνάκλασις τοῦ κρασπέδου. Vide Bochartum Hieroz. P. I. Lib. II. c. 43. p. 428.—שָׂפָה, labrum. Exod. XXVIII. 28. ubi in Cod. Alex. legitur ὦτα. Ib. XXXIX. 22.

ὯΔΕ, hic, huc, ibi. הֲלוֹם. Exod. III. 5. Jud. XVIII. 3. XX. 7. — הִנֵּה, ecce. LXX sec. Hex. Jud.
d XVI. 2. Symm. 2 Sam. V. 6. — *כְּ similitudinis. 1 Sam. IX. 27. sec. Compl. Videntur illud ὧδε sensus causa de suo addidisse. — פֹּה. Gen. XIX. 12. XL. 15. 2 Reg. III. 11. Lex. Cyrilli MS. Brem. ὧδε, ἐνταῦθα ἢ οὕτως.

ὨΔΗ', contr. ex ἀοιδή, canticum, carmen. דֶּרֶךְ, via. Ps. CXXXVII. 6. ubi tamen pro ᾠδαῖς legere mal-
e lem ὁδοῖς. — הִגָּיוֹן, meditatio. Ps. XCI. 4. הָגָה etiam de carmine quandoque adhiberi satis notum est.—זִמְרָה. Symm. Ps. LXXX. 3. — מִזְמוֹר, psalmus. Ps. XXXVIII. 1. XLVII. 1. — מַשָּׂא, elevatio, sc. vocis. 1 Par. XV. 22. 27. — נְגִינוֹת plur. modulationes. Hab. III. 18. — קוֹל, vox. Esdr. III. 12.—שִׁגְיוֹנוֹת plur. cantiones erraticæ, carmina tristia. Hab. III. 1. Sc. vox Hebr. f
etiam carmen et cantum simpliciter notat, nisi legerint הִגָּיוֹן, quod ita vertere solent.—שִׁיר masc. Jud. V. 12. 1 Par. VI. 32. et alibi sæpius. — שִׁירָה fœm. Exod. XIV. 32. Deut. XXXI. 19. 2 Sam. XXII. 1. — תְּפִלָּה, oratio, etiam carmen, quod preces continet. Aqu. Symm. Hab. III. 1. — Vide alibi διάψαλμα. g

ὨΔΙ'Ν, dolor parturientis, dolor vehemens, it. clamor vehemens, it. funis, vinculum. בֶּטֶן, venter, uterus parturientis. Hos. IX. 13. — בָּנִים plur. ex בֵּן, filii, liberi. Ies. XXXVII. 3. ἥκει ἡ ὠδὶν τῇ τικτούσῃ, venit dolor parturienti. Eundem sensum quoque habet dictio Hebr. proverbialis: venerunt liberi usque ad matricem.—הֵד הָרִים, celeusma montium. h
Ezech. VII. 7. οὐ μετὰ θορύβων, οὐδὲ μετὰ ὠδίνων, non cum turbis, neque cum clamoribus. Sc. הָרִים non separatim, sed cum præcedentibus literis junctim ut unam vocem habentes per Resch legerunt הֲרְדָּרִים, quod ad הרה retulerunt. — חֶבֶל. 2 Sam. XXII. 6. ὠδῖνες θανάτου ἐκύκλωσάν με, funes mortis circumde- i
derunt me. Alii ibi habent σχοινία. Vide et Psalm. XVII. 5. CXIV. 3. et confer Act. II. 24. Ps. XVII. 6. ὠδῖνες ᾅδου περιεκύκλωσάν με, funes inferni circumdederunt me. Ὠδῖνας autem proprie partus dolores significantes LXX ibi metaphorice funes vel vincula appellarunt, quod par-

a tus dolores quasi funes et vincula sunt, quæ fœminas constrictas et subjugatas tenent: quemadmodum inde etiam Hebræi *partus dolores* tali vocabulo, quod proprie *funes* ipsis denotat, signarunt. Immo ipsos etiam LXX Intt. et alios auctores Græcos illos tanquam *funes* et vincula considerasse e mox dicendis apparebit. Suidas: ὠδῖνες
b θανάτου καὶ παγίδες, οἱ θανατηφόροι κίνδυνοι. Δαβὶδ (Psalm. XVII. 5.) κ. τ. λ. Ὠδῖνες καλοῦνται αἱ πρὸ τοῦ τοκετοῦ τῆς τικτούσης ὀδύναι. τοιγαροῦν ἐκ τῆς μεταφορᾶς ταύτης ὠδῖνες ᾅδου προσαγορεύονται αἱ αὐτῷ προσπελάζειν τῷ θανάτῳ παρασκευάζουσαι συμφοραί. Job. XXI. 17. ὠδῖνες δὲ αὐτοὺς ἕξουσιν, *dolores* autem illos tenebunt. Ies. XIII. 8. ὠδῖνες αὐτοὺς ἕξουσιν ὡς γυναι-
c κὸς τικτούσης, dolores illos occupabunt, tanquam mulieris parturientis, sc. dolores. Vide et Jerem. XIII. 21. Ies. XXVI. 17. ἐπὶ τῇ ὠδῖνι αὐτῆς ἐκέκραξεν, in suo *partus dolore* clamat. Zonaras Lex. 805. ἐπὶ τῇ ὠδῖνι, ἐπὶ τῷ πόνῳ, ἐπὶ τῇ θλίψει. Theod. Job. XXXIX. 9. ubi per ὠδῖνας vel intellegendi sunt *dolores partus* (hos excutiunt, h. e. eorum mox obliviscuntur), vel *ipse fœtus cum dolore editus, quem statim post*
d *partum dimittunt*. Sic *pullos* ὠδῖνας dictos esse docuit Jacobsius in Anthol. Gr. Tom. VIII. p. 59. Alia ratione formulam ὠδῖνας δὲ αὐτῶν ἐξαποστελεῖς interpretatus est Vulgatus, qui habet: *et rugitus emittunt*. Videtur legisse ἐξαποστέλλουσι et ὠδῖνας explicasse de *clamore, quem exprimit dolor partus*. — חִיל. Exod.
e XV. 14. ὠδῖνες ἔλαβον κατοικοῦντας Φυλιστιείμ, *dolores* occupabant incolas Philistæorum. Mich. IV. 9. κατεκράτησάν σου ὠδῖνες ὡς τικτούσης, tenuerunt te *dolores* tanquam parturientis.—* חָלוּת, *infirmari*. Theod. et Ed. Quinta Ps. LXXVI. 11. — חַלְחָלָה, *dolor vehemens*. Nahum. II. 10. — חִלֵּל Pih. a חוּל, *exitor*. Job. XXXIX. 1. — מַשְׁבֵּר, *matrix*.
f 2 Reg. XIX. 3. — עֵת לֶדֶת, *tempus pariendi*. Job. XXXIX. 3. ὠδῖνας δὲ αὐτῶν ἔλυσας, *dolores* autem *partus* illorum tanquam vincula solvisti. Græci alias etiam ὠδῖνας tanquam vincula considerant, et propterea etiam de illis, qui faciunt, ut partus doloribus liberetur mulier, verbum λύειν usurpant. Ita narratur Æliano Hist. Anim. XII. 5., cum Hercu-
g lem Alcmena parturiret, et parere non posset, mustelam prætercurrentem parturienti τοὺς τῶν ὠδίνων λῦσαι δεσμούς. Sic et in Epigrammate ex Anthologia MS. a Küstero Not. ad Suidam v. Ἴναντος edito. Inde etiam Diana ἐπιλυσαμένη procul dubio a quodam dicta. Vide Hesychium in v. Et Germani nostri entbinden, entbunden werden,
h to be delivered, de fœminis, qui doloribus partus liberantur, dicere solent. — צִירִים plur. *tormina*. Ies. XXI. 3. 1 Sam. IV. 20. — שַׁמָּה, *desolatio*. Jerem. VIII. 21. κατέσχοσάν με ὠδῖνες ὡς τικτούσης, ubi ὡς τικτούσης est glossema ortum ex varia lectione. Nam צִרִי, quod est initio v. seq., legerat quis צִירֵי, quod no-
i tat ὠδῖνας, unde deinde ex aliis locis additum est ὡς τικτούσης. Gloss. Brem. ὠδῖνες, πόνοι, ἀλγηδόνες, λῦπαι. Vide quoque Heupelium ad Marc. XIII. 9. p. 369.

ὨΔΙ͂ΝΑΣ ἜΧΩ, *dolores vehementes habeo*. חוּל, *parturio*. Deut. II. 25.

ΠΟ'ΝΟΣ ΤΩ͂Ν ὨΔΙ'ΝΩΝ, *labor dolorum partus*. חֵבֶל, *dolor partus*.
k Ies. LXVI. 7.

ὨΔΙ'ΝΩ, *parturio, in partu doleo, pario, vehementer doleo, angor, trepido*. הָרָה, verbal. *gravida*. Ies. XXVI. 17. ὡσεὶ ὠδίνουσα ἐγγίζει τοῦ τοκῷ, quemadmodum parturiens partui vicina est. — חִבֵּל Pih. Ps. VII. 15. ὠδίνησεν ἀδικίαν, parturiit s. parere gestiit injustitiam. Cant. VIII. 5. ἐκεῖ ὠδίνησέ σε ἡ μήτηρ σου, illic parturivit te mater tua. Hesych. et Lex. Cyrilli MS. Brem. ὠδίνησεν, ἐγέννησεν. — *חֵבֶל, dolor. Aqu. Symm. Job. XXXIX. 3. ὠδίνησαν. Nomen plurale cum affixo per præteritum verbi expresserunt. —חול in Kal, Pih. Hiph. et Hoph. Ies. XXIII. 4. XLV. 10. LI. 2. Hab. III. 9. ὠδινοῦσι λαοί, angentur populi. Gloss. MS. in Cant. Script. 'Ωδίνουσα, τίκτουσα, pro ὠδινοῦσι, τίκτουσι. Aqu. Ps. XCV. 9. ὠδινήσατε, angimini. Idem Ps. CXIII. 17. ὠδινήσατε, angebat se. Vide et Aqu. Ps. XXVIII. 7. ubi notat parturire facere, ut quoque Hieronymus transtulit. — חוֹלָה, verbale fœm., parturiens. Jer. IV. 31. — *חֲוִילָה, Chavilah, nomen propr. Genes. II. 11. sec. Coisl. ὠδίνησεν, doluit in partu. Cogitavit interpres חָבֵל. — חולל Pyh. a חיל, formatus sum. Aqu. Theod. Prov. VIII. 25. Aqu. Symm. Psalm. LXXXIX. 2. Adde quoque Aqu. Deut. XXXII. 18. ubi vid. Scharfenbergius. — יוֹלֵדָה part. fœm. a יָלַד, pariens. Al. Jer. XLIX. 24. — מְצֵרָה part. fœm. Hiph. a צָרַר, angustata. Jerem. XLVIII. 41. XLIX. 21. Sir. XIX. 10. ἀπὸ προσώπου λόγου ὠδινήσει μωρὸς, stultus, ut quid novi aut secreti audiverit, cruciatur quasi partus doloribus, donec fœtum, qui ventrem ejus gravat, effundat, h. e. non continere se potest pruriens, donec occultum effutiat. Hesych. ὠδίνει, πάσχει, λυπεῖται, τίκτει ἢ ἐγκυμονεῖ.

'ΩΙΔΟ'Σ, contr. ex ἀοιδὸς, cantor. מְשֹׁרֵר part. Pih. a שׁוּר. Neh. XI. 23. Al. 1 Par. XV. 19. — שָׁר part. Kal. 2 Paral. IX. 11. — שִׁיר masc. Al. 2 Par. XXIII. 13. Lex. Cyrilli MS. Brem. 'Ωιδοὶ, ᾄδοντες. Gloss. MS. in Proph. Οἱ ᾠδοὶ (MS. male ὀιωδοί), οἱ ψαλτῳδοί, οἱ τὰς ᾠδὰς ψάλλοντες. f

'ΩΘΕ'ΟΜΑΙ, ΟΥ̃ΜΑΙ, pellor, propellor. דָּחָה. Symm. Psalm. XXXV. 13. ὠθοῦνται.

'ΩΘΕ'Ω et "ΩΘΩ, trudo, pello, impello, propello, motu violento a me dimoveo, concutio. דָּחָה. Ps. LXI. 3. ἐν φραγμῷ ὠσμένῳ, in sepimento cadente. Suidas: 'Ωσμένῳ, ὠθισμένῳ, πεσόντι. Sic et Hesychius, et Lexic. Cyrilli MS. Brem. 'Ωσμένῳ, ὠθισμένῳ. — הָדַף. Numer. XXXV. 20. g ἐὰν δὲ δι' ἔχθραν ὤσῃ αὐτὸν, si autem per inimicitiam pellat illum. Vide et v. 22. — *כָּבַשׁ, subigo. Jerem. XXXIV. 11. sec. Vat. ἔωσαν. Lege ἐποίησαν. — פִּלֵּט Pih. libero. Psalm. LV. 7. ubi tamen pro ὤσεις alii legere malunt σώσεις, sed, ut recte monuit Drusius Anim. I. 10., nec recepta lectio repudianda est, cum h sequatur ἐν ὀργῇ λαοὺς κατάξεις, et constet, פלט apud Chaldæos significare expellere, ejicere. — תָּקַף, prævaleo. Job. XIV. 20. ὦσας αὐτὸν εἰς τέλος, καὶ ᾤχετο, propulisti illum in perpetuum, et abiit. 1 Maccab. VIII. 24. ἐὰν δὲ ὠσθῇ πόλεμος ἐν 'Ρώμῃ, ubi tamen Al. pro ὠσθῇ rectius ἐνστῇ, quod Latinus reddit institerit. Hesych. ὦσαι, διῶξαι, διασεῖσαι, βιάσασθαι, ἀποῤῥῖψαι. i

'ΩΚΥ'Σ, celer, velox, pernix. קָלַל, levis sum. Al, Nah. I. 14. ὠκεῖς.

'ΩΜΙ'Α, humerus, it. angulus, latus. כְּרֻתוֹת, plur. trabes. 1 Reg. VII. 2. ὠμίαι κέδριναι τοῖς στύλοις, latera cedrina columnis. — כָּתֵף. 1 Reg. VII. 29. τέσσαρες ὠμίαι ἐπὶ τῶν τεσσάρων γωνιῶν, quatuor latera in quatuor angulis. Vide et v. 29.

a Gloss. Brem. ὠμία, κλίτος. 2 Reg. XI. 12. ἀπὸ τῆς ὠμίας—ἕως τῆς ὠμίας, ab *angulo* — usque ad *angulum*. Vide et 1 Reg. VI. 8. VII. 38. 2 Par. XXIII. 10. Gloss. Brem. ὠμίας τοῦ οἴκου, γωνίας. Aqu. Symm. Exod. XXVII. 14. ubi vid. Montf. Aqu. Symm. Ez. XL. 40. Symm. Ez. XLI. 2. — שְׁכֶם, *humerus*. 1 Sam. IX. 2. X. 23.

b *ὨΜΙΟΝ, *humerus parvus*. כָּתֵף. Theodot. Ezech. XLI. 21. ubi vox Hebraica per *latera* reddenda est. Vide infra s. v. ὦμος.

ὨΜΟΙ, *heu mihi, væ mihi*. אוֹיָה. Al. Ps. CXIX. 5. pro οἴμοι. Hesych. Ὤμοι, οἴμοι, ἐπίῤῥημα σχετλιαστικόν.

ὨΜΟ'ΛΙΝΟΝ, *linum crudum, linum vilissimum*, cujus usus, secundum Grotium, erat ad sudores aut c manuum sordes abstergendas, et in medicorum operibus. Sir. XL. 5. ἕως περιβαλλομένου ὠμόλινον, usque ad illum, qui induitur *lino crudo*. Hes. ὠμόλινα (sic enim bene Sopingius pro ὠμόλια), τὰ ἄγρια ὀθόνια. Glossæ: Ὠμόλινον, *crudarium*. Confer Eustathium in Odyss. p. 728. Pollucem Lib. X. c. 17. segm. 64. Salmasium Plin. Exerc. p. 765. ac Ol. d Celsii Hierobot. T. II. p. 94. seq.

*ὨΜΟΠΛΑ'ΤΗ, *armus, scapula*. שׁוֹק, *armus*. 1 Sam. IX. 24. sec. Gloss. marg. cod. 56. Holmesiani. Philoxen. Gloss. ὠμοπλάτη, *armus, scapula*.

ὨΜΟΣ, *humerus, latus*. זֶרַע, *semen*. Mal. II. 3. Legerunt זְרוֹעַ, *brachium, quod cum humero cohæret*. — חֲלָצַיִם dual. *lumbi*. Job. XXXI. 20. e *חֲמוֹר, *asinus*. Jos. IX. 4. ubi tamen loco ἐπὶ τῶν ὤμων reponendum est ἐπὶ τῶν ὄνων, quam lectionem præter Alex. et Ald. Augustinus in Quæstt. ad h. l. ut veriorem agnoscit. — כָּתֵף. Exod. XXVIII. 12. Numer. VII. 9. 1 Reg. VII. 33. Postremo loco ὦμοι sunt *latera*. Aqu. Ezech. XLI. 2. Vulg. *latera*. — מְסִלָּה, *via trita*. Jerem. XXXI. 21. δὸς καρδίαν σου εἰς τοὺς ὤμους σου, ὁδὸν ἣν ἐπορεύθης. Sed hic L. Bos in Proleg. in f LXX Intt. c. 3. reponendum putat οἴμους, *semitas*. Nam τοῖς ό alias etiam מְסִלָּה redditur ὁδὸς et τρίβος, et apud Hesychium οἶμος exponitur ὁδὸς, τρίβος. Confer præterea Hagg. I. 5. et 7. — צַד, *latus*. Ies. LX. 4. LXVI. 12. — שְׁכֶם. Ies. IX. 6. οὗ ἡ ἀρχὴ ἐγενήθη ἐπὶ τοῦ ὤμου αὐτοῦ, cujus principatus erat in humero ipsius. Similiter Plinius Panegyr. g c. XV. 7. *quum abunde expertus esset, quam bene humeris tuis sederet imperium*. Vide Raphelii Annotat. in Script. ex Herodoto p. 36. Ies. XXII. 22. δώσω αὐτῷ τὴν κλεῖδα οἴκου Δαυὶδ ἐπὶ τῷ ὤμῳ αὐτοῦ, dabo illi clavem domus Davidis in humerum ipsius. Confer quæ ad h. l. illustrandum de *clavibus* κατωμαδίαις *humeris gestare solitis* observat Huetius Demonstrat. Evang. Prop. IX. h c. 105. p. 931. Adde Deylingium Obss. Sacr. P. I. p. 90. Aqu. sec. cod. Mosqu. Genes. XLVIII. 22. et Psalm. XX. 13. — שֶׁמֶן, *oleum*. Ies. X. 27. Legerunt שְׁכֶם, probante Lowtho et Michaëlis. 2 Macc. XII. 35. τὸν ὦμον καθελόντος, postquam amputaverat ei *manum*, qua sc. gladium tenebat. Sic Ajax apud Sophoclem vocatur ὠμοκρατὴς prop- i ter *brachiorum* robur. Homer. Il. XVIII. 203. Minerva ὤμοις ἰφθίμοισι, *lacertis validis*, circumposuit ægida fimbriatam. Ἀκρωμίαν Pollux dicit esse τὸ ὑπερέχον τοῦ βραχίονος.

ὨΜΟ'Σ, *crudus, crudelis*. נָא, *semicoctus, crudus*. Exod. XII. 9. ὠμόν, *crudum*. Inc. Prov. XVII. 11. 2 Macc. VII. 27. τὸν ὠμὸν τύραννον, *crudelem* tyrannum. Vide et 2 Macc. IV. 25. Lexic. Cyrilli MS. Brem. ὠμός, σκληρός, ἀπάνθρωπος.

a *ΩΜΟ'ΤΑΤΟΣ, *crudelissimus.* 4 Macc. IX. 29.

'ΩΜΟ'ΤΗΣ, *cruditas,* metaphorice: *crudelitas.* 2 Macc. XII. 5. 3 Macc. V. 20. VI. 24. VII. 5.

'ΩΜΟΤΟΚΕ'Ω, *fœtum immaturum pario, abortum facio,* ab ὠμοτόκος, *crudum adhuc partum edens.* גָּעַל, *fastidio.* Job. XXI. 10. ἡ βοῦς αὐτῶν οὐκ ὠμοτόκησε, *vacca illorum non abor-*
b *tum fecit.* Respexerunt notionem *deponendi,* quam habet vox Hebr., unde h. l. ad *abortum* recte tranfertur. Lexic. Cyrilli MS. Brem. ὠμοτόκησεν, ἐδυστόκησεν, ἐξέτρωσεν, ἢ παρὰ καιρὸν ἄωρον (MS. ἄορον) βρέφος παρήγαγεν. Suidas pariter interpretatur ἐδυστόκησεν, ἐξέτρωσεν, et Hesychius ἐδυστόκησεν. Zonaras Lexic. 1887. ὠμοτόκησεν, ἐδυστόκησεν, ἢ παρὰ τὸν καιρὸν τὸ βρέφος προήγαγεν.

c 'ΩΜΟΤΥ'ΡΑΝΝΟΣ, *crudelis tyrannus.* 2 Macc. VII. 27.

'ΩΜΟΦΟ'ΡΙΟΝ, *superhumerale.* אֵפוֹד. Al. 1 Sam. II. 20. Verbum ὠμοφορέω reperitur apud Josephum A. J. III. 140. 15.

*ΩΜΟ'ΦΡΩΝ, *crudelis.* 4 Macc. IX. 15.

"ΩΝ, 'Ο, part. ab ΕΙ'ΜΙ', *ens, existens.* אֲהָהּ אֲדֹנָי, *ah Domine.* Jer.
d XIV. 13. XXXII. 17. Conf. Apoc. I. 4. — אֲשֶׁר אֶהְיֶה, *qui ero.* Exod. III. 14. Sap. XIII. 1. Hesych. Ὤν, ὑπάρχων, ἢ ὄντων. Lexic. Cyrilli MS. Brem. 'Ο ὤν, ὁ ζῶν, ὁ ὑπάρχων, ὁ ἀεὶ ὢν θεός. Hesych. ὁ ὢν θεὸς, ἀεὶ ζῶν, ὑπάρχων. Sic Plato supremum Deum ὄντα ἀεὶ vel ὃ ἐστι τὸ ὂν vocat in Phædro ac in Timæo. Vide Spanhemii Observ. in Callimach. p. 8. Τὰ ὄντα,
e i. q. τὸ πᾶν, *rerum universitas.* Sap. VII. 17. XI. 24. Maxim. Tyr. Serm. 38. Vide quoque Lœsneri Obss. Philon. ad Rom. IV. 17. Sap. II. 6. τὰ ὄντα ἀγαθὰ, *bona, quæ in promptu sunt* (παρόντα), quibus ætatis et occasionis ratione frui possumus.

ΟΥ'Κ "ΩΝ, *non existens.* בְּלִיל, *pabulum.* Job. XXIV. 6. οὐκ αὐτῶν ὄντα, ubi legerunt בְּלִי לוֹ, *non ei.* Hesych. Οὐκ ὤν, οὐχ ὑπάρχων. f

'ΩΟ'Ν, *ovum.* אֶפֶס, *defectus, nihil.* Dan. VIII. 25. ὡς ὠὰ, h. e. *facili vel potius nullo negotio.* — בֵּיצָה, *ovum.* Deuter. XXII. 6. Job. XXXIX. 14. ubi pro ὠὰ in Cod. Alex. vitiose legitur ὦτα.

"ΩΡΑ, *hora, tempus, statutum tempus, justum tempus.* *אֵב, *viror, fructus.* Vulgatus *poma.* Aqu. Job. VIII. 12. ubi, quemadmodum ὀπώρα *fructus auctumnales* notat, ita ὥρα g
fructus tempestivos significat. — זְמָן, *tempus statutum,* vel *præfinitum.* Symm. Cohel. III. 1. — חַי, *vivens.* 1 Sam. XXV. 6. εἰς ὥρας. — חַיָּה, *vita.* Genes. XVIII. 10. ἥξω πρός σε κατὰ καιρὸν τοῦτον εἰς ὥρας, veniam ad te hoc tempore ad horas, h. e. *præcise,* ita ut momenta etiam hujus temporis observem. Vide et v. 14. Secundum Inc. in Catena Ni- h
cephori ὥρα h. l. positum est pro ὀπώρα. Mihi εἰς ὥρας alius interpretis esse videtur, ac pertinere ad formulam כָּעֵת חַיָּה. — *יוֹם, *dies.* Symm. Prov. XXIV. 10. — מֶגֶד, *pretiosum.* Deuter. XXXIII. 13. ἀπὸ ὡρῶν οὐρανοῦ καὶ δρόσου, a *statutis temporibus* cœli et roris. Vide et v. 14. 16. ubi ὧραι vel *tempora anni* sunt, *quibus fructus maturescunt,* vel i
ipsa maturitas fructuum. Lectiones ὀρέων cod. Alex. et ὀρῶν Ald. aperte sunt vitiosæ. Owenus in Tr. de LXX Intt. Genes. l. l. legere mavult ἀπὸ ὡραίων et καθ' ὡραίων de *speciosis deliciis* vel *delicatis fructibus.*—מוֹעֵד, *statutum tempus.* Num. IX. 2. ποιείτωσαν τὸ πάσχα καθ' ὥραν αὐτοῦ, faciant pascha *statuto suo tempore.* Dan. VIII. 9. sec. cod. Chis. ὥρα καιροῦ. — *עַד, *usque.* Dan. XI.

a 45. sec. cod. Chis. Legerunt עֵת. — *עֶדְי, *ornatus, ornamentum*. Hebr. Int. Ezech. XVI. 7. εἰς ὥραν, in tempus. Legit עֵת vel עִתִּי. Sed potest quoque ὥρα in notione *speciei* et *pulcritudinis* accipi. — עִדָּנָא Chald. *tempus*. Dan. III. 3. — עֵת, *tempus*. Levit. XVI. 2. (κατὰ) πᾶσαν ὥραν, *omni tempore*. Vide et Exod. XVIII. 22. 26. Deuter. XI. 14. b καθ' ὥραν, *justo tempore* (Confer Gronov. ad Justin. XLIV. 1.). Vide et Job. V. 26. Hos. II. 9. Zach. X. 1. Gloss. MS. in Proph. καθ' ὥραν, κατὰ καιρόν. Lex. Cyrilli MS. Brem. καθ' ὥραν, ἐν ὥρᾳ, ἐν καιρῷ. Dan. XI. 6. sec. cod. Chis. Ruth. II. 14. ἤδη ὥρα τοῦ φαγεῖν, jam *tempus* edendi. Vide et Genes. XXIX. 7. Similiter profani locuti sunt. Vide Lexicon N. T. s. h. v. c 2 Reg. VII. 1. ὡσεὶ ὥρα αὕτη αὔριον, cras *hac ipsa hora*. Vide et v. 19. 2 Reg. IV. 16. 17. X. 6. Sic alias ὡς ὁ καιρὸς οὗτος. Vide s. v. καιρός. — *קֵץ, *finis*. Dan. VIII. 17. sec. cod. Chis. — שָׁעָה : שַׁעֲתָה Chald. Dan. III. 6. 15. IV. 16. 30. V. 5. Præterea legitur Job. XXXVI. 28. ubi voci ὥρα (quæ h. l. notat *tempus, quo certa* d *negotia ab animalibus sunt peragenda*) nihil respondet in textu Hebr. Sap. X. 7. ὧραι ἀτελεῖς sunt *tempora frugum inchoata nunquam perfecta*. Potest et verti: imperfecta maturitate. Sirac. XI. 27. κάκωσις ὥρας, afflictio *horaria*, h. e. *admodum brevis*. Aliis ὥρα h. l. est *tempus, quo moriendum est homini*, ut quoque in N. T. legitur. Sed priorem inter- e pretationem præfero. Sic *hora* pro *exiguo temporis spatio*. Vide Intt. ad Valer. Flacc. VII. 318. ac Schwebelium ad Onosandri Strateg. p. 122. Sirac. XXXII. 12. ἐν ὥρᾳ ἐξεγείρου, καὶ μὴ οὐράγει, *in tempore* surge, et non sis ultimus. Susann. v. 12. ἀρίστου ὥρα ἐστί, prandii *hora* est. Confer Luc. XIV. 17. — Vide alibi καιρὸς et ὄμφαξ.

*ΩΡΑ, *species, decor, pulchritudo*. f — אֵב, *viror*. Aqu. Job. VIII. 12. ἐν ὥρᾳ αὐτοῦ, in *decore* suo, h. e. in *flore* s. *virore* suo. Sermo enim est de junco, gramine s. carecto. Aliam explicationem vide supra s. ὥρα, *tempus*. — נָאָה, *jucundus sum*. Ies. LII. 7. ὡς ὥρα ἐπὶ τῶν ὀρέων, quantus *decor* vel *pulchritudo* supra montes. Hanc esse genuinam lectionem LXX Intt. adserit Hodius de Bibl. g Text. Orig. p. 251. Hesych. ὥρα, τὸ ἔαρ, ἢ θέρος, ἢ μορφή. Idem: ὥρα, καιρός, κάλλος, τροπή, εὐμορφία.

ΩΡΑΪΖΟΜΑΙ, *ornor*. Sirac. XXV. 1. ἐν τρισὶν ὡραΐσθην, in tribus *ornata sum*. Vulg. *in tribus placitum est spiritui meo*, h. e. hæc tria mihi ita placent, ut iis mihi pulchra et speciosa esse videar. Hesych. ὡραΐζεται, καλλωπίζεται. Idem: ὡραϊσμένη, κεκαλλωπισμένη. h

ΩΡΑΙΟΟΜΑΙ, οὖμαι, *pulcher sum, decorus sum*. נָאָה. Cant. I. 20. Aqu. Psalm. XXXII. 1. ὡραιοῦται. LXX πρέπει. Vulg. *decet*. Aqu. Ies. LII. 7. ὡραιώθησαν. — יָפָה. Symm. Cant. IV. 10.

*ΩΡΑΙΟΟΜΑΙ ΚΑΛΛΕΙ. יָפִיפִית, *pulcra es*. Ed. Quinta Ps. XLIV. 3. Auctor hujus versionis legit divisim יָפִי יָפִית, ut et reliqui inter- i pretes.

ΩΡΑΙΟΣ, *pulcher, speciosus, venustus, jucundus, tempestivus*. בַּדִּים, plur. ex בַּד, *vectes*. Job. XVIII. 14. Ita Bielius Trommium secutus. Si recte se habet hæc observatio, libere verterunt, et τὰ ὡραῖα de pulchritudine explicanda sunt. Sed potest hæc vox quoque ad בְּכוֹר, *primogenitus*, referri, cum constet, hac voce *omne, quod est in suo genere præstans et insigne*, sig-

a nificari. — גְּבוּלָה, *terminus*. Ps. LXXIII. 18. ubi tamen pro ὡραῖα al. rectius ὅρια habent. — הָדוּר part. Pah. *decoratus*. Ies. LXIII. 1. ὡραῖος ἐν στολῇ αὐτοῦ, *pulcher* in stola sua. — הָדָר, *decor*. Lev. XXIII. 40. καρπὸν ξύλου ὡραῖον. Schol. ἔνδοξον. — חֶמְדָּה, *desiderabile*. 1 Sam. IX. 20. — מַחְמָד, idem. 2 Paral. XXXVI. 19. σκεῦος ὡραῖον, *supellec-
b tilem bonam*. — נֶחְמָד part. Niph. *desideratus*. Gen. II. 9. III. 6. — טוֹב, *bonus*. Gen. XXVI. 7. ὡραία τῇ ὄψει, *pulchra* aspectu. Vide et 1 Reg. I. 6. — יָפֶה. Gen. XXIX. 17. XXXIX. 6. Jerem. XI. 16. — נָעִים, *jucundus*. Cant. I. 15. Inc. 2 Sam. XXIII. 2. Vulg. *egregius*, h. e. *dignitati objecti consentaneus*. LXX εὐπρεπής. — נָאָה, verbum,
c *pulcher* s. *jucundus sum*. Al. Ies. LII. 7. ὡς ὡραῖοι οἱ πόδες τῶν εὐαγγελιζομένων ἀκοὴν εἰρήνης, quam *jucundi* pedes illorum, qui bonum nuntium afferunt pacis. Ita legit etiam Apostolus Rom. X. 15. Versio Italica, quæ ante Hieronymum obtinuit, vertit: *tempestivi pedes* seu *maturi*. Eam versionem approbat Is. Vossius de LXX Intt. p. 80. Sed cum interpretes nostri verbum
d נָאָה in participio per v. ὡραῖος alibi etiam eo sensu reddant, quo *jucundum* denotat, et pedes illorum, qui bonum nuncium pacis afferunt, jucundi dici possint aspectu, sc. ob celeritatem, qua procedunt, vel ob bonum nuncium, quem afferunt, noluit Bielius assentiri Vossio. Cf. et L. Bos. ad Rom. l. c. et quæ inde repetit ad eundem locum Wol-
e fius p. 215. — נָאוֶה: נָאוָה, part. masc. et fœm. a נָאָה. Cant. II. 14. IV. 3. ἡ λαλιά σου ὡραία, loquela tua *jucunda*. Vulg. *dulce*. Confer et Cant. VI. 3. — נְאוֹת plur. ex נָוֶה, *habitatio, pascuum*. Ps. LXIV. 13. πιανθήσονται τὰ ὡραῖα (ita quoque Symmachus) τῆς ἐρήμου, pinguefient *amœna pascua* deserti, coll. Psalm. XXIII. 2. et Joël. II. 22. Thren. II. 2. Joël. I. 19. 20. — *נָוֶה, f
habitaculum. Theod. Job. XVIII. 15. Aqu. Theod. Jer. VI. 2. Hic pariter ac in locis sub נְאוֹת allatis deduxerunt a נָאָה. — צִיץ, *flos*. Inc. Ies. XXVIII. 1. Vox Hebr. late patet, et notat *omne, quod splendet et micat, adeoque pulcrum est*. — שַׁפִּיר. Chald. Dan. IV. 9. Sir. XV. 9. οὐχ ὡραῖος αἶνος ἐν στόματι ἁμαρτωλοῦ, non est speciosa seu in- g
decens est laus in ore peccatoris, h. e. impius non potest ac debet rite laudare et prædicare sapientiam. Sir. XIX. 27. ὃς οὐκ ἔστιν ὡραῖος, ubi ὡραῖος non significat *decorum* aut *pulcrum*, sed *tempestivum*, ut Chrysostomus in Ps. XL. interpretatus est. Sir. XXV. 6. 7. XXXV. 23. XXVI. 20. πόδες ὡραῖοι, *pedes pulchri, fulcra pulchra*. Hesychius: ὡραῖος, εὔμορφος, εὔτροπος (forte εὐπρε- h
πής legendum), εὐσχήμων, εὐπρόσωπος. Lexic. Cyrilli MS. Brem. ὡραίοις, εὐειδέσι, καλοῖς.

ὩΡΑΙ͂ΟΣ ΚΑ´ΛΛΕΙ, *elegans pulchritudine*. יְפֵיפִיָה Pyh. per geminat. lit. a יָפָה, *longe pulchrior* vel *pulcherrimus sum redditus*. Psalm. XLIV. 3.

ὩΡΑΙΟ´ΤΗΣ, proprie *tempestivitas, maturitas, pulchritudo, venustas, decor formæ*. הָדָר, *honor, decor*. i
Psalm. XCV. 6. Ezech. XVI. 14. Theod. Ies. XXX. 2. — הוֹד, *decus, gloria*. Ps. XLIV. 5. — זִיז, *fera*, it. *splendor*. Ps. XLIX. 12. ὡραιότης ἀγροῦ μετ' ἐμοῦ ἐστι, pulcritudo agri mecum est. Lex. Cyrilli MS. Brem. ὡραιότης ἀγροῦ exponitur ὁ παράδεισος. Cappellus in Crit. S. p. 603. statuit quidem, LXX Ps.

a l. c. legisse זִין, *speciem, decorem,*
pulchritudinem, sed recte contra
eum observavit Buxtorfius in Anticrit, partim זִין Chaldæum esse, nec
uspiam in textu Hebr. legi, partim
voci זִיז Ies. LXVI. 11. alios quoque Intt., v. c. R. Nathan, D. Kimchi, Münsterum, Pagnium et Junium, *splendoris* significationem attribuere. Cæterum ὡραιότης ἀγροῦ
b h. l. *proventum agri pulcherrimum*
notat. Sic Aqu. Symm. et Apollinarius. — יְפִי. Ps. XLIX. 2. —
נָוֶה verbal. *habitatrix.* Ps. LXVII.
13. τῇ ὡραιότητι τοῦ οἴκου διελέσθαι
σκῦλα. Hic legerunt נָוָה, fœm. ex
נָוֶה, *pulchra,* aut deduxerunt a
נָאָה cum Vulg. et Syro. Cæterum
in versione Aquilæ secundum The-
odorum in Catena PP. GG. T. II.
c p. 349. legendum est καὶ ὡραιότητος
οἴκου μερίσειται λάφυρα, non autem
ὡραιότης οἴκου μερίζεται λάφυρα, ut
Montfauconius edi jussit. — נָוֶה,
in plur. נְאוֹת, *habitaculum, pascu-*
um. Aqu. 2 Sam. VII. 8. Id. Ps.
XXII. 2. Aqu. Soph. II. 6. Aqu.
Symm. Ps. CXLIV. 5. ἐν ὡραιότητι,
et Prov. XXIV. 15. εἰς ὡραιότητα.
Symm. Ps. LXXIV. 20. Vide su-
d pra s. v. εὐπρέπεια. — תִּפְאֶרֶת, *or-*
natus. Ies. XLIV. 13. Theod.
Prov. IV. 9.

'ΩΡΑΙΟ'ΟΜΑΙ, *pulcher sum, de-*
corus sum, ab ὡραιόω (i. q. ὡραΐζω),
pulchrum facio, decoro, venustatem
concilio. יָפָה, *pulcher sum.* Cant.
VII. 1. τί ὡραιώθησαν διαβήματά σου,
quam *decori* sunt gressus tui. Cant.
VI. 6. τί ὡραιώθης, quam *pulcher*
e es. — נָאָה, idem. Cant. I. 9. Aqu.
Ies. LII. 7. τί ὡραιώθησαν ἐπὶ τὰ ὄρη
πόδες εὐαγγελιζομένου, quam *pulchri*
sunt super montes pedes ejus, qui
bonum nuntium affert. — נָעַם,
amœnus sum. 2 Sam. I. 26.

'ΩΡΑΓΙΣΜΟ'Σ, *decoratio ad ve-*
nustatem formæ conciliandam, pul-
chritudo, i. q. ὡραιότης. Adhibetur
fere invidioso sensu ac opponitur
nativæ venustati. Vide Ruhnken.
ad Longin. pag. 247. תִּתְיַפִּי, fut. f
fœm. Hithp. a יָפָה, *pulchram te*
reddis. Jer. IV. 30. — *נְהִי, *lamen-*
tum. Theod. Ezech. VII. 11. Legit נָאֲוָה aut נָוָה, de quo videndus Simonis Lex. Hebr. Hesych.
ὡραϊσμός, καλλωπισμός, κάλλος.

'ΩΡΑ'ΡΙΟΝ, *orarium.* פְּתִיל, *fi-*
lum. Syrus Genes. XXXVIII. 18.
ὡράριον. Immo ὀράριον. Est enim,
Suida auctore, vox Latina *orarium* g
ejusdem fere potestatis, ac σουδάριον
in N. T., quæ, ut multa alia Latina, in usum et consuetudinem Sy-
rorum venerant. Conf. supra in v.
ὁρμίσκος.

*'ΩΡΗ'Β, *Oreb.* Est ipsa vox
Hebr. עֹרֵב, nomen cujusdam rupis.
Aqu. Ies. X. 26.

*'ΩΡΙΜΟΣ, *tempestivus, maturus.*
עֵת, *tempus.* Jerem. LI. 33. Lex. h
Cyrilli MS. Brem. ὥριμος, πέπειρος,
ἑψημένος τῷ καιρῷ αὐτοῦ, καίριμος. —
Vide alibi ὥριος.

'ΩΡΙ'ΩΝ, *Orion,* nomen cujusdam
sideris. כְּסִיל. Job. XXXVIII. 31.
Ies. XIII. 10. Aqu. Amos V. 8.
Hesych. 'Ωρίων, σύστημα κδ' ἀστέρων, ὃν
τινες ὀνομάζουσι Βοώτην. Οὓς οἱ περὶ
ταῦτα δεινοὶ καταμερίζουσι καὶ φασί,
τοὺς μὲν τέσσαρας εἶναι τρίτου μεγέθους, i
ἐννέα δὲ ἐν αὐτοῖς τετάρτου μεγέθους, καὶ
τοὺς ἄλλους ἐννέα τοῦ πέμπτου. κεῖται δὲ
τοῦτο τὸ τῶν ἀστέρων ἄθροισμα ἐν τῷ
Βορείῳ μέρει, ὅπερ καὶ ὑπὸ τῆς γραφῆς
ὡς ἓν σῶμα 'Ωρίων ὠνόμασται. Varias
Orionis etymologias vide apud Eustathium ad Il. Σ, p. 1212.

a *ΩΡΟΛΟ'ΓΙΟΝ et 'ΩΡΟΛΟΓΕΙ'ΟΝ (apud Zonaram Lex. col. 1892., qui addit: λέγειν γὰρ τὸ μετρεῖν.), *horologium.* מַעֲלוֹת, *gradus.* Symm. Ies. XXXVIII. 8. ἐν ὡρολογίῳ (si quidem Montf. recte vertit Latina Hieronymi. K.). Vulg. *in horologio:* ubi vid. Montfauconius. Verbum ὡρολογέω reperitur apud Suidam s. v. εὐφροσύνη, et ὡρολόγος apud
b Porphyr. de Abstin. IV. 7. extr. Conf. de Schmidt de Sacerdot. et Sacrif. Ægypt. p. 148. seq. Adde Etymol. Gudianum 364. 9. et 367. 36.

'ΩΡΥΓΜΑ, *ululatus.* שְׁאָגָה, *rugitus.* Symmach. Theodot. Ies. V. 29.

'ΩΡΥ'Ω et 'ΩΡΥ'ΟΜΑΙ, *rugio, horrendum vociferor, ululo, ploro.*
c שָׁאַג. Ps. XXI. 13. ὡς λέων ἁρπάζων καὶ ὠρυόμενος, tanquam leo rapiens et *rugiens.* Vide et Jerem. II. 15. Ezech. XXII. 25. et conf. 1 Petr. V. 8. et Bochartum Hieroz. P. I. Lib. III. c. 2. p. 730. Ps. XXXVII. 8. ὠρυόμην ἀπὸ στεναγμοῦ τῆς καρδίας μου, plorabam præ gemitu cordis mei. Vide Trilleri Obss. Critt. p. 304. et quos laudat Tittmannus ad Zonaræ Lex. 1894. Adde Hero-
d dot. IV. 75. Hesychius: ὠρύεσθαι, κλαίειν. τάττεται δὲ ἐπὶ τῶν κυνῶν. — שְׁאָגָה, *rugitus.* Zach. XI. 3. φωνὴ ὠρυομένων λεόντων, vox *rugientium* leonum. Lex. Cyrilli MS. Brem. ὠρυομένων, κραζόντων, βρυχόντων. Conf. notata in ὀργιάω. Sap. XVII. 19. ὠρυομένων ἀπηνεστάτων θηρίων φωνὴ, *ululantium* sævarum bestiarum vox. Hesych. ὠρυομένων, κραζόντων, κυρίως
e δὲ ἐπὶ λιμῷ κλαιόντων λύκων ἢ λεόντων ἢ κυνῶν. De *canum* ululatu legitur apud Theocrit. Id. I. 71. et II. 35.

'ΩΡΥ'ΩΜΑ, *rugitus.* שְׁאָגָה, idem. Ezech. XIX. 7. ἀπὸ φωνῆς ὠρυώματος αὐτοῦ, præ *rugitu* ejus.

'ΩΣ, *sicut, tanquam, circiter, quomodo, quia, quando, quum, quam, certe, profecto.* אַךְ, *certe, utique.* Ps. LXXII. 1. ὡς ἀγαθὸς ὁ Θεὸς τῷ Ἰσραὴλ, *profecto* bonus Deus Israëli. f
Sic et Hesychius ὡς aliquando idem esse quod ἀληθῶς, ὄντως docet, eamque in rem verba hæc poëtæ adfert: Ὡς οὐκ αἰνότερον καὶ κύντερον ἄλλο γυναικός. Ed. Quinta et LXX Ps. XXII. 5. — *אֲשֶׁר. Incert. et LXX 1 Sam. XVI. 7. Ps. XCV. 11. ubi lectio ὡς est in Græcis fere exemplaribus. Alii habent οἷς, quos secutus est Augustinus, Roman. Psalterium et Paulus Hebr. III. g
11., ubi quidem eadem est lectionis diversitas, sed Paulum οἷς scripsisse e sequentibus apparet. — בְּ præfix. 2 Paral. XX. 38. ὡς ἐφιλίασας τῷ Ὀχοζίᾳ, *quia* amicitiam iniisti cum Ochozia. Cohel. II. 3. ubi tamen pro ὡς οἶνον legendum arbitror εἰς οἶνον: *num toto animo ferar ad implendum mero corpus meum?* — *כְּדֵי, *tanquam.* Jud. VI. 5. — *בְּמוֹ, *in.* Symm. Ies. XXV. 10. Legit h
כְּמוֹ. — בְּעֵת, *in tempore.* 2 Paral. XXIV. 11. ὡς εἰσέφερον τὸ γλωσσόκομον πρὸς τοὺς προστάτας, *cum* inferrent arcam ad præfectos. Ibid. paulo post: ὡς εἶδον, ὅτι ἐπλεόνασε τὸ ἀργύριον, *cum* viderent, quod abundaret argentum. Sic etiam per ὅτι exponitur Hesychio, et adduntur illa poëtæ: Ἕκτωρ δ' ὡς Σκαιάς τε πύλας καὶ φηγὸν ἵκανε. — *הוֹי, *hei, væ.* Jerem. XXII. 13. Zach. XI. 17. i
Utrobique legendum videtur ὦ. — כְּ præfixum. Ruth. I. 4. habitabant ibi ὡς δέκα ἔτη, decem *circiter* annos. Vide et Ruth. II. 17. 1 Sam. XI. 1. XIV. 2. et conf. Marc. V. 13. VIII. 9. Joh. VI. 19. et ad h. l. Elsnerum p. 310. Ita et Herodotus Lib. II. cap. 130. ἀριθμὸν ὡς εἴκοσι. Nehem. VII. 2. αὐτὸς ὡς ἀνὴρ ἀληθὴς, ille *tanquam* (h. e. *vere talis*) vir integer. Cf. Joh. I. 14. et Lex. N. T.

a a. h. v. Cohel. XI. 5. ὡς ὀστᾶ ἐν γασ-
τρὶ κυοφορούσης, *quomodo* ossa in utero
prægnantis, scil. concrescant. Conf.
Luc. XXIII. 55. XXIV. 6. 35. Sic
et Hesychius ὡς interpretatur ὃν
τρόπον, et illa poëtæ subjungit: ἦρ-
ξατο δ', ὡς πρῶτον Κίκονας δάμασε. —
כִּי, *quia*. 1 Sam. XIII. 13. ὡς νῦν
ἡτοίμασε κύριος τὴν βασιλείαν σου, *quia*
nunc stabilivit dominus regnum
b tuum. Eodem sensu legitur apud
Herodotum et Æschinem. Vide
Wolfium ad 2 Tim. I. 3. pag. 499.
Job. XV. 4. 14. ubi tamen alii legere malunt πῶς, ut habet Hebræus.
— כְּעֵין, *secundum colorem*. Ezech.
I. 7. *לְ præfixum. Inc. 1 Sam. I.
13. Theod. ib. v. 16. Apud Græcos ὡς sæpe ponitur pro εἰς. Vide
Dukerum ad Thucyd. V. 69. et
c Wassium ad eundem VIII. 103. —
לְעֻמּוֹת, *ex adverso*. Ezech. XLV.
7. — מַה. Al. Ies. LII. 7. ὡς ὡραῖοι
πόδες, *quam* jucundi pedes. Psalm.
XXXV. 7. ubi ὡς est admirantis et
amplificantis simul. Præterea legitur Cohel. VII. 23. ubi post ὡς (cui
nihil respondet in textu Hebr.)
supplendum est αὐτός. Psalm.
CXXXVII. 6. ubi ὡς perperam po-
d situm est in Vaticano, et rectius
omittitur in Alexandrino. Idem
valet de loco Ezech. XI. 1. Psalm.
X. 2. ὡς στρουθίον. Scil. pro הַרְכֶם,
montem vestrum, legerunt הַר כְּמוֹ
cum Chaldæo. Tob. IV. 8. *quando*,
coll. 2 Paral. XXIV. 11. 2 Macc.
IV. 1. *quasi, ac si*. Sir. VIII. 13.
quo modo, qua ratione. Hes. ὡς, ὃν
τρόπον. Sap. V. 11. *ita ut*. 1 Esdr.
e VII. 25. *secundum*, i. q. κατὰ, coll.
3 Esdr. VIII. 23. et Joseph. A. J.
XI. 5. Esdr. VII. 28., coll. 3 Esdr.
VIII. 47. 2 Macc. IV. 5. ubi pro
ὡς reponendum est πρός. Judith.
XVI. 14. vel pro ὡς παῖδας αὐτομολούντων, omisso ὡς, legendum est
παῖδες αὐτομολούντων, vel in antecedentibus reponendum est ὡς υἱοὺς
κορασίων. Posteriorem conjecturam
tuetur Syrus. Hesych. ὡς, θαυμασ- f
τικὸν ἐπίῤῥημα, ἄλλως, οὕτως, ὁμοίως,
ἀληθῶς, ἢ ὥσπερ, ἵνα, ὅτε, ὅτι, πρὸς,
λίαν, ἢ εἰς τὰ παραδείγματα.

*'ΩΣ "ΑΝ. כִּי. Inc. Exod. XIII.
5.

'ΩΣ ΕΙ"ΘΕ, *utinam*. לוּ, idem.
Symm. Job. VI. 2.

'ΩΣ ΕΙ'Σ, *usque ad*. ה præfixum.
2 Reg. II. 1. cum eveheret Dominus in turbine Eliam ὡς εἰς τὸν οὐ- g
ρανὸν, in cœlum.

'ΩΣ 'ΟΛΙ'ΓΟΝ, *pene, propemodum*.
כִּמְעַט, *sicut parum*. Aqu. Prov. V.
14. — Vide alibi καθήκει et μικρόν.

*'ΩΣΑΝΕΙ'. Addit. Esth. XI. 10.
K.

'ΩΣΑΥ'ΤΩΣ, *similiter*. *כָּזֹאת,
secundum hoc: Jud. VIII. 8. —
יַחְדָּו, *simul*. Deut. XII. 22. XV.
22. — נִשְׁתָּוָה, forma composita ex h
Niph. et Hithp. a שָׁוָה, *adæquor,
æqualis sum*. Prov. XXVII. 15. —
קָצוּר part. Pah. *angustus, curtus*.
Ezech. XLII. 4. Præterea legitur
Proverb. XX. 4. ubi ὡσαύτως καὶ de
suo addiderunt. Jaegeri enim ad h.
l. conjectura refellitur iis, quæ sunt
a me supra s. v. δανείζεσθαι notata.

'ΩΣΕΙ', *tanquam, circiter, circa*.
*אוֹ. Gen. XXIV. 55. — בְּ præ- i
fixum. Psalm. XXXVIII. 20. ubi
non כ legerunt, quæ fuit Cappelli
sententia, sed, ut judicat Buxtorfius
in Anticrit. p. 580., sensus utriusque lectionis eodem recidit. *In
fumo deficere* vel *in fumum deficere*
annon facile reddi potest per *in fumum abire et consumi*, hoc autem
quid aliud quam *instar fumi consumi*? — *הַ. 1 Sam. XVII. 43. ὡσεὶ k
κύων. — כ præfix. Jud. III. 29.
ὡσεὶ δέκα χιλιάδας ἀνδρῶν, *circiter* decem millia virorum. Vide et Nehem.
VII. 66. Dan. IX. 21. ὡσεὶ ὥραν θυσίας ἑσπερινῆς, *circa* tempus sacrificii

a vespertini. Ies. XVIII. 3. ubi ὡσεὶ positum est pro ὡς, h. e. *quando*, ut apparet e sequentibus. — *בְּמוֹ. Ps. LVIII. 10. ubi ὡσεὶ ante ἐν ὀργῇ mihi in οὕτως mutandum videtur. Certe Vulgatus habet *sic*. Irrepsisse videtur ex antecedentibus. Ps. LXXVII. 13. ὡσεὶ ἀσκόν. Fortasse legendum est ὡς εἰς ἀσκόν. Latinus: *quasi in utre*. Præterea legitur apud
b Symm. Psalm. XIII. 4. ὡσεὶ ἄρτον. In textu Hebr. est אָכְלוּ לֶחֶם. Hic de suo addidit particulam comparandi cum reliquis Intt. et אָכְלוּ in versione sua, quia jam præcesserat, plane omisit. — Vide alibi s. ὡν.

ὨΣΠΕΡ, *quemadmodum*. כָּל־עֻמַּת, *omnino, prout*. Cohel. V. 15. Adde Job. XXXVIII. 38. ubi pro ὥσπερ γῆς legendum videtur ὑπὲρ γῆς. Hos. IX. 4. pro אֱוִיל legerunt אֵיךְ.

ὨΣΤΕ, *ut, ita ut, igitur, itaque*. ל præfix. Num. VIII. 12. XX. 4. Jos. X. 14. — *עַד. 2 Sam. II. 17. — רַק. Symm. Psalm. XXXI. 6. Sap. XVI. 25. ὥστε παιδεύεσθαι τοῖς ῥήμασί μου, erudimini *itaque* dictis meis. Vide Matth. XII. 12. 1 Thess. II. 18. 1 Macc. VI. 3. ὥστε μεγαλῦναι αὐτὸν pro καὶ μεγαλύνουσιν αὐτὸν, h. e. Grotio interprete: literis laudantibus et extollentibus, quibus persuadere volebat Jonathæ, a se ipsum plurimi fieri. Infra v. 24. λόγοι ὕψους vocantur.

ὨΤΙΟΝ, *auricula, auris*. אֹזֶן. 1 Sam. IX. 15. XX. 2. Conf. Lex. N. T. s. h. v.

ὨΤΟΤΜΗΤΟΣ, *qui auriculam scissam habet, cui aures amputatæ sunt, auribus truncatus*. שָׂרוּעַ part. Pah. *prælongus, qui est membris iusto longioribus*. Levit. XXI. 17. XXII. 23. N. L.

ὨΦΕΙΡ. Ipsa vox Hebr. אוֹפִיר, *Ophir*, nomen regionis auriferæ. Al. Job. XXII. 24. XXVIII. 16.

ὨΦΕΙΡΑ, idem. Al. 1 Reg. IX. 28. 2 Par. VIII. 18. f

ὨΦΕΛΕΙΑ, etiam ὨΦΕΛΙΑ, *utilitas, emolumentum*. בֶּצַע, *lucrum*. Ps. XXIX. 11. τίς ὠφέλεια ἐν τῷ αἵματί μου; quodnam *emolumentum* in sanguine meo? Vide et Job. XXII. 3. Ed. Quinta Mich. IV. 13. Hebr. בֶּצַע etiam Mal. III. 14. in bonam partem *utilitatem* notat. Adde Sir. XX. 30. XXX. 23. XLI. 17. — הוֹעִיל Hiph. a יָעַל, *utilis sum, utilitatem affero*. g Job. XXI. 15. Jer. XXIII. 32. — תְּעָלָה, *curatio, cicatrix*. Jerem. XXX. 11. XLVI. 11. Utrobique legerunt תּוֹעֶלֶת, a rad. יָעַל, quod in Hiph. notat *prodesse*.

ὨΦΕΛΕΩ, *proficio, prosum, utilis sum, juvo*, item, *fœnero*. הוֹעִיל Hiph. a יָעַל. Prov. X. 2. οὐκ ὠφελήσουσι θησαυροὶ ἀνόμους, h non *juvabunt* thesauri impios. Vide et Prov. XI. 4. Ies. XLIV. 9. Ies. XXX. 5. ad populum, ὃς οὐκ ὠφελήσει αὐτοὺς, qui non *proderit* illis. Conf. 2 Maccab. XII. 11. Lex. Vet. ὠφελῶ σε, *præsidium tibi sum, prosum tibi*. Jerem. II. 11. gloriam, ἐξ ἧς οὐκ ὠφεληθήσονται, ex qua nullam *percipient utilitatem*. Jerem. VII. 7. in verbis mendacibus, ὅθεν οὐκ ὠφεληθήσεσθε, unde nullam *percipietis utilitatem*. — הִשִּׁיא Hiph. a נָשָׁא, *exactorem* i *ago*. Ps. LXXXVIII. 22. οὐκ ὠφελήσει ἐχθρὸς ἐν αὐτῷ, nihil *proficiet* inimicus in eo. Confer Matth. XXVII. 24. Joh. XII. 19. — הֵשִׁיב Hiph. a שׁוּב, *recreo*. Prov. XXV. 13. ψυχὰς γὰρ τῶν αὐτῷ χρωμένων ὠφελεῖ, animabus enim eo utentium *prodest*. — נָשָׁה, *mutuum do*. Jerem. XV. 10. οὔτε ὠφέλησα, οὔτε ὠφέλησέν με οὐδεὶς, non *fœneravi*, neque *fœneravit* mihi quisquam.

a Ita Vulgatus. Cappello legendum videtur ὤφλησα et ὤφλησεν, neque *debeo* (mutuo scil. et fœnori accipiendo), neque *debet* mihi quisquam, fœnore sc. a me accipiendo. — עָזַר, *juvo*. Ies. XXX. 7. Tob. II. 9. οὐκ ὠφέλησάν με, non *juvarunt* seu *sanarunt* me. Sir. XXXIV. 28. τί ὠφελοῦσι; quid *reportabunt*? Sap. VI. 25. Dionys. Hal. pag. 475. et
b 1522. ed. Reisk. Æschin. Dial. de Virtute III. ubi ὠφελεῖσθαι opponitur τῷ βλάπτεσθαι.

'ΩΦΈΛΗΜΑ, *utilitas, adjumentum, emolumentum*. מוֹעִיל partic. Hiph. ex הוֹעִיל, a יָעַל, *utilitatem afferens*. Jerem. XVI. 18.

"ΩΦΕΛΟΝ, i. q. ὄφελον, *utinam*. מִי יִתֵּן, *quis dabit*? Exod. XVI. 3.

"ΩΧΡΑ vel 'ΩΧΡΊΑ, *pallor*. יֵרָקוֹן, *rubigo*. Deuter. XXVIII. 22. ubi c
cod. Oxon. ὠχρία habet. Intellegendus est *pallor segetum ex frigore nocturno*.

'ΩΧΡΊΑΣΙΣ, idem. יֵרָקוֹן, *rubigo*. Theod. Amos IV. 9. ὠχριάσει. Mentio quoque ejus fit apud Pollucem Lib. IV. cap. 25. segm. 187. ibique cum ἰκτέρῳ conjungitur.

FINIS LEXICI.

INDEX

NONNULLORUM VETERIS TESTAMENTI LOCORUM

QUORUM

TEXTUS GRÆCUS EMENDATUR AC DEFENDITUR.

GENESIS.

EXODUS.

LEVITICUS.

JOSUA.

JUDICES.

RUTH.

I. SAMUELIS.

II. SAMUELIS.

I. REGUM.

XXXII. 28. ii. 815. *d.*
XXXIV. 6. iii. 283. *a.*
9. iii. 412. *d.*
13. ii. 694. *g.*
22. i. 537. *h.*

ESDRAS.

I. 8. i. 481. *f.*
III. 11. i. 223. *e.*
IV. 39. i. 594. *f.*
VIII. 21. ii. 333. *h.*
IX. 3. 5. ii. 631. *e.*
4. i. 626. *c.*
5. iii. 342. *g.*
X. 1. ii. 267. *b.*

NEHEMIA.

I. 7. i. 565. *b.*
III. 9. iii. 75. *c.*
IV. 7. i. 585. *a.*
13. iii. 51. *g.*
V. 14. i. 454. *e.*
VII. 3. i. 141. *h.*
VIII. 13. i. 962. *h.*
IX. 15. iii. 45. *b.*
X. 31. i. 162. *h.*
XI. 11. i. 274. *g.*
XII. 35. i. 69. *h.*

ESTHER.

I. 1. i. 285. *i.*
3. iii. 28. *i.*
4. i. 956. *i.*
5. iii. 156. *g.*
6. ii. 376. *a.*
7. ii. 17. i. 765. *c.*
II. 1. ii. 353. *a.*
13. ii. 647. *g.*
16. i. 654. *f.*
III. 7. ii. 730. *g.*
IV. 11. i. 97. *e.*
V. 1. ii. 232. *g.*
VI. 10. i. 666. *d.*
12. ii. 158. *k.*
VII. 1. i. 36. *a.*
4. ii. 683. *a.*
7. iii. 156. *f.*
VIII. 9. ii. 912. *e.*
IX. 3. iii. 28. *i.*
26. 28. 30. iii. 408. *e.*
XII. 5. i. 892. *b.*
XIII. 4. i. 588. *e.*
XIV. 10. iii. 26. *h.*
XVI. 4. i. 272. *h.*
17. ii. 902. *d.*

JOB.

I. 3. ii. 506. *a.*
17. i. 364. *a.*
II. 7. ii. 833. *c.*
9. i. 754. *a.*
11. ii. 652. *g.*
III. 4. ii. 188. *f.*
5. ii. 208. *g.* 500. *h.* 762. *h.*
6. i. 683. *i.*
9. iii. 347. *h.* 348. *b.*
12. i. 400. *e.* ii. 131. *d.*
16. i. 723. *c.*
17. i. 708. *d.* iii. 223. *f.*
18. i. 87. *i.*
20. ii. 530. *d.*
26. i. 686. *e.* ii. 278. *i.*
IV. 6. ii. 131. *c.*
10. iii. 39. *f.* 115. *f.*
12. i. 120. *h.* 676. *h.* ii. 133. *c.* 279. *a.* 350. *d.*
13. i. 869. *d.*
15. i. 248. *b.* 839. *d.* iii. 398. *b.*
16. i. 507. *f.* 678. *i.* ii. 26. *h.*
18. ii. 627. *b.*
V. 4. ii. 29. *c.*
5. i. 414. *d.* 784. *c.* ii. 133. *e.*
12. i. 561. *b.*
18. i. 588. *c.*
21. i. 505. *a.* ii. 601. *i.*
28. i. 838. *i.*
VI. 3. ii. 199. *d.*
4. i. 67. *b.*
5. ii. 484. *b.*
7. i. 476. *c.* ii. 372. *b.* 598. *b.* 702. *b.*
16. i. 869. *c.*
19. i. 619. *f.*
26. ii. 107. *i.* 821. *i.*
29. i. 498. *h.*
VII. 3. i. 48. *i.*
6. ii. 353. *h.*
13. i. 210. *a.* ii. 237. *c.*
15. ii. 801. *e.*
VIII. 2. ii. 828. *d.*
15. ii. 728. *f.*
16. i. 229. *a.* 761. *f.*
17. ii. 377. *d.*
20. i. 375. *e.*
IX. 9. i. 353. *e.* iii. 229. *h.*
13. i. 402. *i.*
20. i. 614. *c.*
21. i. 373. *i.*
24. i. 484. *c.*
25. i. 7. *h.*
X. 8. i. 46. *g.* seq.
XI. 3. i. 208. *a.*
4. i. 903. *h.*
6. i. 316. *f.*
8. i. 315. *a.*
12. i. 134. *b.* ii. 503. *c.*
17. i. 958. *a.*
XII. 12. ii. 405. *a.*
24. ii. 673. *b.*
XIII. 4. ii. 82. *e.* 134. *g.*
8. i. 402. *h.* ii. 327. *d.*
11. i. 528. *a.* 618. *b.* ii. 265. *c.*
16. i. 630. *f.*
26. ii. 166. *i.*

PSALMI.

PROVERBIA.

COHEL.

CANTICUM.

JEREMIAS.

DANIEL.

HOSEAS.

JOEL.

AMOS.

JONAS.

MICHAS.

NAHUM.

HABAKUK.

I. 5. ii. 39. c.
8. i. 811. i.
11. i. 806. g.
13. ii. 530. a. 832. h. 835. f.
II. 3. i. 916. f.
4. ii. 515. i.
5. ii. 242. c.
6. ii. 859. e. iii. 107. e.
7. i. 719. e. 848. d.
8. i. 608. i.
11. ii. 147. h 399. h.
15. i. 208. e. 629. g. 720. i. ii. 65. b.
16. ii. 151. k. iii. 53. g.
17. i. 66. f.
18. i. 504. h.
19. i. 740. a.
III. 1. i. 720. a. ii. 12. a.
2. ii. 129. b. 608. a.
3. i. 295. e. 404. e. 522. i. ii. 216. e. 511. c.
4. ii. 309. e. 706. f.
5. i. 591. h.
6. i. 804. b.
8. i. 354. a. 786. a. ii. 843. e. 857. f.
9. i. 843. c.
10. i. 465. i.
11. ii. 167. d.
13. i. 568. e. 726. g. ii. 25. e. 87. f.
14. i. 728. f.
15. ii. 492. g.
16. i. 812. e. ii. 108. c.

SOPHONIAS.

I. 3. i. 235. b.
12. ii. 227. d.
II. 9. i. 140. b. ii. 56. h.
14. i. 203. a. ii. 302. d. iii. 429. f.
III. 5. ii. 495. h. 504. b.
6. i. 261. k.
11. ii. 876. e.
12. ii. 882. e.

ABDIAS.

v. 16. ii. 162. b. 542. f.
18. ii. 927. e.

HAGGIAS.

I. 12. ii. 189. b.
II. 3. ii. 611. i.
14. ii. 463. f.
15. ii. 882. d.
18. i. 417. e.

ZACHARIAS.

I. 8. ii. 487. e. 516. c.
II. 4. i. 390. e. ii. 177. b.
III. 8. ii. 39. f.
9. iii. 70. d.
IV. 2. ii. 547. e.
7. ii. 200. i.
V. 1. i. 642. c.
IX. 5. ii. 665. d.
10. i. 604. h.
X. 2. ii. 518. c.
XI. 2. ii. 422. a.
8. ii. 837. c.
13. iii. 52. b.
14. ii. 221. i.
XII. 7. i. 834. h.
11. iii. 14. i.
XIII. 1. ii. 446. d. iii. 4. d.
8. i. 706. k.
XIV. 4. ii. 25. d.

MALACHIAS.

I. 1. i. 354. d. ii. 578. b.
3. i. 654. i. ii. 588. g.
4. ii. 220. d. 670. i.
7. i. 123. g. 820. a. 889. e.
10. i. 200. e.
14. i. 650. b.
II. 6. i. 883. b.
8. i. 377. g. iii. 48. e.
13. i. 711. i.
15. i. 130. h. ii. 140. i. 142. b.
16. i. 779. k.
17. ii. 142. d.
III. 2. i. 505. i.
3. i. 926. b.
IV. 2. i. 228. g.
5. ii. 53. h.
6. i. 347. a.

ESDRAS.

I. 12. i. 429. e. 959. h.
33. ii. 895. d.
II. 8. ii. 336. c.
III. 19. i. 982. g.
IV. 26. i. 677. e.
V. 55. iii. 435. f.
55. 78. ii. 156. f.
VII. 8. i. 695. i.
VIII. 1. i. 685. b.
8. ii. 730. f.
24. ii. 847. d.
25. i. 847. h.
IX. 14. i. 851. h.

JUDITH.

SAPIENTIA SALOMONIS.

TOBIAS.

SIRACH.

BARUCH.

I. MACCABÆORUM.

II. MACCABÆORUM.

III. MACCABÆORUM.

IV. MACCABÆORUM.

BEL ET DRACO.

CANTICUM TRIUM PUERORUM.

v. 16. i. 730. *b.*
94. i. 367. *e.*
99. ii. 894. *i.*

ORATIO MANASSIÆ.

init. ii. 582. *c.*

EPISTOLA JEREMIÆ.

v. 4. 53. 60. i. 422. *e.*
7. iii. 388. *g.*
8. i. 505. *d.*
26. ii. 371. *f.*
37. ii. 731. *f.*
43. i. 977. *b.*
51. i. 943. *i.*

FINIS INDICIS IN TEXTUM.

INDEX HEBRAICUS.

אֶבֶן אֶבֶן, ii. 828. g.—אֶבֶן פּוּךְ, ii. 828. g.—אֲבָנִים, ii. 44. i.—אַבְנֵי בֹהוּ, ii. 565. f.—אַבְנֵי גִר, ii. 295. c.—אַבְנֵי מַחְצֵב, iii. 262. e.—אַבְנֵי קֶלַע, ii. 758. c.

אַבְנָא, ii. 376. a. h. i.

אַבְנֵט, ii. 10. k. iii. 102. e.

אֲבָנִים, ii. 376. i.

אֲבַעְבֻּעֹת, i. 799. g. ii. 3. d. iii. 394. b.

אָבָק, ii. 295. f. — אָבָק דַּק, ii. 295. i.

אֲבָקָה, ii. 295. g. iii. 451. c.

אֵבֶר, ii. 99. g.

אֵבֶר, i. 728. e.

אֶבְרָה, i. 766. b. ii. 431. f. 450. i. iii. 139. g.

אַבְרֵךְ, ii. 261. i.

אֲגֻדָּה, i. 534. d. e. 825. a. iii. 116. b. 163. a. 167. h. 209. h.

אֱגוֹז, ii. 157. d.

אֲגוֹרָה, iii. 141. a.

אֲגִיחַ, ii. 874. e.

אֶגֶל, i. 466. d.

אֵגֶל, iii. 191. a.

אֲגַם, i. 749. e. ii. 379. a. 830. f. iii. 208. a. — אַגְמֵי מַיִם, ii. 605. d.

אַגְמוֹן, i. 23. f. 224. d. ii. 317. a. 464. h. iii. 255. d.

אַגָּן, i. 9. g. ii. 313. d. 862. i. — אַגָּנוֹת, i. 9. g.

אֲגַף : אֲגַף, iii. 354. a.

אֲגַפִּים, i. 245. d. ii. 669. i. 721. h.

אָגַר, i. 585. f. 759. k. 954. d. ii. 828. c. iii. 160. a. 208. h.

אִגְרָא, i. 881. c.

אִגְּרָה, ii. 523. f.

אֲגַרְטָל, iii. 481. i.—אֲגַרְטְלִים, iii. 87. d.

אֶגְרֹף, ii. 920. g.

אִגֶּרֶת, i. 881. c.

אֵד, i. 847. c. 893. a. ii. 500. a.

אֲדַבֵּר, i. 512. h.

אֲדַדֶּה, ii. 123. b.

אֱדוֹם, i. 969. e.

אֱדוֹם, i. 225. d.

אָדוֹן, i. 370. b. 535. g. ii. 46. e. 341. g. 342. d. iii. 456. i. — אֲדוֹנִים, ii. 15. f. 342. d.

אַדִּיר, i. 648. c. 726. c. 737. f. ii. 39. i. 40. f. i. 103. i. 105. i. 308. i. 320. h. 422. d. 424. e. 495. i. iii. 99. e. h. 214. e. 220. i. 330. h. 334. d. 362. k. — אַדִּירִים, ii. 424. h.

אַדִּירֵיהֶם, i. 54. b.

אָדַם, ii. 927. h. 928. i. iii. 308. f.

אָדָם, i. 36. f. 65. e. 219. g. 225. c. d. 235. b. 476. i. 496. i. 696. a. ii. 64. i. 342. d. 360. f. iii. 204. a. 317. c. — אָדָם הַגָּדוֹל, ii. 462. c.

אֹדֶם, i. 912. i. ii. 929. a.

אָדֹם, iii. 26. d. e.

אֲדַמְדָּם, ii. 926. b. 928. k.

אֲדַמְדֶּמֶת, iii. 350. g.

אֲדָמָה, i. 482. b. 495. b. ii. 779. g. iii. 87. a. 447. c. 470. h. — אֲדָמָה עַל רֹאשׁוֹ, ii. 295. c. f.

אַדְמוֹנִי, ii. 928. h.

אֶדֶן, i. 446. c. ii. 204. c. 259. g. 317. b.

אֲדֹנָי, i. 54. b. 219. h. 535. h. ii. 46. e. 342. e. — אֲדֹנָי יְהוִֹה, ii. 342. f. 343. h. i.

אֲדֹנִים, ii. 46. d.

אֵדֶר, i. 971. g.

אַדִּר, i. 189. i.

אֶדֶר, i. 636. i. iii. 52. b.

אֲדַרְכַּזְנַיָּא, iii. 15. f.

אֲדַרְזְדָא, i. 866. g.

אֲדַרְכוֹן, i. 641. h. iii. 464. i.

אֶדְרָע, ii. 97. d.

אַדֶּרֶת, i. 533. d. 637. a. 774. c. ii. 422. b. d. 458. b. iii. 110. k. 480. e.—אַדֶּרֶת שִׁנְעָר, i. 430. d.

אָהַב, i. 9. g. 11. c. 900. b. ii. 5. h. 311. e. iii. 323. e. 387. d. 388. a. 425. f.—אֹהֵב, i. 11. k.—אָהֵב, i. 12. b. iii. 389. c.—אֹהֵב אֲדָמָה, i. 494. g. iii. 388. e.—אָהֵב הָבוּ, i. 10. d.—אֹהֵב נָשִׁים, iii. 388. e.—אֹהֵב פֶּשַׁע, iii. 386. f.

אַהֲבָה, i. 12. e. iii. 387. h. i. 891. c.

אֲהָבִים, i. 10. d. iii. 387. h.

אֳהָבִים, i. 12. e. 915. d.

אַהֲבַת—אַהֲבַת רָץ, i. 10. d.

אֲהָהּ, i. 1. a. b. 582. b. 682. i. 730. e. ii. 457. c. 541. b. d. iii. 486. e.—אֲהָהּ אֲדֹנָי, iii. 491. c.

אָהוּב, i. 11. i.

אֶהִי, ii. 845. a.

אָהַל, i. 320. a. iii. 55. i.

אֹהֶל, i. 65. f. 397. c. 538. d. 554. d. 663. e. ii. 189. f. 331. g. 535. d. 538. e. 667. a. 678. c. iii. 51. a. i. 52. h. 53. k. 56. a. d. 205. h. 222. h. 282. h.

אֳהָלוֹת, i. 189. i. ii. 72. f. iii. 91. d.

אֳהָלִים, ii. 538. f. iii. 54. a.

אָהֳלָהּ, ii. 738. h. 837. c.

אוֹ, i. 461. a. 689. f. iii. 421. h. 498. f.—אוֹ־מָה, ii. 94. b.—אוֹ נָשִׁישׁ, ii. 658. h.

אוֹב, i. 660. c. ii. 42. i. 399. b. iii. 104. e. 257. c. 417. h. 419. e. i.

אוּבָל, ii. 921. i.

אוּד, i. 521. e.

אִוָּה, i. 72. c. 855. c. 870. a. ii. 43. g. 804. i.

אַוָּה, i. 855. c. 856. h.

אָוָה, i. 913. f.

אוֹז, ii. 394. a.

אוֹי, ii. 541. b. 604. d. iii. 486. e.—אוֹי לִי, iii. 486. g.—אוֹי נָא, ii. 541. d.

אוֹיֵב, i. 243. f. 271. h. 706. k. ii. 62. g. 817. d. 818. b. 868. b. iii. 324. i.

אוֹיָה, ii. 541. b. iii. 490. a.

אֱוִיל, i. 230. f. 273. c. 374. b. 383. e. 425. e. 579. d. 742. c. ii. 15. f. 490. g. 661. b. 869. h. iii. 377. g.—אֱוִיל et מְשֻׁגָּע, ii. 679. f.—אֱוִיל שְׂפָתַיִם, i. 744. b.—אֱוִלִים, i. 244. b.

אוּכִיל, i. 644. b. iii. 44. g.

אוּל, ii. 412. g.

אוּלַי, i. 657. a. b. 677. c. e. ii. 94. b. 109. g. 460. b. 577. f.

אוּלָם, i. 65. f. 445. i. ii. 263. a. 316. e. 492. d. 860. h. 863. d. 870. i. 896. g.

אוּלָם, ii. 870. k.

אוּלָם, i. 126. d. 837. g. ii. 577. i. 604. b. 791. g. 792. d. 904. h.—אוּלָם לוּז, ii. 606. e.—אוּלָם לַיִשׁ, ii. 606. d.

אִוֶּלֶת, i. 3. g. 141. i. 230. f. 231. a. 273. b. 343. a. 424. f. 425. e. 458. d. 591. f. 783. c. ii. 130. f. 133. b. 134. a.

אָוֶן, i. 45. a. 47. e. 233. f. 235. c. 254. b. e. 335. b. 394. g. 425. e. 510. b. 685. g. ii. 20. i. 130. g. 133. c. 134. a. 251. f. 298. i. 321. c. 414. a. 456. c. 482. b. 502. e. 529. e. 596. f. 661. c. 831. i. 834. f. iii. 401. b.

אוֹן, i. 45. a. 212. a. 254. d. 343. b. 632. d. 645. b. ii. 105. i. 298. i. 529. a. e. 716. a. 834. f. iii. 97. h. 247. h.—אוֹנִים, ii. 529. f. i. 374. c.

אופז, iii. 421. i.

אוֹפִיר, ii. 576. i. 613. i. 910. c. iii. 25. e. 75. b. 226. f. 466. b.

אוֹפַן, ii. 127. g.

אוּץ, i. 878. f. ii. 218. a. 297. g. 870. d. iii. 479. b.

אוֹצָר, i. 290. i. 495. a. ii. 60. b. c. 616. d. 650. f. 800. a. iii. 242. a. 438. i.

אוֹר, i. 167. f. 592. f. iii. 378. e. 395. i. 421. k. 424. k.

אוֹר, i. 551. g. 592. g. 596. e. 775. b. ii. 20. e. 437. i. 702. i. iii. 281. g. 423. k. 424. c. — אוֹר־כּוֹל, ii. 26. d. — אוֹר מְאוֹרֵי, i. 384. e. — אוֹרִים גְּדוֹלִים, i. 385. d.

אוּר, ii. 923. h. iii. 81. i. 422. h.

אוּר, iii. 470. h.

אוֹרָה, iii. 422. k.

אוֹרוֹ, ii. 18. f.

אֻוֵרוֹת, ii. 815. d.

אוּרִים, i. 117. d. 539. i. 541. b. 599. b. iii. 424. c. 425. e.

אוֹרֹת, i. 352. d.

אַוַּת. — אַוַּת נֶפֶשׁ, iii. 482. d.

אוֹת, i. 873. d. 908. d. ii. 39. e. iii. 35. k. 36. g. 37. a. 38. c.

אוֹתָהּ, ii. 609. d. iii. 126. c.

אַז, ii. 88. f. 602. g. 609. d. iii. 285. d.

אֲזָא, i. 707. g.

אֵזֹב, ii. 581. f.

אָזַד, i. 269. e. 419. e.

אֵזוֹב, iii. 359. d.

אֵזוֹר, i. 682. d. ii. 354. e. 730. h. 812. f. iii. 218. b.

אַזְכָּרָה, i. 191. i. ii. 472. g.

אָזַל, i. 276. i. 713. f. 724. g. ii. 227. k. iii. 78. i. — אָזַל יָד, ii. 683. g.

אָזַל, i. 692. d. 913. g. ii. 643. d. 887. c.

אֱוִל, i. 704. f.

אֹזֶן, i. 108. f. ii. 608. g.

אֹזֶן, i. 98. g. 671. i. ii. 511. g. 608. f. iii. 222. h. 479. b. — אֹזֶן שֹׁמַעַת, i. 691. a. — אָזְנַיִם, i. 103. d. ii. 257. f.

אַזִּנִים, ii. 10. k.

אזקים, iii. 443. f.

אָזַר, ii. 11. c. 730. c. i. — אֲזַר, i. 781. d. ii. 238. b.

אַזֹר, ii. 11. b. c.

אֶזְרוֹעַ, i. 474. c.

אֶזְרָח, i. 406. d. 486. i. 671. k. — אֶזְרָח רַעֲנָן, ii. 248. g.

אָח, i. 12. i. 37. h. 38. b. 218. i. 662. h. 688. a. 917. c. 922. g. 928. c. ii. 795. g. iii. 216. h. 317. c.

אֶחָד et אַחַד, i. 130. g. 402. h. 537. a. 688. a. 704. f. 794. b. 922. g. 923. e. ii. 98. i. 140. i. 142. b. 547. g. 558. i. 559. g. 604. i. 609. d. 863. d. 911. f. iii. 275. i. — אֶחָד אָחִי, i. 689. a. — אֶחָד לְחֹדֶשׁ, ii. 497. c. — אַחַד מֵאֵלֶּה, i. 143. i. — אַחַד עָשָׂר, i. 770. e.

אָחוּ, i. 427. e. 472. i. 749. c. ii. 614. e.

אַחְוָה, i. 170. a. 551. h. ii. 221. i.

אֲחוּחִי, ii. 699. c.

אַחֲוָיַת, i. 170. b.

אָחוֹר, i. 100. a. 674. a. 818. k. 840. a. 918. a. ii. 436. d. 572. a. c. h.

אָחוֹת, i. 37. e. 517. c. 688. e. 922. g.

אָחַז, i. 240. c. 387. k. 460. h. 862. g. 913. g. 966. h. ii. 58. b. 236. a. 271. d. 309. f. 311. g. 346. h. 354. f. 761. g. 865. f. iii. 130. c. e. 136. e. 139. h. 180. d. 213. g. 245. h. 356. a. — אָחֻז, i. 688. e.

אָחֻז אָחֻז, i. 689. a.

אָיַב, i. 965. h. i.
אֹיֵב, i. 675. c. 965. f. 966. b.
אֵיבָה, i. 965. f.
אֹיֶבֶת, i. 965. g.
אֵיד, i. 305. i. 340. i. 374. c. 395. i. 652. b. 826. i. 847. c. ii. 21. d. 63. f. 137. b. 220. g. 546. i. 834. g. 918. a. iii. 180. e. 190. a. 228. a. 298. a.
אַיָּה, i. 518. e. ii. 89. i.
אַיֵּה, i. 518. d. ii. 845. b.
אַיּוֹ, i. 923. i. ii. 845. b.
אָיֹם, i. 680. h.
אֵיךְ, ii. 602. e. 845. b. 931. e.
אַיָּל, i. 399. e. 742. c. ii. 320. h. 705. h.
אֵיל, i. 370. b.
אֱיָל, i. 643. i. ii. 103. i. iii. 259. h. 260. a.
אַיִל, i. 521. g. ii. 320. h. 669. d. 721. a. iii. 105. h. 286. a. 333. a. — אֵילִים, i. 65. f. 908. e. ii. 320. h. 323. i. 745. d.
אֵילוּ, ii. 922. i.
אַיָּלָה, iii. 95. d. 194. b. — אַיָּלוֹת, i. 387. h. ii. 705. g.
אַיָּלוֹן, i. 353. c. ii. 487. f.
אֱיָלוּת, i. 462. e.
אֵילָם, iii. 336. c.
אִילָנָא : אִילָן, i. 530. g.
אַיֶּלֶת, i. 245. i. 742. c. ii. 105. i.
אָיֹם, ii. 84. a. iii. 395. i.
אַיָּם, ii. 604. d. 845. c.
אֵימָה, i. 272. d. 506. d. 526. c. 665. i. 891. i. 893. c. ii. 205. i. iii. 232. e. 279. h. 396. f.
אֵימִים, ii. 502. b.
אֵימָתָה, iii. 396. f.
אַיִן : אֵין, i. 217. i. 410. i. 630. e. 808. a. 892. b. 923. i. ii. 106. a. 298. i. 317. d. 456. d. 457. d. 581. d. 602. e. 603. f. i. 604. f. g. 605. a. i. 611. h. 676. g. 845. c. iii. 324. a. — אֵין אֱיָל, i. 3. d. — אֵין אִישׁ, ii. 606. a. — אֵין subintell. הָיָה, ii. 866. c. — אֵין חוֹמָה, i. 390. c. — אֵין חֵפֶץ, i. 428. g. — אֵין חֵקֶר, i. 216. f. g. 275. f. — אֵין כֹּחַ, i. 377. b. ii. 109. d. 547. g. — אֵין כֹּל, ii. 457. d. 605. a. — אֵין מוּסָר, i. 260. a. d. — אֵין מַחְסוֹר, i. 216. e. — אֵין מִסְפָּר, i. 200. h. — אֵין מַעְצָר לְרוּחַ, i. 471. d. — אֵין מַרְפֵּא, i. 227. b. — אֵין עֲשָׂה, ii. 656. a. — אֵין קֵץ, i. 200. h. 275. c. — אֵין תַּחְבֻּלוֹת, i. 230. e.
אֵינֶנּוּ, iii. 324. a.
אֵינֶנּוּ, i. 924. a. ii. 603. g. iii. 324. b.
אֵיתֶנִי, iii. 324. a.
אֵיפָה, ii. 455. d. 543. h. 544. a. iii. 361. a.
אֵיפֹה, ii. 456. d. 843. g. 845. d. iii. 275. i.
אֵיפוֹא, ii. 512. i.
אֵיפַת, ii. 574. i.
אִישׁ, i. 14. e. 38. f. 51. b. 128. e. 219. h. 221. f. 225. d. 358. i. 359. b. 402. h. 611. a. 688. f. 696. e. 922. i. ii. 98. c. 306. h. 497. h. 605. i. 624. a. 626. d. 798. g. 923. h. iii. 231. b. 275. i. 300. i. 317. c. 389. c. 415. f. 482. d. — אִישׁ אֲדָמָה, i. 495. a. — אִישׁ אָוֶן, ii. 661. c. — אִישׁ אֶחָד, i. 689. d. — אִישׁ אַיִן, ii. 605. a. 606. a. — אִישׁ אִישׁ, i. 225. f. 696. b. — אִישׁ אֶל, ii. 457. d. — אִישׁ אֶל אָחִיו, i. 128. d. e. — אִישׁ אֲשֶׁר, ii. 596. c. — אִישׁ בָּחוּר, ii. 817. h. — אִישׁ בְּרֵעֵהוּ, i. 128.

e. — איש גדודים, ii. 829. c. — איש דברים, i. 928. i. 939. d. 941. a. ii. 87. i. — איש דם, ii. 463. i. — איש ה, i. 128. b. — איש־הבינים, i. 151. e. — איש ואיש, i. 225. f. — איש ורע, i. 696. b. — איש חיל, i. 945. e. ii. 104. a. 830. g. — איש יומו, ii. 23. e. — איש לא, ii. 457. d. 605. a. — איש לצון, iii. 450. d. — איש לרעהו, i. 128. c. — איש מני, i. 638. b. 642. g. — איש מדה, i. 941. g. iii. 334. d. f. — איש מדון, ii. 867. e. — איש מזמות, iii. 146. e. — איש מחסור, i. 771. c. — איש מלוה, i. 535. i. — איש מלחמה, i. 220. a. ii. 418. a. 816. f. 817. g. 818. a. iii. 202. f. — איש מלחמות, i. 248. f. — איש מצות, i. 173. b. — איש נער, ii. 621. c. — איש עצה, iii. 147. c. — איש רוח, ii. 802. g. — איש ריב, ii. 158. f. — איש רעהו, i. 128. c. — איש שדה, i. 29. d. — איש שיבה, ii. 852. a. — איש שפתים, i. 989. c. — איש שר, i. 220. b. — איש תהכים, iii. 459. h.

אשה, ii. 372. i.

אישון, ii. 28. a. 302. i. — אישון חשך, iii. 67. d.

איתי עתיד — איתי, i. 926. a.

איתן, i. 2. c. 340. i. 361. g. 431. c. 648. c. ii. 104. a. 313. i. 628. e. iii. 99. e. 372. i. 471. c.

אך, i. 126. b. d. 342. g. 619. d. 621. e. ii. 13. c. 109. e. 433. a. 460. b. 477. i. 577. f. 580. b. 598. h. 601. b. 611. c. 693. h. 791. g. 792. c. 931. c. iii. 285. d. 495. c. — אך הוא ישם בי, i. 272. f. — אך הנה, i. 342. i. — אך הפעם, i. 266. d. f. ii. 513. b. — אך־זרו, i. 215. b. — אך לשקר, ii. 789. i.

אכול, i. 478. c.

אכור, i. 859. d.

אכזב, ii. 251. g. 414. a. iii. 477. a.

אכזר, i. 215. b. 227. b. 382. h. i. 524. g. iii. 99. f.

אכזרי, i. 215. b. ii. 109. h.

אכזריות, i. 215. b. ii. 179. h.

אכילה, i. 479. a.

אכל, i. 188. k. 303. c. 337. f. 479. d. 494. a. 674. a. 690. a. 700. d. 733. g. 735. c. 761. a. 799. d. 916. b. c. ii. 130. a. 149. f. 155. h. 165. e. 175. k. 194. d. 204. e. 224. d. 227. a. b. 231. d. 233. i. 351. h. 445. b. 496. g. 716. a. 805. g. 849. a. iii. 128. d. 156. a. 170. g. 177. k. 196. b. 369. f. 392. b. — אכל לחם, i. 351. g. ii. 164. g. — אכל מתבואת, ii. 153. i. k. 154. c.

אכל, i. 916. b. — אכל קרצא, i. 544. g. — אכל קרצין, ii. 192. d.

אכל, i. 479. b. ii. 165. c.

אכל, i. 353. a. 466. i. 468. c. 478. c. 479. a. b. g. 490. a. ii. 118. a. iii. 45. g. 300. d. 324. c. 369. g.

אכל, i. 644. b. ii. 700. k. iii. 254. a. 369. f.

אכלה, i. 190. d. 478. d. 479. c. g. ii. 165. d. e. 923. h. 930. b. iii. 369. g.

אכלו עש — אכלו, iii. 39. e.

אכן, i. 125. h. 342. h. i. 484. b. 523. e. 543. h. 677. b. ii. 569. e. 601. c. 609. d. 610. f. 611. k. iii. 125. h.

אכף, i. 342. e. 698. h.

אכף, iii. 438. i.

אכר, i. 356. a. 494. h.

אכרה, ii. 859. i.

אַל i. 689. f. ii. 46. c. 76. b. 456. d. 457. a. c. 603. g. — אַל אוֹדֹת, ii. 601. c. — אַל אִישׁ, ii. 457. a. d. — אַל נָא, ii. 37. b. — אַל־יֵרָא — אַל הִתְעָרֵב, ii. 461. h. — יְחַר, i. 270. i. 867. a. ii. 464. d. iii. 131. b. — אַל תַּשְׁחֵת, i. 416. k.

אֶל, i. 282. e. 689. g. 764. h. 767. f. 842. b. ii. 457. c. 871. a. iii. 325. c. — אֶל אֲחוֹתָהּ, i. 128. d. — אֶל אַחֲרֵי, i. 282. e. ii. 242. g. h. — אֶל אֶחָת, i. 128. d. — אֶל בֵּין, ii. 440. c. — אֶל הַחוּץ, i. 823. c. — אֶל יַד, i. 968. i. ii. 646. i. — אֶל לֵב, i. 556. f. — אֶל לִבּוֹ, i. 658. h. — אֶל מָבוֹא הַשְּׁלִישִׁי iii. 293. i. — אֶל מוּל, i. 768. a. 804. i. 842. e. 869. i. ii. 159. b. 455. i. 795. f. 871. d. — אֶל מוּל פְּנֵי i. 805. a. — אֶל מִחוּץ, i. 823. a. — אֶל נָכוֹן, i. 926. a. g. — אֶל נֹכַח פְּנֵי i. 274. g. — אֶל עֵבֶר, i. 243. i. 247. g. — אֶל פְּנֵי, i. 265. f. i. 274. g. ii. 232. a. — אֶל תּוֹךְ i. 690. b. 772. h. ii. 440. d. 441. d.

אֵל, i. 14. f. 402. h. 645. b. 877. b. ii. 41. g. 46. e. 49. a. 99. f. 104. a. 342. f. 456. d. 607. e. 881. d. — אֵל אֱלֹהִים, ii. 47. f. — אֵל שַׁדַּי, ii. 48. g. h. — אֵלִים, i. 647. c. ii. 15. g. 46. h. 49. a. 59. e. — אֵלֵי גִבּוֹרִים, i. 498. b.

אֵל i. 966. i. ii. 108. c.

אֶלְגָּבִישׁ, ii. 758. c. iii. 291. a. 426. h.

אַלְגּוּמִּים, ii. 758. f.

אָלָה, i. 343. i. 793. b. 958. d. ii. 68. f. 589. f.

אָלָה, i. 2. d. 343. c. 819. a. ii. 208. d. f. 385. e. 589. g. i. 609. c. 906. a. — אָלָה et קְלָלָה, ii. 208. f.

אֵלָה, i. 402. i. 488. d. 643. i. ii. 779. c. iii. 259. d. 260. a. — אֵילִים vel אֵלִים, i. 488. d. 680. a. d.

אַלָּה, iii. 259. g.

אֵלֶּה, i. 644. a. ii. 236. e. 609. f. 715. e.

אֱלֹהַּ, i. 964. g. ii. 342. f. 699. f. 700. d. — אֱלֹהִים, i. 14. g. 19. d. 87. i. 402. i. 448. g. 495. a. 504. a. 535. h. 595. b. 647. h. 648. d. 671. i. 680. a. ii. 41. g. 46. i. 49. b. 86. a. 323. c. 342. f. 479. f. 832. d. 892. g. iii. 56. b. 443. g.

אֱלָהּ et אֱלָהָא, ii. 46. i.

אֱלָהַיָּא, ii. 49. b.

אֱלָהִין, ii. 49. b.

אֱלוֹהַּ, i. 402. i. ii. 41. g. 46. i. 609. f.

אַלּוֹן, i. 434. f. 740. g.

אֵלוֹן, i. 434. h. 644. a. ii. 705. k.

אֵלוֹנֵי, i. 399. f.

אַלּוּף, i. 472. g. 599. c. ii. 13. f. 14. d. 400. d. e. 532. k. iii. 182. a. 389. c. 447. i.

אֵלִי, i. 672. a.

אֵלַי, i. 627. f. 785. g.

אַלְיָה, ii. 257. e. g. 600. e.

אֱלִיל, i. 680. a. 869. f. ii. 414. a. 544. i. — אֱלִילִים, i. 251. e. 270. b. 448. h. 519. e. 745. d. 869. g. ii. 424. h. iii. 443. h.

אַלְלַי. — אַלְלַי לִי, ii. 541. c.

אָלַם, i. 65. b. f. ii. 870. i.

אֵלֶם, i. 19. d. 133. e. 342. k.

אֵלָם, i. 115. e. 533. i. 652. e. 777. b. ii. 348. f. 385. f. 473. f.

אַלְמֻגִּים, i. 273. k. ii. 71. f. iii. 75. a.

אֲלֻמָּה, i. 640. f.

אַלְמוֹן, iii. 446. h.

אַלְמָן, iii. 447. a.

אַלְמָנָה, i. 81. g. 517. b. ii. 66. e. iii. 446. f.

אַלְמְנוּת, iii. 446. g. h. i.

אֶלְסָר, ii. 836. b.

אֶלְעָלֵה, i. 743. a. ii. 351. i.

אֶלֶף, ii. 408. a. — אַלֵּף, i. 599. e. 619. k. 784. h.

אֶלֶף, i. 622. g. iii. 415. f. 437. a. 448. a. c. — אֶלֶף פְּעָמִים, iii. 448. f. — אַלְפַּיִם, i. 622. g. — אֲלָפִים, i. 472. h. iii. 242. a. 447. h. 448. a.

אַלְפָּא : אֶלֶף : אֲלַף, iii. 448. c.

אַלְפִּים, iii. 448. c.

אִלֵּין, ii. 678. i. iii. 98. d.

אַלְקוּם, i. 541. k.

אִם, i. 362. e. 657. a. b. 676. e. i. 677. b. 695. f. ii. 13. a. 364. g. 442. a. 456. a. 600. i. 601. c. 602. g. — אִם־אַיִן, ii. 13. f. — אִם־יִרְאָה, ii. 494. e.—אִם לֹא, ii. 13. c. — אִם לִפְנֵי, ii. 456. h.

אֵם, i. 361. i. 511. e. ii. 94. e. 124. h. 461. d. 462. d. 561. i. 698. i. 700. e.

אֹם, i. 675. d. ii. 360. g.

אָמָה, i. 4. a. 639. e. ii. 49. e. 533. i. 624. i.

אָמָה, iii. 314. i.

אַמָּה, i. 121. e. ii. 455. d. 761. c. d. e. iii. 315. a.

אֻמָּה, i. 492. c. 675. d. iii. 415. f.

אָמוֹן, i. 354. f. iii. 106. e.

אָמוֹן, i. 354. i.

אֵמוּן, ii. 770. g. 771. d.—אֱמוּנִים, i. 117. g. iii. 77. d. 105. h.

אֱמוּנָה, i. 117. e. 119. e. 254. h 450. h. 609. d. 880. e. ii. 770. h. 771. d. 799. h. iii. 106. f. — אֱמוּנוֹת, ii. 769. h.

אָמוּר, ii. 364. i.

אֻמּוֹת — .אֻמּוֹת סִפִּים, iii. 333. a.

אֲמִיָא, iii. 415. g.

אַמִּין, ii. 761. f.

אַמִּיץ, i. 947. f. ii. 104. c. 308. i. 309. e. 311. d. i. 314. a. iii. 58. i.

אָמִיר, ii. 453. b.

אֻמְלָה, i. 589. h. ii. 113. h.

אֻמְלַל, i. 377. b. 378. h. 713. g. ii. 253. e. 549. h. 715. e. iii. 73. d. — אֻמְלַל נֶבֶל, iii. 384. i.

אֲמֵלָלִים, ii. 604. f. 609. g. — אֲמֵלָלִים עָשִׂים, ii. 537. d.

אָמַן, i. 35. e. 74. d. ii. 138. h. iii. 184. d. 271. c. — אֹמֵן, ii. 68. e.

אָמָן, iii. 263. f.

אָמֵן, i. 120. f. 121. f. 152. c. 508. c. d. ii. 717. h. — אָמֵן אָמֵן, i. 500. d. — אָמֵן וְאָמֵן, i. 500. d.

אֹמֶן, i. 500. c. iii. 271. e.

אָמְנָה, i. 121. f.

אֲמָנָה, ii. 770. i.

אֲמָנָה, i. 142. c. ii. 770. k.

אֹמְנוֹת, iii. 106. f.

אָמְנָם, i. 119. b. 121. f. 695. e. ii. 569. e.

אָמְנָם, i. 121. f.

אֹמֶנֶת, iii. 271. f.

אָמֵץ, i. 213. g. 387. k. ii. 108. d. 238. c. 309. g. 313. i. iii. 99. i. 333. a. — אֹמֶץ, i. 324. a. 325. b. 494. d. 781. d. 872. f. 905. h. ii. 37. i. 105. f. 108. a. 157. a. d. 228. c. 311. i. 651. f.

אֹמֶץ, ii. 37. g.

אַמְצָה, i. 947. g. ii. 157. a.

אֲמֻצִּים, iii. 475. f.

אָמַר, i. 170. b. 245. e. 258. b. 299. g. 471. e. 498. c. 500. g. 538. h. 546. i. 558. h. 566. g. 587. c

608. d. 627. f. 664. h. 763. c. 764. h. 786. c. 792. h. 825. c. 830. a. 855. c. 885. f. 890. d. 898. f. 907. b. 910. e. 911. f. 913. g. 915. e. ii. 43. g. 99. h. 138. i. 247. b. 351. i. 364. h. 365. f. 383. a. 642. i. 643. b. 563. f. 772. c. 879. d. 890. a. 896. i. iii. 6. i. 164. b. 193. c. 344. h. 375. c. 382. i. — אָמַר אֲמָרִים, ii. 37. d. — אָמַר הֶאָח, i. 894. c. — אָמַר הָבוּ, i. 80. i. — אָמַר seq. לֹא, i. 275. c. — אָמַר מִבְטַחִי, i. 868. i.

אֹמֶר, i. 170. b.

אֹמֶר, i. 491. b. 554. d. 745. d. ii. 358. h. 384. d. 385. f. iii. 8. g. 9. h. 324. c. 378. h. 437. a. — אֲמָרִים הֶחֱלִיק, iii. 484. c.

אִמֵּר, i. 154. d.

אִמְרָה, i. 19. c. ii. 384. d. 385. f. iii. 8. g. 9. i.

אֶמֶשׁ, i. 965. d. iii. 447. a.

אֱמֶת, i. 4. k. 117. g. 119. c. e. 120. f. 402. k. 611. a. 613. a. 744. h. 936. a ii. 770. k. 771. d.

אַמְתַּחַת, ii. 71. k. 410. a. iii. 20. e.

אַמְתַּיִם, i. 620. i.

אֶמְתָּנִי, i. 705. i. iii. 396. g.

אָן, ii. 845. d.

אֹן, i. 913. k. ii. 20. i.

אָנָא, iii. 486. d.

אִנְבָא, ii. 154. c.

אָנָה, ii. 845. d. iii. 97. a. 232. e. — אֹנָה, i. 417. g. ii. 646. c. — אָנֶה, i. 347. d. ii. 238. d. 445. a. 879. g.

אָנָה, ii. 457. c. 604. b. iii. 267. h. 486. d. — אָנָה וָאָנָה, i. 531. i. 778. f. g. ii. 604. g.

אֱנוֹשׁ, i. 220. c. 225. c. g. 476. i. 696. c. ii. 186. d. 805. h.

אָנוּשׁ, i. 225. g. 227. c. 229. c. 455. f. ii. 181. a. iii. 99. f.

אֲנוּשָׁה, i. 227. a. iii. 228. a.

אֲנָחָה, iii. 96. h.

אֲנִי : אָנִי, ii. 493. g. 503. c. 798. a. iii. 317. d.

אֳנִיָּה, ii. 493. g. i. 503. c. 798. a. 800. a. iii. 232. f.

אֲנָךְ, i. 36. g. h. 484. a. iii. 264. b.

אָנֹכִי, i. 672. h. — אָנֹכִי seq. לְ, i. 685. d. — אָנֹכִי מָגֵן לָךְ, iii. 334. c.

אָנַס, ii. 866. a.

אֹנֶס, i. 52. c.

אָנַף, i. 825. e. 828. c. ii. 75. c. 584. b. 689. g. 696. i.

אֲנָפָה, iii. 431. i.

אֲנָק, ii. 240. b. 767. i.

אֲנָקָה, ii. 483. d. 541. f. e. iii. 96. h.

אָנַשׁ, i. 286. b. 357. a.

אֱנָשׁ, i. 225. g.

אֲנָשִׁים, i. 133. f. 220. c. g. 370. b. 645. b. 682. i. 926. b. ii. 1. a. 15. g. 240. d. 494. g. 534. a 626. d. 817. i. iii. 119. c. 179. c. 275. i. 317. e. 389. d. 402. i. — אַנְשֵׁי אָוֶן, i. 425. c. — אַנְשֵׁי בַיִת, ii. 693. i. — אֲנָשִׁים בְּקֶשֶׁת, iii. 282. a. — אַנְשֵׁי חַיִל, i. 648. d. — אַנְשֵׁי מוֹפֵת, ii. 39. f. iii. 259. a. — אַנְשֵׁי מִלְחָמָה, ii. 248. f. 817. i. 818. a. — אַנְשֵׁי מִקְנֶה, ii. 332. c. — אֲנָשִׁים מֵרָאשִׁים, i. 370. c. — אַנְשֵׁי עֵצָה, iii. 146. i. — אַנְשֵׁי צָבָא, ii. 818. a. — אֲנָשִׁים צְבָאִים, ii. 818. a. — אַנְשֵׁי רִיב, i. 242. c. — אַנְשֵׁי רֶשַׁע, i. 375. c. — אַנְשֵׁי תָרִים, iii. 354. i.

אָסוּךְ, i. 13. f. 116. f.

אָסוֹן, i. 804. c. ii. 268. c. 406. a. b. iii. 155. h.

אָסוּר, i. 534. e.

אֲסוּר, i. 534. e. iii. 411. e.

אֱסוּר, i. 534. f.

אֲסוּרִים, i. 535. a. iii. 411. e. 309. a.

אֱסוּרִין, ii. 649. b.

אָסִיף, iii. 163. a. 194. b.

אָסִיר, i. 82. e. 87. i. 258. i. 259. h. 534. d. f. 535. e. 538. h. 666. i. 826. i. 704. f.

אֲסִירִין, i. 259. i.

אָסָם, i. 290. k. iii. 229. e.

אָסַף, i. 74. e. 238. b. 305. i. 329. a. 408. g. 419. e. 498. e. 650. g. 690. f. 695. b. 718. g. 751. h. 795. b. 881. g. 883. i. ii. 113. i. 121. g. 201. a. 236. f. 300. f. 354. g. 731. a. 745. h. 837. c. 872. f. 890. d. 897. c. iii. 133. h. 139. h. 141. a. 158. k. 160. b. 164. d. 168. f. 180. b. 196. b. 268. i. 858. e.—אֱסֹף, iii. 163. a. —אֹסֵף, ii. 607. b.

אָסִף, iii. 174. f.

אֹסֶף, ii. 346. i. 700. k.

אֲסֵפָה, i. 60. c. iii. 163. a.

אֲסֻפּוֹת, iii. 159. i. 167. f. 182. d. 183. f. 191. c.

אֲסֻפִּים, i. 372. i. iii. 160. c.

אֲסַפְסֻף, i. 867. b.

אָסְפַּרְנָא, i. 851. a. 866. e.

אָסַר, i. 259. a. 533. i. 538. h. 872. g. 958. e. ii. 2. k. 11. c. 236. f. 587. h. 623. b. 670. g. 704. f. 728. e. iii. 168. h. 171. e. 185. i.

אֱסָר, ii. 589. b.

אֱסָר : אֱסָרָא, i. 627. b. ii. 344. a. 589. b.

אִסָּר, i. 534. f. ii. 589. b.

אִסְרוּ. — אִסְרוּ־חַג־הַמִּזְבֵּחַ, i. 200. c.

אֶעְ, אֶעָא, ii. 519. d. g.

אַף, i. 126. e. 842. b. 923. h. ii. 124. h. 126. c. 127. d. 792. d. 842. i. 871. a. 880. e.—אַף אֵין, ii. 604. g. —אַף אָמְנָם, i. 659. c.—אַף־הוּא, i. 426. g. ii. 329. d. 659. c. —אַף כִּי, i. 923. h. ii. 513. d. 563. g. 842. i. 843. a. 931. e. iii. 268. a.

אַף, i. 198. h. 767. d. 791. g. 824. g. 965. g. ii. 73. c. f. 76. c. 484. b. 581. i. 584. b. 902. f. iii. 8. g. 11. b. 12. e. 405. d.—אַפַּיִם, ii. 385. f. 902. f.

אָפַד, iii. 168. h. 210. e.

אֵפֹד, i. 838. b. d. ii. 85. f. iii. 358. h.

אֹפֶד, i. 354. i.

אַפֶּדֶן, ii. 97. g.

אַפַּדְנוֹ, i. 407. i.

אֲפֻדַּת, i. 899. h. — אֲפֻדַּת זָהָב, ii. 752. k.

אָפָה, i. 969. d. ii. 714. b. 718. a. 755. a. 805. h.

אֹפֶה, i. 367. f. ii. 626. d. 758. h. iii. 45. i.—אֹפוֹת, ii. 399. a.

אֹפֵהֶם, i. 965. b.

אֵפוֹ, i. 403. a. 484. b. ii. 606. h.

אֵפוֹא, i. 121. f. 426. f. 786. c. ii. 127. c. 512. i. 513. e. 609. g.

אֵפוֹד, i. 774. c. 838. d. 871. i. 899. h. ii. 85. i. 808. f. iii. 110. k. 491. b.—אֵפוֹד בָּד, i. 964. h.

אֲפוּגָה, ii. 611. c.

אֲפִילוֹת, ii. 617. f.

אָפִיק, i. 414. g. ii. 705. h. 759. a. 784. h. 794. g. 861. f. iii. 331. a. 372. i. 428. h. 438. b. — אֲפִיק נְחָלִים, ii. 338. h. — אֲפִיקִים, i. 738. c. ii. 211. h. 614. d. — אֲפִיקֵי יָם, i. 415. b. — אֲפִיקֵי מַיִם, i. 415. e. iii. 316. g.

אֹפֶל, i. 506. d.

אֹפֶל, i. 429. g. 506. d. ii. 6. i. iii. 67. b. d. e.

אֲפֵלָה, i. 257. h. 506. d. g. iii. 66. g. 67. f.

אֹפֶן, i. 256. f. 376. d. iii. 301. g.

אָפֵס, i. 74. e. 299. c. 713. g.

אֶפֶס, i. 109. h. 126. c. 453. i. 465. g. 604. h. 685. g. 713. h. 715. f. 918. g. 923. i. ii. 251. g. 456. e. 548. f. 602. g. 603. g. 719. g. 791. i. 825. h. iii. 79. e. 323. h. 491. e. — אֶפֶס כִּי, ii. 601. d. — אֶפֶס מָקוֹם, i. 410. c. — אֶפֶס עוֹד, iii. 345. h.

אֶפַע, i. 495. c.

אֶפְעֶה, i. 382. b. 446. b. 966. g. ii. 613. i.

אָפַף, ii. 730. c. 753. a.

אָפֵר, iii. 249. f.

אֵפֶר, ii. 299. g. iii. 87. a. 456. g.

אַפִּרְיוֹן, iii. 401. i.

אֶפְרֹחִים, ii. 498. c. 510. d.

אֶפְרָת, ii. 96. g.

אָץ, iii. 83. b. 98. d. 244. i. — אָץ לְהַעֲשִׁיר, ii. 133. c.

אֶצְבַּע, i. 521. d.

אָצִיל, i. 22. k.— אֲצִיל יָד, i. 474. c.

אַצִּילָה, i. 582. f.

אֲצִילִים, i. 864. a. iii. 64. b.

אָצַל, i. 278. a. 321. e. 408. g. 875. f. ii. 651. a. 722. d. iii. 345. h.

אָצֵל, ii. 82. b. 654. d.

אֵצֶל, i. 662. f. 968. g. 969. h. ii. 442. a. 637. k. 721. a. 795. f. 871. b.

אֶצְלָה, i 658. h.

אֶצְעָדָה, i. 474. a. b. ii. 268. a. 270. c. iii. 450. c.

אָצַר, ii. 59. g. iii. 160. c.

אֶקְדָּח, i. 504. f. ii. 328. a. iii. 303. d.

אַקּוֹ, iii. 285. i.

אֹר, ii. 843. b.

אֶרְאֵל, iii. 396. g.

אֶרְאֶלָּם, ii. 575. g. 580. b.

אָרַב, i. 305. i. 610. c. 629. k. 663. g. 775. f. 780. i. 900. f. ii. 58. b. 206. h. 210. a. 286. f. 451. h. 872. f.

אֹרֶב, i. 775. c. f. i. 966. b. ii. 573. g. 817. d.

אֶרֶב, i. 775. g. iii. 51. b.

אַרְבֶּה, i. 107. c. 520. b. ii. 77. d. 149. c. 209. c. d. 498. b. 571. h. — אֲרֻבּוֹת, ii. 510. e.

אֲרֻבָּה, i. 107. b. 395. h. 477. b. 509. g. 913. d. ii. 634. a. 825. i. — אֲרֻבּוֹת, i. 844. d.

אַרְבַּע, ii. 705. i.

אַרְבַּע, ii. 717. b. iii. 261. a. c. 262. i. 288. d. — אַרְבַּע מֵאָה, iii. 262. b. — אַרְבַּע מֵאוֹת, i. 696. f. ii. 523. h. iii. 262. b. c. 290. h. — אַרְבַּע עֶשְׂרֵה, i. 528. i. iii. 261. b.

אַרְבָּעָה, i. 650. i. — אַרְבָּעָה חֳדָשִׁים, iii. 262. d. — אַרְבָּעָה טוּרִים, iii. 262. i. — אַרְבָּעָה עָשָׂר, i. 528. i. iii. 261. b. — אַרְבָּעָה עָשָׂר אֶלֶף, ii. 486. b.

אַרְבָּעִים, i. 681. g. iii. 260. h. 261. a. 288. d. 290. f.— אַרְבָּעִים אֶלֶף, iii. 262. a. — אַרְבָּעִים וַחֲמִשָּׁה, iii. 260. i.

אַרְבַּעַת — אַרְבַּעַת אֲלָפִים, iii. 262. b.

אַרְבַּעְתָּיִם, i. 898. c. iii. 262. f. g.

אָרַג, iii. 360. i.

אֹרֵג, i. 911. a. 965. g. iii. 361. c.

אֶרֶג, i. 642. d. ii. 353. h.
אֹרֵג, iii. 360. i. 361. c.
אַרְגֹּב, i. 866. h. ii. 735. h.
אַרְגְּוָנָא : אַרְגְּוָן, ii. 842. a.
אַרְגָּז, ii. 44. g. 306. g. iii. 361. e. 362. g.
אַרְגָּמָן, ii. 553. i. 842. a. c. d. iii. 91. d.
אָרָה, i. 834. e.
אֹרֶה, iii. 302. c.
אֻרְוָה, ii. 55. h. iii. 278. h. 375. g.
אֲרוּכָה, ii. 457. g. iii. 411. a.
אָרוֹן, i. 505. e. 964. k. ii. 262. k. iii. 74. g.
אָרוּר, i. 859. c.
אָרוֹר, i. 859. c.
אֶרֶז, i. 427. a. ii. 248. c. d. 340. e. 519. g.
אֲרָזִים, ii. 340. d.
אָרַח, ii. 554. b.
אֹרַח, i. 443. b. 675. d. 903. c. 913. h. 918. g. ii. 336. d. 525. c. 682. i. 836. d. 845. f. iii. 291. e. —אֹרַח כַּנָּשִׁים, i. 516. i.
אֹרְחַ, i. 406. e. 918. g. ii. 517. b. 524. f. h.
אֹרְחָה, ii. 524. h. 525. g.
אֲרֻחָה, i. 917. b. ii. 516. h. iii. 191. f. 227. a.
אָרְחוֹת — אָרְחוֹת עֲקַלְקַלּוֹת, i. 584. c.
אֲרִי, ii. 371. h.
אֲרִיאֵל, i. 349. f. ii. 372. c.
אַרְיֵה, ii. 364. e. 371. h.
אַרְיָוָתָא, ii. 371. h.
אֲרִיךְ, i. 807. i.
אֲרִיכֻ, ii. 502. b.
אָרַךְ, ii. 402. a. 403. a. 404. d. iii. 366. g.
אָרֵךְ, ii. 457. g.

אֶרֶךְ, i. 446. d. 949. f. iii. 365. c. — אֶרֶךְ אֵבֶר — אֶרֶךְ, i. 404. f. — אַפַּיִם, ii. 403. h. 404. b. — אֶרֶךְ רוּחַ, ii. 404. b.
אֹרֶךְ, i. 207. d. ii. 404. h. 457. g. — אֹרֶךְ אַפַּיִם, ii. 403. i. — אֹרֶךְ יָמִים, i. 458. a.
אַרְכָא, i. 853. b. ii. 403. i. 404. b. cf. h. iii. 463. f.
אַרְכֻבָּה, i. 511. h.
אֲרֻכָה, ii. 79. i. 81. f. 402. b. 404. d. g. 827. k. iii. 190. c.
אָרְכָּה, ii. 457. h.
אָרְכוֹ — אָרְכוֹ יָמִים, ii. 829. f.
אַרְכִי, i. 353. a. ii. 911. f.
אֲרֶכֶת — אֲרֶכֶת יָמִים, ii. 405. b.
אֲרָם, i. 133. g. 225. h. iii. 204. a. — אֲרַם נַהֲרַיִם, ii. 439. c.
אַרְמוֹן, i. 160. g. 250. k. 437. d. 442. e. 495. c. ii. 44. i. 360. g. 492. d. 538. f. 819. i. 925. a. iii. 278. e. 471. d.
אֲרָמִית, iii. 204. e.
אַרְמְנוֹת, i. 442. i. ii. 535. b.
אֹרֶן, ii. 773. c.
אַרְנֶבֶת, i. 522. h. ii. 350. b.
אֲרַע, ii. 29. b.
אַרְעָא, i. 495. c.
אַרְעִית, i. 673. b.
אֶרֶץ, i. 28. g. 29. f. 374. d. 482. b. 484. c. 495. d. 517. c. 671. i. 673. b. 675. e. 697. d. ii. 150. a. 360. g. 437. c. 519. g. 525. g. 534. k. 592. g. 607. e. 608. c. d. 819. i. iii. 150. e. 317. e. 415. g. 471. d. — אֶרֶץ הַיָּם, i. 225. h. — אֶרֶץ הָעוּץ, ii. 502. b. — אֶרֶץ כָּבוּל, ii. 588. c. — אֶרֶץ כְּנַעַן, iii. 399. c. — אֶרֶץ מְגוּרִים — אֶרֶץ מִדְבָּר, ii. 686. g.

i. 908. i.—אֶרֶץ מוֹלֶדֶת, ii. 700. g. — אֶרֶץ מֶמְשַׁלְת, i. 442. b. — אֶרֶץ שֶׁבִי—אֶרֶץ צָרָה, ii. 64. c.—אֶרֶץ שִׁבְי, i. 83. b.

אַרְקָא, i. 495. c.

אָרַר, i. 343. i. 577. b. 859. b. ii. 137. a. 208. g.—אֵרֵר, i. 859. b.

אֲרָרַט, i. 74. e.

אֵרַשׂ, ii. 354. i. 473. e.

אֲרֶשֶׁת, i. 523. g. ii. 42. g.

אֹרֶת, i. 28. f.

אֵשׁ, i. 220. d. 362. e. 762. f. ii. 155. i. 174. i. 923. i. 925. g. 926. e. g. iii. 315. g. 393. e. 422. i.—אֵשׁ דָּת, i. 15. f.—אֵשׁ לֹא־נֻפָּח, ii. 925. i.

אִשׁ, ii. 923. i.

אֶשָּׁא, ii. 923. i.

אַשְׁדּוֹדוֹת, i. 972. d.

אַשְׁדֹּת, ii. 230. e.

אִשָּׁה, i. 214. a. 470. a. 516. b. g. 517. d. 696. c. 767. d. 916. i. 920. f. 922. i. ii. 56. a. 374. h. 461. f. 929. b. — אִשָּׁה זוֹנָה, ii. 840. h. — אִשָּׁה רְעוּתָהּ, i. 128. b.

אִשֶּׁה, i. 656. b. h. ii. 77. i. 78. d. f. 155. i. 156. b. 552. c. e. 866. b. 923. i. — אִשֶּׁה et עֹלָה, ii. 552. f.

אַשּׁוּר, i. 464. c. 545. d. 697. d. 785. f. ii. 401. e. 448. h. 525. g. 845. f. iii. 291. e.

אֹשְׁיָא, ii. 492. h.

אֶשְׁיָה, i. 830. f.

אָשְׁיָה, ii. 45. a. iii. 269. a.

אֲשִׁירָה, ii. 726. h.

אָשִׁישׁ, i. 407. d. ii. 240. d. 829. d.

אֲשִׁישָׁה, i. 93. g. 153. e. g. 157. k. 223. g. 954. d. ii. 291. f. 349. h. 486. i. 541. h. 628. e. 713. e.— אֲשִׁישׁוֹת, ii. 541. i.

אֶשְׁכּוֹל, i. 468. e.

אֶשְׁכָּר, i. 656. b. ii. 469. a.

אֵשֶׁל, i. 356. h. 531. a. b. c. 644. a. iii. 418. c. f.

אָשָׁם, i. 24. h. 142. f. 410. i. 810. g. 909. f. ii. 447. g. 463. a. 473. b. 664. d. 790. e. iii. 153. c. 269. a. — אָשֹׁם, ii. 790. d.

אָשָׁם, i. 25. e. 45. c. 144. g. 233. f. 441. e. ii. 21. e. 114. h. 396. c. 790. b. g. 791. b. e.

אָשֵׁם, i. 142. f. 144. h. 806. g. ii. 790. d.

אַשְׁמְדַי, i. 380. i.

אַשְׁמָה, i. 25. e. 142. g. 144. h. 743. g. ii. 410. d. 790. d. g. 791. c.

אַשְׁמוּרָה, ii. 587. c. iii. 411. f.

אַשְׁמֹרֶת, ii. 91. c.

אֶשְׁנָב, i. 617. h. ii. 779. d. iii. 281. g.

אַשָּׁף, i. 834. b. ii. 899. b.

אַשְׁפָּה, i. 856. i. iii. 281. h. 373. i.

אֲשְׁפִּים, iii. 390. c.

אַשְׁפְּנַז, i. 3. a.

אֶשְׁפָּר, i. 158. a. 360. a. 917. f. ii. 349. f.

אַשְׁפֹּת, ii. 299. i.

אָשַׁר, ii. 234. a. 243. a. — אִשֵּׁר, ii. 4. b. 234. a. 401. e. 799. e. iii. 15. h.

אֹשֶׁר, i. 827. h. ii. 401. h.

אֲשֶׁר, i. 528. e. 812. e. ii. 94. c. 401. g. 525. g. 596. b. 598. d. 602. g. 604. c. 924. a. 522. a. iii. 383. g. 495. d. — אֲשֶׁר אֶהְיֶה, iii. 491. c. — אֲשֶׁר בָּהֶם, iii. 44. i. — אֲשֶׁר בְּחַרְתֶּם, ii. 805. i.— אֲשֶׁר הֵכִין, i. 773. c. — אֲשֶׁר לֹא יַמְרוּךָ, i. 244. a. —

אֹרְשָׂה, i. 154. d. — אֲשֶׁר לֹא
חָרְבוּ, i. 124. k. — אֲשֶׁר לֹא
יִקְרָא, i. 97. d. — אֲשֶׁר לָאָב,
ii. 699. d. — אֲשֶׁר־לוֹ, iii. 323.
a. 324. c. — אֲשֶׁר לוֹ נָשֶׁא, ii.
729. k. — אֲשֶׁר מוּצָק, iii. 98. g.
— אֲשֶׁר מָקוֹם, ii. 604. b. —
אֲשֶׁר נָתַתָּה עִמָּדִי, iii. 189. g.
— אֲשֶׁר עַל הַבַּיִת, iii. 229. h.—
אֲשֶׁר שָׁם, i. 704. b.

אֲשֵׁרָה, i. 137. e. 138. c. 383. a. 530. g.

אַשְׁרֵי, i. 150. e. ii. 401. f. g. h. iii. 249. h. 350. h.

אֻשְּׁרִים, ii. 144. e.

אֻשַּׁרְנָא, iii. 94. i. 454. a.

אֵשֶׁת, i. 517. e. ii. 924. a. — אֵשֶׁת מִדְיָנִים, ii. 295. d.

אִשְׁתַּבַּשׁ, iii. 192. f.

אֶשְׁתַּדּוּר, iii. 410. d. g.

אֶשְׁתּוֹמַם, i. 290. e. ii. 38. d.

אִשְׁתַּכְלַל, ii. 212. h.

אֶשְׁתְּלֵל, iii. 235. f.

אֶשְׁתּוֹמֵם, i. 274. i.

אָת, iii. 37. a.

אַת, iii. 126. d.

אַתְּ, i. 356. e. iii. 11. d. 49. a.

אֶת, i. 140. i. 689. g. 968. i. ii. 442. b. 451. h. 675. i. 871. b. 924. b. iii. 37. a. 52. i. 112. c. 125. h.
159. f. 323. e. 438. i.— אֶת־אָחִין,
iii. 164. b. — אֶת אֲשֶׁר, ii. 598.
f. — אֶת הַנַּעַר, ii. 443. b. —
אֶת כֹּל, iii. 150. e. — אֶת
כָּל־מִשְׁנֵיךְ, i. 766. a. — אֶת־מָה,
iii. 125. i. — אֶת פְּנֵי, i. 543. a
767. e. i. 792. c. ii. 159. i. 232. a. f.

אֶתָא, i. 140. i.

אֲתָא, ii. 643. d.

אִתְבַּקַּר, i. 875. i.

אִתְגְּזֶרֶת, iii. 257. f.

אַתָּה, i. 640. c. 675. i. 913. h. ii. 19. c. iii. 159. h.

אָתָה, i. 682. i. 683. a. ii. 528. f.
— אָתָה דַל, iii. 198. i. — אַתָּה
לוֹ, ii. 872. a.

אָתָה, i. 913. h.

אֲתוֹ, i. 536. d.

אִתּוֹ, i. 405. f.

אָתוֹן, ii. 24. f. 569. b. iii. 343. b.

אַתּוּן : אַתּוּנָא, ii. 146. a.

אֹתוֹת, ii. 8. g.

אִתְזִין, iii. 289. f.

אִתְחַבַּל, i. 593. f.

אִתִי, i. 536. a. — אִתִי תְבוֹאִי, i. 536. a.

אֵתָיו, i. 536. d.

אֹתִיּוֹת, i. 840. b. iii. 337. f.

אִתְיָעַט, iii. 146. e.

אַתִּיק, i. 308. d. 706. g. ii. 747. e. iii. 109. c. d. 110. i. 356. h.

אִתָּךְ, iii. 30. e.

אֹתְךָ, i. 497. a.

אִתְכְּרִיַּת, iii. 405. g.

אֶתְכְּרִיַּת, i. 95. k.

אִתָּם, i. 403. a.

אֶתְמוֹל, i. 689. e. 761. e. 965. e. — אֶתְמוֹל שִׁלְשֹׁם, ii. 853. a.

אִתְמְחָא, ii. 759. g.

אֶתֵּן, ii. 493. b.

אַתְנָה, i. 601. c.

אֶתְנָה, ii. 469. i. 470. b.

אֶתְנוֹת, ii. 569. d.

אַתְנִין, i. 56. i.

אֶתְנַן, i. 361. i. 631. g. ii. 469. a. i.

אִתְעֲבֵד, i. 498. *c.*—אִתְעֲבֵד הַדְמִין, ii. 644. *h.*

אִתְעֲקַר, ii. 517. *i.*

אִתְקְטֵל, iii. 168. *f.*

אַתַר, i. 731. *f.*

אֲתַר, iii. 282. *h.*—אֲתַר דִּי, ii. 575. *a.*

אֲתָרִים, i. 56. *i.* ii. 216. *i.*

ב

ב præfix, i. 542. *i.* 689. *g.* 695. *f.* 764. *i.* 772. *i.* 776. *f.* 778. *g.* 842. *b.* ii. 158. *g.* 442. *b.* 634. *a.* 575. *a.* 721. *a.* 854. *c.* 871. *b.* iii. 180. *e.* 325. *c.* 380. *c.* 495. *g.* 496. *i.*

בָּא, i. 693. *g.*

בָּא.—בָּא אֶל, ii. 881. *d.*—בָּא לַחְקוֹר, ii. 110. *c.*

בְּאָבַד.—בַּאֲבֹד רְשָׁעִים רִנָּה, ii. 908. *g.*

בָּאָדָם, iii. 214. *f.*

בְּאֹהֶל, ii. 403. *a.*

בְּאוּ, i. 536. *d.*

בָּאוֹת, i. 840. *b.*

בְּאָזְנֵי, i. 767. *d. f.* ii. 871. *a.*

בְּאַחַת, i. 141. *a.*

בָּאִים, i. 364. *i.*

בְּאֵין, ii. 854. *c.* iii. 272. *i.* 323. *i.*

בְּאַמָּה, i. 696. *f.* ii. 761. *e.*

בְּאֶפֶס, i. 685. *h.*

בֵּאֵר, i. 576. *e.*

בְּאֵר, ii. 351. *c.* iii. 29. *e.* 315. *h.* 404. *g.*

בְּאֵר, ii. 351. *c.*—בְּאֵרֹת בְּאֵרוֹת, ii. 351. *c.*

בְּאַרְגָּן, i. 453. *e.* 462. *b.*

בְּאֹרַח, i. 406. *c.*

בְּאַמוֹן, i. 767. *f.*

בְּאֶרֶץ, i. 662. *f.* 767. *f.* ii. 231. *h.* 474. *a.*

בָּאֵשׁ, i. 79. *i.* 290. *c.* 895. *i.* ii. 517. *h.* 532. *a.* iii. 343. *a. d.*

בְּאֵשׁ, i. 653. *a.* 654. *a.* ii. 174. *i.* 393. *g.* 924. *c.* iii. 24. *h.*

בְּאֹשׁ, ii. 598. *a.* iii. 24. *h.*

בְּאִשָּׁה, i. 92. *g.* 391. *f.* 447. *h.*

בְּאִשִּׁים, i. 92. *h.* 391. *g.* iii. 24. *h.*

בַּאֲשֶׁר, ii. 124. *f.* 604. *c.* iii. 27. *a.*—בַּאֲשֶׁר יִתְהַלֵּכוּ, ii. 575. *b.*—בַּאֲשֶׁר לְמִי, i. 776. *i.*

בָּבָה, ii. 303. *a.* iii. 49. *c.*

בָּבוֹר, i. 554. *c.*

בְּבֶטֶן, ii. 559. *a.* iii. 299. *e.*

בְּבָיִת, i. 919. *e. g.*

בְּבֵית, i. 791. *g.*—בְּבֵית הַחָפְשִׁית, i. 666. *i.*

בָּבֶל, iii. 136. *h.*

בִּבְלִי.—בִּבְלִי דַעַת, i. 102. *b.*

בַּבֹּקֶר, ii. 587. *a.* 909. *h.*

בַּג, i. 574. *d.*

בִּגְאוֹן, ii. 791. *e.*

בְּגֵאוּת, iii. 332. *i.*

בִּגְבוּרוֹת, ii. 649. *a.*

בֶּגֶד, i. 43. *c.* 57. *g.* 232. *i.* 280. *c.* 322. *e.* 386. *b. i.* 665. *b.* ii. 28. *f.* 93. *b.* 227. *k.* 878. *g.* iii. 305. *h.*—בֶּגֶד, i. 374. *d.* 387. *b.* ii. 228. *g.* 611. *c.*

בֶּגֶד, i. 59. *d.* 158. *g.* 774. *c.* 788. *a.* ii. 93. *b. g.* 331. *h.* 725. *h.*

i. iii. 3. k. 110. k. 111. i. 374. h. 449. a.
בְּגָדוֹת, ii. 228. g.
בַּגְּדֵרוֹת, ii. 293. b.
בְּגַדְתֶּם, i. 485. i.
בְּגוֹ. — בְּגוֹ נִדְנֶה, ii. 610. h.
בְּגוּדָה, i. 387. b.
בְּגוֹרָל, ii. 274. c.
בְּגָזִית, ii. 409. i.
בְּגֵיא, ii. 440. h.
בִּגְלַל, i. 241. b. 543. b. 693. i. 776. f. iii. 434. d.
בְּגִנְזֵי, ii. 399. c.
'בְּגָפוֹ ii. 477. i.
בַּד, i. 430. f. 436. f. 480. b. 621. f. 794. b. 798. i. ii. 379. i. iii. 111. a. — בַּדִּים, ii. 803. f.
בַּד, i. 17. k. 210. e. 474. c. 627. a. ii. 482. h. — בַּדִּים, i. 21. d. 523. e. 672. a. ii. 88. a. iii. 71. g. 438. i. 492. i. — בַּדֵּי עוֹר, ii. 279. h.
בַּד, i. 342. f. 543. b. — בַּדִּים, i. 715. k.
בַּד, ii. 409. d. 417. h. — בַּדִּים, i. 660. d. ii. 409. f.
בַּד, ii. 98. i.
בָּדָא, ii. 778. d. iii. 477. g.
בְּדָאוֹן, iii. 285. e.
בַּדָּבָר, ii. 36. a.
בִּדְבָר, i. 543. b.
בָּדָד, i. 683. a. ii. 475. e. — בָּדָד לוֹ, i. 405. f.
בָּדָד, i. 794. e. ii. 193. h. 478. a. iii. 472. d.
בַּדֵּי, i. 523. e. ii. 826. a. iii. 36. b. — בְּדֵי אֵשׁ, i. 362. f.
בַּדָּיו, ii. 721. b.
בְּדִית, i. 235. c. ii. 158. b.
בַּדֵּיכֶם, iii. 402. c.
בָּדָל, ii. 382. h.
בְּדֹלַח, i. 224. e. ii. 328. a.
בְּדֹלֶת, i. 448. f.
בֶּדֶק, i. 875. a.
בֶּדֶק, i. 451. i. 470. a. 875. d. — בֶּדֶק הַבַּיִת, i. 532. i.
בְּדֵר, i. 578. f.
בְּדֶרֶךְ, i. 791. g.
בִּדְרָכָיו, i. 791. h.
בָּה, i. 694. f. ii. 675. i. — בָּהּ שַׁעְתָּא, ii. 909. c.
בֹּהוּ, i. 41. a. c. 94. d. ii. 606. a.
בַּהַט, iii. 72. i.
בָּהִיר, iii. 156. a. 265. h.
בָּהַל, ii. 65. e. 869. i. iii. 88. c. — בְּהָל, i. 759. b. 878. f. ii. 217. e. 218. a. i. iii. 88. c. 192. g. 235. f.
בְּהַל, ii. 730. d.
בְּהַל, ii. 218. a. iii. 235. g.
בֶּהָלָה, i. 315. b. ii. 208. d. 218. b. iii. 88. i.
בְּהָלוּ, iii. 88. h.
בָּהֶם, i. 402. f. ii. 552. i. iii. 238. d.
בְּהֵמָה, ii. 58. g. 331. h. iii. 54. a. 262. g. h. 324. c. — בְּהֵמוֹת, ii. 332. d. e.
בֹּהֶן, i. 109. i. 241. h.
בָּהַן, i. 855. i. iii. 370. d.
בֹּהַק, i. 139. g.
בַּהֶרֶת, i. 396. a. b. c. 712. g. i. iii. 265. f. h.
בוֹ, i. 657. h. ii. 19. c. 588. d.
בוֹא, i. 33. b. 34. e. 74. f. 162. b. 175. k. 183. k. 203. g. 205. i. 217. f. 219. c. 238. g. 264. e. 276. i. 278. a. 283. i. 325. b. 351. g. 419. a. 430. h. 431. c. 436. d. 544. b. 545. c. 572. e. 606. f. 650. h. 652. e. 660. e. 683. b. 690. f. 692. b. c. d. 694. d. e. 710. c. 723. e. 741. h. 751.

g. h. 755. i. 760. h. 773. a. 806. g. 815. h. 832. a. c. 837. g. 838. i. 852. c. 853. b. 881. g. 913. h. 947. h. 954. d. 967. a. ii. 19. c. 43. h. 120. b. 121. g. 139. a. 161. d. 184. c. 195. g. 233. b. 253. f. 311. i. 525. h. 538. f. 544. a. 575. h. 589. i. 623. c. 643. b. 646. c. 665. b. 675. i. 680. b. 684. e. 739. g. 750. g. 785. b. 837. c. 857. c. 878. i. 879. g. 885. d. 895. a. iii. 130. d. 154. f. 166. h. 170. c. 177. e. 342. h. — בוֹא, i. 693. g. h. — בוֹא אַחֲרֵי, i. 100. b. ii. 655. f. — בוֹא אֶל, iii. 188. h. — בוֹא בְדָמִים, ii. 487. h. 488. b. — בוֹא בְמִשְׁפָּט, i. 909. f. — בוֹא לְהִלָּחֵם, iii. 186. h. — בוֹא עַד תּוֹךְ, ii. 77. i. — בוֹא פֶּתַח, iii. 174. d. — בוֹא עִם, i. 231. f.

בוֹאִי, i. 586. a.

בוֹאֲךָ, i. 969. h.

בוז, i. 123. k. 391. k. 809. b. 819. e. f. 820. c. ii. 39. i. 228. a. 484. c.

בוּז, i. 392. h. 809. c. 820. b. ii. 228. a. e. 484. c.

בוּזָה, ii. 484. f.

בּוּל, i. 110. h. 838. i.

בּוּן, iii. 184. f.

בּוֹנֶן, ii. 623. e.

בּוּס, i. 755. b. 819. f. ii. 199. a. 200. e. iii. 150. k.

בּוּץ, i. 480. c. d. ii. 37. f.

בּוּקָה, i. 731. e.

בּוֹקֵר, i. 71. e. 469. b.

בּוֹר, i. 13. f. 464. g. 495. e. ii. 351. d. g. 616. e. iii. 404. h. — אַבְנֵי בוֹר, i. 40. b.

בּוּר, i. 743. g. ii. 150. b.

בּוֹרֵא, ii. 333. i.

בּוּשׁ, i. 77. h. 79. k. 789. d. ii. 174. i. 767. i. iii. 24. g.

בּוּשָׁה, i. 77. i.

בּוּת, i. 398. f.

בַּז, i. 574. d. e. ii. 868. b. f. iii. 70. f.

בָּזָא, i. 574. f. ii. 512. i. 693. i.

בִּזְאת, ii. 695. f.

בָּזָה, i. 391. k. 393. e. 735. f. 803. c. 809. b. 819. g. 820. d. 914. a. ii. 484. d. iii. 376. h. 377. h.

בְּזָה, ii. 484. g.

בִּזָּה, i. 574. d. ii. 868. f. iii. 70. f.

בָּזַז, i. 413. f. 574. f. 578. f. ii. 257. d. 271. e. 868. b. f. iii. 70. c. — בָּזֹז בַּז, ii. 869. a. iii. 71. d.

בְּזוּי, i. 820. g. 937. d.

בִּזָּיוֹן, i. 392. a.

בָּזַל, i. 574. g.

בְּזוֹמָה, ii. 662. e.

בָּזָק, i. 111. k. 317. g. 385. a. 452. d.

בָּזַר, i. 578. f. 601. c.

בָּחוֹן, i. 628. h. 830. h.

בָּחוּץ, i. 65. a. 822. k. 823. c. — בַּחוּצוֹת, ii. 636. a.

בָּחוּר, i. 468. h. 649. d. 715. h. 941. c. ii. 494. b. h. — בַּחוּרִים et בְּחוּרִים, i. 715. h.

בְּחָזְקָה, i. 730. e. ii. 105. h. 181. g. 311. b.

בְּחֵיקֶךָ, i. 405. h.

בְּחַיֵּי, iii. 98. i.

בָּחִיר, i. 715. i. 864. a. iii. 187. d.

בְּחָכְמָה, ii. 881. b. iii. 78. c.

בָּחַל, i. 97. i. 900. a. ii. 754. h. 887. e.

בֹּחַל, i. 97. h.

בְּחַמּוּדוֹ, i. 855. h.

בָּחַן, i. 222. f. 558. b. 628. b. 629. c. e. 713. b. 715. h. 808. a. 881. g. 920. c. 921. i. ii. 318. g. 408. a. 710. c.

בַּחַן, i. 715. h.

בֹּחַן, i. 614. d. 906. g.

בְּחַעֲנוּתַיִם, i. 12. i.

בַּחֲצַר סוּסִים — בַּחֲצַר, ii. 25. a.

בְּחֵק, iii. 378. h.

בָּחַר, i. 72. d. 73. k. 262. e. 289. h. 558. c. 588. c. 628. b. 713. b. 794. e. 837. i. 855. c. 863. h. 885. f. ii. 4. b. 14. f. 286. g. 805. i. 855. k. 856. a. 927. k. — בֹּחֵר, ii. 454. g.

בְּחֻרוֹת, ii. 498. d.

בָּטָא, i. 558. c. — בֹּטֵא, i. 580. h. 582. i.

בָּטָה, ii. 364. i. 707. g.

בָּטַח, i. 151. b. 749. f. 750. d. 751. d. 838. b. 868. i. 933. c. ii. 87. b. 365. a. 707. h. 709. b. — בֹּטֵחַ, i. 151. d. 387. e. 421. h. 750. d. ii. 26. g. — בָּטַח בְּטָחוֹן, ii. 709. b.

בֶּטַח, i. 212. b. 387. f. 388. b. 686. g. 749. g. 750. e. ii. 707. i. 709. b. 717. i. 718. a.

בִּטְחָה, ii. 708. a.

בִּטָּחוֹן, i. 750. c. ii. 717. i.

בַּטֻּחוֹת, i. 39. d. ii. 708. a.

בָּטֵל : בָּטַל, i. 345. b.

בָּטֵל, ii. 210. i.

בֶּטֶן, i. 214. b. 484. d. 854. e. ii. 150. b. 281. c. 282. b. 535. e. 626. d. 631. c. iii. 86. f. 112. d. 324. c. 482. d. 487. g.

בָּטְנִים, iii. 259. h.

בְּטַעַם חַמְרָא — בִּטְעַם, i. 791. f.

בְּטֶרֶם, ii. 854. d

בִּי, i. 532. b. 776. d. ii. 501. d.

בִּיאָה, i. 694. f.

בְּיַד, i. 15. g. 543. b. 644. b. 656. b. 765. c. 791. h. ii. 442. c. 638. a. 871. b. iii 340. e. 357. g.

בְּיָדוֹ, i. 658. g.

בִּידֵי, i. 968. k.

בְּיֶדְכֶם, i. 657. g.

בְּיָדֵנוּ, i. 658. g.

בְּיָה, ii. 342. g.

בְּיוֹם, ii. 601. a. iii. 38. e. — בְּיוֹם אֵיד, i. 29. d. 396. a. — בַּיּוֹם הַזֶּה, iii. 38. e.

בְּיוֹמוֹ, i. 397. a. ii. 119. e.

בִּילֶגֶשׁ, ii. 631. b.

בַּיָּם, ii. 75. c.

בֵּין, i. 191. c. 754. d. 791. h. ii. 439. i. 440. g. 448. i. 535. f. 820. a. iii. 180. e. — בֵּין עַרְבַּיִם, i. 526. h. ii. 617. e.

בִּין, ii. 505. h.

בִּינָה, i. 567. g. 568. b. 783. c. 879. h. ii. 511. d. 621. e. iii. 75. e. 177. i. 179. e. 185. b. 406. f.

בִּיעֵף, iii. 243. i.

בֵּיצָה, iii. 491. f.

בִּיר, ii. 351. d.

בִּירָה, i. 437. e. ii. 535. b. 537. e. 538. g. 820. a.

בְּיַרְכְּתֵי, i. 919. i. 920. a. ii. 864. g. — בְּיַרְכְּתַיִם יָמָּה, iii. 472. d.

בִּירָנִיּוֹת, ii. 535. b.

בִּירְתָא, i. 437. e.

בְּיֹשֶׁר, ii. 587. g.

בַּיִת, i. 29. f. 445. e. 554. e. 648. d. 709. h. 771. d. 906. c. 919. f. ii. 51. a. 55. c. 86. h. 150. a. 241. f. 272. i. 302. f. 439. i. 440. g. 492. d. 532. k. 535. c. f. 536. e. f. 537. f. 538. g. 616. e. 633. g. i. 693. i. 783. e. 820. a. 902. g. iii. 111. a. 112. e. 163. a. 170. i. 247. i. 278. e. 282. h. 317. e. 323. e. 324. d. f. 415. g. 473. f. — בֵּית אָב, ii. 699. b. i. — בֵּית אָבוֹת, i. 645. c. — בֵּית אָוֶן, i.

56. k. — בֵּית אוֹצָר, ii. 60. h. —
בֵּית אוֹצַר אֱלֹהִים, i. 679. i.—
בֵּית אִישׁ, בֵּית אֵל, i. 128. f. —
i. 433. b. — בֵּית אֱלֹהִים, ii. 86.
i. — בֵּית אֲשֵׁרִים, i. 138. c. —
בֵּית בּוֹר, ii. 351. d.— בֵּית גִּנְזַיָּא,
i. 457. a. 481. h. — בֵּית הַבּוֹר, i.
535. d. — בֵּית הַחָפְשׁוּת, ii.
329. h. — בֵּית הַיַּיִן, ii. 543. e. —
בֵּית הָסוּרִים, iii. 411. h. —
בֵּית כֶּלֶא, בֵּית לָהּ, iii. 411. i. —
i. 919. g. — בֵּית מַהְפֶּכֶת, iii.
412. a. — בֵּית מֶלֶךְ, i. 442. a. f.
— בֵּית מַלְכוּת, i. 442. g. —
בֵּית מַרְזֵחַ, ii. 61. c. 70. k. —
בֵּית מֶרִי, i. 45. d.— בֵּית מִשְׁמָר,
iii. 412. b. — בֵּית נָשִׁים, i. 516.
g. 517. b. — בֵּית סֹהַר, i. 535.
d. ii. 616. e. — בֵּית סִפְרַיָּא, i.
456. d. — בֵּית עֲבָדִים, i. 638.
i. — בֵּית עוֹלָם, i. 88. h. —
בֵּית עֵקֶד, i. 433. a. — בֵּית
עַשְׁתָּרוֹת, i. 383. a. — בֵּית רָשָׁע,
i. 236. a. — בֵּית שְׂדֵרוֹת, ii. 539.
h. — בֵּית שֶׁמֶשׁ, ii. 21. a.
בַּיִת, i. 398. f. ii. 284. a.
בַּיְתָה, i. 919. e. g. ii. 537. i.
בַּיְתֵה נְוָלִי יִשְׁתָּוֵה — בַּיְתֵה, i.
541. i.
בֵּיתוֹ, i. 657. f. ii. 84. c.
בָּךְ, iii. 232. f.
בָּכָא, i. 279. g. ii. 268. g. —
בְּכָאִים, ii. 408. h.
בְּכָא, ii. 268. d.
בָּכָה, i. 114. k. 232. d. 297. g.
744. b. ii. 267. a. 268. d. 715. e.
iii. 129. d. g.— בִּכָה, i. 297. g.
בְּכֶה, ii. 267. b.
בָּכוֹ, i. 448. d. ii. 268. e. h.
בְּכוֹר, ii. 624. d. 851. g. 909. h.
913. a.
בְּכוֹרָה, ii. 860. k. 909. h. 910. i.
911. b. iii. 138. a.
בְּכוֹרָה, ii. 895. i. 912. h. i. 913. a.
בִּכּוּרִים, i. 362. f. 434. e. ii. 154.
c. 497. e. 554. i. 861. a. 911. a.
913. b. iii. 64. f.
בָּכוּת, ii. 716. a.
בְּלַח, i. 650. f. ii. 105. h.
בְּכִי, i. 431. d. ii. 267. b. 268. e. h.
716. a.— בְּכִי וּמִסְפֵּד, ii. 297. d.
בְּכִי וּנְהִי—, ii. 297. c.
בְּכִים, i. 61. d.
בְּכִירָה, ii. 851. g. 913. b.
בְּכִית, ii. 716. a.
בְּכֹל, i. 689. a.
בְּכַף, ii. 610. h.
בְּכַר, i. 498. e.
בֶּכֶר, ii. 910. h. i. 912. h.
בִּכְרָה, i. 642. d. e. ii. 145. i. 479. i.
617. d.
בִּכֹּרָה, ii. 850. h.
בִּכְרוּ, ii. 913. b.
בִּכְתֶם, ii. 440. i.
בַּל, ii. 573. g. 603. i. — בַּל יָכֹל
i. 53. a.
בְּלֹא, i. 217. k.— בְּלֹא לֵב וָלֵב, iii.
444. i.
בְּלֶא, ii. 223. f. 628. i. 775. b. iii.
232. g.
בִּלְאָם, ii. 27. i. 328. h.
בִּלְאַיִם, i. 922. a.
בְּלֵב, ii. 441. a. — בְּלֵב יָם, ii.
836. d.
בְּלִבּוֹ, i. 402. f. 657. k.
בִּלְבָבְךָ, iii. 30. e.
בָּלָה, i. 232. f. ii. 161. d. 223. g.

629. *b.* 819. *c.*—בְּלָה, ii. 629. *b.* iii. 196. *c.*

בָּלֶה, ii. 628. *f.* 629. *c.*

בַּלָּהָה, i. 81. *g.* 233. *g.* 341. *a.* ii. 529. *f.* 716. *b.* iii. 238. *e.* — בַּלָּהוֹת, i. 173. *c.* 251. *h.* 454. *i.*

בְּלוֹ, ii. 792. *e.* 847. *k.* — בְּלוֹיִם, ii. 628. *f.*

בְּלוֹא, i. 272. *g.*

בְּלוּל, i. 199. *d.* 210. *h.*

בְּלוּלִים, i. 682. *g.*

בְּלַט, ii. 325. *e.* 328. *h.* 350. *b. d.*

בְּלִי, i. 238. *b.* 251. *h.* ii. 602. *g.* 611. *h.* 630. *e.* — בְּלִי אִישׁ, ii. 457. *d.* — בְּלִי דַעַת, i. 26. *f.* — בְּלִי לְבוּשׁ, i. 48. *i.* 510. *b.* — בְּלִי מַיִם, i. 251. *c.* 908. *e.* — בְּלִי פֶּשַׁע, i. 181. *i.* — בְּלִי שֵׁם, i. 254. *b.* 393. *c.*

בְּלִיל, i. 403. *a.* 428. *i.* 478. *d.* iii. 491. *e.*

בְּלִימָה, ii. 457. *d.* 605. *b.*

בְּלִיַּעַל, i. 233. *d. g.* 246. *h.* 252. *h.* 253. *b.* 260. *e.* 332. *b.* 374. *d.* 424. *g.* 425. *e.* 452. *f.* 768. *b.* ii. 390. *c.* 630. *d.* 661. *d.* iii. 61. *h.*

בָּלַל, i. 191. *c.* 210. *g.* 764. *b.* ii. 639. *i.* 677. *g.* iii. 136. *f.* 149. *c.* 284. *i.* 416. *i.*

בַּלֵּל et מַרְכֶּבֶת, i. 417. *a.*

בְּלַם, i. 32. *h.*

בָּלַס, i. 906. *g.* 967. *a.* ii. 280. *f.* 431. *b.*

בָּלַע, i. 493. *g.* 577. *d.* ii. 202. *g.* 204. *e.* 206. *i.* 207. *a.* 213. *h.* 224. *f.* iii. 160. *c.* 192. *g.* 232. *f.* — בִּלַּע, i. 728. *d.* — בֶּלַע, i. 305. *i.* ii. 200. *c.* iii. 235. *h.* 462. *i.*

בַּלַּע, ii. 219. *k.*

בֶּלַע, ii. 204. *h.* 207. *b.*

בִּלְעֲדֵי, i. 218. *a.* ii. 606. *d.* 791. *k.*

בָּלַק, i. 909. *f.*

בִּלְתִּי, iii. 204. *g.*

בִּלְתִּי, i. 497. *a.* ii. 630. *d.*

בָּם, i. 688. *f.* 704. *c.* — בָּם עִוֵּר, i. 824. *h.*

בְּמִדְבָּר, i. 910. *a.*

בָּמָה, iii. 363. *b.*

בָּמָה, i. 1. *c.* 4. *k.* 137. *e.* 144. *h.* 435. *f.* 472. *c.* 480. *k.* 673. *b.* 680. *b.* 689. *b.* 908. *e.* ii. 78. *f.* 106. *a.* 376. *i.* 538. *h.* iii. 104. *e.* 287. *f.* 362. *h.* 364. *i.* 365. *c.* 368. *i.*

בִּמְהֵרָה, iii. 248. *f.*

בְּמוֹקֵשׁ, i. 785. *d.*

בָּמוֹת, i. 746. *g.* ii. 34. *d.* 64. *f.* 440. *g.*

בְּמִזְרָקִים, i. 622. *i.*

בִּמְחֹלוֹת, iii. 453. *g.*

בְּמִי, iii. 495. *g.*

בְּמַכְתֵּשׁ בַּעֱלִי—בַּמַּכְתֵּשׁ, i. 392. *a.*

בְּמֶלֶךְ, i. 672. *b.*

בְּמִנְחָה, i. 656. *i.*

בְּמִסְתָּר, i. 302. *c.* ii. 350. *c.* — בְּמִסְתָּרִים, ii. 327. *i.* 328. *f.*

בִּמְצִלּוֹת, iii. 49. *f.*

בְּמִקְדָּשׁ, i. 274. *e.*

בַּמָּרוֹם, ii. 756. *k.*

בְּמִשְׁאוֹן, i. 631. *d.*

בְּמִשְׁפָּט, ii. 883. *e.*

בֵּן, i. 14. *h.* 220. *d.* 225. *h.* 232. *d.* 254. *k.* 358. *i.* 535. *h.* 683. *b.* 715. *i.* 819. *c.* ii. 70. *k.* 95. *g.* 293. *c.* 347. *d.* 360. *h.* 439. *d.* 440. *h.* 498. *c.* 510. *f.* 522. *d.* 529. *a.* 536. *g.* 624. *d.* 626. *f.* 851. *h.* iii. 27. *b.* 82. *b.* 179. *d.* 247. *i.* 316. *i.* 317. *f.* 340. *d.* 438. *i.* — בֶּן אָדוֹן, ii. 51. *a.* — בֶּן אָדָם, i. 225. *h.* 496. *i.* — בֶּן אֵם, ii. 561. *k.* — בֶּן אִשָּׁה,

ii. 461. f.—בֶּן אַשְׁפָּה, iii. 373. i. — בֶּן אֲתֹנוֹת, ii. 930. h. — בֶּן בַּיִת, ii. 536. f.—בֶּן בֵּן, i. 661. g. — בֶּן בְּעוֹלָת, i. 221. f.—בֶּן בָּקָר, ii. 479. i. 480. e.—בֶּן דוֹד, ii. 218. i.—בֶּן הַכּוֹת, ii. 785. i.—בֶּן זָכָר, i. 359. a.—בֶּן חֹדֶשׁ, ii. 459. b.—בֶּן חַיִל, i. 490. d. 649. d. iii. 179. d.—בֶּן חָמֵשׁ שָׁנִים, ii. 716. h.—בֶּן יוֹנָה, ii. 746. d.—בֶּן לָבִיא, ii. 372. c.—בֶּן מֵאָה שָׁנָה, i. 696. i.—בֶּן מֶשֶׁק, iii. 126. g.—בֶּן נֵכָר, i. 128. h. 133. g.—בֶּן נַעֲוַת, i. 517. a.—בֶּן עָם, ii. 822. f.—בֶּן עָנִי, i. 378. f.—בֶּן עֶשְׂרִים שָׁנָה, i. 681. f.—בֶּן קֶדֶם, i. 133. g.—בֶּן קֶשֶׁת, iii. 281. h. 282. b.—בֶּן שַׁחַץ, i. 476. g. 643. a.—בֶּן שַׁחַר, i. 204. i.—בֶּן שָׁלֹשׁ שָׁנִים, iii. 292. e.—בֶּן שְׁלֹשִׁים שָׁנָה, iii. 290. g.—בֶּן שֶׁמֶן, i. 739. e. ii. 774. d.—בֶּן שָׁנָה, i. 780. g. 926. d.—בֶּן שִׁשִּׁים שָׁנָה, i. 810. a.—בָּנִים, i. 493. a. ii. 282. c. 347. b. 499. b. 538. i. iii. 247. i. 317. f. 487. g.—בְּנֵי אָדָם, i. 226. f.—בְּנֵי שַׁחַץ, i. 486. a. iii. 316. f.—בְּנֵי צֹאן, i. 355. k.

בְּנָא, i. 232. e.

בְּנֹאד, i. 792. a.

בְּנֶגֶד, ii. 231. i.

בִּנְדָבָה, i. 720. e.

בָּנָה, i. 232. d. 283. i. 485. b. 601. c. 816. k. 879. e. 896. a. 924. a. ii. 99. h. 215. g. 360. c. 536. g. 736. f. 806. a. iii. 232. g. 248. f. h. 318. b.

בְּנוֹ, iii. 318. b.—בֹּנֶה, ii. 537. g.

בָּנוֹת, i. 517. e. 928. h. ii. 347. d. 537. e. 588. d. 736. h. 743. g.—בְּנוֹת יַעֲנָה, iii. 31. g. 122. c.

בְּנוֹת, ii. 216. c. 537. e. iii. 415. g.

בָּנַי, iii. 318. b.

בְּנִי, iii. 318. c.

בְּנִיָּה, i. 620. a.

בְּנַיִם vel בֵּינַיִם, i. 649. d.

בִּנְיָמִין, i. 329. i.

בִּנְיָן, i. 582. f. 620. a. ii. 537. e. iii. 109. d.

בֹּנֵן, iii. 141. c.

בְּנֵס, iii. 124. g.

בְּנֶפֶשׁ, ii. 205. b.

בְּנַפְשׁוֹ, i. 658. i.—בְּנַפְשׁוֹ הוּא, iii. 485. c.

בְּנִפְשֶׁךָ, iii. 30. e.

בְּנֶשֶׁף, ii. 617. e.

בְּסַאסְאָה, ii. 418. f. iii. 28. f.

בְּסָהּ, ii. 68. g.

בְּסוֹד, iii. 147. b.

בְּסֻכָּה, iii. 54. h.

בֹּסֶם, ii. 474. f.

בֹּסֶר, ii. 563. e.

בַּסֵּתֶר : בְּסֵתֶר, i. 969. b. ii. 325. c. 328. c. e. g. h. 350. c. d.

בֵּעָא, i. 80. k.—בְּעָא בְּעָא, i. 255. h.

בַּעֲבוּר, i. 639. f. 776. g. 901. i. 903. d. ii. 640. i.

בַּעַד, i. 425. f.

בְּעַד, i. 823. d. 842. c. ii. 158. k. 245. a. 721. c. iii. 325. d.—בְּעַד יַד, i. 968. k.

בְּעֵדֶן, i. 222. d.

בַּעֲדֵנִי, iii. 304. h.

בָּעָה, i. 854. a. ii. 5. h. 175. k. 184. c. 916. i.

בְּעָה, ii. 5. h.

בָּעוּ, i. 81. d.

בְּעוֹד, i. 695. f.

בְּעוּלָה, i. 967. d. 968. e. ii. 534. b. iii. 189. e.

בָּעוּת, i. 81. d.

בְּעוּתִים, i. 722. d. ii. 351. i. iii. 395. i.

בְּעֹז ii. 105. h.

בָּעַט, i. 303. f. 845. i.

בְּעִי, i. 582. b. 644. c.

בְּעֵינַי, i. 134. a. 767. e. h. 792. c. ii. 319. e. 638. d. iii. 370. g.

בְּעֵינֵיהֶם, i. 658. a.

בְּעֵינָיו, i. 657. e. f. 658. b.

בְּעִיתֶךָ, iii. 30. e.

בְּעִיר, ii. 331. h. 837. b. iii. 248. b. 402. b. 403. f.

בָּעַל, i. 149. i. 430. a. 821. d. ii. 182. h. 240. e. 330. d. iii. 133. e. 188. h. 189. e.

בַּעַל, i. 19. f. 77. k. 220. d. 225. h. 370. c. 373. a. 769. h. 800. f. 833. c. 967. b. ii. 15. h. 86. a. 204. h. 224. f. 240. e. 244. h. 330. d. 342. g. 442. b. 519. g. 637. k. 892. g. iii. 141. i. 174. d. 456. i. — בַּעַל בְּרִית iii. 204. a. — בַּעַל בַּת, i. 887. d. — בַּעַל חֲלֹמוֹת, i. 791. a. — בַּעַל כָּנָף, ii. 915. g. — בַּעַל כְּנָפַיִם, ii. 915. e. — בַּעַל לָשׁוֹן, i. 827. f. — בַּעַל מְזִמּוֹת, i. 260. e. — בַּעַל מַשְׁחִית, ii. 393. e. — בַּעַל מִשְׁפָּט, ii. 319. d. — בַּעַל נֶפֶשׁ, i. 281. d. — בַּעַל פִּיפִיּוֹת, ii. 853. c. — בַּעַל פְּעוֹר, i. 452. a. 453. d. — בַּעַל פָּרָשִׁים, ii. 96. c. — בַּעַל שְׁבוּעָה, i. 784. d. — בַּעַל שֵׂעָר, i. 523. c. — בְּעָלִים, ii. 204. e. 245. a. 342. g. — בַּעֲלֵי בָמוֹת, iii. 104. e. — בַּעֲלֵי יְהוּדָה, i. 19. h.

בַּעַל, i. 833. c. — בְּעָלִים, i. 680. b.

בֹּעֵל, ii. 342. h.

בַּעֲלָה, ii. 16. d. 341. f. — בַּעֲלַת אוֹב, i. 660. c.

בַּעֲלִי, i. 480. c.

בְּעָלָיו, i. 657. g. ii. 638. h.

בַּעֲלִיַּת, ii. 193. h.

בַּעֲמַל, ii. 441. b.

בְּעָפָר, i. 496. i.

בְּעִצָּבוֹן, ii. 132. f.

בְּעֶצְיוֹן seq. גֶּבֶר, i. 902. a.

בְּעֶצֶם, i. 669. d. ii. 109. a.

בְּעָקֵב, i. 405. b. — בְּעִקְּבֵי, ii. 572. b.

בָּעַר, i. 200. d. 210. d. 217. c. 294. b. 386. d. 425. f. 426. c. d. 594. g. 664. f. 707. g. 801. h. ii. 130. b. 176. a. 600. b. iii. 392. c. — בֹּעֵר, i. 425. f. 436. i. ii. 246. f. — בָּעֵר, i. 408. h. 410. i. 707. e. g. 713. e. 795. c. 817. e. 863. h. ii. 113. i. 130. b. 165. a. b. 224. f. 422. i. — בְּעֵר, i. 574. d. ii. 246. d. 868. f. — יִבְעַר וְהִשִּׁיק i. 707. h. — בָּעַר et לָהַט, iii. 156. e.

בַּעַר, i. 141. k. 236. i. 386. e. 819. g.

בְּעֶרֶב, i. 526. h.

בְּעֵרָה, ii. 924. c.

בָּעַת, ii. 201. a. iii. 235. h. — בִּעֵת, i. 436. b. 706. k. 728. d. ii. 33. g. 205. i. 208. g. 210. e. 236. f. 550. k. 803. a. 916. i. iii. 121. h. 180. f.

בְּעֵת, i. 765. d. ii. 25. f. iii. 495. h — בְּעֵת הַהִיא, iii. 285. d.

בְּעִתָּה, iii. 89. a. iii. 238. e.

בְּעִתּוֹ, ii. 127. d.

בִּפְאַת, ii. 231. i.

בִּפְנֵי, ii. 232. f.

בַּפַּעַם, i. 266. d. — בַּפַּעַם הַזֹּאת, i. 266. g. ii. 129. i.

בְּפֶרֶךְ, i. 790. c.

בְּפֶרֶץ, ii. 554. f.

בְּפִתְאֹם, i. 800. h.

בְּפֶתַע, i. 800. i. — בְּפֶתַע פִּתְאֹם, i. 800. h.

בֵּץ, ii. 550. d.

בִּצְבִים, ii. 158. c.

בִּצָּה, i. 473. a. 604. i. ii. 124. b. 637. e. iii. 315. h.

בְּצוֹק, i. 708. i.

בָּצוּר, ii. 104. c. 615. g. iii. 157. k. 246. a. b. 363. b.

בְּצוּרָה, ii. 440. i. 819. d.

בְּצִיּוֹם, i. 837. e. iii. 84. c.

בָּצִיד, iii. 88. a. 302. f.

בָּצָל, ii. 324. g.

בְּצֵל, i. 843. a. iii. 51. i. 340. f.

בְּצֶלַע, ii. 160. a. iii. 47. f.

בְּצֶלְצַח, iii. 58. f.

בָּצַע, i. 289. g. 557. d. 841. c. ii. 784. c. iii. 196. c. 198. c. — בִּצַּע, i. 180. f. 730. c. 790. i. 886. c. iii. 196. c.— בִּצֵּעַ, i. 44. d. ii. 784. d. — בֹּצֵעַ בָּצַע, i. 656. a.

בֶּצַע, i. 45. d. 233. h. 235. d. 475. f. 656. c. ii. 257. c. 464. b. 565. d. 781. h. 783. b. 784. d. e. 786. a. iii. 86. f. 194. c. 196. e. 202. i. 331. i. 386. i. 461. d. 497. f. — בֶּצַע כֶּסֶף, ii. 784. g.

בְּצַעֲנִים, ii. 784. c.

בָּצֵק, ii. 395. f. iii. 306. e.

בְּצֵק, i. 575. a. ii. 224. b. iii. 16. g. 91. c. 94. b.

בָּצַר, i. 408. h. 713. h. 734. e. iii. 302. c.— בֹּצֵר, iii. 302. e.— בַּצֵּר, ii. 616. e.— בְּצֵר, ii. 616. b.

בְּצַר, i. 966. b. ii. 757. d.

בָּצְרָה, ii. 45. a. 63. f. 439. h. 616. e. iii. 246. e.

בִּצָּרוֹן, ii. 616. f.

בַּצֹּרֶת, i. 4. c.

בַּקְבּוּק, i. 457. d. iii. 91. h.

בַּקְּדֹשִׁים, i. 15. g.

בַּקּוֹ, i. 467. i.

בְּקִיעִים, ii. 325. h.

בָּקַע, i. 231. g. 316. b. d. 557. d. 575. b. 577. d. 579. c. 585. d. 861. b. h. ii. 29. d. 172. a. 238. d. 624. d. 865. f. iii. 3. g. 7. f. 48. k. 217. d.—בִּקַּע, i. 201. c.

בֶּקַע, i. 600. f. h. 641. i.

בִּקְעָה, ii. 525. h. 705. d. i. 726. d.

בְּקָעִים, iii. 2. i. 7. e.

בִּקְעַת, i. 434. b.

בִּקְצֵה, ii. 441. b. 638. f. 795. f. — בִּקְצֵה הַמִּדְבָּר, i. 909. e.

בָּקַק, i. 731. f. 937. g. ii. 226. a. 393. a. iii. 7. i. 212. k. 319. f. 384. i.

בִּקֵּר, i. 705. b. 874. a. ii. 448. k. 909. b.

בָּקָר, i. 71. e. 469. a. 472. h. 521. g. ii. 55. i. 331. i. 479. i. 480. c. 909. b.

בֹּקֶר, i. 341. c. 874. b. 969. f. 970. g. ii. 21. e. 587. c. 909. b. f. g. i. 911. g.—בֹּקֶר בֹּקֶר, ii. 909. d.— בְּקָרִים, i. 341. c.

בְּקֶרֶב, i. 543. e. 568. i. 765. d. 772. i. 776. g. 788. i. 843. b. ii. 342. a. 440. b. c. f. 441. c.— בְּקֶרֶב לִבּוֹ, i. 657. h.

בַּקֶּרֶב, ii. 441. c.

בְּקִרְבָּהּ, i. 405. d. 657. h.

בְּקִרְבּוֹ, i. 657. h.

בְּקָרָה, ii. 5. i.

בְּקָרוֹב, ii. 900. g.

בְּקֶרִי, i. 763. g. 768. e.

בְּקֹרֶת, i. 874. h. 876. b.

בִּקֵּשׁ, i. 57. k. 81. a. 176. g. 255. i. 469. e. 552. h. 662. i. 705. b. 840. b. 846. a. 854. a. 858. b. 920. c. 947. i. ii. 5. i. 50. d. 99. i. 214. h. 619. c. 729. c. 887. b. — בִּקֵּשׁ עֲנָוָה, i. 299. g.

בַּקָּשָׁה, i. 255. i. 256. c. ii. 6. b. — שְׁאֵלָה et בַּקָּשָׁה, i. 225. i.

בַּר, i. 14. i. 716. g. ii. 621. e. iii. 248. b.

בַּר, iii. 318. c. — בַּר נִדְרַי, ii. 910. i.

בָּר : בַּר, i. 81. c. 715. i. ii. 60. h. 115. c. 650. f. 848. h. iii. 45. i. 300. d.

בַּר, i. 150. f. 491. c. 715. i. 935. e. iii. 265. i.

בֹּר, ii. 114. f. 115. d. 116. g. h.

בָּרָא, i. 28. h. 29. g. 186. b. 369. a. 490. f. 498. f. 524. i. 587. d. 683. b. 924. a. ii. 19. d. 169. a. 214. i. 333. a. 806. a. — בֵּרָא, i. 707. f. ii. 177. i.

בָּרָא pro בָּרָה, i. 362. f.

בְּרֹאשׁ, i. 365. b. ii. 758. f. 773. c.

בָּרִאשׁוֹן, i. 761. i.

בָּרִאשֹׁנָה, i. 761. i. ii. 909. a.

בָּרִאשֹׁנָה, i. 365. b.

בְּרֹב, i. 778. e. 968. f. — בְּרֹב אִוַּלְתּוֹ יִשְׁגֶּה, i. 677. f.

בַּרְבֻּרִים, ii. 592. d.

בָּרֶגֶל, ii. 706. k. 707. b. — בְּרַגְלַיִם, i. 416. a. ii. 442. h.

בְּרָגֶשׁ, i. 80. d. iii. 172. a.

בָּרַד, ii. 328. a. iii. 426. h.

בָּרָד, ii. 390. a. iii. 426. h.

בְּרֻדִּים, ii. 812. h.

בָּרָה, i. 31. c. 713. e. ii. 525. h. iii. 369. g. — בָּרָה seq. אֶת, iii. 156. a. 170. g.

בָּרוּד, iii. 86. i.

בָּרוּךְ, i. 840. i. 940. e. ii. 83. i.

בָּרוֹם, iii. 130. h.

בָּרוּר, i. 715. i. ii. 115. d.

בְּרוּרָה, i. 488. d.

בְּרוֹשׁ, i. 352. f. g. 473. f. 740. c. ii. 14. h. 96. d. 248. c. d. 340. e. 519. h. 758. e. — בְּרוֹשִׁים, i. 467. a.

בָּרוּת, i. 478. d. iii. 300. d.

בָּרוֹת, i. 479. c.

בְּרוֹת, ii. 340. f.

בְּרוֹתִים, i. 466. k.

בַּרְזֶל, i. 581. a. 864. a. ii. 416. e. iii. 40. h. 41. a. b. 93. a.

בָּרַח, i. 211. f. 288. b. 332. c. 600. e. 609. g. 739. a. iii. 222. g. 322. f. 381. i. — בְּרִחַ, iii. 410. i.

בָּרִחַ, iii. 382. a.

בָּרְחוֹק, ii. 403. d.

בְּרִי, i. 716. a.

בָּרִיא, i. 383. g. 716. a. ii. 104. d. 704. a. 765. a. 792. c. iii. 99. c. f. 101. b.

בְּרִיאָה, iii. 372. h. 436. a.

בִּרְיָה, i. 478. d. 528. d. ii. 104. d. 291. e.

בָּרִיחַ, i. 322. g. iii. 132. e. 282. a.

בְּרִיחַ, i. 403. a. 434. f. ii. 45. g. 268. i. 482. g. h. iii. 24. a.

בְּרִיךְ, i. 940. e.

בְּרִישׁוֹן, i. 769. c.

בְּרִית, i. 551. h. 686. g. 788. b. ii. 410. h. 589. i. iii. 183. a.

בֹּרִית, ii. 803. d. 805. c.

בֵּרִיתִי, iii. 121. e.

בָּרַךְ, i. 10. d. 69. e. 459. g. 590. k. 777. g. 841. a. 899. d. 939. e. 942. k. ii. 208. h. 267. b. 545. g. 767. k. iii. 9. g. — בָּרֵךְ, i. 940. e. — בָּרֵךְ, i. 940. e.

בָּרֵךְ, i. 939. i.
בְּרַךְ, ii. 147. b.
בֶּרֶךְ, i. 511. h. ii. 460. d.
בְּרֶכֶב, iii. 176. a.
בְּרָכָה, i. 670. i. 939. k. 940. f.
בְּרֵכָה, ii. 292. i. 316. d. 379. a. — בְּרָכוֹת, i. 531. c.
בְּרַם, i. 125. h.
בְּרֹמִים, i. 716. b.
בְּרָע, ii. 591. a.
בְּרַצֵּי, i. 628. i.
בְּרַק, i. 385. b.
בָּרָק, i. 220. d. 384. k. 385. e. 808. a. ii. 257. b. iii. 108. e. h.
בַּרְקָנִים, i. 92. h. 437. h. iii. 285. g. 291. b.
בָּרֶקֶת, ii. 570. a. iii. 73. a.
בָּרַר, i. 558. d. 678. e. 713. c.
בִּשְׁבִי, i. 84. c.
בַּשְׁבִית, i. 84. c.
בִּשְׁגָגָה, i. 102. a. c.
בְּשִׁבְעוֹן, i. 389. i.
בְּשָׂדֶה וּבְכֶרֶם — בְּשָׂדֶה., i. 532. a.
בְּשׁוּלֶיהָ, i. 759. d.
בַּשּׁוֹפָרוֹת, i. 953. f.
בָּשֵׁל, i. 969. d. ii. 575. f. 675. k. iii. 52. d. — בִּשֵּׁל, i. 969. d.
בָּשֵׁל, i. 962. a.
בְּשַׁלְוָה, i. 800. g.
בְּשָׁלוֹם, iii. 314. e.
בְּשֶׁלִּי, i. 775. k.
בְּשֶׁלְּמִי, i. 776. i.
בֶּשֶׂם : בֹּשֶׂם, i. 372. c. 959. c. ii. 18. b. 72. f. 487. c. 598. d. iii. 182. g. — בְּשָׂמִים, i. 372. c. 478. e.
בְּשֵׁם, i. 543. e. 885. h. ii. 695. f.
בַּשָּׁמַיִם, ii. 757. b.
בָּשָׁן, i. 953. h. i. ii. 163. i. 766. i. 773. e. iii. 44. h. 242. a.
בָּשְׁנָה, i. 78. a. 631. g.
בַּשַּׁעַר, ii. 827. e.
בִּשֵּׂר, i. 927. c.
בָּשָׂר, i. 225. h. 476. i. 632. d. ii. 258. c. 315. c. 342. h. 533. e. iii. 26. h. 27. b. 223. a. 467. a. — בְּשַׂר אִישׁ, i. 225. h. — בְּשַׂר הַחֲזִיר, iii. 451. g.
בִּשְׂרָא : בְּשַׂר, iii. 27. h.
בְּשָׂרִים, iii. 223. a.
בָּשֵׁשׁ, i. 917. i. iii. 463. d.
בֹּשֶׁת, i. 78. a. 80. c. 261. k. 594. c. ii. 174. i. 175. b.
בַּת, i. 12. i. 432. k. 448. a. 480. h. 517. e. 688. g. 689. h. ii. 56. a. 70. a. 454. i. 538. i. 624. i. iii. 135. i. 318. c. 451. e. f. — בַּת־אֲשֻׁרִים, iii. 24. b. — בַּת יַעֲנָה, iii. 122. c. e. g. — בַּת צִיּוֹן, i. 442. f. — בַּת שָׁנָה, i. 780. g. — בָּתּוֹת, ii. 70. a.
בַּת, ii. 254. i. 306. f. 455. d.
בִּתְבוּאַת, ii. 554. a.
בִּתְדִירָא, i. 771. a.
בָּתָּה, i. 156. e. iii. 471. e.
בְּתֹךְ, ii. 439. g. 440. a. 524. d.
בְּתוֹךְ, i. 282. f. 543. f. 690. b. 754. d. 765. d. 772. i. 788. i. 843. b. ii. 439. g. 440. a. b. d. f. 441. d. 442. h. 871. g. iii. 159. h. 413. f.
בְּתוּלָה, i. 417. f. ii. 494. f. 512. g. 682. e. h.
בְּתוּלִים, ii. 682. a. k.
בְּתַחְבּוּלֹתָו, ii. 245. e.
בִּתְחִלָּה, i. 416. c.
בְּתַחְתִּית, iii. 340. f.

בָּתִּים, iii. 445. i. — בָּתֵּי נֶפֶשׁ, iii. 115. d.
בְּתִים, ii. 317. c.
בְּתֹם, i. 282. c.
בְּתַעֲנוּגִים, ii. 71. d.
בְּתַק, ii. 221. g.
בָּתַר, i. 553. b.
בֵּתֶר, ii. 573. a.
בֶּתֶר, i. 624. e. ii. 72. f. 283. h. 337. 436. d. g.
בִּתְרוֹן, ii. 671. i.

ג

גָּא, iii. 312. i.
גֵּאָה, i. 28. a. 635. c. 822. b. 951. d. ii. 32. i. 787. g. — גָּאֹה, i. 774. b.
גֵּאֶה, i. 362. d. iii. 311. h. 312. i. 332. f.
גֵּאָה, iii. 312. a.
גַּאֲוָה, i. 113. e. 666. b. ii. 247. e. 309. f. 420. a. b. iii. 223. b. 311. i. 312. b. 331. g. i. 332. a. 337. e. — גַּאֲוָה et גָּאוֹן, iii. 332. a.
גָּאוֹן, i. 8. a. 113. e. 632. e. 773. b. 834. g. ii. 106. b. 140. g. 247. e. iii. 312. b. 332. a. f. 336. i. 337. a. 365. c. 366. h. 409. b.
גֵּאוּת, i. 472. c. 632. e. 773. c. 945. f. ii. 314. a. iii. 312. c. 332. a. 363. b.
גַּאֲיוֹנִים, iii. 332. f. 337. a.
גָּאַל, i. 32. c. e. 308. h. 339. d. 712. g. 794. f. 795. c. ii. 330. d. 395. a. 463. a. 474. f. iii. 15. h. — גֹּאֵל, i. 32. a. g. 660. f. 718. e. ii. 396. f. iii. 333. i.
גְּאֵל, i. 123. f.
גֹּאֵל, i. 32. b. iii. 126. g.
גְּאֻלָּה, i. 31. i. 82. f. ii. 274. b. 395. c. 396. d. f.
גַּב, i. 465. b. ii. 515. e. 534. i. 840. b. iii. 365. c. — גַּב עַיִן, ii. 614. c. — גַּבִּים, iii. 376. d. h. 404. h.
גֶּבֶא, i. 328. a. 465. b. 883. f. ii. 464. i.
גֹּבָא, ii. 351. d.
גָּבַב, i. 736. d.
גָּבַהּ, i. 278. c. 315. a. 828. d. ii. 419. a. 424. c. 452. b. iii. 363. b. 366. h. — גְּבַהּ לֵב, iii. 362. i. — גְּבַהּ רוּחַ, iii. 362. i. 364. h.
גָּבֹהַּ, i. 645. c. ii. 452. d. 453. a. 534. b. 786. a. iii. 312. c. 363. d. 365. d. 366. i. — גְּבַהּ רוּחַ, ii. 135. i. — גָּבֹהַּ שָׁמַיִם, iii. 364. f.
גֹּבַהּ, iii. 363. c.
גֹּבַהּ, i. 812. f. iii. 365. d.
גָּבְהָ, ii. 452. h. iii. 332. f. 365. d. — גֹּבַהּ seq. ם, iii. 364. h.
גִּבְהָה, iii. 336. a.
גַּבְהוּת, iii. 363. d.
גְּבוּל, i. 446. e. 486. d. 495. f. 620. b. ii. 272. b. 422. e. 434. a. 562. d. 587. h. 588. e. 592. f. h. 726. d. 761. f. 836. e. iii. 415. h.
גְּבוּלָה, ii. 588. e. 737. c. iii. 493. a.
גִּבּוֹר, i. 101. c. 213. b. 220. f. 498. a. 644. c. 645. d. 647. c. h. 648. d. 649. f. 828. d. ii. 104. d. 105. g. 108. d. 109. a. 309. a. 417. h.

817. *h.* — גִּבּוֹר חַיִל, i. 649. *g.* ii. 109. *a.*

גְּבוּרָה, i. 212. *h.* 645. *d.* 647. *c.* ii. 106. *b.* 109. *a.* 314. *b.* 877. *i.* iii. 39. *f.*

גְּבוּרְתָא, i. 645. *d.* ii. 422. *c.* iii. 177. *i.* 406. *f.*

גָּבַח, iii. 319. *a.*

גִּבֵּחַ, i. 209. *b.*

גַּבַּחַת, i. 209. *c.* ii. 324. *a.* iii. 371. *g.*

גְּבִיָּה, iii. 308. *i.*

גְּבִיעַ, ii. 254. *i.* 294. *f.* 313. *d.* iii. 71. *h.* 386. *a.*

גְּבִיר, ii. 342. *i.*

גְּבִירָה, i. 446. *b.* 648. *a.* ii. 16. *d.* 341. *f.* *g.* 427. *i.*

גָּבִישׁ, i. 481. *a.* iii. 326. *d.*

גָּבַל, ii. 99. *i.* 588. *c.*

גְּבָל, i. 456. *e.* 457. *b.*

גַּבְלוּת, iii. 152. *g.*

גִּבֵּן, ii. 344. *c.*

גַּבְנֻנִּים, ii. 614. *b.* iii. 308. *f.*

גִּבְעָה, i. 472. *c.* 654. *g.* ii. 61. *i.* 331. *i.* 492. *h.* 593. *a.* iii. 363. *d.*

גִּבְעָה, i. 472. *d.* ii. 492. *i.*

גִּבְעוֹן, iii. 84. *f.*

גִּבְעֹל, iii. 82. *i.*

גָּבַר, i. 647. *b.* 649. *f.* 774. *e.* 781. *e.* 861. *c.* ii. 171. *a.* 181. *a.* 238. *e.* 309. *h.* iii. 329. *g.* 367. *a.* — גִּבֵּר, ii. 238. *e.*

גְּבַר, i. 220. *f.* ii. 104. *e.*

גֶּבֶר, i. 213. *b.* 220. *e.* 225. *i.* 358. *i.* 645. *d.* 649. *c.* *f.* 650. *e.* ii. 163. *g.* 315. *d.* 596. *c.* 918. *a.* iii. 178. *a.* — גְּבָרִים, iii. 538. *i.*

גִּבֹּר. — גִּבֹּר־צַיִד, i. 455. *g.*

גְּבְרַיָּא, iii. 227. *g.* — גְּבְרַיָּא דִי בְרָאשֹׁדוֹם, ii. 865. *a.* *b.*

גְּבֶרֶת, i. 372. *a.* 535. *g.* ii. 106. *b.* 341. *f.*

גָּג, i. 654. *g.* 917. *c.* *e.* iii. 246. *e.* 278. *f.* 321. *e.*

גַּד : גָּד, i. 932. *c.* ii. 13. *a.* 711. *e.* iii. 310. *b.*

גַּד; i. 519. *e.* *h.*

גַּד, ii. 303. *b.* 594. *g.*

גְּדָבְרַיָּא, iii. 308. *d.*

גָּדַד, i. 932. *c.* ii. 58. *b.* 687. *g.* 711. *b.*

גְּדַד, i. 711. *g.* 731. *b.*

גְּדוּד, i. 485. *h.* 491. *d.* 645. *d.* 763. *h.* 815. *a.* 932. *e.* ii. 374. *e.* *f.* 392. *c.* 397. *i.* 476. *g.* 711. *c.* *g.* 818. *b.* iii. 117. *f.* 118. *e.* 119. *c.* 120. *e.* 208. *f.* 344. *f.* 403. *i.* — גְּדוּדִים, ii. 374. *g.*

גָּדוֹל, i. 51. *c.* 140. *e.* 635. *d.* 648. *e.* 864. *b.* 918. *g.* 928. *h.* ii. 419. *b.* 422. *e.* 424. *b.* *c.* 427. *i.* 428. *a.* 798. *g.* 825. *i.* 851. *h.* 852. *b.* iii. 323. *f.* 334. *g.* 367. *c.* — גְּדוֹל כְּנָפַיִם, ii. 420. *c.* — גְּדוֹלִים, ii. 424. *i.*

גְּדוּלָּה, i. 7. *e.* ii. 422. *c.* iii. 432. *i.*

גְּדוֹלָה, ii 419. *a.* 851. *g.*

גְּדוּפָה, i. 525. *h.* 526. *a.* 539. *g.* *i.* — גִּדּוּפוֹת, iii. 377. *e.*

גִּדּוּפִים, ii. 295. *a.* 564. *e.*

גְּדוֹת, ii. 316. *f.* iii. 246. *f.*

גְּדִי, i. 63. *d.* 348. *i.* 911. *g.* ii. 495. *c.* — גְּדִי עִזִּים, i. 911. *h.*

גָּדִישׁ, i. 139. *i.* ii. 56. *d.* *g.* iii. 74. *h.* 110. *b.* 224. *h.*

גָּדַל, i. 51. *f.* 97. *h.* 213. *g.* 214. *d.* *f.* 399. *h.* 720. *f.* 733. *c.* 420. *i.* 422. *e.* 424. *c.* *e.* *g.* 428. *a.* iii. 175. *a.* 200. *d.* 331. *c.* 367. *a.* — גִּדֵּל i. 399. *h.* 490. *f.* 635. *c.* 720. *f.* 733. *c.* 910. *f.* ii. 457. *i.* iii. 289. *f.* 367. *a.* — גָּדֵל, ii. 383. *c.*

גָּדֵל, ii. 420. i. 427. i. 428. a.

גָּדֵל — גְּדָל בָּשָׂר, ii. 420. f. — גְּדָל־חֵמָה, ii. 135. k. — גְּדָל חֶסֶד, ii. 823. i.

גֹּדֶל, ii. 424. e.

גִּדֵּל, ii. 108. a. b. 422. c. h. iii. 363. d. 365. d.

גְּדֻלָּה, ii. 419. b. 422. c. h.

גְּדֹלִים, iii. 120. g.

גָּדַע, i. 304. d. 316. i. 408. h. 711. g. 795. c. 817. f. ii. 167. c. 214. a. 268. h. 300. g. iii. 131. e. 201. a. — גִּדַּע, ii. 446. g. iii. 183. i.

גִּדֵּף, ii. 183. f. 563. h. 656. g. 689. g. 691. c.

גָּדַר, i. 232. e. ii. 736. f. 751. e. iii. 160. c. 246. b. 404. d. — גֹּדֵר, ii. 537. g. 751. d. e. 758. g. iii. 246. e. — גֹּדֵר בְּגָזִית, i. 763. i. — גֹּדֵר גָּדֵר, i. 204. h.

גָּדֵר, i. 798. c. ii. 525. i. 815. e. iii. 101. h. 278. f. 392. g. 403. i. 422. i.

גֶּדֶר, iii. 403. i. 422. k.

גְּדֵרָה, i. 16. c. 835. f. ii. 69. d. 407. a. iii. 292. c. 403. i.

גְּדֶרֶת, i. 582. f.

גֵּה, ii. 609. g.

גָּהָה, i. 569. f.

גֵּהָה, ii. 20. b.

גָּהַר, i. 502. f. 555. d. 662. e. 758. i. 764. c. 869. b. ii. 340. k. iii. 129. e. i. 135. g.

גֵּו ׃ גֵּו, i. 675. e. ii. 439. e. 451. a. 515. e. iii. 223. b.

גֵּו נְוָה — גֵּו, i. 812. g.

גּוֹב, i. 107. e. 466. k. ii. 351. d.

גּוּד, ii. 816. e.

גֵּוָה, iii. 112. e. 223. b. 312. c. 331. g. 332. a.

גּוּז, i. 721. b. 839. a. iii. 257. f. — גּוֹז, i. 836. h

גּוֹז, iii. 50. f.

גּוֹזָל, ii. 498. e. 746. b.

גּוּחַ, i. 213. g. ii. 256. g. 400. g. 401. b. 630. b.

גּוּחַ, i. 756. i.

גֹּחַ, i. 725. i.

גּוֹי, i. 225. i. 492. c. 495. f. 675. e. 926. b. 966. c. ii. 228. g. 360. h. 688. e. 820. b. iii. 332. f. 365. e. — גּוֹיִם, ii. 9. b. 632. d.

גְּוִיָּה, i. 675. e. 812. f. ii. 918. b. iii. 112. e. 223. e.

גֵּוֶךָ, iii. 125. i.

גּוֹל, i. 8. b. g.

גּוֹל, i. 749. g.

גּוֹלָה, i. 82. g. 84. b. 164. k. 291. h. i. 292. f. 340. g. 687. g. ii. 787. e.

גּוֹלִים, i. 648. e.

גּוֹלָל, iii. 417. c.

גּוּמָּץ, i. 464. g. 465. c.

גָּוַע, i. 291. d. 306. a. 308. i. 341. c. 497. e. 706. k. 713. h. 799. d. ii. 767. k. iii. 253. h. — גֹּוֵעַ, ii. 299. a.

גּוּפָה, iii. 223. c.

גּוּר, i. 103. d. 170. b. 218. d. 278. g. 498. f. 591. g. 683. b. 747. i. 783. h. 877. h. 938. f. ii. 120. b. 240. e. 405. a. 534. c. 670. g. 686. h. 687. h. 688. f. 859. h. 875. e. 879. h. 883. i. 886. b. 895. i. iii. 20. h. 30. f. 33. e. 146. d. 160. d. 353. b. 394. d. 396. h. — גּוֹר, i. 884. a. — גּוּר, seq. עַל, i. 887. g.

גּוּר, iii. 70. b. 71. e. f. — גּוּר אַרְיֵה, ii. 372. c. — גּוּר אֲרָיוֹת, ii. 372. c.

גּוֹרָל, i. 632. e. ii. 86. c. 272. b. i.

b. 779. i. 855. i. 886. i. ii. 115. b.

גְּלוֹם, i. 301. f. 682. e. ii. 728. i. — גְּלוֹמִים, ii. 215. i.

גָּלוּת, i. 82. h. 292. a. 453. g. 454. a.

גלוּת, i. 518. f.

גָּלוּת, i. 82. h. 291. i. 292. a. d. ii. 453. h.

גָּלוּתָא, i. 291. i. 292. a.

גִּלַּח, ii. 250. b. 521. i.

גִּלָּיוֹן, i. 623. e. ii. 259. g. iii. 263. a. 280. h. — גִּלְיוֹנִים, i. 592. c.

גָּלִיל, ii. 588. f.

גָּלִיל, ii. 61. i. 334. h. — גְּלִילִים, iii. 121. b. 122. i. 285. a.

גְּלִילָה, ii. 61. k. 426. e.

גָּלַל, i. 292. e. 294. g. 303. a. 331. d. 408. h. 747. f. 862. e. ii. 338. e. 722. d.

גָּלָל, i. 465. e. ii. 219. f. 300. c.

גְּלָל, i. 716. b. ii. 309. a.

גָּלַם, i. 682. e.

גֹּלֶם, i. 95. c. 155. i.

גַּלְמוּד, i. 26. h. 35. b. 93. g. 699. e. ii. 34. e. 477. g. 529. f. 531. f.

גַּלְמוּדָה, iii. 446. g.

גִּלְעָד, ii. 410. e. 411. h.

גָּלַשׁ, i. 162. c. 208. k. 294. h.

גַּם, i. 41. d. 389. k. 923. h. ii. 124. h. 126. b. c. 880. e. 897. c. iii. 278. c. — גַּם כִּי, i. 657. b. ii. 610. f. — גַּם עָלֶה, iii. 256. f. — גַּם פְּעָמִים רַבּוֹת, ii. 783. g.

גֹּמֶא, i. 411. a. ii. 204. i.

גֹּמֶא, i. 456. c. f. 749. d. ii. 637. e. f.

גֹּמֶד, i. 515. f. 641. d. iii. 85. c. — גֹּמֶד אָרְכָּה, ii. 630. a. — גַּמָּדִים, ii. 920. e. iii. 412. h.

גְּמוּל, i. 68. c. 155. b. 239. c. d. 631. h. 903. f. 931. i. ii. 806. b.

גְּמוּלָה, i. 239. e.

גָּמִיר, iii. 254. b.

גָּמַל, i. 4. g. 149. e. 238. h. 286. b. 469. f. 733. d. 770. d. 777. e. 799. i. 825. f. 894. i. 900. g. 931. k. ii. 473. b. 806. b. 870. c. iii. 196. e.

גָּמָל, ii. 145. i.

גַּמְלָא, i. 931. k.

גָּמַר, i. 238. h. 268. c. 713. i. 886. c. 932. a. iii. 196. e.

גַּן, i. 155. k. 504. a. ii. 261. b. 519. h. 645. d.

גָּנַב, i. 120. h. ii. 83. h. 269. g. 279. b. 350. d. e. iii. 361. a. — גֻּנַּב, ii. 269. f. — גֻּנֹּב, ii. 279. a. — גָּנַב, ii. 279. a. — גָּנַב אֶת לֵב, ii. 326. d. — גָּנַב לֵבָב, ii. 279. b.

גַּנָּב, ii. 269. f. g. 279. a.

גְּנֵבָה, ii. 269. e.

גְּנֻבְתִי, ii. 269. e.

גַּנָּה et גִּנָּה, ii. 261. b. 645. f. iii. 24. k. — גִּנַּת בִּיתָן, ii. 539. a.

גָּנוּב, ii. 279. a.

גַּנְזַךְ, i. 290. k. ii. 1. a.

גָּנוֹן, ii. 77. c.

גְּנָז, i. 481. c.

גְּנָז, ii. 60. h.

גִּנְזַיָּא, i. 481. c.

גַּנִּים, i. 512. d.

גָּנַן, iii. 327. e.

גָּעָה, ii. 297. h. 484. b. iii. 421. c.

גָּעַל, i. 284. e. 339. f. 419. f. 449. k. 697. f. 732. a. 797. c. 884. i. ii. 882. b. iii. 491. a.

גָּעַר, i. 272. a. d. 320. h. 422. h. 581. b. 753. e. 889. f. iii. 141. f.

גְּעָרָה : גַּעֲרָה, i. 272. d. 321. b.

341. c. 743. a. 889. g. ii. 73. g. iii. 420. a.
גָּעַשׁ, i. 804. h. ii. 264. d. iii. 20. h.
גַּעְתָּה, ii. 377. f.
גַּף, ii. 914. e. iii. 363. e.
גֶּפֶן, i. 156. a. f. — גֶּפֶן בֹּסֶר, ii. 563. f.
גֹּפֶר, ii. 248. c. 923. e. iii. 261. d.
גָּפְרִית, ii. 41. g.
גֵּצֶל, i. 884. f.
גָּר, i. 486. g. ii. 295. a.
גֵּר, i. 953. i. ii. 688. f.
גֵּר, i. 348. i. 358. d. 486. k. ii. 517. b. 595. f. 688. f. 884. a.
גָּרָב, iii. 486. f.
גַּרְגְּרָה, iii. 287. g.
גֵּרָה, ii. 411. h. 460. g. k. 253. f. 667. i. 689. g.
גָּרָה, i. 28. e. — גֵּרָה, i. 819. c. 905. c. ii. 318. h. — גָּרָה מָדוֹן ii. 320. g.
גְּרוּלָה, i. 956. d.
גָּרוֹן, ii. 106. b. iii. 287. h. 374. i.
גְּרוּפִים, i. 459. i.
גַּרְזֶן, i. 254. g. ii. 712. e. 713. d. iii. 41. c.
גֹּרָל.— גֹּרַל־חֵמָה, ii. 419. f.
גָּרַם, i. 325. c. 719. a. ii. 224. a. f. iii. 345. i.
גֶּרֶם, i. 484. c. 688. g. ii. 142. c. 599. b. 600. b. iii. 5. g.
גֹּרֶן, i. 140. b. f. 950. a. ii. 350 h. iii. 45. k.
גָּרַס, i. 870. a. ii. 415. d. 708. a. iii. 100. g. 250. f.
גָּרַע, i. 179. e. 226. g. 304. e. 324. b. 339. f. 350. c. 408. i. 419. b. 795. d. 797. h. ii. 222. e. 522. a. iii. 196. f. 359. g. 361. a. — גֵּרַע, ii. 733. h.
גָּרַף, i. 679. f. 728. c. ii. 199. a. — גֵּרַף, i. 459. g.
גָּרַר, i. 173. k. 868. g.
גֶּרֶשׁ, iii. 188. e.
גָּרֵשׁ, i. 911. b. 912. c. iii. 410. a. 447. d.
גָּרַשׁ, i. 284. f. 309. a. 316. i. 339. g. 697. f. 698. e. 700. c. 725. b. 795. a. 801. b. ii. 453. i. iii. 397. c. — גֵּרֵשׁ, i. 699. f.
גְּרֻשָׁה, i. 910. e.
גֵּרְשׁוֹן, i. 485. i.
גֵּרְשֹׁם, ii. 688. f. 884. c.
גֶּרֶת.— גֶּרֶת בַּיִת, iii. 91. b. 189. k. 205. i.
גֹּשֶׁם, iii. 437. i.
גֹּשֶׁם, iii. 317. a.
גֶּשֶׁם, i. 477. c. ii. 500. e. 556. b. 897. g. iii. 223. c. 317. a. 438. e. f.
גֹּשֶׁן, i. 690. i.
גָּשַׁשׁ, i. 598. c. iii. 479. a.
גַּת, ii. 373. f.
גִּתִּית, i. 493. d. ii. 373. g.

ד

דָא — דָא מִן דָא, i. 689. b.

דָּאַב, i. 377. b. 724. g. ii. 709. e.

דְּאָבָה, i. 341. d. 717. a.

דַּאֲבוֹן, iii. 264. c.

דָּאַג, ii. 110. b.

דָּאַג, i. 523. c. 938. g. ii. 389. a. 434. i. iii. 394. e. 407. f. 408. a.

דְּאָגָה, i. 769. i. 938. c. ii. 63. f. 75. c. 434. f. iii. 396. d.

דָּאָה, i. 518. e. 962. a. ii. 575. i. 590. a. h. 755. h.

דָּאְרִין, ii. 534. c.

דֹּב, i. 353. c. ii. 392. i. 434. g.

דָּבַב, ii. 87. g.

דִּבָּה, i. 545. i. 726. d. ii. 182. a. 389. h. 564. e. h. iii. 9. h. 481. b. — דִּבָּה רָעָה, ii. 832. e.

דְּבוֹרָה, ii. 353. i. iii. 213. h.

דְּבַח, ii. 78. d.

דִּבְחִין, ii. 78. f.

דְּבִיר, i. 519. a. ii. 492. d. iii. 461. b.

דָּבַק, i. 100. b. 337. g. 968. e. ii. 170. h. 184. c. 290. c. 881. e. 886. c. 887. b. 897. h. 902. e. iii. 38. g. 168. h.

דְּבַק, i. 941. i.

דָּבֵק, ii. 886. c. 887. d.

דֶּבֶק, i. 148. h. ii. 290. i. 291. b. — דְּבָקִים, ii. 802. h.

דָּבַר, i. 210. d. 728. i. 892. i. 898. h. ii. 165. g. 352. a. 354. i. 365. a. 386. d. 680. b. 786. b. 806. b. 837. d. 897. i. iii. 8. h. 9. i. 123. k. 460. g. — דִּבֵּר, i. 170. c. 239. i. 306. a. 559. h. 584. f. 730. f. 786. e. 862. g. 898. h. 907. c. ii. 87. h. 89. a. b. 139. a. 183. g. 352. a. 386. d. 890. a. 897. a. iii. 6. i. 9. a. 139. f. 193. c. 383. h. — דִּבֵּר, iii. 112. g. — דִּבֵּר כָּזָב, iii. 477. g. — דַּבֵּר עַל לֵב, ii. 659. i.

דָּבָר, i. 14. a. 47. e. 143. i. 246. c. 300. e. 478. e. 512. e. 542. b. 551. h. 630. e. 639. f. 786. d. 788. b. 840. g. 898. i. 903. f. 907. c. ii. 34. e. 118. c. 127. h. i. 158. h. 317. d. 321. c. 326. e. 352. d. 353. i. 360. h. 365. b. 384. e. k. 385. g. 508. b. 566. a. 605. b. 606. a. 806. b. 846. e. i. 847. f. 896. a. iii. 10. c. 115. h. 193. c. 276. d. 282. i. 299. a. 408. a. 420. a. 460. d. — דָּבָר דָּבֻר, ii. 888. k. — דָּת et דָּבָר, ii. 846. f. — דָּבָר הָיָה, i. 898. i. ii. 352. d. — דָּבָר וָדָת, i. 706. b. ii. 896. b. — דְּבַר יְהוָה, ii. 343. c. — דָּבָר יוֹם, ii. 23. g. — דָּבָר יָצָא, ii. 897. a. — דְּבַר מַלְכוּת, i. 445. g. — דָּבָר נִפְלָאוֹת, i. 798. e. — דְּבַר שְׂפָתַיִם, i. 188. c. — דְּבָרִים, ii. 103. d. 287. c. iii. 10. c. — דְּבָרִים אָלוֹת, ii. 589. g. — דִּבְרֵי בְרִית, i. 551. i. — דִּבְרֵי הַיָּמִים, ii. 657. c. — דִּבְרֵי הָרִאשֹׁנִים, ii. 870. g. — דִּבְרֵי יָמִים, i. 456. e. — דִּבְרֵי מִרְמָה, i. 630. i. — דִּבְרֵי נִפְלָאוֹת, ii. 39. h. — דִּבְרֵי קֹדֶשׁ, i. 946. a. — דִּבְרֵי רַע, ii. 321. d. — דִּבְרֵי תוֹרָה, i. 788. d.

דָּבָר, i. 706. c. ii. 352. d. 556. f. 589. c.

דֹּבֶר, ii. 287. g. iii. 242. b.

דָּבֵר, ii. 34. f.

דִּבֵּר, ii. 386. d.

דֶּבֶר, i. 324. d. 616. f. ii. 34. f. 386. d. 390. b. c. 503. h. 785. c. 918. f. iii. 8. h. 144. d.

דִּבְרָה, ii. 353. i. 386. e. — דִּבְרוֹת, ii. 386. e.

דְּבֹרָה, ii. 430. h.

דְּבֹרָה, ii. 352. d. 430. h.

דִּבְרָתִי, iii. 230. a.

דְּבַשׁ, i 482. f. ii. 352. e. 430. c. g. h.

דָּג, i. 122. c. 297. b. 978. g. ii. 109. i. 110. a. b. 262. c. 618. c.

דָּגָה, ii. 110. b. 787. h.

דָּגוּל, i. 713. c. 864. b.

דָּגַל, i. 717. c. f. ii. 420. k. iii. 109. b. 227. b. 240. a.

דֶּגֶל, i. 885. b. ii. 13. f. iii. 227. a. 239. i.

דָּגַן, i. 520. g.

דָּגָן, i. 360. c. ii. 635. k. 927. a. iii. 45. k. 82. h. 300. e. 445. i.

דָּגַר, ii. 624. d. iii. 160. d. 221. a.

דַּד, ii. 83. k. 189. f. iii. 276. g. — דַּדִּים, ii. 411. i.

דָּדָה, i. 545. b. ii. 858. i.

דֹּדָה, i. 38. i. iii. 126. h.

דָּדָן, iii. 12. f.

דָּדֶנָח, i. 626. a.

דָּדַף, i. 703. f.

דֹּדָתוֹ, i. 654. d.

דְּהַב : דַּהֲבָא, iii. 465. b. d. 466. d.

דַּהֲבָה, iii. 465. b. d.

דָּהָה, i. 707. a.

דָּהַר, i. 626. b.

דַּהֲרוֹת, i. 945. g. ii. 555. f. iii. 83. e. 89. a. 312. c.

דּוֹב, i. 353. d.

דּוֹבֵב, ii. 897. h.

דּוּג, i. 122. d.

דַּוָּג, i. 122. c.

דּוּגָה, iii. 343. f.

דּוֹד, i. 12. i. 37. k. 38. f. 517. i. 921. b. ii. 413. d. 532. k. 699. d. iii. 126. e. g. 318. c. — דּוֹדִים, i. 12. f. 569. e. ii. 190. a. iii. 165. e. 387. h.

דּוּד, ii. 146. a. 156. g. 307. f. 364. d.

דּוּדָאִים, ii. 407. d. g.

דּוֹדוֹ, ii. 699. d.

דָּוָה, i. 67. i. 293. b. ii. 529. b. 531. h. iii. 228. b. 489. f.

דָּוֶה, ii. 531. f.

דְּוִי, i. 314. b. ii. 393. g. 394. b.

דַּוָּי, i. 476. c.

דָּוִיד, ii. 99. i.

דּוּךְ, iii. 292. a.

דּוּכִיפַת, i. 29. b. 897. c.

דּוּם, ii. 559. g. 701. a.

דּוֹם, ii. 27. c.

דּוּמָה, i. 40. b.

דּוּמִיָּה, i. 231. a. 424. g. iii. 40. g. 46. h. 232. g. 355. a.

דּוּמָם, ii. 27. d. 196. d. iii. 367. c.

דּוֹמֵם, iii. 367. c.

דּוּן, i. 610. c. ii. 192. f. 318. k. 321. d. iii. 319. a.

דּוּץ, iii. 367. c.

דּוּר, iii. 343. f.

דּוּר, ii. 137. f. 240. f. 534. c.

דּוֹר, i. 488. e. 519. c. 700. f. iii. 126. e. 248. b. — דּוֹר דּוֹר, i. 488. g. — דּוֹר וָדוֹר, i. 489. a.

דּוּרָא, ii. 726. d.

— דָם בְּרֹאשׁ, i. 784. h. — דָם נֶפֶשׁ, iii. 401. f. — דָמִים, i. 67. f. g. 784. h. ii. 360. h. iii. 401. c.

דֹם, i. 66. e.

דָמָה, i. 409. a. 560. a. 681. a. 812. h. ii. 27. c. 99. f. 559. b. g. i. 775. d. iii. 40. e. 344. i. 365. e.

— דִמָּה, i. 500. g. 547. d. 780. d. 816. b. 898. i. 907. c. ii. 43. h. 506. i. 658. c. iii. 344. i. — דָמָה נִשְׁמַר, i. 626. b.

דָמֶה, ii. 559. b.

דֻמָּה, ii. 213. h.

דְמוּת, i. 682. b. ii. 83. f. 441. a. 559. c. 560. d. i.

דְמִי, i. 376. h. ii. 25. b. iii. 40. g. 365. e.

דֳמִי, ii. 27. d. 559. c. 560. a.

דֻמִיָּה, ii. 559. b. 850. e.

דִמְיוֹן, ii. 507. a. iii. 344. k.

דָמַם, i. 316. i. 419. g. 658. i. 749. g. 828. d. ii. 26. f. 100. a. 167. h. 196. d. 444. i. 447. h. 667. e. 768. a. iii. 46. d. 355. a. — דָמַם כְּאֶבֶן, i. 305. d.

דְמָמָה, i. 400. i. 483. c. ii. 26. h.

דֹמֶן, ii. 300. a. c. 644. c.

דִמְנָה, ii. 760. h.

דִמְעָה, i. 520. d. ii. 162. h.

דֹנַג, ii. 261. f.

דֵּעַ, i. 677. g. 879. h.

דֵעָה, i. 508. e. ii. 814. b. — דֵעָה וְהַשְׂכֵּל, i. 879. h.

דַעַ, i. 318. e. 707. h. iii. 29. h.

דַעַת, i. 45. d. 77. a. 103. a. 470. b. 500. g. 508. e. 509. d. 783. c. 850. b. 878. i. 879. h. ii. 130. g. 133. d. 134. a. 839. i. 867. i. iii. 75. e. 77. d. 178. a. 407. b.

דֹפִי, iii. 48. f.

דָפַק, ii. 170. h. 325. d.

דַק, i. 519. h. 961. e. ii. 369. d. 370. i. iii. 41. f.

דֹק, ii. 369. d.

דֹק, ii. 145. f. 917. h.

דָקַק, i. 479. e. ii. 185. g. 199. c. 369. c. g. h. 697. a.

דִקֵּק, i. 411. a. ii. 369. h. i. 697. a.

דָקַר, i. 297. b. 302. c. 709. c. ii. 28. f. 177. i. 244. d. iii. 153. f.

דַר, i. 488. g. iii. 12. g.

דֵרָאוֹן, i. 78. b. 580. b. ii. 578. f.

דָרְבָן, i. 468. g. 642. b.

דַרְדַר, iii. 291. b.

דָרוֹם, i. 522. g. ii. 382. e. 511. a.

דְרוֹר, i. 519. d. iii. 122. g.

דָרַךְ, i. 166. g. 205. k. 588. a. 618. f. 728. i. 785. i. 843. h. 845. h. ii. 199. c. 373. f. 525. i. 698. a. 738. f. 762. c. 793. d. iii. 245. h. 302. c. — דֹּרֵךְ, i. 311. f. ii. 698. d. e. f. 754. g. — דָרַךְ דֹּרֵךְ, ii. 698. b. — דֹּרֵךְ קֶשֶׁת, iii. 282. b.

דֶרֶךְ, i. 144. a. i. 233. h. 353. g. 419. g. 457. d. 460. b. 495. f. 508. e. 545. d. 615. d. 618. g. 675. a. 694. b. 783. c. 815. k. 842. c. 903. g. 914. a. ii. 47. h. 96. h. 110. d. 130. g. 150. b. 158. i. 161. e. 164. a. 170. i. 231. h. 352. e. 509. k. 523. i. 525. i. 676. a. 686. f. 739. a. 778. b. 837. a. 847. k. 871. b. 920. i. 921. i. iii. 173. f. 291. e. 306. h. 460. d. h. 487. d. — דֶּרֶךְ יָם, ii. 657. g. — דֶרֶךְ יְשָׁרָה, i. 942. f. — דֶרֶךְ רָעָה, ii. 130. h. — דְרָכִים וּמַעְלָלִים, i. 887. d. — דַרְכֵי מָוֶת, i. 41. a.

דַרְכְּמוֹן, i. 641. i. ii. 507. f.

ה

הֶאֱרִיךְ, i. 218. d. 525. a. 961. a. ii. 213. f. 403. b. 404. h. 405. d. 433. b. 457. i. 672. a. 730. d. 783. b. 787. h. 829. d. iii. 331. d. 427. a. — הֶאֱרִיךְ אַף, ii. 403. i. — הֶאֱרִיךְ יָמִים, ii. 2. d. 403. b. d. e. 405. b. c. 824. c. — הֶאֱרִיךְ נֶפֶשׁ, ii. 403. f.

הָאַרְכִי. — הָאַרְכִי רֵעַ, i. 366. f.

הָאֶשִׁים, ii. 319. a.

הָאֶתְנוֹת, ii. 722. a.

הַב. — הַב הַב, i. 10. e. 12. h.

הִבְאִישׁ, i. 449. k. ii. 834. b.

הִבְדִּיל, i. 322. i. 422. h. 553. b. 581. c. 597. f. 609. h. 620. b. ii. 100. b. iii. 472. d.

הַבְדֵּל, i. 423. i.

הָבָה, i. 536. d. 601. d.

הִבָּה, i. 692. f.

הַבְהַב, i. 12. c. ii. 450. h. — הַבְהָבִים, i. 830. e. iii. 380. e.

הִבְהִיל, i. 878. d. ii. 170. g. 218. b. iii. 88. c.

הָבוּ, i. 601. d. iii. 380. f.

הִבּוֹק, iii. 385. h.

הִבֹּז, ii. 868. f.

הִבְטִיחַ, i. 838. b. ii. 709. e.

הָבִי, iii. 380. f.

הֵבִיא, i. 10. e. 33. b. 74. f. 174. a. 209. d. 238. i. 250. c. 259. a. 275. k. 322. i. 333. g. 548. e. 601. d. 606. f. 690. f. 692. d. 693. a. 695. a. b. 735. g. 793. d. 825. f. 850. g. 852. c. ii. 58. b. 121. g. 139. a. 145. d. 167. i. 224. i. 300. h. 354. k. 623. c. 704. f. 761. h. 781. h. 872. g. 879. h. 900. g. iii. 154. f. 160. e. 168. i. 269. a. 380. d.

הִבִּיט, i. 167. g. 285. b. 325. c. 460. c. 678. e. 683. b. 752. i. 836. h. 846. a. 881. h. 896. f. 935. a. 964. d. ii. 164. h. 194. k. 231. d. h. 575. i. 875. a. 879. h.

הֵבִין, i. 63. g. 76. g. 399. i. 500. h. 566. h. 599. e. 677. g. 782. h. 787. d. 841. c. 849. d. 878. i. ii. 169. g. 192. b. 194. h. 408. b. 505. b. 867. f. 879. h. 881. f. iii. 76. g. 143. e. 166. h. 173. i. 178. a. 179. a. 180. a. 184. f. 185. i. 341. i. 342. f. 404. b. 406. a. — הֵבִין דֶּרֶךְ, i. 915. a. — הֵבִין וּפָרַץ, i. 400. a.

הִבִּיעַ, i. 168. d. 170. c. 285. i. 299. h. 334. c. 805. c. 906. e. ii. 556. a. 863. i. iii. 383. h.

הֵבִישׁ, i. 79. c. ii. 517. h.

הִבְכִּיר, ii. 912. i.

הָבַל, i. 870. b. ii. 252. i. 415. e. — הֵבֶל, ii. 547. d.

הֶבֶל, i. 39. e. 233. h. 315. i. 393. h. 394. a. 680. c. ii. 174. c. 251. g. 414. a. h. 415. e. g. i. 498. d. 605. d. — הֶבֶל יָגַע, i. 291. h.

הִבְלִיג, i. 195. i. 212. c. 553. b. ii. 427. i. iii. 97. a.

הָבְנִים, i. 660. b.

הִבְעִיר, i. 182. b. 707. g. 762. h. 803. d. ii. 165. a. — הִבְעִיר בָּאֵשׁ, ii. 924. g.

הִבְקִיעַ, i. 325. c. 329. g.

הֹבֵר, i. 385. d.

הֵבֵר, ii. 667. i.

הִבְרָה, i. 478. e. ii. 446. h. 727. h. 856. i. iii. 486. a.

הִבְרִיא, i. 777. g. 939. k. ii. 764. i.

הִבְרִיחַ, i. 288. c. 339. h. 609. g. 699. h. iii. 276. h. 410. f.

הִבְרִיךְ, i. 511. d. ii. 285. f.

הִבְשִׁיל, ii. 717. g.

הִגְאִיל, ii. 463. b. 474. f.

697. *g.* 793. *e.* 817. *a.* 823. *h.* ii. 800. *h.*
הֵדִין, i. 558. *d.* ii. 318. *h.*
הָדֵךְ, iii. 38. *h.*
הֵדֵכָא, i. 890. *f.* ii. 177. *i.* 288. *i.*
הִדְלִיק, i. 182. *b.* iii. 128. *d.*
הָדֹם, iii. 92. *c.* 350. *b.*
הִדֹּם, ii. 701. *b.*
הֵדֵם, i. 316. *i.*
הִדַּמָּה, ii. 559. *g.*
הִדְמִין — הִדְמִין הִתְעֲבֵד, i. 342. *e.* 564. *g.*
הֵדֵס, ii. 487. *e. f.* 593. *a.*
הָדַף, i. 207. *i.* 339. *h.* 409. *a.* 625. *i.* 799. *d.* 817. *f.* ii. 658. *i.* iii. 489. *g.*
הֵדֵק, ii. 180. *b.* 369. *i.*
הֵדֵק, ii. 369. *e. h.*
הָדַר, i. 635. *d.* 744. *c.* 945. *g.* ii. 38. *d.* iii. 272. *d.*
הָדָר, i. 255. *h.* 256. *b.* 290. *k.* 573. *b.* 632. *f.* 773. *d.* 785. *i.* 828. *b.* 931. *c.* ii. 140. *i.* 358. *i.* 420. *a.* 524. *a.* 593. *c.* iii. 273. *a.* 315. *i.* 365. *f.* 493. *a. i.*
הֶדֶר, i. 632. *g.*
הַדְרָא : הֲדַר, i. 632. *f. g.*
הִדֵּר, i. 635. *d.*
הֲדָרָה, i. 397. *h.* 632. *g.* 818. *d.* ii. 241. *d.*
הִדְרִיךְ, i. 135. *b.* 572. *e.* 752. *h.* 845. *h. i.* 948. *a.* ii. 201. *a.* 223. *c.* 524. *a.* 698. *c.* 845. *g.*
הָדַשׁ, i. 193. *c.* — הִדֵּשׁ, i. 400. *a.*
הִדְשֵׁא, i. 793. *e.*
הִדְשִׁיא, i. 458. *h.*
הָהּ, iii. 486. *d.*
הֶהֱבִיל, ii. 415. *e.*
הֶהֱגָה, iii. 419. *i.*
הֵהִיל, i. 892. *d.*
הֵהִים, i. 795. *d.* iii. 136. *i.* 235. *i.*
הַחִין, ii. 561. *k.* iii. 164. *d.*
דַּהִין, i. 68. *b.*
הֵהֵל, i. 396. *c.* 601. *d.* iii. 378. *e.*
הָהֵם, ii. 911. *g.*
הֶהֱסָה, ii. 213. *i.*
הֶהֶרֶס, i. 375. *g.*
הוֹ, ii. 604. *e.*
הוּ, ii. 342. *i.*
הוּא, i. 403. *b.* ii. 47. *i.* 342. *i.* 602. *h.* 609. *g.* — אַף־הוּא, i. 338. *h.*
הוֹאִיל, i. 369. *b.* 853. *b. g.* 967. *d.* ii. 192. *h.* 297. *h.* iii. 47. *d.* — הוֹאִיל לָלֶכֶת, iii. 468. *f.* — הוֹאִיל לָשֶׁבֶת, ii. 242. *a.* 244. *a.* 589. *e.*
הוֹאֶל, i. 16. *b.*
הוּבָא, i. 436. *d.* 693. *f.*
הוֹבֵד, i. 306. *c.* 793. *d.*
הוֹבִיל, i. 100. *b.* 174. *b.* 209. *e.* 259. *b.* 262. *e.* 333. *h.* 548. *e.* 759. *k.* 825. *g.* iii. 380. *g.*
הוֹבִישׁ, i. 311. *d.* ii. 175. *a.* 197. *k.* 298. *h.* 518. *a.*
הוּבַל, i. 33. *g.* 34. *g.* 599. *h.*
הוֹבְנִים, i. 690. *g.*
הוֹגָה, i. 43. *d.* 182. *f.* 668. *c.* 825. *g.* ii. 136. *b.* iii. 232. *i.*
הוֹנִיעַ, i. 668. *d.* ii. 689. *h.*
הוֹד, i. 22. *a.* 70. *h.* 348. *d.* 632. *g.* 636. *i.* 818. *f.* 828. *b.* 852. *k.* 871. *d.* 945. *g.* ii. 9. *c.* 177. *b.* 420. *a.* 801. *c.* iii. 321. *a.* 334. *c.* 397. *b.* 493. *i.*
הוֹדָא, i. 818. *d.*
הוֹדָה, i. 27. *i.* 69. *f.* 223. *e.* 793. *b.* 809. *f.* 818. *e. g.* 940. *a.* ii. 561. *a.* 731. *a.* iii. 320. *a.*
הוֹדוֹת, i. 68. *e.* 223. *e. g.*
הוֹדִיעַ, i. 170. *e.* 175. *a.* 258. *d.* 299. *h.* 507. *d.* 525. *a.* 540. *f.* 563. *h. i.* 581. *b.* 599. *e.* 608. *d.*

763. c. 865. f. ii. 197. g. 645. b. iii. 36. c. 143. f.

הוֹדַע, i. 170. e. 507. e. 540. h. iii. 36. c. 341. k.

הוֹדַעְתָּ, i. 645. d.

הֹוֶה, i. 8. h. 45. e. 78. b. 373. a. 498. f. 683. c. 841. h. ii. 9. c. 173. i. 414. a. 529. g. 727. b. iii. 239. c. 477. a. — הֹוֹת, i. 841. i. 848. a. d.

הֹוָה, ii. 604. e. iii. 228. b.

הֹוָה. — הֹוָה אֲרֻכָּה, ii. 824. c. — הֹוָה דְבַשׁ, ii. 887. e. — הֹוָה זָאֵע, iii. 288. i. — הֹוָה מִתְקָרֵב, ii. 900. i. — הֹוָה מָחֵא, iii. 307. i. — הֹוָה מִשְׁתַּדַּר, i. 36. d. — הֹוָה מִשְׁתַּכַּל, ii. 891. e. — הֹוָה נָזִק, i. 784. e. — הֹוָה שָׁלֵה, i. 934. c.

הוּזַר, i. 263. a.

הוֹחִיל, i. 792. f. ii. 433. c. 890. b. iii. 347. c.

הוּטַל, i. 839. b. ii. 38. e.

הוֹי, i. 456. f. 498. f. ii. 604. e. iii. 229. c. 486. c. 495. h. — הוֹי אֲדוֹן, i. 40. h. — הוֹי הוֹי, iii. 486. d.

הוֹיִל, ii. 806. b. iii. 497. g.

הוּךְ, i. 277. a. 333. h. ii. 837. d.

הוּכַח, i. 743. a.

הוֹכִיחַ, i. 81. a. 287. a. 459. g. 605. c. 703. h. 743. d. g. 767. a. 804. g. 924. a. ii. 563. h. 623. e. — הוֹכִיחַ הוֹכֵחַ, ii. 107. i.

הוּכַן, i. 619. h.

הוּלַד, i. 489. e.

הוֹלִיד, i. 490. h. 618. f. 731. b. 732. c. 944. g. ii. 354. k. 471. c. iii. 175. a. 248. g.

הוֹלִיךְ, i. 33. e. 259. b. 333. i. 490. g. 548. f. 692. g. 801. c. 825. g. ii. 123. a. 524. b. 722. b. 837. d. iii. 240. a. 321. e.

הוֹלֵל, i. 235. d. 813. b. ii. 750. g. — הולל, ii. 715. e. iii. 320. c.

הוֹלֵלָה, ii. 66. c. 750. e. k. 776. i. 777. c. — הוֹלֵלוֹת, ii. 66. a. 750. k.

הוֹלֵלוּת, i. 396. d. ii. 750. e.

הוֹלֵם, i. 741. h.

הוּם, i. 306. c. 813. b. iii. 235. i. 369. d. f.

הוּמַת, ii. 36. c.

הוֹן, i. 352. g. 457. e. 632. h. 645. e. ii. 88. b. 106. c. 331. c. 332. f. 799. e. 800. a. 834. g. iii. 273. a. 323. b. 324. d. — הוֹן בֵּית, i. 457. e.

הוֹנָה, ii. 62. g. 172. d.

הוּנַח, i. 196. a.

הוּסַד, i. 369. c. 663. e. ii. 45. i.

הוֹסִיף, i. 189. a. 262. h. 601. e. 644. c. 914. a. ii. 884. g. 898. c. iii. 160. e. 177. f. 328. e. i. 402. c. — הוֹסִיף לֶקַח, i. 104. h. iii. 78. c.

הוּסַף, ii. 898. c.

הוּסַר, ii. 657. k.

הוּעַד, ii. 248. i.

הוֹעִיד, i. 222. f.

הוֹעִיל, ii. 612. e. 718. g. iii. 111. a.

הוּעַף, ii. 757. c.

הוֹפִיעַ, i. 762. i. 763. e. 891. b. 914. a. ii. 218. c. 693. c. 881. f.

הוֹצִיא, i. 33. f. 174. b. 211. b. 231. g. 258. e. 400. a. 525. b. 605. e. 684. b. 690. g. 697. h. 701. f. 725. i. 735. c. g. 737. d. 793. e. 794. f. 801. c. 815. d. 823. c. ii. 225. a. 232. h. 355. a. 524. b. 900. h. 906. d. iii. 160. f. 380. g.

הוּצַק, i. 211. e. 872. a.

הוֹקִיעַ, i. 197. b. 810. b. h. 811. h. ii. 315. h. 644. h.

הוֹקִיר, i. 787. g. iii. 79. d. 353. c.
הוֹרָה, i. 101. e. 170. f. 299. i. 525. b. 540. h. 576. f. 599. f. 809. f. 898. i. 954. f. ii. 14. h. 460. a. 507. h. 524. b. 623. e. 857. i. 859. a. 874. k. iii. 12. i. 143. g. 158. i. 166. h. 281. c. 341. k. 372. c. 404. b. 424. d.
הוֹרֶה, ii. 476. a.
הוֹרִיד, i. 166. g. 209. e. 259. b. 409. b. 475. h. 601. e. 836. a. ii. 112. i. 147. b. 164. d. 168. a. 198. e. 225. b. 229. g. 623. e. iii. 33. f. 233. a. 380. g.
הוֹרִישׁ, i. 306. c. 601. e. 697. h. 733. g. 795. d. 804. g. 817. f. ii. 178. f. 271. b. e. 341. g. 551. i. 748. g. 919. h.
הוֹרֵשׁ, ii. 551. h.
הוֹרֹת, i. 608. d.
הוּשַׁד, ii. 544. b.
הוֹשִׁיב, i. 243. a. 293. f. 664. a. 684. b. ii. 120. d. 240. f. 241. i. 534. g. iii. 269. b.
הוּשְׁיָה, i. 942. a.
הוֹשִׁיט, i. 729. a.
הוֹשִׁיעַ, i. 157. h. 205. c. 306. c. 463. d. 585. f. 691. b. 702. b. 794. f. iii. 15. i. 221. a. 225. a. 226. a.
הוּתַב, ii. 241. h.
הוֹתִיר, i. 303. g. 304. f. 665. b. 940. a. ii. 186. g. 740. e. 787. h. 829. g. 886. a. iii. 346. a.
הוּתַל, ii. 775. f.
הוֹתַר, i. 704. h. ii. 659. h. 744. b. 745. b. iii. 346. a.
הוּתַת, i. 847. k.
הִזְדַּמֵּן, iii. 199. f.
הֲזָדִיה, iii. 331. g.
הָזָה, i. 790. i. iii. 372. a.
הַזָּה, i. 341. e.
הִזָּה, i. 871. h. ii. 38. f. 742. c. 895. f. iii. 3. h.
הַזֶּה, iii. 38. d.
הִזְהִיר, i. 712. i. ii. 856. h. 908. a. iii. 413. g.
הַזּוּזִים, i. 676. c.
הֵזִיד, i. 373. g. 888. b. 969. d. ii. 941. c. iii. 36. c. 331. g. h.
הִזִּיל, i. 392. b. 793. f. iii. 233. a.
הִזִּיר, i. 16. i. 28. k. 407. g. 564. a. 569. g. 939. c. 958. e. iii. 413. i.
הֵזַז, i. 292. h.
הִזַּכָּה, ii. 116. c.
הִזְכִּיר, i. 10. g. 191. e. i. 211. d 858. b. 896. e. ii. 139. b. 421. b. 568. a.
הִזְנָה, i. 723. h.
הִזְנִיחַ, i. 697. h. ii. 186. e. 463. b.
הִזְעִיל, ii. 139. b.
הִזְעִיק, ii. 262. a.
הַזֵּק, i. 303. g.
הִזְקִין, i. 497. e.
הַזָּרוֹת, i. 578. i.
הִזְרִיעַ, iii. 83. a.
הֶחָבֵא, iii. 89. a. 396. i.
הֶחְבִּיא, ii. 182. d. 326. e. iii. 49. f.
הַחֲוִי, i. 258. e. 507. g. — הַחֲוִי חוּי, i. 170. g.
הַחוּץ, i. 822. k.
הַחוּצָה, i. 823. a.
הֶחֱזִיק, i. 244. c. 387. k. 455. a 538. a. 647. i. 669. a. 690. g. 754. a. 862. h. 962. f. 967. d. 968. e. ii. 157. a. 164. c. 181. c. 232. h. 236. h. 355. a. 584. i 669. h. 728. f. 881. g.
הֶחֱטִיא, i. 143. g. 563. g. 710. c. 793. f. 799. a. 960. f. ii. 463. b.
הֶחֱיָה, i. 591. a. 733. d. ii. 8. i. 10. f. 11. g. 12. e. i. ii. 740. e. iii.

221. e. 289. g. — הַחֲיָה רוּחַ, ii. 404. a.

הֶחִיל, i. 115. i. 222. a. 451. d. 560. a. 583. c. 732. d. 938. h. ii. 529. b. h. iii. 156. k. 201. a. 207. a. 235. i. 236. f. 287. c. 347. a. 394. e.

הֶחִישׁ, i. 660. f. 829. f. ii. 175. b. 264. d. 590. a. 875. k. iii. 160. f.

הֵחֵל, i. 369. d. 451. f. 749. h. 769. b. ii. 296. c.

הֶחֱלָה, i. 369. g. 441. b.

הֶחֱלִי, ii. 785. c.

הֶחֱלִים, ii. 652. b.

הֶחֱלִיף, i. 747. g. 832. c. ii. 837. d.

הֶחֱלִיץ, ii. 762. a.

הֶחֱלִיק, i. 27. i. 630. c. 631. f. 817. c. ii. 550. f. 667. k. iii. 307. e. — הֶחֱלִיק לָשׁוֹן, i. 505. g.

הַחֲנָיוֹת, i. 902. e.

הֶחֱנִיף, i. 825. k. ii. 463. d. iii. 401. a.

הֶחְסִיר, ii. 252. k.

הֶחְפִּיר, i. 80. d. 392. b. 896. d. ii. 563. i. 692. h.

הֶחֱצִיר, iii. 23. e.

הֶחֱרִב, iii. 18. f.

הֶחֱרָה, i. 528. c.

הֶחֱרִיב, i. 806. b. 909. g.

הֶחֱרִיד, i. 321. c. 411. b. 626. c. 733. a. g. 736. e. ii. 570. f. 678. i. 816. e. iii. 394. f. 395. h.

הֶחֱרִים, i. 178. g. 206. i. 806. d. 411. b. 779. c. 806. c. 817. f. 909. f. ii. 134. a. iii. 400. g.

הֶחֱרִישׁ, i. 318. k. 319. a. 639. b. 664. d. 840. e. ii. 27. d. 28. b. 348. e. 458. f. 667. g. 683. a. iii. 40. f.

הַחֲרֵם, i. 412. h.

הֶחֱרְמוֹן, i. 55. e.

הַחֲרֵשׁ הֶחֱרִישׁ—הַחֲרֵשׁ, ii. 655. k.

הֶחֱשָׁה, i. 150. c. ii. 27. e. 213. i. iii. 46. f. 179. a. — הֶחֱשָׁה מֵעוֹלָם, ii. 691. b.

הֶחֱשִׁיךְ, ii. 326. g. iii. 66. g. 206. e.

הֵחַת, i. 577. d.

הֶחֱתִים, iii. 186. a.

הָחְתֵּל, iii. 79. i.

הִטָּה, i. 32. i. 298. f. 312. k. 409. b. 419. b. 434. i. 583. e. 584. g. 825. h. 828. e. 844. h. 846. b. 860. c. 935. a. ii. 229. h. 235. h. 276. d. 639. k. 648. h. 663. d. 759. i. 774. f. 807. b. 881. h. iii. 356. a.

הִטְהֵר, i. 24. a. 407. h. ii. 113. e. 116. d.

הָטוֹחַ, i. 262. c.

הֵטִיב, ii. 143. b. 145. b. 304. e. i. 866. e. ii. 142. b. — הֵטִיב לֶכֶת, i. 544. f.

הֵטִיל, i. 74. f. 316. k. 699. g. 725. b. 751. h. 803. d. 828. e. ii. 162. i. 789. c.

הִטִּיף, i. 322. b. 520. e. g. 846. c. 889. f. ii. 267. c. iii. 91. h. — הַטֵּף הִטִּיף, i. 520. f.

הִטַּלֵּל, ii. 215. i.

הִטְמִין, ii. 182. c.

הִטְעָה, ii. 775. d.

הִטְרִיחַ, i. 848. f. ii. 206. a.

הִטְרִיף, i. 587. d. iii. 193. c.

הֶטֶרֶם, ii. 606. i. 853. a.

הִי, i. 683. c. ii. 604. e. 715. i.

הִיא, i. 657. e. ii. 47. i, 130. h.

הֵיבַל, i. 333. h. ii. 293. g.

הֵידָד, i. 63. f. ii. 82. b. 161. e. 185. i. 187. e. 199. c. 251. b. 532. f. 811. f. — הֵידָד הֵידָד, ii. 79. i.

הֻיְדוֹת, iii. 439. a.

הָיָה, i. 291. e. 349. g. 409. b. 490. g. 498. g. 524. d. 564. h. 588. d.

683. *d.* 692. *f.* 843. *h.* ii. 1. *a.* 139. *a.* 365. *b.* 415. *i.* iii. 49. *f.* 152. *a. g.* 199. *f.* — הָיָה אָחוּז, i. 337. *g.* — הָיָה אֱמוּנַת, ii. 646. *b.* — הָיָה seq. בְּ, iii. 150. *a.* — הָיָה בֶּטַח, ii. 709. *b.* — הָיְתָה יַד, i. 781. *g.* — הָיָה כְּ, ii. 559. *g.* — הָיָה seq. לְ i. 284. *a.* 660. *g.* 701. *f.* ii. 507. *a.* iii. 188. *h.* 323. *f.* — הָיָה לְבוּז, i. 820. *c.* ii. 165. *h.* — הָיָה subintell. לָבָן, ii. 370. *e.* — הָיָה לְחָרְבָּה, iii. 152. *b.* — הָיָה מֶלֶךְ, i. 445. *b.* — הָיָה מָעַל — הָיָה, ii. 865. *c.* — הָיָה מִקֵּל מָצָק, iii. 16. *g.* — הָיָה מִקֵּל, ii. 606. *c.* — הָיָה מֹשֵׁל, i. 372. *a.* — הָיָה נִבְהָל, ii. 134. *d.* — הָיָה נָכוֹן, i. 925. *h. i.* — הָיָה שְׁבָה, i. 84. *e.*

הַיָּה, i. 479. *g.*

הָיוּ, ii. 532. *e.* 604. *e.*

הַיּוֹם, i. 677. *g.* ii. 9. *d.* 23. *f.* iii. 38. *d.* 266. *b.* 285. *d.* — הַיּוֹם הַזֶּה, iii. 38. *d.*

הֱוֹת, i. 223. *i.* ii. 776. *i.*

הֵיטִיב, i. 4. *g.* 6. *h.* 7. *d. e.* 107. *b.* 209. *f.* 354. *k.* 453. *d.* 619. *h.* 678. *f.* 924. *b.* 927. *a.* 942. *k.* 944. *g.* 945. *c.* ii. 32. *i.* 142. *c.* 143. *b.* 145. *c.* 587. *f.* iii. 214. *d.* — הֵיטִיב גֵּהָה, i. 931. *e.* — הֵיטִיב צַעַד, i. 943. *i.*

הֵיכָל, i. 140. *f.* 437. *e.* 442. *f.* ii. 69. *i.* 360. *i.* 492. *e.* 539. *a.* 616. *f.* 630. *f.* 925. *b.* iii. 257. *c.*

הֵיכְלָא, ii. 492. *e.* 539. *a.*

הַיֶּלֶד, i. 491. *i.*

הֵילִיף, i. 589. *b.*

הֵילִיל, i. 68. *g.* 114. *k.* ii. 267. *d.* 553. *f.* 715. *h.*

הֵילֵל, i. 375. *i.* 970. *g.* ii. 353. *e.*

הַיָּם, i. 797. *f.*

הַיִּם, ii. 29. *d.*

הֵימִין, i. 531. *g.* ii. 770. *d.*

הֵימֵם, ii. 80. *c.*

הִין, i. 685. *k.* ii. 24. *e.* 94. *a.* iii. 321. *c.* 456. *e.*

הֵינִיק, ii. 55. *f.* iii. 300. *d.*

הֵישִׁיר, ii. 234. *c.* — הֵישִׁיר נֶגֶד, i. 612. *i.*

הֵיתַי : הֵיתֵי, iii. 380. *g.*

הָלְאָה, i. 583. *e.* iii. 437. *i.*

הִכְאִיב, i. 116. *a.* 428. *d.* 583. *d.*

הִכְבִּיד, i. 104. *g.*

הִכְבִּיר, i. 438. *f.* 440. *a. c.*

הִכָּה, i. 43. *d.* 124. *a.* 178. *h.* 180. *f.* 302. *c.* 306. *d.* 331. *a.* 434. *i.* 579. *e.* 704. *h.* 711. *h.* 723. *b. c.* 759. *i.* 808. *b.* 817. *f.* 847. *i.* ii. 36. *b.* 121. *b.* 179. *i.* 180. *c.* 300. *h.* 324. *i.* 355. *a.* 412. *c. g.* 418. *g.* 620. *e.* 627. *g.* 646. *d.* 697. *a.* 796. *h.* 816. *e.* iii. 128. *e.* 134. *b.* 136. *f.* 201. *a.* 289. *c.* 307. *c.* 400. *g.* 431. *c.* — הֻכָּה, i. 747. *i.* ii. 830. *g.* — הִכָּה וְהִכַּת, ii. 180. *f.*

הַכּוֹת, i. 842. *c.* ii. 297. *f.* 785. *c.* iii. 63. *k.*

הִכְזִיב, iii. 477. *e.*

הִכְחִיד, i. 733. *i.* 795. *e.* 817. *f.* iii. 201. *b.* — הִכְחִיד, ii. 546. *i.*

הֵכִיל, i. 538. *a.* 644. *c.* ii. 88. *f.* iii. 180. *f.* 194. *d.* 196. *f.* 356. *i.* — הֶחֱזִיק et הֵכִיל, iii. 472. *a.*

הֵכִים, i. 214. *g.*

הֵכִין, i. 587. *c.* 601. *e.* 642. *a.* 886. *c.* 924. *d.* 925. *b. d.* ii. 100. *c.* 212. *c.* 243. *d.* 319. *a.* 862. *f.* iii. 115. *h.* 185. *c.* 252. *c.* 269. *b.* 356. *i.* — הֻכַּן, i. 926. *a.*

הִכִּיר, i. 80. *g.* 500. *h.* 507. *f.* 849. *e.* iii. 83. *f.* 421. *g.* 485. *f.*

הַכֹּל, ii. 414. i.

הִכְלִים, i. 303. a. 392. b. 590. g. 644. d. 784. f. ii. 175. c. 183. h. iii. 196. g. — הַכְלִים, i. 392. h.

הָכְלָם, i. 303. a. 912. e.

הִכְנִיעַ, i. 316. k. 325. d. 733. h. 881. i. ii. 28. f. 175. d. 289. c. iii. 29. h. 233. a. 299. i.

הִכְעִיס, i. 60. k. 720. h. 721. h. ii. 689. h. 691. c. 762. d.

הַכַּפּוֹת, i. 188. k.

הִכְפִּישׁ, iii. 486. a.

הָכֵּר, i. 859. d.

הַכֵּר, i. 63. h. 80. c.

הֵכֵר, i. 19. h.

הַכָּרָה, i. 78. c. 850. b.

הִכְרִיב, i. 661. a.

הִכְרִין, ii. 262. a.

הִכְרִיעַ, ii. 169. b. iii. 153. h. 235. i. 351. b.

הִכְרִית, i. 189. b. 306. d. 409. e. 411. c. 734. a. 795. h. 799. d. ii. 217. f. 551. i. 748. f. 796. i. iii. 307. f. — הַכְרִית, i. 817. e.

הַכְרֵעַ, iii. 238. e. — הַכְרֵעַ הִכְרִיעַ, i. 759. e.

הַכָּרַת, i. 734. e.

הִכְשִׁיל, i. 377. e. 802. k. 820. d. ii. 284. a. 913. d. iii. 48. d. i. 299. i. — הַכְשִׁיל, iii. 72. d.

הִכְשִׁיר, i. 220. g. 512. b.

הִכָּשֵׁל, ii. 887. i.

הֻכַּת, i. 306. e. 923. i.

הִכְתִּיר, i. 190. i. ii. 172. b. 311. i. iii. 103. c. 333. b.

הֲלֹא, ii. 47. i. 461. i. 604. e. 606. c. d. 611. i. 612. a. 843. i.

הָלְאָה, i. 87. c. 704. c. 837. h.

הָלְאָה, ii. 28. f.

הָלְאָה, i. 35. i. 310. b. 717. h. ii. 95. g. 180. b. 299. e. 481. g. 678. i.

הִלְבִּין, i. 716. h. ii. 370. e.

הִלְבִּישׁ, ii. 11. c. 724. d. 748. g.

הֻלֶּדֶת, i. 489. e.

הָלָה, i. 124. b.

הֲלָהֶם, i. 564. e.

הֲלוֹא, ii. 85. a. 457. a.

הִלְוָה, i. 521. h. 700. g. ii. 266. e.

הָלוֹךְ, i. 686. h. ii. 836. g.

הִלּוּל, i. 69. c. iii. 454. f. — הִלּוּלִים, i. 399. c. 749. a.

הֲלוֹם, i. 704. c. 791. h. ii. 565. b. iii. 487. c.

הֵלִיז, i. 714. a. ii. 666. c. iii. 450. a.

הֲלִיךְ, ii. 526. i.

הֲלִיכָה, i. 395. b. 591. f. ii. 836. e. — הֲלִיכוֹת, ii. 524. g.

הֵלִיל, iii. 459. a.

הַלַּיְלָה, i. 451. c.

הַלַּיְלָה, i. 451. b. ii. 351. g.

הֵלִין, i. 398. h. 509. h. 547. g. 860. f. 868. h. ii. 190. e. 201. b. 284. d. 287. e. 338. e. 433. d. 640. b. iii. 323. f. 339. i.

הֵלִיץ, i. 249. k. 738. c. ii. 124. a. 612. b. 660. f. iii. 450. b.

הָלַךְ, i. 33. f. 74. g. 203. g. 211. f. 240. e. 262. e. 277. a. 292. g. 306. e. 309. b. 325. d. 332. c. 333. i. 335. e. 354. k. 430. h. 572. e. 591. b. 595. k. 606. i. 626. e. 683. h. 692. f. 694. f. 723. e. 797. b. 896. b. 914. b. ii. 14. h. 170. g. 523. k. 524. b. 544. b. 659. a. 665. b. 698. b. 730. g. i. 837. e. 854. i. 857. d. 861. g. 870. d. 895. a. 906. g. iii. 151. f. 154. f. 155. f. 177. f. 276. h. 380. h. — הֹלֵךְ, i. 572. e. 606. i. ii. 284. b. 738. g. — הָלַךְ אָחוֹר, i. 100. b. — הָלַךְ

302. *d. h.* 593. *e.* 733. *h.* ii. 36. *c.* 162. *i.* 697. *c.* iii. 312. *c.* — הָמִית, ii. 36. *f.*

הֵמִית, ii. 36. *b.*

הֵמַךְ, ii. 409. *g.*

הִמְלָה, ii. 386. *e.*

הָמְלַח, i. 136. *h.*

הִמְלֵט, i. 725. *i.*

הִמְלִיט, iii. 221. *h.* 271. *g.*

הִמְלִיךְ, i. 444. *f. h.* 601. *f.* iii. 462. *i.* — הִמְלִיךְ לְמֶלֶךְ, i. 444. *g.* — הִמְלִיךְ מֶלֶךְ, i. 445. *b. e.*

הָמַם, i. 799. *e.* 813. *c.* ii. 199. *d.* 434. *b.* iii. 136. *i.* 192. *g.* 236. *a.*

הָמַן, i. 349. *g.* 424. *a.* ii. 786. *d.*

הַמְנִיכָא, ii. 408. *f.*

הֵמַס, i. 419. *h.*

הִמְסָה, i. 476. *a.* 562. *i.* 730. *g.* ii. 425. *h.* iii. 264. *c.*

הֵמָסִים, ii. 32. *g.* iii. 264. *c.*

הִמְעִד, i. 394. *e.*

הִמְעִם, i. 401. *g.*

הִמְעִיד, i. 802. *a.* iii. 129. *g.* 130. *a.* 131. *e.*

הִמְעִים, i. 740. *h.* 741. *a. c.* ii. 547. *g.* 548. *c.* 549. *a. h.* iii. 73. *d.*

הִמְצִיא, i. 402. *b.* ii. 646. *e.* 900. *h.*

הֵמַר, i. 270. *k.* ii. 762. *e.* — הָמֵר, ii. 529. *b. h.*

הִמְרָה, i. 271. *c.* 419. *i.* ii. 663. *g.*

הִמְרִיא, iii. 367. *d.*

הִמְרִיץ, ii. 678. *i.*

הִמְשָׁה, ii. 890. *d.*

הִמְשִׁיל, ii. 121. *g.* iii. 263. *b.* 355. *c.*

הִמְשֵׁל, ii. 869. *c.*

הָמֵת, ii. 34. *f.*

הִמְתִּיק, i. 502. *i.*

הֵן, i. 657. *b.* 676. *f.* ii. 85. *a.* 109. *f.* 580. *c.* iii. 278. *d.*

הִנְגָּבָה, ii. 511. *d.*

הֵנֵד, ii. 454. *c.*

הֵנָּה, i. 785. *h.* 787. *b.* iii. 278. *e.*

הִנֵּה, i. 498. *i.* 525. *c.* 657. *a.* 678. *f.* 935. *e.* ii. 578. *f.* 581. *c.* 609. *h.* 679. *f.* iii. 370. *d.* 487. *c.*

הִנְוָה, i. 635. *d.*

הִנְזִק, ii. 132. *f.*

הִנְזֶקֶת, ii. 132. *i.*

הֲנָחָה — הֲנָחָה עָשָׂה, i. 415. *c.*

הִנְחָה, i. 33. *f.* 825. *h.* 943. *a.* ii. 123. *a.* 524. *c.* 651. *g.* iii. 269. *b.*

הִנְחִיל, i. 288. *a. b.* 565. *c.* 667. *c.* ii. 178. *d. g.* 192. *i.* 271. *e. h.* 434. *b. e.*

הִנְחִית, ii. 849. *h.*

הִנָּחֵם, i. 566. *i.* ii. 701. *d.*

הִנְחֵת, ii. 248. *i.*

הֵנִיא, i. 58. *a.* 112. *d.* 192. *k.* 419. *i.* 583. *e.* 380. *i.*

הֵנִיד, iii. 21. *f.*

הֵנִיחַ, i. 417. *g.* 757. *i.* 769. *g.* 835. *i.* 868. *i.* 887. *h.* ii. 121. *b.* 178. *e.* 201. *e.* 524. *b.* 701. *b.* 708. *b.* iii. 269. *c.*

הִנִּיחַ, i. 195. *i. k.* 196. *a.* 330. *e.* 338. *e.* 417. *h.* 601. *f.* 658. *i.* 806. *h.* 863. *c.* ii. 78. *k.* 124. *g.* 186. *e.* 187. *i.* 201. *b.* 463. *b.* 646. *e.* iii. 160. *g.* 269. *c.*

הֵנִיס, i. 585. *g.* 736. *b.* ii. 446. *a.* iii. 160. *g.* 410. *f.*

הֵנִיעַ, i. 202. *f.* 525. *b.* 578. *g.* 662. *i.* ii. 210. *k.* 211. *c.* 264. *g.* 304. *d.* 378. *c. f.* iii. 21. *f.*

הֵנִיף, i. 74. *g.* 209. *f.* 288. *e.* 409. *b.* 422. *i.* 435. *b.* 748. *d.* 795. *e.* 828. *e.* 844. *d.* 887. *i.* 892. *e.* ii. 651. *h.* 653. *c.* 900. *h.* iii. 236. *b.* 380. *h.*

הֵנִיץ, i. 799. *i.*

i. 214. *f.* 220. *a.* 443. *h.* 449. *g.* 451. *d.* 806. *d.* iii. 121. *b.*

הֶפֵּךְ, i. 583. *e.*

הֲפֵכָה, ii. 220. *g.*

הֲפַכְפַּךְ, iii. 62. *b.*

הַפְלֵא, i. 773. *d.* — הַפְלֵא וָפֶלֶא, ii. 450. *c.*

הִפְלָה, ii. 40. *g.* 648. *e.*

הִפְלִיא, i. 597. *g.* 635. *e.* 958. *e.* ii. 40. *h.* 421. *g.* 450. *c.* 645. *b.* 648. *d.* iii. 258. *b.* — הַפְלִיא, ii. 39. *e.*

הִפְלִיט, i. 586. *d.* 687. *h.*

הִפְנָה, i. 203. *h.* iii. 121. *c.* 171. *f.*

הַפְעֵם, i. 266. *d.* ii. 129. *i.* 512. *i.* 513. *b.* *d.*

הָפֵף, iii. 100. *g.*

הַפְצֵר, i. 699. *b.* 825. *h.*

הָפְקַד, iii. 477. *a.*

הִפְקִיד, i. 751. *i.* ii. 122. *d.* 654. *c.* 672. *h.* iii. 269. *d.* 415. *f.*

הֵפֵר, i. 59. *c.* 74. *h.* 112. *e.* 313. *e.* 325. *g.* 577. *e.* 754. *d.* ii. 651. *b.* 656. *f.* 722. *e.*

הָפַר, i. 59. *c.*

הִפָּרֵד, i. 335. *g.*

הִפְרָה, i. 400. *b.* iii. 367. *d.*

הִפְרִיא, i. 581. *e.*

הִפְרִיד, i. 547. *b.* 560. *b.* 581. *d.* 597. *f.* 609. *i.* ii. 587. *i.*

הִפְרִיחַ, i. 177. *f.* 799. *i.* ii. 100. *c.*

הִפְרִים, ii. 573. *c.*

הִפְרִיעַ, i. 325. *g.* 578. *a.* 583. *f.*

הִפְרִישׁ, i. 596. *f.*

הִפְרַע, i. 516. *e.*

הִפְשִׁיט, i. 409. *c.* 533. *h.* 700. *i.*

הִפְתָּה, ii. 780. *c.*

הָצַב, iii. 106. *f.* 351. *i.*

הִצְבָה, ii. 852. *f.*

הִצְבִיא, i. 513. *c.* 728. *g.*

הִצְדִּיק, i. 238. *g.* 611. *b.* 612. *h.* *i.*

הָצָה, i. 762. *b.*

הִצְהִיל, ii. 90. *e.* iii. 108. *e.*

הִצְהִיר, i. 775. *g.*

הַצוֹת, i. 879. *c.* 884. *f.*

הִצְטַיֵּד, i. 964. *a.*

הִצְטַיֵּר, i. 873. *f.* 962. *f.*

הִצִּיב, i. 229. *c.* 450. *i.* 962. *k.* ii. 101. *c.* 243. *c.* 806. *d.* iii. 99. *i.* 105. *a.* 106. *f.* — הִצִּיב גְּבוּל, i. 620. *b.* — הַצִּיב, iii. 100. *h.* 101. *b.*

הִצִּיג, i. 276. *a.* *c.* 293. *e.* 330. *e.* 433. *i.* ii. 100. *d.* 121. *h.* 184. *e.* 186. *e.* 672. *g.* 684. *f.* iii. 269. *d.* 351. *h.* 361. *f.*

הִצִּיל, i. 201. *d.* 273. *f.* 400. *c.* 713. *c.* 725. *i.* 792. *i.* 794. *f.* ii. 293. *g.* 355. *c.* 389. *i.* 393. *a.* 402. *i.* 722. *f.* iii. 15. *i.* 57. *c.* 221. *i.* 346. *a.* — הַצִּיל, i. 462. *e.* — הִצִּיל עֵינַיִם, iii. 49. *h.*

הִצִּיעַ, ii. 161. *e.* iii. 354. *f.*

הֵצִיף, i. 858. *h.* 859. *h.* 860. *d.* 870. *g.* ii. 144. *f.*

הֵצִיץ, i. 222. *c.* 458. *i.* 712. *d.*

הֵצִיק, i. 707. *a.* ii. 62. *g.* 208. *h.* 232. *i.* iii. 128. *f.*

הִצִּיק, ii. 100. *d.* 547. *c.* 679. *b.* 819. *a.* iii. 269. *e.*

הֵצִיר, i. 707. *a.* — הֵצִיר וְלֹא הֵזִיק, ii. 697. *c.*

הִצִּית, i. 200. *e.* 761. *b.* 762. *c.* 801. *h.* ii. 130. *c.* — הִצִּית אֵשׁ, iii. 418. *e.*

הֵצַל, ii. 15. *i.*

הַצְלֵחַ, ii. 235. *d.*

הִצְלִיחַ, i. 11. *e.* 929. *d.* 943. *d.* ii. 235. *b.* *i.*

הִצְמִיד, ii. 739. *i.*

הִצְמִיחַ, i. 447. *g.* 458. *i.* 459. *a.* 699. *d.* 799. *g.*

הִצְמִיחַ, i. 302. d. 313. a. 411. c. 426. h. 703. f. 817. g. ii. 36. d. iii. 46. g.

הִצְנִיעַ, i. 388. a. 925. h. iii. 47. g.

הַצְּעָדוֹת, i. 474. a.

הִצְעִיד, i. 173. b. 844. b.

הִצְעִיק, ii. 642. k. iii. 160. h.

הִקְבִּיל, i. 247. i.

הִקְבִּיץ, iii. 162. d.

הִקְדִּים, i. 222. h. 914. b.

הִקְדִּיר, iii. 66. c.

הִקְדִּישׁ, i. 127. b. 953. f. ii. 112. d.

הַקְדֵּשׁ, i. 18. i.

הִקְהִיל, i. 709. h. 710. a. 804. e. 884. e. iii. 160. i. 164. d.

הִקְטִין, ii. 466. g.

הִקְטִיר, i. 209. h. 857. g. 887. i. ii. 73. b. 79. b. 900. h.

הֵקִיא, i. 679. i. 804. i.

הֵקִים, i. 229. h. 236. e. 243. b. 244. c. 589. i. 663. b. 754. b. 781. b. 800. c. 803. h. 836. c. 872. d. 982. a. ii. 101. h. 122. e. 312. a. 344. c. 355. c. 745. d. 772. c. iii. 106. g. 266. c. 269. e. — הָקֵים, i. 601. f. 781. b. ii. 102. c. 122. f. 425. h.

הִקִּיף, i. 229. c. 369. f. ii. 336. h. 729. k. 730. d. 733. k. 734. g. 736. d. 748. c. iii. 43. g. 168. i. 196. k. 367. e.

הֵקִיץ, i. 229. d. 662. i. 719. d. 794. g. 800. b. 803. d. 822. e. h. ii. 576. a. 587. f. 881. i. iii. 139. f.

הֵקַל, i. 227. f. 417. i. ii. 132. b. 306. i. iii. 311. i.

הִקְלָה, i. 392. c.

הָקֵם, i. 663. d.

הִקְנָה, i. 490. g.

הִקְנִיא, ii. 649. g. 689. h.

הִקַּף, ii. 336. e.

הִקְפִּיא, ii. 760. c. iii. 308. h.

הִקְצָה, i. 311. e.

הִקְצִיעַ, i. 311. e.

הִקְצִיף, ii. 690. c. 691. c.

הִקְצִיר, iii. 73. d.

הִקְרָא, iii. 142. d.

הַקְרֵב, ii. 900. i.

הִקְרָה, i. 581. f. 943. a. ii. 643. i.

הָקְרַח, iii. 371. f.

הִקְרִיב, i. 209. h. ii. 225. c. 355. d. 854. i. 873. c. 890. d. 900. i. iii. 80. f. 162. g. 380. i.

הִקְרִיחַ, iii. 371. f.

הִקְרִין, ii. 256. e.

הִקְשָׁה, i. 438. g. iii. 60. c. i. 61. c.

הִקְשִׁיב, i. 103. g. 104. g. 691. b. g. 792. g. 830. b. ii. 882. a. iii. 321. h. — הַקְשִׁיב, i. 830. d. — הִקְשִׁיב קֶשֶׁב, i. 108. f.

הִקְשִׁיחַ, i. 320. d. ii. 206. f. iii. 60. h.

הַר : הָר, i. 428. i. 476. h. 495. g. 643. e. ii. 361. b. 539. b. 585. a. 588. c. f. 593. d. 607. e. 820. b. iii. 397. a. — אֶל־הַר, i. 694. i. — הָרִים, ii. 378. b.

הֹר, ii. 593. c.

הֶרְאָה, i. 525. d. 770. e. ii. 645. d. 646. b. iii. 424. h.

הָרְאִיּוֹת, ii. 860. d.

הָרֹאשָׁה, i. 110. e.

הֶרֶב, ii. 417. d.

הִרְבָּה, i. 236. e. 599. f. 737. f. ii. 247. b. 352. f. 424. d. 782. e. i. 783. d. 784. b. 787. b. g. 825. c. d. 826. a. 827. k. 828. c. 898. a. iii. 446. a. — הַרְבֵּה, ii. 826. b. 828. a. iii. 376. e. — הִרְבָּה אֲמָרִים, ii. 828. b. — הִרְבָּה דְּבָרִים, iii. 828. b. 388. k. —

הַרְבֵּה יָמִים, i. 458. *f.* ii. 2. *c.*
— הַרְבֵּה עָצְמָה, ii. 394. *b.* —
הַרְבֵּה תַזְנוּת, i. 724. *a.*
הַרְבֵּה, ii. 781. *h.* 783. *b.* 826. *b.*
הַרְבִּין, i. 70. *g.*
הִרְבִּיעַ, i. 394. *k.* ii. 215. *i.* 244. *g.* iii. 340. *h.*
הִרְבִּין, i. 196. *e.* 751. *i.* 924. *c.* ii. 287. *e.* iii. 199. *d.*
הָרַג, i. 180. *g.* 297. *b.* 302. *d.* 306. *e.* 569. *c.* 589. *b.* 709. *d.* 973. *i.* ii. 36. *b.* 221. *g.* iii. 80. *f.* 212. *k.* 400. *h.* — הָרֹג, i. 180. *c.* — הֹרֵג, i. 297. *c.* iii. 460. *f.* — הָרֹג הֶרֶג, ii. 417. *b.*
הֶרֶג, i. 306. *f.* ii. 331. *b.* iii. 211. *b.*
— הֶרֶג הֲרֻגִים, i. 180. *g.*
הֲרֵגָה, i. 180. *g.* iii. 211. *b.* 242. *e.*
הִרְגִּיז, ii. 264. *d.* 679. *b.* 690. *c.* 691. *d.*
הִרְגִּיל, iii. 153. *g.*
הִרְגִּיעַ, i. 195. *k.* 212. *c.* 744. *h.* 795. *f.* ii. 76. *c.* 550. *k.* iii. 243. *e.* 244. *c.* 245. *a.*
הִרְגִּשׁ, ii. 672. *d.* 684. *f.*
הֵרֵד, ii. 161. *f.*
הִרְדָּה, i. 813. *c.*
הָרָה, i. 484. *f.* *h.* 490. *g.* ii. 84. *g.* 335. *d.* 345. *a.* 576. *a.* 593. *e.* iii. 139. *h.* 140. *i.*
הָרָה, i. 484. *f.* 670. *h.* iii. 488. *k.* — הָרָה יוֹלֶדֶת, iii. 248. *g.* — הָרָה לָלֶת, i. 890. *c.*
הֹרָה, iii. 271. *g.*
הִרְהִיב, i. 199. *h.* ii. 829. *g.*
הִרְהוּרִין, iii. 236. *c.*
הֵרוֹג, iii. 211. *b.*
הָרוּג, ii. 64. *g.* 496. *a.*
הִרְוָה, i. 855. *d.*
הֵרוֹן, iii. 96. *h.* 140. *i.*
הִרְחָב, i. 949. *i.*
הִרְחִיב, i. 231. *h.* 432. *d.* 757. *g.* ii. 780. *g.* 781. *b.* 787. *h.* iii. 186. *a.*
הִרְחִיק, i. 278. *g.* 279. *c.* 421. *d.* 703. *f.* 823. *g.* ii. 404. *c.* *k.* i. 403. *a.* 405. *f.* 841. *i.* — דִּרְחִיק
הַרְחֵק, ii. 402. *i.*
הַרְחֵק, ii. 403. *d.* 404. *g.*
הֵרִיב, i. 43. *e.* 242. *a.* *b.* 245. *f.* 299. *i.* 308. *b.* 550. *a.* 559. *h.* 564. *e.* 610. *d.* 614. *e.* 616. *h.* 628. *f.* 702. *b.* 839. *b.* ii. 319. *f.* 323. *f.* 352. *f.* 563. *h.* 584. *c.* 867. *c.* iii. 329. *f.* 333. *i.* 334. *c.* *f.*
הָרִיָּה, i. 484. *g.*
הֵרִיהַ, i. 115. *a.* 757. *i.* ii. 600. *d.* 801. *d.*
הֵרָיוֹן, ii. 335. *e.* iii. 140. *i.*
הֵרִים, i. 74. *i.* 76. *d.* 180. *g.* 209. *i.* 253. *c.* 269. *b.* 330. *f.* 409. *d.* 422. *i.* 662. *i.* 729. *a.* 795. *f.* 828. *e.* 887. *i.* ii. 100. *d.* 722. *f.* 900. *i.* iii. 4. *i.* 269. *e.* 369. *a.* — הֵרִים לִנְדָבָה, הָרִים, ii. 593. *e.* — הֵרִים קוֹל, ii. i. 269. *c.* — הֵרִים seq. 139. *b.*
הֹרִים, i. 370. *c.*
הֲרִיסוּת, ii. 205. *e.* 214. *b.*
הֵרִיעַ, i. 70. *a.* 115. *b.* 168. *e.* 184. *k.* 460. *h.* 500. *h.* 832. *e.* 894. *c.* 953. *k.* ii. 181. *b.* 182. *b.* 183. *i.* 250. *f.* 262. *a.* 307. *i.* 314. *f.* 324. *i.* iii. 23. *e.* 36. *c.*
הֵרִין, i. 591. *c.* 642. *g.* 643. *a.* 708. *g.* 793. *g.* iii. 83. *g.*
הֵרִיק, i. 158. *h.* 180. *h.* 349. *h.* 579. *f.* 671. *g.* 709. *a.* 737. *f.* 799. *e.* 895. *d.* ii. 177. *k.* 364. *c.* 369. *i.* iii. 446. *b.*
הֵרַךְ, ii. 406. *e.*
הִרְכִּיב, i. 167. *b.* 209. *i.* 292. *d.* 845. *h.* 857. *i.* 888. *a.*

331. c. 332. a. 421. d. 538. b.
561. d. 601. f. 690. h. 695. d.
733. h. 826. f. 838. g. 844. e.
882. h. 884. a. 892. e. 962. h.
ii. 102. d. 121. c. 122. g. 202. b.
222. a. 252. i. 346. i. 383. c.
445. i. 748. h. 802. i. 872. h.
876. a. 901. a. 929. c. iii. 8. a.
15. i. 121. c. 127. i. 240. b.
330. e. 361. f. 380. i. 497. i. —
הֵשִׁיב דָּבָר, i. 170. f. 300. b. —
הֵשִׁיב מִלָּה, i. 300. f. cf. g. —
הֵשִׁיב נֶפֶשׁ, i. 185. i. — הֵשִׁיב
רוּחַ, i. 198. h.
הִשִּׂיג, i. 419. b. 422. h. 482. a.
944. h. 948. a. 958. e. ii. 108. e.
170. i. 184. e. 192. f. 890. e. iii.
139. i. 166. i. 328. e.
הֵשִׂיחַ, i. 49. g. 532. c. 559. h. 608.
g. 701. k. iii. 139. g. 383. i.
הֵשִׂיךְ, i. 732. d.
הֵשִׂים, i. 186. g. 207. a. 238. k.
267. e. 330. f. 331. d. 421. e.
435. d. 463. e. 490. g. 499. i.
538. i. 587. d. 589. i. 607. f.
671. g. 683. i. 752. e. 782. h.
826. g. 845. b. 868. b. 882. a.
889. b. 895. d. 948. b. 962. g.
963. e. 967. a. ii. 11. e. 102. d.
122. g. 241. h. 248. i. 672. i.
724. i. 749. e. 810. f. iii. 107. b.
240. f. 270. d. 356. b. — הֵשִׂים
אַף, ii. 583. i. — הֵשִׂים בַּפּוּךְ,
iii. 108. a. i. — הֵשִׂים דִּבְרָה,
i. 858. b. — הֵשִׂים דָּמִים, iii.
401. f. — הֵשִׂים כִּסֵּא מֵעַל, ii.
910. g. — הֵשִׂים לֵב, iii. 180. f.
— הֵשִׂים עֵינַיִם, i. 866. d. —
הֵשִׂים פְּקֻדּוֹת, i. 671. f. —
הֵשִׂים קִנְצֵי לְמִלִּין, ii. 702. h. —
הֵשִׂים תִּפְלָה, i. 877. a.
הֵשִׂיעַ, ii. 146. d. 489. b.
הֵשִׂיק, iii. 330. i. 337. f.
הִשִּׂיק, ii. 130. c.

הֵשִׁיר, i. 53. f. iii. 320. b.
הֵשִׁיר, i. 573. f.
הֵשִׁיר, i. 368. g.
הֵשִׂישׂ, i. 485. c. 825. i. 955. g.
956. g.
הֵשִׁית, i. 255. g. 325. h. 603. h.
825. i. 844. e. 884. e. 888. a.
963. f. ii. 122. h. 882. b. 894. d.
898. a. iii. 176. h. 236. d. 241.
b. 248. i. 270. g. — הֵשִׁית
בְּגָאוֹן, iii. 201. c. — הֵשִׁית
בָּתָּה, i. 227. f. — הֵשִׁית יַד, i.
557. i. iii. 127. k. 130. f. —
הֵשִׁית לֵב, ii. 448. e. — הֵשִׁית
נְשִׁיא, i. 250. d.
הָשֵׁךְ רַגְלַיִם — הָשֵׁךְ, i. 296. i.
608. b. ii. 258. f. 668. b.
הִשְׁכִּיב, i. 435. e. ii. 240. f. 241. i.
276. a. 284. f. 285. f. 304. e. iii.
199. e.
הִשְׁכִּיךְ, ii. 722. g.
הִשְׂכִּיל, i. 390. i. 566. i. 782. i. 849.
d. 962. h. ii. 195. b. — הִשְׂכִּיל
בִּינָה, iii. 143. i.
הִשְׁכִּיל, i. 390. k. 878. i. 880. b. c.
943. a. ii. 505. b. 681. e. iii. 178.
a. 179. b. 185. d. 341. k. 406. a.
407. b.
הִשְׁכִּים, i. 229. d. 619. i. 662. i. ii.
284. b. 586. g. 587. d.
הִשְׁכִּין, i. 399. a. 857. i. ii. 216. a.
242. b. 759. g.
הִשְׂכִּיר, ii. 427. h.
הִשְׁכֵּל, i. 613. a. 879. h. iii. 406. g.
הִשְׁלָה, ii. 775. e.
הִשְׁלִט, ii. 121. h. 343. i.
הִשְׁלִיג, iii. 448. i.
הִשְׁלִיט, i. 601. g. ii. 183. a.
הִשְׁלִיךְ, i. 259. c. 284. f. 317. a.
325. h. 437. k. 697. i. 721. i. 724.
i. 725. c. 726. a. 729. b. 735. i.
752. a. 843. h. 844. e. 872. d.

הִתְחַלֵּל, i. 113. g.

הִתְחַמֵּץ, i. 708. c. 954. g. iii. 207. f.

הִתְחַמֵּק, i. 325. h. ii. 165. f.

הִתְחַנֵּן, i. 255. k. 532. c. ii. 88. i. 169. c. 651. b.

הִתְחַסֵּד, ii. 597. e. h. i. iii. 434. f.

הִתְחַפֵּשׂ, i. 129. a. ii. 169. h. 176. g. 198. h. 310. a. 450. a. 732. e. 848. a. iii. 129. f.

הִתְחַקָּה, i. 419. h.

הִתְחַקֵּר, ii. 752. e.

הִתְחָרָה, i. 564. e. 905. c. ii. 649. d. 668. i. 680. a. iii. 388. h. 425. g.

הִתְחָרֵךְ, iii. 392. i.

הִתְחַתֵּן, i. 483. e. 848. k. 849. b. ii. 512. g.

הֵתִיב, i. 300. b. 323. a. 601. g.

הִתְיַהֵד, ii. 96. a.

הִתְיַחֵשׂ, i. 286. i. 350. e. 489. a. c. 665. f. 850. d. ii. 188. c. e. 189. d. 211. a. 433. i. 524. d. iii. 141. d. 188. b. 208. f.

הֵתֵיטִבִי, i. 924. c.

הִתְיַלֵּד, i. 833. h. 874. c.

הֵתִים, iii. 470. c.

הִתְיַמֵּר, ii. 38. k. 842. b.

הִתְיָעֵץ, i. 469. g.

הִתְיַפֵּחַ, i. 717. i.

הִתְיַצֵּב, i. 223. a. 229. c. 243. b. 565. b. 781. b. 843. i. 962. k. ii. 100. d. 101. c. 122. b. 216. g. 685. a. iii. 104. d. 105. a. 150. d. 161. a. 186. a.

הֵתִיק, i. 59. k. 149. g. 321. i.

הֵתִיר, i. 563. a. 589. a. 804. b. 844. g. ii. 396. i. 677. g. iii. 264. d. 269. f. — הֵתִיר יַד, iii. 256. c.

הִתְכַּבֵּד, i. 439. c. ii. 788. a. iii. 273. h.

הִתְכּוֹנֵן, i. 782. i. ii. 214. i.

הִתְכַּנֵּס, i. 692. g. iii. 161. a. 169. a.

הִתֵּל, iii. 79. i.

הֵתֵל, i. 269. g. 800. e. ii. 194. c. 198. f. 484. d. 656. b. 658. c. 775. f. 898. b.

הִתְלַבֵּן, i. 716. h.

הִתְלַהְלֵהַּ, ii. 80. h. 132. b. 710. h.

הִתְלוֹנֵן, ii. 511. i.

הִתְלוֹצֵץ, iii. 450. b.

הִתְלַחֵשׁ, iii. 480. b.

הֵתְלִים, ii. 381. i.

הִתְלַכֵּד, ii. 759. g. 915. i. iii. 177. f. 240. b.

הִתְלֹצֵץ, i. 954. h.

הִתְלַקַּח, iii. 393. a.

הֵתֵם, i. 282. b. 899. a. ii. 794. c. iii. 214. h.

הִתְמוֹטֵט, iii. 21. d.

הִתְמֹגֵג, iii. 158. b. 264. g.

הִתַּמֵּהַּ — הִתַּמֵּהַּ תָּמָה, ii. 39. c.

הִתְמַהֵם, i. 571. f.

הִתְמַהְמֵהַּ, i. 398. f. 473. f. 717. i. 866. h. ii. 65. f. 326. i. 430. i. 875. k. iii. 116. k. 117. g. 236. d. 347. a. 359. g.

הִתְמוֹלֵל, i. 375. c.

הִתְמַכֵּר, ii. 710. c. 767. g.

הִתְמַלֵּא, iii. 380. i.

הִתְמַלֵּט, i. 575. g. 968. f.

הִתְמַלִּי, ii. 789. e.

הִתְמַלֵּת, i. 731. b.

הִתַּמֵּם, i. 62. a. iii. 250. f.

הִתְמַסְלֵל ii. 70. h.

הִתְמַרְמֵר, i. 28. e. 793. c. ii. 75. d. 689. i.

הִתְמַשֵּׁל, ii. 435. c.

הִתְנַבֵּא, ii. 352. f. 906. h.

הִתְנַבֵּל, ii. 224. b.

הִתְנַגֵּחַ, iii. 131. c.

הִתְנַגֵּשׁ, i. 469. *f.*
הִתְנַדֵּב, i. 719. *h.* 720. *b.* ii. 855. *d.* 862. *k.* 863. *c.*
הִתְנַדְּבוּת, i. 720. *a.*
הִתְנַדֵּד, ii. 448. *d.*
הִתְנָה, i. 656. *c.*
הִתְנַהֵל, i. 781. *e.*
הִתְנוֹדֵד, ii. 531. *h.* 816. *e.* iii. 33. *f.* 236. *f.*
הִתְנוֹסֵס, i. 736. *b.* iii. 38. *b.* 382. *e.*
הִתְנַחֵל, ii. 178. *g.* 192. *i.*
הִתְנַחֵם, i. 272. *a.* 566. *i.*
הִתְנַכֵּל, i. 629. *h.* 630. *e.* ii. 831. *f.* 838. *a.*
הִתְנַכֵּר, i. 132. *h.* 311. *b.* 850. *a.* iii. 154. *a.* 351. *c.*
הִתְנֹסֵס, ii. 338. *f.*
הִתְנַעֵר, i. 309. *b.* 563. *a.* ii. 735. *e.*
הִתְנַפֵּל, i. 532. *d.* 888. *a.* ii. 881. *a.* 893. *h.* iii. 152. *b.*
הִתְנַצֵּל, ii. 722. *f.*
הִתְנַקֵּם, i. 703. *g.*
הִתְנַקֵּשׁ, i. 669. *g.* ii. 619. *a.*
הִתְנַשֵּׂא, i. 485. *d. f.* 956. *d.* ii. 194. *h.* — הִתְנַשֵּׂא seq. עַל, i. 247. *e.*
הִתְעַבֵּר, i. 164. *g.* 252. *b.* ii. 464. *f.* 689. *i.* iii. 326. *c.* 328. *f.* 329. *k.* 336. *e.* 452. *e.*
הִתְעַדֵּן, iii. 304. *d.*
הִתְעָה, i. 793. *h.* 823. *g.* ii. 776. *f.* 831. *f.*
הִתְעוֹלֵל, i. 782. *i.* ii. 905. *k.*
הִתְעוֹפֵף, i. 721. *d.*
הִתְעַוֵּת, i. 583. *f.* 593. *e.* ii. 775. *e.*
הִתְעַטֵּף, i. 714. *a.* ii. 549. *b.* 722. *g.* 728. *h.* — הִתְעַטֵּף רוּחַ, ii. 366. *f.*
הִתְעִיב, i. 233. *a.* 449. *g.* 450. *d.*
הִתְעַלֵּל, i. 755. *e.* 761. *a.* 766. *d.* 769. *f.* ii. 194. *b.*

הִתְעַלֵּם, i. 869. *b.* iii. 329. *i.* 335. *e.*
הִתְעַלֵּס, i. 670. *f.* iii. 151. *d.*
הִתְעַלֵּף, i. 714. *a.* ii. 141. *f.* 549. *b.*
הִתְעַמֵּר, ii. 172. *c.*
הִתְעַנֵּג, i. 756. *a.* 790. *c.* ii. 223. *i.* 692. *g.* 693. *d.* 709. *c.* iii. 304. *d. g. i.*
הִתְעַנָּה, ii. 135. *f.*
הִתְעַצֵּב, i. 325. *i.* 572. *b.* ii. 196. *i.* — הִתְעַצֵּב אֶל לֵב, i. 566. *f.* cf. ii. 448. *f.*
הִתְעָרֵב, iii. 148. *h.*
הִתְעָרֵה, i. 248. *e.* 335. *c.* 828. *g.*
הִתְעַרְעֵר, ii. 214. *c.*
הִתְעֹרֵר, i. 832. *d.* ii. 471. *d.*
הִתְעֹרַרְתִּי, i. 899. *d.*
הִתְעַשֵּׁק, iii. 138. *e.*
הִתְעַשֵּׁת, i. 585. *g.*
הִתְעַתֵּעַ, i. 755. *d.* ii. 194. *b.*
הִתְעַתֵּר, i. 924. *d.*
הִתְפָּאֵר, i. 632. *i.* 636. *a.* 773. *a.* ii. 247. *d.* iii. 240. *c.*
הִתְפּוֹצֵץ, i. 552. *g.*
הִתְפּוֹרֵר, i. 314. *f.* ii. 276. *i.*
הִתְפַּל, iii. 119. *i.*
הִתְפַּלָּא, i. 528. *c.* ii. 40. *i.*
הִתְפַּלֵּל, i. 958. *f.* ii. 881. *a.*
חִתְפַּלֵּץ, ii. 749. *h.* iii. 20. *k.*
הִתְפַּלֵּשׁ, i. 883. *i.* ii. 198. *h.* 217. *g.* 300. *i.*
הִתְפַּעֵם, i. 572. *i.* 813. *d.*
הִתְפַּצֵּץ, i. 552. *h.* 591. *k.* ii. 67. *k.*
הִתְפָּרֵד, i. 609. *i.*
הִתְפָּרֵץ, i. 288. *d.*
הִתְפּוֹרֵר et הִתְרֹעַע — הִתְפַּרֵר, iii. 236. *f.*
הִתְפַּתֵּל, i. 583. *g.*
הִתְקַבֵּץ, iii. 177. *f.*

הִתְקַדֵּשׁ, i. 308. *f.* — הִתְקַדֵּשׁ חַג, i. 824. *e.*
הִתְקֹמֵט, i. 730. *g.*
הִתְקַלֵּס, i. 734. *f.* 755. *d.* 790. *c.*
הִתְקַלְקֵל, iii. 237. *h.*
הִתְרָאָה, iii. 3. *d.*
הִתְרוֹמֵם, ii. 691. *d.*
הִתְרוֹעֵעַ, i. 920. *h.* iii. 388. *b.*
הִתְרוֹעֲעִי, i. 920. *h.*
הִתְרוֹעָעוּ, ii. 67. *h.*
הִתְרָחֵץ, i. 308. *f.*
הִתְרַחֵץ, ii. 708. *c.*
הִתְרְמָא, iii. 11. *h.*
הִתְרָגֵן, i. 559. *e.* ii. 308. *c.*
הִתְרָעָה, i. 921. *f.* iii. 178. *h.* 388. *c.*
הִתְרֹעַע, ii. 250. *f.* 307. *i.* iii. 355. *c.* 388. *d.*
הִתְרַפֵּה, i. 717. *i.* ii. 81. *d.* 515. *i.* iii. 117. *d.*
הִתְרַפֵּס, i. 298. *d.* 667. *a.* 718. *g.*
הִתְרַפֵּק, i. 838. *g.* 879. *h.* 880. *f.*
הִתְרַצָּה, i. 561. *e.*
הִתְרַצֵּץ, i. 568. *g.* iii. 57. *i.*
הִתְרַשֵּׁשׁ, ii. 919. *e.* 920. *c.* iii. 23. *b.*
הִתְשׁוֹטֵט, i. 591. *c.* ii. 731. *b.*
הִתְשַׁטֵּט, ii. 300. *i.*
הָתַת, i. 337. *a.* — הִתַּת, ii. 413. *h.*

ו, præfix. i. 484. *c.* 523. *e.* 677. *d.* ii. 94. *c.* 342. *i.* 575. *a.* 596. *g.* 601. *d.*
וֹ, suffix. i. 672. *b.* ii. 83. *k.* iii. 324. *e.*
וְאוּלָם, i. 680. *i.* ii. 604. *b.*
וְאַיִן, i. 282. *f.* 676. *f.* 677. *e.* ii. 604. *h.*
וְאֵלַי, i. 676. *h.*
וְאִם — וְאִם לֹא, i. 676. *h.* — וְאִם לֹא אֵפוֹ, i. 126. *d.*
וְאַף, ii. 492. *a.* 879. *e.* — וְאַף הַסִּיתְךָ, ii. 879. *c.* — וְאַף כִּי, ii. 126. *d.*
וּבַל, ii. 577. *g.*
וּבְעַת, i. 126. *c.*
וְגַם, ii. 126. *c.*
וְגָרָה — וְגֵרָה אֵינֶנָּה מַעֲלֶה, i. 190. *g.*
וְהִנֵּה, ii. 543. *f.*
וָו, ii. 259. *h.*
וַיִּנְהַר, i. 739. *d.*
וַיֵּט — וַיֵּט אֵלַי, ii. 865. *e.*
וַיֵּלֶךְ — וַיֵּלֶךְ וַחֲלֹם, i. 778. *g.*
וַיֵּרָאֶה — וַיֵּרָאֶה לָהֶם, iii. 396. *c.*
וְיֵשׁ — וְיֵשׁ תִּקְוָה, ii. 475. *k.*
וְלֹא, i. 134. *d.* 604. *h.* *i.* 685. *i.* ii. 47. *h.* — וְלֹא יָדְעוּ, i. 39. *c.*
וָלֵד, ii. 624. *e.* iii. 248. *g.*
וּמָה — וּמָה שָׁדַיִם כִּי אִינָק, ii. 131. *d.*
וּמִי — וּמִי יַעֲמֹד לְפָנַי, iii. 427. *i.*
וּמַיִם — וּמַיִם וְנִשְׁתֶּה, iii. 315. *f.*
וּמַעְלָה, i. 899. *f.*
וְנִגַּשׁ, i. 882. *b.*

וָעֶד — וְעַד עוֹלָם, i. 87. a.
וְעֵדֵיכֶם, i. 700. i.
וְעוֹדֵנוּ, i. 923. h.
וְעַל — וְעַל דִּבְרַת, ii. 639. a.
וְעַתָּה, i. 543. i.
וְרָאִיתִי, ii. 66. c.

זְאֵב, ii. 281. c. 392. i. 675. b.
זֹאת, i. 403. e. ii. 609. h. 694. b. 785. d.
זָב, i. 511. g. iii. 7. b. 16. h. 309. b.
זָבַד, i. 655. f.
זֶבֶד, i. 656. c.
זְבוּב, ii. 483. k
זְבוֹחַ, ii. 78. a.
זְבוּל, ii. 539. b.
זְבוּלָה, iii. 230. b.
זָבַח, i. 705. d. ii. 72. a. 73. a. 78. d. 79. a. 901. a. iii. 212. k. — זֹבֵחַ, ii. 78. a. 888. k.
זֶבַח, i. 18. c. ii. 49. b. 72. b. f. i. 78. e. f. 79. a. 552. e. iii. 211. e.
זִבְחָה, ii. 78. a.
זָבַל, i. 72. f. iii. 188. i.
זְבֻל i. 632. i. ii. 241. d. e. 535. c.
זְבַן, i. 798. b.
זָג, i. 497. h.
זֵד, i. 128. f. 131. e. 235. d. ii. 66. h. 661. d. iii. 332. g.
זָדוֹן, i. 373. b. ii. 109. g. 661. d. iii. 312. e. 313. c. 331. i. 332. a. g.
זֵדוֹנִים, i. 252. i.
זֶה, i. 922. i. ii. 522. d. 609. h. 611. c. — זֶה שָׁלשׁ פְּעָמִים, iii. 296. e. — זֶה שָׁלשׁ רְגָלִים, iii. 296. f.
זָהָב, i. 345. k. ii. 752. i. iii. 464. g. 465. b. e. 466. d. — זָהָב מִקְשָׁה, iii. 466. e.
זְהִירִין, iii. 413. i.
זֵהֶם, ii. 877. c.
זָהַר, iii. 378. g.
זֹהַר, i. 400. i. ii. 358. i. 370. e. iii. 423. h.
זוֹ, ii. 6. i.
זוּב, i. 511. g. 573. k. ii. 838. a. iii. 7. a. 15. a.
זוֹב, iii. 6. i. 7. b. 16. k.
זוּד, i. 222. i. 888. b.
זָוֶה — בִּלְתִּי זָוֶה, i.*227. c.
זָוִיּוֹת, ii. 141. g.
זוּל, iii. 142. e.
זוֹלֵל, i. 193. k. ii. 841. a.
זוּלַת : זוּלָת, ii. 792. a.
זוּלָתִי, i. 126. c. ii. 677. b. 679. c. 792. a.
זוּן, iii. 453. h.
זוֹנָה, ii. 839. i.
זוֹנָה, i. 132. g. 723. i. ii. 839. i. 840. b. k.
זוּעַ, ii. 889. b. iii. 20. k. 297. f.
זְוָעָה, i. 172. d. 473. i. 579. a. 580. c. 726. e. 751. d. ii. 265. b. c. iii. 33. b.
זוֹעֵף, i. 378. e.
זוּף, i. 721. e.
זוּר, i. 131. f. ii. 33. c. iii. 65. f.

100. h. 201. e. 209. a. — זוּר
יְרַכֵּב, ii. 405. i.
זוֹרֵעַ, iii. 82. b. 87. i.
זוֹרֵר, i. 213. h. 556. a.
זַז, ii. 30. b.
זָחַח, i. 298. g. iii. 20. k.
זָחַל, ii. 27. e. iii. 205. c.
זִיו, i. 812. g. ii. 368. c. 479. b. 578. g. 617. h.
זִיז, i. 693. i. ii. 12. e. iii. 493. i. — זִיז שָׂדַי, ii. 476. c.
זִיף, i. 407. c. e.
זִיק, ii. 386. e. iii. 393. f.
זַיִת, i. 739. e. i.
זַךְ, i. 395. d. e. 591. i. 592. a. ii. 115. d. 358. f. 585. g. 597. b. iii. 371. g.
זָכָה, i. 150. f. 293. a. 357. i. 614. e. ii. 503. e. iii. 326. f. 333. g. — זְכָה, i. 26. c. 614. e. ii. 243. b. 358. k.
זָכוּ, i. 936. c.
זְכוּכִית, i. 592. b. ii. 328. b. iii. 311. c.
זָכוּר, i. 359. b.
זָכַךְ, i. 382. a. ii. 114. a. 115. e.
זָכַל, i. 19. i.
זָכַר, i. 191. e. 199. g. ii. 471. d. i. 472. b. f. 568. a. 917. e. — זְכֹר, ii. 471. h.
זָכָר, i. 220. h. 357. f. 359. a. b. c. iii. 82. b.
זֵכֶר : זֶכֶר, i. 191. h. i. 359. a. ii. 471. h. 472. a. f. g. 566. b. 626. g.
זִכָּרוֹן : זִכְרוֹן, i. 191. i. 484. i. ii. 472. h. iii. 474. d.
זָלָה vel זָלוּת, i. 820. e. 952. i. 960. b. ii. 829. h.
זַלְזַלִּים, i. 468. d.
זָלַל, i. 392. b.
זֹלֵל, i. 389. f. 393. f. iii. 144. k. 145. b. d.
זַלְעָפָה, i. 61. a. ii. 174. c.
זִמָּה, i. 45. e. g. 233. d. 234. a. 236. g. 263. c. 291. e. 373. b. g. 374. a. 424. i. 476. e. 642. h. 783. c. 950. h. ii. 2. h. 75. b. 134. b. 488. b.
זְמוֹרָה, i. 378. i. 380. f.
זְמַיָּא, iii. 463. g.
זָמִיר, ii. 266. f. 270. g. iii. 280. d. 420. b.
זְמִירָה, ii. 432. d. iii. 258. b. 411. h. 474. e. 475. c.
זָמַם, i. 45. f. 469. g. 566. i. 671. b. f. 729. c. 779. e. 782. i. ii. 54. d. 383. c. 670. h. 672. d. 831. g.
זָמָם, i. 562. a.
זְמָן, i. 886. d. ii. 127. i. 592. f. iii. 463. f. 491. g.
זְמַן, iii. 463. g. — זְמַן לְמֵאמַר, iii. 177. a.
זִמְנָא, ii. 127. i.
זַמַּעְלָה, iii. 486. g.
זָמַר, ii. 432. c. iii. 257. g. — זְמַר, iii. 474. b.
זִמְרָא, ii. 481. c.
זִמְרָה, i. 68. e. 842. a. ii. 154. c. iii. 320. f. 328. b. 474. e. 487. e.
זִמְרָה, ii. 270. d. iii. 82. b.
זְמֵרָה, iii. 474. f.
זִמְרָת, i. 68. e. iii. 50. g.
זַן, i. 492. c. ii. 610. a. — זְנִים, i. 492. c.
זָנָב, ii. 257. g. 519. i. 607. a. — זְנַב, ii. 607. c.
זָנָה, i. 723. h. 760. e. ii. 561. k. 584. c. 838. b. 840. d. g. iii. 174. k. — זְנָה, ii. 840. g.
זְנוּנִים, ii. 839. i.
זְנוּת, ii. 839. i.

זָנַח, i. 284. f. 285. f. 317. a. 325. i. 332. g. 339. i. 420. a. 714. a.

זָנָק, i. 721. d.

זְעָוָה, i. 580. c. iii. 238. e.

זְעוּמָה, i. 45. g.

זְעֵיר, ii. 464. i.

זְעֵירָה, ii. 464. i.

זָעַם, i. 272. d. 753. e. 859. b. ii. 75. d. 208. i. 467. h. 468. d. 583. i. 590. f. 670. i. iii. 329. k. — זֹעֵם, ii. 13. c.

זַעַם, i. 260. a. 272. e. 753. f. g. ii. 408. d. 582. a. 763. a.

זָעַף, i. 81. k. 590. h. 753. d. ii. 75. d. 584. d. iii. 236. f. — זֹעֵף, iii. 69. i.

זַעַף, i. 272. e. ii. 73. g. 582. a. 584. d. iii. 22. g.

זָעֵף, i. 717. k. ii. 267. d. iii. 69. f.

זָעַק, i. 168. f. 184. k. 460. i. ii. 250. f. 307. i. 352. g. 643. a. iii. 97. d. — זְעֹק, ii. 314. g.

זְעַק, i. 168. g.

זְעָקָה, i. 103. i. 461. a. 462. c. ii. 264. c. 314. g.

זֶפֶת, ii. 769. h.

זִפְתַח, i. 104. a.

זִקִּים, ii. 704. h. iii. 443. g.

זָקֵן : זָקַן, i. 220. h. 490. a. c. 497. b. e. ii. 585. d. 818. i. 851. a. k. 852. b. 906. i. — זְקַן שֵׁבֶט, iii. 413. d. — זְקֵנִים, i. 497. b.

זָקָן, i. 474. d. ii. 930. d. iii. 374. i.

זִקְנָה, i. 497. b. e.

זְקֻנָה, ii. 851. g.

זָקַף, i. 236. e. 592. a.

זְקַף, ii. 586. e.

זָקַק, i. 609. a. ii. 114. a. iii. 470. d. — זִקֵּק, iii. 446. b.

זָר, i. 128. f. cf. g. 130. i. 131. f. 139. a. 144. i. 280. f. 374. f. 611. b. 966. d. ii. 172. c. 517. b. 606. a. 661. c. 712. a. 763. a. iii. 312. f. 313. a. — זָר מַעֲשֵׂה, i. 133. a. — זָרִים, i. 456. a.

זֵר, i. 139. b. 538. i. ii. 339. a. iii. 102. b. e. 120. f. 437. i.

זָרָא, i. 279. d. iii. 452. c.

זָרַב, iii. 264. d.

זָרָה, i. 538. i. 578. g. 579. f. 729. c. 768. d. ii. 124. a. 217. i. 378. b. iii. 65. g. 81. d. 413. i. — זָרָה, i. 814. e. — זֹרֶה בְּרַחַת וּבַמִּזְרֶה, ii. 378. c.

זֵרָה, ii. 840. h.

זֵרוּעַ, i. 206. a. iii. 82. b. 88. a.

זְרוֹעַ, i. 246. a. 474. d. 895. b. iii. 126. h. 148. a.

זְרוֹת, ii. 115. e.

זַרְזִיף, iii. 89. h.

זַרְזִיר, i. 116. i. 117. b. ii. 747. g.

זָרַח, i. 206. c. 209. a. 799. g. 891. c. iii. 370. e.

זָרִים, iii. 313. a.

זָרַם, i. 456. b. 820. b.

זֶרֶם : זֶרֶם, i. 731. d. iii. 60. e. 65. g. 315. i. 476. a. — זֶרֶם כְּפַלְגֵי מַיִם, ii. 350. i. iii. 316. g.

זִרְמָה, i. 64. c. 604. f.

זִרְמוּ עָבוֹת — זֹרְמוּ, ii. 30. f.

זָרַע, ii. 217. i. iii. 81. d. 82. h. i. 87. h. 88. b.

זְרַע : זְרַע, iii. 82. b.

זֵרַע, iii. 82. d.

זְרַע, iii. 82. d.

זֶרַע, i. 474. d. 488. g. 489. f. 492. e. 525. e. 675. f. 849. d. ii. 155. g. 341. g. iii. 81. e. 82. c. 88. a. b. 248. c. 318. e. 418. i. 439. a. 490. d.

ח

650. *h.* 757. *k.* 850. *i.* 851. *i.* 852. *a.* 872. *h.* 888. *c.* ii. 11. *d.* 81. *a.* 169. *i.* 405. *i.* 481. *c.* 551. *a.* 697. *d.* 748. *i.* iii. 152. *h.* 213. *i.* — חֲבֵשׁ, i. 183. *b.* 534. *a.* 805. *f.* — חֹבֵשׁ, i. 365. *d.* 851. *e.* ii. 82. *i.* — חָבֻשׁ, ii. 169. *f.* 481. *b.*

חֲבִתִּים, iii. 263. *i.*

חַג, i. 824. *f. h.* ii. 633. *c.*

חָגָא, i. 518. *c.*

חָגָב, i. 107. *e.* 186. *g.*

חָגַג, i. 824. *e.* 954. *h.* ii. 633. *c.* iii. 236. *f.* — חָגַג גַג, i. 824. *e.*

חֲגָוִים, ii. 571. *h.* iii. 51. *b.* 303. *c.*

חֲגוֹר, i. 551. *c.* ii. 730. *h.*

חֲגוֹרָה, ii. 730. *h.*

חָגַר, i. 176. *k.* 774. *g.* 824. *e.* ii. 11. *e.* 731. *a.* 735. *a.* 748. *i.* iii. 137. *g.* 212. *e.* — חֹגֵר, ii. 344. *c.*

חֲגֹר, ii. 11. *b. f.* 13. *a.*

חֲגֹרָה, ii. 11. *b.* 649. *k.*

חַד, i. 688. *g.* ii. 911. *h.*

חַדָּא, iii. 136. *e.*

חָדַד, i. 797. *c.* ii. 570. *h.* 571. *e.* 689. *i.*

חָדָה, i. 683. *i.* 813. *d.* — חִדָּה, i. 954. *i.* iii. 435. *a.*

חַדָּה, i. 100. *i.* ii. 570. *i.*

חֶדָּה, ii. 911. *h.*

חֲדוּדִים, ii. 523. *e.* 570. *e.* iii. 41. *a.*

חֶדְוָה, i. 956. *d.* ii. 247. *e.* iii. 430. *f.*

חֲדִי, iii. 104. *a.*

חָדַל, i. 216. *d.* 227. *g.* 270. *k.* 275. *d.* 278. *k.* 304. *f.* 309. *i.* 332. *d.* 417. *k.* 420. *a.* 472. *a.* 560. *c.* 645. *a.* 708. *d.* 714. *b.* 720. *h.* 734. *b.* 742. *f.* 772. *e.* 841. *b.* 885. *a.* ii. 27. *e.* 44. *e.* 186. *f.* 296. *d.* 297. *i.* 299. *f.* 680. *c.* 683. *c.* 701. *d.* 882. *c.* 894. *i.* 916. *i.* iii. 46. *f.* 220. *d.* 359. *h.* — חָדַל et הֵשִׁית, i. 659. *a.* — חָדַל מֵעֲזוֹב, ii. 681. *e.*

חָדֵל, i. 271. *h.* 714. *b.* iii. 359. *h.*

חֶדֶל, i. 714. *b.*

חֶדְפָּה, ii. 570. *i.*

חֵדֶק, i. 92. *h.* 734. *g.* iii. 39. *d.*

חָדַר, i. 335. *f.* iii. 229. *e. h.* 482. *d.* — חֲדַר מִשְׁכָּב, ii. 288. *e.* — חֲדָרֵי, i. 385. *e.* ii. 336. *i.*

חֶדֶר, ii. 288. *d.* 512. *h.* iii. 229. *e.*

חֲדֶרֶת, i. 813. *d.*

חָדֵשׁ, i. 181. *i.* 192. *f.* 664. *d.* 831. *e.* 875. *b.* ii. 126. *d.*

חָדָשׁ, i. 922. *i.* ii. 126. *g.* 251. *g.* 497. *f.* 900. *e.* — חֲדָשִׁים לַבְּקָרִים, ii. 458. *i.*

חֹדֶשׁ, i. 824. *h.* 913. *d.* ii. 127. *b.* 458. *e.* 497. *c.* iii. 234. *i.* — חֹדֶשׁ אָבִיב, ii. 459. *a.*

חֲדָשָׁה, ii. 303. *f.* 416. *e.* 649. *k.* 900. *g.* iii. 54. *b.* 225. *a.*

חֲוָא, i. 540. *h.* iii. 404. *b.*

חוֹב, ii. 612. *c.*

חוֹבֵר, i. 835. *e.*

חוּג, i. 516. *e.* 518. *b. c.* ii. 69. *i.* 727. *e. f.* 925. *b.*

חוּד, i. 608. *d.* ii. 857. *i.*

חָוָה, ii. 319. *b.* — חִוָּה, i. 170. *g.* 599. *f.* iii. 345. *a.*

חַוָּה, ii. 9. *d.* 11. *i.*

חַוּוֹת, i. 835. *f.* ii. 347. *e.* 820. *c.*

חוּחַ, ii. 317. *c.*

חוֹחַ, i. 92. *f. h.* 93. *c.* 112. *g.* 534. *f.* ii. 407. *a.* iii. 428. *b.* 476. *c.*

חוּט, ii. 324. *a.* 501. *f.* 736. *a.* iii. 4. *b.* 80. *a.* 340. *g.*

חִוִּי, i. 258. *e.* 507. *g.*

חֲוִילָה, iii. 489. *c.*

חוּל, i. 377. c. 560. c. 914. b. ii. 19. d. 195. g. 296. d. 433. d. 830. h. iii. 21. a. 236. f. 238. e. 277. a. 297. k. 488. i. 489. b.

חוֹל, i. 153. f. ii. 657. f. iii. 400. b.

חוֹלָה, i. 358. b. d. ii. 509. k. iii. 489. c.

חוֹלֵל, i. 563. b. 803. e. ii. 212. a. 221. b. 806. h. 778. e. 788. a. iii. 139. i. 438. a. — חוּלל, i. 490. h. ii. 401. c. iii. 489. c.

חוֹלֵל, i. 563. b. 575. c.

חוּם, ii. 812. h. iii. 370. i.

חוֹמָה, i. 633. a. ii. 539. b. 591. g. 726. e. 904. d. 922. a. iii. 246. a. c. 278. f.

חוּס, iii. 378. h. 394. f.

חוֹף, i. 63. c. ii. 240. g. 591. g. 657. g. — חוֹף יָם, ii. 650. b. 657. g.

חוּץ, i. 26. k. 29. g. 160. h. 158. k. 618. g. 815. h. 822. k. 823. c. e. ii. 526. i. 779. f. — חוּצוֹת, i. 823. d. f. 835. f. ii. 608. c. 779. f.

חוּצָה, i. 256. h. 823. a. d.

חוֹקֵק, i. 587. d. — חוֹקְקִים, i. 106. g.

חוּר, i. 55. d. 480. c. ii. 304. e. iii. 229. g.

חָוַר, i. 789. d. ii. 443. i.

חָוָר, ii. 371. b.

חוּשׁ, i. 189. b. 463. g. 691. b. 924. d. ii. 676. a. 680. c. 765. e. 882. d. iii. 83. h. 88. e. 185. f. 378. i.

חוּת, ii. 207. i.

חָוֹת, i. 835. f. ii. 820. c.

חוֹתָם, ii. 11. i. 778. e.

חָזָא, i. 678. g.

חָזָה, i. 170. g. 185. d. 460. c. 499. a. 500. i. 678. f. 846. c. 896. g. ii. 1. b. 54. d. 236. h. 409. d. 576. a. 578. d. h. 579. h. 580. c. iii. 52. b. 152. h. 176. c. 196. i. 419. a. — חֲזָה, ii. 84. g.

חֶזֶה, ii. 25. i. iii. 104. b.

חוֹזֶה, ii. 228. h. 577. i. 578. e. 906. i.

חֶזְיָה, i. 460. c. 678. g. ii. 54. e. 580. d.

חֱזוּא : חֲזוּ, ii. 577. i. 578. h.

חָזוֹן, i. 809. h. ii. 577. i. 578. d. h. 906. f. — חֲזוֹן לַיְלָה, iii. 339. d.

חָזוּת, i. 750. e. 873. b. 922. i. ii. 54. g. 409. e. 439. e. 578. a. iii. 9. a.

חָזוּת, ii. 344. d.

חָזוֹת, ii. 578. i.

חֲזוֹת, ii. 578. i.

חֲזִי, i. 655. f.

חִזָּיוֹן, ii. 30. f. 429. k. 577. i. 578. i. 775. f. iii. 375. d.

חָזִיז, ii. 333. k. 504. i. iii. 275. g. 372. c. 481. g. — חֲזִיז קֹלוֹת, ii. 334. k.

חֲזִיר, iii. 205. g. 316. h. 359. b.

חָזַק, i. 213. h. 229. e. 240. e. 438. g. 781. f. 782. c. 861. c. ii. 37. b. i. 66. g. 108. e. 121. i. 310. a. 312. b. 314. e. 433. d. 536. i. 740. a. 825. b. iii. 60. h. 100. a. 333. b. g. 367. e. — חָזֵק, i. 244. c. 601. g. 875. b. ii. 124. e. 181. c. 236. h. 616. b. 652. a. iii. 100. a. — חֲזַק יָד, iii. 442. g.

חָזָק, i. 179. g. 648. e. 649. h. ii. 29. e. 104. c. 105. g. 106. c. 107. i. 109. b. 181. c. 238. h. 309. a. e. iii. 99. g. 363. e. — חֲזַק לֵב, ii. 66. f. iii. 99. e. — חָזָק, seq. מ, ii. 309. f. — חֲזַק מֵצַח, iii. 388. i.

חָזֵק, ii. 105. g. 310. e.

חֵזֶק, ii. 106. c.

חֹזֶק, i. 645. e. ii. 106. e. 309. a.

חֻקָּה, ii. 104. f.

חֻקָּה, ii. 104. g. 181. d. 239. c. 310. e. 312. d.

חַח, i. 22. e. 483. b. ii. 260. h. 619. c. iii. 215. b. 428. b.

חָטָא, i. 10. i. 11. a. 43. f. 142. g. 144. k. 653. c. 799. a. ii. 806. g. iii. 212. f. — חֵטְא, ii. 790. g. — חָטָא וּבֵרֵךְ, i. 783. b. — חֵטְא, i. 209. i. 331. c. 407. g. 810. g. ii. 90. a. g. 91. i. 114. a. 723. e. f. 740. g. 742. c. iii. 4. e. — חַטֵּא, i. 811. e.

חֹטֵא : חוֹטֵא, i. 143. g. 146. f. 374. f.

חֵטְא : חֲטָא, i. 142. i. 145. a. 234. b. — חַטָּאִים, i. 143. h. 146. f. 235. d. 374. f.

חַטָּאת : חֲטָאָת : חַטָּאָה, i. 18. i. 24. d. 43. f. 89. b. 142. i. 144. i. 145. b. 146. f. 233. e. 234. b. 374. a. ii. 91. d. 150. c. 414. b. 446. d. 453. i. 790. d.

חָטַב, i. 577. h. 711. h. 900. g. ii. 301. a. 304. f. 733. h. iii. 161. a. — חוֹטֵב עֵץ, ii. 519. f. 521. f. — חוֹטֵב עֵצִים, ii. 519. f. 521. f.

חֲטֻבוֹת, i. 548. a.

חִטָּה, ii. 927. a. iii. 45. k.

חָטוּב, i. 160. b.

חָטַם, i. 826. a.

חָטַף, i. 357. c. 747. i.

חֹטֶר, i. 434. c. iii. 1. b. c.

חַי, i. 935. e. ii. 1. c. 64. i. 398. a. 501. d. iii. 314. c. — חַיִּים, i. 803. d. 940. h. ii. 2. a. 9. g. 34. g. 801. d. iii. 323. f. 482. f. — חַיֵּי בְשָׂרִים, ii. 849. g.

חַי, ii. 1. e.

חֵי, iii. 314. b. 482. e. 491. g.

חִיֵּב, ii. 170. e. — חִיֵּב אֶת רֹאשׁ, ii. 264. b.

חִידָה, i. 70. b. 608. h. i. 859. c.

חָיָה, i. 170. h. 177. c. 212. c. 229. e. 444. g. 458. e. 733. d. 823. b. 853. h. 945. e. ii. 1. e. 9. e. 10. g. 12. h. 201. c. 352. g. 740. e. 748. a. iii. 106. g. 221. e. 289. g. 313. d. 314. d. 482. e. — חָיֹה, ii. 9. f. — חִיָּה, i. 177. b. 287. d. 585. h. 590. k. 599. g. 800. b. ii. 2. d. 8. i. 11. g. 12. a. e. 81. a. 724. k. 740. e. iii. 313. d. 414. a.

חַיָּה, iii. 271. h.

חָיָה, ii. 2. a.

חַיָּה, ii. 9. f. 11. k. i. 56. h. 58. e. g. 331. i. 610. a. iii. 262. h. 491. g.

חֵיוָא, ii. 59. c.

חֵיוָה, ii. 59. c.

חַיּוֹת, ii. 400. c.

חֵיוְתָא, ii. 59. c.

חַיָּא, ii. 1. e.

חַיִּין, ii. 9. h.

חִיךְ, ii. 931. c.

חֵיל, i. 153. f. 213. b. 315. c. 362. g. 644. d. 645. f. 647. e. 649. h. 675. g. 891. e. 945. a. ii. 106. c. 107. i. 109. b. 615. a. 626. g. 669. i. 800. d. g. 817. h. 818. b. iii. 117. f. 118. e. 119. c. 121. g. 123. g. 163. c. 223. c. 324. e.

חִיל, iii. 488. d.

חִיל, i. 945. a.

חִילָה, ii. 726. f.

חִילָה, iii. 247. a.

חַיִן, i. 744. c.

חַיִץ, iii. 278. f.

חִיצוֹן, i. 823. a. e. f.

חֵיק, i. 22. b. ii. 283. i. 292. c. h. 336. e. iii. 194. e.

חִישׁ, i. 220. g. 421. g. ii. 848. c.

חַיַּת, iii. 227. b.

חַיָּתוֹ, ii. 59. c.

חֵךְ, ii. 292. f. iii. 375. a.

חָכָה, i. 119. f. 754. b. ii. 392. d. 433. e. iii. 347. b. — חִכָּה, ii. 93. i. 106. e. 433. e. 796. i. iii. 347. b. 432. c.

חַכָּה, i. 22. f.

חַכִּימַיָּא, iii. 77. g.

חַכִּימִין, iii. 77. g.

חַכְלִילִי, ii. 115. f.

חַכְלִילוּת, ii. 115. f. 712. g. iii. 435. e.

חַכְלִילִי, i. 573. h. ii. 53. b. 177. a. 180. i. iii. 396. a. 485. b.

חָכַם, ii. 635. g. iii. 76. g. 78. a. b. — חָכַם seq. מ, iii. 78. c.

חָכָם, i. 119. i. 381. a. 429. i. ii. 329. b. 634. k. 661. c. iii. 75. e. 77. b. d. 78. c. 179. e. 389. d. 407. c. — חָכָם seq. כ, iii. 179. i. — חֲכַם לֵב, iii. 76. f. — חָכָם seq. מ, iii. 78. b.

חָכְמָה, i. 77. b. 221. d. 879. i. ii. 9. h. iii. 75. f. 77. g. 178. a. 263. c. 406. g. 407. c.

חָכְמְתָא, iii. 75. f.

חֵל, i. 645. e. ii. 748. d. e. 904. d. iii. 101. b.

חֹל, i. 451. b. ii. 286. d. 350. e. 904. e.

חֶלְאָה, ii. 95. h.

חֲלָאִים, ii. 591. b.

חָלָב, i. 5. f. 482. f. h. ii. 766. k. iii. 94. c. — חֲלֵב עִזִּים, iii. 10. b.

חֵלֶב, i. 268. f. 482. g. ii. 78. a. 381. d. g. 483. e. iii. 94. c. 112. h.

חֶלְבּוֹן, ii. 381. b. iii. 444. a.

חֶלְבְּנָה, iii. 427. c.

חֶלֶד, i. 495. g. 774. h. ii. 9. i. 534. h. iii. 352. a.

חֹלֶד, i. 483. c.

חָלֶד, i. 664. i. ii. 173. b. f.

חֶלְדִּי, i. 370. c.

חָלָה, i. 357. i. 369. g. 377. d. 705. e. 714. b. 784. f. ii. 137. a. 169. c. 298. b. 406. c. 455. b. 509. i. 679. c. 831. a. iii. 276. i. 287. d. — חִלָּה, i. 369. g. 532. d. 810 g. ii. 6. c. 50. d. 381. i. iii. 305. h. — חָלָה seq. עַל, iii. 150. i.

חַלָּה, i. 360. c. ii. 291. e. — חַלָּה et לֶחֶם, i. 360. c. — חַלַּת לֶחֶם, ii. 291. b.

חֹלֶה, i. 358. d.

חֲלוֹם, i. 791. a. b. ii. 270. c. iii. 339. e.

חַלּוֹן, i. 620. d. ii. 76. e. 77. d.

חֲלוֹף, i. 292. g. iii. 314. e.

חָלוּץ, i. 645. h. 649. i. 824. a. 932. d. ii. 418. a. 573. c. d. 600. e. 817. h.

חֲלוּשָׁה, ii. 28. e. iii. 298. d

חֲלוֹת, i. 358. c. iii. 488. e.

חַלְחָלָה, i. 717. g. iii. 238. f. 488. e.

חַלָּט, i. 188. d.

חֲלִי, ii. 766. g. iii. 26. d.

חֳלִי, i. 145. e. 358. a. b. ii. 406. a. b. d. 509. k. 834. h. iii. 286. g.

חֶלְיָה, ii. 123. i. 749. f.

חָלִיל, i. 399. d. iii. 454. i.

חָלִילָה, i. 272. g. 500. d. 685. g. ii. 457. c. 611. h. — חָלִילָה seq. לְ, ii. 92. a. — חָלִילָה לְּךָ מֵעֲשׂת, iii. 74. i.

חֲלִיפָה, i. 19. i. 126. g. 127. d. h. 237. c. 622. c. 826. a. iii. 111. b. 418. b. — חֲלִיפָה בָּא, ii. 600. h.

חֲלִיפוֹת — חֲלִפוֹת, i. 126. e. — חֲלִיפוֹת בְּגָדִים, iii. 111. b.
חֲלִיצָה, ii. 634. b. iii. 111. c.
חֵלְכָאִים, i. 378. e. ii. 714. f.
חֵלְכָה, ii. 714. f. 919. i.
חָלַל, i. 451. c. 954. i. ii. 350. f. iii. 118. h. 236. g. 277. a. 287. a. 453. e. — חָלָל, i. 162. d. 451. e. 954. i. ii. 463. c. iii. 124. a. 233. c. 277. b. 287. d. 302. d. — חָלָל, i. 451. h.
חָלָל, i. 451. d. ii. 64. g. 496. a. 501. g. iii. 70. f. 286. g. 287. b. d. 298. d. 299. i.
חָלֵל, i. 180. i.
חָלַל, i. 826. a. ii. 36. c. iii. 289. g. 488. e. — חָלִל, ii. 759. h.
חָלַם, i. 316. c. 678. g. 791. a. b. d. ii. 580. d. 652. a. iii. 339. d.
חֵלֶם, i. 791. c.
חֶלְמָא, i. 791. c. ii. 578. a.
חַלָּמוּת, ii. 251. h.
חַלָּמִישׁ, i. 110. h.
חָלַף, i. 127. b. cf. c. 277. b. 409. d. 606. k. 609. b. 839. d. ii. 182. c. 220. a. 443. i. 658. d. 680. d. 697. d. iii. 277. b. 381. a.
חֵלֶף, i. 241. b.
חֲלִפוֹת, ii. 7. a.
חָלַץ, i. 200. i. 704. a. 710. e. 784. a. ii. 62. g. iii. 15. i. 346. h. — חָלַץ, i. 312. e. 794. g. 806. i.
חֲלָצַיִם, ii. 350. a. 600. f. 784. h. iii. 490. d.
חָלַק, i. 27. a. b. 298. f. 309. k. 310. c. 553. c. 557. g. 565. d. e. 566. b. c. 581. g. 601. h. ii. 127. i. 178. f. 193. d. 236. h. 355. d. 434. c. 435. c. 496. g. 646. i. 722. g. 883. e. f. — חִלֵּק, i. 553. c. 585. h. 609. i. 752. f. 967. e. ii. 170. b. 271. a — חָלַק seq. מ, ii. 366. e.
חֵלֶק, i. 383. f. ii. 366. c. 434 c. 588. a. iii. 434. b. — חֲלָקִים, ii. 366. d.
חֵלֶק, ii. 435. c. 436. e. 496. h.
חָלָק, i. 477. c. 565. d. ii. 272. b. 273. a. 434. d. 435. a. e. 436. c. e.
חֶלְקָה, i. 516. b. 545. i. 629. i. ii. 434. d. 550. e. g. — חֶלְקַת לָשׁוֹן, ii. 366. b.
חֲלֻקָּה, ii. 435. f.
חֲלַקּוֹת, ii. 354. d. iii. 60. d. — חֲלַקּוֹת et מַהֲתַלּוֹת, ii. 777. f.
חֲלַקְלַק, i. 680. b.
חֲלַקְלַקּוֹת, ii. 271. a. 550. e. 820. c.
חָלַשׁ, i. 323. a. ii. 544. c. iii. 289. a.
חַלָּשׁ, i. 53. b.
חַלַּת, ii. 349. e. — חַלַּת לֶחֶם, i. 360. c.
חֹם, ii. 21. e. 52. f. i. 53. c. 245. i. 595. g.
חַם, i. 706. d. ii. 53. a.
חָם, i. 735. c. ii. 53. b. 715. a.
חֵמָא, ii. 73. g.
חֶמְאָ, ii. 73. g.
חֵמָא, ii. 582. a.
חֶמְאָה, i. 473. b. ii. 582. a.
חָמַד, i. 779. e. 855. d. 856. b. i. 857. g. 929. e. ii. 140. a. 804. i.
חֶמֶד, i. 856. a. f. 864. b.
חֶמְדָּה, i. 716. c. 828. b. 856. f. i. ii. 141. a. iii. 493. a. — חֲמֻדוֹת, i. 745. c.
חָמָה, ii. 614. g. iii. 247. a.
חֵמָה, ii. 580. c.
חֵמָה, i. 105. a. 473. b. 780. b. ii. 73. h. 75. d. 76. c. 95. h. 564. h.

חֵן, i. 5. f. 345. b. 530. b. 745. e. 894. f. 957. g. 959. b. ii. 53. c. 540. f. iii. 432. i.

חָנָה, i. 260. k. 458. b. 843. i. ii. 190. c. 219. i. 336. i. 524. c. 616. f. 640. b. 660. e. 677. g. 678. b. d. 732. c. 751. c. 752. d. 816. f. 894. h. iii. 119. b. 361. g. — חָנָה סָבִיב, ii. 336. i. 734. a.

חֲנוּט, i. 372. d. iii. 242. e.

חַנּוּן, i. 745. a. ii. 540. g.

חָנַט, i. 372. d. 735. i. 785. h. ii. 36. g. 857. i. iii. 205. b.

חִנְטִין, ii. 927. c.

חֲנֻיוֹת, iii. 131. g. 444. h.

חֲנִיכִים, ii. 84. a.

חֲנִינָה, i. 745. e.

חֲנִית, i. 637. c. ii. 6. h. 416. f. 573. h. iii. 13. f. 32. h. 373. i.

חָנַךְ, i. 664. d. 775. b.

חֹנֵךְ, i. 225. a.

חֲנֻכָּה, i. 664. c. e. f.

חִנָּם, i. 48. k. 181. f. h. 194. a. 555. g. 655. c. ii. 414. c. 415. i. iii. 477. b.

חֲנָמַל, ii. 325. f. 702. i. iii. 72. a.

חָנַן, i. 532. d. 660. g. 744. c. ii. 289. f. 540. d. 701. f. 885. d. iii. 432. g. 434. e. — חֹנֵן, ii. 540. g.

חֲנַנְאֵל, i. 518. g.

חָנֵס, ii. 416. a.

חָנֵף, i. 233. a. 235. d. 374. g. 403. e. 630. f. 894. c. ii. 463. d. 474. g. 661. f. 710. d. iii. 344. e. f. 401. a.

חֹנֶף, i. 235. e.

חֲנֻפָּה, ii. 475. d.

חָנַק, iii. 116. i. — חִנֵּק, i. 870. a. ii. 105. h.

חֶסֶד, i. 234. c. 611. c. 613. b. 633. b. 741. a. 744. i. 745. a. e. 750. f. 894. f. ii. 10. g. 540. c. f. 566. c. 597. b. iii. 273. a. 433. d.

חָסָה, i. 151. b. 240. g. 749. h. 868. i. 933. c. 938. h. ii. 708. c. 709. c. iii. 49. i. 342. h. 361. g.

חָסוּן, ii. 104. g. 106. e.

חָסוּת, ii. 708. d.

חָסִיד, i. 26. a. 745. b. 938. i. 939. b. ii. 597. b. 907. a. iii. 318. c. — חֲסִידִים, i. 379. e.

חֲסִידָה, i. 379. a. 879. c. 915. b. ii. 90. a. 338. a. 711. i. 712. b.

חָסִיל, i. 107. f. 477. b. 913. d. ii. 483. i.

חָסִין, i. 650. a.

חֲסִיר, iii. 359. i.

חָסַךְ, iii. 161. b.

חָסַל, ii. 231. d.

חָסַם, ii. 736. f. iii. 391. g.

חֹסֶן, i. 647. e. ii. 60. i. 106. e. 314. d. 800. d.

חִסְנָא, ii. 104. g. 106. f.

חַסְפָּא : חֲסַף, ii. 599. h. i. 760. g.

חָסֵר, i. 314. b. 532. e. 560. d. 741. a. c. 769. i. 770. b. 771. b. 789. d. iii. 100. i. 359. i. 360. c. — חִסֵּר, i. 741. c. 896. c. iii. 101. i.

חֹסֶר, i. 715. f. 770. b.

חָסֵר : חֲסַר, i. 740. h. 741. b. d. 769. i. ii. 875. h. iii. 359. k. — חֲסַר לֵב, i. 93. e. 425. f. 770. b. iii. 405. c.

חֶסֶר, i. 745. b. 770. b.

חֶסְרוֹן, iii. 360. d.

חַף, i. 150. f.

חָפֵד, i. 236. g.

חָפָה, i. 159. d. 295. b. 590. i. 858. h. ii. 144. g. 521. g. iii. 466. i. — חִפָּה, ii. 230. d. — חָפָה בְּכֶסֶף, ii. 723. i.

חֻפָּה, ii. 696. a. iii. 49. i.

חִפּוּי, ii. 158. k. 259. f.

חָפוּץ, ii. 42. g.

חָפַז, i. 76. g. ii. 33. g. i. 65. g. 67. h. 69. h. 206. c. iii. 21. a. 49. i. 83. h. — חָפֵז, i. 722. d. — חָפוּז, i. 39. k. 726. e.

חִפָּזוֹן, i. 837. d. ii. 34. a. iii. 89. b. 238. f.

חֶפְיוֹן, iii. 106. h.

חֹפֶן, i. 641. d. ii. 292. f. iii. 439. b. — חָפְנַיִם, i. 641. d. ii. 46. b. iii. 442. e.

חָפַף, ii. 696. g. iii. 50. a. 57. e.

חָפֵץ, i. 11. a. 72. h. 74. a. 471. e. f. i. 666. e. 855. e. 900. b. 929. e. 958. f. ii. 42. b. 43. i. 44. b. 100. e. 876. a. iii. 458. h.

חָפַץ, ii. 42. b. 471. f.

חֵפֶץ, i. 469. g. 471. e. f. 716. c. 959. b. ii. 42. c. 44. b. 429. a. 832. f. 846. f. iii. 274. a. 457. i. 458. k. 460. a.

חֶפְצִי־בָהּ, ii. 805. a.

חָפַר, i. 80. d. 201. f. 318. d. 575. c. 829. g. 963. i. ii. 6. c. 165. h. 175. e. 216. g. 244. b. 434. i. 563. i. 595. b. iii. 264. d. 350. k.

חֲפַרְפֵּרוֹת, i. 93. h. ii. 414. c. 595. a.

חָפַשׂ, i. 124. c. 217. f. 702. b. 805. g. 862. h. 906. g. iii. 47. f. k.

חֵפֶשׂ, i. 805. g.

חָפְשׁ, i. 716. c. 746. d.

חֻפְּשׁ, i. 274. a.

חָפְשִׁי, i. 414. h. 524. g. 746. e.

חָפְשִׁית, i. 338. g. 746. d. ii. 328. c. e.

חֵץ, i. 452. g. 465. h. ii. 296. a. iii. 1. a. 217. c. 281. a. h. — חִצִּים, i. 101. f.

חָצַב, i. 290. g. 557. d. 661. f. 711. h. 713. a. ii. 170. b. 180. d. 301 a. 363. c. 447. c. 595. c. 806. h. iii. 330. e. 379. i.

חֹצֵב, ii. 363. e. 522. c. iii. 263. f.

חָצָה, i. 27. b. 553. d. 565. d. 575. c. 581. g. 852. b. ii. 24. i. 436. c.

חָצָה, i. 730. f. ii. 610. a.

חָצוֹר, i. 397. i.

חֲצוֹת, ii. 439. f. — חֲצוֹת לַיְלָה, ii. 438. h.

חֲצִי, i. 466. a. ii. 25. b. 441. e. — חֲצִי לַיְלָה, ii. 438. g. — חֲצִי et מַחֲצִית, ii. 25. c.

חָצִיר, i. 397. k. 468. c. ii. 518. g. 815. e. 848. i. iii. 450. h. 451. a. 455. i.

חֵצֶן, i. 22. b. 452. h.

חֹצֶן, i. 169. b. 467. e. ii. 250. i. 292. g.

חָצַף, i. 836. e. iii. 333. b.

חָצַץ, i. 553. d. ii. 24. i. — חוֹצֵץ, iii. 479. d. — חֵצֶץ, i. 185. e.

חָצָץ, ii. 757. d. iii. 428. e. 479. f.

חִצְצֵר, iii. 23. e.

חֲצֹצְרָה, ii. 29. e. iii. 23. a.

חָצֵר, i. 397. i. 803. i. 823. e. 835. g. 895. i. ii. 347. c. 526. k. 535. h. 798. h. 922. a. iii. 54. b. — חֲצֵרִים, i. 29. g.

חֹק, i. 105. i. 106. c. 235. e. 349. i. 401. g. 551. i. 558. a. 560. d. 615. d. 638. c. 788. b. 885. d. 903. g. ii. 88. a. 292. g. 435. f. 507. c. 508. b. 526. k. 588. h. 592. f. 596. b. iii. 191. h. 463. g.

חָקָה, i. 548. b. 596. e. ii. 8. g.

חֻקָּה, i. 106. g. 582. i. 586. h. 615. e. 788. b. ii. 317. d. 507. d. 508. b. 896. c. iii. 298. e. — חֻקּוֹת, i. 107. a.

חָקַק, i. 105. d. 107. a. 423. a. 514.

f. g. 548. *b.* 805. *g.* 885. *f.* ii. 8. *g.* 105. *f.* iii. 106. *h.* 209. *f.* —

חָקַק, i. 514. *f.* — חִקְקֵי חֲקָקִים, i. 514. *g.*

חָקַק, i. 106. *d.*

חֻקְקִים, i. 562. *c.* 810. *d.*

חָקַר, i. 105. *e.* 185. *b.* 628. *a.* 681. *a.* 705. *e.* 714. *c.* 743. *h.* 797. *e.* 805. *g.* 808. *c.* 814. *e.* 906. *h.* 915. *e.* 920. *c.* ii. 110. *c.* 166. *d.* 220. *b.* 889. *a.* iii. 233. *c.* 272. *d.*

חֵקֶר, i. 106. *h.* 808. *i.* 814. *g.* ii. 110. *d.* 719. *h.* iii. 272. *d.*

חֻקֹּת, i. 105. *e.*

חֹר, ii. 510. *c.* 571. *h.* iii. 305. *f.* — חֹרִים, i. 483. *g.* 480. *d.* 517. *i.* 746. *e.* 789. *f.* ii. 300. *c.* iii. 452. *i.*

חֹר, iii. 305. *g.*

חָרַב, i. 193. *h.* 593. *g.* 714. *c.* 909. *g.* ii. 296. *e.* 416. *f.* 417. *b.* 518. *a.* 782. *e.* — חָרֵב, i. 907. *i.* — חֶרֶב וְאֵשׁ, i. 817. *g.*

חֹרֶב, i. 341. *g.* 624. *h.* 908. *g.* ii. 245. *i.* 246. *g.* 251. *h.* 302. *d.* 518. *f.* iii. 13. *f.*

חָרֵב, i. 199. *e.* 806. *c.* 908. *f.* 909. *h.* ii. 17. *c.*

חֶרֶב, i. 14. *i.* 671. *d.* 756. *d.* 858. *f.* ii. 35. *h.* 317. *e.* 389. *c.* 416. *f.* 519. *c.* 573. *i.* 818. *c.* 867. *e.* 868. *f.* iii. 13. *f.* 14. *b.* 41. *e.* 112. *h.* 211. *b.* 401. *c.* 439. *b.* — חֶרֶב מִצְמֶדֶת, i. 158. *d.* 159. *h.* — חֲרָבוֹת, ii. 331. *b.* iii. 283. *a.* 400. *h.*

חֲרָבָה, ii. 518. *h.*

חָרְבָּה : חָרְבָה : חֳרָבָה : חֳרְבָּה, i. 658. *d.* 906. *d.* 907. *i.* 908. *g.* 909. *g. h.* 910. *c.* ii. 519. *d.* 538. *d.* 564. *e.* iii. 13. *g.*

חֶרְבוֹן, i. 909. *h.* 910. *c.* — חָרְבוֹתַיִם, i. 756. *e.* ii. 246. *e.* — חָרְבוֹתַי קַיִץ, i. 910. *e.*

חָרַג, i. 789. *d.* iii. 468. *g.*

חַרְגֹּל, ii. 613. *h.*

חָרַד, i. 36. *a.* 100. *e.* 721. *d.* 722. *g.* 724. *f.* 728. *h.* 734. *f.* 800. *b.* 812. *b.* 813. *e.* 876. *a.* ii. 916. *a. k.* iii. 236. *h.* 394. *f.* 397. *b.* 398. *f.*

חָרֵד, i. 527. *b.* 626. *c.* 706. *a.* 790. *a.* 813. *e.* iii. 288. *i.*

חֲרָדָה, i. 373. *c.* 726. *f.* 728. *d.* iii. 394. *f.* 397. *c.*

חָרָה, i. 60. *i.* 229. *e.* 438. *c.* 564. *d.* 620. *b.* 707. *e.* 736. *h.* ii. 72. *c.* 75. *e.* 228. *h.* 393. *h.* 394. *g.* 418. *d.* 584. *d. k.* 689. *k.* 834. *c. d.* iii. 136. *i.* — חָרָה, iii. 61. *c.* — חָרָה אַף, i. 142. *k.* ii. 75. *f.* 583. *h.* 584. *e.* — חָרָה בְּעֵינֵי, i. 437. *e.* iii. 60. *d.* — חָרָה חָרָה, iii. 61. *d.* — חָרָה לְךָ, ii. 735. *d.*

חֲרָה, i. 753. *h.*

חֲרוּזִים, ii. 591. *b.*

חָרוּל, i. 304. *g.* 714. *c.* iii. 409. *i.*

חָרוּם, ii. 291. *g. i.*

חָרוֹן : חֲרוֹן, ii. 73. *k.* 416. *g.* 553. *i.* 564. *f.* 582. *b.* — חֲרוֹן אַף, ii. 74. *a.* 582. *b.*

חָרוּץ, i. 213. *c.* 505. *f.* 616. *h.* 716. *c.* ii. 115. *f.* 321. *e.* 746. *c.* 798. *i.* iii. 60. *e.* 198. *d.*

חָרוּץ, iii. 198. *e.* 247. *a.* 465. *c.* 466. *d.*

חֲרוּשָׁה, i. 667. *h.* ii. 750. *i.*

חַרְחֻר, i. 905. *g.*

חַרְחַר, i. 193. *g.* iii. 238. *f.*

חֶרֶט, i. 514. *e.* ii. 71. *h. i.* iii. 263. *c.*

חַרְטוֹם, iii. 374. *g.*

חַרְטֹּם, i. 809. *h.* 834. *c.* ii. 329. *b.*

ט

טְאֵב, i. 6. i.

טֵאטֵא. — טֵאטֵא בְּמַטְאֲטֵא, i. 436. h.

טָאַן, i. 488. b.

טָב, i. 5. a. ii. 115. g. iii. 461. i.

טָבוֹחַ, iii. 211. c.

טָבוּל, i. 436. c.

טָבוּר, ii. 563. c.

טָבַח, ii. 79. a. 398. d. iii. 212. k.

טֶבַח, ii. 72. b. ii. 211. c. e.

טַבָּח, ii. 398. d.

טִבְחָה, ii. 72. c. iii. 211. c.

טַבָּחָה, ii. 398. d.

טָבַל, i. 164. i. 436. b. d. ii. 474. g.

טָבַע, i. 436. c. 550. i. 674. c. 756. f. ii. 172. h. 190. c. 204. i. 206. k. 759. i.

טַבַּעַת, i. 520. i. iii. 144. e. f.

טֵבֵת, iii. 263. g.

טָהוֹר, i. 20. b. 25. k. 611. c. 629. d. ii. 114. b. 115. g. 597. b. — טָהוֹר לְהַקְדִּישׁ, i. 24. c.

טָהֵר, i. 24. d. 91. b. 150. f. ii. 114. b. 116. d. — טִהֵר, i. 407. h. ii. 114. b. 116. d. 463. d. — טֹהַר, i. 476. a.

טֹהַר, ii. 114. f. g. h. 116. f. g.

טָהֳרָה, i. 23. g. 90. b. ii. 114. b. i. 115. g.

טוּב, ii. 142. e.

טוּב, i. 5. a. 7. f. 633. c. ii. 143. c. iii. 462. b.

טוֹב, i. 5. b. 7. d. k. 73. i. 120. h. 155. b. 347. d. 348. a. 388. i. 453. b. 627. f. 653. k. 687. e. 926. h. i. 934. e. 935. f. 944. h. 959. c. ii. 115. g. 140. f. 142. d. 143. c. 145. c. 309. d. 313. f. 315. e. 587. g. 766. k. iii. 156. c. d. 157. b. 433. d. 461. i. 462. c. 493. b. — טוֹב בְּעֵינֵי, i. 347. e. 348. b. 627. g. ii. 44. b. — טוֹב טוֹב, ii. 315. e. — טוֹב לֵב, i. 926. k. 934. g. 954. i. 956. d. ii. 16. h. — טוֹב לוֹ, i. 954. c. — טוֹב לִפְנֵי, i. 347. e. — טוֹב seq. מ, i. 453. b. — טוֹב מַרְאֶה, i. 776. c. i. 931. d. ii. 142. e. — טוֹב עַיִן, i. 744. d. ii. 90. c. — טוֹבִים seq. מִן, i. 149. g. iii. 325. e.

טוֹבָה, i. 5. b. 6. f. 7. f. ii. 386. f. 462. a. d.

טוֹבִיָּהוּ, iii. 461. d.

טוֹבַת. — טוֹבַת שֵׂכֶל, i. 929. d.

טָוָה, ii. 501. e.

טוּחַ, i. 116. g. 797. i. 830. e. 831. a. iii. 462. i.

טוּחוֹת, i. 517. e.

טוֹטָפֹת, i. 185. h. 372. d. 698. c. 776. i.

טוּר, i. 492. c. 808. i. iii. 107. f. 109. d.

טוּרָא : טוּר, ii. 598. f.

טוֹרֵד, i. 26. c.

טוּשׁ, ii. 97. h. 757. c.

טְוָת, i. 37. c. ii. 503. b.

טְחוֹן, ii. 268. f.

טְחוֹת, i. 26. g. iii. 361. d.

טָחַן, i. 117. b. 121. g. 347. e. ii. 175. e. 187. e.

טַחֲנָה, i. 121. i.

טֹחֲנוֹת, i. 121. i. ii. 484. i.
טְחֹרִים, i. 674. b.
טֹטָפֹת, i. 581. g. iii. 20. g.
טִיחַ, i. 116. f. 136. f.
טִיט, i. 467. a. ii. 760. i.
טִינָא, ii. 760. g.
טִיר, ii. 751. c.
טִירָה, i. 267. h. 830. h. 835. g. ii. 347. e. — טִירוֹת, i. 803. i.
טַל, i. 648. c. ii. 80. a.
טָלָא, i. 575. d.
טְלָאִים, i. 353. h. 355. i. 358. e.
טָלֶה, i. 348. i.
טָלוּא, i. 358. e. 560. i. 753. c. ii. 370. i. 754. i. iii. 5. c. 87. a.
טַלְטֵל, i. 698. a.
טַלְטֵלָה, i. 733. i.
טְלַל, iii. 57. f.
טְלַל, iii. 94. h.
טָמֵא, i. 89. c. 90. a. 91. a. c. 285. g. 719. a. ii. 463. d. 474. i. iii. 46. f. — טִמֵּא, i. 451. g. 795. g.
טָמֵא i. 89. c. 90. e. 451. c. ii. 463. f. 464. a. c. 465. a. iii. 16. e. — טָמֵא וְאָשֵׁם, ii. 463. f. — טָמֵא טָמֵא, i. 90. g.
טָמְאַת, i. 89. c.
טֻמְאָה, i. 89. d. 292. h. 293. b.
טֻמְאָה, i. 89. d. 90. g. 414. b. 449. d. ii. 463. f. 464. d.
טָמוּן, i. 290. h. ii. 240. h.
טָמַן, i. 300. i. 669. h. 723. e. ii. 182. c. 230. f. 244. e. 326. i. — טָמַן לִצְפּוֹן, iii. 347. c.
טֶנֶא, i. 13. f. 290. k. ii. 156. g.
טִנֵּף, ii. 475. a.
טָעַם, i. 493. h. 500. i.
טָעַם, iii. 486. b.
טַעַם, i. 14. a. 493. d. 506. i. 879. i. ii. 17. b. 621. g. 902. g. iii. 178. b. 299. a.
טְעֵם, i. 493. e. ii. 509. h.
טַעְמָא, i. 506. h. ii. 386. f.
טָעַן, i. 709. d.
טַף, i. 267. i. 319. g. 700. f. 850. d. ii. 188. h. 215. g. 361. c. 390. i. 501. h. 535. h. 615. c. 624. e. 633. i. 687. h. iii. 126. e. 223. e. 248. c. 403. f. — טַפִּים, i. 319. g.
טֶפַח, ii. 628. f. 629. g. iii. 85. e. f. — טְפָחוֹת, i. 268. e. 486. b.
טֹפַח, ii. 339. a. 629. h. — טֹפָחוֹת, ii. 630. a.
טִפַּח, i. 861. c. iii. 100. a.
טִפֻּחִים, ii. 55. f.
טָפַל, i. 873. a. ii. 788. c.
טֹפֵל, ii. 83. a.
טִפְסָר, i. 453. a. iii. 148. i.
טְפוֹר, ii. 569. f.
טָפַשׁ, i. 305. d. ii. 380. i. 483. a. iii. 60. h. 308. h.
טָרַד, i. 698. a. 708. g. — טֹרֵד, ii. 218. e. iii. 199. k. 200. c.
טָרוּף, ii. 59. c.
טֹרַח, i. 784. g. ii. 299. a. 796. c.
טְרִיָּה, i. 725. b. ii. 325. c. iii. 391. h.
טֶרֶם, ii. 606. i.
טָרַף, i. 28. a. 124. d. 357. d. e. 574. g. ii. 58. c. 627. i. iii. 201. f. 456. i. — טָרֹף טֹרַף, ii. 58. f. — טָרֹף נִטְרַף, ii. 58. f.
טָרָף, ii. 157. g. — טַרְפֵּי צִמְחָהּ, ii. 856. h.
טֶרֶף, i. 88. b. 140. g. 357. b. d. 459. c. 466. i. 478. e. 574. d. ii. 56. h. 58. e. 59. c. 154. a. 191. i. 300. e.
טְרֵפָה i. 357. a. ii. 56. i. 58. e. f. 59. f.

יָאָה, ii. 850. *f.*

יְאֹר, ii. 848. *c.* iii. 5. *i.* — יְאֹרֵי מָצוֹר, iii. 164. *a.*

יָאַשׁ, i. 205. *h.* 295. *h.*

יָאַת, i. 325. *i.* 871. *d.* 941. *i.* ii. 560. *a.* 708. *d.* iii. 158. *d.*

יְאֶתְיוּ, i. 672. *b.*

יַבֵּב, ii. 191. *i.*

יְבוּל, i. 341. *g.* 491. *d.* 786. *g.* 964. *f.* ii. 106. *f.* 154. *d.* iii. 88. *b.* 401. *g.*

יְבוּלָה, ii. 891. *f.*

יָבוֹשׁ, ii. 518. *g.*

יִבְחַן, i. 808. *g.*

יַבִּיעַ, iii. 52. *f.*

יָבַל, i. 33. *g.* 599. *h.*

יָבַל : יָבָל, i. 35. *e.* ii. 665. *i.* iii. 7. *b.*

יַבֶּלֶת, ii. 486. *e.*

יְבֵם, i. 38. *h.* 849. *a.* iii. 188. *h.*

יָבָם, i. 38. *h.* 848. *i.*

יְבָמֶת, i. 38. *h.* 517. *f.* iii. 187. *h.*

יָבֵשׁ, i. 193. *h.* ii. 175. *e.* 198. *b.* 518. *a.* 519. *b.* iii. 473. *b.* — יְבֵשׁ, ii. 518. *a.*

יָבֵשׁ, ii. 518. *g.* *h.* 802. *d.* iii. 98. *f.*

יַבָּשָׁה, i. 251. *c.* 495. *g.* ii. 518. *g.* *h.* *i.* iii. 445. *f.*

יַבֶּשֶׁת, ii. 518. *h.* *i.*

יַבֶּשְׁתָּא, ii. 518. *i.*

יְגֹאֲלוּ — יְגֹאֲלוּ מִן־הַכְּהֻנָּה, iii. 472. *h.*

יָגֵב, i. 29. *h.* iii. 315. *b.*

יֹגֵב, i. 465. *e.* 494. *h.* — יֹגְבִים, i. 481. *a.*

יָגָה, i. 292. *e.*

יָגוֹן, i. 717. *g.* ii. 299. *a.* 394. *b.* 434. *g.* 529. *h.* 716. *b.* 834. *h.* iii. 228. *c.*

יָגִיעַ, i. 903. *g.* ii. 180. *a.* 298. *c.* 299. *a.* 482. *b.* 834. *h.*

יְגִיעָה, ii. 302. *d.*

יָגַע, i. 174. *f.* 714. *d.* 793. *g.* ii. 284. *b.* 298. *c.* 408. *b.* 481. *h.* 677. *a.* — יְגַע, ii. 136. *c.*

יָגָע, ii. 298. *c.* iii. 68. *g.*

יָגֵעַ, i. 668. *b.* ii. 298. *c.* 302. *d.*

יָגֹר, i. 524. *h.* 608. *c.* 736. *f.* 938. *i.* iii. 33. *f.* 350. *e.* 394. *g.*

יְגַר — יְגַר שָׂהֲדוּתָא, ii. 410. *h.*

יָד, i. 22. *k.* 23. *c.* 474. *g.* 477. *e.* 633. *c.* 645. *h.* 672. *b.* 950. *i.* ii. 21. *f.* 31. *c.* *h.* ii. 154. *d.* 277. *e.* 366. *g.* 410. *b.* 436. *e.* 526. *k.* 529. *i.* 539. *b.* 588. *h.* 761. *f.* 786. *d.* 834. *i.* 845. *h.* 896. *c.* 918. *b.* iii. 112. *h.* 135. *i.* 227. *c.* 283. *a.* 298. *a.* 372. *d.* 437. *b.* 439. *d.* 459. *b.* — יַד אֱלֹהִים הַטּוֹבָה, i. 942. *f.* — יַד יְקוּשׁ, ii. 619. *d.* — יַד מָצְאָה, ii. 355. *d.* — יַד עָמֵל, i. 172. *e.* — יָדַיִם, i. 217. *g.* ii. 845. *e.* — יָדוֹת, ii. 244. *f.*

יַדְבִּיקוּ, ii. 242. *i.*

יָדָה, iii. 281. *b.*

יָדָה, i. 824. *f.* — דָּה., i. 435. *a.*

יְדוּעַ, i. 678. *g.*

יָדוּעַ, i. 508. *f.* 509. *f.* 880. *d.* iii. 179. *e.*

יְדוֹת, iii. 440. *e.*

יְדוּתוּן, ii. 83. *g.*

599. i. iii. 469. i. — יוֹצֵר, iii. 52. h.

יוֹקְשִׁים, ii. 619. a.

יוֹרֵא, ii. 909. i.

יוֹרֵד, ii. 164. a. — יוֹרְדֵי בוֹר, i. 41. a.

יוֹרֶה, i. 491. d. 952. d. ii. 909. h. iii. 281. h. 282. a.

יוֹרֵשׁ, i. 362. h. ii. 272. g.

יוֹשֵׁב, i. 783. i. ii. 241. f. 242. b.

יוֹשֶׁבֶת, ii. 241. f.

יוֹתֵר, ii. 390. i. 456. i. 743. i. 744. g. iii. 328. i.

יוֹתֶרֶת, ii. 382. h.

יָזַם, i. 888. c.

יֶזַע, i. 454. a. ii. 85. d.

יְחַבֵּל, ii. 85. d.

יַחַד, i. 161. b. 785. a. 910. f. ii. 116. d. 477. h. iii. 169. b. — יַחֵד, i. 955. a. ii. 475. i.

יָחַד, i. 141. b. 404. k. 405. b. f. 461. a. 792. e. 905. i. ii. 75. f. 193. i. 443. f. 558. h. 560. h. 562. f. 611. b.

יַחְדָּו, i. 125. h. 141. c. 405. a. c. d. f. ii. 558. h. iii. 425. h. 496. g.

יָחִיד, i. 11. i. 13. a. ii. 475. h. 476. e. 477. a. b. 478. b. d. 754. c.

יְחִידָה, ii. 477. g. 805. a.

יָחִיל, iii. 347. c.

יָחַל, ii. 721. c. iii. 336. f. — יִחֵל, i. 190. i. 369. h. 560. d. 749. i. 827. h. 838. b. 841. f. ii. 149. h. 735. g. 877. e. 882. d. iii. 347. c. 361. h.

יָחַם, i. 666. h. ii. 266. c. 345. a. 650. d.

יַחְמוּר, i. 63. a. 468. e.

יָחֵן, i. 530. b.

יָחֵף, i. 252. c. iii. 288. b.

יַחַשׂ, iii. 188. c.

יָטַב, i. 347. f. 453. c. 926. h. i. ii. 145. c. iii. 425. h. — יָטַב בְּעֵינֵי, i. 347. g. 348. b. — יֵטַב לִבְּךָ, iii. 30. c.

יָטָה, i. 447. g.

יַיִן, i. 380. c. 502. h. ii. 242. c 539. c. 542. b. 543. a.

יַכֵּהוּ, i. 894. e.

יָכוֹן, i. 674. h.

יָכִיל, i. 650. a. iii. 300. a.

יָכֹל — יָכֹל seq. ל, ii. 727. b.

יָכֹל, i. 218. e. 644. d. 650. a. 722. h. 809. d. ii. 108. f. 172. d. 529. i. iii. 177. i. 357. a. 472. a. — יָכֹל יָכֹל, i. 650. e. — יָכֹל seq. ל, iii. 333. b. — יָכֹל לִרְאוֹת, i. 460. d. — יָכֹל רְאוֹת, i. 846. c. iii. 397. h.

יְכֹל, i. 644. g. 684. a.

יָלַד, i. 284. a. 490. h. 499. b. 674. d. ii. 330. d. 806. i. iii. 139. i. 248. g. h. 271. h. — יִלֵּד, ii. 400. g. 401. d.

יֶלֶד, i. 359. b. ii. 428. b. 494. b. h. 497. h. 498. c. 621. b. 624. e. 626. g. iii. 248. c. 318. d. — יֶלֶד et נַעַר, ii. 624. f.

יַלְדָּה, ii. 302. g. 624. i.

יַלְדוּת, ii. 494. d. 498. f. 624. i.

יַלֶּדֶת, i. 490. i.

יִלּוֹד, i. 330. i. 490. i. 499. b. iii. 272. a.

יָלוּד, i. 492. b. ii. 624. f.

יְלִיד, i. 286. c. 488. h. 491. e. 700. f. iii. 318. d. — יְלִיד בַּיִת, ii. 536. f. g.

יָלַךְ, i. 100. d. 162. e. 203. k. 261. a. 277. c. 288. d. 292. g. 323. a. 325. i. 332. d. 430. i. 572. g. 606. k. 682. i. 684. a. 692. g. 694. f. 723. e. 806. i. 829. i. 832. b. 843. i. 892. f. 914. c. ii. 19. d. 44. c. 161. h. 267. d.

284. *c.* 475. *b.* 523. *k.* 544. *e.* 556. *g.* 643. *c.* 680. *d.* 738. *h.* 838. *c.* 849. *b.* 865. *f.* 870. *e.* 879. *i.* iii. 15. *a.* 154. *g.* 168. *d.* 177. *g.* 196. *i.* 204. *d.* 248. *g.* — ילך et בוא, ii. 838. *d.* — ילך בשבי, i. 75. *a.* 84. *d.* — ילך הלוך, ii. 857. *e.* — ילך שפוף iii. 205. *e.* — ילך עבד, i. 795. *g.*

ילל, i. 256. *i.* ii. 245. *i.* 553. *e.*

יללה, i. 114. *e.* ii. 68. *g.* 553. *e.*

ילע, ii. 84. *d.*

ילפת, ii. 367. *i.*

ילק, i. 107. *g.* — ילק et ארבה, i. 477. *b.*

ילקוט, i. 188. *f.* iii. 141. *b.*

ים, i. 207. *d.* 403. *f.* 495. *g.* 652. *f.* 908. *g.* ii. 31. *h.* 391. *c.* 650. *b.* 657. *g.* 759. *a.* 815. *f.* iii. 316. *a.*

ימא, ii. 32. *b.*

ימות, ii. 64. *i.*

ימים, i. 441. *h.* 457. *e.* 458. *a.* 851. *b.* ii. 24. *a.* *b.* 127. *i.* iii. 463. *g.* — ימי, i. 396. *i.* — ימי חיים, i. 457. *f.* — ימי קדם, i. 761. *e.*

ימים, ii. 759. *a.*

ימימה, ii. 22. *g.*

ימין, i. 531. *d.* *h.* 532. *a.* 683. *c.* 922. *i.* ii. 32. *b.*

ימית, ii. 34. *g.*

ימני, i. 531. *i.* 532. *b.* 688. *h.*

ימצא, i. 946. *k.*

ימש, iii. 479. *b.*

ינח, ii. 172. *d.* iii. 126. *e.*

ינון, i. 564. *h.*

ינח, i. 227. *h.* 813. *e.* 831. *e.*

יניקות, i. 268. *g.*

ינק, ii. 55. *f.* 483. *h.* 624. *f.* iii. 271. *e.* 369. *g.*

ינשוף, ii. 83. *c.* 338. *a.*

יסבו, i. 882. *e.*

יסד, i. 542. *c.* ii. 45. *a.* *g.* 100. *f.* 212. *c.* 333. *b.* 621. *h.* iii. 186. *a.* — יסד, ii. 45. *i.* — יסד, i. 885. *g.* ii. 44. *c.* 45. *f.*

יסוד, i. 446. *e.* 534. *g.* 684. *b.* 710. *e.* ii. 45. *a.* *h.* *i.* 439. *f.* iii 221. *f.*

יסודה, ii. 45. *b.*

יסור, i. 420. *b.* 710. *f.* ii. 319. *b.* 727. *c.*

יסף, i. 8. *i.* 186. *h.* 262. *h.* 684. *b* ii. 630. *f.* 783. *c.* 879. *i.* 882. *e.* 898. *b.* iii. 117. *i.* 462. *i.*

יסר, i. 370. *c.* 420. *a.* ii. 623. *g.* — יסר, i. 270. *k.* ii. 511. *e.*

יעד, i. 587. *e.* 803. *e.* 886. *b.* ii. 123. *g.* 561. *a.* iii. 177. *g.* 240. *c.*

יעדיכם, i. 962. *b.*

יעה, iii. 236. *k.*

יעטין, iii. 146. *d.* 390. *b.*

יעים, i. 15. *i.* 22. *f.* ii. 52. *i.* 53. *a.* 71. *f.* 80. *e.* 144. *d.* 315. *a.* 925. *h.* iii. 386. *a.*

יעלה, ii. 930. *g.*

יעלו, i. 165. *a.*

יעלים, i. 742. *b.* *d.* ii. 495. *e.* iii 285. *i.*

יען אשר — יען, i. 241. *d.*

יעף, i. 320. *b.* 713. *d.* 714. *d.* 717. *k.* 739. *b.* ii. 296. *e.* 298. *d.* 366. *f.* 709. *f.*

יעף, i. 718. *a.* 899. *a.* ii. 100. *g.* 397. *a.* 709. *f.*

יעץ, i. 170. *i.* 469. *g.* 471. *f.* 663. *a.* 880. *g.* iii. 146. *f.* *h.* 178. *h.* 179. *b.*

יער, i. 29. *h.* 360. *d.* 472. *c.* 643. *e.* ii. 410. *i.* 430. *h.*

יערה, i. 643. *f.* ii. 261. *c.*

יעשו אשירה — יעשו, i. 138. *d.*

יפנשום, i. 128. *c.*

יָפָה, ii. 140. f. 141. d. f. 142. i. iii. 492. h. 494. d. — יָפָה, ii. 141. h.

יָפֶה, i. 5. f. 364. k. 384. d. 453. c. ii. 141. b. 142. e. iii. 493. b. — יְפֵה מַרְאֶה, i. 946. i. — יְפֵה נוֹף, i. 937. e. 947. b.— יְפֵה־פִיָּה, ii. 141. i. 142. i. — יְפֵה קוֹל, ii. 18. e.

יָפַח, i. 206. d. iii. 477. g

יְפִי : יֳפִי, i. 633. d. ii. 141. b. 142. f. 143. c. iii. 494. b.

יָפִיחַ — יָפִיחַ לוֹ, i. 762. i.

יְפֵיפָה, ii. 142. a. 143. a. iii. 493. h.

יְפֵיפִית, iii. 492. h.

יִפְעָה, ii. 141. b.

יָצָא, i. 103. i. 183. c. 200. f. 204. a. 206. d. 209. a. 211. b. 222. b. 277. c. 311. k. 332. e. 417. k. 458. i. 461. a. 499. b. 572. g. 604. g. 605. d. e. 606. k. 684. b. 692. g. 694. f. 719. d. 723. e. i. 727. k. 736. b. 795. g. 801. c. 804. d. 806. i. 809. d. 813. f. 815. c. 816. a. 817. c. 838. e. 914. d. 948. c. ii. 19. d. 100. g. 114. b. 170. i. 218. e. 239. c. 433. e. 680. d. 740. h. 806. i. 838. e. 840. e. 858. h. 870. b. 893. f. iii. 174. i. 175. g. — יָצָא, i. 816. a. — יֹצֵא, i. 491. e. — יָצָא לִפְקוֹד, i. 826. f.

יָצַג, iii. 346. b.

יִצְהָר, i. 739. h. ii. 154. e. 358. i. 766. k. iii. 108. h.

יָצוּעַ, ii. 287. g. iii. 123. h.

יָצוּק, ii. 229. i. 753. a. 759. i. iii. 467. h.

יְצוּקָה, iii. 469. i.

יַצִּיב, i. 106. h. 117. k. 120. i.

יַצִּיבָא, i. 106. g. 121. g.

יָצִיעַ, i. 771. e. ii. 221. a. 428. d. 784. i. iii. 123. h.

יָצַע, iii. 124. b.

יָצַק, i. 335. c. 601. h. 671. g. 737. g. 738. d. 741. i. 778. d. 888. d. 895. d. f. h. ii. 177. k. 229. i. 363. d. 806. i. iii. 446. c. 468. c. 470. d.

יָצַר, i. 314. c. 707. a. ii. 58. c. 62. h. ii. 63. e. 100. g. 169. b. 205. f. 214. i. 333. b. 393. h. 778. e. 807. a. iii. 15. c. g. 100. b. 193. e. 276. h. 470. d.

יֵצֶר, i. 117. k. 666. f. ii. 778. e. 811. k. 831. i. — יֵצֶר מַחֲשָׁבוֹת, i. 567. a. ii. 72. d.

יְצֻרִים, ii. 819. a.

יָצַת, i. 601. h. 708. e. 762. c. ii. 130. c. 176. b. — יָצַת בָּאֵשׁ, ii. 176. b.

יֶקֶב, ii. 281. f. 373. h. 542. c. 867. a. iii. 346. f. — יִקְבֵי, i. 305. c.

יִקְבְהוּ — יִקְבְהוּ לְאוֹם, i. 542. e. ii. 360. f.

יָקַד, i. 708. e. ii. 130. c. iii. 392. c.

יָקֶה, i. 538. c.

יְקָהָה, i. 497. c. ii. 878. a. iii. 208. b.

יְקוּם, i. 202. b. 208. c. 799. f. 831. h. iii. 352. b. 354. h.

יָקוּשׁ, ii. 95. a. 619. d.

יְקוּשׁ, i. 775. c. 888. e. ii. 58. a. iii. 61. h.

יָקַח, ii. 510. g.

יְקִידְתָא, ii. 130. c.

יַקִּיר, i. 13. b. 440. b.

יַקִּירָא, iii. 274. a.

יָקַע, i. 420. c. ii. 493. d.

יָקַף, ii. 807. a.

יָקַץ, i. 663. a. 719. e. 800. b. 803. e. 822. f.

יָקַר, i. 628. c. 787. e. f. ii. 800. h.

iii. 272. d. 273. b. 274. b. — יְקַר שַׂגִּיא קֳבֵל, i. 635. f.

יְקָר, i. 629. d. 633. e. 635. e. 787. f. iii. 273. b. 482. b. 485. e.

יְקָר, i. 787. f. ii. 788. d. 828. f. iii. 79. d. 273. b. 274. a. 462. a. 465. e. — יְקַר הֲלָךְ, iii. 385. c. — יָקָר seq. ם, iii. 274. d. — יְקַר פִּדְיוֹן, i. 246. g. — יְקַר רוּחַ, ii. 404. b.

יְקָרָא : יְקָר, i. 787. f. iii. 273. b.

יְקָרָה, iii. 272. e. 273. b. — יְקָרוֹת, i. 773. d.

יְקָרָה, ii. 246. d.

יָקֹשׁ, ii. 58. d. 95. a. iii. 186. a.

יָקְתְאֵל, i. 817. d.

יָרֵא, i. 36. a. 501. g. 813. f. 938. c. i. 940. a. ii. 508. b. 576. a. iii. 30. h. 150. a. 394. g. h. 407. g. — יְרֵא, i. 463. g. iii. 395. h. — יְרֵא אֱלֹהִים, ii. 49. d.

יָרֵא, iii. 30. h.

יִרְאָה, i. 876. b. 950. i. ii. 386. h. 389. b. iii. 394. i. 397. c. — יִרְאַת אֲדֹנָי, ii. 49. c. — יִרְאַת יְהוָֹה, i. 950. i. ii. 49. d. 896. c. iii. 179. f.

יָרֵב, i. 616. c.

יָרֵב, ii. 81. f.

יָרַד, i. 162. e. 298. a. 544. b. 607. a. 692. g. 710. f. 843. i. 874. c. 914. d. ii. 112. i. 159. a. 161. h. 164. h. 168. a. 172. h. 204. c. 217. g. 225. c. 276. b. 646. i. 698. b. 709. f. 729. k. 768. a. 838. e. 857. e. iii. 152. c. 307. f. — יֹרֵד, ii. 442. c. — יָרַד אַחֲרֵי, iii. 130. a.

יָרַדְתָּ, iii. 298. a.

יָרָה, i. 101. e. 435. a. 735. i. 850. g. ii. 100. g. 223. d. 796. i. iii. 11. h. 281. c. 341. k. — יֹרֶה, i. 466. b. iii. 13. a.

יָרֵחַ, ii. 458. f. 459. a. iii. 34. a.

יַרְחִין, — יַרְחִין תְּרֵי עֲשַׂר, i. 654. e.

יָרַט, i. 384. a. 435. b. 752. a. 936. a. iii. 11. i.

יָרִיב, i. 44. e. 615. e. ii. 321. f.

יְרִיעָה, i. 397. c. 533. e. ii. 93. c. 144. e. iii. 54. c.

יָרֵךְ : יְרֵךְ, ii. 22. g. 245. h. 277. e. 460. e. 600. g. 625. c. 774. g. iii. 49. e. 440. f.

יַרְכָּה, i. 109. k. 431. f. 918. h. ii. 45. b. 277. e. 283. a. 436. e. 460. e. 572. e. 573. a. 672. a. 785. a. iii. 363. g.

יַרְכְּתֵי, ii. 457. h.

יַרְמוּן, i. 467. h.

יָרַע, i. 348. a. 447. c. ii. 136. d. 393. i. 834. c. d. iii. 60. c. d. 307. h. — יֵרַע בְּעֵינֵי, i. 56. a. 440. h. — יָרַע רָעָה, ii. 834. b.

יָרָק, i. 762. b. 871. h. ii. 918. a. iii. 451. b.

יָרֹק : יֶרֶק : יָרֶק, ii. 364. a. iii. 451. a.

יֵרָקוֹן, i. 215. i. ii. 89. g. iii. 498. c. d.

יְרַקְרַק, iii. 450. i. 451. c.

יָרַשׁ, i. 32. c. 698. f. 705. e. 799. e. ii. 178. f. 183. a. 236. k. 240. h. 271. e. 272. h. 273. a. 274. a. 341. g. 355. d. 536. i. 656. k. 716. f. 919. f. — יָרֵשׁ, i. 454. b.

יְרֻשָּׁה, ii. 272. b.

יְרֵשָׁה, ii. 271. f. 272. b. 273. a. 330. e.

יֵשׁ, i. 75. a. 684. c. 967. f. ii. 162. b. iii. 323. g. 343. i. 345. b. — יֵשׁ לְאֵל, ii. 108. f.

יָשַׁב, i. 196. a. 293. f. 326. a. 335. e. 444. h. 554. h. 555. b. 564. i. 591. h. 663. h. 664. a. 669. k.

672. h. 684. b. 783. h. 807. c. 821. d. 857. i. 882. b. 948. c. ii. 27. e. i. 100. h. 117. a. f. 118. i. 120. c. 121. c. 130. d. 166. c. 190. d. 192. i. 201. c. 216. a. 236. i. 240. h. 241. i. 248. i. 284. c. 286. i. 408. b. 433. e. 534. c. 586. b. i. 630. g. 651. e. 659. h. 677. h. 687. b. 701. h. iii. 127. i. 130. e. 201. f. 323. g. 347. d. — יֹשֵׁב, i. 486. h. — יָשַׁב, ii. 216. a. — יֹשֵׁב בְּמַאֲרָב, i. 669. h. — יָשַׁב לִשְׁתּוֹת, ii. 346. b. — יָשַׁב עַל כִּסֵּא מַלְכוּת, i. 779. b.

יָשׁוּד, i. 519. d. f. g.

יְשׁוּעָה, iii. 224. k. 225. b. 226. b.

יְשׁוּעָתָה, iii. 225. b.

יֶשַׁח, i. 593. g. 823. h. iii. 206. d.

יַשְׁחִית, ii. 619. d.

יִשְׂחָק, i. 487. g.

יִשַׁי, i. 826. a. 839. c.

יָשִׁים, i. 759. a.

יְשִׁימוֹן, i. 251. c. 256. h. 411. f. 908. h. ii. 87. e.

יָשִׁישׁ, ii. 405. a. 628. g. 851. i. 852. b. iii. 464. c.

יְשַׁלַּח — יְשַׁלַּח מָדוֹן, i. 631. d.

יָשֵׁם, i. 411. g. 910. a.

יִשְׂמַח, ii. 695. g.

יָשֵׁן, ii. 284. c. iii. 339. i. — יָשֵׁן, ii. 285. g.

יָשָׁן, i. 361. i. ii. 628. h. i.

יָשֵׁן, ii. 117. g. 284. c. 528. h. iii. 339. d. 340. b.

יְשַׁנּוּ, i. 300. b.

יֶשַׁע, i. 306. g.

יֵשַׁע, i. 745. e. ii. 87. f. iii. 15. i. 221. g. 224. k. 225. b. 226. b.

יְשֻׁעָתָה, iii. 221. g.

יָשְׁפֵה, ii. 570. a.

יָשַׁר, i. 347. g. 348. b. 362. h. 929. f. 935. b. g. 960. h. ii. 17. g. 18. a. 168. c. 234. c. — יָשַׁר, i. 935. g. 936. b. ii. 234. c. 243. c. 555. g. 586. b. — יָשַׁר בְּעֵינֵי, i. 347. g.

יָשָׁר, i. 5. g. 118. a. 120. i. 213. c. 431. a. 451. c. 611. c. 729. c. 934. e. f. 936. d. ii. 142. f. 243. c. 585. e. g. 597. c. — יָשָׁר בְּעֵינֵי, i. 627. g. — יְשַׁר לֵבָב, ii. 863. d. — יָשָׁר עֵינַיִם, i. 934. f. — יְשָׁרִים, iii. 183. d.

יֹשֶׁר, i. 120. k. 131. h. 281. g. k. 611. c. 935. g. 936. d. ii. 115. h. 432. f. 585. g. 597. f.

יִשְׂרָאֵל, ii. 48. a. 95. i.

יְשָׁרָה, i. 936. d.

יְשֻׁרוּן, i. 12. b. 935. h. 936. c.

יָשֵׁשׁ, i. 259. c.

יָתֵב, ii. 118. k. 120. h. 121. c. 534. d.

יָתֵד, i. 225. i. 370. d. ii. 695. i. iii. 105. i. 240. d.

יָתוֹם, ii. 595. g. 919. i.

יְתוּר, ii. 214. f.

יַתִּיר, iii. 337. a.

יַתִּירָה : יַתִּירָא, ii. 744. i. 745. a. c. iii. 330. g.

יֶתֶר, i. 66. h. i. 452. f. 748. h. 865. b. ii. 186. b. f. 188. h. 365. i. 366. h. 368. a. 378. g. 390. i. 499. f. g. 721. d. 737. c. 744. h. 745. b. 771. e. iii. 59. a. 61. c. 218. c. 345. f. 346. b. 374. a.

יֶתֶר, i. 849. i.

יִתְרָה — יִתְרָה עָשָׂה, iii. 221. g.

יִתְרוֹן, ii. 743. c. i. 783. b. 861. i.

יְתָרִים, ii. 270. d.

יֶתֶרֶת ii. 744. i.

כ

כ praefix. i. 672. c. 689. h. 969. h. ii. 25. e. 98. i. 113. g. 159. c. 442. d. 598. f. 601. d. 602. h. iii. 278. e. 325. e. 487. d. 495. i. 496. k. — כ. כ. ii. 161. b.

ךָ suffix. iii. 74. h.

ךְ, ii. 84. a.

כָּאַב, i. 116. a. ii. 831. d. — כְּאֵב, ii. 835. a. — כְּאֵב לֵב, ii. 394. d.

כָּאָב, ii. 412. c.

כְּאֵב, i. 116. c. ii. 393. i. 698. i. 785. d. 834. i. iii. 286. h.

כְּאָבִיר, ii. 820. d.

כְּאֶחָד, i. 141. b. 405. c. ii. 558. g. 562. f.

כְּאַיִן, ii. 605. g.

כְּאִישׁ. — כְּאִישׁ אֶחָד, ii. 588. h. i.

כְּאֵם, ii. 63. f.

כַּאֲרִי, i. 79. d. ii. 595. c.

כְּאָשָׁם, i. 668. i.

כַּאֲשֶׁר, i. 100. i. 657. a. 677. e. ii. 25. e. g. 112. c. 113. g. 123. k. 159. a. 596. e. iii. 27. h. 299. f.

כְּאֶתְמוֹל. — כְּאֶתְמוֹל שִׁלְשׁוֹם, i. 689. f.

כָּבֵד, i. 438. h. 440. a. c. g. h. 441. b. 635. f. 703. i. 773. a. ii. 163. h. 239. d. 264. e. 422. i. 827. i. iii. 394. i. — כָּבֵד, i. 633. e. 940. b. ii. 905. b. iii. 272. e. — כִּבֵּד, i. 787. h.

כָּבֵד, i. 193. a. 437. b. 439. c. 440. c. f. cf. i. 506. h. 633. e. 773. d. 781. g. 792. e. ii. 25. i. 104. g. 163. h. 422. i. 786. e. 799. a. 826. b. iii. 107. e. 214. e. — כְּבַד לָשׁוֹן, i. 438. b. 473. e. — כְּבַד פֶּה, ii. 103. h.

כֹּבֶד, i. 440. d. 633. i. ii. 786. e.

כְּבֵדֻה, i. 437. b.

כְּבֵדֻת, i. 454. c.

כָּבָה, i. 318. e. 875. b. ii. 33. a. 213. f. iii. 29. h.

כָּבוֹד, i. 439. c. 504. i. 633. e. 635. g. 773. d. 945. g. ii. 26. a. 142. f. 386. i. 636. e. 800. d. iii. 273. b. 318. d. — כְּבוֹדִי לְקַלְפָּה, i. 438. e.

כְּבוּדָּה, i. 438. a. 633. i. 773. e. iii. 124. b.

כָּבִיר, ii. 26. a. iii. 122. a.

כַּבִּיר, i. 91. i. 200. h. 440. i. 441. a. 650. a. 773. f. h. 787. f. ii. 786. e. 787. g. 826. b. — כַּבִּיר אֲמָרִים, ii. 825. h. cf. 828. d. — כַּבִּיר יָמִים, ii. 829. e.

כֶּבֶל, ii. 704. h. iii. 443. g.

כְּבֶלַע, i. 800. g.

כָּבֵס, i. 313. d. ii. 800. i.

כֹּבֵס, i. 505. i.

כֹּבַע, ii. 733. a.

כִּבֵּר, ii. 16. i.

כָּבָר, i. 440. h.

כְּבָרִאשׁוֹן, i. 761. i.

כִּבְרָה, ii. 304. d. 378. e. f.

כִּבְרַת. — כִּבְרַת אֶרֶץ, iii. 425. b.

כָּבַשׁ, i. 455. b. 659. a. 698. g. ii. 172. e. k. 182. e. 183. a. 230. g. 310. e. 312. e. 314. e. iii. 355. d. 489. g.

כֶּבֶשׂ, iii. 350. c.
כֶּבֶשׂ, i. 153. k. 154. d. 349. a. 355. k. 358. f. 574. g. 858. h.
כִּבְשָׂה : כַּבְשָׂה i. 153. h. ii. 858. h.
כִּבְשָׁן, ii. 146. a. b.
כְּגִיל, iii. 182. b. 200. e.
כַּד, iii. 315. c.
כִּדְבָה, iii. 477. c.
כַּדָּבָר, i. 776. f. — כַּדָּבָר הַגָּדוֹל הַזֶּה, ii. 559. c. — כַּדָּבָר הַזֶּה, ii. 611. a. — כַּדְּבָרִים הָאֵלֶּה, ii. 611. d.
כְּדֹד, i. 211. h.
כְּדָוִיד, ii. 99. i.
כְּדַי, ii. 88. b. 158. h. 550. h.
כַּדְכֹּד, ii. 82. d. 157. h. iii. 453. b. 456. d.
כַּדֶּרֶךְ, ii. 118. f.
כָּהָה, ii. 134. i. 147. g. 148. i. 439. d. 714. d. ii. 761. b. 931. b. iii. 67. b. 68. h. — כִּהָה, i. 739. b. ii. 511. e.
כֵּהָה, i. 95. h. 147. f. 396. b. ii. 81. f. 149. b. iii. 309. e.
כְּהַיּוֹם, iii. 38. e.
כְּהַל, i. 644. g.
כָּהַן, ii. 304. h. — כִּהֵן, ii. 85. g. 367. a. 748. i. — כֻּהַן, ii. 85. f.
כֹּהֵן, i. 38. f. 366. e. 397. h. 443. d. ii. 85. h. 86. d. 87. e. 377. b. iii. 179. f. 318. e. — כֹּהֲנִים, ii. 85. g. iii. 220. e.
כָּהֵנָּה, ii. 611. a. — כָּהֵנָּה וְכָהֵנָּה, ii. 822. i.
כְּהֻנָּה, ii. 85. f. h.
כַּו, ii. 77. e.
כּוֹבַס, ii. 280. a.
כּוֹחַ, i. 714. d. iii. 75. f. 429. f.
כְּוִיָּה, ii. 177. e.
כּוֹכָב, i. 384. e. 385. f. — כּוֹכְבֵי בֹקֶר, i. 385. f.

כּוּן, i. 236. e. 499. c. 674. d. 722. h. 747. i. 924. d. 967. f. ii. 212. c. 234. d. 243. d. 537. a. 586. a 590. a. iii. 168. d.
כַּוָּנִים, ii. 247. i. iii. 436. d.
כּוֹנֵן, i. 268. c. 469. i. 619. h. 620. c. 674. d. 814. f. 886. d. 924. d. ii. 45. h. 697. e. 778. e. iii. 186. b.
כּוֹס, i. 502. g. 897. e. 915. b. ii. 294. f. 512. a. 844. a.
כּוּר, ii. 146. b. 930. c. iii. 469. k.
כּוּרְפָּא, i. 640. i.
כּוּשׁ, i. 64. k.
כּוּשִׁי, i. 64. i.
כּוֹשָׁרוֹת, i. 139. c. 212. i. 303. i. 308. g. 986. d.
כֵּז, i. 497. g.
כָּזֹאת, ii. 611. e. iii. 496. g.
כָּזַב, i. 334. d. 714. e. ii. 251. i. iii. 478. h. — כִּזֵּב, iii. 478. i. — כּוּזַב, i. 575. i. 591. d. 598. b. iii. 477. h.
כָּזָב, i. 48. k. 334. f. 624. f. 625. d. 630. g. ii. 130. h. 251. i. 414. d. iii. 477. c. 478. f. i.
כֶּזֶב, i. 66. k. 598. c.
כְּווֹת, ii. 782. g. 795. e. iii. 278. e.
כֹּחַ, i. 645. h. ii. 74. a. 104. g. 106. f. 422. i. 582. c. 619. e. — כֹּחַ כֹּחַ, ii. 108. f.
כָּחַד, i. 295. b. 410. h. 858. i. — כִּחֵד, i. 355. h. 559. a. 733. i. ii. 327. a.
כַּחֲדָה, i. 691. g.
כַּחוּץ, i. 823. a.
כֹּחַח, iii. 75. f.
כְּחֶתֶף, iii. 200. a.
כָּחַל, iii. 108. a. i.
כָּחַשׁ, i. 129. b. 355. h. ii. 230. h. — כִּחֵשׁ, iii. 477. e. i. 478. f. — כָּחַשׁ מַעֲשֶׂה, i. 814. d.

כָּחַשׁ, iii. 477. c. 478. f.—כְּחָשִׁים, iii. 477. c.

כִּי, i. 126. c. 518. e. 618. e. 620. h. 677. a. c. 899. a. ii. 25. f. 126. d. 456. h. 596. c. 600. i. 601. a. d. 602. b. h. 637. b. 835. a. 931. d. iii. 496. a. f. — כִּי אָזְלַת יָד, ii. 658. i. — כִּי אִם, i. 125. i. 126. c. 620. i. 676. i. ii. 602. b. 792. a. — כִּי אִם לִפְנֵי, ii. 456. i. — כִּי זִמָּה עָשׂוּ, i. 680. h. — כִּי טוֹב צִלָּהּ, i. 875. f. iii. 205. i. — כִּי יַעַן, i. 836. g. — כִּי נָעֵמוּ, ii. 17. a. — כִּי עַד, i. 970. e. — כִּי עַתָּה, i. 126. d. 389. k. 523. f. — כִּי תַרְבֶּה שֹׁחַד, i. 656. a.

כִּיד, ii. 918. g. iii. 211. c.

כִּידוֹן, i. 382. b. 482. c. 917. d. ii. 6. h. 77. a. 929. k.

כִּידוֹר, ii. 768. b.

כַּיּוֹם, ii. 118. f. iii. 38. e. — כְּיוֹם בְּיוֹם, ii. 23. f. — כְּיוֹם הַזֶּה, ii. 513. c. iii. 38. e.

כִּיּוּן, i. 148. a. iii. 3. i.

כִּיּוֹר, i. 446. e. 521. e. ii. 364. d. 391. c. iii. 467. i.

כִּיּוֹרוֹת, ii. 335. e.

כִּילַי, iii. 339. c.

כֵּילַפּוֹת, i. 617. c. ii. 359. h.

כִּיָּם, ii. 844. a.

כִּיסָּת', i. 353. e. ii. 694. b. 781. f. 789. h.

כִּיס, i. 434. h. 611. d. ii. 410. b. c.

כִּירוֹר, i. 521. f.

כִּירַיִם, iii. 468. a.

כִּישׁוֹר, i. 212. h. 213. d. iii. 156. c.

כָּכָה, i. 645. i.

כִּכָּר, i. 13. g. 587. e. 588. f. 688. h. ii. 736. h. i. 753. c. iii. 229. a. — כִּכַּר בִּקְעָה, ii. 753. d. — כִּכָּרִים, i. 622. h.

כִּכְּרוֹת, ii. 291. c. 732. h. — כִּכְּרוֹת לֶחֶם, i. 361. f.

כִּכְתָב, i. 100. i.

כִּכְתוּב, i. 547. i.

כָּל, i. 141. c. iii. 227. d. 420. b. — כָּל בֵּית, ii. 688. g. — כָּל חָרֵד בְּדִבְרֵי, i. 859. g. — כָּל יָמוּשׁ, i. 97. f. — כָּל מְאוֹרֵי אוֹר, iii. 370. e. — כָּל מְזִמּוֹת, i. 792. a. — כָּל עוֹד, i. 923. e. ii. 456. b. — כָּל־עֹז, i. 355. c. — כָּל־עֻמַּת, iii. 497. b. — כָּל קֳבֵל דִּי, ii. 231. i. — כָּל קֳבֵל דִּי מִן־קֳדָם מַלְכָּא, i. 627. h. — כָּל קֳבֵל דְּנָה, ii. 232. b. — כָּל־שֹׁקְדֵי אָוֶן, i. 690. e.

כֹּל, i. 688. h. ii. 474. b. 554. b. 598. f. 636. a. g. 694. c. 826. b. iii. 150. e. 450. h. — כֹּל הָעָם, i. 676. a.

כָּלָא, i. 218. e. 298. b. 303. b. 686. c. ii. 178. c. 346. i. 405. e. 647. a. iii. 180. i. 353. c. 408. g. 414. a.

כֶּלֶא, iii. 411. i.

כַּלֵּא, ii. 629. c. iii. 197. a.

כָּלְאוּ — כָּלְאוּ שָׁמַיִם, ii. 518. g.

כִּלְאַיִם, i. 235. a. 595. c. 623. e. 686. b. c. ii. 7. h. 346. f. iii. 360. k.

כֶּלֶב, ii. 57. h. 339. e. 345. b.

כָּלְבִּי, ii. 339. g. h.

כָּלָה, i. 189. c. 212. d. 268. d. 279. a. 306. g. 411. g. 501. g. 560. e. 588. d. 627. g. 714. e. ii. 223. h. 629. c. 680. d. 701. i. 793. e. iii. 25. d. 38. k. 154. c. 197. b. 254. b. 264. e. — כַּלָּה, i. 183. i. 189. c. 306. g. 601. i. 644. g. 714. e. 715. e. 730. h.

799. e. 817. h. 886. d. 970. d. ii. 201. d. 296. f. 588. a. 603. h. 694. d. 701. i. 793. e. 838. e. iii. 197. b. 212. b. 254. b. —
כָּלָה, iii. 194. f. 256. d.
כָּלָה, i. 693. f. 903. g. ii. 386. i. iii. 194. e. 195. f. 197. e. —
כָּלָה וְנֶחֱרָצָה, i. 198. g.
כָּלָה, iii. 212. c.
כַּלָּה, ii. 512. g.
כְּלָה, iii. 194. e. 197. a.
כְּלֹה, i. 560. d. iii. 150. e.
כְּלוֹ, i. 952. g. ii. 554. c. 694. e.
כְּלוּא, iii. 411. i. 414. b.
כְּלוּב, i. 16. a. ii. 137. f. 619. e.
כְּלוּלוֹת, iii. 251. f.
כֶּלַח, ii. 9. i. iii. 46. b. 194. h.
כְּלִי, i. 13. g. 16. a. 269. d. 319. g. 578. e. 716. d. 881. c. 901. h. 903. h. ii. 112. a. 215. g. 305. b. 320. i. 573. i. 581. f. 712. f. 761. a. iii. 52. i. 53. a. 68. a. 197. f. —
כְּלִי הַשָּׁרֵת, i. 556. i. — כְּלִי מַפָּץ,
טָהוֹר, iii. 474. f. —
ii. 713. d. — כְּלִי הַבָּקָר, i. 356. e. — כְּלֵי הַנְּעָרִים, ii. 621. b. —
כְּלִי זַעַם, ii. 573. f. — כְּלֵי כֵלָיו,
i. 470. c. — כְּלֵי נַעַר, ii. 624. f.
כִּלָּיוֹן, i. 714. f. ii. 387. a. 500. g. iii. 198. b.
כְּלָיוֹת, ii. 387. a. 694. e. iii. 286. a. 437. e.
כִּלְיוֹתַי, iii. 197. g.
כָּלִיל, i. 269. d. 568. h. ii. 552. d. f. 554. c. g. 632. h. 694. e. 749. a. iii. 102. e. 197. f.
כְּלִיל, i. 568. i.
כְּלִיל, iii. 195. a.
כְּלִמָּה, i. 392. i. ii. 564. g.
כִּלְכֵּל, i. 11. a. 352. g. 388. f. 591. a. 618. h. 733. d. ii. 234. h. 538. a. 849. h. iii. 45. f. 289. h. 347. d. 381. a. 453. h. — כַּלְכֵּל, ii. 636. g.
כָּלַל, ii. 749. a. iii. 197. f. 250. i.
כְּלָם, ii. 694. e.
כְּלָם, ii. 387. a.
כְּלִמָּה, i. 78. c. 234. c. 392. i. 441. g. 790. b. ii. 564. i.
כְּלִמּוֹת, i. 392. i. ii. 174. i.
כַּלְנֵה, ii. 694. f.
כֶּלַע, ii. 627. f.
כְּמֵבִיא, i. 693. h.
כָּמַהּ, i. 886. a. ii. 94. a. 842. g. h.
כַּמָּה, ii. 604. b. 842. i. — כַּמֶּה
פְּעָמִים, i. 621. i. ii. 842. f.
כְּמוֹ, i. 812. i. ii. 23. d. 159. b. 559. e. 560. h. 598. h. iii. 325. f. 497. a. — כְּמוֹ רֶגַע, i. 800. i.
כָּמוֹהוּ, iii. 278. e.
כָּמוֹשׁ, iii. 429. i.
כַּמַּיִם, ii. 559. d. iii. 180. i. 315. e.
כַּמֹּן, ii. 339. e.
כָּמֻס, i. 296. d. iii. 161. b.
כִּמְעַט, i. 475. d. f. g. 714. f. 953. a. ii. 457. e. 466. c. e. g. 547. f. 548. f. g. iii. 496. g. — כִּמְעַט
רֶגַע, ii. 466. f.
כְּמִצְעַר, i. 969. b.
כְּמָרִים, ii. 86. d. 663. g. iii. 469. f.
כִּמְרִירִים, ii. 762. h.
כְּמִשְׁפָּט, ii. 118. f.
כֵּן, i. 362. h. 367. d. 387. h. 446. e. 925. c. ii. 124. f. 276. b. 587. g. 559. d. 600. i. 611. d. iii. 10. f. 283. b. 316. b. 418. g. — כֵּנִים, i. 281. h. 687. e. ii. 585. g.
כְּנֶגֶד, ii. 559. e.
כַּנָּה, i. 461. b. 789. e. ii. 39. d. 876. c.

כָּנָה, ii. 212. e.
כַּנּוֹ, i. 658. e.
כְּנָוָה, iii. 172. e.
כִּנּוֹר, ii. 263. g. 265. h. 394. h. 581. f. iii. 474. i.
כְּנָוֺתָם, iii. 193. i.
כִּנִּים, ii. 280. i. iii. 61. d. 384. e.
כִּנְלֹתְךָ, iii. 39. a.
כִּנָּם, iii. 61. e.
כְּנֵמָא, ii. 319. c.
כָּנָס, i. 60. a. 330. g. 710. a. iii. 161. c. — כְּנַס, i. 884. a. iii. 470. d.
כִּנְעָה, iii. 352. c.
כְּנָעַן, iii. 429. e.
כְּנַעַן, iii. 430. a.
כְּנַעֲנִי, i. 760. f. iii. 430. b. c.
כְּנַעֲנִים, ii. 444. f. iii. 399. d. 430. b. c.
כָּנָף, i. 109. k. 169. b. 240. a. ii. 308. g. 756. g. 902. g. 914. e. f. i. 915. f. iii. 129. d. 301. k. 440. g.
כְּנַף, i. 388. h. 976. f. ii. 86. h.
כְּנַשׁ, i. 884. a. iii. 161. c.
כֵּס. — כֵּס יָהּ, ii. 309. a. 328. d. 329. e.
כֶּסֶא, i. 951. c. ii. 635. k. 826. b.
כִּסֵּא, i. 531. i. 623. f. ii. 69. i.
כָּסָה, i. 295. c. 858. i. 860. e. 871. h. ii. 144. g. 176. h. 184. h. 206. k. 724. a. 749. b. 882. e. 931. a. iii. 50. a. 63. h. 66. c. — כִּסָּה, ii. 70. a. — כְּסָה, i. 858. i. ii. 176. h. 225. f. 231. b. 325. h. 327. a. 725. i. 732. f. iii. 16. a. 51. i. 129. g. 130. c. 321. i. 343. g. — כָּסָה חֳרָלִים, iii. 455. i. — כִּסָּה פֶּשַׁע, i. 102. d.
כֵּסֶה, i. 951. b.
כִּסֵּה, ii. 70. a.
כְּסוּחָה, ii. 300. a.
כְּסוּי, ii. 143. f.
כְּסוּת, i. 159. e. ii. 93. k. 726. a. iii. 273. c.
כָּסַח, i. 201. g. iii. 11. i.
כַּסִּיל, ii. 482. i.
כְּסִיל, i. 230. g. 260. e. 374. g. 384. e. 424. i. 425. f. 426. a. 916. g. ii. 490. h. 661. g. iii. 405. c.
כְּסִיל, i. 385. f. ii. 449. f. iii. 494. k.
כְּסִילוּת, i. 425. f.
כָּסַל, i. 230. i. 377. e. 424. e.
כֶּסֶל, i. 230. f. 231. b. 424. i. 750. f. ii. 106. g. 350. a. 527. c. iii. 48. g. 456. e. 480. h. 481. g. 482. f. — כְּסָלִים, ii. 460. d. f.
כִּסְלָה, i. 424. i. ii. 150. d.
כִּסְלֵו, iii. 435. i.
כָּסַם, ii. 144. i.
כֻּסֶּמֶת, ii. 2. e. 554. k.
כָּסַס, iii. 169. g.
כָּסַף, i. 313. f. 925. d.
כֶּסֶף, i. 345. h. 346. a. c. f. 600. f. ii. 395. c. iii. 26. d. 42. c. 273. d. 460. e. 465. c. d.
כַּסְפָּא כְּסַף, i. 345. h. 346. f.
כַּסְפְּיָא, i. 346. a.
כְּסָתוֹת, ii. 886. g. iii. 321. d. 324. k. 412. h.
כְּעִין, iii. 496. b.
כְּעַן. — כְּעַן כָּל־קֳבֵל, i. 836. e.
כָּעַס, ii. 75. f. 434. i.
כַּעַס, i. 61. b. 508. f. ii. 74. a. 482. b. 582. c. 584. e. i. 691. i. 762. k.
כְּעֵר, ii. 155. h.
כְּעַרְבִי, ii. 559. h. 562. f.
כְּעֵת. — כָּעֵת חַיָּה, ii. 501. e. — כָּעֵת הָרִאשׁוֹן, ii. 912. d.
כַּף, i. 433. k. 521. e. 641. d. ii. 71. f. 76. g. 110. d. 141. d. 154. e.

258. e. 266. h. 779. g. 915. c. g. iii. 112. h. 239. d. 302. a. 440. f. — כַּף רַגְלַיִם, iii. 846. b. — כַּפַּיִם, ii. 630. f.

כָּפָה, i. 207. i. iii. 29. i.

כִּפָּה, i. 362. i. ii. 423. a. iii. 3. a.

כָּפוּל, i. 621. g.

כְּפוֹר, i. 643. d.

כְּפוֹרִים, ii. 260. b. iii. 386. d. 437. a. 446. a. — כְּפוֹרֵי זָהָב, iii. 466. k.

כַּפּוֹת, ii. 21. a. 248. a.

כְּפִי, ii. 100. h. 159. h. — כְּפִי אֲשֶׁר, i. 241. d. — כְּפִי תַחְרָא, i. 623. b. iii. 144. f. 203. i.

כֵּפִים, ii. 757. d.

כָּפִיס, i. 771. e. ii. 147. h. 399. h. iii. 170. i.

כְּפִיר, i. 640. i. ii. 347. f. 371. h. 372. d. 799. a. iii. 70. b. 71. f. — כְּפִיר אַרְיֵה, ii. 372. d.

כְּפִית, ii. 704. g.

כָּפַל, i. 621. a. 852. f.

כֶּפֶל, i. 621. g. ii. 917. h. iii. 342. f. — כִּפְלַיִם, i. 621. g.

כָּפַן, i. 235. f. ii. 379. d.

כָּפַן, ii. 740. a.

כְּפַעַם בְּפַעַם — כְּפַעַם, i. 54. d. 266. f. g. 676. d.

כָּפַף, i. 244. e. ii. 147. b. 176. i. 210. f.

כָּפַר, i. 136. f. g. 811. h. 388. e. ii. 91. f.

כְּפָר, ii. 347. g.

כֹּפֶר, ii. 557. g. 620. b. 702. i.

כִּפֶּר, i. 16. i. 62. e. 418. a. 707. g. 810. i. 811. c. ii. 90. g. 92. d. 114. c. 731. i. 750. d. — כֻּפַּר, i. 409. d. 798. a.

לְכַפֵּר, i. 895. i. ii. 347. f.

כֹּפֶר, i. 126. g. 136. g. 388. d. 811. d. ii. 340. h. i. 347. g. 395. c. 396. e. 732. a. — כִּפֻּרִים, i. 695. d. 811. c. f. ii. 91. d. 114. i.

כְּפָרִי, ii. 160. a.

כַּפֹּרֶת, i. 811. f. ii. 78. g. 203. i.

כְּפַת, i. 851. i. ii. 704. g. iii. 153. h.

כַּפְתּוֹר, ii. 78. g. 91. g. 537. f. iii. 211. g.

כְּצַל, ii. 421. g.

כַּר, i. 154. e. f. 349. a. 358. f. 453. a. 911. g. ii. 320. k. 480. e. 774. d. iii. 19. h. 286. a. 367. f. — כַּר מִשָּׁל, i. 912. a.

כֹּר, i. 432. k. 452. e. ii. 303. d.

כְּרָבִים, iii. 444. k.

כִּרְבֵּל, ii. 731. b.

כַּרְבְּלָה, iii. 268. b.

כְּרֶגַע, i. 691. g. 800. h.

כָּרָה, i. 608. e. 671. c. f. 713. a. 767. b. 785. d. 873. e. ii. 212. f. 215. a. 355. d. 363. d. 455. i. 469. e. 595. c. 672. g. iii. 48. c. 49. a. 139. g. 350. k.

כֵּרָה, ii. 650. f.

כְּרוּבִים, iii. 444. k.

כָּרוֹזָא, ii. 262. a.

כְּרוֹת, ii. 316. h.

כָּרִי, ii. 14. e. iii. 455. c.

כְּרִי, ii. 797. f. h.

כָּרִים, ii. 145. i. iii. 431. h.

כְּרִיתִית, i. 556. k.

כְּרִיתֻת, i. 282. d. 299. b. ii. 297. g.

כַּרְכֹּב, i. 917. d. iii. 182. g.

כַּרְכֹּם, i. 324. e.

כִּרְכֵּר, i. 185. f. 684. c. ii. 111. d. 595. h.

כִּרְכָּרוֹת, iii. 57. a. 402. b.

כֶּרֶם, i. 156. a. g. 472. k. ii. 331. c. 527. d. iii. 472. i.

כֹּרֵם, i. 156. d. ii. 331 e.

כַּרְמִיל, ii. 288. e.
כַּרְמֶל, i. 156. h. ii. 153. a. 364. b. 368. i. 599. a. iii. 447. d.—כָּרְמֶל et אָבִיב, i. 139. g. iii. 447. e.
כַּרְמֶל, ii. 773. g.
כָּרְסֵא, ii. 70. a.
כִּרְסֵם, ii. 194. f. 393. b.
כָּרַע, i. 52. c. 197. h. 284. g. 439. d. 601. i. 733. d. 756. i. ii. 109. d. 147. c. 178. c. 179. c. 182. f. 267. e. 276. c. 545. g. 768. b. 893. g. iii. 97. d. 98. g. 129. i. 135. g. 153. h. 233. c. 236. h.
כְּרָעַיִם, i. 111. d. ii. 845. i. iii. 49. e.
כַּרְפַּס, i. 480. c.—כַּרְפַּס וּתְכֵלֶת, ii. 153. g.
כְּרֵשׁ, ii. 282. d.
כָּרַת, i. 189. c. 299. d. 321. f. 409. e. 589. i. 668. d. 711. i. 734. a. 795. h. 817. c. h. 863. i. 948. c. ii. 100. i. 113. b. 301. a. 551. a. 748. f. 807. a. iii. 128. a. 130. f. 197. g. 199. g. 257. g. 269. f. — כָּרַת אֶת רֹאשׁ, i. 326. a. 297. d. — כָּרַת וְדָמָק, ii. 180. d.
כְּרֻתוֹת, ii. 233. a. 289. h. iii. 489. i.
כְּרֵתִי, iii. 213. d.
כְּרֵתִים, ii. 316. g. 323. g. 546. f. g. h. 552. a.
כֶּשֶׂב, i. 154. e. 349. a. ii. 858. h.
כִּשְׂבָּה, i. 153. h.
כַּשְׂדִּים, ii. 96. e. iii. 427. d.
כָּשָׂה, ii. 780. b.
כָּשׁוֹל נִכְשַׁל—כָּשׁוֹל, i. 230. d.
כַּשִּׁיל, ii. 712. f.
כְּשִׁית, i. 64. k.
כָּשַׁל, i. 52. d. 227. h. 377. e. 567. a. ii. 136. d. 194. e. 298. d. 505. b. 659. b. 768. b. 775. f. 866. f. 888. a. iii. 48. e. 201. g. 212. f. 335. e.—כָּשֹׁל, iii. 351. f.—כִּשַּׁל i. 390. h.
כִּשָּׁלוֹן, ii. 918. b.
כִּשְׁנֵי, i. 843. b.
כִּשֵּׁף, iii. 374. d.
כְּשָׁפִים, iii. 374. c. f.
כָּשֵׁר, i. 933. e. 948. d. iii. 110. h.
כִּשְׁרוֹן, i. 212. g. i. 512. c.
כָּתַב, i. 241. g. 286. h. 514. g. 548. b. 627. e. 662. a. 850. f. 967. g. ii. 103. d. 166. i. 230. g. 434. d. 714. b. iii. 127. h. 473. b. f. — כָּתַב סֵפֶר, iii. 127. f.
כְּתַב, i. 515. b. — כְּתַב דִּכְרוֹנָה, iii. 348. g.
כְּתָב, i. 286. f. 514. a. 881. d.
כְּתָבָא, i. 514. a. 515. b. 627. b. ii. 589. c.
כְּתָבָה, i. 514. a.
כְּתָבָם—.כְּתָבָם הַמִּתְיַחְשִׂים, i. 490. c.
כְּתֹבֶת, i. 512. e.
כְּתָהוֹ, ii. 605. g.
כְּתוּב, i. 286. f. 514. a.
כָּתוּב, i. 514. a. 661. h.
כִּתִּים, iii. 17. a.
כְּתִימְרוֹת, i. 179. b.
כָּתִית, ii. 297. c. 301. b.
כֹּתֶל, iii. 278. f.
כְּתַל, iii. 278. g.
כָּתְלָא, iii. 278. g.
כֶּתֶם, i. 346. a. 435. h. 549. d. 873. b. ii. 93. i. 375. h. 377. b. 828. f. h. iii. 85. i. 465. d. f. 466. d. — כֶּתֶם אוֹפִיר, i. 597. e.
כִּתְמָם, i. 797. a.
כְּתֹנֶת, ii. 281. b. iii. 449. a. 451. e.
כְּתֹנֶת : כְּתֹנֶת, iii. 111. c. 342. f. 449. a.

כָּתֵף, i. 514. a. ii. 277. f. 515. e. 798. a. iii. 440. g.

כֶּתֶף, i. 518. g. 899. i. ii. 277. f. 511. b. 515. e. 569. c. 594. e. iii. 489. i. 490. b. e.

כָּתַר, ii. 149. h. — כִּתֵּר, i. 548. i. 549. g. ii. 180. d. 433. e. 730. d. iii. 347. e.

כֶּתֶר, i. 549. e.—כְּתָרוֹת, iii. 468. f.

כֹּתֶרֶת, i. 109. c. 486. b. 504. f. 883. i. ii. 259. h. iii. 124. g. 468. e.

כָּתַשׁ, ii. 301. b. 412. c.

כָּתַת, i. 707. a. 711. e. ii. 301. b. 816. f. iii. 133. g. 134. c. 201. g. 277. b. — כִּתֵּת, ii. 180. e.

ל

ל prefix. i. 689. i. 703. i. 767. e. 776. h. 833. c. 842. c. 967. g. 969. h. ii. 159. b. 442. e. 596. f. 638. b. 721. d. 871. c. iii. 325. f. 496. b. 497. c.

לָא. — לָא עֲבַד, ii. 639. i.

לֹא, i. 134. d. 217. k. 403. f. 548. k. 672. d. 676. g. 680. i. 968. d. ii. 13. b. 48. b. 602. i. 603. h. k. 604. a. 606. d. 610. a. 611. i. iii. 125. i. — לֹא אָבָה, i. 271. a. — לֹא אֶחְבֹּל, i. 112. h.—לֹא אֶחָד, i. 126. e. 689. e. ii. 605. i. — לֹא אִישׁ, i. 689. d. e. — לֹא דָבָר, ii. 605. c. — לֹא דֶרֶךְ, i. 230. e. 567. h. — לֹא הֶאֱמִין, i. 2. k. — לֹא הוֹעִיל, i. 254. e. — לֹא הָיָה בָּהּ רוּחַ, i. 658. a. — לֹא הֵכִין לְבּוֹ, i. 336. c. — לֹא חָבַל, i. 48. k. — לֹא חָכָם, i. 230. g. iii. 407. c. — לֹא חָשַׂךְ, ii. 540. f. — לֹא טוֹב, i. 768. b. — לֹא יָדַע, i. 217. c. 286. c. — לֹא יִכְרַע, i. 41. g. — לֹא יָמִישׁ, i. 429. c. — לֹא יַעֲלֵם, i. 94. b. — לֹא יַעֲנֶה, i. 193. d. — לֹא יִפָּתַח, i. 41. h. — לֹא יָרֵא, i. 218. b. 422. a. — לֹא יָשַׁב, i. 256. i. — לֹא יָשִׁיב, i. 199. g. — לֹא כַבִּיר, i. 787. h. — לֹא כָהָה, i. 187. k. — לֹא כִחֵד, i. 763. c. — לֹא כֹל, ii. 603. k. — לֹא כֵן, i. 47. g. — לֹא מְאוּמָה, ii. 606. b. — לֹא מוֹט, i. 276. h. — לֹא מוֹל, i. 276. g. 700. f. — לֹא נָאוֶה, i. 685. i. — לֹא נֶאֱמַן, i. 2. i. — לֹא נָגַע, i. 450. a. — לֹא נִכְסָף, i. 260. f. — לֹא נִסָּה, i. 273. d. — לֹא נֻפַּח, i. 95. d. — לֹא נָתַן תְּנוּמָה, i. 803. f. — לֹא סוּר, i. 96. i. — לֹא עָבַר, i. 34. h. — לֹא עַל, ii. 605. e. — לֹא עָנָה, i. 237. b. ii. 917. c. — לֹא עָרַךְ, i. 53. d. — לֹא עֵת, i. 429. k. ii. 130. a. — לֹא פָחַד, i. 337. a. 422. b. — לֹא צָלַח, i. 218. b. — לֹא קָצַר, ii. 109. d. — לֹא רָאָה, i. 284. a. cf. ii. 251. i. — לֹא רֻחָמָה, i. 215. a. — לֹא שָׂבֵעַ, i. 281. b. 428. a.—לֹא שֹׂבַע

לְגֵו, ii. 560. g. iii. 307. d.
לְדָה, iii. 272. a. 278. i. 279. a.
לְדֹרוֹתָם, i. 405. h.
לְדַרְכּוֹ, i. 405. i.
לֶדֶת, iii. 278. i. — לֶדֶת חֹק, i. 499. c.
לָהּ, i. 657. e.
לַהַב, i. 84. e. ii. 662. e. iii. 108. f. 392. f. 393. f. — לַהַב חֲנִית, ii. 571. e. — לַהַב חֲנִית וְכִידוֹן, ii. 416. g.
לֶהָבָה, ii. 130. d. 227. a. 629. d. 924. c. iii. 378. e. 393. g.
לֶהָבֶת. — לֶהָבֶת חֲנִית, ii. 389. c. — לֶהָבֶת שַׁלְהֶבֶת, iii. 393. i.
לַהַג, ii. 430. a.
לָהָה, i. 714. f.
לָהַט, i. 189. d. — לֹהֵט, iii. 392. e. 393. h. — לְהַט, i. 200. f. ii. 176. b. 227. a. iii. 156. f. 392. d. 393. a.
לַהַט, ii. 349. c. 363. i. iii. 393. b.
לְהָטִים, i. 933. d. iii. 236. i.
לַהֲטָם, i. 301. f. ii. 26. e. iii. 374. c.
לְהַלֵּל, i. 69. d.
לָהֶם, i. 360. g. 657. g. 658. f. ii. 48. b. 816. f.
לָהֶן, i. 125. i.
לַהֲקָה, i. 709. i.
לַהֲפַת, ii. 557. f. iii. 208. b. 209. h.
לְהִתְגּוֹלֵל. — לְהִתְגּוֹלֵל עָלֵינוּ, ii. 237. e.
לוּ, i. 676. f. g. 680. i. ii. 610. b. 612. d. iii. 496. f.
לוֹ, i. 129. c. 657. e. 658. d. 696. c. ii. 611. i.
לוּא, ii. 604. h.
לוֹג, ii. 306. f.
לָוָה, i. 521. h. iii. 154. g. 155. f. 169. b.
לוּחַ, i. 157. b. ii. 157. d.
לוּחַ, i. 362. i. ii. 778. a. 779. h. 917. h. 923. e. iii. 24. a. d. 34. e. 39. i. — לוּחַ לֵב, iii. 104. b.
לוּחִית, ii. 775. b.
לוּט, i. 751. e. 776. d. 858. i. ii. 647. a.
לוֹט, i. 821. e. i. ii. 487. c. iii. 67. b. 91. e.
לֵוִי, ii. 370. d.
לִוְיָה, ii. 731. c. 884. h. iii. 102. f.
לִוְיָתָן, i. 640. i. ii. 262. f. 370. c
לוּל, i. 747. c.
לוּן, i. 398. h. ii. 189. f. 190. e. 284. d.
לוּעַ, i. 162. g. 668. c. ii. 162. b. 199. d. 204. d. 205. a. iii. 378. a.
לוֹעַ, ii. 207. c. 263. b.
לוּץ, ii. 183. i. 390. h.
לוּשׁ, iii. 292. b. 416. g. i. — לוּשׁ, iii. 416. i.
לוֹשֶׁן, ii. 183. i.
לָזוּת, i. 47. g.
לַח, ii. 371. d. 900. e. iii. 314. g. 451. b.
לֵחַ, iii. 444. e.
לָחוּם, i. 479. c.
לְחוּם, ii. 530. a. iii. 27. i.
לָחוּץ, i. 823. a. d.
לְחוּצָה, i. 823. a.
לְחִי, i. 791. i.
לְחִי, i. 511. i. ii. 415. g. 902. h. iii. 39. i. 437. d. — לְחָיַיִם, iii. 39. h.
לְחַטָּאת, ii. 723. f.
לַחַךְ, i. 715. g. 717. b. ii. 367. i.
לָחַם, i. 528. c. ii. 816. f. iii. 44.

e. 156. a. 165. c. 172. d. h. — לָחֹם לֶחֶם, iii. 170. g.

לֶחֶם, i. 352. c. 360. f. 457. f. 524. f. 554. e. 631. i. 656. d. 959. h. ii. 10. b. 165. d. 412. a. 765. g. 800. e. iii. 44. e. g. 45. g. 46. a. 286. e. 300. f. — אֵין לֶחֶם, i. 254. d. — אֲכָל לֶחֶם, i. 360. f. — לֶחֶם אִשֶּׁה, ii. 156. a. — לֶחֶם חֻקִּי, i. 533. a. iii. 192. e. — לֶחֶם יוֹמָם וְלַיְלָה, iii. 192. e. — לֶחֶם מַעֲרֶכֶת, i. 361. d. e. — לֶחֶם פֶּחָה, i. 454. e. — לֶחֶם פָּנִים, i. 361. b. e.

לַחֵם, i. 528. d. 640. d.

לְחֵנָה, ii. 655. f.

לַחְפֹּר — לַחְפֹּר פֵּרוֹת, ii. 594. h.

לַחַץ, i. 291. c. 707. b. ii. 62. h. 136. e. 650. i. 819. a. 884. i.

לַחַץ, i. 291. d. 707. b. ii. 63. e. g. 884. i. iii. 97. i.

לְחֻקַּת — לְחֻקַּת עוֹלָם, i. 86. c.

לַחַשׁ, i. 108. e. 827. f. 834. c. 899. g. ii. 465. a. 357. b. iii. 480. c.

לְטָאָה, i. 379. g. ii. 137. c.

לְטַהֲרָם, i. 407. h.

לְטוֹבָה, i. 833. a.

לָטִים, i. 834. b. iii. 374. c.

לָטַשׁ, i. 100. i. ii. 570. h. iii. 108. e. 429. b. — לֹטֵשׁ, iii. 216. b.

לִי, i. 464. d. 672. c. 751. e. ii. 22. g.

לְיָד, i. 550. f. ii. 638. a.

לִוְיוֹת, i. 919. h. ii. 886. d. iii. 471. e.

לְיַחַד, i. 405. e. 658. c. 792. e.

לֵיל, ii. 512. a. 513. h.

לַיְלָה, ii. 22. g. 458. g. 512. a. 513. h.

לִילְיָה, ii. 514. b.

לִילִית, ii. 357. g. 565. g.

לִיצִיבָא, i. 107. b. 797. e.

לִימֵי — לִימֵי עֲלוּמָיו, i. 214. e.

לַיִשׁ, i. 252. i. ii. 372. d. 381. h. 486. h.

לָךְ, i. 462. e. ii. 838. e. iii. 30. e. — לָךְ אַחַר, ii. 839. c.

לְךָ, i. 536. b.

לֵךְ, ii. 694. f. iii. 125. i.

לָכַד, i. 28. a. 124. d. 175. b. 357. d. 770. e. ii. 179. b. 181. d. 183. a. 184. h. 236. i. 271. f. 312. e. 349. i. 355. e. 839. g. 865. g. iii. 139. i. 180. i. 264. e. — לֶכֶד, iii. 140. i.

לֶכֶד, iii. 21. b.

לְכָה, i. 536. b. d.

לְכָה, ii. 838. e.

לְכוּ, i. 536. b. d. e.

לְכִי, i. 536. c.

לְכָל, ii. 606. e.

לְכֹל — לְכֹל אֲשֶׁר, ii. 112. c.

לְכָלָה, iii. 256. d.

לָכֶם, i. 657. g. iii. 126. a.

לָכֵן, i. 431. a. 523. f. 618. e. ii. 611. e. — לָכֵן עֲנִיֵּי הַצֹּאן, iii. 430. b.

לֶכֶת, ii. 836. g.

לְלֹא, i. 218. a. — לְלֹא דָבָר, i. 136. d.

לֻלָאֹת : לֻלָאוֹת, i. 22. h. 248. h. cf. 249. a.

לְמֹאל, iii. 166. i.

לָמַד, ii. 408. c. 838. f. — לִמֵּד, i. 525. e. 599. h. ii. 463. f. — לְמֹד, ii. 408. c. iii 316. b. — לַמֵּד, i. 600. d.

לְמַדַּי, ii. 88. b.

לְמֹדִים, i. 586. g.

לָמָּה, ii. 94. d. f. 460. c. 601. i. iii. 267. h. 268. a. 276. e. — לָמָּה זֶּה, i. 543. k.
לַמַּהֲלֻמוֹת, ii. 67. a.
לָמוֹ, ii. 34. g. 361. d.
לְמוּאֵל, i. 907. h.
לָמוּד, i. 599. a. ii. 408. c. 621. i.
לְמוֹעֵד, i. 886. h.
לָמוּת, ii. 34. c.
לַמַּחֲנֶה, i. 122. k.
לְמָחֳרָת, i. 835. i.
לְמַטָּה, ii. 245. b. iii. 343. h.
לְמָטָר, i. 678. h.
לְמִינָהּ, i. 658. c.
לְמַכְבִּיר, ii. 632. b.
לְמַלְאוֹת, i. 198. e.
לְמִלְחָמָה, ii. 817. c.
לְמֶלֶךְ, i. 445. k.
לְמִן. — לְמִן עוֹלָם וְעַד עוֹלָם, i. 87. d.
לַמְנַצֵּחַ, i. 867. i. ii. 504. c. iii. 243. g. 256. d. g.
לָמַס, iii. 338. h. 357. d. 402. e. — לָמַס עֹבֵד, iii. 339. b.
לְמַעְלָה, i. 253. g. i. 567. d. 833. d. g. iii. 214. e. 325. f. 327. a. — לְמַעְלָה לְמַעְלָה, i. 254. a.
לְמַעַן, ii. 94. c. 577. g. — לְמַעַן יִרְבּוּ יְמֵיכֶם, ii. 824. b.
לְמִקְצָת, iii. 257. a.
לְמַרְבֶּה, iii. 314. a.
לְמֵרָחוֹק, i. 309. g. ii. 402. g. 403. e. 404. f. 628. d. 841. h. k.
לְמַשָּׂא, iii. 403. d.
לְנֶגֶד, i. 274. f. 767. g. 792. a. 805. a. ii. 231. i. 232. c. 854. d. 871. d. iii. 370. e.
לָנוּ, i. 658. f. 672. e.
לְנִדָּה. — לְנִדָּה הָיְתָה, iii. 335. e.

לְנִידָה. — לְנִידָה הָיְתָה, i. 202. c.
לְנֹכַח, i. 792. b. ii. 232. c. 721. e.
לִנְפֹּל, ii. 769. h.
לְנֶפֶשׁ, i. 746. f.
לְנַפְשׁוֹתֵכֶם, i. 657. g.
לָנֶצַח, i. 85. i. 568. i. 644. g. iii. 256. e. 414. b. — לְנֵצַח נְצָחִים, iii. 464. f.
לָסוּר, i. 236. i.
לְסֵתֶר, ii. 328. i.
לְעֵבְרוֹ, i. 658. e. ii. 719. b.
לַעַג, i. 459. g. 700. e. 719. b. 819. h. 893. d. 894. d. ii. 100. i. 165. h. 229. g. 484. d. 488. i. iii. 376. i. 383. i.
לָעַג, i. 862. g. ii. 200. d. 484. g. 488. k. 564. i. iii. 9. b. 377. f.
לַעֲג, iii. 377. e. 384. c. — לַעֲגֵי שָׂפָה, i. 921. i. cf. 719. b.
לָעַד, i. 86. e. 87. e. h. 88. i. 564. i. ii. 410. f. i. iii. 256. f. — לָעַד עַד עוֹלָם, i. 87. a. — לָעַד עוֹלָם, i. 87. f. h.
לְעֵד, i. 41. e. 85. k. ii. 410. e.
לְעַד, i. 690. i. 923. f. h. 968. k. ii. 404. f.
לְעוֹלָם i. 84. i. 85. h. 86. b. f. i. 87. c. f. 88. f. — לְעוֹלָם וָעֶד, i. 87. b. g. h. — לְעוֹלָמִים, i. 86. i.
לְעֵילוֹם, i. 86. b.
לְעִתִּים, ii. 852. b. cf. i. 767. e.
לְעָלְמַיָּא, i. 86. f.
לְעָלְמִין, i. 85. b. 86. b. f.
לְעֻמּוֹת, iii. 496. c.
לְעֻמַּת, i. 189. h. 812. i. 969. c. ii. 124. f. 159. g. 231. i. 871. e. iii. 158. g. 159. h. 299. f. 340. b. — לְעֻמַּת מַחְבַּרְתּוֹ, iii. 158. h.
לַעַן, i. 133. i. 437. a. 921. i.

לַעֲנָה, i. 172. *f.* 429. *e.* ii. 580. *b.* 763. *a.* iii. 365. *f.* 452. *d.*

לַעֲנוֹת, ii. 770. *k.*

לַעֲרֹב, ii. 617. *g.*

לַעְשִׁיר, ii. 133. *a.*

לָעֵת, i. 765. *d.* ii. 25. *f.* 871. *e.*

לְעִתּוֹת, i. 858. *a.*

לִפְאַת, i. 282. *g.* 842. *i.*

לְפִי, i. 353. *a.* 543. *c.* 644. *g.* 690. *a.* *b.* 897. *f.* ii. 25. *f.* 123. *k.* 124. *g.* 159. *h.* 188. *e.* 431. *a.* 638. *e.* — לְפִי קָרֶת, i. 648. *e.*

לַפִּיד, ii. 357. *h.*

לְפִיהֶן, ii. 611. *c.*

לִפְנוֹת, ii. 721. *e.* 871. *g.* — לִפְנוֹת בֹּקֶר, ii. 909. *e.*

לְפָנֶיךָ, i. 86. *c.* ii. 854. *i.*

לִפְנֵי : לְפָנִים, i. 265. *g.* 274. *g.* 282. *g.* 361. *i.* 363. *a.* 365. *c.* 543. *c.* 690. *b.* 761. *g.* 767. *f.* *i.* 768. *b.* *d.* 792. *d.* 805. *b.* 842. *i.* 919. *e.* *h.* 952. *e.* ii. 16. *b.* 159. *i.* 231. *h.* 232. *a.* *c.* *f.* 341. *i.* 442. *f.* 573. *a.* 628. *d.* 638. *e.* 672. *h.* 853. *b.* 854. *d.* 862. *a.* 870. *f.* 871. *f.* 876. *f.* 904. *f.* *g.* *i.* 911. *h.* iii. 299. *b.* 340. *e.* — לִפְנֵי יְהוָה, i. 86. *d.* — לִפְנֵי מֶלֶךְ, i. 446. *a.*

לִפְנִימָה, i. 919. *f.* *h.* 920. *a.*

לָפֶת, ii. 734. *h.*

לֵץ, i. 99. *i.* 260. *b.* *f.* 425. *k.* 854. *i.* ii. 133. *d.* 390. *c.* 661. *h.* iii. 318. *e.* 332. *g.* 450. *d.*

לָצוֹן, i. 235. *f.* ii. 62. *h.* iii. 312. *f.* 450. *c.*

לְצַלְעוֹ, i. 796. *h.*

לִצְמִיתֻת, i. 450. *i.*

לִצְפוֹן, i. 666. *f.*

לָצִיץ, ii. 390. *e.*

לְקַבֵּל, ii. 232. *a.*

לְקָדִים, ii. 232. *a.*

לְקַדְמָה, i. 365. *b.*

לְקֹדֶשׁ, i. 20. *b.*

לְקוֹחַ, i. 35. *b.*

לָקַח, i. 27. *c.* 28. *b.* 33. *h.* 74. *b.* 75. *b.* 83. *f.* 180. *i.* 186. *h.* 201. *i.* 206. *d.* 218. *f.* 238. *c.* 303. *g.* 306. *g.* 333. *i.* 409. *f.* 501. *k.* 538. *c.* 549. *a.* 601. *i.* 690. *k.* 698. *b.* 713. *d.* 735. *i.* 793. *k.* 794. *d.* 823. *h.* 828. *g.* 838. *c.* 914. *d.* 967. *h.* ii. 113. *e.* 139. *b.* 184. *i.* 269. *g.* 293. *i.* 330. *c.* 352. *h.* 355. *e.* 374. *k.* 449. *c.* 450. *c.* 623. *g.* 656. *i.* 684. *g.* 852. *i.* 865. *d.* 868. *c.* 872. *k.* 876. *c.* 885. *b.* 890. *e.* 902. *c.* 908. *c.* iii. 71. *d.* 140. *a.* *f.* 161. *d.* 168. *c.* 169. *i.* 225. *b.* 279. *f.* 381. *a.* — לְקַח, i. 75. *b.* 499. *c.* — לָקַח אָחַז, ii. 355. *i.* — לָקַח בִּמְחִיר, i. 27. *c.* — לָקַח seq. ל, i. 794. *e.* — לָקַח לַעֲבָדִים, i. 638. *f.*

לֶקַח, i. 334. *e.* 538. *f.* 656. *e.* 686. *h.* 849. *i.* 853. *a.* 903. *h.* ii. 557. *b.* iii. 321. *i.*

לִקְחָה, i. 631. *i.*

לָקַט, iii. 140. *f.* 161. *d.* 209. *a.* — לִקֵּט, i. 188. *d.*

לֶקֶט, i. 312. *f.* iii. 140. *e.*

לְקֵץ, ii. 442. *f.* iii. 255. *k.* 256. *f.* *i.*

לִקְצָת, iii. 256. *i.*

לָקַק, i. 715. *g.* ii. 367. *i.*

לִקְרַאת, i. 248. *i.* 264. *k.* 265. *b.* *g.* 274. *h.* 761. *h.* 767. *i.* 805. *c.* 843. *a.* iii. 167. *b.* 340. *f.* — לִקְרַאת בּוֹא, iii. 167. *c.*

לֶקֶשׁ, i. 477. *b.* 969. *f.* ii. 617. *g.*

לְקֹשׁ, i. 901. *f.*

לִרְאוֹת, i. 265. *g.*

לְרֹאשׁ, i. 365. *b.*

לִרְגָעִים, i. 82. *d.* ii. 416. *a.*

לְרַגְלֵי, i. 843. *b.*
לְרִיק, i. 555. *g.* ii. 254. *c.*
לְרָצוֹן, i. 691. *i.*
לְרִקְמוֹת, i. 159. *e.*
לְשֹׂבַע — לְשֹׂבַע לֶחֶם, ii. 379. *f.*
לְשֵׁנִיָּה, i. 102. *c.*
לְשַׁד, i. 669. *e.* ii. 413. *e.* 430. *d.* 868. *g.* iii. 228. *b.*
לַשָּׁוְא, ii. 416. *a. b.*
לָשׁוֹן, i. 224. *g.* 480. *g.* 504. *i.* 505. *g.* 508. *g.* 560. *f.* ii. 74. *i.* 368. *c.* 391. *h.* iii. 9. *b.* 11. *c.* 420. *b.* 483. *a.*
לִשְׁכָּה, i. 398. *a.* 803. *i.* ii. 60. *i.* 189. *f.* 539. *c.* 696. *d.* iii. 54. *c.* 90. *d.* — לְשָׁכוֹת, i. 961. *h.* ii. 240. *h.*
לֶשֶׁם, ii. 375. *f.* iii. 311. *a.*
לְשֹׁן, i. 505. *b.*
לְשַׁעַר, ii. 923. *a.*
לַשֶּׁקֶר, i. 49. *e.* ii. 416. *c.*
לֶתֶךְ, i. 379. *k.* ii. 24. *e.* 365. *f.* 495. *b.*
לְתֻמּוֹ, i. 414. *e.* 951. *k.*

מ

מ praefix. i. 543. *b.* 695. *f.* 732. *k.* 765. *d.* 767. *e.* 804. *i.* ii. 13. *b.* 315. *e.* 347. *a.* 442. *e.* 638. *b.* 721. *f.* 854. *d.* iii. 161. *d.* 325. *f.*
מַאֲבוּסִים, i. 291. *a.*
מְאֹד, i. 495. *h.* 645. *i.* ii. 106. *g.* 374. *i.* 423. *a.* iii. 214. *d. f.*
מֵאָדָם, i. 226. *a.* 912. *g.*
מֵאָה, i. 76. *i.* 511. *a.* 696. *g.* 697. *a.* ii. 543. *h.* — מֵאָה פְּעָמִים, i. 696. *i.* — מֵאוֹת, i. 696. *i.* — מֵאוֹת שֶׁבַע, i. 898. *a.*
מְאַהֵב, i. 13. *c.* 900. *c.*
מַאֲוַיִּים, i. 857. *b.* 870. *f.*
מְאוּם, i. 656. *e.*
מְאוּמָה, ii. 432. *g.* 602. *c.* 605. *c.*
מָאוֹר, ii. 20. *f.* 54. *e.* iii. 370. *e.* 377. *d.* 422. *k.* 423. *i.* 424. *h.* 425. *e.*
מְאוּרָה, ii. 207. *g.*
מֵאָז, ii. 574. *i.* iii. 285. *e.*
מֹאזַנְיָא, ii. 7. *b.*
מֹאזְנַיִם, ii. 7. *a. b.* iii. 14. *e.*
מֵאָחוֹר, i. 652. *i.* ii. 572. *c.*
מֵאַחַר, i. 100. *e.* 818. *h.* ii. 572. *b.*
מֵאַחֲרֵי, i. 271. *a.* 283. *a.* 473. *f.* 695. *g.* 818. *h.* 919. *e.* ii. 242. *k.* 442. *a.* 443. *f.* 572. *b.* 573. *a.* — מֵאַחֲרֵי כֵן, ii. 443. *f.*
מֵאיוֹת, i. 697. *a.*
מֵאַיִן, i. 283. *a.* 711. *i.* ii. 532. *a.* — מֵאַיִן מֵאַיִן, i. 283. *b.* ii. 804. *g.*
מְאִירוֹת, ii. 41. *b.*
מַאֲכָל, i. 478. *e. i.* 479. *c. g.* 492. *d.* 524. *f.* 916. *b.* ii. 154. *b.* 165. *d.* 650. *g.* iii. 300. *f.*
מַאֲכֹלֶת, ii. 176. *b.* 233. *i.*
מַאֲכֶלֶת, ii. 416. *h.* iii. 280. *d.*
מַאֲלִיפָה, ii. 828. *h.*
מְאַמֵּץ, i. 494. *a. g.* — מַאֲמַצִּים, ii. 312. *f.*
מַאֲמָר, ii. 387. *b.* 897. *a.*

מַאֲמַר, iii. 9. b.

מֵאֵן, i. 193. b. 264. a. 271. a. 471. i. 472. a. 645. a. 691. f. ii. 44. e. f. 603. b. iii. 322. f. — מֵאֵן הִכָּלֵם, i. 264. c. — מֵאֵן לָתֵת, i. 419. a. 709. d. 856. e.

מְאֵן, i. 471. i. ii. 44. f.

מֵאָן, i. 733. a.

מָאן, iii. 53. e.

מֵאֲנָה, ii. 804. h.

מָאַס, i. 264. b. 267. f. 271. b. 275. d. 289. h. 292. f. 294. c. 300. i. 313. e. 317. a. 339. k. 409. f. 420. c. 472. a. 563. d. 665. c. 819. h. 820. e. 823. h. ii. 44. f. 75. g. 166. g. 467. h. 549. i. 831. g. 856. c. 892. c. iii. 330. a. 337. d. 377. a.

מְאַסֵּף, i. 918. h. ii. 615. f.

מַאֲפֶה, ii. 718. b. 807. b.

מַאֲפֵל, i. 506. e.

מַאְפֵּלְיָה, iii. 445. d.

מֵאֶפֶס — מֵאֶפֶס וָתֹהוּ, ii. 605. g.

מֵאֵצֶל, i. 22. b. 283. b. 969. a. ii. 637. k. 795. f.

מְאָרֵב, i. 775. i.

מַאֲרָב, i. 775. d. g. i.

מְאֵרָה, i. 315. a. 770. c. ii. 208. e. iii. 79. e.

מֵאֶרֶץ, i. 823. c.

מְאֻשָּׁר, i. 387. h.

מֵאַת, i. 291. e. iii. 285. e. — מָאתַיִם, i. 528. e. 557. g. 622. h. 696. g. ii. 546. c. iii. 262. b.

מֵאֵת, i. 543. c. ii. 638. c. iii. 109. e. 137. f. — מֵאֵת פְּנֵי, ii. 638. e.

מֵאֶתְמוֹל, ii. 23. h.

מָבוֹא, i. 652. a. f. 694. a. 908. h. 914. e. ii. 76. g. 527. d. — מְבוֹא פְּתָחִים, i. 694. a.

מְבוּכָה, ii. 268. f. 777. d. 819. d. iii. 408. i.

מַבּוּל, ii. 179. f.

מְבוּסָה, ii. 199. e. 200. d. iii. 151. a.

מַבּוּעַ, ii. 759. b.

מְבוּקָה, i. 207. c.

מִבְחוֹר, i. 716. e.

מִבְחַר, i. 648. f. 716. d. 717. b. 725. f. 864. b. ii. 141. b.

מַבָּט, ii. 655. d.

מֶבָּט : מַבָּט, i. 750. f. g. ii. 28. g. 709. c.

מִבְטָא, i. 583. a. — מִבְטָא שְׂפָתַיִם, ii. 589. c.

מִבְטָח, i. 421. h. 750. g. ii. 81. g. 106. g. 708. d. iii. 54. d. — מִבְטַח בֹּגֵד, ii. 551. a.

מִבְטִיחַ, i. 750. d.

מֵבִיא, i. 816. a.

מֵבִין, i. 191. b.

מֵבִין, i. 650. a. ii. 505. g. iii. 179. f. 185. f. 249. i. 407. c. — מֵבִין יוֹדֵעַ, ii. 635. a.

מֵבִישׁ, i. 78. c. 392. i. 425. h. ii. 133. b. 661. h.

מְבִית : מִבַּיִת, i. 773. a. 823. c. 919. g. i. ii. 34. g. — אֶל מִבַּיִת, i. 919. i.

מִבְּלִי, i. 968. d. — מִבְּלִי לוֹ, ii. 514. b.

מַבְלִיגִיתִי, i. 227. c.

מִבַּלְעֲדֵי, ii. 792. b.

מְבֻלָּקָה, i. 700. a.

מִבְנֶה, ii. 537. e.

מִבַּעַד, ii. 786. f. iii. 51. i.

מִבְצָר, i. 353. k. 390. c. 628. c. ii. 104. h. 615. g. 616. f. 737. h. 748. c. 751. d. f. iii. 100. b. f. 132. f. 190. e. 246. a. c. 365. f. 403. i.

מִבְקָעָה, ii. 706. c.
מִבְרָח, i. 716. e. — מִבְרָחָיו, iii. 410. d. g.
מְבָרֵךְ. — מְבָרֵךְ אָוֶן, i. 460. a.
מְבֹרֶכֶת, i. 940. h.
מְבֻשִׁים, i. 78. d. 600. i.
מְבַשֵּׁל, ii. 398. d.
מְבֻשָּׁל, i. 962. a.
מְבַשְּׁלוֹת, ii. 398. c.
מְבַשֵּׂר, ii. 621. b. — מְבַשֵּׂר נָתַן, ii. 652. d.
מִגְּאוֹן, ii. 440. e.
מִגְבָּלוֹת, ii. 193. f.
מִגְבָּעוֹת, ii. 263. b.
מֶגֶד, i. 109. e. ii. 303. i. 577. a. iii. 286. a. 298. f. 491. h. — מְגָדִים, i. 109. e.
מִגְדּוֹל, ii. 398. c. 421. b.
מְגִדּוֹן, i. 668. e. 711. i.
מִגְדָּל, i. 453. f. 733. e. ii. 422. c. 423. c. 424. f. 925. b. iii. 200. f. 209. b. 419. a. — מִגְדָּלִים, iii. 289. h.
מְגַדֵּל, ii. 85. b.
מִגְדָּנוֹת, i. 631. i. 656. e. 958. c. ii. 516. f. 573. i.
מִגּוֹי, i. 675. e.
מְגוֹלָלָה, ii. 187. k.
מָגוֹר, i. 341. h. ii. 454. b. c. 517. b. 687. b. 730. d. 737. a. 883. i. iii. 164. e. 209. h. 431. i.
מָגוּר, ii. 539. d. 687. b. d. i.
מְגוֹרָה, i. 341. h. ii. 63. g. 688. c.
מְגוּרָה, i. 140. g. 145. g. ii. 745. e.
מַגְזֵרָה, iii. 50. e. 356. d.
מַגִּיד, i. 15. a. ii. 688. c.
מַגָּל, i. 642. c.
מְגִלָּה, i. 456. f. 623. b. 642. c. 682. f. ii. 259. h. iii. 263. b. 280. f. 485. h. i.

מְגַלֶּה, i. 35. c.
מְגַמָּה, i. 222. i. ii. 892. i.
מָגֵן, i. 118. a. 157. f. 245. h. 246. a. 382. b. 422. e. 462. f. ii. 60. i. 77. a. 309. a. 573. e. 574. a. 669. k. 713. c. iii. 50. h. 51. c. 327. g. i. 328. a. b. 403. g. 409. c.
מְגֵן, i. 701. g. ii. 574. a. h. 647. c. iii. 327. f.
מְגִנָּה, iii. 327. i.
מְגִנָּיו, ii. 37. c.
מִגְעֶרֶת, i. 190. e. 889. g.
מַגֵּפָה, i. 341. i. ii. 67. e. 582. d. 669. k. 785. d. 913. c. 918. g. iii. 167. f.
מְגֵר, ii. 210. g.
מִגַּר, i. 412. e. ii. 220. b.
מְגֵרָה, i. 585. e. ii. 853. c. h. iii. 291. c.
מִגְרְעוֹת, i. 582. f.
מַגְרֵפָה, iii. 375. h. 462. e.
מִגְרָשׁ, i. 285. f. 411. g. 423. b. g. 582. g. ii. 222. a. 562. c. d. 741. f. 743. g. 753. e. 857. b. iii. 56. b. 136. a. — מִגְרְשׁוֹת, iii. 397. e.
מַד, i. 774. f. 838. d. ii. 79. e. 93. c. 407. g. 455. e. iii. 449. b.
מִדְבַּךְ. — מִדְבַּךְ כֵּף, i. 453. g.
מִדְבָּר, i. 29. i. 251. d. 407. f. 560. h. 908. a. h. ii. 164. b. 353. i. 370. f. 399. f. 593. f. 706. c. iii. 244. a. 404. i.
מְדַבֵּר. — מְדַבֵּר גְּדֹלוֹת, ii. 420. e.
מָדַד, i. 288. g. 499. c. 565. f. 718. i. ii. 193. d. 454. h. 578. i. iii. 21. c. 33. f. 367. f. — מְדַד, ii. 843. h.
מִדָּה, i. 271. b. 350. e. 565. h. 582. g. 774. d. ii. 101. a. 193. e. 455. e. 579. i. 736. a. iii. 148. e. 363. g. 402. i.
מַדְהֵבָה, i. 878. h. ii. 379. d.

מָדָו, iii. 449. b.

מַדְוֶה, ii. 509. k. 530. b. iii. 228. c.

מַדּוּחִים, i. 824. c.

מְדוּכָה, ii. 71. e.

מָדוֹן, i. 45. i. 242. d. 246. d. 558. e. 618. b. 629. i. 681. e. ii. 134. b. 321. f. 328. d. 389. i. 399. g. 417. d. 418. a. 467. i. 495. i. iii. 173. e. 280. i. — מִדְיָנִים, i. 246. d. ii. 418. b. iii. 363. k.

מַדּוּעַ, i. 620. h. ii. 94. f. 124. a. iii. 268. d.

מְדוּר, ii. 241. e. f.

מְדוּרָה, i. 521. f. ii. 521. a.

מִדְחֶה, i. 94. d.

מַדְחֵפָה, ii. 226. f. — מַדְחֵפוֹת, i. 594. d.

מָדַי, i. 241. d. 765. c. ii. 88. b. 158. i. 600. i. 601. b. 638. a. 763. g.

מָדַי, ii. 755. a.

מִדִּין, i. 242. d. ii. 417. e.

מְדִין, ii. 323. b.

מִדְיָן, i. 242. d. 712. c.

מְדִינָה, i. 441. i. 835. c. ii. 820. d. 846. g. iii. 28. i. 471. f. — מְדִינָה et מְדִינְתָּא, iii. 471. f. — מְדִינוֹת מַלְכוּת, i. 441. i.

מְדִינְתָּא, iii. 471. f.

מְדֹכָא, ii. 530. c.

מַדְמֵן, ii. 546. i. 700. i.

מַדְמֵנָה, i. 142. c.

מְדָנִים, ii. 321. f. 495. i.

מַדָּע, i. 508. a. 509. c.

מֹדַע, i. 879. i. iii. 173. h. 178. b. 406. h.

מַדְקְרוֹת, ii. 253. h. iii. 277. c.

מְדָר, ii. 241. f.

מַדְרֵגָה, ii. 904. e. iii. 873. b.

מִדְרָשׁ, i. 456. f. 514. b.

מְדֻשָּׁה, ii. 186. f.

מָה, i. 78. d. 676. g. 704. e. 923. e. ii. 574. i. 596. i. 601. i. 816. c. 843. h. iii. 267. e. g. 268. a. 276. a. 442. f. 496. c. — מָה, הוּא לָה, i. 788. k. — מָה־הָיָה, i. 543. h. — מָה זֹאת, i. 690. c. — מָה תִּפְעַל, i. 314. d.

מְהַבֵּל, i. 878. g.

מְהוֹלָל, ii. 66. e. 219. b. 673. i. 751. a. 777. c.

מְהוּמָה, i. 234. d. 341. i. 421. k. 427. k. 716. i. 726. f. ii. 40. b. 66. a. iii. 136. h. 238. g. 239. b. 369. b.

מָהוֹר, iii. 467. g.

מֵהַחוּץ, i. 823. d.

מְהַחְצְפָה, i. 179. g. ii. 764. f.

מְהֵימַן, ii. 771. f.

מָהִיר, i. 957. d. ii. 570. d. 571. a. iii. 83. h. 243. g. 245. b.

מָהַל, ii. 467. g.

מַהֲלָאָה, i. 837. k.

מַהֲלָךְ, ii. 739. a. 836. g. — מַהֲלָכִים, i. 204. a.

מַהֲלֵךְ, ii. 524. h.

מַהֲלָל, i. 670. i.

מְהֻלָּל, i. 69. d. iii. 320. f.

מַהֲלֻמּוֹת, iii. 131. d. 216. a. 275. c.

מַהֲמֹרוֹת, i. 465. c. 916. i. iii. 228. c. 244. a.

מַהְפֵּכָה, ii. 220. b.

מַהְפֶּכֶת, i. 297. i. 441. d. ii. 209. f. iii. 120. b.

מַהֵר, iii. 243. f. 380. c. — מָהֹר, iii. 380. b. — מַהֵר, i. 878. e. ii. 218. f. 408. d. 708. d. iii. 83. i. 236. i. 243. e. g. 244. a. c. 383. i. — מַהֵר, iii. 89. b. — מַהֵר לִפְצֹא, iii. 244. h.

מַהֵר, ii. 570. b. iii. 243. f. 244. a. e. 245. b,

מֹהַר, i. 631. i. 673. i. iii. 380. b.

מְהֵרָה, iii. 243. f. 244. b. e. h.

מְהִתָּה, i. 90. g.

מַהֲתַלּוֹת, ii. 776. i.

מוֹ, iii. 316. b.

מוֹבָא, i. 694. b. iii. 352. c.

מוּבָס, iii. 417. f.

מוּג, ii. 67. i. iii. 21. d. 186. b.

מוֹגֵג, i. 955. a. ii. 647. b. iii. 436. d.

מוֹדַעַת, i. 508. a.

מוֹזְנַיִם, ii. 56. b.

מוֹחַ, ii. 483. e.

מוּם, i. 51. i. 52. e. 182. g. 724. d. 772. f. ii. 264. c. 276. c. 446. a. 448. c. 450. d. 749. h. 768. c. iii. 21. d. 212. f. 238. g.

מוֹט, i. 210. e. 534. g. ii. 7. b. 269. c. 446. e. iii. 1. e. 22. g. 56. e. 212. i.

מוֹטָה, i. 455. h. 711. c. ii. 277. h. 776. i. iii. 127. h. 165. h. 171. a.

מוּךְ, i. 314. c. ii. 716. g. iii. 231. i. 233. c.

מוֹכִיחַ, i. 743. d. ii. 887. b.

מוּל, ii. 560. a. 748. f.

מוּל, ii. 795. f.

מוּל, i. 283. b. 662. f. 767. g. 914. e. 969. a. ii. 731. i. 795. f. 871. d. iii. 172. k. — מוּל הָאֱלֹהִים, ii. 48. e.

מוֹלֶדֶת, i. 488. i. 489. f. 490. i. 700. e. iii. 126. f. — מוֹלֶדֶת אָב, ii. 562. c. — מוֹלֶדֶת בַּיִת, i. 772. h.

מוֹלָד, ii. 749. f.

מוּלָל, i. 312. f.

מוּם, ii. 489. h. i. 490. a. b. iii. 189. i.

מוּסָב, iii. 123. f.

מוּסָד, ii. 45. b. — מוּסָדִים, i. 673. b. ii. 45. b.

מוּסָדָה, i. 462. f. 582. g. — מוּסָדוֹת, ii. 45. b.

מוּסָךְ, ii. 45. c.

מוּסָר, i. 91. k. 470. d. 534. h. 599. d. 611. e. 743. e. 783. d. ii. 119. i. 151. h. 508. a. 511. e. 621. i. 623. a. h. iii. 75. g. 122. a. 338. h.

מוֹסֵר, i. 534. g. ii. 622. a. iii. 398. f. — מוֹסְרִים, ii. 704. h.

מוֹעֵד, i. 21. d. 352. c. 470. c. 495. h. 586. h. 824. h. ii. 128. a. 129. h. 411. a. 489. c. 592. f. 633. d. iii. 156. h. 168. d. 188. f. 191. b. d. 226. c. 240. e. 368. k. 491. i.

מוּעָדָה, i. 859. i.

מוֹעֶדֶת, ii. 661. h.

מוֹעִיל, iii. 498. b.

מוּעָקָה, ii. 63. g. 337. i. iii. 294. e.

מוֹעֵצָה, i. 469. b. — מוֹעֵצוֹת, i. 373. d. 470. d. 546. f. 887. a.

מוּפָן, i. 629. d.

מוֹפֵת, iii. 9. b. 37. b. 258. b.

מוֹץ, i. 223. f. 344. i. 427. i. ii. 295. g. iii. 451. c. 456. g.

מוּצָא, i. 604. i.

מוֹצָא, i. 267. f. 499. c. 605. h. 723. f. 807. d. 816. b. 891. f. 948. e. ii. 836. g. 861. d. iii. 283. b. 470. d. — מוֹצָא דֶשֶׁא, i. 210. k. — מוֹצָא מַיִם, ii. 759. b. iii. 815. a. — מוֹצָאוֹת, i. 605. i. 816. d.

מוֹצָאת, i. 35. c.

מוֹצִיא, i. 816. e.

מוּצָק, i. 471. g. 495. h. 895. f. ii. 295. a. iii. 136. h. 467. h. 469. g. 470. a.

מוּצָק, ii. 230. e.
מוּצָקוֹת, i. 835. a. 872. e. 895. g.
מוֹקֵד, i. 296. c. ii. 246. d. iii. 283. b. 409. i.
מוֹקְדָה, ii. 177. f. 246. d.
מוֹקֵשׁ, i. 391. i. 477. f. 688. b. ii. 95. a. 282. a. 283. k. 619. f. 754. k. 887. f. 888. e. 895. e. iii. 48. g. 60. f. 72. d. 140. a. 212. i.
מוֹר, i. 907. d.
מוֹרָא, ii. 39. f. 183. a. 507. g. i. 578. a. iii. 297. g. 396. a. 397. e.
מוֹרְאָה, i. 58. e. 891. i.
מוֹרָד, ii. 164. a. 224. h. 527. d.
מוֹרָה, ii. 508. d. iii. 396. d. e. 397. e.
מוֹרָה, ii. 522. b. iii. 41. d.
מוֹרֶה, i. 101. f. iii. 682. a.
מוֹרֶה, i. 478. f. 599. i. 648. g. ii. 507. i. 775. f. 909. h. iii. 282. a. 342. c. 372. e. 424. h. — מוֹרֶה בְאֶצְבַּעַת, i. 521. c.
מוֹרָט, ii. 517. c.
מוֹרָשׁ, i. 349. c. 909. a. ii. 178. g.
מוֹרָשָׁה, ii. 222. a. 272. c. 273. a.
מוֹרֶשֶׁת, ii. 272. c.
מוּשׁ, i. 420. c. 714. g. ii. 264. e. 276. d. 425. i. 702. a. iii. 472. d. 479. a.
מוֹשָׁב, i. 234. d. 591. g. 623. f. ii. 116. i. 166. d. 222. a. 240. c. 241. d. e. g. 242. b. 534. i. 535. c. 687. d. iii. 104. f.
מוֹשִׁיעַ, iii. 225. a. c.
מוֹשָׁעוֹת, iii. 221. g.
מוּת, i. 178. i. 181. a. 291. e. 302. e. 306. h. 418. a. 496. h. 684. c. 714. g. 739. b. 855. b. ii. 36. c. 64. g. 447. a. iii. 13. i. 197. h. 250. g. 251. d. 253. h. — מוּת, ii. 64. d. iii. 253. k. — מוּת נַם, ii. 874. a — מוּת : מֻתַת, ii. 35. a. — מוֹת מוּת, ii. 35. g. 64. i.
מָוֶת, i. 291. f. ii. 34. b. 36. c. f. 64. g. 530. c. iii. 483. a.
מוֹת, ii. 597. f.
מוֹתָר, ii. 744. b. d. k.
מוֹתֶת, i. 852. c. ii. 36. c.
מְזֹאת, ii. 611. e.
מִזְבֵּחַ, i. 153. e. 480. h. 207. d. ii. 72. i. 78. g. 104. f.
מֶזֶג, ii. 308. f.
מָזֶה, iii. 264. g.
מִזֶּה, i. 537. b. 787. b. ii. 610. f.
מְזוּזָה, ii. 863. f. iii. 90. d. 392. h. 471. f.
מְזָוִים, iii. 229. g.
מָזוֹן, iii. 300. f.
מָזוֹר, i. 116. d. 776. a. 851. d. iii. 171. b.
מֵזַח, i. 914. f. ii. 108. f. 798. b.
מְזִיחַ — מְזִיחַ אֲפִיקִים, iii. 231. b.
מַזְכִּיר, ii. 472. b. h. 348. g. i.
מִזְלֵג, ii. 315. a. iii. 386. b.
מַזָּלוֹת, ii. 399. i. 400. a.
מְזִמָּה, i. 77. b. 275. b. 470. d. 546. f. g. 562. d. 671. c. 783. d. ii. 582. e. 605. c. 660. i. 662. a. iii. 141. e. 407. d. — מְזִמּוֹת, i. 780. a.
מִזְמוֹר, i. 380. f. ii. 432. c. iii. 474. f. 487. e.
מְזַמֵּן, iii. 191. c. 463. h.
מְזַמְּרוֹת, i. 642. c. ii. 21. a. 396. f. 411. i. iii. 386. b.
מְזֻמָּתָה, i. 448. h.
מִזַּן — מִזַּן אֶל זַן, ii. 610. g.
מְזַעְזֵעַ, i. 848. d.
מִזְעָר, i. 475. g. 742. g. ii. 547. k.
מְזֻקָּק, i. 622. i. 629. d. — מְזֻקָּקִים, ii. 765. h.

מְזָרֶה, ii. 378. f.
מִזְרֶה, i. 580. c.
מְזָרוֹת, ii. 400. b. iii. 65. g.
מְזָרִים, i. 111. e. ii. 400. a.
מִזְרָח, i. 207. d. ii. 231. i.
מִזְרָחָה, ii. 103. b.
מִזְרָע, iii. 81. e.
מִזְרָק, i. 335. d. 917. d. ii. 144. e. iii. 386. b. — מִזְרְקוֹת, ii. 364. e. iii. 87. h.
מְחָא, i. 861. i. ii. 324. i. iii. 135. d.
מַחֵא, i. 223. a.
מְחָא, ii. 697. e.
מַחֲבֵא, i. 301. c. ii. 327. b. — מַחֲבֹאִים, iii. 283. c.
מְחַבְּרוֹת, i. 629. f. iii. 122. i.
מַחְבֶּרֶת, iii. 144. g. 169. b.
מַחֲבַת, iii. 263. i.
מַחֲגֹרֶת, ii. 731. b.
מָחָה, i. 248. e. 262. c. 310. g. 409. g. 593. g. 798. b. ii. 447. f. iii. 360. e. — מֻחֶה, i. 136. g.
מְחוּגָה, ii. 291. a.
מָחוֹז, ii. 378. i.
מָחוֹל, iii. 163. c. 430. f. 454. i.
מְחוֹלָה, ii. 625. f. iii. 454. i.
מְחוּמָה, ii. 785. d.
מֵחוּץ, i. 823. a. d. 919. h.
מְחוּצָה, i. 690. h. iii. 14. i.
מַחֲזֶה, ii. 76. h. 77. h. iii. 471. f.
מֶחֱזָה, ii. 578. a. i.
מַחֲזִיק, ii. 106. h.
מַחֲזֵק. — מְחַזֵּק בֶּדֶק, iii. 147. c.
מְחִי, ii. 389. c.
מִחְיָה, ii. 10. b. h. 12. g. 13. e. 741. c. iii. 225. c. 313. e. 314. c.
מֵחִים, i. 303. g. ii. 483. e. 662. a.
מְחִיר, i. 114. b. 126. g. 237. d. 655. b. 656. e. ii. 395. d. 469. b. iii. 272. g. 273. d. 460. e.
מֶחְכֶם, iii. 76. i. 77. g.
מַחְכְּמָה, iii. 407. e.
מְחִלָּה, iii. 305. g.
מַחֲלֶה, i. 358. c. 769. d. ii. 51. a. c. 406. a. 510. a. 835. c.
מְחִלּוֹת, iii. 305. g.
מַחֲלִיִים, ii. 407. a.
מַהֲלֻמוֹת, ii. 34. h.
מַחֲלְפוֹת, i. 468. b. iii. 31. d.
מַחֲלָפִים, ii. 71. g. 658. a.
מַחֲלָצוֹת, iii. 741. g. 803. h.
מַחֲלֹקֶת, i. 552. k. 565. e. 586. h. 961. i. ii. 273. a. 434. d. 435. f. 436. c.
מַחֲלַת, ii. 399. g. iii. 453. d.
מַחְמָד, i. 773. f. 856. c. 864. b. ii. 418. c. — מַחֲמַדִּים, i. 857. c.
מַחֲמוּדִים, i. 856. d.
מַחְמֵץ, i. 823. b.
מַחְמַל, iii. 379. f.
מַחְמֶצֶת, ii. 8. g.
מֹחַן, ii. 540. f.
מַחֲנֶה, i. 29. i. 443. e. 645. i. 755. i. ii. 361. e. 669. k. 677. h. 678. e. 818. c. iii. 230. c. 246. a.
מְחַנְזְקָה, i. 784. g.
מַחֲנַיִם, ii. 678. e.
מַחֲנָק, i. 32. h. ii. 801. e.
מַחְסֶה ׃ מַחֲסֶה, i. 245. h. 264. d. 421. i. 750. g. 906. e. ii. 228. i. 708. d. iii. 51. c. 379. f.
מַחְסוֹם, iii. 391. f. 412. a.
מַחְסוֹר, i. 740. h. 741. b. d. 769. i. 771. b. iii. 360. d.
מְחֻסְפָּס, ii. 303. c.
מַחְסֹר, i. 770. c.
מְחֻפָּשׂ, i. 806. a.
מָחַץ, i. 436. e. 605. b. 707. b. ii. 35. f. 62. d. 67. i. 167. c. 223. d.

627. k. iii. 124. b. 130. b. 131. f. 184. b. 277. c.

מַחַץ, ii. 530. c. 697. e.

מַחְצֵב, ii. 363. d.

מֶחֱצָה, ii. 24. h.

מַחֲצָה, ii. 695. i.

מַחֲצִית, ii. 24. k. 25. c. 441. f. — מַחֲצִית הַיּוֹם, ii. 439. h.

מָחַק, i. 330. d. 605. b.

מְחֻקֶּה, i. 735. a.

מְחְקָל, iii. 75. g.

מְחֹקֵק, i. 105. f. 106. e. 370. f. 441. i. 443. e. ii. 15. h. 904. c.

מֶחְקְרִים, ii. 245. d. 719. h.

מָחָר, i. 400. k. 835. h. ii. 443. g. — מָחָר שְׁלִישִׁית, iii. 295. a.

מַחֲרָאוֹת, ii. 300. e. 391. d. 396. b.

מָחֳרָה, i. 835. i.

מַחֲרֵשָׁה, i. 356. e. 642. c. ii. 51. f. — מַחֲרֵשׁוֹת, i. 468. h.

מַחֲרֶשֶׁת, i. 616. f. ii. 52. b. c. iii. 293. h. 321. c.

מַחֲשָׁבָה, i. 145. g. 328. b. 367. i. k. 470. d. 562. d. 567. f. k. 780. a. ii. 385. a. 812. c. iii. 75. g. — מַחֲשָׁבָה וּמְזִמָּה, iii. 279. h.

מַחֲשֶׁבֶת, i. 567. g. ii. 462. g.

מַחְשָׁךְ, iii. 66. d. h. 67. c. 68. a. h. 228. c.

מַחְשֹׂף. — מַחְשֹׂף כֶּסֶף, ii. 723. i.

מַחְתָּה, i. 835. b. ii. 71. g. 72. i. 925. h. k. iii. 87. c. 343. e.

מְחִתָּה, i. 78. e. 138. b. 526. d. 668. g. 712. c. ii. 915. i. 917. b. iii. 200. h. 297. g.

מַחְתֶּרֶת, i. 620. e.

מְטָא, i. 660. g. iii. 383. b. 384. i.

מַטְאֲטֵא, i. 432. a.

מַטְבֵּחַ, iii. 213. a.

מַטֶּה, i. 434. c. 466. b. 645. i. 671. e. 726. g. 728. f. ii. 7. c. 74. b. 785. d. iii. 1. f. 44. k. 45. c. 56. e. 101. a. 105. i. 415. i. 440. h.

מִטָּה, i. 623. f. ii. 275. f. iii. 2. a. 415. h.

מֻטֶּה, i. 45. i.

מַטָּה, iii. 221. g. — מַטָּה מַטָּה, ii. 245. c.

מַטְוֶה, ii. 501. e.

מֹטוֹת, iii. 31. e.

מְטַחֲוִים, i. 465. g.

מֵטִיב, ii. 462. d. — מֵטִיב נַגֵּן, i. 928. c.

מָטִיל, iii. 144. e. 467. h.

מַטִּיף, iii. 89. e.

מְטֻלָּא, ii. 203. a. — מְטֻלָּאוֹת, i. 847. b. ii. 211. e.

מַטְמוֹן, ii. 60. k.

מַטְמֹנִים, i. 301. f.

מַטָּע, i. 480. g. iii. 418. d. g.

מַטָּעָה, ii. 850. d.

מַטְעַמּוֹת, i. 478. g. 673. f.

מַטְעַמִּים, i. 673. f. ii. 18. b.

מִטְפַּחַת, i. 847. a. ii. 730. h. iii. 43. c.

מָטָר, ii. 556. b. iii. 316. b. 317. a.

מַטָּרָה, i. 141. i. 147. c. ii. 282. i. iii. 64. h. 193. i. 241. i. 412. a.

מִי, i. 620. h. 672. e. 903. h. ii. 605. c. 804. h. iii. 276. a. 316. c. — מִי יִתֵּן, i. 685. f. ii. 612. e. 931. d. e. iii. 276. e. 498. b. — מִי רְאָהוּ, iii. 244. b.

מִיַּד, i. 283. b. 548. e. 695. g. ii. 638. a.

מִידֵי, i. 288. b.

מִיָּדִי, i. 751. g.

מִיָּדְךָ, iii. 74. h.

מְיֻדָּע, i. 509. b. d.

מִיּוֹם, i. 364. a. 842. f.

מֵיטַב, i. 5. g. 7. h. 453. d. ii. 313. g.

מֵיטַב, ii. 145. d.
מִיכָל, ii. 465. a. — מִיכַל הַמָּיִם, iii. 84. a.
מְיַלֶּדֶת, ii. 400. f.
מַיִם, i. 226. a. 621. a. 652. g. 675. g. 796. g. ii. 22. h. 32. b. 338. h. 387. c. 542. c. 843. d. 844. h. iii. 5. i. 314. f. 316. c. 317. a. 463. i. — מֵי אַפְסַיִם, i. 415. d. — מַיִם זָרִים קָרִים נוֹזְלִים, iii. 316. h. — מִימֵי קֶדֶם, i. 365. a.
מִיָּמָיו, ii. 605. h.
מִיָּמִים, ii. 931. b. cf. ii. 597. a.
מִין, i. 492. d. ii. 559. e. h.
מֵינִיקוֹתַיִךְ, i. 483. d.
מֵינֶקֶת, iii. 271. f. 276. g. 300. i. 324. e.
מִיץ, i. 149. h. 719. b. 721. f. 804. h.
מִיצִיצִים, i. 807. d.
מִישׁוֹר, i. 935. h. 936. f. ii. 234. h. 243. f. 555. i.
מִישֹׁר, ii. 705. d. 706. c. iii. 358. g.
מֵישָׁרִים, i. 118. a. 613. c. 935. h. 936. f. ii. 234. i. 243. f. 585. h. 739. a. iii. 183. e.
מֵיתָרִים, i. 533. f. ii. 143. d. 188. i. 734. i. 735. b. 744. k. iii. 218. c. 219. c.
מַכְאוֹב, i. 116. b. c. e. 145. g. 441. g. 594. d. 871. a. ii. 206. h. 406. a. 412. h. 530. d. 785. e. 835. d. — מַכְאוֹב סָבַל, ii. 529. b.
מַכְאִיב, ii. 530. d.
מַכְבִּיר, ii. 109. b.
מְכַבֵּס, i. 505. i.
מַכְבֵּר, ii. 417. b. iii. 123. h.
מִכְבָּר, i. 917. d. ii. 304. e. 650. e.
מַכָּה, ii. 297. f. 697. f. 785. e. iii. 203. d. 298. g. 300. c. 303. g.
מַכֶּה, i. 631. i. ii. 412. h. — מִכָּה, ii. 785. e.
מִכְוָה, ii. 177. e.
מָכוֹן, i. 387. f. 446. g. 674. b. g. h. 925. c. e. ii. 32. c. 243. i. 820. f. iii. 283. d. 343. e. — מְכוֹן מִקְדָּשׁ, i. 21. e.
מְכוּנָה : מְכוֹנָה, i. 446. f. 925. c. — מְכוֹנוֹת, ii. 456. c.
מְכוּרָה, ii. 355. i. iii. 10. f.
מַכִּים, ii. 768. e.
מָכָךְ, iii. 233. d.
מִכְלָאוֹת, ii. 815. g.
מִכְלָה, i. 479. c. ii. 407. a.
מִכְלוֹל, i. 572. i. 665. i. 944. d. 945. d. ii. 79. f. 814. a.
מִכְלוֹת — מִכְלוֹת עֵינַיִם, i. 790. h.
מִכְלוֹת, ii. 115. h.
מִכְלָל, i. 945. h. iii. 274. b.
מַכְלִם, i. 208. a. 243. g.
מַכֹּלֶת, i. 591. i.
מִכְמוֹר, i. 159. a. 617. e.
מִכְמָן, iii. 283. d. — מִכְמַנִּים, i. 301. g.
מִכְמָר, i. 158. i. ii. 24. d. iii. 140. a.
מִכְמֹרֶת : מִכְמֶרֶת, i. 159. a. iii. 19. g. h.
מִכְנְסַיִם, ii. 742. f. h.
מֶכֶס, iii. 255. d.
מְכַסֶּה, i. 842. f. 916. a. 726. a. iii. 144. g.
מִכְסָה, i. 350. f. iii. 255. e.
מִכְסֶה, i. 503. h. 533. b. 623. c. 858. g. ii. 76. h. 143. f. 176. e. 260. e. iii. 54. e. 94. i.
מַכְפֵּלָה, i. 621. g.
מָכַר, i. 288. g. 340. c. 852. e. ii. 330. e. 647. c. 767. d. 930. e. — מֹכֵר, ii. 848. h.
מֶכֶר, ii. 848. b. h.

מֶכֶר, ii. 848. i. iii. 273. d.
מִכְרֵה — מִכְרֵה מֶלַח, ii. 56. g.
מְכֵרוֹת, i. 71. g.
מְכַרְבָּר, ii. 157. g. iii. 268. c.
מְכֵרֹתֵיהֶם, i. 794. a.
מִכְשׁוֹל, i. 376. h. 377. h. 441. g. ii. 289. i. 346. e. 887. f. 918. c. iii. 48. h. 72. d.
מִכְשֹׁל, i. 376. i.
מַכְשֵׁלָה, i. 358. c. 376. i. 377. h. 478. g. iii. 48. g.
מְכַשֵּׁף, iii. 374. g.
מְכַשֵּׁפָה, iii. 374. g.
מִכְתָּב, i. 286. f. 513. h. i. 514. b. d. 661. h. ii. 880. e. iii. 440. h.
מִכְתָּם, iii. 104. h. 231. i. 232. d.
מַכְתֵּשׁ, i. 431. f. ii. 484. i. 534. h. iii. 286. h.
מַכְתָּשׁ, ii. 180. f. 351. d. 551. g.
מָלֵא, i. 349. i. 488. b. 607. a. 722. e. 757. k. 758. g. 761. b. ii. 51. f. 211. a. 356. a. 537. a. 765. b. 786. f. 788. d. 789. d. 790. g. 791. f. 792. g. 793. b. c. e. 794. a. — מְלָא, i. 198. a. b. d. 664. b. ii. 124. e. 789. d. 793. e. 838. f. 886. d. iii. 128. c. 175. i 197. h. 203. h. 250. i. — מָלֵא אַחֲרֵי, i. 829. i. iii. 164. i. — מָלֵא לֵב, iii. 279. g.
מְלָא, ii. 697. f. 794. a.
מָלֵא, i. 255. a. 758. a. 884. a. ii. 441. h. 792. f. 795. a. — מָלֵא לֵב, i. 422. a.
מְלֹא, i. 188. g.
מְלֹא, i. 650. i. 688. h. 758. b. ii. 123. e. 240. i. 457. h. 598. g. 785. b. 786. f. 792. g. 794. a. g. 795. a. iii. 153. d.—מְלֹא קוֹמָתוֹ, ii. 101. b. — מְלֹא רֹחַב, ii. 779. i. — מְלָאִים, i. 504. g. ii. 795. b. iii. 251. i.
מְלֵאָה, iii. 361. e.
מְלֵאָה, i. 408. a. 491. f. ii. 340. c. — מְלֵאָה וְדֶמַע, i. 269. b.
מַלְאוֹת, iii. 153. e.
מַלְאָךְ, i. 15. a. 220. h. 443. f. 903. i. ii. 48. c. 216. g. i. 626. h. 851. c. 907. a.
מְלָאכָה : מְלֶאכֶה, i. 14. b. 68. c. 324. f. 441. i. 443. a. 825. b. 901. i. 902. d. 903. i. 961. i. ii. 215. g. 233. f. 653. i. 839. f. 847. h.
מַלְאֲכוּת, i. 15. b. 258. a.
מַלְאָכִי, i. 15. b.
מְלֶאכֶת, i. 758. b. ii. 367. f. — מְלֶאכֶת עֲבֹדָה, ii. 363. f.
מְלֵאת, ii. 794. i.
מִלֹּאת, i. 904. a.
מְלֹב, i. 283. b.
מְלֻבָּד, i. 599. i. 732. h. ii. 677. b 679. e. 792. b. iii. 472. k.
מַלְבּוּשׁ, i. 774. d. ii. 93. h. 726. a iii. 111. g. i. 112. a. 465. g.
מְלֻבִּי, i. 751. f. g.
מַלְבֵּן, ii. 797. e. f. g. i. — מַלְבֵּן et מֶלֶט, ii. 328. e.
מְלֻבָּשׁ — מְלֻבָּשׁ בְּגָדִים, i. 784. i.
מִלָּה, i. 630. g. 922. e. ii. 70. g. 80. b. 352. i. 354. a. 368. c. 387. d. 895. i. iii. 9. c.
מִלָּה, iii. 9. c.
מְלֻהָשׁ, i. 827. g.
מִלּוֹ, ii. 98. k.
מִלּוֹא, i. 104. h. ii. 794. i. 884. g.
מְלוּאָה, iii. 109. d.
מַלּוּחַ, iii. 393. d.
מְלוּכָה, i. 441. i. 443. f. 445. b. 904. a.
מָלוֹן, i. 399. c. ii. 189. f. 190. g. 431. e. 678. e. iii. 90. c. 119. a.

מְלוּנָה, ii. 577. d.

מְלוּרָה, ii. 84. a.

מָלַח, i. 122. d.

מֶלַח, i. 88. c. 115. g. 136. h. 138. e. 140. b. — מְלָחִים, i. 845. f. ii. 348. d. 493. i.

מַלָּח, i. 115. h. 122. f.

מְלֵחָה, i. 134. f. h.

מְלָהִים, iii. 218. c.

מִלְחָמָה, i. 61. f. 180. i. 645. i. 856. f. ii. 74. b. 75. b. 365. c. 670. a. 678. f. 816. f. 817. b. d. g. 818. c. 820. f. iii. 459. c.

מָלַט, i. 205. d. 277. d. 585. i. 794. h. 948. d. iii. 16. a. 221. h. 222. f.

מֶלֶט, ii. 329. e. — מֶלֶט et מַלְבֵּן, ii. 863. f.

מַלְטֵשׁ, i. 100. k.

מְלִילוֹת, iii. 93. i.

מֵלִיץ, i. 370. f. 419. c. 911. i. ii. 34. c. 850. g. 852. b.

מְלִיצָה, i. 911. h. ii. 859. e. iii. 67. a.

מָלַךְ, i. 443. h. 444. h. ii. 119. a. 312. f. — מְלֹךְ, i. 441. i.

מֶלֶךְ, i. 15. b. 370. g. 372. a. 441. i. 443. h. 445. a. i. 470. d. ii. 15. h. iii. 118. c. — מֶלֶךְ אִין, i. 2. c. — מֶלֶךְ וֶאֱלֹהַּ, ii. 699. e. — מֶלֶךְ יָרֵב, i. 610. e.

מֹלֶךְ, i. 370. g. 443. i. ii. 474. c.

מַלְכָּא, i. 442. a. 443. h. 446. a. c.

מִלְכֹּדֶת, iii. 141. a.

מַלְכוּ, i. 442. a.

מַלְכוּת, i. 442. a. f. 443. i. 445. f. 446. a. 480. c. 516. g. 633. k. 904. a.

מַלְכוּתָא, i. 363. a.

מַלְכַיָּא : מַלְכִין, i. 442. a.

מַלְכֹּם, i. 443. i.

מְלֶכֶת, i. 446. c. iii. 118. e.

מַלְכָּתָא, i. 446. c.

מָלַל, i. 841. i. ii. 899. i. iii. 36. d. 292. b. — מְלַל, i. 170. i. ii. 352. i. 505. c.

מַלֵּל, ii. 352. i.

מַלְמָד, i. 356. g. 598. k. 732. i. 965. c. ii. 480. f.

מְלַמְדָה, i. 599. d.

מִלְמַטָּה, ii. 245. c.

מִלְמַעְלָה, i. 165. a. 253. i. 833. d. g. ii. 453. d. 670. b. iii. 327. a. — מִלְמַעְלָה עַל, i. 833. d.

מִלְּפָנִים : מִלְּפָנִים : מִלִּפְנֵי, i. 274. h. 283. c. 761. h. 767. i. 792. d. 920. a. ii. 688. f.

מָלַק, i. 183. k. 298. h. 857. h. ii. 368. b. 399. e.

מַלְקוֹחַ, i. 359. d. ii. 356. a. 374. i. iii. 53. e. — מַלְקוֹחַ יֶתֶר, ii. 783. g.

מַלְקוֹשׁ, ii. 617. g.

מַלְקָחַ, ii. 363. b. iii. 70. g. — מֶלְקָחַיִם, i. 835. a. b. ii. 349. b. 363. b.

מִלְתָּא, ii. 694. g. 896. c. iii. 9. c.

מִלְתָּה, ii. 387. e. 846. g.

מֶלְתָּחָה, ii. 438. e.

מַלְתָּעוֹת, ii. 484. g.

מַמְאִיר, ii. 763. a.

מַמְאֶרֶת, i. 754. f. iii. 389. a.

מְמֻגּוֹר, iii. 396. a.

מַמְגֻּרוֹת, ii. 373. h.

מְמַדִּים, ii. 455. e.

מְמַהֵר, iii. 245. b.

מְמוּל, i. 283. b. 805. a. 969. a. ii. 159. b. 231. i. 232. c. 277. h. 795. f.

מְמוּם, iii. 316. h.

מְמוֹתִים, ii. 35. c. — מְמוֹתֵי תַחֲלֻאִים, ii. 35. h.
מַמְזֵר, i. 128. g. ii. 406. h. 840. i.
מִמְתַּיִם, ii. 765. g.
מִמָּחֳרָה, i. 835. i.
מִמָּחֳרָת, i. 401. a. 969. c.
מִמֶּךָּ, iii. 74. h.
מִמְכָּר, i. 572. i. ii. 332. g. 650. g. 848. i.
מִמְכֶּרֶת, ii. 848. i.
מִמְלֵא, ii. 794. a.
מִמְלָח, iii. 182. g.
מַמְלָכָה, i. 363. b. 442. a. g. 443. a. 444. a. 445. c. 446. c. ii. 508. d.
מַמְלְכוּת, i. 442. b. 444. a.
מִמֶּנִּי, i. 290. f.
מִמְסָךְ, ii. 256. f. 844. i.
מִמְעִיט, i. 740. i.
מִמֶּעִיךָ, iii. 74. i.
מִמַּעַל, i. 253. g. i. 833. d. g. h. ii. 336. e. iii. 327. a. 364. i.
מִמָּקוֹם — מִמָּקוֹם אַחֵר, i. 128. a.
מִמְּקוֹמוֹ, ii. 571. g.
מֶמֶר, ii. 530. d. 762. e. i.
מִמְרֵא, ii. 578. i.
מִמֶּרְחָק, ii. 403. d. e. 841. g. i. iii. 464. d.
מַמְרֹרִים, ii. 763. a.
מִמְשֵׁךְ, ii. 452. h.
מִמְשָׁל, i. 647. e. ii. 341. c. 913. b.
מְמַשֵּׁל — מְמַשֵּׁל מְשָׁלִים, ii. 642. i.
מֶמְשָׁלָה, i. 363. b. 442. b. 535. g. 647. e. 820. h. ii. 15. a. 538. b. iii. 118. f.
מֶמְשֶׁלֶת, i. 861. c. ii. 13. g.
מִמְשָׁק, ii. 246. a.
מַשְׁקֵה — מַשְׁקֵה יִשְׂרָאֵל, i. 408. d.
מַמְתַּקִּים, i. 503. b.
מָן, ii. 406. i. 408. i.
מַן, iii. 276. c.
מִן, i. 283. b. 645. a. 695. g. 833. d. ii. 600. i. 638. d. — מִן אַחֲרֵי, i. 818. h. — מִן־דִּי, i. 836. h. — מִן הַחוּץ, i. 823. d. — מִן הָעוֹלָם, i. 85. g. — מִן הָעוֹלָם וְעַד הָעוֹלָם, i. 87. e. — מִן־הַשָּׂדֶה, ii. 756. i. — מִן יוֹמַת עָלְמָא, i. 86. g. — מִן עוֹלָם וְעַד עוֹלָם, i. 87. d. f. — מִן עָלְמָא וְעַד עָלְמָא, i. 87. e. — מִן קֹשֶׁט, i. 120. b.
מִנּא, ii. 435. g. iii. 318. e. 453. b.
מְנָאֵף, ii. 473. h.
מְנַאֲפִים, i. 724. f.
מְנָאֶפֶת, ii. 473. h.
מְנַאֵץ, i. 459. g.
מִנֶּגֶב, i. 274. f.
מִנֶּגֶד, i. 274. f. i. 695. g. 767. g. 768. b. 805. a. ii. 232. b. 925. e.
מַנְגִּינָה, i. 50. c. ii. 612. g. iii. 474. g.
מִנְדָּה, iii. 402. f. i.
מְנַדִּים, i. 423. c.
מַנְדְּעָא : מַנְדַּע, iii. 405. b. 406. h.
מָנָה, i. 127. d. 175. b. 198. e. 349. i. 797. e. 802. b. 814. f. ii. 383. i. 435. g. 647. c. — מְנָה, i. 587. f. 602. a. 728. h. ii. 121. i. 897. a.
מְנָה, ii. 454. h.
מָנֶה, ii. 471. b.
מִנְהָג, i. 33. h. 35. e. 740. a.
מִנֵּהוּ, i. 696. c.
מִנְּהֵין, ii. 436. e.
מִנְהָרוֹת, ii. 407. b. iii. 308. a.
מְנוֹד, ii. 205. c. 446. c.

מָנוֹחַ, i. 194. f. ii. 200. g. iii. 92. c.

מָנוֹחַ, i. 194. f.

מְנוּחָה, i. 194. e. g. 196. a. 656. e. ii. 78. a. 200. g.

מָנוֹן, i. 510. b. ii. 529. c.

מָנוֹס et מָנוּס, ii. 228. i. iii. 225. c. 410. i.

מְנוּסָה, iii. 382. a. 410. i.

מְנוֹר, i. 246. i. ii. 103. e. 437. f. h.

מְנוֹרָה, ii. 396. g. — מְנוֹרָה כֻלָּהּ, ii. 547. e.

מִנְּזָרַיִךְ, iii. 148. i.

מִנְּזָרִים, i. 798. g. iii. 412. i.

מֻנָּח, i. 308. e. ii. 391. a. iii. 346. g.

מִנְחָה, i. 638. d. 656. e. 959. f. ii. 78. b. f. 200. h. 406. i. 409. a. 516. f. iii. 34. f. 87. e. 272. g. 403. a.

מְנַחֵם, ii. 654. g. 655. c.

מְנַחֵשׁ, i. 840. d.

מַנִּי, ii. 121. i.

מִנִּי, i. 803. f. ii. 597. a. — מִנִּי עַד, i. 923. h. ii. 610. f. — מִנִּי קֶדֶם, i. 362. b. 866. a.

מְנִי, i. 319. g. 565. e.

מִנִּים, i. 153. h. 154. e. 350. f.

מִנִּים, iii. 453. c.

מִנְיָן, i. 350. f.

מִנְלֶה, iii. 56. h.

מָנַע, i. 218. f. 278. d. 303. b. 326. b. 409. g. 420. d. 426. f. 560. e. 710. f. 795. h. 962. i. ii. 327. b. 347. a. 722. h. iii. 100. i. 161. e. 181. a. 274. f. 360. a.

מַנְעוּל, ii. 268. i.

מִנְעָל, iii. 342. d.

מַנְעַם, iii. 260. d. — מַנְעַמִּים, i. 716. e.

מְנַעַנְעִים, ii. 339. c. iii. 33. d.

מְנַקְּצוֹת, ii. 369. c.

מְנַצֵּחַ, i. 879. e. 902. i. ii. 126. h. 503. g. 504. a. — מְנַצְּחִים, ii. 694. f.

מְנַקִּיּוֹת, ii. 334. a.

מִנְתַּן, iii. 458. h.

מַס, i. 275. d.

מַס, i. 904. b. ii. 29. a. 868. g. iii. 403. a. — מִסִּים, i. 904. b.

מֵסַב, i. 184. a. 194. h. ii. 336. e. 337. h. 734. d. — מְסִבּוֹת, ii. 335. i.

מְסִבִּיב, ii. 335. i. 336. f. 734. d.

מְסֻבָּל, ii. 704. a.

מְסַבֵּם, ii. 220. b.

מִסְגְּדוֹת, i. 570. f.

מַסְגֵּר, i. 297. i. 534. i. 535. e. ii. 616. g. 799. b. iii. 131. h. 132. d. f. 412. b. — מִסְגְּרוֹת, iii. 291. e.

מִסְגֶּרֶת, i. 570. e. iii. 102. b. 131. g. h. 132. d.

מַסַּד, ii. 45. c.

מִסְדְּרוֹנָה, i. 587. f. ii. 669. d. 863. g. 896. g.

מַסָּה, i. 628. h. ii. 709. i. 711. a. 762. i.

מְסוֹבְלִין, i. 834. h.

מַסְוֶה, ii. 143. g.

מְסוּכָה, ii. 148. e.

מֶסַח, i. 594. d. ii. 441. g.

מִסְחָר, i. 760. g.

מֵסִיךְ הוּא אֶת־רַגְלָיו — מֵסִיךְ, i. 623. g.

מָסַךְ, ii. 255. a. 266. a. 663. d.

מָסָךְ, i. 858. g. 877. g. ii. 143. g. 176. f. 208. i. 653. g. 669. h. i. 922. a. iii. 51. c. 57. f. 205. i.

מֵסֵךְ, i. 945. i. ii. 256. f.

מַסֵּכָה, i. 470. e. 504. c. ii. 321. f. 369. g. iii. 183. e 469. h. 470. a.

מְסָכָה, i. 771. *h.*

מִסְכֵּן, ii. 714. *f.*

מַסֶּכֶת, i. 579. *a.* 582. *g.*

מִסְכְּנוֹת, i. 291. *a.* ii. 615. *h.* 820. *g.* iii. 56. *b.* — מִסְכְּנוֹת עָרִים, ii. 753. *e.*

מִסְכְּנוּת, ii. 919. *c.*

מְסִלָּה, i. 165. *b.* 618. *g.* ii. 527. *e.* 574. *b.* 593. *f.* iii. 230. *c.* 291. *f.* 490. *e.*

מַסְלוּל, ii. 527. *e.*

מַשְׂמְרוֹת et מַסְמְרוֹת, ii. 21. *k.* iii. 215. *g.*

מִסְמְרִים et מַסְמְרִים, ii. 21. *a.*

מַס, i. 189. *d.* 526. *e.* 544. *c.* ii. 28. *h.* 162. *d.* 222. *h.* 917. *b.* iii. 233. *d.* 257. *g.*

מָסָס, i. 526. *e.*

מַסָּע, i. 828. *h.*

מַסַּע, i. 176. *i.* 267. *g.* 268. *b.* 345. *d.* 359. *d.* 795. *h.* 802. *e.* 807. *e.* 816. *b.* 914. *f.* iii. 90. *g.* 118. *f.*

מִסְעָד, iii. 354. *b.*

מִסְפֵּד, ii. 297. *d. e.* 301. *c.*

מִסְפָּחַ, i. 208. *e.* 336. *f.* 720. *i.* 726. *i.* 890. *g.* iii. 467. *f.* — מִסְפַּח חֲמֻתְּךָ, i. 54. *g.*

מִסְפָּחוֹת, i. 847. *e.*

מִסְפַּחַת, i. 699. *k.* 736. *i.* 764. *e.* 799. *c.* ii. 413. *h.* iii. 36. *g.*

מִסְפָּר, i. 171. *h.* 350. *a. d. g.* 456. *f.* 474. *i.* 608. *i.* 802. *b.* 809. *g.* ii. 211. *a.* 566. *c.* 676. *i.* 677. *c.* 786. *g.* iii. 195. *a. f.* 480. *a.* — מִסְפַּר שָׁנִים, i. 926. *d.* ii. 548. *c.*

מָסַר, i. 322. *e.* 802. *b.* — מָסַר מַעַל, i. 420. *e.*

מִסְרֵף, ii. 641. *f. h.*

מָסֹרֶת, i. 350. *h.*

מִסַּת. — מִסַּת נִדְבָה, ii. 108. *f.*

מִסְתָּר, i. 257. *e.* 301. *g.* ii. 325. *i.* 328. *d.* — מִסְתָּרִים, iii. 68. *a.*

מִסְתַּתְּרָא, i. 301. *h.* iii. 66. *h.*

מַעֲבָדִים, i. 904. *b.*

מַעֲבֶה, ii. 703. *c.*

מֵעֲבוּר, i. 776. *g.*

מַעֲבִיר, i. 202. *b.*

מַעֲבָר, i. 544. *i.* ii. 335. *k.* 719. *b.*

מַעֲבָר, i. 247. *g.* 283. *c.* 805. *a.* 837. *h.* ii. 638. *d.* 718. *f.*

מַעְבָּרָה, i. 544. *i.* 837. *g.* iii. 373. *b.*

מַעְגָּל, i. 256. *g.* 395. *b.* 862. *e.* ii. 146. *k.* 147. *a.* 338. *e.* 357. *i.* 527. *e.* 678. *f.* 706. *c.* iii. 54. *e.* 122. *a.* 291. *f.* 301. *d.*

מָעַד, i. 377. *h.* 394. *d.* ii. 749. *h.* iii. 21. *e.* 97. *g.* 351. *d.*

מַעֲדַנּוֹת, i. 4. *c.* 534. *i.* ii. 478. *i.* iii. 288. *i.*

מַעֲדַנִּים, ii. 305. *c.* iii. 300. *f.* 304. *i.*

מָעוֹג, i. 669. *k.* ii. 484. *g.* 778. *e.*

מָעוֹדִי, ii. 499. *b.*

מָעוֹז, i. 246. *a.* 464. *d.* 646. *a.* 665. *c.* 781. *h.* ii. 104. *k.* 106. *k.* 228. *i.* 309. *b.* 310. *e.* 314. *b.* 616. *g.* 826. *c.* iii. 51. *c.* 92. *c.* 328. *c.* 347. *f.* 354. *b.* 397. *e.*

מָעוּף, ii. 62. *b.* iii. 78. *c.*

מְעוֹלֵל, ii. 137. *g.*

מֵעוֹלָם, i. 85. *g.* 87. *a.* 88. *f.* 365. *a.* — מֵעוֹלָם וְעַד עוֹלָם, i. 87. *d.*

מָעוֹן, i. 18. *c.* 442. *g.* 685. *d.* 945. *h.* ii. 228. *i.* 241. *d. e.* 287. *g.* 310. *i.* 418. *h.* 492. *f.* 500. *b.* 501. *a.* 535. *c.* 539. *d.* 612. *b.* iii. 283. *d.* — מְעוֹן בֵּית יְהוָה, i. 186. *c.*

מָעוֹן, i. 841. *g.*

מָעוֹן, ii. 759. *b.*

מְעוֹנָה, ii. 241. e. 287. g. 407. b. iii. 50. a. e.
מְעוֹנִים, ii. 467. e.
מְעוֹנֵן, ii. 270. b. c.
מְעוּף, ii. 63. g.
מָעוּף, i. 314. e.
מֵעוֹר, i. 388. k. 516. g.
מְעוֹת, ii. 248. a. iii. 456. g.
מְעֻוָּת, i. 583. g.
מָעֹז, i. 462. f. — מָעֻזִּים, ii. 105. f. 418. h.
מַעֲזְנִים, ii. 106. h.
מְעַט, i. 741. a. ii. 548. c. i. 549. h. iii. 78. d. 244. b. — מְעַט, ii. 549. h.
מְעַט, i. 474. i. k. 740. i. ii. 88. b. 465. c. 547. h. 548. f. 550. b. iii. 73. d. — מְעַט מִזְעָר, ii. 465. e. 548. g. — מְעַט מְעַט, ii. 466. e.
מַעֲטֶה, ii. 219. g. iii. 111. d.
מַעֲטָה, i. 926. i.
מַעֲטִיר, ii. 29. b.
מַעֲטָפוֹת, i. 169. a. ii. 439. a.
מְעִי. — מְעִי מַפָּלָה, ii. 918. g.
מְעִיל, i. 621. d. 774. d. 838. d. 847. e. 961. c. ii. 93. c. 308. h. 407. i. 470. h. 631. e. 726. a. iii. 111. d. 342. g. 449. b. k. — מְעִיל וְצָנִיף, i. 621. d.
מֵעִים, i. 666. b. 745. e. 774. c. ii. 151. h. 282. d.
מַעְיָן, ii. 241. g. 759. b. iii. 283. e.
מָעֵךְ, i. 756. g. ii. 768. c.
מָעַל, i. 43. g. 58. c. 143. a. 233. a. 271. c. 387. a. 420. d. ii. 166. e. 228. b. 359. d. 664. e. 775. g. 790. h. iii. 330. a. — מָעַל מַעַל, ii. 675. h.
מַעַל, i. 45. k. 57. d. 59. d. 217. b. 234. d. 322. c. d. 386. g. 972. e. ii. 372. f. 639. b. 665. f. 675. f. 790. d. h. iii. 330. a.
מֵעַל, i. 253. g. h. 265. i. 283. c. 431. g. 833. d. g. h. 842. f. ii. 421. g. 832. g. — מֵעַל כָּל־הָעָם הָיָה, i. 853. a.
מֵעַל, i. 828. h.
מְעַל, i. 774. d.
מַעֲלָה, i. 162. a. g. 165. c. 351. b. 431. b. 546. g. 758. b. ii. 275. d. 789. e. 873. f. 874. g. — מַעֲלוֹת, iii. 495. a.
מַעֲלֶה, i. 253. g. 833. d. 837. h. iii. 327. a. 365. f.
מַעֲלֵי. — מַעֲלֵי שִׁמְשָׁא, i. 916. d.
מַעֲלָיו, i. 567. e.
מַעֲלָל, i. 374. b. — מַעֲלָלִים, i. 234. d. 506. i. 546. h. 886. i. 887. d. 904. b. ii. 846. g. 736. c. 868. a.
מְעֻלֶּפֶת. — מְעֻלֶּפֶת סַפִּירִים, iii. 25. h.
מַעֲמָד, ii. 101. b. 669. e. iii. 92. c. 352. d.
מַעֲמָסָה, ii. 199. f.
מַעֲמַקִּים, i. 431. h. 432. h.
מְעֻנְּגָה, iii. 371. h.
מְעֻנֶּה, ii. 137. b.
מַעֲנָה, ii. 758. c.
מַעֲנֶה, i. 300. c. e. iii. 322. a. — מַעֲנוֹת, ii. 136. e.
מְעַנֵּי, i. 776. g.
מַעֲנִית, i. 234. e.
מֵעֵץ, ii. 519. e.
מַעֲצֵבָה, i. 572. d. ii. 394. b. 530. d.
מַעֲצָד, iii. 50. e. 469. h.
מְעֻצָּח, ii. 527. e.
מַעֲצוֹר, i. 884. i. 897. c. iii. 181. b.
מִעְצָר, i. 470. c.

מָצָא, i. 124. f. 181. a. 333. k. 347. h. 352. h. 419. c. 499. d. 501. h. 532. e. 644. h. 678. h. 743. h. 809. a. 816. b. 858. b. 944. i. 948. e. 967. h. ii. 6. c. 59. h. 184. i. 186. f. 224. a. 576. b. 849. b. 906. e. iii. 142. a. 166. i. 269. g. 305. i. 346. b. 357. b. — מְצֹא, i. 933. f.

מַצָּב, ii. 441. f. 538. b. 786. g. iii. 92. d. 105. g. 207. k. 208. b. 283. e. 352. e. 353. h.

מֻצָּב, i. 947. a. ii. 101. b. iii. 92. d. 432. a.

מַצֵּבָה, ii. 78. g. 441. f. iii. 104. f. 124. h. 352. f.

מִצְבִי, ii. 42. c.

מַצֶּבֶת, ii. 55. c. 103. b. iii. 92. d. 104. f. 105. g.

מַצַּד, ii. 795. f.

מְצָד, i. 462. f. ii. 737. k.

מְצָדָה, ii. 315. g. 616. h. 737. h. iii. 84. h. 98. a. 161. e. 246. c. — מְצָדוֹת, iii. 408. k.

מַצָּה, i. 317. k. 318. a. 321. k. 401. e. 709. b. 727. i. 824. i. 949. e. ii. 219. h. iii. 89. h. 117. e.

מַצָּה, i. 55. h. 788. c. ii. 134. c. 417. e. — מַצּוֹת, i. 55. k.

מִצְהָב, iii. 108. g.

מִצְהָלוֹת, iii. 459. c. e.

מָצוֹר, ii. 57. h. 616. h. iii. 432. a.

מָצוֹד, ii. 616. g.

מְצוֹדָה, i. 159. a. 330. a. ii. 616. h. 619. f. iii. 412. b.

מְצוּדָה, i. 301. h. ii. 228. i. 308. i. 737. i. 819. e. iii. 98. a. 209. i.

מִצְוָה, i. 615. f. 785. g. 788. c. ii. 221. g. 365. c. 387. e. 508. e. 527. e. 896. d. 897. a. iii. 9. c. 420. c.

מְצוֹלָה : מְצוּלָה, i. 4. d. 431. h. 465. c. 479. h. ii. 35. i. 216. d. — מְצוּלוֹת, ii. 173. e.

מָצוֹק, i. 172. f. 664. g. ii. 63. k. 819. e. iii. 98. e. 181. c. — מָצוּק מוּל, i. 914. f.

מְצוּקָה, i. 172. f. ii. 63. h. iii. 190. e.

מָצוֹר, i. 518. b. 716. e. ii. 336. a. 616. a. i. 737. i. 751. a. f. 757. e. 819. e. iii. 98. f. 131. i. 181. b. 190. e. 246. a. d. 431. k. 432. a.

מְצוּרָה, i. 848. b. ii. 63. h. 615. i. 616. a. 925. e. iii. 246. a. c. 247. b.

מְצֹרָע, ii. 368. i. 369. b. c.

מְצֹרַעַת, ii. 369. a.

מַצּוֹת, ii. 660. g. 689. b.

מֵצַח, ii. 455. i. 504. c. 617. h.

מֵצֶל, iii. 51. c.

מְצִלּוֹת, i. 479. i. iii. 428. c.

מְצִלּוֹת, ii. 173. f. 739. b.

מַצְלִחַ, i. 890. i.

מְצִלְתַּיִם, ii. 339. c. iii. 306. i.

מַצְמִית, i. 966. d.

מִצְנֶפֶת, ii. 263. b. 470. k. 760. g. 764. h. iii. 368. i.

מַצָּע, iii. 123. i. 354. e.

מִצְעָד, ii. 615. d. — מִצְעָדִים, i. 545. d. ii. 616. i.

מִצְעִירָה, ii. 104. i.

מִצְפָּה, i. 285. c. ii. 779. f. iii. 63. d. 64. b.

מִצְפֶּה, ii. 579. b. iii. 64. h.

מַצְפּוּנִים, ii. 327. b.

מָצַץ, i. 706. i.

מִצְעָר, ii. 465. e. 466. i. 547. h.

מָצָק, iii. 469. h. 470. a.

מֻצֶקֶת, iii. 469. i.

מֵצַר, ii. 62. i. 63. h. 264. d.

מְצָרָה, ii. 529. c. iii. 489. d.

מְצָרוֹת, ii. 819. e.

מִצְרַעַת, ii. 369. c.

מַצְרֵף, i. 628. e. 629. b. iii. 469. k.

מַק, ii. 295. g. iii. 451. d.

מַקָּבִי, ii. 401. i.

מַקְבִילֹת, i. 549. a.

מִקְבֶּצֶת, iii. 161. f.

מַקֶּבֶת, i. 465. c. 711. f. ii. 21. b. 575. i. iii. 215. h. 260. b. 308. d.

מִקֶּדֶם, i. 87. a. 207. g. 274. h. 362. b. 365. a. — מִקַּדְמֵי, ii. 854. f.

מִקְדָּשׁ, i. 17. h.

מִקְדָּשׁ, i. 17. k. 18. d. 106. a. 921. h. ii. 86. i. iii. 253. b. 443. h.

מִקְדָּשׁ, ii. 594. c.

מַקְהֵלוֹת, i. 709. i.

מַקְהֵלִים, i. 709. i.

מִקְוֵא, iii. 273. d.

מִקְוֶה, i. 750. g. iii. 161. f. 168. f. 186. c. 208. c. 316. d. 348. k.

מָקוֹם, i. 17. k. 229. f. 495. h. 675. h. 836. b. ii. 45. c. 70. a. 527. f. 539. e. 571. g. 575. a. iii. 16. h. 92. e. 163. f. 176. a. 230. d. 283. e. 422. k. 471. g. — מְקוֹם אֲשֶׁר, ii. 604. c. — מְקוֹמוֹת, i. 18. a.

מָקוֹר, ii. 759. b. 785. e. iii. 283. h. 316. f. 392. g.

מִקַּח, ii. 356. a.

מַקָּחוֹת, i. 27. f.

מְקַטֵּר. — מְקַטֵּר קְטֹרֶת, ii. 72. h.

מִקְטָר, ii. 72. g.

מִקְטֶרֶת, i. 179. c. ii. 73. b.

מְקַטֶּרֶת, ii. 72. i.

מֵקִים, iii. 283. g.

מַקֵּל, i. 434. c. iii. 2. a. 71. g.

מִקְלָט, i. 423. c. ii. 229. a. iii. 410. e.

מִקְלַעַת, i. 504. h. 514. e. 572. e. 590. f. 667. i.

מִקְנֶה : מִקְנֵה, i. 319. h. 670. d. e. ii. 3. f. 330. e. 331. i. 332. c. g. k. 333. f. 678. g. 753. e. 815. k. 848. i. iii. 70. h. 323. b. 324. e. — מִקְנֶה נִזְכָּר, i. 359. c. — מִקְנֵה קִנְיָנוֹ, ii. 695. f.

מִקְנַת. — מִקְנַת כֶּסֶף, i. 346. h.

מִקְסָם, ii. 409. e. f.

מִקֵּץ, i. 198. c. 543. d. ii. 160. b. 442. f. iii. 255. i. 256. i.

מִקְצָה, i. 141. d.

מִקְצֵה, i. 283. d. ii. 442. g. iii. 255. k. 256. i. — מִקְצוֹת, i. 448. i.

מִקְצֹעַ, i. 518. g. ii. 255. b. 277. f. 436. f.

מַקְצֻעָה, i. 518. g. ii. 644. b. 727. k.

מִקְצָת, ii. 436. f. iii. 257. a.

מִקְצָתָם, ii. 443. g. 610. f.

מִקְרָא, i. 173. f. 182. k. 859. i. 860. a. ii. 139. b. 274. f. 734. d.

מִקֶּרֶב, i. 283. d. 695. g. ii. 440. f. 441. c.

מִקְרֶהָ, ii. 742. b.

מִקְרֶה, iii. 16. h. 136. c. 155. k. 167. f. i. 168. c.

מְקָרֶה, ii. 51. h. 288. e

מְקֵרָה, i. 629. f.

מִקָּרוֹב, i. 475. d. 662. f. ii. 548. d. 900. e.

מַקְרִין, ii. 256. g.

מְקַרְקֵר. — מְקַרְקַר קִר, ii. 424. b.

מִקַּשׁ, ii. 704. h.

מִקְשָׁה, iii. 59. i. — מִקְשֵׁה עֹרֶף, iii. 60. g.

מִקְשָׁה, i. 740. g. iii. 42. f. 99. g. 285. a. — מִקְשֶׁה מַעֲשֶׂה, ii. 259. g.

מִקְשֶׁר, i. 873. e.

מִקְשָׁדָה, i. 484. h.
מַר, iii. 89. e.
מַר, i. 743. a. ii. 204. d. 240. b. 245. f. 369. e. 452. i. 530. d. 664. c. 762. f. i. 763. b. g. 764. c. d. — מָרִים, ii. 531. d.
מֹר, ii. 324. b. e. 486. e. iii. 74. d. 91. e. — מָרֵי נֶפֶשׁ, ii. 531. d.
מָרָא, ii. 763. b.
מָרֵא, ii. 343. e.
מַרְאָה, ii. 575. e. 578. b. 579. b.
מַרְאֶה, i. 678. b. i. 812. h. ii. 38. b. 41. c. 54. h. 83. f. 243. a. 365. d. 455. e. 575. e. 579. b. 580. a. e. 612. g. 617. h. 859. b. iii. 92. e. — מַרְאֶה עֵינַיִם, i. 634. a.
מֻרְאָה, ii. 859. h. 867. a. iii. 44. f. 417. g.
מְרֹאשׁ, i. 365. b.
מַרְאֲשׁוֹת, ii. 258. e.
מְרַאֲשׁוֹת, ii. 258. e. 886. h.
מַרְבַדִּים, i. 160. f. ii. 249. g. 747. c. iii. 449. c.
מִרְבָּה, ii. 783. c.
מַרְבֶּה, ii. 423. c. 826. c.
מַרְבִּית, ii. 744. d. 782. i. 783. h. 786. h.
מֻרְבֶּכֶת, ii. 2. i. 780. b. iii. 417. a.
מְרֻבָּע, iii. 261. b. i.
מַרְבֵּץ : מִרְבַּץ, ii. 506. e.
מַרְבֵּק, i. 228. g. 469. a. 482. i. 535. a. ii. 68. e. 505. i.
מֹרַג, i. 356. e. iii. 301. k.
מַרְגּוֹעַ, i. 18. i. 24. e. f.
מְרַגֵּל, ii. 216. i. — מְרַגְּלִים, i. 963. i.
מַרְגְּלוֹת, ii. 845. i. iii. 49. e.
מַרְגֵּמָה, iii. 213. c.
מַרְגֵּעָה, i. 26. b. 211. i. 907. i. iii. 202. g.
מָרַד, i. 58. e. 271. c. 322. f. h. 326. b. ii. 446. a. 663. g.
מֹרֵד, i. 322. g. 374. g.
מֶרֶד, i. 322. a. c.
מְרַד, i. 322. e.
מַרְדּוּת, i. 322. f. 402. d.
מֻרְדֵּף, i. 625. g. — מֻרְדָּף, ii. 785. f.
מָרְדְּתָא, i. 322. h.
מָרָה, i. 127. e. 150. c. 223. a. 271. c. 373. h. 691. f. 899. b. 905. d. 910. g. ii. 639. b. 690. a. 763. g. 879. e. iii. 388. i.
מָרָה, ii. 394. e.
מֹרֶה, i. 271. f. 905. h. ii. 224. h. 763. i.
מֹרָה, iii. 363. h.
מָרוּד, i. 342. f. 383. g. 625. h.
מַרְוֶה, ii. 76. c. 426. k.
מְרֻוָּח, i. 950. c. iii. 5. b. 11. f.
מְרוֹחַ. — מְרוֹחַ אֶשֶׁךְ, ii. 477. i. 478. g.
מָרוּט, ii. 399. d.
מָרוֹם, i. 75. b. 238. c. 411. g. 763. e. ii. 261. i. 314. g. 452. i. 593. g. iii. 247. b. 319. b. 363. i. 364. i. 365. i. 367. g. 368. i. 440. h. — מָרוֹם בַּשָּׁמַיִם, ii. 607. f.
מֵרוֹץ, i. 642. i.
מְרוּצָה, i. 506. i. 642. i. iii. 401. d.
מָרוּק, ii. 115. h. — מְרוּקִים, ii. 49. g.
מְרוֹרָה, ii. 902. h.
מְרוֹרִים, i. 153. f.
מְרוֹרַת, ii. 95. h.
מָרוֹת, ii. 530. e. 663. i.
מַרְזֵחַ, i. 920. g. iii. 459. c.
מָרַח, ii. 205. f. g.
מֶרְחָב, i. 950. a. b. ii. 403. d. 779. i. 781. c.

מַשָּׂא, i. 261. *e.* 262. *b.* — **מַשָּׂאוֹת**, i. 80. *d.* ii. 902. *h.*

מַשְׂאַבִּים, i. 955. *b.* iii. 151. *i.*

מַשָּׂאָה, i. 359. *e.* 423. *i.* 834. *i.* 899. *b.* ii. 319. *c.* 373. *c.* 384. *g.* 435. *h.* — **מַשְׂאוֹת**, i. 726. *a.*

מַשָּׂאוֹת, i. 411. *h.* iii. 332. *b.* 368. *k.*

מִשְׁאָלוֹת, i. 81. *c.*

מִשְׁאָר, i. 918. *i.* ii. 431. *a.*

מִשְׁאֲרָה, iii. 404. *i.* 416. *h.*

מִשְׁאֶרֶת, i. 665. *a.*

מַשָּׂאַת, ii. 612. *a.*

מַשְׂאַת, ii. 929. *f.* iii. 37. *b.* 207. *b.*

מַשְׂאֵת, i. 656. *f.* ii. 356. *a.*

מַשְׂאַת, ii. 684. *g.*

מִשְׁבַּר, ii. 174. *d.*

מְשֻׁבָה, i. 328. *c.* ii. 130. *i.* 241. *g.*

מַשְׁבִּיחַ, ii. 219. *c.*

מִשְׁבְּצָה, i. 381. *f.* 382. *d.* 758. *h.* ii. 742. *e.* iii. 157. *b.* 171. *g.* — **מִשְׁבְּצוֹת**, ii. 733. *e.* iii. 210. *e.* *f.* *h.* 214. *d.*

מִשְׁבָּר, i. 506. *e.* ii. 452. *e.* iii. 200. *h.* — **מִשְׁבָּרִים**, iii. 203. *b.*

מַשְׁבֵּר, iii. 272. *a.* 488. *f.*

מִשְׁבַּת, ii. 240. *c.* — **מִשְׁבַּתִּים**, ii. 453. *h.*

מִשְׂגָּב, i. 244. *f.* 245. *h.* 464. *d.* 794. *h.* ii. 229. *a.* 616. *a.* *i.* iii. 331. *c.*

מִשְׂגַּב, ii. 310. *i.*

מִשְׁגֶּה, i. 25. *b.* iii. 178. *b.*

מְשַׁגֵּעַ, i. 777. *b.* 864. *g.* ii. 664. *g.* 674. *b.*

מָשָׁה, i. 181. *a.* 748. *a.*

מַשֵּׁה. — **מָשֵׁה יָדוֹ**, iii. 459. *g.*

מְשׁוֹאָה : מְשֹׁאָה, i. 256. *i.* 391. *k.* 412. *i.* iii. 228. *d.* — **מְשׁוּאוֹת**, *i.* 828. *i.*

מְשׁוּבָה, i. 43. *h.* 145. *h.* 328. *c.* 883. *e.* ii. 241. *g.* 535. *i.* 688. *c.* iii. 202. *h.*

מְשׁוּבֹתֵיהֶם, i. 234. *d.*

מְשׁוּגָה, i. 25. *c.* ii. 777. *i.*

מָשׁוּחַ, ii. 122. *a.* iii. 463. *b.*

מְשׁוֹטִים, ii. 348. *c.*

מְשׂוּכָה, iii. 404. *a.*

מָשׁוֹל, ii. 642. *b.*

מְשׁוֹמֵם, ii. 26. *d.* iii. 187. *g.*

מְשַׁוֵּעַ, i. 648. *g.* ii. 541. *f.*

מַשּׂוֹר, ii. 853. *h.*

מְשׂוּרָה, i. 318. *h.* ii. 7. *c.* 455. *f.* — **מְשׂוּרָה וּמִדָּה**, ii. 423. *c.*

מָשׂוֹשׂ, i. 8. *b.* 11. *b.* cf. 23. *d.* 471. *i.* 955. *c.* 956. *e.* iii. 420. *c.* 430. *g.* 434. *h.* — **מְשׂוֹשׂ דֶּרֶךְ**, ii. 220. *g.*

מַשְׁזָר, i. 566. *d.* ii. 279. *f.* 501. *e.*

מָשַׁח, i. 116. *h.* 191. *c.* 199. *e.* 201. *k.* 597. *b.* 924. *f.* 955. *b.* ii. 193. *d.* iii. 462. *f.* 463. *a.*

מְשַׁח, i. 739. *i.*

מָשְׁחָה : מִשְׁחָה, i. 116. *e.* 492. *i.* ii. 419. *c.* iii. 462. *d.* *e.* *f.*

מַשְׁחִית, i. 235. *f.* 374. *g.* 412. *i.* 594. *e.* 715. *f.* 798. *d.* 818. *a.* ii. 479. *h.*

מִשְׂחָק, ii. 621. *a.*

מִשְׁחָר, i. 819. *a.* 970. *g.*

מִשְׁחַת, i. 50. *i.* 817. *e.*

מָשְׁחָת, iii. 383. *f.*

מִשְׁטָח, iii. 481. *h.*

מַשְׂטֵמָה, i. 668. *h.* 726. *i.* ii. 408. *d.* 471. *h.*

מִשְׁטָר, ii. 558. *h.*

מֶשִׁי, i. 222. *d.* 337. *b.* 838. *c.* ii. 728. *d.* 824. *g.* iii. 296. *g.* 479. *b.*

מָשִׁיחַ, i. 116. *h.* 716. *e.* iii. 254. *c.* 462. *e.* 463. *b.*

מָשַׁךְ, i. 33. h. 60. a. 259. c. 261. b. 277. c. 588. a. 599. i. 729. c. 747. i. 748. a. e. 781. h. 786. a. 804. g. 826. b. 877. h. 960. i. ii. 62. i. 220. c. 403. f. 672. b. 838. g. iii. 23. e. 175. f. — מָשַׁךְ הַתּוֹחֶלֶת, i. 751. c. — מֹשֵׁךְ זֶרַע, iii. 88. b. — מֹשֵׁךְ חֶסֶד, i. 245. i.

מֶשֶׁךְ, i. 503. d. 748. b. ii. 405. e. f. 411. h. 672. b. 677. d. — מֶשֶׁךְ זֶרַע, iii. 82. e. — מֶשֶׁךְ תֵּבֵל, ii. 287. h.

מִשְׁכָּב, ii. 179. d. 275. f. 284. e. 287. g. 288. e. iii. 123. h. 242. e.

מִשְׁכְּבָה, iii. 124. c.

מַשְׂכּוֹת, iii. 404. a.

מַשְׂכִּיּוֹת, ii. 591. b? iii. 370. f.

מַשְׂכִּיל, i. 880. b. d. ii. 505. g. iii. 178. b. 179 f. 180. a. 407. d.

מַשְׁכִּים, i. 748. d. ii. 587. a. — מַשְׁכִּימִים, i. 671. h.

מִשְׁכִּים, i. 704. e.

מַשְׂכִּית, i. 551. d. 634. a. 875. g. ii. 325. i. 725. a. iii. 64. c. h.

מְשַׁכֵּלָה, i. 26. g. 390. g.

מְשַׁכֶּלֶת, i. 220. i. 355. a. 880. d.

מִשְׁכָּם, iii. 337. h.

מִשְׁכָּן, i. 82. i. 397. c. 551. i. 783. h. ii. 143. g. 189. g. 216. c. 539. e. iii. 51. c. 54. g. 56. c. d. 163. f. — מִשְׁכְּנוֹת, i. 495. i. 788. i. ii. 536. b.

מַשְׂכֹּרֶת, ii. 469. b.

מָשָׁל, i. 125. d. 368. a. 370. b. 535. f. 647. i. 648. a. 821. f. i. ii. 38. i. 183. b. 213. c. 310. e. 312. g. 341. h. 343. i. 559. h. 622. c. 642. h. iii. 308. a. — מָשַׁל, ii. 341. d. cf. ii. 70. h. — מֹשֵׁל, i. 70. f. 370. g. 444. a. 535. i. 648. h. ii. 15. h. 642. b. — מֹשֵׁל מָשָׁל, ii. 642. i. — מָשַׁל מָשָׁל, ii. 642. h.

מָשָׁל, i. 413. a. 608. i. 638. h. 820. h. ii. 69. a. 99. a. 642. c. 660. i. 688. h. — מָשַׁל מָשָׁל, ii. 642 d. h.

מִשְׁלָב, i. 247. k.

מִשְׁלָה, ii. 341. d.

מִשְׁלוֹחַ, i. 324. f. 728. f.

מִשְׁלַח, i. 467. i. 844. h. — מִשְׁלַח יָד, i. 904. d.

מִשְׁלַח, ii. 775. g.

מִשְׁלָחַ, i. 323. a. 801. c. 844. k.

מִשְׁלַחַת, i. 324. f. ii. 671. a.

מְשֻׁלֶּכֶת, i. 834. e.

מְשֻׁלָּם, i. 278. e. iii. 250. a.

מִשְׁלֹשׁ. — מִשְׁלֹשׁ חֳדָשִׁים, iii. 293. f.

מְשֻׁלָּשׁ, i. 790. a. iii. 292. k. 294. a. 295. h.

מִשָּׁם, i. 704. e.

מְשַׁמָּה, i. 413. a. 909. a. 910. a. ii. 177. e. 546. i.

מַשְׁמִים, ii. 26. d.

מַשְׁמִיעַ, i. 98. h.

מְשֹׁמֵם, i. 910. d.

מִשְׁמָן, i. 188. e. ii. 381. d. 766. k. 773. h. 781. i. iii. 273. d. — מַשְׁמַנִּים, ii. 381. e. — מִשְׁמַנֵּי מְדִינָה, ii. 796. b.

מִשְׁמָע, i. 98. h. iii. 338. k. — מִשְׁמַע אָזְנַיִם, ii. 354. a.

מִשְׁמַעַת, i. 98. h. ii. 643. a. 699. k. iii. 321. g. 322. a.

מִשְׁמָר, i. 961. i. ii. 835. d. 896. d. 907. h. k. iii. 374. a. 411. d. 412. b.

מִשְׁמֶרֶת, i. 291. a. 589. c. g. 961. i. ii. 258. f. 566. e. 678. g. iii. 411. d. 412. b. 414. b. 415. i.

מִשְׁנֶא, i. 966. e. ii. 470. d. g.

מִשְׁנֶה, i. 536. e. 537. b. h. 549. a. 550. f. 621. c. g. 622. c. 673. g. 840. g.—מִשְׁנֵה תוֹרָה, i. 536. i.

מִשְׁנִיָּה, i. 595. f.

מְשִׁסָּה, i. 574. e. 594. h. 595. b. ii. 868. h.

מִשְׁעֶה, iii. 225. d.

מִשְׁעָן, i. 249. f. 434. d. 880. e. 906. f. ii. 106. i. iii. 106. a. — מִשְׁעָן וּמַשְׁעֵנָה, ii. 109. c.

מַשְׁעֵנָה, iii. 106. e.

מִשְׁעֶנֶת, i. 434. d. ii. 341. h. iii. 2. b.

מִשְׁפָּח, i. 234. e. 578. c.

מִשְׁפָּחָה, i. 442. b. 488. i. 489. g. 492. a. e. 542. f. 678. c. ii. 273. a. 632. i. 700. a. g. iii. 126. f. h. 318. f.—מִשְׁפָּחָה מַטֶּה, iii. 126. f. 415. i.

מִשְׁפָּט, i. 44. g. cf. 47. f. 105. k. 107. a. 118. b. 119. d. 235. f. 363. c. 558. e. 586. i. 610. c. g. 611. f. 613. c. 615. f. 616. a. d. 675. a. 676. c. 678. c. 703. b. 776. a. 788. c. 883. f. ii. 118. c. 317. e. 319. c. 321. g. 323. b. 508. e. 596. f. 896. d. iii. 134. e. 135. a. 192. a. 299. c. 460. e. — מִשְׁפַּט דָּמִים, ii. 360. i.

מִשְׁפֵּט, ii. 318. a.

מִשְׁפְּתַיִם, i. 486. f. 598. g. ii. 273. b. 445. h. 451. i. 479. h. iii. 437. d. 448. d.

מַשָּׁק, iii. 161. g.

מֶשֶׁק, i. 842. f. ii. 844. c.

מְשֻׁקָּדִים, i. 732. g. 788. h. 799. b. c. ii. 157. e.

מַשְׁקֶה, i. 363. c. 367. d. ii. 543. b. c. iii. 483. b.

מִשְׁקֶה, ii. 700. a. 844. a. f. g. h. iii. 316. d.

מִשְׁקוֹל, iii. 90. h.

מַשְׁקוֹף, iii. 333. a. 392. h.

מִשְׁקָל, i. 351. b. ii. 550. g. iii. 42. d. 90. c. h.

מִשְׁקֹלֶת : מִשְׁקֶלֶת, i. 545. f. iii. 35. i. 90. c. h.

מִשְׁקָע, ii. 122. a.

מַשְׁקַר, ii. 499. e.

מֵשַׁר, i. 963. f.

מִשְׁרָה, i. 286. a. ii. 233. a.

מִשְׂרָה, i. 363. d. ii. 455. e. 622. a.

מְשָׂרֶכֶת, ii. 553. g. — מְשָׂרֶכֶת דְּרָכֶךָ, i. 375. i.

מִשְׂרָפָה, ii. 176. c. 267. f. — מִשְׂרְפוֹת, ii. 412. a.

מַשְׁרוֹקִיתָא, iii. 204. c.

מְשֹׁרֵר, i. 53. i. iii. 474. i. 489. e.

מְשֹׁרְרָה, i. 54. a.—מְשֹׁרְרוֹת, iii. 475. c.

מַשְׂרֵת, iii. 263.

מְשָׁרֵת, i. 53. i. 556. i. ii. 51. b. 87. d. 367. h. iii. 339. c. 356. g.

מְשָׁרְתוֹ, i. 406. a.

מָשַׁשׁ, i. 906. i.—מְשֵׁשׁ, iii. 479. a.

מִשְׁתַּגֵּעַ, i. 864. g. ii. 674. d.

מִשְׁתְּיָא, ii. 844. i.

מִשְׁתֶּה, i. 194. i. 483. i. 640. d. 917. b. 956. e. ii. 27. f. 344. i. 765. h. 830. c. 842. i. 843. i. 844. i. 930. i. iii. 283. h. 430. g. — מִשְׁתֵּה יַיִן, iii. 155. b.

מֵת, ii. 35. c. 64. g. 496. a. iii. 483. b.

מִתְאַוֶּה, i. 857. c.

מַתְבֵּן, i. 140. c.

מֶתֶג, iii. 428. c.

מֶתֶג, i. 820. i. ii. 253. h. 260. k. iii. 391. f. 428. c. — מֶתֶג אַמָּה, i. 423. d.

מָתוּ, i. 405. i.

מִתּוֹךְ, i. 283. d. 695. h. 754. e. ii. 440. b. g. 441. d. 449. a.

מְתוֹם, ii. 552. g. iii. 314. c.

מְתוּפָפוֹת, iii. 384. *a.*
מַתוּק, i. 503. *g.*
מָתוֹק, i. 502. *h.* i. 503. *b. f. g.*
מָתַח, i. 588. *b.*
מִתְחַבְּאִים, ii. 451. *c.*
מִתַּחַת, i. 283. *d.* iii. 343. *h. i.*
מָתַי, ii. 843. *h.*
מְתִים, i. 225. *c.* 306. *h.* 309. *b.* 351. *c.* 475. *a.* 904. *d.* 966. *d.* ii. 64. *h.* 496. *a.* 540. *b.* 547. *h.* 548. *g.* 600. *g.* 826. *d.* iii. 173. *e.* 318. *f.* — מְתֵי אֹהֶל, ii. 49. *f.* — מְתֵי אָוֶן, i. 611. *f.* — מְתֵי מִסְפָּר, ii. 547. *i.* — מְתֵי סוֹד, i. 677. *g.* — מְתֵי סוֹדִי, ii. 679. *a.* iii. 190. *a.*
מַתְכֹּנֶת, ii. 99. *a.* iii. 92. *e.* 148. *d.* 182. *g.* 192. *b.*
מִתְלַהֲם, i. 510. *g.* 800. *i.* ii. 406. *d.* 679. *i.* iii. 397. *f.*
מְתַלַּע, i. 755. *e.*
מְתַלְּעוֹת, ii. 484. *h.*
מִתְלַקַּחַת, i. 604. *g.* 776. *d.* 803. *b.* iii. 166. *b.*
מְתֹם, i. 810. *d.* ii. 81. *g.* — מְתֹם, i. 810. *d.*
מַתָּן, i. 632. *a.* 638. *d.* ii. 564. *i*
מִתְנַדֵּב, i. 648. *h.* 779. *h.* — מִתְנַדְּבִים, i. 650. *a.*
מַתָּנָה, i. 627. *c.* 632. *a.* 656. *f.* i. 928. *e.* 953. *d.* ii. 400. *d.*
מָתְנַיִם, ii. 515. *e.* 600. *g.*
מִתְנַפֵּל, iii. 429. *h.*
מִתְנַקֵּם, i. 703. *f.*
מִתְנַשֵּׂא, i. 834. *i.*
מַתְעֶה, ii. 777. *d.*
מִתְעָרֵב, iii. 148. *g.*
מִתְעַשֵּׁר, ii. 799. *g.*
מִתְעַתֵּעַ, ii. 228. *c.* — מִתַּעְתְּעִים, i. 720. *g.*
מָתַק, i. 502. *i.* 503. *d.*
מָתֵק, i. 503. *a. g.* ii. 211. *f.*
מֹתֶק, i. 503. *h.*
מִתְקַדֵּשׁ, i. 24. *b.*
מִתְרַפֶּה, i. 228. *b.*
מִתְרַפֵּס, i. 559. *d.*
מַתַּת, i. 632. *a.* 638. *d.* 722. *h.*

נָא, i. 255. *h.* 539. *d.* ii. 328. *g.* 610. *b.* iii. 490. *i.*
נֹא. — נֹא אָמוֹן, i. 620. *g.*
נֶאֱבַק, ii. 295. *f.* 338. *f.* 630. *b.*
נֹאד, i. 379. *h.* iii. 20. *f.*
נֶאֱדָר, i. 635. *g.*
נָאָה, i. 684. *d.* 946. *b.* ii. 17. *e.* 142. *g.* 850. *f.* iii. 156. *d.* 492. *f. h.* 493. *b.* 494. *e.*
נֶאֱהָב, i. 12. *b.*
נָאוָה, i. 355. *b.* 946. *b.* ii. 142. *f.* 850. *f.* iii. 493. *e.*
נָאוֶה, iii. 493. *e.*
נָאוֹר, i. 892. *a.* iii. 425. *f.*
נְאוֹת, ii. 593. *g.* iii. 283. *i.* 493. *e.*
נֶאֱחַז, i. 670. *c.* ii. 312. *g.* 315. *i.*
נֶאֱכַל, ii. 879. *a.*

נָאַל, i. 248. d.
נֹאַל, i. 31. h.
נֶאֱלַח, i. 90. h. 428. e.
נֶאֱלָם, i. 115. d. f. 303. e. 426. h. ii. 196. i. 348. h. iii. 181. c.
נֶאֱלַמְתִּי, i. 115. e.
נְאֻם, ii. 514. h.
נְאֻם, i. 899. b. ii. 365. d. 514. d. 771. f. iii. 382. i.
נֶאֱמַן, i. 565. a. 757. d. ii. 770. c. 771. c. f. 772. d. — נֶאֱמָן, i. 254. h. 280. h. 867. f. ii. 40. c. 105. a. iii. 185. g.
נֶאֱמַר, i. 949. c.
נֶאֱנַח, i. 203. b. 330. g. ii. 219. d. iii. 97. e. 98. i.
נֶאֱנַק, ii. 245. f.
נֶאֱנַשׁ, i. 357. i.
נֶאֱסַף, i. 277. d. 293. f. 692. h. 807. e. ii. 225. g. iii. 177. g.
נָאַף, ii. 473. h. i. — נֹאֵף, ii. 473. h. — נֹאֵף, ii. 473. i.
נַאֲפוּפִים, ii. 473. h.
נִאֻפִים, ii. 473. h. i.
נִאֻפֶת, ii. 473. g.
נָאַץ, i. 58. f. 340. c. 710. f. ii. 484. d. 690. a. — נִאֵץ, i. 459. h. 584. i. ii. 690. a. 691. e. 870. a. — אַל נָאַץ, ii. 296. f.
נְאָצָה : נֶאָצָה : נֶאָצָה, i. 459. i. ii. 582. f. 692. a.
נֶאֱצַל, i. 809. d.
נֶאֱצַר — נֶאֱצַר וְנֶחֱסַן, iii. 160. c.
נָאַק, i. 698. b. ii. 868. c.
נְאָקָה, ii. 541. e. 868. h. iii. 96. i.
נֵאַר ii. 208. f. — נֵאֵר, i. 331. a. ii. 220. c.
נֵאֵר — נֵאֵר בִּמְאֵרָה, i. 285. e.
נִבָּא, i. 185. g. 334. d. ii. 907. a.
נִבְאַשׁ, i. 819. i. ii. 135. c. 175. e.
נִבְדַּל, i. 277. d. 329. h. ii. 870. e. 895. b. iii. 472. e.
נִבְהַל, i. 152. h. 807. e. ii. 65. e. 218. i. 659. d. 683. d. iii. 83. c. 88. c.
נִבְהָלָה, i. 837. e. ii. 218. i. iii. 89. b.
נִבְהַן, iii. 371. k.
נְבוֹ, i. 978. h. ii. 490. e.
נְבוּאָה, ii. 387. e. 906. f.
נָבוּב, i. 134. b. 555. g. ii. 282. h. 324. f. 336. f.
נָבוֹהַּ, ii. 267. g. 775. g. iii. 237. a.
נָבוֹן, i. 5. g. 880. d. ii. 585. h. iii. 77. i. 178. b. 179. g. 377. h. 407. d. e. — נָבוֹן seq. ם, iii. 407. f.
נְבִזְבָה, i. 655. b. ii. 636. g.
נִבְזֶה, i. 393. c. 937. d. — נִבְזֶה נָפוּץ, iii. 458. i.
נִבְחַר, i. 73. i. 348. c. 716. f.
נָבַט, i. 896. g. — נְבָט, i. 752. i.
נָבִיא, ii. 53. h. 906. h. 907. a. iii. 478. e.
נְבִיאַיָּא, ii. 906. f.
נְבִיאָה, ii. 907. e. f.
נְבִיָּאה, ii. 907. e.
נִבְכִים, i. 495. i. — נִבְכֵי, ii. 759. d. iii. 190. f.
נָבַל, i. 424. e. 956. e.
נָבָל, i. 181. e. 260. f. 316. a. 425. h. ii. 490. h.
נָבֵל, i. 284. h. 312. g. 317. b. h. 393. f. 570. h. 721. i. 725. d. ii. 211. i. 226. b. 629. d. 768. c. 864. c. — נָבֵל, iii. 385. h. — נִבֵּל, i. 307. a. 392. c. 420. e. — נָבֵל et אֻמְלַל, ii. 211. g.
נֶבֶל, i. 956. e. ii. 263. h. 491. e. 493. e. f. 581. f.
נָבָל, i. 13. h. 160. i. 380. a. 861. f. ii. 254. i. 255. b. 256. f. 313. d. 495. a.

נִגָּרִים, i. 738. e.

נִגְרָשׁ, i. 697. b. — נִגְרָשׁ כַּיָּם, ii. 279. e.

נָגַשׂ, i. 326. b. 420. e. 660. i. ii. 185. a. 290. h. 643. c. 671. c. 838. g. 872. h. 878. d. g. 879. i. 895. b. iii. 285. a. 307. i. — נֹגֵשׂ, i. 211. g. 692. h.

נָגַשׁ, i. 261. e. 602. a. 804. f. 805. h. ii. 341. i. 849. b. 873. a. iii. 349. i. — נִגַּשׁ, ii. 901. a. iii. 152. c.

נִגַּשׁ, i. 271. h. 694. h. i. 724. b. 831. c. 879. e. 902. i. ii. 847. i. iii. 402. f.

נֵד, i. 380. a. d. ii. 759. f. iii. 224. i. 247. c.

נָד, i. 94. k.

נְדָא, i. 340. c.

נָדַב, i. 627. g.

נְדָבָה, i. 71. i. 363. d. 408. a. 632. b. 719. i. 720. a. b. 958. c. ii. 561. d. g. iii. 211. f. 381. a.

נִדְבָּךְ, i. 632. c.

נִדְבַּר, ii. 183. g.

נִדְגָּלוֹת, i. 891. g. iii. 241. i.

נָדַד, i. 11. b. 13. c. 94. f. 202. e. 229. b. 311. b. 312. b. 335. g. 420. f. 598. a. 813. g. 958. f. ii. 97. h. 162. d. 203. h. 222. c. 446. b. 448. d. 561. b. 917. c. iii. 289. b. 382. b. 410. f. — נֹדֵד, i. 115. g. 958. d. ii. 448. d. 777. h. — נָדַד, i. 409. g.

נְדַד, i. 420. f.

נְדֻדִים, ii. 530. f.

נִדָּה, i. 24. g. 89. h. 272. g. 293. b. 414. c. 448. i. 450. a. ii. 464. b. 475. e. 495. c. 742. c. iii. 473. a.

נִדָּה, i. 872. a. ii. 446. b. e. 530. g. iii. 4. d.

נָדָה, ii. 470. a.

נִדְהָם, iii. 340. b.

נָדוֹן, i. 509. i.

נָדַח, i. 307. b. 460. d. 712. d. 736. a. 813. g. 823. h. 844. h. ii. 325. d. 775. h. iii. 81. e. — נִדַּח, i. 340. d. 420. f. 578. g. 579. g. 580. d. — נִדָּח, iii. 410. g.

נִדְחָה, i. 580. d.

נָדִיב, i. 719. i. 951. a. ii. 13. g. 169. g.

נָדִיב, i. 362. a. 368. c. 370. h. 396. g. 611. g. 627. g. 648. h. ii. 14. c. 15. i. 863. c. iii. 308. d.

נְדִיבָה, i. 470. f. 750. h. ii. 14. c. 173. k. — נְדִיבוֹת, i. 368. a. iii. 179. g.

נָדַל, i. 715. f.

נָדַם, i. 317. c. ii. 702. c. 768. e. iii. 11. i.

נִדְמָה, i. 817. c. ii. 196. i. iii. 46. g.

נָדָן, ii. 290. b. — נְדָנִים, ii. 470. a.

נִדְעַךְ, i. 849. h.

נָדַף, i. 626. c. 714. g. 722. a. 725. b. 823. i. ii. 264. e. 898. f. iii. 381. b. — נִדַּף, i. 216. a.

נָדַר, i. 957. i. 958. g.

נֶדֶר, i. 656. f. 824. b. 957. i. 958. h. ii. 561. d. 589. g. 880. e.

נִדְרַשׁ, i. 299. h. ii. 6. g.

נֹהַ, iii. 494. f.

נָהַג, i. 33. i. 34. a. k. 35. d. 83. f. 174. g. 259. c. 273. f. 690. h. 741. i. ii. 445. a. 524. c. 652. e. 657. a. 814. b. iii. 161. g. — נִהַג, i. 826. b. ii. 681. h.

נָהָה, i. 846. c. 882. b. ii. 68. g. — נָהָה בַּדֶּרֶךְ, i. 943. b.

נָהוּג, i. 35. c.

נָהוּם, ii. 29. e.

נְהוֹרָה, iii. 423. a.

נְהִי, ii. 69. a. 431. g. 540. i. 541. a.

נְהָיָה, i. 374. h. 498. g. ii. 284. e. 431. h.

נְהִירוּ, i. 515. e.

נָהַל, i. 244. g. 545. b. 591. b. 733. e. ii. 201. e. 652. e. iii. 266. a.

נַהֲלָא, i. 340. d.

נֶהֱלָךְ, i. 238. d.

נָהַם, i. 461. c. ii. 447. h. 652. g. 653. g. 709. g. iii. 97. e.

נַהַם, i. 477. h. ii. 74. c.

נְהָמָה, i. 477. h. iii. 96. i. 420. d.

נֶהְפָּךְ, i. 832. f. 843. i. — נֶהֱפָּךְ, i. 941. g. iii. 119. g.

נָהַק, i. 461. c. ii. 29. h. 250. h. 379. e. g. iii. 99. a.

נַהַק, ii. 308. c.

נָהַר, i. 954. i. ii. 19. d. 843. a. iii. 84. b. 161. g. 394. i. 424. i.

נָהָר, i. 626. i. ii. 505. i. 820. g. 843. d. iii. 438. b. — נַהֲרוֹת אֵיתָן, ii. 18. i.

נְהַר, ii. 843. f.

נְהָרָה, iii. 378. f.

נַהֲרָה, ii. 843. f.

נוֹאֵל, i. 24. h. 645. a. 714. g.

נוֹאָשׁ, i. 213. i. 218. f. 227. h. 274. b. 279. b. 286. c.

נוּב, i. 322. a. 491. i. ii. 155. f. 702. c. iii. 7. b.

נוֹבֵב, i. 942. g. 959. i.

נוֹגַה, i. 35. c. iii. 201. h.

נוֹגֵשׂ, i. 877. b.

נוּד, i. 132. i. 202. e. 526. f. 744. d. 752. i. 939. a. ii. 11. f. 68. g. 264. f. 393. i. 446. b. 448. c. 652. g. 715. h. iii. 69. f. 97. e. 141. h. 149. f.

נוֹד, i. 202. d. ii. 10. b.

נוֹדֵד, i. 202. d.

נוֹדֵד, i. 410. e.

נוֹדַע, i. 509. f. 549. c. 763. b. 792. i. 810. k. ii. 648. e. 725. c. iii. 370. f. — נוֹדָע, i. 509. e.

נָוֶה, i. 499. d. 554. f. 944. k. ii. 718. g. iii. 494. b.— נָוָה וּמְעֻנָּגָה, iii. 366. b.

נָוֶה, i. 19. c. 554. g. 654. i. 835. g. 945. h. 946. b. 956. f. ii. 140. g. 142. f. 188. i. 189. g. h. 407. b. 506. e. 535. c. 706. d. 820. i. iii. 54. g. 113. a. 248. d. 283. i. 291. f. 318. f. 493. f. 494. c.

נוֹזְלִים, ii. 211. h. 556. b. 838. g. iii. 5. i. 316. d. — נוֹזְלִים et בְּאֵר, iii. 405. a.

נוּחַ, i. 194. k. 195. i. 196. a. 197. c. 831. f. g. ii. 120. h. 187. i. 200. h. 201. e.

נוֹחַ, i. 196. a.

נוֹחַ : נוּחַ, i. 196. a. ii. 200. h. 241. g. 702. c. iii. 158. d. 414. b.

נוֹחַל, i. 340. d.

נוּט, iii. 21. f.

נוֹכַח, i. 559. i. 743. d.

נוֹלַד, i. 492. b.

נְוָלִי : נְוָלוּ, ii. 161. c.

נוּם, iii. 340. b.

נוּמָה, iii. 340. d.

נוּס, i. 211. h. 288. d. 593. b. 626. d. 684. d. 763. i. ii. 225. g. 229. a. 264. f. 276. d. 514. h. iii. 382. c. 385. a. 410. e. h. i.

נוֹסַד, i. 884. a. iii. 161. h. 205. f.

נוֹסֵס, i. 207. c.

נוֹסַף, ii. 898. b. — נוֹסַף עוֹד, ii. 782. g.

נוֹסָפוֹת, i. 843. g. ii. 884. h.

נוּעַ, i. 95. a. 368. c. 813. g. 828. i. ii. 15. a. 211. c. 264. g. 276. d. 278. g. 308. d. 378. c. f. 448. e. iii. 21. f. 22. i. 33. g. 98. i. 164. e. 212. d.

נוֹעַד, i. 501. h. 507. h. 586. i. 884.

e. ii. 880. a. iii. 142. g. 161. i. 164. e. 193. e. 240. c.

נוֹעָז, i. 179. k. ii. 466. a. iii. 146. e. f.

נוֹעֵץ, i. 258. e. 469. g. 501. i. iii. 161. i. — נוֹעָץ, i. 850. a.

נוֹף, i. 435. b. 575. a. ii. 141. i.

נוֹף, i. 423. e. 459. b. ii. 275. b.

נוּץ, i. 231. h.

נוֹצָה, ii. 569. f. 914. e. 916. f.

נוֹצֵר, i. 130. i.

נוֹקֵשׁ, i. 660. i. ii. 263. k. 619. b. f. 913. d. iii. 72. g.

נוּר : נוֹרָא, ii. 924. d.

נוֹרָא, i. 773. f. 891. c. 892. a. ii. 40. c. 309. b. 423. c. 508. e. 566. e. iii. 396. a. 427. f. — נוֹרָאוֹת, i. 891. h. 893. b. ii. 40. i. iii. 334. e. 396. d.

נִוְרָא, iii. 397. g.

נִוְדָּה, ii. 13. a.

נוֹרָה, i. 893. c.

נוֹרֵשׁ, i. 734. b. ii. 715. a. 919. f.

נוֹשָׁב, ii. 190. d. 241. i.

נוֹשֶׁבֶת, ii. 534. d.

נוֹשֶׁה, ii. 847. i.

נוֹשַׁן, ii. 629. e. — נוֹשָׁן, ii. 628. i. iii. 463. d.

נוֹשַׁע, i. 585. f. ii. 775. h. iii. 221. a.

נוֹתַר, i. 665. b. 949. c. iii. 346. a. — נוֹתָר, i. 865. b. ii. 186. g. 189. a. 391. a. 744. d. k.

נָזָה, i. 871. i. ii. 168. c. iii. 3. h. 4. e.

נִזָּה, iii. 4. e.

נִזְהַר, ii. 882. f. iii. 413. g.

נָזַח, iii. 427. b.

נָזִיד, i. 969. f. iii. 293. g.

נָזִיר, i. 18. b. d. 23. g. 24. g. 423. f. 635. g. 958. h. ii. 491. g. h. i. iii. 414. b.

נִזְכַּר, ii. 471. i. — נִזְכָּר, ii. 472. i.

נָזַל, i. 807. e. ii. 162. e. 211. e. iii. 3. h. 7. c. 12. i. 15. a. 21. h. 264. g.

נֶזֶם, i. 792. g. 872. b. iii. 262. a. — נִזְמֵי אַף, i. 792. h.

נִזְעַם, i. 179. h.

נִזְעַק, i. 162. g. 781. h.

נֶזֶק, i. 398. a.

נֵזֶר, i. 18. c. 263. b. ii. 882. f.

נָזַר, i. 18. e. 19. a. 20. d. 23. h. 24. g. 59. e. 423. f. g. i. 442. h. 549. e. 958. a. ii. 112. d. 255. g. 258. f. 491. h. 495. f. 647. d. 755. e.

נָזֹר, i. 263. a.

נִזְרַע, i. 726. b.

נֶחְבָּא, ii. 182. d. 225. g. 328. g.

נָחָה, i. 525. f. ii. 120. a. 443. c. 447. f. 524. c.

נָחוּץ, iii. 89. b.

נָחוּשׁ, iii. 428. g. i.

נְחוּשָׁה, iii. 429. c.

נְחִילוֹת, ii. 271. f.

נְחִירַיִם, ii. 484. c.

נְחִיתִים, ii. 327. c.

נָחַל, i. 553. e. 607. b. 684. e. ii. 178. d. g. 236. i. 271. e. h. 330. e. 434. e. iii. 5. i. 347. g. — נִחַל, i. 752. e. ii. 178. g. 193. a. e.

נַחַל, i. 25. h. 29. k. 626. i. 673. b. ii. 492. i. 494. a. 506. f. 593. g. 614. d. 677. a. 843. f. iii. 373. b. 438. b. 448. g. — נַחַל מִצְרַיִם, ii. 11. d. — נַחַל קְדוּמִים, i. 63. d

נִחַל, ii. 178. h. 463. c.

נַחֲלָה, iii. 438. c.

נַחֲלָה, ii. 273. e. iii. 391. i. — נַחְלָה, i. 116. d.
נַחֲלָה, i. 553. a. 607. d. 667. d. ii. 178. h. 222. a. 271. a. i. 272. c. 273. c. 274. b. c. 331. f. 434. e. 435. h. 436. f. 531. g. 820. i. iii. 283. i.
נֶחֱלַץ, i. 818. i. 942. h. iii. 16. b.
נֶחֱלַק, i. 869. c.
נַחֲלַת, ii. 272. c. — נַחֲלַת צְבִי, ii. 69. c.
נָחַם, ii. 75. i. 237. c. 524. d. 640. c. 659. i. 660. a. 662. i. 681. i.— נִחַם, i. 196. c. 326. b. 565. i. 744. e. 779. g. 874. c. ii. 15. b. 38. i. 90. h. 92. e. 447. h. 448. a. f. 584. g. 652. h. 654. g. 691. f. 702. c.
נֹחַם, ii. 654. g. — נִחֻמִים, ii. 447. f. 654. h. 655. c.
נֶחְמָד : נֶחֱמָד, i. 856. g. iii. 493. b.
נֶחָמָה, ii. 653. c. 654. g. iii. 242. h.
נַחַן, ii. 219. e.
נֶחֱנַק, i. 258. h.
נֶחְפָּז, i. 526. f. ii. 327. b. 745. i.
נָחַץ, ii. 218. f.
נַחַר, iii. 104. b.
נָחַר, i. 400. h. 473. d. 714. g. iii. 157. f.
נִחַר, i. 564. e.
נֶחֱרַב, ii. 418. a.
נֶחֱרָה, i. 243. f.
נַחֲרָה, ii. 571. e.
נֶחֱרָצָה, iii. 89. c. 195. a. 198. h. 199. i. 280. d.
נֶחֱרֶצֶת, iii. 195. a. 257. g.
נִחֵשׁ, ii. 269. i. 544. f. iii. 37. h.— נַחַשׁ, ii. 545. a. 710. d.
נָחָשׁ, i. 641. a. ii. 613. i.
נַחַשׁ, ii. 544. i. 545. a. c. 711. a.
נָחָשׁ : נֶחְשָׁא, iii. 428. i.
נֶחֱשַׁל, ii. 298. e.
נְחֹשֶׁת, ii. 7. c. iii. 428. g. i. 429. c.
— נְחֻשְׁתַּיִם, ii. 704. h. 705. a.
נָחַת, i. 880. i. ii. 19. e. 284. f. 917. c. iii. 201. h. — נְחִת, ii. 788. e. iii. 37. h.
נַחַת, i. 195. a. ii. 53. h. 74. c. 162. e. 207. i. 884. f. iii. 97. e. — נְחִתִים, i. 775. g.
נָחַת, ii. 162. e.
נִחַת, i. 526. f. 756. g. 813. g. ii. 95. h. 121. e.
נְחַת, ii. 162. e. 225. d.
נְחִתָּה, ii. 319. e.
נִטְבַּל, i. 544. h.
נָטָה, i. 74. b. 75. b. 184. a. 501. i. 576. i. 667. e. 709. f. 710. f. 714. h. 729. d. 844. h. 907. d. 922. c. ii. 101. b. 276. d. 323. a. 446. g. 450. d. 673. b. 677. b. 749. i. 759. i. 807. b. iii. 21. i. 100. b. 124. c. 157. c. 230. a. — נֻטָּה, iii. 284. a. — נִטָּה, iii. 57. f.
נְטוּי, iii. 364. a.
נְטִיפוֹת, ii. 408. f. 459. g. 591. e. iii. 116. f.
נְטִישׁוֹת, ii. 270. e. g. iii. 354. b.
נָטַל, i. 75. c. 186. k. ii. 384. a.
נְטַל, i. 186. k. 795. i.
נֵטֶל, i. 651. g. — נְטִלִים, i. 828. i.
נָטַע, ii. 101. c. 229. d. 499. c. 760. b. 846. g. 927. k. iii. 418. d. e.
נֶטַע, ii. 229. d. 499. c. — נְטִעִים, ii. 499. c.
נָטַף, i. 322. a. 813. h. ii. 614. f. 752. h. iii. 89. e. i. 237. b.
נָטָף, iii. 91. e.
נְטִפוֹת, ii. 117. d. 324. e.
נָטַר, i. 565. a. 795. i. ii. 459. k. iii. 266. d.

נָטַר, iii. 106. h. 198. i.

נְטֵרָה, iii. 412. g. 413. a.

נָטַשׁ, i. 162. h. 197. h. 227. i. 256. a. 262. d. 317. e. 320. i. 326. c. 330. g. 331. b. 340. e. 418. b. 596. g. 659. a. 665. c. 672. i. 725. b. 729. d. 738. e. 839. d. 844. i. ii. 163. c. 198. c. 276. d. 417. e. iii. 5. d. 8. b. 65. g. 152. d. 212. g. 275. g.

נִיב, i. 888. e.

נִיד, ii. 265. c.

נִידָה, iii. 22. i.

נִיחוֹחַ, i. 194. k. 928. a. 930. f.

נִיחוֹחִין, i. 959. g. iii. 87. e.

נִין, i. 511. e. iii. 82. e. — נִין וָנֶכֶר, i. 850. c. iii. 82. f.

נִינְוָה, i. 566. h.

נִיצוֹץ, iii. 86. a.

נִיר, i. 926. f. ii. 42. h. 53. i. 186. b. 359. a. 396. h. 501. a. iii. 82. f. 423. a.

נָכָא, iii. 30. a.

נְכָאָה, ii. 196. k. iii. 233. d.

נְכֵאָה, ii. 394. e. 549. g.

נְכָאִים, i. 789. e.

נְכֹאת, i. 372. c. ii. 72. g. iii. 125. g.

נִכְבַּד, i. 773. a. f. 787. h. — נִכְבָּד, i. 773. f. 774. a. 787. g.

נִכְבַּשׁ, ii. 233. b.

נֶכֶד, ii. 566. f.

נְכַדְיָה, i. 145. h.

נָכָה, i. 380. h. 557. d.

נָכֶה, ii. 797. a. 412. h. — נְכֵה רוּחַ, ii. 28. d.

נִכְהַל, i. 580. f.

נִכְוָה, ii. 130. d. 176. c.

נְכוֹחַ, i. 937. h. ii. 234. i.

נָכוֹן, i. 119. k. 450. g. 499. c. 565. a. 650. c. 674. g. 763. a. 881. b. 925. e. 935. i. 936. g. 955. c. ii. 122. b. 243. d. 310. f. 433. f. 587. g. 668. k. iii. 29. d. e. 100. c. 167. i. 240. e.

נְכוֹן, i. 925. c.

נִכְזַב, i. 598. b.

נֹכַח, i. 5. h. 767. h. 792. a. — נְכֹחִים, i. 743. i. 937. h.

נִכָּח, i. 119. d.

נֹכַח, i. 274. g. 792. b. 805. a. 935. i. ii. 231. i. 585. h. 854. d.

נִכְחַד, i. 295. b. 301. a. 307. b. 411. h. 420. f. 714. h. ii. 359. e. — נִכְחָד, i. 909. b.

נְכֹחָה, i. 985. i. — נְכֹחוֹת, ii. 587. g. — נְכֹחוֹת עָוֶל, i. 119. b.

נְכֹחוֹ, ii. 440. f.

נְכִים, ii. 789. i.

נִכֵּל, i. 630. e.

נֶכֶל, i. 630. c.

נֹכֵל, i. 650. b.

נִכְלַם, i. 77. f. 80. e. 388. e. 392. c. 393. f. 710. g. 789. e. 803. c. ii. 175. c. 290. a. 296. g. iii. 342. a. — נִכְלָם, ii. 28. h.

נִכֶּלֶת, i. 314. a.

נִכְמַר, i. 587. b. ii. 712. i. iii. 192. h. 206. g. 209. b. 237. b.

נִכְנַע, i. 80. e. 508. c. 789. f. 882. c. ii. 197. a. 347. a. iii. 207. g. 233. a.

נְכָסִים, iii. 324. e. 402. f. 460. c.

נִכְסַף, i. 660. i. 855. f. 870. c. — נִכְסֹף, i. 857. d.

נָכַר, i. 867. g. — נִכַּר, i. 263. b. 677. h. 701. h. 849. e. ii. 39. e. 767. f. iii. 176. e.

נֵכָר, i. 131. i. 133. c.

נֶכֶר, i. 263. d. 661. g.

נֹכֶר, i. 131. i.

נָכְרִי, i. 128. h. 131. k. 133. h. ii. 516. d. 517. c.

נָכְרִיָּה, ii. 517. d. 832. h.

נִכְרַת, i. 291. g. 306. a. 411. h. 420. g. 714. h.

נִכְשַׁל, i. 307. b. 377. e.

נָכְתָּח, ii. 500. i.

נִכְתָּם, ii. 260. e.

נִלְאָה, i. 310. c. 377. i. 560. f. 645. a. 722. h. ii. 298. e. 299. g. 683. d. — נִלְאָה הִנָּחֵם, i. 228. k. 841. b. — נִלְאָה נְשׂא, i. 228. k.

נִלְאֵתִי, i. 924. a.

נִלְבַב, ii. 503. c.

נִלְבַּט, i. 441. c. 687. h. iii. 153. a. 351. e. 417. a.

נָלָה, ii. 298. e.

נִלְוָה, i. 684. e. 884. b. ii. 225. g. 886. f. 898. f. iii. 149. h. — נִלְוָה אֶל, ii. 872. b.

נָלוֹז, i. 509. i. ii. 70. f. 484. e. 662. b. iii. 61. g. — נְלוֹזִים, ii. 70. e.

נָלוֹן, i. 547. g. ii. 147. f.

נִלְחַם, i. 723. b. c. 962. i. ii. 206. c. 418. e. 670. c. 671. c. 697. g. 732. d. 807. c. 816. g. 817. b. 818. e. 819. a. iii. 154. d. 174. h. — נִלְחַם יַחַד, ii. 477. e.

נִלְכַּד, i. 525. f. ii. 274. b. — נִלְכָּד, ii. 175. b.

נִלְעַג. — נִלְעַג לָשׁוֹן, i. 560. g.

נִלְפַּת, ii. 186. g. iii. 237. c.

נִלְקַח, i. 34. h. 692. h.

נִמְבְזָה, i. 393. f. 953. a. iii. 233. e. 264. g.

נִמְהַר, i. 104. a. 377. i. 813. h. iii. 243. h. — נִמְהָר, ii. 549. g.

נָמוֹג, i. 570. h. 730. h. 813. i. ii. 207. k. iii. 237. c. 264. g.

נָמוֹט, i. 795. i. iii. 21. d.

נָמוֹל, i. 722. a.

נָמַל, i. 311. d. 312. i. 869. c.

נִמְלָא. — נִמְלָא חֵמָה, ii. 76. b.

נִמְלָה, ii. 486. k.

נִמְלַח, i. 135. c. ii. 428. b. iii. 100. b.

נִמְלַט, i. 205. d. 544. d. 559. g. 585. i. 607. d. 736. b. 796. a. ii. 469. d. 748. a. iii. 221. h. 222. g. 367. g. 382. c.

נִמְלַךְ, i. 469. i.

נִמְלַץ, i. 503. g.

נִמְנַע, ii. 545. k.

נָמַס, i. 286. d. 476. a. 563. d. 819. i. iii. 21. i. 264. h.

נָמֵס, i. 201. e. ii. 67. g. 68. a.

נִמְצָא, i. 58. f. 684. e. 891. c. ii. 109. b.

נָמַק, i. 787. c. ii. 226. b. iii. 15. b. 38. h. 264. h.

נָמַר, i. 714. h.

נָמַר, ii. 764. c.

נָמֵר, ii. 675. b.

נְמַר, ii. 675. b.

נִמְרַט, ii. 399. f.

נִמְרַץ, ii. 172. a. 394. e. 481. i. iii. 377. i.

נִמְרֶצֶת, ii. 531. g.

נִמְשַׁךְ, ii. 457. i.

נִמְשַׁל, ii. 188. d. 560. b. 640. d. 669. g.

נִמְתִּיק. — נִמְתִּיק סוֹד, ii. 286. a.

נֵס, i. 368. c. ii. 103. c. 229. a. iii. 36. a. 37. b. 38. b. 207. b. 366. c. 382. d.

נִסַּב, i. 710. h. 721. a. ii. 336. f. 387. a.

נִסִבָּה, ii. 449. i.

נָסַג, i. 340. e. 719. c. ii. 19. e. 347. b. 448. g.

נִסָּה, i. 187. a. 828. i. 873. d. ii. 356. a. 822. h. iii. 38. a. —

נָסָה, i. 379. f. 628. e. 635. g. ii. 710. b. e.

נָסוֹג, i. 326. d. 335. f. 710. h. — נָסוֹג אָחוֹר, i. 245. g.

נָסַח, i. 311. e. 796. a. 823. i. ii. 217. h. 448. d.

נִסַּח, ii. 113. b.

נָסִיךְ, i. 365. c. iii. 87. f. 470. a. 539. e. — נְסִיכִים, i. 370. h. 768. g. iii. 462. g. e. 470. b.

נָסַךְ, i. 112. g. 551. a. 586. a. ii. 45. h. 122. b. 319. d. 807. c. iii. 470. e. 844. d. 908. c. iii. 81. g. 161. g. 221. i. 463. b.

נָסֵךְ, iii. 81. h.

נֶסֶךְ, ii. 775. h. iii. 81. h. 87. f. 131. b. 163. f. 470. b. e.

נִסְכִּין, i. 457. f. iii. 87. g.

נִסְכַּל, i. 24. h. 26. d. ii. 415. f. 490. d. g.

נִסְכַּן, ii. 263. k.

נִסְכַּר, i. 295. d.

נִסְמַךְ, i. 880. i. ii. 173. f.

נִסְמַן, ii. 248. b.

נָסַס, ii. 19. i. 74. h. iii. 38. b. 382. e. — נֵס, i. 836. f.

נָסַע, i. 75. d. 176. d. 261. b. 277. d. 726. a. 796. a. 807. e. 829. a. ii. 264. h. iii. 119. b. — נִסַּע, i. 764. d. iii. 175. g.

נִסְפָּה, i. 307. c. ii. 898. i. iii. 382. e.

נִסְפַּר — לֹא נִסְפַּר וְלֹא נִמְנָה, i. 200. i.

נָסַק, i. 162. h.

נְסַק, i. 752. b.

נִסַּר, i. 310. f.

נִסְתְּוָה — נִסְתְּוָה דֶּרֶךְ, i. 195. b.

נִסְתַּר, i. 164. c. 301. a. 420. g. ii. 173. a. 182. d. iii. 49. g. 98. i. — נִסְתָּר, ii. 325. i. 329. f.

נָע, i. 202. d.

נֶעְגַּן, ii. 236. i.

נֶעְדַּר, i. 301. b. 307. b. 596. a. ii. 359. e. iii. 49. a. — נֶעְדַּר בְּמַעְדֵּר, i. 356. d.

נַעֲוֶה, iii. 227. h. — נַעֲוֵה לֵב, ii. 514. i.

נָעוֹר, i. 723. f.

נְעוּרוֹת, ii. 498. g.

נְעוּרִים, i. 731. g. 489. g. 961. d. ii. 494. e. 498. f. 502. a. 621. c. 626. h. 682. b. e. 705. a.

נַעֲוַת, i. 260. f. ii. 302. g.

נָעִים, i. 931. c. 945. e. 946. a. c. ii. 17. h. 142. g. 313. g. iii. 260. d. 493. b.

נְעִימוֹת, iii. 260. d.

נֶעְכַּר, i. 307. b.

נָעַל, i. 298. b. ii. 269. d. iii. 213. g. 342. d. i.

נַעַל, iii. 23. i. 342. d.

נַעֲלָה, i. 829. a. iii. 336. h.

נֶעְלַם, ii. 359. f. 660. g. 680. d. 690. i.

נַעֲלָמָה, iii. 335. h.

נֶעֱלָסָה, ii. 495. d. 752. a. iii. 166. c.

נָעֵם, i. 453. c. d. 637. i. 946. b. c. e. h. 953. g. ii. 16. h. 17. e. 143. a. 315. f. 773. h. iii. 494. e.

נָעָם, i. 644. h.

נֹעַם, ii. 141. b. 142. g. 358. i. iii. 34. h. 260. d.

נֹעָם, i. 945. i.

נַעֲמָנִים, i. 286. f.

נַעֲמַת, i. 946. f. — מִמֵּי נַעֲמַת, i. 946. c.

נַעֲמָתִי, ii. 467. f.

נֶעֱנַשׁ, ii. 5. f.

נֶעֱצַב, i. 170. i. 471. h. 570. h. 572. b. ii. 205. e. iii. 80. h.

נַעֲצוּץ, ii. 296. b. iii. 2. g.

נֶעֱצַל, ii. 545. k.

נֶעֱצַר, i. 667. a. ii. 296. h. 495. e.

נֶעְקַשׁ, iii. 62. c.

נָעַר, i. 169. d. 318. f. 331. b. 731. g. 803. f. iii. 372. a.

נַעַר, i. 509. e. 728. h. ii. 302. h. 494. b. h. 497. f. h. 501. h. 621. c. 624. f. 625. a. 626. h. 627. f. 814. h. 851. e. iii. 65. h.

נֹעַר, ii. 498. f. 501. h.

נַעֲרָה, i. 4. a. 517. f. 639. g. ii. 49. f. 51. b. 302. h. 494. f. 624. f. 625. a. 626. i. 682. h.

נֶעֶרְדָה, i. 914. g.

נֶעֱרַל, i. 576. e.

נֶעֱרַם, i. 609. k. iii. 224. e.

נַעֲרֹץ, i. 56. e. 773. b.

נְעֹרֶת, i. 330. i. iii. 125. d. e.

נַעֲשָׂה, i. 284. b. 684. g. ii. 718. e. iii. 142. a. 251. d.

נֵעַת, i. 705. i.

נֶעֱתַם, iii. 128. h.

נֶעְתַּר, i. 830. b. ii. 92. e. — נַעְתָּר, i. 720. c. — נַעְתָּרוֹת, ii. 89. d.

נָפָה, ii. 777. d.

נָפוּץ, i. 285. h. 578. h. 579. h.

נָפוּשׁ, i. 261. c.

נָפוֹת, ii. 657. h.

נָפַח, i. 294. b. 735. e. 737. b. 764. e. ii. 130. d. 802. i. iii. 343. g. 417. g. — נֻפַּח, iii. 417. h.

נֹפַח, ii. 878. h.

נפט : נפטא, ii. 493. i.

נְפִילִים, i. 455. h. 498. b. 651. i. 869. e. iii. 258. g.

נֹפֶךְ, iii. 91. e. 165. f.

נָפַל, i. 83. e. 135. h. 136. a. 307. c. 312. g. 386. f. 420. g. 499. e. 570. i. 596. b. 684. e. 722. a. 756. i. 757. g. 839. d. 846. d. 859. e. 869. c. 882. c. 914. g. ii. 168. h. 179. c. 204. c. 205. e. 210. g. 225. d. g. 240. i. 640. c. 677. h. 739. g. 768. e. 797. b. 893. h. 898. g. 901. c. 902. e. 908. h. iii. 5. e. 12. a. 152. d. 233. e. 369. h. 382. e. — נְפֹל, ii. 918. h. iii. 339. g. — נְפֹל, ii. 918. h. — נָפֹל נָפַל, ii. 768. i.

נִפֵּל, i. 499. e. 731. h. ii. 768. i.

נֵפֶל, i. 734. g. ii. 244. c. 768. i.

נִפְלָא, i. 52. f. 53. e. 301. b. 798. i. ii. 38. i. 40. c. h. 327. c. 648. i. iii. 334. g. 335. a.

נִפְלָאוֹת, i. 646. a. 773. f. h. ii. 39. g. 41. a. iii. 329. a. 334. e. h.

נִפְלָאִים, ii. 39. f.

נִפְלָאת, iii. 258. f.

נִפְלַג, i. 565. d.

נִפְלָה, i. 773. b.

נִפְלַל, ii. 768. i.

נִפְעַם, ii. 202. h. 208. b. 264. i. iii. 237. d.

נֹפֵף, ii. 653. c.

נָפַץ, i. 579. g. 731. h. ii. 180. f. — נִפֵּץ, i. 578. h. 672. i. ii. 895. g. iii. 134. c. 201. h. — נַפֵּץ, i. 579. a.

נֶפֶץ, ii. 257. c.

נָפַק, i. 723. f. 807. f. 839. e.

נִפְקָא, i. 522. f.

נִפְקַד, i. 596. b. 721. e. 876. g. ii. 6. f.

נִפְקַח, iii. 179. c.

נִפְקְתָא, i. 522. e.

נֹפֶר, i. 376. f.

נִפְרַד, i. 100. e. 423. b. 597. f.

נִפְרַע, i. 319. c. ii. 662. b.

נִפְרַץ, i. 400. a.

נִפְרַשׂ, i. 597. g.

נֶפֶשׁ, i. 401. d. 474. h. 672. f. 750. h. 759. a. 791. c. 958. a. ii. 44. c. 151. i. 258. f. 282. g. 356. b.

582. f. 694. h. 808. b. 880. f. iii. 223. h. 440. i. 483. b. — נֶפֶשׁ עָמֵל, i. 152. b.

נְפֹשׁ, i. 212. d. 201. g.

נַפְשׁוּ, i. 657. f. ii. 161. b.

נִפְשַׁע, i. 58. g.

נֹפֶת, i. 503. c. ii. 261. e. 430. d.

נִפְתָּה, i. 797. b.

נַפְתּוּלִים, iii. 140. a. 142. k. 166. d. 168. a.

נִפְתַּל, ii. 740. b. iii. 166. e. 209. c. — נִפְתָּל, ii. 825. d. iii. 61. h.

נֵץ, ii. 85. e.

נָצָא, i. 415. k.

נִצָּב, ii. 349. a.

נִצַּב, i. 223. a. 565. b. 684. e. 881. b. 914. g. 962. k. ii. 2. a. 101. c. 122. b. 653. a. 586. e. 685. a. 731. e. 760. b. 896. i. iii. 63. g. 100. c. 105. a. 125. e.

נִצְבְּתָא, ii. 10. f.

נִצְדָּה, i. 714. h.

נָצָה, i. 200. f. 337. k. ii. 113. b. 690. b. — נִצָּה, i. 564. e. 571. h. 761. c. 884. e. ii. 418. e. 534. d.

נִצָּה, i. 223. h. 459. d.

נֹצָה, ii. 499. d.

נָצוּר, i. 580. d. ii. 730. e. iii. 84. i.

נִצַּח, i. 781. i. 867. h. 876. a. ii. 503. i.

נֶצַח, i. 66. k. 553. e. 554. c. 867. h. i. 911. d. ii. 108. g. 239. d. 495. i. 503. h. 504. d. iii. 217. e. 252. a. 255. f. 256. e.

נִצַּח, i. 878. g. 902. i.

נִצַּחַת, i. 179. h.

נְצִיב, i. 727. a. 785. f. ii. 493. e. iii. 104. f. 105. c. 208. c. 353. i. — נְצִיבִים, iii. 408. d. i. k.

נָצַל, ii. 253. f. iii. 139. e. 175. i. — נִצַּל, i. 279. a. 329. b. 593. b. 781. h. ii. 898. h. iii. 50. a. 52. d. 139. e. 168. a. 205. g. 206. e. 221. i.

נִצְמַד, ii. 460. a. 483. g. iii. 254. c.

נִצְמַת, i. 839. e.

נִצְפּוּ, ii. 327. c. 359. g.

נִצֵּן, ii. 915. c. iii. 86. a.

נָצַר, i. 244. g. 589. c. 595. h. 705. e. 781. i. 786. e. 794. h. 805. h. 812. d. 878. i. ii. 44. d. 290. h. 702. e. 730. e. 738. a. 751. f. 769. a. 778. g. 807. c. 819. b. iii. 16. b. 198. i. 266. e. 412. d. 413. b. 414. c. 418. f. — נֹצֵר, i. 308. b. — נֹצַר, i. 839. e.

נֵצֶר, i. 105. c. 228. h. 459. d. 734. h. ii. 110. i. 496. d. iii. 414. d. 418. g.

נִצְרַב, ii. 176. c.

נִצְרָה, ii. 737. i.

נְצֻרוֹת, ii. 431. d.

נֹצְרִים, iii. 209. i.

נִצַּת, i. 714. h. ii. 140. b. 214. b.

נָקָא, ii. 115. i.

נָקַב, i. 182. h. 332. i. 479. e. 557. e. 702. c. 858. c. 859. c. 896. e. ii. 209. a. 568. b. 588. a. 807. d. iii. 161. i. 276. h. 303. f. 346. b.

נְקֵבָה, ii. 55. i. 56. a. iii. 225. d.

נְקָבִים, i. 291. a.

נִקְבַּץ, iii. 163. g. 164. e. 167. a.

נִקְבַּר, iii. 253. h.

נָקֹד, i. 581. i.

נָקֹד, i. 573. i. ii. 812. h. iii. 4. f.

נֹקֵד, i. 367. f. ii. 515. c. 814. h. 816. b. iii. 290. a.

נְקֻדָּה, ii. 248. c. 812. g. iii. 4. h. 108. b. — נְקֻדּוֹת, ii. 351. b.

נִקֻּדִים, i. 479. f. 950. e. ii. 149. g. 291. e. iii. 473. c.

נָקָה, i. 616. i. — נִקָּה, i. 61. h. 784. h. — נִקָּה, i. 62. a. c. 702. c. ii. 114. c. 116. e. 186. g. — נָקֹה נַקֵּה, i. 62. d. k. 393. g. — נָקֹה נַקֵּה, i. 62. h.

נִקְהַל, iii. 164. d.

נִקְוָה, iii. 162. e. 186. d.

נָקוֹם, ii. 115. i.

נָקֹט, ii. 146. f. 301. c.

נָקִי, i. 61. g. 120. k. 132. a. 150. f. 181. h. 611. h. ii. 115. i.

נָקִיא, i. 611. h.

נִקָּיוֹן, i. 61. i. 62. k. 190. e. 511. c. 613. c. ii. 113. f. 114. d. 115. a. 785. g.

נָקִיק, iii. 303. d. 305. g.

נָקַל, i. 295. d. 392. c. 393. f. 957. h. ii. 307. c. e. — נָקֵל, ii. 88. c. 307. c. 423. c. 465. e.

נִקְלָה, i. 388. f. 392. c. 953. a. — נִקְלֶה, i. 392. i. 393. d. 742. d. 754. i. 774. a. 787. k.

נִקְלָה, i. 393. a. 820. e. 953. a.

נָקַם, i. 157. i. 611. h. 702. a. d. e. 800. b. 816. i. iii. 274. i. — נָקֹם, i. 617. a. — נִקַּם, i. 62. f. 703. e. ii. 323. a. iii. 277. i. — נִקַּם, i. 616. i. 703. a. e.

נֻקַּם, i. 703. f.

נָקָם, i. 239. e. 617. a. 703. b. ii. 322. d. — נְקַם־אַחַת, i. 703. b.

נְקָמָה, i. 703. c. iii. 275. c.

נָקַף, iii. 369. h. — נִקַּף, i. 193. e. ii. 769. a.

נֹקֶף, ii. 137. h. iii. 17. d.

נִקְפָּה, iii. 218. g.

נָקַר, i. 299. d. 711. e. 712. a. 819. d. ii. 595. d. iii. 137. a.

נִקְרָא, ii. 742. b.

נִקְרָא, i. 240. g. 840. e.

נִקְרָה, ii. 571. h. 739. h. iii. 305. g. 370. g.

נָקַשׁ, i. 805. h. iii. 140. b. — נִקַּשׁ, i. 698. i. 705. f. 894. i. iii. 135. e.

נָקַשׁ, iii. 135. c. e.

נִקְשָׁה, iii. 48. e. 59. i.

נֵר, ii. 359. b. 396. g. h. iii. 423. b.

נִרְאָה, i. 499. e. 540. k. 684. f. 763. d. 789. g. ii. 162. e. 575. b. d. e. iii. 370. g.

נִרְגָּן, i. 510. a. 520. g. 547. h. 609. e. 780. c. ii. 570. d. 879. f. iii. 344. d. — נִרְגָּן, i. 510. d. — נִרְגָּן, i. 510. d. 630. a. ii. 257. k. iii. 280. i.

נֵרְד, ii. 493. b.

נִרְדָּם, i. 216. c. 319. b. 813. i. ii. 153. d. 197. b. 225. d. 514. k. 769. a. iii. 5. h. 68. h.

נִרְדָּה, i. 914. f.

נָרוּץ, i. 741. i. iii. 203. f.

נִרְחָב, i. 950. b.

נָרֹם, i. 739. a.

נִרְפָּא, i. 75. e.

נִרְפָּה, iii. 220. f. h. 313. e.

נִרְצָא, i. 530. c.

נִרְתַּק, i. 208. b.

נִשָּׂא, iii. 367. h.

נִשָּׂא, ii. 849. c. iii. 358. b.

נָשָׂא, i. 72. h. 75. e. 164. e. 167. h. 168. g. 181. a. 187. a. cf. i. 188. a. 202. g. 210. a. 218. f. 227. i. 229. f. 237. b. 244. k. 250. g. 256. a. 300. c. 334. a. 348. h. 409. g. 418. b. 435. b. 447. h. 461. c. 488. c. 538. f. 627. g. 674. a. 695. d. 729. c. 736. a. 789. g. 794. i. 796. b. 803. f. 826. b. 829. a. g. 844. i. 888. f. 949. d. 955. d. 967. k. ii. 39. a. 91. a. 92. e. 172. e.

224. *g.* 264. *i.* 293. *g.* *i.* 352. *i.* 356. *b.* 372. *h.* 443. *g.* 452. *c.* 453. *a.* 471. *d.* 645. *i.* 794. *b.* 876. *d.* 884. *k.* iii. 121. *c.* 168. *a.* 240. *e.* 269. *h.* 278. *a.* 299. *f.* 301. *a.* 326. *f.* 338. *g.* 344. *c.* 347. *g.* 357. *c.* 367. *h.* 381. *b.* 405. *h.* 472. *a.* — נִשֵּׂא, i. 193. *i.* — נִשָּׂא, i. 400. *b.* 602. *a.* 636. *a.* 749. *i.* 958. *h.* ii. 15. *b.* iii. 272. *h.* 364. *a.* — נָשָׂא אֶת נֶפֶשׁ, i. 751. *d.* — נָשָׂא יָד, i. 507. *i.* — נִשֵּׂא כֵּלִים, ii. 574. *i.* — נָשָׂא לְפֶשַׁע, iii. 353. *e.* — נִשֵּׂא מָגֵן, ii. 713. *a.* — נָשָׂא נָשָׂא, i. 250. *a.* — נָשָׂא עֵינַי seq. אֶל, i. 846. *d.* — נָשָׂא et עָנַד, ii. 749. *b.* — נָשָׂא פָּנִים, ii. 5. *g.* — נָשָׂא עֹנֶשׁ, i. 146. *e.* 654. *b.* 789. *g.* ii. 327. *d.* 904. *b.* iii. 353. *d.* — נִשֵּׂא צִנָּה, ii. 77. *c.* — נָשָׂא קוֹל, i. 168. *g.* 462. *e.* — נָשָׂא רֹאשׁ, i. 186. *f.* — נִשֵּׂא רֹמַח, i. 637. *a.* — נָשָׂא תְּפִלָּה, i. 532. *f.*

נְשָׂא, ii. 356. *k.* iii. 11. *e.*

נִשְׂאָה, ii. 186. *h.*

נִשְׂאֵי, iii. 340. *e.*

נִשְׁאַל, ii. 651. *b.* — נִשְׁאֹל נִשְׁאַל, ii. 651. *c.*

נִשְׁאַר, i. 304. *h.* 423. *c.* 537. *b.* 714. *i.* ii. 186. *h.* 366. *i.* iii. 333. *h.* 346. *a.* — נִשְׁאָר, i. 865. *b.* ii. 189. *a.* 734. *i.* iii. 345. *g.*

נְשֵׂאת, i. 632. *b.* ii. 901. *e.*

נָשֵׁב, i. 321. *c.* ii. 802. *i.*

נִשְׁבָּה, i. 84. *e.*

נִשְׁבַּע, i. 235. *g.* 300. *c.* 618. *f.* *i.* 619. *b.* *e.* 620. *c.* *d.* ii. 209. *a.* 558. *a.* 561. *c.* 562. *i.*

נִשְׁבַּר, ii. 558. *d.* 563. *a.* iii. 200. *i.*

נִשְׁבַּת, i. 306. *f.* ii. 225. *i.*

נִשְׂגָּב, i. 20. *d.* 76. *b.* ii. 423. *d.* 616. *a.* iii. 331. *e.* 367. *h.*

נָשָׁה, i. 261. *g.* 665. *d.* 736. *a.* 863. *c.* ii. 232. *f.* 612. *c.* 614. *a.* 807. *d.* iii. 269. *h.* 497. *i.* — נִשָּׁה, i. 522. *a.* *b.* — נֹשֶׁה, i. 863. *c.* — נָשֹׁה נָשָׁה, ii. 356. *k.*

נָשֶׁה, ii. 493. *d.*

נְשׁוּא, — נְשׁוּא פָּנִים, i. 63. *i.* ii. 40. *c.*

נָשׁוֹג, — נָשׁוֹג אָחוֹר, ii. 252. *h.*

נִשַּׁח, i. 650. *h.* 672. *i.*

נִשְׁחַת, i. 593. *i.* 754. *g.* 818. *a.* ii. 769. *a.* iii. 385. *b.*

נְשִׁי, iii. 279. *a.*

נָשִׂיא, i. 365. *e.* 370. *i.* 416. *d.* 444. *b.* 675. *h.* ii. 14. *c.* 15. *i.* 500. *b.* *e.* iii. 447. *i.*

נְשִׁיָּה, i. 863. *c.*

נְשִׂים, i. 517. *h.* ii. 631. *b.*

נָשִׁים, i. 261. *f.* 370. *i.* 517. *g.* 522. *b.* ii. 15. *i.* 71. *c.*

נְשִׁיקוֹת, iii. 387. *g.*

נָשַׁךְ, i. 520. *a.* 700. *g.* 729. *e.* ii. 797. *d.*

נֶשֶׁךְ, ii. 909. *b.* iii. 91. *e.* 169. *c.* 279. *a.*

נִשְׁכָּה, i. 481. *h.*

נָשַׁל, i. 722. *a.* 725. *d.* 726. *a.* 796. *c.* ii. 194. *e.* 397. *a.* iii. 222. *a.* 846. *h.* — נִשַּׁל, i. 698. *b.*

נִשְׁלָה, i. 560. *e.*

נָשַׁם, i. 412. *a.* 672. *i.* 909. *e.* 910. *b.* iii. 97. *f.*

נִשְׁמַד, i. 306. *f.* 341. *f.* 411. *c.* 733. *i.* 734. *d.* 798. *c.*

נְשָׁמָה, i. 198. *i.* 758. *i.* 759. *b.* 764. *e.* ii. 74. *c.* 801. *e.* 803. *b.* 896. *d.*

נִשְׁמָה, i. 256. *k.*

נְשַׁמֵּם, i. 39. *h.* 102. *e.*

נִשְׁמַע, i. 499. *e.* 545. *i.*

נִשְׁמַר, i. 702. *e.* 796. *c.* ii. 882. *f.*

נִשְׁמַת.—נִשְׁמַת רוּחַ, ii. 803. *c.*

נִשְׁנָה, i. 537. *e.*

נָשַׁס, ii. 180. *a.*

נִשְׁעַן, i. 196. *d.* 249. *g.* 750. *a.* 829. *b.* 831. *f.* 838. *h.* 881. *b.* 905. *i.* ii. 231. *b.* 708. *e.* 709. *b. c.* 886. *f.* iii. 313. *e.* 330. *f.*

נִשְׁעַר, ii. 174. *b. d.* 350. *h.*

נָשַׁף, i. 323. *a.* ii. 802. *i.*

נֶשֶׁף, i. 429. *g.* 970. *h.* ii. 438. *h.* 514. *b.* iii. 66. *h.* 67. *d.* 68. *a.* 206. *e.* 484. *d.*

נִשְׁפֶּה, ii. 500. *h.* 705. *e.*

נִשְׁפַּט, i. 610. *f.* ii. 322. *d.*

נָשַׁק, i. 714. *i.* ii. 226. *h.* 886. *h.* 889. *b.* iii. 322. *a.* 387. *e.*

נֶשֶׁק, i. 444. *b.* 452. *h.* 716. *f.* ii. 227. *i.* 574. *c.* 818. *e.* iii. 440. *k.*

נֹשֵׁק, i. 786. *a.*—נֹשֵׁק מָגֵן, ii. 713. *a.*—נֹשֵׁק קֶשֶׁת, iii. 281. *i.* 282. *b.*

נָשַׁק, i. 641. *g.* 862. *i.*—נִשַּׁק, i. 200. *g.*

נִשְׁקַד, i. 515. *d.*

נִשְׁקַף, i. 164. *a.* 460. *d.* 559. *b.* 670. *h.* 693. *e.* 712. *e.* 846. *e.* ii. 656. *d.* 672. *c.* iii. 333. *d.*

נֶשֶׁר, i. 55. *f.*

נְשַׁר, i. 55. *f.*

נִשְׁרִין, ii. 371. *i.*

נָשַׁת, i. 197. *g.* ii. 68. *a.* 518. *d.* 765. *i.*—נִשַּׁת, i. 411. *i.*

נִשְׁתָּוָה, iii. 496. *h.*

נִשְׁתְּוָן, i. 586. *g.* iii. 402. *g.*

נִשְׁתַּר, ii. 807. *d.*

נָתוּן, i. 632. *b.*

נָתוּק, i. 732. *e.* ii. 301. *f.*

נָתוּשׁ, i. 802. *e.*

נָתַח, i. 553. *f.* 624. *d.* ii. 315. *c.* 430. *e.*—נִתַּח לִנְתָחָיו, ii. 316. *b.*

נֵתַח, i. 624. *e.* ii. 431. *h.* 435. *h.*

נָתִיב, iii. 291. *f.*

נְתִיבָה, i. 256. *g.* 395. *b.* ii. 473. *c.* 902. *i.* iii. 291. *g.*—נְתִיבוֹת, i. 335. *i.*

נְתִינִים, i. 602. *a.* ii. 86. *g.*

נָתַךְ, i. 520. *g.* 602. *b.* 708. *e.* 839. *e.* iii. 89. *i.* 137. *d.* 240. *e.* 265. *a.* 446. *c.* 468. *d.* 470. *e.*

נִתְכַּן, i. 935. *i.* ii. 243. *f.*

נָתַם, i. 161. *i.*

נָתַן, i. 34. *a.* 81. *a. e.* 207. *a.* 289. *a.* 323. *b.* 330. *g.* 331. *e.* 418. *d.* 499. *e.* 525. *f.* 549. *i.* 590. *a.* 602. *b.* 604. *b.* 655. *f.* 659. *b.* 665. *d.* 684. *f.* 701. *h.* 730. *i.* 732. *c.* 737. *g.* 744. *e.* 752. *b.* 786. *e.* 829. *c.* 844. *i.* 852. *d.* 888. *f.* 890. *e.* 895. *e.* 907. *d.* 929. *g.* 943. *b.* 963. *b.* 967. *h.* ii. 101. *d.* 122. *c.* 168. *c.* 176. *h.* 178. *h.* 222. *c.* 315. *i.* 530. *g.* 534. *d.* 558. *d.* 616. *i.* 647. *e.* 659. *e.* 672. *g.* 681. *f.* 749. *c.* 807. *d.* 849. *c.* 861. *d.* 864. *d.* 877. *e.* 882. *g.* 884. *k.* 898. *h.* iii. 106. *h.* 162. *a.* 222. *a.* 240. *e.* 269. *h.* 303. *f.* 356. *b.* 381. *e.*—נָתַן, i. 632. *b.*—נִתַּן, i. 684. *f.* ii. 518. *d.*—נָתַן, i. 669. *d.* ii. 315. *f.*—נָתַן אֶת לֵב, ii. 905. *a.*—נָתַן דָּמִי, ii. 559. *g.*—נָתַן יַד תַּחַת דָּת, i. 730. *i.*—נָתַן יַד תַּחַת, iii. 355. *d.*—נָתַן seq. ל, i. 424. *c.*—נָתַן מוֹקֵשׁ, iii. 351. *d.*—נָתַן נָתַן נַחֲלָה, ii. 271. *i.*—נָתַן i. 604. *b.*—נָתַן עֶלְיוֹן, iii. 327. *b.*—נָתַן עֹמֶד, iii. 180. *a.*—נָתַן צְבִי, i. 229. *f.*—נָתַן קֹדֶשׁ, ii. 112. *d.*—נָתַן קוֹל, i. 211. *d.*

ii. 262. *b.* 692. *g.* iii. 322. *c.* 421. *b.* — נָתַן שֹׂרֶט, i. 788. *g.* — נָתַן תְּפִלָּה, i. 424. *d.* ii. 432. *d.*

נְתִנִים, i. 290. *a.*

נָתַס, i. 784. *b.*

נָתַע, ii. 190. *g.*

נִתַּע, iii. 30. *a.*

נִתְעַב, i. 450. *d.* ii. 108. *g.* 175. *g.* 239. *e.* 892. *c.*

נִתְעָה, iii. 347. *h.*

נִתְפְּשָׂה, i. 140. *h.*

נָתַץ, i. 411. *i.* 552. *i.* 579. *c.* 761. *c.* 762. *c.* ii. 113. *c.* 119. *a.* 163. *c.* 176. *c.* 214. *c.* 217. *h.* 220. *d.* iii. 184. *b.*

נָתַק, i. 263. *g.* 316. *d.* 321. *f.* 326. *d.* 575. *d.* 579. *c.* 669. *a.* 709. *b.* 724. *h.* 726. *a.* 804. *g.* ii. 223. *b.* iii. 8. *b.* 265. *b.* 270. *a.* — נִתַּק, i. 420. *h.*

נֶתֶק, i. 321. *e.* ii. 67. *g.*

נָתַר, i. 317. *i.* 729. *e.* 731. *i.* ii. 760. *f.*

נֶתֶר, i. 385. *k.* 747. *h.* 748. *f.* ii. 504. *g.*

נָתַשׁ, i. 321. *g.* 420. *h.* 698. *b.* 712. *a.* 724. *i.* 726. *a.* 731. *c.* 796. *c.* ii. 113. *c.* 177. *i.* — נִתַּשׁ, i. 710. *h.*

ס

סְאָה, i. 618. *b.* ii. 455. *a. f.* 543. *i.* 544. *a.* iii. 28. *e.*

סָאוֹן, i. 454. *d.*

סָאַן, i. 455. *b.* 884. *b.*

סאן, iii. 111. *d.*

סַאסְאָה, ii. 564. *b.*

סָאתַיִם, i. 618. *b.*

סָבָא, ii. 543. *a.* 740. *c.* iii. 78. *f.* 155. *a. b.*

סֹבֵא, ii. 542. *d.* iii. 155. *b.*

סֹבֵא, ii. 426. *k.* — סֹבֵא יַיִן, ii. 542. *b.* — סֹבְאִים, ii. 542. *a.*

סְבָאִים, ii. 19. *e.* iii. 18. *a.*

סָבְאָם, iii. 430. *d.*

סָבַב, i. 82. *b.* 189. *d.* 301. *b.* 326. *d.* 607. *e.* 882. *d.* ii. 179. *c.* 182. *e.* 336. *i.* 449. *h.* 450. *g.* 451. *c.* 680. *e.* 730. *a.* 731. *e.* 732. *f.* 734. *a.* 736. *e.* 747. *a.* 873. *b.* iii. 6. *b.* 121. *c.* 140. *b.* 154. *i.* 270. *a.* — סֹבֵב, ii. 336. *a.* 337. *a.* — סָבַב שֵׁם, ii. 748. *c.*

סָבִיב, i. 882. *e.* ii. 335. *k.* 336. *b.* 337. *e.* i. 448. *i.* 721. *g.* 734. *c.* 736. *h.* iii. 73. *g.* — סָבִיב סָבִיב, i. 619. *d.* ii. 336. *a. g.* — סָבִיב סָבִיב, ii. 336. *a.* — סְבִיבִים, ii. 336. *f.* 734. *d.*

סְבִיבוֹת, i. 35. *d.* 765. *d.* ii. 335. *k.* 336. *b. f.* 337. *e.* 734. *d.*

סָבַךְ, ii. 284. *f.* iii. 445. *e.*

סְבַךְ, ii. 407. *b.*

סְבָךְ, i. 354. *f.* 522. *g.* 617. *e.* 643. *f.* ii. 585. *f.* iii. 19. *c.* 210. *i.* 211. *a.* — סִבְכֵי יַעַר, iii. 364. *a.*

סָבַל, i. 187. *d.* 210. *b.* 218. *g.* ii. 831. *d.* iii. 325. *a.* 338. *g.*

סֵבֶל, ii. 7. *d.* 249. *a.* 835. *a.*

סָבַל : סֵבֶל, i. 359. e. 447. f. 966. d. ii. 515. h.
סִבְלָה, i. 647. e. 904. d. 977. g. ii. 137. b. 171. i. 835. e. — סִבְלוֹת, i. 638. i.
סֻבֹּלֶת, iii. 183. g.
סָבַר, ii. 876. d. 877. e. iii. 349. c.
סָגַד, ii. 147. d. 340. k. 889. f.
סְגַד, ii. 889. f.
סָגוּר, i. 298. a. ii. 115. i. 185. a. 231. g. iii. 132. d. 171. c.
סָגוֹר, iii. 131. i.
סְגֻלָּה, i. 794. d. ii. 609. a. 711. h. 737 c. g. 741. d. 807. e.
סֶגֶן, iii. 28. i. 118. c. 414. d.
סִגְנִיָא, iii. 118. d.
סְגָנִים, i. 370. i.
סָגַר, i. 198. c. 298. b. 329. d. 334. h. 423. b. 667. a. 859. h. ii. 269. d. 616. b. 873. b. 886. k. 891. g. iii. 132. f. 168. e. 336. f. 472. f.
סְגַר, i. 764. a.
סַגְרִיר, iii. 488. e.
סַד, ii. 337. i. 346. e. 519. i. 520. h. 521. d. 804. a. iii. 228. d.
סָדִין, i. 480. d. ii. 532. c. iii. 43. d.
סֵדֶר, iii. 378. f.
סַהַר, iii. 285. b.
סוּג, i. 420. h. 710. h. iii. 404. e. — סוּג לֵב, ii. 66. f.
סוּג, iii. 72. h.
סוּגַר, ii. 261. a.
סוֹד, i. 211. h. 316. e. 470. f. 507. a. 673. g. 876. i. ii. 310. i. 488. e. 557. c. 622. d. 751. g. iii. 53. i. 147. b. 163. g. 173. c. e. 191. d. 205. h. 210. a. 352. g. 353. i.
סוּךְ, i. 116. h. iii. 463. b. — סוּךְ, i. 116. e. — סוּךְ אֶת רַגְלַי, i. 311. f.
סוּמְפֹּנְיָה, iii. 158. e.
סוּס, i. 354. a. 672. f. 942. b. ii. 96. f. 97. d. iii. 444. b. — סוּס עָגוּר, iii. 444. c.
סוּסָה, ii. 97. e.
סוּף, i. 189. e. 714. i. ii. 898. i. iii. 168. g.
סוּף, i. 275. g. 749. d. 912. i. 918. i. ii. 637. e. i.
סוֹף, i. 109. k. 363. d. ii. 573. a. 719. i. iii. 255. f.
סוֹפָא, ii. 220. h. 719. i. iii. 256. h.
סוּפָה, i. 506. e. 618. d. ii. 174. d. 350. i. 530. g. 582. g. 745. f. iii. 132. b. 195. b. i. 206. g. 393. a. — סוּפָה וּסְעָרָה, ii. 174. g.
סוֹפֵר, i. 513. k. ii. 16. e.
סוֹפַתָּה, ii. 220. h.
סוּר, i. 72. k. 112. c. 183. f. 229. f. 263. a. 277. d. 279. b. 310. e. 329. h. 368. d. 409. h. 420. i. 592. g. 710. h. 715. a. 719. c. 722. a. 736. c. 860. d. 905. e. ii. 264. k. 337. e. 402. c. 425. i. 623. h. 639. b. 680. e. 722. k. 776. a. 807. f. 854. k. 873. b. iii. 323. h. — סוּר מֵעַל, ii. 639. k.
סוּר, ii. 527. f.
סוּרָה, i. 667. a.
סוּרִים, i. 421. b. ii. 763. c.
סוֹרֵר, i. 421. b. 710. i. ii. 663. a. 664. a.
סוּת, ii. 726. b.
סָחַב, i. 593. h. 877. i. iii. 38. i. 140. c. 159. a. d. e. 203. k. 205. d. — סָחֹב, i. 579. b.
סְחָבוֹת, iii. 3. k.
סָחָה, ii. 378. c.
סָחוֹב, ii. 300. b. c. iii. 140. c.

סָחִי, ii. 146. d.

סָחִישׁ, i. 206. i. 401. k.

סָחַף, i. 369. h. iii. 382. f. — סחַף, i. 218. g. ii. 349. c.

סָחַר, i. 760. a.

סָחַר : סָחַר, i. 760. a. b. 900. g. ii. 444. g.

סֹחֵר, i. 760. b. g. 766. e. ii. 444. c. g. — סֹחֵר et כְּנַעֲנִי, i. 760. g.

סְחֹרָה, i. 760. c. d. f.

סֹחֵרָה, ii. 337. e. 761. b.

סְחַרְחַר, iii. 237. d.

סֹחֶרֶת, i. 760. c. g.

סֹחֶרֶת, ii. 386. g.

סֵטִים, ii. 640. i.

סִיג, i. 49. f. 191. d. 271. i. 497. h. i. ii. 639. c. iii. 72. h. 96. f. 134. d. — סִיגִים מְצֻפֶּה, i. 631. b.

סִין, iii. 20. e.

סִינַי, iii. 43. b.

סִיס, iii. 263. a.

סִיר, i. 92. h. 260. f. 535. d. ii. 45. c. 112. b. 315. a. 364. e. 368. b. iii. 62. g. 102. d. 358. d. 428. g. — סִירִים, i. 93. c.

סִירוֹת, ii. 364. g.

סָךְ, iii. 54. g. 55. d. 206. d.

סֹךְ, ii. 143. h. 189. g. 407. c. iii. 54. g.

סֻכָּה, i. 344. g. ii. 287. i. 751. c. iii. 54. h. 55. e. 57. f. 319. a.

סֻכּוֹת, i. 680. e. 682. b. ii. 579. b. iii. 54. h. 55. g. 206. a.

סֻכּוֹת, ii. 820. i. iii. 74. f. 206. a.

סָכַךְ, i. 244. h. 319. d. 334. i. 873. i. 875. h. ii. 216. a. 732. f. iii. 50. b. 52. a. 57. g. 81. h. 132. i. 205. i. 470. e.

סָכַל, i. 424. e. ii. 135. h. — סִכֵּל, i. 386. e. 577. i. ii. 415. f. 490. d. g.

סָכָל, i. 425. a. i. ii. 490. h. iii. 59. b.

סֶכֶל, i. 425. i.

סִכְלוּת, i. 141. k. 425. a. 956. f. ii. 615. a. 777. a. iii. 58. f.

סָכַן, i. 96. g. 524. d. 600. a. 876. g. ii. 33. d. 263. k. iii. 142. h. 222. a.

סֹכֵן, ii. 696. e. 907. k. iii. 55. g. i. 74. f.

סֹכֶנֶת, iii. 133. f. 206. d.

סִכְסֵךְ, i. 577. i. 836. b. iii. 91. i. 142. h.

סָכַר, i. 858. i. 898. f. — סִכֵּר, i. 764. a. ii. 269. d. 647. h.

סֹכְרִים, i. 541. g.

סֻכַּת, ii. 822. g.

סַל, ii. 148. b. c. 307. g.

סָלָא, i. 829. c. iii. 143. d.

סֶלֶד, i. 130. b.

סָלָה, i. 164. f. 249. e. 273. g. 320. e. 819. i. — סִלָּה, i. 796. d.

סֶלָה, i. 54. c. 85. k. 597. i. 634. b. ii. 121. f. 444. e. iii. 256. e.

סְלוּלָה, ii. 836. h.

סִלּוֹן, i. 884. e. iii. 62. h.

סָלַח, i. 409. i. 418. e. 932. h. 936. h. ii. 81. a. 90. h. 91. i. 92. e. f. 114. d. 471. h.

סַלָּח, i. 853. e. ii. 91. i.

סְלָחוֹת, i. 745. f.

סְלִיחָה, i. 418. f. ii. 91. e.

סָלַל, i. 320. f. 906. i. ii. 221. b. 524. h. 807. g. iii. 292. b. 307. k. — סָלַל סָלַל, ii. 114. d.

סֹלְלָה, i. 453. a. 637. d. 646. a. ii. 615. e. 902. e. 908. h. iii. 432. a. 469. c.

סֻלָּם, ii. 275. d.

סִלְסֵל, i. 187. d. 447. i. ii. 752. d.

סַלְסִלּוֹת, ii. 156. h.

סֵפֶר, i. 456. g. 457. b. 512. f. 513. d. 881. d. ii. 387. f. 472. i. 589. d. — סֵפֶר תְּהִלִּים, iii. 475. a. — סֵפֶר תּוֹרָה, ii. 509. h.

סֹפֵר, i. 178. g. 456. f. 512. i. 513. d. 608. i. iii. 25. g.

סָפַר, i. 351. d.

סְפַר, i. 457. c. — סְפַר דָּכְרָנַיָּא, iii. 348. h.

סָפְרָא, i. 513. a.

סִפְרָה, i. 825. b. — סְפִרוֹת, i. 512. f. 802. c. ii. 847. b.

סָפַת, iii. 197. h.

סַפְתֹּר, iii. 376. d.

סָקוֹל, ii. 377. c.

סָקַל, ii. 187. g. 375. c. h. iii. 470. g. — סִקֵּל, i. 575. g. iii. 431. c.

סָר, i. 587. b. iii. 137. a. 237. e. — סָרֵי סֹרְרִים, i. 219. b.

סָרַב, ii. 689. c.

סַרְבָּלִין, i. 194. b. ii. 489. f. iii. 25. i. 342. e.

סָרָה, i. 234. f. 235. h. 271. c. 322. c. e. 373. e. 711. c. ii. 776. a.

סָרוּחַ, iii. 268. b. 305. d. — סְרוּחִים, ii. 97. e. cf. iii. 305. d. — סְרוּחֵי טְבוּלִים, ii. 640. g.

סִרוֹת, ii. 504. e. 803. i.

סָרַח, i. 378. a. 859. a. ii. 217. d. 544. e. iii. 129. g. 356. b.

סֶרַח, ii. 783. d.

סִרְיוֹן, ii. 79. f. 574. c.

סָרִיס, i. 648. i. 942. c. iii. 78. d.

סָרְכַיָּא : סָרְכִין, ii. 16. a. iii. 174. k. 227. g. — סָרְכֵי מַלְכוּתָא, i. 442. e.

סְרָנִים, i. 370. i. ii. 861. i. 882. h. iii. 28. g. i.

סַרְעַפָּה, ii. 266. h.

סִרְפַּד, i. 92. c. ii. 280. g. 296. a.

סָרַר, i. 271. c. 389. g. ii. 674. b. 689. d. — סֹרֵר, i. 219. b. 271. f. 322. g. 389. g. ii. 171. a. iii. 61. h.

סָרַת. — סָרַת טַעַם, ii. 136. b.

סְתָו, iii. 438. g.

סָתוּם, ii. 329. f. iii. 77. i.

סָתַם, i. 210. f. 764. a. ii. 144. i. 176. i. iii. 215. a. 404. f.

סָתֹם, i. 26. f.

סָתַר, i. 326. f. 669. h. 710. i. 862. c. ii. 144. i. 190. g. 624. b. — סֵתֶר, iii. 382. f.

סֵתֶר, i. 300. g. 301. d. i. 462. f. 464. d. 630. i. ii. 229. b. 325. i. 327. e. 328. d. 329. f. iii. 50. i. 51. c.

סָתֵר, i. 905. d.

סִתְרָה, iii. 50. h.

ע

עָב, ii. 159. g. 500. b. e. 680. f. 703. d. iii. 66. d. 84. i. 88. g. 124. h. — עָבִים, i. 137. f.

עָב, i. 703. d. — עָבִים, ii. 8. b.

עָבַד, i. 639. c. g. 640. c. 900. g. ii. 79. a. 164. b. 171. f. g. 233. b. 293. i. 363. g. 367. a. 626. i. 807. g. 889. g. iii. 338. i. 356. f.

עֶבֶד, i. 904. e. — עֹבֵד אֶת הָאֲדָמָה, i. 494. c. — עֹבֵד לָמַס, i. 494. i. — עֶבֶד לְרֶשֶׁת אֲחֻזָּה, ii. 244. i.

עַד, i. 54. d. 64. c. 84. g. 271. i. 428. i. 454. d. 609. c. d. 842. g. 923. e. h. ii. 128. b. 495. i. — עֲדֵי עַד, i. 86. i. 87. e.
עַד, i. 690. a. 923. e. ii. 411. a. iii. 193. f.
עַד, i. 564. c. 662. a. 921. f. ii. 410. d. f. 411. a. g.
עֲדָא : עֲדָה, i. 421. b. ii. 681. a.
עָדַד, i. 186. a. 187. e.
עָדָה, i. 187. e. ii. 180. i. 304. h. 356. k. 681. a. 732. i. 749. d.
עֵדָה, i. 470. g. 552. g. ii. 63. i. 410. d. f. 411. b. g. 557. f. 678. g. 694. h. 815. h. iii. 38. i. 141. f. 163. g. 175. d. 210. b.
עֵדוּת, i. 563. i. ii. 318. a. 410. g. 411. b.
עֲדִי, i. 857. d. ii. 142. a. 305. c. 820. i. iii. 40. c.
עֲדֵי, ii. 456. a. 558. h. iii. 492. a.
עִדִּים, i. 293. c. 485. h. ii. 335. c. 411. c.
עֲדִינָה, iii. 304. f.
עֹדֶד, ii. 456. b.
עִדָּן, iii. 80. h.
עֵדֶן, i. 111. g. 137. b. 673. e. ii. 305. c. iii. 305. a.
עֲדֶן : עֲדָנָא, ii. 128. b. iii. 492. a.
עֶדְנָה, i. 97. k. ii. 513. c. iii. 304. e.
עָדַף, ii. 783. d. iii. 331. d. 346. c.
עָדַר, i. 76. c. 463. h. ii. 671. d. — עָדֵר, ii. 658. c.
עֵדֶר : עֶדֶר : עָדַר, i. 15. c. 16. c. 469. a. 803. g. 884. g. ii. 814. h. 815. c. i.
עָדָשׁ, iii. 371. b.
עֲדַת, ii. 527. g. iii. 188. f.
עֵדֹת, i. 551. i. ii. 411. b.
עוּג, i. 669. h.

עַד, i. 690. b. 969. i. 970. c. d. f. ii. 411. g. 466. e. 597. a. 598. h. 601. k. 842. f. iii. 491. i. 497. c. — עַד אֲבַדּוֹן, ii. 23. h. — עַד אֶחָד, i. 689. e. — עַד־אַחֲרִין, i. 970. e. — עַד אָן, ii. 456. b. — עַד אָנָה, i. 970. f. ii. 456. b. — עַד אֶפֶס, i. 685. h. — עַד אֲשֶׁר, i. 970. d. — עַד אֲשֶׁר לֹא, ii. 853. b. — עַד בּוֹאֲךָ, i. 970. a. — עַד הַבֹּקֶר, ii. 909. d. — עַד־הַיָּמִים הָהֵם, ii. 513. d. — עַד הֲלֹם, i. 86. h. 970. g. — עַד חֹם, i. 141. g. — עַד יָם, ii. 820. i. — עַד־יַהַץ, ii. 821. a. — עַד כִּי, i. 970. c. e. — עַד כֵּן, i. 970. g. — עַד לֹא, ii. 343. e. — עַד לֵב, i. 970. a. — עַד לַיְלָה, i. 429. f. — עַד לְכַלֵּה, iii. 256. d. — עַד לְעוֹלָם, i. 86. i. — עַד־מָה, ii. 634. g. — עַד מָתַי, i. 918. i. 970. f. ii. 843. h. — עַד נֶצַח, i. 86. i. — עַד סוֹף, iii. 257. a. — עַד עוֹלָם, i. 85. i. 86. b. i. 87. c. — עַד עוֹלְמֵי עַד, i. 87. c. — עַד־עֵת, ii. 416. b. 456. a. — עַד עַתָּה, ii. 513. c. — עַד פֹּה, i. 970. g. — עַד פֶּה, ii. 456. c. — עַד קֵץ, iii. 256. h. — עַד קָצֶה, ii. 440. c. — עַד־תְּכוּנָה, iii. 256. f. — עַד־תֻּמָּם, iii. 256. g. i.
עֵגֶל — 815. k. iii. 121. i. 210. a. מַרְבֵּק, ii. 480. k. iii. 390. i.
עֶגְלָה, i. 14. b. 465. e. 521. g. ii. 480. g.
עֲגָלָה, i. 142. d. 354. b. 521. g. ii. 77. a.
עָגַם, iii. 97. f.
עֲגָרִים, ii. 145. k.

עוּגָב, iii. 474. h.
עוּגָת, i. 669. k.
עֵוֶד, ii. 740. c.
עוֹד, i. 54. c. 609. d. 684. f. 690. i. 792. b. 923. f. 970. a. ii. 465. f. 512. i. 778. h. 782. a. 821. a. iii. 177. g. 186. d. — עוֹד אַחַת מְעַט, i. 266. e. — עוֹד לָנֶצַח, i. 588. e. ii. 504. d. iii. 256. e.
עָוָה, i. 43. i. 392. c. — עִוָּה, i. 183. c. 233. a. 411. i. 588. h. ii. 449. h. iii. 237. e.
עַוָּה, i. 46. a.
עוּז, i. 213. i. iii. 395. b. 463. h.
עִוְיָה, i. 46. a.
עֲוִיל, i. 374. i. 426. a.
עֲוִילִים, i. 86. a. 88. g. 850. d.
עוֹכֵר, i. 759. f.
עוּל, ii. 624. g. — עוּל יָמִים, i. 429. k.
עוֹל, ii. 7. d. 277. i. iii. 248. d.
עָוֶל, i. 46. a. 47. h. ii. 662. c.
עֲוָל, i. 46. a. 47. h. 234. f. 612. k. ii. 665. f. 791. b.
עַוָּל, ii. 660. h.
עַוְלָה, i. 46. b. 47. h. 234. f. 235. h. 630. a. ii. 154. f. 660. i. iii. 377. i.
עוֹלָה, i. 165. d. 210. e. 234. f. ii. 156. a. b. 552. f.
עוֹלָל, i. 887. b. ii. 501. h. — עוֹלָלִים, i. 753. g. iii. 356. c.
עוֹלֵל, i. 337. d. 475. h. 831. i. 892. c. 893. f. i. ii. 187. h. 501. i. iii. 248. e. 377. c. 384. b.
עוֹלֵלוֹת, i. 893. h. ii. 138. a. b. 186. b.
עוֹלָם, i. 55. a. 84. g. 85. h. 86. a. 88. d. i. 235. h. 689. b. — אֵיבַת עוֹלָם, i. 86. g. — עוֹלָם וָעֶד, i. 87. f. h. — עוֹלָמִים, i. 85. b. 86. e. 88. g.
עַוְלָתָה, i. 44. h. 46. b. 234. f.
עָוֺן, i. 25. f. 44. h. 46. c. 81. h. 112. k. 143. a. 144. c. 145. i. 233. b. e. 234. f. 235. h. 246. a. 268. g. 373. e. 802. g. 865. g. ii. 130. i. 137. b. 582. i. 660. i. 691. a. 919. c. iii. 9. d.
עֹנֶן, iii. 341. a.
עוֹנָה, ii. 557. c.
עוֹנֵן, i. 334. d. ii. 269. i. 592. b. iii. 37. h. — עוֹנְנִים, ii. 270. b. c. 544. i.
עִוְעִים, ii. 777. d.
עוּף, i. 323. b. 721. d. ii. 623. h. 755. h. 757. c. 914. e. iii. 381. f. — עוּף et גָּבַר, ii. 755. i.
עוֹף, ii. 591. g. 756. h. 915. h. — עוֹף הַשָּׁמַיִם, i. 609. h.
עוֹפֵף, ii. 755. h. 757. c.
עוּץ, i. 469. i. 470. h.
עוּר, i. 663. a. 803. g. 822. f. — עֵוֵר, i. 333. d. 735. a.
עִוֵּר, i. 671. a. 735. b. ii. 348. g. iii. 309. d.
עוּר, i. 429. a. 832. f. ii. 295. g.
עוֹר, i. 388. k. 538. b. c. iii. 223. i. 466. k. 467. c. — עוֹר פָּנָיו, ii. 618. b.
עוֹרֵב, ii. 64. a. iii. 494. g.
עִוָּרוֹן, i. 257. e. 333. e. ii. 761. c.
עִוְרִים, ii. 494. i.
עוֹדֵר, i. 604. e. 663. a. 822. f. iii. 80. h. 173. b. 443. d.
עוּשׁ, iii. 164. e.
עוּת, i. 899. e. ii. 557. e. — עִוֵּת, i. 48. i. 411. i. ii. 170. f. 557. c. 797. b. 808. a. iii. 49. d.
עַוָּתָה, iii. 238. h.
עַז, i. 179. i. 396. f. 455. h. 650. c. ii. 66. h. 105. a. 106. i. 309. b.

310. *f.* 763. *i.* 919. *i.* iii. 59. *b.* 214. *e.*

עַז, i. 63. *b.* 71. *b.* 911. *h.* ii. 69. *e.* 105. *b.* iii. 71. *h.* 297. *c.* —

עִזִּים, i. 63. *b.* 71. *b.* iii. 297. *a.*

עֹז, i. 18. *g.* 70. *i.* 89. *a.* 179. *i.* 462. *f.* 464. *d.* 634. *b.* 646. *b.* 647. *f.* 650. *c.* 821. *f.* 904. *f.* 937. *f.* ii. 105. *b.* 107. *a.* 108. *h.* 309. *b. d.* 310. *f.* 314. *b.* 616. *a.* 676. *a.* iii. 273. *a.* 332. *b.* 364. *b.*

עֲזָאזֵל, i. 276. *i.* 309. *e.* 313. *g.* *i.* 414. *k.* ii. 310. *f.*

עָזַב, i. 304. *h.* 418. *g.* 507. *i.* 574. *h.* 663. *a.* 665. *d. f.* 715. *a.* 835. *i.* 890. *e.* ii. 186. *h.* 187. *i.* 639. *h.* iii. 135. *h.* 330. *b.* 335. *f.* 346. *c.* — עֻזַּב, i. 216. *f.* 743. *e.* — עָזֹב עָזַב, iii. 164. *h.* 173. *a.*

עִזְבוֹנִים, i. 26. *k.* ii. 469. *b.*

עַזָּה, i. 94. *a.*

עַזָּה, i. 245. *d.*

עָזוּב, ii. 683. *g.*

עֱזוּז, i. 646. *b.* 647. *f.* ii. 289. *f.* 309. *b.* 311. *c.* 314. *c.*

עִזּוּז, ii. 105. *b.*

עָזַז, i. 56. *e.* 213. *i.* 249. *i.* 387. *i.* 439. *d.* 463. *i.* 647. *c.* 774. *e.* 781. *d.* *i.* ii. 66. *h.* 239. *f.* 310. *f.* 395. *b.*

עֲזַנְיָה, i. 122. *a. b.*

עָזַק, iii. 404. *b.*

עִזְקָא, i. 521. *b.*

עָזַר, i. 229. *g.* 245. *a.* 461. *d.* 462. *g.* 463. *i.* 464. *e.* 691. *c.* 795. *a.* ii. 108. *h.* 239. *g.* iii. 16. *c.* 147. *g.* 176. *d. f.* 222. *a.* 498. *a.*

עֵזֶר, i. 462. *g.* 464. *e.* ii. 315. *e.* iii. 144. *f.* — עֹזְרִים, i. 838. *h.* — עֹזְרֵי רַהַב, i. 905. *i.* ii. 262. *f.*

עֶזֶר, i. 462. *g.* 463. *i.* 464. *e.*

עֶזְרָה, i. 398. *c.* 462. *g.* ii. 86. *i.* 316. *e.* 728. *g.*

עֲזָרָה, i. 246. *a.* 463. *i.* 464. *f.* 750. *i.*

עֶזְרָם, iii. 147. *e.*

עֶזְרַת, i. 462. *g.*

עֶזְרָתָה, i. 463. *i.* 464. *f.*

עֵט, i. 513. *i.* 514. *b. e.* ii. 138. *f.* iii. 219. *e.*

עֲטָא, i. 470. *h.*

עָטָה, i. 164. *e.* 410. *a.* 603. *c.* ii. 276. *f.* 724. *d.* iii. 6. *d.* 289. *d.* 385. *a.* — עֹטֶה, iii. 111. *e.* — עָטָה שָׂפָם, ii. 183. *i.*

עֲטִין, i. 661. *f.* 666. *b.*

עֲטִישָׁה, ii. 913. *f.*

עֲטַלֵּף, ii. 512. *a.*

עָטַף, i. 39. *i.* 60. *i.* 94. *a.* 718. *a.* 807. *f.* ii. 724. *e.* 730. *b.* 788. *e.*

עֲטֻפִים, i. 376. *d.* 536. *i.* ii. 617. *g.*

עָטַר, ii. 664. *f.* 677. *i.* 746. *e.* iii. 102. *g.* 103. *c. g.* 246. *c.*

עֲטָרָה, iii. 96. *e.* 102. *g.*

עִי, i. 481. *i.* ii. 375. *h.* 577. *d.* — עִיִּים, i. 481. *k.* 643. *f.* ii. 376. *e.* 377. *i.* iii. 364. *b.* — עִיִּים הָיְתָה, ii. 376. *e.*

עַי, ii. 821. *a.*

עַיִט, ii. 591. *h.* 592. *d.* 756. *h.* iii. 85. *a.*

עֵילָם, iii. 69. *d.*

עִיָּם, i. 455. *h.*

עַיִן, i. 46. *c.* 69. *h.* 132. *a.* 285. *c.* 300. *c.* 495. *i.* 672. *f.* 678. *c.* 964. *e.* ii. 151. *i.* 558. *a.* 579. *d.* 580. *f.* 612. *g.* 617. *i.* 759. *e.* 902. *i.* iii. 233. *e.* — עַיִן אֱלֹהַּ הָיְתָה עַל, i. 376. *f.* — עַיִן בְּעַיִן, ii. 613. *f.* — עֵינַיִם, iii. 423. *i.* — עֵינֵי יְיָ, i. 226. *b.*

עָיֵף, i. 2. e. 624. h. 715. a. 717. g. 718. a. ii. 709. g.

עֵיפָה, ii. 557. g.

עִיר, i. 398. c. 496. a. 643. g. 671. a. 686. a. ii. 347. g. 539. f. 540. a. 588. h. 593. h. 627. b. 817. d. 818. e. 821. b. 922. a. iii. 163. h. 247. c. 297. g. 373. d. 471. g. — עִיר מַמְלָכָה, ii. 462. d. — עִיר פְּרָזוֹת, ii. 462. d.

עִיר, i. 15. d.

עַיִר, i. 472. h. ii. 569. c. 930. g.

עֵירֹם, i. 516. b. e.

עַיִשׁ, i. 916. h.

עַכָּבִישׁ, i. 344. h.

עַכְבָּר, ii. 487. g.

עֶכֶס, ii. 625. f.

עָכַס, ii. 93. h. 345. c. iii. 58. b.

עָכַר, i. 182. a. 205. e. 262. h. 583. h. 724. i. 734. b. 817. c. 818. a. ii. 468. f. 551. c. 552. a. iii. 72. e. 151. h. 193. a. 237. e. 239. b. — עֹכֵר, iii. 72. e.

עַכְשׁוּב, i. 382. e.

עַל, i. 175. g. 218. a. 283. d. 455. h. 630. i. 690. b. 695. h. 765. h. 836. d. 842. g. 881. b. 970. a. ii. 7. d. 159. g. 411. g. 443. a. 638. e. 721. f. 816. i. 871. e. iii. 107. a. 159. h. 325. h. 458. i. — עַל־אוֹדֹת, i. 776. f. ii. 720. i. cf. i. 542. i. — עַל אָוֶן, ii. 457. f. — עַל אַחֲרֵי, ii. 242. h. — עַל אֱלוֹהַּ, ii. 610. i. — עַל בַּיִת, ii. 538. c. — עַל בָּמֳתֵי, i. 833. c. — עַל גַּל שָׁרָשָׁיו, ii. 774. c. — עַל דְּבַר, i. 543. b. 776. f. ii. 600. k. 638. a. 721. c. iii. 325. d. — עַל דִּבְרַת, i. 776. g. — עַל דַּעַת, i. 677. g. — עַל זֹאת, ii. 610. i. — עַל זַרְעָם, i. 658. e. — עַל יַד, i. 405. b. 657. e. 969. a. ii. 442. c. 562. d. 638. b. 648. b. 795. f. — עַל יְדֵי, i. 969. a ii. 442. e. 638. b. 871. b. — עַל יוֹמוֹ, i. 405. a. — עַל־יָם, i. 163. e. — עַל יֶתֶר, ii. 745. b. — עַל כֵּן, ii. 610. i. — עַל־כִּסֵּא, ii. 15. h. — עַל־לֵב, ii. 174. a. — עַל מוּת, iii. 267. i. — עַל־מָה, i. 56. e. 86. e. 98. a. 609. c. ii. 329. f. 494. d. e. — עַל־מַעֲמָדָם, iii. 231. a. — עַל מַעֲשֵׂה הַחֲבִתִּים, iii. 263. h. — עַל נַפְשָׁם, i. 657. g. — עַל עֵקֶב, ii. 673. e. 674. h. — עַל־פִּי, i. 695. h. 842. i. ii. 113. g. 159. i. — עַל פִּיהֶם, i. 405. i. — עַל פְּנֵי, i. 248. k. 274. h. 283. e. 767. i. 792. d. 833. e. 843. a. ii. 159. i. 232. a. 442. f. 792. b. 904. g. iii. 330. b. — עַל פְּנֵי מָיִם, i. 159. b. 869. h. — עַל רֹאשׁ, i. 833. e. — עַל רַגְלַיִם, ii. 441. d. — עַל שֵׁם, i. 543. f. — עַל־שְׂפַת, ii. 638. f. 721. g. — עַל שֶׁקֶר, i. 49. e. — עַל שְׁתֵּי הַסְּעִפִּים, i. 159. c. — עַל תֹּהוּ, ii. 605. g. — עַל תְּכוּנָה, ii. 440. d.

עָל, ii. 7. e. 278. b.

עֹל, i. 842. g.

עָל, i. 141. e.

עֶלֶג, iii. 476. b.

עָלָה, i. 33. g. 43. k. 162. i. 168. g. 171. a. 187. f. 200. g. 201. a. 211. c. h. 218. h. 229. g. 277. e. 312. c. 332. e. 421. b. 439. e. 499. e. 544. e. 567. a. 604. g. 658. a. 692. i. 694. f. 697. b. 774. i. 776. d. 786. e. 807. g. 826. d. 831. c. 837. b. 839. f. 844. a. 845. a. 888. g. 914. h. ii. 7. e. 15. b. 19. f. 101. e. 182. d. 214. g. 216. g. 230. g. 681. b

748. a. 838. h. 856. f. 873. f. iii. 133. i. 153. a. 165. k. 300. b. 419. b.—עָלֶה, i. 46. e. 403. g.—עָלָה אֵבֶר, ii. 914. f. — עָלָה בַתֹּהוּ, i. 307. d. — עָלָה seq. מֵעַל, i. 421. c. — עָלָה עַל, iii. 326. g. 333. d. — עָלָה seq. עִם, iii. 166. a. — עָלָה קִמְּשׂוֹנִים, i. 445. e.

עָלֶה : עֲלֵה, i. 165. d. 245. a. ii. 32. h. iii. 95. f. 416. e.

עֹלָה, i. 46. e. 656. f. ii. 78. c. 552. d. f. g.

עַלָּה, i. 145. k. ii. 906. b.

עָלָו, i. 163. e.

עָלוּם, ii. 690. g. — עֲלוּמִים, i. 85. b. ii. 498. g. 641. a. iii. 463. i.

עָלוּם, ii. 70. a.

עַלְוָן, ii. 552. g.

עֲלוּקָה, i. 448. d.

עֲלוֹת, i. 165. e. — עֲלוֹת שַׁחַר, ii. 909. b.

עֲלוֹת, i. 483. d. 484. g. 670. g. ii. 345. b. 392. b. 912. i. iii. 272. a. 468. i.

עָלַז, i. 8. k. 177. g. 222. b. 485. d. 593. c. 772. c. 939. a. ii. 90. e. 153. e. 177. g. 222. h. 247. d. 314. d. iii. 311. k. 367. h. 426. a.

עָלֵז, i. 9. i. ii. 390. e.

עֲלָטָה, ii. 327. e. iii. 393. h.

עֱלִי, ii. 6. c. 501. h. 676. a.

עֲלִי, iii. 335. b.

עִלָּיָא, iii. 364. i.

עֲלִיָּה, i. 165. e. ii. 552. f. iii. 337. i.

עֲלֵיָה, i. 658. b.

עֲלֵיהֶם, i. 658. b.

עָלָיו, ii. 48. c.

עֶלְיוֹן, i. 253. h. i. 254. a. 833. e. 919. i. ii. 700. g. iii. 327. b. 337. i. 338. d. 364. c. 365. a.

עֶלְיוֹנִין, iii. 365. a.

עַלִּיז, i. 374. i. ii. 799. c. iii. 377. d. — עַלִּיזֵי גַאֲוָתִי, i. 686. f.

עַלִּיזָה, i. 485. d. iii. 312. f. 377. f.

עֲלִיל, i. 629. b. d. ii. 7. c. iii. 472. b.

עֲלִילָה, i. 145. k. 470. h. 766. e. 778. g. 780. a. 887. a. 893. h. 904. f. 931. i. ii. 42. d. 462. k. 906. c. d. — עֲלִילוֹת, i. 680. d. 766. g. 783. e. 841. i. ii. 462. h.

עֲלִיצָה, i. 484. k.

עֲלִיצוּת, ii. 25. d. 708. e. iii. 428. c. 449. d.

עִלִּית, i. 253. h. ii. 453. c.

עִלְּיָת, iii. 338. a.

עֲלַל, ii. 62. i. — עֹלֵל, i. 499. e.

עֲלַל, i. 692. i. 694. g.

עֹלֵלוֹת, i. 894. a. iii. 415. i.

עָלַם, i. 149. i.

עֶלֶם, iii. 342. d.

עָלַם : עָלְמָא, i. 86. e. 88. f.—עֲלָמָא וְעַד עָלַם עָלְמַיָּא, i. 87. g.

עָלֶם, ii. 494. c. i.

עַלְמָה, i. 301. i. ii. 494. f. 498. i. 682. h.

עֲלָמוֹת, i. 88. g. ii. 329. g.

עָלַע, ii. 211. i. iii. 14. h. 100. d. — עֲלַע, iii. 115. c. 417. f.

עִלְעִין, ii. 785. a.

עָלַף, ii. 838. h. — עֻלַּף, i. 814. f.

עִלְפֶּה, i. 718. a.

עָלַץ, i. 9. a. ii. 165. h. 243. g. 247. d. 520. a. — עֶלֶץ, i. 462. g.

עַלְתָה, i. 47. h.

עַם : עָם, i. 38. f. 54. c. 130. i. 141. e. 221. a. 226. c. 403. g. 406. e. 444. c. 488. i. 492. f.

496. a. 646. b. 675. i. ii. 16. a. 48. d. 274. i. 343. e. 361. e. 442. e. 492. f. 502. d. 508. f. 593. h. 615. e. 627. b. 694. h. 698. i. 720. f. 786. k. 818. i. 821. c. iii. 119. c. 159. h. 163. h. 284. a. — עַם אִישׁ, i. 221. a. 639. i. — עַם מִלְחָמָה, ii. 817. i. 818. b. — עַם צָבָא, ii. 818. a.
עִם, i. 745. f. 765. e. ii. 361. h. 442. f. 560. h. 598. h. 615. f. 638. e. 871. e. iii. 174. b.
עָמַד, i. 33. g. 163. f. 223. b. 229. g. 499. f. 515. d. 545. h. 565. b. 607. g. 684. g. 813. i. 832. f. 844. a. 963. c. ii. 19. f. 85. c. 101. f. 122. c. 333. b. 433. f. 496. h. 586. e. 653. d. 659. h. 665. c. 669. f. 681. b. 685. c. 708. e. 918. e. iii. 105. e. 186. e. 346. d. 361. h. — עָמֹד, iii. 92. e. 124. h. — עָמַד seq. עַל, i. 884. f. — עָמַד עַל נֶפֶשׁ, i. 463. i. — עָמַד עַל תֵּל, iii. 469. g.
עֹמֶד, ii. 676. b.
עָמַד, iii. 284. a.
עֶמְדָה, ii. 531. e.
עִמָּדִי, iii. 223. i.
עִמְדִי, ii. 845. i.
עִמְּהוֹן, iii. 174. d.
עִמּוֹ, ii. 607. g.
עַמּוּד, ii. 266. e. 695. i. iii. 24. d. 92. f. 104. f. 124. i. — עַמּוּד שָׁמַיִם, i. 376. h.
עַמּוֹנִים, ii. 467. e.
עָמוֹק, i. 667. g. iii. 292. c.
עָמִיק, iii. 276. h.
עֲמִיקָתָא, i. 432. e.
עָמִיר, i. 640. f. ii. 138. c. iii. 456. a.
עֲמִית, ii. 362. a. 822. f. iii. 157. g.
עַמָּךְ. — עַמָּךְ יְהוָה, iii. 154. k.
עָמַל, i. 801. i. ii. 132. d. 134. d. 180. g. 298. f. 394. b. 481. k. 482. b. 831. d. — עָמַל seq. לְ, i. 878. d.
עָמָל, i. 836. a. ii. 299. b. 361. i. 530. i. 832. a. k. 835. e. iii. 228. e. 389. b. 401. d.
עָמֵל, ii. 180. a. 298. g. 481. h. 763. c. 831. d. 835. g. iii. 62. e. — עמלים, iii. 256. f.
עֲמָלָה, i. 342. a.
עֲמָלֵק, ii. 281. f.
עמלקאה, i. 975. c.
עָמַם, i. 147. i. ii. 623. i. iii. 326. g.
עֲמָמְהוֹ, iii. 278. d.
עָמַס, i. 76. c. 447. i. 787. e. 849. b. 888. g. ii. 169. i. 199. f. 235. h. 623. i.
עָמֵק, i. 432. c.
עָמֹק, i. 397. g. 399. f. 432. e. 440. d. 496. a. ii. 281. g. 282. g. 283. a. 449. a. 706. d. 756. d. 845. i. iii. 373. d. 471. g. — עֵמֶק עָכוֹר, i. 753. k. — עֲמָקִים, ii. 705. e.
עֵמֶק, i. 431. i. 432. e. 441. a. ii. 282. h. 283. b. iii. 231. c. — עֵמֶק seq. ם, i. 432. i. ii. 283. b. — עִמְקֵי, i. 431. i. — עִמְקֵי שָׂפָה, i. 133. i. 432. i.
עֶמְקָה, i. 432. e.
עָמַר, i. 911. c.
עָמֵר, i. 640. i.
עֹמֶר, i. 640. f. ii. 606. k. iii. 486. c.
עָמְרִי, ii. 362. b.
עָשֵׁשׁ, i. 784. c.
עֻמַּת, ii. 774. g.
עֵנָב, iii. 93. f. h.
עָנֹג, i. 410. b.
עֹנֶג, iii. 304. f.

עֹנֶב, ii. 510. e. iii. 304. f.
עָנַד, i. 667. f. iii. 214. a.
עָנָה, i. 104. b. 168. i. 223. b. 239. g. 240. a. 243. c. h. 245. h. 250. e. 300. c. g. 334. d. 368. e. 389. d. 691. c. 720. f. 755. e. 789. g. 802. g. 807. g. 830. b. 840. c. 894. b. 899. c. 907. e. 959. a. ii. 136. e. 183. d. 185. i. 192. e. 319. e. 353. a. 410. e. 446. b. 502. h. 743. e. 865. h. 899. c. iii. 233. f. 235. c. 322. b. 340. i. 345. b. 355. e. 384. c. 478. e. — עֹנֶה, i. 108. b. — עָנָּה, i. 98. i. 300. c. 691. d. 766. b. 826. e. ii. 135. f. 136. e. iii. 21. i. — עֻנָּה, ii. 130. i. — עָנָה קָשָׁה, iii. 61. d.
עֹנָה, i. 737. e. ii. 923. c. iii. 173. i.
עָנָו, ii. 714. g. 849. i. 919. i. iii. 231. c. 235. b.
עֲנָוָה : עַנְוָה, i. 300. d. ii. 622. d. 848. d. 850. d. iii. 76. a. 231. d. 233. h. 322. c.
עָנוֹשׁ, i. 854. a. — עָנוּשׁ, iii. 139. a.
עֱנוּת, iii. 321. g.
עָנוּת, i. 145. k. 300. f.
עֲנוּת : עֲנוּית, i. 523. g. ii. 848. e.
עָנִי : עָנִי, i. 46. e. 378. f. 714. g. 722. b. 830. c. ii. 716. f. g. 826. f. 848. c. 850. a. 920. a. iii. 231. e. 233. h.
עָנִי : עֳנִי, ii. 63. i. 130. i. 135. h. 530. i. 919. d. iii. 235. b.
עֲנִידָה, i. 961. i.
עֲנִיָּה, i. 830. c.
עִנְיָן, i. 234. g. 389. g. ii. 711. a. 743. b.
עִנְיָן, ii. 714. g.
עֲנָךְ, ii. 270. f.
עֲנֵי, iii. 187. c.
עָנָן, i. 64. g. 393. h. 506. e. ii. 500. c. f. 557. g. iii. 68. a.
עֲנָנָה, i. 427. h.

עֲנָנָה, i. 235. i.
עָנָף, i. 175. f. 459. e. ii. 266. h. 674. f. iii. 93. h.
עָנֵף, ii. 266. h.
עֲנֵפָה, i. 459. e.
עָנַק, i. 158. g. ii. 312. g.
עָנָק, i. 778. h. ii. 278. b. 591. c. 731. c. 749. f. 798. d.
עֲנָקִים, i. 498. b.
עָנַשׁ, i. 854. a. ii. 5. g. iii. 403. c.
עֲנַשׁ, ii. 5. e. — עֲנַשׁ נִכְסִין, i. 345. i.
עֹנֶשׁ, ii. 5. e. iii. 403. b.
עֲנַת, i. 300. f. iii. 382. i.
עָסִיס, i. 503. e. ii. 425. c. 492. b. 542. i.
עָסַס, ii. 199. f.
עָעַר, iii. 33. c.
עֳפָאִים, ii. 757. f.
עֳפִי, iii. 416. e.
עָפַל, ii. 515. i. iii. 353. f.
עֹפֶל, i. 53. e. 302. a. 407. e. 856. h. iii. 66. i. 68. i.
עֳפָלִים, i. 674. b. ii. 325. i. 498. g.
עַפְעַפַּיִם, i. 206. e. 460. g. 678. c. ii. 324. h. iii. 68. a.
עָפַף, ii. 97. i.
עָפָר, i. 153. g. 496. b. 673. c. ii. 251. i. 295. h. i. 757. g. 760. i. iii. 82. f. 86. i. 451. d. 456. g. 469. d. — עֲפַר וְכַפַּיִם, ii. 757. g. — עַפְרוֹת, ii. 534. e.
עֹפֶר, ii. 495. c. 930. h.
עָפְרָה, i. 487. h. ii. 166. a.
עֹפֶרֶת, ii. 473. i.
עֵפָתָה, iii. 66. i. 68. e.
עֵץ, i. 530. h. 601. a. ii. 376. a. 519. d. 520. b. 521. d. e. g. 778. b. iii. 2. c. 145. e. 146. h. 217. b. 416. a. — עֵץ לֹא רָקָב, i. 376. f.

— עֵץ שִׁטִּים, i. 376. *f.* — עֲצֵי בְרוֹשִׁים, i. 355. *d.*

עָצַב, i. 303. *c.* 504. *c.* 889. *g.* 924. *g.* ii. 6. *c.* 68. *a.* 136. *f.* 393. *i.* 690. *c.* iii. 233. *i.* — עָצֵב, i. 450. *b.* ii. 778. *h.* iii. 407. *h.*

עָצָב, i. 572. *d.* ii. 66. *h.* 132. *c.* 394. *b. f.* 434. *i.* 531. *a.* 753. *f.* 777. *a.* 832. *h.* 834. *f.* 835. *g.* iii. 53. *f.* 113. *a.* 357. *h.* 358. *c.* — עֲצַבִּים, i. 504. *c.* 680. *e.* *g.* ii. 49. *c.*

עֶצֶב, i. 234. *g.* 480. *e.* 573. *h.* 680. *d.* ii. 531. *a.*

עַצֶּבֶה, ii. 132. *c.*

עִצָּבוֹן, ii. 132. *c.* 394. *c.* 482. *c.*

עַצֶּבֶת, i. 377. *a.* ii. 166. *h.* 431. *i.* iii. 202. *h.*

עָצָה, iii. 100. *d.* 107. *a.*

עֵצָה, i. 469. *k.* 470. *h.* 471. *h.* 507. *b.* 904. *f.* ii. 151. *k.* 520. *d.* 558. *f.* iii. 146. *i.* 155. *h.* 173. *e.* 175. *d.*

עֵצָה, iii. 480. *i.*

עָצוּב — עֲצוּב רוּחַ, ii. 549. *g.*

עָצוּם, i. 200. *i.* 440. *e.* 647. *f.* 648. *i.* ii. 105. *c. h.* 108. *h.* 183. *b.* 309. *b.* 423. *d.* 599. *a. g.* 787. *g.* 826. *f.* 828. *c.* — עָצוּם וָרַב, ii. 787. *g.*

עֲצוּמָה, ii. 105. *c.*

עָצוּר, i. 827. *a.*

עָצִיב, ii. 105. *d.* 423. *d.*

עָצַל, ii. 27. *g.* iii. 46. *g.*

עָצֵל, i. 49. *a.* 55. *c.* 217. *e.* 426. *a.* ii. 546. *b.* 661. *a.*

עַצְלָה, i. 526. *e.* ii. 546. *a.*

עַצְלוּת, ii. 546. *b.*

עָצַם, ii. 108. *h.* 239. *h.* 309. *b.* 310. *g.* 632. *a.* 786. *i.* 788. *e.* iii. 59. *c.* 100. *d.* 333. *b.* — עָצַם, ii. 146. *e.* 599. *d.* — עָצַם seq. ם, i. 650. *g.*

עֹצֶם, ii. 309. *b.* 311. *c.* 314. *c.*

עֶצֶם, i. 355. *e.* 403. *h.* 646. *b.* 812. *h.* ii. 128. *c.* 314. *c.* 520. *d.* 599. *b.* 703. *e.* 784. *i.* iii. 101. *c.* 325. *i.* — עֶצֶם הַזֶּה, ii. 610. *a.* iii. 38. *e.* — עֶצֶם הַיּוֹם, ii. 23. *g.*

עָצְמָה, i. 470. *i.* — עֲצֻמוֹת, ii. 311. *a.* 599. *e.* 617. *b.* iii. 101. *i.*

עַצְמֻת, ii. 107. *a.*

עֶצֶן, iii. 13. *g.*

עָצַר, i. 279. *c.* 368. *e.* 455. *c.* 539. *a.* 644. *i.* 841. *b.* 967. *i.* ii. 107. *a.* 185. *b.* 213. *c.* 237. *a.* 239. *h.* 312. *h.* 641. *d.* 702. *e.* 819. *b.* iii. 95. *c.* 132. *i.* 137. *b.* 181. *d.* 414. *d.* — עָצַר כֹּחַ, ii. 108. *b. h.*

עֹצֶר, i. 897. *c.* ii. 63. *i.* iii. 190. *g.* 235. *c.* — עֹצֶר רַחַם, i. 915. *d.*

עֶצֶר, i. 721. *g.* ii. 60. *k.*

עֲצָרָה, i. 345. *b.* ii. 49. *h.* 85. *i.* 633. *d.* iii. 141. *c.* 188. *f.*

עֲצֶרֶת, i. 815. *g.* 884. *h.* 885. *a.* iii. 188. *g.* 252. *a.*

עָקַב, ii. 913. *i.* — עָקֵב, i. 237. *k.* 814. *f.*

עָקֹב, i. 216. *g.* 432. *e.* ii. 913. *h.*

עָקֵב, i. 100. *e.* 237. *e.* 488. *i.* 918. *i.* ii. 110. *e.* 846. *a.* 913. *g.* 914. *c.*

עֵקֶב, i. 238. *a.* 239. *e.* 241. *d.* 568. *i.* 776. *g.* 919. *e.* ii. 25. *f.* 601. *k.* 792. *d.* iii. 59. *b.* 360. *i.* — עֵקֶב אֲשֶׁר, i. 241. *d.* — עֵקֶב כִּי, i. 543. *i.*

עָקְבָה, ii. 732. *g.* iii. 237. *f.* 351. *c.* — עֲקֻבָּה מִדָּם, i. 625. *i.* 631. *c.*

עָקְבָה, ii. 914. *d.*

עָקַד, iii. 154. *a.*

עָקֹד, i. 560. *i.* iii. 4. *h.*

עֵקֶד, i. 696. *c.* ii. 147. *g.*

עָקָה, i. 784. *g.* ii. 64. *a.*

עָקוֹב, iii. 61. i.
עֲקַלְקַלּוֹת, i. 336. a. 571. h. 583. h. iii. 62. f. 116. d.
עֲקַלָּתוֹן, i. 837. e. iii. 67. h. 61. i.
עָקַר, i. 724. i. 731. d. 818. i.— עִקֵּר, ii. 499. h. 659. e.
עָקָר, i. 26. h. iii. 95. c.
עֵקֶר.—עֵקֶר מִשְׁפָּחָה, i. 489. k.
עִקַּר, iii. 411. a.
עַקְרָב, iii. 65. i.
עֲקָרָה, iii. 95. c.
עֲקֶרֶת, iii. 95. c.
עָקַשׁ, i. 502. a. 583. i.
עִקֵּשׁ, iii. 48. d. 61. i. 116. g. 119. h. 120. a. 477. c. — עִקֶּשׁ לֵב, iii. 58. h. — עִקְּשֵׁי לֵב, i. 584. c. iii. 119. g.
עִקְּשׁוּת, iii. 61. i. 119. e. i.
עָר, ii. 821. b.
עָר, i. 768. b. 966. e. ii. 795. h. 821. c.
עֵר, i. 30. e. 970. a.
עָרַב, i. 80. e. 149. e. 175. g. 191. e. 347. i. 603. d. 604. c. 662. a. 701. a. 771. g. 775. a. 867. a. 916. d. ii. 17. e. h. 18. a. 644. a. 681. c. 702. e. iii. 148. h. — עָרַב מַעֲרָב, i. 652. h. — עָרַב עֲרֻבָּה, i. 662. c.
עָרֵב, i. 343. f. 916. d.
עָרֹב, ii. 286. c. 339. i. 631. i.
עֶרֶב, i. 343. g. 526. b. g. 867. b. 916. e. g. ii. 22. h. iii. 149. a. — עֶרֶב יוֹם, i. 916. g.
עֹרֵב, ii. 302. f.
עֵרֶב, ii. 824. a.
עֲרָבָה, i. 2. e. 256. k. 273. d. 343. f. g. 625. c. 652. h. 749. d. 775. e. 909. b. 914. f. 981. d. ii. 17. f. h. 555. f. i. 705. d. f. 821. c. — עֲרָבוֹת, i. 343. h. ii. 535. i. 719. f.
עֲרֻבָּה, ii. 469. g. iii. 149. b. 460. a. — עֲרֻבָּה לָקַח, iii. 18. h.
עֶרְבָּה, ii. 16. g.
עֵרָבוֹן, i. 357. f.
עֲרָבִי, i. 343. h. ii. 304. c.
עֲרָבִים, i. 343. h. ii. 109. i.
עָרַג, i. 870. c. ii. 94. a. 848. f. iii. 84. c.
עָרֻג, i. 167. h.
עֲרֻגָה, i. 466. e.
עֲרָדְיָא, ii. 563. g.
עָרָה, i. 516. d. 786. a. ii. 304. h.— עֵרָה, i. 183. d. 203. c. 238. d. 296. h. 709. b. 808. g.
עֲרוּגָה, ii. 848. e. iii. 386. b.
עֶרְוָה, i. 78. f. 295. k. 388. f. k. 389. c. 516. f. ii. 110. f. 130. i.
עָרוּךְ, i. 925. f.
עָרוּם, i. 516. c. 648. i. ii. 635. a. f. 726. b. iii. 179. h. — עָרוּם seq. ם, iii. 407. e.
עֲרוֹעֵר, ii. 569. d.
עַרְוַת, ii. 326. a.
עָרוֹת, iii. 451. b.
עֶרְיָה, i. 729. e. ii. 821. c.
עֲרִיסוֹת, iii. 46. a.
עָרִיץ, i. 44. g. 92. e. 180. a. 213. c. 235. i. 557. e. 648. a. i. ii. 62. i. 105. d. 109. e. 172. f. 309. c. 390. e. 332. g. 336. h.—עָרִיצִים, i. 252. k. ii. 238. b.
עֲרִירִי, i. 26. h. 263. c. 390. g. 709. d. ii. 251. i.
עָרַךְ, i. 76. c. 187. f. 464. a. 662. g. 731. a. 881. c. 888. g. 890. e. 899. c. 924. g. ii. 99. f. 130. d. 253. g. 304. i. 560. b. 668. k. 671. e. 685. f. 899. c. 905. a. iii. 109. e. 169. c. 347. h.

עֲרֵךְ, i. 590. c. ii. 3. b. 99. a. e. 527. h. 862. f. iii. 111. e. 178. c. 199. i. 280. d. 272. k. 273. e. i.
— עֲרֵךְ לֶחֶם, i. 361. d.
עָרַל, i. 108. h. ii. 731. k. iii. 22. a. 33. g.
עָרֵל, i. 109. b. 276. d. f. ii. 151. k. iii. 287. c. — עֲרֵל שְׂפָתָיִם, i. 109. c. 135. f. k. 276. h. ii. 103. h. 116. f.
עָרְלָה, i. 89. h. 108. i. — עָרְלָה לֵב, i. 109. a.
עָרְלַת — עָרְלַת לֵבָב, iii. 58. g.
עָרַם, ii. 634. f.
עָרְמָה, i. 470. i. 630. i. 640. g. ii. 56. e. 344. h. 634. e. h. iii. 406. h.
עֲרֵמָה, iii. 85. a. 224. k.
עַרְמוֹן, i. 740. e. ii. 779. c.
עֲרֵמַת — עֲרֵמַת עָפָר, iii. 469. d.
עֲרִסוֹת, iii. 416. h.
עַרְעַר, i. 28. g. ii. 520. h. iii. 231. e.
עַרְעֵר, ii. 214. c.
עֲרוֹעֵר, i. 358. k. cf. i. 86. e.
עָרַף, i. 302. f. ii. 214. d. 395. g. 499. i. 515. d. 647. h. 877. f. iii. 187. f. 257. h. i. 273. g. 287. f.
עֹרֶף, i. 406. f. 848. h. ii. 152. a. 293. b. 451. a. 515. f. iii. 214. g. 258. a. 287. h. 357. i. 410. k.
עֲרָפֶל, i. 344. a. 506. f. ii. 71. e. 557. g. iii. 68. b.
עָרִיץ, i. 526. f. 590. i. 667. e. 711. a. 939. a. ii. 68. b. 108. h. 172. f. 419. a. 916. c. 917. c. iii. 277. d.
עָרַק, iii. 382. f.
עֹרְקִים, ii. 499. i.
עֶרֶשׂ, ii. 86. d. 275. f. 276. f. 307. h. 866. c. iii. 123. i.
עָשׁ, i. 344. h. 479. d. g. 950. d.
ii. 781. g. iii. 39. b. 238. h. 464. a.
עֵשֶׂב, i. 30. i. 468. d. ii. 631. g. 803. e. iii. 88. a. b. 450. h. 451. b. 456. a. — עֵשֶׂב שָׂדֶה וִירַק דֶּשֶׁא, iii. 456. b.
עֵשֶׂב : עִשְׂבָּא, iii. 456. a.
עָשָׂה, i. 11. e. 34. a. 143. b. 149. e. 204. a. 210. b. 248. e. 287. e. 307. e. 330. h. 464. a. 499. f. 504. h. 507. k. 547. f. 572. a. 573. a. 603. d. 684. g. 705. h. 744. e. 795. a. 858. c. 886. d. 888. h. 900. k. 904. f. 924. g. 927. a. ii. 50. f. 79. b. 215. a. 233. c. 250. c. 276. g. 301. h. 330. e. 333. b. 353. a. 431. e. 434. i. 447. i. 505. c. 537. a. 590. b. 649. f. 681. f. 703. h. 720. g. 725. d. 740. i. 760. b. 766. a. 778. h. 789. e. 808. a. 812. b. 831. e. 840. f. 849. c. 890. f. 901. a. iii. 39. b. 100. e. 142. b. 154. b. 155. c. 175. f. 197. e. h. 203. i. 240. f. 254. e. 256. h. 270. a. 381. f. 414. d. 457. a. 458. b. — עָשָׂה, i. 221. a. 904. f. — עָשָׂה בְּעֶבְרָה, ii. 473. c. — עָשָׂה דַּדֵּי בְתוּלִים, i. 596. d. — עָשָׂה הַמִּסְפָּחוֹת, i. 888. h. — עָשָׂה טוֹב, i. 932. a. — עָשָׂה יִתְרַת, ii. 740. i. — עָשָׂה כָלָה, iii. 197. f. — עָשָׂה כַּף רְמִיָּה, iii. 233. i. — עָשָׂה מְלָאכָה, i. 513. a. 901. a. 910. i. — עָשָׂה מְלֶאכֶת שָׂדֶה, i. 494. d. — עָשָׂה מִקְוָה, ii. 454. e. — עָשָׂה נְבָלָה, i. 307. e. — עָשָׂה צִפָּרְנִים, ii. 736. i. — עָשָׂה רָע, ii. 132. h. 133. f. 135. d. — עָשָׂה שָׁלוֹם, i. 687. i. — עָשָׂה תוֹעֵבָה, i. 233. b.
עָשֹׂר, ii. 810. c.

עֲשׂוּיָה, i. 504. g. cf. 926. i.
עָשׁוּק, i. 44. g. ii. 171. i. iii. 139. d.
עָשׁוֹק, i. 44. e.
עָשׂוֹר, i. 528. f. 529. h. 530. a.
עֲשׂוֹת, i. 901. g.
עֲשׂוֹת, i. 904. f.
עָשִׁיר, ii. 799. c. e. 800. e.
עֲשִׂירִי, i, 529. h. 654. f. 782. c.
עֲשִׂירִיָּה, i. 850. i.
עֲשִׂירִית, i. 529. f.
עֵשֶׁל, i. 47. h.
עָשָׁן, i. 708. e. ii. 149. b. 584. f.
עָשָׁן : עָשֵׁן, i. 393. h. 394. a. ii. 149. b. d.
עָשֵׁן, ii. 149. c.
עָשַׁק, i. 34. i. 44. a. 46. g. 259. i. 324. c. 357. d. 499. f. 647. i. 662. b. 721. g. 795. a. ii. 68. i. 172. f. iii. 138. e. 139. d. — עֹשֵׁק, i. 44. e. i. iii. 138. i. — עֹשֵׁק נֶדֶר, ii. 791. c.
עֹשֶׁק, i. 46. f. 246. e. ii. 64. a. 172. a. iii. 139. b. — עשֶׁק וְגָלִיז, iii. 478. g. — עֲשֻׁקִים, iii. 139. c.
עָשֵׁק, iii. 139. b.
עָשַׁר, ii. 799. e.
עָשֵׁר, ii. 635. c. 749. d.
עֹשֶׁר, ii. 800. e.
עָשַׂר, i. 287. e. — עִשֵּׂר, i. 529. f. — עִשֵּׂר, i. 287. e. 529. i.
עָשָׂר, i. 528. f. 681. d. ii. 717. b.
עָשֹׂר, i. 528. f.
עֶשֶׂר, i. 528. f. — עֶשֶׂר אַמּוֹת, i. 529. c. — עֶשֶׂר יָדוֹת, i. 529. d. — עֶשֶׂר פְּעָמִים, i. 529. f.
עֲשָׂרָה : עֶשְׂרֵה, i. 528. f. h. 529. h. 770. f. ii. 717. d. — עֲשָׂרָה אֲלָפִים, iii. 448. e.

עֶשְׂרָה, i. 528. f.
עִשָּׂרוֹן, i. 529. g. — עִשָּׂרוֹן אֶחָד, i. 529. g. — עִשָּׂרוֹן עִשָּׂרוֹן, i. 529. g. — עֶשְׂרוֹנִים, i. 529. g.
עֶשְׂרִים, i. 659. g. 681. e. g. i. ii. 821. d. — עֶשְׂרִים וְאַרְבָּעָה, i. 681. i. — עֶשְׂרִים וְחָמֵשׁ, i. 681. i. — עֶשְׂרִים וְשֶׁבַע, i. 681. i. — עֶשְׂרִים וְתֵשַׁע, i. 681. h. — עֶשְׂרִים שְׁתַּיִם, i. 681. h.
עֲשֶׂרֶת, i. 528. f. 529. a. 681. g. — עֲשֶׂרֶת אֲלָפִים, ii. 486. b.
עָשֵׁשׁ, i. 406. i. 950. g. ii. 65. d. iii. 237. f. 391. i.
עֶשֶׁת, iii. 100. e.
עָשֵׁת, ii. 923. f.
עַשְׁתֵּי — עַשְׁתֵּי עָשָׂר, i. 770. f. — עַשְׁתֵּי עֶשְׂרֵה, i. 529. h. 770. f.
עֶשְׁתֹּנוֹת, i. 562. d. ii. 862. f.
עַשְׁתָּרָה, ii. 815. i.
עַשְׁתָּרוֹת, i. 137. g. 138. a.
עַשְׁתֹּרֶת, i. 383. b.
עֵת, i. 508. h. 937. a. c. ii. 22. h. 127. d. 128. d. 130. a. 154. g. 273. f. 508. g. 512. i. 598. g. 603. c. 720. a. iii. 163. h. 440. k. 463. e. 464. a. 471. h. 492. a. 494. h. — עֵת לֵדָה, iii. 488. f. — עֵת עֶרֶב, i. 916. e. ii. 617. e.
עָתֵד, ii. 669. a. iii. 407. h.
עֲתִדֹת, ii. 127. g.
עַתָּה, i. 125. i. 359. i. 589. d. 679. a. 916. f. 933. g. ii. 16. i. 22. h. 84. h. 513. a. e. 606. h. 674. h. iii. 126. a. — עַתָּה הַפַּעַם, ii. 129. i.
עַתּוּד, ii. 257. d. — עַתּוּדִים, i. 154. h. 349. a. 368. e. 637. c. 641. a. 911. h. ii. 320. k. iii. 286. b. 448. g.
עֲתוּדוֹת, ii. 107. b.

עָתִי, i. 925. g.
עָתִיד, i. 925. g. ii. 431. b. 669. a. 769. b. 912. g.
עָתִיק, i. 321. g. ii. 449. e. 472. i.
עַתִּיק, ii. 628. h. 629. f. 630. e.
עָתַק, ii. 220. d. 445. a. f. 629. e. iii. 290. i.
עָתָק, i. 46. g. 234. h. ii. 420. e.
עָתֵק, i. 686. h. ii. 826. f.
עָתַר, i. 461 d. 532. f. 691. d. 958. h. iii. 237. g.
עֲתָרַי, ii. 89. a.
עֲתָרִים, ii. 876. e.
עֲתֶרֶת, i. 691. d. ii. 810. c.
עָתַת, i. 899. e. ii. 25. f. iii. 354. c.

פ

פֹּא, iii. 30. e.
פֵּאָה, i. 365. e. 518. h. ii. 51. i. 159. h. 270. f. 275. b. 277. f. 293. e. 588. h. 618. a. 727. f. 903. a.
פֵּאֵר, i. 636. a. 773. g. ii. 247. h. iii. 103. f. 182. i. 302. d. 367. i.
פְּאֵר, i. 634. b. ii. 247. e. 263. d. 293. f. 470. i. iii. 102. g. 297. d. — פַּאֲרֵי מִגְבָּעוֹת, ii. 470. i.
פֹּארָה : פֻּארָה, i. 175. f. 773. g. ii. 254. h. 266. h. 373. i. 674. f. iii. 95. f.
פָּארוּר, iii. 467. i.
פָּארָן, i. 522. i. ii. 216. d.
פְּאַת, ii. 391. a. 871. f. 893. b. iii. 369. b. — פְּאַת דֶּרֶךְ, ii. 872. c. — פְּאַת רֹאשׁ, ii. 259. f. — פְּאַת שָׂדֶה, i. 30. d.
פְּבִימָה, i. 915. i.
פִּגּוּל, i. 61. e. 285. h. 286. a. 345. f. 451. c. 969. g. ii. 464. c. 475. a. iii. 378. f. g.
פַּגִּים, ii. 554. i.
פָּגַע, i. 181. c. 223. b. 264. e. 337. f. 338. a. 607. h. 839. f. ii. 199. g. 353. b. 647. h 880. b. iii. 167. a. 169. c. — פָּגַע seq. אֶל, ii. 880. b.
פֶּגַע, i. 144. d. 265. c.
פֶּגֶר, i. 52. g. 310. c. 394. d. ii. 120. h. 918. f. iii. 346. d.
פֶּגֶר, i. 319. h. 624. f. 919. a. ii. 93. d. 297. d. 346. e. 487. i. 496. e. 769. b. 918. c. h. iii. 70. k. 223. i. 401. d.
פָּגַשׁ, i. 264. f. iii. 167. a. 177. k.
פָּדָה, i. 127. e. 308. h. 423. b. 395. h. ii. 881. b. iii. 16. c. 162. c. 222. b. — פְּדֹה, ii. 395. d.
פְּדוּי, ii. 395. e. 396. f.
פְּדוּת, ii. 396. f.
פִּדְיוֹן, ii. 395. e.
פַּדָּן, ii. 439. d.
פָּדַע, i. 240. g.
פֶּדֶר, iii. 94. f.
פֶּדֶת, i. 583. a.
פֹּה, i. 402. g. 785. h. iii. 487. d.
פֶּה, i. 13. h. 479. c. 505. b. 907. e. ii. 74. d. 152. b. 154. i. 354. a. 387. g. 417. f. 436. g. 508. g. 527. h. 528. h. 566. f. 582. i.

746. i. 896. e. 903. b. iii. 9. d. 40. c. 113. b. 401. e. 420. d. 440. k. 487. a.

פוּג, i. 269. g. 577. k. 719. e. 813. i. ii. 136. g. — פוּג seq. לֵב, ii. 366. g.

פוּגָה, i. 719. g.

פוּחַ, i. 572. a. 664. h. 850. h. ii. 296. h.

פּוֹחֲזִים, ii. 33. e.

פוּט, iii. 410. i.

פּוּךְ, i. 224. g. 284. b. iii. 108. i. 273. e.

פּוֹל, ii. 334. c.

פּוּם, iii. 114. f.

פוּן, i. 801. b.

פּוּעָה, i. 913. a.

פוּץ, i. 578. h. 579. h. 590. c. 596. g. iii. 330. i.

פוּק, i. 389. e. 563. d. ii. 265. a. iii. 107. g.

פּוּקָה, i. 449. e. ii. 392. f. 511. i.

פּוּר, i. 315. e. 610. a. ii. 276. h. — פּוּר הוּא גוֹרָל, ii. 273. i. — פּוּר et רָעָה, iii. 239. a.

פּוּר, ii. 273. i. iii. 479. d. — פּוּרִים, iii. 408. e.

פּוּרָה, ii. 373. i. 455. a. 792. h.

פּוּרַע, i. 563. e.

פּוּשׁ, i. 738. e. 811. i. 812. a. iii. 58. b.

פּוּת, i. 80. i. iii. 216. i.

פּוֹת, ii. 77. h.

פּוֹתָה, i. 230. i. 269. i.

פָּז, ii. 257. i. 258. g. 266. a. iii. 274. d. 282. c. 465. d. g. i.

פָּזַז, i. 718. b. iii. 58. c. — פָּזֵז, ii. 595. h.

פָּזַר, i. 578. i. 579. h. 596. h. ii. 776. a. iii. 81. f. — פִּזֵּר, ii. 696. a. iii. 65. h. — פָּזַר et פָּרַד, i. 580. a.

פַּח, ii. 368. h. 619. f. 755. e. — פַּחִים, i. 224. h.

פָּחַד, i. 421. c. 526. g. 722. d. 789. h. 814. a. 827. i. ii. 6. d. 33. h. 134. e. 207. k. 653. h. 917. c. iii. 146. g. 395. b. 405. e. 407. h.

פַּחַד, i. 727. b. ii. 34. a. 546. i. 818. f. 917. g. iii. 297. g. 397. g. — פַּחַד כְּשׁוֹאָה, ii. 66. b. — פַּחַד נָפַל, iii. 395. b. — פְּחָדִים, iii. 218. d.

פַּחְדָּה, i. 929. g.

פֶּחָה, i. 371. a. 416. e. 454. e. 835. d. ii. 13. g. 14. d. 16. a. 61. b. iii. 28. i. 416. a.

פַּחֲוָתָא, iii. 282. g.

פָּחַז, i. 822. c. iii. 331. f. — פֹּחֲזִים, i. 310. h. 527. b. 779. b. 832. j. ii. 802. f.

פַּחֲזוּת, ii. 777. b. i.

פֶּחָם, i. 224. g. 917. d.

פָּחַן, ii. 33. f.

פֶּחָר, ii. 254. i.

פַּחַת, i. 431. i. 465. c. 472. e. ii. 34. a. 74. d. iii. 282. g. — פְּחָתִים, i. 399. g.

פְּחֶתֶת, iii. 107. b.

פִּטְדָה, iii. 282. e. 465. g.

פְּטוּרִים, i. 173. c. 570. a. ii. 727. e.

פַּטִּישׁ, ii. 713. d. iii. 215. h.

פָּטַר, i. 309. c. 421. c. 587. h. 821. b. ii. 191. a.

פֶּטֶר, i. 231. i. 568. d. ii. 913. b.

פִּטְרָה, i. 568. d.

פִּי. — פִּי אֶחָד, i. 141. g. ii. 695. e. — פִּי אִישׁ, i. 613. c. — פִּי רֹאשׁ, ii. 746. i. — פִּי שְׁנַיִם,

פַּרְדִּי, i. 224. a. 459. e. 466. b. 800. a. ii. 318. e.

פַּרְחָדִי, i. 459. e.

פָּרַט, i. 861. a.

פֶּרֶט, iii. 17. d.

פַּרְתְּמִים, i. 861. i.

פְּרִי, i. 491. f. 661. f. 700. f. 736. h. 843. a. 904. g. 940. h. ii. 153. k. 154. b. k. 155. g. 270. g. — פְּרִי בֶטֶן, iii. 248. e.

פִּרְיָה, i. 400. h. 491. f. ii. 155. a. 187. a. 829. b.

פְּרִיסַת, i. 553. h.

פָּרִיץ, i. 146. h. 226. c. 426. d. 691. h. ii. 374. f. 390. f. 641. b. 769. c. 832. h iii. 59. c.

פֶּרֶד : פָּרַד, i. 454. f. 755. a. 790. d. ii. 482. c. 621. a.

פָּרֹכֶת, i. 460. g. ii. 143. i. 203. i. 663. d. 669. h. — פָּרֹכֶת מָסָךְ, ii. 203. i.

פָּרַם, i. 575. e. ii. 659. e.

פָּרַס, i. 361. b. 552. i. 624. b.

פֶּרֶס, i. 515. k.

פַּרְסָה, i. 384. i. ii. 110. g. 569. f. 570. b. 573. b. 574. c. 846. b. iii. 446. e.

פָּרַע, i. 112. c. 295. e. 297. f. 310. a. 312. a. 319. c. 334. h. 340. e. 368. e. 369. h. 410. b. 516. e. 578. a. 582. a. ii. 109. c. 860. f. iii. 119. b.

פֶּרַע, ii. 293. f.

פְּרָעָה, i. 365. g. 371. b. — פְּרָעוֹת, i. 294. e. ii. 258. g.

פַּרְעֹה, iii. 373. g.

פַּרְעשׁ, iii. 482. a. 484. e.

פָּרַץ, i. 262. i. 307. e. 400. c. 455. d. 557. a. f. 571. i. 582. a. 593. h. 699. e. 721. b. 738. f. 943. c. ii. 68. b. 113. d. 163. c. 164. d. 217. h. 234. i. 641. e. 780. c. 788. f. 799. f. 828. c. 897. a. iii. 330. g. 468. d. — פֹּרֵץ, i. 557. a.

פֶּרֶץ : פָּרֶץ, i. 184. h. 282. c. 375. a. 471. h. 553. a. 557. b. f. ii. 67. f. 208. c. 390. g. 769. b. 803. c. 918. d. iii. 101. c. 220. h. 278. g. 404. a. 452. e.

פָּרַק, i. 563. f. 702. f. 718. b. 727. k. 734. b. 748. c. ii. 395. i. 723. d.

פָּרָק, ii. 10. i. 395. i.

פֶּרֶק, i. 46. h. 331. h. 604. i. 699. f. 803. c. ii. 334. g. 431. e.

פָּרַר, i. 578. a. 610. a. — פֹּרֵר, ii. 310. g.

פָּרַשׂ, i. 197. a. 198. f. 200. a. 214. i. 228. a. 232. a. 282. b. 435. c. 556. b. 568. e. 570. c. i. 580. a. 582. b. 588. b. 609. f. 618. i. 721. b. 729. f. 801. a. 845. a. 859. a. 886. a. 888. h. ii. 193. a. 683. d. 724. f. 755. e. iii. 27. k. 162. c. 234. a. 358. f. 427. b. 468. e.

פָּרַשׁ, i. 558. e. 600. a. 757. a. 861. h. ii. 573. c. iii. 134. g. 167. a.

פָּרָשׁ, i. 165. h. 354. b. 819. b. ii. 96. f. 97. e. — פָּרָשׁ seq. עַל, i. 301. d.

פֶּרֶשׁ, i. 791. d. ii. 25. g. 300. d.

פַּרְשֶׁגֶן, i. 241. g. 576. g. 586. f.

פָּרָשָׁה, i. 825. c. 800. f.

פַּרְשֵׁז, i. 721. c.

פְּרָת, i. 956. b.

פֹּרָת, ii. 5. a.

פַּרְתְּמִים, i. 773. g. 864. d. 928. h. ii. 424. i. iii. 308. e. 402. c.

פַּשׂ, ii. 665. f.

פָּשָׂה, i. 596. h. 738. g. 852. d. 853. a. ii. 444. a. 449. d. 780. c. iii. 328. h. — פָּשָׂה, i. 597. b. 852. g.

פֶּשַׁח, iii. 380. i.

פִּשֵּׁחַ, ii. 201. g.

פָּשַׁט, i. 701. e. 704. a. 729. f. 738. f. 808. a. 845. a. 888. h. ii. 337. g. 374. e. 590. d. iii. 152. e. 468. e.

פָּשַׁע, i. 44. b. 58. g. 143. b. 233. b. 289. c. 373. h. 421. c. 464. a. ii. 639. e. 776. b. 810. d.

פֶּשַׁע, i. 25. f. 44. i. 46. h. 57. d. 59. d. 143. b. 144. e. 146. a. 233. b. e. 234. h. 342. a. 373. e. 374. b. 375. a. 386. h. 453. h. 758. b. 904. g. 972. f. ii. 662. c. 665. g. 776. b. 777. b. iii. 388. i.

פְּשַׁע, i. 743. f.

פִּשְׁעָ, i. 146. a. 234. h. 235. i. 375. a. ii. 662. c.

פְּשָׁע, i. 58. h.

פָּשַׂק, ii. 869. h. — פִּשֵּׂק, i. 548. f.

פְּשַׁר, ii. 394. h.

פִּשְׁרָא : פְּשַׁר, ii. 818. a. iii. 134. e. g. 135. b.

פִּשְׁרָה, i. 696. d. ii. 322. d.

פִּשְׁתָּה, ii. 380. e. g. 532. c. 537. g. iii. 109. a. 125. c. e.

פִּשְׁתִּים, iii. 109. a. — פִּשְׁתֵּי עֵץ, ii. 380. e.

פַּת, i. 360. g. ii. 268. b. iii. 486. d. — פַּת לֶחֶם, i. 360. g.

פִּתָא, i. 949. f. ii. 779. i.

פִּתְאֹם, i. 82. c. 421. g. 796. h. i. 800. h. 839. f. 933. g. ii. 254. d. 501. i. 674. h. — פִּתְאֹם לְפֶתַע, ii. 674. h.

פִּתְבָּג, i. 524. f. 528. d. ii. 434. h. iii. 286. e.

פִּתְגָם, i. 249. d. 333. g. ii. 508. h. iii. 9. e.

פִּתְגָמָא, ii. 387. g. iii. 9. e.

פָּתָה, ii. 41. i. 780. c. — פִּתָּה, i. 11. c. 311. h. 269. g. ii. 776. b. 780. c. — פֻּתָּה, i. 942. e. ii. 776. b.

פִּתּוּה, i. 236. k. ii. 42. a. 501. i. 776. c.

פִּתּוּחַ, i. 231. f. 464. g. 503. i. 504. e. g. 661. f. 667. h. 711. d. 734. h. i. ii. 76. h. 922. c.

פְּתוֹתִים, ii. 268. b.

פָּתַח, i. 206. g. 232. b. 318. e. 418. g. 568. e. 575. e. 667. i. 704. b. 708. f. 711. e. ii. 289. h. 397. b. 659. f. iii. 80. h. — פִּתַּח, i. 222. c. 504. i. 547. f. 548. b. 734. i. ii. 70. b.

פֶּתַח, i. 231. f. 232. a. 398. c. 464. h. 541. d. 553. h. 694. b. ii. 55. e. 76. h. 77. h. 389. c. 539. g. 595. d. 662. g. 861. i. 863. h. 871. a. 922. c. k. iii. 243. d. 340. f. 354. i. 423. b.

פֵּתַח, ii. 922. c. — פְּתָחוֹת, i. 207. c. 466. c. 568. e. ii. 389. d.

פְּתַח, i. 232. b.

פִּתְחוֹן, i. 232. c.

פִּתְחֵי — פִּתְחֵי פֶה, i. 207. b.

פְּתִי, ii. 502. a.

פֶּתִי, i. 92. a. 269. i. 425. a. 426. a. c. 613. d. ii. 42. a. 502. a.

פְּתִיגִיל, ii. 439. b. iii. 103. h.

פְּתָיוּת, iii. 486. e.

פָּתִיל, i. 535. b. 890. d. ii. 69. f. 279. f. i. 397. h. 591. e. 749. f. iii. 80. b. 120. e. h. 181. f. 494. f.

פְּתַלְתֹּל, i. 583. i.

פֶּתֶן, i. 382. e. 446. b. 641. b.

פֶּתַע, i. 557. b. 797. a. 800. h. iii. 108. b.

פָּתַר, i. 258. f. 558. e. 865. e. iii. 134. g. 193. f.

פִּתְרוֹן, i. 558. i. 576. h. ii. 579. d. iii. 135. b. — פִּתְרוֹנִים, i. 865. d.

פָּתַת, i. 552. i.

צ

צֵא, ii. 300. d. iii. 16. e.

צֵאָה, i. 889. a. ii. 300. d. iii. 16. e.

צֹאָה, i. 651. d. 816. e. iii. 16. e. 85. i.

צֶאֱלִים, i. 530. i.

צֹאן, i. 467. i. ii. 332. a. 506. a. 815. i. 858. g. i.

צַאֲנָן, i. 983. h.

צֶאֱצָאִים, i. 214. e. 405. a. 661. g. 700. g. ii. 465. f. iii. 248. e. — צֶאֱצָאִים יְשָׁרְשׁוּ, i. 349. d.

צֵאת, i. 815. a. 816. f. ii. 861. d.

צָב, ii. 852. e.

צָב, i. 142. e. 646. c. ii. 214. e. 324. c. iii. 50. i. 356. g.

צָבָא, i. 777. e. 881. f. ii. 367. b. 502. i. 671. g. 685. g. — צָבָא צָבָא, ii. 367. b.

צָבָא, i. 208. d. 351. d. 384. e. 385. f. 457. f. 557. h. 646. d. 676. a. 723. b. 728. i. ii. 305. d. 367. b. f. 417. f. 669. e. 670. c. 671. g. 711. e. 786. i. 817. c. 818. g. iii. 92. f. 117. f. g. i. k. 118. c. f. g. 235. d. — צָבָא עֲבֹדָה, ii. 367. f. — צְבָאוֹת, i. 20. e. 647. f. ii. 636. i. iii. 18. b.

צְבָא, i. 471. h. 586. i. 627. h. ii. 6. e.

צְבָאוֹת, i. 637. a. iii. 118. h.

צָבָה, i. 573. e. ii. 852. f. 899. d.

צָבוּ, ii. 846. h.

צָבוּעַ, i. 46. i. ii. 374. f. iii. 310. d.

צָבַח, i. 605. f.

צָבַט, i. 472. b. iii. 419. f.

צְבִי, i. 105. f. 471. a. 637. a. b. c. 646. e. 716. f. 750. i. 773. g. ii. 42. h. 48. d. 143. c. 261. d. 568. h. iii. 19. b. 92. g. 101. d. 105. f. — צְבִי תִפְאֶרֶת גָּאוֹן, i. 773. h.

צְבִיָּה, i. 637. b. 646. e.

צְבָיִם, ii. 275. h. 358. a. d. 368. b.

צָבַע, i. 399. a.

צֶבַע, i. 436. e. ii. 287. f.

צֶבַע, i. 435. h.

צְבָעִים, i. 637. b. 909. b. iii. 310. d.

צָבַר, i. 435. c. ii. 89. h. iii. 136. g. 162. c. 181. g.

צִבֻּרִים, i. 472. e.

צֶבֶת, i. 472. b.

צַד, ii. 277. g. 436. g. 774. g. h. 784. k. 785. a. 913. h. iii. 190. g. 490. f.

צְדָא, i. 121. g.

צָדִד, i. 728. a.

צָדָה, i. 534. a. 739. c. ii. 57. i. 426. d.

צֵדָה, i. 873. g. iii. 44. c.

צְדִיָּה, i. 776. a.

צַדִּיק, i. 49. c. 120. a. 161. e. 181. h. 235. i. 611. i. 613. a. d. 614. c. 951. b. ii. 772. d. 931. c.

צָדַק, i. 150. g. 612. h. k. 614. c. ii 114. e. 116. e. — צָדַק, i. 612. h.

צֶדֶק, i. 611. i. 613. d. 614. h. 616. a. ii. 322. e.

צְדָקָה, i. 239. e. 611. i. 613. e. 614. h. 615. g. 744. i. 745. g. 956. f. ii. 318. a. iii. 386. g.

צִדְקָה, i. 744. i.

צִדְקֵנוּ, ii. 111. c.

צָהֹב, i. 800. a. ii. 516. a. c. iii. 108. d.

צָהַל, i. 9. a. 461. e. ii. 256. i. iii. 237. g. 260. e. 458. k.

צֹהַר, i. 592. c. 884. b. ii. 76. i. 77. e. 438. d.

צָהֳרִים, i. 526. h. ii. 437. i. 438. c.

צַו, i. 528. e. 651. d. 788. c. ii. 64. a. 414. d.

צַוָּאר, ii. 48. d. 268. f. iii. 287. h. 312. f.

צוּד, i. 28. c. 410. g. 707. b. ii. 58. d. 761. h. iii. 211. c.

צוֹדֵד, i. 583. i. iii. 140. g. 209. c.

צָוָה, i. 300. d. — צִוָּה, i. 180. a. 323. b. 590. b. 603. d. 786. h. 885. g. 899. c. ii. 122. c. 589. f. 643. c. 648. b. 897. a. iii. 162. c. 193. g. 240. f.

צָוַח, i. 461. e.

צְוָחָה, ii. 314. g. 346. c. 553. h.

צוּלָה, i. 4. d.

צוּם, i. 379. e. ii. 314. g. 503. a. — צוּם צוֹם, ii. 503. a.

צוֹם, ii. 502. f.

צוּף, ii. 261. d. iii. 337. g. — נֹפֶת צוּפִים, ii. 261. d.

צוֹפִיָּה, iii. 94. i.

צוּק, ii. 101. h. 222. i. iii. 470. f.

צוֹק, iii. 195. b.

צוּקָה, i. 895. g. ii. 218. h. iii. 98. f.

צוּר, i. 243. e. 314. g. 435. d. 548. c. 555. c. 771. h. 965. h. ii. 62. i. 120. i. 337. e. 356. k. 732. b. d. 747. g. 751. g. 757. g. 778. i. 819. b. g. iii. 98. e. h. 133. a. 151. c. 181. g. 214. a. 431. d.

צוֹר, iii. 285. e.

צוֹר, i. 110. i.

צוֹר, iii. 308. i.

צוּר, i. 20. e. 245. i. 462. h. 464. f. 848. d. ii. 48. e. 49. c. 57. e. 61. k. 105. d. 309. c. 333. i. 423. f. 593. h. 617. c. 757. h. 758. a. 778. i. 779. b. 851. d. iii. 99. g. 225. a. 284. a. 413. a. 489. d. — צוּר מָעוֹז, i. 464. f. — צוּרוֹת, i. 618. d.

צוּרָה, i. 462. i. 548. c. iii. 431. f.

צַח, ii. 358. f. 371. d. iii. 423. c. — צַח שְׁפָיִם, ii. 777. d. — צַחוֹת, i. 686. i. iii. 286. c.

צָחָה, ii. 496. f.

צָחַח, i. 428. a. ii. 359. c. — צָחַח seq. ם, ii. 358. h.

צְחִיחַ, ii. 366. d. iii. 51. g. — צְחִיחַ סֶלַע, ii. 372. d.

צְחִיחָה, ii. 247. b. 368. e. f. 519. b. 708. f. iii. 242. i.

צַחֲנָה, i. 476. e. 477. i.

צַחְצָחוֹת, i. 855. f.

צָחַק, iii. 136. e. — צִחֵק, i. 487. e. 735. e. ii. 625. f.

צְחֹק, i. 487. i.

צִי, i. 723. g. 788. c. ii. 48. e. iii. 293. c. — צִיִּים, i. 723. g. ii. 94. g.

צַיִד, i. 466. i. 873. g. ii. 57. a. h. i. 339. f. g. iii. 446. g.

צַיָּד, ii. 58. a.

צֵידָה, i. 873. g. ii. 57. b. iii. 44. f. g.

צִידוֹן, iii. 399. d. g.

צִיָּה, i. 2. e. 251. d. 624. g. k. 625. e. 736. a. 909. c. ii. 239. h. 353. b. iii. 186. f.

צִיּוֹן, iii. 46. c.

צִיּוּן, iii. 37. d. 63. b.

צִיּוֹן, ii. 57. i.

צָחַר, ii. 467. c. iii. 108. d.

צָחֹר, iii. 108. g.

צְחֹרָה, ii. 438. a. — צְחֹרוֹת, ii. 358. b. 359. c.

צִיִּים, i. 64. i. 519. g. 807. h. 919. a. ii. 59. c. iii. 41. e.

צִים, iii. 30. i.

צִינִים, i. 877. d. iii. 37. d. 64. d. i.

צִינֹק, i. 687. i. ii. 482. i.

צִיץ, i. 222. c. 224. a. 459. c. ii. 755. f. iii. 37. e. 493. f.

צִיצִת, ii. 308. h. 406. g. iii. 37. e.

צִיר, i. 14. c. 15. e. 325. a. ii. 311. d. 556. c. 738. b. 785. a. 851. d. 852. c. iii. 122. i. 123. e. 413. b. — צִירִים, ii. 851. a.

צִירִים, i. 789. a. ii. 502. d. 851. d. iii. 488. h.

צֵל, i. 387. f. 464. f. ii. 128. i. iii. 51. d. 56. h. 94. i. — צֵל סֶלַע ii. 843. g.

צְלָא : צְלֵא, ii. 881. b.

צָלָה, ii. 575. f. g.

צְלוּל, i. 670. a. ii. 291. c.

צָלַח, i. 130. c. 188. a. 323. c. 400. d. 410. b. 769. g. 839. g. 869. e. 891. d. 942. i. 943. d. 960. e. 964. g. ii. 235. b. i. 590. d. 769. c. 866. h. iii. 457. d. 461. f.

צְלֹחוֹת, i. 943. f.

צְלֹחִית, iii. 315. d.

צַלַּחַת, i. 113. d. ii. 292. g. 406. f. 413. h. 923. g.

צָלִי, ii. 576. h.

צְלִיל, ii. 398. g.

צָלַל, i. 650. i. ii. 29. e. 122. c. 880. g.

צְלָל, ii. 592. e. 674. f. iii. 3. a. 56. h.

צֶלֶם, i. 213. f. 680. f. 682. c. ii. 560. d. 585. f. iii. 307. a.

צְלֵם : צַלְמָא, i. 682. c. ii. 479. c. 618. a.

צַלְמָוֶת, i. 40. c. 93. h. 506. d. ii. 35. i. iii. 52. a. 56. i. 67. a.

צַלְמֻנָּע, ii. 327. e.

צָלַע, i. 667. f. 670. f. 860. d. — צֶלַע, i. 721. h. 873. g. iii. 201. i.

צֵלָע : צֶלַע, i. 377. a. 672. f. 804. a. 868. d. ii. 277. g. 412. i. 436. i. 520. d. 784. k. 785. a. iii. 47. f. 49. a. 66. f.

צְלָעִים, ii. 917. i.

צֶלְצַח, i. 130. d. ii. 438. b.

צְלָצַל, i. 913. d.

צִלְצַל, i. 621. i. ii. 30. b. 591. h. 798. c. iii. 56. i.

צֶלְצְלִים, i. 399. d. ii. 339. c. iii. 36. g.

צָמֵא, i. 624. i.

צָמָא, i. 624. g. 625. f. ii. 379. e. iii. 314. g.

צָמֵא, i. 625. a. f.

צִמְאָה, i. 190. f.

צָמְאָה, i. 624. g.

צִמָּאוֹן, i. 624. g. 625. a.

צָמַד, i. 494. e. 650. i. ii. 3. c. 307. h. — צֶמֶד פָּרָשִׁים, ii. 521. h.

צָמֵּד, ii. 2. i. 3. a.

צַמָּה, ii. 141. c. 143. i. 176. f. 186. b. 608. g. iii. 46. h. i. 47. a.

צִמּוּק, ii. 628. b. — צִמּוּקִים, i. 771. e. iii. 93. g.

צָמַח, i. 163. g. 167. f. 171. d. 206. g. 211. c. 458. i. iii. 419. b.

צֶמַח, i. 206. h. i. 207. e. 459. b. f. ii. 107. b. — צֶמַח הָיָה, i. 868. b.

צְמַח, i. 210. g.

צָמִיד, ii. 169. k. iii. 476. g.

צַמִּים, i. 625. b.

צָמֵק, ii. 518. h.

צֶמֶר, i. 906. c. 911. d. ii. 93. e. 816. d.

צְמֶרֶת, i. 110. a. 863. d. 864. d. ii. 152. c. 245. h.
צָמַת, i. 817. d. ii. 36. d. — צִמֵּת, i. 728. e. 730. h.
צְמִתֻת, i. 139. e. 451. h. 541. d. ii. 620. a.
צֵן, ii. 133. e. 574. e. — צִנִּים, i. 784. c. ii. 134. e. iii. 291. d.
צִנֶּה, ii. 858. i.
צִנָּה, i. 382. e. 637. d. 816. g. ii. 77. b. 296. a. 320. k. 574. d. 634. l. iii. 147. h. — צִנָּה וּמָגֵן, ii. 77. b.
צְנוּעִים, i. 853. e. 866. e. iii. 231. e.
צָנוּף, iii. 102. h.
צִנּוֹק, ii. 209. g.
צִנּוֹר, i. 830. i. ii. 209. h. 325. b. c. 662. f.
צִנּוֹת, i. 637. d. ii. 77. b.
צָנַח, i. 461. e. 510. a. 605. b. 741. i. ii. 308. a.
צְנִינִים, i. 466. c.
צָנִיף, i. 549. e. — צָנִיף צְפִירָה, ii. 263. d. — צְנִיפוֹת, iii. 128. c.
צָנַף, iii. 12. b.
צְנֵפָה, i. 773. h.
צִנְצֶנֶת, iii. 91. h.
צַנְתְּרוֹת, i. 835. b. 895. g. ii. 485. d.
צָעַד, i. 261. d. 403. h. 544. e. 545. e. 663. b. 829. e. 844. a. ii. 353. b. 498. a.
צַעַד, i. 453. h. 545. e. 742. g. 887. b. ii. 110. g. 465. f. 836. h. iii. 455. a.
צְעָדָה, iii. 33. c. 132. e. 206. h. 450. f.
צָעָה, i. 461. e. 596. h. ii. 277. a. 838. i. iii. 32. i. — צֹעֶה, i. 454. f. iii. 33. a. — צֹעֶה, ii. 277. a.
צְעוּרֶיהָ, ii. 6. i.
צָעִיף, ii. 52. c. iii. 78. g.
צָעִיר, i. 740. i. 742. g. h. ii. 465. g. 466. i. 497. i. 548. g. — צָעִיר לְיָמִים seq. מ, i. 475. c. — צָעִיר seq. מ, ii. 466. i. — צְעִירֵי צֹאן, i. 355. k.
צְעִירָה, ii. 499. a.
צֹעַן, iii. 33. h.
צְעָנִים, i. 196. d.
צֶאֱצָאִים, i. 376. g. ii. 520. e.
צָעַק, i. 163. h. 168. i. 461. f. 487. c. ii. 164. i. 250. f. 308. a. iii. 162. d. 395. b.
צְעָקָה, i. 462. c. 523. h. ii. 308. a. 314. h. iii. 420. d.
צָעַר, i. 741. d. ii. 548. b. 549. i
צֹעֲרִים, i. 475. a. ii. 814. k.
צָפַד, ii. 760. b.
צָפָה, i. 603. e. 679. b. 691. h. 786. i. 836. i. 846. h. 875. i. 896. g. ii. 195. c. 742. i. 887. h. 908. i iii. 63. e. g. h. 414. e. — צִפָּה, i. 320. g. ii. 144. i. 229. g. 230. d. 304. i. 730. f. 739. f. 752. c. iii. 181. h. — צִפָּה בְּצִפִּיָּה, i. 320. g. — צִפָּה זָהָב, ii. 752. k.
צֹפֶה, iii. 64. i.
צִפּוּי, ii. 731. c. — צִפּוּי כֶסֶף, ii. 723. i. k.
צָפוֹן, i. 207. f. 960. c. ii. 511. b. iii. 41. d.
צָפוֹן, i. 20. f. 279. d. 290. h. 302. a. 467. a. e. 876. d.
צְפוֹנִי, i. 467. g.
צִפּוֹר, ii. 591. h. 592. a. 756. h. iii. 122. d. 448. g.
צַפַּחַת, ii. 512. e.
צַפַּחַת, i. 16. a. ii. 147. f. 372. h. i. iii. 371. b.
צְפִי, i. 962. d.
צְפִיָּה, iii. 63. g. 98. b.
צַפִּיחִית, i. 157. d. 669. e.

צִפִּיעִים, i. 465. *f.*

צָפִּיר, iii. 286. *b.* 448. *g.*

צְפִירָה, ii. 720. *a.* 781. *e.* 783. *a.* 798. *e.* 887. *i.* iii. 153. *e.*

צָפִית, iii. 64. *d.*

צָפַן, i. 20. *f.* 285. *d.* 290. *i.* 301. *c.* 603. *f.* 669. *i.* 715. *a.* 875. *i.* 967. *i.* ii. 59. *h.* 182. *d.* 327. *e.* 350. *c.* iii. 50. *b.* 59. *d.* 185. *e.* 266. *f.* 414. *f.* — צָפֻּן, i. 467. *a.*

צָפְנַת, i. 679. *b.* ii. 144. *i.* — צָפְנַת פַּעְנֵחַ, iii. 481. *c.*

צֶפַע, i. 382. *g.*

צִפְעוֹנִי, i. 382. *e.* 446. *b.* ii. 36. *d.* 256. *g.* — צִפְעוֹנִי גָמוּל, i. 382. *h.*

צְפִעוֹת, ii. 423. *f.*

צִפְצֵף, i. 240. *b.* 378. *a.* ii. 251. *f.* iii. 13. *a.* 122. *b.* 419. *f.*

צַפְצָפָה, i. 846. *h.*

צִפַּר, i. 819. *b.*

צְפַרְדֵּעַ, i. 448. *c.*

צִפֹּרֶן, ii. 569. *f.*

צֶפֶת, ii. 260. *a.*

צְצִים, i. 722. *b.*

צִקוֹן, ii. 64. *b.*

צִקְלוֹן, ii. 761. *a.*

צָקֶת, iii. 469. *i.*

צַר, i. 97. *b.* 242. *h.* 246. *h.* 546. *b.* 767. *i.* 966. *e.* ii. 62. *i.* 64. *b.* 819. *d.* 851. *d.* iii. 308. *i.* 324. *i.* — צַר וְאוֹיֵב, i. 966. *e.* — צָרִים, i. 596. *i.* ii. 817. *e.*

צַר, i. 15. *e.* 172. *g.* 707. *b.* 770. *c.* ii. 63. *a.* 64. *b.* 311. *a.* 757. *g.* iii. 59. *e.* 98. *c.*

צֹר, ii. 819. *f.* iii. 74. *f.*

צַר, i. 110. *k.* ii. 57. *f.* 107. *c.* 309. *c.* 313. *g.* 757. *h.* 758. *d.* iii. 479. *g.*

צַר, i. 455. *i.* ii. 159. *g.* iii. 99. *b.* — צַר seq. לְ, i. 116. *a.*

צַר i. 242. *h.*

צָרַב, ii. 130. *d.*

צָרֶבֶת, ii. 60. *a.* 606. *e.* 924. *d.* iii. 431. *e.*

צָרָה, i. 172. *g.* 242. *i.* 403. *i.* 499. *g.* ii. 57. *f.* 64. *c.* 133. *f.* 134. *e.* iii. 96. *i.* 99. *b.* 228. *e.*

צָרוּעַ, ii. 369. *a.* *b.*

צָרוּף, i. 346. *e.*

צָרוּף, ii. 116. *a.*

צְרוֹר, i. 287. *f.* ii. 377. *d.* iii. 208. *g.* 479. *c.*

צָרַח, i. 461. *g.* — צָרַח, iii. 59. *e.*

צְרִי : צֳרִי, iii. 10. *c.*

צְרִיחַ, i. 104. *i.* 251. *a.* 464. *i.* ii. 617. *c.* iii. 175. *e.*

צְרִים, iii. 99. *h.*

צְרִירִי, i. 208. *k.*

צָרֵךְ, iii. 458. *b.*

צִרְעָה, iii. 213. *f.*

צָרַעַת, ii. 368. *i.*

צָרַף, i. 346. *d.* 628. *f.* 629. *e.* 707. *f.* ii. 215. *b.* 710. *f.* 767. *g.* 928. *a.* iii. 470. *f.* — צֹרֵף, i. 346. *e.* ii. 930. *d.* iii. 429. *a.* 465. *h.* 466. *g.* *i.* 470. *a.* — צָרַף כָּבֹר, i. 307. *e.*

צָרַר, i. 223. *c.* 242. *i.* 287. *g.* 288. *a.* 534. *b.* 539. *a.* 771. *i.* 965. *h.* 966. *a.* ii. 63. *a.* 199. *g.* 467. *h.* 817. *a.* iii. 181. *h.* 209. *c.* 210. *b.* — צֹרֵר, i. 546. *b.* 771. *c.* 966. *e.* ii. 89. *b.* 533. *g.* iii. 202. *i.*

צָרֹר, i. 287. *g.* 434. *h.* 535. *b.* 771. *f.*

צְרֵדָתָה, ii. 63. *a.*

ק

קִדְרַנִּית, ii. 89. c.

קָדַשׁ, i. 16. i. 17. a. 24. a. 172. a. 636. a. ii. 116. e. 475. a. — קִדֵּשׁ, i. 167. c. 582. b. ii. 114. e. 669. a. 671. g.

קֻדַּשׁ, ii. 840. g. iii. 104. f. 171. c. 253. c. 254. f. k.

קֹדֶשׁ, i. 17. d. i. 21. f. h. k. 22. a. 24. c. 71. d. 346. a. 360. h. 361. d. ii. 16. f. 48. e. 111. h. 112. d. 266. e. 539. g. iii. 54. i. — קֹדֶשׁ קָדָשִׁים, i. 18. b.

קְדֵשָׁה, i. 90. i. 448. i. 766. i. 772. a. 921. a. ii. 840. h. iii. 252. h. 254. g. 472. g.

קְדֵשִׁים, i. 723. i. 772. b. ii. 112. a.

קָהָה, i. 68. a. 511. b. ii. 489. c. — קֵהָה, i. 722. b.

קָהַל, i. 60. b. 832. h. 884. c. g. iii. 180. d. 186. f.

קָהָל, i. 709. i. 804. e. ii. 574. f. 615. f. 786. i. 789. b. iii. 163. h. 173. f. 207. e.

קְהִלָּה, i. 709. i. iii. 163. i. 209. h.

קֹהֶלֶת, i. 710. a. ii. 689. b.

קְהָתִי, ii. 118. a.

קַו : קָו, i. 750. i. 753. h. ii. 30. c. 148. f. 337. i. 455. g. iii. 80. b. 162. e. 218. h. 385. d. — קַו מִדָּה, i. 565. h. iii. 218. d. — קַו־קָו, i. 215. c. 750. a. iii. 347. i. — קַו תֹהוּ, i. 494. c.

קוא, i. 164. d. 284. h. 804. i. 805. d. ii. 892. d.

קוֹבָה, ii. 461. i. 840. b.

קוֹבַע, ii. 733. b. iii. 412. e.

קָוָה, i. 565. b. 619. f. ii. 433. f. iii. 347. h. — קִוָּה, i. 190. i. 661. a. 750. a. 841. c. ii. 708. g. 735. h. 876. g. 877. g. iii. 162. e. 347. h. 349. a.

קָוֶה, i. 750. i.

קוּט, i. 257. d. 651. g. ii. 465. g. 466. b. 892. d. — קוּט וְהִשְׁחִית, iii. 333. e.

קוֹל, i. 476. i. 640. a. 788. c. ii. 30. c. e. 59. c. 74. e. 261. i. 387. g. 598. a. iii. 36. d. 135. d. 420. b. 481. g. 487. e. — קוֹל רֵחַיִם, ii. 487. d. — קוֹל שִׁיר, iii. 419. g.

קוּם, i. 148. i. 149. a. 197. d. 202. c. 206. i. 223. c. 229. h. 312. d. 439. e. 499. h. 566. e. 663. b. d. 684. h. 692. i. 702. g. 754. b. 800. c. 803. h. 822. g. 836. c. 885. g. 921. g. ii. 12. f. 19. f. 101. h. 102. c. 122. d. 344. b. 357. a. 433. f. 467. h. 537. b. 685. h. 694. h. 880. b. 907. g. 917. d. iii. 92. g. 162. f. 277. i. 284. a. 362. c. 424. i. — קוּם seq. אֶל, i. 832. f. iii. 270. c. — קוּם et עָמַד, ii. 102. c.

קוֹמָה, i. 202. i. 203. e. ii. 20. c. 424. f. 457. h. iii. 92. h. 312. f. 366. c.

קוֹמֵם, i. 88. h. 243. c.

קוֹמְמִיּוּת, ii. 692. i.

קוֹנֶה, i. 27. d.

קוֹנֵן, ii. 68. h. 69. a.

קוֹסֵם, iii. 38. i.

קוֹעַ, ii. 303. h.

קוֹף, ii. 762. c.

קוּץ, i. 438. d. 439. f. 450. b. 664. g. 718. c. 822. d. g. ii. 63. a. 892. e. iii. 42. h. 162. f. 395. c.

קוֹץ, i. 92. i.

קְוֻצּוֹת, i. 468. b.

קוּר, ii. 595. d. iii. 414. f.

קוֹרֵא, i. 860. a.

קוֹרִים, ii. 103. e.

קוּשׁ, ii. 887. g.

קֹחַד, iii. 477. h.

קָט, ii. 598. h.

קֶטֶב, i. 589. e. ii. 337. f. 572. e. iii. 136. c. 155. i.
קֹטֶב, i. 265. d. ii. 253. i.
קָטוֹן, i. 742. d. ii. 87. i. 431. i. 466. k. iii. 73. c. e.
קִטּוֹר, i. 393. i. ii. 328. b. 702. i.
קָטַט, ii. 466. b.
קָטִיל, i. 333. b.
קָטַל, i. 302. f. ii. 331. b. iii. 443. e.
קֶטֶל, iii. 211. c.
קְטַל, i. 181. c. 793. h.
קָטֵן, ii. 217. a. 405. e.
קָטָן, i. 537. b. 742. h. ii. 465. g. 467. a. 498. a. 920. b. — קָטָן, seq. מ, ii. 466. i.
קָטֹן, i. 475. a. g. 740. i. ii. 88. f. 465. h. 498. a. 548. i.
קֹטֶן, ii. 466. k.
קְטַנָּה, i. 537. c.
קָטַף, i. 297. g. 298. i. ii. 51. g. 734. a. iii. 140. g.
קָטַר, i. 171. i. 886. d. ii. 73. b. 79. b. 130. e. — קָטַר et עָבַד, ii. 73. b.
קְטַר, ii. 72. h.
קְטֹרָה, ii. 72. h.
קִטְרִין, ii. 327. f. iii. 171. c.
קְטֹרֶת, ii. 72. h. iii. 182. h.
קִיא, i. 753. i. iii. 441. c.
קִיט, ii. 51. h.
קִיטוֹר, ii. 149. d. iii. 309. h. 393. h.
קִיטֹר, i. 198. f.
קְיָם, iii. 92. h.
קְיָם : קְיָמָא, ii. 433. f.
קִים, i. 450. i. — קְיָם, iii. 101. d.
קִים, iii. 352. g.
קַיִן, ii. 510. c.
קֵין, i. 637. e.
קִינָה, ii. 69. a. 297. c.
קִינִים, ii. 69. b. 332. i.
קַיִץ, i. 92. i. 152. g. ii. 51. d. i. 52. a. 53. g. 95. b. 246. a. 577. a. 628. b. iii. 93. g. 399. h.
קִיצוֹן, i. 823. e.
קִיק, i. 516. f.
קִיקָיוֹן, ii. 266. c. 292. b. 335. h.
קִיקָלוֹן, i. 393. a. iii. 162. f.
קִיר, i. 21. f. 77. d. 446. h. 629. f. ii. 594. e. iii. 163. i. 247. d. 277. g. 284. b. 292. d.
קִיר, i. 465. a. iii. 278. g.
קִיר־חֶרֶשׂ, ii. 249. c.
קִירָל, i. 860. c.
קִיתְרוֹס, ii. 263. h.
קַל, i. 642. f. 742. e. f. ii. 307. b. e. 570. c. 571. a. iii. 420. e.
קָל, iii. 420. d.
קָלָה, i. 330. e. 804. f. iii. 410. b.
קְלָה, iii. 58. c.
קָלוֹם, ii. 291. f.
קָלוּי, ii. 497. g. iii. 410. c.
קָלוֹן, i. 392. d. 393. a. iii. 420. i.
קַלַּחַת, iii. 467. i.
קָלִי, i. 139. f. 189. i. ii. 301. h. iii. 410. b. c.
קָלַל, i. 742. f. 790. i. 798. h. ii. 296. h. 307. c. f. 606. b. iii. 245. b. 311. k. 489. i. — קָלֵל, i. 343. i. 392. d. 459. h. ii. 130. b. 137. a. 389. e. — קָלַל, i. 859. d. — קָלַל seq. מ, i. 742. f. ii. 307. e. 245. e.
קָלָל, i. 742. e. 803. b. iii. 108. g.
קְלָלָה, i. 343. e. 859. c. ii. 208. f. 209. b.
קָלַס, ii. 198. f. iii. 162. g. 450. c.
קֶלֶס, ii. 166. a.
קַלָּס, ii. 830. e.
קַלָּסָה, i. 755. a.

קָלַע, i. 515. b. 667. h. i. 693. d. ii. 774. e. iii. 49. d. — קֹלֵעַ, iii. 213. d. — קַלָּע, iii. 213. b.

קֶלַע, i. 397. e. ii. 103. c. iii. 213. c. — קְלָעִים, ii. 783. a. 917. i.

קֶלַע, iii. 213. e. — קְלָעִים, iii. 213. d.

קְלֹקֵל, i. 169. d. iii. 237. h.

קִלְקֵל, i. 555. k. ii. 307. c.

קִלְשׁוֹן, ii. 528. i. iii. 42. d. 288. h.

קָם, iii. 324. i.

קָמָה, i. 152. g. 640. g. ii. 102. c. iii. 93. i. 94. a. 252. d.

קִמּוֹשׂ, ii. 547. a.

קָמוֹת, i. 600. f.

קֶמַח, i. 117. b. iii. 34. f. — קֶמַח סֹלֶת, iii. 34. f.

קָמַט, i. 124. g. 862. i. iii. 140. c.

קָמַץ, i. 641. h.

קֹמֶץ, i. 640. h. 641. e.

קֵן, ii. 20. c. 498. c. 510. c. — קִנִּים, ii. 140. b.

קִנֵּא, i. 680. a. — קַנָּא, i. 610. c. ii. 4. c. 330. f. 649. g. 691. f.

קַנָּא, ii. 4. i. 5. d. 105. d.

קִנְאָה, i. 77. e. ii. 3. g. h. i. 4. a. f. h. 74. e. 330. f.

קָנָה, i. 11. f. 27. c. ii. 4. f. 122. f. 330. f. 333. a. b. 395. i. 510. b. — קֹנֵה, ii. 510. d.

קָנֶה, i. 23. a. ii. 7. f. 138. d. e. f. 761. f. 921. a. iii. 80. b. — קְנֵה טוֹב, ii. 138. g. 265. e. g.

קַנּוֹא, ii. 4. f. k.

קָנוֹת, ii. 510. d.

קִנְיָן, i. 670. e. ii. 330. g. 332. a. i. 333. g. iii. 262. h. 323. b.

קִנָּמוֹן, ii. 265. g.

קִנֵּן, i. 783. f. ii. 510. a. — קִנֵּן, i. 783. f.

קָסַם, i. 334. d. ii. 409. f. iii. 12. b. — קֶסֶם, ii. 409. e. — קֹסֵם, ii. 409. e. g. iii. 116. b.

קְסָם, ii. 409. e. 545. a.

קֶסֶת, ii. 11. b. 138. g. 158. d. 428. h. 765. b.

קַעֲקַע, iii. 108. c.

קְעָרָה, iii. 302. a.

קָפָא, ii. 227. d. 228. e. 760. c.

קִפָּאוֹן, ii. 620. b. iii. 485. e.

קִפֹּד, i. 966. g. ii. 712. d.

קִפֵּד, ii. 191. b.

קִפּוֹן, i. 966. g.

קֹפִים. — קֹפִים וְתֻכִּיִּים, iii. 285. c.

קָפַץ, i. 764. a. iii. 181. h. 210. e. — קִפֵּץ, i. 561. h. 570. g.

קְפָדָה, i. 811. f.

קֵץ, i. 363. f. 668. e. 712. a. 916. f. 919. b. ii. 128. i. 432. a. 436. i. 439. f. 670. c. 720. a. f. 794. b. 862. g. iii. 195. b. 230. f. 255. g. 464. a. 492. c.

קָצַב, i. 298. i. ii. 250. d. 291. i. 690. c.

קֶצֶב, iii. 195. b. 217. i.

קָצָה, i. 104. i. 110. a. 111. f. 919. b. ii. 277. h. 435. h. 720. b. 821. d.

קָצֶה, i. 110. b. 363. f. ii. 116. g. 277. h. 436. i. 528. b. 914. i. iii. 151. b. 252. c. 253. g. 255. c. — קְצוֹת, ii. 720. c.

קְצָוִים, ii. 588. i. 720. c.

קִצּוֹן, ii. 440. a.

קִצּוּר, iii. 496. h.

קֶצַח, ii. 428. f.

קְצִיעוֹת, ii. 158. b.

קָצִין, i. 365. g. 371. c. 444. d. 494. f. 769. e. ii. 16. b. 189. b. 583. a.

קָצִיר, i. 30. a. 152. g. 706. d. ii.

51. *h.* 52. *a.* 53. *g.* 155. *b.* 158. *f.* 270. *g.* 911. *a.* iii. 140. *g.* 162. *g.* 302. *e. g.* 426. *g.*

קָצַף, i. 297. *i.* ii. 74. *e.* 75. *i.* 393. *i.* 583. *b.* 584. *f.* 690. *c.* 762. *f.*

קֶצֶף, ii. 583. *b.* — קֶצֶף שְׁגִיא, ii. 735. *c.*

קֶצֶף : קְצַף, i. 144. *e.* 853. *i.* ii. 74. *e.* 448. *a.* 583. *b. i.* 584. *f.* 690. *e.* 692. *a.* iii. 255. *g.* 409. *g.* 452. *g.*

קְצָפָה, i. 503. *c.* ii. 268. *c.* iii. 131. *d.*

קָצַץ, i. 299. *e.* ii. 180. *g.* 226. *b.* 250. *d.* 291. *i.* 303. *a.* 732. *i.* — קִצֵּץ, iii. 131. *f.* 134. *c.* 184. *b.* — קָצַץ et רָקַע, iii. 257. *g.*

קְצַץ, i. 731. *d.*

קָצַר, i. 148. *f.* 152. *h.* 439. *f.* 701. *b.* 706. *d.* 802. *d.* ii. 51. *h.* 549. *i.* 691. *g.* 731. *d.* iii. 73. *e.* 302. *d.* 395. *c.* — קָצֵר, ii. 52. *b.* — קֹצֵר, iii. 302. *h.* — קָצֵר, ii. 548. *c.* 549. *a.* — קָצַר מַצָּע, iii. 98. *e.* — קָצַר קָצֵר, קָצַר נֶפֶשׁ, ii. 549. *c.* — קָצַר רוּחַ, ii. 109. *d.* — קָצַר רוּחַ, ii. 75. *i.*

קֹצֶר, ii. 291. *h.* — קֹצֶר רוּחַ, ii. 549. *f.*

קָצֵר, i. 228. *a.* 378. *b.* — קְצַר אַפַּיִם, ii. 570. *e.* — קְצַר יָמִים, ii. 547. *f.* — קְצַר רוּחַ, ii. 467. *a.* 549. *g.*

קְצָת, ii. 437. *a.*

קֹר, iii. 485. *e.*

קַר, iii. 485. *f.* — קָרִים, i. 215. *d.*

קָרָא, i. 34. *b.* 168. *k.* 171. *d. i.* 182. *h.* 185. *a.* 258. *f.* 264. *g.* 294. *c.* 298. *i.* 461. *g.* 508. *a.* 545. *i.* 664. *i.* 684. *h.* 695. *d.* 699. *f.* 708. *g.* 804. *f.* 826. *f.* 858. *c.* 859. *h.* 862. *i.* 896. *e.* 899. *c.* ii. 120. *i.* 139. *b.* 164. *i.* 250. *g.* 267. *h.* 274. *d. h.* 308. *a.* 353. *d.* 433. *f.* 445. *i.* 568. *b. f.* 653. *d.* 741. *a.* 885. *e.* iii. 128. *i.* 142. *b.* 166. *b.* 274. *b.* — קָרָא מָלֵא, ii. 250. *h.* 308. *c.* — קָרָא מִקְרָא, ii. 23. *g.* — קָרָא צוֹם, ii. 503. *a.*

קְרָא, i. 171. *k.* ii. 139. *i.* — קְרָא, i. 461. *h.* iii. 419. *g.*

קֹרֵא, i. 243. *g.*

קֹרֵא, ii. 512. *b.* 720. *h.*

קְרָאָה, i. 858. *e.* ii. 671. *h.* 706. *e.* iii. 167. *g. h.*

קָרַב, i. 182. *c.* 338. *b.* 661. *a.* 914. *h.* ii. 102. *c.* 841. *g.* 870. *f.* 873. *c.* 878. *e.* 880. *b.* 882. *k.* 883. *f.* 895. *d.* 901. *a.* iii. 84. *d.* 148. *h.* 162. *g.* — קָרֵב, i. 338. *c.* 694. *g.* 895. *d.* — קֵרֵב, i. 661. *a.* 750. *a.* iii. 169. *d.*

קְרֵב, i. 661. *b.* 790. *f.* ii. 880. *b.*

קֶרֶב, i. 403. *i.* 484. *d.* 568. *a.* 661. *c.* 666. *c.* 667. *g.* 672. *g.* 774. *c.* 787. *a.* 789. *a.* ii. 152. *c.* 160. *b.* 282. *g.* 676. *b.* 880. *b.* iii. 126. *b.* 248. *b.* — קְרָבִים, i. 789. *a.*

קָרֵב, i. 547. *c.* 661. *c.*

קְרָב, i. 661. *c.* ii. 670. *e.* 817. *c.* 818. *g.*

קִרְבָה, i. 661. *c.* ii. 887. *e.*

קְרָבַי, i. 661. *c.*

קְרֹבִים, i. 661. *e.*

קָרְבָּן, i. 655. *g.* 656. *f.* ii. 273. *i.* 901. *e.*

קַרְדֹּם, i. 254. *g.*

קָרָה, i. 223. *d.* 264. *h.* 858. *e.* ii. 185. *c.* 885. *h.* iii. 136. *b.* 167. *b.* 322. *g.*

קָרָה, ii. 620. *b.* iii. 142. *b.* 485. *e.*

קָרָה, iii. 94. *h.*

קֹרָה, i. 629. *f.*

קָרוּא, i. 860. *b.* ii. 274. *h.* 517. *e.* 568. *h.*

קָרוֹב, i. 20. *h.* 31. *g.* 661. *c. e.* 662.

e. g. 796. h. 858. e. ii. 562. c. 880. c. iii. 389. e.—קָרוֹב seq. מ, i. 662. h.

קָרַח, ii. 261. g. 522. a.

קֵרֵחַ, iii. 371. e.

קֹרַח : קֵרַח, ii. 246. b. 328. b. 618. d. 620. b.

קָרְחָה, ii. 522. b. iii. 371. f. 446. i.

קָרַחַת, iii. 105. g. 371. f.

קֶרִי, i. 768. c. ii. 774. i.

קְרִיאָה, ii. 261. i. 347. g.

קְרִיאִים, i. 860. b. iii. 133. c.

קִרְיָה, ii. 821. d. 822. g.

קִרְיָה : קִרְיָא : קִרְיְתָא, ii. 821. d.

קִרְיוֹת, ii. 821. d.

קִרְיָתָמָה, ii. 822. a.

קָרַם, i. 163. i. 729. g. — קָרֵם, i. 185. c.

קָרַן, i. 636. a.

קֶרֶן, ii. 255. h. iii. 23. b. 39. f. 258. e. — קֶרֶן הַפּוּךְ, i. 142. a. — קַרְנוֹת שֵׁן, i. 747. a.

קַרְנָא, iii. 23. b.

קָרַס, iii. 201. i.

קֶרֶס, i. 521. b. — קְרָסִים, i. 590. e. ii. 317. c. 755. a. iii. 125. b.

קַרְסֹל, ii. 110. g. iii. 49. e. 291. g.

קָרַע, i. 232. c. 316. d. 330. d. 566. c. 575. e. 582. c. 585. d. 671. g. ii. 357. d. 747. i. iii. 8. e. 217. e.

קְרָעִים, i. 575. f. iii. 4. a. 7. e.

קָרַץ, i. 576. d. 782. g. 850. f. ii. 280. g.

קְרַץ, i. 821. e.

קַרְסַע, i. 431. i. 673. c. ii. 45. c. iii. 338. a.

קַרְקַע, i. 496. c.

קַרְקַר, i. 805. i. 907. a. ii. 868. c.

קֶרֶשׁ, ii. 86. i. 256. c. 260. a. iii. 24. e. 125. b.

קַרְשָׁה, i. 561. e.

קֶרֶת, i. 649. a. iii. 313. e. 779. g. 821. e.

קַשׁ, ii. 138. c. iii. 409. h. 456. b.

קִשֻּׁאִים, iii. 42. g.

קָשַׁב, i. 603. f.

קֶשֶׁב, i. 108. c.

קַשֻּׁבוֹת, i. 841. g. ii. 882. i.

קַשֶּׁבֶת, ii. 882. i.

קָשָׁה, iii. 59. i. 60. c. i. — קָשָׁה, i. 653. f.

קָשֶׁה, i. 20. i. ii. 832. i.

קָשֶׁה, i. 53. b. 172. h. 653. i. ii. 423. f. iii. 59. f. 334. i. — קְשֵׁה לֵב, iii. 58. h. — קְשֵׁה עֹרֶף, iii. 58. h. 60. g. — קְשֵׁה פָנִים, iii. 58. i.

קַשָּׂה, iii. 87. d. — קְשָׂוֹת, iii. 87. d.

קָשׁוֹט, i. 118. b. 120. k

קָשׁוֹר, i. 712. c.

קֹשֶׁט, i. 120. a. 450. h. iii. 281. b. h.

קְשִׁי, iii. 60. f.

קְשִׂיטָה, i. 153. i. 154. h.

קַשְׂקַשִּׂים, i. 138. i. 381. i. iii. 400. d.

קַשְׂקֶשֶׂת, ii. 368. h. 915. d. iii. 400. e.

קָשַׁר, i. 197. f. 205. f. 413. f. 539. a. 701. b. 771. i. 801. h. 848. a. 851. a. 888. i. 960. g. ii. 749. d. 810. d. iii. 130. i. 162. g. 169. d. 171. d. g. 199. g. 200. d. 209. d. 210. d. — קָשֵׁר, iii. 185. g.

קֶשֶׁר : קָשֶׁר, i. 47. a. 239. h. 546. h. 848. b. 854. h. 889. a. iii. 59. i. 170. f. 171. c. 190. b. 202. i. 208. d. g. 210. c. — קֶשֶׁר נְבִיאִים, i. 416. e.

קְשָׁרִים, i. 667. i. iii. 103. h. 476. h.

קַשַּׁשׁ, ii. 138. a. iii. 140. g. 162. h. 171. h.

קֶשֶׁת. — קְשַׁת רוּחַ, ii. 23. i.

קֶשֶׁת, iii. 61. c. 281. b. i. — קֶשֶׁת בֶּעָנָן, iii. 281. i.

קֶתֶף, ii. 314. d.

ר

רְאוּבֵן, i. 717. b.

רָאָה, i. 76. i. 104. b. 171. e. 230. i. 270. h. 286. k. 304. a. 338. c. 365. g. 460. e. 468. a. 502. a. 518. e. 677. k. 679. b. 692. c. i. 753. d. 776. c. 836. i. 839. g. 846. h. 849. g. 896. h. 899. c. 949. d. 964. e. ii. 41. c. 44. d. 54. e. 74. e. 78. c. 84. h. 123. h. 138. c. 192. a. 195. c. 216. k. 227. b. 231. e. 250. d. 357. a. 576. b. 579. d. 580. a. f. 644. i. 696. i. 728. k. 859. b. 861. c. iii. 52. c. 68. h. 173. h. 185. h. 222. e. 330. c. 335. f. 370. g. 395. d. 424. i. — רָאֵה, i. 523. f. — רֹאֵה, ii. 568. h. 907. e. — רָאָה בְכָבֵד, ii. 26. b. 216. k. — רָאָה יַיִן, ii. 426. h. — רָאָה עַל אָבְנָיִם, iii. 272. a.

רָאָה, ii. 85. e. 95. c. d. 570. i.

רֹאֶה, ii. 425. c.

רְאוּת, ii. 54. h. 579. e. 580. i.

רְאִי : רָאִי, i. 837. b. ii. 579. e. 644. d.

רֳאִי. — רֹאֵי פָנִים, i. 662. h.

רְאֵם, iii. 367. i.

רְאֵם, i. 51. d. ii. 477. c.

רָאמוֹת, ii. 453. c. iii. 364. c.

רֹאשׁ, i. 104. i. 110. c. 137. h. 146. h. 224. a. 268. g. 351. c. 363. f. 368. a. 369. h. 371. c. 404. c. 562. e. ii. 15. c. 16. b. 258. a. g. 259. f. 260. a. 304. a. 423. f. 497. g. 714. g. 762. i. 862. b. 905. c. 912. a. 913. c. 915. d. iii. 17. h. 141. e. 255. h. 287. k. 387. a. 416. b. 452. e. — רֹאשׁ אָבוֹת, i. 367. e. ii. 700. b. — רֹאשׁ אֲלָפִים, iii. 447. i. — רֹאשׁ חֶבֶל, ii. 279. d. — רֹאשׁ חֹדֶשׁ, ii. 497. c. — רֹאשׁ כּוֹכָבִים, iii. 212. h. — רֹאשׁ כֶּלֶב, ii. 339. i. — רֹאשׁ פִּנָּה, i. 109. d. — רֹאשׁ שֵׁבֶט, i. 368. a. — רָאשִׁים, iii. 227. c.

רָאשׁ, i. 416. f. — רָאשִׁים, ii. 865. e.

רָאשׁ, ii. 716. e.

רֹאשׁ, i. 30. i. 784. f. ii. 764. a.

רָאשׁ, i. 364. b. ii. 259. b.

רֹאשָׁה, ii. 272. c. 910. e.

רִאשׁוֹן, i. 362. c. 364. b. 761. k. 769. c. ii. 699. a. 851. i. 904. g. i. 912. b. 913. c. — רִאשׁוֹן בְּרִיב, ii. 237. f.

רִאשׁוֹנָה, ii. 912. b. iii. 55. a.

רַאֲשׁוֹת, ii. 886. h.

רֹאשׁוֹת, i. 761. i.

רֵאשִׁית, i. 268. h. 269. c. 364. c. 365. b. g. 762. a. ii. 258. b. 904.

i. 909. i. 910. e. 911. b. 912. e.— רֵאשִׁית עֲרִיסוֹת, ii. 911. b.
רִאשֹׁנָה, i. 398. d. — רִאשֹׁנוֹת, i. 365. b.
רִאשֹׁנִית, ii. 912. e.
רַב, i. 157. b. 371. c. 558. e. 574. b. 599. d. 796. i. 958. b. 967. i. ii. 14. d. 16. b. 17. i. 87. i. 88. c. 319. f. 322. e. 323. d. 343. f. 423. f. g. 427. i. 595. d. 632. c. 702. f. 782. a. 783. d. 787. a. f. g. 788. f. 821. e. 822. k. 825. c. 826. g. 828. c. 829. f. 832. i. iii. 288. e. 338. i. 364. c. — רַב דְּבָרִים, ii. 824. e. — רַב חֶסֶד, ii. 910. b. — רַב חֹבֵל, ii. 823. i. — רַב טַבָּחַיָּא, i. 367. b. — רַב טַבָּחִים, i. 367. a. — רַב יוֹעֵץ, ii. 823. g. — רַב לָכֶם — רַב־מְאֵרוֹת, i. 352. h. — רַב מַעֲשַׁקּוֹת, ii. i. 943. g. — רַב סָרִיסִים, i. 363. k. — רַב עֲלִילִיָּה, i. 650. f. ii. 421. g. — רַב־פֶּשַׁע, i. 819. c. — רַבִּים, i. 47. a. 568. a. ii. 615. f. 782. a. 787. a.
רַב, ii. 428. a. — רַבִּים, ii. 387. g.
רֹב, i. 454. g. ii. 152. d. 319. f. 421. h. 423. g. 425. b. 694. i. 782. a. i. 787. b. g. 825. c. 827. a. — רֹב דְּבָרִים, ii. 824. e. 828. b. — רֹב דֶּרֶךְ, ii. 824. h. — רֹב הוֹן, ii. 787. b.
רֹב, ii. 322. e. 417. g.
רִבָּא, ii. 423. g.
רִבֹּאוֹת, ii. 826. g.
רָבַב, ii. 389. e. 421. c. 782. d. 788. f. 827. b. i.
רְבָבָה, ii. 485. i. 486. b. 788. g.
רָבַד, ii. 747. d. iii. 245. h.
רָבָה, i. 400. d. 670. i. 833. e. 869. i. ii. 183. c. 402. h. i. 404. h. 428. b. 783. d. 787. b. g. 825. b. 827. b. i. iii. 467. d. — הַרְבֵּה, i. 440. h. ii. 787. b. g. — הַרְבֵּה יָמִים, ii. 403. e.
רַבָּה, ii. 423. f. 782. e. 788. f. 826. g. — רַבּוֹת, ii. 783. f.
רִבָּה, ii. 421. c. 782. d.
רָבָה, ii. 417. h.
רֹבֶה — רֹבֶה קַשָּׁת, iii. 282. b.
רְבוֹ, ii. 422. d.
רִבּוֹא : רִבּוֹ, ii. 485. i. 486. b. — רִבּוֹ רִבְבָן, ii. 486. a.
רָבוּעַ, iii. 261. i.
רְבוּתָא : רְבוּת, ii. 422. d.
רְבוֹתַיִם, ii. 486. c.
רַבִּי, ii. 421. c.
רְבִיבִים, i. 349. a. 358. h. 643. c. ii. 504. i. 796. c. 827. b. iii. 89. e. 476. a.
רָבִיד, ii. 117. d. 278. c. 408. g.
רַבִּים, ii. 389. d.
רְבִיעָאָה, iii. 261. c.
רְבִיעִי, iii. 261. c. 262. a. i.
רְבִיעִית, iii. 262. g.
רְבִיעָיְתָא, iii. 261. c.
רָבַע, i. 456. b. iii. 127. b.
רֹבַע, i. 542. f. iii. 261. c.
רֶבַע, ii. 437. a. iii. 219. g. 261. c. — רִבֵּעִים, iii. 261. c.
רָבַץ, i. 196. e. 490. i. 663. i. 666. f. 674. e. 684. h. 967. i. ii. 27. g. 33. e. 178. c. 179. c. 284. f. 287. e. 288. c. 290. i. 496. h. 702. f. 769. d. iii. 128. b. 166. e.
רֵבֶץ, i 195. c. ii. 287. i.
רַבְרְבִין, ii. 424. i.
רַבַּת, ii. 782. e. i. 783. f. 824. d. 828. a.
רַבְּתָא, ii. 423. g.
רֶגֶב, ii. 334. h. iii. 428. e.

רְגוֹם, ii. 376. c. 377. d.

רָגַז, i. 202. f. ii. 74. f. 76. a. 108. c. 278. g. 394. a. 418. g. 426. b. 435. a. 531. d. 584. f. 690. c. 762. g. 917. e. iii. 22. a. 33. h. 137. b. 193. c. 237. h. 395. e.

רָגֵז, ii. 74. f.

רֹגֶז, ii. 74. f. i. 278. i. k. 583. b. 676. b. iii. 33. h.

רַגָּז, i. 60. k. 271. d.

רָגְזָה, i. 441. h.

רָגַל, i. 631. f. — רִגֵּל, ii. 214. g. 216. g. h. 237. c. 426. c.

רֶגֶל, i. 672. g. ii. 460. g. 528. c. 846. b. iii. 49. e. 220. h. 342. d. — רֶגֶל עֶגֶל, i. 742. e. — רַגְלִי, i. 642. f. ii. 707. c.

רַגְלִי, ii. 846. b. iii. 227. c.

רַגְלַיִם, ii. 129. b.

רָגַם, ii. 187. h. 376. c. iii. 444. h.

רִגְמָה, ii. 14. d.

רָגַן, i. 510. a. ii. 664. b.

רָגַע, ii. 201. h. 314. h. iii. 237. i.

רֶגַע, i. 60. c. e. f. 342. a. 579. c. 797. a. ii. 580. i. 583. c. 598. i. 720. c. 785. g. 918. h. iii. 14. e. 89. c. 195. b. 244. c. 464. b.

רָגֵעַ, ii. 583. d. iii. 169. h. 195. c.

רָגַשׁ, ii. 65. h. 335. g. iii. 409. e.

רְגַשׁ, ii. 880. c. iii. 266. g.

רֶגֶשׁ, ii. 562. a.

רִגְשָׁה, ii. 335. h. 787. c.

רָד, i. 861. b. — רָד עַם, i. 502. b.

רָדַד, i. 830. d. iii. 355. f.

רָדָה, i. 368. f. 600. a. 626. d. 795. a. 803. h. 861. e. 862. a. 902. h. ii. 168. d. 171. h. 183. c. 213. d. 222. c. h. 225. e. 233. e. 312. i. 342. a. 624. a. 627. k. 782. d. iii. 355. f. 443. f. — רִדָּה, i. 371. c. 879. f. — רָדָה, ii. 421. c. iii. 234. b.

רָדִיד, ii. 52. d. 144. a. — רְדִידִים, iii. 78. e.

רֹדֵם, i. 727. b. ii. 312. i. 623. a.

רָדַף, i. 243. e. 289. h. 626. d. 703. g. 836. f. 852. g. 878. e. 905. e. 907. e. 910. g. ii. 162. f. 171. b. 223. f. 709. g. 732. i. iii. 84. d. — רֹדֵף, ii. 528. c. — רָדַף et עָבַר, ii. 544. e.

רֹדְפִים, i. 625. b.

רֶדֶת, ii. 164. a.

רָהַב, ii. 690. d. 692. b. 888. c.

רַהַב, i. 113. e. ii. 262. c. 414. e. i. 591. a. 779. i. iii. 332. h.

רֹהַב, ii. 782. a. iii. 239. a.

רָהָה, ii. 776. c.

רְהָטִים, i. 531. c. 682. f. ii. 373. i. 649. c. 844. f. g.

רָהִיט, iii. 376. e. h.

רָוָא, ii. 579. e.

רוּב, i. 610. d. 628. f. ii. 319. f. 389. f. i. 418. f. iii. 387. c.

רוּד, i. 502. b. ii. 113. d. 225. e. 342. a.

רָוָה, i. 146. i. 196. e. 304. b. — רָוֶה, i. 530. h. ii. 421. d. 426. f. 556. g.

רָוֶה, i. 664. i.

רְוֵה, ii. 893. b.

רָוַח, i. 198. h. 212. e.

רוּחַ, i. 67. b. 198. i. 211. i. 215. e. i. 216. a. 221. b. 463. a. ii. 22. h. 74. f. 152. d. 230. i. 268. i. 385. b. 387. h. 437. b. 511. h. 531. a. 583. e. 699. a. 801. f. 803. c. d. iii. 114. h. 384. d. 406. h. 423. c. 452. g. 484. f. — רוּחַ הַיּוֹם, i. 527. a. — רוּחַ זָרָה, ii. 89. a. — רוּחַ נְכֵאָה, iii. 69. g. — רוּחַ סֹעָה, ii. 549. d. — רוּחַ קָדִים, i. 207. f.

רָחַק, i. 278. g. 279. c. 340. e. 410. b. f. 421. d. ii. 302. a. 402. c. h. i. 404. h. 405. f. 841. g. h. — רָחֵק, ii. 403. a. 841. h. — רָחַק כֵּן, i. 964. e.
רָחַשׁ, i. 805. e. 806. e. ii. 265. a.
רָטַב, iii. 314. f.
רָטֹב, i. 229. b. 781. a. iii. 314. h.
רֶטֶט, iii. 297. h.
רֻטֲפַשׁ, i. 263. i.
רָטַשׁ, i. 769. h. — רִטֵּשׁ, i. 673. a. 785. b. iii. 8. e. 201. i.
רִיב, i. 42. f. 43. a. c. 56. a. 242. a. b. e. 246. e. 308. c. 550. a. 558. f. 610. f. 615. h. 616. b. 617. a. ii. 134. f. 319. h. 322. f. 389. h. 417. a. g. h. 787. a. 835. g. iii. 92. h. 329. g.
רֵיחַ, ii. 598. a. 600. e. — רֵיחַ נִיחוֹחַ, i. 959. i.
רֵים, iii. 11. c.
רֵעַ, i. 502. c. ii. 183. i.
רִיפוֹת, i. 762. a. iii. 173. f.
רִיק, i. 335. i. ii. 414. e. iii. 220. i. — רֵיקִים, i. 335. h.
רֵיק, ii. 252. b. 254. c. 369. e. 414. i. 415. i. — רֵיק יָעֵף, ii. 549. c.
רֵיקָם, i. 555. h. ii. 252. c. 307. d. 415. i.
רִיר, iii. 9. e. — רִיר חַלָּמוּת, ii. 252. k.
רֵישׁ et רִישׁ, ii. 716. a.
רִישׁוֹן, ii. 920. d.
רַךְ, i. 263. e. 378. f. 527. d. ii. 152. d. 406. e. iii. 80. f. 126. h. 304. h. 305. d. 338. i. 349. i.
רֹךְ, i. 263. h.
רָכַב, i. 163. k. 354. b. 445. c. 684. h. 844. b. 845. h. 857. h. i. 897. b. ii. 25. g. 96. c. g. 119. a. 120. i. 267. i. iii. 84. d. 382. f. — רֹכֵב, i. 165. h. 166. c. 845. g. ii. 96. f. — רֹכֵב סוּס, ii. 96. f.
רַכָּב, i. 845. g.
רֶכֶב, i. 166. b. 354. b. 512. a. 844. c. 845. g. 867. g. 902. b. ii. 37. g. 97. f. 485. b. 614. e. 787. d. iii. 10. d.
רִכְבָּה, i. 354. c.
רִכָּה, i. 281. h. — רַכּוֹת, ii. 406. e. f.
רְכוּב, i. 845. f.
רְכוּשׁ, i. 319. i. ii. 97. f. 332. a. 333. a. h. 737. d. iii. 323. b. 324. e. 460. e. — רְכוּשׁ הַמֶּלֶךְ, i. 445. h.
רָכִיל, i. 598. f. 630. a. d. i. ii. 374. g. iii. 62. g. 356. f.
רָכַךְ, i. 263. h. i. 378. b. 526. g. 718. c. 789. h.
רֹכֵל, i. 760. b. c. g. ii. 444. g. 485. h. iii. 17. e. 246. c.
רְכֻלָּה, i. 760. d. ii. 728. g. iii. 824. f.
רֹכֶלֶת, i. 760. e.
רָכַס, iii. 210. e. 214. a.
רְכָסִים, iii. 238. a.
רְכָסִים, iii. 239. a.
רָכַשׁ, ii. 330. g. 737. c. 741. b. 810. e.
רֶכֶשׁ, i. 354. c. ii. 96. g.
רָם, i. 829. e. 941. h. ii. 105. e. 423. h. 453. a. 477. d. iii. 78. a. 313. b. 332. h. 364. e. 365. b. — רָם לֵבָב, i. 679. f. — רָם seq. מ, i. 650. f.
רָם, iii. 368. f.
רֵם, iii. 368. e.
רָמָא, i. 752. c. 845. c.
רָמָה, i. 101. e. 317. e. 435. d. 446. h. 786. b. iii. 12. b. 368. f. — רָמָה, i. 213. e. 630. d. 775. h. 889. a. ii. 647. i. 658. e.

רָמָה, i. 180. *d.* 706. *b.* ii. 840. *c.* iii. 332. *b.*

רָמָה, i. 435. *d.* iii. 38. *f.* 39. *e.* 270. *d.*

רָמָה, ii. 25. *b.* 71. *i.* 72. *b.*

רִמּוֹן, ii. 345. *h.* iii. 12. *e.* 13. *d.*

רָמוֹת, i. 67. *c.*

רֹמַח, i. 637. *e.* ii. 296. *a.* 389. *d.* iii. 13. *d.* 32. *f.* *h.* 48. *e.* 51. *d.*

רְמִיָּה, i. 47. *i.* 55. *c.* 150. *d.* 204. *a.* 584. *e.* 630. *a.* *i.* 786. *b.* ii. 232. *g.* iii. 119. *h.* 332. *b.* 368. *f.*

רְמִים, iii. 282. *c.* 401. *f.*

רָמַם, i. 169. *f.* 704. *i.*

רֹמֵמָה, iii. 320. *i.* 368. *f.* 369. *e.*

רֹמְמוֹת, iii. 397. *h.*

רָמַס, i. 582. *c.* 607. *h.* ii. 173. *g.* 199. *g.* 698. *b.* iii. 151. *a.* 201. *i.*

רָמַשׂ, i. 912. *a.* *b.* ii. 265. *a.* — רֹמֵשׂ, i. 912. *a.*

רֶמֶשׂ, i. 912. *b.* ii. 332. *b.*

רֹמֶשֶׂת, i. 912. *a.*

רֹן, i. 8. *c.*

רִנָּה, i. 8. *c.* *e.* 68. *h.* 256. *d.* 523. *i.* 636. *b.* 744. *f.* 894. *i.* 954. *b.* 956. *g.* ii. 314. *h.* 854. *a.* iii. 119. *a.* 260. *h.* 430. *g.*

רָנַן, i. 8. *b.* 49. *g.* 115. *c.* 499. *h.* 559. *e.* 814. *a.* 954. *a.* *b.* 955. *e.* iii. 260. *e.* 286. *d.* 320. *c.* 340. *b.* 426. *a.* 430. *i.* — רִנֵּן, i. 956. *g.* — רָנֵן, i. 8. *f.* 69. *h.* 218. *c.*

רְנָנָה, i. 8. *c.* *f.* 68. *i.* 934. *d.* 954. *b.* 956. *g.*

רְנָנִים, i. 23. *e.* iii. 260. *f.*

רְסִיסִים, ii. 62. *c.* iii. 476. *a.*

רֶסֶן, i. 626. *g.* ii. 79. *f.* iii. 400. *e.* 428. *e.*

רָסַס, i. 191. *e.* 871. *i.*

רַע : רָע, i. 47. *a.* *i.* 56. *a.* 77. *f.* 92. *b.* 146. *i.* 352. *h.* 508. *h.* 921. *e.* 923. *a.* 928. *a.* 966. *e.* ii. 131. *a.* 133. *f.* 134. *f.* 135. *f.* 136. *g.* 137. *c.* 142. *g.* 394. *f.* 423. *h.* 662. *d.* 827. *c.* 832. *a.* 833. *a.* 840. *h.* iii. 25. *d.* 59. *i.* 69. *k.* 322. *f.* 390. *a.* 432. *d.* 443. *i.* — רַע בְּעֵינֵי, i. 348. *a.* 628. *a.* — רַע מַעֲלָלִים, ii. 131. *g.* — רַע עַיִן, i. 447. *c.* ii. 834. *e.* iii. 385. *f.*

רַע, ii. 833. *f.*

רַע, ii. 133. *f.*

רֵעַ, i. 38. *g.* 242. *f.* 523. *i.* 562. *e.* 900. *c.* 921. *d.* 923. *a.* ii. 131. *a.* 133. *g.* 714. *h.* 795. *f.* *i.* 814. *f.* 815. *a.* 822. *g.* 833. *f.* iii. 174. *d.* 322. *g.* 387. *e.* 389. *h.*

רֵעַ, ii. 134. *f.* 308. *a.* iii. 389. *i.*

רֹעַ, ii. 131. *a.* 832. *a.* 833. *f.*

רָעַב, ii. 709. *h.*

רָעָב, ii. 379. *e.* iii. 45. *b.* *d.* *e.*

רָעֵב, i. 612. *b.* ii. 379. *e.* 766. *a.*

רְעָב, i. 770. *d.* ii. 709. *h.*

רְעָבָה, i. 769. *i.*

רְעָבוֹן, ii. 379. *e.* iii. 45. *d.*

רָעַד, iii. 289. *c.*

רַעַד, iii. 297. *h.*

רְעָדָה, iii. 297. *h.* 405. *e.*

רֹעָה, ii. 67. *f.* 133. *g.*

רָעָה, i. 44. *k.* 146. *a.* 322. *c.* 342. *b.* 375. *b.* 508. *h.* 930. *f.* ii. 64. *d.* 131. *b.* *g.* 132. *h.* 133. *g.* 134. *f.* 136. *g.* 137. *c.* 152. *e.* 394. *c.* 832. *c.* 833. *a.* 834. *d.* iii. 163. *i.* 387. *e.* — רָעָה חוֹלָה, i. 358. *b.*

רָעָה, i. 467. *h.* 468. *b.* 502. *c.* 782. *f.* 879. *a.* 921. *f.* ii. 165. *a.* 194. *f.* 496. *i.* 576. *e.* 814. *c.* 815. *a.* 833. *f.* 834. *c.* iii. 146. *d.* 152. *f.* 154. *g.* 205. *b.* 289. *i.* 347. *i.* 406. *a.*

רֵעָה, i. 921. *e.* ii. 796. *a.* iii. 388. *b.* — רְעוּת, iii. 178. *i.*

רֹעֶה, ii. 81. g. 179. h. 458. h. 506. a. c. 593. i. 814. g. 815. a. c. 816. a. 833. g. — רֹעֶה אֶבֶן, ii. 239. h.

רְעוּת, i. 467. k. 517. i. 923. b. ii. 320. f. 506. f. 796. a. 855. d.

רְעִי, ii. 506. a.

רַעְיָה, i. 920. g. ii. 796. a. iii. 387. f. 390. a.

רַעְיוֹן, i. 562. e. ii. 855. f. iii. 349. g.

רַעַל, iii. 22. a.

רְעָלוֹת, ii. 117. e.

רַעַם, i. 461. i. 466. g. 476. h. 520. h. ii. 29. f. iii. 22. a.

רָעַם, i. 476. i. ii. 174. e. iii. 159. i. — רַעַם שָׂרִים, i. 114. d. 134. d. iii. 165. c.

רַעְמָה, i. 266. f. 314. h. iii. 397. h. 459. d.

רַעַמְסֵס — רַעְמְסֵס סֻכֹּתָה, ii. 82. a.

רַעֲנָן, ii. 921. e.

רַעֲנָן, i. 138. b. 523. b. 613. h. 933. b. 944. a. 951. e. ii. 177. c. 216. f. 773. k. 921. e. iii. 206. c.

רַעֲנַן, i. 933. a. i.

רָעַע, ii. 814. f. iii. 164. f.

רְעַע, i. 428. e. 521. f. ii. 132. i.

רָעַף, i. 506. g. ii. 557. i. 762. a. 789. f. iii. 17. a. 57. g.

רָעַץ, ii. 68. b. iii. 20. d.

רָעַשׁ, i. 573. c. 790. b. iii. 22. c. 33. i. 237. i. 289. b. 326. h. 395. e.

רַעַשׁ, i. 630. i. 770. c. iii. 22. c. 33. d. 206. i.

רָעַת — רְעַת רָעָה, ii. 131. c.

רָפָא, i. 586. d. ii. 81. a. 82. i. iii. 313. e. — רֹפֵא, i. 785. i. ii. 82. e. 83. a. — רִפֵּא, iii. 224. b. — רָפֹא רָפָא, ii. 82. h.

רָפָא, i. 375. b. 498. c. — רְפָאִים, i. 40. c. 498. c. ii. 46. c. 83. a. iii. 5. f. 276. f.

רְפָאָה, ii. 80. c. 82. i.

רִפְאוּת, ii. 81. h.

רָפַד, iii. 123. i. — רִפֵּד, ii. 734. b. e. iii. 109. h. 124. d.

רָפָה, i. 196. e. 228. b. 378. b. 496. i. 718. d. 754. e. 772. g. ii. 81. b. 91. a. 277. b. 421. c. 659. f. 683. e. — רִפָּה, ii. 201. h.

רָפֶה, i. 228. c. 378. f. 718. d.

רְפוּאָה, ii. 81. h.

רִפוֹת, ii. 628. c.

רְפִידָה, i. 184. c.

רִפְיוֹן, i. 717. g.

רָפַס, i. 298. d. ii. 19. h. iii. 151. a.

רָפַס, iii. 151. a.

רַפְסֹד, iii. 216. e.

רָפַף, i. 886. a. 963. e. ii. 755. c.

רִפֵּף, i. 570. c.

רָפַשׂ, iii. 237. i. 404. f.

רֶפֶשׁ, ii. 200. e.

רֶפֶת, iii. 375. i.

רָץ, i. 456. d. h. 642. f. — רָץ רֹכֵב, ii. 96. f. — רָצִים, i. 381. h. ii. 673. d. iii. 5. d.

רָץ, i. 628. f.

רָצַד, i. 910. h. ii. 743. h. iii. 345. c.

רָצָה, i. 11. g. 73. b. 347. i. 530. d. 538. g. 808. c. 876. h. 882. f. 892. g. 929. h. 931. b. 940. b. ii. 44. d. 91. b. 397. c. 646. a. 876. g. iii. 290. c. — רִצָּה, ii. 551. c. — רָצָה עָם, iii. 200. f.

רָצוּי, i. 530. c.

רָצוֹן, i. 348. c. 471. e. 529. h. 530. c. 561. a. 720. d. 745. g. 857. d. 930. h. i. 941. e. ii. 42. d. i. 90. b. d. 102. c. 143. c. 875. h. iii. 256. a. 433. e. 434. b.

רָצוּף, iii. 479. e.

רָצַח, i. 302. f. iii. 211. d. 400. f. i.

— רְצַח, iii. 401. *f.* — רֹצֵחַ, iii. 400. *g.*
רֶצַח, ii. 173. *g.* iii. 400. *i.*
רַצִּי, i. 930. *e.*
רִצְיֹן, ii. 594. *c.*
רָצַע, iii. 290. *d.* 303. *f.*
רִצְפָּה, i. 224. *h.* 670. *a.* ii. 377. *g.*
רָצַץ, i. 575. *g.* 721. *e. h.* ii. 62. *e.* 63. *b.* 68. *c.* 172. *f.* 199. *h.* 217. *h.* 393. *c.* iii. 131. *f.* 200. *h.* 202. *a.* — רֹצֵץ, i. 571. *g.* iii. 184. *c.*
רִצֹּן, i. 591. *c.*
רֹק, i. 762. *b.*
רַק, i. 125. *i.* 732. *i.* ii. 133. *h.* 477. *g.* 636. *b.* 792. *b.* 833. *g.* iii. 497. *c.* — רַק הַפַּעַם, i. 266. *f.* — רַק חֲזַק, ii. 883. *d.*
רֵק, i. 809. *e.* ii. 251. *i.* 382. *a.* 390. *g.* 414. *e.* 595. *h.* — רֵקִים, i. 681. *c.*
רָקָב, i. 380. *a.* ii. 254. *a.* iii. 30. *b.* 38. *f.* i. 39. *c.* 72. *b.* 297. *h.*
רִקָּבוֹן, iii. 20. *d.* 25. *d.*
רָקַד, i. 169. *i.* ii. 595. *i.* 893. *c.* iii. 58. *d.* — רִקֵּד, i. 798. *h.*
רַקָּה, i. 505. *i.*
רַקָּה, ii. 324. *g.* 369. *e.* 458. *a.* 675. *e.*
רִקּוּחַ, ii. 402. *g.* 182. *h.*
רָקַח, i. 741. *d.* ii. 810. *f.*
רֶקַח, i. 361. *f.* ii. 485. *f.*
רֹקֵחַ, ii. 18. *c.* 485. *f. h.*
רֹקַח, ii. 485. *f.* 487. *c.*
רַקָּחָה, ii. 485. *i.*
רִקְחָה, ii. 485. *h.* 812. *c.*
רָקִיעַ, ii. 607. *h.* iii. 101. *d.*
רָקִיק, ii. 291. *c.* 349. *e.*
רָקַם, ii. 813. *k.* 814. *a.* — רֹקֵם, iii. 352. *h.*
רֶקֶם, ii. 812. *e.*
רֹקֵם, ii. 813. *f.* iii. 5. *g.* — רֹקֵם מַעֲשֵׂה, ii. 812. *c.*
רִקְמָה, ii. 16. *e.* 812. *g. i.* 813. *f.* 824. *g.* — רִקְמוֹת, ii. 812. *d.*
רָקַע, i. 795. *a.* ii. 749. *d.* 752. *k.* 764. *g.* 899. *d.* iii. 100. *e.* 481. *f.* — רָקַע בְּזָהָב, ii. 753. *a.*
רִקֻּעִים, i. 740. *g.*
רָקַק, ii. 878. *e.* 895. *h.*
רָר, i. 22. *g.* 511. *h.*
רָשׁ, i. 314. *g.* 315. *h.* 373. *h.* 375. *c.* 522. *c.* 612. *a.* ii. 714. *i.* 920. *b.* iii. 231. *e.*
רָשׁוּם, ii. 912. *e.*
רִשְׁיוֹן, i. 507. *b.* 895. *h.*
רָשַׁם, i. 785. *g.*
רֹשֶׁם, i. 731. *a.* 785. *g.* 885. *h.* ii. 588. *a.* iii. 240. *f.*
רָשַׁע, i. 44. *b.* 373. *h.* 375. *f.* ii. 661. *b.*
רֶשַׁע, i. 951. *b.*
רָשָׁע, i. 44. *e.* 47. *b.* i. 49. *c.* 132. *b.* 143. *b.* 146. *i.* 161. *g.* 236. *a.* 246. *e.* 373. *e.* 375. *c. g.* 612. *e.* 649. *b.* 784. *i.* ii. 66. *i.* 170. *f.* 390. *h.* 508. *h.* 641. *b.* 662. *d.* 833. *g.* 920. *b.* iii. 60. *a.* 377. *i.*
רֶשַׁע, i. 47. *a.* 144. *f.* 146. *a.* 147. *a.* 234. *i.* 236. *a.* 373. *f.* 374. *b.* 375. *c.* ii. 134. *f.* 790. *d.* iii. 231. *f.* 477. *c.*
רִשְׁעָה, i. 234. *i.* 236. *a.* 373. *f.* 375. *c.*
רֶשֶׁף, i. 55. *f.* 518. *e.* ii. 314. *c.* 357. *i.* 545. *f.* 590. *g.* 591. *i.* 706. *f.* 741. *h.* 756. *h.* 915. *h.* 924. *d.* iii. 86. *b.*
רִשֵּׁשׁ, i. 135. *e.* — רֻשַּׁשׁ, ii. 220. *d.*
רֶשֶׁת, i. 617. *f.* i. 917. *e.* ii. 57. *f.* 272. *d.* 273. *i.* 333. *a.* 619. *g.* iii. 19. *h.*

378. i. 533. a. f. 539. g. iii. 27. k. 224. a. 286. f.

שְׁאֵר, i. 524. f.

שְׁאָרָא, i. 865. b.

שְׁאָרָה, ii. 533. b.

שְׁאֵרִית, i. 665. b. 865. b. ii. 186. c. 187. b. 189. b. 365. i. 391. b. iii. 345. g.

שְׂאֵת, i. 268. h. 304. b. 326. g. 359. f. 418. h. 528. a. 530. c. 618. b. 627. d. ii. 265. c. 373. e. 606. f. 618. a. 901. a. iii. 35. h. 273. f. 381. f. — שְׂאֵת מָשָׁל, ii. 869. c.

שֵׁאת, i. 834. i.

שָׁב, i. 82. k. ii. 332. b.

שָׁב, i. 82. k. ii. 851. i. 852. d.

שְׁבָא, i. 83. f. — שְׁבָאִים, i. 83. a.

שָׁבָב, ii. 776. c. iii. 6. b. — שְׁבָבִים, i. 94. f. 296. a. 326. h. 385. a. ii. 103. f.

שָׁבָה, i. 83. g. h. 292. f. 326. h. ii. 207. h. 357. a. 445. a. 450. g. 454. c. 586. h. 868. c. iii. 202. a. — שְׁבֵה, ii. 454. b. — שָׁבָה חַי, ii. 9. a.

שְׁבוֹ, i. 427. e.

שָׁבוּעַ, i. 659. e. 660. a. 897. g.

שְׁבוּעָה, i. 784. c. ii. 589. g. 795. b. 796. f.

שָׁבוּר, i. 428. g.

שְׁבוּת, i. 83. a. 146. a. 292. b. 326. h. 328. d. 883. g.

שַׁבַּח, i. 69. i.

שְׁבַח, i. 827. i. ii. 207. c. iii. 229. i.

שַׁבַּח, i. 828. a. ii. 401. f.

שְׁבָט, iii. 18. a.

שֵׁבֶט : שֶׁבֶט, i. 224. a. 226. c. 371. c. 434. d. 452. h. 542. f. 545. a. 820. i. ii. 7. f. 323. d. 387. h. 413. a. 414. i. 435. h. 539. h. 622. f. 785. g. 821. e. iii. 2. c. 7. f. 56. f. 213. a. 318. g. 416. b. — שֵׁבֶט לֶחֶם, i. 360. h. — שֵׁבֶט et מַטֶּה, iii. 2. f.

שִׁבְטָא, iii. 415. h.

שְׁבִי, i. 83. b. g. i. 84. b. 292. f. ii. 315. c. 445. b. 454. b. 868. h.

שְׁבִיב — שְׁבִיב אֵשׁ, iii. 393. h.

שְׁבִיבָא, iii. 393. h.

שְׁבִיבִין, iii. 393. h.

שִׁבְיָה, i. 83. c. 84. c. ii. 868. i.

שְׁבִיל, iii. 219. k. 291. g.

שְׁבִיסִים, i. 758. h. ii. 305. b. iii. 249. g.

שְׁבִיעִי, i. 660. a. 919. b. iii. 261. d.

שְׁבִית, i. 83. c. 328. d.

שְׁבַךְ, iii. 204. f.

שְׂבַךְ, i. 522. g. 617. f. iii. 418. h.

שַׂבְּכָא, iii. 23. g.

שְׂבָכָה, i. 617. f. g. i. 824. c. 854. e. ii. 263. a. iii. 18. b.

שִׂבְמָה, iii. 30. f.

שְׁבַל, ii. 819. h.

שַׁבְלוּל, i. 496. c. 787. a. ii. 261. h. 753. b. iii. 454. d.

שִׁבֳּלִים : שִׁבֳּלִים, ii. 266. i. iii. 93. i.

שִׁבֹּלֶת, i. 627. a. 752. i. ii. 174. e. iii. 5. i. 14. g. 93. i. 183. h.

שָׁבַע, i. 659. d.

שָׂבַע, i. 758. c. 955. e. ii. 302. i. 765. b. 778. k. 789. f. 793. b. 796. d.

שֹׂבַע : שָׂבָע, i. 758. d. 897. g. 934. d. ii. 794. b. 796. d. e.

שֶׁבַע, i. 660. a. 897. f. i. ii. 782. h. iii. 202. a. 238. e. — שֶׁבַע וְאַרְבָּעִים, iii. 260. i. — שֶׁבַע עֶשְׂרֵה, וְעֶשְׂרִים, i. 681. i. — שֶׁבַע פְּעָמִים, i. 528. h. 897. h. — שֶׁבַע שָׁנִים, i. 897. i. — i. 897. h.

שֶׁבַע, i. 422. b. 758. d. ii. 792. h. 796. g.
שִׁבְעָה, i. 758. e.
שִׁבְעָה, i. 660. a. 827. c. 897. f. i. ii. 796. e.—חַד־שִׁבְעָה, i. 898. e.—שִׁבְעָה חֳדָשִׁים, i. 898. a.—שִׁבְעָה עָשָׂר, i. 897. h.
שְׁבֻעוֹת, i. 659. e.
שְׁבִעִי, i. 732. g.
שִׁבְעִים, i. 659. g. h. i.—שִׁבְעִים וְחָמֵשׁ, i. 659. h.—שִׁבְעִים וְשִׁבְעָה, i. 659. h.
שִׁבְעִים, i. 897. g.
שִׁבְעָנָה, i. 897. g.
שִׁבְעַת.—שִׁבְעַת אֲלָפִים, i. 897. i.
שִׁבְעָתַיִם, i. 659. d. f. 897. g. i. 898. b. d. f.
שָׁבַץ, ii. 306. b. e. 732. f. iii. 210. h.
שָׁבָץ, iii. 68. e. 214. b.
שָׁבַק, i. 418. h. 659. b. iii. 346. d.
שָׁבַר, i. 27. c. 186. a. 307. f. 317. f. 326. h. 910. a. ii. 63. b. 167. f. 268. h. 852. k. 876. i. 877. h. 918. d. 930. f. iii. 67. c. 68. i. 184. c. d. 202. a. 239. b. 270. d. 392. f.
שֶׁבֶר : שֵׁבֶר, i. 27. f. 83. d. 479. d. ii. 231. c. 789. f. 848. i. 918. d. iii. 46. b. 135. b. 200. i. 202. c. 203. a. c. 228. f.
שְׁבַר, ii. 195. d.
שִׁבֵּר, i. 307. f. 750. b. ii. 877. a. i.
שֻׁבַּר, i. 751. a. ii. 878. a.
שִׁבָּרוֹן, iii. 200. i. 203. a.
שְׁבָרִים, iii. 202. c.
שָׁבַת, i. 196. f. 263. c. 560. e. 715. c. ii. 27. g. 119. a. 120. k. 177. e. 191. b. 200. h. 201. i. 702. f. 909. b. iii. 18. e.
שַׁבָּת, i. 195. e. 659. f. 660. a. ii. 116. i. 872. c. 912. f. iii. 18. e.
שֶׁבֶת, i. 78. g. 195. e. 311. g. 345. c. ii. 116. i. 119. e. 121. e. 216. d. 241. d. f. h. 242. a. iii. 18. e.
שְׁבַת, ii. 241. b. 654. h.
שַׁבָּתוֹן, i. 195. e. iii. 18. f.—שַׁבַּת שַׁבָּתוֹן, iii. 19. a.
שַׁבְּתַי, iii. 18. d.
שָׁגָא, ii. 788. i. 857. g. iii. 368. g.
שָׂגַב, i. 593. d. ii. 310. h. iii. 8. f. 326. i. 331. b. 333. c. 414. f.—שִׂגֵּב, i. 245. b. 464. b. ii. 396. a. 616. b. 864. i. iii. 5. d. 50. b.—נִשְׂגַּב, i. 955. f. iii. 222. c.—שְׂגַב יֶשַׁע, i. 803. i.
שָׁגַג, i. 24. i. 101. k. ii. 790. h.—שֹׁגֵג, i. 879. i.
שְׁגָגָה, i. 25. f. 102. a.
שָׁגָה, i. 24. i. 307. f. 310. a. 322. f. 326. i. 563. g. 580. b. 711. a. 725. b. 814. a. ii. 393. d. 429. h. 776. e. 789. a. 790. h. 827. i. iii. 148. a. 151. f. 153. b. 238. a.
שָׁגָה.—שָׁגָה מְאֹד, i. 157. c.
שְׂגוּב, i. 586. e.
שַׂגִּיא, ii. 423. i. 559. f. 827. c. e.—שַׂגִּיא מִתְבְּהֵל, iii. 238. a.
שְׁגִיאָה, i. 25. f.—שְׁגִיאוֹת, i. 25. c. ii. 655. h.
שִׁגָּיוֹן, i. 25. c. g. iii. 474. h.—שִׁגְיֹנוֹת, iii. 487. e.
שִׁגְיֹנוֹת, i. 720. a.
שָׁגַל, i. 968. a. ii. 475. c. iii. 133. f.—שֻׁגַּל, i. 737. a. ii. 463. g. iii. 133. f.
שֵׁגָל, i. 446. c. ii. 631. b.
שְׁגַע, ii. 401. a.
שִׁגָּעוֹן, ii. 657. i. 664. i. 674. c.
שֶׁגֶר : שְׁגַר, i. 469. b.

שְׁגַשֵּׁג, ii. 776. e.

שַׁד, ii. 413. e.

שֵׁד, i. 519. g.

שֹׁד, i. 47. i. 371. d. 525. h. 574. e. 594. e. ii. 132. c. 414. f. 547. a. 800. f. 868. i. 918. d. iii. 190. i. 200. i. 208. a. c. 228. f. 477. c. — שֹׁד לָהֶם, i. 539. f. i. 723. g.

שָׁדַד, i. 58. h. 233. b. 307. g. 392. d. 411. i. 626. h. 814. i. ii. 534. f. 551. e. 552. a. 555. g. 648. a. 789. f. 797. c. 868. d. iii. 227. h. 228. g. h. 229. a. — שֻׁדַּד, i. 269. i. 480. g. 901. c. — שָׁדַד, i. 307. g.

שׁוֹדֵד, i. 236. a. ii. 220. h. 547. a. iii. 70. b. 228. f.

שָׁדֵד, i. 397. h. — שֹׁדֵד, i. 748. d. 781. i.

שְׁדֻדָּה : שְׁדוּדָה, i. 525. i.

שָׂדֶה, i. 28. h. 30. a. 156. h. 356. i. 371. d. 494. f. 496. c. 643. g. 907. i. ii. 16. b. 331. f. 588. i. 594. d. 624. g. 706. g. iii. 85. b. 239. g. 456. b. 471. h. — שְׂדֵה צֹפִים, iii. 64. f.

שְׂדֵה, i. 855. a. ii. 338. c. d. 543. c. d. — שָׂדֶה וְשָׂדוּב, ii. 455. i.

שָׁדוּד, i. 574. h. ii. 374. h. iii. 228. g. 229. a.

שָׁדוֹד, iii. 228. f.

שְׁדוּפוֹת, iii. 385. b. — שְׁדוּפוֹת קָדִים, i. 216. b.

שָׂדַי, i. 28. h. ii. 413. f.

שַׁדַּי, i. 125. f. 897. b. ii. 48. e. h. 88. c. g. 105. e. 343. f. 636. i. 695. g. iii. 20. a. 228. f.

שָׁדַיִם, i. 122. g. 137. a. h. 138. e. ii. 739. c.

שְׁדֵמָה, i. 30. i. ii. 270. g. h. 706. h. — שְׁדֵמוֹת, i. 30. c. 356. i. 496. d. ii. 35. f. 857. b. iii. 20. b. 373. e.

שְׁדֵפָה, ii. 698. e.

שִׁדָּפוֹן, i. 215. i. 417. e. 422. h. 762. f. ii. 930. c.

שְׂדֵרָה, i. 587. a. — שְׂדֵרוֹת, ii. 726. f. iii. 20. c.

שֶׂה, i. 155. b. 467. i. ii. 321. a. 816. a. 858. i. iii. 448. h.

שָׂהֵד, iii. 187. a.

שְׂהָיָה, i. 683. g.

שֹׁהַם, i. 453. i. ii. 569. g. 848. h. iii. 25. g. 26. e. f. g. 73. a. 74. e.

שַׂהֲרֹנִים, ii. 408. g. 459. h. iii. 43. f. 46. d.

שׁוֹא, iii. 22. k.

שָׁוְא, i. 236. a. 394. i. 487. f. 555. h. 681. d. f. ii. 251. d. 404. d. 409. e. 414. f. 415. a. i. 416. a. iii. 477. d.

שׁוֹאָה, i. 2. f. 342. b. ii. 64. d. 174. e. 416. i. 500. d. 531. b. 590. h. 619. g. iii. 156. i. 190. i. 228. e. 317. a.

שׁוֹאִים, ii. 135. d.

שׁוּב, i. 58. h. 83. d. 164. a. 182. i. 183. f. g. 190. a. 204. b. 208. c. 239. a. 272. g. 277. e. g. 293. g. 294. c. 298. e. 309. c. 326. i. 328. d. 332. e. 421. d. 431. a. 560. e. 665. e. 744. g. 772. g. 807. i. 819. b. 826. f. 831. h. 832. b. c. 839. h. 875. f. 882. h. 905. k. ii. 81. c. 91. b. 102. d. 119. b. 120. k. 122. f. 162. f. 202. b. 220. e. 241. b. 338. g. 396. b. 401. f. 444. a. 450. d. 534. f. 590. d. 630. g. 643. c. 671. h. 677. i. 702. g. 838. i. 839. e. 880. d. iii. 177. h. 203. c. 209. f. 222. c. 290. d. 338. f. 354. e. 414. g. — שׁוּב, i. 883. g. — שׁוּב et יָלַךְ, i. 204. c. — שׁוּב לָלֶכֶת, i. 883. b. —

145. a. 199. i. 906. a. iii. 245. i. 266. g.
שׁוֹפֵט, ii. 309. c. 910. f.
שׁוֹפֵךְ, i. 641. f.
שׁוֹפָר, i. 2. f. 496. d. ii. 256. k. iii. 23. b. 226. g. — שׁוֹפְרוֹת, iii. 23. c.
שׁוּק, ii. 844. d.
שׁוּק, i. 27. a.
שׁוֹק, i. 474. h. ii. 280. b. e. 346. d. 836. i. iii. 49. e. 490. d.
שׁוֹקֵק, ii. 427. g.
שׁוּר, i. 53. f. 461. i.
שׁוּר, i. 112. e. 309. h. 368. f. 391. h. 607. h. ii. 192. b. 239. i. 576. f. 579. h. 725. f. 867. f. 887. h. 891. d.
שׁוּר, i. 966. e.
שׁוּר, iii. 247. e.
שׁוּר, i. 204. c. iii. 66. i. 98. c. 247. d.
שׁוֹר, i. 371. d. 472. i. ii. 480. h. 867. d. iii. 44. e. 242. c. 247. e. — שׁוֹר פַּר, ii. 480. i. — שְׁוָרִים, i. 371. e.
שׁוּר, i. 368. g. 369. a. 711. a. 782. a. ii. 107. d. 108. i. 295. e. 421. d. iii. 27. k.
שׁוּרָה, iii. 246. d.
שׁוּשׁ, i. 9. b. 874. g. 955. g. 956. g. iii. 260. f. 347. i. 426. a. — שׁוּשׁ הֵשִׂישׂ, i. 9. c.
שׁוּשַׁן : שׁוֹשָׁן, i. 129. i. 132. i. ii. 318. e. f. — שׁוּשַׁן עֵדוּת, i. 129. i. — שׁוֹשַׁנִּים, i. 12. d. 224. b.
שׁוֹשַׁנָּה, ii. 318. g.
שׁוּת, i. 296. e. 369. i. 418. h. 597. h. 603. h. 800. c. 839. i. 889. d. 920. e. 963. f. ii. 122. h. 464. e. 505. d. 669. a. 905. b. iii. 176. h. 241. b. 270. g. 355. f. — שׁוּת יַד, i. 558. g. — שׁוּת seq. עַל, i. 863. b. — שׁוּת שׁוּת, i. 764. a.
שָׁזַף, ii. 113. h. 641. i. 660. c. 678. b. 751. i. iii. 128. i.
שַׁח, iii. 421. d. 462. e. g.
שַׁח, ii. 341. a. 344. g. — שַׁח עֵינַיִם, ii. 344. h.
שָׁחַד, i. 632. b. 655. g. 656. a. 851. c. iii. 403. e.
שֹׁחַד, i. 655. g. 656. f. ii. 622. f.
שָׁחָה, i. 524. h. ii. 50. f. 136. g. 292. i. 341. a. 588. b. iii. 234. b. 238. b. 270. h.
שָׁחָה, i. 307. g.
שָׁחוּ, ii. 13. b.
שָׁחוּט, i. 740. g. iii. 277. e.
שְׂחוֹק, i. 8. e. iii. 430. h.
שְׁחוֹר, i. 257. a. 373. a.
שְׁחוֹרָה, i. 946. d.
שְׁחוּת, i. 594. e.
שָׁחַח, i. 307. h. ii. 147. d. 171. d. 176. i. 226. c. 277. c. 341. b. 550. b. iii. 234. b. 265. c. 419. e.
שָׁחַט, i. 28. c. 707. c. ii. 79. b. 221. b. iii. 213. a.
שְׁחִיטָה, ii. 79. c.
שְׁחִין, i. 747. b. h. 799. d.
שָׁחִים, i. 406. b. 530. h. ii. 186. c. 577. a.
שָׁחִיף, i. 559. d.
שְׁחִית, i. 594. e.
שְׁחִיתָה, i. 148. f. 593. h. ii. 665. h.
שַׁחַל, i. 323. d. 582. f. 847. g. ii. 364. c. 371. k. 381. h. 633. f.
שְׁחֵלֶת, ii. 569. i.
שַׁחֶפֶת, i. 215. i. 315. f. iii. 486. e.
שַׁחַץ, i. 113. h.
שָׁחַק, ii. 370. a.
שָׁחַק, ii. 500. d. iii. 134. d. 298. g.
שַׁחַק, i. 56. c. ii. 500. f. 607. h.

680. c. iii. 14. e. 101. g. — שְׂחָקִים, i. 64. g. 385. g.

שָׂחַק, i. 487. d. 660. e. 700. e. 755. f. 777. h. 849. b. 894. d. 955. g. ii. 165. i. 364. d. 620. k. 875. d. iii. 434. k. — שִׂחֵק, ii. 625. h.

שְׂחוֹק, i. 487. e. i. 956. g. ii. 387. i. iii. 450. c.

שָׁחַר, ii. 586. i. 587. c. 909. i. iii. 68. i. 249. b. — שִׁחֵר, i. 866. f. ii. 6. f. 804. i.

שַׁחַר, i. 207. g. 465. d. 656. f. 969. g. 970. h. ii. 428. f. 585. i. 587. b. d.

שָׁחוֹר, ii. 428. i. 516. a.

שְׁחוֹר, ii. 444. g.

שְׁחֲרוּת, i. 231. b.

שְׁחַרְחֹרֶת, ii. 428. f.

שְׁחָרֹנִים, ii. 305. a.

שָׁחַת, i. 594. e. iii. 234. d. — שִׁחֵת, i. 143. c. i. 233. c. 307. h. 593. i. 594. f. 734. d. 735. b. 737. h. 789. i. 798. c. 818. a. ii. 163. c. 214. d. 220. e. 226. b. 393. d. iii. 385. b. 463. b.

שַׁחַת, i. 342. b. 465. a. 594. h. ii. 35. c. 226. f. iii. 16. f. 385. i. — שַׁחַת בְּלִי, i. 307. h.

שָׂט, ii. 348. d.

שִׂטָּה, i. 93. a. ii. 923. g. iii. 39. e.

שָׂטָה, ii. 639. f.

שָׁטוּחַ, iii. 481. h.

שָׁטַח, ii. 221. c. 341. b. iii. 485. g. — שִׁטַּח, i. 570. d.

שֹׁטֵט, i. 309. e. 600. c.

שָׁטִים, ii. 57. g. 408. e.

שִׁטִּים, i. 93. c. iii. 29. a. 217. h. 220. b.

שָׂטַם, ii. 467. h.

שֹׂטֵם, i. 668. f. 768. c. 778. d. ii. 163. d. 412. d. 473. c.

שָׂטַן, i. 243. f. g. 544. h. 768. d. 771. i.

שָׂטָן, i. 546. a. c. 772. a. 848. e. iii. 28. d.

שִׂטְנָה, i. 768. e. 881. d. 966. a.

שָׁטַף, i. 310. g. 313. d. 566. e. 620. d. 711. c. 860. e. ii. 179. e. f. 182. f. 191. d. 207. a. 221. d. f. 279. f. 504. g. 590. e. 655. d. 800. i. iii. 133. a. d. 202. d. 205. d. f. 381. f. — שׁוֹטֵף, ii. 119. h.

שֶׁטֶף, i. 860. e. ii. 179. e. f. 571. c. 583. f. iii. 317. b.

שֹׁטֵר, i. 106. e. 172. b. 513. a. c. g. 699. a. b. 879. f. ii. 623. b.

שֹׁטֵר. — שְׁטַר חַד, ii. 129. d.

שַׁי, i. 656. g.

שִׂיא, i. 656. g. 834. h.

שֵׂיב, i. 497. c.

שִׁיבָה, ii. 534. f.

שֵׂיבָה, i. 497. d. ii. 166. c. 739. b. 818. i. 819. h. 821. e. 850. h. — שֵׂיבָה זָרְק, ii. 819. i.

שִׂיג, i. 50. f.

שִׁיד, i. 30. d. ii. 295. c.

שֵׁיזִב, i. 245. b. 795. b. iii. 16. e.

שִׂיחַ, i. 50. d. f. 56. b. 524. a. 559. e. 560. h. 561. i. 740. e. 743. d. 932. a. ii. 29. f. 353. e. 385. e. 387. i. 434. g. 435. b. 556. i. 557. e. 890. b. iii. 9. f. 17. i. 451. b.

שִׂיחָה, i. 50. f. 465. b. 477. f. ii. 351. e. 556. i. — שִׂיחוֹת, i. 465. c.

שִׁיחָה, ii. 430. a.

שִׁיחוֹר, ii. 588. i. iii. 11. d.

שִׂיחִים, iii. 418. i.

שַׁיִט, i. 741. i. ii. 348. d. iii. 293. c.

שִׁילֹה, i. 296. f.

שִׁים, iii. 270. g.

שֵׁינַיִם, ii. 608. f.

469. *f.* iii. 28. *a.* 202. *d.* 391. *g.* 404. *f.*

שֵׁכָר, ii. 425. *e.* 426. *i.* 542. *d.* iii. 41. *h.*

שֹׁכֵר, iii. 202. *d.*

שָׁכָר : שֶׁכֶר, ii. 8. *c.* 257. *d.* 469. *c.* 493. *f.*

שִׁכָּרוֹן, ii. 425. *e.* 426. *i.*

שֶׁל.— שֶׁל־שָׁלָל, iii. 224. *e.*

שַׁל, i. 719. *h.* ii. 869. *h.*

שַׁלְאֲנָן, i. 935. *c.* 944. *b.*

שָׁלַב, i. 197. *i.*

שְׁלַבִים, i. 809. *e.*

שֶׁלֶג, i. 643. *d.* iii. 449. *c.* 463. *d.*

שָׁלָה, i. 185. *g.* 686. *e.* 723. *g.* 933. *i.* 934. *e.* 935. *c.* 944. *b.* ii. 26. *g.*

שְׁלָה, i. 686. *e.*

שֵׁלָה, i. 459. *i.*

שַׁלְהֶבֶת, i. 215. *f.* iii. 393. *i.*

שְׁלוּ, i. 81. *c.* 156. *h.* 217. *g.*

שָׁלֵו, i. 686. *e.* 933. *i.* 955. *g.* iii. 225. *e.*

שְׁלֵו, ii. 594. *f.*

שַׁלְוָה, i. 631. *a.* 686. *i.* 808. *f.* 934. *e.* *i.* 944. *a.* ii. 26. *i.* 303. *c.* 665. *i.*

שַׁלְוָה, ii. 28. *a.* 665. *h.*

שְׁלוּחַ, i. 324. *i.*

שִׁלּוּחַ, i. 283. *e.* — שִׁלּוּחוֹת, i. 323. *i.*

שָׁלוּחַ, i. 324. *g.* 414. *k.* 801. *c.*

שָׁלוֹם, i. 35. *f.* 67. *c.* 323. *h.* 686. *f.* *i.* 687. *f.* 934. *a.* 968. *a.* ii. 92. *d.* 597. *c.* iii. 150. *f.* 225. *e.* 226. *c.* 250. *c.* 313. *e.* 390. *a.* 426. *b.* 430. *h.* — שִׁלּוּמִים, i. 239. *f.* 289. *e.* iii. 275. *d.*

שִׁלּוּם, i. 687. *e.*

שְׁלוֹם, i. 687. *e.*

שִׁלּוּם, i. 239. *e.* 687. *h.*

שָׁלוֹשׁ, ii. 912. *f.*

שְׁלוֹשָׁה.— שְׁלוֹשָׁה עָשָׂר, iii. 294. *d.*

שַׁלְוַת.— שַׁלְוַת הַשְׁקֵט, i. 934. *e.*

שָׁלַח, i. 102. *i.* 228. *d.* 239. *k.* 225. *f.* 304. *i.* 323. *d.* 327. *f.* 410. *b.* 418. *h.* 435. *e.* 436. *f.* 570. *e.* 691. *f.* 729. *g.* 752. *c.* 756. *c.* 761. *c.* 709. *g.* 801. *d.* *f.* *g.* 845. *b.* 879. *g.* 892. *h.* ii. 218. *g.* 433. *g.* 714. *c.* 777. *h.* 783. *d.* 838. *i.* 851. *e.* 858. *a.* 861. *d.* 869. *f.* 908. *d.* iii. 12. *c.* 155. *e.* 168. *g.* 176. *h.* 186. *g.* 457. *g.* — שְׁלַח, i. 317. *f.* 323. *d.* 499. *i.* 698. *b.* 720. *i.* 736. *a.* 801. *d.* 804. *f.* 834. *d.* 835. *i.* 869. *a.* iii. 289. *i.* 427. *b.* 480. *g.* — שַׁלַּח, i. 324. *h.* — שְׁלַח אֶצְבַּע, ii. 776. *f.* — שָׁלַח אֶת־הַזְּמוֹרָה, iii. 443. *i.* — שָׁלַח בָּאֵשׁ, אֶל אַף, ii. 484. *e.* — שָׁלַח הַשְׁלִשִׁית, iii. i. 762. *e.* — שָׁלַח וְהֵבִיא, ii. 139. 294. *g.* — שָׁלַח וְקָרָא, iii. 149. *k.* *i.* — שָׁלַח יָד, i. 302. *f.* 338. *c.* 596. *d.* *f.* ii. 451. *i.* 831. *h.* iii. 158. *e.* 443. *f.* — שָׁלַח יָד בַּבִּזָּה, i. 574. *i.* — שְׁלַח פִּתְגָמָא, i. 241. *k.* — שַׁלַּח רֶגֶל, ii. 698. *c.*

שֶׁלַח, i. 324. *h.* 452. *h.* 466. *d.* ii. 77. *f.* 345. *g.* 574. *f.* 818. *g.* iii. 43. *a.* 114. *i.*

שְׁלַח, i. 292. *h.* 323. *h.* 729. *h.* 801. *f.* ii. 714. *c.*

שֻׁלְחָן, iii. 286. *f.*

שְׁלַט, i. 307. *h.* 821. *g.*

שָׁלַט, i. 302. *f.* 338. *d.* 368. *g.* ii. 342. *a.*

שֶׁלֶט, i. 637. *e.* — שְׁלָטִים, i. 382. *f.* 466. *d.* ii. 77. *c.* 278. *d.* 321. *a.* 574. *f.* 634. *c.* iii. 294. *k.* 374. *a.* 450. *f.*

שִׁלְטוֹן, i. 371. *d.* 820. *i.* 821. *k.* 822. *a.* ii. 16. *c.*

שָׁלְטָן, i. 364. *d.* 821. *a.* ii. 341. *e.*

שַׁלֶּטֶת, i. 724. a. ii. 693. e. iii. 294. i.
שֶׁלִי, ii. 658. g.
שִׁלְיָה, i. 536. f. iii. 454. d.
שְׂלָיו, i. 934. a. 944. c. 951. h. ii. 27. g.
שַׁלִּיט, i. 371. d. 649. b. 650. d. 820. i. 821. h. 861. f. ii. 342. b. 343. f.
שַׁלִּיטָא, i. 371. d.
שְׁלִים, ii. 357. f. iii. 254. i.
שָׁלִישׁ, iii. 296. a.
שָׁלִישׁ, i. 641. e. ii. 339. c. 455. g. iii. 70. c. 288. f. 294. g. 295. a. h. 296. a. — שָׁלִישִׁים, iii. 290. f. 295. a.
שְׁלִישִׁי, ii. 912. e. iii. 261. d. 294. h. 295. h. 296. a. 297. e.
שְׁלִישִׁיָּה, iii. 34. f. 292. g. 296. b.
שְׁלִישִׁים, i. 162. a.
שְׁלִישִׁתָּה, iii. 295. b.
שְׁלָךְ, i. 725. c.
שָׁלָךְ, ii. 209. h. 512. b.
שַׁלֶּכֶת, i. 284. h. 722. c.
שְׁלַל, i. 357. d. ii. 640. d. 810. h. 868. d. iii. 70. e. 224. e. — שְׁלֹל שָׁלָל, iii. 71. d.
שָׁלָל, i. 268. b. 342. c. 574. e. 947. a. ii. 165. d. 363. i. 868. i. iii. 300. g. 324. f.
שָׁלֵם, i. 198. c. 588. e. 686. e. iii. 142. b. 197. i. 254. i. 348. a. — שְׁלֵם, i. 239. b. h. 289. d. 293. h. 331. e. 603. h. 801. g. ii. 185. d. iii. 197. i. 277. i. 348. a. — שִׁלֵּם, i. 686. e. iii. 222. d. 313. f. — שַׁלֵּם שִׁלֵּם, i. 239. f.
שִׁלֵּם, i. 305. c. 687. c. iii. 271. c.
שֻׁלַּם, i. 239. b.
שֶׁלֶם, i. 687. f. iii. 226. c.
שְׁלָם, i. 5. h. 110. k. 120. k. 198. d. 268. d. 612. c. 687. c. f. ii. 213. d. 553. b. 792. i. iii. 250. b. 251. b.
שַׁלְמָה, ii. 460. d.
שִׂלְמָה, i. 687. c. ii. 93. e. h. iii. 111. e. 459. g.
שַׁלְמֹנִים, i. 155. b. 239. d.
שָׁלַף, i. 177. i. 452. h. 708. i. 726. a. 727. h. 748. g. 800. a. iii. 80. i. 346. i.
שַׁלֶּפֶת, ii. 696. f.
שִׁלֵּשׁ, i. 190. k. iii. 288. g. 292. e. 294. f. i.
שָׁלֹשׁ, iii. 288. e. h. 290. f. 296. b. — שָׁלֹשׁ וּשְׁמֹנִים, ii. 523. g. — שְׁלֹשׁ מֵאוֹת, i. 557. g. 797. c. iii. 262. b. 290. h. — שְׁלֹשׁ עֶשְׂרֵה, i. 528. i. iii. 294. c. d. — שָׁלֹשׁ פְּעָמִים, iii. 294. b. 295. a. 296. b. — שְׁלֹשׁ קִלְּשׁוֹן, iii. 93. a. 294. d. — שָׁלֹשׁ שָׁנִים, iii. 293. h.
שְׁלֹשָׁה, iii. 288. f. g. 292. k. 294. b. 296. e. — שְׁלֹשָׁה חֳדָשִׁים, iii. 292. g. — שְׁלֹשֶׁת יָמִים, iii. 293. b. 295. k. — שְׁלֹשָׁה עָשָׂר, iii. 288. i.
שִׁלְשׁוֹם, iii. 296. b. e.
שְׁלֹשִׁים, i. 659. g. 681. g. ii. 717. d. iii. 288. f. h. 290. f. h. — שְׁלֹשִׁים וְאַרְבָּעָה, iii. 290. h. — שְׁלֹשִׁים וַחֲמִשָּׁה, iii. 290. h. — שְׁלֹשִׁים וְשִׁשָּׁה, iii. 290. g.
שִׁלֵּשִׁים, iii. 296. b.
שְׁלִשִׁית, iii. 296. c.
שְׁלֹשֶׁת, i. 418. h. iii. 294. f. 295. i. 296. c. — שְׁלֹשֶׁת אֲלָפִים, iii. 295. h. — שְׁלֹשֶׁת הַיָּמִים, iii. 293. b.
שָׁם, i. 404. k. 684. d. e. i. ii. 122. h. 189. c. 568. i. iii. 270. h. — שָׁם הוּא, i. 949. d. ii. 676. d.

שָׁם, ii. 566. g. — שָׁם טָעַם, i. 627. e.
שֵׁם, i. 646. e. 672. g. 676. a. 687. c. ii. 215. g. 353. f. 509. a. 528. c. 566. h. 568. f. h. 588. i. iii. 82. g. — שֵׁם גָּדוֹל, ii. 568. i. — שֵׁמוֹת, ii. 568. g.
שְׂמֹאל, i. 352. a. 960. c.
שְׂמָאלִי, i. 537. c. 960. c.
שְׂמָאלִית, i. 352. b.
שָׁמַד, i. 267. g. 734. d. ii. 463. g. iii. 414. g.
שָׁמָה, i. 704. f.
שַׁמָּה, i. 70. c. 727. c. iii. 258. f. 357. i. — שַׁמּוֹת, ii. 233. g.
שַׁמָּה, i. 2. f. 315. h. 342. c. 413. a. 704. d. 909. c. 910. d. iii. 488. h.
שָׁכָה, i. 711. a.
שְׁמָהַת. — שְׁמָהַת גִּבְרַיָּא, ii. 569. a.
שְׁמוֹ, ii. 139. k.
שְׁמוֹנִים, iii. 261. a.
שְׁמוּעַ, i. 108. e. iii. 321. h. — שְׁמוּעַ שְׁמוּעַ, i. 98. k.
שְׁמוּעָה, i. 14. c. 99. a. 104. b. 825. c. iii. 380. i.
שָׂמַח, i. 9. c. 435. e. 487. c. 568. i. 603. h. 894. d. f. 955. k. ii. 676. d. iii. 180. c. 260. g. 426. f. — שִׂמַּח, i. 956. g. — שַׂמֵּחַ, i. 955. h. 956. g. — שַׂמֵּחַ מִיגוֹן, i. 956. b.
שָׂמֵחַ, i. 894. d. 955. g. 956. h. iii. 337. f. 426. f. — שָׂמֵחַ אֱלֵי גִיל, ii. 752. g.
שִׂמְחָה, i. 8. c. 955. i. 956. h. ii. 23. d. iii. 225. f. 291. g. 321. b. 426. f. 430. h. 434. i. k. — שִׂמְחָה גְדוֹלָה, ii. 421. i.
שָׁמַט, i. 415. c. 418. i. 71 a. 731. d. ii. 187. b. 205. c. 217. k. 338. g. 743. f. iii. 12. c. 351. k.
שְׁמִטָּה, i. 414. k. iii. 351. g.
שְׁמַיָּא, i. 897. b. ii. 608. b. iii. 365. b.
שְׂמִיכָה, i. 533. g. h. 847. e. ii. 285. e. 726. b. iii. 19. i.
שָׁמַיִם, i. 56. c. ii. 48. e. 540. b. 607. h. iii. 284. b.
שְׁמִינִי, ii. 523. h.
שְׁמִינִית, ii. 523. h.
שָׁמִיר, i. 36. h. 93. c. 271. f. ii. 695. h. iii. 319. c. 414. g. 445. g. 456. b. — שָׁמִיר יָשִׁית, i. 30. k.
שִׂמְלָה, ii. 93. e. h. 726. b. iii. 111. e.
שָׁמֵם, i. 392. e. 412. a. 413. d. 417. b. 426. b. 441. c. 801. b. 814. a. 826. g. 909. c. 910. b. ii. 38. c. d. 39. b. 169. k. 294. b. iii. 69. g. 124. e. 204. c. — שֹׁמֵם, i. 412. a. 806. c.
שָׁמֵם, i. 909. c.
שֹׁמֵם, i. 909. d. 910. d. ii. 226. d.
שְׁמָמָה : שִׁמְמָה, i. 2. f. 257. a. 342. c. 412. b. 413. b. 908. a. 909. d. 910. b. ii. 208. f. 547. a. iii. 447. a.
שִׁמָּמָה, i. 413. b. 739. b.
שְׁמֵמָה, i. 413. b.
שִׁמָּמוֹן, i. 413. c.
שְׂמָמִית, ii. 137. e. 138. h.
שָׁמַן, i. 758. e. ii. 380. i. k. — שָׁמַן עָשֵׁת, ii. 703. i.
שָׁמֵן, ii. 380. k. 417. i. 773. k. 782. b.
שֶׁמֶן, i. 116. f. 196. f. 352. f. g. 739. g. i. 745. g. 956. h. ii. 93. e. 129. c. 380. k. 381. a. c. e. g. 487. c. 567. c. 704. b. 758. f. 773. k. iii. 364. e. 435. f. 490. h. — שֶׁמֶן

טוב, ii. 487. d. — שְׁמָנִים, ii. 767. a. iii. 303. a.

שְׁמֹנָה : שְׁמֹנֶה, ii. 523. h. 546. d. — שְׁמֹנֶה אַמּוֹת, ii. 546. d. — שְׁמֹנֶה מֵאוֹת, i. 797. d. ii. 546. c. — שְׁמֹנָה עָשָׂר, i. 528. h. ii. 546. d. — שְׁמֹנֶה עֶשְׂרֵה, i. 528. h. ii. 546. d. e.

שְׁמֹנִים, i. 681. g. ii. 523. f. 717. d. — שְׁמֹנִים וַחֲמִשָּׁה, ii. 523. g. — שְׁמֹנִים וָשֵׁשׁ, ii. 523. g.

שְׁמֹנַת. — שְׁמֹנַת אֲלָפִים, ii. 546. c.

שָׁמַע, i. 58. h. 98. i. 102. g. 104. c. 184. k. 258. f. 300. e. 327. f. 502. d. 557. i. 677. h. 679. f. 691. e. 744. g. 830. d. 883. c. 907. g. 930. b. ii. 195. d. 319. h. 707. e. 708. g. 770. d. 810. h. 883. a. iii. 241. d. 266. k. 322. d. 362. c. 381. f. 414. h. 426. f. 457. g. — שְׁמַע, i. 932. g. iii. 339. a. — שְׁמֻעַ, ii. 643. a. — שָׁמַע בְּאָזְנַי, i. 104. e. — שָׁמַע שָׁמוֹעַ, i. 104. e.

שֶׁמַע, i. 104. e.

שֵׁמַע : שֶׁמַע : שֹׁמַע : שֵׁמַע, i. 99. c. 102. g. 258. a. 933. a. ii. 269. f. 567. d. 568. c.

שְׁמֻעָה, i. 99. a.

שִׁמְעָה, i. 904. h.

שֶׁמֶץ, i. 796. i. ii. 89. e. iii. 480. c. d.

שִׁמְצָה, i. 894. g. ii. 136. i. iii. 16. f.

שָׁמַר, i. 11. g. 104. e. 240. g. 320. g. 335. a. 338. f. 412. b. 587. i. 589. d. 595. h. 677. h. 691. e. 752. d. 887. f. 893. f. 906. a. 939. b. 949. d. ii. 81. c. 471. e. 672. e. 674. g. 681. c. 732. c. iii. 162. h. 185. h. 199. b. 266. k. 270. h. 414. h. — שָׁמֹר, i. 99. c. — שֹׁמֵר, iii. 412. e. 413. b. — שֹׁמֵר בְּגָדִים, ii. 93. g. — שֹׁמֵר כֵּלִים, iii. 53. h. 413. b. — שֹׁמֵר לָרֹאשׁ, i. 367. h. — שֹׁמֵר סַף, i. 367. h.

שִׁמֻּרוֹת, i. 168. b. iii. 412. e.

שִׁמֻּרִים, ii. 672. e. f. 907. h. iii. 413. c.

שְׁמָרִים, i. 634. c. ii. 542. d. iii. 303. a. 411. d.

שֶׁמֶשׁ, i. 404. c. 745. h. ii. 20. h. iii. 34. b. — שְׁמָשׁוֹת, i. 830. i.

שִׁמֵּשׁ, ii. 367. c.

שַׂמְתְּ. — שַׂמְתְּ עָלֶיהָ, i. 809. c.

שֵׁן, ii. 628. h.

שֵׁן, i. 110. f. 111. f. 485. a. 746. i. 747. a. 822. a. ii. 528. d. i.

שָׂנֵא, i. 58. i. 592. h. 594. a. iii. 331. e. 337. b.

שֹׂנֵא, i. 143. d. 965. i. 966. e. ii. 467. i. 468. b. iii. 357. d. — שְׂנֹא, iii. 324. i. — שֹׂנֵא מִשְׁפָּט, i. 236. c. ii. 468. b.

שִׂנְאָה, i. 965. g. ii. 468. b. 470. g.

שִׁנְאָן, i. 934. b. h. ii. 29. h.

שָׁנָה, i. 129. d. 537. e. g. 766. i. ii. 444. b. 448. b. 468. b. 479. f. 528. d. — שָׁנֶה, i. 798. i. 923. b. — שְׁנָה, i. 59. a. 127. f. 537. e. 963. g. iii. 457. g. — שָׁנָה דִּין, ii. 586. a.

שֵׁנָה, i. 926. c. ii. 184. a. 414. h. iii. 339. h.

שָׁנָה, i. 204. e. 491. f. 780. e. h. 926. c. ii. 129. c. 458. h. — שְׁנוֹת, i. 129. k. 457. g. 851. g — שְׁנוֹת מִסְפָּר, ii. 720. d.

שֶׁנְהַבִּים, i. 747. a.

שְׂנוּא, ii. 468. d.
שִׂנּוּן, i. 96. b. e. 101. a. ii. 571. d.
שָׁנִי, i. 129. e. 592. e. 595. d. 598. d. e. 622. d. ii. 279. g. 280. a. 288. e. 501. e. iii. 399. f. — שְׁנִי תוֹלַעַת, ii. 288. g.
שֵׁנִי, i. 537. c. 622. f. 626. i. — שְׁנִי בֵן, i. 780. g.
שְׂנִיאָה, ii. 468. b.
שְׁנִיָּה, i. 595. d.
שְׁנֵיהֶם, i. 651. b. — שְׁנֵיהֶם יַחְדָּו, i. 141. d. 161. c.
שְׁנַיִם : שְׁנֵי, i. 651. a. 843. b.
שְׁנַיִם : שְׁנֵי, i. 161. c. 537. c. 595. d. 621. h. 622. d. 651. a. 780. h. 810. i. ii. 440. a. — שְׁנַיִם עָשָׂר, i. 528. g. 654. e. f. — שְׁנֵי פִּיּוֹת, i. 622. g.
שְׁנִינָה, i. 537. i. 608. h. ii. 353. f. 470. h.
שֵׁנִית, i. 525. f. 537. c. d. ii. 468. b.
שָׁנַן, i. 101. a. 129. f. 537. f. ii. 690. d. — שִׁנֵּן, ii. 859. a. 874. k. iii. 143. i.
שִׁנֵּס, iii. 210. e.
שִׁנְעָר, ii. 813. a.
שְׁנָתַיִם, i. 608. a. 651. b. 926. d.
שָׁשָׂה : שָׁסָה, i. 574. i. 594. g. i. ii. 198. a. 200. b. 868. d.
שָׁסַס, i. 574. i. 580. b. ii. 200. b. 207. h. 868. d.
שָׁסַע, i. 270. a. 579. d. 623. i. ii. 569. i. iii. 128. i. 202. d. — שִׁסַּע, i. 709. f. ii. 708. g. 743. f.
שֶׁסַע, i. 624. a. ii. 569. i. 570. b.
שִׁסֵּף, i. 441. c. 579. d. iii. 213. a.
שָׁעַג, i. 461. i.
שָׁעָה, i. 228. e. 294. d. 297. d. 418. k. 421. e. 462. a. 659. b. 762. c. 837. b. 860. c. 926. a. 930. b. ii. 435. b. 518. e. 883. a. iii. 260. g.
שַׁעְתָּא : שָׁעָה, ii. 514. c. iii. 492. c.
שַׁעֲטָה, ii. 590. h.
שַׁעַטְנֵז, i. 241. i. 921. i. ii. 262. g.
שָׂעִיר, i. 71. d. 519. g. 523. b. 911. h. 923. c. ii. 414. f. 556. c. iii. 286. b. 297. a. 448. h. — שְׂעִירִים, ii. 586. d. iii. 297. a. 438. c.
שְׂעִירָה, iii. 448. f.
שֹׁעַל, i. 140. c. 641. e. ii. 382. b. iii. 441. c.
שְׁעָלִבִים, i. 140. d.
שְׂעִפִּים, i. 722. d. iii. 345. d. 398. a.
שָׂעַר, i. 76. d. 677. i. 679. g. 814. a. ii. 205. d. 350. g. iii. 297. b. c. 405. i.
שְׂעַר, ii. 69. g. iii. 297. d.
שַׁעַר, i. 727. c. ii. 38. c. 870. i. iii. 125. b.
שִׁעֵר, ii. 378. d.
שָׂעָר, i. 681. b. ii. 69. f.
שֵׂעָר, i. 790. a. ii. 69. f. iii. 297. d.
שַׂעַר, ii. 134. i. 833. g. — שְׂעָרִים, i. 429. k. 649. b. 919. b. iii. 39. a. 74. i.
שַׁעַר, i. 398. c. 518. i. ii. 69. g. 76. i. 77. h. 539. i. 587. b. 600. h. 687. c. 821. f. 922. e. k. 923. b. iii. 126. b. 247. e. 416. c. — שַׁעַר עִיר, ii. 821. g. — שְׁעָרִים, ii. 316. h. iii. 398. a. i. 681. b.
שֹׁעֵר, ii. 922. h. 923. a.
שְׂעָרָה, i. 506. f. ii. 174. f. iii. 33. c. 206. i.
שַׂעֲרָה, ii. 69. g.
שְׂעֹרָה, ii. 316. h. 542. e.
שַׁעֲרוּרָה, iii. 405. f.
שַׁעֲרוּרִיָּה, iii. 405. g.
שַׁעֲרוּרִית, iii. 405. f.

שָׁפָל, i. 317. g. 377. a. 378. g. 428. a. f. 651. h. ii. 283. c. 465. h. 683. h. iii. 231. f. — שָׁפָל seq. מ, ii. 283. c. — שָׁפָל seq. מִן, iii. 232. a.
שְׁפַל, iii. 231. f. 235. d.
שִׁפְלָה ׃ שְׁפֵלָה, ii. 281. k. 705. f. 706. h. iii. 35. h. 231. f. iii. 335. i. 338. e.
שִׁפְלוּת, i. 345. c.
שָׁפָם, ii. 488. d. iii. 114. k. 437. g.
שָׁפָן, ii. 350. b.
שֶׁפַע, ii. 791. d. 800. f.
שִׁפְעָה, i. 16. d. 642. i. ii. 285. a. 295. i. 615. f. 787. d. iii. 297. h.
שָׂפַק, i. 722. i. ii. 324. k. iii. 213. g.
שָׁפַר, i. 524. h.
שֶׁפֶר, ii. 141. c.
שְׁפַר, i. 347. i.
שָׁפֵר, ii. 140. g.
שֹׁפָר, i. 140. d.
שִׁפְרָה, ii. 592. a.
שַׁפְרִיר ׃ שַׁפְרוּר, ii. 574. g. iii. 47. h.
שָׁפַת, i. 603. h. 963. g. ii. 168. e. 313. h. iii. 270. i.
שְׁפַתַּיִם, i. 879. a. ii. 278. i. iii. 437. g.
שְׂפָתַיִם, ii. 388. a. iii. 384. d. — אָטַם שְׂפָתַיִם, i. 777. c.
שֶׁצֶף, ii. 465. i.
שְׁצְשׁוּלִים, i. 12. c.
שָׂק, ii. 280. c. iii. 49. f.
שֹׁק, ii. 71. i. 410. b. iii. 20. f.
שָׁקַד, i. 30. e. 233. c. 515. e.
שָׁקֵד, i. 157. a. b. ii. 157. d. f.
שְׁקַדְמַת, i. 366. b.
שָׁקָה, i. 347. b. 596. i.
שִׁקּוּי, i. 265. g. ii. 118. d. 165. c. 767. a. 830. d. 844. e.
שַׁעֲרַת, iii. 398. b.
שַׁעֲשׁוּעִים, i. 790. d. ii. 430. a. 902. b.
שִׁעֲשַׁע, i. 955. i. ii. 624. h. 653. e.
שַׁעֲשֻׁעִים, i. 777. h. iii. 260. e. g.
שַׁעְתָּא. — בָּה שַׁעְתָּא, i. 397. b.
שָׁפָה, i. 715. b. — שָׁפָה, i. 287. a.
שָׂפָה, i. 110. d. 505. b. ii. 353. f. 903. g. iii. 9. f. 114. k. 420. i. 437. e. 487. c. — שְׂפַת יָם, ii. 650. b.
שְׁפוֹט, ii. 322. f.
שְׁפִּון, i. 760. d.
שְׁפוֹת, i. 482. i. iii. 29. d.
שִׁפַּח, i. 295. e. iii. 234. c.
שִׁפְחָה, i. 639. e. ii. 49. f. 533. i. 625. a.
שָׁפַט, i. 368. g. 558. g. 610. f. i. 614. h. 616. e. 626. h. 702. h. 703. d. 750. b. ii. 171. b. 312. i. 319. i. — שֹׁפֵט, i. 558. h. 616. e. ii. 323. e. iii. 416. c.
שְׁפֵט, i. 513. b.
שְׁפָטִים, i. 703. d. ii. 318. b. 322. f. 413. b.
שְׁפִי, i. 395. c. 605. a. 936. a. ii. 492. k. 594. a. iii. 291. i. 437. g.
שֶׁפִי, i. 840. d.
שְׁפִיפוֹן, i. 663. i.
שַׁפִּיר, i. 933. b. iii. 493. f.
שָׁפִיר, ii. 145. d.
שָׁפַךְ, i. 435. e. 596. i. 737. h. 738. g. 826. h. 883. c. ii. 337. g. 724. i. 736. f. 902. c. iii. 468. e. — שְׁפֹךְ, i. 738. d. — שָׁפַךְ, ii. 397. d. — שְׁפֹךְ סֹלְלָה, iii. 431. b.
שֶׁפֶךְ, i. 737. i. 738. d.
שָׁפֵל, i. 392. e. ii. 769. d. iii. 231. f. 234. c.
שְׁפַל, i. 820. b. — שְׁפַל רוּחַ, ii. 849. g. iii. 232. c.

שְׁקוּפִים, ii. 428. d.
שִׁקּוּץ, i. 299. a. 448. k. 449. f. 450. c. ii. 464. c. 887. f. 892. k. — שִׁקּוּצֵי, iii. 42. i.
שָׁקַט, i. 196. g. 228. e. 387. g. 686. f. ii. 26. g. 27. h. 119. f. 202. b. 207. d. 297. a. 709. d.
שֶׁקֶט, ii. 28. b.
שֹׁקֶמֶת, i. 687. d.
שָׁקַל, i. 293. k. 331. f. 548. c. 610. b. ii. 102. e. 685. i. iii. 90. a. 146. g. 272. i. 278. a. — שִׁקַל, iii. 212. g.
שֶׁקֶל, i. 600. f. iii. 42. d. 90. c. i. 93. c. — שֶׁקֶל כֶּסֶף, iii. 42. f.
שִׁקְמוֹת, iii. 137. i. 138. c.
שִׁקְמִים, iii. 137. h. 138. c.
שָׁקַע, i. 176. a. ii. 162. f. 173. a. 191. e. 297. a.
שְׁקַעֲרוּרוֹת, ii. 282. a.
שָׁקַף, i. 164. a.
שֶׁקֶף, ii. 428. e. — שְׁקֻפִים, i. 285. b. e. 567. b. 617. g. 706. g. ii. 656. f. iii. 472. a.
שָׁקַץ, i. 284. i. — שִׁקֵּץ, i. 450. c. ii. 892. b. f. — שִׁקֵּץ, ii. 892. h.
שֶׁקֶץ, i. 449. b. 680. f.
שָׁקַק, i. 625. c. 755. g. 862. i.
שֹׁקְקָה, ii. 251. e. h.
שָׁקַר, i. 44. c. 59. a. 327. f. 387. c. 883. c. ii. 639. f. 658. f. iii. 478. b. — שִׁקֵּר, iii. 138. f.
שֶׁקֶר, i. 47. b. 48. a. 49. d. 230. g. 234. i. 236. b. 393. d. 612. c. 630. b. ii. 251. e. iii. 477. d. 478. g. i. — שֶׁקֶר כָּזָב, iii. 477. e.
שֶׁקֶת, ii. 844. g.
שָׂר, i. 53. k. 368. h. 371. e. 649. b. ii. 15. c. 620. e. iii. 489. e.
שַׂר, i. 15. e. 51. e. 124. h. 342. c. 365. i. 371. e. 416. e. 481. i. 550. g. 663. c. 746. f. 773. k. 787. g. 879. f. ii. 14. e. 16. c. 700. c. 851. i. 896. i. iii. 28. k. 118. d. 312. g. 390. a. — שַׂר אֶלֶף, iii. 447. i. — שַׂר אֲלָפִים, iii. 447. i. — שַׂר בֵּית אֹפִים, i. 367. f. — שַׂר הַסֹּהַר, i. 366. c. d. — שַׂר הַמְּלָאכָה, ii. 538. c. — שַׂר חֲמִשִּׁים, ii. 717. e. — שַׂר טַבָּחִים, i. 366. d. 367. b. — שַׂר מֵאוֹת, i. 696. i. ii. 700. c. — שַׂר מִסִּים, i. 902. i. — שַׂר מַשְׁקִים, i. 367. a. ii. 543. d. — שַׂר סָרִיסִים, i. 366. k. — שַׂר עֲשָׂרוֹת, i. 529. a. e. — שַׂר צָבָא, i. 367. f. g. 371. f. — שַׂר שָׂרִים, i. 371. i. — שָׂרִים, i. 371. e. ii. 424. i. — שָׂרֵי־נְדוּדִים, ii. 392. a. — שָׂרֵי מְלָאכָה, ii. 537. h.
שׂוֹר, iii. 224. a.
שָׂרֵא, i. 369. i. 563. f. 684. i. ii. 189. h. 397. d.
שָׂרָב, i. 251. d. ii. 246. i.
שַׂרְבִיט, iii. 2. f.
שָׂרַג, ii. 223. h. — שֹׂרֵג, iii. 153. c.
שָׂרַד, i. 586. e.
שֶׂרֶד: שְׂרָד, ii. 367. g. 455. g. 643. f.
שָׂרָה, i. 372. a.
שָׂרָה, i. 54. a. 368. i. 372. b. 782. a. — שָׂרוֹת, iii. 308. b.
שְׂרוֹךְ, ii. 93. a. iii. 211. g.
שָׂרוֹן, i. 643. g. ii. 281. k. 706. h. iii. 28. c.
שָׂרוּעַ, iii. 497. e.
שָׂרוּף, ii. 246. e. — שְׂרוּף אֵשׁ, ii. 926. c.
שֵׂרוֹת, iii. 427. a.
שָׂרַט, i. 158. d. 755. g. ii. 222. g. iii. 96. h.

שִׁשִּׁים וּשְׁמֹנָה, i. 810. b. — שִׁשִּׁים וָשֵׁשׁ, i. 810. a.

שָׁשַׁר, i. 514. e. ii. 467. d. iii. 466. k.

שֵׁשֶׁת. — שֵׁשֶׁת אֲלָפִים, i. 797. b.

שֵׁת : שֵׁת, i. 732. h. 792. h.

שֵׁת, ii. 103. g.

שֵׁת, ii. 265. d.

שָׁתָה, i. 721. i. 910. b. ii. 426. h. 766. b. 810. i. — שָׁתָה יַיִן, ii. 542. a. — שָׁתָה עִם, iii. 151. i.

שְׁתָה, ii. 766. d.

שָׁתוֹת, i. 291. b. 550. d. 599. d. 901. c. ii. 45. c. 54. b. 213. a. iii. 231. g.

שְׁתֵי, i. 161. c. ii. 694. i. iii. 105. h.

שְׁתִי, i. 80. f. 268. h.

שְׁתִילִים, ii. 499. c.

שְׁתַּיִם, i. 71. i. 537. c. e. 621. i. 646. f. 651. a. ii. 3. d. iii. 288. f. — שְׁתֵּים עֶשְׂרֵה, i. 654. e. f. — שְׁתֵּים עֶשְׂרֵה אַמָּה, i. 654. f.

שְׁתַּיִן, i. 809. i. — שְׁתַּיִן וְתַרְתֵּין, i. 810. a.

שָׁתַל, i. 934. c. ii. 229. d. 451. b. 676. d. 686. a. 762. a. iii. 99. i. 418. f.

שָׁתַם, i. 334. i.

שְׁתֻם, i. 121. a. 764. b. — שְׁתֻם עָיִן, i. 121. c.

שָׁתַק, ii. 27. i. 297. a.

שָׁתַר, ii. 697. i. 735. f.

ת

תָּא, ii. 605. h.

תָּא, ii. 38. a. 41. e. 669. d. 863. h. iii. 106. c. 230. h. — אֶל תָּא, i. 265. h. — תָּאוֹת, ii. 491. a.

תָּאַב, i. 809. e. 855. g. 870. f. iii. 331. c. — תֵּאֵב, i. 450. d.

תַּאֲבָה, i. 855. g.

תְּאֹה, ii. 193. e.

תָּאו, ii. 595. b.

תַּאֲוָה, i. 348. d. 855. g. 857. e. 940. i. ii. 155. c. 805. b. 906. c.

תָּאוֹר, i. 643. h.

תָּאִים, ii. 41. e.

תָּאֳלָה, ii. 482. c.

תָּאַם, i. 601. b.

תְּאֹמִים, i. 600. i.

תְּאֻמִּים, i. 601. a.

תֹּאמִים, ii. 99. b.

תֹּאֲנָה, iii. 137. i. 138. a. b.

תְּאֵנָה, i. 239. d. 703. d. ii. 906. c.

תַּאֲנִיָּה, ii. 107. c. 240. c. iii. 234. d.

תְּאֵנִים, iii. 234. d.

תָּאַר, i. 34. b. 604. g. 607. i. 793. i. ii. 102. g. 479. f. iii. 15. c.

תֹּאַר, i. 502. d. 531. e. 678. d. e. ii. 618. a.

תְּאַשּׁוּר, ii. 31. a. 248. f. 923. g.

תֵּבָה, ii. 61. h. 262. k.

תְּבוּאָה, i. 408. a. 491. g. ii. 61. a. 155. d. 156. a. 247. h. 385. c. 891. f.

תְּבוּאֹת, ii. 155. e.

תְּבוּנָה, i. 213. a. 682. c. 783. e. 868. c. 879. i. 956. c. ii. 114. f. 388. a. 891. f. iii. 76. b. 178. e. 406. b. i.

תְּבוּסָה, ii. 220. i.
תָּבוֹר, i. 716. g. ii. 589. a.
תִּבְכּוּ, i. 448. d.
תֵּבֵל, i. 496. d. ii. 608. c. iii. 150. f. 197. i.
תֶּבֶל, i. 273. a. 357. h. ii. 488. a. 534. h. — תֶּבֶל עָשׂה, i. 373. i.
תַּבְלִית, i. 471. a.
תְּבַלֻּל, ii. 371. e. 492. c. 916. e. g. 917. h. — תְּבַלֻּל בְּעֵין, iii. 358. d.
תֶּבֶן, i. 429. a.
תַּבְנִית, ii. 479. c. 560. d. 644. f. iii. 15. e. 307. b. 341. h.
תַּבְעֵרָה, i. 762. g.
תֵּבֵר, iii. 202. e.
תְּגֻזַּר, i. 329. g.
תַּגְמוּל, i. 239. b.
תִּגְרָה, ii. 107. a.
תִּדְהָר, i. 740. f. ii. 758. e. 913. g.
תֹּהוּ, i. 2. g. 48. f. 257. f. 345. f. 389. h. 625. f. 909. d. ii. 252. e. 254. b. c. 414. g. 415. i. 416. b. 457. f. 606. b. 695. a. — תֹּהוּ וָבֹהוּ, ii. 252. f. 254. b. 606. b. iii. 137. c.
תְּהוֹם, i. 4. e. cf. f. 215. g. 375. d. 496. d. ii. 32. c. 338. i. 608. c. 836. c.
תְּהִלָּה, i. 68. i. 70. k. 71. a. 192. a. 348. f. 485. a. 503. i. 634. d. 636. b. 754. h. 773. h. 828. c. ii. 82. g. 247. f. 568. i. 904. i. iii. 55. d. 226. d. 320. f. 321. b. — תְּהִלּוֹת, i. 348. f.
תָּהֳלָה, ii. 415. a. iii. 62. c.
תַּהֲלֻכוֹת, i. 607. i.
תַּהְפֻּכָה, i. 48. f. 327. g. 584. a. d. 728. a. iii. 61. i. 119. h. — תַּהְפֻּכוֹת, ii. 184. g. 220. f. 772. c. iii. 119. h.
תָּו, ii. 38. a. 596. g. iii. 37. e. 441. d.
תּוֹא, ii. 595. b. iii. 35. f.
תּוּב, i. 888. d. 914. h.
תּוּבַל, iii. 150. f.
תּוּגָה, i. 95. h. ii. 133. h. 394. c. 531. b. 716. b.
תּוֹדָה, i. 54. a. 68. k. 656. g. 818. g. 957. g. 958. d. ii. 509. b.
תָּוָה, ii. 769. d. 888. e. iii. 306. f. 481. f.
תְּוֵה, ii. 39. b.
תּוֹחֶלֶת, i. 192. b. 364. e. 671. k. 751. a. ii. 149. i. 247. f. 878. a. iii. 349. a. 352. i.
תּוֹךְ : תָּוֶךְ, i. 743. i. 788. i. ii. 437. b. 439. f. 441. d. 774. g. 863. h. iii. 279. e.
תּוֹךְ, iii. 279. d.
תּוֹכָה, i. 743. f. ii. 441. d.
תּוֹכוֹ, iii. 256. f.
תּוֹכֵחָה, i. 743. c.
תּוֹכַחַת, i. 703. d. 743. c. f. 744. a. 788. c. ii. 622. g.
תּוּכִּיִּים, ii. 54. d. iii. 245. e.
תּוֹלְדוֹת, i. 488. k. 489. h. iii. 126. f.
תּוֹלָלִים, i. 259. d. ii. 183. e.
תּוֹלָע, ii. 288. f. i.
תּוֹלַעַת. — תּוֹלַעַת שָׁנִי, ii. 288. g.
תּוֹמִים, i. 600. i.
תּוֹעֵבָה, i. 47. c. 89. h. 90. i. 146. b. 233. f. 234. i. 273. a. 373. f. 449. c. f. 482. b. 887. b. 904. h. ii. 405. c. 777. f. 832. c. — תּוֹעֵבוֹת, i. 90. a. ii. 892. h.
תּוֹעָה, ii. 777. e.
תּוֹעָפוֹת, i. 634. d. ii. 928. c. iii. 366. e.
תּוֹצָאוֹת, i. 605. a. 605. b. 815. c. 816. h. ii. 878. i.
תּוֹקֵעַ, i. 754. i. — תּוֹקְעִים, i. 754. i. ii. 619. b.

תור, i. 584. a. 713. e. 806. a. 924. h. ii. 180. g. 214. h. 216. a.
תּוֹר, ii. 129. d. 560. e. 579. f. iii. 464. b. — תּוֹרִים, ii. 725. b.
תור, i. 818. e. iii. 120. i. 303. b.
תור, i. 472. i. ii. 480. h.
תּוֹדָה, i. 69. b. 548. a. 552. a. 783. e. 788. c. 809. i. 818. g. ii. 54. c. 367. f. 388. a. 507. d. h. 509. b. 567. d. 896. e. iii. 9. f. 230. g.
תּוֹשָׁב, ii. 679. h. 687. c. 688. g.
תּוּשִׁיָּה, i. 120. b. 387. g. 463. c. 471. b. 829. i. ii. 107. c. 129. d. 160. b. 655. b. iii. 222. d. 225. f.
תַּזְנוּת, i. 552. b. 723. i. ii. 839. i. 840. c.
תְּזֻקָה, ii. 314. b.
תחבולות : תַּחְבֻּלוֹת, i. 471. h. 783. b. ii. 334. c. d. 532. h.
תַּחְבּוּלוֹתוֹ, ii. 41. f.
תְּחִי. — תְּחִי רוּחַ, ii. 381. f.
תְּחִלָּה, i. 70. k. 364. f. 818. g.
תַּחֲלוּאִים, ii. 406. a. 510. a. 835. h.
תַּחְמָס, i. 502. g.
תְּחִנָּה, i. 256. d. 462. d. 524. a. 745. i. ii. 88. g. 880. h. — תְּחִנָּה הָיְתָה, i. 853. e.
תַּחֲנוּנוֹת, i. 524. a.
תַּחֲנוּנִים, i. 524. a. 745. i. ii. 540. g. 654. i.
תַּחֲנוֹת, i. 776. c. ii. 677. i.
תַּחְרָא, iii. 33. b. — תַּחְרָא פִּי, ii. 894. c.
תַּחֲרָה, ii. 690. d.
תַּחַשׁ, ii. 80. f. 928. d. iii. 310. h. 311. b.
תַּחַת, i. 241. b. 548. f. 843. b. ii. 70. b. 160. c. 242. h. 245. b. 440. a. 442. h. 695. a. iii. 284. b. 340. f. 343. h. — תַּחַת אוֹצָר, iii. 341. c. — תַּחַת אִישׁ, iii. 322. f. — תַּחַת שָׁמַיִם, ii. 608. c. d.
תַּחַת, ii. 792. d.
תַּחְתָּה, i. 402. a.
תַּחְתּוֹן, i. 362. c. ii. 245. b. c. d. iii. 343. h. i.
תַּחְתִּי, i. 431. i. ii. 245. b. d. iii. 231. g. — תַּחְתִּים, ii. 45. d. 165. f. 245. d.
תַּחְתֶּיהָ, i. 658. d. iii. 284. h.
תַּחְתָּיו, i. 658. e. h. ii. 540. c. 674. i. iii. 284. h.
תַּחְתִּין, ii. 245. d.
תַּחְתִּית, i. 219. d. ii. 283. c. 705. f. iii. 232. b.
תַּחְתָּם, i. 401. i.
תֵּיבָה, ii. 55. e. 61. e.
תִּיכוֹן, ii. 439. g. 441. f. 747. e.
תֵּימָן, i. 272. e. ii. 31. a. 382. f. 510. h. 511. b.
תִּימְרוֹת, ii. 560. i.
תִּירוֹשׁ, ii. 426. i. 541. i. 542. f. 693. g. iii. 17. e.
תִּירֹשׁ, ii. 577. c.
תַּיִשׁ, iii. 286. b.
תֵּךְ, iii. 279. e.
תֹּךְ, i. 631. a. ii. 5. e. 299. c. 614. a. iii. 279. d.
תְּכָה — תְּכָה לְרַגְלַיִם, iii. 340. g.
תְּכוּן, ii. 441. d. iii. 343. i.
תְּכוּנָה, i. 674. c. 925. d. ii. 305. f. iii. 255. h.
תִּכְלָה, ii. 215. h. iii. 195. c. i.
תַּכְלִית, i. 715. f. 919. c. ii. 720. d. iii. 195. d. 250. c.
תְּכֵלֶת, ii. 215. h. 553. i. 636. g. 842. c. iii. 53. g. 310. h. 311. b.
תָּכַן, i. 502. d. 684. i. 924. h. ii. 235. f.
תֹּכֶן, iii. 192. c. — תָּכְן, i. 502. d.

813. *a.* ii. 811. *a.* iii. 90. *a. b.* 100. *e.* — תֹּכֶן אֶחָד, ii. 560. *i.*

תַּכְנִית, i. 587. *a.* ii. 560. *i.*

תַּכְרִיךְ, i. 549. *e.*

תֵּל, i. 2. *g.* 257. *b.* ii. 62. *a.* 616. *b.* iii. 366. *d.* 469. *d.* — תֵּל אָבִיב, ii. 41. *i.* 453. *a.*

תְּלָאָה, ii. 132. *d.* 481. *h.* 482. *d.*

תְּלָאֶה, ii. 298. *g.* 299. *c.*

תַּלְאוּבָה, i. 257. *b.*

תַּלְבֹּשֶׁת, ii. 726. *b.*

תְּלָג, iii. 449. *c.*

תָּלָה, i. 185. *a.* 861. *g.* ii. 102. *g.* 315. *f.* i. 709. *d.* iii. 93. *f.*

תְּלוּנָה, i. 510. *c.*

תֶּלִי, i. 452. *f.* iii. 374. *b.*

תְּלִיתָאָה, iii. 296. *c.*

תָּלַל, ii. 316. *a.*

תֶּלֶם, i. 397. *g.* 909. *d.* ii. 93. *a.* 391. *i.* iii. 445. *h.*

תַּלְמִיד, ii. 408. *c.*

תְּלֻנָּה, i. 510. *b.*

תַּלְפִּיּוֹת, i. 778. *i.* 788. *d.* 830. *k.* ii. 33. *e.* iii. 366. *e.*

תְּלָתָה : תְּלָת, iii. 288. *f.* 296. *c.*

תָּלְתִי : תַּלְתָּא, iii. 296. *c.*

תֹּלָע, iii. 72. *c.*

תֹּלֵעָה, iii. 72. *c.*

תֹּלַעַת, iii. 72. *c.*

תֹּלְתוֹת, i. 491. *g.*

תְּלָתִין, iii. 290. *f.*

תַּלְתַּלִּים, i. 740. *e.*

תָּם, i. 91. *f.* 92. *b.* 150. *f.* 161. *e.* 181. *h.* 280. *i.* 281. *i.* 373. *i.* ii. 424. *a.* 597. *c. g.* iii. 250. *c.* — תָּם דֶּרֶךְ, i. 92. *c.*

תֹּם, i. 62. *d.* 91. *f.* 92. *c.* 118. *b.* 121. *e.* 161. *e. k.* 281. *i. k.* 425. *a.* ii. 107. *d.* 116. *d.* 131. *c.* 597. *c.* iii. 195. *d.*

תָּם, i. 161. *c.*

תָּמָה, i. 47. *c.* 412. *c.* 426. *c.* 722. *g.* 814. *b.* ii. 33. *i.* 39. *b. h.*

תְּמָה, i. 91. *g.* 282. *a.* 291. *g.* iii. 250. *g.*

תִּמָּהוֹן, i. 727. *c.*

תְּמַהְיָא : תִּמְהִין, iii. 258. *f.*

תַּמּוּז, ii. 34. *b.* 690. *f.*

תְּמוֹל, i. 965. *e.* iii. 447. *e.* — תְּמוֹל שִׁלְשִׁים, ii. 23. *f.* 905. *a.*

תְּמוּנָה, i. 531. *e.* 634. *d.* 680. *f.* ii. 479. *c.* 560. *f.*

תַּמּוֹרָה, iii. 399. *i.*

תְּמוּרָה, i. 126. *i.* 147. *b.* 237. *g.* 243. *d.* iii. 165. *g.* 280. *d.*

תְּמוּתָה, ii. 36. *e.*

תְּמוֹתֵת, ii. 35. *c.*

תָּמִיד, i. 41. *f.* 54. *d.* 236. *b.* 569. *a.* 609. *c. d.* 619. *d.* 770. *i.* 771. *a.* ii. 23. *d.* 51. *b.* 78. *d.* 119. *e.* 542. *f.* 695. *b.* 823. *a.* 909. *c.* iii. 256. *a.* — תָּמִיד כָּל הַיּוֹם, i. 569. *a.*

תַּמִּים, ii. 99. *a.*

תָּמִים, i. 49. *e.* 61. *k.* 91. *f.* 121. *b.* 150. *g.* 161. *f.* 539. *i.* 613. *i.* 616. *a.* 936. *a.* ii. 116. *a.* 553. *c.* 554. *c.* 597. *c. f.* iii. 250. *c. g.* 256. *g.* — תְּמִימִים, ii. 472. *e.*

תֻּמִּים, i. 118. *c.* 540. *b.* 541. *e.* 542. *f.* iii. 250. *e.* 251. *k.*

תָּמַךְ, i. 240. *h.* 245. *b.* 293. *i.* 388. *a.* 663. *c.* 796. *e.* 838. *i.* 863. *a.* 906. *a.* ii. 180. *h.* 213. *b.* 237. *a.* 312. *i.* iii. 107. *c.* 134. *d.* 140. *d.* 214. *a.* 251. *b.*

תָּמַם, i. 124. *h.* 307. *h.* 570. *k.* 607. *k.* 684. *i.* 715. *c.* 748. *h.* 799. *f.* 807. *i.* ii. 28. *c.* 702. *h.* 769. *e.* 794. *c.* iii. 150. *g.* 198. *a.* 251. *b.* 252. *a.* 256. *i.* 265. *c.*

774. f. iii. 140. d. 206. f. — תָּפַשׂ, ii. 187. g. iii. 141. a. — תָּפַשׂ מָגֵן, ii. 123. h. — תֹּפֵשׂ מִלְחָמָה, ii. 817. i. — תֹּפֵשׂ מָשׁוֹט, ii. 348. d. — תֹּפֵשׂ קֶשֶׁת, iii. 282. b.

תֹּפֶת, i. 487. i. 571. a. 573. h. iii. 242. d. 285. g. 310. g.

תַּפְתָּיֵא — תַּפְתָּיֵא וְתָבְרַיָּא, i. 821. c.

תִּקְוָה, i. 5. i. 751. a. 931. f. iii. 37. e. 163. i. 178. e. 328. c. 349. b. 352. i.

תְּקוּמָה, i. 223. c.

תְּקוֹמֵם, i. 966. f.

תָּקוֹעַ, iii. 23. b.

תְּקוֹעַ, iii. 421. a.

תְּקוּפָה, ii. 129. e. 196. a. 441. f. iii. 195. d.

תַּקִּיף, ii. 105. e. h.

תַּקִּיפָא, iii. 337. b.

תְּקֵל, ii. 102. g.

תָּקַן, i. 860. i. — תְּקַן, ii. 304. i. 305. a.

תִּקֵּן, ii. 310. h.

תָּקַע, i. 435. f. 669. g. 752. d. 756. g. 862. b. ii. 102. h. 182. b. 204. b. 324. k. 648. a. 760. d. iii. 23. f. 36. d. 107. c. 171. i. 270. i. 419. g. — תֹּקֵעַ, ii. 30. d. — תֹּקַע כַּף, i. 662. d.

תֵּקַע, ii. 30. c.

תָּקַף, i. 861. b. iii. 333. c. 489. h.

תְּקֵף, ii. 310. h. iii. 60. b.

תְּקַף, i. 454. g. ii. 107. d. 811. a. iii. 273. f.

תֹּקֶף, i. 782. a. ii. 108. i.

תְּקֹף, iii. 273. f.

תָּקְפָּא, ii. 309. c.

תַּרְבּוּת, iii. 203. a. 208. h.

תַּרְבִּית, i. 621. b. ii. 783. h. 787. d.

תַּרְגֵּם, i. 911. k.

תַּרְדֵּמָה, i. 214. c. 528. a. 727. c. ii. 34. b. 153. b. 196. b. 227. c. iii. 339. h. 398. c. e.

תְּרוּמָה, i. 268. i. 408. b. e. 423. i. 424. a. 695. e. 720. d. 854. f. ii. 35. d. 457. i. 594. a. 662. d. — תְּרוּמָה אֲשֶׁר הֵבִיאוּ, ii. 901. c. — תְּרוּמַת יָד, i. 958. c.

תְּרוּעָה, i. 69. c. 102. e. 114. e. f. 185. a. 773. h. 809. i. 818. g. ii. 66. b. 257. a. 314. i. iii. 23. c. f. 36. h. 37. g. 55. e. g. 320. i. 421. a.

תְּרוּפָה, iii. 314. a.

תִּרְזָה, ii. 77. h. i. 28. f.

תְּרֵי — תְּרֵי עֲשַׂר, i. 654. e.

תָּרְמָה, i. 631. a. 656. g. ii. 328. i.

תַּרְמִית, i. 630. b. c. 780. a. 856. d. ii. 42. e. 855. f. iii. 176. b.

תֹּרֶן, ii. 103. e.

תְּרַע, i. 398. d. ii. 76. i.

תָּרָעַיָּא, ii. 923. c.

תַּרְעֵלָה, ii. 74. g. 157. i. 196. b. 265. e. 918. i. iii. 22. k. 79. f.

תְּרָפִים, i. 226. g. 334. e. 504. f. 540. b. 541. e. 680. g. 865. e. 887. f. ii. 50. a. 51. d. 253. b. 479. g.

תִּרְצָה, i. 930. b. e. i.

תַּרְשִׁישׁ, i. 224. h. ii. 32. e. 37. d. 157. h. i. iii. 311. b. 466. d.

תַּרְתֵּין, i. 537. d.

תְּשֻׁאוֹת, i. 814. c. ii. 99. e. 200. i. 414. g. 432. i.

תִּשְׁבִּי, ii. 58. h.

תַּשְׁבֵּץ, ii. 306. e. iii. 210. g.

תְּשׁוּאוֹת, i. 814. c.

תְּשׁוּבָה, i. 239. g. 249. e. 328. d. 837. b. 883. d.

תְּשׂוּמָה, ii. 44. i. — תְּשׂוּמֶת יָד, ii. 287. a. 695. h. 772. f.

תְּשׁוּעָה, i. 463. d. iii. 225. g. 226. e.

תְּשׁוּקָה, i. 328. *d.* 883. *g.* ii. 590. *h.* iii. 147. *i.* 170. *e.*

תְּשׁוּרָה, ii. 782. *b.* iii. 353. *a.*

תְּשִׁיעִי, i. 782. *d.*

תְּשַׁע, i. 782. *c. d.* — תְּשַׁע מֵאוֹת, i. 782. *c.* — תְּשַׁע עֶשְׂרֵה, i. 528. *g.* 681. *h.* 782. *d.*

תִּשְׁעָה, i. 782. *c. d.*—תִּשְׁעָה עָשָׂר, i. 782. *d.*

תִּשְׁעִים, i. 782. *e.* — תִּשְׁעִים וְשִׁשָּׁה, i. 782. *e.* — תִּשְׁעִים וָתֵשַׁע, i. 782. *e.*

תַּת, i. 632. *b.*

תֹּתַח, iii. 215. *h.*

תְּתִיָּפִי, iii. 494. *f.*

תִּתְפֹּשׂ, i. 927. *f.*

COLLATIO

VERSUUM ET CAPITUM

EDITIONUM WECHELI ET BOSII.

GENESIS.

Wechel. Cap.	Wechel. vers.	Bos. Cap.	Bos. vers.
4.	11.	4.	11. 12.
	12.		13.
	13.		14.
	14.		15.
	15.		16.
	16.		17.
	17.		18.
	18.		19.
	19.		20.
	20.		21.
	21.		22.
	22.		23.
	23.		24.
	24.		25.
	25.		26.
8.	3. 4.	8.	3.
	5.		4. 5.
9.	27.	9.	27. 28.
11.	14.	11.	13. 14.
14.	15.	14.	14. 15.
16.	3.	16.	2. 3.
17.	12.	17.	12. 13.
19	15.	19.	14. 15.
	16.		16. 17.
24.	57.	24.	57. 58.
27.	3. 4.	27.	3.
	17.		17. 18.
	38. 39.		38.
	44.		44. 45.
28.	11.	28.	11. 12.
29.	11.	29.	10. 11.
	14.		13. 14.
	15.		14. 15.
	28.		28. 29.
	29.		30.
	30.		31.
	31.		32.
	32.		33.
	33.		34.
	34.		35.
30.	4.	30.	4. 5.
	5.		6.
	6.		7.
	7.		8.
	8.		9.
	9.		10.
	10.		11.
	11.		12.

Wechel. Cap.	vers.	Bos. Cap.	vers.
30.	12.	30.	13.
	13.		14.
	38.		37.
	39.		38.
	40.		39.
	41.		40.
	42.		41.
	43.		42.
	44.		43.
31.	24.	31.	25.
	36.		37.
	38.		39.
	47.		46.
	48.		49.
32.	25.	32.	{ 23. 24.
33.	11.	33.	10.
	12.		11.
34.	13.	34.	14.
	28.		{ 28. 29.
	29.		30.
	30.		31.
35.	22.	35.	{ 21. 22.
36.	17.	36.	{ 17. 18.
	44.	37.	{ 1. 2.
37.	1.	37.	2.
	2.		3.
	3.		4.
	4.		5.
	5.		6.
	6.		7.
	7.		8.
	8.		9.
	9.		10.
	10.		11.
	11.		12.
	12.		13.
	13.		14.
	14.		{ 14. 15.
	15.		16.
	16.		17.
	17.		18.
	18.		19.
	19.		20.
	20.		21.
	21.		{ 21. 22.
	22		23.
	23.		24.
	24.		25.
	25.		26.
	26.		27.
	27		{ 27. 28.
	28.		{ 29. 30.
	29.		30.

Wechel. Cap.	vers.	Bos. Cap.	vers.
37.	30.	37.	{ 31. 32.
	31.		32.
	32.		33.
	33.		34.
	34.		35.
	35.		36.
39.	5.	39.	{ 5. 6.
	13.		{ 13. 14.
	15.		{ 14. 15.
	16.		17.
41.	5.	41.	{ 4. 5.
	6.		5.
	7.		6.
	8.		{ 7. 8.
	12.		13.
	20.		{ 20. 21.
	22.		{ 21. 22.
	47.		{ 46. 47. 48.
	54. 55. }		54.
	56.		55.
	57.		56.
	58.		57.
42.	6. 7. }	42.	6.
	24. 25. }		24.
43.	7. 8. }	43.	7.
	23. 24. }		23.
	33. 34. }		34.
46.	7.	46.	{ 7. 8.
	20. 21. }		20.
	22.		21.
	23.		22.
	24.		23.
	25.		24.
	26.		25.
	27.		26.
	28.		27.
	29.		28.
	30.		29.
	31.		30.
	32.		31.
	33.		32.
	34.		33.
	35.		34.
47.	2.	47.	3.

Wechel. Cap.	vers.	Bos. Cap.	vers.
47.	8.	47.	7.
	23.		{23. 24.}
49.	25.	49.	24.
	31.		{31. 32.}
	32.		33.
50.	3.	50.	2.
	15.		16.

EXODUS.

Wechel. Cap.	vers.	Bos. Cap.	vers.
1.	13.	1.	12.
2.	2.	2.	{1. 2.}
	17.		18.
	22.		21.
	24.		23.
	25.		{24. 25.}
	8.	3.	7.
	10.		9.
–	19.		18.
	30.		31.
7.	8.	7.	9.
9.	12.	9.	11.
	13.		12.
	14.		13.
	15.		14.
	16.		15.
	17.		16.
	18.		17.
	19.		18.
	20.		19.
	21.		20.
	22.		21.
	23.		22.
	24.		23.
	25.		24.
	26.		25.
	27.		26.
	28.		27.
	29.		28.
	30.		29.
	31.		30.
	32.		31.
	33.		32.
	34.		33.
	35.		34.
	36.		35.
12.	41.	12.	42.
13.	11.	13.	12.
14.	31.	14.	30.
	32.	15.	1.
15.	22.	15.	21.
16.	33.	16.	34.
	35.		{35. 36.}
18.	8.	18.	7.

Wechel. Cap.	vers.	Bos. Cap.	vers.
20.	19.	20.	18.
22.	9.	22.	8.
23.	18.	23.	17.
24.	12.	24.	11.
25.	20.	25.	{19. 20. 21.}
	25.		24.
26.	32.	26.	31.
27.	21.	27.	20.
28.	30.	28.	29.
	33.		34.
29.	2.	29.	{1. 2. 3.}
	8.		9.
	10.		9.
	22.		21.
	31.		32.
30.	1.	30.	2.
	8.		7.
	10.		18.
	20.		{20. 21.}
	27.		28.
31.	4.	31.	3.
	5.		4.
	8.		{8. 9.}
	9.		10.
	10.		11.
	11.		12.
	12.		13.
	13.		14.
	14.		15.
	15.		16.
	16.		17.
	17.		18.
32.	8.	32.	{8. 9.}
	10.		11.
	11.		12.
	12.		13.
	13.		14.
	14.		15.
	15.		16.
	16.		17.
	17.		18.
	18.		19.
	19.		20.
	20.		21.
	21.		22.
	22.		23.
	23.		24.
	24.		25.
	25.		26.
	26.		27.
	27.		28.
	28.		29.
	29.		30.
	30.		31.
	31.		32.

Wechel. Cap.	Wechel. vers.	Bos. Cap.	Bos. vers.
32.	32.	32.	33.
	33.		33. 34.
	34.		35.
34.	7.	34.	6.
	17.		18.
35.	8.	35.	9.
	9.		10.
	10.		11.
	11. 12. 13. 14. 15. 16. 17.		12.
	18.		19.
	19.		20.
	20.		21.
	21.		22.
	22.		23.
	23.		24.
	24.		25. 26.
	25.		27.
	26.		28.
	27.		29.
	28.		30.
	29.		31.
	30.		32. 33.
	31.		33. 34.
	32.		34.
	33.		35.
36.	2.	36.	2. 3.
	4.		4. 5.
	5.		6.
	6.		7.
	7.		8. in Not.
	8.		9.
	9.		10.
	10.		11. 12.
	11.		13.
	12.		14.
	13.		15. 16.
	14.		17.
	15.		18.
	16.		19.
	17.		20.
	18.		21.
	19.		22.
	20.		22. 23. 24.
	21.		24.
	22.		25. 26.

Wechel. Cap.	Wechel. vers.	Bos. Cap.	Bos. vers.
36.	23. 24.	36.	27.
	25.		28. 29.
	26.		29. 30.
	27.		31.
	28. 29.		32.
	30.		33.
	31. 32.		34.
	32.		34.
	33.		35.
	34.		36.
	35.		37.
	36. 37.		38.
37.	1.	37.	1. in Not.
	13.		14.
	17. 18.		17.
	19.		18.
	20. 21. 22.		19.
	23.		20.
	24.		21.
	25.		22.
	26. 27.		23.
	28.		24.
	29.		25.
	30.		26.
	31.		26. 27.
	32.		28.
	33.		29.
38.	6.	38.	7.
	14.		13.
	28.		27.
	29.		28.
	30.		29.
	31.		30.
	32.		31.
39.	2. 3. 4. 5. 6. 7. 8. 9. 10. 11. 12. 13. 14. 15. 16. 17. 18.	36.	

Wechel. Cap.	vers.	Bos. Cap.	vers.
39.	19. 20. 21. 22. 23. 24. 25. 26. 27. 28. 29. 30. 31.	39.	8.
	35.		ver. 34. in Not.
	38. 39.		38.
	40.		39.
	41. 42.		40.
	43.		41. 42.
	44.		43.
40.	5.	40.	4.
	6.		5.
	7.		5.
	8.		6.
	9.		9. 10.
	11.		12.
	12.		12. 13. 14. 15.
	13.		15.
	14.		16.
	15.		17.
	16.		18.
	17.		19.
	18.		20.
	19.		21.
	20.		22.
	21.		23.
	22.		24.
	23.		25.
	24.		26.
	25.		27.
	26.		29.
	27. 28.		33.
	31.		33. 34.
	32.		35.
	33.		36.
	34.		37.
	35.		38.

LEVITICUS.

Wechel. Cap.	vers.	Bos. Cap.	vers.
2.	12.	2.	11.
3.	10.	3.	9.
	17.		16.
4.	16.	4.	15.
	19.		18.
	20.		19. 20.
5.	16.	5.	15.
6.	11.	6.	10.
8.	4.	8.	5.
	7.		6.
	15.		14. 15.
	26.		25.
	27.		26.
	30.		31.
9.	15.	9.	14.
	16.		15. 16. 17.
	19.		20.
	20.		21.
11.	15.	11.	16.
	16.		15.
	21.		22.
	25.		24.
12.	7.	12.	6.
13.	7.	13.	7. 8.
	8.		9. 10.
	9.		10.
	10.		11.
	35.		36.
14.	10.	14.	9.
	13.		12.
	17.		18.
	18.		19.
	19.		20.
	37.		36.
	40.		39.
15.	22.	15.	22. 23.
	23.		24.
	24.		25.
	25.		26.
	26.		27.
	27.		28.
	28.		29.
	29.		30.
	30.		31.
	31.		32.
	32.		33.
16.	9.	16.	10.
	13.		12.
21.	7.	21.	8.
	16.		17.
	17.		18.
	18.		19.
	19.		20.
22.	5.	22.	6.
	7.		6.
	19.		18.

Wechel. Cap.	vers.	Bos. Cap.	vers.
23.	17.	23.	16.
	40.		39.
	41.		40.
24.	16.	24.	15.
25.	53.	25.	52.
26.	37.	26.	36.

NUMERI.

Wechel. Cap.	vers.	Bos. Cap.	vers.
1.	3.	1.	2.
	20.		21.
2.	25.	2.	24.
3.	28.	3.	27.
	29.		28.
	33.		34.
	49.		50.
	4.	4.	5.
	15.		14. 15.
	16.		15.
	19. 20.		19.
	21.		20.
	22.		21.
	23.		22.
	24.		23.
	25.		24.
	26.		25.
	27.		26.
	28.		26. 27.
	29.		28.
	30.		29.
	31.		29. 30.
	32.		31.
	33.		32.
	34.		33.
	35.		34.
	36.		35.
	37.		36.
	38.		37.
	39.		38.
	40.		39.
	41.		40.
	42.		41.
	43.		42.
	44.		43.
	45.		44.
	46.		45.
	47.		46.
	48.		47.
	49.		48.
	50.		49.
5.	11.		12.
	12.		13.
	19.		18.
	20.		21.

Wechel. Cap.	vers.	Bos. Cap.	vers.
5.	24.	5.	23.
	25.		24.
	27.		26.
6.	3.	6.	2. 3. 4.
	26.		26. 27.
7.	11.	7.	12.
	85.		84.
8.	3.	8.	2.
	4.		3.
	5.		4.
	6.		5.
	7.		6. 7.
	8.		7.
	9.		8.
	10.		9.
	11.		10.
	12.		11.
	13.		12.
	14.		13. 14.
	22.		21.
9.	6.		7.
	10.		11.
	22.		v. 21. in N.
10.	34.	10.	v. 33. in N
11.	27.	11.	26.
13.	19.	13.	18.
15.	6.	15.	5.
	11.		11. 12.
	12.		13. 14.
	13.		15. 16.
	14.		17.
	15.		18.
	16.		18.
	17.		19.
	18.		19. 20.
	19.		20. 21.
	20.		22.
	21.		23.
	22.		24.
	23.		25.
	24.		26.
	25.		27.
	26.		28.
	27.		29.
	28.		30.
	29.		31.
	30.		32.
	31.		33.
	32.		34.
	33.		35.
	34.		36.
	35.		37.

Wechel. Cap.	vers.	Bos. Cap.	vers.
15.	36.	15.	38. 39.
	37.		39.
	38.		40.
	39.		41.
16.	1.	16.	1. 2.
	3.		2.
	13.		14.
	19.		18. 19.
	25.		26.
	29.		28. 29.
	37.		38.
	40.		39. 40.
	43.		42. 43.
	45.		45. 46.
18.	24.	18.	23. 24.
21.	18.	21.	17.
	19.		18.
	20.		19.
	21.		20.
	22.		21. 22.
22.	9.	22.	8.
23.	3.	23.	3. 4.
	6.		5. 6.
	14.		15.
24.	2.	24.	3.
	15.		16.
	16.		17.
25.	17.	25.	17. 18.
26.	11.	26.	10.
	15. 16. 17. 18.		post ver. 27.
	28. 29. 30. 31. 32. 33. 34. 35. 36. 37. 38. 39. 40. 41. 42. 43.		post ver. 47.

Wechel. Cap.	vers.	Bos. Cap.	vers.
26.	44. 45. 46. 47.	26.	post ver. 18.
	59.		58.
27.	3. 4.	27.	3.
28.	30.	28.	29. 30.
	31.		30. 31.
30.	5.	30.	4. 5.
31.	9.	31.	8.
	23. 24.		23.
	25.		24.
	26.		25. 26.
	29.		28. 29.
32.	2.	32.	1. 2.
	5.		4. 5.
	35.		34.
35.	7.	35.	6.
36.	6.	36.	6. 7.
	9.		10.
	11.		12.

DEUTERONOMIUM.

Wechel. Cap.	vers.	Bos. Cap.	vers.
1.	4.	1.	4. 5.
	26.		27.
2.	5.	2.	4. 5.
	25.		24. 25.
4.	47.	4.	46. 47.
7.	2.	7.	1. 2.
9.	8.	9.	9.
11.	16.	11.	15. 16.
12.	23.	12.	24.
	24.		25.
	29.		30.
15.	1.	15.	1. 2.
	6.		5. 6.
	13.		14.
18.	10.	18.	11.
	15.		16.

Wechel. Cap.	vers.	Bos. Cap.	vers.
20.	16.	20.	15.
21.	6.	21.	7.
22.	29.	22.	28.
23.	11.	23.	10.
	19.		18.
	20.		19.
	21.		20.
	22.		21.
	23.		22.
	24.		23.
	25. 26. }	24. in principio.	
25.	3.	25.	2.
27.	10.	27.	9.
29.	17.	29.	16.
30.	14.	30.	15.
	15.		16.
31.	21.	31. v. 20. in N.	
	22.		23.
	30.	30. in principio.	
32.	28.	32.	29.
	44.		43.
	45.		44.
	46.		44.
	47.		45.
	48.		46.
	49.		47.
	50.		48.
	51.		49.
	52.		50.
	53.		51.
	54.		52.

JOSUA.

Wechel. Cap.	vers.	Bos. Cap.	vers.
2.	22.	2.	21.
3.	17.	3.	16.
5.	4.	5.	5.
	5.		{ 5. 6.
	11.		12.
	14.		{ 14. 15.
	15.		16.
	3. 4. 5. 6. 7. 8. }	6. v. 2. in N.	
	27.		26.
	28.		27.
	3.	8.	4.
	7. 8. }		{ 6. in N. 7.
	10.		11.
	11. 12. 13. }	12. et in N.	
8.	17.	8.	{ 16. 17.
	18.		19.
	23.		{ 22. 23.
	26.		25. in N.
	30. 31. 32. 33. 34. 35. }	9. post v. 2.	
9.	12.	9.	11.
	22.		21.
10.	15.	10. v. 14. in N.	
	34.		35.
	38.		39.
	40.		41.
	41.		42.
	43.		42. in N.
11.	16.	11.	17.
12.	8.	12.	7.
13.	4.	13.	{ 3. 4. 5.
	7.		8.
	33.		32. in N.
14.	3.	14. v. 2. in N.	
	14.		13.
15.	61.	15.	60.
	62. 63. }	60. in N.	
	64.		63.
16.	7.	16. v. 6. in N.	
18.	17.	18.	18.
	19.		{ 18. 19. 20.
19.	8.	19.	7.
	11.		10. in N.
	47.		46. in N
20.	4. 5. 6. }	20. v. 3. in N.	
21	10.	21.	9.
	37.		36.
	38.		37.
	39.		37.
	40.		38.
	41.		{ 39. 40.
	42. 43. 44. }		40.
	45.		41.
	46.		42.
	47.		43.
22.	8.	22.	7.
24.	23.	24. v. 22. in N.	
	31.	31. post v. 28.	
	32.		30.
	33.		32.

Wechel. Cap.	vers.	Bos. Cap.	vers.
24.	34.	24.	
	35.		33.
	36.		
	37.		

JUDICES.

Wechel. Cap.	vers.	Bos. Cap.	vers.
1.	27.	1.	
	28.		27.
	29.		
	30.		28.
	31.		29.
	32.		30.
	33.		31.
	34.		32.
	35.		33.
	36.		34.
	37.		35.
	38.		36.
2.	14.	2.	15.
	17.		16.
3.	20.	3.	21.
	27.		26.
5.	31.	5.	31.
			32.
6.	8.	6.	9.
	21.		20.
	25.		24.
	29.		30.
7.	22.	7.	23.
9.	24.	9.	23.
	27.		26.
	39.		40.
	43.		42.
	44.		43.
	45.		44.
11.	4.	11. v. 4. in N.	
	5.		4.
			5.
	18.		17.
	22.		21.
	40.		39.
			40.
15.	5.	15. v. 4. in N.	
16.	14.	16.	13.
	15.		14.
	16.		15.
	17.		16.
	18.		17.
	19.		18.
	20.		19.
	21.		20.
	22.		21.
	23.		22.
	24.		23.
	25.		24.
	26.		25.
	27.		26.
	28.		27.

Wechel. Cap.	vers.	Bos. Cap.	vers.
16.	29.	16.	28.
	30.		29.
	31.		30.
	32.		31.
	33.		v. 31. in N.
18.	2.	18.	3.
	18.		v. 17. in N.
	23.		22.
19.	4.	19.	3.
	13.		12.
20.	27.	20.	28.
	35.		34.
21.	6.	21.	7.
	17.		16.

RUTH.

Wechel. Cap.	vers.	Bos. Cap.	vers.
1.	7.	1.	8.
	12.		13.
	14.		15.
2.	3.	2.	2.
4.	2.	4.	3.
	4.		5.
	5.		4.
			18.
			19.
	18.		20.
			21.
			22.

I. REGUM.

Wechel. Cap.	vers.	Bos. Cap.	vers.
1.	1.	1.	1.
			2.
	24.		24.
			25.
2.	9.	2.	10.
	11.		10.
	12.		10.
	13.		10.
			11.
	14.		12.
	15.		13.
	16.		14.
	17.		15.
	18.		16.
	19.		17.
	20.		18.
	21.		19.
	22.		20.
	23.		21.
	24.		22.
	25.		23.
	26.		24.
	27.		25.
	28.		26.

Wechel. Cap.	vers.	Bos. Cap.	vers.
2.	29.	2.	27.
	30.		28.
	31.		29.
	32.		30.
	33.		31. 32.
	34.		v. 32. in N.
	35.		33.
	36.		34.
	37.		34. 35.
	38.		36.
	5.		2.
	6.		5.
	21. 22.		21.
	15.	4.	14.
	16. 17.		16.
	18.		17.
	19.		18.
	20.		19.
	21.		20.
	22.		21.
	23.		22.
5.	11.	5.	12.
6.	4.	6.	5.
8.	26.	9.	25.
10.	26.	10.	25. 26.
13.	1.	13.	v. 2. in N.
14.	9.	14.	8.
	25.		24. 25.
	42.		41. 42.
	43.		42.
	44.		43.
	45.		44.
	46.		45.
	47.		46.
	48.		47.
	49.		48.
	50.		49.
	51.		50.
	52.		51.
	53.		52.
15.	2.	15.	3.
	13.		12.
	24.		25.
17.	12. 13. 14. 15. 16. 17. 18. 19. 20. 21. 22. 23.	17.	v. 11. in N.

Wechel. Cap.	vers.	Bos. Cap.	vers.
17.	24. 25. 26. 27. 28. 29. 30. 31.	17.	v. 11. in N.
	40.		39.
	41.		40.
	50. 51.		v. 51. in N.
	55. 56. 57. 58.		v. 54. in N.
18.	1. 2. 3. 4. 5. 6.	17.	v. 54. in N.
	8. 9. 10. 11.	18.	v. 12. in N.
	17. 18. 19.		v. 20. in N.
	29. 30.		v. 29. in N.
19.	1.	19.	1. 2.
	20.		21.
	22.		23.
20.	15.	20.	14.
	16.		17.
	17.		18. 19.
	18.		19.
	19.		20.
	20.		21. 22.
	21.		22.
	22.		23.
	23.		24.
	24.		25.
	25.		26.
	26.		27.
	27.		28.
	28.		29.
	29.		30.
	30.		31.
	31.		32.
	32.		33.
	33.		34.
	34.		35.
	35.		36.
	36.		37.
	37.		38.
	38.		39.
	39.		40.

Wechel. Cap.	vers.	Bos. Cap.	vers.
20.	40.	20.	41.
	41. 42.		42.
23.	12.	23. v. 11. in N.	
25.	15.	25.	16.
	24.		23.
	42.		v. 41. in N.
26.	13.	26.	14.
28.	24.	28.	24. 25.
30.	28.	30.	29.
31.	8.	31.	9.

Wechel. Cap.	vers.	Bos. Cap.	vers.
21.	14.	21.	13.
	16.		15.
23.	10.	23.	9.
	19.		18.
24.	7.	24.	6.
	14.		15.

II. REGUM.

Wechel. Cap.	vers.	Bos. Cap.	vers.
2.	22.	2.	23.
	31.		32.
3.	9.	3.	10.
	35.		34.
4.	8.	4.	7.
6.	4.	6.	3.
	22.		21.
7.	5.	7.	4.
8.	8.	8.	7.
	9.		8.
	10.		9.
	11.		10.
	12.		11.
	13.		12.
	14.		13.
	15.		14.
	16.		15.
	17.		16.
	18.		17.
	19.		18.
11.	4.	11.	5.
	22. 23. 24.		22.
	25.		23.
	26.		24.
	27.		25.
	28.		26.
	29.		27.
13.	28.	13.	27.
14.	29.	14.	30.
	31.		30.
15.	11.	15.	10.
	21.		20.
	22.		21. 22.
18.	15.	18.	14.
	25.		26.
19.	11.	19.	10.
	38.		37.
20.	19.	20.	18.
	25.		25. 26.
21.	4.	21.	5.

III. REGUM.

Wechel. Cap.	vers.	Bos. Cap.	vers.
2.	29. 30.	2.	29.
	31.		30.
	32.		31.
	33.		32.
	34.		33.
	35.		34.
	36.		35.
	37.	3.	36.
	38.		37.
	39.		38.
	40.		38. 39.
	41.		40.
	42.		41.
	43.		42.
	44.		43.
	45.		44.
	46.		45.
	47.		46.
3.	1.		v. 1. in N.
	2.	2. post v. 46.	
	25.		24.
4.	17.	4. v. 16. in N	
	20. 21. 22. 23. 24. 25. 26.	3.	46.
5.	17. 18.	5. v. 18. in N.	
6.	11. 12. 13. 14.	6.	10. in N.
	18.		17. in N.
	22.		23.
	23.		24.
	24.		25.
	25.		26.
	26.		27.
	27.		28.
	28.		29.
	29.		30.
	30.		31.
	31. 32.		31. in N.
	33.		34.

Wechel. Cap.	vers.	Bos. Cap.	vers.
6.	34.	6.	35.
	35.		36.
	36. 37.		36. in N.
7.	1.	7.	1.
	2.		2.
	3.		3.
	4.		4.
	5.		4.5.
	6.		6. in
	7.		7. fine
	8.		8. cap.
	9.		9. post
	10.		10. vers.
	11.		11. 51.
	12.		12.
	17.		18.
	18. 19.		18. in N.
	20.		21.
	21.		19.
	22.		23.
	23.		24.
	24.		25.
	25.		25. in N.
	26.		27.
	27.		28.
	28.		29.
	29.		30.
	30. 31.		30. in N.
	32.		33.
	33.		34.
	34.		35.
	35.		36.
	36.		37.
	37.		38.
	38.		39.
	39.		40.
	40.		41.
	41.		42.
	42.		43.
	43.		44.
	44.		45.
	45.		47.
	47.		48.
	2. 3.	8.	1. in N.
	4.		3. 4.
	12. 13.		11. in N.
	41. 42.		41. in N.
	53. 54.		53.
	55.		54.
	56.		55.
	57.		56.
	58.		57.
	59.		58.
	60.		59.

Wechel. Cap.	vers.	Bos. Cap.	vers.
8.	61.	8.	60.
	62.		61.
	63.		62.
	64.		63.
	65.		64.
	66.		65.
	67.		66.
9.	15. 16. 17. 18. 19. 20. 21. 22. 23. 24. 25.		26. in N.
10.	4.	10.	5.
	8.		9.
	14.		13.
11.	5.	11. v. 4. in N.	
	12.		12. 13.
	23. 24.		14.
	25.		22.
	26.		27.
	39.		38. in N.
12.	2.	11.	43.
	17.	12. v. 16. in N.	
	26. 27. 28.		26. in N.
14.	1.	14.	1.
	20.		20.
	27. 28.		26. 27.
	29.		28.
	30.		29.
	31.		30.
	32.		31.
15.	6.	15. v. 5. in N.	
	32.		31. in N.
16.	8.	16. v. 7. in N.	
	11.		12.
	15.		14. in N.
	32.		33.
17.	22.	17.	22. 23.
	23.		24.
18.	7.	18.	6.
	34.		33.
	43.		44.
20.	18.	21.	19.
21.	28.	20.	28. 29.
22.	6.	22.	5.
	47. 48. 49. 50.		46. in N.

IV. REGUM.

Wechel. Cap.	vers.	Bos. Cap.	vers.
1.	6.	1.	7.
	18. 19. 20.		18.
2.	14.	2.	13.
	16.		15.
	21.		20.
4.	21.	4.	22.
	28.		29.
5.	12.	5.	13.
	18.		17.
7.	19.	7.	18.
8.	10.	8.	11.
	11.		12.
9.	31.	9.	30.
10.	13.	10.	12.
	22.		21.
	23.		22.
	25.		23. in N.
	26.		24.
	27.		25.
	28.		26.
	29.		27.
	30.		28.
	31.		29.
	32.		30.
	33.		31.
	34.		32.
	35.		33.
	36.		34.
	37.		35.
	38.		36.
11.	11.	11. v. 11. in N.	
	12.		11.
	13.		12.
	14.		13.
	15.		14.
	16.		15.
	17.		16.
	18.		17.
	19.		18.
	20.		19.
	21.		20.
	22.		21.
13.	16.	13.	15.
17.	14. 15.	17. v. 14. in N.	
	20.		19.
18.	9.	18.	10.
	20.		19.
19.	23.	19.	24.
	27.		28.
21.	20.	21.	20. 21.
	21.		22.
	22.		23.
	23.		24.
	24.		25.
	25.		26.
22.	20.	23.	1.
24.	21.	25.	1.
	22.		2.
	23.		2. 3.
	24.		4.
	25.		5.
	26.		6.
	27.		7.
	28.		8.
	29.		9.
	30.		10.
	31.		11.
	32.		12.
	33.		13.
	34.		14.
	35.		15.
	36.		15. 16.
	37.		17.
	38.		18.
	39.		19.
	40.		20.
	41.		21.
	42.		22.
	43.		23.
	44.		24.
	45.		25.
	46.		26.
	47.		27.
	48.		28.
	49.		29.
	50.		30.

I. PARALIPOMENORUM.

Wechel. Cap.	vers.	Bos. Cap.	vers.
2.	52.	2.	53.
3.	22.	3.	23.
	23.		24.
5.	19.	5.	20.
6.	56.	6.	55.
	58.		57.
9.	23.	9.	22.
	43.		43. 44.
13.	12.	13.	13.
	13.		14.
17.	5.	17.	6.
20.	2.	20.	3.
	5.		6.
	6.		7. 8.
21.	12.	21.	11.
	27.		28.
	28.		29.
	29.		30.
22.	16.	22.	15.
27.	5.	27.	4.
29.	10.	29.	9.

Wechel. Cap.	vers.	Bos. Cap.	vers.
29.	29.	29.	{ 29. 30.

II. PARALIPOMENORUM.

Wechel. Cap.	vers.	Bos. Cap.	vers.
1.	17.	1.	16.
2.	8.	2.	9.
3.	12.	3.	13.
	13.		14.
	14.		15.
	15.		16.
	16.		17.
[illegible]	15.	4.	16.
	23.	5.	1.
5.	1.	5.	2.
	2.		3.
	3.		{ 4. 5.
	4.		5.
	5.		6.
	6.		7.
	7.		8.
	8.		9.
	9.		10.
	10.		11.
	11.		12.
	12.		13.
	13.		{ 13. 14.
[illegible]	9.	6.	8.
	21.		20.
11.	2.	11.	3.
	3.		4.
	4.		5.
	5.		6.
	6.		7.
	7.		8.
	8.		9.
	9.		10.
	10.		11.
	11.		12.
	12.		13.
	13.		14.
	14.		15.
	15.		16.
	16.		17.
	17.		18.
	18.		19.
	19.		20.
	20.		21.
	21.		{ 22. 23.
13.	11.	13.	10.
15.	14.	15.	15.
16.	14. 15. }	16.	14.
20.	7.	20.	8.
	8.		9.
	13.		12.

Wechel. Cap.	vers.	Bos. Cap.	vers.
20.	14.	20.	13.
	15.		14.
	16.		15.
	17.		16.
	18.		17.
	19.		18.
	20.		19.
	21.		20.
	22.		21.
	23.		22.
	24.		23.
	25.		24.
	26.		25.
	27.		26.
	28.		27.
	29.		28.
	30.		29.
	31.		30.
	32.		31.
	33.		32.
	34.		33.
	35.		34.
	36.		35.
	37.		36.
	38.		37.
21.	2.	21.	3.
	11.		10.
26.	17.	26.	18.
27.	8.	27. v. 9. in N.	
30.	19.	30.	18.
31.	12.	31.	11.
32.	28.	32.	29.
33.	19.	33.	18.
35.	15.	35.	16.
	20.		{ 19. 20.
	26.		{ 26. 27.

ESDRA.

Wechel. Cap.	vers.	Bos. Cap.	vers.
1.	10.	1.	9.
4.	8.	4.	9.
	21.		22.
7.	4.	7.	5.
	5.		6.
	6.		7.
	7.		{ 8. 9.
	8.		9.
	9.		10.
	10.		11.
	11.		12.
	12.		13.
	13.		14.
	14.		15.
	15.		16.
	16.		17.
	17.		18.

Wechel. Cap.	vers.	Bos. Cap.	vers.
7.	18.	7.	19.
	19.		20.
	20.		21.
	21.		22.
	22.		23.
	23.		24.
	24.		25.
	25.		26.
	26.		27.
	27.		28.
	26.	8.	27.
	27.		28.
	28.		29.
	29.		30.
	30.		31.
	31.		32.
	32.		33.
	33.		34.
	34.		35.
	35.		36.
9.	6.	9.	7.
10.	15.	10.	16.

Wechel. Cap.	vers.	Bos. Cap.	vers.
12.	9.	12.	8.
	30.		29.
	33.		{33. 34.}
	34.		35.
	35.		{36. 37.}
	36.		37.
	37.		
	38.		
	39.		39. in N.
	40.		
	41.		42.
	42.		43.
	43.		44.
	44.		45.
	45.		46.
	46.		47.
13.	30.	13.	{30. 31.}

NEHEMIA.

Wechel. Cap.	vers.	Bos. Cap.	vers.
4.	{5. 6.}	4. v. 5. in N.	
	16.		17.
	21.		20.
6.	5.	6.	6.
	13.		12.
7.	{68. 69.}	7. v. 69. in N.	
8.	1.	7.	73.
	{2. 3.}	8.	1.
	4.		2.
	5.		3.
	6.		4.
	7.		5.
	8.		6.
	9.		7.
	10.		8.
	11.		9.
	12.		10.
	13.		11.
	14.		12.
	15.		13.
	16.		14.
	17.		15.
	18.		16.
	19.		17.
	20.		18.
10.	29.	10.	28.
11.	16.	11. v. 15. in N.	
	{17. 18.}	17. in N.	
	{20. 21.}	19. in N.	

ESTHER.

Wechel. Cap.	vers.	Bos. Cap.	vers.
1.	7.	1.	6.
	8.		{7. 8.}
	13.		{12. 13.}
2.	3.	2.	{2. 3.}
	16.		15.
	17.		{16. 17.}
	22.		{22. 23.}
4.	6.	4.	7.
	7.		8.
	9.		10.
	10.		11.
	11.		12.
	12.		13.
	13.		14.
	14.		15.
	15.		16.
	16.		17.
5.	2.	5.	{1. 2.}
	7.		8.
	{14. 15.}		14.
6.	7.	6.	6.
	8.		{7. 8.}
8.	3.	–	2.
	5.		{4. 5.}
	9.		{8. 9.}

Wechel. Cap.	Wechel. vers.	Bos. Cap.	Bos. vers.
8.	12. 13.	8.	12.
8.	14.	9.	14.
	15.		15.
	16.		16.
	17.		17.
9.	3. 4.		3.
	5.		4.
	18.		17. 18.
	19.		18. 19.
	26.		26. 27.
	30.		29. 30.
10.	3.	10.	2.
	3. 4. 5. 6. 7. 8. 9. 10. 11.		3.

JOBUS.

Wechel. Cap.	Wechel. vers.	Bos. Cap.	Bos. vers.
1.	6.	1.	5.
6.	26.	6.	25. 26.
	29.		29. 30.
	18.	7.	18. 19.
	19.		20.
7.	20.	7.	21.
8.	19.	8.	18. 19.
9.	32.	9.	33.
11.	3.	11.	2.
12.	6.	12.	5.
	15		14.
	16.		15.
	16.		16. 17.
16.	3.	16.	4.
	4.		5.
	5.		6.
	6.		7.
	7.		8.
	8.		9.
	9.		10.
	10.		11.
	11.		12.
	12.		13.
	13.		14.
16.	14.	16.	15.
	15.		16.
	16.		17.
	17.		18.
	18.		19.
	19.		20.
	20.		21.
	21.		22.
	22.		23.
18.	11.	18.	12.
	14.		13.
	15.		14.
	16.		15.
	17.		16.
	18.		17.
	19.		18.
	20.		19.
	21.		20.
	22.		21.
19.	14.	19.	13.
	15.		14.
	25.		26.
	26.		27.
23.	11.	23.	12.
24.	12.	24.	13.
	20.		19.
28.	5.	28.	4.
	26.		25.
30.	5.	30.	4. 5.
	14.		13. 14.
31.	32.	31.	31.
	35.		34.
	36.		35.
32.	10.	32.	11.
	12.		11. 12.
33.	14.	33.	14. 15.
34.	24.	34.	23. 24.
35.	4.	35.	3.
	5.		4.
	6.		5.
	15.		14.
36.	3.	36.	4.
	13.		12.
	17.		18.
	18.		19.
37.	12.	37.	13.
39.	21.	39.	22.
	28.		27. 28.
41	2.	41.	1.
	3.		2.
	4.		3.
	5.		4.
	6.		5.
	7.		6.
	8.		7.
	9.		8.

Wechel. Cap.	vers.	Bos. Cap.	vers.
41.	10.	41.	9.
	11.		10.
	12.		11.
	13.		12.
	14.		13.
	15.		14.
	16.		15.
	17.		16.
	18.		17.
	19.		18.
	20.		19.
	21.		20.
	22.		21.
	23.		22.
	24.		23.
	25.		24.
	26.		25.
42.	13.	42.	14.
	14.		15.
	15.		16.
	16.		17.

PSALMI.

Wechel. Psal.	vers.	Bos. Psal.	vers.
2.	6.	2.	7.
	12. 13. }		12.
3.	6.	3.	7.
4.	1. 2. }	4.	1.
	3.		2.
	4.		3.
	5.		4.
	6.		5.
	7.		6.
	8.		7.
	9. 10. }		8.
5.	3.	5.	2.
	4.		3.
	5.		4.
	6.		5.
	7.		6.
	8.		7.
	9.		8.
	10. 11. }		9.
	12.		10.
	13. 14. }		11.
	15.		12.
7.	7.	7.	6.
	8.		7.
	9.		8.
	10.		9.
	11.		10.
	12.		11.
	13.		12.
	14.		13.
7.	15.	7.	14.
	16.		15.
	17.		16.
	18.		17.
8.	1. 2. }		1.
	3.		2.
	4.		3.
	5.		4.
	6.		5.
	7.		{ 6. 7.
9.	7.		6.
	8.		7.
	14.		13.
	15.		14.
	16.		15.
	17.		16.
	18.		17.
	19.		18.
	20.		19.
	21.		20.
	22.		1.
	23.		2.
	24.		3.
	25.		4.
	26.		{ 4. 5.
	27.		5.
	28.		6.
	29.		7.
	30.		8.
	31.		8.
	32.		9.
	33.		{ 9. 10.
	34.		11.
	35.		12.
	36.		13.
	37. 38. }		14.
	39.		15.
	40.		16.
	41.		17.
	42.		18.
10.	1.	10.	{ 1. 2.
	2.		3.
	3.		4.
	4.		5.
11.	6.	11.	5.
	7.		6.
	8.		7.
	9.		8.
12.	3.	12.	2.
	4.		3.
	5.		4
	6.		{ 5. 6.
13.	1. 2. }	13.	1.
	3.		2.

Wechel.		Bos.	
Psal.	vers.	Psal.	vers.
13.	4.	13.	3.
	5.		4.
	6.		4.
	7.		5. 6.
	8.		7.
14.	3.	14.	2.
	4.		3.
	5.		4.
	6.		4. 5.
	7.		5.
15.	1.	15.	1. 2.
	2.		3.
	3.		4.
16.	1. 2.	16.	1.
	3.		2.
	4.		3.
	5.		4.
	6.		5.
	7.		6.
	8.		7.
	9.		7. 8.
	10.		8. 9.
	11.		9. 10.
	12.		11.
	13.		12.
	14.		13.
	15.		14.
	16.		14.
	17.		15.
17.	1.	17.	1. 2.
	3.		2.
	4.		3.
	5.		4.
	6.		5.
	7. 8.		6.
	9.		7.
	10.		8.
	11.		9.
	12.		10.
	13.		11.
	14.		12.
	15.		13.
	16.		14.
	17. 18.		15.
	19.		16.
	20.		17.
	21.		18.
	22.		19.
	23.		20.
	24.		21.
	25.		22.
	26.		23.
	27.		24.

Wechel.		Bos.	
Psal.	vers.	Psal.	vers.
17.	28.	17.	25.
	29.		26.
	30.		27.
	31.		28.
	32.		29.
	33.		30.
	34.		31.
	35.		32.
	36.		33.
	37.		34.
	38.		35.
	39.		35.
	40.		36.
	41.		37.
	42.		38.
	43.		39.
	44.		40.
	45.		41.
	46.		42.
	47.		43.
	48.		43. 44.
	49.		45.
	50.		46.
	51.		47. 48.
	52.		48.
	53.		49.
	54.		50.
18.	5.	18.	4. 5.
	6.		5. 6.
	7.		6.
	8.		7.
	9.		8.
	10.		9.
	11.		10.
	12.		11.
	13.		12. 13.
	14.		13.
	15.		14.
19.	6.	19.	5.
	7.		6.
	8.		7.
	9.		8.
	10.		9.
20.	10.	20.	9.
	11.		10.
	12.		11.
	13.		12.
	14.		13.
21.	9.	21.	10.
	10.		11.
	15.		14.
	16.		15.
	17.		16.
	18.		16. 17.
	19.		17. 18.
	20.		19.

Wechel. Psal.	vers.	Bos. Psal.	vers.
21.	21.	21.	20.
	22.		21.
	23.		22.
	24.		23.
	25.		23. 24.
	26.		24.
	27.		25.
	28.		26.
	29.		27.
	30.		27.
	31.		28.
	32.		29.
	33.		29. 30.
	34.		30. 31.
22.	1.	22.	1. 2.
	2.		3.
	5.		4.
	6.		5.
	7.		5.
	8. 9.		6.
24.	1.	24.	1. 2.
	2.		2. 3.
	8.		7.
	9.		8.
	10.		9.
	11.		10.
	12.		11.
	13.		12.
	14.		13.
	15.		14.
	16.		15.
	17.		16.
	18.		17.
	19.		18.
	20.		19.
	21.		20.
	22.		21.
	23.		22.
26.	1. 2.	26.	1.
	3. 4.		2.
	5.		3.
	6.		3.
	7. 8.		4.
	9.		5.
	10.		5. 6.
	11.		6.
	12.		7.
	13.		8.
	14.		9.
	15.		9.
	16.		10.

Wechel. Psal.	vers.	Bos. Psal.	vers.
26.	17.	26.	11.
	18.		12.
	19.		13.
	20.		14.
27.	3. 4.	27.	3.
	5. 6.		4.
	7.		5.
	8.		6.
	9. 10.		7.
	11.		8.
	12.		9.
28.	7.	28.	8.
	8.		9.
	9.		10.
	10.		11.
29.	6.	29.	5.
	7.		6.
	8. 9.		7.
	10.		8.
	11. 12.		9.
	13.		10.
	14.		11.
	15.		12.
30.	3.	30.	2.
	4.		3.
	5.		4.
	6.		5.
	7.		6.
	8.		6. 7.
	9.		7.
	10.		8.
	11.		9.
	12. 13.		10.
	14.		11.
	15.		11. 12.
	16.		12. 13.
	17.		13.
	18.		14. 15.
	20.		16.
	21.		17.
	22.		17.
	23.		18.
	24.		19.
	25.		19.
	26. 27.		20.
	28.		21.
	29. 30.		22.
	31.		23.
	32.		24.
31.	6.	31.	5.

Wechel. Psal.	Wechel. vers.	Bos. Psal.	Bos. vers.
31.	7. 8.	31.	6.
	9.		7.
	10.		8.
	11.		9.
	12.		9.
	13.		10.
	14.		11.
34.	5.	34.	4.
	6.		5.
	7.		6.
	8.		7.
	9.		8.
	10.		9.
	11. 12.		10.
	13.		11.
	14.		12.
	15. 16.		13.
	17.		14.
	18.		15.
	19.		15. 16.
	20.		17.
	21.		18.
	22.		19.
	23.		20.
	24.		21.
	25.		22.
	26.		23.
	27.		24.
	28.		25.
	29. 30.		26.
	31.		27.
	32.		28.
35.	7.	35.	6. 7.
	8.		7.
	9.		8.
	10.		9.
	11.		10.
	12.		11.
	13.		12.
36.	15.	36.	14.
	16.		15.
	17.		16.
	18.		17.
	19.		18.
	20.		19. 20.
	21.		20.
	22.		21.
	23.		22.
	24.		23.
	25.		24.
	26.		25.
	27.		26.
	28.		27.
	29. 30.		28.

Wechel. Psal.	Wechel. vers.	Bos. Psal.	Bos. vers.
36.	31.	36.	29.
	32.		30.
	33.		31.
	34.		32.
	35.		33.
	36.		34.
	37.		35.
	38.		36.
	39.		37.
	40.		38.
	41.		39.
	42.		40.
37.	12.	37.	11. 12.
	13.		12.
	14.		13.
	15.		14.
	16.		15.
	17.		16.
	18.		17.
	19.		18.
	20.		19.
	21.		20.
	22.		21.
	23.		22.
38.	1. 2.	38.	1.
	3.		2.
	4.		3.
	5.		3. 4.
	6.		4.
	7. 8.		5.
	9. 10.		6.
	11.		7.
	12.		8.
	13.		9. 10.
	14.		10. 11.
	15.		11.
	16. 17.		12.
	18.		13.
39.	2.	39.	1. 2.
	3.		2.
	4.		3.
	5.		3.
	6.		4.
	7.		5.
	8.		5.
	9.		6.
	10.		6.
	11.		7. 8.
	12.		9.
	13. 14.		10.
	15.		11

Wechel. Psal.	Wechel. vers.	Bos. Psal.	Bos. vers.
39.	16. 17.	39.	12.
	18.		13.
	19. 20.		14.
	21.		15.
	22.		16.
	23. 24.		17.
40.	7.	40.	6.
	8.		7.
	9.		8.
	10.		9.
	11.		10.
	12.		11.
	13.		12.
	14.		13.
41.	5.	41.	4.
	6. 7.		5.
	8. 9.		6.
	10.		7.
	11.		8.
	12.		8. 9.
	13.		9.
	14.		10.
	15.		10. 11.
	16.		11.
42.	5.	42.	4.
	6.		4. 5.
43.	1. 2.	43.	1.
	3.		2.
	4. 5.		3.
	6.		4.
	7.		5.
	8.		6.
	9.		7.
	10.		8.
	11.		9.
	12.		10.
	13.		11.
	14.		12.
	15.		13.
	16.		14.
	17.		15.
	18.		16.
	19.		17.
	20.		18.
	21.		19.
	22.		20.
	23.		21.
	24.		22.
	25.		23.
	26.		24.
	27.		25.
	28.		26.

Wechel. Psal.	Wechel. vers.	Bos. Psal.	Bos. vers.
44.	1. 2.	44.	1.
	3.		2.
	4.		3.
	5.		3. 4.
	6.		4.
	7.		5.
	8.		6.
	9.		7.
	10.		8. 9.
	11.		9.
	12.		10.
	13.		11. 12.
	14.		12.
	15.		13. 14.
	16.		14.
	17.		15.
	18.		16.
	19. 20.		17.
45.	8.	45.	9.
46.	7.	46.	7. 8.
	8.		9.
47.	5.	47.	6.
	6.		7.
	7.		8.
	8.		9.
	9.		10.
	10.		11.
	11.		12.
	12.		13.
	13.		14.
48.	8.	48.	9.
	9.		9. 10.
	10.		11.
	15.		14.
	16.		15.
	17.		16.
	18.		17.
	19.		18.
	20.		19.
	21.		20.
49.	1. 2.	49.	1.
	4.		3.
	5.		4.
	6.		5.
	7.		6.
	8.		7.
	9.		8.
	10.		9.
	11.		10.
	12.		11.
	13.		12.
	14.		13.
	15.		14.

Wechel. Psal.	vers.	Bos. Psal.	vers.
49.	16.	49.	15.
	17.		16.
	18.		17.
	19.		18.
	20.		19.
	21.		20. 21.
	22.		21.
	23.		22.
	24.		23.
51.	6.	51.	7.
52.	1. 2.	52.	1.
	3.		2.
	4.		3.
	5.		4.
	6.		4. 5.
	7.		5.
	8.		6.
54.	1.	54.	1. 2.
	2.		2. 3.
	10.		11.
	13.		12.
	14.		13.
	15.		14.
	16.		15.
	17.		15.
	18.		16.
	19.		17.
	20.		18.
	21.		19.
	22.		19. 20.
	23.		20. 21.
	24.		21.
	25.		22.
	26. 27.		23.
55.	7.	55.	6. 7.
	9.		8. 9.
	10.		9.
	11.		10.
56.	1. 2.	56.	1.
	3.		2.
	4.		3.
	5.		3. 4.
	6.		4.
	7.		5.
	8.		6.
	9.		6.
	10.		7.
	11.		8.
	12.		9.
	13.		10.

Wechel. Psal.	vers.	Bos. Psal.	vers.
58.	14.	58.	11.
	4.		3.
	5.		4.
	6.		5.
	7.		6.
	8.		7.
	9.		8.
	10.		9. 10.
	11.		10. 11.
	12.		11.
	13.		12.
	14.		12. 13.
	15.		13.
	16.		14.
	17.		15.
	18.		16.
	19.		16.
	20.		17.
59.	8.	59.	7.
	9.		8.
	10.		9.
	11.		10.
	12.		11.
	13.		12.
60.	3.	60.	2.
61.	11.	61.	11. 12.
62.	1. 2. 3.	62.	1. 2.
	4.		3.
	5.		4.
	6.		5.
	7.		6. 7.
	8.		7. 8.
	9.		9. 10.
	10.		11.
63.	3.	63.	4.
	7.		6.
	8.		7. 8.
	9.		8. 9.
	10.		9.
	11.		10.
64.	5.	64.	4.
	6.		5.
	7.		6. 7.
	10.		9.
	11.		10.
	12.		11.
	13.		12.
	14.		13.
65.	1.	65.	1. 2.

Wechel. Psal.	Wechel. vers.	Bos. Psal.	Bos. vers.
65.	2.	65.	3.
	3.		4.
	4.		5.
	5.		6.
	6.		7.
	7.		8.
	8.		9.
	9.		10.
	10.		11. 12.
	11.		12.
	12.		13. 14.
	13.		14.
	14.		15.
	15.		16.
	16.		17.
	17.		18.
	18.		19.
	19.		20.
66.	5.	66.	6.
67.	5.	67.	4.
	6.		5.
	7.		6.
	8.		7.
	9.		8.
	10.		9.
	11.		10.
	12.		11.
	13.		12.
	14.		13.
	15.		14.
	16.		15.
	17.		16.
	18.		17.
	19.		18.
	20.		18. 19.
	21.		19.
	22.		20.
	23.		21.
	24.		22.
	25.		23.
	26.		24.
	27.		25.
	28.		26.
	29.		27.
	30.		27.
	31.		28.
	32.		29.
	33.		30.
	34.		30. 31.
	35.		32.
	36.		33.
	37.		33. 34.
	38.		35.
68.	3.	68.	2.
	4.		3.
	5. 6.		4.

Wechel. Psal.	Wechel. vers.	Bos. Psal.	Bos. vers.
68.	7.	68.	5.
	8. 9.		6.
	10.		7.
	11.		8.
	12.		9.
	13.		10.
	14.		11.
	15.		12.
	16.		13.
	17.		13.
	18.		14.
	19.		15.
	20.		16.
	21.		17.
	22.		18.
	23.		19.
	24.		19. 20.
	25.		20.
	26.		21.
	27.		22.
	28.		23.
	29.		24.
	30.		25.
	31.		26.
	32.		27.
	33.		28.
	34.		29.
	35.		30.
	36.		31.
	37.		32.
	38.		33.
	39.		34.
	40. 41.		35.
	42.		36.
69.	3.	69.	2.
	4.		3.
	5.		4.
	6. 7.		5.
70.	1.	70.	1. 2.
	4.		3.
	5.		4.
	6.		5.
	7.		6.
	8.		6. 7.
	9.		8.
	10.		9.
	11.		10.
	12.		11.
	13.		12.
	14.		13.
	15.		14.
	16.		15.
	17.		15. 16.
	18.		17.
	19.		18.

Wechel. Psal.	vers.	Bos. Psal.	vers.
70.	20.	70.	19.
	21.		20.
	22.		21.
	23.		22.
	24.		23.
	25.		24.
	26.		25.
71.	18.	71.	17.
	19.		18.
	20. } 21. }		19.
72.	21.	72.	22.
	22.		{ 23. { 24.
	24.		25.
	25.		26.
	26.		27.
	27.		28.
73.	3.	73.	*2.
	4.		3.
	5.		4.
	6.		{ 4. { 5.
	7.		{ 5. { 6.
	8.		7.
	9.		8.
	10.		9.
	11.		10.
	12.		11.
	13.		12.
	14.		13.
	15.		14.
	16.		15.
	17.		16.
	18.		17.
	19.		18.
	20.		19.
	21.		20.
	22.		21.
	23.		22.
	24.		23.
74.	1. } 2. }	74.	1.
	6.		7.
	7.		8.
75.	4.	75.	5.
	12.		11.
76.	3.	76.	2.
	13.		14.
	14.		15.
	15.		16.
	16.		17.
	17.		18.
77.	4. } 5. }	77.	4.
	6. } 7. }		{ 5. { 6.
	8.		6.
	9.		7.
	10.		8.
	11.		8.

Wechel. Psal.	vers.	Bos. Psal.	vers.
77.	12.	77.	9.
	13.		10.
	14.		11.
	15.		12.
	16.		13.
	17.		14.
	18.		15.
	19.		16.
	20.		17.
	21.		18.
	22.		19.
	23.		20.
	24.		20.
	25.		21.
	26.		22.
	27.		23.
	28.		24.
	29.		25.
	30.		26.
	31.		27.
	32.		28.
	33.		{ 29. { 30.
	34.		{ 30. { 31.
	35.		31.
	36.		32.
	37.		33.
	38.		34.
	39.		35.
	40.		36.
	41.		37.
	42.		38.
	43.		38.
	44.		39.
	45.		40.
	46.		41.
	47.		42.
	48.		43.
	49.		44.
	50.		45.
	51.		46.
	52.		47.
	53.		48.
	54.		49.
	55.		50.
	56.		51.
	57.		52.
	58.		53.
	59.		54.
	60.		55.
	61.		55.
	62.		56.
	63.		57.
	64.		58.
	65.		59.
	66.		60.
	67.		61.
	68.		62.
	69.		63.
	70.		64.
	71.		65.

Wechel. Psal.	vers.	Bos. Psal.	vers.
77.	72.	77.	66.
	73.		67.
	74.		68.
	75.		69.
	76.		70. 71.
	77.		71.
	78.		72.
78.	11.	78.	10.
	12.		11.
	13.		12.
	14. 15.		13.
79.	2.	79.	1.
	3.		2.
	4.		3.
	5.		4.
	6.		5.
	7.		6.
	8.		7.
	9.		8.
	10.		9.
	11.		10.
	12.		11.
	13.		12.
	14.		13.
	15.		14.
	16.		15.
	17.		16.
	18.		17.
	19.		18.
	20.		19.
80.	4.	80.	4. 5.
	5.		6.
	6.		7.
	7.		8. 9.
	8.		10.
	9.		11.
	10.		12.
	11.		13.
	12.		14.
	13.		15.
	14.		16.
82.	5.	82.	5. 6.
	6.		7.
	7.		8.
	8.		9.
	9.		10.
	10.		11.
	11.		12.
	12.		13.
	13.		14.
	14.		15.
	15.		16.
	16.		17.
	17.		18.
83.	1.	83.	1. 2.
			3.

Wechel. Psal.	vers.	Bos. Psal.	vers.
83.	5.	83.	4.
	6.		5. 6.
	7.		6. 7.
	11.		10.
	12.		11.
	13.		11. 12.
84.	9.	84.	8.
	10.		9.
	11.		10.
	12.		11.
	13.		12.
	14.		13.
85.	3.	85.	4.
	4.		5
	5.		6.
	6.		7.
	7.		8.
	8.		9.
	9.		10.
	10.		11.
	11.		12.
	12.		13.
	13.		14.
	14.		15.
	15.		16.
	16.		17.
86.	1.	86.	1. 2.
	2.		3.
	3.		4.
87.	4.	87.	5.
	9.		8.
	10.		9.
	11.		10.
	12.		11.
	13.		12.
	14.		13.
	15.		14.
	16.		15.
	17.		16.
	18.		17.
	19.		18.
88.	1. 2.	88.	1.
	3.		2.
	4.		3.
	5.		4.
	6.		5.
	7.		6.
	8.		7.
	9.		8.
	10.		9.
	11.		10.
	12.		11.
	13.		12.
	14.		13.
	15.		14.
	16.		15.
	35.		36.

Wechel. Psal.	vers.	Bos. Psal.	vers.
88.	36.	88.	37.
	37.		38.
	38.		39.
	39.		40.
	40.		41.
	41.		42.
	42.		43.
	43.		44.
	44.		45.
	45.		46.
	46.		47.
	47.		48.
	48.		49.
	49.		50.
	50.		51.
	51.		52.
89.	5.	89.	4.
	6.		5.
	10.		9.
	11. 12.		10.
	13.		11. 12.
	14.		12.
	15.		13.
	16.		14.
	17.		15.
	18.		16.
	19.		17.
90.	5.	90.	4.
	6.		5.
91.	8.	91.	7.
92.	1. 2.	92.	1.
	3.		2.
	4.		3.
	5.		4.
	6.		4.
	7.		5.
94.	8.	94.	7.
	9.		8.
	10.		9.
	11.		10.
	12.		10. 11.
95.	7.	95.	8.
	8.		9.
	9.		10.
	11.		12.
	12.		12. 13.
96.	8.	96.	7.
	9.		8.
	10.		9.
	11.		10.
	12.		11.
	13.		12.
97.	1. 2.	97.	1.
	3.		2.
	4.		3.
	5.		3.

Wechel. Psal.	vers.	Bos. Psal.	vers.
97.	6.	97.	4.
	7.		5. 6.
	8.		6. 7.
	9.		8. 9.
	10.		9.
98.	5.	98.	4.
	7.		6.
	8.		7.
	9.		8.
	10.		9.
99.	1.	99.	1. 2.
	2.		3.
	3.		4.
	4.		5.
100.	2.	100.	1. 2.
	3.		2.
	4.		3.
	5.		3. 4.
	6.		5.
	7.		5.
	8.		6.
	9.		7.
	10.		8.
101.	3.	101.	2.
	4.		3.
	5.		4.
	6.		5.
	7.		6.
	8.		7.
	9.		8.
	10.		9.
	11.		10.
	12.		11.
	13.		12.
	14.		13.
	15.		14.
	16.		15.
	17.		16.
	18.		17.
	19.		18.
	20.		19.
	21.		20.
	22.		21.
	23.		22.
	24.		23.
	25.		24.
	26.		25.
	27.		26.
	28.		26. 27.
	29.		28.
102.	13.	102.	14.
	14.		15.
	15.		16.
	16.		17.
	17.		18.

Wechel. Psal.	Wechel. vers.	Bos. Psal.	Bos. vers.
103.	1. 2.	103.	1.
	3.		2.
	4.		3.
	5.		4.
	6.		5.
	7.		6.
	8.		7.
	9.		8.
	10.		9.
	11.		10.
	12.		11.
	13.		12.
	14.		13.
	15.		14.
	16.		14. 15.
	17.		15.
	18.		16. 17.
	19.		17. 18.
	20.		19.
	21.		20.
	22.		21.
	23.		22.
	24.		23.
	25.		24.
	26.		25.
	27.		25. 26.
	28.		26. 27.
	29.		28.
	30.		29.
	31.		30.
	32.		31.
	33.		32.
	34.		33.
	35.		34.
	36.		35.
104.	18.	104.	19.
	19.		20.
	20.		21.
	21.		22.
	22.		23.
	23.		24.
	24.		25.
	25.		26.
	26.		27.
	27.		28.
	28.		29.
	29.		30.
	30.		31.
	31.		32.
	32.		33.
	33.		34.
	34.		35.
	35.		36.
	36.		37.
	37.		38.
	38.		39.

Wechel. Psal.	Wechel. vers.	Bos. Psal.	Bos. vers.
104.	39.	104.	40.
	40.		41.
	41.		42.
	42.		43.
	43.		44.
	44.		45.
105.	7. 8.	105.	7.
	9.		8.
	10.		9.
	11.		10.
	12.		11.
	13.		12.
	14.		13.
	15.		14.
	16.		15.
	17.		16.
	18.		17.
	19.		18.
	20.		19.
	21.		20.
	22.		21. 22.
	24.		23.
	25.		24.
	32.		33.
	33.		34.
	34.		35. 36.
	35.		37.
	36.		38.
	37.		39.
	38.		40.
	39.		41.
	40.		42. 43.
	41.		43.
	42.		44.
	43.		45.
	44.		46.
	45.		47.
	46.		47.
	47.		48.
106.	2.	106.	3.
107.	6.	107.	7.
	9.		8.
	10.		9.
	11.		10.
	12.		11.
	13.		12.
	14.		13.
108.	1.	108.	1. 2.
	2.		3.
	3.		4.
	4.		5.
	5.		6.
	6.		7.
	7.		8.
	8.		9.
	9.		10.
	10.		11.

Wechel. Psal.	vers.	Bos. Psal.	vers.	Wechel. Psal.	vers.	Bos. Psal.	vers.
108.	11.	108.	12.	113.	23.	113.	14.
	12.		13.		24.		15.
	13.		14.		25.		16.
	14.		{ 15.		26.		17.
			{ 16.		27.		18.
	15.		16.	114.	4.	114.	{ 3.
	16.		17.				{ 4.
	17.		18.		5.		4.
	18.		19.	115.	1.	115.	10.
	19.		20.		2.		11.
	20.		21.		3.		12.
	21.		22.		4.		13.
	22.		23.		5.		14.
	23.		24.		6.		15.
	24.		25.		7.		{ 16.
	25.		26.				{ 17.
	26.		27.		8.		{ 18.
	27.		28.				{ 19.
	28.		29.	117.	19.	117.	20.
	29.		30.		20.		21.
	30.		31.		21.		22.
109.	1. }	109.	1.		22.		23.
	2. }				23.		24.
	3.		2.		24.		{ 25.
	4.		3.				{ 26.
	5.		4.		25.		{ 26.
	6.		5.				{ 27.
	7.		6.		26.		27.
	8.		7.		27.		28.
110.	4.	110.	5.		29. }		29.
	5.		6.		30. }		
	6.		7.	118.	102.	118.	{ 102.
	7.		8.				{ 103.
	8.		9.		103.		104.
	9. }		10.		104.		105.
	10. }				105.		106.
111.	5.	111.	6.		106.		107.
	6.		7.		107.		108.
	7.		8.		108.		109.
	8.		9.		109.		110.
	9.		{ 9.		110.		111.
			{ 10.		111.		112.
112.	5.	12.	{ 5.		112.		113.
			{ 6.		113.		114.
	6.		7.		114.		115.
	7.		8.		115.		116.
	8.		9.		116.		117.
113.	9.	113.	1.		117.		118.
	10.		{ 1.		118.		119.
			{ 2.		119.		120.
	11.		3.		120.		121.
	12.		4.		121.		122.
	13.		5.		122.		123.
	14.		6.		123.		124.
	15.		7.		124.		125.
	16.		8.		125.		126.
	17.		9.		126.		127.
	18.		10.		127.		128.
	19.		11.		128.		129.
	20.		12.		129.		130
	21.		12.		130.		131.
	22.		13.		131.		132.

Wechel. Psal.	vers.	Bos. Psal.	vers.
118.	132.	118.	133.
	133.		134.
	134.		135.
	135.		136.
	136.		137.
	137.		138.
	138.		139.
	139.		140.
	140.		141.
	141.		142.
	142.		143.
	143.		144.
	144.		145.
	145.		146.
	146.		147.
	147.		148.
	148.		149.
	149.		150.
	150.		151.
	151.		152.
	152.		153.
	153.		154.
	154.		155.
	155.		156.
	156.		157.
	157.		158.
	158.		159.
	159.		160.
	160.		161.
	161.		162.
	162.		163.
	163.		164.
	164.		165.
	165.		166.
	166.		167.
	167.		168.
	168.		169.
	169.		170.
	170.		171.
	171.		172.
	172.		173.
	173.		174.
	174.		175.
	175.		176.
119.	5.	119.	6.
	6.		{ 6. 7. }
121.	2.	121.	{ 2. 3. }
	3.		4.
122.	3.	122.	2.
	4.		3.
	5.		4.
123.	1.	123.	{ 1. 2. }
	2.		3.
	3.		4.
	4.		5.
	5.		6.
	6.		7.
125	3.	125.	2.

Wechel. Psal.	vers.	Bos. Psal.	vers.
125.	4.	125.	{ 2. 3. }
	5.		4.
	6.		5.
	7.		6.
126.	{ 1. 2. }	126.	1.
	3.		{ 2. 3. }
	4.		3.
	5.		4.
	6.		5.
127.	4.	127.	3.
	5.		4.
	6.		5.
	7.		6.
128.	4.	128.	5.
	5.		6.
	6.		7.
	{ 7. 8. }		8.
129.	1.	129.	{ 1. 2. }
	5.		6.
130.	{ 1. 2. }	130.	1.
	{ 3. 4. }		2.
131.	5.	131.	4.
	13.		12.
	14.		13.
	15.		14.
	16.		15.
	17.		16.
	18.		17.
	19.		18.
132.	3.	132.	{ 2. 3. }
	4.		3.
133.	{ 1. 2. }	133.	1.
	3.		{ 1. 2. }
	4.		3.
134.	8.	134.	7.
136.	4.	136.	3.
	5.		4.
	6.		5.
	7.		6.
	8.		6.
	9.		7.
	10.		7.
	11.		8.
	12.		9.
137.	3.	137	2.
	4.		3.
	5.		4.
	6.		5.
	7.		6.
	8.		7.
	9.		8.

Wechel. Psal.	vers.	Bos. Psal.	vers.
138.	1.	138.	{ 1. 2.
	2.		3.
	3.		4.
	4.		5.
	5.		6.
	6.		7.
	7.		8.
	8.		9.
	9.		10.
	10.		11.
	11.		12.
	12.		13.
	13.		14.
	14.		15.
	15.		16.
	16.		17.
	17.		18.
	18.		19.
	19.		20.
	20.		21.
	21.		{ 22. 23.
	22.		23.
	23.		24.
139.	5.	139.	4.
	6.		5.
	7.		6.
	8.		7.
	9.		8.
	10.		9.
	11.		10.
	12.		11.
	13.		12.
	14.		13.
140.	5.	140.	4.
	6.		5.
	7.		{ 5. 6.
	8.		{ 6. 7.
	9.		{ 7. 8.
	10.		9.
	11.		10.
141.	3. 4. }	141.	3.
	5.		4.
	6.		4.
	7.		5.
	8.		6.
	9.		6.
	10. 11. }		7.
142.	4.	142.	5.
	8.		7.
	9.		8.
	10.		8.
	11.		{ 9. 10.
	12.		{ 10. 11.

Wechel. Psal.	vers.	Bos. Psal.	vers.
142.	13.	142.	11.
	14.		12.
143.	3.	143.	2.
	4.		3.
	5.		4.
	6.		5.
	7.		6.
	8.		7.
	9.		8.
	10.		9.
	11.		10.
	12.		11.
	13.		12.
	14.		12.
	15.		13.
	16.		{ 13. 14.
	17.		14.
	18.		15.
144.	13. 14. }	144.	13.
	15.		14
	16.		
	17.		16.
	18.		17.
	19.		18.
	20.		19.
	21.		20.
	22.		21.
145.	1.	145.	{ 1. 2.
	2.		3.
	3.		4.
	4.		{ 5. 6.
	5.		{ 6. 7.
	6.		{ 7. 8.
	7.		8.
	8.		9.
	9.		10.
146.	9.	146.	8.
	10.		9.
	11.		10.
	12.		11.
147.	1.	147.	12.
	2.		13.
	3.		14.
	4.		15.
	5.		16.
	6.		17.
	7.		18.
	8.		19.
	9.		20.
148.	4.	148.	5.
	12.		{ 12. 13.
	13.		14.
150.	5.	150.	{ 5. 6.

PROVERBIA.

Wechel. Cap.	vers.	Bos. Cap.	vers.
	27.		
4.	28.	4.	27.
	29.		
5.	3.	5.	2.
	6.		5.
	20.		19.
6.	11.		11.
	12.		
	13.		12.
			13.
7.	3.	7.	2.
	23.		22.
	25.		26.
9.	15.		16.
	18.		18.
	19.		
11.	11.	11.	10.
12.	11.	12.	11.
	12.		
	13.		12.
	14.		13.
	15.		14.
	16.		15.
	17.		16.
	18.		17.
	19.		18.
	20.		19.
	21.		20.
	22.		21.
	23.		22.
	24.		23.
	25.		24.
	26.		25.
	27.		26.
	28.		27.
	29.		28.
13.	12.	13.	11.
	13.		13.
	14.		
	15.		14.
	16.		15.
	17.		16.
	18.		17.
	19.		18.
	20.		19.
	21.		20.
	22.		21.
	23.		22.
	24.		23.
	25.		24.
	26.		25.
	22.		
14.	23.	14.	22.
	24.		
	25.		23.
	26.		24.
	27.		25.
	28.		26.
	29.		27.

Wechel. Cap.	vers.	Bos. Cap.	vers.
14.	30.	14.	28.
	31.		29.
	32.		30.
	33.		31.
	34.		32.
	35.		33.
	36.		34.
	37.		35.
15.	6.	15.	5.
	7.		6.
	8.		7.
	9.		8.
	10.		9.
	11.		10.
	12.		11.
	13.		12.
	14.		13.
	15.		14.
	16.		15.
	17.		16.
	18.		17.
	19.		18.
	20.		19.
	21.		20.
	22.		21.
	23.		22.
	24.		23.
	25.		24.
	26.		25.
	27.		26.
	28.		27.
	29.		
	30.		28.
	31.		
	32.		29.
	33.		
16.	2.	16.	30.
	3.		32.
	4.		33.
	5.		33.
	6.		
	7.		
	8.		5.
	9.		
	10.		
	11.		10.
	12.		11.
	13.		12.
	14.		13.
	15.		14.
	16.		15.
	17.		16.
	18.		17.
	19.		18.
	20.		19.
			20.
	26.		26.
			27.
17.	16.	17.	16.
	17.		
	18.		17.
	19.		18.

Wechel. Cap.	vers.	Bos. Cap.	vers.
17.	20.	17.	19.
	21.		20.
	22.		21.
	23.		22.
	24.		23.
	25.		24.
	26.		25.
	27.		26.
	28.		27.
	29.		28.
18.	22. 23. 24. 25. }	18.	22.
19.	1. 2. }	18. v. 22. in N.	
	3.		5.
	8.	19.	7.
20.	10.	20.	20.
	11.		21.
	12.		22.
	13.		10.
	14.		11.
	15.		12.
	16.		13.
	17. 18. 19. 20. 21. 22. }		13. in N.
	29.		{ 29. 30.
21.	5.	21. v. 4. in N.	
22.	6.	22. v. 5. in N.	
23.	8.	23.	7.
	23.		22. in N.
24.	7. 8. }	24.	7.
	18.		19.
25.	9.	25.	10.
	21.		20.
	22.		21.
	23.		22.
	24.		23.
	25.		24.
	26.		25.
	27.		26.
	28.		27.
	29.		28.
29.	25. 26. }	29.	25.
	27.		26.
	28.		27.
30.	1.	30.	1. insert. Cap. 24.
	14.		14.
30.	15.	30.	15. insert. Cap. 24.
	33.		33.
31.	1.	31.	1. insert. Cap. 24.
	9.		9.
	10.		10. subject. Cap. 29.
	31.		31.

ECCLESIASTES.

Wechel. Cap.	vers.	Bos. Cap.	vers.
1.	5.	1.	6.
	10.		9.
	17.		16.
5.	8.	5.	7.
7.	25.	7.	24.
	17. 18. }		17.
9.	2.		1.
	17.		{ 17. 18.

CANTICUM.

Wechel. Cap.	vers.	Bos. Cap.	vers.
1.	1.	1.	{ 1. 2.
	2.		3.
	3.		4.
	4.		5.
	5.		6.
	6.		7
	7.		8.
	8.		9.
	9.		10.
	10.		11.
	11.		12.
	12.		13.
	13.		14.
	14.		15.
	15.		16.

Wechel. Cap.	vers.	Bos. Cap.	vers.
1.	16.	1.	17.
5.	1. 2.	5.	1.
	3.		2.
	4.		3.
	5.		4.
	6.		5.
	7.		6.
	8.		7.
	9.		8.
	10.		9.
	11.		10.
	12.		11.
	13.		12.
	14.		13.
	15.		14.
	16.		15.
	17.		16.
	18.		17.
6.	10.	6.	9.

ESAIA.

Wechel. Cap.	vers.	Bos. Cap.	vers.
1.	12.	1.	13.
2.	22.	2. v. 21. in N.	
3.	2.	3.	2. 3.
	3.		4.
	4.		5.
	5.		6.
	6.		7.
	7.		8. 9.
	8.		9.
	9.		10.
	10.		11.
	11.		12.
	12.		13.
	13.		14.
	14.		15.
	15.		16.
	16.		17.
	17.		18.
	18.		18. 19. 20.
	19.		20. 21.
	20. 21. 22.		21.
	23.		24.
	24.		25.
	25.		26.
4.	6.	[illegible]	5. 6.
5.	30.	5.	29. 30.
7.	4.	7.	5.
8.	13.	8.	14.
10.	18.	10.	14.
14.	5.	14.	6.
	7.		6.
	19.		20.
15.	1.	15.	1. 2.
18.	1.	18.	2.
19.	7.	19.	6.
	25. 26.		25.
21.	11.	21.	12.
	16.		16. 17.
22.	2.	22.	1.
	18.		17.
24.	4.	24.	3.
	17.		16.
	18.		17. 18.
	22.		23.
26.	8.	26.	9.
27.	5.	27.	4.
28.	8.	28.	7.
	28.		27.
32.	13.	32.	14.
33.	18.	33.	19.
	21.		22.
35.	3.	35.	4.
36.	4.	36.	5.
37.	9.	37.	8.
38.	15.	38.	14.
40.	18.	40.	19.
41.	6.	41.	7.
	16.		17.
45.	23.	45.	23.
	24.		25. 26.
	25.		26.
46.	2.	46.	1.
51.	10.	51.	11.
55.	3.	55.	2.
56.	4.	56.	5.
	12.		11. in N.
59.	11.	59.	10.
	15.		14.
	16.		15.
60.	6.	60.	5.
62.	6.	62.	7.
65.	6.	65.	7.
	7.		8.
	8.		9.
	9.		10.
	10.		11.
	11.		12.
	12.		13.
	13.		13.
66.	20.	66.	19.

JEREMIA.

Wechel. Cap.	vers.	Bos. Cap.	vers.
1.	10.	1.	9.
2.	23.	2.	24.
	36.		35.
3.	3.	3.	7.
4.	4.	4.	3.
	6.		5.
5.	28.	5. v. 27. in N.	
6.	27.	6.	28.
7.	1.	7.	2.
	2.		3.
	3.		4.
	4.		5.
	5.		6.
	6.		7.
	7.		8.
	8.		9. 10.
	9.		10.
	10.		11.
	11.		12.
	12.		13.
	13.		14.
	14.		15.
	15.		16.
	16.		17.
	17.		18.
	18.		19.
	19.		20.
	20.		21.
	21.		22.
	22.		23.
	23.		24. 25.
	24.		25.
	25.		26.
	26.		27.
	27.		28.
	28.		29. 30.
	29.		30. 31.
	30.		32.
	31.		33.
	32.		34.
8.	10. 11. 12. 13.	8. v. 10. in N.	
	18.		17.
	11.	9.	11. 12.
	12.		13.
	13.		14.
	14.		15.
	15.		16.
	16.		17.
	17.		18.
	18.		19.
	19.		20.
9.	20.	9.	21.
	21.		22.
	22.		23.
	23.		24.
	24.		25.
	25.		26.
10.	4.	10.	5.
	6. 7. 8.		5. in N.
	9.		5. 9.
	10.		11.
	11.		12.
	12.		13.
	13.		14.
	14.		15.
	15.		16.
	16.		17.
	17.		18.
	18.		19.
	19.		20.
	20.		21.
	21.		22.
	22.		23.
	23.		24.
	24.		25.
11.	3.	11.	4.
	7. 8.		6. 8. in N.
13.	9.	13.	10.
	27.		26.
14.	9.	14.	8.
16.	1.	16.	1. 2.
	2.		3.
	3.		4.
	4.		5.
	5.		6. in N.
	6.		7. 8.
	7.		9.
	9.		10.
	10.		11.
	11.		12.
	12.		13.
	13.		14.
	14.		15.
	15.		16.
	16.		17.
	17.		18.
	18.		19.
	19.		20.
	20.		21.
17.	1. 2. 3. 4.	17. v. 5. in N.	
22.	12.	22.	11.
23.	7. 8.	23. v. 6. in N.	
24.	23.	24.	30.

Wechel. Cap.	vers.	Bos. Cap.	vers.
24.	30.	24.	31.
	31.		32.
	36.		36. in N. / 37.
25.	14.	25. v. 34. in N.	
	15.	32.	15.
	31.	32.	30.
26.		33.	
27.	1.	34.	2.
	2.		3.
	3.		4.
	4.		5.
	5.		6.
	6.		8.
	7.		9.
	8.		10.
	9.		11.
	10.		12.
	11.		12. / 14.
	12.		14.
	13.		16.
	14.		16.
	15.		17. / 18.
	16.		19. / 20. / 22.
28.	12.	35.	11.
	13. / 14.	35.	13.
29.	16.	36.	21.
	17.		22.
	18.		23.
	19.		24.
	20.		25.
	21.		26.
	22.		27.
	23.		28.
	24.		29.
	25.		30. / 31.
	26.		31.
	27.		32.
30.	10.	37.	12.
	11.		13.
	12.		14.
	13.		16. / 15. / 16.
	14.		17.
	15.		18.
	16.		19.
	17.		20.
	18.		21.
	19.		23.
	20.		24.
31.	35. / 36.	38.	37.
	37.		35.
	38.		36.

Wechel. Cap.	vers.	Bos. Cap.	vers.
31.	39.	38.	38. / 39.
32.		39.	
33.	5.	40.	4.
	10.		11.
34.	11.	41.	10.
35.	10.	42.	9.
36.	17.	43.	16. / 17.
37.	4.	44.	5.
	5.		6.
	6.		7.
	7.		7. / 8.
	8.		9.
	9.		10.
	10.		11.
	11.		12.
	12.		13.
	13.		14.
	14.		15.
	15.		16.
	16.		17.
	17.		18.
	18.		19.
	19.		20.
	20.		21.
38.		45.	
39.		46.	
40.	4.	47.	5.
	15.		13. / 14.
41.	11.	48.	11. / 12.
	17.		18.
42.		49.	
43.		50.	
44.	12.	51.	11.
45.		annex. 51.	
46.	2.	26.	1.
47.	3.	29.	2.
	4.		3.
	5.		6.
48.		31.	
49.		30.	
	6.	29.	7.
	7.		8.
	8.		9.
	9.		10.
	10.		11.
	11.		12.
	12.		13.
	13.		14.
	14.		15.
	15.		16.
	16.		17.
	17.		18.
	18.		19.
	19.		20.
	20.		21.
	21.		22.

Wechel. Cap.	vers.	Bos. Cap.	vers.
49.	22.	30.	23.
	23.		24.
	24.		25.
	25.		26.
	26.		27.
	27.		28.
	28.		29.
	29.		30.
	30.		31.
	31.		32.
	32.		33.
50.	10.	27.	11.
	11.		12.
51.	34.	28.	35.
	44.		49.
	45.		50.
	46.		51.
	47.		52.
	48.		53.
	49.		54.
	50.		55.
	51.		{ 56. 57.
	52.		57.
	53.		58.
	54.		59.
	55.		60.
	56.		61.
	57.		62.
	58.		63.
	59.		64.
52.	2.	52.	4.
	3.		5.
	4.		6.
	5.		7.
	6.		8.
	7.		9.
	8.		10.
	9.		11.
	10.		12.
	11.		13.
	12.		14.
	13.		16.
	14.		{ 17. 18.
	15.		18.
	16.		19.
	17.		20.
	18.		21.
	19.		22.
	20.		{ 22. 23.
	21.		24.
	22.		25.
	23.		26.
	24.		27.
	25.		31.
	26.		32.
	27.		{ 33. 34.

THRENI JEREMIÆ.

Wechel. Cap.	vers.	Bos. Cap.	vers.
1.	2.	1.	1.
	3.		2.
	4.		3.
	5.		4.
	6.		5.
	7.		6.
	8.		7.
	9.		8.
	10.		9.
	11.		10.
	12.		11.
	13.		12.
	14.		13.
	15.		14.
	16.		15.
	17.		16.
	18.		17.
	19.		18.
	20.		19.
	21.		20.
	22.		21.
	23.		22.
3.	6.	3.	5.
	29.		30.
	30.		31.
	31.		32.
	32.		33.
	33.		34.
	34.		35.
	35.		36.
	36.		37.
	37.		38.
	38.		39.
	39.		40.
	40.		41.
	41.		42.
	42.		43.
	43.		44.
	44.		{ 44. 45.
	45.		46.
	46.		47.
	47.		48.
	48.		49.
	49.		50.
	50.		51.
	51.		52.
	52.		53.
	53.		54.
	54.		55.
	55.		56.
	56.		57.
	57.		58.
	58.		59.
	59.		60.
	60.		61.
	61.		62.

Wechel.		Bos.	
Cap.	vers.	Cap.	vers.
3.	62.	3.	63.
	63.		64.
	64.		65.
	65.		66.

EZECHIEL.

Wechel.		Bos.	
Cap.	vers.	Cap.	vers.
1.	8.	1.	9.
	14.		15. in N.
	25.		26.
2.	2.	2.	1.
	3.		2. 3.
3.	1.	2.	1.
	2.	2. 3.	2. 3.
6.	5.	6.	4. in N. 5.
7.	3.	7.	3. 7.
	8.		9.
	9.		4.
	10.		10. 11.
	24.		23. in N. 24.
10.	14. 15.	10. v. 15. in N.	
11.	11. 12.	11. v. 10. in N.	
16.	23.	16.	23. 24.
	24.		25.
	25.		26.
	26.		27.
	27.		28.
	28.		29.
	29.		30.
	30.		31.
	31.		32.
	32.		33.
	33.		34.
	34.		35.
	35.		36.
	36.		37.
	37.		38.
	38.		39.
	39.		40.
	40.		41.
	41.		42.
	42.		43.
	43.		44.
	44.		45.
	45.		46.
	46.		47.
	47.		48.
	48.		49.
	49.		50.
	50.		51.
16.	51.	16.	52.
	52.		53.
	53.		54.
	54.		55.
	55.		56.
	56.		57.
	57.		58.
	58.		59.
	59.		60.
	60.		61.
	61.		62.
	62.		63.
17.	21.	17. v. 20. in N.	
	22.		23.
18.	10.	18.	11.
20.	12.	20.	12. 13.
	32.		31.
21.	15.	21.	16.
	25.		26.
	26.		27.
	27.		28.
22.	20.	22.	19.
	21.		20.
23.	12.	23.	11.
	33.		32.
24.	4.	24.	3.
	12.		13.
26.	9.	26.	8.
27.	6.	27.	5.
	19.		18.
	31.		32. in N.
	33.		32.
28.	8.	28.	7.
	9.		10.
	13.		14.
	14.		15.
32.	20.	32.	19.
	21.		19. 20. 21.
	23.		22.
	25.		25. 26.
	26.		27.
	27.		28.
	28.		29.
	29.		30.
	30.		31.
	31.		32.
33.	25. 26.	33. v. 27. in N.	
35.	15.	35. v. 14. in N.	
39.	4.	39.	3.
40.	7. 8.	40.	7.
	9.		8.
	10.		9.
	11.		10.
	12.		11.
	13.		12.
	14.		13.

Wechel. Cap.	vers.	Bos. Cap.	vers.
40.	15.	40.	14.
	16.		15.
	17.		16.
	18.		17.
	19.		18.
	20.		19.
	21.		20.
	22.		21.
	23.		22.
	24.		23.
	25.		24.
	26.		25.
	27.		26.
	28.		27.
	29.		28.
	30.		{ 29. 30.
	31.		31. in N.
	32.		31.
	33.		32.
	34.		33.
	35.		34.
	36.		35.
	37.		36.
	38.		37.
	39.		38.
	40.		39.
	41.		40.
	42.		41.
	43.		42.
	44.		42.
	45.		43.
	46.		44.
	47.		45.
	48.		46.
	49.		47.
	50.		48.
	51.		49.
41.	17.	41.	16.
	21.		20.
42.	2.	42.	3.
	3.		4.
	4.		5.
	5.		6.
	11.		10.
	12.		11.
43.	14.	43.	13.
	15.		14.
	16.		15.
	17.		{ 16. 17.
46.	2.	46.	1.
	3.		2.
	4.		3.
	5.		4.
	6.		5.
	7.		6.
	8.		7.
	9.		8.
	10.		9.
	11.		10.
	12.		11.

Wechel. Cap.	vers.	Bos. Cap.	vers.
46.	13.	46.	12.
	14.		13.
	15.		14.
	16.		15.
	17.		16.
	18.		17.
	19.		18.
	20.		19.
	21.		20.
	22.		21.
	23.		22.
	24.		23.
	25.		24.
47.	3.	47.	4.
	7.		6.
	8.		7.
	9.		8.
	10.		9.
	11.		10.
	12.		11.
	13.		12.
	14.		13.
	15.		14.
	16.		15.
	17.		16.
	18.		17.
	19.		18.
	20.		19.
	21.		{ 20. 21.

DANIEL.

Wechel. Cap.	vers.	Bos. Cap.	vers.
2.	15.	2. v.	14. in N.
	16.		15.
3.	23.		22.
	24.		23.
	25.		24.
	26.		25.
	27.		26.
	28.		27.
	29.		28.
	30.		29.
	31.		30.
	32.		31.
	33.		32.
	34.		33.
4.	17.		16.
	18.		{ 17. 18.
5.	12.		11.
	13.		12.
	14.		13.
	15.		14.
	16.		15.
	17.		16.
	18.		16.
	19.		17.

Wechel. Cap.	vers.	Bos. Cap.	vers.
5.	20.	5.	17. 18.
	21.		19.
	22.		20.
	23.		21.
	24.		22.
	25.		23.
	26.		24.
	27.		25.
	28.		26.
	29.		27.
	30.		28.
	31.		29.
	32.		30.
	33.		31.
7.	17.	7.	18.
9.	8.		9. v. 7. in N.

HOSEAS.

Wechel. Cap.	vers.	Bos. Cap.	vers.
2.	4.	2.	5.
4.	13. 14.	4.	13.
	15.		14.
	16.		15.
	17.		16.
	18.		17.
	19.		18.
	20.		19.
6.	1.	6.	1. 2.
	2.		3.
	3.		4.
	4.		5.
	5.		6.
	6.		7.
	7.		8.
	8.		9.
	9.		10.
	10.		11.
	11.		12.
7.	14.	7.	15.
	15.		16.
8.	13.	8.	12.
9.	7.	9.	6.
	8. 9.		7.
	10.		8.
	11.		9.
	12.		10.
	13.		11.
	14.		12.
	15.		13.
	16. 17.		14.
	18.		15.
	19.		16.
	20.		17.
10.	15.	10.	12.

Wechel. Cap.	vers.	Bos. Cap.	vers.
10.	14.	10.	13.
	15.		14.
	16.		15.
11.	1. 2.	11.	1.
	3.		2.
	4.		3.
	5.		4.
	6.		5.
	7.		6.
	8.		7.
	9.		8.
	10.		9.
	11.		10.
	12.		11.
	13.		12.
13.	5.	13.	4.
	11.		11. 12.
	12.		13.
	13.		14.

AMOS.

Wechel. Cap.	vers.	Bos. Cap.	vers.
5.	2.	5.	1.
6.	10.	6.	11.
	11.		12.
	12.		13.
	13.		14.
	14.		15.
8.	1.	7.	17.

OBADIAS.

Wechel. Cap.	vers.	Bos. Cap.	vers.
1.	9.	1.	10.

JONAS.

Wechel. Cap.	vers.	Bos. Cap.	vers.
1.	11.	1.	10.
	15.		16.
4.	3.	4	2.
	4.		3.
	5.		4.
	6.		5.
	7.		6.
	8.		7.
	9.		8.
	10.		9.
	11.		10.
	12.		11.

MICHAS.

Wechel. Cap.	vers.	Bos. Cap.	vers.
1.	11.	1.	10.
6.	16.	6.	15.
7.	4.	7.	3.

NAHUM.

Wechel. Cap.	vers.	Bos. Cap.	vers.
1.	15.	2.	15.
2.	6.	2.	7.

HABAKUK.

Wechel. Cap.	vers.	Bos. Cap.	vers.
3.	1.	3.	1. 2.
	2.		3.
	3.		4.
	4.		5.
	5.		6.
	6.		7.
	7.		8.
	8.		9.
	9.		10. 11.
	10.		11.
	11.		12.
	12.		13.
	13.		14.
	14.		15.
	15.		16.
	16.		17.
	17.		18.
	18.		19.

SOPHONIAS.

Wechel. Cap.	vers.	Bos. Cap.	vers.
1.	8.	1.	7.
	9.		8.
	10.		9.
	11.		10.
	12.		11.
	13.		12.
	14.		13.
	15.		14.
	16.		14. 15.
	17.		16.
	18.		17.
	19.		18.
3.	1. 2.	3.	15.

Wechel. Cap.	vers.	Bos. Cap.	vers.
3.	3.	3.	1. 2.
	4.		3.
	5.		4.
	6.		5.
	7.		6.
	8.		7.
	9.		8.
	10.		9.
	11.		10.
	12.		11.
	13.		12.
	14.		13.
	15.		14.
	16.		15.
	17.		16.
	18.		17.
	19.		17. 18.
	20.		19.
	21.		20.

ZACHARIAS.

Wechel. Cap.	vers.	Bos. Cap.	vers.
3.	2.	3.	2. 3.
	3.		4.
	4.		5.
	5.		6.
	7.		8.
	8.		9.
	9.		10.
	10.		11.
5.	10.	5.	10. 11.
6.	9.	6.	9. 10.

MALACHIAS.

Wechel. Cap.	vers.	Bos. Cap.	vers.
3.	8.	3.	7.
	9.		10.
4.	4.	4.	4. post v. 6.

APOCRYPHA.

TOBIAS.

Wechel. Cap.	vers.	Bos. Cap.	vers.
1.	5.	1.	4. 5.

Wechel. Cap.	vers.	Bos. Cap.	vers.
1.	10.	1.	11. 12.
	11.		13.
	12.		14.
	13.		15.
	14.		16. 17.
	15.		18.
	16.		19.
	17.		20.
	18.		21.
	19.		21. 22.
	20. 21.		22.
2.	6.	2.	7.
	7.		8.
	8.		9.
	9.		10.
	14. 15.		14.
3.	1.	3.	1. 2.
	2.		3.
	3.		4.
	4.		5.
	5.		6.
	7.		6.
	8.		7. 8.
	9.		8.
	10.		9.
	11.		10.
	12.		11.
	13.		12.
	14.		14. 15.
	15. 16.		15.
	17.		16. 17.
	18.		17.
	8.	4.	7.
	9.		8.
	10.		8.
	11.		9. 10.
	12.		11.
	13.		12.
	14.		12.
	15.		12.
	16.		13.
	17.		13.
	18.		13. 14.
	19.		14. 15.
	20.		15.
	21. 22.		16.
	23.		17.
	24.		18.

Wechel. Cap.	vers.	Bos. Cap.	vers.
4.	25. 26. 27.	4.	19.
	28.		20.
	29. 30.		21.
5.	4.	5.	5.
	5.		6.
	6.		7. 8.
	7.		8.
	8.		9.
	9.		10.
	10.		11.
	14. 15. 16.		13. 14.
	17.		15.
	18.		16.
	19.		16.
	20.		16.
	21.		16.
	22.		17.
	23.		17.
	24.		18.
	25.		19.
	26.		20. 21.
6.	1.	5. 6.	22. 1.
	4.		5.
	9.		9. 10.
	10.		10. 11. 12.
	11.		12.
	13.		14.
	16.		15.
	17.		16. 17.
	18. 19. 20.		17.
7.	1.	6. 7.	17. 1.
	4.		3.
	5.		4.
	6.		4. 5.
	7		6. 7.
	8.		7. 8.
	9.		8.
	10.		8. 9.
	11.		9. 10.
	12.		10. 11.
	13.		11.

Wechel. Cap.	vers.	Bos. Cap.	vers.
7.	14.	7.	12.
	15.		13.
	16.		{14. 15.}
	17.		16.
	18.		17.
	19.		18.
	2.	8.	{2. 3.}
	3.		4.
	4.		5.
	5.		6.
	8.		9.
	9.		10.
	10.		{11. 12. 13.}
	11.		{14. 15.}
	12.		{16. 17.}
	13.		17.
	14.		{18. 19.}
	15.		20.
	16.		21.
9.	1.	9.	{1. 2. 3.}
	2.		4.
	3.		5.
	4.		6.
10.	–	10.	{1. 2. 3.}
			{4. 5.}
	4.		{6. 7.}
	5.		7.
	6.		{7. 8.}
	7.		9.
	8.		10.
	9.		{11. 12.}
	{10. 11. 12. 13.}		13.
			1.
11.	1.	11.	2.
	2.		{3. 4.}
	3.		{4. 5.}
	4.		6.
	5.		{7. 8.}
	6.		9.
	7.		{10. 11.}

Wechel. Cap.	vers.	Bos. Cap.	vers.
11.	8.	11.	{12. 13. 14.}
	9.		{14. 15.}
	10.		15.
	11.		{16. 17.}
	12.		17.
	13.		17.
	14.		{18. 19.}
12.	2.	12.	3.
	3.		{4. 5.}
	4.		6.
	5.		6.
	6.		7.
	9.		8.
	10.		9.
	12.		11.
	13.		12.
	14.		13.
	15.		14.
	16.		15.
	17.		16.
	18.		{17. 18.}
	19.		{19. 20.}
	20.		{21. 22.}
13.	2.	13.	1.
	3.		4.
	4.		{4. 5.}
	{5. 6. 7. 8.}		–
	9.		{7. 8.}
	10.		9.
	11.		10.
	12.		11.
	13.		12.
	14.		13.
	15.		14.
	16.		{15. 16. 17.}
	17.		18.
14.	1.	14.	2.
	4.		{3. 4.}
	5.		4.
	{6. 7.}		5.
	8.		{6. 7.}
	9.		7.

Wechel. Cap.	vers.	Bos. Cap.	vers.
14.	10.	14.	7.
	11.		8., 9., 10.
	12., 13.		10.
	14.		11.
	15.		11.
	16.		11., 12.
	17.		12., 13.
	18.		13., 14.
	19.		15.

JUDITH.

Wechel. Cap.	vers.	Bos. Cap.	vers.
1.	8.	1.	9.
	9.		9., 10.
	10.		11.
	11.		12.
	14.		13., 14.
	15.		14., 15.
2.	3.	2.	2., 3., 4.
	5.		5., 6.
	6.		7.
	7.		8., 9.
	8.		10.
	9.		11., 12.
	10.		13.
	11.		14.
	12.		15., 16.
	13.		17., 18.
	14.		19., 20.
	15.		21.
	16.		22.
	17.		23.
	18.		24., 25.
	19.		25., 26.
	20.		27.
	21.		27.
3.	1., 2.	2., 3.	28., 1.
	3.		2.
	4.		3.

Wechel. Cap.	vers.	Bos. Cap.	vers.
3.	5.	3.	4.
	6.		5.
	7.		6.
	8.		6., 7.
	9.		8.
	10.		8.
	11.		9., 10.
4.	4.		5.
	5.		6., 7.
	6.		8.
	7.		9., 10.
	8.		10., 11.
	9.		11.
	10.		12.
	11.		13.
	12.		14., 15.
5.	3.	5.	4.
	4.		5.
	11.		11., 12.
	12.		12., 13., 14.
	13.		14., 15.
	14.		15.
	15.		16.
	16.		17.
	17.		18.
	18.		19.
	19.		20.
	20.		21.
6.	1.	5.	22.
	2.		22., 23.
	3.		24.
	4.		1.
	5.		2.
	6.		2., 3.
	7.		3., 4.
	8.		4.
	9.		5.
	10.		6., 7., 8.
	11.		9.
	12.		10.
	13.		11.
	14.		12.
	15.		13.
	16.		14.
	17.		14., 15.
	18.		16.

Wechel. Cap.	vers.	Bos. Cap.	vers.
6.	19.	6.	16. 17.
	20.		18. 19.
	21.		20.
	22.		21.
7.	6.	7.	7.
	7.		8. 9.
	8.		10.
	9.		11.
	10.		12. 13.
	11.		13.
	12.		13. 14.
	13.		15.
	14.		16.
	15.		17. 18.
	16.		18.
	17.		19.
	18.		20.
	19.		20. 21.
	20.		22.
	21.		23.
	22.		24. 25.
	23.		26. 27.
	24.		27.
	25.		28.
	26.		29.
	27.		30.
	28.		31.
	29.		32.
	10.	8.	11.
	13.		14.
	14.		14. 15.
	15.		16.
	16.		17.
	17.		18. 19.
	18.		20.
	19.		20. 21. 22.
	20.		23.
	21.		24.
	22.		25.
	23.		26. 27.
	24.		28.
	25.		29.
	26.		30.
	27.		31.
	28.		32.
	29.		33.
	30.		34.
	31.		35. 36.

Wechel. Cap.	vers.	Bos. Cap.	vers.
9.	2.	9.	1. 2.
	3.		2. 3.
	4.		3. 4.
	5.		4.
	6.		4.
	7.		5. 6.
	8.		6.
	9.		7.
	10.		8.
	11.		9. 10.
	12.		11.
	13.		12. 13.
10.	1.	10.	1. 2.
	[illegible]		2. 3.
	11.		10. 11.
	12.		11. 12.
	13.		12.
	14.		13.
	15.		14.
	16.		15.
	17.		16.
	18.		17.
	19.		18.
	20.		19.
	21.		19.
	22.		20.
	23.		21. 22.
	24.		22. 23.
	25.		23.
11.	4.	11.	3.
	11.		10.
	12.		11.
	13.		12.
	14.		13.
	15.		14. 15.
	16.		16. 17.
	18.		17. 18.
	20.		19.
	21.		20.
12.	6.	12.	5. 6. 7.
	8.		8. 9.
	9.		10.
	10.		11.
	11.		12.
	12.		13.

Wechel. Cap.	vers.	Bos. Cap.	vers.
12.	13.	12.	14.
	14.		15.
	15.		16.
	16.		17.
	17.		{ 18. 19.
	18.		20.
13.	2.	13.	1.
	3.		2.
	4.		3.
	5.		4.
	6.		4.
	7.		5.
	8.		{ 6. 7.
	9.		{ 7. 8.
	10.		9.
	11.		{ 9. 10.
	12.		10.
	13.		11.
	14.		{ 12. 13.
	15.		13.
	16.		14.
	17.		15.
	18.		16.
	19.		17.
	20.		18.
	21.		{ 19. 20.
	22. 23. }		20.
14.	5.	14.	{ 5. 6.
	16.		{ 16. 17.
	17.		{ 17. 18.
	18.		19.
15.	1.	15.	2.
	3.		{ 3. 4.
	4. 5. 6. }		5.
	7.		{ 6. 7.
	8.		7.
	9.		8.
	10.		9.
	11.		{ 9. 10.
	12.		10.
	13.		11.
	14.		11.
	15.		{ 12. 13.
	16.		13.
	17.		1.

Wechel. Cap.	vers.	Bos. Cap.	vers.
16.	1.	16.	{ 1. 2.
	2.		3.
	3.		4.
	4.		{ 5. 6.
	5.		7.
	6.		8.
	7.		9.
	8.		10.
	9.		11.
	10.		{ 12. 13.
	11.		{ 13. 14.
	12.		14.
	13.		15.
	14.		16.
	15.		17.
	16.		18.
	17.		19.
	18.		20.
	19.		21.
	20.		{ 21. 22.
	21.		23.
	22.		{ 23. 24.
	23.		24.
	24.		25.

BARUCH.

Wechel. Cap.	vers.	Bos. Cap.	vers.
1.	1.	1.	2.
	2.		{ 3. 4.
	3.		{ 5. 6.
	4.		{ 7. 8.
	5.		9.
	6.		10.
	7.		11.
	8.		12.
	9.		13.
	10.		14.
	11.		{ 15. 16.
	12.		17.
	13.		19.
	14.		20.
	15.		{ 21. 22.
2.	4.	2.	5.
	5.		6.
	6.		{ 7. 8.

Wechel. Cap.	vers.	Bos. Cap.	vers.
2.	7.	2.	9, 10.
	8.		11.
	9.		12.
	10.		13.
	11.		14, 15.
	12.		16, 17.
	13.		17, 18.
	14.		19.
	15.		20.
	16.		21.
	17.		22, 23.
	18.		24.
	19.		25.
	20.		26.
	21.		27, 28.
	22.		29, 30.
	23.		30, 31.
	24.		33.
	25.		34.
	26.		35.
	1.	3.	1, 2, 3.
	2.		4.
	3.		5, 6.
	4.		7.
	5.		7, 8.
	6.		9.
	7.		10, 11, 12, 13.
	8.		14.
	9.		15, 16.
	10.		17.
	11.		18, 19.
	12		20, 21.
	13.		21, 22.
	14.		23.
	15.		24, 25.
	16.		26.
	17.		27.
	18.		29, 30.
	19.		31.
	20.		32.
	21.		33.

Wechel. Cap.	vers.	Bos. Cap.	vers.
3.	22.	3.	34, 35.
	23.		36, 37.
4.	3.	4.	3, 4.
	—		5, 6.
	5.		7, 8.
	6.		9.
	7.		10, 11.
	8.		12.
	9.		12, 13.
	10.		14.
	11.		15, 16.
	12.		17, 18.
	13.		19, 20.
	14.		21.
	15.		22.
	16.		23.
	17.		24.
	18.		25.
	19.		26.
	20.		27.
	21.		28, 29.
	22.		30.
	23.		31, 32.
	24.		33, 34.
	25.		35.
	26.		36.
	27.		37.
5.	3.		4.
	4.		5.
	5.		6.
	6.		7.
	7.		8.
	8.		9.

EPISTOLA JEREMIÆ.

Wechel. vers.	Bos. vers.
4.	5.
5.	6, 7.
6.	8.
7.	9.
8.	10, 11.
	11, 12.

Wechel. vers.	Bos. vers.
10.	12. 13.
11.	14.
12.	15. 16.
13.	16. 17.
14.	17.
15.	18.
16.	19.
17.	20.
18.	21.
19.	22. 23.
20.	23. 24.
21.	25.
22.	26.
23.	27.
24.	27.
25.	27. 28.
26.	28. 29.
27.	29. 30.
28.	30. 31.
29.	32.
30.	33. 34.
31.	35.
32.	36. 37.
33.	38.
34.	39.
35.	40.
36.	41. 42.
37.	43.
38.	44.
39.	45.
40.	46.
41.	47. 48.
42.	49.
43.	50. 51.
44.	52. 53.
45.	54.
46.	55.
47.	56.
48.	57. 58.
49.	59.
50.	59.
51.	60. 61.
52.	62. 63.
53.	63. 64.
54.	65.
55.	66. 67.
56.	67.
57.	68.
58.	69.
59.	70.
60.	71.
61.	72.
62.	73.

ODE TRIUM PUERORUM.

Wechel. vers.	Bos. vers.
5.	6.
6.	7. 8.
7.	9.
8.	10. 11.
9.	12.
10.	13.
11.	14.
12.	15. 16.
13.	17. 18.
14.	19.
15.	19. 20.
16.	21.
17.	22.
18.	23. 24.
19.	25.
20.	26.
21.	27.
22.	28. 29.
23.	30.
24.	31.
25.	32.
26.	33.
27.	34.
28.	35.
29.	36.
30.	37.
31.	38.
32.	39.
33.	40.
34.	41.
35.	42.
36.	43.
37.	46. in N.
38.	46.
39.	47.
40.	44. in N.

Wechel. vers.	Bos. vers.
41.	49.
42.	50.
43.	51.
44.	52.
45.	53.
46.	54.
47.	55.
48.	56.
49.	57.
50.	58.
51.	59.
52.	60.
53.	61.
54.	62.
55.	63.
56.	64.
57.	65.
58.	65.
59.	66.
60.	67.

ESDRAS.

Wechel. Cap.	Wechel. vers.	Bos. Cap.	Bos. vers.
1.	1.	1.	{ 1. 2.
	2.		3.
	3.		4.
	4.		{ 4. 5.
	10.		11.
	11.		{ 12. 13.
	12.		{ 13. 14.
	13.		15.
	14.		15.
	15.		16.
	16.		{ 17. 18.
	17.		19.
	18.		20.
	19.		21.
	20.		22.
	21.		23.
	22.		24.
	23.		25.
	24.		{ 25. 26. 27.
	25.		27.
	26.		27.
	27.		{ 28. 29.
	28.		{ 29. 30.
	29.		{ 30. 31.
	30.		32.
	31.		32.

Wechel. Cap.	Wechel. vers.	Bos. Cap.	Bos. vers.
1.	32.	1.	33.
	36.		35.
	37.		36.
	38.		37.
	39.		38.
	40.		39.
	41.		40.
	42.		41.
	43.		42.
	44.		43.
	45.		44.
	46.		45.
	47.		46.
	48.		{ 46. 47.
	49.		48.
	50.		48.
	51.		49.
	52.		50.
	53.		{ 51. 52.
	54.		53.
	55.		{ 53. 54.
	56.		{ 54. 55.
	57.		{ 55. 56.
	58.		{ 57. 58.
2.	7.		{ 6. 7.
	9.		8.
	30. 31. }		30.
3.	17.		{ 16. 17.
	18.		{ 17. 18.
4.	7.		6.
	8.		7.
	9.		8.
	15.		14.
	23.		22.
	34.		33.
	44.		43.
5.	7.		8.
	10.		9.
	11.		9.
	12.		10.
	13.		11.
	14.		12.
	15.		12.
	16.		12.
	17.		12.
	18.		13.
	19.		13.
	20.		14.
	21.		14.
	22.		14.
	23.		15.
	24.		15.

Wechel. Cap.	Wechel. vers.	Bos. Cap.	Bos. vers.
5.	25.	5.	15.
	26.		16.
	27.		16.
	28.		16.
	29.		16.
	30.		17.
	31.		17.
	32.		18.
	33.		18.
	34.		18.
	35.		19.
	36.		19.
	37.		19.
	38.		20.
	39.		20.
	40.		21.
	41.		21.
	42.		21.
	43.		22.
	44.		22.
	45.		23.
	46.		24.
	47.		24.
	48.		25.
	49.		25.
	50.		26.
	51.		27.
	52.		28.
	53.		29. 30.
	54.		30. 31.
	55.		32.
	56.		33.
	57.		34.
	58.		35.
	59.		36. 37.
	60.		38.
	61.		39.
	62.		40.
	63.		41.
	64.		42.
	65.		42.
	66.		43.
	67.		43.
	68.		43.
	69.		43.
	70.		44. 45.
	71.		46.
	72.		47.
	73.		48. 49.
	74.		50.
	75.		51. 52.
	76.		53.
	77.		54.
	78.		55.
	79.		56. 57.
	80.		58.

Wechel. Cap.	Wechel. vers.	Bos. Cap.	Bos. vers.
5.	81.	5.	59. 60.
	82.		61.
	83.		62.
	84.		63. 64. 65.
	85.		65.
	86.		66.
	87.		67.
	88.		68. 69.
	89.		70. 71.
	90.		72. 73.
6.	8.	6.	9.
7.	12.	7.	11.
8.	7.	8.	6.
	8.		7.
	9.		8.
	10.		9.
	11.		10.
	12.		11.
	13.		12.
	14.		12.
	15.		13.
	16.		14.
	17.		15.
	18.		16.
	19.		17.
	20.		17. in N. 18.
	21.		19.
	22.		20.
	23.		21.
	24.		22.
	25.		22.
	26.		23.
	27.		24.
	28.		25.
	29.		26.
	30.		27.
	31.		28.
	32.		29.
	33.		29.
	34.		30.
	35.		31.
	36.		32.
	37.		32.
	38.		33.
	39.		34.
	40.		35.
	41.		36.
	42.		37.
	43.		38.
	44.		39.
	45.		40.
	46.		41.
	47.		42. 43. 44.

Wechel. Cap.	vers.	Bos. Cap.	vers.
8.	48.	8.	45. 46.
	49.		47.
	50.		48.
	51.		49.
	52.		50.
	53.		51.
	54.		52.
	55.		53.
	56.		54.
	57.		55.
	58.		56.
	59.		57. 58.
	60.		58.
	61.		59.
	62.		60.
	63.		61.
	64.		62.
	65.		63.
	66.		64.
	67.		65.
	68.		66.
	69.		67.
	70.		68.
	71.		69.
	72.		70.
	73.		71.
	74.		72.
	75.		73.
	76.		74.
	77.		75.
	78.		76.
	79.		77.
	80.		78.
	81.		79.
	82.		80.
	83.		81.
	84.		82.
	85.		83.
	86.		84.
	87.		85.
	88.		86.
	89.		87.
	90.		88.
	91.		89.
	92.		90.
	93.		91.
	94.		92.
	95.		92. 93.
	96.		94. 95.
	97.		95.
	98.		96.
	13.		12. 13.
	35.		34.
	36.		35. 36.
	48.		47.
	49		48.
9.	50.	9.	49.
	51.		50.
	52.		51.
	53.		52.
	54.		53.
	55.		54.
	56.		55.

SAPIENTIA SALOMONIS.

Wechel. Cap.	vers.	Bos. Cap.	vers.
5.	12.	5.	11.
	13.		12.
	14.		13.
	15.		14.
	16.		15.
	17.		16.
	18.		17.
	19.		18.
	20.		19. 20.
	23.		22. 23.
	24.		23.
6.	18.		17. 18.
	19.		18.
	23.		22.
	25.		23.
	26.		24.
	27.		25.
7.	4.	7.	3. 4.
	9.		8.
	10.		9.
	11.		10.
	12.		11.
	13.		12.
	14.		13.
	15.		14.
	16.		15.
	17.		16.
	18.		17.
	19.		18. 19.
	21.		22.
8.	8.		7.
	9.		8.
	10.		9.
	11.		10.
	12.		11.
	13.		12.
	14.		13.
	15.		14.
	16.		15. 16.
	17.		16.
	18.		17. 18.

Wechel. Cap.	vers.	Bos. Cap.	vers.
8.	19.	8.	18.
	20.		19. 20.
9.	18. 19.	9.	18.
10.	2.	10.	1. 2.
	14.		13. 14.
11.	6.	11.	5.
	7.		6.
	8.		6. 7.
	9.		8.
	10.		9.
	11.		10.
	12.		11.
	13.		12.
	14.		13.
	15.		14.
	16.		15.
	17.		16.
	18.		17.
	19.		18.
	20.		19.
	21.		20.
	22.		21.
	23.		22.
	24.		23.
	25.		24.
	26.		25.
	27.		26.
12.	6.	12.	5. 6.
13.	18.	13.	17. 18.
	19.		18. 19.
14.	25.	14.	26.
16.	6.	16.	5. 6.
17.	9.	17.	10.
	10.		11.
	18.		17.
	19.		18.
19.	2.	19.	1.
	12.		11. 12. 13.
	13.		13. 14.
	14.		15.
	15.		16.
	16.		17.
	17.		18.
	18.		19.
	19.		20.
	20.		21.
	21.		22.

SIRACH.

Wechel. Cap.	vers.	Bos. Cap.	vers.
1.	5.	1.	6. in N.
	7.		8.
	8.		9. 10.
	9.		11.
	10.		12.
	11.		13.
	12.		14. 15
	13.		16
	14.		17.
	15.		18.
	16.		18. 19.
	17.		20.
	18.		21. in N.
	19.		21.
	20.		22.
	21.		23.
	22.		24.
	23.		25
	24.		26.
	25.		27.
	26.		29.
	27.		30.
	28. 29.		30.
2.	11.	2.	10.
	12.		11.
	13.		12.
	14.		13.
	15.		14.
	16.		15.
	17.		16.
	18.		17.
	19. 20.		18.
3.	3.		4.
	4.		5.
	5.		6.
	6.		7. in N
	7.		8.
	8.		9.
	9.		10.
	10.		11.
	11.		12.
	12.		13.
	13.		14.
	14.		15.
	19.		20.
	20.		21.
	21.		22.
	22.		23.
	23.		24.
	24.		24. in N
	25.		26.

Wechel. Cap.	vers.	Bos. Cap.	vers.
3.	26.	3.	27.
	27.		28.
	28.		29.
	29.		30.
	30.		31.
	11.		10.
	12.		11.
	13.		12.
	14.		13.
	15.		14.
	16.		15.
	17.		16.
	18.		17.
	19.		17.
	20.		17. 18.
	21.		18.
	22.		19.
	23.		20.
	24.		21.
	25.		22.
	26.		23.
	27.		24.
	28.		25.
	29.		26.
	30.		27.
	31.		28.
	32.		29.
	33.		30.
	34.		31.
5.	7.	5.	6.
	8.		7.
	9.		7.
	10.		8.
	11.		9.
	12.		10.
	13.		11.
	14.		12.
	15.		13.
	16.		14.
	18.		15.
6.	2.	6.	1.
	3.		2.
	4.		3.
	5.		4.
	6.		5.
	7.		6.
	8.		7.
	9.		8.
	10.		9.
	11.		10.
	12.		11.
	13.		12.
	14.		13.
	15.		14.
	16.		15.
	17.		16.
	18.		17.
	19.		18.
	20.		19.
	21.		19.
	22.		20.

Wechel. Cap.	vers.	Bos. Cap.	vers.
6.	23.	6.	21.
	24.		22.
	25.		23.
	26.		24.
	27.		25.
	28.		26.
	29.		27.
	30.		28.
	31.		29.
	32.		30.
	33.		31.
	34.		32.
	35.		33.
	36.		34.
	37.		35.
	38.		36.
	39. 40.		37.
7.	7.	7.	6.
	8.		7.
	9.		8.
	10.		9.
	11.		10.
	12.		11.
	13.		12.
	14.		13.
	15.		14.
	16.		15.
	17.		16.
	18.		17.
	19.		18.
	20.		19.
	21.		20.
	22.		21.
	23.		22.
	24.		23.
	25.		24.
	26.		25.
	27.		26.
	28.		27.
	29.		28.
	30.		29.
	31.		30.
	32.		31.
	33.		31.
	34.		32.
	35.		33.
	36.		34.
	37.		35.
	38.		36.
8.	3.		2.
	4.		3.
	5.		4.
	6.		5.
	7.		6.
	8.		7.
	9.		8.
	10.		8.
	11.		9.
	12.		9.
	13.		10.
	14.		11.

Wechel. Cap.	vers.	Bos. Cap.	vers.
8.	15.	8.	12.
	16.		13.
	17.		14.
	18.		15.
	19.		15.
	20.		16.
	21.		16.
	22.		17.
	23.		18.
	24.		19.
	9.	9.	8.
	10.		9.
	11.		9.
	12.		10.
	13.		10.
	14.		11.
	15.		12.
	16.		13.
	17.		13.
	18.		13.
	19.		14.
	20.		15.
	21.		16.
	22.		17.
	23.		18.
10.	14.	10.	13.
	15.		14.
	16.		15.
	17.		16.
	18.		17.
	19.		18.
	20.		19.
	21.		19.
	22.		19.
	23.		19.
	24.		20.
	25.		22.
	26.		23.
	27.		24.
	28.		25.
	29.		26.
	30.		27.
	31.		28.
	32.		29.
	33.		30.
	34.		31.
11.	11.	11.	10.
	12.		11.
	13.		12.
	14.		13.
	15.		14.
	16.		17.
	17.		{ 18. 19.
	18.		19.
	19.		20.
	20.		21.
	30.		29.
	31.		30.
	32.		31.
	33.		32.
	34.		33.

Wechel. Cap.	vers.	Bos. Cap.	vers.
11.	34.	11.	35.
12.	4.	12.	5.
	6.		5.
	7.		6.
	8.		{ 7. 8.
	11.		10.
	12.		11.
	13.		11.
	14.		12.
	15.		12.
	16.		13. in N.
	17.		13.
	18.		14.
	19.		15.
	20.		16.
	21.		16.
	22.		16.
	23.		17.
	24.		18.
13.	3.	13.	2.
	5.		3.
	6.		4.
	7.		5.
	8.		6.
	9.		{ 6. 7.
	10.		7.
	11.		8.
	12.		9.
	13.		10.
	14.		11.
	15.		{ 11. 12.
	16.		13.
	17.		15.
	18.		16.
	19.		17.
	20.		18.
	21.		19.
	22.		20.
	23.		21.
	24.		22.
	25.		22.
	26.		23.
	27.		23.
	28.		24.
	29.		25.
	30.		26.
14.	19.	14.	18.
	20.		19.
	21.		20.
	22.		21.
	23.		22.
	24.		23.
	25.		{ 24. 25.
16.	4.	16.	3.
	5.		4.
	6.		5.
	7.		6.
	8.		7.

Wechel. Cap.	vers.	Bos. Cap.	vers.	Wechel. Cap.	vers.	Bos. Cap.	vers.
16.	9.	16.	8.	19.	14.	19.	15.
	10.		9.		15.		16.
	11.		10.		16.		17.
	12.		11.		17.		20.
	13.		11.		18.		22.
	14.		12.		19.		23.
	15.		13.		20.		24.
	16.		14.		21.		25.
	18.		17.		22.		26.
	19.		18.		23.		27.
	20.		19.		24.		28.
	21.		20.		25.		29.
	22.		21.		26.		30.
	23.		22.		27.		31.
	24.		23.	20.	2.	20.	1.
	25.		24.		3.		4.
	26.		25.		4.		5.
	27.		26.		5.		6.
	28.		27.		6.		7.
	29.		28.		7.		8.
	30.		29.		8.		9.
	31.		30.		9.		10.
17.	5.	17.	6.		10.		11.
	6.		7.		11.		12.
	7.		8.		12.		13.
	8.		11.		13.		14.
	9.		12.		14.		15.
	10.		13.	21.	3.	21.	2.
	11.		14.		4.		3.
	12.		15.		5.		4.
	13.		17.		6.		5.
	14.		19		7.		6.
	15.		20.		8.		7.
	16.		22.		9.		8.
	17.		23.		10.		9.
	18.		24.		11.		10.
	19.		25.		12.		11.
	20.		26.		13.		12.
	21.		27.		14.		13.
	22.		28.		15.		14.
	23.		29.		16.		15.
	24.		30.		17.		15.
	25.		31.		18.		16.
	26.		32.		19.		17.
18.	3.	18.	4.		20.		18.
	4.		5.		21.		19.
	5.		6.		22.		20.
	6.		7.		23.		21.
	7.		8.		24.		22.
	8.		9.		25.		23.
	9.		10.		26.		24.
	10.		11.		27.		25.
	11.		12.		28.		26.
	12.		13.		29.		27.
19.	6.	19.	7.		30.		28.
	7.		8.	22.	9.	22.	11.
	8.		9.		10.		11.
	9.		10.		11.		12.
	10.		11.		12.		13.
	11.		12.		14.		13.
	12.		13.		15.		14.
	13.		14.		16.		15.

Wechel. Cap.	vers.	Bos. Cap.	vers.
22.	17.	22.	16.
	18.		17.
	19.		18.
	20.		19.
	21.		20.
	22.		21.
	23.		22.
	24.		22.
	25.		23.
	26.		23.
	27.		24.
	28.		25.
	29.		26.
	30.		27.
23.	4.	23.	5.
	5.		6.
	6.		7.
	7.		8.
	8.		9.
	9.		10.
	10. 11. 12.		11.
	13.		12.
	14.		12. 13.
	15.		14.
	16.		14.
	17.		14.
	18.		15.
	19.		16.
	20.		16.
	21.		16.
	22.		17.
	23.		18.
	24.		18.
	25.		18. 19.
	26.		19.
	27.		20.
	28.		21.
	29.		22.
	30.		23.
	31.		24.
	32.		25.
	33.		26.
	34.		27.
24.	8. 9.	24.	8.
	10.		9.
	11.		10.
	12.		11.
	13.		12.
	14.		13.
	15.		14.
	16.		14.
	17.		15.
	18.		15.
	19.		16.
	20.		17.
	21.		19.
	22.		20.

Wechel. Cap.	vers.	Bos. Cap.	vers.
24.	23.	24.	21.
	24.		22.
	25.		23.
	26.		25.
	27.		26.
	28.		27
	29.		28.
	30.		29.
	31.		30.
	32.		31.
	33.		31.
	34.		32.
	35.		33.
	36.		34.
25.	2.	25.	1.
	3.		2.
	4.		2.
	5.		3.
	6.		4.
	7.		5.
	8.		6.
	9.		7.
	10.		7.
	11.		8.
	12.		9.
	13.		10.
	14.		11.
	15.		13.
	16.		14.
	17.		15.
	18.		16.
	19.		17.
	20.		18.
	21.		19.
	22.		20.
	23.		21.
	24.		22.
	25.		23.
	26.		23.
	27.		24.
	28.		25.
	29.		26.
26.	5. 6.	26.	5.
	7.		6.
	8.		7.
	9.		8.
	10.		9.
	11.		10.
	12.		11.
	13.		12.
	14.		12.
	15.		13.
	16.		14.
	17.		15.
	18.		16.
	19.		17.
	20.		18.
	21.		28.
	22.		28.
	23.		28.
	24.		29.

Wechel. Cap.	vers.	Bos. Cap.	vers.
27.	24.	27.	23.
	25.		24.
	26.		25.
	27.		26.
	28.		27.
	29.		28.
	30.		29.
	31.		30.
28.	11.	28.	10.
	12.		11.
	13.		12.
	14.		13.
	15.		14.
	16.		15.
	17.		16.
	18.		17.
	19.		18.
	20.		19.
	21.		19.
	22.		20.
	23.		21.
	24.		22.
	25.		23.
	26.		23.
	27.		24.
	28.		25.
	29.		26.
29.	6.	29.	5.
	7. 8. 9. }		6.
	10.		7.
	11.		8.
	12.		9.
	13.		10.
	14.		11.
	15.		12.
	16.		13.
	17.		14.
	18.		{ 15. 16.
	20.		18.
	21.		18.
	22.		19.
	23.		20.
	24.		21.
	25.		22.
	26.		23.
	27.		24.
	28.		25.
	29.		26.
	30.		27.
	31.		28.
30.	11.	30.	{ 11. 12.
	12.		13.
	13.		14.
	14.		15.
	15.		16.
	16.		17.
	17.		18.
	18.		19.

Wechel. Cap.	vers.	Bos. Cap.	vers.
30.	19.	30.	20.
	20.		21.
	21.		22.
	22.		23.
31.	1.	34.	1.
	11.		10.
	12.		11.
	13.		12.
	14.		{ 12. 13.
	15.		13.
	16.		14.
	17.		15.
	18.		16.
	19.		17.
	20.		18.
	21.		19.
	22.		20.
	23.		20.
	24.		21.
	25.		22.
	26.		22.
	27.		23.
	28.		24.
	29.		25.
	30.		26.
	31.		27.
	32.		27.
	33.		28.
	34.		29.
	35.		30.
	36. 37. }		31.
32.	2.	35.	{ 1. 2.
	3.		2.
	4.		3.
	5.		4.
	6.		5.
	7.		6.
	8.		7.
	9.		8.
	10.		9.
	11.		10.
	12.		11.
	13.		12.
	14.		13.
	15.		14.
	16.		15.
	17.		16.
	18.		17.
	19.		18.
	20.		19.
	21.		20.
	22.		{ 21. 22.
33	4.	36.	3.
	13.		12.
	14.		13.
	15.		13.
	16.		14.
	17.		14.

Wechel. Cap.	vers.	Bos. Cap.	vers.
33.	18.	36.	15.
	19.		16.
	20.	30.	16.
	21.		17.
	22.		18.
	23.		19.
	24.		19.
	25.		20.
	26.		21.
	27.		22.
	28.		23.
	29.		24.
	30.		25.
	31.		26.
	32.		27.
	33.		28.
	34.		29.
	35.		30.
	36. 37.		31.
34.	16.	31.	15.
	17.		16.
	18.		16.
	19.		17.
	20.		18.
	21.		19.
	22.		20.
	23.		21.
	24.		22.
	25.		23.
	26.		24.
	27.		25.
	28. 29.		26.
35.	4.	32.	5.
	5.		6.
	6.		7.
	7.		8.
	8.		9.
	9.		10.
	10.		11.
	11.		12.
	18.		17.
	19.		18.
	20.		18.
	21.		19.
	22.		19.
	23.		20.
36.	1.	33.	2.
	2.		3.
	3.		4.
	4.		5.
	5.		6.
	6.		7.
	7.		8.
	8.		9.
	9.		10.
	10.		11. 13.
	11.	36.	12.
	12.		13.
	13.		14.

Wechel. Cap.	vers.	Bos. Cap.	vers.
36.	14.	36.	15.
	15.		16.
	16.		17.
	26. 27.		26.
37.	9.	37.	8.
	11. 12. 13. 14. 15.		11.
			12.
	16.		12.
	17.		13.
	18.		14.
	19.		15.
	20.		16.
	21.		18.
	22.		19.
	23.		20.
	24.		21.
	25.		22.
	26.		23.
	27.		24.
	28.		25.
	29.		26.
	30.		27.
	31.		28.
	32.		29.
	33.		30.
	34.		31.
38.	13.	38.	12.
	17.		16.
	18.		17.
	19.		17.
	20.		18.
	21.		19.
	22.		20.
	23.		21.
	24.		22.
	25.		23.
	26.		24.
	27.		25.
	28.		25.
	29.		26.
	30.		27.
	31.		27.
	32.		27.
	33.		28.
	34.		28.
	35.		28.
	36.		28.
	37.		29.
	38.		29.
	39.		30.
	40.		30.
	41.		31.
	42.		32.
	43.		33.
	44.		33.
	45. 46.		34.

Wechel. Cap.	vers.	Bos. Cap.	vers.
39.	4. 5.	39.	4.
	6.		5.
	7.		6.
	8.		6.
	9.		7.
	10.		8.
	11.		9.
	12.		9.
	13.		10.
	14.		11.
	15.		12.
	16.		13.
	17.		14.
	18.		14.
	19.		15.
	20.		16.
	21.		16. in Not.
	22.		17.
	23.		18.
	24.		19.
	25.		20.
	26.		21.
	27.		22.
	28.		23.
	29.		24.
	30.		25.
	31.		26.
	32.		26.
	33.		27.
	34.		28.
	35.		28.
	36.		29.
	37. 38.		29. in Not.
	39.		30.
	40.		31.
	41.		32.
	42.		33.
	43.		34.
	44.		35.
40.	2.	40.	1.
	3.		2.
	4.		3.
	5.		4.
	6.		5.
	7.		6.
	8.		6.
	9.		7.
	10.		8.
	11.		9.
	12.		10.
	13.		11.
	14.		12.
	15.		13.
	16.		14.
	17.		15.
	18.		16.
	19.		17.
	20.		18.
	21.		19.
	22.		20.

Wechel. Cap.	vers.	Bos. Cap.	vers.
40.	23.	40.	21.
	24.		22.
	25.		23.
	26.		24.
	27.		25.
	28.		26.
	29.		26.
	30.		27.
	31.		28.
	32.		29.
	33. 34.		29.
41.	2.	41.	1.
	3.		2.
	4.		2.
	5.		3.
	6.		3.
	7.		4.
	8.		5.
	9.		6.
	10.		7.
	11.		8.
	12.		9.
	13.		10.
	14.		11.
	15.		12.
	16.		13.
	17.		14.
	18.		15.
	19.		16.
	20.		16.
	21.		17.
	22.		18.
	23.		18. 19.
	24.		19.
	25.		19. 20.
	26.		20. 21.
	27.		21.
	28.		22.
	29.		22.
42.	2.	42.	1.
	3.		1.
	4.		2.
	5.		3.
	6.		4.
	7.		5.
	8.		6.
	9.		7.
	10.		8.
	11.		8.
	12.		9.
	13.		9.
	14.		10.
	15.		10.
	16.		11.
	17.		11.
	18.		12.
	19.		13.
	20.		14.

Wechel. Cap.	vers.	Bos. Cap.	vers.
42.	21.	42.	15.
	22.		16.
	23.		17.
	24.		18.
	25.		18.
	26.		19.
	27.		20.
	28.		21.
	29.		21.
	30.		22.
	31.		23.
	32.		24.
	33.		25.
43.	5.	43.	4.
	6.		5.
	7.		6.
	8.		7.
	9.		8.
	10.		8.
	11.		9.
	12.		10.
	13.		11.
	14.		12.
	15.		13.
	16.		14.
	17.		15.
	18.		16.
	19.		16. 17.
	20.		17.
	21.		17.
	22.		18.
	23.		19.
	24.		20.
	25.		20.
	26.		21.
	27.		22.
	28.		23.
	29.		24.
	30.		25.
	31.		26.
	32.		27.
	33.		28.
	34.		29.
	35.		30.
	36.		30.
	37.		31.
	38.		32.
	39.		33.
44.	4.	44.	3.
	5.		4.
	6.		4. 5.
	7.		6.
	8.		7.
	9.		8. 9.
	11.		11. 12.
	12.		13.
	13.		14.
	14.		15.

Wechel. Cap.	vers.	Bos. Cap.	vers.
44.	15.	44.	16.
	16.		17.
	21.		20.
	22.		21.
	23.		21.
	24.		21.
	25.		22.
	26.		22. 23.
	27.		23.
	28.		23.
45.	1.	44. 45.	27. 1.
	4.	45.	3.
	5.		4. 5.
	6.		5.
	7.		6.
	8.		7.
	9.		7.
	10.		8.
	11.		8. 9.
	12.		10. 11.
	13.		11.
	14.		12.
	15.		12.
	16.		13.
	17.		14.
	18.		15.
	19.		15.
	20.		15.
	21.		16.
	22.		17.
	23.		18.
	24.		18.
	25.		19.
	26.		19.
	27.		20.
	28.		20.
	29.		21.
	30.		22.
	31.		22. 23.
	32.		23.
	33.		24.
	34.		25. 26.
46.	2.	46.	1.
	3.		2.
	4.		3.
	5.		4.
	6.		5.
	7.		5. 6.
	8.		6.
	9.		6.
	10.		7.
	11.		8.
	12.		9.
	13.		10.

Wechel. Cap.	vers.	Bos. Cap.	vers.
46.	14.	46.	11.
	15.		12.
	16.		13.
	17.		14.
	18.		15.
	19.		16.
	20.		17.
	21.		18.
	22.		19.
	23.		20.
47.	9.	47.	8.
	10.		9.
	11.		10.
	12.		11.
	13.		12.
	14.		13.
	15.		14.
	16.		15.
	17.		16.
	18.		{ 17. 18.
	19.		18.
	20.		19.
	21.		{ 20. 21.
	23.		22.
	24.		22.
	25.		23.
	26.		23.
	27.		23.
	28.		24.
	29.		25.
48.	13.	48.	12.
	14.		13.
	15.		14.
	16.		15.
	17.		15.
	18.		16.
	19.		17.
	20.		17.
	21.		18.
	22.		{ 19. 20.
	23.		20.
	24.		21.
	25.		22.
	26.		23.
	27.		24.
	28.		25.
49.	2.	49.	1.
	3.		2.
	4.		3.
	5.		4.
	6.		{ 4. 5.
	7.		6.
	8.		7.
	9.		8.
	10.		9.
	11.		10.
	12.		10.
	13.		11.

Wechel. Cap.	vers.	Bos. Cap.	vers.
49.	14.	49.	12.
	15.		13.
	16.		14.
	17.		15.
	18.		16.
50.	9.	50.	{ 8. 9.
	10.		9.
	11.		10.
	12.		11.
	13.		{ 11. 12.
	14.		12.
	15.		13.
	16.		14.
	17.		15.
	18.		{ 15. 16.
	19.		16.
	20.		17.
	21.		{ 18. 19.
	22.		20.
	23.		21.
	24.		22.
	25.		22.
	26.		{ 23. 24.
	27.		25.
	28.		26.
	29.		27.
	30.		28.
	31.		29.
51.	2.	51.	{ 1. 2.
	3.		2.
	4.		3.
	5.		3.
	6.		4.
	7.		{ 5. 6.
	8.		6.
	9.		6.
	10.		7.
	11.		8.
	12.		8.
	13.		9.
	14.		10.
	15.		11.
	16.		12.
	17.		12.
	18.		13.
	19.		14.
	20.		15.
	21.		15.
	22.		16.
	23.		17.
	24.		18.
	25.		19.
	26.		19.
	27.		20.
	28.		20.

Wechel. Cap.	vers.	Bos. Cap.	vers.
51.	29.	51.	21.
	30.		22.
	31.		23.
	32.		24.
	33.		25.
	34.		26.
	35.		27.
	36.		28.
	37.		29.
	38.		30.

SUSANNA.

Wechel. vers.	Bos. vers.
5.	4.
6.	5.
7.	6.
8.	7.
9.	8.
10.	9.
11.	{ 10. 11.
12.	{ 12. 13.
13.	14.
19.	20.
20.	21.
21.	22.
24.	25.
25.	26.
26.	27.
27.	28.
28.	29.
29.	30.
30.	{ 31. 32.
31.	32.
32.	33.
33.	34.
34.	35.
35.	36.
36.	37.
37.	38.
38.	39.
39.	40.
42.	43.
44.	{ 44. 45.
45.	46.
46.	47.
47.	48.
52.	{ 52. 53.
53.	54.
54.	55.
60.	59.
61.	60.
62.	{ 61. 62.

BEL ET DRACO.

Wechel. vers.	Bos. vers.
5.	4.
6.	5.
7.	6.
8.	7.
9.	8.
10.	9.
11.	9.
12.	10.
13.	10.
14.	11
15.	12.
16.	13.
17.	14.
18.	14.
19.	15.
20.	16.
21.	17.
22.	18.
23.	19.
24.	20.
25.	{ 20. 21.
26.	22.
27.	23.
28.	24.
29.	24.
30.	{ 25. 26.
31.	{ 26. 27.
32.	27.
33.	28.
34.	28.
35.	29.
36.	29.
37.	30.
38.	31.
39.	32.
40.	33.
41.	34.
42.	35.
43.	36.
44.	37.
45.	38.
46.	39.
47.	40.
48.	41.
49.	42.

I. MACCABÆORUM.

Wechel. Cap.	vers.	Bos. Cap.	vers.
1.	4.	1.	{ 3. 4.
	5.		4.
	6.		5.
	7.		6.

Wechel. Cap.	Wechel. vers.	Bos. Cap.	Bos. vers.
1.	8.	1.	7.
	9.		8.
	10.		9.
	11.		10.
	12. 13.		11.
	14.		12.
	15.		13.
	16.		14.
	17.		15.
	18.		16.
	19.		17.
	20.		18.
	21.		19.
	22.		20.
	23.		20. 21. 22.
	24.		23. 24.
	25.		24.
	26.		25.
	27.		26.
	28.		27.
	29.		28.
	30.		29.
	31.		30.
	32.		30.
	33.		31.
	34.		32.
	35.		33.
	36.		34.
	37.		35.
	38.		36.
	39.		37.
	40.		38.
	41.		39.
	42.		40.
	43.		41. 42.
	44.		42.
	45.		43.
	46.		44.
	47.		45.
	48.		45.
	49.		46.
	50.		47.
	51.		48. 49.
	52.		50.
	53.		51.
	54.		51.
	55.		52.
	56.		53.
	57.		54.
	58.		55.
	59.		56.
	60.		57. 58.
	61.		58.
	62.		59.
	63.		60.

Wechel. Cap.	Wechel. vers.	Bos. Cap.	Bos. vers.
1.	64.	1.	61.
	65.		62.
	66.		63.
	67.		64.
2.	8.	2.	7.
	30.		29.
	69.		70.
3.	1.		2.
	38.		37.
	42.		41.
	43.		42.
	44.		43.
	45.		44.
	46.		45.
	47.		46.
	48.		47.
	49.		48.
	50.		49.
	51.		50.
	52.		51.
	53.		52.
	54.		53. 54.
4.	12.		13.
	13.		13. 14. 15.
	14.		15.
	17.		18.
5.	11.	5.	10. 11.
	21.		22.
	31.		32.
	48.		47.
	49.		48.
	50.		48.
	51.		49. 50.
	52.		51. 52.
	60.		61.
6.	21.	6.	22.
	47.		48.
8.	1.	8.	2.
	9.		10.
9.	7.	9.	8.
	46.		47.
	66.		67.
11.	48.	11.	47.
	70.		69.
12.	19.	12.	20.
	53. 54.		53.
13.	7.	13.	8.
	53.		52.
	54.		53.
14.	26.	14.	27.
	28.		27.
	29.		28.
	47.		48.
	48.		48. 49.

Wechel. Cap.	vers.	Bos. Cap.	vers.
15.	23.	15.	22.
	36.		37.
	40.		41.

II. MACCABÆORUM.

Wechel. Cap.	vers.	Bos. Cap.	vers.
2.	1.	2.	2.
	19.		18.
	20.		19.
	21.		20.
	22.		21.
	23.		22.
	24.		23.
	25.		24.
	26.		25.
	27.		26.
	28.		27.
	29.		28.
	30.		29.
	31.		30.
	32.		31.
	33.		32.
3.	25.	3.	22.
4.	4.	4.	5.
5.	6.	5.	5.
	10.		11.
	24.		23.
6.	14.	6.	14. 15.
	15.		16.
	16.		17.
	20.		19.
7.	9.	7.	8. 9.
	10.		11.
	29.		28.
8.	13.	8.	12.
	16.		17.
9.	6.	9.	7.
	15.		14.
10.	26.	10.	25.
	30.		29.
	37.		36. 37.
11.	8.	11.	7.
	12.		11.
	14.		13.
12.	30.	12.	31.
	45. 46.		45.
13.	8.	13.	7.
	11.		10.
14.	32.	14.	33.
	46.		45.
16.	23.	16.	24.
	26.		27.
	37.		36.
	38.		37. 38.
	39.		38. 39.
	40.		39.

III. MACCABÆORUM.

Wechel. Cap.	Bos. Cap.
1.	1. 2. 3. 4. 5. 6. 7.

FINIS VOLUMINIS TERTII.

Excudebant Andreas et Joannes M. Duncan,
Academiæ Glasguensis Typographi.

WORKS PRINTED

AT THE GLASGOW UNIVERSITY PRESS,

FOR

RICHARD PRIESTLEY.

EURIPIDIS OPERA OMNIA; Græce et Latine, ex editionibus præstantissimis fideliter recusa; cum Scholiis antiquis et notis VV. DD. Barnesii, Beckii, Blomfieldii, Brunckii, Burgesii, Burneii, Elmsleii, Hermanni, Hoepfneri, Jacobsii, Maltbyi, Marklandi, Matthiæi, Monkii, Musgravii, Porsoni, Seidleri, Valckenaerii, Wakefieldii, &c. &c. Indicibusque locupletissimis omnigenis.

Beautifully printed in Nine thick Volumes octavo, Price £10 : 10. *Large Paper,* £16 : 16.

*** In this Work the Scholia, Greek Paraphrases, Latin, and Annotations, are severally placed under the text; which is uniformly that of the best editions. The Scholia are from the enlarged and otherwise improved edition by Matthiæ; and those on the Troades and Rhesus, are, for the first time, printed from a MS. in the Vatican. These last are of a very high order, being replete with fragments of Greek authors, no where else extant. General dissertations, by various scholars, are given during the course of the Work; and the Prefaces that are prefixed to the best editions of the single plays are always added. The very Reviews, and other periodical publications, have been searched, and the extracts turned into Latin for incorporation. The Index of Beck has been considerably enlarged; and the requisite alterations of words and numbers inserted, wherever the amending and lining of the text threatened inconsistency. On the whole, it is presumed, that the immense body of matter contained in this edition (a large portion of which was never before made public,) will be found to be clearly and methodically arranged; so as, in fact, to comprise, every thing that the student and the admirer of Euripides can desire.

HOMERI OPERA OMNIA; ex recensione et cum notis Samuelis Clarkii, S. T. P.: accessit varietas lectionum MS. Lips. et Edd. veterum, cura JO. AUG. ERNESTI qui et suas notas adspersit.

Beautifully printed in Five Volumes octavo, price £4 : 10. *Large Paper,* £9.

*** In this edition the Hymns, Epigrams and Fragments are given complete, with Wolf's Prolegomena, Plutarch's Life of Homer, and copious Indexes.

SCHLEUSNERI NOVUM LEXICON Græco-Latinum in Novum Testamentum, variis observationibus philologicis. Recens. J. Smith, J. Strauchon, et A. Dickinson.

Neatly printed in Two thick Volumes octavo, uniformly with his Lexicon to the Septuagint, and with it, forming a treasure of Biblical Criticism and Illustration. In this edition the Hebrew quotations are verified, and the German passages translated into English. Price £3 Boards.

HERODOTI HALICARNASSEI Historiarum Libri IX. Textum ad veterum codicum fidem denuo recensuit, Adnotationibus Wesselingii et Valckenaerii aliorumque et suis illustravit Johannes Schweighæuser.

Handsomely printed in Four Volumes octavo.

*** Volumes Third and Fourth containing the Annotations, are sold separately, and will match any of the other British editions of Herodotus in octavo, none of which have them.

IN THE PRESS,

NOVUM LEXICON GRÆCUM, cui pro basi substratæ sunt concordantiæ et elucidationes Homericæ et Pindaricæ. Collegit et digessit Chr. Tob. Damm, Rector Gymnasii Coloniensis Berolini. Editio Nova, vocabula omnia ostendens secundum literarum seriem instructa.

Beautifully printed in One thick Volume quarto. The German passages translated into English.

DAMMII LEXICON HOMERICUM, ex integro opere excerptum, et serie literarum distributum.

Beautifully printed in octavo, to match the editions of Homer on that size. A few copies on large paper.

CPSIA information can be obtained
at www.ICGtesting.com
Printed in the USA
BVHW081052231118
533754BV00023B/1383/P